Werner Hoppe/Martin Beckmann/Petra Kauch

Umweltrecht

2. Auflage

Umweltrecht

Juristisches Kurzlehrbuch für Studium und Praxis

von

Dr. Werner Hoppe

Universitätsprofessor em. an der
Westfälischen Wilhelms-Universität zu Münster
Rechtsanwalt in Stuttgart und Berlin

Dr. Martin Beckmann

Rechtsanwalt in Münster
Fachanwalt für Verwaltungsrecht

Dr. Petra Kauch

Stellvertretende Geschäftsführerin
des Zentralinstituts für Raumplanung
an der Universität Münster

Zweite, vollständig überarbeitete Auflage

C. H. BECK'SCHE VERLAGSBUCHHANDLUNG
MÜNCHEN 2000

Zitiervorschlag:
Hoppe/Beckmann/Kauch, Umweltrecht 2. A., § 1 Rn 1

Die Deutsche Bibliothek – CIP-Einheitsaufnahme

Hoppe, Werner:
Umweltrecht : juristisches Kurzlehrbuch für Studium und Praxis / von Werner Hoppe ; Martin Beckmann ; Petra Keuch. – 2. Aufl. – München : Beck, 2000
ISBN 3 406 40448 0

ISBN 3 406 40448 0

Wilhelmstraße 9, 80801 München
Druck: C. H. Beck'sche Buchdruckerei Nördlingen
(Adresse wie Verlag)

Gedruckt auf säurefreiem, alterungsbeständigem Papier
(hergestellt aus chlorfrei gebleichtem Zellstoff)

Vorwort zur 2. Auflage

Seit dem Erscheinen der 1. Auflage im Jahre 1989 hat sich das Umweltrecht der Bundesrepublik Deutschland grundlegend verändert und entwikkelt. Signifikant für die Entwicklung sind der Erlaß des Gentechnikgesetzes, des Kreislaufwirtschafts- und Abfallgesetzes nebst den zahlreichen Verordnungen, die auf seiner Grundlage ergangen sind, des Bundes-Bodenschutzgesetzes und der darauf gestützten Bodenschutz- und Altlastenverordnung, verschiedene Änderungen des Bundes-Immissionsschutzgesetzes und der auf dieses Gesetz gestützten Verordnungen, des Bundes-Naturschutzgesetzes und des Wasserhaushaltsgesetzes. Ebenso rasant ist die Entwicklung auf europäischer Ebene mit der Umwelt-Audit-Verordnung, der Umweltinformations-Richtlinie, der Flora-Fauna-Habitat-Richtlinie und der IPPC-Richtlinie. Auf supranationaler Ebene soll auf die Klimakonvention und die Konvention zur Einhaltung der Artenvielfalt von Rio hingewiesen werden. Hinzu kommen gesetzliche Regelungen, die der Vereinfachung von Planungsverfahren und der Erleichterung von Investitionsvorhaben dienen. Der bereits im Vorwort zur 1. Auflage kritisierte Mangel an Übersichtlichkeit, Eindeutigkeit und somit auch an Rechtssicherheit ist auch heute noch zu beklagen.

Durch ein einheitliches Umweltgesetzbuch, in dem die zentralen Regelungen des Umweltrechts zusammengeführt werden, soll die immer wieder angemahnte Übersichtlichkeit und Einheitlichkeit geschaffen werden. Entwürfe zum Umweltgesetzbuch sind für dessen Allgemeinen Teil im Jahre 1991 und dessen Besonderen Teil im Jahre 1994 veröffentlicht worden (sog. „Professoren-Entwurf"). Einen weiteren Entwurf legte eine dazu von der Bundesregierung berufene Kommission im Jahre 1997 vor.

Obgleich die in diesen Entwürfen erarbeiteten systematischen Ansätze eine gute Grundlage bilden, das Umweltrecht neu zu systematisieren, es dadurch zu vereinfachen und auch die Normdichte zu verringern, ist zur Zeit völlig offen, ob und wann ein einheitliches Umweltgesetzbuch auf der Grundlage dieser Entwürfe geschaffen wird. Gleichwohl wird in der 2. Auflage immer wieder auf die Vorschläge und Begründungen in den genannten Entwürfen zum Umweltgesetzbuch hingewiesen, weil sie ein umfangreiches Material verarbeitet und bemerkenswert innovative Ansätze entwickelt haben.

Das Lehrbuch, das sich zum Ziel gesetzt hat, praktischen Anforderungen und wissenschaftlicher Gründlichkeit gerecht zu werden, richtet sich – wie auch die 1. Auflage – in erster Linie an Studierende der juristischen Fakultät und anderer Fakultäten und Wissenschaftler, die sich mit dem Umweltrecht befassen, an Richter, Rechtsanwälte, Staatsanwälte und an alle diejenigen, die in Unternehmen und Behörden mit dem Umweltrecht umzugehen haben.

Die Autoren der 1. Auflage, Werner Hoppe, nach seiner Emeritierung wieder Rechtsanwalt in Stuttgart und Berlin und Martin Beckmann, jetzt Rechtsanwalt und Fachanwalt für Verwaltungsrecht in Münster sowie Lehrbeauftragter der Universität Münster, haben erfreulicherweise Petra Kauch als Mitautorin gewinnen können, die – ebenfalls im Zentralinstitut für Raumplanung langjährig wissenschaftlich tätig – durch eine Reihe von Veröffentlichungen aus dem Umwelt- und Planungsrecht hervorgetreten und ausgewiesen ist.

Für ihre Unterstützung bei der Erstellung des Manuskripts möchten wir uns bei Dr. Friederike Roer, Dr. Peter Henke, Dr. Ansgar Scheipers und Dr. Klaus Veddeler bedanken. Das Manuskript wurde im September 1999 abgeschlossen. Spätere Änderungen der Gesetzeslage und nach diesem Zeitpunkt erschienenes Schrifttum wurden, soweit dies möglich war, noch berücksichtigt.

Münster, im Januar 2000

Werner Hoppe   Martin Beckmann   Petra Kauch

Dolde, NVwZ 01, 541

Aus dem Vorwort zur 1. Auflage (1989)

Nach dem Ende des Zweiten Weltkrieges, in den Jahren nach 1945 bis zum Ende der sechziger Jahre, galt in der Bundesrepublik Deutschland verständlicherweise die Hauptsorge dem Wiederaufbau, der wirtschaftlichen Entwicklung und der Verbesserung der allgemeinen Lebensverhältnisse. Die Sorge um die Gefährdung der natürlichen Lebensgrundlagen wurde zunächst nur vereinzelt empfunden. Altlasten, d.h. ehemalige Müllkippen, wilde Ablagerungen und Bodenverunreinigungen alter Industrie- und Gewerbestandorte, deren Sanierungsaufwand heute mit 50 Milliarden DM geschätzt wird, sind Zeugnis eines eher unbekümmerten Umgangs mit der Umwelt, der weit in die Zeit vor dem Zweiten Weltkrieg zurückreicht. Altlasten und zahlreiche andere Umweltbeeinträchtigungen sind eine Hypothek, die die Nachkriegsgeneration trotz oder gerade wegen ihrer Aufbauleistung nachfolgenden Generationen wird überlassen müssen. Wie hoch der Preis ist, der bereits gegenwärtig und zukünftig für die hohe Lebensqualität in der Bundesrepublik zu zahlen ist, wird in vollem Umfang erst allmählich deutlich. Nach Schätzungen des Umweltbundesamtes belaufen sich die jährlichen Umweltschäden in der Bundesrepublik gegenwärtig auf rd. 103,5 Milliarden DM. Nach ihren eigenen Angaben gab die bundesdeutsche Industrie in den Jahren von 1970 bis 1986 140 Milliarden DM für den Umweltschutz aus. Dabei lassen sich zahlreiche Umweltbeeinträchtigungen in Geld kaum ausdrücken. Unwiederbringlich verloren gehen z.B. Jahr für Jahr zahlreiche Tier- und Pflanzenarten sowie Kultur- und Baudenkmäler.

Auf die besorgniserregende ökologische Entwicklung hat der Gesetzgeber seit Anfang der 70er Jahre umfassend, teilweise stürmisch oder sogar hektisch reagiert bzw. reagieren müssen. Kaum ein Rechtsbereich des Umweltrechts, der nicht seit Anfang der 70er Jahre wiederholt durch den Gesetzgeber novelliert worden wäre. Angesichts der Gesetzes- und Verordnungsflut ist das Umweltrecht selbst für Experten kaum noch überschaubar. Das bereits 1979 konstatierte Defizit an Übersichtlichkeit, Eindeutigkeit und somit auch an Rechtssicherheit (vgl. Hoppe, Staatsaufgabe Umweltschutz, VVDStRL 38, 211 (244)) ist zehn Jahre später eher noch größer geworden. Immer noch hinkt der Gesetz-und Verordnungsgeber den regelmäßig wiederkehrenden Hiobsbotschaften über Umweltkatastrophen, seien es Reaktorunfälle oder Ozonlöcher, sei es Fisch-, Robben- oder Waldsterben, nach.

Die Dynamik des Umweltrechts, sein querschnittsartiger Charakter und die damit verbundene Weite dieses Rechtsbereiches erschweren das Verständnis der mit ihm verbundenen Rechtsfragen. Bei der Darstellung des Umweltrechts in diesem Lehrbuch wurde deshalb den rechtsübergreifenden Fragen, die für alle oder mehrere Bereiche des Umweltrechts Geltung beanspruchen, besondere Aufmerksamkeit gewidmet....

Vorwort

Beim Abfassen des Manuskripts konnten Kenntnisse und Erfahrungen aus verschiedenen Tätigkeitsbereichen genutzt werden. Hoppe hat sich bereits in seiner langjährigen Tätigkeit als Rechtsanwalt mit zahlreichen Fragen des Umwelt- und Planungsrechts befaßt. Manchen Hinweis verdankt das Werk den Studentinnen und Studenten der von Hoppe an der Universität Münster durchgeführten Vorlesungen und Seminare zum Umweltrecht und der von Beckmann an der Fachhochschule für öffentliche Verwaltung Nordrhein-Westfalen gehaltenen Vorlesung zum Umweltrecht. Im Jahre 1987 wurde Hoppe von der Bundesregierung zum Mitglied des Rates von Sachverständigen für Umweltfragen berufen. Nicht zuletzt konnten Erfahrungen aus der gemeinsamen Arbeit im Zentralinstitut für Raumplanung an der Universität Münster, die die Autoren über mehrere Jahre verbunden hat, genutzt werden. …

Münster, im April 1989

Werner Hoppe — Martin Beckmann

Inhaltsverzeichnis

Erster Teil: Allgemeines Umweltrecht

Erster Abschnitt: Strukturen des Umweltrechts

Zweiter Teil: Besonderes Umweltrecht

Erster Abschnitt: Naturschutz- und Landschaftspflegerecht

Inhaltsverzeichnis

§ 27 Bundes-Bodenschutzgesetz

Inhaltsverzeichnis

Abkürzungsverzeichnis

a. A.	anderer Ansicht
a. E.	am Ende
a. F.	alte Fassung
Abfall-RL	Abfall-Richtlinie
AbfallPrax	Abfallrechtliche Praxis (Zeitschrift)
AbfallR	Abfallrecht
AbfBetrbV	Verordnung über Betriebsbeauftragte für Abfall
AbfG	Gesetz über die Beseitigung von Abfällen (Abfallbeseitigungsgesetz)
AbfKlärV	Klärschlamm-Verordnung
AbfKoBiV	Verordnung über Abfallwirtschaftskonzepte und Abfallbilanzen (Abfallwirtschaftskonzept- und -bilanzverordnung)
AbfVerbrG	Gesetz über die Überwachung und Kontrolle der grenzüberschreitenden Verbringung von Abfällen (Abfallverbringungsgesetz)
AbfVerbrV	Verordnung über die grenzüberschreitende Verbringung von Abfällen (Abfallverbringungs-Verordnung)
abgedr.	abgedruckt
ABl. EG	Amtsblatt der Europäischen Gemeinschaften
Abs.	Absatz
Abschn.	Abschnitt
AbwAG	Gesetz über Abgaben für das Einleiten von Abwasser in Gewässer (Abwasserabgabengesetz)
AbwasserabgabenR	Abwasserabgabenrecht
AcP	Archiv für die civilistische Praxis (Zeitschrift)
AEG	Allgemeines Eisenbahngesetz
AfK	Archiv für Kommunalwissenschaften (Zeitschrift)
AG	Amtsgericht
AGKrW-/AbfG	Ausführungsgesetz zum Kreislaufwirtschafts-und Abfallgesetz
AgrarR	Agrarrecht (Zeitschrift)
ähnl.	ähnlich
AIG	Akteneinsichts- und Informationszugangsgesetz für das Land Brandenburg
AKP	Alternative Kommunalpolitik (Zeitschrift)
allgem.	allgemein
AllgPOR	Allgemeines Polizei- und Ordnungsrecht
AllgVwR	Allgemeines Verwaltungsrecht
Alt.	Alternative
AltautoV	Verordnung über die Überlassung und umweltverträgliche Entsorgung von Altautos (Altauto-Verordnung)
AltlastenR	Altlastenrecht
AltlastG	Altlastengesetz
AltölV	Altölverordnung
AMG	Gesetz über den Verkehr mit Arzneimitteln (Arzneimittelgesetz)
amtl.	amtlich
Amtsbl.	Amtsblatt
Anh.	Anhang
Anl.	Anleitung
Anm.	Anmerkung
AO	Abgabenordnung
AöR	Archiv des öffentlichen Rechts (Zeitschrift)

Abkürzungsverzeichnis

arg. e.	argumentum e
Art.	Artikel
AtAV	Verordnung über die Verbringung radioaktiver Abfälle in das oder aus dem Bundesgebiet (Abfallverbringungsverordnung)
AtDeckV	Verordnung über die Deckungsvorsorge nach dem Atomgesetz (atomrechtliche Deckungsvorsorgeverordnung)
AtG	Gesetz über die friedliche Verwendung der Kernenergie und den Schutz gegen ihre Gefahren (Atomgesetz)
AtKostV	Kostenverordnung zum Atomgesetz
AtomR	Atomrecht
atomrechtl.	atomrechtlich
AtSMV	Verordnung über den Kerntechnischen Sicherheitsbeauftragten und die Meldung von Störfällen und sonstigen Ereignissen (atomrechtliche Sicherheitsbeauftragten- und Meldeverordnung)
AtVfV	Verordnung über das Verfahren bei der Genehmigung von Anlagen nach § 7 des Atomgesetzes (atomrechtliche Verfahrensverordnung)
atw	Atomwirtschaft – Atomtechnik (Zeitschrift)
AtZüV	Verordnung für die Überprüfung der Zuverlässigkeit zum Schutz gegen Entwendung oder erhebliche Freisetzung radioaktiver Stoffe nach dem Atomgesetz (Atomrechtliche Zuverlässigkeitsüberprüfungsverordnung)
Aufl.	Auflage
ausführl.	ausführlich
BAG	Bundesarbeitsgericht
BAnz.	Bundesanzeiger
BattV	Verordnung über die Rücknahme und Entsorgung von Batterien und Akumulatoren (Batterieverordnung)
BauGB	Baugesetzbuch
BaumschutzR	Baumschutzrecht
BauR	Baurecht
BauROG	Bau- und Raumordnungsgesetz
Bay	Bayern
BayVBl.	Bayerische Verwaltungsblätter (Zeitschrift)
BayWG	Bayerisches Wassergesetz
BB	Der Betriebs-Berater (Zeitschrift)
BBA	Biologische Bundesanstalt
BBergG	Bundesberggesetz
Bbg	Brandenburg
BbgWG	Brandenburgisches Wassergesetz
BBodSchG	Gesetz zum Schutz vor schädlichen Bodenveränderungen und zur Sanierung von Altlasten (Bundes-Bodenschutzgesetz)
BBodSchV	Bundes-Bodenschutzverordnung
BBodSchV-E	Entwurf einer Bundes-Bodenschutzverordnung
Bd.	Band/Bände
Bearb.	Bearbeiter
befindl.	befindlich
Begr.	Begründung
begriffl.	begrifflich
Beil.	Beilage
Bek.	Bekanntmachung
ber.	berichtigt
BergR	Bergrecht
Beschl.	Beschluß
BestbüAbfV	Verordnung zur Bestimmung von besonders überwachungsbedürftigen Abfällen (Bestimmungsverordnung besonders überwachungsbedürftiger Abfälle)

BestüVAbfV	Verordnung zur Bestimmung von überwachungsbedürftigen Abfällen zur Verwertung (Bestimmungsverordnung überwachungsbedürftiger Abfälle zur Verwertung)
BesVwR	Besonderes Verwaltungsrecht
BfLR	Bundesforschungsanstalt für Landeskunde und Raumordnung
BGB	Bürgerliches Gesetzbuch
BGBl.	Bundesgesetzblatt
BGenTGKostV	Bundeskostenverordnung zum Gentechnikgesetz
BGH	Bundesgerichtshof
BGHSt	Entscheidungen des Bundesgerichtshofs in Strafsachen
BGHZ	Entscheidungen des Bundesgerichtshofs in Zivilsachen
BImSchG	Gesetz zum Schutz vor schädlichen Umwelteinwirkungen durch Luftverunreinigungen, Geräusche, Erschütterungen und ähnliche Vorgänge (Bundes-Immissionsschutzgesetz)
BioAbfV	Verordnung über die Verwertung von Bioabfällen auf landwirtschaftlich, forstwirtschaftlich und gärtnerisch genutzten Boden (Bioabfallverordnung)
BJagdG	Bundesjagdgesetz
Bln	Berlin
BlnWG	Berliner Wassergesetz
BMBau	Bundesministerium für Raumordnung, Bauwesen und Städtebau
BMI	Bundesministerim des Inneren
BMU	Bundesministerium für Umwelt, Naturschutz und Reaktorsicherheit
BMWi	Bundesminister für Wirtschaft
BNatSchG	Bundesnaturschutzgesetz
BodenschutzR	Bodenschutzrecht
BR	Bundesrat
BR-Drs.	Bundesrats-Drucksache
BRD	Bundesrepublik Deutschland
BReg.	Bundesregierung
Brem	Bremen
BremWG	Bremer Wassergesetz
BSeuchG	Bundes-Seuchengesetz
Bspr	Besprechung
BT	Besonderer Teil
BT-Drs.	Bundestags-Drucksache
BTag	Bundestag
BUND	Bund Umwelt- und Naturschutz Deutschland
BVerfG	Bundesverfassungsgericht
BVerfGE	Entscheidungen des Bundesverfassungsgerichts
BVerwG	Bundesverwaltungsgericht
BVerwGE	Entscheidungen des Bundesverwaltungsgerichts
BW	Baden-Württemberg
BWaldG	Bundes-Waldgesetz
BWVPR	Baden-Württembergische Verwaltungspraxis (Zeitschrift)
BzBlG	Gesetz zur Verminderung von Luftverunreinigungen durch Bleiverbindungen in Ottokraftstoffen für Kraftfahrzeugmotoren (Benzinbleigesetz)
bzw.	beziehungsweise
ca.	circa
CH^4	Methan
ChemG	Gesetz zum Schutz vor gefährlichen Stoffen (Chemikaliengesetz)
ChemG	Gesetz zum Schutz vor gefährlichen Stoffen
ChemGiftInfoV	Verordnung über die Mitteilungspflichten nach § 16e ChemG zur Vorbeugung und Information bei Vergiftungen (Giftinformationsverordnung)

Abkürzungsverzeichnis

ChemikalienR	Chemikalienrecht
ChemKostV	Verordnung über Kosten für Amtshandlungen der Bundesbehörden nach dem Chemikaliengesetz (Chemikalien-Kostenverordnung)
ChemPrüfVO	Verordnung über Prüfnachweise und sonstige Anmelde und Mitteilungsunterlagen nach dem Chemikaliengesetz
ChemStrOWiV	Verordnung zur Durchsetzung gemeinschaftsrechtlicher Verordnungen über Stoffe und Zubereitungen (Chemikalien Straf- und Bußgeldverordnung)
ChemVerbotsV	Verordnung über Verbote und Beschränkungen des Inverkehrbringens gefährlicher Stoffe, Zubereitungen und Erzeugnisse nach dem Chemikaliengesetz (Chemikalien Verbotsverordnung)
ChemVwV-Bewertung	Allgemeine Verwaltungsvorschrift zur Durchsetzung der Bewertung nach § 12 Abs. 2 des Chemikaliengesetzes
ChemVwV-GLP	Allgemeine Verwaltungsvorschrift zum Verfahren der behördlichen Überwachung der Einhaltung der Grundzüge der Guten Laborpraxis
CO_2	Kohlenmonoxid
CO^2	Kohlendioxid
d.	der
d. h.	das heißt
DampfkV	Dampfkesselverordnung
dass.	dasselbe
DB	Der Betrieb (Zeitschrift)
DDR	Deutsche Demokratische Republik
DDT	1,1,1 Trichlor-2,2-bis(4-Chlorpenyl)- aethan und Isomere
DDT-Gesetz	Gesetz über den Verkehr mit DDT
ders.	derselbe
DGB	Deutscher Gewerkschaftsbund
Die Verw.	Die Verwaltung (Zeitschrift)
dies.	dieselbe
differenz.	differenziert
DIN	Deutsches Institut für Normung
DJT	Deutscher Juristentag
DM	Deutsche Mark
DMG	Düngemittelgesetz
DMVO	Düngemittelverordnung
DANN	desixiribonukleinacid
DNS	Desoxyribonukleinsäure
DÖV	Die Öffentliche Verwaltung (Zeitschrift)
DSD	Duales System Deutschland
dt.	deutsch
DüngemittelR	Düngemittelrecht
DVBl.	Deutsches Verwaltungsblatt (Zeitschrift)
DVP	Deutsche Verwaltungspraxis (Zeitschrift)
e. V.	eingetragener Verein
EAG	Europäische Atom-Gemeinschaft
EAK	Europäischer Abfallkatalog
EAKV	Verordnung zur Einführung des Europäischen Abfallkatalogs (EAK-Verordnung)
ECE	Economic Commission for Europe
EDV-Anlage	Elektronische Datenverarbeitungs-Anlage
EEA	Einheitliche Europäische Akte
EfbV	Verordnung über Entsorgungsfachbetriebe (Entsorgungsfachbetriebeverordnung)
EG	Europäische Gemeinschaft

EG-AbfVerbrVO	Verordnung des Rates zur Überwachung und Kontrolle der Verbringung von Abfällen in der, in die und aus der Europäischen Gemeinschaft
EG-DeponieRL	Deponierichtlinie der Europäischen Gemeinschaft
EG-rechtl.	EG-rechtlich
EG-RL	Richtlinie der Europäischen Gemeinschaft
EG-UAVO	Umwelt-Audit-Verordnung der Europäischen Gemeinschaft
EGAB	Erstes Gesetz zur Abfallwirtschaft und zum Bodenschutz
EGBGB	Einführungsgesetz zum Bürgerlichen Gesetzbuch
EGKS	Europäische Gemeinschaft für Kohle und Stahl
EGMR	Europäischer Gerichtshof für Menschenrechte
EGV	Vertrag über die Gründung einer Europäischen Gemeinschaft
eigentumsähnl.	eigentumsähnlich
EinbrG	Gesetz zu den Übereinkommen v. 15. 2. 1972 u. 29. 12. 1972 zur Verhütung der Meeresverschmutzung durch das Einbringen von Abfällen durch Schiff- und Luftfahrt
EINECS	European Inventory of Existing Commercial Substances
Einf.	Einführung
Einl.	Einleitung
EMV	Elektromagnetische Verträglichkeit von Geräten
EndlagerVlV	Verordnung über die Vorausleistung für die Einrichtung von Anlagen des Bundes zur Sicherstellung und zur Endlagerung radioaktiver Abfälle (Endlagervorausleistungsverordnung)
energiewirtschaftl.	energiewirtschaftlich
Entsch.	Entscheidung
entspr.	entsprechend
EnWiG	Energiewirtschaftsgesetz
EPR-Programm	European Recovery Programm
ErbBauV	Erbbauvertrag
EStG	Einkommensteuergesetz
et	energiewirtschaftliche Tagesfragen (Zeitschrift)
etc.	et cetera
EUDUR	Handbuch des europäischen und deutschen Umweltrechts
EuGH	Europäischer Gerichtshof
EuGHE	Entscheidungen des Europäischen Gerichtshofs
EuR	Europarecht (Zeitschrift)
EURATOM	Europäische Atomgemeinschaft
europarechtl.	europarechtlich
EUV	Vertrag über die Europäische Union (Maastricht-Vertrag)
EuZW	Europäische Zeitschrift für Wirtschaftsrecht (Zeitschrift)
EV	Einigungsvertrag
evtl.	eventuell
EWG	Europäische Wirtschaftsgemeinschaft
EWGV	Vertrag zur Gründung der Europäischen Wirtschaftsgemeinschaft
EWS	Europäisches Wirtschafts- und Steuerrecht (Zeitschrift)
f.	folgende
FachplanungsR	Fachplanungsrecht
FAZ	Frankfurter Allgemeine Zeitung
FCKW	Fluorchlorkohlenwasserstoff
FCKW-Halon-VerbotsV	Verordnung zum Verbot von bestimmten die Ozonschicht abbauenden Halogenkohlenwasserstoffen
ff.	fortfolgende
FG	Festgabe
FGU Berlin	Fortbildungszentrum Gesundheits- und Umweltschutz Berlin e. V.

FluglG	Fluglärmgesetz
FMG	Futtermittelgesetz
FMVO	Futtermittelverordnung
Fn.	Fußnote
FOIA	Freedom of Information Act
ForstG	Forstgesetz
ForstR	Forstrecht
FR	Frankfurter Rundschau
fragl.	fraglich
Freisetzungs-RL	Richtlinie des Rates über die absichtliche Freisetzung genetisch veränderter Organismen in die Umwelt (Freisetzungsrichtlinie)
Frhr.	Freiherr
FS	Festschrift
FStrG	Bundesfernstraßengesetz
FusV	Fusionsvertrag
FuttermittelR	Futtermittelrecht
G	Gesetz
GA	Goltdammers Archiv für Strafrecht
GaU	Größter anzunehmender Unfall
GBefGG	Gesetz über die Beförderung gefährlicher Güter
GBl.	Gesetzblatt
GBV	Verordnung über die Bestellung von Gefahrgutbeauftragten und die Schulung der beauftragten Personen in Unternehmen und Betrieben (Gefahrgutbeauftragtenverordnung)
geänd.	geändert
GefahrstoffR	Gefahrstoffrecht
GefstoffV	Verordnung über gefährliche Stoffe (Gefahrstoffverordnung)
gem.	gemäß
gemischtwirtschaftl.	gemischtwirtschaftlich
GenTAnhV	Verordnung über Anhörungsverfahren nach dem GenTG (Gentechnik-Anhörungsverordnung)
GenTAufzV	Verordnung über Aufzeichnungen bei gentechnischen Arbeiten zu Forschungszwecken oder zu gewerblichen Zwecken (Gentechnik-Aufzeichnungsverordnung)
GenTBetV	Verordnung über die Beteiligung des Rates, der Kommission und der Behörden der Mitgliedstaaten der Europäischen Union und der anderen Vertragsstaaten des Abkommens über den Europäischen Wirtschaftsraum im Verfahren zur Genehmigung von Freisetzungen und Inverkehrbringen sowie im Verfahren bei nachträglichen Maßnahmen nach dem GenTG (Gentechnik-Beteiligungsverordnung)
GentechnikR	Gentechnikrecht
GenTG	Gesetz zur Regelung der Gentechnik (Gentechnikgesetz)
GenTNotfV	Verordnung über die Erstellung von außerbetrieblichen Notfallplänen und über Informations-, Melde- und Unterrichtungspflichten (Gentechnik-Notfallverordnung)
GenTSV	Verordnung über die Sicherheitsstufen und Sicherheitsmaßnahmen bei gentechnischen Arbeiten in gentechnischen Anlagen (Gentechnik-Sicherheitsverordnung)
GenTVfV	Verordnung über Antrags- und Anmeldeunterlagen und über Genehmigungs- und Anmeldeverfahren nach dem GenTG (Gentechnik-Verfahrensverordnung)
GerSiG	Gerätesicherheitsgesetz
gesetzl.	gesetzlich
GewArch	Gewerbearchiv (Zeitschrift)
gewerbl.	gewerblich
GewO	Gewerbeordnung
GG	Grundgesetz für die Bundesrepublik Deutschland

GGAV	Verordnung über Ausnahmen von den Vorschriften über die Beförderung gefährlicher Güter (Gefahrgut-Ausnahmeverordnung)
ggf.	gegebenenfalls
GGKontrollV	Verordnung über die Kontrollen von Gefahrguttransporten auf der Straße und in den Unternehmen
GGVBinSch	Verordnung über die Beförderung gefährlicher Güter auf Binnengewässern (Gefahrgutverordnung Binnenschiffahrt)
GGVE	Verordnung über die innerstaatliche und grenzüberschreitende Beförderung gefährlicher Güter mit Eisenbahnen (Gefahrgutverordnung Eisenbahn)
GGVS	Verordnung über die innerstaatliche und grenzüberschreitende Beförderung gefährlicher Güter auf der Straße (Gefahrgutverordnung Straße)
GGVSee	Verordnung über die Beförderung gefährlicher Güter mit Seeschiffen (Gefahrgutverordnung See)
GK-BImSchG	Gemeinschaftskommentar zum Bundes-Immissionsschutzgesetz
GLP	Gute Labor Praxis
GmbH	Gesellschaft mit beschränkter Haftung
GMBl.	Gemeinsames Ministerialblatt
GNG	Gesundheitseinrichtungen-Neuordnungs-Gesetz
GO	Gemeindeordnung
GO NW	Gemeindeordnung für das Land Nordrhein-Westfalen
grundl.	grundlegend
GS	Gedächtnisschrift
GSG	Gerätesicherheitsgesetz
GVBl./GVOBl.	Gesetz- und Verordnungsblatt
h. L.	herrschende Lehre
h. M.	herrschende Meinung
H-FKW	Fluorchlorkohlenwasserstoff
ha	Hektar
HaftungsR	Haftungsrecht
haftungsrechtl.	haftungsrechtlich
HAKA	Hessisches Ausführungsgesetz zum Kreislaufwirtschafts- und Abfallgesetz
Hamb	Hamburg
Hb WasserR	Handbuch des Deutschen Wasserrechts
HbBodSch	Handbuch des Bodenschutzes
HdbÖffBauR	Handbuch des Öffentlichen Baurechts
HdbStR	Handbuch des Steuerrechts
HdbUR	Handbuch des Umweltrechts (hrsg. v. Himmelmann/Pohl)
HdUR	Handwörterbuch des Umweltrechts (hrsg. v. Kimminich/v. Lersner/Storm)
Hess	Hessen
HessStGZ	Hessische Städte- und Gemeindezeitung
hinsichtl.	hinsichtlich
HKWAbfV	Verordnung über die Entsorgung gebrauchter halogenierter Lösungsmittel
hoheitl.	hoheitlich
HÖV	Handbuch für die öffentliche Verwaltung
hrsg.	herausgegeben
Hrsg.	Herausgeber
HS	Halbsatz
i. d. F.d. Bek.	in der Fassung der Bekanntmachung
i. d. F.v.	in der Fassung von/vom
i.e.	im einzelnen
i. E.	im Ergebnis

Abkürzungsverzeichnis

i. e. S.	im engeren Sinne
i. S. d.	im Sinne des/der
i. S. v.	im Sinne von
i.Ü.	im Überblick
i. ü.	im übrigen
i. V. m.	in Verbindung mit
IGH	Statut des internationalen Gerichtshofs
ImmissonsschutzR	Immissionsschutzrecht
inhaltl.	inhaltlich
insbes.	insbesondere
insges.	insgesamt
InvWoE	Investitionserleichterungs- und Wohnbaulandgesetz
IPPC	Integrated Pollution Prerention and Control-Richtlinie
ISO	International Organization for Standardization
ITV	Verordnung über die Entsorgung von Geräten der Informations-, Büro- und Kommunikationstechnik (IT-Altgeräte-Verordnung)
IUR	Informationsdienst Umweltrecht (Zeitschrift)
IVU	integrierte Vermeidung und Verminderung der Umweltverschmutzung
IzR	Sammlung der deutschen Entscheidungen zum internationalen Privatrecht
JA	Juristische Arbeitsblätter (Zeitschrift)
JR	Juristische Rundschau (Zeitschrift)
Jura	Jura (Zeitschrift)
JuS	Juristische Schulung (Zeitschrift)
JZ	Juristenzeitung (Zeitschrift)
Kap.	Kapitel
kartellrechtl.	kartellrechtlich
KernenergieR	Kernenergierecht
kg	Kilogramm
KJ	Kritische Justiz (Zeitschrift)
kJ	Kilojoule
KKW	Kernkraftwerk
KlärEV	Verordnung über den Klärschlamm-Entschädigungsfonds (Klärschlamm-Entschädigungsfondsverordnung)
km	Kilometer
Komm.	Kommission
KraftStG	Kraftfahrzeugsteuergesetz
krit.	kritisch
KrW-/AbfG	Gesetz zur Förderung der Kreislaufwirtschaft und Sicherung der umweltverträglichen Beseitigung von Abfällen (Kreislaufwirtschafts- und Abfallgesetz)
KTA	Kerntechnischen Ausschusses
LAbfG	Landesabfallgesetz
LAGA-Liste	Länderarbeitsgemeinschaft Abfall-Liste
landesrechtl.	landesrechtlich
landwirtschaftl.	landwirtschaftlich
Lfg.	Lieferung
LG	Landgericht
Lit.	Literatur
LK	Leipziger Kommentar
LKV	Landes- und Kommunalverwaltung (Zeitschrift)
LMBG	Gesetz über den Verkehr mit Lebensmitteln, Tabakerzeugnissen, kosmetischen Mitteln und sonstigen Bedarfsgegenständen
LPlG	Landesplanungsgesetz

LSA	Sachsen-Anhalt
LuftVG	Luftverkehrsgesetz
LuftVZO	Luft-Verkehrs-Zulassungs-Ordnung
LWG	Landeswassergesetz
m^2	Quadratmeter
m	Meter
m. Anm.	mit Anmerkung
m.	mit
m. w. N.	mit weiteren Nachweisen
m^3	Kubikmeter
maßgebl.	maßgeblich
MDR	Monatsschrift für Deutsches Recht (Zeitschrift)
MinöStG	Mineralölsteuergesetz
Mio	Million
MK-BGB	Münchener Kommentar zum Bürgerlichen Gesetzbuch
Mrd.	Milliarde
MuA	Müll und Abfall (Zeitschrift)
MV	Mecklenburg-Vorpommern
MW	Megawatt
n. F.	neue Fassung
N^2O	Stickstoffmonoxid
NachbarR	Nachbarrecht
NachwV	Verordnung über Verwertungs- und Beseitigungsnachweise (Nachweisverordnung)
NatSchG	Naturschutzgesetz
NaturschutzR	Naturschutzrecht
Nds	Niedersachsen
NdsVBl.	Niedersächsische Verwaltungsblätter (Zeitschrift)
NdsWG	Niedersächsisches Wassergesetz
neuerl.	neuerlich
NFVO	Verordnung des Europäischen Parlaments und des Rates über neuartige Lebensmittel und neuartige Lebensmittelzutaten
NJ	Neue Justiz (Zeitschrift)
NJW	Neue Juristische Wochenschrift (Zeitschrift)
NLV	Neuartige Lebensmittel- und Lebensmittelzutaten-Verordnung
NO^2	Stickstoffdioxid
No^x	Stickstoffoxid
Nr.	Nummer(n)
NStZ	Neue Zeitschrift für Strafrecht (Zeitschrift)
NuL	Natur- und Landschaft (Zeitschrift)
NuR	Natur und Recht (Zeitschrift)
NVwZ	Neue Zeitschrift für Verwaltungsrecht (Zeitschrift)
NVwZ-RR	Neue Zeitschrift für Verwaltungsrecht-Rechtsprechungs-Report
NW	Nordrhein-Westfalen
NWVBl.	Nordrhein-Westfälische Verwaltungsblätter (Zeitschrift)
OblG	Oberstes Landesgericht
OECD	Organization for Economie Cooperation and Development
ÖffBauR	Öffentliches Baurecht
OLG	Oberlandesgericht
OVG	Oberverwaltungsgericht
OWiG	Gesetz über Ordnungswidrigkeiten
PBefG	Personenbeförderungsgesetz
PCB	Polychlorierte Biphenyle

PCP	Pentachlorphenol
PCT	Polychlorierte Terphenyle
Pflanzenschutz-RL	Pflanzenschutz-Richtlinie
PflanzenschutzR	Pflanzenschutzrecht
PflSchG	Gesetz zum Schutz der Kulturpflanzen (Pflanzenschutzgesetz)
PHI	Produkthaftpflicht international
PHöchstMengV	Verordnung über Höchstmengen für Phosphate in Wasch- und Reinigungsmitteln (Phosphathöchstmengenverordnung)
PKS	Polizeiliche Kriminalstatistik
PKW	Personenkraftwagen
POR	Polizei- und Ordnungsrecht
ppb	Parts per billion
ppm	parts per million
Preuß. GewO	Preußische Gewerbeordnung
ProdHaftG	Produkthaftungsgesetz
qkm	Quadratkilometer
RABELsZ	Zeitschrift für ausländisches und internationales Privatrecht (Zeitschrift)
rd.	rund
RdE	Recht der Energiewirtschaft (Zeitschrift)
RdL	Recht der Landwirtschaft (Zeitschrift)
rechtl.	rechtlich
rechtsstaatl.	rechtsstaatlich
RGBl.	Reichsgesetzblatt
RIW	Recht der internationalen Wirtschaft (Zeitschrift)
RL	Richtlinie(n)
Rn.	Randnummer/n
ROG	Raumordnungsgesetz
RöV	Verordnung über den Schutz vor Schäden durch Röntgenstrahlen (Röntenverordnung)
RP	Rheinland-Pfalz
RReg.	Reichsregierung
RSK	Reaktorsicherheitskommission
RSpr.	Rechtsprechung
RuL	Raumordnung und Landesplanung
RVO	Rechtsverordnung(en)
s.	siehe
S.	Seite(n)
SPD	Sozialdemokratische Partei Deutschland
s. o.	siehe oben
Saarl	Saarland
Sächs.	Sachsen
SAWG	Saarländisches Abfallwirtschaftsgesetz
SF^6	Schwefelhexafluorid
SH	Schleswig-Holstein
SK	Systematischer Kommentar
SKK	Sicherheitskriterien für Kernkraftwerke
SO^2	Schwefeldioxid
sog.	sogenannte/n
Sp.	Spalte/n
SprengG	Sprengstoffgesetz
SRU	Rat von Sachverständigen für Umweltfragen
SSK	Strahlenschutzkommission
StaatsR	Staatsrecht
StaatsV	Staatsvertrag
StÄndG	Steueränderungsgesetz

SteuerR	Steuerrecht
StGB	Strafgesetzbuch
StGR	Städte- und Gemeinderat (Zeitschrift)
StGZ	Städte- und Gemeindezeitung (Zeitschrift)
stoffl.	stofflich
StPO	Strafprozeßordnung
str	streitig
StrafR	Strafrecht
strafrechtl.	strafrechtlich
StrlSchV	Verordnung über den Schutz vor Schäden durch ionisierende Strahlen (Strahlenschutzverordnung)
StrSchVG	Gesetz zum vorsorgenden Schutz der Bevölkerung gegen Strahlenbelastung (Strahlenschutzvorsorgegesetz)
StuG	Stadt und Gemeinde
StuGB	Städte- und Gemeindebund (Zeitschrift)
StuW	Steuer und Wirtschaft (Zeitschrift)
System-RL	Richtlinie des Rates über die Anwendung genetisch veränderter Microorganismen in geschlossenen Systemen (Systemrichtlinie)
t	Tonne
TA	Technische Anleitung
TA Abfall	Zweite allgemeine Verwaltungsvorschrift zum Abfallgesetz
TA Luft	Technische Anleitung zur Reinhaltung der Luft, Erste allgemeine Verwaltungsvorschrift zum Bundes-Immissionsschutzgesetz
TA Lärm	Technische Anleitung zum Schutz gegen Lärm, 6. Allgemeine Verwaltungsvorschrift zum Bundes-Immissionsschutzgesetz
TaSi	Dritte allgemeine Verwaltungsvorschrift zum Abfallgesetz
TensidV	Verordnung über die Abbaubarkeit anionischer und nichtionischer grenzflächenaktiver Stoffe in Wasch- und Reinigungsmitteln (Tensidverordnung)
TgV	Verordnung zur Transportgenehmigung (Transportgenehmigungsverordnung)
Thür	Thüringen
ThürVBl.	Thüringer Verwaltungsblätter (Zeitschrift)
ThürWG	Thüringer Wassergesetz
TierSchG	Tierschutzgesetz
TierseuchenR	Tierseuchenrecht
TierSG	Tierseuchengesetz
TrinkwV	Verordnung über Trinkwasser und über Wasser für Lebensmittelbetriebe (Trinkwasserverordnung)
TÜV	Technischer Überwachungsverein
Tz.	Textziffer/n
u.	und
u.ä.	und ähnliche(s)
u.a.	und andere/unter anderem
u.U.	unter Umständen
UAG	Umwelt-Audit-Gesetz
UAG-ErwV	Umwelt-Audit-Gesetz-Erweiterungsverordnung
UAGBV	Umwelt-Audit-Gesetz-Beleihungsverordnung
UAGGebV	Umwelt-Audit-Gesetz-Gebührenverordnung
UAGZVV	Umwelt-Audit-Zulassungsverfahrensverordnung
UBA	Umweltbundesamt
UBAG	Gesetz über die Einrichtung eines Umweltbundesamtes
UdSSR	Union der Sozialistischen Sowjet-Republiken

Abkürzungsverzeichnis

UGB	Umweltgesetzbuch
UGB-AT-E	Professorenentwurf zum Umweltgesetzbuch, Allgemeiner Teil
UGB-BT	Umweltgesetzbuch, Besonderer Teil
UGB-BT-E	Professorenentwurf eines Umweltgesetzbuchs, Besonderer Teil
UGB-KomE	Entwurf der Unabhängigen Sachverständigenkommission beim Bundesministerium für Umwelt, Naturschutz und Reaktorsicherheit für ein Umweltgesetzbuch
UI-RL	Umweltinformationsrichtlinie
UIG	Umweltinformationsgesetz
UKG	Gesetz zur Bekämpfung der Umweltkriminalität
UMPLIS	Informations- und Dokumentationssystem
UmweltchemikalienR	Umweltchemikalienrecht
UmwelthaftungsR	Umwelthaftungsrecht
UmweltHG	Gesetz über die Umwelthaftung (Umwelthaftungsgesetz)
UmweltprivatR	Umweltprivatrecht
UmweltR	Umweltrecht
UmweltschutzR	Umweltschutzrecht
UmweltstrafR	Umweltstrafrecht
UmweltVwR	Umweltverwaltungsrecht
UmwG	Umwandlungsgesetz
UNCED	United Nations Conference on Environment and Developement
UNDP	United Nations Developent Programme
UNEP News	United Nations Environment Programme News
UNESCO	United Nations Educational, Scientific and Cultural Organization
unwesentl.	unwesentlich
UPR	Umwelt- und Planungsrecht (Zeitschrift)
URG	Umweltrahmengesetz
Urt.	Urteil
US	United States
USA	United States of America
UStatG	Umweltstatistikgesetz
usw.	und so weiter
UTR	Jahrbuch des Umwelt- und Technikrechts
UV	ultraviolette
UV-Strahlen	ultraviolette Strahlung
UVP	Umweltverträglichkeitsprüfung
UVPG	Gesetz über die Umweltverträglichkeitsprüfung
UWG	Gesetz gegen den unlauteren Wettbewerb
v.	von/vom
v.a.	vor allem
v. H.	von Hundert
VA	Verwaltungsakt
VBl	Verwaltungsblatt (Zeitschrift)
VC	Vinylchlorid
VDI	Verein Deutscher Ingenieure
Verf.	Verfasser
verfassungsrechtl.	verfassungsrechtlich
VerfGH	Verfassungsgerichtshof
VerpackV	Verordnung über die Vermeidung und Verwertung von Verpackungsabfällen (Verpackungsverordnung)
VersR	Versicherungsrecht (Zeitschrift)
VersWirtsch.	Versicherungswirtschaft (Zeitschrift)
vertragl.	vertraglich
VerwArch	Verwaltungsarchiv (Zeitschrift)
VG	Verwaltungsgericht

VGH	Verwaltungsgerichtshof
vgl.	vergleiche
VKS	Verband kommunaler Abfallwirtschaft und Stadtreinigung
VO	Verordnung
VölkerR	Völkerrecht
Vorbem.	Vorbemerkung
VR	Verwaltungsrundschau (Zeitschrift)
VVDStRL	Veröffentlichungen der Vereinigung Deutscher Staatsrechtslehrer
VwGO	Verwaltungsgerichtsordnung
VwR	Verwaltungsrecht
VwVfG	Verwaltungsverfahrensgesetz
WaldG	Waldgesetz
WasserR	Wasserrecht
wasserrechtl.	wasserrechtlich
WaStrG	Bundeswasserstraßengesetz
WBGU	Wissenschaftliche Beirat der Bundesregierung Globale Umweltveränderungen
wesentl.	wesentlich
WG	Wassergesetz
WHG	Wasserhaushaltsgesetz
wib	Woche im Bundestag (Zeitschrift)
WiB	Wirtschaft im Betrieb (Zeitschrift)
WiR	Wirtschaftsrecht (Zeitschrift)
wistra	Zeitschrift für Wirtschaft, Steuer, Strafrecht (Zeitschrift)
WiVerw	Wirtschaft und Verwaltung (Zeitschrift)
WiVerwR	Wirtschaftsverwaltungsrecht
WM	Wertpapiermitteilungen (Zeitschrift)
WRMG	Gesetz über die Umweltverträglichkeit von Wasch- und Reinigungsmitteln (Wasch- und Reinigungsmittelgesetz)
WuB	Entscheidungssammlung zum Wirtschafts- und Bankrecht
WuR	Wirtschaftsverwaltungs- und Umweltrecht (Zeitschrift)
WuV	Wirtschaft und Verwaltung (Zeitschrift)
WVG	Gesetz über Wasser- und Bodenverbände
z. B.	zum Beispiel
z. T.	zum Teil
ZAU	Zeitschrift für angewandte Umweltforschung (Zeitschrift)
ZfB	Zeitschrift für Bergrecht (Zeitschrift)
ZfBR	Zeitschrift für deutsches und internationales Baurecht (Zeitschrift)
ZfP	Zeitschrift für Politik (Zeitschrift)
ZfU	Zeitschrift für Umweltrecht und Umweltpolitik (Zeitschrift)
ZfW	Zeitschrift für Wasserrecht (Zeitschrift)
ZG	Zeitschrift für Gesetzgebung (Zeitschrift)
ZHR	Zeitschrift für das gesamte Handelsrecht und Wirtschaftsrecht (Zeitschrift)
Ziff.	Ziffer/n
zit.	zitiert
zivilrechtl.	zivilrechtlich
ZKBSV	Verordnung über die Zentrale Kommission für die Biologische Sicherheit (ZKBS-Verordnung)
ZKF	Zeitschrift für Kommunalfinanzen (Zeitschrift)
ZLR	Zeitschrift für Lebensmittel (Zeitschrift)
ZögU	Zeitschrift für öffentliche und gemeinwirtschaftliche Unternehmen
ZPO	Zivilprozeßordnung
ZRP	Zeitschrift für zivile Praxis (Zeitschrift)

Abkürzungsverzeichnis

ZStW .... Zeitschrift für die gesamte Strafrechtswissenschaft (Zeitschrift)
zul. .... zuletzt
ZUR .... Zeitschrift für Umweltrecht (Zeitschrift)
ZZP .... Zeitschrift für Zivilprozeß (Zeitschrift)

Schmidt, JZ 93, 1086, Kahl, JZ 08, 74

Erster Teil: Allgemeines Umweltrecht

Erster Abschnitt: Strukturen des Umweltrechts

§ 1. Grundbegriffe

A. Umwelt

Umwelt *im weiteren Sinne* ist die Gesamtheit der äußeren Lebensbedingungen, die auf eine bestimmte Lebenseinheit, sei es ein Individuum oder sei es eine Lebensgemeinschaft, einwirkt.[1] 1

Die Umwelt des Menschen setzt sich dementsprechend aus den existenzbestimmenden Faktoren zusammen, d. h. den Faktoren, die die psychischen, technischen, wirtschaftlichen und sozialen Lebensbedingungen und -beziehungen bestimmen.[2] Sie wird mitgestaltet durch fast alle anderen Lebewesen, die wiederum in einer eigenen Umwelt leben. Die Umwelt des Menschen ist insoweit eine Vereinigungsmenge vieler Umwelten, die bei der Umweltpolitik zu berücksichtigen ist.[3] Entsprechend der Weite dieses Umweltbegriffs lassen sich für Teilaspekte unterschiedliche (Teil-)Umweltbegriffe bilden. So wird in den entsprechenden Wissenschaftsdisziplinen etwa ein soziologischer, ein räumlicher und ein biologischer bzw. ökologischer Umweltbegriff verwandt.[4] Zu unterscheiden sind aber vor allem die *soziale,* die *natürliche* und die *vom Menschen selbst geschaffene, gegenständliche Umwelt.* 2

Zur **sozialen Umwelt** zählen die menschlichen Beziehungen, gesellschaftliche, kulturelle und wirtschaftliche Einrichtungen sowie staatliche Institutionen.[5] Die **natürliche Umwelt** des Menschen umfaßt Pflanzen, Tiere und Mikroorganismen in ihren Lebensräumen, Boden, Luft und Wasser.[6] Die **vom Menschen geschaffene gegenständliche Umwelt** umfaßt z. B. Wohngebäude, Fabriken, Verkehrswege, Maschinen, Fahrzeuge usw.[7] 3

Für die Umweltpolitik und das Umweltrecht wurde bislang ein umfassender, die Gesamtheit der äußeren Lebensbedingungen einbeziehender Umweltbegriff als wenig praktikabel empfunden. Begründet wurde dies damit, daß bei einer derart weiten Begrifflichkeit Umweltpolitik nahezu sämtliche Politikbereiche und Umweltrecht die Rechtsordnung insgesamt umfassen 4

---

[1] *Buchwald,* in: Buchwald/Engelhardt, Bd. 1, S. 1; soweit diese Lebensbedingungen miteinander verschränkt sind und mit den Lebewesen in Wechselbeziehung stehen, spricht man auch von einem ökologischen System, vgl. *Wey,* Umweltpolitik, S. 17; *Wittkämper,* Umweltschutz, S. 5; zur geschichtl. Entwicklung des Begriffs Umwelt vgl. *v. Lersner,* FS Sendler, S. 259 ff.; *ders.,* HdUR, Bd. 2, Sp. 2107 (2107 ff.).

[2] *Wicke,* Umweltökonomie, S. 5.

[3] Vgl. SRU, Umweltgutachten 1987, BT-Drs. 11/1568, Tz. 1 ff.

[4] Siehe dazu i. e. *Wicke,* Umweltökonomie, S. 5 f.; *Kimminich,* Umweltschutz, Prüfstein der Rechtsstaatlichkeit, S. 17 ff.; *Steiger,* in: Salzwedel, Grundzüge des UmweltR, 1. Aufl., S. 3 f.

[5] Vgl. dazu *Hartkopf/Bohne,* Umweltpolitik, S. 3.

[6] Vgl. dazu *Hartkopf/Bohne,* Umweltpolitik, S. 3 f.

[7] Vgl. dazu *Buchwald,* in: Buchwald/Engelhardt, Bd. 1, S. 2.

würde.[8] Der umweltpolitischen und rechtswissenschaftlichen Diskussion lag deshalb zumeist ein ökologischer, d. h. ein auf die natürlichen Lebensgrundlagen beschränkter Umweltbegriff zugrunde.[9] Da es eine von Menschen unberührte Umwelt aber kaum noch gibt, sollte Umwelt auch in diesem Sinne nicht nur die urwüchsige Natur, sondern weitergehend den von Menschen gestalteten, natürlichen Lebensraum, wie er in der Bundesrepublik Deutschland vor allem durch die in jahrtausendlanger Entwicklung geformte sog. Kulturlandschaft geprägt wird, erfassen.[10]

5 Ausgeschlossen aus dem Umweltbegriff wurden somit die nicht gegenständlichen Elemente der sozialen Umwelt und die von Menschen künstlich hergestellten Gegenstände. Folgt man dieser einschränkenden Sichtweise, dann dienen umweltschützende Maßnahmen zwar auch dem Erhalt der von Menschen geschaffenen, gegenständlichen Umwelt. So schützen z. B. Maßnahmen zur Verringerung der Luftbelastung nicht zuletzt auch historische Baudenkmäler.[11] Umgekehrt ist aber genauso wenig wie der Verkehrswegeausbau oder die Bestandserhaltung gewerblicher Produktionsanlagen nicht jede denkmalpflegerische Maßnahme zugleich eine solche des Umweltschutzes.

6 Der Gesetzgeber hat bislang auf eine einheitliche rechtsgebietsübergreifende Definition des Umweltbegriffs verzichtet. Der Begriff Umwelt taucht in zahlreichen gesetzlichen Regelungen teilweise selbständig, teilweise auch in Wortverbindungen auf und wird in ganz unterschiedlichen Bedeutungen gebraucht.[12] So findet sich der Begriff der Umwelt selbständig in § 1 Abs. 5 S. 1 BauGB[13], wonach Bauleitpläne u. a. dazu beitragen sollen, eine „menschenwürdige Umwelt" zu sichern und im 28. Abschnitt des Strafgesetzbuches, den der Gesetzgeber mit dem Titel „Straftaten gegen die Umwelt" überschrieben hat.[14] Ferner ist der Umweltbegriff Bestandteil des vor allem für das Immissionsschutz-, aber auch für das Kreislaufwirtschafts- und Abfallrecht zentralen Begriffs der „schädlichen Umwelteinwirkungen".[15] Darüber hinausgehend wird der Umweltbegriff in § 1 Nr. 1 BWaldG[16] durch den Halbsatz konkretisiert „insbesondere für die dauernde Leistungsfähigkeit des Naturhaushaltes, das Klima, den Wasserhaushalt, die Reinhaltung der Luft,

---

[8] So *Soell,* WiR 1973, 72 (83); *Kimminich,* Umweltschutz, Prüfstein der Rechtsstaatlichkeit, S. 104; *Steiger,* in: Salzwedel, Grundzüge des UmweltR, 1. Aufl., S. 4; einschränkend auch *Sendler,* JuS 1983, 255; SRU, Umweltgutachten 1987, BT-Drs. 11/1568 Tz. 36 ff.

[9] So auch *Kölble,* DÖV 1979, 470; *Stern,* StaatR I, § 21 II 3, S. 908; *Storm,* UmweltR, Tz. 12.

[10] Vgl. auch *Kloepfer/Meßerschmidt,* Innere Harmonisierung des UmweltR, S. 26; *Kloepfer,* UmweltR, § 1 Rn. 18.

[11] Siehe dazu BReg., BT-Drs. 10/4614, S. 7.

[12] *Kloepfer/Meßerschmidt,* Innere Harmonisierung des UmweltR, S. 12 zur allgem. Begriffsbestimmung im UmweltR; *Erbguth,* Grundfragen, S. 45; *Bender/Sparwasser/Engel,* UmweltR, Teil 1 Rn. 5; *v. Lersner,* HdUR, Bd. 2, Sp. 2107 (2108 ff.).

[13] Baugesetzbuch (BauGB) i. d. F. d. Bek. v. 27. 8. 1997 (BGBl. I S. 2141, ber. BGBl. 1998 I S. 137).

[14] Zum Umweltbegriff im strafrechtl. Zusammenhang *Bottke,* JuS 1980, 539; vgl. auch *Rengier,* NJW 1990, 2506 ff.; *Kindhäuser,* FS Helmrich, S. 967 (968); zu straf- u. ordnungswidrigkeitenrechtl. Sanktionen im UmweltR vgl. ferner § 13 Rn. 1 ff.

[15] Vgl. §§ 3 Abs. 1 BImSchG, 10 Abs. 4 Nr. 4 KrW-/AbfG; vgl. zum BImSchG ausführl. unten § 21 Rn. 1 ff. u. zum KrW-/AbfG unten § 30 Rn. 1 ff.

[16] Gesetz zur Erhaltung des Waldes und zur Förderung der Forstwirtschaft (Bundeswaldgesetz – BWaldG v. 2. 5. 1975 (BGBl. I S. 1037), zul. geänd. durch G v. 26. 8. 1998 (BGBl. I S. 2521); vgl. dazu unten § 16 Rn. 3 ff.

die Bodenfruchtbarkeit, das Landschaftsbild, die Agrar- und Infrastruktur und die Erholung der Bevölkerung (Schutz- und Erholungsfunktion)".

Erstmals liegt dem Begriff der „Umweltverträglichkeitsprüfung" in § 2 Abs. 1 S. 2 UVPG[17] auf gesetzlicher Ebene ein weiter, nicht auf die natürlichen Lebensgrundlagen beschränkter Umweltbegriff zugrunde. Danach ist die Prüfung der Umweltverträglichkeit auch auf die Auswirkungen eines Vorhabens auf Kultur- und sonstige Sachgüter zu erstrecken. Dieser weite Umweltbegriff gilt zwar auch nicht für alle umweltrechtlichen Bereiche, sondern nur für die Projekte, die einer Umweltverträglichkeitsprüfung unterliegen. Wegen des integrativen Ansatzes der Umweltverträglichkeitsprüfung, d.h. der Betrachtung der Umwelt als Gesamtsystem und nicht aus der Sicht einzelner Sektoren, entfaltet der weite Umweltbegriff aber auch heute schon Wirkung für zahlreiche umweltrechtliche Regelungsbereiche. 7

Der im Auftrag des Umweltbundesamtes entwickelte Professorenentwurf eines Umweltgesetzbuchs (UGB)[18] bestimmt in § 2 Abs. 1 Nr. 1 UGB-AT-E als Umwelt „den Naturhaushalt, das Klima, die Landschaft und schutzwürdige Sachgüter" und geht damit ebenfalls von einem weiten Umweltbegriff aus.[19] Um nicht für alle umweltrechtlichen Regelungsbereiche gleichermaßen einen weiten Umweltbegriff zugrunde legen zu müssen, definiert der Professorenentwurf ferner in § 2 Abs. 2 Nr. 2 UGB-AT-E als besonderen Teil der Umwelt den Begriff des Naturhaushalts als „Boden, Wasser, Luft und lebende Organismen (Naturgüter) sowie das Wirkungsgefüge zwischen ihnen".[20] Ähnlich ist der Ansatz im Kommissionsentwurf zum Umweltgesetzbuch gewählt.[21] Nach § 2 Nr. 1 UGB-KomE ist Umwelt „der Naturhaushalt, die Landschaft, Kulturgüter und schutzwürdige Sachgüter (Umweltgüter) sowie das Wirkungsgefüge zwischen den Umweltgütern". Damit wird ebenfalls ein weiter Umweltbegriff zugrunde gelegt. Um zugleich das eigene Gewicht der natürlichen Umweltbestandteile hervorzuheben, wird der Naturhaushalt als Klammerbegriff für die natürlichen Bestandteile der Umwelt gefaßt. Der Begriff des Naturhaushalts dient als Leitbegriff für die Umschreibung aller Faktoren der natürlichen Umwelt und erstreckt sich gem. § 2 Nr. 2 UGB-KomE auf „Boden, Wasser, Luft, die Ozonschicht, das Klima einschließlich des Kleinklimas, Tiere, Pflanzen und andere lebende Organismen (Naturgüter) sowie das Wirkungsgefüge zwischen den Naturgütern". Damit zeichnet sich zunehmend die Zugrundelegung eines weiten Umweltbegriffs ab, der unter dem Begriff des Naturhaushalts die natürliche Umwelt als einen Teilbereich miterfaßt. 8

B. Umweltgefahren und Umweltschäden

Die Umwelt, vor allem aber der Naturhaushalt, d.h. die natürliche Umwelt, wie sie vom Menschen gestaltet worden ist, wird vielfach beeinträchtigt. Umweltgefahren und Umweltschäden beruhen auf menschlichen Eingriffen in die Umwelt, die zu nicht oder nur teilweise wiedergutzumachenden unerwünschten Umweltveränderungen führen.[22] Unter dem Begriff des 9

17 Gesetz über die Umweltverträglichkeitsprüfung (UVPG) v. 12. 2. 1990 (BGBl. I S. 205), zul. geänd. durch G v. 18. 8. 1997 (BGBl. I S. 2081); vgl. zur UVP unten § 8 Rn. 65ff.

18 Vgl. dazu ausführl. § 1 Rn. 180ff.

19 Vgl. *Kloepfer/u. a.*, UGB-AT-E, S. 37, 109f.

20 *Kloepfer/u. a.*, UGB-AT-E, S. 37, 117.

21 Vgl. dazu ausführl. § 1 Rn. 184ff.

22 In den einzelnen Umweltgesetzen wird vielfach nicht von Umweltgefahren u. Umweltschäden, sondern von Umweltbeeinträchtigungen oder Umweltbelastungen

Kluger, JZ 98, 223

Schadens versteht man eine nicht unerhebliche Beeinträchtigung eines rechtlich geschützten Gutes, während mit dem Begriff der **Gefahr** eine Situation bezeichnet wird, in der bei ungehindertem Ablauf des Geschehens ein Zustand oder ein Verhalten mit hinreichender Wahrscheinlichkeit zu einem Schaden führen wird.[23] Die Gefahr ist dementsprechend durch die Ungewißheit des möglicherweise in der Zukunft eintretenden Schadens gekennzeichnet. Die Einschätzung von Umweltgefahren setzt Prognosen für die Zukunft voraus.

10 Effektiver Schutz der Umwelt erfordert zunächst eine umfassende Information über die weltweit und in der Bundesrepublik Deutschland gegenwärtig vorhandenen und zukünftig drohenden Umweltgefahren und Umweltschäden. Dieser enge Zusammenhang zwischen umfassenden **Umweltinformationen** und effektiven Umweltschutzmaßnahmen ist bereits zu Beginn der 90er Jahre zunehmend erkannt worden.[24] Der Verbesserung der Wissensbasis über den Zustand der Umwelt ist durch die Einräumung von Zugangsrechten zu Umweltinformationen als Individualrecht (vgl. § 4 Abs. 1 UIG[25]) und als Berichterstattungspflicht des Staates (vgl. § 11 UIG), von betrieblichen Produktinformationen (vgl. z.B. § 13 Abs. 1 ChemG,[26] § 20 PflSchG[27]) sowie die Führung von Umweltstatistiken (vgl. § 2 UStatG[28]) Rechnung getragen worden. Auf europäischer Ebene ist dazu 1990 die **Europäische Umweltagentur** geschaffen worden, die 1994 in Kopenhagen ihre Arbeit aufgenommen hat. Sie hat die Aufgabe, auf europäischer Ebene Daten über den Zustand der Umwelt zu sammeln, aufzubereiten und zu analysieren. Umweltberichte informieren so einerseits global,[29] andererseits national zum Teil medienspezifisch über einzelne Bereiche der Umwelt,[30] aber auch medienübergreifend umfassend über die Umweltsitua-

---

gesprochen, siehe dazu *Hagenah,* HdUR, Bd. 2, Sp. 2112ff.; die uneinheitl. Begrifflichkeit ist einer Harmonisierung kaum zugänglich, vgl. *Kloepfer/Meßerschmidt,* Innere Harmonisierung des UmweltR, S. 27ff.

[23] *Murswiek,* HdUR, Bd. 1, Sp. 803.

[24] Vgl. zu Umweltinformationen näher unter § 9 Rn. 61ff.

[25] Umweltinformationsgesetz v. 8. 7. 1994 (BGBl. I S. 1490); vgl. dazu unten § 9 Rn. 68ff.

[26] Gesetz zum Schutz vor gefährlichen Stoffen (Chemikaliengesetz – ChemG) i.d.F.d. Bek. v. 25. 7. 1994 (BGBl. I S. 1703), zul. geänd. durch G v. 14. 5. 1998 (BGBl. I S. 990); vgl. dazu unten § 33 Rn. 1ff.

[27] Gesetz zum Schutz der Kulturpflanzen (Pflanzenschutzgesetz – PflSchG) v. 14. 5. 1998 (BGBl. I S. 971, ber. S. 1527, 3512); vgl. dazu unten § 34 Rn. 3ff.

[28] Gesetz über Umweltstatistiken (Umweltstatistikgesetz – UStatG) v. 21. 9. 1994 (BGBl. I S. 2530), zul. geänd. durch G v. 19. 12. 1997 (BGBl. I S. 3158); vgl. dazu unten § 9 Rn. 64ff.

[29] Vgl. OECD-Berichte „The state of environment", Paris 1979 u. 1985; Bericht über das Umweltprogramm der Vereinten Nationen (UNEP), Umwelt – weltweit, 1983; BReg., „Globale Umweltveränderungen", BR-Drs. 168/94; WBGU, Jahresgutachten 1993, S. 15ff.; ders., Jahresgutachten 1995, BT-Drs. 13/5146, S. 14ff.; ders., Jahresgutachten 1994 „Welt im Wandel: Die Gefährdung der Böden", Anlage zu BT-Drs. 13/2221; ders., Jahresgutachen 1997 „Welt im Wandel – Wege zu einem nachhaltigen Umgang mit Süßwasser", BT-Drs. 13/11435.

[30] Vgl. SRU, Sondergutachten „Umweltprobleme des Rheins" 1976, BT-Drs. 7/5014; ders., Sondergutachten „Umweltprobleme der Nordsee" 1979, BT-Drs. 9/692; ders., Sondergutachten „Umweltprobleme der Landwirtschaft" 1985, BT-Drs. 10/3613; ders., Sondergutachten „Altlasten" 1989, BT-Drs. 11/6191; ders., Sondergutachten „Abfallwirtschaft" 1990, BT-Drs. 11/6191; ders., Sondergutachten „Allge-

tion.[31] Die Umweltberichterstattung beschränkt sich dabei nicht auf eine Bestandsaufnahme und Beschreibung der gegenwärtigen Umweltsituation, sondern nimmt auch zukünftig drohende Umweltgefahren in den Blick.[32]

I. Umweltgefahren weltweit

11 Weltweite und medienübergreifende Prognosen kommen durchaus zu unterschiedlichen Einschätzungen der Umweltsituation und ihrer Entwicklung.[33] Dennoch lassen sich eindeutige Entwicklungstrends feststellen, die den Zeitraum nach der Jahrtausendwende charakterisieren werden.

1. Entwicklungsbedingte Ursachen

12 Beeinflußt wird die globale Entwicklung der Umwelt in erster Linie durch ein zu erwartendes Bevölkerungswachstum mit einer zunehmenden Verstädterung sowie ein Wirtschaftswachstum, das einhergeht mit einem technisch-wirtschaftlichen Wandel.[34]

a) Bevölkerungswachstum und Verstädterung

13 Weltweit wird ein schnelles und exponentielles **Bevölkerungswachstum** vorausgesagt.[35] Die Weltbevölkerung, die im Jahre 1980 auf 4,4 Mrd., 1992 auf 5,5 Mrd. und 1995 auf 5,8 Mrd. Menschen geschätzt wurde, wird bereits im Jahre 2000 auf voraussichtlich 6,35 Mrd. Menschen anwachsen.[36] Davon werden etwa 5 Mrd. Menschen, d. h. mehr als 75% der Menschheit in den sog. unterentwickelten Ländern leben. Die jährliche Wachstumsrate lag im Jahre 1975 bei 1,8%, die prognostizierte Rate für das Jahr 2000 liegt bei 1,7%, wobei ein stärkerer Rückgang der Geburtenraten durch eine Erhöhung des durchschnittlichen Lebensalters zum Teil neutralisiert

---

meine ökologische Umweltbeobachtung" 1990, BT-Drs. 11/8123; ders., Sondergutachten „Altlasten II" 1994, BT-Drs. 13/380; ders., Sondergutachten „Konzept einer dauerhaften umweltgerechten Nutzung ländlicher Räume" 1995, BT-Drs. 13/4109; ders., Sondergutachten „Flächendeckend wirksamer Grundwasserschutz" 1998, BT-Drs. 13/10196.

[31] *Koch,* Die Lage der Nation 1985/86; UBA, Daten zur Umwelt 1984, 1986/87, 1988/89, 1990/91, 1992/93 sowie neuerl. Daten zur Umwelt 1997; SRU, Umweltgutachten 1974, BT-Drs. 7/2802; ders., Umweltgutachten 1978, BT-Drs. 8/1938; ders., Umweltgutachten 1987, BT-Drs. 11/1568; ders., Umweltgutachten 1994, BT-Drs. 12/6995; ders., Umweltgutachten 1996, BT-Drs. 13/4108; ders., Umweltgutachten 1998, BT-Drs. 13/10195; Umweltberichte der BReg., Umweltbericht 1990, BT-Drs. 11/7168; dies., Umweltbericht 1994, BT-Drs. 12/8451; dies., Umweltbericht 1998, BT-Drs. 13/10735; BMU, Umweltschutz in Deutschland, S. 5 ff.

[32] BReg., „Globale Umweltveränderungen", BR-Drs. 168/94, S. 17 ff., 54 ff.

[33] Derartige Globalstudien sind „Global 2000", der Bericht der US-Regierung an den amerikanischen Präsidenten über die Lage der Umwelt aus dem Jahre 1980, u. „Die Grenzen des Wachstums", der Bericht des Club of Rome zur Lage der Menschheit aus dem Jahre 1972; vgl. auch *Niesbet,* Globale Umweltveränderungen, S. 27 ff.; zur Situation der Umwelt in Europa ausführl. *Tietmann,* in: Rengeling, EUDUR, Bd. 1, § 2 Rn. 1 ff.

[34] Vgl. zu diesen entwicklungsbedingten Ursachen *Wicke,* Umweltökonomie, S. 30 ff.; ferner WBGU, Jahresgutachten 1993, S. 115.

[35] Zum Bevölkerungswachstum als Umweltproblem vgl. *Wicke,* Umweltökonomie, S. 30 ff.; *Hauser,* Bevölkerungs- und Umweltprobleme der Dritten Welt, Bd. 2, S. 55 ff.; WBGU, Jahresgutachten 1993, S. 118 ff.

[36] Global 2000, S. 26; die Zahlen schwanken zwischen den einzelnen Globalstudien allerdings zwischen 5,8 u. 6,7 Mrd. Menschen; vgl. auch UBA, Daten zur Umwelt 1997, S. 13.

wird.[37] Eine Zuwachsrate von 1,7% bedeutete für das Jahr 2000 einen Bevölkerungszuwachs von 100 Mio. Menschen jährlich.[38] Bei der gegenwärtigen und prognostizierten Wachstumsrate würde die Weltbevölkerung um das Jahr 2030 ca. 10 Mrd. und gegen Ende des 21. Jahrhunderts die 30 Mrd. erreichen.[39] Diese Bevölkerungsentwicklung wird zu einer erhöhten Nahrungsmittelproduktion führen.[40]

14 Das Bevölkerungswachstum wird außerdem weltweit einhergehen mit einer dramatischen Abwanderung der Landbevölkerung in die großen Städte **(Verstädterung)**.[41] Während im Jahre 1950 in den stärker entwickelten Regionen über 53% der Bevölkerung in städtischen Zentren wohnten, werden es im Jahre 2000 bereits 75% sein.[42] Ferner wird das Bevölkerungswachstum sowie die ungleichmäßige Verteilung der Menschheit dazu führen, daß es infolge von Armut und Umweltbeeinträchtigungen zu massiven Migrationsprozessen kommt.[43]

b) Wirtschaftswachstum und technisch-wirtschaftlicher Wandel

15 Die rasch anwachsende Weltbevölkerung und der daraus folgende erhöhte Bedarf an Nahrungsmitteln, Wirtschaftsgütern und Dienstleistungen lassen außerdem weltweit ein **Wirtschaftswachstum** erwarten.[44] Infolgedessen wird sich der Verbrauch an Energie erhöhen und die entsprechenden Rohstoffquellen werden reduziert.[45]

16 Hinzu kommt ein umweltungünstiger **technisch-wirtschaftlicher Wandel**, der zusätzliche Umweltgefährdungen mit sich bringt. Insbesondere wirken zum Teil umweltbelastende Änderungen der Produktionstechniken und Konsumgewohnheiten zusätzlich über das normale Wachstum der Emissionen hinaus negativ auf die Umwelt.[46]

17 Ferner zeichnet sich auch die Zunahme des **Verkehrs** als Umweltgefährdung ab. Weltweit wurde bereits bis zum Jahre 2000 ein Zuwachs von 41% für PKW und über 48% für LKW prognostiziert.[47] Der Individualverkehr wird als Hauptverursacher von Umweltbelastungen angesehen, da er eine wichtige Emissionsquelle für Luftschadstoffe und Lärm ist, zu starkem Flächenverbrauch sowie einer Beeinträchtigung des Landschaftsbildes führt.[48] Aber auch dem zunehmenden Luftverkehr wird eine Gefährdung der Umwelt durch eine Zerstörung der Ozonschicht und eine Veränderung des Klimas attestiert.[49]

18 Besorgniserregend sind in diesem Zusammenhang nach wie vor die möglichen **Auswirkungen der Nutzung der Kernenergie**. Die Gefahr einer radioaktiven Verseuchung der Umwelt durch Reaktorunfälle nimmt notwendig mit der weltweit wachsenden Zahl der in Betrieb genommenen Kernreaktoren zu. Insbesondere der aus westlicher Sicht unzureichende Sicherheitsstandard von Kernkraftwerken sowjetischer Bauart gibt Anlaß zur Sorge.[50] Tschernobyl ist in diesem Sinne zum Symbol für die

---

[37] Siehe dazu Global 2000, S. 39; Umwelt – weltweit, S. 316.

[38] Vgl. Global 2000, S. 26; dazu auch *Wicke,* Umweltökonomie, S. 31 f.

[39] *Wicke,* Umweltökonomie, S. 32; vgl. auch zu Prognosen der UNPD und der Weltbank WBGU, Jahresgutachten 1993, S. 119.

[40] *Wicke,* Umweltökonomie, S. 32.

[41] *Wicke,* Umweltökonomie, S. 35; WBGU, Jahresgutachten 1993, S. 120 f.; UBA, Daten zur Umwelt 1997, S. 13.

[42] Vgl. *Wicke,* Umweltökonomie, S. 35.

[43] WBGU, Jahresgutachten 1993, S. 120, 123 ff.

[44] *Hartkopf/Bohne,* Umweltpolitik, S. 6 ff.; indes wird z. T. ein Zusammenhang zwischen Bevölkerungswachstum u. Wirtschaftswachstum nur für Entwicklungsländer, nicht aber für Industrieländer anerkannt, WBGU, Jahresgutachten 1993, S. 132.

[45] *Wicke,* Umweltökonomie, S. 38.

[46] Siehe dazu *Wicke,* Umweltökonomie, S. 39.

[47] Bezogen auf die Jahre 1990 bzw. 1989 vgl. WBGU, Jahresgutachten 1993, S. 168.

[48] WBGU, Jahresgutachten 1993, S. 164 ff.

[49] Zur Gefährdung der Umwelt durch die Raumfahrt vgl. *Knittlmeyer,* ZUR 1993, 203 ff.

[50] In den östl. Ländern Rußland, der Ukaine, Armenien, Litauen, Bulgarien, Ungarn, der Tschechischen Republik u. der Slowakischen Republik werden davon insgesamt 66 Reaktoren betrieben, von denen 24 aus westl. Sicht nicht nachrüstbar sind, vgl. BMU, Umweltbericht 1998, BT-Drs. 13/10735, S. 146.

von den Kernkraftwerken sowjetischer Bauart in Mittel- und Osteuropa ausgehenden Gefahren geworden.[51] Hinzu kommen – trotz der Arbeiten der Internationalen Atomenergieorganisation zur Bekämpfung des Nuklearschmuggels – Gefahren für die Umwelt und die Bevölkerung durch den stark zunehmenden illegalen Handel mit radioaktiven Stoffen wie Plutonium oder angereichertem Uran.[52] Ursache dafür ist, daß vor allem Forschungseinrichtungen und Kernbrennstofflager für U-Boote in der Russischen Föderation unzureichend gegen Entwendung von Kernmaterial gesichert werden und bei der Zerlegung von Kernwaffen im Zuge der Abrüstung große Mengen metallischen, unmittelbar waffenfähigen Plutoniums und hoch angereicherten Urans anfallen, die über mehrere Jahre zwischenzulagern sein werden.[53] Wenngleich die internationale Entsorgungskonvention Sicherheitsanforderungen für die Handhabung von bestrahlten Brennelementen und radioaktiven Abfällen bis hin zu ihrer endgültigen Beseitigung sowie für die dafür notwendigen Anlagen zusammenstellt, ist die Frage der Endlagerung radioaktiver Abfälle aufgrund ihrer rasch ansteigenden Menge als problematisch anzusehen. Die bis zum Jahre 2000 wahrscheinlich errichteten Kernkraftwerke werden weltweit mehrere hunderttausend Tonnen hochradioaktiver, verbrauchter Brennelemente und daneben Millionen von Kubikmetern schwach radioaktiver Abfälle erzeugen, deren Halbwertzeit annähernd 5mal so lang sein wird wie die überlieferte Geschichte der Menschheit.[54]

2. *Folgen für die Umwelt*

Weltweit wird wegen des zu erwartenden Bevölkerungs- und Wirtschaftswachstums eine Entwicklung prognostiziert, die einerseits durch das Abholzen großer Waldgebiete, durch die Erosion wertvoller Böden, die Verwüstung und Versteppung weiter Landschaftsteile und regionale Wasserknappheit sowie andererseits durch die Verschmutzung von Boden, Luft und Wasser durch Schadstoffe und den Verlust zahlreicher Tier- und Pflanzenarten gekennzeichnet ist.[55] **19**

a) Verlust von land- und forstwirtschaftlicher Nutzfläche

Die Bevölkerungsentwicklung, die eine erhöhte Nahrungsmittelproduktion zur Folge hat, wird zu einer intensiveren Bearbeitung der bestehenden Flächen und soweit möglich zu einer Ausdehnung der Anbauflächen (z.B. durch (Brand-)Rodung der Urwaldfläche) führen.[56] Denn im Jahre 2000 wird ein Hektar Land, der in den frühen 70er Jahren durchschnittlich 2,6 Personen ernährte, bereits 4 Personen ernähren müssen. Die Steigerung der Nahrungsmittelproduktion wird deshalb nur über die stark umweltbelastende Verwendung von Kunstdünger, Pestiziden, Herbiziden, durch künstliche Bewässerung und energieintensiven Maschineneinsatz möglich sein.[57] Dies wird unmittelbar Auswirkungen auf die Böden haben. Schon heute weisen 15% der Böden weltweit deutliche **Bodendegradationserscheinungen** auf, die anthropogen verursacht worden sind.[58] Schädliche Bodenveränderungen werden insbesondere durch chemische und physikalische Bodenveränderungen und Erosion durch Wind und Wasser verursacht.[59] **20**

---

[51] Dazu BMU, Umweltbericht 1998, BT-Drs. 13/10735, S. 148.

[52] Vgl. dazu BMU, Umweltbericht 1998, BT-Drs. 13/10735, S. 144f.

[53] BMU, Umweltbericht 1998, BT-Drs. 13/10735, S. 145.

[54] Global 2000, S. 86.

[55] Vgl. dazu WBGU, Jahresgutachten 1993, S. 126ff., 153ff.

[56] Vgl. *Wicke,* Umweltökonomie, S. 32; WBGU, Jahresgutachten 1993, S. 131.

[57] Global 2000, S. 51.

[58] WBGU, Jahresgutachten 1994, „Welt im Wandel: Gefährdung der Böden", Anlage zu BT-Drs. 13/2221, S. 82.

[59] WBGU, Jahresgutachten 1994 „Welt im Wandel: Gefährdung der Böden", Anlage zu BT-Drs. 13/2221, S. 82; BMU, Umweltbericht 1998, BT-Drs. 13/10735, S. 100.

21 Die Prognosen deuten ferner darauf hin, daß die Waldflächen einschließlich des Nutzholzbestandes in den unterentwickelten Ländern im Zeitraum von 1980 bis zum Jahre 2000 um 40% zurückgehen werden.[60] Die Situation ist für die industrialisierten Regionen erheblich günstiger.[61] Allerdings sind hier seit einigen Jahren die Folgen des Waldsterbens zu beobachten.[62] Dadurch entstehen die Gefahren der **Erosion** und **Versteppung** sowie **Versalzungsprobleme** bei künstlicher Bewässerung.[63] So werden sich als Folge einer Überweidung von Grasland, einer destruktiven Anbauproduktion auf dem Ackerland und einer unkontrollierten Abholzung von Wäldern die Wüstengebiete auf der Erde, die 1980 etwa 800 Mio. Hektar umfaßten, bis zum Jahre 2000 um mindestens 20% vergrößert haben.[64] Die Vereinten Nationen haben sogar etwa 2 Mrd. Hektar Land bezeichnet, das durch Verwüstung gefährdet bzw. stark gefährdet ist.[65]

b) Klimaverschlechterung

22 Der drastische Rückgang von Waldbeständen und land- und forstwirtschaftlichen Flächen läßt zudem zusammen mit steigenden Kohlendioxid-Konzentrationen und ozonabbauenden Chemikalien in der Atmosphäre entscheidende Klimaverschlechterungen befürchten.[66] Durch den weltweit nach wie vor steigenden Energieverbrauch, insbesondere durch das Verbrennen fossiler Energieträger, wird in hohem Maße Kohlendioxid (CO_2) freigesetzt. Der CO_2-Gehalt der Erdatmosphäre hat seit Beginn der Industrialisierung vor etwa 200 Jahren von 280 auf etwa 360 ppm (Teile pro Mio.) zugenommen. Kohlendioxid und andere Treibhausgase behindern nicht die kurzwellige Einstrahlung von Sonnenlicht auf die Erde, wohl aber die langwellige Energieabstrahlung in das Weltall *(Treibhauseffekt)*. Der damit verbundene Anstieg der Treibhausgaskonzentration führt zu einem allmählichen Anstieg der Lufttemperaturen, d. h. einer **Erderwärmung**.[67] Dies wiederum könnte zu einer entscheidenden Veränderung der Verteilung der Niederschläge auf der Erde und zu einem schrittweisen Anstieg des Meeresspiegels verbunden mit einem Verlust zahlreicher Küstenbereiche führen.[68] Ferner könnten die insgesamt höheren Temperaturen zu einem dynamischeren Klimageschehen mit einer Häufung extremer Wetterverhältnisse führen.[69] Die **Zerstörung der Ozonschicht** hat bereits zu einer erhöhten UV-B Einstrahlung der Sonne vor allem über der Süd-, aber auch über der Nordhalbkugel der Erde geführt.[70] Die Auswirkungen einer erhöhten UV-B Einstrahlung auf die Landwirtschaft, auf die Planktonbildung in den Meeren und damit auf den Beginn der Nahrungskette sowie auf die menschliche Gesundheit sind wissenschaftlich gesichert. Auf der Südhalbkugel wird u. a. eine Zunahme von Hautkrebs und von grauem Star bei Menschen und bei Tieren beobachtet.[71]

---

[60] Global 2000, S. 61; dazu auch WBGU, Jahresgutachten 1993, S. 31 ff.; ders., Jahresgutachten 1994 „Welt im Wandel: Wege zur Lösung globaler Umweltprobleme", Anlage zu BT-Drs. 13/2221; dazu ferner BMU, Umweltbericht 1998, BT-Drs. 13/10735, S. 178.

[61] Global 2000 geht davon aus, daß die Wälder in den industrialisierten Regionen nur um 0,5% und der wachsende Bestand um 5% zurückgehen, vgl. Golbal 2000, S. 61.

[62] Vgl. zum Thema Waldschäden und Luftverunreinigungen SRU, Sondergutachten 1983 „Waldschäden und Luftverunreinigungen", BT-Drs. 10/113.

[63] *Wicke,* Umweltökonomie, S. 32.

[64] Vgl. dazu auch WBGU, Jahresgutachten 1993, S. 131.

[65] Global 2000, S. 78.

[66] WBGU, Jahresgutachten 1993, S. 131; UBA, Daten zur Umwelt 1997, S. 92 ff.; BMU, Umweltbericht 1998, BT-Drs. 13/10735, S. 50.

[67] Vgl. zum CO_2-Gehalt insges. BMU, Umweltbericht 1998, BT-Drs. 13/10735, S. 50.

[68] WBGU, Jahresgutachten 1993, S. 154 f.

[69] BMU, Umweltbericht 1998, BT-Drs. 13/10735, S. 50.

[70] Vgl. dazu BMU, Umweltbericht 1998, BT-Drs. 13/10735, S. 59.

[71] BMU, Umweltbericht 1998, BT-Drs. 13/10735, S. 59; zuvor bereits Global 2000, S. 85; WBGU, Jahresgutachten 1993, S. 155.

c) Wasserknappheit

23 Zu einem immer ernsteren Problem werden sich zukünftig **regionale Wasserknappheiten** entwickeln. Der Wasserverbrauch wird sich durch das Bevölkerungswachstum, durch die notwendige künstliche Bewässerung der Anbauflächen und durch ein verändertes Konsumverhalten ständig erweitern und u. a. mit einer Absenkung des Grundwasserspiegels in vielen Regionen verbunden sein.[72] Der Wasserverbrauch hat sich weltweit von 1950 bis 1994 nahezu versechsfacht, wobei die Landwirtschaft mit etwa 70% der größte Verbraucher ist. Die nutzbaren Wasservorräte der Erde werden bis zum Jahr 2000 im Vergleich zu 1950 in Asien um drei Viertel, in Afrika um zwei Drittel und in Europa um ein Drittel zurückgehen.[73] Demgegenüber wird die Wasserversorgung in den unterentwickelten Ländern durch das starke Abholzen von Waldgebieten immer unberechenbarer, die Wasserqualität durch Schadstoffeintrag weltweit bedenklich abnehmen.[74] Schon heute leben rund 2 Mrd. Menschen ohne sauberes Trinkwasser. Weltweit werden nur 5% der Abwässer gereinigt.[75] Alles deutet außerdem auf eine zunehmende Zerstörung und Verschmutzung der Ökosysteme in den Küstengebieten und den Meeren hin, was wiederum erhebliche Auswirkungen auf den für die Ernährung der Bevölkerung sehr wesentlichen Fischfang haben wird.[76]

d) Rohstoffknappheit

24 Nicht regenerierbare Energiequellen – dazu zählen Kohle, Erdöl, Erdgas, Ölschiefer, Teersand und Uran – und mineralische Rohstoffe reichen theoretisch zwar noch für Jahrhunderte. Ihr Abbau wirft allerdings schwerwiegende ökonomische und ökologische Probleme auf. Für zahlreiche unterentwickelte Länder werden die Förderkosten unbezahlbar werden. Für diese Länder wird zudem die durch das Abholzen großer Waldbestände drohende Brennholzknappheit schwerwiegende Folgen auslösen **(Rohstoffknappheit)**.[77]

e) Artenverlust

25 Während die Schätzungen 1980 noch davon ausgingen, daß bis zum Jahre 2000 15 bis 20% aller auf der Erde lebenden Tier- und Pflanzenarten ausgestorben sein könnten,[78] gingen die Prognosen 1995 bereits davon aus, daß bis zur Mitte des nächsten Jahrhunderts bis zu 50% aller Arten verloren gehen könnten.[79] Dieser enorme **Artenverlust** kann wegen des Verlustes an biotischen Ressourcen und wegen der Verringerung des genetischen Reservoirs schwerwiegende Folgen für die Nahrungsmittelproduktion, für pharmazeutische Chemikalien, für Baustoffe etc. nach sich ziehen.[80]

II. Umweltgefahren in der Bundesrepublik Deutschland

26 Die Umweltprobleme der Bundesrepublik Deutschland sind nur teilweise mit den soeben skizzierten entwicklungsbedingten Ursachen und den weltweiten Umweltgefahren identisch.[81]

---

[72] WBGU, Jahresgutachten 1993, S. 131.

[73] BMU, Umweltbericht 1998, BT-Drs. 13/10735, S. 85.

[74] Vgl. auch WBGU, Jahresgutachten 1993, S. 155.

[75] Vgl. dazu BMU, Umweltbericht 1998, BT-Drs. 13/10735, S. 85.

[76] Global 2000, S. 82; zur weltweiten Entwicklung der Umweltsituation im Bereich der Küsten- u. Binnengewässer in den Jahren 1972–1982 siehe Umwelt – weltweit, S. 75 ff., 127 ff.; zu Forderungen zur Sicherung der Wasservorräte WBGU, Jahresgutachten 1997 „Welt im Wandel – Wege zu einem nachhaltigen Umgang mit Süßwasser", BT-Drs. 13/11435, S. 15 ff.

[77] Global 2000, S. 27, 68 ff.

[78] Global 2000, S. 86; dazu auch WBGU, Jahresgutachten 1993, S. 155.

[79] WBGU, Jahresgutachten 1995, BT-Drs. 13/5146, S. 15 ff.; dazu auch BMU, Umweltbericht 1998, BT-Drs. 13/10735, S. 101.

[80] Global 2000, S. 86.

[81] Zur Umweltsituation in Deutschland vgl. UBA, Daten zur Umwelt 1997; SRU, Umweltgutachten 1998, BT-Drs. 13/10195; BReg., Umweltberichte 1998, BT-Drs.

1. Entwicklungsbedingte Ursachen

27 Für die entwicklungsbedingten Ursachen ist maßgeblich, daß Deutschland ein Industriestaat mit hoher Bevölkerungsdichte und geringen eigenen Rohstoffvorkommen ist.

a) Hohe Bevölkerungsdichte

28 Bedingt durch die Öffnung Osteuropas und die zunehmende Migration wird die Bevölkerung in Deutschland entgegen der Prognosen der 90er Jahre dem weltweiten Trend entsprechend zunehmen.[82] In den alten Ländern lebten 1989 62,7 Mio. Einwohner, in der ehemaligen DDR 16,4 Mio. Die Bevölkerung wuchs im vereinigten Deutschland im Zeitraum von 1990 bis 1996 von 79,4 Mio auf 81,8 Mio, also um ca. 3%. Beinahe zwei Drittel des Zuwachses entfallen auf den Zuzug von Spätaussiedlern aus Osteuropa und Zentralasien. Zudem zeichnet sich die Bundesrepublik Deutschland durch eine **hohe Bevölkerungsdichte** aus. Bei einer Fläche von 357 000 qkm beträgt die Bevölkerungsdichte im Durchschnitt 228 Einwohner pro qkm, wobei sich die Bevölkerungszuwächse auf die Ballungsgebiete konzentrieren.[83]

29 Hingegen sind bezüglich der Nahrungsmittelproduktion die sich weltweit abzeichnenden Tendenzen für Deutschland nicht zu erwarten. Vielmehr stehen hier nach wie vor vor allem **Schadstoffbelastungen** im Vordergrund. Zu nennen ist insbesondere die Kontamination von Nahrungsmitteln mit Nitraten und Schwermetallen.[84] Soweit diese bis zur Mitte der 80er Jahre durch eine intensive Bodennutzung im Bereich der Pflanzenproduktion und der Viehwirtschaft verursacht worden waren,[85] sind mit der Durchsetzung der guten fachlichen Praxis im Düngemittel- und Pflanzenschutzrecht sowie mit der Reform der Gemeinsamen Agrarpolitik der Europäischen Gemeinschaft[86] die Weichen auf eine Verminderung der Bewirtschaftungsintensität in der Landwirtschaft gestellt worden.[87] So ging der Absatz von Handelsdünger im Zeitraum von 1988 bis 1996 um 60% und derjenige von Stickstoff um 25% zurück. Ebenso reduzierte sich im gleichen Zeitraum der Absatz von Pflanzenschutzmitteln um 30%.[88]

b) Hoher Rohstoff- und Energieverbrauch

30 Ebenso ist entgegen dem weltweit vorausgesagtem Wirtschaftswachstum das Wachstum in den hochentwickelten Industrieländern wie in Deutschland eher gering ausgefallen.[89] So lag das durchschnittliche jährliche Wirtschaftswachstum im Zeitraum von 1990 bis 1995 bei 1,5%.[90] Gleichwohl stagniert der **Rohstoff- und Energieverbrauch auf hohem Niveau**.[91] So hat der Energieverbrauch in den Jahren 1990 bis 1997 nur um 2,8% abgenommen.[92] Im Vergleich zu anderen Regionen der Welt ist die

---

13/10735; speziell zu den neuen Ländern Jahresbericht der BReg. zum Stand der Deutschen Einheit 1998, BT-Drs. 13/10823.

[82] Zur Bevölkerungsentwicklung vgl. auch BMBau, Baulandbericht 1993, S. XV; Mitteilung der BfLR, 1/94, S. 1; UBA, Daten zur Umwelt 1997, S. 11.

[83] Zur Bevölkerungssituation insges. BMU, Umweltbericht 1998, BT-Drs. 13/10735, S. 8.

[84] Vgl. dazu UBA, Daten zur Umwelt 1986/1987, S. 462 ff.; SRU, Umweltgutachten 1987, BT-Drs. 11/1568, Tz. 1232 ff.; BReg., Bodenschutzkonzeption, BT-Drs. 10/2977, S. 23 ff; SRU, Umweltgutachten 1994, BT-Drs. 12/6995, Tz. 468.

[85] Vgl. BReg., Raumordnungsbericht 1986, S. 87 ff.; *Kauch,* Bodenschutz, S. 19 ff.

[86] Zur begriffl. Differenzierung in EG u. EU vgl. ausführl. unten § 3 Rn. 32 ff.

[87] BMU, Umweltbericht 1998, BT-Drs. 13/10735, S. 9; zu den Auswirkungen der Landwirtschaft auf Umwelt auch *Schink,* UTR 1999, 8 ff.

[88] UBA, Daten zur Umwelt 1997, S. 73, 77; BMU, Umweltbericht 1998, BT-Drs. 13/10735, S. 9.

[89] Vgl. dazu die Prognosen Global 2000, 191 ff.; SRU, Umweltgutachten 1994, BT-Drs. 12/6995, Tz. 448.

[90] BMU, Umweltbericht 1998, BT-Drs. 13/10735, S. 9.

[91] Vgl. auch UBA, Daten zur Umwelt 1997, S. 51; UBA, Jahresbericht 1997, S. 182 f.

[92] BMU, Umweltbericht 1998, BT-Drs. 13/10735, S. 9.

Bundesrepublik Deutschland ein rohstoffarmes Land.[93] Sie verbrauchte 1980 etwa 10% aller auf der Welt geförderten mineralischen Rohstoffe. In günstigen Fällen beträgt die Einfuhrabhängigkeit der Bundesrepublik für einzelne Rohstoffe 40%, bei der überwiegenden Mehrzahl der Rohstoffe jedoch bis zu 100%. Auch die Energiereserven der Bundesrepublik sind knapp. Im Bundesgebiet befinden sich weniger als 1% der Weltvorräte an Erdöl, Erdgas und Uran; bedeutsam sind allerdings die vorhandenen Stein- und Braunkohlevorkommen.[94] Nach der Ölpreiserhöhung im Jahre 1973 sind deshalb die hohen Steigerungsraten des Primärenergieverbrauchs, die in den 60er Jahren bei rd. 5% im Jahr und in den Jahren 1970 bis 1973 bei rd. 4% jährlich lagen, erheblich gesunken.[95] Geändert wurde vor allen Dingen die Struktur der Energieträgeranteile am Primärenergieverbrauch. So ist nach der Erdölkrise 1973 der Anteil des Mineralöls von 55,2% auf 40% (1995) gesunken, während in diesem Zeitraum der Anteil der Kernenergie und der Naturgase am Primärenergieverbrauch von 1% auf 10% bzw. 10,2% auf 20% angestiegen ist.[96] Der Anteil von Stein- und Braunkohle beträgt 15% bzw. 12%.[97] Der Anteil der erneuerbaren Energiequellen und sonstigen Energieträger beträgt 3%.

c) Hoher Industrialisierungsgrad

Ebenso werden die Folgeerscheinungen des hohen Industrialisierungsgrades, die beim Bau und Betrieb von Industrieanlagen und Straßen auftreten, insbesondere **Lärm- und Schadstoffbelastungen** durch Industrieabfälle, Abgase und Abwässer, auch bei geringerem Wirtschaftswachstum verbleiben. 31

Ferner hat insbesondere die **Zunahme des Verkehrs** einen beachtlichen Anteil an verschiedenen Umweltbelastungen. Allein die im Straßengüterverkehr transportierte Tonnage ist im Zeitraum von 1990 bis 1995 um 25% gestiegen, während die Fahrleistung im Personenverkehr im gleichen Zeitraum nur um 3,6% gestiegen ist.[98] An deutschen Flughäfen ist zudem die Zahl der Flugbewegungen 1993 auf insgesamt 1,5 Mio. angestiegen.[99] Diese Zunahme im gesamten Verkehrsbereich wirkt sich nicht nur schädigend auf das Klima und die Luftverschmutzung aus, sondern führt zugleich zu einer gesteigerten Flächeninanspruchnahme und einer zunehmenden Lärmbelastung.[100] 32

Erst in neuerer Zeit sind zudem die Belastungen durch Strahlungen ins Blickfeld gerückt. Zu nennen sind insbesondere **Strahlenbelastungen** durch elektromagnetische Felder, durch UV-Strahlen und durch Laserstrahlen.[101] 33

Ein besonderes Umweltproblem stellen die **Altlasten** dar, die durch den Betrieb von Industrieanlagen, durch Rüstungsproduktion, durch militärische Übungsplätze oder unsachgemäße Abfalldeponierung entstanden sind.[102] Insgesamt wurden bis August 1997 190.716 Altlastenverdachtsflächen registriert, von denen 87444 als Altablagerungen und 103272 als Altstandorte einzuordnen sind.[103] Im Bereich der Rüstungsaltlasten wurden 1995 3240 Verdachtsstandorte ausgewiesen.[104] 34

2. Folgen für die Umwelt

Die hohe Bevölkerungsdichte und der Industrialisierungsgrad führen zu einer starken Belastung der Umweltmedien Boden, Wasser und Luft, insbe- 35

---

93 Vgl. BMU, Umweltschutz in Deutschland, S. 7.

94 Vgl. zur Rohstoffsituation i.e. *Hartkopf/Bohne,* Umweltpolitik, S. 51.

95 UBA, Daten zur Umwelt 1997, S. 51.

96 UBA, Daten zur Umwelt 1997, S. 54.

97 UBA, Daten zur Umwelt 1986/1987, S. 29; vgl. UBA, Daten zur Umwelt 1997, S. 54.

98 BMU, Umweltbericht 1998, BT-Drs. 13/10735, S. 9.

99 UBA, Daten zur Umwelt 1997, S. 71.

100 Vgl. zur Entwicklung im Verkehrsbereich UBA, Jahresbericht 1997, S. 201 ff.

101 Vgl. zu aktuellen Fragen des Schutzes vor Strahlen Jahresbericht der Strahlenschutzkommission (SSK) 1997, BMU, Umwelt 1998, 296, 297, 392.

102 Vgl. dazu BMU, Umweltbericht 1998, BT-Drs. 13/10735, S. 90, 95 ff.

103 Umweltbericht der BReg. 1998, BT-Drs. 13/10735, S. 96; BMU, Umwelt 1998, 219 (220); vgl. dazu näher unten § 26 Rn. 7.

104 BMU, Umweltbericht 1998, BT-Drs. 13/10735, S. 99.

sondere durch den Verbrauch der Umweltressourcen und durch ihre Belastung mit Schadstoffen. Natur und Landschaft sind in Deutschland vor allem durch das Artensterben und die wenn auch geringer werdenden, aber nach wie vor bestehenden Waldschäden gefährdet. Von besonderer Bedeutung für den Schutz der Umwelt ist nach wie vor die geordnete Abfallentsorgung. Sorgen bereiten außerdem die Belastungen der Bevölkerung durch Lärm und die Verbreitung von Stoffen, deren Wirkungen gegenwärtig zum Teil nur unzureichend bekannt sind.

a) Gefährdung des Bodens

36 Als besonders stark belastet hat sich in der Vergangenheit der Boden in der Bundesrepublik Deutschland erwiesen.[105] Der Boden ist insbesondere gefährdet durch
- Flächeninanspruchnahme,
- Schadstoffeintrag und
- Veränderung von Bodeneigenschaften bzw. Altlasten.[106]

37 Besorgniserregend ist zunächst die nach wie vor ungebrochene **Flächeninanspruchnahme**. Nach der Flächenerhebung 1985 ist die Siedlungsfläche im Zeitraum 1981 bis 1985 um 178 ha bzw. 6% gewachsen, obwohl die Zahl der Bevölkerung und der Erwerbspersonen abgenommen hat. Von 1985 bis 1989 wurden täglich 87 ha Freifläche in Siedlungsfläche umgewandelt.[107] Diese Tendenz setzte sich im früheren Bundesgebiet Anfang der 90er Jahre mit täglich 70 ha fort.[108] Der zunehmende Bedarf an Wohn- und Wirtschaftsfläche läßt auch mittelfristig keinen Stillstand in der Flächeninanspruchnahme für Siedlungszwecke erwarten.[109] 1990 nahmen Siedlungsflächen insgesamt 11,5% der Gesamtfläche des Bundesgebietes ein. Die Zunahme der Siedlungsfläche vollzieht sich überwiegend zu Lasten der Landwirtschaftsfläche, deren Anteil im selben Zeitraum trotz erheblicher Arealverluste seit 1950 immer noch 54,7% der Gesamtfläche beträgt.[110] Neben der Landwirtschaftsfläche betreffen weitere Flächenverluste die ökologisch wichtigen, zum Teil naturnahen Flächen wie Moore, Heiden, Felsen, Steinriegel, Dünen und stillgelegtes Abbauland. Der Anteil der Waldfläche betrug im Zeitraum 1981 bis 1985 ca. noch 29,6% an der Gesamtfläche der Bundesrepublik Deutschland,[111] während er sich bis 1990 auf 29,1% reduzierte.[112]

38 **Schadstoffe** gelangen auf verschiedene Weise in den Boden. Dabei stammen Schadstoffe teilweise aus örtlichen Emissionsquellen, teilweise werden sie aber auch großräumig, insbesondere durch die Luft transportiert. Unmittelbar gelangen sie vor allem durch landwirtschaftliche Düngung und über die Abfallbeseitigung in den Boden.[113] Eine besondere Beeinträchtigung für den Boden und das Grundwasser geht

---

[105] Vgl. dazu bereits BReg., Bodenschutzkonzeption, BT-Drs. 10/2977, S. 4f., 6ff.; SRU, Umweltgutachten 1994, BT-Drs. 12/6595, Tz. 467, 473ff.; WBGU, Jahresgutachten 1994 „Welt im Wandel: Gefährdung der Böden", BT-Drs. 13/2221, S. V; BMU, Umweltbericht 1998, BT-Drs. 13/10735, S. 89ff.

[106] Vgl. BMU, Umweltbericht 1998, BT-Drs. 13/10735, S. 89f.; vgl. auch *Kauch,* Bodenschutz, S. 15 m.w.N.; UBA, Jahresbericht 1997, S. 135ff.

[107] BMBau, Baulandbericht 1993, S. 1.

[108] BMU, Umweltbericht 1998, BT-Drs. 13/10735, S. 89, 182.

[109] BMBau, Baulandbericht 1993, S. 6; vgl. auch BMU, Umwelt 1998, 470; vgl. zu einer Strategie zur Verringerung der Inanspruchnahme von Flächen, Antwort der BReg. BT-Drs. 14/1483.

[110] Vgl. zur Flächeninanspruchnahme BMBau, Baulandbericht 1993, S. 2.

[111] Vgl. BMBau, Baulandbericht 1986, S. 49; UBA, Daten zur Umwelt 1986/1987, S. 126; vgl. zum Flächenverbrauch auch SRU, Umweltgutachten 1987, BT-Drs. 11/1568, Tz. 415ff.

[112] BMBau, Baulandbericht 1993, S. 2.

[113] Zur Belastung der Böden durch Klärschlämme vgl. UBA, Daten zur Umwelt 1997, S. 201ff.; zur Umweltsituation in den neuen Ländern im Bereich der Abfallentsorgung vgl. BReg., BT-Drs. 13/10823, S. 45ff.

von den Altlasten aus.[114] Mittelbar gelangen Schadstoffe ferner über Luft und Wasser in den Boden. Besonders belastend für den Boden ist der Eintrag von Säuren und Säurebildern, von Schwermetallen, Pflanzenschutz- und Düngemitteln.[115] Während die Auswirkungen der Einträge von Mineralsäuren und Säurebildern auf den Bodenzustand in der Landwirtschaft durch regelmäßige Kalkung und Entzug des Ernteguts gering gehalten werden kann, sind die Möglichkeiten, der Versauerung von Waldböden entgegenzuwirken, eher gering.[116]

Nachteilige Veränderungen des Bodens werden insbesondere durch **Erosionen** **39** – darunter versteht man die Verlagerung des Bodens durch Wind und Wasser, die ihre Ursache in einer der natürlichen Landschaft nicht angepaßten Wirtschaftsweise des Menschen findet –, durch Eingriffe wie **Bodenverdichtungen**, insbesondere durch das Befahren mit immer schwereren Maschinen und Geräten und durch die Wahl einer falschen oder einseitigen Fruchtfolge und durch veränderte Bodennutzungen, so z. B. **Grünlandumbruch, Entwässerungen oder Rohstoffabbau** hervorgerufen.[117]

b) *Gefährdung der Gewässer*

Die Bundesrepublik Deutschland ist ein wasserreiches Land. Es besteht kein Was- **40** sermangel.[118] Allerdings ist das Wasserdargebot erheblichen regionalen und jahreszeitlichen Schwankungen unterworfen. So kann die Wasserversorgung in einigen Ballungsgebieten – z. B. in den Räumen Hannover, Frankfurt, Rhein-Neckar – nur durch Fernwasserleitungen aus grundwasserreicheren Gebieten sichergestellt werden.[119] Dennoch stehen in Deutschland die Sicherung der Wasserqualität in Oberflächengewässern und im Grundwasser, die Hochwasservorsorge und der Schutz der Nord- und Ostsee im Vordergrund.[120]

Die Gewässer werden in der Bundesrepublik vornehmlich gefährdet durch **41**
- Schadstoffeintrag,[121]
- Erwärmung,
- Wasserentzug,
- bauliche Maßnahmen und sonstige menschliche Eingriffe.[122]

Durch den hohen Anschlußgrad der Bevölkerung an öffentliche Abwasserbehand- **42** lungsanlagen hat sich die **Qualität von Flüssen und Seen** in Deutschland erheblich verbessert.[123] War die angestrebte biologische Gewässergüteklasse II (mäßig belastet) bis 1985 erst auf einem Drittel der Gewässerstrecken erreicht, so haben die Gewässer in den alten Bundesländern 1995 die Gewässergüteklasse II (überwiegend mäßig) sowie die Gewässergüteklasse II–III (kritisch) erreicht. Auch die Qualität der Oberflächengewässer in den neuen Ländern hat sich spürbar verbessert.[124]

---

[114] Vgl. dazu UBA, Daten zur Umwelt 1997, S. 206 ff.; BMU, Umweltbericht 1998, BT-Drs. 13/10735, S. 90, 95 ff.

[115] BReg., Raumordnungsbericht 1986, S. 99 ff.; ausführl. *Book,* Bodenschutz, S. 17 ff.; siehe auch das SRU, Umweltgutachten 1987, BT-Drs. 11/1568, Tz. 534 ff.; *Kauch,* Bodenschutz, S. 18 ff.

[116] BMU, Umweltbericht 1998, BT-Drs. 13/10735, S. 90.

[117] *Kauch,* Bodenschutz, S. 22 m. w. N.

[118] *Hartkopf/Bohne,* Umweltpolitik, S. 49; SRU, Umweltgutachten 1987, BT-Drs. 11/1568, Tz. 829; zum aktuellen Wasserdargebot vgl. auch UBA, Daten zur Umwelt 1997, S. 277 ff.; BMU, Umweltbericht 1998, BT-Drs. 13/10735, S. 84.

[119] *Hartkopf/Bohne,* Umweltpolitik, S. 50.

[120] Vgl. BMU, Umweltbericht 1998, BT-Drs. 13/10735, S. 75 ff.

[121] Insbes. durch Abwasser, landwirtschaftl. Produktion, Luftschadstoffe, Altlasten, Umgang mit wassergefährdenden Stoffen u. Schiffsverkehr, vgl. BMU, Umweltschutz in Deutschland, S. 42 f.; UBA, Jahresbericht 1997, S. 104 ff.

[122] Zur Trinkwasserqualität in den neuen Ländern vgl. BReg., BT-Drs. 13/10823, S. 44 f.

[123] UBA, Daten zur Umwelt 1997, S. 220 ff., 266 ff.; BMU, Umweltbericht 1998, BT-Drs. 13/10735, S. 75.

[124] Vgl. zur Situation der Oberflächengewässer BMU, Umweltbericht 1998, BT-Drs. 13/10735, S. 75 ff.

43 Ferner haben die Abtrennung natürlicher Überschwemmungsgebiete, die Beseitung von Auwäldern, die Einengung und Begradigung von Flüssen, die zunehmende Versiegelung der Landschaft und die beschleunigte Ableitung des Niederschlagswassers zu **Hochwasserschäden** an Rhein und Mosel 1993 und 1995 sowie an der Saale 1994 und an der Oder 1997 geführt und damit die Oberflächengewässer beeinträchtigt.[125]

44 Für die Wasserversorgung der Bundesrepublik besitzen aber vor allem die Grundwasservorkommen entscheidende Bedeutung. Ca. 70% der öffentlichen Wasserversorgung werden durch Entnahmen aus Brunnen und Quellen bezogen.[126] Das **Grundwasser** wird durch Flächeninanspruchnahme und Schadstoffeintrag beeinträchtigt, was sowohl Einfluß auf seine Wassermenge als auch auf seine Qualität hat.[127] Dabei hat eine Vielzahl von persistenten und mobilen Schadstoffen, die zum Teil flächenhaft und in großer Menge in die Umwelt gelangen, zu deutlichen Beeinträchtigungen der Grundwasserqualität geführt.[128] Besondere Bedeutung kommt nach wie vor einer hohen Nitratbelastung und einer Belastung mit Chlorid, Sulfat, Cäsium und Kalium sowie teilweise auch Phosphat zu.[129] Diese können weitgehend mit der landwirtschaftlichen Düngung aber auch mit Versauerungsprozessen in Zusammenhang gebracht werden.[130]

45 Die **Meere** werden durch den ständigen direkten oder indirekten Eintrag von Stoffen, insbesondere den Schadstoffeintrag über die Flüsse, verschmutzt oder geschädigt.[131] Auch direkte Nutzungen, wie eine falsch betriebene Fischerei („Überfischung"), können zu Schäden der Meeresumwelt führen.[132]

c) Luftverschmutzung

46 Als Folgen der Luftverschmutzung sind in Deutschland vor allem
- Gesundheitsbeeinträchtigungen bei Menschen,
- Vegetations- und Materialschäden sowie
- Mitverursachung der Veränderung der klimatischen Verhältnisse zu verzeichnen.

47 Insbesondere durch die Verbrennung fossiler Energieträger trägt die Bundesrepublik als Industriestaat zu einer Freisetzung von Kohlendioxid und damit zum **Treibhauseffekt** bei. Als Hauptverursacher der Luftverunreinigungen, insbesondere auch durch Kohlendioxid,[133] gelten Kraft- und Fernheizwerke, industrielle Anlagen, private Haushalte und Kleingewerbe sowie der Verkehr, insbesondere der Kfz-Verkehr.[134] Deutschland hat dabei an den globalen CO_2-Emissionen einen Anteil von 4%.[135] Aufgrund der Vorgaben der Klimakonferenz von Kyoto[136] hat sich der Ausstoß von CO_2

---

125 Vgl. dazu BMU, Umweltbericht 1998, BT-Drs. 13/10735, S. 82f.

126 BMU, Umweltbericht 1998, BT-Drs. 13/10735, S. 83.

127 BMU, Umweltschutz in Deutschland, S. 45f.

128 BMU, Umweltbericht 1998, BT-Drs. 13/10735, S. 83.

129 Zur Nitratbelastung vgl. UBA, Daten zur Umwelt 1997, S. 270ff.

130 BMU, Umweltbericht 1998, BT-Drs. 13/10735, S. 83; zum Grundwasserschutz vgl. auch SRU, Sondergutachten „Flächendeckend wirksamer Grundwasserschutz" 1994, BT-Drs. 13/10196.

131 Zum Zustand der Nord- u. Ostsee vgl. UBA, Daten zur Umwelt 1997, S. 124ff.

132 BMU, Umweltbericht 1998, BT-Drs. 13/10735, S. 85f.

133 Vgl. zu den unterschiedlichen Ansätzen BMU, Umweltbericht 1998, BT-Drs. 13/10735, S. 51f.

134 *Hartkopf/Bohne,* Umweltpolitik, S. 42; zur Emissionssituation in Deutschland vgl. UBA, Daten zur Umwelt 1997, S. 124ff.; zur Umweltsituation in den neuen Ländern im Bereich der Luftreinhaltung vgl. BReg., BT-Drs. 13/10823, S. 71.

135 BMU, Umweltbericht 1998, BT-Drs. 13/10735, S. 55.

136 Die Konferenz von Kyoto ist die 3. Vertragsstaatenkonferenz, die in Folge der 1992 in Rio de Janeiro unterzeichneten Klimarahmenkonvention stattfand. Nach der Klimarahmenkonvention sind die Industrieländer verpflichtet, die Emissionen von CO_2 und anderen Treibhausgasen bis zum Januar 2000 auf das Niveau von 1990 zurückzuführen. Im Klimaprotokoll von Kyoto verpflichten sich die Industrieländer verbindlich zur Reduzierung der Treibhausgasemissionen CO_2, Methan, FKW, H-FKW und Schwefelheyafluorid um mindestens 5% gegenüber dem Niveau von 1990 im Zeitraum von 2008 bis 2012, vgl. dazu BMU, Umweltbericht 1998, BT-Drs. 13/10735, S. 56; vgl. zur Konferenz von Kyoto unten § 3 Rn. 8.

in Deutschland von 1990 bis 1997 um 12,5% reduziert.[137] Die größten Rückgänge erfolgten in den Sektoren Energieerzeugung und -umwandlung, Industrie, Haushalte, Kleinverbraucher und Gewerbe, während die Emissionen im Bereich Verkehr noch um 32% anstiegen.[138] Auch bei anderen Treibhausgasen ist ein Rückgang der Emissionen festzustellen. So hat die Emission von Methan (CH_4) im Zeitraum von 1990 bis 1996 um 14,5% und die Emission von Lachgas (N_2O) im Zeitraum von 1990 bis 1995 um 7,1% abgenommen.[139] Mit der Produktion und der Verwendung von Stoffen, die zum Abbau der Ozonschicht führen, trägt die Bundesrepublik zur **Ausdehnung des Ozonloches** bei. Das Montrealer Protokoll über Stoffe, die zum Abbau der Ozonschicht führen, von 1987 sieht einen Zeitplan für den weltweiten Ausstieg aus Produktion und Verwendung dieser Stoffe vor.[140] Auf dieser Grundlage wurde in Deutschland bereits 1994 die Produktion und Verwendung von FCKW im wesentlichen eingestellt.[141] Auch bei den Vorläufersubstanzen zur Bildung des klimaschädigenden Ozons ist ein Rückgang zu verzeichnen. So haben die Emission von Stickoxiden (NO_x) um 30,6%, Kohlenmonoxid (CO) um 38,5% und flüchtige organische Verbindungen ohne Methan (NMVOC) um 41,2% abgenommen.[142] Demgegenüber ist für den gleichen Zeitraum ein Anstieg der HFC-Emissionen um 1243% und von SF_6-Emissionen um 50,9% zu beobachten. HFC wird für die die Ozonschicht schädigenden und treibhauswirksamen voll- und teilhalogenierten Fluorkohlenwasserstoffe eingesetzt und FS_6 als Füllgas für Schallschutzfenster und Autoreifen.[143]

Luftschadstoffe sind zudem mitursächlich für die **Waldschäden**. Sie beschleunigen **48** den Artenverlust und die natürlichen Verwitterungs- und Alterungsvorgänge bei Materialien, insbesondere bei Gebäuden, Bau- und Kunstdenkmälern.[144] Sie beeinträchtigen auf dem Wege der Deposition auch die Umweltmedien Boden und Wasser und wirken mittelbar auf Tiere, Pflanzen und damit auch auf Nahrungsmittel ein.[145] Besonders gefährlich für die menschliche Gesundheit sind organische Verbindungen und Schwermetalle, da sie teils giftig, teils krebserregend wirken.[146] Zudem kann eine hohe Konzentration von bodennahem Ozon zu gesundheitlichen Beeinträchtigungen führen.[147] Ausschlaggebend für die Immissionssituation in Deutschland sind die Emissionsmenge, die räumliche Verteilung der Emissionen und die Quellhöhe. Die Immissionssituation wird aber auch durch die starke grenzüberschreitende Belastung geprägt, da zahlreiche Schadstoffe mit den Wolken über hunderte von Kilometern transportiert werden, ehe sie durch den Regen ausgewaschen werden.[148] Die Luftqualität wird maßgeblich beeinflußt durch die Konzentration der Schadstoffe Schwefeldioxid (SO_2), Stickstoffoxid (NO_2), flüchtige organische Verbindungen ohne Methan (NM_x-VOCs) und Staub.[149] Bereits seit 1987 zeigen sich bei den SO_2-Emissionen – durch den Einbau von Rauchgasentschwefelungsanlagen in Kraftwerken und Industrieanlagen, den Einsatz schwefelarmer Kohle und einen sparsameren und effizienteren Energieverbrauch – und den NO_2-Emissionen – durch schadstoffarme Kraftfahrzeuge, strenge

137 Vgl. BMU, Umwelt 1998, 425 ff.; an der CO_2-Reduzierung haben die alten u. neuen Länder einen unterschiedl. Anteil; während in den alten Ländern für den Zeitraum von 1990–1995 ein Emissionsrückgang um 44% zu verzeichnen ist, hat sich der CO_2-Ausstoß in den neuen Ländern im gleichen Zeitraum im Vergleich zu 1990 um 2% erhöht, vgl. BMU, Umweltbericht 1998, BT-Drs. 13/10735, S. 55.

138 Vgl. BMU, Umwelt 1998, 425 (426).

139 Zur Luftqualität in Deutschland UBA, Daten zur Umwelt 1997, S. 147 ff.

140 Vgl. zu diesen Vorgaben u. ihren Verschärfungen i.Ü. BMU, Umweltbericht 1998, BT-Drs. 13/10735, S. 59 ff.

141 Vgl. BMU, Umweltbericht 1998, BT-Drs. 13/10735, S. 62.

142 Vgl. BMU, Umwelt 1998, 275.

143 Vgl. BMU, Umwelt 1998, 275 f.

144 BReg., Raumordnungsbericht 1986, S. 130.

145 BMU, Umweltbericht 1998, BT-Drs. 13/10735, S. 64.

146 *Hartkopf/Bohne,* Umweltpolitik, S. 43.

147 BMU, Umweltbericht 1998, BT-Drs. 13/10735, S. 72.

148 So BMU, Umweltbericht 1998, BT-Drs. 13/10735, S. 68.

149 Zur Emissionsentwicklung dieser Schadstoffe vgl. BMU, Umweltbericht 1998, BT-Drs. 13/10735, S. 64.

Grenzwerte der Großfeuerungsanlagenverordnung und der TA Luft – eine Trendwende und ein Rückgang.[150] Im Zeitraum von 1990 bis 1996 ist eine Reduktion der SO_2-Emissionen von 65%, der NO_2-Emissionen von 31%, der NM_x-VOCs von 41% und eine Verminderung von Staub um 74% eingetreten.[151]

d) Artenrückgang und Waldsterben

49 Auch Natur und Landschaft sind in der Bundesrepublik besonderen Gefährdungen ausgesetzt. Besorgniserregend sind vor allem der bereits erwähnte Artenrückgang und die im Zeitraum 1986 bis 1991 stark angestiegenen Waldschäden.[152] Nach Schätzungen von Wissenschaftlern sind über zwei Drittel der in Deutschland vorkommenden terrestrischen und marinen Biotoptypen gegenwärtig in ihrem Bestand bedroht.[153] Die „Roten Listen der gefährdeten Tiere und Pflanzen in der Bundesrepublik Deutschland" sprechen auch im Jahre 1998 bei allen bewerteten Tiergruppen für eine deutliche Gefährdung. So sind beispielsweise von 14 einheimischen Arten an Kriechtieren etwa 79% in ihrem Bestand gefährdet. Stabil positive Entwicklungen sind bislang nur punktuell bei einzelnen Arten erreicht worden. So konnte durch gezielte Maßnahmen bei Elbebibern, Weißstörchen, Habichten und Sperbern ein Erfolg erzielt werden.[154] Insgesamt ist die Artenzahl in Deutschland aber rückläufig. 28% aller Farn- und Blütenpflanzen gelten derzeit als in ihrem Fortbestand gefährdet.[155]

50 1985 waren in der Bundesrepublik Deutschland bereits etwa 52% der Waldfläche geschädigt. Der Zustand der Wälder verschlechterte sich nach der Waldschadenserhebung von 1993 dergestalt, daß der Anteil der Bäume ohne erkennbare Schäden nur noch 36% beträgt.[156] 39% des Waldes weist leichte, 20,3% mittlere und 2,5% starke Schäden auf.[157] Es bestand die Besorgnis, daß es zu einer Bestandsverlichtung der Wälder kommen könnte und diese in ihrer wichtigen Funktion als ökologische Ausgleichsräume gefährdet wären.[158] Bundesweit hat sich allerdings der Waldzustand in den 90er Jahren verbessert. So haben sich die Schäden in den neuen Ländern von 38% im Jahr 1991 auf 16% im Jahr 1996 mehr als halbiert.[159]

e) Abfallentsorgung

51 Die Probleme bei der Abfallentsorgung, die sich aus dem Abfallaufkommen und der Menge gefährlichen Abfalls in Deutschland ergeben, haben sich seit Beginn der 90er Jahre deutlich verringert.[160] Die Situation war zuvor in den alten Ländern von einem hohen Abfallaufkommen und Engpässen bei den Entsorgungskapazitäten geprägt, so daß teilweise schon von einem Entsorgungsnotstand gesprochen worden ist.[161] Trotz einer Bevölkerungszunahme um 2,4 Mio. Menschen und des sprunghaft ansteigenden Konsumniveaus in den neuen Ländern sind die Abfallmengen wegen der gesetzlichen Vermeidungs- und Verwertungspflichten im Zeitraum von 1990 bis 1993 um rund 10% zurückgegangen. Zugleich ist die Verwertungsquote von 20 auf 25% angestiegen.[162]

---

[150] BMU, Umweltbericht 1998, BT-Drs. 13/10735, S. 65.

[151] Vgl. BMU, Umwelt 1998, 275; BMU, Umweltbericht 1998, BT-Drs. 13/10735, S. 64.

[152] Vgl. dazu BMU, Umweltschutz in Deutschland, S. 55f., 63ff.

[153] Zum Bestand u. zur Gefährdung wildlebender Tier- u. Pflanzenarten vgl. UBA, Daten zur Umwelt 1997, S. 360ff.

[154] Vgl. dazu BMU, Umwelt 1998, 339f.

[155] Vgl. dazu insges. BMU, Umweltbericht 1998, BT-Drs. 13/10735, S. 101.

[156] Zur Waldschadenserhebung 1991 BMU, Umweltschutz in Deutschland, S. 63ff.; zur Waldschadenserhebung 1993 SRU, Umweltgutachten 1994, BT-Drs. 12/6995, Tz. 463.

[157] SRU, Umweltgutachten 1994, BT-Drs. 12/6995, Tz. 463 u. Abb. II.2.

[158] Vgl. dazu bereits BMBau, Baulandbericht 1993, S. 133; SRU, Umweltgutachten 1994, BT-Drs. 12/6995, Tz. 463.

[159] Zum Waldzustand vgl. UBA, Daten zur Umwelt 1997, S. 408ff.; BMU, Umweltbericht 1998, BT-Drs. 13/10735, S. 180; UBA, Jahresbericht 1997, S. 73.

[160] Zum Abfallaufkommen u. zur Abfallentsorgung UBA, Daten zur Umwelt 1997, S. 427ff., 443ff.

[161] BMU, Umweltschutz in Deutschland, S. 49ff.

[162] BMU, Umweltbericht 1998, BT-Drs. 13/10735, S. 117.

f) Lärm

Ein Großteil der bundesdeutschen Bevölkerung fühlt sich durch Lärm belästigt. Lärmbelästigungen ergeben sich aus den verschiedensten Quellen. Die Quellen sind vornehmlich der Straßen-, Schienen- und Flugverkehr, Gewerbe und Industrie, Baustellen, die Nachbarschaft und verschiedene Freizeitaktivitäten.[163] Während in den letzten Jahren bei Industrie- und Baustellenlärm sowie Lärm im Zusammenhang mit Sportstätten Fortschritte erzielt werden konnten, besteht im Verkehrssektor nach wie vor Handlungsbedarf.[164] Der Straßenverkehr wird von der Bevölkerung als Hauptlärmquelle empfunden.[165] Dies ist darauf zurückzuführen, daß das Verkehrsaufkommen und die Verkehrsbelastung im Individualverkehr ständig weiter ansteigen. Ausgebaut worden ist das Netz der Bundesautobahnen im Zeitraum von 1982 bis Ende 1985 um rd. 500 km. Für den Bundesfernstraßenbau wurden in diesem Zeitraum insgesamt rd. 24,7 Mrd. DM ausgegeben. Davon entfielen auf Erweiterungsinvestitionen 10,6 Mrd. DM.[166] Zugenommen hat außerdem der Bestand an zulassungspflichtigen Kraftfahrzeugen. Im Zeitraum 1970 bis 1990 ist die Zahl der Kraftfahrzeuge von 16,8 Mio. auf 35,6 Mio. gestiegen.[167] 52

g) Gefährliche Stoffe

Risiken gehen zudem von der Verbreitung von Stoffen aus, deren Wirkungen gegenwärtig zum Teil nur unzureichend bekannt sind.[168] Als noch nicht absehbar werden dabei die Wirkungen verschiedener Umweltchemikalien auf das Hormonsystem[169] sowie die Folgen der Biotechnologie angesehen.[170] 53

h) Wirtschaftliche Kosten

Die Umweltschäden führen schließlich zu erheblichen Kosten. Das gilt auf volkswirtschaftlicher Ebene,[171] zeichnet sich aber auch in der betriebswirtschaftlichen Kalkulation immer deutlicher ab.[172] Zu den Kosten der Umweltinanspruchnahme in Deutschland zählen insbesondere Kosten für Wald- und Korrosionsschäden, Gesundheitsbelastungen durch Luftschadstoffe und Lärm, Kosten für die Sanierung von Altlasten und die Aufbereitung von Grund- und Oberflächenwasser zu Trinkwasser, Kosten für die Entsorgung schadstoffbelasteter Güter und Kosten für die zurückgehenden Fangmengen in der Fischereiwirtschaft. So ließ sich das Umweltanlagevermögen des Staates 1995 auf 316 Mrd. DM beziffern. Davon entfielen 91% auf Gewässerschutz und 7% auf Abfallbeseitigung. Die Umweltschutzinvestitionen des Staates betrugen 1995 10,6 Mrd. DM und die laufenden Umweltausgaben 13,5 Mrd. Demgegenüber war das Umweltanlagevermögen des produzierenden Gewerbes 1995 mit 107 Mrd. DM zu beziffern, wovon 55% auf Luftreinhaltung und 29% auf Gewässerschutz entfielen.[173] Auf die Umweltschutzinvestitionen des produzierenden Gewerbes entfielen 1995 4,2 Mrd. DM und auf die laufenden Umweltausgaben 14,8 Mrd. Insgesamt betrug der Anteil der Umweltausgaben am Bruttoinlandsprodukt damit 1,4%.[174] Die langfristigen Schäden, die weltweit durch Artenschwund und Verlust an landwirt- 54

---

[163] Vgl. *Hartkopf/Bohne,* Umweltpolitik, S. 43; vgl. zu Geräuschemissionen ferner UBA, Jahresbericht 1997, S. 172 ff.

[164] BMU, Umweltbericht 1998, BT-Drs. 13/10735, S. 135 ff.

[165] Vgl. BMU, Umweltbericht 1998, BT-Drs. 13/10735, S. 134; zur Entwicklung der Lärmemissionen von Kraftfahrzeugen vgl. UBA, Daten zur Umwelt 1997, S. 460 ff.

[166] BReg., Raumordnungsbericht 1986, S. 139.

[167] BMU, Umweltschutz in Deutschland, S. 69.

[168] BMU, Umweltbericht 1998, BT-Drs. 13/10735, S. 126 f.

[169] Vgl. dazu UBA, Jahresbericht 1997, S. 79.

[170] BMU, Umweltbericht 1998, BT-Drs. 13/10735, S. 177.

[171] Zu den makro-ökonomischen Kosten auch *Radermacher,* ZAU 1998, 324 ff.

[172] Zu den Bemühungen des Statistischen Bundesamtes, eine eigenständige umweltökonomische Gesamtrechnung zu entwickeln, *Klaus,* ZAU 1994, 197 ff.; *Rademacher/Stahmer,* ZAU 1994, 531 ff.; *dies.,* ZAU 1995, 99 ff.

[173] Zu den Umweltkosten insges. BMU, Umweltbericht 1998, BT-Drs. 13/10735, S. 22 m. w. N.

[174] Vgl. hierzu insges. BMU, Umweltbericht 1998, BT-Drs. 13/10735, S. 22.

schaftlich nutzbaren Böden verursacht werden oder gar die Kosten des Klimawandels dürften ein Vielfaches dieser Summe betragen.

C. Umweltschutz

55 Als Reaktion auf diese Umweltbelastungen umfaßt der Begriff **Umweltschutz** die Gesamtheit der Maßnahmen zur Vermeidung und Verminderung der Umweltgefahren und -schäden.[175]

56 Der Umweltschutz hat drei Hauptziele,[176] nämlich die

- Beseitigung bereits eingetretener Umweltschäden,
- Ausschaltung oder Minderung aktueller Umweltgefährdungen,
- Vermeidung künftiger Umweltgefährdungen durch Vorsorgemaßnahmen.

57 Umweltschutz in diesem Sinne ist zum einen Gefahrenabwehr. Der Staat muß eingreifen, wenn Beeinträchtigungen des Naturhaushalts oder eine Gefährdung natürlicher Ressourcen oder Schäden für Mensch und Umwelt drohen.[177] Umweltschutz beschränkt sich allerdings nicht auf eine reaktive Abwehr von Gefahren, sondern stellt im Sinne einer dauerhaften Sicherung menschlicher Lebensgrundlagen zum anderen eine planende und vorsorgende Umweltpflege in den Mittelpunkt seiner Bemühungen.[178]

58 Umweltschutz ist insoweit eine nicht auf einen bestimmten Lebensbereich beschränkte Aufgabe.[179] Handlungsebenen des Umweltschutzes sind vornehmlich

- die Umweltpolitik
- die Umweltökonomie
- und das Umweltrecht.

I. Umweltpolitik

59 Als eigenständige, neben anderen gleichrangige öffentliche Aufgabe ist die Umweltpolitik erst zu Anfang der 70er Jahre vor allem durch das Umweltprogramm der Bundesregierung aus dem Jahre 1971[180] in das allgemeine Bewußtsein gerückt.[181] **Umweltpolitik** ist danach die Gesamtheit aller Maßnahmen, die notwendig sind,

---

175 Zum Begriff des Umweltschutzes siehe auch *Lummert/Thiem,* Rechte des Bürgers, S. 25; *Kloepfer,* Systematisierung, S. 70; *Meßerschmidt,* Umweltabgaben als Rechtsproblem, S. 32; z. T. wird der Begriff des Umweltschutzes auf von Menschen verursachte Eingriffe beschränkt vgl. SRU, Umweltgutachten 1987, BT-Drs. 11/1568, Tz. 7.

176 Vgl. SRU, Umweltgutachten 1987, BT-Drs. 11/1568, Tz. 7.

177 Siehe dazu BReg., Leitlinien Umweltvorsorge, BT-Drs. 10/6028, S. 7.

178 *Hoppe,* VVDStRL 38 (1980), S. 211 (228); BMU, Umweltschutz in Deutschland, S. 74; teilweise wird deshalb vorgeschlagen, statt von Umweltschutz von Umwelt*pflege* oder Umwelt*sorge* zu sprechen, vgl. nur *Steiger,* in: Salzwedel, Grundzüge des UmweltR, 1. Aufl., S. 3 (9); *Ossenbühl,* VR 1983, 301 (302); dies hat sich indes in der Lit. nicht durchgesetzt.

179 Vgl. *Steiger,* in: Salzwedel, Grundzüge des UmweltR, 1. Aufl., S. 3 (9); *Hoppe,* VVDStRL 38 (1980), 211 (231 ff.); *Erbguth,* DÖV 1984, 699 ff.

180 BT-Drs. 6/2710, S. 6; fortgeführt im Umweltbericht 1976, BT-Drs. 7/5684.

181 Maßnahmen zum Schutz der Umwelt wurden in Deutschland bereits im 19. Jahrhundert ergriffen; allerdings waren sie zumeist weniger durch das Bewußtsein um die Umweltgefahren, sondern stärker durch den romantischen Zeitgeist motiviert,

 Kloepfer, DVBl 94, 12 (Umweltstaat), Schröder, NVwZ 06, 389

- um dem Menschen eine Umwelt zu sichern, wie er sie für seine Gesundheit und für ein menschenwürdiges Dasein braucht,
- um Boden, Luft und Wasser, Pflanzen- und Tierwelt vor nachteiligen Wirkungen menschlicher Eingriffe zu schützen und
- um Schäden oder Nachteile aus menschlichen Eingriffen zu beseitigen.

Räumlich gesehen findet Umweltpolitik auf allen politischen Handlungs- **60** ebenen statt. Zu unterscheiden ist dementsprechend zwischen einer internationalen, einer nationalen, landesweiten, regionalen und kommunalen Umweltpolitik.[182]

Fachlich erstreckt sich Umweltpolitik auf folgende Kerngebiete des Um- **61** weltschutzes

- Natur- und Landschaftsschutz,
- Luftreinhaltung und Lärmschutz,
- Gewässerschutz,
- Bodenschutz,
- Abfallentsorgung und Kreislaufwirtschaft,
- Strahlenschutz und
- Schutz vor Chemikalien und anderen Gefahrstoffen.[183]

Umweltpolitik verfolgt bestimmte Schutzziele, sie handelt nach politischen **62** Grundprinzipien und bedient sich spezieller Instrumente. Umweltpolitik ist schließlich nicht zu trennen von ihren ethischen Grundlagen.

1. Ziele der Umweltpolitik

Entsprechend den Handlungsebenen der Umweltpolitik finden sich um- **63** weltpolitische Ziele auf der internationalen und nationalen bis hin zur kommunalen Ebene.[184]

Seit der Konferenz der Vereinten Nationen für Umwelt und Entwicklung **64** (UNCED) im Jahre 1992 in Rio de Janeiro ist **international** durch die *Rio-Deklaration* die nachhaltige Entwicklung („sustainable development") zur wegweisenden Programmatik für die Bewältigung der gemeinsamen Zukunft der Menschheit erhoben worden.[185] Diese ist darauf ausgerichtet, wirtschaftliche Leistungsfähigkeit, soziale Verantwortung und Umweltschutz zusammenzuführen, um gerechte Entwicklungschancen für alle Staaten der Erde zu eröffnen und die natürlichen Lebensgrundlagen für künftige Generationen zu bewahren. Durch das aus der Konferenz hervorgegangene Aktionsprogramm

---

vgl. dazu *Henneke,* AgrarR 1986, 192f.; zur Geschichte des Umweltschutzes in Deutschland seit 1900 siehe *Wey,* Umweltpolitik, S. 1ff.

[182] Siehe dazu *Hartkopf/Bohne,* Umweltpolitik, S. 57; zur Verantwortung der Umweltpolitik für die Schöpfung vgl. BMU, Umweltschutz in Deutschland, S. 75; zum kommunalen Umweltschutz *Weinberger,* Der Städtetag 1986, 2ff.; *Getz,* HdUR, Bd. 1, Sp. 1258 (1258ff.).

[183] Z.T. wird der Klimaschutz als eigener Bereich angesehen *Kloepfer,* UmweltR, § 1 Rn. 23.

[184] Die Festlegung umweltpolitischer Ziele steht derzeit im Mittelpunkt der internationalen u. nationalen Diskussion vgl. dazu SRU, Umweltgutachten 1996, BT-Drs. 13/4108, Tz. 710ff.; ders., Umweltgutachten 1998, BT-Drs. 13/10197, Tz. 1* ff.

[185] Zur Konferenz von Rio vgl. BT-Drs. 12/3380; *Hohmann,* NVwZ 1993, 311ff.; *Ruffert,* ZUR 1993, 208ff.; *v. Websky,* HdUR, Bd. 2, Sp. 1731ff.); SRU, Umweltgutachten 1994, BT-Drs. 12/6995, Tz. 1ff.; ferner SRU, Umweltgutachten 1998, BT-Drs. 13/10195, Tz. 63; *Klauer,* ZAU 1999, 86ff.; *Steinberg,* Der ökologische Verfassungsstaat, S. 110ff.; vgl. zur Konferenz von Rio ferner unten § 3 Rn. 8.

für das 21. Jahrtausend *„Agenda 21"* werden die Integration von Umwelt- und Entwicklungszielen in die politischen Entscheidungsfindungen gefordert und für wesentliche Bereiche der Umwelt- und Entwicklungspolitik Handlungsaufträge an alle Staaten formuliert. So werden Umweltziele für die Bereiche Schutz der Erdatmosphäre, Verhütung des Abbaus der Ozonschicht, grenzüberschreitende Luftverunreinigung, Bodenressourcen, Entwaldung, empfindliche Ökosysteme, Landwirtschaft, biologische Vielfalt, Schutz der Meere und Küsten sowie der Süßwasserressourcen, toxische Chemikalien und Abfall aufgestellt. In jedem dieser Bereiche sind spezifische Ziele formuliert und mit entsprechenden Maßnahmen und Instrumenten verbunden. Jedoch handelt es sich bei den Zielen um allgemein gehaltene umweltpolitische Absichtserklärungen ohne Zeitbezug. Eine Verpflichtung zur Umsetzung der Ziele besteht nicht. Auf der Konferenz von Rio wurden zudem die *Klimarahmenkonvention,* ein *Übereinkommen über die biologische Vielfalt*[186] und eine *Waldgrundsatzerklärung* verabschiedet.[187]

65 Auf der Ebene der **Europäischen Gemeinschaft (EG)** sind die Ziele der Umweltpolitik in Art. 174 Abs. 1 EGV[188] (Art. 130r EGV i.d.F. v. Maastricht[189]) festgeschrieben. Danach verfolgt die Umweltpolitik der EG folgende Ziele

- Erhaltung und Schutz der Umwelt sowie Verbesserung ihrer Qualität,
- Schutz der menschlichen Gesundheit,
- umsichtige und rationelle Verwendung der natürlichen Ressourcen und
- Förderung von Maßnahmen auf internationaler Ebene zur Bewältigung regionaler oder globaler Umweltprobleme.

66 Auf der Grundlage der Rio-Deklaration wird das Leitbild der nachhaltigen Entwicklung in Europa konkretisiert durch das 5. Umweltaktionsprogramm der EG „Für eine dauerhafte und umweltgerechte Entwicklung" (1993–1998).[190] Darin werden umweltpolitische Ziele nicht mehr für einzelne Umweltmedien, sondern für Themenfelder festgelegt. Übergeordnet werden langfristige Ziele *(„objektives")* angegeben, die als Leitlinien für eine nachhaltige Entwicklung dienen sollen. Darüber hinaus sollen konkrete Ziele *(„targets")* – in Form von qualitativen oder quantitativen Zielen – für die einzelnen Teilbereiche mittelfristig, d.h. bis zum Jahr 2000 erreicht werden. Auch

[186] Vgl. zur Umsetzung des Übereinkommens in Deutschland BMU, Bericht der BReg. nach dem Übereinkommen über die biologische Vielfalt, Nationalbericht biologische Vielfalt, 1998, S. 10.

[187] Die Konventionen, die Rio-Deklaration, die Waldgrundsatzerklärung und die Agenda 21 sind dokumentiert in BMU, Umweltpolitik, Bericht der BReg. über die Konferenz der Vereinten Nationen für Umwelt und Entwicklung im Juni 1992 in Rio de Janeiro, S. 9ff.

[188] Vertrag zur Gründung der Europäischen Gemeinschaft v. 25. 3. 1957 (BGBl. II S. 753, 766), zul. geänd. durch den Vertrag von Amsterdam v. 2. 10. 1997 (BGBl. II 1998 S. 465), dieser in Kraft seit dem 1. 5 1999 (BGBl. II S. 296).

[189] Vertrag über die Europäische Union (Maastricht-Vertrag) v. 7. 2. 1992 (BGBl. II S. 1253), zul. geänd. durch den Vertrag von Amsterdam v. 2. 10. 1997 (BGBl. II 1998 S. 465), dieser in Kraft seit dem 1. 5. 1999 (BGBl. II S. 296).

[190] Vgl. dazu *Bender/Sparwasser/Engel,* UmweltR, Teil 1 Rn. 37; *Kloepfer,* UmweltR, § 9 Rn. 49; BMU, Umweltbericht 1998, BT-Drs. 13/10735, S. 190f.; zu umweltpolitischen Aktionsprogrammen als Instrument des Umweltschutzes in Europa vgl. *Krämer,* in: Rengeling, EUDUR, Bd. 1, § 14 Rn. 15ff.

bei den Zielen des 5. Umweltaktionsprogramms handelt es sich um politische Willenserklärungen ohne rechtliche Außenwirkung.[191] Die Mittel zur Zielerreichung sind entweder Maßnahmen der Gemeinschaft oder sind, dem Subsidiaritätsprinzip entsprechend, der Auswahl der Mitgliedstaaten überlassen.[192]

Auf **nationaler Ebene** ist bereits 1971 als oberstes Ziel der Umweltpolitik 67
gefordert worden, Leben und Gesundheit der Menschen jetzt und in Zukunft vor Schäden zu bewahren.[193] Eine auf die Verantwortung für die Schöpfung gegründete Umweltpolitik sollte dabei die Natur als Lebensgrundlage des Menschen schützen.[194] Diese allgemeine umweltpolitische Zielsetzung hat die Bundesregierung im Jahre 1990 in ihrem Umweltbericht konkretisiert. Danach sollte die Umweltpolitik den Zustand der Umwelt so erhalten und verbessern, daß

- bestehende Umweltschäden vermindert und beseitigt,
- Schäden für Menschen und Umwelt abgewehrt,
- Risiken für Menschen, Tiere und Pflanzen, Natur und Landschaft, die Umweltmedien Luft, Wasser und Boden sowie Sachgüter minimiert und
- Freiräume für die Entwicklung der künftigen Generationen sowie für die Entwicklung der Vielfalt von wildlebenden Arten und von Landschaftsräumen erhalten und erweitert werden.[195]

Beeinflußt durch die Ergebnisse der Konferenz von Rio orientieren sich 68
die umweltpolitischen Zielsetzungen in Deutschland wie in anderen Staaten nunmehr an dem Leitbild einer nachhaltigen Entwicklung. Dazu hat die Bundesregierung 1996 unter dem Titel „Schritte zu einer nachhaltigen Entwicklung in Deutschland" Handlungsschwerpunkte vorgelegt,[196] die 1998 im „Entwurf eines umweltpolitischen Schwerpunktprogramms"[197] aufgegriffen worden sind. Handlungsschwerpunkte der Umweltpolitik sind danach

- Schutz der Erdatmosphäre,
- Schutz des Naturhaushalts,
- Schonung der Ressourcen,
- Schutz der menschlichen Gesundheit und
- umweltschonende Mobilität.

Auf diesen Schwerpunkten aufbauend hat das Leitbild der nachhaltigen 69
Entwicklung in Deutschland zu langfristig angelegten, politikübergreifenden Strategien geführt.[198]

Um den Treibhauseffekt zu stoppen und der Klimaveränderung wirksam zu begeg- 70
nen, wird eine Rückführung der atmosphärischen Konzentrationen ozonabbauender Stoffe frühere auf Werte angestrebt. Durch ihre Einhaltung ist ein Abbau des strato-

---

[191] Vgl. *Grabitz/Nettesheim,* in: Grabitz/Hilf, EU-/EGV, Art. 189 Rn. 4; ferner SRU, Umweltgutachten 1994, BT-Drs. 12/6995, Tz. 578.

[192] SRU, Umweltgutachten 1996, BT-Drs. 13/4108, Tz. 59.

[193] So bereits BReg., Leitlinien Umweltvorsorge, BT-Drs. 10/6028, S. 6.

[194] BMU, Umweltschutz in Deutschland, S. 75.

[195] BMU, Umweltbericht 1990, BT-Drs. 11/7168, S. 25; dazu auch *Storm,* UmweltR, Tz. 9; vgl. ferner BMU, Umweltschutz in Deutschland, S. 75 f.

[196] Vgl. BReg., Auf dem Weg zu einer nachhaltigen Entwicklung in Deutschland, S. 16.

[197] Vgl. BMU, Umweltpolitisches Schwerpunktprogramm 1998, S. 14 f.; dass., Umwelt 1998, III.

[198] Zur Festlegung von umweltpolitischen Zielen, SRU, Umweltgutachten 1998, BT-Drs. 13/10195, Tz. 59 ff.; zur Gesetzgebung u. zum Grundsatz der Nachhaltigkeit vgl. *Frenz,* ZG 1999, 143 ff.

Erbguth, DVBl 99, 1082, Rengeling, DVBl 00, 1473

sphärischen Ozons nicht zu erwarten, so daß das ursprüngliche Niveau des stratosphärischen Ozons (unterhalb von 2 ppbv) wieder erreicht wird.[199] Zur Erreichung dieses Ziels ist in den Industrieländern eine CO_2-Minderung von 70 bis 80% bis zum Jahr 2050 notwendig.[200] Das nationale **Klimaschutzprogramm** der Bundesregierung soll dazu führen, daß die CO_2-Emissionen bis zum Jahre 2005 um 25% gegenüber 1990 reduziert werden.[201] Zugleich sollen die Emissionen weiterer Treibhausgase zurückgeführt werden.[202] Dazu umfaßt das Klimaschutzprogramm mittlerweile etwa 150 Maßnahmen mit folgenden Schwerpunkten

- Energieeinsparung in allen Nutzungsbereichen,
- Steigerung der Wirkungs- bzw. Nutzungsgrade bei der Umwandlung fossiler Energien, u.a. durch verstärkten Einsatz von Kraft-Wärme-Kopplung,
- Umstellung von CO_2-reichen auf CO_2-arme fossile Energien,
- stärkere Nutzung erneuerbarer Energien wie Sonne, Wasser und Wind,
- Energiegewinnung aus Biomasse, z.B. Holz, Stroh, Biogas,
- weitere Nutzung der Kernkraft.[203]

71 Naturschutzpolitisches Leitbild ist die **Erhaltung der biologischen Vielfalt** als Lebensgrundlage des Menschen aus Verantwortung für die Bewahrung der Schöpfung. Die biologische Vielfalt umfaßt neben der Artenvielfalt auch die Vielfalt der Lebensräume und die genetische Vielfalt innerhalb der Populationen einer Art.[204] Angestrebt wird dazu die Sicherung und Förderung der Funktionen von Flächen bzw. Landschaften als Lebensgrundlage und Lebensraum für Pflanzen, Tiere und Menschen.[205]

72 Übergreifendes Ziel im Rahmen der **Ressourcenschonung** ist die substantielle Verminderung des Ressourcenverbrauchs bei Aufrechterhaltung und Weiterentwicklung des Wohlfahrtsniveaus und der Lebensqualität. Im Interesse der Ressourcenschonung wird die Erhöhung der Rohstoffproduktivität auf das 2,5 fache bis 2020 auf der Basis von 1993 und die Verdoppelung der Energieproduktivität bis 2020 auf der Basis von 1990 abgestrebt.[206] Zur Schonung der Ressourcen soll ferner der Gedanke der Kreislaufwirtschaft weiterentwickelt werden durch

- die Reduzierung der Menge der Stoffe, die im Wirtschaftskreislauf geführt werden, durch Einsatz rohstoffarmer Techniken,
- die Schließung von Rohstoffkreisläufen durch die Entwicklung neuer Produkte und Verwertungsstrategien,
- Stoffe, deren Verwertung ökonomisch oder ökologisch nicht sinnvoll ist, sollen so behandelt und deponiert werden, daß Schäden für Mensch und Umwelt auf Dauer ausgeschlossen werden können.[207]

73 Zum Schutz der **menschlichen Gesundheit** ist eine weitere Rückführung von gesundheitsgefährdenden Schadstoff- und Lärmemissionen beabsichtigt. Umweltbedingte Lärmbelastungen sollen auf gesundheitlich unbedenkliche Werte vermindert werden.[208] Unter dem Blickwinkel der nachhaltigen Entwicklung sind insbesondere die Erkenntnisse über möglicherweise sehr langfristig wirkende und sich teilweise erst bei künftigen Generationen bemerkbar machende Stoffe zu verbessern.[209]

---

[199] BMU, Umweltpolitisches Schwerpunktprogramm 1998, S. 37.

[200] Vgl. dazu auch BMU, Umweltbericht 1998, BT-Drs. 13/10735, S. 51.

[201] Zur beabsichtigten CO_2-Selbstverpflichtung der deutschen Wirtschaft vgl. BMU, Umwelt 1998, 24f.

[202] Vgl. dazu BMU, Umweltpolitisches Schwerpunktprogramm 1998, S. 16.

[203] Vgl. dazu Vierter Bericht der Interministeriellen Arbeitsgruppe „CO_2-Reduktion" BT-Drs. 13/8936; demgegenüber plant die BReg. für die 14. Legislaturperiode den Ausstieg aus der Kernenergie, vgl. Punkt 3.2 des Koalitionsvertrages zwischen der SPD u. Bundnis 90/Die Grünen, abgedr. ZRP 1998, 485ff.

[204] Vgl. BMU, Umweltpolitisches Schwerpunktprogramm 1998, S. 16; dass., Umweltbericht 1998, BT-Drs. 13/10735, S. 101.

[205] BMU, Umweltpolitisches Schwerpunktprogramm 1998, S. 51.

[206] BMU, Umweltpolitisches Schwerpunktprogramm 1998, S. 74.

[207] Vgl. BMU, Umweltpolitisches Schwerpunktprogramm 1998, S. 16; dass., Umweltbericht 1998, BT-Drs. 13/10735, S. 116.

[208] BMU, Umweltpolitisches Schwerpunktprogramm 1998, S. 92.

[209] BMU, Umweltpolitisches Schwerpunktprogramm 1998, S. 15.

In der **Verkehrspolitik** wird eine Entkoppelung des Wirtschaftswachstums von der Verkehrsentwicklung angestrebt.[210] Der notwendige Verkehr soll umweltschonend abgewickelt werden. Dafür gelten folgende Handlungsansätze 74
- Vermeidung nicht notwendigen Verkehrs,
- Verlagerung des notwendigen Verkehrs auf umweltfreundliche Verkehrsträger,
- Reduzierung des Energieverbrauchs und der Schadstoff- und Lärmemissionen,
- Verringerung der zusätzlichen Flächeninanspruchnahme durch Verkehrswegebau durch bessere Ausnutzung der vorhandenen Infrastruktur und
- Information des Bürgers über umweltschonendes Verkehrsverhalten.[211]

Die Ziele der Umweltpolitik treten vielfach untereinander, aber auch mit anderen Zielen der staatlichen Politik in Konflikt, wie etwa mit Zielen der sozialen Sicherheit, der wirtschaftlichen Entwicklung, mit bildungspolitischen Zielen oder Zielen aus dem Bereich der inneren und äußeren Sicherheit.[212] Sie sind dabei in der Regel gleichrangig.[213] Ein Vorrang ist umweltpolitischen Zielsetzungen, insbesondere bei Konflikten zwischen ökologischer Belastbarkeit und ökonomischen Erfordernissen, nur dann einzuräumen, wenn eine wesentliche und langfristige Beeinträchtigung der natürlichen Lebensgrundlagen droht. Vorrang gegenüber anderen politischen Belangen genießt der Schutz von Leben und Gesundheit des Menschen, der aber nicht nur oberstes Ziel der Umweltpolitik, sondern der Politik schlechthin ist. 75

2. Handlungsprinzipien der Umweltpolitik

Die Akteure der Umweltpolitik handeln nach bestimmten politischen Grundsätzen. Diese Prinzipien des Umweltschutzes geben Leitbilder, Grundkonzeptionen und politische Handlungsanweisungen für eine rationale Umweltpolitik ab.[214] Die wichtigsten davon sind das 76

- Vorsorgeprinzip,
- Verursacherprinzip,
- Kooperationsprinzip.[215]

Daneben sollen sich im Umweltrecht zahlreiche weitere umweltpolitische Prinzipien nachweisen lassen.[216] Dazu werden das Gemeinlastprinzip (als Gegensatz zum Verursacherprinzip),[217] das Prinzip der status-quo-Erhaltung bzw. das Bestandsschutzprinzip[218] oder auch das Verschlechterungsverbot,[219] der Grundsatz des „in dubio pro 77

---

[210] BMU, Umweltpolitisches Schwerpunktprogramm 1998, S. 112.

[211] BMU, Umweltbericht 1998, BT-Drs. 13/10735, S. 163; zu den Zielen der BReg. im Bereich des Verkehrs BMU, Umwelt 1999, 109 ff.

[212] Vgl. dazu z.B. § 1 Abs. 2 BNatSchG; siehe zu Zielkonflikten auch BMU, Umweltbericht 1998, BT-Drs. 13/10735, S. 15.

[213] So auch *Storm*, UmweltR, Tz. 15; so auch § 1 Abs. 3 UBG-AT-E, vgl. *Kloepfer/u. a.*, UGB-AT-E, S. 37, 111.

[214] *Hoppe*, VVDStRL 38 (1980), S. 211 (228 f.).

[215] In der Lit. wurde dazu der Begriff der Prinzipientrias entwickelt, vgl. *Storm*, UmweltR, Tz. 16 ff.; *Schmidt/Müller*, UmweltR, § 1 Rn. 6; zu den Prinzipien ferner BReg., Umweltbericht 1987, BT-Drs. 7/5684, S. 8 f.; BMU, Umweltbericht 1990, BT-Drs. 11/7168, S. 26 f.

[216] Vgl. dazu *Kloepfer/Meßerschmidt*, Innere Harmonisierung des UmweltR, S. 67; *Kloepfer*, UmweltR, § 4 Rn. 1; *Schmidt/Müller*, UmweltR, § 1 Rn. 6.

[217] Dazu *Breuer*, in: Schmidt-Aßmann, BesVwR, 5. Abschn., Rn. 17.

[218] *Breuer*, in: Schmidt-Aßmann, BesVwR, 5. Abschn., Rn. 10 f.

[219] Es hat seinen Niederschlag in § 8 BNatSchG gefunden, wonach vermeidbare Eingriffe in die Natur zu unterlassen, unvermeidbare Eingriffe auszugleichen und unvermeidbare, nicht hinreichend ausgleichbare Eingriffe zu untersagen sind, wenn die

securitate“, das Schutzprinzip, der Grundsatz der Nachhaltigkeit,[220] das ökologische Abwägungsgebot,[221] das „cradle-to-grave-Prinzip“,[222] das Prinzip der kontrollierten Eigenverantwortlichkeit und das Prinzip des grenzüberschreitenden Umweltschutzes[223] gezählt. Diese Prinzipien finden aber nur partiell Anwendung, teilweise überschneiden sie sich auch. Eindeutig im Vordergrund der Umweltpolitik und der rechtswissenschaftlichen Diskussion stehen das Vorsorge-, Verursacher- und Kooperationsprinzip.[224]

78 Das **Vorsorgeprinzip** besagt, daß Umweltpolitik sich nicht in der Beseitigung eingetretener Schäden und der Abwehr drohender Gefahren erschöpft; vielmehr soll bereits das Entstehen von Umweltbelastungen unterhalb der Gefahrenschwelle verhindert werden.[225] Risiken für Mensch und Umwelt sind entsprechend dem Fortschreiten wissenschaftlicher Erkenntnisse und technischer Entwicklungen so gering wie möglich zu halten.[226] Die Umweltvorsorge umfaßt nach Ansicht der Bundesregierung alle Handlungen, die

- der Abwehr konkreter Umweltgefahren,
- im Vorfeld der Gefahrenabwehr der Vermeidung oder Verminderung von Risiken für die Umwelt und
- vorausschauend der Gestaltung unserer zukünftigen Umwelt, insbesondere dem Schutz und der Entwicklung der natürlichen Lebensgrundlagen

dienen.[227] Bestandteile des Vorsorgeprinzips sind danach die *Gefahrenabwehr* und die *Risikovorsorge*.

79 Die Aufnahme der Gefahrenabwehr in den Bereich der Vorsorge ist insoweit problematisch, als in der rechtlichen Konkretisierung der Umweltprinzipien zwischen Vorsorge und Gefahrenabwehr weitgehend unterschieden wird und den der Vorsorge dienenden Normen – im Gegensatz zu Normen der Gefahrenabwehr – kein Drittschutz beigemessen wird.[228]

80 Demgegenüber werden in einem Teil der rechtswissenschaftlichen Literatur, zum Teil unter Verzicht auf die Einbeziehung der Maßnahmen zur Abwehr konkreter Umweltgefahren, nur zwei Systemvarianten des Vorsorgeprinzips, nämlich eine *planerische* und eine *risikovorsorgende*, unterschieden.[229] Notwendig ist nach Auffassung der Bundesregierung insbesondere eine Umweltvorsorge durch Risikominimierung, durch

---

Belange des Naturschutzes und der Landschaftspflege bei der Abwägung aller Anforderungen an Natur und Landschaft im Rang vorgehen; vgl. dazu näher unten § 13 Rn. 64 ff.

[220] *Rehbinder,* in: Salzwedel, Grundzüge des UmweltR, 1. Aufl., S. 81 (89).

[221] *Rehbinder,* in: Salzwedel, Grundzüge des UmweltR, 1. Aufl., S. 81 (93 f.); *Kloepfer,* UmweltR, § 4 Rn. 53 f.

[222] Dieses Prinzip soll die Kontrolle bestimmter Problemstoffe während ihres gesamten Produktions-, Verwendungs- und Beseitigungsprozesses beinhalten; es hat seinen Niederschlag in §§ 40 ff., 49 ff. KrW-/AbfG gefunden; das cradle-to-grave-Prinzip liegt auch der Forderung nach einem Ausbau des produktbezogenen Umweltschutzes zugrunde; dazu insges. *Laufs,* ZG 1992, 217 (223 f.); *Kloepfer,* UmweltR, § 4 Rn. 25.

[223] *Bender/Sparwasser/Engel,* UmweltR, Teil 1 Rn. 83.

[224] Vgl. dazu BReg., Leitlinien Umweltvorsorge, BT-Drs. 10/6028, S. 7 ff.; BMU, Umweltschutz in Deutschland, S. 74 f.

[225] BReg., Leitlinien Umweltvorsorge, BT-Drs. 10/6028, S. 7; zur rechtl. Ausgestaltung des Vorsorgeprinzips vgl. § 1 Rn. 127 ff.

[226] BMU, Umweltschutz in Deutschland, S. 74.

[227] Vgl. bereits BReg., Leitlinien Umweltvorsorge, BT-Drs. 10/6028, S. 7; an der Differenzierung festhaltend BMU, Umweltbericht 1990, S. 26.

[228] Vgl. dazu näher unten § 1 Rn. 132.

[229] Vgl. *Kloepfer/Meßerschmidt,* Innere Harmonisierung des UmweltR, S. 69; *Bender/Sparwasser/Engel,* UmweltR, Teil 1 Rn. 69 ff.; *Breuer,* in: Schmidt-Aßmann, BesVwR, 5. Abschn., Rn. 8 f.

Umweltforschung und Entwicklung verbesserter Umwelttechnologien, durch Aufbau eines Systems zur Beobachtung ökologischer Veränderungen, durch Vorgabe mittel- und längerfristiger umweltpolitischer Zielsetzungen, durch systematisches und planvolles Handeln der im Umweltbereich Tätigen und durch die Erfolgskontrolle staatlichen Handelns, die eine wesentliche Entscheidungsgrundlage für organisatorische und personelle Verbesserungen des Vollzugs von Programmen und Rechtsvorschriften sowie für die Änderung oder Aufhebung inpraktikabler Regelungen darstellt.[230]

Das **Verursacherprinzip** besagt, daß der Verursacher die sachliche und finanzielle Verantwortung für den Umweltschutz trägt. Unter dem Aspekt der finanziellen Verantwortung versteht die Bundesregierung das Verursacherprinzip als Kostenzurechnungsprinzip und als ökonomisches Effizienzkriterium. Die Kosten der Vermeidung oder Beseitigung einer Umweltbelastung soll danach derjenige tragen, der für ihre Entstehung verantwortlich ist.[231] 81

Das Instrumentarium einer verursacherorientierten Umweltpolitik reicht von Geboten und Verboten über flexible Kompensationsregelungen bis hin zu Umweltabgaben.[232] 82

Die Grenzen des Verursacherprinzips werden durch das *Gemeinlastprinzip* beschrieben. Lassen sich bestimmte schädliche Umweltfolgen nur schwer oder gar nicht bestimmten Verursachern zurechnen oder können akute Notstände nicht anders beseitigt werden, dann soll ausnahmsweise die Allgemeinheit mit den Kosten für die Beseitigung von Umweltschäden belastet werden.[233] 83

Das **Kooperationsprinzip** fordert ein faires Zusammenwirken aller staatlichen und gesellschaftlichen Kräfte im Willensbildungs- und Entscheidungsprozeß sowie bei der Realisierung umweltpolitischer Zielsetzungen.[234] Es dient dem Ziel, 84

– die Informationslage der Beteiligten sowie die Akzeptanz und damit die Wirksamkeit umweltpolitischer Entscheidungen zu verbessern
– und ein ausgewogenes Verhältnis zwischen individuellen Freiheiten und gesellschaftlichen Bedürfnissen herzustellen, ohne den Grundsatz der staatlichen Verantwortlichkeit in Frage zu stellen.[235]

Das Kooperationsprinzip macht insbesondere eine umfassende Information und Aufklärung der Bürger, eine Zusammenarbeit mit Umweltorganisationen, mit Gewerkschaften, Industrie, Handel, Landwirtschaft und Gewerbe notwendig. Außerdem verlangt es eine Förderung von Wissenschaft und Technik im Dienste des Umweltschutzes, eine Kooperation zwischen Bund und Ländern sowie eine internationale, grenzüberschreitende Zusammenarbeit.[236] 85

---

230 Vgl. BReg., Leitlinien Umweltvorsorge, BT-Drs. 10/6028, S. 7 ff.

231 Vgl. dazu auch BMU, Umweltschutz in Deutschland, S. 74; zur rechtl. Ausgestaltung des Verursacherprinzips vgl. § 1 Rn. 144 ff.

232 BReg., Leitlinien Umweltvorsorge, BT-Drs. 10/6028, S. 13 und BT-Drs. 10/6028, S. 27.

233 *Breuer,* in: Schmidt-Aßmann, BesVwR, 5. Abschn., Rn. 17; *Rehbinder,* in: Salzwedel, Grundzüge des UmweltR, 1. Aufl., S. 81 (97).

234 Vgl. BReg., Leitlinien Umweltvorsorge, BT-Drs. 10/6028, S. 11; BMU, Umweltschutz in Deutschland, S. 75; *Müggenborg,* NVwZ 1990, 909 ff.; zur rechtl. Ausgestaltung des Kooperationsprinzips vgl. § 1 Rn. 151 ff.

235 Vgl. dazu BReg., Umweltbericht 1976, BT-Drs. 7/5684, S. 9; dies., Leitlinien Umweltvorsorge, BT-Drs. 10/6028, S. 11; BMU, Umweltschutz in Deutschland, S. 75.

236 Dazu BMU, Umweltschutz in Deutschland, S. 77 ff.

86 Die soeben genannten Prinzipien sind in erster Linie politische Handlungsmaßstäbe. Als Grundprinzipien des Umweltrechts bedürfen sie der rechtlichen Ausgestaltung.[237]

3. Instrumente der Umweltpolitik

87 Das Instrumentarium der Umweltpolitik ist vielfältig. Neben der bereits erwähnten Umweltinformation und Umweltberichterstattung umfaßt es ordnungsrechtliche Gebote und Verbote, Umweltverträglichkeitsprüfungen, raumbezogene Planungen, ökonomische Instrumente und flankierende Maßnahmen, Selbstverpflichtungen und Zusagen, Beratungs- und Informationsleistungen sowie umwelterzieherische Aktivitäten, Steuervergünstigungen und Haftungsregelungen. Schließlich ist auch das Umweltstrafrecht ein Instrument der Umweltpolitik.[238]

4. Umweltethik

88 Die Gefährdung der Umwelt ist nicht allein Konsequenz ökonomischer Sachzwänge oder umweltfeindlicher, technologisch noch nicht ausgereifter Produktions- und Entsorgungsverfahren. Ihr liegt vielmehr auch ein falsches Selbstverständis des Menschen zugrunde, eine kontinuierliche Verbesserung der Lebensbedingungen ließe sich ohne Rücksicht auf Natur und Umwelt allein durch ein ständiges industrielles Wirtschaftswachstum erreichen.[239] So zählen die umweltbelastende, fortlaufende Vermehrung der Produktionskräfte und ein ressourcenökonomisch bedenkliches, beständiges Wachstum des Güterausstoßes insoweit sowohl zu dem verbreiteten Verständnis der Grundforderungen marktwirtschaftlicher Denksysteme als auch zu den Postulaten marxistischer Theorie.[240] Hinzu kommen religiöse Wertvorstellungen, die in Abkehr von den Naturreligionen die Natur entmystifizieren und den Menschen zum alleinigen Herrn seiner Umwelt machen,[241] wie folgende Bibelstellen belegen könnten

1. Mose 1, 28: „Seid fruchtbar und mehret euch und füllet die Erde und machet sie euch untertan und herrschet über die Fische im Meer und über die Vögel unter dem Himmel und über alles Getier, das auf Erden kriecht" oder 1. Mose 9: „Furcht und Schrecken vor euch sei über alle Tiere auf Erden und über alle Vögel unter dem Himmel, über alles, was auf der Erde kriecht, und über alle Fische im Meer, in eure Hand sind sie gegeben", die allerdings ein anderes Verständnis durch Genesis 2,15: „daß der Mensch den Garten Eden bebaue und bewahre" erfahren.

---

237 Siehe dazu unten § 1 Rn. 122ff.

238 Vgl. BReg., Leitlinien Umweltvorsorge, BT-Drs. 10/6028, S. 13; vgl. auch *Endres,* ZRP 1985, 197ff; *Hartkopf/Bohne,* Umweltpolitik, S. 172ff.; *Steinberg,* Der ökologische Verfassungsstaat, S. 153ff.; SRU, Umweltgutachten 1987, BT-Drs. 11/1568, Tz. 145ff.; zur rechtl. Ausgestaltung der Instrumente des Umweltschutzes i.Ü. siehe unten § 6 Rn. 1ff.

239 SRU, Umweltgutachten 1994, BT-Drs. 12/6995, Tz. 17f.; vgl. zur Umweltethik ferner BMU, Umweltbericht 1998, BT-Drs. 13/10735, S. 47ff.; zum Verhältnis zwischen Naturverständnis u. UmweltR auch *Hager,* JZ 1998, 223ff.

240 Dazu *Hartkopf/Bohne,* Umweltpolitik, S. 66f.

241 Zu allgem. Wertgrundlagen der Umweltzerstörung ausführl. *Engelhardt,* in: Evangelisches Staatslexikon, Sp. 2648f.; krit. zu christl. Glaubensvorstellungen *Amery,* Das Ende der Vorsehung, S. 1ff.; vgl. auch *Kimminich,* Umweltschutz, Prüfstein der Rechtsstaatlichkeit, S. 32ff.

Die Lösung der Umweltprobleme setzt deshalb u. a. eine veränderte Werthaltung der Menschen gegenüber ihrer Umwelt voraus. Ein solcher Wertewandel ist in der Bevölkerung der Bundesrepublik Deutschland seit einigen Jahren, besser zu sagen in den letzten drei Jahrzehnten deutlich spürbar.[242] Der Bedeutungsanstieg des Umweltschutzes hat seine entscheidende Ursache in einem starken Umweltbewußtsein der Bevölkerung, das insoweit einen veränderten und verschlechterten Zustand des Naturhaushalts reflektiert.[243] Die Bürger sind durchaus bereit, ein verändertes Umweltbewußtsein in ein umweltgerechtes privates Handeln umzusetzen.[244] 89

Beispiel: Neben der Einsparung von Heizenergie privater Haushalte hat sich das Umweltbewußtsein vor allem beim Recycling in privaten Haushalten und der Wirtschaft niedergeschlagen. So wurde im Bereich der Verkaufsverpackungen 1996 eine stoffliche Verwertung von
- 94% bei Papier und Karton,
- 81% bei Weißblech,
- 85% bei Glas,
- 68% bei Kunststoffen,
- 81% bei Aluminium und
- 79% bei Verbundmaterialien

erreicht.[245]

Angesichts der erkannten Umweltgefährdungen und des geänderten Umweltbewußtseins wird eine ethische Verpflichtung des Menschen für seine Umwelt (Umweltethik) anerkannt.[246] Dabei ist heute unbestritten, daß als Fortschritt nur bezeichnet werden kann, was im Einklang mit der Natur steht.[247] Umstritten ist dabei, inwieweit zur Bewältigung der aktuellen und für die Zukunft zu erwartenden Umweltprobleme von einer anthropozentrischen Ethik zu einer stärker ressourcen-ökonomischen/ökologischen Sichtweise übergegangen werden muß.[248] 90

Der **anthropozentrisch** orientierte Umweltschutz leitet die Pflicht zur Erhaltung der natürlichen Lebensgrundlagen aus der Verantwortung für das Wohl der lebenden und der zukünftigen Menschen ab. Umweltschutz dient danach in 91

---

242 Vgl. zu Umfrageergebnissen hinsichtl. des Umweltbewußtseins in Deutschland BMU, Umwelt 1998, 327f.; vgl. auch *Kessel/Tischler,* Ökologische Wertvorstellungen; zum Umweltbewußtsein u. -verhalten auch SRU, Umweltgutachten 1987, BT-Drs. 11/1568, Tz. 41ff.; *Horbach,* ZAU 1993, 44ff.; *Meyer-Abich,* in: Simonis, Umweltpolitik, S. 141 (144ff.).

243 *Kloepfer,* UmweltR, § 1 Rn. 2; zur Wahrnehmung von Umweltrisiken *Citlak/Kreyenfeld,* ZAU 1999, 112ff.

244 Zum Umweltbewußtsein vgl. *Schluchter,* HdUR, Bd. 2, Sp. 2118ff.

245 BMU, Umweltbericht 1998, BT-Drs. 13/10735, S. 119.

246 Vgl. dazu *Hartkopf/Bohne,* Umweltpolitik, S. 63ff.; *Birnbacher,* Ökologie und Ethik, S. 1ff.; *Jonas,* Das Prinzip Verantwortung, S. 1ff.; *Auer,* Umweltethik, S. 1ff.; *Steiger,* in: Salzwedel, Grundzüge des UmweltR, 1. Aufl., S. 3 (13); zu den ethischen Grundlagen umweltgerechten Handelns grundl. SRU, Umweltgutachten 1994, BT-Drs. 12/6995, Tz. 16ff.; ders., ZAU 1994, 170ff.; *Korff,* in: Rengeling, EUDUR, Bd. 1, § 4 Rn. 1ff.; die Frage der ethischen Grenzen umweltrelevanten Handelns hat im Gentechnikrecht in jüngster Zeit wieder Aktualität gewonnen, vgl. dazu *Rock,* Arbeitgeber 1991, 258 (259ff.); *Drescher,* HdUR, Bd. 1, Sp. 861 (862); *Altener,* in: Westphalen, Technikfolgenabschätzung, S. 30 (33).

247 Vgl. SRU, ZAU 1994, 170 (171).

248 I.Ü. *Summerer,* HdUR, Bd. 2, Sp. 2138ff.; für eine differenzierte Betrachtung *Prümm,* UmweltschutzR, S. 59f.

erster Linie dem Schutz von Leben und Gesundheit der Menschen, daneben sollen aber auch das allgemeine Wohlbefinden und wirtschaftliche Interessen vor einer Beeinträchtigung durch Umweltbelastungen geschützt werden.[249]

92 Demgegenüber steht im Zentrum des **ressourcen-ökonomischen/ökologischen** Umweltschutzes nicht der Mensch, sondern die natürliche Umwelt in ihren ökologischen Wirkungszusammenhängen. Umweltschutz ist danach stärker auf die Erhaltung der Natur als Selbstzweck und nicht allein auf den Schutz menschlicher Bedürfnisse gerichtet. Begründet wird der Schutz der Umwelt um ihrer selbst willen vor allem mit der sittlich-ethischen Verantwortung des Menschen gegenüber seiner Umwelt.[250]

93 Die anthropozentrische Sichtweise entspricht stärker den traditionellen ethischen Grundlagen unserer Staats- und Gesellschaftsordnung, wonach der Mensch und sein Wohlergehen den obersten Wert staatlichen und gesellschaftlichen Handelns bilden.[251] Anthropozentrisch angelegt ist außerdem der größte Teil der Rechtsordnung in Deutschland mit dem Grundgesetz an der Spitze.[252] Die bislang anthropozentrische Ausrichtung unserer Rechtsordnung schließt es allerdings nicht aus, den Schutz der Umwelt auch um ihrer selbst willen in die Rechtsordnung zu integrieren.[253] Das gilt zumindest, solange der Mensch und sein Wohlergehen als oberster Wert dieser Rechtsordnung hierdurch nicht angetastet wird.

94 Das Grundgesetz mit seinen Freiheitsgewährleistungen geht von dem Leitbild eines freien und verantwortlichen Menschen aus. Zutreffend führt *Starck* dazu aus

> „Die Verantwortung ist das Korrelat zur Freiheit. Freiheit ohne Verantwortung für das freie Handeln würde auf die Dauer die Grundlagen der Freiheit vernichten. Das gilt nicht nur im Verhältnis des Menschen zu sich selbst und zu seinen Mitmenschen, sondern auch im Verhältnis zu seiner Umwelt, die ungeachtet einer fehlenden ausdrücklichen verfassungsrechtlichen Inbedachtnahme auf natürliche Weise so eng mit den Menschen verbunden ist, daß er Verantwortung für sie trägt ...“[254]

95 Daß zwischen dem Schutz des Menschen und dem Schutz seiner natürlichen Umwelt kein Widerspruch besteht,[255] ist – neben der Erkenntnis, daß angesichts der Interdependenz aller ökologischen Systeme die Beeinträchti-

---

[249] Vgl. *Rehbinder,* RABELsZ 40 (1976), 363 (369); *Storm,* UmweltR, Tz. 11.

[250] Zu den unterschiedl. Begründungsansätzen für den ressourcen-ökonomischen/ökologischen Umweltschutz siehe *Henneke,* AgrarR 1986, 192 u. die Beiträge in dem von *Birnbacher* hrsg. Sammelband mit dem Titel „Ökologie und Ethik“; vgl. auch *Summerer,* HdUR, Bd. 2, Sp. 2138 (2144); *Stone,* Umwelt vor Gericht. Die Eigenrechte der Natur, S. 25 ff.; *v. Lersner,* UTR 1990, 55 ff.

[251] *Henneke,* AgrarR 1986, 192 (195); *Hartkopf/Bohne,* Umweltpolitik, S. 63.

[252] Vgl. Art. 20a GG, durch Hinweis darauf, daß der Schutz der Umwelt auch in Verantwortung für die künftigen Generationen erfolgt; ferner z. B. § 1 Abs. 1 BNatSchG, § 1 BImSchG, § 1 Nr. 2 AtG; auch § 1 Abs. 1 S. 2 UGB-AT-E u. § 1 Abs. 2 UGB-KomE gehen von einem anthropozentrischen Ansatz aus, vgl. *Kloepfer/u. a.,* UGB-AT-E, S. 37, 109; BMU, UGB-KomE, S. 109, 433 f.; siehe dazu bereits *Bosselmann,* NuR 1987, 1 (3), der davon spricht, daß alle geltenden Umweltgesetze den „Makel einer anthropozentrischen Sichtweise“ aufweisen.

[253] Vgl. so z. B. §§ 17 Abs. 1 Nr. 2, 20e BNatSchG; so auch *Meyer-Abich,* Wege zum Frieden mit der Natur, S. 52 (61).

[254] Vgl. *Starck,* in: v. Mangoldt/Klein/Starck, GG, Art. 5 Rn. 269; zum Umweltschutz als Staatszielbestimmung vgl. § 4 Rn. 5 ff.

[255] So auch *Bender/Sparwasser/Engel,* UmweltR, Teil 1 Rn. 10.

gung einzelner Umweltmedien, Tier- oder Pflanzenarten stets die Ökosysteme insgesamt gefährdet – gerade das Hauptverdienst des neueren, ressourcen-ökonomisch/ökologisch motivierten Umweltschutzes. Denn gerade weil der Mensch ressourcenabhängig und in die Ökosysteme eingebunden ist, liegt ein ressourcen-ökonomischer/ökologischer Umweltschutz auch in seinem Interesse.[256] Hinzu kommt, daß die langfristigen Bedürfnisse nachwachsender Generationen heute noch gar nicht absehbar sind.[257] Auch deshalb kommt es darauf an, die Umweltgüter und -ressourcen möglichst weitgehend auch für die Zukunft zu bewahren. Ein umfassender Ressourcen- und Ökosystemschutz ist deshalb auch Schutzauftrag einer anthropozentrischen Rechtsordnung.[258] Dementsprechend ist dem ressourcen-ökonomischen/ökologischen Interessenschutz im Umweltrecht zukünftig stärkeres Gewicht zuzuerkennen.[259] Allerdings muß die Berücksichtigung ressourcen-ökonomischen/ökologischen Interessenschutzes in der Rechtsordnung nicht unbedingt mit der Einräumung eines ökologischen Umweltrechts für die Natur selbst verbunden sein.[260]

II. Umweltökonomie

Handlungsebene des Umweltschutzes ist neben der Umweltpolitik die 96
Umweltökonomie, die ihrerseits politikberatende Funktionen erfüllt.[261] Sie wird im Umweltprogramm der Bundesregierung aus dem Jahre 1971 definiert als

> „die Wirtschaftswissenschaft, die in ihren Theorien, Analysen und Kostenrechnungen ökologische Parameter miteinbezieht".[262]

Die Umweltökonomie umfaßt Prinzipien, Verfahrensweisen und institutio- 97
nelle Vorkehrungen, die einen sinnvollen Umgang mit der Umwelt ermöglichen.[263] Die Umweltökonomie begreift Umweltprobleme als Knappheitsprobleme, die gegenwärtige krisenhafte Umweltbelastung als Überbeanspruchung knapper Ressourcen. Ursache der gegenwärtigen Umweltprobleme ist, daß die Marktmechanismen bei den Umweltressourcen versagen, weil diese herkömmlich als sog. freie Güter kostenlos in Anspruch genommen werden.[264]

---

[256] *Rehbinder,* RABELsZ 40 (1976), 363 (370); *Breuer,* in: Schmidt-Aßmann, BesVwR, 5. Abschn., Rn. 5.

[257] Zum Nachweltschutz als Verfassungsfrage siehe *Hofmann,* ZRP 1986, 86ff.

[258] Vgl. *Henneke,* AgrarR 1986, 192 (196).

[259] So auch *Rehbinder,* RABELsZ 40 (1976), 359 (370); *Soell,* in: Salzwedel, Grundzüge des UmweltR, 1. Aufl., S. 481 (494f.); *Breuer,* in: Schmidt-Aßmann, BesVwR, 5. Abschn., Rn. 5; vgl. auch BReg., Leitlinien Umweltvorsorge, BT-Drs. 10/6028, S. 6, wonach die BReg. Tiere, Pflanzen u. Ökosysteme auch um ihrer selbst willen schützt; a.A. *Storm,* UmweltR, Tz. 11f.

[260] Vgl. dazu *Bosselmann,* NuR 1987, 1 (3); a.A. *Storm,* UmweltR, Tz. 13.

[261] *Wicke,* HdUR, Bd. 2, Sp. 2206 (2208); *ders.,* in: Rengeling, EUDUR, Bd. 1, § 5 Rn 1ff.

[262] Vgl. BReg., Umweltprogramm 1971, BT-Drs. VI/2710, S. 63.

[263] Vgl. *Klaus,* Umweltökonomie und Umweltpolitik, S. 2; zum Zusammenhang zwischen Ökonomie und Ökologie siehe SRU, Umweltgutachten 1987, BT-Drs. 11/1568, Tz. 205ff.; *Kimminich,* Umweltschutz, Prüfstein der Rechtsstaatlichkeit, S. 117ff.

[264] *Schachel,* NuR 82, 206 (207); vgl. dazu ausführl. *Meßerschmidt,* Umweltabgaben als Rechtsproblem, S. 55ff.; *Schmidt/Müller,* UmweltR, § 1 Rn. 2 (m.w.N.).

98 Die Umweltökonomie hat sowohl einen **betriebswirtschaftlichen** als auch einen **volkswirtschaftlichen** Teil.[265]

99 Die **betriebswirtschaftliche** Umweltökonomie ist Teildisziplin der Betriebswirtschaftslehre und hat die Aufgabe, die Beziehungen des Betriebes zu seiner natürlichen Umwelt, die Einwirkungen der Umwelt und der Umweltpolitik auf den Betrieb darzustellen und zu analysieren sowie die Möglichkeiten des Betriebes aufzuzeigen, wie er den umweltbezogenen Erfordernissen des Staates und des Marktes am besten gerecht werden kann.[266]

100 Aufgabe der **volkswirtschaftlichen** Umweltökonomie ist es dagegen, ökonomische Hilfestellungen dabei zu leisten, den gesellschaftlichen Wohlstand unter Berücksichtigung der wichtigen Wohlstandskomponente „hohe Umweltqualität" zu maximieren.[267] Die volkswirtschaftliche Umweltökonomie ist eine Teildisziplin der „Wirtschaftspolitik";[268] sie ist eng verwandt, aber nicht zu verwechseln mit einer marktwirtschaftlich orientierten Umweltpolitik, die die Marktkräfte in den Dienst eines wirksamen Umweltschutzes stellen will.[269]

III. Umweltrecht

101 Die dritte Handlungsebene des Umweltschutzes und ein Hauptinstrument zur Verwirklichung der Umweltpolitik ist das Umweltrecht.

1. Begriff des Umweltrechts

102 Eine allgemein anerkannte Definition des Begriffs „Umweltrecht" gibt es nicht. Auch der Professorenentwurf eines UGB und der Kommissionsentwurf zum UGB definieren den Begriff „Umweltrecht" nicht. Zumeist werden die Begriffe „Umweltrecht" und „Umweltschutzrecht" im gleichen Sinne verwendet.[270] **Umweltrecht** kann als die Summe der Rechtssätze verstanden werden, die dem Schutz der Umwelt zu dienen bestimmt sind.[271] Es zielt darauf ab, menschliches Verhalten so zu steuern, daß die Grenzen der Belastbarkeit des Menschen, der übrigen Lebewesen und der jeweiligen Umwelt nicht gefährdet werden.[272]

103 Die Eigenständigkeit des Rechtsgebiets Umweltrecht ist mittlerweile allgemein anerkannt.[273]

---

[265] Siehe dazu i. e. *Wicke,* Umweltökonomie, S. 9ff.; *ders.,* HdUR, Bd. 2, Sp. 2206.

[266] Vgl. *Wicke,* Umweltökonomie, S. 8.

[267] *Wicke,* Umweltökonomie, S. 12; dazu auch *Breuer,* in: Schmidt-Aßmann, BesVwR, 5. Abschn. Rn. 4.

[268] *Wicke,* Umweltökonomie, S. 12; *ders.,* HdUR, Bd. 2, Sp. 2206 (2207).

[269] Siehe dazu BReg., BT-Drs. 10/4614, S. 2.

[270] Vgl. z. B. *Rehbinder,* RABELsZ 40 (1976), 363 (365); *Storm,* UmweltR, Tz. 36f.; a. A. *Prümm,* UmweltschutzR, S. 6, der den Begriff des UmweltR als zu weit bezeichnet.

[271] Nach *Kloepfer,* BB 1978, 1729 ist UmweltR das Recht, das die Konflikte lösen soll, die sich bei der Sicherung der natürlichen Lebensgrundlagen der Menschen ergeben; siehe auch *Kloepfer,* Systematisierung, S. 77; *Kloepfer/Meßerschmidt,* Innere Harmonisierung des UmweltR, S. 12ff.; *Steiger,* in: Salzwedel, Grundzüge des UmweltR, 1. Aufl., S. 3 (9); *Rehbinder,* RABELsZ 40 (1976), 363 (365); *Rausch,* Die Umweltschutzgesetzgebung, S. 19; *Vogel,* ZRP 1980, 178.

[272] SRU, Umweltgutachten 1987, BT-Drs. 11/1568, Tz. 10.

[273] *Breuer,* in: Schmidt-Aßmann, BesVwR, 5. Abschn. Rn. 36; *Steiger,* in: Salzwedel, Grundzüge des UmweltR, 1. Aufl., S. 3 (9ff.); *Erbguth,* Grundfragen, S. 48ff.; *Bender/Sparwasser/Engel,* UmweltR, Teil 1 Rn. 17; *Storm,* UmweltR, Tz. 41; hingegen hat

 Kloepfer, NVwZ 02, 645

Das Umweltrecht erweist sich als ein „Querschnittsrecht“, das seine Kohärenz durch eine Vielzahl von Normen aus verschiedenen Rechtsbereichen auf der informellen Grundlage von Umweltprogrammen und Umweltberichten erhält.[274] **104**

Zum Umweltrecht zählen in erster Linie die Gesetze, die eine ausdrückliche und spezifisch umweltschützende Funktion aufweisen. Sie bilden den Kernbereich des Umweltrechts und umfassen Rechtsmaterien des Verwaltungsrechts wie **105**

- Naturschutzrecht,
- Immissions- und Strahlenschutzrecht,
- Gewässerschutzrecht,
- Bodenschutzrecht,
- Abfallentsorgungs- und Kreislaufwirtschaftsrecht und
- Gefahrstoffrecht.[275]

Ferner enthalten zahlreiche Gesetzeswerke Umweltrecht nur in einzelnen Abschnitten oder sogar nur in spezifischen Einzelregelungen. Insoweit zählen etwa der 28. Abschnitt des Strafgesetzbuches über Straftaten gegen die Umwelt oder Einzelvorschriften wie z.B. § 906 BGB[276] zum Umweltrecht. **106**

In zahlreichen Gesetzen ist der Umweltschutz nur eine von mehreren angestrebten Zielsetzungen. Zu diesen Gesetzen zählen etwa das Raumordnungsgesetz[277] und die Landesplanungsgesetze, das Baugesetzbuch sowie das Bundesberggesetz[278] und das Energiewirtschaftsgesetz[279].[280] Zwar sind diese Gesetzeswerke nicht in ihrer Gesamtheit dem Umweltrecht zuzurechnen.[281] Jedoch enthalten sie neben anderen gesetzlichen Zweckbestimmungen auch umweltschützende Regelungen und Zielsetzungen. Die in diesen Gesetzeswerken enthaltenen umweltschützenden Regelungen sind dem Umweltrecht zuzurechnen.[282] **107**

Beispiel: Die Bauleitpläne sollen eine geordnete städtebauliche Entwicklung und eine dem Wohl der Allgemeinheit entsprechende sozialgerechte Bodennutzung gewährleisten und dazu beitragen, eine menschenwürdige Umwelt zu sichern und die natürlichen Lebensgrundlagen zu schützen (§ 1 Abs. 5 S. 1 BauGB).

---

nach *Kloepfer,* UmweltR, § 1 Rn. 60, nur das UmweltR i.e.S., das sich auf umweltspezifisches Recht, insbes. das Sonderrecht der staatl. Umweltschutzaktivitäten bezieht, die Eigenschaft eines eigenen Rechtsgebiets.

[274] *Storm,* UmweltR, Tz. 47.

[275] Unter Einschluß des GefahrstoffR auch *Kloepfer,* UmweltR, § 1 Rn. 42.

[276] Bürgerliches Gesetzbuch v. 18. 8. 1896 (RGBl. S. 195), zul. geänd. durch G v. 21. 7. 1999 (BGBl. I S. 1642).

[277] Raumordnungsgesetz (ROG) v. 18. 8. 1997 (BGBl. I S. 2081), geänd. durch G v. 15. 12. 1997 (BGBl. I S. 2902).

[278] Bundesberggesetz (BBergG) v. 13. 8. 1980 (BGBl. I S. 1310), zul. geänd. durch G v. 26. 1. 1998 (BGBl. I S. 164).

[279] Gesetz zur Neuregelung des Energiewirtschaftsgesetzes – EnWiG) v. 24. 4. 1998 (BGBl. I S. 730), geänd. durch G v. 26. 8. 1998 (BGBl. I S. 2521).

[280] Vgl. zu diesem Ansatz auch *Bender/Sparwasser/Engel,* UmweltR, Teil 1 Rn. 1; *Kloepfer,* UmweltR, § 1 Rn. 71 ff.

[281] So auch SRU, Umweltgutachten 1987, BT-Drs. 11/1568, Tz. 36.

[282] So zu Recht *Steiger,* in: Salzwedel, Grundzüge des UmweltR, 1. Aufl., S. 3 (11); vgl. auch *Kloepfer,* UmweltR, § 1 Rn. 52, der diese Gesetze als Nachbargebiete bezeichnet.

108 Umstritten ist, ob auch solche Rechtssätze zum Umweltrecht zählen, die ohne eine spezifisch umweltschützende Zielsetzung für den Umweltschutz von erheblicher Relevanz sind. Gemeint sind etwa die Grundrechte, das Sozialstaatsprinzip, Normen des allgemeinen Polizeirechts oder aber auch die §§ 823, 1004 BGB. Teilweise wird die Ansicht vertreten, daß als Umweltschutzrecht nur umweltspezifisches Recht gelten kann. Umweltschutzrecht soll dementsprechend ein Sonderrecht des Umweltschutzes sein, das nur für den Umweltschutz und nicht auch für andere Rechtsbereiche gilt.[283] Demgegenüber wird zu Recht darauf hingewiesen, daß die bezeichneten Rechtsnormen für den Umweltschutz von erheblicher Bedeutung sind, nicht zuletzt, weil sie ansonsten notwendige, umweltspezifische Normen ersetzen.[284] Das Recht muß insoweit auf Fragen antworten dürfen, die das Leben des Menschen in seiner grundlagenbedrohten Existenz betreffen; Antworten auf neue Fragen erfordern die rechtswissenschaftliche Durchdringung der umweltpfleglichen Rechtsnormen.[285] Dem Rechtsgebiet „Umweltrecht" können umweltrelevante Rechtssätze zumindest solange zugerechnet werden, wie der Zweck der Abgrenzung des Rechtsgebiets stärker in der Verdeutlichung der Rechtssystematik und der gemeinsamen Rechtsdogmatik und weniger in der einheitlichen Kodifikation dieses Rechtsbereiches liegt.

2. Ziele und Grundsätze des Umweltrechts

109 Zwischen den umweltpolitischen Zielsetzungen und dem Umweltrecht besteht eine Wechselbeziehung. Einerseits folgen umweltpolitische Ziele unmittelbar aus verfassungsrechtlichen Vorgaben. So leitet sich das oberste Ziel der Umweltpolitik, Leben und Gesundheit der Menschen jetzt und in Zukunft vor Schäden zu bewahren,[286] aus den Grundrechten, insbesondere aus Art. 2 Abs. 2 GG[287] ab. Andererseits dient das Umweltrecht der rechtlichen Ausgestaltung umweltpolitischer Leitvorstellungen. Vor allem die im Grundgesetz verankerte Staatszielbestimmung zum Umweltschutz des Art. 20a GG,[288] wonach der Staat in Verantwortung für die künftigen Generationen die natürlichen Lebensgrundlagen im Rahmen des verfassungsmäßigen Ordnung durch die Gesetzgebung und nach Maßgabe von Gesetz und Recht durch die vollziehende Gewalt und die Rechtsprechung schützt, sowie entsprechende Bestimmungen in den Länderverfassungen dienen einer rechtlichen Ausgestaltung umweltpolitischer Zielvorgaben. Rechtlich voll wirksam können umweltpolitische Ziele und daneben die bereits beschriebenen umweltpolitischen Handlungsprinzipien[289] jedoch erst bei einer unterverfassungsrechtlichen Konkretisierung werden.

---

[283] *Kloepfer,* Systematisierung, S. 75.

[284] *Steiger,* in: Salzwedel, Grundzüge des UmweltR, 1. Aufl., S. 3 (11); *Storm,* UmweltR, Tz. 41.

[285] *Storm,* UmweltR, Tz. 41.

[286] BReg., Leitlinien Umweltvorsorge, BT-Drs. 10/6028, S. 6.

[287] Grundgesetz für die Bundesrepublik Deutschland v. 23. 5. 1949 (BGBl. S. 1), zul. geänd. durch G v. 16. 7. 1998 (BGBl. I S. 1822).

[288] Vgl. dazu i. e. § 4 Rn. 5 ff.

[289] Siehe dazu unten § 1 Rn. 76 ff.

a) Rechtliche Ausgestaltung der umweltpolitischen Zielsetzungen

110 Bislang gibt es weder international noch national eine alle umweltrechtlichen Bereiche **umfassende gesetzliche Formulierung umweltpolitischer Ziele** im Umweltrecht.

111 Art. 20a GG fordert lediglich, daß der Staat in Verantwortung für die künftigen Generationen die natürlichen Lebensgrundlagen im Rahmen der verfassungsmäßigen Ordnung durch die Gesetzgebung und nach Maßgabe von Gesetz und Recht durch die vollziehende Gewalt und die Rechtsprechung schützt. Die Staatszielbestimmung Umweltschutz nimmt dabei das umweltpolitische Handlungsziel einer dauerhaft umweltgerechten Entwicklung auf,[290] ohne es jedoch inhaltlich näher auszugestalten.

112 Erstmals sind in den Entwürfen zum UGB gesetzliche Formulierungen der nationalen umweltpolitischen Zielsetzungen als Leitlinien vorgesehen. So ist gem. § 4 UGB-KomE der Schutz der Umwelt und des Menschen, auch in Verantwortung für die künftigen Generationen, insbesondere dadurch zu gewährleisten, daß

- Naturgüter und sonstige Ressourcen, die sich nicht erneuern, geschont und sparsam genutzt werden (Nr. 1),
- der Verbrauch von sich erneuernden Naturgütern und sonstigen Ressourcen so gesteuert wird, daß sie auf Dauer zur Verfügung stehen (Nr. 2),
- die Aufnahmefähigkeit und Belastbarkeit der Umwelt unter Einhaltung eines angemessenen Sicherheitsabstandes gewahrt wird (Nr. 3),
- die Ozonschicht geschützt und die Stabilisierung der Konzentration von Treibhausgasen in der Atmosphäre angestrebt wird (Nr. 4),
- Gefahren und Risiken für die Umwelt und den Menschen vermieden werden (Nr. 5).[291]

113 § 4 UGB-KomE soll als Leitlinie den Grundsatz einer dauerhaften Sicherung der natürlichen Lebensgrundlagen und damit das umweltpolitische Ziel der nachhaltigen Entwicklung konkretisieren. Die Leitlinien sollen bei der Ausgestaltung und Anwendung von Gesetzen bedeutsam sein und bei der Festlegung konkreter Ziele herangezogen werden können.[292]

114 Demgegenüber enthalten die gegenwärtig geltenden deutschen Umweltgesetze nur sehr **allgemeine Zielvorgaben**, die den Zweck des jeweiligen Gesetzeswerkes beschreiben. Aufgabe gesetzlicher Zielvorgaben ist es, den Grundgedanken des Gesetzes zu verdeutlichen und hierdurch eine Auslegungshilfe für den Vollzug der Einzelbestimmungen zu geben. *Gesetzliche Ziel- und Zweckvorgaben* sind regelmäßig keine selbständig vollzugsfähigen Regelungen; vielmehr entfalten sie ihre Bindungswirkung im Zusammenhang mit anderen gesetzlichen Bestimmungen. In den einzelnen Umweltschutzgesetzen sind Zielbestimmungen teilweise positiv, teilweise negativ formuliert, indem sie entweder den angestrebten Umweltzustand (Umweltqualitätsziel) oder die Umweltbeeinträchtigungen (Umwelthandlungsziel) beschreiben, denen das Gesetz begegnen soll.[293]

---

[290] Vgl. dazu *Schink,* DÖV 1997, 221ff.

[291] BMU, UGB-KomE, S. 111; umfangreicher in seiner Formulierung sind die Leitlinien des Umweltschutzes in § 3 UGB-AT-E, vgl. *Kloepfer/u. a.,* UGB-AT-E, S. 39; krit. dazu *Koch,* NVwZ 1991, 953 (954); BUND, Stellungnahme zum UGB-AT-E, S. 22ff.; vergleichbar sind die Leitlinien einer nachhaltigen Entwicklung in § A 2 Abs. 2 des Arbeitsentwurfs UGB I formuliert, die jedoch den Schutz der Ozonschicht u. die Forderung nach einer Stabilisierung des Klimas nicht aufnehmen, vgl. dazu den Arbeitsentwurf des BMU für ein UGB I v. 23. 4. 1999, S. 1.

[292] BMU, UGB-KomE, S. 453.

[293] *Kloepfer/Meßerschmidt,* Innere Harmonisierung des UmweltR, S. 57; vgl. zu Umweltqualitätszielen neuerl. *Volkmann,* DVBl. 1999, 579ff.

Ritter, DÖV 92, 641, Schmidt-Preuß, JZ 00, 581

Beispiel: Zweck des Immissionsschutzrechts ist es gem. § 1 BImSchG[294] Menschen, Tiere und Pflanzen, den Boden, das Wasser, die Atmosphäre sowie Kultur und sonstige Sachgüter vor schädlichen Umwelteinwirkungen und, soweit es sich um genehmigungsbedürftige Anlagen handelt, auch vor Gefahren, erheblichen Nachteilen und erheblichen Belästigungen, die auf andere Weise herbeigeführt werden, zu schützen und dem Entstehen schädlicher Umwelteinwirkungen vorzubeugen.

Beispiel: Ziel des Naturschutzes und der Landschaftspflege ist es gem. § 1 Abs. 1 BNatSchG[295], Natur und Landschaft im besiedelten und unbesiedelten Bereich so zu schützen, zu pflegen und zu entwikeln, daß die Leistungsfähigkeit des Naturhaushalts, die Nutzungsfähigkeit der Naturgüter, die Pflanzen- und Tierwelt sowie die Vielfalt, Eigenart und Schönheit von Natur und Landschaft als Lebensgrundlagen des Menschen und als Voraussetzung für seine Erholung in Natur und Landschaft nachhaltig gesichert sind.

Beispiel: Und schließlich ist es gem. § 1 ChemG Zweck des Chemikaliengesetzes, den Menschen und die Umwelt vor schädlichen Einwirkungen gefährlicher Stoffe und Zubereitungen zu schützen, insbesondere sie erkennbar zu machen und ihrem Entstehen vorzubeugen.[296]

115 Diese allgemeinen Zielvorgaben erfahren teilweise eine *Konkretisierung durch gesetzliche Definitionen*.

Beispiele: In § 3 Abs. 1 BImSchG wird erläutert, wann schädliche Umwelteinwirkungen im Sinne der abstrakten Zielvorgabe des § 1 BImSchG vorliegen. Und § 3 ChemG definiert die Stoffe und Zubereitungen, vor denen das Chemikalienrecht gem. § 1 ChemG schützen soll.

116 Aber auch diese gesetzlichen Konkretisierungen bleiben häufig recht vage, weil sie die unbestimmten Rechtsbegriffe der Zielvorgaben wiederum mit unbestimmten Rechtsbegriffen zu erläutern suchen. Es gibt allerdings einige wenige Gesetze, die ihre Zielsetzung konkret in *Grenzwerte* umsetzen.

Beispiel: So sieht etwa das Benzinbleigesetz, dessen Zweck es ist, zum Schutz der Gesundheit den Gehalt an Bleiverbindungen und anderen anstelle von Blei zugesetzten Metallverbindungen in Ottokraftstoffen zu beschränken, vor, daß der Gehalt an Bleiverbindungen im Normalbenzin, berechnet als Blei, 0,15 g im Liter (gemessen bei + 15°C) nicht übersteigen darf (§ 2 Abs. 1 S. 1 BzBlG[297]).

117 Sehr häufig wird dagegen die Konkretisierung der unbestimmten Gesetzesbegriffe der Exekutive durch Ermächtigung zum Erlaß von Rechtsverordnungen, Verwaltungsvorschriften und vereinzelt auch von Satzungen überlassen.[298] Notwendig ist eine Ermächtigung der Verwaltung zur Konkretisierung der gesetzlichen Zielvorgaben vor allem in den Fällen, in denen der Gesetzgeber die rechtlichen Anforderungen zum Schutz der Umwelt da-

---

[294] Gesetz zum Schutz vor schädlichen Umwelteinwirkungen durch Luftverunreinigungen, Geräusche, Erschütterungen und ähnliche Vorgänge (Bundes-Immissionsschutzgesetz – BImSchG) i. d. F. d. Bek. v. 14. 5. 1990 (BGBl. I S. 880), zul. geänd. durch G v. 19. 10. 1998 (BGBl. I S. 3178); vgl. dazu unten § 21 Rn. 1 ff.

[295] Gesetz über Naturschutz und Landschaftspflege (Bundesnaturschutzgesetz – BNatSchG) i. d. F. d. Bek. v. 21. 9. 1998 (BGBl. I S. 2994).

[296] Vgl. weitere gesetzl. Zielvorgaben in § 1 AtG, § 1 BBodSchG, § 1 Abs. 1 FluglG, § 1 PflSchG, § 1 WRMG, § 1 KrW-/AbfG, § 1 a WHG, § 1 Abs. 1 BzBlG und zu den einzelnen Zielbestimmungen *Kloepfer/Meßerschmidt,* Innere Harmonisierung des UmweltR, S. 58 ff.

[297] Gesetz zur Verminderung von Luftverunreinigungen durch Bleiverbindungen in Ottokraftstoffen für Kraftfahrzeugmotore (Benzinbleigesetz – BzBlG) v. 5. 8. 1971 (BGBl. I S. 1234), zul. geänd. durch G v. 24. 6. 1994 (BGBl. I S. 1416); vgl. dazu unten § 22 Rn. 3 ff.

[298] Vgl. z. B. §§ 7 Abs. 1, 48, 49 Abs. 3 BImSchG.

durch dynamisiert, daß er die Beachtung des Standes der Technik,[299] des Standes von Wissenschaft und Technik[300] oder der allgemein anerkannten Regeln der Technik[301] zur Pflicht macht. normative Zielvorgaben können so erst durch Umweltstandards, d. h. Regelwerke, die die unbestimmten Gesetzesbegriffe konkretisieren,[302] vollziehbar gemacht werden.[303]

Die umweltrechtlichen Zielsetzungen konkurrieren oder kollidieren häu- **118**
fig mit ökonomischen, sozialen oder kulturellen Zielsetzungen anderer Gesetze.[304] Teilweise ist die Kollision sogar innerhalb einzelner Umweltgesetze vorprogrammiert, weil die Gesetzeswerke widerstreitenden Interessenlagen zugleich dienen sollen.

Beispiel: Gem. § 1 Nr. 1 AtG[305] ist es Zweck des Gesetzes, die Erforschung, die Entwicklung und die Nutzung der Kernenergie zu friedlichen Zwecken zu fördern. Daneben soll das Gesetz gem. § 1 Nr. 2 AtG Leben, Gesundheit und Sachgüter vor den Gefahren der Kernenergie und der schädlichen Wirkung ionisierender Strahlen schützen und durch Kernenergie oder ionisierende Strahlen verursachte Schäden ausgleichen. Der damit im Atomgesetz angelegte Zielkonflikt wird durch das Gesetz selbst nicht aufgelöst. In Rechtsprechung und Lehre wird überwiegend von einem Vorrang des Schutzzweckes gegenüber dem Förderzweck ausgegangen.[306]

Beispiel: Gem. § 1 Nr. 1 GenTG[307] soll das Gentechnikgesetz Leben und Gesundheit von Menschen, Tieren, Pflanzen sowie die sonstige Umwelt in ihrem Wirkungsgefüge und Sachgüter vor möglichen Gefahren gentechnischer Verfahren und Produkte schützen und dem Entstehen solcher Gefahren vorbeugen. Zugleich soll es gem. § 1 Nr. 2 GenTG den rechtlichen Rahmen für die Erforschung, Entwicklung, Nutzung und Förderung der wissenschaftlichen, technischen und wirtschaftlichen Möglichkeiten der Gentechnik schaffen. Dabei enthält auch § 1 GenTG keine ausdrückliche Bestimmung für das Verhältnis von Schutz- und Förderungszweck. In diesem Fall kann jeoch auf die EG-rechtliche Systemrichtlinie[308] zurückgegriffen werden, die dem Schutzzweck Vorrang vor dem Förderungszweck einräumt.[309]

---

[299] Vgl. z. B. §§ 5 Abs. 1 Nr. 2 BImSchG, 7a Abs. 1 S. 1 WHG, 2 Abs. 1 Nr. 4 LuftVG.

[300] Siehe §§ 7 Abs. 2 Nr. 3 AtG, 6 Abs. 1 Nr. 5 StrlSchV; vgl. zu diesem Begriff *Schachtschneider,* in: Thieme, Umweltschutz im Recht, S. 81 ff.

[301] So z. B. in §§ 19g Abs. 3, 18b Abs. 1 S. 2 WHG, 3 Abs. 1 S. 2 GerSiG, 6 Abs. 1 DampfkV.

[302] Siehe dazu näher unten § 5 Rn. 1 ff.

[303] Vgl. SRU, Umweltgutachten 1987, BT-Drs. 11/1568, Tz. 91.

[304] Einen absoluten Vorrang des Umweltschutzes gibt es nicht, vgl. *BVerwG,* Beschl. v. 10. 10. 1988 – 7 B 37.88 –, UPR 1989, 37.

[305] Gesetz über die friedliche Verwendung der Kernenergie und den Schutz gegen ihre Gefahren (Atomgesetz – AtG) i. d. F. d. Bek. v. 15. 7. 1985 (BGBl. I S. 1565), zul. geänd. durch G v. 6. 4. 1998 (BGBl. I S. 694); vgl. dazu näher unten § 24 Rn. 11 ff.

[306] *BVerwG,* Urt. v. 16. 3. 1972 – 4 C 49.70 –, DVBl. 1972, 678 (680) (Würgassen); zustimmend BVerfG, Urt. v. 20. 12. 1979 - 1 BvR 385/77 –, BVerfGE 53, 30 (58) (Mülheim Kärlich); *OVG Münster,* Urt. v. 20. 2. 1975 – VII A 921/69 –, et 1975, 220 (222); *Pelzer,* HdUR, Bd. 1, Sp. 157 (161); *Kloepfer,* UmweltR, § 15 Rn. 16 m. w. N.; a. A. *Degenhart,* KernenergieR, S. 8; *Hofmann,* BayVBl. 1983, 33 (34); vgl. dazu unten § 24 Rn. 12.

[307] Gesetz zur Regelung der Gentechnik (Gentechnikgesetz – GenTG) v. 16. 12. 1993 (BGBl. I S. 2066), zul. geänd. durch VO v. 21. 9. 1997 (BGBl. I S. 2390).

[308] Richtlinie des Rates über die Anwendung genetisch veränderter Microorganismen in geschlossenen Systemen (Systemrichtlinie) v. 23. 4. 1990 (90/219/EWG), ABl. EG Nr. L 117, S. 1, zul. geänd. durch RL (98/81/EG) des Rates v. 26. 10. 1998, ABl. EG Nr. L 330, S. 13; vgl. dazu unten § 35 Rn. 10.

[309] So auch *Führ,* DVBl. 1991, 559 (563); *Bender/Sparwasser/Engel,* UmweltR, Kap. 8 Rn. 50; *Hirsch/Schmidt-Didczuhn,* GenTG, § 1 Rn. 9; vgl. dazu unten § 33 Rn. 17.

119 Nicht zuletzt können sogar Umweltbelange untereinander in Kollision treten.

Beispiel: Die Gewässerreinhaltung führt zu Bodenbelastungen durch das Aufbringen von Klärschlamm oder die Rauchgasentschwefelung zu Problemen bei der Beseitigung des dabei entstehenden Sondermülls.

120 Zur Auflösung solcher Zielkonflikte stehen dem Gesetzgeber zwei Möglichkeiten zur Verfügung. Einerseits kann er anordnen, daß die Verwaltung innerhalb rechtlicher Grenzen eigenverantwortlich eine Abwägung der widerstreitenden Interessen vornimmt. Dazu dient vor allem die Einräumung eines planerischen Gestaltungsfreiraums.[310] Möglich ist eine Abwägung durch die Verwaltung aber auch im Rahmen des sonstigen Verwaltungsermessens oder eines ausnahmsweise anerkannten Beurteilungsspielraums. Andererseits kann der Gesetzgeber eine Abwägung auch im Rahmen der Gesetzesauslegung verlangen. Die Notwendigkeit einer solchen Abwägung betont das *BVerwG* bei der Auslegung des § 5 Abs. 1 Nr. 2 BImSchG.[311] Sie ergibt sich außerdem ausdrücklich zum Beispiel aus § 1 Abs. 2 BNatSchG, wonach die Ziele des Naturschutzes und der Landschaftspflege untereinander und gegen die sonstigen Anforderungen der Allgemeinheit an Natur und Landschaft abzuwägen sind.[312] Die Abwägung im Rahmen der Gesetzesauslegung wird im Gegensatz zur *gestaltenden* planerischen Abwägung als *nachvollziehende* Abwägung bezeichnet.[313] Anders als die planerische Abwägung ist die nachvollziehende Abwägung richterlich voll überprüfbar.

121 Ohne ausdrückliche Regelungen sind kollidierende Gesetzesvorgaben nach den allgemeingültigen Kollisionsregeln zu lösen.[314]

b) Rechtliche Ausgestaltung der umweltpolitischen Handlungsprinzipien

122 Auch die umweltpolitischen Handlungsprinzipien – das Vorsorgeprinzip, das Verursacherprinzip und das Kooperationsprinzip – erfahren bislang weder international noch national eine verbindliche und allgemeingültige inhaltliche Ausgestaltung.[315]

123 Das Vorsorgeprinzip und das Verursacherprinzip sind als umweltpolitische Ziele in Art. 174 Abs. 2 S. 2 EGV (Art. 130r Abs. 2 S. 2 EGV i.d.F.v. Maastricht) normiert. Danach beruht die Umweltpolitik der Gemeinschaft auf den Grundsätzen der Vorsorge und Vorbeugung, auf dem Grundsatz, Umweltbeeinträchtigungen mit Vorrang an ihrem Ursprung zu bekämpfen, sowie auf dem Verursacherprinzip.[316] Mithin ist die Gemeinschaft verpflichtet, ihre Tätigkeit an den umweltpolitischen Grundsätzen auszurichten und ihre Maßnahmen entsprechend zu konzipieren. Sie sind rechtlich bindend und damit auch beim Erlaß von Rechtsakten zu beachten.[317]

---

310 Vgl. dazu näher unten § 7 Rn. 7.

311 *BVerwG,* Urt. v. 17. 2. 1984 – 7 C 8.82 –, DVBl. 1984, 476 (478); *Feldhaus,* HdUR, Bd. 1, Sp. 995 (1000f.); vgl. dazu ausführl. unten § 20 Rn. 61ff.

312 Vgl. dazu *Kauch,* Bodenschutz, S. 37ff.; siehe ferner unten § 14 Rn. 15.

313 Vgl. nur *Weyreuther,* DÖV 1977, 419 (420); *Wahl,* DVBl. 1982, 51 (55); krit. dazu *Beckmann,* DÖV 1987, 944 (948).

314 Vgl. dazu *Laubinger,* VerwArch 1986, 77 (81); *Kopp,* VwVfG, § 74 Rn. 20; vgl. zur Konfliktlösung im FachplanungsR *Kauch/Koer,* Bauleitplanung und Fachplanung, S. 51.

315 *Kloepfer/u. a.,* UGB-AT-E, S. 139f.; *Kloepfer,* UmweltR, § 9 Rn. 78ff.; BMU, UBG-KomE, S. 448.

316 Vgl. dazu näher unten § 3 Rn. 41f.

317 *Grabitz/Nettesheim,* in: Grabitz/Hilf, EU-/EGV, Art. 130r Rn. 25; *Epiney,* NuR 1999, 181 (183f.); a. A. wohl *Krämer,* in: v. d. Groeben/Thiesing/Ehlermann, EWGV,

Ferner verpflichtet der Staatsvertrag die Bundesrepublik Deutschland in Richtung 124
auf die Herstellung der staatlichen Einheit zum Schutz von Menschen, Tieren und Pflanzen, Boden, Wasser, Luft, Klima und Landschaft sowie von Kultur- und sonstigen Sachgütern vor schädlichen Umwelteinwirkungen unter Berücksichtigung des Vorsorge-, Verursacher- und Kooperationsprinzips (Art. 16 Abs. 1 StaatsV[318]). Ebenso ist es nach dem Einigungsvertrag, der als Bundesrecht fortgilt, unter anderem Aufgabe der Gesetzgeber, die natürlichen Lebensgrundlagen des Menschen unter Beachtung des Vorsorge-, Verursacher- und Kooperationsprinzips zu schützen (Art. 34 EV[319]). Sie gelten damit unmittelbar gegenüber staatlichen Stellen, insbesondere aber gegenüber den Gesetzgebern, die ihre Tätigkeiten an den Prinzipien auszurichten haben.[320]

Sowohl Art. 174 Abs. 2 S. 2 EGV als auch § 16 StaatsV und Art. 34 EV 125
nehmen damit umweltpolitische Handlungsprinzipien auf, ohne sie jedoch inhaltlich näher auszugestalten.[321]

Die umweltpolitischen Handlungsprinzipien sind bislang auf vielfältige 126
Weise in umweltrechtlichen Regelungen für einzelne Bereiche konkretisiert.[322]

aa) Vorsorgeprinzip

Das Vorsorgeprinzip gilt als das zentrale materielle Leitbild des modernen 127
Umweltschutzes.[323] Danach soll durch vorausschauendes Handeln dem Entstehen von Umweltbelastungen vorgebeugt werden. Das Vorsorgeprinzip zielt auf umfassenden Schutz und schonende Inanspruchnahme der Naturgrundlagen.[324] Das Vorsorgeprinzip umfaßt damit zum einen die Gefahrvermeidung, d.h. die Risikovorsorge und zum anderen die Ressourcenvorsorge.

Als Prinzip des Umweltrechts wird das Vorsorgeprinzip nach *Formen* oder 128
Systemvarianten unterschieden.

Nach Auffassung von *Rehbinder* tritt es als rechtssatzförmiges Prinzip und als Struk- 129
turprinzip auf. Als *rechtssatzförmiges Prinzip* sei das Vorsorgeprinzip zu einem unmittelbar anwendbaren Maßstab verdichtet und habe die Funktion einer Norm (Genehmi-

---

Art. 130r Rn. 25, der den Prinzipien nur den Charakter eines Orientierungsrahmens für die Politiken der Gemeinschaft beimißt.

[318] Vertrag über die Schaffung einer Währungs-, Wirtschafts- und Sozialunion zwischen der Bundesrepublik Deutschland und der Deutschen Demokratischen Republik v. 18. 5. 1990 (BGBl. II S. 518).

[319] Vertrag zwischen der Bundesrepublik Deutschland und der Deutschen Demokratischen Republik über die Herstellung der Einheit Deutschlands (Einigungsvertrag – EV) v. 31. 8. 1990 (BGBl. II S. 885).

[320] Zur Verbindlichkeit vgl. *Kloepfer,* UmweltR, § 4 Rn. 4 m. w. N.

[321] Eine inhaltl. Ausgestaltung des Vorsorge-, Verursacher- u. Kooperationsprinzips ist in den Entwürfen zum UGB in Form von Legaldefinitionen vorgesehen; vgl. dazu *Kloepfer/u. a.,* UGB-AT-E, S. 40f., 138ff.; BMU, UGB-KomE, S. 111f., 454ff.

[322] Vgl. dazu ausführl. *Kloepfer/Meßerschmidt,* Innere Harmonisierung des UmweltR, S. 67ff.; *Hartkopf/Bohne,* Umweltpolitik, S. 84ff.; BReg., Leitlinien Umweltvorsorge, BT-Drs. 10/6028, S. 6ff.

[323] So auch *Schmidt/Müller,* UmweltR, § 1 Rn. 7; *Storm,* UmweltR, Tz. 17; zum Vorsorgeprinzip ferner *Rehbinder,* Vorsorgeprinzip im UmweltR, S. 1ff.; *Ossenbühl,* NVwZ 1986, 161ff.; *Darnstädt,* Gefahrenabwehr und Gefahrenvorsorge, S. 1ff.; *Germann,* Vorsorgeprinzip, S. 19ff.; *Kloepfer,* in: Gethmann/Kloepfer, Handeln unter Risiko im Umweltstaat, S. 55 (71ff.); *v. Lersner,* HdUR, Bd. 2, Sp. 2703ff.; *Schmidt,* DÖV 1994, 749 (752ff.); *Wahl/Appel,* in: Wahl, Prävention und Vorsorge, S. 1 (72ff.).

[324] Vgl. *Kloepfer/Meßerschmidt,* Innere Harmonisierung des UmweltR, S. 69.

gungsvoraussetzung, Eingriffsermächtigung, Planungsleitlinie, Ermächtigung zum Erlaß von Rechtsverordnungen und Verwaltungsvorschriften). In dieser Form finde es sich, wenngleich in recht differenzierter Art und keineswegs flächendeckend, in einer ganzen Reihe wichtiger Umweltgesetze.[325] Als *Strukturprinzip* sei das Vorsorgeprinzip ein Leitgedanke allgemeiner Art, der bestimmten Regelungen zugrunde liege und diese legitimiere, aber darüber hinaus nicht direkt anwendbar sei. Regelungen, die dem Vorsorgeprinzip als Strukturprinzip Rechnung tragen, sind nach Auffassung von *Rehbinder* Vorschriften, die eine Berücksichtigung des Umweltschutzes in der Planung gebieten, die Umweltverträglichkeitsprüfung oder Anmelde- oder Prüfungsverfahren für Chemikalien.

130 *Breuer* dagegen unterscheidet zwei Systemvarianten des Vorsorgeprinzips.[326] Einerseits enthalte das Vorsorgeprinzip eine *planerische* Ausdrucks- und Handlungsform und andererseits könne das Prinzip der gefahrenunabhängigen Vorsorge nach dem generell-abstrakten Gleichmaß des klassischen Gesetzes – *klassisch-gesetzliche Systemvariante* – betrieben werden. Beiden Systemvarianten liege die Gemeinsamkeit zugrunde, daß der Umweltschutz unter dem Vorsorgeprinzip über die klassische Gefahrenabwehr hinausgehe.[327]

131 Schließlich unterscheidet *v. Lersner* zur Begründung des Vorsorgeprinzips die Freiraum- und die Ignoranztheorie.[328] Die *Freiraumtheorie* rechtfertige das Vorsorgeprinzip mit der Notwendigkeit, die Kapazitäten der Natur an Belastbarkeit durch menschliche Eingriffe nicht auszuschöpfen, um weiteres Wachstum der menschlichen Gesellschaft und Wirtschaft zu ermöglichen und wenig belastete Freiräume zu erhalten. Die *Ignoranztheorie* gehe von der Erkenntnis aus, daß die Wirkungen der Eingriffe in die Natur, insbesondere des Stoffeintrages, nie ganz vollständig beurteilt werden könnten. Das rechtfertige den Schluß, daß solche Eingriffe auf das zumutbare und nach dem Stand der Technik mögliche Maß zu reduzieren seien.

132 Gefahrenabwehr und Vorsorge sind häufig nur schwierig abzugrenzen.[329] Die Abgrenzung ist allerdings von erheblicher Bedeutung, weil den Vorsorgevorschriften regelmäßig kein drittschützender Charakter zuerkannt wird.[330] Etwas anderes gilt jedoch für die atomrechtliche Vorsorge, weil in § 7 Abs. 2 Nr. 3 AtG Gefahrenabwehr und Risikovorsorge miteinander verknüpft sind.[331] In der Regel kann sich demnach ein Dritter, insbesondere der Nachbar einer umweltbelastenden Anlage, nicht darauf berufen, daß die Vorsorgepflichten durch den Betreiber einer Anlage verletzt werden.

Fall: Auf den Widerspruch von Nachbarn gegen die Genehmigung zur Errichtung und zum Betrieb eines Dampfkraftwerkes verschärft das Gewerbeaufsichtsamt eine Auflage dieser Genehmigung, wonach der Schwefelgehalt des zu verfeuernden schweren Heizöls statt der ursprünglich geforderten 2,0% nunmehr – von bestimmten Ausnahmesituationen abgesehen – 1,0% nicht überschreiten dürfe. Gestützt wird diese Verschärfung der Auflage auf das in § 5 Abs. 1 Nr. 2 BImSchG geregelte Vorsorgegebot. Der Betreiber des Dampfkraftwerkes erhebt gegen diese Verschärfung Klage vor dem Verwaltungsgericht. Das *BVerwG* gab der Klage statt. Nach seiner Ansicht er-

---

[325] Vgl. *Rehbinder,* Vorsorgeprinzip im UmweltR, S. 2 u.a. unter Verweis auf §§ 5 Abs. 1 Nr. 2, 3 BImSchG, 1a Abs. 1, 7a WHG, 7 Abs. 2 Nr. 3 AtG, 2 Abs. 1 Nr. 3, 7, § 8 Abs. 2, 3 BNatSchG.

[326] *Breuer,* in: Schmidt-Aßmann, BesVwR, 5. Abschn., Rn. 7ff.

[327] Vgl. dazu *Kloepfer/Meßerschmidt,* Innere Harmonisierung des UmweltR, S. 69.

[328] *V. Lersner,* HdUR, Bd. 2, Sp. 2703 (2704f.).

[329] Vgl. dazu *Rehbinder,* Vorsorgeprinzip im UmweltR, S. 5; *v. Lersner,* HdUR, Bd. 2, Sp. 2703 (2705); *Fleury,* Vorsorgeprinzip im UmweltR, S. 45; *Breuer,* NVwZ 1990, 211ff.; *Scherzberg,* VerwArch 1993, 484ff.

[330] Dazu *BVerwG,* Urt. v. 18. 5. 1982 – 7 C 42.80 –, BVerwGE 65, 313 (320); *OVG Lüneburg,* Beschl. v. 28. 2. 1985 – 7 B 64/84 –, UPR 1985, 253 (255).

[331] Vgl. zur Erweiterung des Individualschutzes auf den Bereich der atomrechtl. Schadensvorsorge *BVerwG,* Urt. v. 19. 12. 1985 – 7 C 65.82 –, BVerwGE 72, 300 (315); vgl. auch *Sellner,* NVwZ 1986, 616 (618); *Rengeling,* DVBl. 1988, 257 (259); *Roller,* DVBl. 1993, 20ff.; siehe dazu auch unten § 24 Rn. 34ff.

öffnet ein Nachbarwiderspruch der Widerspruchsbehörde nicht die volle Sachherrschaft; vielmehr sei die Widerspruchsbehörde darauf beschränkt, den angegriffenen Verwaltungsakt auf die Verletzung nachbarschützender Vorschriften hin zu überprüfen. Da § 5 Abs. 1 Nr. 2 BImSchG keinen nachbarschützenden Gehalt habe, hätte im Widerspruchsverfahren die Verschärfung der Auflage nicht auf das Vorsorgegebot gestützt werden können.[332]

Aus dem Vorsorgeprinzip werden daneben zahlreiche weitere rechtliche Einzelaussagen abgeleitet, so z.B. das *Anwendungsgebot optimaler Technologien* ohne Rücksicht auf den Zustand des jeweilig zu schützenden Umweltmediums, ein *Verbot der Verschlechterung* der vorhandenen Umweltqualität, das z.B. aus § 8 BNatSchG abgeleitet wird. Als Ausprägung des Vorsorgegrundsatzes soll außerdem ein *sog. Vorsichtsprinzip* gelten, das auch dann zu behördlichen Maßnahmen ermächtige, wenn die Schädlichkeit eines Stoffes oder seiner Konzentration noch nicht nachgewiesen werden könne, aber – wenigstens – nicht unwahrscheinlich sei.[333] Eng verwandt mit dem Vorsorgeprinzip soll auch der aus dem Forstrecht abgeleitete und seit der Konferenz von Rio international als Leitbild geltende *Grundsatz der Nachhaltigkeit* sein, wonach erneuerbare natürliche Ressourcen nur in dem Umfang in Anspruch genommen werden dürfen und so bewirtschaftet werden müssen, daß ihre künftige Nutzbarkeit gewährleistet bleibt.[334] **133**

Erstmals ist in den Entwürfen zum UGB eine Legaldefinition des Vorsorgeprinzips vorgesehen. **134**

Nach § 4 UGB-AT-E gilt das Vorsorgeprinzip als Gebot, durch geeignete Maßnahmen, insbesondere durch eine vorausschauende Planung und eine dem Stand der Technik entsprechende Begrenzung von Emissionen darauf hinzuwirken, daß vermeidbare oder hinsichtlich ihrer langfristigen Folgen nicht absehbare Umweltbeeinträchtigungen möglichst ausgeschlossen werden.[335]

Umfassender ist die Definition des Vorsorgeprinzips in § 5 UBG-KomE.[336] Nach § 5 Abs. 1 UBG-KomE sollen Risiken für die Umwelt und den Menschen insbesondere durch eine vorausschauende Planung und geeignete technische Vorkehrungen möglichst ausgeschlossen oder vermindert werden. Nach § 5 Abs. 2 UBG-KomE dient die Vorsorge auch dem Schutz empfindlicher Bestandteile des Naturhaushalts.[337] Für künftige und ökologisch angepaßte Nutzungen sollen Freiräume erhalten werden. Ferner soll gem. § 5 Abs. 3 UBG-KomE die Umweltqualität in belasteten Gebieten verbessert und in wenig belasteten Gebieten erhalten werden.

Zu Recht scheinen sich damit die Aspekte der Risikovorsorge und des Ressourcenschutzes als Elemente der Vorsorge unter Einschluß des Instruments der Planung zu etablieren. **135**

---

332 Vgl. *BVerwG,* Urt. v. 18. 5. 1982 – 7 C 42.80 –, BVerwGE 65, 313 (320); krit. dazu *Beckmann,* Rechtsschutz, S. 87f.; vgl. auch *Germann,* Vorsorgeprinzip, S. 74, 77f.

333 Vgl. *Erbguth,* Raumbedeutsames UmweltR, S. 82 m.w.N.

334 Vgl. dazu *Rehbinder,* in: Salzwedel, Grundzüge des UmweltR, 1. Aufl., S. 89; *Engelhardt,* Bürger und Umwelt, S. 40; zum Begriff der Nachhaltigkeit siehe *Winkler,* HdUR, Bd. 2, Sp. 1427ff.; zur Konferenz von Rio vgl. oben § 1 Rn. 66 u. unten § 3 Rn. 8.

335 *Kloepfer/u.a.,* UGB-AT-E, S. 40, 138ff.; krit. zur Aufnahme gesetzl. Bestimmungen zu Handlungsprinzipien bereits *Breuer,* Verhandlungen des 59. DJT, Bd. 1, S. B 1 (94f.).

336 BMU, UBG-KomE, S. 111.

337 Gegen die ausdrückl. Aufnahme besonders schutzwürdiger Gruppen wird wohl auch zu Recht eingewandt, daß deren Schutz bereits aufgrund von Art. 2 Abs. 2 S. 1 GG durch Maßnahmen der Gefahrenabwehr und -vorsorge gewährleistet ist, vgl. dazu *Böhm,* UPR 1994, 132ff.; *Jarass,* BImSchG, § 3 Rn. 38; *Wulfhorst,* NuR 1995, 221ff.

136 Entsprechend der Vielgestaltigkeit seiner inhaltlichen Aussagen ergeben sich ganz unterschiedliche Ausprägungen des Vorsorgegrundsatzes in zahlreichen umweltrechtlichen Vorschriften.[338]

So findet der Grundsatz der ökologischen Vorsorge Ausdruck in §§ 12, 1 UVPG, wonach die zuständige Behörde ihre Entscheidung über die Zulässigkeit eines Vorhabens, das einer Umweltverträglichkeitsprüfung unterliegt, im Hinblick auf eine wirksame Umweltvorsorge treffen soll.[339] Das Vorsorgeprinzip soll eine frühzeitige Umweltverträglichkeitsprüfung gewährleisten bzw. Bewertungselement sein.[340]

137 Ferner gelten die zahlreichen Planungsvorschriften, die der Durchsetzung des Umweltschutzes dienen, als Konkretisierung des Vorsorgeprinzips.[341]

Beispiele: So sollen gem. § 1 Abs. 5 S. 1 BauGB sollen die Bauleitpläne unter anderem dazu beitragen, eine menschenwürdige Umwelt zu sichern und die natürlichen Lebensgrundlagen zu schützen und zu entwickeln Gem. § 2 Abs. 2 Nr. 8 ROG sind Natur und Landschaft einschließlich Gewässer und Wald zu schützen, zu pflegen und zu entwickeln. Ferner ist gem. § 2 Abs. 2 Nr. 3 ROG die großräumige Freiraumstruktur zu erhalten und zu entwickeln. Die Freiräume sind in ihrer Bedeutung für funktionsfähige Böden, den Wasserhaushalt, die Tier- und Pflanzenwelt sowie das Klima zu sichern und in ihrer Funktion wiederherzustellen. Nach § 1 Abs. 1 BNatSchG zählt zu den Zielen des Naturschutzes und der Landschaftspflege nicht nur der Schutz, sondern auch die Pflege und die Entwicklung von Natur und Landschaft. Hier wird vor allem der planerischen Systemvariante des Vorsorgeprinzips Rechnung getragen. Planerisch vorsorgende Instrumente des Naturschutzes sind insbesondere die Landschaftsplanung gem. §§ 5ff. BNatSchG und der Flächen- und Objektschutz nach den §§ 12ff. BNatSchG. Gem. § 50 BImSchG sind bei raumbedeutsamen Planungen und Maßnahmen die für eine bestimmte Nutzung vorgesehenen Flächen einander so zuzuordnen, daß schädliche Umwelteinwirkungen auf die ausschließlich oder überwiegend dem Wohnen dienenden Gebiete sowie auch sonstige schutzbedürftige Gebiete soweit wie möglich vermieden werden.

138 Auch außerhalb planungsrechtlicher Vorschriften ist der Vorsorgegrundsatz hinreichend ausgeprägt.

139 Im **Immissionsschutzrecht** ist er bereits in der gesetzlichen Zweckbestimmung des § 1 BImSchG enthalten, wonach es zum Zweck des Gesetzes zählt, dem Entstehen schädlicher Umwelteinwirkungen vorzubeugen.[342] Weiter konkretisiert wird der immissionsschutzrechtliche Vorsorgegrundsatz für genehmigungspflichtige Vorhaben in § 5 Abs. 1 Nr. 2 BImSchG. Danach sind genehmigungsbedürftige Anlagen so zu errichten und zu betreiben, daß Vorsorge gegen schädliche Umwelteinwirkungen getroffen wird, insbesondere durch die dem Stand der Technik entsprechenden Maßnahmen zur Emissionsbegrenzung.[343] Stark umstritten sind allerdings Inhalt und

---

338 Vgl. dazu auch *Rehbinder,* FS Sendler, S. 269 (271f.); zur Aufnahme des Vorsorgeprinzips in Art. 174 EGV u. § 16 StaatsV vgl. oben § 1 Rn. 123f.

339 Vgl. dazu *Beckmann,* in: Hoppe, UVPG, § 12 Rn. 72ff.

340 Vgl. auch *Rehbinder,* Vorsorgeprinzip im UmweltR, S. 129 (130).

341 Vgl. dazu *Hoppe,* VVDStRL 38 (1980), S. 211 (228ff.); *Breuer,* in: Schmidt-Aßmann, BesVwR, 5. Abschn., Rn. 8; *Germann,* Vorsorgeprinzip, S. 2; zu planerischen Instrumenten vgl. unten § 7 Rn. 1ff.

342 Vgl. zur immissionsschutzrechtl. Vorsorge *Rengeling,* Die immissionsschutzrechtliche Vorsorge, S. 1ff.; *Rid/Hammann,* VBlBW 1987, 121ff.; *Germann,* Vorsorgeprinzip, S. 19ff.; vgl. dazu unten § 20 Rn. 6ff.

343 Ähnl. Regelungen enthalten § 7a WHG, § 7 Abs. 2 Nr. 3 AtG; auch das Reststoffvermeidungs- und Entsorgungsgebot des § 5 Abs. 1 Nr. 3, 4 BImSchG dient der Vorsorge gegen schädliche Umwelteinwirkungen, siehe dazu *Marburger,* Verhandlungen des 56. DJT, Bd. 1, S. C S. 63.

Zweck des immissionschutzrechtlichen Vorsorgegebots.[344] Teilweise wird die Ansicht vertreten, die Vorsorgepflicht gebiete allein einen gegenüber der Schutzpflicht des § 5 Abs. 1 Nr. 1 BImSchG vorverlagerten Gefahrenschutz im Sinne einer gefahrenunabhängigen Risikovorsorge.[345] Nach anderer Ansicht dient die Vorsorgepflicht dazu, Freiräume als künftige Lebensräume oder für künftige Industrieansiedlungen zu erhalten oder zurückzugewinnen.[346] Und schließlich werden auch die beiden soeben genannten Ansichten miteinander verknüpft, so daß Vorsorge im Sinne des Immissionsschutzrechtes sowohl gefahrenunabhängige Risikovorsorge als auch die Schaffung und Erhaltung von Freiräumen bedeutet.[347]

Rechtlich etwas anders strukturiert ist das Vorsorgegebot in § 7 Abs. 2 Nr. 3 AtG, wonach die nach dem Stand von Wissenschaft und Technik erforderliche Vorsorge gegen Schäden durch die Errichtung und den Betrieb der Kernanlage zu treffen ist.[348] In dieser Vorschrift sind Gefahrenabwehr und Risikovorsorge miteinander verknüpft. Nach Auffassung des *BVerwG* ist es im **Atomrecht** im Hinblick auf die in § 7 Abs. 2 Nr. 3 AtG getroffene Regelung nicht erlaubt, „exakt bis an die Gefahrengrenze zu gehen". Gem. § 7 Abs. 2 Nr. 3 AtG müßten Gefahren und Risiken praktisch ausgeschlossen sein, wenn die erforderliche Vorsorge getroffen sein solle.[349] Auch im Atomrecht beruhen neben § 7 Abs. 2 Nr. 3 AtG zahlreiche weitere Vorschriften auf dem Vorsorgeprinzip.[350] 140

Schließlich gilt auch der Bewirtschaftungsauftrag der Wasserbehörden gem. § 1 a Abs. 1 WHG[351] als eine medienspezifische Ausprägung des Vorsorgeprinzips.[352] Insgesamt erscheint das **Wasserhaushaltsrecht** als vom Vorsorgegrundsatz geprägt. Das gilt etwa für die gem. § 1 a Abs. 2 WHG bestehende wasserrechtliche Sorgfaltspflicht für jedermann, für die Anforderungen an das Einleiten von Abwasser gem. § 7 a Abs. 1 WHG oder aber auch hinsichtlich der Pflicht und den Plänen zur Abwasserbeseitigung gem. § 18 a WHG. Auch § 1 Abs. 3 WRMG[353] enthält ein Minimierungsgebot hin- 141

---

344 Vgl. dazu *Marburger*, Verhandlungen des 56. DJT, Bd. 1, S. C 58 ff.; *Ossenbühl*, NVwZ 1986, 161 ff.; *Rid/Hammann*, VBlBW 1987, 121 ff., alle m. w. N.; *Germann*, Vorsorgeprinzip, S. 35 ff.; vgl. dazu ausführl. unten § 20 Rn. 58 ff.

345 So *Breuer*, in: Schmidt-Aßmann, BesVwR, 5. Abschn., Rn. 9, 184 ff.; *Rengeling*, Die immissionsschutzrechtliche Vorsorge, S. 63 ff.; ähnlich auch *Darnstädt*, Gefahrenabwehr und Gefahrenvorsorge, S. 123 ff.

346 So z. B. *Feldhaus*, DVBl. 1981, 165 (170); *Sellner*, NJW 1980, 1255 ff.; krit. dazu *Hoppe/Püchel*, DVBl. 1988, 1 (9 f.).

347 Siehe *Marburger*, Verhandlungen des 56. DJT, Bd. 1, S. C 59; *Grabitz*, WuV 1984, 232 (238); *Jarass*, BImSchG, § 5 Rn. 56 f.; *Sendler*, UPR 1983, 33 (43); so wohl auch das *BVerwG*, Urt. v. 17. 2. 1984 – 7 C 8.82 –, BVerwGE 69, 37 ff., das Vorsorge sowohl zur Bekämpfung schädl. Folgen einer weiträumigen Emissionsverteilung wie auch zur Erfassung des Gefahrenverdachts für geboten hält.

348 Vgl. zur atomrechtl. Schadensvorsorge *Marburger*, Die atomrechtliche Schadensvorsorge, S. 1 ff.; *Rengeling*, DVBl. 1988, 257 ff.; *ders.*, Probabilistische Methoden bei der atomrechtl. Schadensvorsorge, S. 1 ff.; siehe dazu unten § 24 Rn. 34 ff.

349 Vgl. *BVerwG*, Urt. v. 19. 12. 1985 – 7 C 65/82 –, NVwZ 1986, 208 (212); siehe auch *BVerfG*, Beschl. v. 8. 8. 1978 – 2 BvL 8/77 –, BVerfGE 49, 89 (143); Beschl. v. 20. 10. 1979 – 1 BvR 385/77 – BVerfGE 53, 30 (58 f.); zum Wyhl-Urteil des BVerwG v. 19. 12. 1985 u. insbes. zu seinen Ausführungen zur Schadensvorsorge nach § 7 Abs. 2 Nr. 3 AtG siehe *Sellner*, NVwZ 1986, 616 (617 f.); *Rengeling*, DVBl. 1986, 265 (266 f.); ausführl. *ders.*, DVBl. 1988, 257 ff.

350 Vgl. etwa §§ 4, 4 a, 4 b, 5, 6, 9, 12, 13–15 AtG.

351 Gesetz zur Ordnung des Wasserhaushalts (Wasserhaushaltsgesetz – WHG) i. d. F. d. Bek. v. 12. 11. 1996 (BGBl. I S. 1695), zul. geänd. durch G v. 25. 8. 1998 (BGBl. I S. 2455).

352 Vgl. *Kloepfer/Meßerschmidt*, Innere Harmonisierung des UmweltR, S. 72; *Salzwedel*, in: Salzwedel, Grundzüge des UmweltR, 1. Aufl., S. 569 (585 f.); vgl. dazu unten § 18 Rn. 24 ff.

353 Gesetz über die Umweltverträglichkeit von Wasch- und Reinigungsmitteln (Wasch- und Reinigungsmittelgesetz – WRMG) i. d. F. d. Bek. v. 5. 3. 1987 (BGBl. I S. 875), zul. geänd. durch G v. 27. 6. 1994 (BGBl. I S. 1440); vgl. dazu unten § 34 Rn. 49.

sichtlich des Bedarfs technischer Einrichtungen an Wasch- und Reinigungsmitteln, Wasser und Energie.

142 Das **Kreislaufwirtschafts- und Abfallrecht** erwähnt den Begriff der Vorsorge nicht ausdrücklich. Gleichwohl wird man dem Vermeidungs- bzw. Verminderungsgebot der §§ 4 Abs. 1, 22 KrW-/AbfG[354] das Vorsorgeprinzip als Rechtsprinzip entnehmen müssen.[355]

143 In der Zivilrechtsprechung wirkt der Vorsorgegedanke als Beweislastumkehr bzw. Beweislasterleichterungsregel bei Umweltschäden.[356]

bb) Verursacherprinzip

144 Das Verursacherprinzip besagt, daß der Verursacher die sachliche und finanzielle Verantwortung für den Umweltschutz trägt.[357] Auch die Kosten der Vermeidung oder Beseitigung einer Umweltbelastung soll danach derjenige tragen, der für ihre Entstehung verantwortlich ist. Das Verursacherprinzip ist einerseits ein Zurechnungsmodell für die materielle Verantwortlichkeit, zum anderen aber auch ein Regelungsmodell für die Kostenbelastung.[358] Nach dem Verursacherprinzip soll deshalb nicht nur die Frage entschieden werden, wer für die Kosten der Meidung oder Beseitigung von Umweltschäden aufkommen soll, sondern zugleich soll der Adressat für die unmittelbare Inanspruchnahme durch Gebote, Verbote oder Auflagen ausfindig gemacht werden.

145 In den Entwürfen zum UGB ist eine entsprechende Legaldefinition des Verursacherprinzips vorgesehen.

Nach § 5 Abs. 1 UGB-AT-E ist derjenige, der eine Umweltbeeinträchtigung, eine Umweltgefahr oder ein Umweltrisiko verursacht, dafür verantwortlich.[359]

Vergleichbar ist die Definition des Verursacherprinzips in § 6 UBG-KomE.[360] Gem. § 6 Abs. 1 UBG-KomE ist derjenige verantwortlich, der erhebliche nachteilige Einwirkungen, Gefahren oder Risiken für die Umwelt oder den Menschen verursacht. Ferner sind gem. § 6 Abs. 2 UBG-KomE auch Eigentümer und Besitzer verantwortlich, wenn erhebliche nachteilige Einwirkungen oder Gefahren für die Umwelt oder den Menschen durch den Zustand von Sachen verursacht werden.

146 Dabei gehen alle Formulierungen davon aus, daß es sich beim Verursacherprinzip um ein Wertungsprinzip handelt, welches keine allgemeingültigen Kriterien für die Zurechnung von Verantwortlichkeiten bereitstellt,

---

[354] Gesetz zur Förderung der Kreislaufwirtschaft und Sicherung der umweltverträglichen Beseitigung von Abfällen (Kreislaufwirtschafts- und Abfallgesetz – KrW-/AbfG) v. 27. 9. 1994 (BGBl. I S. 2705), zul. geänd. durch G v. 25. 8. 1998 (BGBl. I S. 2455); vgl. dazu auch unten § 30 Rn. 53 ff. u. 134 ff.

[355] Vgl. auch *Kloepfer,* UmweltR, § 4 Rn. 6.

[356] Vgl. *BGH,* Urt. v. 18. 9. 1984 – IV ZR 223/82 –, BGHZ 92, 143; *Hager,* Jura 1991, 303 ff.; *Schmidt/Müller,* UmweltR, § 1 Rn. 9; zu den haftungsrechtl. Folgen vgl. § 12 Rn. 30 ff.

[357] Vgl. dazu *Steinberg,* Der ökologische Verfassungsstaat, S. 125 ff.; *Kloepfer/u. a.,* UGB-AT-E, S. 145; demgegenüber wird das europarechtl. Verursacherprinzip des Art. 174 Abs. 2 S. 2 EGV als Kostenzurechnungsgrundsatz angesehen, vgl. *Kahl,* Umweltprinzip und Gemeinschaftsrecht, S. 23 ff. zu Art. 130 r Abs. 2 EGV a. F.

[358] Siehe dazu ausführl. *Prümm,* UmweltschutzR, S. 67 ff.; *Breuer,* in: Schmidt-Aßmann, BesVwR, 5. Abschn., Rn. 12 ff.; a. A. *Storm,* UmweltR, Tz. 18; *Kirchgässner,* JZ 1990, 1042 ff.

[359] *Kloepfer/u. a.,* UGB-AT-E, S. 40.

[360] BMU, UBG-KomE, S. 111.

sondern erst durch die verantwortungbegründenden Normen des jeweils zu betrachtenden Bereichs konkretisiert wird.[361]

Da es sich bei dem Verursacherprinzip nicht nur um ein reines Kostenzurechnungsprinzip handelt, lassen sich nicht nur Regelungen des Abgabenrechts, sondern auch andere rechtliche Instrumente wie Verbote oder Auflagen auf dieses Prinzip zurückführen.[362] Das Verursacherprinzip wird somit durch verursacherbezogene Vermeidungs-, Verminderungs- und Beseitigungspflichten, d.h. mit dem klassischen ordnungsrechtlichen Instrumentarium, und durch Produkt- und Verfahrensnormen verwirklicht.[363] Die rechtliche Instrumentierung des Verursacherprinzips erfolgt im übrigen über das Haftungsrecht. **147**

Beispiel: Gem. § 8 Abs. 2 S. 1 BNatSchG ist der Verursacher eines Eingriffs zu verpflichten, vermeidbare Beeinträchtigungen von Natur und Landschaft zu unterlassen sowie unvermeidbare Beeinträchtigungen innerhalb einer zu bestimmenden Frist durch Maßnahmen des Naturschutzes und der Landschaftspflege auszugleichen, soweit es zur Verwirklichung der Ziele des Naturschutzes und der Landschaftspflege erforderlich ist. Ist ein Ausgleich nicht möglich oder aber der Eingriff vorrangig, so hat der Verursacher gegebenenfalls nach Landesrecht eine Ausgleichsabgabe als Ersatzmaßnahme zu entrichten (vgl. § 8 Abs. 9 BNatSchG).

Beispiel: Gem. § 1 AbwAG[364] ist für das Einleiten von Abwasser in ein Gewässer eine Abgabe zu entrichten. Abgabepflichtig ist gem. § 9 Abs. 1 AbwAG der Einleiter, d.h. der Verursacher.

Im Wasserhaushaltsrecht wird das Verursacherprinzip unter anderem durch Beschränkungen der Gewässerbenutzung, etwa der Einleitung von Abwasser gem. § 7a WHG, oder durch Abgabepflichten, etwa § 4 Abs. 2 Nr. 3 WHG, verwirklicht.[365] Auch die Pflichten des Abfallerzeugers nach §§ 11, 10 KrW-/AbfG oder die Beweiserleichterungen in § 6 Abs. 1 UmweltHG[366] haben ihren Rechtsgrund im Verursacherprinzip.[367] **148**

Das Verursacherprinzip gilt im Umweltrecht zwar vorrangig, aber nicht ausschließlich. Begrenzt wird es durch das **Gemeinlastprinzip,** wonach die Kosten des Umweltschutzes der Allgemeinheit auferlegt werden.[368] Das Gemeinlastprinzip kann allerdings nur Geltung beanspruchen, wenn der Verursacher nicht feststellbar ist oder wenn akute Notstände beseitigt werden müssen und dies anderweitig nicht rasch genug erreicht werden kann.[369] **149**

---

361 Vgl. dazu *Kloepfer/u. a.,* UGB-AT-E, S. 150, 154; BMU, UGB-KomE, S. 456.

362 BMU, UGB-KomE, S. 456.

363 *Kloepfer/Meßerschmidt,* Innere Harmonisierung des UmweltR, S. 75; z.T. werden beim Verursacherprinzip drei Systemvarianten unterschieden, so *Breuer,* in: Schmidt-Aßmann, BesVwR, 5. Abschn., Rn. 13ff.

364 Gesetz über Abgaben für das Einleiten von Abwasser in Gewässer (Abwasserabgabengesetz – AbwAG) i.d.F.d. Bek. v. 6. 11. 1990 (BGBl. I S. 2432), zul. geänd. durch VO v. 21. 3. 1997 (BGBl. I S. 566); vgl. dazu unten § 19 Rn. 1ff.

365 Vgl. zu weiteren gesetzl. Ausprägungen des Verursacherprinzips im BImSchG, AtG und ChemG *Kloepfer/Meßerschmidt,* Innere Harmonisierung des UmweltR, S. 74ff.

366 Umwelthaftungsgesetz (UmweltHG) v. 10. 12. 1990 (BGBl. I S. 2634).

367 *Hager,* NJW 1991, 134ff.; *Kreuzer,* JA 1991, 209ff.; *Schmidt,* DÖV 1991, 878ff.; *Tampitz,* Jura 1992, 113ff.

368 *Breuer,* in: Schmidt-Aßmann, BesVwR, 5. Abschn., Rn. 17; *Rehbinder,* in: Salzwedel, Grundzüge des UmweltR, 1. Aufl., S. 81 (97); zum Gemeinlastprinzip vgl. auch *Ewringmann,* HdUR, Bd. 1, Sp. 844ff.

369 Siehe BReg., Leitlinien Umweltvorsorge, BT-Drs. 10/6028, S. 13.

Eine darüber hinausgehende mittelbare Anwendung des Gemeinlastprinzips liegt vor, wenn Bund oder Länder umweltfreundliche Investitionen mit Beihilfen und Steuersubventionen unterstützen oder wenn Gemeinden für die Benutzung ihrer Kanalisation oder der Müllabfuhr keine kostendeckenden Gebühren erheben.[370]

150 Die Entwürfe zum UGB sehen entsprechende Einschränkungen des Verursacherprinzips durch das Gemeinlastprinzip vor.

Ist ein Verursacher oder sonstiger Verantwortlicher nicht vorhanden, nicht oder nicht rechtzeitig feststellbar oder seine Inanspruchnahme unbillig, so ist gem. § 5 Abs. 2 UGB-AT-E die Allgemeinheit verantwortlich.[371]

Ist ein Verantwortlicher nach § 6 Abs. 1 und 2 UGB-AT-E nicht vorhanden, nicht feststellbar, nicht rechtzeitig feststellbar oder nach den Vorschriften dieses Gesetzbuchs nicht oder nur beschränkt verantwortlich, so ist gem. § 6 Abs. 3 1. HS UGB-AT-E die Allgemeinheit verantwortlich; gem. § 6 Abs. 3 2. HS UGB-AT-E bleibt die Möglichkeit des Rückgriffs unberührt.[372]

cc) Kooperationsprinzip

151 Das Kooperationsprinzip ist ein Grundsatz für die Ausgestaltung umweltpolitischer Entscheidungsprozesse. Es fordert ein faires Zusammenwirken aller staatlichen und gesellschaftlichen Kräfte im Willensbildungs- und Entscheidungsprozeß sowie bei der Realisierung umweltpolitischer Zielsetzungen.[373] Häufig findet eine Kooperation vor allem zwischen den staatlichen Behörden und den Wirtschaftsunternehmen mehr informal und wenig institutionalisiert in *Absprachen, branchenbezogenen Zusagen* und den *sog. Selbstverpflichtungen* statt.[374] Den Möglichkeiten der Kooperation wird dabei insbesondere zur Behebung des häufig beklagten Vollzugsdefizits im Umweltrecht große Bedeutung beigemessen.[375]

152 Die Teilhabe an Umweltentscheidungen korrespondiert insoweit mit der Übernahme von Verantwortung für die Umweltpflege.[376] Dabei unterliegt die Anwendung kooperativer Instrumente im Umweltschutz jedoch verfassungsrechtlichen Grenzen.[377] So muß die Entscheidung über ihren Einsatz

---

[370] Vgl. *Engelhardt,* Bürger und Umwelt, S. 38.

[371] *Kloepfer/u. a.,* UGB-AT-E, S. 40, 138 ff.

[372] BMU, UGB-KomE, S. 111.

[373] Vgl. BReg., Leitlinien Umweltvorsorge, BT-Drs. 10/6028, S. 11; zum Kooperationsprinzip siehe außerdem *Hartkopf/Bohne,* Umweltpolitik, S. 91 ff.; *Rengeling,* Das Kooperationsprinzip im UmweltR, S. 1 ff.; *Grüter,* Umweltrecht und Kooperationsprinzip, S. 1 ff.; *Lübbe-Wolff,* NuR 1989, 295 ff.; *Kloepfer,* UmweltR, § 3 Rn. 44 ff.; *Müggenborg,* NVwZ 1990, 909 ff.; *Kloepfer,* JZ 1991, 737 ff.; *Rengeling,* HdUR, Bd. 1, Sp. 1284 ff.; *Schulze-Fielitz,* DVBl. 1994, 657 ff.; siehe auch *BVerfG,* Urt. v. 7. 5. 1998 – 2 BvR 1991/95 u. 2004/95 –, NJW 1998, 2341 (2342 f.).

[374] Vgl. Beispiele bei *Hoppe,* VVDStRL 38 (1980), 211 (308 ff.); vgl. zu Selbstverpflichtungen der Wirtschaft SRU, Umweltgutachten 1998, BT-Drs. 13/10195, Tz. 266 ff.; zum informalen Verwaltungshandeln siehe *Bohne,* Der informale Staat, S. 1 ff.; *ders.,* VerwArch 1984, 343 ff.; *Ossenbühl,* UTR 1987, S. 27 ff.; *Schulte,* Schlichtes Verwaltungshandeln, S. 9 ff.; vgl. dazu auch unten § 9 Rn. 107 ff.

[375] Vgl. dazu *Benz,* in: Barz/Brinkmann/Ewers/Hoppe, Vollzugsfragen im Umweltschutz, S. 95 ff.

[376] *Storm,* UmweltR, Tz. 21.

[377] § 6 UGB-AT-E legt insoweit einen Kernbereich der staatl. Verantwortung u. die Grenzen der Kooperationsmöglichkeiten fest, vgl. *Kloepfer/u. a.,* UGB-AT-E, S. 40 f., 155 (157); zu verfassungsrechtl. Grenzen vgl. auch *Müggenborg,* NVwZ 1990, 909 (915 ff.); *Rengeling,* HdUR, Bd. 1, Sp. 1284 (1288).

im jeweiligen Einzelfall dem Grundsatz der Verhältnismäßigkeit entsprechen und den Maßstäben des Rechtsstaatsprinzips, insbesondere dem Postulat der Voraussehbarkeit und Berechenbarkeit sowie dem Gebot der Rechtsgleichheit genügen.[378]

In den Entwürfen zum UGB sind zum Teil umfangreiche Legaldefini- 153
tionen des Kooperationsprinzips vorgesehen.

Nach § 6 Abs. 1 UGB-AT-E ist der Schutz der Umwelt Bürgern und Staat anvertraut.[379] Den Behörden obliegen gem. § 6 Abs. 1 S. 2 UGB-AT-E die ihnen durch Verfassung, durch Gesetz oder aufgrund eines Gesetzes zugewiesenen Aufgaben. Sie sollen gem. § 6 Abs. 1 S. 3 UGB-AT-E nur tätig werden, soweit ein hinreichender Schutz der Umwelt nicht durch die Bürger erfolgen kann oder erfolgt. Dabei sind gem. § 6 Abs. 2 UGB-AT-E insbesondere die Möglichkeit von Vereinbarungen zum Schutze der Umwelt zu berücksichtigen. Gem. § 6 Abs. 3 UGB-AT-E haben Behörden und Betroffene zur Erfüllung der in § 6 Abs. 1 S. 2 UGB-AT-E bezeichneten Aufgaben nach Maßgabe der jeweiligen Bestimmungen zusammenzuwirken. Gem. § 6 Abs. 1 S. 3 UGB-AT-E haben gegenüber Verboten und Geboten solche Maßnahmen einen Vorrang, die dem Bürger Möglichkeiten eigenverantwortlicher Entscheidung belassen, wenn hierdurch ein gleichwertiger Schutz der Umwelt erreicht wird und Betroffene nicht stärker belastet werden.[380] Ferner übertragen die Behörden gem. § 6 Abs. 4 UGB-AT-E die Erfüllung von Aufgaben nach § 6 Abs. 1 S. 2 UGB-AT-E nichtstaatlichen Trägern, wenn dies durch Gesetz angeordnet ist oder die staatliche Aufgabenerfüllung die Betroffenen unverhältnismäßig belasten würde und im Einzelfall sichergestellt ist, daß der nichtstaatliche Träger die Aufgabe zuverlässig erfüllen kann. Gem. § 6 Abs. 4 S. 2 UGB-AT-E haben nichtstaatliche Träger die Aufgaben eigenverantwortlich zu erfüllen, soweit ihnen Aufgaben gem. § 6 Abs. 4 S. 1 übertragen werden. Dabei soll gem. § 6 Abs. 4 S. 3 UGB-AT-E der Gesetzgeber eine staatliche Überwachung der Aufgabenerfüllung vorsehen.[381]

Vergleichbar ist die Definition des Kooperationsprinzips in § 7 UBG-KomE.[382] Gem. § 7 Abs. 1 UBG-KomE ist der Schutz der Umwelt Bürgern und Staat anvertraut. Behörden und Bürger wirken bei der Erfüllung der ihnen nach den umweltrechtlichen Vorschriften obliegenden Aufgaben und Pflichten nach Maßgabe der jeweiligen Bestimmungen zusammmen (§ 7 Abs. 1 S. 2 UBG-KomE). Gem. § 7 Abs. 1 S. 3 UBG-KomE dienen dem auch die Vorschriften über die Beteiligung der Öffentlichkeit und über den Zugang zu Umweltinformationen. Gem. § 7 Abs. 2 UBG-KomE sollen die Behörden bei Maßnahmen auf Grund der umweltrechtlichen Vorschriften prüfen, ob die Zwecke des Gesetzbuchs in gleicher Weise durch Vereinbarungen mit den Betroffenen erreicht werden können. Soweit nichtstaatlichen Trägern oder Privaten staatliche Umweltschutzaufgaben übertragen werden, haben sie diese gem. § 7 Abs. 3 UBG-KomE eigenverantwortlich wahrzunehmen. Die zuständigen Behörden haben gem. § 7 Abs. 3 S. 2 UBG-KomE sicherzustellen, daß die übertragenen Aufgaben ordnungsgemäß erfüllt werden. Werden die Aufgaben nicht ordnungsgemäß erfüllt, so sollen sie gem. § 7 Abs. 3 S. 3 UBG-KomE auf die zuständigen Behörden zurückübertragen werden.

---

378 *Kloepfer/u. a.,* UGB-AT-E, S. 40f., 155 (158); *Rengeling,* HdUR, Bd. 1, Sp. 1284 (1288).

379 *Kloepfer/u. a.,* UGB-AT-E, S. 40f.

380 Soweit damit ein allgem. Vorrang der Kooperation gegenüber dem staatl. Vollzug gemeint ist, ist dies gerade auch mit Blick auf Art. 2 Abs. 2 GG bedenklich, der den Staat verpflichtet, Leben und Gesundheit seiner Bürger zu schützen u. diesen Schutz ggf. auch durchzusetzen, so zu Recht auch *Hansmann,* Referat des 59. DJT, Bd. 1, S. N 23; ferner *Murswiek,* JZ 1988, 985 (987); *Bender/Sparwasser/Engel,* UmweltR, Teil 1 Rn. 80.

381 Krit. zur Ausgestaltung des Kooperationsprinzips in § 6 UGB-AT-E bereits *Bohne,* in: Koch, Auf dem Weg zum Umweltgesetzbuch, S. 181 (228ff.); BUND, Stellungnahme zum UGB-AT-E, S. 27ff.

382 BMU, UBG-KomE, S. 111.

154 Kooperation ist auch im geltenden Recht in zahlreichen Formen rechtlich institutionalisiert.[383] Rechtliche Ausprägungen des Kooperationsprinzips sind insbesondere

- die rechtliche Beteiligung der Vorhabenträger und/oder Betroffenen in Planungs-, Planfeststellungs- und Genehmigungsverfahren,[384]
- die Anhörung beteiligter Kreise vor dem Erlaß von Rechtsverordnungen und Verwaltungsvorschriften (vgl. §§ 7, 48, 51 BImSchG, 6 WRMG),[385]
- die Politikberatung durch Gremien unabhängiger Fachleute, wie z.B. die Reaktorsicherheitskommission, die Strahlenschutzkommission, die Störfallkommission oder den Rat von Sachverständigen für Umweltfragen,
- die Beteiligung privater Organisationen bei den staatlichen Kontrollaufgaben im technischen Sicherheitsrecht und im Umweltschutz (z.B. die Gutachtentätigkeit der Technischen Überwachungsvereine in atom- bzw. immissionsschutzrechtlichen Genehmigungsverfahren[386]),
- die Aufstellung technischer Regelungen durch privatrechtlich oder öffentlich-rechtlich organisierte Fachausschüsse (z.B. des Deutschen Instituts für Normung e.V. (DIN), des Vereins Deutscher Ingenieure e.V. (VDI) oder des Kerntechnischen Ausschusses),
- die gesetzlich vorgesehene Selbstüberwachung in Unternehmen durch die zu bestellenden Umweltschutzbeauftragten für den Gewässerschutz, Immissionsschutz, Abfall- oder Strahlenschutz,[387]
- die freiwillige Teilnahme von Unternehmen an Öko-Audit-Verfahren,[388]
- und schließlich die Mitwirkung von Verbänden bei der Vorbereitung von Verordnungen, verbindlichen Programmen und Plänen gem. § 29 BNatSchG oder die Anhörung der beteiligten Wald- und sonstigen Grundbesitzer und ihrer Zusammenschlüsse vor der Aufstellung eines forstlichen Rahmenplans gem. § 7 Abs. 1 S. 2, 3 BWaldG.

155 Im Kreislaufwirtschafts- und Abfallrecht hat das Kooperationsprinzip in §§ 24, 25 Abs. 1 KrW-/AbfG eine Ausprägung erfahren. Danach kann die Bundesregierung für die freiwillige Rücknahme von Abfällen nach Anhörung der beteiligten Kreise anstelle von Rechtverordnungen Zielfestlegungen treffen, die innerhalb einer angemessenen Frist zu erreichen sind.[389]

156 Gerade im Kreislaufwirtschafts- und Abfallrecht und im Immissionsschutzrecht hat das Kooperationsprinzip durch die Entscheidungen des BVerfG vom Mai 1998 zur kommunalen Verpackungssteuer und den Landesabfallabgaben eine erhebliche Aufwertung erfahren. Das Gericht hat den Kooperationsgedanken hier ausführlich erörtert und zur Begründung der Verfassungswidrigkeit der Abgabentatbestände herangezogen.[390]

---

[383] Vgl. zu Kooperationsinstrumenten im Verhältnis Staat/Wirtschaft *Breuer,* in: Schmidt-Aßmann, BesVwR, 5. Abschn., Rn. 110; zu Systematisierungsmöglichkeiten vgl. *Rengeling/Gellermann,* ZG 1991, 317 ff.; *Müggenborg,* NVwZ 1990, 909 (910); *Gellermann/Middeke,* NuR 1991, 457 ff.; *Rengeling,* HdUR, Bd. 1, Sp. 1284 (1286).

[384] Vgl. dazu auch *Kunig,* in: Hoffmann-Riem/Schmidt-Aßmann, Konfliktbewältigung, Bd. 1, S. 43 (48 ff.); *Ronellenfitsch,* in: Hoffmann-Riem/Schmidt-Aßmann, Konfliktbewältigung, Bd. 2, S. 185 ff.

[385] Zur Kooperation auf der Ebene staatl. Normsetzung vgl. *Denninger,* Verfassungsrechtliche Anforderungen, S. 39 ff.

[386] Vgl. dazu *Brose,* in: Barz/Brinkmann/Ewers/Hoppe, Vollzugsfragen im Umweltschutz, S. 75 ff.

[387] Siehe dazu §§ 21 a ff. WHG, 53 ff. BImSchG, 54 ff. KrW-/AbfG, 29 ff. StrlSchV; näher unten § 8 Rn. 108 ff.

[388] Vgl. dazu unten § 9 Rn. 37 ff.

[389] Vgl. dazu unten § 30 Rn. 155 f.

[390] *BVerfG,* Urt. v. 7. 5. 1998 – 2 BvR 1991/95 u. 204/95 –, ZUR 1998, 147 (150 ff.); *dass.,* Urt. v. 7. 5. 1998 – 2 BvR 1876/91 u. a. –, ZUR 1998, 144 (146) m. Anm. *Bothe.*

 Di Fabio, NVwZ 99, 1153

Darüber hinaus hat das Kooperationsprinzip in das Bundes-Bodenschutzgesetz[391] Eingang gefunden. So kann gem. § 13 Abs. 4 BBodSchG mit dem Sanierungsplan der Entwurf eines Sanierungsvertrages über die Ausführung des Plans vorgelegt werden, der die Einbeziehung Dritter vorsehen kann. Die Durchführung eines Sanierungsplans kann damit statt durch einseitig hoheitliches Verwaltungshandeln im Wege der Kooperation mittels eines Sanierungsvertrags erfolgen.[392] **157**

3. Entwicklung und Tendenzen im Umweltrecht

Das deutsche Umweltrecht ist seit Beginn der 70er Jahre mehrfach umfassend und in einer selbst für Experten kaum noch überschaubaren Weise ausgebaut, ergänzt und novelliert worden.[393] Wenngleich die legislativen und administrativen Entwicklungsphasen des Umweltrechts als abgeschlossen angesehen werden können, so ist ein Stillstand der Umweltgesetzgebung derzeit nicht zu erwarten. Neben den umfangreichen Gesetzesvorhaben der Bundesregierung[394] wird auch künftig eine Anpassung des deutschen Umweltrechts an europäische Vorgaben unerläßlich sein.[395] **158**

a) Entwicklung des Umweltrechts

In einer *ersten legislativen Phase* wurden von 1970 bis 1980 aufbauend auf einem älteren Bestand von umweltschützenden Rechtsvorschriften und teilweise abgeleitet aus gewerberechtlichen und allgemeinen polizeirechtlichen Bestimmungen zahlreiche neue Normen für einzelne Bereiche des Umweltschutzes geschaffen und vorhandene umweltdienliche Gesetze ergänzt oder neu gefaßt.[396] Beispielhaft seien die Änderungen des Bundes-Immissionsschutzgesetzes, des Atomgesetzes, des Wasserhaushaltsgesetzes, des Bundesnaturschutzgesetzes und des Chemikaliengesetzes genannt. Dies wurde u.a. durch Grundgesetzänderungen ermöglicht, die umweltbedeutsame Gesetzgebungskompetenzen zugunsten des Bundes erweiterten.[397] **159**

Dem folgte in einer *administrativen Phase* die untergesetzliche Konkretisierung durch den Erlaß von Rechtsverordnungen und Verwaltungsvorschriften sowie die Aufstellung umweltrelevanter Pläne.[398] **160**

---

391 Gesetz zum Schutz vor schädlichen Bodenveränderungen und zur Sanierung von Altlasten (Bundes-Bodenschutzgesetz – BBodSchG) v. 17. 3. 1998 (BGBl. I S. 502).

392 Zum Sanierungsplan ausführl. unten § 25 Rn. 111 ff.

393 Zur Geschichte des UmweltR vgl. *Kloepfer,* Zur Geschichte des deutschen UmweltR, S. 9 ff.; *Kloepfer,* UmweltR, § 2 Rn. 1 ff.; *Ebel,* HdUR, Bd. 2, Sp. 2363 ff.; *Heine,* in: Schubert/Herrmann, Von der Angst zur Ausbeutung, S. 157 ff.

394 Vgl. zu den Schwerpunkten des Umweltministeriums FAZ v. 21. 1. 1999, S. 4; siehe auch den Koalitionsvertrag von SPD u. Bündnis 90/Die Grünen v. 20. 10. 1998, ziff. IV, abgedr. in ZRP 1998, 485 ff.

395 Zur Entwicklung des UmweltR im Jahre 1998 *Schink,* ZAU 1999, 183 ff.

396 Es lassen sich insges. 4 Entwicklungsphasen des UmweltR unterscheiden: die „Vorphase" bis 1970, die „erste legislative Phase" von 1970–1980, die „administrative Phase" nach 1980 und die „zweite legislative Phase" nach 1990, *Storm,* UmweltR, Tz. 56 ff.

397 So steht dem Bund nunmehr die konkurrierende Gesetzgebungskompetenz für den Tierschutz (Art. 74 Abs. 1 Nr. 20 GG) und die Abfallbeseitigung, die Luftreinhaltung und den Lärmschutz (Art. 74 Abs. 1 Nr. 24 GG) zu.

398 Vgl. dazu *Storm,* UmweltR, Tz. 60 f.

161 In einer *zweiten legislativen Phase*, beginnend mit dem Fall der Mauer, galt es, eine Rechtsgleichheit von Ost- und Westdeutschland im Umweltschutz zu erreichen, die Umweltgesetzgebung fortzuschreiben sowie internationale Vorgaben im Umweltrecht in nationales Recht umzusetzen und das Umweltrecht insoweit zu vereinheitlichen.[399]

162 Die rechtlichen Rahmenbedingungen für die **Rechtsangleichung von Ost- und Westdeutschland** im Umweltschutz wurden durch den Vertrag über die Schaffung einer Währungs-, Wirtschafts- und Sozialunion zwischen der Bundesrepublik Deutschland und der Deutschen Demokratischen Republik vom 18. 5. 1990 (Staatsvertrag – StaatsV)[400] zusammen mit dem Umweltrahmengesetz der Deutschen Demokratischen Republik vom 29. 6. 1990[401] und dem Vertrag zwischen der Bundesrepublik Deutschland und der Deutschen Demokratischen Republik über die Herstellung der Einheit Deutschlands vom 31. 8. 1990 (Einigungsvertrag – EV)[402] geschaffen.[403]

163 Gem. Art. 16 Abs. 1 S. 1 StaatsV ist der Schutz von Menschen, Tieren und Pflanzen, Boden, Wasser, Luft, Klima und Landschaft sowie von Kultur- und sonstigen Sachgütern vor schädlichen Umwelteinwirkungen besonderes Anliegen beider Vertragsparteien, die gem. Art. 16 Abs. 1 S. 3 StaatsV die schnelle Verwirklichung einer deutschen Umweltunion anstreben. Bereits mit Inkrafttreten des Staatsvertrages ist sicherzustellen, daß für neue Anlagen und Einrichtungen, die auf dem Gebiet der Deutschen Demokratischen Republik errichtet werden, die in der Bundesrepublik Deutschland geltenden Sicherheits- und Umweltschutzanforderungen Voraussetzung für die Erteilung umweltrechtlicher Genehmigungen sind (Art. 16 Abs. 2 S. 1 StaatsV).[404] Für bereits bestehende Anlagen und Einrichtungen sind Regelungen zu treffen, die möglichst schnell zu entsprechenden Anforderungen führen (Art. 16 Abs. 2 S. 2 StaatsV).

164 Das Umweltrahmengesetz konkretisiert Art. 16 StaatsV und begründet die angestrebte deutsche Umweltunion. Es ordnet in Art. 1 bis 7 URG die schrittweise und modifizierte Übernahme umweltrechtlicher Regelungen der Bundesrepublik Deutschland für die Bereiche des besonderen Umweltrechts und der Umweltverträglichkeitsprüfung an.[405] Durch allgemeine und fachspezifische Anpassungsregelungen trägt es gleichzeitig dem Umstand Rechnung, daß Vorbelastungssituation, Zustand der Anlagen und Verwaltungsstruktur in der Deutschen Demokratischen Republik vorübergehende Abweichungen erfordern. So enthält Art. 1 § 3 URG im Bereich des Immissionsschutzrechts für die Zulassung von Neuanlagen eine Vorbelastungsregel, die Neuanlagen trotz vorhandener Umweltbelastungen unter anderem dann zuläßt, wenn in absehbarer Zeit eine deutliche Verringerung der Gesamtbelastung erwartet werden kann. Ferner gelten für Altanlagen Fristen zu ihrer Sanierung (Art. 1 § 4 Abs. 2 URG). Zur Investitionsförderung sieht Art. 1 § 4 Abs. 3 URG überdies vor, daß sich ein Erwerber von Altanlagen von der öffentlich-rechtlichen Verantwortlichkeit für durch den Betrieb der Anlage verursachte Schäden vor dem 1. 7. 1990 freistellen lassen kann.[406] Diese Freistellungsklausel wurde durch Art. 12 HBG[407] aufgrund von Problemen bei der Privatisierung volkseigener Betriebe neu gefaßt.[408]

---

[399] *Storm,* UmweltR, Tz. 56, 63.

[400] BGBl. II S. 518.

[401] GBl. I S. 649.

[402] In der BRD ratifiziert durch G v. 23. 9. 1990 (BGBl. II S. 885), in der DDR ratifiziert durch G v. 20. 9. 1990 (GBl. DDR I S. 1629).

[403] Zur Rechtsangleichung umfassend *Breuer,* in: Schmidt-Aßmann, BesVwR, 5. Abschn. Rn. 51 ff.; *Kloepfer,* Das Umweltrecht in der deutschen Einigung, S. 19 ff.

[404] *Töpfer,* Umwelt 1990, 423 (424); zur Umweltsituation in den neuen Ländern vgl. *Petschow,* IUR 1991, 67 ff.; BReg., BT-Drs. 12/3451; dies., BT-Drs. 13/10823.

[405] Vgl. auch *Breuer,* in: Schmidt-Aßmann, BesVwR, 5. Abschn. Rn. 51.

[406] *Töpfer,* Umwelt 1990, 423 (424); *Breuer,* in: Schmidt-Aßmann, BesVwR, 5. Abschn. Rn. 52; zu den Altlasten im Beitrittsgebiet vgl. *Dombert-Reichert,* NVwZ 1991, 744 ff.

[407] Gesetz zur Beseitigung von Hemmnissen bei der Privatisierung von Unternehmen und zur Förderung von Investitionen (Hemmnisbeseitigungsgesetz) v. 22. 3. 1991 (BGBl. I S. 766).

[408] *Kloepfer,* UmweltR in der deutschen Einigung, S. 22 f.

165 Mit dem Wirksamwerden des Beitritts der Deutschen Demokratischen Republik zur Bundesrepublik Deutschland gem. Art. 23 GG tritt nach Art. 8 EV in den neuen Ländern und Ost-Berlin auch das Umweltrecht der Bundesrepublik Deutschland in Kraft, soweit die Vorschriften nicht bereits durch das Umweltrahmengesetz übernommen worden sind.[409] Modifizierungen ergeben sich aus den Anlagen I und II des Einigungsvertrages, und zwar für den Bereich des Immissionsschutzes, der technischen Sicherheit und des Strahlenschutzes, der Wasserwirtschaft, der Abfallwirtschaft, des Chemikalienrechts sowie des Naturschutzes und der Landschaftspflege.[410] Diesen Abweichungen liegen die gleichen Überlegungen zugrunde, die bereits für die Abweichungen von Bundesrecht für die Deutsche Demokratische Republik im Umweltrahmengesetz bestimmend waren.[411]

166 Ferner sieht Art. 9 EV die Fortgeltung des Umweltrechts der Deutschen Demokratischen Republik vor.[412] Dies ist erforderlich, um den Vollzug des Umweltrechts in den neuen Bundesländern nicht erheblich zu erschweren oder partiell unmöglich zu machen. Denn das Umweltrecht unterliegt gem. Art. 72 i. V. m. Art. 74 bzw. Art. 75 GG der konkurrierenden Gesetzgebung bzw. der Rahmengesetzgebung, so daß in der Regel erst das Zusammenwirken von Bundes- und Landesrecht den Vollzug des Umweltrechts ermöglicht.[413] So schreibt Art. 9 Abs. 2 EV i. V. m. Anlage II zum EV die Fortgeltung von DDR-Umweltrecht ausdrücklich fest. Die dort aufgeführten Regelungen, zu denen auch Teile des Umweltrahmengesetzes zählen, gelten als partikulares, d. h. auf das Beitrittsgebiet beschränktes Bundesrecht fort, soweit sie mit dem Grundgesetz unter Berücksichtigung dieses Vertrages sowie mit dem unmittelbar geltenden Recht der EG vereinbar sind.[414] Darüber hinaus gilt das DDR-Umweltrecht als Landesrecht gem. Art. 9 Abs. 1 EV fort, soweit es grundgesetzkonform ist und sowohl mit Bundes- als auch mit unmittelbar geltendem Recht der EG vereinbar ist.[415]

167 Überdies entfalten auch die Verträge über die EG, deren Änderungen und Ergänzungen sowie die internationalen Vereinbarungen, Verträge und Beschlüsse, die in Verbindung mit diesen Verträgen in Kraft getreten sind, für das Beitrittsgebiet Wirkung (Art. 10 Abs. 1 EV). Ebenso gelten gem. Art. 10 Abs. 2 EV auch die auf der Grundlage der Verträge über die EG ergangenen Rechtsakte, soweit nicht die zuständigen Organe der EG für das Beitrittsgebiet Ausnahmeregelungen erlassen.[416]

168 Die Rechtsangleichung zwischen Ost- und Westdeutschland sollte spätestens bis Ende 1995 vollzogen sein. Der nach Art. 4 Nr. 5 EV neu eingefügte Art. 143 GG begrenzt die Möglichkeit der Abweichung von Bestimmungen des Grundgesetzes insoweit sowohl für modifiziertes Bundesrecht als auch für fortgeltendes DDR-Recht bis zum 31. 12. 1992 und für Abweichungen von den Abschnitten II, VII, VIII a, IX, X

---

409 Vgl. dazu *Jänkel,* HdUR, Bd. 1, Sp. 462 (463 f.); *Rothkirch/Gallas,* Das Deutsche Umweltrecht auf der Grundlage des Einigungsvertrages, passim; *Feldhaus/Eisenbarth,* UPR 1990, 401 ff.

410 Siehe §§ 67 a BImSchG, 9 a AbfG a. F.; dazu i. e. *Töpfer,* Umwelt 1990, 423 (426 ff.); *Kloepfer,* DVBl. 1991, 1 (5 ff.); für das ImmissionsschutzR *Hansmann,* NVwZ 1991, 316 ff.; *Müggenborg,* NVwZ 1991, 735 ff.; *Jänkel,* HdUR, Bd. 1, Sp. 462 (464 ff.); für das NaturschutzR in der Verkehrswegeplanung *Müller/Süß/Heber,* NuR 1993, 62 (67).

411 *Jänkel,* HdUR, Bd. 1, Sp. 462 (464).

412 *Müller/Süß/Heber,* NuR 1993, 62 (63); zum UmweltR in der DDR siehe *v. Berg,* in: HdUR, Bd. 1 (1986), Sp. 337 ff.; *Oehler,* DVBl. 1990, 1322 ff.; zur Fortgeltung des DDR UmweltR *Töpfer,* Umwelt 1990, 423 (425); *Jänkel,* IUR 1991, 57 ff.; *ders.,* HdUR, Bd. 1, Sp. 462 ff.; *Müller/Süß/Heber,* NuR 1993, 62 (63 f.).

413 *Jänkel,* IUR 1991, 57 (58); *ders.,* HdUR, Bd. 1, Sp. 462 (471); zur Entwicklung der Umweltverwaltung in den neuen Ländern vgl. *Eisen,* DÖV 1993, 677 ff.; zum Raumordnungsverfahren *Hoppe,* DVBl. 1991, 549 ff.

414 *Müller/Süß/Heber,* NuR 1993, 62 (63); *Jänkel,* HdUR, Bd. 1, Sp. 462 (472).

415 *Jänkel,* IUR 1991, 57 (59); *ders.,* HdUR, Bd. 1, Sp. 462 (474).

416 Vgl. dazu *Müller/Süß/Heber,* NuR 1993, 62 (65); *Jänkel,* HdUR, Bd. 1, Sp. 462 (474 f.).

und XI des Grundgesetzes bis zum 31. 12. 1995, soweit und solange infolge der unterschiedlichen Verhältnisse die völlige Anpassung an die grundgesetzliche Ordnung noch nicht erreicht werden kann.[417]

169 Die innerdeutsche Rechtsangleichung ist weitgehend vollzogen, auch wenn sich der Aufbau der Umweltverwaltungen in den neuen Ländern unterschiedlich gestaltet.[418] Auch die Übernahme des Umweltrechts der EG in den neuen Ländern ist mittlerweile abgeschlossen.[419]

170 Darüber hinaus ist in den 90er Jahren die Umweltgesetzgebung fortgeschrieben worden.[420] Dies gilt insbesondere im Bereich des Kreislaufwirtschafts- und Abfallrechts sowie des Bodenschutz- und Altlastenrechts. Hinsichtlich der im übrigen überwiegend unter dem Aspekt der Verfahrensbeschleunigung stehenden Gesetzesinitiativen wird eher eine Verlangsamung der dynamischen Fortentwicklung des Umweltrechts befürchtet.[421]

171 Das Umweltrecht in Deutschland wird zunehmend von internationalen Vorgaben bestimmt, seit man in den 80er Jahren erkannt hat, daß die natürlichen Lebensgrundlagen des Menschen nur durch internationale Kooperation zu bewahren sind.[422] Internationale und supranationale Organisationen befassen sich infolgedessen zunehmend auch mit umweltpolitischen Fragen.[423] Dies gilt seit der Einfügung des Teils VII in den EG-Vertrag durch Art. 25 der Einheitlichen Europäischen Akte (EEA)[424] für die Handlungsebene der EG in besonderem Maße, der die europäische Umweltpolitik erstmals auf eine eigene Rechtsgrundlage stellt.[425] Die damit korrespondierende Kompetenznorm aus Art. 175 EGV (Art. 130s EGV i. d. F. v. Maastricht) ermöglicht der EG seither ein Tätigwerden im Bereich der Umwelt, soweit die umweltrechtlichen Ziele besser auf Gemeinschaftsebene erreicht werden können als auf der Ebene der einzelnen Mitgliedstaaten.[426]

b) Tendenzen im Umweltrecht

aa) Künftige Aufgabenfelder des Umweltrechts

172 Nach Erlaß des Gesetzes zum Schutz vor schädlichen Bodenveränderungen und zur Sanierung von Altlasten (Bundes-Bodenschutzgesetz – BBodSchG) können größere Lücken im Kernbereich des Umweltrechts auf legislativer Ebene nicht mehr ausgemacht werden. Lediglich im Bereich des Umgangs

---

[417] *Müller/Süß/Heber,* NuR 1993, 62 (65); *Jänkel,* HdUR, Bd. 1, Sp. 462f.; zur Umweltsituation in den neuen Ländern vgl. BReg., BT-Drs. 13/10823.

[418] Vgl. dazu *Eisen,* DÖV 1993, 677ff.; vgl. auch SRU, Umweltgutachten 1998, BT-Drs. 13/10195, S. 126.

[419] Vgl. BReg., BT-Drs. 13/10823, S. 66.

[420] Z. B. durch den Erlaß des UVPG, des GenTG, des UmweltHG und des Zweiten Gesetzes zur Bekämpfung der Umweltkriminalität.

[421] *Kloepfer,* UmweltR, § 1 Rn. 95.; krit. zu den Maßnahmen der Verfahrensbeschleunigung auch SRU, Umweltgutachten 1998, BT-Drs. 13/10195, S. 127; zur Deregulierung im UmweltR ferner *Huber,* DVBl. 1999, 489ff.

[422] *Palme,* Nationale Umweltpolitik in der EG, S. 18; zur Einwirkung des europäischen auf das nationale Umweltrecht *Fischer,* JuS 1999, 320ff.

[423] *Kilian,* Umweltschutz durch internationale Organisationen, S. 19ff.; *Hohmann,* NVwZ 1993, 311ff.; vgl. dazu unten § 3 Rn. 7ff.

[424] I. d. F. d. EEA v. 28.2.1986 (BGBl. 1986 II S. 1102), in Kraft seit dem 1. 7. 1987.

[425] *Palme,* Nationale Umweltpolitik in der EG, S. 23.

[426] Vgl. dazu unten § 3 Rn. 30, 34ff.

mit gefährlichen Stoffen wird in der Literatur auf noch nicht geregelte Fragen bei Bioziden[427] und bei hormonartig wirkenden Stoffen hingewiesen[428] und eine gesetzliche Regelung gefordert.[429]

Ein weiteres Aufgabenfeld künftiger Umweltgesetzgebung wird im Be- **173** reich des **Klimaschutzes** gesehen.[430] Da zur Frage des Klimaschutzes bereits umfangreiche rechtliche Regelungen im deutschen Recht vorhanden sind – vgl. §§ 2 Abs. 1 Nr. 1 UVPG, 1 BImSchG, 2 Abs. 1 Nr. 8 BNatSchG, 1 Nr. 1 BWaldG und § 1 Abs. 5 S. 2 Nr. 7 BauGB –, ist zu vermuten, daß diese zunächst ausgebaut werden. Die Schaffung eines eigenen Rechtsbereichs Klimaschutz erscheint demgegenüber eher unwahrscheinlich.

Der starke Ausbau der gesetzlichen Regelungen zum Schutz der Umwelt **174** fordert in manchen Bereichen nach wie vor eine untergesetzliche Konkretisierung umweltrechtlicher Normen.[431]

Auch die Aktivitäten der EG im Bereich der Umwelt in den letzten Jah- **175** ren lassen künftig einen Novellierungs- und Anpassungsbedarf des deutschen Rechts an gemeinschaftliche Vorgaben erwarten.[432] Änderungen zeichnen sich insbesondere im Bereich des Wasserrechts durch die geplante Wasserrahmenrichtlinie[433], im Bereich des Immissionsschutz- und des Anlagenrechts durch die IPPC-Richtlinie[434] und im Bereich des Gefahrstoffrechts durch die ebenfalls geplante Biozid-Richtlinie[435] ab.

bb) Schaffung eines Umweltgesetzbuchs

Die bereits vorhandene Normendichte verlangt zunehmend nach einer **176** Vereinheitlichung, Harmonisierung und Systematisierung des Umweltrechts. Diesem Bedarf ist bislang auch im Rahmen der Beschleunigungsgesetzgebung nicht ausreichend entsprochen worden. Eine größere Übersichtlichkeit und damit verbunden vielleicht sogar eine bessere Vollziehbarkeit des Umweltrechts ließe sich durch die Schaffung eines einheitlichen **Umweltgesetzbuchs (UGB)** erreichen.[436] Da das Rechtsgebiet des Umweltrechts sich mittlerweile trotz seines Querschnittscharakters als abgrenzbar erwiesen hat[437] und über eine hinreichende Kodifikationsreife verfügt,[438] wird überwiegend

---

[427] Vgl. dazu BMU, UGB-KomE, S. 1511; dazu auch BReg., Umweltbericht 1998 (BT-Drs. 13/10735), S. 129.

[428] Vgl. BMU, Umweltpolitisches Schwerpunktprogramm 1998, S. 97; BReg., Umweltbericht 1998 (BT-Drs. 13/10735), S. 129.

[429] So der Kommissionsentwurf zum UGB für die Zulasssung von Bioziden, vgl. BMU, UGB-KomE, S. 1511.

[430] Vgl. dazu *Kloepfer,* UmweltR, § 1 Rn. 33.

[431] Dies gilt vornehml. für das Kreislaufwirtschafts- u. AbfallR sowie für des BodenschutzR.

[432] Siehe dazu BMU, Umwelt 1999,

[433] Vgl. ABl. EG Nr. C 184/20 v. 17. 6. 1997; siehe dazu unten § 17 Rn. 20.

[434] Richtlinie des Rates über die integrierte Vermeidung und Verminderung der Umweltverschmutzung v. 24. 9. 1996 (96/61/EG), ABl. Nr. L 257, S. 26; vgl. dazu unten § 20 Rn. 21 ff.

[435] Vgl. Vorschlag der Komm. für eine RL des Rates über das Inverkehrbringen von Biozid-Produkten, KOM (93) 351 endg.-SYN 465 v. 27. 6. 1993; vgl. dazu unten § 33 Rn. 2.

[436] Zur Schaffung eines UGB *Schmidt,* ZUR 1998, 277 ff.

[437] Vgl. *Steiger,* AöR 1992, 100 ff.; *Kloepfer,* UmweltR, § 1. Rn. 41.

[438] Krit. *Breuer,* Verhandlungen des 59. DJT, Bd. 1, S. B 1 (37 ff.).

Moch, NVwZ 96, 215

davon ausgegangen, daß einer Kodifikation des Umweltrechts durch Bundesgesetz auch keine kompetenzrechtlichen Bedenken entgegen stehen.[439] Durch die Schaffung eines *Allgemeinen Teils*, in dem verallgemeinerungsfähige Regelungen vor die Klammer gezogen werden könnten, lassen sich die komplexen Rechtsbereiche des Umweltrechts entflechten. Ein *Besonderer Teil* bleibt den medienspezifischen Sonderregelungen vorbehalten, die ihrerseits besser aufeinander abgestimmt werden könnten. Die Schaffung eines einheitlichen UGB ist nach wie vor das erklärte Ziel der Bundesregierung.[440]

177 Die Erforderlichkeit eines UGB wird in der Literatur uneinheitlich beurteilt.[441]

178 Von einem Teil der Literatur wird ein UGB für unabdingbar gehalten, um das heute als unübersichtlich ausgeweitete, unsystematisch und in vielen Einzelgesetzen zersplitterte, ohne übergreifende Gesamtkonzeption empfundene Umweltrecht zu koordinieren und zu vereinheitlichen.[442]

179 Die Zusammenführung des deutschen Umweltrechts in einem UGB birgt allerdings auch die Gefahr der Zerschneidung bestehender rechtlicher Zusammenhänge und der Zerstörung traditioneller Rechtsbereiche.[443] Die Vorteile einer Gesamtkodifikation müssen deshalb gegen ihre Nachteile sorgsam abgewogen werden. Zudem muß bei der weiteren Entwicklung eines UGB die Fortentwicklung des Umweltrechts in der EG berücksichtigt werden, die sich ebenfalls durch eine weitere Entwicklung und Verdichtung umweltrechtlicher Normen auszeichnet. Es bleibt mithin abzuwarten, wie diese noch offenen Fragen in das Konzept eines einheitlichen UGB integriert werden können.

(1) Professorenentwürfe eines Umweltgesetzbuchs

180 Nachdem eine aus Rechtswissenschaftlern bestehende Kommission[444] im Auftrage des Bundesumweltministeriums 1991 zunächst einen sog. Professorenentwurf des Allgemeinen Teils eines UGB entwickelt hatte,[445] liegt seit

[439] So auch *Kloepfer,* UmweltR, § 1 Rn. 41 ff.; vgl. dazu *Rengeling,* DVBl. 1997, 997 ff.; zur Gesetzgebungskompetenz des Bundes für ein UGB *Gramm,* DÖV 1999, 540 ff.

[440] BMU, Umwelt 1999, 165 (166); dies ist anzunehmen, obwohl die BReg. die zunächst geplante Umsetzung der IPPC-RL durch ein Umweltgesetzbuch I (UGB I) aufgrund verfassungsrechtl. Bedenken aufgegeben hat, vgl. dazu DVBl.-Report 1999, Heft 19, S. A322 f.

[441] Vgl. zur Notwendigkeit eines UGB *Kloepfer/Kunig/Rehbinder/Schmidt-Aßmann,* DVBl. 1991, 339 ff.; *Schrader,* IUR 1991, 50 ff.; *Storm,* ZRP 1992, 346 ff.; *Kloepfer,* JZ 1992, 817 ff.; *Sendler,* DVBl. 1992, 1113 ff.; *Papier,* DVBl. 1992, 1133 ff.; *Hauber,* VR 1992, 265 ff.; zur Frage der Erforderlichkeit eines einheitl. UGB insbes. die Gutachten von *Breuer, Hansmann* und *Dolde* zum 59. Deutschen Juristentag.

[442] *Schrader,* IUR 1991, 50; *Storm,* ZRP 1992, 346 (349); *Papier,* DVBl. 1992, 1133 (1135); *Sendler,* DVBl. 1992, 1113 (1117); *Hauber,* VR 1992, 265 (271); zum VwVfG u. UGB-KomE *Sendler,* NVwZ 1999, 132 ff.

[443] Krit. insbes. *Breuer,* in: Schmidt-Aßmann, BesVwR, 5. Abschn., Rn. 55 f., der sich nunmehr für eine Teilkodifikation allgem. Fragen des UmweltR ausspricht, vgl. *ders.,* Verhandlungen des 59. DJT, Bd. 1, S. B 31 (77 f.).

[444] Zur Kommission gehörten die Professoren *Kloepfer, Rehbinder* u. *Schmidt-Aßmann* unter Mitarbeit von Prof. *Kunig.*

[445] *Kloepfer/u. a.,* Umweltgesetzbuch – Allgemeiner Teil, UBA-Berichte 7/90; dazu auch *Kloepfer/Kunig/Rehbinder/Schmidt-Aßmann,* DVBl. 1991, 339 ff.; *Koch,* NVwZ 1991, 953 ff.; Beiträge in *Koch,* Auf dem Weg zum Umweltgesetzbuch, S. 9 ff.; *Ritter,* ZAU 1991, 294 ff.; *A. Schmidt,* in: Schmidt, Das Umweltrecht der Zukunft – Kritik und Anregungen für ein Umweltgesetzbuch, S. 7 ff.; *Schrader,* IUR 1991, 50 ff.; *Hoppe,* DVBl. 1992, 578 ff.; *Czychowski,* ZfW 1992, 466 ff.

 Kloepfer, DÖV 93, 745

Ende 1993 ein ebenfalls von einer Arbeitsgruppe von Professoren[446] erarbeiteter Entwurf des Besonderen Teils eines UGB vor.[447]

Leitgedanke des Professorenentwurfs eines UGB ist zum einen die Vereinheitlichung des Umweltrechts. Dazu sollten Regelungen, die mehreren bestehenden umweltrechtlichen Einzelgesetzen gemeinsam sind, „vor die Klammer gezogen" werden.[448] Zum anderen werden durch die Kodifikation eine ökologische Fortentwicklung des Umweltrechts und eine Verbesserung seines Vollzuges angestrebt.[449] 181

Der **Allgemeine Teil des UGB** soll nach dem Entwurf zwölf Kapitel umfassen.[450] Im *Ersten Kapitel* werden neben Zweck- und Begriffsbestimmungen die grundlegenden Ziele und Prinzipien des Umweltrechts beschrieben. Das *Zweite Kapitel* regelt die umweltrechtlichen Pflichten des einzelnen sowie seine umweltbezogene Rechtsstellung, während sich das *Dritte Kapitel* mit den Regelungen zu umweltbezogenen Planungen beschäftigt.[451] Im *Vierten Kapitel* folgt eine Normierung der Umweltfolgenprüfung. Geregelt wird dort das, was im bisherigen Recht als Umweltverträglichkeitsprüfung bezeichnet wird. Anschließend folgen im *Fünften Kapitel* die Instrumente der direkten und im *Sechsten Kapitel* die der indirekten Verhaltenssteuerung. Das *Siebte Kapitel* erfaßt unter dem Titel Umweltinformation die Bereiche Umweltforschung, Umweltbeobachtung, Umweltstatistik, Umweltberichterstattung und Umweltaufklärung. Regelungen zur Umwelthaftung und zu Entschädigungsfragen enthält das *Achte Kapitel.* Das *Neunte Kapitel* normiert die Verfahrensbeteiligung von Verbänden und der Öffentlichkeit, während sich das *Zehnte Kapitel* den Ermächtigungen für den Erlaß von Rechtsverordnungen und Verwaltungsvorschriften widmet. Seinen Abschluß findet der Allgemeine Teil eines UGB im *Elften Kapitel* mit Bestimmungen zur Organisation und Zuständigkeit sowie im *Zwölften Kapitel* mit Sanktionsbestimmungen und Schlußvorschriften. 182

Demgegenüber soll der Entwurf des **Besonderen Teils eines UGB** auf den Regelungen des Allgemeinen Teils aufbauen und die bereichsspezifischen Besonderheiten regeln.[452] Er umfaßt die Sachgebiete 183

- Immissionsschutz,
- Kernenergie und Strahlenschutz,
- Naturschutz und Landschaftspflege,
- Gewässerschutz und Wasserwirtschaft,
- Abfallwirtschaft und Abfallentsorgung,
- gefährliche Stoffe und
- Bodenschutz.[453]

(2) Kommissionsentwurf zum Umweltgesetzbuch

Das Bundesministerium für Umwelt, Naturschutz und Reaktorsicherheit hat 1992 eine **Unabhängige Sachverständigenkommission zum Umweltgesetzbuch**[454] mit der Erarbeitung eines Gesetzesvorschlags beauftragt, der Grundlage für einen entsprechenden Referentenentwurf sein soll. Der 184

---

446 Zur Kommission gehörten die Professoren *Jarass, Kloepfer, Kunig, Papier, Peine, Rehbinder, Salzwedel* u. *Schmidt-Aßmann.*

447 Dazu *Kloepfer,* DVBl. 1994, 305 ff.; *Rehbinder,* NuR 1994, 313 ff.

448 *Kloepfer,* DVBl. 1991, 339 (340).

449 *Kloepfer,* DVBl. 1991, 339.

450 Zum Entwurfsinhalt vgl. auch *Schrader,* IUR 1991, 50 (51).

451 Zur Umweltleitplanung vgl. auch *Erbguth,* DVBl. 1992, 1122 ff.; *Hoppe,* NJW 1992, 1993 (1994 ff.).

452 *Kloepfer,* DVBl. 1991, 339 (345).

453 *Breuer,* in: Schmidt-Aßmann, BesVwR, 5. Abschn. Rn. 55; *Kloepfer,* DVBl. 1994, 305.

454 Zur Kommission gehörten Prof. Dr. *Sendler,* Prof. Dr. *Kloepfer,* Prof. Dr. *Bulling,* Dr. *Gaentzsch,* Prof. Dr. *Johann,* Dr. *Schweikl,* Dr. *Sellner* und Prof. Dr. *Winter.*

Kommissionsentwurf zum Umweltgesetzbuch (UGB-KomE) liegt seit 1997 vor.[455] Auch er umfaßt einen Allgemeinen und einen Besonderen Teil.

185 Der Allgemeine Teil des UGB soll nach dem Kommissionsentwurf acht Kapitel (§§ 1 bis 244 UGB-KomE) umfassen. Im einzelnen enthalten die Kapitel folgenden Inhalt

- Erstes Kapitel: Allgemeine Vorschriften (§§ 1 bis 66 UGB-KomE),
- Zweites Kapitel: Planung (§§ 67 bis 79 UGB-KomE),
- Drittes Kapitel: Vorhaben (§§ 80 bis 114 UGB-KomE),
- Viertes Kapitel: Produkte (§§ 115 bis 125 UGB-KomE),
- Fünftes Kapitel: Eingreifende Maßnahmen und Überwachung (§§ 126 bis 150 UGB-KomE),
- Sechstes Kapitel: Betrieblicher Umweltschutz, Umwelthaftung und sonstige ökonomische Instrumente (§§ 151 bis 206 UGB-KomE),
- Siebtes Kapitel: Umweltinformation (§§ 207 bis 227 UGB-KomE) und
- Achtes Kapitel: Grenzüberschreitender Umweltschutz (§§ 228 bis 244 UGB-KomE).

186 Der Kommissionsentwurf des Besonderen Teils des UGB umfaßt anschließend in weiteren neun Kapiteln die spezifischen, dem Umweltschutzrecht zuzuordnenden Sachbereiche in folgender Reihenfolge

- Neuntes Kapitel: Naturschutz, Landschaftspflege und Waldschutz (§§ 245 bis 325 UGB-KomE),
- Zehntes Kapitel: Bodenschutz (§§ 326 bis 354 UGB-KomE),
- Elftes Kapitel: Gewässerschutz (§§ 355 bis 418 UGB-KomE),
- Zwölftes Kapitel: Immissionsschutz und Energieversorgung (§§ 419 bis 464 UGB-KomE),
- Dreizehntes Kapitel: Kernenergie und Strahlenschutz (§§ 465 bis 529 UGB-KomE),
- Vierzehntes Kapitel: Verkehrsanlagen und Leitungsanlagen (§§ 530 bis 551 UGB-KomE),
- Fünfzehntes Kapitel: Gentechnik und sonstige Biotechnik (§§ 552 bis 585 UGB-KomE),
- Sechzehntes Kapitel: Gefährliche Stoffe (§§ 586 bis 725 UGB-KomE) und
- Siebzehntes Kapitel: Abfallwirtschaft (§§ 726 bis 775 UGB-KomE).

187 Im Gegensatz zum Professorenentwurf ist der Besondere Teil des Kommissionsentwurfs zum UGB damit um die Rechtsbereiche der Energieversorgung, der Verkehrsanlagen und der Leitungsanlagen sowie der Gen- und Biotechnik erweitert.

(3) Arbeitsentwürfe für ein Umweltgesetzbuch I und ein Einführungsgesetz zum Umweltgesetzbuch

188 Der Kommissionsentwurf zum UGB dient als Grundlage für einen zu erarbeitenden Referenten- und Regierungsentwurf für ein UGB. In der aktuellen Diskussion um die bis zum Jahre 1999 erforderliche Umsetzung der IPPC-Richtlinie und der Umsetzung der UVP-Änderungsrichtlinie[456] sollte ein Teil des UGB bereits vorab auf den Weg gebracht werden.[457] Ein Erstes

[455] BMU, UGB-KomE, S. 71ff.; zum Kommissionsentwurf zum UGB ferner *Sendler,* NVwZ 1996, 1145ff.; *Kloepfer/Durner,* DVBl. 1997, 1081ff.; *Storm,* NVwZ 1999, 35ff.; *Michler,* DVBl. 1999, 816 (823f.); *Schink,* LKT 1998, 501ff.; *ders.,* LKT 1999, 16ff.; *ders.,* DÖV 1999, 1ff.

[456] Richtlinie des Rates zur Änderung der Richtlinie 89/337/EWG v. 3. 11. 1997 (97/11/EG), ABl. EG Nr. L 073 v. 14. 3. 1997, S. 5; vgl. dazu unten § 5 Rn. 67f.

[457] Vgl. den auf Vorschlag der Bundesumweltministerin Merkel gefaßten Beschluß der Umweltministerkonferenz v. 4. u. 5. 6. 1997.

Buch eines UGB sollte das Vorhabenrecht aus den Fachgesetzen herauslösen und die wichtigsten Zulassungstypen mit ihren wesentlichen Verfahrensanforderungen einheitlich und medienübergreifend normieren. Arbeitsentwürfe liegen derzeit für ein Erstes Buch zum UGB (UGB I), welches den ersten Schritt zur Kodifikation des Umweltrechts bilden soll, sowie ein Einführungsgesetz zum UGB (EG-UGB) in der Fassung vom 23. 4. 1999 vor.[458]

Der **Arbeitsentwurf für ein Erstes Buch zum Umweltgesetzbuch (UGB I)** orientiert sich in seiner Konzeption weitgehend am Kommissionsentwurf zum UGB. Er sieht einen Allgemeinen und einen Besonderen Teil vor. Der **Allgemeine Teil** umfaßt 7 Kapitel. Er enthält umweltpolitische Leitvorstellungen im Hinblick auf die Gesamtkodifikation und dient der Vereinheitlichung einer Vielzahl unterschiedlicher materieller Vorschriften und Verfahren. In einem *Ersten Kapitel* werden der Zweck des Gesetzes, Allgemeine Grundsätze des Umweltschutzes und Begriffsbestimmungen geregelt (§ A 1 bis 3 UGB I). Ein *Zweites Kapitel* umfaßt die Vorhabengenehmigung. Es beginnt in einem Ersten Abschnitt mit allgemeinen Vorschriften (§§ V 1 bis 3 UGB I), setzt sich im Zweiten Abschnitt mit der gebundenen Vorhabengenehmigung (§§ V 4 bis 25 UGB I), im Dritten Abschnitt mit der planerischen Vorhabengenehmigung (§§ V 26 bis 30 UGB I), im Vierten Abschnitt mit dem einfachten Verfahren (§§ V 31 und 32 UGB I) fort und endet im Fünften Abschnitt mit gemeinsamen Vorschriften und Ordnungswidrigkeiten (§ V 33 UGB I). Ein *Drittes Kapitel* umfaßt eingreifende Maßnahmen sowie die Überwachung und private Eigenverantwortung (§§ E 1 bis 11 UGB I). Das *Viertes Kapitel* normiert den betrieblichen Umweltschutz (§§ UB 1 bis 11 UGB I), das *Fünfte Kapitel* geht auf die Recht- und Regelsetzung ein (§§ R 1 und 2 UGB I), während in einem *Sechsten Kapitel* der grenzüberschreitende Umweltschutz (§§ G 1 bis 5 UGB I) geregelt ist. Der Allgemeine Teil endet mit einem *Siebten Kapitel* zur Umweltinformation (§§ UI 1 bis 11 UGB I). Der **Besondere Teil** umfaßt beginnend mit dem *Achten Kapitel* die Zulassung Industrieanlagen und sonstigen Anlagen (§§ I 1 bis 8 UGB I), im *Neunten Kapitel* die Errichtung, den Betrieb und die Stilllegung von Deponien (§§ D 1 bis 6 UGB I), im *Zehnten Kapitel* die Zulassung von Leitungsanlagen (§§ L 1 bis 4 UGB I). Das UGB I soll damit die derzeit für die gen. Vorhaben geltenden Zulassungsvorschriften im Bundes-Immissionsschutzgesetz, im Kreislaufwirtschafts- und Abfallgesetz und im Energiewirtschaftsgesetz ablösen. Kerntechnische Anlagen und wasserwirtschaftliche Vorhaben werden in den Regelungsbereich des UGB I nicht einbezogen.[459] Der Besondere Teil endet mit einem *Elften Kapitel* zu Schlußbestimmungen (§ S 1 UGB I). 189

Schmidt-Assmann, DVBl 98, 857

Das **Einführungsgesetz zum Umweltgesetzbuch (EG-UGB)** erfaßt in einem *Ersten Teil* die Rechtsverordnungen zum UGB. Zu nennen sind die Vorhabenverordnung (Art. 1 EG-UGB), die Verordnung über Antragsunterlagen (Art. 2 EG-UGB) und die umweltrechtliche Verordnung zu Überwachungserleichterungen für auditierte Betriebsstandorte (Art. 3 EG-UGB). In eimen *Zweiten Teil* werden dann Überleitungsvorschriften, in einem *Dritten Teil* das Außerkrafttreten bisherigen Rechts und in einem *Vierten Teil* Folgeänderungen in anderen Rechtsvorschriften normiert. Das Einführungsgesetz zum UGB endet in einem *Sechsten Teil* mit Schlußbestimmungen. 190

Auf die einzelnen, in den Entwürfen zum UGB vorgeschlagenen Regelungen wird im einzelnen an geeigneter Stelle jeweils sachbezogen eingegangen. Ob das UGB I noch in Verbindung mit der Umsetzung EG-rechtlicher Richtlinien weiterverfolgt wird, steht dahin. 191

[458] Vgl. Arbeitsentwurf des BMU für ein UGB I v. 23. 4. 1999 u. Arbeitsentwurf des BMU für ein Einführungsgesetz zum UGB v. 23. 4. 1999, die auf die Arbeitsentwürfe der Projektgruppe UGB beim BMU v. 5. 3. 1998 aufbauen; zum Arbeitsentwurf v. 5. 3. 1998 im Verhältnis zum VwVfG *Schmitz,* NJW 1998, 2866 ff.

[459] Dies sah der Arbeitsentwurf der Projektgruppe UGB beim BMU v. 5. 3. 1998 für die wasserwirtschaftl. Vorhaben noch anders vor, vgl. dazu den Arbeitsentwurf der Projektgruppe UGB des BMU für ein UGB I v. 5. 3. 1998, S. 33.

§ 2. Systematik des Umweltrechts

1 Eine mögliche Zusammenführung des deutschen Umweltrechts in einem Umweltgesetzbuch erfordert eine rechtsdogmatische Durchdringung dieses komplexen Rechtsstoffes und einen Prozeß der inneren Harmonisierung des Rechtsgebietes „Umweltrecht".[1] Zweck einer solchen Rechtssystematisierung ist vor allem die Vereinfachung des Rechts durch die Zusammenfassung von Aspekten, die sämtliche oder zumindest wesentliche Rechtsbereiche des Umweltschutzes berühren, sowie die Entwicklung gemeinsamer rechtlicher Lösungsmodelle für in den einzelnen Rechtsbereichen des Umweltrechts vergleichbare Fragestellungen. Zudem gilt es, noch vorhandene Regelungsdefizite zu beheben.[2]

2 Die Ansätze für eine rechtssystematische Erfassung des Umweltrechts sind zahlreich. Sie überschneiden und ergänzen sich zum Teil. Die unterschiedlichen Einteilungsmöglichkeiten entsprechen der Komplexität des Umweltrechts als Querschnittsrecht.[3] Zu nennen sind insbesondere die Aufgliederung des Rechtsstoffes nach

- Regelungsebenen des Umweltrechts (A.),
- Zugehörigkeit zu herkömmlichen Rechtsbereichen (B.),
- Art und Rang der Rechtsquellen (C.) und
- Allgemeinem und Besonderem Umweltrecht (D.).

A. Regelungsebenen des Umweltrechts

3 Das in der Bundesrepublik Deutschland Geltung beanspruchende Umweltrecht setzt sich aus nationalem und internationalem Recht zusammen.[4]

I. Nationales Umweltrecht

4 Das Umweltrecht in der Bundesrepublik Deutschland ist nach wie vor in erster Linie nationales Recht, wenngleich es zunehmend durch internationales Recht – und hier vornehmlich durch europarechtliche Vorgaben – mitbestimmt wird. Durch die Aufnahme der Staatszielbestimmung Umwelt-

[1] Zu Systematisierungsbemühungen vgl. *Kloepfer,* Systematisierung des UmweltR, S. 1 ff.; *Kloepfer/Meßerschmidt,* Innere Harmonisierung des UmweltR, S. 1 ff.; *Erbguth,* Raumbedeutsames UmweltR, S. 80 ff.; *Bender/Sparwasser/Engel,* UmweltR, Teil 1 Rn. 22 ff.; *Breuer,* in: Schmidt-Aßmann, BesVwR, 5. Abschn., Rn. 36 ff.; *Storm,* UmweltR, Tz. 72 ff.; *Kloepfer,* UmweltR, § 1 Rn. 59 ff.; zur Systematisierung im Rahmen eines UGB vgl. *Kloepfer/u. a.,* UGB-AT-E, S. 13 ff.; *Jarass/u. a.,* UGB-BT-E, S. 3 ff.; BMU, UGB-KomE, S. 90 ff.

[2] Vgl. zum Zweck der Rechtssystematisierung *Kloepfer,* Systematisierung des UmweltR, S. 68; *Steiger,* in: Salzwedel, Grundzüge des UmweltR, 1. Aufl., S. 11; *Storm,* UmweltR, Tz. 72.

[3] *Bender/Sparwasser/Engel,* UmweltR, Teil 1 Rn. 22.

[4] Zur Normenhierarchie im UmweltR vgl. *Steiger,* in: Salzwedel, Grundzüge des UmweltR, 1. Aufl., S. 18 ff.; *Bender/Sparwasser/Engel,* UmweltR, Teil 1 Rn. 28 ff.

schutz in Art. 20a GG sind die natürlichen Lebengrundlagen erstmals ausdrücklich bundeseinheitlich unter verfassungsrechtlichen Schutz gestellt.[5] Ferner umfaßt das deutsche Umweltrecht einfachgesetzliche Rechtsvorschriften des Bundes und der Länder sowie autonomes Recht der sonstigen juristischen Personen des öffentlichen Rechts. Dazu zählen Gemeinden und Landkreise, kommunale Zweckverbände und z.B. Wasser- und Bodenverbände.[6] Autonomes Umweltrecht sind z.B. Müllabfuhr- und Baumschutzsatzungen oder Bauleitpläne der Gemeinden mit umweltschützenden Festsetzungen.

Für das Verhältnis von Bundes- und Landesumweltrecht gilt Art. 31 GG.[7] 5
Danach bricht Bundesrecht Landesrecht. Dem autonomen Umweltrecht gehen sowohl Bundes- als auch Landesumweltrecht vor, weil sich die Autonomie der in den Staat eingeordneten juristischen Personen des öffentlichen Rechts aus der staatlichen Rechtsetzungsgewalt ableitet.[8]

II. Internationales Umweltrecht

Das Umweltrecht der Bundesrepublik Deutschland wird zunehmend 6
durch internationales Umweltrecht, das sich aus dem völkerrechtlichen und dem europäischen Umweltrecht zusammensetzt, determiniert.[9] Dem liegt die Erkenntnis zugrunde, daß Umweltgefahren und -schäden nicht an Grenzen haltmachen und globale Umweltprobleme einer internationalen Lösung zugeführt werden müssen.

Die **Europäische Gemeinschaft** hat in den letzten zehn Jahren ihre 7
Umweltschutzaktivitäten – insbesondere auch im Bereich der Strukturfonds – erheblich ausgeweitet.[10] Sie hat bislang fünf Aktionsprogramme auf dem Gebiet des Umweltschutzes verabschiedet, mit denen die Leitlinien der Umweltpolitik festgelegt worden sind.[11] Die Umweltprogramme enthalten allerdings nur politische Vorgaben; rechtlich verbindlich sind sie nicht.[12]

Auch das europäische Umweltrecht ist stark erweitert worden.[13] Erkennt- 8
nisgrund für das Umweltrecht der EG ist zum einen das primäre Gemeinschaftsrecht der europäischen Verträge[14], zum anderen das vom Rat oder von

---

[5] Vgl. zur Staatszielbestimmung Umweltschutz unten § 4 Rn. 5ff.

[6] Vgl. dazu unten § 18 Rn. 16.

[7] Zur Abgrenzung der Gesetzgebungszuständigkeiten zwischen Bund u. Ländern siehe unten § 4 Rn. 16.

[8] Vgl. *Ossenbühl,* in: Erichsen, AllgVwR, § 6 Rn. 65.

[9] Dem wird in der Lit. zunehmend dadurch Rechnung getragen, daß sich die Darstellungen zum UmweltR an internationalen, insbes. an EG-rechtl. Vorgaben orientieren, vgl. *Epiney,* UmweltR in der EU, passim; *Frenz,* Europäisches UmweltR, passim; *Rengeling,* EUDUR, Bd. 1 u. Bd. 2, passim; vgl. zum internationalen UmweltR § 3 Rn. 7ff.

[10] Vgl. dazu ausführl. *Kilian,* in: Rengeling, EUDUR, Bd. 1, § 6 Rn. 27ff.

[11] *Bender/Sparwasser/Engel,* UmweltR, Teil 1 Rn. 37; BMU, Umweltbericht 1998, BT-Drs. 13/10735, S. 190f.; *Kloepfer,* UmweltR, § 9 Rn. 48.

[12] *Ress,* HdUR Bd. 1, Sp. 548 (548ff.); *Glaesner,* in: Rengeling, Europäisches UmweltR und europäische Umweltpolitik, S. 1 (4f.).

[13] Vgl. dazu i.Ü. *Kloepfer,* UmweltR, § 9 Rn. 51ff.

[14] EGKS, EAG, EWG, FusV, EEA, EUV in der Fassung von Amsterdam; vgl. dazu ausführl. § 3 Rn. 30, 34ff.

der Kommission der EG geschaffene sekundäre Gemeinschaftsrecht in Form von Verordnungen und Richtlinien. Verordnungen gelten wie ein Gesetz unmittelbar in jedem Mitgliedstaat und bedürfen deshalb keiner Umsetzung in das innerstaatliche Recht. Sie überlagern oder verdrängen innerstaatliches Recht. Richtlinien hingegen sind an die Mitgliedstaaten gerichtet und von diesen hinsichtlich der verbindlichen Zielsetzung mit den Formen und Mitteln ihrer Rechtsordnungen zu verwirklichen.[15]

9 Das **Umweltvölkerrecht** dient einerseits dem Ausgleich widerstreitender staatlicher Interessen, insbesondere bei grenzüberschreitenden Umweltbelastungen und andererseits dem gemeinsamen Interesse aller Staaten an der Erhaltung einer gesunden und funktionsfähigen Umwelt.[16] Das Umweltvölkerrecht hat sich aus dem allgemeinen völkerrechtlichen Nachbarrecht entwickelt, das wiederum ganz wesentlich aus dem internationalen Wasserrecht abgeleitet worden ist.

10 Zum Umweltvölkerrecht zählen die Völkerrechtsnormen, die den Umweltschutz zum Gegenstand haben.[17] Völkerrechtliche Regeln des Umweltschutzes können nur Völkerrechtssubjekte, d.h. souveräne Staaten oder ausnahmsweise auch internationale Organisationen berechtigen und verpflichten, nicht aber Einzelpersonen oder Personenvereinigungen. Umweltvölkerrecht bedarf demnach in der Regel der Transformation in nationales Umweltrecht, um eine unmittelbare Rechtswirkung erzeugen zu können. Lediglich die Allgemeinen Regeln des Völkerrechts sind gem. Art. 25 GG unmittelbarer Bestandteil des Bundesrechts.[18] Im Rang stehen Allgemeine Regeln des Völkerrechts über den einfachen Gesetzen, aber unterhalb der Verfassung.

B. Zugehörigkeit zu herkömmlichen Rechtsbereichen

11 Das deutsche Recht unterscheidet herkömmlich zwischen dem Privatrecht, dem Strafrecht und dem Öffentlichen Recht. Entsprechend der Zugehörigkeit zu diesen herkömmlichen Rechtsbereichen lassen sich

- Umweltstrafrecht,
- Umweltprivatrecht und
- öffentliches Umweltrecht

unterscheiden.

I. Umweltstrafrecht und Umweltprivatrecht

12 Umweltschädliches Verhalten wird einerseits durch gesetzliche Pflichten reglementiert, andererseits wird ihm durch die Androhung von Sanktionen besonderer Nachdruck verliehen. Als Sanktionsformen kommen die Bestimmungen des Ordnungswidrigkeitenrechts und des Strafrechts in Betracht.

---

[15] Zur Geltung von EG-rechtl. RL u. VO ausführl. unten § 3 Rn. 58ff.
[16] *Engelhardt,* Bürger und Umwelt, S. 33; vgl. dazu näher unten § 3 Rn. 6ff.
[17] Vgl. dazu *Lagoni,* in: Thieme, Umweltschutz im Recht, S. 239.
[18] Vgl. dazu unten § 3 Rn. 26ff.

Letztere finden – dem ultima-ratio-Prinzip des Strafrechts entsprechend – nur bei schweren Gesetzesverstößen mit sozialschädlichen Rechtsgutverletzungen Anwendung.[19]

Strafvorschriften zum Schutz der Umwelt sind seit 1980 im 28. Abschnitt des Strafgesetzbuches zusammengefaßt.[20] Darüber hinaus finden sich zahlreiche Strafvorschriften zum Schutz der Umwelt in Gesetzen zur Regelung spezieller Umweltbereiche, z.B. § 39 PflSchG, §§ 27, 27a ChemG und § 39 Abs. 2 GenTG. 13

Demgegenüber gibt es zahlreiche Regelungen des Umweltrechts, die die rechtlichen Beziehungen einzelner zueinander regeln. Diese zivilrechtlichen Regelungen zum Schutz der Umwelt können als Umweltprivatrecht bezeichnet werden.[21] Das Umweltprivatrecht hat mit seinen nachbarrechtlichen und anderen Abwehr- und Schadensersatzansprüchen vornehmlich den Schutz der privatnützigen Umweltbelange einzelner zu wahren. 14

Das Umweltprivatrecht gewährt Ansprüche auf Unterlassung, Schutzmaßnahmen oder Ausgleich von Beeinträchtigungen, die sich unmittelbar gegen Verursacher von Umweltbeeinträchtigungen richten und die bürgerlich-rechtlich vor dem Zivilgericht durchzusetzen sind. Rechtsgrundlagen ergeben sich insbesondere aus §§ 906ff., 1004 BGB sowie den deliktsrechtlichen Regeln der §§ 823ff. BGB und dem Umwelthaftungsgesetz[22]. 15

Die Bedeutung des Umweltprivatrechts wurde früher eher gering eingeschätzt.[23] Das lag einerseits an typischen zivilprozessualen Durchsetzungsschwierigkeiten, insbesondere bei der Beweisführung, und andererseits an der starken Überlagerung des Privatrechts durch öffentlich-rechtliche Vorschriften.[24] Es hat aber mit der Zunahme von Haftungsfragen, insbesondere auch durch Inkrafttreten des Umwelthaftungsgesetzes, ebenso an Bedeutung gewonnen wie das Umweltstrafrecht.[25] Für die eher sekundäre Bedeutung der straf- und ordnungswidrigkeitenrechtlichen Sanktionen sowie der privatrechtlichen Vorschriften zum Schutz der Umwelt ist jedoch maßgebend, daß beide Regelungsbereiche erst dann eingreifen, wenn ein umweltschädliches Verhalten bereits vorliegt. Hinzu kommt, daß zivilrechtliche Ansprüche in erster Linie individuelle Rechtspositionen schützen und sich der Schutz der Umwelt nur mittelbar daraus ergibt, daß Unterlassungs- und Abwehransprüche oder die Furcht vor Schadensersatzansprüchen umweltbelastendes Verhalten beeinflussen können. 16

---

[19] Vgl. zu straf- u. ordnungswidrigkeitenrechtl. Sanktionen unten § 13 Rn. 1ff.

[20] Zur Verschärfung des UmweltstrafR durch das Zweite Gesetz zur Bekämpfung der Umweltkriminalität v. 27. 6. 1994 vgl. unten § 13 Rn. 5.

[21] Vgl. zum UmweltprivatR unten § 12 Rn. 1ff.; zum Auseinanderfallen von öffentl. Recht u. PrivatR im UmweltR vgl. *Kloepfer,* UmweltR, § 6 Rn. 9ff.; *ders.,* in: Rengeling, EUDUR, Bd. 1, § 7 Rn. 19ff.

[22] Umwelthaftungsgesetz (UmweltHG) v. 10. 12. 1990 (BGBl. I S. 2634).

[23] Vgl. zur geschichtl. Bedeutung des privaten NachbarR des BGB für die Entwicklung des öffentlichen UmweltR, F. *Baur,* JZ 1987, 317ff.

[24] *Beckmann,* Rechtsschutz, S. 28ff.; näher zur Abgrenzung des privaten u. des öffentl. UmweltR unten § 2 Rn. 20ff.; zu Beweislastfragen im HaftungsR siehe unten § 12 Rn. 35f.

[25] Vgl. dazu *Vieweg/Röthel,* DVBl. 1996, 1171; zum UmweltprivatR unten § 12 Rn. 1ff. und zum UmweltstrafR unten § 13 Rn. 1ff.

II. Öffentliches Umweltrecht

17 Umweltschutz verpflichtet sowohl den einzelnen Staatsbürger als auch die private Wirtschaft.[26] Zudem ist Umweltschutz Staatsaufgabe[27] und als solche vornehmlich öffentlich-rechtlich geregelt. Zum öffentlichen Umweltrecht gehören völkerrechtliche und verfassungsrechtliche Regelungen und vor allem das Umweltverwaltungsrecht, das als Teilgebiet dem Besonderen Verwaltungsrecht zuzurechnen ist.

18 Zum öffentlichen Umweltrecht zählen insbesondere das

- Abwasserabgabengesetz,
- Arzneimittelgesetz,
- Atomgesetz,
- Benzinbleigesetz,
- Bundes-Bodenschutzgesetz,
- Bundes-Immissionsschutzgesetz und die Immissionsschutzgesetze der Länder,
- Bundesnaturschutzgesetz und die Landesnaturschutzgesetze,
- Bundeswaldgesetz,
- Chemikaliengesetz,
- Düngemittelgesetz,
- Fluglärmgesetz,
- Futtermittelgesetz,
- Gentechnikgesetz,
- Gesetz über die Beförderung gefährlicher Güter,
- Gesetz zur Prüfung der Umweltverträglichkeit,
- Kreislaufwirtschafts- und Abfallgesetz des Bundes und die Landesabfallgesetze,
- Lebensmittel- und Bedarfsgegenständegesetz,
- Pflanzenschutzgesetz,
- Strahlenschutzvorsorgegesetz,
- Tierschutzgesetz,
- Tierseuchengesetz,
- Umweltinformationsgesetz,
- Umweltstatistikgesetz,
- Wasch- und Reinigungsmittelgesetz sowie
- Wasserhaushaltsgesetz und die Landeswassergesetze.

19 Daneben befinden sich Rechtsvorschriften zum Schutz der Umwelt unter anderem im

- Raumordnungsgesetz und in den Landesplanungsgesetzen,
- Baugesetzbuch,
- Bundesberggesetz,
- Flurbereinigungsgesetz sowie in den
- Fachplanungsgesetzen.

20 Zwischen dem Umweltprivatrecht und dem öffentlichen Umweltrecht bestehen zahlreiche Überschneidungen. Das Verhältnis zwischen beiden Rechtsgebieten ist lebhaft umstritten.[28]

---

[26] Siehe zum Umweltschutz als Bürgerpflicht *Engelhardt,* Bürger und Umwelt, S. 113ff.; siehe auch § 3 Abs. 1 S. 1 UGB-KomE, vgl. BMU, UGB-KomE, S. 110, 452.

[27] Zur Staatsaufgabe Umweltschutz siehe *Rauschning,* VVDStRL 38 (1980), 167ff.; *Hoppe,* VVDStRL 38 (1980), 211ff.

[28] Vgl. F. *Baur,* JZ 1987, 317ff.; *Peine,* JuS 1987, 169; *Gerlach,* JZ 1988, 161ff.; J. *Baur,* GS Martens, S. 547ff.; *Gaentzsch,* NVwZ 1986, 601ff.; vgl. auch *Schmidt/Müller,* UmweltR, § 1 Rn. 38; *Jäde,* in: Birkl, Nachbarschutz, Bd. 1, Teil A, S. 1 (9ff.).

Mittelbar kann auf öffentlich-rechtliche Genehmigungsvoraussetzungen bereits durch private Verträge Einfluß genommen werden. 21

So können für die Erheblichkeit von Nachteilen und Belästigungen i.S.v. § 5 Abs. 1 Nr. 1 BImSchG vertragliche Vereinbarungen zwischen Nachbarn über hinzunehmende Belästigungen entscheidend sein.[29] Anlagenbetreiber und Drittbetroffene können in privaten Verträgen außerdem einen Verzicht auf die Einlegung eines Widerspruchs oder auf die Erhebung einer Klage gegen Zahlung eines Entgelts vereinbaren. Der *BGH* hält einen Vertrag, durch den ein betroffener Anwohner sich verpflichtet, seinen Widerspruch gegen die nach dem Bundes-Immissionsschutzgesetz erteilte Genehmigung einer gewerblichen Anlage gegen Zahlung eines Entgelts zurückzunehmen, weder für gesetz- noch für sittenwidrig.[30] Umgekehrt soll nach Ansicht des *VGH Mannheim* der Abwehranspruch Privater gegen hoheitlich verursachte Immissionen, der seine Grundlage in Art. 2 Abs. 2 GG und Art. 14 Abs. 1 S. 1 GG hat, soweit öffentlich-rechtliche Abgrenzungsmaßstäbe fehlen, durch die nachbarrechtlichen Grundsätze des § 906 BGB beschränkt werden.[31] 22

Überschneidungen ergeben sich aber vor allem daraus, daß die Schutzgesetzdefinition des § 823 Abs. 2 BGB identisch ist mit der herrschenden Schutznormtheorie des öffentlichen Rechts. Subjektiv öffentliche Rechte können daher über §§ 1004, 823 Abs. 2 BGB auch privatrechtlichen Nachbarschutz ermöglichen.[32] Außerdem haben umweltrechtliche Planungs- und Genehmigungsentscheidungen zum Teil privatrechtsgestaltende Wirkungen.[33] 23

Umstritten ist, inwieweit von einer Interpretationsherrschaft des öffentlichen Rechts gegenüber den verbleibenden zivilrechtlichen Ansprüchen gesprochen werden kann,[34] insbesondere inwieweit öffentliche Planungs- und Einzelentscheidungen sowie öffentliche Umweltstandards etwa der TA Luft und der TA Lärm das private Immissionsschutzrecht beeinflussen. Dies wird man jedenfalls für die öffentlich-rechtlichen Umweltstandards – wie die TA Luft oder TA Lärm – bejahen müssen, da diese die Frage der Wesentlichkeit einer Beeinträchtigung im Rahmen zivilrechtlicher Ansprüche festlegen (vgl. § 906 Abs. 1 S. 2 und 3 BGB). 24

Hinsichtlich öffentlich-rechtlicher Planungs- und Einzelentscheidungen vertritt der *BGH* die Ansicht, daß die privaten Rechte gegenüber öffentlich-rechtlichen Entscheidungen, soweit ihnen nicht ausdrücklich privatrechtsgestaltende Wirkung eingeräumt sei, vorrangig seien.[35] Danach kommt es für die Frage, ob eine wesentliche Immissionsbeeinträchtigung ortsüblich und damit zu dulden ist, allein auf die tatsächlichen Verhältnisse im maßgeblichen Vergleichsgebiet, nicht aber auf die öffentlich-rechtliche Planung an. So erlaubt die baurechtliche Einordnung eines Schweinemastbetriebs als privilegiertes Außenbereichsvorhaben i.S.d. § 35 Abs. 1 Nr. 1 BauGB keinen Rück- 25

---

29 *Stich,* Privates Immissionsschutzrecht, S. 299.

30 *BGH,* Urt. v. 11. 12. 1980 – III ZR 38/79 –, NJW 1981, 811; zum Verwaltungsrechtsweg beim Streit um die vertragl. Verpflichtung einer Gemeinde zur Rücknahme einer verwaltungsgerichtl. Klage siehe *VGH Mannheim,* Beschl. v. 11. 9. 1984 – 10 S 1827/84 –, UPR 1985, 218 (219).

31 *VGH Mannheim,* Urt. v. 28. 5. 1985 – 1 S 292/84 –, NVwZ 1986, 62.

32 *BGH,* Urt. v. 30. 4. 1976 – V ZR 1988/74 –, BGHZ 66, 354; *ders.,* Urt. v. 23. 6. 1983 – III ZR 79/82 –, UPR 1984, 193 (194); *ders.,* Urt. v. 27. 11. 1963 – V ZR 201/61 – BGHZ 40, 306.

33 Vgl. etwa §§ 14 BImSchG, 11 WHG.

34 So *Kloepfer,* Rechtsschutz, S. 43; vgl. dazu auch *Dolderer,* DVBl. 1998, 19ff.

35 *BGH,* Urt. v. 17. 12. 1982 – V ZR 55182 –, NJW 1983, 751f.; *ders.,* Urt. v. 13. 1. 1976 – VI ZR 41/75 –, NJW 1976, 1204; *ders.,* Urt. v. 15. 1. 1971 – V ZR 110/68 –, DVBl. 1971, 744.

schluß auf die Erheblichkeit einer Geruchsbelästigung.[36] Allerdings soll das Fehlen einer behörlichen Genehmigung für den Betrieb einer Anlage die Prüfung der Wesentlichkeit einer Beeinträchtigung im Rahmen des Zivilrechts jedenfalls solange beeinflussen, als nicht feststeht, daß die Anlage ohne Einschränkungen genehmigungsfähig ist.[37]

26 Demgegenüber wird in der Rechtslehre die Ansicht vertreten, öffentlich-rechtliche Planungsentscheidungen seien gegenüber dem privaten Nachbarrecht vorrangig.[38] Öffentliches und privates Nachbarrecht regelten zwei sich ausschließende Konfliktbereiche, so daß es Überschneidungen nicht geben könne. Die öffentliche Planungsentscheidung entscheide allein über die künftige Entwicklung des Plangebietes, während das private Nachbarrecht die zulässige Grundstücksnutzung allein anhand der tatsächlichen Verhältnisse beurteile. Soweit die Planung eine bestimmte Nutzung für die Zukunft ermögliche, könne dies deshalb durch private Rechte nicht verhindert werden.

27 Der Streit um das dogmatisch richtige Verhältnis beider Regelungsbereiche ist gekennzeichnet von dem Bemühen, je nach Standort des Betrachters den generellen Geltungsanspruch des einen Rechtsgebietes gegenüber dem anderen zu behaupten und nachzuweisen.[39] Demgegenüber dürften diejenigen Lösungen richtiger und vor allem konsensfähiger sein, die im Ausgangspunkt mit dem *BVerfG* davon ausgehen, daß die Rechtsstellung eines Grundstücksnachbarn sowohl durch das private als auch durch das öffentliche Recht bestimmt wird und im Einzelfall anhand der gesetzlichen Grundlagen nach dem Vorrang eines Rechtssatzes gegenüber dem anderen zu fragen ist, ohne von einer apriorischen Herrschaft eines Rechtsbereichs über den anderen auszugehen.[40]

28 Mit einer in dieser Weise differenzierenden Betrachtung steht es im Einklang, daß einerseits durch privatrechtliche Verträge wirksam der Verzicht auf öffentlich-rechtliche Einwendungsbefugnisse vereinbart werden kann,[41] andererseits umweltrechtliche Planungs- und Genehmigungsentscheidungen zum Teil privatrechtsgestaltende Wirkungen entfalten können. Dies ist etwa in § 14 S. 1 BImSchG für die immissionsschutzrechtliche Genehmigung, in § 11 S. 1 WHG für die wasserrechtliche Bewilligung und in § 75 Abs. 2 S. 1 VwVfG[42] für Planfeststellungsverfahren vom Gesetzgeber angeordnet worden. Keine privatrechtsgestaltende Wirkungen haben Verwaltungsakte, die unbeschadet privater Rechte Dritter ergehen, so ausdrücklich z.B. § 19 Abs. 2 BImSchG für die Genehmigung im vereinfachten Verfahren.[43] Um-

---

[36] *BGH,* Urt. v. 30. 10. 1998 – V ZR 64/98 –, NJW 1999, 326 (327).

[37] *BGH,* Urt. v. 30. 10. 1998 – V ZR 64/98 –, NJW 1999, 326 (327f.).

[38] Zum BauR siehe vor allem *Bartlsperger,* VerwArch 1969, 33 (36); grundl. *Schapp,* Nachbarrecht, S. 164f.; *Breuer,* DVBl. 1983, 431 (438f.).

[39] Krit. zum Meinungsstand *Kleinlein,* Das System des Nachbarrechts, S. 68ff.

[40] *BVerfG,* Beschl. v. 15. 7. 1981 – 1 BvL 77/78 –, BVerfGE 58, 300, 335f.; vgl. dazu auch *Kleinlein,* Das System des Nachbarrechts, S. 68ff.; *Beckmann,* Rechtsschutz, S. 29ff.; so auch *Schmidt/Müller,* UmweltR, § 1 Rn. 38.

[41] *BGH,* Urt. v. 11. 12. 1980 – III ZR 38/79 –, NJW 1981, 811.

[42] Verwaltungsverfahrensgesetz (VwVfG) i.d.F.d. Bek. v. 21. 9. 1998 (BGBl. I S. 3050).

[43] Auch die Baugenehmigung wird nach Maßgabe einiger Landesbauordnungen „unbeschadet der Rechte Dritter" bzw. „unbeschadet privater Rechte" erteilt. Zur Frage, ob auch die Baugenehmigung privatrechtsgestaltende Wirkung entfaltet vgl. einerseits *Papier,* in: Umwelteinwirkungen durch Sportanlagen, S. 120ff.; andererseits *Kleinlein,* Das System des Nachbarschutzes, S. 138f.

stritten ist die privatrechtsgestaltende Wirkung solcher Verwaltungsentscheidungen, für die der Gesetzgeber keine ausdrückliche Regelung vorgesehen hat. In seiner viel diskutierten Tennisplatz-Entscheidung geht der *BGH*[44] von einem grundsätzlichen Vorrang privater Rechte gegenüber hoheitlichen Entscheidungen aus. Danach kann die in einem Bebauungsplan zugelassene Nutzung privatrechtlich verhindert werden, wenn die Planungsentscheidung eine stärkere als die bisher tatsächlich vorhandene Grundstücksnutzung zuläßt und wenn diese Nutzung nicht ortsüblich ist und zu einer wesentlichen Beeinträchtigung führt. Diesem Ergebnis liegt die Auffassung zugrunde, daß sich die Ortsüblichkeit wesentlicher Immissionen i. S. d. § 906 Abs. 2 BGB nach den tatsächlich vorhandenen Verhältnissen in dem maßgebenden Vergleichsgebiet bestimmt, nicht jedoch nach den Festsetzungen öffentlich-rechtlicher Bauleitpläne.[45]

Die Kritik an dieser Rechtsprechung entzündet sich vor allem daran, daß mit ihr der öffentlich-rechtliche Gestaltungsauftrag, eine vorhandene Bodennutzung weiterzuentwickeln, letztlich an der Unüberwindbarkeit privatrechtlicher Abwehransprüche scheitern kann.[46] Soweit planerische Festsetzungen unter Beachtung der Grundrechte der Anlieger, insbesondere der Eigentumsgarantie aus Art. 14 GG, und im übrigen unter abwägungsfehlerfreier Berücksichtigung aller abwägungserheblichen Belange außenverbindlich die Bodensituation bestimmen, muß sich eine mit diesen planerischen Festsetzungen übereinstimmende Grundstücksnutzung gegenüber privaten Rechten durchsetzen können. Dies gilt jedenfalls dann, wenn die durch ein Vorhaben evtl. beeinträchtigten Rechte eines Dritten in die planerische Abwägung einbezogen werden konnten, störende Auswirkungen auf die Nachbarschaft zum Zeitpunkt der Planung, also bereits erkennbar waren. Eine Harmonisierung des privaten Immissionsschutzrechts mit dem öffentlichen Recht der Bauleitplanung läßt sich entweder durch die Ableitung unmittelbarer Duldungspflichten aus den Bebauungsplänen im Sinne des § 1004 Abs. 2 BGB erreichen oder aber durch die Rechtsansicht, wonach sich die Ortsüblichkeit wesentlicher Beeinträchtigungen im Sinne des § 906 Abs. 2 BGB nicht an der statischen Situation des Vorhandenden, sondern an dem planungsrechtlich Zulässigen ausrichtet.[47] **29**

Eigenständige Bedeutung behält das Umweltprivatrecht im Bereich des grenzüberschreitenden Umweltschutzes, da nationalen Hoheitsakten grenzüberschreitende (z. B. privatrechtsgestaltende) Wirkung prinzipiell nicht zukommt[48] und bei der Durchsetzung von aufgrund nachbarschützender Normen erlassenen öffentlich-rechtlichen Auflagen, die vom Genehmigungsinhaber nicht erfüllt werden, über einen quasi-negatorischen Anspruch.[49] **30**

---

[44] *BGH,* Urt. v. 17. 12. 1982 –, V ZR 55/82 –, UPR 1983, 124.

[45] Ebenso *Hagen,* UPR 1985, 192 ff.

[46] *Kleinlein,* NVwZ 1982, S. 668 (669); *Gaentzsch,* NVwZ 1986, 601 (602); *ders.,* UPR 1985, 201 (210); *Beckmann,* Rechtsschutz, S. 29.

[47] Zu den unterschiedl. Lösungsansätzen vgl. zusammenfassend *Salzwedel,* UPR 1985, 210 (212); *Gaentzsch,* UPR 1985, 201 (209 f.); *ders.,* NVwZ 1986, S. 601 (604); *Hagen,* UPR 1985, 192 (196); *Breuer,* DVBl. 1983, 431 (438); J. *Baur,* GS Martens, S. 545 ff.

[48] Vgl. *Engel,* VBlBW 1990, 81 (86 f.); *Lummert,* in: Bothe/Prieur/Ress, Rechtsfragen grenzüberschreitender Umweltbelastungen, S. 187 ff.; *Roßbach,* NJW 1988, 590 ff.; *BVerfG,* Urt. v. 12. 3. 1996 – BvL 81/79 –, BVerfGE 72, 66; *BVerwG,* Urt. v. 17. 12. 1996 – 7 C 29.85 –, BVerwGE 75, 284.

[49] *BGH,* Urt. v. 26. 2. 1983 – VzR 74/92 –, NJW 1993, 1580 ff.; *Fritzsche,* NJW 1995, 1121 ff.

C. Art und Rang der Rechtsquellen

31 Neben den bereits angesprochenen Rechtsquellen des europäischen Rechts und des Völkerrechts ist das Umweltrecht national in ganz unterschiedlichen Rechtsquellen geregelt. Als Rechtsquellen des deutschen Umweltrechts kommen insbesondere

- **Verfassungen** von Bund und Ländern,
- **Bundes-** und **Landesgesetze**, die in einem in der jeweiligen Verfassung geregelten förmlichen Verfahren zustande kommen,
- **Bundes-** und **Landesrechtsverordnungen**, die aufgrund gesetzlicher Ermächtigung von der Bundesregierung, einzelnen Bundesministern, der Landesregierung, einzelnen Landesministern oder anderen staatlichen Behörden erlassen werden,
- **Verwaltungsvorschriften**, die als generell-abstrakte Anordnungen einer vorgesetzten Behörde an eine nachgeordnete Behörde oder eines Vorgesetzten an die ihm unterstellten Verwaltungsbediensteten erlassen werden,
- **Satzungen**, die von den nicht im Staat unmittelbar eingeordneten juristischen Personen des öffentlichen Rechts für ihren Bereich beschlossen werden,

in Betracht.

32 Auf allen Rechtsetzungsebenen kann sich außerdem durch eine langdauernde und allgemeine Übung zusammen mit der Überzeugung der Beteiligten von der Rechtmäßigkeit dieser Übung ein **Gewohnheitsrecht** bilden.[50] Umstritten ist, inwieweit neben den genannten Rechtsquellen auch das Richterrecht eine eigenständige Rechtsquelle darstellt.[51]

33 Hinsichtlich des Rangs der Rechtsquellen untereinander ist zu beachten, daß Bundesrecht dem Landesrecht und beide Rechtsbereiche wiederum dem autonomen Satzungsrecht vorgehen.[52] Innerhalb der jeweiligen Rechtsetzungsebene geht Verfassungsrecht dem einfachen Gesetz und dieses wiederum den Rechtsverordnungen vor. Die Verwaltungsvorschriften stehen am unteren Ende dieser Rechtsquellenhierarchie. Gewohnheitsrecht kann sich auf allen Stufen dieses Systems bilden, so daß es einen unterschiedlichen Rang einnehmen kann.

34 Umweltpläne, die im Umweltrecht eine große Rolle spielen, können sowohl als Gesetz, als auch als Rechtsverordnung, Satzung oder Verwaltungsvorschrift ergehen.[53] Das gleiche gilt für die im Umweltrecht ebenfalls sehr bedeutsamen Schutzgebietsausweisungen, die grundsätzlich sowohl als Verwaltungsvorschriften, als Verwaltungsakt oder aber auch als Gesetz, Rechtsverordnung oder Satzung ergehen können[54] und für die sog. Umweltstandards, die ebenfalls ganz unterschiedlicher Rechtsqualität sein können.[55]

---

[50] Vgl. dazu *Ossenbühl,* in: Erichsen, AllgVwR, § 6 Rn. 73.
[51] Vgl. dazu ebenfalls *Ossenbühl,* in: Erichsen, AllgVwR, § 6 Rn. 77ff.; *Storm,* UmweltR, Tz. 100.
[52] Vgl. oben § 2 Rn. 4f.
[53] Vgl. dazu unten § 7 Rn. 4.
[54] Siehe dazu *Ebersbach,* Landverbrauch, S. 116f.
[55] Siehe dazu unten § 6 Rn. 8ff.

D. Allgemeines und Besonderes Umweltrecht

Der Erfolg einer Systematisierung, Harmonisierung und Weiterentwicklung des Umweltrechts hängt auch davon ab, inwieweit es gelingt, allgemeine Fragestellungen, die sämtliche oder zumindest wesentliche Rechtsbereiche des Umweltschutzes berühren, zusammenzufassen und für in einzelnen Rechtsbereichen des Umweltrechts vergleichbare Fragestellungen gemeinsame rechtliche Lösungsmodelle zu entwickeln.[56] Insofern hat sich in der Literatur die Unterscheidung in Fragen des Allgemeinen und des Besonderen Umweltrechts etabliert.[57] Der Bereich des Allgemeinen Umweltrechts erfaßt danach die Fragen, die für alle Bereiche des Umweltrechts gleichermaßen von Bedeutung sind. Demgegenüber erfaßt das Besondere Umweltrecht diejenigen Normen, die die Umweltmedien im einzelnen oder jedermann vor spezifischen Gefahren oder Stoffen schützen. Diesem Systematisierungsansatz folgen auch die Professorenentwürfe zum UGB,[58] der Kommissionsentwurf zum UGB[59] sowie der Arbeitsentwurf des Bundesministeriums für Umwelt, Naturschutz und Reaktorsicherheit für ein UGB I und ein Einführungsgesetz zum UGB.[60] 35

I. Allgemeines Umweltrecht

Welche Regelungsbereiche rechtsgebietsübergreifende Fragestellungen behandeln und damit gleichsam im Allgemeinen Teil vor die Klammer gezogen werden können, wird in der Literatur uneinheitlich beantwortet. Dabei werden in der rechtswissenschaftlichen Diskussion zum Teil die Rechts- und Problembereiche der 36

- Grundsätze und Grundpflichten,
- Planung,
- Umweltverträglichkeitsprüfung,
- indirekte und direkte Verhaltenssteuerung,
- Umweltinformation,
- Umwelthaftung,
- Beteiligung von Verbänden,
- Rechtsetzung und Regelsetzung sowie
- Organisation und Zuständigkeiten

dem Allgemeinen Umweltrecht zugeordnet.[61]

---

[56] Dieser gedankl. Ansatz liegt auch den Entwürfen für ein UGB zugrunde, vgl. *Kloepfer/u. a.,* UGB-AT-E, S. 13ff.; BMU, UGB-KomE, S. 90ff.; vgl. auch Arbeitsentwurf des BMU für ein UGB I v. 23. 4. 1999, Begründung, S. 1 f.

[57] *Storm,* UmweltR, Tz. 75; *Bender/Sparwasser/Engel,* UmweltR, Teil 1 Rn. 23; ähnl. *Kloepfer,* UmweltR, § 1 Rn. 60, 65ff. der jedoch in UmweltR im engeren u. weiteren Sinne u. Nachbargebieten des UmweltR unterscheidet.

[58] Vgl. *Kloepfer/u. a.,* UGB-AT-E, S. 13; *Jarass/u. a.,* UGB-BT-E, S. 3ff.; *Kloepfer,* DVBl. 1994, 305 (308); vgl. dazu oben § 1 Rn. 180ff.

[59] Vgl. dazu BMU, UGB-KomE, S. 86.

[60] V. 23. 4. 1999.

[61] So *Kloepfer/u. a.,* UGB-AT-E, S. 14f.

37 Demgegenüber wird im Kommissionsentwurf zum UGB ein eher vorhaben- und produktbezogener Ansatz gewählt. Danach zählen zu den rechtsgebietsübergreifenden Fragestellungen

- allgemeine Vorschriften,
- Planung,
- Vorhaben,
- Produkte,
- eingreifende Maßnahmen und Überwachung,
- betrieblicher Umweltschutz, Umwelthaftung und sonstige ökonomische Instrumente,
- Umweltinformation und
- grenzüberschreitender Umweltschutz.[62]

38 Im folgenden soll das Allgemeine Umweltrecht die Problembereiche

- Internationales Umweltrecht (vgl. § 3)
- Umweltverfassungsrecht (vgl. § 4),
- Umweltstandards (vgl. § 5),
- Rechtliche Instrumente (vgl. § 6),
- Planerische Instrumente des Umweltrechts (vgl. § 7),
- Instrumente der direkten Verhaltenssteuerung (vgl. § 8),
- Instrumente der indirekten Verhaltenssteuerung und der staatlichen Eigenvornahme (vgl. § 9),
- Verwaltungsorganisation im Umweltrecht (vgl. § 10),
- Rechtsschutz im Umweltrecht (vgl. § 11),
- Umweltprivatrecht (vgl. § 12),
- Straf- und ordnungswidrigkeitenrechtliche Sanktionen im Umweltrecht (vgl. § 13)

umfassen.[63]

II. Besonderes Umweltrecht

39 Ebenso ist die weitere Untergliederung der Vorschriften des Besonderen Umweltrechts, d.h. der die speziellen Rechtsbereiche des Umweltschutzes berührenden Fragen, in der Rechtslehre uneinheitlich.

40 So wird der Besondere Teil von einem Teil der Literatur nach anlagebezogenen, stoffbezogenen und grundflächenbezogenen Vorschriften systematisiert.[64]

41 Anlagebezogene Vorschriften beinhalten die Bereiche Immissionsschutz, Strahlenschutz und Reaktorsicherheit sowie Energieeinsparung, während zum stoffbezogenen Umweltbereich der Schutz vor gefährlichen Stoffen und die Vermeidung und Entsorgung von Abfällen zählt. Schließlich ist dem Bereich der grundflächenbezogenen Umweltpflege der Gewässerschutz und die Naturpflege zuzurechnen.[65]

42 Ähnlich wird von einem anderen Teil der Literatur nach anlagebezogen, produktbezogenen, verkehrsbezogenen, verhaltensbezogenen und gebietsbezogenen Regelungen gegliedert.[66]

---

[62] Vgl. BMU, UGB-KomE, S. 95f.

[63] Teilweise werden nur das OrganisationsR, das StatistikR, die Umwelthaftung u. das UmweltstrafR als allgem. Regelungsbereiche aufgefaßt, vgl. *Breuer,* in: Schmidt-Aßmann, BesVwR, 5. Abschn., Rn. 37.

[64] *Storm,* UmweltR, Tz. 76ff.

[65] Vgl. dazu *Storm,* UmweltR, Tz. 82f.

[66] *Prümm,* UmweltschutzR, S. 56.

43 Beim anlagebezogenen Umweltschutz steht die einzelne umweltbelastende Anlage im Mittelpunkt der Regelungen. Der Anlagenbegriff wird dabei weit verstanden und erfaßt Anlagen im Sinne des Bundes-Immissionsschutzgesetzes, aber auch solche der atomaren Versorgung und Entsorgungsanlagen. Der produktbezogene Umweltschutz will demgegenüber durch Einflußnahme auf die Produkterzeugung Umweltbelastungen verhindern. Soweit es hingegen um die Produktion und Verwendung von Verkehrsmitteln geht, wird von verkehrsbezogenem Umweltschutzrecht gesprochen. In den Fällen, in denen weniger die Anlagen, Produkte oder Verkehrsmittel, sondern menschliches Verhalten Anlaß der Reglementierung ist, handelt es sich um verhaltensbezogenen Umweltschutz. Letztlich wendet sich der gebietsbezogene Umweltschutz an den Raum und seine Ausnutzung unter Umweltschutzgesichtspunkten.[67]

44 Demgegenüber unterteilt ein dritter Teil der Literatur die Vorschriften des Besonderen Teils nach Schutzgegenständen und unterscheidet Regelungen des medialen, kausalen, vitalen und des integrierten Umweltschutzes.[68] Dabei wird bestimmten Leitgesetzen in den einzelnen Umweltbereichen eine herausragende Bedeutung beigemessen.

45 Gegenstand des **medialen** Umweltschutzes sind danach die „klassischen" Umweltmedien Boden, Luft und Wasser. Das Umweltmedium *Luft* wird vor allem durch das Bundes-Immissionsschutzgesetz und die Immissionsschutzgesetze der Länder sowie das Straßenverkehrs-, das Luftverkehrs- und das Benzinbleigesetz geschützt. Das Leitgesetz zum Schutz der *Gewässer* ist das Wasserhaushaltsgesetz des Bundes, das die allgemeinen Rechtsgrundlagen für den Schutz der oberirdischen Gewässer, der Küstengewässer und des Grundwassers regelt. Es wird ergänzt durch die Landeswassergesetze, das Abwasserabgabengesetz, das das Einleiten von Abwässern in ein Gewässer mit Abgabenpflichten belastet, und das Wasch- und Reinigungsmittelgesetz, das die Gewässer vor Gefahren durch Einleitung phosphathaltiger Wasch- und Reinigungsmittel schützen soll. Leitgesetz zum Schutz des *Bodens* ist das Bundes-Bodenschutzgesetz, das u. a. auch die Frage der Altlastenerfassung und -sanierung regelt. Das Bundes-Bodenschutzgesetz normiert das Bodenschutzrecht indes nicht abschließend und wird sowohl im Bereich des Bodenschutzes vor Schadstoffeintrag als auch im Bereich der Beeinträchtigung des Bodens durch Freiflächenverbrauch ergänzt.[69]

46 Ziel des **kausalen** Umweltschutzes ist es, die Gefährdung der Umwelt dadurch zu verringern, daß der Eintrag gefährlicher Stoffe in die Umwelt und der Umgang mit ihnen rechtlich reglementiert wird. Der kausale Umweltschutz verfolgt mithin einen stoffbezogenen Ansatz. Zum Rechtsbereich des kausalen Umweltschutzes zählen u. a. das Chemikalien-, das Pflanzenschutz- und das Düngemittelgesetz, aber auch das Gentechnikgesetz sowie das Kreislaufwirtschafts- und Abfallgesetz und das Atom- und Strahlenschutzgesetz. Es umfaßt ferner das Wasch- und Reinigungsmittelgesetz sowie das Benzinbleigesetz, die daneben auch dem medialen Umweltschutz der Gewässer bzw. der Luft dienen. Als Leitgesetz des kausalen Umweltschutzes gilt das Chemikaliengesetz.

47 Der **vitale** Umweltschutz dient dem unmittelbaren Schutz von Tieren und Pflanzen.[70] Zu diesem Rechtsbereich zählen insbesondere das Bundesnaturschutzgesetz und die Naturschutz- und Landschaftspflegegesetze der Länder sowie die Pflanzen- und Tierschutzgesetze und die Jagd- und Fischereigesetze. Dazuzurechnen ist ferner das Gentechnikgesetz, das neben dem Schutz von Tieren und Pflanzen zugleich auch kausal vor Gefahren gentechnischer Verfahren und Produkte schützen soll.[71]

48 Vorschriften des **integrierten Umweltschutzes** sind dagegen gesetzlich in eine übergreifende Aufgabenstellung eingebunden. In diesem Rahmen können sie entweder mit gegenläufigen Belangen konkurrieren oder mit gleichgerichteten Belangen

---

[67] Vgl. dazu *Prümm,* UmweltschutzR, S. 56 f.

[68] *Breuer,* Der Staat 1981, 393 (396 ff.); *ders.,* in: Schmidt-Aßmann, BesVwR, 5. Abschn., Rn. 37 ff.

[69] Vgl. dazu unten § 27 Rn. 1 ff.

[70] Siehe auch *Burgholz,* NVwZ 1994, 124 (126).

[71] *Breuer,* in: Schmidt-Aßmann, BesVwR, 5. Abschn., Rn. 45.

konvergieren.[72] Das wichtigste Anwendungsfeld des konkurrierend integrierten Umweltschutzes liegt im Recht der Raumplanung, wo der Umweltschutz neben anderen einen gewichtigen abwägungserheblichen Belang[73] bildet, und der Umweltverträglichkeitsprüfung, die zu einer umfassenden Ermittlung, Beschreibung und Bewertung der Auswirkungen eines Vorhabens auf Menschen, Tiere und Pflanzen, Boden, Wasser, Luft, Klima und Landschaft, einschließlich ihrer Wechselwirkungen, sowie auf Kultur und sonstige Sachgüter verpflichtet. Die Ziele des konvergierend integrierten Umweltschutzes stehen nicht in einem Konkurrenzverhältnis, sondern in einem Verhältnis gleichgerichteter Ergänzung zu anderen Aufgabenstellungen. Leitvorschriften sind hier das Gesetz über die technischen Arbeitsmittel (Gerätesicherheitsgesetz) sowie das Bundes-Seuchengesetz und das Fleischbeschaugesetz.

49 Auch den Entwürfen zum UGB liegt kein einheitlicher Ansatz zugrunde. So umfaßt der Professorenentwurf für ein UGB – Besonderer Teil die Sachgebiete

- Immissionsschutz,
- Kernenergie und Strahlenschutz,
- Naturschutz und Landschaftspflege,
- Gewässerschutz und Wasserwirtschaft,
- Abfallwirtschaft und Abfallentsorgung
- gefährliche Stoffe und
- Bodenschutz.[74]

50 Der Kommissionsentwurf des Besonderen Teils des UGB umfaßt hingegen die Sachbereiche

- Naturschutz, Landschaftspflege und Waldschutz,
- Bodenschutz,
- Gewässerschutz,
- Immissionsschutz und Energieversorgung,
- Kernenergie und Strahlenschutz,
- Verkehrsanlagen und Leitungsanlagen,
- Gentechnik und sonstige Biotechnik,
- Gefährliche Stoffe und
- Abfallwirtschaft.[75]

51 Keiner dieser Systematisierungsansätze ermöglicht eine abschließende, eindeutige Zuordnung aller umweltschützenden Vorschriften. Im folgenden soll das Besondere Umweltrecht gegliedert werden in

- Naturschutz- und Landschaftspflegerecht (§§ 14 bis 16),
- Gewässerschutzrecht (§§ 17 bis 19),
- Immissionsschutzrecht (§§ 20 bis 22),
- Atom- und Strahlenschutzrecht (§§ 23 bis 25),
- Bodenschutz- und Altlastenrecht (§§ 26 bis 28),
- Kreislaufwirtschafts- und Abfallrecht (§§ 29 und 31) und
- Gefahrstoffrecht (§§ 32 bis 35).

---

[72] Vgl. dazu *Breuer,* in: Schmidt-Aßmann, BesVwR, 5. Abschn., Rn. 48 ff.

[73] Vgl. dazu *Breuer,* in: Schmidt-Aßmann, BesVwR, 5. Abschn., Rn. 48; *Hoppe,* DVBl. 1977, 136 (137).

[74] *Jarass/u. a.,* UGB-BT-E, S. 6, 8; *Kloepfer,* DVBl. 1994, 305.

[75] BMU, UGB-KomE, S. 38 ff., 200 ff.

§ 3. Internationales Umweltrecht

Globale Umweltbelastungen, wie die durch die Verschmutzung der Luft 1
verursachte Erwärmung der Erdatmosphäre und die Zerstörung der Ozonschicht sowie der durch die Luftverschmutzung verursachte saure Regen, die Schadstoffbelastung internationaler Gewässer, die internationale Verschickung von Abfällen sowie die grenzüberschreitenden Auswirkungen umweltbelastender Großvorhaben, haben gezeigt, daß Umweltprobleme vor Staatsgrenzen nicht Halt machen. Im Gegenteil: Die geographische Reichweite der Umweltprobleme und die örtliche Reichweite der nationalen rechtlichen Regelungskompetenzen fallen immer häufiger auseinander.[1] Zahlreiche Umweltprobleme können jedoch nur durch weltweit abgestimmte strategische Konzepte gelöst werden. Dies hat in den 90er Jahren insbesondere die Klimaschutzproblematik der Staatenwelt eindringlich vor Augen geführt.

Die mit der Lösung internationaler und grenzüberschreitender Umwelt- 2
probleme verbundenen Rechtsfragen werden im Umweltrecht zunehmend erkannt und problematisiert.[2] Zu ihrer Lösung bedarf es Anstrengungen auf allen staatlichen und internationalen Ebenen. Im staatlichen Bereich der Bundesrepublik Deutschland sind in bezug auf grenzüberschreitende Umweltprobleme vor allem die Gemeinden, Kreise und Regierungsbezirke der grenznahen Regionen, aber auch Bund und Länder gefordert.[3]

Auch die Entwürfe zum UGB sehen Regelungen im nationalen Recht vor, die 3
zur Lösung grenzüberschreitender und globaler Umweltprobleme beitragen sollen. So soll gem. § 1 Abs. 4 UGB-AT-E das Gesetz auch den Belangen des Umweltschutzes außerhalb des Geltungsbereichs des UGB, insbesondere den Anforderungen des internationalen und europäischen Umweltschutzes dienen.[4] Dem entspricht im wesentlichen die Regelung des § 1 Abs. 3 UGB-KomE, wonach das UGB im Rahmen der völkerrechtlichen Ordnung auch dem Schutz der Umwelt und des Menschen im Ausland und in den hoheitsfreien Räumen dient.[5] Ferner ist der grenzüberschreitende Umweltschutz in den §§ 228 bis 244 UGB-KomE vorgesehen.[6] Geregelt werden sollen danach die Grundsätze der internationalen Verantwortung und Zusammenarbeit (§§ 228f. UGB-KomE), die Verbesserung der grenzüberschreitenden behördlichen Zusammenarbeit sowie der grenzüberschreitenden Verfahrensbeteiligung von Ausländern in inländischen Verwaltungsverfahren (§§ 230ff. UGB-KomE)[7] sowie die Durchführung von Vorhaben außerhalb des Geltungsbereichs des UGB (§§ 234ff. UGB-KomE) und die Ein- und Ausfuhr von Produkten (§§ 236ff.).[8]

---

[1] Vgl. dazu bereits *Hoppe/Beckmann,* DVBl. 1986, 1; *Rest,* NuR 1992, 155 (157).

[2] *Oppermann,* HdUR, Bd. 1, Sp. 906 (906ff.); *Bender/Sparwasser/Engel,* UmweltR, Teil 1 Rn. 28ff.; *Himmelmann,* HdbUR, A.10 Rn. 1ff.; *Kloepfer,* UmweltR, § 9 Rn. 1ff. jeweils m. w. N.

[3] Zu Rechtsfragen der grenzüberschreitenden Zusammenarbeit von Gemeinden siehe *Hoppe/Beckmann,* DVBl. 1986, 1ff.; auch *Bleicher,* Staatsgrenzen überschreitende Raumordnung und Landesplanung, S. 1ff.

[4] *Kloepfer/u. a.,* UGB-AT-E, S. 37, 111ff.

[5] BMU, UGB-KomE, S. 109.

[6] BMU, UGB-KomE, S. 194ff.

[7] Vgl. zur grenzüberschreitenden Bürgerbeteiligung auch Art. 7 Abs. 3 UVP-RL u. Art. 17 IVU-RL.

[8] BMU, UGB-KomE, S. 195, 855.

K. Brandt, DVBl 95, 779, Epiney, DVBl 00, 77 (GATT, WTO)

4 Auf internationaler Ebene nehmen sich der globalen Probleme des Umweltschutzes vor allem die Organisationen der Vereinten Nationen an. Daneben sind auf europäischer Ebene die Gremien der EG um die Lösung internationaler und grenzüberschreitender Probleme bemüht.

5 Das in der Bundesrepublik geltende internationale Umweltrecht setzt sich aus dem *Umweltvölkerrecht* (A.) und dem *Umwelteuroparecht* (B.) zusammen.

A. Umweltvölkerrecht

6 Das Umweltvölkerrecht[9] hat sich aus dem allgemeinen völkerrechtlichen Nachbarrecht entwickelt, das wiederum ganz wesentlich aus dem internationalen Wasserrecht abgeleitet worden ist.[10] Das Umweltvölkerrecht dient einerseits dem Ausgleich widerstreitender staatlicher Interessen, insbesondere bei grenzüberschreitenden Umweltbelastungen und andererseits dem gemeinsamen Interesse aller Staaten an der Erhaltung einer gesunden und funktionsfähigen Umwelt.[11]

I. Internationale Organisationen

7 Das Umweltvölkerrecht kann als solches nur Völkerrechtssubjekte, d.h. souveräne Staaten, oder ausnahmsweise auch internationale Organisationen berechtigen und verpflichten, nicht aber Individuen. Dabei gewinnt die Kooperation im Rahmen internationaler Organisationen zunehmend an Bedeutung.[12] Wenngleich sie in der Regel nicht zur verbindlichen Rechtsetzung für die Mitgliedstaaten ermächtigt sind, so kommt ihnen dennoch große Bedeutung für die Entwicklung des internationalen Umweltvölkerrechts zu.

8 Während Umweltfragen auf internationaler Ebene bei den Organisationen der Vereinigten Nationen zunächst nur als Randfragen zu anderen Politikbereichen mitbehandelt wurden, sind sie mehr und mehr zum Gegenstand eigener umweltrechtlicher Problemlösungen geworden. So obliegt der **UNEP (United Nations Environment Programme)** als Unterorganisation der Vereinten Nationen mit Sitz in Nairobi[13] die Förderung der internationalen Zusammenarbeit auf dem Gebiet der Umwelt, die Koordinierung von Umweltaktivitäten innerhalb des Systems der Vereinten Nationen sowie die Beobachtung, Unterstützung und Mitwirkung bei umweltrelevanten Forschungs-, Informations- und Kodifizierungsaktivitäten unter besonderer Berücksichtigung der Bedürfnisse der Entwicklungsländer. Sie hat mit dem *Montevideo II Programm*

---

[9] Zum UmweltvölkerR *Lagoni,* in: Thieme, Umweltschutz im Recht, S. 233ff.; *Kilian,* Umweltschutz durch internationale Organisationen, S. 1ff.; *Kimminich,* HdUR, Bd. 2, Sp. 2510 (2510ff.); *Bender/Sparwasser/Engel,* UmweltR, Teil 1 Rn. 28ff.; *Kloepfer,* UmweltR, § 9 Rn. 61ff.; *Heintschel von Heinegg,* in: Rengeling, EUDUR, Bd. 1, § 23 Rn. 1ff.

[10] *Oppermann,* HdUR, Bd. 1, Sp. 906 (910).

[11] *Engelhardt,* Bürger und Umwelt, S. 33.

[12] Zum Umweltschutz durch internationale Organisationen vgl. *Kilian,* Umweltschutz durch internationale Organisationen, passim; *Bothe/Hohmann,* HdUR, Bd. 1, Sp. 1113 (1113ff.); *Seidl-Hohenveldern/Loibl,* Das Recht der internationalen Organisationen, S. 1ff.; *Kloepfer,* UmweltR, § 9 Rn. 88ff.; *Feist,* JuS 1997, 490ff.

[13] Vgl. *Hohmann,* NVwZ 1993, 311 (312).

 Schmidt-Preuß, JZ 00, 584

in der Fassung von 1993 einen politischen Rahmenplan – ähnlich den Aktionsprogrammen der EG – vorgelegt, der durch die Ausarbeitung von Konventionen umgesetzt werden soll. Demgegenüber kommt der von der **Generalversammlung der Vereinten Nationen** als Resolution verabschiedeten *„UN-Weltcharta für die Natur"* von 1982 nur empfehlender Charakter zu. Die **Konferenz der Vereinten Nationen über Umwelt und Entwicklung (UNCED)** im Jahre 1992 in Rio de Janeiro hat ihre weitgesteckten Ziele nicht erreicht, zumindest aber zu zwei völkerrechtlichen Verträgen geführt – der *Konvention über die Artenvielfalt* und der *Klimarahmenkonvention.* Seither wird **international** aufgrund der *Rio-Deklaration* die nachhaltige Entwicklung („sustainable development") zur wegweisenden Programmatik für die Bewältigung der gemeinsamen Zukunft der Menschheit erhoben.[14] Diese ist darauf ausgerichtet, wirtschaftliche Leistungsfähigkeit, soziale Verantwortung und Umweltschutz zusammenzuführen, um gerechte Entwicklungschancen für alle Staaten der Erde zu eröffnen und die natürlichen Lebensgrundlagen für künftige Generationen zu bewahren. Im Rahmen des aus der Konferenz hervorgegangenen Aktionsprogramms für das 21. Jahrtausend *„Agenda 21"* wird die Integration von Umwelt- und Entwicklungszielen in die politischen Entscheidungsfindungen gefordert und für wesentliche Bereiche der Umwelt- und Entwicklungspolitik Handlungsaufträge an alle Staaten formuliert. Auf der Konferenz von Rio wurde zudem eine *Waldgrundsatzerklärung* verabschiedet.[15] An die Konferenz von Rio schlossen sich im Juli 1995 die Klimarahmenkonferenz in Berlin und schließlich im Dezember 1997 die Vertragsstaatenkonferenz in Kyoto an. Auf dieser wurde ein Klimaschutzprotokoll verabschiedet, das für zahlreiche Staaten konkrete Emissionsziele festschreibt.[16] Die Umsetzung dieses Protokolls erscheint indes nicht gesichert.

Die internationale Umweltpolitik war bislang nicht immer erfolgreich. Auch im Bereich der internationalen Umweltpolitik ist deshalb zur Beseitigung der globalen Umweltprobleme die strikte Anwendung der bereits geschilderten Grundsätze und Prinzipien der Umweltpolitik – nämlich des Grundsatzes der nachhaltigen Entwicklung und der Vorsorge-, Verursacher- und Kooperationsprinzipien –[17] unerläßlich. Notwendig ist insbesondere eine dem Kooperationsprinzip entsprechende internationale Zusammenarbeit und eine verstärkte Durchsetzung des Verursacherprinzips auch im internationalen Bereich, so daß jeder Staat für die auf seinem Gebiet verursachten Umweltbelastungen haftet.[18] Aus der Erkenntnis heraus, daß sowohl die nicht erneuerbaren als auch die erneuerbaren Umweltressourcen bei Mißachtung ihrer natürlichen Regenerationsfähigkeit zunehmend zu knappen Gütern werden, werden im Umweltvölkerrecht überdies Modelle einer ausgewogenen, gleichberechtigten Nutzung der „geteilten Umwelt" bis hin zur Betrachtung der Umwelt als gemeinsames Erbe der Menschheit und der Umweltgüter als sog. commons erwogen.[19] Soweit dies zugleich mit der Forderung nach einer verstärkten internationalen, die Souveränität der Nationalstaaten durchbrechenden Ressourcenbewirtschaftung durch mit entsprechenden Befugnissen ausgestattete internationale Organisationen, verbunden wird, dürfte dies – vielleicht von Einzelfragen abgesehen – in näherer Zukunft unrealisierbar sein.[20] Erfolgversprechender dürften da die Ansätze sein, die auf dem Solidaritätsprinzip basieren. So sollen zum einen die finanziellen Belastungen des Umweltschutzes 9

---

[14] Zur Konferenz von Rio vgl. BT-Drs. 12/3380; *Hohmann,* NVwZ 1993, 311 ff.; *Ruffert,* ZUR 1993, 208 ff.; *Feist,* JuS 1997, 490 (493 ff.); *v. Websky,* HdUR, Bd. 2, Sp. 1731 (1731 ff.); SRU, Umweltgutachten 1994, BT-Drs. 12/6995, Tz. 1 ff.; ferner SRU, Umweltgutachten 1998, BT-Drs. 13/10195, Tz. 63.

[15] Einige Konventionen sind dokumentiert in BMU, Dokumentation über die Konferenz der Vereinten Nationen für Umwelt und Entwicklung, passim.

[16] Vgl. zur Klimakonferenz von Kyoto auch *Schmidt,* ZfU 1998, 441 ff.

[17] Siehe oben § 1 Rn. 76 ff.

[18] Siehe dazu *Kloepfer,* DVBl. 1984, 245 ff.

[19] Vgl. *Fitschen,* in: Wolfrum, Handbuch der Vereinten Nationen, S. 211 ff.; *Schröder,* UTR 1994, 191 (197).

[20] Vgl. zu diesen Forderungen *Arsanjani,* International Regulation of International Ressources, passim; *J. Schneider,* World Public Order of the Environment: Towards an international ecological law and organization, S. 107 ff.

verstärkt von den finanziell leistungsfähigeren und durch entsprechende Umweltschutzmaßnahmen begünstigten Staaten solidarisch mitgetragen werden.[21] Eine entsprechende Unterstützungspflicht insbesondere der Industriestaaten gegenüber den Entwicklungsländen sehen die Erklärung von Den Haag zum Schutz der Erdatmosphäre vom 11. 3. 1989 und in deren Folge die Deklaration von Rio vor. Zum anderen wird zur Lösung globaler Umweltprobleme im Verhältnis der Industriestaaten zu den Entwicklungsländern der Erlaß von Auslandsschulden im Austausch gegen Naturschutzmaßnahmen im Schuldnerstaat angestrebt.[22] In jüngster Zeit wird überdies die Konzeption der „Emissionszertifikate" propagiert. Solche handelbaren Emissionsrechte sollen dazu führen, daß Umweltschutzmaßnahmen und eine möglichst wenig belastete Umwelt einen wirtschaftlichen Wert erlangen, den weniger industrialisierte Länder zu ihren Gunsten nutzen können. Die Einführung derartiger Zertifikate ist insbesondere Gegenstand des Protokolls von Kyoto.

II. Rechtsquellen des Völkerrechts

10 Zum Umweltvölkerrecht zählen die Völkerrechtsnormen, die den Umweltschutz zum Gegenstand haben.[23] Rechtsgrundlagen des Völkerrechts sind gem. Art. 38 IGH[24]

- Völkergewohnheitsrecht,
- allgemeine Rechtsgrundsätze des Völkerrechts und
- Völkervertragsrecht.[25]

11 Dem Umweltvölkerrecht sind auch die Regeln des soft law – d. h. Empfehlungen, Beschlüsse, Resolutionen und Deklarationen internationaler Organisationen – zuzuordnen. Wenngleich es sich dabei zunächst um unverbindliche Verhaltensregeln handelt, so erwächst aus ihnen oftmals zu einem späteren Zeitpunkt verbindliches internationales Recht. Im übrigen ist die Völkergemeinschaft in der Regel bemüht, nicht in Widerspruch zu derartigem soft law zu stehen.

12 Völkerrechtsregeln zum Umweltschutz ergeben sich vor allem aus dem Völkervertragsrecht, dem Völkergewohnheitsrecht und – in eingeschränktem Maße – aus den allgemeinen Rechtsgrundsätzen des Völkerrechts.

13 Völkerrechtliche Regeln des Umweltschutzes bedürfen grundsätzlich der Transformation in das nationale Umweltrecht, um eine unmittelbare Rechtswirkung erzeugen zu können. Lediglich die Allgemeinen Rechtsgrundsätze des Völkerrechts sind gem. Art. 25 GG unmittelbarer Bestandteil des Bundesrechts. Im Rang stehen allgemeine Rechtsgrundsätze des Völkerrechts über den einfachen Gesetzen, aber unterhalb der Verfassung.

1. Völkerrechtsverträge

14 Im Bereich des Umweltschutzes gibt es mittlerweile zahlreiche bilaterale und multilaterale Völkerrechtsverträge (Konventionen). Der völkerrechtliche Vertragsabschluß bedarf der ausdrücklichen Zustimmung der gebundenen

---

[21] Zur Leistung technischer und finanzieller Hilfe für Entwicklungsländer auch *Hohmann,* NVwZ 1993, 311 (313).

[22] Vgl. dazu *Ebenroth/Bühler,* NuR 1990, 260 ff.

[23] Vgl. dazu *Lagoni,* in: Thieme, Umweltschutz im Recht, S. 239.

[24] Statut des Internationalen Gerichtshofs i. d. F. v. 26. 6. 1945 (BGBl. 1973 II S. 505).

[25] Vgl. Art. 38 des Statuts des Internationalen Gerichtshofs i. d. F. d. Bek. v. 26. 6. 1945 (BGBl. 1973 II S. 505).

Parteien im Wege der Ratifikation. Schwerpunkte völkerrechtlicher Verträge bilden dabei die Bereiche

- Gewässerschutz,
- Artenschutz,
- Klimaschutz,
- internationaler Transport gefährlicher Güter und
- grenzüberschreitende Umweltverschmutzungen.

Im Bereich des Artenschutzes sind das Übereinkommen über den internationalen Handel mit gefährdeten Arten freilebender Tiere und Pflanzen (Washingtoner Artenschutzübereinkommen)[26] und das Übereinkommen über die Biologische Vielfalt[27] von besonderer Bedeutung. Ferner ist im Bereich des Klimaschutzes das Montrealer Protokoll über Stoffe, die zu einem Abbau der Ozonschicht führen,[28] zu nennen. Zudem ist zur internationalen Abfallwirtschaft das Baseler Übereinkommen über die Kontrolle der grenzüberschreitenden Verbringung gefährlicher Abfälle und ihrer Entsorgung[29] geschlossen worden.[30]

2. Völkergewohnheitsrecht

Für die Bewältigung internationaler Umweltprobleme ist neben dem Völkervertragsrecht das Völkergewohnheitsrecht von besonderer Bedeutung, weil zu seiner Entstehung das Einverständnis einzelner Staaten nicht erforderlich ist.[31] **15**

Das Völkergewohnheitsrecht entsteht durch eine länger andauernde Verhaltensweise in Verbindung mit der entsprechenden Rechtsüberzeugung der überwiegenden Mehrheit.[32] Völkergewohnheitsrechtlich sind insbesondere zwei Grundsätze anerkannt, die für den grenzüberschreitenden Umweltschutz von zentraler Bedeutung sind, nämlich das **16**

- Prinzip der beschränkten territorialen Souveränität und Integrität der Staaten und
- das Prinzip der guten Nachbarschaft.[33]

Das **Prinzip der beschränkten territorialen Souveränität und Integrität** eines Staates bedeutet, daß die grundsätzlich weitgehend unbegrenzte *Souveränität* der Einzelstaaten ihre Grenzen in der ebenfalls grundsätzlich unbeschränkten territorialen *Integrität* des Nachbarstaates findet. Es gibt weder als Folge einer absoluten territorialen Souveränität das Recht eines Staates, das eigene Territorium ohne Rücksicht auf Belastungen und insbesondere auf Umweltschädigungen jenseits der Staatsgrenze nach Belieben für seine **17**

---

[26] V. 3. 3. 1973 (BGBl. 1975 II S. 773, zul. geänd. durch G v. 22. 12. 1983 (BGBl. I S. 1571); vgl. dazu ausführl. unten § 14 Rn. 20.

[27] V. 5. 6. 1992 (BGBl. 1993 II S. 1741); zu den Aktivitäten Deutschlands zur Umsetzung der Inhalte dieses Übereinkommens vgl. BMU, Umweltbericht 1998, BT-Drs. 13/10735, S. 102f.

[28] V. 16. 9. 1987 (BGBl. 1988 II S. 1014), zul. geänd. durch (BGBl. II 1993 II S. 2182, ber. 2196).

[29] V. 22. 3. 1989 (BGBl. 1994 II S. 2703).

[30] Siehe zu weiteren Beispielen *Kloepfer,* UmweltR, § 9 Rn. 86ff. m.w.N.; zur Bundesgesetzgebung zu internationalen Abkommen in den Jahren 1997 u. 1998, *Borchmann,* NJW 1999, 1223ff.

[31] Vgl. *Schmidt/Müller,* UmweltR, § 7 Rn. 16 m.w.N.; *Kloepfer,* DVBl. 1984, 245 (251).

[32] *Kloepfer,* DVBl. 1984, 245 (251).

[33] Zu weiteren Prinzipien *Kimminich,* HdUR, Bd. 2, Sp. 2510 (2515ff.).

Zwecke zu nutzen, noch gibt es umgekehrt das Recht eines Staates im Sinne absoluter territorialer Integrität, von jeglicher negativer Beeinträchtigung durch Dritte unberührt zu bleiben.[34]

18 Ausdruck des Prinzips der beschränkten territorialen Souveränität und Integrität ist insbesondere die Waldgrundsatzerklärung von Rio, die ausdrücklich keine Rechtsverbindlichkeit für sich in Anspruch nimmt und durchgängig das Souveränitätsprinzip der Staaten der tropischen Regenwälder in der Waldbewirtschaftung betont.

19 Dem **Prinzip der guten Nachbarschaft** (Art. 74 UN-Charta) läßt sich der allgemeine Grundgedanke entnehmen, daß der Staat bei Entscheidungen mit grenzüberschreitender Wirkung die Interessen des Nachbarstaates zu berücksichtigen hat, und daß unwesentliche Beeinträchtigungen hinzunehmen sind.[35] Da dieser Grundsatz bislang nur bei erheblichen Schäden im Nachbarstaat eingreift, wird davon die Vorsorge gegen die Entstehung von Schäden oder Beeinträchtiungen, die mehreren Mitverursachern zuzurechnen sind, nicht erfaßt.[36]

20 Fraglich ist, ob die genannten Prinzipien nicht zu unbestimmt sind, um ihnen im Einzelfall konkrete Pflichten für eine grenzüberschreitende Zusammenarbeit zu entnehmen.[37] Trotz der bestehenden Schwierigkeiten der Konkretisierung lassen sich jedoch aus diesen völkergewohnheitsrechtlichen Grundsätzen sowohl **materielle Verbote und Gebote** als auch **prozedurale Verhaltenspflichten** ableiten.[38]

21 **Materiell** hat jeder Staat dafür zu sorgen, daß durch seine Aktivitäten Beeinträchtigungen, die ein erhebliches Maß übersteigen, auf dem Gebiet des Nachbarstaates unterbleiben (Verbot erheblicher grenzüberschreitender Umweltschädigungen).[39] Mithin darf kein Staat auf seinem Territorium ohne besonderen völkerrechtlichen Rechtfertigungsgrund Tätigkeiten dulden, vornehmen, fördern oder förmlich zulassen, die sich auf dem Territorium eines anderen Staates in erheblicher, am Erfolgsort im Wirkungsstaat ortsunüblichen Weise auf Rechte und Rechtsgüter schädigend auswirken oder auswirken können.

Beispiel: Eine in Trail auf kanadischem Gebiet gelegene Zink- und Bleischmelze hatte durch Schwefeldioxidgase über Jahre der amerikanischen Land- und Forstwirtschaft jenseits der Grenze im US-Staat Washington schweren Schaden zugefügt. Das Schiedsgericht leitete 1941 aus der völkergewohnheitsrechtlichen Pflicht zu gutnachbarschaftlichem Verhalten die Verpflichtung Kanadas ab, das Einwirken derartig schädlicher Abgasemissionen auf fremdes Staatsgebiet zu verhindern. Kanada wurde

---

[34] *Hoppe/Beckmann,* DVBl. 1986, 1 (4); *Fröhler/Zehetner,* Rechtsprobleme bei grenzüberschreitenden Umweltbeeinträchtigungen, S. 69ff.; *Beyerlin,* NuR 1985, 173 (174); *Rogalla/Schultz,* NuR 1987, 193ff.

[35] *Klein,* Umweltschutz im völkerrechtlichen Nachbarrecht, S. 115f. m.w.N.; *Bothe,* UPR 1983, 1 (5); *Rogalla/Schultz,* NuR 1987, 193 (197f.).

[36] *Schmidt/Müller,* UmweltR, § 7 Rn. 23.

[37] Zweifelnd insoweit *Klein,* Umweltschutz im völkerrechtlichen Nachbarrecht, S. 117; *Oehm,* Rechtsprobleme staatsgrenzenüberschreitender interkommunaler Zusammenarbeit, S. 134.

[38] Vgl. dazu auch *Oppermann,* HdUR, Bd. 1, Sp. 906 (911ff.).

[39] Vgl. *Beyerlin,* in: Bothe/Prieur/Ress Rechtsfragen grenzüberschreitender Umweltbelastungen, S. 294f.; *Fröhler/Zehetner,* Rechtsprobleme bei grenzüberschreitenden Umweltbeeinträchtigungen, S. 69ff., 154; *Bothe,* UPR 1983, 1 (5).

verurteilt, für den entstandenen und noch entstehenden Schaden Ersatz zu leisten, und zwar ohne Rücksicht auf etwaiges Verschulden.[40]

Ferner hat die Behörde in umweltrelevanten Verwaltungsverfahren Belange ausländischer Nachbarn zu berücksichtigen, wenn das Regelungsprogramm des bundesdeutschen Gesetzes einen solchen grenzüberschreitenden Nachbarschutz nicht ausschließt.[41] Die Genehmigung selbst wirkt nur innerhalb des genehmigenden Staates.[42] 22

Umstritten ist, ob das aus dem Prinzip der guten Nachbarschaft abgeleitete Verbot auch für Umweltbeeinträchtigungen in internationalen Gemeinschaftsräumen – wie der Hohen See oder der Antarktis – gilt. 23

Ungeklärt ist ferner, ob sich über die bloße Schadensvermeidung hinaus auch eine Verpflichtung zur Minimierung neuer oder zusätzlicher grenzüberschreitender Umweltbelastungen ergibt.[43] In diesem Zusammenhang wird zudem die Auffassung vertreten, daß Handlungen, die die konkrete Gefahr erheblicher Schäden in sich bergen – wie beispielweise die Errichtung und der Betrieb von Endlagerstätten und Atomkraftwerken –, nicht ohne Zustimmung des benachbarten Staates durchgeführt werden dürfen.[44] Ein Verbot risikobehafteter Tätigkeiten ließe sich aus dem Völkergewohnheitsrecht jedoch nur dann begründen, wenn nach der allgemeinen Rechtsauffassung eine bestimmte Substanz besonders schädlich ist oder ein bestimmtes Verfahren besondere Risiken birgt. An einer solchen allgemeinen Rechtsauffassung dürfte es im Falle der Nutzung der Kernenergie jedoch fehlen. 24

Prozedural besteht eine Informationspflicht gegenüber den Nachbarstaaten und eine Pflicht zur Warnung in Notstandsfällen.[45] Weitergehende Kooperationspflichten sind dagegen völkergewohnheitsrechtlich nicht anerkannt. Ebenso zählt die Beteiligung an umweltrechtlichen Verwaltungsverfahren[46] nicht zum Bestand des Völkergewohnheitsrechts.[47] 25

3. Allgemeine Rechtsgrundsätze des Völkerrechts

Allgemeine Rechtsgrundsätze des Völkerrechts sind ihrem Wesen nach übereinstimmende Prinzipien der innerstaatlichen Rechtssysteme und somit Ausdruck gemeinsamer Rechtsüberzeugung der Völker – nicht notwendigerweise auch der Bundesrepublik Deutschland.[48] Als allgemeine Rechtsgrundsätze des Völkerrechts gelten z.B. der Grundsatz von **Treu und Glauben** oder das **Verbot des Rechtsmißbrauchs** und das **Prinzip der** 26

---

[40] Vgl. dazu *Klein,* Umweltschutz im völkerrechtlichen Nachbarrecht, S. 107f., 225ff.; *Engel,* VBlBW 1990, 81ff.; *BGH,* Urt. v. 30. 5. 1983 – III ZR 195/81 –, BGHZ 87, 321 (328f.).

[41] *BVerwG,* Urt. v. 17. 12. 1986 – 7 C 29.85 –, BVerwGE 75, 285ff.; *OVG Saarlouis,* Beschl. v. 25. 3. 1994 – 8 O 4/93 –, ZUR 1994, 258.

[42] Für eine privatrechtsgestaltende Wirkung von Genehmigungen gegenüber ausländischen Nachbarn *Nassr-Esfahani,* Grenzübeschreitender Bestandsschutz für unanfechtbar genehmigte Anlagen, S. 146ff.

[43] Bejahend *Rauschning,* FS Schlochauer, S. 557 (565f.); *Rogalla-Schultz,* NuR 1987, 196; vgl. auch *Himmelmann,* HdbUR, A.10 Rn. 5; *Kloepfer,* UmweltR, § 9 Rn. 73 m.w.N.

[44] Vgl. *Martin,* Strafbarkeit grenzüberschreitender Umweltbeeinträchtigungen, S. 7ff.

[45] Vgl. Nachweise dazu bei *Hoppe/Beckmann,* DVBl. 1986, 1 (4 Fn. 39).

[46] Vgl. dazu die Entschließung des Europäischen Parlaments vom 13. 4. 1985, BT-Drs. 10/1406, S. 3.

[47] *Beyerlin,* NuR 1985, 173 (174).

[48] *Klein,* Umweltschutz im völkerrechtlichen Nachbarrecht, S. 110.

guten Nachbarschaft, soweit es nicht bereits völkergewohnheitsrechtlich anerkannt ist.[49]

27 Allgemeine Regeln des Völkerrechts sind nach Art. 25 S. 1 GG Bestandteil des Bundesrechts. Nach Art. 25 S. 2 GG gehen sie den Gesetzen vor und erzeugen Rechte und Pflichten unmittelbar für die Bürger. Folglich können die nationalen Behörden und Gerichte innerstaatliches Recht nur so auslegen, daß die allgemeinen Regeln des Völkerrechts nicht verletzt werden.[50]

28 Indes sind die Rechtsgrundsätze des Völkerrechts so allgemein, daß ihnen bislang zumindest keine entscheidende Bedeutung bei der Lösung internationaler Umweltprobleme zukommt.

B. Europäisches Umweltrecht

29 Die Europäische Gemeinschaft (EG) hat in den letzten Jahren ihre *Umweltschutzaktivitäten* erheblich ausgeweitet. Sie hat bislang auf der Grundlage des Art. 130s Abs. 3 EGV i. d. F. v. Maastricht (Art. 175 Abs. 3 EGV i. d. F. v. Amsterdam) fünf Aktionsprogramme (1973, 1977, 1983, 1987 und 1992) auf dem Gebiet des Umweltschutzes verabschiedet, mit denen die Leitlinien der Umweltpolitik bis zum Jahr 2000 festgelegt worden sind.[51] Inhaltlich bezieht sich das 5. Aktionsprogramm auf die Bereiche Umweltschutz und Industrie, Massentourismus, Verkehr und Landwirtschaft. Allen Aktionsprogrammen ist gemein, daß sie nur politische Vorgaben beinhalten, aber nicht rechtlich verbindlich sind.[52]

30 Auch das *europäische Umweltrecht* ist in jüngerer Zeit stark erweitert worden.[53] Maßgeblich dafür war zum einen die Einführung der Art. 130r bis 130t EWGV[54] (Art. 174 bis 176 EGV i. d. F. v. Amsterdam) durch die **Einheitliche Europäische Akte (EEA),**[55] durch die erstmals eine Kompetenz für Fragen der Umweltpolitik geschaffen worden ist,[56] und zum anderen deren Ausbau durch den Vertrag über die Europäische Union (Maastricht-

---

[49] Vgl. *Klein,* Umweltschutz im völkerrechtlichen Nachbarrecht, S. 110; *Schmidt/Müller,* UmweltR, § 7 Rn. 27.

[50] *BVerfG,* Urt. v. 31. 3. 1987 – 2 BvM 2/86 –, BVerfGE 75, 1 (18f.).

[51] *Bender/Sparwasser/Engel,* UmweltR, Teil 1 Rn. 37; *Himmelmann,* HdbUR, A.9 Rn. 3. ff.; *Kloepfer,* UmweltR, § 9 Rn. 45ff.; *Oppermann,* EuropaR, Rn. 1998ff.

[52] *Ress,* HdUR, Bd. 1, Sp. 548 (548); *Glaesner,* in: Rengeling, Europäisches Umweltrecht und europäische Umweltpolitik, S. 1 (4f.); *Grabitz/Nettesheim,* in: Grabitz/Hilf, EU-/EGV, Art. 189 Rn. 4.

[53] Vgl. zum europäischen UmweltR *Ress,* HdUR, Bd. 1, Sp. 548 (548ff.); *Bender/Sparwasser/Engel,* UmweltR, Teil 1 Rn. 37ff.; *Rengeling,* Europäisches Umweltrecht und europäische Umweltpolitik, S. 1ff.; *Kloepfer,* UmweltR, § 9 Rn. 7ff.; *Oppermann,* EuropaR, Rn. 2021ff.; *Frenz,* Europäisches UmweltR, S. 1ff.; *Epiney,* UmweltR in der EU, S. 1ff.; zu den Einwirkungen des europäischen auf das nationale UmweltR *Fischer,* JuS 1999, 320ff.; zu den Auswirkungen des Grundsatzes der nachhaltigen Entwicklung aufgrund des Amsterdamer Vertrages *Frenz,* ZG 1999, 143ff.

[54] I. d. F. d. EEA v. 28. 2. 1986 (BGBl. 1986 II S. 1102), in Kraft seit dem 1. 7. 1987.

[55] V. 28. 2. 1986 (BGBl. 1986 II S. 1102), in Kraft seit dem 1. 7. 1987.

[56] Zur Entstehung des UmweltR der EG vgl. ausführl. *Himmelmann,* HdbUR, A.9 Rn. 3ff.

Steinberg, NVwZ 95, 209, Schröder, NVwZ 96, 833, Roßnagel, NVwZ 97, 122, Breuer, NVwZ 97, 833, Engel, DVBl 99, 1069, Schmidt-Preuß, JZ 00, 581, Rengeling, DVBl 00, 1473, Kloepfer, NVwZ 02, 645, Breuer, NVwZ 04, 520

Vertrag).[57] Weitere Änderungen hat das europäische Umweltrecht durch den Amsterdamer Vertrag[58] erfahren, der sowohl den Vertrag über die Europäische Union als auch den EG-Vertrag verändert hat.[59]

Als Haupttendenz der europäischen Umweltpolitik bestätigt der Amsterdamer Vertrag eine Stärkung und Konstituierung des gemeinschaftlichen Besitzstandes – auch des umweltpolitischen Besitzstandes – auf möglichst hohem Niveau.[60] Die aktuelle Umweltpolitik steht dabei im Zeichen der nachhaltigen Entwicklung, die langfristiges und generationsübergreifendes Denken als Maßstab des umweltpolitischen Handelns voraussetzt. Der neue Vertrag betont den Umweltschutz im Verhältnis zu anderen Bereichen der Gemeinschaftspolitik stärker als bisher, indem die nachhaltige Entwicklung nunmehr zu den Zielen der Union gehört. Zudem wird die Möglichkeit eines Mitgliedstaats, schärfere nationale Normen als die Harmonisierungsmaßnahmen anzuwenden, ausgedehnt und präzisiert.[61] **31**

I. Europäische Union und Europäische Gemeinschaft

Die durch den Maastricht-Vertrag[62] begründete **Europäische Union (EU)** umfaßt neben den Bereichen Gemeinsame Außen- und Sicherheitspolitik und der Zusammenarbeit in den Bereichen Justiz und Inneres die Europäischen Gemeinschaften „Europäische Atomgemeinschaft – EAG", „Europäische Gemeinschaft für Kohle und Stahl – EGKS" und die durch den Unionsvertrag in **Europäische Gemeinschaft** umbenannte Europäische Wirtschaftsgemeinschaft.[63] Die Europäische Union ist dabei nicht als eine neue selbständige Europäische Gemeinschaft zu verstehen, sondern als Verklammerung der Europäischen Gemeinschaften mit den Bereichen Außen- und Sicherheitspolitik sowie der Justiz und des Inneren. Die Europäische Union ist nur durch ihre Gemeinschaften handlungsfähig und nur deren Organe können nach Maßgabe des Gemeinschaftsrechts verbindliche Beschlüsse fassen.[64] **32**

Weder der Europäischen Union in ihrer Gesamtheit noch den Europäischen Gemeinschaften kommt Staatsqualität im Sinne der Drei-Elementen-Lehre zu.[65] Die Europäische Union ist vielmehr eine internationale Organi- **33**

[57] V. 7. 2. 1992 (BGBl. II S. 1253), geänd. durch V v. 24. 6. 1994 (BGBl. II S. 2022), i. d. F. d. Beschl. v. 1. 1. 1995 (ABL. EG Nr. L 1, S. 1); vgl. dazu *Beyer,* JuS 1997, 294 ff.; zur Verfassungskonformität des Maastricht-Vertrages *BVerfG,* Urt. v. 12. 10. 1993 – 2 BvR 2134, 2159/92 –, BVerfGE 89, 155 ff.

[58] V. 2. 10. 1997 (BGBl. II S. 269) in Kraft seit dem 1. 5. 1999.

[59] Zu den Neuerungen des Amsterdamer Vertrages vgl. *Bergmann/Lenz,* Der Amsterdamer Vertrag, S. 122 ff.; *Oppermann,* EuropaR, Rn. 2005 ff.; *Hummer,* Die EU nach dem Vertrag von Amsterdam, S. 122 ff.; *Schröder,* NuR 1998, 1 ff.; *Schrader,* UPR 1999, 201 ff.; vgl. zu den Auswirkungen des Amsterdamer Vertrages auf die laufenden Gesetzgebungsverfahren i. Ü. Europa-Report, EuZW 1999, 386 f.

[60] *Schröder,* NuR 1998, 1 ff.

[61] *Bergmann/Lenz,* Der Amsterdamer Vertrag, S. 122 ff.

[62] Vertrag über die Europäische Union i. d. F. des Vertrages von Amsterdam v. 2. 10. 1997 (BGBl. II S. 296).

[63] Die heutige Europäische Gemeinschaft darf nicht verwechselt werden mit der EAG, EGKS u. EWG, die vor dem Vertrag von Maastricht als Europäische Gemeinschaften bezeichnet worden sind, und die nach dem Maastricht-Vertrag in der Europäischen Union aufgehen.

[64] *Everling,* DVBl. 1993, 936 (941).

[65] *Zuleeg,* in: v. d. Groeben/Thiesing/Ehlermann, EWGV, Art. 1 Rn. 1; *Scholz,* NVwZ 1993, 817 (818).

sation, die durch die Mitgliedstaaten in den Gründungsverträgen mit hoheitlicher Gewalt in Form von Rechtsetzung, Verwaltung und Rechtsprechnung ausgestattet worden ist.[66] Mit den Gründungs- und Folgeverträgen wurde eine eigene Rechtsordnung geschaffen mit der Folge, daß sowohl das Primärrecht, d.h. die Verträge, als auch das von den Organen der Gemeinschaft gesetzte Sekundärrecht Anwendungsvorrang vor dem nationalen Recht der Mitgliedstaaten haben.[67] Für den Fall, daß das deutsche Umweltrecht mit dem europäischen Umweltrecht kollidiert, besteht **Anwendungsvorrang des europäischen Umweltrechts** vor dem deutschen Umweltrecht.[68] Ob der Anwendungsvorrang auch vor dem Verfassungsrecht, insbesondere vor den Grundrechten besteht, ist dagegen umstritten. Von der herrschenden Meinung wird auch hier ein Anwendungsvorrang des europäischen Rechts bejaht.[69] In diesem Sinne hat auch das *BVerfG* im Jahre 1986 entschieden.[70] Es führt dazu aus

„Solange die Europäischen Gemeinschaften, insbesondere die Rechtsprechung des Gerichtshofs der Gemeinschaften, einen wirksamen Schutz der Grundrechte gegenüber der Hoheitsgewalt der Gemeinschaften generell gewährleisten, der dem vom Grundgesetz als unabdingbar gebotenen Grundrechtsschutz im wesentlichen gleichzuachten ist, zumal den Wesensgehalt der Grundrechte generell verbürgt, wird das Bundesverfassungsgericht seine Gerichtsbarkeit über die Anwendbarkeit von abgeleitetem Gemeinschaftsrecht, das als Rechtsgrundlage für ein Verhalten deutscher Gerichte oder Behörden im Hoheitsbereich der Bundesrepublik Deutschland in Anspruch genommen wird, nicht mehr ausüben und dieses Recht mithin nicht mehr am Maßstab der Grundrechte des Grundgesetzes überprüfen; entsprechende Vorlagen nach Art. 100 Abs. 1 GG sind somit unzulässig."[71]

II. Umweltkompetenzen der Europäischen Gemeinschaft

34 Eine umfassende Umweltschutzzuständigkeit der EG sah das primäre Gemeinschaftsrecht, das in den Europäischen Verträgen (Europäische Gemeinschaft für Kohle und Stahl, Europäische Atomgemeinschaft, Europäische Wirtschaftsgemeinschaft, Fusionsverträge der Europäischen Gemeinschaft) normiert ist, bis 1987 nicht vor.[72] Gestützt wurden Maßnahmen der EG auf dem Gebiet des Umweltschutzes auf die

---

[66] Verfassungsrechtl. Rechtsgrundlage für die Übertragung von Hoheitsrechten auf die EU ist heute Art. 23 Abs. 1 S. 2 GG, vgl. dazu *BVerfG,* Urt. v. 12. 10. 1993 – 2 BvR 2134, 2159/92 –, BVerfGE 89, 155 ff.; *Wolf,* JZ 1993, 594 (599); *Tomuschat,* EuGRZ 1993, 489 (492).

[67] *BVerfG,* Urt. v. 28. 1. 1992 – 1 BvR 1025/82, 1 BvL 16/83 u. 10/91 –, BVerfGE 85, 191 (204); *Jarass,* Grundfragen der innerstaatlichen Bedeutung des EG-Rechts, S. 3; *Middeke,* Nationaler Umweltschutz im Binnenmarkt, S. 32.

[68] *Steiger,* in: Salzwedel, Grundzüge des UmweltR, 1. Aufl. S. 75.

[69] Vgl. dazu *Steiger,* in: Salzwedel, Grundzüge des UmweltR, 1. Aufl. S. 75 m. w. N.

[70] *BVerfG,* Beschl. v. 22. 10. 1986 – 2 BvR 197/83 –, NJW 1987, 577 ff.

[71] Vgl. zu dieser Entscheidung ausführl. *Vedder,* NJW 1987, 526 ff.; eine gewisse Einschränkung bedeutet insoweit allerdings die Maastricht-Entscheidung des *BVerfG,* Urt. v. 12. 10. 1993 – 2 BvR 2134, 2159/92 –, BVerfGE 89, 155 ff., in der sich das Gericht eine Kompetenz zur Prüfung von Gemeinschaftsakten am Verfassungsrecht „in Kooperation" mit dem EuGH vorbehalten hat; dazu auch *Hirsch,* NJW 1996, 2457 ff.

[72] Zu den Zuständigkeitsfragen der EG-Umweltpolitik siehe ausführl. *Kloepfer,* UPR 1986, 321 ff.; *Zuleeg,* NVwZ 1987, 280 ff.; *Lietzmann,* in: Rengeling, Europäisches Umweltrecht und europäische Umweltpolitik, S. 163 ff.; *Steiger,* in: Salzwedel, Grundzüge des UmweltR, 1. Aufl., S. 65 ff.

 David, DÖV 93, 1021

Kompetenz zur Rechtsharmonisierung gem. Art. 94 EGV (Art. 100 EWGV) und auf die Ergänzungsklausel des Art. 308 EGV (Art. 235 EWGV), wonach der Rat der EG die geeigneten Vorschriften erlassen darf, wenn ein Tätigwerden der Gemeinschaft erforderlich erscheint, um im Rahmen des (Gemeinsamen) Marktes eines ihrer Ziele zu verwirklichen und wenn im Vertrag die hierfür erforderlichen Befugnisse nicht vorgesehen sind.

Durch die Einführung der Art. 130r bis 130t EWGV (Art. 174 bis 176 EGV i.d.F. v. Amsterdam) durch die **Einheitliche Europäische Akte (EEA)** ist dann der EG eine ausdrückliche Kompetenz auf dem Gebiet des Umweltschutzes eingeräumt worden.[73] 35

1. Ziele und Prinzipien der Umweltpolitik

Durch Art. 2, 3 lit. l und Art. 6 EGV wird der Umweltschutz als Aufgabe der Gemeinschaft definiert und zugleich als verbindliches *Leitprinzip* für das gesamte Handeln der Gemeinschaft vorgeschrieben.[74] So umfaßt die Tätigkeit der EG u.a. gem. Art. 3 lit. l EGV eine Politik auf dem Gebiet der Umwelt. Gem. Art. 2 EGV ist es u.a. Aufgabe der Gemeinschaft, durch diese Umweltpolitik ein hohes Maß an Umweltschutz und Verbesserung der Umweltqualität zu fördern.[75] Dabei müssen nach Art. 6 EGV die Erfordernisse des Umweltschutzes bei der Festlegung und Durchführung der Gemeinschaftspolitiken und -maßnahmen insbesondere zur Förderung einer nachhaltigen Entwicklung einbezogen werden.[76] Damit wird dem Umweltschutz bei allen Tätigkeiten der Gemeinschaft eine besondere Bedeutung beigemessen. 36

Art. 174 Abs. 1 EGV (Art. 130r Abs. 1 EGV i.d.F.v. Maastricht) legt darüber hinaus eine Reihe von *konkreten Zielen* der Umweltpolitik der Gemeinschaft fest. Danach trägt die Umweltpolitik der Gemeinschaft zur Verfolgung der nachstehenden **Ziele** bei 37

- Erhaltung und Schutz der Umwelt sowie Verbesserung ihrer Qualität,
- Schutz der menschlichen Gesundheit,
- umsichtige und rationelle Verwendung der natürlichen Ressourcen,
- Förderung von Maßnahmen auf internationaler Ebene zur Bewältigung regionaler oder globaler Umweltprobleme.

Da der EG-Vertrag den Begriff der Umwelt nicht näher definiert, ist fraglich, ob nur die natürliche Umwelt oder auch das sozio-ökonomische Umfeld mit erfaßt wird.[77] Gegen die Einbeziehung der sozialen Umwelt in den Begriff der Umwelt spricht, daß die Arbeitsumwelt in Art. 95 Abs. 4 EGV (Art. 100a Abs. 4 EGV i.d.F.v. Maastricht) und Art. 138 EGV (Art. 118a EGV i.d.F.v. Maastricht) neben der Um- 38

---

[73] Vgl. dazu ausführl. *Bleckmann,* EuropaR, Rn. 2817ff.; *Ress,* HdUR, Bd. 1, Sp. 548 (548ff.); *Zuleeg,* NVwZ 1987, 280ff.; *Krämer,* in: Rengeling, Europäisches Umweltrecht und europäische Umweltpolitik, S. 137ff.; *Lietzmann,* in: Rengeling, Europäisches Umweltrecht und europäische Umweltpolitik, S. 163ff.; *v. Borries,* in: Rengeling, EUDUR, Bd. 1, § 25 Rn. 1ff.

[74] Vgl. *Heilbronner,* UmweltR und Umweltpolitik in der EG, S. 11.

[75] Vgl. zur Bedeutung dieser durch den Vertrag von Amsterdam eingefügten Aufgabennorm *Steinberg,* Der ökologische Verfassungsstaat, s. 72f.

[76] Art. 6 EGV greift damit Art. 130s Abs. 2 S. 2 EWGV auf und verpflichtet alle Gemeinschaftspolitiken dem Grundsatz einer nachhaltigen Entwicklung; vgl. dazu *Hummer,* Die EU nach dem Vertrag von Amsterdam, S. 223f.; *Callies,* DVBl. 1998, 559ff.

[77] Vgl. dazu *Himmelmann,* HdbUR, A.9 Rn. 27; *Kloepfer,* UmweltR, § 9 Rn. 13.

welt ausdrücklich Erwähnung findet, mithin vom allgemeinen Begriff der Umwelt nicht erfaßt werden soll.[78] Der Begriff der Umwelt beschränkt sich mithin auf die natürliche Umwelt, d. h. Menschen, Tiere und Pflanzen, Boden, Wasser, Luft, Klima und Landschaft einschließlich ihrer Wechselwirkungen.[79]

39 Trotz ihrer Unbestimmtheit sind die Ziele des Art. 174 Abs. 1 EGV (Art. 130r Abs. 1 EGV i. d. F.v. Maastricht) als verbindlich anzusehen.[80]

40 Die Tätigkeit der Gemeinschaft nach Art. 3 lit. l EGV soll an den *Prinzipien* des Art. 174 Abs. 2 EGV (Art. 130r Abs. 2 EGV i. d. F.v. Maastricht) ausgerichtet sein.[81] Gem. Art. 174 Abs. 2 S. 1 EGV zielt die Umweltpolitik der Gemeinschaft auf ein hohes Schutzniveau ab. Ferner beruht die Umweltpolitik der Gemeinschaft nach Art. 174 Abs. 2 S. 2 EGV auf den Grundsätzen der Vorsorge und Vorbeugung, auf dem Grundsatz, Umweltbeeinträchtigungen mit Vorrang an ihrem Ursprung zu bekämpfen, sowie auf dem Verursacherprinzip.[82]

41 Dem Vorsorge- und Vorbeugungsprinzip kommt der gleiche Aussagegehalt zu. Im Rahmen der Vorsorge können Maßnahmen bereits dann ergriffen werden, wenn die Schädlichkeit eines Stoffes oder einer Konzentration noch nicht nachgewiesen werden kann, zumindest aber nicht unwahrscheinlich ist.[83] Auch im EG-Recht gilt das Vorsorgeprinzip – wie im deutschen Umweltrecht – nicht uneingeschränkt.

42 Das Verursacherprinzip wird EG-rechtlich als Kostenzurechnungsprinzip verstanden. Es schreibt vor, daß die für die Umweltverschmutzung verantwortlichen natürlichen oder juristischen Personen die Kosten der Maßnahmen zu tragen haben, die notwendig sind, um die Umweltbelastungen zu vermeiden oder zu verringern.[84] Lediglich aus dem Begriff des Verursachers ergibt sich, daß die Zurechnung auf der Grundlage von Kausalitätsgesichtspunkten zu erfolgen hat.[85]

43 Umstritten ist, inwieweit den umweltpolitischen Zielsetzungen des Art. 174 Abs. 2 S. 2 EGV Bindungswirkung in dem Sinne zukommt, daß aus ihnen unmittelbar Rechtsfolgen oder Handlungsgebote abgeleitet werden können. Allein aus der Bezeichnung als Grundsatz wird man ihre Unverbindlichkeit wohl nicht ableiten können.[86]

44 Bei der Erarbeitung ihrer Umweltpolitik berücksichtigt die Gemeinschaft gem. Art. 174 Abs. 3 EGV (Art. 130r Abs. 3 EGV i. d. F.v. Maastricht)

- die verfügbaren wissenschaftlichen und technischen Daten,
- die Umweltbedingungen in den einzelnen Regionen der Gemeinschaft,
- die Vorteile und die Belastung aufgrund des Tätigwerdens bzw. eines Nichttätigwerdens,

[78] *Grabitz/Nettesheim,* in: Grabitz/Hilf, EU-/EGV, Art. 130r Rn. 2; a. A. *Krämer,* in: v. d. Groeben/Thiesing/Ehlermann, EWGV, Art. 130r Rn. 2; *Kahl,* Umweltprinzip und GemeinschaftsR, S. 15f.

[79] So auch *Himmelmann,* HdbUR, A.9 Rn. 27; *Kloepfer,* UmweltR, § 9 Rn. 13; a. A. *Wiegand,* DVBl. 1993, 533ff.; *Oppermann,* EuropaR, Rn. 2006.

[80] *Grabitz/Nettesheim,* in: Grabitz/Hilf, EU-/EGV, Art. 130r Rn. 10; dazu auch *Epiney,* NuR 1999, 181ff.

[81] Vgl. zu den Prinzipien *Oppermann,* EuropaR, Rn. 2009ff.

[82] Zur europäischen Umweltpolitik umfassend *Wepler,* Europäische Umweltpolitik, passim.

[83] *Erbguth,* Rechtssystematische Grundfragen des UmweltR, S. 93.

[84] Vgl. dazu die Definition im Vorschlag der Kommission ABl. EG Nr. L 194 v. 25. 7. 1975, S. 1 (2).

[85] Vgl. dazu *Himmelmann,* HdbUR, A.9 Rn. 37.

[86] So wohl aber *Krämer,* in: v. d. Groeben/Thiesing/Ehlermann, EWGV, Art. 100a Rn. 25; wie hier *Epiney,* DVBl. 1993, 93 (96); *Kahl,* Umweltprinzip und Gemeinschaftsrecht, S. 73; *Kloepfer,* UmweltR, § 9 Rn. 78.

– die wirtschaftliche und soziale Entwicklung der Gemeinschaft insgesamt sowie die ausgewogene Entwicklung ihrer Regionen.[87]

Nach Art. 5 EGV wird die Gemeinschaft innerhalb der Grenzen der ihr im Vertrag zugewiesenen Befugnisse und gesetzten Ziele tätig. Im Bereich der Umwelt wird sie gem. Art. 5 S. 2 EGV insoweit tätig, als die genannten Ziele der Umweltpolitik besser auf Gemeinschaftsebene erreicht werden können als auf der Ebene der einzelnen Mitgliedstaaten (Subsidiaritätsprinzip). 45

Regelmäßig haben gem. Art. 175 Abs. 4 EGV (Art. 130s Abs. 4 EGV a. F.) die Mitgliedstaaten für die Finanzierung und Durchführung der Maßnahmen auf dem Gebiet des Umweltschutzes Sorge zu tragen. 46

2. *Rechtsetzungskompetenzen*

a) Binnenkompetenz der Europäischen Gemeinschaft

Gem. Art. 175 Abs. 1 EGV (Art. 130s Abs. 1 EGV i. d. F. v. Maastricht) beschließt der Rat mit *qualifizierter Mehrheit* gem. dem Mitentscheidungsverfahren des Art. 251 EGV (Art. 189b EGV i. d. F. v. Maastricht) auf Vorschlag der EG-Kommission und nach Anhörung des Europäischen Parlamentes und des Wirtschafts- und Sozialausschusses sowie des Ausschusses der Regionen über das Tätigwerden der Gemeinschaft auf dem Gebiet des Umweltschutzes.[88] Damit steht dem Rat eine breite Generalklausel zur Verfügung, mittels derer die EG im gesamten Umweltbereich in den in Art. 249 EGV (Art. 189 EGV i. d. F. v. Maastricht) vorgegebenen Formen Rechtsakte erlassen kann. 47

Abweichend von Art. 175 Abs. 1 EGV erläßt der Rat auf Vorschlag der EG-Kommission und nach Anhörung des Europäischen Parlamentes und des Wirtschafts- und Sozialausschusses sowie des Ausschusses der Regionen u. a. in den Bereichen Raumordnung, Bodennutzung, Wasserressourcen und Energieversorgung *einstimmig* die Vorschriften und Maßnahmen. Dabei kann der Rat in diesen Fällen gem. Art. 175 Abs. 2 S. 2 EGV (Art. 130s Abs. 2 S. 2 EGV i. d. F. v. Maastricht) auch Bereiche festlegen, in denen die qualifizierte Mehrheit für die Beschlußfassung ausreichen soll. 48

Jedoch ist Art. 175 EGV (Art. 130s EGV i. d. F. v. Maastricht) nicht als abschließende Kompetenznorm für umweltpolitische Maßnahmen zu begreifen.[89] Neben der Bestimmung des Art. 175 EGV ist vor allem der ebenfalls durch die Einheitliche Europäische Akte eingeführte Art. 95 EGV (Art. 100a EGV i. d. F. v. Maastricht) für den Umweltschutz von besonderer Bedeutung.[90] Art. 95 EGV ist Bestandteil der Regelungen zur Herstellung des Binnenmarktes. Er regelt die Angleichung der Rechts- und Verwaltungsvorschriften der Mitgliedstaaten für alle denkbaren Sachbereiche. Im Bereich des Umweltschutzes geht es um die Angleichung technischer Vorschriften, die Umweltstandards für Produkte festlegen. Gem. Art. 95 Abs. 3 EGV (Art. 100a EGV i. d. F. v. Maastricht) geht die EG-Kommission in ihren 49

---

[87] Vgl. dazu *Oppermann,* EuropaR, Rn. 2013.
[88] Vgl. zu den Kompetenzen auch *Bleckmann,* EuropaR, Rn. 2817 ff.
[89] Dazu *Nettesheim,* Jura 1994, 337 ff.
[90] Dazu *Albin/Bär,* NuR 1999, 185 ff.

Schulte/Schröder, DVBl 00, 1085 (Lärm)

Vorschlägen für die Rechtsvereinheitlichung unter anderem im Bereich des Umweltschutzes von einem hohen Schutzniveau aus.[91]

50 Die Abgrenzung der Kompetenzgrundlage des Art. 175 EGV (Art. 130s EGV i.d.F.v. Maastricht) von der derjenigen des Art. 95 EGV (Art. 100a EGV i.d.F. v. Maastricht) war lange Zeit heftig umstritten.[92] Hintergrund dieses Streits war, daß das Verfahren für den Erlaß von Rechtsakten in den Ermächtigungsgrundlagen unterschiedlich geregelt war. So konnte der Rat im Verfahren nach Art. 175 EGV (Art. 130s EGV i.d.F.v. Maastricht) einstimmig ohne Beteiligung des Europäischen Parlaments entscheiden, während dem Europäischen Parlament im Verfahren nach Art. 95 EGV (100a EGV i.d.F.v. Maastricht) eine größere Einflußmöglichkeit zukam. Die Wahl der Ermächtigungsgrundlage war mithin ausschlaggebend für den Einfluß, den die EU-Organe und die Mitgliedstaaten auf den Inhalt des jeweiligen Rechtsakt nehmen konnten. Rechtslehre und Rechtsprechung gingen davon aus, daß allgemeine Umweltstandards schwerpunktmäßig dem eigentlichen Umweltschutz nach Art. 175 EGV zuzurechnen waren, während Produktnormen – wie z.B. die Regelungen über den Bleigehalt des Benzins – starken Bezug zum Binnenmarkt aufwiesen und deshalb auf Art. 95 EGV zu stützen waren. Schwieriger war die Zuordnung bei Normen, welche die Ausgestaltung des Prouktionsprozesses von Unternehmen zum Gegenstand hatten (Produktionsnormen). Wegen der besonderen Bedeutsamkeit unverfälschter Wettbewerbsbedingungen war nach der Rechtsprechung des *EuGH* auch in diesem Fall auf Art. 95 EGV zurückzugreifen.[93] Dieser Streit hat seine Bedeutung verloren, seitdem sowohl im Rahmen des Art. 175 EGV (Art. 130s EGV i.d.F.v. Maastricht) als auch im Rahmen des Art. 95 EGV (Art. 100a EGV i.d.F.v. Maastricht) das Mitentscheidungsverfahren unter Einbeziehung des Europäischen Parlaments nach Art. 251 EGV (Art. 189b i.d.F.v. Maastricht) vorgesehen ist.[94] Damit wird auch die noch im Titan-Oxid-Urteil des *EuGH* vertretene Auffassung hinfällig, daß die gleichzeitige Anwendung beider Vorschriften wegen deren unterschiedlichen Folgen für die Beteiligung des Europäischen Parlaments nicht in Betracht kommen könne.[95]

51 Weitere umweltbezogene Spezialkompetenzen wie z.B. Art. 93 EGV (Art. 99 i.d.F.v. Maastricht) kommen im Falle der Umweltabgaben vorrangig gegenüber Art. 175 EGV und Art. 95 EGV zur Anwendung.[96]

52 Da die EG mit den beiden Generalzuständigkeiten der Art. 175 EGV und Art. 95 EGV sowie den weiteren Spezialkompetenzen für die ganze Breite denkbaren Umweltschutzrechts mit Rechtsetzungskompetenz ausgestattet ist, bedarf es eines Rückgriffs auf Art. 308 EGV (Art. 235 i.d.F.v. Maastricht) nicht mehr.[97]

b) Außenkompetenz der Europäischen Gemeinschaft

53 Im Umweltschutzbereich kommt der EG neben den Kompetenzen der Mitgliedstaaten außerdem eine Außenkompetenz zu.[98] So arbeiten die Gemeinschaft und die Mitgliedstaaten im Rahmen ihrer jeweiligen Befugnisse mit dritten Ländern und den zuständigen internationalen Organisationen

---

[91] Zu Art. 100a EWGV vgl. *Lietzmann,* in: Rengeling, Europäisches Umweltrecht und europäische Umweltpolitik, S. 177ff.

[92] Vgl. dazu ausführl. *Kloepfer,* UmweltR, § 9 Rn. 23ff.; *Oppermann,* EuropaR, Rn. 2018; *Beyer,* JuS 1997, 294 (296f.).

[93] Krit. *Nettesheim,* Jura 1994, S. 339; *Oppermann,* EuropaR, Rn. 2018.

[94] So auch *Hummer,* Die EU nach dem Vertrag von Amsterdam, S. 227.

[95] *EuGH,* Urt. v. 11. 6. 1991 – RS C -300/89 –, Slg. 1991, I-2867 (2900).

[96] *Oppermann,* EuropaR, Rn. 2018.

[97] *Oppermann,* EuropaR, Rn. 2018.

[98] Dazu auch *Kloepfer,* UmweltR, § 9 Rn. 40ff.

zusammen.[99] Dabei wird gem. Art. 174 Abs. 4 S. 2 EGV auf die Fähigkeit der Gemeinschaft hingewiesen, im Sinne von Art. 300 EGV (Art. 228 EGV i. d. F.v. Maastricht) Abkommen mit dritten Parteien schließen zu können.

54 Auf dem Gebiet des Umweltschutzes entfaltet die EG in ihren Beziehungen zu Drittstaaten und zu internationalen Organisationen zahlreiche Aktivitäten. Sie ist Vertragspartnerin zahlreicher internationaler Übereinkommen.[100] Beispielhaft seien im Bereich des Gewässerschutzes die Vereinbarung über die internationale Kommission zum Schutz der Elbe,[101] das Donauschutzübereinkommen,[102] das Übereinkommen zum Schutz und zur Nutzung grenzüberschreitender Wasserläufe und internationaler Seen[103] und die beiden Übereinkommen über den Schutz der Meeresumwelt in der Ostsee[104] und im Nord-Ost-Atlantik[105] zu nennen. Bei der Luftreinhaltung ist der Beitritt zum UN-Rahmenübereinkommen über Klimaveränderungen[106] von Bedeutung sowie die Unterzeichnung des Übereinkommens über die biologische Vielfalt im Rahmen der Konferenz von Rio.

3. *Verstärkung des nationalen Umweltschutzes*

55 Da Umweltschutzmaßnahmen der EG sowohl auf der Grundlage des Art. 175 Abs. 1 EGV als auch auf der Grundlage des Art. 95 Abs. 1 EGV mit Mehrheit getroffen werden können, besteht die Gefahr, daß auf diese Weise strenge Umweltschutzstandards in einzelnen Mitgliedstaaten abgebaut werden. Um dies zu verhindern, gestattet es Art. 176 EGV solchen Mitgliedstaaten, eigene verstärkte Schutzmaßnahmen im Falle einer milderen Gemeinschaftsmaßnahme nach Art. 174 EGV beizubehalten oder neu zu ergreifen. Voraussetzung dafür ist allerdings, daß diese Maßnahmen mit den übrigen Vorschriften des EG-Vertrages vereinbar sind. Ausgeschlossen werden sollen dadurch insbesondere Maßnahmen, die als unzulässige Handelshemmnisse im Sinne der Art. 28, 30 EGV (Art. 30, 36 EGV i. d. F.v. Maastricht) anzusehen sind.[107]

56 Die gleiche Möglichkeit eröffnet Art. 95 Abs. 4 EGV bei der Umweltschutzrechtsangleichung.[108] Allerdings muß die Maßnahme im Sinne des Art. 30 EGV erforderlich sein. Dazu bedarf es des Nachweises sonst drohender spürbarer Umweltschädigungen. Außerdem stellt Art. 95 Abs. 4 EGV nähere Verfahrensvoraussetzungen – nämlich die Pflicht des Mitgliedstaates zur Mitteilung der Bestimmung und der Gründe für die Einführung gegen-

---

[99] Zum Verhältnis der EG zu internationalen Organisationen vgl. *Heintschel von Heinegg,* in: Rengeling, EUDUR, Bd. 1, § 22 Rn. 9 ff.

[100] Vgl. zu den Außenkompetenzen der EG im Bereich des Umweltschutzes *Ress,* HdUR, Bd. 1, Sp. 548 (562 ff.); *Lietzmann,* in: Rengeling, Europäisches Umweltrecht und europäische Umweltpolitik, S. 176 f.; *Oppermann,* EuropaR, Rn. 2034.

[101] V. 20. 12. 1961 (BGBl. 1992 II S. 942).

[102] Ratifiziert durch G v. 3. 6. 1996 (BGBl. II S. 874).

[103] V. 17. 3. 1992 (BGBl. 1994 II S. 2333).

[104] V. 9. 4. 1992 (BGBl. II S. 1355, 1397).

[105] V. 22.9.1994 (BGBl. II S. 1355, 1360).

[106] V. 9. 5. 1992 (BGBl. II S. 1783).

[107] Vgl. zu Art. 130 t EGV *Lietzmann,* in: Rengeling, Europäisches Umweltrecht und europäische Umweltpolitik, S. 175.

[108] Vgl. dazu *Hummer,* Die EU nach dem Vertrag von Amsterdam, S. 224 ff.

über der Kommission – für eine Beibehaltung schärferer Umweltschutzmaßnahmen in den Mitgliedstaaten auf.[109]

4. *Rechtsakte*

57 Für den Binnenbereich ist das europäische Umweltrecht in dem auf der Grundlage des *primären Gemeinschaftsrechts* erlassenen sog. *sekundären Gemeinschaftsrecht* geregelt. Das sekundäre Gemeinschaftsrecht besteht aus den von den Organen der Europäischen Gemeinschaft erlassenen Rechtsakten. Nach Art. 5 EGV (Art. 3b S. 1 EGV i.d.F.v. Maastricht) dürfen die EG und ihre Organe nur die ihr speziell durch den Vertrag übertragenen Befugnisse ausüben (Prinzip der begrenzten Einzelermächtigung). Zu den Rechtsakten der EG zählen gem. Art. 249 Abs. 1 EGV (Art. 189 Abs. 1 EGV i.d.F.v. Maastricht)

- Verordnungen,
- Richtlinien,
- Entscheidungen,
- Empfehlungen und Stellungnahmen.[110]

58 Die **Verordnungen** (Art. 249 Abs. 2 EGV) enthalten allgemein gültige Rechtssätze, die in allen ihren Teilen unmittelbar in jedem Mitgliedstaat verbindlich sind. Sie bedürfen deshalb keiner Umsetzung in das deutsche Recht durch einen innerstaatlichen Gesetzgebungsakt. Entgegenstehende nationale Regelungen treten aufgrund des Anwendungsvorrangs des Gemeinschaftsrechts zurück.[111]

59 Die **Richtlinien** (Art. 249 Abs. 3 EGV) sind für jeden Mitgliedstaat, an den sie gerichtet sind, hinsichtlich des aufgestellten Ziels verbindlich, überlassen jedoch dem Mitgliedstaat die Wahl der Form und der Mittel. Anders als Verordnungen bedürfen Richtlinien daher zu ihrer innerstaatlichen Anwendbarkeit der Umsetzung in nationales Recht nach den Regeln der innerstaatlichen Verfassung.[112] Sie sind in erster Linie Mittel zur Rechtsangleichung. Die Effektivität und Einheit des gemeinschaftlichen Umweltrechts wird jedoch häufig durch eine mangelhafte Umsetzungspraxis der Mitgliedstaaten erschwert.[113]

60 Allerdings können Richtlinien, die hinreichend konkrete Ziele formulieren,[114] nach Auffassung des *EuGH* und des *BVerfG* ausnahmsweise unmittelbare Wirkung entfalten, wenn ein Mitgliedstaat seiner Verpflichtung zur Umsetzung des Inhalts einer EG-Richtlinie in nationales Recht nicht nachgekommen ist und sich jemand auf diese

---

[109] *Pechstein,* Jura 1996, 176ff.

[110] Vgl. dazu *Engelhardt,* Bürger und Umwelt, S. 31f.; *Grabitz,* Fragen der Transformation von EG-Umweltrecht in nationales Recht, S. 117ff.

[111] *EuGH,* Urt. v. 5. 2. 1963 – Rs. 26/62 –, Slg. 1963, 1ff.; *BVerfG,* Urt. v. 9. 6. 1971 – 2 BvR 225/69 –, BVerfGE 31, 145 (174f.).

[112] Zahlreiche Beispiele von EG-Richtlinien auf dem Gebiet des Umweltschutzes finden sich bei *Ress,* HdUR, Bd. 1, Sp. 548 (587ff.); zur Umsetzung von RL *Rengeling,* in: Rengeling, EUDUR, Bd. 1, § 28 Rn. 1ff.; zu Umsetzungsproblemen *Salzwedel,* UPR 1989, 41.

[113] *Lübbe/Wolff,* in: Lübbe/Wolff, Vollzug des Europäischen UmweltR, S. 77ff.; *Epiney,* ZUR 1996, 229ff.; *Pernice,* EuR 1994, 325ff.

[114] Sie dürfen nicht ledigl. programmatischen Charakter besitzen vgl. *EuGH,* Urt. v. 23. 2. 1994 – Rs. C-236/92 –, ZUR 1994, 195f. m. Anm. Wegener.

unmittelbare Geltung beruft.[115] Im Falle einer offenkundigen und erheblichen Verletzung gemeinschaftsrechtlicher Vorschriften kann bei der Nichtumsetzung auch Schadensersatz geltend gemacht werden.[116] Alle Träger öffentlicher Gewalt – Rechtsetzungsorgane, Gerichte, Behörden – sind verpflichtet, geltendes Recht im Lichte des Wortlautes und des Zwecks der Richtlinie auszulegen[117] und eine mögliche unmittelbare Wirkung der Richtlinie von Amts wegen zu beachten.[118] Dies hat das *BVerwG* in seiner Ostsee-Autobahn-Entscheidung im Hinblick auf die nicht umgesetzte FFH-Richtlinie noch einmal ausdrücklich bekräftigt.[119] Eine unmittelbare Wirkung zu Lasten des Bürgers ist jedoch sowohl im vertikalen Verhältnis Staat – Bürger[120] als auch im horizontalen Verhältnis, d.h. im Verhältnis zwischen verschiedenen Privatrechtssubjekten abzulehnen.[121]

Nach der Rechtsprechung des *EuGH* entfaltet eine EG-Richtlinie auch vor Ablauf der Umsetzungsfrist Wirkung dergestalt, daß es dem Mitgliedstaat untersagt ist, während der Umsetzungsfrist Vorschriften zu erlassen, die geeignet sind, das in der Richtlinie vorgeschriebene Ziel ernstlich zu gefährden.[122] **61**

Bei der Wahl möglicher Formen und Mittel zur Umsetzung einer EG-rechtlichen Richtlinie sind diejenigen zu ergreifen, die sich am besten dafür eigenen, die praktische Wirksamkeit der Richtlinie zu gewährleisten. Dies erfordert regelmäßig eine Umsetzung durch Gesetz oder aufgrund eines Gesetzes. Eine Umsetzung durch normkonkretisierende Verwaltungsvorschriften reicht nach Auffassung des *EuGH* nicht aus.[123] Auch die Umsetzung einer Richtlinie durch eine dynamische Verweisung auf deren jeweils gültige Fassung ist sowohl im Hinblick auf die Anforderungen des Verfassungsrechts als auch aufgrund der Verpflichtung zu einer effektiven Umsetzung von Richtlinien bedenklich.[124] In den Bereichen, in denen dem Bund nur die Rahmengesetzgebungsbefugnis zusteht, sind die Länder unter dem Aspekt der Bundestreue und des Art. 23 GG zur Mitwirkung bei der Umsetzung von Richtlinien gehalten. Die Umsetzungsregelungen sind im Lichte des EG-Rechsts auszulegen. **62**

Die **Entscheidungen** (Art. 249 S. 4 EGV) sind im Gegensatz zu den Verordnungen Einzelakte, die in allen ihren Teilen für denjenigen verbind- **63**

---

[115] *EuGH,* Urt. v. 11. 7. 1991 – Rs. C-87/90, C-88/90, C-89/90 –, Slg. 1991, 3757 (3783); *ders.,* Urt. v. 11. 8. 1995 – Rs. C-431/92 –, Slg. 1995 I-2189 (2224); *BVerfG,* Urt. v. 8. 4. 1987 – 2 BvR 687/85 –, BVerfGE 75, 223 (235); *BVerwG,* Beschl. v. 21. 1. 1998 – 4 VR 3.97 –, ZUR 1998, 28 (33), zum einstweiligen Baustop der Ostseeautobahn; *Bleckmann,* EuropaR, Rn. 431 ff. m. w. N.

[116] *EuGH,* Urt. v. 19. 11. 1991 – Rs. C- 6/90 u. C-9/90 –, Slg. 1991, I-5357; *Jarass,* NJW 1994, 881 ff.

[117] *Nettesheim,* AöR 1994, 261 ff.

[118] *EuGH,* Urt. v. 5. 4. 1979 – Rs. 148/78 –, Slg. 1979, 1299 (1642).

[119] *BVerwG,* Urt. v. 19. 5. 1998 – 4 A 9.97 –, BVerwGE 107, 1 (18 f.); zur Direktwirkung der FFH-Richtlinie auch *Zeichner,* NVwZ 1999, 32 (33).

[120] *EuGH,* Urt. v. 26. 2. 1996 – Rs. 154/84 –, Slg. 1986, 723 (749); *ders.,* Urt. v. 8. 10. 1987 – Rs. 80/86 –, Slg. 1987, 3769 (3985).

[121] So *EuGH,* Urt. v. 14. 7. 1994 – Rs. C-91/92 –, Slg. 1994, I-3325 (3356); ferner *Bach,* JZ 1990, 1108 ff.; *Winter,* DVBl. 1991, 657 ff.; *Langenfeld,* DÖV 1992, 955 ff.; *Haneklaus,* DVBl. 1993, 129 (130 ff.); *Steinberg/Klößner,* BayVBl. 1994, 33 ff.; *Ress,* DÖV 1994, 489 (493); a. A. wohl *Classen,* EuZW 1993, 83 (95 f.); *Jarass,* Grundfragen der innerstaatlichen Bedeutung des EG-Rechts, S. 85 ff.; *Hilf,* EuR 1993, 1 (10); *Kahl,* Umweltprinzip und Gemeinschaftsrecht, S. 149; *Middeke,* Nationaler Umweltschutz im Binnenmarkt, S. 58 f.; *Papier,* DVBl. 1993, 809 (811 f.); *Ress,* GS Arens, S. 351 (362 ff.); *Himmelmann,* HdbUR, A.9 Rn. 63.

[122] *EuGH,* Urt. v. 18. 12. 1997 – Rs. C-129/96 –, Slg. 1997, I-7411; *Weiß,* DVBl. 1998, 568 ff.

[123] *EuGH,* Urt. v. 30. 5. 1991 – Rs. C-361/88 –, Slg. 1991, I- 2567; dazu auch *Zuleeg,* NJW 1993, 31 (36); *Pernice,* EuR 1994, 325 ff.; *Hoppe,* in: Ipsen/Stüer, Öffentliche Verwaltung in Europa, S. 5 (8 ff.).

[124] *Breier,* RIW 1994, 854 (859); *Himmelmann,* HdbUR, A.9 Rn. 58.

lich sind, demgegenüber sie ergehen.[125] Soweit sie unmittelbar an Bürger gerichtet sind, entsprechen sie im wesentlichen den Verwaltungsakten des deutschen Rechts.

64 **Empfehlungen** und **Stellungnahmen** (Art. 249 S. 5 EGV) enthalten zwar keine verbindlichen Rechtsregeln. Es wird allerdings die Auffassung vertreten, der Vertrauensgrundsatz hindere die EG von einer in einer Stellungnahme oder Empfehlung geäußerten Rechtsauffassung ohne weiteres wieder abzurücken, wenn ein Staat oder ein Bürger im Vertrauen darauf bestimmte Maßnahmen ergriffen habe.[126]

III. Umweltrechtsetzung

65 Die EG hat ihre Tätigkeit im Umweltrecht in den letzten Jahren stetig ausgeweitet. Es werden dabei Maßnahmen des **Allgemeinen Umweltrechts** und Maßnahmen des **Medienspezifischen Umweltrechts** unterschieden.[127]

66 Zu den Maßnahmen des Allgemeinen Umweltrechts sind zum einen die Schaffung einer Europäischen Umweltagentur und die Schaffung eines Finanzierungsinstruments für die Umwelt (LIFE) zu zählen. Zum anderen fallen die Umweltinformations-Richtlinie[128] und die Richtlinie über die Umweltverträglichkeitsprüfung[129] sowie die Öko-Audit-Verordnung[130] in den Bereich des Allgemeinen Umweltrechts.

67 Maßnahmen des Medienspezifischen Umweltrechts entfallen u. a. auf die Bereiche des Naturschutzes, des Gewässerschutzes, der Luftreinhaltung und der Lärmbekämpfung sowie des Abfallrechts und der Bio- und Gentechnologie.[131]

IV. Vollzug des Europäischen Umweltrechts

68 Der Vollzug des europäischen Umweltrechts erfolgt durch die deutschen Verwaltungsbehörden. Dabei wird die Durchführung und die Kontrolle des EG-Umweltrechts auch nach dem Vertrag von Amsterdam nach wie vor als problematisch angesehen.[132]

---

[125] *EuGH,* Urt. v. 10. 11. 1992 – Rs C-156/91 –, NJW 1993, 315 ff.

[126] *Engelhardt,* Bürger und Umwelt, S. 32.

[127] Vgl. dazu *Kloepfer,* UmweltR, § 9 Rn. 51 ff.; *Oppermann,* EuropaR, Rn. 2021.

[128] Richtlinie des Rates über den freien Zugang zu Informationen über die Umwelt (Umweltinformationsrichtlinie – UIRL) v. 7. 6. 1990 (90/313/EWG), ABl. EG Nr. L 158, S. 56.

[129] Richtlinie des Rates vom 27. Juni 1985 über die Umweltverträglichkeitsprüfung bei bestimmten öffentlichen und privaten Projekten (85/337/EWG), ABl. EG Nr. L 175, S. 40, geänd. durch RL (97/11/EG) v. 3. 3. 1997, ABl. EG Nr. L 73, S. 5.

[130] Verordnung (EWG) Nr. 1836/93 des Rates v. 29. 6. 1993 über die freiwillige Beteiligung gewerblicher Unternehmen an einem Gemeinschaftssystem für das Umweltmanagement und die Umweltbetriebsprüfung, ABl. EG Nr. L 168, S. 1, ber. ABl. EG 1995, Nr. L 203, S. 17.

[131] Vgl. i.Ü. *Kloepfer,* UmweltR, § 9 Rn. 52 ff.

[132] *Engelsberger,* Der Vollzug europarechtlicher Vorschriften auf dem Gebiet des Umweltschutzes, S. 28 ff.; *Rengeling,* in: Rengeling, EUDUR, Bd. 1, § 29 Rn. 1 ff.; vgl. auch *Hansmann,* NVwZ 1995, 32 ff.; zu den Instrumenten zur Durchführung des europäischen UmweltR *Scheuing,* NVwZ 1999, 475 ff.

 Dolde, NVwZ 97, 311 (UI-Richtl.), Becker, DVBl 97, 588 (UI-RL), Scheuing, NVwZ 99, 475, Albin, DVBl 00, 1483 (Vollzugskontrolle),

§ 4. Umweltverfassungsrecht

1 Das Umweltverfassungsrecht ist die Gesamtheit der Verfassungsrechtsnormen, die für den Schutz der Umwelt von Bedeutung sind.[1]

2 Zum Umweltverfassungsrecht zählen zum einen Verfassungsnormen, die eine ausdrückliche und spezifisch umweltschützende Funktion aufweisen und zum anderen die Verfassungsrechtssätze, die ohne eine spezifisch umweltschützende Zielsetzung für den Umweltschutz von Bedeutung sind. Geregelt ist das Umweltverfassungsrecht im Grundgesetz[2] und in den Verfassungen der Bundesländer.[3]

3 Das *Grundgesetz* enthält seit seiner Novellierung im Jahre 1994 in Art. 20a GG eine ausdrückliche Verpflichtung des Staates auf den Umweltschutz. Von erheblicher Bedeutung für den Umweltschutz sind aber auch die Grundrechte, das Rechtsstaatsprinzip, das Sozialstaatsprinzip und die Kompetenzregeln über die Verteilung von Gesetzgebungs- und Verwaltungszuständigkeiten im Bereich des Umweltschutzes.

4 Im Gegensatz zum Grundgesetz sind in den meisten *Landesverfassungen* schon seit längerem ausdrückliche Regelungen zum Schutz der Umwelt vorhanden.

A. Umweltverfassungsrecht im Grundgesetz

I. Staatsziel Umweltschutz

5 Mit dem Änderungsgesetz vom 27. 10. 1994[4] wurde den Bestimmungen des Grundgesetzes der Art. 20a GG hinzugefügt. Danach schützt der Staat „auch in Verantwortung für die künftigen Generationen die natürlichen Lebensgrundlagen im Rahmen der verfassungsmäßigen Ordnung durch die Gesetzgebung und nach Maßgabe von Gesetz und Recht durch die vollziehende Gewalt und die Rechtsprechung."

6 Der Einführung dieser Bestimmung war eine langjährige Diskussion vorausgegangen. Anders als die Weimarer Reichsverfassung (Art. 150 WRV) enthielt das Grundgesetz zunächst keine unmittelbar umweltbezogene Verpflichtung. Bestrebungen, eine Pflicht zum Umweltschutz im Grundgesetz zu verankern, gab es indes schon seit Beginn der 70er Jahre.[5] Während zunächst vielfach ein Grundrecht auf menschenwürdige Umwelt gefordert wurde,[6] trat zunehmend die Absicht in den Vordergrund, die

---

[1] Zum UmweltverfassungsR siehe auch *Kimminich,* HdUR, Bd. 2, Sp. 2462 (2462ff.); *Himmelmann,* HdbUR, A.1 Rn. 49ff.; *Schmidt/Müller,* UmweltR, § 2 Rn. 1ff.; *Kloepfer,* UmweltR, § 3 Rn. 1ff.

[2] Grundgesetz für die Bundesrepublik Deutschland v. 23. 5. 1949 (BGBl. S. 1), zul. geänd. durch G v. 16. 7. 1998 (BGBl. I S. 1822).

[3] Vgl. dazu unten § 4 Rn. 117ff.

[4] BGBl. I S. 3146.

[5] Vgl. zur bundespolitischen Diskussion der 70er u. 80er Jahre bei *Müller-Bromley,* Staatszielbestimmung im Grundgesetz, S. 15ff., *Tsai,* Verfassungsrechtliche Umweltschutzpflicht, S. 60ff.; *Schulze-Fielitz,* in: Dreier, GG, Art. 20a Rn. 5.

[6] Vgl. z.B. SRU, Umweltgutachten 1974, BT-Drs. 7/2802, Tz. 634ff.

Erbguth/Stollmann, DÖV 93, 328, Axer, DVBl 93, 1533, Schmidt-Preuß, JZ 00, 581, R. Schmidt, JZ 01, 1168, Kloepfer, JZ 02, 1117

Staatsaufgabe Umweltschutz als Staatszielbestimmung im Grundgesetz festzuschreiben.[7]

7 Umgesetzt wurde der Plan einer den Umweltschutz betreffenden Staatszielbestimmung erst im Zuge der „Verfassungsreform" des Jahres 1994, die durch Art. 5 des Einigungsvertrages[8] angestoßen worden war. Dabei entspricht der Wortlaut des Art. 20a GG dem Vorschlag, den die Gemeinsame Verfassungskommission von Bundestag und Bundesrat zur Vorbereitung des Reformvorhabens erstellt hatte.[9]

8 Nach wie vor im Gespräch ist die Einführung einer *Staatszielbestimmung „Tierschutz"*.[10] Zwar haben weder die „Verfassungsreform" im Jahre 1994 noch die Novellierung des Tierschutzgesetzes zu einer solchen Verfassungsänderung geführt, obwohl eine entsprechende Norm in beiden Gesetzgebungsverfahren diskutiert worden war.[11] Der Bundesrat hat in der 14. Legislaturperiode erneut einen entsprechenden Entwurf im Bundestag eingebracht.[12] Hauptziel dieser Verfassungsänderung ist, dem Tierschutz auch im Verhältnis zu vorbehaltlos gewährleisteten Grundrechten wie insbesondere der Forschungsfreiheit (Art. 5 Abs. 3 GG)[13] und der Religionsfreiheit (Art. 4 GG)[14] Gewicht zu verleihen.[15]

1. Begriff der Staatszielbestimmung

9 Staatszielbestimmungen werden heute zumeist definiert als „Verfassungsnormen mit rechtlich bindender Wirkung, die der Staatstätigkeit die fortdauernde Beachtung oder Erfüllung bestimmter Aufgaben – sachlich umschriebener Ziele – vorschreiben. Sie umreißen ein bestimmtes Programm der Staatstätigkeit und sind dadurch eine Richtlinie oder Direktive für das staatli-

---

[7] Vgl. z.B. SRU, Umweltgutachten 1978, BT-Drs. 8/1938, Tz. 1945ff.; BMI/BMJ, Bericht der Sachverständigenkommission „Staatszielbestimmungen/Gesetzgebungsaufträge", Rn. 153; siehe dazu auch den Gesetzesentwurf des BR, BT-Drs. 11/885, sowie die Vorschläge der SPD-Fraktion, BT-Drs. 11/10 u. der Fraktion DIE GRÜNEN, BT-Drs. 11/663.

[8] Vgl. zum EV oben § 1 Rn. 162ff.

[9] Vgl. Bericht der Gemeinsamen Verfassungskommission, BT-Drs. 12/6000, insbes. S. 65ff.; zur Arbeit der Kommission auch *Schneider,* NJW 1994, 558ff.; *Vogel,* DVBl. 1994, 497ff.; *Sannwald,* NJW 1994, 3313ff.; ausführl. zur Entstehungsgeschichte des Art. 20a GG *Meyer-Teschendorf,* ZRP 1994, 73ff., *Scholz,* in: Maunz/Dürig/Herzog/Scholz, GG, Art. 20a Rn. 19ff. m.w.N.; *Schulze-Fielitz,* in: Dreier, GG, Art. 20a Rn. 6ff..

[10] Vgl. dazu *Caspar,* ZUR 1998, 177ff., *Kloepfer/Rossi,* JZ 1998, 369ff.; *Händel,* ZRP 1996, 137ff.; *Loeper,* ZRP 1996, 143ff.; *Huster,* ZRP 1993, 326ff.; in einigen Länderverfassungen findet sich der Tierschutz bereits als Staatsziel, siehe dazu unten § 4 Rn. 120.

[11] Gemeinsame Verfassungskommission, BT-Drs. 12/6000, S. 69ff.; Bundestagsdebatte v. 13. 11. 1997, BT-Plenarprotokolle, 13. Sitzungsperiode, S. 18417ff.

[12] Vgl. BT-Drs. 14/758; vgl. zu einer entsprechenden Initiative des BR in der 13. Legislaturperiode bereits BR-Drs. 742/97.

[13] Zum Konflikt zwischen Tierschutz u. Forschungsfreiheit vgl. *BVerfG,* Beschl. v. 20. 6. 1994 – 1 BvL 12/94 –, NVwZ 1994, 894ff.; *BVerwG,* Urt. v. 18. 6. 1997 – 6 C 5.96 –, BVerwGE 105, 73ff.

[14] Zum Konflikt zwischen Tierschutz u. Religionsfreiheit (religiös motiviertes „Schächten") vgl. *BVerwG,* Urt. v. 15. 6. 1995 – 3 C 31.93 –, BVerwGE 99, 1ff.

[15] Krit. *Kloepfer/Rossi,* JZ 1998, 369 (372ff.).

che Handeln [...].“[16] Angesichts ihrer rechtlich bindenden Wirkung gehen Staatszielbestimmungen über bloße Programmnormen hinaus.[17] Im Gegensatz zu den Grundrechten stellen Staatszielbestimmungen jedoch objektivrechtliche Gewährleistungen ihrer Inhalte dar; als Grundlage für die Ableitung subjektiver und einklagbarer Rechte sind sie daher nicht geeignet.[18] Gleichwohl hat schon die Sachverständigenkommission die *Appellfunktion* von Staatszielbestimmungen hervorgehoben.[19] Sowohl die Staatstätigkeit, als auch die allgemeine Bewußtseinsbildung werden auf das jeweilige Staatsziel programmatisch ausgerichtet.[20]

2. Inhalt der Staatszielbestimmung

a) Schutz der natürlichen Lebensgrundlagen

Art. 20a GG verpflichtet den Staat, die *„natürlichen Lebensgrundlagen“* zu schützen. Die „Umwelt“ ist demnach nicht ausdrücklich zum Schutzobjekt erhoben worden, wohl weil man den Begriff für kaum definierbar hielt.[21] 10

Auch der Begriff der „natürlichen Lebensgrundlagen“ ist indes in hohem Maße konkretisierungsbedürftig. *Lebensgrundlagen* sind alle Güter, ohne die das Leben nicht über einen längeren Zeitraum fortbestehen könnte.[22] Damit wird der Schutzbereich des Art. 20a GG allerdings nicht auf das ökologische Existenzminimum beschränkt. Vielmehr sind alle Umweltgüter geschützt, die Grundlage menschlichen, tierischen und pflanzlichen Lebens sind.[23] Durch die Begrenzung auf die *natürlichen* Lebensgrundagen ist die sozio-kulturelle Umwelt aus dem Schutzbereich ausgeklammert.[24] Das heißt jedoch nicht, daß die vom Menschen gestaltete Umwelt von vornherein aus dem Anwendungsbereich herausfällt; auch Kulturlandschaften sind vom Schutz des Art. 20a GG erfaßt.[25] 11

[16] BMI/BMJ, Bericht der Sachverständigenkommission „Staatszielbestimmungen/Gesetzgebungsaufträge“, Rn. 7; den Versuch eines Vergleiches zwischen dem Staatsziel Umweltschutz und dem Sozialstaatsprinzip unternimmt *Uhle,* JuS 1996, 96ff.; grundl. zum Normtypus der Staatszielbestimmung *Sommermann,* Staatsziele und Staatszielbestimmungen, S. 325ff., insbes. S. 355ff.

[17] *Degenhart,* StaatsR I, Rn. 367; *Murswiek,* in: Sachs, GG, Art. 20a Rn. 12.

[18] *BVerwG,* Urt. v. 6. 11. 1997 – 4 A 16/97 –, NVwZ 1998, 398 (399); *dass.,* Beschl. v. 19. 12. 1997 – 8 B 234/97 –, NVwZ 1998, 1080 (1081); *Klein,* in: Schmidt-Bleibtreu/Klein, GG, Art. 20a Rn. 3; *Tsai,* Verfassungsr. Umweltschutzpflicht, S. 36, 71ff.; *Uhle,* JuS 1996, 96 (97).

[19] Vgl. z.B. SRU, Umweltgutachten 1974, BT-Drs. 7/2802, Tz. 32.

[20] Siehe dazu auch *Murswiek,* NVwZ 1996, 222 (223).

[21] *Henneke,* NuR 1995, 325 (328); krit. dazu *Kloepfer,* DVBl. 1996, 73 (76); *Schink,* DÖV 1997, 221 (223).

[22] *Müller-Bromley,* Staatszielbestimmung im Grundgesetz, S. 104; *Peters,* NVwZ 1995, 555 (555); *Murswiek,* NVwZ 1996, 222 (224); *Kloepfer,* DVBl. 1996, 73 (76); *Schulze-Fielitz,* in: Dreier, GG, Art. 20a Rn. 28f..

[23] So schon BMI/BMJ, Bericht der Sachverständigenkommission „Staatszielbestimmungen/Gesetzgebungsaufträge“, Rn. 155; auch *Murswiek,* NVwZ 1996, 222 (224); *Schink,* DÖV 1997, 221 (223).

[24] *Waechter,* NuR 1996, 321 (323); *Jarass,* in: Jarass/Pieroth, GG, Art. 20a Rn. 2.

[25] *Kloepfer,* DVBl. 1996, 73 (76); *Scholz,* in: Maunz/Dürig/Herzog/Scholz, GG, Art. 20a Rn. 36.

12 Zur weiteren Konkretisierung des Begriffs „natürliche Lebensgrundlagen" kann auf die Begriffsbestimmung in § 2 Abs. 1 S. 1 UVPG zurückgegriffen werden, wo als Umweltgüter Tiere, Pflanzen, Boden, Wasser, Luft, Klima und Landschaft, einschließlich der jeweiligen Wechselwirkungen, genannt sind.[26] Auch § 1 Abs. 1 BNatSchG ist in diesem Zusammenhang von Bedeutung.[27] Letztlich ist es jedoch in erster Linie Aufgabe des Gesetzgebers, in Umsetzung und Ausgestaltung der Staatszielbestimmung die konkreten Schutzgüter zu benennen.[28]

13 Umstritten ist, ob das Staatsziel Umweltschutz anthropozentrisch ausgerichtet ist, die Umwelt also nur als Lebensgrundlage des Menschen und im Interesse seiner Belange schützt,[29] oder ob eine ökozentrische Sicht im Vordergrund steht, die Umwelt also um ihrer selbst willen geschützt werden soll.[30] Für beide Standpunkte lassen sich Argumente finden: Einerseits hat der Gesetzgeber bei dem Begriff der „Lebensgrundlagen" auf den z. B. in § 1 BNatSchG vorhandenen Zusatz „des Menschen" verzichtet. Andererseits spricht die ausdrücklich erwähnte „Verantwortung für die künftigen Generationen" für einen eher auf den Menschen bezogenen Umweltschutz. Auch die für das gesamte Grundgesetz maßgebende Grundsatznorm des Art. 1 Abs. 1 GG, welche die Würde des Menschen in den Mittelpunkt stellt, kann gegen ein ausschließlich ökozentrisches Verständnis angeführt werden.[31] Zu Recht wendet schließlich *Kloepfer* gegen eine ökozentrische Ausrichtung ein, daß es der menschlichen Interpretationsmacht obläge, die „Eigeninteressen" der Natur zu definieren, so daß also auch die Ökozentrik nur anthropozentrisch funktionieren würde.[32]

14 Letztlich sollte dieser Streit nicht überbewertet werden.[33] Denn auch die anthropozentrische Sichtweise führt nicht dazu, daß die Umwelt nur dort zu schützen ist, wo sich ein konkreter Nutzen für den Menschen erkennen läßt. Das ergibt sich aus der Einsicht in die Komplexität des Naturhaushalts und seine Gesetze. Dem „ökologischen Vorsichtprinzip" ist in diesem Zusammenhang nur mit einem Verhalten gedient, das möglichst wenig in die Natur eingreift und dauerhafte, irreparable Schäden vermeidet.[34]

---

[26] *Scholz,* in: Maunz/Dürig/Herzog/Scholz, GG, Art. 20 a Rn. 36; *Peters,* NVwZ 1995, 555 (555); *Bernsdorff,* NuR 1997, 328 (331).

[27] *Scholz,* in: Maunz/Dürig/Herzog/Scholz, GG, Art. 20 a Rn. 36; *Bernsdorff,* NuR 1997, 328 (331).

[28] *Scholz,* in: Maunz/Dürig/Herzog/Scholz, GG, Art. 20 a Rn. 36; *Kloepfer,* DVBl. 1996, 73 (76).

[29] So *Uhle,* DÖV 1993, 947 (953); *Peters,* NVwZ 1995, 555 (555); *Kloepfer,* DVBl. 1996, 73 (77); *Schink,* DÖV 1997, 221 (224); *Scholz,* in: Maunz/Dürig/Herzog/Scholz, GG, Art. 20 a Rn. 38 ff. m. w. N.; *Himmelmann,* HdbUR, A.1 Rn. 53.

[30] Dahin tendierend *Vogel,* DVBl. 1994, 497 (500); *Kuhlmann,* NuR 1995, 1 (3 ff.); *Murswiek,* NVwZ 1996, 222 (224); nach Ansicht von *Steiger,* in: Salzwedel, Grundzüge des UmweltR, 2. Aufl., Teil 02 Rn. 47 ff. ist die Frage verfassungsrechtl. offen geblieben.

[31] Vgl. z. B. *Uhle,* DÖV 1993, 947 (953); *Bernsdorff,* NuR 1997, 328 (331); aus Art. 1 Abs. 1 GG wird indes auch das Gegenteil geschlossen, z. B. von *Murswiek,* NVwZ 1996, 222 (224).

[32] *Kloepfer,* UmweltR, § 3 Rn. 27; *ders.,* DVBl. 1996, 73 (77); ebenso *Berg,* FS Stern, S. 421 (431 f.).

[33] So auch *Murswiek,* NVwZ 1996, 222 (224); *Kloepfer,* DVBl. 1996, 73 (77); *Steinberg,* NJW 1996, 1985 (1991).

[34] Vgl. auch *Kloepfer,* in: BK, GG, Art. 20 a Rn. 53 f.; *Bernsdorff,* NuR 1997, 328 (331).

Durch Art. 20a GG wird der Staat verpflichtet, die natürlichen Lebensgrundlagen zu *„schützen"*. Diesbezüglich lassen sich die 15

- Achtungspflicht
- Erhaltungs- und Wiederherstellungspflicht
- Gefahrenabwehr und Gefahrenvorsorgepflicht

unterscheiden.[35]

Zunächst ergibt sich eine Pflicht des Staates, eigene Beeinträchtigungen der natürlichen Lebensgrundlagen zu unterlassen **(Achtungspflicht)**.[36] Zumindest solchen staatlichen Aktivitäten, die mit Sicherheit zu einer Schädigung von Umweltgütern führen würden, steht demnach Art. 20a GG entgegen. Dies gilt nicht nur für unmittelbar umweltschädigendes Handeln des Staates, sondern auch für das Fördern von Umweltbeeinträchtigungen Dritter (z.B. durch Subventionen).[37] 16

Daneben enthält Art. 20a GG auch eine Verpflichtung des Staates zu positivem Handeln. So hat er bereits eingetretene Umweltschäden zu beseitigen und die Pflege solcher Umweltgüter zu betreiben, die ohne menschliches Handeln nicht erhalten blieben **(Erhaltungs- und Wiederherstellungspflicht)**.[38] Diese Verpflichtungen, die über den engeren Wortsinn des Begriffes „Schutz" hinausgehen,[39] ergeben sich v.a. aus dem Hinweis auf die „Verantwortung für die künftigen Generationen" in Art. 20a GG. 17

Schließlich ist Art. 20a GG eine Pflicht des Staates zur Abwehr von Eingriffen Privater in die natürlichen Lebensgrundlagen zu entnehmen.[40] Diese Verpflichtung beschränkt sich nicht auf die Bekämpfung von akuten Gefahren, sondern sie umfaßt bereits eine wirksame Gefahrenvorsorge **(Gefahrenabwehr- und Gefahrenvorsorgepflicht)**.[41] 18

Erschöpfte sich der Regelungsgehalt des Art. 20a GG darin, den Staat auf den Schutz der natürlichen Lebensgrundlagen zu verpflichten, ohne eine Aussage über das Maß des gebotenen Schutzes zu treffen, liefe er als rechtliche Verpflichtung leer. Das Bedürfnis nach Konkretisierung des Staatsziels Umweltschutz erstreckt sich daher auch auf die Frage nach dem gebotenen Schutzniveau.[42] Insoweit läßt Art. 20a GG nur einige Anhaltspunkte erkennen. Eine Minimalforderung ergibt sich aus der Verwendung des Begriffs „Lebensgrundlagen". Umfassen diese nämlich diejenigen Umweltgüter, ohne die das Leben nicht über einen längeren Zeitraum fortbestehen könnte, so muß ein dem Art. 20a GG gerecht werdender Umweltschutz zumindest solche Umweltbedingungen erhalten bzw. schaffen, die ein Überleben ermöglichen.[43] Darüber hinaus läßt sich aus der in Art. 20a GG angesprochenen „Verantwortung für die künftigen Generationen" erkennen, daß der durch 19

---

[35] Vgl. auch *Murswiek,* in: Sachs, GG, Art. 20a Rn. 33ff.; *Steiger,* in: Salzwedel, Grundzüge des UmweltR, 2. Aufl., Teil 02 Rn. 73ff.

[36] *Jarass,* in: Jarass/Pieroth, GG, Art. 20a Rn. 3; *Kloepfer,* DVBl. 1996, 73 (77); *Murswiek,* NVwZ 1996, 222 (225); differenzierend *Tsai,* Verfassungsr. Umweltschutzpflicht, S. 93ff.

[37] Dazu *Murswiek,* NVwZ 1996, 222 (225f.).

[38] *Waechter,* NuR 1996, 321 (327); *Murswiek,* NVwZ 1996, 222 (225); *Klein,* in: Schmidt-Bleibtreu/Klein, GG, Art. 20a Rn. 9.

[39] Siehe z.B. BMI/BMJ, Bericht der Sachverständigenkommission „Staatszielbestimmungen/Gesetzgebungsaufträge", Rn. 156, wo zwischen „schützen" u. „pflegen" unterschieden wird.

[40] *Jarass,* in: Jarass/Pieroth, GG, Art. 20a Rn. 3; *Kloepfer,* DVBl. 1996, 73 (77).

[41] *Murswiek,* NVwZ 1996, 222 (225).

[42] Dazu v.a. *Murswiek,* NVwZ 1996, 222 (226f.); *Schink,* DÖV 1997, 221 (226f.).

[43] *Waechter,* NuR 1996, 321 (325); *Murswiek,* NVwZ 1996, 222 (226).

die Vorschrift gebotene Umweltschutz dem „Nachhaltigkeitsprinzip" verpflichtet ist.[44] Gerade beim Umgang mit nachwachsenden Rohstoffen und bei der Reduzierung von Schadstoffbelastungen läßt sich ein konkreter Maßstab für das Schutzniveau ableiten.[45] Ferner soll die Aufnahme des Staatsziels Umweltschutz in die Verfassung einer Verbesserung des tatsächlich praktizierten Umweltschutzes dienen.[46] Daraus folgt, daß ein Umweltschutzniveau, das hinter dem im Jahre 1994 vorhandenen zurückbleibt, den Anforderungen des Art. 20a GG nicht gerecht wird.[47]

b) Verantwortung für die künftigen Generationen

20 Die natürlichen Lebensgrundlagen sind nach Art. 20a GG *„auch in Verantwortung für die künftigen Generationen"* zu schützen. Das Staatsziel Umweltschutz wird damit um die Dimension des „Nachweltschutzes" erweitert. Die Aufnahme dieses Zusatzes entspricht der Bedeutung, welche der Aspekt der Langzeitverantwortung in der umweltpolitischen Diskussion der letzten Jahre gewonnen hat.[48] Sie entspricht insbesondere auch der Forderung nach nachhaltiger Entwicklung, welche auf der Umweltkonferenz von Rio de Janeiro 1992 in den Mittelpunkt staatlicher Umweltpolitik gerückt worden ist.[49]

21 Rechtliche Konsequenzen aus der Verpflichtung zum Nachweltschutz ergeben sich bei der Konkretisierung von Art und Umfang des durch Art. 20a GG gebotenen Schutzes. So erhält das Ziel der Ressourcenschonung (Sparsamkeit) verfassungsrechtlichen Rang. Ein Abbau von Bodenschätzen, der diese in absehbarer Zeit erschöpft, ist mit einem der Langzeitverantwortung verpflichteten Umweltschutz nicht zu vereinbaren.[50] Bei der Bewertung von Schadstoffbelastungen dürfen nicht nur die aktuellen Umweltauswirkungen berücksichtigt werden; es ist vielmehr die Akkumulation über einen längeren Zeitraum hinweg mit einzubeziehen.[51] Dasselbe gilt in bezug auf die Bewertung von Risiken, z.B. bei der Endlagerung von Atommüll. Auch das Langzeitrisiko ist hier zu berücksichtigen.[52]

c) Schutz durch Gesetzgebung, vollziehende Gewalt und Rechtsprechung

22 Indem Art. 20a GG erklärt, der Staat schütze die natürlichen Lebensgrundlagen durch *„die Gesetzgebung"*, durch *„die vollziehende Gewalt"* und durch *„die Rechtsprechung"*, bestimmt er alle drei Staatsgewalten zu seinen Normadressaten. Diese Bindung aller Gewalten ist kennzeichnend für eine

---

[44] Siehe dazu oben § 1 Rn. 64f.

[45] Siehe dazu *Murswiek,* NVwZ 1996, 222 (225, 227).

[46] Vgl. den Bericht der Gemeinsamen Verfassungskommission, BT-Drs. 12/6000, S. 65.

[47] *Murswiek,* NVwZ 1996, 222 (226f.); *Bernsdorff,* NuR 1997, 328 (332); ebenso *VG Frankfurt/Main,* Urt. v. 21. 5. 1996 – 6 E 2571/95 –, NVwZ-RR 1997, 92 (95).

[48] Dazu *Gethmann/Kloepfer/Nutzinger,* Langzeitverantwortung im Umweltstaat, S. 1ff. m.w.N.

[49] Siehe dazu ausführl. oben § 1 Rn. 64 u. § 3 Rn. 8.

[50] *Waechter,* NuR 1996, 321 (326); *Murswiek,* NVwZ 1996, 222 (225); *Schink,* DÖV 1997, 221 (225); *Unruh/Strohmeyer,* NuR 1998, 225 (231).

[51] *Schink,* DÖV 1997, 221 (225).

[52] *Murswiek,* NVwZ 1996, 222 (225); über die gen. Aspekte hinaus wird z.T. gefordert, die Langzeitverantwortung durch geregelte Verfahren und Organisationsformen – z.B. einen „Nachweltbeauftragten" – zu institutionalisieren, dazu *Kloepfer,* DVBl. 1996, 73 (78) m.w.N.

Staatszielbestimmung und unterscheidet diese vom Gesetzgebungsauftrag, der sich naturgemäß nur an die Gesetzgebungsorgane richtet.[53] Auch bei der Staatszielbestimmung steht indes nicht zuletzt aufgrund ihrer Konkretisierungsbedürftigkeit die Bindung des Gesetzgebers im Vordergrund.[54] Dies wird in Art. 20a GG zusätzlich dadurch verdeutlicht, daß die Bindung der übrigen Gewalten unter den Vorbehalt von „Gesetz und Recht" gestellt wird.

Eine Bindungswirkung für *Private* entfaltet Art. 20a GG nicht.[55] Dies geht aus dem Wortlaut eindeutig hervor. Auch eine Drittwirkung der Vorschrift ist abzulehnen, da die Wertentscheidung zugunsten des Umweltschutzes erst der aktuellen Umsetzung bzw. der konkreten Ausgestaltung durch den Gesetzgeber bedarf.[56] **23**

d) Im Rahmen der verfassungsmäßigen Ordnung und nach Maßgabe von Gesetz und Recht

Soweit Art. 20a schließlich erklärt, der Staat schütze die Umwelt *„im Rahmen der verfassungsmäßigen Ordnung"* bzw. *„nach Maßgabe von Gesetz und Recht"*, wiederholt er, was schon in Art. 20 Abs. 3 GG festgeschrieben ist, daß nämlich die Gesetzgebung an die verfassungsmäßige Ordnung, die vollziehende Gewalt und die Rechtsprechung an Gesetz und Recht gebunden sind. Den Einschränkungen wird daher überwiegend nur deklaratorische Bedeutung beigemessen.[57] **24**

3. Auswirkungen der Staatszielbestimmung

Neben dem Effekt, die Bildung eines ökologischen Bewußtseins zu stärken und die Staatstätigkeit programmatisch auf den Umweltschutz auszurichten (Appellfunktion),[58] entfaltet Art. 20a GG auch konkrete rechtliche Auswirkungen.[59] **25**

a) Gesetzgebung

Wie oben bereits festgestellt worden ist, wendet sich Art. 20a GG in erster Linie an den Gesetzgeber. Dieser ist verpflichtet, den in der Norm enthaltenen Gestaltungsauftrag umzusetzen, indem er geeignete Umweltschutzvor- **26**

---

[53] Vgl. BMI/BMJ, Bericht der Sachverständigenkommission „Staatszielbestimmungen/Gesetzgebungsaufträge", Rn. 6ff.; *Sommermann,* Staatsziele und Staatszielbestimmungen, S. 383ff.

[54] *BVerwG,* Beschl. v. 13. 4. 1995 – 4 B 70/95 –, NJW 1995, 2648 (2649); *dass.,* Urt. v. 6. 11. 1997 – 4 A 16/97 –, NVwZ 1998, 398 (399); *Jarass,* in: Jarass/Pieroth, GG, Art. 20a Rn. 7; grundl. *Scholz,* in: Maunz/Dürig/Herzog/Scholz, GG, Art. 20a Rn. 46ff. m.w.N.; *Uhle,* JuS 1996, 96 (97f.).

[55] Vgl. *Meyer-Teschendorf,* ZRP 1994, 73 (77); krit. dazu *Kloepfer,* DVBl. 1996, 73 (74f.).

[56] *Scholz,* in: Maunz/Dürig/Herzog/Scholz, GG, Art. 20a Rn. 45.

[57] So *Uhle,* DÖV 1993, 947 (952); *Becker,* DVBl. 1995, 713 (717); *Kloepfer,* DVBl. 1996, 73 (75f.); *Murswiek,* NVwZ 1996, 222 (222f.); *Jarass,* in: Jarass/Pieroth, GG, Art. 20a Rn. 8; a.A. *Scholz,* in: Maunz/Dürig/Herzog/Scholz, GG, Art. 20a, Rn. 52.

[58] Dazu bereits oben § 4 Rn. 9.

[59] Zu den Auswirkungen des Art. 20a GG auf die Landnutzung vgl. *Söhnlein,* Landnutzung im Umweltstaat des Grundgesetzes, S. 46ff.; zur Berücksichtigung beim Gesetzesvollzug *Becker,* DVBl. 1995, 713ff.

schriften erläßt.[60] Insoweit ist allerdings zu berücksichtigen, daß dem Gesetzgeber ein *weiter Gestaltungsspielraum* zukommt, bei dessen Ausübung zudem neben dem Staatsziel Umweltschutz auch andere Abwägungspositionen zu beachten sind.[61] *Konkrete* Gesetzgebungs*pflichten* dürften dem Art. 20a GG somit nur in geringem Umfang zu entnehmen sein.[62]

Fall: Das Eisenbahn-Bundesamt erläßt einen Planfeststellungsbeschluß, der das Bauvorhaben „Verkehrsanlagen im zentralen Bereich Berlins" betrifft. Dieses Vorhaben umfaßt Tunnelbauten für die Fernbahn, eine Bundesstraße und eine U-Bahn, die in Nord-Süd-Richtung den Berliner Tiergarten unterqueren (sog. Tiergartentunnel). Der Kläger, ein anerkannter Naturschutzverband i. S. v. § 29 BNatSchG, wendet sich mit einer naturschutzrechtlichen Verbandsklage gegen die Planfeststellung und verlangt die Aufhebung des Planfeststellungsbeschlusses. Dem Einwand, die naturschutzrechtliche Verbandsklage sei bei Planfeststellungen einer Bundesbehörde nicht vorgesehen und daher unstatthaft, hält er entgegen, diese Rechtslage sei mit höherrangigem Recht, insbesondere mit den Art. 3 Abs. 1, 19 Abs. 4 und 20a GG, nicht vereinbar. Das *BVerwG* hat die Klage als unzulässig abgewiesen. In bezug auf Art. 20a GG führt das Gericht aus, auch mit Blick auf das Staatsziel Umweltschutz unterliege es dem Gestaltungsspielraum des Bundesgesetzgebers, für seinen Kompetenzbereich über die Zulassung der naturschutzrechtlichen Verbandsklage eigenständig zu befinden.[63]

b) Gesetzesauslegung

27 Neben den Auswirkungen auf die Tätigkeit des Gesetzgebers kommt dem Staatsziel Umweltschutz auch rechtliche Bedeutung auf dem Gebiet der Gesetzesauslegung zu.[64] Dies betrifft vor allem die Konkretisierung von *unbestimmten Rechtsbegriffen* und *Generalklauseln.*[65]

Beispiel: Nach § 5 Abs. 1 Nr. 2 BImSchG sind genehmigungsbedürftige Anlagen so zu errichten und zu betreiben, daß Vorsorge gegen schädliche Umwelteinwirkungen getroffen wird, insbesondere durch die dem Stand der Technik entsprechenden Maßnahmen der Emissionsbegrenzung.[66] Bei der Konkretisierung dieser Anforderungen ist der Maßstab des Art. 20a GG zu beachten. Um der dort verankerten „Verantwortung für die künftigen Generationen" gerecht zu werden, sind auch solche Umweltbelastungen zu vermeiden, die zwar keine sofortigen Umweltschäden erwarten lassen, die aber die Lebensgrundlagen langfristig gefährden. Das in § 5 Abs. 1 Nr. 2 BImSchG enthaltene Vorsorgeprinzip wird somit verstärkt und in zeitlicher Hinsicht ausgeweitet.

---

[60] *Jarass,* in: Jarass/Pieroth, GG, Art. 20a Rn. 7; näher *Sommermann,* Staatsziele und Staatszielbestimmungen, S. 427ff.; *Tsai,* Verfassungsr. Umweltschutzpflicht, S. 125ff.; *Bernsdorff,* NuR 1997, 328 (332ff.).

[61] Dazu *BFH,* Urt. v. 27. 8. 1996 – VII R 14/95 –, BFHE 181, 243 (250f.); *Uhle,* DÖV 1993, 947 (952); *Waechter,* NuR 1996, 321 (322); *Bernsdorff,* NuR 1997, 328 (330); ausführl. *Müller-Bromley,* Staatszielbestimmung im Grundgesetz, S. 114ff.; *Tsai,* Verfassungsrechtliche Umweltschutzpflicht, S. 154ff.

[62] So auch *Murswiek,* NVwZ 1996, 222 (229); *Jarass,* in: Jarass/Pieroth, GG, Art. 20a Rn. 7; ähnl. *VG Frankfurt/Main,* Urt. v. 21. 5. 1996 – 6 E 2571/95 –, NVwZ-RR 1997, 92 (95).

[63] *BVerwG,* Urt. v. 18. 4. 1996 – 11 A 86.95 –, BVerwGE 101, 73 (83); ähnl. *BVerwG,* Urt. v. 5. 3. 1997 – 11 A 14.96 –, NuR 1997, 403f.; *BVerwG,* Urt. v. 6. 11. 1997 – 4 A 16/97 –, NVwZ 1998, 398 (399).

[64] Ähnl. *Henneke,* NuR 1995, 325 (332); *Schink,* DÖV 1997, 221 (228); grundl. dazu *Becker,* DVBl. 1995, 713ff.; zur Befreiung vom Anschluß- u. Benutzungszwang an eine öffentl. Entwässerungseinrichtung unter Hinweis auf Art. 20a GG vgl. *BVerwG,* Beschl. v. 19. 12. 1997 – 8 B 234.97 –, BayVBl. 1998, 602f.

[65] Vgl. *Scholz,* in: Maunz/Dürig/Herzog/Scholz, GG, Art. 20a Rn. 57; *Murswiek,* NVwZ 1996, 222 (229); *Steinberg,* NJW 1996, 1985 (1993); angedeutet auch bei *BVerwG,* Beschl. v. 19. 12. 1997 – 8 B 234.97 –, NVwZ 1998, 1080 (1081). = DVBl 98, 1222

[66] Ausführl. dazu unten § 21 Rn. 58ff.

28 Auch wenn es sich nicht um unbestimmte Rechtsbegriffe im engeren Sinne handelt, kann Art. 20a GG die Auslegung von Normen beeinflussen. Ansatzpunkt ist insoweit der Grundsatz der *„Einheit der Rechtsordnung"*, der verlangt, daß Gesetze, die unter der Geltung des Grundgesetzes erlassen worden sind, im Einklang mit der Verfassung ausgelegt werden. Unter mehreren möglichen Auslegungen ist daher die diesen Anforderungen genügende (verfassungskonforme) Auslegung zu wählen.[67]

c) Ermessensausübung und planerische Abwägung

29 Als besonders wichtige Auswirkung des Art. 20a GG wird sein Einfluß bei Ermessens- und Planungsentscheidungen angesehen.[68]

30 Die Verwaltung hat sich bei der *Ermessensausübung* am Zweck der Ermessensermächtigung zu orientieren. Soweit eine solche Ermächtigung in einem Umweltschutzgesetz enthalten ist, kann sie sich demnach ohne weiteres von dem Gedanken des Umweltschutzes leiten lassen; Art. 20a GG ist in diesem Zusammenhang kaum von Bedeutung.[69] Anders sieht es jedoch bei solchen Ermessensnormen aus, die keine explizit umweltschützende Zielsetzung aufweisen. Hier gestattet es erst Art. 20a GG bei der Ermessensausübung auch Aspekte des Umweltschutzes zu berücksichtigen. Dabei ist allerdings sorgfältig zu prüfen, ob nicht der Gesetzgeber die ermessensleitenden Gesichtspunkte abschließend festgelegt hat. Eine solche gesetzgeberische Entscheidung darf nicht unter Hinweis auf das Staatsziel Umweltschutz überspielt werden.[70]

Beispiel: Gastwirt G beantragt bei der zuständigen Behörde die straßenrechtliche Sondernutzungserlaubnis zum Aufstellen zusätzlicher Tische. Die Behörde erteilt die Erlaubnis mit der Maßgabe, die Verwendung von Einweggeschirr zu unterlassen. Die Behörde ist der Auffassung, sie dürfe die Sondernutzungserlaubnis mit Bedingungen und Auflagen verbinden (z.B. § 18 Abs. 2 S. 2 StrWG NW). Auch wenn sie ihre (Ermessens-)Entscheidung über derartige Nebenbestimmungen an straßenrechtsspezifischen Aspekten auszurichten habe,[71] so sei sie nach Art. 20a GG gehalten, die natürlichen Lebensgrundlagen zu schützen und den Umweltschutz bei der Entscheidung über die Sondernutzungserlaubnis zu berücksichtigen.[72] Nach Ansicht des *BVerwG* hat der Bundesgesetzgeber in dem – für den konkreten Fall noch maßgeblichen – Abfallgesetz sowie in der Verpakungsverordnung eine abschließende Regelung über die Vermeidung von Verpackungsabfällen getroffen. Da das Bundesrecht eine Pflicht, keine Einwegverpakungen zu verwenden, nicht kenne, seien die Gemeinden nicht befugt, eine solche Pflicht zum Zwecke der Abfallvermeidung durch straßenrechtliche Auflagen einzuführen.[73]

---

[67] Vgl. *BVerwG,* Urt. v. 6. 11. 1997 – 4 A 16/97 –, NVwZ 1998, 398 (399); allgem. zur verfassungskonformen Auslegung *Hesse,* Grundzüge des VerfassungsR, Rn. 80f.

[68] *Henneke,* NuR 1995, 325 (332f.); *Peters,* NVwZ 1995, 555 (556); *Kloepfer,* DVBl. 1996, 73 (75); *Steinberg,* NJW 1996, 1985 (1993); *Schink,* DÖV 1997, 221 (228); angedeutet auch bei *BVerwG,* Beschl. v. 19. 12. 1997 – 8 B 234.97 –, NVwZ 1998, 1080 (1081).

[69] *Murswiek,* in: Sachs, GG, Art. 20a Rn. 69.

[70] *Murswiek,* in: Sachs, GG, Art. 20a Rn. 69; *Steiger,* in: Salzwedel, Grundzüge des UmweltR, 2. Aufl., Teil 02 Rn. 125; vgl. dazu auch *BVerwG,* Beschl. v. 19. 12. 1997 – 8 B 234–97 –, BayVBl. 1998, 602ff.

[71] Vgl. *Papier,* Recht der öffentlichen Sachen, § 5 II 1 m. w. N.

[72] Vgl. dazu *Becker,* DVBl. 1995, 713 (719).

[73] *BVerwG,* Urt. v. 23. 4. 1997 – 11 C 4/97 –, BVerwGE 104, 331ff.

31 Auch im Zusammenhang mit der *planerischen Abwägung* ist Art. 20a GG von Bedeutung.[74] Zunächst gebietet es die Staatszielbestimmung, den Umweltschutz als abwägungserheblichen Belang in die Abwägung einzubeziehen, sofern dies nicht ohnehin schon einfachgesetzlich vorgesehen ist. Diese Berücksichtigungspflicht bietet sich v.a. deshalb an, weil Planung und Staatsziel wegen ihrer vorrangig finalen, zukunftsgerichteten Struktur Affinitäten aufweisen. Der Plan ist maßgebliches Instrument für die Umsetzung eines Staatsziels in die Realität.[75]

32 Nicht eindeutig geklärt ist, ob den Umweltbelangen aufgrund des Art. 20a GG ein besonderes Gewicht bzw. ein Vorrang bei der Abwägung zukommt. Von einem Teil der Literatur wird ein solcher Vorrang dadurch begründet, daß das Staatsziel Umweltschutz als „Optimierungsgebot" angesehen wird.[76] Der Belang des Umweltschutzes verlangte dann eine möglichst weitreichende Beachtung.[77] Es ist jedoch darauf hinzuweisen, daß der durch Art. 20a GG gebotene Umweltschutz jedenfalls dann keinen Vorrang vor anderen Belangen beanspruchen kann, wenn auch diese verfassungsrechtlich verankert sind, wie dies z.B. bei den grundrechtlich geschützten Belangen Privater der Fall ist.[78] Eine Besserstellung des Umweltschutzes würde hier der Gleichordnung der verfassungsrechtlichen Vorgaben, die in Art. 20a GG noch einmal betont wird, nicht gerecht.

d) Verfassungsimmanente Grundrechtsschranke

33 Eine weitere rechtliche Auswirkung ergibt sich aus der Rechtsprechung des *BVerwG* zu Art. 20a GG.[79] Das Staatsziel Umweltschutz kann als verfassungsimmanente Schranke Eingriffe des Gesetzgebers in solche Grundrechte legitimieren, die keinem ausdrücklichen Gesetzesvorbehalt unterliegen.[80] Neben der Kunstfreiheit kommen insoweit vor allem auch die Religionsfreiheit und die Wissenschaftsfreiheit in Betracht.[81] Auch Art. 20a GG kann indes das jeweilige Grundrecht nicht über die Grenzen hinaus einschränken, die durch den Grundsatz der Verhältnismäßigkeit gezogen sind.

Fall: A ist Eigentümer eines mit einem Wochenendhaus bebauten Grundstücks im Außenbereich. Er möchte auf dem Grundstück zwei Monumentalfiguren aufstellen, bei denen es sich um Darstellungen von *Artemis* und *Aurora* handelt, die *Arno Breker* zugeschrieben werden. Die Figuren sind 6m hoch und 7m breit und sollen auf ca. 7m hohe Sockel aus Beton und Quadersteinen gesetzt werden. Das Landratsamt lehnt den von A gestellten Bauantrag ab. Die von A eingelegte Klage wird vom *VGH*

---

[74] Dazu ausführl. *Henneke*, NuR 1995, 325 (332ff.); *Schulze-Fielitz*, in: Dreier, GG, Art. 20a Rn. 42f.; zur Bedeutung des Art. 20a GG bei der Ausweisung eines Landschaftsschutzgebietes vgl. *BVerfG*, Beschl. v. 10. 10. 1997 – 1 BvR 310/84 –, NJW 1998, 367 (368); vgl. zur planerischen Abwägung ferner unten § 7 Rn. 8ff.

[75] *Erbguth/Wiegand*, Die Verw. 1996, 159 (164).

[76] *Murswiek*, in: Sachs, GG, Art. 20a Rn. 70; *ders.*, NVwZ 1996, 222 (226, 229); für ein besonderes Gewicht auch *Steiger*, in: Salzwedel, Grundzüge des UmweltR, 2. Aufl., Teil 02 Rn. 124; *Peters*, NVwZ 1995, 555 (557); vorsichtig *Kloepfer*, in: BK, GG, Art. 20a Rn. 69.

[77] Zur (umstrittenen) Bedeutung von Optimierungsgeboten im PlanungsR näher *Hoppe*, DVBl. 1992, 853ff.; *Bartlsperger*, DVBl. 1996, 1ff.

[78] So auch *Henneke*, NuR 1995, 325 (333); *Schink*, DÖV 1997, 221 (228).; *Kloepfer*, UmweltR, § 3 Rn. 41.

[79] Vgl. *BVerwG*, Beschl. v. 13. 4. 1995 – 4 B 70/95 –, NJW 1995, 2648ff.; *BVerwG*, Beschl. v. 21. 9. 1995 – 4 B 263/94 – NJW 1996, 1163.

[80] Vgl. auch *Kloepfer*, in: BK, GG, Art. 20a Rn. 16f.; *Murswiek*, NVwZ 1996, 222 (230).

[81] Zu Art. 4 GG *BVerwG*, Urt. v. 7. 3. 1997 – 3 B 173/96-, NuR 1997, 440f.

München in der Berufungsinstanz abgewiesen, die Beschwerde gegen die Nichtzulassung der Revision vom *BVerwG* abgelehnt. Es führt aus, die Aufstellung der Figuren sei vom Schutzbereich des Art. 5 Abs. 3 GG (Kunstfreiheit) umfaßt.[82] Die Einschränkung dieses vorbehaltlos gewährleisteten Grundrechts sei nur zulässig, wenn sie sich mit kollidierendem Verfassungsrecht rechtfertigen lasse. In diesem Zusammenhang sei u. a. auch Art. 20 a GG heranzuziehen. Soweit die Ablehnung des Bauantrags auf eine „Beeinträchtigung der natürlichen Eigenart der Landschaft" (§ 35 Abs. 3 S. 1 BauGB) gestützt werde, handele es sich um eine einfachgesetzliche Konkretisierung[83] des Staatsziels Umweltschutz, das den Eingriff in die Kunstfreiheit des A rechtfertige.[84]

II. Grundrechtsschutz

34 Ein allgemeines, ausdrückliches Umweltgrundrecht gibt es im Grundgesetz nicht.[85] Soweit die Aufnahme eines Grundrechts auf saubere Umwelt bzw. auf Freiheit von Umweltbeeinträchtigungen in das Grundgesetz vereinzelt gefordert wird,[86] ist dies in Wissenschaft und Politik ganz überwiegend auf Ablehnung gestoßen.[87] Die Aufnahme eines Umweltgrundrechts in das Grundgesetz ist daher in absehbarer Zeit nicht zu erwarten.

35 Für den Umweltschutz sind aber die bestehenden Grundrechtsgewährleistungen auf verschiedene Weise von erheblicher Bedeutung. Grundrechte bilden einerseits verfassungsrechtliche Grenzen für hoheitliche Maßnahmen des Umweltschutzes (1.) und schützen andererseits den Grundrechtsinhaber vor Belastungen seiner Umwelt (2.).

1. Grundrechtliche Grenzen des Umweltschutzes

36 Hoheitliche Maßnahmen zum Schutz der Umwelt richten sich häufig unmittelbar gegen diejenigen, deren Eigentum oder Verhalten die Umwelt belastet. Umweltschutzmaßnahmen können deshalb für die Betroffenen zu erheblichen Beeinträchtigungen führen.

Beipiel: Durch eine Landschaftsschutzverordnung wird für einen bestimmten Teil der Donauauen jede Maßnahme, die das charakteristische Landschaftsbild (Auenlandschaft) verändert oder verunstaltet, untersagt. Dadurch wird die auf einem der betroffenen Grundstücke gewerblich betriebene Naßauskiesung unzulässig. Das Abbauunternehmen vermindert daraufhin seine Pachtzinszahlungen an den Grundstückseigentümer.[88]

37 Aktivitäten des Staates auf dem Gebiet des Umweltschutzes müssen daher stets auch am Verhältnismäßigkeitsgrundsatz gemessen werden. Umweltschutz-

---

[82] A. A. *Schütz,* JuS 1996, 498 (498 ff.).

[83] Von *Schmidt,* JZ 1997, 1042 (1043), pointiert als „antezipatorische Verfassungskonkretisierung" bezeichnet.

[84] *BVerwG,* Beschl. v. 13. 4. 1995 – 4 B 70/95 –, NJW 1995, 2648 ff., mit Anm. *Schütz.*

[85] Ebenso *BVerwG,* Urt. v. 29. 7. 1977 – IV C 51/75 –, BVerwGE 54, 211 (219); *OVG Lüneburg,* Beschl. v. 24. 1. 1986 – 7 OVG B 39/85 –, DVBl. 1986, 418 (421); *Steinberg,* NJW 1996, 1985 (1986).

[86] *Steiger,* Mensch und Umwelt, S. 33 ff.; *Maus,* JA 1979, 287 (291 ff.); vorsichtig befürwortend auch *Brönneke,* ZUR 1993, 153 ff.

[87] Vgl. *Benda,* UPR 1982, 241 (244); *Kloepfer,* DVBl. 1988, 305 (314 f.); *Rupp,* DVBl. 1985, 990 ff.; *Soell,* NuR 1985, 205 (209 ff.); *Stern,* NWVBl. 1988, 1 (5); siehe außerdem SRU, Umweltgutachten 1978, BT-Drs. 8/1938, Tz. 1495; die Problematik eines Menschenrechts auf Umweltschutz behandelt *Hobe,* ZUR 1994, 15 ff.

[88] Siehe *BVerfG,* Beschl. v. 10. 10. 1997 – 1 BvR 310/84 –, NJW 1998, 367 ff.

maßnahmen können außerdem den Schutzbereich verschiedener Grundrechte, etwa die Berufsfreiheit gem. Art. 12 GG, die allgemeine Handlungsfreiheit des Art. 2 Abs. 1 GG des Betroffenen oder den Gleichheitsgrundsatz verletzen.[89] Über Art. 14 GG können vor allem Beeinträchtigungen des Grundeigentums und des eingerichteten und ausgeübten Gewerbebetriebs abgewehrt werden. Aus der Vielzahl der in diesem Zusammenhang bestehenden Probleme sollen im folgenden die wichtigsten herausgegriffen werden.

a) Baufreiheit

38 Eine grundrechtliche Schranke des Umweltschutzes ist zunächst die durch Art. 14 Abs. 1 S. 1 GG gewährte Baufreiheit,[90] d.h. das Recht des Eigentümers, sein Grundstück bebauen zu dürfen. Die Baufreiheit besteht jedoch nur im Rahmen des materiellen Rechts, so daß sie durch Rechtsnormen des Umweltrechts und vor allem auch des Baurechts eingeschränkt werden kann. Sie kann deshalb einschränkend auch als „potentielle Baufreiheit" bezeichnet werden.[91]

b) Eigentum als Abwägungsbelang

39 Geschützt wird das durch Art. 14 Abs. 1 GG gewährleistete Eigentum zudem dadurch, daß es an hervorragender Stelle zu den bei planerischen Maßnahmen des Umweltschutzes zu berücksichtigenden privaten und öffentlichen Belangen zählt.[92]

c) Bestandsschutz

40 Umweltschutzmaßnahmen können ihre Grenzen ferner an der aus Art. 14 GG abgeleiteten Rechtsfigur des Bestandsschutzes finden. Herkömmlich werden in der Literatur und in der Rechtsprechung ein passiver und ein aktiver Bestandsschutz sowie ein präventiver und ein überwirkender Bestandsschutz unterschieden.[93]

---

[89] Vgl. dazu *Henneke,* Landwirtschaft und Naturschutz, S. 110ff.; *Schmidt/Müller,* JuS 1985, 776 (779f.); zur Berufsfreiheit als Grenze des Umweltschutzes siehe *Fehn,* Das umweltrechtliche Auflagenprinzip, S. 26ff.; zum Recht auf informationelle Selbstbestimmung siehe *Kloepfer,* UmweltR, § 3 Rn. 62f.

[90] Vgl. dazu *BVerfG,* Beschl. v. 19. 6. 1973 – 1 BVl 39/69 u. 14/72 –, BVerfGE 35, 263 (276); BVerwG, Urt. v. 6. 6. 1975 – IV C 15.73 –, BVerwGE 48, 271 (273); *dass.,* Urt. v. 12. 3. 1998 – 4 C 10.97 –, UPR 1998, 228 (229); BGH, Urt. v. 30. 6. 1983 – III ZR 73/82, BGHZ 88, 51 (59f.); *Grotefels,* in: Hoppe/Grotefels, ÖffBauR, § 2 Rn. 55; *Papier,* in: Maunz/Dürig/Herzog/Scholz, GG, Art. 14 Rn. 58ff.; *Leisner,* DVBl. 1992, 1065ff. m.w.N.; demgegenüber wird z.T. aber auch die Ansicht vertreten, das baul. Nutzungsrecht sei ähnl. wie die Nutzung des Grundwassers aus dem Inhalt des privaten Eigentums ausgegliedert, vgl. z.B. Breuer, Bodennutzung, S. 162ff.; *Schulte,* DVBl. 1979, 133ff.; differenzierend *Jarass,* in: Jarass/Pieroth, GG, Art. 14 Rn. 18; ausführl. zu diesem Streit Grooterhorst, Raumordnungsziele und § 34 BBauG, S. 120ff.; *Grziwotz,* AöR 1988, 213ff.; *Leisner,* DVBl. 1992, 1065ff.

[91] *Grotefels,* in: Hoppe/Grotefels, ÖffBauR, § 2 Rn 56 m.w.N.

[92] *BVerwG,* Urt. v. 20. 8. 1982 – 4 C 81.79 –, BVerwGE 66, 133 (137); *Papier,* in: Maunz/Dürig/Herzog/Scholz, GG, Art. 14 Rn. 92ff.; vgl. dazu näher unten § 7 Rn. 8ff.

[93] Vgl. zum Bestandsschutz neuerl. *Mampel,* NJW 1999, 975 (976ff.); *Hoppe/Krane,* in: Bauer/u.a, 100 Jahre Allgemeines Baugesetz, *(im Erscheinen).*

41 Der baurechtlich geprägte Bestandsschutz sichert zunächst das durch legale Eigentumsausübung Geschaffene.[94] Gesichert sind ehemals rechtmäßige bauliche Anlagen vor einem behördlichen Abbruchgebot oder sonstigem ordnungsrechtlichen Einschreiten, auch wenn sich die Rechtslage später ändert und die Anlage dem geänderten Recht nicht mehr entspricht *(passiver Bestandsschutz)*. Der Bestandsschutz berechtigt darüber hinaus auch dazu, die zur Erhaltung und zeitgemäßen Nutzung einer baulichen Anlage notwendigen Maßnahmen durchzuführen *(aktiver Bestandsschutz)*.[95] Nicht mehr vom Bestandsschutz gedeckt ist allerdings eine Nutzung, die von der ursprünglich genehmigten und zulässigen Nutzung derartig abweicht, daß ihr unter rechtlichen Gesichtspunkten eine andere Qualität zukommt.[96] Ferner sind als *präventiver Bestandsschutz* Abwehransprüche zur Erhaltung vorhandenen Bestandes gegen das Heranrücken störanfälliger Nutzungen in der Nachbarschaft anerkannt.[97] Der Bestandsschutz beschränkt in diesem Fällen Abwehransprüche Dritter, weil bei der Bestimmung der Erheblichkeit von Belästigungen (z.B. im Rahmen von § 3 Abs. 1 BImSchG) Vorbelastungen schutzmindernd zu berücksichtigen sind, die eine schutzbedürftige Nutzung an einem Standort vorfindet.[98] Letztlich lassen sich unter Umständen auch Änderungs- und Erweiterungsmaßnahmen baulicher Anlagen aufgrund des Bestandsschutzes gerechtfertigt sein *(überwirkender Bestandsschutz)*. Dies beispeilsweise dann, wenn zwischen dem vorhandenen Bestand und der Änderung bzw. Erweiterung ein untrennbarer Funktionszusammenhang besteht und der Schutz des gegebenen Bestandes ohne die Zubilligung der Änderungs- bzw. Erweiterungsmaßnahmen leerliefe.[99] Eine wesentliche Änderung der baulichen Anlage in qualitativer oder quantitativer Hinsicht darf mit dem Vorhaben allerdings nicht verbunden sein.

42 Soweit bislang anerkannt war, daß der Bestandsschutz einen *verfassungsunmittelbaren Genehmigungsanpruch* für ein Vorhaben vermittelt hat, also insbesondere in den Fällen des aktiven und des überwirkenden Bestandsschutzes, hat er in den letzten Jahren zusehends an Bedeutung verloren. Dies lag vor allem daran, daß bestimmte Fallgruppen, für die der unter dem Gesichtspunkt des Bestandsschutzes aus Art. 14 Abs. 1 GG abgeleitete Anspruch ursprünglich gedacht war, mittlerweile einfachgesetzlich normiert wurden. So hat der Gesetzgeber inzwischen in § 35 Abs. 4 BauGB geregelt, wann an sich unzulässige Erweiterungen, Änderungen und Erneuerungen einer zulässigerweise errichteten baulichen Anlage im Außenbereich genehmigt werden können. Dies stellt eine abschließende gesetzliche Regelung dar, die nicht durch einen Rückgriff auf den unmittelbar aus Art. 14 Abs. 1 GG abgeleite-

---

[94] Vgl. dazu *BVerwG,* Urt. v. 17.1.1986 – 4 C 80.82 –, BVerwGE 72, 362ff.; *dass.,* Urt. v. 18. 5. 1995 – 4 C 20.94 –, BVerwGE 98, 235ff.; *dass.,* Urt. v. 12. 3. 1998 – 4 C 10.97 –, DÖV 1998, 600ff.; *BGH,* Urt. v. 28. 6. 1984 – III ZR 35/83 –, UPR 1984, 331ff.; *Friauf,* WiVerw 1986, 87ff.; *Lenz/Heintz,* ZfBR 1989, 142ff.; *Schenke,* NuR 1989, 8ff.; *Sendler,* WiVerw 1993, 235ff.; *Sarnighausen,* DÖV 1993, 758ff.; *Boecker,* BauR 1998, 441ff.; *Grotefels,* in: Hoppe/Grotefels, ÖffBauR, § 2 Rn. 59ff. m.w.N.; grundl. *Kutschera,* Bestandsschutz im öffentlichen Recht, passim; *Wickel,* Bestandsschutz im Umweltrecht, S. 30ff.

[95] *BVerwG,* Urt. v. 17. 1. 1986 – 4 C 80.82 –, BVerwGE 72, 362 (363); *Jarass,* BImSchG, § 15 Rn. 22ff.; siehe jetzt aber *BVerwG,* Urt. v. 12. 3. 1998 – 4 C 10.97 –, DÖV 1998, 600 (602f.).

[96] *BVerwG,* Urt. v. 18. 5. 1995 – 4 C 20.94 –, BVerwGE 98, 235 (238f.) m.w.N.

[97] Zum Bestandsschutz von Altanlagen im ImmissionsschutzR siehe Dolde, NVwZ 1986, 873ff.; *Schulze-Fielitz,* Die Verw. 1987, 307ff.

[98] Näher *BVerwG,* Urt. v. 17. 2. 1984 – 7 C 8.82 –, DVBl. 1984, 476 (478); *dass.,* Urt. v. 23. 5. 1991 – 7 C 19.90 –, BVerwGE 88, 210 (214); *Boecker,* BauR 1998, 441 (445).

[99] *BVerwG,* Urt. v. 12. 12. 1975 – IV C 71.13 –, BVerwGE 40, 49 (56f.); *BGH,* Urt. v. 20. 9. 1984 – III ZR 58/83 –, UPR 1985, 123f.; *Jarass,* BImSchG, § 15 Rn. 24.

ten Genehmigungsanspruch umgangen werden darf.[100] Dementsprechend hat das *BVerwG* nun ausdrücklich von einem aus aktivem Bestandsschutz unmittelbar abgeleiteten Genehmigungsanspruch Abstand genommen.[101] Jedenfalls im Bereich des Baurechts richtet sich der Bestandsschutz damit ausschließlich nach den Normen des einfachen Rechts.

43 Soweit die einfachgesetzlichen Konkretisierungen hinter dem verfassungsrechtlich gebotenen Bestandsschutz zurückbleiben, muß allerdings ein Rückgriff auf Art. 14 GG möglich bleiben.[102] Auch in einem solchem Fall ist den Fachgerichten zwar eine unmittelbar auf Art. 14 GG gestützte Entscheidung verwehrt; die entsprechende einfachgesetzliche Norm ist aber gemäß Art. 100 Abs. 1 GG dem BVerfG vorzulegen.[103] Art. 14 GG und die Grundsätze des Bestandsschutzes behalten insofern die Funktion eines *verfassungsrechtlichen Prüfungsmaßstabs.*

44 Der gesetzgeberische Freiraum zur Einschränkung des Bestandsschutzes ist im übrigen im Umweltrecht weiter als im Baurecht. So gibt es im Gegensatz zum Baurecht im Immissionsschutzrecht keinen Grundsatz, nach welchem dem Genehmigungsinhaber eingeräumte Rechtspositionen trotz Rechtsänderung im allgemeinen zu belassen oder nur gegen Entschädigung zu entziehen sind.[104] Rechtfertigen läßt sich dies damit, daß die nach dem Immissionsschutzrecht genehmigungspflichtigen Anlagen sich in besonderem Maße schädlich auf die Umwelt auswirken können und deshalb keinen mit dem allein grundstücksbezogenen baurechtlichen Bestandsschutz vergleichbaren Schutz genießen können.[105]

45 Während mit Hilfe des Bestandsschutzes eine bereits bestehende umweltunverträgliche Situation gegen umweltschützende Rechtsänderungen abgesichert werden kann, vermögen weitergehend *eigentumskräftig verfestigte Anspruchspositionen* dazu zu führen, daß ein Anspruch auf Zulassung einer bislang noch nicht verwirklichten Nutzung entsteht. Das kann z.B. der Fall sein, wenn ein Bauwerk durch ein Naturereignis, ein Brandunglück oder durch einen ähnlichen Vorgang zerstört wird und dadurch grundsätzlich der Bestandsschutz erloschen ist.[106] Denkbar sind auch Fälle, in denen eine Nutzung noch nicht verwirklicht wurde, aber ursprünglich zulässig war und sich förmlich aufdrängte.[107] Ob der „eigentumskräftig verfestigten Anspruchsposition" angesichts der oben aufgezeigten Tendenz zur einfachgesetzli-

---

[100] *BVerwG,* Beschl. v. 18. 7. 1997 – 4 B 116.97 –, DÖV 1998, 78f.; *dass.,* Urt. v. 16. 5. 1991 – 4 C 17.90 –, BVerwGE 88, 191 (203); *dass.,* Urt. v. 15. 2. 1990 – 4 C 23.86 –, BVerwGE 84, 323 (334); für landesbaurechtl. Vorgaben *BVerwG,* Urt. v. 7. 11. 1997 – 4 C 7.97 –, DVBl. 1997, 587ff.; siehe dazu auch *Sarnighausen,* DÖV 1993, 758ff.; *Wickel,* BauR 1994, 557ff.; *Boecker,* BauR 1998, 441ff.; *Wickel,* Bestandsschutz im Umweltrecht, S. 121f.

[101] *BVerwG,* Urt. v. 12. 3. 1998 – 4 C 10.97 –, DÖV 1998, 600 (602).

[102] So auch *Papier,* in: Maunz/Dürig/Herzog/Scholz, GG, Art. 14 Rn. 86.

[103] Vgl. *BVerwG,* Urt. v. 12. 3. 1998 – 4 C 10.97 –, DÖV 1998, 600 (602).

[104] *BVerwG,* Urt. v. 18. 5. 1982 – 7 C 42.80 –, BVerwGE 65, 313 (317); siehe dazu auch *Wickel,* Bestandsschutz im Umweltrecht, S. 124; vgl. auch *BGH,* Urt. v. 18. 12. 1986 – III ZR 174/85 –, BGHZ 99, 262 (268f.); *Jarass,* Die Anwendung neuen Umweltrechts auf bestehende Anlagen, S. 81ff.; ausführl. zur Reichweite des Bestandsschutzes industrieller Anlagen gegenüber umweltrechtl. Maßnahmen auch *Jarass,* DVBl. 1986, 314ff.; *Sellner,* Immissionsschutzrecht und Industrieanlagen, Rn. 202ff.

[105] Zum immissionsschutzrechtl. Bestandsschutz siehe auch unten § 21 Rn. 146.

[106] Vgl. *BVerwG,* Urt. v. 18. 10. 1974 – IV C 75.71 –, BVerwGE 47, 126 (131); dass., Urt. v. 13. 4. 1983 – 4 C 76.80 –, BVerwGE 67, 93 (96f.); *Papier,* in: Maunz/Dürig/Herzog/Scholz, GG, Art. 14 Rn. 87ff.; *Nüßgens/Boujong,* Eigentum, Sozialbindung, Enteignung, Rn. 55 m.w.N.

[107] *Jarass,* in: Jarass/Pieroth, GG, Art. 14 Rn. 17.

chen Normierung noch Bedeutung zukommt, erscheint allerdings zweifelhaft.[108]

d) Nutzungsbeschränkungen zum Schutz der Umwelt

46 Das verfassungsrechtlich gewährleistete Eigentum ergibt sich erst aus der Gesamtheit der verfassungsmäßigen Gesetze, d.h. sowohl der öffentlich-rechtlichen Normen als auch der privatrechtlichen Normen.[109] Mithin sich rechtliche Regelungen zum Schutz der Umwelt möglich, die die Nutzung des Eigentums beeinträchtigen. Insbesondere die Bodennutzung ist mit einem dichten Netz materieller Anforderungen des Planungs-, Umwelt- und Wirtschaftsrechts reglementiert und an eine Vielzahl von Genehmigungs-, Erlaubnis-, Bewilligungs- und Zustimmungsentscheidungen gebunden.

47 Umweltschützenden Nutzungsbeschränkungen können entweder enteignend i.S.d. Art. 14 Abs. 3 GG wirken oder aber Inhalts- und Schrankenbestimmung des Eigentums i.S.v. Art. 14 Abs. 1 Satz 2 GG darstellen. Dabei sind Enteignung einerseits und Inhalts- und Schrankenbestimmung andererseits streng nach formalen Kriterien zu unterscheiden.[110]

48 Die *Enteigung* ist ein Eingriff, der auf die vollständige oder teilweise Entziehung konkreter subjektiver Eigentumspositionen zur Erfüllung bestimmter öffentlicher Aufgaben gerichtet ist.[111] Umweltrechtliche Nutzungsbeschränkungen können daher allenfalls dann eine Enteignung darstellen, wenn sie jegliche Nutzung eines Grundstücks unmöglich oder völlig unrentabel machen, so daß die Privatnützigkeit des Eigentums aufgehoben ist.[112] In diesem Fall gelten hinsichtlich der Rechtmäßigkeit der Enteignung die Anforderungen des Art. 14 Abs. 3 GG.

49 Eine *Inhalts- und Schrankenbestimmung des Eigentums* liegt vor, wenn eine generelle und abstrakte Festlegung von Rechten und Pflichten hinsichtlich solcher Rechtsgüter, die als Eigentum zu verstehen sind, vorgenommen wird.[113] Die Inhalts- und Schrankenbestimmung schlägt entgegen der früher überwiegend vertretenen Ansicht auch dann nicht in eine Enteignung um, wenn sie – etwa wegen Unzumutbarkeit – unzulässig ist.[114] Dies gilt im übrigen auch dann, wenn der Normgeber durch eine inhaltsbestimmende Regelung bestehende Rechte oder Befugnisse abschafft oder beschränkt.

---

[108] In diese Richtung gehend auch *BVerwG,* Urt. v. 10. 8. 1990 – 4 C 3.90 –, BVerwGE 85, 289 (294).

[109] Vgl. dazu *BVerfG,* Beschl. v. 15. 7. 1981 – 1 BvL 77/78 –, BVerfGE 58, 300 (336).

[110] So *BVerfG,* Beschl. v. 15. 7. 1981 – 1 BvL 77/78 –, BVerfGE 58, 300ff.; ähnl. schon BVerfG, Beschl. v. 12. 6. 1979 – 1 BVL 19/76 –, BVerfGE 52, 1 (27); vgl. auch *Jarass,* in: Jarass/Pieroth, GG, Art. 14 Rn. 28; *Eschenbach,* Jura 1997, 519ff.; *Rennert,* VBlBW 1995, 41ff.; *Burgi,* NVwZ 1994, 527ff.; *Kimminich,* NuR 1994, 261ff.; *Kraft,* BayVBl. 1994, 97ff.; *Osterloh,* DVBl. 1991, 906ff.

[111] Vgl. nur *BVerfG,* Beschl. v. 30. 11. 1988 – 1 BvR 1301/84 –, BVerfGE 79, 174 (191); *dass.,* Beschl. v. 10. 10. 1997 – 1 BvR 310/84 –, NJW 1998, 367 (367f.); *BVerwG,* Urt. v. 15. 2. 1990 – 4 C 47.89 –, BVerwGE 84, 362 (366); *BGH,* Urt. v. 9. 10. 1986 – III ZR 2/85 –, BGHZ 99, 24 (28).

[112] *Sellmann,* DVBl. 1992, 235 (237); *Hötzel,* AgrarR 1995, 43 (48); *Steiger,* in: Salzwedel, Grundzüge des UmweltR, 2. Aufl., Teil 2 Rn. 229; *Kloepfer,* UmweltR, § 3 Rn. 59; *Schmidt/Müller,* UmweltR, § 4 Rn. 40; *Bender/Sparwasser/Engel,* UmweltR, Teil 4 Rn. 177; offen in *BVerfG,* Beschl. v. 30. 11. 1988 – 1 BvR 1301/84 –, BVerfGE 79, 174 (192); a.A. *Breuer,* in: Schmidt-Aßmann, BesVwR, 5. Abschn. Rn. 31.

[113] Vgl. nur *BVerfG,* Beschl. v. 10. 10. 1997 – 1 BvR 310/84 –, NJW 1998, 367 (367f.).

[114] *BVerfG,* Beschl. v. 30. 11. 1988 – 1 BvR 1301/84 –, BVerfGE 79, 174 (192); *BVerwG,* Urt. v. 15. 2. 1990 – 4 C 47.89 –, BVerwGE 84, 361 (367); *Jarass,* in: Jarass/Pieroth, GG, Art. 14 Rn. 28 m.w.N.

Auch hier bleibt der Charakter einer Inhalts- und Schrankenbestimmung unberührt, solange die Beschränkung in abstrakt-genereller Form erfolgt.[115] Nach diesen Grundsätzen dürften Nutzungbeschränkungen des Eigentums, wie sie z. B. mit der Ausweisung von Landschafts-, Natur- und Wasserschutzgebieten einhergehen, praktisch ausnahmslos in die Kategorie der Inhalts- und Schrankenbestimmung fallen.[116]

50 Die Inhalts- und Schrankenbestimmung kann im Einzelfall im Hinblick auf den Verhältnismäßigkeitsgrundsatz einen Ausgleich für die Betroffenen erforderlich machen *(sog. „ausgleichspflichtige Inhaltsbestimmung")*.[117] Ein solcher Ausgleich ist verfassungsrechtlich geboten, wenn ohne ihn gemessen am sozialen Bezug und der sozialen Bedeutung des Eigentumsobjekts sowie im Blick auf den Regelungszweck eine unverhältnismäßige Belastung gegeben wäre. Zu berücksichtigen ist hier, inwieweit ein Grundstück durch seine Lage und Beschaffenheit sowie seine Einbettung in Landschaft und Natur geprägt ist (sog. „Situationsgebundenheit").[118] Bei der Wahl seiner Mittel ist der zum Ausgleich verpflichtete Normgeber frei. Neben der Gewährung von Geldleistungen kommen als Ausgleich auch Dispense, Übergangsregelungen oder technische Schutzvorkehrungen in Betracht.[119]

2. Grundrechtsschutz gegenüber Umweltbelastungen

51 Grundrechte setzen dem Umweltschutz aber nicht nur Grenzen. Soweit staatliches Handeln zugleich die Umwelt des Grundrechtsinhabers belastet, können Grundrechte auch dem Schutz der Umwelt dienen.[120]

52 Grundrechte entfalten ihre individualschützende und damit teilweise auch umweltschützende Funktion auf verschiedene Weise. Sie sind einerseits als objektive Wertentscheidungen bei der Auslegung des einfachen Rechts zu berücksichtigen und vermitteln andererseits unmittelbar subjektive Rechte des Grundrechtsträgers.[121] Als subjektive Abwehrrechte schützen die Grundrechte gegen staatliche Eingriffe. Aus dem objektiv-rechtlichen Gehalt der Grundrechte erwächst dem Staat vor allem die Pflicht zum Schutz des einzelnen vor Gefahren, die von umweltbelastenden Vorhaben Privater ausgehen.

---

[115] *BVerfG,* Beschl. v. 10. 10. 1997 – 1 BvR 310/84, NJW 1998, 367 (368); *BGH,* Urt. v. 7. 7. 1994 – III ZR 5/93 –, UPR 1994, 391 (392); *BVerwG,* Urt. v. 24. 6. 1993 – 7 C 26.92 –, BVerwGE 94, 1 (5 f.); *dass.,* Beschl. v. 30. 9. 1996 – 4 NB 31 u. 32.96 –, NVwZ 1997, 887 (890); *OVG Münster,* Urt. v. 16. 6. 1997 – 10 A 860/95 –, NuR 1998, 161.

[116] In diesem Sinne *BGH,* Urt. v. 19. 9. 1996 – III ZR 82/95 –, DVBl. 1997, 45 (46); *BGH,* Urt. v. 16. 7. 1993 – III ZR 60/92 –, BGHZ 123, 242 (244 f.); *BVerwG,* Beschl. v. 30. 9. 1996 – 4 NB 31 u. 32.96 –, NVwZ 1997, 887 (889 f.); *VGH München,* Urt. v. 13. 6. 1996 – 22 N 93 2863 u. a. –, BayVBl. 1997, 111 (114); *OVG Münster,* Urt. v. 16. 6. 1997 – 10 A 860/95 –, NuR 1998, 161 ff.; *Osterloh,* DVBl. 1991, 906 (912 f.); *Hötzel,* AgrarR 1995, 43 ff.; *Kröger/Moos,* ZfW 1997, 1 (11 ff.).

[117] Vgl. *BVerfG,* Beschl. v. 14. 7. 1981 – 1 BvL 24/78 –, BVerfGE 58, 137 (149 ff.); *dass.,* Beschl. v. 30. 11. 1988 – 1 BvR 1301/84 –, BVerfGE 79, 174 (192); *BGH,* Urt. v. 7. 7. 1994 – III ZR 5/93 –, BGHZ 126, 379 ff.; *ders.,* Urt. v. 16. 7. 1993 – III ZR 60/92 –, BGHZ 123, 242 (247 ff.); *BVerwG,* Urt. v. 24. 6. 1993 – 7 C 26.92 –, BVerwGE 94, (7); *Papier,* in: Maunz/Dürig/Herzog/Scholz, GG, Art. 14 Rn. 322 m. w. N.; *Kleinlein,* DVBl. 1991, 365 ff.; *Maurer,* DVBl. 1991, 781 ff.

[118] *BGH,* Urt. v. 16. 7. 1993 – III ZR 60/92 –, BGHZ 123, 242 (252).

[119] Vgl. *BVerwG,* Urt. v. 24. 6. 1993 – 7 C 26.92 –, BVerwGE 94, 1 (7).

[120] Vgl. dazu *Leisner,* Umweltschutz durch Eigentümer, S. 17 ff., 26 ff.; *Bosselmann,* Ökologische Grundrechte, S. 111 ff.

[121] Näher dazu *Schmidt-Aßmann,* in: Maunz/Dürig/Herzog/Scholz, Art. 19 Abs. 4 GG, Rn. 123 ff.; *Isensee,* in: Isensee/Kirchhof, HdbStR, Bd. V, § 111 Rn. 1 ff.; *Böckenförde,* Der Staat 29 (1990), 1 ff.

a) Grundrechte als Abwehrrechte

53 Grundrechte richten sich primär gegen hoheitliches Handeln des Staates. Grundrechtliche Abwehransprüche können sich daher gegen umweltbelastende Vorhaben richten, wenn der Staat diese Vorhaben durchführt. Dazu zählen z. B. öffentlich-rechtliche Verkehrsplanungen, etwa Straßen- oder Wasserstraßenbauvorhaben, öffentlich betriebene Abfallentsorgungsanlagen oder sonstige öffentliche Einrichtungen, von denen Umweltbelastungen ausgehen. Vorrangig ergeben sich jedoch Abwehransprüche gegen solche Vorhaben aus dem einfachen Gesetz.

Beispiel: Der Anlieger eines Sportplatzes kann vom Staat als Betreiber der Anlage aufgrund eines öffentlich-rechtlichen Abwehranspruchs verlangen, daß der Sportbetrieb unterlassen wird, der das private Grundeigentum mehr als nur unwesentlich beeinträchtigt, wenn die Nutzung der Sportanlage rechtswidrig und von dem Anlieger nicht zu dulden ist.[122]

54 Ganz überwiegend sind Umweltbelastungen allerdings Konsequenz privater Vorhaben.[123] Da Grundrechte zumindest regelmäßig keine unmittelbare Drittwirkung entfalten,[124] sind grundrechtliche Abwehransprüche gegen umweltbelastende Vorhaben Privater – zumindest in ihrer Begründung – problematisch. Regelmäßig bedürfen allerdings Aktivitäten Privater, von denen negative Einwirkungen auf die Umwelt ausgehen, einer hoheitlichen Zulassung.[125] Das *BVerwG* geht davon aus, daß in der hoheitlichen Zulassung umweltbelastender Vorhaben ein staatlicher Grundrechtseingriff gesehen werden kann.[126] Teilweise wird weitergehend die Ansicht vertreten, ein hoheitlicher Eingriff in das Eigentum durch positives Tun liege darin, daß den Eigentümern durch staatliches Recht die Pflicht auferlegt sei, eigentumsbeeinträchtigende Umweltbelastungen zu dulden.[127] Das *BVerwG* versucht, die grundrechtlichen Abwehransprüche gegen den Staat bei umweltbelastenden Vorhaben Privater stärker aus den – von den klassischen Abwehransprüchen zu trennenden – grundrechtlichen Schutzansprüchen abzuleiten.[128]

55 Grundrechtliche Abwehransprüche gegen umweltbelastende Vorhaben können sich insbesondere aus dem Eigentumsschutz nach Art. 14 GG, dem Schutz von Leben und Gesundheit nach Art. 2 Abs. 2 GG und der allgemeinen Handlungsfreiheit nach Art. 2 Abs. 1 GG ergeben.

---

[122] Vgl. *OVG Schleswig,* Urt. v. 4. 5. 1994 – 1 L 1/92 –, NVwZ 1995, 1019 ff.; *VGH Kassel,* Urt. v. 6. 5. 1993 – 6 UE 876/92 –, NJW 1993, 3088 ff.; *OVG Lüneburg,* Urt. v. 13. 9. 1993 – 12 L 68/90 –, NVwZ 1994, 713 f. zu Lichtemmissionen einer Straßenlaterne; *VGH Mannheim,* Urt. v. 11. 4. 1991 – 1 S 1081/93 –, NVwZ 1994, 920 ff. zu öffentl. Grillplatz; *BVerwG,* Urt. v. 29. 4. 1988 – 7 C 33/87 –, BVerwGE 79, 254 ff. zu Feuerwehrsirenen.

[123] So auch *Böhm,* Der Normmensch, S. 100; *Steinberg,* NJW 1996, 1985 (1986).

[124] *BVerfG,* Urt. v. 15. 1. 1958 – 1 BvR 400/51 –, BVerfGE 7, 198 (204 ff.); *dass.,* Beschl. v. 23. 4. 1986 – 2 BvR 487/80 –, BVerfG 73, 261 (269).

[125] Vgl. zu den Zulassungsentscheidungen unten § 8 Rn. 34 ff.

[126] *BVerwG,* Urt. v. 26. 3. 1976 – IV C 7.74 –, BVerwGE 50, 282 (286 ff.); a. A. *Schmidt/Müller,* JuS 1985, 776 (777); *Klein,* DVBl. 1994, 489 (496).

[127] Vgl. *Murswiek,* NVwZ 1986, 611 ff.; *ders.,* WuV 1986, 179 (204); a. A. *Schmidt,* ZRP 1987, 345 (347); vgl. dazu auch *BGH,* Urt. v. 10. 12. 1987 – III ZR 220/86 –, BGHZ 102, 350 (357 f.).

[128] Siehe dazu unten § 4 Rn. 72 ff.

Murswiek, DVBl 94, 77

aa) Abwehranspruch aus Eigentum

56 Abwehransprüche können sich – gestützt auf Art. 14 GG – vor allem gegen Eigentumsbeeinträchtigungn durch Gerüche, Lärm und Abgase oder gegen Entzug von Sonne, Licht und Ausblick richten. Hinsichtlich der eigentumsrechtlich begründeten Abwehransprüche Dritter gegen umweltbelastende Vorhaben ist nach Auffassung des *BVerwG* zu differenzieren:

„Ist die Eigentumsverletzung in dem Sinne ‚unmittelbar', daß sie – wie es bei einer direkten Inanspruchnahme des Grundstücks besonders deutlich ist – in die Substanz des von den §§ 903 und 905 S. 1 BGB umschriebenen (‚Säulen'-)Eigentums – eingreift, so kann der ‚Eingriff' abgewehrt werden, ohne daß es auf die Frage ankommt, wie ‚schwer' oder ‚unerträglich' es den Eigentümer trifft".[129]

57 Etwas anderes soll für den Regelfall der Nachbarklage aus Eigentum gelten, wenn der hoheitliche Eingriff das Eigentum lediglich *mittelbar* durch eine nachhaltige Veränderung der vorgegebenen Grundstückssituation erreicht. Mittelbare Eingriffe, etwa durch Bebauung benachbarter Grundstücke, sind danach grundsätzlich hinzunehmen. Ein gegen sie gerichteter Abwehranspruch soll nur gegeben sein, wenn als Folge der nachhaltigen Veränderung der Grundstückssituation das Eigentum an anderen Grundstücken *„schwer* und *unerträglich* getroffen wird".[130]

58 Zu berücksichtigen ist allerdings, daß der Gesetzgeber nach Art. 14 Abs. 1 S. 2 GG Inhalt und Schranken des Eigentums bestimmt. Daraus folgt, daß auch bei unmittelbarer Betroffenheit des Eigentums ein Abwehranspruch dann nicht aus Art. 14 GG abgeleitet werden kann, wenn einfachgesetzliche Normen im Einzelfall den Drittschutz regeln, wie es z. B. im Bauplanungsrecht die §§ 31, 34 und 35 BauGB sowie § 15 BauNVO tun.[131]

59 Das *BVerwG* ist im übrigen der Ansicht, daß der durch eine Planfeststellung **unmittelbar** mit enteignender Wirkung **betroffene Grundstückseigentümer** auch öffentliche Belange, z. B. des Landschaftsschutzes,[132] und die Verletzung objektiven Rechts rügen kann.[133] Auf die Klage des unmittelbar in seinem Eigentum Betroffenen ist deshalb auch ein unter Verletzung des § 29 Abs. 1 S. 1 Nr. 4 BNatSchG zustande gekommener Planfeststellungsbeschluß schon wegen dieses Verfahrensfehlers aufzuheben.[134] Etwas anderes gilt, wenn und soweit formelle oder materielle Fehler der Planfest-

---

[129] *BVerwG,* Urt. v. 26. 3. 1976 – IV C 7.74 –, BVerwGE 50, 282 (287); für das BauplanungsR u. § 47 Abs. 2 VwGO n. F. ebenso *BVerwG,* Urt. v. 10. 3. 1998 – 4 CN 6/97 –, NVwZ 1998, 732 ff.; siehe auch *Kopp/Schenke,* VwGO, § 42 Rn. 112 m. w. N.

[130] *BVerwG,* Urt. v. 26. 3. 1976 – IV C 7.74 –, BVerwGE 50, 282 (287); *dass.,* Urt. v. 23. 1. 1981 – IV C 4.78 –, BVerwGE 61, 295 (303); zur Unterscheidung mittelbarer und unmittelbarer Eigentumseingriffe siehe *Hoppe/Beckmann,* Grundeigentumsschutz, S. 100 ff.; zur Kritik am grundrechtl. Nachbarschutz in der Rspr. siehe *Wasmuth,* NVwZ 1988, 322 ff.

[131] *BVerwG,* Urt. v. 26. 9. 1991 – 4 C 5.87 –, BVerwGE 89, 70 (78).

[132] Vgl. neuerl. *BVerwG,* Urt. v. 25. 1. 1996 – 4 C 5.95 –, BVerwGE 100, 238 (240); *dass.,* Urt. v. 7. 3. 1997 – 4 C 10.96 –, DVBl. 1997, 838 (839), s. auch *Kopp/Schenke,* § 42 Rn. 112 m. w. N.; krit. dazu *Steinberg,* FS Schlichter, S. 599 ff. m. w. N.

[133] Nach *BVerfG* – Beschl. v. 9. 6. 1987 – 1 BvR 510/87 –, UPR 1987, 343 läßt sich diese Rspr. nicht auf Art. 2 Abs. 2 GG übertragen.

[134] *OVG Koblenz,* Urt. v. 30. 10. 1984 – 7 A 30/84 –, DÖV 1985, 157 f.; *Wahl/Schütze,* in: Schoch/Schmidt-Aßmann/Pietzner, VwGO, § 42 Abs. 2 Rn. 253; a. A. VGH Kassel, Urt. v. 20. 1. 1987 – 2 UE 1292/85 –, UPR 1987, 360; etwas anders gilt für Gemeinden u. andere juristische Personen des öffentlichen Rechts vgl. dazu *BVerwG,* Urt. v. 27. 8. 1997 – 11 A 18.96 –, NuR 1998, 199 (200); siehe auch *dass.,* Beschl. v. 21. 1. 1993 – 4 B 206/92 –, NVwZ 1993, 884 ff.

stellung aus den besonderen Gründen des Einzelfalls unbeachtlich sind. So kann etwa ein rechtlicher Mangel in seiner örtlichen Wirkung derart begrenzt sein, daß er das Eigentum des Klägers nicht berührt. Der Rechtsmangel kann auch dann unbeachtlich sein, wenn bei seiner Korrektur der Eingriff in das Eigentum des Klägers unverändert bestehen bleiben würde.[135]

Beispiel: Die Verletzung des § 29 Abs. 1 S. 1 Nr. 4 BNatSchG (Mitwirkung von Verbänden in Planfeststellungsverfahren) führt dann nicht zur Aufhebung des Planfeststellungsbeschlusses, wenn feststeht, daß auch bei ordnungsgemäßer Anhörung des anerkannten Naturschutzverbandes der Eingriff in das Eigentum des Klägers unverändert vorgenommen worden wäre.

Im Falle der **mittelbaren Grundrechtsbeeinträchtigung** ist die richterliche Kontrolle auf die Frage beschränkt, ob die Planung gegen objektives Recht gerade insoweit verstößt, als Rechte des Klägers dadurch verletzt werden.[136] **60**

Auch Umwelt- und Naturschutzverbände können sich als Träger privater Rechte zur Abwehr umweltbelastender Vorhaben auf Art. 14 GG berufen. Das gilt selbst dann, wenn ein Verband das Grundeigentum nur erworben hat, um gegen das Vorhaben im Klagewege vorgehen zu können.[137] Nach Auffassung des *BVerwG* ist es nicht erheblich, aus welchen Gründen der Verband das Eigentum an dem Grundstück erworben hat, und daß er es im Falle vertragswidriger Nutzung oder nach Ablauf von 10 Jahren dem Voreigentümer auf dessen Verlangen rückübereignen muß. Der verfassungsrechtliche Schutz des Eigentums werde bei solchen Absprachen grundsätzlich nicht hinfällig. Anders könne es sein, wenn das Eigentum nur zum Schein übertragen würde und auf diese Weise ein Mißbrauch materieller oder prozessualer Abwehrrechte beabsichtigt wäre.[138] **61**

Im übrigen ist hinsichtlich des Abwehranspruchs aus Art. 14 GG noch einmal darauf hinzuweisen, daß der einfache Gesetzgeber zur Konkretisierung des Eigentums berufen ist. Die Grenzen, bis zu denen der Grundeigentümer Beeinträchtigungen seiner Umwelt hinzunehmen hat, werden deshalb in erster Linie vom Gesetzgeber gezogen.[139] **62**

Beispiel: Soweit etwa Beeinträchtigungen durch schädliche Umwelteinwirkungen i. S. d. § 3 Abs. 1 BImSchG in Frage stehen, bildet deshalb § 5 Abs. 1 Nr. 1 BImSchG den Maßstab für die Grenzen der Sozialbindung. Immissionen, die das nach § 5 Abs. 1 Nr. 1 BImSchG zulässige Maß nicht überschreiten, begründen demnach auch keinen schweren und unerträglichen Eingriff in das Eigentum.[140]

---

[135] *BVerwG,* Urt. v. 18. 3. 1983 – 4 C 80/79 –, BVerwGE 67, 74 (77).

[136] Vgl. *BVerwG,* Beschl. v. 21. 1. 1993 – 4 B 206/92 –, NVwZ 1993, 884 (884f.) m. w. N.; vgl. dazu auch *Schwabe,* DVBl. 1984, 140ff.; *BVerwG,* Urt. v. 26. 6. 1981 – 4 C 5.78 –, DVBl. 1981, 936 (938); a. A. *OVG Berlin,* Urt. v. 17. 1. 1986 – OVG 2 B 14.85 –, DÖV 1986, 388.

[137] Vgl. zum Rechtsschutz anerkannter Naturschutzverbände auch unten § 11 Rn. 87ff. u. § 15 Rn. 194ff.

[138] Vgl. *BVerwG,* Urt. v. 12. 7. 1985 – 4 C 40.83 –, BVerwGE 72, 15 (16); *Kopp/ Schenke,* § 42 Rn. 89.

[139] Vgl. oben § 4 Rn. 58.

[140] *BVerwG,* Urt. v. 30. 9. 1983 – 4 C 74.78 –, BVerwGE 68, 58 (61); zum Baurecht *BVerwG,* Urt. v. 26. 9. 1991 – 4 C 5.87 –, BVerwGE 89, 70 (78); zur Frage der Entschädigung für Waldschäden *BVerfG,* Beschl. v. 26. 5. 1998 – 1 BvR 80/88, NJW 1998, 3264ff.

bb) Abwehransprüche zum Schutz von Leben und Gesundheit

63 Auch die durch Art. 2 Abs. 2 GG geschützten höchstpersönlichen Rechtsgüter (Leben/Gesundheit) sind geeignet, Nachbar- oder Drittklagen gegen umweltbelastende Vorhaben als Grundlage zu dienen.[141] Gestützt auf Art. 2 Abs. 2 GG kann vor allem der Mieter einer Wohnung oder der Pächter eines Grundstücks gegen den Planfeststellungsbeschluß oder die Genehmigung eines umweltbelastenden Vorhabens in der Nachbarschaft klagen.[142] Dennoch gibt es kaum Entscheidungen, in denen die Rüge der Verletzung des Art. 2 Abs. 2 GG zum Erfolg des Klägers geführt hätte. Das *BVerwG* beruft sich auf Schwierigkeiten, das Rechtsgut der Gesundheit in einer Weise greifbar abzugrenzen, die es gestattet, daraus in Fällen der sog. Nachbarklage Konsequenzen zu ziehen.[143]

64 Art. 2 Abs. 2 GG gewährt dem einzelnen ein subjektiv-öffentliches Abwehrrecht gegen Beeinträchtigungen des Grundrechts auf Leben und körperliche Unversehrtheit.

65 Das durch Art. 2 Abs. 2 S. 1 GG geschützte Recht auf **Leben** wird in erster Linie naturwissenschaftlich-biologisch verstanden.[144] Art. 2 Abs. 2 S. 1 GG beschränkt sich insoweit auf das notwendige Mindestmaß an materiellen Lebensbedingungen. Ein irgendwie „qualifiziertes Leben" wird durch Art. 2 Abs. 2 S. 1 GG nicht geschützt.[145]

66 Auch die durch Art. 2 Abs. 2 GG geschützte **körperliche Unversehrtheit** hat zunächst nur das rein physische Fehlen pathologischer Zustände zum Gegenstand.[146] Daneben erfassen die Begriffe „Leben" und „körperliche Unversehrtheit" aber auch *psychische* Einwirkungen umweltrelevanter Vorgänge, wenn sie ihrer Wirkung nach körperlichen Eingriffen gleichzusetzen sind.[147] Das sind solche Einwirkungen, die das Befinden einer Person in einer Weise verändern, die der Zufügung von Schmerzen ent-

---

[141] So ausdrückl. *BVerwG,* Urt. v. 29. 7. 1977 – IV C 51.75 –, BVerwGE 54, 211 (212); *dass.,* Urt. v. 29.4.1988 – 7 C 33.87 –, BVerwGE 79, 254 (257); *BVerfG,* Beschl. v. 14. 1. 1981 – 1 BvR 612/72 – BVerfGE 56, 54 (73); *OVG Münster,* Urt. v. 19. 9. 1983 – 13 A 1888/82 –, NVwZ 1984, 385 (386) *VGH Mannheim,* Urt. v. 17. 5. 1984 – 5 S 668/84 –, NVwZ 1984, 525.

[142] Zum Rechtsschutz des Pächters aus Art. 14 GG vgl. *BVerwG,* Urt. v. 1. 9. 1997 – 4 A 36/96 –, NVwZ 1998, 504ff.

[143] *BVerwG,* Urt. v. 27. 7. 1977 – IV 51.75 –, BVerwGE 54, 211 (223); krit. dazu *Battis,* DVBl. 1978, 577 (583); zu Anwendungsproblemen des Art. 2 Abs. 2 GG im ImmissionsschutzR *Schmidt-Aßmann,* AöR 1981, 205ff.; zum Drittschutz aus Art. 2 Abs. 2 GG siehe auch *Schwerdtfeger,* NVwZ 1982, 5 (9f.), *Broß,* DÖV 1985, 513ff.; *Henneke,* Landwirtschaft und Naturschutz, S. 83ff.

[144] *BVerfG,* Urt. v. 14. 1. 1981 – 1 BvR 612/72 –, BVerfGE 56, 54 (73f.); *Lorenz,* in: Isensee/Kirchhof, HdbStR, Bd. VI, § 128 Rn. 8; *Schmidt-Aßmann,* AöR 1981, 205 (208f.); *Henneke,* Landwirtschaft und Naturschutz, S. 83.

[145] *Henneke,* Landwirtschaft und Naturschutz, S. 84; a.A. *Klein,* FS Weber, S. 643 (651) u. *Lücke,* DÖV 1976, 289 (290), die unter Leben i.S.v. Art. 2 Abs. 2 GG im Hinblick auf Art. 1 Abs. 1 GG ein „menschenwürdiges" Leben verstehen, das neben einem Minimum an materiellen Lebensbedingungen auch ein Mindestmaß an immateriellen Umweltverhältnissen, wie insbesondere die Erhaltung der natürlichen Landschaft voraussetzt.

[146] *Schmidt-Aßmann,* AöR 1981, 205 (209).

[147] *Kloepfer,* Grundrecht auf Umweltschutz, S. 29; *Benda,* UPR 1982, 241 (243).

spricht.[148] Solche nichtkörperlichen Einwirkungen können sich z. B. aus Lärmemissionen ergeben.

Fall: Die Anwohner einer Straße, durch die der gesamte LKW-Verkehr von und zu einem Gewerbegebiet fährt, beantragten bei der Straßenverkehrsbehörde ein Nachtfahrverbot für LKW. Die ablehnende Ermessensentscheidung beurteilte das Gericht als fehlerhaft, weil die Behörde ihre Schutzpflicht gem. Art. 2 Abs. 1 S. 1 i. V. m. Art. 1 Abs. 1 S. 2 GG nicht das notwendige Gewicht beigemessen habe. Aufgrund der Lärmbelastungen war es nämlich zu Gesundheitsschäden (Schlafstörungen, Herzbeschwerden) gekommen. Demgegenüber habe das Recht der Gewerbeanlieger auf angemessene Zufahrt zurückzustehen.[149]

Durch Art. 2 Abs. 2 GG wird allerdings nicht der gesamte Zustand des **67** vollständigen körperlichen, geistigen und sozialen Wohlbefindens, wie er dem Gesundheitsbegriff der Weltgesundheitsorganisation entspricht, geschützt.[150] Vielmehr ist die körperliche Unversehrtheit als Gesundheit im biologisch-physiologischen Sinne bzw. als Freiheit von Schmerz und Gebrechen zu verstehen.[151] Art. 2 Abs. 2 GG gewährleistet keinen absoluten Schutz vor jeglichen Gefahren für Leben und Gesundheit. Vielmehr sind Risiken jenseits der Schwelle praktischer Vernunft, die ihre Ursache in den Grenzen des menschlichen Erkenntnisvermögens haben, unbestimmbar und insofern als sozialadäquate Last von allen Bürgern zu tragen.[152]

cc) Art. 2 Abs. 1 GG

Nach Ansicht des *BVerwG* lassen sich umweltrechtliche Abwehrklagen re- **68** gelmäßig nicht auf Art. 2 Abs. 1 GG stützen. Eine auf Art. 2 Abs. 1 GG gestützte umfassende Freiheit von ungesetzlichen Nachteilen erkennt die Rechtsprechung nicht an.[153] Grundsätzlich sei es Sache des Gesetzgebers, subjektive Rechte zu verleihen und damit zugleich zu entscheiden, wer berufen sein solle, etwaige Unrechtmäßigkeiten gerichtlich kontrollieren zu lassen. Nicht Art. 2 Abs. 1 GG schaffe die für eine gerichtliche Kontrolle unerläßliche rechtliche Beziehung zwischen dem Kläger und der von ihm begehrten Kontrolle, sondern Art. 2 Abs. 1 GG setze voraus, daß sich eine solche Beeinträchtigung aus der sonstigen Rechtsordnung ergebe.[154]

---

148 *BVerfG,* Urt. v. 14. 1. 1981 – 1 BvR 612/72 –, BVerfGE 56, 54 (75); *Jarass,* in: Jarass/Pieroth, GG, Art. 2 Rn. 45

149 Vgl. *OVG Münster,* Urt. v. 21. 8. 1980 – 12 A 1859/78 –, NJW 1981, 701; siehe auch *Hermes,* Das Grundrecht auf Schutz von Leben und Gesundheit, S. 21.

150 *BVerfG,* Urt. v. 14. 1. 1981 – 1 BvR 612/72 –, BVerfGE 56, 54 (75); *Lorenz,* in: Isensee/Kirchhof HdbStR, § 128 Rn. 18; *Murswiek,* in: Sachs, GG, Art. 2 Rn. 150 m. w. N.; zum Begriff der Gesundheit siehe auch SRU, Umweltgutachten 1987, BT-Drs. 11/1568, Tz. 1722 ff.; *Böhm,* Der Normmensch, S. 105 ff.; *Möllers,* Rechtsgüterschutz im Umwelt- und Haftungsrecht, S. 29 ff.

151 *Starck,* in: v. Mangoldt/Klein/Starck, GG, Art. 2 Rn. 130; *Jarass,* in: Jarass/Pieroth, GG, Art. 2 Rn. 44; zur Bedeutung der Gesundheit im UmweltR siehe auch *Seewald,* NuR 1988, 161 ff.

152 Vgl. *BVerfG,* Beschl. v. 8. 8. 1978 – 2 BvL 8/77 –, BVerfGE 49, 89 (143); *dass.,* Beschl. v. 20. 12. 1979 – 1 BvR 385/77 –, BVerfGE 53, 30 (59).

153 *BVerwG,* Urt. v. 29. 7. 1977 – IV C 51.75 –, BVerwGE 54, 211 (212/221); vgl. dazu auch *Hoppe,* in: Erichsen, Recht der Persönlichkeit, S. 73 ff.

154 *BVerwG,* Urt. v. 29. 7. 1977 – IV C 51.75 –, BVerwGE 54, 211 (212/221); *Schlichter,* NVwZ 1983, 641 (642); *Steinberg,* Fachplanung, § 2 Rn. 53 f.; a. A. in bezug auf einen besonders schweren Eingriff in ein Waldgebiet *OVG Berlin,* Urt. v. 2. 5.

69 Nach einer in älteren Teilen der Literatur vertretenen Auffassung garantiert Art. 2 Abs. 1 i.V.m. Art. 1 Abs. 1 GG jedoch zumindest ein gesichertes menschenwürdiges Leben, ein ökologisches Existenzminimum und damit den Anspruch auf die Abwehr besonders umweltunverträglicher Staatseingriffe, soweit nicht bereits der speziellere Anspruch auf Schutz von Leben und Gesundheit i. S. d. Art. 2 Abs. 2 GG eingreift.[155]

70 Weniger hohe Anforderungen für die Inanspruchnahme des Art. 2 Abs. 1 GG stellt das *BVerfG,* wenn es über die Grundsätze der „allgemeinen Handlungsfreiheit" eine betont weite Schutzbereichsbestimmung vornimmt.[156] Durch Art. 2 Abs. 1 GG geschützt sein soll nicht nur ein begrenzter Bereich der Persönlichkeitsentfaltung, sondern jede Form menschlichen Handelns ohne Rücksicht darauf, welches Gewicht der Betätigung für die Persönlichkeitsentfaltung zukommt. Nach diesen Grundsätzen ist z.B. das „Reiten im Walde" dem Schutzbereich des Art. 2 Abs. 1 GG zuzuordnen.[157] Bei konsequenter Anwendung dieser Grundsätze ließe sich ein allgemeines „Recht auf Naturgenuß", mithin also ein allgemeines Umweltgrundrecht ableiten.

71 Einer solchen Ausuferung des Grundrechtsschutzes ist jedoch entgegenzutreten, da sie mit einer Banalisierung des Art. 2 Abs. 1 GG einherginge.[158] Wenn Art. 2 Abs. 1 GG ins Spiel geraten und sein Schutzbereich angesprochen werden soll, muß es sich daher um ganz extreme Situationen handeln, bei denen es um einen Eingriff in die Fundamentalität der natürlichen Lebensgrundlagen geht. Es muß sich um die Existenz einer für das menschliche Leben in Deutschland unentbehrlichen Lebensgrundlage handeln.[159] Keinesfalls sollte ein „Recht auf Naturgenuß" aus Art. 2 Abs. 1 GG abgeleitet werden, etwa zur Abwehr rechtswidriger Beeinträchtigungen von Erholungsfunktionen eines Naherholungsbereichs oder im Interesse einer durch rechtswidrige Bebauung versperrten Aussicht auf die freie Landschaft.[160]

b) Grundrechtliche Schutzpflichten

72 Grundrechte sind nicht nur subjektive Abwehrrechte des Einzelnen gegen die öffentliche Gewalt, sondern zugleich objektivrechtliche Wertentscheidungen der Verfassung, die für alle Bereiche der Rechtsordnung gelten und Richtlinien für Gesetzgebung, Verwaltung und Rechtsprechung geben.[161] Die Anerkennung der Grundrechte als objektiv-rechtliche Wertentscheidungen hat ganz unterschiedliche Auswirkungen,[162] insbesondere legen die Grundrechte dem Staat in ihrer objektiv-rechtlichen Funktion besondere Schutzpflichten auf.[163]

1977 – OVG II B 2.77 –, DVBl. 1977, 901 ff.; vgl. dazu *Dageförde,* NuR 1980, 150 ff.; krit. *Hoppe,* in: Erichsen u. a., Recht der Persönlichkeit, S. 73 (83).

155 *Benda,* UPR 1982, 241 (243).

156 *BVerfG,* Beschl. v. 6. 6. 1989 – 1 BvR 921/85 –, BVerfGE 80, 137 (152 ff.) m. w. N.

157 *BVerfG,* Beschl. v. 6. 6. 1989 – 1 BvR 921/85 –, BVerfGE 80, 137 ff.

158 Vgl. *Hoppe,* in: Erichsen u. a., Recht der Persönlichkeit, S. 73 (84); ähnl. auch *Grimm,* Sondervotum zu *BVerfG,* Beschl. v. 6. 6. 1989 – 1 BvR 921/85 –, BVerfGE 80, 164 ff.

159 Vgl. *Murswiek,* NVwZ 1996, 222 (228).

160 Vgl. *Hoppe,* in: Erichsen u. a., Recht der Persönlichkeit, S. 73 (84).

161 Grundl. zum Charakter der Grundrechte als Wertentscheidungen *Böckenförde,* Der Staat 29 (1990), 1 ff. m. w. N.

162 Vgl. dazu i. e. *Jarass,* AöR 1985, 363 ff.

163 Vgl. *BVerfG,* Beschl. v. 8. 8. 1978 – 2 BvL 8/77 –, BVerfGE 49, 89 (141 f.) m. w. N. zur früheren RSpr.; *dass.,* Beschl. v. 20. 12. 1979 – 1 BvR 385/77 –, BVerfGE 53, 30 (57); *dass.,* Beschl. v. 14. 1. 1981 – 1 BvR 612/72 –, BVerfGE 56,

aa) Charakter der Schutzpflichten

73 Grundrechtliche Schutzpflichten haben zur Folge, daß der Staat sich aktiv schützend und fördernd vor die in den Grundrechten geschützten Rechtsgüter stellen und sie insbesondere auch vor rechtswidrigen Eingriffen Dritter bewahren muß. Grundrechtliche Schutzpflichten hat das *BVerfG* vor allem auch zum Schutz vor Umweltbeeinträchtigungen aktiviert. Sie zwingen in erster Linie den Gesetzgeber zum Erlaß von Schutzgesetzen oder zur Ergänzung bzw. Nachbesserung bestehender Gesetze.[164] Die Pflichten der Verwaltung zum Schutz der Umwelt und der grundrechtlichen Schutzgüter ergeben sich vornehmlich aus den einfachgesetzlichen Schutzgesetzen. Grundrechtliche Schutzpflichten sind insoweit aber von den Rechtsanwendern (Verwaltung und Gerichte) bei der Auslegung dieser Gesetze zu beachten. Von der Verwaltung sind grundrechtliche Schutzpflichten außerdem bei der Betätigung ihres Ermessens oder bei der planerischen Abwägung zu berücksichtigen.[165] Eine zu konkretem Handeln zwingende Schutzpflicht hat das *BVerfG* wiederholt aus Art. 2 Abs. 2 S. 1 GG abgeleitet.[166] In der Rechtsprechung ist aber anerkannt, daß auch andere Grundrechte Grundlage umweltbezogener Schutzpflichten sein können.[167]

74 Aus den objektiv-rechtlichen Wertentscheidungen der Grundrechte abgeleitet, sind grundrechtliche Schutzpflichten in erster Linie objektive Verpflichtungen des Staates. Sie sind insoweit von ihrer Zielsetzung und Struktur her den Staatszielbestimmungen vergleichbar.[168] Allerdings entsprechen den grundrechtlichen Schutzpflichten nach inzwischen wohl herrschender

---

54 (73); *dass.*, Beschl. v. 29. 10. 1987 – 2 BvR 624, 1080, 2029/83 –, BVerfGE 77, 170 (214); *dass.*, Urt. v. 28. 1. 1992 – 1 BvR 1025/82 –, BVerfGE 85, 191 (212); *dass.*, Beschl. v. 2. 10. 1997 – 1 BvR 1908/97 –, NJW 1998, 975f.; s. auch *Steinberg*, NJW 1996, 1985 (1986ff.); *Erichsen*, Jura 1997, 85ff. m. w. N.; grundl. *Unruh*, Schutzpflichten, S. 1ff.; anders als das BVerfG leitet *Murswiek* grundrechtl. Schutzpflichten nicht aus der objektiv-rechtlichen Funktion der Grundrechte, sondern aus ihrer Abwehrfunktion ab, vgl. Murswiek, Die staatliche Verantwortung, S. 1ff.; *ders.*, WuV 1986, 179 (183); zum subjektiven Schutzanspruch siehe auch *Hermes*, Das Grundrecht auf Schutz von Leben und Gesundheit, S. 71ff.; *Schwabe*, NVwZ 1983, 523 (524ff.).

[164] *BVerfG*, Beschl. v. 8. 8. 1978 – 2 BvL 8/77 –, BVerfGE 49, 89 (141f.); *dass.*, Beschl. v. 20. 12. 1979 – 1 BvR 385/77 –, BVerfGE 53, 30 (57); *dass.*, Beschl. v. 14. 1. 1981 – 1 BvR 612/72 –, BVerfGE 56, 54 (78ff.); *dass.*, Urt. v. 28. 5. 1993 – 2 BvF 2/90 und 4, 5/92 –, BVerfGE 88, 203 (254); siehe dazu auch *Steiger*, in: Salzwedel, Grundzüge des UmweltR, 2. Aufl., Teil 02 Rn. 159ff.; *Jarass*, AöR 1985, 363 (377).

[165] *Murswiek*, WuV 1986, 179 (198).

[166] *BVerfG*, Beschl. v. 8. 8. 1978 – 2 BvL 8/77 –, BVerfGE 49, 89 (142); *dass.*, Beschl. v. 20. 12. 1979 – 1 BvR 385/77 –, BVerfGE 53, 30 (57); *dass.*, Beschl. v. 14. 1. 1981 – 1 BvR 612/72 –, BVerfGE 56, 54 (73); *dass.*, Beschl. v. 26. 1. 1988 – 1 BvR 1561/82 –, BVerfGE 77, 381 (402f.); *dass.*, Urt. v. 28. 1. 1992 – 1 BvR 1025/82 –, BVerfGE 85, 191 (212); *dass.*, Beschl. v. 29. 11. 1995 – 1 BvR 2203/95 –, NJW 1996, 651; *dass.*, Beschl. v. 2. 10. 1997 – 1 BvR 1908/97 –, NJW 1998, 975 (976).

[167] *BVerfG*, Beschl. v. 10. 10. 1978 – 1 BvR 475/78 –, BVerfGE 49, 252 (256); *dass.*, Beschl. v. 26. 5. 1998 – 1 BvR 180/88 –, UPR 1998, 341 (342) zu Art 14 GG; vgl. dazu auch *Henneke*, Landwirtschaft und Naturschutz, S. 95ff.; *Klein*, DVBl. 1994, 489 (490f.).

[168] Siehe dazu oben § 4 Rn. 9.

Ansicht[169] subjektive Schutzansprüche der Bürger, die im Wege der Verfassungsbeschwerde geltend gemacht werden können.[170]

bb) Inhalt der Schutzpflichten

75 Über die Art und Weise, wie die aus den Grundrechten abgeleiteten Schutzpflichten zu erfüllen sind, haben die staatlichen Organe in eigener Verantwortung zu entscheiden.[171] Ihnen steht dabei ein weiter Einschätzungs-, Wertungs- und Gestaltungsspielraum zu, der auch Raum läßt, etwa konkurrierende öffentliche und private Interessen zu berücksichtigen.[172] Eine Verletzung der Schutzpflicht kann nur festgestellt werden, wenn die öffentliche Gewalt Schutzvorkehrungen überhaupt nicht getroffen hat oder die getroffenen Maßnahmen entweder gänzlich ungeeignet oder völlig unzulänglich sind, das gebotene Schutzziel zu erreichen, oder erheblich dahinter zurückbleiben („Untermaßverbot").[173] Eine solche evidente Vernachlässigung staatlicher (Umwelt-)Schutzpflichten hat das *BVerfG* bislang in keinem Fall angenommen. Es hat deshalb Ansprüche auf Tätigwerden des Gesetzgebers zum Schutz vor gesundheitsgefährdender und eigentumsbeeinträchtigender Luftverschmutzung[174] genauso wie Ansprüche auf gesetzgeberische Aktivitäten zur Bekämpfung des Fluglärms[175] abgelehnt. Aus der Schutzpflicht des Gesetzgebers kann auch nicht abgeleitet werden, daß atomrechtliche private Zwischenlager nur aufgrund einer ausdrücklichen Zulassung durch den Gesetzgeber geschaffen werden dürfen.[176]

---

[169] Vgl. nur *Klein,* DVBl. 1994, 489 (495); *Steinberg,* NJW 1996, 1985 (1990); *Isensee,* in: Isensee/Kirchhof, HdbStR, Bd. V, § 111 Rn 183ff.; *Unruh,* Schutzpflichten, S. 58ff. m. w. N. auch zur Gegenauffassung.

[170] Vgl. als Beispiel *BVerfG,* Beschl. v. 2. 10. 1997–1 BvR 1908/97 –, NJW 1998, 975 (976).

[171] *BVerfG,* Urt. v. 25. 2. 1975 – 1 BvF 1,2,3,4,5,6/74 –, BVerfGE 39, 1 (44); *dass.,* Urt. v. 16. 10. 1977 – 1 BvQ 5/77 –, BVerfGE 46, 160 (164); *dass.,* Beschl. v. 14. 1. 1981–1 BvR 612/72 –, BVerfGE 56, 54 (80f.).

[172] *BVerfG,* Beschl. v. 29. 10. 1987 – 2 BvR 624, 1080, 2029/83 –, BVerfGE 77, 170 (214); *dass.,* Urt. v. 28. 1. 1992 – 1 BvR 1025/82 –, BVerfGE 85, 191 (212); *dass.,* Beschl. 2. 10. 1997 – 1 BvR 1908/97 –, NJW 1998, 975 (976); siehe auch *Steinberg,* NJW 1996, 1985 (1988f.).

[173] *BVerfG,* Beschl. v. 29. 10. 1987 – 2 BvR 624, 1080, 2029/83 –, BVerfGE 77, 170 (215); *dass.,* Beschl. v. 29. 11. 1995 – 1 BvR 2203/95 –, NJW 1996, 651; *dass.,* Beschl. 2. 10. 1997 – 1 BvR 1908/97 –, NJW 1998, 975 (976); *dass.,* Beschl. v. 26. 5. 1998–1 BvR 180/88 –, UPR 1998, 341 (342f.); vgl. auch *Böhm,* Der Normmensch, S. 101ff.; zur Kontroverse um das „Untermaßverbot" vgl. *Unruh,* Schutzpflichten, S. 79ff.

[174] *BVerfG,* Beschl. v. 14. 9. 1983 – 1 BvB 920/83 –, NJW 1983, 2931f., hinsichtl. der Waldschäden ist str., ob eine evidente Schutzpflichtverletzung vorliegt, bejahend *v. Hippel,* NJW 1986, 592f.; ablehnend *BVerfG,* Urt. v. 26. 5. 1998 – 1 BvR 180/88 –, UPR 1998, 341ff.; *Bender,* VerwArch 1986, 335 (365); offen gelassen von *BGH,* Urt. v. 10. 12. 1987 – III ZR 220/86 –, BGHZ 102, 350 (365f.).

[175] Zum Fluglärm siehe *BVerfG,* Beschl. v. 14. 1. 1981 – 1 BvR 612/72 –, BVerfGE 56, 54 (73ff.), zum Straßenlärm siehe *dass.,* Beschl. v. 30. 11. 1988 – 1 BvR 1301/84 –, BVerfGE 79, 174 (201f.); *BVerwG,* Urt. v. 21. 3. 1996 – 4 C 9/95 –, DVBl. 1996, 916 (919).

[176] *BVerfG,* Beschl. v. 26. 1. 1988 – 1 BvR 1561/82 –, BVerfGE 77, 381 (402ff.); vgl. dazu auch unten § 24 Rn. 122.

76 Im einzelnen können sich objektive Schutzpflichten richten auf

- die Abwehr von Beeinträchtigungen der Grundrechte durch Dritte,
- Maßnahmen vorsorgender und planender Gestaltung,
- die Bereitstellung von Finanzmitteln,
- die Ermöglichung der Teilhabe an staatlichen Einrichtungen und Entscheidungsprozessen.

77 Grundrechtliche Schutzpflichten können *materiellrechtliche* und *verfahrensrechtliche* Anforderungen an die Zulassung umweltbelastender Vorhaben auslösen. Bei der Zulassung grundrechtsbeeinträchtigender Anlagen muß der Gesetzgeber deshalb die Genehmigungsbehörde an strenge materiell-rechtliche Genehmigungsvoraussetzungen binden und zugleich die Erteilung einer Genehmigung von einem förmlichen Genehmigungsverfahren abhängig machen, in dem die Genehmigungsvoraussetzungen von Amts wegen zu prüfen und an dem die betroffenen Bürger und Behörden zu beteiligen sind.[177]

78 Wie weit staatliche Schutzpflichten im einzelnen reichen, ist abstrakt kaum zu klären und vielleicht sogar das Kernproblem des materiellen Umweltverfassungsrechts.[178] Der Umfang staatlicher Schutzpflichten hängt einerseits von der *Intensität* der Beeinträchtigung grundrechtlicher Schutzgüter und andererseits von der *Wahrscheinlichkeit* der drohenden Beeinträchtigung ab.

79 Hinsichtlich der **Intensität drohender Grundrechtsbeeinträchtigungen** ist zwischen Schäden und Belästigungen zu unterscheiden. Unter einem *Schaden* versteht man die *nicht unerhebliche* Beeinträchtigung eines rechtlich geschützten Gutes.[179] Bezogen auf grundrechtliche Schutzpflichten sind Schäden demnach nicht unerhebliche Beeinträchtigungen von Grundrechten. Sie müssen vor dem Hintergrund grundrechtlicher Schutzpflichten vermieden werden. *Belästigungen* sind demgegenüber die *unerheblichen* Beeinträchtigungen rechtlich geschützter Güter. Sie dürfen dem einzelnen zugemutet werden, weil und soweit sie in der Welt, in der wir leben, sozialadäquat sind.[180]

80 Die **Abgrenzung** zwischen Schäden und Belästigungen ist im Einzelfall schwierig.[181] Das ist nach Ansicht des *BVerwG* einer der Gründe, warum Art. 2 Abs. 2 GG so selten als Anspruchsgrundlage für eine Nachbarklage herangezogen wird.[182] Die Feststellung der *Erheblichkeit* einer Beeinträchtigung ist einerseits ein naturwissenschaftliches, bei Gesundheitsgefährdungen ein *medizinisch-biologisches* Problem, wobei die Zusammenhänge zwischen Umweltbelastungen und Gesundheitsgefährdungen häufig ungeklärt sind. Die Abgrenzung zwischen erheblichen und unerheblichen Beeinträchtigungen erfordert andererseits eine eher *politische Bewertung* der dazu berufenen staatlichen Stellen dessen, was den Bürgern an Umweltbelastung, insbesondere an Lärm und Luftverschmutzung zugemutet werden darf und dem, was im Bereich des notwendigen Betriebs umweltbelastender Anlagen erlaubt sein muß.

81 In der Praxis erweist sich die zur Festlegung des verfassungsrechtlichen Mindestschutzes notwendige Abgrenzung zwischen erheblichen und unerheblichen Beeinträchtigungen zumeist jedoch nicht als entscheidend, weil die einfachgesetzlichen Anforderungen an Betrieb und Errichtung umweltbelastender Vorhaben regelmäßig über das verfassungsrechtlich gebotene Mindestmaß hinausgehen. So schützen das Bundes-Immissionsschutzgesetz und andere neuere Umweltrechtsnormen nicht nur vor Schä-

---

177 Vgl. dazu *BVerfG*, Beschl. v. 20. 12. 1979 – 1 BvR 385/77 –, BVerfGE 53, 30 (59).

178 So ausdrückl. *Murswiek*, WuV 1986, 179; vgl. dazu auch *Böhm*, Der Normmensch, S. 109ff.

179 Vgl. *Murswiek*, HdUR, Bd. 1, Sp. 803 (806); vgl. dazu oben § 1 Rn. 9.

180 *BVerwG*, Urt. v. 29. 7. 1977 – IV C 51.75 –, BVerwGE 54, 211 (223); krit. *Böhm*, Der Normmensch, S. 120.

181 Vgl. auch *Steiger*, in: Salzwedel, Grundzüge des UmweltR, 2. Aufl., Teil 02, Rn. 174ff.

182 Vgl. *BVerwG*, Urt. v. 29. 7. 1977 – IV C 51.75 –, BVerwGE 54, 211 (223).

den, sondern bereits vor erheblichen *Nachteilen* und *Belästigungen*.[183] Im Umweltschutzrecht geht es deshalb häufig weniger darum, den Schaden von einem Nachteil oder der Belästigung zu unterscheiden, vielmehr kommt es entscheidend darauf an, auf der einfachgesetzlichen Ebene den erheblichen Nachteil und die erhebliche Belästigung von den unerheblichen, d.h. zumutbaren Nachteilen und Belästigungen abzugrenzen.[184]

82 Grundrechtliche Schutzpflichten schützen nicht nur gegen Grundrechtsverletzungen. Vielmehr hat das *BVerfG* ausdrücklich klargestellt, daß grundrechtliche Schutzpflichten den Gesetzgeber verpflichten, rechtliche Regelungen so auszugestalten, daß auch die *Gefahr* einer Grundrechtsverletzung ausgeschlossen wird.[185] Hinsichtlich der gebotenen Gefahrenvorsorge wird zumeist zwischen der **Gefahrenabwehr** und der **Risikovorsorge** unterschieden.[186]

83 Im polizeirechtlichen Sinne liegt eine *Gefahr* vor, wenn eine Sachlage besteht, die bei ungehindertem Geschehensablauf mit hinreichender Wahrscheinlichkeit zu einem Schaden führt.[187] Hinsichtlich des Grades der Wahrscheinlichkeit muß differenziert werden nach dem Rang des bedrohten Rechtsgutes und nach dem Ausmaß des zu befürchtenden Schadens. Je größer und folgenschwerer der möglicherweise eintretende Schaden ist, um so geringer sind die Anforderungen, die an die Wahrscheinlichkeit des Schadenseintritts gestellt werden können.[188]

84 Grundsätzlich liegt dieser polizeirechtliche Gefahrenbegriff auch dem Umweltrecht, insbesondere dem Bundes-Immissionsschutzgesetz und dem Atomgesetz zugrunde. Angesichts des katastrophalen Schadensumfanges, den beispielsweise Störfälle bei Kernkraftwerken oder Chemiebetrieben annehmen können, muß jedoch die Wahrscheinlichkeit des Schadenseintritts gegen Null gehen. Außerdem können Gefahren, die aus der Errichtung und dem Betrieb großtechnischer Anlagen herrühren, nicht mehr – wie im allgemeinen Polizeirecht – nach der allgemeinen Lebenserfahrung beurteilt werden. Nach Auffassung des *BVerfG* besteht eine Gefahr erst dann nicht mehr, wenn es nach dem Stand von Wissenschaft und Technik praktisch ausgeschlossen erscheint, daß Schadensereignisse eintreten werden.[189] Ungewißheiten jenseits dieser Schwelle praktischer Vernunft haben ihre Ursache in den Grenzen des menschlichen Erkenntnisvermögens, sie sind deshalb unentrinnbar und insofern als sozialadäquate Lasten von allen Bürgern zu tragen.[190] Dieser für das Atomrecht entwickelte Standard der praktischen

---

[183] Vgl. z.B. § 5 Abs. 1 Nr. 1 BImSchG, § 2 Abs. 8 BBodSchG; § 32 Abs. 1 Nr. 3 KrW-/AbfG; § 12 Abs. 1 BWaldG; vgl. dazu auch *Murswiek,* HdUR, Bd. 1, Sp. 803 (806); *Knemeyer,* Polizei- und Ordnungsrecht, Rn. 385.

[184] So *Drews/Wacke/Vogel/Martens,* Gefahrenabwehr, S. 222.

[185] *BVerfG,* Beschl. v. 8. 8. 1978 – 2 BvL 7/77 –, BVerfGE 49, 89 (142).

[186] Vgl. dazu z.B. *Benda,* Technische Risiken und Grundgesetz, S. 5; *Böhm,* Der Normmensch, S. 111ff.; auch *BVerwG,* Urt. v. 19. 12. 1985 – 7 C 65.82 –, DVBl. 1986, 190 (194); krit. zur Übertragung polizeirechtl. Maßstäbe auf das VerfassungsR *Unruh,* Schutzpflichten, S. 76ff.; vgl. dazu bereits § 1 Rn. 74.

[187] Vgl. dazu *Knemeyer,* Polizei- und Ordnungsrecht, Rn. 61ff.

[188] *Drews/Wacke/Vogel/Martens,* Gefahrenabwehr, S. 224.

[189] *BVerfG,* Beschl. v. 8. 8. 1978 – 2 BvL 8/77 –, BVerfGE 49, 89 (143); vgl. dazu *Böhm,* Der Normmensch, S. 125f.

[190] *BVerfG,* Beschl. v. 8. 8. 1978 – 2 BvL 8/77 –, BVerfGE 49, 89 (143).

Vernunft ist auch auf andere Bereiche des Umweltschutzrechts übertragbar.[191]

Von der Gefahrenabwehr ist eine unterhalb der Gefahrenschwelle angesiedelte Risikovorsorge zu unterscheiden.[192] Das Risiko unterscheidet sich von einer Gefahr vor allem durch den Grad der Wahrscheinlichkeit des Schadenseintritts.[193] Während eine Gefahr die *hinreichende* Wahrscheinlichkeit des Schadenseintritts voraussetzt, liegt das Risiko schon bei der geringsten Wahrscheinlichkeit des Schadenseintritts vor. Ein Risiko besteht demnach bereits dann, wenn der Schaden jedenfalls möglich erscheint, d. h. wenn er nicht mit Sicherheit ausgeschlossen werden kann.[194] **85**

Nimmt man den vom *BVerfG* aufgestellten Standard der praktischen Vernunft ernst, wonach der Schadenseintritt praktisch ausgeschlossen sein muß und wonach Risiken erst jenseits des menschlichen Erkenntnisvermögens hingenommen werden können, dann erscheint es zweifelhaft, ob es unterhalb dieser Gefahrenschwelle noch eine Risikovorsorge geben kann.[195] Nach Auffassung des *BVerwG* geht die gem. § 7 Abs. 2 Nr. 3 AtG erforderliche Risikovorsorge jedoch über die Gefahrenabwehr hinaus, weil auch solche Schadensmöglichkeiten in Betracht gezogen werden müssen, „die sich nur deshalb nicht ausschließen lassen, weil nach dem derzeitigen Wissensstand bestimmte Ursachenzusammenhänge weder bejaht noch verneint werden können und daher insoweit noch keine Gefahr, sondern nur ein Gefahrenverdacht oder ein Besorgnispotential besteht". **86**

Vorsorge bedeutet nach Auffassung des *BVerwG* weiterhin, „daß bei der Beurteilung von Schadenswahrscheinlichkeiten nicht allein auf das vorhandene Erfahrungswissen zurückgegriffen werden darf, sondern Schutzmaßnahmen auch anhand bloß theoretischer Überlegungen und Berechnungen in Betracht gezogen werden müssen, um Risiken aufgrund bestehender Unsicherheiten oder Wissenslücken hinreichend zuverlässig auszuschließen." **87**

Es sei daher unerlaubt, „exakt bis an die Gefahrengrenze zu gehen". Gefahren und Risiken müßten, wenn die erforderliche Vorsorge i. S. v. § 7 Abs. 2 Nr. 3 AtG getroffen sein sollte, praktisch ausgeschlossen sein.[196] **88**

Im Ergebnis ist den Ausführungen des *BVerwG* zu folgen. Jedoch ist die Trennung zwischen der Gefahr und dem Gefahrenverdacht, wobei der Gefahrenverdacht der Risikovorsorge zuzurechnen sein soll, nicht unbedingt zwingend, weil Ungewißheiten hinsichtlich der Gefahreneinschätzung möglicherweise die Entscheidung über Wahrscheinlichkeit des Schadenseintritts erschweren, jedoch nicht die Annahme einer Gefahr ausschließen.[197] Fraglich ist außerdem, ob angesichts des strengen Maßstabes der praktischen Vernunft **89**

---

[191] *Breuer,* in: Schmidt-Aßmann, BesVwR, 5. Abschn. Rn. 25.

[192] Vgl. dazu *BVerwG,* Urt. v. 19. 12. 1985 – 7 C 65.82 –, DVBl. 1986, 190 (194); *Rengeling,* DVBl. 1986, 265 (266 f.); *Sellner,* NVwZ 1986, 616 ff.; krit. gegenüber einer solchen Differenzierung *Ossenbühl,* NVwZ 1986, 161 (163).

[193] Ausführl. zum Risikobegriff *Murswiek,* Die staatliche Verantwortung, S. 80 ff.; *ders.,* HdUR, Bd. 1, Sp. 803 (803 f.).

[194] *Murswiek,* HdUR, Bd. 1, Sp. 803 (803).

[195] So krit. *Ossenbühl,* NVwZ 1986, 161 (163).

[196] Vgl. *BVerwG,* Urt. v. 19. 12. 1985 – 7 C 65.82 –, DVBl. 1986, 190 (194 f.).

[197] *Drews/Wacke/Vogel/Martens,* Gefahrenabwehr, S. 226; ähnl. auch *Böhm,* Der Normmensch, S. 115.

im Bereich der Gefahrenabwehr die noch weitergehende Risikovorsorge von grundrechtlichen Schutzpflichten geboten wird oder ob es sich nicht vielmehr um eine über den verfassungsrechtlichen Mindeststandard hinausgehende einfachgesetzliche Schutzregelung insbesondere des Atomrechts und des Immissionsschutzrechtes handelt.[198] Dafür spricht, daß die Ausführungen des *BVerwG* im Wyhl-Urteil und auch der vom *BVerfG* angesprochene Grundsatz der bestmöglichen Gefahrenabwehr und Risikovorsorge sich auf die Auslegung des § 7 Abs. 2 Nr. 3 AtG beziehen.

III. Bedeutung des Rechtsstaats- und des Sozialstaatsprinzips für das Umweltschutzrecht

90 Das Rechtsstaatsprinzip und das Sozialstaatsprinzip weisen zwar keine ausdrückliche und spezifisch umweltschützende Funktion auf. Gleichwohl sind sie für das Umweltschutzrecht von Bedeutung.

1. Sozialstaatsprinzip

91 Das Sozialstaatsprinzip ist schon wiederholt für die Begründung einer Verpflichtung zum Umweltschutz herangezogen worden.[199] Es verpflichte den Staat dazu, Umweltbedingungen zu sichern, unter denen auch langfristig ein menschenwürdiges Dasein und eine ihm dienende wirtschaftliche Tätigkeit möglich seien.[200]

92 Angesichts seiner Unbestimmtheit lassen sich aus dem Sozialstaatsprinzip allerdings kaum konkrete Handlungsaufträge für die Gesetzgebung oder die Verwaltung ableiten.[201] Hinzu kommt, daß das Sozialstaatsprinzip den Staat auf die Erfüllung ganz unterschiedlicher Aufgaben, etwa im Bereich der sozialen Sicherheit und der Leistungs- und Daseinsverwaltung verpflichtet. Mit diesen Aufgabenbereichen kann eine aus dem Sozialstaatsprinzip abgeleitete Verpflichtung zum Umweltschutz sogar in Konflikt geraten. Im übrigen dürfte für die Heranziehung des Sozialstaatsprinzips im Bereich des Umweltschutzes auch kaum mehr ein Bedürfnis bestehen, nachdem mit Art. 20a GG eine insoweit speziellere Staatszielbestimmung geschaffen worden ist.

2. Rechtsstaatsprinzip

93 Aus dem Rechtsstaatsprinzip werden verschiedene umweltrelevante Teilaussagen abgeleitet. Dazu zählt die Lehre vom **Gesetzesvorbehalt,** der **Bestimmtheitsgrundsatz** und der **Verhältnismäßigkeitsgrundsatz.**

a) Gesetzesvorbehalt

94 Der Grundsatz des Gesetzesvorbehalts, der nicht nur aus dem Rechtsstaatsprinzip, sondern auch aus dem Demokratieprinzip und den Grundrechten abgeleitet werden kann,[202] verlangt, daß die Verwaltung in bestimm-

---

[198] In diese Richtung *Murswiek,* HdUR, Bd. 1, Sp. 803 (812f.).

[199] Vgl. dazu *Maus,* JA 1979, 287 (289 m. w. N.); *Soell,* NuR 1985, 205 (211f.); vgl. auch *Marburger,* Verhandlungen des 56. DJT, Bd. 1, S. C 8.

[200] *Fehn,* Das umweltrechtliche Auflagenprinzip, S. 22.

[201] *Hermes,* Das Grundrecht auf Schutz von Leben und Gesundheit, S. 132 m. w. N.; *Kloepfer,* DVBl. 1988, 305 (309).

[202] Vgl. *Jarass,* in: Jarass/Pieroth, GG, Art. 20 Rn. 29 m. w. N.

ten Fällen nur tätig werden darf, wenn sie dazu durch Gesetz ermächtigt worden ist. Welche Sachbereiche und Angelegenheiten vom Gesetzesvorbehalt erfaßt werden und wie präzise die gesetzliche Regelung sein muß, ergibt sich aus der vom *BVerfG* vor allem im Bereich des Umweltschutzrechts entwickelten **Wesentlichkeitsformel.**[203] Danach ist der Gesetzgeber verpflichtet, in grundlegenden normativen Bereichen, insbesondere im Bereich der Grundrechtsausübung, alle wesentlichen Entscheidungen selbst zu treffen. Für das Atomrecht hat das *BVerfG* daraus abgeleitet, daß die Grundsatzentscheidung für oder gegen die rechtliche Zulässigkeit der friedlichen Nutzung der Kernenergie wegen ihrer weitreichenden Auswirkungen auf den Freiheitsbereich der Bürger, auf die allgemeinen Lebensverhältnisse und wegen der notwendigerweise damit verbundenen Art und Intensität der Regelung vom Gesetzgeber selbst zu treffen ist.[204]

Verändern sich die sachlichen Grundlagen für die Entscheidung zugunsten **95**
der Kernenergie, kann der Gesetzgeber durch den Gesetzesvorbehalt dazu verpflichtet sein, diese Entscheidung daraufhin zu überprüfen, ob sie auch unter den veränderten Umständen aufrechterhalten werden kann.[205]

b) Bestimmtheitsgrundsatz

Das Rechtsstaatsprinzip und der Gesetzesvorbehalt begründen nicht nur **96**
die Notwendigkeit einer gesetzlichen Regelung, sondern sie verlangen auch ein Mindestmaß an Bestimmtheit von Gesetzen. Der Bestimmtheitsgrundsatz zielt darauf ab, hoheitliche Eingriffe möglichst berechenbar zu machen. Im Geltungsbereich des Gesetzesvorbehaltes darf der Gesetzgeber es nicht durch Verwendung zu unbestimmter Rechtsbegriffe der Exekutive überlassen, die Grenzen der Freiheit des Bürgers im Einzelfall zu bestimmen.[206] Vor diesem Hintergrund stößt die im Umweltrecht vielfach anzutreffende Regelung vor allem technischer Fragen durch untergesetzliche Regelwerke[207] auf Bedenken.

Die Anforderungen des Bestimmtheitsgrundsatzes können gerade im Be- **97**
reich des Umweltrechts jedoch in Konkurrenz treten zu den Erfordernissen eines **dynamischen Grundrechtsschutzes.** Das *BVerfG* führt dazu aus:

„Die gesetzliche Fixierung eines bestimmten Sicherheitsstandards durch die Aufstellung starrer Regeln würde demgegenüber, wenn sie sich überhaupt bewerkstelligen ließe, die technische Weiterentwicklung wie die ihr jeweils angemessene Sicherung der Grundrechte eher hemmen als fördern. Sie wäre ein Rückschritt auf Kosten der Sicherheit. Es hieße, das Gebot der Bestimmtheit mißverstehen, wollte man den Gesetzgeber gerade dazu verpflichten. Zwar sollen die Bestimmtheitsanforderungen auch

---

[203] Vgl. *BVerfG,* Urt. v. 14. 7. 1998 – 1 BvR 1640/97 –, NJW 1998, 1515 (1520) m. w. N.

[204] *BVerfG,* Beschl. v. 8. 8. 1978 – 2 BvL 8/77 –, BVerfGE 49, 89 (124 ff.); *ders.,* Beschl. v. 20. 12. 1979 – 1 BvR 385/77 –, BVerfGE 53, 30 (56); siehe dazu auch unten § 24 Rn. 122; vgl. zum GentechnikR auch *VGH Kassel,* Beschl. v. 6. 11. 1989 – 8 TH 685/89 –, NVwZ 1990, 276 mit krit. Anm. *Sendler,* NVwZ 1990, 231 ff.; vgl. dazu unten § 35 Rn. 6.

[205] *BVerfG,* Beschl. v. 8. 8. 1978 – 2 BvL 8/77 –, BVerfGE 49, 89 (130 ff.); siehe dazu auch *Breuer,* in: Schmidt-Aßmann, BesVwR, 5. Abschn. Rn. 19.

[206] Vgl. *BVerfG,* Beschl. v. 6. 6. 1989 – 1 BvR 921/85 –, BVerfGE 80, 137 (161); siehe auch *Sachs,* in: Sachs, GG, Art. 20 Rn. 79 ff.

[207] Siehe dazu unten § 5 Rn. 1 ff.

zur Gewährleistung von Rechtssicherheit beitragen; diese läßt sich jedoch nicht bei jedem Regelungsgegenstand in gleichem Maße verwirklichen. Eine gewisse Rechtsunsicherheit, die sich durch Rechtsverordnungen der Exekutive, durch die Verwaltungspraxis sowie durch die Rechtsprechung im Laufe der Zeit noch in bestimmtem Umfang verringert, muß jedenfalls dort in Kauf genommen werden, wo der Gesetzgeber ansonsten gezwungen wäre, entweder unpraktikable Regelungen zu treffen oder von einer Regelung gänzlich Abstand zu nehmen, was letztlich beides zu Lasten des Grundrechtsschutzes ginge.

Die Beurteilung eines konkreten Risikos ist nur unter Berücksichtigung der Wirkungszusammenhänge aller Risikofaktoren und der zu ihrer Eindämmung möglichen Vorkehrungen vorzunehmen; mit der technischen Entwicklung, ..., können sich die Gewichtungen der einzelnen Faktoren von Mal zu Mal verändern. Nur eine laufende Anpassung der für eine Risikobeurteilung maßgeblichen Umstände an den jeweils neuesten Erkenntnisstand vermag hier dem Grundsatz einer bestmöglichen Gefahrenabwehr und Risikovorsorge zu genügen. Diese Beurteilung in die Hand der Exekutive zu geben, deren rechtliche Handlungsformen sie für die erforderliche Anpassung sehr viel besser ausrüsten als den Gesetzgeber, dient auch insoweit einer Dynamisierung des Rechtsgüterschutzes".[208]

98 Mit dem Bestimmtheitsgrundsatz ist es deshalb vereinbar, wenn der Gesetzgeber die hoheitliche Zulassung umweltbelastender Anlagen davon abhängig macht, daß „die nach dem Stand von Wissenschaft und Technik erforderliche Vorsorge gegen Schäden durch die Errichtung und den Betrieb der Anlage getroffen ist" (§ 7 Abs. 2 Nr. 3 AtG) oder daß „Vorsorge gegen schädliche Umwelteinwirkungen getroffen wird, insbesondere durch die dem Stand der Technik entsprechenden Maßnahmen zur Emmissionsbegrenzung" (§ 5 Abs. 1 Nr. 2 BImSchG). Dies gilt für das gesamte Umweltschutzrecht.[209]

c) Verhältnismäßigkeitsgrundsatz

99 Aus dem Rechtsstaatsprinzip und aus den Grundrechten ergibt sich der Grundsatz der Verhältnismäßigkeit, der dem Staat gebietet, in Rechte des Bürgers nur insoweit einzugreifen, wie es zum Erreichen des jeweils verfolgten Zieles unerläßlich ist.[210] Er läßt sich weiter untergliedern in ein Gebot der Geeignetheit, ein Gebot der Erforderlichkeit und ein Gebot der Angemessenheit oder Verhältnismäßigkeit im engeren Sinne. Der Grundsatz der Verhältnismäßigkeit kann staatlichen Umweltschutzmaßnahmen häufig entgegenstehen, z. B. wenn der ökologische Nutzen einer Maßnahme zu der den Bürger betreffenden Belastung außer Verhältnis steht.

100 Das Rechtsstaatsprinzip und der daraus folgende Grundsatz der Verhältnismäßigkeit sind außerdem Grundlage für das zum Schutz der Umwelt bedeutsame planerische Abwägungsgebot, das dazu führt, daß die Belange des Umweltschutzes bei jeder staatlichen Planung zu berücksichtigen sind.[211] Das *BVerwG* hat für die verschiedensten Planungsbereiche wiederholt entschieden, daß sich das Gebot, die von einer Planung berührten öffentlichen und privaten Belange gegeneinander und untereinander gerecht abzuwägen, un-

[208] *BVerfG,* Beschl. v. 8. 8. 1978 – 2 BvL 8/77 –, BVerfGE 49, 89 (139f.); krit. insoweit *Kloepfer,* UmweltR, § 3 Rn. 68; vgl. auch BVerwG, Urt. v. 22. 10. 1987 – 7 C 4.85 –, DVBl. 1988, 148 (149).
[209] So *Breuer,* in: Schmidt-Aßmann, BesVwR, 5. Abschn. Rn. 25.
[210] Vgl. *Jarass,* in: Jarass/Pieroth, GG, Art. 20 Rn. 56 m. w. N.
[211] Vgl. zur Planung unten § 7 Rn. 1 ff.

abhängig von einer gesetzlichen Positivierung aus dem Wesen einer rechtsstaatlichen Planung ergibt und dementsprechend allgemein gilt.[212]

IV. Zuständigkeitsverteilung zwischen Bund und Ländern für das Umweltschutzrecht

Hinsichtlich der verfassungsrechtlichen Zuständigkeitsverteilung auf dem Gebiet des Umweltschutzes ist zwischen der *Gesetzgebungszuständigkeit* und der *Verwaltungszuständigkeit* zu unterscheiden. Gem. Art. 70 Abs. 1 GG steht das Recht der Gesetzgebung grundsätzlich den Ländern zu, soweit nicht das Grundgesetz dem Bund Gesetzgebungsbefugnisse verleiht. Gleichwohl liegt das Schwergewicht für die Gesetzgebung im Bereich des Umweltschutzes beim Bund. Entsprechend der Grundregel des Art. 83 GG, wonach die Länder die Bundesgesetze als eigene Angelegenheit ausführen, soweit das Grundgesetz nichts anderes bestimmt oder zuläßt, liegt dagegen die Verwaltungskompetenz vorwiegend bei den Bundesländern. **101**

1. Gesetzgebungszuständigkeit des Bundes

Dem Bund stehen Gesetzgebungskompetenzen im Bereich des Umweltschutzes teilweise **ausschließlich**, teilweise **konkurrierend** oder zum Erlaß von **Rahmenvorschriften** zu. Dabei ist zu berücksichtigen, daß die Gesetzgebungszuständigkeit für einen bestimmten Sachbereich auch die Zuständigkeit zur Regelung des Umweltschutzes in dem betreffenden Bereich einschließen kann.[213] **102**

Beispiel: Die Gesetzgebungskompetenz für den Straßenverkehr oder für den Bergbau ermächtigt auch zu gesetzlichen Regelungen zum Schutz der Umwelt vor Belastungen durch den Straßenbau oder den Bergbau.

Die Gesetzgebungskompetenz im Bereich des Umweltschutzes ist allerdings nicht nur eine Annexkompetenz. Vielmehr sieht das Grundgesetz zahlreiche umweltschutzspezifische bzw. umweltrelevante Gesetzgebungszuständigkeiten vor. **103**

a) Ausschließliche Gesetzgebungszuständigkeit

Im Bereich der ausschließlichen Gesetzgebungszuständigkeit des Bundes gibt es zwar keine ausdrücklich umweltspezifischen Sachzuständigkeiten, jedoch sind vor allem die Gesetzgebungszuständigkeiten über die *Eisenbahnen* des Bundes etc. und den *Luftverkehr* (Art. 73 Nr. 6, Nr. 6a GG) umweltrechtlich relevant, weil sie umweltschützende Regelungen zur Vermeidung der negativen Umwelteinwirkungen durch die Verkehrsanlagen ermöglichen. Für den Umweltschutz bedeutsam ist außerdem die Gesetzgebungskompetenz über *Handelsverträge* und insbesondere über den Warenverkehr mit dem Ausland (Art. 73 Nr. 5 GG). Sie ermöglicht z.B. Verbote zur Einfuhr **104**

---

[212] Vgl. *BVerwG,* Urt. v. 11. 12. 1981 – 4 C 69.78 –, BVerwGE 64, 270 (272f.); *Hoppe,* in: Hoppe/Grotefels, ÖffBauR, § 7 Rn. 7; vgl. dazu § 7 Rn. 8.

[213] Vgl. dazu ausführl. *Pestalozza,* WuV 1984, 245ff.; *Kimminich,* HdUR, Bd. 2, Sp. 2462 (2465ff.).

Rengeling, DVBl 08, 997, Ekardt/Weyland, NVwZ 06, 737, Franz, NVwZ 06, 742, Schulze-Fielitz, NVwZ 07, 249, Kotulla, NVwZ 07, 441, Koch/Wolf, NVwZ 08, 353 von lebenden Tieren, Tierleichen, Tierteilen etc. im Rahmen internationaler Artenschutzabkommen.[214]

b) Konkurrierende Gesetzgebungszuständigkeit

105 Ganz wesentliche Gesetzgebungszuständigkeiten auf dem Gebiet des Umweltrechts ergeben sich aus dem Katalog des Art. 74 GG zur konkurrierenden Gesetzgebung. So besitzt der Bund umweltspezifische Gesetzgebungskompetenzen z.B. auf dem Gebiet des *Atomrechts* (Art. 74 Abs. 1 Nr. 11a GG), für „den Schutz beim Verkehr mit Lebens- und Genußmitteln, Bedarfsgegenständen, Futtermitteln und land- und forstwirtschaftlichem Saat- und Pflanzgut, den Schutz der Pflanzen gegen Krankheiten und Schädlinge sowie den *Tierschutz*" (Art. 74 Abs. 1 Nr. 20 GG) sowie für die *Abfallbeseitigung,* die *Luftreinhaltung* und die *Lärmbekämpfung* (Art. 74 Abs. 1 Nr. 24 GG).

106 Die zuletzt genannten Kompetenztitel haben zu kontroversen Auseinandersetzungen über die Zulässigkeit von durch die Länder und Kommunen erhobenen Lenkungsabgaben geführt. Ausgehend von dem Grundsatz, daß der Abgabengesetzgeber aufgrund einer Abgabenkompetenz nur insoweit in den Kompetenzbereich eines Sachgesetzgebers übergreifen darf, als die Lenkung weder der Gesamtkonzeption der sachlichen Regelung noch konkreten Einzelregelungen zuwiderläuft, hat das *BVerfG* sowohl die von einigen Ländern erhobene **Landesabfallabgabe** als auch die in etlichen Kommunen eingeführte **kommunale Verpackungssteuer** für verfassungswidrig erklärt.[215]

107 Daneben besitzt der Bund im Bereich der konkurrierenden Gesetzgebung die Gesetzgebungskompetenz für zahlreiche, ganz erheblich umweltrelevante Sachmaterien. Dazu zählen die Gesetzgebungskompetenzen auf dem Gebiet des bürgerlichen Rechts und des Strafrechts (Art. 74 Abs. 1 Nr. 1 GG). Im Bereich des bürgerlichen Rechts hat der Bund z.B. das *Nachbarrecht* in den §§ 903ff. BGB zum Schutz gegen Immissionen geregelt. Die Gesetzgebungskompetenz für das Strafrecht ist Grundlage für die im 28. Abschnitt des Strafgesetzbuchs geregelten *„Straftaten gegen die Umwelt"*.[216] Erhebliche Relevanz hat außerdem die Zuständigkeit für das *Recht der Wirtschaft* (Art. 74 Abs. 1 Nr. 11 GG), der *Bauleitplanung* (Art. 74 Abs. 1 Nr. 18 GG) und die Gesetzgebungskompetenz für den *Straßen- und Schienenwegeausbau* (Art. 74 Abs. 1 Nr. 22, 23 GG).

c) Rahmengesetzgebung

108 Die Rahmengesetzgebungszuständigkeit des Bundes gem. Art. 75 GG umfaßt vor allem den ganz wesentlichen Bereich des *Naturschutzes* und der *Landschaftspflege* (Art. 75 Abs. 1 Nr. 3 GG), daneben aber auch die für den Umweltschutz bedeutsamen Gesetzgebungszuständigkeiten für die *Bodenverteilung,* die *Raumordnung* und den *Wasserhaushalt* (Art. 75 Abs. 1 Nr. 4 GG).

---

[214] Zum Artenschutz siehe unten § 15 Rn. 168ff.

[215] *BVerfG,* Urt. v. 7. 5. 1998 – 2 BvR 1876/91 u. a. –, ZUR 1998, 144ff. (Landesabfallabgabe); *BVerfG,* Urt. v. 7. 5. 1998 – 2 BvR 1991/95 u. 2004/95 –, ZUR 1998, 147ff. (kommunale Verpackungssteuer); dazu auch *Bothe,* NJW 1998, 2333ff.; siehe dazu näher unten § 30 Rn. 16.

[216] Siehe dazu unten § 13 Rn. 1ff.

2. Gesetzgebungszuständigkeit der Länder

Den Bundesländern bleiben auf dem Gebiet des Umweltschutzes nur wenige, gleichwohl nicht unwichtige Gesetzgebungskompetenzen.[217] 109

a) Ausschließliche Gesetzgebungszuständigkeit

Erhebliche umweltrechtliche Bedeutung hat einerseits die ausschließliche Zuständigkeit der Länder für ihre *Verwaltungsorganisation* und andererseits die Gesetzgebungskompetenz für das *Polizei-* und *Ordnungsrecht,* das subsidiär eingreift, wenn spezielle umweltrechtliche Regelungen nicht vorhanden sind. Das war vor Erlaß des Bundes-Bodenschutzgesetzes bei der Haftung für Altlasten der Fall.[218] 110

b) Konkurrierende Gesetzgebungszuständigkeit

Im Bereich der konkurrierenden Gesetzgebungszuständigkeiten bleibt den Ländern die Regelungskompetenz, soweit der Bund keine eigene Regelung erläßt. Zum Umweltrecht der Länder im Bereich der konkurrierenden Gesetzgebung zählen z.B. die *Landesimmissionsschutzgesetze* und die *Landesabfallgesetze.* 111

c) Ausfüllende Gesetzgebung

Im Bereich der Rahmengesetzgebung des Bundes sind die Länder zu eigener ausfüllender Gesetzgebung verpflichtet. Im Bereich der ausfüllenden Gesetzgebung haben insbesondere die *Landesplanungsgesetze,* die *Naturschutzgesetze der Länder* und die *Landeswassergesetze* erhebliche Umweltrelevanz. 112

3. Verteilung der Verwaltungszuständigkeiten im Umweltschutzrecht

a) Länderverwaltung

Die Länder führen gem. Art. 83 GG nicht nur das eigene Landesrecht, sondern auch das Bundesumweltrecht als eigene Angelegenheit aus. Mit Zustimmung des Bundesrates hat der Bundesgesetzgeber – ermächtigt durch Art. 84 Abs. 1 und 2 GG – zahlreiche Regelungen für das Verwaltungsverfahren und Ermächtigungen für Rechtsverordnungen und Verwaltungsvorschriften des Bundes normiert.[219] 113

Beispiel: So hat der Bund in § 10 BImSchG und in der dazu ergangenen 9. BImSchV die Grundsätze des immissionsschutzrechtlichen Genehmigungsverfahrens im einzelnen geregelt.

b) Bundesverwaltung

Als Ausnahme zum Grundsatz der Ausführung der Bundesgesetze als eigene Angelegenheit der Länder sieht das Grundgesetz in einigen Bereichen Bundesauftragsverwaltung vor. Das gilt etwa für den Bereich der Kernenergie gem. Art. 87c GG und den Bereich der Luftverkehrsverwaltung gem. Art. 87d GG. Daneben stehen einige relativ beschränkte bundeseigene Ver- 114

[217] Zu den Landeskompetenzen im UmweltR vgl. *Müller,* BayVBl. 1988, 289ff.; *Engelhardt,* BayVBl. 1988, 294ff.

[218] Vgl. zur Reichweite der gesetzl. Regelungen des BBodSchG unten § 27 Rn. 3ff.

[219] Vgl. dazu *Steiger,* in: Salzwedel, Grundzüge des Umweltrechts, 2. Aufl., Teil 02 Rn. 315f.

waltungszuständigkeiten. Dazu zählen spezielle Zuständigkeiten im Bereich der Kernenergie gem. Art. 87 Abs. 3 GG. Im übrigen hat der Bund gem. Art. 87 Abs. 3 GG einige Bundesoberbehörden errichtet, die sich mit umweltspezifischen Verwaltungsaufgaben befassen.

Beispiele: Umweltbundesamt, Biologische Bundesanstalt für Land- und Forstwirtschaft.[220]

c) Kommunale Verwaltung

115 Verwaltungskompetenzen auf dem Gebiet des Umweltschutzes haben schließlich auch die Gemeinden. Sie können im Rahmen ihrer Selbstverwaltung und Planungshoheit in erheblicher Weise umweltschützende Aufgaben übernehmen.[221]

116 Zu den Aufgabenfeldern der Kommunen im Bereich des Umweltschutzes zählen

- die kommunale Umweltvorsorge durch Aufgabenplanung und -koordinierung im Rahmen der Stadtentwicklungs-, der Bauleit- und der Landschaftsplanung, soweit diese den Gemeinden obliegt.
- die kommunale Umweltgestaltung durch öffentliche Einrichtungen und Dienstleistungen, etwa im Bereich der Wasserversorgung, der Abfall- und Abwasserentsorgung, des umweltfreundlichen Straßenreinigungs- und Winterdienstes etc. und
- der kommunale Umweltschutz durch ordnungsbehördliche Maßnahmen, z.B. der Bauaufsicht, der Wasseraufsicht, der Straßenaufsicht, der Lebensmittelaufsicht etc.[222]

B. Umweltschutz in den Landesverfassungen

117 Während das Grundgesetz erst seit dem Jahre 1994 eine Verfassungsbestimmung zum Umweltschutz enthält, weisen die Verfassungen der Bundesländer ganz überwiegend ältere Umweltschutzbestimmungen auf.[223] Dabei bestehen hinsichtlich der konkreten Ausgestaltung erhebliche Unterschiede.

118 Teilweise findet sich ein Bekenntnis zum Umweltschutz bereits in der **Präambel** der Landesverfassung, um dann in einem späteren Artikel näher konkretisiert zu werden.[224]

Beispiel: „[...] Die natürlichen Lebensgrundlagen stehen unter dem besonderen Schutz des Staates. [...]" (Präambel HambVerf)

Beispiel: „[...] erfüllt mit dem Willen, [...] die natürlichen Grundlagen des Lebens zu sichern, [...]" (Präambel LVerf MV)

119 Weit verbreitet sind **Staatszielbestimmungen** zum Umweltschutz. Dabei entspricht die Formulierung nur in Baden-Württemberg der des

---

[220] Zur Verwaltungsorganisation des Umweltschutzes siehe unten § 10 Rn. 1ff.

[221] *Schmidt-Aßmann*, NVwZ 1987, 265ff.; zu den Gemeindekompetenzen im Umweltschutz siehe auch *Salzwedel,* WuV 1987, 1ff.; zur kommunalen Umweltpflege siehe auch Getz, HdUR, Bd. 1, Sp. 1258 (1258ff.); *Weinberger,* Der Städtetag 1986, 2ff.; *Hill,* Die Verw. 1988, 175ff., sowie *Schink,* ZUR 1993, 1ff., der auf die Vollzugsdefizite in diesem Bereich hinweist.

[222] Vgl. zu diesen Aufgabenfeldern ausführl. *Getz,* HdUR, Bd. 1, Sp. 1258 (1258ff.).

[223] Vgl. zu den Umweltschutzbestimmungen im LandesverfassungsR *Erbguth/Wiegand,* DVBl. 1994, 1325ff.; *dies.,* Die Verw. 1996, 159ff.; *Steiger,* in: Salzwedel, Grundzüge des Umweltrechts, 2. Aufl., Teil 02 Rn. 133ff.

[224] So die Präambeln in den Verfassungen der Länder Brandenburg, Hamburg, Mecklenburg-Vorpommern, Sachsen-Anhalt, Thüringen.

Art. 20a GG.[225] In allen anderen Landesverfassungen weicht der Text mehr oder weniger stark von dem des Grundgesetzes ab.[226] Dabei bestehen wesentliche Unterschiede auch hinsichtlich des Grades sprachlicher Abstraktion.

Beispiel: „Die Umwelt und die natürlichen Lebensgrundlagen stehen unter dem besonderen Schutz des Landes." (Art. 31 Abs. 1 BlnVerf)

Beispiel: „Die natürlichen Lebensgrundlagen stehen unter dem Schutz des Landes, der Gemeinden und Gemeindeverbände." (Art. 29a LVerf NW)

Beispiel: „Das Land und die Kommunen schützen und pflegen die natürlichen Grundlagen jetzigen und künftigen Lebens. Sie wirken darauf hin, daß mit Rohstoffen sparsam umgegangen und Abfall vermieden wird." (Art. 35 Abs. 1 LVerf LSA)

Beispiel: „Land, Gemeinden und Kreise schützen und pflegen die Landschaft mit ihren Naturschönheiten, Wäldern, Fluren und Alleen, die Binnengewässer und die Küste mit den Haff- und Boddengewässern." (Art. 12 Abs. 2 LVerf MV)

In einigen Landesverfassungen findet sich darüber hinaus auch eine Bestimmung, die den **Tierschutz zum Staatsziel** erhebt.[227] 120

Beispiel: „Tiere sind als Lebewesen zu achten und vor vermeidbaren Leiden zu schützen." (Art. 31 Abs. 2 BlnVerf)

Des weiteren ist vereinzelt auch ein **Recht auf Zugang zu umweltrelevanten Daten** verfassungskräftig verankert.[228] 121

Beispiel: „Jeder hat das Recht auf Auskunft über die Vorhaben und Daten im Verfügungsbereich der öffentlichen Gewalt, welche die natürliche Umwelt in seinem Lebensraum betreffen, soweit nicht Bundesrecht, rechtlich geschützte Interessen Dritter oder das Wohl der Allgemeinheit entgegensteht. Das nähere regeln die Gesetze." (Art. 6 Abs. 2 LVerf LSA)

Auch das **Verbandsklagerecht** anerkannter Naturschutzverbände hat in mehreren Ländern eine verfassungsrechtliche Regelung erfahren.[229] 122

Beispiel: „Anerkannte Naturschutzverbände haben das Recht, nach Maß der Gesetze an umweltbedeutsamen Verwaltungsverfahren mitzuwirken. Ihnen ist die Klagebefugnis in Umweltbelangen einzuräumen; das nähere bestimmt ein Gesetz." (Art. 10 Abs. 2 SächsVerf)

Die Verfassungen einiger Länder räumen dem einzelnen ein **Recht auf Naturgenuß** ein.[230] 123

Beispiel: „Der Genuß der Naturschönheiten und die Erholung in der freien Natur, insbesondere das Betreten von Wald und Bergweide, das Befahren der Gewässer und die Aneignung wildwachsender Waldfrüchte im ortüblichen Umfang ist jedermann gestattet." (Art. 141 Abs. 3 BayVerf)

---

[225] Vgl. Art. 3a LVerf BW; siehe aber auch Art. 86 LVerf BW.

[226] Vgl. Art. 3a LVerf BW, Art. 141 BayVerf, Art. 39 Abs. 1 LVerf Bbg, Art. 31 Abs. 1 BlnVerf, Art. 26a HessVerf, Art. 12 Abs. 1–4 LVerf MV, Art. 29a LVerf NW, Art. 69 LVerf RP, Art. 59a SaarlVerf, Art. 10 Abs. 1 SächsVerf, Art. 35 Abs. 1, 2 LVerf LSA, Art. 7 LVerf SH, Art. 31 Abs. 1–3 ThürVerf; als bloßer „Staatsgrundsatz" formuliert ist Art. 1 Abs. 2 NdsVerf, vgl. dazu *Erbguth/Wiegand,* DVBl. 1994, 1325 (1331).

[227] Vgl. Art. 39 Abs. 3 LVerf Bbg, Art. 31 Abs. 2 BlnVerf, Art. 32 ThürVerf; zur Diskussion über ein Staatsziel Tierschutz im GG siehe oben § 4 Rn. 8.

[228] Vgl. Art. 39 Abs. 7 S. 4 LVerf Bbg, Art. 6 Abs. 2 LVerf LSA, Art. 33 ThürVerf.

[229] Art. 39 Abs. 8 LVerf Bbg, Art. 10 Abs. 2 SächsVerf.

[230] Vgl. Art. 141 Abs. 3 BayVerf, Art. 12 Abs. 2 S. 2 LVerf MV, Art. 10 Abs. 3 SächsVerf.

Beispiel: „Das Land erkennt das Recht auf Genuß der Naturschönheiten und Erholung in der freien Natur an, soweit dem nicht Ziele nach Abs. 1 entgegenstehen. Der Allgemeinheit ist in diesem Rahmen der Zugang zu Bergen, Wäldern, Feldern, Seen und Flüssen zu ermöglichen." (Art. 10 Abs. 3 SächsVerf)

124 Die beiden zuletzt wiedergegebenen Bestimmungen haben indes eine unterschiedliche Auslegung erfahren. Art. 141 Abs. 3 BayVerf wird von der h. M. als eine Grundrechtsbestimmung aufgefaßt, die zwar kein Abwehrrecht einzelner gegen Beeinträchtigungen von Natur und Landschaft, wohl aber ein Grundrecht auf Erholung in der Landschaft beinhaltet.[231] Demgegenüber hat der *Sächsische Verfassungsgerichtshof* in bezug auf Art. 10 Abs. 3 SächsVerf entschieden, daß es sich bei dieser Bestimmung nicht um ein Grundrecht, sondern um eine den Staat verpflichtende Norm des objektiven Verfassungsrechts handelt.[232]

125 Die Verfassung des Landes Brandenburg enthält schließlich ein allgemeines **Umweltgrundrecht**, indem sie jedem „das Recht auf Schutz seiner Unversehrtheit vor Verletzungen und unzumutbaren Gefährdungen, die aus Veränderungen der natürlichen Lebensgrundlagen entstehen", einräumt (Art. 39 Abs. 2 LVerf Bbg).[233]

---

[231] Siehe *BayVerfGH,* Entsch. v. 23. 8. 1985 – Vf.116-VI-84 –, BayVBl. 1985, 683 ff.; *Bartlsperger,* Das Grundrecht auf Naturgenuß, S. 9, m. w. N. auch zur Gegenmeinung.

[232] *SächsVerfGH,* Entsch. v. 23. 1. 1997 – Vf.7-IV-94 –, LKV 1997, 251 ff.

[233] Krit. *Erbguth/Wiegand,* DVBl. 1994, 1325 (1329).

§ 5. Umweltstandards

Die umweltrechtlichen Normen enthalten eine Vielzahl **unbestimmter Rechtsbegriffe,** wie beispielsweise „schädliche Umwelteinwirkungen“,[1] „Stand der Technik“,[2] „Stand von Wissenschaft und Technik“[3] oder „Stand der Wissenschaft“,[4] die einer weiteren Konkretisierung bedürfen, um in der Praxis angewendet werden zu können. 1

Der Grund für die Verwendung unbestimmter Rechtsbegriffe durch den Gesetzgeber liegt in der Schwierigkeit, die sachlichen Anforderungen des Umweltrechts konkret zu erfassen und gesetzlich zu normieren. Dem Gesetzgeber fehlt vielfach die insoweit erforderliche Sachkunde. Darüber hinaus würde eine Fixierung der technischen Anforderungen für umweltrelevante Vorhaben in starren gesetzlichen Regelungen der Dynamik der Technik nicht gerecht werden. Demgegenüber bleibt ein Tatbestand bei der Verwendung von unbestimmten Rechtsbegriffen oder Generalklauseln für technische Entwicklungsprozesse offen.[5] 2

Die Konkretisierung dieser offenen Tatbestände erfolgt durch sog. Umweltstandards.[6] 3

A. Begriff und Funktion von Umweltstandards

Umweltstandards sind generelle Anforderungen, die unbestimmte Rechtsbegriffe für den typischen Regelfall durch meßbare Größen in Form von Richt- und Grenzwerten ausfüllen.[7] Sie setzen unbestimmte Rechtsbegriffe des Umweltrechts in präzise definierte Größen um und beschreiben so detailliert die technischen Anforderungen an umweltrelevante Vorhaben.[8] Sie sollen den Vollzug des Umweltrechts erleichtern, die Dauer behördlicher 4

---

[1] Vgl. §§ 1, 5 Abs. 1 Nr. 1 u. 2, 22 Abs. 1 Nr. 1 BImSchG.

[2] §§ 5 Abs. 1 Nr. 2, 48 Abs. 1 Nr. 2 BImSchG.

[3] § 7 Abs. 2 Nr. 3 AtG, § 3 Abs. 4 AbwAbG, §§ 6, 7 GenTG.

[4] § 1 Nr. 2 StrVG.

[5] Vgl. zur Zulässigkeit der Verwendung unbestimmter Rechtsbegriffe *BVerfG,* Beschl. v. 8. 8. 1978 – 2 BvL 8/77 –, BVerfGE 49, 89 (133); *Bönker,* DVBl. 1992, 804 (808); *Kremser,* DÖV 1995, 275 (277); *Appel,* DVBl. 1995, 399 (406); zur offenen Gesetzgebung auch *Ossenbühl,* DVBl. 1999, 1 ff.; nach a. A. handelt es sich bei Entscheidungen über die Umweltqualität um wesentliche Entscheidungen, die aufgrund des Gesetzesvorbehalts vom Parlament getroffen werden müßten, vgl. *Erichsen,* in: BMWi, Sicherheitstechnische Rechtsvorschriften, S. 101 (125 ff.); *Roßnagel,* UTR 1994, 425 (435); *Denninger,* Verfassungsrechtliche Anforderungen an die Normsetzung im Umwelt- und Technikrecht, S. 153 ff.

[6] Vgl. zu Umweltstandards *Jarass,* HdUR, Bd. 2, Sp. 2413 ff.; *Feldhaus,* UPR 1982, 137 (138); *Pohl,* HdbUR, A.5 Rn. 1 ff.

[7] Vgl. *Pohl,* HdbUR, A.5 Rn. 1; teilweise wird unter dem Begriff „Umweltstandard“ auch der zu konkretisierende unbestimmte Rechtsbegriff verstanden, *Rittstieg,* Konkretisierung technischer Standards im Anlagenrecht, S. 13; *Breuer,* NVwZ 1988, 104 ff., SRU, Umweltgutachten 1987, BT-Drs. 11/1568, Tz. 91 ff.

[8] *Jarass,* NJW 1987, 1225 (1225).

Rubenstroth, DVBl 95, 495, Henkler, DÖV 98, 481 (!), Volkmann, DVBl 97, 573, Jarass, NVwZ 03, 257

Verfahren verkürzen und zudem die Vorhersehbarkeit einer Entscheidung und damit die Rechtssicherheit erhöhen.[9]

B. Schutz- und Vorsorgestandards

5 Umweltstandards lassen sich in *Schutz-* und *Vorsorgestandards* einteilen.[10] **Schutzstandards** bezwecken die Abwehr von Gefahren. Sie sind an bekannten, vermuteten oder geschätzten Schädlichkeitsschwellen orientiert.[11] Demgegenüber bewegen sich **Vorsorgestandards** unterhalb der Gefahrengrenze. Sie zielen auf eine erwünschte Umweltqualität und orientieren sich vordringlich an der technischen Vermeidbarkeit eines Schadstoffausstoßes.[12]

6 Umweltstandards haben einen Doppelcharakter. Einerseits enthalten sie sachverständige Aussagen, andererseits sind sie politische Wertungen.[13]

7 Wann Umwelteinwirkungen schädlich im Sinne von § 5 Abs. 1 Nr. 2 BImSchG sind oder was dem Stand der Technik oder dem Stand von Wissenschaft und Technik entspricht, kann nur aufgrund naturwissenschaftlich-technischer Erkenntnisse durch Sachkundige beurteilt werden. Daneben sind die Umweltstandards wertende Entscheidungen.[14] Dies gilt vor allem für die Vorsorgestandards. Deren Inhalt – das Maß der erforderlichen Vorsorge – ist notwendig das Ergebnis einer politischen Entscheidung. Aber auch die Schutzstandards sind nicht frei von politischen Wertungen. So ist beispielsweise die Festlegung eines Fixpunktes für noch nicht schädliche Immissionswerte neben der sachverständigen Aussage eine politische Entscheidung über ein sozialadäquates Restrisiko.[15]

C. Rechtsformen

8 Umweltstandards können als (förmliche) Gesetze, Rechtsverordnungen, Satzungen, Verwaltungsvorschriften sowie als private Regelwerke erlassen werden. Die Rechtsform ist maßgeblich für die Bindungswirkung, die Umweltstandards entfalten.[16]

9 **Förmliche Gesetze** sind zwar aufgrund ihrer geringen Flexibilität gegenüber dem Wandel der Technik weniger geeignet, Umweltstandards zu normieren. Gleichwohl können Umweltstandards in förmlichen Gesetzen erlassen werden. Sie kommen als Regelungsinstrument in den Fällen in Be-

---

[9] Vgl. *Feldhaus,* UPR 1982, 137 (139); zum Verfahren der Standardsetzung SRU, Umweltgutachten 1987, BT-Drs. 11/1568, Tz. 113 ff.; zum integrativen Ansatz von Umweltstandards *Steinberg,* NuR 1999, 192 ff.

[10] *Jarass,* NJW 1987, 1225 (1226); *Salzwedel,* NVwZ 1987, 276 (277); SRU, Umweltgutachten 1987, BT-Drs. 11/1568, Tz. 101 ff.

[11] *Salzwedel,* NVwZ 1987, 276 (277); vgl. auch *Feldhaus,* UPR 1982, 137 (144), der diese Standards als Wirkungsstandards bezeichnet.

[12] *Salzwedel,* NVwZ 1987, 276 (277).

[13] *Jarass,* HdUR, Bd. 2, Sp. 2413 (2415 ff.).

[14] Vgl. *Jarass,* NJW 1987, 1225 (1226); *Feldhaus,* UPR 1982, 137 (143); *Backherms,* JuS 1980, 9 (13).

[15] Dazu *Feldhaus,* UPR 1982, 137 (144).

[16] Zu den Rechtformen näher *Paetow,* NuR 1999, 199 ff.; zur str. Frage, inwieweit die Gerichte an ihre Festsetzungen in Verwaltungsvorschriften gebunden sind, vgl. unten § 5 Rn. 17 ff.

tracht, in denen ein technischer Entwicklungsstand vorerst abgeschlossen erscheint[17] oder aber für den Inhalt des Standards ohne Belang ist.

Beispiel: Umweltstandards sind in § 2 BzBlG[18] und § 2 FluglG[19] gesetzlich geregelt.[20]

Umweltstandards werden häufig in **Rechtsverordnungen** normiert. Vor- 10
aussetzung ist eine Verordnungsermächtigung im jeweiligen Gesetz, in deren Rahmen sich die Rechtsverordnung halten muß.[21]

Beispiel: Die zahlreichen Verordnungen zum Bundes-Immissionsschutzgesetz[22] oder zum Gentechnikgesetz[23] sind Umweltstandards in Form von Rechtsverordnungen.

Eine in der Praxis wichtigere Rolle spielen derzeit noch administrative 11
Umweltstandards, die in Form von **Verwaltungsvorschriften** ergehen.[24]

Beispiele: Die TA Luft[25] und TA Lärm[26] sowie die TA Abfall[27] und die TA Siedlungsabfall[28] sind als Verwaltungsvorschriften ergangen.[29]

Neben den staatlichen Umweltstandards werden von der Verwaltung und 12
Rechtsprechung auch technische Regeln privatrechtlicher Normenverbände **(private Umweltstandards)** herangezogen.[30] Normenverbände sind u.a. das Deutsche Institut für Normung (DIN), der Verein Deutscher Ingenieure (VDI), der Verband Deutscher Elektrotechniker (VDE) und der Deutsche Verein des Gas- und Wasserfaches (DVGW).[31] In den Gremien dieser Verbände arbeiten Sachverständige sowie die an der technischen Normung in-

---

[17] *Breuer,* AöR 1976, 46 (61).

[18] Gesetz zur Verminderung von Luftverunreinigungen durch Bleiverbindungen in Ottokraftstoffen für Kraftfahrzeugmotore (Benzinbleigesetz – BzBlG) v. 5. 8. 1971 (BGBl. I S. 1234), geänd. durch G v. 24. 6. 1994 (BGBl. I S. 1416).

[19] Gesetz zum Schutz gegen Fluglärm v. 30. 3. 1971 (BGBl. I S. 282), zul. geänd. durch G v. 25. 9. 1990 (BGBl. I S. 2106).

[20] Sie konkretisieren als spezialgesetzliche Regelungen den immissionsschutzrechtl. Begriff der schädlichen Umwelteinwirkungen und würden heute nach § 48 BImSchG als Rechtsverordnungen erlassen; a. A. *Pohl,* HdbUR, A.5 Rn. 4, der annimmt, daß sie keine unbestimmten Rechtbegriffe konkretisieren.

[21] Zum Konkretisierungsspielraum des Verordnungsgebers *Jarass,* HdUR, Bd. 2, Sp. 2413 (2418); siehe auch die Verordnungsermächtigung des § 145 UGB-AT-E, vgl. *Kloepfer/u. a.,* UGB-AT-E, S. 94, 472 ff.

[22] Vgl. dazu näher unten § 20 Rn. 12.

[23] Vgl. dazu näher unten § 35 Rn. 9.

[24] Siehe dazu auch §§ 155 ff. UGB-AT-E, vgl. *Kloepfer/u. a.,* UGB-AT-E, S. 98, 478 ff.

[25] V. 27. 2. 1986 (GMBl. 1986 S. 95, ber. S. 202).

[26] V. 26. 8. 1998 (GMBl. S. 418).

[27] Zweite allgemeine Verwaltungsvorschrift zum Abfallgesetz (TA Abfall) v. 12. 3. 1991 (GMBl. S. 139, ber. S. 469).

[28] Dritte allgemeine Verwaltungsvorschrift zum Abfallgesetz (TA Siedlungsabfall) v. 14. 5. 1993 (BAnz. Nr. 99 a); vgl. zur Bindungswirkung auch *Jarass,* Inhalte und Wirkungen der TA Siedlungsabfall, S. 41 ff.

[29] Zur Einordnung der LAGA-Abfalliste als normkonkretisierende Verwaltungsvorschrift *Giesberts/Hilf,* UPR 1999, 168 ff.

[30] *Jarass,* NJW 1987, 1225 (1230); zu VDI-Richtlinien als „Entscheidungshilfe" *BVerwG,* Beschl. v. 8. 7. 1998 – 4 B 38.98 –, UPR 1999, 24 ff.

[31] Vgl. zu Beispielen *Lahl,* IUR 1993, 249 (250); *Lamb,* IUR 1993, 97 f.; *Lübbe-Wolff,* ZUR 1994, 177 (179 ff.).

Gusy, NVwZ 95, 105 (VO, VV)

teressierten Kreise mit. Die Berücksichtigung aller beteiligten Interessen ist aber bei keiner der Einrichtungen institutionell abgesichert.[32]

D. Rechtliche Zulässigkeit und Bindungswirkung

13 Unproblematisch ist die rechtliche Zulässigkeit und Verbindlichkeit von Umweltstandards in Gesetzen, Rechtsverordnungen und Satzungen. Diese werden in einem förmlichen Verfahren erlassen und binden die betroffenen Privatpersonen und die Gerichte ebenso wie die Vollzugsorgane. Die rechtliche Zulässigkeit der Konkretisierung von unbestimmten Rechtsbegriffen durch Umweltstandards bedarf einer näheren Betrachtung, wenn diese in Form von Verwaltungsvorschriften oder privaten Regelwerken erlassen werden.

I. Umweltstandards in Verwaltungsvorschriften

1. Zulässigkeit

14 Die Festsetzung von Umweltstandards in Verwaltungsvorschriften ist sowohl aus verfassungs- als auch aus europarechtlichen Gründen umstritten.

15 Während das *BVerfG* die Ausfüllung unbestimmter Rechtsbegriffe des Umweltrechts auch durch inhaltlich weitreichende Verwaltungsvorschriften als verfassungsmäßig erachtet,[33] wird die Festlegung von Umweltstandards in Verwaltungsvorschriften von einem Teil der Literatur abgelehnt.[34] Wegen der Grundrechtsrelevanz und der Zuordnung der Umweltstandards zum Funktionsbereich der Legislative verstoße die Wahl der Form von Verwaltungsvorschriften gegen den Vorbehalt des Gesetzes.[35]

16 Nach Auffassung des *EuGH* und Teilen der Literatur wird die Umsetzung von europarechtlichen Umweltrichtlinien durch Verwaltungsvorschriften der Umsetzungsverpflichtung des Art. 249 EGV (Art. 189 Abs. 3 EGV i. d. F. v. Maastricht) nicht gerecht. Zwar verlange diese Vorschrift keine förmliche und wertgetreue Wiedergabe in einer Gesetzesbestimmung, ein Begünstigter müsse aber in der Lage sein, von allen Rechten Kenntnis zu erlangen, um diese gegebenenfalls vor den nationalen Gerichten geltend zu machen. Mangels gesicherter Rechtsverbindlichkeit erfülle die normenkonkretisierende Verwaltungsvorschrift diese Anforderung nicht. Aus Gründen der Rechtssicherheit sei daher eine Überführung der Umweltstandards in Rechtsverordnungen zu fördern.[36] Im Schrifttum wird dagegen eingewandt, die gemeinschaftsrechtliche Richtlinienverpflichtung werde systemwidrig auf die Rechtsform des natio-

---

[32] *Jarass,* NJW 1987, 1225 (1231); zu technischen Regelwerken auch *Marburger,* HdUR, Bd. 2, Sp. 2045 ff.

[33] *BVerfG,* Beschl. v. 8. 8. 1978 – 2 BvL 8177 –, BVerfGE 49, 89.

[34] *Lübbe-Wolff,* DÖV 1987, 896 (899); *Papier,* FS Lukes, S. 168; *Denninger,* Verfassungsrechtliche Anforderungen an die Normsetzung im Umwelt- und Technikrecht, S. 154 ff.; *Bönker,* Umweltstandards in Verwaltungsvorschriften, S. 72 ff.; *ders.,* DVBl. 1992, 804 (806 ff.); *Koch,* IUR 1993, 103 (107).

[35] *Bönker,* DVBl. 1992, 804 (809); krit. dazu *Di Fabio,* DVBl. 1992, 1338 (1341).

[36] *EuGH,* Urt. v. 28. 3. 1991 – Rs. C-131/88 –, EuZW 1991, 405; *ders.,* Urt. v. 30. 5. 1991 – Rs. C-361/88 –, EuZW 1991, 440; *ders.,* Urt. v. 30. 5. 1991 – Rs. C-59/89 –, EuZW 1991, 442; *Lübbe-Wolff,* HdUR, Bd. 2, Sp. 2019 (2024); *Everling,* in: Behrens/Koch, Umweltschutz in der EG, S. 29 (35); *ders.,* RIW 1992, 379 (384); *Koch,* WuR 1991, 350 (351); *Steiling,* NVwZ 1992, 134 ff.; *Bönker,* Umweltstandards in Verwaltungsvorschriften, S. 102 ff.; *ders.,* DVBl. 1992, 804 (810); *Zuleeg,* NJW 1993, 31 (36).

nalen Umsetzungsaktes erstreckt.[37] Eine mitgliedstaatliche Umsetzungsmaßnahme müsse lediglich sicherstellen, daß der gemeinschaftsrechtliche Mindeststandard weder durch den verwaltungsmäßigen Vollzug, noch im Rahmen einer gerichtlichen Kontrolle zu Lasten der Umwelt unterlaufen werden könne. Normenkonkretisierende Verwaltungsvorschriften böten angesichts der ihnen zuerkannten Außenverbindlichkeit diesen Rahmen.[38]

2. Bindungswirkung

17 Verwaltungsvorschriften sind abstrakt-generelle Regelungen einer Behörde für nachgeordnete Behörden oder eines Vorgesetzten für die ihm unterstellten Verwaltungsbediensteten.[39] Die herrschende Meinung qualifiziert sie als *Innenrechtsnormen*, die allein die Mitarbeiter derjenigen Behörde binden, die Adressaten der Vorschrift sind.[40] Außenwirkung kann Verwaltungsvorschriften mittelbar über Art. 3 GG auf dem Wege der Selbstbindung der Verwaltung zukommen, wenn die Verwaltungsvorschrift die Ausübung eines Ermessenstatbestandes regelt.[41] Denn in diesen Fällen darf die Behörde nicht ohne sachlichen Grund von einer ständigen Verwaltungspraxis oder aber – im Vorfeld einer solchen Praxis – von einer erlassenen Verwaltungsvorschrift abweichen.[42] Soweit Verwaltungsvorschriften die Auslegung unbestimmter Rechtsbegriffe zum Gegenstand haben – wie dies bei den Umweltstandards der Fall ist –, schließt dies die Anwendung der Rechtsfigur der Selbstbindung jedoch aus.[43]

18 Ausgehend von diesen Grundsätzen wird die Verbindlichkeit und damit die Justitiabilität von Umweltstandards in Verwaltungsvorschriften in der Rechtsprechung und Rechtslehre kontrovers beurteilt.[44]

19 Eine Ansicht verneint auch in bezug auf umweltrechtliche Verwaltungsvorschriften eine Bindung der Gerichte und fordert ihre **volle gerichtliche Überprüfbarkeit.** Gründe für eine von sonstigen Verwaltungsvorschriften abweichende Behandlung seien nicht ersichtlich, eine Einschränkung der richterlichen Kontrolle würde vielmehr dem Grundrecht aus Art. 19 Abs. 4 GG widersprechen. Bedeutung in gerichtlichen Verfahren könnten die Verwaltungsvorschriften im Rahmen der freien Beweiswürdigung insoweit fin-

---

37 *Gellermann/Szczekalla,* NuR 1993, 54 (59ff.); *Wolf,* DÖV 1992, 849 (858ff.); *Weber,* UPR 1992, 5 (8); *Czychowski,* ZAU 1993, 340 (349); *Reinardt,* DÖV 1992, 102 (106ff.); *Di Fabio,* DVBl. 1992, 1338 (1346); i.E. auch *Ossenbühl,* DVBl. 1993, 753 (758); *Sendler,* UPR 1993, 321 (328f.); *v. Danwitz,* VerwArch 1993, 73 (86ff.).

38 *Gellermann/Szczekalla,* NuR 1993, 54 (61); vgl. auch *Müllmann/Lohmann,* UPR 1995, 168 (169).

39 *Maurer,* AllgVwR, § 24 Rn. 1; *Achterberg,* AllgVwR, § 16 Rn. 52.

40 *Achterberg,* AllgVwR, § 16 Rn. 52; *Maurer,* AllgVwR, § 24 Rn. 20ff.; krit. *Beckmann,* DVBl. 1987, 611ff.

41 *Jarass,* BImSchG, § 48 Rn. 11.

42 *BVerwG,* Urt. v. 28. 5. 1958 – 5 C 216.56 –, BVerwGE 8, 4 (10); *dass.,* Urt. v. 24. 3. 1977 – II C 14.15 –, BVerwGE 52, 193 (199); *dass.,* Urt. v. 7. 9. 1981 – 2 C 5.79 –, DVBl. 1982, 196; *Maurer,* AllgVwR, § 24 Rn. 21ff.

43 So zu Recht *Jarass,* BImSchG, § 48 Rn. 11; zur Rüge eines Verfahrensfehlers im Hinblick auf die Annahme einer Indizwirkung einer technischen Richtlinie *BVerwG,* Beschl. v. 14. 8. 1998 – 4 B 81.98 –, UPR 1999, 26.

44 Vgl. dazu neuerl. *Krist,* UPR 1993, 178ff.; *Czychowski,* ZAU 1993, 340ff.; *Sendler,* UPR 1993, 321ff.; *Koch,* IUR 1993, 103ff.; *Hoppe,* in: Ipsen/Stüer, Öffentliche Verwaltung in Europa, S. 5 (7ff.); *Jarass,* JuS 1999, 106 (107ff.).

den, als für die Richtigkeit ihres Inhalts eine tatsächliche Vermutung sprechen könne.[45]

20 Die Unbeachtlichkeit von Verwaltungsvorschriften im gerichtlichen Verfahren ist jedoch unbefriedigend, wenn die gesetzliche Regelung über Art und Weise des Zustandekommens und die Mitwirkung beteiligter Kreise deutlich macht, daß der Gesetzgeber die Konkretisierung eines unbestimmten Rechtsbegriffs der Exekutive unter Beteiligung fachlich ausgewiesener Kreise überlassen wollte.

21 In der Rechtsprechung und der überwiegenden Rechtslehre wird dagegen versucht, die richterliche Kontrolle umweltrechtlicher Verwaltungsvorschriften einzuschränken.

22 Die frühere Rechtsprechung und ein Teil der Literatur sehen in den umweltrechtlichen Verwaltungsvorschriften **antizipierte Sachverständigengutachen.** Die technischen Regeln beruhten auf den Erfahrungen und Erkenntnissen der Experten verschiedener Fachrichtungen. Sie seien deswegen schon ein die Entscheidung der Genehmigungsbehörde prägendes und insofern antizipiertes Sachverständigengutachten. Als solches seien sie auch für die Gerichte bedeutsam.[46]

23 Die Konstruktion des antizipierten Sachverständigengutachtens vermag eine Bindung des Gerichts an Umweltstandards in Verwaltungsvorschriften nicht zu begründen. Zweck eines Sachverständigengutachtens ist es, den Richter im Rahmen der freien Beweiswürdigung bei der Rechtsanwendung zu unterstützen. Dabei steht es dem Richter frei, welche Beweismittel er zu seiner Überzeugungsbildung heranzieht. Bedient er sich eines Sachverständigen, so darf er dessen Aussage nicht übernehmen, ohne sich selbst mit ihr auseinandergesetzt zu haben. Zweifelhaft ist auch, ob die Sachverständigengremien frei von Interessenbindungen sind und damit dem Erfordernis ihrer Unabhängigkeit gerecht werden. Die Annahme eines antizipierten Sachverständigengutachtens verkennt außerdem das den Umweltstandards immanente Element der politischen Wertung.[47]

24 Ausgehend von der Lehre vom Beurteilungsspielraum wird teilweise eine Einschränkung der gerichtlichen Kontrolle damit begründet, umweltrechtliche Verwaltungsvorschriften beinhalteten aufgrund der in ihnen enthaltenen Wertungen eine den Prognoseentscheidungen ähnliche Aussage. Der Exekutive komme daher bei der Konkretisierung der unbestimmten Rechtsbegriffe ein **Beurteilungsspielraum bzw. Standardisierungsspielraum** zu.[48]

25 Die Lehre vom Beurteilungsspielraum ist für unvertretbare – gerichtlich nicht nachvollziehbare – Wertentscheidungen entwickelt[49] und später auf Prognoseentscheidungen ausgedehnt worden.[50] Die Entscheidung der Behörde über die an ein Vorhaben zu stellenden technischen Anforderungen beruht dagegen in erster Linie auf wissenschaftlichen Feststellungen. Darüber hinaus rechtfertigt der Prognosecharakter einer Entscheidung allein noch nicht die Anerkennung eines Beurteilungsspielraums; erforderlich ist vielmehr, daß die Prognose durch ein pluralistisch-repräsentativ zusammen-

---

[45] *Czajka,* DÖV 1982, 99 (106).

[46] *BVerwG,* Urt. v. 17. 2. 1978 – 1 C 102.76, BVerwGE 66, 250 (256); *OVG Münster,* Urt. v. 10. 6. 1981 – 7 A 1836/79 –, UPR 1982, 206 (207); *Breuer,* DVBl. 1978, 28 (34f.); auch *Gusy,* DVBl. 1987, 497ff.

[47] *Jarass,* NJW 1987, 1225 (1228).

[48] Dazu *Scholz,* Technik und Recht, S. 691 (712); auch *Jarass,* NJW 1987, 1225 (1227ff.); ablehnend *Beckmann,* Rechtsschutz, S. 112ff.

[49] *Bachof,* JZ 1955, 97ff.

[50] *BVerwG,* Urt. v. 16. 12. 1971 – I C 31.68 –, BVerwGE 39, 197ff.

gesetztes Gremium gefällt worden ist.[51] Diesen Erfordernissen wird die entscheidungsbefugte Verwaltung nicht gerecht. Ob dies für die sachverständigen Gremien zutrifft, ist insbesondere im Hinblick auf eine zu fordernde Unabhängigkeit des Gremiums zweifelhaft.

26 Das *BVerwG* hat in seiner Wyhl-Entscheidung zwischen **normkonkretisierenden** und **norminterpretierenden Verwaltungsvorschriften** unterschieden.[52]

27 Normkonkretisierende Vorschriften sind dadurch gekennzeichnet, daß sie unmittelbar vollziehbar sind und keiner weiteren Auslegung bedürfen, während norminterpretierende Verwaltungsvorschriften nur Auslegungshilfen für ein gesetzliches Tatbestandsmerkmal bilden, im Einzelfall aber ihrerseits weiter interpretationsbedürftig sind.[53] Eine normenkonkretisierende Funktion kommt Verwaltungsvorschriften im autonomen Entscheidungsbereich der Verwaltung dann zu, wenn sich aus der Ermächtigungsnorm ergibt, daß der Gesetzgeber unter Verzicht auf eine eigene Regelung die Konkretisierung der offengelassenen Frage der Verwaltung überlassen wollte.[54] Aufgrund des Doppelcharakters wird für die normenkonkretisierende Funktion zum Teil verlangt, daß verfahrensmäßig für den Einfluß von Sachkompetenz gesorgt ist und daß der Erlaß des Umweltstandards einer Instanz anvertraut wird, die demokratisch besonders legitimiert ist.[55] Wann dies der Fall ist, ist im Einzelfall eine Frage der Gesetzesauslegung.

28 Komme Verwaltungsvorschriften eine normenkonkretisierende Funktion zu, so seien sie – so das *BVerwG* - für die Verwaltungsgerichte innerhalb der gesetzlichen Grenzen verbindlich.[56] Dies hat das *BVerwG* im Atomrecht für die Richtlinie des Bundesministers des Innern zu § 45 StrlSchV, die „Allgemeine Berechnungsgrundlage für Strahlenexposition bei radioaktiven Ableitungen mit der Abluft oder im Oberflächengewässer" im Rahmen des § 7 Abs. 2 Nr. 3 AtG ausdrücklich angenommen, so daß sich die gerichtliche Überprüfung auf die Frage beschränkte, ob die behördlichen Annahmen und Bewertungen willkürfrei waren und auf ausreichenden Ermittlungen beruhten.[57]

29 Schließt man sich dieser Rechtsprechung an, dann wird die Unterscheidung zwischen außenwirksamen Rechtsvorschriften und innenwirksamen Verwaltungsvorschriften zweifelhaft.

30 Fraglich ist, ob die für das Atomrecht entwickelte Unterscheidung auch auf andere Bereiche des Umweltrechts übertragen werden kann, insbesondere, ob die auf § 48 BImSchG beruhenden Richt- und Grenzwerte der **TA**

---

[51] *Backherms,* JuS 1980, 9 (13); *Breuer,* AöR 1976, 46 (77).

[52] *BVerwG,* Urt. v. 19. 12. 1985 – 7 C 65.82 –, BVerwGE 72, 300 (320); *OVG Münster,* Urt. v. 9. 7. 1987 – 21 A 1556/86 –, DVBl. 1988, 152 (153); schon *BVerwG,* Urt. v. 17. 2. 1984 – 7 C 8.82 –, DVBl. 1984, 476 (478).

[53] *Sendler,* UPR 1993, 321 (323); *Schulze-Fielitz,* JZ 1993, 772 (780); zur Rahmen-Abwasserverwaltungsvorschrift als normenkonkretisierende Verwaltungsvorschrift *BVerwG,* Urt. v. 28. 10. 1998 – 8 C 16/96 –, BVerwGE 107, 338 ff.

[54] *Beckmann,* DVBl. 1987, 611 (617).

[55] *Jarass,* HdUR, Bd. 2, Sp. 2413 (2423); zu den Anforderungen auch *Wahl,* NVwZ 1991, 409 (412).

[56] *BVerwG,* Beschl. v. 15. 1. 1988 – 7 B 219/87 –, DVBl. 1988, 539 (540).

[57] *BVerwG,* Urt. v. 19. 12. 1985 – 7 C 65.82 –, BVerwGE 72, 300 (321); *dass.,* Urt. v. 19. 1. 1989 – 7 C 31.87 –, BVerwGE 81, 185 (191); auch *Gusy,* DVBl. 1987, 497 (501 f.).

Luft zu den normkonkretisierenden und damit verbindlichen Umweltstandards zählen.[58]

31 Das *BVerwG* hat zunächst ausdrücklich offengelassen, ob an der Unterscheidung zwischen normkonkretisierenden und norminterpretierenden Verwaltungsvorschriften festgehalten werden soll und ob sich die im Atomrecht aufgestellten Grundsätze auch auf andere Bereiche des Umweltrechts ausdehnen lassen.[59]

32 Demgegenüber erkennen einige obergerichtliche Entscheidungen Verwaltungsvorschriften die Qualität von Außenrechtsnormen zu.[60] So hat das *OVG Lüneburg* die Bestimmungen der TA Luft nur als **norminterpretierende Verwaltungsvorschriften** angesehen, ihnen aber gleichwohl im Verwaltungsprozeß eine Bindungswirkung zuerkannt.[61]

33 Die Lösung ist allerdings zweifelhaft, weil der Verwaltung eine Rechtsetzungskompetenz nicht zugestanden werden kann, wenn der Gesetzgeber den Sachverhalt – sei es auch durch einen sehr unbestimmten Rechtsbegriff – abschließend geregelt hat. Norminterpretierende Verwaltungsvorschriften können deshalb kein außenverbindliches Recht sein.[62]

34 Auch ein Teil der Literatur geht davon aus, daß es sich bei der TA Luft um eine normkonkretisierende Verwaltungsvorschrift handele.[63]

35 Für die aufgrund des § 48 BImSchG erlassenen Verwaltungsvorschriften TA Luft sowie TA Lärm liegt eine Qualifikation als normenkonkretisierende Verwaltungsvorschriften nahe.[64] Nach § 48 BImSchG werden allgemeine Verwaltungsvorschriften auf der Grundlage naturwissenschaftlich-technischer Erkenntnisse in einem gesetzlich vorgesehenen Verfahren unter Mitwirkung der beteiligten Kreise (§ 51 BImSchG) und mit Zustimmung des Bundesrates von der hierzu berufenen obersten Stelle der Exekutive erlassen. Diese Ermächtigungsnorm spricht deshalb dafür, daß der Gesetzgeber die Konkretisierung der mit größerem Sachverstand ausgestatteten Verwaltung, nicht aber den Gerichten überlassen wollte.

36 Im Kommissionsentwurf zum UGB ist die Möglichkeit der Konkretisierung unbestimmter Rechtsbegriffe durch Umweltstandards in Verwaltungsvorschriften in § 25 UGB-KomE vorgesehen, wenn die Dynamik der wissenschaftlichen oder technischen Erkenntnisbildung zu raschen Änderungen nötigt oder wo die Erwartung besteht, daß

---

58 Zur Außenwirkung der TASi vgl. *Hoppe,* in: Ipsen/Stüer, Öffentliche Verwaltung in Europa, S. 5 (11 ff.); zur Außenwirkung der TA Lärm vgl. *Jarass,* BImSchG, § 48 Rn. 15.

59 *BVerwG,* Beschl. v. 15. 9. 1987 – 7 N 1.87 –, BayVBl. 1988, 249 unter Verweis auf *Beckmann,* DVBl. 1987, 611.

60 *OVG Münster,* Urt. v. 9. 7. 1987 – 21 A 1556/86 –, DVBl. 1988, 152 (153); *dass.,* Urt. v. 7. 6. 1990 – 20 AK 25/87 –, NVwZ 1991, 1200; *OVG Lüneburg,* Beschl. v. 28. 2. 1985 – 7 B 64/84 –, NVwZ 1985, 357; *OVG Koblenz,* Beschl. v. 7. 3. 1989 – 7 B 79/88 –, NVwZ-RR 1989, 399; *VGH Kassel,* Urt. v. 31. 5. 1990 – 8 R 3118/89 –, NVwZ 1991, 88 (90); *VGH München,* Urt. v. 30. 11. 1988 – 20 A 86 40030 –, BayVBl. 1989, 531; *Beyerlin,* EuR 1987, 126 (145); *Gellermann/Szczekalla,* NuR 1993, 54 (60); vgl. auch *Müllmann/Lohmann,* UPR 1995, 168 (169).

61 *OVG Lüneburg,* Beschl. v. 28. 2. 1985 – 7 B 64/84 –, NVwZ 1985, 357.

62 So i. E. auch *Koch,* WuR 1991, 350 (351); *ders.,* DVBl. 1992, 124 (130 f.); *Bönker,* DVBl. 1992, 804 (810); *Hoppe,* in: Ipsen/Stüer, Öffentliche Verwaltung in Europa, S. 5 (11 ff.).

63 *Pohl,* HdbUR, A.5 Rn. 12; *Paetow,* in: Kunig/Paetow/Versteyl, KrW-/AbfG, § 12 Rn. 29 f.; *Jarass,* BImSchG, § 48 Rn. 15; *ders.,* JuS 1999, 105 (108).

64 *BVerwG,* Beschl. v. 15. 2. 1988 – 7 B 219.87 –, DVBl. 1988, 530.; wohl auch *dass.,* Beschl. v. 10. 1. 1995 – 7 B 112.94 –, DVBl. 1995, 516; *VGH Mannheim,* Urt. v. 28. 6. 1995 – 10 S 2509/93 –, NVwZ 1996, 297 (298).

sich Ausnahmen häufen könnten.[65] Verfassungsrechtlichen Bedenken wird dadurch Rechnung getragen, daß ihre Legitimation durch erhöhte Verfahrensanforderungen (vgl. §§ 28, 29 UGB-KomE) gestärkt wird.[66] Im übrigen soll aus Gründen der Rechtsklarheit der Rechtsverordnung gegenüber der Verwaltungsvorschrift ein Vorrang eingeräumt werden. Letztlich ist in § 26 UGB-KomE eine Vermutungsregelung vorgesehen, wonach vermutet wird, daß Festsetzungen in Verwaltungsvorschriften den Stand der Technik oder den Stand von Wissenschaft und Technik zutreffend wiedergeben.[67] Diese gesetzliche Vermutung soll prozessual zu einer Umkehr der Beweislast führen und nur widerlegt werden können, wenn der volle Beweis des Gegenteils gelingt.[68]

Die Bindungswirkung von Verwaltungsvorschriften in Verfahren vor den **Zivilgerichten** wurde partiell in § 906 Abs. 1 S. 2 und 3 BGB geregelt. Während öffentliche Umweltstandards früher bei der Beurteilung der Wesentlichkeit einer Beeinträchtigung im Zivilrecht nicht unmittelbar verbindlich, sondern nur berücksichtigungsfähig waren,[69] ist dies durch die Einführung des § 906 Abs. 1 S. 2 und 3 BGB 1994 geändert worden. Danach liegt eine unwesentliche Beeinträchtigung der Grundstücksnutzung in der Regel vor, wenn die in Gesetzen und Rechtsverordnungen festgelegten Grenz- oder Richtwerte nicht überschritten werden. Gleiches gilt gem. § 906 Abs. 1 S. 3 BGB für Werte in allgemeinen Verwaltungsvorschriften, die nach § 48 BImSchG erlassen worden sind und den Stand der Technik wiedergeben. Fraglich ist, ob das Gericht eine wesentliche Beeinträchtigung annehmen kann, wenn ein atypischer Fall vorliegt oder wenn die Verwaltungsvorschrift veraltet ist oder nicht mehr dem Stand der Technik entspricht.[70] **37**

II. Private Umweltstandards

Rechtliche Bindungswirkungen können die privaten Umweltstandards nur dann entfalten, wenn sie in Rechts- oder Verwaltungsvorschriften *wirksam inkorporiert* sind.[71] **38**

Streitig ist, ob privaten Umweltstandards bei einer unwirksamen Inkorporation – etwa wegen einer nur pauschal erfolgten Inbezugnahme – eine indizielle Wirkung zukommt oder für ihre inhaltliche Richtigkeit eine widerlegliche Vermutung sprechen kann.[72] **39**

Die **Inkorporation** privater Umweltstandards kann zum einen dadurch erfolgen, daß im Gesetz oder in der Verordnung selbst auf die Regelung verwiesen wird. Zum anderen kann das Gesetz oder die Verordnung eine Ermächtigung zum Erlaß von Verwaltungsvorschriften, in denen einzelne technische Normen der Verbände näher bestimmt werden, enthalten. **40**

Die Einbeziehung einer privaten Regelung ist jedoch nur dann **wirksam**, wenn die Rechtsnorm erkennbar zum Ausdruck bringt, daß sie die außenstehende Anordnung zu ihrem Bestandteil macht und in der ergänzten **41**

---

[65] Vgl. BMU, UGB-KomE, S. 117, 487.
[66] BMU, UGB-KomE, S. 138, 487.
[67] BMU, UGB-KomE, S. 117.
[68] BMU, UGB-KomE, S. 489.
[69] So noch *Marburger,* Gutachten zum 56. DJT, Bd. I, S. C 1 (106 ff.); vgl. auch *BGH,* Urt. v. 15. 6. 1977 – V ZR 44/75 –, BGHZ 69, 105 (117).
[70] So *Pohl,* HdbUR, A.5 Rn. 14.
[71] *Jarass,* HdUR, Bd. 2, Sp. 2413 (2427).
[72] *Jarass,* BImSchG, § 48 Rn. 24.

Rechtsnorm die ergänzende Anordnung hinreichend bestimmt bezeichnet ist. Ferner muß die Verlautbarung der ergänzenden Anordnung für den Betroffenen zugänglich und ihrer Art nach für amtliche Anordnungen geeignet sein.[73]

42 Im Hinblick auf den rechtsstaatlichen Bestimmtheitsgrundsatz sind *sog. dynamische Verweisungen,* d. h. Verweisungen auf die private Norm in ihrer jeweils geltenden Fassung, unzulässig.[74] Zudem würden dadurch Hoheitsrechte auf Private übertragen.[75]

43 Die Festlegung von Umweltstandards durch Rechtsverordnung, Verwaltungsvorschriften und private und öffentlich-rechtliche Normungsorganisationen ist in den §§ 11 bis 42 UGB-KomE vorgesehen.[76] Vorgeschlagen wird zunächst in § 11 UGB-KomE eine selbständige Verordnungsermächtigung zur Festsetzung von Grenz- und Richtwerten für die Umweltqualität, die die in den einzelnen Umweltgesetzen zahlreich vorhandenen Verordnungsermächtigungen ersetzen soll.[77] Dazu ist die Mitwirkung einer Umweltkommission als pluralistisch zusammengesetzes Gremium (§ 17 UGB-KomE), der Legislativorgane (§§ 21, 22 UGB-KomE) sowie die Beteiligung der Öffentlichkeit (§ 20 UGB-KomE) vorgesehen, um letztlich auch europarechtliche Vorgaben wirksam in nationale Rechtsverordnungen umsetzen zu können.[78] Ferner werden in § 25 UGB-KomE Verwaltungsvorschriften als notwendiges Instrument der Standardfestsetzung anerkannt, gleichzeitig aber der Form der Rechtsverordnung ein Vorrang eingeräumt.[79] Zur Regelung ihrer Bindungswirkung ist in § 26 UGB-KomE eine Vermutungsregelung vorgesehen. Danach wird vermutet, daß Festsetzungen in Verwaltungsvorschriften den Stand der Technik oder den Stand von Wissenschaft und Technik zutreffend wiedergeben.[80] Die gesetzliche Vermutung soll prozessual eine Umkehr der materiellen Beweislast bewirken. Sie kann nur widerlegt werden, wenn der volle Beweis des Gegenteils gelingt.[81] In §§ 25, 26 UGB-KomE ist wegen der Grundrechtsrelevanz von Umweltstandards in Verwaltungsvorschriften eine weitergehende Legitimation durch erhöhte Verfahrensanforderungen vorgesehen.[82] Letztlich werden auch für technische Regelwerke in §§ 33 bis 33 UGB-KomE die Voraussetzungen ihrer Inkorporation und ihre Bindungswirkung geregelt.[83]

---

[73] *BVerwG,* Urt. v. 29. 8. 1961 – 1 C 14/61 –, NJW 1962, 506f.; vgl. auch *Fuhr,* IUR 1993, 97 (100ff.).

[74] *Backherms,* JuS 1980, 9 (12); *Scholz,* Technik und Recht, S. 691 (704f.); *Marburger,* HdUR, Bd. 2, Sp. 2045 (2051).

[75] *Pohl,* HdbUR, A.5 Rn. 16.

[76] BMU, UGB-KomE, S. 112ff.

[77] BMU, UGB-KomE, S. 112f., 468f.; vgl. auch § 145 Abs. 1 UGB-AT-E, *Kloepfer/u. a.,* UGB-AT-E, S. 94.

[78] BMU, UGB-KomE, S. 114f.; vgl. auch §§ 151f. UGB-AT-E, *Kloepfer/u. a.,* UGB-AT-E, S. 97.

[79] BMU, UGB-KomE, S. 117, 487; vgl. dazu auch § 155 Abs. 1 UGB-AT-E, *Kloepfer/u. a.,* UGB-AT-E, S. 98.

[80] BMU, UGB-KomE, S. 117; vgl. auch § 156 UGB-AT-E, *Kloepfer/u. a.,* UGB-AT-E, S. 98.

[81] BMU, UGB-KomE, S. 489.

[82] BMU, UGB-KomE, S. 118, 487.

[83] BMU, UGB-KomE, S. 118f., 491.

Zweiter Abschnitt: Rechtliche Instrumente zum Schutz der Umwelt

§ 6. Überblick über die rechtlichen Instrumente

Das Umweltrecht sieht zur Umsetzung der Ziele und Grundsätze der Umweltpolitik und des Umweltrechts zahlreiche rechtliche Instrumente vor.[1] 1

Das geltende deutsche Umweltrecht basiert auf dem ordnungsrechtlichen System, dessen Instrumente dem Polizeirecht, dem Gewerberecht und dem Baurecht entstammen.[2] Der zunehmende Wandel von einem eher gefahrenabwehrenden Umweltschutz hin zu einem mehr vorsorgenden Umweltschutz verlangt jedoch eine stärkere Orientierung auf rechtliche Instrumente der staatlichen Vorsorge, Planung und Verteilung.[3] Dem Trend der Abkehr von einseitigen Verhaltensbefehlen der klassischen Eingriffsverwaltung entspricht die zunehmende Nutzung kooperativer Wege durch influenzierende Mittel oder die „hoheitlich inspirierten Verhaltensabreden".[4] Die zunehmende Einbeziehung Privater bei der Wahrnehmung umweltrechtlicher Aufgaben im Zug der sog. Privatisierung hat außerdem dazu geführt, das in Teilbereichen des Umweltschutzes bislang bestehende staatliche Wahrnehmungsmonopol zu durchbrechen. Mithin hat auch der Bereich der staatlichen Eigenvornahme – gerade auch durch das Kreislaufwirtschafts- und Abfallgesetz – an Bedeutung verloren. Die Frage, welche der verschiedenen umweltverwaltungsrechtlichen Instrumente eingesetzt werden sollen, ist immer dann, wenn eine Wahlmöglichkeit besteht, eine umweltpolitische Grundsatzfrage. 2

Der staatliche Umweltschutz verfügt über ein breit gefächertes Arsenal öffentlich-rechtlicher Kontroll-, Planungs- und Verteilungsinstrumente.[5] Eine systematisierende Darstellung seiner rechtlichen Instrumente kann ganz unterschiedlichen rechtlichen Ansätzen folgen.[6] Unterscheiden läßt sich das 3

---

[1] Zu den Instrumenten des Umweltschutzes siehe SRU, Umweltgutachten 1987, BT-Drs. 11/1568, Tz. 145ff.; *Kloepfer,* UmweltR, § 5 Rn.; *Rehbinder,* in: Salzwedel, Grundzüge des UmweltR, 2. Aufl., Teil 04 Rn. 173ff.; *Breuer,* in: Schmidt-Aßmann, BesVwR, 5. Abschn. Rn. 57ff.

[2] Vgl. *Breuer,* Grundprobleme des Umweltschutzes, S. 21 (26).

[3] Siehe *Hoppe,* VVDStRL 38 (1980), S. 211 (228ff.); *Rehbinder,* RABELsZ 40 (1976), 363 (400ff.); *Breuer,* in: Schmidt-Aßmann, BesVwR, 5. Abschn. Rn. 57; *Kloepfer/Meßerschmidt,* Innere Harmonisierung des UmweltR, S. 12.

[4] *Hoppe,* VVDStRL 38 (1980), S. 211 (309).

[5] Vgl. die Übersicht über das Instrumentarium in den Kernbereichen des UmweltR bei *Beckmann,* Rechtsschutz, S. 9ff.

[6] Vgl. z.B. *Rehbinder,* in: Salzwedel, Grundzüge des UmweltR, 2. Aufl., Teil 04 Rn. 174ff.; *Breuer,* in: Schmidt-Aßmann, BesVwR, 5. Abschn. Rn. 57, S. 631; *Kloepfer,* Systematisierung des UmweltR, S. 117ff.; Kloepfer/Meßerschmidt, Innere Harmonisierung des UmweltR, S. 102ff.; SRU, Umweltgutachten 1987, BT-Drs. 11/1568, Tz. 145ff.

Schmidt-Preuß, JZ 00, 581 (!); Rengeling, DVBl 00, 1725 (Emissionshandel); Kobes, NVwZ 07, 857; Spieth/Hamer, NVwZ 07, 867; OVG ..., 13.3.07, NVwZ 07, ... (Emissionshandel) rechtliche Instrumentarium des Umweltschutzes insbesondere nach den *Handlungsformen,* dem *Regelungsgehalt* und seinen *Wirkungsweisen.*

A. Rechtliche Handlungsformen

4 Eine typisch verwaltungsrechtliche Art der Differenzierung ist die Trennung nach den rechtlichen Handlungsformen. Zu unterscheiden sind danach rechtsetzende Maßnahmen – dazu zählen Gesetze, Rechtsverordnungen, Satzungen und Verwaltungsvorschriften – und Einzelfallentscheidungen, zu denen insbesondere Verwaltungsakte und öffentlich-rechtliche Verträge zu rechnen sind.[7] Wesentlich ist in diesem Zusammenhang außerdem die Differenzierung zwischen gesetzesgebundenen und solchen Entscheidungen, die zwar ebenfalls nicht rechtsfrei sind, jedoch einen begrenzten autonomen Gestaltungsbereich der Verwaltung eröffnen. Dazu zählen Ermessensentscheidungen, planerische Entscheidungen und solche, bei denen der Verwaltungsbehörde ein Beurteilungsspielraum zusteht.

B. Regelungsgehalt

5 Eine Unterscheidung nach dem Regelungsgehalt des rechtlichen Instrumentariums differenziert zwischen eingreifenden, leistenden und planenden Maßnahmen des Umweltschutzes.[8]

C. Wirkungsweise

6 Geht man davon aus, daß das umweltrechtliche Instrumentarium die Verwirklichung umweltschützender Ziele und Grundsätze durch eine Steuerung des Verhaltens von Behörden, der gewerblichen Wirtschaft und der Privatpersonen zu erreichen sucht,[9] dann liegt eine Systematisierung nach der Wirkungsweise dieses rechtlichen Instrumentariums für die Verhaltenssteuerung besonders nahe.[10] Dabei lassen sich insbesondere

- Instrumente der direkten Verhaltenssteuerung,
- Instrumente der indirekten Verhaltenssteuerung,
- planerische Instrumente und
- Instrumente staatlicher Eigenvornahme

unterscheiden.[11]

---

[7] Vgl. dazu allg. *Bull,* AllgVwR, § 9 Rn. 593.

[8] Dazu *Storm,* UmweltR, Tz. 156ff.; *Schmidt/Müller,* UmweltR, § 1 Rn. 15; *Ketteler/Kippels,* UmweltR, S. 84ff.

[9] Siehe *Hartkopf/Bohne,* Umweltpolitik, S. 72.

[10] So zu Recht *Kloepfer,* UmweltR, § 5 Rn. 4.

[11] Anders *Rehbinder,* in: Salzwedel, Grundzüge des UmweltR, 2. Aufl., Teil 04 Rn. 174, der zusätzlich „flexible" oder „weiche" Instrumente und Umweltnutzungsentgelte unterscheidet.

I. Maßnahmen der direkten Verhaltenssteuerung

7 Zu den Maßnahmen der direkten Verhaltenssteuerung zählen insbesondere traditionelle, gefahrenabwehrende Instrumente wie die Anzeige-, Anmelde- und Erlaubnisverfahren, die gesetzlichen Ge- und Verbote sowie die Handlungs- und Duldungspflichten.[12]

II. Maßnahmen der indirekten Verhaltenssteuerung

8 Mit der indirekten Verhaltenssteuerung sind zum einen ökonomische Instrumente gemeint, z. B. Subventionen, Abgaben- und Haftungsvorschriften, die zwar keinen unmittelbaren Zwang auf den Adressaten der Maßnahme ausüben, ihn aber durch finanzielle Anreize oder Sanktionen zu dem gewünschten Verhalten bewegen sollen. Zu den Maßnahmen indirekter Verhaltenssteuerung zählen zum anderen die Schaffung von organisatorischen oder informellen Voraussetzungen, etwa durch Umweltberatung und Information über die Umwelt, für freiwillige Umweltschutzmaßnahmen, beispielsweise Selbstregulierungen der Wirtschaft.[13]

III. Planerische Instrumente

9 Die planerischen Instrumente dienen in erster Linie der Umweltvorsorge, der Gestaltung von Interessenkonflikten und der Bewirtschaftung der Umweltressourcen. Sie enthalten Elemente sowohl der unmittelbaren als auch der mittelbaren Verhaltenssteuerung. Zumeist sind sie den Maßnahmen der direkten und indirekten Verhaltenssteuerung programmatisch vorgelagert.[14] Insoweit unterscheiden sie sich insbesondere von den Instrumenten der direkten Verhaltenssteuerung auch durch ihre Einzelfallbezogenheit. Umweltpläne zählen zumeist zu den sogenannten vollzugsbedürftigen Rechtsvorschriften, weil sie auf die Vollziehung durch Einzelentscheidungen der Verwaltung angelegt sind.[15] Die Instrumente der unmittelbaren Verhaltenssteuerung haben dagegen häufig die Funktion, als sogenannte Planvollzugsinstrumente die Umsetzung planerischer Festsetzungen zu ermöglichen.[16]

---

[12] Vgl. dazu ausführl. unten § 8 Rn. 1 ff.

[13] Vgl. dazu ausführl. unten § 9 Rn. 1 ff.

[14] Vgl. dazu ausführl. unten § 7 Rn. 1 ff.

[15] Zur Unterscheidung von Vollzugsnormen und vollzugsbedürftigen Normen *BVerfG,* Beschl. v. 14. 5. 1985 – 2 BvR 397/82 –, NJW 1985, 2315 m. w. N.

[16] Ganz eindeutig ist die Unterscheidung von Instrumenten der Planung und der unmittelbaren Verhaltenssteuerung allerdings nicht; denn auch Pläne können im Grade ihrer Verbindlichkeit eine unmittelbare Steuerungswirkung gegenüber dem Steuerungsadressaten entfalten. Und umgekehrt sind auch einzelfallbezogene Instrumente der unmittelbaren Verhaltenssteuerung häufig nicht frei von planerischen Elementen, siehe *Rehbinder,* in: Salzwedel, Grundzüge des UmweltR, 2. Aufl., Teil 04 Rn. 245.

IV. Staatliche Eigenvornahme

10 Die staatliche Eigenvornahme schließlich wendet sich als Adressaten der Verhaltenssteuerung unmittelbar an die Stellen der öffentlichen Verwaltung, wobei diese in öffentlich-rechtlichen, aber auch in privatrechtlichen Handlungsformen tätig werden können.[17]

Die nachfolgende Darstellung des umweltrechtlichen Instrumentariums folgt der zuletzt geschilderten Differenzierung nach der Wirkungsweise des rechtlichen Instrumentariums. Da die Instrumente der unmittelbaren und mittelbaren Verhaltenssteuerung sehr häufig plangebunden, d.h. Vollzugsinstrumente der Planung sind, soll zunächst ein Überblick über die planerischen Instrumente des Umweltrechts gegeben werden.

---

[17] Vgl. dazu näher unten § 9 Rn. 112ff.

§ 7. Planerische Instrumente des Umweltrechts

1 Die Planung ist als Handlungsinstrument des vorbeugenden Umweltschutzes in besonderer Weise geeignet, zur Verwirklichung des Vorsorgeprinzips beizutragen.[1] In dem Maße, in dem sich das Umweltrecht von seinen polizeirechtlich-gefahrenabwehrenden Anfängen hin zu einem stärker ressourcenökonomischen und ökologisch-vorsorgenden Umweltrecht gewandelt hat, hat auch die Planung für das Umweltrecht an Bedeutung gewonnen.

2 Von einem Teil der Literatur werden die planerischen Instrumente des Umweltrechts eher skeptisch beurteilt. Die Umweltschutzplanung sei wie jede Planung mit Risiken und Nachteilen behaftet. Dazu zähle ihre Schwerfälligkeit, mangelnde Operationalisierbarkeit und Durchsetzbarkeit sowie ihre Einengung und Lähmung privater Initiativen. Hinzu käme die schwierige Prognostizierbarkeit von Umweltentwicklungen, was die Umweltplanung immanent erschwere und teilweise (bei Langzeitplanungen) unmöglich oder doch recht problematisch mache.[2] Demgegenüber befürwortet ein anderer Teil der Literatur unter dem Aspekt der Verwirklichung eines integrativen Ansatzes den weiteren Ausbau der Instrumente der Planung im Umweltrecht.[3]

A. Grundlagen der Planung

I. Begriff, Rechtsformen und Arten der Planung

3 Der Begriff der **Planung** ist im juristischen Schrifttum nicht eindeutig geklärt.[4] Eine gesetzliche Definition des Begriffs Planung gibt es nicht. Planung läßt sich im weiteren Sinne als jede manifestierte Überlegung über Handlungsziele und deren Verwirklichung beschreiben.[5] Die Planung wird charakterisiert als mehrstufiger Prozeß, der in der Erfassung gegenwärtiger Lagen, der Prognose künftiger Entwicklungen und der Gestaltung von Ziel- und Interessenkonflikten besteht.[6] Die **Planungsentscheidung** ist ein schöpferisch-technischer Vorgang, der außerrechtlich bestimmten, sachimmanenten Gesetzlichkeiten unterliegt und auf der gestaltenden Rationalität

---

[1] *Hoppe,* VVDStRL 38 (1980), S. 211 (230); vgl. zur Umweltplanung *Erbguth,* Grundfragen, S. 103 ff.; *ders.,* HdUR, Bd. 2, Sp. 2221 ff.; *Schmidt-Aßmann,* DÖV 1990, 169 ff.; *Hoppe,* NJW 1992, 1993 ff.; *Kloepfer/u. a.,* UGB-AT-E, S. 185 ff.; *Kloepfer,* UmweltR, § 5 Rn. 5 ff.; *Kersten,* DVBl. 1996, 905 ff.; *Breuer,* in: Schmidt-Aßmann, BesVwR, 5. Abschn. Rn. 57; zu den planungsrechtl. Instrumenten des UmweltR i.Ü. *Peters,* VR 1999, 237 ff.; zum Mediation im Umwelt- u. PlanungsR *Holznagel,* Jura 1999, 71 ff.; vgl. zum Vorsorgeprinzip oben § 1 Rn. 78 u. 127 ff.

[2] *Kloepfer,* UmweltR, § 5 Rn. 6.

[3] *Kloepfer/u. a.,* UGB-AT-E, S. 219 ff.; *Erbguth/Wiegand,* Landschaftsplanung als Umweltleitplanung, S. 93 ff.; *Erbguth,* DVBl. 1992, 1122 (1132); *Gassner,* NuR 1993, 358 (364); *Hoppe,* NJW 1992, 1993 (1996); BMU, UGB-KomE, S. 571.

[4] *Hoppe,* HdbStR III, § 71 Rn. 3; *Maurer,* AllgVwR, § 16 Rn. 1; zum Begriff der Planung ferner *Kühling,* FachplanungsR, Rn. 1 ff.; *Ule/Laubinger,* Verwaltungsverfahrens R, § 39 Rn. 2 ff.

[5] Vgl. *Wolff/Bachoff/Stober,* VerwR, Bd. I, § 56 Rn. 6; *Maurer,* AllgVwR, § 16 Rn. 14; *Ronellenfitsch,* PlanungsR, S. 5; z. T. wird unter Planung auch die Selbstfestlegung eigenen künftigen Verhaltens verstanden, vgl. dazu *Roellecke,* DÖV 1994, 1024 (1026).

[6] Vgl. *Hoppe,* in: Hoppe/Grotefels, ÖffBauR, § 7 Rn. 9.

Rehbinder, NVwZ 02, 657

des Planers beruht.[7] Das Ergebnis des Planungsprozesses ist der **Plan.** Er kann die im Rahmen des Planungsverfahrens getroffene Abwägungsentscheidung in rechtliche Verbindlichkeit überführen.

4 Art und Umfang der Verbindlichkeit des Planes hängen von seiner rechtlichen **Handlungsform** ab. Den unterschiedlichen Planungen liegt keine gemeinsame öffentlich-rechtliche Handlungsform zugrunde.[8] Den „Plan" als eigenständige öffentlich-rechtliche Handlungsform gibt es nicht.[9] Pläne können als Gesetz, Rechtsverordnung, Satzung, Verwaltungsvorschrift oder aber auch als Verwaltungsakt ergehen.

Beispiele: Durch Gesetz erfolgt die Ausbauplanung für Bundesfernstraßen,[10] als Rechtsverordnung ergehen das Landesentwicklungsprogramm in Bayern[11] und der Abwasserbeseitigungsplan in Nordrhein-Westfalen.[12] Die Rechtsform der Satzung ist vorgesehen für Bebauungspläne[13] oder Landschaftspläne in Nordrhein-Westfalen;[14] als Verwaltungsvorschriften ergehen Abfallwirtschaftspläne, solange und soweit sie nicht gegenüber dem Beseitigungspflichtigen für verbindlich erklärt werden.[15] Als Verwaltungsakte ergehen die Planfeststellungsbeschlüsse, mit denen z. B. Abfalldeponien,[16] Zwischen- und Endlager für radioaktiven Abfall[17] oder Bundesfernstraßen[18] hoheitlich zugelassen werden.[19]

5 Die Rechtsform des Planes ist nicht zuletzt für die Qualität des Rechtsschutzes der Planbetroffenen von entscheidender Bedeutung, da die Kontrolleröffnungsnormen, d. h. die gesetzlichen Sachurteils- bzw. Sachentscheidungsvoraussetzungen, an die Rechtsform des Plans anknüpfen.[20]

6 Planung ist durch eine Vielschichtigkeit gekennzeichnet.[21] Die Heterogenität staatlicher Planung ermöglicht eine Unterscheidung der Planung nach ganz unterschiedlichen Differenzierungskriterien.[22]

Beispiele: Als Planung in diesem Sinne lassen sich Finanz- und Haushaltsplanungen von Bund, Ländern und Gemeinden ebenso begreifen, wie die Landes-, Regional- und Bauleitplanungen und die raumbezogenen Fachpläne, die die Rechtsgrundlage für die Errichtung bestimmter raumbeanspruchender Vorhaben, wie den Bau von Verkehrswegen und Verkehrsanlagen, zum Gegenstand haben.[23]

---

[7] Siehe *Hoppe,* RuL, Rn. 124; *ders.,* HdbStR III, § 71 Rn. 3.

[8] *Kauch/Roer,* Bauleitplanung und Fachplanungen, S. 6.

[9] *Ule/Laubinger,* VerwaltungsverfahrensR, § 39 Rn. 2.

[10] Gesetz über den Ausbau der Bundesfernstraßen in den Jahren 1971–1985 i. d. F. v. 25. 8. 1980 (BGBl. I S. 1615).

[11] Vgl. Art. 14 Abs. 3 BayLPlG.

[12] Vgl. § 56 Abs. 2 S. 3 LWG NW.

[13] Vgl. § 10 BauGB.

[14] Vgl. § 16 Abs. 2 S. 1 LG NW.

[15] Vgl. § 29 Abs. 4, 8 KrW-/AbfG.

[16] Vgl. § 31 Abs. 2 KrW-/AbfG.

[17] Vgl. § 9b AtG.

[18] Vgl. § 17 FStrG.

[19] Zur str. Einordnung der Planfeststellung als Planung siehe unten § 7 Rn. 14ff.

[20] Zum Umweltrechtsschutz siehe unten § 11 Rn. 1ff.

[21] Die Vielgestaltigkeit staatl. Planung ist eine wesentl. Ursache dafür, daß es bislang nicht gelungen ist, einen juristischen Planungsbegriff zu entwickeln, so bereits *Hoppe,* FS Menger, S. 747; *Beckmann,* DÖV 1987, 944 (947); *Hoppe,* HdbStR III, § 31 Rn. 3.

[22] Vgl. dazu ausführl. *Hoppe,* FS Menger, S. 750ff.; vgl. auch *Kauch/Roer,* Bauleitplanung und Fachplanungen, S. 8.

[23] Vgl. mögliche Pläne i.Ü. *Maurer,* AllgVwR, § 16 Rn. 2ff.; zur Unterscheidung in staatsleitende u. verwaltungsrechtl. Planungen vgl. *Hoppe,* HdbStR III, § 71 Rn. 7.

II. Wesensmerkmale der Planung

1. Planerischer Gestaltungsfreiraum

Wesentliches Merkmal einer durch den Planungsträger zu treffenden planerischen Entscheidung ist der **planerische Gestaltungsfreiraum,** der sich qualitativ wegen seiner Weite von Ermessensentscheidungen der Verwaltung unterscheidet.[24] Der planerische Gestaltungsfreiraum ist gesetzlich nicht ausdrücklich erwähnt. Er ergibt sich aus der Übertragung der Planungsbefugnis auf die planende Behörde, die zugleich den Gestaltungsfreiraum einschließt.[25] Denn nach der Auffassung des *BVerwG* wäre Planung ohne Gestaltungsfreiraum ein Widerspruch in sich.[26] 7

2. Planerisches Abwägungsgebot

Mit dem Recht zur Planung korrespondiert die Verpflichtung, im Rahmen der Entscheidung eine **Abwägung** vorzunehmen.[27] Bei der planerischen Entscheidung sind folglich die von der Planung berührten öffentlichen und privaten Belange gegeneinander und untereinander gerecht abzuwägen.[28] Gesetzlich normiert ist die Pflicht zur Abwägung z.B. in § 1 Abs. 6 BauGB oder § 1 Abs. 2 BNatSchG. Das Gebot der Abwägung ergibt sich jedoch unabhängig von einer gesetzlichen Regelung bereits aus dem Wesen einer rechtsstaatlichen Planung.[29] Es gilt deshalb allgemein für alle Planungsbereiche, die sich durch ein gewisses Maß an Komplexität auszeichnen.[30] Mithin müssen in jede planerische Entscheidung die Belange des Umweltschutzes Eingang finden, die von der Planung betroffen werden, da sie abwägungserhebliche Belange darstellen, deren Nichtberücksichtigung oder fehlerhafte Berücksichtigung zu einem relevanten Abwägungsfehler führen kann.[31] Das Abwägungsgebot verlangt nach einer Formulierung des 8

---

[24] Vgl. *BVerwG,* Urt. v. 12. 12. 1969 – IV C 15.66 –, BVerwGE 34, 301 (304); *dass.,* Urt. v. 14. 2. 1975 – IV C 21.74 –, BVerwGE 48, 56 (59); *dass.,* Urt. v. 10. 2. 1978 – IV C 25.75 –, BVerwGE 55, 220 (226); *Hoppe,* in: Hoppe/Grotefels, ÖffBauR, § 7 Rn. 5, 9; *Dreier,* Abwägung, S. 45f.

[25] Vgl. dazu *Ossenbühl,* DVBl. 1974, 309 (313); *Badura,* FS BayVerfGH, S. 157 (173f.); *Hoppe/Just,* DVBl. 1997, 789 (792).

[26] *BVerwG,* Urt. v. 12. 12. 1969 – IV C 15.66 –, BVerwGE 34, 301 (304); vgl. auch *Hoppe,* in: Hoppe/Grotefels, ÖffBauR, § 7 Rn. 5.

[27] Vgl. so ausdrückl. zum BauplanungsR *Hoppe,* in: Hoppe/Grotefels, ÖffBauR, § 7 Rn. 5; *Gierke,* in: Brügelmann, BauGB, § 7 Rn. 65; zur Abwägung grundl. *Hoppe,* in: Hoppe/Grotefels, ÖffBauR, § 7; *Pohl,* HdbUR, A.3 Rn. 7ff.; *Dreier,* Abwägung, S. 41; neuerl. *Vallendar,* UPR 1999, 121ff.

[28] *BVerwG,* Urt. v. 12. 12. 1969 – IV C 15.66 –, BVerwGE 34, 301 (307); zum Abwägungsgebot auch *Hoppe,* DVBl. 1977, 136ff.; zur Unterscheidung in nachvollziehende u. planerische Abwägung vgl. *Dreier,* Abwägung, S. 44f.; zur Ermittlung u. Einstellung von Belangen vgl. auch *Just,* Ermittlung und Einstellung von Belangen bei der planerischen Abwägung, S. 1ff.

[29] *BVerwG,* Urt. v. 30. 4. 1969 – IV C 6.68 –, BRS 22 Nr. 3; *dass.,* Urt. v. 10. 10. 1968 – IV C 55.66 –, Buchholz, 442.40 § 40 LuftVG Nr. 1; *dass.,* Urt. v. 20. 10. 1972 – IV C 14.71 –, BVerwGE 41, 67ff.; *dass.,* Urt. v. 14. 2. 1975 – IV C 21.75 –, BVerwGE 48, 56 (63); vgl. *Hoppe,* in: Hoppe/Grotefels, ÖffBauR, § 7 Rn. 7.

[30] Zur rechtsdogmatischen Begründung vgl. *Dreier,* Abwägung, S. 45ff.

[31] Anders bei einer Einschränkung der Verfahrenskontrolle z.B. durch §§ 214, 215 BauGB u. §§ 45, 46 VwVfG.

BVerwG, daß eine Abwägung überhaupt stattfindet, in die Abwägung an Belangen eingestellt wird, was nach Lage der Dinge in sie eingestellt werden muß und weder die Bedeutung der betroffenen öffentlichen und privaten Belange verkannt noch der Ausgleich in einer Weise vorgenommen wird, die zur objektiven Gewichtigkeit einzelner Belange außer Verhältnis steht.[32]

9 Dabei vollzieht sich der Abwägungsvorgang in vier Phasen: den Prozeß der *Ermittlung,* der *Einstellung,* der *Gewichtung* und des *Ausgleichs* von Belangen.[33] Im Rahmen der Ermittlung der als abstrakt abwägungsrelevanten erkannten gegenwärtigen und zukünftigen Belange verlangt das Abwägungsgebot, das umweltrelevante Abwägungsmaterial, soweit es sich um schutzwürdige und gewichtige Belange handelt, zusammenzustellen.[34] Alsdann sind die ermittelten umwelterheblichen Belange nach Lage der Dinge in die Abwägung einzustellen.[35] Nach „Lage der Dinge einzustellen" heißt, daß alle *konkret* abwägungungsrelevanten Belange, soweit ihre Betroffenheit mehr als geringfügig und erkennbar ist, in die Entscheidung einbezogen und berücksichtigt werden. Darüber hinaus sind die Gewichtigkeit und der objektive Gehalt der Belange des Umweltschutzes, das Erkennen der Konsequenzen, die sich bei ihrer Bevorzugung oder Zurückstellung im Bewertungsvorgang ergeben würden, festzustellen. Letztlich ist im Rahmen des eigentlichen Abwägungsvorgangs ein Ausgleich zwischen den Belangen des Umweltschutzes und anderen ermittelten, einzustellenden und gewichteten Belangen herzustellen. Dabei folgt aus dem Gebot der rechtsstaatlichen Planung, daß alle Belange abstrakt gleichrangig sind.[36]

10 Gleichwohl kann der Gestaltungsfreiraum des Planungsträgers durch normative Vorgaben auch zugunsten oder zu Lasten des Umweltschutzes beschränkt werden.[37] Der Gesetzgeber kann einzelne Umweltbelange durch die Aufstellung von **Planungsleitsätzen** der planerischen Abwägung völlig entziehen, und so sicherstellen, daß sie sich im Planungsergebnis niederschlagen.[38] Planungsleitsätze zeichnen sich dadurch aus, daß sie zwingende rechtliche Regelungen (strikte Gebote oder Verbote) enthalten, die nach ihrem Inhalt dem Planungsträger keinen Gestaltungsfreiraum eröffnen und durch planerische Abwägung nicht überwunden werden können.[39]

Beispiel: Gem. § 1 Abs. 4 BauGB sind Bauleitpläne den Zielen der Raumordnung anzupassen. Die Anpassungsanordnung des § 1 Abs. 4 BauGB enthält einen Planungsleitsatz.[40]

---

32 *BVerwG,* Urt. v. 20. 10. 1972 – IV C 14.71 –, BVerwGE 41, 67 (71 ff.).

33 *Hoppe,* DVBl. 1994, 255 (262); *ders.,* DVBl. 1992, 853 (856); *ders.,* in: Hoppe/Grotefels, ÖffBauR, § 7 Rn. 37 ff.; *Steinberg,* Fachplanung, S. 197.

34 Siehe hierzu *BVerwG,* Urt. v. 5. 7. 1974 – IV C 50/72 –, BVerwGE 45, 309; *dass.,* Urt. v. 14. 2. 1975 – IV C 21.74 –, BVerwGE 48, 56; *Hoppe,* DVBl. 1977, 136 ff.

35 Vgl. dazu grundl. *Hoppe,* DVBl. 1977, 136 ff.; *ders.,* DVBl. 1992, 853 (857).

36 Vgl. *Hoppe,* in: Hoppe/Grotefels, ÖffBauR, § 7 Rn. 7.

37 Vgl. dazu *Hoppe,* VVDStRL 38 (1980), S. 211 ff.

38 *Funke,* DVBl. 1987, 511 (517).

39 Vgl. so zur Bauleitplanung *Hoppe,* in: Hoppe/Grotefels, ÖffBauR, § 7 Rn. 22.

40 *Hoppe,* DVBl. 1992, 853 f.; *Ibler,* Schranken planerischer Gestaltungsfreiheit, S. 183 ff.; *Erbguth/Schink,* UVPG, § 12 Rn. 64; *Steinberg,* Fachplanung, § 4 Rn. 41 ff; *Wahl,* NVwZ 1990, 426 (435 f.).

Der Gesetzgeber kann außerdem die planerische Abwägung selbst durch gesetzliche Vorgaben lenken, indem er durch Gewichtsvorgaben, insbesondere durch das Aufstellen von **Optimierungsgeboten** – das sind Zielvorgaben, die zwar im Konfliktfall hinter anderen Zielen zurücktreten können, die aber eine möglichst weitgehende Beachtung und Verwirklichung fordern –[41] das Ausgleichen der Belange oder mittels eines **relativen Vorrangs** das Gewichten der Belange auch zugunsten des Umweltschutzes lenkt.[42] 11

Beispiel: Gem. § 50 BImSchG sind bei raumbedeutsamen Planungen und Maßnahmen die für eine bestimmte Nutzung vorgesehenen Flächen einander so zuzuordnen, daß u. a. schädliche Umwelteinwirkungen auf die ausschließlich oder überwiegend dem Wohnen dienenden Gebiete sowie auf sonstige schutzbedürftige Gebiete soweit wie möglich vermieden werden. § 50 BImSchG enthält nach der herrschenden Meinung ein Optimierungsgebot.[43]

Beispiel: Der Kommissionsentwurf zum Umweltgesetzbuch sieht in § 67 Abs. 1 S. 1 UGB-KomE für die in der Umweltgrundlagenplanung manifestierten Belange des Umweltschutzes eine möglichst weitgehende Beachtung und damit ein Optimierungsgebot vor.[44]

Fraglich ist, inwieweit allein durch die Staatszielbestimmung Umweltschutz in Art. 20a GG den Umweltbelangen im Einzelfall ein relativer Vorrang eingeräumt wird.[45] Von einem Teil der Literatur wird ein solcher Vorrang dadurch begründet, daß das Staatsziel Umweltschutz als Optimierungsgebot angesehen wird.[46] Der Belang des Umweltschutzes verlange eine möglichst weitreichende Beachtung.[47] Es ist jedoch darauf hinzuweisen, daß der durch Art. 20a GG gebotene Umweltschutz jedenfalls dann keinen Vorrang vor anderen Belangen beanspruchen kann, wenn auch diese verfassungsrechtlich verankert sind, wie dies z. B. bei den grundrechtlich geschützten Belangen Privater der Fall ist.[48] Eine Besserstellung des Umweltschutzes würde hier der Gleichordnung der verfassungsrechtlichen Vorgaben, die in Art. 20a GG noch einmal betont wird, nicht gerecht.[49] 12

3. *Plancharakter bei Nutzungsfestlegungen*

Sieht man den planerischen Gestaltungsfreiraum und die planerische Abwägung als Wesensmerkmale der Planung an, so bedarf der Plancharakter 13

---

[41] *BVerwG,* Urt. v. 22. 3. 1995 – IV C 73.82 –, BVerwGE 71, 163 ff.; siehe zu Optimierungsgeboten auch *Hoppe,* DVBl. 1992, 853 ff.; neuerl. zu Optimierungsgeboten *Würtenberger,* VVDStRL 58 (1999), S. 139 ff.; *Riedel,* VVDStRL 58 (1999), S. 180 ff.; vgl. *Brechmann,* BayVBl. 1999, 528 ff.

[42] *Funke,* DVBl. 1987, 511 (517); siehe dazu auch *Blumenberg,* DVBl. 1989, 86 ff.

[43] Vgl. *BVerwG,* Urt. v. 21. 8. 1990 – 4 B 104/90 –, NVwZ 1991, 69 f.

[44] Vgl. dazu BMU, UGB-KomE, S. 132, 575 f.; krit. dazu *Hoppe,* FS Blümel, S. 177 (190).

[45] Vgl. zu den Rechtsfolgen des Staatsziels Umweltschutz bereits oben § 4 Rn. 25 ff.

[46] *Murswiek,* in: Sachs, GG, Art. 20a Rn. 70; *ders.,* NVwZ 1996, 222 (226, 229); für ein besonderes Gewicht auch *Steiger,* in: Salzwedel, Grundzüge des UmweltR, 2. Aufl., Teil 02 Rn. 124; *Peters,* NVwZ 1995, 555 (557); vorsichtig *Kloepfer,* in: BK, GG, Art. 20a Rn. 69.

[47] Zur (str.) Bedeutung von Optimierungsgeboten im PlanungsR näher *Hoppe,* DVBl. 1992, 853 ff.; *Bartlsperger,* DVBl. 1996, 1 ff.

[48] So auch *Henneke,* NuR 1995, 325 (333); *Schink,* DÖV 1997, 221 (228); *Kloepfer,* UmweltR, § 3 Rn. 41.

[49] Vgl. dazu oben § 4 Rn. 32.

von Planfeststellung, Plangenehmigung und Schutzgebietsausweisungen einer näheren Betrachtung.

a) Plancharakter von Planfeststellungen

14 Unter dem Aspekt des planerischen Gestaltungsfreiraums ist der Planungscharakter von Planfeststellungen problematisch.

15 Planfeststellungen dienen der Aufstellung verbindlicher Pläne zur Errichtung spezieller Anlagen und Einrichtungen.[50] Dabei wird in einem förmlichen Verfahren – dem Planfeststellungsverfahren – durch Beschluß ein Plan festgestellt, durch den ein konkretes Vorhaben zugelassen wird. Die Planfeststellung ersetzt alle für das Vorhaben erforderlichen anderen behördlichen Entscheidungen und regelt rechtsgestaltend alle öffentlich-rechtlichen Beziehungen zwischen dem Träger des Vorhabens und den durch den Plan Betroffenen (§ 75 Abs. 1 VwVfG). Wesensmerkmal der Planfeststellung ist damit eine umfassende Konzentrations- und Gestaltungswirkung. Der Planfeststellungsbeschluß ist eine Allgemeinverfügung im Sinne von § 35 S. 2 VwVfG, also ein Verwaltungsakt.[51] Gesetzliche Grundlage des Planfeststellungsverfahrens sind die §§ 72 bis 78 VwVfG des Bundes bzw. die entsprechenden Vorschriften der Länder, soweit die Fachplanungsgesetze nichts Abweichendes bestimmen (§ 72 Abs. 1 VwVfG).

16 Es ist indes fraglich, ob der Begriff der Planung die Planfeststellung, die einen Zulassungstatbestand darstellt, umfaßt.[52] Der Begriff der Planung ist durch ein offenes Entscheidungsprogramm und einen weiten Handlungsspielraum (planerischen Gestaltungsfreiraum) gekennzeichnet,[53] einer Charakteristik, die der Planfeststellung nicht zukommt.

17 Ein Teil der Literatur sieht die Planfeststellung als die typische, wenn auch nicht ausschließliche Zulassungsform an, mit der dem Vorhabenträger von der Planfeststellungsbehörde die Errichtung des Vorhabens gestattet wird.[54] Die Planfeststellungsbehörde treffe gleichwohl eine planerische Entscheidung. Ihr und nicht etwa dem Vorhabenträger komme der der Planung notwendigerweise innewohnende Abwägungs- und Gestaltungsspielraum zu.[55] Für die Qualifizierung von Planfeststellungen als Planungsentscheidung sei ausreichend, daß es um einen komplexen Sachverhalt gehe, der einen Ausgleich zwischen vielfältigen öffentlichen Belangen und Interessen Drittbetroffener im Wege planerischer Abwägung erfordere.[56]

18 Demgegenüber geht ein anderer Teil der Literatur davon aus, daß die Planfeststellung instrumentell der Ebene der direkten Verhaltenssteuerung zuzurechnen ist und damit nicht vom Begriff der Planung umfaßt wird.[57] Planerische Instrumente, die einen solchen Namen rechts- und planungssystematisch verdienten, seien allein die den

[50] *Hoppe,* HdbStR III, § 71 Rn. 26; *Hoppe/Schlarmann,* Die planerische Vorhabengenehmigung, S. 7ff.; *Ronellenfitsch,* PlanungsR, S. 109; zur Planfeststellung grundl. *Johlen,* in: HdbÖffBauR, L Rn. 1ff.; *Pohl,* HdbUR, A.3 Rn. 6ff.

[51] Vgl. *Kopp/Schenke,* VwVfG, § 74 Rn. 4 m.w.N.

[52] Vgl. dazu *Hoppe/Just,* DVBl. 1997, 789ff.; insges. krit. *Burgi,* JZ 1994, 654 (655ff.); *Erbguth,* DVBl. 1992, 398ff.; *ders.,* in: Hoppe/Appold, Städtebaurecht 2000, S. 121; *Achenbach,* Privatnützige Planfeststellung, S. 9ff.; *Steinberg,* Fachplanung, S. 22; *Gaentzsch,* FS Sendler, S. 420; *ders.,* in: Hoppe/Appold, Städtebaurecht 2000, S. 128; *Ule/Laubinger,* VerwaltungsverfahrensR, § 39 Rn. 8; *Dreier,* Abwägung, S. 53.

[53] Vgl. dazu *Kauch/Roer,* Bauleitplanung und Fachplanungen, S. 30f.

[54] So *Wahl,* DVBl. 1982, 51 (53); *Paetow,* UPR 1990, 321; wohl auch *Kühling,* FachplanungsR, Rn. 4.

[55] *Wahl,* DVBl. 1982, 51 (53); i.E. wohl auch *BVerwG,* Urt. v. 24. 11. 1994 – 7 C 25/93 –, BVerwGE 97, 143 (148); BMU, UGB-KomE, S. 566.

[56] So *Dreier,* Abwägung, S. 53.

[57] So *Erbguth,* DVBl. 1992, 398; *ders.,* in: Hoppe/Appold, Städtebaurecht 2000, S. 121 (121f.); *Burgi,* JZ 1994, 654 (655).

 Spoerr, DVBl 99, 1463

Planfeststellungen vorgelagerten staatlichen Gestaltungsaufträge, wie zum Beispiel die Bedarfsplanung, gegebenenfalls auch die Linienbestimmung im Straßenrecht.[58] Die Planfeststellung könne als nachvollziehende staatliche Entscheidungsfindung ohne originären Gestaltungsauftrag nicht als Planung verstanden werden.[59] Insoweit wird insbesondere der Planfeststellung von Abfalldeponien der Planungscharakter abgesprochen.[60]

Eine dritte Auffassung geht nunmehr von einer geteilten Planungsbefugnis aus.[61] **19** Eine ausdrückliche Zuweisung der Planungsaufgabe auf die Planfeststellungsbehörde existiere nicht. Maßgeblich sei vielmehr die Frage, wem letztlich die materielle Planungsaufgabe zukomme.[62] Da es sich bei der Planfeststellung um einen mitwirkungsbedürftigen Verwaltungsakt handele und – wenn die gesetzlichen Vorgaben eingehalten sind – ein materieller Rechtsanspruch des Vorhabenträgers auf Planfeststellung bestehe, komme dem Vorhabenträger bei seinen Entwicklungsvorstellungen planerischer Gestaltungsspielraum zu.[63] Nur der Vorhabenträger werde planerisch tätig, wenn er bei der Erstellung seiner Planunterlagen eine umfassende Abwägung vorgenommen habe und keine neuen für die Abwägung relevanten Tatsachen im Planfeststellungsverfahren eingebracht werden. Demgegenüber komme der Planfeststellungsbehörde eine eigene und originäre Planungsbefugnis bei der Auflagenerteilung und bei Unvollständigkeit des Abwägungsmaterials zu.[64] Nur in diesen Fällen werde die Planfeststellungsbehörde zum einen nachvollziehend und zum anderen originär abwägend tätig und übe planerische Gestaltungsfreiheit aus.[65]

Zu bedenken ist auch, daß der Planfeststellung gem. § 38 BauGB gegenüber der **20** sonst maßgeblichen örtlichen Gesamtplanung Vorrang zukommt.[66] Das Gesetz geht dabei davon aus, daß im Planfeststellungsverfahren alle relevanten Belange, also auch solche städtebaulicher Art, umfassend abgewogen werden.[67] Insoweit kommt der Planfeststellungsbehörde eine Planungsfunktion zu.[68] Allein der Vorhabenbezug der Planfeststellung spricht damit nicht gegen ihren Planungscharakter und gegen die systematische und instrumentelle Zuordnung der Planfeststellung zum Bereich der Planung. Da Planfeststellungen aber der Zulassung von Vorhaben dienen und damit im Gegensatz zu anderen Planungen auch der direkten Verhaltenssteuerung dienen, können die Planfeststellungsbeschlüsse im Zusammenhang mit den Instrumenten der direkten Verhaltenssteuerung erörtert werden.[69]

Der Kommissionsentwurf zum Umweltgesetzbuch sieht vor, die Planfeststellung als **21** vorhabenbezogene Plangenehmigung in den §§ 101 bis 108 UGB-KomE zu regeln, da mit ihr endgültig über die Zulässigkeit eines Vorhabens entschieden werde. Gleichwohl wird ihr planerischer Charakter zuerkannt und die allgemeinen Regelungen über die Planung in §§ 67 ff. UGB-KomE für anwendbar erklärt.[70]

b) Plancharakter von Plangenehmigungen

In einigen Fachgesetzen, etwa in § 31 Abs. 3 KrW-/AbfG für die Errichtung und den Betrieb von Deponien, in §§ 31 Abs. 3 WHG, 104 Abs. 1 **22**

---

58 *Erbguth,* in: Hoppe/Appold, Städtebaurecht 2000, S. 121 (122).

59 *Erbguth,* DVBl. 1992, 398; *ders.,* in: Hoppe/Appold, Städtebaurecht 2000, S. 121 (121 f.); so im Ergebnis auch *Achenbach,* Privatnützige Planfeststellung, S. 14; *Steinberg,* FachplanungsR, S. 22; *Gaentzsch,* FS Sendler, S. 420; *Burgi,* JZ 1994, 654 (655); *Ule/Laubinger,* VerwaltungsverfahrensR, § 39 Rn. 8; *Jarass,* DVBl. 1998, 1202 (1203).

60 Vgl. dazu *Burgi,* JZ 1994, 654 (662).

61 *Hoppe/Just,* DVBl. 1997, 789 ff.

62 *Hoppe/Just,* DVBl. 1997, 789 (792).

63 *Hoppe/Just,* DVBl. 1997, 789 (793); so wohl auch *Pohl,* HdbUR, A.3 Rn. 30.

64 *Hoppe/Just,* DVBl. 1997, 789 (793).

65 *Hoppe/Just,* DVBl. 1997, 789 (795).

66 *BVerwG,* Urt. v. 24. 11. 1994 – 7 C 25/93 –, BVerwGE 97, 143 (148).

67 *Roeser,* in: Schlichter/Stich, BauGB, § 38 Rn. 3; *Löhr,* in: Battis/Krautzberger/Löhr, BauGB, § 38 Rn. 6.

68 Vgl. auch *Jarass,* DVBl. 1998, 1202 (1204).

69 Siehe unten § 8 Rn. 44 ff.

70 BMU, UGB-KomE, S. 566.

LWG NW für den Ausbau von Gewässern, in § 41 Abs. 4 S. 1 FlurbG für von der Flurbereinigung betroffene gemeinschaftliche und öffentliche Anlagen und in § 74 Abs. 6 VwVfG ist neben der Planfeststellung zur Verfahrensbeschleunigung als Entscheidungsform die sog. Plangenehmigung vorgesehen.[71] Fraglich ist, ob der sog. Plangenehmigung Planungscharakter zukommt.[72]

23 Voraussetzung für die Zulassung eines Vorhabens im Wege dieser Plangenehmigung ist im allgemeinen, daß Rechte anderer nicht beeinträchtigt werden oder die Betroffenen sich mit der Inanspruchnahme ihres Eigentums oder eines anderen Rechts schriftlich einverstanden erklärt haben und mit den Trägern öffentlicher Belange, deren Aufgabenbereich berührt wird, das Benehmen hergestellt wird.[73] Auf die Erteilung der Plangenehmigung finden dabei die Vorschriften über das Planfeststellungs*verfahren* keine Anwendung, so daß die Plangenehmigung in einem Verfahren ohne Öffentlichkeitsbeteiligung und auch ohne förmliche Umweltverträglichkeitsprüfung ergeht.[74] Indes hat die Plangenehmigung in der Regel die Wirkung einer Planfeststellung.[75] Da die Plangenehmigung nicht weniger als der Planfeststellungsbeschluß auf einer umfassenden Abwägung der öffentlichen und privaten Belange beruht,[76] kann auch in diesem Fall von einer fachplanerischen Entscheidung im oben genannten Sinne gesprochen werden.

c) Plancharakter von Schutzgebietsausweisungen

24 Zweifelhaft ist außerdem, ob und inwieweit Schutzgebietsausweisungen, die im Umweltrecht – vor allem im Natur-, Gewässer- und Immissionsschutzrecht – eine erhebliche Rolle spielen, Planungsinstrumente sind.[77]

25 Mit der Ausweisung eines Schutzgebietes soll die Bedeutung einer genauen abgegrenzten Fläche für bestimmte Zwecke, etwa für den Naturschutz, die Wassergewinnung oder die Luftreinhaltung, erhalten oder entwickelt werden. Dazu werden – gestützt auf entsprechende gesetzliche Ermächtigungen – Handlungs- oder Unterlassungspflichten verbindlich geregelt, mit denen vor allem dem Schutzzweck entgegenstehende Nutzungen ausgeschlossen werden sollen.

26 Gegen den planerischen Charakter von Schutzgebietsausweisungen könnte sprechen, daß sie teilweise einen rein statischen, erhaltenden Charakter haben. Zu beachten ist aber, daß auch Schutzgebietsausweisungen zukunftsorientiert und gestalterisch angelegt sein können. Schutzgebietsausweisungen lassen sich häufig auch schon deshalb nicht von Plänen des Umweltrechts trennen, weil sie teilweise gerade durch Umweltpläne festgesetzt werden. So enthält z.B. der Landschaftsplan in Nordrhein-Westfalen gem. § 16 Abs. 4 Nr. 3 LG NW auch die Festsetzung besonders geschützter

---

[71] Vgl. zur Plangenehmigung *Ringel,* Plangenehmigung, S. 34ff.

[72] Vgl. zur Verfahrensbeschleunigung durch Plangenehmigungen *Steinberg,* Fachplanung, S. 298; *Ule/Laubinger,* VerwaltungsverfahrensR, § 39 Rn. 6.

[73] Zu den Voraussetzungen u. Rechtsfolgen der Plangenehmigung vgl. auch *Jarass,* DVBl. 1997, 795 (796).

[74] Zu den verfahrensrechtl. Unterschieden zwischen Planfeststellung u. -genehmigung ausführl. *Ringel,* Plangenehmigung, S. 21ff.

[75] Vgl. § 74 Abs. 6 S. 2 VwVfG; § 18 Abs. 2 S. 2 HS 1 AEG; § 17 Abs. 1a S. 2 HS 1 FStrG; § 14 Abs. 1a S. 2 HS 1 WaStrG; § 8 Abs. 2 S. 2 HS 1 LuftVG; § 28 Abs. 1a S. 2 HS 1 PBefG.

[76] Vgl. *Johlen,* in: HdbÖffBauR, L Rn. 20; vgl. dazu auch *Ringel,* Plangenehmigung, S. 188ff.

[77] Vgl. dazu *Beckmann,* Rechtsschutz, S. 9 f.; ausführl. *Thurn,* Schutz natürlicher Gewässerfunktionen, S. 75ff. m.w.N.; *BVerwG,* Beschl. v. 23. 1. 1984 – 4 B 157 u. 158.83 –, DÖV 1984, 466 (467); *dass.,* Beschl. v. 16. 6. 1988 – 4 B 102/88 -, NVwZ 1988, 1020f.; *VGH Mannheim,* Urt. v. 21. 12. 1982 - 5 S 1357/81 –, NuR 1983, 236; i.E. neuerl. *OVG Bautzen,* Urt. v. 24. 9. 1998 – 1 S 369/96 –, NuR 1999, 344ff.

Teile von Natur und Landschaft. Zu Recht wird deshalb hinsichtlich der Frage, ob bei der Festsetzung von Schutzgebieten ein planerischer Gestaltungsfreiraum besteht, differenziert. Während hinsichtlich der Frage, ob ein Gebiet, das die gesetzlichen Voraussetzungen für eine Schutzgebietsausweisung erfüllt, zweckmäßigerweise auch als Schutzgebiet ausgewiesen werden soll, nur ein „normales Verwaltungsermessen" besteht, steht der Verwaltung hinsichtlich der räumlichen Alternativen und der räumlichen Ausdehnung ein planerischer Gestaltungsfreiraum zu.[78]

B. Umweltschutzplanung

Wird die Planung als Mittel der vorausschauenden Bewältigung von Um- 27
weltproblemen eingesetzt, kann man sie als **Umweltplanung** oder als **Umweltschutzplanung** bezeichnen.[79] Als Instrument vorsorgender Umweltpolitik ermöglicht die Umweltplanung die Erfassung komplexer Ursachen- und Problemzusammenhänge der Umwelt und die Koordination von Umweltbelangen untereinander und mit kollidierenden Fachbelangen.[80] Zur Bewältigung von Umweltproblemen werden im wesentlichen das Modell der *isolierten, eigenständigen Umweltschutzplanung* und der *integrierten Umweltschutzplanung* diskutiert.[81]

I. Eigenständige Umweltschutzplanung

Als Modelle der isolierten, eigenständigen Umweltschutzplanung sind sol- 28
che Planungen zu verstehen, die losgelöst von anderen Rechts- und Politikbereichen eine **Gesamtplanung des Umweltschutzes** mit verbindlichen Vorgaben für andere Planungen aufstellen.[82] Dieses Planungsmodell wird ganz überwiegend abgelehnt, weil es einen relativ hohen und schwer zu befriedigenden Koordinationsbedarf erfordert.[83]

Die im Professorenentwurf zum Allgemeinen Teil eines Umweltgesetzbuchs in 29
den §§ 19 bis 25 UGB-AT-E vorgeschlagene Umweltleitplanung soll nur die Landschaftsplanung, die forstliche Rahmenplanung, die wasserwirtschaftliche Planung und die Luftreinhalteplanung umfassen.[84] Sie ist damit auf die Umweltmedien ausge-

---

[78] Siehe dazu *Thurn,* Schutz natürlicher Gewässerfunktionen, S. 75ff.; für Planungsermessen auch *Peters,* DVBl. 1987, 990ff. m.w.N.; *ders.,* UPR 1988, 325 (328); so auch *Gaentzsch,* in: Schlichter/Stich, BauGB, § 7 Rn. 5; *VGH Mannheim,* Urt. v. 18. 11. 1986 – 5 S 650.86 –, ZfBR 1987, 212ff.; *Breuer,* Raumgestaltende Planung, S. 156ff.; *Langer,* VerwArch 1989, 352 (360ff.); *Gierke,* in: Brügelmann, BauGB, § 7 Rn. 75; a.A. *Kühling,* FachplanungsR, Rn. 8.

[79] Ausführl. zur Umweltschutzplanung *Hoppe,* VVDStRL 38 (1980), S. 211ff.

[80] Vgl. *Rehbinder,* in: Salzwedel, Grundzüge des UmweltR, 1. Aufl., S. 112.

[81] Z.T. wird ferner eine globalsteuernde Umweltplanung diskutiert, wonach das gesamte staatl. u. gesellschaftl. Handeln unter umweltpolitischen Zielsetzungen in einer Planung gesteuert werden soll, wird dies überwiegend abgelehnt, näher dazu *Hoppe,* VVDStRL 38 (1980), S. 211 (252); *Hartkopf/Bohne,* Umweltpolitik, Bd. 1, S. 205ff.

[82] *Hartkopf/Bohne,* Umweltpolitik, Bd. 1, S. 206.

[83] Vgl. dazu *Hoppe,* VVDStRL 38 (1980), S. 211 (259f.); während früher zudem verfassungsrechtl. Bedenken mit Blick auf das Ressortprinzip erhoben wurden, ist dieses Argument mit der Einrichtung von Umweltministerien bei Bund u. Ländern entfallen, vgl. *Kloepfer,* UmweltR, § 5 Rn. 7.

[84] *Kloepfer/u. a.,* UGB-AT-E, S. 46ff., 198ff.

Rehbinder, NVwZ 02, 657

richtet und soll langfristig die Landschaftsplanung ersetzen.[85] Auch wenn das Verhältnis zu den anderen Planungen nicht ganz deutlich wird,[86] so wird man die Umweltleitplanung gleichwohl nicht als eigenständige Umweltplanung bezeichnen können.

II. Integrierte Umweltschutzplanung

30 Es bleibt das Modell der integrierten Umweltschutzplanung, in der die umweltpolitische Zielsetzung in eine übergreifende Aufgabenstellung eingebunden und einem Zielkonflikt mit gegenläufigen Belangen ausgesetzt ist. Eine Planungsintegration kann dabei auf drei Wegen erfolgen.

31 Zum einen können die Belange anderer Planungsbereiche in spezifischen Umweltfachplanungen berücksichtigt oder beachtet werden.

Beispiel: Gem. § 5 Abs. 1 S. 2 BNatSchG sind bei den Landschaftsprogrammen und den Landschaftsrahmenplänen die Ziele und Erfordernisse der Raumordnung und Landesplanung, zu denen auch wirtschaftliche, soziale und kulturelle Belange zählen können, zu beachten.

32 Ferner können Umweltbelange in bestehende, nicht umweltspezifische Fachplanungen integriert werden.

Beispiel: Gem. § 50 BImSchG sind bei raumbedeutsamen Planungen und Maßnahmen die für eine bestimmte Nutzung vorgesehenen Flächen einander so zuzuordnen, daß schädliche Umwelteinwirkungen auf die ausschließlich oder überwiegend dem Wohnen dienenden Gebiete sowie auf sonstige schutzbedürftige Gebiete soweit wie möglich vermieden werden. Zu den Planungen i. S. v. § 50 BImSchG zählen selbstverständlich auch die nicht umweltschutzspezifischen Planungen, wie die Fernstraßenplanung oder die Wasserstraßenplanung.

33 Zuletzt können Umweltbelange und Belange anderer Politikbereiche in einer fachübergreifenden, wenn auch nicht globalen Planung zusammengefaßt werden.[87]

Beispiel: Gem. § 1 Abs. 5 S. 1 BauGB sollen Bauleitpläne u. a. dazu beitragen, „eine menschenwürdige Umwelt zu sichern und die natürlichen Lebensgrundlagen zu schützen".

III. Umweltschutzplanung in den Entwürfen zum Umweltgesetzbuch

34 Auch die Entwürfe für ein Umweltgesetzbuch setzen sich mit der Frage einer Umweltschutzplanung auseinander. Der Professorenentwurf eines Allgemeinen Teils zum Umweltgesetzbuch schlägt eine sog. *Umweltleitplanung,* der Kommissionsentwurf zum Umweltgesetzbuch eine sog. *Umweltgrundlagenplanung* vor. Beiden liegt gleichermaßen ein integrativer Ansatz zugrunde. Die Inhalte zur Verwirklichung dieses Ansatzes unterscheiden sich jedoch erheblich.

---

[85] *Kloepfer,* JZ 1992, 817 (826).

[86] *Hoppe,* NJW 1992, 1993 (1996); *Breuer,* Verhandlungen des 59. DJT, S. B 1 (98).

[87] Vgl. zu diesen Möglichkeiten *Hartkopf/Bohne,* Umweltpolitik, Bd. 1, S. 207; *Hoppe,* VVDStRL 38 (1980), S. 211 (261).

1. *Umweltleitplanung*

Der Professorenentwurf für ein Umweltgesetzbuch sieht in den §§ 19 bis 35
25 UGB-AT-E eine integrierte Umweltleitplanung vor.[88] Durch die **Umweltleitplanung** sollen die verschiedenen raumbezogenen Umweltfachplanungen zusammengeführt werden. Die Umweltleitplanung ist dabei am Modell einer medienübergreifenden umweltspezifischen Leitplanung ausgerichtet, in welchem die bestehenden Fachplanungen des Umweltschutzes soweit wie möglich zusammengeführt werden sollen. Die Umweltleitplanung soll ein eigener Planungstyp sein, der in seinen Stufen der räumlichen Gesamtplanung nachgebildet ist und entsprechend drei Planungsstufen vorsieht (§ 19 Abs. 2 UGB-AT-E).[89] Wenngleich die Umweltleitplanung damit den Schwerpunkt der Umweltplanung bildet, so treten neben sie aber ergänzend weitere aufgabenspezifische Planungsinstrumente, wie z. B. Entsorgungspläne und Umweltprogramme gem. §§ 26, 27 UGB-AT-E. In den §§ 28 bis 30 UGB-AT-E werden Regelungen über die Berücksichtigung umweltschutzspezifischer Gesichtspunkte im Recht der räumlichen Gesamtplanung und anderer umweltrelevanter, aber nicht umweltspezifischer Fachplanungen getroffen.[90]

Von einem großen Teil der Literatur wird die Umweltleitplanung abgelehnt.[91] Dies 36
einerseits, weil man den Einbau von Abstimmungsmechanismen zwischen den umweltschutzrelevanten Einzelplanungen als ausreichend ansieht.[92] Andererseits aber, weil sich die Belange der Umwelt im Rahmen einer umweltinternen Abwägung abschleifen würden, ehe sie noch mit anderen – nicht umweltspezifischen – Belangen konfrontiert wurden. Ferner wird die Verbindlichkeit der Umweltleitplanung gerade auf der Stufe der Regionalplanung mit Blick auf die Planungshoheit der Gemeinde und die ökologische Abwägung als äußerst fehleranfällig kritisiert.[93]

2. *Umweltgrundlagenplanung*

Der Kommissionsentwurf zum Umweltgesetzbuch sieht die Umwelt- 37
grundlagenplanung in den §§ 69 bis 73 UGB-KomE vor.[94] Sie soll die vorhandenen Umweltplanungen koordinieren und ihre Integration in die Raumordnung in den Ländern und die Bauleitplanung erleichtern.[95] Gem. § 69 Abs. 1 S. 2 UGB-KomE stellt sie den für raumbedeutsame Planungen und Maßnahmen erheblichen Zustand der Umwelt sowie raumbedeutsame

---

[88] *Kloepfer/u. a.*, UGB-AT-E, S. 46 ff., 198 ff.; vgl. zur Umweltleitplanung ferner *Hoppe*, FS Blümel, S. 177 (178 ff.); *Breuer*, in: Schmidt-Aßmann, BesVwR, 5. Abschn. Rn. 61.

[89] *Kloepfer/u. a.*, UGB-AT-E, S. 46, 203 f.

[90] *Kloepfer/u. a.*, UGB-AT-E, S. 185 ff.; *Kloepfer/Kunig/Rehbinder/Schmidt-Aßmann*, DVBl. 1991, 339/341); *Wahl*, in: ARL, Integration einer Umweltleitplanung in die Raumordnung, S. 6 ff.; *Erbguth*, DVBl. 1992, 1122 (1131 f.); krit. *Hoppe*, UTR 1993, 57 (59 ff.).

[91] *Hoppe*, in: Koch, Auf dem Weg zum Umweltgesetzbuch, S. 46 ff.; *ders.*, DVBl. 1992, 1993 ff.; *ders.*, FS Blümel, S. 177 (178 ff.).

[92] *Kloepfer*, UmweltR, § 5 Rn. 8; Beschl. Nr. 27 der umweltrechtl. Abteilung des 59. DJT, DVBl. 1992, 1422 (1423); a. A. BMU, UGB-KomE, S. 572.

[93] *Hoppe*, in: Koch, Auf dem Weg zum Umweltgesetzbuch, S. 46 (48 ff.).

[94] BMU, UGB-KomE, S. 133 ff.; vgl. dazu auch *Breuer*, in: Schmidt-Aßmann, BesVwR, 5. Abschn. Rn. 57; *Michler*, DVBl. 1999, 816 (823 f.).

[95] Vgl. dazu BMU, UGB-KomE, S. 566 f.

Erbguth/Stollmann, DÖV 93, 323 (Natur-[illegible])

Erfordernisse und Maßnahmen zur Verwirklichung der Ziele des Umweltschutzes dar. Umweltgrundlagenpläne sollen gem. § 69 Abs. 2 UGB-KomE Aussagen dazu enthalten, welche Erfordernisse und Maßnahmen zur bestmöglichen Verwirklichung der Ziele des Umweltschutzes im Verhältnis untereinander vorrangig sind. Die Umweltgrundlagenplanung soll gem. § 70 Abs. 1 UGB-KomE den Trägern der Bauleitplanung sowie den Trägern der Raumordnung in den Ländern obliegen. Mit der Umweltgrundlagenplanung soll kein neuer Planungstyp geschaffen werden, sondern die Umweltplanung soll Bestandteil der Landesplanung, der Regionalplanung und der Bauleitplanung werden. Dafür ist in § 70 Abs. 1 UGB-KomE vorgesehen, daß die Umweltgrundlagenpläne auf örtlicher Ebene vor oder im Zusammenhang mit der Aufstellung, Änderung oder Ergänzung des Flächennutzungsplans, auf regionaler Ebene sowie auf der Ebene des Landes vor oder im Zusammenhang mit der Aufstellung, Änderung oder Ergänzung von Zielen der Raumordnung aufgestellt, geändert oder ergänzt werden.[96] Die „Primärintegration" der Umweltgrundlagenplanung in die Gesamtplanung wird als arbeitsökonomisch sinnvoll bewertet.[97] Um den Umweltbelangen in der gesamtplanerischen Abwägung mehr Gewichtung zu verleihen, sehen die umweltrechtlichen Planungsgrundsätze in § 67 Abs. 1 UGB-KomE eine möglichst weitgehende Beachtung vor.

38 Auch die Umweltgrundlagenplanung wird in der Literatur kritisiert. Insbesondere ihre Integration in die Raumordnung – vor allem die Tendenz, alle umweltrelevanten Aussagen möglichst in Ziele der Raumordnung, also in Rechtsnormen mit externer Bindungswirkung gegenüber anderen Planungsträgern zu manifestieren – führe zu einer Übersteuerung der Umweltgrundlagenplanung durch ihre Integration in die Ziele der Raumordnung einerseits und andererseits zu einer Überforderung der Raumordnung.[98] Es geht also um Maß und Umfang der Integration.

39 Da der Leitgedanke eines integrierten Umweltschutzes jedoch auch den EG-rechtlichen Vorgaben zum Umweltschutz, insbesondere der UVP-Richtlinie,[99] der IPPC-Richtlinie[100] und dem Entwurf einer Plan-UVP-Richtlinie,[101] zugrunde liegt, ist für die Zukunft davon auszugehen, daß dieser Gedanke auch im Bereich der Umweltschutzplanung an Bedeutung gewinnen wird.

C. Raumbedeutsame Umweltschutzplanung

40 Aufgrund des starken räumlichen Bezuges der vorhandenen Umweltprobleme liegt der Schwerpunkt der Umweltschutzplanung im Bereich der

[96] BMU, UGB-KomE, S. 133.
[97] BMU, UGB-KomE, S. 574; vgl. zu Integrationsformen von Fachplanungen in die Gesamtplanung unten § 15 Rn. 47 ff.
[98] *Hoppe,* FS Blümel, S. 177 (193 ff.).
[99] Vgl. zur UVP-RL näher unten § 8 Rn. 67 f.
[100] Vgl. zur IPPC-RL näher unten § 21 Rn. 21 ff.
[101] Vorschlag für eine Richtlinie des Rates über die Prüfung der Umweltauswirkungen bestimmter Pläne und Programme (97/C 129/08) v. 25. 3. 1997, KOM(99) 73 endg. – ABl. EG Nr. C 83, S. 13; dazu auch *Ziekow,* UPR 1999, 287 ff.; vgl. dazu näher unten § 7 Rn. 116 ff.

Raumplanung. **Raumplanung** ist die räumliche Planung der öffentlichen Hand auf allen Ebenen und Sachgebieten.[102] Von ihr zu unterscheiden ist die räumliche Planung Privater, etwa die bergrechtliche Betriebsplanung, die nach herrschender Meinung eine private Unternehmensplanung ist.[103] Für sämtliche Bereiche der umweltbezogenen Raumplanung gelten gemeinsame verfassungsrechtliche *aber auch* einfachgesetzliche *umweltrechtliche Vorgaben.*

Beispiele: So sind – wie bereits erwähnt – gem. § 50 BImSchG bei raumbedeutsamen Planungen die für eine bestimmte Nutzung vorgesehenen Flächen einander so zuzuordnen, daß u.a. schädliche Umwelteinwirkungen auf die ausschließlich oder überwiegend dem Wohnen dienenden Gebiete sowie auf sonstige schutzbedürftige Gebiete soweit wie möglich vermieden werden.[104] Wichtige Grundsätze des Planungs- und Umweltrechts sind außerdem in § 2 BNatSchG geregelt. Einen fachübergreifenden Geltungsanspruch erhebt auch die Eingriffsregelung des § 8 BNatSchG, wonach vermeidbare Eingriffe in Natur und Landschaft grundsätzlich verboten sind, unvermeidbare auszugleichen sind und Eingriffe, die weder vermeidbar noch auszugleichen sind, nur zugelassen werden dürfen, wenn sich ein Vorrang der fachplanerischen Belange vor denen des Naturschutzes ergibt.

Die raumbezogene Umweltschutzplanung ist sowohl Teil der **Gesamtplanung** als auch Teil der **Fachplanung**. 41

I. Umweltschutz in der Gesamtplanung

Gesamtplanungen koordinieren alle in einem Raum auftretenden Raumansprüche und Belange, insbesondere auch solche, die Gegenstand von Fachplanungen im eigentlichen Sinne sind. Zum raumbezogenen Gesamtplanungsrecht zählt auf der überörtlichen Ebene das Recht der **Raumordnung** und auf der örtlichen Ebene das Recht der **Bauleitplanung**.[105] 42

Das Gesamtplanungsrecht ist durch das Bau- und Raumordnungsgesetz – BauROG vom 18. 8. 1997[106] im Raumordungsgesetz als auch im Baugesetzbuch geändert worden.[107] Ein wesentliches Ziel der Novelle des Baugesetzbuchs war die Stärkung der ökologischen Belange in der Bauleitplanung.[108] 43

1. Umweltschutz in der Raumordnung

Als Raumordnung wird die zusammenfassende überörtliche und überfachliche Planung des Raumes bezeichnet.[109] Der Raumordnung kommt gegenüber den gebietsbezogenen umweltrechtlichen Fachplanungen eine wichtige Integrationsfunktion zu.[110] So hat die Raumordnung den Gesamtraum der Bundesrepublik Deutschland und seine Teilräume durch zusam- 44

[102] *Brohm,* ÖffBauR, § 2 Rn. 23.
[103] Vgl. *Hoppe/Beckmann,* Grundeigentumsschutz, S. 128ff.
[104] Vgl. ähnl. z.B. auch § 8 BWaldG.
[105] Vgl. zur Entwicklung der Raumordnung *Brohm,* ÖffBauR, § 2 Rn. 18.
[106] BGBl. I S. 2081, 2102; vgl. zur Entstehungsgeschichte *Runkel,* DVBl. 1996, 698 (699); *ders.,* in: Bielenberg/Erbguth/Runkel, ROG, Bd. 2, J 651 S. 1ff.
[107] Zu den wesentl. Änderungen i.Ü. *Runkel,* WiVerw 1997, 267ff.; *ders.,* NuR 1998, 449ff.; *Dolderer,* NVwZ 1998, 345ff.; *Peine,* JZ 1998, 23ff.
[108] Vgl. BT-Drs. 13/6392, S. 36; *Schliepkorte,* UVP-report 1998, 215.
[109] *BVerfG,* Urt. v. 16. 6. 1954 – 1 PBv 2/52 –, BVerfGE 3, 407 (427).
[110] Dazu auch *Breuer,* in: Schmidt-Aßmann, BesVwR, 5. Abschn. Rn. 57; *Hoppe,* VVDStRL 38 (1980), S. 211 (259); *Hartkopf/Bohne,* Umweltpolitik, Bd. 1, S. 207.

menfassende, übergeordnete Raumordnungspläne und durch Abstimmung raumbedeutsamer Planungen und Maßnahmen zu entwickeln, zu ordnen und zu sichern (§ 1 Abs. 1 S. 1 ROG).

45 Die Raumordnung findet ihre rechtlichen Grundlagen im Raumordnungsgesetz (ROG),[111] das der Bund im wesentlichen auf seine Rahmengesetzgebungskompetenz nach Art. 75 Abs. 1 Nr. 4 GG gestützt hat, und in den Landesplanungsgesetzen der Länder.[112]

a) Ebenen der Raumordnung

46 Die Raumordnung erfolgt auf der Ebene der EG (§ 18 Abs. 2 ROG), des Bundes (§ 18 Abs. 1 ROG), durch die Raumordnung in den Ländern – die Landesplanung (§ 8 ROG) – und die Regionalplanung (§ 9 ROG).

47 Eine europäische Raumordnung ist derzeit nur schwach ausgeprägt.[113] Eine Kompetenz der EG für den Bereich der Raumordnung ist bereits umstritten.[114] Gleichwohl ergreift die EG im Bereich der *Regionalpolitik,* die ihre rechtliche Grundlage in Art. 158 EGV (Art. 130a EGV i. d. F. v. Maastricht) findet, über sog. Strukturfonds gem. Art. 159 EGV (Art. 130b Abs. 1 EGV i. d. F. v. Maastricht) und Kohäsionsfonds gem. Art. 161 EGV (Art. 130d EGV i. d. F. v. Maastricht) Maßnahmen mit Bedeutung für die Raumordnung vor. Die EG hat zudem ein *Europäisches Raumentwicklungskonzept (EUREK)*[115] erarbeitet, in dem ein gesamteuropäisches Leitbild beschrieben wird und dem zumindest ein faktischer Einfluß auf die nationale Raumordnung nicht abgesprochen werden kann.[116]

48 Die Raumordnung des Bundes ist in den §§ 18ff. ROG geregelt. Gem. § 18 Abs. 1 ROG wirkt das für die Raumordnung zuständige Bundesministerium auf die Verwirklichung der Grundsätze der Raumordnung hin. Es entwickelt u. a. auf der Grundlage der Raumordnungspläne der Länder Leit-

---

[111] V. 18. 8. 1997 (BGBl. I S. 2081), zul. geänd. durch G v. 15. 12. 1997 (BGBl. I S. 2902).

[112] Baden-Württembergisches Landesplanungsgesetz i. d. F. d. Bek. v. 8. 4. 1992 (GBl. S. 229), zul. geänd. durch G v. 16. 12. 1996 (GBl. S. 776, 779); Bayerisches Landesplanungsgesetz i. d. F. d. Bek. v. 16. 9. 1997 (GVBl. S. 501); Landesplanungsgesetz und Vorschaltgesetz zum Landesentwicklungsprogramm für das Land Brandenburg v. 6. 4. 1995 (GVBl. S. 210); Hessisches Landesplanungsgesetz v. 29. 11. 1994 (GVBl. S. 707); Gesetz über die Raumordnung und Landesplanung des Landes Mecklenburg-Vorpommern v. 5. 5. 1998 (GVBl. S. 503, ber. S. 613); Niedersächsisches Gesetz über Raumordnung und Landesplanung i. d. F. v. 27. 4. 1994 (GVBl. S. 212); Nordrhein-westfälisches Landesplanungsgesetz i. d. F. v. 29. 6. 1994 (GV NW S. 474, ber. S. 702); Rheinland-pfälzisches Landesplanungsgesetz i. d. F. d. Bek. v. 8. 2. 1977 (GVBl. S. 5), zul. geänd. durch G v. 18. 7. 1996 (GVBl. S. 268); Saarländisches Landesplanungsgesetz i. d. F. d. Bek. v. 27. 4. 1994 (Amtsbl. S. 866); Gesetz zur Raumordnung und Landesplanung des Freistaates Sachsen v. 24. 6. 1992 (GVBl. S. 259), zul. geänd. durch G v. 6. 9. 1995 (GVBl. S. 285); Landesplanungsgesetz des Landes Sachsen-Anhalt v. 28. 4. 1998 (GVBl. S. 255); Schleswig-holsteinisches Gesetz über die Landesplanung i. d. F. v. 10. 2. 1996 (GVBl. S. 232); Thüringer Landesplanungsgesetz v. 17. 7. 1991 (GVBl. S. 210).

[113] *Brohm,* ÖffBauR, § 2 Rn. 21; zur Raumordnung in Europa ferner *David,* FS Lendi, S. 48ff.; *Wahl,* FS Blümel, S. 617ff.; *Spannowsky,* UPR 1998, 161ff.; *Hoppe/Deutsch,* in: Rengeling, EUDUR, Bd. 1, § 88 Rn. 22ff.; *Jarass,* DÖV 1999, 661ff.

[114] Dazu *Jarass,* DÖV 1999, 661ff.

[115] Die für Raumordnung zuständigen Minister der Europäischen Union, Europäisches Raumentwicklungskonzept, vollständiger Entwurf, Glasgow 1998, beschlossen im Mai 1999.

[116] *Jarass,* DÖV 1999, 661ff.

bilder der räumlichen Entwicklung des Bundesgebietes. Eine bundeseigene Raumordnungsplanung mit Bindungswirkung gegenüber den Ländern ist nicht vorgesehen.[117]

Ein Leitbild der räumlichen Entwicklung stellte zunächst das *Bundesraumordnungsprogramm (BROP)* dar, das zur Schaffung gleichwertiger Lebensbedingungen u. a. Vorschläge zur Verbesserung der Umweltqualität, beispielsweise die planerische Ausweisung von Vorranggebieten für Freiraumfunktionen, enthielt. Angesichts der Unverbindlichkeit und der Unbestimmtheit seiner programmatischen Aussagen ist das Bundesraumordnungsprogramm für den Umweltschutz nur von geringer Effektivität.[118] 49

Nach der Wiedervereinigung wurde 1992 ein *„raumordnungspolitischer Orientierungsrahmen"* vom Bundesministerium für Raumordnung, Bauwesen und Städtebau unter Beteiligung der Ministerkonferenz für Raumordnung erarbeitet, der das Bundesraumordnungsprogramm ersetzt oder fortgeschrieben hat.[119] Auch der raumordnungspolitische Orientierungsrahmen enthält keine konkreten planerischen Aussagen. 50

Raumordnung findet überwiegend als Raumordnung in den Ländern statt. Wichtigstes Instrument der Landesplanung sind Raumordnungspläne für das Landesgebiet (§ 8 ROG) und Regionalpläne (§ 9 ROG). 51

b) Leitvorstellungen der Raumordnung

Bei der Aufstellung von Raumordnungsplänen und der Abstimmung raumbedeutsamer Planungen und Maßnahmen sind gem. § 1 Abs. 1 S. 2 ROG die unterschiedlichen Anforderungen an den Raum aufeinander abzustimmen und die auf der jeweiligen Planungsebene auftretenden Konflikte auszugleichen (Nr. 1) und Vorsorge für einzelne Raumfunktionen und Raumnutzungen zu treffen (Nr. 2). Als Leitvorstellung der Raumordnung gilt nach § 1 Abs. 2 S. 1 ROG eine **nachhaltige Raumentwicklung.**[120] Dabei sind u. a. die natürlichen Lebensgrundlagen zu schützen und zu entwikeln (§ 1 Abs. 2 S. 2 Nr. 2 ROG) und die Gestaltungsmöglichkeiten der Raumnutzung langfristig offenzuhalten (§ 1 Abs. 2 S. 2 Nr. 4 ROG).[121] Damit weisen die Leitvorstellungen der Raumordnung auch eine umweltschützende Orientierung auf. 52

Der Begriff der Nachhaltigkeit ist im einzelnen noch nicht abschließend geklärt.[122] Ein Teil der Literatur legt den Begriff der Nachhaltigkeit in Anlehnung an Art. 2 EGV im Sinne einer wirtschaftlichen Nachhaltigkeit aus.[123] Ein anderer Teil der Literatur geht davon aus, daß es in § 1 Abs. 2 S. 1 ROG allein um die ökologische Nachhaltig- 53

[117] Vgl. BT-Drs. 13/6392, S. 79; *Battis,* ÖffBauRO, S. 21; kompetenzrechtl. wäre sie jedoch zulässig, vgl. *BVerfG,* Urt. v. 16. 6. 1954 – 1 PBv 2/52 –, BVerfGE 3, 407 (427); *Hoppe,* RuL, Rn. 73; *Haneklaus,* Raumordnung im Bundesstaat, S. 2 ff.

[118] *Ebersbach,* Landverbrauch, S. 149; krit. zum BROP auch Hoppe/Erbguth, DVBl. 1983, 1213 (1214); vgl. auch *Suderow,* Rechtsprobleme des Bundesraumordnungsprogramms, S. 1 ff.; krit. ggü. der Raumplanung als Instrument vorsorgenden Umweltschutzes SRU, Umweltgutachten 1987, BT-Drs. 11/1568, Tz. 2155.

[119] *Krautzberger,* DÖV 1992, 911.

[120] Vgl. dazu *Erbguth,* DÖV 1998, 673 ff.; *ders.,* DVBl. 1999, 1082 ff.; *Runkel,* in: Bielenberg/Erbguth/Runkel, ROG, J 630 Anm. 2.2. f.; *Battis,* ÖffBauRO, S. 30 f.

[121] Vgl. zu den Neuregelungen durch das BauROG *Runkel,* UPR 1997, 1 ff.; *ders.,* DVBl. 1996, 698 ff.; *ders.,* WiVerw 1997, 267 ff.

[122] Vgl. dazu *Schröder,* NuR 1998, 1 (2); *Callies,* DVBl. 1998, 559; *Erbguth,* DÖV 1998, 673; *ders.,* DVBl. 1999, 1082 ff.

[123] So wohl auch *Runkel,* in: Bielenberg/Erbguth/Runkel, ROG, J 630 Anm. 2.2 f.

keit gehe.[124] Nach einer weiteren Meinung ist der Begriff der nachhaltigen Raumentwicklung weiter als der der nachhaltigen städtebaulichen Entwicklung. Ihnen seien jedoch die ressourcenökonomische und ökologische Prägung gemein.[125]

c) Grundsätze der Raumordnung

54 Ebenso bedeutsam für den Umweltschutz sind die in § 2 Abs. 2 ROG geregelten Grundsätze der Raumordnung. **Grundsätze der Raumordnung** sind gem. § 3 Nr. 3 ROG allgemeine Aussagen zur Entwicklung, Ordnung und Sicherung des Raumes in oder aufgrund von § 2 ROG als Vorgaben für nachfolgende Abwägungs- oder Ermessensentscheidungen. Der Katalog der Raumordnungsgrundsätze in § 2 ROG enthält zahlreiche, mittelbar für den Umweltschutz relevante Grundsätze.

55 So ist im Gesamtraum der Bundesrepublik Deutschland eine ausgewogene Siedlungs- und Freiraumstruktur zu entwickeln und die Funktionsfähigkeit des Naturhaushalts im besiedelten und unbesiedelten Bereich ist zu sichern (§ 2 Abs. 2 Nr. 1 S. 1 und 2 ROG). Ferner ist die großräumige und übergreifende Freiraumstruktur zu erhalten und zu entwikeln und die Freiräume sind in ihrer Bedeutung für funktionsfähige Böden, für den Wasserhaushalt, die Tier- und Pflanzenwelt sowie das Klima zu sichern oder in ihrer Funktion wiederherzustellen. Wirtschaftliche und soziale Nutzungen des Freiraums sind unter Beachtung seiner ökologischen Funktion zu gewährleisten (§ 2 Abs. 2 Nr. 3 ROG). In verdichteten Räumen sind Grünbereiche als Elemente des Freiraumverbundes zu sichern und zusammenzuführen und Umweltbelastungen sind abzubauen (§ 2 Abs. 2 Nr. 5 S. 4 und 5 ROG). In sämtlichen Räumen sind die ökologischen Funktionen der ländlichen Räume auch in ihrer Bedeutung für den Gesamtraum zu erhalten (§ 2 Abs. 2 Nr. 6 S. 3 ROG). Letztlich sind die räumlichen Voraussetzungen dafür zu schaffen oder zu sichern, daß die Landwirtschaft als bäuerlich strukturierter, leistungsfähiger Wirtschaftszweig sich dem Wettbewerb entsprechend entwickeln kann und gemeinsam mit einer leistungsfähigen, nachhaltigen Forstwirtschaft dazu beiträgt, die natürlichen Lebensgrundlagen zu schützen sowie Natur und Landschaft zu pflegen und zu gestalten. Flächengebundene Landwirtschaft ist zu schützen; landwirtschaftlich und als Wald genutzte Flächen sind in ausreichendem Umfang zu erhalten. In den Teilräumen ist ein ausgewogenes Verhältnis landwirtschaftlich und als Wald genutzter Flächen anzustreben (§ 2 Abs. 2 Nr. 10 ROG).

56 Der für den Umweltschutz zentrale Grundsatz der Raumordnung ist in § 2 Abs. 2 Nr. 8 ROG geregelt. Danach sind

> „Natur und Landschaft einschließlich Gewässer und Wald zu schützen, zu pflegen und zu entwickeln. Dabei ist den Erfordernissen des Biotopverbundes Rechnung zu tragen. Die Naturgüter, insbesondere Wasser und Boden, sind sparsam und schonend in Anspruch zu nehmen; Grundwasservorkommen sind zu schützen. Beeinträchtigungen des Naturhaushalts sind auszugleichen. Bei dauerhaft nicht mehr genutzten Flächen soll der Boden in seiner Leistungsfähigkeit erhalten oder wiederhergestellt werden. Bei der Sicherung und Entwicklung der ökologischen Funktion und landschaftsbezogenen Nutzungen sind auch die jeweiligen Wechselwirkungen zu berücksichtigen. Für den vorbeugenden Hochwasserschutz ist an der Küste und im Binnenland zu sorgen, im Binnenland vor allem durch die Sicherung und durch die Rückgewinnung von Auen, Rückhalteflächen und überschwemmungsgefährdeten Bereichen. Der Schutz der Allgemeinheit vor Lärm und die Reinhaltung der Luft sind sicherzustellen."

57 Die **Bindungswirkung** an die Grundsätze der Raumordnung ist in § 4 ROG geregelt. Gem. § 4 Abs. 2 ROG sind die Grundsätze der Raumordnung von *öffentlichen Stellen* bei raumbedeutsamen Planungen und Maßnah-

---

[124] Vgl. *Erbguth,* DÖV 1998, 673 ff.

[125] *Battis,* ÖffBauRO, S. 31.

men nach § 4 Abs. 1 ROG in der Abwägung oder bei der Ermessensausübung nach Maßgabe der dafür geltenden Vorschriften zu berücksichtigen. Öffentliche Stellen sind gem. § 3 Nr. 5 ROG Behörden des Bundes und der Länder, kommunale Gebietskörperschaften, bundesunmittelbare und die der Aufsicht eines Landes unterstehenden Körperschaften, Anstalten und Stiftungen des öffentlichen Rechts. Gem. § 4 Abs. 3 ROG sind die Grundsätze der Raumordnung ebenfalls bei raumbedeutsamen Planungen und Maßnahmen, die *Personen des Privatrechts* in Wahrnehmung öffentlicher Aufgaben durchführen, unter den dort näher genannten Voraussetzungen zu berücksichtigen. Eine mittelbare Bindung Privater an die Grundsätze der Raumordnung erfolgt zudem gem. § 4 Abs. 4 ROG.

Die Grundsätze der Raumordnung sind als Abwägungsdirektiven in ihrer Wirksamkeit für den Umweltschutz dadurch eingeschränkt, daß sie im Rahmen der den planenden Behörden zustehenden **planerischen Abwägung** mit anderen, auch mit den dem Umweltschutz tendenziell entgegenstehenden Belangen abzuwägen sind (vgl. §§ 3 Nr. 3, 7 Abs. 7 S. 1 ROG). Dabei genießen weder wirtschaftliche und infrastrukturelle Förderungsziele Vorrang vor dem Umweltschutz, noch können Umweltschutzbelange eine prinzipiell stärkere Gewichtung beanspruchen. Die unterschiedlichen, konkurrierenden und potenziell konfligierenden Grundsätze der Raumordnung sind vielmehr abstrakt gleichwertig.[126] Wenngleich der Umweltschutz selbst generelles Planungsziel der räumlichen Gesamtplanung ist, scheidet ein Vorrang der Belange des Umweltschutzes nach geltendem einfachen Recht aus, wobei aber verfassungsrechtliche Einflüsse zu beachten sind.[127] 58

Einen verfassungsrechtlichen Vorrang genießt der Umweltschutz nur in einem Kernbereich, in dem das Grundrecht auf Leben und körperliche Unversehrtheit aus Art. 2 Abs. 2 S. 1 GG berührt ist.[128] Der Staatszielbestimmung Umweltschutz in Art. 20a GG wird wohl die Bedeutung eines relativen Vorranges für Umweltschutzbelange zuzuerkennen sein, mit der im Einzelfall die Abwägung zugunsten der Belange des Umweltschutzes gesteuert werden kann.[129] Dies gilt aber nur dann, wenn den übrigen Belangen nicht auch verfassungsrechtlicher Schutz zukommt, wie dies z.B. bei den grundrechtlich geschützten Belangen Privater in der Regel der Fall ist.[130] 59

d) Umweltschutz in Raumordnungsplänen

Gem. § 8 Abs. 1 S. 1 ROG ist für das Gebiet eines Landes ein zusammenfassender und übergeordneter Plan aufzustellen. Ferner sind in den Ländern, deren Gebiet die Verflechtungsbereiche mehrerer Zentraler Orte oberster Stufe umfaßt, Regionalpläne aufzustellen (§ 9 Abs. 1 S. 1 ROG). 60

Die Flächenstaaten haben mit unterschiedlicher Bezeichnung – Landesentwicklungsprogramm, Landesentwicklungsplan, Landesraumordnungsplan, Landesraumordnungsprogramm – entsprechende Gesamtpläne aufgestellt.[131] 61

---

[126] Vgl. dazu bereits oben § 7 Rn. 9.
[127] Vgl. dazu *Hoppe,* FS Scupin, S. 737 (743f.).
[128] *Weyreuther,* UPR 1991, 33 (40).
[129] So *Kloepfer,* UmweltR, § 10 Rn. 14.
[130] Vgl. dazu näher oben § 4 Rn. 32 u. § 7 Rn. 12.
[131] Vgl. z.B. nordrhein-westfälisches Gesetz zur Landesentwicklung i.d.F.d. Bek. v. 5. 10. 1989 (GV NW S. 485).

Die **Programme und Pläne der Landesplanung** bestimmen die Grundzüge der anzustrebenden räumlichen Ordnung und Entwicklung des Landes als Ziele der Raumordnung und Landesplanung.

62 Materiell-rechtlich ist die Landesplanung an die **Grundsätze der Raumordnung** des § 2 Abs. 2 ROG gebunden (§ 7 Abs. 1 S. 1 ROG). Damit ist auch im Rahmen der Landesplanung der in den Raumordnungsgrundsätzen des Bundes verankerte Schutz der Natur und Landschaft zu berücksichtigen. Die Länder können gem. § 2 Abs. 3 ROG aber auch weitere Grundsätze aufstellen, soweit diese den Leitvorstellungen und den Bundesgrundsätzen der Raumordnung nicht widersprechen. Dementsprechend haben einige Bundesländer Landesgrundsätze der Raumordnung aufgestellt, die sich ausdrücklich mit dem Umweltschutz und dem Landschaftsschutz befassen.[132]

63 Für den Umweltschutz bedeutsam sind neben den Grundsätzen der Raumordnung aber vor allem die von der Landesplanung festgelegten **Ziele der Raumordnung.**[133] Sie sind strikt bindende Planungsleitsätze, die zwar dem gebundenen Plaungsträger Konkretisierungsspielräume belassen (können), allerdings innerhalb der Zielumsetzung, die aber nicht durch Abwägung überwunden werden können.[134] Ziele der Raumordnung sind nämlich gem. § 3 Nr. 2 ROG verbindliche Vorgaben in Form von räumlich und sachlich bestimmten oder bestimmbaren, vom Träger der Landes- oder Regionalplanung abschließend abgewogenen textlichen oder zeichnerischen Festlegungen in Raumordnungsplänen zur Entwicklung, Ordnung und Sicherung des Raumes. Sie dienen dazu, die Grundsätze in konkret raumbezogene Festsetzungen für die nachfolgenden Planungsebenen der Regional- und der Bauleitplanungen sowie für die Fachplanungen umzusetzen. Die Ziele der Raumordnung haben gem. § 4 ROG eine weitreichende Bindungswirkung.[135] Sie sind gem. § 4 Abs. 1 ROG von öffentlichen Stellen bei ihren raumbedeutsamen Planungen und Maßnahmen *zu beachten.* Gleiches gilt gem. § 4 Abs. 1 S. 2 Nr. 1 und 2 ROG bei Genehmigungen, Planfeststellungen und sonstigen behördlichen Entscheidungen über die Zulässigkeit raumbedeutsamer Maßnahmen öffentlicher Stellen sowie Planfeststellungen und Genehmigungen mit Rechtswirkungen der Planfeststellung über die Zulässigkeit raumbedeutsamer Maßnahmen von Personen des Privatrechts, sowie gem. § 4 Abs. 3 S. 1 ROG bei raumbedeutsamen Planungen und Maßnahmen, die

---

[132] Vgl. Art. 2 Nr. 9–14 BayLPlG, § 3 Abs. 2 BbgLPlG, § 2 Abs. 1 LPlG MV, § 2 Ziff. 10–12 LPlG RP; vielfach erfolgt die Konkretisierung der Grundsätze auch erst in den Raumordnungs- bzw. Landesentwicklungsprogrammen der Länder, vgl. etwa Thür. Verordnung über das Landesentwicklungsprogramm Thüringen v. 10. 11. 1993 (GVBl. S. 709).

[133] Zu den Zielen der Raumordnung vgl. *Paßlick,* Ziele der Raumordnung, S. 9ff.; *Hoppe,* DVBl. 1993, 681ff.; zu allg. Zielen im LEPro NW *ders.,* NWVBl. 1998, 461ff.; vgl. auch *Goppel,* BayVBl. 1998, 289ff.; *ders.,* in: Jarass, Raumordnungsgebiete, S. 26 (28ff.); *Schulte,* NVwZ 1999, 942ff.

[134] *BVerwG,* Urt. v. 20. 1. 1984 – 4 C 43.81 –, BVerwGE 68, 311 (313f.); *Hoppe,* in: Hoppe/Schoeneberg, RuL, Rn. 786f., 789f., 806ff.

[135] Zur Beachtenspflicht der Ziele *Runkel,* ZfBR 1999, 3 (5f.); zur Bindungswirkung ggü. Privaten vgl. auch *Battis,* ÖffBauRO, S. 45f.; zu den Anforderungen an die Zielqualität vgl. *Hoppe,* NWVBl. 1998, 461ff.

Personen des Privatrechts in Wahrnehmung öffentlicher Aufgaben durchführen („Scheinprivate").[136] Hinzu kommt eine Zielbeachtungspflicht aufgrund fachgesetzlicher Grundlage wie z.B. nach § 35 Abs. 3 BauGB.[137]

Raumordnungsziele können ganz unterschiedliche umweltrelevante Regelungen enthalten. Häufig haben sie Bezug zu den Fachplanungen und sehen im Vorgriff auf oder in Übernahme von fachplanerischen Aussagen z.B. Standorte für große Kraftwerke, Abfallentsorgungsanlagen, Flughäfen (einschließlich der Lärmschutzzonen) oder Trassen für den Verkehr oder für Versorgungsleitungen vor. Häufig enthalten Zielfestlegungen auch Standortbestimmungen für regional-bedeutsame Umspannwerke, geplante Wasser- oder Gaswerke und Kläranlagen oder ähnliche nicht fachplanungsgebundene Vorhaben der Infrastruktur.[138] Umweltrelevant können außerdem die querschnittsbezogenen Aussagen der Raum- und Siedlungsstruktur sein. So können Raumordnungsziele z.B. Aussagen über besondere Flächenfunktionen treffen. Ziele der Raumordnung können Flächen darstellen, die dem Freiraumschutz dienen, insbesondere können sie regionale Grünzüge oder ökologische Vorrangbereiche ausweisen, in denen bestimmte naturbezogene Nutzungen oder ökologische Funktionen landesplanerisch gesichert werden sollen. Möglich sind z.B. landwirtschaftliche, wasserwirtschaftliche Vorrangbereiche oder solche für den Landschaftsschutz.[139] Für die Ausweisung von Raumordnungsgebieten enthält § 7 Abs. 4 ROG erstmals rahmenrechtliche Vorgaben. Danach können auch für den Umweltschutz Gebiete als Vorrang-, Vorbehalts- und Eignungsgebiete ausgewiesen werden.[140] 64

Die Grundsätze der Raumordnung werden sachlich und räumlich durch die **Regionalplanung** umgesetzt. Gem. § 6 S. 1 ROG sind die Länder auch verpflichtet, Rechtsgrundlagen für die Regionalplanung zu schaffen. Auf der Ebene der Regionalplanung werden hauptsächlich die verschiedenen Bodennutzungen und Raumfunktionen auf die Flächen verteilt und einander zugeordnet, insbesondere steht für die Regionalplanung die Ausweisung von kleinräumigen Vorranggebieten im Vordergrund.[141] 65

e) Raumordnungsverfahren

Als landesplanerisches Sicherungsmittel auch für Umweltschutzbelange dient nicht zuletzt das in § 15 ROG normierte **Raumordnungsverfahren**.[142] Gem. § 15 Abs. 1 S. 1 ROG sind raumbedeutsame Planungen und Maßnahmen in einem besonderen Verfahren untereinander und mit den Erfordernissen der Raumordnung abzustimmen (Raumordnungsverfahren). 66

---

[136] Vgl. zur Bindungswirkung gegenüber Privaten nach § 4 ROG a.F. *Roer,* Bindungswirkung der Ziele der Raumordnung, S. 26ff.; a.A. *Runkel,* Diskussion, in: Hoppe/Kauch, Raumordnungsziele nach Privatisierung öffentlicher Aufgaben, S. 106ff.; umfassend *Spieker,* Raumordnung und Private, passim.

[137] Vgl. dazu *Hoppe/Spoerr,* NVwZ 1999, 945 (946).

[138] Siehe dazu i.e. *Paßlick,* Ziele der Raumordnung, S. 26.

[139] *Paßlick,* Ziele der Raumordnung, S. 26, 123ff.; die Sicherung von Freiflächen ist aber auch eine Aufgabe der Landschaftsplanung, vgl. *VerfGH NW,* Entsch. v. 30. 10. 1987 – VerfGH 19/86 –, NuR 1988, 136; siehe auch *Appold,* Freiraumschutz durch räumliche Planung, S. 1ff.

[140] Der Zielcharakter der einzelnen Raumordnungsgebiete ist str., vgl. dazu *Schmidt,* Wirkung von Raumordnungszielen auf die Zulässigkeit privilegierter Außenbereichsvorhaben, S. 77ff.; *Lehners,* Raumordnungsgebiete, S. 37ff., 42ff., 59ff., 79ff; *Runkel,* in: Jarass, Raumordnungsgebiete, S. 7ff; *Goppel,* in: Jarass, Raumordnungsgebiete, S. 26ff.

[141] Siehe *Ebersbach,* Landverbrauch, S. 176; siehe auch *Simon,* Möglichkeiten und Grenzen der Umweltsorge durch Regionalpläne, S. 1ff.

[142] Vgl. zum Raumordnungsverfahren umfassend *Hopp,* RoV, S. 7ff.

Durch das Raumordnungsverfahren wird in einem förmlichen Verfahren festgestellt, ob ein raumrelevantes Vorhaben u.a. mit den Zielen und Grundsätzen der Raumordnung übereinstimmt. Das Raumordnungsverfahren soll auf überörtlicher Ebene eine Feinsteuerung konkret vorgesehener Planungen und Maßnahmen ermöglichen.[143] Das Raumordnungsverfahren stellt nicht selbst Ziele auf. Im Raumordnungsverfahren sind die in der Raumordnungsverordnung[144] aufgeführten raumrelevanten Vorhaben (vgl. dazu § 1 S. 2 RoV) u.a. auch an umweltschützenden Zielaussagen und Grundsätzen der Raumordnung zu messen. Im Rahmen der Raumverträglichkeitsprüfung wird die Verträglichkeit eines Vorhabens von überörtlicher Bedeutung (z.B. größere Straßenbauvorhaben, Flugplätze, Industrieanlagen) mit anderen Raumnutzungen und den umweltschützenden Erfordernissen der Raumordnung geprüft.

67 Gem. § 16 Abs. 1 ROG können im Raumordnungsverfahren die raumbedeutsamen Auswirkungen eines Vorhabens auf die in § 2 Abs. 1 S. 2 UVPG genannten Schutzgüter entsprechend dem Planungsstand des Vorhabens ermittelt, beschrieben und bewertet werden.[145] Das Gesetz zur Prüfung der Umweltverträglichkeit sieht damit die Durchführung der UVP im Raumordnungsverfahren nur fakultativ vor.[146] Wird sie durchgeführt, so kann gem. § 16 Abs. 3 UVPG die Umweltverträglichkeitsprüfung im nachfolgenden Zulassungsverfahren beschränkt werden.[147] Gem. § 12 HS 2 UVPG berücksichtigt die zuständige Behörde die Bewertung der Umweltauswirkungen bei der Entscheidung über die Zulässigkeit des Vorhabens im Hinblick auf eine wirksame Umweltvorsorge nach Maßgabe der geltenden Gesetze.

2. Umweltschutz in der Bauleitplanung

68 Die raumbezogene Gesamtplanung ist auf der **örtlichen Ebene** Aufgabe der **Bauleitplanung.**[148] Sie setzt sich zusammen aus dem *Flächennutzungsplan* und den *Bebauungsplänen* der Gemeinde (§ 1 Abs. 2 BauGB). Gem. § 1 Abs. 3 BauGB haben die Gemeinden die Bauleitpläne aufzustellen, sobald und soweit es für die städtebauliche Entwicklung und Ordnung erforderlich ist. Eine geordnete städtebauliche Entwicklung wird nicht zuletzt auch von Umweltbelangen geprägt. Erfordernisse des Umweltschutzes können deshalb eine Planungspflicht der Gemeinden auslösen.[149]

69 Die Bauleitpläne sollen gem. § 1 Abs. 5 S. 1 BauGB verschiedenen generellen **Planungszielen** dienen. Unter anderem sollen sie eine nachhaltige

---

143 Vgl. BT-Drs. 13/6392, S. 87.

144 Verordnung zu § 6a Abs. 2 des Raumordnungsgesetzes (Raumordnungsverordnung – RoV) v. 13. 12. 1990 (BGBl. I S. 2766), zul. geänd. durch G v. 18. 8. 1997 (BGBl. I S. 2081).

145 Vgl. zur UVP unten § 8 Rn. 64ff.

146 Vgl. zur UVP näher unten § 8 Rn. 99.

147 Zur UVP im Raumordnungsverfahren vgl. *Erbguth/Schink,* UVPG, § 16 Rn. 5ff.; *Wagner,* in: Hoppe, UVPG, § 16 Rn. 29ff.; *Hopp,* RoV, S. 16ff.

148 Zum neuen StädtebauR im Verhältnis zum UmweltR vgl. *Krautzberger,* NuR 1998, 455 (457ff.); *Erbguth,* VR 1999, 119ff.

149 *Söfker,* UPR 1987, 201 (202); *Stich,* ZfBR 1989, 9.

städtebauliche Entwicklung gewährleisten[150] und dazu beitragen, eine menschenwürdige Umwelt zu sichern und die natürlichen Lebensgrundlagen zu schützen und zu entwickeln. Damit übernimmt die Bauleitplanung die Aufgabe, sowohl eine Verschlechterung dieser Lebensgrundlagen zu verhindern als auch dafür zu sorgen, die natürlichen Lebensgrundlagen dort zu verbessern, wo sie bereits beeinträchtigt sind.[151]

Die allgemeinen Planungsziele werden in § 1 Abs. 5 S. 2 BauGB durch **konkrete Planungsleitlinien** der Bauleitplanung, die bei der Aufstellung der Bauleitpläne zu berücksichtigen sind, konkretisiert. Zu berücksichtigen sind neben anderen Belangen gem. § 1 Abs. 5 S. 2 Nr. 7 BauGB die Belange des Umweltschutzes, auch durch die Nutzung erneuerbarer Energien, des Naturschutzes und der Landschaftspflege, insbesondere des Naturhaushalts, des Wassers, der Luft und des Bodens einschließlich seiner Rohstoffvorkommen sowie das Klima. § 1 Abs. 5 S. 2 Nr. 7 BauGB verweist auf § 1 a BauGB. **70**

§ 1 Abs. 5 S. 3 BauGB enthält die sog. **„Umwidmungssperrklausel“.**[152] **71**
Landwirtschaftlich, als Wald oder für Wohnzwecke genutzte Flächen sollen danach nur im notwendigen Umfang für andere Nutzungsarten vorgesehen und in Anspruch genommen werden.

§ 1 Abs. 6 BauGB enthält das **bauplanungsrechtliche Abwägungsgebot.** Danach sind bei der Aufstellung der Bauleitpläne die öffentlichen und privaten Belange gegeneinander und untereinander gerecht abzuwägen. Seit der Novellierung des Baugesetzbuches zum 1. 1. 1998 sind die umweltschützenden Belange in der Abwägung eigens in § 1 a BauGB geregelt.[153] § 1 a Abs. 1 BauGB enthält die zuvor in § 1 Abs. 5 S. 3 BGB a. F. normierte **Bodenschutzklausel,** wonach mit Grund und Boden sparsam und schonend umgegangen werden soll und Bodenversiegelungen auf das notwendige Maß zu begrenzen sind. Der Bodenschutzklausel kann dadurch Rechnung getragen werden, daß je nach den örtlichen und städtebaulichen Verhältnissen anstelle der Neuausweisung von Bauflächen die Möglichkeit der innerörtlichen Entwicklung genutzt und bei Inanspruchnahme unbebauter Flächen flächensparende Bauweisen bevorzugt werden.[154] Bei der Inanspruchnahme von Flächen für städtebauliche Zwecke bedeutet schonender Umgang mit Grund und Boden im Sinne des § 1 Abs. 5 S. 3 BauGB vor allem die Nutzung von Ausgleichsmaßnahmen, z. B. durch Ausweisung von Grünflächen, von der Bebauung freizuhaltender Flächen etc.[155] **72**

Nach § 1 Abs. 5 S. 3 BauGB a. F. hatten die Bodenschutzbelange in der planerischen Abwägung ein stärkeres Gewicht als die in § 1 Abs. 5 S. 2 BauGB geregelten Planungsleitlinien beansprucht. Es hat sich in der Terminologie des *BVerwG* bei der Bodenschutzklausel um ein Optimierungsgebot gehandelt, das eine möglichst **73**

---

[150] Zum Begriff der nachhaltigen städtebaulichen Entwicklung vgl. *Lüers,* DVBl. 1998, 433 (435); *Stich,* GuG 1997, 333; *Stüer,* DVBl. 1997, 1201 (1202); *Wagner/Mitschang,* DVBl. 1997, 1137; *Schliepkorte,* UVP-report 1998, 215.

[151] Vgl. *Söfker,* UPR 1987, 201.

[152] Vgl. dazu *Gaentzsch,* BauGB, § 1 Rn. 62.

[153] Vgl. dazu *Schliepkorte,* UVP-report 1998, 215 ff.; *ders.,* ZfBR 1999, 66 ff.

[154] Vgl. BT-Drs. 10/5166, S. 1.

[155] Vgl. zur Bodenschutzklausel *Schliepkorte,* UVP-report 1998, 215 (216).

weitgehende Beachtung der Belange des Bodenschutzes forderte.[156] Trotz einer systematischen Umstellung der Bodenschutzklausel ist davon auszugehen, daß den Belangen des Bodenschutzes in der Fassung des § 1a Abs. 1 BauGB nach wie vor erhöhtes Gewicht zukommen soll.[157] Zwar handelt es sich rechtssystematisch bei § 1a BauGB um eine Konkretisierung der in § 1 Abs. 5 S. 2 Nr. 7 BauGB erwähnten Umweltbelange, die für sich keine herausgehobene Stellung beanspruchen.[158] Jedoch finden die Belange des Bodenschutzes in § 1a Abs. 1 BauGB ausdrücklich Aufnahme, so daß auch aus rechtssystematischen Gründen dem Bodenschutz in der bauleitplanerischen Abwägung ein Vorrang oder ein erhöhtes Gewicht beizumessen ist.[159]

74 Gem. § 1a Abs. 2 BauGB sind in der Abwägung nach § 1 Abs. 6 BauGB auch die Darstellungen von Landschaftsplänen und sonstigen Plänen, insbesondere des Wasser-, Kreislaufwirtschafts- und Abfallrechts sowie des Immissionsschutzrechts zu berücksichtigen. Gleiches gilt für die Vermeidung und den Ausgleich der zu erwartenden Eingriffe in Natur und Landschaft sowie die Bewertung der ermittelten und beschriebenen Auswirkungen eines Vorhabens auf die Umwelt entsprechend dem Planungsstand (Umweltverträglichkeitsprüfung), soweit im Bebauungsplanverfahren die bauplanungsrechtliche Zulässigkeit von bestimmten Vorhaben im Sinne der Anlage zu § 3 UVPG begründet werden soll.[160] Ferner sind die Erhaltungsziele oder der Schutzzweck der Gebiete von gemeinschaftlicher Bedeutung und der europäischen Vogelschutz-Richtlinie im Sinne des Bundesnaturschutzgesetzes zu berücksichtigen.

75 Schließlich sind im Baugesetzbuch für Bauleitpläne die **Kennzeichnungspflichten** für Flächen geregelt, deren Böden erheblich mit umweltgefährdenden Stoffen belastet sind (§§ 5 Abs. 3 Nr. 3, 9 Abs. 5 Nr. 3 BauGB). Mit diesen Regelungen soll verhindert werden, daß Flächen für eine Nutzung ausgewiesen werden, die mit den – auf dieser Fläche – vorhandenen *Altlasten* nicht zu vereinbaren ist. Rechnung getragen wird mit dieser Kennzeichnungspflicht außerdem der konkreten Planungsleitlinie des § 1 Abs. 5 S. 3 Nr. 1 BauGB, wonach insbesondere auch die allgemeinen Anforderungen an gesunde Wohn- und Arbeitsverhältnisse und die Sicherheit der Wohn- und Arbeitsbevölkerung zu berücksichtigen sind.[161]

a) Umweltschutz im Flächennutzungsplan

76 Im Flächennutzungsplan ist für das gesamte Gemeindegebiet die sich aus der beabsichtigten städtebaulichen Entwicklung ergebende Art der Bodennutzung nach den voraussehbaren Bedürfnissen der Gemeinde in den Grundzügen darzustellen (§ 5 Abs. 1 S. 1 BauGB). Obwohl der Flächennutzungsplan seinem vorbereitenden Charakter entsprechend keine unmittelbar nach außen wirkenden rechtsverbindlichen Festsetzungen trifft, ist er für den Umweltschutz in mehrfacher Hinsicht bedeutsam. Die Darstellungsmöglichkeiten im Flächennutzungsplan gem. § 5 Abs. 2 BauGB sind mittelbar alle

---

[156] Vgl. *BVerwG,* Urt. v. 22. 3. 1995 – 4 C 73.82 –, DVBl. 1985, 895f; *Hoppe,* DVBl. 1992, 853 (860); *Kauch,* Bodenschutz, S. 66 m. w. N.

[157] *Schink,* BauR 1998, 1163 (1166); *Mitschang,* WiVerw 1999, 54 (57); *Erbguth,* VR 1999, 119 (121); *Schrödter,* in: Schrödter, BauGB, § 1a Rn. 21.

[158] Vgl. auch *Schliepkorte,* UVP-report 1998, 215.

[159] Vgl. BT-Drs. 13/6392, S. 5; *Lüers,* ZfBR 1997, 231 (234); *Schliepkorte,* UVP-report 1998, 215 (216).

[160] Zur UVP in der Bauleitplanung vgl. *Schroer,* UVP im Bauplanungsrecht, S. 24ff.; *ders.,* DVBl. 1987, 1096 (1097); *Erbguth/Schink,* UVPG, § 2 Rn. 62; *Paßlick,* in: Hoppe, UVPG, § 17 Rn. 10ff.

[161] Vgl. dazu *Baden,* ZfBR 1988, 108; *Krautzberger,* UPR 1989, 14.

für den Umweltschutz von wesentlicher Bedeutung. Als unmittelbar umweltschützende Darstellungen können im Flächennutzungsplan insbesondere die Flächen für Nutzungsbeschränkungen oder Vorkehrungen zum Schutz gegen schädliche Umwelteinwirkungen i.S.d. § 3 Abs. 1 BImSchG (§ 5 Abs. 2 Nr. 6 BauGB) und die Flächen für die Maßnahmen zum Schutz, zur Pflege und zur Entwicklung von Natur und Landschaft (§ 5 Abs. 2 Nr. 10 BauGB) dargestellt werden. Andererseits sollen – wie bereits erwähnt – im Flächennutzungsplan u.a. die Flächen gekennzeichnet werden, deren Böden erheblich mit umweltgefährdenden Stoffen belastet sind (§ 5 Abs. 3 Nr. 3 BauGB).

Die im Flächennutzungsplan für land- oder forstwirtschaftliche Nutzung oder andere Freiraumfunktionen ausgewiesenen Flächen können nicht für eine bauliche Nutzung im Bebauungsplan vorgesehen werden, da dieser gem. § 8 Abs. 2 S. 1 BauGB aus dem Flächennutzungsplan zu entwickeln ist. **77**

Der Flächennutzungsplan kann außerdem der Abwehr umweltbelastender Inanspruchnahme des Außenbereichs dienen, weil seine Darstellungen zu den öffentlichen Belangen gehören, die der Genehmigung eines Bauvorhabens im Außenbereich gem. § 35 Abs. 3 BauGB entgegenstehen können.[162] **78**

Die Darstellungen des Flächennutzungsplans haben für die Zulässigkeit privilegierter und sonstiger Vorhaben im Außenbereich unterschiedliches Gewicht.[163] Während bei der Entscheidung über die Zulässigkeit eines sonstigen Vorhabens i.S.v. § 35 Abs. 2 BauGB im Außenbereich die Darstellungen des Flächennutzungsplans grundsätzlich zu berücksichtigen sind, ist die Darstellung im Flächennutzungsplan gegenüber privilegierten Vorhaben nur beachtlich, wenn sie eine konkrete standortbezogene Planaussage enthält. **79**

b) Umweltschutz im Bebauungsplan

Während der Flächennutzungsplan auf der ersten Stufe der örtlichen Gesamtplanung die allgemeinen Vorschriften zur städtebaulichen Entwicklung der Gemeinden für einen längeren Zeitraum enthält, hat der Bebauungsplan als zweite Planungsstufe die Funktion, das Ergebnis städtebaulicher Planungstätigkeit in rechtlich verbindlicher Form zu konkretisieren (§ 8 Abs. 1 S. 1 BauGB).[164] **80**

Auch im Bebauungsplan können zahlreiche umweltschutzrelevante Festsetzungen getroffen werden. Fast alle der in § 9 Abs. 1 BauGB genannten Festsetzungsarten sind für die Sicherung einer menschenwürdigen Umwelt von Bedeutung. Besonders wichtig sind die Möglichkeiten der Festsetzung von öffentlichen und privaten Grünflächen (§ 9 Abs. 1 Nr. 15 BauGB), von Maßnahmen zum Schutz, zur Pflege und zur Entwicklung von Boden, Natur und Landschaft (§ 9 Abs. 1 Nr. 20 BauGB), von Gebieten, in denen zum Schutz vor schädlichen Umwelteinwirkungen im Sinne des Bundes- **81**

---

[162] Vgl. *BVerwG,* Urt. v. 20. 1. 1984 – 4 C 43/81 –, NVwZ 1984, 367ff.; *dass.,* Urt. v. 22. 5. 1987 – 4 C 57/84 –, NVwZ 1988, 54; *OVG Münster,* Urt. v. 23. 5. 1984 – 7 A 1691 –, UPR 1985, 297; *VGH Mannheim,* Urt. v. 6. 8. 1985 – 55 2639/84 –, NVwZ 1986, 53; dazu auch *Ebersbach,* Landverbrauch, S. 222.

[163] Vgl. dazu *Battis/Krautzberger/Löhr,* BauGB, § 35 Rn. 54.

[164] *Hoppe,* in: Hoppe/Grotefels, ÖffBauR, § 5 Rn. 15.

Immissionsschutzgesetzes bestimmte luftverunreinigende Stoffe nicht oder nur beschränkt verwendet werden dürfen (§ 9 Abs. 1 Nr. 23 BauGB), die Möglichkeit der Festsetzung von Schutzflächen, die von der Bebauung freizuhalten sind und ihrer Nutzung, von Flächen für besondere Anlagen und Vorkehrungen zum Schutz vor schädlichen Umwelteinwirkungen im Sinne des Bundes-Immissionsschutzgesetzes und die zum Schutz vor solchen Einwirkungen oder zur Vermeidung oder Minderung solcher Einwirkungen zu treffenden baulichen und sonstigen technischen Vorkehrungen (§ 9 Abs. 1 Nr. 24 BauGB).[165] Auch im Bebauungsplan sollen nicht zuletzt die Flächen gekennzeichnet werden, deren Böden erheblich mit umweltgefährdenden Stoffen belastet sind (§ 9 Abs. 5 Nr. 3 BauGB).

II. Umweltschutz in der Fachplanung

82 Während die Gesamtplanung querschnittsorientiert die Raumansprüche und Belange koordiniert, steht bei der Fachplanung ein bestimmtes fachliches Ziel, z.B. die Verwirklichung eines raumbeanspruchenden Vorhabens oder die Verbesserung der Boden-, Luft- oder Gewässerqualität im Vordergrund.[166] Die Zielvorgaben der verschiedenen Fachplanungen müssen untereinander und mit der Gesamtplanung abgestimmt werden. Dazu dienen in formeller Hinsicht zahlreiche gesetzliche Abstimmungs-, Beteiligungs- und Informationsregelungen.[167] Die Abstimmung mit der Raumordnung erfolgt ferner in materieller Hinsicht über die sog. **Raumordnungsklauseln** der einzelnen Fachgesetze, die die Beachtung der Grundsätze und Ziele der Raumordnung vorschreiben.[168]

83 Stehen die Belange des Umweltschutzes oder einzelner Umweltmedien im Vordergrund der Planung, dann kann man die Planung als *umweltspezifische Fachplanung* bezeichnen. Bei der Fachplanung im übrigen ist der Umweltschutz allenfalls nebengeordnetes Planungsziel *(umweltrelevante Fachplanung)*.[169]

1. Umweltspezifische Fachplanung

84 Bei den umweltspezifischen Fachplanungen ist zwischen den *eigentlichen Umweltschutzplänen* und den *Schutzgebietsausweisungen* zu unterscheiden, die zumindest teilweise Planungscharakter besitzen.[170] Zu den wichtigsten umweltspezifischen Fachplanungen zählen die

---

[165] Vgl. zur Umweltrelevanz einzelner Festsetzungen ausführl. *Stich,* in: Salzwedel, Grundzüge des UmweltR, 1. Aufl., S. 185 ff.

[166] Vgl. zum FachplanungsR *Kühling,* FachplanungsR, Rn. 21 ff.; *Reinhard,* NuR 1994, 417 ff.; *Hofmann,* Die Verw. 1994, 391 ff.; *Erbguth,* NVwZ 1995, 243 ff.; *Kauch/Roer,* Bauleitplanung und Fachplanungen, S. 5 ff.; *Stüer,* HbBauFplR, Rn. 1637 ff.

[167] Vgl. z.B. § 3 Abs. 2, 3 BNatSchG, § 7 Abs. 1 S. 2 BWaldG, § 14 Abs. 3 WHG, § 5 Abs. 3 FlurbG; vgl. zur Koordinierung von Fachplanungen u. Bauleitplanung *Kauch/Roer,* Bauleitplanung und Fachplanungen, S. 42 ff., 55 ff.

[168] Siehe z.B. §§ 5 Abs. 1, 6 Abs. 3 BNatSchG, § 6 Abs. 2 BWaldG, § 13 Abs. 2 WaStrG, § 36 b Abs. 1 WHG, § 6 Abs. 2 LuftVG, § 37 Abs. 2 FlurbG; vgl. zu den Raumordnungsklauseln *Wagner,* Raumordnungsklauseln, S. 5 ff.

[169] Zur Entwicklung der RSpr. im FachplanungsR in den Jahren 1997 bis 1998 vgl. *Stüer,* DVBl. 1999, 513 ff.; ferner *Wahl/Dreier,* NVwZ 1999, 606 ff.

[170] Siehe oben § 7 Rn. 24; zu den Schutzgebieten siehe unten § 15 Rn. 106 ff.

– Landschaftsplanung,
– Luftreinhalteplanung,
– Gewässerschutzplanung und die
– Abfallwirtschaftsplanung.[171]

a) Landschaftsplanung

85 Die Landschaftsplanung ist die Fachplanung für den Bereich des Naturschutzes, der Landschaftspflege und der Erholungsvorsorge.[172] Die Landschaftsplanung hat zur Verwirklichung der Ziele des Naturschutzes und der Landschaftspflege die notwendigen Schutz-, Pflege- und Entwicklungsmaßnahmen festzusetzen.

86 Das Bundesnaturschutzgesetz sieht für die Bundesebene keine eigenständige Landschaftsplanung vor. Im übrigen geht das Gesetz, das als Rahmenrecht den Ländern allerdings einen breiten Spielraum für die materielle und verfahrensrechtliche Ausgestaltung der Landschaftsplanung einräumt, von einem dreistufigen Aufbau der Landschaftsplanung aus. Die Landschaftsplanung setzt sich nach den §§ 5, 6 BNatSchG aus

– Landschaftsprogramm,
– Landschaftsrahmenplänen und
– Landschaftsplänen

zusammen.

87 Im **Landschaftsprogramm** sollen für den Bereich eines Bundeslandes die überörtlichen Erfordernisse und Maßnahmen zur Verwirklichung der Ziele des Naturschutzes und der Landschaftspflege aufgestellt werden.

88 Die Darstellungen des Landschaftsprogrammes sollen auf regionaler Ebene durch die **Landschaftsrahmenpläne** konkretisiert werden (§ 5 Abs. 1 BNatSchG).

89 Die örtlichen Erfordernisse und Maßnahmen zur Verwirklichung der Ziele des Naturschutzes und der Landschaftspflege sind schließlich in **Landschaftsplänen** näher darzustellen, sobald und soweit dies aus Gründen des Naturschutzes und der Landschaftspflege erforderlich ist (§ 6 Abs. 1 BNatSchG).[173]

b) Luftreinhalte- und Lärmminderungsplanung

90 Zur Überwachung der Luftverunreinigung im Bundesgebiet dient die in den §§ 44ff. BImSchG geregelte Luftreinhalteplanung.[174]

91 Um den Stand und die Entwicklung der Luftverunreinigung im Bundesgebiet zu erkennen und Grundlagen für Abhilfe- und Vorsorgemaßnahmen zu gewinnen, haben die zuständigen Behörden gem. § 44 Abs. 1 BImSchG in **Belastungsgebieten** (vgl. § 44 Abs. 2 BImSchG) Art und Umfang bestimmter Immissionen in der Atmosphäre, die schädliche Umwelteinwirkungen hervorrufen können, fortlaufend festzustellen sowie die für ihre Entstehung und Ausweitung bedeutsamen Umstände zu untersuchen.

---

[171] Der behördliche Sanierungsplan nach § 18 BBodSchG kann wohl nicht als umweltschutzspezifische Fachplanung i. d. S. bezeichnet werden, da er vornehmlich der geordneten Beseitigung von Altlasten, nicht aber der vorsorgenden Bewirtschaftung des Mediums Boden dient; eine Bodenschutzplanung i. d. S. regelt das BBodSchG gerade nicht, vgl. dazu näher unten § 27 Rn. 111ff.

[172] SRU, Umweltgutachten 1987, BT-Drs. 11/1568, Tz. 380ff.; BMU, Umweltbericht 1998, BT-Drs. 13/10735, S. 111f.; *Ramsauer,* NuR 1993, 108ff.; *Gassner,* NuR 1993, 118ff.; *Uppenbrink/Rieken,* ZUR 1996, 17 (18); vgl. dazu näher unten § 15 Rn. 36ff.

[173] Zu den Plänen der Landschaftsplanung i. e. unten § 15 Rn. 47ff.

[174] Vgl. dazu *Hansmann,* in: Landmann/Rohmer, UmweltR, Bd. I, BImSchG, § 44 Rn. 6ff.; *Jarass,* BImSchG, § 44 Rn. 1ff.

92 Für die Belastungsgebiete haben die zuständigen Behörden ein Emissionskataster aufzustellen, das Angaben enthält über Art, Menge, räumliche und zeitliche Verteilung und die Austrittsbedingungen von Luftverunreinigungen bestimmter Anlagen und Fahrzeuge (§ 46 Abs. 1 S. 1 BImSchG).

93 Ergibt die Auswertung der Immissionen und die Auswertung der Emissionskataster, daß im gesamten Untersuchungsgebiet, in Teilen des Gebiets oder in einem Gebiet nach § 44 Abs. 1 S. 2 BImSchG festgesetzte Immissionswerte überschritten werden, *hat* die zuständige Behörde gem. § 47 Abs. 1 S. 1 BImSchG für dieses Gebiet einen **Luftreinhalteplan** als Sanierungsplan aufzustellen. Ferner *soll* gem. § 47 Abs. 1 S. 2 BImSchG für ein solches Gebiet ein Sanierungsplan aufgestellt werden, wenn sonstige schädliche Umwelteinwirkungen durch Luftverunreinigungen auftreten oder zu erwarten sind. Der Luftreinhalteplan enthält Feststellungen über Art und Umfang der Luftverunreinigungen und ihrer Ursachen sowie Maßnahmen zur Vermeidung von Luftverunreinigungen und zur Vorsorge (§ 47 S. 3 BImSchG). Als Maßnahmen kommen Veränderungen an Heizungssystemen in Wohnsiedlungen, Anforderungen an Roh- und Brennstoffen, an Abgasreinigung in Gewerbe und Industrie bis hin zu raumstrukturellen Maßnahmen, wie Umsiedlungen von Wohngebieten und Betriebsverlegungen in Betracht.[175]

94 Dem Schutz vor schädlichen Immissionen durch Geräusche dient die **Lärmminderungsplanung** gem. § 47a BImSchG.[176]

95 Zunächst haben die Gemeinden oder die nach Landesrecht zuständigen Behörden gem. § 47a Abs. 1 BImSchG in Gebieten, in denen schädliche Umwelteinwirkungen durch Geräusche hervorgerufen werden oder zu erwarten sind, die **Belastungen** durch die einwirkenden Geräuschquellen **zu erfassen** und ihre **Auswirkungen** auf die Umwelt **festzuhalten.** Für Wohngebiete und andere schutzwürdige Gebiete sind gem. § 47a Abs. 2 BImSchG Lärmminderungspläne aufzustellen, wenn in den Gebieten nicht nur vorübergehend schädliche Umwelteinwirkungen durch Geräusche hervorgerufen werden oder zu erwarten sind und ihre Beseitigung oder Verminderung ein abgestimmtes Vorgehen gegen verschiedenartige Lärmquellen erfordert. Lärmminderungspläne enthalten u. a. Angaben über die vorgesehenen Maßnahmen zur Lärmminderung oder zur Verhinderung des weiteren Anstiegs der Lärmbelastung.

c) Gewässerschutzplanung

96 Eine differenziert ausgestaltete Planung sieht auch das Wasserrecht vor. Zur wasserrechtlichen Planung zählen insbesondere

- wasserwirtschaftliche Rahmenpläne,
- Bewirtschaftungspläne,
- Abwasserbeseitigungspläne.

97 Der wasserwirtschaftliche **Rahmenplan** soll gem. § 36 WHG für Flußgebiete oder Wirtschaftsräume oder für Teile von solchen durch die Länder aufgestellt werden, um die für die Entwicklung der Lebens- und Wirtschaftsverhältnisse notwendigen wasserwirtschaftlichen Voraussetzungen zu sichern (§ 36 Abs. 1, Abs. 2 WHG). Der Rahmenplan soll dabei den nutzbaren Wasserschatz, die Erfordernisse des Hochwasserschutzes und die Reinhaltung der Gewässer berücksichtigen.[177]

98 Gem. § 36b Abs. 1 S. 1 WHG stellen die Länder, soweit es die Ordnung des Wasserhaushalts erfordert, **Bewirtschaftungspläne** für oberirdische Gewässer oder Gewässerteile auf, in denen gem. § 36b Abs. 3 WHG u. a. die Nutzung, der das Gewässer dienen soll, die Merkmale, die das Gewässer in seinem Verlauf aufweisen soll

---

[175] Siehe dazu *Feldhaus,* HdUR, Bd. 1, Sp. 995 (1012); vgl. zur Luftreinhalteplanung näher unten § 21 Rn. 272ff.

[176] Vgl. dazu *Jarass,* BImSchG, § 47a Rn. 2ff.; vgl. zur Lärmminderungsplanung unten § 21 Rn. 282ff.

[177] Vgl. dazu näher unten § 18 Rn. 156ff.

und die Maßnahmen, die erforderlich sind, um die festgelegten Merkmale zu erreichen oder zu erhalten, zu bestimmen sind.[178]

Schließlich stellen die Länder gem. § 18a Abs. 3 WHG nach überörtlichen Gesichtspunkten **Abwasserbeseitigungspläne** auf, in denen vor allem Standorte für bedeutsame Abwasserbeseitigungsanlagen, Grundzüge für die Abwasserbehandlung sowie die erforderlichen Maßnahmen festzulegen sind.[179] **99**

d) Abfallwirtschaftsplanung

In § 29 Abs. 1 S. 1 KrW-/AbfG ist für den überörtlichen Bereich die Aufstellung von Abfallwirtschaftsplänen durch die Länder vorgeschrieben.[180] Die Abfallwirtschaftspläne stellen die Ziele der Abfallvermeidung und Verwertung sowie die zur Sicherung der Inlandsbeseitigung erforderlichen Abfallbeseitigungsanlagen dar. Sie weisen zugelassene Abfallbeseitigungsanlagen und geeignete Flächen für Deponien sowie für sonstige Abfallbeseitigungsanlagen und damit geeignete Standorte aus (§ 29 Abs. 1 S. 2 Krw-/AbfG). Gemäß § 29 Abs. 1 S. 3 Krw-/AbfG können die Pläne bestimmen, welcher Entsorgungsträger vorgesehen ist und welcher Abfallbeseitigungsanlage sich die Beseitigungspflichtigen zu bedienen haben.[181] **100**

2. Fachplanung ohne umweltspezifische Zielsetzung

Neben den speziellen Umweltschutzplanungen gibt es eine Reihe weiterer Fachplanungen, bei denen nicht die Sicherung der Umwelt, sondern eine eher umweltbeeinträchtigende Zielsetzung im Vordergrund steht, bei denen aber gleichwohl Umweltbelange auf verschiedene Weise zu berücksichtigen sind. Zur Fachplanung ohne umweltschutzspezifische Zielsetzung zählen beispielsweise die Planung von Bundesfernstraßen, Landesstraßen, Eisenbahntrassen, Flughäfen sowie die Wasserstraßenplanung oder die Flurbereinigung.[182] **101**

Teilweise hat der Gesetzgeber die Fachplanungsträger im Rahmen der Beschreibung ihrer Aufgabenbereiche zur Berücksichtigung von Umweltbelangen verpflichtet. **102**

Beispiel: Gem. § 3 Abs. 1 S. 2 FStrG haben die Träger der Straßenbaulast nach ihrer Leistungsfähigkeit die Bundesfernstraßen in einem dem regelmäßigen Verkehrsbedürfnis genügenden Zustand zu bauen, zu unterhalten, zu erweitern oder sonst zu verbessern; dabei sind die sonstigen öffentlichen Belange einschließlich des Umweltschutzes zu berücksichtigen.

Beispiel: Gem. § 9 Abs. 2 StrWG NW sind beim Bau und bei der Unterhaltung der Straßen die allgemein anerkannten Regeln der Technik, die Belange des Umweltschutzes, des Städtebaus, . . ., angemessen zu berücksichtigen.

Teilweise wird eine verstärkte Orientierung auf den Umweltschutz auch ohne gesetzliche Änderung durch ein verändertes Verständnis von der Aufgabenstellung der Fachbehörden ermöglicht. **103**

---

[178] Vgl. dazu näher unten § 18 Rn. 163ff.
[179] Vgl. dazu näher unten § 18 Rn. 172.
[180] Vgl. zur Abfallwirtschaftsplanung *Stüer,* HbBauFPlR, Rn. 1783.
[181] Vgl. dazu näher unten § 30 Rn. 158ff.
[182] Vgl. zu nicht umweltspezifischen Fachplanungen i.Ü. *Stüer,* HbBauFPlR, Rn. 1642ff.

Beispiel: Gem. § 1 FlurbG besteht die Aufgabe der Flurbereinigung in der Neuordnung ländlichen Grundbesitzes zum Zwecke der Verbesserung der Produktions- und Arbeitsbedingungen in der Land- und Forstwirtschaft sowie zur Förderung der allgemeinen Landeskultur und der Landesentwicklung. Während man früher unter dem Begriff der „Landeskultur" allein die nachhaltige Erhöhung der Fruchtbarkeit und Ertragssicherheit landwirtschaftlicher Böden verstand, wird heute zunehmend die Berücksichtigung der ökologischen Ausgleichsfunktion des ländlichen Raumes in den Vordergrund gestellt. Der Begriff „Landeskultur" umfaßt danach neben den ökonomischen vor allem auch ökologische Aspekte, die den Bemühungen um die land- und forstwirtschaftlich genutzte und betreute Landschaft zugrundeliegt.[183]

104 Durch **Planungsleitsätze**[184] kann der Gesetzgeber außerdem zum Schutz der Umwelt Vorgaben bestimmen, die bei der öffentlichen Planung strikte Beachtung verlangen und deswegen nicht durch die planerische Abwägung überwunden werden können.

Beispiel: Gem. § 8 Abs. 2 S. 1 BNatSchG ist der Verursacher eines Eingriffs in Natur und Landschaft zu verpflichten, vermeidbare Beeinträchtigungen zu unterlassen sowie unvermeidbare Beeinträchtigungen innerhalb einer zu bestimmenden Frist durch Maßnahmen des Naturschutzes und der Landschaftspflege auszugleichen, soweit es zur Verwirklichung der Ziele des Naturschutzes und der Landschaftspflege erforderlich ist.[185]

105 Umweltbelange sind auch im Rahmen der **planerischen Abwägung** zu berücksichtigen, selbst wenn sie – anders als etwa in § 3 Abs. 1 S. 2 FStrG – nicht ausdrücklich im jeweiligen Fachplanungsgesetz geregelt sind.[186] Bei der Abwägung ist von einer Gleichgewichtigkeit der betroffenen privaten und öffentlichen Belange auszugehen.[187] Ein genereller Vorrang gegenüber anderen Interessen ist den Umweltbelangen nicht eingeräumt. Der Gesetzgeber kann jedoch – wie bereits dargestellt – durch Planungsleitsätze ebenso auf die Abwägung Einfluß nehmen wie er die Gewichtung einzelner Belange in der Abwägung durch gesetzliche Vorgaben – etwa einen relativen Vorrang oder ein Optimierungsgebot – lenken kann.[188]

3. Schutzgebietsausweisungen

106 Zu den Hauptinstrumenten des ökologischen Flächenschutzes zählt die Festsetzung von Schutzgebieten. Die Ausweisung von Schutzgebieten kann umweltspezifischen Zwecken dienen. Das gilt vor allem für die Schutzgebietsausweisungendes Naturschutzrechts, des Wasserrechts und des Immissionsschutzrechts. Daneben gibt es allerdings eine Reihe von Schutzgebieten, die keinem umweltspezifischen Schutzzweck dienen, insofern also nur mittelbar für den Umweltschutz von Belang sein können.

---

183 *Book,* Bodenschutz, S. 136; *Ebersbach,* Landverbrauch, S. 318.

184 Siehe dazu i. e. oben § 7 Rn. 10.

185 Für die Qualifizierung des § 8 Abs. 2 S. 2 BNatSchG als Planungsleitsatz *BVerwG,* Beschl. v. 30. 10. 1992 – 4 A 4/92 –, NVwZ 1993, 565 ff.; *Berkemann,* NuR 1993, 97 (100); *Schink,* DVBl. 1992, 1390 ff.; nach a. A. handelt es sich um ein Optimierungsgebot, *Schmidt-Aßmann,* HdUR, Bd. 1, Sp. 451 (455); *Ronellenfitsch,* NuR 1986, 284 (288); *VGH Kassel,* Beschl. v. 11. 7. 1988 – 2 TH 740/88 – NVwZ 1988, 1040 (1044); vgl. dazu näher unten § 15 Rn. 77 f.

186 Zur Geltung des Abwägungsgebots im FachplanungsR *BVerwG,* Urt. v. 14. 2. 1975 – IV C 21.74 –, BVerwGE 48, 56 (59).

187 Vgl. *Hoppe,* in: Hoppe/Grotefels, ÖffBauR, § 7 Rn. 7.

188 Siehe dazu bereits oben § 7 Rn. 10 f.

Beispiel: Gem. § 10 Abs. 1 FStrG können Waldungen und Gehölze längs der Bundesfernstraßen von der Straßenbaubehörde im Einvernehmen mit der nach Landesrecht für Schutzwaldungen zuständigen Behörde in einer Breite von 40 Metern, gemessen vom äußeren Rand der befestigten Fahrbahn, zu Schutzwaldungen erklärt werden. Die Zweckbestimmung dieser Ausweisung erschöpft sich darin, die Straßen und den Straßenverkehr vor nachteiligen Einwirkungen der Natur zu schützen, z.B. vor Schneeverwehungen und Steinschlag.[189]

In den Schutzgebieten gelten zur Erreichung des jeweiligen Schutzzwecks **107** zumeist zahlreiche **Unterlassungs-, Duldungs-** und **Leistungspflichten,** die insbesondere für den Grundeigentümer oder sonstigen Nutzungsberechtigten in den betroffenen Gebieten erhebliche Beeinträchtigungen darstellen können. Die in einem Schutzgebiet für Privatpersonen geltenden Verbote und Gebote dürfen deshalb nur durchgesetzt oder aufgrund gesetzlicher Ermächtigung durch Rechtsverordnung, Satzung oder Verwaltungsakte ergehen. Regelmäßig handelt es sich bei Nutzungsbeschränkungen in Schutzgebieten um Inhaltsbestimmungen des Eigentums im Sinne des Art. 14 Abs. 1 S. 2 GG, die von den Grundbesitzern entschädigungslos hinzunehmen sind.[190]

Die Festsetzung von Schutzgebieten und die Bestimmung der erforderli- **108** chen Gebote und Verbote sind in nahezu allen umweltrechtlichen Vorschriften in das Ermessen der Verwaltung gestellt.

Die Ausweisung eines Schutzgebiets muß sowohl hinsichtlich der Abgren- **109** zung des Gebiets als auch hinsichtlich der innerhalb des Gebiets geltenden Schutzanordnungen dem Bestimmtheitsgrundsatz genügen.[191] Die Grenzen des Schutzgebietes müssen deshalb im Verordnungstext selbst beschrieben werden. In der Schutzverordnung muß außerdem genau angegeben werden, welche Handlungen verboten sind oder einer Genehmigung bedürfen.[192]

Die wichtigsten Schutzgebietsarten finden sich im Naturschutzrecht, im **110** Wasserrecht und im Immissionsschutzrecht.

Die Ausweisung, Sicherung und Pflege von Schutzgebieten zählt zu den **111** klassischen Aufgaben des **Naturschutzrechts.**[193] Die Möglichkeiten des Flächenschutzes sind in den §§ 12ff. BNatSchG beschrieben. Sie enthalten allerdings kein unmittelbar verbindliches Recht, sondern lediglich Rahmenvorschriften für die Länder. Unterschutzstellungen bedürfen deshalb einer landesgesetzlichen Regelung. Gem. § 12 Abs. 1 BNatSchG können Teile von Natur und Landschaft zum

- Naturschutzgebiet,
- Nationalpark,
- Biosphärenreservat,
- Landschaftsschutzgebiet,

---

[189] Vgl. *Ebersbach,* Landverbrauch, S. 63f.

[190] *BGH,* Urt. v. 19. 9. 1996 – III ZR 82/95 –, DVBl. 1997, 45 (46); *ders.,* Urt. v. 16. 7. 1993 – III ZR 60/92 –, BGHZ 123, 242 (244f.); *BVerwG,* Beschl. v. 30. 9. 1996 – 4 NB 31 u. 32.96 –, NVwZ 1997, 887 (889f.); *Osterloh,* DVBl. 1991, 906 (912f.); *Hötzel,* AgrarR 1995, 43ff.; *Kröger/Moos,* ZfW 1997, 1 (11ff.).

[191] *BVerwG,* Urt. v. 28. 11. 1963 – I C 74.61 –, BVerwGE 17, 192; dass., Urt. v. 26. 5. 1964 – I C 182.58 –, BVerwGE 19, 7; *dass.,* Urt. v. 27. 1. 1967 – IV C 15.65 –, BVerwGE 26, 129.

[192] Vgl. dazu *Ebersbach,* Landverbrauch, S. 104ff.

[193] Siehe dazu i.e. *Soell,* in: Salzwedel, Grundzüge des UmweltR, 1. Aufl., S. 535ff.; *Ebersbach,* Landverbrauch, S. 44ff.

- Naturpark,
- Naturdenkmal oder zum
- geschützten Landschaftsbestandteil

erklärt werden.[194] Dies gilt auch, soweit es sich um die Auswahl von Gebieten von gemeinschaftlicher Bedeutung, Konzertierungsgebieten und Europäischen Vogelschutzgebieten gem. § 19a Abs. 2 BNatSchG handelt.[195]

112 Gem. § 12 Abs. 1 S. 1 BWaldG kann Wald zum **Schutzwald** erklärt werden, wenn es zur Abwehr oder Verhütung von Gefahren, erheblichen Nachteilen oder erheblichen Belästigungen für die Allgemeinheit notwendig ist, bestimmte forstliche Maßnahmen durchzuführen oder zu unterlassen. Die Erklärung zum Schutzwald kommt insbesondere in Betracht zum Schutz gegen schädliche Umwelteinwirkungen im Sinne des Bundesimmissionsschutzgesetzes, Erosion durch Wasser und Wind, Austrocknung, schädliches Abfließen von Niederschlagswasser und Lawinen (§ 12 Abs. 1 S. 2 BWaldG).[196]

113 Die Ausweisung eines **Wasserschutzgebietes** ist gem. § 19 WHG ein zentrales Instrument des Gewässerschutzes. Die Ausweisung von Wasserschutzgebieten dient dazu, ausgewählte Gebiete einer verstärkten wasserwirtschaftlichen Pflege zu unterstellen.[197] Voraussetzung der Ausweisung eines Wasserschutzgebietes ist gem. § 19 Abs. 1 WHG, daß es das Wohl der Allgemeinheit erfordert, Gewässer im Interesse der derzeit bestehenden oder künftigen öffentlichen Wasserversorgung vor nachteiligen Einwirkungen zu schützen oder das Grundwasser anzureichern oder das schädliche Abfließen von Niederschlagswasser zu verhüten. In den Wasserschutzgebieten können bestimmte Handlungen verboten oder nur für beschränkt zulässig erklärt werden und die Eigentümer von Grundstücken und Nutzungsberechtigten von Grundstücken zur Duldung bestimmter Maßnahmen verpflichtet werden (§ 19 Abs. 2 S. 1 WHG).[198]

114 § 49 Abs. 1 BImSchG ermächtigt die Landesregierungen, durch Rechtsverordnungen **schutzbedürftige Gebiete** festzulegen und für diese Gebiete Beschränkungen zum Schutz vor Luftverunreinigungen oder Geräuschen anzuordnen. Die Schutzbedürftigkeit eines Gebietes kann sich aus den bereits vorhandenen überdurchschnittlichen Belastungen, aber auch aus der tatsächlichen oder geplanten Nutzung – etwa als Erholungsgebiet – ergeben **(Schongebiete).**

115 § 49 Abs. 2 BImSchG ermächtigt außerdem zur Festlegung sogenannter **Smog-Gebiete.** Das sind Gebiete, in denen während austauscharmer Wetterlagen ein starkes Anwachsen schädlicher Umwelteinwirkungen durch Luftverunreinigungen zu befürchten ist.[199] § 49 Abs. 2 BImSchG ermächtigt weiterhin zur Anordnung zeitlich begrenzter Betriebsverbote (Nr. 1) und zu Beschränkungen des Brennstoffeinsatzes (Nr. 2). Die Gebietsfestsetzung erfolgt durch Rechtsverordnung, wobei diese die Beschränkungen allerdings

[194] Siehe dazu i. e. unten § 15 Rn. 111 ff.
[195] Vgl. dazu näher § 15 Rn. 137 ff.
[196] Siehe dazu näher unten § 16 Rn. 18 ff.
[197] *Breuer,* WasserR, Rn. 575.
[198] Vgl. dazu näher unten § 18 Rn. 173 ff.
[199] *Jarass,* BImSchG, § 49 Rn. 21.

nicht selbst festlegen muß, sondern die Behörde zu entsprechenden Anordnungen ermächtigen darf.[200]

III. Umweltverträglichkeitsprüfung für Pläne und Programme

Die Prüfung der Umweltverträglichkeit ist in §§ 15 bis 17 UVPG nur für einige wenige Pläne vorgesehen. Dies gilt etwa für die Linienbestimmung nach § 16 Abs. 1 FStrG sowie für Bebauungspläne nach § 17 UVPG. Dabei ist die Prüfung der Umweltverträglichkeit auf die bereits auf der Planungsebene erkennbaren Umweltauswirkungen des konkreten Projekts beschränkt.[201] Darüber hinaus wird eine Umweltverträglichkeitsprüfung bei Plänen zum Teil im kommunalen Bereich praktiziert.[202] **116**

In der Literatur wird die Prüfung der Umweltverträglichkeit bei Projekten zum Teil nicht als ausreichend angesehen und eine Umweltverträglichkeitsprüfung auch für Pläne und Programme gefordert.[203] **117**

Die EU-Kommission hat einen Vorschlag für eine Richtlinie des Rates über die Prüfung der Umweltauswirkungen bestimmter Pläne und Programme[204] erarbeitet und dem europäischen Rat vorgelegt.[205] Danach sollen Pläne und Programme aus den Bereichen Verkehr, Energie, Abfallbewirtschaftung, Bewirtschaftung von Wasserressourcen, Industrie, Telekommunikation und Tourismus auf ihre Umweltverträglichkeit geprüft werden.[206] Dabei kann die Plan- und Programm-UVP in bestehende oder in neu einzuführende Verfahren integriert werden (Art. 3 Plan-UVP-RL-E) und folgt – der Projekt-UVP entsprechend – einem medienübergreifenden Ansatz. Nach dem Richtlinienvorschlag legt die für die Planung oder das Programm zuständige Stelle zunächst den Umfang und den Detaillierungsgrad der Information fest, die in die von ihr zu erstellende Umwelterklärung aufzunehmen sind (Scoping). Dabei konsultiert sie die von der Entscheidung möglicherweise betroffenen Umweltbehörden (Art. 6 Plan-UVP-RL-E). Sodann erarbeitet sie die Umwelterklärung, die insbesondere eine Beschreibung des Inhalts des Plans oder Programms sowie der wichtigsten Ziele, der Umweltmerkmale beeinflußter Gebiete, der erheblichen Umweltauswirkungen des Plans oder Programms, der geprüften Alternativen, der Maßnahmen zur Vermeidung, Verringerung oder zum Ausgleich nachteiliger Umweltauswirkungen sowie eine allgemeinverständliche Zusammenfassung enthält. Gem. Art. 8 Plan-UVP-RL-E müssen die Umwelterklärung und die Stellungnahmen von der zuständigen Stelle bei der Entscheidung über den Plan oder das Programm berücksichtigt werden. Die zuständige Stelle unterliegt bei ihrer Entscheidung einer Begründungspflicht.[207] **118**

Der Kommissionsentwurf zum Umweltgesetzbuch sieht in den Vorschriften §§ 74 bis 79 UGB-KomE ebenfalls eine Umweltverträglichkeitsprüfung für Pläne und Programme vor.[208] Gem. § 75 S. 1 UGB-KomE ist eine UVP bei der Aufstellung und der wesentlichen Änderung von Abfallbeseitigungsplänen, Abfallwirtschaftsplänen, **119**

---

[200] *Jarass,* BImSchG, § 49 Rn. 24; siehe dazu näher unten § 22 Rn. 286.

[201] Vgl. zur UVP unten § 8 Rn. 64ff.

[202] Vgl. dazu Beiträge in *Otto-Zimmermann,* Umweltverträglichkeitsprüfung in der Kommunalverwaltung, passim; *Fiebig/Hühn/Rösler,* Materialien zur kommunalen Umweltverträglichkeitsprüfung, S. 11ff.

[203] Vgl. *Erbguth/Schink,* 1 L Rn. 92ff.; *Bunge,* in: Hübler, UVP bei Plänen und Programmen, S. 1 (3); BMU, UGB-KomE, S. 585.

[204] V. 25. 3. 1997 (97/C 129/08), KOM(99) 73 endg. – ABl. EG Nr. C 83, S. 13; dazu auch *Ziekow,* UPR 1999, 287ff.

[205] Vgl. hierzu *Wagner,* UVP-report 1997, 12ff.; *Feldmann,* UVP-report 1997, 9ff.

[206] Entgegen einer früheren Fassung wird die Raumordnung nicht mehr im Anwendungsbereich, sondern nur noch in der Erläuterung genannt, dazu *Ziekow,* UPR 1999, 287 (291).

[207] Vgl. dazu auch BMU, UGB-KomE, S. 584f.

[208] Vgl. BMU, UGB-KomE, S. 135ff.

Hendler, DVBl 03, 227

kommunalen Energieplänen sowie übergreifenden Energieversorgungsplänen des Bundes und der Länder, Plänen zur Verbesserung der Agrarstruktur, Programmen zur Förderung der land- und forstwirtschaftlichen Erzeugung, Investitions- und Forschungsprogrammen sowie sonstigen Programmen direkter oder indirekter Förderung erforderlich.[209] Für Raumordnungspläne, Regionalpläne und Flächennutzungspläne ersetzt gem. § 75 S. 3 die Umweltgrundlagenplanung nach § 69ff. UGB-KomE die Umweltverträglichkeitsprüfung. Das Verfahren zur Prüfung der Umweltverträglichkeit in Plänen und Programmen ist dem der UVP bei Projekten angepaßt. Zunächst legt nach § 76 UGB-KomE die für die Planung zuständige Behörde bei Plänen den Untersuchungsrahmen der UVP fest (Scoping). Nach § 77 UGB-KomE verfaßt die Planungsbehörde eine Umweltbeschreibung, die eine Beschreibung des wesentlichen Inhalts sowie der wesentlichen Ziele und Zwecke des Plans oder Programms, des Zustands der Umwelt, der zu erwartenden Umweltauswirkungen, der wichtigsten Alternativen, möglicher Maßnahmen zur Vermeidung und Minderung oder zum Ausgleich nachteiliger Umweltwirkungen, mögliche Ersatzmaßnahmen sowie eine nichttechnische Zusammenfassung enthält. Nach der Beteiligung von Umweltschutzbehörden und anerkannten Verbänden sowie einer grenzüberschreitenden Behörden- und Bürgerbeteiligung sind die Auswirkungen des Plans oder Programms auf die Umwelt und den Menschen von der Behörde auf der Grundlage einer zusammenfassenden Darstellung zu bewerten.[210] Die Behörde berücksichtigt diese Bewertung bei der Entscheidung über den Plan oder das Programm (§ 79 S. 1 und 2 UGB-KomE).[211]

---

209 Vgl. BMU, UGB-KomE, S. 135.
210 BMU, UGB-KomE, S. 136.
211 Vgl. BMU, UGB-KomE, S. 136, 586.

§ 8. Instrumente der direkten Verhaltenssteuerung

Rechtliche Instrumente der direkten Verhaltenssteuerung sind gesetzlich 1
vorgesehene Maßnahmen, mit denen das Verhalten der Steuerungsadressaten – dazu zählen natürliche und juristische Personen des Privatrechts, aber auch die juristischen Personen des öffentlichen Rechts – unmittelbar zum Schutz der Umwelt gelenkt werden soll. Während die Umweltschutzplanung häufig der Umweltvorsorge dient, gelten Instrumente der direkten Verhaltenssteuerung zumeist der Gefahrenabwehr.

Die Instrumente der direkten Verhaltenssteuerung sind vielfältig.[1] Zu 2
ihnen zählen normative Vorgaben, mit denen ein umweltfreundliches Verhalten geboten oder ein umweltbelastendes Verhalten verboten wird. Hinzu kommt ein ausgeprägtes administratives Kontrollsystem, mit dem die Einhaltung dieser umweltrechtlichen Ge- und Verbote überwacht und durchgesetzt wird.[2]

Sie erfassen aber auch zivilrechtliche Abwehr- oder Unterlassungsansprüche und 3
strafrechtliche Sanktionen. Letzteren ist jedoch gemein, daß sie erst dann eingreifen, wenn ein umweltschädliches Verhalten bereits vorliegt oder ein Umweltschaden eingetreten ist. Mithin sind sie für die Durchsetzung umweltpolitischer Zielsetzungen nur subsidiär von Bedeutung.[3]

Im Vordergrund der direkten Umweltverhaltenssteuerung stehen damit 4

- Umweltgebote und Umweltverbote (A.),
- umweltrechtliche Erlaubnisverfahren (B.),
- weitere umweltrechtliche Überwachungsinstrumente (C.) und
- repressive Verfügungen des Umweltrechts (D.).

A. Umweltgebote und Umweltverbote

Zum Schutz der Umwelt verpflichten zahlreiche umweltrechtliche Rege- 5
lungen zu einem bestimmten Tun, Dulden oder Unterlassen.

Beispiele: Gem. § 4 Abs. 1 BBodSchG hat sich jeder, der auf den Boden einwirkt, so zu verhalten, daß schädliche Bodenveränderungen nicht hervorgerufen werden. Gem. § 20c Abs. 1 BNatSchG sind Maßnahmen, die zu einer Zerstörung oder sonstigen erheblichen oder nachhaltigen Beeinträchtigung der dort aufgeführten Biotope führen können, unzulässig.

Für den Fall der **Nichtbeachtung** von Umweltgeboten und Umweltver- 6
boten sind im Umweltrecht Sanktionen, wie etwa der Verwaltungszwang, Geldbußen oder Strafen vorgesehen.

---

[1] Vgl. zu den Instrumenten der Direktsteuerung aus EG-rechtl. Sicht *Krämer,* in: Rengeling, EUDUR, Bd. I, § 15 Rn. 14ff.; zu Möglichkeiten der Deregulierung *Huber,* DVBl. 1999, 489ff.

[2] Siehe dazu *Rehbinder,* in: Salzwedel, Grundzüge des UmweltR, 2. Aufl., Kap. 04 Rn. 180ff.

[3] Siehe dazu näher oben § 2 Rn. 12ff. u. unten §§ 12, 13.

Lübbe-Wolff, NVwZ 01, 481

7 Voraussetzung des *Verwaltungszwangs* ist es regelmäßig, daß die Erfüllung von Umweltpflichten, die sich aus dem Gesetz oder einer Rechtsverordnung ergeben, von dem Verpflichteten durch Verwaltungsakt verlangt wird (vgl. § 6 Abs. 1 VwVG[4]). Notwendig ist außerdem, daß dieser Verwaltungsakt unanfechtbar ist oder sein sofortiger Vollzug angeordnet wird oder ein gegen ihn gerichtetes Rechtsmittel keine aufschiebende Wirkung hat (§ 6 Abs. 1 VwVG). Ohne vorausgehenden Verwaltungsakt kann der Verwaltungszwang nur angewendet werden, wenn der sofortige Vollzug zur Verhinderung einer rechtswidrigen Tat, die einen Straf- oder Bußgeldtatbestand verwirklicht, oder zur Abwendung einer drohenden Gefahr notwendig ist und die Behörde hierbei innerhalb ihrer gesetzlichen Befugnisse handelt (§ 6 Abs. 2 VwVG).

8 Die Verletzung von Umweltpflichten ist häufig, wie in § 61 Abs. 1 Nr. 1 KrW-/AbfG, außerdem als Ordnungswidrigkeit mit einer *Geldbuße* sanktioniert. Danach handelt ordnungswidrig, wer vorsätzlich oder fahrlässig Abfälle, die nicht verwertet werden, außerhalb einer Anlage nach § 27 Abs. 1 S. 1 KrW-/AbfG behandelt, lagert oder ablagert. Die Ordnungswidrigkeit kann gem. § 61 Abs. 3 KrW-/AbfG mit einer Geldbuße bis 100 000,– DM geahndet werden.[5]

9 Die schwersten Sanktionen für die Verletzung umweltrechtlicher Pflichten sind die *Strafen,* die u. a. bei Erfüllung der Straftatbestände des 28. Abschnitts des Strafgesetzbuchs vorgesehen sind.[6]

10 Nach der **Form** des geforderten Verhaltens lassen sich Leistungs-, Duldungs- und Unterlassungspflichten unterscheiden.

I. Leistungspflichten

11 Die umweltrechtlichen Leistungspflichten sind vielfältig.[7] Dazu zählen vornehmlich allgemeine oder spezielle Handlungspflichten.

12 Soweit auch **Geldleistungen** als umweltrechtliche Gebote beispielsweise im Rahmen der Umwelthaftung zum Ausgleich von Umweltschäden oder als Ausgleichsabgaben in Betracht kommen, die von dem Verursacher einer erheblichen Belastung oder bei einer Inanspruchnahme der natürlichen Umwelt zu zahlen sind, tragen diese allenfalls mittelbar zur Vermeidung oder Beseitigung von Umweltschäden bei. Sie sollen wegen ihrer Zugehörigkeit zum Umweltprivatrecht in diesem Zusammenhang dargestellt werden.[8]

13 **Allgemeine Handlungspflichten** sind zahlreichen Umweltgesetzen vorangestellt. Sie regeln Verpflichtungen zum umweltfreundlichen Verhalten, die zumeist sehr unbestimmt und allgemein formuliert sind, so daß sie kaum selbständig durchsetzbar und deshalb nur von sehr eingeschränkter eigenständiger Wirkung sind.

Beispiel: Gem. § 1 a Abs. 2 WHG ist jedermann verpflichtet, bei Maßnahmen, mit denen Einwirkungen auf ein Gewässer verbunden sein können, die nach den Umständen erforderliche Sorgfalt anzuwenden, um eine Verunreinigung des Wassers oder eine sonstige nachteilige Veränderung seiner Eigenschaften zu verhüten.

14 Ferner sind in verschiedenen Umweltgesetzen **spezielle Handlungspflichten** geregelt.

---

[4] Verwaltungs-Vollstreckungsgesetz (VwVG) v. 27. 4. 1953 (BGBl. I S. 157), zul. geänd. durch G v. 17. 12. 1997 (BGBl. I S. 3039).

[5] Vgl. zu ordnungswidrigkeitenrechtl. Sanktionen im UmweltR näher unten § 13 Rn. 38 f.

[6] Vgl. zu strafrechtl. Sanktionen im UmweltR näher unten § 13 Rn. 2 ff.

[7] Vgl. zu Systematisierungsversuchen *Kloepfer,* UmweltR, § 5 Rn. 133 ff.

[8] Siehe dazu unten § 12 Rn. 41 ff.

Beispiel: Gem. § 29 Abs. 1 S. 1 WHG obliegt die Unterhaltung von Gewässern, soweit sie nicht Aufgabe von Gebietskörperschaften, von Wasser- und Bodenverbänden oder gemeindlichen Zweckverbänden ist, den Eigentümern der Gewässer, den Anliegern und denjenigen Eigentümern von Grundstücken und Anlagen, die aus der Unterhaltung Vorteile haben oder die die Unterhaltung erschweren (Unterhaltungspflicht).

Beispiel: Gem. § 8 Abs. 2 S. 1 BNatSchG ist der Verursacher eines Eingriffs in Natur und Landschaft verpflichtet, unvermeidbare Beeinträchtigungen von Natur und Landschaft durch Maßnahmen des Naturschutzes und der Landschaftspflege innerhalb einer bestimmten Frist auszugleichen, soweit es zur Verwirklichung der Ziele des Naturschutzes und der Landschaftspflege erforderlich ist (Ausgleichspflicht).

Beispiel: Gem. § 11 Abs. 1 BNatSchG können im besiedelten Bereich Eigentümer oder Nutzungsberechtigte, die ein Grundstück nicht ordnungsgemäß instandhalten, zur Pflege des Grundstückes verpflichtet werden, sofern die Belange des Naturschutzes und der Landschaftspflege erheblich und nachhaltig beeinträchtigt werden und die Pflege des Grundstücks angemessen und zumutbar ist (Pflegepflicht).[9]

Beispiel: Gem. § 11 S. 2 BWaldG ist durch Landesgesetz mindestens die Verpflichtung für alle Waldbesitzer zu regeln, kahlgeschlagene Waldflächen oder vernichtete Waldbestände in angemessener Frist wieder aufzuforsten oder zu ergänzen, soweit die natürliche Wiederbestockung unvollständig bleibt, falls nicht die Umwandlung in eine andere Nutzungsart genehmigt worden oder sonst zulässig ist (Rekultivierungspflicht).

II. Duldungspflichten

Umweltrechtliche Duldungspflichten können *zivilrechtlich* zwischen Privatrechtssubjekten bestehen. Sie können aber auch aus *öffentlich-rechtlichen* Regelungen folgen. **15**

Eine **privatrechtliche Duldungspflicht** ist in § 906 BGB geregelt. Nach § 906 Abs. 1 BGB hat der Eigentümer eines Grundstücks die Zuführung von Gasen, Dämpfen, Gerüchen, Rauch, Ruß, Wärme, Geräusch, Erschütterungen u. ä. von einem anderen Grundstück ausgehende Einwirkungen zu dulden, wenn die Einwirkung die Benutzung seines Grundstücks nicht oder nur unwesentlich beeinträchtigt. Gem. § 906 Abs. 2 S. 1 BGB gilt das gleiche, soweit eine wesentliche Beeinträchtigung durch eine ortsübliche Benutzung des anderen Grundstücks herbeigeführt wird und nicht durch Maßnahmen verhindert werden kann, die Benutzern dieser Art wirtschaftlich zumutbar sind.[10] **16**

Öffentlich-rechtliche Duldungspflichten können unmittelbar durch Gesetz, aber auch durch untergesetzliche Rechtsvorschriften, etwa in einer Rechtsverordnung bei Schutzgebietsausweisungen, begründet werden.[11] **17**

Beispiel: Gem. § 14 Abs. 1 S. 1 BWaldG ist das Betreten des Waldes zum Zwecke der Erholung gestattet; der Waldeigentümer wird somit zur Duldung der Erholungssuchenden in seinem Wald verpflichtet.

Beispiel: Gem. § 10 Abs. 1 BNatSchG können die Länder bestimmen, daß Eigentümer und Nutzungsberechtigte von Grundflächen Maßnahmen des Naturschutzes und der Landschaftspflege auf Grund oder im Rahmen des Bundesnaturschutzgesetzes erlassener Rechtsvorschriften zu dulden haben, soweit dadurch die Nutzung der Grundfläche nicht unzumutbar beeinträchtigt wird.

---

[9] Vgl. dazu *Ebersbach,* HdUR, Bd. 2, Sp. 1620 ff.
[10] Siehe dazu näher unten § 12 Rn. 24 ff.
[11] Siehe dazu *Erbguth,* HdUR, Bd. 1, Sp. 418 ff.

18 Öffentlich-rechtliche Duldungspflichten sind die Kehrseite staatlicher Eingriffsrechte.[12] Bei Verwaltungsakten mit Drittwirkung ergeben sich Duldungspflichten bereits aus der Bestandskraft eines solchen Hoheitsaktes. Der Dritte kann sich auf ihn schützende Vorschriften des Umweltrechtes nicht mehr berufen, wenn er den Eintritt der Bestandskraft des Verwaltungsaktes nicht zuvor durch Einlegung eines Rechtsbehelfes verhindert hat. Daneben ergibt sich bei zahlreichen hoheitlichen Zulassungsentscheidungen – dazu gehören Planfeststellungsbeschlüsse und Genehmigungstatbestände – eine Duldungspflicht aus ihrer privatrechtsgestaltenden Wirkung.[13]

Beispiele: So werden privatrechtliche, nicht auf besonderen Titeln beruhende Ansprüche zur Abwehr benachteiligender Einwirkungen von einem Grundstück auf ein benachbartes Grundstück gem. § 14 S. 1 BImSchG durch die immissionsschutzrechtliche Genehmigung ausgeschlossen. Diese privatrechtsgestaltende Wirkung gilt auch bei atom- und luftverkehrsrechtlichen Genehmigungen sowie bei der wasserrechtlichen Bewilligung.[14] Privatrechtsgestaltende Wirkungen haben außerdem Planfeststellungsbeschlüsse.[15]

III. Unterlassungspflichten

19 Die weitestgehende Wirkung für den Umweltschutz kommt indes den in zahlreichen umweltrechtlichen Vorschriften vorgesehenen Unterlassungspflichten zu, die ein bestimmtes umweltgefährdendes Handeln verbieten. Regelungen dieser Art tragen meist der Schwere der Umweltbeeinträchtigung Rechnung.

Beispiel: Gem. § 13 Abs. 2 BNatSchG sind Handlungen, die zu einer Zerstörung, Beschädigung oder Veränderung eines Naturschutzgebietes oder seiner Bestandteile oder zu einer nachhaltigen Störung führen können, nach Maßgabe näherer Bestimmungen verboten.

Beispiel: Gem. § 20f Abs. 1 Nr. 1 BNatSchG ist es verboten, wildlebenden Tieren der besonders geschützten Arten nachzustellen, sie zu fangen, zu verletzen, zu töten oder ihre Entwicklungsformen, Nist-, Brut-, Wohn- oder Zufluchtstätten der Natur zu entnehmen, zu beschädigen oder zu zerstören.

20 Eine Verpflichtung zur Unterlassung umweltgefährdender Handlungen setzt häufig erst dann ein, wenn bestimmte Umweltstandards, die in Immissions- und Emissionsnormen sowie in Bauart- und Betriebs- oder Produktnormen enthalten sein können, überschritten werden.[16]

21 Verbote, mit denen der Adressat zur Unterlassung eines umweltgefährdenden Handelns verpflichtet wird, gelten häufig allerdings nicht uneingeschränkt. In den Umweltgesetzen ist oft die Möglichkeit einer Befreiung oder eines Dispenses vorgesehen.

Beispiel: Gem. § 31 Abs. 1 Nr. 1a BNatSchG kann von den naturschutzrechtlichen Geboten und Verboten auf Antrag Befreiung gewährt werden, wenn die Durchfüh-

---

[12] Siehe *Stelkens,* NuR 1983, 261 (262); *Erbguth,* HdUR, Bd. 1, Sp. 418 (420).
[13] Vgl. dazu näher unten § 12 Rn. 30ff.
[14] Vgl. § 7 Abs. 6 AtG, § 11 LuftVG, §§ 8 Abs. 3 u. 4, 11 WHG i.V.m. dem jeweiligen LandesR.
[15] Vgl. § 17 Abs. 4 S. 1 FStrG, § 11 Abs. 1 S. 1 WHG, §§ 29 Abs. 4, 4 Abs. 2 PBefG, § 21 WaStrG u. § 75 Abs. 2 S. 1 VwVfG.
[16] Siehe zu den Umweltstandards ausführl. oben § 5 Rn. 1ff.

rung der Verbote im Einzelfall zu einer nicht beabsichtigten Härte führen würde und die Abweichung mit den Belangen des Naturschutzes und der Landschaftspflege zu vereinbaren ist.

Teilweise hat der Betroffene dabei einen Anspruch auf Erteilung einer Erlaubnis, wenn bestimmte gesetzliche Voraussetzungen erfüllt sind. Diese gebundenen Erlaubnisse nennt man **Kontrollerlaubnisse.**[17] Verbote dieser Art sollen nur eine Präventivkontrolle ermöglichen. Teilweise besteht auf die Erteilung der Genehmigung kein Anspruch – wie etwa bei § 31 BNatSchG –, auch in diesen Fällen kann bei Vorliegen bestimmter Voraussetzungen eine Befreiung von dem Verbot erteilt werden. Die Befreiung steht dann im Ermessen der Behörde. In diesem Fall spricht man von einem **repressiven Verbot mit Befreiungsvorbehalt** oder einfacher von einer Ausnahmebewilligung.[18] 22

B. Umweltrechtliche Eröffnungskontrollen

Die Einhaltung der materiell-rechtlichen Gebote und Verbote zum Schutz der Umwelt wird mit Hilfe eines umfassenden administrativen Kontrollsystems überwacht. Dazu zählen u. a. die Eröffnungskontrollen, die der Vornahme umweltrelevanter Handlungen vorgeschaltet sind. Zu den Eröffnungskontrollen zählen die *Anzeige-* und *Anmeldepflichten* und die *Erlaubnisvorbehalte.* 23

I. Anzeige- und Anmeldepflichten

Der Eröffnungskontrolle dienen zahlreiche Anzeige- und Anmeldungspflichten.[19] Anzeige- und Anmeldepflichten lassen sich in der Regel durch die Anforderungen unterscheiden, die an die Mitteilung gegenüber der Behörde gestellt werden. 24

Anzeigepflichten sollen die zuständigen Behörden über potentiell umwelt- oder gesundheitsgefährdende Tatsachen in Kenntnis zu setzen, damit Maßnahmen zur Gefahrenabwehr geprüft werden können.[20] Anzeigepflichten sind u. a. im Gentechnikrecht, im Kreislaufwirtschafts- und Abfallrecht, im Immissionsschutzrecht[21] und im Wasserrecht[22] normiert. 25

Beispiel: Gem. § 9 Abs. 3 GenTG ist der zuständigen Behörde anzuzeigen, wenn eine bereits angemeldete oder genehmigte gentechnische Arbeit der Sicherheitsstufe 2 zu Forschungszwecken in einer anderen genehmigten gentechnischen Anlage desselben Betreibers, in der entsprechende Arbeiten durchgeführt werden dürfen, durchgeführt werden soll.

Beispiel: Gem. § 36 Abs. 1 S. 1 KrW-/AbfG hat der Inhaber einer Deponie ihre beabsichtigte Stillegung unverzüglich anzuzeigen.

---

[17] Siehe dazu näher unten § 8 Rn. 39f.
[18] Vgl. dazu näher unten § 8 Rn. 41ff.
[19] In der Lit. werden die Anmeldepflichten nicht immer als eigenständige Form der Eröffnungskontrolle unterschieden, vgl. *Kloepfer,* UmweltR, § 5 Rn. 38ff.
[20] Siehe dazu ausführl. *Fritz,* HdUR, Bd. 1, Sp. 137ff.
[21] Vgl. § 15 Abs. 1 BImSchG.
[22] Vgl. § 17a WHG.

26 An die bloße Anzeige sind dabei keine weiteren Anforderungen gestellt. Sie dient der Behörde lediglich zur Information ohne unmittelbare Rechtsfolgen. Ihre Verletzung wird als Ordnungswidrigkeit geahndet, rechtfertigt jedoch nicht die Untersagung des anzuzeigenden Vorhabens.[23]

27 Die **Anmeldepflichten** sind in den umweltrechtlichen Gesetzen in der Regel mit der Vorlage weiterer Unterlagen verbunden. Anmeldepflichten haben dabei eine erlaubnisersetzende Funktion. Der Gesetzgeber gibt den Anmeldeverfahren häufig den Vorzug, weil sie gegenüber den Erlaubnisverfahren einfacher und praktikabler und damit für den Betroffenen als weniger belastend erscheinen.

Beispiel: Gem. § 8 Abs. 2 GenTG sind die Errichtung und der Betrieb gentechnischer Anlagen, in denen gentechnische Arbeiten der Sicherheitsstufe 1 durchgeführt werden sollen, und die vorgesehenen gentechnischen Arbeiten, der zuständigen Behörde vor dem beabsichtigten Beginn der Errichtung oder, falls die Anlage bereits errichtet ist, vor dem beabsichtigten Beginn des Betriebes anzumelden.

Beispiel: Gem. § 4 Abs. 1 ChemG sind neue Stoffe, die als solche oder als Bestandteil einer Zubereitung in den Verkehr gebracht werden sollen, vom Hersteller oder Einführer bei einer zentralen Anmeldestelle unter Vorlage von Prüfnachweisen anzumelden, wenn sie gewerbsmäßig oder im Rahmen sonstiger wirtschaftlicher Unternehmungen in größeren Mengen als je 10 kg jährlich je Hersteller (§ 5 Abs. 1 Nr. 4 ChemG) in den Mitgliedstaaten der EG und den anderen Vertragsstaaten des Abkommens über den Europäischen Wirtschaftsraum in den Verkehr gebracht werden sollen.

28 Diese Vorhaben werden mit dem Anmeldeverfahren einem vereinfachten Verfahren unterworfen (vgl. § 12 GenTG, § 8 ChemG[24]). Die Gründe für das vereinfachte Verfahren sind vielfältig.[25] Im Gentechnikrecht steht im Vordergrund, daß die anmeldepflichtigen Vorhaben ein geringeres Gefährdungspotential aufweisen oder bereits ein anlagenbezogenes Genehmigungsverfahren durchlaufen haben. Im Chemikalienrecht hat der Gesetzgeber wegen der fehlenden Kontrollkapazitäten und um die Innovationskraft der chemischen Industrie nicht unnötig zu beeinträchtigen, auf die Einführung eines Erlaubnisverfahrens verzichtet.[26]

II. Erlaubnisvorbehalte

29 Die wohl effektivsten Instrumente des administrativen Kontrollsystems sind die umweltrechtlichen Erlaubnisvorbehalte.

30 Statt von Erlaubnis wird häufig auch von Genehmigung, Bewilligung, Gestattung, Zulassung, Konzession, Verleihung, Ausnahme oder Befreiung gesprochen. Der Sache nach handelt es sich jedoch stets um einen Erlaubnisvorbehalt; der unterschiedlichen Begriffswahl entspricht nicht immer auch ein unterschiedlicher Regelungsgehalt.[27]

---

[23] *Locher,* in: Jarass, WiVwR, § 15 Rn. 12.

[24] Wegen der umfangreichen Prüf- u. Nachweispflichten wird die Anmeldepflicht nach dem ChemG z. T. als qualifizierte Anzeigepflicht bezeichnet, vgl. *Kloepfer,* UmweltR, § 5 Rn. 38.

[25] Vgl. dazu *Breuer,* in: Schmidt-Aßmann, BesVwR, 5. Abschn. Rn. 71.

[26] Näher *Peine,* Jura 1993, 337 (340); *Kloepfer,* UmweltR, § 17 Rn. 23; *Rehbinder,* in: Salzwedel, Grundzüge des UmweltR, 2. Aufl., Kap. 13 Rn. 11.

[27] Siehe dazu *Tünnesen-Harmes,* in: Jarass, WiVwR, § 9 Rn. 2 f.; *Henke,* DVBl. 1983, 982 (986 f.).

Erlaubnisvorbehalte können an verschiedenen Sachverhalten anknüpfen. So wird z. B. bei der immissionsschutzrechtlichen und der atomrechtlichen Genehmigung die Errichtung und der Betrieb umweltbelastender Anlagen für erlaubnispflichtig erklärt.[28] Genehmigungspflichtig kann aber auch die Nutzung oder Nutzungsänderung eines Umweltmediums, etwa von Gewässern oder des Waldes, sein.[29] Ferner kann die Erlaubnispflicht an bestimmte umweltgefährdende Tätigkeiten, etwa die Arbeit mit gentechnisch veränderten Organismen, anknüpfen.[30] Nicht zuletzt beziehen sich zahlreiche Erlaubnisse auf das Inverkehrbringen bestimmter Produkte, z. B. Arzneimittel, Sprengstoffe oder gentechnisch veränderte Organismen.[31] **31**

Die Erlaubnisvorbehalte können als Realkonzessionen, als Personalkonzessionen oder als eine Kombination beider Formen ausgestaltet sein.[32] **Realkonzessionen** zeichnen sich dadurch aus, daß sie auf die Anlage und nicht auf die Person des Antragstellers bezogen sind.[33] Ihre Wirksamkeit wird durch den Wechsel in der Person des Betreibers nicht beeinträchtigt. Demgegenüber ist die **Personalkonzession** eine individuelle Erlaubnis, die an die persönlichen Eigenschaften oder Fähigkeiten des Erlaubnisinhabers geknüpft ist.[34] Die umweltrechtlichen Gesetze sehen jedoch häufig eine Kombination beider Konzessionen dergestalt vor, daß die Genehmigung nicht rein sachbezogen ist, sondern auch eine personenbezogene Anknüpfung enthält.[35] Bei einem Betreiberwechsel bedarf es in diesen Fällen einer Änderungsgenehmigung. **32**

Mit Hilfe von Erlaubnisverfahren kann die Verwaltung präventiv kontrollieren, ob das beantragte Vorhaben mit den materiell-rechtlichen Vorgaben des Umweltrechts zu vereinbaren ist. Derartige Kontrollverfahren sind, unabhängig von ihrer verfahrensrechtlichen Ausgestaltung im einzelnen, eine zeitliche und formelle Belastung für den Antragsteller. Sie sind deshalb tendenziell geeignet, dessen allgemeine Handlungsfreiheit gem. Art. 2 Abs. 1 GG einzuschränken.[36] Sie sind darum nur zulässig, wenn gewichtige Gefahren oder Belange des Allgemeinwohls vorliegen, die eine solche Einschränkung der allgemeinen Handlungsfreiheit rechtfertigen können.[37] **33**

1. Erlaubnisarten

Zu den umweltrechtlichen Erlaubnisarten zählen die Genehmigungsentscheidungen und die Planfeststellungen.[38] Bei den Genehmigungsentscheidungen ist idealtypisch das *präventive* Verbot mit *Erlaubnisvorbehalt* und das *repressive* Verbot mit *Befreiungsvorbehalt* zu unterscheiden. Einfacher ausge- **34**

[28] Vgl. §§ 4ff. BImSchG, § 7 AtG.
[29] §§ 7ff. WHG, § 9 BWaldG.
[30] § 10 Abs. 2 GenTG.
[31] Vgl. §§ 21ff. AMG, § 5 SprengG, § 16 Abs. 2 GenTG.
[32] Vgl. dazu grundl. *Badura,* in: Schmidt-Aßmann, AllgVwR, 3. Abschn. Rn. 132.
[33] Vgl. etwa §§ 4ff. BImSchG, §§ 7, 8 WHG; zur Realkonzession ausführl. *Fluck,* DVBl. 1999, 496ff.
[34] Vgl. §§ 49, 50 KrW-/AbfG.
[35] Vgl. etwa § 7 AtG, §§ 8, 13 GenTG.
[36] *Wahl,* HdUR, Bd. 1, Sp. 528ff.
[37] *Wahl,* HdUR, Bd. 1, Sp. 528; BVerfG, Urt. v. 5. 8. 1966 – 1 BvF 1/61 –, BVerfGE 20, 150 (154).
[38] *Tünnesen-Harmes,* in: Jarass, WiVwR, § 13 Rn. 4.

drückt wird das präventive Verbot zunehmend auch als Kontrollerlaubnis und das repressive Verbot als Ausnahmebewilligung bezeichnet.[39]

35 In der Literatur wird auch unter dem Aspekt der Beschleunigung von Verfahren eine Vereinheitlichung des Zulassungsrechts gefordert.[40] Dies geht soweit, daß vorgeschlagen wird, alle raumbedeutsamen Vorhaben, die bisher genehmigungs- oder planfeststellungspflichtig sind, einer „integrierten Vorhabengenehmigung" zu unterstellen.[41]

36 Der **Professorenentwurf** eines Allgemeinen Teils zum Umweltgesetzbuch hält eine einheitliche Kodifikation des Zulassungsrechts wegen der verschiedenen Ansätze für die Prüfung und Einbindung von umweltspezifischen Belangen nicht für möglich.[42] Er überläßt die Regelung der unterschiedlichen Zulassungsarten dem Besonderen Teil und sieht in §§ 52ff. UGB-AT-E als allgemeinen Typus die Umweltbewilligung vor, die nicht unmittelbar gilt, sondern nur dann, wenn sie im Besonderen Teil ausdrücklich in Bezug genommen wird.[43]

37 Demgegenüber sieht der **Kommissionsentwurf** zum Umweltgesetzbuch für die Zulassung von in § 81 UGB-KomE aufgeführten umweltrelevanten Vorhaben in §§ 80ff. UGB-KomE den Zulassungstyp der Vorhabengenehmigung vor.[44] Die Vorhabengenehmigung soll sich insbesondere durch ihre Integrationswirkung im Bereich des Umweltschutzes auszeichnen. Mit ihr sollen sowohl die EG-rechtlichen Vorgaben der UVP-Änderungsrichtlinie[45] als auch der IPPC-Richtlinie[46] umgesetzt werden.[47] Soweit es auf Grund von Unterschieden bei den zu erwartenden Umweltauswirkungen erforderlich ist, werden drei Varianten der Vorhabengenehmigung unterschieden: die gebundene (vgl. §§ 83 ff. UGB-KomE), die planerische (vgl. §§ 101ff. UGB-KomE) und die einfache Vorhabengenehmigung (§§ 109f. UGB-KomE), deren materielle und verfahrensmäßige Anforderungen weitgehend angepaßt werden sollen.[48]

38 Der **Arbeitsentwurf** zum Umweltgesetzbuch I orientiert sich in § V 4 bis 33 UGB-I-E weitgehend an den Vorstellungen des Kommissionsentwurfs. Er übernimmt im Allgemeinen Teil die drei Varianten der Vorhabengenehmigung, wobei die dritte Variante als vereinfachtes Verfahren bezeichnet wird.[49] Im Besonderen Teil wird die Anwendbarkeit der Zulassungsvorschriften für Industrieanlagen, Abfalldeponien und Leitungsanlagen geregelt. Der Gewässerausbau und kerntechnische Anlagen sollen zunächst nicht einbezogen werden.[50]

a) Kontrollerlaubnis

39 Mit der Kontrollerlaubnis soll eine präventive verwaltungsmäßige Prüfung ermöglicht werden, ob ein grundsätzlich erwünschtes Vorhaben im Einzelfall ausnahmsweise gegen materiellrechtliche Vorschriften verstößt. Formell ist die Kontrollerlaubnis ein begünstigender Verwaltungsakt, weil sie das bestehende Verbot, das Vorhaben ohne Erlaubnis durchzuführen, im konkre-

---

[39] Vgl. dazu näher *Maurer,* AllgVwR, § 9 Rn. 50ff.; *Wahl,* HdUR, Bd. 1, Sp. 528f.

[40] Vgl. BMU, Berichte des UBA 6/94, S. 28ff.; vgl. zur Beschleunigungsdiskussion auch BMU, UGB-KomE, S. 606ff.

[41] *Bohne,* in: Rengeling, Integrierter und betrieblicher Umweltschutz, S. 105ff.

[42] *Kloepfer/u. a.,* UGB-AT-E, S. 263ff.

[43] *Kloepfer/u. a.,* UGB-AT-E, S. 59f., 263f.

[44] Vgl. BMU, UGB-KomE, S. 137ff., 614ff.

[45] Vgl. dazu ausführl. unten § 8 Rn. 67f.

[46] Vgl. dazu ausführl. unten § 20 Rn. 20ff.

[47] BMU, UGB-KomE, S. 619, 621f.

[48] BMU, UGB-KomE, S. 138ff., 147ff., 150f., 614ff.

[49] Vgl. dazu Arbeitsentwurf des BMU für ein UGB-I v. 23. 4. 1999, Begründung zum UGB-I-E, S. 5ff.

[50] Vgl. dazu Arbeitsentwurf des BMU für ein UGB-I v. 23. 4. 1999, Begründung zum UGB-I-E, S. 35.

ten Fall aufhebt. Materiell dagegen gewährt die Kontrollerlaubnis dem Antragsteller nur das, was ihm grundrechtlich ohnehin zusteht. Soweit die Kontrollerlaubnis lediglich einen verfassungsrechtlichen Anspruch des Antragstellers bestätigt, kann sie nur eine gebundene Entscheidung der Verwaltung sein.[51] Hat der Antragsteller einen grundrechtlichen Anspruch auf Erteilung der Kontrollerlaubnis, so stellt die Ablehnung der Erlaubnis einen Eingriff in die Grundrechte des Antragstellers dar. Sie muß daher den gesetzlichen Bindungen für die Eingriffsverwaltung unterliegen. Die Nichterteilung einer Kontrollerlaubnis kann außerdem einen Entschädigungsanspruch im Sinne des Enteignungsrechtes auslösen. Wird ein Vorhaben ohne die notwendige Kontrollerlaubnis durchgeführt, so kann die Behörde zwar die Einstellung des formell illegalen Betriebs erzwingen, eine Beseitigung des bereits verwirklichten Vorhabens kann sie jedoch nicht verlangen, wenn auf die Durchführung ein materiell-rechtlicher Anspruch besteht. Schließlich hat die Annahme eines grundrechtlichen Anspruches auf Erteilung der Kontrollerlaubnis auch Konsequenzen für die objektive Beweislast. Besteht ein grundrechtlicher Anspruch, dann kann die Behörde die Genehmigung nur verweigern, wenn sie die tatsächlichen Voraussetzungen für die Ablehnung nachweisen kann.

Typische Beispiele für umweltrechtliche Kontrollerlaubnisse sind die 40

- immissionsschutzrechtliche Genehmigung (§§ 4ff. BImSchG),
- Baugenehmigung (§ 29 BauGB),
- abfallrechtliche Transportgenehmigung (§ 49 KrW-/AbfG) und die
- gentechnikrechtliche Anlagen- und Tätigkeitsgenehmigung (§ 13 GenTG).[52]

b) Ausnahmebewilligungen

Im Gegensatz zu den Kontrollerlaubnissen berühren die Ausnahmebewilligungen den Rechtskreis des Antragstellers auch materiell, indem sie das beantragte Vorhaben, das als sozial unerwünscht verboten ist, in besonderen Fällen ausnahmsweise für zulässig erklären. Regelmäßig besteht auf die Erteilung einer Ausnahmegenehmigung kein grundrechtlicher Anspruch. Deshalb kann ihre Erteilung auch in das Ermessen der Verwaltung gestellt werden. 41

Zu den typischen umweltrechtlichen Ausnahmebewilligungen zählen die 42

- wasserrechtliche Bewilligung und Erlaubnis (§§ 7, 8 WHG),
- Befreiung von den Festsetzungen des Bebauungsplanes (§ 31 BauGB),
- Rodungs- und Umwandlungsgenehmigung (§ 9 BWaldG) und die
- naturschutzrechtliche Befreiung (§ 31 BNatSchG).

Die Unterscheidung von Kontrollerlaubnissen und Ausnahmebewilligungen ist allerdings weder eindeutig noch zwingend. Schon die Differenzierung zwischen sozial erwünschten und sozial unerwünschten Vorhaben erscheint eher willkürlich. Zu Recht wird darauf hingewiesen, daß die Luftverschmutzung durch Industrieanlagen oder die Strahlenbelastung durch Kernenergienutzung sicherlich nicht sozial erwünschter sind als die Belastung der Gewässer durch Gewässerbenutzun- 43

---

[51] Vgl. *Maurer,* AllgVwR, § 9 Rn. 52; *BVerfG,* Beschl. v. 8. 8. 1978 – 2 BvL 8/77 –, BVerfGE 49, 89 (144ff.).

[52] Die Kontrollerlaubnis ist in §§ 81 Abs. 2, 83ff. UGB-KomE als gebundene Vorhabengenehmigung vorgesehen; sie ist durch einen medienübergreifenden Ansatz ausgezeichnet, vgl. BMU, UGB-KomE, S. 624ff.

Kugelmann, DVBl 02, 1238

gen.[53] Hinzu kommt, daß die Unterscheidung von Kontrollerlaubnissen und Ausnahmebewilligungen nicht deckungsgleich ist mit der Differenzierung zwischen gebundenen und Ermessensentscheidungen. Als Zwischenform gilt z. B. die atomrechtliche Anlagengenehmigung. Ihre Erteilung steht zwar im Ermessen der Genehmigungsbehörde. Andererseits steht die gesetzliche Zweckbestimmung des § 1 Nr. 1 AtG, wonach die Erforschung, die Entwicklung und die Nutzung der Kernenergie zu friedlichen Zwecken zu fördern ist, der Annahme entgegen, es handele sich bei der Errichtung und dem Betrieb kerntechnischer Anlagen um eine sozial unerwünschte Betätigung. Außerdem genießen auch Anlagenhersteller und Betreiber von kerntechnischen Anlagen Grundrechtsschutz. Die atomrechtliche Genehmigung ist deshalb trotz der gesetzlichen Ermessenseinräumung eher eine Kontrollerlaubnis.[54] So wie in Einzelfällen die Erteilung von Kontrollerlaubnissen im Ermessen der Verwaltung stehen kann, kann umgekehrt auch die Erteilung einer Ausnahmebewilligung in Ausnahmefällen verfassungsrechtlich zwingend – d. h. ohne Ermessen im Einzelfall – geboten sein, wenn eine gesetzliche Verbotsregelung im Grundsatz zwar zulässig ist, der Verhältnismäßigkeitsgrundsatz im Einzelfall aber gleichwohl eine gesetzliche Ausnahmeregelung verlangt.

c) Planfeststellungsbeschluß

44 Durch Planfeststellungsbeschluß werden in der Regel raumbedeutsame Vorhaben in einem besonderen Verfahren, dem Planfeststellungsverfahren, zugelassen.[55] Durch den Planfeststellungsbeschluß wird über die Zulässigkeit eines raumbedeutsamen Vorhabens unter Abwägung und Ausgleich der Interessen des Trägers des Vorhabens und der von der Planung berührten öffentlichen und privaten Belange entschieden.[56] Das Planfeststellungsverfahren ersetzt die sonst erforderlichen Einzelzulassungen durch ein einheitliches Verfahren, in dem die materiellen Vorgaben der anderen Gesetze, so auch der Umweltgesetze mitgeprüft werden, soweit diese betroffen sind,[57] und in dem die Zulässigkeit des Vorhabens hinsichtlich aller berührten öffentlichen und privaten Belange festgestellt wird (§ 75 VwVfG). Weitere Einzelzulassungen nach den jeweiligen Fachgesetzen sind nicht mehr erforderlich.

45 Planfeststellungen sind u. a. vorgesehen für

- die Endlagerung nuklearer Abfälle gem. § 9b AtG,
- die Errichtung und den Betrieb von Abfalldeponien gem. § 31 Abs. 2 KrW-/AbfG,
- den Ausbau oder Neubau von Bundeswasserstraßen gem. § 14 WaStrG,
- den Ausbau eines Gewässers oder seiner Ufer gem. § 31 WHG i. V. m. dem Landeswasserrecht,
- die Anlegung und Änderung von Flughäfen und Landeplätzen mit beschränktem Bauschutzbereich gem. §§ 8 ff. LuftVG,
- den Bau neuer und die Änderung bestehender Straßenbahnen gem. §§ 28, 41 PBefG,
- den Bau neuer und die Änderung bestehender Bundesfernstraßen gem. §§ 17 ff. FStrG,

---

[53] Vgl. *Hartkopf/Bohne,* Umweltpolitik, S. 191.

[54] Vgl. dazu *Breuer,* in: Schmidt-Aßmann, BesVwR, 5. Abschn. Rn. 74; vgl. auch *Ronellenfitsch,* PlanungsR, S. 189.

[55] Vgl. *Badura,* AllgVwR, § 39 Rn. 14.

[56] *Kügel,* Planfeststellungsbeschluß, S. 29; vgl. dazu auch *Wahl,* HdUR, Bd. 2, Sp. 1624 ff.; *Bender/Sparwasser/Engel,* UmweltR, 2. Teil Rn. 1 ff.; zum Plancharakter von Planfeststellungsbeschlüssen vgl. oben § 7 Rn. 14 ff.

[57] Die Planfeststellungsbehörde ist an die zwingenden materiellrechtl. Vorschriften anderer Fachgesetze gebunden, vgl. *BVerwG,* Urt. v. 9. 11. 1984 – 7 C 15.83 –, BVerwGE 70, 242 (244); *dass.,* Urt. v. 23. 3. 1985 – 4 C 73.82 –, BVerwGE 71, 163 (164); zustimmend *Steinberg,* NachbarR, Rn. 192.

- den Bau neuer und die Änderung bestehender Schienenwege von Eisenbahnen und der für den Betrieb der Schienenwege notwendigen Anlagen sowie der Bahnstromfernleitungen gem. § 18 AEG,
- den Bau von Magnetschwebebahnstrecken einschließlich der für den Betrieb notwendigen Anlagen gem. § 1 Abs. 1 MBPlG und
- die gemeinschaftlichen und öffentlichen Anlagen im Rahmen der Flurbereinigung gem. § 41 FlurbG.[58]

Die früher vor dem Hintergrund der Inanspruchnahme von Eigentum vorgenommene Unterscheidung von **gemeinnütziger** und **privatnütziger** Planfeststellung ist von der Rechtsprechung des *BVerwG* aufgegeben worden,[59] nachdem das *BVerfG* mehrfach entschieden hatte, daß Eingriffe in Rechte Dritter – beispielsweise durch Enteignung – auch zugunsten von Privaten zulässig sind.[60] 46

Der Planfeststellungsbeschluß ist das Ergebnis eines Abwägungsprozesses aller durch das Vorhaben betroffenen Belange. Der dem Planungsträger zukommende planerische Gestaltungsfreiraum wird jedoch durch **Planungsleitsätze** sowie durch das Gebot der **Abwägung** begrenzt.[61] 47

aa) Planfeststellungsverfahren

Das Planfeststellungsverfahren ist in den §§ 72 bis 78 VwVfG des Bundes und der Länder weitgehend einheitlich und erschöpfend geregelt.[62] Für einzelne Planfeststellungsverfahren gelten jedoch teilweise – das Verwaltungsverfahrensgesetz verdrängende – Sondervorschriften.[63] 48

Das Planfeststellungsverfahren ist **antragsgebunden.** Gem. § 73 Abs. 1 S. 1 VwVfG hat der Träger des Vorhabens den Plan der Anhörungsbehörde zur Durchführung des Anhörungsverfahrens einzureichen.[64] Der von dem Vorhabenträger aufgestellte Plan besteht aus den Zeichnungen und Erläuterungen, die das Vorhaben, seinen Anlaß und die von dem Vorhaben betroffenen Grundstücke und Anlagen erkennen lassen (§ 73 Abs. 1 S. 2 VwVfG). 49

Gem. § 73 Abs. 2 VwVfG fordert die Anhörungsbehörde die Behörden, deren Aufgabenbereiche durch das Vorhaben berührt werden, innerhalb eines Monats zur **Stellungnahme** auf. Außerdem haben die Gemeinden, in 50

---

[58] Die Planfeststellung ist in §§ 81 Abs. 3, 101 ff. UGB-KomE als planerische Vorhabengenehmigung vorgesehen; auch sie ist durch einen medienübergreifenden Ansatz ausgezeichnet, vgl. BMU, UGB-KomE, S. 659 ff.

[59] Vgl. *BVerwG*, Urt. v. 9. 3. 1990 – 7 C 21.89 –, BVerwGE 85, 44 (46); *dass.*, Urt. v. 18. 5. 1990 – 7 C 3.90 –, BVerwGE 85, 155 (156); *Kühling*, FS Sendler, S. 391 ff.

[60] *BVerfG*, Beschl. v. 20. 3. 1984 – 1 BvL 28/82 –, BVerfGE 66, 248 (257); *dass.*, Urt. v. 24. 3. 1987 – 1 BvR 1046/85 –, BVerfGE 74, 264 ff.; *Beckmann/Appold/Kuhlmann*, DVBl. 1988, 1002 (1006 f.); insbesondere insoweit zur abfallrechtl. Planfeststellung Murswiek, DVBl. 1994, 77 ff.; *Bamberger*, BayVBl. 1999, 622 ff.

[61] Vgl. *BVerwG*, Urt. v. 20. 8. 1982 – 4 C 81.79 –, NJW 1983, 296 (297); vgl. dazu ausführl. § 7 Rn. 7 ff.

[62] Zu den rechtl. Grenzen der Deregulierung im Planfeststellungsverfahren *Erbguth*, UPR 1999, 41 ff.

[63] Vgl. dazu *Hoppe/Schlarmann*, Rechtsschutz, Rn. 15 ff.

[64] Von der Planung betroffene Dritte haben keinen Anspruch auf Durchführung des Planfeststellungsverfahrens, vgl. *BVerwG*, Urt. v. 29. 5. 1981 – 4 C 97.77 –, DÖV 1981, 719; sie haben jedoch einen Anspruch auf Unterlassung bzw. Beseitigung eines ohne Plan durchgeführten Vorhabens, *Peine*, RaumplanungsR, S. 244.

denen sich das Vorhaben voraussichtlich auswirkt, den Plan auf Veranlassung der Anhörungsbehörde innerhalb von drei Wochen nach Zugang für die Dauer eines Monats **zur Einsicht auszulegen** (§ 73 Abs. 3 S. 1 VwVfG). Die ausgelegten Unterlagen müssen Dritte über Art und Ausmaß ihrer möglichen Betroffenheit hinreichend informieren. Gem. § 73 Abs. 5 VwVfG haben die Gemeinden, in denen der Plan auszulegen ist, die Auslegung vorher ortsüblich bekannt zu machen.

51 Gegen den Plan kann jeder, dessen Belange durch das Vorhaben berührt werden, bis zwei Wochen nach Ablauf der Auslegungsfrist **Einwendungen** erheben (§ 73 Abs. 4 S. 1 VwVfG). Bei der atomrechtlichen Planfeststellung ist weitgehend jedermann zur Erhebung von Einwendungen befugt.[65] Einwendungen sind sachliches, auf die Verhinderung oder Modifizierung des beantragten Vorhabens abzielendes Gegenvorbringen, nicht dagegen ein nicht näher konkretisierter Protest gegen das Vorhaben.[66]

52 Nach Ablauf der Einwendungsfrist hat die Anhörungsbehörde gem. § 73 Abs. 6 S. 1 VwVfG die rechtzeitig erhobenen Einwendungen gegen den Plan und die Stellungnahmen der Behörden zu dem Plan mit dem Träger des Vorhabens, den Behörden, den Betroffenen sowie den Personen, die Einwendungen erhoben haben, zu erörtern. Wesentliches Ziel des **Erörterungstermins** ist die Feststellung und Klärung aller für die Entscheidung wichtigen Tatsachen und der Ausgleich der betroffenen öffentlichen und privaten Interessen.[67] Hat der Betroffene die Einwendungsfrist versäumt, so sind gem. § 73 Abs. 4 S. 3 VwVfG alle Einwendungen ausgeschlossen, die nicht auf besonderen privatrechtlichen Titeln beruhen. § 73 Abs. 4 S. 3 VwVfG regelt eine **materielle Präklusionsregelung.**[68] Sie hat zur Folge, daß verspätete Einwendungen nicht nur im Planfeststellungsverfahren nicht mehr berücksichtigt werden müssen, sondern auch eine spätere verwaltungsgerichtliche Klage nicht mehr auf Umstände gestützt werden kann, die bereits im Wege der Einwendung hätten geltend gemacht werden können. Eine materielle Präklusion ist nicht verfassungswidrig.[69]

53 Die Fristversäumnis im Planfeststellungsverfahren hatte nach § 73 Abs. 4 S. 1 VwVfG a. F. keinen Verlust des Rügerechts im Verwaltungsprozeß zur Folge. Es handelte sich um eine rein **formelle**, nicht aber um eine materielle **Präklusion**. Durch die der Verfahrensbeschleunigung dienenden Gesetze[70] wurde zunächst in den meisten Fachgesetzen die materielle Präklusion eingeführt.[71] Mit dem Genehmigungsverfahrensbeschleunigungsgesetz (GenBeschlG)[72] ist das Planfeststellungsver-

---

[65] Vgl. § 9b IV Nr. 1 AtG i. V. m. § 7 AtVfV.

[66] Vgl. *BVerwG,* Urt. v. 17. 7. 1980 – 7 C 11.78 –, BVerwGE 60, 297 (300); *Ronellenfitsch,* PlanungsR, S. 111.

[67] *Peine,* RaumplanungsR, S. 247 f.

[68] *Stüer,* HbBauFPlR, Rn. 2071.

[69] *BVerfG,* Beschl. v. 8. 6. 1982 – 2 BvR 1187 –, BVerfGE 61, 82.

[70] Vgl. dazu ausführl. *Stüer,* HbBauFPlR, Rn. 2066.

[71] Vgl. etwa § 20 Abs. 2 AEG, § 9b Nr. 1 AtG i. V. m. § 7 Abs. 1 S. 2 AtVfV, § 17 Abs. 4 FStrG, § 17 Nr. 5 WaStrG, § 10 Abs. 4 LuftVG, § 29 Abs. 4 PBefG, § 41 Abs. 2 i. V. m. § 59 Abs. 2 S. 1 FlurbG; vgl. dazu auch *Kauch,* Verfahrensbeschleunigung bei der Planung von Fernstraßen und Abfallentsorgunganlagen, S. 74.

[72] V. 12. 9. 1996 (BGBl. I S. 1354).

fahren in § 73 Abs. 4 S. 3 VwVfG generell mit einer materiellen Präklusion ausgestattet worden.[73]

54 Gem. § 73 Abs. 9 VwVfG gibt die Anhörungsbehörde zum Ergebnis des Anhörungsverfahrens eine Stellungnahme ab und leitet diese möglichst innerhalb eines Monats nach Abschluß der Erörterung mit dem Plan, den Stellungnahmen der Behörden und den nicht erledigten Einwendungen der Planfeststellungsbehörde zu. Regelmäßig sind Anhörungs- und Planfeststellungsbehörde nicht identisch. Jedoch schließen das Rechtsstaatsprinzip und der Grundsatz des fairen Verfahrens eine Identität zwischen Anhörungs- und Planfeststellungsbehörde nicht aus.[74]

55 Gem. § 74 Abs. 1 S. 1 VwVfG stellt die Planfeststellungsbehörde den Plan fest **(Planfeststellungsbeschluß)**. In dem Planfeststellungsbeschluß entscheidet die Planfeststellungsbehörde über die Einwendungen, über die bei der Erörterung vor der Anhörungsbehörde keine Einigung erzielt worden ist (§ 74 Abs. 2 S. 1 VwVfG). Die Planfeststellungsbehörde hat gem. § 74 Abs. 2 S. 2 VwVfG dem Träger des Vorhabens außerdem Vorkehrungen oder die Errichtung und Unterhaltung von Anlagen aufzuerlegen, die zum Wohl der Allgemeinheit und zur Vermeidung nachteiliger Wirkungen auf Rechte anderer erforderlich sind.

56 Rechtliche Mängel der Planung führen nur dann zu einem *Aufhebungsanspruch* des Drittbetroffenen, wenn sie für die Planungsentscheidung insgesamt von so großem Gewicht sind, daß die Ausgewogenheit der gesamten Planung oder eines abtrennbaren Teils insgesamt in Frage gestellt wird. Läßt sich eine gebotene, im Planfeststellungsbeschluß nicht angeordnete Schutzauflage nachholen, ohne daß dadurch die Gesamtkonzeption der Planung in einem wesentlichen Punkt berührt und ohne daß in dem Interessengeflecht der Planung nunmehr andere Belange nachteilig betroffen würden, so korrespondiert der objektiven Rechtswidrigkeit des Planfeststellungsbeschlusses kein subjektiver Anspruch des Betroffenen auf Planaufhebung, sondern allein auf *Planergänzung.*[75] *Schutzauflagen* sind ein wesentliches Instrument zur Feinsteuerung widerstreitender Interessen bei der Planfeststellung. Sie verhindern einerseits, daß das Vorhaben wegen der mit ihm verbundenen Nachteile insgesamt scheitern muß und schützen andererseits den von der Planung Betroffenen.[76] Als Schutzmaßnahmen, mit denen die nachteiligen Auswirkungen des Vorhabens verhindert oder gemindert werden können, kommen z. B. die Errichtung und Unterhaltung von Lärmschutzwällen, die Bepflanzung von Böschungen, die Unterführung unter einen Straßenkörper etc. in Betracht.

57 Ähnlich sieht § 75 Abs. 1a S. 1 VwVfG nunmehr vor, daß Mängel bei der Abwägung der von dem Vorhaben berührten öffentlichen und privaten Belange nur dann erheblich sind, wenn sie offensichtlich und auf das Abwägungsergebnis von Einfluß gewesen sind. Ferner führen gem. § 75 Abs. 1a S. 2 VwVfG erhebliche Mängel bei der Abwägung nur dann zur Aufhebung des Planfeststellungsbeschlusses oder der Plangenehmigung, wenn sie nicht durch Planergänzung oder durch ergänzendes Verfahren behoben werden können.[77]

---

[73] Vgl. dazu *Stüer,* HbBauFPlR, Rn. 2071.

[74] *BVerwG,* Beschl. v. 9. 4. 1987 – 4 B 73.87 –, UPR 1987, 356.

[75] Vgl. nur *BVerwG,* Urt. v. 6. 12. 1985 – 4 C 59.82 –, DVBl. 1986, 416 (418); vgl. auch *Hildebrandt,* Planergänzungsanspruch, S. 99 ff.; siehe dazu näher unten § 11 Rn. 69 f.

[76] Vgl. dazu *Peine,* RaumplanungsR, S. 250 f.

[77] Vgl. zur Planergänzung u. zum ergänzenden Verfahren *Hoppe,* in: Erbguth u. a., Abwägung im Recht, S. 133 ff.; *Henke,* Planerhaltung durch Planergänzung und ergänzendes Verfahren, S. 39 ff.; *ders.,* UPR 1999, 51 ff.; *Hoppe/Henke,* DVBl. 1997, 1407 ff.

58 Gem. § 74 Abs. 4 S. 1 VwVfG ist der Planfeststellungsbeschluß dem Vorhabenträger, den bekannten Betroffenen und denjenigen, über deren Einwendungen entschieden worden ist, **zuzustellen.** Außerdem ist seine **öffentliche Bekanntmachung** vorgesehen (§ 74 Abs. 4, Abs. 5 VwVfG).

bb) Rechtswirkungen der Planfeststellung

59 Charakteristisch für die Planfeststellung ist, daß sie alle für das Vorhaben erforderlichen anderen behördlichen Entscheidungen (Genehmigungen, Verleihungen, Erlaubnisse, Bewilligungen, Zustimmungen, Planfeststellungen) ersetzt und zugleich rechtsgestaltend alle öffentlich-rechtlichen Beziehungen zwischen dem Träger des Vorhabens und den durch den Plan Betroffenen regelt (§ 75 Abs. 1 VwVfG). Der Planfeststellungsbeschluß entfaltet außerdem **privatrechtsgestaltende Wirkung,** soweit gem. § 75 Abs. 2 S. 1 VwVfG Ansprüche auf Unterlassung des Vorhabens, auf Beseitigung oder Änderung der Anlage oder auf Unterlassung ihrer Benutzung ausgeschlossen werden. Wesensmerkmal der Planfeststellung ist damit ihre umfassende **Konzentrations- und Gestaltungswirkung.**[78] Die Konzentrationswirkung ist allerdings nicht auf Planfeststellungsverfahren beschränkt; der Gesetzgeber kann auch andere Genehmigungsentscheidungen mit ihr ausstatten.[79]

d) Plangenehmigung

60 An Stelle eines Planfeststellungsbeschlusses kann gem. § 74 Abs. 6 S. 1 VwVfG eine Plangenehmigung erteilt werden, wenn Rechte anderer nicht beeinträchtigt werden oder die Betroffenen sich mit der Inanspruchnahme ihres Eigentums oder eines anderen Rechts schriftlich einverstanden erklärt haben (Nr. 1) und mit den Trägern öffentlicher Belange, deren Aufgabenbereich berührt wird, das Benehmen hergestellt worden ist (Nr. 2).[80] Gleichwohl bleibt wie bei jeder raumbeanspruchenden Planung die Einbeziehung der Belange Dritter in die Abwägungsentscheidung geboten.[81] Die Plangenehmigung hat gem. § 73 Abs. 6 S. 2 HS 1 VwVfG die Rechtswirkungen der Planfeststellung mit Ausnahme der enteignungsrechtlichen Vorwirkung. Auf ihre Erteilung finden gem. § 73 Abs. 6 S. 2 HS 2 VwVfG die Vorschriften über das Planfeststellungsverfahren keine Anwendung.

2. Entscheidungsformen

61 Die Entscheidung über die Erlaubnis ergeht nach den umweltrechtlichen Vorschriften der Fachgesetze zum Teil als **Vollgenehmigung**. Gerade bei komplexen Vorhaben ist häufig zudem die Erteilung von **Vorbescheiden** und **Teilgenehmigungen** vorgesehen (vgl. z. B. §§ 8, 9 BImSchG, §§ 7a, b AtG i. V. m. §§ 18, 19 AtVfV).

---

[78] Siehe dazu *Ronellenfitsch,* PlanungsR, S. 109; zum Umfang der Konzentrationswirkung der Planfeststellung vgl. *Laubinger,* VerwArch 1986, 77 (78ff.).

[79] Siehe dazu *Beckmann,* DÖV 1987, 944 (946).

[80] *Stüer,* HbBauFPlR, Rn. 2076ff.; vgl. zum Plancharakter der Plangenehmigung bereits oben § 7 Rn. 22f.

[81] Vgl. *BVerwG,* Urt. v. 29. 12. 1994 – 7 VR 12.94 –, Buchholz 442.09; *Stüer,* DVBl. 1997, 326 (328); *ders.,* HbBauFPlR, Rn. 2077.

Die *Teilgenehmigung* gestattet dem Antragsteller mit dem genehmigten Projektab- 62
schnitt zu beginnen. Voraussetzung ist ein sog. vorläufiges positives Gesamturteil über das Vorhaben im ganzen. Demgegenüber enthält der *Vorbescheid* eine verbindliche Feststellung über einzelne Fragen, von denen die Erteilung der Genehmigung insgesamt abhängt (z. B. den Standort). Der Vorbescheid ist indes keine Genehmigung und gestattet dem Antragsteller nicht, mit dem Vorhaben zu beginnen.

Die Umweltgesetze sehen zum Teil vor, daß dem Antragsteller auf eigenes 63
Risiko noch vor der Genehmigungserteilung die **Zulassung des vorzeitigen Beginns** gewährt werden kann.[82]

3. *Umweltverträglichkeitsprüfung*

Für eine Reihe umweltbelastender Vorhaben ist eine Umweltverträglich- 64
keitsprüfung (UVP) durchzuführen.[83]

Rechtliche Grundlage der UVP ist das **Gesetz über die Umweltver-** 65
träglichkeitsprüfung (UVPG),[84] das als Art. 1 des Gesetzes zur Umsetzung der Richtlinie des Rates vom 27. Juni 1985 über die Umweltverträglichkeitsprüfung bei bestimmten öffentlichen und privaten Projekten (85/337/EWG)[85] erlassen worden ist.[86] Es wird ergänzt durch die Allgemeine Verwaltungsvorschrift zur Ausführung des Gesetzes über die Umweltverträglichkeitsprüfung (UVPVwV)[87]. Für UVP-pflichtige Vorhaben aus dem Kompetenzbereich der Länder haben diese z. T. eigene landesrechtliche Regelungen erlassen.[88]

Für Vorhaben, die nach Ablauf der Umsetzungsfrist vom 2. 7. 1988, aber bereits 66
vor Inkrafttreten des Gesetzes über die Umweltverträglichkeitsprüfung – also vor dem 1. 8. 1990 – bekannt gemacht worden sind, ist die UVP unmittelbar auf die UVP-

[82] Vgl. § 9a WHG, § 33 KrW-/AbfG, § 8a BImSchG; vgl. dazu *Ochtendung,* Die Zulassung des vorzeitigen Beginns im Umweltrecht, S. 29 ff.; *Topp,* Die Zulassung des vorzeitigen Beginns bei Abfallentsorgungsanlagen, S. 19 ff.

[83] Zur Anzahl u. zu Verteilungsstrukturen von UVP-Verfahren in Deutschland *Wende,* ZAU 1999, 248 ff.

[84] V. 12. 2. 1990 (BGBl. I S. 205), zul. gεänd. durch G v. 18. 8. 1998 (BGBl. I S. 2081); für bergrechtl. Vorhaben ist die Verordnung über die Umweltverträglichkeitsprüfung bergbaulicher Vorhaben (UVP-V Bergbau) v. 13. 7. 1990 (BGBl. I S. 1420), zul. geänd. durch VO v. 10. 8. 1998 (BGBl. I S. 2093) maßgebl., vgl. dazu *Haneklaus,* in: Hoppe, UVPG, § 4 Rn. 9.

[85] V. 12. 2. 1990 (BGBl. I S. 209).

[86] Zur Umsetzung der UVP-RL in der EG vgl. *Coenen/Jörissen,* Umweltverträglichkeitsprüfung in der Europäischen Gemeinschaft, S. 49 ff.; *Feldmann,* in: Rengeling, EUDUR, Bd. 1, § 34 Rn. 1 ff.; zu Auswirkungen des EG-Rechts auf die UVP vgl. *Schink,* NVwZ 1999, 11 ff.

[87] V. 18. 9. 1995 (GMBl. I S. 671); vgl. dazu *Erbguth/Schink,* UVPG, § 20 Rn. 11; *Spoerr,* NJW 1996, 85.

[88] Vgl. Baden-Württembergisches Landesgesetz zur Umsetzung der Richtlinie des Rates v. 27. 6. 1985 über die Umweltverträglichkeitsprüfung bei bestimmten öffentlichen und privaten Projekten (85/337/EWG) v. 12. 12. 1991 (GBl. S. 848); dazu *Peters,* VBlBW 1995, 5 ff.; Berliner Gesetz zur Umweltverträglichkeitsprüfung (UVPG-Bln) v. 21. 7. 1991 (GVBl. S. 234); Gesetz zur Umsetzung der Richtlinie des Rates v. 27. 6. 1985 über die Umweltverträglichkeitsprüfung bei bestimmten öffentlichen und privaten Projekten (85/337/EWG) im Lande Nordrhein-Westfalen v. 29. 4. 1992 (GV NW S. 175); dazu *Schink,* StuG 1992, 176 ff.; soweit sich die anderen Bundesländer auf den Erlaß von Zuständigkeitsverordnungen beschränkt haben, dürfte nach wie vor Umsetzungsbedarf bestehen, vgl. *Steinberg/Klößner,* UTR 1994, 481 (482).

Richtlinie[89] zu stützen, da die Behörden zu einer entsprechenden Prüfung unmittelbar verpflichtet waren.[90]

67 Die UVP-Richtlinie ist durch die UVP-Änderungsrichtlinie[91] novelliert worden. Ziel der UVP-Änderungsrichtlinie ist es, die mit der UVP-Richtlinie gemachten Erfahrungen aufzugreifen, einige Bestimmungen deutlicher zu machen und erkannte Fehler zu korrigieren. Die Änderungen beziehen sich im wesentlichen auf den den Anwendungsbereich der UVP bestimmenden Anhang. Zum einen wurde der Katalog des Anhang I von 9 auf 21 Projekte ausgedehnt. Zum anderen werden die Mitgliedstaaten gem. Art. 2 Abs. 2 UVP-RL verpflichtet, anhand einer Einzelfalluntersuchung oder anhand von Schwellenwerten festzulegen, ob ein Projekt einer UVP bedarf. Zudem werden in Art. 2 Abs. 3 UVP-RL die Ermessenserwägungen, unter denen von den in Anhang II aufgeführten Projekten von einer UVP abgesehen werden kann, in einem neu eingeführten Anhang III konkret gefaßt. Weitere Änderungen beziehen sich auf das Scoping (Art. 5 Abs. 2 UVP-RL) und die Pflicht zur grenzüberschreitenden UVP (Art. 7 UVP-RL).[92]

68 Diese Änderungen waren bis zum 30. 4. 1999 in nationales Recht umzusetzen. Eine Umsetzung der UVP-Änderungsrichtlinie in deutsches Recht ist bislang nicht erfolgt. Beabsichtigt war zunächst, die UVP-Änderungsrichtlinie gemeinsam mit der IPPC-Richtlinie in einem Ersten Teil zum Umweltgesetzbuch und einem Einführungsgesetz zum UGB umzusetzen.[93] Dazu liegt ein Arbeitsentwurf des Bundesministeriums für Umwelt vom 23. 4. 1999 vor.[94] Ob diese Absicht noch verfolgt wird, ist offen.[95]

69 Der **Professorenentwurf** eines Allgemeinen Teils zum Umweltgesetzbuch sieht in den §§ 31 bis 49 UGB-AT-E Vorschriften zur Prüfung der Umweltverträglichkeit vor. Unter dem Begriff der Umweltfolgenprüfung werden sowohl vorhabenbezogene als auch planbezogene Regelungen vorgeschlagen.[96] Der **Kommissionsentwurf** zum Umweltgesetzbuch enthält demgegenüber keinen eigenen Abschnitt zur UVP. Gem. § 80 Abs. 3 UGB-KomE unterfallen sowohl die gebundene als auch die planerische Vorhabengenehmigung der Pflicht zur Prüfung der UVP. Die verfahrensrechlichen Regelungen zur Durchführung der UVP sollen gem. § 90 Abs. 1 UGB-KomE im Wege der Rechtsverordnung festgelegt werden.[97]

a) Begriff und Zielsetzung der Umweltverträglichkeitsprüfung

70 Gem. § 2 Abs. 1 S. 1 UVPG ist die UVP ein unselbständiger Teil verwaltungsbehördlicher Verfahren, die der Entscheidung über die Zulässigkeit von Vorhaben dienen. Die UVP umfaßt gem. § 2 Abs. 1 S. 2 UVPG die Ermittlung, Beschreibung und Bewertung der Auswirkungen eines Vorhabens auf

---

[89] Richtlinie des Rates vom 27. Juni 1985 über die Umweltverträglichkeitsprüfung bei bestimmten öffentlichen und privaten Projekten (85/337/EWG), ABl. EG Nr. L 175, S. 40, geänd. durch RL (97/11/EG) v. 3. 3. 1997, ABl. EG Nr. L 73, S. 5; zur fehlenden Umsetzung durch die Bundesrepublik *EuGH,* Urt. v. 22. 10. 1998 – C-301/95 –, DVBl. 1999, 232ff.; vgl. zur UVP-ÄnderungsRL *Feldhaus,* in: Rengeling, EUDUR, Bd. 1, § 34 Rn. 123ff.

[90] *EuGH,* Urt. v. 11. 8. 1995 – C-431/92 –, DVBl. 1996, 424 (425); siehe auch *Epiney,* DVBl. 1996, 409 (413).

[91] V. 3. 3. 1997 (97/11/EG), ABl. EG Nr. L 73, S. 5; vgl. dazu *Feldhaus,* in: Rengeling, EUDUR, Bd. 1, § 34 Rn. 123ff.; *Hartlik,* UVP-report 1999, 79ff.; zu einer Synopse, *Hartlik,* UVP-report 1999, 82ff.; zu den Folgen der Nichtumsetzung *Peters,* UVP-report 1999, 38f.

[92] Vgl. *Feldhaus,* in: Rengeling, EUDUR, Bd. 1, § 34 Rn. 124ff.; vgl. auch *Peters,* UPR 1999, 294ff.

[93] Zustimmend *Feldhaus,* in: Rengeling, EUDUR, Bd. 1, § 34 Rn. 135ff.

[94] Arbeitsentwurf des BMU für ein UGB-I u. ein EG-UGB v. 23. 4. 1999, Begrdg zum EG-UGB-E, S. 2.

[95] Vgl. dazu DVBl.-Report 1999, Heft 19, S. A322f.

[96] Vgl. *Kloepfer/u. a.,* UGB-AT-E, S. 51ff., 232ff.

[97] BMU, UGB-KomE, S. 137, 143, 619; dazu auch *Peters,* NuR 1999, 203ff.

Menschen, Tiere und Pflanzen, Boden, Wasser, Luft, Klima und Landschaft, einschließlich der jeweiligen Wechselwirkungen (Nr. 1) sowie auf Kultur- und sonstige Sachgüter (Nr. 2). Sie wird gem. § 2 Abs. 1 S. 3 UVPG unter Einbeziehung der Öffentlichkeit durchgeführt. Zweck der UVP ist es gem. § 1 UVPG, sicherzustellen, daß nach einheitlichen Grundsätzen die Auswirkungen von Vorhaben auf die Umwelt frühzeitig und umfassend ermittelt, beschrieben und bewertet werden (Nr. 1) und das Ergebnis der UVP so früh wie möglich bei allen behördlichen Entscheidungen über die Zulässigkeit von Vorhaben berücksichtigt wird (Nr. 3).[98]

Die UVP ist damit ein wichtiges Instrument vorsorgenden Umwelt- 71
schutzes. Mit ihrer Hilfe sollen schädliche Umweltauswirkungen eines Vorhabens umfassend ermittelt, beschrieben und bewertet werden. Die zuständigen Behörden sollen bereits frühzeitig über eine bessere umweltbezogene Informationsbasis verfügen.[99] Mit der vorgesehenen Zusammenarbeit zwischen den Vorhabenträgern, den Behörden und der Öffentlichkeit dient die UVP außerdem der Verwirklichung des Kooperationsprinzips.

Die UVP ist durch ihren *integrativen Ansatz* und durch den *Grundsatz der* 72
Frühzeitigkeit der Prüfung gekennzeichnet. Der **integrative Ansatz** der UVP bedeutet, daß die Umweltmedien und Umweltgüter nicht isoliert, sondern in einer Gesamtschau aller Auswirkungen unter Einschluß ihrer Wechselwirkungen zu betrachten sind. Der integrative, medienübergreifende Ansatz der UVP entspricht einem Umweltverständnis, das die unterschiedlichen Umweltsektoren in eine ganzheitliche Betrachtung der Umwelt einbezieht.

Beispiel: Der Schadstoffausstoß einer Industrieanlage führt zu Luftverunreinigungen, die Ursache für den sog. sauren Regen sind, der wiederum für Störungen im Pflanzenhaushalt verantwortlich gemacht wird. Zur Verminderung der Luftverunreinigungen soll deshalb der Einsatz von Luftfiltern zur Auflage des Betriebs gemacht werden. Aus dem Filtereinsatz ergeben sich jedoch wiederum Abfallprobleme für die Beseitigung der herausgefilterten Schadstoffe. Bei einer UVP sind diese Wechselwirkungen zu berücksichtigen.

Der **Grundsatz der Frühzeitigkeit** der UVP zielt darauf ab, eine UVP 73
bereits in solchen Verfahren durchzuführen, in denen die spätere Entscheidung über die Zulassung eines Vorhabens maßgeblich vorgeprägt wird.[100]

Beispiel: Gem. § 16 Abs. 1 FStrG bestimmt der Bundesminister für Verkehr mit den an der Raumordnung beteiligten Bundesministern und im Benehmen mit den Landesplanungsbehörden der beteiligten Länder die Planung und Linienführung der Bundesfernstraßen. Durch diese Linienbestimmung wird die nachfolgende straßenrechtliche Planfeststellung maßgeblich vorgeprägt. Die UVP soll deshalb auch für das Linienbestimmungsverfahren durchgeführt werden.

b) Anwendungsbereich des Gesetzes über die Prüfung der Umweltverträglichkeit

Der Anwendungsbereich des Gesetzes über die Umweltverträglichkeits- 74
prüfung ergibt sich aus den §§ 3 und 4 UVPG.

---

[98] Zum umweltpolitischen Stellenwert der UVP vgl. SRU, DVBl. 1988, 21; SRU, Umweltgutachten 1987, BT-Drs. 11/1568, Tz. 121ff.; krit. zur praktischen Bedeutung der UVP *Steinberg,* DÖV 1996, 221 (231); *Kloepfer,* UmweltR, § 5 Rn. 84.

[99] *Landel,* Die Umweltverträglichkeitsprüfung bei parallelen Zulassungsverfahren, S. 15f.; *Knopp,* NuR 1993, 401 (402).

[100] Vgl. dazu SRU, DVBl. 1988, 21.

75 Gem. § 3 UVPG unterliegen der UVP die Vorhaben, die in der Anlage zum Gesetz aufgeführt sind. Die UVP ist vorhabenbezogen. Sie soll im Rahmen der Entscheidung über die Zulässigkeit eines Vorhabens durchgeführt werden. **Entscheidungen über die Zulässigkeit von Vorhaben** sind gem. § 2 Abs. 3 UVPG Bewilligung, Erlaubnis, Genehmigung, Planfeststellungsbeschluß und sonstige behördliche Entscheidungen über die Zulässigkeit von Vorhaben, die in einem Verwaltungsverfahren getroffen werden, mit Ausnahme von Anzeigeverfahren (Nr. 1), außerdem Linienbestimmung und Entscheidungen in vorgelagerten Verfahren, die für anschließende Verfahren beachtlich sind (Nr. 2) sowie Beschlüsse über Bebauungspläne, die zur Verwirklichung eines bestimmten Vorhabens aufgestellt werden oder Planfeststellungsbeschlüsse ersetzen (Nr. 3).

76 Der UVP unterliegen gem. § 3 Abs. 1 S. 1 UVPG Vorhaben, die **in der Anlage zum UVPG enumerativ aufgeführt** sind.[101] Die Anlage zum UVPG umfaßt z. Zt. 19 Vorhaben. Beispielhaft seien genannt

- Errichtung und Betrieb einer Deponie sowie die wesentliche Änderung einer solchen Anlage oder ihres Betriebs, die der Planfeststellung nach § 31 Abs. 2 KrW-/AbfG bedürfen (Nr. 4),
- der Bau und Betrieb sowie die wesentliche Änderung einer Abwasserbehandlungsanlage, die einer Zulassung nach § 18 c WHG bedürfen (Nr. 5),
- Errichtung von Einkaufszentren, großflächigen Einzelhandelsbetrieben und sonstigen großflächigen Handelsbetrieben i. S. d. § 11 Abs. 3 S. 1 BauNVO[102] ab einer Geschoßfläche von 5000 m^2, für die Bebauungspläne aufgestellt werden (Nr. 18).

77 Dabei wird der Begriff der UVP-pflichtigen Anlage nach Nr. 1, für deren Errichtung und Betrieb eine UVP durchzuführen ist, in einem weiteren Anhang konkretisiert. Zu diesen UVP-pflichtigen Anlagen zählen insgesamt 27 Anlagen, so z. B.

- Anlagen zur Vergasung und Verflüssigung von Kohle, soweit täglich 500 t oder mehr durchgesetzt werden (Nr. 4),
- Raffinerien für Erdöl, ausgenommen Schmierstoffraffinerien (Nr. 16),
- Anlagen zum Halten oder zur Aufzucht von Geflügel oder zum Halten von Schweinen mit einer jeweils genau bestimmten Platzzahl (vgl. Nr. 24),
- Anlagen zur Behandlung von Abfällen zur Beseitigung i. S. d. § 27 KrW-/AbfG (Nr. 26) sowie
- Abfallentsorgungsanlagen (Nr. 27).

78 Gem. § 4 UVPG soll das Gesetz über die Umweltverträglichkeitsprüfung jedoch nur Anwendung finden, soweit Rechtsvorschriften des Bundes oder der Länder die Prüfung der UVP nicht näher bestimmen oder in ihren Anforderungen diesem Gesetz nicht entsprechen. Es findet mithin nur **subsidiär Anwendung**, wenn die Fachgesetze milder sind und weniger detaillierte Anforderungen enthalten. Spezielle Regelungen i. S. v. § 4 UVPG finden sich für das immissionsschutzrechtliche Genehmigungsverfahren in der

---

[101] Vgl. zum Anwendungsbereich *Dienes,* in: Hoppe, UVPG, § 3 Rn. 17 ff.; nicht erfaßt werden z. B. größere Grundwasserentnahmen, krit. dazu *Bunge,* HdUR, Bd. 2, Sp. 2478 (2491), oder Waldrodungen, krit. dazu *Pohl,* HdbUR, A.3 Rn. 55.

[102] Verordnung über die bauliche Nutzung der Grundstücke (Baunutzungsverordnung – BauNVO) i. d. F. d. Bek. v. 23. 1. 1990 (BGBl. I S. 132), zul. geänd. durch G v. 22. 4. 1993 (BGBl. I S. 466).

 Thomas/Spoerr, NVwZ 96, 631, EuGH, U 22.10.98, DVBl 99, 232

9. BImSchV[103] sowie für das atomrechtliche Genehmigungsverfahren in der Atomverfahrensverordnung[104].[105]

c) Verfahren der Umweltverträglichkeitsprüfung

Für die Durchführung der UVP ist die Behörde zuständig, die auch über die Zulässigkeit des Vorhabens entscheidet.[106] Wenn die Entscheidung über die Zulässigkeit des Vorhabens im Rahmen mehrerer Verwaltungsverfahren erfolgt, sollen nach § 14 UVPG die Länder eine *federführende* Behörde bestimmen.[107] Die federführende Behörde hat das Zusammenwirken der Zulassungsbehörden sicherzustellen. **79**

aa) Abstimmung des Untersuchungsrahmens

Sobald der Träger des Vorhabens die zuständige Behörde über das geplante Vorhaben unterrichtet, soll diese gem. § 5 S. 1 UVPG mit ihm entsprechend dem jeweiligen Planungsstand und auf der Grundlage geeigneter, vom Träger des Vorhabens vorgelegter Unterlagen, den Gegenstand, Umfang und Methoden der UVP sowie sonstige für die Durchführung der UVP erhebliche Fragen erörtern.[108] Gem. § 5 S. 3 UVPG soll die zuständige Behörde den Träger des Vorhabens über den voraussichtlichen Untersuchungsrahmen der UVP sowie über Art und Umfang der nach § 6 UVPG voraussichtlich beizubringenden Unterlagen unterrichten. Mit der **Abstimmung des Untersuchungsrahmens** werden die Informationsanforderungen der UVP für das bestimmte Vorhaben spezifiziert und präzisiert.[109] Dieses sog. **Scoping** soll das Zulassungsverfahren entscheidungsorientiert fördern und **80**

[103] Neunte Verordnung zur Durchführung des Bundes-Immissionsschutzgesetzes (Verordnung über das Genehmigungsverfahren – 9. BImSchV) i. d. F.d. Bek. v. 29. 5. 1992 (BGBl. I S. 1001), zul. geänd. durch V v. 23. 2. 1999 (BGBl. I S. 186).

[104] Verordnung über das Verfahren bei der Genehmigung von Anlagen nach § 7 des Atomgesetzes (atomrechtliche Verfahrensverordnung – AtVfV) v. 18. 2. 1977 i. d. F.d. Bek. v. 3. 2. 1995 (BGBl. I S. 180).

[105] *Haneklaus,* in: Hoppe, UVPG, § 4 Rn. 10.

[106] *Weber/Hellmann,* NJW 1990, 1625 (1627).

[107] (Bayern) Verordnung zur Bestimmung der federführenden Behörde und ihrer Aufgaben gem. § 14 Abs. 1 des Gesetzes über die Umweltverträglichkeitsprüfung vom 24. 7. 1990 (GVBl. S. 254, ber. S. 384); (Bremen) Bekanntmachung über die federführende Behörde nach dem Gesetz über die Umweltverträglichkeitsprüfung v. 7. 4. 1992 (ABl. S. 219); (Hamburg) Anordnung zur Durchführung des Gesetzes über die Umweltverträglichkeitsprüfung v. 13. 12. 1991 (Amtl. Anz. S. 2533); (Hessen) Anordnung über die Zuständigkeit zur Durchführung der Umweltverträglichkeitsprüfung bei der Zulassung eines Vorhabens durch mehrere Behörden v. 20. 7. 1990 (GVBl. I S. 421); (Mecklenburg-Vorpommern) Landesverordnung über die federführende Behörde nach § 14 des Gesetzes über die Umweltverträglichkeitsprüfung v. 23. 7. 1992 (GVOBl. S. 483); (Rheinland-Pfalz) Landesverordnung über die federführende Behörde nach § 14 des Gesetzes über die Umweltverträglichkeitsprüfung v. 28. 7. 1992 (GVBl. S. 279); (Saarland) Verordnung über Zuständigkeit nach dem Gesetz über die Umweltverträglichkeitsprüfung v. 2. 1. 1991 (Abl. S. 166); (Sachsen) Regelung über Zuständigkeiten bei der Durchführung des Gesetzes über die Umweltverträglichkeitsprüfung v. 19. 9. 1991 (Abl. Nr. 64, S. 19); (Schleswig-Holstein) Landesverordnung über die federführende Behörde nach § 14 des Gesetzes über die Umweltverträglichkeitsprüfung v. 15. 1. 1991 (GVOBl. S. 67).

[108] So nunmehr auch Art. 5 Abs. 2 UVP-ÄRL, vgl. *Feldhaus,* in: Rengeling, EUDUR, Bd. 1, § 34 Rn. 124.

[109] Zum sog. Scoping-Verfahren siehe *Bunge,* UVP, S. 23ff.; *Nisipeanu,* NVwZ 1993, 319 (320).

Mayen, NVwZ 96, 319

damit zu einer Verfahrensbeschleunigung und einer höheren Akzeptanz umweltrechtlicher Verfahren beitragen.[110] Die nähere Ausgestaltung des Scoping-Verfahrens erfolgt durch Ziff. 0.4 UVPVwV. Auch im UVP-Verfahren gilt der Amtsermittlungsgrundsatz. Die zuständige Behörde ist deshalb zu einer eigenständigen und vollständigen Ermittlung und Bewertung der Umweltauswirkungen verpflichtet. Sie kann sich nicht auf die Kontrolle der Plausibilität der Angaben und Bewertungen des Vorhabenträgers beschränken.[111]

bb) Antrag

81 Gem. § 6 Abs. 1 S. 1 UVPG hat der Träger des Vorhabens die entscheidungserheblichen Unterlagen über die Umweltauswirkungen des Vorhabens der zuständigen Behörde zu Beginn des Verfahrens vorzulegen, in dem die UVP stattfindet. Zu diesen Unterlagen zählen gem. § 6 Abs. 3 UVPG zumindest die

- Beschreibung des Vorhabens mit Angaben über Standort, Art und Umfang sowie Bedarf an Grund und Boden (Nr. 1),
- Beschreibung von Art und Menge der zu erwartenden Emissionen und Reststoffe, insbesondere der Luftverunreinigungen, der Abfälle und des Anfalls von Abwasser sowie sonstige Angaben, die erforderlich sind, um erhebliche Beeinträchtigungen der Umwelt durch das Vorhaben feststellen und beurteilen zu können (Nr. 2),
- Beschreibung der Maßnahmen, mit denen erhebliche Beeinträchtigungen der Umwelt vermieden, vermindert oder soweit möglich ausgeglichen werden, sowie der Ersatzmaßnahmen bei nicht ausgleichbaren oder vorrangigen Eingriffen in Natur und Landschaft (Nr. 3),
- Beschreibung der zu erwartenden erheblichen Auswirkungen des Vorhabens auf die Umwelt unter Berücksichtigung des allgemeinen Kenntnisstandes und der allgemein anerkannten Prüfungsmethoden (Nr. 4).

82 Eine allgemeinverständliche Zusammenfassung der genannten Angaben ist gem. § 6 Abs. 1 S. 2 UVPG beizufügen. Soweit sie für die UVP von Bedeutung sind und ihre Beibringung für den Träger des Vorhabens zumutbar ist, müssen die Unterlagen gem. § 6 Abs. 4 UVPG auch folgende Angaben umfassen

- Beschreibung der wichtigsten Merkmale der verwendeten technischen Verfahren (Nr. 1),
- Beschreibung der Umwelt und ihrer Bestandteile unter Berücksichtigung des Kenntnisstandes und der allgemein anerkannten Prüfungsmethoden, soweit dies zur Feststellung und Beurteilung aller sonstigen, für die Zulässigkeit des Vorhabens erheblichen Auswirkungen des Vorhabens auf die Umwelt erforderlich ist (Nr. 2),
- Übersicht über die wichtigsten, vom Träger des Vorhabens geprüften Vorhabenalternativen und Angabe der wesentlichen Auswahlgründe unter besonderer Berücksichtigung der Umweltauswirkungen des Vorhabens (Nr. 3),
- Hinweise auf Schwierigkeiten, die bei der Zusammenstellung der Angaben aufgetreten sind, z.B. technische Lücken oder fehlende Kenntnisse (Nr. 4).

83 Auch insoweit ist gem. § 6 Abs. 4 S. 2 UVPG eine allgemeinverständliche Zusammenfassung erforderlich.

cc) Behördenbeteiligung

84 Die zuständige Behörde holt gem. § 7 UVPG die Stellungnahmen der Behörden ein, deren Aufgabenbereich durch das Vorhaben berührt wird. Zu

---

110 *Spoerr,* NJW 1996, 85 (86).
111 Siehe SRU, DVBl. 1988, 21 (25f.).

den zu beteiligenden Behörden zählen zunächst zahlreiche Fachbehörden, etwa Forstbehörden, Wasserbehörden, Immissionsschutzbehörden. Daneben können jedoch auch zentrale öffentlich-rechtliche Umweltschutzstellen, beispielsweise die Landesämter für Umweltschutz, zum Adressatenkreis der **Behördenbeteiligung** zählen.[112] Zu beteiligen sind auch Gemeinden und andere öffentlich-rechtliche Körperschaften, deren Aufgabenbereich durch das Vorhaben berührt sein kann. Im Rahmen der Behördenbeteiligung sind dagegen nicht die (privatrechtlichen) Umwelt- und Naturschutzverbände zu beteiligen.

Bei Vorhaben mit erheblichen grenzüberschreitenden Umweltauswirkungen findet gem. § 8 UVPG eine **grenzüberschreitende Behördenbeteiligung** statt.[113] Diese richtet sich für betroffene EG-Mitgliedstaaten nach § 8 Abs. 1 UVPG. Danach muß die Unterrichtung im gleichen Zeitpunkt und im gleichen Umfang erfolgen wie die Unterrichtung im Rahmen der innerstaatlichen Behördenbeteiligung. Nichtmitgliedstaaten sind nach § 8 Abs. 2 UVPG zu unterrichten. Die Unterrichtung richtet sich nach den Grundsätzen der Gleichwertigkeit und Gegenseitigkeit. Der Grundsatz der Gleichwertigkeit gilt für die in den beteiligten Mitgliedstaaten angewandten Verfahren und Bewertungsmaßstäbe (vgl. § 8 Abs. 3 S. 2 UVPG). Die Bitte um Konsultation kann deshalb mit dem Hinweis abgelehnt werden, vergleichbare Bewertungsmaßstäbe oder Bewertungsverfahren bestünden im Nachbarstaat nicht. **85**

dd) Öffentlichkeitsbeteiligung

Gem. § 9 Abs. 1 S. 1 UVPG hat die zuständige Behörde die Öffentlichkeit zu den Umweltauswirkungen des Vorhabens auf der Grundlage der ausgelegten Unterlagen nach § 6 UVPG anzuhören. Die **Öffentlichkeitsbeteiligung** ist damit zentraler Bestandteil der UVP. Das Anhörungsverfahren muß nach § 9 Abs. 1 S. 2 UVPG den Anforderungen des § 73 Abs. 3 bis 7 VwVfG entsprechen, d.h. den Anforderungen, die für das Anhörungsverfahren im Planfeststellungsverfahren gelten.[114] **86**

Nach Bekanntmachung der Auslegung der Unterlagen werden der Antrag auf Entscheidung und die Angaben des Vorhabenträgers von der zuständigen Behörde öffentlich bekannt gemacht und in den Gemeinden, in denen sich das Vorhaben voraussichtlich auswirkt, ausgelegt. Bis zwei Wochen nach Ablauf der Auslegungsfrist können diejenigen, deren Belange durch das Vorhaben berührt werden, Einwendungen erheben. Danach hat die Behörde die rechtzeitig erhobenen Einwendungen, die Antragsunterlagen sowie die Stellungnahmen mit dem Vorhabenträger, den Betroffenen und den Einwendern zu erörtern. Der Erörterungstermin ist eine Woche vor der Erörterung ortsüblich bekanntzumachen.[115] **87**

---

112 Vgl. *Bunge,* UVP, S. 26; *Schroer,* Umweltverträglichkeitsprüfung im Bauplanungsrecht, S. 143.

113 Nach Art. 7 Abs. 1 u. 2 UVP-RL ist bei Projekten, die erhebliche grenzüberschreitende Auswirkungen auf die Umwelt haben, eine grenzüberschreitende UVP vorgesehen, die auch eine grenzüberschreitende Öffentlichkeitsbeteiligung beinhaltet (Art. 7 Abs. 3 UVP-RL).

114 Vgl. zur Öffentlichkeitsbeteiligung i.e. *Kollmer,* NVwZ 1994, 1057 (1058); *Wagner,* in: Hoppe, UVPG, § 9 Rn. 15ff.

115 Art. 7 UVP-ÄRL sieht für Projekte, die erhebliche grenzüberschreitende Umweltauswirkungen haben, eine grenzüberschreitende UVP mit entsprechender Öffentlichkeitsbeteiligung vor.

88 Von einer erneuten Beteiligung der Öffentlichkeit kann gem. § 9 Abs. 1 S. 3 UVPG bei einer Änderung der Unterlagen abgesehen werden, wenn keine zusätzlichen oder anderen erheblichen Auswirkungen auf die Umwelt zu besorgen sind.

ee) Zusammenfassende Darstellung der Umweltauswirkungen

89 Auf der Grundlage der Angaben des Antragstellers, der behördlichen Stellungnahmen sowie der Äußerungen der Öffentlichkeit erarbeitet die zuständige Behörde gem. § 11 S. 1 UVPG eine **zusammenfassende Darstellung der Umweltauswirkungen** einschließlich der Wechselwirkungen. Dabei hat die Behörde gem. § 11 S. 2 UVPG auch die Ergebnisse eigener Ermittlungen einzubeziehen. Notwendig ist für die zusammenfassende Darstellung eine gedankliche Verarbeitung und Strukturierung des vorhandenen Prüfmaterials. Die zusammenfassende Darstellung muß nicht in einem eigenen Schriftstück dokumentiert werden. Sie kann gem. § 11 S. 4 UVPG in der Begründung der Entscheidung über die Zulässigkeit des Vorhabens erfolgen.[116]

ff) Bewertung der Umweltauswirkungen

90 Die zuständige Behörde bewertet gem. § 12 HS 1 UVPG die Auswirkungen des Vorhabens auf die Umwelt auf der Grundlage der zusammenfassenden Darstellung.[117] Fraglich ist, welche Bewertungsmaßstäbe für die **Bewertung** heranzuziehen sind.[118] Die Bewertung im Rahmen der UVP ist in erster Linie aufgrund naturwissenschaftlich-medizinischer Kriterien vorzunehmen. § 12 HS. 2 UVPG nennt dabei als Maßstab eine wirksame Umweltvorsorge i.S.v. §§ 1, 2 Abs. 1 S. 2 und 4 UVPG.[119] Da die Vorgaben der §§ 1, 2 Abs. 1 S. 2 und 4 UVPG allerdings zu vage sind, kommt ihnen nicht der Charakter eigenständiger Bewertungskriterien zu.[120] Gem. Ziff. 0.6.1.1 UVPVwV sind die „gesetzlichen Umweltanforderungen" Maßstab für die Bewertung, d.h. die Zulassungsvoraussetzungen in den einschlägigen gesetzlichen Vorschriften. Im Rahmen der Bewertung spielen dabei nur Umweltauswirkungen eine Rolle. Andere öffentliche und private Belange kommen erst bei der Berücksichtigung des Bewertungsergebnisses in Betracht.

91 Umstritten ist, ob es sich bei den Bewertungsmaßstäben deshalb um ökologische Maßstäbe handeln muß.[121] Fraglich ist in diesem Zusammenhang auch, ob auf bestehende Umweltstandards[122] – etwa die Grenzwerte der TA Luft oder TA Lärm – zurückgegriffen werden kann.[123] Bedenken bestehen insoweit, als die bestehenden

---

[116] Krit. *Bender/Sparwasser/Engel,* UmweltR, 1. Teil Rn. 118.

[117] Zur Bedeutung des Bewertens im Rahmen der UVP siehe *Hoppe/Püchel,* DVBl. 1988, 1ff.

[118] Vgl. dazu *Steinberg,* DVBl. 1990, 1369ff.; *Hoppe/Appold,* DVBl. 1991, 1221ff.; *Schoeneberg,* UVP, Rn. 143ff.; *Erbguth/Schink,* UVPG, § 12 Rn. 6ff.; *Beckmann,* DVBl. 1993, 1335ff.; *ders.,* in: Hoppe, UVPG, § 12 Rn. 17ff.

[119] Zur Anwendbarkeit dieser Kriterien auch im Rahmen der Bewertung *Beckmann,* DVBl. 1993, 1335 (1336).

[120] *Jarass,* NuR 1991, 201 (206).

[121] So *Erbguth/Schink,* UVPG, § 12 Rn. 13; *Hoppe/Appold,* DVBl. 1991, 1221 (1223); a.A. *Dolde,* NVwZ 1989, 697 (704); *Schoeneberg,* UVP, Rn. 145; *Beckmann,* in: Hoppe, UVPG, § 12 Rn. 24.

[122] Zu den Umweltstandards vgl. bereits oben § 5 Rn. 1ff.

[123] *Beckmann,* in: Hoppe, UVPG, § 12 Rn. 31.

Schmidt-Preuß, DVBl 95, 485, BVerwG, U 10.8.95, DVBl 95, 1012, BVerwG, U 5.3.97, DVBl 97, 834 = NVwZ 98, 512, BVerwG, U 19.5.98, NVwZ 99, 528, Schmidt, NVwZ 03, 292 (§ 14 – federf. Beh.)

Umweltstandards politische Wertungen enthalten und unter Einbeziehung umweltexterner Kriterien zustande gekommen sind. Damit sind ihnen über ökologische Belange hinaus gegenläufige Belange immanent.[124] Gleichwohl stellt Ziff. 0.6.1.2 der UVPVwV auf entsprechende rechtsverbindliche Grenzwerte ab. Dies erscheint auch sachgerecht, da die UVP ansonsten in der Praxis erheblich erschwert würde.

gg) Berücksichtigung des Ergebnisses der Umweltverträglichkeitsprüfung bei der Entscheidung

Gem. § 12 HS. 2 UVPG ist das Ergebnis der UVP bei der Entscheidung über die Zulässigkeit des Vorhabens zu berücksichtigen. Von der Bewertung der Umweltauswirkungen unterscheidet sich die Berücksichtigung des Ergebnisses der UVP dadurch, daß erstere das Umweltrisiko nach Wahrscheinlichkeit, Art und Umfang bewertet, während die Berücksichtigung diese Risikobewertung unter Abwägung mit gegenläufigen Belangen zu einer abschließenden Entscheidung verarbeitet.[125] Berücksichtigen heißt mehr als ein zur Kenntnis nehmen. Die Zulassungsbehörde muß sich inhaltlich mit dem Bewertungsergebnis auseinandersetzen. Berücksichtigen heißt allerdings nicht, daß die Zulassungsbehörde an das Ergebnis der Bewertung gebunden ist.[126] Damit ist auch nicht gemeint, daß das negative Ergebnis einer UVP stets zur Ablehnung des beantragten Vorhabens führen muß. Entscheidend ist allein, daß die zuständige Behörde aufgrund des Ergebnisses der UVP die Möglichkeit hat, die Genehmigung zu versagen, zu erteilen oder mit Nebenbestimmungen zu versehen. **92**

Dies ist aufgrund des der Planfeststellungsbehörde eingeräumten planerischen Gestaltungsfreiraums bei *Planfeststellungen* zu bejahen.[127] Bedenken werden demgegenüber hinsichtlich der Berücksichtigungsfähigkeit von Genehmigungsentscheidungen erhoben. Als besonders problematisch erweist sich dabei die Berücksichtigungsfähigkeit der Bewertung bei *gebundenen Entscheidungen*.[128] Bei gebundenen Entscheidungen wird man die Berücksichtigungsfähigkeit der Bewertung nur dann annehmen können, wenn die Kontrollerlaubnis an unbestimmte Rechtsbegriffe anknüpft, die es ermöglichen, aufgrund der UVP die Genehmigung zu versagen oder aber mit einer Auflage zu versehen. Zumindest für den zentralen Bereich der immissionsschutzrechtlichen Genehmigungen ist fraglich, ob dies den Vorgaben der UVP-Richtlinie genügt.[129] **93**

hh) Unterrichtung über die Entscheidung

Die zuständige Behörde macht dem Träger des Vorhabens, der betroffenen Öffentlichkeit und denjenigen, über deren Einwendungen entschieden worden ist, die Entscheidung zugänglich und unterrichtet über die Entschei- **94**

---

[124] Vgl. *Hoppe/Püchel,* DVBl. 1988, 1 (2); vgl. auch *Bückmann,* UPR 1988, 361 ff.

[125] SRU, DVBl. 1988, 21 (26); vgl. dazu ausführl. *Hoppe/Püchel,* DVBl. 1988, 1 (3 ff.).

[126] *Bunge,* HdUR, Bd. 2, Sp. 2478 (2489 f.).

[127] *Beckmann,* in: Hoppe, UVPG, § 12 Rn. 81 ff.; vgl. zur Rechtmäßigkeit eines Planfeststellungsbeschlusses bei UVP-Pflichtigkeit der Planfeststellung *VGH München,* Urt. v. 5. 7. 1994 – 8 A 93 40056 u. a. –, DVBl. 1994, 1198 (1200); *OVG Koblenz,* Urt. v. 29. 12. 1994 – 1 C 10893/92 –, ZUR 1995, 146 ff.

[128] Vgl. dazu *Erbguth/Schink,* UVPG, § 12 Rn. 15, 35 ff.; *Jarass,* NuR 1991, 201 (206 f.); *Hoffmann/Riem,* DVBl. 1994, 605 (606 f.); *Beckmann,* in: Hoppe, UVPG, § 12 Rn. 112 ff. m. w. N.

[129] *Erbguth/Schink,* UVPG, § 12 Rn. 95 ff.; *Kloepfer/u. a.,* UGB-AT-E, S. 235 ff.; a. A. *Lange,* DÖV 1992, 780 (784); *Peters,* UPR 1994, 93 ff.; *Schmidt-Preuß,* DVBl. 1994, 485 (493).

dungsgründe. Bei dem Verfahren zur **Unterrichtung über die Entscheidung** sind zumindest die Anforderungen des § 74 Abs. 4 und 5 VwVfG des Bundes und der gleichlautenden Vorschriften der Verwaltungsverfahrensgesetze der Länder zu erfüllen.

d) Umweltverträglichkeitsprüfung in gestuften Verwaltungsverfahren

aa) Vorbescheid und Teilgenehmigung

95 Wird die Zulassungsentscheidung in verschiedene Teilentscheidungen aufgeteilt, so dürfen die entsprechenden Teilzulassungen nur nach Durchführung einer UVP erteilt werden (vgl. § 13 Abs. 1 S. 1 UVPG). Im gestuften Zulassungsverfahren hat sich die UVP auf die nach dem jeweiligen Planungsstand erkennbaren Umweltauswirkungen des Gesamtvorhabens vorläufig und abschließend auf die Umweltauswirkungen zu erstrecken, die Gegenstand von Vorbescheid oder Teilzulassung sind.[130] Diesem reduzierten Umfang der UVP ist bei der Unterrichtung des Vorhabenträgers über den voraussichtlichen Untersuchungsrahmen der UVP und bei den Angaben des Trägers des Vorhabens Rechnung zu tragen.

96 Gem. § 13 Abs. 2 UVPG kann bei weiteren Teilgenehmigungen oder entsprechenden Teilzulassungen die UVP auf bisher nicht berücksichtigte, für die Umweltverträglichkeit des Vorhabens bedeutsame Merkmale des Vorhabens beschränkt werden.

bb) Vorgelagerte Verfahren

97 Die UVP wird nach dem Gesetzesvorhaben auch bei bestimmten vorgelagerten Verwaltungsverfahren, dem jeweiligen Planungsstand entsprechend, durchgeführt (vgl. § 2 Abs. 3 Nr. 2 UVPG). Dazu zählen das

- Linienbestimmungsverfahren gem. § 16 Abs. 1 FStrG,
- Linienbestimmungsverfahren gem. § 13 Abs. 1 WaStrG,
- Genehmigungsverfahren nach § 6 Abs. 1 LuftVG für Flugplätze, die nur aufgrund einer Planfeststellung angelegt oder geändert werden dürfen,
- Linienbestimmungsverfahren gem. § 9 Abs. 1 Nr. 1 PBefG.

98 In nachfolgenden Zulassungsverfahren kann die UVP auf zusätzliche oder andere erhebliche Umweltauswirkungen des Vorhabens beschränkt werden (§ 15 Abs. 4 UVPG).

cc) Raumordnungsverfahren

99 Im Raumordnungsverfahren können die Auswirkungen eines Vorhabens auf die Umwelt entsprechend dem Planungsstand des Vorhabens ermittelt, beschrieben und bewertet werden (§ 16 Abs. 1 UVPG).[131] Ist für ein Vorhaben in einem Raumordnungsverfahren eine UVP durchgeführt worden, die den Anforderungen des UVPG genügt, ist insbesondere eine entsprechende Öffentlichkeitsbeteiligung durchgeführt worden, so kann im nachfolgenden Zulassungsverfahren von einer erneuten UVP abgesehen werden,

---

[130] Zu den Rechtsfragen einer Verfahrensstufung der UVP siehe *Bartlsperger,* DVBl. 1987, 1 (9ff.); *Jarass,* Umweltverträglichkeitsprüfung bei Industrievorhaben, S. 41f.

[131] Vgl. zum Raumordnungsverfahren bereits oben § 7 Rn. 66f.

 Steinberg, DÖV 92, 321

wenn keine zusätzlichen oder anderen erheblichen Auswirkungen auf die Umwelt zu besorgen sind.[132]

dd) Bauleitplanung

Werden Bauleitpläne im Sinne von § 2 Abs. 3 Nr. 3 UVPGE aufgestellt, geändert, ergänzt oder aufgehoben, um die Verwirklichung eines bestimmten Vorhabens zu ermöglichen, so soll im Rahmen des Bauleitplanverfahrens eine UVP nach den Vorschriften des Bauplanungsrechts durchgeführt werden (§ 17 UVPGE).[133] **100**

Beispiel: Gem. § 17 Abs. 3 FStrG ersetzen Bebauungspläne nach § 9 BauGB die Planfeststellung nach § 17 Abs. 1 FStrG.

Von einer erneuten UVP kann im nachfolgenden Zulassungsverfahren abgesehen werden, wenn keine zusätzlichen oder anderen erheblichen Auswirkungen auf die Umwelt zu besorgen sind. **101**

e) Folgen einer fehlerhaften oder einer unterlassenen Umweltverträglichkeitsprüfung

Da die UVP ein unselbständiger Teil eines Verwaltungsverfahrens ist, kann ihre fehlerhafte Durchführung nur im Rahmen des Rechtsschutzes gegen die Zulassungsentscheidung gerügt werden. Im Rahmen des Planfeststellungsverfahrens rechtfertigt allein die Nichteinhaltung von Verfahrensbestimmungen nach Auffassung des *BVerwG* nicht die Aufhebung des Planfeststellungsbeschlusses. Der formelle Mangel muß sich vielmehr auf die Entscheidung ausgewirkt haben.[134] Soweit es um Verfahrensvorschriften nach dem Gesetz über die Umweltverträglichkeitsprüfung geht, dürften diese zudem keinen Drittschutz vermitteln.[135] Fehlt die UVP gänzlich, so liegt ein materiell-rechtlicher Fehler vor,[136] da es zumindest bei der Ermittlung und Bewertung von Umweltauswirkungen um inhaltliche Anforderungen geht.[137] Gleichwohl vermag die schlichte Behauptung, die gebotene UVP sei nicht durchgeführt worden, eine Klagebefugnis nicht zu begründen.[138] **102**

C. Weitere umweltrechtliche Überwachung

Um den zuständigen Umweltbehörden eine Kontrolle über die Einhaltung der umweltrechtlichen Gebote und Verbote zu ermöglichen und um ihnen die notwendigen Informationsgrundlagen für den gefahrenabweh- **103**

---

[132] Zur UVP im Raumordnungsverfahren vgl. die Stellungnahme der ARL, DVBl. 1987, 1152ff.; *Bartlsperger,* DVBl. 1987, 1 (12f.); *Schmidt-Aßmann,* DVBl. 1987, 826ff.; *Schoeneberg,* UVP, Rn. 1ff.; *Appold,* Freiraumschutz, S. 100ff.; *v. Mutius,* BayVBl. 1988, 641ff.

[133] Zur UVP in der Bauleitplanung siehe *Schroer,* Umweltverträglichkeitsprüfung im Bauplanungsrecht, S. 1ff.; *ders.,* DVBl. 1987, 1096ff.; *Bosselmann,* DVBl. 1988, 724ff.

[134] *BVerwG,* Beschl. v. 23. 2. 1994 – 4 B 35.94 –, DVBl. 1994, 763; krit. dazu *Steinberg,* DÖV 1996, 221 (228); auch *Kloepfer,* UmweltR, § 5 Rn. 105.

[135] So auch *Steinberg,* DÖV 1996, 221 (229ff.).

[136] So die h.M., vgl. *Lange,* DÖV 1992, 780 (781); a.A. *Schmidt-Preuß,* DVBl. 1995, 485 (489).

[137] *Arndt,* in: Steiner, BesVwR, Kap. VIII Rn. 70.

[138] Vgl. *VGH München,* Urt. v. 26. 1. 1993 – 8 A 92 40143 –, NVwZ 1993, 906.

renden und vorsorgenden Umweltschutz zu verschaffen, sieht das Umweltrecht – neben den umweltrechtlichen Erlaubnis-, Planfeststellungs- und Plangenehmigungsverfahren einschließlich der UVP – als Instrumentarium die

- wasserwirtschaftsrechtliche Überwachung gem. § 21 WHG,
- anlagenbezogene, gebietsbezogene und allgemeine Überwachung der Luftverunreinigung gem. §§ 26 ff., 44 ff., 52 BImSchG,
- staatliche Aufsicht über die friedliche Nutzung der Kernenergie gem. § 19 AtG,
- chemikalienrechtliche Überwachung gem. § 21 ChemG,
- Überwachung im Bereich der Abfallentsorgung gem. § 40 KrW-/AbfG und
- Überwachung von Altlasten und altlastverdächtigen Flächen gem. § 15 BBodSchG vor.

104 Die zuständigen Fachbehörden können dazu technische Ermittlungen und Prüfungen vornehmen. Sie können eigene Messungen und Einsichtnahmen durchführen oder die Messungen durch die Unternehmen selbst veranlassen. Die Eigentümer und Besitzer der Grundstücke, auf denen umweltrelevante Vorhaben durchgeführt werden, haben dazu das Betreten der Grundstücke zu gestatten und die erforderlichen Ermittlungen – nicht zuletzt durch Buchführungs- und Nachweispflichten – zu ermöglichen. Zum Teil haben sie sogar Arbeitskräfte, Unterlagen und Werkzeuge zur Verfügung zu stellen.

105 Die Überwachung der Umweltbehörden wird durch gesetzlich geregelte *Auskunftspflichten* und durch die *Bestellung von Betriebsbeauftragten für den Umweltschutz* ergänzt und erleichtert.

I. Umweltrechtliche Auskunftspflichten

106 Umweltrechtliche Auskunftspflichten werden in der Terminologie des Gesetzgebers ganz verschieden als Auskunfts-, Offenbarungs-, Mitteilungs-, Melde-, Kennzeichnungs-, Informations-, Anzeige- oder Nachweispflichten bezeichnet. Ein materiell unterschiedlicher Regelungsgehalt ist mit dieser Begriffsvielfalt zumeist nicht verbunden.[139]

107 Neben den erlaubnisersetzenden Anzeige- und Anmeldepflichten[140] dienen Auskunftspflichten im Umweltrecht einer Befolgungskontrolle. So bestehen teilweise Verpflichtungen zur regelmäßigen Mitteilung etwa über die Abweichungen vom Inhalt einer Genehmigung gem. § 16 BImSchG oder als jährliche Erklärung über die von einer Anlage ausgehenden Luftverunreinigungen nach § 27 BImSchG. Auskunftspflichten bestehen aber auch beim Auftreten bestimmter Schadstofforganismen oder Krankheiten[141] oder aber bei Unfällen während des Transports gefährlicher Güter,[142] bei Unfällen im Umgang mit radioaktiven Stoffen und bei der Herstellung und Verwendung radioaktiver Stoffe etc.[143]

---

[139] Zu umweltrechtl. Offenbarungspflichten siehe *Hahn,* Offenbarungspflichten im Umweltschutzrecht, S. 97 ff.; *Knemeyer,* HdUR, Bd. 1, Sp. 178 ff.

[140] Vgl. dazu oben § 8 Rn. 24 ff.

[141] Siehe z. B. § 3 PflSchG, § 3 ff. BSeuchG.

[142] §§ 5, 9 GGVS.

[143] § 36 StrlSchV, § 12 AtG, ausführl. dazu *Fritz,* HdUR, Bd. 1, Sp. 1404 (1405).

II. Bestellung von Betriebsbeauftragten für den Umweltschutz

Betriebsbeauftragte für den Umweltschutz sind vorgesehen im **108**

- Immissionsschutzrecht (§§ 53 bis 58 BImSchG sowie §§ 58a bis 58d BImSchG),
- Wasserwirtschaftsrecht (§§ 21a bis 21f WHG),
- Kreislaufwirtschafts- und Abfallrecht (§§ 54f. KrW-/AbfG),
- Atomrecht (§§ 2 bis 5 AtSMV),
- Strahlenschutzrecht (§§ 29 bis 32 StrlSchV)[144] und
- Gentechnikrecht (§§ 16 bis 19 GenTSV).

Umweltschutzbeauftragte haben die Einhaltung von Vorschriften, Bedingungen und Auflagen des Genehmigungsbescheides, insbesondere durch die Kontrolle der Betriebsstätten und Anlagen, zu überwachen.[145] Sie haben außerdem auf die Entwicklung und Einführung von umweltfreundlichen Verfahren und Produkten hinzuwirken. Die Betriebsangehörigen sind von den Umweltschutzbeauftragten über die schädlichen Umwelteinwirkungen, die von der Anlage ausgehen, sowie über die Möglichkeiten ihrer Vermeidung zu informieren. **109**

Umweltschutzbeauftragte haben dem Anlagenbetreiber oder dem Gewässerbenutzer Mitteilung über festgestellte Mängel und Vorschläge über Maßnahmen zur Beseitigung dieser Mängel zu machen.[146] Sie haben dem Betreiber oder Gewässerbenutzer jährlich einen Bericht über die getroffenen und beabsichtigten Maßnahmen zu erstatten[147] und zu den Investitionsentscheidungen Stellung zu nehmen.[148] **110**

Die Umweltschutzbeauftragten sind vom Betreiber oder Gewässerbenutzer schriftlich zu bestellen.[149] Vorgesehen ist jeweils die Möglichkeit der Bestellung mehrerer Immissionsschutzbeauftragter, Gewässerschutzbeauftragter oder Betriebsbeauftragter für Abfall. Wird von dieser Möglichkeit Gebrauch gemacht, sind die den einzelnen Betriebsbeauftragten obliegenden Aufgaben genau abzugrenzen. Möglich ist insbesondere die Bildung eines Beauftragten-Ausschusses. **111**

Ist für ein Unternehmen oder einen Betrieb die Bestellung sowohl eines Immissionsschutzbeauftragten, eines Gewässerschutzbeauftragten und eines Beauftragten für Abfall notwendig, so kann für alle Gebiete gemeinsam ein Betriebsbeauftragter für den Umweltschutz bestellt werden.[150] Neben diesen *„Mehrfachbeauftragten"*, die für verschiedene Umweltmedien verantwortlich sind, gibt es außerdem die sog. „Konzernbeauftragten", die u.a. gem. § 5 der 5. BImSchV für den Bereich eines Konzerns beauftragt werden können. **112**

---

[144] Der Strahlenschutzbeauftragte ist wegen seiner weitergehenden Befugnisse nur bedingt mit den anderen Umweltschutzbeauftragten vergleichbar, siehe dazu *Steiner,* DVBl. 1987, 1133 (1138); zur Abgrenzung der Umweltschutzbeauftragten zu ähnl. Institutionen vgl. *Keune,* HdUR, Bd. 1, Sp. 287ff.

[145] Vgl. § 54 BImSchG, § 21b WHG, § 54 KrW-/AbfG, § 31 Abs. 2 StrlSchV.

[146] Vgl. § 54 Abs. 1 Nr. 3 BImSchG, § 21 Abs. 1 Nr. 1 WHG, § 55 Abs. 1 Nr. 2 KrW-/AbfG, § 30 Abs. 1 S. 2 StrlSchV.

[147] § 54 Abs. 2 BImSchG, § 21b Abs. 2 WHG, § 55 Abs. 2 KrW-/AbfG.

[148] § 56 BImSchG, § 21d WHG.

[149] Vgl. § 55 Abs. 1 S. 1 BImSchG, § 21c Abs. 1 S. 1 WHG, § 54 Abs. 1 S. 1 KrW-/AbfG, § 30 Abs. 2 S. 1 StrlSchV.

[150] Siehe *Keune,* HdUR, Bd. 1, Sp. 287 (294).

113 Der Betreiber und der Gewässerbenutzer haben dafür zu sorgen, daß der Umweltschutzbeauftragte seine Vorschläge oder Bedenken unmittelbar der entscheidenden Stelle, bzw. unmittelbar der Geschäftsleitung vortragen kann, wenn er sich mit dem zuständigen Betriebsleiter nicht einigen konnte und er wegen der besonderen Bedeutung der Sache eine Entscheidung dieser Stelle für erforderlich hält.[151] Wegen der Erfüllung seiner Aufgaben darf der Umweltschutzbeauftragte nicht benachteiligt werden.[152]

114 Der Kommissionsentwurf zum Umweltgesetzbuch sieht in Anlehnung an den Professorenentwurf[153] in §§ 155 bis 163 UGB-KomE die Einführung eines einheitlichen Umweltschutzbeauftragten vor, der für sämtliche Fragen des betrieblichen Umweltschutzes zuständig sein soll.[154]

115 Der Arbeitsentwurf zum Umweltgesetzbuch I sieht in Anlehnung an den Kommissionsentwurf in § UB 1 bis 11 UGB-I-E Vorschriften über die Pflicht zur Bestellung von Umweltschutzbeauftragten, deren Aufgaben sowie deren Bestellung vor.[155]

D. Repressive Verfügungen im Umweltrecht

116 Es gibt zahlreiche Gründe, die ein Einschreiten gegen umweltrelevante Vorhaben oder Verhaltensweisen notwendig machen können. Ändern können sich z.B. die tatsächlichen Gegebenheiten, etwa die Nachbarbebauung einer gewerblichen Anlage. Rechtsvorschriften können verschärft oder konkretisiert werden, neue Erkenntnisse über die Wirkungsweise von Schadstoffen können gewonnen, effizientere Technologien zur Schadstoffvermeidung können entwickelt werden und nicht zuletzt kann ein geändertes, rechtswidriges Verhalten Anlaß für repressive Maßnahmen von Umweltbehörden geben. Die Möglichkeiten, repressiv gegen die Verursacher von Umweltbelastungen vorgehen zu können, richten sich entweder nach Spezialregeln des Umweltrechts oder aber nach dem allgemeinen Polizei- und Ordnungsrecht.[156] Maßgeblich für das repressive Einschreiten der Umweltbehörden ist, ob das Verhalten oder Vorhaben, gegen das sich die Maßnahmen richten sollen, erlaubnispflichtig ist oder nicht.

I. Einschreiten gegen erlaubnisfreie Betätigungen

117 Für die erlaubnisfreien Betätigungen sehen die Umweltgesetze nur vereinzelt konkrete Regelungen des repressiven Einschreitens vor.

Beispiel: Zur Durchsetzung der Pflichten der Betreiber nicht genehmigungsbedürftiger Anlagen i. S. v. § 22 Abs. 1 BImSchG kann die zuständige Behörde im Einzelfall gem. § 24 S. 1 BImSchG die erforderlichen Anordnungen treffen. Kommt der Betreiber einer nicht genehmigungspflichtigen Anlage einer vollziehbaren behördlichen Anordnung i. S. v. § 24 S. 1 BImSchG nicht nach, so kann die zuständige Behörde den

---

[151] Vgl. § 57 BImSchG, § 21e WHG, § 55 Abs. 3 KrW-/AbfG.

[152] Vgl. § 58 BImSchG, § 55 Abs. 3 KrW-/AbfG, §§ 21f. WHG, § 30 Abs. 3 StrlSchV.

[153] Vgl. dazu §§ 95–102 UBG-AT-E, siehe *Kloepfer/u. a.*, UGB-AT-E, S. 74ff.

[154] BMU, UGB-KomE, S. 744.

[155] Vgl. dazu Arbeitsentwurf des BMU für ein UGB-I v. 23. 4. 1999, Begründung zum UGB-I, S. 147ff.

[156] Vgl. dazu *Breuer,* GS Martens, S. 317ff.

Betrieb der Anlage ganz oder teilweise bis zur Erfüllung der Anordnung untersagen (§ 25 Abs. 1 BImSchG). Das mit der Untersagungsentscheidung verbundene Ermessen der Behörde wird gem. § 25 Abs. 2 BImSchG für den Regelfall ausgeschlossen, wenn die von einer Anlage hervorgerufenen schädlichen Umwelteinwirkungen das Leben oder die Gesundheit von Menschen oder bedeutende Sachwerte gefährden. In diesen Fällen soll die zuständige Behörde die Errichtung oder den Betrieb der Anlage ganz oder teilweise untersagen, soweit die Allgemeinheit oder die Nachbarschaft nicht auf andere Weise ausreichend geschützt werden kann.[157]

Soweit vergleichbare Spezialregelungen nicht vorliegen, regelt sich die **118** repressive Inanspruchnahme nach dem allgemeinen Polizei- und Ordnungsrecht.

Beispiel: Wenn im Grundwasser eines Grundstücks eine Verunreinigung durch Öl eingetreten ist, so ist – falls kein anderweitiger Störer festgestellt wird – der Eigentümer dieses Grundstücks gem. §§ 14, 18 OBG/NW für die von dem Zustand der Liegenschaft ausgehende Störung oder Gefahr für die Reinheit des Wassers verantwortlich.[158]

Der Verstoß gegen Gebote und Verbote des Umweltrechts stellt eine Ver- **119** letzung der öffentlichen Sicherheit i. S. d. Polizei- und Ordnungsrechts dar. Teilweise wird ausdrücklich auf die Eingriffsermächtigungen des Polizei- und Ordnungsrechts verwiesen.[159]

II. Einschreiten gegen erlaubnispflichtige Betätigungen

Für die rechtlichen Voraussetzungen und Grenzen des repressiven Ein- **120** schreitens gegen erlaubnispflichtige Betätigungen ist maßgeblich, ob eine Erlaubnis erteilt worden ist oder nicht. Fehlt eine Erlaubnis, weil der auf ihre Erteilung gerichtete Antrag abgelehnt worden ist, oder weil der entsprechende Antrag erst gar nicht gestellt worden ist, so verstößt der Handelnde damit gegen ein öffentlich-rechtliches Verbot und damit gegen die öffentliche Sicherheit und Ordnung.[160]

1. Einschreiten bei fehlender Erlaubnis

Im Umweltrecht kann – anders als im Baurecht – eine Untersagungs- oder **121** Beseitigungsverfügung allein mit der *formellen Illegalität* des Vorhabens begründet werden, ohne daß es auf die materielle Rechtslage ankäme.[161] Diese Abweichung vom Baurecht wird mit der spezifischen Sozialrelevanz des Umweltschutzes und der typischen Irreversibilität von Schädigungen und Belastungen der Umwelt begründet.[162] Sie entspricht der herrschenden Rechtsauffassung, wonach es im Umweltrecht keinen Grundsatz gibt wie im Baurecht, nach dem eingeräumte und/oder ausgenutzte Rechtspositionen

---

[157] Vgl. dazu unten § 21 Rn. 190.

[158] Vgl. auch *VGH Kassel,* Urt. v. 3. 6. 1985 – VIII OE 91/81 –, UPR 1986, 116.

[159] Vgl. z. B. § 67 S. 3 BlnWG, § 156 BremWG, § 138 LWG NW.

[160] Vgl. *Drews/Wacke/Vogel/Martens,* Gefahrenabwehr, S. 449.

[161] Vgl. *Breuer,* in: Schmidt-Aßmann, BesVwR, 5. Abschn. Rn. 78; *BVerwG,* Urt. v. 10. 2. 1978 – 4 C 71/75 –, NJW 1978, 2311; *OVG Hamburg,* Urt. v. 29. 6. 1978 – OVG Bf II 48/76 –, DVBl. 1979, 235; *VGH Mannheim,* Urt. v. 14. 9. 1976 – XII 95/76 –, DÖV 1977, 332.

[162] Vgl. *Breuer,* in: Schmidt-Aßmann, BesVwR, 5. Abschn. Rn. 80.

trotz Rechtsänderung im allgemeinen zu belassen oder nur gegen Entschädigung zu entziehen sind.[163]

122 Das ordnungsbehördliche Einschreiten steht allerdings im Ermessen der Behörde. Im Einzelfall mag der bei der Ermessensbetätigung zu beachtende Verhältnismäßigkeitsgrundsatz verletzt sein, wenn die Beseitigung einer formell illegalen Anlage verlangt wird, obwohl eine Nutzungs- oder Betriebseinschränkung bis zur Entscheidung im Erlaubnisverfahren ausreichen würde.[164]

123 Die Behörde kann den Betroffenen allerdings nicht verpflichten, einen Antrag auf Erlaubnis zu stellen. Ermessensfehlerhaft kann ein Einschreiten außerdem dann sein, wenn die Behörde durch eine informale Zusage oder durch längerfristiges Dulden einen Vertrauenstatbestand geschaffen und sich dadurch in ihrer Ermessensausübung gebunden hat[165] oder wenn sie in gleichgelagerten Fällen bislang nicht eingeschritten ist und auch keine grundsätzliche Änderung ihrer Verwaltungspraxis erkennen läßt.[166]

2. Einschreiten bei erteilter Erlaubnis

124 Ist für das Vorhaben oder das Verhalten, gegen das eingeschritten werden soll, eine Erlaubnis erteilt worden, so kann diese im Falle der Rechtswidrigkeit nach § 48 VwVfG zurückgenommen werden. Umweltrechtliche Rücknahmeregelungen, die dem § 48 VwVfG als Spezialvorschrift vorgehen, gibt es nur in § 17 Abs. 2 AtG. Danach können Genehmigungen und allgemeine Zulassungen zurückgenommen werden, wenn eine ihrer Voraussetzungen bei der Erteilung nicht vorgelegen hat.

125 Ist die Erlaubnis dagegen rechtmäßig, sehen die Umweltgesetze Spezialregelungen über den Widerruf der Erlaubnis – etwa § 17 Abs. 3 AtG, § 21 Abs. 1 BImSchG oder § 12 WHG – vor.

126 Im übrigen beinhalten zahlreiche Umweltgesetze Regelungen für nachträgliche Anordnungen, Untersagungs-, Stillegungs- und Beseitigungsverfügungen.

Beispiel: § 17 Abs. 1 S. 1 BImSchG sieht zur Erfüllung der sich aus dem Immissionsschutzrecht ergebenden Pflichten die Möglichkeit nachträglicher Anordnungen vor. Die zuständigen Behörden sollen sogar nachträgliche Anordnungen treffen, wenn nach Erteilung der Genehmigung festgestellt wird, daß die Allgemeinheit oder die Nachbarschaft nicht ausreichend vor schädlichen Umwelteinwirkungen oder sonstigen Gefahren, erheblichen Nachteilen oder Belästigungen geschützt ist (§ 17 Abs. 1 S. 2 BImSchG). Allerdings darf die Behörde eine nachträgliche Anordnung nicht treffen, wenn sie unverhältnismäßig ist. In diesem Fall kann sie jedoch die Genehmigung unter den Voraussetzungen des § 21 Abs. 1 Nr. 3–5 BImSchG ganz oder teilweise widerrufen (§ 17 Abs. 2 S. 2 BImSchG).

127 Die gesetzlichen Vorschriften über nachträgliche Anordnungen können durch untergesetzliche Regelungen ergänzt werden.

---

[163] Vgl. für das ImmissionsschutzR *BVerwG,* Urt. v. 18. 5. 1982 – 7 C 42.80 –, BVerwGE 65, 313 (317); allgem. zum Bestandsschutz im UmweltR, *Sendler,* HdUR, Bd. 1, Sp. 268ff.; vgl. dazu auch oben § 4 Rn. 40ff.

[164] *Breuer,* in: Schmidt-Aßmann, BesVwR, 5. Abschn. Rn. 81.

[165] Vgl. *VGH München,* Beschl. v. 24. 10. 1986 – Nr. 20 CS 86 02260 –, ZfW 1987, 167.

[166] *Drews/Wacke/Vogel/Martens,* Gefahrenabwehr, S. 449.

Beispiel: Nach Nr. 4.1 TA Luft soll eine nachträgliche Anordnung „unverzüglich" getroffen werden, wenn die Immissionswerte zum Schutz vor Gesundheitsgefahren oder zum Schutz vor erheblichen Nachteilen und Belästigungen überschritten sind.[167]

3. *Legalisierungswirkung behördlicher Erlaubnisse*

Inwieweit neben diesen spezialgesetzlich geregelten Eingriffsmöglichkeiten **128**
die ordnungsrechtliche Inanspruchnahme zulässig ist, ist umstritten. Die Legalisierungswirkung behördlicher Genehmigungen, Erlaubnisse und sonstiger Gestattungsakte wurde insbesondere im Zusammenhang mit der ordnungsrechtlichen Inanspruchnahme bei der Sanierung von **Altlasten** diskutiert.

Nach Ansicht des *BVerwG* ermächtigt die ordnungsbehördliche Generalklausel regel- **129**
mäßig zu keinem Einschreiten gegen immissionsschutzrechtlich genehmigte Anlagen. Die ordnungsbehördliche Generalklausel werde zwar nicht durch die spezielleren immissionsschutzrechtlichen Vorschriften verdrängt. Die Legalisierungswirkung einer Genehmigung schließe jedoch aus, von einem pflichtwidrigen Handeln des Genehmigungsinhabers auszugehen.[168]

Der Annahme einer Legalisierungswirkung wird – wohl zu Recht – entgegenge- **130**
halten, die ordnungsrechtliche Haftung setze allein eine drohende oder bestehende Gefahr für die öffentliche Sicherheit oder Ordnung voraus. Die Rechtmäßigkeit oder Pflichtgemäßheit des Handelns sei für die ordnungsrechtliche Verantwortlichkeit nicht entscheidend.[169] Von einer Legalisierungswirkung behördlicher Erlaubnisse kann deshalb nur dann ausgegangen werden, wenn man sie als normative *Risikozuweisung* akzeptiert.[170] Der genehmigungskonform handelnde Anlagenbetreiber trägt lediglich das Risiko der spezialgesetzlich geregelten Eingriffe. Im übrigen trägt die Allgemeinheit das Risiko der bei Ausnutzung der Genehmigung eintretenden Umweltschäden.

Dabei ist allerdings nach *Breuer* in zweierlei Hinsicht zu differenzieren: Zum einen **131**
gibt es durchaus Genehmigungen, die sich auf eine schlichte Präventivkontrolle beschränken und gerade keine Legalisierungswirkung entfalten sollen,[171] und zum anderen ist Maß und Umfang der Legalisierungswirkung im Einzelfall von der behördlichen Sachprüfung und der konkreten behördlichen Entscheidung abhängig. Stets muß geprüft werden, ob die jeweilige Genehmigung die fraglichen Handlungsweisen vorbehaltlos, unter bestimmten Voraussetzungen und Einschränkungen oder unter dem weitergehenden allgemeinen Vorbehalt der Befolgung technischer Regeln oder verkehrsüblicher Sorgfaltsmaßstäbe gestattet.[172]

---

[167] Vgl. auch die Regelungen über zusätzl. Anforderungen gem. § 5 WHG, über nachträgl. Anordnungen gem. §§ 8 Abs. 1 S. 1 AbfG, 17 Abs. 1 S. 2 AtG; zur Untersagungsmöglichkeit vgl. z. B. § 20 BImSchG; zur Abgrenzung einer Stillegungsanordnung von einer nachträgl. Anordnung siehe *OVG Münster,* Urt. v. 9. 7. 1987 – 21 A 1556/86 –, DVBl. 1988, 152.

[168] Vgl. *BVerwG,* Urt. v. 2. 12. 1977 – 4 C 75.75 –, BVerwGE 55, 118 (121); *VGH Mannheim,* Beschl. v. 14. 12. 1989 – 1 S 2719/89 –, NVwZ 1990, 781 (783); *a. A. OVG Münster,* Beschl. v. 10. 1. 1985 – 4 B 1434/84 –, NVwZ 1985, 355 f.; *Fluck,* VerwArch 1988, 406 ff.; *Oerder,* NVwZ 1992, 1031 (1034 f.); *Schink,* GewArch 1996, 50 (58); *Kothe,* VerwArch 1997, 456 (477 ff.); *Tünnesen-Harmes,* HdbUR, A.4 Rn. 82 ff.; *Schrader,* Altlastensanierung nach dem Verursacherprinzip, S. 139 ff.; *Papier,* Altlasten und polizeiliche Störerhaftung, S. 24 f.; *Kloepfer,* Verantwortlichkeit für Altlasten, S. 37 f.

[169] Vgl. *Brandt/Lange,* UPR 1987, 11 (15).

[170] Vgl. dazu *Breuer,* JuS 1986, 359 (362).

[171] *Breuer,* JuS 1986, 359 (362) nennt dazu das Beispiel der bergrechtl. Betriebsplanzulassung.

[172] *Breuer,* JuS 1986, 359 (363); vgl. *OVG Koblenz,* Urt. v. 7. 5. 1991 – 1 R 10297/89 –, NVwZ 1992, 499 (500); ähnl. *Koch,* Bodensanierung nach dem Verursacherprinzip, S. 3 ff.; *Schink,* DVBl. 1986, 161 (167); *Kloepfer,* UmweltR, § 12 Rn. 72; *Tünnesen-Harmes,* HdbUR, A.4 Rn. 84; *Brandt,* AltlastenR, Kap. IV Rn. 56 ff.

§ 9. Instrumente der indirekten Verhaltenssteuerung und der staatlichen Eigenvornahme

1 Die Instrumente der direkten Verhaltenssteuerung sind im Bereich der Gefahrenabwehr und der Risikovorsorge unerläßlich. Sie weisen jedoch auch Schwächen auf, die ihre Ergänzung durch Instrumente indirekter Verhaltenssteuerung und durch Maßnahmen der staatlichen Eigenvornahme nahelegen.

A. Indirekte Verhaltenssteuerung

2 Den ordnungsrechtlichen Maßnahmen der direkten Verhaltenssteuerung wird entgegengehalten, sie erfaßten nur unzulässige Umweltbeeinträchtigungen, was „end-of-pipe-Technologien" fördere und nicht zu einer überobligatorischen Normerfüllung anreize.[1] Außerdem tolerierten sie Umweltbeeinträchtigungen unterhalb der Schädlichkeitsschwelle und schafften keinen Anreiz zum schonenden Ge- und Verbrauch von unentgeltlich in Anspruch genommenen Umweltgütern, wie Luft, Wasser und Boden. Umwelttechnologisch notwendige Innovationen würden durch die ordnungsrechtliche Festlegung von Umweltgütestandards nicht genügend angeregt. Solche Innovationen seien eher zu erwarten, wenn sie – betriebswirtschaftlich gesehen – zu Kostensenkungen führten. Nur durch wirtschaftliche Anreize oder umgekehrt durch Kostennachteile könne der Verursacher zu umweltfreundlichem Verhalten veranlaßt werden.[2] Bemängelt wird außerdem, daß das ordnungsrechtliche Eingreifen einen behördlichen Informationsbedarf auslöse, der ohne freiwilliges Mitwirken der Betroffenen nicht zu befriedigen sei. Das Vollzugsdefizit des ordnungsrechtlichen Instrumentariums sei nicht zuletzt Folge dieses Informationsmangels.[3] Schließlich sind ordnungsrechtliche Gebote und Verbote häufig der gerichtlichen Anfechtung und den damit verbundenen zeitlichen Verzögerungen ausgesetzt. Umweltbehörden lassen sich deshalb nicht selten auf ein informales Verwaltungshandeln, auf Absprachen, Vorverhandlungen oder Vorabzuleitung von Entscheidungsentwürfen ein.[4]

3 Angesichts der aufgezeigten Schwächen ordnungsrechtlicher Eingriffsinstrumente liegt es nahe, das System des unmittelbaren Zwangs durch eine mittelbare Verhaltenslenkung zu ergänzen.[5] Durch eine solche, nicht auf unmittelbarem Zwang beruhende Verhaltenssteuerung kann influenzierend und motivierend auf die Entscheidung des einzelnen Einfluß genommen werden, was die Akzeptanz für umweltgerechtes Verhalten fördert und zu

---

[1] Krit. zum ordnungsrechtl. orientierten Umweltschutz SRU, Umweltgutachten 1987, BT-Drs. 11/1568, Tz. 149 ff.; SRU, Umweltgutachten 1994, BT-Drs. 12/6995, Tz. 337 ff.; *Meßerschmidt,* Umweltabgaben als Rechtsproblem, S. 58 ff.; *Bender/Sparwasser/Engel,* UmweltR, 1. Teil Rn. 135 ff.

[2] *Bender/Sparwasser/Engel,* UmweltR, 1. Teil Rn. 137; *Kloepfer,* UmweltR, § 5 Rn. 157; zur Steigerung der Kosteneffizienz des UmweltordnungsR *Gawel,* Die Verw. 1999, 179 ff.

[3] *Kloepfer,* UmweltR, § 5 Rn. 156.

[4] Vgl. dazu *Bohne,* Der informale Rechtsstaat, S. 1 ff.

[5] Soweit in der Lit. z. T. eine vollständige Privatisierung des Umweltschutzes durch Schaffung von Eigentumsrechten u. Haftpflichtregeln gefordert wird, dürfte dieses aber gerade im Bereich der Gefahrenabwehr unzulässig sein, vgl. zu entspr. Forderungen *Bonus,* FS Hansmeyer, S. 287 ff.; dazu auch *Rehbinder,* in: Salzwedel, Grundzüge des UmweltR, 2. Aufl., Kap. 04 Rn. 193, 203 m. w. N.

einer Anreizwirkung für überobligatorische Normerfüllung führen kann.[6] Im Mittelpunkt der indirekten Verhaltenssteuerung stehen dabei ökonomische Anreize.[7] Durch ihren Einsatz fördert der Staat das Eigeninteresse von Unternehmen, Kommunen und Bürgern an einem umweltschonenden Verhalten. Wirtschaftliche Anreize sind geeignet, ein umweltfreundliches Verhalten auch über gesetzliche Anforderungen und über die Abwehr von Gefahren hinaus auszulösen.[8] Allerdings ist der Einsatz von Instrumenten der indirekten Verhaltenssteuerung mit einem Verlust an rechtsstaatlicher Klarheit und einer Lenkungsunschärfe verbunden, da sich ein bestimmtes Ergebnis wegen des bloß influenzierenden Charakters nicht mit Sicherheit erzielen läßt.[9] Wirtschaftliche Anreize können deshalb das ordnungsrechtliche Instrumentarium nur ergänzen, weil dem Adressaten grundsätzlich die Wahl bleibt, auf den Anreiz zu reagieren oder sein umweltbeeinträchtigendes Verhalten fortzusetzen. Die Abwehr von Umweltgefahren und -risiken muß aber in erster Linie durch den Einsatz von zwingenden Geboten und Verboten gesichert bleiben.[10]

Zu umweltpolitisch erwünschtem Verhalten kann der Staat im wesentlichen durch **4**

- die Schaffung ökonomischer Anreize (I.), etwa durch die Gewährung von Nutzungsvorteilen und Subventionen, die Statuierung von Kostennachteilen durch Umweltabgaben sowie die Ausgabe von Zertifikaten oder die Regelung von Kompensationsmodellen,
- die Einflußnahme auf die betriebliche Umweltorganisation durch Umweltaudit (II.),
- die Gewährung von Informationszugangsrechten durch Umweltinformationen (III.) sowie
- informelle Verhaltensabreden (IV.) u. a. durch Selbstverpflichtungen der Wirtschaft

die Rahmenbedingungen schaffen.[11]

I. Ökonomische Anreize

Ökonomische Anreize können sowohl durch die *Gewährung von Nutzungsvorteilen* und *Gestattungen,* durch *finanzielle Förderungen* aber auch durch die Statuierung von Kostennachteilen in Form von *Umweltabgaben* gesetzt wer- **5**

---

[6] Vgl. auch *Bender/Sparwasser/Engel,* UmweltR, 1. Teil Rn. 137; *Kloepfer,* UmweltR, § 5 Rn. 156; ob Instrumente der mittelbaren Verhaltenslenkung zudem zu einer Entlastung staatl. Steuerungsaufgaben führen, so *Kloepfer,* UmweltR, § 5 Rn. 158, muß angesichts des mit der Erhebung von Umweltabgaben verbundenen Aufwands u. der erforderl. staatl. Kontrolle bei der Einhaltung von Umweltabsprachen bezweifelt werden.

[7] Zu Ansätzen der indirekten Verhaltenssteuerung auf der Ebene der EG vgl. *Krämer,* in: Rengeling, EUDUR, Bd. 1, § 15 Rn. 48 ff.

[8] Vgl. dazu Leitlinien Umweltvorsorge der BReg., BT-Drs. 10/6028, S. 14; *Hartkopf/Bohne,* Umweltpolitik, S. 194 ff.; SRU, Umweltgutachten 1987, BT-Drs. 11/1568, Tz. 153 ff.

[9] So zu Recht *Kloepfer,* UmweltR, § 5 Rn. 159.

[10] Vgl. dazu *Kirchhof,* HdUR, Bd. 1, Sp. 21 (27).

[11] Auch das HaftungsR nimmt indirekt auf das Verhalten des Verursachers einer Umweltbeeinträchtigung Einfluß; da es jedoch im wesentl. zivilrechtl. geprägt ist u. überdies erst subsidiär eingreift, wenn der Schaden bereits entstanden ist, soll es ausführl. im Rahmen des Umweltprivatrechts dargestellt werden, vgl. dazu näher unten § 12 Rn. 1 ff.

den.[12] Hinzu kommen als Instrumente mit ökonomischer Anreizfunktion die Möglichkeit der Schaffung und *Ausgabe von Umweltzertifikaten* oder die *Regelung von Kompensationsmodellen*.

1. Nutzungsvorteile und Gestattungen

6 So sind im Bereich des Immissionsschutzrechts **Befreiungen von zeitlichen Benutzungsverboten** für den Fall vorgesehen, daß die benutzten Produkte bestimmte Immissionsgrenzwerte unterschreiten.[13]

Beispiele: Die 8. BImSchV[14] (Rasenmäherlärmverordnung) sieht eine Befreiung von zeitlichen Betriebsbeschränkungen für lärmarme Rasenmäher vor. Ebenso erlaubt § 40 c BImSchG bei Sommer-Smoglagen die Benutzung schadstoffarmer Kraftfahrzeuge.

2. Finanzhilfen

7 Eine mittelbare Verhaltenssteuerung kann auch durch die **Gewährung von Finanzhilfen** erreicht werden.[15] Finanzhilfen können einerseits Umweltschutzinvestitionen beschleunigen und umweltrechtliche Anforderungen im Einzelfall für die betroffenen Unternehmen überhaupt erst finanzierbar machen. Zu bedenken ist andererseits, daß der Empfänger der Finanzhilfe über die Erfüllung des Tatbestandes der Finanzhilfe hinaus keinen Anreiz hat, weitere Anstrengungen zu unternehmen.[16] Zur Gewährung von Finanzhilfen kann der Staat zum einen selbst finanzielle Leistungen an Private erbringen, er kann umgekehrt auch auf öffentlich-rechtliche Geldforderungen verzichten.

8 Zu den vom Staat selbst erbrachten finanziellen Leistungen zählen (verlorene) Zuschüsse, die vom Empfänger nicht zurückgezahlt werden müssen, zinsgünstige Darlehen und Bürgschaften.[17] Finanzhilfen werden von Bund, Ländern und Gemeinden, aber auch zunehmend von der EG gewährt.[18]

Beispiel: Zur Luftreinhaltung gewerblicher oder kommunaler Wirtschaftsbetriebe werden aus dem EPR-Programm (European Recovery Programm) Subventionen gewährt, um Umweltschutzinvestitionen zu ermöglichen.[19]

Beispiel: Ebenfalls als eine vom Staat (freiwillig) erbrachte finanzielle Leistung sind die Ausgleichszahlungen an Landwirte gem. § 19 Abs. 4 WHG und gem. § 3b BNatSchG anzusehen.[20] Nach diesen Vorschriften erhalten Landwirte bei bestimmten

---

[12] Vgl. zu ökonomischen Instrumenten ausführl. *Kloepfer,* UmweltR, § 5 Rn. 227 ff.

[13] Vgl. *Hartkopf/Bohne,* Umweltpolitik, S. 195 f.; *Wicke,* Umweltökonomie, S. 294 ff.; *Kloepfer,* UmweltR, § 5 Rn. 229; zu Nutzungsvorteilen siehe auch § 204 UGB-KomE, vgl. BMU, UGB-KomE, S. 186, 812.

[14] Achte Verordnung zur Durchführung des Bundes-Immissionsschutzgesetzes (Rasenmäherlärm-Verordnung – 8. BImSchV), i. d. F. d. Bek. v. 13. 7. 1992 (BGBl. I S. 1248), geänd. durch G v. 27. 4. 1993 (BGBl. I S. 512, ber. S. 1529, 2436).

[15] Dazu i.Ü. BT-Drs. 10/6028, S. 14; *Kloepfer,* UmweltR, § 5 Rn. 232 ff.

[16] So zu Recht *Kloepfer,* UmweltR, § 5 Rn. 235.

[17] Zu europarechtl. Vorgaben für die Gewährung von Subventionen vgl. *Seidel,* NVwZ 1993, 105 (110 ff.).

[18] Zu Subventionen der EG u. ihrer Mitgliedstaaten vgl. ausführl. *Magiera,* in: Rengeling, EUDUR, Bd. 1, § 37 Rn. 1 ff.

[19] Vgl. BT-Drs. 11/2714, S. 64; BT-Drs. 12/4006, S. 95; vgl. zu weiteren Förderprogrammen des Bundes u. der EG *Kloepfer,* UmweltR, § 5 Rn. 242.

[20] Vgl. zur Ausgleichsregelung im WasserR näher unten § 18 Rn. 188 ff. u. zur Ausgleichsregelung im NaturschutzR näher unten § 15 Rn. 32 ff.

Nutzungsbeschränkungen in der Landwirtschaft einen angemessenen Ausgleich ihres wirtschaftlichen Nachteils. Da der Ausgleichsanspruch rechtlich nicht geboten ist,[21] stellen Entschädigungen auf seiner Grundlage letztlich politisch motivierte Zuwendungen des Staates dar.[22]

Bei der Gewährung von direkten Finanzhilfen wird vielfach das Fehlen einer gesetzlichen Grundlage moniert, da zumindest bei der Gewährung von Leistungssubventionen allein die Bereitstellung im Haushalt ausreichend ist.[23] Zum anderen ist zu beachten, daß unter dem Deckmantel des Umweltschutzes keine wettbewerbsverfälschenden Beihilfen i. S. d. Art. 87ff. EGV (Art. 92ff. EGV i. d. F.v. Maastricht) gewährt werden dürfen.[24] **9**

Ferner kann der Staat zur Förderung umweltgerechten Verhaltens auf öffentlich-rechtliche Geldforderungen verzichten.[25] **10**

Beispiel: Ein Verzicht auf öffentlich-rechtliche Geldforderungen ist z. B. die steuerlich abzugsfähige Kilometerpauschale bei den Werbungskosten nach § 9 Abs. 1 S. 3 Nr. 4 EStG.[26]

Die früher zahlreich vorhandenen Möglichkeiten der Steuervergünstigungen in den Steuergesetzen[27] werden vornehmlich aus finanzpolitischen Gründen heute nicht mehr befürwortet.[28] **11**

3. *Umweltabgaben*

Ökonomische Anreize können auch durch die Erhebung von Umweltabgaben gesetzt werden.[29] Zu den **Umweltabgaben** zählt eine Abgabe dann, wenn sie einem umweltspezifischen Aufgabenzweck dient.[30] **12**

---

[21] Vgl. dazu unten § 18 Rn. 189 u. § 15 Rn. 33.

[22] Zur Problematik der Finanzierung des Ausgleichs im WasserR durch den sog. Wasserpfennig vgl. unten § 9 Rn. 27.

[23] Vgl. *Stober,* GewArch 1993, 136ff.; eine solche gesetzl. Regelung sehen sowohl §§ 82–86 UGB-AT-E, vgl. *Kloepfer/u. a.,* UGB-AT-E, S. 350, als auch §§ 196–204 UGB-KomE, vgl. BMU, UGB-KomE, S. 787ff., vor.

[24] Die Möglichkeit der Gewährung von Finanzhilfen wird durch die Mitteilung der EG-Kommission über den Gemeinschaftsrahmen für staatl. Umweltschutzbeihilfen v. 10. 3. 1994, ABl. EG Nr. C 72, S. 3ff. konkretisiert; zum EG-rechtl. Beihilfeverbot vgl. *Magiera,* in: Rengeling, EUDUR, Bd. 1, § 37 Rn. 1 (23ff.).

[25] Da der Verzicht auf Geldforderungen gemeinlastorientiert ist und dem Verursacherprinzip widerspricht, sollten derartige Finanzierungshilfen die Ausnahme bleiben, so SRU, Umweltgutachten 1987, BT-Drs. 11/1568, Tz. 168f.; zum Abbau von Steuervergünstigungen vgl. auch SRU, Umweltgutachten 1994, BT-Drs. 12/6995, Tz. 986ff.; zu Steuervergünstigungen auch *Rodi,* StuW 1994, 204ff.; *Limbach,* Die steuerliche Förderung des Umweltschutzes, S. 23ff.

[26] Krit. dazu SRU, Umweltgutachten 1994, BT-Drs. 12/6995, Tz. 1275.

[27] Vgl. etwa §§ 7b, 10b EStG, §§ 3 Nr. 4, 3d-f, 9 KraftStG, §§ 3, 4 MinöStG jeweils a. F.

[28] *Kloepfer,* UmweltR, § 5 Rn. 245 m. w. N.

[29] Vgl. zu Umweltabgaben *Meßerschmidt,* Umweltabgaben als Rechtsproblem, S. 15ff.; *Kluth,* WiB 995, 318ff.; *Arndt,* in: Steiner, BesVwR, Kap. VIII Rn. 71ff.; BMU, UGB-KomE, S. 785ff.; *Kloepfer/Durner,* DVBl. 1997, 1081 (1093); *Kloepfer,* UmweltR, § 5 Rn. 250ff.; BMU, UGB-KomE, S. 779ff.; *Kirchhof,* in: Rengeling, EUDUR, Bd. 1, § 38 Rn. 1ff.; *Jarass,* Nichtsteuerliche Abgaben und lenkende Steuern unter dem Grundgesetz, passim.

[30] Ähnl. *Bender/Sparwasser/Engel,* UmweltR, 1. Teil Rn. 145; BMU, UGB-KomE, S. 779; weiter *Arndt,* in: Steiner, BesVwR, Kap. VIII Rn. 71, der einen Bezug zum Umweltschutz ausreichen läßt.

13 Die Erhebung von Umweltabgaben kann ökonomisch effizient sein, weil Umweltbeeinträchtigungen dort vermieden oder zumindest vermindert werden, wo dies am kostengünstigsten möglich ist. Derjenige, dessen Kosten zur Verringerung der Umweltinanspruchnahme geringer sind als die Abgabenhöhe, wird seine Emissionen solange verringern (z.B. durch technische Innovationen), wie die Reduzierung der Inanspruchnahme um eine Einheit weniger kostet als der Preis der Abgabe je Schadenseinheit beträgt.[31] Der ökologische Vorteil einer Umweltabgabe gegenüber ordnungsrechtlichen Ver- und Geboten liegt vor allem darin, daß für die nicht vermiedenen Schadstoffmengen stets Abgaben gezahlt werden müssen, so daß nicht – wie bei Ver- und Geboten – bei Unterschreiten eines bestimmten Schadstoffausstoßes der Anreiz zur weiteren Reduzierung entfällt.[32] Problematisch sind Umweltabgaben, weil die Reaktionen der Unternehmen nicht leicht zu kalkulieren sind. Ist die Abgabe zu niedrig festgesetzt, kann die angestrebte Umweltqualität nicht erreicht werden, weil die Unternehmen, statt die Schadensmenge zu verringern, die Abgabe zahlen. Andererseits darf die Abgabe auch nicht zu hoch festgelegt werden, um die Wettbewerbsfähigkeit der Unternehmen nicht zu beeinträchtigen.[33] Es wird insoweit bezweifelt, ob das deshalb notwendige langsame Herantasten an die richtige Höhe der Abgabe möglich und politisch durchsetzbar ist.[34] Zudem wird die Bestimmbarkeit der Verursacher bei multikausalen Umweltbelastungen bezweifelt.[35]

14 Folgende Umweltabgaben sind bereits gesetzlich normiert

- Abwasserabgaben gem. §§ 1 ff. AbwAG[36],
- naturschutzrechtliche Ausgleichsabgaben[37] und Waldabgaben[38],
- Wasserpfennig[39] oder ähnliche Wassernutzungsgebühren[40],
- Lizenzentgelt für Fremd- und Eigenentsorger von Sonderabfällen in Nordrhein-Westfalen[41],
- Abfallverbringungsabgabe[42].[43]

15 Daneben sind zahlreiche Umweltabgaben Gegenstand rechtspolitischer Forderungen.

Beispiele: Gefordert werden z.B. eine Schwefeldiox1dabgabe, eine Stickstoffabgabe, Verpackungssteuern oder die Erhebung von Chemikalienabgaben oder Chlorsteuern.[44]

---

[31] Vgl. SRU, Umweltgutachten 1987, BT-Drs. 11/1568, Tz. 158.

[32] Vgl. SRU, Umweltgutachten 1987, BT-Drs. 11/1568, Tz. 159.

[33] Krit. zur Effektivität von Umweltabgaben *Köck,* JZ 1993, 59 (60ff.); *Hansmeyer,* UTR 1992, 5ff.; *Kirchhof,* UTR 1992, 106.

[34] SRU, Umweltgutachten 1987, BT-Drs. 11/1568, Tz. 159.

[35] *Arndt,* in: Steiner, BesVwR, Kap. VIII Rn. 72.

[36] Vgl. dazu *Gawel,* ZUR 1993, 159ff.; SRU, Umweltgutachten 1994, BT-Drs. 12/6995, Tz. 484.

[37] Vgl. dazu unten § 15 Rn. 32ff.

[38] Etwa § 9 Abs. 4 WaldG BW, § 11 Abs. 5 HessForstG.

[39] § 17a WG BW; vgl. zur verfassungsrechtl. Zulässigkeit des Wasserpfennigs unten § 9 Rn. 27.

[40] Z.B. §§ 40f. BbgWG, § 13a BlnWG, § 16 WG MV.

[41] §§ 11, 15 LAbfG; vgl. zur verfassungsrechtl. Zulässigkeit des Lizenzentgelts unten § 9 Rn. 30.

[42] § 8 AbfverbG v. 30. 9. 1994 (BGBl. I S. 2771); dazu *Ossenbühl,* BB 1995, 1805ff.; *Koch/Reese,* DVBl. 1997, 85ff.; *Kloepfer,* UPR 1997, 81ff.

[43] §§ 190–195 UGB-KomE sehen die Normierung gesetzl. Rahmenbedingungen für Umweltabgaben vor, die vornehml. als Lenkungsabgaben ausgeprägt sind, vgl. BMU, UGB-KomE, S. 189ff., 779ff.; nicht erfaßt wird die Möglichkeit der Erhebung von Umweltsteuern, siehe BMU, UGB-KomE, S. 784.

[44] Vgl. *Kloepfer/u. a.,* UGB-AT-E, S. 340f.

a) Arten von Umweltabgaben

Nach ihrem Aufgabenzweck lassen sich *Umweltfinanzierungsabgaben, Umweltlenkungsabgaben, Umweltnutzungsabgaben* und *Umweltausgleichsabgaben* unterscheiden.[45] **16**

Umweltfinanzierungsabgaben sind Abgaben, deren Aufkommen der Finanzierung von Umweltschutzmaßnahmen dient. Dabei handelt es sich um eine Sonderabgabe mit einer Zweckbindung des Abgabeaufkommens zugunsten des Umweltschutzes. Sie ist daher nur ausnahmsweise zulässig.[46] **17**

Beispiel: Gem. § 17a WG BW wird von den Benutzern der Gewässer ein Wasserpfennig erhoben, um den Aufwand des Landes für die Unterhaltung und Reinhaltung der Gewässer auszugleichen und um die Ausgleichszahlungen an die Landwirtschaft i. S. v. § 19 Abs. 4 WHG zu finanzieren.[47]

Umweltlenkungsabgaben sind Abgaben, die durch ihren finanziellen Anreiz auf die Verminderung von Umweltbelastungen und die Entwicklung umweltverträglicher Verhaltensweisen hinwirken. **18**

Beispiel: Eine umweltschonende Landbewirtschaftung erfordert eine wirksame Herabsetzung der Bewirtschaftungsintensität, für die wiederum der Stickstoffdüngung eine Schlüsselrolle zukommt. Der SRU befürwortet deshalb die gezielte Besteuerung des Handelsdüngers durch Erhebung einer Abgabe auf mineralische Stickstoffdünger.[48]

Umweltnutzungsabgaben sind Abgaben, die ein Entgelt für die Inanspruchnahme von Umweltgütern oder Umweltmedien darstellen. **19**

Beispiel: Die **Abwasserabgabe** wird für das Einleiten von Abwässern in ein Gewässer erhoben. Die Abgabe richtet sich nach der Schädlichkeit des Abwassers, die unter Zugrundelegung der oxidierbaren Stoffe, der organischen Halogenverbindungen, der Metalle Quecksilber, Kadmium, Blei, Chrom, Nickel, Kupfer und ihrer Verbindungen sowie der Giftigkeit des Abwassers in Schadeinheiten bestimmt wird (vgl. §§ 1 ff. AbwAG).

Umweltausgleichsabgaben schließlich sind solche Abgaben, die dem wirtschaftlichen Ausgleich unter Umweltnutzern dienen, in dem sie Kostenvorteile, die aus der Inanspruchnahme von Umweltgütern und dem Verzicht auf Umweltschutzmaßnahmen erwachsen, abschöpfen. **20**

Beispiel: Ausgleichsabgaben bei Eingriffen in Natur und Landschaft sind die letzte Stufe der naturschutzrechtlichen **Eingriffsregelung** gem. § 8 BNatSchG. § 8 BNatSchG schreibt in mehrfacher Abstufung die Vermeidung von Eingriffen in Natur und Landschaft, Ausgleichs- und Ersatzmaßnahmen bei unvermeidbaren Beeinträchtigungen vor. Und schließlich läßt die rahmenrechtliche Regelung des § 8 BNatSchG die landesgesetzliche Einführung von Ausgleichsabgaben für unvermeidbare, weder durch Ausgleichs- noch durch Ersatzmaßnahmen kompensierbare Eingriffe zu. Ausgleichsabgaben in diesem Sinne sind in verschiedenen Bundesländern vorgesehen.[49]

---

[45] Siehe dazu *Meßerschmidt,* Umweltabgaben als Rechtsproblem, S. 35 f.; *Kirchhof,* in: Rengeling, EUDUR, Bd. 1, § 38 Rn. 5 ff.; das SRU, Umweltgutachten 1987, BT-Drs. 11/1568, Tz. 157 unterscheidet dagegen nur Umweltfinanzierungs- u. Umweltlenkungsabgaben.

[46] Vgl. *Weyreuther,* UPR 1988, 161 (167 ff.).

[47] Vgl. zur verfassungsrechtl. Zulässigkeit des Wasserpfennigs unten § 9 Rn. 27.

[48] SRU, Sondergutachten „Umweltprobleme der Landwirtschaft", BT-Drs. 10/3613, Tz. 1389 ff.

[49] Vgl. dazu ausführl. unten § 15 Rn. 85 ff.

b) Rechtliche Einordnung von Umweltabgaben

21 Umweltabgaben können in jeder herkömmlichen Abgabenart erhoben werden. Zu den Abgabenarten zählen *Steuern, Gebühren* und *Beiträge*. Als besondere Abgabenkategorie sind daneben *Sonderabgaben* anerkannt.[50]

22 **Steuern** sind nach der Legaldefinition des § 3 Abs. 1 AO „Geldleistungen, die nicht eine Gegenleistung für eine besondere Leistung darstellen und von einem öffentlich-rechtlichen Gemeinwesen zur Erzielung von Einnahmen allen auferlegt werden, bei denen der Tatbestand vorliegt, an den das Gesetz die Leistungspflicht knüpft."[51]

Beispiel: Zu den Steuern zählt die von der Bundesregierung eingeführte **Energiesteuer** auf Strom, Heizöl, Gas und Kraftstoff, da sie vornehmlich der Deckung des Finanzbedarfs bei den gesetzlichen Sozialabgaben dient.[52]

23 Die **Gebühr** ist das öffentlich-rechtliche Entgelt für eine besondere, vom Gebührenschuldner empfangene Leistung der öffentlichen Hand.[53] Gebühren haben aus umweltrechtlicher Sicht wenig Relevanz.

24 Unter **Beiträgen** versteht man Geldleistungen, die dem einzelnen im Hinblick auf eine besondere Gegenleistung des Beitragsberechtigten dafür auferlegt werden, daß ihm die Möglichkeit für die Benutzung besonderer Einrichtungen oder der Ausnutzung besonderer Vorteile zur Verfügung gestellt wird.

Beispiel: Umweltbeiträge sind die aufgrund kommunaler Satzungen von den Eigentümern bebauter oder unbebauter Grundstücke erhobenen Klärbeiträge für die Errichtung von Kläranlagen. Ferner die Kostenerstattungen für im Bebauungsplan festgesetzte naturschutzrechtliche Ausgleichs- und Ersatzmaßnahmen nach § 8a BNatSchG.

25 **Sonderabgaben** schließlich unterscheiden sich von den anderen Abgabentypen dadurch, daß das Abgabenaufkommen einer Zweckbindung unterliegt. Abgaben, deren Aufkommen für bestimmte Zwecke gebunden ist, sind grundsätzlich ein Fremdkörper in der Finanzverfassung des Grundgesetzes. Sie sind deshalb nur ausnahmsweise zulässig. Nach der Rechtsprechung des *BVerfG* sind **Sonderabgaben mit Finanzierungsfunktion** rechtlich nur zulässig, wenn

– die Belastung einer homogenen gesellschaftlichen Gruppe erfolgt,
– eine Sachnähe der Abgabenpflichtigen zum Aufgabenzweck gegeben ist,

---

[50] Vgl. *BVerfG,* Urt. v. 10. 12. 1980 – 2 BvF 3/77 –, BVerfGE 55, 274; *dass.,* Urt. v. 26. 5. 1981 – 1 BvL 56, 57, 58/78 –, BVerfGE 57, 139; *dass.,* Urt. v. 6. 11. 1984 – 2 BvL 19, 20/83–2 BvR 363, 491/83 –, BVerfGE 67, 256.

[51] Zur Gesetzgebungskompetenz für Umweltsteuern *Jobs,* DÖV 1998, 1039ff.

[52] Zu den Wirkungen einer Energiesteuer vgl. SRU, Umweltgutachten 1994, BT-Drs. 12/6995, Tz. 793ff.; *Breuer,* DVBl. 1992, 485 (490); *Köck,* JZ 1993, 692 (697); *Kloepfer/Thull,* DVBl. 1992, 195 (202); *Arndt,* Rechtsfragen einer deutschen Energiesteuer, S. 33ff.; *Jenzen,* Energiesteuern im nationalen und internationalen Recht, S. 11ff.; *Linscheidt/Truger,* Beurteilung ökologischer Reformvorschläge, S. 67ff.; *Heinz/Ströbele,* ZUR 1995, 383ff.; zu den Problemen, die mit einer Ökologisierung des SteuerR verbunden sind, vgl. *Tipke/Lang,* Steuerrecht, S. 216ff.; krit. auch *Ewringmann,* ZfU 1994, 43ff.

[53] Vgl. zu Umweltgebühren SRU, Umweltgutachten 1994, BT-Drs. 12/6995, Tz. 806ff.; zur Zulässigkeit von Ressourcenbenutzungsgebühren *Murswiek,* NuR 1994, 170ff.; zur Möglichkeit der Erhöhung des Anteils der Gebühren an der Staatsfinanzierung vgl. *Hendler,* DÖV 1999, 749ff.

– hieraus eine besondere Gruppenverantwortlichkeit resultiert,
– eine gruppennützige Verwendung des Abgabeaufkommens erfolgt und
– die Abgabenerhebung periodisch legitimiert wird.[54]

Die Gruppenverantwortlichkeit wird bei Umweltabgaben in der Regel aus dem Verursacherprinzip hergeleitet. Eine Sonderabgabe, deren Aufkommen zur Finanzierung von Aufgaben des Umweltschutzes dient, ist deshalb regelmäßig unzulässig. Demgegenüber bedarf es bei **Sonderabgaben mit Lenkungsfunktion** der Sachnähe, der Gruppenverantwortung und der gruppennützigen Verwendung nicht.[55]

Beispiele: Abwasserabgabe für die Einleitung von Abwässern in Gewässer[56] und die naturschutzrechtliche Ausgleichsabgabe.

c) Verfassungsrechtliche Zulässigkeit einzelner Umweltabgaben

Häufig ist die verfassungsrechtliche Zulässigkeit der vorgeschlagenen Um- **26**
weltabgaben und ihre abgabenrechtliche Einordnung als Steuer, Gebühr, Beitrag oder Sonderabgabe zweifelhaft. Hinzu kommt unter dem Aspekt der Wettbewerbsverzerrung die Frage einer EG-rechtlichen Zulässigkeit von Umweltabgaben.[57]

aa) Wasserpfennig

Umstritten ist die Erhebung des sog. **Wasserpfennigs** in Baden-Württemberg und **27**
der sog. Grundwasserabgabe in Hessen.[58] Das Land Baden-Württemberg erhebt gem. § 17a WG BW von den Benutzern eines Gewässers ein Entgelt (Wasserpfennig), um den Aufwand des Landes für die Unterhaltung und Reinhaltung der Gewässer und um die Ausgleichszahlungen an die Landwirtschaft i. S. v. § 19 Abs. 4 WHG zu finanzieren.[59] Der Landesgesetzgeber hat den Wasserpfennig wegen der verfassungsrechtlichen Bedenken nicht als eine zweckgebundene Sonderabgabe ausgestaltet, sondern als Gebühr für das Fördern von Wasser normiert, mit der die Wasserversorger belastet werden. Über diese Konstruktion fließt das Aufkommen des Wasserpfennigs in den allgemeinen Landeshaushalt, der freilich die Ausgleichsverpflichtungen an die Landwirtschaft auf der Ausgabenseite ausweist. Die Ausgestaltung des Wasserpfennigs als Gebühr begegnet wegen fehlender Anknüpfungspunkte an eine staatliche Leistung erheblichen Zweifeln.[60] Da der Wasserpfennig als Entgelt für die Wasserentnahme erhoben wird und sein Ertrag ohne rechtlich normierte Zweckbindung dem allgemeinen Landesetat zufließt, gehört er bei verfassungsrechtlicher Beurteilung zu den Verbrauchssteuern, für die allerdings der Bund nach Art. 105 Abs. 2 i. V. m. Art. 106 Abs. 1 Nr. 2 GG die ausschließliche Gesetzgebungskompetenz innehat.[61] Das *BVerfG* hat den Wasserpfen-

[54] Zul. *BVerfG,* Beschl. v. 11. 10. 1994 – 2 BvR 633/86 –, NJW 1995, 381 ff.; vgl. auch *Kirchhof,* in: Rengeling, EUDUR, Bd. 1, § 38 Rn. 48.

[55] *BVerfG,* Urt. v. 26. 5. 1981 – 1 BvR 56, 57, 58/78 –, BVerfGE 57, 139 (167); *dass.,* Urt. v. 6. 11. 1984 – 2 BvL 19, 20/83, 2 BvR 363, 491/83 –, BVerfGE 67, 256 (277); krit. dazu *Arndt,* in: Steiner, BesVwR, Kap. VIII Rn. 84.

[56] *Breuer,* in: Schmidt-Aßmann, BesVwR, 5. Abschn. Rn. 94.

[57] Vgl. dazu *Seidel,* NVwZ 1993, 105 ff.; *Hilf,* NVwZ 1992, 105 ff.; *Müller,* Möglichkeiten und Grenzen der indirekten Verhaltenssteuerung durch Abgaben im Umweltrecht, S. 91 ff.; *Wasmeier,* Umweltabgaben und Europarecht, S. 114 ff.; *Weidemann,* DVBl. 1999, 73 ff.

[58] Vgl. zu ähnl. Wassernutzungsgebühren z. B. §§ 40 ff. BbgWG, § 13a BlnWG, Art. 4 Abs. 2 S. 4 BayWG; dazu *Kloepfer,* UmweltR, § 5 Rn. 258 ff.; BMU, UGB-KomE, S. 782.

[59] Siehe dazu unten § 15 Rn. 32 ff.

[60] *Kirchhof,* NVwZ 1987, 1031, 1034 f.; *Pietzcker,* DVBl. 1987, 774 (775); *Habel,* VBlBW 1986, 10 ff.

[61] *Pietzcker,* DVBl. 1987, 774 (775); *Kirchhof,* NVwZ 1987, 1031 (1035 f.); a. A. *Hendler,* NuR 1989, 22 (29).

nig als gegenleistungsabhängig und verfassungsmäßig angesehen, ohne eine ausdrückliche Qualifikation der Abgabe vorzunehmen.[62]

bb) Kommunale Verpackungssteuer

28 Ermächtigt durch die Kommunalabgabengesetze der Länder haben einige Gemeinden Satzungen zur Erhebung kommunaler Verpackungssteuern eingeführt, deren Hauptzweck nicht die Einnahmeerzielung, sondern die abfallvermeidende Verhaltenssteuerung ist.[63] Verpackungssteuern wurden danach auf die Verwendung von Einwegmaterialien erhoben, die zur Verpackung von entgeltlich abgegebenen Speisen und Getränken an Endverbraucher dienten. Nach der Rechtsprechung des *BVerfG* bedurfte es neben der Abstützung der Verpackungssteuer auf Art. 105 Abs. 2a GG auch einer kompetenzrechtlichen Abstützung auf Art. 74 Abs. 1 Nr. 24 GG. Von dieser konkurrierenden Kompetenz habe der Gesetzgeber jedoch durch den Erlaß des Kreislaufwirtschafts- und Abfallgesetzes erschöpfend Gebrauch gemacht, so daß für die Länder und damit auch für die Gemeinden kein Handlungsspielraum für den Erlaß einer Verpackungssteuer verbliebe.[64]

cc) Landesabfallabgaben

29 Soweit die Länder zur Beeinflußung der Abfallmengen Gebührentatbestände in Abfallabgabengesetzen[65] geschaffen hatten, sind diese vom *BVerfG* wegen Unvereinbarkeit mit dem Kooperationsprinzip des Bundes-Immissionsschutzgesetzes für nichtig erklärt worden.[66] Die generelle abgabenrechtliche Lenkung vernachlässige die Ermittlung der im Einzelfall gegebenen Handlungsalternativen und verletze das Konzept der Kooperation, das das Bundes-Immissionsschutzgesetz zwingend vorgebe.[67]

dd) Abfallrechtliches Lizenzmodell

30 Auch das in §§ 11, 15 AbfG NW vorgesehene Lizenzmodell ist verfassungsrechtlich stark umstritten.[68] Danach wird von den Abfallentsorgern neben den bundesrechtlichen Vorgaben eine Lizenz verlangt, die diese entgeltlich erwerben müssen. Das Aufkommen aus dem Lizenzentgelt wird zur Finanzierung der Altlasten eingesetzt

---

= DVBl 96, 357 = NVwZ 96, 469

[62] *BVerfG,* Beschl. v. 7. 11. 1995 – BvR 413/88 u. 1300/93 –, BVerfGE 93, 319 ff.; vgl. dazu *Raber,* NVwZ 1997, 219 ff.; vgl. auch §§ 413–415 UGB-KomE, vgl. BMU, UGB-KomE, S. 271, 1153 ff.

[63] *BVerwG,* Beschl. v. 23. 4. 1996 – 11 C 4/96 –, ZUR 1997, 311 ff.; *dass.,* Beschl. v. 19. 8. 1994 – 8 N 1/93 –, BVerwGE 96, 272 ff.; *BVerfG,* Urt. v. 7. 5. 1998 – 2 BvR 1991/95 u. 2 BvR 2004/95 –, ZUR 1998, 147 ff.; vgl. dazu auch *Kluth,* DVBl. 1992, 1261 ff.; *Elmenhorst,* ZKF 1995, 170 ff.; *Sendler,* WiVerw 1996, 83 ff.; *Friauf,* GewArch 1996, 265 ff.

[64] *BVerfG,* Urt. v. 7. 5. 1998 – 2 BvR 1991/95 u. 2 BvR 2004/95 –, ZUR 1998, 147 ff.; krit. *Kloepfer,* UmweltR, § 5 Rn. 261.

[65] Landesabfallabgabengesetz Baden-Württemberg v. 11. 3. 1991 (GBl. S. 133), Hinweis auf die Nichtigkeit (GBl. 1998 I S 578); Hessisches Sonderabfallabgabengesetz (HSondAbfAbgG) i. d. F.d. Bek. v. 18. 11 1993 (GVBl. I S. 612), zul. geänd. durch G v. 20. 12. 1994 (GVBl. I S. 764), Hinweis auf die Nichtigkeit (GVBl. 1998 I S. 486); Niedersächsisches Abfallabgabengesetz (NAbfAbgG) v. 17. 12. 1991 (GVBl. S. 373), aufgehoben durch G v. 17. 12. 1997 (GVBl. S. 533); Landesabfallabgabengesetz Schleswig-Holstein v. 22. 7. 1994 (GVOBl. S. 395), aufgehoben durch G v. 14. 7. 1998 (GVOBl. S. 231); vgl. zum Problem der Gebühren in der Abfallpolitik auch SRU, Umweltgutachten 1998, BT-Drs. 13/10195, Tz. 475 ff.

[66] *BVerfG,* Urt. v. 7. 5. 1997 – 2 BvR 1876/91 u. a. -, ZUR 1998, 144 (146) m. Anm. v. *Schrader* ZUR 1998, 152 ff.; zu Landesabfallabgaben ferner *Hendler,* Die Sonderabfallabgabe, passim; *Selmer,* Die Sonderabfallabgabe und Verfassungsrecht, passim; *Konrad,* DÖV 1999, 12 ff.; vgl. dazu auch § 29 Rn. 16.

[67] *BVerfG,* Urt. v. 7. 5. 1997 – 2 BvR 1876/81 u. a. -, ZUR 1998, 144 (147).

[68] Krit. zur Verfassungsgemäßheit *Kloepfer/Follmann,* DÖV 1988, 573 (586); *OVG Münster,* Beschl. v. 23. 1. 1996 – 20 A 2865/94 –, ZUR 1996, 208 ff.

(§ 15 LAbfG NW). In der Literatur wird das Lizenzentgelt wegen der Zweckbindung weder als Gebühr noch als Sonderabgabe für verfassungsrechtlich zulässig angesehen.[69]

ee) Kohlepfennig

31 § 8 Drittes Verstromungsgesetz[70] sah eine Ausgleichsabgabe für den weiteren Einsatz von Gemeinschaftskohle vor, den sog. Kohlepfennig.[71] Auch der Kohlepfennig hielt einer verfassungsrechtlichen Überprüfung nicht stand. Das *BVerfG* stufte ihn als unzulässige Sonderabgabe ein, da die Stromverbraucher keine allgemeine Finanzierungsverantwortung für die Aufgabe der Sicherung des Steinkohleeinsatzes bei der Stromerzeugung treffe.[72]

4. Umweltzertifikate und Kompensationsmodelle

32 Vor allem in der volkswirtschaftlichen Diskussion gibt es Vorschläge, ökonomische Anreize für ein umweltfreundliches Verhalten dadurch zu erzielen, daß hoheitlich zugelassene Umweltnutzungen in **Umweltzertifikaten** gestückelt und als eigentumsähnliche Rechtstitel auf regionalen Umweltbörsen gehandelt werden.[73] Zertifikatslösungen werden dabei als Alternative zu Umweltabgaben angesehen.[74]

33 Bei der Zertifikatslösung muß zunächst eine höchstzulässige Gesamtemissionsmenge festgelegt, danach in Emissionslizenzen aufgeteilt und einzelnen Emittenten zugeordnet werden. Die Zertifikate oder Lizenzen, die ein verbrieftes Recht auf die Emission von Schadstoffen darstellen, sollen frei handelbar sein, so daß sich für sie ein Preis auf dem Markt bilden soll. Für den Besitzer von Zertifikaten besteht der Anreiz, seine Emission weiter zu senken, wenn die erforderlichen Kosten geringer sind als der Preis, den er bei der nun möglichen (Wieder-)Veräußerung seiner Emissionslizenzen erzielen kann.[75]

34 Als größtes Problem der Zertifikatslösung wird die Zuteilung der Emissionsrechte angesehen. Befürchtet wird, daß bei einer anfänglichen Zuteilung in Höhe der bestehenden Genehmigung zumindest teilweise Rechte für Emissionsmengen erteilt werden, die in der Praxis gar nicht ausgeschöpft werden. Neben den Zuteilungsproblemen werden auch ökologische Risiken befürchtet. Emittenten, die durch den Verkauf ihrer Emissionsrechte mehr an Einnahmen erzielen können, als sie die Reduzierung der Emission kostet, werden an der umweltpolitisch gewünschten Emissionsminderung kein Interesse zeigen. Umgekehrt werden diejenigen, die nur zu hohen Grenzkosten in der Lage sind, ihre Emissionen zu verringern, bereit sein, Lizenzen zu erwerben, solange der Preis je Emissionseinheit unter den Vermeidungskosten liegt. Außerdem steht zu befürchten, daß durch die Einführung des Zertifikatsmodells regionale Schadstoffprobleme auftreten, weil in bestimmten Gebieten entweder Anlagen vorherr-

---

[69] Vgl. dazu *Kloepfer,* UmweltR, § 5 Rn. 259 m. w. N.

[70] V. 13. 12. 1974 (BGBl. I S. 3473), i. d. F. v. 17. 11. 1980 (BGBl. I S. 2137).

[71] *BVerfG,* Beschl. v. 11. 10. 1994 – 2 BvR 633/86 –, NJW 1995, 381 ff.

[72] *BVerfG,* Beschl. v. 11. 10. 1994 – 2 BvR 633/86 –, NJW 1995, 381 (382).

[73] Vgl. dazu *Blankenagel,* Umweltzertifikate, S. 71 ff.; *Cansier,* HdUR, Bd. 2, Sp. 2541 ff.; *Rehbinder,* in: Endres/Rehbinder/Schwarze, Umweltzertifikate und Kompensationslösungen, S. 28 ff.; *ders.,* in: Salzwedel, Grundzüge des UmweltR, 2. Aufl., Kap. 04 Rn. 203 ff.; *Bender/Sparwasser/Engel,* UmweltR, 1. Teil Rn. 136; *Kloepfer,* UmweltR, § 5 Rn. 300 ff.

[74] *Bonus,* FS Hansmeyer, S. 287 ff.

[75] Vgl. dazu SRU, Umweltgutachten 1987, BT-Drs. 11/1568, Tz. 161; zu bereits eingeführten Umweltzertifikaten in der Schweiz und in den USA vgl. *Staehelin-Witt/Spillmann,* ZfU 1994, 207 ff.; *Hildebrand,* et 1991, 650 ff.; *Hansjürgens/Fromm,* ZfU 1994, 473 ff.

Koenig, DÖV 96, 943, Koch/Wieneke, DVBl 01, 1085

schen, bei denen die Vermeidungskosten höher wären als der für die Zertifikate zu entrichtende Preis oder neue Zertifikate an Neuanlagen ausgegeben werden müssen.[76]

35 Ähnlich gelagert sind die **Kompensationsmodelle,** wonach die Emissionen eines Emittenten durch entsprechend geringere Emissionen eines anderen gegen Entgelt ausgeglichen werden.[77]

Beispiel: Gem. §§ 7 Abs. 3, 48 Nr. 4 BImSchG dürfen *Altanlagen* innerhalb eines bestimmten Gebietes von ordnungsrechtlichen Vorgaben im Vorsorgebereich abweichen, wenn durch technische Maßnahmen in anderen Anlagen des Betreibers oder Dritter in diesen Gebieten insgesamt eine weitergehende Minderung von Emissionen desselben oder in ihrer Wirkung gleichen Stoffe erreicht wird, als dies sonst bei Beachtung der ordnungsrechtlichen Anforderungen der Fall wäre. Ebenso kann ein Anlagenbetreiber gem. § 17 Abs. 3a BImSchG einer *nachträglichen Anordnung* dadurch entgehen, daß die Emissionen in einer anderen bestehenden Anlage des Betreibers oder in der Anlage eines Dritten stärker gesenkt werden als bei der ordnungsgemäßen Reduzierung aufgrund der nachträglichen Anordnung. Damit erhält der Anlagenbetreiber die Möglichkeit, die Emissionen dort zu senken, wo die geringsten Kosten je vermiedener Schadstoffeinheit anfallen.[78]

36 Kompensationsmodelle eröffnen dem Emittenten somit innerhalb eines ordnungsrechtlichen Rahmens ökonomische Handlungsspielräume.[79] Kompensationskonzepte spielen auch im Rahmen der internationalen Klimadiskussion eine erhebliche Rolle.[80]

II. Umwelt-Audit

37 Zu den rechtlichen Instrumenten der indirekten Verhaltenssteuerung im Umweltrecht läßt sich auch die Schaffung der Rahmenbedingungen für ein freiwilliges, öffentlich kontrolliertes System der betrieblichen Selbstkontrolle eines Unternehmens – dem Umwelt-Audit – zählen.[81] Das System der freiwilligen Selbstkontrolle im Rahmen des Umwelt-Audits überläßt dem Unternehmer die Entscheidungen im Bereich der innerbetrieblichen Umsetzung des Umweltschutzes.[82] Durch die Möglichkeit der Teilnahme an diesem

[76] Vgl. zur Kritik insges. SRU, Umweltgutachten 1987, BT-Drs. 11/1568, Tz. 161 ff.; *Kloepfer,* UmweltR, § 5 Rn. 305 m. w. N.

[77] *Endres,* Kompensationsregelungen im Immissionsschutzrecht, S. 169 ff.; krit. *Gawel/van Mark,* ZAU 1991, 52 ff.; vgl. auch *Kloepfer,* UmweltR, § 5 Rn. 306 ff.; *Rehbinder,* in: Salzwedel, Grundzüge des UmweltR, 2. Aufl., Kap. 04 Rn. 203 ff.

[78] Vgl. dazu SRU, Umweltgutachten 1987, BT-Drs. 11/1568, Tz. 153 ff.; *Rehbinder,* HdUR, Bd. 1, Sp. 1277 ff.

[79] Zu erweiterten Voraussetzungen für den Einsatz von Kompensationsregelungen vgl. §§ 89 ff. UGB-AT-E, vgl. dazu *Kloepfer/u. a.,* UGB-AT-E, S. 366 f. u. §§ 202 f., vgl. dazu BMU, UGB-KomE, S. 185 ff.

[80] Vgl. *Rentz,* ZfU 1995, 179 ff.; *Heister/Stähler,* ZfU 1995, 205 ff.; vgl. auch SRU, Umweltgutachten 1996, BT-Drs. 13/4108, Tz. 998; BReg., Umweltbericht 1994, BT-Drs. 12/8451, S. 193.

[81] Vgl. zum Umwelt-Audit *Führ,* NVwZ 1993, 858 ff.; *Kloepfer,* DB 1993, 1125 ff.; *Scherer,* NVwZ 1993, 11 ff.; *Sellner/Schnutenhaus,* NVwZ 1993, 928 ff.; *Wiebe,* NJW 1994, 289 ff.; *Waskow,* Betriebliches Umweltmanagement, S. 1 ff.; *Köck,* JZ 1995, 643 (644); *Feldmann,* in: Rengeling, EUDUR, Bd. 1, § 36 Rn. 9 ff.; vgl. auch SRU, Umweltgutachten 1994, BT-Drs. 12/6995, Tz. 333 ff., 596 ff.; ders., Umweltgutachten 1996, BT-Drs. 13/4108, Tz. 92 ff., 169 ff., ders., Umweltgutachten 1998, BT-Drs. 13/10195, Tz. 327 ff.

[82] Bis Ende 1996 waren insges. 470 Unternehmen registriert.

Lübbe-Wolff, DVBl 94, 361, Lübbers, NVwZ 96, 230, Vetter, DVBl 96, 1223, [illegible], NVwZ 97, 833, [illegible], JZ 98, 223, Schottelius, NVwZ 98, 805, Rehbinder/Heuvels, DVBl 98, 1245, Knopp, NVwZ 00, 1121, Knopp, NVwZ 01, 1098, Langerfeldt, NVwZ 02, 1156, Jarass, DVBl 03, 298

Umwelt-Audit-System wird für den Unternehmer ein Anreiz geschaffen, an einem umweltadäquaten Managementsystem und einer eigenverantwortlichen Umweltkontrolle teilzunehmen. Nicht zu verkennen ist, daß das Umwelt-Audit-System dadurch eine Nähe zu den ökologischen Anreizen erhält, daß sich das an dem System teilnehmende Unternehmen einen Imagegewinn und damit einen Marktvorteil verspricht.[83]

Das System der freiwilligen Selbstkontrolle hat seine rechtliche Grundlage in der **Umwelt-Audit-Verordnung der EG (EG-UAVO),**[84] die auf der Grundlage des Art. 175 EGV (Art. 130s EGV i.d.F.v. Maastricht) erlassen worden ist, und dem Umwelt-Audit-Gesetz (UAG)[85]. Das Umwelt-Audit-Gesetz soll die Anforderungen der EG-Öko-Audit-Verordnung konkretisieren. Es wird ergänzt durch die **38**

- UAG-Zulassungsverfahrensverordnung,[86]
- UAG-Beleihungsverordnung,[87]
- UAG-Gebührenverordnung,[88]
- UAG-Erweiterungsverordnung.[89]

Die Umwelt-Audit-Verordnung der EG gilt gem. Art. 249 Abs. 2 EGV (Art. 189 Abs. 2 EGV i.d.F.v. Maastricht) unmittelbar und ist in allen Teilen verbindlich. Damit sollte für alle Mitgliedstaaten ein einheitliches Verfahren hinsichtlich der Pflicht zur Offenlegung umweltrelevanter Daten und der Vergabe des Auditzeichens erreicht werden, um die damit verbundene Wettbewerbsrelevanz zu wahren. **39**

---

[83] Vgl. zu den Vorteilen des Umwelt-Audits für die Unternehmen *Laufs,* Das Umwelt-Audit in der betrieblichen Praxis, S. 11ff.; zur Beurteilung des Umwelt-Audit-Systems vgl. *Knopp,* EWS 1994, 80 (86); *Marten/Treptow,* DB 1995, 2537 (2545f.).

[84] Verordnung (EWG) Nr. 1836/93 des Rates v. 29. 6. 1993 über die freiwillige Beteiligung gewerblicher Unternehmen an einem Gemeinschaftssystem für das Umweltmanagement und die Umweltbetriebsprüfung, ABl. EG Nr. L 168, S. 1, ber. ABl. EG 1995, Nr. L 203, S. 17; dazu grundl. *Feldhaus,* in: Rengeling, EUDUR, Bd. 1, § 36 Rn. 1ff.; zu Novellierungserwartungen vgl. SRU, Umweltgutachten 1998, BT-Drs. 13/10195, Tz. 358; zu Änderungsbestrebungen KOM (98) 622 endg.; Ratsdok. 12866/98,; dazu auch eine Beschlußempfehlung des Umweltaussschusses BT-Drs. 14/1131.

[85] Gesetz zur Ausführung der Verordnung (EWG) Nr. 1836/93 des Rates v. 29. Juni 1993 über die freiwillige Beteiligung gewerblicher Unternehmen an einem Gemeinschaftssystem für das Umweltmanagement und die Umweltbetriebsprüfung (Umwelt-Audit-Gesetz – UAG) v. 7. 12. 1995 (BGBl. I S. 1591); vgl. dazu *Lübbe-Wolff,* NuR 1996, 217ff.

[86] Verordnung über das Verfahren zur Zulassung von Umweltgutachtern und Umweltgutachterorganisationen sowie zur Erteilung von Fachkenntnisbescheinigungen nach dem Umwelt-Audit-Gesetz (UAG-Zulassungsverfahrensverordnung – UAGZVV) v. 18. 12. 1995 (BGBl. I S. 1841), geänd. durch VO v. 14. 8. 1998 (BGBl. I S. 2200).

[87] Verordnung über die Beleihung der Zulassungsstelle nach dem Umwelt-Audit-Gesetz (UAG-Beleihungsverordnung – UAGBV) v. 18. 12. 1995 (BGBl. I S. 2013).

[88] Verordnung über Gebühren und Auslagen für Amtshandlungen der Zulassungsstelle und des Widerspruchsausschusses bei der Durchführung des Umwelt-Audit-Gesetzes (UAG-Gebührenverordnung – UAGGebV) v. 18. 12. 1995 (BGBl. I S. 2014), geänd. durch VO v. 5. 5. 1998 (BGBl. I S. 847).

[89] Verordnung nach dem Umwelt-Audit-Gesetz über die Erweiterung des Gemeinschaftssystems für das Umweltmanagement und die Umweltbetriebsprüfung auf weitere Bereiche (UAG-Erweiterungsverordnung – UAG-ErwV) v. 3. 2. 1998 (BGBl. I S. 338); vgl. zur untergesetzl. Konkretisierung auch *Feldmann,* in: Rengeling, EUDUR, Bd. 1, § 36 Rn. 111ff.

1. Ziel des Umwelt-Audit-Systems

40 Gem. Art. 1 EG-UAVO ist Ziel des Umwelt-Audit-Systems die Förderung der kontinuierlichen Verbesserung des betrieblichen Umweltschutzes im Rahmen der gewerblichen Tätigkeit.[90] Dieses Ziel soll durch die Festlegung und Umsetzung standortbezogener Umweltpolitik, Umweltprogramme und Umweltmanagementsysteme durch die Unternehmen, der systematischen, objektiven und regelmäßigen Bewertung der Leistung dieser Instrumente und der Bereitstellung von Informationen über den betrieblichen Umweltschutz für die Öffentlichkeit erreicht werden. Unternehmen sollen eigenverantwortlich eine aktive Rolle bei der Bewältigung der Umweltfolgen, die durch ihre Tätigkeiten entstehen, übernehmen. Bei erfolgreicher Durchführung des Umwelt-Audit-Verfahrens erhält das Unternehmen eine Teilnahmeerklärung, auf die es sich gegenüber anderen Unternehmen und in der Öffentlichkeit berufen kann. Die innerbetrieblichen Umweltorganisationsmaßnahmen werden zum einen gutachterlich geprüft und zum anderen in der Öffentlichkeit bekannt gemacht.

2. Teilnahmeberechtigung

41 Gem. Art. 3 EG-UAVO können sich an dem System alle Unternehmen beteiligen, die an einem oder an mehreren Standorten eine gewerbliche Tätigkeit im Sinne der Wirtschaftsstatistikverordnung der EG ausüben (vgl. Art. 2 Ziff. I EG-UAVO). Dies gilt für Unternehmen aus dem Bereich Bergbau und Gewinnung von Steinen und Erden ebenso wie für Unternehmen aus den Bereichen Glasgewerbe, Metallerzeugung, Maschinenbau, aber auch für das Ernährungsgewerbe und die Textil- und Bekleidungsindustrie.

42 Art. 14 EG-UAVO eröffnet den Mitgliedstaaten zudem die Möglichkeit, den Anwendungsbereich der Umwelt-Audit-Verordnung auf nationaler Ebene für nicht gewerbliche Sektoren zu öffnen (vgl. § 3 Abs. 1 UAG).[91] Davon hat die Bundesregierung mit Erlaß der UAG-Erweiterungsverordnung Gebrauch gemacht und die Teilnahmeberechtigung auf Körperschaften des öffentlichen Rechts und Unternehmen erstreckt, die im Anhang der Erweiterungsverordnung aufgeführt werden. Demnach können an dem System der freiwilligen Selbstkontrolle u.a. auch Unternehmen der Energiewirtschaft, des Groß- und Einzelhandels sowie des Kredit- und Gastgewerbes teilnehmen.[92]

3. Teilnahmeverfahren

43 Das Verfahren zur Eintragung eines Standortes gem. dem Umwelt-Audit-System ist in Art. 3 S. 2 EG-UAVO geregelt.[93]

a) Erstellung eines Konzepts über die Umweltpolitik

44 Gem. Art. 3 i.V.m. Anhang I EG-UAVO muß der Bewerber ein **Konzept über die Umweltpolitik des Unternehmens** erstellen. Dieses Konzept umfaßt die umweltbezogenen Gesamtziele und Handlungsgrundsätze des Unternehmens. Das Konzept muß für das gesamte Unternehmen

---

[90] Vgl. auch *Ewer,* NVwZ 1995, 457.
[91] *Feldmann,* in: Rengeling, EUDUR, Bd. 1, § 36 Rn. 20.
[92] Vgl. auch § 164 Abs. 2 UGB-KomE, dazu BMU, UGB-KomE, S. 174, 755f.
[93] Vgl. zum Verfahren i.Ü. *Lübbe-Wolff,* DVBl. 1994, 361ff.

und nicht nur für den einzelnen Standort erstellt werden.[94] Die festzulegende Umweltpolitik bezieht sich auf alle umweltrelevanten Unternehmenstätigkeiten, Maßnahmen und Planungen, u.a. Energie- und Wassereinsparung, Recycling, umweltschonendere Produktionsverfahren und Produktionsplanung (vgl. Anhang I C EG-UAVO).[95]

b) Durchführung einer Umweltprüfung

Alsdann muß das Unternehmen für den jeweiligen Standort eine **Um-** **45**
weltprüfung durchführen.[96] Bei der Umweltprüfung ist zunächst im Rahmen einer Bestandsaufnahme die tatsächliche Situation des betrieblichen Umweltschutzes zu ermitteln. Die Bestandsaufnahme soll sich insbesondere auf die Einhaltung umweltrechtlicher Normen und die Auswirkungen des Standortes auf die Umwelt beziehen (Art. 3b und Anhang I Teil C EG-UAVO). Damit sind u.a. der konkrete Energieverbrauch, der Rohstoffeinsatz, das Abfallaufkommen sowie die Lärmbeeinträchtigungen zu ermitteln.

c) Festlegung von Umweltzielen, Umweltprogramm und Umweltmanagementsystem

Auf der Grundlage der Ergebnisse der Umweltprüfung hat das Unterneh- **48**
men **Umweltziele** festzulegen und ein **Umweltprogramm** zur Verwirklichung dieser Ziele am Standort aufzustellen. Anders als die Umweltpolitik ist das Umweltprogramm standortbezogen. Das Umweltprogramm muß konkrete, auf die Verbesserung des betrieblichen Umweltschutzes gerichtete Ziele und die zur Erreichung dieser Ziele getroffenen oder geplanten Maßnahmen enthalten.[97]

Auf der Grundlage des Ergebnisses der Umweltprüfung ist ferner ein **Um-** **49**
weltmanagementsystem für alle Tätigkeiten am Standort einzurichten. Unter einem Umweltmanagementsystem ist eine reibungslos funktionierende Organisation des betrieblichen Umweltschutzes zu verstehen. Im Rahmen des Umweltmanagementsystems ist dann die Umweltpolitik und das Umweltprogramm regelmäßig zu überprüfen und anzupassen.

d) Erstellung der Umwelterklärung

Nach Art. 5 Abs. 1 EG-UAVO wird für jeden Standort eine **Umwelter-** **50**
klärung erstellt. Die Umwelterklärung wird für die Öffentlichkeit verfaßt und ist in knapper und verständlicher Form zu schreiben (Art. 5 Abs. 2 EG-UAVO).

e) Prüfung durch einen zugelassenen Umweltgutachter

Gem. Art. 4 Abs. 3 EG-UAVO prüft ein zugelassener unabhängiger **Um-** **51**
weltgutachter die Umweltpolitik, das Umweltprogramm, das Umweltmanagementsystem, die Umweltprüfungsverfahren und die Umwelterklärung auf Übereinstimmung mit den Bestimmungen der Verordnung.[98]

---

[94] *Lübbe-Wolff,* DVBl. 1994, 361 (363); *Kloepfer,* UmweltR, § 5 Rn. 346.

[95] Vgl. auch *Laufs,* Das Umwelt-Audit in der betrieblichen Praxis, S. 7.

[96] Str. ist, ob die Umweltprüfung nach Art. 3 EG-UAVO mit der Umweltbetriebsprüfung, die im Anhang II der EG-UAVO explizit aufgeführt ist, identisch ist, bejahend *Kloepfer,* UmweltR, § 5 Rn. 347; a.A. *Pohl,* HdbUR, A.3 Rn. 98.

[97] *Feldmann,* in: Rengeling, EUDUR, Bd. 1, § 36 Rn. 28.

[98] Zum Prüfungsumfang des Gutachters vgl. *Müggenborg,* DB 1996, 125 (129); *Köck,* VerwArch 1996, 660 (662).

Mayen, NVwZ 97, 215 (Umwelt-Gutachterausschuß)

52 Umstritten ist, ob der Umweltgutachter auch die Einhaltung der umweltrechtlichen Vorschriften prüft.[99] Dies ist maßgeblich für die Frage, ob die Umwelterklärung Gewähr dafür bietet, daß ein Unternehmen an einem bestimmten Standort sämtliche umweltrechtlichen Anforderungen einhält. Ein Teil der Literatur geht davon aus, daß mit der Umwelterklärung lediglich die Funktionsfähigkeit des Managementsystems bescheinigt wird („System-Audit").[100] Nach einem anderen Teil der Literatur muß der Umweltgutachter die Einhaltung der umweltrechtlichen Anforderungen und die Auswirkungen des Betriebs auf die Umwelt nachprüfen („Compliance-Audit").[101] Soll die Umwelterklärung die Intervalle ordnungsrechtlicher Überprüfungen verlängern, so wird dies nur dann möglich sein, wenn man die Prüfungspflicht des Umweltgutachters auf die Einhaltung der umweltrechtlichen Vorschriften erstreckt.[102]

f) Gültigkeitserklärung und Eintragung in das Standortregister

53 Der Umweltgutachter erklärt die Umwelterklärung auf der Grundlage des Anhangs III für gültig. Diese für gültig erklärte Umwelterklärung wird sodann an die zuständige Industrie- und Handelskammer weitergeleitet. Gem. Art. 8 Abs. 1 EG-UAVO erfolgt die **Eintragung des Standortes in das Standortregister der Industrie- und Handelskammer** (§ 32 UAG), soweit die Verordnungskonformität des Standortes glaubhaft gemacht wird.

54 Nach Art. 12 EG-UAVO kann eine Eintragung in das Standortregister auch dadurch erreicht werden, daß das Unternehmen die Einhaltung internationaler, europäischer und nationaler Normen nachweist. Voraussetzung dafür ist zum einen, daß eine derartige Norm gem. Art. 19 EG-UAVO anerkannt worden ist und die Normerfüllung in einem näher bestimmten Zertifizierungsverfahren bescheinigt wurde.[103] Durch Anerkennung der Norm ISO 14001 und eines entsprechenden Zertifizierungsverfahrens durch die Kommission hat ein Unternehmen die Möglichkeit, die betriebliche Umweltkontrolle nachzuweisen.[104]

4. Teilnahmeberechtigung

55 Die Eintragung in das Standortregister berechtigt das Unternehmen zur Verwendung einer **Teilnahmeerklärung.**[105] Die Teilnahmeerklärung darf gem. Art. 10 Abs. 3 EG-UAVO, § 31 Abs. 1 Nr. 2 UAG nicht zur Produktwerbung benutzt werden. Dies findet seine Begründung darin, daß sich die Umweltprüfung nicht auf das Produkt, sondern auf die Produktionsweise und den Produktionsstandort bezieht. In der Regel wird mittels der Teilnahmeerklärung in Form eines Schildes am Standort, auf Briefköpfen oder in Broschüren des Unternehmens auf die Teilnahme am Umwelt-Audit-System hingewiesen.

---

[99] BMU, UGB-KomE, S. 752f.

[100] *Wiebe,* NJW 1994, 289 (292); *Mann/Müller,* Öko-Audit im Umweltrecht, S. 42f.; *Förschle/Hermann/Mandler,* DB 1994, 1093 (1099); *Müggenborg,* DB 1996, 125 (126ff.).

[101] So *Waskow,* Betriebliches Umweltmanagement, S. 28f.; *Schottelius,* DB 1996, 1169ff.; *Lübbe-Wolff,* DVBl. 1994, 361 (369); *Köck,* JZ 1995, 643 (648); *Falk,* UPR 1996, 58 (59); *Feldhaus,* in: Rengeling, EUDUR, Bd. 1, § 36 Rn. 67.

[102] Vgl. dazu näher unten § 9 Rn. 57.

[103] Vgl. dazu *Feldhaus,* in: Rengeling, EUDUR, Bd. 1, § 36 Rn. 132ff.

[104] Vgl. zu den Unterschieden zwischen Umwelt-Audit-System u. ISO 14001 *Feldhaus,* in: Rengeling, EUDUR, Bd. 1, § 36 Rn. 132ff.; SRU, Umweltgutachten 1998, BT-Drs. 13/10195, Tz. 338.

[105] Zur Vielfalt der Teilnahmeerklärungen vgl. *Feldmann,* in: Rengeling, EUDUR, Bd. 1, § 36 Rn. 61.

Als weitere Folge der Teilnahmeerklärung wird in der Literatur eine Lockerung des ordnungsrechtlichen Rahmens für Unternehmen erwogen, die am Umwelt-Audit-System teilgenommen haben.[106] So sollen die Überwachungsintervalle nach § 52b BImSchG verlängert werden.[107] 56

5. *Wiederkehrende Umweltbetriebsprüfungen*

Gem. Art. 3 Abs. 5 EG-UAVO muß das Unternehmen jährlich vereinfachte Umwelterklärungen abgeben. Ferner ist eine erneute Durchführung des Verfahrens spätestens nach drei Jahren vorgeschrieben (vgl. Anhang II H EG-UAVO). Im Rahmen der weiteren Prüfungen muß das Unternehmen zunächst eine sog. **Umweltbetriebsprüfung** (eigentliche Audit) durchführen (Art. 3 Ziff. d, 4 Abs. 5 EG-UAVO).[108] Die Umweltbetriebsprüfung umfaßt die Einhaltung der umweltrechtlichen Normen, die Bewertung des bestehenden Umweltmanagementsystems und die Verwirklichung der im Rahmen der Umweltpolitik verfolgten Ziele. Festgestellte Mängel müssen im Rahmen dieses Verfahrens behoben werden. Das Verfahren endet erneut mit der Überprüfung durch einen externen Umweltgutachter. Soweit der Umweltgutachter zu einem positiven Ergebnis gelangt, verlängert sich die Registrierung des Unternehmens im Standortverzeichnis um drei Jahre. Andernfalls ist gem. Art. 8 Abs. 4 EG-UAVO eine Streichung des Standorts aus dem Standortregister vorzunehmen. Gründe für eine Streichung aus dem Standortregister können die Nichterneuerung der Umwelterklärung, die Aufhebung der Teilnahmeerklärung sowie eine Streichung wegen Säumnis sein. 57

6. *Umweltgutachter und Umweltgutachterorganisationen*

Gem. Art. 6 EG-UAVO ist die Zulassung unabhängiger Umweltgutachter und die Aufsicht über ihre Tätigkeit von den jeweiligen Mitgliedstaaten zu regeln. Einzelheiten der Zulassung von Umweltgutachtern und ihrer Überwachung sind im Umwelt-Audit-Gesetz geregelt. 58

Umweltgutachter sind gem. § 2 Abs. 2 UAG natürliche Personen, die aufgrund eines privatrechtlichen Vertrages mit dem jeweiligen Unternehmen tätig werden.[109] Zulassungsstelle ist die „Deutsche Akkreditierungs- und Zulassungsgesellschaft für Umweltgutachter mit beschränkter Haftung" mit Sitz in Bonn.[110] Voraussetzung für die Zulassung als Umweltgutachter ist gem. § 4 Abs. 1 UAG die Zuverlässigkeit, Unabhängigkeit und Fachkunde.[111] Die 59

---

[106] Vgl. dazu *Martens/Moufang,* NVwZ 1996, 246ff.; vgl. auch *Feldhaus,* in: Rengeling, EUDUR, Bd. 1, § 36 Rn. 145f.; SRU, Umweltgutachten 1998, BT-Drs. 13/10195, Tz. 343ff.; der Kommissionsentwurf zum UGB spricht sich gegen eine Verkürzung der Eröffnungskontrolle mittels einer sog. Rahmengenehmigung aus, vgl. BMU, UGB-KomE, S. 755; a.A. BMWi, Investitionsförderung durch flexible Genehmigungsverfahren, Rn. 541ff.

[107] Vgl. *Pohl,* HdbUR, A.3 Rn. 107; vgl. zu weiteren Deregulierungsvorschlägen in der Lit. auch BMU, UGB-KomE, S. 753.

[108] *Feldmann,* in: Rengeling, EUDUR, Bd. 1, § 36 Rn. 47.

[109] *Sellner/Schnutenhaus,* NVwZ 1993, 928 (930).

[110] Vgl. BT-Drs. 13/1192, S. 33; dazu ausführl. *Feldhaus,* in: Rengeling, EUDUR, Bd. 1, § 36 Rn. 85.

[111] *Feldhaus,* in: Rengeling, EUDUR, Bd. 1, § 36 Rn. 92ff.

Voraussetzungen für die Zuverlässigkeit sind im einzelnen in § 5 UAG geregelt. Die Voraussetzungen der Unabhängigkeit werden in § 6 Abs. 1 UAG benannt. Die erforderliche Fachkunde gem. § 7 Abs. 1 UAG wird durch Ausbildung, berufliche Bildung und praktische Erfahrung nachgewiesen.[112] Gem. § 9 Abs. 1 S. 1 UAG ist die Zulassung als Umweltgutachter von der Zulassungsstelle zu erstellen, wenn der Antragsteller die Anforderungen nach § 4 Abs. 1 UAG und den §§ 5 bis 7 UAG erfüllt. Die Zulassungsstelle überprüft gem. § 15 Abs. 1 UAG in regelmäßigen Abständen, mindestens aber alle drei Jahre, Umweltgutachter, Umweltgutachterorganisationen und Inhaber von Fachkenntnisbescheinigungen.

60 Der Kommissionsentwurf zum Umweltgesetzbuch hat in den §§ 164 bis 169 UGB-KomE die Regelungen der EG-Umwelt-Audit-Verordnung und des Umwelt-Audit-Gesetzes im wesentlichen übernommen.[113]

III. Umweltinformation

61 Die Erwartung umweltgerechten Verhaltens kann nur an die hinreichende Information über den Zustand der Umwelt und die Ursachen von Umweltbeeinträchtigungen geknüpft werden. Durch die Bereitstellung von Umweltinformationen kann damit mittelbar auf das Verhalten der Unternehmen und des einzelnen zu umweltgerechtem Tätigwerden Einfluß genommen werden.[114] Damit kommen auch den Informationen über die Umwelt mittelbar verhaltenssteuernde Wirkungen zu.

62 Umweltinformation ist zunächst jede Vermittlung von Informationen über die Umwelt. Diese kann im Verhältnis verschiedener Behörden zueinander oder im Verhältnis zwischen Bürger und Behörde im Rahmen eines Verwaltungsverfahrens oder unabhängig von einem solchen erfolgen.[115] Umweltinformation im engeren Sinne, als Instrument zur Verbesserung des Umweltschutzes, kann als Zugang der Öffentlichkeit zu umweltbezogenen Informationen, die sich im Besitz von Behörden oder Privaten befinden, definiert werden.[116]

63 Die einzelnen Instrumente zur Umweltinformation haben bislang kaum eine Systematisierung erfahren. Unterscheiden lassen sich zum einen die *Umweltberichterstattung* und die *Umweltaufklärung* und zum anderen die *Schaffung eines Zugangsrechts zu Umweltinformationen* nach dem Umweltinformationsgesetz.

---

[112] Gem. § 6 Abs. 2 UAG werden Beamte, Soldaten, Angestellte einer juristischen Person des öffentlichen Rechts sowie Richter und Wahlbeamte von der gutachterlichen Tätigkeit ausgeschlossen.

[113] Vgl. BMU, UGB-KomE, S. 174 ff., 754 ff.

[114] Vgl. dazu auch Entwurfsbegründung der BReg. zum UIG, BT-Drs. 12/7138, S. 10.

[115] Zum verfahrensunabhängigen Ansatz vgl. *Kloepfer,* UmweltR, § 5 Rn. 163; zu den Rechtmäßigkeitsanforderungen an eine hoheitliche Informationsvermittlung allgem. *Di Fabio,* JuS 1997, 1 ff.

[116] Zur Umweltinformation als Regelungsinstrument des UmweltR vgl. *Eifert,* DÖV 1994, 544 ff.; *Böhm,* JA 1997, 794 ff.; zum ebenfalls aus dem „freedom of information act" abgeleiteten gesetzl. geregelten Anspruch auf Akteneinsicht *Partsch,* NJW 1998, 2559 ff.

 Kothe, DÖV 98, 572

1. Umweltberichterstattung

Rechtliche Regelungen, die u.a. die Erfassung oder Vermittlung von Informationen über die Umwelt zum Gegenstand haben, finden sich zunächst im **Umweltstatistikgesetz** (UStatG).[117] Danach werden vor allem für Zwecke der Umweltplanung Erhebungen durchgeführt, die sich auf Daten über Umweltbelastungen und Umweltschutzmaßnahmen erstrecken (§ 1 UStatG).[118] Es werden nach einzelnen Sachbereichen differenzierend insbesondere Daten erhoben über Abfallaufkommen, Wasserversorgung, Abwasserbeseitigung und Unfälle beim Umgang mit wassergefährdenden Stoffen (vgl. § 2 UStatG). Auskunftspflichtig sind, je nachdem, in welchem Bereich Erhebungen durchgeführt werden, Betriebe, Unternehmen oder die zuständigen Landesbehörden (z.B. für die Abfallbeseitigung vgl. § 3 Abs. 1 Nr. 2, Abs. 2 UStatG).[119] Die Erhebungen werden in der Regel alle 2 bis 4 Jahre, in besonders sensiblen oder für die Entwicklung des Umweltschutzes aussagekräftigen Bereichen sogar jährlich durchgeführt. Zur Datenverarbeitung wurde ein Informations- und Dokumentationssystem – UMPLIS – entwickelt. 64

Berichterstattungspflichten zugunsten der Öffentlichkeit können ferner für Exekutivorgane (vgl. etwa § 61 BImSchG, § 5 Abs. 2 StrVG), aber auch für private Unternehmen angeordnet werden. So sieht beispielsweise Art. 5 EG-UAVO im Rahmen des Umwelt-Audit-Systems vor, daß die am Umwelt-Audit-System beteiligten Unternehmen eine Zusammenfassung der Umwelterklärungen erstellen und diese zur Information der Öffentlichkeit zur Verfügung stellen sollen.[120] In diesen Fällen kommt der Öffentlichkeit mehr und mehr eine Kontrollfunktion zu.[121] 65

2. Umweltaufklärung

Auch im Wege der Umweltaufklärung soll auf das Verhalten der Bürger Einfluß genommen werden. Maßnahmen der Umweltaufklärung sind zum einen die allgemeine **Beratung** in Umweltfragen, wie sie etwa durch die Bürgerberatungen in den Kommununen durchgeführt wird. Die Aufklärung der Öffentlichkeit über umweltrechtliche Zusammenhänge gehört ferner zu den Aufgaben des Umweltbundesamtes gem. § 2 Abs. 1 S. Nr. 2 UBAG.[122] 66

---

[117] Gesetz über Umweltstatistiken i.d.F.d. Bek. v. 21. 9. 1994 (BGBl. I S. 2530), geänd. durch G v. 9. 10. 1996 (BGBl. I S. 846).

[118] Mit § 211 UGB-KomE enthält der Kommissionsentwurf eine entsprechende Vorschrift im Kontext der Umweltinformationen, BMU, UGB-KomE, S. 189, 823f.

[119] Zum nicht unproblematischen Verhältnis zwischen Auskunftspflicht und Datenschutz vgl. *Kloepfer,* UmweltR, § 5 Rn. 164 m.w.N.

[120] Vgl. zum Umwelt-Audit oben § 9 Rn. 37ff.; ebenso sieht die IPPC-Richtlinie der EG vor, daß die Mitgliedstaaten nach Art. 15 IPPC-RL – unbeschadet des in § 4 UIG verankerten Informationsanspruchs – Maßnahmen treffen, um sicherzustellen, daß Anträge auf Genehmigungen und wesentliche Änderungen von Anlagen, die Entscheidungen der zuständigen Behörden über diese Anträge sowie Überwachungsdaten der Öffentlichkeit zugänglich gemacht werden.

[121] Dazu *Hill,* UTR 1994, 91 (103ff.).

[122] Gesetz über die Errichtung eines Umweltbundesamtes v. 22. 7. 1974 (BGBl. I S. 1505), zul. geänd. durch G v. 2. 5. 1996 (BGBl. I S. 660); vgl. zum UBA ferner unten § 10 Rn. 12ff.

Auch soll z.B. durch **Umweltzeichen,** mit denen umweltfreundliche Produktgruppen oder einzelne Produkte bzw. Produktionsverfahren ausgezeichnet werden, ein Anreiz für umweltfreundliches Verhalten geschaffen werden.[123] Soweit die Öffentlichkeit ferner durch **Hinweise, Empfehlungen und Warnungen** über eine spezielle Umweltsituation informiert wird, sind diese gesetzlich weitgehend nicht normiert.[124] Auf sie soll deshalb im Rahmen des informellen Verwaltungshandelns eingegangen werden.[125]

3. Zugangsrechte zu Umweltinformationen

67 Erst die Schaffung eines Zugangsrechts zu Umweltinformationen ermöglicht es dem Bürger, sich gegen Umweltbelastungen zur Wehr zu setzen. Zugangsrechte zu Umweltinformationen sind zum einen im *Umweltinformationsgesetz,* aber auch in der *IPPC-Richtlinie der EG* vorgesehen.

a) Umweltinformationsgesetz

68 Rechtsgrundlage für Umweltinformationen als Zugangsrecht in diesem Sinne ist zunächst das Umweltinformationsgesetz (UIG),[126] das die EG-Richtlinie über den freien Zugang zu Informationen über die Umwelt[127] in nationales Recht umsetzt.[128]

69 Bis zum Inkrafttreten des Umweltinformationsgesetzes am 16. 7. 1994 galt in Deutschland für den Zugang zu Umweltinformationen der Grundsatz der beschränkten Aktenöffentlichkeit, wonach in der Regel lediglich den Verfahrensbeteiligten Informationsrechte als Akteneinsichtsrecht zustanden (vgl. § 29 VwVfG). Im übrigen war die Gewährung von Akteneinsicht in das Ermessen der Behörde gestellt (z.B. § 72 Abs. 1 VwVfG).[129]

70 Die UI-Richtlinie verpflichtete zur Einführung eines Zugangsrechts zu Umweltinformationen in den Mitgliedstaaten.[130] Die EG-Regelung lehnt sich an die aus dem nordamerikanischen Recht stammende Vorstellung des „freedom of information"[131] an, die ein nicht an Interessennachweis oder Verfahrensbeteiligung gebundenes Informationsrecht vorsieht. Die Umsetzungsfrist für die UI-Richtlinie lief am 31. 12. 1993 ab. Da die UI-Richtlinie hinreichend bestimmt und unbedingt ist, galt sie nach diesem

---

[123] Vgl. zu Umweltzeichen in der EG und in Deutschland *v. Danwitz,* in: Rengeling, EUDUR, Bd. 1, § 40 Rn. 1 ff.

[124] Zu Systematisierungsversuchen *Kloepfer,* UmweltR, § 5 Rn. 165; zum Erfordernis einer Ermächtigungsgrundlage *Kloepfer,* UmweltR, § 5 Rn. 169, 172 f.; zur Ermächtigung für Umweltzeichen u. Warnungen vgl. auch §§ 123, 213 UGB-KomE, vgl. BMU, UGB-KomE, S. 150, 190.

[125] Vgl. dazu unten § 9 Rn. 101.

[126] V. 8. 7. 1994 (BGBl. I S. 1490); vgl. auch *Schendel,* in: Rengeling, EUDUR, Bd. 1, § 39 Rn. 17 ff.

[127] Richtlinie des Rates über den freien Zugang zu Informationen über die Umwelt (Umweltinformationsrichtlinie – UIRL) v. 7. 6. 1990 (90/313/EWG), ABl. EG Nr. L 158 S. 56; dazu *Erichsen,* Umsetzung der UI-RL, S. 1 ff.; *Scherzberg,* UPR 1992, 48 ff.; vgl. auch *Schendel,* in: Rengeling, EUDUR, Bd. 1, § 39 Rn. 1 ff.; zur Umsetzung in Großbritannien u. Deutschland *Kimber/Ekardt,* NuR 1998, 262 ff.

[128] Zur EG-Rechtskonformität des UJG *EuGH,* Urt. v. 9. 9. 1999 – Rs C-217/97 (Komm/Deutschland) –, NVwZ 1999, 1209 ff.

[129] Vgl. dazu *Reinhardt,* Die Verw. 1997, 161 (166 ff.).

[130] Zur Entstehungsgeschichte der UI-RL vgl. *Moormann,* in: Landmann/Rohmer, UmweltR, Bd. III, 3, UIG, Vorb. Rn. 27 ff.

[131] Freedom of Information Act (FOIA) v. 4. 11. 1966, in Kraft getr. am 4. 7. 1967; dazu *Turiaux,* NJW 1994, 2319 ff.

Zeitpunkt bis zum Inkrafttreten des Umweltinformationsgesetzes am 16. 7. 1994 unmittelbar.[132]

71 Die Gesetzgebungskompetenz des Bundes zur abschließenden Regelung eines Anspruchs auf Informationen über die Umwelt ist umstritten.[133] Die Befugnis des Bundes zu einer umfassenden abschließenden Regelung des Anspruchs auf Informationen über die Umwelt wird daraus abgeleitet, daß das Umweltinformationsgesetz bestimmten, im Grundgesetz aufgeführten Kompetenzmaterien des Bundes zum Erlaß von Gesetzen zum Schutz der in § 3 Abs. 2 Nr. 1 UIG genannten Umweltmedien Boden, Luft und Wasser und über den Tier- und Pflanzenschutz zuzuordnen ist.[134] In der Literatur wird demgegenüber die Ansicht vertreten, der Bund sei insoweit von der Gesetzgebung ausgeschlossen, als es um Sachbereiche gehe, für die die Landesgesetzgeber auf der Basis der alleinigen Kompetenz umweltschützende Regelungen treffen dürfen, wie etwa im Bereich des Fischereirechts oder des Denkmalschutzrechts.[135]

72 Wesentlicher Inhalt des Umweltinformationsgesetzes ist zum einen ein „Jedermann-Recht" auf freien Zugang zu den bei den Behörden vorhandenen Informationen über die Umwelt und zum anderen eine aktive Informationspflicht der Behörden. Damit soll das Bewußtsein für die Erfordernisse eines wirksamen Umweltschutzes bei Bürgern und Behörden geschärft und hierdurch mittelbar zum Schutz der Umwelt beigetragen werden (vgl. § 1 UIG).[136] Indem die Vollzugskontrolle teilweise auf die Öffentlichkeit übertragen wird, soll das bestehende Vollzugsdefizit im Umweltbereich abgebaut werden.[137]

73 Der Anspruch auf Umweltinformationen ist im Kommissionsentwurf zum Umweltgesetzbuch in den §§ 217 bis 223 UGB-KomE vorgesehen. Ihm vorangestellt sind in §§ 207 bis 216 UGB-KomE die Vorschriften über die staatliche Umweltinformation, die sich vornehmlich mit der Beschaffung, Sammlung und Aufbereitung von Umweltdaten beschäftigen. Die Vorschriften zum Umweltinformationsanspruch orientieren sich dabei im wesentlichen an den Vorschriften des Umweltinformationsgesetzes. Sie greifen in einzelnen Punkten Kritik aus Rechtsprechung und Literatur auf und tragen Bedenken hinsichtlich der Vereinbarkeit mit der Umweltinformationsrichtlinie Rechnung.[138]

aa) Anspruchsvoraussetzungen

74 Gem. § 4 Abs. 1 S. 1 UIG hat jeder Anspruch auf freien Zugang zu Informationen über die Umwelt, die bei einer Behörde oder einer Person des Privatrechts i. S. d. § 2 Nr. 2 UIG vorhanden sind.[139]

---

[132] Zur unmittelbaren Geltung der UIRL vgl. *VG Minden,* Urt. v. 5. 3. 1993 – 8 K 1536/90 –, UPR 1994, 118f.; *Haller,* UPR 1994, 88 (90); *Röger,* NuR 1994, 125ff.; *Wegener,* ZUR 1994, 232ff.; *ders,* ZUR 1993, 17ff.; *Moormann,* in: Landmann/Rohmer, UmweltR, Bd. III, 3, UIG, Vorb. Rn. 60; *Pohl,* HdbUR, A.3 Rn. 134; a. A. *VG Stade,* Urt. v. 21.4.1993 – 7 A 79/92 –, NuR 1994, 149 (150); *OVG Münster,* Urt. v. 27. 9. 1993 – 21 A 2565/92 –, NWVBl. 1994, 458ff. m. krit. Anm. *Röger.*

[133] Vgl. dazu *Moormann,* in: Landmann/Rohmer, UmweltR, Bd. III, 3, UIG, Vorb. Rn. 54ff.; *Erichsen,* NVwZ 1992, 409 (415).

[134] *Burgholz,* NVwZ 1994, 124 (126); so auch die Entwurfsbegründung der BReg., BT-Drs. 12/7138, S. 9 f.

[135] Vgl. *Scherzberg,* UPR 1992, 48 (52); *Wegener,* IUR 1992, 211 (213).

[136] Vgl. Entwurfsbegründung der BReg., BT-Drs. 12/7138, S. 10; zur Praxis des UIG bei der kommunalen Grundwassersanieung *Lenius/Ekardt,* ZAU 1998, 278ff.

[137] Vgl. *Turiaux,* NJW 1994, 2319; krit. zur Kontrollfunktion *Moormann,* in: Landmann/Rohmer, UmweltR, Bd. III, 3, UIG, § 1 Rn. 6; z. T. wird in der Lit. aber befürchtet, daß der Umweltinformationsanspruch eine Umwelt(verwaltungs)arbeit der Behörden gerade behindern könne, vgl. *Erbguth/Stollmann,* UPR 1994, 81.

[138] BMU, UGB-KomE, S. 830.

[139] Zu den Anspruchsvoraussetzungen vgl. auch *Schomerus,* ZUR 1994, 226ff.; *Kremer,* LKV 1994, 349ff.

(1) Vorhandene Informationen über die Umwelt

75 Gem. § 4 Abs. 1 UIG sind Gegenstand des Anspruchs *Informationen überdie Umwelt.*[140] Der Begriff der Umweltinformationen ist in § 3 Abs. 2 UIG definiert. Erfaßt werden danach alle in Schrift, Bild oder auf sonstigen Informationsträgern vorliegenden Daten über den Zustand der Gewässer, der Luft, des Bodens, der Tier- und Pflanzenwelt und der natürlichen Lebensräume (Nr. 1), Tätigkeiten oder Maßnahmen, die diesen Zustand beeinträchtigen oder beeinträchtigen können (Nr. 2), und Tätigkeiten oder Maßnahmen zum Schutz der genannten Umweltbereiche (Nr. 3). Umwelt im Sinne des Umweltinformationsgesetzes ist somit die belebte Natur in all ihren Zustands- und Erscheinungsformen; zu den Umweltinformationen zählen aber nicht nur Angaben über die Umwelt als solche, sondern auch über menschliche Aktivitäten, die sich positiv oder negativ auf den Zustand der Umwelt auswirken können.[141] In technischer Hinsicht werden Informationen auf allen heute bekannten Datenträgern erfaßt.[142]

76 Als *Daten über den Zustand der Umweltmedien* (§ 3 Abs. 2 Nr. 1 UIG) gelten Meßwerte jeder Art (z.B. über Inhaltsstoffe des Wassers, des Bodens, der Luft, Schadstoffverteilung, Vorkommen bestimmter Lebewesen etc.) sowie auch Bewertungen und Analysen, die aufgrund solcher Meßwerte erstellt wurden.[143] Die Daten können sich dabei auf den vergangenen oder gegenwärtigen Zustand der genannten Umweltmedien beziehen sowie auch auf Prognosen über dessen weitere Entwicklung. Das ergibt sich zwar nicht aus dem Wortlaut des § 3 Abs. 2 UIG, aber aus dem Regelungszweck, durch Verbreitung von Umweltdaten zum Umweltschutz beizutragen.[144] Informationen über den Zustand der in Nr. 1 genannten Umweltgüter schließen auch Auswirkungen, die vom Zustand dieser Umweltgüter auf den Menschen als Teil der Umwelt ausgehen, mit ein,[145] dagegen werden Auswirkungen auf Kultur- oder Sachgüter nicht erfaßt.[146]

77 Unter *Tätigkeiten oder Maßnahmen, die den Zustand der Umweltmedien beeinträchtigen oder beeinträchtigen können* (§ 3 Abs. 2 Nr. 2 UIG), fallen sämtliche von menschlichem Verhalten ausgehende Belastungen. Damit werden vor allem Immissionen einer Anlage oder Tätigkeit erfaßt, aber auch die Verwendung umweltgefährdender Stoffe und die Herstellung umweltgefährdender Produkte und insoweit mittelbar auch stoff- und produktbezogene Informationen.[147] Auch die rechtliche Bewertung eines umweltrelevanten Vorgangs – etwa die Genehmigungsbedürftigkeit einer Anlage – kann noch zu den Umweltinformationen i.S.v. § 3 Abs. 2 Nr. 2 UIG gezählt werden, da die Beantwortung der Rechtsfrage abhängig ist von den tatsächlichen Angaben über eine umweltrelevante Tätigkeit und eine Differenzierung zwischen rechtlicher und tatsächlicher Bewertung daher nicht sinnvoll wäre.[148]

---

140 Dazu *Winter,* NuR 1997, 335 ff.; zu europäischen Anstößen für einen erweiterten Zugang zu Umweltinformationen *Schrader,* NVwZ 1999, 40 ff.

141 Vgl. *Turiaux,* NJW 1994, 2319 (2320).

142 Vgl. *Erichsen,* NVwZ 1992, 409 (411); *Röger,* UIG, § 3 Rn. 24 f.

143 Vgl. *Turiaux,* NJW 1994, 2319 (2320); zu meteorologischen Daten als Informationen über die Umwelt vgl. *Röger,* NuR 1997, 481 ff.

144 Vgl. *Scherzberg,* UPR 1992, 48 (50).

145 Vgl. Entwurfsbegründung der BReg., BT-Drs. 12/7138, S. 12.

146 Vgl. *Turiaux,* NJW 1994, 2319 (2320); a.A. *Erichsen,* NVwZ 1992, 409 (411).

147 Vgl. *Turiaux,* NJW 1994, 2319 (2320); krit. *Müller/Heuer,* NVwZ 1997, 330 (331).

148 Vgl. *Turiaux,* NJW 1994, 2319 (2320); *Kloepfer,* UmweltR, § 5 Rn. 181; zur Frage, ob auch die Stellungnahme einer Fachbehörde im Rahmen eines Planfeststellungsverfahrens eine Maßnahme im Sinne des § 3 Abs. 1 Nr. 2 UIG ist, *EuGH,* Urt. v. 17. 6. 1998 – C-321/96 –, ZUR 1998, 198 ff.

§ 3 Abs. 2 Nr. 3 UIG erfaßt Tätigkeiten oder Maßnahmen zum Schutz dieser Umweltbereiche einschließlich verwaltungstechnischer Maßnahmen und Programme zum Umweltschutz. Dazu zählen alle Informationen über die von der Verwaltung oder von Privaten unternommenen Aktivitäten, die eine direkte Verbesserung der Umwelt zum Ziel haben, also vornehmlich Instrumentarien des präventiven und reaktiven Umweltschutzes wie behördliche Zulassungen, Überwachungsmaßnahmen und Umweltplanungen und -programme.[149] Erfaßt werden auch Verfahren zur finanziellen Förderung umweltverbessernder Verfahren.[150] Dies gilt ferner für Informationen über abgeschlossene Straf- und Ordnungswidrigkeitenverfahren. Sie sind nicht Gegenstand des Umweltinformationsanspruchs, da diese Verfahren nicht als dem Schutz der Umwelt dienende Maßnahmen i. S. d. § 3 Abs. 2 Nr. 3 UIG angesehen werden. Insofern wird nicht jede Tätigkeit oder Maßnahme erfaßt, die nur mittelbar dem Schutz der Umwelt dient.[151] **78**

Da sich der Informationsanspruch gemäß § 4 Abs. 1 UIG auf *vorhandene* Informationen bezieht und nach § 3 Abs. 2 UIG als Umweltinformationen auch nur die bei den Behörden *vorliegenden* Daten gelten, besteht keine Verpflichtung der Behörde zur Neuerhebung gewünschter Informationen (Beschaffungspflicht).[152] Eine Ausnahme besteht allerdings insoweit, als die Behörde Zugang zu zentralen Datenspeichern hat und infolgedessen die gespeicherten Daten für sie ohne weiteres verfügbar sind. Denn in diesem Fall ist der Arbeitsaufwand für die Behörde nicht größer als beim Nachschlagen in einer herkömmlichen Akte.[153] **79**

(2) Bei einer Behörde oder privaten Dritten

Nach §§ 4 Abs. 1 S. 1, 9 Abs. 1 S. 1 UIG richtet sich der Informationsanspruch zunächst gegen die *Behörden,* bei denen die begehrten Informationen vorhanden sind, oder *private Dritte,* die nach § 2 Nr. 2 UIG öffentlichrechtliche Aufgaben im Bereich des Umweltschutzes wahrnehmen und der Aufsicht von Behörden unterstellt sind.[154] **80**

§ 3 Abs. 1 Satz 1 UIG definiert **Behörde** als jede Stelle i. S. d. § 1 Abs. 4 VwVfG, die Aufgaben des Umweltschutzes wahrzunehmen hat. Dabei findet eine Beschränkung auf Behörden einer bestimmten Ebene nicht statt. § 2 UIG stellt vielmehr klar, daß das Umweltinformationsgesetz für die Behörden des Bundes, der Länder, der Gemeinden und Gemeindeverbände sowie der sonstigen juristischen Personen des öffentlichen Rechts gilt, bei denen Informationen über die Umwelt vorhanden sind. Dies müssen nicht zwingend Umweltfachbehörden sein, die umweltrechtliche Fachgesetze oder Verordnungen als Hauptaufgabe vollziehen.[155] Ausreichend ist vielmehr, daß die Behörde neben anderen Aufgaben kraft Rechtsvorschrift oder Anordnung vorgesetzter Stellen zur Umweltpflege verpflichtet ist.[156] Mithin richtet sich der Anspruch auch ge- **81**

---

[149] Vgl. Entwurfsbegründung der BReg., BT-Drs. 12/7138, S. 12.

[150] *BVerwG,* Urt. v. 25. 3. 1999 – 7 C 21.98 –, UPR 1999, 313 ff.; a. A. noch *OVG Lüneburg,* Urt. v. 19. 11. 1997 – 7 L 5672/96 –, ZUR 1998, 85 (86).

[151] *OVG Lüneburg,* Urt. v. 19. 11. 1997 – 7 L 5672/96 –, NVwZ 1998, 654; a. A. *Fluck/Theuer,* UIG, § 3 Rn. 229 a.

[152] Vgl. *Scherzberg,* DVBl. 1994, 733 (736).

[153] Vgl. *Turiaux,* NJW 1994, 2319 (2321); zu mögl. Ausnahmen vgl. *Pohl,* HdbUR, A.3 Rn. 137.

[154] Vgl. umfassend *Faber,* DVBl. 1995, 722 (723 ff.); *Theuer,* NVwZ 1996, 326 (327 ff.); zu Einzelfällen vgl. *Kummer/Schumacher,* UIG, S. 20 ff.; zur Pflicht staatl. Stellen zu Umweltinformationen *EGMR,* NVwZ 1999, 57 ff.

[155] *VGH Mannheim,* Urt. v. 10. 6. 1998 – 10 S 58/97 –, NVwZ 1998, 987 (988).

[156] Vgl. BT-Drs. 12/7582 S. 11; auch § 217 UGB-KomE sieht kein Zugangsrecht zu allen Behörden vor, vgl. BMU, UGB-KomE, S. 191, 831.

NVwZ 05, 1157 (privatrechtl. Handeln)

gen Straßenbaubehörden, Wasser- und Schiffahrtsämter.[157] Ausgenommen sind nach § 3 Abs. 1 S. 2 UIG aber die obersten Bundes- und Landesbehörden, soweit sie gesetzgeberisch tätig werden (Nr. 1), sowie Gerichte, Strafverfolgungs- und Disziplinarbehörden (Nr. 3) und solche Behörden, die Umweltbelange lediglich wie jeder Private zu beachten haben (Nr. 2).

82 **Private Dritte** sind anspruchsverpflichtet, wenn sie nach § 2 Nr. 2 UIG öffentlich-rechtliche Aufgaben im Bereich des Umweltschutzes wahrnehmen und der Aufsicht von Behörden unterstellt sind. Das heißt, daß Private anspruchsverpflichtet sind, wenn sie zwar privatrechtlich organisiert, aber staatlich beherrscht sind, wie z. B. private Entsorgungsbeauftragte nach § 16 Abs. 2 KrW-/AbfG.[158]

(3) Anspruchsberechtigung

83 Nach § 4 Abs. 1 UIG hat **jeder** Anspruch auf freien Zugang zu Informationen über die Umwelt. Anspruchsberechtigt sind alle natürlichen und juristischen Personen des Privatrechts, auch solche aus Nicht-EG-Staaten. Für juristische Personen des Privatrechts wird dies entsprechend Art. 3 Abs. 1 UIRL bejaht.[159] Natürlichen und juristischen Personen des öffentlichen Rechts steht dagegen der Informationsanspruch nach § 4 UIG nicht zu.[160] Dies ergibt sich zwar nicht aus dem Wortlaut, wohl aber aus Sinn und Zweck der Vorschrift, Informationstransparenz im Außenverhältnis zwischen Bürger und Behörde zu schaffen. Im übrigen unterläuft ein solcher Informationsanspruch die staatliche Kompetenzordnung.[161] Innerhalb der Verwaltung sowie im Verhältnis zwischen den Staatsorganen und ihren Untergliederungen richtet sich der Informationsaustausch allein nach den Grundsätzen der Amtshilfe.[162] Indes steht Gemeinden ein Informationszugangsrecht nach § 4 UIG zu, wenn die Interessenlage des nach Art. 28 Abs. 2 GG garantierten Selbstverwaltungsrechts der eines Privaten entspricht.[163] Dies gilt auch für Selbstverwaltungskörperschaften, die vom Grundsatz der „Staatsfreiheit" geprägt sind.[164]

---

[157] *Scherzberg,* DVBl. 1994, 733 (735 m. w. N.); *VG Schleswig,* Urt. v. 30. 7. 1995 – 2 A 170/95 –, ZUR 1996, 96 (97); *Stollmann,* NuR 1998, 78 (79); anspruchsverpflichtet ist demgegenüber nicht die Energieaufsichtsbehörde im Rahmen eines energiewirtschaftl. Nichtbeanstandungsverfahrens nach § 4 EnWG, da die Behörde in dieser Funktion keine Aufgaben des Umweltschutzes wahrnimmt, so *OVG Schleswig,* Urt. v. 13. 12. 1994 – 4 K 1/94 –, NuR 1995, 420 (423).

[158] Vgl. Entwurfsbegründung der BReg., BT-Drs. 12/7138, S. 11; *Röger,* UIG, § 2 Rn. 13 f.; *Kummer/Schumacher,* UIG, S. 25; mangels Wahrnehmung hoheitl. Aufgaben besteht keine Anspruchsverpflichtung für die Duales System Deutschland GmbH (DSD) und für Betriebsbeauftragte sowie private Energieversorgungsunternehmen, *Kloepfer,* UmweltR, § 5 Rn. 180; *Pohl,* HdbUR, A.3 Rn. 160.

[159] Dies hat zur Folge, daß Unternehmen, die Informationen über Konkurrenten gewinnen wollen, sich auf das UIG berufen können, vgl. dazu *Turiaux,* UIG, § 4 Rn. 5.

[160] *BVerwG,* Beschl. v. 31. 10. 1995 – 1 B 126.95 –, NVwZ 1996, 400 (401); vgl. auch *Berg,* GewArch 1996, 177 (180); *Müller/Heuer,* NVwZ 1997, 330 (331).

[161] Vgl. Entwurfsbegründung der BReg., BT-Drs. 12/7138 S. 12; *Erbguth/Stollmann,* UPR 1994, 81 (82).

[162] Vgl. Entwurfsbegründung der BReg., BT-Drs. 12/7138, S. 12; *Turiaux,* UIG, § 4 Rn. 6.

[163] *Turiaux,* UIG, § 4 Rn. 10; dazu auch *Winter,* NuR 1997, 335 ff.

[164] Dies sind z. B. Rundfunkanstalten, Kirchen u. Universitäten, vgl. dazu *Kloepfer,* UmweltR, § 5 Rn. 179.

 BVerwG, U 25.3.99, DÖV 99, 778 (Ostwald) = NVwZ 99, 1220 = JZ 99, 1166 m. Anm. Gusy, R. Schmidt, JZ 01, 1165, Battis / Ingold, DVBl 06, 735 bb) Anspruchsinhalt

84 Gem. § 4 Abs. 1 S. 2 UIG kann die Behörde auf Antrag Auskunft erteilen, Akteneinsicht gewähren oder Informationsträger in sonstiger Weise zur Verfügung stellen.[165] Die vorgegebene Reihenfolge könnte auf einen Vorrang der Auskunftserteilung vor der Akteneinsicht schließen lassen.[166] Demgegenüber wird in der Literatur zum Teil vertreten, daß grundsätzlich Akteneinsicht zu gewähren sei, da sonst die Gefahr der selektiven, d. h. gewerteten und geschönten Auskunftserteilung bestehe.[167] Weil jedoch die Art der Informationsübermittlung im Ermessen der zugangsverpflichteten Stelle steht, sieht § 4 Abs. 1 S. 2 UIG im Gegensatz zur Umweltinformationsrichtlinie keinen Anspruch auf Akteneinsicht vor.[168] Vielmehr können die Informationen auch im Wege der selektiven Auskunft erteilt werden. Ein solches Auskunftsrecht ist jedoch nicht gleichbedeutend mit dem in §§ 1, 3 UIG sicherzustellenden Zugang zu Informationen über die Umwelt; deshalb wird man in EG-rechtskonformer Auslegung die Gewährung von Akteneinsicht nur dann verwehren können, wenn besondere Gründe vorliegen.[169] Eine EG-rechtskonforme Auslegung ergibt zudem, daß ein Auswahlermessen zwischen verschiedenen Informationsmitteln nur besteht, wenn sie im wesentlichen den gleichen Informationsgehalt besitzen.[170] Beantragt ein Bürger ausdrücklich einen bestimmten Informationszugang, darf die Behörde dies nur dann zugunsten eines anderen Informationszugangs ablehnen, wenn hierfür gewichtige, von ihr darzulegende Gründe bestehen. Beantragt ein Bürger mithin eine schriftliche Mitteilung eines Analyseergebnisses, so kann sein Begehren nur substantiiert zurückgewiesen werden.[171] § 4 Abs. 1 S. 2 UIG garantiert dennoch keinen Zugang zur behördeneigenen EDV-Anlage.[172]

cc) Ausschluß und Beschränkungen des Anspruchs

(1) Ausschluß und Beschränkungen zum Schutz öffentlicher Belange

85 Gem. § 7 Abs. 1 UIG *ist* der Anspruch aus Gründen der Landesverteidigung oder zum Schutz der öffentlichen Sicherheit *ausgeschlossen.*[173] Damit sind Informationen über die Umweltsituation auf Truppenübungsplätzen,

---

165 Zur Möglichkeit einer auszugsweisen Übermittlung von Informationen *EuGH,* Urt. v. 9. 9. 1999 – Rs C-217/98 (Komm./Deutschland), NVwZ 1999, 1209 (1210 f.).

166 So *Röger,* UIG, § 4 Rn. 17.

167 So *Turiaux,* UIG, § 4 Rn. 17; a. A. *Haller,* UPR 1995, 338 (339); *Theuer,* NVwZ 1996, 326 (332); *Müller/Heuer,* NVwZ 1997, 330 (331).

168 *BVerwG,* Urt. v. 6. 12. 1996 – 7 C 64/95 –, ZUR 1997, 87 ff.; *OVG Münster,* Urt. v. 19. 1. 1995 – 20 A 1518/93 –, UPR 1995, 272; zur Ermessensausübung auch *VG München,* Urt. v. 26. 9. 1995 – M 16 K 93 4444 –, ZUR 1996, 94 (96).

169 So *BVerwG,* Urt. v. 6. 12. 1996 – 7 C 64.95 –, ZUR 1997, 87 ff.; *Turiaux,* NJW 1994, 2319 (2320); *Kloepfer,* UmweltR, § 5 Rn. 182.

170 *BVerwG,* Urt. v. 6. 12. 1996 – 7 C 64.95 –, NuR 1997, 401 (403).

171 *BVerwG,* Urt. v. 6. 12. 1996 – 7 C 64.95 –, NuR 1997, 401 (403); zustimmend *Röger,* DVBl. 1997, 885 (888); *Vahldiek,* ZUR 1997, 144 (147); *Schmittmann,* VR 1997, 285 (287); *Stollmann,* NuR 1998, 78 (80); auch in § 218 Abs. 2 S. 2 UGB-KomE ist eine entsprechende Ermessensreduzierung vorgesehen, vgl. BMU, UGB-KomE, S. 192, 831; a. A. noch *OVG Münster,* Urt. v. 19. 1. 1995 – 20 A 1518/93 –, UPR 1995, 272.

172 *Turiaux,* UIG, § 4 Rn. 23 ff.

173 Vgl. dazu näher *Schendel,* in: Rengeling, EUDUR, Bd. 1, § 39 Rn. 37 ff.

Militärflugplätzen sowie über Manöverschäden ausgeschlossen.[174] Ferner sieht § 7 Abs. 1 Nr. 2 UIG vor, daß ein Anspruch nicht besteht während der Dauer eines Gerichtsverfahrens oder eines strafrechtlichen Ermittlungsverfahrens sowie eines verwaltungsbehördlichen Verfahrens hinsichtlich derjenigen Daten, die der Behörde aufgrund des Verfahrens zugehen.[175] Sinn dieser Regelung ist es, die laufenden Gesetzes- und Verwaltungsverfahren ungehindert ablaufen zu lassen.[176] Insbesondere soll der Informationszugang in diesen Fällen durch das speziellere Verfahrensrecht geregelt werden, das nicht durch das Umweltinformationsgesetz überlagert werden soll. Ausgeschlossen ist der Anspruch ferner in abgeschlossenen Straf- und Ordnungswidrigkeitenverfahren.[177]

86 Obwohl sich § 7 UIG am Wortlaut der UI-Richtlinie orientiert, wird bezweifelt, ob diese erheblichen Zugangsbeschränkungen mit dem Regelungsziel und der Systematik der UI-Richtlinie vereinbar sind. Insofern wird insbesondere die Zugangsbeschränkung in verwaltungsbehördlichen Verfahren kritisiert.[178] Alle Daten, die der Behörde im Verfahren zugehen, bleiben vom Informationsanspruch ausgeklammert. § 4 Abs. 1 S. 1 UIG umfaßt demnach nur diejenigen Informationen, die bereits vor Einleitung des Verfahrens vorhanden gewesen sind. Dies wird in der Rechtsprechung und der Literatur zum Teil als Verstoß gegen das Regelungsziel der UI-Richtlinie angesehen. Der dort vorgesehene Ausschluß („behördliche Vorverfahren") kann sich nicht auf das allgemeine Verwaltungsverfahren als dem Regelungstypus des behördlichen Verfahrens erstreken.[179] Nach herrschender Meinung ist ein Ausschluß nur in Verwaltungsverfahren anzunehmen, die in ihrem formalisierten Ablauf dem gerichtlichen Verfahren nachgebildet sind. Dies betrifft nicht nur das Widerspruchsverfahren nach §§ 68 ff. VwGO, sondern auch das Planfeststellungsverfahren nach §§ 63 ff. VwVfG[180] und die förmlichen Genehmigungsverfahren nach § 10 BImschG oder § 7 Abs. 4 S. 3 AtG.[181]

87 Gem. § 7 Abs. 2 UIG *soll* der Antrag *abgelehnt werden,* wenn er sich auf die Übermittlung noch nicht abgeschlossener Schriftstücke oder noch nicht aufbereiteter Daten oder verwaltungsinterner Mitteilungen bezieht.[182] Ferner

---

[174] *Röger,* UIG, § 7 Rn. 9.

[175] Dabei bezieht sich der letzte Halbsatz auch auf strafrechtl. Ermittlungsverfahren, *VG Freiburg,* Urt. v. 8. 1. 1996 – 9 K 1341/95 –, NVwZ 1997, 411 f.

[176] Vgl. *Fluck/Theuer,* UIG, § 7 Rn. 83.

[177] *OVG Lüneburg,* Urt. v. 19. 11. 1997 – 7 K 5672–796 –, NVwZ 1998, 654.

[178] Vgl. dazu *Turiaux,* UIG, § 7 Rn. 23 ff.; *Stollmann,* NVwZ 1995, 146 ff.; *Röger,* UPR 1994, 216 ff.; *Faber,* DVBl. 1995, 722 (727 m. w. N.).

[179] Zur Auslegung des Begriffs Vorverfahren auch *EuGH,* Urt. v. 17. 6. 1998 – C 321/96 –, DVBl. 1998, 1176 ff.; jetzt auch *ders.,* Urt. v. 9. 9. 1999 – Rs C-217/98 (Komm./Deutschland) –, NVwZ 1999, 1209 ff.

[180] Dazu *OVG Greifswald,* Beschl. v. 26. 7. 1996 – 5 M 90/95 –, NuR 1997, 150 f.

[181] So *EuGH,* Urt. v. 17. 6. 1996 – C-321/96 –, ZUR 1998, 198 (200), m. Anm. *Vahldiek,* ZUR 1998, 200 ff.; *Schrader,* in: Schomerus/Schrader/Wegener, UIG, § 7 Rn. 15; *Turiaux,* NJW 1994, 2319 (2323); *Röger,* UPR 1994, 216 (219); *Kummer/Schumacher,* UIG, S. 35, letztgenannte gehen insoweit von einer unmittelbaren Anwendung der UIRL aus; a. A. *VG Gelsenkirchen,* Urt. v. 1. 9. 1994 – 8 K 6370/93 –, NuR 1995, 158; *Erichsen,* Umsetzung der UI-RL, S. 66; *Fluck/Theuer,* UIG, § 7 Rn. 110; im Gegensatz dazu schließt § 220 UGB-KomE den Informationsanspruch nicht in jedem laufenden Verwaltungsverfahren aus; er ist auf den Ausschluß in formalisierten Verfahren mit Öffentlichkeitsbeteiligung beschränkt, vgl. BMU, UGB-KomE S. 192, 835.

[182] Zum Begriff der verwaltungsinternen Maßnahme vgl. *VG Mainz,* Urt. v. 10. 11. 1995 – 2 K 148/95 MZ –, GewArch 1996, 300.

sind gem. § 7 Abs. 3 UIG offensichtlich mißbräuchlich gestellte Anträge abzulehnen. Dies ist u. a. der Fall, wenn der Antrag das Ziel verfolgt, die Effektivität und die Arbeitsfähigkeit der zuständigen Behörde zu beeinträchtigen.[183]

§ 7 Abs. 4 S. 1 UIG enthält eine Sonderregelung für Informationen, die **88** ein privater Dritter der Behörde ohne rechtliche Verpflichtung übermittelt hat. Der Zugang zu diesen freiwilligen Informationen darf nicht ohne Einwilligung des Dritten gewährt werden. § 7 Abs. 4 S. 1 UIG dient dem Schutz der Informationsquellen der Verwaltung bzw. der Erhaltung einer vertrauensvollen Zusammenarbeit der Behörden mit Dritten.[184] Mit der Bereitschaft zur „überobligationsmäßigen" Information kann die Behörde nicht rechnen, wenn freiwillig übermittelte Daten als Umweltinformation der Konkurrenz zugänglich gemacht werden.[185] § 7 Abs. 4 S. 1 UIG gilt nicht für Informationen, die der Dritte der Behörde als Unterlage für einen Antrag oder eine Anzeige übermitteln mußte.

(2) Ausschluß zum Schutz privater Belange

Nach § 8 Abs. 1 S. 1 Nr. 1 UIG besteht der Anspruch nicht, soweit durch **89** das Bekanntwerden der Informationen personenbezogene Daten offenbart und dadurch schutzwürdige Interessen der Betroffenen beeinträchtigt werden.[186] Diese Ausnahmeregelung schützt das Recht auf informationelle Selbstbestimmung, das von dem allgemeinen Persönlichkeitsrecht der Art. 2 Abs. 1, 1 Abs. 1 GG erfaßt wird. Die Verwaltung ist danach im Einzelfall zur Abwägung zwischen dem Informationsanspruch des Antragstellers einerseits und dem Recht auf informationelle Selbstbestimmung andererseits verpflichtet.[187] Konkrete inhaltliche Maßstäbe zur Abwägung werden der Verwaltung allerdings nicht bereitgestellt, so daß teilweise Bedenken im Hinblick auf das grundgesetzliche Bestimmtheitsgebot geäußert werden.[188]

§ 8 Abs. 1 S. 1 Nr. 2 UIG schließt die Auskunftsgewährung aus, soweit **90** der Schutz geistigen Eigentums, insbesondere Urheberrechte, der Auskunftserteilung oder der Zurverfügungstellung von Informationsträgern entgegenstehen.[189] Diese Bestimmung greift etwa ein, wenn sich das Auskunftsbegehren auf ein von Privaten erstelltes Gutachten oder eine von Privaten gefertigte Aufnahme auf Bild- oder Tonträgern bezieht.[190] Ferner werden auch Marken- und Zeichenrechte erfaßt.[191]

---

[183] *Pohl,* HdbUR, A.3 Rn. 147; dazu auch *VG München,* Urt. v. 26. 9. 1995 – M 16 K 93 4444 –, NVwZ 1996, 410 (411); *Stollmann,* NuR 1998, 78 (82).

[184] *Erichsen,* Umsetzung der UI-RL, S. 97; *Fluck,* NVwZ 1994, 1048 (1049).

[185] *Schröder,* ZHR 1991, 471 (474); *Drescher,* VR 1991, 18 (20); *Fluck,* NVwZ 1994, 1048 (1049).

[186] Zur Offenbarungspflicht von vertraul. Beratungen *OVG Schleswig,* Urt. v. 15. 9. 1998 – 4 L 139/98 –, DVBl. 1999, 250ff.

[187] Vgl. Entwurfsbegründung der BReg., BT-Drs. 12/7138, S. 14.

[188] Vgl. *Scherzberg,* DVBl. 1994, 733 (740).

[189] Dazu ausführl. *Fluck,* NVwZ 1994, 1048 (1050ff.); *Berg,* GewArch 1996, 177 (182f.).

[190] Vgl. *Scherzberg,* DVBl. 1994, 733 (741).

[191] Vgl. Entwurfsbegründung der BReg., BT-Drs. 12/7138, S. 14.

91 Nach § 8 Abs. 1 S. 2 UIG dürfen Betriebs- und Geschäftsgeheimnisse nicht unbefugt zugänglich gemacht werden.[192] Eine eigenständige Definition von Betriebs- und Geschäftsgeheimnissen ist in § 8 Abs. 1 UIG nicht enthalten, so daß auf die allgemein geltende, zu § 17 UWG[193] entwickelte Begriffsbestimmung zurückzugreifen ist.[194] Danach liegt ein Betriebs- und Geschäftsgeheimnis vor, wenn Tatsachen, die im Zusammenhang mit einem wirtschaftlichen Geschäftsbetrieb stehen, nur einem begrenzten Personenkreis bekannt sind und nach dem Willen des Geschäftsinhabers geheim gehalten werden sollen. Darüber hinaus ist ein berechtigtes wirtschaftliches Interesse des Geschäftsinhabers an der Geheimhaltung dieser Tatsache erforderlich.[195] Es ist eine umweltspezifische Bewertung der Schutzinteressen des Unternehmers vorzunehmen.[196] Als Betriebs- und Geschäftsgeheimnisse, die durch den Umweltinformationsanspruch betroffen sein könnten, kommen etwa Daten über die Zusammensetzung und Identität einzelner Stoffe, insbesondere Emissionsdaten in Betracht, wenn dadurch beispielsweise Rückschlüsse auf geheime Produktionsverfahren möglich sind.[197] Solche Daten sind allerdings von vornherein dann nicht schutzwürdig, wenn sie Anhaltspunkte für eine Verletzung umweltrechtlicher Vorschriften enthalten, da der Schutz der Betriebs- und Geschäftsgeheimnisse aus Art. 12, 14 GG folgt, die ihrerseits aber nur erlaubte Tätigkeiten schützen.[198] Generell ist kein absoluter Schutz der Betriebs- und Geschäftsgeheimnisse geboten, vielmehr wird nur die unbefugte Offenbarung ausgeschlossen, wobei § 8 Abs. 1 UIG allerdings keine nähere Regelung darüber trifft, unter welchen Voraussetzungen die Offenbarung befugt ist. Es sind daher die zu § 30 VwVfG und zu spezialgesetzlichen Grundlagen im Immissionsschutz- und Chemikalienrecht entwickelten Grundsätze heranzuziehen[199], was im Endeffekt wieder zu einer durch die Verwaltung vorzunehmenden Güterabwägung führt.

dd) Verfahren

92 Der Informationssuchende muß einen Antrag bei der jeweiligen Behörde stellen. Gem. § 5 Abs. 1 UIG muß der Antrag hinreichend bestimmt sein und insbesondere erkennen lassen, auf welche Informationen im Sinne des § 3 Abs. 2 UIG er gerichtet ist. Dabei ist an die Konkretisierungspflicht kein zu hoher Anspruch zu stellen.[200] Gem. § 5 Abs. 2 S. 1 UIG ist der Antrag innerhalb von zwei Monaten zu bescheiden.

---

[192] Vgl. dazu *VG München,* Urt. v. 26. 9. 1995 – M 16 K 93 4444 –, NVwZ 1996, 410 (411); *Bachelin,* GewArch 1996, 154f.; *Schendel,* in: Rengeling, EUDUR, Bd. 1, § 39 Rn. 70.

[193] Gesetz gegen den unlauteren Wettbewerb v. 7. 6. 1909 (RGBl. S. 499), zul. geänd. durch G v. 22. 6. 1998 (BGBl. I S. 1474).

[194] *Fluck,* NVwZ 1994, 1048 (1052).

[195] Vgl. Entwurfsbegründung der BReg., BT-Drs. 12/7138, S. 14; *Fluck,* NVwZ 1994, 1048 (1052).

[196] Vgl. Entwurfsbegründung der BReg., BT-Drs. 12/7138, S. 14; *Kloepfer,* UmweltR, § 5 Rn. 184; zur Begründungspflicht vgl. *VG München,* Urt. v. 26. 9. 1995 – M 16 K 93 4444 –, ZUR 1996, 94ff.

[197] Vgl. *Scherzberg,* DVBl. 1994, 733 (742).

[198] Vgl. *Scherzberg,* DVBl. 1994, 733 (742f.).

[199] Vgl. Entwurfsbegründung der BReg., BT-Drs. 12/7138, S. 14; *Fluck,* NVwZ 1994, 1048 (1055).

[200] Vgl. *Kummer/Schumacher,* UIG, S. 26f.

ee) Kosten

Gemäß § 10 Abs. 1 UIG werden für Amtshandlungen aufgrund des Um- **93**
weltinformationsgesetzes Gebühren und Auslagen erhoben. Die Gebühren sollen die voraussichtlichen Kosten decken.[201] Nach der Umweltinformationsgebührenverordnung (UIGGebV)[202] kann die Gebühr für Amtshandlungen des Bundes bis zu 10000 DM betragen.[203] Die Länder können die notwendigen Gebührentatbestände in ihren Gebührenverordnungen oder Kostengesetzen aufnehmen. Für die Kommunen regeln die Kommunalabgabengesetze der Länder die Gebührenerhebung.[204]

Dem Wortlaut der Vorschrift nach können Gebühren nicht nur für die Übermitt- **94**
lung von Informationen, sondern auch für die Ablehnung des Antrags auf Informationszugang anfallen.[205] Dies steht jedoch im Widerspruch zu Art. 5 UIRL, wonach die Mitgliedstaaten nur für die Übermittlung der Informationen zur Erhebung einer Gebühr ermächtigt werden, nicht dagegen für den Fall der Ablehnung. § 10 UIG ist daher entgegen seinem Wortlaut richtlinienkonform einschränkend auszulegen.[206]

ff) Rechtsschutz

Die Entscheidung über den Antrag auf Informationsgewährung ergeht gem. § 5 **95**
Abs. 2 S. 1 UIG als Verwaltungsakt.[207] Der Antragsteller kann daher gegen die Ablehnung seines Antrags nach §§ 68ff. VwGO Widerspruch einlegen und ggf. Verpflichtungsklage erheben. Im Fall der positiven Bescheidung des Antrags haben Dritte – etwa Unternehmen, deren Betriebs- und Geschäftsgeheimnisse offenbart werden – die Möglichkeit der Anfechtung des positiven Bescheids. Soweit es im Rahmen eines Rechtsstreits bei der Auslegung einzelner Begriffe auf den Inhalt der UI-Richtlinie ankommt, kommt die Vorlage an den Europäischen Gerichtshof nach Art. 234 EGV (Art. 177 EGV i. d. F. v. Maastricht) in Betracht.

gg) Unterrichtung der Öffentlichkeit über die Umwelt

Neben dem Umweltinformationsanspruch begründet § 11 UIG die Ver- **96**
pflichtung der Bundesregierung, in vierjährigen Abständen einen Bericht über den Zustand der Umwelt im Bundesgebiet zu veröffentlichen.

---

201 Zur Kostenregelung auch *Schendel,* in: Rengeling, EUDUR, Bd. 1, § 39 Rn. 31ff.

202 V. 7. 12. 1994 (BGBl. I S. 3732).

203 Der Kommissionsentwurf zum UGB sieht vor, daß bei Anfragen zu gewerbl. Zwecken die Kosten nach dem Kostendeckungsprinzip erhoben werden können; i. ü. ist zu berücksichtigen, daß das Zugangsrecht der Verbesserung des Umweltschutzes und damit dem öffentlichen Interesse dient, vgl. BMU, UGB-KomE S. 193, 838.

204 Vgl. zum Landesrecht *Kummer/Schumacher,* UIG, S. 231ff.

205 Vgl. Ziff. 15c.4 der Allgemeinen VerwaltungsgebührenVO NW v. 5. 8. 1980 (GVBl. NW S. 924), zul. geänd. durch VO v. 18. 1. 1994 (GVBl. NW S. 46).

206 Vgl. EuGH, Urt. v. 9. 9. 1999 – Rs C-217/98 (Komm./Deutschland), NVwZ 1999, 1209ff.; *Turiaux,* NJW 1994, S. 2319 (2323); *Schomerus,* ZUR 1994, 226 (230); *Schrader,* ZUR 1994, 221 (225); *Faber,* DVBl. 1995, 722 (728f.); *Röger,* UIG, § 10 Rn. 16; *Pohl,* HdbUR, A.3 Rn. 164; *Kummer/Schumacher,* UIG S. 65f.; a. A. *Kloepfer,* UmweltR, § 5 Rn. 185.

207 So Entwurfsbegründung der BReg., BT-Drs. 12/7138; *Turiaux,* NJW 1994, 2319 (2323); *Kramer,* UIG, § 5 Rn. 5; *Scherzberg,* DVBl. 1994, 733 (744); *Kollmer,* NVwZ 1995, 858 (859); a. A. *Moormann,* in: Landmann/Rohmer, UmweltR, Bd. III. 3. UIG, § 5 Rn. 16ff., der die positive Erfüllung des Anspruchs für einen Realakt hält.

b) IPPC-Richtlinie

97 Die EG-rechtliche IPPC-Richtlinie[208] sieht in Art. 15 IPPC-RL die Schaffung weiterer Regelungen über den freien Zugang zu Informationen und die Beteiligung der Öffentlichkeit an Genehmigungsverfahren durch die Mitgliedstaaten vor. Danach soll die Öffentlichkeit über den Betrieb von Anlagen und die möglichen Auswirkungen auf die Umwelt unterrichtet werden. Um die Genehmigungsverfahren transparent zu machen, soll die Öffentlichkeit Zugang zu den Informationen über die Genehmigungsanträge für Neuanlagen oder wesentliche Änderungen, zu den Genehmigungen selbst, deren Aktualisierung und den damit verbundenen Überwachungsdaten haben.[209] Dazu ist der Öffentlichkeit neben den Ergebnissen der Emissionsüberwachung (Art. 9 IPPC-RL) eine Durchschrift der Genehmigung zur Verfügung zu stellen.

98 Ferner ist in Art. 16 IPPC-RL ein Informationsaustausch zwischen der Kommission und den Mitgliedstaaten über die besten verfügbaren Techniken vorgesehen, dessen Ergebnisse die Kommission alle 3 Jahre veröffentlicht (Art. 16 Abs. 1 IPPC-RL).

IV. Informelles Staatshandeln

99 Ein weiteres Instrument der mittelbaren Verhaltenssteuerung und zugleich eine Ausprägung des umweltrechtlichen Kooperationsprinzips bildet der Bereich des informellen Staatshandelns, in dem sich das *informelle Verwaltungshandeln* und die *gesetzesabwendenden Vereinbarungen* unterscheiden lassen.

1. Informelles Verwaltungshandeln

100 Mit dem Attribut „informell" bzw. „informal" wird solches Verwaltungshandeln gekennzeichnet, das nicht in den herkömmlichen, gesetzlich geprägten Handlungsformen seinen Ausdruck findet, gleichwohl aber faktische und gewollte Auswirkungen auf die Rechtsverhältnisse zwischen Verwaltung und Bürger zeigt.[210] Instrument indirekter Verhaltenssteuerung des Staates ist es insoweit, als der Staat zumindest als Initiator im Hintergrund wirkt.[211]

101 Informelles Verwaltungshandeln auf dem Gebiet des Umweltschutzes kann **einseitiges Hoheitshandeln** sein.[212] Zu nennen sind insbesondere Warnungen oder Beratungen durch die Behörde.

---

[208] Richtlinie des Rates über die integrierte Vermeidung und Verminderung der Umweltverschmutzung v. 24. 9. 1996 (96/61/EG), ABl. Nr. L 257, S. 26; vgl. dazu bereits oben § 8 Rn. 37 u. unten § 20 Rn. 21 ff.

[209] *Schendel,* in: Rengeling, EUDUR, Bd. 1, § 39 Rn. 105 f.

[210] Vgl. dazu *Bohne,* VerwArch 1984, 343 ff.; *ders.,* HdUR, Bd. 2, Sp. 1046 (1055 ff.); *Eberle,* Die Verw. 1984, 439 ff.; *Bauer,* VerwArch 1987, 241 ff.; *Hoffmann-Riem,* VVDStRL 40 (1982), S. 187 ff.; zur Erforderlichkeit einer gesetzl. Grundlage *BVerwG,* Urt. v. 18. 4. 1985 – 3 C 34.84 –, BVerwGE 71, 183; vgl. ferner *Lege,* DVBl. 1999, 569 ff.

[211] So auch *Kloepfer,* UmweltR, § 5 Rn. 188.

[212] Vgl. dazu *Ossenbühl,* UTR 1997, 27 (30 ff.); a. A. *Bohne,* HdUR, Bd. 2, Sp. 1046 (1057); *Pohl,* HdbUR, A.3 Rn. 90; dazu auch *Schulte,* Schlichtes Verwaltungshandeln, passim.

 Schröder, NVwZ 98, 1011, Ohorkopf, NVwZ 00, 1111 (AtomG)

Beispiel: Umweltbundesamt und Bundesgesundheitsamt warnen vor der Verwendung von Toilettensteinen. Diese enthalten Paradichlorbenzol, das als Geruchsübertöner wirken soll. Die Steine seien zur Verhinderung der Ausbreitung von Infektionskrankheiten ungeeignet, verursachten jedoch unnötige Belastungen der Gewässer. Die Verbreitung dieser Stellungnahme in der Tagespresse führte zu erheblichen Umsatzrückgängen. Konsequenzen wurden insbesondere auch auf der Ebene der örtlichen Verwaltungen für die Anforderungen an Hotelbetriebe und Krankenhäuser gezogen.[213]

Vornehmlich schlägt sich informelles Verwaltungshandeln im Bereich des Umweltschutzes in **Umweltabsprachen** zwischen öffentlichen Verwaltungen und gewerblichen Unternehmen nieder.[214] Absprachen können auch in der Form von Duldungen oder schlichtem Verwaltungshandeln erfolgen.[215] Im Umweltrecht sind Kooperation, Informationsaustausch und Absprachen zwischen Genehmigungs- und Überwachungsbehörden und Betreibern umweltrelevanter Anlagen ein weit verbreitetes Phänomen, das beiden Seiten erhebliche Vorteile bieten kann.[216] **102**

Beispiel: Bei Genehmigungs- und Planfeststellungsverfahren finden bereits vor der Antragstellung bzw. Planeinreichung häufig intensive Vorverhandlungen zwischen der Behörde und dem Träger des Vorhabens statt, in denen die Voraussetzungen für die Realisierung des in Aussicht genommenen Projektes in formeller und materieller Hinsicht besprochen und abgeklärt werden. Teilweise werden in diesem Zusammenhang dem Privaten sogar Entscheidungsentwürfe für Stellungnahmen zugeleitet, um auf diese Weise Einvernehmen über die künftige Verwaltungsentscheidung herzustellen.[217]

Aus der Sicht der zuständigen Behörden bieten informale Absprachen die Möglichkeit, Anlagenbetreiber über das rechtlich durchsetzbare Maß hinaus zu umweltfreundlichem Verhalten zu bewegen, sonst nicht zur Verfügung stehende Informationen und Kenntnisse aus der Sphäre der Unternehmen zu erhalten, frühzeitig die Belange von Öffentlichkeit oder betroffenen Dritten ins Spiel zu bringen und schließlich durch einvernehmliche Lösungskonzepte konfliktträchtige Entscheidungen zu vermeiden und damit das Risiko langwieriger Verwaltungsstreitverfahren zu verringern. Anlagenbetreiber sind insbesondere im Hinblick auf künftige genehmigungspflichtige Vorhaben in der Regel an einem kooperativen Verhältnis zu den zuständigen Behörden interessiert und bereit, auf der Ebene gegenseitigen Entgegenkommens umweltschützende Verbesserungen in bestehenden Anlagen und Betrieben vorzunehmen. **103**

Die **rechtliche Einordnung** und Beurteilung informalen Verwaltungshandelns ist wegen seines nichtförmlichen Charakters ausgesprochen problematisch. Allen Versuchen, die jeweiligen Erscheinungsformen auf rechtlich **104**

---

[213] Vgl. dazu *Ossenbühl,* UTR 1987, 27 (31); ferner *Lage,* DVBl. 1999, 569 ff.; zur behördlichen Umwelt- und Gesundheitsberatung siehe auch Schulte, DVBl. 1988, 512 ff.

[214] Vgl. dazu auch *Kloepfer,* UmweltR, § 5 Rn. 206 ff.

[215] Vgl. zur Form des schlichten Verwaltungshandelns *Schulte,* Schlichtes Verwaltungshandeln, S. 71 ff.

[216] Vgl. zum informellen Hoheitshandeln im Gesundheits- u. Umweltrecht *Ossenbühl,* UTR 1987, 27 ff.; vgl. auch *Hoppe/Beckmann,* DVBl. 1987, 1249.

[217] Vgl. *Bauer,* VerwArch 1987, 241 (247); *Bohne,* Der informale Rechtsstaat, S. 49 ff.

abgesichertes Terrain zu führen – etwa durch die Zuordnung zu dogmatisch gesicherten Rechtsfiguren wie Vorvertrag, Zusage, Auskunft – ist der Widerspruch immanent, die Nichtförmlichkeit des Handelns mit der Schaffung eines Ordnungsrahmens aufzulösen. Die Bedeutung des informellen Handelns liegt aber gerade darin, außerhalb formalisierter Handlungstypen ein zusätzliches Instrumentarium zur Bewältigung von Verwaltungsaufgaben zu besitzen.[218]

105 Gegenüber informeller Interaktion zwischen Verwaltung und Wirtschaftsunternehmen werden trotz ihrer faktischen Notwendigkeit aus rechtsstaatlicher Sicht Bedenken geäußert.[219] So bergen Vorverhandlungen und Absprachen im Zuge von Genehmigungsverfahren die Gefahr in sich, daß gesetzliche Anforderungen unterlaufen werden, daß die Behörde sich vorzeitig durch die Einflußnahme von Betreibern bindet und daß die Interessen betroffener Dritter durch die dem eigentlichen Genehmigungsverfahren vorgelagerte Abstimmung zwischen Behörde und Unternehmen zu kurz kommen.[220] Vorangegangene Absprachen und Vorverhandlungen zwischen der zuständigen Behörde und einem Anlagenbetreiber, durch die sich die Behörde bereits faktisch bindet, lassen den Sinn einer späteren Öffentlichkeitsbeteiligung im Genehmigungsverfahren als zweifelhaft erscheinen. Keine Bedenken gegen die Zulässigkeit informeller Absprachen bestehen jedenfalls in Bereichen, in denen die Behörden zu formellen Eingriffen nicht verpflichtet sind, wie dies generell unterhalb der Gefahrenschwelle im Vorsorgebereich der Fall ist.[221]

106 Allen auf informeller Ebene getroffenen Absprachen ist eigen, daß keine der beteiligten Seiten die Absicht hat, sich rechtlich zu binden. Merkmal dieser Absprachen ist ihr Charakter als unverbindliche, nur faktische Bindungswirkung erzeugende *„gentleman's agreements"*. Sie bieten sich im Immissionsschutzrecht z.B. an, wenn nachträgliche Anordnungen in Betracht zu ziehen sind, aber strittig ist, ob sie verhältnismäßig sind. Dann kann zur Vermeidung schwieriger und die Umsetzung umweltschützender Maßnahmen auf lange Sicht blockierender Prozesse eine Übereinkunft zwischen Anlagenbetreiber und Behörde getroffen werden, die den Unternehmer geringer belastet als die ursprünglich in Rede stehende Anordnung. Ähnliche Vereinbarungen sind üblich, wenn ein Betreiber bestehender Anlagen die Genehmigung einer Neuanlage beantragt. Obwohl für die Erteilung der Genehmigung Zustand und Umweltverträglichkeit der alten Anlage in der Regel nicht erheblich sind,[222] werden anläßlich solcher Genehmigungsverfahren oft

---

[218] Eine andere Frage ist, ob sich schon deshalb informelles Verwaltungshandeln in „rechtsfreien" Räumen bewegt, vgl. hierzu *Bauer,* VerwArch 1987, 241 (255ff.); *Kloepfer,* UmweltR, § 5 Rn. 190.

[219] Vgl. vor allem *Bohne,* VerwArch 1984, 343 (372f.); *Hoffmann-Riem,* VVDStRL 40 (1982), S. 187 (203ff.); krit. auch wegen der Beeinträchtigung der normativen Kraft von Gesetzen *Kloepfer,* JZ 1991, 737 (743); *Lange,* VerwArch 1991, 1 (11f., 20ff.); *Henneke,* NuR 1991, 261 (269f.); *Rehbinder,* in: Salzwedel, Grundzüge des UmweltR, 2. Aufl., Kap. 04 Rn. 224.

[220] *Eberle,* Die Verw. 1984, 439 (443); *Bohne,* VerwArch 1984, 343 (352ff.).

[221] *Jarass,* DVBl. 1985, 193 (197f.); vgl. auch *Rehbinder,* in: Salzwedel, Grundzüge des UmweltR, 2. Aufl., Kap. 04 Rn. 222.

[222] Zu den Kompensationsregeln im ImmissionsschutzR siehe unten § 20 Rn. 55.

auf informellem Wege umweltschützende Maßnahmen für die Altanlagen ausgehandelt. Als Gegenleistung für die Durchführung solcher, sonst nicht durchsetzbarer Verbesserungen verspricht sich der Betreiber ein „freundlicheres“ Verhalten der Behörde im Genehmigungsverfahren.[223]

2. *Gesetzesabwendende Vereinbarungen*

Eine weitere Kategorie des informellen Staatshandelns verbirgt sich hinter **107**
den sog. **Selbstbeschränkungsabkommen** einzelner Wirtschaftszweige.[224] Solche „normvertretenden“,[225] „gesetzesabwendenden“[226] oder „regulativen“[227] Vereinbarungen kommen in der Weise zustande, daß der Gesetz- oder Verordnungsgeber seine Untätigkeit in Aussicht stellt, mit dem Ziel und unter der Bedingung, daß sich die jeweils angesprochenen Kreise freiwillig auf ein bestimmtes Verhalten einigen. Dabei wirkt der Staat lediglich vermittelnd oder durch konkrete Anregungen bei dem Zustandekommen solcher Absprachen mit, ohne sich selbst an den Vereinbarungen zu beteiligen.[228] Gekennzeichnet sind solche Abkommen durch ihre Unverbindlichkeit: Der Staat ist an den erklärten Normverzicht – schon aus verfassungsrechtlicher Sicht – allenfalls politisch gebunden.[229] Die beteiligten Wirtschaftskreise können sich ebenfalls jederzeit von ihren Zusagen lösen und so auf eine geänderte Wirtschaftslage reagieren.

Gegenstand gesetzesabwendender Selbstbeschränkungsabkommen ist vor- **108**
nehmlich das Stoff- und das Abfallrecht, zunehmend aber auch das Immissionsschutzrecht.[230]

Beispiele: Auf Selbstbeschränkung gerichtete Absprachen sind etwa die freiwilligen Maßnahmen zur Reduzierung von Lärm und Abgasen bei gleichzeitiger Verbrauchssenkung der Automobilindustrie.[231]

Eine gesetzliche Normierung hat die Initiierung entsprechender Selbstverpflichtun- **109**
gen in der in § 25 Abs. 1 KrW-/AbfG vorgesehenen Zielfestlegung erfahren.[232] Danach kann die Bundesregierung nach Anhörung der beteiligten Kreise Ziele für die Vermeidung, Verringerung oder Verwertung von Abfällen, insbesondere Verpackungen aus bestimmten Erzeugnissen festlegen und im Bundesanzeiger veröffentlichen. Sofern die Ziele nicht innerhalb einer festgesetzten Frist verwirklicht werden, kann die

---

223 *Jarass,* DVBl. 1986, 314 (320).

224 Vgl. dazu Sander, HdUR, Bd. 2, Sp. 1828ff.; *Dempfle,* Normvertretende Absprachen, S. 3ff.; *Kloepfer,* UmweltR, § 5 Rn. 202ff.; SRU, Umweltgutachten 1998, BT-Drs. 13/10195, Tz. 266ff.; BMU, UGB-KomE, S. 502ff.; *Fluck/Schmidt,* VerwArch 1998, 220ff.; *Schmidt-Preuß,* in: Kloepfer, Selbst-Beherrschung im technischen und ökologischen Bereich, S. 89ff.; *Helberg,* Normabwendende Selbstverpflichtungen, S. 32ff.; *Knebel/Wicke/Michael,* Selbstverpflichtungen und normersetzende Umweltverträge als Instrument des Umweltschutzes, passim; *Frenz,* EuR 1999, 27ff.

225 *Bohne,* VerwArch 1984, 345 (361).

226 *Oebbecke,* DVBl. 1986, 793, Fn. 12.

227 So *Kloepfer,* UmweltR, § 5 Rn. 210.

228 Zur „Anerkennung“ im Wege der Pressemitteilung durch das Ministerium SRU, Umweltgutachten 1998, BT-Drs. 13/10195, Tz. 266 (272).

229 *Becker,* DÖV 1985, 1003 (1010); *Oebbecke,* DVBl. 1986, 793 (795); *Burmeister,* VVDStRL 52 (1993), S. 190ff.

230 SRU, Umweltgutachten 1998, BT-Drs. 13/10195, Tz. 266 (272).

231 Vgl. zu weiteren Beispielen SRU, Umweltgutachten 1998, BT-Drs. 13/10195, Tz. 266ff.

232 Vgl. zu allgem. Zielfestlegungen auch § 34 UGB-KomE, siehe BMU, UGB-KomE, S. 119f.

Schrader, NVwZ 97, 943, Di Fabio, JZ 97, 969, Schendel, NVwZ 01, 494

Bundesregierung eine Rechtsverordnung erlassen, in der den Herstellern oder Vertreibern bestimmte Pflichten, insbesondere die Kennzeichnung von Produkten und deren Rücknahme, auferlegt werden können

110 Allerdings bergen Selbstbeschränkungsverpflichtungen das Risiko des Scheiterns in sich, wie die Absprache mit der Getränke- und Verpackungsindustrie und dem Getränkehandel zur Begrenzung von Einwegverpackungen zugunsten von Mehrwegsystemen gezeigt hat.[233] Wegen der fehlenden Kontroll- und Sanktionsmöglichkeiten des Staates wird in der Literatur erwogen, die Selbstverpflichtungen öffentlich bekannt zu machen und Informationspflichten für die Bundesregierung und die Öffentlichkeit vorzusehen.[234]

111 Für die staatlichen Stellen ergeben sich bei der Mitwirkung an gesetzesabwendenden Vereinbarungen rechtliche Grenzen aus den Grundrechten und aus dem Gesetzesvorbehalt.[235] So können z.B. Beschränkungen eines Produktionszweiges, die den Verzicht auf die Verwendung bestimmter als umweltgefährdend eingestufter Rohstoffe oder chemischer Erzeugnisse zum Gegenstand haben, in die grundrechtlich geschützte Eigentumsposition der betroffenen Zulieferindustrie eingreifen.[236] In solchen Fällen verbietet sich eine Mitwirkung des zuständigen Gesetz- oder Verordnungsgebers wegen der Beachtlichkeit des Gesetzesvorbehaltes. Echte Normsetzungsverträge, die eine Verpflichtung zum Erlaß, zur Änderung oder zur Aufhebung von Rechtsnormen enthalten, sind bereits wegen Umgehung des Normsetzungsverfahrens unzulässig.

B. Staatliche Eigenvornahme

112 Das staatliche Instrumentarium des Umweltschutzes beschränkt sich nicht auf Umweltplanungen und Mittel der direkten und indirekten Steuerung umweltrelevanten Verhaltens von Bürgern und wirtschaftlichen Unternehmungen. **Öffentliche Einrichtungen** werden in zahlreichen Bereichen daneben selbst für den Umweltschutz aktiv. So erbringt die Verwaltung zahllose kleinere *Dienstleistungen,* etwa das Aufstellen öffentlicher Abfallbehälter und das Anlegen von Spazierwegen in Naherholungsgebieten. Die öffentliche Verwaltung unterhält auch zahlreiche Einrichtungen, die der *Aus-, Fort- und Weiterbildung* und der *Forschung* auf dem Gebiet des Umweltschutzes dienen.[237] Zahlreiche Behörden haben umweltrelevante Informationen zu

---

[233] Vgl. *Brohm,* DÖV 1992, 1025 (1026); krit. aus rechtsstaatl. Sicht auch *Spannowsky,* Grenzen des Verwaltungshandelns durch Verträge und Absprachen, S. 130ff., 155ff.; *Rehbinder,* in: Salzwedel, Grundzüge des UmweltR, 2. Aufl., Kap. 04 Rn. 228.

[234] Siehe § 35 UGB-KomE, vgl. BMU, UGB-KomE, S. 120, 506ff.

[235] Zu kartellrechtl. und europarechtl. Bedenken vgl. SRU, Umweltgutachten 1998, BT-Drs. 13/10195, Tz. 266 (291ff.).

[236] *Oebbecke,* DVBl. 1986, 793 (797); zur Bewertung von Selbstverpflichtungen ferner *Kloepfer/Elsner,* DVBl. 1996, 964ff.; SRU, Umweltgutachten 1998, BT-Drs. 13/10195, Tz. 266 (275ff.).

[237] Dazu zählt etwa das Umweltbundesamt, zahlreiche Einrichtungen an den Hochschulen, wie etwa die Forschungsstelle für Umwelt- und Technikrecht an der Universität Trier oder das Zentralinstitut für Raumplanung an der Universität Mün-

vermitteln, die Öffentlichkeit aufzuklären oder den Bürger bzw. gewerbliche Unternehmen über umweltrelevante Fragestellungen zu beraten.[238]

Der staatlichen Eigenvornahme auf dem Gebiet des Umweltschutzes sind ferner nach wie vor Teilbereiche der **Entsorgung** vorbehalten. Diese sind dadurch gekennzeichnet, daß der Staat in diesen Bereichen die Aufgabe in der Regel unter Verbot privater Umweltschutzmaßnahmen selbst wahrnimmt. **113**

Während zunächst sowohl die Abfall-, Altöl- und Abwasserbeseitigung als auch die nukleare Entsorgung im Grundsatz öffentliche Aufgaben waren und damit im Wege der staatlichen Eigenvornahme wahrgenommen worden sind, hat sich dies durch die Privatisierung öffentlicher Aufgaben für den Bereich der Abfall- und Altölentsorgung geändert. Gem. § 11 Abs. 1 KrW-/AbfG obliegt die Abfallbeseitigung den Abfallerzeugern oder -besitzern. Nach § 15 Abs. 1 KrW-/AbfG verbleibt den öffentlich-rechtlichen Entsorgungsträgern die Verwertung und Beseitigung der in ihrem Gebiet anfallenden Abfälle aus privaten Haushaltungen und die Beseitigung von Abfällen aus anderen Herkunftsbereichen.[239] Gem. §§ 15 Abs. 2 i.V.m. 16 bis 18 KrW-/AbfG kann auch diese Aufgabenwahrnehmung auf Dritte übertragen und die öffentlich-rechtliche Körperschaft befreit werden.[240] **114**

Sowohl die Abwasserbeseitigung als auch die nukleare Entsorgung sind im Grundsatz nach wie vor öffentlich. **115**

Das **Abwasser** ist gem. § 18a Abs. 2 WHG von Körperschaften des öffentlichen Rechts zu beseitigen. Die Bestimmung der Abwasserbeseitigungspflichtigen im einzelnen erfolgt nach Landesrecht. Nach den Landeswassergesetzen haben in der Regel die Gemeinden das auf ihrem Gebiet anfallende Abwasser zu beseitigen und die dazu notwendigen Abwasseranlagen zu betreiben.[241] Allerdings kann gem. § 18a Abs. 2a WHG landesrechtlich geregelt werden, unter welchen Voraussetzungen die Gemeinden die Pflicht zur Abwasserbeseitigung auf private Dritte übertragen können. Damit sieht das Wasserhaushaltsgesetz auch für den Bereich der Abwasserbeseitigung die Durchbrechung des staatlichen Entsorgungsmonopols vor. **116**

Auch die **nukleare Entsorgung** obliegt der öffentlichen Verwaltung. Gem. § 9a Abs. 3 S. 1 AtG haben die Länder Landessammelstellen für die Zwischenlagerung der in ihrem Gebiet angefallenen radioaktiven Abfälle und der Bund hat Anlagen zur Sicherstellung und zur Endlagerung radioaktiver Abfälle einzurichten. Zur Erfüllung ihrer Pflichten können sich Bund und Länder der Hilfe Dritter bedienen (§ 9a Abs. 3 S. 2 AtG).[242] **117**

Das Verbot des Tätigwerdens für Private im Bereich der staatlichen Eigenvorsorge sowie die häufig mit der staatlichen Eigenvornahme einhergehenden Pflichten der Betroffenen – erwähnt werden soll nur der Anschluß- und Benutzungszwang – haben dazu geführt, daß der Bereich der staatlichen Eigenvornahme zu einem umstrittenen Bereich des Umweltschutzes geworden ist. Mit dem Wandel von einem überwiegend staatlichen Umweltschutz **118**

---

ster, die Bundesforschungsanstalt für Umwelt- und Naturschutz oder das Fortbildungszentrum Gesundheits- und Umweltschutz Berlin e.V. (FGU Berlin); vgl. dazu auch Kloepfer, UTR 1987, 1 (7).

[238] Zur Verwaltungsorganisation im Bereich des Umweltschutzes ausführl. unten § 10 Rn. 1ff.; zu Rechtsproblemen der behördl. Umweltberatung siehe *Lübbe/Wolff*, NJW 1987, 2705ff.

[239] Vgl. dazu ausführl. unten § 30 Rn. 109ff.

[240] Vgl. dazu *Kahl*, DVBl. 1995, 1327 (1329f.); *Fluck*, KrW-/AbfG, § 16 Rn. 123; *Frenz*, KrW-/AbfG, § 16 Rn. 18; *Schmidt-Preuß*, NVwZ 1998, 553 (557).

[241] Vgl. zur Abwasserbeseitigung näher unten § 16 Rn. 127ff.

[242] Vgl. zur Entsorgung nach dem AtG näher unten § 23 Rn. 115ff.

zu einem privatwirtschaftlich organisierten Umweltschutz reduziert sich der Bereich der staatlichen Eigenvornahme gerade auch bei der Entsorgung. Gleichwohl wird der Staat im Bereich der Entsorgung zur Sicherstellung der Entsorgungssicherheit für den Fall der fehlgeschlagenen Gemeinwohlverwirklichung durch Private eigene Kapazitäten vorhalten müssen.[243]

---

[243] *Kloepfer,* UmweltR, § 5 Rn. 377.

Dritter Abschnitt: Verwaltungsorganisation und Rechtsschutz im Umweltrecht

§ 10. Verwaltungsorganisation im Umweltrecht

Die Verteilung der Verwaltungszuständigkeit zwischen Bund und Ländern einschließlich der Gemeinden richtet sich auch im Bereich des Umweltschutzes nach Art. 30, 83ff. GG. Während der Bund in den meisten umweltrelevanten Rechtsbereichen die Gesetzgebungskompetenz besitzt,[1] ist die Umweltverwaltung und der Vollzug des Umweltrechts vornehmlich **Aufgabe der Länder.**[2] Diese führen die Bundesgesetze überwiegend als eigene Angelegenheiten aus (Art. 84 GG) und unterliegen der Bundesaufsicht in Form von Rechtsaufsicht. Sie regeln die Einrichtung der Behörden selbst. Soweit es bundesgesetzlich bestimmt ist,[3] nehmen sie die Aufgabe als Auftragsverwaltung wahr (Art. 85 GG), wobei sie nicht nur der Rechtsaufsicht, sondern auch der Weisung des Bundes unterliegen.[4] Demgegenüber sind die Gegenstände der bundeseigenen Verwaltung mit eigenem Verwaltungsunterbau im Umweltrecht eng begrenzt.[5] In bundeseigener Verwaltung nimmt der Bund u.a. die eisenbahnrechtliche Planung gem. § 18 AEG, die bundeswasserstraßenrechtliche Planung gem. § 14 WaStrG und die atomrechtlichen Genehmigungen gem. §§ 22, 23 AtG wahr.[6] 1

A. Verwaltungsorganisation auf Bundesebene

Auf Bundesebene gibt es zunächst eine bundeseigene Verwaltung, die zwar keine umweltspezifischen Aufgaben wahrzunehmen hat, bei der jedoch der Vollzug des Umweltrechts von Bedeutung ist, weil die Tätigkeit dieser Behörden erhebliche Auswirkungen auf die Umwelt nach sich ziehen kann. Dazu zählen etwa die Luftverkehrsverwaltung sowie die Bundeswasserstraßen- 2

---

[1] Siehe dazu bereits oben § 4 Rn. 101ff.

[2] Vgl. zur Organisation der Umweltverwaltung *Kloepfer,* UmweltR, § 2 Rn. 60ff.; *Dittmann,* HdUR, Bd. 2, Sp. 1548ff.; zur Regelung der Umweltverwaltung im UGB-AT-E, vgl. *Kloepfer/u. a.,* UGB-AT-E, S. 485ff.

[3] Z.B. bei der Verwaltung von Bundesfernstraßen u. -autobahnen u. beim Vollzug des AtG.

[4] Zur Weisungsbefugnis vgl. *BVerfG,* Urt. v. 20. 2. 1990 – 2 BvG 1/88 –, BVerfGE 81, 310 (311ff.); *dass.,* Urt. v. 10. 4. 1991 – 2 BvG 1/91 –, DVBl. 1991, 534f.

[5] *Dittmann,* HdUR, Bd. 2, Sp. 1548 (1551).

[6] §§ 163–169 UGB-AT-E sehen Vorschriften zur Organisation u. zu Zuständigkeiten im UmweltR vor, vgl. *Kloepfer/u. a.,* UGB-AT-E, S. 485ff.; der Kommissionsentwurf zum UGB verzichtet auf die gesonderte Aufnahme eines entsprechenden Kapitels.

und Schiffahrtsverwaltung und die Bundesbahnverwaltung. Die Wasserstraßen- und Schiffahrtsverwaltung kann regional auch als Auftragsverwaltung des Bundes durch die Länder ausgeführt und die Bundesbahnverwaltung den Ländern in Teilen als eigene Aufgabe übertragen werden.[7]

3 Ferner gibt es bundeseigene Behörden, die umweltspezifische Aufgaben wahrnehmen. Diese Behörden sind z. T. weniger mit dem unmittelbaren Vollzug des Umweltrechts als mit gesetzesvorbereitender Tätigkeit, Forschung, Information und Beratung beauftragt. Organisatorisch werden diese Aufgaben auf Bundesebene durch das Bundesministerium für Umwelt, Naturschutz und Reaktorsicherheit (BMU) als oberste Bundesbehörde sowie zahlreichen weiteren Bundesbehörden, z. B. dem Umweltbundesamt (UBA), bzw. Bundesanstalten und beratenden Gremien, insbesondere dem Rat von Sachverständigen für Umweltfragen wahrgenommen.

I. Bundesministerium für Umwelt, Naturschutz und Reaktorsicherheit

4 Das Ministerium für Umwelt, Naturschutz und Reaktorsicherheit (BMU) wurde 1986 gebildet.[8] Ihm wurden die wesentlichen umweltrelevanten Zuständigkeiten des Bundesministers des Innern und einige Zuständigkeiten aus den Ministerien für Ernährung, Landwirtschaft und Forsten und für Jugend, Familie und Gesundheit sowie für Verteidigung zugeteilt.[9] Das Umweltministerium hat u. a. folgende Zuständigkeiten

- Umweltplanung und Koordinierung in rechtlicher, wirtschaftlicher und internationaler Hinsicht,
- Wasserwirtschaft,
- Abfallwirtschaft,
- Bodenschutz und Altlasten,
- Immissionsschutz, Anlagensicherheit und Verkehr,
- Umwelt und Gesundheit, Chemikaliensicherheit,
- Naturschutz,
- Ökologische Grundfragen der Industrie- und Freizeitgesellschaft,
- Sicherheit kerntechnischer Einrichtungen,
- Strahlenschutz,
- Nukleare Ver- und Entsorgung.

5 Aus der Eigenart des Umweltschutzes als umfassender Querschnittsaufgabe folgt, daß nicht alle umweltrelevanten Zuständigkeiten im Bundesumweltministerium zusammengefaßt werden konnten. Eine ausschließliche Ressortzuständigkeit des Bundesumweltministeriums für den Umweltschutz wurde nicht begründet.[10] Wesentliche umweltrelevante Zuständigkeiten verblieben bei anderen Bundesministerien, so z. B. das Pflanzenschutzmittelrecht beim Bundesminister für Landwirtschaft und Forsten, das Gefahrstoffrecht beim

---

[7] Zur Bundesbahnverwaltung vgl. Art. 87e Abs. 2 GG; dazu BT-Drs. 12/5015, S. 7.

[8] Bek. des Organisationserlasses des Bundeskanzlers v. 5. 6. 1984 (BGBl. I S. 864) u. v. 25. 10. 1989 (BGBl. I S. 2011); zum Aufbau des BMU *Mertes/Müller,* VerwArch 1987, 459ff.; *Pehle,* VerwArch 1988, 184ff.; zum Unterbau des BMU zählt das Umweltbundesamt (UBA) u. die Bundesforschungsanstalt für Naturschutz u. Landschaftsökologie, vgl. dazu § 10 Rn. 15.

[9] Vgl. *Dittmann,* HdUR, Bd. 2, Sp. 1548 (1551).

[10] Vgl. *Dittmann,* HdUR, Bd. 2, Sp. 1548 (1552).

Bundesarbeitsminister und das Recht der Gefahrguttransporte beim Bundesverkehrsminister.[11] Daraus ergeben sich eine Reihe von Ressortüberschneidungen.[12]

Beispiel: Ausgehend davon, daß die beiden Hauptursachen der Waldschäden die Abgase der Großfeuerungsanlagen sowie die Automobilabgase sind, ergeben sich folgende Zuständigkeiten: Energieunternehmen: Wirtschaftsministerium, Immissionsschutz: Umweltministerium, Automobile: Verkehrsministerium, Waldschäden: Landwirtschaftsministerium.

Eine übliche Form zur Ressortkoordination bei Querschnittsaufgaben ist die Bildung von *Kabinettsausschüssen.*[13] Zum Zwecke der Koordination zwischen den Bundesressorts mit Zuständigkeiten in Fragen des Umweltschutzes wurde deshalb ein Kabinettsausschuß für Umwelt und Gesundheit gegründet, dessen Vorsitzender der Bundeskanzler ist.[14] Dem Ausschuß gehören als ständige Mitglieder der Bundesumweltminister als beauftragter Vorsitzender und die Bundesminister für Verkehr, Bau- und Wohnungswesen, der Finanzen, der Wirtschaft, für Ernährung, Landwirtschaft und Forsten und für Auswärtiges als weitere Beteiligte an. **6**

Im Bundestag entspricht dem Umweltministerium der 21. Ausschuß für Umwelt, Naturschutz und Reaktorsicherheit *(Umweltausschuß).*[15] Der Koordinierungsbedarf zwischen Bund und Ländern wird u. a. durch die *Umweltministerkonferenz* abgestimmt, der der Bundesumweltminister und die Landesumweltminister angehören. **7**

II. Beratungsgremien für die Bundesregierung

1. Rat von Sachverständigen für Umweltfragen

Der Rat von Sachverständigen für Umweltfragen (SRU) wurde 1971 von der Bundesregierung durch Erlaß gegründet.[16] Er hat die Umweltsituation in der Bundesrepublik Deutschland und deren Entwicklungstendenzen zu begutachten sowie Fehlentwicklungen zu analysieren und Möglichkeiten zu deren Vermeidung oder Beseitigung aufzuzeigen.[17] Das Ziel der Arbeit des Rates ist die Erleichterung der Urteilsbildung bei allen umweltpolitisch verantwortlichen Instanzen und in der Öffentlichkeit.[18] Der Adressatenkreis des Rates ist also sehr heterogen. **8**

---

[11] Vgl. auch *Bender/Sparwasser/Engel,* UmweltR, Teil 1 Rn. 88.

[12] Vgl. dazu auch *Dittmann,* HdUR, Bd. 2, Sp. 1548 (1552).

[13] Vgl. *Bothe,* Verwaltungsorganisation im Umweltschutz, S. 14 m. w. N.

[14] Dazu auch *Storm,* UmweltR, Tz. 148 f.; *Kloepfer,* UmweltR, § 2 Rn. 67.

[15] Vgl. BT-Drs. 10/5786.

[16] Erlaß über die Einrichtung eines Rates von Sachverständigen für Umweltfragen bei dem Bundesminister des Innern v. 28. 12. 1971 (GMBl. 1972, S. 27), ersetzt durch Erlaß des Bundesministers für Umwelt, Naturschutz und Reaktorsicherheit v. 10. 8. 1990 (GMBl. 1990, S. 831); siehe auch § 168 UGB-AT-E, wonach beabsichtigt ist, den SRU auf eine gesetzliche Grundlage zu stellen, vgl. *Kloepfer/u. a.,* UGB-AT-E, S. 103 f., 485.

[17] Vgl. dazu § 168 UBG-AT-E, *Kloepfer/u. a.,* UGB-AT-E, S. 103 f., 501; zum SRU ferner *Bender/Sparwasser/Engel,* UmweltR, Teil 1 Rn. 93; *Salzwedel,* HdUR, Bd. 2, Sp. 1663 ff.

[18] *Salzwedel,* HdUR, Bd. 2, Sp. 1662 (1663).

9 Der Rat erfüllt seinen Auftrag durch umfassende Jahresgutachten über die Situation der Umwelt in der Bundesrepublik Deutschland, in denen auch Maßnahmen zur Verbesserung des gegenwärtigen Zustands empfohlen werden („Umweltgutachten").[19] Aktuelle, von der Bundesregierung bestimmte Themen der Umweltpolitik, werden in „Sondergutachten" abgehandelt.[20] In seiner durch seinen Auftrag bestimmten Tätigkeit ist der Sachverständigenrat unabhängig.[21]

10 Der Rat setzt sich zur Zeit aus 7 Mitgliedern zusammen. Im Rat sollen möglichst alle umweltrelevanten wissenschaftlichen Disziplinen vertreten sein. Die Mitglieder sollen zudem unabhängig sein. Sie dürfen weder einer Regierung oder einem Parlament des Bundes oder eines Landes oder der öffentlichen Verwaltung angehören noch Repräsentanten von Organisationen der Wirtschaft, der Arbeitgeber oder Arbeitnehmer sein. Die Mitglieder werden von der Bundesregierung für jeweils vier Jahre berufen.

2. Weitere Beratungsgremien

11 Für den Nuklearbereich sind beim Umweltministerium mehrere Sachverständigengremien gebildet worden. Dazu zählt die **Strahlenschutzkommission (SSK)** mit sechs Ausschüssen. Des weiteren sind noch die **Reaktorsicherheitskommission (RSK)** mit rd. 20 Unterausschüssen, **der Kerntechnische** Ausschuß und der Sachverständigenkreis für die Sicherung des Brennstoffkreislaufes zu nennen.[22] Weitere beratende Gremien sind der **Beirat Naturschutz und Landschaftspflege** und der Bundesbeauftragte für Naturschutz sowie der 1992 gegründete Wissenschaftliche Beirat der Bundesregierung – Globale Umweltveränderungen, der die Bundesregierung zu den globalen Umweltveränderungen wissenschaftlich berät.[23] Daneben bedient sich die Bundesregierung im Rahmen der Ressortforschung wissenschaftlicher Einrichtungen für die Erarbeitung wissenschaftlicher Grundlagen für die politischen und administrativen Aufgaben der Bundesregierung.

Beispiel: Das **Zentralinstitut für Raumplanung an der Universität Münster** nimmt Ressortforschungsaufgaben im Bereich von Raumordnung, Städtebau und Umweltschutz wahr.[24]

---

[19] Vgl. SRU, Umweltgutachten 1974, BT-Drs. 7/2802; ders., Umweltgutachten 1978, BT-Drs. 8/1938; ders., Umweltgutachten 1987, BT-Drs. 11/1568; ders., Umweltgutachten 1994, BT-Drs. 12/6995; ders., Umweltgutachten 1996, BT-Drs. 13/4108; ders., Umweltgutachten 1998, BT-Drs. 13/10195.

[20] SRU, Sondergutachten „Umweltprobleme des Rheins" 1976, BT-Drs. 7/5014; ders., Sondergutachten „Umweltprobleme der Nordsee" 1979, BT-Drs. 9/692; ders., Sondergutachten „Umweltprobleme der Landwirtschaft" 1985, BT-Drs. 10/3613; ders., Sondergutachten „Altlasten" 1989, BT-Drs. 11/6191; ders., Sondergutachten „Abfallwirtschaft" 1990, BT-Drs. 11/6191; ders., Sondergutachten „Allgemeine ökologische Umweltbeobachtung" 1990, BT-Drs. 11/8123; ders., Sondergutachten „Altlasten II" 1994, BT-Drs. 13/380; ders., Sondergutachten „Konzept einer dauerhaften umweltgerechten Nutzung ländlicher Räume" 1995, BT-Drs. 13/4109; ders., Sondergutachten „Flächendeckend wirksamer Grundwasserschutz" 1998, BT-Drs. 13/10196.

[21] *Salzwedel,* HdUR, Bd. 2, Sp. 1663 (1664 f.).

[22] Vgl. i. e. *Ronellenfitsch,* Das atomrechtliche Genehmigungsverfahren, S. 194 f., 303 f.; *Dittmann,* HdUR, Bd. 2, Sp. 1548 (1555).

[23] Vgl. dazu ausführl. *Schulz-Baldes,* ZAU 1999, 22 ff.

[24] Vgl. dazu *Beckmann,* DVBl. 1987, 888 ff.

III. Sonderbehörde

1. Umweltbundesamt

12 Das Umweltbundesamt (UBA) wurde 1974 errichtet.[25] Es ist eine selbständige Bundesoberbehörde (Art. 87 Abs. 3 GG) mit Sitz in Dessau und gehört heute zum Geschäftsbereich des Bundesumweltministers.[26]

13 Das UBA arbeitet fach- und ressortübergreifend und soll das Bundesumweltministerium und die anderen mit Umweltfragen befaßten obersten Bundesbehörden von Verwaltungsaufgaben entlasten. Es stellt wissenschaftliche Daten und Erkenntnisse für Fragen der Umweltpflege bereit und betreibt Aufklärung der Öffentlichkeit in Umweltfragen.[27] Ferner liefert es wissenschaftliche Entscheidungshilfen und leistet Vorarbeiten für ressortübergreifende Umweltaufgaben des Bundes.[28] Die Aufgaben des UBA umfassen[29]

- **Forschung und Forschungsförderung;** Dabei leistet das UBA weniger eigene experimentelle Forschung, sondern es fördert Umweltforschungsprojekte durch Finanzierung und Beratung;
- **Dokumentation:** Das UBA führt eine umfassende Fachbibliothek und Datenbank zum Umweltschutz;
- **Bestandsaufnahme des Zustandes der Umwelt:** In regelmäßigen Abständen wird der Umweltzustand analysiert und die Ergebnisse veröffentlicht;[30] zur Erfassung der Luftverunreinigung in der Bundesrepublik wird ein bundesweites Meßnetz durch das UBA unterhalten;
- **konzeptionelle Arbeit und Unterstützung der Ministerialebene:** wesentliche Arbeiten leistet das UBA durch die Unterstützung der Bundesregierung, insbesondere des Umweltministeriums bei der Erstellung umweltrelevanter Programme und der Vorbereitung von Normen; Vertreter des UBA arbeiten auch in einer Fülle von internationalen Organisationen mit, die sich mit Fragen des Umweltschutzes und den möglichen Problemlösungen beschäftigen;[31] schließlich stehen die Ergebnisse der vom UBA durchgeführten und geförderten Forschungen allen Behörden des Bundes und der Länder zur Verfügung und das Amt ist auch aufgrund von Art. 35 GG zur Amtshilfe verpflichtet;
- **Begutachtung von umweltrelevanten Maßnahmen:** Nach § 2 Abs. 1 Ziff. 2 UBAG ist es auch Aufgabe des UBA, Unterstützung bei der Prüfung der Umwelt-

---

25 Gesetz über die Einrichtung eines Umweltbundesamtes (UBAG) v. 22. 7. 1974 (BGBl. I, S. 1505), geänd. d. G v. 24. 6. 1994 (BGBl. I S. 1416); zum UBA siehe *Storm,* HdUR, Bd. 2, Sp. 2126 ff.

26 Zur inneren Organisation vgl. *Storm,* HdUR, Bd. 2, Sp. 2126 (2130); § 164 UGB-AT-E sieht als weitere Bundesoberbehörden das Bundesamt für Strahlenschutz und die Einrichtung eines Bundesamtes für Naturschutz vor, *Kloepfer/u. a.,* UGB-AT-E, S. 101, 498.

27 *Storm,* UmweltR, Tz. 150; vgl. dazu bereits oben § 9 Rn. 61 ff.

28 Zu den gesetzl. u. übertragenen Aufgaben i. e. *Storm,* HdUR, Bd. 2, Sp. 2126 (2128 ff.).

29 *Bothe,* Verwaltungsorganisation im Umweltschutz, S. 17 ff.; § 165 Abs. 1 Nr. 1–7 UGB-AT-E sieht eine entsprechende Aufgabenfestschreibung für das UBA vor, erweitert um die Aufgabe zur Erhebung von Umweltstatistiken und die Erteilung eines Umweltsiegels, vgl. *Kloepfer/u. a.,* UGB-AT-E, S. 101 f., 498 ff.; zum geänderten Aufgabenbereich des UBA nach der Auflösung des Bundesgesundheitsamtes vgl. insbes. § 2 Abs. 1 S. 1 u. Abs. 2 UBAG.

30 UBA, Daten zur Umwelt 1984, 1986/87, 1988/89, 1990/91, 1992/93 sowie Daten zur Umwelt – Der Zustand der Umwelt in Deutschland – 1997.

31 Z. B. beim UNEP, der ECE u. im Rahmen der UNESCO.

verträglichkeit öffentlicher Maßnahmen des Bundes zu leisten bzw. es wird bei Maßnahmen von Landes- und Kommunalbehörden beteiligt, und es gibt Stellungnahmen zu Programmen und Plänen im Abstimmungsverfahren nach § 4 Abs. 5 ROG ab;

- **Vollzugsaufgaben:** Durch verschiedene Bundesgesetze wurden dem UBA ferner die Überprüfung von Zulassungsanträgen und Anmeldeunterlagen im Bereich des Gefahrstoffrechts übertragen;[32] hinzu kommen in eigener Zuständigkeit Bewertungsaufgaben nach dem Chemikaliengesetz;[33]
- schließlich die **Öffentlichkeitsarbeit** (vgl. § 2 Abs. 1 Ziff. 2 UBAG) und die **Umwelterziehung.**

2. Weitere Sondereinrichtungen

14 Weitere Bundesoberbehörden mit umweltrelevanten Vollzugsaufgaben sind u. a. das **Bundesamt für gewerbliche Wirtschaft** (Vollzugsaufgaben nach dem Washingtoner Artenschutzabkommen, Altölbeseitigung, Förderung energiesparender Technologien), **das Bundesamt für Ernährung und Forstwirtschaft** (u. a. Vollzugsaufgaben nach dem Washingtoner Artenschutzabkommen), **Bundesamt für Naturschutz,** die **Bundesanstalt für Arbeitsschutz** (Anmeldestelle nach dem Chemikaliengesetz), das **Robert-Koch-Institut** (Genehmigungsbehörde für das Freisetzen und Inverkehrbringen gentechnisch veränderter Organismen), die **Bundesanstalt für Gewässerkunde,** das **Deutsche Hydrographische Institut** (für Fragen der Meeresverschmutzung) sowie das **Bundesamt für Strahlenschutz**[34] und das **Bundesaufsichtsamt** (Genehmigung der Ein- und Ausfuhr von Kernbrennstoffen). Die vormals vom **Bundesgesundheitsamt** wahrzunehmenden Aufgaben als zentrale Erfassungs- und Bewertungsstelle für Umweltchemikalien sind mit dem Gesetz über die Neuordnung zentraler Einrichtungen des Gesundheitswesens[35] auf andere Organisationen übertragen worden. Schließlich wurde 1980 die Deutsche Bundesstiftung Umwelt als rechtsfähige Anstalt des bürgerlichen Rechts zur Förderung von Vorhaben zum Schutze der Umwelt gegründet.[36]

15 Einrichtungen des Bundes mit umweltrelevanten Forschungs-, Entwicklungs-, Prüfungs- und Beratungsaufgaben sind ferner die

- Physikalisch-technische Bundesanstalt (zuständig u. a. für Sicherheitstechnik im Strahlenschutz, technische Fragen der Überwachung des Straßenverkehrs),
- Bundesanstalt für Geowissenschaften und Rohstoffe,
- Biologische Bundesforschungsanstalt für Land- und Forstwirtschaft,
- Bundesforschungsanstalt für Fischerei,
- Bundesforschungsanstalt für Naturschutz und Landschaftsökologie,
- Bundesanstalt für Arbeitsschutz (Zuständigkeiten nach dem Chemikaliengesetz),
- Bundesforschungsanstalt für Landeskunde und Raumordnung.[37]

---

[32] Vgl. u. a. § 15 Abs. 2 Nr. 2 PflSchG, § 2 Abs. 2 BzBlG, § 16 Abs. 4 GenTG, § 9 WRMG.

[33] Vgl. § 12 Abs. 2 ChemG; siehe dazu *Storm,* HdUR, Bd. 2, Sp. 2126 (2128 ff.)

[34] Vgl. auch § 166 UGB-AT-E, *Kloepfer/u. a.,* UGB-AT-E, S. 102 f., 500 ff.

[35] Gesundheitseinrichtungen-Neuordnungs-Gesetz – GNG v. 24. 6. 1994 (BGBl. I S. 1416).

[36] V. 18. 7. 1990 (BGBl. I S. 1448); vgl. *Brandner,* UTR 1991, 375 (388 f.).

[37] Dazu ausführl. *Kloepfer/u. a.,* UGB-AT-E, S. 486 f.

B. Verwaltungsorganisation auf Landesebene

Die Verwaltungsorganisation im Umweltschutz ist in den einzelnen Bundesländern sehr unterschiedlich.[38] Bei der Landesverwaltung im Bereich des Umweltschutzes ist zwischen den Behörden der *allgemeinen Landesverwaltung* und den *besonderen Verwaltungsbehörden* zu unterscheiden.[39] 16

I. Allgemeine Landesverwaltung

Die Organisation der allgemeinen Landesverwaltung ergibt sich regelmäßig aus den Landesorganisationsgesetzen. Die Mehrzahl der Bundesländer – mit Ausnahme der Stadtstaaten, von Brandenburg, Mecklenburg-Vorpommern, des Saarlandes und Schleswig-Holsteins – weisen einen dreistufigen Verwaltungsaufbau auf: 17

- Oberste Landesbehörden (Landesregierung, Ministerien),
- Mittelinstanz (Bezirksregierung oder Regierungspräsidium),
- Untere Verwaltungsebene (Kreisverwaltungen, kreisfreie Städte oder Gemeindebehörden).[40]

Von den neuen Ländern hat sich nur Sachsen für den klassischen dreistufigen Aufbau entschieden. In den anderen neuen Bundesländern ist die Verwaltung zweistufig oder modifiziert dreistufig aufgebaut.[41] 18

1. Oberste Landesbehörden

Alle Länder haben ein Umweltministerium bzw. einen Umweltsenator (Stadtstaaten) oder ein Umweltressort eingerichtet, bei denen Umweltschutzkompetenzen konzentriert worden sind, wenngleich diese jedoch häufig mit anderen Ressorts – wie etwa denen für Raumordnung, Landesplanung, Stadtentwicklung oder Landwirtschaft – verbunden sind.[42] Als oberste Landesbehörden wirken die Ministerien an der Entwicklung des Umweltrechts mit und weisen Finanzmittel für den Umweltschutz zu. Zugleich sind sie oberste Aufsichtsbehörden für den Vollzug des Umweltrechts, sind zuständig für die landesweite Umweltplanung und zum Teil auch für bedeutsame Einzelentscheidungen beim Vollzug des Umweltrechts.[43] 19

---

[38] Vgl. zur Umweltverwaltung in den neuen Ländern *Eisen,* DÖV 1993, 677ff.; *BVerfG,* Urt. v. 28. 5. 1993 – 2 BvF 2/90 und 4, 5/92 –, BVerfGE 88, 203 (332).

[39] Zur Organisation der Umweltverwaltung in den Ländern siehe *Bender/Sparwasser/Engel,* UmweltR, Teil 1 Rn. 94f.; *Dittmann,* HdUR, Bd. 2, Sp. 1548 (1556ff.).

[40] Die Bezeichnung der einzelnen Ebenen ist in den Ländern unterschiedl., in Schleswig-Holstein u. im Saarland fehlt die Mittelinstanz genauso wie in den Stadtstaaten, vgl. dazu *Kloepfer,* UmweltR, § 2 Rn. 71; *Bender/Sparwasser/Engel,* UmweltR, Teil 1 Rn. 94; *Dittmann,* HdUR, Bd. 2, Sp. 1548 (1556).

[41] Näher *Dittmann,* HdUR, Bd. 2, Sp. 1548 (1556, 1559ff.).

[42] *Kloepfer,* UmweltR, § 3 Rn. 95; ausführl. *Dittmann,* HdUR, Bd. 2, Sp. 1548 (1556ff.).

[43] Vgl. UBA, Zuständigkeiten, S. 8.

20 Im Geschäftsbereich des Umweltministeriums stehen z. T. obere Landesbehörden mit spezifischen Umweltschutzaufträgen, die für das gesamte Landesgebiet zuständig sind.[44]

2. Mittelbehörden

21 Die Mittelinstanzen unterstehen den Weisungen der obersten Landesbehörden und sind ihrerseits Aufsichtsbehörden für die untere Verwaltungsebene. Beim Vollzug des Umweltrechts haben sie zumeist Entscheidungen über Vorhaben des Umweltschutzes mit überörtlicher Bedeutung zu treffen. Außerdem sind sie Widerspruchsbehörden für Entscheidungen der unteren Landesbehörden, sind regelmäßig zuständig für die bezirkliche Planung des Umweltschutzes und haben als höhere Verwaltungsbehörden auf eine hinreichende Berücksichtigung des Umweltschutzes in der räumlichen kommunalen Planung zu achten. Den Mittelinstanzen kommt für die Querschnittsaufgabe Umweltschutz eine besondere Bedeutung zu, da sie nicht nur verschiedene Bereiche des Umweltschutzes bündeln, sondern weitergehende Zuständigkeiten, etwa im Bereich der Wirtschaftsförderung oder der Verkehrsplanung besitzen. Sie sind daher besonders geeignet für die Abstimmung des Umweltschutzes mit Planungen und Maßnahmen anderer Verwaltungsaufgaben.[45]

3. Untere Verwaltungsbehörden

22 Als untere Behörden der staatlichen Verwaltung haben die (Land)Kreise und kreisfreien Städte vor allem Zuständigkeiten bei Einzelentscheidungen zum Vollzug des Umweltrechts, deren Auswirkungen sich auf das Kreisgebiet beziehen. Neben Vollzugsaufgaben sind den Kreisverwaltungen z. T. auch Planungsaufgaben – z. B. in Nordrhein-Westfalen die Landschaftsplanung – und z. T. die Beobachtung des Umweltzustandes für ihr Gebiet übertragen worden.[46]

II. Besondere Verwaltungsbehörden

23 Auch im Bereich der besonderen Verwaltungsbehörden auf Landesebene ist zumeist ein dreistufiger Verwaltungsaufbau vorgesehen bestehend aus:

- Landesoberbehörde,
- höhere Sonderbehörde,
- untere Sonderbehörde.[47]

24 In fast allen Flächenländern sind dem Umweltbundesamt vergleichbare Umweltzentralämter eingerichtet worden.

Beispiele: Landesanstalt für Umweltschutz Baden-Württemberg; Bayerisches Landesamt für Umweltschutz; Hessische Landesanstalt für Umwelt; Niedersächsisches

---

[44] Z. B. Landesamt für Wasser und Abwasser NW; Landesamt für Umweltschutz Rh.-Pf.

[45] Vgl. dazu UBA, Zuständigkeiten, S. 8.

[46] Vgl. UBA, Zuständigkeiten, S. 9.

[47] Zur Frage der Effektivierung des Umweltschutzes durch Errichtung u. Ausbau von Sonderbehörden vgl. *Kloepfer,* UmweltR, § 2 Rn. 71; dagegen wohl *Dittmann,* HdUR, Bd. 2, Sp. 1548 (1557 f.).

Landesverwaltungsamt; Landesamt für Umweltschutz und Gewerbeaufsicht Rheinland-Pfalz; Saarländisches Landesamt für Umweltschutz, Naturschutz und Wasserwirtschaft; sieben schleswig-holsteinische Landesämter.[48]

Zu den besonderen Verwaltungsbehörden, die im Bereich des Umweltschutzes tätig sind, gehören z. B. die staatlichen Forstämter, die Behörden der Wasser- und Abfallwirtschaft und die Bergbehörden der Länder, die sich von anderen Sonderbehörden dadurch unterscheiden, daß sie sämtliche Vollzugsaufgaben des Umweltschutzes auf den Grundstücken wahrnehmen, die der Bergaufsicht unterstehen.[49] **25**

Weitgehend gemeinsam ist den Bundesländern schließlich eine Konzentration der Überwachung gewerblicher Tätigkeiten bei den *Gewerbeaufsichtsämtern* bzw. den *staatlichen Umweltämtern*. Diese haben vor allem die Überwachung von Anlagen und Betrieben unter dem Gesichtspunkt des Immissionsschutzes zur Aufgabe.[50] **26**

Sonderbehörden und allgemeine Verwaltungsbehörden sind auf verschiedenen Verwaltungsebenen verzahnt. So sind beispielsweise die untere Wasserbehörde oder die untere Naturschutzbehörde organisatorische Untergliederungen einer Kreisverwaltung, bei den Bezirksregierungen und Ministerien sind bestimmte Referate für Teilaufgaben des Umweltschutzes zuständig. **27**

III. Kommunale Aufgaben im Umweltschutz

Den Gemeinden obliegt im Umweltschutz im Rahmen der Selbstverwaltung insbesondere die Disposition über Flächen durch die Bauleitplanung. Ferner führen die Gemeinden auf der Grundlage einer Empfehlung der kommunalen Gemeinschaftsstelle für Verwaltungsvereinfachung eine kommunale Umweltverträglichkeitsprüfung durch.[51] **28**

---

[48] Vgl. *Bothe,* Verwaltungsorganisation im Umweltschutz, S. 52.

[49] Vgl. UBA, Zuständigkeiten, S. 9.

[50] Zu den Zuständigkeiten der Länder im Bereich des ImmissionsschutzR vgl. *Hansmann,* in: Landmann/Rohmer, UmweltR, Bd. I, BImSchG, § 52 Rn. 26ff.

[51] Dazu *Hoppe,* DVBl. 1990, 609 (617); *Wahle/Will,* ZUR 1993, 28f.; vgl. zur UVP bereits oben § 8 Rn. 64ff.

§ 11. Rechtsschutz im Umweltrecht

1 Rechtsschutz wird auch im Umweltrecht sowohl durch das Verwaltungsverfahren (A.) als auch im Wege des gerichtlichen Rechtsschutzes (B.) gewährt.

A. Rechtsschutz im Verwaltungsverfahren

I. Arten und Funktion von Verwaltungsverfahren

2 Inwieweit ein Verwaltungsverfahren[1] rechtsschützende Wirkung entfalten kann, hängt zunächst von der **Art des Verwaltungsverfahrens** ab. Unterscheiden lassen sich

- nichtförmliche Verwaltungsverfahren (vgl. §§ 10ff. VwVfG),
- förmliche Verfahren (vgl. §§ 63ff. VwVfG) und
- Rechtsbehelfsverfahren (§§ 79f. VwVfG i.V.m. §§ 68ff. VwGO).

3 Gem. § 10 Abs. 1 VwVfG ist das Verwaltungsverfahren an bestimmte Formen nicht gebunden, soweit keine besonderen Rechtsvorschriften für die Form des Verfahrens bestehen. Es ist einfach und zweckmäßig durchzuführen (§ 10 S. 2 VwVfG).[2] Das **nichtförmliche Verwaltungsverfahren** stellt daher den Regeltyp dar.

4 Ein **förmliches Verwaltungsverfahren** findet nur statt, wenn dies gesetzlich angeordnet ist (§ 63 Abs. 1 VwVfG). Für das förmliche Verfahren gelten gem. § 63 Abs. 2 VwVfG die §§ 64ff. VwVfG. Ferner enthalten zahlreiche Umweltgesetze Vorschriften zu förmlichen Verwaltungsverfahren.[3] Förmliche Verwaltungsverfahren unterscheiden sich von den nichtförmlichen Verfahren durch die strengeren Anforderungen an die Anhörung der Beteiligten, an die Mitwirkung von Zeugen und Sachverständigen, an die Begründung und Abfassung der Entscheidung etc. Regelmäßig sind außerdem mündliche Verhandlungen durchzuführen. Spezielle förmliche Verwaltungsverfahren sind auch die *Planfeststellungsverfahren,* die allgemein in den §§ 72ff. VwVfG und in zahlreichen Fachgesetzen geregelt sind.[4]

5 Das **Rechtsbehelfsverfahren** schließlich dient der Überprüfung der *Rechtmäßigkeit* und *Zweckmäßigkeit* von Verwaltungsmaßnahmen auf Antrag des Bürgers.[5]

6 Unterschieden werden daneben zum Teil noch die sog. *Massenverfahren* und die *gestuften Verfahren.*[6] Bei diesen Verfahren handelt es sich jedoch nicht um rechtlich eigenständige Verfahrenstypen.

7 **Massenverfahren** sind dadurch gekennzeichnet, daß an ihnen eine besonders große Anzahl von Personen beteiligt ist. Dies war z.B. in Verfahren zur Genehmigung von Kernkraftwerken der Fall, bei denen zum Teil mehr als 100000 Einwendungen geltend gemacht worden sind.[7] Zur Bewältigung der Massenbeteiligung sind spezielle Rechtsvorschriften vorgesehen, die sich mit der öffentlichen Bekanntmachung anstelle

---

[1] Vgl. zum Begriff des Verwaltungsverfahrens *Maurer,* AllgVwR, § 19 Rn. 1 f.
[2] Dazu auch *Ziekow,* DVBl. 1998, 1101ff.
[3] § 10 BImSchG i.V.m. der 9. BImSchV in § 7 Abs. 4 AtG i.V.m. der AtVfV.
[4] Vgl. dazu bereits oben § 8 Rn. 44ff.
[5] Vgl. *Maurer,* AllgVwR, § 19 Rn. 6.
[6] *Maurer,* AllgVwR, § 19 Rn. 7ff.
[7] Vgl. zu den Massenverfahren *Maurer,* AllgVwR, § 19 Rn. 7 m.w.N.; *Bonk,* in: Stelkens/Bonk/Sachs-Bonk, VwVfG, § 17 Rn. 1ff.; vgl. auch *Stelkens,* NVwZ 1991, 209 (213).

individueller Benachrichtigungen und Zustellungen[8] und mit Rechtsvorschriften über die gemeinsame Vertretung[9] befassen.[10]

Mehrstufige Verwaltungsverfahren sind häufig vorgesehen, um durch stufenweise Problemabschichtung und -konkretisierung die Überschaubarkeit und Steuerungsfähigkeit komplexer, teilweise mehrere Jahre dauernder Verwaltungsverfahren zu erhalten und zu verbessern.[11] Gestufte Verwaltungsverfahren sind in einem Teil der Umweltgesetze mit Vorbescheid und Teilgenehmigung vorgesehen.[12] Mit dem **Vorbescheid** entscheidet die Genehmigungsbehörde über einzelne Rechtsfragen, von denen die Erteilung der Anlagengenehmigung abhängt, ohne aber die Errichtung oder den Betrieb eines bestimmten Anlagenteils zu gestatten. Demgegenüber ist die **Teilgenehmigung** eine echte Genehmigung, die sich von der Vollgenehmigung allein durch ihren beschränkten Inhalt unterscheidet. Sie gestattet dem Antragsteller insbesondere, mit dem genehmigten Projektabschnitt zu beginnen.[13] Soweit es an einer spezialgesetzlichen Regelung fehlt, wird eine Verfahrensstufung aufgrund der Befugnis der Behörde, das Verfahren nach Zweckmäßigkeitsgesichtspunkten zu gestalten und über abtrennbare Teile der zu treffenden Regelung gesondert zu entscheiden, für zulässig gehalten.[14] Dies gilt für das Planfeststellungsverfahren wegen des Grundsatzes der Problembewältigung nur eingeschränkt.[15] Danach ist eine einheitliche Planungsentscheidung unerläßlich, der nur ein einheitlicher Planfeststellungsbeschluß gerecht wird. Lediglich ausnahmsweise kann die Einheitlichkeit der Planungsentscheidung auch dann gewährt sein, wenn in dem Planfeststellungsbeschluß hinsichtlich bestimmter, als regelungsbedürftig erkannter Festsetzungen eine ergänzende Planfeststellung (ausdrücklich) vorbehalten wird. Anerkannt ist die Teilbarkeit von Planfeststellungsentscheidungen bei der Abschnittsbildung linienförmiger Planungen[16] und bei der Anordnung von Schutzauflagen.[17] 8

Verwaltungsverfahren dienen sowohl der Durchsetzung und Verwirklichung des materiellen Rechts als auch dem Grundrechtsschutz der betroffenen Bürger.[18] Die Beteiligung der betroffenen Bürger am Verwaltungsverfahren wird als Instrument eines verbesserten und **vorgelagerten** 9

---

[8] Vgl. §§ 67 Abs. 1 S. 4, 69 Abs. 2 S. 2, 73 Abs. 6 S. 4, 74 Abs. 5 S. 1 VwVfG; § 10 Abs. 8 S. 1 BImSchG, §§ 7 Abs. 4 S. 3 AtG i. V. m. § 15 Abs. 3 u. 4 AtVfV.

[9] Vgl. §§ 17, 18 VwVfG.

[10] Zu entspr. Vorschriften für das gerichtl. Verfahren vgl. §§ 56a, 65 Abs. 3, 67a, 93a VwGO.

[11] Vgl. zu gestuften Verwaltungsverfahren auch *Kauch/Roer,* Bauleitplanung und Fachplanungen, S. 20ff.

[12] Vgl. § 7a, 7b AtG, §§ 18, 19 AtVfV, §§ 8, 9 BImSchG.

[13] *Jarass,* BImSchG, § 8 Rn. 2, § 9 Rn. 1; zur Abgrenzung beider Institute siehe auch *BVerwG,* Urt. v. 11. 1. 1985 – 7 C 74/82 –, NVwZ 1985, 341 (342f.); *dass.,* Urt. v. 19. 12. 1985 – 7 C 65/82 –, DVBl. 1986, 190 (191ff.); vgl. zur Verfahrensstufung bereits oben § 8 Rn. 61f.

[14] *BVerwG,* Urt. v. 29. 3. 1966 – I C 19/65 –, BVerwGE 24, 23 (27); *OVG Lüneburg,* Beschl. v. 9. 11. 1982 – 1 OVG B 59/82 –, DVBl. 1983, 184 (186); zum gestuften Verfahren im WasserR *Wernike,* DVBl. 1977, 914 (916); *Czychowsky,* WHG, § 9 Rn. 7; vgl. auch *Beckmann,* Rechtsschutz, S. 210 m.w.N.

[15] Vgl. dazu näher *Hoppe/Beckmann,* NuR 1988, 6ff.; siehe dazu *Erbguth,* Raumbedeutsames Umweltrecht, S. 214ff.; *Paetow,* DVBl. 1985, 369ff.; *Broß,* DÖV 1985, 253ff.; *Breuer,* Planfeststellung, S. 76ff.; *Rengeling,* Erfüllung staatlicher Aufgaben durch Private, S. 64ff.; zur Verfahrensstufung im PlanfeststellungsR auch *Beckmann/Appold/Kuhlmann,* DVBl. 1988, 1002 (1008ff.).

[16] Siehe dazu *Broß,* DÖV 1985, 253ff.

[17] Siehe dazu *Paetow,* DVBl. 1985, 369 (371f.).

[18] Vgl. *BVerfG,* Beschl. v. 26. 1. 1988 – 1 BvR 1561/82 –, NVwZ 1988, 427 (429); *Laubinger,* VerwArch 1982, 60ff.; *Dolde,* NVwZ 1982, 65ff.; *v. Mutius,* NJW 1982, 2150ff.; *Grimm,* NVwZ 1985, 865ff.; *Blümel,* Grundrechtsschutz durch Verfahrensgestaltung, S. 23ff.; *Held,* Grundrechtsschutz durch Verfahren, S. 1ff.; *Weyreuther,* FS Sendler, S. 183 (195).

Rechtsschutzes angesehen.[19] Der Rechtsschutz im Verwaltungsverfahren soll vor allem der Gefahr begegnen, daß vor Abschluß des – möglicherweise langjährigen – gerichtlichen Verfahrens **vollendete Tatsachen** geschaffen werden, die entweder überhaupt nicht oder nur mit großen Verlusten wieder beseitigt werden können. Neben dieser Rechtsschutzfunktion wird in der Literatur die Bürgerbeteiligung auch als Möglichkeit der Verbesserung der **demokratischen Legitimation** von hoheitlichen Entscheidungen angesehen.[20] Unstreitig dient die Betroffenenbeteiligung außerdem und vor allem der **Information** der entscheidenden Behörde und dem Versuch, die **Akzeptanz** der betroffenen Bürger für die zum Teil erheblich umstrittenen Vorhaben zu erhöhen.

II. Verfahrensbeteiligte

10 Verfahrensrechte stehen in den Verwaltungsverfahren regelmäßig nur den Verfahrensbeteiligten zu. Gem. § 13 Abs. 1 VwVfG sind Beteiligte

- Antragsteller und Antragsgegner,
- diejenigen, an die die Behörde den Verwaltungsakt richten will oder gerichtet hat,
- diejenigen, mit denen die Behörde einen öffentlich-rechtlichen Vertrag schließen will oder geschlossen hat,
- diejenigen, die nach § 13 Abs. 2 VwVfG von der Behörde zu dem Verfahren hinzugezogen worden sind.[21]

11 Gem. § 13 Abs. 2 S. 1 VwVfG *kann* die Behörde von Amts wegen oder auf Antrag diejenigen, deren rechtliche Interessen durch den Ausgang des Verfahrens berührt werden können, als Beteiligte hinzuziehen. Hat der Ausgang des Verfahrens rechtsgestaltende Wirkung für einen Dritten, so *ist* dieser auf Antrag als Beteiligter zu dem Verfahren hinzuzuziehen; soweit er der Behörde bekannt ist, hat diese ihn von der Einleitung des Verfahrens zu benachrichtigen (§ 13 Abs. 2 S. 2 VwVfG).[22]

12 Regelungen über die notwendige Verfahrensbeteiligung können sich daneben aus speziellen Umweltgesetzen ergeben.[23]

III. Verfahrensablauf

13 Gem. § 22 Abs. 1 VwVfG entscheidet die Behörde nach pflichtgemäßem Ermessen, ob und wann sie ein Verwaltungsverfahren durchführt. Das gilt allerdings nicht, wenn die Behörde aufgrund von Rechtsvorschriften von Amts wegen oder auf Antrag tätig werden muß oder darf und ein Antrag nicht vorliegt (§ 22 S. 2 VwVfG).[24] Rechtsschutz im Verwaltungsverfah-

---

[19] Vgl. dazu *Lummert/Thiem,* Rechte des Bürgers, S. 43 m. w. N.; *BVerfG,* Beschl. v. 26. 1. 1988 – 1 BvR 1561/82 –, NVwZ 1988, 427 (428); vgl. zu den Funktionen der Bürgerbeteiligung näher *Wickrath,* Bürgerbeteiligung, S. 12ff.

[20] Vgl. dazu *Lummert/Thiem,* Rechte des Bürgers, m. w. N. zum Meinungsstand.

[21] Vgl. zur Verfahrensbeteiligung *Maurer,* AllgVwV, § 19 Rn. 12ff.

[22] Vgl. zur Frage der selbständigen Einklagbarkeit einer förml. Hinzuziehung *OVG Koblenz,* Urt. v. 19. 5. 1987 – 7 C 1/87 –, NVwZ 1988, 76.

[23] Vgl. § 29 BNatSchG für die Beteiligung von Naturschutzverbänden, vgl. *BVerwG,* Urt. v. 28. 11. 1995 – 11 VR 38/95 –, NVwZ 1996, 389 (390); dazu näher unten § 15 Rn. 194ff.

[24] Zum Verfahrensermessen der Verwaltung siehe *Hill,* NVwZ 1985, 449ff.

ren kann der Betroffene dadurch erreichen, daß er eine ihm günstige Verwaltungsentscheidung beantragt. Drittbetroffene können ein behördliches Einschreiten zu ihren Gunsten, etwa im Wege von nachträglichen Anordnungen, Stillegungen, Widerruf von Erlaubnissen etc. beantragen.

Für den Ablauf des Verwaltungsverfahrens gilt der Untersuchungsgrundsatz nach § 24 VwVfG. Danach ermittelt die Behörde den Sachverhalt von Amts wegen. Sie bestimmt Art und Umfang der Ermittlungen und ist an das Vorbringen und an Beweisanträge nicht gebunden. 14

IV. Verfahrensrechte von Beteiligten

1. Allgemein

Die Verfahrensbeteiligten haben in allen Verwaltungsverfahren folgende Rechte 15

- Recht auf Anhörung (§ 28 VwVfG),
- Recht auf Akteneinsicht (§ 29 VwVfG),
- Recht auf Geheimhaltung (§ 30 VwVfG),
- Beratungs- und Auskunftsrecht (§ 25 VwVfG),
- Recht auf Vertretung (§ 14 VwVfG).[25]

2. Verfahrensrechte im förmliche Verwaltungsverfahren

Im Vordergrund des Rechtsschutzes in förmlichen Verwaltungsverfahren steht die Beteiligung betroffener Bürger an Genehmigungs- und Planfeststellungsverfahren. 16

a) Einwendungsbefugnis

Die Beteiligung von Bürgern findet in förmlichen Verfahren zumeist durch öffentliche Bekanntmachung des Vorhabens, Erhebung von Einwendungen und Erörterung dieser Einwendungen mit den Einwendern statt. *Einwendungen* sind sachliches Gegenvorbringen im Verwaltungsverfahren. Bei Drittbetroffenen muß sich dieses Gegenvorbringen auf eine befürchtete Gefährdung von Rechtsgütern beziehen.[26] 17

Die Einwendungsbefugnis ist für die einzelnen Verfahren unterschiedlich geregelt. Zum einen kann in Verwaltungsverfahren vorgesehen sein, daß ohne Rücksicht auf die Berührung eigener Belange jedermann einwendungsbefugt ist.[27] Die weitere Beteiligung am Verfahren wird auf die Einwender begrenzt. Insbesondere der Erörterungstermin, der dazu dient, die rechtzeitig erhobenen Einwendungen zu erörtern, ist nicht öffentlich.[28] In anderen Verwaltungsverfahren sind einwendungsbefugt nur die Betroffenen[29] oder Personen, die in „rechtlichen Belangen"[30] oder „rechtlichen Interessen"[31] berührt sein können. 18

---

[25] Vgl. dazu näher *Maurer,* AllgVwR, § 19 Rn. 20ff.
[26] Vgl. *BVerwG,* Urt. v. 17. 7. 1980 – 7 C 11.78 –, BVerwGE 60, 297.
[27] Vgl. §§ 10 Abs. 3 S. 2 BImSchG, 18 Abs. 1 9. BImSchV; §§ 7 Abs. 4 S. 3 AtG, 4ff. AtVfV.
[28] Vgl. § 18 Abs. 1 S. 1 9. BImSchV.
[29] Vgl. § 8 Abs. 3 WHG i. V. m. den Wassergesetzen der Bundesländer.
[30] Vgl. § 73 Abs. 4 S. 1 VwVfG.
[31] Vgl. § 13 Abs. 2 VwVfG.

b) Einwendungsfrist und Präklusion

19 Einwendungen müssen in aller Regel in einer bestimmten Frist erhoben werden. Die Fristen sind in den Verwaltungsverfahren unterschiedlich ausgestaltet.[32] Mit Ablauf der Frist werden die Einwendungen ausgeschlossen, die nicht auf besonderen privatrechtlichen Titeln beruhen.[33] Dabei kennen die Umweltgesetze eine *formelle und* eine *materielle Präklusion.* **Formell** ist eine **Präklusion,** wenn verspätet erhobenen Einwendungen im weiteren Verfahren nicht mehr berücksichtigt werden müssen. **Materiell** ist die **Präklusionswirkung,** wenn verspätete Einwendungen auch materiell in einer verwaltungsgerichtlichen Klage nicht mehr geltend gemacht werden können.[34] Die Frage der Folgen einer Fristversäumung hat im Umweltrecht durch die Beschleunigungsgesetze eine weitgehende Vereinheitlichung erfahren. So ist in den meisten Fachplanungsgesetzen die **materielle Präklusion** vorgesehen.[35] Für das Planfeststellungsrecht ist dieses nunmehr ebenfalls in § 73 Abs. 4 S. 3 VwVfG einheitlich geregelt.[36]

20 Nach Ablauf der Einwendungsfrist werden die Einwendungen mit der zuständigen Behörde, dem Antragsteller, den zu beteiligenden Behörden und den Einwendern erörtert.[37]

3. *Verfahrensbeschleunigung*

21 Zur Verfahrensbeschleunigung sehen die §§ 71a ff. VwVfG Beschleunigungsregelungen vor, die durch das Genehmigungsbeschleunigungsgesetz[38] eingeführt worden sind. Sie gelten gem. § 71a VwVfG für Genehmigungsverfahren, die der Durchführung von Vorhaben im Rahmen einer wirtschaftlichen Unternehmung dienen.[39]

22 Gem. § 71b VwVfG kann der Unternehmer beantragen, daß sein Verfahren besonders beschleunigt wird.[40] Ferner begründet § 71c VwVfG auch schon vor Antragsstellung und damit vor Einleitung des eigentlichen Ge-

---

[32] Vgl. § 73 Abs. 3 VwVfG bei Planfeststellungen einen Monat; § 10 Abs. 3 S. 2 u. 3 BImSchG bis 2 Wochen nach der einmonatigen Auslegungsfrist.

[33] Vgl. z. B. § 10 Abs. 3 BImSchG.

[34] Vgl. zur Präklusion bereits oben § 8 Rn. 52f.

[35] Vgl. § 10 Abs. 3 S. 3 BImSchG, § 17 Abs. 4 S. 1 FStrG, § 17 Nr. 5 WaStrG, § 7 Abs. 1 AtVfVO, § 20 Abs. 2 S. 1 AEG.

[36] Vgl. dazu BT-Drs. 13/3995, S. 10; *VGH Mannheim,* Urt. v. 22. 3. 1996 – 8 S 3060/95 –, UPR 1997, 40; dazu ferner *Niehues,* FS Schlichter, S. 619; *v. Danwitz,* UPR 1996, 323; *Brandt,* NVwZ 1997, 233; *Busch,* in: Knack, VwVfG, § 73 Rn. 7.4.1; krit. *Solveen,* DVBl. 1997, 803 (804ff.).

[37] Vgl. etwa § 10 Abs. 6 BImSchG.

[38] Gesetz zur Beschleunigung von Genehmigungsverfahren (Genehmigungsverfahrensbeschleunigungsgesetz – GenBeschlG) v. 12. 9. 1996 (BGBl. I S. 1354).

[39] Die Beschleunigungsregelungen sind gem. § 72 Abs. 1 S. 1 HS 2 VwVfG für das Planfeststellungsverfahren nicht anwendbar; zur Verfahrensbeschleunigung dienen dort die §§ 73 Abs. 3a, Abs. 4 S. 3, 74 Abs. 6 u. Abs. 7 VwVfG sowie § 75 Abs. 1a VwVfG, vgl. *Maurer,* AllgVwR, § 19 Rn. 7b.

[40] *Bonk,* in: Stelkens/Bonk/Sachs-Bonk, VwVfG, § 71b Rn. 13ff.; *Jäde,* UPR 1996, 361 (365); *Bonk,* NVwZ 1997, 320 (327); einen einklagbaren Anspruch auf Verfahrensbeschleunigung steht dem Antragssteller nicht zu *Küffmann,* StuG 1995, 95; zur Appelfunktion vgl. auch *Stüer,* DVBl. 1997, 326; *ders.,* HbBauFPlR, Rn. 1927.

nehmigungsverfahrens besondere Beratungs- und Auskunftspflichten der Behörde.[41]

§ 71 d Abs. 1 VwVfG normiert das sog. **Sternverfahren.** Danach sollen die Träger öffentlicher Belange, d. h. die Behörden und Stellen, die spezielle öffentliche Interessen vertreten, gleichzeitig und unter Fristsetzung zur Stellungnahme aufgefordert werden.[42] Stellungnahmen, die erst nach Ablauf der Frist eingehen, werden gem. § 71 d Abs. 2 VwVfG nicht mehr berücksichtigt, es sei denn, sie sind für die Rechtmäßigkeit der Entscheidung von Bedeutung.[43] 23

Gem. § 71 e VwVfG kann der Unternehmer außerdem die **Antragskonferenz** beantragen, bei der auf Ladung der Behörde der Antragssteller und alle beteiligten Stellen zur Besprechung der anstehenden Probleme zusammenkommen sollen.[44] 24

V. Rechtsbehelfsverfahren

Eine Überprüfung behördlicher Entscheidungen kann im Wege der *Selbstkontrolle* der Verwaltung, d. h. durch die handelnde oder die ihr im Instanzenzuge übergeordnete Verwaltungsbehörde stattfinden.[45] Die Selbstkontrolle kann sich auf eine Überprüfung der Rechtmäßigkeit des Verwaltungshandelns beschränken oder sich auf seine Zweckmäßigkeit erstrecken. Sie wird entweder nichtförmlich durch formfreie Rechtsbehelfe, insbesondere durch *Gegenvorstellungen* oder *Aufsichtsbeschwerden* eingeleitet.[46] Die förmliche Selbstkontrolle der Verwaltung erfolgt in erster Linie durch das *Widerspruchsverfahren*. 25

Gem. § 68 Abs. 1 S. 1 VwGO sind grundsätzlich vor Erhebung der Anfechtungsklage Rechtmäßigkeit und Zweckmäßigkeit des Verwaltungsaktes in einem Vorverfahren nachzuprüfen. Gleiches gilt gem. § 68 Abs. 2 VwGO für Verpflichtungsklagen, wenn der Antrag auf Vornahme des Verwaltungsaktes abgelehnt worden ist. Einer Nachprüfung im Vorverfahren bedarf es gem. § 68 Abs. 1 S. 2 VwGO allerdings nicht, wenn ein Gesetz dies für besondere Fälle bestimmt. 26

Von der Notwendigkeit eines Vorverfahrens bestehen gerade für umweltrechtliche Streitigkeiten bedeutsame **Ausnahmen.** Gesetzlich ausgeschlossen ist ein Vorverfahren insbesondere gem. § 74 Abs. 1 S. 2 VwVfG für *Planfeststellungen und Plangenehmigungen.*[47] Eines Vorverfahrens bedarf es außerdem nicht, wenn der Verwaltungsakt von einer obersten Bundesbehörde oder 27

---

[41] *Hermanns,* LK 1997, 237 (239); *Jäde,* UPR 1996, 363 (365); *Bonk,* NVwZ 1997, 320 (327).

[42] *Bonk,* in: Stelkens/Bonk/Sachs-Bonk, VwVfG, § 71 d Rn. 1, 10 ff.; *Jäde,* UPR 1996, 363 (368).

[43] *Bonk,* in: Stelkens/Bonk/Sachs-Bonk, VwVfG, § 71 d Rn. 29, 36; *Schmitz/Wessendorf,* NVwZ 1996, 955 (959); *Stüer,* DVBl. 1997, 326; *ders.,* HbBauFPlR, Rn. 1930.

[44] *Bonk,* in: Stelkens/Bonk/Sachs-Bonk, VwVfG, § 71 e Rn. 2, 8; *Clausen,* in: Knack, VwVfG, § 71 e Rn. 1; *Jäde,* UPR 1996, 363 (369); *Bonk,* NVwZ 1997, 320 (328).

[45] Zur Kontrolle in staatl. Entscheidungsprozessen *Krebs,* Kontrolle, S. 1 ff.

[46] Vgl. *Achterberg,* AllgVwR, § 23 Rn. 2 ff.

[47] Näher dazu *Kopp/Schenke,* VwVfG, § 68 Rn. 17 a; vgl. ferner § 18 Abs. 2 S. 4 AEG, § 17 Abs. 1 a S. 3 FStrG.

von einer obersten Landesbehörde erlassen worden ist, außer, wenn ein Gesetz die Nachprüfung vorschreibt (§ 68 Abs. 1 S. 2 Nr. 1 VwGO). Dies gilt etwa für die Genehmigung besonders bedeutsamer Anlagen, so nach dem Atomgesetz oder nach dem Bundes-Immissionsschutzgesetz. Eines Widerspruchsverfahrens bedarf es gem. § 68 Abs. 1 S. 2 Nr. 2 VwGO schließlich auch dann nicht, wenn ein Dritter durch einen Widerspruchsbescheid erstmalig beschwert wird. Das ist bei umweltrechtlichen Nachbarstreitigkeiten der Fall, wenn dem Widerspruch des Antragstellers gegen die Versagung einer Genehmigung stattgegeben wird, oder wenn auf Widerspruch eines Dritten die Genehmigung mit einer den Antragsteller belastenden Auflage verschärft wird.

28 Die Entscheidungskompetenz der Widerspruchsbehörde ist bei Widersprüchen Drittbetroffener eingeschränkt.[48] Die Widerspruchsbehörde kann den Ausgangsbescheid nur daraufhin überprüfen, ob die den Widerspruchsführer schützenden Rechtsnormen eingehalten worden sind.[49]

B. Verwaltungsgerichtlicher Rechtsschutz

29 Rechtsschutz erfolgt im Umweltrecht vor allem im Wege der Fremdkontrolle durch die Verwaltungsgerichte.[50] Dem Rechtsschutz durch Straf-, Zivil- und Verfassungsgerichte kommt eine ergänzende Funktion zu. Der Rechtsschutz im Umweltrecht dient nicht nur der Durchsetzung des Umweltrechts, sondern umfaßt auch den Rechtsschutz gegen Umweltschutzmaßnahmen.[51] Auch handelt es sich bei dem Rechtsschutz im Umweltschutzrecht keinesfalls um ein Sonderprozeßrecht.

30 Der Gesetzgeber hat mit zahlreichen Novellen und Änderungen versucht, die Rahmenbedingungen für den verwaltungsgerichtlichen Rechtsschutz im Umweltrecht zu verbessern, um eine Straffung der gerichtlichen Verfahren zu erreichen und damit die Verfahrensdauer umweltrechtlicher Streitigkeiten zu verkürzen.

31 Zum einen ist die Verwaltungsgerichtsordnung[52] mehrfach novelliert worden. Neben Änderungen, wie der Straffung des Instanzenzuges, der Einführung der Rechtsmittelzulassung beim Oberverwaltungsgericht, der Stärkung der Stellung des Vorsitzenden und des Berichterstatters, der Möglichkeit der Übertragung von Rechtsstreitigkeiten zur Entscheidung durch den Einzelrichter sind ferner die mehr die materiell-rechtliche Seite berührende Möglichkeit Heilung von Verfahrens- und Formfehlern und des

---

[48] Vgl. *Kopp/Schenke,* VwVfG, § 68 Rn. 10 m. w. N.

[49] Vgl. *BVerwG,* Urt. v. 18. 5. 1982 – 7 C 42.80 –, BVerwGE 65, 313 (318); zustimmend *Jarass,* NJW 1983, 2844 (2845); krit. dazu *Beckmann,* Rechtsschutz, S. 87 f.

[50] Vgl. zum verwaltungsgerichtl. Rechtsschutz im UmweltR ausführl. *Beckmann,* Rechtsschutz, S. 1 ff.; *ders.,* UPR 1987, 321 ff.; *Kloepfer,* Rechtsschutz, S. 30 ff.; *ders.,* UmweltR, § 8 Rn. 1 ff.; *Tünnesen-Harmes,* HdbUR, A.6 Rn. 13 ff.; *Moench/Sandner,* in: Rengeling, EUDUR, Bd. 1, § 46 Rn. 51 ff.

[51] So auch *Kloepfer,* UmweltR, § 8 Rn. 3.

[52] Verwaltungsgerichtsordnung (VwGO) i. d. F. d. Bek. v. 19. 3. 1991 (BGBl. I S. 686), zul. geänd. d. G v. 31. 8. 1998 (BGBl. I S. 2600); vgl. zur 6. Novelle der VwGO *Bader,* VBlBW 1997, 449 ff.; *Berkemann,* DVBl. 1998, 446 ff.; *Seibert,* NVwZ 1999, 113 ff.; *Franßen,* DVBl. 1999, 501 ff.; zur Bewertung der Änderungen ferner *Kuhla/Hüttenbrink,* DVBl. 1999, 898 ff..

 R. Schmidt, JZ 95, 545, Ziekow, NVwZ 07, 259, Kment, NVwZ 07, 274

Nachschiebens von Ermessenserwägungen noch innerhalb des Verwaltungsprozesses eingeführt worden. Hinzu kommen eher der Beschleunigung dienende Sondervorschriften für sog. Massenverfahren. Eine weitere Verkürzung des Rechtswegs ist durch das in seiner Geltung bis zum 31. 12. 1999 befristete Verkehrswegeplanungsbeschleunigungsgesetz[53] eingeführt worden. Gem. § 5 Abs. 1 VWegePlBG entscheidet das Bundesverwaltungsgericht in erster und letzter Instanz über sämtliche Streitigkeiten im Hinblick auf die Planung von Verkehrswegen in den neuen Ländern sowie im Land Berlin.

Ferner ist aufgrund des Investitionserleichterungs- und Wohnbaulandgesetzes[54] befristet bis zum 31. 12. 2002 in den neuen Bundesländern – nicht aber in Berlin – bei zahlreichen umweltrechtlichen Streitigkeiten der Wegfall des Suspensiveffekts bei Widerspruch und Anfechtungsklage eines Dritten gegen den an einen anderen gerichteten begünstigten Verwaltungsakt vorgesehen.[55] **32**

Während bei den zurückliegenden Initiativen des Gesetzgebers in erster Linie die Straffung umweltrechtlicher Verfahren auch durch die Straffung des Rechtsschutzes im Vordergrund stand, werden in der Literatur Forderungen nach einem weiteren Ausbau des verwaltungsgerichtlichen Rechtsschutzes im Umweltrecht erhoben.[56] So wird eine Ausdehnung des Rechtsschutzes im Bereich der Vorsorge über den Strahlenschutz hinaus auf andere Fälle, in denen Grenzwerte festgesetzt sind, angemahnt, um Drittbetroffenen die Klagemöglichkeit gegen Grenzwertüberschreitungen zu eröffnen.[57] Ferner wird bundesrechtlich die Zulassung einer Verbandsklage für anerkannte Verbände[58] und die Einführung einer Konkurrentenklage verlangt.[59] **33**

Mit umgekehrter Tendenz wird eine Einschränkung der verwaltungsgerichtlichen Überprüfung empfohlen: Als problematisch wird z. B. im Rahmen des verwaltungsgerichtlichen Rechtsschutzes die Frage der Kontrolldichte verwaltungsgerichtlicher Entscheidungen angesehen. Gerade in bezug auf die Vielzahl der unbestimmten Rechtsbegriffe in einschlägigen Umweltgesetzen wird in der Literatur beklagt, daß die Entscheidungen der Verwaltungen vielfach nur noch vorbereitenden Charakter hätten, da die Ausfüllung unbestimmter Rechtsbegriffe durch die Verwaltung der vollen gerichtlichen Überprüfung unterlägen.[60] Insoweit wird im Rahmen des verwaltungsgerichtlichen Rechtsschutzes die Einschränkung der gerichtlichen Überprüfung unbestimmter Rechtsbegriffe gefordert.[61] **34**

---

[53] Gesetz zur Beschleunigung der Planungen für Verkehrswege in den neuen Ländern sowie im Land Berlin (Verkehrswegeplanungsbeschleunigungsgesetz) v. 16. 12. 1991 (BGBl. I S. 2174), zul. geänd. d. G v. 15. 12. 1995 (BGBl. I S. 1840).

[54] Gesetz zur Erleichterung von Investitionen und der Ausweisung und Bereitstellung von Wohnbauland (Investitionserleichterungs- und Wohnbaulandgesetz) v. 22.4193 (BGBl. I S. 466), geänd. d. G v. 1. 11. 1996 (BGBl. I S. 1626).

[55] Vgl. dazu ausführl. unten § 11 Rn. 160.

[56] Vgl. dazu i.Ü. BMU, UGB-KomE, S. 524f.

[57] *Rehbinder,* FS Sendler, S. 269 (281ff.); *Roßnagel,* UPR 1990, 86 (91ff.).

[58] Vgl. *Rehbinder,* ZRP 1976, 157ff.; zu EG-rechtl. Vorgaben für eine Verbandsklage *Epiney,* NVwZ 1999, 485ff.

[59] Vgl. zur Konkurrentenklage *Brandner/Michael,* NJW 1992, 278 (281).

[60] Vgl. dazu *Breuer,* NVwZ 1988, 104ff.; *Blankenagel,* Die Verw. 1993, 1 (2); *Sendler,* UPR 1993, 321ff.; *Tünnesen-Harmes,* HdbUR, A.6 Rn. 13; *Schmidt-Aßmann,* in: Schwarze/Schmidt-Aßmann, Das Ausmaß der gerichtlichen Kontrolle im Wirtschaftsverwaltungs- und Umweltrecht, S. 9ff.; *Kloepfer,* UmweltR, § 8 Rn. 2; BMU, UGB-KomE, S. 525ff.

[61] *Tünnesen-Harmes,* HdbUR, A.6 Rn. 13; BMU, UGB-KomE, S. 530ff.; vgl. zur Einschränkung des gerichtl. Kontrolle bei Umweltstandards oben § 5 Rn. 17ff.

35 Der Kommissionsentwurf zum Umweltgesetzbuch sieht in den §§ 43 bis 49 UGB-KomE Regelungen zum Rechtsschutz vor. Darin greift er die Forderungen aus der Literatur nach einer einschränkenden Überprüfung unbestimmter Rechtsbegriffe, nach einer Ausdehnung des Drittschutzes im Bereich der Vorsorge und nach Einführung einer Verbands- und Konkurrentenklage auf.[62]

36 Der Umfang des verwaltungsgerichtlichen Rechtsschutzes wird maßgeblich die Regelung der Kontrolleröffnung und durch die Kontrolldichte bestimmt.[63]

I. Kontrolleröffnung

37 Die Verwaltungsgerichte können in umweltrechtlichen Streitigkeiten entscheiden, wenn die Sachentscheidungsvoraussetzungen vorliegen.[64]

1. Verwaltungsrechtsweg in umweltrechtlichen Streitigkeiten

38 Gem. § 40 Abs. 1 S. 1 VwGO ist der Verwaltungsrechtsweg in allen öffentlich-rechtlichen Streitigkeiten nicht verfassungsrechtlicher Art gegeben, so weit die Streitigkeiten nicht durch Bundesgesetz einem anderen Gericht ausdrücklich zugewiesen sind. Öffentich-rechtlich sind alle Streitigkeiten, deren Streitgegenstand sich als unmittelbare Folge des öffentlichen Rechts darstellt.[65]

39 Da sich die Rechtmäßigkeit hoheitlichen Handelns nach öffentlichem Recht richtet, ist der Verwaltungsrechtsweg für *Klagen* gegeben, die *auf Ausübung oder Unterlassung öffentlich-rechtlicher Gewalt* gerichtet sind.[66] Umweltrechtsstreitigkeiten sind deshalb vor den Verwaltungsgerichten zu führen, wenn sich der Kläger bzw. Antragsteller gegen ihn belastende umweltrechtliche Maßnahmen der Verwaltung, insbesondere gegen Umweltpläne, Schutzgebietsausweisungen, Planfeststellungen oder Genehmigungen wendet.[67] Eine öffentlich-rechtliche Streitigkeit liegt aber auch dann vor, wenn der Betroffene einen Anspruch auf Erteilung eines hoheitlichen Zulassungsaktes, z.B. auf Genehmigung einer beantragten Anlage oder auf behördliches Einschreiten gegen einen privaten Störer, etwa im Wege nachträglicher Anordnung gem. § 17 BImSchG, gerichtlich durchsetzen möchte.

40 Der Verwaltungsrechtsweg ist außerdem für Klagen auf Unterlassung oder Beseitigung von Umwelteinwirkungen, die von öffentlich-rechtlich betriebenen Anlagen oder Veranstaltungen des Staates in Ausübung hoheitlicher Verwaltungstätigkeit ausgehen, eröffnet.[68] Entscheidend für die Rechtswegeröffnung vor den Verwaltungsgerichten ist bei **Immissionsklagen,** daß ein Zusammenhang mit hoheitlicher Aufgabenerfüllung besteht und daß die Umwelteinwirkungen von staatlichen Einrichtungen verursacht werden, die

---

[62] Vgl. BMU, UGB-KomE, S. 124ff., 532ff.

[63] Zur Unterscheidung von Kontrolleröffnung u. Kontrolldichte näher *Hoppe,* FS Menger, S. 754f.

[64] Zu den Entwicklungen im Verwaltungsprozeß von 1997–1998 *Kuhla/Hüttenbrink,* DVBl. 1999, 898ff.

[65] *Kopp/Schenke,* VwGO, § 40 Rn. 6.

[66] *Kopp/Schenke,* VwGO, § 40 Rn. 8b.

[67] Soweit sich ein Dritter gegen Planfeststellungen oder Genehmigungen wendet, kann er sowohl den Zivilrechtsweg als auch den Verwaltungsrechtsweg beschreiten, vgl. zur Rechtswegkonkurrenz § 12 Rn. 37 ff.

[68] *Kopp/Schenke,* VwGO, § 40 Rn. 29.

sich öffentlich-rechtlicher Handlungsformen bedienen oder oder die Einrichtung in einem öffentlich-rechtlichen Planungs- und Funktionszusammenhang steht.[69]

Beispiele: Der Weg zu den Verwaltungsgerichten ist gegen Lärmbelästigungen, die von öffentlichen Kinderspielplätzen[70] oder Sportanlagen[71] ausgehen, ebenso eröffnet wie gegen Lärmbelästigungen durch Veranstaltung von Volksfesten auf öffentlichen Zwecken gewidmeten Grundstücken einer Gemeinde[72] oder Belästigungen, die von einer Sammelstelle für Wertstoffe ausgehen.[73] Gleiches gilt für das Läuten von Kirchenglocken und für den Lärm einer Feueralarmsirene.[74]

2. *Zuständigkeit der Verwaltungsgerichte*

Eröffnet ist die verwaltungsgerichtliche Kontrolle vor den *örtlich* und *sachlich* zuständigen Verwaltungsgerichten. **41**

Regelmäßig richtet sich die **örtliche Zuständigkeit** auch in umweltrechtlichen Streitigkeiten gem. § 52 Nr. 1 VwGO nach dem besonderen *Gerichtsstand der Belegenheit.* Danach ist in Streitigkeiten, die sich auf unbewegliches Vermögen oder ein ortsgebundenes Recht oder Rechtsverhältnis beziehen, nur das Verwaltungsgericht örtlich zuständig, in dessen Bezirk das Vermögen oder der Ort liegt. Bei raumbezogenen Umweltplänen, bei Schutzgebietsausweisungen oder Planfeststellungen ist die notwendige Ortsbezogenheit in aller Regel gegeben. Bei Anlagengenehmigungen nach dem Bundes-Immissionsschutzgesetz ist dies der Fall, wenn es sich um Betriebsstätten, sonstige ortsfeste Einrichtungen oder Grundstücke handelt, von denen Emissionen ausgehen (vgl. § 3 Abs. 5 Nr. 1 und 3 BImSchG). Handelt es sich indes um eine ortsveränderliche Anlage (vgl. § 3 Abs. 5 Nr. 2 BImSchG) oder um sonstige nicht ortsgebundene Streitigkeiten, dann ist bei Anfechtungs- oder Verpflichtungsklagen nach § 52 Nr. 3 S. 1 VwGO das Verwaltungsgericht zuständig, *in dessen Bezirk der Verwaltungsakt erlassen wurde.* Ist allerdings der Verwaltungsakt von einer Behörde erlassen worden, deren Zuständigkeitsbereich sich über mehrere Verwaltungsgerichtsbezirke erstreckt, wie etwa bei umweltrechtlichen Entscheidungen der Landesministerien oder Regierungspräsidien, dann ist gem. § 52 Nr. 3 S. 2 VwGO das Verwaltungsgericht zuständig, *in dessen Bezirk der Beschwerte seinen Sitz oder Wohnsitz hat.* In allen Fällen, in denen sich die örtliche Zuständigkeit nicht nach § 52 Nr. 1, Nr. 3 VwGO richtet, ist gem. § 52 Nr. 5 VwGO das Gericht zuständig, in dessen Bezirk der Beklagte seinen Sitz, Wohnsitz oder in **42**

[69] Vgl. dazu *Kopp/Schenke,* VwGO, § 40 Rn. 29 m. w. N.

[70] *VGH München,* Urt. v. 18. 1. 1993 – 2 B 91.15 –, NVwZ 1993, 1006 f.; *VG Braunschweig,* Urt. v. 24. 6. 1991 – 9 A 9014/91 –, NVwZ 1991, 1211 ff.; *Schmitz,* NVwZ 1991, 1126 m. w. N.

[71] *Schmitz,* NVwZ 1991, 1126 (1127); vgl. auch *LG Aachen,* Urt. v. 7. 10. 1997 – 4 O 39/86 –, NVwZ 1988, 189 (190); zum Lärm durch ein gemeindliches Jugendzentrum vgl. *VGH München,* Urt. v. 20. 12. 1995 – 4 B 94 4071 –, BayVBl. 1996, 730.

[72] *VG Düsseldorf,* Urt. v. 8. 6. 1990 – 3 L 1094/90 –, NJW 1991, 2661; zu Lärmbelästigungen durch einen Fastnachtsumzug *VG Frankfurt a. M.,* Beschl. v. 12. 2. 1999 – 15 G 401/99 (V) –, NJW 1999, 1986 f.

[73] *VG Köln,* Urt. v. 2. 7. 1992 – 4 K 2071/89 –, NWVBl. 1993, 113.

[74] *BVerwG,* Urt. v. 29. 4. 1988 – 7 C 33.87 –, BVerwGE 79, 254 (256); vgl. auch *Jarass,* JZ 1993, 601 ff.

Ermangelung dessen seinen Aufenthalt hat oder seinen letzten Wohnsitz oder Aufenthalt hatte.

43 **Sachlich zuständig** ist gem. § 45 VwGO das *Verwaltungsgericht* im ersten Rechtszug für alle Streitigkeiten, für die der Verwaltungsrechtsweg offensteht. Für Umweltrechtsstreitigkeiten gibt es von diesem Grundsatz jedoch einige bedeutsame Ausnahmen.

44 Gem. § 47 Abs. 1 VwGO entscheidet das *Oberverwaltungsgericht* über Normenkontrollanträge, d. h. im Umweltrecht vor allem über untergesetzliche Rechtsvorschriften, wie Schutzgebietsausweisungen, Umweltpläne oder kommunale Satzungen, soweit das Landesrecht insoweit eine Normenkontrolle eröffnet. Ferner ist es erstinstanzlich nach § 48 Abs. 1 S. 1 VwGO für zahlreiche Rechtsstreitigkeiten über die Zulassung umweltbelastender Großvorhaben zuständig.[75] Danach ergibt sich die erstinstanzliche Zuständigkeit des obersten Verwaltungsgerichts u. a. für Streitigkeiten über die Errichtung und den Betrieb von kerntechnischen Anlagen und größeren Kraftwerken, die Errichtung von Freileitungen, die Anlage, Erweiterung, Änderung und der Betrieb von Verkehrsflughäfen sowie die Planfeststellungsverfahren bezüglich bestimmter Abfallbeseitigungsanlagen, Trassenführungen, Bundesautobahnen und Binnenwasserstraßen.[76]

45 Gem. § 5 Abs. 1 VWegePlBG entscheidet bis zum 31. 12. 1999 das *Bundesverwaltungsgericht* in erster und letzter Instanz über sämtliche Streitigkeiten im Hinblick auf die Planung von Verkehrswegen (Straße, Schiene, Wasser oder Verkehrsflughäfen) in den neuen Bundesländern sowie im Land Berlin.[77]

3. Klage- und Antragsarten

46 Die Klage- bzw. Antragsart hängt von der Rechtsform des Verwaltungshandelns ab. Ist das umstrittene Verwaltungshandeln als Verwaltungsakt zu qualifizieren, sind Anfechtungs- und Verpflichtungsklagen nach § 42 Abs. 1 VwGO die gebotenen Klagearten. Im übrigen kommen die allgemeine Leistungsklage und die Feststellungsklage gem. § 43 VwGO in Betracht. Möglich sind außerdem Normenkontrollklagen gem. § 47 VwGO und Vollstreckungsabwehrklagen nach § 167 Abs. 1 VwGO, §§ 767, 771 ZPO.

---

[75] Diese Regelung ist durch das 4. VwGO-Änderungsgesetz (G zur Neuregelung des verwaltungsgerichtlichen Verfahrens (4. Gesetz zur Änderung der Verwaltungsgerichtsordnung – 4. VwGOÄndG) v. 17. 12. 1990 (BGBl. I S. 2809) in Dauerrecht überführt worden, vgl. dazu *Kopp,* NJW 1991, 521 (523); *Stelkens,* NVwZ 1991, 209 (211 f.); zum Hintergrund der Übernahme vgl. *Kloepfer,* UmweltR, § 8 Rn. 8.

[76] Vgl. zu § 48 Abs. 1 Nr. 9 VwGO *VGH Mannheim,* Urt. v. 19. 6. 1998 – 8 S 602/98 –, UPR 1999, 236; das OVG ist ferner gem. §§ 138 Abs. 1, 140 FlurbG erstinstanzlich für Flurbereinigunssachen zuständig.

[77] Nach h. M. bestehen weder aus Art. 20 Abs. 4 GG noch aus dem allg. Rechtsstaatsprinzip verfassungsrechtl. Bedenken gegen den Wegfall einer Tatsacheninstanz, vgl. dazu *BVerfG,* Urt. v. 17. 3. 1988 – 2 BvR 233/84 –, BVerfGE 78, 88 (99) in ständiger RSpr.; *Schmidt-Aßmann,* in: Maunz/Dürig, GG, Art. 19 Anm. 179 m. w. N.; a. A. *T. Brandner,* FS Brandner, S. 683 (696 ff.); *Krebs,* in: v. Münch/Kunig, GG, Bd. 1, Art. 19, Rn. 63; speziell zu § 5 Abs. 1 VWegePlBG, *Klinski/Gassner,* NVwZ 1992, 235 (238 f.); *Paetow,* DVBl. 1994, 94 (99); vgl. dazu *Kopp/Schenke,* VwGO, § 50 Rn. 8 a m. w. N.; krit. *Ronellenfitsch,* DVBl. 1991, 920 (932); *Kloepfer,* UmweltR, § 8 Rn. 9.

Von der Wahl der Klageart hängen zahlreiche Sachurteilsvoraussetzungen ab. So sind bei Anfechtungs- und Verpflichtungsklagen in der Regel gem. § 68 VwGO im Gegensatz zu den Leistungs- und Feststellungsklagen Vorverfahren durchzuführen und gem. § 74 VwGO Klagefristen zu beachten. Je nach Klageart unterschiedlich kann der Klagegegner sein (§ 78 Abs. 1 Nr. 2 VwGO), verschieden sind die Anforderungen an Klagebefugnis im Sinne von § 42 Abs. 2 VwGO und Antragsbefugnis im Sinne von § 47 Abs. 2 VwGO sowie der Kontrollumfang individualbezogener Klagen gem. § 113 Abs. 1 S. 1 VwGO und objektiver Rechtskontrolle gem. § 47 Abs. 6 S. 2 VwGO. Während die Anfechtungsklage in der Regel Suspensiveffekt im Sinne von § 80 Abs. 1 VwGO auslöst, ist der Kläger im übrigen zur vorläufigen Sicherung seiner Rechtsposition auf den Antrag auf Erlaß einer einstweiligen Anordnung gem. § 123 VwGO oder bei Normenkontrollklagen nach § 47 Abs. 6 VwGO angewiesen.[78] 47

Bezüglich der verwaltungsgerichtlichen Klagemöglichkeiten sind rechtsetzende Maßnahmen der Verwaltung (Rechtsverordnungen, Satzungen und Verwaltungsvorschriften) und Einzelfallentscheidungen (Verwaltungsakte, öffentlich-rechtliche Verträge) zu unterscheiden. 48

a) Rechtsschutz gegen abstrakt-generelle Regelungen

Rechtsschutz wird gegen rechtswidrige Festsetzungen in abstrakt-generellen Regelungen der Verwaltung gewährt.[79] Mögliche Klagearten sind die *abstrakte Normenkontrolle,* die *Leistungsklage* und die *Feststellungsklage.* 49

Das **verwaltungsgerichtliche Normenkontrollverfahren** gem. § 47 VwGO ermöglicht eine *Prinzipalkontrolle.*[80] Über die Wirksamkeit des Planes oder der Schutzgebietsausweisung kann anders als bei der inzidenten Kontrolle unmittelbar entschieden werden, ohne daß die Rechtmäßigkeitskontrolle über Vollzugshandlungen vermittelt werden müßte.[81] 50

Gegenüber der inzidenten Kontrolle bietet die prinzipale Kontrolle den Vorteil, daß der Rechtsschutz bereits einsetzen kann, wenn die Verwaltungsentscheidung, d. h. bei der normativen Planung vor allem die Abwägung der widerstreitenden Interessen, realiter getroffen wird. Die prinzipale Kontrolle wirkt daher den durch die abstrakt-generellen Regelungen geschaffenen vollendeten Tatsachen entgegen. Sie entlastet zugleich den nur ausnahmsweise zulässigen vorbeugenden Rechtsschutz, der ebenfalls der Verhinderung vollendeter, nicht mehr rückgängig zu machender Tatsachen dient. Sie verhindert, daß der Individualschutz durch höherstufige Planungsentscheidungen oder durch – den Einzelfallentscheidungen vorgelagerte – Rechtsetzungsakte der Verwaltung unterlaufen wird. Vollendete Tatsachen können allerdings auch der Zulässigkeit der verwaltungsgerichtlichen Normenkontrolle entgegenstehen. So kann das allgemeine Rechtsschutzbedürfnis für einen Normenkontrollantrag entfallen, wenn ein Plan durch bestandskräftige Vollzugsentscheidungen verwirklicht ist, so daß der erlittene oder zu erwartende Nachteil in diesen Fällen nicht mehr zu beheben ist.[82] Die prinzipale Normenkontrolle ermöglicht außerdem eine Konzentration des Rechtsschutzes und führt zumindest bei der Nichtigerklärung der abstrakt-generellen Regelung über die inter-omnes-Wirkung zu einem erhöhten Maß an Rechtssicherheit für die Beteiligten. 51

---

[78] Vgl. zum vorläufigen Rechtsschutz unten § 11 Rn. 153 ff.

[79] Zu Klagemöglichkeiten auf bestimmte rechtsetzende Maßnahmen, vgl. *Beckmann,* Rechtsschutz, S. 35 m. w. N.; ferner *Kopp/Schenke,* VwGO, § 47 Rn. 12; *Schmidt,* in: Eyermann, VwGO, § 47 Rn. 17 ff.; zu Klagen auf Normenerlaß auch *Duken,* NVwZ 1993, 546 ff.

[80] Vgl. zur Novellierung des § 47 VwGO *Bader,* VBlBW 1997, 449 ff.; *Krämer,* LKV 1997, 117; *Lotz,* BayVBl. 1997, 257; *Meissner,* VBlBW 1997, 81 (84); *Schenke,* NJW 1997, 81 (82 ff.).

[81] Näher zur Unterscheidung prinzipaler u. inzidenter Normenkontrolle *Hoppe,* FS Menger, S. 735.

[82] *Hoppe,* FS Menger, S. 762; Stüer, DVBl. 1985, 469 (478).

52 Die prinzipale Normenkontrolle im Sinne des § 47 Abs. 1 VwGO ist gegenüber Satzungen nach den Vorschriften des Baugesetzbuchs und Rechtsverordnungen aufgrund des § 246 Abs. 2 BauGB (vgl. § 47 Abs. 1 Nr. 1 VwGO)[83] und gegenüber anderen im Range unter dem Landesgesetz stehenden Rechtsvorschriften eröffnet, sofern das Landesrecht dies bestimmt (§ 47 Abs. 1 Nr. 2 VwGO). Die Möglichkeit der verwaltungsgerichtlichen Normenkontrolle untergesetzlicher Rechtsvorschriften besteht in den meisten Bundesländern mit Ausnahme von Nordrhein-Westfalen, Hamburg und Berlin.[84]

53 Im Range unter dem Landesgesetz stehen Rechtsvorschriften, die von der Landesverwaltung erlassen worden sind. Rechtsvorschriften im Sinne von § 47 Abs. 1 Nr. 2 VwGO sind Rechtsverordnungen, Satzungen und rechtsetzende Vereinbarungen, aber auch gewohnheitsrechtliche Regelungen.[85] Mithin sind Schutzgebietsausweisungen, Umweltpläne und -programme und kommunale Satzungen im Wege der prinzipalen Normenkontrolle überprüfbar, wenn sie als Rechtsverordnungen oder Satzungen erlassen werden.[86]

Beispiele: Gegenstand der Normenkontrolle können Schutzgebietsausweisungen gem. § 49 Abs. 1 BImSchG, für verbindlich erklärte Abfallwirtschaftspläne gem. § 29 Abs. 4 KrW-/AbfG, für verbindlich erklärte Bewirtschaftungspläne nach § 36b Abs. 5 S. 2 WHG und Baumschutzsatzungen sein.[87]

54 Verwaltungsvorschriften gelten nicht als Rechtsvorschrift i. S. d. § 47 Abs. 1 Nr. 2 VwGO, da sie sich an weisungsunterworfene Bedienstete oder nachgeordnete Behörden richten und es ihnen an der für eine Rechtsvorschrift charakteristischen Außenwirkung fehlt.[88] Dies ist im Hinblick auf Verwaltungsvorschriften, denen eine normenkonkretisierende Funktion zukommen kann und die für Verwaltungsgerichte innerhalb der gesetzlichen Grenzen als verbindlich angesehen werden,[89] nicht unproblematisch. Es spricht einiges dafür, sie auch konsequent der verwaltungsgerichtlichen Normenkontrolle als untergesetzliche Rechtsvorschrift zu unterstellen.[90]

---

[83] Erfaßt werden als Satzungen der Bebauungsplan (§ 10 Abs. 1 BauGB), die Veränderungssperre (§ 16 Abs. 1 BauGB), Abrundungssatzungen (§ 34 Abs. 4 BauGB), Erschließungsbeitragssatzungen (§ 132 BauGB), Sanierungsatzungen (§ 142 Abs. 3 BauGB) u. Satzungen über die Aufhebung der förmlichen Festlegung von Sanierungsgebieten (§ 162 Abs. 2 S. 1 BauGB); zur Frage des Außerkrafttretens wegen Funktionslosigkeit als Gegenstand des Normenkontrollverfahrens vgl. *BVerwG,* Urt. v. 3. 12. 1998 – 4 CD 3.97 –, DVBl. 1999, 786 ff.

[84] Vgl. § 5 AGVwGO BW, Art. 5 BayAGVwGO, § 4 Abs. 1 BbgVwGG, Art. 7 BremAGVwGO, § 11 HessAGVwGO, § 13 GerOrgG MV, § 6a ABVwGO NS, § 4 AGVwGO RP, § 16 SaarlAGVwGO, Art. 4 § 2 SächsGerOrg, § 10 ABVwGO LSA, § 5a AGVwGO SH, § 8 ThürAGVwGO; zur Forderung nach einer Normenkontrolle in NW vgl. *Hoppe,* FS Redeker, S. 344 ff.

[85] Vgl. *Kopp/Schenke,* VwGO, § 47 Rn. 14.

[86] Vgl. dazu *Kopp/Schenke,* VwGO, § 47 Rn. 19 m. w. N.

[87] Vgl. zu weiteren Beispielen *Schmidt,* in: Eyermann, VwGO, § 47 Rn. 30.

[88] *BVerwG,* Urt. v. 6. 11. 1986 – 3 C 72.84 –, BVerwGE 75, 109 (117, 118); *dass.,* Beschl. v. 25. 11. 1993 – 5 N 1.92 –, DVBl. 1994, 430 ff.; *VGH Kassel,* Urt. v. 15. 4. 1991 – 1 N 3368/90 –, DÖV 1992, 121 (122); *Kopp/Schenke,* VwGO, § 47 Rn. 17; *Wahl,* NVwZ 1991, 409 (417); *Rupp,* JZ 1991, 1032 (1034 f.).

[89] Vgl. dazu näher unten § 5 Rn. 17 ff.

[90] Näher dazu *Beckmann,* DVBl. 1987, 611 ff.; *ders.,* Rechtsschutz, S. 40 ff.

Rechtsschutz gegenüber abstrakt-generellen Regelungen ist im Umweltrecht auch im Wege der **allgemeinen Leistungsklage** möglich, mit der der Kläger eine gerichtliche Verurteilung des Beklagten zu einem bestimmten öffentlich-rechtlichen Tun, Dulden oder Unterlassen anstreben kann, soweit nicht die beanspruchte Handlung im Wege der Verpflichtungsklage durchgesetzt werden muß. So kann der Kläger einen Anspruch auf Beseitigung entweder der rechtswidrigen untergesetzlichen Rechtsvorschrift oder der aus dieser Vorschrift folgenden individuellen Beeinträchtigung geltend machen. Die allgemeine Leistungsklage kann auch im Wege des vorbeugenden Rechtsschutzes mit dem Antrag erhoben werden, bestimmte abstrakt-generelle Regelungen zu unterlassen.[91] 55

Auf der materiell-rechtlichen Grundlage eines *Folgenbeseitigungsanspruchs* kann mit der allgemeinen Leistungsklage die Beseitigung der Folgen rechtswidrigen Verwaltungshandelns verlangt werden, wenn zur Folgenbeseitigung der Erlaß eines Verwaltungsaktes nicht erforderlich ist.[92] Der Folgenbeseitigungsanspruch gilt auch für die Beseitigung belastender Folgen rechtswidriger Normsetzung.[93] 56

Rechtsschutz gegenüber abstrakt-generellen Regelungen des Umweltrechts ist auch durch die **Feststellungsklage** möglich.[94] 57

Beispiel: Bei einem gesetzlichen Verbot einer Tätigkeit kann mit der Feststellungsklage das Fortbestehen des Rechts geltend gemacht werden, auf dessen Aufhebung die Norm gerichtet ist.[95]

Das gilt unabhängig davon, ob und inwieweit eine Normenkontrolle nach § 47 VwGO zulässig ist, weil die Feststellungsklage wegen ihrer von der Normenkontrolle verschiedenen Zielsetzung und ihres unterschiedlichen Kontrollumfangs nicht denselben Rechtsschutz gewährt und deshalb auch nicht gegenüber der Normenkontrolle subsidiär ist.[96] Feststellungsklagen sind auch gegenüber allgemeinen Leistungsklagen nicht subsidiär, weil von öffentlichen Rechtsträgern zu erwarten ist, daß sie gebotene Folgerungen aus dem Feststellungsurteil ziehen.[97] 58

b) Rechtsschutz gegenüber Einzelentscheidungen

Auch beim Rechtsschutz gegenüber umweltrechtlichen Einzelentscheidungen ist die Klageart von der Handlungsform der Verwaltungstätigkeit abhängig. 59

Mit der **Anfechtungsklage** gem. § 42 Abs. 1 1. Alt. VwGO kann der Kläger die *Aufhebung eines ihn belastender Verwaltungsakts* begehren. 60

Beispiele: Der Kläger wehrt sich gegen zusätzliche Anforderungen gem. § 5 WHG, nachträgliche Anordnungen gem. § 17 BImSchG, oder § 32 Abs. 4 S. 2 Krw-/AbfG oder gegen den Widerruf gem. § 7 Abs. 1, 12 WHG oder die Untersagung oder den Widerruf gem. §§ 20, 21 BImSchG.

---

[91] Zum vorbeugenden Rechtsschutz siehe unten § 11 Rn. 185ff.

[92] *Steiner,* JuS 1984, 853 (854).

[93] Vgl. *Schenke,* Rechtsschutz gegen normatives Unrecht, S. 146ff.; näher dazu auch *Beckmann,* Rechtsschutz, S. 49ff.

[94] Vgl. dazu *Kopp/Schenke,* VwGO, § 47 Rn. 9.

[95] Vgl. *OVG Münster,* Beschl. v. 9. 3. 1994 – 25 B 3417/93 –, NVwZ-RR 1995, 138; *Schenke,* JZ 1996, 1114.

[96] Vgl. *Kopp/Schenke,* VwGO, § 43 Rn. 31.

[97] Vgl. *BVerwG,* Urt. v. 25. 11. 1982 – 2 C 19/80 –, NJW 1983, 2343; *dass.,* Urt. v. 28. 10. 1982 – 2 C 88/81 –, NVwZ 1984, 107 (108); a. A. *Kopp/Schenke,* VwGO, § 43 Rn. 28.

61 Die Anfechtungsklage kommt ferner in Betracht, wenn die vom Kläger *beantragte Begünstigung mit einer belastenden Nebenbestimmung* versehen worden ist.[98] Die isolierte Anfechtung der Nebenbestimmung bietet gegenüber der Verpflichtungsklage auf Erteilung einer uneingeschränkten Begünstigung den Vorzug, daß der Bestand des begünstigenden Verwaltungsaktes nicht in Frage gestellt wird.

62 Das *BVerwG* geht im Grundsatz von einer selbständigen Anfechtbarkeit aller Nebenbestimmungen mit begrenzter Aufhebbarkeit aus.[99] Das ist auch konsequent, weil bereits aus § 113 Abs. 1 S. 1 VwGO folgt, daß auch Teile eines Verwaltungsaktes aufhebbar sind und es deshalb dem Kläger möglich sein muß, zur Vermeidung einer Teilniederlage den Aufhebungsantrag auf den rechtswidrigen Teil des Verwaltungsaktes zu beschränken.[100]

63 Allerdings soll nach Auffassung des *BVerwG* eine isolierte Anfechtung der einer Genehmigung beigefügten Nebenbestimmung nur dann möglich sein, wenn die Genehmigung – ohne Nebenbestimmung – mit dem verbleibenden Inhalt weiterbestehen kann.[101] Dementsprechend handelt es sich bei der einer immissionsschutzrechtlichen Genehmigung beigefügten Maßgabe, bei Ölfeuerungsbetrieb nur schwefelarmes Heizöl zu verwenden, um eine Regelung des Genehmigungsinhalts. Mit einer isolierten Anfechtung dieser Maßgabe soll ein „Mehr" an Genehmigung erstritten werden. Das läßt sich nicht mit einer Anfechtungsklage, sondern nur mit einer Verpflichtungsklage erreichen.[102]

64 Fraglich ist, ob eine isolierte Anfechtung auch bei **Ermessensentscheidungen** zulässig ist [103] Nach Auffassung des *BVerwG* besteht die Möglichkeit der isolierten Anfechtung einer Nebenbestimmung auch bei Ermessensentscheidungen.[104] Das Verwaltungsermessen werde durch Aufhebung der rechtswidrigen Nebenbestimmungen nicht verkürzt, weil die Behörde für den Fall der Aufhebung der Nebenbestimmung zum Widerruf des Verwaltungsaktes gem. § 49 Abs. 2 Nr. 2 VwVfG berechtigt sei. Demgegenüber geht die herrschende Meinung in der Literatur davon aus, daß im Wege der Verpflichtungsklage eine neue Entscheidung der Verwaltung zu erwirken sei. Das Gericht dürfe mit einer Teilaufhebung nicht in einen der Behörde zustehenden Ermessens- oder Beurteilungsspielraum eingreifen.[105]

65 In Zweifelsfällen ist der Kläger gut beraten, neben der isolierten Anfechtung des rechtswidrigen Teils der Genehmigung hilfsweise die Verpflichtung auf uneingeschränkte Genehmigung zu beantragen.

---

[98] Zum Rechtsschutz gegen Nebenbestimmungen u. zum Streitstand ausführl. *Maurer,* AllgVwR, § 12 Rn. 22ff.; *Happ,* in: Eyermann, VwGO, § 42 Rn. 40ff.; *Kopp/Schenke,* VwGO, § 42 Rn. 22ff.

[99] *BVerwG,* Urt. v. 10. 7. 1980 – 3 C 136.79 –, BVerwGE 60, 269 (274); wohl auch *OVG Münster,* Beschl. v. 15. 11. 1991 – 12 B 2440/91 –, DVBl. 1992, 920ff.; differenzierend nach der Art der Nebenbestimmung, noch *BVerwG,* Urt. v. 29. 3. 1968 – IV C 27.67 –, BVerwGE 29, 265; *dass.,* Urt. v. 21. 10. 1970 – IV C 165.65 –, BVerwGE 36, 145 (154); *dass.,* Urt. v. 17. 11. 1972 – IV C 21.69 –, BVerwGE 41, 178 (183); *Happ,* in: Eyermann, VwGO, § 42 Rn. 45ff.; a.A. *Pietzcker,* NVwZ 1995, 15ff.; *Störmer,* DVBl. 1996, 81ff.

[100] *Schenke,* JuS 1983, 182 (184).

[101] *BVerwG,* Urt. v. 17. 2. 1984 – 4 C 70/80 –, NVwZ 1984, 366; siehe dazu *Happ,* in: Eyermann, VwGO, § 42 Rn. 41f.

[102] *BVerwG,* Urt. v. 17. 2. 1984 – 4 C 70/80 –, NVwZ 1984, 371 (372).

[103] Vgl. dazu *Maurer,* AllgVwR, § 12 Rn. 22ff.

[104] *BVerwG,* Urt. v. 12. 3. 1982 – 8 C 23.80 –, BVerwGE 65, 139 (141); so auch *Stelkens,* NVwZ 1985, 469 (471); krit. *Schenke,* JuS 1983, 182 (185); auch *Maurer,* AllgVwR, § 12 Rn. 28ff.; *Paetow,* DVBl. 1985, 369 (370).

[105] *Kopp,* in: Stober, Rechtsschutz im Wirtschaftsverwaltungs- und Umweltrecht, S. 30f.

Die Anfechtungsklage dient außerdem dem Drittbetroffenen zum Angriff gegen ihn belastende Genehmigungen und gegen *Planfeststellungsbeschlüsse* auf dem Gebiet des Umweltrechts. 66

Die Anfechtung eines Planfeststellungsbeschlusses durch den belasteten Dritten war früher in den Fällen, in denen im Planfeststellungsverfahren eine **Schutzauflage nicht erlassen worden** war, nicht unproblematisch.[106] Rechtliche Mängel der Planung führten nach der Rechtsprechung des *BVerwG* nämlich nur dann zu einem Aufhebungsanspruch des Drittbetroffenen, wenn sie für die Planungsentscheidung insgesamt von so großem Gewicht waren, daß die Ausgewogenheit der Gesamtplanung oder eines abtrennbaren Teils der Planung insgesamt in Frage gestellt war. Ließ sich eine gebotene Schutzauflage nachholen, ohne daß dadurch die Gesamtkonzeption der Planung in einem wesentlichen Punkt berührt und ohne daß in dem Interessengeflecht der Planung nunmehr andere Belange nachteilig betroffen waren, so korrespondierte mit der objektiven Rechtswidrigkeit des Planfeststellungsbeschlusses kein subjektiver Anspruch des Betroffenen auf Planaufhebung, sondern allein auf Planergänzung.[107] 67

Grundsätzlich stand es dem Drittbetroffenen zwar frei, ob er mit der Anfechtungsklage den Planfeststellungsbeschluß insgesamt angreifen oder mit der Verpflichtungsklage nur seine Ergänzung durch Schutzmaßnahmen anstreben wollte.[108] Gewinnen konnte er eine Anfechtungsklage aber nur, wenn der Mangel für die Planungsentscheidung von so großem Gewicht war, daß dadurch die Ausgewogenheit in Frage gestellt wurde.[109] Der Kläger mußte bei ungewisser Rechtslage mit einem Hauptantrag eine Anfechtungsklage und hilfsweise eine Verpflichtungsklage, gerichtet auf den Erlaß einer Schutzanordnung, erheben.[110] 68

Durch das Planvereinfachungsgesetz und das Genehmigungsplanungsbeschleunigungsgesetz hat der Gesetzgeber die Möglichkeit einen Beseitigungsanspruch im Wege einer Anfechtungsklage durchzusetzen, weiter eingeschränkt.[111] Er hat damit in Anlehnung an § 214 Abs. 3 BauGB den *Grundsatz der Planerhaltung* positiviert.[112] Danach sind Mängel bei der Abwägung der von dem Vorhaben berührten öffentlichen und privaten Belange nur dann erheblich, wenn sie offensichtlich und auf das Abwägungsergebnis von Einfluß gewesen sind.[113] Erhebliche Mängel bei der Abwägung führen nur dann zur Aufhebung des Planfeststellungsbeschlusses oder der Plangenehmigung, wenn sie nicht durch Planergänzung oder durch ein ergänzendes Verfahren behoben werden können.[114] Damit führen *erhebliche Abwägungsmängel,* 69

[106] Vgl. dazu *Kopp/Schenke,* VwGO, § 42 Rn. 32ff.

[107] *BVerwG,* Urt. v. 6. 12. 1985 – 4 C 59.82 –, DVBl. 1986, 416 (418); *dass.,* Urt. v. 11. 11. 1983 – 4 C 82.80 –, DÖV 1984, 426; *dass.,* Beschl. v. 27. 1. 1988 – 4 B 7.88 –, DVBl. 1988, 538; *dass.,* Urt. v. 7. 7. 1978 – 4 C 79.76 u. a. –, BVerwGE 56, 133; *dass.,* Urt. v. 21. 3. 1996 – 4 C 19.94 –, DVBl. 1996, 905; vgl. auch *Hildebrandt,* Planergänzungsanspruch, S. 99ff.

[108] *BVerwG,* Beschl. v. 30. 4. 1980 – 7 C 91.79 –, BayVBl. 1980, 443.

[109] *Mößle,* BayVBl. 1982, 231 (234).

[110] *Hoppe,* FS Menger, S. 767; *Paetow,* DVBl. 1985, 369 (372).

[111] Vgl. § 20 Abs. 7 AEG; § 17 Abs. 6c FStrG; § 10 Abs. 8 LuftVG; § 19 Abs. 8 PBefG; § 19 Abs. 4 WaStrG; § 75 Abs. 1a VwVfG.

[112] Vgl. dazu *Henke,* Planerhaltung durch Planergänzung und ergänzendes Verfahren, S. 193ff; *Hoppe,* FS Schlichter, S. 87ff.; *ders.,* in: Erbguth/u. a., Abwägung im Recht, S. 133ff; *ders.,* DVBl. 1996, 12; *Hoppe/Henke,* DVBl. 1997, 1407; *Ronellenfitsch,* NVwZ 1999, 583ff.

[113] Vgl. zu § 17 Abs. 6c FStrG; *BVerwG,* Beschl. v. 16. 8. 1995 – 4 B 92.15 –, UPR 1995, 445; *Vallendar,* UPR 1996, 121 (128ff m. w. N.).

[114] Zur Auslegung des Begriffs der Offensichtlichkeit in verfassungskonformer Interpretation vgl. *Kopp/Schenke,* VwGO, § 42 Rn. 32 m. w. N.

die nicht durch Planergänzung oder ein ergänzendes Verfahren *behoben werden können* zur Aufhebung des Verwaltungsaktes. Bei *erheblichen Mängeln, die* durch eine Planergänzung oder die Durchführung eines ergänzenden Verfahrens *behoben werden können,* stellt das Gericht die Rechtswidrigkeit des Verwaltungsaktes sowie dessen Nichvollziehbarkeit bis zur Behebung des Mangels fest. Besteht der erhebliche Mangel lediglich in einem unter Verstoß gegen § 74 Abs. 2 S. 2 VwVfG erfolgenden *Unterlassen einer Schutzauflage,* ist der Planfeststellungsbeschluß aber im übrigen nicht zu beanstanden, kann die Vornahme der Schutzauflage im Wege einer Verpflichtungsklage durchgesetzt werden.[115] Liegt aber ein *Abwägungsmangel* vor, *der unerheblich ist,* so ist bei berechtigtem Interesse nur eine Feststellung der Rechtswidrigkeit des Planfeststellungsbeschlusses analog § 113 Abs. 1 S. 4 VwGO möglich.[116]

70 Bei anderen Verwaltungsakten mit Drittwirkung, bei denen der Verletzte einen Rechtsanspruch auf Ergänzung des VA besitzt, kann er diese nur mit einer Verpflichtungsklage auf deren Vornahme erreichen. Die Regelungen zur Planergänzung bei Planfeststellungsbeschlüssen und Plangenehmigungen lassen sich auf diese Verwaltungsakte mit Drittwirkung nicht übertragen.[117]

71 Die **Verpflichtungsklage** gem. § 42 Abs. 1 2. Alt. VwGO kommt in Betracht, wenn dem Antragsteller eine Genehmigung oder Planfeststellung verweigert wird oder ein belasteter Dritter Stillegungen oder Schutzanordnungen durchsetzten will.[118]

72 Mit der **Leistungsklage** kann der Kläger schlicht-hoheitliches Handeln, z. B. öffentlich-rechtliche Immissionen, abwehren.

73 Mit der **Feststellungsklage** gem. § 43 VwG0 kann die Feststellung des Bestehens oder Nichtbestehens eines Rechtsverhältnisses oder der Nichtigkeit eines Verwaltungsaktes begehrt werden. Ein streitiges Rechtsverhältnis im Umweltrecht ist u. a. anzunehmen, wenn z. B. die Behörde die Voraussetzungen für die Stillegung oder die Beseitigung einer Anlage behauptet,[119] die Genehmigungsbedürftigkeit eine Vorhabens oder einer Tätigkeit in Frage steht.[120]

74 Denkbar ist im Umweltrecht schließlich auch eine **Vollstreckungsabwehrklage** gem. §§ 167f. VwGO, 767 ZPO. So kann die Behörde gegenüber der Vollstreckung aus einem rechtskräftigen Verpflichtungsurteil auf Erteilung einer Genehmigung die Vollstreckungsabwehrklage darauf stützen, daß sich die Rechtslage geändert habe.[121] Insoweit ist bis zum Erlaß einer Genehmigung der Anspruch auf ihre Erteilung, auch wenn er rechtskräftig tituliert ist, gegen Rechtsänderungen nicht abgesichert. Die Behörde kann

---

[115] So *BVerwG,* Urt. v. 5. 3. 1997 – 11 A 25.95 –, DVBl. 1997, 832f; *Hoppe/Just,* DVBl. 1997, 793; *Jarass,* DVBl. 1997, 795 (801); *Kopp/Schenke,* VwGO, § 42 Rn. 32.

[116] Vgl. dazu *Kopp/Schenke,* VwGO, § 42 Rn. 32.

[117] Vgl. *Koppe/Schenke,* VwGO, § 42 Rn. 33.

[118] Zur Erhebung einer Verpflichtungsklage bei unteilbaren Nebenbestimmungen vgl. oben § 11 Rn. 61ff. u. beim Fehlen von Schutzauflagen im Planfeststellungsverfahren vgl. oben § 11 Rn. 67f.

[119] *Ule/Laubinger,* Gutachten B, S. 61.

[120] *Kopp,* in: Stober, Rechtsschutz im Wirtschaftsverwaltungs- und Umweltrecht, S. 39, 42.

[121] So im Fall eines nachträgl. entgegenstehenden Bebauungsplans *BVerwG,* Urt. v. 26. 10. 1984 – 4 C 53.80 –, DVBl. 1985, 392.

mithin unter Hinweis auf eine dem Verpflichtungsurteil entgegenstehende Rechtslage der ihr drohenden Vollstreckung mit der Vollstreckungsabwehrklage entgegentreten.[122]

4. Klage- und Antragsbefugnis

Voraussetzung der Kontrolleröffnung in umweltrechtlichen Streitverfahren ist – wie auch sonst – weiterhin, daß der Rechtsschutzsuchende zur Klageerhebung oder zur Antragstellung befugt ist. **75**

a) Klagebefugnis

Gem. § 42 Abs. 2 VwGO ist die Klage nur zulässig, wenn der Kläger geltend macht, durch den Verwaltungsakt oder seine Ablehnung oder Unterlassung *in seinen Rechten verletzt* zu sein. Die Klagebefugnis dient dem Ausschluß der Popularklage.[123] **76**

aa) Darlegungslast

Für eine Geltendmachung einer Rechtsverletzung im Rahmen der Klagebefugnis ist ausreichend, wenn nach dem Sachvortrag des Klägers eine Verletzung seiner subjektiven Rechte möglich ist **(sog. Möglichkeitstheorie).**[124] **77**

An der Klagebefugnis fehlt es, wenn offensichtlich und eindeutig nach keiner Betrachtungsweise die vom Kläger behaupteten Rechte bestehen oder ihm zustehen können[125] oder wenn unter Zugrundelegung des Vorbringens des Klägers eine Verletzung der Rechte des Klägers ausgeschlossen erscheint.[126] **78**

Die im Rahmen des § 42 Abs. 2 VwGO bestehenden Darlegungspflichten, insbesondere bei Verfahren gegen Genehmigungen technischer Großanlagen, sind in der Vergangenheit verschärft worden. **79**

Erforderlich sind detaillierte Ausführungen zu den vom Kläger behaupteten Rechtsverletzungen, zum Ablauf möglicher schadensverursachender Ereignisse und zum Kausalverlauf zwischen dem gedachten Schadensereignis und dem vom Kläger befürchteten Schaden. Der Kläger muß zwischen Individual- und Bevölkerungsrisiken, zwischen den durch den Normalbetrieb und dem Störfall verursachten Gefahren differenzieren und möglicherweise noch die besonderen örtlichen Gegebenheiten berücksichtigen.[127] Die Anforderungen an die Darlegung der Klagebefugnis sollen außerdem gegenüber den in förmlichen Verfahren genehmigten Anlagen **80**

---

[122] *BVerwG,* Urt. v. 5. 10. 1984 – 4 C 53.80 –, DVBl. 1985, 392 (393).

[123] Vgl. nur *Kopp/Schenke,* VwGO, § 42 Rn. 1, 59; dazu auch *Redeker/v. Oertzen,* VwGO, § 42 Rn. 14.

[124] *BVerwG,* Urt. v. 20. 3. 1964 – VII C 10.61 –, BVerwGE 18, 154 (157); *dass.,* Urt. v. 28. 10. 1970 – VI C 48.68 –, BVerwGE 36, 192 (199f.); *dass.,* Urt. v. 13. 6. 1977 – IV B 13.77 –, BVerwGE 54, 99 (100); *Kopp/Schenke,* VwGO, § 42 Rn. 66.

[125] *BVerwG,* Urt. v. 23. 3. 1982 – 1 C 157/79 –, NJW 1982, 2513 (2514); *dass.,* Urt. v. 26. 7. 1989 – 4 C 35.88 –, DVBl. 1989, 1097; *Kopp/Schenke,* VwGO, § 42 Rn. 66.

[126] *BVerwG,* Urt. v. 9. 8. 1983 – 1 C 38.79 –, BayVBl. 1984, 248; *BSG,* Urt. v. 15. 5. 1991 – 6 RKa 22/90 –, NJW 1991, 2989f.

[127] *BVerwG,* Urt. v. 21. 8. 1996 – 11 C 9/95 –, NVwZ 1997, 161 (162); *OVG Münster,* Beschl. v. 26. 4. 1993 – 21 B 1563/92 –, NVwZ-RR 1994, 143; *Baumann,* BayVBl. 1982, 257ff.; dazu auch *Sendler,* UPR 1997, 161; *Rebentisch,* DVBl. 1997, 810ff.

vom Umfang der in diesem Genehmigungsverfahren ausgelegten Unterlagen abhängen.[128]

81 Gegen die verschärften Anforderungen an die Darlegungslast im Rahmen der Klagebefugnis spricht, daß der Popularkläger durch das Erfordernis der Klagebefugnis nicht abgeschreckt wird. Für ihn sind allein die Erfolgsaussichten seiner Klage maßgeblich. Diese werden aber wegen der notwendigen Prüfung der Verletzung seiner individuellen Rechte im Rahmen der Begründetheit gem. § 113 Abs. 1 S. 1 VwGO selbst durch Verzicht auf die Klagebefugnis nicht verbessert. Angesichts des grundsätzlich identischen Prüfungsmaßstabes im Bereich der Klagebefugnis und der Begründetheit erscheint es deshalb sinnvoller, zur Vermeidung von Doppelprüfungen den Schwerpunkt der rechtlichen Prüfung stärker auf die nachfolgende Prüfung der Begründetheit zu verlagern.[129] Unangebracht erscheint es vor allem, im Rahmen der Klagebefugnis höchst komplizierte und weitläufigen Ausführungen über den drittschützenden Charakter einer Norm anzustellen, anstatt die **Schutznormlehre** im Rahmen der Begründetheit zu prüfen, wo sie – abgesehen eben von eindeutigen und offensichtlichen Fällen – ihren richtigen Platz hat.[130]

bb) Verletzung eines subjektiv-öffentlichen Rechts

82 Die Klagebefugnis ist wegen Verletzung eines subjektiv-öffentlichen Rechts unproblematisch gegeben, wenn der *Kläger Adressat eines belastenden Verwaltungsaktes* ist, da eine belastende rechtswidrige Maßnahme zumindest in das Grundrecht der allgemeinen Handlungsfreiheit aus Art. 2 Abs. 1 GG eingreift.[131] Gleiches gilt, wenn der *Antragsteller eine ihm verweigerte Begünstigung einklagt* und geltend macht, einen Anspruch auf die Begünstigung zu haben.[132]

83 Schwierigkeiten bereiten die in umweltrechtlichen Streitigkeiten besonders bedeutsamem **Drittklagen,** in denen sich ein Drittbetroffener entweder gegen die Genehmigung einer unweltbeeinträchtigenden Anlage wendet oder von der Behörde den Erlaß einer ihn begünstigenden, drittschützenden Maßnahme fordert, die einen anderen belastet.[133] Im ersten Fall muß der Dritte die *Verletzung eines subjektive Recht* geltend machen. Der Dritte ist dabei klagebefugt, wenn die Vorschrift, deren Verletzung er rügt, nicht nur im Allgemeininteresse besteht, sondern zumindest auch den Schutz individueller Interessen bezweckt und der Kläger dem vom Schutzgehalt erfaßten Personenkreis angehört **(sog. Schutznormtheorie).**[134] Ein solches subjektives

---

[128] *BVerwG,* Urt. v. 22. 10. 1982 – 7 C 50.78 –, UPR 1983, 69 (70); *Engelhardt,* NuR 1984, 87 (91); *Jarass,* NJW 1983, 2844 (2847); *Kloepfer,* Rechtsschutz, S. 48; zur verfassungsrechtl. Billigung dieses erhöhten Maßstabs *BVerfG,* Beschl. v. 15. 10. 1982 – 2 BvR 316/81 –, NVwZ 1983, 28.

[129] Vgl. nur *Berger,* Nachbarklagen, S. 215; *Hoppe/Schlarmann,* Rechtsschutz, Rn. 117.

[130] So auch *Breuer,* DVBl. 1983, 431 (436); *Schwerdtfeger,* NVwZ 1982, 5 (6).

[131] *Redeker/v. Oertzen,* VwGO, § 42 Rn. 15; *Kopp/Schenke,* VwGO, § 42 Rn. 69.

[132] *Redeker/v. Oertzen,* VwGO, § 42 Rn. 15; *Kopp/Schenke,* VwGO, § 42 Rn. 75.

[133] Zum umweltrechtl. Drittschutz vgl. auch *Brauner,* JR 1994, 387 ff.

[134] Vgl. *Kopp/Schenke,* VwGO, § 42 Rn. 66, 78 ff.; zum Einfluß des europäischen Rechts auf die Schutznormlehre *Schoch,* NVwZ 1999, 457 ff.; *Winter,* NVwZ 1999, 467 ff.

Recht kann sich dabei sowohl aus einfach-gesetzlichen Vorschriften als auch aus Grundrechten ergeben.[135] Begehrt der Dritte von der Behörde den Erlaß einer Maßnahme, die einen anderen belastet, so muß er geltend machen, daß ihm ein Anspruch zusteht und die diesem Anspruch zugrundeleigende *Ermächtigungsgrundlage drittschützend* ist. Dies ist der Fall, wenn es zumindest auch um Gefahren für Individualrechtsgüter geht. In beiden Fällen – der Berufung auf die Verletzung einfachgesetzlichen Rechts oder von Grundrechten – reicht die Darlegung der Möglichkeit eines entsprechenden Rechts bzw. einer entsprechenden Eingriffgrundlage aus. Ob das Recht oder der Anspruch tatsächlich besteht, ist eine Frage der Begründetheit der Klage, nicht der Klagebefugnis.[136]

b) Verbandsklage

84 Gem. § 42 Abs. 2 VwGO sind Anfechtungs- und Verpflichtungsklage regelmäßig dann zulässig, wenn wenn der Kläger geltend machen kann, in seinen Rechten verletzt zu sein. Verbände sind klagebefugt, wenn sie die Verletzung eigener Rechte – etwa als Eigentümer eines von einer Planfeststellung betroffenen Grundstücks – geltend machen können.[137] Gleiches gilt, wenn ihnen gesetzlich eingeräumte Beteiligungsrechte – etwa das Mitwirkungrecht nach § 29 BNatSchG – verletzt wurden.[138]

85 Gem. § 42 Abs. 2 VwGO ist die Geltendmachung einer eigenen Rechtsverletzung Sachurteilsvoraussetzung nur, soweit gesetzlich nichts anderes bestimmt ist. Das gibt dem Bundesgesetzgeber, aber auch dem Landesgesetzgeber die Möglichkeit zur Einführung der Verbandsklage.

86 Unter einer Verbandsklage versteht man im Umweltrecht die Befugnis von Umweltverbänden, gegen umweltbelastende hoheitliche Maßnahmen unabhängig von Eigentum oder sonstigen positiven Rechten verwaltungsgerichtliche Klagen erheben zu können.[139] Unterschieden werden die egoistische und die altruistische Verbandsklage. Unter der egoistischen **Verbandsklage** versteht man die Befugnis eines Verbandes, normativ geschützte Individualinteressen seiner Mitglieder – für einzelne oder alle – im eigenen Namen und aus eigenem Recht gerichtlich zu verfolgen.[140] Mit der **altruistischen Verbandsklage** wird einem Verband die prozessuale Befugnis verliehen, unter bestimmten Voraussetzungen die Verletzung öffentlich-rechtlicher Vor-

---

[135] Vgl. dazu ausführl. unten § 11 Rn. 115 ff.

[136] Deshalb soll auf Einzelheiten der Schutznormlehre auch erst im Rahmen der Kontrolldichte eingegangen werden, vgl. dazu unten § 11 Rn. 113 ff.

[137] Vgl. *BVerwG,* Urt. v. 16. 7. 1980 – 7 C 23.78 –, DVBl. 1980, 1010; *VGH Mannheim,* Urt. v. 12. 11. 1979 – I 1002/79 –, NJW 1980, 1811; *OVG Lüneburg,* Beschl. v. 18. 7. 1980 – 1 OVG B 86/77 –, DVBl. 1980, 1012; die Klagebefugnis eines Verbandes, der das Grundstück nur erworben hat, um Rechtsmittel gegen die Planfeststellung geltend machen zu können, bleibt nach *BVerwG,* Urt. v. 12. 7. 1985 – 4 C 40.83 –, BVerwGE 72, 15 (16); a. A. *OVG Münster,* Urt. v. 22. 1. 1990 – 20 A 650/88 –, NVwZ 1991, 387, das die Klage für rechtsmißbräuchl. hält; zur Klagebefugnis eines eingetragenen Umweltschutzvereins gegen eine immissionsschutzrechtl. Genehmigung *VGH Mannheim,* Beschl. v. 28. 9. 1998 – 10 S 1600/98 –, VBlBW 1999, 65.

[138] *BVerwG,* Urt. v. 31. 1. 1990 – 4 C 7.88 –, BVerwGE 87, 62 (68); *OVG Magdeburg,* Urt. v. 29. 3. 1995 – 4 L 299/93 –, DÖV 1995, 780 (781); *VGH Kassel,* Urt. v. 11. 2. 1992 – 2 UE 969/88 –, NuR 1992, 382.

[139] Vgl. Verbandsklage ausführl. *Rehbinder,* HdUR, Bd. 2, Sp. 967 ff.

[140] Vgl. dazu *Faber,* Die Verbandsklage im Verwaltungsprozeß, S. 10.

BVerwG, U 12.12.96, DVBl 97, 714, Hanius?, NVwZ 97, 538, VGH, U 1.2.96, NVwZ 97, 554, BVerwG 21.7.97, DÖV 98, 73, Steinberg, DÖV 00, 85, [illegible] NVwZ 01 [illegible], Wilrich, DVBl 02, 872 (Vereinsklage), Seelig/Gündling, NVwZ 02, 1033, v. Danwitz, NVwZ 04, 272, Ziekow?, NVwZ 06, 7; Koch, NVwZ 07, 369 schriften zu rügen, die allein öffentlichen Interessen, nicht aber auch Individualinteressen zu dienen bestimmt sind.[141]

87 Die Einführung der Verbandsklage ist rechtspolitisch höchst umstritten.[142] Das Bundesnaturschutzgesetz sieht die Verbandsklage nicht vor, daraus folgt aber keine Sperre für die Landesgesetzgeber.[143] Von der Möglichkeit der Einführung eine altruistischen Verbandsklage haben die Länder in ihren Landesnaturschutzgesetzen unterschiedlich Gebrauch gemacht.[144] Voraussetzung der Klagebefugnis ist in allen diesen Bundesländern, daß der Verband durch die Verletzung naturschutzrechtlicher Vorschriften in seinen satzungsmäßigen Aufgaben berührt wird und daß er von seinem Mitwirkungsrecht im vorausgegangenen Verfahren Gebrauch gemacht hat. Rügen kann der Verband die Verletzung der Vorschriften des Naturschutzrechts durch die angefochtene behördliche Maßnahme oder durch die Unterlassung einer solchen.[145]

88 Umstritten ist, ob durch Landesgesetz auch Verbandsklagen gegen Maßnahmen, die von Bundesbehörden aufgrund bundesrechtlicher Vorschriften erlassen werden, eröffnet werden können.[146] Ebenfalls umstritten ist, ob ein Klagerecht auch dann besteht, wenn die zuständige Behörde bei einer Entscheidung über ein planfeststellungsbedürftiges Vorhaben rechtswidrig in ein anderes Verfahren ausweicht – etwa ein Plangenehmigungsverfahren –, das nicht der Verbandsbeteiligung nach § 29 BNatSchG unterliegt. Für ein solches Verbandsklagerecht spricht, daß das subjektiv-öffentliche Recht der Verbände auf Beteiligung ansonsten zur Disposition der zuständigen Behörde stünde.[147]

---

[141] Zur Unterscheidung von egoistischer u. altruistischer Vebandsklage vgl. *Skouris,* JuS 1982, 100 (101 ff.).

[142] Vgl. *Balleis,* Mitwirkungsrechte anerkannter Naturschutzverbände, S. 77; *Battis/Dünnebacke,* JuS 1990, 188; *Blankenagel,* Die Verw. 1993, 1 f.; zur mögl. Einführung einer Verbandsklage in die VwGO *Kopp,* Gutachten B, S. 38 ff.; zur Aufnahme im BNatSchG *Schlichter,* UPR 1982, 209 ff.; zur landesrechtl. Einführung *Skouris,* NVwZ 1982, 233 ff.; *Rehbinder,* NVwZ 1982, 666 ff.; allg. zur Verbandsklage *Gassner,* Treuhandklage, S. 1 ff.; zu EG-rechtl. Vorgaben für eine Verbandsklage *Epiney,* NVwZ 1999, 485 ff.

[143] *BVerwG,* Beschl. v. 14. 9. 1987 – 4 B 178.87 –, NuR 1988, 39.

[144] Vgl. § 39 b NatSchGBln, § 65 BbgNatSchG, § 44 BremNatSchG, § 41 HmbNatSchG, § 36 HENatG, § 60 c NatSchG Nds, § 33 SNG, § 58 SächsNatSchG, § 52 NatSchG LSA, § 46 VorlThürNatSchG; zu den Erfahrungen mit der Verbandsklage aus der Sicht der Verwaltungsgerichte *Neumeyer,* UPR 1987, 327 ff.; ferner *Bizer/Ormund/Riedel,* Die Verbandsklage im Naturschutzrecht, S. 60 ff.

[145] § 39 a BerlNatSchG, wonach das Klagerecht eines anerkannten Verbandes davon abhängig ist, daß ein anderweitiges Klagerecht nach § 42 VwGO nicht besteht, ist nach *BVerwG,* Urt. v. 18. 12. 1987 – 4 C 9/86 –, UPR 1988, 177 verfassungskonform dahingehend auslegen, daß die Verbandsklage ausgeschlossen sein solle, wenn ein anderer Beteiligter i. S. d. § 42 Abs. 2 VwGO klagebefugt ist, unabhängig davon, ob er von seinem Klagerecht auch tatsächlich Gebrauch mache oder nicht; krit. *Lässig,* NVwZ 1989, 97 ff.; a. A. *Möllers,* NuR 1987, 217 ff.

= DVBl 93, 888 (!) = DÖV 93, 1009

[146] Ablehnend *BVerwG,* Urt. v. 29. 4. 1993 – 7 A 3.92 –, BVerwGE 92, 263 (265); *dass.,* Urt. v. 5. 3. 1997 – 11 A 14.96 –, DVBl. 1997, 856; *VGH Kassel* Urt. v. 21. 12. 1984 – II OE 95/83 –, NuR 1985, 154; *Diefenbach,* NuR 1997, 573 (574); krit. ggü. der Entscheidung des *VGH Kassel* auch *Neumeyer,* UPR 1987, 327 (330); a. A. *Balleis,* Mitwirkungsrechte anerkannter Naturschutzverbände, S. 198 f.; *Wolf,* ZUR 1994, 1 (7).

[147] *BVerwG,* Urt. v. 7. 6. 1991 – 7 C 43.90 –, BVerwGE 88, 286 ff.; *OVG Lüneburg,* Urt. v. 27. 1. 1992 – 3 A 221/88 –, UPR 1992, 394; so bereits *Beckmann,* Rechtsschutz, S. 177; a. A. *Dolde,* NVwZ 1991, 960.

 BVerwG, U 18. 4. 96, DVBl 96, 921 = DÖV 96, 998

89 Nicht zuletzt durch die Entwürfe zum Umweltgesetzbuch ist die Diskussion um die Einführung einer Verbandsklage im Bundesrecht erneut angefacht worden.[148]

90 Zwar sehen die **Professorenentwürfe** bundesgesetzlich kein eigenes Verbandsklagemodell vor, formulieren aber in §§ 217, 133 UGB-AT-E eine Pflicht der Länder, eine Verbandsklage im Naturschutzrecht zu schaffen.[149] Demgegenüber sieht der **Kommissionsentwurf** zum Umweltgesetzbuch in § 45 Abs. 1 S. 3 UGB-KomE für verschiedene Fallgruppen in der Regel aus Gründen fehlender oder schwer substantiierbarer subjektiver Rechte eine Verbandsklage vor.[150] Die Erfahrungen mit den landesrechtlich geregelten Verbandsklagen hätten entgegen der sie vorgebrachten Bedenken nicht zu einer zunehmenden Belastung der Gerichte geführt haben.[151] Vielmehr habe sich gezeigt, daß Verbände bei der Auswahl der Fälle, in denen sie Klage erheben, Schwerpunkte nach Qalität und Schwere der Umweltbeeinträchtigung setzen.[152] Da die Verfahren überwiegend fachgerecht vorbereitet seien, könnten sie zu einer Entlastung des Gerichts beitragen.[153] Auch von einem anderen Teil der Literatur wird die Verbandsklage befürwortet, wenn individuelle Klagemöglichkeiten fehlen.[154] Mit der Verbandsklage könne insoweit dem Vollugsdefizit des Umweltrechts entgegengewirkt werden.[155] Dem wird von einem anderen Teil der Literatur entgegengehalten, die Einführung der Verbandsklage bedeute eine gravierende Veränderung der grundsätzlich individualschützenden Konzeption des Verwaltungsprozesses.[156] Zudem werfe die Einführung Probleme der Verbandslizensierung auf.[157]

c) Antragsbefugnis

91 Die Durchführung eines Normenkontrollverfahrens setzt gem. § 47 Abs. 2 S. 1 VwGO einen Antrag voraus, der innerhalb von 2 Jahren nach der Bekanntgabe der Rechtsvorschrift gestellt sein muß.

92 Den Antrag kann gem. § 47 Abs. 2 S. 1 VwGO jede natürliche oder juristische Person, die geltend macht, durch die Rechtsvorschrift oder deren Anwendung in ihren Rechten verletzt zu sein oder in absehbarer Zeit verletzt zu werden, sowie jede Behörde stellen.[158]

aa) Antragsbefugnis natürlicher oder juristischer Personen

93 Nach der seit dem 1. 1. 1997 geänderten Fassung des § 47 Abs. 2 S. 2 VwGO ist für die Antragsbefugnis Privater im Normenkontrollverfahren die

---

148 Vgl. *Tünnesen-Harmes,* HdbUR, A.6 Rn. 76 ff.; *Kloepfer,* UmweltR, § 8 Rn. 30 ff.; *Kloepfer/u. a.,* UGB-AT-E, S. 89, 435 ff.; *Jarass/u. a.,* UGB-BT-E, S. 451 ff.; BMU, UGB-KomE, S. 125, 533 ff.

149 *Kloepfer/u. a.,* UGB-AT-E, S. 448 ff.; *Jarass/u. a.,* UGB-BT-E, S. 456 ff.

150 BMU, UGB-KomE, S. 125, 536 f.

151 So auch vgl. *Balleis,* Mitwirkungs- und Klagerechte anerkannter Naturschutzverbände, S. 78; *Bizer/Ormond/Riedel,* Die Verbandsklage im Naturschutzrecht, S. 31 ff.; 61 ff.; *Wolf,* ZUR 1994, 1 (2).

152 BMU, UGB-KomE, S. 533.

153 BMU, UGB-KomE, S. 533.

154 Vgl. *Schlichter,* UPR 1982, 209; zur Eröffnung der Verbandsklage zur Durchsetzung des immissionsschutzrechtl. Vorsorgegebots *Wagener,* NuR 1988, 71 (77); *Jarass,* NJW 1993, 2844 (2848); *Wolf,* ZUR 1994, 1 (11 m. w. N.).

155 BMU, UGB-KomE, S. 525.

156 *Kloepfer,* UmweltR, § 8 Rn. 31.

157 *Kloepfer,* UmweltR, § 8 Rn. 31.

158 Vgl. zur Geltendmachung einer Rechtsverletzung im Normenkontrollverfahren *Beckmann/Kleefisch,* NVwZ 1997, 1193 ff.; *Hüttenbrink,* DVBl. 1997, 1253 ff.; *Löhnig,* BayVBl. 1997, 274 ff.; zur Änderung der Antragsbefugnis auch *Kuhla/Hüttenbrink,* DVBl. 1999, 898 (899); vgl. zum Rechtsschutzbedürfnis für einen Normenkontrollantrag auch *BVerwG,* Urt. v. 28. 4. 1999 – 4 CN 5.99 –, UPR 1999, 350 ff.

Geltendmachung einer gegenwärtigen oder bevorstehenden Rechtsverletzung – der Klagebefugnis nach § 42 VwGO vergleichbar – erforderlich.[159] Demgegenüber war nach § 47 Abs. 2 S. 1 VwGO a. F. die Geltendmachung eines gegenwärtigen oder künftigen Nachteils ausreichend, wobei als Nachteil die Verletzung eines berechtigten Interesses[160] oder aber die Beeinträchtigung rechtlich geschützter Interessen[161] genügte. Mit der geänderten Formulierung soll der Kreis der Antragsbefugten eingeschränkt werden.[162] Ausreichend ist die Möglichkeit einer Verletzung eigener Rechte.[163]

bb) Antragsbefugnis von Behörden und Gemeinden

94 Gem. § 47 Abs. 2 S. 1 VwGO können den Normenkontrollantrag neben natürlichen und juristischen Personen auch **Behörden** stellen. Zumeist wird der Behördenbegriff entsprechend der Legaldefinition des § 1 Abs. 4 VwVfG ausgelegt.[164] Nach der gesetzlichen Regelung ist eine Verletzung eigener Rechte neben der Behördeneigenschaft keine Voraussetzung der Zulässigkeit.[165] Gleichwohl ist eine Behörde nur antragsbefugt, wenn sie mit der Ausführung der angegriffenen Norm befaßt ist oder wenn sie sie jedenfalls bei der Wahrnehmung ihrer Aufgaben zu beachten hat (objektives Kontrollinteresse).[166]

95 **Gemeinden** können sowohl als Behörden als auch als juristische Personen antragsbefugt sein.[167] Als juristische Person ist die Gemeinde nur antragsbefugt, wenn sie durch die angegriffene Rechtsvorschrift geltend machen kann in eigenen Rechten verletzt zu sein. Die Verletzung eigener Rechte der Gemeinde kann sich aus sich Umweltplänen, Schutzgebietsausweisungen und anderen untergesetzlichen Rechtsvorschriften für das Grundeigentum der Gemeinde ergeben. Möglich ist außerdem die Geltendmachung einer Verletzung der aus dem gemeindlichen Selbstverwaltungsrecht abgeleiteten Planungshoheit der Gemeinde.[168] So kann die Planungshoheit der Gemeinde durch die Bauleitplanung einer Nachbargemeinde berührt sein.[169] Ferner kann die Gemeinde geltend machen, ihr Gebiet werde von der Umwelt-

---

[159] *Beckmann/Kleefisch,* NVwZ 1997, 1193 ff.; *Kopp/Schenke,* VwGO, § 47 Rn. 30; krit. *Schmidt,* in: Eyermann, VwGO, § 47 Rn. 40.

[160] Vgl. *Hoffmann,* Antragsbefugnis, S. 85; *Mößle,* BayVBl. 1976, 609 (616); *Quaas/Müller,* Normenkontrolle, Rn. 159 ff.

[161] *Redeker/v. Oertzen,* VwGO, § 47 Rn. 28 m. w. N.

[162] Vgl. BR-Drs. 30/96, S. 20 f.

[163] *OVG Münster,* Urt. v. 13. 2. 1997 – 7 aD 115/94.NE –, NWVBl. 1997, 346; *Kopp/Schenke,* VwGO, § 47 Rn. 32; enger *Sauthoff,* BauR 1997, 721 (740); *Lotz,* BayVBl. 1997, 258.

[164] Vgl. *Redeker/v. Oertzen,* VwGO, § 47 Rn. 33; *Schmidt,* in: Eyermann, VwGO, § 47 Rn. 56.

[165] *Kopp/Schenke,* VwGO, § 47 Rn. 63.

[166] *BVerwG,* Beschl. v. 15. 3. 1989 – 4 NB 10.88 –, BVerwGE 81, 307 (310); *Zimmerling,* NVwZ 1992, 122 (124 ff.); *Kopp/Schenke,* VwGO, § 47 Rn. 71 m. w. N.; *Gerhardt,* in: Schoch/Schmidt-Aßmann/Pietzner, VwGO, § 47 Rn. 78 f.

[167] *Kopp/Schenke,* VwGO, § 47 Rn. 63.

[168] *Kopp/Schenke,* VwGO, § 47 Rn. 71 m. w. N.

[169] Vgl. zur Verletzung des interkommunalen Abstimmungsbegots nach § 2 Abs. 2 BauGB *Kopp/Schenke,* VwGO, § 47 Rn. 61 m. w. N.

fachplanung überplant oder aber in die Ausweisung von Schutzgebieten einbezogen.[170]

Beispiel: Eine naturschutzrechtliche Verordnung erfaßt einen erheblichen Teil eines Gemeindegebiets[171] oder das Gemeindegebiets wird großflächig für Wasserschutzgebiete in Anspruch genommen.[172]

5. *Beiladung*

Die Hinzuziehung Dritter bei verwaltungsgerichtlichen Streitigkeiten erfolgt auch im Umweltrecht über die Beiladung nach § 65 VwGO.[173] **96**

Mit der Beiladung werden Dritte, deren rechtliche Interessen durch einen zwischen anderen Parteien anhängigen Rechtsstreit berührt werden, vom Gericht in das Verfahren einbezogen. Die Beiladung dient einerseits dem Rechtsschutz des Beigeladenen, da dieser die Möglichkeit erhält, auf den Prozeß Einfluß zu nehmen. Andererseits wird über die Rechtskraftwirkung des § 121 VwGO eine Vielzahl von Prozessen und damit gleichzeitig die Gefahr widersprüchlicher Entscheidungen vermieden. Die Beiladung dient damit der Prozeßökonomie.[174] Die Beiladung ist in allen Verfahrensarten zulässig.[175] **97**

Gem. § 65 Abs. 1 VwGO *kann* das Gericht auf Antrag oder von Amts wegen – neben den Verfahrensbeteiligten – andere, deren rechtliche Interessen durch die Entscheidung berührt werden, beiladen **(einfache Beiladung).** Die Interessen eines Dritten sind berührt, wenn er zu den Prozeßparteien oder zum Streitgegenstand in einer solchen Beziehung steht, daß das Unterliegen des Klägers oder des Beklagten seine Rechtslage verbessern oder verschlechtern könnte.[176] Es reicht aus, wenn im Zeitpunkt der Beiladung die Möglichkeit besteht, daß die Entscheidung auf rechtliche Interessen des Beizuladenden einwirken kann.[177] Für rechtliche Interessen genügen wirtschaftliche, ideelle oder verwaltungspolitische Interessen nicht.[178] **98**

Ferner *sind* Dritte gem. § 65 Abs. 2 VwGO beizuladen, wenn sie derart am Rechtsstreit beteiligt sind, daß die Entscheidung auch ihnen gegenüber nur einheitlich ergehen kann **(notwendige Beiladung).** Das setzt voraus, daß die vom Kläger begehrte Sachentscheidung des Gerichts nicht getroffen werden kann, ohne daß damit gleichzeitig, unmittelbar und zwangsläufig Rechte des Beizuladenden gestaltet, bestätigt, verändert oder aufgehoben werden.[179] **99**

---

[170] Siehe dazu *Steinberg,* DVBl. 1982, 13 (14).

[171] Vgl. dazu *Stüer,* HbBauFPlR, Rn. 2344.

[172] *OVG München,* Urt. v. 8. 3. 1996 – 22 N 95 3073–3075 –, NVwZ-RR 1997, 611.

[173] Vgl. zur Hinzuziehung Dritter im Verwaltungsverfahren bereits oben § 11 Rn. 10ff.

[174] Ausführl. zu den Beiladungszwecken *Stober,* FS Menger, S. 406ff.

[175] Einzig die Zulässigkeit im Normenkontrollverfahren ist str., ablehnend *BVerwG,* Beschl. v. 7. 5. 1993 – 4 NB 14/93 –, NVwZ-RR 1994, 235; *Redeker/v. Oertzen,* VwGO, § 65 Rn. 1; *Schmidt,* in: Eyermann, VwGO, § 65 Rn. 4; a.A. wohl *Kopp/Schenke,* VwGO, § 47 Rn. 28.

[176] *VGH München,* Beschl. v. 19. 2. 1997 – 25 C 96 1853 –, BayVBl. 1997, 410; *OVG Münster,* Beschl. v. 19. 2. 1997 – 25 C 96 1853 –, NVwZ-RR 1991, 486.

[177] *BVerwG,* Urt. v. 21. 8. 1981 – IV C 17/78 –, NVwZ 1982, 115 (116); *Kopp/Schenke,* VwGO, § 65 Rn. 9.

[178] *Schmidt,* in: Eyermann, VwGO, § 65 Rn. 11; *Kopp/Schenke,* VwGO, § 65 Rn. 9.

[179] *Kopp/Schenke,* VwGO, § 65 Rn. 14 m.w.N.

100 Die Anordnung der einfachen Beiladung nach § 65 Abs. 1 VwGO steht im Ermessen des Gerichts, die der notwendigen Beiladung ist gem. § 65 Abs. 2 VwGO zwingend. Kommt eine notwendige Beiladung für mehr als 50 Personen in Betracht, so kann das Gericht gem. § 65 Abs. 3 S. 1 VwGO anordnen, daß nur solche Personen beigeladen werden, die dies innerhalb einer bestimmten Frist beantragen.[180]

101 Im Umweltrecht ist die Beiladung bei Verwaltungsakten mit Drittwirkung von Bedeutung.[181]

Beispiele: Bei Anfechtungsklagen von Nachbarn gegen eine Anlagengenehmigung ist der Anlagenbetreiber **notwendig beizuladen.**[182] Gleiches gilt für den Vorhabenträger bei der gegen die Planfeststellungsbehörde gerichteten Anfechtungsklage eines Dritten auf Aufhebung des Planfeststellungsbeschlusses. Beizuladen ist der Anlagenbetreiber außerdem, wenn ein betroffener Dritter mit der Verpflichtungsklage oder der Leistungsklage hoheitliches Einschreiten gegen den Betreiber der Anlage, z.B. im Wege der nachträglichen Anordnung gem. § 17 BImSchG oder des Widerrufs der Genehmigung gem. § 21 BImSchG begehrt. Fraglich ist, ob Nachbarn bei einer Verpflichtungsklage des Vorhabenträgers notwendig beizuladen sind.[183]

102 Fraglich ist, ob auch diejenigen, deren Einwendungen präkludiert sind, entweder, weil sie im Genehmigungsverfahren ihre Einwendungen nicht vorgebracht haben (vgl. z.B. § 10 Abs. 3 S. 3 BImSchG) oder weil der Genehmigungsbescheid ihnen gegenüber bestandskräftig geworden ist, noch beigeladen werden können. Dagegen spricht, daß die Bestandskraftwirkung und die materielle Verfahrenspräklusion den Betroffenen die Möglichkeit des verwaltungsgerichtlichen Rechtsschutzes nimmt. Mit diesem materiell-rechtlichen Ausschluß wären prozessuale Eingriffs- bzw. Verteidigungsmittel, wie sie auch mit der Rechtsstellung eines einfachen Beigeladenen verbunden sind, nur schwer zu vereinbaren.[184]

B. Einschränkungen der gerichtlichen Kontrolle

103 Mit dem Begriff der Kontrolldichte wird das Verhältnis der richterlichen Kontrollmaßstäbe zu den Handlungsmaßstäben der Verwaltung angesprochen. Je stärker beide Maßstäbe identisch sind, umso dichter ist die verwaltungsgerichtliche Kontrolle.[185]

104 Eine umfassende, maßstabsidentische verwaltungsgerichtliche Kontrolle kann aber bereits aufgrund des Umfangs der zur Kontrolle anstehenden Unterlagen nicht stattfinden. Die gerichtliche Kontrolle bleibt zumindest bei komplexen Entscheidungen des Umweltrechts eine Plausibilitäts- und Vollständigkeitskontrolle.

105 Einschränkungen der gerichtlichen Kontrolle des Gerichtes ergeben sich u.a. aus der Möglichkeit

---

[180] Die Erstreckung der Wirkung einer Entscheidung gegenüber Personen, die nicht am Verfahren beteiligt waren, ist verfassungsrechtl. nicht unbedenkl.; so auch *Schmierszek,* NVwZ 1991, 522 (524).

[181] Zur Beiladung bei mehrstufigen Entscheidungen vgl. *Bier,* in: Schoch/Schmidt-Aßmann/Pietzner, VwGO, § 65 Rn. 23.

[182] *Bier,* in: Schoch/Schmidt-Aßmann/Pietzner, VwGO, § 65 Rn. 19.

[183] Ablehnend *Kopp/Schenke,* VwGO, § 65 Rn. 11, 20 m.w.N. zum Streitstand; vgl. auch *Bier,* in: Schoch/Schmidt-Aßmann/Pietzner, VwGO, § 65 Rn. 20.

[184] Näher dazu *Hoppe/Schlarmann,* Rechtsschutz, Rn. 216.

[185] Zum Begriff der Kontrolldichte *Hoppe,* FS BVerwG, S. 295 (296); *Beckmann,* DÖV 1986, 505 (507).

- der Heilung von Verfahrensfehlern (vgl. z.B. §§ 45, 46 VwVfG, 214, 215 BauGB),
- des Nachschiebens von Ermessenserwägungen im gerichtlichen Verfahren (§ 114 S. 2 VwGO),
- der Unbeachtlichkeit von Abwägungsfehlern durch Planergänzung und ergänzendes Verfahren[186] sowie aus
- der Beschränkung der gerichtlichen Überprüfung auf den Individualrechtsschutz (§§ 42 Abs. 2, 113 Abs. 1 S. 1 VwGO) und
- durch Bestandskraft- und Präklusionsregeln.[187]

Um ein Ausufern der gerichtlichen Kontrolle zu verhindern und auch die gerichtliche Verfahrensdauer umweltrechtlicher Streitigkeiten zu verkürzen, hat der Gesetzgeber in den letzten Jahren zahlreiche Regelungen eingeführt oder erweitert, die die verwaltungsgerichtliche Kontrolle einschränken sollen. **106**

So hat der Gesetzgeber die Möglichkeit der Heilung von Verfahrensfehlern dadurch erweitert, daß nunmehr gem. §§ 39, 45 Abs. 1 Nr. 2, Abs. 2 VwVfG[188] i.V.m. §§ 87 Abs. 1 S. 2 Nr. 7, 94 S. 2 VwGO Begründungsmängel noch im gerichtlichen Verfahren behoben werden können.[189] Auf Begründungsmängel kann das Gericht im Rahmen vorbereitender Maßnahmen oder bei der mündlichen Verhandlung hinweisen und der Behörde so die Möglichkeit zur Behebung des Begründungsmangels geben. **107**

Ferner sieht § 114 S. 2 VwGO vor, daß die Verwaltungsbehörde ihre Ermessenserwägungen hinsichtlich des Verwaltungsaktes auch noch im gerichtlichen Verfahren ergänzen kann.[190] § 114 S. 2 VwGO gilt entsprechend bei Planfeststellungsbeschlüssen.[191] Beiden Regelungsbereichen ist gemein, daß Mängel der Entscheidung der Verwaltung im gerichtlichen Verfahren korrigiert werden können, ohne daß das Gericht die Entscheidung der Verwaltung deshalb aufheben muß. **108**

1. *Gerichtliche Kontrolle bei der Auslegung unbestimmter Rechtsbegriffe*

Umstritten ist in der Rechtsprechung und Literatur nach wie vor die Frage der gerichtlichen Kontrolle bei der Auslegung unbestimmter Rechtsbegriffe.[192] Während in der Literatur teilweise die umfassende richterliche Kontrolle im Umweltrecht als Garant für den Erhalt des Status quo angesehen wird,[193] wird von anderen die richterliche Kontrolle als belastend und **109**

---

186 Vgl. z.B. § 17 Abs. 6c FStrG; § 10 Abs. 8 LuftVG; § 19 Abs. 4 WaStrG; § 75 Abs. 1a VwVfG, dazu ausführl. bereits oben § 11 Rn. 69f.

187 Vgl. etwa § 10 Abs. 3 S. 3 BImSchG, § 17 Abs. 4 S. 1 FStrG, § 17 Nr. 5 WaStrG, § 7 Abs. 1 AtVfVO, § 20 Abs. 2 S. 1 AEG, zu Präklusionregelungen vgl. bereits oben § 11 Rn. 19.

188 Krit. zur Verfassungsmäßigkeit der Heilung von Fehlern im gerichtl. Verfahren *Barcher,* DVBl. 1997, 534ff.; *Hatje,* DÖV 1997, 477 (480ff.); *Schenke,* NJW 1997, 80 (87); vgl. auch *Sodan,* DVBl. 1999, 729ff.

189 Vgl. dazu *Gromitsaris,* SächsVBl. 1997, 101ff.; *Schmitz/Wesselndorf,* NVwZ 1996, 957ff.

190 Vgl. dazu *Kopp/Schenke,* VwGO, § 114 Rn. 49ff., § 113 Rn. 71ff.

191 *Redeker/v. Oertzen,* VwGO, § 114 Rn. 10a; *Rennert,* in: Eyermann, VwGO, § 114 Rn. 86.

192 Vgl. dazu ausführl. *Rennert,* in: Eyermann, VwGO, § 114 Rn. 51ff.; vgl. dazu ausführl. oben § 5 Rn. 1ff.

193 *Schulte,* UmweltR, S. 17.

zu intensiv empfunden.[194] Besonders umstritten ist, ob und inwieweit der Verwaltung bei der Auslegung unbestimmter Rechtsbegriffe ein gerichtlich nicht kontrollierbarer Beurteilungs- oder Konkretisierungs- bzw. Standardisierungsspielraum verbleibt. Die Frage ist bei der Konkretisierung von unbestimmten Rechtsbegriffen durch Umweltstandards von besonderer Bedeutung.[195]

110 Nach der Rechtsprechung des *BVerfG* gewährleistet die Rechtsweggarantie des Art. 19 Abs. 4 S. 1 GG die vollständige Nachprüfung des Verwaltungshandelns in rechtlicher und tatsächlicher Hinsicht.[196] Die Gerichte seien deshalb an die von der Verwaltungsbehörde getroffenen tatsächlichen Feststellungen und deren Würdigung nicht gebunden.[197] Auch das *BVerwG* lehnt bei unbestimmten Rechtsbegriffen des Umweltrechts die Einräumung eines Beurteilungsspielraums ab.[198] Allerdings sei der Gesetzgeber durch Art. 19 Abs. 4 GG nicht schlechthin gehindert, der Verwaltung eine Beurteilungsermächtigung mit der Folge einzuräumen, daß die Gerichte die in Ausführung dieser Ermächtigung ergangenen Verwaltungsakte nicht in vollem Umfang überprüfen könnten.[199] Die größere Sachkunde der Behörde, die Unvertretbarkeit persönlichkeitsbedingter Werturteile, der prognostische Charakter oder der politisch-planerische Einschlag der Entscheidung werden zur Begründung herangezogen. Als Ausgleich für die Verringerungen der gerichtlichen Kontrolldichte sei die Beteiligungsmöglichkeit Betroffener im Genehmigungsverfahren anzusehen.[200] Dementsprechend hat die Rechtsprechung die eingeschränkte Kontrolldichte in Form einer Beurteilungsermächtigung für die Verwaltung bei **Prüfungsentscheidungen, prüfungsähnlichen Entscheidungen,** bei **beamtenrechtlichen Beurteilungen,** bei **Entscheidungen wertender Art** durch weisungsfreie, mit Sachverständigen oder Interessenvertretern besetzten Gremien und vor allem bei **planungspolitisch-prognostischer Verwaltungstätigkeit** anerkannt.[201] Außerdem wird Verwaltungsvorschriften, denen eine normenkonkretisierende Funktion zukommt, eine Bindungswirkung für die Gerichte zuerkannt.[202]

111 In der Rechtslehre wird seit langem generell aber gerade auch im Umweltrecht die Anerkennung eines Beurteilungsspielraums für die Verwaltung bei der Anwendung unbestimmter Rechtsbegriffe gefordert.[203] Ein Beurteilungsspielraum wird *normtheoretisch* damit begründet, daß eine Richtigkeitskontrolle der Gerichte am Maßstab des Rechts sinnlos werde, wenn und soweit die Kontrolle wegen der Struktur und der begrenzten Aussagekraft der anzuwendenden Rechtssätze ein Mehr an wahrscheinlicher Richtigkeit nicht erbringen könnte. Soweit „Richtigkeit" nicht eindeutig feststellbar sei, müßten alle die Zweifelszone nicht erkennbar verlassenden Entscheidungen, weil

---

194 Vgl. etwa *Sendler,* NJ 1997, 507 m. w. N.; *Ronellenfitsch,* Selbstverantwortung und Deregulierung, S. 24 f.

195 Vgl. dazu oben § 5 Rn. 17 ff.

196 *BVerfG,* Beschl. v. 5. 2. 1963 – 2 BvR 21/60 –, BVerfGE 15, 275 (282); *dass.,* Beschl. v. 16. 7. 1969 – 2 BvL 11/69 –, BVerfGE 27, 36 (43).

197 *BVerfG,* Beschl. v. 8. 7. 1982 – 2 BvR 1187/80 –, BVerfGE 61, 82 (111).

198 *BVerwG,* Urt. v. 15. 12. 1983 – 3 C 27.82 –, BVerwGE 68, 267 (271); *dass.,* Urt. v. 26. 3. 1981 – 3 C 134.79 –, BVerwGE 62, 86 (101); speziell zu den unbestimmten Rechtsbegriffen des UmweltR *BVerwG,* Urt. v. 17. 2. 1978 – 1 C 12.76 –, BVerwGE 55, 250 (253 f.).

199 *BVerwG,* Urt. v. 13. 12. 1979 – V C 1.79 –, BVerwGE 59, 213 (216).

200 *BVerwG,* Beschl. v. 28. 5. 1985 – 7 B 116.85 –, UPR 1985, 427.

201 Vgl. *Kloepfer,* UmweltR, § 8 Rn. 47 ff.; BMU, UGB-KomE, S. 525 m. w. N. aus der RSpr.

202 *BVerwG,* Urt. v. 19. 12. 1985 – 7 C 65.83 –, DVBl. 1986, 190 (196); vgl. dazu bereits oben § 5 Rn. 25.

203 Siehe *Bachof,* JZ 1955, 97 ff.; *Ule,* GS Jellinek, S. 309 ff.; *Jesch,* AöR 1958, 163 ff.; *Schwab,* Kontrollrestriktion, S. 48 ff.; *Murswiek,* Die staatliche Verantwortung, S. 361; *Kloepfer,* Rechtsschutz, Fn. 91 m. w. N; *Kind,* DÖV 1988, 679 ff.; *Scholz,* VVDStRL 34 (1976), S. 174 ff.; *Schmidt-Aßmann,* VVDStRL 34 (1976), S. 221 ff.; vgl. auch *Herdegen,* JZ 1991, 747 ff.; *Schulze-Fielitz,* JZ 1993, 772 (774).

vertretbar, als „richtig" i. S. v. rechtmäßig angesehen werden.[204] Aus *staatsorganisationsrechtlicher* und *verfassungsrechtlicher Sicht* wird für die Einräumung eines Beurteilungsspielraums der Verwaltung die Verantwortung der Verwaltung für die Folgen ihrer Entscheidungen und die größere Sachkunde der Verwaltung angeführt. Der Beurteilungsspielraum wird gerade auch im Umweltrecht aus dem *Planungs-* und *Prognosecharakter* umweltrechtlicher Entscheidungen oder aus der besonderen *Struktur dynamischer Technikklauseln* in den Zulassungsvoraussetzungen abgeleitet.[205] Die Aufnahme einer entsprechenden Begrenzung der gerichtlichen Kontrolle wird für die Verwaltungsgerichtsordnung vorgeschlagen.[206]

Der Kommissionsentwurf zum Umweltgesetzbuch greift die Ansätze der Rechtsprechung zu Beurteilungsspielraum im Umweltrecht auf und sieht in § 43 UGB-KomE eine Einschränkung der gerichtlichen Überprüfbarkeit vor.[207] Danach sollen bei der Anwendung umweltrechtlicher Vorschriften behördliche Prognosen und Bewertungen, die technischen oder naturwissenschaftlichen Sachverstand voraussetzen, im gerichtlichen Verfahren nur daraufhin zu überprüfen sein, ob das für die Prognose und Bewertung vorgeschriebene Verfahren eingehalten worden ist und die behördliche Prognose oder Bewertung nachvollziehbar ist.[208] 112

2. *Einschränkung der gerichtlichen Kontrolle durch Beschränkung auf den Individualrechtsschutz*

Eine entscheidende Einschränkung erfährt die verwaltungsgerichtliche Kontrolldichte durch die individualrechtliche Ausgestaltung des Rechtsschutzes. Diese kommt in §§ 113 Abs. 1 und Abs. 5 VwGO zum Ausdruck. Danach führt nicht allein die objektive Rechtswidrigkeit des Verwaltungshandelns zu seiner Aufhebung, sondern es bedarf zudem einer subjektiven Rechtsverletzung des Klägers. Eine Verletzung in eigenen Rechten liegt nach der **Schutznormlehre**[209] vor, wenn die verletzte Norm nach dem Willen des Gesetzgebers nicht nur den öffentlichen, sondern auch den individuellen Interessen zu dienen bestimmt ist, d. h. wenn sie den einzelnen gezielt und nicht nur als Reflex begünstigt.[210] 113

Damit stellt sich insbesondere in umweltrechtlichen Dreiecksverhältnissen die Frage nach dem drittschützenden Charakter einer Norm und nach deren Reichweite. Nach der **Schutznormlehre** ist die drittschützende Funktion einer Rechtsnorm durch Auslegung zu ermitteln. Dabei läßt sich einerseits einzelner Normgruppen eine individualschützenden Funktion zuordnen, während sich andererseits Individualschutz für einzelne Personengruppen ermitteln läßt. 114

a) Individualschützende Funktion einzelner Normgruppen

Individualrechte können sich aus Grundrechten, aus dem einfach-gesetzlichen materiellen Recht sowie aus dem Verfahrensrecht ergeben. 115

---

[204] Vgl. *Beckmann,* Rechtsschutz, S. 111 m. w. N.
[205] Näher dazu *Beckmann,* Rechtsschutz, S. 119 ff.
[206] Vgl. zu einem entspr. Vorschlag *Ewer,* NVwZ 1994, 140 (141).
[207] BMU, UGB-KomE, S. 532.
[208] BMU, UGB-KomE, S. 124 f.
[209] *Bühlern,* Die subjektiv öffentlichen Rechte und ihr Schutz in der Verwaltungsrechtsprechung, S. 21; siehe auch *Bauer,* AöR 113, 582 ff.; zur Schutznormlehre i. Ü. auch *Kloepfer,* UmweltR, § 8 Rn. 17; *Tünnesen-Harmes,* HdbUR, A.6 Rn. 93 ff.; zum Einfluß des europäischen Rechts auf die Schutznormlehre *Schoch,* NVwZ 1999, 457 ff.; *Winter,* NVwZ 1999, 467 ff.
[210] *Blankenagel,* Die Verw. 1993, 1 (4).

aa) Grundrechte

116 Grundrechte entfalten ihre individualschützende Funktion dadurch, daß sie bei der Auslegung des einfachen Rechts zu berücksichtigen sind und subjektive Rechte des Grundrechtsträgers vermitteln.[211] Als subjektive Abwehrrechte schützen Grundrechte gegen staatliche Eingriffe. Aus ihrem objektiv-rechtlichen Gehalt erwächst dem Staat die Pflicht zum Schutz des einzelnen vor Gefahren, die von umweltbelastenden Anlagen Privater ausgehen. Da Grundrechte nicht zuletzt aber auch den Hersteller und Betreiber einer umweltbelastenden Anlage in seiner wirtschaftlichen Betätigungsfreiheit und den Grundstückseigentümer gegen grundrechtsbeschränkende Wirkungen natur- und landschaftsschützender Maßnahmen schützen, nimmt die Rechtsprechung ein klagbares Recht eines Dritten nur an, wenn ein Fall schwerer und unerträglicher Betroffenheit des Grundrechts vorliegt.[212]

bb) Materielles Umweltrecht

117 Individualschutz wird zahlreichen materiell-rechtlichen Vorschriften des Umweltrechts zuerkannt.[213] Dabei gelten Schutz- und Abwehrpflichten des materiellen Rechts als drittschützend, während Vorsorgenormen in der Regel kein Drittschutz zukommen soll. Dieses Prinzip gilt auch für die jene Grundsätze konkretisierenden Grenzwerte,[214] so daß Immissionswerten regelmäßig Drittschutz zuerkannt wird, während Emissionswerte dem Bereich der Vorsorge zugerechnet werden und damit keine drittschüztende Wirkung entfalten.[215] Bei besonders schwerwiegenden Verletzungen der Vorsorgepflicht sollen sich Dritte allerdings auf Grundrechte berufen können.[216]

118 Im **Immissionsschutzrecht** gilt dementsprechend die Grundpflicht des § 5 Abs. 1 Nr. 1 BImSchG,[217] die Regelung der nachträglichen Anordnung gem. § 17 BImSchG und die Regelungen der §§ 22 Abs. 1 Nr. 1 und 2 BImSchG[218] sowie der §§ 24 und 25 Abs. 2 BImSchG[219] als drittschützend. Als Vorsorgenormen entfalten demgegenüber die Vorsorgepflicht gem. § 5 Abs. 1 Nr. 2 BImSchG,[220] die Abwärmenutzungspflicht gem. § 5 Abs. 1 Nr. 4 BImSchG[221] und der Planungsgrundsatz des § 50 BImSchG[222] keinen Drittschutz.

119 Im **Atomrecht** haben § 7 Abs. 2 Nr. 3 – hier aber nur, soweit es um den Bereich der Gefahrenabwehr geht, – und Nr. 5 AtG drittschützenden Charakter.[223] Gleiches gilt für die auf das Individualrisiko bezogenen Dosisgrenzwerte gem. § 45 StrSchVG,

---

[211] Siehe dazu i. e. oben § 4 Rn. 34ff.

[212] *BVerwG,* Urt. v. 13. 6. 1969 – C 234/65 –, BVerwGE 32, 173 (179); krit. dazu *Blankenagel,* Die Verw. 1993, 1 (10ff.).

[213] Vgl. dazu i.Ü. auch *Kloepfer,* UmweltR, § 8 Rn. 21; *Tünnesen-Harmes,* HdbUR, A.6 Rn. 99f.

[214] *Kloepfer,* UmweltR, § 8 Rn. 21.

[215] Vgl. *Tünnesen-Harmes,* HdbUR, A.6 Rn. 100.

[216] *Erbguth,* Raumbedeutsames Umweltrecht, S. 353.

[217] *BVerwG,* Urt. v. 28. 5. 1982 – 7 C 42.80 –, BVerwGE 65, 313 (320); *dass.,* Urt. v. 30. 9. 1983 – C 74.78 –, BVerwGE 68, 58 (59); *Jarass,* BImSchG, § 5 Rn. 120.

[218] *BVerwG,* Urt. v. 19. 12. 1985 – C 65.82 –, BVerwGE 72, 300 (331).

[219] Vgl. *Jarass,* BImSchG, § 25 Rn. 27.

[220] Vgl. *BVerwG,* Urt. v. 28. 5. 1982 – 7 C 42.80 –, BVerwGE 65, 313 (320).

[221] *Bouisserée/Oels/Hansmann/Schmitt,* BImSchG, § 6 Rn. 5; *Marburger,* Gutachten für den 56. DJT, S. C 1 (64).

[222] *Redeker/v. Oertzen,* VwGO, § 42 Rn. 137.

[223] *VGH Mannheim,* Urt. v. 21. 4. 1989 – 10 S 492/87 –, VBlBW 1989, 453 (455).

§ 28 Abs. 3 StrSchV, obwohl diese dem Bereich der Risikovorsorge zuzuordnen sind.[224] Demgegenüber soll § 7 Abs. 2 Nr. 6 AtG offenkundig ausschließlich öffentlichen Interessen dienen, also keinen Drittschutz vermitteln.[225] Gleiches gilt für das Strahlenminimierungsgebot nach den §§ 28 Abs. 1 Nr. 2 und 46 Abs. 1 Nr. 2 StrSchV.[226]

Für das **Wasserrecht** ist Drittschutz vor allem für den Inhaber von wasserrechtlichen Bewilligungen gem. §§ 8 Abs. 3 und 4 WHG und für den Inhaber einer wasserrechtlichen Erlaubnis gem. § 7 WHG anerkannt.[227] **120**

Im **Gentechnikrecht** entfaltet § 6 Abs. 2 1. Alt. GenTG Drittschutz, soweit die Norm vor konkreten Individualgefahren schützen soll,[228] während die Normen über die Risikobewertung und die Aufzeichnungspflichten (§§ 6 Abs. 1 und 3 GenTG) keinen Drittschutz entfalten. **121**

Aus dem **Naturschutz-** und **Landschaftspflegerecht** ergeben sich in aller Regel keine subjektiv-öffentlichen Rechte.[229] **122**

Die Unterscheidung in Drittschutz vermittelnde Gefahrenabwehr- und nicht drittschützende Vorsorgenormen ist in der Literatur gerade auch mit Blick auf die Emissionsgrenzwerte kritisiert worden.[230] Teilweise wird in Anlehnung an die Rechtsprechung des *BVerwG* zur drittschützenden Wirkung atomrechtlicher Dosisgrenzwerte gefordert, auch anderen Grenzwerten Drittschutz zuzuerkennen.[231] **123**

§ 44 UGB-KomE dehnt entsprechend der Forderung aus der Literatur den Drittschutz in den Bereich der Vorsorge aus.[232] Danach sollen Grenzwerte, die durch Rechtsverordnung oder Verwaltungsvorschrift zur Vorsorge gegen Risiken festgelegt werden, auch dem Schutz Dritter, die von einer Überschreitung der Grenzwerte betroffen sein können, dienen.[233] **124**

cc) Verfahrensvorschriften

Nach der Rechtsprechung des *BVerfG* wird Grundrechtsschutz auch durch Verfahren bewirkt. Danach können auch Verfahrensvorschriften Drittschutz entfalten, soweit sie zum Schutz von Grundrechten Betroffener erlassen worden sind.[234] Verfahrensvorschriften entfalten nur dann Drittschutz, wenn sie zugleich im Individualinteresse ergangen sind. Dies ist z. B. **125**

---

[224] Vgl. *BVerwG,* Urt. v. 22. 12. 1980 – 7 C 84.78 –, BVerwGE 61, 256 (264ff.); *dass.,* Urt. v. 19. 12. 1985 – 7 C 65.82 –, BVerwGE 72, 300 (318f.); *dass.,* Urt. v. 21. 8. 1996 – 11 C 9/95 –, NVwZ 1997, 161 (162); *VGH Mannheim,* Urt. v. 21. 4. 1989 – 10 S 492/87 –, VBlBW 1989, 453 (455); dazu auch *Breuer,* NVwZ 1990, 211 (214); *Roßnagel,* UPR 1990, 86 (91f.).

[225] *BVerwG,* Urt. v. 19. 12. 1985 – 7 C 65.82 –, DVBl. 1986, (192); *OVG Lüneburg,* Urt. v. 29. 12. 1983 – 7 OVG A 7/80 –, DVBl. 1984, 887 (890).

[226] Vgl. *BVerwG,* Urt. v. 22. 12. 1980 – 7 C 84.78 –, BVerwGE 61, 256 (264ff.).

[227] *BVerwG,* Urt. v. 15. 7. 1987 – 4 C 56.83 –, BVerwGE 78, 40 (43).

[228] Vgl. *Schmidt-Didczuhn,* GenTG, § 13 Rn. 74.

[229] *Marburger,* Gutachten für den 56. DJT, S. C 1 (84); krit. dazu *Sailer,* NuR 1987, 207ff.; der Kompensation des fehlenden Individualrechtsschutzes dient die in den Ländern z. T. eingeführte Verbandsklage, vgl. dazu ausführl. § 15 Rn. 195ff.

[230] *Kloepfer,* UmweltR, § 8 Rn. 21.

[231] *Rehbinder,* FS Sendler, S. 269 (281ff.); *Roßnagel,* UPR 1990, 86 (91f.); § 320 Abs. 3 UGB-AT-E sieht dies jedenfalls für Grenzwerte zur Vorsorge gegen schädl. Luftverunreinigungen vor, *Jarass/u. a.,* UGB-BT-E, S. 668.

[232] BMU, UGB-KomE, S. 532.

[233] BMU, UGB-KomE, S. 125.

[234] *BVerfG,* Beschl. v. 20.12 1979 – 1 BvR 385/77 –, BVerfGE 53, 30 (66); vgl. zum Grundrechtsschutz durch Verfahren bereits oben § 4 Rn. 77.

der Fall bei Verfahrensvorschriften, die potentiell betroffene Personen in Verfahren einbeziehen.[235]

Beispiel: Vorschriften zur Öffentlichkeitbeteiligung im immissionsschutzrechtlichen Genehmigungsverfahren kommt drittschützende Wirkung zu.[236]

126 Anerkannt ist ferner, daß der Gesetzgeber zudem Verfahrensteilhaberechte unabhängig von einer potentiellen materiell-rechtlichen Betroffenheit einräumen kann.[237] Entsprechende Verfahrensteilhaberechte sind bislang aber weder im Bauleitplanverfahren noch im fernstraßenrechtlichen und wasserrechtlichen Planfeststellungsverfahren anerkannt worden.[238]

b) Individualschutz einzelner Personengruppen

127 Drittschützender Charakter kommt einer Norm außerdem nur dann zu, wenn die Norm den von ihr erfaßten Personenkreis erkennen läßt und der Dritte, der sich auf die Norm berufen will, zu dem hinreichend bestimmten bzw. bestimmbaren Personenkreis gehören.[239] Von den durch umweltbelastende Vorhaben betroffenen Personengruppen sind es in erster Linie *Nachbarn, Konkurrenten* des Vorhabenträgers, *Standort-* oder *Nachbargemeinden* und andere *Behörden* oder *juristische Personen des öffentlichen Rechts* sowie *Naturschutz- und Umweltschutzverbände,* die verwaltungsgerichtlichen Rechtsschutz begehren.[240]

aa) Schutz der Nachbarschaft

128 Ausgehend vom Begriff der Nachbarschaft im Immissionsschutzrecht gelten als Nachbarn im Bereich des raumbezogenen Umweltrechts alle Personen, denen über den objektiven Schutz hinaus die Möglichkeit verwaltungsgerichtlichen Individualrechtsschutzes eingeräumt werden soll. Erforderlich ist ein **qualifiziertes Betroffensein,** das sich deutlich abhebt von den Auswirkungen, die den einzelnen als Teil der Allgemeinheit treffen können. Das qualifizierte Betroffensein kann sich aus einer räumlichen und zeitlichen Beziehung des Bürgers zum Genehmigungsgegenstand ergeben.[241] Aufgrund ihrer engeren zeitlichen und räumlichen Beziehung zählen daher

---

[235] *BVerwG,* Beschl. v. 12. 7. 1993 – 7 B 114/92 –, NVwZ-RR 1994, 14; *Jarass,* BImSchG, § 10 Rn. 130.

[236] *Jarass,* BImSchG, § 10 Rn. 130; *VGH Kassel,* Beschl. v. 15. 5. 1990 – 8 R 3118/ 89 –, NVwZ 1991, 88 (89).

[237] *BVerwG,* Beschl. v. 12. 7. 1993 – 7 B 177/92 –, NVwZ-RR 1994, 16ff.

[238] *BVerwG,* Beschl. v. 3. 8. 1982 – 4 B 145.82 –, DVBl. 1982, 1096 (1097) zum Bauleitplanverfahren; *dass.,* Beschl. v. 18. 1. 1982 – 4 C 26/78 –, NJW 1982, 1546 (1548) zum fernstraßenrechtl. Planfeststellungsverfahren; *dass.,* Urt. v. 29. 5. 1981 – 4 C 97/77 –, NJW 1981, 2769 zum wasserrechtl. Planfeststellungsverfahren; *dass.,* Urt. v. 20. 10. 1972 – IV C 107/67 –, BVerwGE 41, 58 (65) zum wasserrechtl. Erlaubnis- und Bewilligungsverfahren; *dass.,* Urt. v. 15. 7. 1987 – U C 56.83 –, DVBl. 1987, 1265 zum abfallrechtl. Planfeststellungsverfahren; krit. zu dieser RSpr. *Steinberg,* NachbarR, Rn. 54ff.; vgl. auch dazu *Tünnesen-Harmes,* HdbUR, A.6 Rn. 97 m. w. N.

[239] *BVerwG,* Urt. v. 11. 5. 1989 – 4 C 1.88 –, DVBl. 1989, 1055 (1060).

[240] Vgl. i.Ü. *Jarass,* NJW 1983, 2844 (2847ff.).

[241] *BVerwG,* Urt. v. 22. 10. 1982 – 7 C 50.78 –, DVBl. 1983, 183.

sowohl Grundstückseigentümer, Gewerbetreibende und Mieter als auch Arbeitnehmer und Auszubildende, deren Arbeits- bzw. Ausbildungsplatz im Einwirkungsbereich der Anlage liegt, zu den Nachbarn,[242] nicht dagegen Touristen, Besucher und andere, die sich nur gelegentlich im Einwirkungsbereich der Anlage aufhalten.[243]

Hinsichtlich des räumlichen Zusammenhangs kann sich aus Art und Umfang der mit dem Vorhaben verbundenen Gefahren und Belästigungen ein unterschiedlich weiter Kreis an betroffenen Dritten ergeben. Während im Baurecht zur Nachbarschaft im wesentlichen die Nachbarn im Sinne des allgemeinen Sprachgebrauchs zählen,[244] gehören zur Nachbarschaft umweltbelastender Großvorhaben auch noch Personen, die einige Kilometer weit entfernt wohnen, solange sich aus individualisierenden Tatbestandsmerkmalen der Norm ein Personenkreis entnehmen läßt, der sich von der Allgemeinheit unterscheidet. 129

bb) Schutz des Konkurrenten

Konkurrenten des Betreibers einer umweltbelastenden Anlage können die Zulassung einer solchen Anlage im gleichen Umfang anfechten wie andere private Nachbarn, also dann, wenn sie durch die staatliche Genehmigung oder sonstige Zulassung in drittschützenden Normen verletzt sind. Das gleiche gilt für den Verpflichtungsanspruch auf Erlaß nachbarschützender Auflagen. Unter Umständen möchten die Betreiber vorhandener Anlagen aber die Errichtung neuer Anlagen oder die Erweiterung alter Anlagen durch Konkurrenten weitergehend auch deshalb verhindern, weil die Errichtung neuer oder die Erweiterung alter Anlagen zu einer störenden Gesamtbelastung der Umwelt und damit zu einer Überschreitung festgesetzter Grenzwerte führen können mit der Folge, daß nachträgliche Anordnungen für alle Anlagen drohen oder die Erweiterung der eigenen Anlage gefährdet ist.[245] Der Schutz vor Konkurrenz wird zwar einfachgesetzlich nicht geschützt.[246] Gestützt auf Art. 2, 12, 14 GG kann ein Unternehmer die Anlagengenehmigung des Dritten aber anfechten, wenn durch die Genehmigung die objektiv zulässigen Belastungsgrenzen gegenwärtig oder in naher Zukunft überschritten werden, so daß eine dann zu erwartende nachträgliche Anordnung zu einer schweren und unerträglichen Belastung des Unternehmens führen würde.[247] 130

---

[242] Siehe dazu *OVG Lüneburg,* Beschl. v. 6. 4. 1984 – 7 OVG B 16/83 –, DVBl. 1984, 890 (891); zum Rechtsschutz des Pächters eines zu enteigenenden Grundstücks bei der fenrstraßenrechtl. Planfeststellung vgl. BVerwG, Urt. v. 1. 9. 1997 – 4 A 36.96 –, DVBl. 1998, 44ff.

[243] Siehe dazu *Steinberg,* UPR 1984, 350 (354ff.).

[244] *BVerwG,* Urt. v. 28. 10. 1993 – 4 C 5.93 –, BauR 1994, 354; zum Nachbarbegriff des öffentl. BauR ferner *Grotefels,* in: Hoppe/Grotefels, ÖffBauR, § 17 Rn. 25.

[245] Vgl. dazu *Brohm,* FS Menger, S. 235ff.

[246] *BVerwG,* Urt. v. 23. 3. 1982 – 1 C 157.79 –, BVerwGE 65, 167 (171ff.); *Jarass,* NJW 1983, 2844 (2849).

[247] *Jarass,* NJW 1983, 2844 (2849) m.w.N.; *BVerwG,* Urt. v. 11. 11. 1970 – IV C 12.67 –, BVerwGE 36, 248ff.; § 48 UGB-KomE greift die Forderung nach Einführung einer Verbands- und Konkurrentenklage auf, vgl. BMU, UGB-KomE, S. 124ff., 532ff.; vgl. zur Konkurrentenklage ferner oben § 11 Rn. 33.

cc) Schutz von Trägern öffentlicher Verwaltung und von Gemeinden

131 **Verwaltungsbehörden** und die hinter ihnen stehenden Träger öffentlicher Verwaltung können sich nicht auf die Verletzung von Grundrechten berufen.[248] Träger öffentlicher Verwaltung können sich allerdings vor den Verwaltungsgerichten gegen die Verletzung ihrer privaten Rechte als Vermögensträger wehren.[249] Private Rechte werden gegen hoheitliche Beeinträchtigungen geschützt, wenn eine sog. einfachgesetzliche *Transformationsnorm* vorliegt.[250]

132 **Gemeinden** genießen im Vergleich zu anderen Verwaltungsträgern aufgrund ihrer verfassungsrechtlich abgesicherten Selbstverwaltungsgarantie einen weiteren Verwaltungsrechtsschutz als andere Verwaltungsträger.[251] Im Rahmen der *gemeindlichen Bauleitplanung* können sich Gemeinden gegen Bauvorhaben wehren, die ohne ihr Einvernehmen gem. § 36 BauGB oder entgegen ihren planerischen Festsetzungen genehmigt werden.[252] Gegenüber Fachplanungen, kann die Gemeinde indes nur vortragen, die Festsetzungen des Bebauungsplanes seien bei der fachplanerischen Abwägung nicht genügend berücksichtigt worden, soweit die Fachplanungen nicht an die Festsetzungen der gemeindlichen Bauleitplanung gem. § 38 BauGB gebunden sind.[253] Die Planungshoheit der Gemeinde wird durch eine überörtliche Fachplanung aber nicht schon deswegen beeinträchtigt, weil diese das Gemeindegebiet berührt und damit die Ausgangslage für *zukünftige* Planungen der Gemeinde lediglich beeinflußt.[254] Eine Verletzung der Planungshoheit setzt vielmehr eine hinreichend bestimmte gemeindliche Planung voraus, die allerdings nicht verbindlich zu sein braucht. Ferner muß die Störung der Planung

---

[248] Siehe *BVerfG,* Beschl. v. 8. 7. 1982 – 2 BvR 1187/80 –, BVerfGE 61, 82.

[249] *Hoppe/Schlarmann,* Rechtsschutz, Rn. 132; *Papier,* in: Maunz/Dürig/Herzog/Scholz, GG, Art. 14 Rn. 198; *VGH Kassel,* Urt. v. 1. 11. 1984 – 2902/88 –, NVwZ-RR 1990, 128 (129).

[250] Vgl. *BVerwG,* Urt. v. 30. 5. 1984 – 4 C 58.81 –, UPR 1984, 378 (379); zu Gemeindeklagen gegen abfallrechtl. Planfeststellungen siehe auch *OVG Saarlouis,* Urt. 7. 3. 1986 – 2 R 94/85 –, UPR 1987, 228 ff.

[251] Grundl. *BVerwG,* Urt. v. 8. 9. 1972 – IV C 17.71 –, BVerwGE 40, 323 (323 ff.); zum Rechtsschutz der Gemeinden gegen höherstufige Planungen *Weidemann,* Gerichtlicher Rechtsschutz, S. 1 ff.; *Steinberg,* DVBl. 1982, 13 f.; zum Rechtsschutz der Gemeinden gegen Planfeststellungsbeschlüsse *Kügel,* Planfeststellungsbeschluß, S. 212 ff.; zur Rechtsstellung der Gemeinden im WasserR *Stober,* DVBl. 1977, 909 ff.; zur verfassungsrechtl. Gewährleistung der kommunalen Planungshoheit *BVerfG,* Beschl. v. 7. 11. 1980 – 2 BvR 584, 598, 599, 604/76 –, BVerfGE 56, 298 (309 ff.); *dass.,* Beschl. v. 23. 6. 1987 – 2 BvR 826/83 –, NVwZ 1988, 47; keine Klagemöglichkeit besteht für Gemeinden im Aufgabenbereich des übertragenen Wirkungskreises, *dass.,* Urt. v. 29. 6. 1983 – 7 C 12.82 –, DVBl. 1984, 88 (89); nicht berufen können sich Gemeinden außerdem auf die Rechte ihrer Bürger, *VGH München,* Beschl. v. 19. 11. 1985 – 20 CS 85 A 2304 u. a. -, NVwZ 1986, 679; *Jarass,* DVBl. 1976, 732 (739); *Kloepfer,* UmweltR, § 8 Rn. 28; a. A. *Steinberg,* DVBl. 1982, 13 (19); *Blümel,* VVDStRL 36 (1978), S. 265 ff.; *Schmidt,* NJW 1978, 1769 (1773 ff.).

[252] *BVerwG,* Urt. v. 27. 11. 1981 – 4 C 36. u. 37.78 –, DÖV 1982, 283; *VGH Kassel,* Beschl. v. 18. 6. 1984 – 4 TG 506/84 –, NVwZ 1984, 738; *VGH München,* Beschl. v. 19. 11. 1985 – 20 CS 85 A 2304 u. a. –, DÖV 1986, 28.

[253] *BVerwG,* Urt. v. 9. 11. 1984 – 7 C 15/83 –, NVwZ 1985, 414; vgl. dazu auch *Kauch/Roer,* Bauleitplangung und Fachplanungen, S. 179 ff.

[254] *BVerwG,* Urt. v. 11. 5. 1984 – 4 C 83/80 –, NVwZ 1984, 584; vgl. auch *dass.,* Urt. v. 21. 12. 1996 – 4 C 14/95 –, NVwZ 1997, 904 ff.

durch den überörtlichen Fachplan „nachhaltig“ sein, d.h. unmittelbare Auswirkungen gewichtiger Art auf die Planung haben.[255]

Die Gemeinde kann außerdem gegenüber den in förmlichen Genehmigungs- und Planfeststellungsverfahren ergangenen Entscheidungen eine Verletzung ihrer *Beteiligungsrechte* rügen. Soweit ihre Anhörungsrechte in Fachgesetzen nicht bereits ausdrücklich geregelt sind, ergeben sie sich in höherstufigen Planverfahren aus ihrem Selbstverwaltungsrecht.[256] **133**

dd) Individualschutz von privaten Verbänden

Umwelt- und Naturschutzverbände sind als Träger privater Rechte im gleichen Umfang wie andere natürliche oder juristische Personen zur Klage befugt. Dies gilt auch dann, wenn der Verband das Eigentum vom Voreigentümer nur für das Klageverfahren erworben hat und nach Ablauf von 10 Jahren dem Voreigentümer auf dessen Verlangen rückübereignen muß.[257] **134**

Ein subjektiv-öffentliches, vor den Verwaltungsgerichten wehrfähiges Recht wird außerdem den anerkannten Naturschutzverbänden i.S.v. § 29 Abs. 1 S. 1 BNatschG eingeräumt; die in § 29 BNatSchG vorgesehene Beteiligung können Naturschutzverbände mit der allgemeinen Leistungsklage erzwingen.[258] **135**

III. Bindungs- und Präklusionswirkungen in gestuften Verwaltungsverfahren

Die gerichtliche Kontrolle kann gerade auch bei gestuften Verwaltungsverfahren im verwaltungsgerichtlichen Verfahren dadurch eingeschränkt sein, daß auf einer vorherigen Entscheidungsstufe bestandskräftig über eine Frage entschieden worden ist.[259] Von besonderer Bedeutung für die Frage der Kontrolldichte sind dabei die Institute des *Vorbescheides* und der *Teilgenehmigung,* die in den §§ 8, 9 BImSchG, §§ 7a und b AtG, §§ 18, 19 AtVfV vorgesehen sind.[260] Aufgrund der Bindungswirkung zugunsten des Antragstellers **136**

---

[255] *BVerwG,* Urt. v. 11. 5. 1984 – 4 C 83/84 –, NVwZ 1984, 584; zu den Abwehrrechten von Gemeinden gegen Beeinträchtigungen ihrer kommunalen Planungshoheit durch die Landesplanung *BVerfG,* Beschl. v. 23. 6. 1987 – 2 BvR 826/83 –, NVwZ 1988, 47ff.; zum Schutz der Planungshoheit gegenüber der Ausweisung von Landschaftsschutzgebieten *VerfGH,* Entsch. v. 31. 10. 1987 – VerfGH 19/86 –, NuR 1988, 136.

[256] *Steinberg,* JuS 1982, 578 (581f.).

[257] *BVerwG,* Urt. v. 12. 7. 1985 – 4 C 40.83 –, DVBl. 1985, 1141 (1142); a.A. *OVG Münster,* Urt. v. 22. 1. 1990 – 20 A 650/88 –, NVwZ 1991, 387, das die Klagebefugnis für rechtsmißbräuchl. hält; vgl. dazu bereits oben § 11 Rn. 84.

[258] Vgl. dazu bereits oben § 11 Rn. 84 u. § 16 Rn. 201.

[259] Zu gestuften Entscheidungsverfahren vgl. *Schmidt-Aßmann,* FS BVerwG, S. 569 (570); Wahl, DVBl. 1982, 51 (60); ein echtes gestuftes Verfahren – um das es im nachfolgenden geht – liegt nur vor, wenn auf der jeweiligen Stufe eine rechtlich verbindliche außenwirksame Regelung getroffen werden kann; dagegen liegt ein unechtes gestufte Verfahren vor, wenn der Stufenentscheidung nur verwaltungsinterne Bedeutung zukommt; dazu *Ronellenfitsch,* Teilbarkeit von Planungsentscheidungen, S. 41; vgl. auch *Kauch/Roer,* Bauleitplanung und Fachplanungen, S. 19ff.; zur Verfahrenstufung vgl. bereits oben § 11 Rn. 8.

[260] Vgl. zum Vorbescheid und zur Teilgenehmigung bereits oben § 8 Rn. 61ff.

können mit jeder Teilentscheidung die Versagungsmöglichkeiten sowie wegen der Präklusionswirkungen zu Lasten des Drittbetroffenen die Angriffsmöglichkeiten eingeschränkt werden.

1. Bindungswirkungen von Teilentscheidungen

137 Die **Bindungswirkung** umfaßt die Pflicht der Verwaltungsbehörde, im Rahmen des gestuften Entscheidungsverfahrens nicht vom Aussagegehalt einer früheren Teilentscheidung abzuweichen. Der Umfang der Bindungswirkung einer Teilentscheidung hängt von ihrem Regelungsgegenstand ab.[261] Zum Regelungsgegenstand einer Teilentscheidung gehört die Gestattung des betreffenden Anlagenteils, beim Vorbescheid betrifft die abschließende Regelung eine verbindlich festgestellte rechtliche Vorfrage.[262]

2. Präklusionswirkungen in gestuften Verwaltungsverfahren

138 Demgegenüber betrifft die **Präklusionswirkung** die Rechtsposition des Drittbetroffenen. Zu unterscheiden sind die formelle **Präklusion** – sie führt zum Einwendungsausschluß des Dritten im Verwaltungsverfahren – und die **materielle Präklusion,** die außerdem zum Einwendungsausschluß im verwaltungsgerichtlichen Verfahren führt.[263]

139 Gegen die materielle Präklusionswirkung werden zum Teil verfassungsrechtliche Bedenken erhoben.[264]

140 Fraglich ist, ob die materielle Präklusionswirkung zur Abweisung der Klage als unzulässig[265] oder als unbegründet führt.[266] Nach Auffassung des *BVerwG* stellt der Einwendungsausschluß die Klagebefugnis nicht notwendig in Frage. Allein im Rahmen einer zulässigen Klage könne von den Verwaltungsgerichten, dem Rechtsschutzerfordernis des Art. 19 Abs. 4 GG entsprechend, geprüft werden, ob die Verwaltungsbehörde im Einzelfall zutreffend angenommen habe, daß die tatbestandlichen Voraussetzungen für den Eintritt der normativ angeordneten Präklusion gegeben waren.[267]

141 Im gestuften Verwaltungsverfahren sind die *Verfahrenspräklusion* und die *Bestandskraftpräklusion* zu unterscheiden.

---

[261] *BVerwG,* Urt. v. 19. 12. 1985 – 7 C 65.82 –, DVBl. 1986, 190 (192); *Klante,* Teilerrichtungsgenehmigung, S. 323; *Ossenbühl,* NJW 1980, 1353 (1354); *Selmer/Schulze-Osterloh,* JuS 1981, 393 (398).

[262] Str. ist, ob auch das positive vorläufige Gesamturteil zum Regelungsgegenstand gehört, so *BVerwG,* Urt. v. 19. 12. 1985 – 7 C 65.82 –, DVBl. 1986, 190; *Breuer,* VerwArch 1981, 261 (265); *Jarass,* UPR 1983, 241 (247); *Rengeling,* NVwZ 1982, 217 (220ff.); *Sellner,* Immissionsschutzrecht, Rn. 253; *Selmer,* Vorbescheid, S. 15ff.; *v. Mutius/Schoch,* DVBl. 1983, 149 (153); a. A. *OVG Lüneburg,* Beschl. v. 18. 6. 1980 – 7 OVG – B 15/79 –, ET 1980, 694 (696); *Klante,* Teilerrichtungsgenehmigung, S. 133; näher dazu *Beckmann,* Rechtsschutz, S. 212ff.

[263] Vgl. zur Präklusion ferner oben § 11 Rn. 19.

[264] Krit. *Solveen,* DVBl. 1997, 803 (807f.); vgl. zu EG-rechtlichen Bedenken *v. Danwitz,* UPR 1996, 325ff.; die Verfassungsmäßigkeit in st. RSpr. bejahend zul. *BVerfG,* Urt. v. 24. 5. 1996 – 4 A 38/96 –, NVwZ 1997, 489ff.; *Busch,* in: Knack, VwVfG, § 73 Rn. 7.4.2;

[265] So *VGH München,* Urt. v. 9. 4. 1979 – Nr. 167 VI/77 –, BayVBl. 1979, 625 (626).

[266] So z. B. *Stober,* AöR 1981, 41 (65ff.).

[267] Vgl. *BVerwG,* Urt. v. 6. 8. 1982 – 4 C 66.79 –, BVerwGE 66, 99 (106f.).

a) Verfahrenspräklusion

Die Verfahrenspräklusion führt zum Einwendungsausschluß, wenn die Einwendungen nicht rechtzeitig vorgetragen werden. Die Verfahrenspräklusion ist in gestuften Verfahren einheitlich als materielle Präklusion in § 10 Abs. 3 S. 3 BImSchG, § 7 Abs. 1 AtVfVO und für Planfeststellungsverfahren in § 73 Abs. 4 S. 3 VwVfG geregelt.[268] Voraussetzung für die Vermeidung der Ausschlußwirkung durch das Erheben einer Einwendung ist, daß die Einwendungen mindestens in groben Zügen erkennen lassen, welche Rechtsgüter als gefährdet angesehen und welche Beeinträchtigungen befürchtet werden.[269] **142**

b) Bestandskraftpräklusion

Ausgeschlossen werden Einwendungen im gestuften Verfahren außerdem dann, wenn schon im vorangegangenen Verfahren Einwendungen fristgerecht vorgebracht worden sind oder nach den ausgelegten Unterlagen hätten vorgebracht werden können. Diese **Bestandskraftpräklusion** ist in den §§ 11 BImSchG, 7b AtG gesetzlich geregelt.[270] Danach kann der Kläger bei Zweifeln an der Rechtmäßigkeit der Teilentscheidung noch nach dem Erlaß der Entscheidung die Unanfechtbarkeit durch Widerspruch und Anfechtungsklage verhindern. Solange die Teilgenehmigung nicht unanfechtbar geworden ist, können Kläger geltend machen, wegen der Rechtswidrigkeit einer vorangegangenen Teilgenehmigung könne auch die angefochtene Genehmigung keinen Bestand haben. Denn entfällt nur eine Teilgenehmigung, so fehlt es an der erforderlichen Gesamtgenehmigung, weil erst die Summe aller Teilgenehmigungen, verbunden durch die „Klammer" des vorläufigen positiven Gesamturteils, der Vollgenehmigung gleichsteht.[271] **143**

IV. Gerichtliche Kontrolle bei parallelen Erlaubnisverfahren

Die Zulassung umweltbelastender Vorhaben erfordert regelmäßig mehrere parallele Gestattungsverfahren. **144**

Beispiele: Für die Errichtung und den Betrieb eines Kernkraftwerks sind 20 bis 30, für ein konventionelles Kraftwerk sogar mehr als 40 Genehmigungen erforderlich. Selbst für einfachere Anlagen werden zumindest zwei oder drei Genehmigungen benötigt.

Unter dem Blickwinkel der gerichtlichen Kontrolle behördlicher Entscheidungen durch Gerichte und dem Aspekt des Rechtsschutzes Dritter ist problematisch, wenn für die gleiche Anlage oder den gleichen Anlagenteil mehrere Gestattungen erforderlich sind, die zumindest teilweise den gleichen **145**

---

[268] Vgl. dazu BT-Drs. 13/3995, S. 10; *VGH Mannheim,* Urt. v. 22. 3. 1996 – 8 S 3060/95 –, UPR 1997, 40; ferner *Niehues,* FS Schlichter, S. 619; *v. Danwitz,* UPR 1996, 323; *Brandt,* NVwZ 1997, 233; krit. *Solveen,* DVBl. 1997, 803 (804ff.); vgl. dazu bereits § 8 Rn. 52ff.

[269] Vgl. *OVG Lüneburg,* Beschl. v. 21. 10. 1986 – 7 D 2/86 –, UPR 1987, 118.

[270] Vgl. zu § 11 BImSchG ausführl. unten § 21 Rn. 27 u. zu § 7b AtG unten § 24 Rn. 95f.; zur verfassungsrechtl. Anerkennung vgl. *BVerfG,* Beschl. v. 6. 10. 1982 – 2 BvR 304/72 –, NVwZ 1983, 27; *Ipsen,* DVBl. 1980, 146 (152); *Selmer/Schulze-Osterloh,* JuS 1981, 393 (402).

[271] Vgl. *OVG Münster,* Beschl. v. 27. 2. 1987 – 21 B 181/86 –, NVwZ 1988, 553.

rechtlichen Prüfungsmaßstab aufweisen. Eine Identität des Prüfungsmaßstabes kann sich daraus ergeben, daß das Vorhaben mit dem Allgemeinwohl, mit öffentlichen Interessen oder sonstigen öffentlich-rechtlichen Vorschriften im Einklang stehen muß.[272] Hinzu kommt, daß Rechtsnormen wie § 8 BNatschG und § 50 BImSchG eine fachübergreifende Geltung beanspruchen.

146 Das Problem der Maßstabsidentität wird im Planfeststellungsrecht und zum Teil auch im Recht der Anlagengenehmigung mit Hilfe der **Konzentrationswirkung** entschärft. Neben einem Planfeststellungsbeschluß sind andere behördliche Gestattungen nicht mehr erforderlich;[273] ebenso werden durch die Erteilung einer speziellen Fachgenehmigung andere Gestattungen ersetzt.[274]

147 Mit der Konzentrationswirkung wird die Verwaltung durch die Vermeidung von Doppelprüfungen effektiver, die Rechtssicherheit durch den Ausschluß widersprüchlicher Entscheidungen erhöht und der Rechtsschutz vereinfacht, weil der Drittbetroffene alle Einwendungen gegen die Errichtung und den Betrieb der umweltbelastenden Anlage in einem Verwaltungsverfahren und in einer Anfechtungsklage vorbringen kann, zugunsten des Vorhabenträgers aber auch vorbringen muß. Bei umweltrechtlichen Genehmigungen gilt dies nur bedingt, da die Konzentrationswirkung auf die Ersetzung einzelner Gestattungen beschränkt wird (vgl. § 8 Abs. 2 AtG oder § 13 BImSchG).

148 In der Rechtslehre wird eine Ausdehnung der Konzentrationswirkung teilweise de lege ferenda befürwortet,[275] teilweise wird sie aber sogar auf Genehmigungsverfahren ohne ausdrückliche gesetzliche Regelung ausgedehnt.[276]

149 Soweit eine Konzentrationswirkung in parallenen Erlaubnisverfahren nicht vorgesehen ist, werden in der Literatur die Möglichkeiten der *Vollbindung,* der *Separation* und der *Fachbindung* zur Lösung des Konflikt erwogen.[277]

150 Bei der **Vollbindung** wird die nach dem Wortlaut zahlreicher Vorschriften naheliegende, fachübergreifende Prüfungskompetenz hinsichtlich der Gemeinwohlverträglichkeit und der Übereinstimmung mit sonstigen öffentlich-rechtlichen Vorschriften mit einer vollständigen Bindungswirkung für andere Behörden verknüpft. Demgegenüber wird bei der **Separation** die Prüfungskompetenz der Fachbehörde entsprechend der gesetzlichen Zuständigkeitsverteilung auf fachbezogene Anforderungen beschränkt. Die Bindungswirkung kann dann bereits wegen des gesetzlich vorgeschriebenen Prüfungsumfangs über eine Fachbindung nicht hinausgehen. Schließlich kann durch eine **Fachbindung** eine fachübergreifende Prüfungskompetenz mit einer begrenzten, auf die jeweilige Fachkompetenz beschränkten Bindungswirkung kombiniert werden.

---

[272] Siehe z. B. § 6 WHG, § 6 Abs. 1 Nr. 2 BImSchG, § 7 Abs. 2 Nr. 6 AtG, § 14 AtVfV, § 70 Abs. 1 LBauO NW, § 32 Abs. 1 Nr. 2 KrW-/AbfG.

[273] Vgl. § 75 Abs. 1 S. 1 VwVfG.

[274] Vgl. z. B. § 13 BImSchG, § 8 Abs. 2 AtG, § 152 LWG NW i. V. m. § 75 Abs. 1 VwVfG, § 7 Abs. 3 AbgrG NW.

[275] So z. B. *Erbguth/Schoeneberg,* WuV 1985, 102 (121 ff.); *Jarass,* Konkurrenz, S. 86 ff.; *Schäfer,* NVwZ 1985, 383 (387).

[276] *OVG Münster,* Urt. v. 20. 10. 1978 – XI A 566/77 –, GewArch 1979, 136; *dass.,* Urt. v. 24. 6. 1977 – XI A 483/76 –, GewArch 1978, 174; *VGH Kassel,* Urt. v. 24. 11. 1977 – I OE 97/74 –, RdL 1978, 257; krit. dazu *Schäfer,* NVwZ 1985 383 ff.; im Gegensatz zur Anlagengenehmigung soll der Planfeststellung schon aufgrund ihres Wesens auch ohne gesetzliche Positivierung eine Konzentrationswirkung zukommen, vgl. *BVerwG,* Urt. v. 10. 2. 1978 – 4 C 25.75 –, BVerwGE 55, 220 (230); *dass.,* Urt. v. 7. 7. 1978 – 4 C 79.76 u. a. –, BVerwGE 56, 110 (122).

[277] *Jarass,* Konkurrenz, S. 68 ff.

C. Vorläufiger und vorbeugender Rechtsschutz

151 Um vollendeten Tatsachen, d.h. nicht mehr rückgängig zu machende Folgen des Verwaltungshandelns, möglichst auszuschließen, kann einerseits Rechtsschutz als **vorbeugender** oder **präventiver Rechtsschutz** bereits vor dem Verwaltungshandeln gewährt werden, indem das Gericht nachprüft, ob eine drohende, den Rechtsschutzsuchenden belastende hoheitliche Maßnahme rechtmäßig ist.[278] Andererseits kann möglichst schnell nachträglich oder repressiv eine Kontrolle des Verwaltungshandelns durch **vorläufigen Rechtsschutz** erfolgen.

I. Vorläufiger Rechtsschutz

152 Vorläufiger Rechtsschutz wird durch die **aufschiebende Wirkung** von Widerspruch und Anfechtungsklage gem. § 80 Abs. 1 VwGO und im Wege der **einstweiligen Anordnung** gem. §§ 123, 47 Abs. 7 VwGO gewährt.[279]

1. Vorläufiger Rechtsschutz nach § 80 VwGO

153 Gem. § 80 Abs. 1 S. 1 VwGO haben Widerspruch und Anfechtungsklage aufschiebende Wirkung.[280] Dies gilt gem. § 80 Abs. 1 S. 2 VwGO u.a. auch bei Verwaltungsakten mit Doppelwirkung (§ 80a VwGO). Vorläufiger Rechtsschutz gegen begünstigende und belastende Verwaltungsakte – etwa die Genehmigung von Kernkraftwerken und Industrieanlagen oder die Planfeststellung von Abfalldeponien sowie gegen nachträglich erteilte Auflagen – richtet sich damit nach § 80 VwGO.

a) Aufschiebende Wirkung

154 Die aufschiebende Wirkung i.S.v. § 80 Abs. 1 VwGO bedeutet, daß die Beteiligten sich im Falle der Einlegung des Rechtsbehelfs so zu verhalten haben, als ob der Verwaltungsakt nicht ergangen sei.[281] Von der hoheitlichen Zulassung einer umweltbelastenden Anlage durch Genehmigung oder Plan-

---

278 *BVerfG,* Beschl. v. 19. 6. 1973 – 1 BvL 39/69 und 14/72 –, BVerwGE 35, 263 (274); *dass.,* Beschl. v. 20. 12. 1979 – 1 BvRR 385/77 –, BVerwGE 53, 30 (68); zum Begriff des vorbeugenden Rechtsschutzes ausführl. *Ule,* VerwArch 1974, 291 (294ff.).

279 Zu den Unterschieden zwischen dem Rechtsschutz durch aufschiebende Wirkung u. im Wege der einstweiligen Anordnung siehe *Beckmann,* Rechtsschutz, S. 241; *Schmidt,* in: Eyermann, VwGO, § 80 Rn. 3; zum System des vorläufigen Rechtsschutzes vgl. *Finkelnburg/Jank,* Vorläufiger Rechtsschutz, Rn. 10ff.; zur Einwirkung des EG-Rechts auf den vorläufigen Rechtsschutz *Jannasch,* NVwZ 1999, 495ff.

280 Zur Europarechtskonformität der aufschiebenden Wirkung beim Vollzug des EuropaR vgl. *EuGH,* Urt. v. 21. 2. 1991 – Rs. C-143/88 u. C-92/89 –, NVwZ 1991, 460 (Tz. 18, 20); *Triantafyllou,* NVwZ 1992, 129 (132); *Schmidt,* in: Eyermann, VwGO, § 80 Rn. 2; *Schoch,* in: Schoch/Schmidt-Aßmann/Pietzner, VwGO, § 80 Rn. 58.

281 Vgl. zur Vollzugshemmung *BVerwG,* Urt. v. 21. 6. 1961 – VIII C 398.59 –, BVerwGE 13, 1 (5); zur dogmatisch str. Bewertung der aufschiebenden Wirkung ferner *Schoch,* in: Schoch/Schmidt-Aßmann/Pietzner, VwGO, § 80 Rn. 73ff.; *Schmidt,* in: Eyermann, VwGO, § 80 Rn. 6.

feststellungsbeschluß kann daher mit Eintritt des Suspensiveffekts kein Gebrauch gemacht werden.[282]

155 Die aufschiebende Wirkung beginnt gem. § 80 Abs. 1 VwGO mit Erhebung von Widerspruch und Anfechtungsklage, bei Verwaltungsakten mit Drittwirkung kann der Suspensiveffekt aus rechtsstaatlichen Gründen allerdings erst eintreten, wenn der Adressat des Verwaltungsaktes von der Einlegung des Widerspruchs oder der Erhebung der Anfechtungsklage Kenntnis erhalten hat.[283] Umstritten ist, ob die aufschiebende Wirkung von der Zulässigkeit des Rechtsbehelfs abhängt.[284]

b) Ausschluß und Ende der aufschiebenden Wirkung

156 Die aufschiebende Wirkung entfällt in den Fällen des § 80 Abs. 2 VwGO. Für das Umweltrecht von besonderer Bedeutung ist dabei die Anordnung der sofortigen Vollziehung durch die Ausgangs- oder Widerspruchsbehörde[285] nach § 80 Abs. 2 Nr. 4 VwGO und der Ausschluß der aufschiebenden Wirkung kraft Bundes- oder Landesgesetz nach § 80 Abs. 2 Nr. 3 VwGO.

aa) Anordnung der sofortigen Vollziehung nach § 80 Abs. 2 Nr. 4 VwGO

157 Die Zulassung umweltbelastender Großprojekte wird regelmäßig von betroffenen Dritten mit der Anfechtungsklage angegriffen und mit gleicher Regelmäßigkeit entfällt die aufschiebende Wirkung i. S. v. § 80 Abs. 1 VwGO durch die Anordnung der sofortigen Vollziehung gem. §§ 80a Abs. 1 Nr. 1, 80 Abs. 2 Nr. 4 VwGO.[286] Angesichts der Möglichkeit, das Vorhaben trotz Widerspruchs oder Klage zunächst zu verwirklichen und wegen der bei größeren Anlagen erheblichen Auswirkungen auf Umwelt und Nachbarschaft, ist die Gefahr vollendeter Tatsachen und irreparabeler Schäden besonders hoch. Andererseits sind mit der aufschiebenden Wirkung auch erhebliche finanzielle Einbußen des Anlagenbetreibers und häufig weitere öffentliche und private Interessen an der Projektverwirklichung beeinträchtigt. Zur Abwehr planfeststellungsbedürftiger Vorhaben wird das Verfahren nach §§ 80a Abs. 3, 80 Abs. 5 VwGO häufig als die einzig effektive Rechtsschutzmöglichkeit angesehen, weil bei ausführenden Maßnahmen der Fachplanung, für die ein gem. §§ 80a Abs. 1 Nr. 1, 80 Abs. 2 Nr. 4 VwGO für sofort vollziehbar erklärter Planfeststellungsbeschluß ausreicht – dazu zählen das Enteignungsverfahren und das Verfahren der vorzeitigen Besitzeinweisung –, eine Wiederherstellung des früheren Zustandes regelmäßig ausgeschlossen ist.[287]

158 Die Anordnung der sofortigen Vollziehung setzt ein besonderes öffentliches Interesse am Vollzug, das über das öffentliche Interesse am Erlaß des Verwaltungsaktes hinausgeht,[288] oder ein überwiegendes privates Interesse am sofortigen Vollzug eines der Beteiligten voraus.[289]

---

282 *Schmidt,* in: Eyermann, VwGO, § 80 Rn. 5.

283 *Schenke,* DVBl. 1986, 9 (20); a. A. wohl *Kopp/Schenke,* VwGO, § 80 Rn. 53.

284 Ablehnend *VGH Mannheim,* Beschl. v. 3. 9. 1990 – 5 S 1840/90 –, NVwZ-RR 1991, 176 (177); *OVG Lüneburg,* Beschl. v. 12. 6. 1987 – 7 B 40/87 –, NVwZ 1987, 999 (1000); zum Meinungsstand ausführl. *Schoch,* in: Schoch/Schmidt-Aßmann/Pietzner, VwGO, § 80 Rn. 63 ff.

285 Vgl. *OVG Bautzen,* Beschl. v. 26. 8. 1992 – I S 150/92 –, LKV 1993, 97.

286 Zu den formellen Voraussetzungen einer Anordnung vgl. *Kaltenborn,* DVBl. 1999, 828 ff.

287 So bereits zur alten Rechtslage *Hoppe/Schlarmann,* Rechtsschutz, Rn. 223 f.; *Kügel,* Planfeststellungsbeschluß, S. 242.

288 Zur möglichen Identität von Erlaß- u. Vollzugsinteresse vgl. *VGH Mannheim,* Beschl. v. 27. 6. 1990 – 10 S 1129/90 –, NVwZ-RR 1990, 542 ff. zum AtomR; *ders.,* Beschl. v. 31. 1. 1984 – 5 S 3142/83 –, NVwZ 1985, 58 f. zum NaturschutzR.

289 *BVerfG,* Beschl. v. 12. 9. 1995 – 2 BvR 1179/95 –, NVwZ 1996, 58 (59 m. w. N.); Redeker/v. Oertzen, *VwGO, § 80 Rn. 19.*

Das besondere Interesse an der sofortigen Vollziehung ist gem. § 80 Abs. 3 VwGO schriftlich zu begründen. Die Anforderungen an die schriftliche Begründung sind umstritten.[290] Fraglich ist, inwieweit diese Begründung spezifische Aufschiebungsgründe umfassen muß.[291] **159**

bb) Ausschluß der aufschiebenden Wirkung kraft Gesetzes

Nach § 80 Abs. 2 Nr. 3 VwGO kann die aufschiebende Wirkung kraft Bundes- oder Landesgesetz ausgeschlossen werden. Die Ermächtigung an den Bundes- und Landesgesetzgeber hat gerade im Planungsrecht bei der Planung von Verkehrswegen und im Baurecht an Bedeutung gewonnen. Keine aufschiebende Wirkung entfalten kraft Bundesrechts Rechtsbehelfe gegen die Planfeststellungsbeschlüsse nach §§ 20 Abs. 5 S. 2 AEG, § 17 Abs. 6a S. 1 FStrG, § 29 Abs. 6 S. 2 PBefG, § 12a AbwAbG und Rechtsbehelfe gegen die bauaufsichtsrechtliche Zulassung von Vorhaben gem. § 212a Abs. 1 BauGB.[292] **160**

cc) Ende der aufschiebenden Wirkung nach § 80b Abs. 1 VwGO

Die aufschiebende Wirkung endet gem. § 80b Abs. 1 S. 1 VwGO mit der Unanfechtbarkeit des angegriffenen Verwaltungsaktes oder, wenn die Anfechtungsklage im ersten Rechtszug abgewiesen worden ist, drei Monate nach Ablauf der gesetzlichen Begründungsfrist des gegen die abweisende Entscheidung gegebenen Rechtsmittels.[293] Durch die Begrenzung der aufschiebenden Wirkung auf den ersten Rechtszug soll verhindert werden, daß Rechtsmittel eingelegt werden, allein um den Eintritt der Unanfechtbarkeit und damit der Vollziehbarkeit des belastenden Verwaltungsaktes zu verzögern.[294] **161**

b) Aussetzungsentscheidung

Das Gericht der Hauptsache kann gem. § 80 Abs. 5 S. 1 VwGO die aufschiebende Wirkung anordnen, wenn der Verwaltungsakt gem. § 80 Abs. 2 Nr. 1 bis 3 VwGO kraft Gesetzes sofort vollziehbar ist und im Falle der Anordnung der sofortigen Vollziehung gem. § 80 Abs. 1 Nr. 4 VwGO die aufschiebende Wirkung wiederherstellen. Nach § 80 Abs. 5 S. 3 VwGO kann das Gericht die Aufhebung der Vollziehung anordnen, wenn der Verwaltungsakt im Zeitpunkt der Entscheidung bereits vollzogen ist. Für Verwaltungsakte mit Doppelwirkung gilt dies nunmehr ausdrücklich gem. § 80a **162**

---

[290] Vgl. dazu *Kopp/Schenke,* VwGO, § 80 Rn. 84; *Schoch,* in: Schoch/Schmidt-Aßmann/Pietzner, VwGO, § 80 Rn. 178; *Redeker/v. Oertzwen,* VwGO, § 80 Rn. 20.

[291] So *OVG Schleswig,* Beschl. v. 19. 6. 1991 – 4 M 43/91 –, NVwZ 1992, 688 (689); *OVG Koblenz,* Beschl. v. 31. 1. 1985 – 11 B 201/84 –, NVwZ 1985, 919f.; a.A. wohl *OVG Münster,* Beschl. v. 8. 2. 1999 – 1 B 3117/90 –, NWVBl. 1991, 278f.

[292] In der Lit. wird die Verlagerung in den vorläufigen Rechtsschutz kritisiert, vgl. *Lotz,* BayVBl. 1997, 257 (262); *Schmidt,* in: Eyermann, VwGO, § 80 Rn. 30; zum Wegfall der aufschiebenden Wirkung nach § 212a BauGB bei Widersprüchen vor dem 1. 1. 1997 vgl. *VGH Mannheim,* Beschl. v. 16. 4. 1998 – 8 S 740/98 –, BauR 1998, 1005ff.; *OVG Münster,* Beschl. v. 23. 1. 1998 – 7 B 2984/97 –, NVwZ 1998, 759ff.

[293] *Kopp/Schenke,* VwGO, § 80 Rn. 34; *Schmidt,* in: Eyermann, VwGO, § 80 Rn. 16; vgl. zur Fristberechnung auch *Ruffert,* NVwZ 1997, 654 (655); *Lotz,* BayVBl. 1997, 257 (262f.); *Schenke,* NJW 1997, 80 (85f.).

[294] Vgl. BR-Drs. 30/96, S. 18.

Abs. 3 S. 2 VwGO.[295] Ferner kann das Oberverwaltungsgericht in den Fällen des § 80b Abs. 1 VwGO gem. § 80b Abs. 2 VwGO anordnen, daß die aufschiebende Wirkung fortdauert.

163 § 80 Abs. 5 VwGO kommt auch entsprechend in den Fällen der sog. faktischen Vollziehung zur Anwendung, wenn die Behörde irrtümlich vom Vorliegen der Voraussetzungen einer sofortigen Vollziehbarkeit ausgeht.[296] Mißachtet dagegen die Behörde bewußt die aufschiebende Wirkung eines Rechtsmittels, so wird Rechtsschutz durch einstweilige Anordnungen gem. § 123 VwGO zur Durchsetzung der Belange des Betroffenen gewährt.[297] Mißachtet dagegen bei Verwaltungsakten mit Drittwirkung der Begünstigte die aufschiebende Wirkung des Rechtsbehelfs, so richtet sich der Rechtsschutz gem. § 80a Abs. 3 i.V.m. Abs. 1 Nr. 2 VwGO und nicht nach § 123 VwGO.[298]

164 Das Aussetzungsverfahren gem. § 80 Abs. 5 VwGO setzt einen **Antrag** des Betroffenen voraus.[299] Aufgrund fachgesetzlicher Vorschriften ist der Antrag häufig fristgebunden.[300]

165 Wird ein Verwaltungsakt durch mehrere Kläger möglicherweise sogar in unterschiedlichen Instanzen angegriffen, so ist im Verfahren nach § 80 Abs. 5 VwGO jeweils das Gericht zuständig, das für das jeweilige Verwaltungsstreitverfahren das Gericht der Hauptsache ist.[301]

c) Entscheidungsmaßstäbe

166 Die Entscheidungsmaßstäbe, nach denen das Gericht im Rahmen des Rechtsbehelfs nach § 80 Abs. 5 VwGO entscheiden muß, sind in § 80 VwGO nicht geregelt.[302] Das Gericht hat zunächst zu prüfen, ob die sofortige Vollziehung durch die *zuständige Behörde* angeordnet worden ist und ob sie ordnungsgemäß gem. § 80 Abs. 3 VwGO *begründet* worden ist.[303] Fehlt die erforderliche Begründung oder ist sie unzulänglich, so führt dies bei einem Antrag gem. § 80 Abs. 5 VwGO notwendig zur Aufhebung der sofortigen Vollziehung.[304] Das Gericht hat außerdem zu prüfen, ob die sofortige Voll-

---

[295] Vgl. dazu *Schoch,* NVwZ 1991, 1121 (1124).

[296] *VGH Mannheim,* Beschl. v. 13. 3. 1990 – 1 S 3361/89 –, NVwZ-RR 1990, 513; *OVG Münster,* Beschl. v. 3. 9. 1992 – 14 B 684/92 –, NVwZ-RR 1993, 269; *Schoch,* in: Schoch/Schmidt-Aßmann/Pietzner, VwGO, § 80 Rn. 241; *Kopp/Schenke,* VwGO, § 80 Rn. 10; *Redeker/v. Oertzen,* § 80 Rn. 51; *Schmidt,* in: Eyermann, VwGO, § 80 Rn. 109.

[297] *Schmidt,* in: Eyermann, VwGO, § 80 Rn. 110; a.A. *Schenke,* DVBl. 1986, 9 (12ff.).

[298] Vgl. *OVG Berlin,* Beschl. v. 26. 2. 1993 – 2 S 251/93 –, NVwZ-RR 1993, 458; *Schoch,* NVwZ 1991, 1121 (1125); *Schmidt,* in: Eyermann, VwGO, § 80 Rn. 110.

[299] Zur str. Frage der Erforderlichkeit eines vorherigen Antrags bei der Behörde vgl. *Schmidt,* in: Eyermann, VwGO, § 80 Rn. 61 m.w.N.

[300] Vgl. etwa §§ 5 Abs. 2 S. 2 VWegePlBG, § 20 Abs. 5 S. 2 AEG, § 17 Abs. 6a S. 2 u. 3 FStrG, § 19 Abs. 1 S. 1 u. 2 WaStrG, § 10 Abs. 6 S. 1 LuftVG, § 29 Abs. 6 S. 3 PBefG.

[301] Die gerichtliche Aussetzungsentscheidung gem. § 80 Abs. 5 VwGO kann bei mehreren Antragstellern dem einzelnen gegenüber durchaus unterschiedlich ausfallen vgl. *BVerwG,* Beschl. v. 21. 7. 1982 – 4 ER 401/81 –, BVerwGE 64, 347f.; *Redeker/v. Oertzen,* VwGO, § 80 Rn. 55.

[302] Der Entscheidungsmaßstab ist in den Fällen des Ausschlusses der aufschiebenden Wirkung nach § 80 Abs. 2 VwGO u. § 80a Abs. 1 u. 2 VWGO u. § 80b Abs. 1 VwGO jeweils identisch, vgl. *Redeker/v. Oertzen,* VwGO, § 80a Rn. 9 u. § 80b Rn. 9.

[303] *Erichsen,* Jura 1984, 478 (486).

[304] *Kopp/Schenke,* VwGO, § 80 Rn. 87 m.w.N.

ziehung durch das Vorliegen eines *besonderen Vollzugsinteresses* gerechtfertigt ist. Das Gericht überprüft insoweit nicht nur die Gründe der Verwaltungsentscheidung, sondern trifft im Rahmen des § 80 Abs. 5 VwGO eine eigene Abwägung zwischen den Vollzugsinteressen und den Aufschubinteressen entsprechend den Maßstäben des § 80 Abs. 2 Nr. 4 VwGO.[305]

aa) Berücksichtigung der Erfolgsaussichten

Im Rahmen der Abwägungsentscheidung sind die Erfolgsaussichten des Rechtsbehelfs in der Hauptsache zu berücksichtigen.[306] Läßt sich schon bei summarischer Prüfung feststellen, daß der angefochtene *Verwaltungsakt offensichtlich rechtswidrig* ist und den Kläger in seinen Rechten verletzt, so kann kein öffentliches Interesse an der sofortigen Vollziehung des Verwaltungsaktes bestehen. Umgekehrt hat der Adressat keinen Anspruch vom Vollzug eines *offensichtlich rechtmäßigen Verwaltungsakts* verschont zu bleiben. Allerdings bedarf es in diesen Fällen – trotz Aussichtslosigkeit des Rechtsbehelfs – eines besonderen öffentlichen Interesses an der sofortigen Vollziehung.[307] Die fehlenden Erfolgsaussichten können daher nur ein bereits bestehendes Vollzugsinteresse verstärken.[308] **167**

Ob und inwieweit über eine solche Evidenzprüfung hinaus die Erfolgsaussichten im Hauptsacheverfahren bei der gerichtlichen Aussetzungsentscheidung zu berücksichtigen sind, ist umstritten.[309] In Rechtsprechung und Literatur wird die Ansicht vertreten, daß in den Fällen, in denen die sofortige Vollziehung zu vollendeten oder zumindest zu praktisch nicht mehr rückgängig zu machenden Tatsachen führen werde, die Sach- und Rechtslage über die Evidenzkontrolle hinaus aufzuklären sei.[310] Dies ergebe sich aus Art. 19 Abs. 4 GG. Die Berücksichtigung der Erfolgsaussichten im Hauptsacheverfahren wird nach anderer Ansicht abgelehnt.[311] Sie sei mit dem Zweck des Verfahrens nach § 80 Abs. 5 VwGO nicht zu vereinbaren. Im Zweifel sei vielmehr die aufschiebende Wirkung zunächst erst wiederherzustellen.[312] **168**

---

[305] *OVG Lüneburg,* Beschl. v. 7. 10. 1983 – 9 OVG B 170/83 –, GewArch 1983, 382; *Limberger,* Vorläufiger Rechtsschutz, S. 157; *Martens,* DVBl. 1985, 541; *Kopp/Schenke,* VwGO, § 80 Rn. 78; a. A. *Renck,* NVwZ 1990, 38 (39); *Sellner,* FS Lerche, S. 816 (822); *Jacobs,* VBlBW 1990, 446 (450).

[306] *Martens,* DVBl. 1985, 541; *Erichsen,* Jura 1984, 478 (484 f.); *Kopp/Schenke,* VwGO, § 80 Rn. 152, 158 m. w. N.; a. A. allerdings *Ule,* DVBl. 1982, 821 (832), der auf eine Erfolgskontrolle ganz verzichten will.

[307] So *OVG Münster,* Beschl. v. 28. 7. 1993 – 1 B 1582/93 –, NWVBl. 1993, 465; *OVG Berlin,* Beschl. v. 8. 7. 1970 – II S 3/70 –, NJW 1970, 2077 f.; *VGH Kassel,* Beschl. v. 29. 3. 1985 – 5 TH 1217/84 –, NVwZ 1985, 918 f.; *OVG Schleswig,* Beschl. v. 13. 9. 1991 – 4 M 125/91 –, NVwZ 1992, 687 f.; *Schoch,* in: Schoch/Schmidt-Aßmann/Pietzner, VwGO, § 80 Rn. 265; nach a. A. ist eine besondere Dringlichkeit nicht erforderlich, vgl. *OVG Münster,* Beschl. v. 13. 9. 1996 – 11 B 1083/96 –, NWVBl. 1997, 106 (107); *BVerfG,* Besch. v. 12. 9. 1995 – 2 BvR 1179/95 –, NVwZ 1996, 58 (60).

[308] *OVG Lüneburg,* Beschl. v. 7. 10. 1983 – 9 OVG B 170/83 –, GewArch 1983, 382; *VGH Kassel,* Beschl. v. 1. 4. 1985 –2 TH 1805/84 –, NVwZ 1986, 668 (670).

[309] Vgl. zum Meinungsstand *Schmidt,* in: Eyermann, VwGO, § 80 Rn. 1.

[310] *BVerfG,* Beschl. v. 24. 6. 1993 – 2 BvR 541/93 –, NVwZ-RR 1994, 56 (57); *VGH München,* Beschl. v. 12. 4. 1991 – 1 CS 91 439 –, BayVBl. 1991, 720 (721); *VGH Kassel,* Beschl. v. 31. 5. 1990 – 8 R 3118/89 –, NVwZ 1991, 88 (91).

[311] *OVG Schleswig,* Beschl. v. 13. 9. 1991 – 4 M 125/91 –, NVwZ 1992, 687 (688); so auch *Limberger,* Vorläufiger Rechtsschutz, S. 159 ff.; *Schuy,* Vorläufiger Rechtsschutz, S. 60 ff.; näher dazu *Beckmann,* Rechtsschutz, S. 249 ff.

[312] *VGH München,* Besch. v. 1. 9. 1989 – 26 CS 89 1328 –, BayVBl. 1990, 211 (212); *Schmidt,* in: Eyermann, VwGO, § 80 Rn. 1.

bb) Abwägung der Interessen bei offenen Erfolgsaussichten

169 Lassen sich im einstweiligen Verfahren die Erfolgsaussichten für das Hauptsacheverfahren nicht hinreichend – weder positiv och negativ – bestimmen, muß das Gericht ohne Berücksichtigung der materiellen Rechtslage aufgrund einer reinen Interessenabwägung entscheiden.[313]

170 In der Rechtsprechung wird in diesem Fällen teilweise unter Hinweis auf die Normstruktur in den Fällen des § 80 Abs. 2 Nr. 1 bis 3 VwGO in der Regel dem Vollzugsinteresse und in den Fällen des § 80 Abs. 2 Nr. 4 VwGO in der Regel dem Aufschubinteresse Vorrang eingeräumt.[314] Demgegenüber wird von einem anderen Teil der Rechtsprechung bei der Interessenabwägung entsprechend der Grundregel des § 80 Abs. 1 VwGO von der aufschiebenden Wirkung des Rechtsbehelfs ausgegangen.[315]

2. Vorläufiger Rechtsschutz im Wege der einstweiligen Anordnung

171 Vorläufiger Rechtsschutz wird im Umweltrecht zudem durch die einstweilige Anordnung gewährt. Die einstweilige Anordnung ist gem. § 123 Abs. 5 VwGO nur statthaft, wenn in der Hauptsache eine andere verwaltungsgerichtliche Klage als die Anfechtungsklage, also insbesondere Verpflichtungsklage, allgemeine Leistungsklage und Feststellungsklage zu erheben sind. Einstweilige Anordnungen können gem. § 47 Abs. 6 VwGO auch im Normenkontrollverfahren erlassen werden.

172 Die einstweilige Anordnung kommt daher als Mittel des vorläufigen Rechtsschutzes vor allem in Betracht bei der Rechtskontrolle von Umweltplänen und Schutzgebietsausweisungen im Wege des Normenkontrollverfahrens, der Leistungsklage und der Feststellungsklage. Einstweilige Anordnungen sind außerdem möglich in den Fällen, in denen dem Antragsteller die Zulassung verweigert wird, oder zur vorläufigen Durchsetzung von Stillegungen oder von Schutzanordnungen zugunsten belasteter Dritter. Schließlich sind einstweilige Anordnungen auch zur vorläufigen Abwehr hoheitlicher Immissionen denkbar.

a) Einstweilige Anordnung nach § 123 VwGO

173 Vorläufiger Rechtsschutz ist nach § 123 VwGO statthaft, wenn in der Hauptsache eine Verpflichtungsklage, allgemeine Leistungsklage oder Feststellungsklage zu erheben sind.[316]

174 In § 123 Abs. 1 VwGO sind **zwei Arten** einstweiliger Anordnungen vorgesehen. Gem. § 123 Abs. 1 S. 1 VwGO kann das Gericht eine einstweilige Anordnung treffen, wenn die Gefahr besteht, daß durch eine Veränderung des bestehenden Zustandes die Verwirklichung eines Rechts des Antragstellers vereitelt oder wesentlich erschwert werden könnte. Die **Sicherungsanordnung** dient der Wahrung des Status quo.[317]

---

[313] *Martens,* DVBl. 1985, 541 (546); *Kügel,* Planfeststellungsbeschluß, S. 245f.; *Erichsen,* Jura 1984, 478 (487).

[314] Vgl. *VGH Mannheim,* Besch. v. 26. 10. 1994 – 5 S 2344/94 –, VBlBW 1995, 237 (238); *OVG Münster,* Beschl. v. 28. 7. 1993 – 1 B 1582/93 –, NWVBl. 1993, 465.

[315] *BVerfG,* Beschl. v. 11. 2. 1982 – 2 BvR 77/82 –, NVwZ 1982, 241; *dass.,* Beschl. v. 20. 12. 1979 – 1 BvR 385/77 –, BVerfGE 53, 30 (67f.); *OVG Lüneburg,* Beschl. v. 8. 11. 1983 – 8 TH 55/83 –, DÖV 1984, 90.

[316] Zur Frage des Rechtsschutzes nach § 123 VwGO in den Fällen des faktischen Vollzugs vgl. oben § 11 Rn. 163.

[317] Vgl. *Schoch,* Risikoverteilung, S. 1474; vgl. auch *Finkelnburg/Jank,* Vorläufiger Rechtsschutz, Rn. 173.

Beispiele: Als Sicherungsansprüche kommen Ansprüche auf Erlaß eines begünstigenden Verwaltungsaktes, also etwa auf Erteilung einer immissionsschutzrechtlichen oder abfallrechtlichen Genehmigung, Ansprüche auf ermessensfehlerfreie Neubescheidung, etwa bezüglich der im Ermessen stehenden nachträglichen Anordnungen gem. §§ 17 BImSchG, 5 WHG oder Unterlassungs- und Beseitigungsansprüche in Betracht.[318]

Gem. § 123 Abs. 1 S. 2 VwGO sind einstweilige Anordnungen auch zur Regelung eines vorläufigen Zustandes in Bezug auf ein streitiges Rechtsverhältnis zulässig, wenn diese Regelung, vor allem bei dauernden Rechtsverhältnissen, um wesentliche Nachteile abzuwenden oder drohende Gewalt zu verhindern oder aus anderen Gründen nötig erscheint.[319] Die **Regelungsanordnung** dient der Veränderung des Status quo.[320] Ein Rechtsverhältnis i. S. d. § 123 Abs. 1 S. 2 VwGO besteht, wenn sich aus einem konkreten Sachverhalt aufgrund bestimmter Rechtsnormen rechtliche Beziehungen zwischen den Verfahrensbeteiligten ergeben.[321] **175**

Beispiele: Rechtsverhältnisse können Statusverhältnisse, Mitgliedschaftsrechte oder durch öffentlichen Vertrag begründete Rechtsverhältnisse sein.

Ein **Anordnungsanspruch** kann sich sowohl aus materiellem Recht als auch aus Verfahrensrechten ergeben.[322] Der **Anordnungsgrund** muß die Eilbedürftigkeit der vorläufigen Regelung begründen. **176**

Zuständig für den Erlaß der einstweiligen Anordnung ist das Gericht der Hauptsache (§ 123 Abs. 2 S. 1 VwGO).[323] **177**

Begründet ist ein Anordnungsantrag nach § 123 VwGO, wenn **Anordnungsgrund** und **Anordnungsanspruch** glaubhaft gemacht sind (§ 123 Abs. 3 VwGO i. V. m. § 920 Abs. 2 ZPO). Dabei ist der Anordnungsanspruch auch im Verfahren des vorläufigen Rechtsschutzes strikt rechtlich zu prüfen.[324] **178**

Umstritten ist, ob einstweilige Anordnungen auch dann ergehen können, wenn die angestrebte Verwaltungsentscheidung im Ermessen der Verwaltung steht.[325] **179**

Einstweilige Anordnungen dürfen nur vorläufige Regelungen treffen. Das verbietet es regelmäßig, die Genehmigungsbehörde im Wege der einstweiligen Anordnung zur Erteilung einer Genehmigung zu verpflichten. Allerdings kann die Vorwegnahme der Hauptsache durch Verpflichtung zur Erteilung einer Genehmigung zulässig sein, wenn dem Antragsteller durch das Abwarten der Entscheidung in der Hauptsache unzumutbare und irreparable Nachteile entstehen würden und sich andererseits mit hinreichender Wahr- **180**

---

318 Vgl. dazu i. e. *Finkelnburg/Jank,* Vorläufiger Rechtsschutz, Rn. 175 ff.

319 Dazu ausführl. *Finkelnburg/Jank,* Vorläufiger Rechtsschutz, Rn. 142 ff.

320 Vgl. *Schoch,* Risikoverteilung, S. 1475.

321 *Redeker/v. Oertzen,* VwGO, § 123 Rn. 6.

322 Vgl. zur Sicherung der Mitwirkungsrechte nach § 29 Abs. 1 BNatSchG vgl. *OVG Schleswig,* Beschl. v. 30. 12. 1993 – 4 M 129/93-, NVwZ 1994, 590.

323 Zu Fragen der Zulässigkeit des Antrags vgl. *Happ,* in: Eyermann, VwGO, § 123 Rn. 26 ff.

324 *Happ,* in: Eyermann, VwGO, § 123 Rn. 16, 48; a. A. *Kopp/Schenke,* VwGO, § 123 Rn. 29, wonach eine Interessenabwägung nach den gleichen Grundsätzen zu erfolgen hat wie bei der Aussetzungsentscheidung nach § 80 Abs. 5 VwGO.

325 Vgl. dazu *Happ,* in: Eyermann, VwGO, § 123 Rn. 49 m. w. N.

scheinlichkeit voraussehen läßt, daß der Antragsteller im Verfahren zur Hauptsache obsiegen wird.[326]

b) Einstweilige Anordnung nach § 47 Abs. 6 VwGO

181 Gem. § 47 Abs. 6 VwGO kann das Gericht auf Antrag eine einstweilige Anordnung erlassen, wenn dies zur Abwehr schwerer Nachteile oder aus anderen wichtigen Gründen dringend geboten ist.[327] Einstweiliger Rechtsschutz nach § 47 Abs. 6 VwGO setzt voraus, daß die angegriffene Norm rechtsverbindlich geworden ist.[328]

182 Die **Zulässigkeit** des Antrags auf einstweilige Anordnung richtet sich nach den Zulässigkeitsvoraussetzungen des Hauptsacheverfahrens;[329] das gilt insbesondere für die *Antragsberechtigung.*[330] *Antragsgegner* ist der Hoheitsträger, der die Rechtsvorschrift erlassen hat.[331] Das *Rechtsschutzinteresse* für den Eilantrag fehlt, wenn der Antragsteller sein Ziel auf andere, einfachere Weise erreichen kann.[332] Rechtsschutz nach § 47 Abs. 6 VwGO kommt nicht in Betracht, wenn vorläufiger Rechtsschutz nach §§ 80 Abs. 5, 80a VwGO und § 123 VwGO möglich ist.[333] Das Rechtsschutzinteresse für den Eilantrag kann außerdem fehlen, wenn auf absehbare Zeit nicht mit einer auf die Rechtsvorschrift gestützten Vollzugsmaßnahme zu rechnen ist.[334]

183 **Begründet** ist der Antrag, wenn der Erlaß der einstweiligen Anordnung zur Abwehr schwerer Nachteile oder aus anderen wichtigen Gründen dringend geboten ist. Bei der Prüfung der Voraussetzungen für den Erlaß einer einstweiligen Anordnung hat das Gericht unter Auslegung eines strengeren Maßstabes eine Interessenabwägung vorzunehmen.[335] Die Gründe müssen so schwerwiegend sein, daß sie unabweisbar sind.[336] Das ist der Fall, wenn bis zur Entscheidung der Hauptsache die Schaffung vollendeter Tatsachen droht und der Antrag in der Hauptsache offensichtlich begründet ist. Die Erfolgsaussichten des Hauptsacheverfahrens sind im gleichen

---

[326] Vgl. dazu *BVerfG,* Beschl. v. 19. 9. 1989 – 2 BvR 1576/88 –, NJW 1990, 501 f.; *VGH Kassel,* Besch. v. 26. 10. 1993 – 6 TG 2221/93 –, NVwZ 1994, 396.

[327] Vgl. zur Zuständigkeit des Gerichts *Schmidt,* in: Eyermann, VwGO, § 47 Rn. 110.

[328] *Schmidt,* in: Eyermann, VwGO, § 47 Rn. 108; *Kopp/Schenke,* VwGO, § 47 Rn. 76.

[329] *Quaas/Müller,* Normenkontrolle, Rn. 257.

[330] *Redeker/v. Oertzen,* VwGO, § 47 Rn. 50.

[331] *Redeker/v. Oertzen,* VwGO, § 47 Rn. 51; *Schmidt,* in: Eyermann, VwGO, § 47 Rn. 109; a. A. *VGH Mannheim,* Beschl. v. 11. 2. 1977 – III 88/77 –, NJW 1977, 1212, wonach Antragsgegner jeder Hoheitsträger ist, der die streitige Norm anzuwenden hat.

[332] *OVG Münster,* Beschl. v. 23. 12. 1980 – 11 ND 19/80 –, DVBl. 1981, 687 (688).

[333] *OVG Münster,* Beschl. v. 14. 2. 1990 – 10 aND 14/89 –, NWVBl. 1990, 233; *Redeker/v. Oertzen,* VwGO, § 47 Rn. 50; a. A. *OVG Lüneburg,* Beschl. v. 14. 6. 1990 – 1 M 33/90 –, BauR 1990, 579 (580); *VGH Kassel,* Beschl. v. 12. 1. 1989 – 3 NG 4239/88 –, DVBl. 1989, 887; *ders.,* Beschl. v. 19. 12. 1990 – 4 NG 1374/90 –, NVwZ-RR 1991, 588 ff.; *Kopp/Schenke,* VwGO, § 47 Rn. 76.

[334] *Stüer,* DVBl. 1985, 469 (480); *Quaas/Müller,* Normenkontrolle, Rn. 258.

[335] Vgl. dazu *Schmidt,* in: Eyermann, VwGO, § 47 Rn. 106.

[336] *VGH Mannheim,* Beschl. v. 23. 3. 1992 – 1 S 2552/91 –, NVwZ-RR 1992, 418 f.; *Kopp/Schenke,* VwGO, § 47 Rn. 78; *Schmidt,* in: Eyermann, VwGO, § 47 Rn. 106.

Umfange zu berücksichtigen wie in den Eilverfahren nach §§ 80 Abs. 5, 123 VwGO.[337]

Die vorläufige Entscheidung im Normenkontrollverfahren führt wegen des Charakters als objektivem Beanstandungsverfahren zu einer generellen, vorläufigen Außervollzungsetzung der angegriffenen Norm.[338] **184**

II. Vorbeugender Rechtsschutz

Der vorbeugende Rechtsschutz ist notwendig, wenn der repressive Rechtsschutz einschließlich des vorläufigen Rechtsschutzes nicht effektiv ist, insbesondere weil er die Schaffung vollendeter Tatsachen nicht hindert. Das ist vor allem im Planungsrecht denkbar, weil die Rechtsschutzmöglichkeiten gegenüber vorbereitenden, höherstufigen Planungen – etwa die Linienbestimmung nach § 16 FStrG und § 13 WaStrG,[339] die luftverkehrsrechtliche Genehmigung nach § 6 LuftVG[340] oder den Flächennutzungsplan[341] – wegen fehlender Außenwirkung fehlt.[342] Ist der nachträgliche Rechtsschutz erst gegen Planvollzugsmaßnahmen oder gegen die unterste Stufe der Planung (etwa gegen den Planfeststellungsbeschluß oder gegen den Bebauungsplan) eröffnet, dann besteht die Gefahr, daß vollendete Tatsachen geschaffen werden, indem im Innenverhältnis der Behörden und damit faktisch auch nach außen wirkend eine „Verkürzung" der Planung, insbesondere eine Verfestigung der Standortfragen, eintritt.[343] **185**

1. Vorbeugender Rechtsschutz gegenüber konkret-individuellen hoheitlichen Maßnahmen

Die Zulässigkeit des vorbeugenden Rechtsschutzes gegenüber konkret-individuellen hoheitlichen Maßnahmen, d. h. auf die Abwehr drohender Verwaltungsakte oder sonstiger Belastungen durch hoheitliches Handeln, etwa den durch öffentliche Einrichtungen verursachten Emissionen, allgemein anerkannt.[344] Voraussetzung ist jedoch stets ein besonderes Rechts- **186**

---

[337] Vgl. zur Begründetheit des Antrags *Kopp/Schenke,* VwGO, § 47 Rn. 110; zur Abweisung des Antrags wegen Verstoßes gegen Treu und Glauben vgl. *OVG Münster,* Urt. v. 30. 10. 1996 – 11 aB 2211/96.NE –, NWVBl. 1997, 215.

[338] *Quaas/Müller,* Normenkontrolle, Rn. 262f.

[339] Siehe *BVerwG,* Urt. v. 26. 6. 1981 – 4 C 5.78 –, BVerwGE 62, 362; ausführl. dazu *Steinberg,* NVwZ 1983, 209ff.

[340] *BVerwG,* Urt. v. 7. 7. 1978 – 4 C 79.76 u. a. -, BVerwGE 56, 111 (137); *dass.,* Urt. v. 11. 12. 1978 – 4 C 13.78 –, DÖV 1979, 517ff.; ausführl. dazu *Bäumler,* DÖV 1981, 43ff.; *Wahl,* DVBl. 1982, 58ff.

[341] Siehe *VGH Kassel,* Beschl. v. 26. 2. 1969 – IV N 8/67 –, BRS 22 Nr. 11; *Hahn,* JuS 1983, 678 (679).

[342] Siehe dazu *Hoppe/Schlarmann,* Rechtsschutz, Rn. 54.

[343] *BVerwG,* Urt. v. 25. 8. 1971 – IV C 22.69 –, DÖV 1972, 129 (131); vgl. zu § 6 LuftVG *OVG Lüneburg,* Beschl. v. 13. 7. 1972 – VI OVG B 37/72 –, DVBl. 1972, 795.

[344] Vgl. *BVerwG,* Urt. v. 26. 6. 1981 – 4 C 5.78 –, BVerwGE 62, 342 (352); *dass.,* Urt. v. 12. 11. 1982 – 4 C 67/68.80 –, NJW 1984, 1642; *Happ,* in: Eyermann, VwGO, § 42 Rn. 67 u. § 40 Rn. 25; zu verfassungsrechtl. Zweifeln *Ule,* VerwArch 1974, 251 (298ff.); *Peine,* Jura 1983, 280 (288); *Tschira/Schmitt Glaeser,* Verwaltungsprozeßrecht, S. 172f.

schutzinteresse. Daran fehlt es, wenn und solange es dem Betroffenen zugemutet werden kann, nachträglichen Rechtsschutz in Anspruch zu nehmen.[345]

187 Gewährt wird vorbeugender Rechtsschutz im Wege der *vorbeugenden Unterlassungsklage* und der *vorbeugenden Feststellungsklage.*

188 Mit der **vorbeugenden Unterlassungsklage** kann präventiver Rechtsschutz gegen drohendes Verwaltungshandeln, unabhängig von der Rechtsform des Handelns, also auch gegen drohende Verwaltungsakte, begehrt werden.[346]

189 Mit der **vorbeugenden Feststellungsklage** kann der Kläger gerichtlich feststellen lassen, daß er gegenüber der Verwaltung ein Recht auf Unterlassen bestimmter Maßnahmen, etwa einer Stillegungsverfügung oder einer nachträglichen Anordnung hat. Der Kläger kann aber auch die Feststellung begehren, daß er zu bestimmten Handlungen, etwa zum Betrieb einer Anlage ohne Genehmigung, berechtigt ist.

190 Die vorbeugende Feststellungsklage ist anders als die Feststellungsklage im Verhältnis zur Leistungsklage nicht subsidiär gegenüber der vorbeugenden Unterlassungsklage.[347] Der Kläger hat somit ein Wahlrecht, ob er eine vorbeugende Unterlassungsklage oder eine vorbeugende Feststellungsklage erheben will. Teilweise kann der Kläger sein Ziel jedoch ausschließlich oder besser mit der Feststellungsklage erreichen.[348] Das gilt etwa, wenn das festzustellende Rechtsverhältnis nicht zwischen den Parteien des Feststellungsprozesses, sondern zwischen dem Beklagten und einem Dritten besteht.[349] Das kann z. B. der Fall sein, wenn ein Planbetroffener Feststellungsklage gegenüber dem Plangeber erhebt, obwohl das durch die Rechtsnorm begründete Rechtsverhältnis zwischen dem Planbetroffenen als Normadressaten und der Behörde, die die Regelung anzuwenden bzw. ihr Befolgen zu überwachen und durchzusetzen hat, begründet wird.[350] Eine vorbeugende Feststellungsklage kann außerdem den Interessen des Klägers gerechter werden als eine vorbeugende Unterlassungsklage, wenn die begehrte Feststellung Bedeutung für verschiedene Rechtsbeziehungen haben kann. So kann die gerichtliche Feststellung, der Betrieb einer Anlage sei nicht genehmigungspflichtig, nicht nur der Abwehr einer behördlichen Stillegungsverfügung dienen, sondern auch im Verhältnis zu Drittbetroffenen von wesentlichem Interesse sein.

2. *Vorbeugender Rechtsschutz gegen Rechtsnormen*

191 Umstritten ist die Zulässigkeit vorbeugenden Rechtsschutzes gegen Rechtsnormen, also gegen Umweltpläne, Schutzgebietsausweisungen oder außenverbindliche Verwaltungsvorschriften.[351]

192 In der Literatur werden vorbeugende Klagen auf Unterlassung der Rechtsetzung überwiegend abgelehnt. Die Ablehnung erstreckt sich sowohl auf präventive Nor-

---

[345] *Finkelnburg/Jank,* Vorläufiger Rechtsschutz, Rn. 27.

[346] *Redeker/v. Oertzen,* VwGO, § 42 Rn. 162; Peine, Jura 1983, 285 (288); *Ule,* VerwArch 1974, 291 (308); *Maetzel,* DVBl. 1974, 335 (337).

[347] *Peine,* Jura 1983, 285 (295f.); *Ule,* VerwArch 1974, 291 (309); *Maetzel,* DVBl. 1974, 335 (338); a. A. *Kopp/Schenke,* VwGO, § 43 Rn. 24.

[348] Vgl. dazu *Schenke,* AöR 1970, 223 (257); *Peine,* Jura 1983, 285 (296).

[349] Zur Zulässigkeit einer solchen Klage vgl. *BVerwG,* Beschl. v. 9. 10. 1984 – 7 B 187/84 –, NVwZ 1985, 112 (113); *OVG Münster,* Urt. v. 22. 9. 1982 – 4 A 989/81 –, NVwZ 1984, 522 (523); *Kopp/Schenke,* VwGO, § 43 Rn. 16 m. w. N.

[350] Vgl. dazu im Zusammenhang mit der gerichtlichen Kontrolle von Raumordnungsplänen *Hoppe,* RuL, Rn. 411 ff.

[351] Zum Rechtsschutz gegen Normen ausführl. *Lapp,* Vorbeugender Rechtsschutz gegen Normen, S. 31 ff.

menkontrollen im Rahmen des § 47 VwGO[352] als auch auf vorbeugende Feststellungsklagen, wenn sie dazu benutzt werden, um mit einer antizipierten Inzidentprüfung die Unzulässigkeit der Normenkontrolle zu umgehen.[353] Klagen, die Planungsträgern die Fortsetzung der Planung untersagen sollen, sind danach unzulässig.[354]

Demgegenüber sieht das Bundesverwaltungsgericht Klagen auf Unterlassung rechtsetzender Maßnahmen als zulässig an. Dem Prozeßrecht könne nicht entnommen werden, daß etwaige (materielle) Ansprüche auf Unterlassung bestimmter rechtsetzender Maßnahmen prozessual nicht durchsetzbar seien. Wenn es gleichwohl einen vorbeugenden verwaltungsgerichtlichen Rechtsschutz gegen Maßnahmen der Rechtsetzung in aller Regel nicht gebe, dann liege das daran, daß das materielle Recht nur in seltenen Ausnahmefällen einen entsprechenden (Unterlassungs-)Anpruch gewähre.[355] Einen solcher – ausnahmsweise eingeräumten Unterlassungsanspruch – sei zugunsten der Gemeinden aus der interkommunalen Abstimmungspflicht des § 2 Abs. 2 BauGB abzuleiten.[356] **193**

3. *Qualifiziertes Rechtsschutzinteresse*

Vorbeugender Rechtsschutz setzt stets ein **qualifiziertes,** d.h. ein gerade auf die Inanspruchnahme vorbeugenden Rechtsschutzes gerichtetes **Rechtsschutzinteresse** voraus. Daran fehlt es, wenn und soweit der Betroffene im konkreten Fall zumutbarerweise auf den nachträglichen ggf. auch vorläufigen Rechtsschutz verwiesen werden kann.[357] Unzumutbarkeit in diesem Sinne liegt vor, wenn die Gefährdung klägerischer Rechte durch die Schaffung vollendeter Tatsachen nicht anders zu beseitigen ist als durch die sofortige Klageerhebung. Dies ist beispielsweise der Fall, wenn der Verstoß gegen ein hoheitliches Gebot oder Verbot eine Ordnungswidrigkeit darstellt oder mit Strafe sanktioniert wird.[358] **194**

Beispiel: Ordnungswidrig handelt z.B., wer vorsätzlich oder fahrlässig eine nach § 4 BImSchG genehmigungspflichtige Anlage errichtet oder in schutzbedürftigen Gebieten gem. § 49 Abs. 1 Nr. 2 BImSchG eine ortsfeste Anlage errichtet (§ 62 Abs. 1 Nr. 1, Nr. 8 BImSchG).

---

352 Vgl. dazu *BVerwG,* Beschl. v. 2. 6. 1992 – 4 N 1/90 –, NVwZ 1992, 1088 (1089); *VGH Kassel,* Beschl. v. 23. 3. 1995 – 4 N 2809/91 –, UPR 1996, 79; *OVG Schleswig,* Beschl. v. 29. 3. 1994 – 1 M 14/94 –, NVwZ 1994, 916 (917ff.); *Kopp/Schenke,* VwGO, § 47 Rn. 12; *Redeker/v. Oertzen,* VwGO, § 47 Rn. 10; *Schmidt,* in: Eyermann, VwGO, § 47 Rn. 17ff.

353 So ausdrückl. *Redeker/v. Oertzen,* VwGO, § 43 Rn. 9.

354 *Birk,* JuS 1979, 412 (413); das gilt auch für vorbeugende Klagen gegen die Genehmigung eines Planes durch die Aufsichtsbehörde *Hoppe,* RuL, Rn. 415.

355 *BVerwG,* Urt. v. 8. 9. 1972 – IV C 17.71 –, BVerwGE 40, 323 (325ff.); *dass.,* Urt. v. 29. 7. 1977 – IV C 51.75 –, BVerwGE 54, 211 (214); *VGH München,* Bescheid v. 30. 11. 1993 – 20 A 93 40022 –, NVwZ-RR 1995, 114 (117); vgl. auch *Happ,* in: Eyermann, VwGO, § 42 Rn. 65 u. § 40 Rn. 25.

356 *BVerwG,* Urt. v. 29. 7. 1977 – IV C 51.75 –, BVerwGE 54, 211 (215); *Hoppe,* FS Menger, S. 768f.; *ders.,* FS Wolff, S. 307 (321); *Happ,* in: Eyermann, VwGO, § 42 Rn. 65.

357 *BVerwG,* Urt. v. 25. 4. 1996 – 3 C 8.95 –, BayVBl. 1997, 90ff.; *VGH Mannheim,* Beschl. v. 14. 1. 1993 – 2 S 1040 –, NVwZ-RR, 1994, 362 (363); *OVG Münster,* Urt. v. 4. 5. 1994 – 6 A 690/93 –, NVwZ-RR 1995, 98; *Happ,* in: Eyermann, VwGO, § 43 Rn. 32.

358 *BVerwG,* Urt. v. 23. 1. 1992 – 3 C 50.89 –, BVerwGE 89, 327 (331); *OVG Münster,* Urt. v. 31. 1. 1996 – 13 A 6644/95 –, NVwZ-RR 1997, 264; *Peine,* Jura 1983, 285 (292); vgl. zu weiteren Beispielen *Happ,* in: Eyermann, VwGO, § 43 Rn. 33.

Vierter Abschnitt: Umweltprivatrecht und straf- und ordnungswidrigkeitenrechtliche Sanktionen im Umweltrecht

§ 12. Umweltprivatrecht

1 Anders als z.B. in den USA und in Japan wird Umweltschutz im deutschen Recht vor allem als staatliche Aufgabe begriffen und damit dem öffentlichen Recht zugeordnet.[1] Dies wird nicht zuletzt durch die Staatszielbestimmung Umweltschutz in Art. 20a GG bekräftigt, wonach der Staat auch in Verantwortung für die künftigen Generationen die natürlichen Lebensgrundlagen im Rahmen der verfassungsmäßigen Ordnung durch die Gesetzgebung und nach Maßgabe von Gesetz und Recht durch die vollziehende Gewalt und die Rechtsprechung zu schützen hat.[2]

2 Gleichwohl kommen auch zivilrechtliche Normen bei der Lösung von Umweltproblemen zur Anwendung. So stehen zum einem dem Eigentümer bei einer Beeinträchtigung seines Grundstücks durch Immissionen die nachbarrechtlichen Abwehransprüche der §§ 1004, 906 BGB **(Umweltnachbarrecht) (A.)** zur Verfügung. Zum anderen ist auch die Frage der Haftung für Umweltschäden oder -beeinträchtigungen im Dekiktsrecht, im Umwelthaftungsgesetz[3] sowie im Produkthaftungsgesetz[4] und in einigen haftungsrechtlichen Sondervorschriften[5] zivilrechtlich geregelt **(Umwelthaftungsrecht) (B.)**. Die zahlreichen zivilrechtlichen Normen des Umweltrechts regeln im Gegensatz zum öffentlichen Umweltrecht die rechtlichen Beziehungen einzelner zueinander. Diese zivilrechtlichen Regelungen zum Schutz der Umwelt können als Umweltprivatrecht bezeichnet werden.[6] Das Umweltprivatrecht sieht vor allem Ausgleichsregelungen für gegenläufige Nutzungsansprüche Privater vor. So kann sich der Betroffene vor den Zivilgerichten gegen schädliche Umwelteinwirkungen mit Abwehrklagen und mit Klagen auf Vornahme von Schutzmaßnahmen zur Wehr setzen. Zum Ausgleich von Umweltschäden kann der Betroffene außerdem Schadensersatz- bzw. Entschädigungsansprüche geltend machen.

3 Für die eher sekundäre Bedeutung des Zivilrechts im Umweltschutz ist einerseits maßgeblich, daß das Umweltprivatrecht mit seinen nachbarrechtlichen und anderen Abwehr- und Schadensersatzansprüchen vornehmlich den Schutz der privatnützigen

---

[1] Vgl. auch *Kloepfer,* UmweltR, § 6 Rn. 3.

[2] Vgl. zur Staatszielbestimmung Umweltschutz oben § 4 Rn. 5ff.

[3] Vgl. dazu näher unten § 12 Rn. 75ff.

[4] Vgl. dazu näher unten § 12 Rn. 119ff.

[5] Vgl. z.B. § 22 WHG, §§ 25ff. AtG, §§ 32ff. GenTG; vgl. dazu näher unten § 12 Rn. 122ff.

[6] Vgl. zum systematischen Ansatz bereits § 2 Rn. 12ff.; zum UmweltprivatR ferner *Hohloch,* HdUR, Bd. 2, Sp. 2270ff.; *Himmelmann,* HdbUR, A.7 Rn. 1ff.; *Kloepfer,* UmweltR, § 6 Rn. 1ff.; zum privaten ImmissionsschutzR *Rehbinder,* in: Salzwedel, Grundzüge des UmweltR, 2. Aufl., Kap. 08 Rn. 1ff.

 Dolde DVBl 98, 15

Umweltbelange einzelner zu wahren hat und nicht auf den Schutz der Umwelt insgesamt gerichtet ist.[7] So soll § 906 BGB durch Begrenzung des Umfangs der dem Grundstückseigentümer zustehenden Abwehrrechte gegen Immissionen dem Interessenausgleich zwischen Grundstückseigentümern dienen.[8] Angesichts dieser begrenzten Zielsetzung verfolgt das Umweltnachbarrecht keinen Ansatz für einen umfassenden Umweltschutz, mit dem sich die ökologischen Probleme der modernen Industriegesellschaft umfassend meistern ließen.[9] Ein Schutz für die Umwelt ergibt sich nur mittelbar daraus, daß Abwehransprüche oder im Falle des Umwelthaftungsrechts die Furcht vor Schadensersatzansprüchen umweltbelastendes Verhalten beeinflussen können.[10] Zum anderen ist maßgebend, daß zivilrechtliche Beseitigungs- und Schadensersatzansprüche erst dann eingreifen, wenn ein umweltschädliches Verhalten bereits vorliegt. Umweltschutz im Sinne einer notwendigen aktiven staatlichen Vorsorge, Planung und Verteilung ist deshalb in erster Linie Aufgabe des öffentlichen Umweltrechts und nicht des Umweltprivatrechts.[11] Hinzu kommt, daß zivilrechtliche Abwehr- und Entschädigungsansprüche in der Praxis aufgrund von Kausalitäts- und Beweisproblemen auf Durchsetzungsschwierigkeiten stoßen.[12]

Die zunehmende Wahrnehmung von Umweltaufgaben durch Private wird künftig 4
vermehrt den Blick auf privatrechtliche Gestaltungsmöglichkeiten des Umweltschutzes richten.[13]

Privatrechtliche Regelungen zum Ersatz von Schäden durch Umwelteinwirkungen 5
entziehen sich bereits aus rechtssystematischen Gründen dem Regelungsbereich eines Entwurfs zum Umweltgesetzbuch. Gleichwohl finden sich sowohl in den §§ 110 bis 130 UGB-AT-E als auch in den §§ 172 bis 189 UGB-KomE Tatbestände für eine Umwelthaftung.[14]

Eigenständige Bedeutung hat das Umweltprivatrecht einerseits im Bereich 6
des grenzüberschreitenden Umweltschutzes, da nationalen Hoheitsakten renzüberschreitende (z. B. privatrechtsgestaltende) Wirkung prinzipiell nicht zukommt[15] und andererseits bei der Durchsetzung von aufgrund nachbarschützender Normen erlassenen öffentlich-rechtlichen Auflagen, die vom Genehmigungsinhaber nicht erfüllt werden, über einen quasinegatorischen Anspruch.[16]

A. Umweltnachbarrecht

Der privatrechtliche Umweltschutz ist zunächst in den nachbarrechtlichen 7
Regelungen der §§ 1004, 906 BGB geregelt.

---

[7] Storm, UmweltR, Tz. 88; Himmelmann, HdbUR, A.7 Rn. 1.

[8] *Säcker,* in: MK-BGB, § 906 Rn. 1.

[9] Vgl. *Säcker,* in: MK-BGB, § 906 Rn. 1.

[10] Vgl. bereits *Medicus,* JZ 1986, 778 (779); *Roth,* NJW 1972, 921 (922); zu Ersatzansprüchen als Mittel der indirekten Verhaltenssteuerung vgl. bereits oben § 9 Rn. 4 Fn. 11.

[11] So schon *Medicus,* JZ 1986, 778; Breuer, in: Schmidt-Aßmann, BesVwR, 5. Abschn. Rn. 99; *Jauernig,* JZ 1986, 605; neuerl. BMU, UGB-KomE, S. 765.

[12] Vgl. *Steffen,* NJW 1990, 1817 ff.; *Marburger,* AcP 1992, 1 (23).

[13] Vgl. auch *Kloepfer,* UmweltR, § 6 Rn. 5.

[14] Vgl. *Kloepfer/u. a.,* UGB-AT-E, S. 81 ff.; BMU, UGB-KomE, S. 177 ff.; vgl. zu den haftungsrechtl. Regelungen im UBG-KomE u. im UGB-AT-E unten § 12 Rn. 77.

[15] Vgl. *Engel,* VBlBW 1990, 81 (86 f.); *Lummert,* in: Bothe/Prieur/Ress, Rechtsfragen grenzüberschreitender Umweltbelastungen, S. 187 ff.; *Roßbach,* NJW 1988, 590 ff.; *BVerfG,* Urt. v. 12. 3. 1996 – BvL 81/79 –, BVerfGE 72, 66; *BVerwG,* Urt. v. 17. 12. 1996 – 7 C 29.85 –, BVerwGE 75, 284.

[16] *BGH,* Urt. v. 26. 2. 1983 – VzR 74/92 –, NJW 1993, 1580 ff.; *Fritzsche,* NJW 1995, 1121 (1123).

8 Daneben können sich Abwehransprüche auch aus den Nachbarrechtsgesetzen der Länder ergeben.[17] Die Regelungsgegenstände der Nachbarrechtsgesetze sind unterschiedlich. Geregelt werden beispielsweise die Aufstellung von Nachbar- oder Grenzwänden, das Hammerschlag- und Leiterrecht, Licht- und Fensterrecht, Bodenerhöhungen, Aufschichtungen an der Grenze, Einfriedigung, Grenzabstand von Pflanzen, Duldung von Versorgungsleitungen, Befestigung von Schornsteinen und Lüftungsleitungen etc.[18]

I. Abwehrklage nach §§ 1004, 906 BGB

9 Gem. § 1004 Abs. 1 S. 1 BGB kann der Eigentümer vom Störer die **Beseitigung** der Beeinträchtigung verlangen, wenn das Eigentum in anderer Weise als durch Entziehung oder Vorenthaltung des Besitzes beeinträchtigt wird. Gem. § 1004 Abs. 1 S. 2 BGB kann der Eigentümer auf **Unterlassung** klagen, wenn weitere Beeinträchtigungen zu besorgen sind. Der Beseitigungsanspruch nach § 1004 Abs. 1 S. 1 BGB zielt auf Beseitigung einer bestehenden Beeinträchtigung für die Zukunft. Der Unterlassungsanspruch nach § 1004 Abs. 1 S. 2 BGB setzt *künftige* Beeinträchtigungen voraus und zielt auf ihre Vermeidung. Gem. § 1004 Abs. 2 BGB ist der Anspruch ausgeschlossen, wenn der Eigentümer zur Duldung verpflichtet ist.

1. Anspruchsberechtigte

10 Anspruchsberechtigt sind neben dem Grundstückseigentümer andere dinglich Berechtigte, die dem Grundstückseigentümer kraft Gesetzes gleichgestellt sind. Dies sind etwa der Erbbauberechtigte gem. § 11 Abs. 1 S. 1 ErbBauV[19], der Berechtigte einer Grunddienstbarkeit gem. § 1027, der Nießbraucher gem. § 1065 BGB, der Berechtigte einer beschränkten persönlichen Dienstbarkeit gem. § 1090 Abs. 2 BGB sowie der Pfandgläubiger gem. § 1227 BGB. Ein entsprechender Schutz besteht bei Störungen des Besitzes an Grundstücken oder Grundstücksteilen gem. § 862 BGB (sog. **negatorischer** Abwehranspruch).

11 Neben diesen negatorischen Abwehransprüchen gewährt die Rechtsprechung in entsprechender Anwendung des § 1004 Abs. 1 BGB einen Abwehranspruch auch bei der Beeinträchtigung sonstiger absoluter Rechte, insbesondere bei Gefahr für Leib oder Leben (§ 823 Abs. 1 BGB), aber auch bei einer Beeinträchtigung des Jagdrechtes, des Fischereirechtes oder von Wassernutzungsrechten (**sog. quasinegatorische** Ansprüche).[20]

12 Schließlich hat die Rechtsprechung auch zum Schutz von **deliktisch** geschützten Rechtsgütern (§ 823 Abs. 2 BGB i. V. m. entsprechenden Schutzgesetzen) einen Abwehranspruch eingeräumt.[21]

---

[17] Zu den Nachbarrechtsgesetzen der Länder vgl. *Palandt-Bassenge,* EGBGB 124, Rn. 2; zum NachbarR der Länder vgl. *Dehner,* Nachbarrecht in der Bundesrepublik, passim.

[18] Weitere Beispielen bei *Palandt-Bassenge,* EGBGB 124, Rn. 4.

[19] Verordnung über das Erbbaurecht v. 15. 1. 1919 (RGBl. I S. 72, 122, BGBl. III 403–6), zul. geänd. durch G v. 9. 6. 1998 (BGBl. I S. 1242).

[20] Vgl. dazu *Gursky,* in: Staudinger, BGB, § 1004 Rn. 16; *Palandt-Bassenge,* BGB, § 1004 Rn. 2.

[21] Vgl. dazu *Medicus,* in: MK-BGB, § 1004 Rn. 10; *Palandt-Bassenge,* BGB, § 1004 Anm. 1b.

 BGH, U 7.4.00, DVBl 00, 1608 (Drogenhilfe Z)

2. *Anspruchsverpflichtete*

13 Verpflichtete des Abwehranspruchs sind die Störer. Entsprechend der ordnungsrechtlichen Verantwortlichkeit im öffentlichen Recht wird unterschieden zwischen dem Handlungs- und Zustandsstörer. **Handlungsstörer** ist derjenige, der die Beeinträchtigung durch seine Handlung herbeigeführt hat; **Zustandsstörer** ist derjenige, auf dessen Willen die Beeinträchtigung wenigstens mittelbar zurückzuführen ist.[22]

14 Bei gewerblichen Anlagen ist neben dem Inhaber auch derjenige Handlungsstörer, in dessen Interesse und mit dessen Mitteln die Anlage errichtet bzw. aufrechterhalten wird. Selbständige Unternehmer eines störenden Betriebs sind auch dann Störer, wenn sie Dritten gegenüber zum Betrieb verpflichtet sind.[23]

3. *Anspruchsvoraussetzungen*

15 Voraussetzung des Abwehranspruchs ist die Beeinträchtigung des Eigentums oder – bei den quasinegatorischen und deliktischen Abwehransprüchen – eines entsprechenden Schutzgegenstandes.

16 Eine **Beeinträchtigung des Eigentums,** die aus umweltrechtlicher Sicht zu einem Abwehranspruch führen kann, liegt insbesondere bei der Zuführung unwägbarer Stoffe im Sinne des § 906 BGB vor.[24] Einwirkungen sind gem. § 906 Abs. 1 S. 1 BGB die Zuführung von Gasen, Dämpfen, Gerüchen, Rauch, Ruß, Wärme, Geräusch, Erschütterungen und ähnliche von einem anderen Grundstück ausgehende Einwirkungen.[25] Es lassen sich insbesondere Geräusch- und Lärmimmissionen, Immissionen durch Luftverunreinigung und Immissionen durch Erschütterungen unterscheiden. Das Eigentum kann durch Immissionen beeinträchtigt werden, die von einer durch den Anspruchsgegner betriebenen Anlage ausgehen oder Begleiterscheinung einer bestimmten Nutzung eines Nachbargrundstückes sind.[26] Zu den ähnlichen von einem Grundstück ausgehenden Einwirkungen zählen beispielsweise Laub-, Nadel- und Blütenfall sowie Kleintiere und Strahlungen.[27]

17 Keinen Abwehranspruch gewährt die Rechtsprechung demgegenüber bei den sogenannten **negativen** und **ideellen Einwirkungen.**[28] Negative Einwirkungen bestehen darin, daß jemand durch ein Verhalten in den Grenzen seines Grundstücks einem anderen Grundstück Vorteile entzieht. Hauptfälle sind die Entziehung von Licht, Luft und Grundwasser, die Beeinträchtigung der Aussicht und die Abschat-

---

22 *Palandt-Bassenge,* BGB, § 1004 Rn. 16; *Medicus,* in: MK-BGB, § 1004 Rn. 32 ff.; *Rehbinder,* in: Salzwedel, Grundzüge des UmweltR, 2. Aufl., Kap. 08 Rn. 11; vgl. zur Störereigenschaft ferner unten § 27 Rn. 45 ff.

23 Vgl. *Palandt-Bassenge,* BGB, § 1004 Rn. 17; BGH, Urt. v. 17. 12. 1982 – V ZR 55/82 –, NJW 1983, 751.

24 Vgl. *Palandt-Bassenge,* BGB, § 1004 Rn. 4.

25 Zu einzelnen Beispielen vgl. *Palandt-Bassenge,* BGB, § 906 Rn. 6 ff.

26 Vgl. *Gursky,* in: Staudinger, BGB, § 1004 Rn. 25.

27 Vgl. *Palandt-Bassenge,* BGB, § 906 Rn. 13 ff.

28 Vgl. *BGH,* Urt. v. 22. 5. 1992 – V ZR 93/91 –, NJW 1992, 2569 (2570); *ders.,* Urt. v. 12. 7. 1985 – V ZR 172/84 –, BGHZ 95, 307 (309 ff.); dazu näher *Palandt-Bassenge,* BGB, § 903 Rn. 9 f.

tung von Funkwellen durch ein Hochhaus.[29] Ideelle Einwirkungen, gegen die ebenfalls kein Abwehranspruch aus § 1004 BGB eingeräumt ist, sind insbesondere der störende oder auch wertmindernde Anblick von Vorgängen oder Zuständen außerhalb eines Grundstücks.[30]

18 Die Beeinträchtigung muß sich auf **menschliches Verhalten** zurückführen lassen. Deshalb besteht der Abwehranspruch nicht, wenn die Beeinträchtigung ausschließlich auf *Naturkräfte* zurückgeht.

Beispiel: Kein Abwehranspruch besteht für Schäden durch abgeschwemmtes Erdreich, abbröckelndes Gestein, Unkrautsamenflug oder aber den natürlichen Abfluß des Niederschlags des Wassers.[31] Allein der Umstand, daß eine Beeinträchtigung von einem Grundstück ausgeht, löst den Abwehranspruch nicht aus. Der Grundstückseigentümer ist erst dann zur Beseitigung der Beeinträchtigung verpflichtet, wenn diese wenigstens mittelbar auf seinen Willen zurückzuführen ist.[32]

19 Etwas anderes gilt nur dann, wenn der Eigentümer die Schäden durch eigene Handlungen oder pflichtwidriges Unterlasssen jedenfalls mitverursacht hat und der Zustand eine konkrete Gefahrenquelle gebildet hat.[33]

Fall: A errichtet auf seinem Grundstück, das etwa 70 m von einem Bach entfernt liegt, einen künstlichen Teich. Durch die Nähe zum Bach kommt es zu einer Ansiedlung von Fröschen und einem damit verbundenen Froschquaken, durch das sich der Nachbar B, dessen Schlafzimmerfenster sich in 35 m Entfernung vom Teich befindet, in seiner Nachtruhe gestört fühlt. Der *BGH* bejaht in diesem Fall das Vorliegen einer Einwirkung, da die Anlage und Unterhaltung des Teiches auf dem freien Willen des A beruhe. Dieser habe die Bedingungen dafür geschaffen, daß sich dort Frösche ansiedeln konnten und damit die entsprechenden Lärmbeeinträchtigungen hervorgerufen.[34]

20 Voraussetzung des Abwehranspruches ist schließlich, daß die Beeinträchtigung fortdauert. Das ist bei Immissionen, die von Anlagen ausgehen, der Fall, solange Wiederholungsgefahr besteht.[35]

4. *Anspruchsinhalt*

21 Gem. § 1004 Abs. 1 S. 1 BGB kann der Eigentümer vom Störer die Beseitigung der Beeinträchtigung und damit das Abstellen der Einwirkung für die Zukunft verlangen. Nicht verlangt werden kann indes die Herstellung des früheren Zustandes durch die Beseitigung der Folgen der Einwirkung.[36] Ferner besteht gem. § 1004 Abs. 2 BGB ein Anspruch auf Unterlassung künftiger Beeinträchtigungen. Abwehr- und Unterlassungsanspruch fallen zusammen, solange die Beeinträchtigung andauert.[37]

---

[29] Vgl. dazu *BGH,* Urt. v. 21. 10. 1983 – V ZR 166/82 –, BGHZ 88, 344 (345 f.); *OLG Düsseldorf,* Urt. v. 6. 7. 1979 – 4 U 18/79 –, NJW 1979, 2618; *Medicus,* in: MK-BGB, § 1004 Rn. 28; *Gursky,* in: Staudinger, BGB, § 1004 Rn. 64.

[30] *BGH,* Urt. v. 12. 7. 1985 – V ZR 172/84 –, BGHZ 95, 307 (309 ff.).

[31] Vgl. *Palandt-Bassenge,* BGB, § 1004 Rn. 6.

[32] *BGH,* Urt. v. 12. 2. 1985 – VI ZR 193/83 –, NJW 1985, 1773 f.

[33] *Palandt-Bassenge,* BGB, § 1004 Rn. 6 a m. w. N.

[34] *BGH,* Urt. v. 20. 11. 1992 – V ZR 82/91 –, BGHZ 120, 239 ff.

[35] Vgl. *Palandt-Bassenge,* BGB, § 1004 Rn. 12.

[36] Vgl. zur manchmal schwierigen Abgrenzung zwischen Beseitiungs- u. Schadensersatzanspruch *Palandt-Bassenge,* BGB, § 1004 Rn. 22.

[37] *Palandt-Bassenge,* BGB, § 1004 Rn. 30

5. *Duldungspflichten*

Gem. § 1004 Abs. 2 BGB ist der Abwehranspruch ausgeschlossen, wenn 22
der Eigentümer zur Duldung verpflichtet ist. Duldungspflichten können sich aus allgemeinen Rechtfertigungsgründen (vgl. §§ 227, 904, 905 S. 2, 912 Abs. 1, 917 Abs. 1 BGB), aus **Rechtsgeschäften** sowie aus **privatrechtlichen** oder **öffentlich-rechtlichen Rechtsnormen** ergeben.

a) Rechtsgeschäftlich begründete Duldungspflichten

Die Verpflichtung des Eigentümers zur Duldung der Beeinträchtigung 23
kann sich aus einem *dinglichen Recht* des Störers ergeben, Dies ist der Fall, wenn der Störer aufgrund einer Grunddienstbarkeit Versorgungsleitungen über das betroffene Grundstück führen darf. Sie kann aber auch auf einem *schuldrechtlichen Vertrag* zwischen Eigentümer und Störer beruhen,[38] der ausdrücklich, aber auch konkludent vereinbart werden kann.

Beispiel: Wird ein Grundstücksteil zum Zwecke der Errichtung einer Fabrik veräußert, von der zwangsläufig Immissionen ausgehen müssen, so verpflichtet sich der Veräußerer stillschweigend zur Duldung der voraussehbaren Einwirkungen.[39]

b) Zivilrechtliche Duldungspflicht aus § 906 BGB

Die wohl zentrale privatrechtliche Duldungspflicht des Grundeigentümers 24
ergibt sich aus § 906 BGB.[40] Gem. § 906 Abs. 1 S. 1 BGB kann der Eigentümer eines Grundstücks die Zuführung von Gasen, Dämpfen, Gerüchen, Rauch, Ruß, Wärme, Geräusch, Erschütterungen und ähnliche von einem anderen Grundstück ausgehende Einwirkungen insoweit nicht verbieten, als die Einwirkung die Benutzung seines Grundstücks nicht oder nur unwesentlich beeinträchtigt. Gem. § 906 Abs. 1 S. 2 BGB liegt eine unwesentliche Beeinträchtigung in der Regel vor, wenn die in Gesetzen und Rechtsverordnungen festgelegten Grenz- oder Richtwerte von den nach diesen Vorschiften ermittelten und bewerteten Einwirkungen nicht überschritten werden. Gleiches gilt gem. § 906 Abs. 1 S. 3 BGB für Werte in allgemeinen Verwaltungsvorschriften, die nach § 48 BImSchG erlassen worden sind und den Stand der Technik wiedergeben.

§ 906 Abs. 1 BGB stellt zunächst klar, daß nicht jede **Einwirkung** von 25
dem Grundstücksnachbarn nach §§ 1004, 906 BGB abgewehrt werden kann.[41] Nach der gesetzlichen Wertung gibt es vielmehr Einwirkungen, die die Benutzung des Grundstücks nicht oder nur unwesentlich beeinträchtigen, und damit zu dulden sind. Mithin können nur Einwirkungen, die zu einer wesentichen Beeinträchtigung der Grundstücksnutzung führen, einen Abwehranspruch nach § 1004 BGB begründen. Dies allerdings auch nur dann, wenn sie gem. § 906 Abs. 2 S. 1 BGB nicht ortsüblich sind und durch zumutbare wirtschaftliche Maßnahmen verhindert werden können.

---

[38] Vgl. dazu ausführl. *Gursky,* in: Staudinger, BGB, § 1004 Rn. 178 ff.

[39] *Gursky,* in: Staudinger, BGB, § 1004 Rn. 179.

[40] Weitere Duldungspflichten können sich aus §§ 904, 905 S. 2, 912 Abs. 1, 917 Abs. 1 BGB ergeben.

[41] Zum Begriff der Einwirkung vgl. bereits oben § 12 Rn. 16 ff.

aa) Unwesentliche Beeinträchtigung der Grundstücksnutzung

26 Hinzunehmen sind Einwirkungen, die die Grundstücksnutzung nicht oder nur unwesentlich beeinträchtigen. Die **Wesentlichkeit** der Beeinträchtigung einer Grundstücksnutzung bestimmt sich neben objektiven Gesichtspunkten nach dem Empfinden des normalen Durchschnittsmenschen, nicht nach dem subjektiven Empfinden des im Einzelfall konkret Betroffenen.[42] Dabei wird die Wesentlichkeit einer Beeinträchtigung regelmäßig durch objektive Meßverfahren festgestellt. Während öffentliche Umweltstandards früher bei der Beurteilung der Wesentlichkeit von Beeinträchtigungen im Zivilrecht nicht unmittelbar verbindlich, sondern nur berücksichtigungsfähig waren,[43] ist dies durch die Einführung des § 906 Abs. 1 S. 2 und 3 BGB 1994 geändert worden. Danach ist von der Unwesentlichkeit der Beeinträchtigung der Grundstücksnutzung regelmäßig dann auszugehen, wenn die standardisierten Grenz- und Richtwerte in öffentlich-rechtlichen Vorschriften, insbesondere in den Verwaltungsvorschriften nach § 48 BImSchG, nicht überschritten werden.[44] Wesentlich ist demgegenüber eine Beeinträchtigung der Grundstücksnutzung jedenfalls im Falle einer Gesundheitsbeeinträchtigung der auf dem Grundstück lebenden Personen.[45]

bb) Ortsüblichkeit und wirtschaftliche Zumutbarkeit

27 Sind die Beeinträchtigungen der Grundstücksnutzung *wesentlich,* müssen sie gem. § 906 Abs. 2 S. 1 BGB gleichwohl hingenommen werden, wenn sie durch eine ortsübliche Benutzung des anderen Grundstücks herbeigeführt werden und nicht durch Maßnahmen verhindert werden können, die Grundstücksbenutzern dieser Art *wirtschaftlich zumutbar* sind.

28 **Ortsüblich** ist eine Benutzung, wenn im maßgeblichen Vergleichsgebiet eine Mehrheit von Grundstücken mit nach Art und Umfang annähernd gleich beeinträchtigender Wirkung auf anderen Grundstücken benutzt werden.[46] Auch bei einem Einzelgrundstück – etwa einem Flugplatz oder einer sonstigen Großanlage – kann die Ortsüblichkeit zu bejahen sein, wenn die Anlage die gesamte Umgebung prägt.[47] Maßgeblich ist in erster Linie der tatsächliche Gebietscharakter, nicht dagegen die Zweckbestimmung des Gebietes in Raumordnungs- und Bauleitplänen.[48] Raumordnungspläne können

---

[42] *Rehbinder,* in: Salzwedel, Grundzüge des UmweltR, 2. Aufl., Kap. 08 Rn. 33.

[43] So noch *Marburger,* Gutachten zum 56. DJT, Bd. I, S. C 1 (106 ff.); vgl. auch *BGH,* Urt. v. 15. 6. 1977 – V ZR 44/75 –, BGHZ 69, 105 (117).

[44] Nach *Rehbinder,* in: Salzwedel, Grundzüge des UmweltR, 2. Aufl., Kap. 08 Rn. 35 handelt es sich nur um eine Festschreibung der RSpr, nicht aber um eine stärkere Bindung an öffentlich-rechtliche Grenzwerte; zur Unwesentlichkeit einer Einwirkung, wenn die Anlage ohne die erforderl. Genehmigung betrieben wird, *BGH,* Urt. v. 30. 10. 1998 – V ZR 64/98 –, VR 1999, 468 ff.

[45] *BGH,* Urt. v. 22. 12. 1967 – V ZR 11/67 –, BGHZ 49, 148 (152 ff.).

[46] *BGH,* Urt. v. 17. 12. 1982 – V ZR 55/82 –, NJW 1983, 751 ff.

[47] *BGH,* Urt. v. 10. 11. 1972 – V ZR 54/71 –, BGHZ 59, 378 (381 f.); *ders.,* Urt. v. 15. 6. 1977 – V ZR 44/75 –, BGHZ 69, 105 (111); zur Ortsüblichkeit einer Tennisanlage im Mischgebiet vgl. *BGH,* Urt. v. 17. 12. 1982 – V ZR 55/82 –, NJW 1983, 751 ff.

[48] Zur Problematik der Gebietsabgrenzung vgl. *Rehbinder,* in: Salzwedel, Grundzüge des UmweltR, 2. Aufl., Kap. 08 Rn. 37.

jedoch ein Indiz für die Ortsüblichkeit sein.[49] Auch Festsetzungen von Bebauungsplänen können berücksichtigt werden, sind aber nicht als bindend anzusehen, da der Bebauungsplan zivilrechtlich keine abschließende Feststellung über die Nutzung eines Grundstücks trifft.[50] Wenn auch nicht ausdrücklich normiert, so sind bei der Frage der Ortsüblichkeit die gesetzlichen Wertentscheidungen des Bundes-Immissionsschutzgesetzes als Beurteilungsmaßstäbe heranzuziehen. Werden die Grenzwerte überschritten, so reicht dies für die Verneinung der Ortsüblichkeit im Regelfall aus. Dagegen liefert das Unterschreiten der Grenzwerte – insoweit anders als bei der Wesentlichkeit nach § 906 Abs. 1 S. 2 BGB – noch kein maßgebliches Indiz für die Ortsüblichkeit der Grundstücksnutzung.[51]

Der Eigentümer braucht wesentliche, ortsübliche Beeinträchtigungen 29
seines Grundstücks aber nur hinzunehmen, wenn sie nicht durch Maßnahmen verhindert werden können, die den Benutzern dieser Art wirtschaftlich zumutbar sind (§ 906 Abs. 2 S. 1 HS 2 BGB). Unter **wirtschaftlich zumutbaren** Maßnahmen im Sinne des § 906 Abs. 2 S. 1 BGB sind alle technischen Einrichtungen sowie betriebswirtschaftliche Möglichkeiten zu verstehen, die die Beeinträchtigung unter die Schwelle der Wesentlichkeit herabsetzen. Für die vom Störer zu ergreifenden Maßnahmen gelten die Prinzipien der Eignung, Erforderlichkeit und Verhältnismäßigkeit, d.h. die Maßnahme muß technisch durchführbar, effizient und schließlich Benutzern dieser Art wirtschaftlich zumutbar sein.[52] Zur Beurteilung der Zumutbarkeit können auch hier die Grenzwerte der TA Luft und TA Lärm herangezogen werden. Werden diese überschritten, so wird die wirtschaftliche Zumutbarkeit indiziert sein.[53]

c) Öffentlich-rechtliche Duldungspflichten

Der Abwehranspruch wird gem. § 1004 BGB auch durch zahlreiche **privatrechtsgestaltende öffentlich-rechtliche Vorschriften** ausgeschlossen.[54] So kann gem. § 14 S. 1 BImSchG aufgrund privatrechtlicher, nicht auf besonderen Titeln beruhender Ansprüche zur Abwehr benachteiligender Einwirkungen von einem Grundstück auf ein benachbartes Grundstück nicht die Einstellung des Betriebs einer Anlage verlangt werden, deren Genehmigung unanfechtbar ist.[55] Gegenüber den nach dem Bundes-Immissionsschutzgesetz *genehmigungspflichtigen Anlagen* wird der Schutz des betroffenen Nachbarn durch die Beteiligungsmöglichkeit im Genehmigungsverfahren nach § 10 BImSchG vorverlagert. Macht der Nachbar seine Einwendungen im Genehmigungsverfahren allerdings nicht rechtzeitig geltend, so wird er 30

---

[49] *Säcker,* in: MK-BGB, § 906, Rn. 88; vgl. auch *BGH,* Urt. v. 17. 12. 1982 – V ZR 55/82 –, NJW 1983, 751ff.
[50] Vgl. dazu ausführl. *Rehbinder,* in: Salzwedel, Grundzüge des UmweltR, 2. Aufl., Kap. 08 Rn. 38f.
[51] So auch *Kloepfer,* UmweltR, § 6 Rn. 38.
[52] Vgl. dazu *Säcker,* in: MK-BGB, § 906 Rn. 4.
[53] *Kloepfer,* UmweltR, § 6 Rn. 39.
[54] Umfassend van *Veldhuizen,* Die privatrechtsgestaltende Wirkung des öffentlichen Rechts im Umwelthaftungrecht, passim.
[55] Vgl. zur privatrechtsgestaltenden Wirkung der Anlagengenehmigung *Sach,* Genehmigung als Schutzschild, passim; vgl. ferner unten § 21 Rn. 137f.

mit ihnen gem. § 10 Abs. 3 S. 3 BImSchG im verwaltungsgerichtlichen Verfahren ausgeschlossen. Als Surrogat erhält der Nachbar gem. § 14 S. 1 HS 2, 2 BImSchG einen Anspruch auf Schutzvorkehrungen, soweit solche technisch möglich und wirtschaftlich vertretbar sind. Subsidiär haftet der Anlageninhaber gem. § 14 S. 2 BImSchG verschuldensunabhängig auf Schadensersatz.[56] § 14 BImSchG gilt zum einen nicht für Anlagen, die ohne Öffentlichkeitsbeteiligung in einem vereinfachten Verfahren genehmigt wurden (§ 19 Abs. 2 BImSchG), und zum anderen nicht für die genehmigungsfreien Anlagen gem. §§ 22ff. BImSchG. Ähnliche Regelungen enthalten § 11 LuftVG[57] für Flughäfen und § 7 Abs. 6 AtG für nach dem Atomgesetz genehmigte Anlagen.

31 Der Ausschluß privatrechtlicher Abwehransprüche ist daneben vor allem für *planfeststellungspflichtige Vorhaben* vorgesehen, so in § 17 Abs. 4 S. 1 FStrG[58], § 11 Abs. 1 S. 1 WHG, §§ 29 Abs. 4, 4 Abs. 2 PBefG[59], § 21 WaStrG[60] und § 75 Abs. 2 S. 1 VwVfG.

32 Zahlreiche weitere hoheitliche Erlaubnisse haben dagegen keine privatrechtsgestaltende Wirkung. Sie schließen somit auch den Abwehranspruch des Eigentümers gem. § 1004 Abs. 1 BGB nicht aus. Das gilt etwa für die Bauerlaubnis, die unter dem Vorbehalt privater Rechte Dritter ergeht.[61]

33 Nach ständiger Rechtsprechung wird trotz Überschreitung der Duldungsgrenze des § 906 Abs. 2 BGB der an sich gegebene Abwehranspruch aus § 1004 Abs. 1 BGB aufgrund einer **ungeschriebenen Duldungspflicht** außerdem versagt, wenn es sich zwar um Immissionen Privater handelt, wenn es aber zugleich um dem öffentlichen Interesse dienende, lebens- oder gemeinwichtige Betriebe geht.[62]

Fall: Vor dem Grundstück des Klägers unterhält die Beklagte eine Endhaltestelle für eine ihrer Omnibuslinien. Wegen der davon ausgehenden Immissionen (Geräusche, Abgase, Verhalten der Fahrgäste) begehrt der Kläger von der Beklagten in erster Linie die Aufhebung der Haltestelle, hilfsweise deren Verlegung, weiter hilfsweise deren Umwandlung in eine Kurzhaltestelle. Die Beklagte wurde verurteilt, ihren Fahrplan so abzuändern, daß die Haltestelle vor dem Grundstück des Klägers entfällt. Der BGH führt zur Begründung aus, der Abwehranspruch nach § 1004 BGB gegenüber dem Betrieb der Beklagten, der unmittelbar der Befriedigung des allgemeinen Verkehrsbedürfnisses und damit dem allgemeinen Wohl diene, könne nur eingeschränkt geltend gemacht werden und dürfe nicht auf Maßnahmen zielen, die den Linienbe-

---

[56] Vgl. dazu unten § 12 Rn. 71ff.

[57] Luftverkehrsgesetz (LuftVG) i.d.F.d. Bek. v. 14. 1. 1981 (BGBl. I S. 61), zul. geänd. durch G v. 25. 8. 1998 (BGBl. I S. 2432, ber. S. 3127).

[58] Bundesfernstraßengesetz (FStrG) i.d.F.d. Bek. v. 19. 4. 1994 (BGBl. I S. 854), zul. geänd. durch G v. 18. 6. 1997 (BGBl. I S. 1452).

[59] Personenbeförderungsgesetz (PBefG) i.d.F.d. Bek. v. 8. 8. 1990 (BGBl. I S. 1690), zul. geänd. durch G v. 22. 6. 1998 (BGBl. I S. 1485).

[60] Bundeswasserstraßengesetz (WaStrG) i.d.F.d. Bek. v. 4. 11. 1998 (BGBl. I S. 3294), zul. geänd. durch G v. 25. 8. 1998 (BGBl. I S. 2489).

[61] *Rehbinder,* in: Salzwedel, Grundzüge des UmweltR, 2. Aufl., Kap. 08 Rn. 23ff. m.w.N.; vgl. dazu auch *Peine,* NJW 1990, 2442ff.

[62] Vgl. *Roth,* in: Staudinger, BGB, § 906 Rn. 29; *Säcker,* in: MK-BGB, § 906 Rn. 123ff. m.w.N.; zur Herleitung einer ungeschriebenen Duldungspflicht aus dem Gebot der Rücksichtnahme vgl. *BGH,* Urt. v. 5. 2. 1993 – V ZR 62/91 –, NJW 1993, 1656 (1658).

trieb lahmlegten oder erheblich beeinträchtigten. Mit der Verlegung der Haltestelle sei der Betrieb der Beklagten jedoch weder lahmgelegt noch erheblich beeinträchtigt.[63]

Ein Abwehranspruch ist zudem ausgeschlossen, wenn der Störer nach öffentlichem Recht (z.B. Baumschutzsatzung oder Naturschutzrecht) die Quelle der Beeinträchtigung nicht beseitigen darf.[64] Kann allerdings im Einzelfall eine Befreiung vom Verbot erteilt werden, und sind die Befreiungsvoraussetzungen gegeben, so bleibt der Unterlassungsanspruch – unter dem Vorbehalt der Befreiung – erhalten. **34**

II. Beweislast

Bei Abwehrklagen gem. §§ 1004, 906 BGB hat der Betroffene die Beweislast für sein Eigentum oder für die sonstige Rechtsposition, für die Einwirkung und für die Beeinträchtigung (beim Beseitigungsanspruch) bzw. für das Bevorstehen ihrer Beeinträchtigung (beim Unterlassungsanspruch) sowie für die Kausalität zwischen beiden.[65] Dabei ist die Nichteinhaltung der Grenz- und Richtwerte nach § 906 Abs. 1 S. 2 und 3 BGB ein Indiz für die Kausalität.[66] Der Emittent muß demgegenüber die Voraussetzungen für eine Duldungspflicht des Betroffenen oder einen anderen Rechtfertigungsgrund beweisen.[67] Der Emittent ist demnach beweispflichtig für die Zulässigkeit der Einwirkung; er hat den Nachweis der Unwesentlichkeit,[68] der Ortsüblichkeit[69] sowie der Nichtverhinderbarkeit durch mögliche und wirtschaftlich zumutbare Maßnahmen[70] zu führen.[71] Für den Nachweis der Unwesentlichkeit genügt der Beweis der Einhaltung der Werte nach § 906 Abs. 1 S. 2 und 3 BGB. In diesem Fall muß der Betroffene beweisen, daß die Beeinträchtigung gleichwohl wesentlich ist oder im Fall von § 906 Abs. 1 S. 3 BGB die eingehaltenen Vorschriften nicht mehr dem Stand der Technik entsprechen.[72] **35**

Besondere Beweisschwierigkeiten bestehen für den Betroffenen hinsichtlich der Kausalitätsfrage bei **summierten Immissionen** einer Vielzahl von Anlagenbetreibern.[73] Den Beweisschwierigkeiten trägt die Rechtsprechung des *BGH* dadurch Rechnung, daß sie eine Schätzung der Verursachungsan- **36**

---

63 Vgl. *BGH,* Urt. v. 11. 11. 1983 – V ZR 231/82 –, NJW 1984, 1242f.

64 *BGH,* Urt. v. 20. 11. 1992 – V ZR 82/91 –, BGHZ 120, 239 (242ff.); *Vieweg,* NJW 1993, 2570 (2571f.); *Uerpmann,* NuR 1994, 386 (387).

65 *Palandt-Bassenge,* BGB, § 906 Rn. 20.

66 *BGH,* Urt. v. 18. 9. 1984 – VI ZR 223/82 –, BGHZ 92, 143 (151f.).

67 Vgl. *Medicus,* in: MK-BGB, § 1004 Rn. 88.

68 *BGH,* Urt. v. 20. 11. 1992 – V ZR 82/91 –, BGHZ 120, 239 (257).

69 *Rehbinder,* in: Salzwedel, Grundzüge des UmweltR, 2. Aufl., Kap. 08 Rn. 36.

70 *BGH,* Urt. v. 23.3.90 – VZR 58/89 –, WM 1990, 1074; *Rehbinder,* in: Salzwedel, Grundzüge des UmweltR, 2. Aufl., Kap. 08 Rn. 36.

71 Vgl. *Roth,* in: Staudinger, BGB, § 906 Rn. 233.

72 *Palandt-Bassenge,* BGB, § 906 Rn. 20.

73 Vgl. zu den summierten Immissionen *Hager,* NJW 1986, 1961 (1966ff.); *Adams,* ZZP 99 (1986), 129ff.; *Kormann,* Summierte Immissionen im öffentlichen Umweltrecht, S. 1ff.

teile gem. § 287 ZPO zuläßt, die dann Grundlage für die Aufteilung des Schadens ist.[74]

III. Verhältnis von zivil- und verwaltungsgerichtlichem Drittschutz

37 Rechtsbehelfskonkurrenzen zwischen dem Zivilrechtsweg und dem Verwaltungsrechtsweg können dann auftreten, wenn ein Privater gegen Umweltbelastungen sowohl vor den Verwaltungsgerichten als auch vor den Zivilgerichten Rechtsschutz suchen kann.[75]

Fall: Der Betreiber einer nicht genehmigungsbedürftigen Anlage verstößt gegen seine Pflichten aus § 22 Abs. 1 Nr. 1 BImSchG. Da diese Vorschrift drittschützend ist,[76] können Drittbetroffene eine verwaltungsgerichtliche Verpflichtungsklage gem. § 42 VwGO, gerichtet auf Erlaß einer Maßnahme nach § 24 BImSchG, erheben. Neben der gegen die zuständige Behörde gerichteten Verpflichtungsklage kommt aber auch eine privatrechtliche Abwehrklage gegen den Betreiber nach § 1004 BGB in Betracht.[77]

38 Nach h. M. sind beide Rechtswege gleichwertig, so daß weder die angerufenen Verwaltungsbehörden oder Verwaltungsgerichte auf die Möglichkeiten des zivilrechtlichen Rechtsschutzes verweisen können,[78] noch umgekehrt etwa die Zivilgerichte für die Klage aus § 1004 BGB unter Verweis auf die Möglichkeiten des verwaltungsgerichtlichen Rechtsschutzes das Rechtsschutzbedürfnis verneinen dürfen.[79]

39 Bei der Entscheidung des Betroffenen für den einen oder anderen Rechtsweg wird er die Prozeßrisiken und Erfolgsaussichten im einzelnen berücksichtigen müssen. Begehrt der Betroffene ein Einschreiten gegen eine rechtswidrige Umweltbelastung, dann kann für den Zivilrechtsweg sprechen, daß das behördliche Einschreiten im Ermessen der Verwaltungsbehörde steht, so daß dem Betroffenen kein Anspruch auf Einschreiten gegen den Störer zusteht. Allerdings kann der Zivilrechtsweg auch erhebliche Nachteile aufweisen. Diese hängen vor allem mit den bereits erwähnten Schwierigkeiten der Beweisführung zusammen, wenngleich nicht übersehen werden darf, daß auch der Verwaltungsprozeß zwar keine *Beweisführungslast,* aber – genau wie der Zivilprozeß – eine *materielle Beweislast* kennt. Hinzu kommt, daß das Kostenrisiko eines zivilgerichtlichen Verfahrens gegenüber dem verwaltungsgerichtlichen Verfahren regelmäßig höher liegt. Die Wahl des Rechtsweges hängt schließlich ganz entscheidend von den Erfolgsaussichten der Klage im jeweiligen Rechtsweg ab. Diese können verschieden sein, wenn die Gerichte bei ihrer Entscheidung einen unterschiedlichen Kontrollmaßstab verwenden. Wie bereits erwähnt, vertritt der Bundesgerichtshof die Ansicht, daß die privaten Rechte gegenüber öffentlich-rechtlichen Entscheidungen, insbesondere auch gegenüber Planungsentscheidungen, soweit ihnen nicht ausdrücklich privatrechtsgestaltende Wirkung eingeräumt ist, vorrangig sind.[80] Vor der Wahl des Rechtsweges ist deshalb stets zu prüfen, ob die zivilrechtliche oder die öffentlichrechtliche Rechtslage für den jeweiligen Kläger günstiger ist.

40 Ungeklärt sind die sich aus der Doppelgleisigkeit des Rechtsweges ergebenden Rechtskraftprobleme.[81]

[74] *BGH,* Urt. v. 13. 2. 1976 – V ZR 55/74 –, BGHZ 66, 70; vgl. dazu *Roth,* in: Staudinger, BGB, § 906 Rn. 251.

[75] Vgl. zur Rechtsbehelfskonkurrenz bereits oben § 2 Rn. 20 ff.

[76] Vgl. *Jarass,* BImSchG, § 22 Rn. 11; vgl. dazu unten § 21 Rn. 174.

[77] Siehe dazu *Roth,* in: Staudinger, BGB, § 906 Rn. 9 ff.

[78] Vgl. *Jarass,* DVBl. 1985, 193 (195).

[79] So zu Recht *Roth,* in: Staudinger, BGB, § 906 Rn. 10 m. w. N. zum Streitstand; siehe auch *Beckmann,* Rechtsschutz, S. 27; *Steinberg,* Nachbarrecht, S. 1 ff.

[80] *BGH,* Urt. v. 17. 12. 1982 – 5 ZR 55/82 –, NJW 1983, 751 f.

[81] Vgl. dazu *Roth,* in: Staudinger, BGB, § 906 Rn. 13.

B. Umwelthaftungsrecht

41 Haften bedeutet verpflichtet sein, einstehen müssen oder schulden.[82] In erster Linie meint der Begriff Haftung die Verpflichtung zum Ausgleich bereits eingetretener Schäden.

42 **Umweltschäden** treten auf als Personen-, Sach- und Vermögensschäden des einzelnen. Zu den Umweltschäden zählen aber auch die allgemeinen, *ökologischen Schäden* wie z. B. die nachteilige Klimaveränderung, die Waldschäden oder der Artenrückgang. Die zuletzt genannten Umweltschäden entziehen sich in der Regel dem Umwelthaftungsrecht, soweit für sie ein Anspruchsteller nicht individualisierbar ist. Haftungsrechtlich relevant sind ökologische Schäden, wenn sie Folge einer Rechtsgutverletzung des einzelnen durch Belastungen aus der Umwelt sind.[83] Das ist z. B. der Fall, wenn das Sacheigentum durch Luft- und Lärmimmissionen geschädigt wird. Daneben können Umweltschäden aber auch Folge einer Beeinträchtigung der Umwelt selbst sein. Das gilt etwa, wenn das Grundstückseigentum durch eine Bodenbelastung mit Schadstoffen entwertet wird.[84]

43 Das **Umwelthaftungsrecht** bezeichnet die Summe der dem einzelnen zur Verfügung stehenden Ansprüche zum Ausgleich von Umweltschäden.[85] Es dient in seiner repressiven Funktion dem Ausgleich und Ersatz bereits eingetretener Umweltschäden und beugt präventiv daneben durch Androhung finanzieller Sanktionen als Instrument mittelbarer Verhaltenssteuerung zukünftigen Umweltschäden vor.[86]

44 Soweit sich die Ausgleichs- und Ersatzansprüche gegen Private richten, ist das Umwelthaftungsrecht Teil des Privatrechts.

45 Wegen der Beweisschwierigkeiten im privaten Umwelthaftungsrecht wird unter dem Aspekt einer Garantenstellung des Staates für die Umwelt zunehmend versucht, Ersatzansprüche im Wege der **Staatshaftung** durchzusetzen.[87] Ansprüche werden dabei aus der Amtshaftung (§ 839 BGB, Art. 34 GG) oder dem Gedanken des enteignungsgleichen und enteignenden Eingriff abgeleitet. Ersatzansprüche wegen eines enteignungsgleichen Eingriffs können bei einem unmittelbaren rechtswidrigen Eingriff des Staates in die durch Art. 14 GG geschützten Gütern des einzelnen bestehen.[88] Ersatzansprüche wegen eines enteignenden Eingriffs können bei rechtmäßigem umweltbeeinträchtigendem Verwaltungshandeln in Betracht, wenn die vom Staat ausgehende Belastung den einzelnen schwer und unerträglich trifft und deshalb ohne eine entsprechende Ausgleichszahlung unzumutbar wäre. Demgegenüber kommen Amtshaftungsansprüche gem. § 839 BGB, Art. 34 GG gegenüber dem Staat in Betracht, wenn ein

---

[82] Vgl. *Palandt-Heinrichs,* BGB, Einl. v. § 241 Rn. 14.

[83] Vgl. dazu näher unten § 12 Rn. 52ff.

[84] Zur Unterscheidung von Belastungen der Umwelt u. Belastungen aus der Umwelt siehe bereits *Medicus,* JZ 1986, 778.

[85] Vgl. zum UmwelthaftungR *Balensiefen,* Umwelthaftung, passim; *Versen,* Zivilrechtliche Haftung für Umweltschäden, passim; *Lytras,* Zivilrechtliche Haftung für Umweltschäden, passim; zum europäischen UmwelthaftungR vgl. *Höpke/Thürmann,* in: Rengeling, EUDUR, Bd. I, § 41 Rn. 96ff.

[86] Vgl. zur Doppelfunktion des HaftungsR bereits *Bullinger,* VersR 1972, 599; *Mertens,* in: MK-BGB, vor § 823 Rn. 41, 44; zur präventiven Funktion neuerl. BMU, UGB-KomE, S. 765; krit. *Marburger,* AcP 192 (1992), 1 (30f.); zum Präventivzweck bei der Gefährdungshaftung krit. *Kloepfer,* UmweltR, § 6 Rn. 64.

[87] Vgl. etwa *Murswiek,* Die staatliche Verantwortung für die Risiken der Technik, S. 91; *Klein,* NJW 1989, 1633 (1637).

[88] Vgl. *BGH,* Urt. v. 26. 1. 1984 – III ZR 216/82 –, 90, 17ff.; *ders.,* Urt. v. 29. 3. 1984 – III ZR 11/83 –, 91, 20ff.

Beamter in Ausübung eines öffentlichen Amtes die ihm einem Dritten gegenüber obliegende Amtspflicht schuldhaft verletzt.

46 Die Rechtsprechung hat bislang die Haftung des Staates für *Waldschäden* abgelehnt.[89] Die öffentliche Hand hafte den betroffenen Eigentümern für Waldschäden nicht aus dem rechtlichen Gesichtspunkt des *enteignungsgleichen Eingriffs,* da weder ein rechtswidriges staatliches Handeln noch ein Unterlassen des Gesetz- und Verordnungsgebers vorliege. Die Emissionen fänden ihre Rechtsgrundlage jedoch im Bundes-Immissionsschutzgesetz. Auch eine Entschädigungspflicht aus *enteignendem Eingriff* aufgrund positiven staatlichen Handelns sei zu verneinen, da dieses Rechtsinstitut keine geeignete Grundlage sei, um massenhaft auftretende Schäden auszugleichen. Schließlich könne wegen der Waldschäden auch kein Ersatz unter dem Gesichtspunkt der Amtshaftung (§ 839 BGB, Art. 34 GG) verlangt werden, weil die öffentliche Hand gegenüber dem Kläger keine drittbezogenen Amtspflichten verletzt habe. Für ein amtspflichtwidriges Verhalten des Gesetz- oder Verordnungsgebers durch Unterlassen fehle es an einer Schutzpflichtverletzung der öffentlichen Hand.[90]

47 Soweit darüber hinaus Ersatzansprüche im Wege der Amtshaftung für die rechtswidrige Versagung einer Genehmigung, die Erteilung einer fehlerhaften Genehmigung[91] und für die rechtswidrige Stillegungsverfügung diskutiert werden,[92] handelt es sich nicht um die Geltendmachung von Umweltschäden, sondern um die Forderung nach Ersatz reiner Vermögensschäden, so daß im Rahmen des Umwelthaftungsrechts darauf nicht näher eingegangen zu werden braucht.

48 Dem allgemeinen Haftungsrecht entsprechend sind auch im Umwelthaftungsrecht **Verschuldenshaftung, Aufopferung** und **Gefährdungshaftung** zu unterscheiden.[93]

49 Der Kommissionsentwurf zum Umweltgesetzbuch sieht in den §§ 172 bis 189 UGB-KomE ebenfalls Regelungen zur Umwelthaftung für sorgfaltswidriges Verhalten und für die Gefährdungshaftung vor.[94] Demgegenüber beschränkt sich der Professorenentwurf zum Allgemeinen Teil eines Umweltgesetzbuchs in §§ 110 bis 130 UGB-AT-E auf die Regelung der Gefährdungshaftung.[95]

I. Verschuldenshaftung

50 Als privatrechtliche Anspruchsgrundlagen des Umwelthaftungsrechts kommen in erster Linie die verschuldensabhängigen Tatbestände der §§ 823

---

[89] Vgl. *BVerfG,* Beschl. v. 14. 9. 1983 – 1 BvB 920/83 –, NJW 1983, 2931 ff.; *BGH,* Urt. v. 10. 12. 1987 – III ZR 220/86 –, NJW 1988, 478 ff.; *OLG Köln,* Urt. v. 16. 9. 1985 – 7 U 133/84 –, NJW 1986, 589 ff.; *OLG Stuttgart,* Urt. v. 22. 10. 1986 – 1 U 38/86-(932a) – AgrarR 1987, 54 f.; OlG München, Urt. v. 5. 6. 1986 – 1 U 150/86 –, NVwZ 1986, 691 ff.; *LG Bonn,* Urt. v. 27. 6. 1984 – 1 O 99/84 –, NJW 1985, 71 f.; zur Haftung für Hochwasserschäden aufgrund zu umfangreicher Baugebietsausweisung vgl. ablehnend *BGH,* Urt. v. 14. 5. 1987 – III ZR 159/86 –, UPR 1988, 139 ff.

[90] *BGH,* Urt. v. 10. 12. 1987 – II ZR 220/86 –, NJW 1988, 478 ff.

[91] Zur Frage eines Amtshaftungsanspruchs des Anlagenbetreibers wegen Erteilung einer fehlerhaften Genehmigung im AtomR vgl. *BGH,* Urt. v. 16. 1. 1997 – III ZR 1117/95 –, UPR 1997, 187 (189); vgl. dazu ausführl. unten § 24 Rn. 153.

[92] Vgl. *Kloepfer,* UmweltR, § 6 Rn. 199 f.

[93] Vgl. zum allg. UmwelthaftungsR *Medicus,* NuR 1990, 145 ff.; *Marburger,* Gutachten zum 56. DJT, Bd. I, S. C 1 ff.; *Diederichsen,* Gutachten zum 56. DJT, Bd. II, S. L 48 ff.; *Gerlach,* Privatrecht und Umweltschutz im System des Umweltrechts, passim; Lytras, Zivilrechtliche Haftung für Umweltschäden, passim.

[94] BMU, UGB-KomE, S. 177 ff., 767 ff.

[95] *Kloepfer/u. a.,* UGB-AT-E, S. 81 ff.

Abs. 1 und 2, 826, 839 BGB in Betracht.[96] Im Mittelpunkt der Verschuldenshaftung steht auch im Umweltrecht § 823 BGB.

Der Verschuldenshaftung kommt für plötzlich eintretende Ereignisse nach wie vor eine zentrale Rolle zu, da Stör- und Unfälle in der Regel auf einem zurechenbaren, schuldhaften Verhalten beruhen. Sie führen zu einer unbegrenten Haftung und zu Schmerzensgeld.[97] 51

1. § 823 Abs. 1 BGB

Ein Schadensersatzanspruch aus § 823 Abs. 1 BGB setzt die kausale, rechtswidrige und schuldhafte Verletzung eines Rechtsguts voraus. Danach ist derjenige, der vorsätzlich oder fahrlässig das Leben, die Gesundheit, die Freiheit, das Eigentum oder ein sonstiges Recht eines anderen widerrechtlich verletzt, dem anderen zum Ersatz des daraus entstehenden Schadens verpflichtet. Ein Anspruch auf Ersatz von Umweltschäden kann sich in erster Linie aus der Verletzung der **geschützten Rechtsgüter** Gesundheit, Eigentum oder der Verletzung eines sonstigen Recht ergeben. 52

Als *umweltrelevante Gesundheitsbeeinträchtigungen* sind z.B. Schlafstörungen infolge übermäßiger Lärmeinwirkungen[98] oder Krankheiten als Folge von Luftverunreinigungen anerkannt. 53

Häufiger gewährt die Rechtsprechung dagegen Ansprüche auf Ersatz von Umweltschäden als Folge einer *Eigentumsverletzung*. Schadensersatzansprüche werden z.B. anerkannt für die Verschmutzung einer Hausfront durch übermäßige Zuführung von Rauch, für die Einwirkung auf ein Grundstück durch Grundwasserverseuchung, für Lackschäden an Kraftfahrzeugen durch Industrieabgase, für Pflanzenschäden einer Baumschule durch Fluoremissionen, für Viehschäden durch verseuchtes Weideland, für die Beschädigung der Garne eines Textilunternehmens durch Rußteilchen der benachbarten Industriebetriebe.[99] 54

Eine Erweiterung der deliktischen Umwelthaftung durch Anerkennung eines Anspruches auf *saubere Umwelt* als sonstiges Recht i.S.d. § 823 Abs. 1 BGB oder aber als Unterfall des allgemeinen Persönlichkeitsrechtes wird zwar vereinzelt gefordert,[100] ganz überwiegend aber vor allem mit Verweis auf die Konturenlosigkeit eines solchen Rechts abgelehnt.[101] 55

2. § 823 Abs. 2 BGB

Gem. § 823 Abs. 2 BGB trifft die Verpflichtung zum Schadensersatz auch denjenigen, der gegen ein den Schutz eines anderen bezweckendes Gesetz verstößt. Eine Norm gilt als Schutzgesetz, wenn sie nach ihrem Schutzzweck nicht nur das Allgemeininteresse, sondern auch Individualinteressen wahren soll.[102] Die Bedeutung des § 823 Abs. 2 BGB für das Umwelthaftungsrecht hängt vor allem von dem Umfang ab, in dem umweltschützende Normen 56

---

[96] Zu sonstigen Haftungsgrundlagen vgl. *Höpke/Thürmann,* in: Rengeling, EUDUR, Bd. I, § 41 Rn. 91ff.

[97] So auch BMU, UGB-KomE, S. 764.

[98] *BGH,* Urt. v. 25. 9. 1970 – VZR 155/67 –, MDR 1971, 37ff.

[99] Vgl. zu weiteren Beispielen *Palandt-Thomas,* BGB, § 823 Rn. 9.

[100] So *Köndgen,* UPR 1983, 345 (348); *Forkel,* Immissionsschutz und Persönlichkeitsrecht, S. 24ff., 47ff.; ähnl. *Roth,* NJW 1972, 921 (922ff.).

[101] Näher *Medicus,* JZ 1986, 778 (779); *Mertens,* in: MK-BGB, § 823 Rn. 106f.; *Marburger,* Gutachten zum 56. DJT, Bd. I, S. C 1 (120f.); *Diederichsen/Scholz,* WuV 1984, 23 (32); *Kloepfer,* UmweltR, § 6 Rn. 9.

[102] *Palandt-Thomas,* BGB, § 823 Rn. 141.

des öffentlichen Rechtes zugleich Schutzgesetze i. S. d. § 823 Abs. 2 BGB sind. Grundsätzlich ist in der Rechtsprechung des *BGH* anerkannt, daß drittschützende öffentlich-rechtliche Vorschriften auch Schutzgesetze i. S. d. § 823 Abs. 2 BGB sein können.[103]

57 Umstritten ist jedoch, ob drittschützende Normen des öffentlichen Rechts erst mit ihrer Konkretisierung durch behördliche Anordnungen als Schutzgesetze herangezogen werden können[104] oder aber unmittelbar Schutzgesetze i. S. v. § 823 Abs. 2 BGB sind.[105] Das kann besonders zweifelhaft sein bei allgemeinen gesetzlichen Zweckbestimmungen oder Grundsatznormen, die einer näheren Konkretisierung bedürfen, weil sich allein aus den gesetzlichen Regelungen nur sehr schwer hinreichende Verhaltensregeln für den Adressaten ableiten lassen.[106] Geht man gleichwohl davon aus, daß drittschützende Normen des öffentlichen Rechts unmittelbar Schutzgesetze i. S. d. § 823 Abs. 2 BGB sind, dann bedarf es im konkreten Fall jedenfalls einer genauen Prüfung, ob die Verletzung eines Schutzgesetzes auch schuldhaft ist, obwohl die Verhaltenspflicht in behördlichen Genehmigungen, nachträglichen Anordnungen etc. konkretisiert worden ist und sich der Adressat an diese behördlichen Konkretisierungen gehalten hat.

58 Umstritten ist außerdem, ob auch Verwaltungsvorschriften, insbesondere die TA Luft und TA Lärm Schutzgesetze i. S. d. § 823 Abs. 2 BGB sein können.[107] Zumindest in dem Maße, in dem die Rechtsprechung den Technischen Anleitungen als normenkonkretisierende Verwaltungsvorschriften auch Gerichts- bzw. Außenverbindlichkeit attestiert[108] wird man Verwaltungsvorschriften mit drittschützender Regelung auch als Schutzgesetze i. S. d. des § 823 Abs. 2 BGB anerkennen müssen.

59 Neben den drittschützenden Normen des öffentlichen Rechts sind es vor allem die Strafvorschriften zum Schutz der Umwelt, die als Schutzgesetz i. S. d. § 823 Abs. 2 BGB die deliktische Umwelthaftung erweitern können.[109]

3. Kausalität

60 Der durch die Rechtsgutverletzung bzw. die Verletzung des Schutzgesetzes eingetretene Schaden muß auf ein Verhalten des Inanspruchgenommenen kausal zurückzuführen sein. Der schwierige Nachweis einer Kausalverknüpfung zwischen dem Verhalten des Inanspruchgenommenen, der Rechtsgutverletzung und dem Schaden führt zu Durchsetzungsproblemen des deliktischen Haftungsrechts.[110] Beweisschwierigkeiten ergeben sich einerseits

---

[103] *BGH,* Urt. v. 30. 4. 1976 – 5 ZR 188/74 –, BGHZ 66, 354; *ders.,* Urt. v. 23. 6. 1983 – III ZR 79/82 –, UPR 1984, 193 (194); *ders.,* Urt. v. 27. 11. 1963 – V ZR 201/61 –, BGHZ 40, 306; *ders.,* Urt. v. 28. 10. 1969 – III ZR 131/81 –, BGHZ 86, 356 (362); *ders.,* Urt. v. 26. 2. 1993 – V ZR 74/92 –, NJW 1993, 1580; siehe auch *Konrad,* BayVBl. 1984, 33 (37); *Beckmann,* Rechtsschutz, S. 28; *Ganten/Lemke,* UPR 1989, 1 (3).

[104] So z. B. *Medicus,* JZ 1986, 778 (783); *Bullinger,* VersR 1972, 599 (603).

[105] So *BGH,* Urt. v. 26. 2. 1993 – V ZR 74/92 –, NJW 1993, 1580; *Marburger,* Gutachten zum 56. DJT, Bd. I, S. C 1 (122f.); *Mertens,* in: MK-BGB, § 823 Rn. 174; *Fritzsche,* NJW 1995, 1121 (1123).

[106] *Medicus,* JZ 1986, 778 (783); *Marburger,* Gutachten zum 56. DJT, Bd. I, S. C 1 (122f.).

[107] So *Köndgen,* UPR 1983, 345 (351); a. A. *Medicus,* JZ 1986, 778 (783); *Mertens,* in: MK-BGB, § 823 Rn. 183.

[108] Vgl. *BVerwG,* Urt. v. 19. 12. 1985 – VII C 65.82 –, DVBl. 1986, 190 (196); siehe auch oben § 5 Rn. 17ff. u. unten § 19 Rn. 14ff.

[109] Zum UmweltstrafR siehe unten § 12 Rn. 1ff.

[110] Zu Kausalitätsproblemen ferner *Loser,* Kausalitätsprobleme bei der Haftung für Umweltschäden, passim; *Quentin,* Kausalität und deliktische Haftungsbegründung, passim.

hinsichtlich der Frage, ob durch die festgestellten Umweltbelastungen die Rechtsgutverletzung tatsächlich verursacht worden sind. Häufig ist z.B. der Nachweis zwischen Schadstoffbelastung und konkreter Gesundheitsbeeinträchtigung kaum zu führen. Eine Erhöhung des Gesundheitsrisikos ist zumeist nur statistisch feststellbar. Vor allem bei großflächigen Umweltbelastungen ist der Nachweis, welcher von zahlreichen Umweltbelastern für die konkret aufgetretenen Rechtsgutverletzungen verantwortlich ist, kaum zu führen. Diese Beweisprobleme sind bei den Waldschäden insbesondere unter dem Stichwort der **„summierten Immissionen“** lebhaft diskutiert worden.[111] Die Rechtsprechung hat zugunsten des Geschädigten eine Beweiserleichterung angenommen, wenn der Emittent die in der TA Luft festgelegtn Emissions- und Immissionswerte überschritten hat.[112]

4. *Rechtswidrigkeit*

Der eingetretene Verletzungserfolg indiziert regelmäßig die Rechtswidrigkeit des Verhaltens.[113] 61

Soweit in der Literatur an die Rechtswidrigkeit des Verhaltens angeknüpft wird, wird bei durch Immissionen verursachten Schäden indes nicht von vornherein von einer rechtswidrigen Verursachung ausgegangen, da der Verlauf einer Emission regelmäßig durch eine Vielzahl von Zwischenursachen, wie Windrichtung und Wetterbedingen, bestimmt wird. Für ihre Rechtswidrigkeit müssen nach dieser Auffassung vielmehr umweltrechtliche *Verkehrssicherungspflichten* - so beispielsweise eine Beobachtungspflicht hinsichtlich der vom eigenen Grundstück ausgehenden Emissionen – eingehalten werden.[114] Die Verkehrssicherungspflichten ergeben sich aus der Eröffnung einer Gefahrenquelle. Eine Verkehrssicherungspflicht ist verletzt, wenn der Sicherungspflichtige nicht alles technisch Mögliche und wirtschaftlich Zumutbare getan hat, um Schäden Dritter abzuwenden. 62

In Zusammenhang mit der Rechtswidrigkeit sind auch die mit den *öffentlich-rechtlichen Genehmigungen und Erlaubnissen* verbundenen Legalisierungswirkungen ein zentrales Problem. Dabei führt eine öffentlich-rechtliche Genehmigung nicht dazu, daß die Emissionen in dem Umfang, in dem sie genehmigt worden sind, als zivilrechtlich rechtmäßig anzusehen sind. Die zivilrechtliche Rechtmäßigkeit wird nämlich nur dann durch die öffentlich-rechtliche Rechtmäßigkeit bestimmt, wenn die privatrechtsgestaltende Wirkung der öffentlich-rechtlichen Genehmigung – wie z.B. in §§ 14 Abs. 2 BImSchG, 7 Abs. 6 AtG, 23 GenTG, 11 LuftVG – ausdrücklich gesetzlich bestimmt ist. 63

Im Rahmen der deliktsrechtlichen Haftung ist zudem die nachbarrechtliche Regelung des § 906 BGB heranzuziehen.[115] Sind Immissionen von einem Grundstückseigentümer danach zu dulden, so sind diese nicht als rechtswidrig im Sinne des § 823 BGB anzusehen.[116] 64

---

[111] Vgl. dazu *Rehbinder,* in: Salzwedel, Grundzüge des UmweltR, 2. Aufl., Kap. 08 Rn. 72ff. m.w.N.

[112] *BGH,* Urt. v. 18. 9. 1984 – VI ZR 223/82 –, BGHZ 92, 143 (151); *OLG Köln,* Urt. v. 3. 12. 1992 – 1 U 17/91 –, UPR 1993, 103; a.A. im Hinblick auf Emissionswerte *Rehbinder,* in: Salzwedel, Grundzüge des UmweltR, 2. Aufl., Kap. 08 Rn. 57 m.w.N.

[113] *BGH,* Urt. v. 1. 3. 1979 – VI ZR 117/77 –, BGHZ 74, 9 (14); vgl. zur umstr. Frage, ob für die Beurteilung der Rechtswidrigkeit auf das Verhalten oder den Erfolg abzustellen ist, ausführl. *Palandt-Thomas,* BGB, § 823 Rn. 33.

[114] *Hager,* NJW 1986, 1961 (1966); *Versen,* UTR Bd. 25, S. 116; vgl. dazu auch *Höpke/Thürmann,* in: Rengeling, EUDUR, Bd. I, § 41 Rn. 60ff.

[115] Vgl. zur nachbarrechtl. Regelung des § 906 bereits oben § 12 Rn. 24ff.

[116] *BGH,* Urt. v. 18. 9. 1984 – VI ZR 223/82 –, BGHZ 92, 143 (148f.); *ders.,* Urt. v. 26. 2. 1993 – V ZR 74/92 –, NJW 1993, 1580 (1581); *Rehbinder,* in: Salzwedel, Grundzüge des UmweltR, 2. Aufl., Kap. 08 Rn. 31.

5. Verschulden

65 Ein Verschulden ist regelmäßig dann zu bejahen, wenn administrative Anordnungen und Regeln nicht eingehalten werden.[117] Jedenfalls wenn eine Verkehrssicherungspflicht verletzt wird, liegt darin zugleich ein schuldhaftes Verhalten.[118]

66 Der Kommissionsentwurf zum Umweltgesetzbuch sieht insoweit in § 172 Abs. 1 UGB-KomE eine Regelung zur Umwelthaftung für *vermutetes Verschulden* vor, bei dem sich der Verursacher dadurch entlasten kann, daß er nachweist, daß er die nach den umweltrechtlichen Anforderungen erforderliche Sorgfalt beachtet hat.[119] Die Haftung knüpft dabei umfassend an die Störung des bestimmungsgemäßen Betriebs einer Anlage, an Unfälle beim Umgang mit gefährlichen Stoffen, Zubereitungen, Erzeugnissen oder Abfällen oder an Immissionen aufgrund von Anlagen an.[120]

II. Aufopferungsanspruch

67 Neben der Verschuldenshaftung kann im deutschen Recht die Aufopferung eines fremden Rechtsgutes im Rahmen einer Güterkollision Grund der Haftung sein. Aufopferungsansprüche sind im Umwelthaftungsrecht besonders zahlreich.[121] Zu ihnen zählen insbesondere § 906 Abs. 2 S. 2 BGB und § 14 S. 2 BImSchG.

1. § 906 Abs. 2 S. 2 BGB

68 Nach § 906 Abs. 2 S. 2 BGB wird der Nachbar dafür entschädigt, daß er bestimmte Beeinträchtigungen seines Grundstückseigentums hinnehmen muß, ohne von seinem Abwehranspruch Gebrauch machen zu können. Der Ausgleichsanspruch ist damit auf die unmittelbare Nachbarschaft einer Störquelle beschränkt.

69 Grundsätzlich kann der Eigentümer oder auch der Besitzer[122] eines Grundstückes gem. § 906 Abs. 1 BGB die Zuführung von Gasen, Dämpfen, Gerüchen, Rauch, Ruß, Wärme, Geräuschen und Erschütterungen sowie ähnliche von einem anderen Grundstück ausgehende Einwirkungen nicht verbieten, soweit diese Einwirkungen die Benutzung seines Grundstücks nicht oder nur unwesentlich beeinträchtigen. Gem. § 906 Abs. 2 S. 1 BGB muß der Nachbar darüber hinaus auch wesentliche Beeinträchtigungen dulden, wenn sie durch die ortsübliche Benutzung des Nachbargrundstücks herbeigeführt werden und nicht durch wirtschaftlich zumutbare Maßnahmen verhindert werden können.[123] Der Duldungspflichtige wird aber durch einen

---

[117] *Hager,* NJW 1986, 1961 (1966); *Marburger,* UTR Bd. 2, S. 109 (135f.); *Landsberg,* StuG 1993, 167.

[118] Siehe *BGH,* Urt. v. 18. 9. 1984 – VI ZR 223/82 –, BGHZ 92, 143 (151); *ders.,* Urt. v. 30. 4. 1991 – VI ZR 178/90 –, NJW 1991, 1948 (1950).

[119] BMU, UGB-KomE, S. 177f., 761; vgl. zu entspr. Forderungen aus der Lit. *Ladeur,* VersR 1993, 257 (263); *Godt,* Haftung für ökologische Schäden, S. 161.

[120] BMU, UGB-KomE, S. 177, 771.

[121] Vgl. z.B. §17 Abs. 4, S. 2 FStrG, § 42 Abs. 1 BImSchG, § 9 FluglG, § 10 Abs. 2 S. 2 WHG, § 57 Abs. 1 BSeuchenG, § 49 Abs. 5 VwVfG, § 3b Abs. 1 S. 1 BNatSchG.

[122] *BGH,* Urt. v. 15. 4. 1959 – V ZR 3/58 –, BGHZ 30, 273 (280).

[123] Vgl. dazu oben § 12 Rn. 27ff.

Anspruch auf angemessenen Geldausgleich entschädigt, wenn durch die Immission eine ortsübliche Nutzung des beeinträchtigten Grundstücks verhindert oder dessen Ertrag über das zumutbare Maß hinaus beeinträchtigt wird (§ 906 Abs. 2 S. 2 BGB).[124] § 906 Abs. 2 S. 2 BGB gewährt dem Geschädigten einen angemessenen Ausgleich in Geld. Nach enteignungsrechtlichen Grundsätzen ist die Differenz zwischen dem Wert des betroffenen Grundstücks bei einer noch zumutbaren Beeinträchtigung und dem Wert unter Berücksichtigung der konkreten Immission auszugleichen.[125]

§ 906 Abs. 2 S. 2 BGB gilt entsprechend, wenn zumutbare Schutzvorkehrungen **70** vom Störer unterlassen wurden und der Eigentümer aus besonderen Gründen – beispielsweise aus Unkenntnis – gehindert war, Abwehranspüche geltend zu machen.[126]

2. § 14 S. 2 BImSchG

Ein weiterer wichtiger Aufopferungsanspruch des privaten Umwelthaf- **71** tungsrechts ist in § 14 S. 2 BImSchG geregelt.

Nach § 14 S. 1 BImSchG kann aufgrund privatrechtlicher, nicht auf **72** besonderen Titeln beruhender Ansprüche zur Abwehr nachteiliger Einwirkungen von einem Grundstück auf ein benachbartes Grundstück die Einstellung des Betriebes einer Anlage, deren Genehmigung unanfechtbar ist, nicht verlangt werden. Die immissionsschutzrechtliche Genehmigung entfaltet insoweit eine privatrechtsausschließende Wirkung. Verlangen kann der Betroffene gem. § 14 S. 1 BImSchG aber, daß Vorkehrungen getroffen werden, die die benachteiligenden Wirkungen ausschließen.[127] Soweit solche Vorkehrungen nach dem Stand der Technik nicht durchführbar oder wirtschaftlich nicht vertretbar sind, kann lediglich Schadensersatz verlangt werden.[128] Im Gegensatz zu § 906 Abs. 2 S. 2 BGB gewährt § 14 S. 2 BImSchG vollen Schadensersatz nach §§ 249, 254 BGB.[129]

Ein Aufopferungsanspruch entsprechend der Regelung des § 14 S. 2 **73** BImSchG ist ausdrücklich in § 7 Abs. 6 AtG und § 11 LuftVG angeordnet.

III. Gefährdungshaftung

Eine Gefährdungshaftung für Umweltschäden ist spezialgesetzlich im Was- **74** serrecht, im Atomrecht und im Gentechnikrecht vorgesehen. Darüber hinaus

[124] Vgl. zu diesem Anspruch insbes. *BGH,* Urt. v. 22. 12. 1967 – V ZR 11/67 –, BGHZ 49, 148 (150); zur Entschädigungshöhe vgl. *BVerwG,* Urt. v. 16. 9. 1993 – 4 C 9.91 –, DVBl. 1994, 338 (340).

[125] *BGH,* Urt. v. 22. 12. 1967 – V ZR 11/67 –, BGHZ 49, 148 (152ff.).

[126] *BGH,* Urt. v. 2. 3. 1984 – V ZR 54/83 –, BGHZ 90, 255 (263); demgegenüber soll eine Analogie ausgeschlossen sein, wenn der Abwehranspruch durch öffentlichrechtl. Vorschriften ausgeschlossen ist, *ders.,* Urt. v. 20. 11. 1992 – V ZR 82/91 –, BGHZ 120, 339ff.; a. A. *OLG München,* Urt. v. 21. 1. 1991 – 17 U 2577/90 –, NuR 1991, 502ff.; zur analogen Anwendung des § 906 Abs. 2 S. 2 BGB bei ortsübl. Beeinträchtigungen vgl. *BGH,* Urt. v. 20. 11. 1992 – V ZR 82/91 –, BGHZ 120, 239ff.

[127] Vgl. dazu oben § 2 Rn. 30.

[128] Vgl. zu diesem Anspruch *Hager,* NJW 1986, 1961 (1964); vgl. zum Aufopferungsanspruch ferner unten § 21 Rn. 268.

[129] *Jarass,* BImSchG, § 14 Rn. 27.

Bälz, JZ 92, 57

ist eine verschuldensunabhängige Gefährdungshaftung für Schäden durch Umwelteinwirkungen im Umwelthaftungsgesetz und für Fehler eines Produkts im Produkthaftungsgesetz geregelt. Im Gegensatz zur Verschuldungshaftung knüpfen die Tatbestände der Gefährdungshaftung allein an den eingetretenen Schadenserfolg an. Auf ein Verschulden des Störers kommt es nicht an.

1. Umwelthaftungsgesetz

75 Das **Umwelthaftungsgesetz (UmweltHG)**,[130] das am 1. 1. 1991 in Kraft getreten ist, normiert eine verschuldensunabhängige Gefährdungshaftung für Schäden durch Umwelteinwirkungen, die von Anlagen herrühren **(beschränkte Anlagenhaftung).**[131]

76 Eine im Gegensatz zur Anlagenhaftung weitergehende Handlungs- oder Verursachungshaftung nach dem Vorbild des § 22 WHG konnte sich im Gesetzgebungsverfahren nicht durchsetzen.[132] Zu Recht wurde gegen die Handlungshaftung eingewandt, daß eine nicht gegenständlich an einen umgrenzten Risikobereich anknüpfende Handlungshaftung die Konturen des Tatbestandes verwischen und die Haftung mangels klarer Konturen unüberschaubar werden könnte.[133]

77 Gleichwohl sieht auch der **Professorenentwurf** zum Allgemeinen Teil eines Umweltgesetzbuchs in §§ 110 Abs. 1, 114 bis 117 UGB-AT-E eine Kombination aus Anlagen- und Handlungshaftung durch Einbeziehung der Haftung für das Einleiten von Stoffen in Gewässer und für bestimmte bodengefährdende Handlungen und den Transport umweltgefährlicher Stoffe vor.[134] Demgegenüber dehnt der **Kommissionsentwurf** zum Umweltgesetzbuch die Gefährdungshaftung nur durch einen erweiterten Kreis von Anlagen aus, hält aber i. ü. an dem anlagenbezogenen Ansatz und der enumerativen Aufzählung der Anlagen in Listen fest.[135]

78 Durch das UmweltHG sollen die Rechtsstellung des Geschädigten verbessert und zuvor bestehende Haftungslücken geschlossen werden.[136] Die Rechtsstellung des Geschädigten soll sich zum einen dadurch verbessern, daß der Anlagenbetreiber verschuldensunabhängig für die von seiner Anlage ausgehenden Umwelteinwirkungen auch im Normalbetrieb haftet.[137] Zum anderen sind für den Geschädigten Beweiserleichterungen durch Ursachenvermutungen und Auskunftsansprüche vorgesehen.[138]

79 Auch das UmweltHG dient vornehmlich der Schadenskompensation, indem es einen gerechten Schadensausgleich bei individuellen Rechtsgutverletzungen herbeiführt. Es soll zudem der Umweltvorsorge dienen, in dem es präsentiv die Entstehung von Schäden durch die Begründung eines erhöhten Haftungsrisikos für potentielle Schädiger verhindert.[139]

---

[130] Umwelthaftungsgesetz (UmweltHG) v. 10. 12. 1990 (BGBl. I S. 2634).

[131] *Hager,* NJW 1991, 134 ff.

[132] Vgl. zu einem entspr. Entwurf der GRÜNEN, BT-Drs. 11/4247, § 1.

[133] Vgl. *Landsberg/Lülling,* DB 1990, 2205; *dies.,* UmweltHR, § 1 Rn. 11 ff.; *Taubitz,* Jura 1992, 113 (114).

[134] *Kloepfer/u. a.,* UGB-AT-E, S. 81 f.

[135] BMU, UGB-KomE, S. 767 f.

[136] Vgl. BT-Drs. 11/7104, S. 14.

[137] Krit. zur Haftung für Schäden für den Normalbetrieb mangels Versicherbarkeit solcher Schäden *Papier,* in: Koch, Auf dem Weg zum UGB, S. 148 (150).

[138] Vgl. *Ketteler,* VR 1993, 5 (9).

[139] BT-Drs. 11/7104, S. 14; vgl. zur doppelten Zielrichtung haftungsrechtl. Vorschriften bereits oben § 12 Rn. 43.

Becker, NVwZ 05, 771, Schmidt, NVwZ 06, 635, Gozack/Endres DVBl 08, 405, Gillermann, NVwZ 08, 828

a) Anwendungsbereich

Das UmweltHG enthält für die verschuldensunabhängige Haftung für Umweltschäden keine abschließende Regelung. Vielmehr bleibt gem. § 18 Abs. 1 UmweltHG eine Haftung aufgrund anderer Vorschriften unberührt.[140] Insbesondere für Schmerzensgeldansprüche ist damit bei Verschulden ein Rückgriff auf die Deliktshaftung nach §§ 823, 847 BGB möglich. 80

Gem. § 23 UmweltHG findet das Gesetz keine Anwendung, soweit der Schaden vor dem Inkrafttreten des Gesetzes verursacht worden ist. Damit ist die Anwendbarkeit des UmweltHG in zeitlicher Hinsicht auf Schäden begrenzt, die durch Umwelteinwirkungen verursacht worden sind, die vor dem 1. 1. 1991 bereits zu einer Veränderung des Umweltmediums geführt haben.[141] 81

b) Haftungstatbestand

Der Haftungstatbestand ist in § 1 UmweltHG normiert.[142] Wird danach durch eine Umwelteinwirkung, die von einer im Anhang 1 genannten Anlage ausgeht, jemand getötet, sein Körper oder seine Gesundheit verletzt oder eine Sache beschädigt, so ist der Inhaber der Anlage verpflichtet, dem Geschädigten den daraus entstehenden Schaden zu ersetzen. Die Anlagenhaftung für Schäden durch Umwelteinwirkungen setzt demnach die Verletzung eines Rechtsguts durch eine anlagenbezogene Umwelteinwirkung voraus, die zu einem Schaden geführt haben muß. 82

aa) Rechtsgutverletzung

Geschützte Rechtsgüter sind gem. § 1 UmweltHG das Leben, der Körper und die Gesundheit sowie Sachen. 83

Im Gegensatz zu § 823 Abs. 1 BGB zählen weitere *absolut geschützte Rechtsgüter* bzw. die ihnen gleichgestellten *sonstigen Rechte* nicht zu den geschützten Rechtsgütern des UmweltHG.[143] Auch die *Umwelt* als solche ist kein geschütztes Rechtsgut. *Ökologische Schäden,* d.h. Schäden an Naturgütern, die nicht zugleich einen individuellen Sachschaden darstellen, werden vom haftungsbegründenden Tatbestand des § 1 UmweltHG nicht erfaßt.[144] Mithin werden nachteilige Klimaveränderungen, Waldschäden oder der Artenrückgang einer Haftungsverpflichtung nach dem UmweltHG nicht unterworfen. Dies ist insoweit konsequent, als das zivile Haftungsrecht den Schutz der Umweltmedien nur insoweit gewährleistet, als sie Gegenstand individueller Rechte geworden sind. 84

Der Haftung unterliegen Schäden, die auf der Tötung eines Menschen, einer Körper- und Gesundheitsverletzung oder der Beschädigung einer Sache resultieren. Ersatzfähig sind auch unmittelbar aus Personen- oder Sachschäden resultierende Vermögensschäden, so z.B. Behandlungskosten oder Kosten für den Einsatz von Rettungsdiensten.[145] Im Gegensatz zu § 22 85

---

[140] Krit. dazu *Hohlich,* UTR 1994, 117ff.

[141] *Landsberg/Lülling,* UmweltHR, § 23 Rn. 2.

[142] Zu Darlegungs- u. Beweisfragen des Haftungstatbestandes vgl. *BVerwG,* Urt. v. 17. 6. 1997 – VI ZR 372/95 –, NuR 1998, 405ff.

[143] Vgl. *Salje,* in: Salje, UmweltHG, §§ 1, 3 Rn. 87.

[144] *Ketteler,* VR 1993, 5 (10); *Kloepfer,* NuR 1990, 337 (348); *ders.* UmweltR, § 6 Rn. 73; *Taupitz,* Jura 1992, 113 (115ff.).

[145] *Ketteler,* VR 1993, 5 (10); *Salje,* in: Salje, UmweltHG, §§ 1, 3 Rn. 99.

WHG ist der Ersatz reiner Vermögensschäden, wie z. B. Umsatzeinbußen bei Gewerbebetrieben, nicht erfaßt.[146]

bb) Anlagenbezogene Umwelteinwirkung

86 Gem. § 1 UmweltHG muß die Rechtsgutverletzung von einer Umwelteinwirkung herrühren, die von einer im Anhang 1 genannten Anlage ausgeht.

(1) Umwelteinwirkung

87 Die Rechtsgutverletzung muß durch eine Umwelteinwirkung verursacht worden sein.[147] Nach der Begriffsbestimmung des § 3 Abs. 1 UmweltHG entsteht ein *Schaden* durch eine Umwelteinwirkung, wenn er durch Stoffe, Erschütterungen, Geräusche, Druck, Strahlen, Gase, Dämpfe, Wärme oder sonstige Erscheinungen verursacht wird, die sich in Boden, Luft oder Wasser ausgebreitet haben.

88 Die Begriffsbestimmung in § 3 Abs. 1 UmweltHG ist insoweit rechtstechnisch mißglückt, als dort begrifflich bestimmt wird, wann ein Schaden als durch eine Umweltbeeinträchtigung entstanden gilt.[148] Demgegenüber stellt jedoch § 1 UmweltHG deutlich darauf ab, daß die Rechtsgutverletzung – und nicht nur der Schaden – durch eine Umwelteinwirkung verursacht sein muß. Erforderlich ist folglich zunächst eine haftungsbegründende Kausalität zwischen der Umwelteinwirkung und der Rechtsgutverletzung.[149] Mithin fehlt es bereits am Haftungsgrund nach § 1 UmweltHG, wenn die Rechtsgutverletzung nicht durch Stoffe, Erschütterungen oder die sonstigen in § 3 UmweltHG genannten Erscheinungen verursacht worden ist, die sich in Boden, Wasser oder Luft ausgebreitet haben.[150] Das entspricht dem Wortlaut von § 1 UmweltHG und auch dem Willen des Gesetzgebers, der gerade wegen der Umwelteinwirkungen die in der Anlage 1 genannten Anlagen für umweltgefährlich ansieht.[151] § 1 UmweltHG zieht daraus die haftungsrechtliche Konsequenz und sieht vor, daß auch die Rechtsgutverletzung durch die anlagenbezogene Umwelteinwirkung verursacht sein muß.[152]

89 Die Verursachung einer Rechtsgutverletzung durch eine Umwelteinwirkung setzt also voraus, daß sich bereits die Verletzung individuell zugewiesener Rechtsgüter über den Umweltpfad verwirklicht haben muß.[153] Der Tod eines Menschen, die Körper- oder Gesundheitsverletzung oder ein Sachschaden muß folglich durch Stoffe, Erschütterungen, Geräusche, Druck,

---

[146] *Landsberg/Lülling,* UmweltHR, § 1 Rn. 19 f.; *Rehbinder,* in: Landmann/Rohmer, UmweltR, Bd. III, UmweltHG, § 1 Rn. 45.

[147] Zur Umwelteinwirkung s. auch *Medicus,* FS Gernhuber, S. 299 ff.

[148] Krit. auch *Salje,* in: Salje, UmweltHG, §§ 1, 3 Rn. 55 ff.; *Paschke,* UmweltHG, § 1 Rn. 4; *Marburger,* AcP 192 (1992), 1 (18); *Kloepfer,* UmweltR, § 6 Rn. 71; *Tünnesen-Harmes,* HdbUR, A.7 Rn. 33; zu einer ähnl. gesetzgeberischen Ungenauigkeit in Bezug auf die Gleichstellung von Rechtsgutverletzung u. Schaden in der für den Geschädigten viel wichtigeren Vermutungsregelung des § 6 Abs. 1 UmweltHG vgl. unten § 12 Rn. 97 ff.

[149] *Paschke,* UmweltHG, § 1 Rn. 4, 39 ff., der insoweit von einer *redaktionellen Ungenauigkeit* spricht.

[150] *Paschke,* UmweltHG, § 1 Rn. 4.

[151] Vgl. BT-Drs. 11/7104, S. 16.

[152] So i. E. auch *Deutsch,* JZ 1991, 1097 (1099); *Landsberg/Lülling,* UmweltHR, § 1 Rn. 156 a; *Kreuzer,* JA 1991, 209 (211 f.).

[153] *Deutsch,* JZ 1991, 1097 (1099); *Marburger,* AcP 192 (1992), 1 (18); *Landsberg/Lülling,* UmweltHG, § 1 Rn. 14, § 3 Rn. 5; *Rehbinder,* in: Landmann/Rohmer, UmweltR, Bd. III, UmweltGH, § 1 Rn. 8, § 3 Rn. 2.

Strahlen, Gase, Dämpfe, Wärme oder sonstige Erscheinungen verursacht worden sein, die sich in Boden, Luft oder Wasser ausgebreitet haben.

Beispiel: Wird ein Maschinenteil durch Druck von der Maschine weggeschleudert, so wird der dadurch entstandene Schaden von der Gefährdungshaftung erfaßt, da er wegen der sich ausbreitenden Druckwelle durch eine Umwelteinwirkung entstanden ist. Anders, wenn sich ein entsprechendes Maschinenteil durch einen Materialfehler löst und herabfällt.[154]

(2) Anlagenbezug

Gem. § 1 UmweltHG muß die Umwelteinwirkung von einer im Anhang 1 des UmweltHG genannten Anlage ausgehen. Gem. § 3 Abs. 2 UmweltHG sind **Anlagen** ortsfeste Einrichtungen wie Betriebsstätten und Lager. Gem. § 3 Abs. 3 UmweltHG gehören zu den Anlagen auch Maschinen, Geräte, Fahrzeuge und sonstige ortsveränderliche technische Einrichtungen und Nebeneinrichtungen, die mit der Anlage oder einem Anlageteil in einem räumlichen oder betriebstechnischen Zusammenhang stehen und für das Entstehen von Umwelteinwirkungen von Bedeutung sein können. 90

Der Gefährdungshaftung nach dem UmweltHG unterfallen Anlagen jedoch nur dann, wenn sie im **Anhang 1** des UmweltHG aufgeführt sind. Die Liste des Anhangs 1 umfaßt 96 Anlagetypen, die – dem Anhang zur 4. Verordnung zur Durchführung des Bundes-Immissionsschutzgesetzes (4. BImSchV) vergleichbar – sachlich bestimmten Bereichen zugeordnet sind. Betroffen sind in Deutschland ca. 15000 bis 20000 Betriebe der Großindustrie sowie mittelständische Unternehmen.[155] Erfaßt werden beispielsweise Kraftwerke und Feuerungsanlagen, aber auch Mast- und Legebetriebe oder Abfallbeseitigungsanlagen. Nach dem Willen des Gesetzgebers ist die Liste der haftungsunterworfenen Anlagen abschließend.[156] 91

Die Umwelteinwirkung, die zu einer Rechtsgutverletzung geführt hat und der damit verbundene Schaden muß von einer Anlage ausgehen. Dies ist nicht nur der Fall bei Störfällen, sondern auch bei Schäden aus Rechtsgutverletzungen, die aus dem rechtmäßigen **Normalbetrieb** der Anlage herrühren.[157] Dies entspricht dem Grundgedanken der Gefährdungshaftung, denjenigen einer Haftung zu unterwerfen, der eine besondere Gefahrenquelle schafft oder nutzt.[158] Die Haftung für den Normalbetrieb einer Anlage umfaßt die Haftung für Folgen unbekannter Risiken *(Entwicklungsrisiken)* und die Haftung für die schädigenden Folgen erkannter Risiken, deren Vermeidung technisch nicht möglich oder finanziell nicht realisierbar war *(Entwicklungslücken)*. 92

---

[154] BT-Drs. 11/7104, S. 17; zu weiteren Beispielen *Ketteler,* VR 1993, 5 (10); *Marburger,* AcP 192 (1992), 1 (18); *Tünnesen-Harmes,* HdbUR, A.7 Rn. 33.

[155] *Landsberg/Lülling, DB* 1991, 479; *Ketteler,* VR 1993, 5 (10).

[156] Krit. dazu *Kloepfer,* UmweltR, § 6 Rn. 69, der für Umweltrisiken, die von einer nicht erfaßten Anlage ausgehen u. die denen einer Kataloganlage nicht nachstehen, den haftungsrechtl. gebotenen Gleichbehandlungsgrundsatz bei vergleichbaren Risikolagen als verletzt ansieht.

[157] *Landsberg/Lülling,* UmweltHR, § 1 Rn. 6; *Schmidt-Salzer,* UmweltHR, § 1 Rn. 31 ff.; *Paschke,* UmweltHG, § 1 Rn. 46 f.; krit. zur Haftung für den Normalbetrieb *Töpfer,* VersWirtsch. 1988, 466 f.

[158] So auch *Kloepfer,* UmweltR, § 6 Rn. 74.

cc) Schaden

93 Nach § 1 UmweltHG muß die anlagenbezogene Umwelteinwirkung zu einer Rechtsgutverletzung geführt haben und dem Geschädigten daraus ein Schaden entstanden sein. Gehaftet wird – wie bereits gesagt – für Vermögensschäden, die unmittelbar aus Person- oder Sachschäden resultieren, nicht aber für reine Vermögensschäden.[159] Auch für ökologische Schäden wird nicht gehaftet.[160]

94 Der Gefährdungshaftung unterfallen allerdings sogenannte **Allmählichkeitsschäden,** d. h. Schäden, die über eine Umwelteinwirkung erst nach einem längeren Zeitraum entstanden sind.[161] Ebenso werden **Distanz- und Summationsschäden** vom Haftungstatbestand erfaßt.[162] Distanz- und Summationsschäden sind in großer Entfernung von den Emissionsquellen auftretende Schäden, zu deren Entstehung eine Vielzahl von Groß- und Kleinemittenten beigetragen haben.

dd) Kausalität

95 Der durch die Rechtsgutverletzung verursachte Schaden muß durch die anlagenbezogene Umwelteinwirkung verursacht worden sein. Die Gefährdungshaftung ist Kausalhaftung.[163] Erforderlich ist eine doppelte kausale Verknüpfung zwischen Anlagenbetrieb, Umwelteinwirkung und Rechtsgutverletzung (haftungsbegründende Kausalität) und zwischen Rechtsgutverletzung und Schaden (haftungsausfüllende Kausalität).[164] Auch wenn für die Gefährdungshaftung nach § 1 UmweltHG ein rechtswidriges und schuldhaftes Verhalten des Störers nicht erforderlich ist, so trägt der Geschädigte im Prozeß gleichwohl nach den allgemeinen haftungsrechtlichen Grundsätzen die volle Darlegungs- und Beweislast für die haftungsbegründenden und haftungsausfüllenden Tatbestandsmerkmale. Ihm obliegt es folglich, die Rechtsgutverletzung, die Umwelteinwirkung durch eine Anlage, die Ursächlichkeit dieser Umwelteinwirkung für die Rechtsgutverletzung, den Schaden und die Ursächlichkeit der anlagebezogenen Umwelteinwirkung für diesen Schaden darzulegen und zu beweisen.

96 Für den Nachweis der Kausalität lockert das UmweltHG allerdings die Anforderungen.[165] Maßgebliche Beweislastregelungen für die Ursächlichkeit enthalten die §§ 6, 7 UmweltHG.[166]

---

[159] Vgl. dazu bereits oben § 12 Rn. 85; § 183 UGB-KomE sieht ausdrückl. ist Erstattungsfähigkeit von Rettungskosten vor, vgl. BMU, UGB-KomE, S. 181, 777.

[160] Vgl. dazu bereits oben § 12 Rn. 84; § 129 UGB-AT-E sieht durch einen Verweis auf § 847 Abs. 1 BGB auch die Gewährung von Schmerzensgeld vor, vgl. *Kloepfer*/u. a., UGB-AT-E, S. 86, 433.

[161] So auch *Kloepfer,* UmweltR, § 6 Rn. 76.

[162] So zu Recht *Schmidt-Salzer,* UmweltHR, § 1 Rn., S. 131 ff.; zustimmend auch *Diederichsen/Wagner,* VersR 1993, 641 (645); *Salje,* in: Salje, UmweltHG, § 6 Rn. 11; *Kloepfer,* UmweltR, § 6 Rn 77.

[163] Zur Ursachenvermutung nach dem UmweltHG vgl. ferner *Stecher,* Die Ursachenvermutung des Umwelthaftungs- und Gentechnikrechts im Gefüge der individualhaftungsrechtlichen Schadenszurechnung, passim.

[164] *Rehbinder,* in: Salzwedel, Grundzüge des UmweltR, 2. Aufl., Kap. 08 Rn. 45, 48; *Paschke,* UmweltHG, § 1 Rn. 4.

[165] Krit. *Rehbinder,* in: Salzwedel, Grundzüge des UmweltR, 2. Aufl., Kap. 08 Rn. 49.

[166] Bei § 6 UmweltHG handelt es sich entgegen seines insoweit mißverständlichen Wortlauts nicht um eine Vermutungsregel, sondern um eine Beweislastregel, vgl. dazu

(1) Ursachenvermutung nach § 6 Abs. 1 UmweltHG

Dabei stellt ihm das Gesetz zur Erleichterung der Beweisführung der Kausalität die Regelung zur Ursachenvermutung des § 6 Abs. 1 S. 1 UmweltHG zur Verfügung. Danach wird vermutet, daß der Schaden durch eine Anlage verursacht ist, wenn die Anlage nach den Gegebenheiten des Einzelfalles geeignet ist, den entstandenen Schaden zu verursachen.[167] 97

Nach dem zunächst eindeutigen Wortlaut des § 6 Abs. 1 UmweltHG handelt es sich um eine Regelung zur Erleichterung der Beweisführung zwischen der anlagenbezogener Umwelteinwirkung und dem *Schaden*.[168] Die h. M. geht gleichwohl davon aus, daß sich die Vermutungsregelung auf die *haftungsbegründende Kausalität* bezieht.[169] Der Gesetzgeber habe angesichts der Kritik an der früheren Rechtslage mit der Einführung der Ursachenvermutung gerade den Nachweis der haftungsbegründenden Kausalität erleichtern wollen.[170] Wenngleich im Ergebnis sicherlich richtig, so ist die Gleichstellung des Begriffs des Schadens mit dem der Rechtsgutverletzung im Wege der Auslegung in § 6 Abs. 1 S. 1 UmweltHG angesichts des eindeutigen Wortlautes nicht unbedenklich. Für eine Heranziehung des Gesetzgebungswillens ist nämlich nur dort Raum, wo der Wortsinn eine Auslegung überhaupt zuläßt.[171] Auch der Hinweis auf die ähnlich gesetzestechnisch mißglückte Formulierung in § 3 Abs. 1 UmweltHG, in der im Wege der Auslegung ebenfalls der Begriff des Schadens mit dem der Rechtsgutverletzung gleichgesetzt wird, hilft insoweit nicht weiter. Anders als in § 6 Abs. 1 S. 1 UmweltHG ist in § 3 Abs. 1 UmweltHG wegen des eindeutigen Wortlautes in § 1 UmweltHG eine Gleichsetzung des Begriffs Schaden und des Begriffs der Rechtsgutverletzung im Wege der Auslegung möglich. 98

Fraglich ist zudem, ob sich die Vermutungsregelung des § 6 Abs. 1 S. 1 UmweltHG zudem auf die *haftungsausfüllende Kausalität* bezieht.[172] Dafür ließe sich neben dem eindeutigen Wortlaut die vom Gesetzgeber angestrebte Beweislasterleichterung für den Geschädigten anführen. Gleichwohl geht die h. M. davon aus, daß sich die Vermutungsregelung ausschließlich auf die haftungsbegründende, und nicht auf die haftungsausfüllende Kausalität bezieht.[173] Da sich der Schadensumfang über § 287 Abs. 1 ZPO ermitteln läßt, wird eine Beseislasterleichterung für den durch die Umwelteinwirkung verursachten Schaden zu Recht nicht für erforderlich gehalten.[174] 99

Die abstrakte Schadenseignung einer Anlage reicht für den Nachweis der haftungsbegründenden Kausalität nicht aus. Gem. § 6 Abs. 1 S. 2 UmweltHG beurteilt sich die Eignung vielmehr im Einzelfall nach dem Betriebsablauf, den verwendeten Einrichtungen, der Art und Konzentration der 100

BT-Drs. 11/7881, S. 28; ferner *Paschke,* UmweltHG, § 6 Rn. 2; *Kloepfer,* UmweltR, § 6 Rn. 79.

[167] Demgegenüber sehen § 121 Abs. 2 UGB-AT-E u. § 176 Abs. 1 UGB-KomE als allgem. Vermutung für die Verursachung vor, wonach eine ganz überwiegende Wahrscheinlichkeit der Schadensverursachung ausreichen soll, vgl. *Kloepfer/u. a.,* UGB-AT-E, S. 83 f., 428 f.; BMU, UGB-KomE, S. 179, 774.

[168] Vgl. zu einem ähnl. Auslegungsproblem bei dem Tatbestandsmerkmal der Umwelteinwirkung in § 1 UmweltHG oben § 12 Rn. 88.

[169] *Kloepfer,* UmweltR, § 6 Rn. 91; *Höpke/Thürmann,* in: Rengeling, EUDUR, Bd. I, § 41 Rn. 21.

[170] *Kloepfer,* UmweltR, § 6 Rn. 91 unter Hinweis auf BT-Drs. 11/7104, S. 18.

[171] *Larenz,* Methodenlehre, S. 308 f.

[172] So wohl *Deutsch,* JZ 1991, 1097 (1100).

[173] *Diederichsen,* PHI 1990, 78 (86 f.); *Paschke,* UmweltHG, § 6 Rn. 36; *Kloepfer,* UmweltR, § 6 Rn. 91; *Höpke/Thürmann,* in: Rengeling, EUDUR, Bd. I, § 41 Rn. 21.

[174] *Kloepfer,* UmweltR, § 6 Rn. 91.

eingesetzten und freigesetzten Stoffe, den meteorologischen Gegebenheiten, nach Zeit und Ort des Schadenseintritts und nach dem Schadensbild sowie allen sonstigen Gegebenheiten, die im Einzelfall für oder gegen die Schadensverursachung sprechen.

101 Die Vermutungsfolge des § 6 Abs. 1 S. 1 UmweltHG herbeizuführen, muß der Geschädigte zunächst darlegen und beweisen, daß *mit dem Betrieb der Anlage die Freisetzung bestimmter Schadstoffe verbunden* ist. Da der Geschädigte in der Regel nicht über ausreichende Informationen zum Betrieb der Anlage und deren Immissionen verfügt, räumt ihm das Gesetz gegen den Inhaber der Anlage sowie gegenüber Behörden gem. § 8 und 9 UmweltHG Auskunftsansprüche ein.[175] Der Geschädigte trägt ferner die Darlegungs- und Beweislast dafür, daß *ein Ursachenzusammenhang zwischen den freigesetzten Schadstoffen und der erlittenen Rechtsgutverletzung* besteht. Insoweit sind die in § 6 Abs. 1 S. 2 UmweltHG erwähnten Einzelheiten des Betriebsablaufs etc. zu berücksichtigen.[176] Dazu muß eine räumlich-zeitliche Beziehung zwischen den freigesetzten Schadstoffen und der erlittenen Rechtsgutverletzung bestehen. Letztlich muß der Geschädigte darlegen und ggf. beweisen, daß die *emittierten Schadstoffe zur Verursachung der erlittenen Rechtsgutverletzung* zumindest geeignet waren.[177] Liegen die Voraussetzungen der Ursachenvermutung vor, so knüpft das Gesetz nach § 6 Abs. 1 S. 2 UmweltHG zugunsten des Geschädigten daran die Vermutungsfolge, daß der Schaden durch die Anlage verursacht worden ist.

(2) Ausschluß der Vermutung nach §§ 6 Abs. 2 S. 1, 7 UmweltHG

102 Die Ursachenvermutung des § 6 Abs. 1 S. 1 UmweltHG findet keine Anwendung, wenn die Anlage *bestimmungsgemäß betrieben* wurde (§ 6 Abs. 2 S. 1 UmweltHG) oder wenn ein *anderer Umstand nach den Gegebenheiten des Einzelfalls geeignet* ist, den Schaden zu verursachen (§ 7 UmweltHG).

103 Die Ursachenvermutung des § 6 Abs. 1 UmweltHG gilt zunächst gem. § 6 Abs. 2 S. 1 UmweltHG nicht, wenn die Anlage bestimmungsgemäß betrieben wurde. Ein **bestimmungsgemäßer Betrieb** liegt gem. § 6 Abs. 2 S. 2 UmweltHG vor, wenn die besonderen Betriebspflichten eingehalten worden sind und auch keine Störung des Betriebs vorliegt. Die Beweislast für den Vermutungsausschluß des § 6 Abs. 2 S. 1 UmweltHG trifft den Anlageninhaber. Dieser muß darlegen und ggf. beweisen, daß die besonderen Betriebspflichten eingehalten worden sind und auch keine Störung des Betriebs vorliegt. Gem. § 6 Abs. 3 UmweltHG sind *besondere Betriebspflichten* solche, die sich aus verwaltungsrechtlichen Zulassungen, Auflagen und vollziehbaren Anordnungen und Rechtsvorschriften ergeben, sobald sie die Verhinderung von solchen Umwelteinwirkungen bezwecken, die für die Verursachung des Schadens in Betracht kommen. Demgegenüber bestimmt das

---

[175] Vgl. zu den Auskunftsansprüchen unten § 12 Rn. 112.

[176] *Marburger,* AcP 192 (1992), 1 (23).

[177] Da der Geschädigte letztl. die Umstände darlegen u. beweisen muß, die die Schadenseigniung des Betriebs begründen, wird in der Vermutungsregelung des § 6 UmweltHG z. T. keine Beweislasterleichterung gegenüber dem Vollbeweis gesehen, vgl. *Rehbinder,* in: Salzwedel, Grundzüge des UmweltR, 2. Aufl., Kap. 08 Rn. 50; *Diederichsen,* PHI 1990, 78 (88); *Gottwald,* FS H. Lange, S. 447 (456, 467); *Salje,* in: Salje, UmweltHG, § 6 Rn. 8, 31.

Gesetz nicht näher, wann eine *Störung* des Betriebs im Sinne von § 6 Abs. 2 S. 2 UmweltHG anzunehmen ist.[178] Da der bestimmungsgemäße Betrieb einer Anlage jedoch ein einheitlicher Vorgang ist, ist er dadurch gekennzeichnet, daß keine Störung des Betriebs eingetreten ist. Hinsichtlich der Beweislast für die Einhaltung des bestimmungsgemäßen Betriebs kommt dem Inhaber der Anlage die Vermutungsregelung des § 6 Abs. 4 UmweltHG zugute. Danach wird die Einhaltung einer Betriebspflicht vermutet, wenn in der Zulassung, in Auflagen, in vollziehbaren Anordnungen oder in Rechtsvorschriften zur Überwachung einer besonderen Betriebspflicht Kontrollen vorgeschrieben sind und wenn die Kontrollen in dem Zeitraum durchgeführt wurden, in dem die in Frage stehende Umwelteinwirkung von der Anlage ausgegangen sein kann und diese Kontrollen keinen Anhalt für die Verletzung der Betriebspflicht gegeben haben oder im Zeitpunkt der Geltendmachung des Schadensersatzanspruches die in Frage stehende Umwelteinwirkung länger als 10 Jahre zurückliegt. Der Anlageninhaber kann die Voraussetzungen dieser Gegenvermutung dadurch darlegen und beweisen, daß er Betriebskontrollen dokumentiert.[179]

Der Anlageninhaber kann die Ursachenvermutung des § 6 Abs. 1 S. 1 UmweltHG nach § 292 ZPO auch durch den Beweis des Gegenteils entkräften. Im Gegensatz zum Geschädigten müßte er dann allerdings den vollen Beweis einer anderen Verursachung erbringen. Der Erleichterung seiner Beweisführung dient § 7 UmweltHG, wenn ein *anderer Umstand nach den Gegebenheiten des Einzelfalls geeignet* ist, den Schaden zu verursachen. § 7 UmweltHG unterscheidet hinsichtlich der Mitursächlichkeit zwei Fallvarianten. So sieht § 7 Abs. 2 UmweltHG einen Ausschluß der vermuteten Kausalität vor, wenn nur *eine* Anlage geeignet ist, den Schaden zu verursachen, während § 7 Abs. 1 UmweltHG den Ausschluß der vermuteten Kausalität für den Fall vorsieht, daß *mehrere* Anlagen geeignet sind, den Schaden zu verursachen.[180] **104**

Gem. § 7 Abs. 2 UmweltHG gilt die Vermutung des § 6 Abs. 1 S. 1 UmweltHG bereits dann als widerlegt, wenn der Anlageninhaber beweist, daß auch ein anderer Umstand geeignet ist, den Schaden zu verursachen.[181] Die Vorschrift setzt das Eingreifen der Vermutung nach § 6 Abs. 1 UmweltHG voraus. Die Ausschlußgründe nach § 6 Abs. 2 bis 4 UmweltHG dürfen demnach nicht eingreifen. Es muß sich also um einen Fall der Betriebsstörung oder der Nichteinhaltung von Betriebspflichten handeln. **105**

Fraglich ist, ob der Vermutungsausschluß nach § 7 Abs. 2 UmweltHG auch gilt, wenn *mehrere Anlagen* die geforderte Eignung zur Schadensverursachung aufweisen und nur die Anlage des in Anspruch genommenen Inhabers im Katalog der Anlage 1 zum UmweltHG aufgeführt ist.[182] **106**

---

[178] Nach Auffassung der Lit. ist ein Störfall i. S. d. StörfallVO nicht gemeint, vgl. *Feldhaus,* UPR 1992, 161 (164).

[179] Vgl. dazu näher *Feldhaus,* UPR 1992, 161 (165 ff.); vgl. auch *Höpke/Thürmann,* in: Rengeling, EUDUR, Bd. I, § 41 Rn. 24 ff.

[180] Vgl. zum Zweck des § 7 UmweltHG ausführl. *Salje,* in: Salje, UmweltHG, § 7 Rn. 1 ff.

[181] *Salje,* in: Salje, UmweltHG, § 7 Rn. 6 f.

[182] Zum Verhältnis von § 7 Abs. 1 u. Abs. 2 UmweltHG *Salje,* in: Salje, UmweltHG, § 7 Rn. 21 f.

Beispiel: Eine Gewässerverunreinigung kann alternativ entweder durch ein umgestürztes Güllefaß (Anlage nach § 22 Abs. 2 WHG) oder durch Einleitung eines Kraftwerks (Kataloganlage) verursacht worden sein.

107 Ein Teil der Literatur vertritt die Auffassung, daß sich der Inhaber der Kataloganlage auf das Auslaufen des Güllefasses als „anderer Umstand" berufen kann, um so die Vermutung des § 6 Abs. 1 UmweltHG auszuschließen, da § 7 UmweltHG das Verhältnis von Kataloganlagen zu anderen Anlagen explizit nicht bestimme.[183] Demgegenüber geht ein anderer Teil der Literatur davon aus, daß im Rahmen des § 7 UmweltHG nicht auf eine andere, einer verschuldensunabhängigen Haftung unterliegende Anlage verwiesen werden kann.[184] Es liege kein „anderer Umstand" vor, sondern eine relevante anlagenbezogene Risikoerhöhung, die eine Haftungsentlastung der Kataloganlage ausschließe. Eine Haftungsentlastung des Anlageninhabers sei nur bei im Sinne der Gefährdungshaftung neutralen Umständen, wie natürlichen Einwirkungen, denkbar. Diese Umstände müßten geeignet sein, die Rechtsgutverletzung ohne Rücksicht auf die anlagenbezogenen Immissionen zu verursachen.[185] Für eine Aufrechterhaltung der Kausalitätsvermutung spricht der dem § 6 Abs. 1 UmweltHG zugrunde liegende Gedanke, daß auch jede Mitverursachung für die Verursachung des Schadens ausreicht. Diesem Gedanken steht eine Haftungsfreistellung des Kataloganlageninhabers allein mangels fehlenden Anlagenbezugs im Sinne des § 1 UmweltHG des Mitverursachungsbeitrags entgegen.

108 Fraglich ist, welche Anforderungen an den Nachweis einer Ursachenalternative zu stellen sind. Ein Teil der Literatur geht davon aus, daß für den Ausstieg aus der Vermutung die gleichen Anforderungen gelten wie für den Einstieg in die Vermutung des § 6 Abs. 1 UmweltHG.[186] Dem steht jedoch entgegen, daß mit der Ursachenvermutung gem. § 6 Abs. 1 UmweltHG eine Beweiserleichterung für den Geschädigten bezweckt ist. Dies legt es eher nahe, den Ausschluß der Vermutung aufgrund einer Ursachenalternative enger auszulegen.[187] Ausreichend dürfte jedenfalls der Nachweis sein, daß auch Natureinflüsse geeignet sind, den eingetretenen Schaden zu verursachen.[188] Um den Gesetzeszweck der Beweislasterleichterung für den Geschädigten zu wahren, wird man auch alle sonstigen Umstände nur dann als geeignet zur Schadensverursachung ansehen können, wenn sie allein geeignet sind, den Schaden zu verursachen.[189]

109 Da die Ursachenvermutung des § 6 Abs. 1 S. 1 UmweltHG auch dann eingreift, wenn mehrere Anlagen mehrerer Inhaber, aber auch mehrere Anlagen nur eines Inhabers die geforderte Eignung zur Schadensverursachung aufweisen,[190] sieht § 7 Abs. 1 S. 1 UmweltHG den Ausschluß der Vermutung vor. Sind mehrere Anlagen zur Schadensverursachung geeignet, so ist der Hinweis auf die Geeignetheit der jeweils anderen Anlage zur Entkräftung der Ursachenvermutung nicht ausreichend.[191] Vielmehr bedarf es für den

---

[183] *Hager,* in: Landmann/Rohmer, UmweltR, Bd. III, UmweltHG, § 7 Rn. 5; *Landsberg/Lülling,* UmweltHR, § 7 Rn. 91; *Deutsch,* JZ 1991, 1097 (1102); *Salje,* in: Salje, UmweltHG, § 7 Rn. 9.

[184] So *Rehbinder,* in: Salzwedel, Grundzüge des UmweltR, 2. Aufl., Kap. 08 Rn. 51; so im Ergebnis auch *Marburger,* AcP 192 (1992), 1 (226); *Diederichsen,* PHI 1990, 78 (79); *Schmidt-Salzer,* VersR 1991, 9 (13).

[185] *Rehbinder,* in: Salzwedel, Grundzüge des UmweltR, 2. Aufl., Kap. 08 Rn. 51.

[186] Vgl. *Hager,* NJW 1991, 134 (139); *Salje,* in: Salje, UmweltHG, § 7 Rn. 14.

[187] Vgl. so *Ketteler,* VR 1993, 5 (12); *Tünnesen-Harmes,* HdbUR, A.7 Rn. 49.

[188] So *Hager,* NJW 1991, 134 (139).

[189] *Hager,* in: Landmann/Rohmer, UmweltR, Bd. III, UmweltHG, § 7 Rn. 10; a. A. wohl *BGH,* Urt. v. 17. 6. 1997 – VI ZR 372/95 –, NJW 1997, 2748 (2750).

[190] *Patsche,* UmweltHG, § 6 Rn. 7; *Schmidt-Salzer,* UmweltHR, § 6 Rn. 12; *Landsberg/Lülling,* UmweltHR, § 6 Rn. 60f.; krit. dazu mit dem Argument, daß die Kriterien für die individuelle Zurechnung von Umweltschäden verschwimmen könnten, *Kloepfer,* UmweltR, § 6 Rn. 95f.

[191] So auch *Rehbinder,* in: Salzwedel, Grundzüge des UmweltR, 2. Aufl., Kap. 08 Rn. 51.

Ausschuß der Vermutung nach § 7 Abs. 1 S. 1 UmweltHG eines anderen Umstandes, der geeignet sein muß, den Schaden zu verursachen.

Problematisch ist auch im Rahmen des § 7 Abs. 2 UmweltHG, ob sonstige Anlagen, die nicht unter die Kataloganlagen i. S. d. § 1 UmweltHG fallen, als „andere Umstände" zu bewerten sind, mittels derer sich der Kataloganlageninhaber entlasten kann.[192] 110

Gem. § 7 Abs. 1 S. 2 UmweltHG beurteilt sich die Eignung im Einzelfall – den Beurteilungskriterien für den Einstieg in die Ursachenvermutung gem. § 6 Abs. 1 S. 2 UmweltHG entsprechend – nach Zeit und Ort des Schadenseintritts und nach dem Schadensbild sowie allen sonstigen Gegebenheiten, die im Einzelfall für oder gegen die Schadensverursachung sprechen. Auch hier wird man die Ursachenvermutung erst dann als widerlegt ansehen können, wenn allein der andere Umstand geeignet war, ohne Rücksicht auf die von der Anlage ausgehenden Emission den Schaden herbeizuführen.[193] 111

(3) Auskunftsansprüche

Weil einerseits dem Geschädigten zur Geltendmachung eines Anspruchs nach § 1 UmweltHG regelmäßig hinreichende anlagenbezogene Kenntnisse fehlen, gewährt ihm § 8 UmweltHG einen Auskunftsanspruch gegen den Anlageninhaber und § 9 UmweltHG einen Auskunftsanspruch gegen die Behörde. Andererseits ist auch eine Verteidigung des Anlageninhabers nur dann adäquat möglich, wenn diesem ein Auskunftsanspruch gegenüber dem Geschädigten, der genehmigenden Behörde und auch gegen andere Anlageninhaber zugebilligt wird (§ 10 UmweltHG). 112

c) Haftungsausschluß und Haftungsbeschränkung

Gem. § 4 UmweltHG ist die **Haftung** nach § 1 UmweltHG **ausgeschlossen**, wenn der Schaden durch höhere Gewalt verursacht wurde. Der Begriff der *höheren Gewalt* umfaßt ein außergewöhnliches, betriebsfremdes, von außen durch elementare Naturkräfte oder Handlungen Dritter herbeigeführtes Ereignis, das nach menschlicher Einsicht und Erfahrung nicht vorhersehbar ist und mit wirtschaftlich erträglichen Mitteln auch durch die äußerste, vernünftigerweise zu erwartende Sorgfalt nicht verhütet oder unschädlich gemacht werden kann.[194] Damit werden vom Begriff der höheren Gewalt sowohl Naturereignisse wie Blitzschläge oder Erdbeben als auch Sabotageakte erfaßt, wenn diese sich als betriebsfremde Einwirkung von außen darstellen. Da § 4 UmweltHG abschließende Regelung über einen Haftungsausschluß trifft, sind sowohl gesetzliche als auch vertragliche Haftungsausschlüsse möglich.[195] 113

Für Schäden, die beim Normalbetrieb einer Anlage entstehen, besteht ferner gem. § 5 UmweltHG eine **Haftungsbeschränkung** für Sachschäden. In diesem Fall ist die Ersatzpflicht für Sachschäden ausgeschlossen, wenn die Sache nur unwesentlich oder in einem Maße beeinträchtigt wird, das nach 114

---

[192] So *Salje,* in: Salje, UmweltHG, § 7 Rn. 10; a. A. *Diederichsen,* PHI 1990, 78 (89).

[193] *Hager,* NJW 1991, 134 (139); *Schmidt-Salzer,* UmweltHR, § 7 Rn. 76; *Diederichsen/Wagner,* VersR 1993, 641 (646); *Kloepfer,* UmweltR, § 6 Rn. 99; a. A. wohl *BGH,* Urt. v. 17. 6. 1997 – VI ZR 372/95 –, NJW 1997, 2748 (2750).

[194] *BGH,* Urt. v. 23. 10. 1952 – III ZR 364/51 –, BGHZ 7, 338 f.; *ders.,* Urt. v. 30. 5. 1974 – III ZR 190/71 –, BGHZ 62, 351 (354).

[195] Vgl. dazu *Salje,* in: Salje, UmweltHG, § 4 Rn. 15.

den örtlichen Verhältnissen zumutbar ist. Die Beschränkung der Haftung bei Sachschäden nach dem UmweltHG orientiert sich damit an der nachbarrechtlichen Ausgleichsregelung des § 906 Abs. 2 S. 2 BGB.

d) Inhalt und Umfang der Haftung

115 Der Umfang der Ersatzpflicht für Personenschäden ist im einzelnen in den §§ 12 bis 14 UmweltHG geregelt.

116 Sowohl für Personen- als auch Sachschäden sind in § 15 UmweltHG Haftungshöchstgrenzen vorgesehen. Danach haftet der Ersatzpflichtige im Fall von Personenschäden insgesamt bis zu einem Höchstbetrag von 160 Mio. DM und für Sachschäden ebenfalls bis zu einem Höchstbetrag von 160 Mio. DM, soweit die Schäden aus einer einheitlichen Umwelteinwirkung entstanden sind.[196]

117 Für *ökologische Schäden* erweitert § 16 UmweltHG die obligatorische Naturalrestitution. Stellt die Beschädigung einer Sache danach auch eine Beeinträchtigung der Natur oder der Landschaft dar, so ist, soweit der Geschädigte den Zustand herstellt, der bestehen würde, wenn die Beeinträchtigung nicht eingetreten wäre, § 251 Abs. 2 BGB mit der Maßgabe anzuwenden, daß Aufwendungen für die Wiederherstellung des vorherigen Zustandes nicht allein deshalb unverhältnismäßig sind, weil sie den Wert der Sache übersteigen.[197]

118 Um die Leistungsfähigkeit des Anlageninhabers im Schadensfall sicherzustellen, ordnet § 19 Abs. 1 S. 1 UmweltHG bei bestimmten Anlagetypen eine **Deckungsvorsorge** an.[198] Betroffen sind hiervon die in Anhang 2 des UmweltHG aufgeführten drei Anlagetypen. Gem. § 19 Abs. 2 UmweltHG kann die Deckungsvorsorge u.a. durch eine Haftpflichtversicherung bei einem im Geltungsbereich des UmweltHG zum Geschäftsbetrieb befugten Versicherungsunternehmens erbracht werden.[199] Die Pflicht zur obligatorischen Deckungsvorsorge wird indes erst mit Erlaß der Rechtverodnung nach § 20 Abs. 1 UmweltHG **(Deckungsverordnung)** wirksam.[200]

2. Produkthaftungsgesetz

119 Im Umweltrecht findet ferner die zivilrechtliche verschuldensunabhängige Haftung nach dem Produkthaftungsgesetz[201] Anwendung, wenn die Umwelteinwirkung nicht von einer Anlage, sondern von einem umweltgefährlichen Produkt – z.B. einem Insektizid – ausgeht.[202]

---

[196] Vgl. dazu näher *Paschke,* UmweltHG, § 15 Rn. 1ff.

[197] Dazu ausführl. *Kloepfer,* UmweltR, § 6 Rn. 109ff.; zum Problem des Ausgleichs ökologischer Schäden ferner *Seibt,* Zivilrechtlicher Ausgleich ökologischer Schäden, passim; *Kadner,* Der Ersatz ökologischer Schäden, passim.

[198] Dazu näher *Paschke,* UmweltHG, § 19 Rn. 5ff.

[199] Zu den durch die Versicherungswirtschaft entwickelten Deckungsmodellen vgl. *Schmidt-Salzer,* VersR 1992, 794ff.; *Poschen,* VersR 1993, 653ff.; zur Umwelthaftpflichtversicherung *Kloepfer,* UmweltR, § 6 Rn. 166ff.

[200] Eine Deckungsvorsorgeverordnung ist bislang nicht erlassen worden.

[201] Gesetz über die Haftung für fehlerhafte Produkte (Produkthaftungsgesetz – ProdHaftG) v. 15. 12. 1989 (BGBl. I S. 2198), zul. geänd. durch G v. 25. 10. 1994 (BGBl. I S. 3082).

[202] *Höpke/Thürmann,* in: Rengeling, EUDUR, Bd. I, § 41 Rn. 93.

Nach § 1 Abs. 1 ProdHaftG haftet der Hersteller umweltgefährdender Produkte ohne Verschulden allein dafür, daß er ein fehlerhaftes Produkt in den Verkehr gebracht hat. Wird danach durch den Fehler eines Produkts jemand getötet, sein Körper oder seine Gesundheit verletzt oder eine Sache beschädigt, so ist der Hersteller des Produkts verpflichtet, dem Geschädigten den daraus entstehenden Schaden zu ersetzen.[203] Dem UmweltHG vergleichbar steht auch im Produkthaftungsrecht der Nachweis der Kausalität einer stärkeren Inanspruchnahme der Haftungstatbestände zur Durchsetzung von Ersatzansprüchen für Umweltschäden entgegen. Nach der Rechtsprechung genügt für die Zurechnung, daß – im Rahmen der freien Beweiswürdigung – aufgrund der negativ ausgeschlossenen Ursachen unter mehreren denkbaren Ursachen auf diejenige Ursache geschlossen werden kann, die nach Lage der Dinge im konkreten Fall ernsthaft übrigbleibt.[204] 120

Die Haftung des Herstellers ist jedoch gem. § 1 Abs. 2 ProdHaftG u. a. ausgeschlossen, wenn er das Produkt nicht in den Verkehr gebracht hat oder das Produkt beim Inverkehrbringen durch den Hersteller noch nicht fehlerbehaftet gewesen ist. 121

3. Spezielle Gefährdungshaftungstatbestände

Spezielle Gefährdungshaftungstatbestände sind im Umweltrecht vor allem im Wasserrecht, im Atomrecht und im Gentechnikrecht vorgesehen.[205] 122

a) Gefährdungshaftung im Wasserrecht

Eine Gefährdungshaftung besteht im Wasserrecht einerseits für die Verursachung nachteiliger Veränderungen der Wasserbeschaffenheit (§ 22 Abs. 1 WHG) und andererseits für Schadensverursachung aus Anlagen (§ 22 Abs. 2 WHG).[206] 123

Gem. § 22 Abs. 1 WHG ist zum Schadensersatz verpflichtet, wer in ein Gewässer Stoffe einbringt oder einleitet oder wer auf ein Gewässer derart einwirkt, daß die physikalische, chemische oder biologische Beschaffenheit des Wassers verändert wird.[207] Von der Verhaltenshaftung nicht erfaßt werden zufällige Schadensereignisse, die nicht durch eine zweckbestimmte, gewässerbezogene Zuführung von Stoffen verursacht worden ist.[208] 124

Gem. § 22 Abs. 2 WHG ist der Inhaber einer Anlage, die bestimmt ist, Stoffe herzustellen, zu verarbeiten, zu lagern, abzulagern, zu befördern oder wegzuleiten, zum 125

---

[203] Vgl. dazu ausführl. *Kloepfer,* UmweltR, § 6 Rn. 209ff.

[204] *BGH,* Urt. v. 6. 7. 1990 – 2 StR 549/89 –, BGHSt 37, 106ff.

[205] Mit Ausnahme der Haftungstatbestände des AtomR sieht der Kommissionsentwurf zum UGB die Eingliederung dieser spezialgesetzlich geregelten Haftungstatbestände in das allgemeine Kapitel zur Umwelthaftung in den §§ 174 u. 175 UGB-KomE vor, vgl. BMU, UGB-KomE, S. 178f., 773f.

[206] Vgl. zur wasserrechtl. Gefährdungshaftung unten § 18 Rn. 219; zur wasserrechtl. Gefährdungshaftung im UGB vgl. § 175 UGB-KomE, dazu BMU, UGB-KomE, S. 179, 773f.

[207] Zur Frage, unter welchen Voraussetzungen der Betreiber eines der öffentl. Trinkwasserversorgung dienenden Wasserwerks von einem Unternehmen der chemischen Industrie, das Schadstoffe in ein Gewässer eingeleitet hat, die Kosten der Untersuchung von Wasserproben ersetzt verlangen kann, siehe *BGH,* Urt. v. 21. 1. 1988 – III ZR 1980/86 –, UPR 1988, 144; siehe zu diesem Urteil *Breuer,* NVwZ 1988, 992ff.

[208] Vgl. dazu näher unten § 18 Rn. 219.

Schadensersatz verpflichtet, wenn derartige Stoffe aus der Anlage in ein Gewässer hineingelangen, ohne in dieses eingebracht oder eingeleitet zu sein.

b) Gefährdungshaftung im Atomrecht

126 Die zivilrechtliche Haftung für nukleare Schäden ist in den §§ 25ff. AtG geregelt.[209] Das Atomrecht sieht drei Haftungstatbestände vor:[210]

- Beruht der Schaden auf einem von einer Kernanlage ausgehenden nuklearen Ereignis, dann haftet der Inhaber der Kernanlage gem. **§ 25 AtG** i. V. m. dem sog. **Pariser Atomhaftungsübereinkommen**.[211]
- Beruht der Schaden auf einem von einem Reaktorschiff ausgehenden Ereignis, dann regelt sich die Haftung nach **§ 25a AtG** i. V. m. mit dem **Brüsseler Reaktorschiffabkommen**.[212]
- Für alle sonstigen Strahlenschäden sieht **§ 26 AtG** schließlich einen Auffangtatbestand vor.[213]

c) Gefährdungshaftung im Gentenchnikrecht

127 Im Gentechnikrecht sind Haftungsfragen in den §§ 32 bis 37 GentTG geregelt.[214] Gemäß § 32 Abs. 1 GenTG ist der Betreiber verpflichtet, den Schaden zu ersetzen, der sich daraus ergibt, daß jemand infolge von Eigenschaften eines Organismus, die auf gentechnischen Arbeiten beruhen, getötet, sein Körper oder seine Gesundheit verletzt oder eine Sache beschädigt wird. Die Haftung des Betreibers ist gem. § 33 S. 1 GenTG auf einen Höchstbetrag von 160 Mio. DM beschränkt. § 34 GenTG führt für den Bereich der Gentechnologie eine **verschuldensunabhängige Gefährdungshaftung** ein.[215] Dabei ist zur Erleichterung der Beweisführung für den Geschädigten eine eingeschränkte, widerlegbare Ursachenvermutung vorgesehen: Ist der Schaden durch gentechnisch veränderte Organismen verursacht worden, so wird vermutet, daß er durch Eigenschaften dieser Organismen verursacht wurde, die auf gentechnischen Arbeiten beruhen (§ 34 Abs. 1 GenTG). Der Betreiber kann diese Vermutung gem. § 34 Abs. 2 GenTG entkräften, indem er die Wahrscheinlichkeit nachweist, daß der Schaden auf anderen Eigenschaften dieser Organismen beruht.[216]

128 Der **Kommissionsentwurf** zum Umweltgesetzbuch sieht in den §§ 173 bis 175 UGB-KomE Gefährdungshaftungstatbetände für den Betrieb bestimmter Anlagen, für gentechnisch veränderte Organismen sowie für Änderungen der Beschaffenheit des Wassers vor, die das UmweltHG und die spezialgesetzlichen Gefährdungshaftungstatbestände nach dem Wassergesetz und dem Gentechnikgesetz ersetzen.[217] Er greift da-

---

[209] Siehe auch unten § 24 Rn. 139ff.

[210] Dazu ausführl. *Pelzer,* DVBl. 1986, 875ff.; *ders.,* NJW 1986, 1664ff.

[211] BGBl. 1985 II, S. 964.

[212] BGBl. 1975 II, S. 977.

[213] Zur Klage eines deutschen Gemüseanbauers gegen die UdSSR auf Schadensersatz wegen radioaktiver Verstrahlung des Gemüses infolge der Katastrophe in Tschernobyl vgl. *AG Bonn,* Beschl. v. 29. 9. 1987 – 9 C 362/86 –, UPR 1988, 79ff.

[214] *Simon,* IUR 1992, 193 (195); *Tünnesen-Harmes,* HdbUR, B.5 Rn. 106ff.; zum zivilrechl. Haftungssystem *Luttermann,* JZ 1998, 174ff.; zur Gefährdungshaftung für gentechnisch veränderte Organismen im UGB vgl. § 174 UGB-KomE, dazu BMU, UGB-KomE, S. 178, 773; vgl. dazu unten § 35 Rn. 76f.

[215] Zur Gefährdungshaftung im GenTG *Deutsch,* NJW 1992, 73ff.

[216] Zu den Einzelheiten der Haftung *Hirsch/Schmidt-Didczuhn,* GenTG, § 32 Rn 1ff.; *Simon/Weyer,* NJW 1994, 193 (195).

[217] BMU, UGB-KomE, S. 177ff., 761.

mit die Forderung nach einer Harmonisierung der Gefährdungshaftungstatbetände auf. Bereits im **Professorenentwurf** zum Umweltgesetzbuch war eine Anlagenhaftung ohne Umwelteinwirkung, der Verzicht auf Höchstgrenzen im Haftungsrecht und die Einführung eines Schmerzensgeldanspruchs gefordert worden.[218]

---

[218] Siehe §§ 113, 129 UGB-AT-E, vgl. *Kloepfer/u. a.,* UGB-AT-E, S. 81, 86.

§ 13. Straf- und ordnungswidrigkeitenrechtliche Sanktionen im Umweltrecht

1 Einen weiteren Zweig des Umweltrechts bildet der Bereich der straf- und ordnungswidrigkeitenrechtlichen Sanktionen.[1] Beide Sanktionsformen dienen der Ahndung umweltschädlichen Verhaltens und sollen den gesetzlichen Verboten des öffentlichen Umweltrechts Nachdruck verleihen. Sie ergänzen, korrigieren und verstärken die unmittelbar verhaltenslenkenden Maßnahmen des Verwaltungsrechts, ohne diese jedoch zu verdrängen oder zu ersetzen. Ihnen kommt – wie dem Umweltprivatrecht – eine flankierende Bedeutung zu.[2]

A. Umweltstraftaten

2 Das als ultima ratio geltende Strafrecht beschränkt sich auf die Bekämpfung schwerer Gesetzesverletzungen mit sozialschädlichen, d. h. überwiegend beträchtlichen Rechtsgutverletzungen.[3]

I. Straftatbestände zum Schutz der Umwelt

3 Strafvorschriften zum Schutze der Umwelt sind zum einen im 28. Abschnitt des Strafgesetzbuchs[4] unter dem Titel „Straftaten gegen die Umwelt“ zusammengefaßt. Darüber hinaus finden sich weitere umweltspezifische Strafvorschriften im 26. und 27. Abschnitt des Strafgesetzbuches unter den Titeln „Sachbeschädigung“ und „Gemeingefährliche Straftaten“ sowie in einzelnen Umweltgesetzen.

1. Strafvorschriften des Strafgesetzbuchs

4 Mit dem 18. Strafrechtsänderungsgesetz[5] hat der Gesetzgeber 1980 die früher als Annex in verschiedenen Umweltgesetzen enthaltenen Straftatbe-

---

[1] Vgl. auch *Kloepfer,* UmweltR, § 7 Rn. 1 ff.; *Himmelmann,* HdbUR, A.8 Rn. 2; in der Lit. werden beide Sanktionsformen häufig unter dem Begriff des UmweltstrafR zusammengefaßt, so *Storm,* UmweltR, Tz. 89; zum Begriff des UmweltstrafR *Tiedemann/Kindhäuser,* NStZ 1988, 337 (338); *Tiedemann,* HdUR, Bd. 2, Sp. 2440; zur Frage der Zurechnung umweltschädl. Verhaltens im internationalen Vergleich *Heine,* ZStW 1993, 908 ff.; *Stratenwerth,* ZStW 1993, 677 ff

[2] *Kloepfer,* UmweltR, § 7 Rn. 1; *Storm,* UmweltR, Tz. 45; so zum UmweltstrafR auch *Kindhäuser,* FS Helmrich, S. 967 (980); SRU, Umweltgutachten 1996, BT-Drs. 13/4108, Tz. 107; vgl. zum StrafR auch *Dannecker/Streinz,* in: Rengeling, EUDUR, Bd. 1, § 8 Rn. 1 ff.

[3] Zum UmweltstrafR *Himmelmann,* HdbUR, A.8; *Kloepfer,* UmweltR, § 7 Rn. 1; *Tiedemann,* HdUR, Bd. 2, Sp. 2440 ff.; *Danneker/Streinz,* in: Rengeling, EUDUR, Bd. 1, § 8; auch *Meurer,* NJW 1988, 2065 ff.; *Breuer,* JZ 1994, 1077 ff.; *Bloy,* JuS 1997, 577 ff.; *Rogall,* ZfU 1997, 35 ff.

[4] Strafgesetzbuch (StGB) i. d. F. d. Bek. v. 10. 3. 1987 (BGBl. I S. 945, ber. S. 1160), zul. geänd. durch G v. 13. 11. 1998 (BGBl. I S. 3322).

[5] Gesetz zur Bekämpfung der Umweltkriminalität – 18. Strafrechtsänderungsgesetz v. 28. 3. 1980 (BGBl. I S. 373); ausführl. zu seiner Entstehung u. den Hintergründen *Krüger,* Die Entstehungsgeschichte, S. 1 ff.

stände zum Teil in das Strafgesetzbuch übernommen und dafür insbesondere den 28. Abschnitt mit dem Titel „Straftaten gegen die Umwelt" neu geschaffen. Ihre Aufnahme in das Strafgesetzbuch sollte die Strafwürdigkeit der Umweltdelikte verdeutlichen.[6]

Die damit verbundene Aufteilung des Umweltstrafrechts wird in der Literatur vielfach kritisiert.[7] Ein wesentlicher Nachteil der Einstellung der Umweltstraftaten in das Strafgesetzbuch liege darin, daß hierdurch der normative Zusammenhang mit den einzelnen Umweltgesetzen wie auch das Ineinandergreifen von Ordnungswidrigkeitenrecht und Strafrecht gesetzestechnisch verdeckt werde.[8] Durch die partielle Zusammenfassung wichtiger Umweltstraftatbestände um den Preis des Zerreißens von Strafrecht und materiellem Umweltrecht seien erhebliche Probleme der Verzahnung beider Rechtsgebiete entstanden und das Fernziel einer Gesamtharmonisierung des Umweltrechts erschwert worden. Auch sei einer der wesentlichen Zwecke des Umweltstrafrechts – die Erzwingung der umweltverwaltungsrechtlichen Pflichten und Verbote – normativ weitgehend aus dem Blickfeld gerückt worden. Bei der Novellierung der Straftatbestände zum Schutze der Umwelt durch das 31. Strafrechtsänderungsgesetz[9] hat der Gesetzgeber an der Einordnung spezieller Straftatbestände zum Schutze der Umwelt in das Strafgesetzbuch festgehalten. 5

Die Straftatbestände des 28. Abschnitts des Strafgesetzbuchs („Straftaten gegen die Umwelt") erfassen im einzelnen 6

- den Schutz von Gewässern gegen Verunreinigung oder sonstige nachteilige Veränderung ihrer Eigenschaften (§ 324 StGB),[10]
- den Schutz des Bodens gegen Verunreinigungen oder sonstige nachteilige Veränderungen (§ 324a StGB),[11]
- den Schutz der Luft gegen umweltschädliche Veränderungen ihrer natürlichen Zusammensetzung beim Betrieb einer Anlage (§ 325 StGB),
- die Verursachung von gesundheitsschädigendem Lärm und Erschütterungen beim Betrieb einer Anlage (§ 325a StGB),[12]

---

[6] Zur Zielsetzung des Gesetzgebers vgl. *Tiedemann,* UmweltstrafR, S. 13ff.; *Kloepfer,* Systematisierung, S. 97ff.; *Wessels,* StrafR BT 1, Rn. 1053; *Breuer,* JZ 1994, 1077 (1080); krit. *Steindorf,* UmweltstrafR, Vor § 324 Rn. 4.

[7] *Tröndle/Fischer,* StGB, Vor § 324 Rn. 4; *Lackner/Kühl,* StGB, Vor § 324 Rn. 2ff.; *Wessels,* StrafR BT 1, Rn. 1054.

[8] Vgl. auch *Wessels,* StrafR BT 1, Rn. 1016.

[9] 31. Strafrechtsänderungsgesetz – Zweites Gesetz zur Bekämpfung der Umweltkriminalität – (31. StÄndG – 2. UKG) v. 27. 6. 1994 (BGBl. I S. 1440, ber. 1995 BGBl. I S. 249); vgl. zu der Gesetzesänderung *Martin,* IUR 1991, 141ff.; *Schall,* NStZ 1992, 209; *Schmidt/Schöne,* NJW 1994, 2514ff.; *Breuer,* JZ 1994, 1077 (1087ff.); *Otto,* Jura 1995, 134ff.; *Lackner/Kühl,* StGB, Vor § 324 Rn. 6a m.w.N.

[10] Zur Gewässerverunreinigung durch das Einleiten ungeklärter Abwässer in einen Bach *BGH,* Urt. v. 19. 8. 1992 – 2 StR 86/92 –, BGHSt 38, 325ff.; mit ausführl. Bspr. *Nestler,* GA 1994, 514ff.; vgl. auch *Pfohl,* NJW 1994, 418ff.; zur fahrlässigen Gewässerverunreinigung vgl. *OLG Celle,* Urt. v. 24. 11. 1994 – 3 Ss 149/94 – NJW 1995, 3197ff.; *Rengier,* FS Boujong, S. 791ff.; Übersicht über die RSpr. bei *Schall,* NStZ 1992, 209ff.; siehe auch *Schmeken/Müller,* UmweltstrafR, S. 24ff.; *Tiedemann,* HdUR, Bd. 2, Sp. 2440 (2445f.); vgl. zur Strafbarkeit im WasserR näher unten § 18 Rn. 217.

[11] Der bislang für die neuen Länder hinsichtl. der Verursachung von Bodenverunreinigungen geltende § 191a StGB-DDR wird aufgehoben u. damit in diesem Bereich die Rechtseinheit wiederhergestellt, vgl. Empfehlung des Rechtsausschusses, BT-Drs. 12/7300, S. 19; vgl. zur Strafbarkeit im BodenschutzR näher unten § 27 Rn. 160ff.

[12] Vgl. zur Strafbarkeit im ImmissionsschutzR näher unten § 21 Rn. 291ff.

- die umweltgefährdende Abfallbeseitigung (§ 326 Abs. 1 StGB) und die Nichtablieferung radioaktiver Abfälle (§ 326 Abs. 3 StGB)[13] sowie die grenzüberschreitende Verbringung gefährlicher Abfälle (§ 326 Abs. 2 StGB)[14],[15]
- das unerlaubte Betreiben bestimmter umweltriskanter Anlagen (§ 327 StGB),[16]
- den unerlaubten Umgang mit radioaktiven und anderen gefährlichen Stoffen (§ 328 StGB),[17]
- die Gefährdung schutzbedürftiger Gebiete (§ 329 StGB),
- Fälle einer schweren Umweltstraftat (§ 330 StGB) und
- Fälle schwerer Gefährdung durch Freisetzen von Giften (§ 330a StGB).

7 Es ist davon auszugehen, daß nur ein Teil der Straftaten gegen die Umwelt amtlich bekannt wird. Gleichwohl weist die **polizeiliche Kriminalstatistik** in den letzten 10 Jahren einen Anstieg der registrierten Straftaten gegen die Umwelt aus.[18] So wurden für das Jahr 1993 29732 Umweltstraftaten *polizeilich festgestellt.*[19] Bis zum Jahr 1998 stieg ihre Zahl auf insgesamt 39864.[20] Verunreinigungen von Gewässern und umweltgefährdende Abfallbeseitigungen sind dabei die am häufigsten festgestellten Umweltdelikte.[21]

8 Die *Einstellungsquote* bei den Straftaten gegen die Umwelt liegt bei ca. 75%.[22] Im Jahre 1985 hat es insgesamt nur 1323 *Verurteilungen* gegeben. Die Zahl der Verurteilungen stieg bis 1990 insgesamt auf 2624 Fälle.[23] Dabei wurden die Täter fast alle zu einer geringen Geldstrafe verurteilt; die Vollstreckung der Freiheitsstrafen wurde in der Regel zur Bewährung ausgesetzt. In absoluten Zahlen wurden 1987 nur 5 Täter zu einer Freiheitsstrafe ohne Bewährung verurteilt.[24]

---

[13] Dazu *BGH,* Urt. v. 2. 3. 1994 – 2 StR 604/93 – BGHSt 40, 79ff. *ders.,* Urt. v. 20. 11. 1996 – 2 StR 323/96 –, DVBl. 1997, 430ff.; *Schmeken/Müller,* UmweltstrafR, S. 131ff.; *Wessel,* Die umweltgefährdende Abfallbeseitigung durch Unterlassen, passim; zur fahrlässigen Begehung *BGH,* Urt. v. 2. 3. 1994 – 2 StR 620/93 – NJW 1994, 1745, mit Anm. *Versteyl,* NJW 1995, 1070; zu den Auswirkungen des neuen KrW-/AbfG auf das UmweltstrafR *Rogall,* FS Boujong, S. 807ff.

[14] Vgl. dazu *Heine,* FS Triffterer, S. 401ff.

[15] Zum Abfallbegriff vgl. *BGH,* Urt. v. 26. 4. 1990 – 4 StR 24/90 – BGHSt 37, 21ff.; *OLG Celle,* Beschl. v. 2. 11. 1995 – 3 Ss 144/95 –, NStZ 1996, 191f.; *Riettiens,* Abfallbegriff im StrafR, passim; *Wessel,* Die umweltgefährdende Abfallbeseitigung, S. 3ff.; vgl. zur Strafbarkeit im Kreislaufwirtschafts- u. AbfallR näher unten § 30 Rn. 203ff.

[16] Dazu *ObLG München,* Beschl. v. 19. 11. 1991 – RReg. 4 St 166/91 – NJW 1992, 925 (Abfallentsorgungsanlage); *dass.,* Beschl. v. 15. 4. 1998 – 4 St RR 50/98 –, NStZ 1998, 465 (Abfallentsorgungsanlage); *OLG Düsseldorf,* Beschl. v. 25. 5. 1994 – 2 Ss 137/94 – NVwZ-RR 1995, 78 (Abfallentsorgungsanlage); *LG Hanau,* Urt. v. 12. 11. 1987 – 6 JS 13470/84 KLs –, NJW 1988, 571ff. (Brennelementefabrik).

[17] Zur Strafbarkeit nach § 328 Abs. 2 Nr. 1 StGB wegen Abfüllens von Heizöl aus einem Tankwagen vgl. *ObLG München,* Beschl. v. 20. 12. 1994 – 4 StRR 190/94 –, NJW 1995, 540ff.; vgl. zur Strafbarkeit im Atom u. StrahlenschutzR näher unten § 24 Rn. 155ff.

[18] Umfassend zur Praxis des UmweltstrafR *Meinberg/Möhrenschläger/Link,* UmweltstrafR, S. 211ff.; *Rüther,* HdUR, Bd. 2, Sp. 2174 (2176); *Rometsch,* ZAU 1992, 247ff.; *Heine,* ZUR 1995, 63ff.

[19] Bundeskriminalamt, PKS 1998, S. 300.

[20] Bundeskriminalamt, PKS 1998, S. 300; vgl. dazu *Wessels,* StrafR BT 1, Rn. 1056; *Breuer,* JZ 1994, 1077 (1080); siehe auch *Kindhäuser,* FS Helmrich, S. 967 (984); SRU, Umweltgutachten 1996, BT-Drs. 13/4108, Tz. 106.

[21] Dazu i.e. *Meinberg,* NuR 1986, 52 (56ff.); zur Umweltkriminalität *Rüther,* HdUR, Bd. 2, Sp. 2174ff.

[22] *Kindhäuser,* FS Helmrich, S. 967 (984); vgl. auch *Lackner/Kühl,* StGB, Vor § 324 Rn. 6.

[23] Vgl. Statistisches Jahrbuch 1992, S. 389; siehe auch *Rogall,* ZfU 1997, 35 (48f.).

[24] Ausführl. *Kindhäuser,* FS Helmrich, S. 967 (984); *Schall/Schreibauer,* NuR 1996, 440 (441); das 31. StÄndG hat insges. zu einer Erhöhung des Strafrahmens bei Umweltdelikten geführt.

Weitere umweltspezifische Strafvorschriften finden sich im 26. Abschnitt („Sachbeschädigung") und im 27. Abschnitt des Strafgesetzbuchs („Gemeingefährliche Straftaten"). Erstere betreffen 9

- den Schutz von Naturdenkmälern als Teilaspekt des Umweltrechts gegen die Beschädigung oder Zerstörung (§ 304 Abs. 1 StGB).

Über § 338 StGB hinaus wird ferner das gefährdende Hantieren mit ionisierenden Strahlen und radioaktiven Stoffen als gemeingefährlich eingestuft und vor

- dem Herbeiführen einer Explosion durch Kernenergie (§ 310b StGB),
- dem Mißbrauch ionisierender Strahlen (§ 311a StGB),
- Strahlungsverbrechen (§ 311b StGB),
- der Freisetzung ionisierender Strahlen (§ 311b StGB) und
- der fehlerhaften Herstellung einer kerntechnischen Anlage (§ 311c StGB) geschützt.[25]

2. *Weitere umweltspezifische Strafvorschriften*

Zahlreiche Strafvorschriften zum Schutz der Umwelt stehen aber nach wie vor außerhalb des Strafgesetzbuchs. Dazu zählen u.a. 10

- § 27 ChemG,[26]
- § 39 PflSchG,
- § 39 GenTG,[27]
- §§ 63ff. BSeuchG,
- §§ 51, 52 LMBG,
- § 17 TierSchG,
- § 38 BJagdG,
- §§ 40, 42 SprengG,
- §§ 59 bis 62 LuftVG,
- § 30a BNatSchG.[28]

Insofern wird bezweifelt, ob das Ziel einer normativen Konzentration oder gar Kodifikation des deutschen Umweltstrafrechts erreicht worden ist.[29]

II. Geschützte Rechtsgüter des Umweltstrafrechts

Geschütztes Rechtsgut ist nach der Überschrift des 28. Abschnitts die Umwelt als Ganze.[30] Auch im Umweltstrafrecht wird die Umwelt jedoch nicht um ihrer selbst willen, auch nicht umfassend, sondern in ihren Medien (Boden, Luft, Wasser) und Erscheinungsformen (Tier- und Pflanzenwelt) geschützt.[31] Schutzgut des Umweltstrafrechts ist die Umwelt in ihrer Funk- 11

---

[25] Vgl. zur Strafbarkeit im Atom u. StrahlenschutzR näher unten § 24 Rn. 155ff.

[26] Vgl. zur Strafbarkeit im ChemikalienR näher unten § 33 Rn. 57ff.

[27] Vgl. zur Strafbarkeit im GentechnikR näher unten § 35 Rn. 78.

[28] Vgl. zur Strafbarkeit im NaturschutzR näher unten § 15 Rn. 207ff.

[29] *Kloepfer,* UmweltR, § 4 Rn. 334 m.w.N.

[30] Eine Legaldefinition des Begriffs „Umwelt" wurde in § 330d StGB nicht aufgenommen; zur Rechtsgutsbestimmung *Rengier,* in: Schulz, Ökologie und Recht, S. 33 (34); *ders.,* NJW 1990, 2506ff.

[31] Dazu *Tröndle/Fischer,* StGB, Vor § 324 Rn. 3; *Lackner/Kühl,* StGB, Vor § 324 Rn. 7; *Wessels,* StrafR BT 1, Rn. 1057; *Bloy,* JuS 1997, 577 (578ff.); *Kindhäuser,* FS Helmrich, S. 967 (968); auch *Kuhlen,* ZStW 1993, 697 (702); gegen die Möglichkeit einer einheitlichen Bestimmung der Rechtsgüter des Umweltschutzes *Rengier,* NJW 1990, 2506.

tion, dem Menschen der Gegenwart humane Lebensbedingungen im weitesten Sinne zu erhalten und sie auch für künftige Generationen zu gewährleisten.[32] Das Umweltstrafrecht verfolgt somit einen anthropozentrischen Ansatz.[33] Das Strafrecht hat die Aufgabe, bestehende Rechtsgüter gegen menschliche Angriffe zu schützen; es dient nur dazu, den jeweiligen Status quo zu wahren.[34] Das Strafrecht ist somit kein Instrument des vorsorgend-planerischen Umweltschutzes.[35]

III. Struktur der Umweltstraftatbestände

12 Den Umweltschutztatbeständen im Strafgesetzbuch liegt kein einheitliches Gliederungsprinzip zugrunde. Der Gesetzgeber hat zum einen **bestimmte Schutzobjekte** (§ 324 StGB: Gewässer; § 324a StGB: Boden; § 325 Abs. 1 Nr. 1 StGB: Luft; § 329 Abs. 3 StGB: Naturschutzgebiete und Naturparks), zum anderen **bestimmte Tätigkeiten** (§ 325 Abs. 1 Nr. 2 StGB: Lärmverursachung; § 326 StGB: umweltgefährdende Abfallbeseitigung; § 327 StGB: unerlaubtes Betreiben von Anlagen) und schließlich den **Umgang mit besonders gefährlichen Stoffen** (§ 328 StGB: Kernbrennstoffe; § 330a StGB: Gifte) als Anknüpfungspunkt für seine Regelungen gewählt.[36]

13 Vorwiegend enthält das Umweltstrafrecht **abstrakte Gefährdungsdelikte,** die ein Verhalten generell als gefährlich für das jeweils geschützte Rechtsgut einstufen (§§ 326–328, 329 Abs. 1 und 2 StGB).[37] Daneben gibt es **konkrete Gefährdungsdelikte,** die eine konkrete Gefahr für ein bestimmtes Rechtsgut erfordern (§ 330 Nr. 2 StGB: besonders schwere Umweltstraftaten; § 330a StGB: schwere Gefährdung durch Freisetzung von Giften) und **Erfolgsdelikte,** die den Eintritt eines bestimmten Erfolges voraussetzen (§§ 324, 329 Abs. 3, 330 Nr. 1 StGB).[38]

14 Eine Sonderstellung nimmt § 325 StGB ein, der zur Vollendung die Veränderung der natürlichen Luftzusammensetzung bzw. eine Lärmverursachung voraussetzt, die geeignet ist, die Gesundheit anderer zu schädigen. § 325 StGB wird als *potentielles* oder *abstrakt-konkretes Gefährdungsdelikt,* teilweise jedoch auch als *abstraktes Gefährdungsdelikt* bezeichnet.[39]

---

[32] *Hohmann,* GA 1992, 76ff.; *Lackner/Kühl,* StGB, Vor § 324 Rn. 7; *LK-Steindorf,* StGB, Vor § 324 Rn. 12ff.; *Wessels,* StrafR BT 1, Rn. 1057; *Kindhäuser,* FS Helmrich, S. 967 (968); *Bloy,* JuS 1997, 577 (580).

[33] A.A. *Steindorf,* UmweltstrafR, Vor § 324 Rn. 13; *Krey,* StrafR BT, Rn. 813; vermittelnd *Kloepfer/Vierhaus,* UmweltstrafR, Rn. 14ff.; zumindest de lege ferenda dafür *Arzt,* in: Arzt/Weber, StrafR BT 2, Rn. 357.

[34] *SK-Horn,* StGB, Vor § 324 Rn. 3; krit. gegenüber dem Einsatz des staatsanwaltl. Ermittlungsverfahrens als Instrument des Umweltschutzes *Michalke,* ZRP 1988, 273ff.

[35] Vgl. auch *Kindhäuser,* FS Helmrich, S. 967 (982).

[36] Dazu *Wessels,* StrafR BT 1, Rn. 1058.

[37] Vgl. z.B. *BGH,* Urt. v. 20. 11. 1996 – 2 StR 323/96 –, DVBl. 1997, 430 (431) zu § 326 StGB.

[38] Zu den besonderen Kausalitäts- u. Zurechnungsproblemen im UmweltstrafR vgl. *Bloy,* JuS 1997, 577 (581ff.) m.w.N.

[39] *Lackner/Kühl,* StGB, § 325 Rn. 1; *Schönke/Schröder-Cramer,* StGB, Vor §§ 324ff. Rn. 9; *Tröndle/Fischer,* StGB, § 325 Rn. 1; *Wessels,* StrafR BT 1, Rn. 1058.

15 Umweltstraftatbestände regeln teilweise *Allgemeindelikte,* die von jedermann begangen werden können, und zum anderen *Sonderdelikte,* die nur von bestimmten Tätern (z.B. Anlagenbetreibern) verwirklicht werden können.

16 Zu den **Allgemeindelikten** zählen

- Gewässerverunreinigung (§ 324 StGB),
- Bodenverunreinigung (§ 324a StGB),
- umweltgefährdende Abfallbeseitigung (§ 326 Abs. 1 StGB),
- schwere Gefährdung durch Freisetzung von Giften (§ 330a StGB).

17 **Sonderdelikte** sind

- Luftverunreinigung und Lärm (§ 325 StGB),
- Nichtablieferung radioaktiver Abfälle (§ 326 Abs. 2 StGB),
- unerlaubtes Betreiben kerntechnischer Anlagen und unerlaubter Umgang mit Kernbrennstoffen (§§ 327ff. StGB).

IV. Verknüpfung von öffentlichem Umweltrecht und Umweltstraftatbeständen

18 Das Umweltstrafrecht zeichnet sich durch eine enge Verknüpfung verwaltungsrechtlicher und sanktionsrechtlicher Regelungen aus.[40] Notwendig ist deshalb eine gesetzliche Struktur, die das Verhältnis von Umweltverwaltungsrecht und Umweltstrafrecht näher bestimmt. Der Gesetzgeber hat bei der Abfassung der Strafrechtsnormen auf verschiedene Weise versucht, das Strafrecht mit dem Umweltverwaltungsrecht zu koordinieren.[41]

19 Zum einen wird das Strafrecht mit dem Umweltverwaltungsrecht dadurch verknüpft, daß ein Straftatbestand zum Schutze der Umwelt auf die Begrifflichkeit des Verwaltungsrechts zurückgreift.

Beispiel: Gem. § 328 Abs. 1 Nr. 1 StGB macht sich u.a. strafbar, wer „Kernbrennstoffe" außerhalb einer kerntechnischen Anlage bearbeitet. Der Begriff der Kernbrennstoffe wird in § 2 Abs. 1 Nr. 1 AtG legaldefiniert.

20 Wesentlicher ist jedoch der Verweis in Strafrechtsnormen auf verwaltungsrechtliche Gesetze, Verordnungen und Verfügungen, durch die die Strafbarkeit des Verhaltens erst geprägt wird. Diese *verwaltungsrechtliche Akzessorietät*[42] des Umweltstrafrechts kommt dadurch zum Ausdruck, daß der

---

[40] *Lackner/Kühl,* StGB, Vor § 324 Rn. 3; *Wessels,* StrafR BT 1, Rn. 1059ff.; zu den Reformbestrebungen *Martin,* IUR 1991, 141 (143); *Tiedemann,* HdUR, Bd. 2, Sp. 2440 (2449).

[41] *SK-Horn,* StGB, Vor § 324, Rn. 6; das Verhältnis von UmweltstrafR u. VerwaltungsR ist str., dazu *Bergmann,* Zur Strafbewehrung verwaltungsrechtlicher Pflichten, passim; *Kloepfer/Vierhaus,* UmweltstrafR, Rn. 26ff.; *Papier,* NJW 1988, 1113ff.; *Heine,* in: Schulz, Ökologie und Recht, S. 55 (58ff.); *Kindhäuser,* FS Helmrich, S. 967 (981ff.); *Breuer,* JZ 1994, 1077 (1083ff.); *Perschke,* wistra 1996, 161ff.; *Bloy,* JuS 1997, 577 (584ff.); grundl. *Ossenbühl,* DVBl. 1990, 961 (973ff.); *Schröder,* VVDStRL 50 (1991), S. 196ff.; zur Verfassungskonformität der Verzahnung von Straftatbeständen mit Verwaltungsentscheidungen unter dem Gesichtspunkt der hinreichenden Bestimmtheit von Umweltstraftatbeständen *BVerfG,* Beschl. v. 6. 5. 1987 – 2 BvL 11/85 –, BVerfGE 75, 329.

[42] Ausführl. *Frisch,* Verwaltungsakzessorietät, S. 1ff.; *Beckmann,* Anwaltsblatt 1997, 586 (587ff.); *Schmitz,* Verwaltungshandeln, S. 12ff.; *Steindorf,* UmweltstrafR, Vor § 324 Rn. 22ff.; *Rühl,* JuS 1999, 521ff.; zu einer Lockerung der Verwaltungsakzessorietät BT-Drs. 12/376, S. 9ff.

Täter „unter Verletzung verwaltungsrechtlicher Pflichten" (§§ 324a, 325 StGB), „ohne die erforderliche Genehmigung oder entgegen einer vollziehbaren Untersagung" (§§ 327, 328 Abs. 1 StGB) oder schlicht „unbefugt" (§§ 324, 326 Abs. 1 StGB) gehandelt haben muß.[43] Die verwaltungsrechtlichen Vorgaben wirken sich dabei entweder auf den strafrechtlichen Tatbestand oder auf die Rechtswidrigkeit des tatbestandlichen Verhaltens aus. Handelt es sich bei der verwaltungsrechtlichen Vorschrift, die in Bezug genommen wird, um ein *sog. repressives Verbot mit Befreiungsvorbehalt*[44], durch das ein Verhalten aus verwaltungsrechtlicher Sicht als grundsätzlich schädlich eingestuft, der Verwaltung aber die Befugnis, einen Dispens zu erlassen, eingeräumt wird, so knüpft auch das Strafrecht an diese Wertung an. Ein entsprechendes Verhalten erfüllt dann auch den Tatbestand der Strafrechtsnorm. Allerdings nimmt auch das Strafrecht diese Wertung zurück, wenn das Verwaltungsrecht einen Dispens erteilt.[45] Regelungstechnisch gilt der Dispens als *Rechtfertigungsgrund*, so daß das Verhalten zwar tatbestandsmäßig, nicht aber rechtswidrig ist.[46]

Beispiel: Gem. § 324 Abs. 1 StGB macht sich strafbar, wer unbefugt ein Gewässer verunreinigt oder sonst dessen Eigenschaften nachteilig verändert. § 324 StGB knüpft durch den Begriff „unbefugt" an die verwaltungsrechtliche Vorwertung des § 2 WHG an, der ein repressives Verbot mit Befreiungsvorbehalt enthält. Schon mit der Feststellung einer Gewässerverunreinigung ist der Tatbestand des § 324 StGB erfüllt; rechtswidrig ist diese indes nur, wenn sie unbefugt geschieht, d.h. wenn keine Rechtfertigungsgründe eingreifen.[47] Rechtfertigungsgründe sind vor allem wasserrechtliche Genehmigungen.[48]

21 Demgegenüber ist das Verhalten bei einem *sog. präventiven Verbot mit Erlaubnisvorbehalt*[49] nicht als solches schädlich, sondern sozialadäquat. Das Verhalten ist jedoch mit nicht unerheblichen Gefahren verbunden, so daß es zum Zwecke der Gefahrenkontrolle untersagt ist; eine Erlaubnis kann aber im Rahmen eines Verwaltungsverfahrens erteilt werden. Hier sanktioniert das Strafrecht die fehlende Einhaltung des Verwaltungsverfahrens bzw. die fehlende Einhaltung des Verwaltungsaktes.[50] Regelungstechnisch läßt die verwaltungsrechtliche Erlaubnis in diesen Fällen bereits die Erfüllung des *strafrechtlichen Tatbestandes* entfallen.

Beispiel: Gem. § 328 Abs. 1 Nr. 1 StGB macht sich u.a. strafbar, wer ohne die erforderliche Genehmigung oder entgegen einer vollziehbaren Untersagung Kernbrennstoffe befördert. Liegt eine Genehmigung vor, so entfällt bereits der Tatbestand des unerlaubten Beförderns von Kernbrennstoffen.

22 Hängt die Strafbarkeit von einer Entscheidung der Verwaltungsbehörde ab, so stellt sich die Frage, ob es für die Strafbarkeit auf die *Rechtmäßigkeit*

---

[43] *Wessels,* StrafR BT 1, Rn. 1059; ausführl. dazu *Erdt,* S. 1ff.

[44] Siehe dazu unten § 8 Rn. 41ff.

[45] Dazu ausführl. *Kindhäuser,* FS Helmrich, S. 967 (982).

[46] *Kindhäuser,* FS Helmrich, S. 967 (982); *Himmelmann,* HdbUR, A.8 Rn. 9; *Tiedemann,* HdUR, Bd. 2, Sp. 2440 (2450); krit. *Erdt,* der in dem Dispens eine „objektive Bedingung der Strafbarkeit" erblickt.

[47] Dazu *Schönke/Schröder-Cramer,* StGB, § 324 Rn. 11.

[48] *Steindorf,* UmweltstrafR, § 324 Rn. 78; zu den allg. Rechtfertigungsgründen *Tiedemann,* HdUR, Bd. 2, Sp. 2440 (2451f.).

[49] Siehe dazu § 8 Rn. 39f.

[50] *Kindhäuser,* FS Helmrich, S. 967 (982).

oder aber die *Wirksamkeit* der Verwaltungsentscheidung ankommt.[51] Grundsätzlich kann es nur auf die *Wirksamkeit* der Verwaltungsentscheidung ankommen, da auch rechtswidrige Verwaltungsakte, sofern sie nicht nichtig sind, mit Erlangung der Bestandskraft oder wegen sofortiger Vollziehbarkeit von den Betroffenen zu beachten sind.[52] Der Adressat eines ihn begünstigenden Verwaltungsaktes kann sich auch bei Fehlerhaftigkeit auf diesen berufen;[53] etwas anderes gilt nur dann, wenn er dadurch rechtsmißbräuchlich handelt. Dies wird nunmehr ausdrücklich in § 330d Nr. 5 StGB klargestellt.[54]

Im Gegensatz zu einer Genehmigung oder Erlaubnis vermag eine **bloße** 23
Genehmigungsfähigkeit des Verhaltens oder eine **behördliche Duldung** umweltgefährdender Einwirkungen den Tatbestand bzw. die Rechtswidrigkeit der Tat nicht auszuschließen, soweit die Umweltdelikte neben Individualrechtsgütern auch ökologische Güter in ihrer Funktion für die Allgemeinheit schützen.[55]

Beispiel: Das unerlaubte Betreiben einer kerntechnischen Anlage gem. § 327 StGB und der unerlaubte Umgang mit Kernbrennstoffen gem. § 328 StGB bleiben auch dann strafbar, wenn das Verhalten unter Sicherheitsvorkehrungen geschieht, die jede Gefahr ausschließen und sogar die Erteilung einer behördlichen Genehmigung rechtfertigen würden.[56]

Bei einer **befristeten Genehmigung** kann sich der Genehmigungsemp- 24
fänger dadurch strafbar machen, daß er nach Ablauf der Befristung die ursprünglich erlaubte Handlung fortsetzt. Auf die Genehmigungsfähigkeit, d.h. auf die materielle Rechtmäßigkeit seines Verhaltens kommt es auch hier nicht an.

Fall: A ist Bürgermeister und Behördenleiter der Gemeinde X in Bayern. Der Gemeinde wurde eine Genehmigung für eine Kläranlage erteilt, deren Abwässer in den A-Bach geleitet werden sollten. Die Genehmigung war auf vier Jahre befristet. Aus vermeidbarer Nachlässigkeit übersah A, daß der wasserrechtliche Genehmigungsbescheid nach Ablauf der Frist nicht mehr die Ableitung von vorgeklärten Abwässern in den A-Bach gestattete. Das Amtsgericht verurteilte A wegen eines vorsätzlichen Vergehens der unbefugten Verunreinigung eines Gewässers gem. § 324 Abs. 1 StGB zu

---

[51] Zur Verwaltungsakts-Akzessorietät *Schönke/Schröder-Cramer,* StGB, Vor §§ 324ff., Rn. 15ff.; *Wessels,* StrafR BT 1, Rn. 1061; *Schall,* NStZ 1992, 209 (213); *Breuer,* JZ 1994, 1077 (1084f.) m.w.N.

[52] Näher *OLG Frankfurt,* Urt. v. 22. 5. 1987 – 1 Ss 401/86 –, JR 1988, 168ff.; *Schönke/Schröder-Cramer,* StGB, Vor §§ 324ff. Rn. 16a; *Franzheim,* JR 1988, 319ff.; *Bloy,* JuS 1997, 577 (585).

[53] *Schall,* NStZ 1992, 209 (213) m.w.N.

[54] Vgl. dazu *Otto,* Jura 1995, 134 (139); *Perschke,* wistra 1996, 161 (165); *Paetzold,* NStZ 1996, 170ff.; *Jünemann,* UPR 1997, 399ff.; zur früher str. Frage *Schönke/Schröder-Cramer,* StGB, Vor §§ 324ff., Rn. 17; *Schall,* NStZ 1992, 209 (213) m.w.N.; differenz. *Wimmer,* JZ 1993, 67ff.; zu den Reformbestrebungen *Martin,* IUR 1991, 141 (143); *Tiedemann,* HdUR, Bd. 2, Sp. 2440 (2451).

[55] *Wessels,* StrafR BT 1, Rn. 1063 m.w.N.; zur Genehmigungsfähigkeit näher *Schönke/Schröder-Cramer,* StGB, Vor §§ 324ff. Rn. 19, 20; *Schall,* NStZ 1992, 209 (213); a.A. insoweit *OLG Celle,* Urt. v. 4. 6. 1986 – 3 Ss 67/68 –, ZfW 1987, 126; *Bloy,* JuS 1997, 577 (586) m.w.N.; zur Duldung im UmweltstrafR *BGH,* Urt. v. 26. 4. 1990 – 4 StR 24/90 – BGHSt 37, 21 (28); *Heider,* NuR 1995, 335ff.; *Rogall,* NJW 1995, 922ff.; ausführl. *Hüting,* Die Wirkung der behördlichen Duldung im Umweltstrafrecht, S. 1ff. m.w.N.

[56] *Schönke/Schröder-Cramer,* StGB, Vor §§ 324ff. StGB, Rn. 10.

einer Geldstrafe. Die Berufung des A führte zu einer Veränderung des Schuldvorwurfs von Vorsatz in Fahrlässigkeit (§ 324 Abs. 3 StGB), wirkte sich aber auf den Rechtsfolgenausspruch nicht aus.[57]

25 Der Verstoß gegen eine als *Auflage* bezeichnete Anordnung der Verwaltungsbehörde in einem Bescheid über die Genehmigung für den Betrieb einer Abfallbeseitigungsanlage kann ein Vergehen nach § 327 Abs. 2 Nr. 2 StGB (unerlaubtes Betreiben einer Abfallbeseitigungsanlage) sein.[58]

26 Nach h.M. ist die spätere *Aufhebung* eines fehlerhaften Verwaltungsaktes für die Strafbarkeit bedeutungslos.[59] Verstößt demnach der Täter gegen eine vollziehbare Anordnung oder Untersagung oder handelt er, obwohl die beantragte Genehmigung abgelehnt wurde, so ist sein Verhalten tatbestandsmäßig und rechtswidrig, auch wenn der vollziehbare Verwaltungsakt wegen Rechtswidrigkeit aufgehoben bzw. festgestellt wird, daß die Genehmigung zu erteilen gewesen wäre. Teilweise wird demgegenüber jedoch vertreten, daß ein objektiver Strafaufhebungsgrund anzunehmen ist, wenn ein belastender Verwaltungsakt nachträglich als rechtswidrig aufgehoben oder festgestellt wird, daß eine Genehmigung zu erteilen war.[60]

V. Strafbarkeit von Amtsträgern

27 Die strafrechtliche Verantwortlichkeit von Amtsträgern für die Verletzung oder Gefährdung von Umweltgütern ist gesetzlich nicht speziell geregelt worden.[61] Die Strafbarkeit der Erteilung fehlerhafter Erlaubnisse oder der Untätigkeit angesichts drohender Umweltschäden ergibt sich deshalb aus den Vorschriften des Allgemeinen Teils des Strafgesetzbuchs, insbesondere aus den §§ 25ff. StGB über Täterschaft und Teilnahme.[62]

Fall: A hatte als Leiter des für die Abfallbeurteilung zuständigen Dezernats einer Umweltfachbehörde in bezug auf die Umlagerung von Sondermüll auf eine Hausmülldeponie durch den privaten Entsorger gegenüber dem Regierungspräsidenten eine positive Stellungnahme abgegeben, obwohl er wußte, daß der Sondermüll Bestandteile der Kategorie I und II aufwies, die untrennbar vermischt waren, und damit eine unzulässige Verbringung von Sondermüll der Kategorie II auf eine Hausmülldeponie nicht vermieden werden konnte. Das *LG Darmstadt* hat A wegen vorsätzlicher umweltgefährdender Abfallbeseitigung (§ 326 Abs. 1 Nr. 3 StGB) zu einer Freiheitsstrafe von 11 Monaten auf Bewährung verurteilt, weil er es unterlassen habe, die notwendi-

---

[57] Zu diesem Fall *LG München,* Urt. v. 16. 7. 1985 – 10 Ns 14 Js 1595/85 –, BayVBl. 1986, 316f.

[58] *ObLG München,* Beschl. v. 13. 8. 1987 – RReg 4 St 138/87 –, NVwZ 1987, 1022; auch *Rumpel,* NVwZ 1988, 502ff.

[59] Vgl. *Tröndle/Fischer,* StGB, Vor § 324 Rn. 4b u. § 330d Rn. 9 m.w.N.

[60] Vgl. *Schönke/Schröder-Cramer,* StGB, Vor §§ 324ff. Rn. 21f.; *SK-Horn,* Vor § 324 Rn. 20.

[61] Dazu ausführl. *Gürbüz,* Zur Strafbarkeit von Amtsträgern im Umweltstrafrecht, S. 1ff.; *Rogall,* Die Strafbarkeit von Amtsträgern im Umweltbereich, passim; *Kloepfer/Vierhaus,* UmweltstrafR, Rn. 49ff.; *Schmeken/Müller,* UmweltstrafR, S. 53ff., 161ff.; *Schönke/Schröder-Cramer,* StGB, Vor § 324 Rn. 29ff.; *Wessels,* StrafR BT 1, Rn. 1065ff.; *Schall,* JuS 1993, 719ff.; *Pfohl,* NJW 1994, 418ff.; *Rogall,* ZfU 1997, 35 (58ff.) m.w.N.

[62] Die Frage der Strafbarkeit von Amtsträgern hat in der RSpr. u. der Lit. in den letzten Jahren zunehmend an Bedeutung gewonnen; deshalb sah der Gesetzesentwurf der SPD u.a. eine ausdrückl. Bestimmung zur Strafbarkeit von Amtsträgern vor, BT-Drs. 12/376, S. 27ff.

 Horn, JZ 94, 1097

gen Schutzvorkehrungen gegen eine unzulässige Beseitigung von Sonderabfall der Kategorie II auf einer Hausmülldeponie zu treffen. Der *BGH* hat das Urteil aufrechterhalten, das strafwürdige Verhalten des A jedoch in einem positiven Tun gesehen. A habe sich entweder als Mittäter (§ 25 Abs. 2 StGB) jedenfalls aber als mittelbarer Täter (§ 25 Abs. 1 2. Alt. StGB) strafbar gemacht. Er habe durch seine positive Stellungnahme gegenüber dem Regierungspräsidenten die Genehmigung der Müllverbringung verursacht, was ihm als positives Tun zuzurechnen sei. Auch sei sein Tatbeitrag im Rahmen des Gesamtgeschehens so gewichtig, daß ihm täterschaftlicher Rang zukomme. Dabei habe A hinsichtlich der unzulässigen Verbringung des Sondermülls entweder im stillschweigenden Einverständnis mit dem privaten Entsorger – also mittäterschaftlich – gehandelt oder er habe den privaten Entsorger wegen dessen guten Glaubens an die Rechtmäßigkeit des Genehmigungsbescheides des Regierungspräsidenten als Werkzeug für sich handeln lassen, was ihn zum mittelbaren Täter mache.[63]

1. Strafbarkeit beim Betrieb öffentlicher Anlagen

Ein Amtsträger macht sich unstreitig dann strafbar, wenn im Rahmen **28**
staatlicher Tätigkeit – etwa im Bereich öffentlicher Unternehmungen – rechtswidrige Taten nach §§ 324ff. StGB begangen werden.[64] Das Umweltstrafrecht differenziert nicht zwischen öffentlich-rechtlichem und privatrechtlichem Handeln, so daß auch Vertreter öffentlich betriebener Anlagen nach den §§ 324ff. StGB strafbar sein können.[65] Dies gilt gem. § 14 Abs. 2 S. 3 StGB auch bei Sonderdelikten, wenn der Amtsträger mit der Führung eines öffentlichen Unternehmens, etwa als Betreiber von Kläranlagen, Kraftwerken oder Mülldeponien betraut ist.[66]

2. Strafbarkeit bei der Tätigkeit als Umweltbehörde

Umstritten sind dagegen die Möglichkeiten der *Beteiligung* von Amts- **29**
trägern, die in den für Umweltschutz zuständigen Behörden tätig sind, an solchen Taten.[67] Im Vordergrund stehen dabei die Fälle, in denen eine rechtswidrige Erlaubnis oder Bewilligung erteilt bzw. nicht beseitigt wird und die Fälle, in denen die zuständige Behörde das gebotene Einschreiten gegen rechtswidrige Umweltbelastungen unterläßt.

Als Täter kommen Amtsträger der zuständigen Behörde nur in den Fällen **30**
in Betracht, in denen die Strafbarkeit nicht von der Verletzung spezifischer, auf das Verhalten des Bürgers bezogener verwaltungsrechtlicher Pflichten abhängig ist (vgl. z.B. § 325 Abs. 1 StGB). In diesen Fällen kommen Amtsträger regelmäßig auch nicht als Anstifter oder Gehilfen an den Taten der Erlaubnisadressaten in Betracht, weil deren Verhalten wegen der meist zu

---

[63] Zu diesem Fall *BGH*, Urt. v. 3. 11. 1993 – 2 StR 321/93 –, BGHSt 39, 381ff.; mit krit. Anm. *Michalke*, NJW 1994, 1693 (1696ff.); *Knopp*, DÖV 1994, 676 (680ff.); die Verfassungskonformität bestätigt durch *BVerfG*, Beschl. v. 4. 10. 1994 – 2 BvR 322/94 –, NJW 1995, 186.

[64] Vgl. *Lackner/Kühl*, StGB, Vor § 324 Rn. 8; ausführl. *Nappert*, Die strafrechtliche Haftung von Bürgermeistern und Gemeinderäten im UmweltstrafR, S. 37ff. m.w.N.

[65] Vgl. *BGH*, Urt. v. 19. 8. 1992 – 2 StR 86/92 –, BGHSt 38, 325 (330); *Steindorf*, UmweltstrafR, Vor § 324 Rn. 50; *Schall*, JuS 1993, 719 (720).

[66] *OLG Köln*, Urt. v. 17. 5. 1988 – Ss 121–122/88 –, NJW 1988, 2119 (2121); *Wessels*, StrafR BT 1, Rn. 1066; *Meinberg*, NJW 1986, 2220 (2222); *Schall*, NStZ 1992, 209 (212).

[67] Dazu *Lackner/Kühl*, StGB, Vor § 324 Rn. 9ff.; *Meinberg*, NJW 1986, 2220; *Schall*, JuS 1993, 719 (720ff.); *Pfohl*, NJW 1994, 418 (421f.).

bejahenden verwaltungsrechtlichen Wirksamkeit der erteilten Erlaubnis keine rechtswidrige Haupttat bildet.[68] Erforderlich ist vielmehr, daß es sich um ein Allgemeindelikt handelt (z.B. § 324 oder § 326 Abs. 1 StGB).[69]

a) Erteilung rechtswidriger Erlaubnisse

31 Als Täter kommen Amtsträger dann in Betracht, wenn Straftatbestände ohne Bezugnahme auf ein verwaltungsrechtliches Verbot die Herbeiführung von Schadensfolgen verbieten (vgl. z.B. § 324 (Verunreinigung eines Gewässers), 330a (schwere Umweltgefährdung) und eingeschränkt auch § 326 StGB (umweltgefährdende Abfallbeseitigung). In diesen Fällen kann die Erteilung einer Erlaubnis für den Erfolg ursächlich sein und unter Umständen bei Vorsatz die Voraussetzungen mittelbarer Täterschaft im Sinne von § 25 StGB[70] oder bei einer objektiven Sorgfaltspflichtverletzung den einschlägigen Fahrlässigkeitstatbestand[71] verwirklichen. Sofern der Amtsträger mit dem Adressaten der Erlaubnis zusammenwirkt, kommt auch eine mittäterschaftliche Begehung in Betracht.[72] Gerechtfertigt ist der Amtsträger jedoch, wenn die Erlaubnis den für sie geltenden materiellen verwaltungsrechtlichen Voraussetzungen genügt oder aber in den Bereich eines verwaltungsgerichtlich nicht überprüfbaren Beurteilungs- oder Ermessensspielraums fällt.[73]

b) Unterlassen der Beseitigung einer fehlerhaften Erlaubnis

32 Wird eine rechtswidrige Erlaubnis von der zuständigen Behörde nicht entsprechend den dafür vorgesehenen verwaltungsrechtlichen Regelungen beseitigt, kommt eine Strafbarkeit durch Unterlassen in Betracht, weil die Amtsträger zuständiger Umweltbehörden eine Garantenstellung im Sinne von § 13 StGB haben können. Eine Garantenstellung kann sich für den Amtsträger hier aus einer Pflicht zum Schutz der betroffenen Umweltrechtsgüter (sog. Beschützergarant), aus einer Pflicht zur Gefahrüberwachung (sog. allgemeiner Überwachungsgarant), jedenfalls aber aus Ingerenz, d.h. aus vorangegangenem gefährlichen Tun, ergeben.[74] Als Unterlassungstäter kommen

---

[68] *Lackner/Kühl,* StGB, Vor § 324 Rn. 9; *Meinberg,* NJW 1986, 2220 (2222); *Tiedemann,* HdUR, Bd. 2, Sp. 2440 (2456); zur Strafbarkeit des unerlaubten Betreibens einer kerntechnischen Anlage bei rechtswidriger oder bestandskräftiger „Vorabzustimmung" *LG Hamm,* Urt. v. 12. 11. 1987 – 6 JS 13470/84 – KLs –, NJW 1988, 571.

[69] Dazu auch *Wessels,* StrafR BT 1, Rn. 1066.

[70] Zur Strafbarkeit des Bediensteten einer an Genehmigungsverfahren beteiligten Fachbehörde als mittelbarer Täter *BGH,* Urt. v. 3. 11. 1993 – 2 StR 321/93 –, BGHSt 39, 381 (382ff.); auch *Steindorf,* UmweltstrafR, Vor § 324 Rn. 53; *Lackner/Kühl,* StGB, Vor § 324 Rn. 10; der Einordnung als mittelbare Täterschaft wird indes in der Lit. entgegengehalten, dem Amtsträger fehle es i.d.R. an der Tatherrschaft bzw. dem Willen zur Tatherrschaft, vgl. *Gürbüz,* Zur Strafbarkeit von Amtsträgern im Umweltstrafrecht, S. 25ff.; *Rogall,* Die Strafbarkeit von Amtsträgern im Umweltbereich, S. 195; *Schall,* JuS 1993, 719 (721); *Michalke,* NJW 1994, 1693 (1697); *Otto,* Jura 1995, 134 (140); *Rogall,* ZfU 1997, 35 (60ff.) m.w.N.

[71] Zur Fahrlässigkeitshaftung vgl. *Gürbüz,* Zur Strafbarkeit von Amtsträgern im Umweltstrafrecht, S. 88ff. m.w.N.

[72] *BGH,* Urt. v. 3. 11. 1993 – 2 StR 321/93 – BGHSt 39, 381 (386f.).

[73] Vgl. *Lackner/Kühl,* StGB, Vor § 324 Rn. 10; *Möhrenschläger,* NuR 1983, 209 (212); *Meinberg,* NJW 1986, 2220 (2225).

[74] Vgl. dazu ausführl. *Gürbüz,* Zur Strafbarkeit von Amtsträgern im Umweltstrafrecht, S. 96ff.; *Rogall,* Die Strafbarkeit von Amtsträgern im Umweltbereich, S. 202ff.

die jeweils verantwortlichen Amtsträger bei solchen Tatbeständen in Betracht, die ohne Beschränkung auf einen bestimmten verwaltungsrechtlichen Verbotsbereich die Verursachung von Schadensfolgen verbieten. Art, Umfang und Methoden der Garantenstellung bestimmen sich aber nach dem verwaltungsrechtlichen Pflichtenkreis.[75]

c) Unterlassen behördlichen Einschreitens

Auch durch das Unterlassen behördlichen Einschreitens in Kenntnis **33** rechtswidriger Umweltbelastungen durch Dritte können sich die zuständigen Amtsträger strafbar machen (§ 13 StGB).[76] Von den genannten Garantenstellungen kommen insoweit nur diejenigen als Beschützergarant und als allgemeiner Überwachungsgarant in Betracht. Allerdings ist die Garantenpflicht zum Einschreiten durch verwaltungsrechtliche Regelungen eingeschränkt. Sie kann nicht ohne weiteres aus der dienstlichen Stellung abgeleitet werden.[77] Regelmäßig fehlt es an der Verletzung der Garantenpflicht schon deshalb, weil nachträgliches Einschreiten im Beurteilungs- oder Ermessensspielraum der zuständigen Umweltbehörde steht.[78]

VI. Strafrechtliche Verantwortlichkeit in Unternehmen

In den Mittelpunkt des Interesses rückt in den letzten Jahren die Frage der **34** strafrechtlichen Verantwortlichkeit in größeren Unternehmen. Hier wird ein erhebliches Vollzugsdefizit des Umweltstrafrechts ausgemacht, das u.a. auf die Undurchsichtigkeit innerbetrieblicher Vorgänge und die daraus folgenden Beweis- und Zurechnungsschwierigkeiten zurückgeführt wird.[79]

Während diesen Problemen im Zivilrecht durch die Instrumente der Be- **35** weislastumkehr oder der verschuldensunabhängigen Gefährdungshaftung begegnet werden kann,[80] muß das Strafrecht eine am – mit Verfassungsrang

---

m.w.N.; *Wessel,* Die umweltgefährdende Abfallbeseitigung durch Unterlassen, S. 54ff.; *Schall,* JuS 1993, 719 (721ff.); *Nestler,* GA 1994, 514 (523ff.); die h.M. befürwortet eine umfassende Beschützergaranten-Stellung des Amtsträgers jedenfalls der Umweltbehörden, vgl. z.B. *Himmelmann,* HdbUR, A.8 Rn. 29; *Lackner/Kühl,* StGB, vor § 324 Rn. 11 m.w.N.; der *BGH* hat diese Frage jedoch ausdrückl. offengelassen, vgl. *BGH,* Urt. v. 19. 8. 1992 – 2 StR 86/92 – BGHSt 38, 325 (331).

[75] *Lackner/Kühl,* StGB, Vor § 324 Rn. 11.

[76] *BGH,* Urt. v. 19. 8. 1992 – 2 StR 86/92 –, BGHSt 38, 325 (331), m. Anm. *Schall,* JuS 1993, 719ff.; *OLG Frankfurt/Main,* Beschl. v. 10. 12. 1995 – 1 Ss 382/93 –, NStZ-RR 1996, 103ff.; *Michalke,* NJW 1994, 1693ff.; vgl. auch *Wessels,* StrafR BT 1, Rn. 1066; *Lackner/Kühl,* StGB, Vor § 324 Rn. 12.; *Pfohl,* NJW 1994, 418 (422ff.).

[77] *Wessels,* StrafR BT 1, Rn. 1066; zur Garantenstellung eines Gewässerschutzbeauftragten *OLG Frankfurt,* Urt. v. 22. 5. 1987 – 1 Ss 401/86 –, NJW 1987, 2753 (2756f.); *Schönke/Schröder-Cramer,* StGB, § 324 Rn. 17 m.w.N.; *Schall,* NStZ 1992, 209 (212).

[78] *BGH,* Urt. v. 19. 8. 1992 – 2 StR 86/92 –, BGHSt 38, 325 (332ff.); *Lackner/Kühl,* StGB, Vor § 324 Rn. 11f.; *Schall,* NStZ 1992, 262 (267); *Beckmann,* Anwaltsblatt 1997, 586 (587ff.).

[79] *SRU,* Umweltgutachen 1996, Tz. 108; *Steindorf,* UmweltstrafR, Vor § 324 Rn. 59ff.; *Kloepfer/Vierhaus,* UmweltstrafR, Rn. 205ff.; *Schall/Schreibauer,* NuR 1996, 440 (448f.); *Rogall,* ZfU 1997, 35 (65ff.) m.w.N.; grundl. *Busch,* Unternehmen und Umweltstrafrecht, passim; s. auch die Große Anfrage der SPD-Fraktion, BT-Drs. 13/9682.

[80] Vgl. dazu oben § 12 Rn. 35f. u. 74ff.

ausgestatteten – Schuldprinzip orientierte Lösung finden.[81] Der *BGH* hat im Rahmen der Feststellung der Produktverantwortung einer Unternehmensleitung Aussagen zur Kausalität, zur objektiven Zurechnung sowie zur Garantenpflicht, die eine erweiterte strafrechtliche Inanspruchnahme von Unternehmensangehörigen begründen können, entwickelt.[82] Ansatzpunkt ist dabei die Verletzung von Organisations-, Aufsichts- und Überwachungspflichten der Unternehmensleitung. Diese Grundsätze lassen sich auch auf den Bereich des Umweltstrafrechts übertragen.[83] Eine gefestigte Dogmatik besteht insoweit jedoch noch nicht.

VII. Strafprozessuale Fragen

36 Straftaten gegen die Umwelt zählen zu den Offizialdelikten, d.h. sie werden grundsätzlich ohne Rücksicht auf den Willen des Verletzten von Amts wegen verfolgt. Voraussetzung einer Strafverfolgung ist, daß die Staatsanwaltschaft einen Anfangsverdacht, d.h. tatsächliche Anhaltspunkte für das Vorliegen einer Umweltstraftat hat (§§ 152 Abs. 2, 160 Abs. 2 StPO[84]). Der Anfangsverdacht kann sich dabei aufgrund einer Strafanzeige ergeben, zu deren Erstattung – abgesehen von der Kenntnis bestimmter geplanter Straftaten (§ 138 StGB) – niemand verpflichtet, aber jedermann berechtigt ist.[85] Auch ohne Verletzung eines eigenen Rechts kann daher jedermann Straftaten gegen die Umwelt anzeigen.

37 Die Erhebung einer Anklage kann im Rahmen des sog. Klageerzwingungsverfahrens allerdings nur derjenige erzwingen, der durch die angezeigte Tat selbst verletzt ist (§ 172 Abs. 1 S. 1 StPO). Voraussetzung dafür ist, daß die mißachtete Strafvorschrift zumindest auch seinem Rechtsschutz zu dienen bestimmt ist. Bei den Umweltstraftatbeständen kann dies immer dann der Fall sein, wenn sie auf Schutznormen des öffentlichen Rechts verweisen.[86]

B. Umweltordnungswidrigkeiten

38 Für bestimmte umweltschädliche Verhaltensweisen ist wegen des fehlenden kriminellen Gehalts des Regelverstoßes nur die Verhängung eines Bußgeldes vorgesehen.[87] Dabei greift das Ordnungswidrigkeitenrecht nur gegenüber enumerativ in den einzelnen Umweltgesetzen genannten Regelverstößen ein. Entsprechende Ordnungswidrigkeitentatbestände enthalten u.a. § 62 BImSchG, § 46 AtG, § 41 WHG, § 15 AbwAG, § 61 KrW-/AbfG, § 30

---

[81] *Kloepfer/Vierhaus,* UmweltstrafR, Rn. 62; vgl. zum Schuldprinzip auch *Schönke/Schröder-Lenckner,* StGB, Vorbem. §§ 13ff. Rn. 103.

[82] Urt. v. 6. 7. 1990 – 2 StR 549/89 – BGHSt 37, 106ff. („Lederspray-Entscheidung"); ähnl. auch *BGH,* Urt. v. 2. 8. 1995 – 2 StR 221/94 – BGHSt 41, 206ff.; vgl. *Franzheim,* UmweltstrafR, S. 115f.; *Schmidt-Salzer,* NJW 1994, 1305 (1309ff.); *ders.,* NJW 1996, 1ff.

[83] SRU, Umweltgutachten 1996, BT-Drs. 13/4108, Tz. 109; *Schönke/Schröder-Cramer,* StGB, Vorbem. §§ 324ff. Rn. 28; *Heine,* ZUR 1995, 63 (69); näher *Himmelmann,* HdbUR, A.8 Rn. 31ff.; *Franzheim,* UmweltstrafR, S. 115ff.; *Kloepfer/Vierhaus,* UmweltstrafR, Rn. 62ff.

[84] Strafprozeßordnung (StPO), i.d.F.d. Bek. v. 7. 4. 1987 (BGBl. I S. 1074, ber. S. 1319), zul. geänd. durch G v. 7. 9. 1998 (BGBl. I S. 2646).

[85] Vgl. zu Anzeigepflichten im UmweltstrafR *Kloepfer,* UmweltR, § 7 Rn. 15ff.

[86] Vgl. dazu § 11 Rn. 113ff.

[87] Zu ordnungswidrigkeitenrechtl. Tatbeständen im UmweltR *Engelhardt,* BayVBl. 1974, 575ff; *Meinberg,* NJW 1990, 1273ff.

BNatSchG, § 26 ChemG, § 10 GBefGG. Um die Effektivität des Ordnungswidrigkeitenrechts zum Schutz der Umwelt zu steigern, hat der Gesetzgeber mit dem 31. Strafrechtsänderungsgesetz eine deutliche Erhöhung des Bußgeldrahmens vorgenommen.[88]

Im Gegensatz zum Umweltstrafrecht sieht das Ordnungswidrigkeitenrecht gem. §§ 30, 130 OWiG vor, daß Geldbußen auch gegen juristische Personen und Personenvereinigungen verhängt werden können, sofern ein Organ oder gesetzlicher Vertreter gehandelt oder die gebotene Aufsicht unterlassen hat.[89] **39**

---

[88] Vgl. in § 41 Abs. 2 WHG auf 20000–100000 DM u. in § 11 Abs. 2 WRMG von 5000 auf 20 000 DM.

[89] Vgl. auch *Sander,* HdUR, Bd. 2, Sp. 1543 (1546); *Tiedemann,* HdUR, Bd. 2, Sp. 2440 (2454); *Schall/Schreibauer,* NuR 1996, 440 (446f.).

Zweiter Teil: Besonderes Umweltrecht

Der Zweite Teil des Lehrbuchs befaßt sich mit Rechtsfragen einzelner Umweltbereiche. Mit den Rechtsbereichen des *Natur-, Gewässer-* und des *Immissionsschutzes* folgt die Darstellung in den ersten drei Abschnitten des Dritten Teils im wesentlichen einem auf die Umweltmedien (Boden, Wasser, Luft) bezogenen Ansatz. Im Vierten Abschnitt werden mit den Rechtsbereichen des *Atom-* und *Strahlenschutzes,* des *Boden-* und *Altlastenrechtes,* sowie des *Kreislaufwirtschafts-* und *Abfallrechtes* und des *Gefahrstoffrechtes* Probleme des kausalen Umweltschutzes behandelt.

Erster Abschnitt: Naturschutz- und Landschaftspflegerecht

§ 14. Grundbegriffe

A. Natur und Landschaft

1 Die Natur ist der Inbegriff der Formen, Stoffe und Kräfte der materiellen Wirklichkeit, soweit sie wesensmäßig ohne menschliches Zutun entstanden ist; sie umfaßt die Lebensgrundlagen aller lebendigen Geschöpfe der Erde und tritt in der Landschaft als einem Ausschnitt der Erdoberfläche in Erscheinung.[1] Im deutschen Recht werden die Begriffe „Natur" und „Landschaft" einheitlich, d. h. ohne weitere Differenzierung verwendet.[2] Unter **Natur und Landschaft i. S. d. Naturschutzrechts** wird die Erdoberfläche einschließlich der Wasser- und Eisflächen mit ihren Pflanzen- und Tierleben sowie den darunter liegenden Erdschichten und dem unmittelbar darüber liegenden Luftraum verstanden. Nicht zur Natur und Landschaft in diesem Sinne zählen allerdings tiefer gelegene Gesteinsschichten und Bodenschätze sowie die Atmosphäre, soweit sie keinen unmittelbaren Einfluß auf Wetter und Klima hat.[3]

B. Naturschutz und Landschaftspflege

2 Natur und Landschaft werden u. a. beeinträchtigt durch die Verschmutzung der Umweltmedien einschließlich der Klimaveränderung, die Zerschneidung der Landschaft durch Verkehrswege, die Bodenversiegelung durch Wohn- und Industriebauten oder Landschaftsverbrauch,[4] die Veränderung der Landschaft durch Abgrabungen, Aufschüttungen oder sonstige intensive bauliche, industrielle, land- oder forstwirtschaftliche Bodennutzung und die Entwässerung von Feuchtgebieten.[5] Außerdem ist eine Gefährdung wildlebender Tier- und Pflanzenarten in ihrer biologischen Vielfalt zu verzeichnen.[6] Über zwei Drittel der in Deutschland vorkommenden terrestri-

---

[1] Vgl. dazu *Lorz,* NaturschutzR, Vorbem., S. 1; zum Begriffsinhalt von „Natur" siehe SRU, Umweltgutachten 1987, BT-Drs. 11/1568, Tz. 338; *v. Lersner,* NuR 1999, 61 (62 f.); zu den Erscheinungsformen der Natur wie Umweltmedien, Naturhaushalt, Naturgüter und Landschaft vgl. *Bender/Sparwasser/Engel,* UmweltR, 3. Teil Rn. 2 ff.

[2] Vgl. *Kolodziejcok/Recken,* Naturschutz, § 1 Rn. 2; *Bender/Sparwasser/Engel,* UmweltR, 3. Teil Rn. 14.

[3] *Kolodziejcok/Recken,* Naturschutz, § 1 Rn. 3 f.

[4] UBA, Daten zur Umwelt 1992/93, S. 187; *Kauch,* Bodenschutz, S. 15 ff.

[5] Zu den Bedrohungen von Natur und Landschaft vgl. *Bender/Sparwasser/Engel,* UmweltR, 3. Teil Rn. 8 ff.; SRU, Umweltgutachten 1994, BT-Drs. 12/6995, Tz. 20 f.

[6] BMU, Umwelt 1998, 339 f.

schen und marinen Biotoptypen sind gegenwärtig in ihrem Bestand bedroht.[7]

3 Naturschutz und Landschaftspflege dienen demnach dazu, die Pflanzen- und Tierwelt mit ihren natürlichen Lebensgrundlagen, die Vielfalt, Eigenart und Schönheit von Natur und Landschaft sowie die Leistungsfähigkeit des Naturhaushalts zu bewahren, zu pflegen und zu entwickeln.[8]

4 **Naturschutz** ist die Gesamtheit der Maßnahmen zur Erhaltung und Förderung von Pflanzen und Tieren wildlebender Arten, ihrer Lebensgemeinschaften und natürlichen Lebensgrundlagen sowie zur Sicherung von Landschaften und Landschaftsteilen unter natürlichen Bedingungen.[9]

5 **Landschaftspflege** ist die Gesamtheit der Maßnahmen zur Sicherung und Förderung
- der nachhaltigen Nutzungsfähigkeit der Naturgüter sowie
- der Vielfalt, der Eigenart und der Schönheit von Natur und Landschaft.

6 **Landespflege** ist der Sammelbegriff für die Aufgabengebiete Naturschutz und Landschaftspflege sowie die Maßnahmen zur nachhaltigen Sicherung und Entwicklung von Landschaften.

7 Sinn und Nutzen des Naturschutzes ergeben sich aus ganz unterschiedlichen, vornehmlich aus ethischen, ästhetischen und aus wirtschaftlichen Gründen.[10]

8 Seit jeher wird der Naturschutz vor allem ethisch motiviert. Im religiösen Sinne ist die **ethische** Verantwortung des Menschen für den Erhalt der Natur eine Verantwortung des Menschen für die ihm von Gott anvertraute Schöpfung. Unabhängig davon ergibt sich eine sittliche Verantwortung des Menschen für den Schutz der Natur sowohl aus seinem Beitrag zu ihrer Zerstörung als auch aus seiner Fähigkeit, zu ihrer Erhaltung und Sicherung beizutragen.

9 **Ästhetische** Gründe rechtfertigen den Naturschutz, weil die überwiegenden Erscheinungsformen der Natur als schön empfunden werden. Ästhetische Kriterien des Naturschutzes entziehen sich zwar einer objektiv-rational quantifizierbaren Bewertung. Gleichwohl sind ästhetische Begründungen für den Arten- und Flächenschutz ausdrücklich auch im Naturschutzrecht vorgesehen.[11]

Beispiel: Gem. § 13 Abs. 1 Nr. 3 BNatSchG können Naturschutzgebiete ausgewiesen werden, wenn ein besonderer Schutz unter anderem wegen der hervorragenden Schönheit des Gebietes erforderlich ist.

10 **Wirtschaftlich** dient der Naturschutz nicht zuletzt der Nutzbarkeit der Naturgüter für den Menschen und der optimalen Leistungsfähigkeit des Naturhaushalts. In § 1 Abs. 1 Nr. 1 BNatSchG ist die wirtschaftliche Bedeutung von Naturschutz und Landschaftspflege als Ziel des Naturschutzes anerkannt.

11 Recht pessimistisch sah der Umweltrat im Umweltgutachten 1987 die Situation des Naturschutzes und der Landschaftspflege. Nach seiner Ansicht war sie gekennzeichnet durch den noch immer größer werdenden Gegensatz zwischen den in § 1 Abs. 1 BNatSchG festgelegten allgemeinen Zielen und dem tatsächlichen ökologischen Zustand von Natur und Landschaft.[12] Nach Ansicht des Rates lag der

---

[7] Vgl. dazu bereits oben § 1 Rn. 49f.; zu Störungen der Natur aus juristischer Sicht *Stock,* ZUR 1995, 289ff.

[8] Vgl. *Lorz,* NaturschutzR, Vorbem. 1; *Erz,* Naturschutz, S. 560; *Kolodziejcok/Recken,* Naturschutz, § 1 Rn. 7ff.

[9] Vgl. zu dieser u. den nachfolgenden Definitionen SRU, Umweltgutachten 1987, BT-Drs. 11/1568, Tz. 345; zu Natur u. Naturschutz im Spiegel des Verfassungsrechts siehe *Hofmann,* JZ 1988, 265ff.

[10] Vgl. dazu i.e. *Erz,* Naturschutz, S. 560ff.; *Soell,* in: Salzwedel, Grundzüge des UmweltR, 1. Aufl., S. 488ff.

[11] Vgl. §§ 13 Abs. 1 Nr. 3, 15 Abs. 1 Nr. 2, 17 Abs. 1 Nr. 2 BNatSchG.

[12] Vgl. SRU, Umweltgutachten 1987, BT-Drs. 11/1568, Tz. 335f.

Gedanke der Erfolglosigkeit oder gar des Versagens von Naturschutz und Landschaftspflege nicht fern angesichts der Tatsache, daß die wildlebenden Tier- und Pflanzenarten und ihre Lebensstätten in teilweise beängstigendem Maße abnehmen würden, während gleichzeitig wesentliche Bestandteile von Natur und Landschaft, wie z. B. Wälder und Gewässer, durch anhaltende, zum Teil schwere Schädigungen betroffen würden. Selbst in Naturschutzgebieten, die die ranghöchste Schutzkategorie darstellten, wären immer wieder starke Eingriffe oder Beeinträchtigungen festzustellen.[13]

C. Naturschutzrecht

Das **Naturschutzrecht** ist die Gesamtheit der Rechtsvorschriften, die dem Naturschutz zu dienen bestimmt sind. Teilweise wird in Naturschutzrecht im formellen und im materiellen Sinne unterschieden.[14] 12

Naturschutzrecht im *formellen Sinne* sind danach die Rechtsvorschriften, die ausdrücklich dem Naturschutz gewidmet sind; Naturschutzrecht *im materiellen Sinne* sind dagegen die Rechtsvorschriften, die dem Naturschutz unmittelbar oder mittelbar dienen, gleich, ob sie ihm ausdrücklich gewidmet sind oder nicht. 13

Leitgesetz des Naturschutzrechtes im engeren Sinne ist im nationalen Recht das Gesetz über Naturschutz und Landschaftspflege **(Bundesnaturschutzgesetz – BNatSchG)**[15]. 14

Das Zweite Gesetz zur Änderung des BNatSchG vom 30. 4. 1998[16] diente zunächst der Umsetzung der EG-rechtlichen Vorgaben der FFH-Richtlinie[17] und hat zu einem Ausbau des Artenschutz- und Biotopschutzrechts geführt. Ziel ist die Errichtung eines EU-weiten Biotop-Verbundsystems, für das die Mitgliedstaaten besondere Schutzgebiete festzusetzen haben.[18] Das Dritte Gesetz zur Änderung des BNatSchG vom 26. 8. 1998[19] bestimmt das Verhältnisses von Land- und Forstwirtschaft sowie Naturschutz und Landschaftspflege neu.[20] 15

---

[13] SRU, Umweltgutachten 1987, BT-Drs. 11/1568, Tz. 335.

[14] Vgl. *Lorz,* NaturschutzR, Vorbem., S. 2; zur Entwicklungsgeschichte des Naturschutzes vgl. *Stich,* HdUR, Bd. 2, Sp. 1444 ff.; *Schomerus,* Defizite im NaturschutzR, S. 8.

[15] I. d. F. d. Bek. v. 21. 9. 1998 (BGBl. I S. 2994); zur beabsichtigten Novellierung des BNatSchG *Trittin,* Umwelt 1999, 571 (572).

[16] BGBl. I S. 823.

[17] Durch die §§ 19a ff. BNatSchG sind die Vorgaben der FFH-RL bundesrechtl. umgesetzt worden, für die eine Frist zur Umsetzung bis 1994 bestand; zur Verurteilung der Bundesrepublik wegen anhaltender Säumnis vgl. EuGH, Urt. v. 11. 12. 1997 – Rs.C-83/97 –, NVwZ 1998, 721; sowie zum einstweiligen Stop des Baus der Ostseeautobahn (A 20) unter Berufung auf die nicht umgesetzte, aber gleichwohl zu beachtende FFH-RL *BVerwG,* Beschl. v. 21. 1. 1998 – 4.VR 3.97 –, ZUR 1998, 28 ff., das offenläßt, ob es faktische (potentielle) FFH-Gebiete gibt, zu deren Annahme das *BVerwG* allerdings neigt; *dass.,* Urt. v. 19. 5. 1998 – 4 A 9.97 –, DVBl. 1998, 900 ff., durch das der Baustop aufgehoben und die Klagen gegen den Planfeststellungsbeschluß zurückgewiesen wurden; dazu insges. *Zeichner,* NVwZ 1999, 32 ff.

[18] Vgl. BR-Drs. 636/96.

[19] BGBl. I S. 2481.

[20] Vgl. BT-Drs. 13/10186; die Änderung wird vom BR für zustimmungsbedürftig gehalten u. die Zustimmung ist am 14. 7. 1998 im Vermittlungsverfahren durch den BR zunächst versagt worden; zu den Änderungen insges. *Müller-Terpitz,* NVwZ 1999, 26 ff.

16 Das BNatSchG wird durch die Verordnung zum Schutz wildlebender Tier- und Pflanzenarten (Bundesartenschutzverordnung – BArtSchV)[21] und die Bundeswildschutzverordnung[22] ergänzt.

17 Dem Bund kommt für das Naturschutzrecht gem. Art. 75 Abs. 1 S. 1 Nr. 3 GG nur eine Rahmengesetzgebungskompetenz zu, so daß das Naturschutzrecht darüber hinaus landesrechtlich geregelt ist.[23] So haben die Länder aufgrund des Art. 70 Abs. 1 GG Landesnaturschutzgesetze bzw. Landschafts- und Landespflegegesetze erlassen.[24]

18 Daneben zählen zum nationalen Naturschutzrecht im weiteren Sinne zumindest in Teilbezügen[25] das

- Forstrecht,[26]
- Tierschutzrecht,[27]
- Pflanzenschutzrecht,[28]
- Fischereirecht,[29]
- Jagdrecht.[30]

19 Rechtsgrundlagen des Naturschutzrechts sind ferner in Rechtsvorschriften der EG enthalten. Erlassen worden sind u. a. die

- Verordnung des Rates über den Schutz von Exemplaren wildlebender Tier- und Pflanzenarten durch Überwachung des Handels (EG-Artenschutzverordnung),[31]
- Durchführungsverordnung zur EG-Artenschutzverordnung,[32]
- Verordnung der Kommission zur Aussetzung der Einfuhr von Exemplaren bestimmter Tier- und Pflanzenarten in die Gemeinschaft,[33]

---

[21] I. d. F. d. Bek. v. 18. 9. 1989 (BGBl. I S. 1677, ber. S. 2011), zul. geänd. durch VO v. 14. 10. 1999 (BGBl. I S. 1955); vgl. zur Neufassung BMU, Umwelt 1999, 471 f.; durch die Änderung sollen die Vorschriften über die Beschränkung der Ein- u. Ausfuhr besonders geschützter Tier u. Pflanzenarten entfallen, da dies durch die europäischen Artenschutzverordnung geregelt wird.

[22] V. 25. 10. 1985 (BGBl. I S. 2040), zul. geänd. durch VO v. 14. 10. 1999 (BGBl. I S. 1955).

[23] Zu den Konsequenzen der Änderung des Art. 75 GG für das Naturschutzrecht vgl. *Freytag/Iven,* NuR 1997, 121 ff.

[24] Zu den landesrechtl. Regelungen unten § 15 Rn. 4; ferner *Lorz,* NaturschutzR, Vorbem. 1; *Kloepfer,* UmweltR, § 11 Rn. 3; zur Entstehungsgeschichte des BNatSchG siehe *Soell,* in: Salzwedel, Grundzüge des UmweltR, 1. Aufl., S. 491 ff.; *Kolodziejcok/Recken,* Naturschutz, Vorbem. Rn. 10 ff.; zur Entwicklung des NaturschutzR vor Inkrafttreten des BNatSchG siehe *Bernatzky/Böhm,* BundesnaturschutzR, Einl. S. 2; *Lorz,* NaturschutzR, Vorbem. S. 2.

[25] So auch *Arndt,* in: Steiner, BesVwR, Kap. 8 Rn. 315.

[26] Vgl. dazu unten § 16 Rn. 3 ff.

[27] Vgl. dazu unten § 16 Rn. 22 ff.

[28] Vgl. dazu unten § 16 Rn. 2 u. ausführl. unten § 34 Rn. 3 ff.

[29] Vgl. dazu unten § 16 Rn. 36 ff.

[30] Vgl. dazu unten § 16 Rn. 36 ff.

[31] V. 9. 12. 1996 (338/97/EG), ABl. EG Nr. L 61 v. 3. 3. 1997, S. 1; sie ersetzt die VO des Rates zur Anwendung des Übereinkommens über den internationalen Handel mit gefährdeten Arten freilebender Tiere und Pflanzen in der Gemeinschaft (EWG) 3626/82 v. 3. 12. 1982, ABl. EG Nr. L 384 v. 31. 12. 1982, S. 1, zul. geänd. ABl. EG Nr. L 57 v. 15. 3. 1995, S. 1 u. führt in den Mitgliedstaaten der EG zur unmittelbaren Anwendung des Washingtoner Artenschutzübereinkommens; zur EG-Artenschutzverordnung vgl. *Emonds,* NuR 1997, 26 ff.

[32] V. 26. 5. 1997 (EG) Nr. 939/97, ABl. EG Nr. L 140 v. 30. 5. 1997, S. 9.

[33] V. 15. 12. 1997 (2551/97/EG), ABl. EG Nr. L 349, S. 4.

- Verordnung des Rates über den ökologischen Landbau und die entsprechende Kennzeichnung der landwirtschaftlichen Erzeugnissse und Lebensmittel,[34]
- Richtlinien des Rates über die Erhaltung der wildlebenden Vogelarten (Vogelchutz-Richtlinie),[35]
- Richtlinien des Rates zur Erhaltung der natürlichen Lebensräume sowie der wildlebenden Tiere und Pflanzen (Flora- Fauna-Habitat-Richtlinie).[36]

Als EG-rechtliche Verordnungen finden die EG-Artenschutzverordnung und ihre Durchführungsverordnung sowie die Einfuhrverordnung und die Verordnung über den ökologischen Landbau unmittelbar Anwendung im nationalen Recht.[37]

Zahlreiche Regelungen des Arten- bzw. Biotopschutzes[38] finden sich außerdem in internationalen Abkommen,[39] die allerdings regelmäßig nicht als allgemeine Regeln des Völkerrechts nach Art. 25 GG unmittelbar Bestandteil des Bundesrechts sind, sondern durch Ratifizierungsgesetze in deutsches Recht umgesetzt werden mußten.[40] Zu nennen sind 20

- Übereinkommen über den internationalen Handel mit gefährdeten Arten freilebender Tiere und Pflanzen (Washingtoner Artenschutzübereinkommem),[41]
- Übereinkommen über die Biologische Vielfalt,[42]
- Übereinkommen zur Erhaltung der wandernden wildlebenden Tierarten (Bonner Übereinkommen),[43]
- Übereinkommen zur Erhaltung der europäischen wildlebenden Pflanzen und Tiere und ihrer natürlichen Lebensräume (Berner Übereinkommen),[44]
- Übereinkommen über Feuchtgebiete, insbesondere als Lebensraum für Watt- und Wasservögel (Ramsar-Übereinkommen).[45]

---

[34] V. 24. 6. 1991 (2092/91/EWG), ABl. EG Nr. L 198, S. 1, ber. ABl. EG Nr. 220 v. 8. 8. 1991, S. 22, zul. geänd. durch VO (EG) 1990/98 der Komm. v. 4. 9. 1998, ABl. EG Nr. L 247, S. 6.

[35] V. 2. 4. 1979 (79/409/EWG), ABl. EG Nr. L 103 v. 25. 4. 1979, S. 1, letzte Änd. ABl. EG Nr. L 164 v. 30. 6. 1994, S. 9; siehe dazu *Künkele,* NuR 1988, 334ff.; eine Umsetzung in nationales Recht erfolgte erst nach zweifacher Verurteilung durch den EuGH vgl. *EuGH,* Urt. v. 17. 9. 1987 – Rs. 412/85 –, NuR 1988, 53f.; *ders.,* Urt. v. 23. 3. 1993 – RS C 345/92 –, NuR 1993, 505ff.; dazu *Schmidt,* JZ 1993, 1086 (1087); zur Unterschreitung der Flächenvorgaben durch die Niederlande *EuGH,* Urt. v. 19. 5. 1998 – C-3/96 – ZUR 1998, 141ff.

[36] V. 21. 5. 1992 (92/43/EWG), ABl. EG Nr. L 206 v. 22. 7. 1992, S. 7; auch hier erfolgte eine Verurteilung durch den EuGH wegen verspäteter Umsetzung der RL vgl. *EuGH,* Urt. v. 11. 12. 1997 – Rs. C 83/97 –, BayVBl. 1998, 718; *ders.,* Urt. v. 13. 12. 1997 – Rs C 38/97 –, NuR 1998, 194ff.; zur unmittelbaren Geltung der FFH-RL vgl. *BVerwG,* Beschl. v. 21. 1. 1998 – 4 VR 3.97 –, ZUR 1998, 28ff. m. Anm. v. *Fisahn; OVG Lüneburg,* Beschl. v. 4. 12. 1997 – 7 11 1155/97 –, ZUR 1998, 92ff.

[37] Vgl. dazu unten § 15 Rn. 188.

[38] Dem Biotopschutz dient auch die Alpenkonvention, die von den Alpenanrainerstaaten 1991 unterzeichnet worden ist; sie hat indes ledigl. den Charakter einer Rahmenkonvention, die durch Durchführungsprotokolle auszufüllen ist.

[39] Zu völkerrechtl. Instrumenten näher *Stoll/Schillhorn,* NuR 1998, 625ff.

[40] Vgl. dazu oben § 3 Rn. 14.

[41] V. 3. 3. 1973 (BGBl. 1975 II S. 773).

[42] V. 5. 6. 1992 (BGBl. 1993 II S. 1741); zu den Aktivitäten Deutschlands zur Umsetzung der Inhalte dieses Übereinkommens vgl. BMU, Umweltbericht 1998, BT-Drs. 13/10735, S. 102f.

[43] V. 23. 6. 1979 (BGBl. 1984 II S. 569), geänd. durch G v. 6. 8. 1993 (BGBl. 1993 I S. 1458).

[44] V. 19. 9. 1979 (BGBl. 1984 II S. 618), zul. geänd. durch G v. 6. 8. 1993 (BGBl. 1993 I S. 1458).

[45] V. 2. 2. 1971 (BGBl. II 1976 S. 1265), geänd. durch Prot. v. 13. 1. 1983 (BGBl. II 1990 S. 1670).

§ 15. Naturschutzrecht im engeren Sinne

1 Das Naturschutzrecht im engeren Sinne ist vor allem im Bundesnaturschutzgesetz (BNatSchG)[1] geregelt.

2 Das BNatSchG hat in den letzten Jahren vier wesentliche Änderungen erfahren. Zunächst ist das Verhältnis von Naturschutz und Baurecht mit der Einführung des § 8a BNatschG durch das Investitionserleichterungs- und Wohnbaulandgesetz vom 22. 4. 1993[2] neu geregelt worden. Alsdann hat der Gesetzgeber mit dem Bau- und Raumordnungsgesetz vom 1. 1. 1998[3] diejenigen Regelungen im Baugesetzbuch neu gefaßt, die das Verhältnis der naturschutzrechtlichen Eingriffsregelung in der Bauleitplanung regeln (§§ 1a, 5 Abs. 2a und 9 Abs. 2a BauGB).[4] Die Änderung des BNatSchG vom 30. 4. 1998 diente demgegenüber der Umsetzung der europarechtlichen Vorgaben der FFH-Richtlinie.[5] Letztlich beinhaltet das Dritte Gesetz zur Änderung des BNatSchG eine Neubestimmung des Verhältnisses von Land- und Forstwirtschaft zum Naturschutz und zur Landschaftspflege. So ist ein Ausgleich für die finanziellen Belastungen der Land- und Forstwirtschaft durch Naturschutzauflagen geregelt. Ferner ist eine gesetzliche Grundlage für vertragliche Naturschutzvereinbarungen vorgesehen und eine neue Schutzkategorie „Biosphärenreservat" eingeführt worden.[6]

3 Der Kommissionsentwurf zum Umweltgesetzbuch regelt das Naturschutzrecht in den §§ 245 bis 301 UGB-KomE.[7] Eine grundlegend neue Systematik der Naturschutzvorschriften ist dabei nicht vorgesehen. Der Entwurf enthält vor allem verbesserte Beteiligungs- und Eingriffsrechte der Naturschutzbehörden.[8]

4 Die Vorschriften des BNatSchG sind gem. § 4 S. 1 BNatSchG zunächst Rahmenvorschriften für die Landesgesetzgebung. Sie werden daher durch die landesrechtlichen Einzelregelungen konkretisiert und ergänzt.[9] Zahlrei-

---

[1] Gesetz über Naturschutz und Landschaftspflege (Bundesnaturschutzgesetz – BNatSchG) i. d. F. d. Bek. v. 21. 9. 1998 (BGBl. I S. 2994).

[2] Gesetz zur Erleichterung von Investitionen und der Ausweisung und Bereitstellung von Wohnbauland (Investitionserleichterungs- und Wohnbaulandgesetz – InvWoBaulG) v. 22. 4. 1993 (BGBl. I S. 466).

[3] Gesetz zur Änderung des Baugesetzbuchs und zur Neuregelung des Rechts der Raumordnung (Bau- und Raumordnungsgesetz 1998 – BauROG) v. 18. 8. 1997 (BGBl. I S. 2081).

[4] Vgl. dazu bereits oben § 7 Rn. 74.

[5] Dazu ausführl. *Niederstadt,* NuR 1998, 515 ff.; *Apfelbacher/Adenauer/Iven,* NuR 1998, 509 ff.; *dies.,* NuR 1999, 63 ff.; *Louis,* DÖV 1999, 374 ff.; *Hoppe,* UPR 1999, 426 ff.; *Beckmann/Lambrecht,* ZUR 2000, 1 ff.

[6] Vgl. BT-Drs. 13/10186; die Änderung wurde vom BR für zustimmungsbedürftig gehalten; dazu auch *Louis,* NuR 1998, 526 ff.; zum Novellierungsbedarf aus der Sicht der Länder vgl. *Rohlf,* ZUR 1996, 1 ff.

[7] BMU, UGB-KomE, S. 200 ff.

[8] BMU, UGB-KomE, S. 865.

[9] Naturschutzgesetz Baden-Württemberg – NatSchG BW i. d. F. v. 29. 3. 1995 (GBl. S. 385), zul. geänd. durch VO v. 17. 6. 1997 (GBl. S. 278); Bayerisches Naturschutzgesetz – BayNatSchG i. d. F. d. Bek. v. 18. 8. 1998 (GVBl. S. 593); Berliner Naturschutzgesetz – BlnNatSchG i. d. F. d. Bek. v. 10. 7. 1999 (GVBl. S. 390); Brandenburgisches Naturschutzgesetz – BbgNatSchG v. 25. 6. 1992 (GVBl. S. 208), zul. geänd. durch G v. 18. 12. 1997 (GVBl. S. 124); Bremisches Naturschutzgesetz – BremNatSchG v. 9. 6. 1999 (GBl. S. 90); Hamburgisches Naturschutzgesetz – HambNatSchG v. 2. 7. 1981 (GVBl. S. 167), zul. geänd. durch G v. 11. 6. 1997 (GVBl. S. 205); Hessisches Naturschutzgesetz – HENatG i. d. F. v. 16. 4. 1996

 Gellermann, NVwZ 02, 1025, Kahl / Schmidt, JZ 06, 125

che Regelungen gelten gem. § 4 S. 3 BNatSchG aber bereits unmittelbar. Dazu zählen

- Ziele des Naturschutzes und der Landschaftspflege (§ 1 BNatSchG),
- Grundsätze des Naturschutzes und der Landschaftspflege (§ 2 BNatSchG),
- Aufgaben der Behörden und öffentlichen Stellen (§ 3 BNatSchG),
- Zusammenwirken der Länder bei der Planung (§ 7 BNatSchG),
- Verhältns zum Baurecht (§ 8 a BNatSchG),
- Verfahren bei der Beteiligung von Behörden des Bundes (§ 9 BNatSchG),
- Erklärung zum Nationalpark (§ 12 Abs. 4 S. 2 BNatSchG),
- Vorschriften über die Errichtung des Europäischen Netzes „Natura 2000" (§§ 19 a Abs. 1 S. 1, Abs. 2 bis 4, 19 b Abs. 1 S. 2, 3, 19 d S. 1 Nr. 1 und S. 2, 19 e und 19 f Abs. 1 BNatSchG),
- Vorschriften über Schutz und Pflege wildlebender Tier- und Pflanzenarten (§§ 20, 20 a, 20 d Abs. 4 bis 6 BNatSchG, §§ 20 e bis 23, 26 bis 26 c BNatSchG),
- Bereitstellen von Grundstücken (§ 28 BNatSchG),
- Mitwirkung von Verbänden, Ordnungswidrigkeiten und Befreiungen (§§ 29 bis 31 BNatSchG),
- §§ 38, 39 BNatSchG (Übergangs- und Schlußbestimmungen).

Das BNatSchG umfaßt nach wie vor neun Abschnitte, wovon der achte Abschnitt über die Anpassung von Bundesgesetzen an das BNatSchG als entfallen gekennzeichnet ist und der neunte die Übergangs- und Schlußbestimmungen enthält. Im übrigen sind im BNatSchG geregelt **5**

- allgemeine Vorschriften (§§ 1 ff. BNatSchG),
- Landschaftsplanung (§§ 5 ff. BNatSchG),
- Allgemeine Schutz-, Pflege- und Entwicklungsmaßnahmen (§§ 8 ff. BNatSchG),
- Schutz, Pflege und Entwicklung bestimmter Teile von Natur und Landschaft (§§ 12 ff. BNatSchG),
- Schutz und Pflege wildlebender Tier- und Pflanzenarten (§§ 20 ff. BNatSchG),
- Erholung in Natur und Landschaft (§§ 27 ff. BNatSchG) und
- Mitwirkung von Verbänden, Ordnungswidrigkeiten und naturschutzrechtliche Befreiungen (§§ 29 ff. BNatSchG).[10]

A. Allgemeine Vorschriften des Naturschutzrechts

Zu den allgemeinen Regelungen des Naturschutzrechtes zählen die Regelungen über *Ziele und Grundsätze* des Naturschutzes und der Landschafts- **6**

(GVBl. S. 145), zul. geänd. durch G v. 18. 12. 1997 (GVBl. S. 429); Erstes Gesetz zum Naturschutz im Land Mecklenburg-Vorpommern v. 21. 6. 1998 (GVOBl. MV S. 647); Niedersächsisches Naturschutzgesetz – NdsNatSchG i. d. F. v. 11. 4.1994 (GVBl. S. 155, ber. S. 267), zul. geänd. duch G v. 11. 2. 1998 (GVBl. S. 86); Landschaftsgesetz NW – LG NW i. d. F.d. Bek. v. 15. 8. 1994 (GV S. 710), geänd. durch G v. 2. 5. 1995 (GV S. 382); Landespflegegesetz RP – LPflG RP v. 14. 6. 1973 (GVBl. S. 147, ber. S. 284) i. d. F.d. Bek. v. 5. 2. 1979 (GVBl. S. 36), zul. geänd. durch G v. 14. 6. 1994 (GVBl. S. 280); Saarländisches Naturschutzgesetz – SNG v. 19. 3. 1993 (Amtsbl. S. 346, ber. S. 482), zul. geänd. durch G v. 5. 2. 1997 (Amtsbl. S. 258); Sächsisches Naturschutzgesetz – SächsNatSchG v. 11. 10. 1994 (GVBl. S. 1601, ber. GVBl. 1995 S. 106); Naturschutzgesetz des Landes Sachsen-Anhalt – NatSchG LSA v. 11. 2. 1992 (GVBl. S. 108), zul. geänd. durch G v. 27. 1. 1998 (GVBl. S. 28); Landesnaturschutzgesetz Schleswig-Holstein – LNatSchG SH v. 16. 6. 1993 (GVOBl. S. 215), geänd. durch VO v. 24. 10. 1996 (GVOBl. S. 652); Thüringer Naturschutzgesetz – ThürNatG i. d. F.d. Bek. v. 29. 4. 1999 (GVBl. S. 298).

[10] Zum Verhältnis zwischen BergR u. NaturschutzR vgl. *Wilde,* DVBl. 1998, 1321 ff.; siehe auch *Beckmann,* in: Kühne/Schoch/Beckmann, Gegenwartsprobleme des Bergrechts, S. 67 ff.

pflege, die *Landwirtschaftsklauseln* und die Regelungen über *vertragliche Vereinbarungen.*[11]

I. Ziele des Naturschutzes und der Landschaftspflege

7 Die Ziele des Naturschutzes und der Landschaftspflege sind in § 1 Abs. 1 BNatSchG geregelt. Danach sind Natur und Landschaft im besiedelten und unbesiedelten Bereich so zu schützen, zu pflegen und zu entwickeln, daß

- die Leistungsfähigkeit des Naturhaushalts (Nr. 1),
- die Nutzungsfähigkeit der Naturgüter (Nr. 2),
- die Pflanzen- und Tierwelt (Nr. 3) sowie
- die Vielfalt, Eigenart und Schönheit von Natur und Landschaft (Nr. 4)

als Lebensgrundlagen des Menschen und als Voraussetzung für seine Erholung in Natur und Landschaft nachhaltig gesichert sind.

8 § 1 BNatSchG ist Aufgabennorm; sie ermächtigt nicht zu Eingriffen in Freiheit und Eigentum oder zu Eingriffen in verfassungsrechtlich garantierte Selbstverwaltungsbereiche.[12]

9 Die Ziele des Naturschutzes und der Landschaftspflege sind gem. § 4 S. 3 BNatSchG unmittelbar in den Ländern verbindlich. Sie binden den Landesgesetzgeber und die für die Durchführung des Naturschutzrechtes zuständigen Naturschutz- und Landschaftspflegebehörden i.S.v. § 3 Abs. 1 BNatSchG. Andere Behörden und öffentliche Stellen haben im Rahmen ihrer Zuständigkeit die Verwirklichung der Ziele des Naturschutzes und der Landschaftspflege gem. § 3 Abs. 2 BNatSchG zu unterstützen.

10 Die Verbindlichkeit der Ziele gilt jedoch nur für Behörden und andere öffentliche Stellen, nicht aber gegenüber Privatpersonen.[13]

11 Die Ziele des Naturschutzes und der Landschaftspflege sind sowohl von den Aufgaben und Leitvorstellungen der Raumordnung im Sinne von § 1 ROG als auch von den Zielen der Raumordnung im Sinne von § 3 Nr. 2 ROG deutlich zu unterscheiden.[14] Die Aufgaben und Leitvorstellungen der Raumordnung gem. § 1 ROG enthalten eine Aufgabenzuweisung, die ihrerseits u.a. durch die Ziele der Raumordnung als raumordnerisches Instrument planerisch umgesetzt werden. Jedoch sind die Aufgaben und Leitvorstellungen im Sinne von § 1 ROG Maßstab der Abwägung einzelner Raumordnungsgrundsätze gem. § 2 Abs. 2 ROG, während nach dem Bundesnaturschutzrecht die Ziele selbst miteinander und mit anderen abzuwägen sind. In § 1 ROG sind außerdem verschiedene Aufgaben und Leitvorstellungen nebeneinander und voneinander unabhängig aufgeführt. Dagegen regelt § 1 BNatSchG ein geschlossenes Zielsystem, das **Handlungsziele, Handlungsobjekte** und **Handlungsformen** des Naturschutzes näher umschreibt.[15]

---

[11] Der Kommissionsentwurf zum UGB sieht in § 249 UGB-KomE darüber hinaus Jedermann-Pflichten im Umgang mit Natur u. Landschaft vor u. in § 250 UGB-KomE besondere Pflichten für die Land- u. Forstwirtschaft, BMU, UGB-KomE, S. 203, 873.

[12] Vgl. *Schmidt-Aßmann,* NuR 1979, 1 (3); *Soell,* in: Salzwedel, Grundzüge des UmweltR, 1. Aufl., S. 498.

[13] Vgl. *Schmidt-Aßmann,* NuR 1979, 1 (7); *Steiger,* Ziele und Grundsätze, S. 470 (471).

[14] Vgl. dazu bereits oben § 7 Rn. 63.

[15] Vgl. zu den Unterschieden *Steiger,* Ziele und Grundsätze, S. 470; *Schmidt-Aßmann,* NuR 1979, 1 (2).

Handlungsziel des Naturschutzes ist es, die Lebensgrundlagen des Menschen und 12 seine Erholungsmöglichkeiten in der Natur nachhaltig zu sichern.

Handlungsobjekte des Naturschutzes sind Natur und Landschaft im besiedelten 13 und unbesiedelten Bereich und insbesondere bestimmte Teilaspekte, nämlich die Leistungsfähigkeit des Naturhaushalts, die Nutzungsfähigkeit der Naturgüter, die Pflanzen- und Tierwelt sowie die Vielfalt, Eigenart und Schönheit von Natur und Landschaft.[16]

Die **Handlungsformen** des Naturschutzes schließlich werden mit den Begriffen 14 „schützen, pflegen und entwickeln" umschrieben.

Gem. § 1 Abs. 2 BNatSchG sind die Ziele des Naturschutzes und der 15 Landschaftspflege untereinander und gegen die sonstigen Anforderungen der Allgemeinheit an Natur und Landschaft abzuwägen.[17] Daraus ergibt sich eine abstrakte **Gleichrangigkeit aufgabeninterner und aufgabenexterner öffentlicher Belange**. *Aufgabenintern* sind die in § 1 Abs. 1 BNatSchG genannten naturschutzrechtlichen Anforderungen gleichrangig zu beachten. Aufgabenextern sind die Belange des Naturschutzes und der Landschaftspflege gleichberechtigt mit anderen öffentlichen Belangen abzuwägen. Naturschutzbelange genießen keinen Vorrang vor anderen Belangen, wenngleich ihnen durch § 1 Abs. 1 BNatSchG eine hohe Bedeutung beigemessen wird.[18] Ein solcher Vorrang kann auch nicht unter Heranziehung von Art. 20a GG begründet werden. Dies gilt zumindest für den Fall, daß auch die anderen abwägungsrelevanten Belange verfassungsrechtlich verankert sind.[19] Obwohl die privaten Belange anders als in § 1 Abs. 6 BauGB nicht ausdrücklich erwähnt werden, sind sie nach allgemeiner Auffassung ebenfalls in der Abwägung gem. § 1 Abs. 2 BNatSchG zu berücksichtigen.[20]

II. Grundsätze des Naturschutzes und der Landschaftspflege

§ 2 Abs. 1 BNatSchG enthält einen ausführlichen, aber nicht abschließen- 16 den Katalog von Grundsätzen des Naturschutzes und der Landschaftspflege. Weitere Grundsätze können sich aus dem Gesetzeszweck ergeben.[21] Ferner kann der Katalog durch die Länder gem. § 2 Abs. 2 BNatSchG erweitert werden.[22] Die Grundsätze fordern u.a. die Erhaltung und Verbesserung der

---

[16] Zu diesen Begriffen i.e. *Kolodziejcok/Recken,* Naturschutz, § 1 Rn. 2ff.

[17] Zur Nichtigkeit einer Landschaftsschutzverordung wegen Abwägungsfehlern *OVG Bautzen,* Urt. v. 24. 9. 1998 – 1 S 369/96 –, NuR 1999, 344ff.

[18] § 247 Abs. 2 UGB-KomE sieht eine herausragende Bedeutung von Natur u. Landschaft in Form eines Optimierungsgebots vor, BMU, UGB-KomE, S. 203, 879.

[19] Vgl. dazu bereits oben 4 Rn. 31f.; a.A. wohl *Gassner,* in: Gassner/Bendomir-Kahlo/Schmidt-Ränsch, BNatSchG, § 1 Rn. 86, der von einem Optimierungsgebot ausgeht.

[20] *VGH Mannheim,* Urt. v. 16. 12. 1983 – 5 S 297/83 –, NuR 1984, 149; vgl. *Schmidt-Aßmann,* NuR 1979, 1 (3); *BGH,* Urt. v. 22. 5. 1980 – III ZR 175/78 –, NuR 1981, 77 (79); *Soell,* in: Salzwedel, Grundzüge des UmweltR, 1. Aufl., S. 498 m.w.N.; *Kloepfer,* UmweltR, § 11 Rn. 11.

[21] *Kloepfer,* UmweltR, § 11 Rn. 10.

[22] Die Länder haben davon überwiegend für die landschaftsgerechte Führung von Verkehrswegen u. Versorgungsleitungen u. den Schutz von Biotopen Gebrauch gemacht, vgl. § 2 Nr. 15 NatSchG BW, Art. 1 Abs. 2 Nr. 3 S. 2 BayNatSchG, § 1 Nr. 3 BlnNatSchG; § 1 Abs. 3 Nr. 2 u. 11 ThürNatG.

Leistungsfähigkeit des Naturhaushalts (Nr. 1), die Erhaltung von Freiflächen und die Sicherung von Natur und Landschaft in besiedelten Bereichen (Nr. 2). Mit Naturgütern ist sparsam und schonend umzugehen (Nr. 3). Dieses Grundprinzip wird für einzelne Naturgüter in den nachfolgenden Grundsätzen näher konkretisiert (Nrn. 4 bis 10).[23] Betont werden in den Grundsätzen außerdem die Erholungsfunktion der Natur und die charakteristische Eigenart historischer Kulturlandschaften und -landschaftsbestandteile (Nrn. 11 bis 13).

17 Die Grundsätze dienen dazu, die in § 1 Abs. 1 BNatSchG genannten Ziele des Naturschutzes und der Landschaftspflege zu konkretisieren und zu ergänzen. Die Ziele sollen gem. § 2 Abs. 1 S. 1 BNatSchG nach Maßgabe der Grundsätze verwirklicht werden. Der Verwirklichungsauftrag des Gesetzgebers wird jedoch auf dreierlei Weise eingeschränkt. Die Verwirklichung der Ziele des Naturschutzes und der Landschaftspflege muß im Einzelfall

- erforderlich,
- möglich und
- unter Abwägung aller Anforderungen nach § 1 Abs. 2 BNatSchG angemessen

sein. Die in den Grundsätzen und Zielen konkretisierten rechtlichen Anforderungen des Naturschutzes und der Landschaftspflege werden durch diese dreifache Schranke des § 2 Abs. 1 S. 1 BNatSchG zwar an bestimmte Anforderungen gebunden. Jedoch sind diese Schranken als einfachgesetzliche Ausprägung des verfassungsrechtlichen Verhältnismäßigkeitsgrundsatzes im Grunde eine Selbstverständlichkeit.[24] Im übrigen verbleibt den Grundsätzen trotz ihrer Schranken eine erhebliche Funktion, weil sie den Vollzugsbehörden eine Prüfliste an die Hand geben, deren Nichtbeachtung die Abwägung fehlerhaft und gerichtlich angreifbar macht.[25] Bei der gerichtlichen Kontrolle kann die im Bauplanungsrecht entwickelte Abwägungsfehlerlehre in entsprechender Weise herangezogen werden.[26]

18 Wie die Ziele sind auch die Grundsätze des Naturschutzes und der Landschaftspflege gem. § 4 S. 3 BNatSchG unmittelbar verbindlich, regeln aber keine verbindlichen Anforderungen an Privatpersonen. Diese Einschränkung ihres Geltungsbereichs ergibt sich zwar nicht aus dem Wortlaut des § 2 Abs. 1 BNatSchG, wohl aber aus ihrem Zweck, die Abwägung bei administrativen Entscheidungen zu steuern.[27] Der Geltungsanspruch der Grundsätze beschränkt sich somit auf den Bereich der Verwaltung. Die Naturschutzbehörden haben gem. § 3 Abs. 1 BNatSchG die Ziele und Grundsätze des Naturschutzes und der Landschaftspflege durchzusetzen. Andere Behörden und öffentliche Stellen haben im Rahmen ihrer Zuständigkeit die Verwirk-

[23] Zum Spannungsfeld zwischen NaturschutzR u. WasserR vgl. *Krings,* NuR 1997, 129 ff.

[24] So zu Recht *Steiger,* Ziele und Grundsätze, S. 472.

[25] Vgl. *Soell,* in: Salzwedel, Grundzüge des UmweltR, 1. Aufl., S. 499.

[26] *Soell,* in: Salzwedel, Grundzüge des UmweltR, 1. Aufl., S. 499 f.; *Kauch,* Bodenschutz, S. 38 m. w. N.; zur Abwägungsfehlerlehre oben § 7 Rn. 8 ff.; *Hoppe,* in: Hoppe/Grotefels, ÖffBauR, § 7 Rn. 94 ff.

[27] Siehe auch *Schmidt-Aßmann,* NuR 1979, 1 (7); *Steiger,* Ziele und Grundsätze, S. 471.

lichung der Ziele des Naturschutzes und der Landschaftspflege zu unterstützen (§ 3 Abs. 2 S. 2 BNatSchG). Sie haben die Naturschutzbehörden bereits bei der Vorbereitung aller öffentlichen Planungen und Maßnahmen, die die Belange des Naturschutzes und der Landschaftspflege berühren können, zu unterrichten und anzuhören, soweit nicht eine weitergehende Form der Beteiligung vorgeschrieben ist (§ 3 Abs. 2 S. 2 BNatSchG).

19 Als *finalstrukturierte* Norm entfaltet § 2 BNatSchG seine Wirkung vor allem im Bereich der **Planung**.[28] Ziele und Grundsätze des Naturschutzes und der Landschaftspflege sind durch die *Landschaftsplanung*, aber auch durch die *Gesamtplanung* und die sonstige *Fachplanung* zu verwirklichen.

20 Im Bereich der **Gesamtplanung** folgt die Beachtlichkeit der Ziele und Grundsätze des Naturschutzes und der Landschaftspflege für die **Landesplanung** aus § 2 Abs. 2 Nr. 8 ROG i.V.m. § 4 Abs. 2 ROG.[29] Danach sind Natur und Landschaft einschließlich Gewässer und Wald zu schützen, zu pflegen und zu entwickeln. Dabei ist den Erfordernissen des Biotopverbundes Rechnung zu tragen. Die Naturgüter, insbesondere Wasser und Boden, sind sparsam und schonend in Anspruch zu nehmen; Grundwasservorkommen sind zu schützen. Beeinträchtigungen des Naturhaushalts sind auszugleichen. Bei dauerhaft nicht mehr genutzten Flächen soll der Boden in seiner Leistungsfähigkeit erhalten oder wiederhergestellt werden. Die Länder müssen Pläne und Programme mit den Zielen der Raumordnung aufstellen, die zur Durchsetzung dieser Grundsätze erforderlich sind.

21 Für die **Bauleitplanung** verlangt § 1 Abs. 5 S. 1 BauGB einen Beitrag zur Sicherung einer menschenwürdigen Umwelt und zum Schutz und zur Entwicklung der natürlichen Lebensgrundlagen. § 1 Abs. 5 S. 2 Nr. 7 BauGB verlangt außerdem bei der Aufstellung der Bauleitpläne die Berücksichtigung des Naturschutzes und der Landschaftspflege, insbesondere des Naturhaushalts, des Wassers, der Luft und des Bodens einschließlich seiner Rohstoffvorkommen, sowie eine Berücksichtigung des Klimas. Ferner regelt § 1 a BauGB umweltschützende Belange in der Abwägung.[30]

22 Die Grundsätze des Naturschutzes und der Landschaftspflege sind schließlich auch bei anderen **Fachplanungen** als abwägungsrelevante Belange zu berücksichtigen. Zum Teil wird in den entsprechenden Fachplanungsgesetzen ausdrücklich auf die Belange des Naturschutzes und der Landschaftspflege verwiesen.[31] Soweit solche Naturschutzklauseln in den Fachplanungsgesetzen fehlen, sind die Belange des Naturschutzes und der Landschaftspflege bei der in jedem Fall notwendigen Allgemeinwohlverträglichkeit des geplanten Vorhabens zu berücksichtigen.[32]

23 Die Grundsätze gelten aber nicht nur im Bereich der Planung, sondern auch im Bereich der **direkten Verhaltenssteuerung.** § 3 Abs. 2 S. 1 BNatSchG verpflichtet Behörden und öffentliche Stellen dazu, die Verwirklichung der Ziele und in deren Folge auch die Verwirklichung der Grundsätze des Naturschutzes und der Landschaftspflege zu unterstützen. Sie sind deshalb im Rahmen von Ermessensentscheidungen zu beachten, mittelbar können sie außerdem bei der Auslegung gesetzlicher Tatbestandsmerkmale herangezogen werden, die in Spezialgesetzen geregelt sind und sich auf Be-

---

[28] Zur Finalstruktur von Planungsnormen ausführl. *Hoppe,* DVBl. 1974, 641 ff.; zur Bedeutung des § 2 BNatSchG als Planungsnorm *Schmidt-Aßmann,* NuR 1979, 1 (7 ff.).

[29] Vgl. dazu bereits oben § 7 Rn. 56 f.

[30] Vgl. dazu bereits oben § 7 Rn. 74.

[31] Vgl. z.B. § 37 Abs. 2 FlurbG; § 10 Abs. 4 Nr. 5 Krw-/AbfG; vgl. auch § 1 Abs. 2 LBG u. § 1 Abs. 3 SchBG sowie § 6 Abs. 2 S. 1 LuftVG.

[32] Vgl. *Schmidt-Aßmann,* NuR 1979, 1 (8).

lange des Naturschutzes und der Landschaftspflege beziehen.[33] Bauvorhaben im Außenbereich können zu einer Beeinträchtigung öffentlicher Belange und damit gem. § 35 Abs. 3 Nr. 5 BauGB zur Unzulässigkeit eines Vorhabens führen, wenn Belange des Naturschutzes und der Landschaftspflege beeinträchtigt werden. In einer Reihe von Gesetzes ist sogar die Beachtung der Belange des Naturhaushalts, der Landschaft und der Erholung ausdrücklich als Genehmigungsvoraussetzung ausgestaltet.

Beispiel: Gem. § 3 Abs. 2 Nr. 2 AbgrG NW, ist die Genehmigung für eine Abgrabung zu erteilen, wenn neben zahlreichen anderen Voraussetzungen auch die Belange des Naturhaushalts, der Landschaft und der Erholung beachtet sind. Die Wirkung des § 2 BNatSchG wird jedoch im Abgrabungsgesetz Nordrhein-Westfalen dadurch beeinträchtigt, daß § 3 Abs. 3 AbgrG näher konkretisiert, wann die Belange des Naturhaushalts und der Landschaft in der Regel beachtet sind.[34]

24 Nicht herangezogen werden kann § 2 BNatSchG aber in den Fällen, in denen eine Genehmigung zu versagen ist, weil öffentlich-rechtliche Vorschriften entgegenstehen. Als zwingender Versagungsgrund fehlt dem § 2 BNatSchG wegen seiner Abwägungsklausel die notwendige rechtsstaatliche Bestimmtheit.[35]

25 In der Praxis soll ein neues Bundesamt für Naturschutz die Verwirklichung der Ziele und Grundsätze des Naturschutzes fördern, das als selbständige Bundesoberbehörde in Bonn geschaffen wurde, um das Bundesumweltministerium in Fragen des Naturschutzes, des Biotopschutzes, der Landschaftsökologie und der Erholungsvorsorge zu unterstützen.[36] In seinen Aufgabenbereich fällt u.a. der Vollzug des Washingtoner Artenschutzabkommens sowie die Überwachung der Ein- und Ausfuhr von geschützten Tieren und Pflanzen.[37]

III. Landwirtschaftsklauseln im Naturschutzrecht

26 Das Spannungsverhältnis zwischen Landwirtschaft und Naturschutz ist seit langem Gegenstand umweltpolitischer und umweltrechtlicher Diskussionen.[38]

27 Zwischen Landwirtschaft und Naturschutz besteht eine Konfliktlage, die sich verschärft hat. Einerseits werden die rechtlichen Anforderungen an eine umweltverträgliche Landwirtschaft durch zahlreiche Umweltschutzbestimmungen des BNatSchG und der Landschaftspflegegesetze der Länder erhöht. Das BNatSchG beschränkt das

---

[33] Vgl. *Soell,* in: Salzwedel, Grundzüge des UmweltR, 1. Aufl., S. 501; *Kolodziejcok/Recken,* Naturschutz, Vorbem. § 1 Rn. 1; *Schmidt-Aßmann,* NuR 1979, 1 (9).

[34] Dazu *Schmidt-Aßmann,* NuR 1979, 1 (9).

[35] Vgl. *Soell,* in: Salzwedel, Grundzüge des UmweltR, 1. Aufl., S. 501; *Schmidt-Aßmann,* NuR 1979, 1 (9).

[36] Gesetz über die Errichtung eines Bundesamtes für Naturschutz u. zur Änderung von Vorschriften auf dem Gebiet des Artenschutzes v. 6. 8. 1993 (BGBl. I S. 1458); vgl. dazu unten § 15 Rn. 205.

[37] *Pohl,* HdbUR, B.7 Rn. 14, 60.

[38] Siehe dazu vor allem SRU, Sondergutachten „Umweltprobleme der Landwirtschaft" 1985, BT-Drs. 10/3613, S. 1355; *Henneke,* Landwirtschaft u. Naturschutz, S. 206ff.; *Storm,* NuR 1986, 8ff.; *Uppenbrink/Riecken,* ZUR 1996, 17; zur Beeinträchtigung der Umwelt durch landwirtschaftl. Produktion *Schink,* UPR 1999, 8ff.; zul. Gesetzentwurf der BReg. zum Dritten Gesetz zur Änderung des BNatSchG BT-Drs. 13/10186 S. 3.

Naturschutzrecht nicht allein auf besonders schutzwürdige Gebiete, sondern erhebt einen Anspruch auf flächendeckende Geltung.

28 Auf der anderen Seite lastet auf den landwirtschaftlichen Betrieben ein Rationalisierungsdruck, der zu einer Intensivierung der Produktion durch den Einsatz ertragssteigernder, aber gleichermaßen umweltbelastender Pflanzenbehandlungs- und Düngemittel, Futtermittelzusatzstoffe und Tierarzneimittel führt. Hinzu kommen nachteilige Veränderungen von Natur und Landschaft durch die im Zuge der Rationalisierung betriebene großflächige Bewirtschaftung, durch Entwässerungen, Beseitigung und Beeinträchtigung natürlicher und naturnaher Flächen, durch vereinfachte Fruchtfolgen und dem Einsatz von Großmaschinen.[39]

29 Zur rechtlichen Regelung dieses Interessenkonfliktes sah das Naturschutzrecht vor der Dritten Änderung des BNatSchG einige sog. Landwirtschaftsklauseln vor, die die Landwirtschaft vor zu stark eingreifenden naturschutzrechtlichen Anforderungen schützten. So kam gem. § 1 Abs. 1 BNatSchG a. F. der ordnungsgemäßen Land- und Forstwirtschaft für die Erhaltung der Kultur- und Erholungslandschaft eine zentrale Bedeutung zu; sie diente danach *in der Regel* den Zielen des Naturschutzgesetzes. Ferner war gem. § 8 Abs. 7 BNatschG a. F. die i. S. d. Gesetzes ordnungsgemäße land-, forst- und fischereiwirtschaftliche Bodennutzung nicht als Eingriff in Natur und Landschaft anzusehen. Dabei war nach § 1 Abs. 3 BNatSchG a. F. zu vermuten, daß die ordnungsgemäße Land- und Forstwirtschaft die Natur und Landschaft nicht beeinträchtigte, sondern im Gegenteil förderte.[40] Der Klausel lag die Vorstellung zugrunde, daß die Wirtschaftsweise, die langfristig ökonomisch richtig sei, nur in Ausnahmefällen den ökologischen Belangen zuwiderlaufen würde.[41] Dieser Gleichklang von Natur und Landschaft war allerdings zunehmend zweifelhaft geworden. Die Streichung der Landwirtschaftsklauseln war dementsprechend wiederholt gefordert worden.[42]

30 Durch das Dritte Gesetz zur Änderung des Naturschutzrechts ist das Verhältnis von Land- und Forstwirtschaft sowie Naturschutz und Landschaftspflege neu bestimmt worden.[43] Im BNatSchG gelten nunmehr folgende Regelungen

- „Bei Maßnahmen des Naturschutzes und der Landschaftspflege ist die besondere Bedeutung der Land-, Forst- und Fischereiwirtschaft für die Erhaltung der Kultur- und Erholungslandschaft zu berücksichtigen" **(§ 2 Abs. 3 BNatSchG).**
- „Die land-, forst- und fischereiwirtschaftliche Bodennutzung ist nicht als Eingriff anzusehen, soweit dabei die Ziele und Grundsätze des Naturschutzes und der Landschaftspflege berücksichtigt werden. Die den Vorschriften des Rechts der Land- und Forstwirtschaft einschließlich des Rechts der Binnenfischerei und § 17 Abs. 2 BBodSchG entsprechende gute fachliche Praxis bei der land-, forst- und fischereiwirtschaftlichen Bodennutzung widerspricht in der Regel nicht den in Satz 1 genannten Zielen und Grundsätzen. Nicht als Eingriff gilt auch die Wiederaufnahme einer land-, forst- und fischereiwirtschaftlichen Bodennutzung, die aufgrund vertraglicher Vereinbarung zeitweise eingeschränkt oder unterbrochen worden war" **(§ 8 Abs. 7 BNatSchG).**
- „In einem Landschaftsschutzgebiet sind unter besonderer Beachtung des § 2 Abs. 3 BNatschG und nach Maßgabe näherer Bestimmungen alle Handlungen verboten, die den Charakter des Gebietes verändern oder dem besonderen Schutzzweck zuwiderlaufen" **(§ 15 Abs. 2 BNatschG).**

---

[39] Vgl. dazu bereits *Soell,* in: Salzwedel, Grundzüge des UmweltR, 1. Aufl., S. 502; *Ebersbach,* Beilage zum AgrarR 1982, 26 (27).

[40] Vgl. *Ebersbach,* Beilage zum AgrarR 1982, 26 (27).

[41] Vgl. dazu SRU, Sondergutachten „Umweltprobleme der Landwirtschaft", BT-Drs. 10/3613, Tz. 1201; SRU, Umweltgutachten 1987, BT-Drs. 11/1568, Tz. 466, 469.

[42] Vgl. *v. Mutius/Henneke,* BayVBl. 1983, 545 (550) m. w. N.; neuerl. BMU, NVwZ 1992, 653; zul. BMU, UGB-KomE, S. 869 m. w. N.

[43] Vgl. Entwurf der BReg. BT-Drs. 13/10186, S. 1.

31 Die bisherige Landwirtschaftsklausel des § 1 Abs. 3 BNatSchG a.F. wurde aufgehoben. Die „gute fachliche Praxis", wie sie sich aus den Vorschriften des land- und forstwirtschaftlichen Fachrechts sowie aus § 17 Abs. 2 BBodSchG ergibt, ist normative Grundlage für die – auch ökologische Belange berücksichtigende – Bodenbewirtschaftung. Die der guten fachlichen Praxis entsprechende Bodennutzung soll deshalb in der Regel nicht den Zielen und Grundsätzen des Naturschutzes und der Landschaftspflege widersprechen und kann insoweit auch nicht als Eingriff in Natur und Landschaft gewertet werden. Dies wollte der Gesetzgeber in der neuen Eingriffsregelung des § 8 Abs. 7 BNatSchG klarstellen.[44]

32 Ferner ist in § 3b BNatSchG ein finanzieller Ausgleich von naturschutzbedingten Nutzungsbeschränkungen in der Land- und Forstwirtschaft vorgesehen.[45] Gem. § 3b Abs. 1 S. 1 BNatSchG werden in Rechtsvorschriften, die im Rahmen der §§ 12 bis 19b BNatSchG erlassen worden sind (Nr. 1) oder in Anordnungen der für Naturschutz und Landschaftspflege zuständigen Behörden zur Verwirklichung der Ziele des Naturschutzes und der Landschaftspflege (Nr. 2) standortbedingt erhöhte Anforderungen festgesetzt, die die ausgeübte land-, forst- und fischereiwirtschaftliche Bodennutzung über die Anforderungen der guten fachlichen Praxis hinaus beschränken, die sich aus den für die Land-, Forst- und Fischereiwirtschaft geltenden Vorschriften und § 17 Abs. 2 BBodSchG ergeben, so ist für die dadurch verursachten wirtschaftlichen Nachteile ein angemessener Ausgleich nach Maßgabe des Landesrechts zu gewähren. Gem. § 3b Abs. 1 S. 2 BNatSchG findet die Ausgleichsregelung jedoch keine Anwendung, soweit ein Anspruch auf Entschädigung oder anderweitigen Ausgleich nach anderen Rechtsvorschriften oder aufgrund vertraglicher Vereinbarungen besteht. Dabei gilt gem. § 3b Abs. 2 BNatSchG im Falle einer vorübergehenden Einschränkung oder Unterbrechung der vorbenannten Bodennutzung diejenige Bodennutzung als ausgeübt, die vor der Einschränkung oder Unterbrechung ausgeübt wurde.

33 Die Ausgleichsregelung soll die Durchsetzung notwendiger Naturschutzmaßnahmen erleichtern und ihre Akzeptanz bei Land- und Forstwirten fördern.[46] Sie hat ihr Vorbild in § 19 Abs. 4 WHG.[47] Sie betrifft Beschränkungen der Bodennutzung und dadurch verursachte wirtschaftliche Nachteile, die die Schwelle des eigentumsrechtlich noch Zumutbaren (Sozialpflichtigkeit des Eigentums) noch nicht überschreiten. Damit ist nunmehr auch bundesrechtlich im BNatSchG ein Rechtsanspruch auf einen angemessenen Ausgleich verankert.[48] Der Ausgleich soll sich auf alle Bewirtschaftungsauflagen erstrecken, die über die in den landwirtschaftlichen Fachgesetzen und § 17 Abs. 2 BBodSchG festgelegten Anforderungen der guten fachlichen Praxis hinausgehen und zu wirtschaftlichen Einbußen führen. Es sollen damit die finanziellen Belastungen ausgeglichen werden, die der Land-

---

[44] Entwurf der BReg. BT-Drs. 13/10186, S. 5.
[45] Vgl. dazu *Agena/Gehrke,* NdsVBl. 1999, 53 ff.
[46] Entwurf der BReg. BT-Drs. 13/10186, S. 5.
[47] Vgl. dazu unten § 18 Rn. 188 f.
[48] Die in einigen Bundesländern bestehenden landesrechtl. Regelungen geben keinen Rechtsanspruch auf angemessenen Ausgleich.

und Forstwirtschaft durch Auflagen im Interesse des Naturschutzes und damit der Allgemeinheit aufgebürdet werden.

34 Nutzungsbeschränkungen nach § 3b Abs. 1 Nr. 1 BNatSchG können in Rechtsvorschriften über Schutzgebiete, insbesondere Naturschutzgebiete und Kernzonen von Nationalparken bestehen. § 3b Abs. 1 Nr. 2 BNatSchG erfaßt Nutzungsbeschränkungen aufgrund behördlicher Anordnungen, z. B. über Duldungspflichten. Nähere Regelungen, insbesondere über die Bemessung des Ausgleichs, bleiben dem Landesrecht überlassen.

IV. Vertragliche Vereinbarungen

35 Durch das Dritte Gesetz zur Änderung des BNatSchG ist eine gesetzliche Grundlage für vertragliche Vereinbarungen bei notwendigen Naturschutzmaßnahmen geschaffen worden. Gem. § 3a BNatSchG stellen die Länder sicher, daß bei Maßnahmen zur Durchführung der im Rahmen dieses Gesetzes erlassenen Rechtsvorschriften geprüft werden soll, ob der Zweck auch durch vertragliche Vereinbarungen erreicht werden kann. Damit soll dem Kooperationsprinzip Rechnung getragen werden. Auch die Einführung der Möglichkeit vertraglicher Vereinbarungen mit den Betroffenen soll die Akzeptanz von Naturschutzmaßnahmen erhöhen.[49] Die aufgrund des § 3a BNatSchG von den Ländern zu erlassenden Vorschriften richten sich an die für Naturschutz und Landschaftspflege zuständigen Behörden.

B. Landschaftsplanung

36 Die Landschaftsplanung ist in den §§ 5 und 6 BNatSchG geregelt.[50] Sie ist die Fachplanung für den Bereich des Naturschutzes, der Landschaftspflege und der Erholungsvorsorge. Sie hat die zur Verwirklichung der Ziele des Naturschutzes und der Landschaftspflege notwendigen Schutz-, Pflege- und Entwicklungsmaßnahmen – konkretisiert für einen bestimmten Raum – festzusetzen. Die Landschaftsplanung übernimmt insoweit eine Gelenkfunktion zwischen den Zielen des Naturschutzes und der Landschaftspflege einerseits und den ihrer Durchsetzung dienenden Einzelmaßnahmen andererseits.[51]

37 Im Kommissionsentwurf zum Umweltgesetzbuch werden die Pläne und Programme der Landschaftsplanung als Naturpflegepläne bezeichnet und sind in den §§ 252 bis 259 UGB-KomE geregelt. Die Bindungswirkung der Naturpflegepläne wird durch ein

---

[49] Entwurf der BReg. BT-Drs. 13/10186, S. 5.

[50] Vgl. dazu SRU, Umweltgutachten 1978, BT-Drs. 8/1938, Tz. 1202ff.; SRU, Umweltgutachten 1987, BT-Drs. 11/1568, Tz. 380ff.; BMU, Umweltbericht 1998, BT-Drs. 13/10735, S. 111f.; *Hahn,* Landschaftsplanung, passim; *Ramsauer,* NuR 1993, 108ff.; *Gassner,* NuR 1993, 118ff.; *Uppenbrink/Riecken,* ZUR 1996, 17 (18); zu Möglichkeiten u. Grenzen einer rechtl. Stärkung der Landschaftsplanung *Gassner,* NuR 1996, 380ff.; zur Mediation in der Landschaftsplanung *Neugebauer,* NuL 1999, 12ff.

[51] Zur Fortentwicklung der Landschaftsplanung zu einer Umweltleitplanung *Kloepfer/u. a.,* UGB-AT, S. 185ff.; *Breuer,* Gutachten zum 59. DJT, Bd. I, S. 98ff.; *Dolde,* Referat zum 59. DJT, Bd. II, S. 44ff.; *Erbguth,* DVBl. 1992, 1122ff.; *Hoppe,* NJW 1992, 1993ff.

Abstimmungsgebot hinsichtlich der Gesamtplanung (§ 252 Abs. 2 S. 1 UGB-KomE) und eine Beachtungspflicht ohne Abwägungsspielraum gegenüber sonstigen naturrelevanten Planungen, Entscheidungen und Maßnahmen (§ 252 Abs. 3 UGB-KomE) gestärkt.[52]

38 Wie die integrierte Gesamtplanung ist auch die Landschaftsplanung flächendeckend. Sie unterscheidet sich von dieser jedoch dadurch, daß sie nicht fachübergreifend und integrierend, sondern verengt auf ökologische, landespflegerische Aspekte konzipiert ist.[53] Von der Gesamtplanung unterscheidet sich die Landschaftsplanung außerdem dadurch, daß sie zwar überwiegend, aber nicht ausschließlich raumbezogen ausgestaltet ist. Neben den raumbedeutsamen Festsetzungen kann die Landschaftsplanung auch Regelungen ohne Raumbezug – etwa zum Artenschutz – enthalten.

39 Von ihrer Aufgabenstellung her ist die Landschaftsplanung einerseits *sektorale Fachplanung* und andererseits *querschnittsorientierte Planung.*

40 Als **sektorale Fachplanung** programmiert sie die fachspezifischen Maßnahmen in den Bereichen *„Naturschutz"* und *„freiraumbezogene Erholung"*.[54]

41 Als **Fachplanung für den Naturschutz** dient sie vor allem der Sicherung und Entwicklung eines funktionsfähigen Naturhaushaltes und dem Bodenschutz. Sie hat dazu die Erfordernisse des ökologischen Arten- und Flächenschutzes zu ermitteln und die methodischen und wissenschaftlichen Grundlagen für den Schutz und die Entwicklung der Ökosysteme zu beschreiben. Die Landschaftsplanung hat dazu als Planungsgrundlage in einem ersten Schritt umfassende Bestandsaufnahmen in Form von Biotopkartierungen, Bodenkataster, Waldfunktionskartierungen, „Rote Listen der gefährdeten Tier- und Pflanzenarten" etc. zu erstellen. In einem zweiten Planungsschritt sind von der Naturschutzplanung die Schutzgebiete darzustellen und die notwendigen Gestaltungs-, Pflege-, Sanierungs- und Artenschutzmaßnahmen ohne Raumbezug zu planen.

42 Als **sektorale Fachplanung für freiraumbezogene Erholung** dient die Landschaftsplanung daneben der Erhaltung und Entwicklung der Landschaft als Erlebnis- und Erholungsraum. Die Landschaftsplanung hat dazu geeignete Erholungsräume zu ermitteln, Erholungs- und Freizeitgebiete sowie deren planerische Gestaltung und Entwicklung abzugrenzen und dafür zu sorgen, daß sich die negativen Auswirkungen der Freizeitaktivitäten, insbesondere des Fremdenverkehrs und des Tourismus auf Natur und Landschaft in Grenzen halten.[55]

43 Als **querschnittsorientierte Planung** soll die Landschaftsplanung den ökologischen Beitrag für das Planungssystem der Landes-, Regional- und Bauleitplanung, aber auch für andere raumbedeutsame Fachplanungen durch die Beteiligung der Naturschutzbehörden an den verschiedenen Planungsverfahren der Gesamt- und Fachplanungen erbringen.[56] Die zuständigen Behörden und öffentlichen Stellen haben dazu gem. § 3 Abs. 2 S. 2 BNatSchG die Naturschutzbehörden bereits bei der Vorbereitung aller öffentlichen Planungen und Maßnahmen, die die Belange des Naturschutzes und der Landschaftspflege berühren können, zu unterrichten und anzuhören, soweit nicht

---

[52] BMU, UGB-KomE, S. 204, 888.

[53] Dazu i. e. *Ebersbach,* Landverbrauch, S. 251 ff.

[54] *Ebersbach,* Landverbrauch, S. 251 f.

[55] *Lorz,* Naturschutz, § 5 Anm. 3; *Erbguth,* UPR 1987, 409 (410); zum querschnittsorientierten Charakter der Landschaftsplanung SRU, Umweltgutachten 1987, BT-Drs. 11/1568, Tz. 380 ff.

[56] Vgl. § 3 Abs. 3 BlnNatSchG, § 4 Abs. 3 S. 1 BremNatSchG, § 3 HambNatSchG, § 4 Abs. 2 SächsNatSchG.

eine weitergehende Form der Beteiligung vorgeschrieben ist. Querschnittsorientiert sind die raumbedeutsamen Aussagen der Landschaftsplanung außerdem, soweit sie nach Maßgabe der landesplanungsrechtlichen Vorschriften der Länder in die Programme und Pläne der Landesplanung und der Bauleitplanung aufgenommen werden (vgl. §§ 5 Abs. 2, 6 Abs. 4 BNatSchG).[57]

Für die Bundesebene sieht das BNatSchG keine Landschaftsplanung vor. **44** Im übrigen geht das BNatSchG von einem *dreistufigen Aufbau der Landschaftsplanung* aus, wobei die einzelnen Stufen der Landschaftsplanung mit den entsprechenden Stufen der Landes- und Bauleitplanung verknüpft sind. Die Bundesländer haben allerdings den Spielraum, den ihnen das BNatSchG als Rahmenrecht für die materielle und verfahrensrechtliche Ausgestaltung der Landschaftsplanung belassen hat, weitgehend genutzt. So haben beispielsweise die Stadtstaaten nur eine zweistufige Landschaftsplanung, bestehend aus dem Landschaftsprogramm und den örtlichen Landschaftsplänen.[58] Die Bundesländer Hessen, Nordrhein-Westfalen und Rheinland-Pfalz verzichten auf das Landschaftsprogramm, so daß in diesen Bundesländern die Landschaftsplanung zweistufig nur aus dem Landschaftsrahmenplan und den örtlichen Landschaftsplänen besteht.[59] Ebenfalls zweistufig augestaltet ist die Landschaftsplanung landesrechtlich in Mecklenburg-Vorpommern, allerdings unter Verzicht auf eigene Vorgaben für die örtlichen Landschaftspläne.[60] Eine exakte Verwirklichung des vom BNatSchG vorgesehenen dreistufigen Konzepts findet sich in Baden-Württemberg, Bayern, Brandenburg, Niedersachsen, dem Saarland, Sachsen, Sachsen-Anhalt, Schleswig-Holstein und Thüringen.[61]

Nach Ansicht des Umweltrates war bis 1987 die Bilanz der Aktivitäten der Land- **45** schaftsplanung enttäuschend. Es liege der Eindruck nicht fern, als sei die Landschaftsplanung 10 Jahre nach dem Inkrafttreten des BNatSchG ein bereits gescheitertes Vorhaben. Die Landschaftsplanung sei bei Wahrung des Ausführungsspielraumes der Länder bundesrechtlich wirksamer zu regeln und deutlich auf die Landes- und Regionalplanung als auch auf die Bauleitplanung auszurichten.[62]

Nach den §§ 5, 6 BNatSchG setzt sich die Landschaftsplanung – wie be- **46** reits gesagt – dreistufig zusammen aus

- Landschaftsprogramm,
- Landschaftsrahmenplänen,
- Landschaftsplänen.[63]

---

[57] Zu neuen Entwicklungen in der Zuordnung von Landschaftsplanung u. Raumplanung vgl. *Groß,* NuR 1998, 123 ff.

[58] Vgl. §§ 3 ff. BlnNatSchG, §§ 4 ff. BremNatSchG, §§ 3 ff. HambNatSchG.

[59] Vgl. §§ 3, 4 HENatG; §§ 15, 16 LG NW; §§ 16 f. LPflG RP.

[60] Vgl. §§ 13 f. NatSchG MV; jedoch verweist § 16 NatSchG MV ausdrückl. auf die Geltung der Regelungen des BNatSchG, so daß hinsichtl. der Landschaftspläne § 6 BNatSchG unmittelbar heranzuziehen ist.

[61] Vgl. §§ 8 f. NatSchG BW, Art. 3 BayNatSchG, §§ 5 ff. BbgNatSchG, §§ 5 ff. NdsNatSchG, §§ 7 f. SNG, §§ 5 ff. SächsNatSchG, §§ 5 ff. NatSchG LSA, §§ 4 a ff. LNatSchG SH, §§ 4,5 ThürNatG, teilweise werden die Landschaftsprogramme als Landschaftsrahmenprogramme bezeichnet, vgl. § 7 NatSchG BW.

[62] SRU, Umweltgutachten 1987, BT-Drs. 11/1568, Tz. 411, 459 ff.; zu Vollzugs- u. Bewertungsdefiziten bei der Landschaftsplanung *Schomerus,* Defizite im Naturschutzrecht, S. 27 ff.; krit. auch BMU, UGB-KomE, S. 884 f.

[63] Demgegenüber sehen die landesrechtl. Regelungen z. T. zusätzl. den Erlaß von Grünordnungsplänen vor, vgl. § 9 Abs. 1 NatSchG BW, Art. 3 Abs. 3 BayNatSchG, § 8 Abs. 2 BlnNatSchG, § 7 BbgNatSchG, § 6 Abs. 2 HbmNatSchG, § 6 NdsNat-

I. Landschaftsprogramm

47 Im Landschaftsprogramm werden *für den Bereich eines Bundeslandes die überörtlichen Erfordernisse und Maßnahmen* zur Verwirklichung der Ziele des Naturschutzes und der Landschaftspflege dargestellt (§ 5 Abs. 1 S. 1 BNatSchG). Dabei sind die Ziele der Raumordnung zu beachten; die Grundsätze und sonstigen Erfordernisse der Raumordnung sind zu berücksichtigen.

48 Die nach § 5 Abs. 1 BNatSchG beabsichtigte Verwirklichung der Ziele des Naturschutzes und der Landschaftspflege durch das Landschaftsprogramm erfordert eine Bestandsaufnahme des Zustandes von Natur und Landschaft und eine Darstellung der Entwicklungsziele, d. h. des angestrebten Zustandes und der dazu notwendigen Maßnahmen.[64] Um den nachgeordneten Planungsebenen die nähere räumliche und sachliche Konkretisierung der Ziele und Maßnahmen zu ermöglichen, können die Festsetzungen des Landschaftsprogrammes jedoch nur großräumiger und grundsätzlicher Art sein.[65]

49 Zum zulässigen und notwendigen Inhalt des Landschaftsprogramms enthält das BNatSchG keine näheren Angaben.[66] In den Landesgesetzen ist zum Teil vorgesehen, daß Landschaftsprogramme, Aussagen zum Zustand von Natur und Landschaft und zur Raumnutzung enthalten, die Ziele und Grundsätze des Naturschutzes konkretisieren und Aussagen zu Schutzgebieten enthalten sollen.[67] Ferner soll nach einigen Landesvorschriften Aussagen über die organisatorischen, finanziellen und zeitlichen Erfordernisse und Auswirkungen getroffen werden.[68] In den aufgestellten Landschaftsprogrammen der Länder finden sich vor allem Aussagen zum Flächenschutz, etwa

- zum **Freiraum-** und **Freiflächenschutz** in Verdichtungsgebieten,
- über **Vorrangräume** für ökologisch bedeutsame Ressourcen oder für Schutz- und Erholungsgebiete oder für land- und forstwirtschaftliche Nutzungen[69]

oder Zielvorstellungen hinsichtlich der **Vermeidung einzelner Umweltbelastungen,** etwa

- von Bodenbelastungen durch Erosion, Nährstoffauswaschung und Schadstoffanreicherung,
- von Gewässerbelastungen,
- von der Bedrohung seltener Tiere und Pflanzen und schutzwürdiger Biotope
- und von der Beeinträchtigung des Landschaftsbildes etc.[70]

50 Gem. § 5 Abs. 2 BNatSchG sollen die raumbedeutsamen Erfordernisse und Maßnahmen der Landschaftsprogramme unter Abwägung mit den an-

---

SchG, § 9 SNG, § 7 Abs. 2 SächsNatSchG, § 7 Abs. 1 u. 2 NatSchG LSA, § 6 LNatSchG SH, § 5 ThürNatG; krit. zur dreistufigen Landesplanung BMU, UGB-KomE, S. 885 f.

[64] Vgl. *Lorz,* NaturschutzR, § 5 Anm. 4; *Book,* Bodenschutz, S. 19.

[65] Vgl. *Ebersbach,* Landverbrauch, S. 258; *Bernatzky/Böhm,* BundesnaturschutzR, § 5 Rn. 2.

[66] Krit. dazu BMU, UGB-KomE, S. 886.

[67] Vgl. § 3 Abs. 3 ThürNatG.

[68] Vgl. § 4 a Abs. 1 S. 2 LNatSchG SH, § 5 Abs. 2 NatSchG LSA, § 5 Abs. 2 SächsNatSchG.

[69] Z. B. Landesentwicklungsplan Nordrhein-Westfalen (LEP NW) v. 11. 5. 1995 (GV NW S. 532).

[70] Vgl. *Soell,* in: Salzwedel, Grundzüge des UmweltR, 1. Aufl., S. 514.

deren raumbedeutsamen Planungen und Maßnahmen nach Maßgabe der landesplanungsrechtlichen Vorschriften der Länder in die Raumordnungspläne aufgenommen werden.[71] Gem. § 7 Abs. 3 S. 1 ROG können fachplanerische Festsetzungen in Raumordnungsplänen getroffen werden, die zur Aufnahme in Raumordnungsplänen geeignet und nach Maßgabe von § 7 Abs. 7 ROG zur Koordinierung von Raumansprüchen erforderlich sind und die durch Ziele oder Grundsätze der Raumordnung gesichert werden können. Dadurch soll eine bessere Integration der Fachplanung in die Raumordnung erreicht werden. Überdies sollen Raumordnungspläne auch die Funktion von Landschaftsprogrammen und Landschaftsrahmenplänen übernehmen können (vgl. § 7 Abs. 3 S. 2 Nr. 1 2. HS ROG). Für die Integration der Landschaftsprogramme in die Raumordnungsplanung haben die Bundesländer verschiedene Formen gewählt.[72] Zum Teil werden die Landschaftsprogramme zunächst gesondert aufgestellt und danach durch einen besonderen Transformationsakt in die Raumordnungspläne übernommen.[73] Dieses Modell wird als **mittelbare** oder **Sekundärintegration** bezeichnet. Bei dieser mittelbaren Übernahme der Landschaftsprogramme in die Landesplanung wird die Integration teilweise vollständig, teilweise werden die Landschaftsprogramme jedoch nur „soweit erforderlich und geeignet" oder nur bezüglich ihrer raumbedeutsamen Aussagen vorgesehen. Demgegenüber wird in Bayern, Sachsen, Sachsen-Anhalt und Thüringen das Landschaftsprogramm unmittelbar als Teil des Landesentwicklungsprogramms aufgestellt.[74] Dabei handelt es sich um eine **unmittelbare** oder **Primärintegration**.[75]

II. Landschaftsrahmenpläne

Für Teile eines Bundeslandes werden die *überörtlichen* Erfordernisse und **51**
Maßnahmen zur Verwirklichung der Ziele des Naturschutzes und der Landschaftspflege in Landschaftsrahmenplänen dargestellt (§ 5 Abs. 1 BNatSchG). Landschaftsrahmenpläne sehen die Naturschutzgesetze aller Flächenstaaten vor. In den Stadtstaaten wurde entsprechend § 5 Abs. 3 BNatSchG auf die gesetzliche Einführung der Landschaftsrahmenplanung verzichtet. Für die inhaltliche Ausgestaltung der Landschaftsrahmenpläne sieht das BNatSchG – ähnlich wie auch bei den Landschaftsprogrammen – keine konkreten Maßgaben vor.[76] Die Landesnaturschutzgesetze schreiben z. T. vor, daß Landschaftsrahmenpläne „ausgeformte" Zielsetzungen und „Grundzüge" der überörtlichen Maßnahmen[77] enthalten; die Bundesländer Brandenburg,

---

[71] Durch das BauROG v. 18. 8. 1997 (BGBl. I S. 2081) war diese Verweisung irrtümlich nicht angepaßt worden.

[72] Vgl. *Book,* Bodenschutz, S. 110.

[73] Vgl. § 8 Abs. 1 NatSchG BW, § 5 BbgNatSchG, § 6 BremNatSchG, § 4 HambNatSchG, § 13 Abs. 2 NatSchG MV, § 4 NdsNatSchG, § 7 Abs. 3 SNG, § 5 NatSchG LSA, § 4 a LNatSchG SH.

[74] Vgl. Art. 3 Abs. 1 Nr. 1 BayNatSchG, § 5 Abs. 2 SächsNatSchG, § 5 Abs. 3 NatSchG LSA, § 4 Abs. 1 ThürNatG.

[75] Krit. zur Primärintegration *Book,* Bodenschutz, S. 110; ferner BMU, UGB-KomE, S. 884.

[76] Krit. auch BMU, UGB-KomE, S. 886.

[77] So z. B. § 7 Abs. 2 NatSchG BW.

Hessen, Niedersachsen, Mecklenburg-Vorpommern, Rheinland-Pfalz und Sachsen-Anhalt haben außerdem Kataloge der notwendigen Mindestinhalte von Landschaftsrahmenplänen aufgestellt.[78] Als untere Stufe der *überörtlichen* Landschaftsplanung sollen Landschaftsrahmenpläne die Darstellungen der Landschaftsprogramme näher ausformen und konkretisieren[79] und ihrerseits die örtliche Landschaftsplanung[80] und sonstige Maßnahmen des Naturschutzes steuern.[81] Erforderlich ist dazu die räumliche Darstellung von Bereichen, die für Schutzgebietsausweisungen nach den §§ 12ff. BNatSchG in Betracht kommen, einschließlich der erforderlichen Schutz-, Pflege- und Entwicklungsmaßnahmen, die Darstellung von sonstigen Bereichen, die von Bebauung möglichst freizuhalten sind, und nicht zuletzt von Bereichen, in denen Beeinträchtigungen oder Schäden an Natur und Landschaft zu beseitigen oder auszugleichen sind.[82]

52 Allerdings können Landschaftsrahmenpläne hinsichtlich der Durchsetzung ökologischer Vorranggebiete gegenüber konkurrierenden Nutzungen keine abschließenden Vorrangbestimmungen treffen, weil sie – anders als die integrierende Gesamtplanung – die gegenläufigen Raumnutzungsansprüche nicht umfassend berücksichtigen können. Abschließend entschieden wird daher über ökologische Vorranggebiete erst im Rahmen der Landesplanung.[83] Die Landschaftsrahmenpläne sind nur für die Naturschutzbehörden selbst verbindlich. Zu einer wesentlich gesteigerten Verbindlichkeit führt allerdings ihre Übernahme in die Regionalpläne. Als Ziele der Raumordnung im Sinne von § 3 Nr. 2 ROG können sie eine Anpassungspflicht für die gemeindliche Bauleitplanung gem. § 1 Abs. 4 BauGB und Bindungswirkung nach §§ 4, 5 ROG auslösen.

53 Da die Landschaftsrahmenpläne zur Integration in die Regionalplanung bestimmt sind (§ 5 Abs. 2 BNatSchG), können sie sich nicht auf allgemein gehaltene Präzisierung der Naturschutzziele und -grundsätze beschränken. Sie müssen vielmehr bereits räumlich konkrete und sachlich detaillierte Aussagen über Entwicklungsziele und Maßnahmen treffen, um – ggf. nach weiterer Abwägung im Regionalplanungsprozeß – hieraus raumordnerische Ziele nach §§ 3 Nr. 2, 4 ROG entwickeln zu können.[84]

54 Auch die Integration der Landschaftsrahmenpläne in die Regionalplanung erfolgt in den einzelnen Bundesländern unterschiedlich nach den Modellen der **unmittelbaren Primärintegration**, d.h. durch unmittelbare Aufstellung der Landschaftsrahmenpläne im Rahmen der Regionalplanung,[85] oder

---

[78] Vgl. § 4 Abs. 1 S. 2 BbgNatSchG, § 3 Abs. 2 HENatG, § 5 Abs. 2 NdsNatSchG, § 15 NatSchG MV, § 16 Abs. 2 LPflG RP, § 6 Abs. 2 NatSchG LSA.

[79] So § 7 Abs. 2 NatSchG BW, § 7 Abs. 2 SNG, § 6 Abs. 2 S. 1 SächsNatSchG, § 16 Abs. 1 LPflG RP.

[80] § 7 Abs. 2 S. 4 NatSchG BW, § 4 Abs. 1 S. 1 HENatG, § 16 Abs. 2 S. 2 LNatSchG SH.

[81] Dazu *Book,* Bodenschutz, S. 113.

[82] Vgl. z.B. § 3 Abs. 2 Nr. 1, 2, 3, 6 HENatG; § 6 Abs. 2 Nrn. 1–4 NatSchG LSA.

[83] Vgl. *Soell,* in: Salzwedel, Grundzüge des UmweltR, 1. Aufl., S. 517.

[84] Vgl. *Thurn,* Schutz natürlicher Gewässerfunktionen, S. 222; *Schulz,* in: Olschowy, Umweltschutz, S. 830.

[85] So z.B. Art. 3 Abs. 1 Nr. 2 BayNatSchG, § 14 Abs. 1 NatSchG MV, § 15 LG NW, § 16 Abs. 1 S. 1 LPflG RP, § 6 Abs. 1 SächsNatSchG.

im Wege der **mittelbaren Sekundärintegration**, wonach die Übernahme nach der eigenständigen Aufstellung des Landschaftsrahmenplanes durch einen besonderen Transformationsakt erfolgt. Bei der mittelbaren Teilintegration sind zudem Modelle zu unterscheiden, die eine volle Integration der Landschaftsrahmenpläne in die Regionalplanung verlangen[86] oder aber nur eine Teilintegration vorsehen.[87]

III. Landschaftspläne

55 Die *örtlichen* Erfordernisse und Maßnahmen zur Verwirklichung der Ziele und Grundsätze des Naturschutzes und der Landschaftspflege sind schließlich in den Landschaftsplänen näher darzustellen, sobald und soweit dies aus Gründen des Naturschutzes und der Landschaftspflege erforderlich ist (§ 6 Abs. 1 BNatSchG).[88] Die damit normierte *Planungspflicht* für die örtliche Landschaftsplanung unterscheidet diese von den höherstufigen überörtlichen Landschaftsrahmenplänen und Landschaftsprogrammen.

56 Gem. § 6 Abs. 2 BNatSchG soll der Landschaftsplan sowohl Darstellungen des vorhandenen Zustands von Natur und Landschaft sowie dessen Bewertung (Nr. 1) enthalten als auch Darstellungen des angestrebten Zustandes und der erforderlichen Maßnahmen, wobei insbesondere die allgemeinen Schutz-, Pflege- und Entwicklungsmaßnahmen (Nr. 2a), die Schutzausweisungen (Nr. 2b) und die Artenschutzmaßnahmen (Nr. 2c) erwähnt werden. Der Landschaftsplan ist deshalb ebenso wie das Landschaftsprogramm und die Landschaftsrahmenpläne in einen *Grundlagen-* und einen *Entwicklungsteil* zu gliedern.[89] Bei der Darstellung der örtlichen Erfordernisse zur Verwirklichung der Ziele und Grundsätze des Naturschutzes und der Landschaftspflege hat sich der Landschaftsplan an den Vorgaben des Landschaftsprogrammes und des Landschaftsrahmenplanes zu orientieren. Landschaftspläne sollen vor allem für Bereiche aufgestellt werden, die nachhaltigen Landschaftsveränderungen ausgesetzt sind, die als Erholungsgebiete dienen oder als solche vorgesehen sind, in denen Landschaftsschäden vorhanden oder zu befürchten sind, die an oberirdischen Gewässern oder aus Gründen der Wasserversorgung zu schützen und zu pflegen sind.[90]

57 Auch bei der Aufstellung von Landschaftsplänen sind gem. § 6 Abs. 3 S. 1 BNatSchG die Ziele der Raumordnung zu beachten; die Grundsätze und sonstigen Erfordernisse der Raumordnung sind zu berücksichtigen. Gem. § 6 Abs. 3 S. 2 BNatSchG soll außerdem bei der Aufstellung der Landschafts-

---

[86] So z.B. § 6 Abs. 6 BbgNatSchG, § 4 Abs. 1 HENatG, § 16 Abs. 2 LPflG RP.

[87] Dazu z.B. die §§ 7 Abs. 1, 8 Abs. 2 NatSchG BW, § 7 Abs. 6 S. 2 SNG, § 5 Abs. 3 LNatSchG SH.

[88] Es besteht kein einklagbarer Anspruch Dritter auf Aufstellung eines Landschaftsplans vgl. *OVG Saarlouis,* Urt. v. 15. 12. 1994 – 1 R 27/94 –, NVwZ-RR 1995, 319ff.; zum Landschaftsplan im NaturschutzR der Länder *Carlsen,* NuR 1985, 226ff.; *Deixler,* NuR 1985, 225f.; zur Landschaftsplanung in Nordrhein-Westfalen *Haustein,* der landkreis 1987, 253ff.

[89] *Book,* Bodenschutz, S. 116.

[90] Vgl. § 9 Abs. 1 NatSchG BW, Art. 3 Abs. 4 S. 2 BayNatSchG, § 8 Abs. 1 S. 2 BlnNatSchG, § 7 Abs. 4 BbgNatSchG, § 7 Abs. 1 S. 2 BremNatSchG, § 6 Abs. 1 S. 2 HambNatSchG, § 8 Abs. 3 SNG.

pläne auf ihre Verwertbarkeit für die Bauleitplanung Rücksicht genommen werden. Das BNatSchG setzt damit einen engen Zusammenhang von örtlicher Landschaftsplanung und Bauleitplanung voraus. Dem korrespondieren Vorschriften des Baugesetzbuchs, wonach die Belange des Naturschutzes und der Landschaftspflege bei der Bauleitplanung zu berücksichtigen sind.[91]

Beispiel: Gem. § 1 Abs. 5 S. 2 Nr. 7 BauGB sind bei der Aufstellung der Bauleitpläne gem. § 1a BauGB die Belange des Umweltschutzes, auch durch Nutzung erneuerbarer Energien, des Naturschutzes und der Landschaftspflege, insbesondere des Naturhaushalts, des Wassers, der Luft und des Bodens einschließlich seiner Rohstoffvorkommen, sowie das Klima zu berücksichtigen.

Beispiel: Gem. § 5 Abs. 2 Nr. 10 BauGB können im Flächennutzungsplan die Flächen für Maßnahmen zum Schutz, zur Pflege und zur Entwicklung von Boden, Natur und Landschaft dargestellt werden. Gem. § 9 Abs. 1 Nr. 20 BauGB können im Bauleitplan Maßnahmen zum Schutz, zur Pflege und zur Entwicklung von Boden, Natur und Landschaft festgesetzt werden.[92]

58 Die korrespondierenden Vorschriften des Naturschutzrechtes und des Bauplanungsrechts machen deutlich, daß eine wechselseitige Koordination von Landschaftsplanung und Bauleitplanung gefordert ist.[93] Das Verhältnis von Bauleitplanung zur Landschaftsplanung ist im übrigen schwierig.[94] Die Landesnaturschutzgesetze haben z. T. sehr unterschiedliche Regelungsmodelle entwickelt. Trotz der erheblichen Unterschiede im einzelnen lassen sich jedoch hinsichtlich des Verhältnisses der kommunalen Bauleitplanung zur örtlichen Landschaftsplanung drei unterschiedliche Ansätze in den Landesnaturschutzgesetzen erkennen. Zu unterscheiden sind

- eigenständige, nicht integrierte Landschaftspläne,
- zweistufige Landschaftspläne und
- unmittelbar vollintegrierte Landschaftspläne.[95]

1. Eigenständige, nicht integrierte Landschaftspläne

59 In den landesrechtlichen Vorschriften bestehen einerseits Regelungen, die dem Landschaftsplan eine eigene Rechtsverbindlichkeit als Rechtsverordnung oder Satzung einräumen. Das ist der Fall in Berlin, Bremen, Hamburg und Nordrhein-Westfalen.[96] In diesen Ländern wird eine eigenständige Landschaftsplanung durchgeführt, die nicht in die Bauleitplanung integriert ist. Die wohl konsequenteste Trennung von Landschaftsplanung und Bauleitplanung – sie wird z. T. auch als *Parallelplanung* bezeichnen –[97] sieht das

[91] Vgl. dazu bereits oben § 7 Rn. 74.

[92] Zur Bedeutung dieser Regelungen im BauGB für das rechtssystematische Verhältnis von Landschafts- u. Bauleitplanung *Erbguth,* NVwZ 1988, 289.

[93] Vgl. *Hoppe/Erbguth,* Landschaftsplanung, S. 446 (455); *Hofherr,* UPR 1987, 88.

[94] Dazu ausführl. *Hoppe/Erbguth,* Landschaftsplanung, S. 446ff.; *Pielow,* NuR 1986, 60ff.; *Stich,* ZfBR 1986, 61ff., 111ff.; *Stich/Porger/Steinebach,* Örtliche Landschaftsplanung und kommunale Bauleitplanung, S. 1ff.; *Stich,* UPR 1983, 177ff.; zum Verhältnis Landschafts- u. Bauleitplanung auch *Sening,* NuR 1988, 78ff.; *VGH Kassel,* Urt. v. 25. 1. 1988 – 3 N 13/83 –, HessStGZ 1988, 130.

[95] *Stich,* HdUR, Bd. 1, Sp. 1328 (1340f.) spricht demgegenüber von vorlaufende, mitlaufende u. integrierte Landschaftsplanung.

[96] § 10 BlnNatSchG, § 8 Abs. 3 BremNatSchG, § 7 Abs. 1 HambNatSchG, § 16 Abs. 2 S. 1 LG NW.

[97] Siehe *Hofherr,* UPR 1987, 88 (90).

Landschaftsgesetz von Nordrhein-Westfalen vor. Die von den Kreisen und kreisfreien Städten, d.h. den unteren Naturschutzbehörden aufzustellenden Landschaftspläne erfassen regelmäßig lediglich die Gebiete außerhalb der im Zusammenhang bebauten Ortsteile und des Geltungsbereichs der Bebauungspläne, d.h. den sog. Außenbereich.[98] Da nach § 9 Abs. 1 Nr. 20 BauGB Flächen für Maßnahmen zum Schutz, zur Pflege und zur Entwicklung von Natur und Landschaft festgesetzt werden können, müssen die Bundesländer mit einer nicht integrierten Landschaftsplanung ihr Naturschutzrecht ändern, wenn sie nicht die Parallelität zweier verschiedener Arten von „Landschaftsplänen" in Kauf nehmen wollen.[99]

2. *Zweistufige Landschaftsplanung*

Bei der zweistufigen Landschaftsplanung obliegt die Aufstellung von Landschaftsplänen den Gemeinden oder den sonstigen Trägern der Bauleitplanung. Diese Pläne erlangen jedoch außenverbindliche Rechtswirkungen erst dadurch, daß sie mit ihrem raumbezogenen und raumbedeutsamen Inhalt in die Bauleitpläne, insbesondere in die Bebauungspläne übernommen werden.[100] Dieses Planungsmodell, das auch als eine Form der Sekundärintegration bezeichnet wird, ist in den Bundesländern Brandenburg, Baden-Württemberg, Hessen, Niedersachsen, im Saarland, in Sachsen, Sachsen-Anhalt, Schleswig-Holstein und in Thüringen vorgesehen.[101] Die Integration der Landschaftsplanung in die Bauleitplanung verläuft dabei – wie auch bei der überörtlichen Landschaftsplanung – [102] in zwei Schritten. In einem ersten Schritt wird der Landschaftsplan als gemeindeinterner verbindlicher Fachplan aufgestellt.[103] Im zweiten Schritt erfolgt die Umsetzung des Landschaftsplanes in den Flächennutzungsplan und in die Bebauungspläne. Dazu ist ein besonderer Transformationsakt erforderlich, mit dem die Aussagen des Landschaftsplans entweder vollständig[104] in die Bauleitpläne aufgenommen werden oder nur insoweit, als sie dafür geeignet sind.[105] 60

3. *Unmittelbar vollintegrierte Landschaftsplanung*

Bei der unmittelbar vollintegrierten Landschaftsplanung schließlich wird auf eine eigenständige Landschaftsplanung zugunsten einer von Anfang an unmittelbar in die Bauleitplanung integrierten Landschaftsplanung verzichtet. Dieses Planungsmodell, für das sich die Bundesländer Bayern, Niedersachsen 61

---

[98] Vgl. § 16 Abs. 1 S. 1 LG NW; Landschaftspläne unterliegen nicht der Normenkontrollklage, *OVG Münster,* Beschl. v. 25. 8. 1994 – 10a D 179/92.NE –, ZfBR 1995, 51.

[99] Dazu *Löhr,* NVwZ 1987, 361 (363).

[100] *Stich/Porger/Steinebach,* Örtliche Landschaftsplanung und kommunale Bauleitplanung, S. 18.

[101] Vgl. § 7 Abs. 2 S. 1 BbgNatSchG, § 9 Abs. 1 NatSchG BW, § 4 Abs. 2 HENatG, § 8 Abs. 2 u.6 SNG, § 7 Abs. 1 SächsNatSchG, § 6 Abs. 1 NatSchG LSA, § 6 Abs. 4 S. 1 LNatSchG SH, § 5 Abs. 1 ThürNatG.

[102] Dazu oben § 18 Rn. 53ff.

[103] Dazu *Ebersbach,* Landverbrauch, S. 284f.; *Gerschlauer,* DVBl. 1979, 601 (609ff.).

[104] Vgl. § 4 Abs. 2 BNatSchG, § 6 Abs. 4 LNatschG SH.

[105] Vgl. § 9 Abs. 1 NatSchG BW; § 8 Abs. 6 SNG; zum ganzen *Ebersbach,* Landverbrauch, S. 285.

und Rheinland-Pfalz entschlossen haben, wird auch als ein Fall der Primärintegration bezeichnet.[106] Die Naturschutzgesetze dieser Länder bestimmen, daß Landschaftspläne als Bestandteil der Flächennutzungspläne und Grünordnungspläne als Bestandteile der Bebauungspläne aufzustellen sind.[107]

62 Die unmittelbare Vollintegration der Landschaftsplanung in die Bauleitplanung ist wiederholt kritisiert worden.[108] Die vollständige Integration der Landschaftsplanung in die städtebauliche Planung sei mit dem Baugesetzbuch nicht zu vereinbaren. § 9 Abs. 1 Nr. 20 BauGB a. F. enthalte die Subsidiaritätsklausel „soweit solche Festsetzungen nicht nach anderen Vorschriften getroffen werden können"; dies mache deutlich, daß der Bundesgesetzgeber von einer eigenständigen Landschaftsplanung ausgegangen sei.[109]

C. Schutz-, Pflege- und Entwicklungsmaßnahmen

63 Das Naturschutzrecht sieht Schutz-, Pflege- und Entwicklungsmaßnahmen vor, die entweder allgemein und ohne flächenmäßige Begrenzung oder aber nur für bestimmte Teile oder Bestandteile der Landschaft gelten. Die für sämtliche Flächen vorgesehenen allgemeinen Schutz-, Pflege- und Entwicklungsmaßnahmen sind im Dritten Abschnitt des BNatSchG (§§ 8 ff. BNatSchG) geregelt. Der Abschnitt enthält Bestimmungen über

- Eingriffe in Natur und Landschaft (§§ 8 f. BNatSchG),
- Duldungspflichten (§ 10 BNatSchG) und
- Pflegepflichten in Siedlungsbereichen (§ 11 BNatSchG).

I. Eingriffe in Natur und Landschaft

64 Neben den Vorschriften über die Landschaftsplanung zählt die Eingriffsregelung des § 8 BNatSchG und deren Integration in die kommunale Bauleitplanung durch § 8 a BNatSchG zu den wichtigsten Bestimmungen des Naturschutzrechtes.[110]

65 Die Eingriffsregelung ist seit ihrer Einführung durch das Investitionserleichterungs- und Wohnbaulandgesetz am 1. 4. 1993 grundlegend geändert worden. Anlaß dafür war das schwierige Verhältnis von Naturschutzrecht und Bauleitplanung.[111] So ist das Verhältnis von naturschutzrechtlicher Eingriffsregelung und Bauleitplanung zunächst in §§ 8 a bis c BNatSchG bestimmt worden. Durch das am 1. 1. 1998 in Kraft getrete-

---

[106] Vgl. *Stich/Porger/Steinebach,* Örtliche Landschaftsplanung und kommunale Bauleitplanung, S. 19.

[107] Vgl. Art. 3 Abs. 2 BayNatSchG, § 6 S. 1 NdsNatSchG, § 17 Abs. 1 LPflG RP.

[108] Vgl. *Gerschlauer,* DVBl. 1979, 601 (606); *Book,* Bodenschutz, S. 119; *Stich,* ZfBR 1986, 61 ff. u. 111 ff.; zul. BMU, UGB-KomE, S. 884.

[109] Vgl. *Erbguth,* NVwZ 1988, 289 ff.

[110] Ausführl. zur Eingriffsregelung *Ehrlein,* VBlBW 1990, 121 ff.; *Kuchler,* NuR 1991, 465 ff.; *Benzel,* UPR 1991, 297 ff.; *Schink,* DVBl. 1992, 1390; *Stollmann,* ZAU 1992, 220 ff.; *Kolodziejcok,* NuR 1992, 309 ff.; *Garbe,* ZUR 1997, 309 ff.; *Wolf,* ZUR 1998, 183 ff.; *Köppel/Feickert/Spandau/Straßer,* Praxis der Eingriffsregelung, S. 14 ff.; zur obergerichtl. RSpr. *Otto,* VR 1998, 401 ff.; zu aktuellen Fragen ferner *Gassner,* NuR 1999, 79 ff.

[111] Zur Entwicklung der Eingriffsregelung vgl. *Loibl,* ZUR 1997, 243 ff.; *Louis,* NuR 1998, 113.

ne Bau- und Raumordnungsgesetz ist es erneut geändert worden, indem die Regelung der Rechtsfolgenseite eines Eingriffs nunmehr in das Baugesetzbuch aufgenommen worden ist.

Der Kommissionsentwurf zum Umweltgesetzbuch hält im wesentlichen am Begriff des Eingriffs und dem Huckepackverfahren fest.[112] Allerdings soll in einer eigenen Zulässigkeitsstation über die Zulässigkeit des Eingriffs entschieden werden.[113] Im Hinblick auf eingriffsvorbereitende Pläne werden neben Bauleitplänen auch Regionalpläne in die Eingriffsregelung einbezogen.[114] Demgegenüber wird der Baurechtskompromiß nicht übernommen und damit die Rechtsfolgen eines Eingriffs nicht der bauleitplanerischen Abwägung unterstellt.[115] 66

§ 8 BNatSchG ist eine durch die Landesgesetzgebung auszufüllende Rahmenvorschrift. Die Legaldefinition des Eingriffs in Natur und Landschaft in § 8 Abs. 1 BNatSchG hat allerdings als grundlegende Begriffsbestimmung abschließenden Charakter.[116] 67

Die Eingriffsregelung beruht in erster Linie auf dem Verursacherprinzip;[117] sie richtet *Vermeidungs-, Ausgleichs- und Ersatzpflichten* an den Verursacher des Eingriffs in die Natur und Landschaft und dient damit sowohl der Kostenzurechnung als auch der Zuordnung der materiellen Verantwortlichkeit zum Verursacher;[118] mit ihren Vermeidungspflichten konkretisiert sie daneben das Vorsorgeprinzip.[119] 68

1. Anwendungsbereich der Eingriffsregelung

Ein Eingriff ist nicht jede Beeinträchtigung von Natur und Landschaft, sondern gem. § 8 Abs. 1 BNatSchG nur die Veränderungen der Gestalt oder der Nutzung von Grundflächen, die die Leistungsfähigkeit des Naturhaushaltes oder das Landschaftsbild[120] erheblich oder nachhaltig beeinträchtigen können.[121] Erforderlich ist ein gezielter und geplanter Eingriff des Menschen.[122] Mit der Gestalt von Grundflächen ist die äußere Erscheinungsform der Erdoberfläche gemeint.[123] Dazu zählen vor allem das prägende Landschaftsprofil, bestehend aus Bergen und Tälern, Gewässern und dem charak- 69

[112] §§ 260 Abs. 1, 263 Abs. 1 UGB-KomE, BMU, UGB-KomE, S. 206f., 903.

[113] Vgl. § 261 UGB-KomE, BMU, UGB-KomE, S. 207, 903, 907f.

[114] § 265 Abs. 1 UGB-KomE, BMU, UGB-KomE, S. 208, 904, 911.

[115] BMU, UGB-KomE, S. 911.

[116] *BVerwG,* Urt. v. 27. 9. 1990 – 4 C 44.87 –, BVerwGE 85, 348 (357); VGH *Mannheim,* Urt. v. 5. 2. 1992 – 3 S 3102/91 –, NVwZ 1992, 992 (993).

[117] Vgl. dazu bereits oben § 1 Rn. 81ff. u. 144ff.

[118] Dazu *Breuer,* NuR 1980, 89 (90ff.); auch *Soell,* in: Salzwedel, Grundzüge des UmweltR, 1. Aufl., S. 523; *Gassner,* NuR 1984, 81.

[119] Vgl. dazu bereits oben § 1 Rn. 78ff. u. 127ff.

[120] Vgl. dazu *OVG Münster,* Urt. v. 16. 1. 1997 – 7 A 310/95 –, NuR 1997, 410ff.

[121] Die im Rahmen der Eingriffsregelung anzustellenden Ermittlungen sind in dem Umfang durchzuführen, daß eine sachgerechte Planentscheidung möglich ist; eine vollständige Erfassung der Tier- u. Pflanzenarten ist regelmäßig nicht erforderl. *BVerwG,* Beschl. v. 12. 2. 1997 – HB 177/96 –, AgrarR 1997, 297; zu Bewertungsverfahren u. -methoden für Eingriffe vgl. *Bender/Sparwasser/Engel,* UmweltR, 3. Teil Rn. 161; *Eissing/Louis,* NuR 1996, 485ff.; ferner *OVG Lüneburg,* Urt. v. 21. 11. 1996 – 7 L 5352/95 –, NuR 1997, 301ff.; zur Hausentenhaltung als Eingriff *VGH München,* Urt. v. 21. 4. 1998 – 9 B 92 3454 –, NuR 1999, 153ff.

[122] *Gassner/Bendomir-Kahlo/Schmidt-Ränsch,* BNatSchG, § 8 Rn. 4.

[123] *Kolodziejcok/Recken,* Naturschutz, § 8 Rn. 3; *Gassner,* NuR 1984, 81 (83).

teristischen Bewuchs der Landschaft mit Wäldern, Wiesen und sonstigen Pflanzen.[124]

Beispiele: Eine Veränderung der **Gestalt** von Grundflächen kann sich vor allem ergeben aus Abgrabungen, Aufschüttungen, Ablagerungen von Abfall, Müll und Schutt, Errichtung von Freileitungen oder Seilbahnen, Bau von Stromleitungen[125] oder durch die Beseitigung oder das Anpflanzen von Hecken,[126] Bäumen und Gehölzen oder die Errichtung baulicher Anlagen in der freien Landschaft.[127]

70 Eine Änderung der **Nutzung** von Grundflächen tritt ein, wenn die Nutzungsart, die sich als durch die Verkehrsauffassung geprägte typische Nutzungsbündelung darstellt,[128] geändert wird.

Beispiele: Nutzungsänderungen sind etwa die Aufforstung von Dünen, die Verwandlung von Heideflächen in Grünland oder der Umbruch von extensiv bewirtschafteten landwirtschaftlichen Flächen, etwa von Streu- und Feuchtwiesen.[129]

71 Während die Überführung von Brachland in eine landwirtschaftliche Nutzung früher als Nutzungsänderung und damit als Eingriff angesehen wurde,[130] regelt § 8 Abs. 7 S. 3 BNatSchG dies heute anders. Danach gilt auch die Wiederaufnahme einer land-, forst- und fischereiwirtschaftlichen Bodennutzung, die aufgrund vertraglicher Vereinbarungen zeitweise eingeschränkt oder unterbrochen worden war, nicht als Eingriff in Natur und Landschaft.

72 Ganz überwiegend haben die Bundesländer von der Ermächtigung des § 8 Abs. 8 BNatSchG Gebrauch gemacht und in sog. Positiv- bzw. Negativlisten unwiderlegliche Vermutungen aufgestellt, welche konkreten Veränderungen der Gestalt oder Nutzung von Grundflächen als Eingriff in Natur und Landschaft anzusehen sind oder keine Eingriffe sein sollen.[131] Nicht als Eingriff in

---

[124] Keinen Eingriff stellt die Grundwasserförderung aus einem Tiefbrunnen dar vgl. *OVG Lüneburg,* 24. 6. 1996 – 3 L 4259 –, NdsVBl. 1996, 289; a. A. *Gassner,* NuR 1999, 378 (382f.).

[125] *OVG Saarlouis,* Urt. v. 16. 2. 1990 – 7 M 1/88 –, NuR 1992, 348 (349).

[126] *BVerwG,* Beschl. v. 26. 2. 1992 – 4 B 38/92 –, UPR 1992, 309.

[127] Weitere Beispiele bei *Lorz,* NaturschutzR, § 8 Anm. 3 m. w. N aus der RSpr.; *Schmidt,* NVwZ 1993, 539 (540); vgl. auch *Mache,* UmweltR, Rn. 75.

[128] Vgl. *Schmidt-Aßmann,* HdUR, Bd. 1, Sp. 451 (452).

[129] *Gassner,* NuR 1984, 81 (83); auch *VGH München,* Beschl. v. 9. 8. 1982 – Nr. 9 Cs 80 A 621 –, NuR 1982, 267; *VGH Mannheim,* Urt. v. 18. 9. 1980 – VII 1497/79 –, NuR 1981, 132; *OVG Koblenz,* Urt. v. 18. 9. 1986 – 8 H 77/84 –, NuR 87, 275ff. zum Eingriff durch Auffüllen eines Feuchtgrabens; *VGH Kassel,* Urt. v. 21. 8. 1997 – 6 UE 4842/96 –, NuR 1998, 271ff. zur Beseitigung von Mirabellenbäumen.

[130] Zur Frage, ob die Umwandlung von Brache in landwirtschaftl. genutzte Fläche einen Eingriff in Natur u. Landschaft darstellt, *Emig,* NuR 1988, 178ff.

[131] Vgl. § 10 Abs. 1 NatSchG BW, § 14 Abs. 1 BlnNatSchG, § 10 Abs. 2 BbgNatSchG, § 11 Abs. 1 BremNatSchG, § 9 Abs. 1 HambNatSchG, § 5 Abs. 2 HENatG, § 1 Abs. 1 NatSchG MV, § 4 Abs. 2 LG NW, § 4 Abs. 1 LPflG RP, § 10 Abs. 2 SNG, § 8 Abs. 2 SächsNatSchG, § 8 Abs. 1 NatSchG LSA, § 7 Abs. 2 LNatSchG SH, § 6 Abs. 2 ThürNatG; so stellen z. B. Hochwasserschutzmaßnahmen nach § 9 Abs. 1 Nr. 3 HambNatSchG keinen Eingriff in Natur u. Landschaft dar, vgl. *OVG Hamburg,* Beschl. v. 8. 3. 1996 – Bs 8/96 –, NuR 1997, 508ff.; gleiches gilt gem. § 9 Abs. 2 Nr. 2 HambNatSchG für den Ausbau von Kaianlagen, dazu *OVG Hamburg,* Beschl. v. 23. 9. 1996 – Bs III 68/96 –, NuR 1997, 453ff.; zu weiteren Beispielen *Gassner,* NuR 1984, 81 (82); *Soell,* in: Salzwedel, Grundzüge des UmweltR, 1. Aufl., S. 528f.; zu den Auswirkungen der landesrechtl. festgelegten Eingriffe am Beispiel des Transrapid vgl. *Ramsauer,* NuR 1997, 419ff.; so auch § 260 UGB-KomE, vgl. BMU, UGB-KomE, S. 206, 906.

Natur und Landschaft ist gem. § 8 Abs. 7 BNatSchG ebenfalls die land-, forst- und fischereiwirtschaftliche Bodennutzung anzusehen, soweit dabei die Ziele und Grundsätze des Naturschutzes und der Landschaftspflege berücksichtigt werden.[132] Der Wechsel von der landwirtschaftlichen zur fischereiwirtschaftlichen Nutzung einer Fläche durch Anlegung von Fischteichen dürfte auch nach der Neufassung des § 8 Abs. 7 BNatSchG nicht unter den Begriff der guten fachlichen Praxis bei der land- oder forstwirtschaflichen Bodennutzung fallen.[133]

Nach Ansicht des Umweltrates ist die Eingriffsdefinition des § 8 Abs. 1 BNatSchG **73** zu eng. Einbezogen werden müssen nach seiner Ansicht auch die durch stoffliche Einwirkungen vermittelten Eingriffe in Natur und Landschaft.[134] Außerdem läßt das BNatSchG den Ländern nach Ansicht des Rates einen zu weiten Freiraum für die Aufstellung von Negativ-Listen.[135]

2. *Rechtsfolgen eines Eingriffs nach § 8 BNatSchG*

Über die Zulassung von Eingriffen in Natur und Landschaft wird grund- **74** sätzlich nicht in einem eigenen naturschutzrechtlichen Verfahren, sondern zugleich mit einer – in anderen Rechtsvorschriften vorgesehenen – Bewilligung, einer Erlaubnis, einer Genehmigung, einem Planfeststellungsbeschluß etc. entschieden.[136] Im Rahmen der jeweils maßgebenden Zulassungsentscheidung stellt die Eingriffsregelung zusätzliche Rechtmäßigkeitsvoraussetzungen für das beabsichtigte Vorhaben auf.[137] Sie ergänzt die fachrechtlichen Zulassungstatbestände.[138] Die naturschutzrechtliche Eingriffsregelung hat deshalb konkrete Auswirkungen auf das gesamte raumbedeutsame Fachplanungs- und Genehmigungsrecht.[139]

Die Naturschutzbehörden sind bei den Genehmigungs- oder Planfeststel- **75** lungsverfahren, in denen über die Zulässigkeit des Eingriffs entschieden wird, zu beteiligen. Gem. § 8 Abs. 5 S. 1 BNatSchG werden diese Entscheidungen und Maßnahmen im Benehmen mit den Naturschutzbehörden getroffen, soweit nicht eine weitergehende Form der Beteiligung vorgeschrieben ist oder die Naturschutzbehörden selbst entscheiden. Allerdings ist das erforderliche „Benehmen" eine sehr schwache Form der Beteiligung, weil sie nur die Einholung einer Stellungnahme, bei Meinungsverschiedenheiten zwar außerdem den Versuch einer Verständigung verlangt, die Entscheidungs-

---

132 Zu den Landwirtschaftsklauseln i.ü. oben § 15 Rn. 26ff.

133 *BVerwG,* Beschl. v. 29. 11. 1985 – 4 B 213.85 –, NuR 1986, 251 zu § 8 Abs. 7 BNatSchG a.F.

134 Anders BMU, UGB-KomE, S. 903.

135 SRU, Umweltgutachten 1987, BT-Drs. 11/1568, Tz. 462ff.

136 Vgl. aber § 6 Abs. 4 LG NW; zum Umfang der Ermittlungspflicht vgl. *BVerwG,* Beschl. v. 12. 2. 1997 – 4 B 177/96 –, AgrarR 1997, 297 (298); vgl. dazu auch *Halama,* NuR 1998, 633ff.

137 *Paetow,* NuR 1986, 144 (146); zur Klagebefugnis eines Pächters, der im Rahmen einer fernstraßenrechtl. Planfeststellung für Ausgleichs- u. Ersatzmaßnahmen in Anspruch genommen wird, vgl. *BVerwG,* Urt. v. 1. 9. 1997 – 4 A 36.96 –, BVerwGE 105, 178ff.

138 *BVerwG,* Urt. v. 7. 3. 1997 – 4 C 10.96 –, ZUR 1997, 206 (207).

139 Zur verfahrensrechtl. Regelung vor allem *Gaentzsch,* NuR 1986, 89 (90f.), dort auch eingehend zur Anwendung der Eingriffsregelung in einzelnen naturschutzrelevanten Zulassungsverfahren.

kompetenz jedoch der jeweils zuständigen Fachbehörde allein überläßt.[140] Die Beteiligung der Naturschutzbehörden ist nicht erforderlich, wenn die Entscheidung über den Eingriff aufgrund eines Bebauungsplanes getroffen werden soll (§ 8 Abs. 5 S. 2 BNatSchG). Damit soll der Tatsache Rechnung getragen werden, daß die Naturschutzbehörden bei der Aufstellung des Bebauungsplanes als Träger öffentlicher Belange beteiligt waren und ihre Forderungen bereits angemessen berücksichtigt werden konnten.[141]

76 Die Rechtsfolgen des § 8 BNatSchG richten sich danach, ob der Eingriff vermeidbar ist und – soweit er nicht vermeidbar ist – ob er ausgeglichen werden kann oder nicht. In einem Stufenverhältnis sind vorgesehen

- Vermeidungspflichten,
- Ausgleichspflichten,
- Unterlassungspflichten,
- Ersatzpflichten.[142]

a) Verbot vermeidbarer Beeinträchtigungen

77 Nach § 8 Abs. 2 S. 1 1. HS BNatSchG ist der Verursacher eines Eingriffs zu verpflichten, vermeidbare Beeinträchtigungen zu unterlassen. Die Eingriffsregelung ist insoweit Ausdruck des Vorsorgeprinzips.[143] Zu unterlassen ist nicht der Eingriff selbst, sondern die mit ihm verbundenen vermeidbaren naturbeeinträchtigenden Eingriffsfolgen.[144] § 8 Abs. 2 S. 1 1. HS BNatSchG enthält jedoch keine strikte Anforderung, daß eine theoretisch mögliche Vermeidung stets Vorrang hat, sondern das Gebot, die Beeinträchtigungen im Rahmen des Vermeidbaren zu begrenzen.[145] Dabei kommt es nicht auf eine Vermeidbarkeit im naturwissenschaftlichen Sinne an. Vermeidbar in diesem Sinne wäre nämlich jede Beeinträchtigung zumindest durch ihre Unterlassung. Die Möglichkeit, ein die Natur und Landschaft beeinträchtigendes Vorhaben durchzuführen, soll jedoch durch § 8 Abs. 2 BNatSchG nicht grundsätzlich ausgeschlossen werden.[146] Entscheidend ist für die Vermeidbarkeit des Eingriffs vielmehr, ob es für die Verwirklichung des Vorhabens keine umweltschonendere Alternative mit geringeren Beeinträchtigungen für Natur und Landschaft gibt.[147] Diese Alternative kann durchaus kostspielig sein, wobei die Grenze des Zumutbaren durch das Verhältnismäßigkeitsprinzip bestimmt wird.[148] Die subjektive Leistungsfä-

[140] *Schmidt-Aßmann,* HdUR, Bd. 1, Sp. 451 (456); § 263 Abs. 2 UGB-KomE sieht für den Regelfall ein Einvernehmen vor, BMU, UGB-KomE, S. 206, 904, 909f.

[141] *Bernatzky/Böhm,* BundesnaturschutzR, § 8 Rn. 11.

[142] §§ 261, 262 UGB-KomE sehen ein geändertes System der Eingriffsfolgen vor; danach ist zunächst über die Zulässigkeit des Eingriffs zu entscheiden, nur bei einem zulässigen Eingriff ist über Ausgleichs- u. Ersatzmaßnahmen zu entscheiden, BMU, UGB-KomE, S. 207, 908.

[143] *Schmidt-Aßmann,* HdUR, Bd. 1, Sp. 451 (454); vgl. zum Vorsorgeprinzip oben § 1 Rn. 78ff. u. 127ff.

[144] *BVerwG,* Urt. v. 27. 9. 1990 – 4 C 44.87 –, NuR 1991, 124 (127); *dass.,* Urt. v. 7. 3. 1997 – 4 C 10.96 –, ZUR 1997, 206 (207).

[145] *BVerwG,* Urt. v. 21. 3. 1996 – 4 C 19/94 –, BVerwGE 100, 370 (381).

[146] Vgl. *Gaentzsch,* NuR 1986, 89 (91); *Ronellenfitsch,* VerwArch 1986, 177 (181); *Gassner,* NuR 1984, 81 (84); *VGH Kassel,* Beschl. v. 11. 7. 1988 – 2 TH 740/88 –, NVwZ 1988, 1040 (1044).

[147] *Kolodziejcok/Recken,* Naturschutz, § 8 Rn. 18.

[148] Vgl. *Pohl,* HdbUR, B.7 Rn. 31.

higkeit des Vorhabenträgers spielt nach Auffassung des *BVerwG* dabei keine Rolle.[149]

78 Im Rechtssystem der Fachplanung wird man die Verpflichtung des Eingriffsverursachers, vermeidbare Beeinträchtigungen von Natur und Landschaft zu unterlassen, als zwingenden, d.h. strikte Beachtung verlangenden – durch Abwägung nicht überwindbaren – Planungsleitsatz ansehen müssen, wobei allerdings die Zulässigkeit des Vorhabens selbst und der Standort des Eingriffs als unvermeidbar gelten.[150] Auch nach der Rechtsprechung des *BVerwG* unterliegt in der Planfeststellung das Vermeidungsgebot nicht der planerischen Abwägung, sondern ist striktes Recht im Sinne eines Planungsleitsatzes.[151]

b) Gebot zum Ausgleich unvermeidbarer Beeinträchtigungen

79 Gem. § 8 Abs. 2 S. 1 BNatSchG hat der Verursacher unvermeidbare Beeinträchtigungen durch Schutzmaßnahmen innerhalb einer bestimmten Frist auszugleichen, soweit es zur Verwirklichung der Ziele des Gesetzes erforderlich ist. Gem. § 8 Abs. 2 S. 4 BNatSchG ist ein Eingriff ausgeglichen, wenn nach seiner Beendigung keine erhebliche oder nachhaltige Beeinträchtigung des Naturhaushalts zurückbleibt und das Landschaftsbild landschaftsgerecht wiederhergestellt oder neu gestaltet ist.[152] Nach h.M. muß der Ausgleich nicht unbedingt am Ort des Eingriffs selbst erfolgen;[153] jedoch muß ein räumlich-funktioneller Zusammenhang zwischen Ausgleich und Eingriff gewahrt bleiben.[154] Soweit eine Ausgleichsmaßnahme bei industriellen Vorhaben auf dem Betriebsgelände nicht möglich ist, kann der Unternehmer verpflichtet werden, an anderer Stelle ein Grundstück zu erwerben und dies in einem bestimmten Zustand zu erhalten (Brachland, Streuobstwiese etc.).[155] Dies gilt freilich nur, wenn die Wiederherstellung des früheren Zustandes am Eingriffsort nicht oder nur unter unverhältnismäßigem Aufwand möglich ist. Als ausgeglichen ist der Eingriff gem. § 8 Abs. 2 S. 4 BNatSchG anzusehen, wenn nach seiner Beendigung keine erhebliche oder nachhaltige Beeinträchtigung des Naturhaushaltes zurückbleibt und das Landschaftsbild landschaftsgerecht wiederhergestellt oder neu gestaltet ist. Die Wiederherstellung eines leistungsfähigen Naturhaushalts genießt Vorrang vor der Wiederherstellung des Landschaftsbildes.[156]

---

[149] *BVerwG,* Beschl. v. 30. 10. 1992 – 4 A 4.92 –, NVwZ 1993, 565 (569); zum Vollzug des Vermeidungsgebots ausführl. *Lambrecht,* ZAU 1998, 167ff.

[150] *Paetow,* NuR 1986, 144 (147); a.A. *VGH Kassel,* Beschl. v. 11. 7. 1988 – 2 TH 740/85 –, NVwZ 1988, 1040 (1044).

[151] *BVerwG,* Beschl. v. 30. 10. 1992 – 4 A 4/92 –, NVwZ 1993, 565ff.; *Berkemann,* NuR 1993, 97 (100); *Schink,* DVBl. 1992, 1390ff.; vgl. zur planerischen Abwägung grundl. bereits oben § 7 Rn. 8ff.

[152] Ausführl. *Pohl,* HdbUR, B.7 Rn. 32ff.

[153] *BVerwG,* Beschl. v. 30. 10. 1992 – 4 A 4.92 –, NVwZ 1993, 565 (569).

[154] *Book,* Bodenschutz, S. 166; *Ronellenfitsch,* VerwArch 1986, 177 (182); *Breuer,* in: v. Münch, BesVwR, 5. Abschn. Rn. 122 m.w.N.; *Schroeter,* DVBl. 1979, 17.

[155] Vgl. dazu *Mache,* UmweltR, Rn. 76.

[156] Vgl. *BVerwG,* Urt. v. 27. 9. 1990 – 4 C 44/87 –, BVerwGE 85, 348 (362); *OVG Hamburg,* Urt. v. 19. 5. 1992 – Bf VI 22/88 –, NVwZ-RR 1993, 8 (9f.); a.A. wohl *OVG Koblenz,* Urt. v. 2. 10. 1980 – 1 A 144/78 –, NuR 1981, 29 (30); vgl. auch *Pohl,* HdbUR, B.7 Rn. 34.

Schmidt-Eichstaedt, DVBl 94, 1165; Schink/Kirchberg, DVBl 02, 23
(Kompensationsfläche Dachbiotope)

Beispiel: Auf einem bereits abgebauten Bereich eines oberirdischen Bergbaugeländes hat sich von selbst ein intaktes Biotop in Form eines oberirdischen Baggersees gebildet. Dieser bestehende leistungsfähige Naturhaushalt darf nicht zerstört werden, um im Interesse des Landschaftsbildes das Geländeprofil zu verändern und anschließend ein neues Biotop zu errichten.

80 Wird der Eingriff in Natur und Landschaft aufgrund eines nach öffentlichem Recht vorgesehenen Fachplanes vorgenommen, so hat der Planungsträger gem. § 8 Abs. 4 BNatSchG die zum Ausgleich dieses Eingriffs erforderlichen Maßnahmen im einzelnen im Fachplan selbst oder aber in einem landschaftspflegerischen Begleitplan in Text und Karte darzustellen; der Begleitplan ist dabei Bestandteil des Fachplanes.[157] Nicht notwendig ist ein Ausgleichsplan in der Regel, wenn nur Baumaßnahmen auf einem schon befestigten Werksgelände oder nur eine Gebäudeerweiterung erfolgen.[158]

c) Untersagung unvermeidbarer und nicht ausgleichbarer Eingriffe

81 Gem. § 8 Abs. 3 BNatSchG ist der Eingriff zu untersagen, wenn die Beeinträchtigungen nicht zu vermeiden oder nicht im erforderlichen Maße auszugleichen sind *und* die Belange des Naturschutzes und der Landschaftspflege bei der Abwägung aller Anforderungen an Natur und Landschaft im Range vorgehen.[159] Diese Entscheidung erfordert eine eigenständige Abwägung, die vom Prinzip der Minimierung der Eingriffe geleitet wird und mit der Abwägung des vorhabenspezifischen Planfeststellungsverfahrens nicht identisch ist.[160] Bei dieser Abwägung steht der Behörde ein nur eingeschränkt gerichtlich überprüfbarer Gestaltungsfreiraum zu.[161] Erfolgt die Prüfung der Eingriffsregelung im Rahmen einer gebundenen Genehmigungsentscheidung, dann dienen die in § 8 Abs. 2 BNatSchG aufgestellten Voraussetzungen zur Konkretisierung der in den Genehmigungsvoraussetzungen geregelten unbestimmten Rechtsbegriffe, etwa der Allgemeinwohlverträglichkeit des Vorhabens.[162]

82 Umstritten ist, ob die Abwägung aller Anforderungen an Natur und Landschaft nur öffentliche Belange i. S. d. Naturschutzrechts oder auch private Belange, insbesondere Eigentümerinteressen erfaßt.[163] Gegen die Erstreckung der Abwägung auf private Belange spricht, daß die Abwägungsklausel im Gegensatz zum baurechtlichen Abwägungsgebot nach § 1 Abs. 6 BauGB die privaten Belange unerwähnt läßt. Zutreffender dürfte es jedoch sein, § 8 Abs. 3 BNatSchG als ein Abwägungsgebot anzusehen, das

---

[157] Ausführl. zum landschaftspflegerischen Begleitplan nach § 8 Abs. 4 BNatSchG *Kuschnerus,* DVBl. 1986, 75 ff.

[158] *Mache,* UmweltR, Rn. 78.

[159] Anders § 261 Abs. 1 S. 1 UGB-KomE, wonach ein Eingriff unzulässig ist, vgl. BMU, UGB-KomE, S. 207, 907 f.; zum Ökokonto als Instrument der Durchführung der Eingriffsregelung vgl. *Britz,* UPR 1999, 205 ff.

[160] *BVerwG,* Urt. v. 27. 9. 1990 – 4 C 44/87 –, BVerwGE 85, 348 (362); a. A. *Ramsauer,* NuR 1997, 419 (422); *Wolf,* ZUR 1998, 183 (189); zum Abwägungsgebot vgl. auch *Fisahn,* ZUR 1996, 180 (181 ff.).

[161] *Paetow,* NuR 1986, 144 (147); *Ronellenfitsch,* VerwArch 1986, 177 (191 f.); *Book,* Bodenschutz, S. 167.

[162] *Schmidt-Aßmann,* HdUR, Bd. 1, Sp. 451 f. (455 f.).

[163] Für einen Ausschluß privater Belange *VGH München,* Urt. v. 12. 3. 1991 – 8 B 89 2169 –, UPR 1992, 29 ff.; *Czybulka,* VBlBW 1991, 95; *Paetow,* NuR 1986, 144 (147); a. A. *Dürr,* BauR 1994, 460 (463); *Kolodziejcok/Recken,* Naturschutz, § 8 Rn. 22; *Kuchler,* NuR 1991, 465 (470); *Schink,* DVBl. 1992, 1390 (1400).

entsprechend dem rechtsstaatlichen Abwägungsgebot eine umfassende Abwägung aller Belange, nicht nur der öffentlichen Interessen gebietet.[164]

Das BNatSchG sieht eine Unterlassungs- bzw. Ausgleichspflicht bei nichtgestat- **83** tungspflichtigen Eingriffen in § 8 Abs. 2 S. 2 BNatSchG nicht vor. Gleichwohl dürften diese aufgrund landesrechtlicher Regelungen[165] wegen § 8 Abs. 9 BNatSchG zulässig sind, der den Ländern ausdrücklich weitergehende Regelungen freistellt.

d) Pflicht zur Vornahme von Ersatzmaßnahmen

Können die Eingriffe in Natur und Landschaft nicht ausgeglichen werden **84** und setzen sich die für das eingreifende Vorhaben sprechenden Belange gegenüber den Belangen des Naturschutzes und der Landschaftspflege im Rahmen der Abwägung durch, dann können Ersatzmaßnahmen des Verursachers zur Kompensation des nicht ausgleichbaren Eingriffs verlangt werden.[166] Die Länder können entsprechende Vorschriften über Ersatzmaßnahmen der Verursacher bei nicht ausgleichbaren, aber vorrangigen Eingriffen erlassen (§ 8 Abs. 9 BNatSchG). Dies ist nahezu in allen Ländern geschehen.[167] Die Abgrenzung von Ausgleichs- und Ersatzmaßnahmen ist schwierig. Ersatzmaßnahmen sind nur als anderweitige, subsidiäre Kompensation der eingriffsbedingten Beeinträchtigungen zulässig.[168] Anders als Ausgleichsmaßnahmen müssen Ersatzmaßnahmen keinen *gleichartigen*, sondern nur einen *gleichwertigen* Zustand schaffen.[169] Ziel ist es, daß zumindest die ökologische Gesamtbilanz ausgeglichen wird.[170] Deshalb scheiden für Ersatzmaßnahmen Flächen aus, die für den Naturschutz bereits wertvoll sind wie z. B. Biotope.[171] Der Ort der Ersatzmaßnahme muß nicht mehr in einem unmittelbaren Zusammenhang mit dem Ort stehen, an dem der Eingriff stattfindet.[172] Zu solchen Ausgleichsmaßnahmen zählt etwa die Schaffung eines Ökosystems in der weiteren Umgebung, das mit dem beeinträchtigten Ökosystem vergleichbar ist.[173]

---

[164] *BVerwG,* Urt. v. 18. 9. 1990 – 7 C 3/90 –, NVwZ 1991, 362 (364); *Bender/Sparwasser/Engel,* UmweltR, 3. Teil Rn. 129 m. w. N.

[165] So Art. 6 a Abs. 5 BayNatSchG, § 6 Abs. 11 HENatG.

[166] Zur Finanzierung von Ausgleichs- u. Ersatzmaßnahmen über städtebaul. Verträge vgl. *Schmidt-Eichstaedt,* DÖV 1995, 95 ff.

[167] So § 11 Abs. 4 NatSchG BW, Art. 6 a Abs. 3 BayNatSchG, § 14 Abs. 5 S. 3, 4 BlnNatSchG, § 14 BbgNatSchG, § 11 Abs. 5 Nr. 1, Abs. 6 BremNatSchG, § 9 Abs. 6 S. 1, 2 HambNatSchG, § 6 b Abs. 3 HENatG, § 1 Abs. 3 NatSchG MV, § 12 Abs. 1 NdsNatSchG, § 5 Abs. 1 S. 1 LG NW, § 5 Abs. 3 LPflG RP, § 11 Abs. 3 SNG, § 9 Abs. 3 SächsNatSchG, § 13 NatSchG LSA, § 8 Abs. 3 LNatSchG SH, § 7 Abs. 5 ThürNatG.

[168] *Kolodziejcok/Recken,* Naturschutz, § 8 Rn. 41 ff.; *Breuer,* NuR 1980, 95 ff.

[169] *Soell,* in: Salzwedel, Grundzüge des UmweltR, 1. Aufl., S. 530; *Schink,* DVBl. 1992, 1390 (1401).

[170] *Breuer,* NuR 1980, 89 (96).

[171] Vgl. dazu *BVerwG,* Urt. v. 23. 8. 1996 – 4 A 29.95 –, NuR 1997, 87 (89); zur Aufwertungsfähigkeit von Flächen auch *BVerwG,* Gerichtsbescheid v. 10. 9. 1998 – 4 A 35.97 –, BauR 1999, 484 ff.; *dass.,* Urt. v. 28. 1. 1999 – 4 A 18/98 –, BauR 1999, 891 ff.

[172] *Wolf,* ZUR 1998, 183 (190).

[173] *Schmidt-Aßmann,* HdUR, Bd. 1, Sp. 451 (455); *Lorz,* NaturschutzR, § 8 Anm. 10 b, aa.; zu Ersatzmaßnahmen bei abschnittsweiser Planfeststellung *BVerwG,* Beschl. v. 30. 8. 1994 – 4 B 105/94 –, NVwZ-RR 1995, 322; zur Enteignung von Ersatzmaßnahmeflächen vgl. *BVerwG,* Beschl. v. 13. 3. 1995 – 11 VR 4.95 –, NuR 1995, 248 ff.

Schmidt-Eichstaedt, DVBl 94, 1165

85 Verschiedene Landesgesetze sehen außerdem die Erstattung von Kosten vor. Zum Teil werden die Kosten für die Durchführung der Ersatzmaßnahme durch die Naturschutzbehörden erhoben, wenn der Verursacher des Eingriffs rechtlich oder tatsächlich nicht in der Lage ist, die Ersatzmaßnahmen durchzuführen.[174] Zum Teil werden sog. Ausgleichsabgaben[175] erhoben, wenn Ausgleichsmaßnahmen in Natur oder in Form von Ersatzmaßnahmen an anderer Stelle nicht durchführbar sind.[176]

86 Die aus den Ausgleichszahlungen stammenden Einnahmen sind nach allen landesrechtlichen Regelungen zweckgebunden. Kann eine Ausgleichszahlung anstelle einer möglichen Ersatzmaßnahme erhoben werden, so ist diese zudem an die Durchführung von Ersatzmaßnahmen durch den Staat gebunden.[177]

87 Hinsichtlich der Bemessung der Ausgleichszahlungen ist in einem Teil der landesrechtlichen Regelungen vorgesehen, daß nur die Kosten der Ersatzvornahme bzw. die Vermeidungskosten zu entrichten sind;[178] zum Teil sehen die landesrechtlichen Regelungen vor, daß Dauer und Schwere des Eingriffs, wirtschaftliche Zumutbarkeit sowie Wert und Vorteil des Eingriffs für den Verursacher zu berücksichtigen sind.[179] Problematisch ist die Rechtsnatur der einzelnen Geldleistungspflichten, von der letztlich die Regelungskompetenz der Länder abhängt. Für eine Naturschutzsteuer fehlt den Ländern die Steuergesetzgebungshoheit. Ob es sich um eine zulässige Sonderabgabe i. S. d. finanzverfassungsrechtlichen Kategorienbildung des *BVerwG*, eine Gebühr oder einen Erstattungsanspruch handelt, hängt vom jeweiligen Inhalt der Zahlungspflicht ab.[180]

e) Pflicht zur Prüfung der Umweltverträglichkeit

88 Wird der Eingriff durch ein UVP-pflichtiges Vorhaben ausgelöst, müssen die Anforderungen an die Zulassung dem Gesetz über die Umweltverträglichkeitsprüfung entsprechen (§ 8 Abs. 10 BNatSchG).[181]

---

174 Art. 6 Abs. 3 S. 2 BayNatSchG, § 11 Abs. 7 BremNatSchG, § 6b Abs. 1, 4 S. 1 HENatG, § 12 Abs. 2 NdsNatSchG, § 5 Abs. 3a LG NW.

175 Dazu *BVerwG*, Urt. v. 4. 7. 1986 – 4 C 50/83 –, BVerwGE 74, 308 (313 f.); *dass.*, Urt. v. 20. 1. 1989 – 4 C 15/87 –, BVerwGE 81, 220 (221 ff.); ausführl. zu den Ausgleichsabgaben *Gassner*, NuR 1985, 180 ff.; *BVerwG*, Urt. v. 4. 7. 1986 – 4 C 50.83 –, DVBl. 1986, 1009; *Meßerschmidt*, DVBl. 1987, 925 ff.; *Breuer*, NuR 1980, 89 (96 ff.); nach *VGH Mannheim*, Urt. v. 2. 2. 1987 – 5 S 2545/86 –, UPR 1987, 443 f. kann auch dem Bund eine Ausgleichsabgabe auferlegt werden; zur Methodik einer naturschutzrechtlichen Ausgleichsabgabe *Marticke*, NuR 1996, 387 ff.; zu den Ausgleichsabgaben siehe oben § 9 Rn. 14 u. 20.

176 So § 11 Abs. 3 S. 4, Abs. 5 NatSchG BW, § 14 Abs. 6 S. 1 BlnNatSchG, § 15 Abs. 1 BbgNatSchG, § 9 Abs. 6 HambNatSchG, § 1 Abs. 3 S. 2 NatSchG MV, § 5 Abs. 3, 5a LPflG RP, § 11 Abs. 4 SNG, § 9 Abs. 4 SächsNatSchG, § 13a Abs. 1 NatSchG LSA, § 8 Abs. 3, 8b LNatSchG SH, § 7 Abs. 5, 6 S. 1 ThürNatG.

177 Vgl. § 6 Abs. 3 HENatG, § 5 Abs. 1 S. 3 LG NW.

178 Vgl. § 11 Abs. 8 Nr. 2 BremNatSchG, § 9 Abs. 7 S. 2 HmbNatSchG, § 6 Abs. 3 HENatG, § 5 Abs. 1 S. 4 LG NW, § 8 Abs. 4 S. 1 NatSchG SH.

179 Vgl. § 14 Abs. 7 S. 3 BlnNatSchG, § 11 Abs. 6 NatSchG BW, § 5a LPflG RP; § 11 Abs. 5 SNG.

180 Vgl. dazu *Kloepfer*, UmweltR, § 11 Rn. 48 ff.

181 Vgl. zur UVP näher oben § 8 Rn. 64 ff.

3. Auswirkungen auf das Baurecht nach § 8a BNatSchG

89 Die Eingriffsregelung des Naturschutzrechts wirkt sich ebenfalls auf die bauliche Inanspruchnahme von Flächen im Gemeindegebiet aus.[182]

90 Ursprünglich war umstritten, inwieweit und auf welcher Ebene die naturschutzrechtliche Eingriffsregelung im Baurecht Berücksichtigung finden sollte.[183] Unklar war vor allem, ob die Eingriffsregelung bereits auf der Ebene der Bauleitplanung oder erst im Baugenehmigungsverfahren zu berücksichtigen sei. Das Verhältnis von Naturschutz und Baurecht ist durch die Einführung der §§ 8a bis c BNatSchG durch das Investitionserleichterungs- und Wohnbaulandgesetz neu geregelt worden.[184]

91 Sind auf Grund der Aufstellung, Änderung, Ergänzung oder Aufhebung von Bauleitplänen oder von Satzungen nach § 34 Abs. 4 S. 1 Nr. 3 BauGB Eingriffe in Natur und Landschaft zu erwarten, so ist gem. § 8a Abs. 1 BNatSchG über die Vermeidung, den Ausgleich oder den Ersatz nach den Vorschriften des BauGB zu entscheiden.[185] Soweit die Realisierung von Vorhaben durch die Bauleitplanung vorbereitet wird, sind die nunmehr durch das Bau- und Raumordnungsgesetz neu gefaßten §§ 1a Abs. 2, 5 Abs. 2a, 9 Abs. 2a BauGB maßgeblich.[186] Das BNatSchG stellt damit klar, daß die Belange des Naturschutzes und der Landschaft im Rahmen der Bauleitplanung zum Tragen kommen und nicht im einzelnen Baugenehmigungsverfahren. Innerhalb der bauleitplanerischen Abwägung nach § 1a BauGB ist mithin über Vermeidungsgebote und über Ausgleichs- und Ersatzmaßnahmen zu entscheiden.

92 Gem. § 8a Abs. 2 S. 1 1. HS. BNatSchG sind auf Vorhaben in Gebieten mit Bebauungsplänen nach § 30 BauGB, während der Planaufstellung nach § 33 BauGB und im Innenbereich nach § 34 BauGB die Vorschriften der Eingriffsregelung nicht anzuwenden. Gem. § 8a Abs. 2 S. 2 BNatSchG verbleibt es bei der Anwendung der Eingriffsregelung nach § 8 BNatSchG im unbeplanten Außenbereich (§ 35 BauGB) sowie für Bebauungspläne, die eine Planfeststellung ersetzen.

93 Soweit durch die Bauleitplanung Eingriffe in Natur und Landschaft vorbereitet werden, richten sich die Rechtsfolgen des Eingriffs mithin nicht nach § 8 BNatSchG, sondern nach baurechtlichen Vorschriften.[187] Dies wird in der Literatur als Baurechtskompromiß bezeichnet.[188] So sieht § 1a Abs. 2 Nr. 2 BauGB für die bauleitplanerische Abwägung vor, daß in der Abwägung nach § 1 Abs. 6 BauGB auch die Vermeidung und der Ausgleich der

---

182 Zur naturschutzrechtl. Eingriffsregelung u. StädtebauR vgl. *Krautzberger,* NuR 1998, 455 (457ff.); zu standardisierten Verfahren zur Bewertung von Eingriffen u. Bauleitplanung *OVG Münster,* Urt. v. 5. 12. 1996 – 7a D 23/95 –, BauR 1997, 607.

183 *Bernatzky/Böhm,* BundesnaturschutzR, § 8a Rn. 1ff.; *Dürr,* NVwZ 1992, 833ff.; *Felder,* NuR 1994, 53ff.; *Gassner,* NuR 1993, 252ff.; *Louis,* ZUR 1993, 146ff.; *Runkel,* UPR 1993, 203ff.

184 *Uechtritz,* NVwZ 1997, 1182ff.; zu Defiziten in der Praxis vgl. *Schink,* ZUR 1993, 1 (3); *Eberhard,* ZAU 1993, 105 (110).

185 Zum Verhältnis von § 8a BNatschG zu § 38 BauGB vgl. *Peine,* NuR 1996, 1ff.; § 261 Abs. 1 S. 1 UGB-KomE verweist insofern nicht auf das BauR, sondern auf §§ 261, 262 UGB-KomE, die die Eingriffsfolgen für das FachplanungsR u. damit auch für das BauR regeln, BMU, UGB-KomE, S. 911.

186 *Wolf,* ZUR 1998, 183 (188).

187 Krit. dazu *Fuchs,* NuR 1997, 338ff.; *Schmidt,* NuR 1998, 360; auch BMU, UGB-KomE, S. 900.

188 Vgl. *Kratsch,* NuR 1997, 94 (95).

zu erwartenden Eingriffe in Natur und Landschaft (Eingriffsregelung nach dem BNatSchG) zu berücksichtigen sind. Die Eingriffsregelung ist damit nicht dem Verfahren der Bauleitplanung aufgesattelt, sondern in dieses verfahrensmäßig und inhaltlich integriert.[189] Im Gegensatz zum Fachplanungsrecht ist die Eingriffsregelung mithin nicht strikt zu beachten, sondern ist Gegenstand der Abwägung.[190] Dabei sieht die Rechtsprechung des *BVerwG* zur alten Fassung in der Pflicht zur Vermeidung und zum Ersatz von Eingriffen in Natur und Landschaft keinen Planungsleitsatz und kein Optimierungsgebot;[191] es stellt vielmehr das Regelungsprogramm zur Abwägung der Gemeinde.[192] Der Vermeidungs- und Ausgleichspflicht kommt in der Abwägung ein besonderes Gewicht zu, so daß die Gemeinde eine erhöhte Begründungspflicht in bezug auf Art und Umfang der Ausweisung von Bauflächen trifft.[193] Folglich stellt § 8a BNatSchG hohe Anforderungen an die Ermittlung und Gewichtung der Belange von Naturschutz und Landschaftspflege, indem er der Gemeinde ein naturschutzrechtlich ausgerichtetes Modell der Konfliktbewältigung vorgibt.[194]

94 Inwiefern die Rechtsfolgen des § 8 BNatSchG daneben eigenständige Bedeutung behalten, ist fragliche. Der Baurechtskompromiß gilt nach dem Wortlaut des § 1a Abs. 2 Nr. 2 BauGB für die Vermeidung und den Ausgleich, nicht aber für unvermeidbare, aber nicht ausgleichbare Eingriffe in die Belange von Natur und Landschaft. Dieser Aspekt geht in der allgemeinen Gewichtung und Bewertung von Belangen des Naturschutzes im Rahmen der planerischen Abwägung auf.[195]

95 Im übrigen ist der rechtssystematische Unterschied der naturschutzrechtlichen Eingriffsregelung zwischen Ausgleichs- und Ersatzmaßnahmen für den Bereich der Bauleitplanung aufgehoben. § 1a Abs. 2 Nr. 2 BauGB kennt nur noch ein einheitliches Institut der städtebaulichen Ausgleichsregelung.[196]

96 Gem. § 1a Abs. 3 S. 2 BauGB können die Darstellungen nach § 5 BauGB und die Festsetzungen nach § 9 BauGB auch an anderer Stelle als am Ort des Eingriffs erfolgen, soweit dies mit einer geordneten städtebaulichen Ent-

---

[189] *BVerwG,* Beschluß v. 31. 1. 1997 – 4 NB 27.96 –, ZUR 1997, 317 (319).

[190] Vgl. so schon zur alten Rechtslage *OVG Münster,* Urt. v. 28. 6. 1995 – 7a D 44.94.NE –, NVwZ 1996, 418; *VGH Mannheim,* Urt. v. 19. 4. 1996 – 8 S 2641/95 –, NuR 1997, 92 (93f.); *BVerwG,* Beschl. v. 31. 1. 1997 – 4 NW 27.96 –, ZUR 1997, 317 (319); *Runkel,* NVwZ 1993, 1138; *Battis/Krautzberger/Löhr,* BauBG, § 1 Rn. 68d; *Mitschang,* ZfBR 1995, 240 (242); a. A. *Blume,* NVwZ 1993, 141.

191 A. A. *Louis,* DÖV 1994, 903 (908); *Müller,* NVwZ 1994, 850 (852).

[192] *BVerwG,* Beschl. v. 31. 1. 1997 – 4 NB 27.96 –, ZUR 1997, 317 (319).

[193] Str. ist nach wie vor, ob es sich dabei um ein Optimierungsgebot handelt, so noch *BVerwG,* Urt. v. 22. 3. 1985 – 4 C 73/82 –, BVerwGE 71, 163 (165); *Bunzel,* NuR 1997, 583 (584) oder um einen vorrangigen Planungsgrundsatz, so *Gaentzsch,* BK z. BauGB, § 1 Rn. 69; *Lüers,* UPR 1997, 348 (350); *Garbe,* ZUR 1997, 309 (310f.); *BVerwG,* Beschl. v. 31. 1. 1997 – 4 NB 27/96 –, ZUR 1997, 317 (319).

[194] Vgl. *Louis,* NuR 1998, 113 (120); *Uechtritz,* NVwZ 1997, 1182 (1185); zur mögl. Berücksichtigung einer dem Vorhabenträger in einem Durchführungsvertrag auferlegten Zahlung eines Ersatzgeldes im Rahmen der bauleitplanerischen Abwägung vgl. *OVG Münster,* Urt. v. 7. 2. 1997 – 7a D 134/95.NE –, NuR 1997, 513ff.; zur Berücksichtigung außerhalb des Plangebiets liegender Flächen im Rahmen der Abwägung *OVG Münster,* Beschl. v. 13. 3. 1998 – 7a B 374/98.NE –, NVwZ-RR 1999, 113ff.

[195] *BVerwG,* Beschl. v. 31. 1. 1997 – 4 NB 27/96 –, ZUR 1997, 317 (318); *Wolf,* ZUR 1998, 183 (191).

[196] *Wagner/Mitschang,* DVBl. 1997, 1137 (1142); *Schmidt,* NVwZ 1998, 337 (340).

wicklung und den Zielen der Raumordnung sowie denen des Naturschutzes und der Landschaftspflege vereinbar ist.[197] § 9 Abs. 1a BauGB gestattet, daß Ausgleichsmaßnahmen auch im Bereich eines „anderen Bebauungsplans" vorgenommen werden können.[198] Damit ist der zweigeteilte Bebauungsplan gesetzlich normiert.[199] Dies können auch Flächen sein, die nicht im Gemeindegebiet liegen.[200]

Durch die in § 5 Abs. 2a BauGB zugelassene Zuordnung von Ausgleichs- **97**
flächen zu Eingriffsflächen schon im Flächennutzungsplan sollte zudem das insbesondere von Rheinland-Pfalz bereits praktizierte Modell des „Öko-Kontos"[201] mit der zeitlichen Abkoppelung von Baumaßnahmen und Maßnahmen zum Ausgleich durch Einbindung der Flächennutzungsplanebene bundesrechtlich abgesichert werden. Es lockert die zeitliche Bindung zwischen Eingriff und Ausgleich in Richtung auf eine antizipierte Kompensation und eröffnet dadurch den Weg zu einer sachlichen Bündelung von Ausgleichsmaßnahmen für zeitlich gestaffelte Eingriffe.[202] Die Gemeinden haben so die Möglichkeit, Kompensationsflächen zu bevorraten, Maßnahmen zur ökologischen Aufwertung bereits vor Beginn der Baumaßnahmen und einer grundstücksbezogenen Zuordnung durchzuführen und diese dann erst später mit dem konkreten Eingriff in Bezug zu setzen. Allein durch eine zugeordnete Darstellung von Ausgleichsflächen im Flächennutzungsplan wird jedoch ein Eingriff nicht ausgeglichen, sondern es werden lediglich die Voraussetzungen für einen späteren Ausgleich geschaffen.[203]

Gem. § 1a Abs. 3 S. 3 BauGB i.V.m. § 11 Abs. 1 S. 2 Nr. 2 BauGB kön- **98**
nen Ausgleichsregelungen auch mittels städtebaulicher Verträge getroffen werden.[204] Festgesetzte Ausgleichs- und Ersatzmaßnahmen sind vom Vorhabenträger, in Ausnahmefällen von der Gemeinde auf Kosten des Vorhabenträgers durchzuführen (§ 135a BauGB). Dementsprechend ermöglicht § 135a Abs. 2 S. 2 BauGB den Gemeinden bei der Errichtung eines Öko-Kontos zur Refinanzierung, die angefallenen Kosten den Bauträgern in Rechnung zu stellen.[205]

Gem. § 246 Abs. 6 BauGB wird den Ländern für eine befristete Über- **99**
gangszeit bis zum 31. 12. 2000 erlaubt, den Gemeinden die Anwendung der Eingriffsregelung freizustellen, soweit den Belangen des Naturschutzes und der Landschaftspflege auch auf andere Weise Rechnung getragen werden kann.[206]

---

[197] So schon zur alten Rechtslage vgl. *VGH Mannheim,* Beschl. v. 26. 7. 1996 – 5 S 2054/95 –, BVerwGE 104, 353 (359); vgl. auch § 265 Abs. 1 S. 2 UGB-KomE, BMU, UGB-KomE, S. 208, 911.

[198] So schon zur alten Rechtslage *BVerwG,* Urt. v. 9. 5. 1997 – 4 N 1.96 –, NuR 1997, 446 (447f.).

[199] Vgl. *Uechtritz,* NVwZ 1997, 1182 (1185); *Schmidt,* NVwZ 1998, 337 (339); *Wolf,* ZUR 1998, 183 (192); krit. zur praktischen Handhabung *Louis,* NuR 1998, 113 (122).

[200] *Lüers,* UPR 1997, 348 (350).

[201] Vgl. dazu *Mitschang,* ZfBR 1995, 240ff.; vgl. auch *Louis,* NuR 1998, 113 (118f.).

[202] *Wolf,* ZUR 1998, 183 (192f.).

[203] *Schmidt,* NVwZ 1998, 337 (338).

[204] So schon zur alten Rechtslage *BVerwG,* Urt. v. 9. 5. 1997 – 4 N 1.96 –, NuR 1997, 446 (448).

[205] *Wolf,* ZUR 1998, 183 (192f.).

[206] Krit. *Kloepfer,* UmweltR, § 11 Rn. 37.

II. Duldungspflichten

100 Gem. § 10 Abs. 1 BNatSchG können die Länder bestimmen, daß Eigentümer und Nutzungsberechtigte von Grundflächen Maßnahmen des Naturschutzes und der Landschaftspflege zu dulden haben, und zwar aufgrund oder im Rahmen dieses Gesetzes erlassener Rechtsvorschriften, soweit dadurch die Nutzung der Grundfläche nicht unzumutbar beeinträchtigt wird.[207]

101 Dulden i. S. d. § 10 Abs. 1 BNatSchG bedeutet, daß das Tun eines anderen nicht abgewehrt oder behindert werden darf.[208] Zu einem positiven Tun können Eigentümer und Nutzungsberechtigte von Grundflächen gem. § 10 Abs. 1 BNatSchG nicht verpflichtet werden. Allerdings können nach § 10 Abs. 2 BNatSchG die Länder weitergehende Vorschriften erlassen, die dann aber unter Umständen eine Entschädigungspflicht auslösen.

102 Gegenstand der Duldungspflicht können sein[209]

- Unterhaltungs-, Aufräumungs-, Säuberungs- und Mäharbeiten auf Grundstücken,
- die Anbringung von Hinweiszeichen,
- die Aufstellung von Papier- und Müllkörben, Bänken, Tischen,
- die Aufhängung von Vogelnistkästen, Bruthöhlen etc.,
- die Auslegung von Lehrpfaden im Wald und auf Ödlandflächen, Unterhaltungsmaßnahmen auf Wegen und Plätzen,
- die Pflanzung von Bäumen und Sträuchern.

III. Pflegepflicht im Siedlungsbereich

103 Im besiedelten Bereich können gem. § 11 Abs. 1 BNatSchG Eigentümer oder Nutzungsberechtigte, die ein Grundstück nicht ordnungsgemäß instandhalten, zur Pflege des Grundstücks verpflichtet werden, sofern die Belange des Naturschutzes und der Landschaftspflege erheblich und nachhaltig beeinträchtigt werden und die Pflege des Grundstücks angemessen und zumutbar ist.[210] Das ordnungsgemäße Instandhalten richtet sich nach der Zweckbestimmung des Grundstücks.[211] Die Pflege darf nicht über das Instandhalten zum bestimmungsgemäßen Gebrauch hinausgehen.[212]

104 Auch hinsichtlich der Pflegepflichten im Siedlungsbereich können die Länder gem. § 11 Abs. 2 BNatSchG weitergehende Vorschriften erlassen. Aufgrund dieser Ermächtigung haben einige Bundesländer Pflegepflichten auch für Grundstücke in der freien Landschaft eingeführt.[213]

105 Die Pflegepflichten sind öffentlich-rechtlicher Natur. Sie können von der Naturschutzbehörde durch Verwaltungsakt angeordnet oder mit den betreffenden Grundbesitzern in einem öffentlich-rechtlichen Vertrag vereinbart

---

207 Vgl. auch § 267 UGB-KomE, BMU, UGB-KomE, S. 209, 914.

208 *Wolff/Bachof/Stober,* VwR I, S. 288; *Bernatzky/Böhm,* BundesnaturschutzR, § 10 Rn. 2; zur Duldungspflicht auch *Erbguth,* HdUR, Bd. 1, Sp. 418 ff.

209 Dazu *Bernatzky/Böhm,* BundesnaturschutzR, § 10 Rn. 2.

210 Gem. § 268 Abs. 1 UGB-KomE soll diese Pflicht auf den unbesiedelten Bereich erstreckt werden, vgl. BMU, UGB-KomE, S. 209, 914.

211 *Kolodziejcok/Recken,* Naturschutz, § 11 Rn. 6.

212 *Kolodziejcok/Recken,* Naturschutz, § 11 Rn. 10.

213 Dazu die Nachweise bei *Ebersbach,* HdUR, Bd. 2, Sp. 1621.

werden. Möglich ist auch eine Festlegung von Pflegepflichten in Rechtsverordnungen, die eine Ausweisung von Schutzgebieten regeln.[214]

D. Flächen- und Objektschutz

Die soeben dargestellten allgemeinen naturschutzrechtlichen Schutz-, Pflege- und Entwicklungsmaßnahmen werden ergänzt durch Maßnahmen des Flächen- und Objektschutzes für bestimmte Teile von Natur und Landschaft, die im vierten Abschnitt des BNatSchG (§§ 12ff. BNatschG) geregelt sind. **106**

I. Allgemeines

Aufgabe des Flächenschutzes ist es, Schutzgebiete verschiedener Art und Zielsetzung einzurichten, zu pflegen und zu entwickeln, um die Leistungsfähigkeit des Naturhaushalts, die Schönheit der Landschaft und die Vielfalt der in ihr beheimateten Ökosysteme zu bewahren.[215] Das Recht des Flächen- und Objektschutzes zählt zusammen mit dem Artenschutz zum ältesten Bereich des deutschen Naturschutzrechts.[216] Es ist durch die Änderung vom 30. 4. 1998 um die §§ 19a bis f BNatSchG erweitert worden. Diese setzen die Vorgaben der FFH-Richtlinie[217] und der Vogelschutzrichtlinie[218] der EG im BNatSchG um und erweitern den Flächenschutz zugunsten von Gebieten mit gemeinschaftlicher Bedeutung und zugunsten von Europäischen Vogelschutzgebieten.[219] **107**

Der besondere Flächenschutz ist im Kommissionsentwurf zum Umweltgesetzbuch in den §§ 271 bis 278 UGB-KomE geregelt.[220] Die Regelungen lehnen sich weitgehend an die im Professorenentwurf zum Besonderen Teil eines Umweltgesetzbuches entwickelten Vorschläge an.[221] Ihm folgen im Dritten Unterabschnitt in den §§ 279 bis 285 UGB-KomE die Regelungen über die Schutzgebiete von europäischer Bedeutung.[222] **108**

II. Geschützte Teile von Natur und Landschaft

1. Flächen und Objektschutz nach §§ 12ff. BNatSchG

Gem. § 12 Abs. 2 BNatSchG werden Schutzgebiete durch eine Erklärung ausgewiesen, die den Schutzgegenstand, den Schutzzweck, die zur Erreichung des Zwecks notwendigen Ge- und Verbote und, soweit erforderlich, die Pflege- und Entwicklungsmaßnahmen oder die Ermächtigung hierzu be- **109**

---

214 *Ebersbach,* HdUR, Bd. 2, Sp. 1621f.

215 *Haarmann/Korneck,* in: Olschowy, Natur- und Umweltschutz, S. 761; zur Aufgabe des Flächenschutzes ausführl. SRU, Umweltgutachten 1978, BT-Drs. 8/1938, Tz. 1234ff.; zum Novellierungsbedarf *Uppenbrink/Riecken,* ZUR 1996, 17 (19ff.); zum Wandel des Flächenschutzes *Morgenthaler,* DÖV 1999, 766ff.

216 Dazu *Kolodziejcok/Recken,* Naturschutz, Vorbem. § 12 Rn. 1.

217 Vgl. dazu oben § 14 Rn. 19.

218 Vgl. dazu oben § 14 Rn. 19.

219 Vgl. zu EG-rechtl. Vorgaben *Freiburg,* Erhaltung der biologischen Vielfalt, S. 15ff.; dazu auch unten § 15 Rn. 137ff.

220 BMU, UGB-KomE, S. 211ff.

221 Vgl. §§ 170–221 UGB-BT-E, *Jarass/u. a.,* UGB-BT-E, S. 57ff., 347ff.

222 BMU, UGB-KomE, S. 214ff.

stimmen. Schutzgebiete werden nach den Landesnaturschutzgesetzen durch Rechtsverordnung,[223] Satzung,[224] Gesetz[225] oder Einzelanordnung[226] erlassen.

110 Da die Verfahren zur Ausweisung von Schutzgebieten häufig kompliziert und zeitaufwendig sind, können die Naturschutzbehörden die einstweilige Sicherstellung eines Gebietes verfügen. Damit sollen schutzwürdige Landschaftsteile, deren Inschutznahme in absehbarer Zeit geplant ist, vor zwischenzeitlichen nachteiligen Veränderungen bewahrt werden.[227] Die Länder haben entsprechend § 12 Abs. 3 Nr. 2 BNatSchG Vorschriften über die einstweilige Sicherstellung der zu schützenden Teile von Natur und Landschaft erlassen.[228]

a) Schutzgebietsausweisungen nach § 12 BNatSchG

111 Die rechtlichen Möglichkeiten des Flächenschutzes sind in den §§ 12ff. BNatSchG beschrieben. Sie enthalten allerdings kein unmittelbar verbindliches Recht, sondern lediglich Rahmenvorschriften für die Länder (§ 4 S. 3 BNatSchG). Unterschutzstellungen bedürfen deshalb einer landesgesetzlichen Regelung.

112 Gem. § 12 Abs. 1 BNatSchG können Teile von Natur und Landschaft zum

- Nationalpark (§ 14 BNatSchG),
- Biosphärenreservate (§ 14a BNatSchG),[229]
- Landschaftsschutzgebiet (§ 15 BNatSchG),
- Naturpark (§ 16 BNatSchG),
- Naturdenkmal (§ 17 BNatSchG),
- geschützten Landschaftsbestandteil (§ 18 BNatSchG)

erklärt werden.[230]

---

[223] Vgl. §§ 21 Abs. 1, 22 Abs. 1 NatSchG BW, Art. 7ff. BayNatSchG, §§ 18ff. BlnNatSchG, § 19 BbgNatSchG, § 16 HENatG, § 3 NatSchG MV, §§ 24ff. NdsNatSchG, §§ 18ff. LPflG RP, §§ 16–21 SächsNatSchG, §§ 17–22 NatSchG LSA, §§ 16ff. LNatSchG SH, §§ 12–17 ThürNatG.

[224] § 19 i. V. m. § 16 Abs. 2 S. 1 u. Abs. 4 Nr. 2 LG NW, § 22 SächsNatSchG.

[225] § 15 Abs. 2 LNatSchG SH, § 19 BbgNatSchG für die Errichtung eines Nationalparks.

[226] § 21 SächsNatSchG für Naturdenkmale, § 19 BbgNatSchG für Naturparks.

[227] *Lorz,* NaturschutzR, § 12 Anm. 4b; zu den Voraussetzungen für eine Sicherstellung vgl. *OVG Kassel,* Beschl. v. 11. 3. 1994 – 3 N 2453/93 –, NuR 1994, 395.

[228] Vgl. § 60 NatSchG BW; Art. 48 Abs. 2 BayNatSchG; § 23 BlnNatSchG; § 27 BbgNatSchG,§ 25 BremNatSchG; § 22 HambNatSchG; § 18 HENatG; § 3 Abs. 4 NatSchG MV, § 32 NdsNatSchG; § 42e LG NW; § 27 LPflG RP; § 21 SNG; § 52 SächsNatSchG, § 25 NatSchG LSA, § 21 LNatSchG SH, § 22 ThürNatG; zur einstweiligen Sicherstellung bestimmter Teile von Natur u. Landschaft *Fischer-Hüftle,* NuR 1988, 11ff.

[229] § 12 Abs. 1 BNatSchG a.F. sah die Ausweisung eines Biosphärenreservats nicht vor, vgl. *OVG Greifswald,* Urt. v. 20. 4. 1994 – 4 K 25/95 –, ZUR 1995, 41ff., zu einer entspr. Forderung zur alten Rechtslage *Uppenbrink/Ricken,* ZUR 1996, 17 (20); Biosphärenreservate oder Biotopverbundsysteme sind ferner z. T. landesrechtl. vorgesehen, vgl. § 25 BbgNatSchG, § 15b HENatG, § 18 SächsNatSchG, § 19 NatSchG LSA, § 14 ThürNatG; die Ausweisung von Biosphärenreservaten basiert auf dem Programm „Mensch und Biosphäre" der UNESCO, Resolution 2313 der UNESCO v. 23. 10. 1970, das die Schaffung eines großräumigen Netzes der charakteristischen Ökosysteme der Erde repräsentieren soll.

[230] Zur Forderung einer Reduzierung der Schutzgebietskategorien vgl. *Langer/Krüger,* Landschaftsschutzgebiet als Planungsinstrument, S. 81ff.; dagegen BMU, UGB-KomE, S. 922.

aa) Naturschutzgebiete

Naturschutzgebiete nehmen etwa 1,1% der Gesamtfläche der Bundesrepublik Deutschland ein.[231] **113**

Naturschutzgebiete sind gem. § 13 Abs. 1 BNatSchG rechtsverbindlich festgesetzte Gebiete, in denen ein besonderer Schutz von Natur und Landschaft in ihrer Ganzheit oder in einzelnen Teilen **114**

– zur Erhaltung von Lebensgemeinschaften oder Biotopen bestimmter wildlebender Tier- und Pflanzenarten (Nr. 1),
– aus wissenschaftlichen, naturgeschichtlichen oder landeskundlichen Gründen (Nr. 2) oder
– wegen ihrer Seltenheit, besonderen Eigenart oder hervorragenden Schönheit (Nr. 3)

erforderlich ist.[232] Dies ist nicht erst dann der Fall, wenn die vorbenannten Schutzgüter konkret gefährdet oder bereits geschädigt sind.[233] Im Naturschutzgebiet sind gem. § 13 Abs. 2 S. 1 BNatSchG alle Handlungen verboten, die zu einer Zerstörung, Beschädigung oder Veränderung des Naturschutzgebietes oder seiner Bestandteile oder zu einer nachhaltigen Störung führen können (absolutes Veränderungsverbot).[234] Dies gilt auch für Handlungen, die von außerhalb in das Schutzgebiet hineinwirken und es nachhaltig stören, verändern, beschädigen oder zerstören.[235]

Beispiel: Die Nutzung einer Startrampe für Drachenflieger kann untersagt werden, wenn die Rampe in ein förmlich festgesetztes Naturschutzgebiet hineinragt und der Startvorgang zu einer Beunruhigung und Störung der dortigen Vogelwelt führen kann.[236]

Soweit es der Schutzzweck erlaubt, können Naturschutzgebiete gem. § 13 Abs. 2 S. 2 BNatSchG der Allgemeinheit zugänglich gemacht werden. Naturschutzgebiete bieten den intensivsten Schutz von Natur und Landschaft.[237] Der jeweilige Schutzzweck des Naturschutzgebietes ist entscheidend dafür, ob und in welchem Umfang in dem betreffenden Naturschutzgebiet eine Bodennutzung landwirtschaftlicher, forstwirtschaftlicher oder anderer Art zugelassen werden kann.[238] **115**

---

[231] Siehe *Bender/Sparwasser/Engel,* UmweltR, 3. Teil Rn. 21.

[232] Zur Erforderlichkeit der Einbeziehung einer Pufferzone *BVerwG,* Beschl. v. 13. 8. 1996 – 4 NB 4.96 –, NuR 1996, 600f.; *VGH Mannheim,* Urt. v. 17. 11. 1995 – 5 S 1612/95 –, NuR 1996, 603ff.; zu Problemen des Verwaltungsvollzugs bei Schutzgebietsausweisungen vgl. *Martens/Merx/Cramer,* ZUR 1994, 277ff.

[233] *BVerwG,* Urt. v. 18. 7. 1997 – 4 NB 5.97 –, NuR 1998, 37 (38).

[234] Zur Beschränkung des JagdR im Naturschutzgebiet vgl. *VGH Mannheim,* Urt. v. 4. 6. 1992 – 5 S 1110/91 –, NuR 1993, 135ff.; zum Verbot forstwirtschaftlicher Maßnahmen vgl. *VG Meiningen,* Urt. v. 16. 12. 1992 – SU 2 S 92 286 –, ThürVBl. 1993, 68; zum Fahrverbot *VG Regensburg,* Urt. v. 17. 3. 1998 – RN 11 K 96 2285 –, NuR 1999, 174ff.; zur Beschränkung des Sporttauchens im Baggersee *VGH Mannheim,* Urt. v. 7. 11. 1997 – 8 S 598/97 –, NuR 1999, 107ff.

[235] *Soell,* NuR 1980, 1 (7).

[236] *VG Würzburg,* Urt. v. 16. 10. 1990 – W 5 K 89 1197 –, NVwZ-RR 1991, 238ff.

[237] Krit. *Soell,* in: Breuer/Kloepfer/Marburger/Schröder, Naturschutz u. Landschaftspflege im Wandel, S. 133 (139ff.); *Kloepfer,* UmweltR, § 11 Rn. 65.

[238] Zum Verbot des Floßfahrens im Naturschutzgebiet vgl. *VGH München,* Beschl. v. 7. 8. 1998 – 22 B 96 625 –, NVwZ-RR 1998, 114; zur Anlage eines künstlichen Fuchsbaus *OVG Lüneburg,* Urt. v. 18. 6. 1998 – 3 L 6213/96 –, NdsVBl. 1999, 45.

Anm. DVBl 01, 1513; BVerwG, U. 31.1.01, DVBl 01, 931 = NVwZ 01, 1035; R. Schmidt, JZ 01, 1165

116 Unterscheiden lassen sich die sog. *Vollnaturschutzgebiete* und die sog. *Teilnaturschutzgebiete.*[239] **Vollnaturschutzgebiete** schützen Natur und Landschaft in ihrer Gesamtheit. In ihnen soll sich die Natur im wesentlichen frei von menschlicher Einwirkung entwickeln können, so daß jegliche Art von Bodennutzung grundsätzlich ausgeschlossen wird. Die **Teilnaturschutzgebiete** dienen nur dem Schutz ganz bestimmter Pflanzen- oder Tierarten. Deshalb werden in diesen Gebieten Gebote und Verbote nur insoweit ausgesprochen, als der Schutzzweck dies erfordert.

Fall: Der landwirtschaftliche Betrieb des A liegt in einem Naturschutzgebiet. Dem A wird mit Verfügung aufgegeben, das Zurückschneiden von Weiden, Beseitigen von Strauch- und Baumbestand, das Mähen von Wiesenflächen und das Abflachen eines Teichufers auf den in der Verfügung näher bezeichneten Grundstücksteilen des Antragstellers zu dulden. Die dagegen eingelegten Rechtsbehelfe hatten keinen Erfolg. Nach Ansicht des *VGH Kassel* ist der A verpflichtet, die Durchführung der genannten Pflege- und Entwicklungsmaßnahmen zu dulden. Die Duldungspflichten konkretisieren die Sozialbindung des Eigentums.[240]

bb) Nationalparke

117 Nationalparke sind gem. § 14 BNatSchG rechtsverbindlich festgesetzte, einheitlich zu schützende Gebiete, die

- großräumig und von besonderer Eigenart sind (Nr. 1),
- im überwiegenden Teil ihres Gebietes die Voraussetzungen eines Naturschutzgebietes erfüllen (Nr. 2),
- sich in einem von Menschen nicht oder wenig beeinflußten Zustand befinden (Nr. 3) und
- vornehmlich der Erhaltung eines möglichst artenreichen heimischen Pflanzen- und Tierbestandes dienen (Nr. 4).[241]

118 Rechtsverbindlich festgesetzt sind in der Bundesrepublik die Nationalparke „Bayerischer Wald“, „Alpenpark Berchtesgaden“ sowie die Nationalparke „Hamburgisches Wattenmeer“, „Niedersächsisches Wattenmeer“[242] und „Schleswig-Holsteinisches Wattenmeer“, die Nationalparke „Vorpommersche Boddenlandschaft“, „Hochharz“, „Sächsische Schweiz“, „Jasmund“, „Müritz-Nationalpark“ und „Untere Oder“ sowie der Nationalpark „Hainich“ in Thüringen.[243]

119 Nationalparke werden wie Naturschutzgebiete geschützt. Dabei sind allerdings Ausnahmen, die durch die Großräumigkeit und die Besiedlung eines

---

[239] Dazu *Bernatzky/Böhm,* BundesnaturschutzR, § 13 Rn. 1; *Ebersbach,* Landverbrauch, S. 45 f.

[240] *VGH Kassel,* Beschl. v. 19. 4. 1984 – 4 TH 824/84 –, NuR 1986, 29.

[241] Zu den international akzeptierten Kriterien für Nationalparke siehe *Soell,* in: Salzwedel, Grundzüge des UmweltR, 1. Aufl., S. 536; SRU, Umweltgutachten 1978, BT-Drs. 8/1938, Tz. 1250 u. Tz. 1252.

[242] Dazu *Hoppe,* Nationalpark-Verordnung „Niedersächsisches Wattenmeer“ und bergbauliche Berechtigung, passim.

[243] Siehe *Pohl,* HdbUR, B.7 Rn. 46; Verordnung über den Nationalpark Bayerischer Wald v. 15. 3. 1973 (GVBl. S. 212), Verordnung über den Alpen- u. den Nationalpark Berchtesgaden v. 18. 7. 1978 (GVBl. S. 499); zum Nationalpark Niedersächsisches Wattenmeer ausführl. *Hoppe,* DVBl. 1987, 757 ff.; zu rechtl. Möglichkeiten der Mitwirkung des Bundes bei der Ausweisung von Nationalparken *Czybulka,* NuR 1996, 565 ff.; zur Nichtigkeit der Ausweisung des Nationalparks „Elbtalaue“ *OVG Lüneburg,* Urt. v. 22. 2. 1999 – 3 K 2630/98 –, NuR 1999, 470 ff.; dazu auch *Fuchs,* NuR 1999, 446 ff.

 BVerwG, B 10.9.99, DVBl 00, 120 = NVwZ 00, 198

Nationalparkes geboten sind, zu berücksichtigen (§ 14 Abs. 2 S. 1 BNatSchG). Soweit der Schutzzweck es erlaubt, sollen Nationalparke gem. § 14 Abs. 2 S. 2 BNatSchG der Allgemeinheit zugänglich gemacht werden. Mit Rücksicht auf die unterschiedliche Schutzbedürftigkeit der einzelnen Gebietsteile sehen Nationalparke für verschiedene Schutzzonen abgestufte Schutzregelungen vor.[244]

cc) Biosphärenreservate

Biosphärenreservate sind als großflächige Schutzgebietskategorie durch das Dritte Gesetz zur Änderung des BNatSchG in den Flächenschutz aufgenommen worden.[245] Sie waren im früheren DDR-Recht vorgesehen, so daß der Gesetzgeber mit ihrer Aufnahme ins BNatSchG eine Rechtstradition der neuen Länder aufgegriffen hat.[246] 120

Biosphärenreservate sind gem. § 14a Abs. 1 BNatSchG rechtsverbindlich festgesetzte, einheitlich zu schützende und zu erhaltende Gebiete, die 121

- großräumig und für bestimmte Landschaftstypen charakteristisch sind (Nr. 1),
- in wesentlichen Teilen ihres Gebiets die Voraussetzungen eines Naturschutzgebietes, im übrigen überwiegend die eines Landschaftsschutzgebietes erfüllen (Nr. 2),
- in Teilen ihres Gebiets eine natürliche oder naturnahe Landschaft aufweisen (Nr. 3),
- vornehmlich der Erhaltung, Entwicklung oder Wiederherstellung einer durch hergebrachte vielfältige Nutzung geprägten Landschaft und der darin historisch gewachsenen Arten- und Biotopvielfalt, einschließlich Wild- und früherer Kulturformen wirtschaftlich genutzter oder nutzbarer Tier- und Pflanzenarten, dienen (Nr. 4) und
- beispielhaft der Entwicklung und Erprobung von, die Naturgüter besonders schonenden, Wirtschaftsweisen dienen (Nr. 5.

Die Regelung orientiert sich inhaltlich an den allgemeinen Richtlinien der Organisation der Vereinten Nationen für Erziehung, Wissenschaft und Kultur (UNESCO) für die internationale Anerkennung von Biosphärenreservaten. Schutzziel ist danach die Erhaltung und Entwicklung von repräsentativen natürlichen Ökosystemen und der darin enthaltenen genetischen Vielfalt.[247] 122

Gem. § 14a Abs. 2 BNatSchG stellen die Länder sicher, daß Biosphärenreservate unter Berücksichtigung der durch die Großräumigkeit und Besiedlung gebotenen Ausnahmen, wie Naturschutzgebiete oder Landschaftsschutzgebiete, geschützt werden. 123

dd) Landschaftsschutzgebiete

Landschaftsschutzgebiete sind gem. § 15 Abs. 1 BNatSchG rechtsverbindlich festgesetzte Gebiete, in denen ein besonderer Schutz von Natur und Landschaft 124

- zur Erhaltung oder Wiederherstellung der Leistungsfähigkeit des Naturhaushalts oder Nutzungsfähigkeit der Naturgüter (Nr. 1),[248]

---

[244] Vgl. dazu i. e. *Ebersbach,* Landverbrauch, S. 48.

[245] Vgl. Entwurf der BReg. BT-Drs. 13/10186, S. 5.

[246] Der Kommissionsentwurf zum UGB geht insoweit von einer Schutzgebietskategorie „Biosphärenpark" aus, vgl. BMU, UGB-KomE, S. 212, 924.

[247] Vgl. Entwurf der BReg. BT-Drs. 13/10186, S. 8.

[248] Zum Aspekt der Naturverbesserung durch die Wiederherstellung der Leistungsfähigkeit von Natur u. Landschaft vgl. *Wolff,* NuR 1998, 298 f.

– wegen der Vielfalt, Eigenart oder Schönheit des Landschaftsbildes (Nr. 2) oder
– wegen ihrer besonderen Bedeutung für die Erholung (Nr. 3) erforderlich ist.[249]

125 In Landschaftsschutzgebieten sind alle Handlungen gem. § 15 Abs. 2 BNatSchG unter besonderer Beachtung des § 1 Abs. 3 BNatSchG und nach Maßgabe näherer Bestimmungen verboten, die den Charakter des Gebietes verändern oder dem besonderen Schutzzweck zuwiderlaufen (relatives Veränderungsverbot mit Erlaubnisvorbehalt).[250] Landschaftsschutzgebiete entfalten im Vergleich zu Naturschutzgebieten oder Nationalparken eine schwächere Schutzwirkung, weil sie nicht dem Schutz der Natur und Landschaft als solcher dienen; ihre Schutzwirkung ist vielmehr auf einige ihrer Eigenschaften und Funktionen, nämlich auf die Leistungsfähigkeit des Naturhaushaltes, die Nutzungsfähigkeit der Naturgüter, Besonderheiten des Landschaftsbildes und der Erholungseignung beschränkt.[251] Von den Naturschutzgebieten unterscheiden sich die Landschaftsschutzgebiete vor allem dadurch, daß in ihnen die wirtschaftliche, insbesondere land- und forstwirtschaftliche Nutzung unberührt bleibt, sofern sie weder den Gebietscharakter verändert noch dem besonderen Schutzzweck zuwiderläuft. Ein absolutes Veränderungsverbot ist in Landschaftsschutzgebieten unzulässig.[252] Diese etwas schwächere Schutzwirkung der Landschaftsschutzgebiete hat andererseits den Vorteil, daß größere landschaftsökologisch bedeutsame Gebiete insgesamt und unter Einschluß von wirtschaftlich genutzten Flächen, Verkehrswegen, kleineren Siedlungen etc. unter Schutz gestellt werden können. In der Bundesrepublik Deutschland sind mittlerweile bereits 25% des Bundesgebietes als Landschaftsschutzgebiete ausgewiesen.[253] Im Gegensatz zu den Naturschutzgebieten und den Nationalparken gilt im Landschaftsschutzgebiet das allgemeine Betretungsrecht des § 27 BNatSchG und des § 14 BWaldG.[254]

Fall: A nutzte sein Außenbereichsgrundstück, das in einem Landschaftsschutzgebiet lag, als Gärtnerei. Die untere Naturschutzbehörde ordnete unter Androhung der Ersatzvornahme u. a. an, „die entlang der Grundstückseinfriedigung vorgenommene Bepflanzung mit Fichten sowie alle sonstigen standortfremden Bepflanzungen (Zier-

---

[249] Zum Geltungsbereich eines Landschaftsschutzgebietes bei unbestimmtem Grenzverlauf vgl. *BVerwG,* Beschluß v. 14. 4. 1997 – 7 B 329/96 –, NVwZ-RR 1997, 608; *OVG Koblenz,* Urt. v. 28. 2. 1996 – 8 C 13353 –, NuR 1996, 629 ff.; zur hinreichenden Bestimmtheit einer Landschaftsschutzverordnung vgl. *VGH München,* Urt. v. 8. 8. 1996 – 22 B 94 2465 –, NuR 1997, 291 ff.; zur Nichtigkeit einer Landschaftsschutzverordnung vgl. *VGH Mannheim,* Urt. v. 8. 7. 1991 – 5 S 1601/90 –, UPR 1992, 71 f.; *dass.,* Urt. v. 18. 3. 1993 – 1 S 570/92 – UPR 1993, 351 ff.; zur Nichtigkeit einer Landschaftsschutzverordung wegen Abwägungsfehlern *OVG Bautzen,* Urt. v. 24. 9. 1998 – 1 S 369/96 –, NuR 1999, 344 ff.; zum Ermessen der Naturschutzbehörde bei der Festsetzung oder Aufhebung eines Landschaftsschutzgebiets vgl. *BVerwG,* Beschl. v. 21. 7. 1997 – 4 NB 10.97 –, NuR 1998, 131 (132).

[250] Zur Geltung von übergeleiteten Landschaftsschutzvorschriften nach dem NatSchG/DDR vgl. *OVG Frankfurt/Oder,* Urt. v. 21. 6. 1996 – 3 D 15/94.NE –, NuR 1997, 98 (99).

[251] *Ebersbach,* Landverbrauch, S. 48 f.

[252] *Schmidt/Müller,* UmweltR, § 6 Rn. 46.

[253] SRU, Umweltgutachten 1994, BT-Drs. 12/6995, Tz. 462; zu den förml. Voraussetzungen für die Ausweisung einer Landschaftsschutzverordnung vgl. *VGH Mannheim,* Beschl. v. 30. 7. 1996 – 5 S 1486/95 –, NuR 1998, 143 ff.; ferner *VGH Kassel,* Beschl. v. 23. 3. 1995 – 4 N 2638/91 –, NuR 1998, 153 ff.

[254] *Kolodziejcok/Recken,* Naturschutz, § 15 Rn. 27.

 BVerwG, B 20.5.03, NVwZ 03, 1239 (Beb.-Plan), BVerwG, U 11.12.03, DVBl 04, 635 BVerwG, B 9.2.04, NVwZ 04, 1242 (Widerspr. B-Plan), Befreiung gehölze und Koniferen)" von dem genannten Grundstück bis spätestens zwei Monate nach Bestandskraft des Bescheides zu beseitigen. Mit seiner dagegen gerichteten Klage unterlag A. Der *VGH Kassel* vertrat die Ansicht, die entlang der Einfriedigung in einer unnatürlichen Reihung angepflanzten Fichten, Ziergehölze und Koniferen stellten jedenfalls für einen objektiven Durchschnittsbetrachter des Wiesentals eine Beeinträchtigung des Naturgenusses dar. Die künstlich von Menschenhand geschaffene Reihe talfremder Zier- und Nadelholzgewächse werde als ein nachhaltig störender zivilisatorischer Eingriff empfunden. Dieser optisch und ästhetisch nachteilige Eingriff stehe im Widerspruch zu dem Gebot des § 1 Abs. 1 Nr. 3 HessNatSchG, wonach die Talauen zur Förderung ihrer vielfältigen günstigen Wirkungen auf Natur und Landschaft zu schützen und zu erhalten seien. Standortfremde Nadelholzgewächse in einem Wiesental könnten den Naturgenuß beeinträchtigen und deshalb ein landschaftsschutzrechtliches Beseitigungsgebot nach sich ziehen.[255]

Der im Einzelfall vorliegende Verstoß gegen landschaftsschutzrechtliche Verbote stellt, wenn nicht ausnahmsweise eine Befreiung erteilt worden ist, stets eine Gefahr für die öffentliche Sicherheit dar, die ein ordnungsrechtliches Einschreiten rechtfertigt.[256] **126**

Der Erlaß einer Landschaftsschutzverordnung im Bereich des Stadtgebietes verletzt nicht die Planungshoheit der Gemeinde. Die gebotene Rücksichtnahme auf die Planungshoheit der Gemeinde schließt es verfassungsrechtlich nicht aus, daß in einer Landschaftsschutzverordnung auch Teilflächen einbezogen werden, die im Flächennutzungsplan als Bauflächen dargestellt worden sind.[257] **127**

ee) Naturparke

Naturparke sind gem. § 16 Abs. 1 BNatSchG einheitlich zu entwickelnde und zu pflegende großräumige Gebiete, die **128**

- großräumig sind (Nr. 1),
- überwiegend Landschaftsschutzgebiete oder Naturschutzgebiete sind (Nr. 2),
- sich wegen ihrer landschaftlichen Voraussetzungen für die Erholung besonders eignen (Nr. 3) und
- nach den Grundsätzen und Zielen der Raumordnung und Landesplanung für die Erholung oder den Fremdenverkehr vorgesehen sind (Nr. 4).

Zweck des Naturparks ist die freiraumbezogene, insbesondere die Wochenend- und Ferienerholung.[258] Entsprechend diesem Zweck sollen Naturparke gem. § 16 Abs. 2 BNatSchG geplant, gegliedert und erschlossen werden. Auf einer Fläche von insgesamt 516500 Hektar gab es 1987 in der Bundesrepublik Deutschland 64 Naturparke.[259] **129**

ff) Naturdenkmale

Naturdenkmale sind gem. § 17 Abs. 1 Nr. 1 BNatSchG rechtsverbindlich festgesetzte Einzelschöpfungen der Natur, deren besonderer Schutz **130**

- aus wissenschaftlichen, naturgeschichtlichen oder landeskundlichen Gründen oder
- wegen ihrer Seltenheit, Eigenart oder Schönheit

---

[255] Vgl. *VGH Kassel,* Urt. v. 19. 12. 1985 – III UE 941/85 –, NuR 1986, 206.

[256] Vgl. *BVerwG,* Beschl. v. 19. 7. 1986 – 4 B 73/86 –, NVwZ 1987, 493.

[257] Vgl. *VerfGH* NW, Entsch. v. 30. 10. 1987 – VerfGH 19/86 –, NuR 1988, 136.

[258] *Kolodziejcok/Recken,* Naturschutz, § 16 Rn. 16.

[259] Vgl. *Kolodziejcok/Recken,* Naturschutz, § 16 Rn. 3; SRU, Umweltgutachten 1987, BT-Drs. 11/1568, Tz. 441; zur Verfassungsmäßigkeit der VO über den „Naturpark Oberere Bayerischer Wald" *BayVerfGH,* Entsch. v. 30. 4. 1991 – Vf. 1-VII-90, Vf. 10-VII-90, Vf. 12-VII-90, Vf. 13-VII-90 –, NuR 1992, 227ff.

erforderlich ist.[260] Als Naturdenkmal geschützt werden können Gruppen von beständigen Pflanzen nur dann, wenn sie sich gegenüber anderen Gruppen durch individuelle Merkmale des gemeinsamen Erscheinungsbildes abheben.[261] Die Unterschutzstellung von Einzelschöpfungen ist eher Objekt- als Flächenschutz.[262] Einzelschöpfungen der Natur in diesem Sinne sind nicht nur einzelne Objekte wie Bäume, Felsen, Höhlen, Quellen etc., sondern auch flächenhafte Naturdenkmale, insbesondere kleine Wasserflächen, Wasserläufe, Moore, Laich- und Brutgebiete etc.[263] Von den Naturschutzgebieten unterscheiden sich flächenhafte Naturdenkmale einerseits durch ihre geringere Größe, außerdem können sie nicht für allgemeine ökologische Belange ausgewiesen werden.[264] Der Bestand der Naturdenkmale wird in der Bundesrepublik auf etwa 40000 geschätzt.[265] Verboten sind gem. § 17 Abs. 2 BNatSchG die Beseitigung des Naturdenkmals sowie alle Handlungen, die zu einer Zerstörung, Beschädigung, Veränderung oder nachhaltigen Störung des Naturdenkmals oder seiner geschützten Umgebung führen können.

Beispiel: Wegen Laubfalls, Schattenwurfs und ähnlicher „Lebensäußerungen" eines als Naturdenkmal ausgewiesenen Baumes kann eine Befreiung von dem Verbot, diesen Baum zu beschädigen, nicht verlangt werden.[266]

gg) Geschützte Landschaftsbestandteile

131 Geschützte Landschaftsbestandteile sind schließlich gem. § 18 Abs. 1 BNatSchG rechtsverbindlich festgesetzte Teile von Natur und Landschaft, deren besonderer Schutz

- zur Sicherstellung der Leistungsfähigkeit des Naturhaushalts (Nr. 1),
- zur Belebung, Gliederung oder Pflege des Orts- und Landschaftsbildes (Nr. 2) oder
- zu abwehrschädlichen Einwirkungen (Nr. 3)

erforderlich ist.[267] Im Unterschied zu den Naturdenkmalen handelt es sich bei den geschützten Landschaftsbestandteilen um Einzelgebilde der Natur, denen der Denkmalcharakter fehlt. Sie können deshalb nicht als Naturdenkmal geschützt werden, erfordern aber gleichwohl einen besonderen Schutz.[268] Der Schutz kann sich nach § 18 Abs. 1 S. 2 BNatSchG in bestimmten Gebieten auf den gesamten Bestand an Bäumen, Hecken oder anderen Landschaftsbestandteilen erstrecken. Mit Hilfe der geschützten Landschaftsbestandteile können nicht nur Einzelschöpfungen der Natur, ähnlich wie durch die Naturdenkmalausweisung, gesichert werden, sondern auch bestimmte Typen von Landschaftsbestandteilen in bestimmten Gebieten, et-

---

[260] Ausführl. zum Begriff des Naturdenkmals *Hönes,* NuR 1986, 225 (226ff.).

[261] *VGH Kassel,* Beschl. v. 9. 10. 1995 – 4 N 1429/92 –, NuR 1996, 264ff.

[262] So auch *Kloepfer,* UmweltR, § 11 Rn. 71.

[263] Siehe dazu *Ebersbach,* Landverbrauch, S. 53; *Soell,* in: Salzwedel, Grundzüge des UmweltR, 1. Aufl., S. 538.

[264] *Ebersbach,* Landverbrauch, S. 53.

[265] *Kolodziejcok/Recken,* Naturschutz, § 17 Rn. 3.

[266] *OVG Münster,* Urt. v. 15. 4. 1986 – 11 A 938/34 –, NuR 1987, 187.

[267] Ausführl. zum Rechtsinstitut „Geschützter Landschaftsbestandteil" *Rosenzweig,* NuR 1987, 313ff.; zur Abgrenzung von Naturdenkmälern u. geschützten Landschaftsbestandteilen siehe *VGH München,* Urt. v. 19. 10. 1982 – Nr. 19 IX 75 –, NuR 1983, 70ff.; zum Schutz eines flächenhaften Ausschnitts aus der Landschaft vgl. *BVerwG,* Beschl. v. 18. 12. 1995 – 4 NB 8/95 –, NVwZ 1997, 173.

[268] Vgl. *Lorz,* NaturschutzR, § 18 Anm. 2.

wa Wallhecken in einem bestimmten Regierungsbezirk oder Dünen entlang der Küste, geschützt werden.[269] Verboten sind gem. § 18 Abs. 2 S. 1 BNatSchG die Beseitigung des geschützten Landschaftsbestandteils sowie alle Handlungen, die zu seiner Zerstörung, Beschädigung oder Veränderung führen können.[270] Gem. § 18 Abs. 2 S. 2 BNatSchG können die Länder für den Fall der Bestandsminderung die Verpflichtung zu angemessenen und zumutbaren Ersatzpflanzungen festlegen.

Besonders aktuell ist der Schutz des Baumbestandes durch die landesrecht- **132**
lich vorgesehene Möglichkeit des Erlasses von sog. **Baumschutzsatzungen** oder **-verordnungen**.[271] In Baumschutzsatzungen oder -verordnungen kann das Fällen von Bäumen einer bestimmten Größenordnung verboten sein. Zum gleichen Zweck ist landesrechtlich zum Teil der Schutz von Alleen geregelt.[272] Dies stellt keinen Verstoß gegen Art. 14 GG dar.[273] Eine besondere Rechtfertigung für die Unterschutzstellung einzelner Stadtgebiete ist nicht erforderlich.[274] Ausreichend ist die Angabe, die Unterschutzstellung bezwecke die Bestandserhaltung der Bäume.[275] Da Vorschriften der Baumschutzsatzungen ausschließlich öffentlichen Interessen dienen, begründen sie keine subjektiven Rechte Dritter, die an dem Erhalt bestimmter Bäume interessiert sind.[276]

b) Erforderlichkeit der Ausweisung

Soweit in den Vorschriften zu den Schutzgebietsausweisungen auf die Er- **133**
forderlichkeit entsprechenden Gebiets- oder Objektschutzes hingewiesen wird, kommt den Naturschutzbehörden bei der räumlichen Abgrenzung ein

---

[269] *Soell,* in: Salzwedel, Grundzüge des UmweltR, 1. Aufl., S. 539.

[270] Zum Schutz von Landschaftsbestandteilen auch *VGH* München, Urt. v. 28. 10. 1994 – 9 N 87 03911 u. 9 N 90 00928 –, BayVBl. 1995, 242.

[271] Vgl. § 25 Abs. 2 NatSchG BW, Art. 12 BayNatSchG, § 22 Abs. 2 BremNatSchG, § 15 HENatG, § 28 NdsNatSchG, § 45 LG NW, § 20 LPfG RP, § 19 SNG, § 22 SächsNatSchG, § 20 NatSchG LSA, § 17 ThürNatG; dazu *Steinberg,* NJW 1981, 550; *Zundel,* RdL 1982, 85ff.; *Kunz,* DVBl. 1979, 613ff.; *Müller,* VR 1987, 301ff.; ausführl. zu Baumschutzsatzungen oder -verordnungen *Bartholomäi,* UPR 1988, 241ff.; *Günther,* Baumschutzrecht, passim; *Hufen/Leiß,* BayVBl. 1987, 289ff; *Schink,* DÖV 1991, 7ff.; *Günther,* NWVBl. 1995, 89ff.; *ders.,* NuR 1998, 637ff.; zur hinreichenden Bestimmung des Geltungsbereichs vgl. *BVerwG,* Beschl. v. 1. 2. 1996 – 4 B 303/95 –, NJW 1996, 1487; *BGH,* Beschl. v. 15. 3. 1996 – 3 StR 505/95 –, NJW 1996, 1482; zur Anordnung von Ersatzpflanzungen *OVG Münster,* Urt. v. 15. 6. 1998 – 7 A 759/96 –, NVwZ-RR 1999, 239; *OVG Lüneburg,* Beschl. v. 26. 1. 1998 – 3 L 5739/97 –, NVwZ 1999, 84; *Otto,* UPR 1994, 12ff.; *Weitzel,* NuR 1995, 16ff.; zu zivilrechtl. Auswirkungen vgl. *Otto,* NJW 1989, 1783ff.

[272] Vgl. § 31 BbgNatSchG; dazu ausführl. *Fischer-Hüftle,* NuR 1998, 347ff.

[273] *OVG Lüneburg,* Beschl. v. 27. 2. 1986 – 3 C 1/85 –, AgrarR 1990, 210ff.; *VG Köln,* Urt. v. 19. 3. 1991 – 14 K 3840/90 –, AgrarR 1992, 85; *OVG Münster,* Urt. v. 8. 10. 1993 – 7 A 2021/92 –, StGR 1994, 27.

[274] *BVerwG,* Beschl. v. 15. 8. 1988 – 4 N 5/88 u. 4 NB 20/88 –, NVwZ 1989, 555 (556); zum Erlaß einer Baumschutzsatzung im Siedlungsbereich *VGH Mannheim,* Urt. v. 28. 7. 1995 – 5 S 2467/93 –, NuR 1995, 259.

[275] Dazu auch *BVerwG,* Beschl. v. 1. 2. 1996 – 4 B 303.95 –, NuR 1996, 403ff.

[276] Zum drittschützenden Charakter einer Baumschutzsatzung siehe *VGH Mannheim,* Urt. v. 7. 2. 1991 – 5 S 2029/90 –, UPR 1991, 395f.; *OLG Karlsruhe,* Urt. v. 16. 12. 1987 – 13 U 79/87 –, VBlBW 1988, 193; *OVG Lüneburg,* Urt. v. 11. 4. 1996 – 3 L 3798/94 –, NuR 1997, 151f.; *VGH Mannheim,* Beschl. v. 21. 12. 1995 – 5 S 3422/95 –, NuR 1996, 408f.

gestalterisches Ermessen zu.[277] I. ü. ist die Schutzgebietsausweisung uneingeschränkt justiziabel.[278]

c) Verfassungsrechtliche Fragen

134 Schutzgebietsausweisungen können sowohl in Grundrechte von Grundstückseigentümern eingreifen als auch die nach Art. 28 Abs. 2 S. 1 GG geschützte kommunale Planungshoheit der Gemeinden verletzen.

aa) Eingriffe in Grundrechte

135 Durch die Ausweisung von Schutzgebieten werden die Nutzungsmöglichkeiten von Grundstückseigentümern zum Teil erheblich beschränkt.[279] So kann durch eine Baubeschränkung Art. 14 GG, durch ein Fischfangverbot für einen Berufsfischer Art. 12 GG und durch das Verbot des Spazierens Art. 2 Abs. 1 GG berührt werden. Baubeschränkungen stellen sich jedoch regelmäßig nicht als Enteignung, sondern als zumutbare Inhaltsbestimmung des Eigentums,[280] d.h. als Sozialbindung des Grundstücks i.S.v. Art. 14 Abs. 2 GG dar und sind in aller Regel entschädigungslos hinzunehmen.[281] Das Grundstück wird insoweit durch seine Lage und Beschaffenheit sowie seine Einbettung in die Umgebung geprägt (Situationsgebundenheit). Dies gilt zunächst für den Entzug einer bislang nicht verwirklichten Nutzungsmöglichkeit.[282] Auch soweit eine naturschutzrechtliche Nutzungseinschränkung in einen bereits geschaffenen Bestand eingreift und getätigte Investitionen entwertet, liegt keine Überschreitung der Grenzen zulässiger Eigentumsinhaltsbestimmung vor. Nachdem das *BVerfG* festgestellt hat, daß durch eine Inhalts- und Schrankenbestimmung auch bestehende Rechtspositionen beseitigt werden können,[283] geht nunmehr auch das *BVerfG* davon aus, daß der Eingriff in eigentumsrechtlich gefestigte Rechtspositionen im Wege der entschädigungspflichtigen Inhalts- und Schrankenbestimmung nach Art. 14 Abs. 1 S. 2 GG erfolgen kann.[284] Die

---

[277] *VGH Mannheim,* Urt. v. 18. 11. 1996 – 5 S 432/96 –, NuR 1997, 248 (249); *OVG Schleswig,* Urt. v. 23. 5. 1995 – 1 K 6/93 –, NuR 1996, 633 ff.; zum Ermessen der Naturschutzbehörde bei der Festsetzung oder Aufhebung eines Landschaftsschutzgebiets vgl. *BVerwG,* Beschl. v. 21. 7. 1997 – 4 NB 10.97 –, NuR 1998, 131 (132).

[278] *BVerwG,* Beschl. v. 16. 6. 1988 – 4 B 102/88 –, UPR 1988, 445; *OLG Koblenz,* Urt. v. 1. 8. 1984 – 10 C 37/83 –, NuR 1985, 29; dazu *Kloepfer,* UmweltR, § 11 Rn. 58.

[279] Zu grundrechtl. Grenzen des Umweltschutzes vgl. bereits oben § 4 Rn. 36 ff.

[280] *BVerwG,* Urt. v. 21. 6. 1956 – I C 202/54 –, BVerwGE 3, 335 (336 f.); *dass.,* Urt. v. 12. 7. 1956 – I C 91/54 –, BVerwGE 4, 57 (60); *dass.,* Urt. v. 15. 2. 1990 – 4 C 47/89 –, BVerGE 84, 361 (370 f.).

[281] Zum Eigentumsschutz vgl. auch *Breuer,* NuR 1996, 537 ff.

[282] *BGH,* Urt. v. 20. 12. 1956 – III ZR 82/56 –, BGHZ 23, 30 (33 f.); *ders.,* Urt. v. 25. 3. 1957 – III ZR 253/55 –, DÖV 1957, 669 f.; vgl. zur Relevanz der Situationsgebundenheit *Ossenbühl,* Staatshaftungsrecht, S. 172 f.

[283] *BVerfG,* Beschl. v. 9. 1. 1991 – 1 BvR 929/89 –, BVerfGE 83, 201 (211 ff.); *Ossenbühl,* Staatshaftungsrecht, S. 178.

[284] *BVerfG,* Urt. v. 24. 6. 1993 – 7 C 26.92 –, BVerfGE 94, 1 (6); *dass.,* Beschl. v. 14. 7. 1981 – 1 BvL 24/78 –, BVerfGE, 58, 137 (147 ff.); *dass.,* Beschl. v. 30. 11. 1988 – 1 BvL 1301/84 -, BVerfGE 79, 174 (192); *OLG Lüneburg,* Urt. v. 24. 7. 1995 – 3 K 2909/93 –, NuR 1997, 203 (204); vgl. *Pohl,* HdbUR, B.7 Rn. 53; *Ossenbühl,* Staatshaftungsrecht, S. 172 f.; zum Streit über den Rechtsweg bei Klagen auf Entschädigung nach NaturschutzR vgl. *BVerwG,* Urt. v. 24. 6. 1993 – 7 C 26.92 –, BVerwGE 94, 1 (6 ff.), danach ist das VG zuständig; a.A. *BGH,* Beschl. v. 15. 12. 1994 – III ZB 49/94 –, NJW 1995, 964 ff., danach ist der Zivilrechtsweg gegeben.

Naturschutzgesetze der Länder sehen entsprechende Entschädigungsregeln vor.[285]

bb) Beeinträchtigung der kommunalen Planungshoheit

Zudem gilt es bei Schutzgebietsausweisungen die in Art. 28 Abs. 2 GG **136**
garantierte kommunale Planungshoheit zu berücksichtigen. Dies setzt voraus, daß eine Planung der Gemeinde für das betreffende Gebiet existiert oder zumindest die Planungsabsicht durch Entwürfe hinreichend konkretisiert ist.[286] Gem. § 7 BauGB hat die für die Schutzgebietsausweisung zuständige Behörde einen bereits existierenden Flächennutzungsplan zu beachten, wenn sie an der Aufstellung beteiligt war und nicht widersprochen hat.[287] Geringer sind die Anforderungen an die Einschränkung der kommunalen Planungshoheit, sofern lediglich eine hinreichend konkrete Planungsabsicht besteht. Bei der vorzunehmenden Güterabwägung zwischen der kommunalen Planungshoheit und dem Allgemeinwohlinteresse ist der Stellenwert der kommunalen Planungshoheit um so höher, je größer der Anteil der betroffenen Fläche am gesamten Gemeindegebiet ist und je intensiver die Beschränkungen im einzelnen ausfallen. Eine Beeinträchtigung der kommunalen Planungshoheit liegt dann vor, wenn durch ein großräumiges Vorhaben wesentliche Teile des Gemeindegebiets einer durchsetzbaren Planung der Gemeinde gänzlich entzogen werden.[288] Sind allerdings nur bestimmte Gebietsfestlegungen ausgeschlossen, so muß es im Einzelfall möglich sein, den gesamten Außenbereich einer Gemeinde zu überplanen.[289] Andernfalls würde die überörtliche Planung zu sehr erschwert.[290]

2. Flächen- und Objektschutz nach §§ 19a ff. BNatSchG

Durch die Änderung des BNatSchG vom 30. 4. 1998 sind nach euro- **137**
päischen Vorgaben der Vogelschutzrichtlinie[291] und der Flora-Fauna-Habitat-Richtlinie[292] drei weitere Arten von Schutzgebieten hinzugekom-

---

[285] Art. 36 BayNatSchG, § 47 NatSchG BW, § 47 BlnNatSchG, § 71 BgNatSchG, § 38 BremNatSchG, § 39 HambNatSchG, § 38 HENatG, § 50 NdsNatSchG, § 7 LG NW, § 39 LPflG RP, § 37 SNG, § 38 SächsNatSchG, § 42 NatSchG LSA, § 42 NatSchG SH, §§ 48, 49 ThürNatG; zu § 37 SNG vgl. *BGH,* Urt. v. 18. 2. 1993 – III ZR 20/92 – NuR 1993, 498 ff.

[286] *BVerwG,* Urt. v. 11. 4. 1986 – 4 C 91.83 –, BVerwGE 74, 124 (132); *Soell,* NuR 1993, 301 (306).

[287] *Schmidt,* NVwZ 1993, 539 (541); *Kauch/Roer,* Fachplanungsrecht, S. 146 ff.; eine Bindung an § 7 BauGB besteht allerdings dann nicht, wenn der Träger der Bauleitplanung einer Landschaftsschutzverordnung zustimmt, vgl. *VGH Mannheim,* Urt. v. 18. 11. 1996 – 5 S 432/96 –, NuR 1997, 248 ff.

[288] *BVerwG,* Urt. v. 11. 4. 1986 – 4 C 91.83 –, BVerwGE 74, 124 (132); *BVerfG,* Beschl. v. 7. 10. 1980 – 2 BvR 584, 598, 599, 604/76 –, BVerfGE 56, 298 (317); dies ist zumindest dann nicht der Fall, wenn ein Naturschutzgebiet vom Siedlungsschwerpunkt weit entfernt liegt, vgl. *OLG Lüneburg,* Urt. v. 24. 7. 1995 – 3 K 2909/93 –, NuR 1997, 203 (204).

[289] *Soell,* NuR 1993, 301 (306 f.).

[290] *Pohl,* HdbUR, B.7 Rd. 54.

[291] Vgl. dazu oben § 14 Rn. 19.

[292] Vgl. dazu bereits § 14 Rn. 19; zur FFH-RL grundl. *Iven,* NuR 1996, 373 ff.; *Gellermann,* NuR 1996, 548 ff.; zu aktuellen Fragen der FFH-RL u. der Vogelschutz-RL *Schrödter,* NdsVBl. 1999, 173 ff.

men.[293] Sie dienen der Wiederherstellung und Wahrung der natürlichen Lebensräume, dem Artenschutz und dem Aufbau eines zusammenhängenden europäischen ökologischen Netzes „Natura 2000" (§ 19a Abs. 1 S. 1 BNatSchG).[294] Die Vorschriften der §§ 19a ff. BNatSchG bezwecken damit sowohl den Biotop- als auch den Artenschutz. Es handelt es sich – soweit die Vorschriften nicht nach § 4 S. 3 BNatSchG als unmittelbar geltend bestimmt worden sind – um rahmenrechtliche Vorgaben des Bundes, die durch die Landesgesetzgeber entsprechend umzusetzen sind.[295]

a) Auswahl von Gebieten von gemeinschaftlicher Bedeutung, Konzertierungsgebieten und Europäischen Vogelschutzgebieten

138 Gem. § 19a Abs. 2 BNatSchG können

– Gebiete von gemeinschaftlicher Bedeutung (Nr. 2),
– Konzertierungsgebiete (Nr. 3) und
– Europäische Vogelschutzgebiete (Nr. 4)

ausgewiesen werden.

aa) Gebiete von gemeinschaftlicher Bedeutung

139 Gem. § 19b Abs. 2 BNatSchG erklären die Länder die in einer Liste der europäischen Kommission als Gebiete von gemeinschaftlicher Bedeutung eingetragenen Gebiete nach Maßgabe des Art. 4 Abs. 4 FFH-RL entsprechend den jeweiligen Erhaltungszielen zu geschützten Teilen von Natur und Landschaft i. S. d. § 12 Abs. 1 BNatSchG.[296] Damit kann ein Gebiet von gemeinschaftlicher Bedeutung als Naturschutzgebiet, Nationalpark, Biosphärenreservat, Landschaftsschutzgebiet, Naturdenkmal oder geschützter Landschaftsbestandteil ausgewiesen werden.[297] Gem. § 19b Abs. 3 BNatSchG bestimmt die Schutzerklärung den Schutzzweck entsprechend den jeweiligen Erhaltungszielen und die erforderlichen Gebietsbegrenzungen.

140 Voraussetzung dafür ist zunächst eine vorherige nationale und europäische **Schutzgebietsauswahl**.[298] So wählen die Länder gem. § 19b Abs. 1 BNatSchG Gebiete von gemeinschaftlicher Bedeutung im Benehmen mit dem Bundesministerium für Umwelt, Naturschutz und Reaktorsicherheit aus.[299] Bei den auszuwählenden Gebieten muß es sich um besonders schüt-

---

[293] Die Schutzgebiete von europäischer Bedeutung sind im Kommissionsentwurf zum UGB in den §§ 279 bis 285 UGB-KomE geregelt, vgl. BMU, UGB-KomE, S. 214 ff.

[294] Dazu *Czybulka,* UTR 1996, 235 ff.; *Fisahn,* ZUR 1996, 3 ff.; *Freytag/Iven,* NuR 1995, 109 ff.; *Iven,* NuR 1996, 373 ff.; *Freiburg,* Erhaltung der biologischen Vielfalt, S. 75 ff.

[295] Zur Umsetzung der FFH-RL in nationales Recht vgl. *Rödiger-Vorwerk,* FFH-RL und ihre Umsetzung, S. 160 ff.; *Fischer-Hüftle,* ZUR 1999, 66 ff.; zu Verwaltungsvorschriften des Landes NW zur Umsetzung der FFH-RL u. der Vogelschutz-RL vgl. LKT NW 1999, 297 ff.

[296] § 279 UGB-KomE entspricht im wesentl. § 19b BNatSchG, vgl. BMU, UGB-KomE, S. 214, 930.

[297] § 279 Abs. 1 S. 3 UGB-KomE sieht zwingend die Ausweisung als Naturschutzgebiet vor vgl. BMU, UGB-KomE, S. 214, 929.

[298] Vgl. zu Vollzugsdefiziten *Rengeling,* UPR 1999, 281 ff.

[299] Zur Praxis der Mitgliedstaaten bei der Gebietsauswahl *Iven,* NuR 1998, 526 ff.; zur Auswahl der Gebiete in Deutschland vgl. *Ssymank,* NuL 1994, 395 ff.; *Petersen/Ssymank/Hauke,* NuL 1998, 393 ff.; *Gebhard,* NuR 1999, 361 ff.; die Frist zur

zenswerte Gebiete, d.h. schützenswerte natürliche Lebensräume i.S.d. Anhangs I der FFH-RL oder schützenswerte Tiere und Pflanzen i.S.d. Anhangs II der FFH-RL handeln.[300] Innerhalb der Listen der Anhänge der FFH-RL sind prioritäre Lebensräume und prioritäre Arten besonders gekennzeichnet, die bevorzugt in die Listen der Länder mitaufgenommen werden müssen. Es handelt sich dabei ausschließlich um Kriterien fachlicher Art.[301]

Bei der Auswahl der Gebiete kommt den Mitgliedstaaten ein **Beurteilungsspielraum** hinsichtlich der fachlichen Auswahlkriterien zu. Der Beurteilungsspielraum reduziert sich jedoch auf Null, wenn das Gebiet unbestritten von herausragender Bedeutung ist.[302] Nach der Rechtsprechung des *EuGH* zu Vogelschutzgebieten dürfen die Mitgliedstaaten von den fachlichen Kriterien und Erfordernissen ausnahmsweise abweichen, wenn sie sich auf höhere allgemeine Interessen als die in der Richtlinie genannten ökologischen Gesichtspunkte stützen.[303] Diese Rechtsprechung dürfte auch auf die Auswahl von Gebieten von gemeinschaftlicher Bedeutung zu übertragen sein.[304] **141**

Gem. § 19b Abs. 1 S. 3 BNatSchG werden diese ausgewählten Gebiete der Kommission vom Bundesministerium für Umwelt, Naturschutz und Reaktorsicherheit benannt. Alsdann stellt die Kommission im Einvernehmen mit den Mitgliedstaaten aus den vorgelegten Meldungen eine Liste von Gebieten mit gemeinschaftlicher Bedeutung zusammen.[305] Nach Bekanntgabe der Liste sind diese Gebiete dem Schutz der FFH-Richtlinie unterstellt.[306] **142**

Anschließend werden die Gebiete von gemeinschaftlicher Bedeutung gem. § 19a Abs. 4 BNatSchG durch das Bundesministerium für Umwelt, Naturschutz und Reaktorsicherheit im Bundesanzeiger bekanntgegeben. Bis zur Unterschutzstellung durch die Länder genießen die Gebiete gem. § 19b Abs. 5 BNatSchG vorläufigen Schutz. Danach gilt ein grundsätzliches Verbot erheblicher Beeinträchtigungen dieser Gebiete.[307] **143**

Alternativ zur Unterschutzstellung werden EU-rechtskonform vertragliche Vereinbarungen zur Realisierung der gebotenen Erhaltungsziele zugelassen (§ 19b Abs. 4 BNatSchG). **144**

bb) Konzertierungsgebiete

Hält die Kommission die Ausweisung von prioritären Gebieten für erforderlich, die der Mitgliedstaat nicht gemeldet hat, so kommt es zu einem Konzertierungsverfahren zwischen Mitgliedstaat und Kommission.[308] Dabei **145**

Vorlage einer Liste lief für Deutschland am 5. 6. 1998 ab, vgl. dazu *BVerwG*, Beschl. v. 12. 1. 1998 – 4 VR 3.97 –, ZUR 1998, 28 (33); zu bioökologischen Grundlagen *Ringler*, NuL 1998, 533 ff.; zur Abstimmung entspr. Gebiete mit der Raumordnung Hauptausschuß der MKRO, DVBl. 1999, 970 ff.

[300] Dazu *Fisahn/Cremer*, NuR 1997, 268 ff.

[301] *Iven*, NuR 1996, 373 (376).

[302] *Iven*, NuR 1996, 373 (376).

[303] Vgl. *EuGH*, Urt. v. 2. 8. 1993 – Rs. C-355/90 –, NuR 1994, 521 ff.; *ders.*, Urt. v. 11. 7. 1996 – Rs. C 44/95 –, NuR 1997, 36 ff.

[304] Vgl. *Winter*, ZUR 1994, 308; *Iven*, NuR 1996, 373 (376).

[305] *Stemmler*, BBauBl. 1998, 13.

[306] Vgl. zu potentiellen FFH-Gebieten näher unten § 15 Rn. 166 f.

[307] *Stemmler*, BBauBl. 1998, 13 (14).

[308] Vgl. Art. 5 FFH-RL.

muß es sich um ein Gebiet mit prioritären Lebensformtypen oder prioritären Arten i.S.d. Anhänge I und II der FFH-RL handeln, die mit einem Sternchen gekennzeichnet sind. Können die Meinungsverschiedenheiten nicht binnen sechs Monaten beigelegt werden, so kann der Rat – allerdings nur einstimmig – eine Unterschutzstellung durchsetzen.

146 Während des Konzertierungsverfahrens unterliegt das Gebiet dem vorläufigen Schutz gem. § 19b Abs. 5 BNatSchG. Danach sind auch in einem Konzertierungsgebiet alle Vorhaben, Maßnahmen, Veränderungen und Störungen, die zu erheblichen Beeinträchtigungen des Gebietes in seinen für die Erhaltungsziele maßgeblichen Bestandteilen führen können, unzulässig.

cc) Europäische Vogelschutzgebiete

147 Gem. § 19a Abs. 2 Nr. 4 BNatSchG sind Europäische Vogelschutzgebiete Gebiete i.S.d. Art. 4 Abs. 1 und 2 Vogelschutz-RL. Art. 4 Vogelschutz-RL nennt **zwei Arten** von zu schützenden Gebieten und gibt für diese Auswahlkriterien vor.

148 Nach Art. 4 Abs. 1 Vogelschutz-RL handelt es sich zum einen um die zahlen- und flächenmäßig geeignetsten Gebiete, deren Schutz für das Überleben und die Vermehrung der in Anhang I aufgeführten 175 Vogelarten in ihrem Verbreitungsgebiet erforderlich ist. Neben dem Gefährdungsgrad sind bei der Auswahl vor allem Tendenzen und Schwankungen der Bestände sowie die Schutzerfordernisse der Arten zu berücksichtigen.

149 Nach Art. 4 Abs. 2 Vogelschutz-RL sind zum anderen Gebiete auszuwählen, deren Schutz für den Erhalt der Vermehrungs-, Mauser- und Überwinterungsgebiete sowie der Rastplätze der nicht in Anhang I aufgeführten Zugvogelarten erforderlich ist. Dem Schutz von Feuchtgebieten ist besondere Bedeutung beizumessen.

150 Im Gegensatz zu Gebieten von gemeinschaftlicher Bedeutung und Konzertierungsgebieten sind für die in der Vogelschutzrichtlinie aufgeführten Vogelarten und ihre Lebensräume ohne vorhergehende nationale und europäische Schutzgebietsauswahl unmittelbar vom Mitgliedstaat Schutzgebiete auszuweisen.[309]

151 Derzeit sind EU-weit ca. 1500 Gebiete mit einer Fläche von 80000 qkm ausgewiesen. In Deutschland liegen davon über 500 Gebiete mit einer Fläche von 8600 qkm.[310]

152 Bei der Ausweisung sind die in der Vogelschutzrichtlinie bestimmten ornithologischen Kriterien zu beachten. Sie sind als Auswahlkriterien abschließend und gelten sowohl für das „Ob" als auch das „Wie" der Auswahl.[311] Bei der Festlegung der Schutzgebiete und des Schutzzwecks aufgrund Art. 4 Abs. 1 Vogelschutz-RL findet keine Abwägung der Schutzinteressen mit beliebigen anderen Interessen statt. Den Mitgliedstaaten kommt allerdings bei der Gebietsauswahl – auch unter Berücksichtigung des abschließenden Cha-

---

[309] Bei der Auswahl u. Abgrenzung eines besonderen Schutzgebiets auf der Grundlage des Art. 4 Abs. 1 o. 2 Vogelschutz-RL dürfen wirtschaftl. Erfordernisse nicht berücksichtigt werden, so *EuGH,* Urt. v. 11. 7. 1996 – Rs. C 44/95 –, NuR 1997, 36ff.

[310] BMU, Umweltbericht 1998, BT-Drs. 13/10735, S. 107.

[311] *EuGH,* Urt. v. 2. 8. 1993 – Rs C-355/90 –, NuR 1994, 521 (523) (Santona-Urteil); *ders.,* Urt. v. 11. 7. 1996 – Rs. C 44/95 –, NuR 1997, 36 (37f.) (Lappel-Bank-Urteil).

rakters der Auswahlkriterien – ein **Beurteilungsspielraum** zu.[312] Dieser Beurteilungsspielraum reduziert sich jedoch auf Null, wenn das Gebiet unbestritten von herausragender Bedeutung ist.[313] Nach der Rechtsprechung des *EuGH* dürfen die Mitgliedstaaten von den fachlichen Kriterien und Erfordernissen der Vogelschutzrichtlinie ausnahmsweise abweichen, wenn sie sich auf höhere allgemeine Interessen als die in der Richtlinie genannten ökologischen Gesichtspunkte stützen. Nur Interessen der Allgemeinheit, die dem Schutzinteresse der Richtlinie selbst übergeordnet sind, können somit berücksichtigt werden.[314]

Gem. § 19b Abs. 5 Nr. 2 BNatSchG unterliegen Europäische Vogel- **153**
schutzgebiete ab Bekanntgabe durch das Bundesministerium für Umwelt, Naturschutz und Reaktorsicherheit einem vorläufigen Schutz.[315]

Erfüllt ein Gebiet die ornithologischen Kriterien der Vogelschutzrichtlinie **154**
und ist aber noch keine Ausweisung getroffen, so sind die entsprechenden Gebiete als sog. faktisches Vogelschutzgebiete auf Grundlage der FFH-Richtlinie unmittelbar geschützt.[316]

b) Schutz ausgewiesener Gebiete

Um die ausgewiesenen Gebiete von gemeinschaftlicher Bedeutung und **155**
die Europäischen Vogelschutzgebiete vor Störungen zu schützen, ist für Projekte, Pläne und stoffliche Belastungen, die solche Gebiete beeinträchtigen können, eine Prüfung auf die Verträglichkeit mit den für diese Gebiete festgelegten Erhaltungszielen erforderlich.[317]

aa) Besondere Zulassungsanforderungen für Pläne und Projekte

Gem. § 19c Abs. 1 BNatSchG sind Projekte vor ihrer Zulassung oder **156**
Durchführung auf ihre Verträglichkeit mit den Erhaltungszielen eines Gebietes von gemeinschaftlicher Bedeutung oder eines Europäischen Vogelschutzgebietes zu überprüfen.[318]

---

[312] Vgl. *EuGH,* Urt. v. 28. 2. 1991 – Rs C-57/89 –, Kom./Deutschland, Slg. 1991 I, 924 (930) (Leybucht-Urteil); *ders.,* Urt. v. 2. 8. 1993 – Rs C-355/90 –, NuR 1994, 521 (523) (Santona-Urteil); *ders.,* Urt. v. 11. 7. 1996 – Rs. C 44/95 –, NuR 1997, 36 (37 f.) (Lappel-Bank-Urteil).

[313] *EuGH,* Urt. v. 2. 8. 1993 – Rs C-355/90 –, NuR 1994, 521 (523); *Iven,* NuR 1996, 373 (374).

[314] Vgl. *EuGH,* Urt. v. 2. 8. 1993 – Rs C-355/90 –, NuR 1994, 521 (523); *ders.,* Urt. v. 11. 7. 1996 – Rs. C 44/95 –, NuR 1997, 36 (37 f.); dazu auch *Winter,* ZUR 1994, 308.

[315] Zur Bedeutung des § 19b Abs. 5 BNatSchG näher *Apfelbacher/Adenauer/Iven,* NuR 1999, 63 (68 ff.).

[316] *EuGH,* Urt. v. 2. 8. 1993 – C-335/90 –, ZUR 1994, 305 (308); zum Habitatschutz für Vögel vgl. auch *Schmitz,* ZUR 1996, 12 ff.; vgl. auch *BVerwG,* Beschl. v. 21. 1. 1998 – 4 VR 3.97 –, ZUR 1998, 28 (33), das aber bei fehlender Umsetzung der FFH-RL davon ausgeht, daß dann das strengere Schutzregime der Vogelschutz-RL anzuwenden sei, m. Anm. v. *Fisahn;* vgl. dazu auch *BVerwG,* Urt. v. 19. 5. 1998 – 4 A 9.97 –, DVBl. 1998, 900 ff.

[317] Zum Umgang der Verträglichkeitsprüfung bei bestehenden u. potentiellen Schutzgebieten von gemeinschaftl. Bedeutung *Iven,* UPR 1998, 361 ff.

[318] Vgl. zur Verträglichkeitsprüfung für Vorhaben nach §§ 34, 35 BauGB *Düppenbecker/Greiving,* DVBl. 1999, 1014 ff.; zur FFH-Verträglichkeitsprüfung *Kaiser,* NuL 1998, 165 ff.; *Jessel,* NuL 1999, 69 ff.; *Beckmann/Lambrecht,* ZUR 2000, 1 ff.

157 Der Projektbegriff kann dabei in Anlehnung an die in Art. 1 Abs. 2 UVP-RL[319] enthaltene Legaldefinition konkretisiert werden.[320] Erfaßt werden danach die Errichtung baulicher und sonstiger Anlagen sowie Eingriffe in Natur und Landschaft einschließlich derjenigen zum Abbau von Bodenschätzen.

158 Gem. § 19d BNatSchG ist die Verträglichkeitsprüfung nach § 19c BNatSchG auch bei Linienbestimmungen und sonstigen Plänen sowie bei Raumordnungsplänen durchzuführen. Raumordnungspläne sind lediglich von den Vorgaben des § 19c Abs. 1 S. 1 BNatSchG freigestellt. Bei Bauleitplänen und Satzungen nach § 34 Abs. 1 S. 1 Nr. 3 BauGB ist die Verträglichkeit entsprechend § 19c Abs. 1 S. 2 und Abs. 2 bis Abs. 5 BNatSchG zu prüfen. Demgegenüber gilt die Pflicht zur Prüfung der Verträglichkeit gem. § 19c BNatSchG nicht für Bauvorhaben in Gebieten mit Bebauungsplänen nach § 30 BauGB und während der Planaufstellung nach § 33 BauGB (§ 19e Abs. 1 S. 1 BNatSchG).

159 Vorbenannte Pläne und Projekte erfordern eine Prüfung der Verträglichkeit mit den Erhaltungszielen des Gebiets. Verfahrenstechnisch reicht es aus, wenn in bestehenden Verwaltungsverfahren, die auf die Zulassung oder sonstige rechtliche Verwirklichung eines Plans oder Projekts gerichtet sind, ichergestellt ist, daß vor der Zulassung die Auswirkungen auf die Erhaltungsziele der Gebiete ermittelt werden. Diesen Anforderungen wird regelmäßig insoweit entsprochen, als nach Bundes- oder Landesrecht eine Umweltverträglichkeitsprüfung nach dem Gesetz zur Prüfung der Umweltverträglichkeit[321] durchgeführt wird.[322]

160 Bei Schutzgebieten i. S. d. § 12 Abs. 1 BNatSchG ergeben sich die Maßstäbe für die Verträglichkeitsprüfung aus dem Schutzzweck und den zu erlassenden Vorschriften.

161 Soweit die Prüfung der Verträglichkeit ergibt, daß das Projekt zu erheblichen Beeinträchtigungen eines ausgewiesenen Gebiets in seinen für die Erhaltungsziele und den Schutzzweck maßgeblichen Bestandteilen führen kann, so ist es unzulässig (§ 19b Abs. 2 BNatSchG). Dies gilt nicht nur für Störungen, die innerhalb des geschützten Gebietes entstehen und sich dort auswirken, sondern auch für solche, die außerhalb des Gebietes entstehen und sich auf das Gebiet auswirken.[323]

162 Ein Projekt darf gem. § 19c Abs. 3 BNatSchG nur dann zugelassen oder durchgeführt werden, soweit es aus zwingenden Gründen des überwiegenden öffentlichen Interesses, einschließlich solcher sozialer oder wirtschaftlicher Art, notwendig ist (Nr. 1) und zumutbare Alternativen, den mit dem Projekt verfolgten Zweck an anderer Stelle ohne oder mit geringeren Beeinträchtigungen zu erreichen, nicht gegeben sind (Nr. 2).[324] Dies gilt jedoch

---

[319] Richtlinie des Rates v. 27. 6. 1985 über die Umweltverträglichkeitsprüfung bei bestimmten öffentlichen u. privaten Projekten (85/337/EWG), ABl. EG Nr. L 175, S. 40, geänd. durch RL (97/11/EG) v. 3. 3. 1997, ABl. EG Nr. L 73, S. 5.

[320] *Freytag/Iven,* NuR 1995, 113; *Gellermann,* NuR 1996, 548 (551).

[321] V. 12. 2. 1990 (BGBl. I S. 205), zul. geänd. durch G v. 18. 8. 1997 (BGBl. I S. 2081); vgl. dazu bereits oben § 8 Rn. 64ff.

[322] *Iven,* NuR 1996, 373 (378).

[323] Vgl. dazu *BVerwG,* Beschl. v. 21. 1. 1998 – 4 VR 3.97 –, ZUR 1998, 28 (32).

[324] Zur Alternativenprüfung nach Art. 6 Abs. 4 FFH-RL vgl. *B. Erbguth,* DVBl. 1999, 588ff.; *Hoppe,* UPR 1999, 426ff.; *Beckmann/Lambrecht,* ZUR 1999, 2000, 1 (6ff.).

 BVerwG, U 27.10.00, DÖV 01, 687

nicht, wenn ein Projekt ein Gebiet mit prioritären Biotopen oder prioritären Arten betrifft. In diesem Fall können gem. § 19c Abs. 4 BNatSchG als zwingende Gründe des überwiegenden öffentlichen Interesses nur solche im Zusammenhang mit der Gesundheit des Menschen, der öffentlichen Sicherheit einschließlich der Landesverteidigung und des Schutzes der Zivilbevölkerung, oder den maßgeblich günstigeren Auswirkungen des Projekts auf die Umwelt geltend gemacht werden.[325] Weitere Gründe können gegebenenfalls dann ausreichen, wenn die zuständige Behörde zuvor über das Bundesministerium für Umwelt, Naturschutz und Reaktorsicherheit eine Stellungnahme der Kommission eingeholt hat.

bb) Besondere Anforderungen bei stofflichen Belastungen

Ist zu erwarten, daß von einer nach dem BImSchG genehmigungsbedürf- **163**
tigen Anlage Emissionen ausgehen, die, auch im Zusammenwirken mit anderen Anlagen oder Maßnahmen im Einwirkungsbereich dieser Anlage, ein Gebiet von gemeinschaftlicher Bedeutung oder ein Europäisches Vogelschutzgebiet in seinen für die Erhaltungsziele oder den Schutzzweck maßgeblichen Bestandteilen erheblich beeinträchtigen, und können die Beeinträchtigungen nicht entsprechend § 8 Abs. 2 BNatSchG ausgeglichen werden, steht dies der Genehmigung der Anlage gem. § 19e S. 1 BNatSchG entgegen, soweit nicht die Voraussetzungen des § 19c Abs. 3 BNatSchG i.V.m. § 19c Abs. 4 BNatSchG erfüllt sind.

c) Schutz vor Ausweisung der Gebiete

Für die Vogelschutzgebiete geht die Rechtsprechung des *EuGH* davon **164**
aus, daß die gebietsbezogenen Regelungen der Vogelschutzrichtlinie, d.h. die für die Ausweisung maßgeblichen Regelungen, unmittelbar für ein nicht benanntes Gebiet anzuwenden sind, wenn dieses aufgrund seiner herausgehobenen Bedeutung für den Vogelschutz als besonderes Gebiet hätte benannt werden müssen (sog. faktische Vogelschutzgebiete).[326]

Fraglich ist zunächst, ob nicht der Gebietsschutz der FFH-Richtlinie, d.h. die **165**
für die Ausweisung von FFH-Gebieten geltenden Vorgaben auf diese faktischen Vogelschutzgebiete zu erstrecken sind, da die Habitatschutzregelungen mit Ablauf der zur Umsetzung bestimmten Frist auch auf Vogelschutzgebiete anzuwenden sind.[327] Dagegen spricht jedoch, daß die Rechtsfolgen des Art. 7 FFH-RL nicht bereits durch die Erfüllung der ornithologischen Kriterien herbeigeführt werden sollen, sondern erst durch den förmlichen Akt der Unterschutzstellung.[328] Inso-

[325] Zur Auslegung des Begriffs „Gründe des Gemeinwohls" in Art. 4 Abs. 1 o. 2 Vogelschutz-RL vgl. *EuGH,* Urt. v. 28. 2. 1991 – Rs. C 57/89 –, Kom./Deutschland, Slg. 1991 I, 924 (930) (Leybucht-Urteil); *ders.,* Urt. v. 2. 8. 1993 – Rs C-355/90 –, NuR 1994, 521 ff. (Santona-Urteil); *ders.,* Urt. v. 11. 7. 1996 – Rs. C 44/95 –, NuR 1997, 36 ff. (Lappel Bank-Urteil), wonach wirtschaftl. Gründe nicht erfaßt werden.

[326] *EuGH,* Urt. v. 11. 7. 1996 – Rs. C 44/95 –, NuR 1997, 36 (37 f.) (Lappel-Bank-Urteil); vgl. auch *BVerwG,* Urt. v. 19. 5. 1998 – 4 C 11/96 –, NVwZ 1999, 528 (530 f.); zum Umgang mit bestehenden u. potentiellen Schutzgebieten von gemeinschaftl. Bedeutung *Iven,* UPR 1998, 361 ff.

[327] Vgl. dazu *Gellermann,* NuR 1996, 548 (549); Rengeling, UPR 1999, 281 (282 ff.).

[328] *Gellermann,* NuR 1996, 548 (449).

fern unterscheidet der *EuGH* bei faktischen Vogelschutzgebieten die Ausweisungspflicht, die sich nach der Vogelschutzrichtlinie, und das Schutzregime, das sich nach der FFH-Richtlinie richtet.[329] Demgegenüber deutet das *BVerwG* an, daß in diesem Fall das strengere Schutzregime der Vogelschutzrichtlinie gelten könnte. Dem Mitgliedstaat solle aus der fehlenden Umsetzung kein Vorteil erwachsen.[330]

166 Hinsichtlich der Gebiete von gemeinschaftlicher Bedeutung ist die Bundesrepublik Deutschland der Frist zur Vorlage einer Liste mit FFH-Gebieten bis zum 5. 6. 1998 nicht nachgekommen.[331] Deshalb stellt sich auch hier die Frage, ob für Gebiete, die die naturschutzrechtlichen Kriterien der FFH-Richtlinie erfüllen (sog. potentielle FFH-Gebiete), das Schutzregime der FFH-Richtlinie unmittelbar Anwendung finden kann. Dies wird insbesondere für den Fall angenommen, daß ein Mitgliedstaat der EU-Kommisssion keine Liste zugesandt hat, für ein Gebiet die sachlichen Kriterien nach Art. 4 Abs. 1 FFH-RL erfüllt sind und die Aufnahme in ein kohärentes ökologisches Netz im Zusammenhang mit anderen, bereits unter förmlichen Schutz gestellten Gebieten bestimmend sein kann. In diesem Fall dürfe dem Mitgliedstaat kein rechtlicher Vorteil daraus erwachsen, daß er bei der Europäischen Kommission keine entsprechende Liste eingereicht habe.[332]

167 Dagegen spricht, daß für die Auswahl eines FFH-Gebiets ein nationales und europäisches Auswahlverfahren durchzuführen ist, in dessen Verlauf sich ein Mitgliedstaat der Benennung eines FFH-Gebiets aufgrund des Einstimmigkeitserfordernisses auch im Konzertierungsverfahren erwehren kann. Dieser Spielraum würde entfallen, wenn bereits sog. potentielle FFH-Gebiete dem Schutzregime der FFH-Richtlinie unterstellt würden.[333]

E. Artenschutz

168 Wegen des besorgniserregenden Rückgangs von Tier- und Pflanzenarten in der Bundesrepublik Deutschland[334] ist der Artenschutz zu einem vorrangigen Ziel der Umweltpolitik geworden.[335] Seiner Verbesserung dienen umfassende Novellierungen im BNatSchG,[336] in der Bundesartenschutzverord-

[329] So *EuGH,* Urt. v. 11. 7. 1996 – Rs. C 44/95 –, NuR 1997, 36 (37 f.) (Lappel-Bank-Urteil).

[330] *BVerwG,* Beschl. v. 21. 1. 1998 – 4 VR 3.97 –, ZUR 1998, 28 (32); *dass.,* Urt. v. 19. 5. 1998 – 4 A 9.97 –, DVBl. 1998, 900 ff.

[331] Dazu auch *Rengeling,* UPR 1999, 281 (282 ff.).

[332] So zunächst im Wege des vorläufigen Rechtsschutzes *BVerwG,* Beschl. v. 12. 1. 1998 – 4 VR 3.97 –, ZUR 1998, 28 (34), alsdann im Hauptsacheverfahren *BVerwG,* Urt. v. 19. 5. 1998 – 4 A 9.97 –, DVBl. 1998, 900 ff.; dazu auch *Stüber,* NuR 1998, 531 ff.

[333] *Fisahn,* ZUR 1998, 34 (37).

[334] Siehe oben § 1 Rn. 49 f.; SRU, Umweltgutachten 1987, BT-Drs. 11/1568, Tz. 425 ff.

[335] Zur Komplexität des Artenschutzes am Beispiel des Elefantenschutzes vgl. *Emonds/Emonds,* NuR 1997, 65 ff.

[336] Zu einer geplanten umfassenden Novellierung der §§ 20 ff. BNatSchG vgl. Beschlußempfehlung des Vermittlungsausschusses v. 14. 1. 1998 BT-Drs. 13/9638.

nung[337] und der Bundeswildschutzverordnung.[338] Dabei entfernt sich der Artenschutz immer stärker von dem isolierten Schutz einzelner Tier- und Pflanzenarten hin zum umfassenden **Biotopschutz**, der darauf abzielt, die Gesamtheit der wildlebenden Tiere und wildwachsenden Pflanzen in optimaler natürlicher Vielfalt und Bestandsdichte an ökologisch funktionsfähigen Lebensstätten zu schützen und zu pflegen.[339]

Als die bedeutendste Ursache der Gefährdung der wildlebenden Pflanzen- 169
und Tierarten wird die Biotopzerstörung und -entwertung angesehen.[340] Hauptverursacher des Arten- und Biotoprückgangs ist wegen der großen von ihr beeinflußten Flächen und der Intensität der Bewirtschaftung die Landwirtschaft.[341] Zu den stark gefährdeten Lebensräumen gehören naturnahe Küsten- und Gebirgsbiotope, nährstoffarme Gewässer, Moore, Feuchtwiesen, Bruch- und Auenwälder, Heiden und Magerrasen.

Beispiel: Um 1800 waren noch 4,5% der Fläche der Bundesrepublik von Hoch- und Niedermoor bedeckt. Nach großflächiger Trockenlegung und Abtorfung sind heute nur noch 0,6% unkultiviertes Moor- und Sumpfland vorhanden, das in kleinen Resten in der intensiv genutzten Kulturlandschaft zerstreut und fast ausnahmslos von Menschen stark beeinträchtigt ist.[342]

Besonders gefährdet sind nach dem Naturschutzprogramm des BMU auch unzer- 170
schnittene Lebensräume für Tierarten mit großflächigem Raumanspruch (z. B. große ungestörte Waldgebiete im Bergland für das Auerhuhn oder Feuchtwiesen für Brachvogel und Uferschnepfe) sowie in der Agrarlandschaft liegende Landschaftselemente (Raine, Hecken, Tümpel, Erdaufschlüsse u. ä.) und im Waldbereich Naturwaldreste, Gruppen aus überständigem Altholz sowie dickstämmiges Faulholz.

Das Artenschutzrecht ist in den §§ 20ff. BNatSchG, der Bundesarten- 171
schutzverordnung sowie in internationalen Artenschutzabkommen[343] und in EG-rechtlichen Vorschriften[344] sowie in landesrechtlichen Regelungen[345] geregelt.

---

[337] Verordnung zum Schutz wildlebender Tier- u. Pflanzenarten (Bundesartenschutzverordnung – BArtSchV) i. d. F.d. Bek. v. 18. 9. 1989 (BGBl. I S. 1677, ber. S. 2011), zul. geänd. durch VO v. 14. 10. 1999 (BGBl. I S. 1955); soweit die EG-Artenschutzverordnung die Beschränkung der Ein- u. Ausfuhr besonders geschützter Tier- u. Pflanzenarten regelt, konnten diese Vorschriften in der Bundesartenschutzverordnung entfallen; gleiches gilt für Regelungsbereiche, die Aufnahme in das BNatSchG gefunden haben, wie etwa Vorschriften über die Vermarktung gezüchteter Wirbeltiere oder die Unterschutzstellung bestimmter Arten.

[338] Vgl. die Artenschutznovelle des BNatSchG v. 10. 12. 1986 (BGBl. I S. 2349); die Änderung der Bundesartenschutzverordnung v. 14. 10. 1999 (BGBl. I S. 1955) u. die Novellierung der Bundeswildschutzverordnung v. 14. 10. 1999 (BGBl. I S. 1955); zum NaturschutzR nach der Artenschutznovelle siehe *Apfelbacher,* NuR 1987, 241 ff.; Schmidt, NVwZ 1987, 1037 ff.; zur Kritik an der Artenschutznovelle siehe auch SRU, Umweltgutachten 1987, BT-Drs. 11/1568, Tz. 432 ff.

[339] *Soell,* in: Salzwedel, Grundzüge des UmweltR, 1. Aufl., S. 545; *Blab,* in: Olschowy, Natur- u. Umweltschutz, S. 785 ff.; zum Biotopschutz siehe außerdem *Fischer-Hüftle,* NuR 1986, 242 ff.; zum Arten- u. Biotopschutz in der EG ferner *Gellermann,* in: Rengeling, EUDUR, Bd. 2, § 79 Rn. 13 ff. u. 53 ff.

[340] Vgl. dazu Naturschutzprogramm des BMU, Stand: September 1987, S. 24 f.

[341] Vgl. SRU, Umweltgutachten 1987, BT-Drs. 11/1568, Tz. 425.

[342] Naturschutzprogramm des BMU, Stand: September 1987, S. 25.

[343] Vgl. dazu bereits oben § 14 Rn. 20.

[344] Vgl. dazu bereits oben § 14 Rn. 19.

[345] Vgl. z. B. § 30 Abs. 5 NatSchG BW, Art. 18 Abs. 2 BayNatSchG, § 23 HENatG.

Hamann, DVBl 97, 401

I. Artenschutz im Bundesnaturschutzgesetz

172 Im BNatSchG dienen dem Artenschutz und insbesondere auch dem Biotopschutz u.a. die bereits erörterten Regelungen über die Landschaftsplanung, die Eingriffsregelung, die Vorschriften über die Ausweisung von Schutzgebieten, hier insbesondere von Schutzgebieten von gemeinschaftlicher Bedeutung und von Vogelschutzgebieten.

173 Überdies ist er im insgesamt novellierten Fünften Abschnitt in §§ 20ff. BNatSchG vertieft.[346] Nach der Legaldefinition des § 20 Abs. 1 S. 1 BNatSchG ist Artenschutz der Schutz und die Pflege der wildlebenden Tier- und Pflanzenarten in ihrer natürlichen und historisch gewachsenen Vielfalt. Der Artenschutz umfaßt nach § 20 Abs. 1 S. 2 BNatSchG

- den Schutz der Tiere und Pflanzen und ihrer Lebensgemeinschaften vor Beeinträchtigungen durch den Menschen, insbesondere durch den menschlichen Zugriff (Nr. 1),
- den Schutz, die Pflege, die Entwicklung und die Wiederherstellung der Biotope wildlebender Tier und Pflanzenarten sowie die Gewährleistung ihrer sonstigen Lebensbedingungen (Nr. 2),
- die Ansiedlung von Tieren und Pflanzen verdrängter wildlebender Arten in geeigneten Biotopen innerhalb ihres natürlichen Verbreitungsgebietes (Nr. 3).[347]

174 Dazu enthält § 20a Abs. 1 BNatSchG zunächst u.a. die Legaldefinition für Tiere (Nr. 1), Pflanzen (Nr. 2), heimische Art (Nr. 5), europäische Vogelarten (Nr. 6), besonders geschützte Arten (Nr. 7) sowie streng geschützte Arten (Nr. 8).[348]

175 Durch § 20b BNatSchG werden die Länder verpflichtet, Maßnahmen zur Verwirklichung der in § 20 Abs. 1 BNatSchG genannten Ziele zu treffen. Die Art und Weise der Umsetzung ist dabei den Ländern überlassen.[349]

176 Zu unterscheiden sind das *allgemeine* und das *besondere* Artenschutzrecht.[350]

1. Allgemeiner Artenschutz

177 Zum allgemeinen Artenschutzrecht zählt das Recht, das sich auf alle wildwachsenden Pflanzen und wildlebenden Tiere bezieht, für die nicht durch namentliche Einzelaufnahme in einer Artenliste ein besonderes Artenschutzrecht geregelt worden ist.

a) Biotopschutz

178 Unter den allgemeinen Artenschutz fällt das Recht des Schutzes der Lebensstätten, Lebensräume und Lebensgemeinschaften der wildwachsenden

---

[346] Zur Verfassungsmäßigkeit der mit unmittelbarer Geltung ausgestatteten Regelungen des Artenschutzes *BVerfG,* Beschl. v. 17. 1. 1996 – 2 BvR 589/92 –, NuR 1996, 400ff.; auch der Kommissionsentwurf zum UGB hält an diesen Bestimmungen inhaltl. im wesentl. fest, vgl. BMU, UGB-KomE, S. 939.

[347] Vgl. zu den Zielen des Artenschutzes § 286 UGB-KomE, der zudem die in der Artenvielfalt angelegte genetische Vielfalt als Bestandteil der biologischen Vielfalt mit erfaßt, vgl. BMU, UGB-KomE, S. 216f., 940, 942; dazu auch *Blab/Klein/Ssymank,* NuL 1995, 11ff.

[348] Vgl. zu den Begriffsbestimmungen § 288 UGB-KomE, BMU, UGB-KomE, S. 217f., 943f.

[349] Enger § 287 UGB-KomE, vgl. BMU, UGB-KomE, S. 217, 940, 943.

[350] Vgl. zu dieser Unterscheidung ausführl. *Schmidt-Räntsch,* HdUR, Bd. 1, Sp. 47ff.

 Gellermann, DVBl 05, 73

Pflanzen und wildlebenden Tiere, d.h. der *Biotopschutz*.[351] Zum Schutz bestimmter Biotope (Moore, Sümpfe, Naßwiesen, Quellbereiche, Trockenrasen,[352] Bruch-, Sumpf- und Auwälder, Fels- und Steilküsten, offene Felsbildungen etc.) sieht § 20c BNatSchG vor, daß Maßnahmen, die zu einer Zerstörung oder sonstigen erheblichen oder nachhaltigen Beeinträchtigung dieser Biotope führen können, unzulässig sind.[353] Es handelt sich dabei um ein generelles Flächenveränderungsverbot für selten gewordene Biotope, für das die Landwirtschaftsklausel des § 8 Abs. 7 BNatSchG nicht gilt.[354]

Gem. § 20c Abs. 2 BNatSchG werden die Länder allerdings ermächtigt, Ausnahmen allgemein, d.h. ohne behördliche Einzelfallprüfung zuzulassen, wenn die Beeinträchtigungen der Biotope ausgeglichen werden können oder die Maßnahmen aus überwiegenden Gründen des Gemeinwohls notwendig sind.[355] Überdies können gem. § 31 Abs. 1 BNatSchG von den Verboten Befreiungen gewährt werden. **179**

b) Verbote

Zum allgemeinen Artenschutzrecht zählen ferner gem. § 20d Abs. 1 BNatSchG u.a. Verbote, **180**

- wildlebende Tiere mutwillig zu beunruhigen oder ohne vernünftigen Grund zu fangen, zu verletzen oder zu töten (Nr. 1),
- ohne vernünftigen Grund wildlebende Pflanzen von ihrem Standort zu entnehmen oder zu nutzen oder ihre Bestände niederzuschlagen oder auf sonstige Weise zu verwüsten (Nr. 2),
- ohne vernünftigen Grund Lebensstätten wildlebender Tier- und Pflanzenarten zu beeinträchtigen oder zu zerstören (Nr. 3).[356]

Zum Verbotstatbestand des allgemeinen Artenschutzes gehört ferner das Aussetzen gebietsfremder Tiere gem. § 20d Abs. 2 BNatSchG.[357] **181**

---

[351] Vgl. zum Biotopschutz §§ 269, 270 UGB-KomE, wo er im Zusammenhang mit dem besonderen Flächenschutz u. nicht im Zusammenhang mit dem Artenschutz geregelt ist, vgl. BMU, UGB-KomE, S. 210, 915.

[352] Erfaßt wird auch Halbtrockenrasen vgl. *VGH Kassel,* Beschl. v. 29. 12. 1992 – 14 TH 668/92 –, NVwZ-RR 1993, 348ff.

[353] Zur Verfassungswidrigkeit des § 62 LG NW, der die erhebl. Beeinträchtigung oder Zerstörung von Biotopen verbietet vgl. *OVG Münster,* Beschl. v. 15. 8. 1994 – 7 A 2883/92 –, ZUR 1995, 268ff. m. Anm. v. *Schink*; krit. auch *Gellermann,* NuR 1995, 227ff.; *Louis/Kortebein,* NuR 1997, 216ff.; zur Verfassungsmäßigkeit wegen der Möglichkeit der verfassungskonformen Auslegung *BVerfG,* Beschl. v. 16. 9. 1998 – BvL 21/94-, NuR 1999, 99; auch *OVG Lüneburg,* Urt. v. 23. 8. 1994 – 3 L 3939/93 –, NuR 1995, 470ff.; zum Biotopschutz mittels eines Aufforstungsverbotes vgl. *OVG Münster,* Urt. v. 3. 3. 1999 – 7 A 2883/92 –, UPR 1999, 360.

[354] § 269 UGB-KomE hält an dem generell-abstrakten Schutzansatz des § 20c BNatSchG fest, BMU, UGB-KomE, S. 210, 217.

[355] Davon haben die Länder weitgehend Gebrauch gemacht; so sehen z.B. die § 37 Abs. 5 NdsNatSchG, § 62 Abs. 2 S. 1 LG NW, § 24 Abs. 2 S. 2 LPflG RP, § 25 Abs. 3 S. 1 SNG Ausnahmen mit Einzelfallprüfung vor, während § 33 Abs. 1 BremNatSchG von einer Einzelfallprüfung absieht; krit. dazu BMU, UGB-KomE, S. 916f. wonach die Ausnahmemöglichkeit zugungsten einer erweiterten Befreiungsmöglichkeit aufgegeben wird.

[356] Vgl. auch § 291 UGB-KomE, BMU, UGB-KomE, S. 218, 944f.

[357] Vgl. auch § 292 UGB-KomE, BMU, UGB-KomE, S. 219, 945.

2. Besonderer Artenschutz

182 Der besondere Artenschutz hat im BNatSchG eine Ausdehnung erfahren und gilt im Unterschied zu den übrigen Regelungen des BNatSchG als Vollregelung. Er bezieht sich auf einzelne Pflanzen- und Tierarten, die in besonderen Artenlisten namentlich aufgezählt sind.

183 So können nach § 20e Abs. 1 S. 1 BNatSchG bestimmte wildlebende Tier- und Pflanzenarten oder Populationen solcher Arten durch Rechtsverordnung unter besonderen Schutz gestellt werden, soweit es sich um heimische Arten handelt, die im Inland durch den menschlichen Zugriff in ihrem Bestand gefährdet sind, oder soweit es sich um Arten handelt, die u.a. mit solchen gefährdeten Arten verwechselt werden können. Dies bezieht sich gem. § 20e Abs. 1 BNatSchG nicht auf Tierarten, die dem Jagdrecht unterliegen. § 20e Abs. 1 BNatSchG findet seine Konkretisierung in den Vorschriften und Anhängen der Bundesartenschutzverordnung.[358]

184 Ferner können nach § 20e Abs. 2 und 3 BNatSchG durch Rechtsverordnung *heimische und nichtheimische Arten oder Populationen solcher Arten,* die u.a. in den Anhängen der EG-Artenschutzverordnung[359] aufgeführt sind, unter besonderen Schutz gestellt werden.[360] Im Wege des sog. Negativlisten-Prinzips werden im Anhang A und B der EG-Artenschutzverordnung diejenigen Arten aufgeführt, die durch den internationalen Handel bzw. in ihrem Bestand bedroht sind.

185 Für die besonders geschützten Arten gelten spezielle **Nutzungs-, Verwertungs- und Handelsverbote** (vgl. §§ 20f bis 23 BNatSchG).[361] So ergeben sich aus § 20f BNatSchG Schädigungs-,[362] Besitz-,[363] Verarbeitungs-, Vermarktungs- und sonstige Verkehrsverbote. Ferner gelten die umfangreichen Ein- und Ausfuhrbestimmungen der §§ 21e ff. BNatSchG.[364]

186 Um einen effektiven Gesetzesvollzug zu ermöglichen enthält § 22 BNatSchG eine **Nachweispflicht** hinsichtlich der Berechtigung zum Besitz

---

[358] Verordnung zum Schutz wildlebender Tier- und Pflanzenarten (Bundesartenschutzverordnung – BArtSchV) i.d.F.d. Bek. v. 18. 9. 1989 (BGBl. I S. 1677, ber. S. 2011), zul. geänd. durch VO v. 14. 10. 1999 (BGBl. I S. 1955).

[359] Verordnung über den Schutz von Exemplaren wildlebender Tier- u. Pflanzenarten durch Überwachung des Handels (EG-Artenschutzverordnung) v. 9. 12. 1996 (EG) Nr. 338/97, ABl. EG 1997 Nr. L 61, S. 1; sie ersetzt die VO des Rates zur Anwendung des Übereinkommens über den internationalen Handel mit gefährdeten Arten freilebender Tiere u. Pflanzen in der Gemeinschaft (EWG) 3626/82 v. 3. 12. 1982, ABl. EG Nr. L 384 v. 31. 12. 1982, S. 1, letzte Änd. ABl. EG Nr. L 57 v. 15. 3. 1995, S. 1.

[360] Krit. dazu *Emonds,* NuR 1997, 26 (28).

[361] Vgl. dazu ausführl. *Schmidt-Räntsch,* HdUR, Bd. 1, Sp. 147 (152ff.); zum ArtenschutzR am Beispiel des Greifvogelschutzes siehe *Emonds,* NuR 1987, 112ff.; *ders.,* NuR 1986, 246f.; zur Aufzeichnungspflicht nach der Bundesartenschutzverordnung 1986 siehe *Wirth,* NJW 1987, 552ff.; zum internationalen Artenschutz siehe auch ders., NuR 1987, 26ff.

[362] Dazu *VG Stuttgart,* Beschl. v. 21. 10. 1998 – 3 K 3411/98 –, NuR 1999, 176ff.

[363] Zur Beweislast für die Besitzberechtigung bei geschützten Tieren *OLG Düsseldorf,* Beschl. v. 8. 3. 1996 – 5 S 99 (OWi) 373/95 – (OWi) 167/95 I –, NVwZ 1996, 934.

[364] Zu § 21f Abs. 2 BNatSchG *BVerfG,* Beschl. v. 17. 1. 1996 – 2 BvR 589/93 –, NuR 1996, 400ff.

für den Besitzer von besonders geschützten lebenden Tieren und Pflanzen, aber auch von toten Exemplaren und Erzeugnissen. Auch den Anforderungen dieses besonderen Artenschutzes nicht unterliegender Altbesitz muß nachgewiesen werden.

II. Artenschutz in der Bundesartenschutzverordnung

Die Bundesartenschutzverordnung hat zum Inhalt 187

- die Bestimmung der besonders geschützten Arten und der der Ein- und Ausfuhrregelung unterliegenden Arten einschließlich der dem Jagdrecht unterliegenden Arten,
- eine Liste der ohne weiteres erkennbaren Teile und Erzeugnisse von Tieren wildlebender Arten,
- einen Katalog der verbotenen Tötungs- und Fangmethoden sowie verbotener Geräte,
- Aufzeichnungspflichten vom Handel mit geschützten Arten,
- Regelung der Zucht und Haltung sowie der Vermarktung von Tieren besonders geschützter Arten,
- Kennzeichnung von legal erworbenen Tieren und Pflanzen.

III. Artenschutz in der EG-Artenschutzverordnung

Die EG-Artenschutzverordnung[365] setzt das Washingtonner Artenschutzübereinkommen in den Mitgliedstaaten der EG einheitlich um. Die EG-Artenschutzverordnung sowie die hierzu ergangene Durchführungsverordnung[366] sind unmittelbar geltendens Recht in den Mitgliedstaaten. Um den internationalen Handel mit wildlebenden Tieren und Pflanzen nicht zu einer Bedrohung für deren Überleben werden zu lassen, sind viele Arten durch die EG-Artenschutzverordnung geschützt. Die EG-Artenschutzverordnung listet die Geschützten Arten in vier Anhängen von A bis D auf. Es überwacht zudem den grenzüberschreitenden Handel mit Tieren und Pflanzen der geschützten Arten und gilt auch für Hybriden und gezüchtete Exemplare von geschützten Arten. Für die Ein-, Aus- und Wiederausfuhr bedarf es einer Genehmigung. Zuständig für die Erteilung der erforderlichen Dokumente in der Bundesrepublik Deutschland ist das Bundesamt für Naturschutz in Bonn. 188

F. Erholung in Natur und Landschaft

Der Erholung in Natur und Landschaft mißt der Gesetzgeber trotz der damit verbundenen Landschaftsbelastungen einen hohen Wert bei. Im BNatSchG hat er der Erholung in Natur und Landschaft einen eigenen, den Sechsten Abschnitt gewidmet (vgl. §§ 27ff. BNatSchG). Das Recht zum Betreten von Wald und Flur ist in Bayern sogar grundrechtlich in Art. 141 Abs. 3 S. 1 BayVerf garantiert. Die Einbeziehung der Erholung in der freien Natur in das Aufgabengebiet des Naturschutzes löst mit wachsender Freizeit 189

[365] Verordnung über den Schutz von Exemplaren wildlebender Tier- und Pflanzenarten durch Überwachung des Handels (EG-Artenschutzverordnung) v. 9. 12. 1996 (EG) Nr. 338/97, ABl. EG Nr. L 61 v. 3. 3. 1997, S. 1.

[366] V. 26. 5. 1997 (EG) Nr. 939/97, ABl. EG Nr. L 140 v. 30. 5. 1997, S. 9.

der Bevölkerung jedoch erhebliche Gefahren für die Natur aus.[367] Das Bundesnaturschutzrecht sichert die Erholung in der Natur einerseits durch das in § 27 BNatSchG geregelte **Betretungsrecht** und zum anderen durch eine Verpflichtung der öffentlichen Gebietskörperschaften zur **Bereitstellung von Grundflächen** (§ 28 BNatSchG).

I. Betretungsrecht

190 Gem. § 27 Abs. 1 BNatSchG ist das Betreten der Flure auf Straßen und Wegen sowie auf ungenutzten Grundflächen zum Zwecke der Erholung auf eigene Gefahr gestattet.[368] Gem. § 27 Abs. 2 und 3 BNatSchG können die Länder gesetzliche Einschränkungen oder Erweiterungen des Betretungsrechts vorsehen. Sie haben von dieser Ermächtigung in einer Vielgestaltigkeit Gebrauch gemacht,[369] die den Wunsch nach einer Vereinheitlichung und Vereinfachung des bundesweit geltenden Betretungsrechts nahelegt.[370]

191 Das Betretungsrecht des § 27 Abs. 1 BNatSchG bezieht sich nur auf die freie Landschaft außerhalb des Waldes und der Wasserflächen. Das Waldbetretungsrecht ist speziell in § 14 BWaldG und den entsprechenden Landesforstgesetzen geregelt.[371] Die Benutzung der Wasser- bzw. Eisflächen unterfällt dem Regelungsbereich des Wasserrechts.[372] Die Betretungsbefugnis gilt für jedermann. Sie erstreckt sich auf das Mitführen von Kinderwagen, Schlitten, Fahrrädern und ähnlichen Gegenständen sowie auf sportliche Betätigungen und auf das Rasten und Lagern.[373] Das allgemeine Betretungsrecht unterliegt allerdings zahlreichen **Einschränkungen**. Das Recht ist nur zum Zwecke der Erholung eingeräumt. Es darf außerdem nur im Rahmen der Allgemeinwohlverträglichkeit wahrgenommen werden.[374] Das Betretungsrecht gilt zudem nur auf Straßen, Wegen und ungenutzten Grundflächen. Zu den ungenutzten Grundflächen zählt zwar z.B. das Stoppelfeld nach der Ernte, nicht jedoch der Acker zwischen Aussaat und Ernte.[375] Landesrechtlich sind Einschränkungen des Betretungsrechts zum Schutz von Forstkulturen, Schonungen, Pflanzgärten etc. vorgesehen.[376] Nach einer Reihe von landesrechtlichen Regelungen können Einschränkungen auch von Naturschutzbehörden durch Rechtsverordnung oder Einzelweisung zum Schutz landespflegerischer Vorhaben, zur Regelung des Erholungsver-

---

[367] Vgl. dazu SRU, Umweltgutachten 1987, BT-Drs. 11/1568, Tz. 447.

[368] Ausführl. zum Betretungsrecht siehe *Carlsen,* HdUR, Bd. 1, Sp. 277ff.; *Soell,* in: Salzwedel, Grundzüge des UmweltR, 1. Aufl., S. 553ff.; *Thesmer,* AgrarR 1981, 180ff.

[369] Vgl. Art. 22ff. BayNatSchG, dazu *VGH München,* Urt. v. 4. 3. 1994 – Vf. 8.-VI-93 –, BayVBl. 1994, 305.

[370] *Carlsen,* HdUR, Bd. 1, Sp. 277 (286).

[371] Vgl. dazu unten § 16 Rn. 21.

[372] *Lorz,* NaturschutzR, § 27 Anm. 3.

[373] Zum Sonderproblem des Reitens in Natur u. Landschaft siehe ausführl. *Pielow,* NuR 1980, 53ff.; zu Reitverboten im Landschaftsschutzgebiet siehe *VGH München,* Urt. v. 12. 1. 1988 – Nr. 9 B 85 A 1712 –, NuR 1988, 291f.

[374] *Carlsen,* HdUR, Bd. 1, Sp. 244; *Soell,* in: Salzwedel, Grundzüge des UmweltR, 1. Aufl., S. 556.

[375] *Lorz,* NaturschutzR, § 27 Anm. 5.

[376] Vgl. dazu *Carlsen,* HdUR, Bd. 1, Sp. 282f.

kehrs oder aus sonstigen zwingenden Gründen des Allgemeinwohls angeordnet werden.[377] Schließlich können auch Eigentümer mit Genehmigung der Naturschutzbehörden aus wichtigem Grund die Betretung ihrer Grundstücke nach der vorherigen Genehmigung durch die zuständige Naturschutzbehörde untersagen.[378]

Fall: Der Kläger ist Eigentümer von Waldflächen im Bereich des Naturdenkmals „Bruchhauser Steine". Der unmittelbare Bereich um die „Bruchhauser Steine" ist als Naturschutzgebiet und Bodendenkmal ausgewiesen. Der Kläger legte vor Jahren Straßen, Wege, Parkplätze an und ergriff auch andere Maßnahmen (Belehrungstafeln, Papierkörbe etc.) zum Schutz des Waldes gegen Auswüchse des Massentourismus. Für den Zugang erhob er Eintrittsgeld. Nachdem ihm dies durch die zuständige Behörde untersagt wurde, beantragte der Eigentümer ca. 65 ha seines Waldes um die „Bruchhauser Steine" zu sperren, um sie gegen Entgelt auf den Wegen für Besucher wiederum zu öffnen. Der Antrag wurde abgelehnt. Die Klage des Eigentümers blieb ohne Erfolg. Das *OVG Münster* vertrat die Ansicht, das Waldbetretungsrecht sei unentgeltlich; ein Entgelt dürfe auch nicht zur Finanzierung schadenabwehrender oder den Waldbesuch fördernder Maßnahmen erhoben werden. Durch das Waldbetretungsrecht sei dem Waldbesitzer eine im Rahmen der Sozialbindung hinzunehmende öffentlich-rechtliche Duldungspflicht auferlegt worden. Eine Sperrung des Waldes könne keinesfalls genehmigt werden, wenn sie im wesentlichen dem Zweck dienen solle, für das Betreten des Waldgebietes ein Entgelt zu erheben.[379]

II. Bereitstellen von Grundflächen

Um die Möglichkeiten der Erholung der Bevölkerung noch zu verbessern, **192**
sieht § 28 BNatSchG neben dem Betretungsrecht die Verpflichtung der öffentlichen Hand vor, in ihrem Eigentum oder Besitz stehende Grundstücke, die sich nach ihrer Beschaffenheit für die Erholung der Bevölkerung eignen, in angemessenem Umfang für die Erholung bereitzustellen. Diese Verpflichtung gilt jedoch nur, solange sie mit der öffentlichen Zweckbindung der Grundstücke vereinbar ist.

G. Mitwirkung von Verbänden und naturschutzrechtliche Befreiungen

Der 7. Abschnitt des BNatSchG enthält in den §§ 29 ff. BNatSchG einige **193**
ergänzende Vorschriften. Neben der Bußgeldregelung des § 30 BNatSchG und der Strafvorschrift des § 30a BNatSchG, die Verstöße gegen die unmittelbar geltenden bundesrechtlichen Verbote ahnden,[380] sind die **Mitwirkung von Naturschutzverbänden** und die **naturschutzrechtlichen Befreiungen** geregelt.

[377] *Soell,* in: Salzwedel, Grundzüge des UmweltR, 1. Aufl., S. 557.

[378] Vgl. z. B. § 54 Abs. 1 LG NW.

[379] *OVG Münster,* Urt. v. 3. 12. 1985 – 20 A 2016/83 –, NuR 1986, 215.

[380] Vgl. *Bernatzky/Böhm,* BundesnaturschutzR, § 30 Rn. 2; zur Ahndung von Verstößen gegen naturschutzrechtl. Bestimmungen siehe auch *Lorz,* NuL 1981, 53 ff.; §§ 30, 30a BNatSchG sind die einzigen Ahndungsvorschriften im BNatSchG; Bußgeldregelungen sind i. ü. im LandesR geregelt.

I. Mitwirkung von Naturschutzverbänden

194 § 29 BNatSchG soll bundeseinheitlich ein Mindestmaß der Mitwirkung von Naturschutzverbänden gewährleisten.[381] Gem. § 29 Abs. 1 S. 1 BNatSchG ist rechtsfähigen Vereinen bei bestimmten Vorhaben, die den satzungsmäßigen Aufgabenbereich des Vereins berühren, Gelegenheit zur Äußerung sowie zur Einsicht in die einschlägigen Sachverständigengutachten zu geben. Die Mitwirkungsrechte bestehen

- bei der Vorbereitung von Verordnungen und auch im Range unter den Gesetzen stehenden Rechtsvorschriften der Naturschutzbehörden (Nr. 1),
- bei der Vorbereitung von Programmen und Plänen i. S. d. §§ 5 und 6 BNatSchG, soweit diese dem einzelnen gegenüber verbindlich sind (Nr. 2),[382]
- vor Befreiungen von Verboten und Geboten, die zum Schutz von Naturschutzgebieten und Nationalparken erlassen sind (Nr. 3)[383] und
- in Planfeststellungsverfahren[384] über Vorhaben, die mit Eingriffen in Natur und Landschaft i. S. d. § 8 BNatSchG verbunden sind (Nr. 4).[385]

195 Darüber hinaus eröffnen die Naturschutz- und Landschaftspflegegesetze einiger Länder die Verbandsklage.[386]

196 Voraussetzung der Mitwirkungsrechte ist, daß die Verbände von der zuständigen Behörde anerkannt sind.[387] Da § 29 BNatSchG eine staatsfreie Bürgerbeteiligung sicherstellen soll, können Körperschaften des öffentlichen Rechts – also z. B. Jagdgenossenschaften – nicht Naturschutzverband i. S. v. § 29 BNatSchG sein.[388] Gem. § 29 Abs. 2 BNatSchG ist die Anerkennung auf Antrag des Vereins zu erteilen, wenn der Verein

---

[381] *Lorz,* NaturschutzR, § 29 Anm. 1 b; *Emonds/Kolodziejcok,* NuL 1977, 35; zur Verbandsbeteiligung allg. *Bender,* HdUR, Bd. 2, Sp. 2554 ff.; *Waskow,* Mitwirkung von Naturschutzverbänden im Verwaltungsverfahren, passim; *Bender,* DVBl. 1977, 708 f.; krit. *Breuer,* NJW 1978, 1563 f.; *ders.,* in: v. Münch, BesVwR, 5. Abschn. Rn. 118 m. w. N.

[382] Da allenfalls Landschaftspläne gegenüber einzelnen verbindlich sind, setzt die Verbandsbeteiligung erst spät ein, krit. dazu *Soell,* in: Salzwedel, Grundzüge des UmweltR, 1. Aufl., S. 562 f.; *Kloepfer,* UmweltR, § 11 Rn. 114.

[383] Zur Anwendung des § 29 Abs. 1 Nr. 3 BNatSchG auf die Erteilung von Ausnahmen von den Vorschriften zum Schutz der gesetzl. geschützten Biotope gem. § 20 c Abs. 2 BNatSchG vgl. *Kuchler,* NuR 1996, 172 ff.

[384] Ein Beteiligungsrecht nach § 29 Abs. 1 S. 1 Nr. 4 BNatSchG besteht nur, wenn es einer Planfeststellung für das Vorhaben tatsächl. bedarf, vgl. *VGH München,* Urt. v. 13. 8. 1996 – 8 B 95 1786 –, NuR 1997, 147 f.

[385] Dies gilt auch für die Planänderung, wenn sich zusätzl. naturschutzrechtl. Fragen stellen, *BVerwG,* Urt. v. 12. 11. 1997 – 11 A 49.96 –, ZUR 1998, 76 (77); *VGH Kassel,* Urt. v. 1. 9. 1998 – 7 UE 2170/95 –, NuR 1999, 159 ff.

[386] So § 39 a BlnNatSchG, § 65 BbgNatSchG, § 44 BremNatSchG, § 41 HambNatSchG, § 36 HENatG, § 33 b SNG, § 51 NatSchG LSA, § 46 ThürNatSchG; zur Verfassungsmäßigkeit des § 39 a BlnNatSchG vgl. *BVerwG,* Urt. v. 18. 12. 1987 – 4 C 9/86 –, BVerwGE 78, 347 (349 ff.); zur subsidiären Klagemöglichkeit nach § 52 Abs. 1 NatSchG LSA vgl. *BVerwG,* Urt. v. 6. 11. 1997 – 4 A 16/97 –, NuR 1998, 254 ff.; zur Einführung eines Verbandsklagerechts ohne Geltendmachung eigener Rechte BT-Drs. 13/9323; zur Verbandsklage nach § 58 SächsNatSchG *VGH Sachsen,* Urt. v. 20. 4. 1995 – Vf. 18-II-93 –, NuR 1995, 402 ff.; zur Verbandsklage nach § 51 NatSchG LSA *OVG Magdeburg,* Beschl. v. 25. 9. 1998 – A 1/4 C 260/97 –, NuR 1999, 164 ff.

[387] Dazu *Louis,* NuR 1994, 381 ff.

[388] *OVG Saarlouis,* Beschl. v. 26. 6. 1985 – 2 R 269/83 –, NuR 1986, 81.

– nach seiner Satzung ideell und nicht nur vorübergehend vorwiegend die Ziele des Naturschutzes und der Landschaftspflege fördert (Nr. 1),
– nach seiner Satzung einen Tätigkeitsbereich hat, der mindestens das Gebiet eines Landes umfaßt (Nr. 2),
– die Gewähr für eine sachgerechte Aufgabenerfüllung bietet; dabei sind Art und Umfang seiner bisherigen Tätigkeit, der Mitgliederkreis sowie die Leistungsfähigkeit des Vereins zu berücksichtigen (Nr. 3),
– wegen Verfolgung gemeinnütziger Zwecke nach § 5 Abs. 1 Nr. 9 des Körperschaftssteuergesetzes von der Körperschaftssteuer befreit ist (Nr. 4),
– den Eintritt jedermann ermöglicht, der die Ziele des Vereins unterstützt (Nr. 5).

Bei der Anerkennung handelt es sich aufgrund der Formulierung in § 29 Abs. 2 BNatSchG um eine gebundene Entscheidung. 197

Fall: Die Klägerin, ein eingetragener Verein, ist Nachfolgerin des 1887 gegründeten Vereins Deutscher Gartenkünstler. Sie begehrt die Anerkennung als Naturschutzverband nach § 29 BNatSchG. Der *VGH Kassel* hat die Anerkennung abgelehnt, weil ein Verein, der nach seiner Satzung im wesentlichen die Garten-, Landschafts- und Friedhofskultur fördere und die enge Zusammenarbeit der gesamten Grünflächenplanung mit der Stadt- und Regionalplanung, der Landesplanung und der Raumordnung vertrete, nicht die Voraussetzung für die Anerkennung als Naturschutzverband gem. § 29 Abs. 2 S. 2 Nr. 1 BNatSchG, vorwiegend die Ziele des Naturschutzes und der Landschaftspflege zu fördern, erfülle.[389]

Die Anerkennung zur Mitwirkung bei Planungen und Maßnahmen des Bundes, die über das Gebiet eines Landes hinausgehen, setzt gem. § 29 Abs. 3 BNatSchG die Anerkennung voraus, daß der Verein einen Tätigkeitsbereich hat, der das Gebiet der Länder umfaßt, auf die sich die Planungen und Maßnahmen des Bundes beziehen. 198

Gegen die Versagung der Anerkennung und gegen die Rücknahme oder deren Widerruf gem. § 29 Abs. 5 BNatSchG kann Widerspruch oder Klage erhoben werden.[390] 199

Die Verbandsmitwirkung wurde vom Gesetzgeber als **Anhörungsverfahren** ausgestaltet. Die Verletzung materiellen Rechts kann indes nicht geltend gemacht werden.[391] Als Form der Verbandsmitwirkung sieht § 29 Abs. 1 S. 1 vor, daß den Naturschutzverbänden Gelegenheit zur Äußerung sowie zur Einsicht in die einschlägigen Sachverständigengutachten gegeben wird. Es besteht nach dem Wortlaut kein Anspruch auf Übersendung der einschlägigen Sachverständigengutachten.[392] Umstritten ist, ob § 29 Abs. 1 S. 1 BNatSchG auch ein Akteneinsichtsrecht gewährt.[393] 200

Die Vorschrift des § 29 Abs. 1 BNatSchG macht die Verbände nicht zu Verfahrensbeteiligten im engeren Sinne,[394] auch sind sie keine Träger öffent- 201

---

[389] *VGH Kassel,* Urt. v. 24. 10. 1985 – III OE 141/82 –, NuR 1986, 254.

[390] Zu den Klagemöglichkeiten der Verbände siehe oben § 11 Rn. 84ff.

[391] Vgl. dazu *BVerwG,* Beschl. v. 21. 7. 1997 – 4 NB 10.97 –, NuR 1998, 131ff.; *VGH Kassel,* Beschl. v. 19. 4. 1997 – 6 N 2349/96 –, NuR 1998, 208f.

[392] *BVerwG,* Beschl. v. 5. 10. 1993 – 4 A 9/93 –, ZUR 1994, 130; *Kloepfer,* UmweltR, § 11 Rn. 115.

[393] Dafür *VGH Kassel,* Beschl. v. 27. 8. 1982 – II TH 34/82 –, NVwZ 1982, 689 (690); *Bender/Sparwasser/Engel,* UmweltR, 3. Teil Rn. 248; *VGH Kassel,* Beschl. v. 7. 9. 1982 – II TG 40/82 –, NuR 1984, 30; a. A. *BVerwG,* Urt. v. 12. 11. 1997 – 11 A 49.96 –, ZUR 1998, 76 (77).

[394] *VGH Kassel,* Beschl. v. 27. 8. 1982 – II TH 34/82 –, NuR 1983, 22 (23); *VGH Mannheim,* Beschl. v. 4. 3. 1985 – 5 S 1899/84 –, NVwZ 1986, 320ff.

licher Belange.[395] § 29 Abs. 1 BNatSchG gibt den anerkannten Naturschutzverbänden aber ein subjektiv-öffentliches Recht auf Beteiligung, das selbständig im Klagewege durchgesetzt werden kann.[396] Eine weitergehende Verletzung materiellen Rechts können anerkannte Naturschutzverbände nicht geltend machen.[397]

202 Umstritten sind die Rechtsfolgen einer unterbliebenen oder fehlerhaften Verbandsmitwirkung. So soll die Gültigkeit der Rechtsvorschriften bei einer fehlerhaften Mitwirkung i. S. d. § 29 Abs. 1 Nr. 1 und 2 BNatSchG unberührt bleiben.[398] Die Verletzung des Beteiligungsrechts nach § 29 Abs. 1 Nr. 4 BNatSchG kann für einen anerkannten Naturschutzverband die Befugnis zur Erhebung einer Anfechtungsklage (§ 42 Abs. 2 VwGO) begründen.[399] Das Klagerecht hat sich jedoch erledigt, wenn die Anhörung nachgeholt wurde.[400] Unabhängig hiervon kann einem Verband als Eigentümer eines betroffenen Grundstücks die Klagebefugnis zur Anfechtung eines Verwaltungsaktes, z. B. einer Planfeststellung für einen Gewässerausbau, zustehen.[401] Ferner ist landesrechtlich vielfach die Möglichkeit der Verbandsklage vorgesehen.[402]

II. Naturschutzrechtliche Befreiung

203 Naturschutzrechtliche Gebote und Verbote in den aufgrund des BNatSchG erlassenen Rechtsvorschriften können im Einzelfall zu einer nicht beabsichtigten Härte führen. Deswegen sieht der Gesetzgeber in § 31 BNatSchG eine Befreiungsmöglichkeit vor, die dem § 31 Abs. 2 BauGB nachgebildet ist.[403] Die Befreiung steht gem. § 31 Abs. 1 BNatSchG im **Er-**

---

[395] *BVerwG,* Urt. v. 14. 5. 1997 – 11 A 43–96 –, BVerwGE 104, 367 (370 f.).

[396] *BVerwG,* Urt. v. 31. 10. 1990 – 4 C 7/88 –, BVerwGE 87, 62 (68); *VGH Mannheim,* Beschl. v. 17. 11. 1992 – 10 S 2234/92 –, DVBl. 1993, 163 (164); dazu auch *OVG Bautzen,* Entsch. v. 15. 5. 1994 – 1 S 209/94 –, SächsVBl. 1994, 206; zur Möglichkeit einer allgemeinen Leistungsklage bei Umgehung des Beteiligungsrechts durch Unterlassen einer Planfeststellung vgl. *BVerwG,* Beschl. v. 28. 11. 1995 – 11 VR 38.95 –, NuR 1996, 293 (294 f.); *dass.,* Urt. v. 14. 5. 1997 – 11 A 43–96 –, BVerwGE 104, 367 (370 f.); *OVG Sachsen-Anhalt,* Urt. v. 29. 3. 1995 – 4 L 299/93 –, DÖV 1995, 780; indes ist eine erneute Anhörung eines anerkannten Naturschutzverbandes bei einer bloßen Nachbesserung der Begründung einer Trassenwahl nicht erforderl., so *VGH Mannheim,* Urt. v. 22. 11. 1996 – 8 S 1006/96 –, NuR 1997, 449 ff.; anders, wenn neue den Naturschutz betreffende Untersuchungen angestellt werden, *BVerwG,* Urt. v. 12.12.1996 – 4 C 19.95 –, NuR 1997, 345 (346 f.); zur Frage der Beteiligung an Plangenehmigungen u. an Änderungen von Planfeststellungen ausführl. *Jarass,* NuR 1997, 426 ff.

[397] Dazu *BVerwG,* Urt. v. 5. 3. 1997 – 11 A 14.96 –, NuR 1997, 403 f.

[398] *Bender/Sparwasser/Engel,* UmweltR, 3. Teil Rn. 250; *Schmidt,* NVwZ 1988, 982 (987 ff.).

[399] *BVerwG,* Urt. v. 31. 10. 1990 – 4 C 7/88 –, NVwZ 1991, 162.

[400] *BVerwG,* Urt. v. 31. 10. 1990 – 4 C 7/88 –, BVerwGE 87, 62 (68 ff., 76); zur Möglichkeit der Heilung des Verfahrensfehlers durch ergänzendes Verfahren vgl. *BVerwG,* Urt. v. 12. 12. 1996 – 4 C 19.95 –, NuR 1997, 345 (347).

[401] *BVerwG,* Urt. v. 12. 7. 1985 – 4 C 40/83 –, BVerwGE 72, 15 (16).

[402] So § 39 a BlnNatSchG, § 65 BbgNatSchG, § 44 BremNatSchG, § 41 HambNatSchG, § 36 HENatG, § 33 b SNG, § 51 NatSchG LSA, § 46 ThürNatSchG; vgl. dazu ausführl. *Kloepfer,* UmweltR, § 11 Rn. 116; zur landesrechtl. Verbandsklage gegen Maßnahmen von Bundesbehörden vgl. *Kopp,* NuR 1994, 76 ff.; zur Verfassungsmäßigkeit der Verbandsklagemöglichkeit gem. § 58 SächsNatSchG vgl. *VerfGH Sachsen,* Urt. v. 19. 1. 1995 – Vf 18–11–93 –, ZUR 1995, 261 ff. m. Anm. v. *Wolf.*; zur Begrenzung des Vorbringens *BVerwG,* Urt. v. 24. 5. 1996 – 4 A 16/95 –, NuR 1997, 38 (40); *dass.,* Urt. v. 19. 5. 1998 – 4 A 9.97 –, ZUR 1998, 203 (205).

[403] Vgl. dazu *Stollmann,* DVBl. 1999, 746 ff.

messen der Naturschutzbehörde; das Vorliegen der Voraussetzungen für die Ermessensausübung ist jedoch gerichtlich voll überprüfbar.[404] Gem. § 31 Abs. 1 BNatSchG kann auf Antrag eine Befreiung gewährt werden, wenn die Durchführung der Vorschrift im Einzelfall zu einer nicht beabsichtigten Härte führen würde[405] und die Abweichung mit den Belangen des Naturschutzes und der Landschaftspflege zu vereinbaren ist oder zu einer nicht gewollten Beeinträchtigung von Natur und Landschaft führen würde oder überwiegende Gründe des Wohls der Allgemeinheit die Befreiung erfordern.[406]

Bei Befreiungen von Geboten und Verboten, die zum Schutz von Natur- **204**
schutzgebieten und Nationalparken erlassen sind, ist gem. § 29 Abs. 1 Nr. 3 BNatSchG – wie bereits erwähnt – den anerkannten Naturschutzverbänden Gelegenheit zur Äußerung zu geben.[407]

H. Organisation und Verfahren im Naturschutzrecht

Auf Bundesebene ist der Bundesminister für Umwelt, Naturschutz und **205**
Reaktorsicherheit zuständig. Ihm unterstehen zur wissenschaftlichen Unterstützung die Bundesforschungsanstalt für Naturschutz und Landeskunde und das Umweltbundesamt. Hinzu kommt seit 1990 das Bundesamt für Naturschutz,[408] das als selbständige Bundesoberbehörde das Bundesministerium für Umwelt in Fragen des Naturschutzes, der Landschaftsökologie und der Erholungsvorsorge unterstützen soll.

Die Durchführung des BNatSchG und der Landesgesetze obliegt den für **206**
Natur und Landschaftspflege zuständigen Landesbehörden (§ 3 Abs. 1 BNatSchG).

I. Sanktionen

Strafrechtlichen Schutz genießen Naturdenkmäler gem. § 304 Abs. 1 **207**
StGB vor gemeinschädlicher Sachbeschädigung. Danach wird mit einer Freiheitsstrafe bis zu drei Jahren oder mit einer Geldstrafe bestraft, wer rechtswidrig u. a. Naturdenkmäler beschädigt oder zerstört.

---

[404] Die Konzentrationswirkung des Planfeststellungsbeschlusses umfaßt die naturschutzrechtl. Befreiung mit, befreit aber nicht von der Beachtung der materiellen Befreiungsvoraussetzungen, vgl. *BVerwG,* Beschl. v. 26. 3. 1998 – 4 A 7/97 –, UPR 1998, 382.

[405] Zu den Voraussetzungen einer Befreiung von dem in einer Biosphärenreservat-VO enthaltenen Verbot baulicher Anlagen im Außenbereich für Windenergieanlagen vgl. *OVG Gera,* Urt. v. 6. 6. 1997 – 1 KO 570/94 –, ZUR 1998, 38 (39 f.).

[406] Dazu *EuGH,* Urt. v. 28. 3. 1990 – Rs. C-57/89 –, NuR 1991, 249 (250); *Louis,* NuR 1995, 62 (69); zur Rechtswidrigkeit einer Befreiung, wenn die Situation der von einem Verbot Betroffenen schon im Verfahren zum Erlaß der Verordnung bekannt war, *VG Wiesbaden,* Urt. v. 2. 4. 1996 – 4/1E 868/92 –, NuR 1998, 55.

[407] Zu Erlaubnis u. Befreiung in naturschutzrechtl. Schutzverordnungen siehe *Lang,* NuR 1984, 189 ff.

[408] Gesetz über die Errichtung des Bundesamtes für Naturschutz und zur Änderung von Vorschriften auf dem Gebiet des Artenschutzes v. 6. 8. 1993 (BGBl. I S. 1458).

208 Gem. § 329 Abs. 3 StGB wird mit einer Freiheitsstrafe bis zu fünf Jahren oder mit einer Geldstrafe bestraft, wer entgegen einer zum Schutz eines Naturschutzgebietes, einer als Naturschutzgebiet einstweilig sichergestellten Fläche oder eines Nationalparks erlassenen Rechtsvorschrift oder vollziehbaren Untersagung die in Nrn. 1 bis 8 bezeichneten Handlungen vornimmt und dadurch den jeweiligen Schutzzweck nicht unerheblich beeinträchtigt.[409] Gem. § 330 S. 1 StGB kann in besonders schweren Fällen eine vorsätzliche Tat nach § 329 StGB mit Freiheitsstrafe von sechs Monaten bis zu zehn Jahren bestraft werden. Dabei liegt ein besonders schwerer Fall in der Regel u.a. vor, wenn der Täter ein Gewässer, den Boden oder ein Schutzgebiet i.S.d. § 329 Abs. 3 StGB derart beeinträchtigt, daß die Beeinträchtigung nicht, nur mit außerordentlichem Aufwand oder erst nach längerer Zeit beseitigt werden kann (Nr. 3) oder einen Bestand von Tieren oder Pflanzen der vom Aussterben bedrohten Art nachhaltig schädigt (Nr. 5).

209 Darüber hinaus enthält § 30a BNatSchG eine weitere Strafvorschrift. Diese knüpft an den Ordnungswidrigkeitentatbestand des § 30 BNatSchG an. Wird eine in § 30 Abs. 1,[410] Abs. 2a Nr. 1 und 3 und Abs. 2b BNatSchG als Ordnungswidrigkeit geahndete vorsätzliche Handlung gewerbs- oder gewohnheitsmäßig begangen, so kann eine Freiheitstrafe bis zu drei Jahren oder eine Geldstrafe verhängt werden.[411] Eine Freiheitsstrafe bis zu fünf Jahren oder eine Geldstrafe kann gem. § 30a Abs. 2 BNatSchG verhängt werden, wenn sich die Handlung auf Tiere oder Pflanzen einer streng geschützten Art bezieht.

210 Gem. § 30 BNatSchG kann ein Verstoß gegen die Vorschriften des Artenschutzes (§ 30 Abs. 1 BNatSchG), die europarechtliche Verordnung über den Schutz von Exemplaren wildlebender Tier- und Pflanzenarten durch Überwachung des Handels (EG-Artenschutzverordnung)[412] und die europarechtliche Verordnung zur Anwendung des Übereinkommens über den internationalen Handel mit gefährdeten Arten freilebender Tiere und Pflanzen in der Gemeinschaft[413] als Ordnungswidrigkeit geahndet werden. Weitere Ordnungswidrigkeitentatbestände können landesrechtlich geregelt werden.

---

[409] Vgl. dazu auch oben § 13 Rn. 6.

[410] Zum Bestimmtheitsgrundsatz bzgl §§ 30a, 30 Abs. 1 Nr. 3 BNatSchG *BGH*, Beschl. v. 16. 8. 1996 – 1 StR 745/95 – NuR 1997, 48 (49).

[411] Zum persönl. Merkmal der Gewerbs- u. Gewohnheitsmäßigkeit vgl. *OLG Düsseldorf*, Beschl. v. 19. 3. 1997 – 5 Ss 59/97 –, NuR 1997, 620ff.

[412] Vgl. dazu § 15 Rn. 188.

[413] Vgl. dazu § 14 Rn. 19.

§ 16. Naturschutzrecht im weiteren Sinne

Dem Schutz von Natur und Landschaft dienen neben den Bestimmungen des BNatSchG die Vorschriften des Forst-, Tierschutz-, Pflanzenschutz- sowie des Jagd- und Fischereirechts.[1] 1

Das Pflanzenschutzgesetz[2] verfolgt u. a. das Ziel, Gefahren abzuwenden, die durch die Anwendung von Pflanzenschutzmitteln oder durch andere Maßnahmen des Pflanzenschutzes, insbesondere für die Gesundheit von Mensch und Tier und für den Naturhaushalt entstehen können (§ 1 Nr. 4 PflSchG). Primär dient es aber dazu, Pflanzen und ihre Erzeugnisse vor Schadorganismen zu schützen (§ 1 Nr. 1 und 2 PflSchG). Mit diesen Zielrichtungen gehört das Pflanzenschutzrecht sowohl zum Naturschutzrecht im weiteren Sinne als auch zum Gefahrstoffrecht. Wegen des primär stoffbezogenen Ansatzes soll das Pflanzenschutzgesetz im Zusammenhang mit dem Gefahrstoffrecht erörtert werden.[3] 2

A. Forstrecht

Das Forstrecht umfaßt die für den Wald und die Forstwirtschaft maßgebenden speziellen Rechtsnormen.[4] Schutzbestimmungen für den Wald als einem der wichtigsten Bestandteile der Natur[5] enthalten als Rahmengesetz das Gesetz zur Erhaltung des Waldes und zur Förderung der Forstwirtschaft (Bundeswaldgesetz – BWaldG)[6] und die Landesforst- bzw. Landeswaldgesetze[7] bzw. untergesetzliche forstrechtliche Landesvorschriften.[8] 3

Die **Gesetzgebungszuständigkeit** für das Forstrecht ist zwischen Bund und Ländern aufgeteilt. Teile des BWaldG hat der Bund auf der Grundlage seiner Rahmenkompetenz gem. Art. 75 Abs. 1 Nr. 3 GG (Naturschutz und Landschaftspflege) erlassen. Die forstwirtschaftlichen Teile des BWaldG beruhen auf der konkurrierenden Gesetzgebungskompetenz des Bundes gem. Art. 74 Abs. 1 Nr. 17 GG.[9] 4

---

[1] Vgl. zu diesem Ansatz bereits oben § 14 Rn. 18.

[2] I. d. F.d. Bek. v. 14. 5. 1998 (BGBl. I S. 971, ber. S. 1527, 3512).

[3] Vgl. dazu näher unten § 34 Rn. 3 ff.

[4] Vgl. *Ebersbach,* HdUR, Bd. 1, Sp. 758 (778); *Storm,* UmweltR, Tz. 544; *Pohl,* HdbUR, B.7 Rn. 69; zum Verhältnis von ForstR u. NaturschutzR vgl. *VGH Kassel,* Beschl. v. 23. 3. 1995 – 4 N 2638/91 –, NuR 1998, 153 (160 ff.); im Kommissionsentwurf zum UGB ist der Schutz des Waldes in den §§ 302–317 UGB-KomE geregelt, die sich im wesentl. an die Systematik u. den Inhalt des BWaldG anlehnen, vgl. BMU, UGB-KomE, S. 223 ff., 949 ff.

[5] Zum Zustand des Waldes vgl. Waldzustandsbericht der BReg. v. 1996, BT-Drs. 13/6300 u. v. 1997, BT-Drs. 13/9442; zur Frage der Entschädigung infolge der Luftverschmutzung vgl. *BVerfG,* Beschl. v. 26. 5. 19998 – 1 BvR 180/88 –, NJW 1998, 32 (62 ff.), m. Anm. *v. Hippel.*

[6] V. 2. 5. 1975 (BGBl. I S. 1037), zul. geänd. durch G v. 26. 8. 1998 (BGBl. I S. 2521).

[7] Vgl. i.Ü. *Klose/Orf,* ForstR, S. 44.

[8] Vgl. dazu die Auflistung bei *Ebersbach,* HdUR, Bd. 1, Sp. 758 (772); auf internationaler Ebene hat die Konferenz von Rio die Wald-Grundsatzerklärung verabschiedet; diese nimmt jedoch keine Rechtsverbindlichkeit für sich in Anspruch, vgl. dazu *Websky,* HdUR, Bd. 2, Sp. 1731 ff.; *Hohmann,* NVwZ 1993, 311 (315 f.).

[9] *Klose/Orf,* ForstR, Einl. S. 10.

5 Im Bereich der konkurrierenden Gesetzgebung hat der Bund daneben zahlreiche andere für den Wald bedeutsame Gesetze erlassen. Dazu zählen etwa das Handelsklassengesetz[10] für Rohholz und das Forstschäden-Ausgleichsgesetz.[11] Für den Schutz des Waldes bedeutsame Regelungen finden sich daneben in zahlreichen weiteren Bundesgesetzen, so zählt der Schutz des Waldes zu den Grundsätzen des § 2 Abs. 1 Nr. 9 BNatSchG und zu den Grundsätzen der Raumordnung gem. § 2 Abs. 1 Nr. 5 und 7 ROG. Die Belange der Forstwirtschaft sind u. a. auch bei der Aufstellung der Bauleitpläne gem. § 1 Abs. 5 Nr. 8 BauGB zu berücksichtigen.

6 Forstrecht ist nicht nur Umweltschutzrecht, sondern auch Forstwirtschaftsrecht. Dies ergibt sich aus seiner Zielsetzung gem. § 1 BWaldG. Danach ist Zweck des BWaldG insbesondere

- den Wald wegen seines wirtschaftlichen Nutzens (Nutzfunktion) und wegen seiner Bedeutung für die Umwelt, insbesondere für die dauernde Leistungsfähigkeit des Naturhaushaltes, das Klima und den Wasserhaushalt, die Reinhaltung der Luft, die Bodenfruchtbarkeit, das Landschaftsbild, die Agrar- und Infrastruktur und die Erholung der Bevölkerung (Schutz- und Erholungsfunktion) zu erhalten, erforderlichenfalls zu mehren und seine ordnungsgemäße Bewirtschaftung nachhaltig zu sichern (Nr. 1),[12]
- die Forstwirtschaft zu fördern (Nr. 2)[13] und
- einen Ausgleich zwischen den Interessen der Allgemeinheit und den Belangen der Waldbesitzer herbeizuführen (Nr. 3).

7 Der **Begriff des Waldes** ist in § 2 Abs. 1 BWaldG definiert. Danach ist Wald jede mit Forstpflanzen bestockte Grundfläche. Als Wald gelten auch kahlgeschlagene oder vernichtete Grundflächen, Waldwege, Waldeinteilungs- und Sicherungsstreifen, Waldblößen und Lichtungen, Waldwiesen, Wildäsungsplätze, Holzlagerplätze sowie weitere mit dem Wald verbundene und ihm dienende Flächen (§ 2 Abs. 1 S. 2 BWaldG).[14]

8 Das BWaldG regelt neben allgemeinen Definitionen von Wald, Waldeigentumsarten, Waldbesitzer (§§ 2 bis 4 BWaldG) und allgemeinen Vorschriften über die Förderung der Forstwirtschaft (§ 41 BWaldG), die Bundeswaldinventur (§ 41 a BWaldG) und Auskunftspflichten (§§ 42 ff. BWaldG) vor allem zwei grundlegende Bereiche; rahmenrechtlich enthält es Vorschriften über

---

[10] Gesetz über gesetzliche Handelsklassen für Rohholz v. 25. 2. 1969 (BGBl. I S. 149).

[11] Gesetz zum Ausgleich von Auswirkungen besonderer Schadensereignisse in der Forstwirtschaft i. d. F. v. 26. 8. 1985 (BGBl. I S. 1757), vgl. dazu i. e. *Ebersbach,* HdUR, Bd. 1, Sp. 758 (771).

[12] Zum Verhältnis von Schutz- u. Nutzfunktion des Waldes vgl. *BVerfG,* Beschl. v. 31. 5. 1990 – 2 BvL 12/88, 2 BvL 13/88, 2 BvR 1436/87 –, NVwZ 1991, 53 (56); dazu krit. *Leistner,* NVwZ 1991, 40 ff.; *Huber-Sentrup,* NVwZ 1991, 1148 (1149 f.); im UGB-KomE wird wie jetzt schon z. T. auf Landesebene zwischen Staats- bzw. Körperschaftswald (§ 303 Nr. 1, 3 UGB-KomE) u. Privatwald differenziert, wobei für erstere die Schutz- u. Erholungsfunktion des Waldes vorrangig sein sollen, BMU, UGB-KomE, S. 954.

[13] Die Hervorhebung der Förderung der Forstwirtschaft entfällt im UGB-KomE, vgl. BMU, UGB-KomE, S. 955.

[14] Zum Waldbegriff siehe *BVerwG,* Beschl. v. 14. 5. 1985 – 4 B 76/85 –, NVwZ 1986, 206; *VGH Mannheim,* Urt. v. 20. 10. 1982 – 5 S 1531/81 –, NuR 1983, 278 (279); *OVG Münster* - Urt. v. 22. 1. 1988 – 10 A 1299/87 –, NVwZ 1988, 1048 f.; *VG Potsdam,* Urt. v. 30. 11. 1994 – 2 K 779/93 –, AgrarR 1995, 238 ff.; *Klose/Orf,* ForstR, § 2 Rn. 6 ff.; zum Zustand des Waldes in der EG vgl. Waldzustandsbericht 1994 der Europäischen Kommission, dazu LKT NW 1994, 248.

- forstliche Rahmenplanung (§§ 6 und 7 BWaldG),
- Sicherung der Waldfunktionen bei sonstigen Planungen und Maßnahmen (§ 8 BWaldG),
- Umwandlungs- und Rodungsgenehmigungen (§ 9 BWaldG),
- Erstaufforstungsgenehmigung (§ 10 BWaldG),
- Bewirtschaftung des Waldes (§ 11 BWaldG),
- Ausweisung von Schutz- und Erholungswald (§§ 12 und 13 BWaldG)
- Waldbetretungsrecht (§ 15 BWaldG).

Ausführlich werden daneben die Arten der **forstwirtschaftlichen Zusammenschlüsse** geregelt (§§ 15 bis 40 BWaldG). Zu den forstwirtschaftlichen Zusammenschlüssen *zählen anerkannte Forstbetriebsgemeinschaften, Forstvertriebsverbände und anerkannte fortwirtschaftliche Vereinigungen* (§ 15 BWaldG). Übereinstimmendes Ziel der Forstzusammenschlüsse ist die bessere Bewirtschaftung der beteiligten Waldbesitzungen.[15] Das BWaldG enthält also neben umweltschutzrechlichen auch forstwirtschaftliche Bestimmungen, die keinen umweltschutzrechtlichen Inhalt haben. Im nachfolgenden soll nur auf die Rahmenvorschriften des BWaldG eingegangen werden, die – zumindest auch – einen umweltschutzrechtlichen Inhalt haben. 9

I. Forstliche Rahmenplanung

Zum Schutz des Waldes, aber auch zum Schutz der Umwelt durch den Wald sieht das Gesetz u.a. die forstliche Rahmenplanung vor. Nach § 6 Abs. 1 BWaldG dient sie der Ordnung und Verbesserung der Forststruktur und ist darauf gerichtet, die für die Entwicklung der Lebens- und Wirtschaftsverhältnisse notwendigen Funktionen des Waldes zu sichern. Bei der forstlichen Rahmenplanung sind die Ziele der Raumordnung und Landesplanung gem. § 6 Abs. 2 BWaldG zu beachten und die in § 6 Abs. 3 BWaldG speziell geregelten Grundsätze zu berücksichtigen. Die forstliche Rahmenplanung ist Fachplanung. Sie unterscheidet sich von der reinen Waldfunktionskartierung dadurch, daß sie nicht allein eine Zustandsbeschreibung enthält, sondern zugleich Entwicklungsmöglichkeiten aufzeigt.[16] Das BWaldG überläßt es den Ländern, für welche Gebiete die forstlichen Rahmenpläne zu erstellen sind. 10

1. Inhalt

Die möglichen Inhalte der forstlichen Rahmenpläne ergeben sich einerseits aus § 7 Abs. 2 BWaldG und aus den Grundsätzen des § 6 BWaldG. Sie lassen sich andererseits einigen landesgesetzlichen Bestimmungen über Mindestinhalte entnehmen.[17] Forstliche Rahmenpläne sind danach in einen Grundlagenteil und einen Entwicklungsteil gegliedert. Der **Grundlagenteil** enthält die Erfassung und Bewertung des vorhandenen Zustands des Waldes, 11

[15] *Klose/Orf,* ForstR, Vor § 15 Rn. 4.
[16] *Klose/Orf,* ForstR, § 6 Rn. 5.
[17] § 2 Abs. 2 HambWaldG, § 10 Abs. 2, 3 NdsWaldG, § 8 Abs. 2 LFoG NW, § 22 Abs. 4 S. 2 LFoG RP.

wobei hierzu die in den Ländern durchgeführte Waldfunktionenkartierung, in der die für die einzelnen Waldflächen spezifischen Schutz- und Erholungsfunktionen kartenmäßig festgehalten werden, eine wichtige Vorstufe bilden.[18] Im **Entwicklungsteil** des forstlichen Rahmenplanes sind die künftig zu verfolgenden forstpolitischen Zielsetzungen und die dazu erforderlichen Maßnahmen geregelt.

2. Verfahren

12 § 7 Abs. 1 S. 2 und 3 BWaldG regelt das Planaufstellungsverfahren. Demnach sind die Träger öffentlicher Belange, deren Interessen durch die forstliche Rahmenplanung berührt werden, rechtzeitig zu unterrichten und anzuhören, soweit nicht nach sonstigen Vorschriften eine andere Form der Beteiligung vorgeschrieben ist. Die weitere Ausgestaltung des Verfahrens obliegt dem Landesgesetzgeber.

3. Verbindlichkeit

13 Die Pläne binden den einzelnen Waldbesitzer nicht unmittelbar. Sie können jedoch als Verwaltungsvorschriften der Länder für die Forstbehörden und für die Besitzer öffentlichen Waldes (außer den Bundesforsten) verbindlich gemacht werden.[19] Die Rechtswirkungen forstlicher Rahmenpläne sind – vor allem aufgrund der unterschiedlichen Ausgestaltung der in § 7 Abs. 3 BWaldG rahmenrechtlich vorgesehenen Verknüpfung mit den Raumordnungsplänen – unterschiedlich. Danach werden die raumbedeutsamen Erfordernisse und Maßnahmen der forstlichen Rahmenpläne unter Abwägung mit den anderen raumbedeutsamen Planungen und Maßnahmen nach Maßgabe der landesplanungsrechtlichen Vorschriften der Länder in die Programme und Pläne des § 7 Abs. 3 Nr. 2 ROG aufgenommen. Dazu vollzieht sich die forstliche Rahmenplanung auf drei Planungsebenen: dem Landesgebiet, der Region und dem Nahbereich.[20] Sie lehnt sich insoweit an die Planungsräume der Raumordnung an. Ähnlich wie bei der Landschaftsplanung existieren für das Forstrecht zur Verknüpfung Formen der unmittelbaren Integration, Formen der mittelbaren Integration, aber auch Regelungen, nach denen eine Integration in die Raumordnungspläne überhaupt nicht vorgesehen ist.[21] Als **Ziele der Raumordnung** können die Inhalte der forstlichen Rahmenpläne nach der entsprechenden Abwägung mit anderen Planungen und Maßnahmen eine weitergehende Verbindlich- keit i. S. d. §§ 4 Abs. 1 ROG, 1 Abs. 4 BauGB haben.[22]

---

[18] Dazu *Book,* Bodenschutz, S. 131 f.

[19] *Klose/Orf,* ForstR, § 7 Rn. 2.

[20] Vgl. *Klose/Orf,* ForstR, § 6 Rn. 7.

[21] Siehe Nachweise hinsichtl. der landesrechtl. Regelungen bei *Book,* Bodenschutz, S. 132; in § 309 UGB-KomE ist die zusammenhängende Darstellung des bestehenden u. des angestrebten Zustandes sowie der Erfordernisse u. Maßnahmen vorgesehen; ferner sollen die für die Forstwirtschaft zuständigen Behörden die forstl. Rahmenpläne beachten, BMU, UGB-KomE, S. 954.

[22] Zu den landesrechtl. Regelungen der forstl. Rahmenplanung siehe i. Ü. *Klose/Orf,* ForstR, § 7 Rn. 11.

II. Sicherung der Waldfunktionen

14 Der Sicherung der in § 1 BWaldG geregelten Waldfunktionen dient neben der forstlichen Fachplanung auch, daß gem. § 8 BWaldG die Träger öffentlicher Vorhaben bei Planungen und Maßnahmen, die eine Inanspruchnahme von Waldflächen vorsehen oder die in ihren Auswirkungen Waldflächen betreffen können, die Funktionen des Waldes nach § 1 Nr. 1 BWaldG angemessen zu berücksichtigen haben (Nr. 1) und die für die Forstwirtschaft zuständigen Behörden bereits bei der Vorbereitung der Planungen und Maßnahmen zu unterrichten und anzuhören sind, soweit nicht gesetzlich eine andere Form der Beteiligung vorgeschrieben ist. Dieses materielle und prozedurale Berücksichtigungsgebot gilt für alle öffentlichen Planungen außerhalb der forstrechtlichen Fachplanung und stellt die „Waldverträglichkeit" öffentlicher Vorhaben sicher.[23]

III. Umwandlungs- und Rodungsgenehmigung

15 Dem Schutz des Waldes dient außerdem das Genehmigungserfordernis für die Änderung der Nutzungsart einer Waldfläche und für die Rodung von Wald gem. § 9 Abs. 1 BWaldG.[24] Bei diesem Genehmigungserfordernis handelt es sich um ein repressives Verbot mit Befreiungsvorbehalt.[25] Die Forstbehörde hat bei der Entscheidung über einen Umwandlungsantrag eine umfassende Abwägung der betroffenen Belange gem. § 9 Abs. 1 S. 2 BWaldG vorzunehmen. Danach sind bei der Entscheidung über einen Umwandlungsantrag die Rechte, Pflichten und wirtschaftlichen Interessen des Waldbesitzers sowie die Belange der Allgemeinheit gegeneinander und untereinander abzuwägen.[26] Die Forstbehörde besitzt insoweit ein Planungs- und Bewirtschaftungsermessen,[27] das dem Bewirtschaftungs- und Planungsermessen der

[23] So *Kloepfer,* UmweltR, § 11 Rn. 124; a.A. *Klose/Orf,* ForstR, § 8 Rn. 3; der die Anwendung auf forstrechtl. Planungen u. Maßnahmen beschränkt.

[24] Sofern sie mehr als 5 ha große Flächen betreffen, soll sowohl die Umwandlungs- als auch die Erstaufforstungsgenehmigung gem. §§ 311 Abs. 5, 312 Abs. 1 i.V.m. § 81 Abs. 2 Nr. 4 u. 5 UGB-KomE als Vorhabengenehmigung ergehen, BMU, UGB-KomE, S. 954; zu den Voraussetzungen für die Erteilung einer Genehmigung vgl. *OVG Lüneburg,* Urt. v. 25. 9. 1995–3 L 3377/94 –, NuR 1997, 100ff.

[25] So auch *Tesmer,* AgrarR 1981, 4; siehe auch *OVG Münster,* Urt. v. 14. 7. 1982 – 20 A 2637/80 –, NuR 1983, 322ff. zur Waldumwandlungsgenehmigung nach nordrhein-westfälischem Forstrecht als Ermessensentscheidung; vgl. auch *VG Kassel,* Urt. v. 20. 11. 1980 – IV E 99/80 –, RdL 1981, 47 (48); *Kloepfer,* UmweltR, § 11 Rn. 125; a.A. *Klose/Orf,* ForstR, § 9 Rn. 6: präventives Verbot mit Erlaubnisvorbehalt; *VGH Hessen,* Urt. v. 25. 5. 1988 – V/1 E 1296/86 –, NuR 1991, 34ff.; zu den Genehmigungsarten i.e. *Büllesbach,* NVwZ 1991, 22 (26); vgl. auch oben § 8 Rn. 34ff.; ausführl. zur Entscheidungsstruktur der Umwandlungsgenehmigung *Schmidt-Aßmann,* NuR 1986, 98ff.

[26] Zur forstrechtl. Abwägung *Klose/Orf,* ForstR, § 9 Rn. 54ff.; die Vorschriften über die Waldumwandlungserklärung entfalten keine drittschützende Wirkung zugunsten der Eigentümer benachbarter Grundstücke, *VGH Mannheim,* Urt. v. 29. 6. 1995 – 5 S 1537/94 –, NuR 1996, 256ff.

[27] Vgl. *Kloepfer/Meßerschmidt,* Innere Harmonisierung des UmweltR, S. 119; siehe auch *VG Münster,* Urt. v. 24. 5. 1988 – 7 K 924/87 –, NWVBl. 1989, 63.

Wasserbehörde vergleichbar ist.[28] Sie soll gem. § 9 Abs. 1 S. 3 BWaldG die Genehmigung versagen, wenn die Erhaltung des Waldes überwiegend im öffentlichen Interesse liegt, insbesondere, wenn der Wald für die Leistungsfähigkeit des Naturhaushaltes, die forstwirtschaftliche Erzeugung oder die Erholung der Bevölkerung von wesentlicher Bedeutung ist.

IV. Waldbewirtschaftung und Erstaufforstungsgenehmigung

16 Angesichts der Waldflächen, die jährlich in der Bundesrepublik durch den Siedlungsflächenbedarf und seit einigen Jahren auch durch das sog. Waldsterben verloren gehen,[29] ist die Aufforstung von Waldflächen umweltpolitisch erwünscht. Deshalb sieht § 11 BWaldG nicht nur eine ordnungsgemäße Bewirtschaftung der Waldflächen im Rahmen der Zweckbestimmung des § 1 BWaldG, sondern auch eine Verpflichtung für alle Waldbesitzer zur Wiederaufforstung und zur Ergänzung der Waldflächen vor.[30] Gem. § 11 S. 1 BWaldG soll der Wald im Rahmen seiner Zweckbestimmung *ordnungsgemäß* und *nachhaltig*[31] bewirtschaftet werden. Durch Landesgesetz ist mindestens die Verpflichtung für alle Waldbesitzer zu regeln, kahlgeschlagene Waldflächen oder vernichtete Waldbestände in angemessener Frist wieder aufzuforsten oder zu ergänzen, soweit die natürliche Wiederbestockung unvollständig bleibt, falls nicht die Umwandlung in eine andere Nutzungsart genehmigt worden oder sonst zulässig ist.[32]

Fall: A ist Baumschul- und Waldbesitzer. Mit seiner Klage wendet er sich gegen eine Ordnungsverfügung, mit der ihm Beschränkungen im Hinblick auf die Nutzung seines Waldbestandes auferlegt wurden. A hatte 213 ha Wald für 8 Mio. DM gekauft. Den Kaufpreis wollte er durch den Einschlag der hiebreifen Fichtenbestände und den Verkauf des dabei gewonnenen Holzes aufbringen. Nachdem A umfangreiche Kahlschläge vorgenommen hatte, untersagte ihm die zuständige Behörde jegliche weitere Abtriebe oder Abtrieben gleichkommende Maßnahmen wegen des Verstoßes gegen das Nachhaltigkeitsprinzip (§ 10 LFoG NW). Auf seinen Widerspruch hin modifizierte die Widerspruchsbehörde die Ordnungsverfügung, indem dem Kläger bis 1992 jeglicher Holzeinschlag mit Ausnahme von bestimmten, forstwirtschaftlich gebotenen Hiebmaßnahmen untersagt wurde. Die gegen die Ordnungsverfügung gerichtete Klage hatte keinen Erfolg. Nach Ansicht des *VG Arnsberg* verstieß A gegen das in § 10 Abs. 1 S. 2 LFoG NW normierte Gebot der Nachhaltigkeit dadurch, daß er von dem erworbenen Wald mit einer Gesamtgröße von rd. 213 ha bereits im Jahr des Kaufes ca. 36 ha abgeholzt hatte und in den folgenden Jahren den Abtrieb – zumindest – weiterer ca. 14 ha Fichtenwald anstrebte. Eine derartige Vorgehensweise auch eines privaten Waldbesitzers werde dem Nachhaltigkeitsprinzip nicht gerecht. Unter Nachhaltigkeit verstehe man bei „strengster" Auslegung eine kontinuierliche Bewirtschaftung des Waldes, so daß die Holzerzeugung, der Holzertrag und der erwirtschaftete Geldbetrag für alle Jahre annä-

---

[28] Siehe dazu unten § 18 Rn. 72ff.

[29] Siehe dazu oben § 1 Rn. 50.

[30] Zu naturschutzrechtl. Anforderungen an die Erstaufforstung *Tausch/Wagner,* NuR 1999, 370ff.

[31] Zum Begriff der Nachhaltigkeit vgl. *Winkler,* HdUR, Bd. 2, Sp. 1427ff.; *Klose/Orf,* ForstR, § 11 Rn. 31ff.

[32] Zur Verpflichtung zur Wiederaufforstung durch den Rechtsnachfolger bei einer durch den Rechtsvorgänger vorgenommenen ungenehmigten Waldumwandlung vgl. *OVG Lüneburg,* Urt. v. 24. 6. 1996 – 3 L 2690/96 – (25/97) –, NuR 1997, 152.

hernd gleich gewährleistet seien. Zwar sei das Prinzip in der vorbezeichneten strengen Durchführung im Regelfall nicht immer einhaltbar. Daraus folge aber nicht, daß sich der Grundsatz der Nachhaltigkeit bei Privatwäldern im Bestocken der abgeholzten Bestände erschöpfe. Wäre das der Fall, so hätte es angesichts der in § 44 LFoG NW geregelten Aufforstungspflicht einer Normierung der Bewirtschaftungspflicht in § 10 LFoG NW nicht bedurft. Nach Ansicht des Gerichts liegt deshalb ein Verstoß gegen das Gebot der nachhaltigen Waldbewirtschaftung vor, wenn ein Viertel eines 213 ha großen Waldbesitzes zur Finanzierung des Kaufpreises abgeholzt wird.[33]

Auch eine umfangreiche Aufforstung, die zukünftig nicht zuletzt angesichts der zu erwartenden Sozialbrachen im Bereich der Landwirtschaft denkbar ist, kann nachteilige landeskulturelle und auch umweltrelevante Folgen, man denke an großflächige Weihnachtsbaum- und Schmuckreisigkulturen in landschaftlich wertvollen Wiesenbereichen, haben. § 10 BWaldG sieht deshalb auch für die Erstaufforstung eine Genehmigungspflicht vor. 17

V. Schutz- und Erholungswald

Der Wald kann außerdem gem. §§ 12, 13 BWaldG zum **Schutz-** oder **Erholungswald** erklärt werden. 18

Zum **Schutzwald** kann der Wald gem. § 12 Abs. 1 BWaldG bestimmt werden, wenn es zur Abwehr oder Verhütung von Gefahren, erheblichen Nachteilen oder erheblichen Belästigungen für die Allgemeinheit notwendig ist, bestimmte forstliche Maßnahmen durchzuführen oder zu unterlassen. Die Erklärung zum Schutzwald kommt insbesondere in Betracht zum Schutz gegen schädliche Umwelteinwirkungen i.S.d. BImSchG[34] und gegen Erosion durch Wasser und Wind, Austrocknung, schädliches Abfließen von Niederschlagswasser und Lawinen. 19

Zum **Erholungswald** kann der Wald gem. § 13 Abs. 1 BWaldG erklärt werden, wenn es das Wohl der Allgemeinheit erfordert, Waldflächen für Zwecke der Erholung zu schützen, zu pflegen oder zu gestalten. 20

VI. Waldbetretungsrecht

Zum Zwecke der Erholung ist in § 14 Abs. 1 S. 1 BWaldG außerdem ein mit dem naturschutzrechtlichen Betretungsrecht[35] vergleichbares Recht zum Betreten des Waldes geregelt.[36] 21

---

[33] *VG Arnsberg,* Urt. v. 18. 11. 1986 – 4 K 1003/85 –, NuR 1987, 136; a. A. jedoch *OVG Münster,* Urt. v. 21. 1. 1988 – 20 A 140/87 –, NuR 1988, 303, wonach ordnungsgem. u. nachhaltige Bewirtschaftung nicht bedeutet, nur soviel Holz zu entnehmen, wie jährl. nachrückt.

[34] Vgl. dazu unten § 21 Rn. 13ff.

[35] Vgl. dazu oben § 15 Rn. 190f.

[36] Zum Reiten im Walde vgl. *OVG Frankfurt,* Urt. v. 5. 12. 1996 – 4 D 27/96. NE –, NuR 1997, 562ff.; *Sächs. VerfGH,* Entsch. v. 23. 1. 1997 – Vf.7-IV-94 –, NuR 1998, 248ff.

B. Tierschutzrecht

22 Das Tierschutzrecht zählt zum Umweltrecht im weiteren Sinne.[37] Es ist im wesentlichen im Tierschutzgesetz (TierSchG)[38] geregelt, das auf der konkurrierenden Gesetzgebungszuständigkeit des Bundes gem. Art. 74 Abs. 1 Nr. 20 GG beruht.[39] Die dieser Neufassung zugrundeliegenden Änderungen durch das Gesetz zur Änderung des Tierschutzgesetzes[40] dienen der Verbesserung des Vollzugs sowie der Umsetzung von fünf EG-rechtlichen Richtlinien.[41]

23 Die weitergehende Forderung nach einem Staatsziel Tierschutz im Grundgesetz[42] wurde indes durch die Novellierung nicht umgesetzt.[43] Soweit auf Länderebene der Tierschutz in die Verfassungen aufgenommen worden sind,[44] hat dies eher symbolische Bedeutung.

24 **Zweck des TierSchG** ist gem. § 1 S. 1 TierSchG, aus der Verantwortung des Menschen für das Tier als Mitgeschöpf, dessen Leben und Wohlbefinden zu schützen. Während das Artenschutzrecht[45] die Arten wildlebender Tiere in ihren natürlichen Lebensräumen schützen will, dient das Tierschutzrecht dem Schutz des einzelnen Tieres um seiner selbst willen. So darf niemand einem Tier ohne vernünftigen Grund[46] Schmerzen, Leiden oder Schäden zufügen (§ 1 S. 2 TierSchG). Entsprechend diesem Grundsatz sieht das TierSchG zahlreiche Gebote und Verbote, Genehmigungs-, Anzeige- und Aufzeichnungspflichten, die Einrichtung von Tierschutzkommissionen

---

[37] Vgl. dazu *Kloepfer,* UmweltR, § 1 Rn. 70, 77; da es nicht zum UmweltR im engeren Sinne zählt, enthält auch der Kommissionsentwurf zum UGB keine Regelungen, die jetzt Gegenstand des TierSchG sind.

[38] V. 25. 5. 1998 (BGBl. I S. 1105, ber. S. 1818).

[39] Zur zivilrechtl. Regelung des Tierschutzes in § 90a BGB vgl. *Steding,* JuS 1996, 962ff.

[40] V. 25. 5. 1998 (BGBl. I S. 1094); vgl. dazu Entwurf der BReg. BT-Drs. 13/7055; zur Forderung nach einer Genehmigungspflicht für serienmäßig hergestellte Haltungssysteme vgl. ZRP 1997, 351 (352).

[41] RL über den Schutz von Tieren beim Transport v. 19. 11. 1991 (91/628/EWG) sowie zur Änderung der Richtlinien 90/425/EWG u. 91/496/EWG, ABl. EG Nr. L 340 S. 17, zul. geänd. durch RL v. 29. 6. 1995 (95/29/EG), ABl. EG Nr. L 148 S. 52; RL über Mindestanforderungen für den Schutz von Schweinen v. 19. 11. 1991 (91/630/EWG), ABl. EG Nr. L 340 S. 33; RL über den Schutz von Tieren zum Zeitpunkt der Schlachtung oder Tötung v. 22. 12. 1993 (93/119/EG), ABl. EG Nr. L 340 S. 21; RL zur Annäherung der Rechts- u. Verwaltungsvorschriften der Mitgliedstaaten zum Schutz der für Versuche u. andere wissenschaftliche Zwecke verwendeten Tiere v. 24. 11. 1986 (86/609/EWG), ABl. EG Nr. L 358 S. 1; RL zur sechsten Änderung der RL 76/768/EWG zur Angleichung der Rechtsvorschriften der Mitgliedstaaten über kosmetische Mittel v. 14. 6. 1993 (93/35/EWG), ABl. EG Nr. L 151 S. 32.

[42] Vgl. dazu bereits oben § 4 Rn. 8.

[43] Zu entsprechenden politischen Forderungen vgl. BT-Drs. 13/8294, 13/8579, 13/8678, 13/9723; ferner *Händel,* ZRP 1996, 137ff.; *Caspar,* ZUR 1998, 177ff.; a.A. *Kloepfer/Rossi,* JZ 1998, 369ff.; nach Auff. v. *Kuhlmann,* NuR 1995, 1 (3) ist der Tierschutz von der Staatszielbestimmung des Art. 20a GG erfaßt.

[44] Vgl. dazu bereits oben § 4 Rn. 8.

[45] Vgl. dazu oben § 15 Rn. 172ff.

[46] Dazu *Caspar,* NuR 1997, 577ff.

(§ 16b TierSchG) und die Berufung von Tierschutzbeauftragten (§ 8b TierSchG) vor. Regelungen enthält das TierSchG u. a. über

- Tierhaltung (§§ 2ff. TierSchG),
- Töten von Tieren (§§ 4ff. TierSchG),
- Eingriffe an Tieren (§§ 5ff. TierSchG),
- Tierversuche (§§ 7ff. TierSchG),
- Eingriffe und Behandlungen zur Aus-, Fort- oder Weiterbildung (§ 10 TierSchG),
- Eingriffe und Behandlungen zur Herstellung, Gewinnung, Aufbewahrung und Vermehrung von Stoffen, Produkten oder Organismen (§ 10a TierSchG),
- Zucht von Tieren (§§ 11ff. TierSchG) und
- Verbringungs-, Verkehrs- und Haltungsverbote (§ 12 TierSchG).[47]

I. Tierhaltung

Gem. § 2 TierSchG hat derjenige, der ein Tier hält, betreut oder zu betreuen hat, das Tier seiner Art und seinen Bedürfnissen entsprechend angemessen zu ernähren, zu pflegen und verhaltensgerecht unterzubringen (Nr. 1).[48] Ferner darf die Möglichkeit des Tieres zu artgerechter Bewegung nicht so eingeschränkt werden, daß ihm Schmerzen oder vermeidbare Leiden oder Schäden zugefügt werden (Nr. 2). Überdies muß man über die für eine angemessene Ernährung, Pflege und verhaltensgerechte Unterbringung des Tieres erforderlichen Kenntnisse und Fähigkeiten verfügen (Nr. 3). Das Bundesministerium für Ernährung, Landwirtschaft und Forsten wird gem. § 2a Abs. 1, 1a und 2 TierSchG ermächtigt, durch Rechtsverordnung die Anforderungen an die Haltung, die Ziele, Mittel und Methoden der Ausbildung, der Erziehung und des Trainings von Tieren und die Beförderung von Tieren näher zu bestimmen.[49] Bei der Tierhaltung sind gem. § 3 TierSchG zahlreiche Verhaltensweisen, u.a. die *Überforderung* der Tiere (Nr. 1), die *Aussetzung* von Tieren (Nr. 3), die *Schärfeprüfung* (Nr. 7),[50] die *Vergabe von Dopingmitteln* (Nr. 1b) verboten.[51] 25

II. Töten von Tieren

Auch beim Töten von Tieren ist der oberste Grundsatz, daß einem Tier ohne vernünftigen Grund keine Schmerzen, Leiden oder Schäden zugefügt werden dürfen, zu beachten. Wirbeltiere dürfen deshalb nur unter Betäubung oder sonst, soweit nach den gegebenen Umständen zumutbar, nur unter Vermeidung von Schmerzen getötet werden (§ 4 Abs. 1 S. 1 TierSchG). 26

---

[47] Zu den Anordnungsmöglichkeiten nach § 16a TierSchG *Dietz,* NuR 1999, 205ff.

[48] Vgl. zur Käfighaltung von Legehennen *BVerfG,* Urt. v. 6. 7. 1999 – 2 BvF 3/90 – UPR 1999, 349ff.

[49] Zur Massentierhaltung siehe *Stober,* Rechtsfragen der Massentierhaltung, S. 1ff.; ders., NuR 1982, 173ff.; *Lorz,* NuR 1986, 237ff.

[50] Vgl. *VG Berlin,* Urt. v. 26. 2. 1992 – 1 A 260/89 –, NVwZ 1992, 1117ff.

[51] Zur Ausbildung von Jagdhunden hinter der lebenden Ente als Verstoß gegen § 3 Nr. 8 TierSchG vgl. *VGH Kassel,* Beschl. v. 6. 11. 1996 – 11 TG 4486/96 –, NuR 1997, 296ff.; zur Ausbildung von Hunden an lebenden Füchsen in einer Schliefanlage als Verstoß gegen § 3 Nr. 7 TierSchG vgl. *VG Köln,* Urt. v. 5. 9. 1996 – 20 K 34/94 –, NuR 1997, 303f.

Einschränkungen gelten jedoch gem. § 4 Abs. 1 S. 2 TierSchG u.a. im Rahmen der waidgerechten Ausübung der Jagd. Spezielle Regelungen (§ 4a, b TierSchG) sind für das *Schlachten* von Tieren und das *Schächten,* das ist das Töten eines Tieres ohne Betäubung im Rahmen religiöser Riten, vorgesehen.[52] Gem. § 4 Abs. 1a TierSchG haben Personen, die berufs- oder gewerbsmäßig regelmäßig Wirbeltiere betäuben oder töten, gegenüber der zuständigen Behörde einen Sachkundenachweis zu erbringen.

27 Strafrechtlich sanktioniert wird das Töten von Tieren in § 17 Nr. 1 TierSchG.[53] Danach wird mit Freiheitsstrafe bis zu zwei Jahren oder mit Geldstrafe bestraft, wer ein Wirbeltier ohne vernünftigen Grund tötet.

Fall: Gartenbesitzer A ärgert sich über die Vögel in seinem Garten, weil diese ihm die Kirschen wegholen und der Kot einer Amsel auf seinen Kaffeetisch gefallen ist. In seiner Verärgerung schießt er vier Amseln. Das AG hatte A von dem Vorwurf freigesprochen, er habe mit dem Abschuß von 4 Amseln sich nach § 17 Nr. 1 TierSchG strafbar gemacht. Es vertrat die Ansicht, der Angeklagte habe in einer Art Notwehrsituation „aus vernünftigem Grund" gehandelt, da er keine andere Möglichkeit gehabt habe, seine Kirschen zu schützen. Die vom *LG Heilbronn* geäußerte Ansicht, mit dem Abschuß einer Amsel könne der Ernteertrag nicht gesichert werden und es würde sich alsbald die Notwendigkeit ergeben, erneut zum Gewehr zu greifen; deshalb sei diese Art der Vogelabwehr sinnlos und im Endergebnis unvernünftig, verkennt – so das AG Heilbronn –, „daß durch den Abschuß eines einzelnen Vogels sämtliche anderen vertrieben werden und diese, die den Abschuß mitbekommen haben, kaum zurückkommen". Die gegen dieses Urteil eingelegte Revision der Staatsanwaltschaft hatte Erfolg. Das *OLG Stuttgart* vertrat die Ansicht, der Strafrichter habe zur Begründung seines Urteils auf einen in dieser Form nicht bestehenden Erfahrungssatz zurückgegriffen. Nach seiner Argumentation wäre schon die Tötung eines Vogels genügend gewesen. Gegen eine solche Annahme spreche aber schon die täglich zu beobachtende Verhaltensweise der Vögel, die in aller Regel unbeeindruckt von den gegen sie ergriffenen Abwehrmaßnahmen, immer wieder zurückkämen. Da der Tatrichter einen Erfahrungssatz für zwingend gehalten habe, der in Wirklichkeit nicht bestehe, und das Urteil darauf beruhe, führe dieser auf die Sachrüge zu beachtende Fehler zur Aufhebung des Urteils.[54]

III. Eingriffe an Tieren

28 Auch sonstige schmerzhafte Eingriffe an Tieren dürfen gem. § 5 Abs. 1 S. 1 TierSchG ohne Betäubung nicht vorgenommen werden.[55] Allerdings sieht das TierSchG vor allem für kleinere Eingriffe eine Reihe von Ausnahmen von der Betäubungspflicht vor (§ 5 Abs. 2 und 3 TierSchG). Verboten ist außerdem das vollständige oder teilweise Amputieren von Körperteilen[56]

---

[52] Dazu *BVerwG,* Urt. v. 15 1995 – 3 C 31.93 –, BVerwGE 99, 1ff., wonach eine Ausnahme nur dann zugelassen werden kann, wenn objektiv festgestellt wird, daß zwingende Vorschriften einer Religionsgemeinschaft den Genuß von Fleisch nicht geschächteter Tiere verbieten; eine individuelle Glaubensüberzeugung vom Bestehen eines solchen Verbotes reicht nicht aus.

[53] Zu § 17 Nr. 2b TierSchG vgl. *LG Freiburg,* Beschl. v. 8. 2. 1995 – V Qs 44/94 –, NuR 1996, 370ff.

[54] *OLG Stuttgart,* Urt. v. 18. 8. 1986 – 3 Ss 423/86 –, NuR 1986, 347f.

[55] Zur strafrechtl. Sanktionierung von Tierverletzungen gem. § 17 Nr. 2 TierSchG vgl. auch *ObLG München,* Urt. v. 24. 10. 1995 – 4 St RR 135/95 –, NuR 1996, 637f.; *LG Freiburg,* Beschl. v. 8. 2. 1995 – V Qs 44/94 –, NuR 1996, 370ff.

[56] Vgl. dazu *OVG Münster,* Urt. v. 17. 11. 1994 – 20 A 110/93 –, NuR 1996, 362ff.

oder das vollständige oder teilweise Entnehmen oder Zerstören von Organen oder Geweben eines Wirbeltieres (§ 6 Abs. 1 TierSchG).[57]

IV. Tierversuche

29 Durch die Novelle des TierSchG von 1987 wurde die Zulässigkeit von Tierversuchen eingeschränkt.[58] Tierversuche sind nach § 7 Abs. 1 TierSchG Eingriffe oder Behandlungen zu Versuchszwecken

- an Tieren, wenn sie mit Schmerzen, Leiden oder Schäden für die Tiere (Nr. 1)
- am Erbgut von Tieren, wenn sie mit Schmerzen, Leiden oder Schäden für die erbgutveränderten Tiere oder deren Trägertiere verbunden sein können (Nr. 2).

30 Tierversuche sind gem. § 7 Abs. 2 TierSchG nicht mehr zu beliebigen wissenschaftlichen Zwecken, sondern nur noch eingeschränkt im Bereich der Tier- und Humanmedizin (Nr. 1), zur Erkennung von Umweltgefährdungen (Nr. 2) und zur Prüfung von Stoffen oder Produkten (Nr. 3) und im Rahmen der Grundlagenforschung (Nr. 4) zulässig. Versuche an Wirbeltieren dürfen gem. § 7 Abs. 3 S. 1 TierSchG nur noch durchgeführt werden, wenn die zu erwartenden Schmerzen, Leiden oder Schäden der Versuchstiere im Hinblick auf den Versuchszweck ethisch vertretbar sind (§ 7 Abs. 3 S. 1 TierSchG).[59] Notwendig ist insoweit eine **Abwägung** zwischen den Schmerzen, Leiden oder Schäden der Versuchstiere und dem Versuchszweck. Gem. § 7 Abs. 4 und 5 TierSchG sind Tierversuche zur Entwicklung oder Erprobung von Waffen, Munition und dazugehörigem Gerät ausnahmslos, Tierversuche zur Entwicklung von Tabakerzeugnissen, Waschmittel und dekorativen Kosmetika verboten.

31 Wer Versuche an Wirbeltieren durchführen will, bedarf gem. § 8 Abs. 1 TierSchG regelmäßig der *Genehmigung.* Genehmigungsfreie Versuche an Wirbeltieren sind ausnahmsweise gem. § 8a Abs. 1 S. 1 TierSchG der zuständigen Behörde vorher *anzuzeigen.*[60]

32 § 8b Abs. 1 S. 1 TierSchG beinhaltet die Pflicht der Träger von Einrichtungen, in denen Tierversuche an Wirbeltieren durchgeführt werden, Tierschutzbeauftragte zu bestellen und die Bestellung der zuständigen Behörde anzuzeigen. Tierversuche dürfen gem. § 9 Abs. 1 S. 1 TierSchG ferner nur von Personen durchgeführt werden, die die erforderlichen Fachkenntnisse haben. Über die Tierversuche sind gem. § 9a Abs. 1 S. 1 TierSchG Aufzeichnungen zu machen.

V. Eingriffe und Behandlungen zu Bildungs- und Produktionszwecken

33 Gem. § 10 Abs. 1 S. 1 TierSchG dürfen Eingriffe oder Behandlungen an Wirbeltieren zur Aus-, Fort- oder Weiterbildung, die mit Schmerzen, Leiden

---

[57] Zum Abschneiden der Spitze des Schnabels von Flugenten *OVG Münster,* Urt. v. 17. 11. 1994 – 20 A 110/93 –, NuR 1996, 362ff.

[58] Ausführl. *Lorz,* NuR 1987, 289ff.

[59] Zum Überprüfungsspielraum der Behörde hinsichtl. des Begriffs der ethischen Vertretbarkeit *BVerfG,* Urt. v. 20. 6. 1994 – 1 BvL 12/94 –, NVwZ 1994, 894ff.; vgl. auch *VG Berlin,* Urt. v. 7. 12. 1994 – VG 1 A 232.92 –, ZUR 1995, 201 (202f.) m. Anm. *Caspar.*

[60] Zur Genehmigungsbedürftigkeit von Versuchen an Wirbeltieren im Rahmen der Arzneimittelenwicklung siehe *BVerwG,* Urt. v. 7. 5. 1987 – 3 C 1/86 –, NJW 1988, 1534.

oder Schäden verbunden sind, nur durchgeführt werden an einer Hochschule, einer anderen wissenschaftlichen Einrichtung oder einem Krankenhaus (Nr. 1) oder im Rahmen einer Aus-, Fort- oder Weiterbildung für Heilhilfsberufe oder naturwissenschaftliche Hilfsberufe (Nr. 2). Gem. § 10 Abs. 1 S. 2 TierSchG dürfen sie nur vorgenommen werden, soweit ihr Zweck nicht auf andere Weise, insbesondere durch filmische Darstellung, erreicht werden kann. Ferner dürfen gem. § 10a S. 1 TierSchG Eingriffe oder Behandlungen an Wirbeltieren, die mit Schmerzen, Leiden oder Schäden verbunden sein können, zur Herstellung, Gewinnung, Aufbewahrung oder Vermehrung von Stoffen, Produkten oder Organismen nur vorgenommen werden, wenn die Voraussetzungen für Tierversuche an Wirbeltieren vorliegen.

VI. Tierzucht

34 Gem. § 11 Abs. 1 TierSchG bedarf der behördlichen Erlaubnis, wer Wirbeltiere u.a. zu Versuchszwecken züchten oder halten, Tiere für andere in einem Tierheim oder in einer ähnlichen Einrichtung halten oder gewerbsmäßig züchten oder halten, handeln etc. will. Gem. § 11b S. 1 TierSchG ist es verboten, Wirbeltiere zu züchten, oder durch bio- oder gentechnische Maßnahmen zu verändern, wenn damit gerechnet werden muß, daß bei den Nachkommen Körperteile oder Organe für den artgemäßen Gebrauch fehlen oder untauglich oder umgestaltet sind und hierdurch Schmerzen, Leiden oder Schäden auftreten. Ferner dürfen Gem. § 11c TierSchG warmblütige Tiere an Kinder oder Jugendliche bis zum vollendeten 16. Lebensjahr und andere Wirbeltiere an Kinder bis zum vollendeten 14. Lebensjahr ohne Einwilligung der Erziehungsberechtigten nicht abgegeben werden.

VII. Verbringungs-, Verkehrs- und Haltungsverbote

35 Wirbeltiere, an denen Schäden feststellbar sind, von denen anzunehmen ist, daß sie durch tierschutzwidrige Handlungen verursacht worden sind, dürfen gem. § 12 Abs. 1 S. 1 TierSchG nicht gehalten oder ausgestellt werden. Verboten ist schließlich gem. § 13 Abs. 1 S. 1 TierSchG, zum Fangen, Fernhalten oder Verscheuchen von Wirbeltieren Vorrichtungen oder Stoffe anzuwenden, wenn damit die Gefahr vermeidbarer Schmerzen, Leiden oder Schäden für die Wirbeltiere verbunden ist. Das gilt jedoch nicht, wenn die Anwendung von Vorrichtungen oder Stoffen aufgrund anderer Rechtsvorschriften zugelassen ist (§ 13 Abs. 1 S. 2 TierSchG).

C. Fischerei- und Jagdrecht

36 Das Fischerei- und Jagdrecht ist in erster Linie wirtschaftlich ausgerichtet.[61] Gem. § 1 Abs. 1 S. 1 BJagdG[62] ist das **Jagdrecht** die ausschließliche

---

[61] Zum Jagd- u. FischereiR ausführl. *Lorz/Metzger/Stöckel,* Jagdrecht, Fischereirecht, passim.

[62] I.d.F. d. Bek. v. 29. 9. 1976 (BGBl. I S. 2849), zul. geänd. durch G v. 26. 1. 1998 (BGBl. I S. 164).

Befugnis, auf einem bestimmten Gebiet wildlebende Tiere, die dem Jagdrecht unterliegen, zu hegen, auf sie die Jagd auszuüben und sie sich anzueignen.[63] Ähnlich gibt das **Fischereirecht** die Befugnis, in einem Gewässer Fische zu hegen, zu fangen und sich anzueignen.[64]

Gleichwohl haben beide Rechtsbereiche auch eine umweltschützende Funktion.[65] Jagdrechtlicher Wildschutz ist auch Naturschutz, soweit er das Wild als Bestandteil der Natur schützt. Mit dem Jagdrecht ist gem. § 1 Abs. 1 S. 2 BJagdG ausdrücklich die Pflicht zur Hege verbunden. Gem. § 1 Abs. 2 BJagdG hat die Hege die Erhaltung eines den landschaftlichen und landeskulturellen Verhältnissen angepaßten artenreichen und gesunden Wildbestandes sowie die Pflege und Sicherung seiner Lebensgrundlagen zum Ziel. Zum Schutz des Wildes gelten zahlreiche Jagdbeschränkungen, Pflichten bei der Jagdausübung und vor allem bestimmte Schonzeiten, in denen das Wild nicht gejagt werden darf (§§ 19ff. BJagdG). Damit zählt das Jagdrecht zum Umweltrecht im weiteren Sinne.[66] 37

Ähnlich genießen nicht jagdbare wildlebende Wassertiere, zu denen nicht nur Fische, sondern u.a. auch Krebse, Muscheln und Frösche zählen, soweit sie dem Aneignungsrecht des Fischereiberechtigten unterliegen, Artenschutz nach dem Fischereirecht.[67] Die Fischereigesetze der Länder regeln dazu Schutz-, Hege- und Aufsichtsmaßnahmen für die Erhaltung eines ausgewogenen Fischbestandes. Die Gesetze und Verordnungen des Fischereirechts dienen dem Biotop-, Arten- und Tierschutz.[68] 38

---

[63] Zum JagdR vgl. *Belgard,* HdUR, Bd. 1, Sp. 1189ff.

[64] Vgl. z.B. § 3 LFischG NW; vgl. zum FischereiR *v. Heinz,* HdUR, Bd. 1, Sp. 694ff.

[65] Zum Zusammenhang von FischereiR u. Umweltschutz *Lorz,* NuR 1982, 4ff.; *Drossé,* NuR 1987, 200ff.; *v. Heinz,* HdUR, Bd. 1, Sp. 694ff.; zu tierschutzrechtl. Aspekten der Fischerei *Lorz,* NuR 1984, 41 (43); zur naturschützenden Funktion des JagdR *Lorz,* NaturschutzR, S. 7; zu Konkurrenzproblemen zwischen ArtenschutzR u. Jagd- u. FischereiR *Leonhardt/Lohner,* AgrarR 1987, 205ff.; ferner *Hammer,* NuR 1996, 186ff.

[66] *Kloepfer,* UmweltR, § 1 Rn. 70.

[67] Siehe *Lorz,* NaturschutzR, S. 7.

[68] Siehe ausführl. *v. Heinz,* HdUR, Bd. 1, Sp. 694f.; zu den Leistungen der Sportfischerei für den Naturschutz *Drossé,* NuR 1987, 200 (203).

Zweiter Abschnitt: Gewässerschutzrecht

§ 17. Grundbegriffe

A. Gewässer

1 Gewässer i. S. d. Gewässerschutzrechtes sind die Teile der Erdoberfläche, die infolge ihrer natürlichen Beschaffenheit oder künstlicher Vorrichtungen nicht nur vorübergehend mit Wasser bedeckt sind, sowie die Teile des Erdinnern, die Wasser enthalten.

2 Vom **Begriff des Gewässers** werden die Oberflächengewässer, wie Flüsse und Seen, das Grundwasser und auch die Meere, wie die Ost- und Nordsee, erfaßt. Zu den Gewässern zählt dabei nicht nur das Wasser an sich, sondern auch das Gewässerbett, das Ufer, die Schwebstoffe im Wasser oder Geschiebe und Eis.[1] Nicht Gewässer in diesem Sinne ist das dem natürlichen Wasserhaushalt entzogene, etwa in Leitungen oder in anderen Behältnissen enthaltene Wasser.[2] Nicht oder nur zum Teil erfaßt wird das in der Luft kondensierte, das aus Niederschlägen oder Schneeschmelze wild abfließende, das in Pflanzen gebundene Wasser oder die natürliche Bodenfeuchtigkeit unmittelbar unter der Erdoberfläche.[3]

B. Gewässerschutz

3 Zum Gewässerschutz zählt die Gesamtheit der Maßnahmen, die dem Schutz der Gewässerfunktionen vor ihren Gefährdungen dient.[4] Unmittelbar zum Nutzen des Menschen dienen Gewässer als Trinkwasser, bei der Bewässerung vornehmlich in der Landwirtschaft, für die Fischzucht, bei der Energieversorgung, bei der Schadstoffentsorgung, als Verkehrsweg, als Kühl- und Löschmittel oder im Rahmen der Freizeiterholung. Natürliche, dem Nutzen des Menschen mittelbar dienende Funktionen übernehmen Gewäs-

---

[1] *Czychowski,* WHG, § 1 Rn. 8 ff.; *Sieder/Zeitler/Dahme/Knopp,* WHG, § 1 Rn. 4; zur Abgrenzung von (oberirdischen) Gewässern u. Abwasseranlagen *BGH,* Urt. v. 1. 3. 1984 – III ZR 3/83 –, ZfW 1984, 350 (352); *Breuer,* WasserR, Rn. 31 ff.; zur Abgrenzung von Wasser u. Boden vgl. unten § 27 Rn. 18 f.

[2] *Thurn,* Schutz natürlicher Gewässerfunktionen, S. 73; *BVerwG,* Urt. v. 31. 10. 1975 – IV C 43.73 –, BVerwGE 49, 293 (298 ff.); *BGH,* Urt. v. 20. 11. 1996 – 2 StR 323/96 –, DVBl. 1997, 430 (431).

[3] Zu den Regelungen in den Landeswassergesetzen, die das aus Niederschlägen oder Schneeschmelze wild abfließende Wasser erfassen, *Thurn,* Schutz natürlicher Gewässerfunktionen, S. 73 m. w. N.

[4] Einen engeren Gewässerschutzbegriff vertritt *Friedrich,* Rechtsgrundlagen des Gewässerschutzes, S. 78; ausführl. zu den Gewässerfunktionen u. ihren Gefährdungen *Thurn,* Schutz natürlicher Gewässerfunktionen, S. 5 ff.; SRU, Umweltgutachten 1987, BT-Drs. 11/1568, Tz. 844 ff.

ser als Lebensraum und Lebensgrundlage für Pflanzen und Tiere, als klimabeeinflussender und landschaftsprägender Faktor.[5]

Gefährdet werden Gewässer und ihre Funktionen vor allem durch 4

- Schadstoffeintrag,
- Erwärmung,
- Wasserentzug oder
- bauliche oder sonstige Maßnahmen.[6]

Im Bereich Oberflächengewässer hat sich die **Belastung durch Schadstoffe** erheblich verringert.[7] Die Gewässer in den alten Bundesländern haben 1995 die Gewässergüteklasse II (überwiegend mäßig) sowie die Gewässergüteklasse II–III (kritisch) erreicht. Auch die Qualität der Oberflächengewässer in den neuen Ländern hat sich spürbar verbessert.[8] 5

Ferner haben die Abtrennung natürlicher Überschwemmungsgebiete, die Beseitigung von Auwäldern, die Einengung und Begradigung von Flüssen, die zunehmende Versiegelung der Landschaft und die beschleunigte Ableitung des Niederschlagswassers zu **Hochwasserschäden** an Rhein und Mosel 1993 und 1995 sowie an der Saale 1994 und an der Oder 1997 geführt und damit die Oberflächengewässer beeinträchtigt.[9] 6

Im Bereich des Grundwassers wird die Nutzung neben der Flächeninanspruchnahme durch Schadstoffeintrag beeinträchtigt.[10] Besondere Bedeutung kommt nach wie vor einer hohen Nitratbelastung und einer Belastung mit Chlorid, Sulfat, Calcium und Kalium und teilweise auch Phosphat zu. Diese können weitgehend mit der landwirtschaftlichen Düngung aber auch mit Versauerungsprozessen in Zusammenhang gebracht werden.[11] 7

Die **Nord- und Ostsee** werden durch den direkten oder indirekten Eintrag von Stoffen, insbesondere den Schadstoffeintrag über die Flüsse, verschmutzt oder geschädigt.[12] 8

C. Gewässerschutzrecht

Das Gewässerschutzrecht ist die Summe der Rechtsvorschriften, die dem Gewässerschutz zu dienen bestimmt sind. Als Teilbereich des Wasserrechts ist das Gewässerschutzrecht der älteste Rechtsbereich des Umweltrechts.[13] 9

---

[5] Zu Auswirkungen auf die Grundwassernutzungen vgl. auch SRU, Sondergutachten „Flächendeckend wirksamer Grundwasserschutz" 1998, BT-Drs. 13/10196, Tz. 152ff.

[6] Zu den Wassergefährdungen i. Überbl. *Bender/Sparwasser/Engel,* UmweltR, 4. Teil Rn. 2ff.; zum Zustand der Gewässer insges. UBA, Daten zur Umwelt 1997, S. 219ff.; BMU, Umweltbericht 1998, BT-Drs. 13/10735, S. 75ff.; vgl. außerdem oben § 1 Rn. 40ff.; zum Zustand des Süßwassers aus globalen Sicht Wiss. Beirat der BReg. Globale Umweltveränderungen (WBGU), Jahresgutachten 1997, BT-Drs. 13/11435, S. 1ff.; zu den Einwirkungen auf das Grundwasser SRU, Sondergutachten „Flächendeckend wirksamer Grundwasserschutz" 1998, BT-Drs. 13/10196, Tz. 13ff.

[7] BMU, Umweltbericht 1998, BT-Drs. 13/10735, S. 75.

[8] Vgl. zur Situation der Oberflächengewässer BMU, Umweltbericht 1998, BT-Drs. 13/10735, S. 75ff.

[9] Vgl. dazu BMU, Umweltbericht 1998, BT-Drs. 13/10735, S. 82f.

[10] BMU, Umweltschutz in Deutschland, S. 45f.; SRU, Sondergutachten „Flächendeckend wirksamer Grundwasserschutz" 1998, BT-Drs. 13/10196, Tz. 37ff.

[11] BMU, Umweltbericht 1998, BT-Drs. 13/10735, S. 83; zum Grundwasserschutz vgl. auch SRU, Sondergutachten „Flächendeckend wirksamer Grundwasserschutz" 1998, BT-Drs. 13/10196, Tz. 37ff.

[12] BMU, Umweltbericht 1998, BT-Drs. 13/10735, S. 85f.

[13] Näher *Salzwedel,* in: Salzwedel, Grundzüge des UmweltR, 2. Aufl., Teil 15 Rn. 2; zur historischen Entwicklung vgl. auch *Büschenfeld,* Flüsse und Kloaken, S. 49ff., 191ff.

10 Das Wasserrecht umfaßt die Gesamtheit der Rechtsnormen, die den Zustand der Gewässer und deren Nutzung zum Gegenstand haben.[14] Im Wasserrecht wird vornehmlich zwischen dem Wasserwegerecht und dem Wasserwirtschaftsrecht unterschieden.[15]

11 Das **Wasserwegerecht** befaßt sich mit dem Verkehr und Transport auf den Oberflächengewässern und ist für die Bundeswasserstraßen im Bundeswasserstraßengesetz[16] für die übrigen Oberflächengewässer in den Landeswassergesetzen geregelt.[17] Soweit es nicht um die Verkehrsfunktion von Wasserstraßen sondern um die dort auftretenden wasserwirtschaftlichen Fragen geht, gilt das Wasserhaushaltgesetz. Das Wasserwegerecht dient nicht unmittelbar dem Gewässerschutz und zählt deshalb nicht zum Umweltrecht.[18]

12 Das **Recht der Wasserwirtschaft** regelt die Inanspruchnahme des Wassers, durch welche die verfügbare Wassermenge vermindert oder die vorhandene Wassermenge beeinträchtigt werden kann.[19] Das Recht der Wasserwirtschaft schützt den Wasserhaushalt in seiner Gesamtheit und ist somit der zentrale Regelungsbereich des Gewässerschutzrechtes.

13 Das Gewässerschutzrecht ist in erster Linie öffentliches Recht. Die Bewältigung einer derart umfassenden, dem Gemeinwohl dienenden Aufgabe – wie der Gewässerbewirtschaftung – gehört nach Ansicht des *BVerfG* zu den typischen Angelegenheiten des öffentlichen Rechts, die mit den Mitteln des Privatrechts kaum bewältigt werden könnten.[20]

14 Zum Gewässerschutzrecht zählen neben den öffentlich-rechtlichen Vorschriften aber auch strafrechtliche Bestimmungen zum Schutz der Gewässer[21] und eine privatrechtliche Nutzungs- und Haftungsordnung in wasserwirtschaftlicher Hinsicht.[22]

15 Die **Rechtsgrundlagen** des Gewässerschutzrechts finden sich zunächst im Bundesrecht. Hier ist insbesondere das auf der Rahmengesetzgebungskompetenz des Bundes nach Art. 75 Abs. 1 Nr. 4 GG erlassene *Wasserhaushaltsgesetz (WHG)*[23] zu nennen. Daneben finden sich aber auch Rechtsgrundlagen des Gewässerschutzrechts im ebenfalls auf Art. 75 Abs. 1 Nr. 4 GG beruhenden *Abwasserabgabengesetz (AbwAG)*[24] sowie im *Wasch- und Reini-*

---

[14] *Salzwedel,* HdUR, Bd. 2, Sp. 2725.

[15] *Salzwedel,* in: Salzwedel, Grundzüge des UmweltR, 2. Aufl., Teil 15 Rn. 1; *Salzwedel/Preußker,* UmweltschutzR, S. 88; *Pape,* in: Landmann/Rohmer, UmweltR, Bd. II, WHG, § 1 Rn. 3.

[16] Bundeswasserstraßengesetz (WaStrG) i.d.F.d. Bek. v. 4. 11. 1998 (BGBl. I S. 3294), zul. geänd. durch G v. 25. 8. 1998 (BGBl. I S. 2489).

[17] *BVerwG,* Urt. v. 30. 10. 1962 – 2 BvF 2/60 –, BVerwGE 15, 1 (9f.).

[18] *Salzwedel,* in: Salzwedel, Grundzüge des UmweltR, 2. Aufl., Teil 15 Rn. 1.

[19] *Breuer,* in: Schmidt-Aßmann, BesVwR, 5. Abschn. Rn. 127.

[20] *BVerfG,* Beschl. v. 15. 7. 1981 – 1 BvL 77/78 –, BVerfGE 58, 300 (344); vgl. auch *Breuer,* in: Schmidt-Aßmann, BesVwR, 5. Abschn. Rn. 130.

[21] Vgl. §§ 324, 327 Abs. 2 Nr. 2, 329 Abs. 2, 330, 330a StGB; zum StrafR allgem. bereits oben § 13 Rn. 1ff.; zu den wasserrechtl. relevanten Straftatbeständen ausführl. unten § 18 Rn. 217.

[22] Vgl. *Salzwedel/Reinhardt,* NVwZ 1991, 946 (948ff.); *Bender/Sparwasser/Engel,* UmweltR, 4. Teil Rn. 51; dazu unten § 18 Rn. 219f.

[23] Gesetz zur Ordnung des Wasserhaushalts (Wasserhaushaltsgesetz – WHG) i.d.F.d. Bek. v. 12. 11. 1996 (BGBl. I S. 1695), zul. geänd. durch G v. 25. 8. 1998 (BGBl. I S. 2455); vgl. zum WHG ausführl. unten § 18 Rn. 2ff.

[24] Gesetz über Abgaben für das Einleiten von Abwasser in Gewässer (Abwasserabgabengesetz – AbwAG) i.d.F.d. Bek. v. 3. 11. 1994 (BGBl. I S. 3370), zul. geänd. durch G v. 25. 8. 1999 (BGBl. I S. 2455); vgl. dazu unten § 19 Rn. 1ff.

gungsmittelgesetz (WRMG),[25] welches auf der konkurrierenden Gesetzgebungszuständigkeit des Bundes für das Recht der Wirtschaft (Art. 74 Abs. 1 Nr. 11 GG) beruht. Als situationsgebundenes Sondergesetz für den Verteidigungsfall fungiert ferner das auf Art. 73 Nr. 1 GG gestützte *Wassersicherstellungsgesetz*.[26]

Eine beachtliche wasserwirtschaftliche Relevanz kommt zudem der *Trinkwasserverordnung*[27] zu, die sich allerdings auf Ermächtigungsgrundlagen des Bundes-Seuchengesetzes[28] und des Lebensmittel- und Bedarfsgegenständegesetzes[29] stützt. 16

Darüber hinaus ist das Gewässerschutzrecht landesrechtlich geregelt. So haben die Länder sowohl *Landeswassergesetze*[30] als auch *Landesabwasserabgabengesetze*[31] aufgrund des Art. 70 Abs. 1 GG erlassen. 17

Rechtsgrundlagen des Gewässerschutzes finden sich vermehrt auch in den **Richtlinien der EG**,[32] die Qualitäts- bzw. Emissionsnormen enthalten.[33] Erlassen worden sind u. a. die Richtlinien des Rates 18

- über die Qualitätsanforderungen an Oberflächengewässer für die Trinkwassergewinnung in den Mitgliedstaaten,[34]
- betreffend die Verschmutzung infolge der Ableitung bestimmter gefährlicher Stoffe in die Gewässer der Gemeinschaft,[35]

---

[25] Gesetz über die Umweltverträglichkeit von Wasch- und Reinigungsmitteln (Wasch- und Reinigungsmittelgesetz – WRMG) i. d. F. d. Bek. v. 5. 3. 1987 (BGBl. I S. 875), zul. geänd. durch G v. 27. 6. 1994 (BGBl. I S. 1440); da das WRMG neben dem Wasser auch die übrige Umwelt vor Stoffen, die in Wasch- u. Reinigungsmitteln enthalten sind, schützen soll, wird das WRMG im Zusammenhang mit dem GefahrstoffR dargestellt, vgl. dazu unten § 34 Rn. 46ff.

[26] Wassersicherstellungsgesetz v. 24. 8. 1965 (BGBl. I S. 1225, ber. S. 1817), zul. geänd. durch G v. 27. 12. 1993 (BGBl. I S. 2378); vgl. dazu ausführl. *Roth,* HdUR, Bd. 2, Sp. 2743ff.

[27] Verordnung über Trinkwasser und über Wasser für Lebensmittelbetriebe (Trinkwasserverordnung – TrinkwV) i. d. F. d. Bek. v. 5. 12. 1990 (BGBl. I S. 2612), geänd. durch VO v. 26. 2. 1993 (BGBl. I S. 278); dazu ausführl. *Staupe,* HdUR, Bd. 2, Sp. 2081 (2083f.).

[28] Bundes-Seuchengesetz (BSeuchG) i. d. F. d. Bek. v. 18. 12. 1979 (BGBl. I S. 2262, ber. 1980 S. 151), zul. geänd. durch G v. 24. 3. 1997 (BGBl. I S. 594).

[29] Gesetz über den Verkehr mit Lebensmitteln, Tabakerzeugnissen, kosmetischen Mitteln und sonstigen Bedarfsgegenständen (Lebensmittel- und Bedarfsgegenständegesetz – LMBG) i. d. F. d. Bek. v. 9. 9. 1997 (BGBl. I S. 2296), zul. geänd. durch G v. 25. 2. 1998 (BGBl. I S. 374); vgl. dazu unten § 34 Rn. 37ff.

[30] Vgl. dazu § 18 Rn. 2.

[31] Vgl. § 19 Rn. 1.

[32] *Czychowski,* WHG, Einl., S. 69ff. *Bender/Sparwasser/Engel,* UmweltR, 4. Teil Rn. 55; *Epiney,* UmweltR in der EU, S. 219ff.; *Frenz,* Europäisches UmweltR, Rn. 217ff.; näher dazu *Delwing,* Umsetzungsprobleme, passim; *Breuer,* DVBl. 1997, 1211 (1211ff.).

[33] I. Ü. *Grabitz/Nettesheim,* in: Grabitz/Hilf, EU-/EGV, Art. 130s, Rn. 126ff.; *Wüsthoff/Kumpf/v. Lersner/Roth,* Hb WasserR, Bd. 1, B 10ff.; *Reinhardt,* DÖV 1992, 102 (103); *Delwing,* Umsetzungsprobleme, S. 35ff.; *Veh/Knopp,* Gewässerschutz nach EG-Recht, S. 35ff.

[34] V. 16. 6. 1975 (75/440/EWG), ABl. EG Nr. L 194 v. 25. 7. 1975, S. 26, zul. geänd. durch RL des Rates v. 23. 12. 1991 (91/692/EWG), ABl. EG Nr. L 377 v. 31. 12. 1991, S. 48.

[35] V. 4. 5. 1976 (76/464/EWG), ABl. EG Nr. L 129 v. 18. 5. 1976, S. 23, zul. geänd. durch RL des Rates v. 23. 12. 1991 (91/692/EWG), ABl. EG Nr. L 377 v. 31. 12. 1991, S. 48.

– über den Schutz des Grundwassers gegen Verschmutzung durch bestimmte gefährliche Stoffe (Grundwasserrichtlinie),[36]
– über die Qualität von Wasser für den menschlichen Gebrauch (Trinkwasserrichtlinie),[37]
– über die in Deutschland geltenden Übergangsmaßnahmen für bestimmte Gemeinschaftsvorschriften über den Umweltschutz,[38]
– über die Behandlung von kommunalem Abwasser,[39]
– zum Schutz der Gewässer vor Verunreinigungen durch Nitrat aus landwirtschaftlichen Quellen (Nitratrichtlinie).[40]

19 Die Umsetzung der EG-rechtlichen Vorgaben erfolgte bis zur Novellierung des Wasserhaushaltgesetzes 1996 auf Bundes- und Landesebene vorwiegend durch Verwaltungsvorschriften. Diese Praxis war von der Rechtsprechung des *EuGH* in den letzten Jahren vielfach kritisiert worden.[41] Inzwischen ist durch den neu eingefügten § 6a WHG die Bundesregierung ermächtigt, zur Umsetzung Rechtsverordnungen mit Zustimmung des Bundesrates zu erlassen.[42] Ähnliche Vorschriften enthalten nun auch die meisten Landeswassergesetze.[43]

20 Geplant ist ferner eine Richtlinie des Rates zur Schaffung eines Ordnungsrahmens für Maßnahmen im Bereich der Wasserpolitik (Wasserrahmenrichtlinie). Ein entsprechender Entwurf ist dem Rat von der Kommission bereits vorgelegt worden.[44]

---

[36] V. 17. 12. 1979 (80/68/EWG), ABl. EG Nr. L 20 v. 26. 1. 1980, S. 43, zul. geänd. durch RL des Rates v. 23. 12. 1991 (91/692/EWG), ABl. EG Nr. L 377 v. 31. 12. 1991, S. 48; zur mangelhaften Umsetzung vgl. *EuGH,* Urt. v. 28. 2. 1991 – Rs C.131/88 –, NVwZ 1991, 973ff.; inzwischen umges. durch VO v. 18. 3. 1997 (BGBl. I S. 542).

[37] V. 15. 7. 1980 (80/778/EWG), ABl. EG Nr. L 229 v. 30. 8. 1980, S. 11, zul. geänd. ABl. EG Nr. L 1 v. 3. 11. 1998, S. 1; zur mangelhaften Umsetzung *EuGH,* Urt. v. 24. 11. 1992 – Rs C 237/90 –, NVwZ 1993, 257f.; zur Novellierung der Trinkwasserrichtlinie vgl. BMU, Umwelt 1999, 70; *Seeliger,* ZfW 1999, 1ff.

[38] V. 4. 12. 1990 (90/656/EWG), ABl. EG Nr. L 353 v. 17. 12. 1990, S. 59, geänd. durch RL der Komm. v. 23. 9. 1993, ABl. EG Nr. L 256 v. 14. 10. 1993, S. 32.

[39] V. 21.5.1991 (91/271/EWG), ABl. EG Nr. L 135 v. 30. 5. 1991, S. 40; vgl. dazu *Delwing,* Umsetzungsprobleme, S. 88ff., 199ff.; *Veh/Knopp,* Gewässerschutz nach EG-Recht, S. 17ff.; zur mangelhaften Umsetzung *EuGH,* Urt. v. 12. 12. 1996 – Rs. C 297/95 –, NVwZ 1997, 370f.

[40] V. 12. 12. 1991 (91/676/EWG), ABl. EG Nr. L 375 v. 31. 12. 1991, S. 1; zur Umsetzung ins deutsche Recht vgl. BMU, Umweltbericht 1998, BT-Drs. 13/10735, S. 84.

[41] Vgl. *EuGH,* Urt. v. 28. 2. 1991 – Rs C-131/88 –, DVBl. 1991, 863ff.; *ders.,* Urt. v. 30. 5. 1991 – Rs. C 361/88 –, DVBl. 1991, 869ff.; *ders.,* Urt. v. 24. 11. 1992 – Rs. C 237/90 –, EuZW 1993, 99ff.; *ders.,* Urt. v. 7. 11. 1996 – Rs. C 262/95 –, NVwZ 1997, 371f.; *ders.,* Urt. v. 12. 12. 1996 – Rs. C 298/95 –, NVwZ 1997, 369ff.; dazu auch *Reinhardt,* DÖV 1992, 102ff.; *Delwing,* Umsetzungsprobleme, S. 117ff.; *Frenz,* Europäisches UmweltR, Rn. 199ff.; *Veh/Knopp,* Gewässerschutz nach EG-Recht, S. 27ff.; BMU, Umweltbericht 1998, BT-Drs. 13/10735, S. 83f.

[42] Vgl. dazu auch *Czychowski,* ZUR 1997, 71ff.; *Lübbe-Wolff,* ZUR 1997, 61 (61f.).

[43] Art. 41j BayWG, § 14a WG BW, § 112a BlnWG, § 2a BremWG, § 19a HambWG, § 126a HessWG, § 2 Abs. 3 LWG MV, § 2b NdsWG, § 2a LWG NW, § 123a LWG RP, § 12a SaarlWG, § 4 SächsWG, § 67 WG LSA, § 111 WG SH, § 134 ThürWG.

[44] Vgl. ABl. EG Nr. C 184/20 v. 17. 6. 1997; dazu BMU, Umweltbericht 1998, BT-Drs. 13/10735, S. 85; BT-Drs. 14/154 v. 7. 12. 1998; BMU, Umwelt 1999, 196, 228; ferner *Seidel,* UPR 1998, 430ff.; *Bosenius,* NVwZ 1998, 1039ff.; *Breuer,* NVwZ 1998, 1001ff.; UBA, Jahresbericht 1997, S. 103; *v. Kreitz,* WuB 1999, 14ff.; *Holtmeier,* ZfW 1999, 69ff.

21 Zahlreiche Regelungen des Gewässerschutzes finden sich außerdem in **internationalen Abkommen**,[45] die allerdings regelmäßig nicht als allgemeine Regeln des Völkerrechts nach Art. 25 GG unmittelbar Bestandteil des Bundesrechts sind, sondern durch Ratifizierungsgesetze in deutsches Recht umzusetzen sind. Dies gilt einerseits für die Flüsse, die einen grenzüberschreitenden Verlauf haben, und andererseits für die Nord- und Ostsee.[46] Zu nennen sich insbesondere

- Oder,[47]
- Elbe,[48]
- Donauschutzübereinkommen,[49]
- Nordsee,[50]
- Ostsee.[51]

22 Auf regionaler und örtlicher Ebene werden wasserwirtschaftliche Fragen vielfach durch das Satzungsrecht von Gemeinden, Zweckverbänden, insbesondere von Wasser- und Bodenverbänden geregelt.[52]

23 Schließlich gibt es zahlreiche gesetzliche Regelungen, die nicht unmittelbar und ausschließlich dem Gewässerschutz gewidmet sind, gleichwohl aber eine gewässerschützende Funktion haben. Solche Regelungen finden sich sowohl im Natur-, Boden-, Abfall- und Immissionsschutzrecht ferner im Bau- und Raumordnungsrecht sowie in den stoffbezogenen Regelungen des Chemikalien-, Abfall-, Atom-, Pflanzenschutz- und des Düngemittelrechts.

24 Auch im Gewässerschutzrecht gibt es Selbstverpflichtungserklärungen bestimmter industrieller oder gewerblicher Bereiche.[53] Zu nennen sind insbesondere

- die Selbstverpflichtung der Fotobranche zur Verringerung der gewässerrelevanten schwer abbaubaren Komplexbildner im Abwasser.[54]

---

[45] Vgl. i. Ü. *Czychowski,* WHG, Einl., S. 69f.; *Breuer,* WasserR, Rn. 16ff.; zum internationalen WasserR *Schiedermair/Rest,* HdUR, Bd. 1, Sp. 1140 (1147ff.); *Süß/Adler,* ZfW 1995, 197ff.

[46] Zu Rechtsfragen bei Staatsgrenzen überschreitender Wasserversorgung *Günther,* UPR 1998, 425ff.

[47] Vertrag über die Internationale Kommission zum Schutz der Oder gegen Verunreinigung (Oderschutzkonvention) v. 11. 4. 1996, in Kraft seit dem 28. 11. 1999, vgl. dazu BMU, Umwelt 1999, 434.

[48] Vereinbarung über die Internationale Kommission zum Schutz der Elbe v. 8. 10. 1990 (BGBl. 1995 II S. 768).

[49] Übereinkommen über die Zusammenarbeit zum Schutz und zur verträglichen Nutzung der Donau v. 29. 6. 1994 (BGBl. 1998 II S. 2934, ber. 1999 II S. 77).

[50] Übereinkommen zur Zusammenarbeit bei der Bekämpfung der Verschmutzung der Nordsee durch Oel und andere Schadstoffe v. 13. 9. 1983 (BGBl. 1990 II S. 70).

[51] Übereinkommen zum Schutz der Meeresumwelt in der Ostsee v. 22. 3. 1974 (BGBl. 1979 II S. 1229).

[52] Vgl. *Hartkopf/Bohne,* Umweltpolitik, S. 362; zur Vereinbarkeit der Übertragung der Aufgabe der Wasserversorgung von den Gemeinden auf Verbandsgemeinden *BVerwG,* Urt. v. 25. 1. 1984 – 8 C 77.82 –, DVBl. 84, 679f.; zu den Wasser- u. Bodenverbänden siehe *Hoppe/Beckmann,* UPR 1988, 121ff.; siehe auch unten § 18 Rn. 216.

[53] Zu Selbstverpflichtungen vgl. oben § 9 Rn. 107ff.

[54] Vgl. BMU, Umwelt 1998, 116f.

§ 18. Wasserhaushaltsrecht

1 Naturwissenschaftlich umschreibt der **Begriff** Wasserhaushalt das auf der Erde vorhandene Wasser, das sich ständig in globalen, regionalen und lokalen Kreisläufen von Verdunstung, Kondensation, Niederschlag, Abfluß und Wiederverdunstung bewegt.[1] Der Wasserhaushalt i. d. S. ist einer rechtlichen Regelung entzogen. Der rechtliche Regelungsgegenstand des Wasserhaushaltsrechts kann umschrieben werden als die allgemein verbindliche Normierung der menschlichen Einwirkungen auf Oberflächen- und Grundwasser. Die rechtliche Ordnung des Wasserhaushalts enthält Regeln der haushälterischen Bewirtschaftung des in der Natur vorhandenen Wassers nach Menge und Güte. Der im Grundgesetz (Art. 75 Abs. 1 Nr. 4 GG) verwendete Begriff des Wasserhaushalts entspricht dem Begriff der Wasserwirtschaft, so daß das Wasserhaushaltsrecht mit dem Recht der Wasserwirtschaft identisch ist.[2]

A. Rechtliche Grundlagen

2 Das Wasserhaushaltsrecht ist im **Wasserhaushaltsgesetz (WHG)**[3] des Bundes und in den Landeswassergesetzen[4] geregelt. Es wird auf Bundesebene konkretisiert durch die Abwasserverordnung.[5]

---

[1] Dazu *Thurn,* Schutz natürlicher Gewässerfunktionen, S. 61; *Hartkopf/Bohne,* Umweltpolitik, S. 336 ff. mit einer genaueren Beschreibung des Wasserkreislaufes.

[2] Zum Wasserwirtschafts- u. WasserhaushaltsR insges. *BVerfG,* Urt. v. 30. 10. 1962 – 2 BvF 2/60, 1, 2, 3/61 –, BVerfGE 15, 1 (14).

[3] Gesetz zur Ordnung des Wasserhaushalts (Wasserhaushaltsgesetz – WHG) i. d. F. d. Bek. v. 12. 11. 1996 (BGBl. I S. 1695), zul. geänd. durch G v. 25. 8. 1998 (BGBl. I S. 2455); zur 6. Novelle des WHG (1996) vgl. *Knopp,* NJW 1997, 417 ff.; *Lübbe-Wolff,* ZUR 1997, 61 ff.; *Breuer,* in: Rengeling, Beschleunigung, S. 77 ff.; *ders.,* DVBl. 1997, 1211 (1215 ff.); zur Verfassungsmäßigkeit der Novelle auch *Reichert,* NVwZ 1998, 17 ff.

[4] Wassergesetz für Baden-Württemberg (WG BW) i. d. F. d. Bek. v. 1. 1. 1999 (GBl. S. 1); Bayerisches Wassergesetz (BayWG) i. d. F. d. Bek. v. 19. 7. 1994 (GVBl. S. 822), zul. geänd. durch G v. 10. 7. 1998 (GVBl. S. 403); Berliner Wassergesetz (BlnWG) i. d. F. d. Bek. v. 3. 3. 1989 (GVBl. S. 605), zul. geänd. durch G v. 17. 5. 1999 (GVBl. S. 183); Brandenburgisches Wassergesetz (BbgWG) v. 13. 7. 1994 (GVBl. S. 302), zul. geänd. durch G v. 22. 12. 1997 (GVBl. S. 168); Bremisches Wassergesetz (BremWG) i. F. d. Bek. v. 26. 2. 1991 (GBl. S. 65/158), zul. geänd. durch G v. 29. 10. 1996 (GVBl. 317); Hamburgisches Wassergesetz (HambWG) v. 20. 6. 1960 (GVBl. S. 335), zul. geänd. durch G v. 20. 1. 1997 (GVBl. S. 9); Hessisches Wassergesetz (HessWG) i. d. F. d. Bek. v. 22. 1. 1990 (GVBl. I S. 114), zul. geänd. durch G v. 25. 9. 1996 (GVBl. I S. 384); Wassergesetz des Landes Mecklenburg-Vorpommern (LWG MV) v. 30. 11. 1992 (GVBl. S. 669); Niedersächsisches Wassergesetz (NdsWG) i. d. F. d. Bek. v. 25. 3. 1998 (GVBl. S. 347); Wassergesetz für das Land Nordrhein-Westfalen (LWG NW) i. d. F. d. Bek. v. 25. 6. 1995 (GVBl. S. 926); Wassergesetz für das Land Rheinland-Pfalz (LWG RP) i. d. F. d. Bek. v. 14. 2. 1990 (GVBl. S. 11), zul. geänd. durch G v. 5. 4. 1995 (GVBl. S. 69); Saarländisches Wassergesetz (SaarlWG) i. d. F. d. Bek. v. 3. 3. 1998 (Amtsbl. S. 306), geänd. durch G v. 3. 3. 1999 (Amtsbl. S. 722); Sächsisches Wassergesetz (SächsWG) i. d. F. d. Bek. v. 21. 7. 1998 (GVBl. S. 393); Wassergesetz für das Land Sachsen-Anhalt (WG LSA) i. d. F. d. Bek. v. 21. 4. 1998 (GVBl. S. 186), geänd. durch G v. 11. 12. 1998 (GVBl.

Das WHG gilt aufgrund des Art. 3 § 2 Abs. 1 Nr. 1 URG i. V. m. Anlage 1 URG seit dem 1. 7. 1990 uneingeschränkt in den neuen Ländern.[6] Dies wird für das WHG als Bundesrecht durch Art. 8 EV und für die Allgemeinen Verwaltungsvorschriften nach § 7a WHG (a. F.) in Anlage II zum EV bestätigt. Die im Einigungsvertrag enthaltenen Einschränkungen sind mittlerweile außer Kraft getreten.[7] 3

Das WHG beruht im wesentlichen auf der Rahmenkompetenz des Bundes für den Bereich des Wasserhaushalts (Art. 75 Abs. 1 Nr. 4 GG).[8] Dementsprechend enthält das Gesetz zwar zahlreiche unmittelbar bürgerverbindliche Rechtsvorschriften, daneben aber auch eine Reihe von Vorschriften, die sich an die Landesgesetzgeber richten und von diesen konkretisiert und in bürgerverbindliches Recht umgesetzt werden müssen. Das WHG des Bundes hat die Grundsätze des bundesdeutschen Gewässerschutzrechtes jedoch so entscheidend geprägt, daß den Landesgesetzgebern in wesentlichen Fragen kein eigener Entscheidungsspielraum mehr verblieben ist.[9] 4

Über das WHG hinausgehend, haben die Länder jedoch teilweise selbständige Regelungen getroffen, z. B. über Maßnahmen und Anlagen, die sich auf die Gewässer und ihre Nutzung auswirken können, über privatrechtliche Regelungen, z. B. hinsichtlich des Gewässereigentums und hinsichtlich der Rechte und Pflichten aus dem wasserrechtlichen Nachbarrecht.[10] 5

Soweit die neuen Länder in Ausfüllung der Rahmenvorschriften des WHG zunächst noch keine landesrechtlichen Regelungen erlassen hatten, galten die Vorschriften des Wassergesetzes der DDR[11] gem. Art. 3 § 2 Abs. 2 URG i. V. m. Art. 9 Abs. 1 S. 1 EV landesrechtlich fort, soweit es dem Grundgesetz, dem durch den Einigungsvertrag in kraft gesetzten Bundesrecht und dem Recht der EG nicht widersprach.[12] Die neuen Länder haben zwischen 1992 und 1994 Wassergesetze erlassen, die nunmehr das frühere DDR-Wasserrecht ablösen.[13] 6

Der Professorenentwurf zum Umweltgesetzbuch hält im wesentlichen an den vorhandenen Regelungen des WHG fest und beschränkt sich auf Ergänzungen.[14] Lediglich das Instrumentarium der Abwasserabgabe wird in den Bereich der Wassserwirt- 7

S. 508); Wassergesetz des Landes Schleswig-Holstein (WG SH) i. d. F. d. Bek. v. 7. 2. 1992 (GVBl. S. 81), zul. geänd. durch G v. 12. 12. 1997 (GVBl. S. 471); Thüringer Wassergesetz (ThürWG) i. d. F. d. Bek. v. 4. 2. 1999 (GVBl. S. 35); vgl. i. Ü. *Sieder/Zeitler/Dahme/Knopp,* WHG, Vorbem. Rn. 21; *Pohl,* HdbUR, B.2 Rn. 3.

[5] Verordnung über Anforderungen an das Einleiten von Abwasser in Gewässer (Abwasserverordnung) i. d. F. d. Bek. v. 9. 2. 1999 (BGBl. I S. 86); vgl. dazu auch *Köhler,* AbwAG, Einl. Rn. 174, zur Änderung der AbwasserV vgl. BR-Drs. 771/99.

[6] *Reinhardt,* DVBl. 1991, 1058 (1060); *Czychowski,* LKV 1991, 220 (222); *Sieder/Zeitler/Dahme/Knopp,* WHG, Vorbem. Rn. 19a.

[7] *Bender/Sparwasser/Engel,* UmweltR, Teil 4 Rn. 63.

[8] § 22 WHG beruht indes auf Art. 74 Abs. 1 Nr. 1 GG, vgl. *Czychowski,* WHG, § 22 Rn. 3; *Sieder/Zeitler/Dahme/Knopp,* WHG, § 22 Rz. 11.

[9] *Sieder/Zeitler/Dahme/Knopp,* WHG, Vorbem., Rn. 20.

[10] *Czychowski,* WHG, Einl., S. 54f.; vgl. auch *Mache,* UmweltR, Rn. 131 ff.

[11] Wassergesetz DDR v. 2. 7. 1982 (GBl. DDR I S. 467); dazu *Lübbe-Wolff,* DVBl. 1990, 855 ff.; *Reinhardt,* DVBl. 1991, 1058 (1060 ff.).

[12] *Reinhardt,* DVBl. 1991, 1058 (1060); *Mache,* UmweltR, Rn. 134 m. w. N.; *Jänkel,* HdUR, Bd. 1, Sp. 462 (471 ff.).

[13] *Berendes,* AbwAG, S. 33; *Bender/Sparwasser/Engel,* UmweltR, Teil 4 Rn. 67; zu den mit dem Ausbau des vorhandenen Abwasserentsorgungssystems verbundenen Problemen in den neuen Ländern *Darsow,* LKV 1997, 185 ff.; *Scheiper,* LKV 1997, 200 ff.

[14] *Kloepfer,* DVBl. 1994, 305 (309); *Rehbinder,* NuR 1994, 313 (317).

schaft unmittelbar einbezogen.[15] Zudem wird eine bessere Koordination mit dem Naturschutzrecht und dem Bodenschutzrecht erstrebt.[16]

8 Einen ähnlichen Weg wählt auch der Kommissionsentwurf zum Umweltgesetzbuch. In diesem Entwurf wird der Regelungsgegenstand des Abwasserabgabengesetzes mit dem des WHG verbunden und beide Regelungskomplexe werden gemeinsam im Kapitel „Gewässerschutz" (§§ 355 bis 418 UGB-KomE) behandelt.[17] In dieses Kapitel werden im Entwurf zudem Vorschriften über das Einbringen und Einleiten von Abfällen in die Hohe See und in Küstengewässer einbezogen (vgl. §§ 383ff. UGB-KomE).[18]

I. Geltungsbereich des Wasserhaushaltsgesetzes

9 Gem. § 1 Abs. 1 WHG gilt das WHG für die oberirdischen Gewässer, die Küstengewässer und das Grundwasser.[19] Die Länder können jedoch gem. § 1 Abs. 2 WHG kleine Gewässer von wasserwirtschaftlich untergeordneter Bedeutung sowie Quellen, die zu Heilquellen erklärt worden sind,[20] von den Bestimmungen des WHG – abgesehen von der Haftungsregelung des § 22 WHG – ausnehmen. Gem. § 1 Abs. 3 WHG bestimmen die Länder außerdem die seewärtige Begrenzung derjenigen oberirdischen Gewässer, die nicht Binnenwasserstraßen des Bundes sind.

10 **Oberirdische Gewässer** sind gem. § 1 Abs. 1 Nr. 1 WHG das ständig oder zeitweilig in Betten fließende oder stehende oder aus Quellen wild abfließende Wasser.

11 Ein oberirdisches Gewässer verliert diese Eigenschaft nicht, wenn es zeitweise versiegt; es genügt insoweit, daß das Wasser in wiederkehrendem Rhythmus – wenn auch unregelmäßig – in einem Bett fließt.[21] Der Weg, auf dem Wasser in ein Gewässer gelangt, ist unerheblich.[22] Auch die teilweise Verrohrung eines Baches hat auf seine rechtliche Qualifikation als oberirdisches Gewässer keinen Einfluß.[23]

12 **Küstengewässer** sind gem. § 1 Abs. 1 Nr. 1a WHG das Meer zwischen der Küstenlinie bei mittlerem Hochwasser oder der seewärtigen Begrenzung der oberirdischen Gewässer und der seewärtigen Begrenzung des Küstenmeeres, d.h. also das Meer innerhalb der 3-Meilen-Zone.[24]

13 **Grundwasser** i.S.d. Wasserhaushaltsrechts ist das gesamte unterirdische Wasser, soweit es an den natürlichen Gewässerfunktionen Anteil hat, nicht

---

[15] Vgl. §§ 222 bis 282 UGB-BT-E, *Jarass/u.a.*, UGB-BT-E, S. 89ff.

[16] Vgl. *Jarass/u.a.*, UGB-BT-E, S. 477; *Kloepfer*, DVBl. 1994, 305 (309).

[17] BMU, UGB-KomE, S. 249ff.

[18] BMU, UGB-KomE, S. 259ff.

[19] Vgl. *Nisipeanu*, AbwasserR, S. 58ff.; *Pape*, in: Landmann/Rohmer, UmweltR, Bd. II, WHG, § 1 Rn. 14ff.; der Professorenentwurf zum UGB sieht in § 222 Abs. 2 UGB-BT-E zudem den Schutz der Meeresumwelt vor, vgl. *Jarass/u.a.*, UGB-BT-E, S. 89; dazu *Rehbinder*, NuR 1994, 313 (316); zum Schutz oberirdischer Gewässer ausführl. *Breuer*, in: Rengeling, EUDUR, Bd. 2, § 67 Rn. 1ff.; zum Schutz des Grundwassers *Breuer*, in: Rengeling, EUDUR, Bd. 2, § 69 Rn. 1ff.

[20] Dazu ausführl. *Mader*, HdUR, Bd. 1, Sp. 982ff.

[21] *OVG Schleswig*, Urt. v. 9. 5. 1996 – 2 L 185/94 –, ZfW 1997, 126 (128).

[22] *OVG Münster*, Urt. v. 24. 5. 1986 – 20 A 454/85 –, ZfW 1987, 122; vgl. *Ketteler/Kippels*, UmweltR, S. 99.

[23] *BVerwG*, Urt. v. 31. 10. 1975 – IV C 43/73 –, BVerwGE 49, 293 (299); *dass.*, Beschl. v. 29. 1. 1996 – 4 B 5.96 –, ZfW 1997, 25ff.; vgl. aber *OVG Hamburg*, Urt. v. 18. 6. 1991 – Bf VI 37/89 –, ZfW 1993, 114f.

[24] *Sieder/Zeitler/Dahme/Knopp*, WHG, § 1 Rn. 11e.

dem Wasserhaushalt entzogen ist und der wasserwirtschaftlichen Lenkung zugänglich ist.[25] Die Abgrenzung zwischen oberirdischem Gewässer und Grundwasser richtet sich danach, ob das Grundwasser dauerhaft oder nur vorübergehend freigelegt wird.[26]

Der Verhütung der **Meeresverschmutzung** durch das Einbringen von Abfällen durch Schiffe und Luftfahrzeuge dient das Hohe-See-Einbringungsgesetz,[27] mit dem internationale Übereinkommen zur Verhütung der Meeresverschmutzung[28] durch das Einbringen von Abfällen durch Schiffe und Luftfahrzeuge ratifiziert worden sind. Das Gesetz regelt ein dem Wasserhaushaltsrecht vergleichbares Bewirtschaftungssystem zum Schutz der Hohen See, die sich seewärts an die dem WHG unterfallenden Küstengewässer anschließt.[29] 14

II. Aufbau des Wasserhaushaltsgesetzes

Neben der einleitenden Regelung über den sachlichen Geltungsbereich enthält das WHG in sechs Teilen 15

- gemeinsame Bestimmungen für die Gewässer (§§ 1 a bis 22 WHG),
- Bestimmungen für oberirdische Gewässer (§§ 23 bis 32 WHG),
- Bestimmungen für die Küstengewässer (§§ 32 a, 32 b WHG),
- Bestimmungen für das Grundwasser (§§ 33 bis 35 WHG),
- Bestimmungen über die wasserwirtschaftliche Planung und das Wasserbuch (§§ 36 bis 37 WHG) und
- Bußgeld- und Schlußbestimmungen (§§ 38 bis 44 WHG).

Der Professorenentwurf zum UGB-BT hält an der Systematik der gemeinsamen Bestimmungen für alle Gewässer und Bestimmungen für einzelne Gewässerarten fest,[30] will jedoch die unterschiedlichen Bewirtschaftungsziele für die verschiedenen Gewässer verdeutlichen.[31] 16

B. Grundsätze des Wasserhaushaltsrechts

Das Wasserhaushaltsrecht setzt die besonderen Ziele des Wasserhaushaltsrechts in § 1 a WHG als spezieller wasserrechtlicher Grundsatznorm fest, in der das 17

---

[25] *BVerfG,* Beschl. v. 15. 7. 1981 – 1 BvL 77/78 –, BVerfGE 58, 300 (303); *BVerwG,* Urt. v. 17. 2. 1969 – IV B 220.68 –, ZfW 1969, 116; *OVG Münster,* Beschl. v. 8. 8. 1997 – 20 A 5730/96 –, ZfW 1998, 455 (456); *Czychowski,* WHG, § 1 Rn. 39; umfassend zum Grundwasserschutz SRU, Sondergutachten „Flächendeckend wirksamer Grundwasserschutz" 1998, BT-Drs. 13/10196.

[26] *BVerwG,* Urt. v. 10. 2. 1978 – IV C 25.75 –, BVerwGE 55, 220 (223); *Breuer,* WasserR, Rn. 48 f. m. w. N.; a. A. *OVG Münster,* Urt. v. 27. 3. 1991 – 7 A 1927/87 –, NuR 1992, 134 (135 f.).

[27] Gesetz über das Verbot zur Einbringung von Abfällen und anderen Stoffen und Gegenstände in die Hohe See (Hohe-See-Einbringungsgesetz) v. 25. 8. 1998 (BGBl. I S. 2455); vgl. dazu *Breuer,* WasserR, Rn. 20 ff.; siehe dazu ausführl. unten § 31 Rn. 13 ff.

[28] Übereinkommen zur Verhütung der Meeresverschmutzung vom Lande aus v. 4. 6. 1974 (Pariser Konvention), ersetzt durch das Übereinkommen zum Schutz der Meeresumwelt des Nordatlantiks i. Kraft seit dem 25. 3. 1998 (BGBl. II S. 2946).

[29] Zum Schutz der Meeresumwelt vgl. auch § 222 Abs. 2 UGB-BT-E, *Jarass/u. a.,* UGB-BT-E, S. 89, 479.

[30] *Jarass/u. a.,* UGB-BT-E, S. 89 ff.

[31] *Jarass/u. a.,* UGB-BT-E, S. 518.

– Bewirtschaftungsprinzip,
– allgemeine Sorgfaltspflicht sowie das
– Grundeigentum und öffentlich-rechtliche Benutzungsordnung

geregelt sind.

I. Bewirtschaftungsprinzip

18 Gem. § 1a Abs. 1 WHG sind Gewässer so zu bewirtschaften, daß sie dem Wohl der Allgemeinheit und im Einklang mit ihm auch dem Nutzen einzelner dienen und daß vermeidbare Beeinträchtigungen unterbleiben.[32] Das System der öffentlich-rechtlichen Bewirtschaftung durchzieht das gesamte Wasserhaushaltsrecht. Die Vorschrift bildet keine selbständige Ermächtigungsgrundlage für behördliche Eingriffs- oder Gestaltungsmaßnahmen.[33]

19 **Ziel** der Bewirtschaftung ist es, den Wasserhaushalt so zu ordnen, daß Wasser stets in geeigneter Güte, in der benötigten Menge und am richtigen Ort für die jeweiligen Bedürfnisse zur Verfügung steht.[34] Dazu müssen das Wasserdargebot und der Nutzungsbedarf ermittelt oder abgeschätzt werden, Maßnahmen zur Sicherung des Wasserdargebots und zur Veranschlagung von Vorrats- und Pufferkapazitäten ergriffen, Prioritäten für gegenwärtige und künftige Nutzungsansprüche sowie die zeitliche Staffelung von Inanspruchnahmen festgelegt werden.[35]

20 Die öffentlich-rechtliche Bewirtschaftung des Wasserhaushalts läßt sich allein mit dem ordnungsrechtlichen Instrumentarium nicht bewältigen. Das Wasserhaushaltsrecht hat deshalb seine ordnungsrechtliche Herkunft längst verlassen und sieht ein weit über das ordnungsrechtliche Instrumentarium hinausgehendes Regelungssystem vor. Geprägt wird das Bewirtschaftungssystem durch eine **umfassende öffentlich-rechtliche Benutzungsordnung**, die alle wesentlichen Gewässernutzungen und Gewässereinwirkungen von der staatlichen Zulassung abhängig macht. Die Bewirtschaftung im Rahmen der öffentlich-rechtlichen Benutzungsordnung wird wiederum durch ihre sehr allgemeine und weite Zielsetzung, wonach sie dem Wohl der Allgemeinheit dienen muß, und durch ein ebenfalls sehr weites **Bewirtschaftungsermessen** gekennzeichnet.[36]

21 Neben dem Erfordernis von Erlaubnissen und Bewilligungen dienen z.B. die Mindestanforderungen an das Einleiten von Abwasser gem. § 7a WHG und zahlreiche planerische bzw. planähnliche Instrumente, wie z.B. die Abwasserbeseitigungs-, Bewirtschaftungs- und wasserwirtschaftlichen Rahmenpläne, Wasserschutzgebietsausweisungen, Reinhalteordnungen und Aus-

---

[32] Vgl. dazu §§ 222 Abs. 1, 224 Abs. 2 UGB-BT-E, *Jarass/u. a.,* UGB-BT-E, S. 89, 91f., 481ff.

[33] *Czychowski,* WHG, § 1a Rn. 4; *Sieder/Zeitler/Dahme/Knopp,* WHG, § 1a Rn. 3.

[34] *Czychowski,* WHG, § 1a Rn. 2; zur Bedeutung für die Altlastensanierung *Schulz,* ZUR 1995, 194ff.

[35] *Salzwedel,* in: Salzwedel, Grundzüge des UmweltR, 2. Aufl., Teil 15 Rn. 9.

[36] Zum Allgemeinwohlbegriff u. zum Bewirtschaftungsermessen i.e. unten § 18 Rn. 72ff.; §§ 224 Abs. 1, 225 UGB-BT-E halten an dem weiten Bewirtschaftungsermessen fest, versuchen aber, es durch Regelungen zu Bewirtschaftungszielen, -plänen und -konzepten als administrative Eigenfestlegungen näher zu konkretisieren, vgl. *Jarass/u. a.,* UGB-BT-E, S. 90ff.; 482ff.; *Rehbinder,* NuR 1994, 313 (316).

weisungen von Überschwemmungsgebieten der öffentlich-rechtlichen Bewirtschaftung.[37]

22 Die effektive öffentlich-rechtliche Bewirtschaftung erfordert außerdem eine umfassende **Gewässerüberwachung.** Diese wird in § 21 WHG vor allem durch die Regelung der erforderlichen Duldungs- und Mitwirkungspflichten des Gewässerschutzes ermöglicht. Ergänzt wird das öffentlich-rechtliche Bewirtschaftungssystem schließlich durch die Eingriffsmöglichkeiten der Wasserbehörden nach dem allgemeinen Ordnungsrecht. Nach den Landeswassergesetzen haben die Wasserbehörden zugleich die Stellung von Polizei- oder Ordnungsbehörden. Sie können deshalb im Einzelfall eingreifen, wenn die öffentliche Sicherheit durch eine Beeinträchtigung von Gewässern bedroht ist.[38]

23 Die Bewirtschaftungspflicht des § 1a Abs. 1 WHG richtet sich in erster Linie an die Wasserbehörden, die Landesgesetzgeber und die Behörden, die gewässerschützende Rechtsverordnungen, Verwaltungsvorschriften oder Pläne aufzustellen haben.[39] Daneben besteht die Bewirtschaftungspflicht aber auch für alle anderen mit dem Vollzug des Gewässerschutzrechtes befaßten Behörden, wie etwa die Bau-, Gesundheits- und Abfallbehörden.

II. Allgemeine Sorgfaltspflicht

24 Das Vorsorgeprinzip, das bereits nach dem Bewirtschaftungsgrundsatz des § 1a Abs. 1 WHG zu beachten ist, ist darüber hinaus im Wasserhaushaltsrecht allgemeinverbindlich. Gem. § 1a Abs. 2 WHG ist jedermann verpflichtet, bei Maßnahmen, mit denen Einwirkungen auf ein Gewässer verbunden sein können, die nach den Umständen erforderliche Sorgfalt anzuwenden, um eine Verunreinigung des Wassers oder eine sonstige nachteilige Veränderung seiner Eigenschaften zu verhüten, um eine mit Rücksicht auf den Wasserhaushalt gebotene sparsame Verwendung des Wassers zu erzielen, um die Leistungsfähigkeit des Wasserhaushalts zu erhalten und um eine Vergrößerung und Beschleunigung des Wasserabflusses zu vermeiden.[40] Diese allgemeine Sorgfaltspflicht ist unmittelbar geltendes Recht und wird durch zahlreiche weitere Bestimmungen des WHG konkretisiert.[41] Eine besondere rechtliche Bedeutung kommt der allgemeinen Sorgfaltspflicht vor allem bei den erlaubnisfreien Gewässerbenutzungen zu, weil bei ihnen – im Gegensatz zu den erlaubnispflichtigen Gewässerbenutzungen – zum Schutz der Allgemeinheit oder Dritter keine Benutzungsbedingungen oder Auflagen festgesetzt werden können.

Beispiele: Erlaubnisfreie Tätigkeiten sind u. a. Düngen von Äckern, Versprühen von Pflanzenschutzmitteln und der Umgang mit wassergefährdenden Stoffen.[42] Hier er-

---

[37] Zu den planerischen Instrumenten des Gewässerschutzes unten § 18 Rn. 151 ff.

[38] *Salzwedel,* in: Salzwedel, Grundzüge des UmweltR, 2. Aufl., Teil 15 Rn. 18; ausführl. zum repressiven Einschreiten der Wasserbehörden *Breuer,* WasserR, Rn. 546 ff.

[39] *Czychowski,* WHG, § 1a Rn. 4.

[40] Das zul. gen. Ziel wurde durch die 6. Novelle zum WHG (1996) hinzugefügt u. verstärkt die Bedeutung des Hochwasserschutzes.

[41] Vgl. z. B. §§ 7a, 19a–f, 19g–l, 26, 32b, 34 WHG.

[42] *Czychowski,* WHG, § 1a Rn. 15; *Sieder/Zeitler/Dahme/Knopp,* WHG, § 1a Rn. 17.

möglicht die Verletzung der allgemeinen Sorgfaltspflicht ein Einschreiten der Wasserbehörden im Wege des Polizei- und Ordnungsrechts.[43]

III. Verhältnis von Grundeigentum und öffentlich-rechtlicher Benutzungsordnung

25 An den Gewässern besteht privates Eigentum. Die rechtliche Herrschaft des Eigentums erstreckt sich jeweils auf die „Wassersäule", die sich über und unter dem Grundstück befindet.[44] Etwas anderes gilt nur in Baden-Württemberg. Dort besteht an den oberirdischen Gewässern gem. §§ 4, 5 WG BW öffentliches Eigentum.[45]

26 Wer Eigentümer der Gewässer ist, ergibt sich für die Bundeswasserstraßen aus Art. 89 Abs. 1 GG, im übrigen aus den Landeswassergesetzen. Nach Art. 89 Abs. 1 GG ist der Bund Eigentümer der *Bundeswasserstraßen. Gewässer erster Ordnung* – das sind die in speziellen Verzeichnissen aufgeführten Gewässerstrecken eines jeweiligen Bundeslandes[46] – sind Eigentum des Landes, soweit sie nicht Bundeswasserstraßen sind. Alle anderen Gewässer sind *Gewässer zweiter Ordnung.*[47] Sie gehören nach dem Landesrecht den Eigentümern der Ufergrundstücke.

27 Das private Gewässereigentum ist allerdings stark eingeschränkt. Gewässer zählen zu den öffentlichen Sachen und werden insoweit von dem dafür typischen Nebeneinander privaten und öffentlichen Rechts beherrscht.[48] Das WHG unterstellt das ober- und unterirdische Wasser einer vom Grundeigentum losgelösten intensiven öffentlich-rechtlichen Benutzungsordnung. Gem. § 1a Abs. 3 WHG berechtigt das Grundeigentum weder zu einer Gewässerbenutzung, die nach dem WHG oder nach den Landeswassergesetzen einer Erlaubnis oder Bewilligung bedarf, noch zum Ausbau eines oberirdischen Gewässers.

28 § 1a Abs. 3 WHG ist keine Enteignungsvorschrift, sondern eine **Inhalts- und Schrankenbestimmung** des Eigentums i. S. v. Art. 14 Abs. 1 S. 2 GG. Nach Ansicht des *BVerfG* sind die das Grundeigentum stark eingrenzenden Inhalts- und Schrankenbestimmungen der wasserwirtschaftlichen Benutzungsordnung mit dem Grundgesetz vereinbar.[49] Sie verletzen weder die grundsätzliche Anerkennung des Privateigentums durch Art. 14 Abs. 1 S. 1 GG, den Gleichbehandlungsgrundsatz noch den Grundsatz der Verhältnismäßigkeit. Die öffentlich-rechtliche Bewirtschaftungsordnung rechtfertigt sich aus der überragenden Bedeutung des Wasserhaushalts für die Allgemeinheit.[50]

---

[43] *BVerwG,* Urt. v. 25. 2. 1991 – 7 B 3.91 –, ZfW 1991, 228 (229).

[44] Vgl. *Sieder/Zeitler/Dahme/Knopp,* WHG, Vorb. WHG, Rn. 9.

[45] Zur Novellierung des baden-württembergischen WasserR *Heiland,* VBlBW 1998, 401 ff.; § 4a HambWG regelt öffentl. Eigentum ledigl. an Hochwasserschutzanlagen.

[46] Vgl. z. B. § Abs. 1 Nr. 1 LWG NW.

[47] Vgl. z. B. § 3 Abs. 1 Nr. 2 LWG NW.

[48] Näher *Breuer,* WasserR, Rn. 65 ff.; zur privatrechtl. Nutzungs- u. Haftungsordnung i. b. a. die Gewässer *Breuer,* WasserR, Rn. 728.

[49] *BVerfG,* Beschl. v. 15. 7. 1981 – 1 BvL 77/78 –, BVerfGE 58, 300 (338 ff.).

[50] Dazu *Rittstieg,* NJW 1982, 721 ff.; *Baur,* NJW 1982, 1734 ff.; *Salzwedel,* ZfW 1983, 13 ff.; *Ossenbühl,* NJW 1983, 1 ff.; *Soell,* DVBl. 1983, 241 ff.; siehe auch

Von der öffentlich-rechtlichen Benutzungsordnung, die das private Eigentum überlagert, ist das *private Wassernachbarrecht* zu unterscheiden. Während das öffentliche Wasserwirtschaftsrecht nur die Rechtsbeziehungen zwischen den Wasserbehörden und den Gewässerbenutzern sowie zwischen den Wasserbehörden und den Drittbetroffenen regelt, gilt unter den Gewässerbenutzern dagegen Privatrecht, insbesondere sind die Abwehransprüche gem. §§ 1004, 823 Abs. 1, Abs. 2 BGB einschlägig.[51] **29**

C. Öffentlich-rechtliche Benutzungsordnung

I. Genehmigungspflichtige Tatbestände

Die öffentlich-rechtliche Benutzungsordnung zeichnet sich durch zahlreiche Genehmigungspflichten aus. So bedarf gem. § 2 Abs. 1 WHG jede Benutzung der Gewässer der behördlichen *Erlaubnis* gem. § 7 WHG oder der *Bewilligung* gem. § 8 WHG.[52] Rechtssystematisch handelt es sich bei der Erlaubnis und der Bewilligung um ein repressives Verbot mit Befreiungsvorbehalt,[53] weil mit der hoheitlichen Zulassung die Benutzung nicht nur formell, sondern auch materiell zulässig wird. Einer hoheitlichen Zulassung bedürfen die überwiegende Zahl der Gewässerbenutzungen und zahlreiche weitere Vorhaben.[54] **30**

1. Gewässerbenutzung

Was eine Gewässernutzung i. S. d. Wasserhaushaltsrechts ist, wird in § 3 WHG aufgelistet.[55] **31**

§ 3 Abs. 1 WHG erfaßt die „echten" Benutzungen, d. h. die Handlungen, die final auf die Gewässerinanspruchnahme gerichtet sind.[56] Danach sind Benutzungen **32**

- Entnehmen und Ableiten von Wasser aus oberirdischen Gewässern (Nr. 1),
- Aufstauen und Absenken von oberirdischen Gewässern (Nr. 2),

---

BVerwG, Urt. v. 10. 2. 1978 – 4 C 25.75 –, BVerwGE 55, 220 (230 f.); *BGH,* Urt. v. 19. 9. 1996 – III ZR 82/95 – DVBl. 1997, 45 (47); *ders.,* Urt. v. 26. 1. 1984 – III ZR 179/82 –, BGHZ 90, 4 (8 ff.); *Breuer,* WasserR, Rn. 77 ff.; für eine Verfassungswidrigkeit der geltenden wasserrechtl. Eigentumsbeschränkungen *Papier,* in: Maunz/Dürig/Herzog/Scholz, GG, Art. 14 Rn. 435 ff.; *Wendt,* in: Sachs, GG, Art. 14 Rn. 61.

[51] Vgl. dazu ausführl. oben § 12 Rn. 7 ff.; um wasserrechtl. NachbarR auch *Breuer,* WasserR, Rn. 728 ff.

[52] Zur Frage, wer Unternehmer einer Gewässerbenutzungsanlage ist *VGH München,* Urt. v. 7. 7. 1997 – 22 B 95 3493 –, BayVBl. 1998, 694 ff.

[53] *Czychowski,* WHG, § 2 Rn. 3; *Sieder/Zeitler/Dahme/Knopp,* WHG, § 2 Rn. 2a; zum repressiven Verbot mit Befreiungsvorbehalt oben § 8 Rn. 41 ff.

[54] §§ 52 ff. UBG-AT-E halten im wesentl. an dieser Rechtslage fest u. sehen nur für bestandsschutzgewährende Wassernutzungsrechte eine Anknüpfung an die Umweltbewilligung als gebundene Kontrollerlaubnis vor, vgl. *Jarass/u. a.,* UGB-BT-E, S. 490; *Kloepfer,* DVBl. 1994, 305 (309);

[55] Zu den Tatbeständen der Gewässerbenutzung ausführl. *Breuer,* WasserR, Rn. 105 ff.; zur Unterscheidung der sog. echten u. unechten Benutzungen i. S. d. § 3 Abs. 1 u. 2 WHG *Breuer,* in: Schmidt-Aßmann, BesVwR, 5. Abschn. Rn. 136; *Schmidt/Müller,* UmweltR, § 4 Rn. 31 ff.

[56] *BVerwG,* Urt. v. 16. 11. 1973 – 4 C 44/69 –, NJW 1974, 815 (816); zur Gewässerbenutzung durch winterl. Streudienst *BGH,* Urt. v. 20. 1. 1994 – III ZR 166/92 –, NJW 1994, 1006 ff.

- Entnehmen fester Stoffe aus oberirdischen Gewässern, soweit dies auf den Zustand des Gewässers oder auf den Wasserabfluß einwirkt (Nr. 3),
- Einbringen und Einleiten von Stoffen in oberirdische Gewässer (Nr. 4),[57]
- Einbringen und Einleiten von Stoffen in Küstengewässer (Nr. 4 a),[58]
- Einleiten von Stoffen in das Grundwasser (Nr. 5),[59]
- Entnehmen, Zutagefördern, Zutageleiten und Ableiten von Grundwasser (Nr. 6).[60]

33 § 3 Abs. 2 WHG erfaßt die „unechten" Gewässernutzungen, d. h. die Handlungen, die zwar zweckgerichtet, nicht aber gewässerbezogen sein müssen. Danach *gelten* als Benutzungen auch folgende Einwirkungen

- Aufstauen, Absenken und Umleiten von Grundwasser durch Anlagen, die hierzu bestimmt oder hierfür geeignet sind (Nr. 1),
- Maßnahmen, die geeignet sind, dauernd oder in einem nicht nur unerheblichen Ausmaß schädliche Veränderungen der physikalischen, chemischen oder biologischen Beschaffenheit des Wassers herbeizuführen (Nr. 2).[61]

34 Benutzungen i. S. d. Wasserhaushaltsrechts sind schließlich gem. § 3 Abs. 3 S. 2 WHG auch

- Maßnahmen der Unterhaltung eines oberirdischen Gewässers, soweit hierbei chemische Mittel verwendet werden.[62]

35 Zum Teil ist in den Bundesländern der Katalog der gestattungspflichtigen Benutzungstatbestände noch erweitert worden.[63]

Fall: Bauer B bezieht seit Jahren geschäftsmäßig Abwässer unterschiedlicher Herkunft und Zusammensetzung, die er auf seinen, von ihm landwirtschaftlich genutzten Flächen ausbringt, ohne dafür eine wasserrechtliche Gestattung zu besitzen. Die untere Wasserbehörde hat dem B unter Anordnung der sofortigen Vollziehung jegliches Ein-

---

[57] Auch wenn es sich insoweit um Abfälle oder Abwässer handelt, findet gem. § 2 Abs. 2 Nr. 6 KrW-/AbfG ausschließl. das WasserR Anwendung, wenn ein Stoff nach wasserrechtl. Vorschriften nicht eingeleitet werden darf, vgl. dazu auch unten § 30 Rn. 12 f.; zur Abgrenzung von Wasser- u. AbfallR ferner *Pape,* in: Landmann/Rohmer, UmweltR, Bd. II, WHG, § 1 Rn. 12; keine Benutzung stellt zudem das Einleiten von Grundwasser in die öffentl. Kanalisation dar *VGH Mannheim,* Urt. v. 23. 7. 1998 – 8 S 3189/96 –, NuR 1999, 333 ff.

[58] Weitere Voraussetzungen sind 1996 entfallen.

[59] Vgl. dazu *OVG Schleswig,* Beschl. v. 6. 12. 1995 – 2 L 188/95 –, ZfW 1997, 125 f.; zur Grundwassergefährdung durch Munitionsreste *VGH München,* Beschl. v. 26. 7. 1991 – 22 Cs 90.400 –, NVwZ 1992, 905 ff.; zum Grundwasserschutz ausführl. *Salzwedel,* HdUR, Bd. 1, Sp. 943 ff.

[60] In einigen Ländern wird für die Entnahme von Wasser aus oberirdischen Gewässern u. Grundwasser eine Abgabe (sog. Wasserpfennig) erhoben; das *BVerfG,* Beschl. v. 7. 11. 1995 – 2 BvR 413/88 u. a. –, BVerfGE 93, 319 ff., hat eine solche Abgabe für verfassungsrechtl. zulässig erklärt; vgl. auch *Murswiek,* NuR 1994, 170 ff.; *ders.,* NVwZ 1996, 417 ff.; *Sanden,* UPR 1996, 181 ff.; *v. Mutius/Lünenbürger,* NVwZ 1996, 1061 ff.; *Raber,* NVwZ 1997, 219 ff.; *Heimlich,* DÖV 1997, 996 ff.; vgl. dazu bereits oben § 9 Rn. 27; die §§ 413 – 415 UGB-KomE enthalten eine Regelung dieser Abgabe, vgl. BMU, UGB-KomE, S. 271 ff.

[61] Dazu können Maßnahmen der Bodendüngung sowie der Anwendung von Pestiziden u. Herbiziden in der Land- u. Forstwirtschaft zählen, wenn im Einzelfall eine Schädigungseignung konkret dargelegt werden kann, vgl. ausführl. *Möker,* Gewässerbelastung durch Agrarstoffe, S. 114 ff.; *Linden,* Gewässerschutz und landwirtschaftliche Bodennutzung, S. 100 ff.

[62] So z. B. die chemische Entkrautung eines Gewässers, vgl. *Breuer,* HÖV, Bd. 2, S. 449.

[63] Vgl. § 13 Abs. 1 WG § 4 BremWG, § 15 HambWG, § 5 LWG MV, § 4 NdsWG, § 25 LWG RP, § 5 WG LSA, § 15 ThürWG.

leiten von Abwasser auf seinen Feldern verboten. Die Rechtmäßigkeit dieser Ordnungsverfügung hängt davon ab, ob das Verhalten des B eine gestattungspflichtige, ihm aber nicht gestattete Gewässerbenutzung ist. Das Aufbringen der Abwässer auf die landwirtschaftlich genutzten Flächen stellt eine durch Erlaubnis oder Bewilligung zu gestattende Maßnahme dar, wenn darin entweder eine Einleitung von Stoffen in ein oberirdisches Gewässer oder in das Grundwasser (§ 3 Abs. 1 Nr. 4, 5 WHG) liegt oder das Aufbringen geeignet ist, dauernd oder in nicht unerheblichem Ausmaß schädliche Veränderungen der physikalischen, chemischen oder biologischen Beschaffenheit des Wassers herbeizuführen (§ 3 Abs. 2 Nr. 2 i. V. m. § 2 Abs. 1 WHG). Nach Ansicht des *OVG Münster* ist zweifelhaft, ob unter den *Begriff des Einleitens* jedes Aufbringen von Abwasser auf landwirtschaftlich genutzte Grundflächen fällt.[64] Es könne nicht Sinn und Zweck des WHG sein, die ordnungsgemäße landwirtschaftliche Düngung mit Abwässern allgemein der wasserrechtlichen Erlaubnispflicht zu unterwerfen. Andererseits gebiete der Schutzzweck des WHG eine weite Fassung des Begriffs Einleiten, weil von dem Geltungsbereich des § 3 WHG abhänge, inwieweit die Gestaltungsmöglichkeit des Gesetzes auf die Ordnung des Wasserhaushalts reiche. Einen wichtigen Anhaltspunkt für die Auslegung des Begriffs liefere § 2 Abs. 2 AbwAG. Hiernach sei Einleiten von Abwasser i. S. d. Gesetzes das unmittelbare Verbringen des Abwassers in ein Gewässer.[65] Das Verbringen in den Untergrund gelte danach als Einleiten in ein Gewässer; ausgenommen hiervon sei nach der Vorschrift das Verbringen im Rahmen landbaulicher Bodenbehandlung. Stelle hiernach das Verbringen des Abwassers in den Untergrund, soweit es nicht im Rahmen „landbaulicher Behandlung" und damit auch im Rahmen der landwirtschaftlichen Düngung erfolge, ein Einleiten in ein Gewässer dar, so werde auch das Verregnen, Versickern und Verrieseln von Abwasser erfaßt, die nach § 18a Abs. 1 S. 2 WHG als Handlungsarten neben dem Einleiten stehen. Das Verbringen von Abwasser auf die Erdoberfläche außerhalb sachgemäßer landwirtschaftlicher Düngung könne insoweit ein erlaubnispflichtiges Einleiten in das Grundwasser darstellen. Da dem B keine wasserrechtliche Gestattung erteilt worden war, war die Ordnungsverfügung rechtmäßig, soweit mit ihr das gewerbsmäßige Ausbringen untersagt wurde.[66]

2. *Genehmigungsfreie Gewässernutzung*

Neben dem weiten Bereich der erlaubnis- oder bewilligungspflichtigen Nutzungen sind eine Reihe von Gewässernutzungen von der Erlaubnis- und Bewilligungspflicht ausgenommen.[67] Diese Ausnahmen sind zum Teil im WHG, zum Teil aber auch in den Landeswassergesetzen näher geregelt. Ausnahmen nach dem WHG sind z. B. vorgesehen für **36**

- Maßnahmen, die dem Ausbau und der Unterhaltung von Gewässern dienen (§ 3 Abs. 3 WHG),[68]
- Benutzungen aufgrund von alten Rechten und alten Befugnissen (§ 15 bis 17 WHG),[69]
- Benutzungen bei Übungen und Erprobungen (§ 17a WHG),

---

[64] *OVG Münster,* Beschl. v. 8. 2. 1982 – 19 B 2050/81 –, NVwZ 1983, 619f.

[65] Vgl. dazu unten § 19 Rn. 11.

[66] Zu Rechtsfragen der Gewässerverunreinigung durch Überdüngung ausführl. *Salzwedel,* NuR 1983, 41ff.; *Deselaers,* AgrarR 1983, 293ff.

[67] Ausführl. *Breuer,* in: Schmidt-Aßmann, BesVwR, 5. Abschn. Rn. 137ff.

[68] Vgl. unten § 18 Rn. 199ff.

[69] Dazu *BVerwG,* Beschl. v. 20. 12. 1985 – 4 B 194.85 –, ZfW 1987, 116ff.; *dass.,* Beschl. v. 26. 10. 1990 – 7 B 151/90 –, NVwZ-RR 1991, 236f.; *VGH Mannheim,* Urt. v. 1. 7. 1994 – 8 S 2813/93 –, NVwZ-RR 1995, 193f.; zum Widerruf alter Rechte nach § 15 Abs. 1, 4 WHG *BVerwG,* Beschl. v. 29. 11. 1993 – 7 B 114/93 –, NVwZ 1994, 783ff.; *dass.,* Beschl. v. 6. 9. 1995 – 4 B 198.95 –, ZfW 1996, 440f.; *OVG Münster,* Urt. v. 13. 5. 1993 – 20 A 1821/91 –, DÖV 1994, 78f.; *VGH Kassel,* Beschl. v. 13. 10. 1994 – 7 UE 1982/91 –, ZfW 1995, 172ff.

- Gemeingebrauch (§ 23 WHG),[70]
- Eigentümer- und Anliegergebrauch (§ 24 WHG),
- Benutzung zu Zwecken der Fischerei (§ 25 WHG),
- bestimmte Benutzungen des Grundwassers (§ 33 WHG) und
- für Küstengewässer aus Gründen des § 32a WHG.

37 Eine Reihe dieser Ausnahmen bedarf einer landesrechtlichen Ergänzung. Dies gilt insbesondere für den Inhalt des Gemeingebrauches gem. § 23 WHG und für die Einführung des Anlieger- und Hinterliegergebrauches gem. § 24 Abs. 2 WHG. Der erlaubnis- und genehmigungsfreie Gemeingebrauch umfaßt nach den *Landeswassergesetzen* u.a. traditionelle Betätigungen und typische Freizeitnutzungen wie bei

- *oberirdischen* Gewässern das Baden, Waschen, Tränken, Schwemmen und den Eissport,[71]
- *Küstengewässern* das Einbringen von Stoffen zu Zwecken der Fischerei, das Einleiten von Grund, Quell- und Niederschlagswasser und von sonstigen Stoffen, die nur zu unerheblichen Veränderungen des Wassers führen, sowie
- *Grundwasser* das Entnehmen, Zutagefördern, Zutageleiten oder Ableiten von Wasser für bestimmte häusliche und land- und forstwirtschaftliche Zwecke.

3. Sonstige genehmigungspflichtige Vorhaben

38 Das WHG und die Landeswassergesetze haben neben den genehmigungspflichtigen Gewässerbenutzungen zahlreiche weitere Vorhaben einer besonderen Genehmigungspflicht unterworfen. Dazu zählen u.a.

- Rohrleitungsanlagen zum Befördern wassergefährdender Stoffe (§§ 19a bis 19f WHG),[72]
- Anlagen zum Lagern, Abfüllen und Umschlagen wassergefährdender Stoffe (§§ 19g bis 19l WHG),[73]
- Anlagen in und an Gewässern,[74]
- Anlagen in Überschwemmungsgebieten,[75]
- Wasserversorgungsanlagen,[76]
- Abwasseranlagen,[77]
- Einleitungen in Abwasseranlagen,[78]
- Maßnahmen in Wasserschutzgebieten.[79]

---

[70] Zur Abgrenzung zwischen Gemeingebrauch u. Sondernutzung vgl. *Walter,* ZfW 1996, 502ff.

[71] Zum zulässigen Ausschluß des Befahrens eines Sees mit Motorboten *OVG Schleswig,* Urt. v. 28. 5. 1991 – 2 K 4/91 –, NVwZ 1992, 692.

[72] Vgl. *BVerwG,* Urt. v. 22. 10. 1986 – 4 C 79.82 –, UPR 1987, 271; siehe dazu auch unten § 18 Rn. 107f.

[73] Siehe dazu auch unten § 18 Rn. 109.

[74] Vgl. z.B. Art. 59 BayWG, § 76 WG BW, § 62 BlnWG, § 90 BremWG, §§ 15, 19 HambWG, §§ 91, 133 NdsWG, § 99 LWG NW, § 76 LWG RP, 78 SaarlWG, § 91 SächsWG, § 56 WG SH.

[75] Vgl. z.B. Art. 61 Abs. 2 BayWG, § 78 WG BW, § 64 BlnWG, 92 BremWG, § 53 HambWG, § 70f. HessWG, § 93 NdsWG, § 113 LWG NW, § 89 LWG RP, § 80 SaarlWG, § 57 WG SH.

[76] Vgl. z.B. § 62 BbgWG, § 130 BremWG, § 47 LWG RP.

[77] Vgl. z.B. §§ 45e Abs. 1 S. 2, Abs. 2 WG BW, 38 Abs. 1 S. 1 BlnWG, § 138 BremWG, § 50 HessWG, § 154 Abs. 1 NdsWG, § 58 LWG NW, § 54 Abs. 1 S. 1 LWG RP, § 48 Abs. 1 S. 1 SaarlWG; siehe dazu auch unten § 18 Rn. 137ff.

[78] Vgl. z.B. Art. 41c BayWG, § 42 LWG MV, § 151 NdsWG, § 59 Abs. 1 LWG NW, § 45 LWG RP, § 51 SaarlWG, § 33 WG SH; siehe dazu auch unten § 18 Rn. 131.

[79] Siehe dazu auch unten § 18 Rn. 173ff.

II. Erlaubnis und Bewilligung

Gewässerbenutzungen können gem. § 2 Abs. 1 WHG durch *Erlaubnis* und 39
Bewilligung zugelassen werden.[80]

Die **Erlaubnis** gewährt gem. § 7 Abs. 1 WHG die widerrufliche Befug- 40
nis, ein Gewässer zu einem bestimmten Zweck in einer nach Art und Maß bestimmten Weise zu benutzen.

Die **Bewilligung** gewährt gem. § 8 Abs. 1 S. 1 WHG das Recht, ein 41
Gewässer in einer nach Art und Maß bestimmten Weise zu benutzen.

Die Zulassung einer Gewässerbenutzung durch Erteilung einer Erlaubnis 42
ist die Regel, die Bewilligung der Gewässerbenutzung ist die Ausnahme. Das ergibt sich aus § 8 Abs. 2 S. 1 WHG, wonach die Bewilligung nur erteilt werden darf, wenn dem Unternehmer die Durchführung seines Vorhabens ohne eine *gesicherte Rechtsstellung* nicht zugemutet werden kann und die Benutzung einem bestimmten *Zweck* dient, der nach einem bestimmten Plan verfolgt wird.

Ob die Durchführung eines Vorhabens ohne die stärkere Rechtsstellung der Bewil- 43
ligung nicht zugemutet werden kann, ist im konkreten Fall nach den wirtschaftlichen Verhältnissen des Unternehmers zu entscheiden.[81] Die Zumutbarkeit entfällt nur, „wenn der Unternehmer ohne gesicherte Rechtsstellung ein Risiko eingeht, das ihn bei vernünftiger Würdigung seiner wirtschaftlichen Lage dazu bestimmen müßte, von der Durchführung seines Vorhabens abzusehen".[82]

Die zweite zusätzliche Voraussetzung für die Bewilligung, wonach die Benutzung 44
einem bestimmten Zweck dienen muß, der nach einem bestimmten Plan verfolgt wird, dient dazu, der Behörde eine zuverlässige Grundlage zur Beurteilung des Unternehmens und seiner Bedeutung für den Wasserhaushalt zu verschaffen. Der vorzulegende Plan – gemeint ist damit die technische Planung des konkreten Vorhabens – soll verhindern, daß eine Bewilligung ohne voraussehbaren Bedarf gleichsam auf Vorrat oder in spekulativer Absicht beantragt wird.[83]

1. Abgrenzung von Erlaubnis und Bewilligung

a) Gemeinsamkeiten

Erlaubnis und Bewilligung unterscheiden sie sich nicht nach *Art und Um-* 45
fang der gestatteten Gewässerbenutzung.[84] Vielmehr steht es dem Gewässerbenutzer frei, welche der beiden Gestattungen er beantragt. Gewässerbenutzungen können auf der Grundlage sowohl einer Erlaubnis als auch einer Bewilligung erfolgen.[85] Allerdings darf gem. § 8 Abs. 2 S. 2 WHG eine Bewilligung nicht für das Einbringen und Einleiten von Stoffen in ein Ge-

---

[80] Vgl. auch *Stüer*, HbBauFPlR, Rn. 1804ff.; die Unterscheidung zwischen Erlaubnis u. Bewilligung wird in §§ 361ff. UGB-KomE zugunsten eines einheitl. Genehmigungstatbestandes aufgegeben, BMU, UGB-KomE, S. 252ff.; auch *Kloepfer*, § 13 Rn. 75, hält die Unterscheidung für „überlebt".

[81] *BVerwG*, Urt. v. 29. 1. 1965 – IV C 61.64 –, BVerwGE 20, 219 (225); *dass.*, Urt. v. 22. 1. 1971 – IV C 14.70 –, DÖV 1971, 426; *OVG Münster*, Urt. v. 24. 4. 1975 – XI A 794/72 –, ZfW 1976, 250; siehe dazu auch *Habel*, VBlBW 1996, 370ff.

[82] *OVG Münster*, Urt. v. 27. 4. 1967 – VII A 1064/65 –, ZfW 1968, 195ff.; zu den zu berücksichtigenden Gesichtspunkten ausführl. *Czychowski*, WHG, § 8 Rn. 25ff.

[83] *Czychowski*, WHG, § 8 Rn. 37.

[84] *BVerwG*, Urt. v. 20. 10. 1972 – IV C 17.67 –, BVerwGE 41, 58 (60f.); *BGH*, Urt. v. 23. 6. 1983 – III ZR 79/82 –, BGHZ 88, 34 (39).

[85] *BGH*, Urt. v. 23. 6. 1983 – III ZR 79/82 –, BGHZ 88, 34 (39).

R. Schmidt, JZ 01, 1165, Kahl / Schmidt, JZ 06, 125

wässer sowie für Benutzungen i.S.d. § 3 Abs. 2 Nr. 2 WHG erteilt werden.[86] Das Verbot, für das Einbringen und Einleiten von Stoffen in ein Gewässer Bewilligungen zu erteilen, soll diese Benutzungen auf die schwächere Rechtsposition der Erlaubnis beschränken, um die Reinhaltung und Sanierung der Gewässer zu erleichtern.[87] Das Verbot gilt auch dann, wenn dem Gewässerbenutzer für das Ableiten des Wassers, das nach seiner Nutzung wieder eingeleitet werden soll, eine Bewilligung erteilt worden ist.[88]

46 Gemeinsam ist Bewilligung und Erlaubnis, daß sie als begünstigende Verwaltungsakte jeweils nur auf *Antrag* erlassen werden.[89] Beide Zulassungsformen verleihen dem Gewässerbenutzer ein subjektiv-öffentliches Recht, das Gewässer zu dem näher bezeichneten Benutzungszweck nach Maßgabe des umschriebenen Inhalts des Rechts oder der Befugnis zu benutzen. Bewilligung und nach Landesrecht teilweise auch die Erlaubnis sind *privatrechtsgestaltende Verwaltungsakte*.[90] Nach den Landeswassergesetzen ist der Gewässereigentümer verpflichtet, die Benutzung des Gewässers durch den Inhaber des Rechts oder der Befugnis zu dulden.[91] Die Duldungspflicht des Gewässereigentümers ist allerdings begrenzt. So gewährt die Bewilligung gem. § 8 Abs. 1 S. 2 WHG nicht das Recht, Gegenstände, die einem anderen gehören, oder Grundstücke und Anlagen, die im Besitz eines anderen stehen, in Gebrauch zu nehmen. Umstritten ist, ob der Zugang zu fremden Grundstücken nur im Wege der Enteignung erschlossen werden kann.[92]

47 Weder die Erlaubnis, noch die Bewilligung ist mit einer Konzentrationswirkung ausgestattet, d.h. neben dem wasserrechtlichen Genehmigungsverfahren sind u.U. noch andere Genehmigungs- oder Gestattungsverfahren – z.B. das Baugenehmigungsverfahren – erforderlich.[93]

48 Gem. §§ 7 Abs. 2, 8 Abs. 6 WHG geht die Befugnis oder das Recht mit der Wasserbenutzungsanlage oder, wenn sie für ein Grundstück erteilt ist, mit diesem auf den Rechtsnachfolger über, soweit bei der Erteilung nichts anderes bestimmt ist. Bewilligung und Erlaubnis haben demnach *dingliche Wirkung*.

49 Für Bewilligung und Erlaubnis gelten nach dem WHG zahlreiche Bestimmungen gemeinsam. Wichtig ist vor allem, daß Erlaubnis und Bewilligung *zu versagen* sind, soweit von der beabsichtigten Benutzung eine Beein-

---

[86] Dieses Verbot der Erteilung einer Bewilligung gilt jedoch nicht für das Wiedereinleiten von nicht nachteilig veränderten Triebwasser bei Ausleitungskraftwerken (§ 8 Abs. 2 S. 3 WHG).

[87] *Czychowski*, WHG, § 8 Rn. 39.

[88] *BVerwG*, Beschl. v. 21. 8. 1986 – 4 B 110.86 –, UPR 1987, 222f.

[89] Näher zu den Gemeinsamkeiten *Salzwedel*, in: Salzwedel, Grundzüge des UmweltR, 2. Aufl., Teil 15 Rn. 87ff.

[90] Vgl. dazu *BGH*, Urt. v. 5. 10. 1995 – III ZR 61/93 –, NVwZ 1996, 821ff.

[91] Zu Ausnahmen nach LandesR *Salzwedel*, in: Salzwedel, Grundzüge des UmweltR, 2. Aufl., Teil 15 Rn. 90; vgl. auch *OVG Münster*, Urt. v. 27. 7. 1995 – 20 A 2990/93 – ZfW 1996, 533ff. (zu § 13 LWG NW).

[92] Bejahend *Salzwedel*, in: Salzwedel, Grundzüge des UmweltR, 2. Aufl., Teil 15 Rn. 91 m.w.N. zur Gegenmeinung.

[93] Zu den Problemen paralleler Genehmigungsverfahren vgl. *Kaster/Reinhardt*, NVwZ 1993, 1059ff.; speziell zum Zusammentreffen von wasserrechtl. Erlaubnis u. immissionsschutzrechtl. Genehmigung *Kaster*, Immissionsschutzrechtliche Genehmigung und wasserrechtliche Erlaubnis, S. 1ff.

trächtigung des Wohls der Allgemeinheit, insbesondere eine Gefährdung der öffentlichen Wasserversorgung zu erwarten ist, die nicht durch Auflagen oder durch Maßnahmen einer Körperschaft des öffentlichen Rechts (§ 4 Abs. 2 Nr. 3 WHG) verhütet oder ausgeglichen wird (§ 6 WHG).

Über § 6 WHG hinausgehend, setzt die Erteilung einer Bewilligung gem. § 8 Abs. 2 S. 1 WHG – wie bereits bemerkt – voraus, daß dem Unternehmer die Durchführung seines Vorhabens ohne eine gesicherte Rechtsstellung nicht zugemutet werden kann und die Benutzung einem bestimmten Zweck dient, der nach einem bestimmten Plan verfolgt wird. Ist zu erwarten, daß die Benutzung auf das Recht eines anderen nachteilig einwirkt und erhebt der Betroffene Einwendungen, so darf die Bewilligung außerdem nur dann erteilt werden, wenn die nachteiligen Wirkungen durch Auflagen verhütet oder ausgeglichen werden (§ 8 Abs. 3 S. 1 WHG);[94] ist dies nicht möglich, so darf die Bewilligung zwar gleichwohl aus Gründen des Wohls der Allgemeinheit erteilt werden; der Betroffene ist jedoch zu entschädigen (§ 8 Abs. 3 S. 4 WHG). 50

Über die Rechtsvoraussetzung des § 6 WHG hinaus darf eine Erlaubnis für das Einleiten von Abwässern gem. § 7a Abs. 1 S. 1 WHG nur erteilt werden, wenn die Schadstofffracht des Abwassers so gering gehalten wird, wie dies bei Einhaltung der jeweils in Betracht kommenden Verfahren nach dem Stand der Technik möglich ist.[95] 51

Gemeinsam ist Erlaubnis und Bewilligung schließlich, daß ihre *Erteilung im Ermessen der Behörde* steht.[96] Nach § 4 Abs. 1 Nr. 2 WHG ist sowohl bei Erlaubnissen als auch bei Bewilligungen auf die individuellen Interessen Dritter Rücksicht zu nehmen. Auch eine wasserrechtliche Erlaubnis kann daher von einem Dritten als ihm gegenüber ermessensfehlerhaft angefochten werden, wenn die Wasserbehörde bei ihrer Ermessensentscheidung nicht die gebotene Rücksicht auf seine Interessen genommen hat.[97] Zu den geschützten Trägern von Individualbelangen gehören nach Ansicht des *BVerwG* die befugten bzw. berechtigten Wasserbenutzer sowie solche Personen, deren von der neuen Benutzung betroffene Belange nach dem Gesetz nicht zu beeinträchtigen sind.[98] Ihnen steht ein Anspruch auf ermessensfehlerfreie Berücksichtigung ihrer Belange durch die Wasserbehörde zu. 52

b) Unterschiede

Der rechtserhebliche Unterschied zwischen der wasserrechtlichen Bewilligung und der Erlaubnis liegt in der durch das öffentliche Wasserrecht dem Benutzer jeweils eingeräumten besonderen Rechtsposition.[99] 53

---

[94] Zu Einwendungen wegen befürchteter Nutzungsbeschränkungen *BVerwG,* Beschl. v. 10. 7. 1997 – 11 B 12.97 –, NuR 1999, 102.

[95] Zu § 7a WHG näher *Pennekamp,* ZAU 1999, 218ff.; vgl. dazu auch unten § 18 Rn. 143ff.

[96] Dazu *BVerfG,* Urt. v. 15. 7. 1981 – 1 BvL 77/78 –, BVerfGE 58, 300 (329); *dass.,* Urt. v. 18. 9. 1987 – 4 C 36.84 –, UPR 1988, 102 (103); *VGH Mannheim,* Beschl. v. 15. 3. 1995 – 8 S 3423/94 –, NVwZ-RR 1995, 566f.

[97] *BVerwG,* Urt. v. 15. 7. 1987 – 4 C 56.83 –, BVerwGE 78, 40 (44) m. Anm. *Bauer,* JuS 1990, 24ff.; *VGH München,* Urt. v. 22. 5. 1990 – 22 B 89 1111 –, NVwZ-RR 1991, 22f.; *OVG Greifswald,* Beschl. v. 29. 6. 1995 – 3 M 27/95 –, NVwZ-RR 1996, 197; vgl. dazu *Burgi,* ZfW 1990, 245ff.

[98] *BVerwG,* Urt. v. 15. 7. 1987 – 4 C 56.83 –, BVerwGE 78, 40 (44).

[99] Rechtssystematisch werden die Unterschiede im Professorenentwurf dadurch verdeutlicht, daß sich die ausschließlich für die Umweltbewilligung geltenden Regelungen in §§ 235–238 UGB-BT-E befinden, während die der Erlaubnis in § 239 UGB-BT-E aufgeführt sind, *Jarass/u. a.,* UGB-BT-E, S. 97ff.

54 Die stärkere Rechtsstellung wird dem Bewilligungsinhaber eingeräumt. Die Bewilligung gewährt dem Inhaber ein unwiderrufliches subjektives öffentliches Recht zur Gewässerbenutzung. Ihre Erteilung setzt nach § 9 WHG stets ein förmliches Verfahren voraus, in dem die Betroffenen und die beteiligten Behörden Einwendungen geltend machen können.[100] In diesem Verfahren werden nicht nur gem. § 6 WHG die öffentlichen Interessen und Belange geprüft, sondern auch privatrechtliche Einwendungen Dritter i. S. v. § 8 Abs. 3 und 4 WHG berücksichtigt.[101]

55 Mit der Bewilligung werden die Rechtsbeziehungen zwischen den Beteiligten nicht nur öffentlich-rechtlich, sondern auch privatrechtlich umfassend geordnet. Durch die Bewilligung werden gem. § 11 Abs. 1 S. 1 WHG auch privatrechtliche Ansprüche nachteilig betroffener Dritter gegenüber dem Inhaber der Bewilligung ausgeschlossen. Dieser Ausschluß von privatrechtlichen Ansprüchen rechtfertigt sich nach h. M. daraus, daß die Betroffenen im Bewilligungsverfahren Gelegenheit haben, ihre Einwendungen gegen die beabsichtigte Gewässerbenutzung geltend zu machen.[102] Gem. § 11 Abs. 1 S. 2 WHG werden Schadensersatzansprüche wegen nachteiliger Wirkungen jedoch nicht ausgeschlossen, soweit sie darauf beruhen, daß der Inhaber der Bewilligung angeordnete Auflagen nicht erfüllt hat. Gem. § 11 Abs. 2 WHG werden vertragliche Ansprüche durch die Bewilligung ebenfalls nicht ausgeschlossen.

56 Gegenüber den Wasserbehörden wird die Rechtsposition des Bewilligungsinhabers dadurch gestärkt, daß ihre nachträgliche Beschränkung und Rücknahme durch verschiedene Regelungen erschwert wird.[103]

57 Im Interesse des Investitionsschutzes des Gewässerbenutzers gewährt die Bewilligung somit im Rahmen ihrer obligatorischen Befristung – sie darf gem. § 8 Abs. 5 WHG nur für eine bestimmte angemessene Frist erteilt werden, die nur in besonderen Fällen 30 Jahre überschreiten darf – eine gesicherte Rechtsposition; sie schränkt allerdings damit zugleich und im gleichen Umfang die Dispositionsbefugnis der Wasserbehörden ein. Deshalb darf sie gem. § 8 Abs. 2 S. 1 WHG auch nur erteilt werden, wenn dem Unternehmer die Durchführung seines Vorhabens ohne eine gesicherte Rechtsstellung nicht zugemutet werden kann.

58 Demgegenüber verschafft die *Erlaubnis* dem Inhaber nach der Regelung des WHG weder gegenüber den Wasserbehörden[104] noch gegenüber Dritten

---

[100] Zu den verfahrensrechtl. Fragen *Breuer,* WasserR, Rn. 190 ff.

[101] Vgl. dazu *OVG Lüneburg,* Beschl. v. 13. 12. 1996 – 3 L 7932/95 –, ZfW 1998, 444 ff.; soweit § 8 Abs. 3, 4 WHG dem Betroffenen eine materielle Rechtsstellung einräumen, sind sie unabhängig davon, ob für eine Gewässerbenutzung eine Bewilligung, eine Erlaubnis oder weder die eine noch die andere dieser beiden wasserrechtl. Gestattungen beantragt wird, Schutzgesetze i. S. d. § 823 Abs. 2 BGB, vgl. *BGH,* Urt. v. 5. 10. 1995 – III ZR 61/93 –, NVwZ 1996, 821 ff.; *ders.,* Urt. v. 23. 6. 1983 – III ZR 79/82 –, BGHZ 88, 34 ff.; ausführl. zu den Abwehrrechten eines Betroffenen gegenüber der Bewilligung oder Erlaubnis zugunsten eines anderen *Breuer,* WasserR, Rn. 443 ff.

[102] Zum Einwendungsausschluß im WasserR *Ronellenfitsch,* VerwArch 1983, 369 ff.

[103] Vgl. z. B. §§ 5 Abs. 1 S. 2, 12 WHG

[104] Auch die Erlaubnis kann nicht ohne sachl. Grund widerrufen werden; vgl. zur Berücksichtigung des Schutzes eines Gewerbetreibenden aus Art. 14 GG *BVerwG,*

eine gesicherte Rechtsposition. Im Gegensatz zum Recht zur Gewässerbenutzung des Bewilligungsinhabers, das die Gewässerbenutzung auch privatrechtsgestaltend regelt, bewirkt die Befugnis des Erlaubnisinhabers nur die Zulässigkeit der Benutzung im Rahmen des öffentlichen Rechts.[105] Die private Rechtsstellung Dritter wird durch die Erlaubnis nicht abschließend geregelt. Das WHG sieht für das Erlaubnisverfahren keine dem § 8 Abs. 3 und 4 WHG entsprechende Vorschriften vor. Nach der Rechtsprechung des *BVerwG* zum Nachbarschutz im Wasserrecht sind Drittbetroffene jedoch auch im Erlaubnisverfahren gehalten, ihre Rechte geltend zu machen.[106] Drittschutz läßt sich unter dem Aspekt des Gebotes der Rücksichtnahme aus den einfachgesetzlichen Normen der §§ 1a Abs. 1, 4 Abs. 1 S. 2, 18 und 31 Abs. 2 WHG ableiten. Voraussetzung ist – wie im Baurecht – ein individualisiertes und qualifiziertes Betroffensein.[107]

Allerdings haben die Landeswassergesetze die Unterschiede zwischen der Erlaubnis und der Bewilligung durch die Annäherung der Erlaubnis an die Bewilligung teilweise eingeebnet. So sind nach § 16 WG BW die Rechte und Interessen Dritter im Verfahren der Erlaubniserteilung unter entsprechender Anwendung der für die Bewilligung geltenden Vorschriften zu berücksichtigen. Jedoch ist damit keine anspruchsausschließende Wirkung gegenüber Dritten verbunden. Eine ähnliche, rein verfahrensrechtliche Regelung trifft § 13 Abs. 1 SächsWG, wonach die Erlaubnis ohne förmliches Verfahren erteilt wird. Ein solches findet nach Maßgabe der für die Bewilligung geltenden Vorschriften (§ 14 Abs. 1 SächWG) vor der Erteilung einer Erlaubnis nur statt, wenn die betreffende Benutzung einer Umweltverträglichkeitsprüfung bedarf oder wenn die zuständige Behörde ein förmliches Verfahren für geboten hält, weil das Vorhaben wasserwirtschaftlich bedeutsam ist und Einwendungen zu erwarten sind. Demgegenüber haben zahlreiche andere Landeswassergesetze neben der beschränkten, der bundesrechtlichen Regelung entsprechenden Erlaubnis eine **„gehobene Erlaubnis“** insbesondere für Gewässerbenutzungen, die im öffentlichen Interesse liegen, eingeführt.[108] Die gehobene Erlaubnis ist unter Berücksichtigung von Rechten und Interessen Dritter zu erteilen und schließt Ansprüche Dritter auf Unterlassung der Benutzung aus;[109] in Rheinland-Pfalz kommt ihr sogar eine umfassende Dritt- und Ausschlußwirkung gegenüber gesetzlichen Ansprüchen der Betroffenen zu.[110] Nach den Landeswassergesetzen von Berlin und Schleswig-Holstein ist die Erlaubnis allgemein – unbeschadet ihrer Widerruflichkeit – mit der gleichen nachbarrechtsgestaltenden Wirkung ausgestattet, wie sie der Bewilligung zukommt.[111] Die Wassergesetze der Länder Hamburg und Sachsen haben demgegenüber die bundesrechtliche Regelung voll übernommen und schreiben keine förmliche Berücksichtigung von Rechten und Interessen Dritter im Verfahren der Erlaubniserteilung vor.[112] 59

Beschl. v. 26. 10. 1993 – 7 B 53/93 –, NVwZ-RR 1994, 494; *VGH Mannheim,* Urt. v. 6. 3. 1991 – 5 S 2630/89 –, NuR 1993, 275ff.

105 *BGH,* Urt. v. 23. 6. 1983 – III ZR 79/82 –, BGHZ 88, 34 (40); *Czychowski,* WHG, § 7 Rn. 2; *Sieder/Zeitler/Dahme/Knopp,* WHG, § 7 Rn. 5.

106 *BVerwG,* Urt. v. 15. 7. 1987 – 4 C 56.83 –, BVerwGE 78, 40 (42ff.) m. Anm. *Bauer;* vgl. auch *OVG Münster,* Urt. v. 19. 8. 1988 – 20 A 1017/87 –, ZfW 1990, 340f.

107 Vgl. dazu *Breuer,* in: Schmidt-Aßmann, BesVwR, 5. Abschn. Rn. 144.

108 Vgl. Art. 16, 17 BayWG, § 30 BbgWG, §§ 10, 11 BremWG, § 20 HessWG, § 9 LWG MV, §§ 10, 11 NdsWG, § 25a LWG NW, § 27 LWG RP, § 15 SaarlWG, § 12 WG LSA, § 20 ThürWG; ausführl. *Breuer,* in: Schmidt-Aßmann, BesVwR, 5. Abschn. Rn. 135.

109 Vgl. dazu *VGH München,* Urt. v. 18. 5. 1993 – 8 B 86 3010 –, BayVBl. 1994, 52f.

110 Vgl. §§ 27 Abs. 2 S. 4 LWG RP i. V. m. 11 WHG.

111 Vgl. § 16 Abs. 1 BlnWG, § 10 Abs. 1 WG SH.

112 Vgl. § 17 HambWG, § 13 SächsWG.

2. Genehmigungsvoraussetzungen

a) Beeinträchtigung des Wohls der Allgemeinheit

60 Gem. § 6 WHG sind Erlaubnis und Bewilligung zu versagen, soweit von der beabsichtigten Benutzung eine Beeinträchtigung des Wohles der Allgemeinheit, insbesondere eine Gefährdung der öffentlichen Wasserversorgung, zu erwarten ist, die nicht durch Auflagen oder durch Maßnahmen einer Körperschaft des öffentlichen Rechts (§ 4 Abs. 2 Nr. 3 WHG) verhütet oder ausgeglichen wird.[113]

61 Der Allgemeinwohlbegriff prägt das gesamte Wasserhaushaltsrecht. In § 1a Abs. 1 WHG dient das Allgemeinwohl als Zielvorgabe für den Vollzug von WHG und Landeswassergesetzen. In § 6 WHG ist die Beeinträchtigung des Wohls der Allgemeinheit ein zwingender Versagungsgrund für die Erteilung von Erlaubnissen und Bewilligungen und bildet zugleich die rechtliche Grenze für die Ausübung des Bewirtschaftungsermessens. Gleiches gilt für die Beschränkung oder Rücknahme von Bewilligungen oder alten Rechten nach den §§ 12 Abs. 1, 15 Abs. 4 WHG. Nach § 18a Abs. 1 S. 1 WHG ist Abwasser so zu beseitigen, daß das Wohl der Allgemeinheit nicht beeinträchtigt wird. Der Erlaß von Reinhalteordnungen (§ 27 WHG) und die Festsetzung von Wasserschutzgebieten (§ 19 WHG) sind nur möglich, wenn das Wohl der Allgemeinheit sie erfordern.

aa) Inhalt des Allgemeinwohlbegriffs

62 Der Begriff des Allgemeinwohls ist in den verschiedenen wasserhaushaltsrechtlichen Normen einheitlich auszulegen.[114] Für die wasserwirtschaftliche Verwaltungspraxis wäre es nämlich kaum erträglich, wenn der Allgemeinwohlbegriff über die durch seine Unbestimmtheit ohnehin bestehenden Schwierigkeiten hinaus auch noch je nach anzuwendender Norm unterschiedlich auszulegen wäre.[115]

63 Umstritten ist, ob unter dem Wohl der Allgemeinheit nur wasserwirtschaftlich bedeutsame oder aber umfassend auch weitere gemeinwohlorientierte Belange zu verstehen sind.

64 Nach Ansicht des *BVerwG* findet die Frage, unter welchen Voraussetzungen eine Beeinträchtigung des Wohls der Allgemeinheit zu erwarten ist, im WHG eine Antwort ausschließlich nach dem Maßstab seiner eigenen Regelungen, d.h. in einem allein wasserwirtschaftlichen Zusammenhang und über diesen hinaus nur, soweit das WHG andere öffentliche Belange ausdrücklich in seine Tatbestände einbezieht.[116] Ob ein Ausbauvorhaben das Gemeinwohl unter anderen als wasserhaushaltsrechtlichen Gesichtspunkten in dem Sinne beeinträchtige, daß seine Versagung zwingend geboten sei, müsse demnach nach den für diese anderen Gesichtspunkte jeweils maßgebenden sachlichrechtlichen Vorschriften beurteilt werden. Zum Umfang der Gemeinwohlbelange in § 6 WHG führt außerdem das *BVerfG* aus, der Zweck der Vorschrift sei die Ordnung des Wasserhaushalts, nicht aber der Schutz von Arbeitsplätzen oder die Ver-

---

[113] Dazu *Keppeler,* NVwZ 1992, 137ff.; *Büllesbach,* DÖV 1992, 477ff.

[114] Vgl. zu einer gesetzl. Definition § 230 Abs. 2 UGB-BT-E, *Jarass/u. a.,* UGB-BT-E, S. 94, 498f.

[115] So zu Recht *Thurn,* Schutz natürlicher Gewässerfunktionen, S. 77; *Kühling,* FachplanungsR, Rn. 22.

[116] *BVerwG,* Urt. v. 10. 2. 1978 – 4 C 25.75 –, BVerwGE 55, 220 (229); *dass.,* Beschl. v. 27. 6. 1986 – 4 B 57.86 –, ZfW 1987, 53 (54); *dass.,* Urt. v. 17. 3. 1989 – 4 C 30/88 – BVerwGE 81, 347ff.; *dass.,* Urt. v. 27. 9. 1990 – 4 C 44.87 –, BVerwGE 85, 348 (351f.); auch *OVG Münster,* Urt. v. 17. 12. 1985 – 20 A 831/83 –, ZfW 1987, 49.

 Kahl / Schmidt, JZ 06, 125

hinderung unerwünschter Bauvorhaben. Fehle es an einem unmittelbaren wasserwirtschaftlichen Bezug, so könne darauf die Ablehnung eines Antrags nicht gestützt werden.[117]

Demgegenüber hält die h. L. daran fest, daß das Wohl der Allgemeinheit auf alle im Einzelfall konkret feststellbaren Belange zu beziehen sei.[118] Eine Erlaubnis oder Bewilligung kann danach gem. § 6 WHG nicht nur aus wasserwirtschaftlichen, sondern auch aus anderen Gründen des Allgemeinwohls, z. B. zur Wahrung des Natur- und Landschaftsschutzes,[119] zur Unterbindung gesundheitlicher Gefahren[120] oder zur Sicherung der Bauleitplanung versagt werden.[121] Ob das Allgemeinwohl unter anderen fachgesetzlichen Gesichtspunkten beeinträchtigt wird, muß aber nach den jeweils hierfür einschlägigen Fachgesetzen beurteilt werden. Vor der Erteilung einer wasserrechtlichen Erlaubnis oder Bewilligung kann die Wasserbehörde insoweit auch die Einhaltung anderer fachgesetzlicher Anforderungen prüfen. Bedarf es für das Vorhaben jedoch weiterer öffentlich-rechtlicher Genehmigungen, dann wird mit dieser fachübergreifenden Prüfungskompetenz nur eine begrenzte, auf die wasserrechtliche Fachkompetenz beschränkte Bindungswirkung verknüpft. Ist für das Vorhaben bereits eine andere Fachgenehmigung erteilt worden, so darf die beantragte wasserrechtliche Erlaubnis oder Bewilligung nicht mit der Begründung abgelehnt werden, die wasserrechtliche Gestattung führe unter Gesichtspunkten, die in dem Verfahren der erteilten Genehmigung zu prüfen waren, zu einer Beeinträchtigung des Wohls der Allgemeinheit i. S. d. § 6 WHG.[122] **65**

Ein behördlicher Beurteilungsspielraum besteht hinsichtlich der Entscheidung über den Allgemeinwohlbegriff nicht.[123] **66**

Fall: Die Klägerin ist Eigentümerin mehrerer Wohnkomplexe mit etwa 850 Wohnungen. Sie versorgt die Wohnungsinhaber mit Trinkwasser aus eigenen Brunnenanlagen. Der Beklagte erteilte ihr befristete Erlaubnisse, mittels Rohrfilterbrunnen unterirdisches Wasser als Trink- und Brauchwasser zutagezufördern. Den Antrag auf unbefristete Verlängerung dieser Erlaubnisse lehnte der Beklagte mit der Begründung ab, die Trinkwasserversorgung solle zweckmäßigerweise aus dem öffentlichen Netz sichergestellt werden; nur die ständig überwachte öffentliche Wasserversorgung könne hygienisch einwandfreies Wasser garantieren. Die Klage führte zur Aufhebung der ablehnenden Bescheide. Nach Ansicht des *OVG Münster* gehören zu den Beeinträchtigungen des Wohls der Allgemeinheit, die einen Versagungsgrund i. S. d. § 6 WHG darstellen, nur Beeinträchtigungen der Wasserwirtschaft.[124] § 6 WHG erfasse nicht die Abwehr von Beeinträchtigungen aus einer beabsichtigten Benutzung von Wasser als Trinkwasser. Der Landesgesetzgeber sei allerdings nicht gehindert, insoweit wasserrechtliche Bestimmungen zu schaffen, die solchen – oder gesundheitspolizeilichen – Gesichtspunkten Rechnung trügen. In Nordrhein-Westfalen gelte insoweit der zwingende Versagungsgrund des § 47 WG NW. Danach dürften Entnahmen von Wasser, das unmittelbar der öffentlichen Trinkwasserversorgung dienen solle, nur erlaubt wer-

---

117 *BVerfG,* Beschl. v. 15. 7. 1981 – 1 BvL 77/78 –, BVerfGE 58, 300 (348).

118 *Sieder/Zeitler/Dahme/Knopp,* WHG, § 6 Rn. 7; *Czychowski,* WHG, § 1 a Rn. 5, § 6 Rn. 21; *Habel,* VBlBW 1986, 89 (90); *Ketteler/Kippels,* UmweltR, S. 133; *Breuer,* in: Schmidt-Aßmann, BesVwR, 5. Abschn. Rn. 142; *Schmidt/Müller,* UmweltR, § 4 Rn. 26; *Peters,* UmweltVwR, Abschn. V Rn. 63; *Büllesbach,* DÖV 1992, 477 (478 ff. m. w. N.).

119 *VGH München,* Urt. v. 23. 3. 1993 – 8 B 86 3258 –, ZfW 1994, 287 ff.; *Büllesbach,* DÖV 1992, 477 (483 f.).

120 Vgl. dazu *BVerwG,* Urt. v. 17. 3. 1989 – 4 C 30.88 –, BVerwGE 81, 347 (348 ff.); *Keppeler,* NVwZ 1992, 137 ff.

121 *Breuer,* HÖV, Bd. 2, S. 456; *ders.,* WasserR, Rn. 212 ff.

122 So zu Recht *Breuer,* HÖV, Bd. 2, S. 456; *BVerwG,* Beschl. v. 22. 11. 1979 – 4 B 162/79 –, DVBl. 1980, 168; zur Entscheidungsbefugnis der Wasserbehörde im wasserrechtl. Verfahren für ein KKW *VGH Kassel,* Urt. v. 30. 1. 1984 – VIII OE 52/80 –, UPR 1985, 70 f.

123 *Breuer,* WasserR, Rn. 197 ff.; *Pape,* in: Landmann/Rohmer, UmweltR, Bd. II, WHG, § 6 Rn. 40 ff.; a. A. *Czychowski,* WHG, § 6 Rn. 31.

124 *OVG Münster,* Urt. v. 17. 12. 1985 – 20 A 831/83 –, ZfW 1987, 49.

den, wenn das Wasser den jeweils geltenden hygienischen und chemischen Anforderungen entspreche. Die hygienischen und chemischen Anforderungen i. S. d. § 47 Abs. 1 LWG NW ergäben sich aus der Trinkwasserverordnung. Da deren Anforderungen eingehalten worden seien, stünden der Erteilung der beantragten Erlaubnisse keine zwingenden Versagungsgründe entgegen. Die Ausübung des Ermessens sei fehlerhaft, weil die Begründung, die Klägerin könne ihren Bedarf „zweckmäßigerweise" aus dem öffentlichen Trinkwassernetz decken, die Ablehnung für sich allein nicht trage. Wie § 19 Abs. 1 GO NW[125] zeige, bestehe kein genereller Vorrang der gemeindlichen Wasserversorgung. Auch der Hinweis, der Bezug von Trinkwasser aus dem öffentlichen Trinkwassernetz sei sicherer, könne die Ablehnung nicht begründen. Der rechtsstaatliche Grundsatz der Verhältnismäßigkeit gebiete, daß eine Behörde, bevor sie eine beantragte Erlaubnis vollständig versage, zunächst prüfe, ob die der Erlaubniserteilung entgegenstehenden Hinderungsgründe durch Nebenbestimmungen ausräumbar seien. Der Beklagte hätte deshalb prüfen müssen, ob nicht auch für den Brunnen der Klägerin der von ihm angenommenen Gefahren durch Nebenbestimmungen hätte begegnet werden können.[126]

bb) Konkretisierung des Allgemeinwohlbegriffs

67 Das Wohl der Allgemeinheit ist im WHG im einzelnen nicht definiert.[127] Was das Wohl der Allgemeinheit im einzelnen Fall erfordert, kann regional und örtlich verschieden sein und sich mit der Entwicklung der wirtschaftlichen und sonstigen Verhältnisse ändern.[128] Zur Feststellung der Allgemeinwohlverträglichkeit bedarf es einer *Abwägung* der betroffenen öffentlichen Belange. Nur die im Einzelfall überwiegenden Gründe des Wohls der Allgemeinheit zwingen zur Versagung der Erlaubnis oder Bewilligung, wenn sie dieser entgegenstehen und nicht durch Auflagen oder Maßnahmen nach § 4 Abs. 2 Nr. 3 WHG abgewendet werden können.[129]

68 Eine erste Konkretisierung des Allgemeinwohls sieht § 6 WHG vor, wonach die *Gefährdung der öffentlichen Wasserversorgung* stets zu einer Beeinträchtigung des Wohls der Allgemeinheit führt. Weitere Anforderungen an das Wohl der Allgemeinheit ist außerdem den Voraussetzungen des § 5 WHG zu entnehmen. Das Wohl der Allgemeinheit ist danach beeinträchtigt, wenn die Forderungen nach *Reinhaltung der Gewässer, sparsamer Verwendung* des Wassers und *überwachbarer Benutzung* nicht erfüllt werden.[130]

69 Weitere Anhaltspunkte für die Konkretisierung des Allgemeinwohls ergeben sich außerdem aus Vorschriften der **Landeswassergesetze,** in denen die Gesichtspunkte für die Anordnung von Benutzungsbedingungen und Auflagen aufgezählt werden.[131] In diesen Vorschriften werden etwa Belange der Gesundheit, der Erholung und Landeskultur, des Verkehrs, der Schiffahrt und der Fischerei aufgeführt.

---

[125] Nunmehr § 9 GO NW v. 14. 7. 1994 (GVBl. NW S. 666).

[126] Siehe *BVerwG,* Beschl. v. 27. 6. 1986 – 4 B 57.86 –, ZfW 1987, 53 ff.

[127] Zu einer gesetzl. Definition vgl. aber § 230 Abs. 2 UGB-BT-E, *Jarass/u. a.,* UGB-BT-E, S. 498 f.

[128] *Czychowski,* WHG, § 6 Rn. 27.

[129] Dazu *Sieder/Zeitler/Dahme/Knopp,* WHG, § 6 Rn. 9 b.

[130] *Sieder/Zeitler/Dahme/Knopp,* WHG, § 6 Rn. 9 b.

[131] Vgl. Art. 15 BayWG, § 17 Abs. 1 WG BW, § 14 BlnWG, § 16 HambWG, § 17 HessWG, § 6 LWG MV, § 24 Abs. 2 LWG NW, § 26 Abs. 2 S. 2 LWG RP, § 13 SaarlWG, § 12 Abs. 1 SächsWG, § 9 WG SH, § 16 Abs. 2 ThürWG.

70 Konkretisierungen des Allgemeinwohlbegriffs ergeben sich darüber hinaus aus den verschiedenen *Planungen.*[132] Die Erfordernisse des Wohls der Allgemeinheit werden vor allem durch die wasserwirtschaftlichen Planungen, insbesondere die wasserwirtschaftlichen Rahmenpläne, die Sonderpläne, durch Bewirtschaftungspläne und Abwasserbeseitigungspläne und durch Festsetzung von Wasserschutzgebieten, Heilquellenschutzgebieten und Überschwemmungsgebieten konkretisiert.[133] Maßgeblich sind neben den wasserwirtschaftlichen Planungen andere raumbedeutsame Planungen.[134]

71 Nicht zuletzt können die Anforderungen des § 6 WHG durch *internationale wasserrechtliche Regelungen* mit der verbindlichen Festschreibung von Qualitätsgrenzen, etwa durch EG-Richtlinien ergänzt und konkretisiert werden.[135] Zur Umsetzung von EG-Richtlinien in nationales Recht hält § 6a WHG eine Ermächtigungsgrundlage bereit.[136] Nach § 6 Abs. 2 WHG sind Erlaubnis und Bewilligung außerdem zu versagen, soweit von der beabsichtigten Nutzung eine erhebliche Beeinträchtigung eines Gebietes von gemeinschaftlicher Bedeutung, eines Europäischen Vogelschutzgebietes oder eines Konzertierungsgebietes i.S.d. § 19a Abs. II Nr. 3 BNatSchG zu erwarten ist und die Beeinträchtigung nicht entsprechend § 8 Abs. 2 S. 4 BNatSchG ausgeglichen werden kann.[137]

b) Bewirtschaftungsermessen

72 Auf Erteilung einer Erlaubnis oder Bewilligung besteht kein Rechtsanspruch. Selbst wenn also die Gemeinwohlverträglichkeit der Gewässerbenutzung feststeht, ist die Wasserbehörde zu ihrer Gestattung nicht verpflichtet. Durch die Unbestimmtheit und Weite des auf der Tatbestandsseite verwendeten Allgemeinwohlbegriffs sind die rechtlichen Grenzen des Bewirtschaftungsermessens nur schwer auszumachen.[138]

73 Wasserwirtschaftliche Belange sind sowohl bei der Auslegung der gesetzlichen Voraussetzungen als auch bei der Betätigung des Bewirtschaftungsermessens selbst zu berücksichtigen. Bewirtschaftungsermessen und Allgemeinwohlverträglichkeit lassen sich deshalb nur durch den Umfang der Beeinträchtigung des Allgemeinwohls und den Grad der Wahrscheinlichkeit, mit dem die Beeinträchtigung eintritt, unterscheiden.[139] An der Allgemein-

---

132 *Czychowski,* WHG, § 6 Rn. 27; siehe auch unten § 18 Rn. 151 ff.

133 Vgl. z.B. *VGH Mannheim,* Urt. v. 7. 5. 1993 – 8 S 2020/92 –, NuR 1994, 139f. („Bodenseeuferplan").

134 *Czychowski,* WHG, § 6 Rn. 28; auch *Sieder/Zeitler/Dahme/Knopp,* WHG, § 6 Rn. 16; SRU, Sondergutachten „Flächendeckend wirksamer Grundwasserschutz" 1998, BT-Drs. 10/10196, Tz. 283 ff.

135 *Breuer,* HÖV, Bd. 2, S. 458; *Czychowski,* WHG, § 6 Rn. 21; siehe auch § 17 Rn. 21.

136 Vgl. z.B. die Verordnung zur Umsetzung der Richtlinie 80/68/EWG des Rates v. 17. 12. 1979 über den Schutz des Grundwassers gegen Verschmutzungen durch bestimmte gefährliche Stoffe (Grundwasserverordnung) v. 18. 3. 1997 (BGBl. I S. 542).

137 Diese Regelung fand im Zuge der Änderung des BNatSchG v. 30. 4. 1998 Eingang in das WHG.

138 Nach §§ 224 Abs. 3, 225 UGB-BT-E soll das Bewirtschaftungsermessen durch Bewirtschaftungspläne oder -konzepte konkretisiert werden *Jarass/u. a.,* UGB-BT-E, S. 482f.; § 358 Abs. 2 UGB-KomE hält demgegenüber am Bewirtschaftungsermessen fest, vgl. BMU, UGB-KomE, S. 251.

139 Vgl. *Henseler,* Abwasserbeseitigung, S. 148f.

wohlverträglichkeit fehlt es, wenn die beantragte Wassernutzung öffentliche Interessen von so hohem Stellenwert gefährdet, daß die Gefahrenschwelle überschritten wird und nur eine Versagung in Betracht kommt. Im Gegensatz zur Gefahrenabwehr im Rahmen der Allgemeinwohlklausel sind im Rahmen des Bewirtschaftungsermessens wasserwirtschaftliche Belange unter dem Aspekt vorsorgender planerischer Optimierung zu beachten.

74 Im Wasserrecht hat das *BVerfG* im Naßauskiesungsbeschluß den Weg zu einer solchen Differenzierung zwischen Bewirtschaftungsermessen und dem Allgemeinwohlerfordernis gewiesen.[140] Nach Auffassung des Gerichts ist eine optimale Nutzung des verfügbaren Wasserangebots nur durch eine Ermessensregelung erreichbar. Nur im Rahmen des Ermessens könnten nicht übersehbare wasserwirtschaftliche Entwicklungen berücksichtigt werden. Erst mit Hilfe einer Ermessensentscheidung könne Spielraum für künftig auftretenden Bedarf geschaffen werden. Unterhalb des Versagungsgebotes kann die Wasserbehörde deshalb nach pflichtgemäßem Ermessen aus Sorge vor einer unübersehbaren wasserwirtschaftlichen Entwicklung[141] die Zulassung einer Wassernutzung ablehnen oder eine – für sich gesehen – noch unbedenkliche Erlaubnisversagung mit Rücksicht auf die Entstehung eines Präzedenzfalles und eine zu erwartende oder zumindest denkbare weitere Entwicklung der Gewässerbenutzungen, die an einen bestimmten, nicht genau fixierbaren Punkt die Grenze zur meßbaren Verschlechterung überschreiten würde,[142] untersagen.

75 Nach Ansicht des *BVerwG* verfügt die Wasserbehörde bei der Bewirtschaftung der Gewässer über einen **planerischen Gestaltungsfreiraum**, innerhalb dessen sie über die Erteilung bzw. Versagung einer wasserrechtlichen Gestattung entscheiden kann.[143] Bei der Ermessensausübung hat die Wasserbehörde nicht nur öffentliche, sondern auch die durch die wasserrechtlichen Gestattungstatbestände zu schützenden privaten Belange zu berücksichtigen. Dies gilt insbesondere für Rechte aus Art. 14 GG und Art. 3 GG.

c) Umweltverträglichkeitsprüfung

76 § 7 Abs. 1 S. 2 und § 9 S. 2 WHG bestimmen, daß die Erlaubnis oder Bewilligung für ein Vorhaben nach § 3 UVPG, für das also eine UVP durchzuführen ist, nur in einem Verfahren erteilt werden kann, das den Anforderungen des Gesetzes über die Umweltverträglichkeitsprüfung entspricht.[144] Die Anlage zu § 3 UVPG sieht bundesrechtlich eine Pflicht zur Prüfung der Umweltverträglichkeit für die Errichtung und den Betrieb von Anlagen i.S.d. §§ 18c und 19a WHG sowie für planfeststellungsbedürftige Vorhaben i.S.d. § 31 WHG vor.[145] §§ 7 Abs. 1 S. 2, 9 S. 2 WHG

[140] *BVerfG,* Beschl. v. 15. 7. 1981 – 1 BvL 77/78 –, NJW 1982, 745 (752).

[141] *BVerwG,* Urt. v. 29. 1. 1965 – IV C 61.64 –, ZfW 1965, 98 (106).

[142] *Breuer,* Umweltschutz und Gemeinwohl, S. 83; *OVG Münster,* Urt. v. 2. 12. 1977 – XI A 1510/75 –, NuR 1979, 164.

[143] *BVerwG,* Urt. v. 18. 9. 1987 – 4 C 36.84 –, UPR 1988, 102 (103); *dass.,* Urt. v. 15. 7. 1987 – 4 C 56.83 –, BVerwGE 78, 40 (42ff.).

[144] Vgl. zur UVP oben § 8 Rn. 64ff.

[145] Zur Umsetzung der UVP-ÄnderungsRL v. 3. 3. 1997, ABl. EG Nr. L 73 v. 14. 3. 1997, S. 5 wird u.U. die Aufnahme neuer Tatbestände mit wasserrechtl. Relevanz erforderlich werden; vgl. zur UVP-ÄnderungsRL bereits oben 67f.

sind so zu verstehen, daß die Umweltverträglichkeit nicht nur der genannten Vorhaben, sondern auch der damit verbundenen Gewässerbenutzungen geprüft werden muß.[146] Die Länder können die Vorgaben der §§ 7 Abs. 1 S. 2, 9 S. 2 WHG erweitern, indem sie auch solche wasserrechtlichen Zulassungen den Anforderungen des Gesetzes über die Umweltverträglichkeitsprüfung unterstellen, die nicht in der Anlage zu § 3 UVPG genannt sind.[147]

3. Nebenbestimmungen, Aufhebung und nachträgliche Beschränkungen der Erlaubnis oder Bewilligung

Im Bewirtschaftungsermessen der Wasserbehörden steht nicht nur die Entscheidung über die Zulassung der Gewässerbenutzung. Um die öffentliche Bewirtschaftung der Gewässer flexibel zu halten, hat der Gesetzgeber zahlreiche – zumeist im Ermessen der Wasserbehörde stehende – Möglichkeiten vorgesehen, die Erlaubnis oder Bewilligung mit Nebenbestimmungen zu versehen oder sie nachträglich aufzuheben bzw. einzuschränken. **77**

So sieht § 6 WHG zur Vermeidung der schwerwiegenderen Versagung Auflagen vor, mit denen eine zu erwartende Beeinträchtigung des Wohls der Allgemeinheit verhütet oder ausgeglichen werden soll. § 8 Abs. 3 WHG macht für den Fall, daß die Benutzung auf das Recht eines anderen nachteilig einwirkt und der Betroffene Einwendungen erhebt, die Bewilligung davon abhängig, daß die nachteiligen Wirkungen durch Auflagen verhütet oder ausgeglichen werden. Gleiches gilt, wenn landesrechtliche Vorschriften nach § 8 Abs. 4 WHG zu Einwendungen wegen besonderer rechtlich geschützter Positionen berechtigen. Gem. § 4 Abs. 1 S. 1 WHG können Erlaubnis und Bewilligung unter Festsetzung von Benutzungsbedingungen und Auflagen erteilt werden, wobei Auflagen auch zulässig sind, um nachteilige Wirkungen für andere zu verhüten oder auszugleichen. Darüber hinaus stehen Erlaubnis und Bewilligung gem. § 5 WHG unter dem Vorbehalt, daß zu Lasten ihres Inhabers nachträgliche Anordnungen getroffen werden können. Nachträgliche Entscheidungen zugunsten der am Bewilligungsverfahren Beteiligten ermöglicht und verlangt § 10 WHG. Schließlich kann die Bewilligung, soweit dies nicht schon nach § 5 WHG zulässig ist, unter näheren Voraussetzungen gegen Entschädigung oder auch ohne Entschädigung ganz oder teilweise widerrufen werden (§ 12 WHG). **78**

a) Benutzungsbedingungen und Auflagen

Gem. § 4 Abs. 1 S. 1 WHG können die Erlaubnis und die Bewilligung unter Festsetzung von Benutzungsbedingungen und Auflagen erteilt werden. **79**

Benutzungsbedingungen i. S. d. § 4 Abs. 1 S. 1 WHG sind keine echten, aufschiebenden oder auflösenden Bedingungen i. S. d. allgemeinen Verwaltungsrechts.[148] Vielmehr sind Benutzungsbedingungen *unselbständiger Teil der erlaubten oder bewilligten Benutzung*[149] *und bestimmen den Inhalt des Benutzungsrechts,* etwa die höchstzulässige Menge des entnehmbaren Wassers oder des einleitbaren Abwassers, Art und Menge der zulässigen oder unzulässigen Bestandteile des einleitbaren Abwassers oder etwa die Staffelung der Wasser- **80**

---

[146] *Sieder/Zeitler/Dahme/Knopp,* WHG, § 7 Rn. 12 d; *Pohl,* HdbUR, B.2, Rn. 25.

[147] Vgl. z. B. § 18 Abs. 4 LWG NW für die Zulassung von Rohrleitungsanlagen; § 57 Abs. 3 BbgWG für die Zulassung bestimmter Nutzungen des Grundwassers.

[148] *Breuer,* WasserR, Rn. 242.

[149] *Czychowski,* WHG, § 4 Rn. 5.

entnahme. Umstritten ist, ob neben diesen Benutzungsbedingungen auch echte aufschiebende und auflösende Bedingungen zulässig sind.[150]

81 **Auflagen** i.S.d. § 4 Abs. 1 S. 1 WHG sind zwar mit der Erlaubnis oder Bewilligung verbunden, jedoch im Unterschied zu den Benutzungsbedingungen selbständig. Sie betreffen nicht die Benutzung selber, sondern *schreiben dem Unternehmer ein zusätzliches Tun, Dulden oder Unterlassen vor,* um eine Beeinträchtigung des Wohls der Allgemeinheit i.S.v. § 6 WHG oder nachteilige Wirkungen für andere zu verhüten oder auszugleichen (§ 4 Abs. 1 S. 2 WHG). Auflagen können sich beispielsweise auf die technisch einwandfreie Gestaltung, den Betrieb und die Unterhaltung von Benutzungsanlagen,[151] auf die Erhaltung von Wild- und Erholungseignung der Gewässerlandschaft oder des Fischbestandes, auf die Ermöglichung des Gemeingebrauchs, auf Bau, Betrieb und Unterhaltung von Einrichtungen zur Hochwasserentlastung oder zur Wasserförderung etc. beziehen.[152]

Beispiele: Gem. § 4 Abs. 2 WHG können durch Auflagen insbesondere
- Maßnahmen zur Beobachtung oder zur Feststellung des Zustandes vor der Benutzung und von Beeinträchtigungen und nachteiligen Wirkungen durch die Benutzung angeordnet (Nr. 1),
- die Bestellung verantwortlicher Betriebsbeauftragter vorgeschrieben, soweit nicht die Bestellung eines Gewässerschutzbeauftragten nach § 21a WHG vorgeschrieben ist oder angeordnet werden kann (Nr. 2),
- Maßnahmen angeordnet werden, die zum Ausgleich einer auf die Benutzung zurückzuführenden Beeinträchtigung der physikalischen, chemischen oder biologischen Beschaffenheit des Wassers erforderlich sind (Nr. 2a),
- dem Unternehmer angemessene Beiträge zu den Kosten von Maßnahmen auferlegt werden, die eine Körperschaft des öffentlichen Rechts trifft oder treffen wird, um eine mit der Benutzung verbundene Beeinträchtigung des Wohls der Allgemeinheit zu verhüten oder auszugleichen (Nr. 3).[153]

82 Fraglich ist, inwieweit Benutzungsbedingungen und Auflagen isoliert anfechtbar sind.[154] Eine isolierte Anfechtung ist für den Anfechtungsberechtigten gegenüber der Verpflichtungsklage auf Erlaß der Erlaubnis oder der Bewilligung ohne die belastende Nebenbestimmung günstiger, weil die einmal erteilte Erlaubnis oder Bewilligung bei der isolierten Anfechtung der Nebenbestimmung bestehen bleibt. Demgegenüber besteht bei der Verpflichtungsklage die Gefahr, daß die Wasserbehörde bei einer Neubescheidung im Rahmen ihres Bewirtschaftungsermessens zu einer vollständigen Versagung gelangt.[155] Nach h.M. können Befristungen und Benutzungsbedingungen als unselbständiger Teil des Verwaltungsaktes nicht gesondert angefochten werden, der Antragsteller muß also Verpflichtungsklage auf Erteilung einer Erlaubnis oder Bewilligung ohne belastende Nebenbestimmung erheben.[156] Eine Auflage ist nach h.M. iso-

---

[150] So *Breuer,* WasserR, Rz. 242; *ders.,* in: Schmidt-Aßmann, BesVwR, 5. Abschn. Rn. 152; *Kloepfer,* UmweltR, § 13 Rn. 116; *Sieder/Zeitler/Dahme/Knopp,* WHG, § 4 Rn. 11a, 12; a.A. *Czychowski,* WHG, § 4 Rn. 8ff.

[151] So ausdrückl. §§ 24 Abs. 2 S. 1 LWG NW, 26 Abs. 2 S. 2 LWG RP.

[152] *Czychowski,* WHG, § 4 Rn. 12; zur Bedeutung des § 4 Abs. 1 S. 2 WHG für den Nachbarschutz *BVerwG,* Urt. v. 3. 7. 1987 – 4 C 41.86 –, ZfW 1988, 336ff. m. Anm. *Salzwedel/Knauber; Pape,* in: Landmann/Rohmer, UmweltR, Bd. II, WHG, § 4 Rn. 45ff.

[153] Vgl. dazu *VGH Kassel,* Beschl. v. 9. 10. 1996 – 7 G 1496/96 –, NuR 1997, 201f.; *Thieme/Moufang,* ZfW 1997, 73ff.

[154] Vgl. dazu bereits oben § 11 Rn. 61ff.

[155] *Breuer,* WasserR, Rn. 260ff.

[156] *Breuer,* WasserR, Rn. 261; *ders.,* in: Schmidt-Aßmann, BesVwR, 5. Abschn. Rn. 152; *BVerwG,* Urt. v. 29. 3. 1968 – IV C 27.67 –, BVerwGE 29, 261 (265); *dass.,* Urt. v. 21. 10. 1970 – IV C 165.65 –, BVerwGE 36, 145 (154).

liert anfechtbar. Teilweise wird jedoch die Ansicht vertreten, eine wasserrechtliche Auflage könne nicht gesondert angefochten werden, weil die Festsetzung der Auflage im Ermessen der Wasserbehörde stehe und ihr durch die isolierte Aufhebung der Auflage keine Erlaubnis oder Bewilligung zugerechnet werden könne, die sie mit dem verbleibendem Inhalt nicht gewollt habe.[157] Das *BVerwG* vertritt demgegenüber die Ansicht, auch die im Ermessen stehenden Auflagen zur Erlaubnis oder Bewilligung seien grundsätzlich gesondert anfechtbar.[158] Nur Auflagen, die den Gegenstand der Erlaubnis oder Bewilligung selbst ändern, sollen als sog. modifizierende Auflagen wegen der Unteilbarkeit des Streitgegenstandes nicht isoliert angefochten und aufgehoben werden können.[159]

b) Vorbehalt nachträglicher Anforderungen und Maßnahmen

Gem. § 5 Abs. 1 S. 1 WHG stehen Erlaubnis und Bewilligung unter dem **83**
Vorbehalt nachträglicher Anforderungen zu Lasten ihres Inhabers. Der Gewässerbenutzer kann sich dementsprechend auch nach Erteilung der Erlaubnis oder Bewilligung seiner Rechtsstellung nicht sicher sein. Da die Erlaubnis gem. § 7 WHG widerruflich ist, hat der Vorbehalt des § 5 Abs. 1 S. 1 WHG vor allem Bedeutung für die Bewilligung.[160] Außerhalb der Voraussetzungen des § 5 Abs. 1 WHG sind nachträgliche Anordnungen gegenüber einer unanfechtbaren Bewilligung unzulässig. Der Vorbehalt gilt bereits kraft Gesetzes, er braucht also nicht ausdrücklich in der Erlaubnis oder Bewilligung erwähnt zu werden.[161]

Nachträgliche Anordnungen i. S. v. § 5 WHG können in Gestalt zusätzli- **84**
cher Benutzungsbedingungen oder Auflagen ergehen. Die Festsetzung nachträglicher Anordnungen löst regelmäßig keine Entschädigungspflicht aus.[162] Die nachträglichen Anforderungen dürfen allerdings die Identität von Erlaubnis oder Bewilligung nicht in Frage stellen. Sobald wesentliche Teile der zugelassenen Gewässerbenutzung entfallen, ist nur ein Widerruf zulässig.[163] Nachträgliche zusätzliche Anforderungen i. S. v. § 5 WHG können nur *zum Wohl der Allgemeinheit* und nicht zum Schutz einzelner Betroffener festgesetzt werden.[164]

Zusätzliche Anforderungen können an die Beschaffenheit einzubringender **85**
oder einzuleitender Stoffe gestellt werden (Nr. 1), die Bestellung eines verantwortlichen Betriebsbeauftragten vorschreiben, Maßnahmen zum Ausgleich einer auf die Benutzung zurückzuführenden Beeinträchtigung der physikalischen, chemischen oder biologischen Beschaffenheit des Wassers anordnen, angemessene Beiträge zu den Kosten von Maßnahmen festsetzen, die eine Körperschaft des öffentlichen Rechts zur Verhütung oder zum Ausgleich einer mit der Benutzung verbundenen Beeinträchtigung des Allgemeinwohls trifft (Nr. 1 a), und Maßnahmen für die Beobachtung der Wasserbenutzung und ihrer Folgen (Nr. 2) sowie Maßnahmen für eine mit

---

157 *Salzwedel,* in: Salzwedel, Grundzüge des UmweltR, 2. Aufl., Teil 15 Rn. 114.

158 *BVerwG,* Urt. v. 21. 10. 1970 – IV C 165.65 –, BVerwGE 36, 145 (153 f.).

159 Ausführl. *Breuer,* WasserR, Rn. 262 ff., der zu Recht auf die Unsicherheiten auch in der RSpr. des BVerwG hinweist; dazu allg. oben § 8 Rn. 64.

160 *Breuer,* WasserR, Rn. 421.

161 *Czychowski,* WHG, § 5 Rn. 2; *Sieder/Zeitler/Dahme/Knopp,* WHG, § 5 Rn. 4.

162 Siehe *Breuer,* WasserR, Rn. 243 auch zu Ausnahmen.

163 *Salzwedel,* in: Salzwedel, Grundzüge des UmweltR, 2. Aufl., Teil 15 Rn. 117.

164 *Czychowski,* WHG, § 5 Rn. 3; *Sieder/Zeitler/Dahme/Knopp,* WHG, § 5 Rn. 5.

Rücksicht auf den Wasserhaushalt gebotene sparsame Verwendung des Wassers anordnen (Nr. 3).

86 Wird das Wasser aufgrund einer Bewilligung benutzt, so müssen gem. § 5 Abs. 1 S. 4 WHG die Maßnahmen für die Beobachtung der Wasserbenutzung und für die sparsame Verwendung des Wassers wirtschaftlich gerechtfertigt und mit der Benutzung vereinbar sein. Im übrigen müssen nachträgliche Anordnungen nach § 5 Abs. 1 WHG den allgemeinen rechtsstaatlichen Postulaten der Geeignetheit, Erforderlichkeit und Verhältnismäßigkeit genügen.[165] Für Anordnungen nach Nr. 1 wird der Verhältnismäßigkeitsgrundsatz im novellierten § 5 Abs. 1 S. 2 WHG nun ausdrücklich genannt und konkretisiert.[166]

c) Widerruf und Rücknahme

87 Für die *Rücknahme* – d.h. für die Aufhebung einer rechtswidrigen Erlaubnis oder Bewilligung – gilt § 48 VwVfG. Eine spezielle Regelung für die Rücknahme sieht das Wasserhaushaltsrecht nicht vor.

88 Der *Widerruf* von *Erlaubnissen* ist in § 7 WHG, der Widerruf von *Bewilligungen* in § 12 WHG geregelt.

89 Die *Erlaubnis* kann gem. § 7 Abs. 1 WHG stets widerrufen werden, wenn die Fortsetzung der erlaubten Nutzung das Wohl der Allgemeinheit oder überwiegende Belange Dritter beeinträchtigen würde.[167]

Fall: Die dem Betreiber eines privaten Klärwerks erteilte Erlaubnis zum Einleiten von Abwasser in ein Gewässer darf widerrufen werden, um die Abwasserbeseitigungspflicht auf eine Körperschaft des öffentlichen Rechts zu übertragen.[168]

90 Die Befugnis zum jederzeitigen Widerruf der wasserrechtlichen Erlaubnis schließt die Befugnis zum nachträglichen Erlaß weiterer Auflagen ein.[169] Bei der Entscheidung ist § 4 Abs. 1 S. 2 WHG zu beachten.

91 Widerrufsgründe für die Erlaubnis sind im WHG nicht und in den Landeswassergesetzen nur beispielhaft geregelt.[170] Der Widerruf einer Erlaubnis ist ohne Entschädigung zulässig. Die Widerruflichkeit von Erlaubnissen unterliegt allerdings auch Einschränkungen. Die Behörde muß insbesondere die Schranken beachten, die sich aus der verfassungsrechtlichen Eigentumsgarantie und dem von diesem Grundrecht umfaßten Bestands- und Investitionsschutz ergeben.[171] Zu prüfen ist deshalb, ob im konkreten Einzelfall der Erlaubnisinhaber darauf vertrauen durfte, daß ein Widerruf seiner Erlaubnis nicht ergeht. Zulässig soll der Widerruf aber jedenfalls dann sein, wenn einer der für die Bewilligung geltenden Widerrufstatbestände des § 12 Abs. 2

---

[165] *Breuer,* HÖV, Bd. 2, S. 466; *Sieder/Zeitler/Dahme/Knopp,* WHG, § 5 Rn. 4, 6.

[166] Dazu *Lübbe-Wolff,* ZUR 1997, 61 (66f.); zur Krit. an der Regelung vgl. *Berendes* u.a., zit. bei *Hübner,* UPR 1996, 380; *Spillecke,* zit. bei *Schmidt/Stockmann,* DVBl. 1996, 1309 (1311).

[167] *Breuer,* HÖV, Bd. 2, S. 467.

[168] *BVerwG,* Beschl. v. 8. 9. 1986 – 4 B 188.86 –, ZfW 1987, 149.

[169] *VGH München,* Urt. v. 30. 5. 1996 – 22 B 94 3266 –, ZfW 1997, 99 (100).

[170] Vgl. Art. 16 Abs. 2, 17 Abs. 3 S. 2 BayWG § 16 Abs. 2 Nr. 1 BlnWG, § 17 Abs. 2 HambWG, § 17a Abs. 2 Nr. 1 HessWG, § 8 Abs. 3 LWG MV, § 25 Abs. 2 S. 1a LWG NW, § 15 Abs. 2 LWG RP, § 11 Abs. 2 WG SH.

[171] *Breuer,* HÖV, Bd. 2, S. 468; *ders.,* in: Schmidt-Aßmann, BesVwR, 5. Abschn. Rn. 153; *Sieder/Zeitler/Dahme/Knopp,* WHG, § 7 Rn. 14; *VGH Mannheim,* Urt. v. 6. 3. 1991 – 55a 2630/89 –, NVwZ-RR 1992, 126 (128).

WHG erfüllt ist.[172] Nicht ausreichend ist indes die Berufung auf naturschutzrechtliche Gründe.[173] Um den Vertrauensschutz des Erlaubnisinhabers von vornherein einzuschränken, befristen die Wasserbehörden zunehmend die Erlaubnis gem. § 7 Abs. 1 2. HS WHG.[174]

Soweit nicht schon nach § 5 Abs. 1 WHG nachträgliche Anordnungen ohne Entschädigung zulässig sind, kann eine *Bewilligung* nach § 12 Abs. 1 WHG gegen Entschädigung ganz oder teilweise widerrufen werden, wenn von der uneingeschränkten Fortsetzung der Benutzung eine erhebliche Beeinträchtigung des Wohls der Allgemeinheit, insbesondere der öffentlichen Wasserversorgung, zu erwarten ist. Liegen diese Voraussetzungen vor, steht die Frage, ob die Bewilligung ganz oder teilweise widerrufen werden soll, im pflichtgemäßen Ermessen der Wasserbehörde. Dabei hat die Wasserbehörde zu bedenken, mit welcher Maßnahme der Inhaber der Bewilligung am wenigsten belastet wird. Sie darf die Bewilligung nicht ganz widerrufen, wenn mit einem sachgerechten Teilwiderruf den Belangen des Allgemeinwohls Rechnung getragen werden kann.[175] Ohne Entschädigung kann eine Bewilligung, soweit dies nicht schon nach § 5 WHG zulässig ist, nach § 12 Abs. 2 WHG nur widerrufen werden, wenn der Unternehmer 92

- die Benutzung innerhalb einer ihm gesetzten angemessenen Frist nicht begonnen oder drei Jahre ununterbrochen nicht ausgeübt oder ihrem Umfang nach erheblich unterschritten hat (Nr. 1),
- den Zweck der Benutzung so geändert hat, daß er mit dem Plan (§ 8 Abs. 2 S. 1 Nr. 2 WHG) nicht mehr übereinstimmt (Nr. 2),
- trotz einer mit der Androhung des Widerrufs verbundenen Warnung wiederholt die Benutzung über den Rahmen der Bewilligung hinaus erheblich ausgedehnt oder Benutzungsbedingungen oder Auflagen nicht erfüllt hat (Nr. 3).

In diesen Fällen ist das Vertrauen des Unternehmers in den Bestand der Bewilligung nicht schutzwürdig.

Der wesentliche Unterschied zwischen der *entschädigungslosen* Widerrufsmöglichkeit gem. § 12 Abs. 2 WHG und dem *entschädigungspflichtigen* Widerruf gem. § 12 Abs. 1 WHG besteht darin, daß der entschädigungslose Widerruf nur aufgrund der gesetzlich abschließend aufgezählten Tatbestände zulässig ist. Auch der entschädigungslose Widerruf nach § 12 Abs. 2 WHG steht im pflichtgemäßen Ermessen der Wasserbehörde, wobei vor allem der Verhältnismäßigkeitsgrundsatz zu beachten ist. 93

Um eine gerechte Verteilung des Wasserschatzes zwischen einer Mehrzahl von Benutzern oberirdischer Gewässer oder des Grundwassers zu erreichen, hat § 18 WHG eine *widerrufsähnliche Ausgleichsregelung* geschaffen.[176] 94

d) Nachträgliche Entscheidungen

Zum Schutz nachteilig Betroffener ermöglicht § 10 WHG nachträgliche Entscheidungen zu Lasten des Gewässerbenutzers. § 10 WHG gilt für die 95

[172] *Sieder/Zeitler/Dahme/Knopp,* WHG, § 7 Rn. 14.
[173] *VGH München,* Urt. v. 31. 5. 1990 – 22 B 89 1582 –, NVwZ 1990, 995 ff.
[174] *Breuer,* WasserR, Rn. 441.
[175] *Sieder/Zeitler/Dahme/Knopp,* WHG, § 12 Rn. 16.
[176] Dazu unten § 18 Rn. 99.

Bewilligung und nach dem Landeswasserrecht in einigen Bundesländern auch für die Erlaubnis.[177] Dabei regelt § 10 WHG zwei wesentlich verschiedene Tatbestände.

96 Im Falle des § 10 Abs. 1 WHG hat der Betroffene gegen die Bewilligung *Einwendungen erhoben,* über die im Bewilligungsverfahren gem. § 9 WHG noch nicht entschieden werden konnte.[178] § 10 Abs. 1 WHG dient der Beschleunigung des Bewilligungsverfahrens. Über den Bewilligungsantrag kann bereits in einem Zeitpunkt entschieden werden, in dem noch nicht feststeht, ob und in welchem Maße nachteilige Wirkungen eintreten werden. Die wegen dieser nachteiligen Wirkungen festzusetzenden Auflagen und Entschädigungen bleiben gemäß § 10 Abs. 1 WHG einem späteren Verfahren vorbehalten.

Fall: Ist im wasserrechtlichen Bewilligungsverfahren die Entscheidung über festzusetzende Auflagen und Entschädigungen einem späteren Verfahren vorbehalten worden (§ 10 Abs. 1 WHG), so ist vor Durchführung dieses Verfahrens eine gegen den Inhaber der Bewilligung erhobene Klage auf Entschädigung wegen nachteiliger Einwirkungen der bewilligten Gewässerbenutzung unzulässig.[179]

97 Ein Vorbehalt nachträglicher Entscheidung kann indes nicht deshalb erfolgen, weil die Wasserbehörde erkennbare technische Schwierigkeiten nicht erkannt hat.[180]

98 § 10 Abs. 2 WHG regelt den Fall, daß der Betroffene *keine Einwendungen erhoben* hat, weil nachteilige Wirkungen während des Verfahrens nach § 9 WHG nicht vorausgesehen werden konnten. Nach § 10 Abs. 2 WHG kann der Betroffene gleichwohl verlangen, daß dem Unternehmer nachträgliche Auflagen gemacht werden. Können die nachteiligen Wirkungen durch nachträgliche Auflagen nicht verhütet oder ausgeglichen werden, so ist der Betroffene gemäß § 10 Abs. 2 S. 2 WHG zu entschädigen. § 10 Abs. 2 WHG steht im engen Zusammenhang mit § 11 WHG, wonach zivilrechtliche Ansprüche gegen den Inhaber einer Bewilligung ausgeschlossen werden. Dieser Ausschluß von Ansprüchen macht nachträgliche Entscheidungen zugunsten des Betroffenen erforderlich, wenn der Betroffene nachteilige Wirkungen während des Verfahrens nicht voraussehen konnte.[181]

e) Ausgleichsverfahren

99 Soweit das Wasser nach Menge und Beschaffenheit nicht für alle Benutzungen ausreicht oder sich diese gegenseitig beeinträchtigen und das Wohl der Allgemeinheit, insbesondere der öffentlichen Wasserversorgung, es erfordert, können gem. § 18 WHG im Ausgleichsverfahren Art, Maß und Zeiten der Ausübung von Erlaubnissen und Bewilligungen wie auch von alten Rechten und Befugnissen auf Antrag eines Beteiligten oder von Amts wegen

---

177 Vgl. Art. 16 Abs. 1 BayWG, § 16 WG BW, § 16 Abs. 1 BlnWG, § 30 Abs. 1 S. 2 BbgWG, § 9 Abs. 1 S. 3 LWG MV, § 25a Abs. 1 S. 3 LWG NW, § 27 Abs. 2 S. 4 LWG RP, § 15 Abs. 2 SaarlWG, § 10 Abs. 1 WG SH, § 20 Abs. 1 S. 3 ThürWG.

178 Vgl. dazu *VGH Mannheim,* Urt. v. 22. 3. 1996 – 8 S 3060/95 –, ZfW 1997, 94ff.

179 *BGH,* Urt. v. 18. 12. 1986 – III ZR 91/85 –, ZfW 1987, 158.

180 *VGH München,* Urt. v. 9. 11. 1989 – 5 S 1485/89 –, NVwZ 1990, 994f.

181 *Cychowski,* WHG, § 10 Rn. 5.

geregelt oder beschränkt werden. Ferner können in diesem Verfahren gem. § 18 S. 2 WHG auch Ausgleichszahlungen zwischen den Beteiligten festgesetzt werden. Das Ausgleichsverfahren spielt in der Verwaltungspraxis jedoch nur eine untergeordnete Rolle.[182]

4. Zulassung vorzeitigen Beginns

Wasserrechtliche Zulassungsverfahren können sich bei umfangreichen oder in Einzelheiten schwer zu beurteilenden Vorhaben, in denen noch Sachverständigengutachten eingeholt oder Teile des Vorhabens geändert werden müssen, über einen längeren Zeitraum erstrecken. In diesen Fällen kann es im Interesse des Antragstellers, aber auch im öffentlichen Interesse liegen, mit der Gewässerbenutzung zu beginnen, bevor die Erlaubnis oder Bewilligung unanfechtbar oder sogar bevor sie erteilt worden ist.[183] Die zuständige Wasserbehörde kann deshalb gem. § 9a Abs. 1 WHG in einem Erlaubnis- oder Bewilligungsverfahren in jeder Zeit widerruflicher Weise zulassen, daß bereits vor Erteilung der Erlaubnis oder Bewilligung mit der Benutzung begonnen wird.[184] Mit der Zulassung des vorzeitigen Beginns wird sowohl ein unangemessener Zeitdruck auf die endgültige behördliche Entscheidung als auch die Illegalität eines vorzeitigen Benutzungsbeginns vermieden.[185] Die vorzeitige Zulassung des Beginns der Gewässerbenutzung kommt jedoch nur in Betracht, wenn das Erlaubnis- oder Bewilligungsverfahren bereits eingeleitet und die Erlaubnis oder Bewilligung noch nicht erteilt ist.[186] **100**

Durch den vorzeitigen Beginn der Gewässerbenutzung können erhebliche oder sogar irreparable Schäden entstehen. Möglicherweise muß nämlich nach einer abschließenden Prüfung die Erlaubnis oder Bewilligung wegen der Gemeinwohlunverträglichkeit der beantragten Gewässerbenutzung versagt werden. Um derartige Beeinträchtigungen zu vermeiden, knüpft § 9a Abs. 1 WHG die Zulassung des vorzeitigen Benutzungsbeginns an drei einschränkende Voraussetzungen. Vor Erteilung der Erlaubnis oder Bewilligung kann mit der Benutzung erst dann begonnen werden, wenn **101**

- mit einer Entscheidung zugunsten des Unternehmers gerechnet werden kann (Nr. 1),[187]
- an dem vorzeitigen Beginn ein öffentliches Interesse oder ein berechtigtes Interesse des Unternehmers besteht (Nr. 2) und

---

[182] *Sieder/Zeitler/Dahme/Knopp,* WHG, § 18 Rn. 1; dennoch hält § 234 UGB-BT-E an einer entsprechenden Regelung fest vgl. *Jarass/u. a.,* UGB-BT-E, S. 96, 503.

[183] *Czychowski,* WHG, § 9a Rn. 1; *Sieder/Zeitler/Dahme/Knopp,* WHG, § 9a Rn. 2; zu Vollzugsproblemen *Scheier,* NVwZ 1993, 529 (531f.).

[184] Vgl. ausführl. *Ochtendung,* Die Zulassung des vorzeitigen Beginns im Umweltrecht, S. 1ff.; zu den parallelen Vorschriften des § 33 KrW-/AbfG vgl. unten § 30 Rn. 185 u. des § 8a BImSchG vgl. unten § 21 Rn. 128ff.

[185] Vgl. BT-Drs. 7/888, S. 16 u. 7/1088, S. 15; krit. zur Erforderlichkeit wegen der Möglichkeit des Widerrufs einer Erlaubnis vgl. *Jarass/u. a.,* UGB-BT-E, S. 509.

[186] *Sieder/Zeitler/Dahme/Knopp,* WHG, § 9a Rn. 3.

[187] Handelt es sich um ein UVP-pflichtiges Vorhaben, so muß man damit rechnen können, daß die Bewertung der Umweltauswirkungen nicht zu einer Ablehnung des Vorhabens führen kann, vgl. *Sieder/Zeitler/Dahme/Knopp,* WHG, § 9c Rn. 5 m.w.N.

- der Unternehmer sich verpflichtet, alle bis zur Entscheidung durch das Unternehmen verursachten Schäden zu ersetzen und, falls die Benutzung nicht erlaubt oder bewilligt wird, den früheren Zustand wiederherzustellen (Nr. 3).[188]

102 Die Zulassung vorzeitigen Beginns erfolgt somit auf Risiko des Unternehmers; die zu treffende Prognose hat keine Bindungswirkung für die endgültige Zulassung des Vorhabens im nachfolgenden Verfahren.[189] Bedeutung für den Investitionsschutz kommt der Zulassung des vorzeitigen Beginns nicht zu.[190]

103 Liegen die Voraussetzungen vor, so steht die Entscheidung über die Zulassung im Ermessen der Behörde. Bei dieser Entscheidung ist vor allem zwischen den öffentlichen Interessen und den berechtigten Interessen des Unternehmers an dem vorzeitigen Beginn der Benutzung einerseits und den diesem entgegenstehenden öffentlichen Belangen und Interessen der Betroffenen abzuwägen.[191] Die Zulassung des vorzeitigen Beginns kann gem. § 9a Abs. 2 WHG befristet, mit Benutzungsbedingungen erteilt und mit Auflagen verbunden werden.

5. Genehmigungsverfahren

104 Für die Erlaubnis- und Bewilligungsverfahren sind in erster Linie die Verfahrensvorschriften der Landeswassergesetze zu beachten.[192] Die Verwaltungsverfahrensgesetze der Länder können aufgrund ihrer Subsidiarität allenfalls ergänzend herangezogen werden. Das Verfahrensrecht ist in den einzelnen Bundesländern unterschiedlich und unübersichtlich geregelt.[193]

105 Unterscheiden lassen sich ein *nichtförmliches* Verfahren, das herkömmlich für die wasserrechtlichen Erlaubnisse vorgesehen, und ein *förmliches* Verfahren, das vor der Erteilung einer Bewilligung durchzuführen ist. Allerdings haben die Landeswassergesetze in weiten Bereichen auch das Erlaubnisverfahren formalisiert.[194] Erlaubnis- und Bewilligungsverfahren sind jedoch keine förmlichen Verwaltungsverfahren i.S.v. §§ 63ff. VwVfG, insbesondere findet § 70 VwVfG keine Anwendung. Die Durchführung eines Vorverfahrens ist somit auch vor der verwaltungsgerichtlichen Anfechtung einer Erlaubnis oder Bewilligung erforderlich.[195]

106 Ist die beantragte Gewässerbenutzung Bestandteil eines planfeststellungspflichtigen Vorhabens, so ist gem. § 14 Abs. 1 WHG im Planfeststellungsverfahren auch über die Erteilung der Erlaubnis oder Bewilligung zu entscheiden.[196]

---

188 Vgl. zu den Voraussetzungen *VGH Kassel,* Beschl. v. 14. 2. 1989 – 7 TH 2335/88 –, NuR 1990, 30ff.

189 *BVerwG,* Beschl. v. 30. 4. 1991 – 7 C 35.90 –, DVBl. 1991, 877 (879).

190 *Salzwedel,* in: Salzwedel, Grundzüge des UmweltR, 2. Aufl., Teil 15 Rn. 120.

191 *Sieder/Zeitler/Dahme/Knopp,* WHG, § 9a Rn. 13.

192 Vgl. Art. 77ff., 83f. BayWG, §§ 100ff., 108 WG BW, §§ 86ff. BlnWG, §§ 128ff. BbgWG, §§ 21ff. BremWG, §§ 79ff. HambWG, §§ 100ff. HessWG, §§ 133ff. LWG MV, §§ 23ff. NdsWG, §§ 141ff. LWG NW, §§ 110ff., 114 LWG RP, §§ 108ff. SaarlWG, §§ 121ff. SächsWG, §§ 23ff. WG LSA, §§ 111ff. WG SH, §§ 108ff. ThürWG.

193 *Breuer,* WasserR, Rn. 190ff.

194 *Breuer,* WasserR, Rn. 119 m.w.N.

195 *Breuer,* WasserR, Rn. 193.

196 Vgl. dazu *Axer,* NuR 1995, 241ff.

III. Anforderungen an Anlagen zum Befördern wassergefährdender Stoffe oder zum Umgang mit solchen Stoffen

Die Errichtung, die Beschaffenheit und der Betrieb von Anlagen, die zum **107**
Befördern wassergefährdender Stoffe oder zum Umgang mit solchen Stoffen bestimmt sind, unterliegen in §§ 19a ff. WHG speziellen Vorschriften und Kontrollen.[197]

Wassergefährdende Stoffe i. S. d. Gesetzes sind flüssige und gasförmige Stoffe, **108**
die geeignet sind, nachhaltig die physikalische, chemische oder biologische Beschaffenheit des Wassers nachteilig zu verändern. Im einzelnen gibt es dazu einen Katalog der wassergefährdenden Stoffe[198] und die Verwaltungsvorschrift wassergefährdende Stoffe.[199] Die §§ 19a ff. WHG gelten auch für flüssige Abfälle, wie z. B. Altöl.

Der Umgang mit wassergefährdenden Stoffen bedarf spezieller wasser- **109**
rechtlicher Regelungen. So bedürfen die Errichtung und der Betrieb von Anlagen zum Befördern wassergefährdender Stoffe einer besonderen Genehmigung (§§ 19a bis 19f WHG).[200] Ferner müssen gem. § 19g Abs. 1 S. 1 WHG Anlagen zum Lagern, Abfüllen, Herstellen und Behandeln wassergefährdender Stoffe sowie zum Verwenden wassergefährdender Stoffe im Bereich der gewerblichen Wirtschaft und im Bereich öffentlicher Einrichtungen so beschaffen sein und so eingebaut, aufgestellt, unterhalten und betrieben werden, daß eine Verunreinigung der Gewässer oder eine sonstige nachteilige Veränderung ihrer Eigenschaften nicht zu besorgen ist. § 19g WHG betrifft nahezu alle Anlagen, in denen in irgendeiner Form mit Chemikalien umgegangen wird.[201] Indes genügt es bei Anlagen zum Umschlagen wassergefährdender Stoffe und Anlagen zum Lagern und Abfüllen von Jauche, Gülle und Silagesickersäften gem. § 19g Abs. 2 WHG, wenn diese so beschaffen sind und so eingebaut, aufgestellt, erhalten und betrieben werden, daß der bestmögliche Schutz der Gewässer vor Verunreinigung oder sonstiger nachteiliger Veränderung ihrer Eigenschaften erreicht wird.[202] Mindestanforderung ist gem. § 19g Abs. 3 WHG die Beachtung der allgemein anerkannten Regeln der Technik.[203]

---

[197] Dazu grundl. *Kollmer,* ZfW 1995, 129 ff.; *ders.,* DVBl. 1996, 841 ff.; nach §§ 262f. UGB-BT-E sollen diese Regelungen in das allgem. Zulassungsrecht integriert werden *Jarass/u. a.,* UGB-BT-E, S. 108f., 546f.; *Kloepfer,* DVBl. 1994, 305 (309).

[198] I. d. F. d. Bek. des Beirates für Lagerung und Transport wassergefährdender Stoffe vom Januar 1991 (erhältlich beim Umweltbundesamt).

[199] V. 18. 4. 1996 (GMBl. S. 327); vgl. dazu grundl. *Krieger,* Normkonkretisierung im Recht der wassergefährdenden Stoffe, S. 1 ff.

[200] Zum Anlagenbegriff vgl. *Poncelet,* Der wasserrechtliche Anlagenbegriff, S. 73 ff.

[201] *Sieder/Zeitler/Dahme/Knopp,* WHG, § 19g Rn. 52; zum Anlagenbegriff vgl. *ObLG München,* Beschl. v. 9. 12. 1996 – 3 ObOWi 150/96 –, BayVBl. 1997, 251 f.; *Krieger,* UPR 1994, 52; *Poncelet,* Der wasserrechtliche Anlagenbegriff, S. 81 ff.; zu der unterschiedlichen landesrechtl. Umsetzung vgl. auch *Salzwedel,* HdUR, Bd. 1, Sp. 943 (950).

[202] Vgl. dazu *OVG Lüneburg,* Urt. v. 5. 9. 1996 – 3 L 7866/94 –, NuR 1998, 45 f., sowie umfassend *Müller,* UPR 1991, 257 ff.

[203] *Mache,* UmweltR, Rn. 120.

110 In formell-rechtlicher Hinsicht verlangt § 19h WHG eine besondere Eignungsfeststellung oder Bauartzulassung für die meisten der in § 19g WHG genannten Anlagen.[204]

111 Ergänzend schreibt § 191 WHG für die Ausführung und Wartung von Anlagen den Einsatz ausgewiesener Fachbetriebe vor. Ein solcher Fachbetrieb ist nur, wer das Gütezeichen einer behördlich anerkannten Überwachung- oder Gütegemeinschaft führen darf oder einen Überwachungsvertrag mit einer technischen Überwachungsorganisation, z. B. dem TÜV, abgeschlossen hat.

112 Die §§ 19i und k WHG begründen spezielle Pflichten für Anlagenbetreiber und -benutzer, insbesondere beim Befüllen und Entleeren von Anlagen.[205] Besonders strenge Anforderungen bestehen für die Zulassung von wassergefährdenden Anlagen in Gebieten, die für die Trinkwasserversorgung wichtig sind und in deren Umgebung Heilquellen sind.[206]

113 Die Einzelheiten zu den Grundanforderungen des WHG an Anlagen i. S. d. §§ 19a ff. werden von den Ländern durch Verordnungen und Verwaltungsvorschriften geregelt.[207]

IV. Gewässerüberwachung

114 Das Ziel des Gewässerschutzrechtes, die Gewässer so zu bewirtschaften, daß sie dem Wohl der Allgemeinheit und im Einklang mit ihm auch dem Nutzen einzelner dienen und daß jede vermeidbare Beeinträchtigung unterbleibt (§ 1a Abs. 1 WHG), läßt sich allein durch die zahlreichen Genehmigungspflichten für Gewässerbenutzungen und sonstige Tatbestände nicht erreichen. Notwendig ist es daneben, daß die Beachtung der Gewässerschutzvorschriften auch wirkungsvoll überwacht werden kann. Das WHG sieht dazu in § 21 WHG eine behördliche Überwachung und in den §§ 21a bis g WHG eine betriebsinterne Überwachung durch die Gewässerschutzbeauftragten vor.[208]

1. Wasserbehördliche Überwachung

115 Gem. § 21 Abs. 1 S. 1 WHG ist derjenige, der ein Gewässer benutzt oder einen Antrag auf Erteilung einer Erlaubnis oder Bewilligung gestellt hat, verpflichtet, eine behördliche Überwachung zu dulden.[209] Die Überwachung

---

[204] Dazu ausführl. *Lühr,* HdUR, Bd. 1, Sp. 1317 (1318 ff.); im Rahmen der Novellierung des WHG im Jahre 1996 ist § 19h WHG, v. a. aufgrund EG-rechtlicher Vorgaben, weitgehend neugefaßt worden vgl. dazu *Lübbe-Wolff,* ZUR 1997, 61 (69).

[205] Zum Begriff des Betreibers i. S. v. § 19 WHG vgl. *OVG Schleswig,* Urt. v. 19. 8. 1997 – 2 L 279/95 –, ZfW 1998, 461 ff.

[206] Vgl. dazu *Mache,* UmweltR, Rn. 123 m. w. N.

[207] Vgl. dazu *Salzwedel/Reinhardt,* NVwZ 1991, 946 (947 f.); *Greinert,* ZfW 1992, 329 ff.; *Mache,* UmweltR, Rn. 120; nach den Vorstellungen des Professorenentwurfs zum UGB soll diese Tendenz durch §§ 262, 263 UGB-BT-E noch verstärkt werden *Jarass/u. a.,* S. 546 f.

[208] § 268 UGB-BT-E sieht zudem zur Stärkung des Kooperationsprinzips die Möglichkeit zu vertragl. Vereinbarungen vor *Jarass/u. a.,* UGB-BT-E, S. 111, 550; *Kloepfer,* DVBl. 1994, 305 (309).

[209] Ausführl. zur Überwachung von Abwassereinleitungen *Sautter,* NVwZ 1988, 487.

erstreckt sich gem. § 21 Abs. 1 S. 1 WHG auf die Anlagen, Einrichtungen und Vorgänge, die für die Gewässerbenutzung von Bedeutung sind.[210]

Um eine effektive Überwachung zu ermöglichen, werden dem Überwachungspflichtigen zahlreiche Duldungs- und Mitwirkungspflichten auferlegt. Art und Ausmaß der Überwachungsmaßnahmen werden durch die Landesgesetze konkretisiert.[211] **116**

Im Rahmen der **Duldungspflicht** haben Gewässerbenutzer und Antragsteller nach Maßgabe des § 21 Abs. 1 S. 2 Nr. 1 bis 3 WHG das Betreten von Betriebsgrundstücken, Betriebsräumen, Wohnräumen, sonstigen Grundstücken und Anlagen zu gestatten.[212] **117**

Gewässerbenutzer und Antragsteller haben außerdem gem. § 21 Abs. 1 S. 3 WHG im Rahmen ihrer **Mitwirkungspflicht** Anlagen und Einrichtungen zugänglich zu machen, Auskünfte zu erteilen, Arbeitskräfte, Unterlagen und Werkzeuge zur Verfügung zu stellen und technische Ermittlungen und Prüfungen zu ermöglichen. Benutzer von Gewässern, für die ein Gewässerschutzbeauftragter bestellt ist (§ 21a WHG),[213] haben diesen auf Verlangen der zuständigen Behörde zu Überwachungsmaßnahmen nach § 21 Abs. 1 S. 2 und 3 WHG hinzuzuziehen. **118**

Eine behördliche Überwachung in entsprechender Anwendung des § 21 Abs. 1 WHG haben nach § 21 Abs. 2 WHG diejenigen zu dulden, die eine Rohrleitungsanlage nach § 19a WHG errichten oder betreiben oder die eine Anlage zum Lagern, Abfüllen oder Umschlagen wassergefährdender Stoffe nach § 19g Abs. 1 und 2 WHG herstellen, einbauen, aufstellen, unterhalten oder betreiben sowie für Inhaber eines gewerblichen Betriebes i.S.v. § 191 WHG. **119**

Fall: Die untere Wasserbehörde gibt einem Unternehmen der erdölverarbeitenden Industrie auf, auf ihrem Betriebsgrundstück vier Fallbrunnen zur Überwachung des Grundwassers anzulegen. Nach Ansicht des *OVG Lüneburg* überschreitet die Herstellung von Fallbrunnen den Rahmen der Mitwirkungspflichten eines zur Duldung der Gewässeraufsicht Verpflichteten. Als Maßnahme der Gewässeraufsicht hätte nach Ansicht des Gerichts dem Unternehmen allenfalls aufgegeben werden können, die Anlegung von Fallbrunnen auf ihrem Betriebsgrundstück zu dulden, nicht aber diese Brunnen selbst herzustellen.[214]

Die im Rahmen der Gewässeraufsicht Auskunftspflichtigen haben ein in § 21 Abs. 2a WHG näher beschriebenes *Auskunftsverweigerungsrecht.*[215] **120**

2. *Gewässerschutzbeauftragte*

Eine betriebliche Selbstüberwachung ist in den Landeswassergesetzen für Abwassereinleitungen und für Abwasserbehandlungsanlagen vorgese- **121**

---

[210] In der Praxis ist ein erhebliches Vollzugsdefizit bei der Gewässerüberwachung festzustellen, vgl. dazu *Schink,* ZUR 1993, 1 (2f.).

[211] Vgl. Art. 68ff. BayWG, §§ 82ff. WG BW, §§ 67ff. BlnWG, §§ 103ff. BbgWG, §§ 62ff. BremWG, §§ 64ff. HambWG, §§ 74ff. HessWG, §§ 90ff. LWG MV, §§ 60ff. NdsWG, §§ 116ff. LWG NW, §§ 93ff. LWG RP, §§ 83ff. SaarlWG, §§ 94ff. SächsWG, §§ 62ff. WG LSA, §§ 83ff. LWG SH, §§ 84ff. ThürWG.

[212] Zur Erforderlichkeit einer gesetzl. Grundlage vgl. auch *VGH München,* Beschl. v. 4. 2. 1997 – 4 CS 96 3560 –, NuR 1999, 153.

[213] Vgl. näher unten § 18 Rn. 121ff.

[214] *OVG Lüneburg,* Beschl. v. 27. 8. 1986 – 3 B 101/86 –, ZfW 1987, 184f.

[215] *VG Düsseldorf,* Urt. v. 18. 3. 1991 – 8 K 480/90 –, NVwZ 1992, 602.

hen.[216] Der Selbstüberwachung dient aber vor allem die Bestellung von Gewässerschutzbeauftragten.[217] Eine gesetzliche Verpflichtung, einen oder mehrere Betriebsbeauftragte für Gewässerschutz zu bestellen, sieht § 21a Abs. 1 WHG für Benutzer von Gewässern vor, die an einem Tag mehr als 750 m^3 Abwasser einleiten dürfen. Die gleiche Verpflichtung kann die zuständige Behörde anderen Einleitern von Abwasser in Gewässer, für die die Bestellung eines Gewässerschutzbeauftragten nach § 21a Abs. 1 WHG nicht vorgeschrieben ist, und den Einleitern von Abwasser in Abwasseranlagen auferlegen (§ 21a Abs. 2 WHG). Soweit die Bestellung eines Gewässerschutzbeauftragten nicht bereits gem. § 21a WHG vorgeschrieben ist oder nach dieser Vorschrift angeordnet werden kann, können Erlaubnis und Bewilligung gem. § 4 Abs. 2 Nr. 2 WHG mit der Auflage, einen Gewässerschutzbeauftragten zu bestellen, versehen werden.

122 Der Gewässerschutzbeauftragte wird gem. § 21c Abs. 1 S. 1 WHG durch einen schriftlichen privatrechtlichen Vertrag von dem Gewässerbenutzer bestellt, wobei die ihm obliegenden Aufgaben genau zu bezeichnen sind. Der Gewässerschutzbeauftragte hat insofern eine rein privatrechtliche Stellung, ihm sind keine hoheitlichen Befugnisse verliehen, so daß er nicht mit der Rechtsfigur des Beliehenen zu vergleichen ist.[218]

123 Die Rechte und Pflichten des Gewässerschutzbeauftragten sind in § 21b WHG ausführlich geregelt.[219] Der Gewässerschutzbeauftragte hat danach den Gewässerbenutzer und die Betriebsangehörigen in Angelegenheiten, die für den Gewässerschutz von Bedeutung sein können, zu beraten. Er hat insbesondere innerhalb des Betriebes regelmäßige Kontrollen durchzuführen, auf die Anwendung geeigneter Wasserbehandlungsverfahren und auf die Entwicklung und Einführung von Verfahren zur Vermeidung oder Verminderung des Abwasseranfalls hinzuwirken und die Betriebsangehörigen über die in dem Betrieb verursachten Gewässerbelastungen sowie über die Einrichtungen und Maßnahmen zu ihrer Verhinderung aufzuklären (§ 21b Abs. 2 WHG). Jährlich hat der Gewässerschutzbeauftragte außerdem gem. § 21b Abs. 3 WHG dem Gewässerbenutzer einen Bericht über die getroffenen und beabsichtigten Maßnahmen zur Erfüllung seiner Aufgaben zu erstatten. Die zuständige Wasserbehörde kann im Einzelfalle die Aufgaben des Gewässerschutzbeauftragten gem. § 21b Abs. 4 WHG näher regeln, erweitern, soweit es die Belange des Gewässerschutzes erfordern, oder einschränken, wenn dadurch die ordnungsgemäße Selbstüberwachung nicht beeinträchtigt wird.

124 Zum Gewässerschutzbeauftragten darf nur bestellt werden, wer die zur Erfüllung seiner Aufgaben erforderliche Fachkunde und Zuverlässigkeit besitzt (§ 21c Abs. 2 S. 1 WHG). Werden der zuständigen Behörde Tatsachen bekannt, aus denen sich ergibt, daß der Gewässerschutzbeauftragte nicht die

---

[216] Vgl. z. B. die §§ 60ff. LWG NW

[217] Ausführl. *Sautter*, AbwasserabgabenR, S. 73ff.; *Nisipeanu*, AbwasserR, S. 279ff.; *ders.*, NuR 1990, 439ff.; zu vergleichbaren Regelungen in §§ 53 – 58 BImSchG siehe unten § 21 Rn. 212ff.; ferner zu Angleichungstendenzen *Mache*, UmweltR, Rn. 117; vgl. allgem. zu Umweltschutzbeauftragten oben § 8 Rn. 108ff.

[218] *Breuer*, HÖV, Bd. 2, S. 469; *Salzwedel*, in: Salzwedel, Grundzüge des UmweltR, 2. Aufl., Teil 15 Rn. 123.

[219] Dazu ausführl. *Mache*, UmweltR, Rn. 110ff.

zur Erfüllung seiner Aufgaben erforderliche Fachkunde oder Zuverlässigkeit besitzt, kann sie gem. § 21c Abs. 2 S. 2 WHG verlangen, daß der Benutzer einen anderen Gewässerschutzbeauftragten bestellt.

Mit der Bestellung eines oder mehrerer Gewässerschutzbeauftragten sind **125** für den Gewässerbenutzer zahlreiche Pflichten verbunden. Der Gewässerbenutzer hat insbesondere die Bestellung des Gewässerschutzbeauftragten der zuständigen Behörde gem. § 21c Abs. 1 S. 2 WHG anzuzeigen, er hat gem. § 21c Abs. 4 WHG den Gewässerschutzbeauftragten bei der Erfüllung seiner Aufgaben zu unterstützen und ihm insbesondere, soweit dies zur Erfüllung seiner Aufgaben erforderlich ist, Hilfspersonal sowie Räume, Einrichtungen, Geräte und Mittel zur Verfügung zu stellen; vor bestimmten Entscheidungen, die für den Gewässerschutz bedeutsam sein können, hat er eine Stellungnahme des Gewässerschutzbeauftragten einzuholen (§ 21d Abs. 1 WHG) und nicht zuletzt hat der Benutzer gem. § 21e WHG dafür zu sorgen, daß der Gewässerschutzbeauftragte seine Vorschläge oder Bedenken unmittelbar der entscheidenden Stelle vortragen kann, wenn er sich mit dem zuständigen Betriebsleiter nicht einigen konnte und er wegen der besonderen Bedeutung der Sache eine Entscheidung dieser Stelle für erforderlich hält. Schließlich darf der Gewässerschutzbeauftragte gem. § 21f WHG wegen der Erfüllung der ihm übertragenden Aufgaben nicht benachteiligt werden; insbesondere die Kündigung seines Arbeitsverhältnisses ist i. d. R. ausgeschlossen.

Werden mehrere Gewässerschutzbeauftragte bestellt, so hat der Benutzer **126** gem. § 21c Abs. 3 S. 1 WHG für die erforderliche Koordinierung in der Wahrnehmung der Aufgaben, insbesondere durch Bildung eines Ausschusses, zu sorgen.

D. Recht der Abwasserbeseitigung

Das Recht der Abwasserbeseitigung, das Teil des Wasserhaushaltsrechts ist, **127** ist von dem Abwasserabgabenrecht zu unterscheiden.[220] Während das letztere die Pflichten zur Entrichtung einer Abgabe für das Einleiten von Abwasser regelt,[221] befaßt sich das Recht der Abwasserbeseitigung mit den rechtlichen Verpflichtungen zur Beseitigung des Abwassers und zur Aufstellung von Abwasserbeseitigungsplänen, mit den rechtlichen Anforderungen an Abwasseranlagen und an das Einleiten von Abwasser sowie mit der Zulassung von Abwasserbehandlungsanlagen.

I. Abwasserbegriff

§ 2 Abs. 1 AbwAG[222] und einige Landeswassergesetze definieren Abwasser **128** als

„das durch häuslichen, gewerblichen, landwirtschaftlichen oder sonstigen Gebrauch in seinen Eigenschaften veränderte und das bei Trockenwetter damit zusammen abflie-

---

[220] Grundl. zur Abwasserbeseitigung *Sautter,* AbwasserabgabenR, S. 31ff.; *Nisipeanu,* AbwasserR, S. 141ff.; *Breuer,* HdUR, Bd. 1, Sp. 80ff.; *Brüning,* ZfW 1998, 341ff.; zum Vollzugsdefizit im AbwasserR *Reichert,* ZAU 1997, 529ff.

[221] Siehe unten § 19 Rn. 1ff.

[222] Vgl. dazu unten § 19 Rn. 10.

ßende Wasser **(Schmutzwasser)** sowie das von Niederschlägen aus dem Bereich von bebauten oder befestigten Flächen abfließende Wasser **(Niederschlagswasser)**".[223]

129 Mit der Definition dürften zwar die meisten im Bereich der Abwasserbeseitigung in Betracht kommenden Abwasserarten erfaßt sein, abschließend i. S. d. Abwasserbeseitigungsrechtes ist sie allerdings nicht.[224] Für den bundesrechtlich festgelegten, historischen Abwasserbegriff sind der Ursprung sowie die Verwertungsmöglichkeiten, der Wasseranteil und der Schadstoffgehalt von wasserhaltigen Gemischen, deren sich der Besitzer entledigen will, unerheblich. Der *historische Abwasserbegriff* umfaßt sämtliches verunreinigtes oder sonst in seinen Eigenschaften verändertes Wasser sowie sämtliche abgehenden Wassergemische ohne Rücksicht auf die Ursache, das Ausmaß und die Schädlichkeit der Veränderungen oder Beimischungen.[225]

130 Dieser weite Abwasserbegriff überschneidet sich teilweise mit dem Abfallbegriff des Kreislaufwirtschafts- und Abfallgesetzes.[226] Zu einer Überschneidung zwischen dem Abfallrecht und dem Abwasserbeseitigungsrecht kommt es jedoch nicht, weil § 2 Abs. 2 Nr. 6 KrW-/AbfG bestimmt, daß die Vorschriften des Kreislaufwirtschafts- und Abfallgesetzes nicht gelten für Stoffe, die in Gewässer oder Abwasseranlagen eingeleitet oder eingebracht werden.[227]

II. Abwasserbeseitigung

131 Gem. § 18a Abs. 1 S. 3 WHG ist Abwasserbeseitigung i. S. d. WHG das Sammeln, Fortleiten, Behandeln, Einleiten, Versickern, Verregnen und Verrieseln von Abwasser sowie das Entwässern von Klärschlamm im Zusammenhang mit der Abwasserbeseitigung.[228] Die Behandlung von Klärschlamm unterfällt sowohl dem KrW-/AbfG als auch dem Abwasserbeseitigungsrecht. Von § 18a WHG wird die Klärschlammbehandlung nur erfaßt, soweit sie im Zusammenhang mit der Abwasserbeseitigung steht. Zur Abwasserbeseitigung gehören insoweit die Absonderung des Rohschlammes und die Behandlung von Dünnschlamm sowie die anschließenden mechanischen oder biologischen Maßnahmen der Entwässerung. Unter die Abfallentsorgung fallen dagegen die nachfolgende endgültige Ablagerung sowie die Verbrennung und Veraschung des Restschlammes.[229]

---

[223] Vgl. § 51 LWG NW; ähnl. auch die DIN 4045 (Abwasserwesen, Fachausdrücke und Begriffserklärungen); ausführl. zum Begriff des Abwassers *Breuer,* WasserR, Rn. 286ff.; *Sautter,* AbwasserabgabenR, S. 31ff.; *Nisipeanu,* AbwasserR, S. 141ff.

[224] *Breuer,* HdUR, Bd. 1, Sp. 80f.; *Sieder/Zeitler/Dahme/Knopp,* WHG, § 7a Rn. 5ff.

[225] *Breuer,* HdUR, Bd. 1, Sp. 80f.

[226] Vgl. dazu *Fluck,* ZfW 1996, 489ff.; *Nisipeanu,* UPR 1998, 93ff.; zum Abfallbegriff unten § 30 Rn. 15ff.

[227] Zum str. Abwasserbegriff ausführl. *Breuer,* Die Abgrenzung zwischen Abwasserbeseitigung, Abfallbeseitigung und Reststoffverwertung, S. 1ff.; *ders.,* HdUR, Bd. 1, Sp. 80 (81ff.); *Henseler,* NuR 1984, 249ff.; *Papier,* Gewässerverunreinigung, Grenzwertfestsetzung und Strafbarkeit, S. 1ff.; auch *OVG Münster,* Urt. v. 27. 7. 1995 – 20 A 3252/93 –, ZfW 1996, 469 (472).

[228] Vgl. auch *OVG Magdeburg,* Beschl. v. 10. 3. 1997 – B 2 S 67/96 –, ZfW 1998, 383f.

[229] Zu dieser Abgrenzung *Breuer,* HdUR, Bd. 1, Sp. 80 (84); zu rechtl. Problemen der Klärschlammverwertung in europäischer u. deutscher Sicht *Offermann-Clas,* DVBl. 1988, 328ff.; auch *Decher,* StuGB 1988, 448ff.

III. Abwasserbeseitigungspflichtige

Gem. § 18a Abs. 2 S. 1 WHG regeln die Bundesländer, welche Körperschaften des öffentlichen Rechts zur Abwasserbeseitigung verpflichtet sind und die Voraussetzungen, unter denen anderen die Abwasserbeseitigung obliegt.[230] Weist ein für verbindlich erklärter Abwasserbeseitigungsplan andere Träger der Abwasserbeseitigungspflicht aus, so sind diese zur Abwasserbeseitigung verpflichtet (§ 18a Abs. 2 S. 2 WHG). Soll die Abwasserbeseitigungspflicht auf eine Körperschaft des öffentlichen Rechts übertragen werden, darf die dem Betreiber eines privaten Klärwerks erteilte Erlaubnis zum Einleiten von Abwasser in ein Gewässer widerrufen werden.[231] 132

Nach den Landeswassergesetzen haben die Gemeinden das auf ihrem Gebiet anfallende Abwasser zu beseitigen und die dazu notwendigen Abwasseranlagen zu betreiben, soweit nicht etwas anderes gesetzlich oder durch einen für verbindlich erklärten Abwasserbeseitigungsplan bestimmt ist.[232] Um den Gemeinden die Beseitigung zu ermöglichen, bestimmen die meisten Landeswassergesetze, daß das Abwasser von demjenigen, bei dem es anfällt, der Gemeinde oder dem sonstigen Beseitigungspflichtigen überlassen werden muß.[233] 133

Die Novelle des WHG im Jahre 1996 hat in bezug auf die Pflicht zur Abwasserbeseitigung einige Veränderungen gebracht: Zunächst können sich die Abwasserbeseitigungspflichtigen gem. § 18a Abs. 2 S. 3 WHG zur Erfüllung ihrer Pflicht Dritter bedienen.[234] Darüber hinaus können die Länder 134

---

[230] Vgl. dazu *Nisipeanu,* AbwasserR, S. 196ff.; *Pohl,* HdbUR, B.2, Rn. 65ff.; *Brüning,* ZfW 1998, 341ff.; *Nisipeanu,* NuR 1998, 467ff.; zu den Gestaltungsmöglichkeiten der Kommunen bei der Abwasserentsorgung vgl. BMU, Kosten- und Abgabenminimierung, passim; *Bodanowitz,* Organisationsformen für die kommunale Abwasserbeseitigung, passim; *Tiemann,* StGR 1991, 77ff.; *Bleicher,* Der Landkreis 1998, 49ff.; *Kniesel/Scheerbarth,* Der Städtetag 1998, 340ff.

[231] *BVerwG,* Beschl. v. 8. 9. 1986 – 4 B 1 88.86 –, UPR 1987, 223f.

[232] Vgl. Art. 41b Abs. 1 BayWG, § 45b Abs. 2 S. 1 WG BW, § 66 Abs. 1 S. 1 BbgWG, § 133 Abs. 1 S. 1 BremWG, § 52 Abs. 1 HessWG, § 40 LWG MV, § 149 Abs. 1 S. 1 NdsWG, § 53 Abs. 1 LWG NW, § 52 Abs. 1 S. 1 LWG RP, § 50 Abs. 1 S. 1 SaarlWG, § 63 SächsWG, § 151 WG LSA, § 31 Abs. 1 S. 1 WG SH, § 58 ThürWG; zur Vereinbarkeit der Übertragung der Abwasserbeseitigungspflicht auf Abwasserverbände vgl. *VerfGH Münster,* Urt. v. 17. 12. 1990 – VerfGH 2/90 –, DVBl. 1991, 488ff.; zur Amtspflichtverletzung wegen unzureichend dimensionierter gemeindl. Abwasser- u. Regenwasserkanalisationen *BGH,* Urt. v. 11. 12. 1997 – III ZR 52/97 –, ZfW 1998, 496ff.

[233] Vgl. Art. 41b Abs. 7 BayWG, § 45b Abs. 1 S. 1 WG BW, § 133 Abs. 8 S. 1 BremWG, § 45b Abs. 1 S. 1 HessWG, § 40 Abs. 2 LWG MV, § 149 Abs. 10 NdsWG, § 52 Abs. 4 LWG RP, § 50 Abs. 3 SaarlWG, § 63 Abs. 4 SächsWG, § 151 Abs. 7 WG LSA, § 31 Abs. 2 WG SH, § 58 Abs. 2 ThürWG; zu den Einzelheiten der landeswasserrechtl. Regelungen *Czychowski,* WHG, § 18a Rn. 15ff.; zu Fragen des Anschluß- u. Benutzungszwangs *BVerwG,* Beschl. v. 19. 12. 1997 – 8 B 234.97 –, NVwZ 1998, 1080ff.; *VGH München,* Urt. v. 24. 7. 1997 – 23 B 94 1935 –, BayVBl. 1998, 721ff.; *OVG Münster,* Beschl. v. 12. 2. 1996 – 22 A 4244/95 –, NWVBl. 1996, 434ff.; *OVG Bautzen,* Urt. v. 10. 12. 1996 – 2 S 550/94 –, LKV 1997, 223ff.

[234] Mit dieser Neuregelung wurde ledigl. ein seit langem praktizierter Vollzug bestätigt, vgl. *Lübbe-Wolff,* ZUR 1997, 61 (67); *Bleicher,* Der Landkreis 1998, 49 (50); dazu auch *OVG Münster,* Urt. v. 2. 4. 1998 – 20 A 3189/96 –, ZfW 1999, 114ff.

gem. § 18a Abs. 2a WHG regeln, unter welchen Voraussetzungen eine öffentlich-rechtliche Körperschaft die Abwasserbeseitigungspflicht auf einen Dritten ganz oder teilweise befristet und widerruflich übertragen kann, wobei in § 18a Abs. 2a S. 2 WHG gewisse Mindestanforderungen genannt werden.[235] Angesichts der allgemeinen Tendenz zur Privatisierung dürfte in naher Zukunft eine Umsetzung dieser Ermächtigung durch die Länder zu erwarten sein.[236]

IV. Abwasserbeseitigungsplan

135 Gem. § 18a Abs. 3 S. 1 WHG stellen die Länder nach überörtlichen Gesichtspunkten Abwasserbeseitigungspläne auf. In diesen Plänen sind insbesondere die Standorte für bedeutsame Anlagen zur Behandlung von Abwasser, ihr Einzugsbereich, Grundzüge für die Abwasserbehandlung sowie die Träger der Maßnahmen festzulegen (§ 18a Abs. 3 S. 2 WHG).

136 Das Verfahren zur Aufstellung von Abwasserbeseitigungsplänen bestimmt sich nach Landesrecht.[237] Die Zuständigkeit für das Aufstellen von Abwasserbeseitigungsplänen wird ebenfalls durch landesrechtliche Regelungen festgelegt.[238] Solange die Abwasserbeseitigungspläne nicht für verbindlich erklärt werden, haben sie keine unmittelbare rechtliche Wirkung für die Abwasserbeseitigungspflichtigen oder für sonstige Betroffene. Sie binden als verwaltungsinterne Regelungen lediglich die nachgeordneten Vollzugsbehörden. Erst wenn ihre Festlegungen für verbindlich erklärt werden, gewinnen sie normativen Charakter.[239] Die überwiegende Zahl der Bundesländer hat von der Ermächtigung des § 18a Abs. 3 S. 3 WHG Gebrauch gemacht und ihre Abwasserbeseitigungspläne für verbindlich erklärt. Sie binden insoweit die öffentlichen und privaten Träger der Abwasserbeseitigungspflicht, teilweise wird die Verbindlichkeit allerdings auf Behörden und öffentliche Planungsträger sowie Körperschaften, Anstalten und Stiftungen des öffentlichen Rechts beschränkt.[240]

---

[235] Zu dieser Regelung *Lübbe-Wolff,* ZUR 1997, 61 (67f.); *Schulz,* ZfW 1998, 277ff.; *Nisipeanu,* NuR 1998, 467ff.

[236] Skeptisch allerdings *Nisipeanu,* NuR 1998, 467ff.; vgl. zur Privatisierung der Abwasserbeseitigung auch *Schoch,* DVBl. 1994, 1ff.; *Haverkämper,* VR 1996, 223ff.; *Kummer/Giesberts,* NVwZ 1996, 1166ff.; *Meyer-Renschhausen,* ZögU 1996, 79ff.; *Bleicher,* Der Landkreis 1998, 49ff.; *Kniesel/Scheerbarth,* Der Städtetag 1998, 340ff.; *Schulz,* ZfW 1998, 277ff.; *Nisipeanu,* WuB, 3/1998, 18ff.; *Bodanowitz,* Organisationsformen für die kommunale Abwasserbeseitigung, S. 24ff.; *Brüning,* Der Private bei der Erledigung kommunaler Aufgaben, passim.

[237] Vgl. Art. 41d Abs. 2, 85 Abs. 4 BayWG, § 45d Abs. 2 WG BW, § 136 BremWG, § 115 HessWG, § 130 LWG MV, § 152 NdsWG, § 56 LWG NW, § 60 LWG RP, § 41 Abs. 2, 42 SaarlWG, § 153 LWG LSA, § 133 Abs. 1 WG SH, § 125 ThürWG.

[238] Vgl. Art. 41d Abs. 4 S. 1, 75 Abs. 3 S. 1, 3 BayWG; §§ 45d Abs. 1 S. 1, Abs. 2 S. 1 WG BW, § 69 Abs. 1 BbgWG, § 136 Abs. 1 S. 1 BremWG, § 115 HessWG, § 130 Abs. 1 S. 1 LWG MV, § 152 Abs. 1 NdsWG, § 60 Abs. 1 S. 1 LWG RP, § 42 Abs. 1 S. 1 SaarlWG, § 9 Abs. 1 SächsWG, § 133 Abs. 1 WG SH, § 125 Abs. 1 ThürWG.

[239] *Breuer,* HdUR, Bd. 1, Sp. 80 (86).

[240] *Breuer,* HdUR, Bd. 1, Sp. 68; ausführl. *Czychowski,* WHG, § 18a Rn. 37ff.

V. Anforderungen an Bau und Betrieb von Abwasseranlagen

Gem. § 18b Abs. 1 S. 1 WHG sind Abwasseranlagen so zu errichten, daß die Anforderungen an das Einleiten von Abwasser insbesondere nach § 7a WHG eingehalten werden. Im übrigen gelten gem. § 18b Abs. 1 S. 2 WHG die allgemein anerkannten Regeln der Technik.[241] **137**

Beispiele: Abwasseranlagen i. S. d. Abwasserbeseitigungsrechtes sind z. B. Rohrleitungen, Gräben, Sammel- und Ablaufkanäle,[242] Pump- und Förderanlagen, Kläranlagen, Klär- und Schlammteiche, Einleitungsbauwerke, Sickerschächte, Verrieselungs- und Verregnungsanlagen sowie Ablaufkühltürme.[243]

Die in § 18b Abs. 1 WHG festgelegten rechtlichen Anforderungen an Bau und Betrieb von Abwasseranlagen sollen verhindern, daß Abwasseranlagen errichtet werden, für die keine ausreichenden Erfahrungen vorliegen und die deshalb nicht gewährleisten, daß die von der Abwasserbehandlung erwarteten Ergebnisse und damit die Benutzungsbedingungen und Auflagen eingehalten werden.[244] **138**

Maßgeblich sind insbesondere die Anforderungen, die dem *Stand der Technik* i. S. v. § 7a WHG entsprechen und die von der Bundesregierung durch Rechtsverordnung festgelegt sind.[245] Darüber hinaus verweist § 18b Abs. 1 S. 2 WHG auf die *allgemein anerkannten Regeln der Technik*, d. h. diejenigen Regeln, die in der praktischen Anwendung erprobt sind und von den einschlägigen Fachkreisen für richtig gehalten werden.[246] Dieser Zusatz soll sicherstellen, daß dort, wo (noch) keine Anforderungen gem. § 7a WHG bestehen, zumindest die in der Praxis bekannten und bewährten allgemein anerkannten Regeln der Abwassertechnik gelten.[247] **139**

Seine jetzige Fassung hat § 18b WHG durch die 6. Novelle des WHG (1996) erhalten.[248] Daß der Gesetzgeber dabei an den allgemein anerkannten Regeln der Technik festhält, obwohl er diesen Terminus in § 7a WHG beseitigt hat,[249] wurde schon während des Gesetzgebungsverfahrens als inkonsequent bezeichnet.[250] Kritik rief auch die generelle Anhebung der Anforderungen auf den Stand der Technik hervor, da **140**

---

241 Vgl. *Nisipeanu,* NuR 1996, 17 ff.

242 Zur Amtshaftung einer Gemeinde wegen unzureichender Dimensionierung einer Abwasserkanalisation vgl. *BGH,* Beschl. v. 30. 7. 1998 – III ZR 263/96 –, BayVBl. 1999, 28.

243 *Breuer,* HdUR, Bd. 1, Sp. 80 (86); zum Anlagenbegriff ferner *Poncelet,* Der wasserrechtliche Anlagenbegriff, S. 58 ff.; zur wasserbehördlichen Kontrolle *Sautter,* NVwZ 1988, 487 ff.; zur satzungsmäßigen Abwälzung der Baukosten der Gemeinde für eine Kläranlage vgl. *BVerwG,* Urt. v. 9. 3. 1990 – 8 C 20/88 –, NVwZ 1990, 867 f.

244 *Sieder/Zeitler/Dahme/Knopp,* WHG, § 18b Rn. 2.

245 Dazu unten § 18 Rn. 145 ff.

246 Vgl. *BVerwG,* Beschl. v. 30. 9. 1996 – 4 B 175.96 –, UPR 1997, 101 (102); *VGH Mannheim,* Urt. v. 23. 6. 1992 – 14 S 442/89 –, ZfW 1993, 159; *Czychowski,* WHG, § 7a Rn. 9; *Nisipeanu,* AbwasserR, S. 35 f.; die Praxis bedient sich hier vielfach technischer Regelwerke, v. a. des von der Abwassertechnischen Vereinigung e. V. herausgegebenen „Regelwerk Abwasser".

247 BT-Drs. 13/4788, S. 20.

248 Dazu *Knopp,* NJW 1997, 417 (420).

249 Dazu unten § 18 Rn. 145 ff.

250 Vgl. z. B. *Spillecke,* zit. bei Schmidt/Stockmann, DVBl. 1996, 1309 (1311); *Breuer,* in: Rengeling, Beschleunigung, S. 77 (101).

eine Belastung der Gemeinden mit erheblichen Kosten für die technische Aufrüstung der Abwasseranlagen befürchtet wurde [251]

VI. Zulassung von Abwasserbehandlungsanlagen

141 Gem. § 18c WHG bedürfen der Bau und der Betrieb sowie die wesentliche Änderung einer *Abwasserbehandlungsanlage* ab einer bestimmten Größe der Zulassung in einem Verfahren, das durch die Länder zu regeln ist.[252] In diesem Verfahren, das den Anforderungen des UVPG entsprechen muß,[253] sollen vor allem Konflikte mit den Belangen des Natur- und Landschaftsschutzes oder des Immissionsschutzes überprüft werden.[254] Abwasserbehandlungsanlagen sind Einrichtungen, die dazu dienen, die Schadwirkung des Abwassers dadurch zu vermindern oder zu beseitigen, daß sie organisch verschmutztes Abwasser mit physikalischen oder chemischen Verfahren reinigen.[255] Eine Anlage, die rein innerbetrieblich eine Zwischenbehandlung und Wiederaufbereitung vornimmt und monatlich nur 10% des Wasserkreislaufes in die Kanalisation abläßt, ist keine Abwasserbehandlungsanlage und damit nicht genehmigungsbedürftig.[256]

142 Der Bau und der Betrieb von sonstigen *Abwasseranlagen* (§ 18b WHG) bedürfen keiner besonderen Genehmigung nach den Vorschriften des WHG. Die Landeswassergesetze sehen demgegenüber überwiegend eine Genehmigung, die entweder als gebundener Verwaltungsakt oder als Ermessensakt ausgestaltet ist, vor.[257] Soweit eine spezielle Genehmigung nicht vorgesehen ist, kann die Einhaltung der rechtlichen Anforderungen des § 18b WHG bei der Einleitungserlaubnis, der Baugenehmigung oder einer evtl. sonst erforderlichen Genehmigung, (z.B. nach den §§ 4ff. BImSchG) überwacht werden.[258]

VII. Anforderungen an das Einleiten von Abwasser

143 Gem. § 8 Abs. 2 S. 2 WHG darf für das Einbringen und Einleiten von Stoffen in ein Gewässer eine Bewilligung nicht erteilt werden. Die rechtlichen Voraussetzungen für die damit allein zulässige Erteilung einer Einleitungserlaubnis ergeben sich einerseits aus § 7a WHG und andererseits aus

---

[251] Vgl. z.B. *Nisipeanu,* NuR 1996, 17 (18); *Schink,* ZAU 1997, 488 (510f.); bestritten wird diese Gefahr allerdings durch die Gesetzgebungsorgane, die in einer die WHG-Novelle begleitenden Entschließung (BR-Drs. 430/96) von einem unveränderten Anforderungsniveau ausgehen.

[252] Vgl. Art. 41i, 83 BayWG, §§ 45e, 107 WG BW, § 38 BlnWG, § 71 BbgWG, § 38 LWG MV, § 154 NdsWG, § 58 LWG NW, § 48 SaarlWG, § 67 SächsWG, § 155 WG LSA, § 35 Abs. 1 LWG SH, § 56 ThürWG; zu § 18c WHG vgl. auch *Nisipeanu,* NuR 1992, 101ff.; *ders.,* NuR 1996, 17ff.; zu den Änderungen durch die 6. WHG-Novelle (1996) vgl. *Lübbe-Wolff,* ZUR 1997, 61 (68).

[253] Siehe Nr. 5 der Anlage zu § 3 UVPG; vgl. i.e. *Salzwedel/Reinhardt,* NVwZ 1991, 946 (951f.); *Nisipeanu,* NuR 1992, 101ff.; *Knopp,* NuR 1993, 401 (403ff.).

[254] *Sieder/Zeitler/Dahme/Knopp,* WHG, § 18c Rn. 2.

[255] *Czychowski,* WHG, § 18c Rn. 17; zur Zulassung von Kleinkläranlagen vgl. *Kaster/Reinhardt,* NVwZ 1993, 1059 (1060ff.).

[256] *VG Köln,* Urt. v. 9. 2. 1993 – 14 K 3595/91 –, UPR 1994, 78, mit Anm. *Krieger.*

[257] Vgl. § 45e Abs. 2 WG BW, § 38 BlnWG, § 71 Abs. 1 BbgWG, § 138 BremWG, § 126 Abs. 2 HessWG, § 38 LWG MV, § 54 Abs. 1 LWG RP, § 48 SaarlWG, § 67 SächsWG, § 155 WG LSA, § 35 Abs. 1 WG SH, § 56 ThürWG.

[258] *Breuer,* HdUR, Bd. 1, Sp. 80 (86).

§ 6 WHG, der durch die spezielle Regelung des § 7a WHG ausdrücklich unberührt bleiben soll (§ 7a Abs. 1 S. 2 WHG).[259]

Eine Erlaubnis für das Einleiten von Abwasser darf gem. § 7a Abs. 1 S. 1 WHG nur erteilt werden, wenn die Schadstofffracht des Abwassers so gering gehalten wird, wie dies bei Einhaltung der jeweils in Betracht kommenden Verfahren nach dem Stand der Technik möglich ist. **144**

Stand der Technik ist dabei gem. § 7a Abs. 5 WHG der Entwicklungsstand technisch und wirtschaftlich durchführbarer fortschrittlicher Verfahren, Einrichtungen oder Betriebsweisen, die als beste verfügbare Techniken zur Begrenzung von Emissionen praktisch geeignet sind. Diese Definition, die mit der Novelle des Jahres 1996 Eingang in das WHG gefunden hat, unterscheidet sich vom herkömmlichen Verständnis des Begriffs „Stand der Technik", wie es z.B. der Definition in § 3 Abs. 6 S. 1 BImSchG zugrunde liegt,[260] v.a. durch die Berücksichtigung der *Wirtschaftlichkeit:* Während bisher der rechtliche Maßstab für das Erlaubte an die „Front der technischen Entwicklung verlagert" wurde,[261] sind nun solche Verfahren, Einrichtungen oder Betriebsweisen, die nicht wirtschaftlich durchführbar sind, ausgeklammert.[262] Diese Einschränkung ist während des Gesetzgebungsverfahrens heftig kritisiert worden: Der Maßstab der wirtschaftlichen Vertretbarkeit sei dem deutschen Wasserrecht fremd und führe zu einem bedenklichen Verlust an Rechtsklarheit und Rechtssicherheit.[263] **145**

Die Anforderungen, die dem Stand der Technik entsprechen, sind gem. § 7a Abs. 1 S. 3 WHG von der Bundesregierung durch Rechtsverordnung mit Zustimmung des Bundesrates festzulegen.[264] Damit hat sich der Streit um die Verfassungskonformität der bisherigen Regelung durch Verwaltungsvorschriften ebenso erledigt wie das Problem der unzureichenden Umsetzung von europarechtlichen Vorgaben.[265] In der Rechtsverordnung sind gem. § 7a Abs. 2 WHG für vorhandene Einleitungen abweichende Anforderungen festzulegen, wenn die Anpassung an die neuen Anforderungen unverhältnismäßig wäre.[266] **146**

---

[259] Zur Bedeutung des § 1a WHG in diesem Zusammenhang *Viertel,* ZfW 1996, 417ff.

[260] Vgl. dazu bereits oben § 21 Rn. 61ff.

[261] So das *BVerfG,* Beschl. v. 8. 8. 1978 – 2 BvL 8/77 – BVerfGE 49, 89 (135); *Czychowski,* WHG, § 7a Rn. 45.

[262] Die damit verbundene Sorge um eine Minderung des Schutzniveaus wurde im Gesetzgebungsverfahren zurückgewiesen, vgl. BT-Drs. 13/4788, S. 15f.; siehe auch *Knopp,* NJW 1997, 417 (418f.); *Lübbe-Wolff,* ZUR 1997, 61 (64f.); *Sander,* ZfW 1998, 405 (408ff.); *Martens/Lorenz,* NVwZ 1998, 13ff.

[263] *Breuer,* in: Rengeling, Beschleunigung, S. 77 (92).

[264] Verordnung über Anforderungen an das Einleiten von Abwasser in Gewässer (Abwasserverordnung) i.d.F.d. Bek. v. 9. 2. 1999 (BGBl. I S. 86); die Abwasserverordnung beinhaltet nunmehr konkrete Anforderungen für 38 industriell-gewerbl. Bereiche u. das kommunale Abwasser; für noch nicht geregelte Abwasserarten gelten die in den bisherigen Verwaltungsvorschriften festgelegten Anforderungen weiter; zur Änderung der AbwasserV vgl. BR-Drs. 771/99; zum Charakter der ersetzten Rahmen-AbwasserVwV als normkonkretisierende Verwaltungsvorschrift vgl. *BVerwG,* Urt. v. 28. 10. 1998 – 8 C 16/96 –, DÖV 1999, 469ff.; *dass.,* Urt. v. 28. 10. 1998 – 8 C 17/97 –, NuR 1999, 218f.

[265] Vgl. dazu *Bender/Sparwasser/Engel,* UmweltR, Teil 4 Rn. 126 m.w.N.

[266] Dazu *Knopp,* NJW 1997, 417 (418).

147 Die WHG-Novelle 1996 hat für den § 7a WHG eine völlige Neukonzeption gebracht.[267] Die nun allein maßgeblichen Anforderungen nach dem Stand der Technik galten zuvor[268] nur für besonders gefährliche Abwässer, die – bestimmt nach ihrer Herkunft – durch Rechtsverordnung der Bundesregierung festgesetzt waren.[269] Für sonstige Abwassereinleitungen galten hingegen die *allgemein anerkannten Regeln der Technik,* d.h. diejenigen Regeln, die in der praktischen Anwendung erprobt sind und von den einschlägigen Fachkreisen für richtig gehalten werden.[270] Die Vereinheitlichung auf das dem Grundgedanken nach höhere Niveau des Standes der Technik hat insbesondere bei den Kommunen Befürchtungen im Hinblick auf damit verbundene Kostensteigerungen ausgelöst.[271] Die Gesetzgebungsorgane gehen dagegen davon aus, daß sich die beiden Technikniveaus der alten Regelung einander weitgehend angenähert hatten,[272] so daß eine Anhebung der Anforderungen nicht zu erwarten ist.[273]

148 Zur Effektivierung des Gewässerschutzes, insbesondere um unerwünschte Vermischungen und Verdünnungen gefährlicher Abwasserinhaltsstoffe zu vermeiden, sieht § 7a Abs. 1 S. 4 WHG vor, daß die emissionsbezogenen, in Rechtsverordnungen zu konkretisierenden Anforderungen auch für den Ort des Anfalls des Abwassers oder vor seiner Vermischung festgelegt werden können.[274] Das Abwasserrecht erweitert damit seinen Zugriffsbereich. Anforderungen werden nicht mehr allein an die Abwassereinleitungen, sondern – im industriellen Bereich – auch an den Rohstoffeinsatz oder die Auswahl von Produktionsverfahren gerichtet.[275]

149 Für die bereits vorhandenen Einleitungen von Abwasser haben die Länder gem. § 7a Abs. 3 WHG sicherzustellen, daß die erforderlichen Maßnahmen in angemessenen Fristen durchgeführt werden, wenn die Anforderungen des § 7a Abs. 1 WHG nicht eingehalten werden.

150 Da ein großer Teil der gewerblichen und industriellen Abwässer nicht direkt in Gewässer eingeleitet wird, sondern über öffentliche Abwasseranlagen in die Gewässer gelangt, besteht ein großes Bedürfnis dafür, auch diese **Indirekteinleitungen** den rechtlichen Anforderungen des § 7a Abs. 1 WHG zu unterstellen. § 7a Abs. 4 WHG verpflichtet deshalb die Länder, sicherzustellen, daß bei dem Einleiten von Abwasser in eine öffentliche Abwasseranlage die nach § 7a Abs. 1 S. 4 maßgebenden Anforderungen eingehalten

---

[267] Siehe dazu *Knopp,* NJW 1997, 417ff.; *Lübbe-Wolff,* ZUR 1997, 61 (62ff.).

[268] Festgelegt durch Verwaltungsvorschriften der BReg., vgl. insbes. die Rahmen-Abwasser-VwV i.d.F.d. Bek. v. 31. 7. 1996 (GMBl. S. 729), vgl. zur alten Rechtslage auch *Lübbe-Wolff,* NVwZ 1990, 240ff.; *Sander,* ZfW 1990, 437ff.; die Rahmen-Abwasser-VwV gilt gem. § 7 der neuen AbwasserVO für eine Übergangszeit fort.

[269] Vgl. die Abwasserherkunftsverordnung v. 3. 7. 1987 (BGBl. I S. 1578), geänd. durch VO v. 27. 5. 1991 (BGBl. I S. 1197).

[270] Siehe dazu auch *BVerwG,* Urt. v. 28.10.1998 – 8 C 1.98 –, DÖV 1999, 471ff.; *dass.,* Urt. v. 28. 10. 1998 – 8 C 30.96 –, UPR 1999, 150f.

[271] Vgl. z.B. *Dedy/Vollmer,* HessStGZ 1997, 103ff.

[272] So auch *Brüning,* ZfW 1998, 341 (342); a.A. *Breuer,* in: Rengeling, Beschleunigung, S. 77 (89f.); *Dedy/Vollmer,* HessStGZ 1997, 103 (104).

[273] Vgl. die Entwurfsbegründung BT-Drs. 13/1207, S. 7 u. die Entschließung BT-Drs. 13/4788, S. 3; dazu *Breuer,* in: Rengeling, Beschleunigung, S. 77 (95); *ders.,* DVBl. 1997, 1211 (1215); *Lübbe-Wolff,* ZUR 1997, 61 (62f.).; *Sander,* ZfW 1998, 405 (406f.).

[274] Vgl. *Breuer,* NuR 1987, 49 (53).

[275] Dazu *Salzwedel,* HdUR, Bd. 2, Sp. 2725 (2731).

werden.[276] In die Landeswassergesetze sind entsprechende Verordnungsermächtigungen aufgenommen worden,[277] auf deren Grundlage die Länder entsprechende Verordnungen[278] erlassen haben.[279]

E. Wasserwirtschaftliche Planung

Das Wasserhaushaltsrecht des Bundes und der Länder weist eine für das Fachplanungsrecht ungewöhnlich große Anzahl planerischer Instrumente auf.[280] Zur wasserwirtschaftlichen Planung zählen **151**

- wasserwirtschaftliche Rahmenpläne (§ 36 WHG),
- Bewirtschaftungspläne (§ 36b WHG) und
- Abwasserbeseitigungspläne (§ 18a WHG).

Inwieweit darüber hinaus noch konkrete Nutzungsregelungen des Wasserhaushaltsrechts – wie Reinhalteordnungen (§ 27 WHG), Ausweisungen von Überschwemmungsgebieten (§ 32 WHG) und Festsetzungen von Wasserschutzgebieten (§ 19 WHG) – zum planerischen Instrumentarium zählen, ist umstritten.[281] **152**

Nutzungsregelungen sind auf die Zukunft gerichtet, streben einen raumgestalterischen Ordnungszustand an, wirken normativ steuernd und weisen typisch planerische Elemente auf. Hinzu kommt, daß sie zumindest hinsichtlich der räumlichen Verordnung und Ausdehnung einen planerischen Gestaltungsfreiraum eröff- **153**

---

[276] Zur Novellierung dieser Regelung im Rahmen der 6. WHG-Novelle (1996) *Lübbe-Wolff,* ZUR 1997, 61 (65f.); zur Abgrenzung von WasserR u. kommunaler Entwässerungssatzung für Indirekteinleiter *Lübbe-Wolff,* NVwZ 1989, 205ff.; *Reichert,* ZfW 1997, 141ff.

[277] Vgl. z.B. § 83 Abs. 6 WG BW, §§ 60 Abs. 3, 107 ThürWG.

[278] Vgl. z.B. Verordnung des Ministeriums für Umwelt und Verkehr des Landes Baden-Württemberg über das Einleiten von Abwasser in öffentliche Abwasserbeseitigungsanlagen (Indirekteinleiterverordnung – IndVO) v. 19. 4. 1999 (GBl. S. 181); Verordnung über das Einleiten von Abwasser in öffentliche Abwasseranlagen (Indirekteinleiterverordnung – IndV) des Landes Brandenburg v. 19. 10. 1998 (GVBl. S. 610); Hess. Verordnung über das Einleiten oder Einbringen von Abwasser mit gefährlichen Stoffen in öffentliche Abwasseranlagen (Indirekteinleiterverordnung – IVS) v. 9. 12. 1992 (GVBl. S. 675), zul. geänd. durch VO v. 30. 6. 1998 (GVBl. S. 301); Thüringer Verordnung über die Eigenkontrolle von Abwasseranlagen (Thüringer Abwassereigenkontrollverordnung – ThürAbwEKVO) v. 15. 9. 1998 GVBl. S. 297).

[279] Dazu *Sander,* Die Indirekteinleiterverordnungen der Länder, passim; *Pohl,* HdbUR, B.2, Rn. 22; *Delwing,* Umsetzungsprobleme, S. 185ff.; zur Auskunftspflicht von Indirekteinleitern vgl. *BVerwG,* Beschl. v. 25. 2. 1991 – 7 B 3/91 – NVwZ 1991, 996f.

[280] Vgl. zum wasserwirtschaftl. Planungsinstrumentarium grundl. *Thurn,* Schutz natürlicher Gewässerfunktionen, S. 101ff.; *Peters,* UPR 1988, 325ff.; *Ostrowski/Obermann,* WuB 1997, 61ff.; instruktiv SRU, Sondergutachten „Flächendeckend wirksamer Grundwasserschutz" 1998, BT-Drs. 13/10196, Tz. 301ff.; *Nisipeanu,* AbwasserR, S. 81ff; außer Acht bleiben muß hier der Wasser- und Gewässerschutz in städtebaul. Planungen, vgl. dazu *BVerwG,* Beschl. v. 26. 3. 1993 – 4 NB 45.92 –, UPR 1993, 268f. sowie ausführl. *Mitschang,* ZfBR 1996, 63ff.; gleiches gilt für den raumordnungsrechtl. Gewässerschutz, vgl. dazu SRU, Sondergutachten „Flächendeckend wirksamer Grundwasserschutz" 1998, BT-Drs. 13/10196, Tz. 293ff.

[281] Vgl. dazu i.e. oben § 7 Rn. 24ff.

nen.[282] Inwieweit die wasserrechtlichen Planfeststellungsverfahren zur Planung zu zählen sind, ist unter dem Aspekt des planerischen Gestaltungsfreiraums fraglich.[283] Da Pläne regelmäßig auf weiteren Vollzug ausgerichtet sind, während in Planfeststellungsbeschlüssen als projektbezogenen Zulassungstatbeständen – den Kontrollerlaubnissen insoweit vergleichbar – über die Durchführung konkreter Vorhaben entschieden wird, sind sie nicht zwingend im Zusammenhang mit den planerischen Instrumenten zu erörtern.[284]

154 Zur Sicherung von wasserwirtschaftlichen Planungen können die Landesregierungen oder die von ihnen bestimmten Stellen gem. § 36a Abs. 1 S. 1 WHG Veränderungssperren erlassen, indem sie durch Rechtsverordnung Plangebiete festlegen, auf deren Flächen wesentlich wertsteigernde oder der Durchführung des geplanten Vorhabens entgegenstehende erhebliche Veränderungen nicht vorgenommen werden dürfen.[285]

155 Rat von Sachverständigen für Umweltfragen hat in einem Gutachten aus dem Jahr 1998 „deutliche Defizite" bei den wasserwirtschaftlichen Plänen ausgemacht. Zum Teil würden Pläne gar nicht erarbeitet, zum Teil werde auf nichtförmliche Pläne ausgewichen. Ursachen dafür seien der hohe Verfahrensaufwand, die teilweise fehlende Verpflichtung zum Aufstellen der Pläne und die einigen Plantypen fehlende Verbindlichkeit. Auch fehle eine Vollzugskontrolle. Der Sachverständigenrat hat – ausgehend von diesem Befund – Verbesserungsvorschläge erarbeitet.[286]

I. Wasserwirtschaftliche Rahmenpläne

156 Gem. § 36 Abs. 1 S. 1 WHG sollen für Flußgebiete oder Wirtschaftsräume oder für Teile von solchen wasserwirtschaftliche Rahmenpläne aufgestellt werden.[287]

157 **Zweck** des wasserwirtschaftlichen Rahmenplans ist es gem. § 36 Abs. 1 S. 1 WHG, die für die Entwicklung der Lebens- und Wirtschaftsverhältnisse notwendigen wasserwirtschaftlichen Voraussetzungen zu sichern. Dazu soll der Plan großräumige wasserwirtschaftliche Zusammenhänge und Abhängigkeiten des Planungsraumes darstellen und damit ein Bindeglied zwischen Raumordnung einerseits und sonstiger wasserwirtschaftlicher Fachplanung andererseits bilden.[288]

158 Gem. § 36 Abs. 2 S. 2 WHG sind die wasserwirtschaftliche Rahmenplanung und die Erfordernisse der Raumordnung miteinander in Einklang zu

---

282 *Thurn,* Schutz natürlicher Gewässerfunktionen, S. 30ff., *Peters,* DVBl. 1987, 990 (991); *OVG Münster,* Urt. v. 3. 6. 1983 – 20 A 2233/82 –, ZfW 1983, 291, (292); *VGH München,* Urt. v. 30. 6. 1977 – Vf. 4–VII–76 –, ZfW 1978, 295; a.A. *VGH Mannheim,* Urt. v. 21. 12. 1982 – 5 S 1359/81 –, ZfW 1983, 170; *Schmidt-Aßmann,* DÖV 1986, 985 (986); vgl. auch *BVerwG,* Beschl. v. 23. 1. 1984 – 4 B 157, 158.83 –, DVBl. 1984, 342; *dass.,* Beschl. v. 16. 6. 1988 – 4 102/88 –, NVwZ 1988, 1020f.

283 Vgl. zu diesem Problem bereits oben § 7 Rn. 13ff.

284 Dazu oben § 7 Rn. 20.

285 Zu den Anwendungsmöglichkeiten des § 36a WHG vgl. *BVerwG,* Beschl. v. 28. 3. 1989 – 4 NB 39.88 –, NuR 1990, 161f.

286 Vgl. dazu i.e. SRU, Sondergutachten „Flächendeckend wirksamer Grundwasserschutz" 1998, BT-Drs. 13/10196, Tz. 321ff.

287 Krit. zum Stand der wasserwirtschaftl. Rahmenplanung SRU, Sondergutachten „Flächendeckend wirksamer Grundwasserschutz" 1998, BT-Drs. 13/10196, Tz. 321ff.

288 *Thurn,* Schutz natürlicher Gewässerfunktionen, S. 16.

bringen.[289] Aus Sicht des Gewässerschutzes kommt es darauf an, innerhalb der Landesplanung ökologische und wasserwirtschaftliche Konzepte auch gegenüber stark konkurrierenden Nutzungen zu behaupten.[290] Durch § 36 WHG ist bundesrechtlich lediglich die Pflicht der Länder zur Aufstellung von Rahmenplänen sowie deren unbedingt **erforderlicher Mindestinhalt** vorgegeben. Der Plan muß gem. § 36 Abs. 2 S. 1 WHG den nutzbaren Wasserschatz, die Erfordernisse des Hochwasserschutzes und die Reinhaltung der Gewässer berücksichtigen.

Die Landeswassergesetze regeln demgegenüber das **Planungsverfahren,** **159**
insbesondere die Zuständigkeiten und Beteiligungen, jedoch keine materiellen Vorgaben. Diese sind vielmehr in der Richtlinie für die Aufstellung von wasserwirtschaftlichen Rahmenplänen[291] enthalten, einer allgemeinen Verwaltungsvorschrift der Bundesregierung nach § 36 Abs. 3 WHG, Art. 84 Abs. 2 GG.

Der wasserwirtschaftliche Rahmenplan entfaltet keine unmittelbare **Rechts-** **160**
wirkung gegenüber Dritten; von seiner verwaltungsinternen Bindungswirkung her handelt es sich um eine Verwaltungsvorschrift.[292]

Die Aufstellung wasserwirtschaftlicher Rahmenpläne obliegt gem. § 36 **161**
Abs. 3 WHG den Ländern. Innerhalb der Bundesländer ergeben sich die Zuständigkeiten aus den Landeswassergesetzen. Zumeist obliegt die Ausarbeitung und Aufstellung des Plans der obersten Wasserbehörde, d. h. den zuständigen Fachministerien.[293]

Zu beteiligen sind am Planverfahren jedenfalls die Landesplanungsbehör- **162**
den, die Behörden der Wasser- und Schiffahrtsverwaltung sowie die Wehrbereichsverwaltungen.[294] In einigen Landeswassergesetzen ist außerdem geregelt, welche weiteren Stellen an der Planung mitzuwirken haben. Dazu zählen die betroffenen Kreise, kreisfreien Städte, Gemeinden, Behörden und Träger öffentlicher Belange, in Schleswig-Holstein außerdem auch „sonstige Betroffene".[295] Über die Art der Beteiligung ist außer in Schleswig-Holstein, wo eine Anhörung erforderlich ist, in den Landeswassergesetzen nichts bestimmt.

II. Bewirtschaftungspläne

Soweit die Ordnung des Wasserhaushalts es erfordert, stellen die Länder **163**
zur Bewirtschaftung der Gewässer Pläne auf, die dem Schutz der Gewässer als Bestandteil des Naturhaushalts, der Schonung der Grundwasservorräte,

---

[289] Vgl. zu den Erfordernissen der Raumordnung bereits oben § 7 Rn. 54ff.

[290] Vgl. zur Koordinierung der wasserwirtschaftl. Zielplanung mit Raumordnung SRU, Umweltgutachten 1987, 11/1568, Tz. 1206ff.

[291] I. d. F. v. 30. 5. 1984 (GMBl. S. 239).

[292] Vgl. zur – auch im Vergleich zu anderen Verwaltungsvorschriften – besonders schwachen Bindungswirkung der wasserwirtschaftl. Rahmenpläne *Czychowski,* WHG, § 36 Rn. 3a; *Thurn,* Schutz natürlicher Gewässerfunktionen, S. 107f.

[293] Nachweise zu den Landesregelungen i. e. *Thurn,* Schutz natürlicher Gewässerfunktionen, S. 111.

[294] Ziff. VI der Richtlinie v. 30. 5. 1984.

[295] Vgl. z. B. § 20 LWG NW, § 132 WG SH.

Reinhardt, DVBl 01, 145

dem Abflußverhalten und den Nutzungserfordernissen Rechnung tragen (§ 36b Abs. 1 S. 1 WHG).[296]

164 § 36b WHG regelt als bundesrechtliche Rahmenvorschrift die **Voraussetzungen,** unter denen ein Bewirtschaftungsplan aufgestellt werden muß, die materiellen Inhalte des Plans, seine Durchsetzung und Verbindlichkeit und die Folgen für Gewässerbenutzungen bei Fehlen eines Bewirtschaftungsplanes. Die landesrechtlichen Ausfüllungsvorschriften beschränken sich wie bei der Rahmenplanung im wesentlichen auf die Regelung des Planungsverfahrens. Die Bundesregierung hat von der Ermächtigung des § 36b Abs. 7 WHG Gebrauch gemacht und eine allgemeine Verwaltungsvorschrift über den Mindestinhalt von Bewirtschaftungsplänen erlassen.[297]

165 Eine Pflicht zur Erstellung von Bewirtschaftungsplänen besteht nach § 36b Abs. 2 WHG für die oberirdischen Gewässer oder Gewässerteile,

- die Nutzungen dienen, die eine zu erhaltende oder künftige öffentliche Wasserversorgung aus diesen Gewässern oder Gewässerteilen beeinträchtigen könnte (Nr. 1) oder
- bei denen es zur Erfüllung bindender Beschlüsse der EG oder zwischenstaatlicher Vereinbarungen erforderlich ist (Nr. 2).

166 Soweit für oberirdische Gewässer die Voraussetzungen des § 36b Abs. 2 WHG nicht vorliegen oder bei Bewirtschaftungsplänen für sonstige Gewässer, besteht eine Planungspflicht nach § 36b Abs. 1 WHG, wenn und soweit die Ordnung des Wasserhaushalts es erfordert.[298]

167 Bewirtschaftungspläne dienen nach § 36b Abs. 1 S. 1 WHG der umfassenden Bewirtschaftung der Gewässer. Ihr zulässiger **Inhalt** bezieht sich deshalb auch auf alle wasserwirtschaftlichen Maßnahmen und Aufgaben.[299] Für oberirdische Gewässer oder Gewässerteile müssen nach § 36b Abs. 3 WHG als Mindestinhalt festgelegt werden

- die Nutzungen, denen das Gewässer dienen soll (Nr. 1),
- die Merkmale, die das Gewässer in seinem Verlauf aufweisen soll (Nr. 2),
- die Maßnahmen, die erforderlich sind, um die festgelegten Merkmale zu erreichen oder zu erhalten sowie die einzuhaltenden Fristen (Nr. 3),
- sonstige wasserwirtschaftliche Maßnahmen (Nr. 4).

168 Anders als die wasserwirtschaftlichen Rahmenpläne üben Bewirtschaftungspläne eine starke **planerische Steuerungsfunktion** durch Festlegung konkreter Bewirtschaftungsziele und Maßnahmen aus.[300] Die Bewirtschaftungspläne sind gem. § 36b Abs. 5 WHG durch die nach dem WHG und den nach den Landeswassergesetzen zu treffenden Entscheidungen, insbesondere durch zusätzliche Anforderungen (§ 5 WHG), den Widerruf von Erlaubnissen (§ 7 Abs. 1 WHG), den Widerruf von Bewilligungen (§ 12

---

[296] Vgl. dazu *Schilling,* WuB 1996, 39ff.

[297] V. 19. 9. 1978 (GMBl. S. 466); krit. dazu SRU, Sondergutachten „Flächendeckend wirksamer Grundwasserschutz“ 1998, BT-Drs. 13/10196, Tz. 312, 315.

[298] Krit. dazu SRU, Sondergutachten „Flächendeckend wirksamer Grundwasserschutz“ 1998, BT-Drs. 13/10196, Tz. 314.

[299] *Czychowski,* WHG, § 36b Rn. 24f.; *Thurn,* Schutz natürlicher Gewässerfunktionen, S. 125.

[300] *Hartkopf/Bohne,* Umweltpolitik, S. 391; *Thurn,* Schutz natürlicher Gewässerfunktionen, S. 124.

WHG), die Beschränkung oder Aufhebung von alten Rechten und alten Befugnissen (§ 15 WHG), Ausgleichsverfahren (§ 18 WHG), den Erlaß von Reinhalteordnungen (§ 27 WHG) oder sonstige im Bewirtschaftungsplan festgelegte Maßnahmen durchzusetzen.

Auch der Bewirtschaftungsplan entfaltet keine unmittelbare **Rechtswirkung** gegenüber privaten Dritten, sondern bindet unmittelbar nur die Stellen, die der planaufstellenden Behörde nachgeordnet und damit weisungsabhängig sind.[301] Das sind regelmäßig nur die Wasserbehörden selbst. Gem. § 36b Abs. 5 S. 2 WHG können jedoch die Bewirtschaftungspläne nach Landesrecht auch für andere Behörden für verbindlich erklärt werden. Dies ist in den meisten Bundesländern vorgesehen.[302] **169**

Zuständig für die Aufstellung der Pläne ist nach den landesrechtlichen Regelungen entweder die oberste Wasserbehörde[303] oder die obere Wasserbehörde.[304] In Bayern liegt dagegen die Planaufstellung bei der Kreisverwaltungsbehörde.[305] Die technische Ausarbeitung erfolgt in Nordrhein-Westfalen durch das Staatliche Umweltamt, in Brandenburg durch das Landesumweltamt, in Bayern durch die Wasserwirtschaftsämter.[306] **170**

Für das **Planungsverfahren** sehen die Landeswassergesetze als eine im Vergleich zur Rahmenplanung etwas weitergehende Beteiligung von Behörden, Körperschaften und sonstigen Trägern öffentlicher Belange die Anhörung[307] oder das Benehmen vor.[308] Ausnahmsweise ist auch die Anhörung Privater vorgesehen, soweit diese von den geplanten Maßnahmen betroffen sind. Noch weitergehend regeln einige Wassergesetze, daß die Bewirtschaftungspläne in betroffenen Gemeinden öffentlich auszulegen sind, um jedermann zu ermöglichen, Bedenken und Anregungen vorzubringen.[309] **171**

---

301 Krit. zur Umsetzung von EG-Richtlinien durch Bewirtschaftungspläne *EuGH,* Urt. v. 17. 10. 1991 – Rs. C 58/89 –, NVwZ 1992, 459.

302 Vgl. Art. 71b Abs. 2 BayWG, § 25 Abs. 4 BbgWG, § 167 Abs. 7 BremWG, § 27b HambWG, §§ 119 i.V.m. 118 Abs. 3 HessWG, § 184 Abs. 7 NdsWG, § 21 Abs. 4 LWG NW, § 24 Abs. 3 S. 1 LWG RP, § 132 S. 2 WG SH.

303 So §§ 96 Abs. 3 Nr. 3 WG BW, 167 Abs. 7 BremWG, 131 Abs. 1 LWG MV, 40 Abs. 1 SaarlWG, 6, 7 SächsWG, 186 LWG SA, 132 WG SH; in NW u. RP legt die oberste Wasserbehörde darüber hinaus zumindest die Planungsräume fest (Ziff. 23.1.25 der Verordnung zur Regelung von Zuständigkeiten auf dem Gebiet des technischen Umweltschutzes (NW) i. d. F. d. Bek. v. 14. 6. 1994 (GVBl. NW S. 360), zul. geänd. durch VO v. 24. 6. 1997 (GVBl. NW S. 142); § 24 Abs. 1 LWG RP); in Hess. bestimmt die oberste Wasserbehörde die planaufstellende Behörde (§ 115a HessWG).

304 So § 184 Abs. 1 NdsWG, § 21 Abs. 2 WG NW, § 24 Abs. 1 LWG RP, § 7 Abs. 1 S. 2 SächsWG (für das Grundwasser).

305 Art. 71b Abs. 2 BayWG.

306 Art. 71b Abs. 1 BayWG, § 25 Abs. 2 S. 2 BbgWG; Ziff. 23.1.26 der Verordnung zur Regelung von Zuständigkeiten auf dem Gebiet des technischen Umweltschutzes (NW) i. d. F. d. Bek. v. 14. 6. 1994 (GVBl. NW S. 360), zul. geänd. durch VO v. 24. 6. 1997 (GVBl. NW S. 142).

307 So § 132 S. 1 WG SH, § 24 Abs. 1 LWG RP, § 21 Abs. 2 LWG NW.

308 Vgl. § 24 Abs. 1 LWG RP, § 21 Abs. 2 LWG NW, Art. 71b Abs. 1 BayWG.

309 Vgl. Art. 85 Abs. 3, Abs. 4 BayWG, §§ 119 Abs. 2 i.V.m. 118 Abs. 2 HessWG, §§ 131 Abs. 2 i.V.m. 130 Abs. 2 LWG MV, §§ 126 Abs. 2 i.V.m. 125 Abs. 2 ThürWG.

III. Abwasserbeseitigungspläne

172 Zweck des Abwasserbeseitigungsplans ist die zukunftsorientierte Steuerung der ordnungsgemäßen Abwasserbeseitigung im Interesse des Gewässerschutzes.[310] Auf Abwasserbeseitigungspläne soll an dieser Stelle nicht weiter eingegangen werden.[311]

IV. Wasserschutzgebiete

173 Wasserschutzgebiete sind Teile der Erdoberfläche, in denen bestimmte Handlungen verboten oder zu dulden sind, die sich auf Menge und Güte des Wassers, auf die Abflußverhältnisse und den Bodenabtrag auswirken können.[312] Die Ausweisung von Wasserschutzgebieten dient dazu, ausgewählte Gebiete einer verstärkten wasserwirtschaftlichen Pflege zu unterstellen.[313] Im Jahre 1994 existierten in Deutschland über 18000 Wasserschutzgebiete, die eine Gesamtfläche von etwa 38000 km² einnahmen.[314]

1. Voraussetzungen der Ausweisung eines Wasserschutzgebietes

174 Die Festsetzung eines Wasserschutzgebietes ist nach § 19 Abs. 1 WHG nur zulässig, soweit das Wohl der Allgemeinheit sie erfordert. Dies ist dann der Fall, wenn eine Gegenüberstellung und Abwägung der für die Maßnahme sprechenden öffentlichen Interessen und der anderen, sie beeinträchtigenden Belange aufgrund des rechtsstaatlichen Übermaßverbots ergibt, daß ohne Schutzanordnung eine Wahrscheinlichkeit dafür besteht, daß das in Anspruch genommene Wasser hygienisch oder geschmacklich in seiner Eignung für Trinkwasserzwecke beeinträchtigt wird **(Schutzbedürftigkeit)**. Ferner muß das Wasservorkommen aufgrund seiner sowohl qualitativen als auch quantitativen Beschaffenheit für Trinkwasserzwecke geeignet **(Schutzwürdigkeit)** sowie ohne unverhältnismäßige Beeinträchtigung der Rechte anderer schutzfähig **(Schutzfähigkeit)** sein.[315] Schutzwürdig kann ein Wasservorkommen auch sein, wenn ein genauer Zeitpunkt für

---

[310] *Sieder/Zeitler/Dahme/Knopp,* WHG, § 18a Rn. 23.

[311] Dazu oben § 18 Rn. 135ff.

[312] *Sieder/Zeitler/Dahme/Knopp,* WHG, § 19 Rn. 3; *Czychowski,* WHG, § 19 Rn. 5; zu den Wasserschutzgebieten in den neuen Ländern vgl. *Ochtendung,* NuR 1998, 294.

[313] *Breuer,* WasserR, Rn. 575; zu Rechtsgrundlagen, Verfahrensgang u. Entschädigung bei Wasserschutzgebietsausweisungen *Schaefer,* AgrarR 1988, 33; *Kröger/Moos,* ZfW 1997, 1ff.

[314] UBA, Daten zur Umwelt 1997, S. 277; krit. zur Verteilung der Schutzgebiete *Deselaers,* AgrarR 1990, 97ff.

[315] *BVerwG,* Urt. v. 17. 3. 1989 – 4 C 30.88 –, BVerwGE 81, 347; *VGH München,* Urt. v. 21. 12. 1989 – 22 N 87.3336 –, ZfW 1990, 465; *OVG Lüneburg,* Beschl. v. 8. 11. 1990 – 3 K 2/89 –, ZfW 1991, 191 (192); *VGH Mannheim,* Beschl. v. 25. 10. 1991 – 8 S 1543/91 –, NVwZ-RR 1992, 296; *dass.,* NK-Beschl. v. 5. 8. 1998 – 8 S 1906/97 –, NuR 1999, 110ff.; *OVG Koblenz,* Urt. v. 14. 8. 1997 – 1 C 11152/96 –, ZfW 1999, 107ff.; *Lübbe-Wolff,* ZUR 1994, 177 (178f.); *Knopp,* ZfW 1995, 1 (2ff.); *Kröger,* UPR 1996, 299ff.; zur eingeschränkten Schutzwürdigkeit wegen des Vorhandenseins eines Gewerbegebiets im Schutzbereich vgl. *OVG Saarlouis,* Beschl. v. 22. 4. 1993 – 8 N 3/92 –, ZfW 1994, 297; zur Berücksichtigung des Eigentums nach Art. 14 GG vgl. auch *Sellmann,* DVBl. 1992, 235ff.

die Wassergewinnung noch nicht bestimmbar ist (Trinkwasser-Reserve).[316] Die Frage, ob das Wohl der Allgemeinheit eine Schutzgebietsausweisung erfordert, unterliegt unbeschränkter verwaltungsgerichtlicher Kontrolle.[317]

Weitere Voraussetzung einer Schutzgebietsausweisung ist, daß das Wasserschutzgebiet zu einem der drei in § 19 Abs. 1 Nr. 1 bis 3 WHG aufgeführten Zwecke festgesetzt wird. Wasserschutzgebiete können danach festgesetzt werden, soweit es das Wohl der Allgemeinheit erfordert, um **175**

- Gewässer im Interesse der derzeit bestehenden oder künftigen öffentlichen Wasserversorgung vor nachteiligen Einwirkungen zu schützen (Nr. 1)[318] oder
- das Grundwasser anzureichern (Nr. 2) oder
- das schädliche Abfließen von Niederschlagswasser sowie das Abschwemmen und den Eintrag von Bodenbestandteilen, Dünge- oder Pflanzenbehandlungsmitteln in Gewässer zu verhüten (Nr. 3).[319]

Liegen die Voraussetzungen für die Festsetzung eines Wasserschutzgebietes vor, so steht seine Ausweisung im Ermessen der zuständigen Behörde.[320] Streitig ist, ob es sich bei diesem Ermessen um ein einfaches Verwaltungsermessen[321] oder um ein sog. Planungsermessen mit einem beschränkten Gestaltungsspielraum[322] handelt. Ebenfalls im Ermessen der Behörde steht die Entscheidung, ob ein bestehendes Wasserschutzgebiet aufrechterhalten oder wieder aufgehoben wird.[323] **176**

2. Schutzanordnungen

Wasserschutzgebiete werden durch Rechtsverordnung festgesetzt.[324] Die mit der Festsetzung des Wasserschutzgebietes verbundenen Schutzanordnun- **177**

---

316 *VGH München,* Urt. v. 6. 12. 1996 – 22 N 94 1658 –, ZfW 1997, 232ff.

317 *Sieder/Zeitler/Dahme/Knopp,* WHG, § 19 Rn. 4; *Gieseke/Wiedemann/Czychowski,* WHG, § 19 Rn. 6; *Schaefer,* AgrarR 1988, 33 (34); ausführl. zur gerichtl. Kontrolldichte *Salzwedel,* ZfW 1992, 397ff.

318 Zum Begriff der künftigen Wasserversorgung *BVerwG,* Beschl. v. 26. 3. 1990 – 7 NB 1/90 –, NVwZ 1990, 972.

319 Zu den Voraussetzungen für die Festsetzung von Heilquellenschutzgebieten *OLG Hamm,* Urt. v. 30. 4. 1998 – 16 U (Baul) 7/97 –, ZfW 1999, 124ff.

320 *BVerwG,* Beschl. v. 23. 1. 1984 – 4 B 157, 158.83 –, DVBl. 1984, 342 (343); *dass.,* Beschl. v. 30. 9. 1996 – 4 NB 21 u. 32.96 –, NVwZ 1997, 887 (887f.).

321 *Drost/Knopp/Manner,* WHG, § 19 Rn. 43; *Peters,* DVBl. 1987, 990 (991) m. w. N.; *OVG Koblenz,* Urt. v. 27. 9. 1989 – 10 C 42/88 –, NVwZ-RR 1990, 126.

322 Nur bzgl. künftiger Wasserschutzgebiete hinsichtl. von Planungsalternativen *VGH Mannheim,* Urt. v. 21. 12. 1982 – 5 S 1359/81 –, DVBl. 1983, 638 (639); *Czychowski,* WHG, § 19 Rn. 24; *Lübbe-Wolff,* ZUR 1994, 177 (183).

323 *VGH Mannheim,* Urt. v. 23. 6. 1997 – 8 S 374/97 –, NuR 1998, 326f.

324 Vgl. Art. 35 Abs. 1 S. 1 BayWG, §§ 24, 110 Abs. 1 S. 1 WG BW, § 22 Abs. 1 S. 1 BlnWG, § 15 Abs. 1 BbgWG, § 47 Abs. 2 S. 1 BremWG, § 27 Abs. 1 S. 1 HambWG, § 29 Abs. 1 S. 1 HessWG, § 19 Abs. 1 S. 1 LWG MV, § 48 Abs. 2 S. 1 NdsWG, § 14 Abs. 1 S. 1 LWG NW, § 13 Abs. 1 S. 1 LWG RP, § 37 Abs. 1 S. 1 SaarlWG, § 48 Abs. 1 S. 1 SächsWG, § 48 Abs. 2 S. 1 WG LSA, § 4 Abs. 1 Nr. 1a WG SH, § 28 Abs. 1 S. 1 ThürWG; in Hamburg gelten die Vorschriften über das förml. Verwaltungsverfahren, das mit einem Bescheid abschließt (§ 96 Abs. 1 S. 1 i. V. m. §§ 85ff. HambWG); dennoch ist auch hier vom Rechtsverordnungscharakter der Schutzgebietsfestsetzungen auszugehen *BVerwG,* Urt. v. 1. 10. 1963 – IV C 9.63 –, BVerwGE 18, 1 (3); *dass.,* Urt. v. 15. 3. 1968 – IV C 5.67 –, BVerwGE 29, 207 (208); krit. zur praktischen Durchsetzbarkeit *Schink,* ZUR 1993, 1 (3).

gen binden unmittelbar jedermann. Gem. § 19 Abs. 2 WHG können in den Wasserschutzgebieten

- bestimmte Handlungen verboten oder für nur beschränkt zulässig erklärt werden (Nr. 1) und
- die Eigentümer und Nutzungsberechtigten von Grundstücken zur Duldung bestimmter Maßnahmen verpflichtet werden. Dazu gehören auch Maßnahmen zur Beobachtung des Gewässers und des Bodens (Nr. 2).

178 Da Wasserschutzgebiete gem. § 19 Abs. 1 WHG nur festgesetzt werden können, *soweit* es das Wohl der Allgemeinheit erfordert, unterliegt die Ausweisung nicht nur räumlichen Begrenzungen, sondern auch Einschränkungen hinsichtlich der festzulegenden Schutzanordnungen.[325] Der Grundsatz der Verhältnismäßigkeit fordert, nur die Grundstücke in den Schutzbereich einer Wasserschutzgebietsverordnung einzubeziehen, von denen nach den gegebenen Erkenntnismöglichkeiten Einwirkungen auf das zu schützende Gewässer ausgehen können.[326]

179 Die Festsetzungen in Schutzgebietsausweisungen werden deshalb regelmäßig gestaffelt. Das Landesrecht sieht hierfür drei **Zonen** vor, die den Standort der vorhandenen oder geplanten Wasserversorgungsanlage umgeben und unterschiedliche Schutzbestimmungen enthalten.[327] Grundlage dieser Zonen sind die DVGW-Richtlinien, d. h. „Richtlinien für Trinkwasserschutzgebiete des deutschen Vereins des Gas- und Wasserfaches e. V.",[328] die landesrechtlich in der Regel als Verwaltungsvorschriften eingeführt sind. Sie enthalten technische Regeln, die als „antizipierte Sachverständigengutachten" bei der Festsetzung von Wasserschutzgebieten vorbehaltlich der Besonderheiten des Einzelfalls zu berücksichtigen sind.[329] So gilt beispielsweise in der weiteren Zone III das Verbot der Errichtung von Pipelines, des Versickerns von Abwässern oder des Einleitens schädlicher Abwässer in Vorfluter etc., in der etwas engeren Zone II das Verbot der Errichtung von baulichen Anlagen, Sport-, Bade- oder Parkplätzen etc., das Entnehmen fester Stoffe, das Düngen, die Verwendung von Pflanzenbehandlungsmitteln etc.[330] Und in der Zone I, die möglicherweise auch noch eingezäunt ist, ist darüber hinaus jede Verletzung der belebten Bodenschicht und der Deckschichten, jede andere Nutzung als Wald- oder Grünlandnutzung verboten.

---

[325] *Sieder/Zeitler/Dahme/Knopp,* WHG, § 19 Rn. 20; *Kröger/Moos,* ZfW 1997, 1 (9 ff.); zu rechtl. Kriterien bei der Feststellung von Wasserschutzgebieten *Knopp,* ZfW 1995, 1 ff.; hinsichtl. der räuml. Abgrenzung des Gebiets steht der Wasserbehörde kein Ermessen zu, *BVerwG,* Urt. v. 23. 1. 1984 – 4 B 157 u. 158.83 –, DVBl. 1984, 342 (343).

[326] Vgl. *OVG Münster,* Urt. v. 3. 6. 1983 – 2 O A 2233/82 – ZfW 1984, 291; *VGH München,* Urt. v. 8. 3. 1996 – 22 N 95 3073 –, BayVBl. 1996, 692 f.; zur Verletzung des Übermaßverbotes *OVG Saarlouis,* Beschl. v. 22. 4. 1993 – 8 N 3/92 –, NVwZ 1994, 1029 (1030 ff.); *OVG Schleswig,* Urt. v. 4. 10. 1995 – 2 K 2/94 –, UPR 1996, 312 ff.

[327] Dazu *VGH München,* Urt. v. 13. 6. 1996 – 22 N 93 2863 u. a. –, BayVBl. 1997, 111 ff.; *Bender/Sparwasser/Engel,* UmweltR, Teil 4 Rn. 175.

[328] Vgl. dazu *Knopp,* ZfW 1995, 1 (5).

[329] Vgl. dazu *Czychowski,* WHG, § 19 Rn. 18, 26; *Lübbe-Wolff,* ZUR 1994, 177 (179 ff.); *OVG Koblenz,* Urt. v. 27. 9. 1989 – 10 C 42/88 –, NVwZ-RR 1990, 126 (127).

[330] Zum Anspruch auf Durchfahren eines Wasserschutzgebietes zum Transport gefährl. Stoffe *OVG Schleswig,* Urt. v. 27. 4. 1993 – 2 L 179/92 –, NVwZ 1994, 134 f.

3. Zuständigkeit

180 Die Zuständigkeit zum Erlaß von Wasserschutzgebietsverordnungen ist in den Wassergesetzen der Länder geregelt.[331] Regelmäßig zuständig sind die unteren Wasserbehörden, d. h. die Behörden der Kreisverwaltung. Soweit ein Wasserschutzgebiet über den Bereich dieser Behörden hinausgehen soll, wird zumeist die Zuständigkeit der übergeordneten Höheren Wasserbehörde oder aber auch der obersten Wasserbehörde bestimmt.

4. Verfahren der Schutzgebietsausweisung

181 Das Verfahren für die Festsetzung der Wasserschutzgebiete wird durch Landesrecht bestimmt. Die Länder können entweder förmliche Verfahren regeln oder aber die Schutzgebietsausweisungen verfahrensmäßig am allgemeinen Verfahren für Rechtsverordnungen orientieren.[332]

182 Förmliche Verfahren dienen dem Schutz der Rechte der Betroffenen. Das Vorhaben muß deshalb öffentlich bekanntgemacht, die Unterlagen müssen zur Einsicht ausgelegt werden. Dabei muß auf die Möglichkeit von Einwendungen hingewiesen werden. Danach werden die fristgerechten Einwendungen mit den Betroffenen erörtert. Den Abschluß des förmlichen Verfahrens bildet der Erlaß der Wasserschutzgebietsverordnung. Soweit die Einwendungen nicht berücksichtigt wurden, müssen den Einwendern die Gründe mitgeteilt werden.[333]

5. Überschneidung mit raumbedeutsamen Planungen

183 Wasserschutzgebietsausweisungen konkurrieren häufig mit der denselben Raum betreffenden Gesamtplanung oder aber auch mit weiteren Fachplanungen.[334] In den Flächennutzungsplan und in den Bebauungsplan sollen bestehende Schutzgebietsausweisungen nachrichtlich übernommen werden (§§ 5 Abs. 4 S. 1, 9 Abs. 6 BauGB).[335] Im übrigen gilt der Vorrang des Wasserschutzgebietes insoweit, als sie bauplanerisch zulässige Vorhaben wegen § 29 S. 4 BauGB gleichwohl unterbinden.[336] Bei Überschneidungen

---

[331] Vgl. Art. 35 BayWG, §§ 110f. WG BW, § 22 Abs. 1 BerlWG, § 15 Abs. 1 BbgWG, § 47 Abs. 2 S. 1 BremWG, § 27 HambWG, §§ 29 Abs. 1, 93 HessWG, 19 Abs. 1 LWG MV, § 48 Abs. 2 S. 1 NdsWG, § 13 Abs. 1 S. 1 LWG RP, § 37 Abs. 1 S. 1 SaarlWG, § 48 Abs. 2 WG LSA, § 4 Abs. 1 WG SH.

[332] Vgl. *Peters,* DVBl. 1987, 990 (992).

[333] Dazu *Peters,* DVBl. 1987, 990 (992); zum Verfahren auch *Sieder/Zeitler/Dahme/Knopp,* WHG, § 19 Rn. 59ff.; *Breuer,* WasserR, Rn. 58O ff.; zum Fehlen eines subjektiven Rechtes einer durch ein Wasserschutzgebiet begünstigten Stadt *VGH München,* Urt. v. 18. 5. 1990 – 22 B 88 763 –, NVwZ 1990, 998; zur Ausfertigung *VGH Mannheim,* Beschl. v. 25. 10. 1991 – 8 S 1543/91 –, NVwZ-RR 1992, 296.

[334] Zur Ausweisung von Grundwasserschonbereichen in einem Regionalplan *VGH Mannheim,* Urt. v. 9. 8. 1984 – 5 S 1251/83 –, NVwZ 1986, 233; zum Verhältnis von BauplanungsR u. WasserR vgl. *Huster,* NuR 1992, 56ff.

[335] Vgl. dazu bereits oben § 7 Rn. 76 u. 81.

[336] Zum Vorrang der Wasserschutzgebietsausweisungen gegenüber den Ausweisungen der Bebauungspläne *Schmidt-Aßmann,* DÖV 1986, 985 (987); *Peters,* DVBl. 1987, 990 (992); zum Verhältnis der durch Art. 28 Abs. 2 S. 1 GG geschützten Planungs- und Entwicklungshoheit der Gemeinde zur Ausweisung von Wasserschutzgebieten *VGH Mannheim,* Urt. v. 21. 12. 1982 – 5 S 1359/81 –, DVBl. 1983, 638; *Sieder/Zeitler/Dahme/Knopp,* WHG, § 19 Rn. 6a, 6b.

zwischen den Wasserschutzgebietsausweisungen und den Festsetzungen der Regionalplanung muß im konkreten Fall abgewogen werden, welcher Festsetzung der Vorrang zukommen soll. Etwas anderes kann sich allerdings aus dem jeweiligen Landesrecht ergeben.[337] Das Verhältnis zwischen verschiedenen Fachplanungen, etwa zwischen den Schutzgebietsausweisungen des Wasserrechts und den Abfallentsorgungsplänen oder der Straßenplanung ist nicht abschließend geklärt.[338] Auch hier bedarf es einer Abwägung im konkreten Einzelfall. Dabei kann der Grundsatz der zeitlichen Priorität – d.h. der Vorrang der früheren Planung – besondere Berücksichtigung finden.[339]

6. Ersatzleistungen

184 Zum Ausgleich der durch die Wasserschutzgebietsausweisungen festgesetzten Einschränkungen und Belastungen sieht § 19 WHG zwei Formen von Ersatzleistungen vor und zwar die **Enteignungsentschädigung** und den **Billigkeitsausgleich**.[340]

a) Enteignungsentschädigung

185 Gem. § 19 Abs. 3 WHG ist Entschädigung zu leisten, wenn eine Schutzanordnung nach § 19 Abs. 2 WHG eine Enteignung darstellt. Einzelheiten der Entschädigungsregelung sind in § 20 WHG und in landesrechtlichen Vorschriften geregelt.

186 Nach der Rechtsprechung des *BVerfG* und der Regelung in § 1a Abs. 3 WHG sind die auf das Wasser einwirkenden Grundstücksbenutzungen allerdings im wesentlichen aus dem Eigentum herausgelöst.[341] Eine *Enteignung* dürfte daher kaum jemals vorliegen;[342] die Beschränkungen durch eine Schutzanordnung stellen vielmehr in der Regel Inhalts- und Schrankenbestimmungen des Eigentums i.S.v. Art. 14 Abs. 1 S. 2 GG dar.[343] Dies gilt um so mehr, als die höchstrichterliche Rechtsprechung inzwischen entschieden hat, daß auch der Entzug einer bestehenden, konkreten Rechtsposition der Einordnung einer Nutzungsbeschränkung als Inhalts- und Schrankenbestimmung des Eigentums nicht entgegensteht.[344] Eine Enteignung ist demnach nur dann denkbar, wenn eine Schutzanordnung die Nutzung eines Grundstücks unmög-

---

[337] Z.B. § 10 Abs. 1 S. 1 LPlG BW.

[338] Zur Koordination von Fachplanungen zur Bauleitplanung *Kauch/Roer,* Bauleitplanung und Fachplanungen, S. 55ff.

[339] *Peters,* DVBl. 1987, 990 (992).

[340] Vgl. dazu *Breuer,* NuR 1998, 337ff.; *Völsch,* Entschädigungs- und Ausgleichsrecht in den Wassergesetzen, passim.

[341] *BVerfG,* Beschl. v. 15. 7. 1981 – 1 BvL 77/78 –, BVerfGE 58, 300ff.; vgl. auch *Czychowski,* WHG, § 19 Rn. 71ff.; *Schmidt/Müller,* UmweltR, § 4 Rn. 57f.; *Pietzcker,* NVwZ 1991, 418 (423).

[342] I.E. auch *Labbé/Kaltenegger,* BayVBl. 1994, 1 (6).

[343] *BVerwG,* Beschl. v. 30. 9. 1996 – 4 NB 31 u. 32.96 –, NVwZ 1997, 887 (889f.); *BGH,* Urt. v. 19. 9. 1996 – III ZR 82/95 – DVBl. 1997, 45 (46); *VGH München,* Urt. v. 13. 6. 1996 – 22 N 93 2863 u.a. –, BayVBl. 1997, 111 (114); *VGH Mannheim,* Urt. v. 3. 8. 1998 – 3 S 990/98 –, VBlBW 1999, 97ff.; vgl. auch *BVerfG,* Beschl. v. 10. 10. 1997 – 1 BvR 310/84 –, NJW 1998, 367ff.; *Hötzel,* AgrarR 1995, 43ff.; *Kröger/Moos,* ZfW 1997, 1 (11ff.).

[344] *BVerwG,* Urt. v. 24. 6. 1993 – 7 C 26.92 –, BVerwGE 94, 1 (5f.); *dass.,* Beschl. v. 30. 9. 1996 – 4 NB 31 u. 32.96 –, NVwZ 1997, 887 (890); *BGH,* Urt. v. 7. 7. 1994 – III ZR 5/93 –, UPR 1994, 391 (392); vgl. auch *BVerfG,* Beschl. v. 10. 10. 1997 – 1 BvR 310/84 –, NJW 1998, 367 (368); krit. zu dieser Rspr. *Schönfeld,* BayVBl. 1996, 673ff.

lich oder völlig unrentabel macht.[345] In diesem Fall gelten indes die Anforderungen des Art. 14 Abs. 3 GG, denen § 19 Abs. 3 WHG als sog. „salvatorische Entschädigungsregelung" nicht genügt.[346] Eine solche Schutzanordnung wäre daher verfassungswidrig und unwirksam.[347]

Auch eine *Inhalts- und Schrankenbestimmung* kann indes im Einzelfall im Hinblick auf den Verhältnismäßigkeitsgrundsatz ausgleichspflichtig sein.[348] Die Rechtsprechung hat in diesem Zusammenhang auf „salvatorische Entschädigungsregelungen" zurückgegriffen und diese als Anspruchsgrundlage für einen entsprechenden Ausgleichsanspruch verwendet.[349] Dieses Vorgehen könnte auch im Bereich des § 19 WHG sinnvoll sein.[350] Zwingend ist es jedoch nicht, da § 19 Abs. 4 WHG eine Ausgleichsregelung bereitstellt, die gerade für den Fall von Beeinträchtigungen, die keine Enteignung darstellen, konzipiert ist.[351] **187**

b) Billigkeitsausgleich

Die wirtschaftlichen Nachteile, die mit den als Inhalts- und Schrankenbestimmungen hinzunehmenden Schutzgebietsanordnungen verbunden sind, wurden vom Gesetzgeber in vielen Fällen für unbillig gehalten. Er hat deshalb in § 19 Abs. 4 WHG einen wasserrechtlichen **Ausgleichsanspruch** für diese Nachteile geschaffen.[352] Gem. § 19 Abs. 4 S. 1 WHG ist nach Maßgabe des Landesrechts für wirtschaftliche Nachteile ein angemessener Ausgleich zu leisten, wenn eine Wasserschutzgebietsverordnung durch erhöhte Anforderungen die ordnungsgemäße land- und forstwirtschaftliche Nutzung eines Grundstückes beschränkt.[353] Das soll allerdings nur gelten, soweit nicht bereits eine Entschädigungspflicht nach § 19 Abs. 3 WHG besteht. **188**

Die Regelung ist aus umweltpolitischen Gründen kritisiert worden. Die Zahlung eines finanziellen Ausgleichs an landwirtschaftliche Betriebsinhaber widerspricht dem **189**

---

345 *Sellmann,* DVBl. 1992, 235 (237); *Hötzel,* AgrarR 1995, 43 (48); *Schmidt/Müller,* UmweltR, § 4 Rn. 48; *Bender/Sparwasser/Engel,* UmweltR, Teil 4 Rn. 177.

346 Vgl. *BVerwG,* Urt. v. 15. 2. 1990 – 4 C 47.89 –, BVerwGE 84, 361 (367ff.); *OVG Koblenz,* Urt. v. 26. 8. 1992 – 10 C 11067/91 –, ZfW 1993, 220ff.; *VGH Mannheim,* Urt. v. 3. 8. 1998 – 3 S 990/98 –, VBlBW 1999, 97ff.; *Papier,* in: Maunz/Dürig/Herzog/Scholz, GG, Art. 14 Rn. 572ff. m. w. N.

347 *Sellmann,* DVBl. 1992, 235 (236).

348 Vgl. *BVerfG,* Beschl. v. 10. 10. 1997 – 1 BvR 310/84 –, NJW 1998, 367 (368); *BVerwG,* Urt. v. 24. 6. 1993 – 7 C 26.92 –, BVerwGE 94, 1 (7); *Papier,* in: Maunz/Dürig/Herzog/Scholz, GG, Art. 14 Rn. 322 m. w. N.

349 *BVerwG,* Urt. v. 15. 2. 1990 – 4 C 47.89 –, BVerwGE 84, 361 (367ff.); *BGH,* Urt v. 7. 7. 1994 – III ZR 5/93 – UPR 1994, 391 (392).

350 Dafür z. B. *BGH,* Urt. v. 19. 9. 1996 – III ZR 82/95 –, DVBl. 1997, 45 (46); *OVG Koblenz,* Urt. v. 23. 9. 1992 – 10 C 10084/88 –, ZfW 1994, 289 (290); *Pietzcker,* NVwZ 1991, 418 (424); *Schmidt/Müller,* UmweltR, § 4 Rn. 59f.; wohl auch bei *BVerwG,* Beschl. v. 10. 7. 1997 – 8 C 5.96 –, DÖV 1997, 1008.

351 Vgl. *Labbé/Kaltenegger,* BayVBl. 1994, 1 (7).

352 Vgl. dazu *Nies,* NVwZ 1987, 189ff.; *Nacke,* NVwZ 1987, 185 (188f.); *Peters,* DVBl. 1987, 990 (993); *Breuer,* NuR 1987, 49 (55ff.); *Weyreuther,* UPR 1987, 41ff.; *Deselaers,* AgrarR 1988, 241ff.; *Kröger/Moos,* ZfW 1997, 1 (14ff.); *Breuer,* NuR 1998, 337 (340f.); zu den Umsetzungsproblemen in der Praxis vgl. *Murswiek,* NuR 1990, 289ff.; *Kolkmann,* UPR 1991, 1ff.; *Stemmler,* NuR 1991, 366ff.

353 Vgl. z. B. *OLG München,* Urt. v. 11. 5. 1995 – 1 U 1661/95 –, NVwZ-RR 1996, 316f.; zur Kausalität zwischen Festsetzung eines Wasserschutzgebiets u. erhöhten Pflanzenschutzaufwendungen *OLG Frankfurt,* Urt. v. 7. 11. 1997 – 24 U 251/95 –, ZfW 1998, 515ff.; zu den Voraussetzungen des Ausgleichsanspruchs vgl. *Thieme,* ZfW 1998, 469 (470ff.); zur „land- u. forstwirtschaftlichen Nutzung" i. S. d. § 19 Abs. 4 WHG zählt nicht die Errichtung baul. Anlagen, *BGH,* Urt. v. 14. 5. 1998 – III ZR 286/97 –, NJW 1998, 2450ff.

im Umweltschutzrecht weitgehend geltenden Verursacherprinzip, sie schränkt die Aussagen zugunsten des Gewässerschutzes im Naßauskiesungsbeschluß des *BVerfG* ein und führt in das Wasserhaushaltsrecht eine den Landwirtschaftsklauseln des Naturschutzrechts ähnliche Regelung ein und bislang dem Gewässerschutzrecht fremd war.[354]

190 Die landesrechtliche Umsetzung des § 19 Abs. 4 WHG fällt unterschiedlich aus.[355] Zum Teil haben die Länder nach dem normativen Modell der Enteignungsentschädigung einen dezentralen Billigkeitsausgleich vorgeschrieben.[356] Danach richtet sich der Ausgleichsanspruch unmittelbar gegen denjenigen, der durch die Festsetzung des Wasserschutzgebietes begünstigt wird. Enteignungsentschädigung und Billigkeitsausgleich sind im gleichen Verfahren geltend zu machen. Dagegen haben die Länder Baden-Württemberg, Niedersachsen, Sachsen und Sachsen-Anhalt einen zentralen und mittelbaren Billigkeitsausgleich eingeführt.[357] Die Ausgleichsansprüche richten sich hiernach gegen das Land, wobei die Leistungen aus dem Aufkommen einer öffentlichen Abgabe, des sog. Wasserpfennigs oder Wasserentnahmegelds, finanziert werden sollen.[358]

V. Reinhalteordnungen

191 Ein weiteres planerisches Instrument des Gewässerschutzes sind die Reinhalteordnungen, die nach § 27 WHG aus Gründen des Wohls der Allgemeinheit für oberirdische Gewässer oder Gewässerteile erlassen werden können.[359] Zweck der Reinhalteordnung ist die Erhaltung oder Verbesserung der Gewässergüte, wobei der entscheidende Gesichtspunkt auf der Gesamtbetrachtung des Zustandes eines Gewässers liegen soll und nicht auf der Benutzung des Gewässers vor allem durch Schadstoffeintrag im Einzelfall.[360] Reinhalteordnungen sollen dem Umstand Rechnung tragen, daß einzelne Gewässerbenutzungen für sich genommen zwar unschädlich sein mögen, in ihrer Summe jedoch problematische Auswirkungen für die Gewässerbewirtschaftung haben können.[361] Aufgrund ihrer gesamtheitlichen, vorausschauenden, großräumigen, Einzelbenutzungen koordinierenden und damit insgesamt raumgestaltenden Betrachtung werden Reinhalteordnungen zum

---

354 *Peters,* DVBl. 1987, 990 (993); *Nies,* NVwZ 1987, 189 (190); *Kimminich,* NuR 1989, 2ff.; *Murswiek,* NuR 1990, 289 (290ff.); *Köck,* IUR 1991, 8 (9ff.); *Pietzcker,* NVwZ 1991, 418 (425); *OVG Koblenz,* Urt. v. 18. 3. 1992 – 2/91 – (445) –, AgrarR 1992, 265 (266); differenz. *Kloepfer,* UmweltR, § 13 Rn. 163f.

355 Vgl. i. Ü. *Hötzel,* AgrarR 1995, 43ff.; *Murswiek,* NuR 1990, 289ff.

356 Art. 46, 74, 87 BayWG, §§ 84 Abs. 7 i. V. m. Abs. 4 BerlWG, § 16 BbgWG, §§ 27 Abs. 5, 75 Abs. 2 HambWG, § 92 HessWG, §§ 19 Abs. 3, 4 i. V. m. 18 Abs. 4 S. 2 LWG MV, § 15 Abs. 2 LWG NW, §§ 15, 121 Abs. 7 LWG RP, §§ 99, 37 Abs. 3 SaarlWG, §§ 102 i. V. m. 31 Abs. 5 S. 2 ThürWG; vgl. auch *VGH Kassel,* Beschl. v. 11. 12. 1995 – 5 TH 1807/93 –, NuR 1997, 250ff.

357 §§ 17a–f, 24 Abs. 4 WG BW, §§ 47h Abs. 1, 51a Abs. 2 NdsWG, §§ 23, 48 Abs. 7 SächsWG, §§ 47, 52 Abs. 3 WG LSA.

358 Vgl. dazu oben § 9 Rn. 27.

359 Zur Abgrenzung *Knopp,* BayVBl. 1983, 524.

360 *Sieder/Zeitler/Dahme/Knopp,* WHG, § 27 Rn. 1; *Czychowski,* WHG, § 27 Rn. 1.

361 *Thurn,* Schutz natürlicher Gewässerfunktionen, S. 166; BT-Drs. 2/2072, S. 33.

planerischen Instrumentarium gerechnet.[362] Gem. § 27 Abs. 1 S. 2 WHG können Reinhalteordnungen vorschreiben,

- daß bestimmte Stoffe nicht zugeführt werden dürfen,
- daß bestimmte Stoffe, die zugeführt werden, bestimmten Mindestanforderungen genügen müssen,
- welche sonstigen Einwirkungen abzuwehren sind, durch die die Beschaffenheit des Wassers nachteilig beeinflußt werden kann.

Reinhalteordnungen werden gem. § 27 Abs. 1 WHG als Rechtsverord- **192** nungen erlassen und sind damit allgemeinverbindlich. Die Zuständigkeit für die Aufstellung von Reinhalteordnungen liegt nach dem Landesrecht zumeist bei der Obersten oder Oberen Wasserbehörde.[363] Besondere Verfahrens- und Beteiligungsvorschriften gibt es regelmäßig nicht.

Die Länder haben bislang von der Möglichkeit, eine auf § 27 WHG ge- **193** stützte Reinhalteordnung zu erlassen, kaum Gebrauch gemacht, da deren wesentliche Regelungen auch in Bewirtschaftungspläne integriert werden können.[364]

VI. Überschwemmungsgebiete

Zu den planerischen Nutzungsregelungen zählt schließlich auch die Er- **194** klärung eines Gebietes zum Überschwemmungsgebiet. Zu Überschwemmungsgebieten werden gem. § 32 WHG die Gebiete zwischen oberirdischen Gewässern und Deichen oder Hochufern sowie sonstige Gebiete, die bei Hochwasser überschwemmt oder durchflossen oder die für Hochwasserentlastung oder Rückhaltung beansprucht werden, erklärt.[365] Zweck des § 32 WHG und der landesrechtlichen Ausfüllungsvorschriften ist die Sicherung eines unschädlichen Wasserabflusses, um die hochwasserbedingten Gefahren für Menschen und Sachen zu vermeiden.[366]

Die Länder setzen die Überschwemmungsgebiete fest und erlassen die **195** dem Schutz vor Hochwassergefahren dienenden Vorschriften, für welche § 32 Abs. 1 S. 2, Abs. 2 WHG nach der Novelle 1996 konkrete Vorgaben enthält. Zulässig sind insbesondere Genehmigungsvorbehalte für die Erhöhung oder Vertiefung der Erdoberfläche, für bauliche Maßnahmen und für das Anpflanzen von Bäumen und Sträuchern.[367] Wird durch derartige Maßnahmen die ordnungsgemäße land- oder forstwirtschaftliche Nutzung eines

---

[362] *Thurn,* Schutz natürlicher Gewässerfunktionen, S. 166; *Hartkopf/Bohne,* Umweltpolitik, S. 390; *Czychowski,* WHG, § 27 Rn. 1.

[363] Vgl. § 96 Abs. 3 Nr. 2 WG BW, § 29 BlnWG, § 19 Abs. 1 BbgWG, § 97 Abs. 1, § 29 HambWG, § 131 Abs. 1 LWG MV, § 96 NdsWG, § 17 LWG NW, § 38 SaarlWG, § 51 SächsWG, § 100 WG LSA, § 125f. ThürWG sowie § 1 Abs. 1 BayVO v. 16. 9. 1977 (GVBl, S. 491).

[364] *Sieder/Zeitler/Dahme/Knopp,* WHG, § 27 Rn. 3ff.; *Pohl,* HdbUR, B.2 Rn. 63.

[365] Vgl. zum Hochwasserschutz ausführl. *Mader,* HdUR, Bd. 1, Sp. 987ff.; *Lüers,* UPR 1996, 241ff.; *Corell,* UPR 1996, 246ff.; *Geller,* ZUR 1997, 75ff.

[366] *VGH Mannheim,* Urt. v. 20. 4. 1994 – 8 S 2449/93 – NVwZ-RR 1995, 191ff.; *Sieder/Zeitler/Dahme/Knopp,* WHG, § 32 Rn. 1.; zum Kreis der Entsorgungspflichtigen bei Abfallanlandung durch Hochwasser *BVerwG,* Urt. v. 11. 12. 1997 – 7 C 58/96 –, NJW 1998, 1004ff.

[367] *Thurn,* Schutz natürlicher Gewässerfunktionen, S. 169.

Durgi / Beichmöller, AöV 03, 358, Kahl / Schmidt, JZ 06, 125

Grundstücks beschränkt, so ist gem. § 32 Abs. 1 S. 3 i.V.m. § 19 Abs. 4 S. 1 WHG ein angemessener Ausgleich zu leisten. Ferner haben die Länder gem. § 32 Abs. 3 WHG ihre Maßnahmen zum vorbeugenden Gewässerschutz aufeinander abzustimmen.

F. Reinhaltung der Gewässer

196 Neben den bereits erwähnten Reinhalteordnungen i.S.v. § 27 WHG[368] dient der Reinhaltung oberirdischer Gewässer vornehmlich die unmittelbar verbindliche Vorschrift des § 26 WHG über das Einbringen, Lagern und Befördern von Stoffen.[369] Ziel dieser Vorschrift ist es, eine Verunreinigung der oberirdischen Gewässer ohne Rücksicht auf deren jeweiligen Gütezustand zu verhindern. Für das Grundwasser findet sich eine entsprechende Vorschrift in § 34 WHG.[370]

197 Gem. § 26 Abs. 1 S. 1 WHG dürfen feste Stoffe in ein Gewässer nicht zu dem Zweck eingebracht werden, sich ihrer zu entledigen. Schlammige Stoffe rechnen gem. § 26 S. 2 WHG nicht zu den festen Stoffen.

198 Gem. § 26 Abs. 2 S. 1 WHG dürfen an einem Gewässer Stoffe nur so gelagert oder abgelagert werden, daß eine Verunreinigung des Wassers oder eine sonstige nachteilige Veränderung seiner Eigenschaften oder des Wasserabflusses nicht zu besorgen ist.[371] Das gleiche gilt gem. § 26 Abs. 2 S. 2 WHG für die Beförderung von Flüssigkeiten und Gasen durch Rohrleitungen.

G. Unterhaltung und Ausbau von Gewässern

199 Damit die Gewässer ihre Funktionen und Aufgaben erfüllen können, müssen sie unterhalten und ggf. auch ausgebaut werden.[372]

I. Gewässerunterhaltung

200 Gem. § 28 Abs. 1 S. 1 WHG umfaßt die Unterhaltung eines Gewässers die Erhaltung eines ordnungsgemäßen Zustandes für den Wasserabfluß und an schiffbaren Gewässern auch die Erhaltung der Schiffbarkeit.[373] Bei der Unterhaltung ist den Belangen des Naturhaushalts Rechnung zu tragen; Bild und Erholungswert der Gewässerlandschaft sind zu berücksichtigen (§ 28 Abs. 1 S. 2 WHG).[374] Zur Gewässerunterhaltung gehört z.B. die Reinigung,

---

[368] Siehe oben § 18 Rn. 191 ff.

[369] Vgl. dazu auch *BVerwG,* Urt. v. 18. 10. 1991 – 7 C 2/91 –, NVwZ 1992, 480f.

[370] Vgl. dazu ausführl. *Pohl,* HdbUR, B.2, Rn. 56ff.; *Kloepfer,* UmweltR, § 13 Rn. 107f.

[371] Zum Begriff des Lagerns bzw. Ablagerns vgl. *OVG Lüneburg,* Beschl. v. 28. 8. 1989 – 3 A 191/88 –, NuR 1990, 180f.

[372] Zur Unterscheidung von Gewässerausbau u. Gewässerunterhaltung *Knopp,* BayVBl. 1983, 524ff.; *Sieder/Zeitler/Dahme/Knopp,* WHG § 3 Rn. 11, 24.

[373] Vgl. dazu *Leismann/Vogel,* ZfW 1997, 220 (221f.).

[374] Zu den damit verbundenen Problemen, insbes. der Konkurrenz mit dem NaturschutzR, vgl. *Krings,* NuR 1997, 129ff.

Räumung und Erhaltung des Gewässerbettes, die Sicherung der Ufer, oder das teilweise Verfüllen eines Baches.[375] Gestützt auf § 28 Abs. 1 S. 3 WHG haben die Länder den Umfang der Gewässerunterhaltung zum Teil erweitert, z.B. auf die Erhaltung und Förderung der biologischen Wirksamkeit des Gewässers oder auf die Reinigung und Räumung des Gewässerbettes und der Ufer von Unrat und auf Maßnahmen, um bei Hochwasser angetriebene Gegenstände einsammeln zu können und zur Abfallbeseitigung bereitzustellen.[376] Die Reinhaltung des Wassers selbst zählt demgegenüber nicht zum Gegenstand der Gewässerunterhaltung.[377]

Gem. § 29 Abs. 1 S. 1 WHG obliegt die Unterhaltung von Gewässern, soweit sie nicht Aufgabe von Gebietskörperschaften, von Wasser- und Bodenverbänden oder gemeindlichen Zweckverbänden ist, den Eigentümern der Gewässer, den Anliegern und denjenigen Eigentümern von Grundstükken und Anlagen, die aus der Unterhaltung Vorteile haben oder die Unterhaltung erschweren.[378] Die Länder können bestimmen, daß die Unterhaltung auch anderen Eigentümern von Grundstücken im Einzugsgebiet obliegt (§ 29 Abs. 1 S. 2 WHG). Wer Träger der Unterhaltungspflicht ist, richtet sich nach der landesrechtlichen Einteilung der oberirdischen Gewässer in zwei oder drei Ordnungen.[379] Bei Gewässern erster Ordnung obliegt die Unterhaltung bei den Bundeswasserstraßen dem Bund (§§ 7, 8 WaStrG) und im übrigen den Bundesländern. Bei Gewässern zweiter und dritter Ordnung trifft die Unterhaltungspflicht nach den Landeswassergesetzen[380] teils die Gemeinden oder die Landkreise und kreisfreien Städte, teils die evtl. bestehenden Wasser- und Bodenverbände und zum Teil die einzelnen Interessenten, nämlich bestimmte Grundstücks-, Anlagen- oder Gewässereigentümer.[381] 201

---

[375] *Czychowski,* Wasserrecht, S. 484; zur Berücksichtigung ökologischer Belange bei der Gewässerunterhaltung u. zur Renaturierung von Fließgewässern *Schink,* UPR 1985, 157ff.

[376] Z.B. Art. 42 BayWG, § 47 WG BW, § 62 Abs. 1 LWG MV, § 90 LWG NW, § 56 Abs. 1 SaarlWG; zu diesem Problembereich *OVG Münster,* Urt. v. 9. 2. 1979 – XI A 76/77 –, ZfW 1979, 174ff.; zum Verstoß des HessWG gegen §§ 28, 30 WHG vgl. *Edinger,* NVwZ 1992, 151ff.

[377] *Kloepfer,* UmweltR, § 13 Rn. 179.

[378] Zu § 29 Abs. 1 S. 3 WHG vgl. *BVerwG,* Beschl. v. 17. 4. 1996 – 4 B 284.95 –, UPR 1996, 444.

[379] Dazu Art. 2 BayWG, §§ 2, 3 WG, § 2 BerlWG, § 3 BbgWG, §§ 66ff. BremWG, § 2 HambWG, § 3 HessWG, §§ 48ff. LWG MV, §§ 65ff. NdsWG, § 3 LWG NW, § 3 LWG RP, § 3 SaarlWG, § 24 SächsWG, §§ 68ff. WG LSA, § 3 WG SH, § 3 ThürWG.

[380] Vgl. Art. 43 BayWG, § 49 WG BW, § 41 BerlWG, § 79 BbgWG, §§ 100ff. BremWG, §§ 36–39 HambWG, § 60 HessWG, § 63 LWG MV, §§ 99ff. NdsWG, § 91 LWG NW, § 63 LWG RP, § 57 SaarlWG, § 70 SächsWG, §§ 103ff. WG LSA, §§ 39–41 WG SH, § 68 ThürWG.

[381] *Breuer,* HÖV, Bd. 2, S. 478; zur Haftung bei einem Verstoß gegen Gewässerunterhaltungspflichten *BGH,* Urt. v. 13. 6. 1996 – III ZR 40/95 –, NJW 1996, 3208 (3209); *ders.,* Urt. v. 24. 2. 1994 – III ZR 4/93 –, NJW 1994, 3090ff.; *VGH Mannheim,* Urt. v. 29.4.1993 – 8 S 2834/92 –, NVwZ 1994, 1035ff.; zur Verfassungsmäßigkeit der Umlegung der Kosten für die Unterhaltung *BVerwG,* Beschl. v. 3. 7. 1992 – 7 B 149.91 –, DVBl. 1993, 208f.; zur Kostentragungspflicht ferner *OVG Koblenz,* Urt. v. 22. 3. 1990 – 1 A 73/88 –, DÖV 1990, 790ff.

202 Gem. § 30 Abs. 1 und 2 WHG haben die Anlieger und Hinterlieger besondere Pflichten zur Ermöglichung einer ordnungsgemäßen Gewässerunterhaltung. Dazu zählt die Pflicht, das Betreten des Grundstückes oder die Uferbepflanzung zu dulden. Gem. § 30 Abs. 2 S. 2 WHG können die Anlieger verpflichtet werden, die Ufergrundstücke in erforderlicher Breite so zu bewirtschaften, daß die Unterhaltung nicht beeinträchtigt wird.

II. Gewässerausbau

203 Zum Ausbau eines Gewässers zählen gem. § 31 Abs. 2 S. 1 WHG die Herstellung, Beseitigung oder wesentliche Umgestaltung eines Gewässers oder seiner Ufer.

Beispiele: Herstellung eines Gewässers ist z.B. die Freilegung von Grundwasser und die damit verbundene Schaffung eines Baggersees.[382] Beseitigt werden kann ein Gewässer z.B. durch das Zuschütten eines alten Flußarmes oder eines Teiches oder durch Einbeziehung eines Gewässers in ein kommunales Kanalisationsnetz.[383] Eine wesentliche Umgestaltung schließlich kann in der Vertiefung oder Begradigung von Flüssen, in der Beseitigung von Inseln oder in der Verrohrung eines Gewässers liegen.[384]

204 Der Gewässerausbau bedarf gem. § 31 Abs. 2 S. 1 WHG der vorherigen Durchführung eines *Planfeststellungsverfahrens,* das den Anforderungen des Gesetzes über die Umweltverträglichkeitsprüfung entspricht.[385] Das gleiche gilt für Deich- und Dammbauten gem. § 31 Abs. 2 S. 2 WHG, die den Hochwasserabfluß beeinflussen. Ausnahmsweise kann der Ausbau des Gewässers gem. § 31 Abs. 3 WHG ohne vorherige Durchführung eines Planfeststellungsverfahrens genehmigt werden, wenn

- es sich um einen Ausbau von geringer Bedeutung handelt, insbesondere um einen naturnahen Ausbau bei Teichen und um kleinräumige naturnahe Umgestaltungen wie die Beseitigung von Bach- und Grabenverrohrungen (Nr. 1),
- das Vorhaben keine erheblichen nachteiligen Auswirkungen auf eines der in § 2 Abs. 1 S. 2 UVPG genannten Schutzgüter haben kann (Nr. 2) oder
- den Zweck verfolgt, eine wesentliche Verbesserung für diese Schutzgüter herbeizuführen (Nr. 3).[386]

---

[382] *Czychowski,* Wasserrecht S. 485; *BVerwG,* Urt. v. 10. 2. 1978 – 4 C 25.75 –, BVerwGE 55, 220 (224); zum Begriff u. Gegenstand des Gewässerausbaus ausführl. *Breuer,* WasserR, Rn. 664ff.; zur Abgrenzung zwischen Ausbau u. Unterhaltung *ObLG München,* Urt. v. 23. 11. 1993 – 2 ZRR 153/92 –, NVwZ 1994, 1139ff.

[383] *Czychowski,* WHG, § 31 Rn. 5.

[384] Dazu *Czychowski,* WHG, § 31 Rn. 6; vgl. z.B. *VG Kassel,* Urt. v. 11. 5. 1995 – 7 E 1470/91 (3) –, NuR 1995, 486 (487); zum Begriff der wesentl. Umgestaltung vgl. *OVG Schleswig,* Urt. v. 1. 7. 1997 – 2 L 101/94 –, ZfW 1998, 509ff.; zur Renaturierung eines Gewässers vgl. *Peine,* ZfW 1993, 189ff.

[385] Gem. § 251 Abs. 1 UGB-BT-E soll wegen der nicht immer leicht zu treffenden Unterscheidung von Ausbau u. Benutzung oberirdischer Gewässer auch der Ausbau von oberirdischen Gewässern im Wege der Umweltbewilligung erfolgen *Jarass/u. a.,* UGB-BT-E, S. 105, 531ff.

[386] Dazu *OVG Münster,* Urt. v. 10. 6. 1985 – 11 A 3361/83 –, NuR 1986, 37f.; *dass.,* Urt. v. 15. 6. 1984 – 11 A 2428/82 –, NVwZ 1986, 23; ausführl. auch *Müllmann,* Die Plangenehmigung im Wasserrecht, passim; zu den durch die 6. WHG-Novelle (1996) vorgenommenen Änderungen *Lübbe-Wolff,* ZUR 1997, 61 (69f.); *Schink,* ZAU 1997, 488 (511), beide machen europarechtl. Bedenken geltend.

§ 31 Abs. 3 WHG gibt der Behörde lediglich die Befugnis, die Genehmigung in einem vereinfachten Verfahren zu erteilen. Auf die Erteilung einer solchen *Plangenehmigung* hat der Antragsteller keinen einklagbaren Anspruch.[387] Der Planfeststellungsbeschluß und die Plangenehmigung können nicht durch eine Festsetzung (nach § 9 Abs. 1 Nr. 16 BauGB) im Bebauungsplan ersetzt werden.[388] **205**

Im Planfeststellungsverfahren ist eine Umweltverträglichkeitsprüfung vorzunehmen (§ 31 Abs. 2 S. 1 WHG i. V. m. Nr. 6 der Anlage zu § 3 UVPG).[389] Die UVP wird somit von der Planfeststellungspflicht abhängig gemacht. Ausbaumaßnahmen, die gem. § 31 Abs. 3 WHG genehmigt werden können, bedürfen keiner UVP nach dem UVPG.[390] **206**

Nach Ansicht des *BVerwG* war früher für die Voraussetzungen, unter denen die Planfeststellung für einen Gewässerausbau erfolgen durfte, von entscheidender Bedeutung, ob das Vorhaben im privaten oder im öffentlichen Interesse erfolgte.[391] Nach Ansicht des Gerichts konnten bei der im öffentlichen Interesse liegenden *gemeinnützigen* Planfeststellung entgegenstehende private und öffentliche Belange überwunden werden, d. h. gemeinnützige Planfeststellungen konnten Eingriffscharakter haben. Demgegenüber sollte die *privatnützige* Planfeststellung für den Antragsteller die Funktion einer Genehmigung haben; Eingriffe in Rechte Dritter waren deshalb nicht zulässig.[392] Dementsprechend konnte ein *privatnützige*s Ausbauvorhaben bereits dann abgelehnt werden, wenn eine ordnungsgemäße Abwägung aller berührten öffentlichen und privaten Belange kein überwiegendes Interesse des Ausbauunternehmers ergab.[393] Die wasserrechtliche Planfeststellungsbehörde war berechtigt, eine privatnützige Planfeststellung nach § 31 WHG ohne Prüfung etwa entgegenstehender Versagungsgründe allein aufgrund einer planerischen Abwägung abzulehnen. Eine gemeinnützige Planfeststellung erforderte demgegenüber, daß das Vorhaben nach Maßgabe der gesetzlichen Planungsziele gerechtfertigt war, daß konkrete Planungsleitsätze beachtet waren und das Abwägungsgebot eingehalten worden ist.[394] **207**

Diese vor dem Hintergrund der Inanspruchnahme von Eigentum vorgenommene Unterscheidung in **gemeinnützige** und **privatnützige** Planfeststellung ist von der Rechtsprechung des *BVerwG* aufgegeben worden,[395] nachdem das *BVerfG* mehrfach entschieden hatte, daß Eingriffe in Rechte **208**

---

[387] *OVG Münster,* Urt. v. 15. 6. 1984 – 11 A 2428/82 –, NVwZ 1986, 231 ff.

[388] *OVG Münster,* Urt. v. 5. 12. 1990 – 10 a NE 98/88 –, NVwZ-RR 1992, 232 f.

[389] Dazu *Thorwarth,* ZfW 1991, 73 ff.; *Knopp,* NuR 1993, 401 (406).

[390] *Sieder/Zeitler/Dahme/Knopp,* WHG, § 31 Rn. 51.

[391] *BVerwG,* Urt. v. 10. 2. 1978 – 4 C 25.75, BVerwGE 55, 220 (226); *dass.,* Urt. v. 18. 5. 1990 – 7 C 3.90 –, BVerwGE 85, 155 (156); *dass.,* Beschl. v. 12. 8. 1993 – 7 B 123/93 –, NuR 1994, 227; *VGH Mannheim,* Beschl. v. 7. 8. 1989 – 5 S 999/89 –, ZfW 1990, 430 (431 f.).

[392] *BVerwG,* Urt. v. 10. 2. 1978 – 4 C 25.75 –, BVerwGE 55, 220 (226 f.); auch *OVG Münster,* Urt. v. 4. 6. 1984 – 20 A 1283/83 –, ZfW 1985, 187 ff.

[393] *BVerwG,* Urt. v. 10. 2. 1978 – 4 C 25.75 –, BVerwGE 55, 220 (225); *dass.,* Urt. v. 18. 5. 1990 – 7 C 3/90 –, BVerwGE 85, 155 ff.; vgl. auch *VGH München,* Urt. v. 6. 3. 1990 – 8 B 87.2925 –, ZfW 1991, 33 ff.; ausführl. zur privatnützigen Planfeststellung *Hösch,* ZfW 1997, 79 ff.

[394] *BVerwG,* Urt. v. 10. 2. 1978 – 4 C 25.75 –, BVerwGE 55, 220 (227); *dass.,* Urt. v. 18. 5. 1990 – 7 C 3.90 –, BVerwGE 85, 155 (160 ff.); *OVG Hamburg,* Beschl. v. 8. 3. 1996 – Bs V 8/96 –, ZfW 1997, 111 (112); allgem. dazu oben § 7 Rn. 46; zur Berücksichtigung ökologischer Belange bei der wasserrechtl. Planaufstellung *Schink,* ZfW 1985, 1 ff.

[395] Vgl. *BVerwG,* Urt. v. 9. 3. 1990 – 7 C 21.89 –, BVerwGE 85, 44 (46); *dass.,* Urt. v. 18. 5. 1990 – 7 C 3.90 –, BVerwGE 85, 155 (156); *Kühling,* FS Sendler, S. 391 ff.

Dritter – beispielsweise durch Enteignung – auch zugunsten von Privaten zulässig sind.[396] Unabhängig davon bedarf es einer Planrechtfertigung, wenn das Vorhaben nur unter Inanspruchnahme fremden Eigentums verwirklicht werden kann.[397]

209 Die WHG-Novelle 1996 hat den § 31 WHG um einige materielle Vorgaben angereichert. So bestimmt § 31 Abs. 1 WHG nun, daß Gewässer in einem natürlichen oder naturnahen Zustand erhalten bleiben bzw. nach Möglichkeit in einen solchen Zustand versetzt werden sollen.[398] § 31 Abs. 5 WHG hebt die Bedeutung des Hochwasserschutzes hervor und verlangt u. a., daß die natürlichen Rückhalteflächen beim Ausbau erhalten und das natürliche Abflußverhalten nicht wesentlich verändert werden sollen. Erforderlichenfalls sind entsprechende Ausgleichsmaßnahmen vorzusehen.

210 Das Planfeststellungsverfahren ist in den Landeswassergesetzen geregelt. Häufig wird dabei auf die Vorschriften für das Planfeststellungsverfahren in den jeweiligen Verwaltungsverfahrensgesetzen der Länder verwiesen.[399] Regelmäßig ist ein Antrag des Ausbauunternehmers, eine öffentliche Auslegung der Planunterlagen, eine Erörterung möglicher Einwendungen mit den Betroffenen und eine Beteiligung betroffener Behörden erforderlich. Der das Verfahren abschließende Planfeststellungsbeschluß entfaltet formelle Konzentrationswirkung, d. h. alle nach anderen Vorschriften erforderlichen Genehmigungen, Erlaubnisse u. ä. werden durch die Planfeststellung ersetzt.[400] Die Planfeststellungsbehörde ist dabei jedoch an die sachlich-rechtlichen Vorschriften der von ihr mitzuerledigen Rechtsbereiche gebunden.[401] Zwingende Normen einschlägiger Fachgesetze sind deswegen nicht nur Abwägungsmaterial.[402] Eine Einschränkung ergibt sich jedoch aus § 38 BauGB. Nach dieser Vorschrift bleiben Planfeststellungsverfahren für überörtliche Planungen von den Vorschriften des dritten Teils des Baugesetzbuches unberührt, wenn die Gemeinde beteiligt worden ist. Das bedeutet, daß die §§ 29 ff. BauGB in Verfahren dieser Art nicht zwingend zu beachten sind, mit der Folge, daß eine Planfeststellung nicht allein mit der Begründung versagt werden kann, das Vorhaben verstoße gegen diese Vorschriften.[403]

---

[396] *BVerfG,* Beschl. v. 20. 3. 1984 – 1 BvL 28/82 –, BVerfGE 66, 248 (257); *dass.,* Urt. v. 24. 3. 1987 – 1 BvR 1046/85 –, BVerfGE 74, 264 ff.; *Beckmann/Appold/Kuhlmann,* DVBl. 1988, 1002 (1006 f.); insbesondere insoweit zur abfallrechtl. Planfeststellung *Murswiek,* DVBl. 1994, 77 ff.; *Bamberger,* BayVBl. 1999, 622 ff.

[397] Vgl. dazu bereits oben § 8 Rn. 46.

[398] Dazu auch *Knopp,* NJW 1997, 417 (421); *Breuer,* in: Rengeling, Beschleunigung, S. 77 (101).

[399] Vgl. Art. 83 Abs. 1 BayWG, § 117 Abs. 2 BremWG, § 100 Abs. 1 HessWG, § 127 NdsWG, § 152 Abs. 1 Nr. 1 LWG NW, § 114 Abs. 1 LWG RP, § 117 S. 1 Nr. 1 SaarlWG, § 128 Abs. 1 WG LSA, § 125 Abs. 1 WG SH, § 115 Abs. 1 ThürWG; zum Planfeststellungsverfahren allgem. oben § 7 Rn. 48 ff.; zum wasserrechtl. Planfeststellungsverfahren *Breuer,* WasserR, Rn. 683 ff.

[400] Dazu *OVG Münster,* Urt. v. 15. 6. 1984 – 11 a 2428/82 –, NVwZ 1986, 231 (232); *Bender/Sparwasser/Engel,* UmweltR, Teil 2 Rn. 69 ff. m. w. N.

[401] Zu den Voraussetzungen, unter denen bei einer wasserrechtl. Planfeststellung Einzelfragen der späteren Entscheidung vorbehalten werden dürfen, *BVerwG,* Beschl. v. 17. 12. 1985 – 4 B 214/85 –, ZfW 1987, 85 ff.

[402] *BVerwG,* Urt. v. 22. 3. 1985 – 4 C 73.82 –, BVerwGE 71, 163 (164).

[403] *BVerwG,* Urt. v. 4. 5. 1988 – 4 C 22.87 –, BVerwGE 79, 318 ff.; *dass.,* Urt. v. 18. 5. 1990 – 7 C 3/90 –, BVerwGE 85, 155 (160 f.); *VGH Mannheim,* Urt. v. 18. 3. 1987 – 5 S 2257/86 –, NVwZ 1988, 380 – zu diesem Urteil auch *Uechtritz,* NVwZ 1988, 316 ff.

§ 31 Abs. 4 WHG ist neuerdings ausdrücklich vorgesehen, daß ein Ausbauvorhaben in mehreren Teilen zugelassen werden kann, wenn der Ausbau wegen des räumlichen oder zeitlichen Umfangs in selbständigen Abschnitten oder Stufen durchgeführt wird.[404] 211

H. Wasserbuch

Gem. § 37 Abs. 1 WHG sind für die Gewässer Wasserbücher zu führen. 212 Sie sollen den Wasserbehörden, den am Gewässer interessierten Kreisen und der Gewässerkunde einen Überblick über die Rechtsverhältnisse an den Gewässern, vor allem über die Benutzungen ermöglichen.[405] In das Wasserbuch sind deshalb gem. § 37 Abs. 2 WHG insbesondere Erlaubnisse (§ 7 WHG), die nicht nur vorübergehenden Zwecken dienen, Bewilligungen (§ 8 WHG), alte Rechte und alte Befugnisse (§ 16 WHG), Wasserschutzgebiete (§ 19 WHG) und Überschwemmungsgebiete (§ 32 WHG) einzutragen.

Wasserbuchbehörden sind nach dem Landesrecht zumeist die Höheren 213 Wasserbehörden, in Bayern sind die Kreisverwaltungsbehörden zuständig, im Saarland die Oberste Wasserbehörde, in Schleswig-Holstein der Minister für Ernährung, Landwirtschaft und Forsten.[406] Eintragungen in das Wasserbuch haben keine rechtsbegründende oder rechtsändernde Wirkung, sie sind für den Bestand und den Nachweis von Rechtsverhältnissen nicht maßgebend.[407] Für ihre Richtigkeit besteht jedoch eine tatsächliche Vermutung; in diesem Sinne sind sie als Beweismittel geeignet.[408] Nach dem Landeswasserrecht ist die Einsicht in das Wasserbuch, seine Abschriften und diejenigen Urkunden, auf die in der Eintragung bezug genommen wird, regelmäßig denjenigen gestattet, die ein berechtigtes Interesse an der Einsicht darlegen können.[409]

I. Organisation im Wasserhaushaltsrecht

Der Vollzug des Gewässerschutzrechtes liegt ganz überwiegend bei der *allgemeinen Landesverwaltung*. Regelmäßig sind die Befugnisse zwischen den 214 Kreisen als unterer Wasserbehörde, den Mittelinstanzen, d. h. den Regierungspräsidenten oder den Bezirksregierungen – soweit in den Bundeslän-

[404] Diese Neuerung geht auf die Empfehlungen der „Unabhängigen Expertenkommission Vereinfachung und Beschleunigung von Planungs- und Genehmigungsverfahren" (Schlichter-Kommission) zurück, vgl. BT-Drs. 13/4788, S. 21.
[405] *Czychowski*, WHG, § 37 Rn. 1.
[406] Zum LandesR i. e. *Czychowski*, WHG, § 37 Rn. 2 a.
[407] *Czychowski*, WHG, § 37 Rn. 3.
[408] *Czychowski*, WHG, § 37 Rn. 3a; *Sieder/Zeitler/Dahme/Knopp*, WHG, § 37 Rn. 33.
[409] Z.B. § 189 Abs. 1 NdsWG, § 160 Abs. 1 LWG NW, § 124 Abs. 1 ThürWG; zur Einsicht in das Wasserbuch nach § 160 LWG NW im Zusammenhang mit Auskunftsrechten u. -pflichten gegenüber Dritten bei Abwasserableitungen *Nieß-Mache*, UPR 1987, 130 (131 f.); zum Umfang des Einsichtnahmerechts *VG Schleswig*, Urt. v. 12. 12. 1989 – 6 A 245/88 –, NVwZ 1990, 796 f.

dern vorgesehen – als oberer Wasserbehörde und dem jeweiligen Fachminister als oberster Wasserbehörde aufgeteilt.

215 In einigen Bundesländern werden die allgemeinen Wasserbehörden außerdem durch technische Fachbehörden unterstützt.[410]

216 Zahlreiche Aufgaben werden im Bereich der Wasserwirtschaft auch von **Wasser- und Bodenverbänden** übernommen.[411] Die allgemeine Rechtsgrundlage für die Gründung und die Tätigkeit der Wasser- und Bodenverbände bildet das Gesetz über Wasser- und Bodenverbände.[412] Wasser- und Bodenverbände sind selbständige Körperschaften des öffentlichen Rechts, die eigenverantwortlich wasserwirtschaftliche Aufgaben unter der bloßen Rechtsaufsicht des jeweiligen Landes wahrnehmen (§§ 1, 2, 72 Abs. 1 S. 1, 73 WVG).[413] Zur Aufgabe der Wasser- und Bodenverbände zählen nach näherer Bestimmung der Verbandssatzung insbesondere die Herstellung, Änderung, Unterhaltung, Regulierung und Beseitigung der Gewässer und ihrer Ufer, die Herstellung und Unterhaltung von Stauanlagen und anderen Benutzungsanlagen, die Entwässerung und Bewässerung von Grundstücken, die Abwasserbeseitigung, die Beschaffung von Trink- und Brauchwasser sowie die Verbesserung des Bodens im Interesse der Landwirtschaft (vgl. § 2 WVG). Mitglieder des Wasser- und Bodenverbandes können die Eigentümer von Grundstücken, Bergwerken und Anlagen, ferner die Gewässer- und Uferunterhalter, schließlich alle beteiligten Gebietskörperschaften sein (vgl. § 4 WVG).[414]

---

[410] Vgl. z.B. § 95 Abs. 3 S. 1 WG BW Gewerbeaufsichtsamt; § 96 HessWG Wasserwirtschaftsamt; § 110 LWG MV Landesamt für Umwelt u. Natur u. Geologisches Landesamt; § 168 Abs. 4 NdsWG Wasserwirtschaftsamt; § 138 LWG NW Staatliche Umweltämter; § 109 LWG RP Wasserwirtschaftsämter u. Landesamt für Wasserwirtschaft; zu wasserrechtl. Vollzugskompetenzen außerdem *Breuer,* HÖV, Bd. 2, S. 445.

[411] Vgl. dazu ausführl. *Breuer,* in: Schmidt/Aßmann, BesVwR, 5. Abschn. Rn. 164 ff.; *Achterberg/Püttner,* BesVwR, Bd. I, S. 639 ff.; *Rapsch,* WasserverbandsR, passim; *Czychowski,* HdUR Bd. 2, Sp. 2721 ff.; *Weller,* Aufgaben, Organisation und Finanzierung der Wasser- und Bodenverbände, passim; zur Errichtung in Thüringen vgl. *Tilp,* ThürVBl. 1995, 97 ff.

[412] Gesetz über Wasser- und Bodenverbände (Wasserverbandsgesetz – WVG) v. 12. 2. 1991 (BGBl. I S. 405).

[413] Zur Demokratisierung vgl. *Lindemann,* NVwZ 1991, 449; zur Grundrechtsfähigkeit von Wasser- u. Bodenverbänden *BVerfG,* Beschl. v. 19. 6. 1990 – 2 BvR 691/90 –, WUR 1990, 163; *Hoppe/Beckmann,* DVBl. 1990, 177 ff.; *Salzwedel/Reinhardt,* NVwZ 1991, 946 (952); *Rapsch,* DÖV 1992, 657 ff.; zu den Voraussetzungen für einen Zusammenschluß von Wasser- und Bodenverbänden vgl. *OVG Münster,* Urt. v. 9. 3. 1994 – 25 B 3417/93 –, NVwZ-RR 1995, 138; ausführl. *Löwer,* Sondergesetzliche Gründung und Auflösung von Wasserverbänden; zur Legitimation von Amtswaltern in Kollegialorganen der Wasser- u. Bodenverbände *BVerwG,* Beschl. v. 17. 12. 1997 – 6 C 2.97 –, BVerwGE 106, 64 ff.

[414] Zur Selbstverwaltung der Wasser- u. Bodenverbände *Hoppe/Beckmann,* Rechtsgrundlagen und verfassungsrechtliche Grenzen der Gründung und Auflösung von Wasser- und Bodenverbänden, S. 1 ff.; *Breuer,* FS v. Unruh, S. 855 ff.; zur Anwendbarkeit der Abgabenordnung im Verhältnis von Wasserverband u. Mitgliedern *VGH Mannheim,* Urt. v. 2. 7. 1991 – 8 S 175/91 –, NVwZ 1992, 1228 f.; zum Schiedsgericht nach § 71 WVG vgl. *Rapsch,* NVwZ 1993, 534 ff.

J. Straf- und Ordnungswidrigkeiten

Gewässerschädigende Verhaltensweisen mit hohem Unwertgehalt werden 217
als *Straftaten* geahndet.[415] So wird gem. § 324 Abs. 1 StGB mit Freiheitsstrafe bis zu 5 Jahren oder mit Geldstrafe bestraft, wer unbefugt ein Gewässer verunreinigt oder sonst dessen Eigenschaften nachteilig verändert.[416] Gem. § 330d Nr. 1 StGB fällt unter den strafrechtlichen Wasserbegriff auch das Meer. Ferner wird gem. § 327 Abs. 2 Nr. 2 StGB mit Freiheitsstrafe bis zu 3 Jahren oder mit Geldstrafe bestraft, wer eine genehmigungsbedürftige oder anzeigepflichtige Rohrleitungsanlage zum Befördern wassergefährdender Stoffe i. S. d. WHG ohne die dazu erforderliche Genehmigung oder Planfeststellung oder entgegen einer vollziehbaren Untersagung betreibt. Wasser- und Heilquellenschutzgebiete genießen darüber hinaus gem. § 329 Abs. 2 StGB strafrechtlichen Schutz. Danach wird mit einer Freiheitsstrafe bis zu 3 Jahren oder mit Geldstrafe bestraft, wer gegen bestimmte zum Schutz des Gebietes erlassene Rechtsvorschriften verstößt. Werden durch diese gewässerschädigenden Verhaltensweisen u. a. der Tod oder eine schwere Gesundheitsbeschädigung eines Menschen oder die Gefahr einer solchen verursacht oder ein Gewässer derart beeinträchtigt, daß die Beeinträchtigung nicht, nur mit außerordentlichem Aufwand oder erst nach längerer Zeit beseitigt werden kann oder wird die öffentliche Wasserversorgung gefährdet, so liegt in der Regel ein besonders schwerer Fall der entsprechenden Umweltstraftat vor, der gem. § 330 StGB mit einer Freiheitsstrafe von 6 Monaten bis zu 10 Jahren bestraft wird.

Das WHG zählt in § 41 ferner zahlreiche Verhaltensweisen auf, die als 218
Ordnungswidrigkeiten zu werten sind. Dazu zählen insbesondere das ungenehmigte Benutzen von Gewässer[417] oder das ungenehmigte Erstellen oder Betreiben von Rohrleitungsanlagen. Die Ordnungwidrigkeit kann mit einer Geldbuße bis zu 100 000,– DM geahndet werden.

K. Haftungsvorschriften

§ 22 WHG enthält eine besondere Haftungsregelung, wonach für be- 219
stimmte Handlungen oder Anlagen unabhängig von der Frage des Verschuldens eine der Höhe nach unbegrenzte Schadensersatzpflicht festgesetzt ist

---

[415] Zum UmweltstrafR allgem. vgl. § 13 Rn. 1 ff.; grundl. zu Straftaten u. Ordnungswidrigkeiten im WasserR *Papier,* in: Krebs/Oldiges/Papier, Aktuelle Probleme des Gewässerschutzes, S. 61 ff.; *Schmeken/Müller,* UmweltstrafR, S. 24 ff.

[416] Zur Strafbarkeit nach § 324 Abs. 1 StGB wegen des Betreibens undichter Abwasserkanäle vgl. *Himmel/Sanden,* ZfW 1994, 449; zum Einleiten ungeklärter Abwässer in einen Bach vgl. *BGH,* Urt. v. 19. 8. 1992 – 2 StR 86/92 –, NJW 1992, 3247 ff; zur fahrlässigen Gewässerverunreinigung vgl. *OLG Düsseldorf,* Urt. v. 1. 12. 1992 – 2 Ss 263/92 – 88/92 II –, NJW 1993, 1408.

[417] Zur Ordnungswidrigkeit nach § 41 Abs. 1 Nr. 1 WHG wegen einer nach der behördl. Erlaubnis unzulässigen Schadstoffbelastung eines Gewässers *OLG Düsseldorf,* Beschl. v. 3. 12. 1990 – 5 Ss (OWi) 370/90 –, (OWi) 161/90 I –, NVwZ 1991, 510 f.

(Gefährdungshaftung), die neben dem Umwelthaftungsgesetz[418] besteht.[419] Gem. § 22 Abs. 1 S. 1 WHG ist derjenige, der Stoffe in ein Gewässer einbringt oder einleitet oder auf ein Gewässer derart einwirkt, daß die physikalische, chemische oder biologische Beschaffenheit des Wassers geändert wird, zum Ersatz des daraus einem anderen entstehenden Schadens verpflichtet *(Handlungshaftung)*. Voraussetzung ist, daß das Einleiten oder Einwirken auf ein Gewässer zielgerichtet ist, wobei die Verunreinigung nicht beabsichtigt gewesen sein muß.[420] Dies ist z. B. der Fall, wenn der Betreiber einer Deponie Sickerschächte und Entwässerungsschächte anlegt, um die Drainage zu fördern und auf diese Weise Schadstoffe in ein Gewässer gelangen.[421]

220 Ebenso ist gem. § 22 Abs. 2 S. 1 WHG der Inhaber einer Anlage zum Schadensersatz verpflichtet, wenn aus einer Anlage die dazu bestimmt ist, Stoffe herzustellen, zu verarbeiten, zu lagern, abzulagern, zu befördern oder wegzuleiten, derartige Stoffe in ein Gewässer gelangen, ohne in dieses eingebracht oder eingeleitet zu sein, es sei denn, der Schaden ist durch höhere Gewalt verursacht *(Anlagenhaftung)*.[422] § 22 Abs. 2 S. 1 WHG gilt im wesentlichen für Unfallschäden.

---

[418] Vgl. zum UmweltHG bereits oben § 12 Rn. 75 ff.

[419] Vgl. § 18 Abs. 1 UmweltHG; dazu *Sieder/Zeitler/Dahme/Knopp,* WHG, § 22 Rn. 13 c; *Czychowski,* WHG, § 22 Rn. 2; *Salzwedel/Reinhardt,* NVwZ 1991, 946 (948 ff.); *Feldmann,* UPR 1991, 45 (48); *Hager,* NJW 1991, 134 (136); *Paschke/Köhlbrandt,* NuR 1993, 256 (259 f.).

[420] *BGH,* Urt. v. 21. 1. 1988 – III ZR 180/86 –, BGHZ 103, 129 (134); *ders.,* Urt. v. 20. 1. 1994 – III ZR 166/92 –, NJW 1994, 1006.

[421] *Scheier/Klowait,* ZfW 1993, 129 (131); zur Bestimmung des Ersatzpflichtigen bei der Einleitung von Abwasser aus einer gemeindl. Kanalisation in ein Gewässer vgl. *OLG Düsseldorf,* Urt. v. 3. 11. 1994 – 10 U 71/93 –, ZfW 1996, 549 ff.

[422] Vgl. *OLG Köln,* Urt. v. 7. 6. 1995 – 26 U 54/94 –, ZfW 1998, 396 ff.; zum Schutzbereich des § 22 Abs. 2 WHG *BGH,* Urt. v. 6. 5. 1999 – III ZR 89/97 –, UPR 1999, 305 f.; zum Problem des Inhaberwechsels vgl. *Stollmann,* ZAU 1991, 402 ff.; ferner *BGH,* Urt. v. 22. 7. 1999 – III ZR 198/98 –, DÖV 1999, 999 ff.
= DVBl 99, 1504

§ 19. Abwasserabgabenrecht

A. Abwasserabgabe als Instrument des Gewässerschutzes

1 Der Bundesgesetzgeber hat 1978 aufgrund seiner Rahmengesetzgebungskompetenz nach Art. 75 Abs. 1 Nr. 4 GG das Abwasserabgabengesetz (AbwAG)[1] erlassen,[2] das nach Überleitungsfristen seit dem 1. 1. 1993 auch in den neuen Bundesländern gilt.[3] Es wird durch landesrechtliche Regelungen ausgefüllt,[4] wobei die Länder entweder die abgabenrechtlichen Vorschriften in ihre Wassergesetze mit aufgenommen haben[5] oder aber Landesabwasserabgabengesetze geschaffen haben.[6] EG-rechtliche Regelungen zur Harmonisierung der Abgabenbelastung in der EG existieren derzeit nicht.[7]

2 Das Abwasserabgabengesetz des Bundes beinhaltet eine Abgabenpflicht für Abwassereinleiter und beansprucht damit im Rahmen des Umweltschutzrechts Modellcharakter.[8] Die ökonomische Belastung, die für den Gewässerverschmutzer aus der Abwasserabgabe folgt, soll diesen dazu veranlassen, den Abwasser- und Schadstoffanfall zu reduzieren, neue Kläranlagen zu bauen oder vorhandene zu verbessern sowie ihren ordnungsgemäßen Betrieb sorgfältig zu überwachen.[9] Im Interesse einer verbesserten Reinhaltung der Gewässer wirkt die Abwasserabgabe als flankierende Maßnahme zum wasserrechtlichen Instrumentarium mittelbar auf den Verantwortlichen einer Gewässerverschmutzung ein und verschafft so dem Verursacherprinzip Geltung.[10]

---

[1] Gesetz über Abgaben für das Einleiten von Abwasser in Gewässer (Abwasserabgabengesetz – AbwAG) 3. 11. 1994 (BGBl. I S. 3370), zul. geänd. durch G v. 25. 8. 1999 (BGBl. I S. 2455).

[2] Zur Gesetzgebungskompetenz ausführl. *Sieder/Zeitler/Dahme/Knopp,* WHG, Vorb. AbwAG, Rn. 6 f.; zur historischen Entwicklung vgl. *Schröder,* HdUR, Bd. 1, Sp. 67f.; *Berendes,* AbwAG, S. 6ff.

[3] Zur Geltung des AbwAG in den neuen Ländern u. zur str. Entgeltpflicht *Reinhardt,* DVBl. 1991, 1058 (1059); *Mache,* UmweltR, Rn. 156; *Müggenborg,* LKV 1993, 353 (353f.); *Schröder,* HdUR, Bd. 1, Sp. 67 (68f.); *Sieder/Zeitler/Dahme/Knopp,* WHG, Vorb. AbwAG, Rn. 4b m. w. N.

[4] *Sieder/Zeitler/Dahme/Knopp,* WHG, Vorb. AbwAG, Rn. 19.

[5] So in Nordrhein-Westfalen u. im Saarland.

[6] Thüringer Abwasserabgabengesetz v. 28. 5. 1993 (BGBl. I S. 301), geänd. durch G v. 7. 7. 1999 (GVBl. S. 437).

[7] *Sieder/Zeitler/Dahme/Knopp,* WHG, Vorb. AbwAG, Rn. 5.

[8] *Schröder,* DÖV 1983, 667f.; *Meßerschmidt,* Umweltabgaben als Rechtsproblem, S. 185; *Sautter,* AbwasserabgabenR, S. 9, 84; zur grundl. Modifizierung der Abwasserabgabe vgl. *Nisipeanu,* AbwasserR, S. 270ff.; *ders.,* WuB 1997, 26ff.; zu Umweltabgaben vgl. oben § 9 Rn. 12ff.

[9] BT-Drs. 7/2272, S. 3; BT-Drs. 7/5183, S. 2; zur ergänzenden Funktion des AbwAG auch *Hulpke/Schendel,* ZAU 1993, 160 (161f.); zur Entwicklung der Abwasserabgabe aus kommunaler Sicht *Dedy/Landsberg,* ZAU 1993, 166ff.

[10] *Schröder,* DÖV 1983, 667 (); zur Zwecktauglichkeit des AbwAG *Schröder,* HdUR, Bd. 1, Sp. 67 (79); krit. *Sautter,* AbwasserabgabenR, S. 97; *Ewringmann,* ZAU 1993, 153ff.; *Schmidt/Müller,* UmweltR, § 4 Rn. 3.

3 Der dem Abwasserabgabengesetz innewohnenden Anreizfunktion entspricht der **Lenkungscharakter** der Abgabe. Der Sinn der Abgabenerhebung ist nicht primär darauf gerichtet, dem Fiskus ein größeres Einnahmeaufkommen zu verschaffen, sondern eine weitgehende Verminderung der Schadstofffracht der Gewässer zu erreichen.[11] Die Abwasserabgabe ist weder eine Steuer noch ein Beitrag zur Finanzierung öffentlicher Gewässerschutzeinrichtungen, noch eine Benutzungsgebühr für den Zugang zu Gewässern.[12] Die Abgabenlast entsteht unabhängig von einer wasserrechtlichen Gestattung für das Einleiten von Abwasser und stellt keine Gegenleistung für die Inanspruchnahme von Einrichtungen des Gemeinwesens dar. Die Anknüpfung der Abgabe an Menge und Schädlichkeit des eingeleiteten Abwassers in § 3 AbwAG weist sie als *Sonderabgabe* aus, die aber wegen der mit ihr primär verfolgten Antriebsfunktion Lenkungs- und nicht Finanzierungscharakter hat.[13]

4 Unmittelbare Folge der Abgabenerhebung in Abhängigkeit von Menge und Schädlichkeit des Abwassers ist der Abbau von Nachteilen derjenigen Einleiter, die mit zum Teil enormem Kostenaufwand gewässerschützende Maßnahmen ergreifen gegenüber solchen Verschmutzern, die die Gewässer mit unverminderter Schmutzfracht belasten und die Kosten umweltschützender Investitionen einsparen. Damit erreicht die Abwasserabgabe einen Ausgleich unter allen Gewässerverschmutzern und vermeidet, daß unterschiedliche Sorgfaltsmaßstäbe von Abwassereinleitern zu ungerechtfertigten Vermögensvorteilen einzelner bzw. Wettbewerbsverzerrungen überhaupt führen.[14]

5 Wenn auch die Erhebung einer Umweltabgabe mit Lenkungscharakter nicht in erster Linie der Steigerung des Finanzaufkommens des Fiskus dient, so ist der Anfall beträchtlicher Einnahmen gleichwohl notwendige Konsequenz dieser Sonderlast.[15] Das Abwasserabgabeaufkommen steht den Ländern zu und ist gem. § 13 Abs. 1 S. 1 AbwAG für Maßnahmen, die der Erhaltung oder Verbesserung der Gewässergüte dienen (vgl. § 13 Abs. 2 AbwAG), zweckgebunden. Die Länder werden in § 13 Abs. 1 S. 2 AbwAG ermächtigt, das Aufkommen auch zur Deckung des Verwaltungsaufwands zu verwenden, der durch den Vollzug des Bundesgesetzes und der ausführenden Ländergesetze entsteht.[16]

6 Die Einzelheiten über die Abgabenerhebung, die Ermittlung der Schädlichkeit und die Überwachung regeln die Landesabwasserabgabengesetze oder die Landeswassergesetze als Ausführungsgesetze.[17]

7 Das AbwAG ist mehrfach novelliert worden.[18] Im Rahmen der 4. Novelle[19] wurden zuletzt die ursprünglich vorgesehenen Erhöhungen des Abgabesatzes weitgehend

---

[11] *Schröder,* HdUR, Bd. 1, Sp. 67ff.

[12] *Henseler,* Abwasserbeseitigung, S. 170f.; *Schröder,* HdUR, Bd. 1, Sp. 67 (76f.); *Brandt,* UPR 1984, 10 (11f.).

[13] *Schröder,* DÖV 1983, 667 (669f.); zur Rechtsnatur der Abwasserabgabe *Meßerschmidt,* Umweltabgaben als Rechtsproblem, S. 191ff.; *Berendes,* AbwAG, S. 19ff.

[14] Vgl. *Mache,* UmweltR, Rn. 137.

[15] Im Jahre 1992 wurden Einnahmen von 551 Mio. DM erzielt, *Berendes,* AbwAG, S. 201.

[16] Krit. hierzu *Brandt,* UPR 1984, 10 (12f.).

[17] Zu den Ausführungsgesetzen i. Ü. vgl. *Sieder/Zeitler/Dahme/Knopp,* WHG, Vorb. AbwAG, Rn. 18ff.

[18] Vgl. zu den einzelnen Novellen *Köhler,* AbwAG, Einl. Rn. 169ff.

zurückgenommen und für den Abgabeschuldner günstige Verrechnungsmöglichkeiten geschaffen. Es wird befürchtet, daß damit die Lenkungswirkung der Abwasserabgabe erheblich vermindert worden ist.[20]

Der Professorenentwurf zum UGB-BT integriert das Instrument der Abwasserabgabe unmittelbar in den Regelungsbereich des Rechts der Wasserwirtschaft (vgl. §§ 271ff. UGB-BT-E).[21] Er knüpft dabei an die allgemeinen Vorschriften über Umweltabgaben in §§ 77ff. UGB-AT-E an[22] und hält grundsätzlich an dem nach dem Abwasserabgabengesetz geltenden Rechtszustand fest, wobei Detailregelungen vermehrt auf den Verordnungsweg verwiesen werden.[23]

Auch der Kommissionsentwurf zum Umweltgesetzbuch integriert die Vorschriften über die Abwasserabgabe in das übrige Gewässerschutzrecht (§§ 403 bis 412 UGB-KomE). Dabei lehnen sich die einzelnen Regelungen im wesentlichen an die des Abwasserabgabengesetzes an.[24]

B. Entstehung der Abgabenlast

I. Abgabetatbestand

Abgabetatbestand ist gem. § 1 S. 1 AbwAG das Einleiten von Abwasser in ein Gewässer.[25] 8

Der **Gewässerbegriff** bestimmt sich nach § 1 Abs. 1 WHG.[26] 9

Der **Abwasserbegriff** umfaßt gem. § 2 Abs. 1 S. 1 AbwAG sowohl das durch häuslichen, gewerblichen, landwirtschaftlichen oder sonstigen Gebrauch in seinen Eigenschaften veränderte und das bei Trockenwetter damit zusammen abfließende Wasser **(Schmutzwasser)**, als auch das von Niederschlägen aus dem Bereich von bebauten oder befestigten Flächen abfließende und gesammelte Wasser **(Niederschlagswasser)**.[27] Kein Abwasser ist das aus Bergwerken abgepumpte Grundwasser (sog. Grubenwasser).[28] Aus dem Merkmal „Abfließen" ergibt sich ferner, daß auch Wasser, das sich in innerbetrieblichen Kreisläufen befindet und nicht in die Kanalisation abgelassen wird, kein Abwasser ist.[29] Als Schmutzwasser gelten jedoch gem. § 2 Abs. 1 S. 2 AbwAG auch die aus Anlagen zum Behandeln, Lagern und Ablagern von Abfällen austretenden und gesammelten Flüssigkeiten **(Deponiesickerwasser)**.[30] Das Einbringen von anderen flüssigen Substanzen oder festen Stoffen in ein Gewässer unterliegt keiner Abgabenpflicht sondern untersteht dem abfallrechtlichen Regime. 10

---

[19] Viertes Gesetz zur Änderung des Abwasserabgabengesetzes vom 5. 7. 1994 (BGBl. I S. 1453), vgl. dazu *Böhm,* NVwZ 1995, 557ff.

[20] Vgl. *Bender/Sparwasser/Engel,* UmweltR, Teil 4 Rn. 209; *Gawel,* ZUR 1993, 159ff. *Ewringmann,* ZAU 1993, 153ff; SRU, Umweltgutachten 1996, BT-Drs. 13/4108, Tz. 335ff., wo von einer „Demontage der Abwasserabgabe" gesprochen wird.

[21] *Jarass/u. a.,* UGB-BT-E, S. 112ff., 551ff.; vgl. auch *Kloepfer,* DVBl. 1994, 305 (309).

[22] *Kloepfer/u. a.,* UGB-AT-E, S. 69f., 339ff.

[23] *Jarass/u. a.,* UGB-BT-E, S. 553; *Kloepfer,* DVBl. 1994, 305 (309f.); *Rehbinder,* NuR 1994, 313 (317).

[24] Vgl. dazu auch *Köhler,* AbwAG, Einl. Rn. 176ff.

[25] Dazu auch *Nisipeanu,* AbwasserR, S. 525ff.

[26] Vgl. dazu oben § 18 Rn. 9ff.

[27] Ausführl. *Berendes,* AbwAG, S. 37ff.; zum Begriff des Schmutzwassers auch *OVG Münster,* Urt. v. 12. 11. 1984 – 20 A 393/83 –, ZfW 1985, 195ff.; *Schröder,* HdUR, Bd. 1, Sp. 67 (68); zur abwasserabgabenrechtl. Beurteilung der Aufbringung von Schmutzwasser auf landwirtschaftl. genutzte Böden *OVG Münster,* Urt. v. 23. 1. 1985 – 2 A 1332/84 –, ZfW 1986, 260; vgl. zum Abwasserbegriff auch oben § 18 Rn. 128ff.

[28] *BVerwG,* Urt. v. 27. 11. 1992 – 8 C 55/90 –, NVwZ 1993, 997.

[29] *VG Köln,* Urt. v. 9. 2. 1993 – 14 K 3595/91 –, UPR 1994, 78.

[30] *VGH Mannheim,* Beschl. v. 21. 9. 1989 – 5 S 1443/89 –, DÖV 1990, 395f.

11 **Einleiten** ist gem. § 2 Abs. 2 AbwAG das unmittelbare Verbringen des Abwassers in ein Gewässer; das Verbringen in den Untergrund gilt als Einleiten in ein Gewässer, soweit es nicht im Rahmen landbaulicher Bodenbehandlung erfolgt.[31] Der Tatbestand des Verbringens umfaßt dabei jede Handlung, die darauf abzielt, Abwasser in ein Gewässer gelangen zu lassen. Er ist insbesondere erfüllt, wenn Abwasser vorsätzlich auf den Boden aufgebracht wird und mit einem Eindringen in den Untergrund und damit in das Grundwasser gerechnet werden muß.[32] Der Gesetzgeber hat sich darauf beschränkt, die Hauptverursachung der Gewässerverschmutzung mit einer Abgabenpflicht zu belegen. Andere den Wasserhaushalt belastende Benutzungen werden durch das Abwasserabgabengesetz nicht erfaßt.[33]

II. Abgabeschuldner

12 Abgabeschuldner ist gem. § 9 Abs. 1 AbwAG derjenige, der Abwasser einleitet (Einleiter). Da das Einleiten von Abwasser in § 2 Abs. 2 AbwAG nur als *unmittelbares* Verbringen von Abwasser in ein Gewässer definiert ist, kommt eine Abgabepflicht nur für die sog. *Direkteinleiter* in Betracht.[34] In Frage kommen vor allem Wasserverbände, Kommunen und Großindustrieunternehmen.[35]

Fall: A betreibt in gemieteten Räumen eine Teppichwäscherei. Die Abwässer aus der Teppichwäscherei flossen in der Vergangenheit zusammen mit den Abwässern aus den Wohnungen der anderen Mieter auf demselben Grundstück in denselben Sammelschacht, dessen Überlaufwasser in einen auf dem Grundstück befindlichen Graben geleitet wurde und von dort aus versickerte. A wandte sich mit einer Klage gegen die Heranziehung zur Abwasserabgabe. Seine Klage hatte Erfolg. Nach Ansicht des *VGH Mannheim* ist abgabepflichtiger Einleiter i. S. v. § 9 Abs. 1 AbwAG bei der Einleitung in eine – öffentliche oder private – Abwasseranlage nicht der einzelne Schmutzwassererzeuger, sondern wegen § 2 Abs. 2 AbwAG, wonach Einleiten von Abwasser nur unmittelbares Verbringen von Abwasser in ein Gewässer ist, der Betreiber der Abwasseranlage. Der Mieter von Räumen, deren Abwasser in eine private Grundstücksentwässerung gelange, die auch von anderen Mietern auf dem Grundstück benutzt werde, sei in der Regel nicht Betreiber der Einrichtung.[36]

13 Ausgenommen aus dem Regelungsbereich sind all jene Abwasserproduzenten, die insbesondere die öffentliche Kanalisation in Anspruch nehmen und über diese – indirekt – die Schmutzfracht in Gewässer leiten.

14 Da die Abwasserbeseitigung als öffentliche Aufgabe verstanden und in der Regel von den Gemeinden erledigt wird, wirkt sich das Abwasserabgabengesetz in erster Linie auf die beseitigungspflichtigen Körperschaften des öffentlichen Rechts aus, nicht aber - von einigen industriellen Direkteinleitern abgesehen – auf die überwiegende Zahl der Abwasserproduzenten aus.[37] Dabei bleibt es dem jeweiligen Landesrecht

[31] *BVerwG,* Urt. v. 7. 11. 1990 – 8 C 71/88 –, NVwZ 1991, 482; ausführl. auch *Berendes,* AbwAG, S. 40f.

[32] *BVerwG,* Urt. v. 7. 11. 1990 – 8 C 71/88 –, NVwZ 1991, 482 (483);

[33] *Sautter,* AbwasserabgabenR, S. 85.

[34] De lege ferenda für die Einbeziehung der Indirekteinleiter *Oldiges,* in: Krebs/Oldiges/Papier, Aktuelle Probleme des Gewässerschutzes, S. 60.

[35] Dazu i. e. *Berendes,* AbwAG, S. 126ff.

[36] *VGH Mannheim,* Urt. v. 7. 2. 1986 – 14 S 2948/84 –, ZfW 1987, 37ff.; auch *OVG Münster,* Urt. v. 30. 11. 1987 – 2 A 1088/85 –, DÖV 1988, 518 (519), wonach das Verrieseln von Abwasser auf einer Waldfläche kein unmittelbares Einleiten von Abwasser i. S. v. § 2 Abs. 2, 2. HS AbwAG ist.

[37] *Brandt,* UPR 1983, 84 (85); zur Auskunftspflicht von Indirekteinleitern *BVerwG,* Beschl. v. 25. 2. 1991 – 7 B 3/91 –, NVwZ 1991, 996f.

überlassen, ob und nach welchen Maßstäben die Abgabepflicht auf Indirekteinleiter abgewälzt wird, da das Einleiten in die Kanalisation kein wasserrechtlicher, dem Bund aus Art. 75 Abs. 1 Nr. 4 GG zur Regelung übertragener Tatbestand, sondern ein kommunalrechtlicher Vorgang ist.[38] Ähnlich ist die Rechtslage in den bundesgesetzlich vorgesehenen Fällen der Übertragung der Abgabepflicht auf öffentlich-rechtliche Körperschaften oder Betreiber von Flußkläranlagen; § 9 Abs. 2 S. 2 AbwAG sieht zwingend vor, daß anstelle von Kleineinleitern von den Ländern zu bestimmende Körperschaften des öffentlichen Rechts abgabepflichtig sind. Für die übrigen Einleiter können die Länder dies ebenfalls vorsehen (§ 9 Abs. 2 S. 1 AbwAG). Daneben bleibt es den Ländern vorbehalten, die Betreiber von Flußkläranlagen anstelle der in ihrem Einzugsbereich einleitenden Abwasserproduzenten heranzuziehen (§ 9 Abs. 3 AbwAG). In allen drei Fällen sind die Länder allerdings verpflichtet, die Abwälzbarkeit der Abgabe zu regeln (§ 9 Abs. 2 S. 3 AbwAG). Die Länderregelungen bieten in den Ausführungsgesetzen ein uneinheitliches Bild zur Frage der Abwälzbarkeit der Abwasserabgabe.[39] Es zeichnet sich eine Abwälzung nach den Kommunalabgabengesetzen der Länder ab.[40] Das Abwasserabgabengesetz schreibt eine Berücksichtigung der Schädlichkeit des Abwassers bei der Abwälzung der Abgabe nicht vor.

III. Abgabensatz

Die Höhe der Abgabenschuld ergibt sich aus der Multiplikation der errechneten Schadeinheiten mit dem Abgabensatz, der in § 9 Abs. 6 AbwAG in DM festgelegt ist. Der Abgabensatz stieg von 1981 bis 1997 von 12 DM auf 70 DM pro Schadeinheit. Eine weitere Erhöhung ist nicht mehr vorgesehen.[41] 15

C. System der Abgabenerhebung

I. Schädlichkeit des Abwassers als Bewertungsgrundlage

Die Abwasserabgabe richtet sich gem. § 3 Abs. 1 S. 1 AbwAG nach der Schädlichkeit des Abwassers, die unter Zugrundelegung der oxidierbaren Stoffe, des Phosphors, des Stickstoffs, der organischen Halogenverbindungen, der Metalle Quecksilber, Cadmium, Chrom, Nickel, Blei, Kupfer und ihrer Verbindungen sowie der Giftigkeit des Abwassers gegenüber Fischen nach der Anlage zu diesem Gesetz in Schadeinheiten bestimmt wird.[42] Weder Wärmeeintrag noch gelöste Salze lösen danach eine Abgabenpflicht aus.[43] 16

Die Schädlichkeit jedes dieser Schadparameter wird mittels einer Bewertungstabelle in Anlage Teil A zu § 3 AbwAG in Schadeinheiten ausgedrückt. Eine **Schadeinheit** entspricht annähernd der Schädlichkeit des ungereinigten Schmutzwassers, das pro Einwohner in einem Jahr anfällt. Pro Schadeinheit des eingeleiteten Abwassers ist der in § 9 Abs. 4 AbwAG festgelegte **Abgabesatz** zu entrichten. § 3 Abs. 1 S. 2 AbwAG befreit von einer Abgabenpflicht, wenn der Einleiter bestimmte Schwellenwerte einzelner Schadparameter nicht überschreitet. Diese Schwellenwerte finden sich in Teil A der Anlage zu § 3 Abs. 1 AbwAG für jeden Schädlichkeitsparameter nach Konzentra- 17

[38] Zur Umlage der Abwasserabgabe *BVerwG,* Urt. v. 11. 11. 1987 – 8 C 49.86 –, DÖV 1988, 348 f.
[39] I. e. *Brandt,* UPR 1983, 84 (86 ff.); *Schröder,* HdUR, Bd. 1, Sp. 67 (75).
[40] Dazu *VGH Kassel,* Beschl. v. 23. 6. 1986 – 5 TH 29/85 –, ZfW 1987, 170 ff.
[41] *Sieder/Zeitler/Dahme/Knopp,* WHG, Vorb. AbwAG Rn. 4 c.
[42] Ausführl. *Berendes,* AbwAG, S. 41 ff.
[43] *Sautter,* AbwasserabgabenR, S. 87.

tion und Jahresmenge getrennt festgelegt. Sie markieren Grenzwerte, bei deren Überschreiten die Verminderung einer Gewässerbelastung abwassertechnisch nicht mehr möglich oder im Verhältnis zum ökologischen Nutzen nicht mehr vertretbar erscheint. Sie sollen als Anreiz zur Optimierung von Vermeidungsmaßnahmen wirken.[44]

II. Ermittlung der Zahl der Schadeinheiten

1. Bescheid- und Wirklichkeitsveranlagung

18 Bei Ermittlung der Zahl der Schadeinheiten errechnet sich die Schadstofffracht grundsätzlich nach den Festlegungen des die Abwassereinleitung zulassenden Bescheids (§ 4 Abs. 1 S. 1 AbwAG).[45] Danach knüpft die Abgabenerhebung nicht an die tatsächlich eingeleitete, sondern an die wasserrechtlich zulässige Schmutzfracht an.

19 Der Gesetzgeber hat der sogenannten **Bescheidlösung** gegenüber einer Wirklichkeitsveranlagung den Vorzug gegeben, um den Verwaltungsaufwand für die Abgabenerhebung möglichst gering zu halten.[46] Die durch die Verzahnung der Abgabenerhebung mit dem wasserrechtlichen Vollzug erforderliche Umstellung der Einleitungsbescheide erschien leichter zu bewältigen als die sonst generell durchzuführenden Messungen der Abwasserströme.

20 Maßgeblich für die Veranlagung sind jetzt gem. § 4 Abs. 1 S. 2 AbwAG diejenigen Werte, die in dem wasserrechtlichen Bescheid als in einem bestimmten Zeitraum einzuhalten festgesetzt sind.

21 Darüber hinaus muß die Jahresschmutzwassermenge festgelegt werden. Bei Überschreitung der Überwachungswerte durch den Einleiter wird die Zahl der Schadeinheiten erhöht.[47] Insofern greift hier eine **Wirklichkeitsveranlagung** korrigierend ein, die nicht von der im Bescheid festgesetzten Soll-Beschaffenheit des Abwassers, sondern von einer vermuteten Ist-Beschaffenheit ausgeht. Die Erhöhung richtet sich nach der höchsten gemessenen Überschreitung, wobei bei einmaliger Nichteinhaltung der Überwachungswerte die Hälfte der prozentualen Überschreitung, bei mehrmaliger Nichteinhaltung die volle prozentuale Überschreitung des jeweiligen Wertes zugrunde gelegt wird (§ 4 Abs. 4 S. 2 bis 4 AbwAG). Übersteigt die eingeleitete Abwassermenge die im Bescheid festgesetzte, so erhöht sich die Zahl der Schadeinheiten für alle im Bescheid begrenzten Überwachungswerte.

22 Weitere Abweichungen vom primär geltenden Bescheidsystem sieht das Abwasserabgabengesetz in § 4 Abs. 5 vor, wenn der Einleiter gegenüber der zuständigen Behörde einen vom Bescheid abweichenden Wert für verbindlich erklärt, wonach er den

---

[44] Vgl. amtl. Begründung BT-Drs. 10/5533, S. 15.

[45] Von dieser Regelung ausgenommen sind Einleitungen von Niederschlagswasser u. sog. Kleineinleitungen aus Haushaltungen; solche Einleitungen werden nach den §§ 7, 8 AbwAG pauschal u. ohne Rücksicht auf den Grad der Schädlichkeit belastet; die Länder sind ermächtigt zu bestimmen, unter welchen Voraussetzungen solche Einleitungen abgabefrei bleiben; näheres *Henseler,* Abwasserbeseitigung, S. 179ff.; *Berendes,* AbwAG, S. 115ff.; *BVerwG,* Urt. v. 14. 12. 1995 – 4 C 7/94 –, NVwZ-RR 1996, 315f.; *OVG Koblenz,* Urt. v. 17. 12. 1992 – 12 A 1987/92 –, NVwZ-RR 1993, 324 (325).

[46] *Berendes,* DÖV 1981, 747 (750); *ders.,* AbwAG, S. 66ff.; *Breuer,* WasserR, Rn. 566; a. A. *Henseler,* NVwZ 1987, 551 (553).

[47] Zu dieser Regelung, insbes. zu ihrer Verfassungsmäßigkeit, *BVerwG,* Beschl. v. 20. 8. 1997 – 8 B 170.97 –, BVerwGE 105, 144ff.; zur Berechnung bei der Frage der Einhaltung des Überwachungswertes vgl. *OVG Lüneburg,* Urt. v. 23. 6. 1997 – 3 L 1880/94 –, ZfW 1998, 380ff.

Bescheidwert länger als 3 Monate um mindestens 20% unterbietet (bescheidabweichende Erklärung).[48] Zum anderen sieht § 6 AbwAG in Abweichung vom Bescheidsystem eine Verpflichtung des Einleiters vor, eine Erklärung über die im Veranlagungszeitraum vermutlich eingehaltenen Überwachungswerte abzugeben, wenn die erforderlichen Festsetzungen (noch) nicht vorliegen (bescheidersetzende Erklärung).[49] In diesen Fällen werden die vom Einleiter erklärten Angaben zugrunde gelegt. Kommt der Einleiter im Falle des § 6 AbwAG seiner dort statuierten Erklärungspflicht nicht nach, so ist zur Ermittlung der Schadeinheiten entweder der höchste aus einer Überwachung resultierende Meßwert, oder falls Meßwerte nicht vorliegen, ein von der Behörde zu schätzender Überwachungswert maßgeblich (§ 6 Abs. 1 S. 1 bis 3 AbwAG).[50] Die Jahresschmutzwassermenge wird von der Behörde ebenfalls geschätzt (§ 6 Abs. 1 S. 4 AbwAG). Werden die aufgrund von § 4 Abs. 5 oder § 6 Abs. 1 AbwAG festgesetzten Werte überschritten, so gelten für die Erhöhung der Schadeinheiten die Regelungen für die Überschreitung der Bescheidwerte aus § 4 Abs. 4 AbwAG entsprechend.

Bei Ermittlung der Schadeinheiten wird in allen genannten Fällen die sogenannte **Vorbelastung** des zum Gebrauch entnommenen Wassers angerechnet (§ 4 Abs. 3 AbwAG). Damit soll vermieden werden, daß der Abwassereinleiter abgabenrechtlich für bereits vorhandene Gewässerbelastungen herangezogen wird.[51] Weist das in einem Gewässer zum Gebrauch entnommene Wasser nach dem Gebrauch keine höhere Schädlichkeit als vorgefunden auf, so ist das spätere Wiedereinleiten abgabefrei (§ 10 Abs. 1 Nr. 1 AbwAG). 23

Ferner sieht § 10 Abs. 3 S. 1 AbwAG eine *Verrechnung* der Abgabenpflicht mit für die Errichtung oder Erweiterung von Anlagen entstandenen Aufwendungen für die Dauer von drei Jahren vor der vorgesehenen Inbetriebnahme[52] einer Abwasserbehandlungsanlage vor, wenn durch den Betrieb der Anlage eine Minderung der Fracht der zu erwartenden Schadstoffe und Schadstoffgruppen in einem zu behandelnden Abwasserstrom um mindestens 20% sowie eine Minderung der Gesamtschadstofffracht beim Einleiten in das Gewässer zu erwarten ist.[53] Die Regelung soll den Einleiter, der eine Verbesserung der Reinigungsleistung anstrebt, entlasten, um ihm nicht die für die Errichtung der neuen Anlage notwendigen Mittel zu entziehen.[54] 24

---

[48] Dazu *BVerwG,* Urt. v. 23. 8. 1996 – 8 C 10.95 –, BVerwGE 102, 1ff.; *dass.,* Urt. v. 19. 8. 1988 – 8 C 48.86 –, BVerwGE 80, 83 (86f.).

[49] Dazu *Mache,* UmweltR, Rn. 148ff.; zum teilweisen Rückgriff auf § 6 AbwAG vgl. *VGH Kassel,* Urt. v. 25. 4. 1990 – 5 UE 1598 –, ZfW 1991, 123ff.

[50] Zu den Anforderungen an eine solche Schätzung *OVG Schleswig,* Urt. v. 8. 11. 1995 – 2 L 262/92 –, ZfW 1997, 121 (122ff.); *OVG Schleswig,* Urt. v. 20. 61996 – 2 L 182/94 –, ZfW 1998, 387ff.; zu den Anforderungen an die Erklärung *BVerwG,* Beschl. v. 5. 1. 1999 – 8 B 153/98 –, UPR 1999, 226f.

[51] Dazu *BVerwG,* Urt. v. 12. 2. 1988 – 4 C 24.85 – DÖV 1988, 640ff.; *Sautter,* AbwasserabgabenR, S. 93.

[52] Nach Ansicht des *BVerwG,* Urt. v. 17. 10. 1997 – 8 C 26.96 –, BVerwGE 105, 272 (273ff.), ist entgegen dem Wortlaut maßgebend nicht die „vorgesehene", sondern die tatsächl. Inbetriebmaßnahme.

[53] *Berendes,* AbwAG, S. 152ff.; *Sieder/Zeitler/Dahme/Knopp,* WHG, § 10 AbwAG Rn. 2, 21ff.; krit. *Bender/Sparwasser/Engel,* UmweltR, Teil 4 Rn. 209. *Gawel,* ZUR 1993, 159ff.; SRU, Umweltgutachten 1994, BT-Drs. 12/6995, Tz. 484.

[54] Zur Auslegung des § 10 Abs. 3 AbwAG *BVerwG,* Urt. v. 22. 12. 1998 – 8 C 7.97 –, UPR 1999, 224ff.; *OVG Münster,* Beschl. v. 20. 2. 1986 – 2 B 91/86 –, UPR 1987, 274f.; zur Geltung für Niederschlagswasser *BVerwG,* Urt. v. 13. 11. 1992 – 8 C 17/90 –, NVwZ 1993, 999f.

25 § 10 Abs. 4 AbwAG erweitert die Verrechnungsmöglichkeiten auf Aufwendungen für solche Anlagen, die das Abwasser vorhandener Einleitungen einer Abwasserbehandlungsanlage zuführen, die den Anforderungen des § 18b WHG entspricht oder angepaßt wird.

26 Ebenso sieht § 10 Abs. 5 AbwAG eine Verrechnungsmöglichkeit für Investitionskosten nach § 10 Abs. 3 und 4 AbwAG für die neuen Länder mit Abwasserabgaben vor, die der Abgabepflichtige für andere Einleitungen bis zum Veranlagungsjahr 2005 schuldet.

2. Reduzierung der Abgabesätze bei besonderen Vermeidungsmaßnahmen

27 § 9 Abs. 5 und 6 AbwAG stellt ein differenziertes System auf, nach welchem auf das Einhalten oder Übertreffen der in § 7a Abs. 1 WHG enthaltenen Anforderungen an das Einleiten von Abwasser mit einer Reduzierung des Abgabesatzes reagiert wird.[55] Während § 9 Abs. 5 AbwAG an den Bescheid in § 4 Abs. 1 AbwAG anknüpft, ist Grundlage der Ermäßigung in § 9 Abs. 6 AbwAG die bescheidersetzende Erklärung. § 9 Abs. 5 AbwAG, aus dessen Geltungsbereich das Einleiten von Niederschlagswasser (§ 7 AbwAG) sowie die Kleineinleitungen (§ 8 AbwAG[56]) ausgenommen sind, knüpft an den in § 4 Abs. 1 AbwAG enthaltenen Grundsatz an, nach dem die im Bescheid festgelegten Werte als Grundlage der Abgabenerhebung maßgeblich sind.[57] Entspricht der Inhalt eines Einleitungsbescheids den nach § 7a Abs. 1 WHG festgesetzten Anforderungen und hält der Einleiter diese Anforderungen ein,[58] so wird für die dennoch nicht vermeidbaren Schadeinheiten (sog. *Restschmutz*) nur 25% des Abgabensatzes und ab 1999 nur der halbe Abgabensatz erhoben (§ 9 Abs. 5 S. 1 AbwAG). Die Abgabenreduzierung setzt allerdings voraus, daß die Schadstoffvermeidung durch Abwasserbehandlungsmaßnahmen erfolgt und nicht durch Verdünnung oder Vermischung erzielt wird. Gem. § 9 Abs. 6 AbwAG berechnet sich die Abgabenermäßigung im Falle einer Erklärung nach § 4 Abs. 5 AbwAG nach dem erklärten Wert, wenn der Bescheid im Anschluß an die Erklärung dem erklärten Wert angepaßt wird und dieser die Voraussetzungen des § 9 Abs. 5 AbwAG erfüllt.[59]

---

[55] I. e. amtl. Begründung zum Entwurf des 2. Änderungsgesetzes, BT-Drs. 10/5533, S. 13f.; zur Befreiung von der Abwasserabgabe *BVerwG,* Urt. v. 3. 7. 1992 – 8 C 102/89 –, NVwZ 1992, 1210f.; *Berendes,* AbwAG, S. 137ff.

[56] Vgl. dazu ausführl. *BVerwG,* Urt. v. 14. 3. 1997 – 8 C 51.95 –, BVerwGE 104, 162ff.

[57] Zur Abgabenminderung bei Niederschlagswasser *BVerwG,* Urt. v. 25. 9. 1992 – 8 C 28/90 –, NVwZ 1993, 998f.

[58] Zu den Problemen bei der Überwachung vgl. *Sander,* ZfW 1993, 204ff.

[59] Dazu *Sieder/Zeitler/Dahme/Knopp,* WHG, Vorb. AbwAG Rn. 4c.

Dritter Abschnitt: Immissionsschutzrecht

§ 20. Grundbegriffe

A. Immissionen, Emissionen

1 Gem. § 3 Abs. 2 BImSchG sind **Immissionen** i. S. d. Bundes-Immissionsschutzgesetzes auf Menschen, Tiere und Pflanzen, den Boden, das Wasser, die Atmosphäre sowie Kultur- und sonstige Sachgüter einwirkende Luftverunreinigungen,[1] Geräusche, Erschütterungen, Licht, Wärme, Strahlen und ähnliche Umwelteinwirkungen. Unmittelbar gilt diese gesetzliche Definition nur für den Geltungsbereich des Bundes-Immissionsschutzgesetzes. Entsprechend kann der Begriff jedoch in den Rechtsbereichen verwendet werden, in denen ähnliches geregelt wird, ohne daß der Begriff der Immission im Gesetz selbst definiert wird.[2]

2 **Emissionen** sind gem. § 3 Abs. 3 BImSchG die von einer Anlage ausgehenden Luftverunreinigungen, Geräusche, Erschütterungen, Licht, Wärme, Strahlen und ähnliche Erscheinungen.

3 Die Begriffe Immissionen und Emissionen knüpfen an die gleichen Umweltbeeinträchtigungen, etwa Luftverunreinigungen, Geräusche etc., an. Sie unterscheiden sich vornehmlich nach anderen Kriterien: Während der Immissionsbegriff auf den Ort der Einwirkung abstellt, ist für den Emissionsbegriff der Ort entscheidend, an dem die Umweltbeeinträchtigungen die Anlage verlassen. Emissionen, die aus einer bestimmten Anlage „emittiert" werden, werden somit zu „Immissionen", sobald sie an bestimmten Orten auf die Umwelt einwirken.

4 Die Unterscheidung zwischen Immissionen und Emissionen ist von erheblicher Bedeutung. Durch Messungen der Immissionen am Einwirkungsort lassen sich Veränderungen im Verbreitungsvorgang, etwa hinsichtlich des Konzentrationsgrads des emittierten Stoffes, des Schadstoffes oder durch die Verbindung mit anderen Stoffen berücksichtigen. Bei der Beurteilung von Immissionen sind außerdem Vor- und Fremdbelastungen aus verschiedenen Schadstoffquellen einzubeziehen. Die Festsetzung von Immissionsgrenzwerten ist deshalb insbesondere zur Steuerung der Gesamtbelastung der Umwelt geeignet. Mit der Festsetzung von Immissionsgrenzwerten kann allerdings der Schadstoffausstoß einzelner Schadstoffemittenten nicht konsequent verursacherbezogen gesteuert werden. Deshalb ist die Begrenzung von Immissionen häufig kein erfolgversprechender Ansatz für den Immissionsschutz. Dementsprechend ist der Emissionsbegrenzung in verschiedenen Bereichen Priorität eingeräumt worden, insbesondere bei der Emissionsbegrenzung für Alt- und Neuanlagen durch die Großfeuerungsanlagenverordnung[3] und durch die umfassende Novellierung der TA Luft 1986[4] mit ihrer erheblichen Verschärfung der Emissionswerte.

---

[1] Vgl. zu Luftverunreinigungen SRU, Umweltgutachten 1996, BT-Drs. 13/4108, Tz. 424 ff.; Statistisches Bundesamt, Statistisches Jahrbuch 1996, 703 (706).
[2] Vgl. *Knebel,* HdUR, Bd. 1, Sp. 989 (990).
[3] Siehe dazu auch unten § 21 Rn. 84 ff.
[4] Siehe dazu auch unten § 21 Rn. 61 ff.

B. Immissionsschutz

5 Der Immissionsschutz ist die Gesamtheit der Maßnahmen zum Schutz der Umwelt vor Umweltgefahren durch Immissionen, d. h. des Schutzes vor schädlichen Umwelteinwirkungen durch Luftverunreinigungen, Geräusche, Erschütterungen und ähnlichen Vorgängen.[5]

6 Immissionsschutz war ursprünglich Aufgabe des einzelnen, der einen privatrechtlichen Abwehranspruch gegen nachteilige Einwirkungen auf sein Grundstück durchsetzen konnte. Vor allem im Zuge der industriellen Revolution zur Mitte des 19. Jahrhunderts wurde der Immissionsschutz immer stärker auch zu einer öffentlichen Aufgabe. Insbesondere wurden zahlreiche, die Nachbarschaft belastende Anlagen einer staatlichen Genehmigungspflicht unterworfen.[6]

7 Zum Immissionsschutz zählen in erster Linie die Aufgaben der *Luftreinhaltung* und des *Lärmschutzes.* Der Immissionsschutz übernimmt damit die Bewältigung der Umweltprobleme, von denen sich die Bevölkerung in Deutschland am meisten betroffen fühlt. Die Hauptbelastungsquellen sind Industriefeuerungen, Kraftfahrzeug- und Luftverkehr sowie Feuerungsanlagen, d. h. Kraft- und Fernheizkraftwerke und der sog. Hausbrand.[7] Neben Schäden und der Beeinträchtigung der menschlichen Gesundheit treten Schäden an Tieren und Pflanzen – z. B. Waldschäden –, aber auch Schäden an Sachgütern auf.[8] Klimatische Veränderungen sind zumindest zeitweise bei Smoglagen zu verzeichnen. Langfristig sind aber auch Einflüsse auf das Großklima festzustellen. Hauptlärmquellen sind Straßen-, Schienen- und Luftverkehr, der Lärm gewerblicher Anlagen, Gaststätten und Festveranstaltungen.[9]

C. Immissionsschutzrecht

8 Das Immissionsschutzrecht ist die Summe der Rechtsvorschriften zum Schutz vor Umweltgefahren durch Luftverunreinigungen, Lärm, Erschütterungen und ähnlichen Beeinträchtigungen der natürlichen Umwelt. Zum Immissionsschutzrecht zählen im deutschen Recht Vorschriften aus den Rechtsbereichen des öffentlichen Rechts sowie des Privat- und des Strafrechts.[10]

I. Nationales Recht

1. Öffentlich-rechtliche Immissionsschutzrecht

9 Das öffentlich-rechtliche Immissionsschutzrecht ist in erster Linie im **Bundes-Immissionsschutzgesetz (BImSchG)**[11] geregelt.

---

[5] Vgl. *Stich/Porger,* ImmissionsschutzR, Bd. 1, BImSchG, Einl. S. 3.

[6] Zur historischen Entwicklung des ImmissionsschutzR *Kutscheidt,* in: Salzwedel, Grundzüge des UmweltR, 1. Aufl., S. 237 (241); *Feldhaus,* HdUR, Bd. 1, Sp. 995 (996); *Baur,* JZ 1987, 317 ff.; *Ketteler/Kippels,* UmweltR, S. 205 ff.; *Kloepfer/Franzius/Reinert,* Zur Geschichte des deutschen UmweltR, S. 39 ff.

[7] Vgl. dazu bereits oben § 1 Rn. 46 ff.

[8] *Kloepfer,* UmweltR, § 14 Rn. 3.

[9] Vgl. zur Lärmbelästigung durch Verkehr BMU, Umweltbericht 1998, BT-Drs. 13/10735, S. 134 f.

[10] Zu strafrechtl. Sanktionen im ImmissionsschutzR vgl. oben § 13 Rn. 6 u. unten § 21 Rn. 291 ff.

[11] Gesetz zum Schutz vor schädlichen Umwelteinwirkungen durch Luftverunreinigungen, Geräusche, Erschütterungen und ähnliche Vorgänge (Bundes-Immissions-

 Hansmann, NVwZ 07, 17 (Komp.)

Das BImSchG ist in den letzten Jahren mehrfach geändert worden. Die Änderungen galten im wesentlichen der Verfahrensbeschleunigung sowie der Umsetzung von EG-Richtlinien.[12] **10**

Eine weitere Änderung des Immissionsschutzrechts steht insbesondere zur Umsetzung der IPPC-Richtlinie[13] an, die derzeit noch nicht ins deutsche Recht umgesetzt worden ist.[14] Beabsichtigt war die Umsetzung durch ein Umweltgesetzbuch I (UGB I).[15] **11**

Das Bundes-Immissionsschutzgesetz wird durch die auf seiner Grundlage ergangenen Rechtsverordnungen konkretisiert. Zu nennen sind die **12**

- Erste Verordnung zur Durchführung des Bundes-Immissionsschutzgesetzes (Verordnung über Kleinfeuerungsanlagen – 1. BImSchV),[16]
- Zweite Verordnung zur Durchführung des Bundes-Immissionsschutzgesetzes (Verordnung zur Emissionsbegrenzung von leichtflüchtigen Halogenkohlenwasserstoffen – 2. BImSchV),[17]
- Dritte Verordnung zur Durchführung des Bundes-Immissionsschutzgesetzes (Verordnung über Schwefelgehalt von leichtem Heizöl und Dieselkraftstoff – 3. BImSchV),[18]
- Vierte Verordnung zur Durchführung des Bundes-Immissionsschutzgesetzes (Verordnung über genehmigungsbedürftige Anlagen – 4. BImSchV),[19]
- Fünfte Verordnung zur Durchführung des Bundes-Immissionsschutzgesetzes (Verordnung über Immissionsschutz- und Störfallbeauftragte – 5. BImSchV),[20]
- Siebte Verordnung zur Durchführung des Bundes-Immissionsschutzgesetzes (Verordnung zur Auswurfbegrenzung von Holzstaub – 7. BImSchV),[21]
- Achte Verordnung zur Durchführung des Bundes-Immissionsschutzgesetzes (Rasenmäherlärm-Verordnung – 8. BImSchV),[22]
- Neunte Verordnung zur Durchführung des Bundes-Immissionsschutzgesetzes (Verordnung über das Genehmigungsverfahren – 9. BImSchV),[23]
- Zehnte Verordnung zur Durchführung des Bundes-Immissionsschutzgesetzes (Verordnung über die Beschaffenheit und die Auszeichnung der Qualitäten von Kraftstoffen – 10. BImSchV),[24]

---

schutzgesetz – BImSchG) i. d. F. d. Bek. v. 14. 5. 1990 (BGBl. I S. 880), zul. geänd. durch G v. 19. 10. 1998 (BGBl. I S. 3178).

[12] Vgl. zul. Gesetzentwurf der BReg. zur Umsetzung der Seveso-II-RL und der MM-RL, BR-Drs. 502/98, BT-Drs. 13/11118 u. 13/11262 sowie BR-Drs. 300/99; dazu auch *Schmidt,* NVwZ 1999, 507 ff.; vgl. zur Entwicklung im ImmissionsschutzR ferner *Feldhaus,* NVwZ 1998, 1138 ff.

[13] V. 24. 9. 1996 (96/61/EG), ABl. EG Nr. L 257 v. 10. 10. 1996, S. 26.

[14] Zur Umsetzung der IPPC-RL in deutsches Recht vgl. *Dolde,* NVwZ 1997, 313 ff.; *Zöttl,* NuR 1997, 157 ff.; *Steinberg/Kloepfer,* DVBl. 1997, 973 ff.; *Koch/Janowski,* ZUR 1998, 57 ff.; zur immissionsschutzrechtl. Genehmigung als Instrument integrierten Umweltschutzes *Rebentisch,* NVwZ 1995, 949 ff.

[15] Vgl. dazu näher unten § 21 Rn. 2.

[16] I. d. F. d. Bek. v. 14. 3. 1997 (BGBl. I S. 490).

[17] I. d. F. d. Bek. v. 10. 12. 1990 (BGBl. I S. 2694), geänd. durch VO v. 5. 6. 1991 (BGBl. I S. 1218).

[18] I. d. F. d. Bek. v. 15. 1. 1975 (BGBl. I S. 264), zul. geänd. durch VO v. 26. 9. 1994 (BGBl. I S. 2640).

[19] I. d. F. d. Bek. v. 14. 3. 1997 (BGBl. I S. 504), zul. geänd. durch V v. 23. 2. 1999 (BGBl. I S. 186).

[20] I. d. F. d. Bek. v. 30. 7. 1993 (BGBl. I S. 1433); vgl. dazu *Ehrich,* DB 1993, 1772 ff.; *Kotulla,* GewArch 1994, 177 ff.

[21] I. d. F. d. Bek. v. 18. 12. 1995 (BGBl. I S. 3133).

[22] I. d. F. d. Bek. v. 13. 7. 1992 (BGBl. I S. 1248), geänd. durch G v. 27. 4. 1993 (BGBl. I S. 512, ber. S. 1529, 2436).

[23] I. d. F. d. Bek. v. 29. 5. 1992 (BGBl. I S. 1001), zul. geänd. durch V v. 23. 2. 1999 (BGBl. I S. 186).

[24] I. d. F. d. Bek. v. 13. 12. 1993 (BGBl. I S. 2036).

- Elfte Verordnung zur Durchführung des Bundes-Immissionsschutzgesetzes (Emissionserklärungs-Verordnung – 11. BImSchV),[25]
- Zwölfte Verordnung zur Durchführung des Bundes-Immissionsschutzgesetzes (Störfall-Verordnung – 12. BImSchV),[26]
- Dreizehnte Verordnung zur Durchführung des Bundes-Immissionsschutzgesetzes (Verordnung über Großfeuerungsanlagen – 13. BImSchV),[27]
- Vierzehnte Verordnung zur Durchführung des Bundes-Immissionsschutzgesetzes (Verordnung über Anlagen zur Landesverteidigung – 14. BImSchV),[28]
- Fünfzehnte Verordnung zur Durchführung des Bundes-Immissionsschutzgesetzes (Baumaschinenlärmverordnung – 15. BImSchV),[29]
- Sechzehnte Verordnung zur Durchführung des Bundes-Immissionsschutzgesetzes (Verkehrslärmschutzverordnung – 16. BImSchV),[30]
- Siebzehnte Verordnung zur Durchführung des Bundes-Immissionsschutzgesetzes (Verordnung über Verbrennungsanlagen für Abfälle oder ähnlich brennbare Stoffe – 17. BImSchV),[31]
- Achtzehnte Verordnung zur Durchführung des Bundes-Immissionsschutzgesetzes (Sportanlagenlärmschutzverordnung – 18. BImSchV),[32]
- Neunzehnte Verordnung zur Durchführung des Bundes-Immissionsschutzgesetzes (Verordnung über Chlor- und Bromverbindungen als Kraftstoffzusatz – 19. BImSchV),[33]
- Zwanzigste Verordnung zur Durchführung des Bundes-Immissionsschutzgesetzes (Verordnung zur Begrenzung der Kohlenwasserstoffemissionen beim Umfüllen und Lagern von Ottokraftstoffen – 20. BImSchV),[34]
- Einundzwanzigste Verordnung zur Durchführung des Bundes-Immissionsschutzgesetzes (Verordnung zur Begrenzung der Kohlenwasserstoffemissionen bei der Betankung von Kraftfahrzeugen – 21. BImSchV),[35]
- Zweiundzwanzigste Verordnung zur Durchführung des Bundes-Immissionsschutzgesetzes (Verordnung über Immissionswerte – 22. BImSchV),[36]
- Dreiundzwanzigste Verordnung zur Durchführung des Bundes-Immissionsschutzgesetzes (Verordnung über die Festlegung von Konzentrationswerten – 23. BImSchV),[37]
- Vierundzwanzigste Verordnung zur Durchführung des Bundes-Immissionsschutzgesetzes (Verkehrswege-Schallschutzmaßnahmenverordnung – 24. BImSchV),[38]

---

[25] I. d. F. d. Bek. v. 12. 12. 1991 (BGBl. I S. 2213), geänd. durch VO v. 26. 10. 1993 (BGBl. I S. 1782, ber. S. 2049).

[26] I. d. F. d. Bek. v. 20. 9. 1991 (BGBl I S. 1891, zul. geänd. durch VO v. 20. 4. 1998 (BGBl. I S. 723).

[27] I. d. F. d. Bek. v. 22. 6. 1983 (BGBl. I S. 719).

[28] I. d. F. d. Bek. v. 9. 4. 1996 (BGBl. I S. 380).

[29] I. d. F. d. Bek. v. 10. 11. 1986 (BGBl. I S. 1729), zul. geänd. durch VO v. 14. 3. 1996 (BGBl. I S. 513); zu rechtl. Grundlagen des Baulärmschutzes *Bodanowitz,* NJW 1997, 2351 ff.

[30] I. d. F. d. Bek. v. 12. 6. 1990 (BGBl. I S. 1036).

[31] I. d. F. d. Bek. v. 23. 11. 1990 (BGBl. I S. 2545, ber. 2832), geänd. durch V v. 23. 2. 1999 (BGBl. I S. 186); vgl. dazu BMU, Umwelt 1999, 222; zur Schutzpflichtverletzung des Verordnungsgebers durch zu hoch festgesetzte Cadmiumwerte in der 17. BImSchV vgl. *BVerwG,* Beschl. v. 10. 6. 1998 –7 B 25/98 –, NVwZ 1998, 1181 ff.; ferner zur 17. BImSchV *VGH München,* Urt. v. 20. 7. 1994 – 20 A 92 40087 u. a. –, BayVBl. 1995, 497 ff.

[32] I. d. F. d. Bek. v. 18. 7. 1991 (BGBl I S. 1588, ber. 1790); vgl. dazu *Ketteler,* SportanlagenlärmschutzVO, passim; zur Anwendbarkeit der Sportanlagenlärmschutz-VO auf Bolzplätze vgl. *ders.,* BauR 1997, 959 ff.

[33] I. d. F. d. Bek. v. 17. 1. 1992 (BGBl. I S. 75).

[34] I. d. F. d. Bek. v. 27. 5. 1998 (BGBl. I S. 1174).

[35] I. d. F. d. Bek. v. 7. 10. 1992 (BGBl. I S. 1730).

[36] I. d. F. d. Bek. v. 26. 10. 1993 (BGBl. I S. 1819), geänd. durch VO v. 27. 5. 1994 (BGBl. I S. 1095).

[37] I. d. F. d. Bek. v. 16. 12. 1996 (BGBl. I S. 1962).

[38] I. d. F. d. Bek. v. 2. 4. 1997 (BGBl. I S 172, ber. S. 1253).

– Fünfundzwanzigste Verordnung zur Durchführung des Bundes-Immissionsschutzgesetzes (Verordnung zur Begrenzung von Emissionen aus der Titandioxid-Industrie – 25. BImSchV),[39]
– Sechsundzwanzigste Verordnung zur Durchführung des Bundes-Immissionsschutzgesetzes (Verordnung über elektromagnetische Felder – 26. BImSchV),[40]
– Siebenundzwanzigste Verordnung zur Durchführung des Bundes-Immissionsschutzgesetzes (Verordnung über Anlagen zur Feuerbestattung – 27. BImSchV),[41]
– Achtundzwanzigste Verordnung zur Durchführung des Bundes-Immissionsschutzgesetzes (Verordnung über Emissionsgrenzwerte für Verbrennungsmotoren – 28. BImSchV)[42].

Ferner wird das Bundes-Immissionschutzgesetz ergänzt durch Verwal- 13
tungsvorschriften. Dies sind insbesondere die

– Technische Anleitung zur Reinhaltung der Luft (TA Luft)[43] und
– Technische Anleitung zum Schutz gegen Lärm (TA Lärm).[44]

Verwaltungsvorschriften kommt – völlig unstrittig – verwaltungsinterne Bin- 14
dungswirkung zu. Ob ihnen auch Außenwirkung mit Bindungskraft gegenüber Gerichten beigelegt werden kann, ist höchst umstritten.[45] Das Problem der Außenverbindlichkeit ergab sich vor allem im Hinblick auf die zur Konkretisierung unbestimmter Gesetzesbegriffe erlassenen technischen Regelwerke, die im Interesse der Praktikabilität auf Außenwirkung angewiesen sind. Zur Begründung einer solchen rechtlichen Außenwirkung wurde zunächst die Theorie eines antizipierten Sachverständigengutachtens entwickelt, dem Außenwirkung zukommen sollte.[46] Später machte man einen Unterschied zwischen norminterpretierenden und normkonkretisierenden Verwaltungsvorschriften. Den letzteren sollten wegen der in den technischen Regelwerken einfließenden Wertungen und Entscheidungen – in Gegensatz zu den **norminterpretierenden Verwaltungsvorschriften** – partiell Bindungswirkung zukommen.[47] Damit sollen auch die Gerichte an die Festsetzungen in den Regelwerken gebunden sein. Ein Abweichen von Werten der TA Luft und TA Lärm durch die Gerichte ist zulässig, wenn die Aussagen der technischen Regelwerke veraltet sind,[48] eine atypische Fallgestaltung vorliegt[49] oder ihr Zustandekommen willkürlich ist.[50] Der *EuGH* erkennt normenkonkretisierenden Verwaltungsvorschriften für das BImSchG keine verbindliche Außenwirkung und damit keine Rechtsnormqualität zu mit der Folge, daß er die Umsetzung EG-rechtlicher Vorgaben durch normenkonkretisierende Verwaltungsvorschriften für mangelhaft

---

[39] I. d. F. d. Bek. v. 8. 11. 1996 (BGBl. I S. 1722).
[40] I. d. F. d. Bek. v. 16. 12. 1996 (BGBl. I S. 1966).
[41] I. d. F. d. Bek. v. 19. 3. 1973 (BGBl. I S. 545).
[42] V. 11. 11. 1998 (BGBl. I S. 3411).
[43] V. 27. 2. 1986 (GMBl. 1986 S. 95, ber. S. 202).
[44] V. 26. 8. 1998 (GMBl. S. 418); die neue TA Lärm erfaßt mit nur wenigen Ausnahmen jede Form gewerblicher u. industrieller Tätigkeit, von der Geräusche ausgehen; sie gilt auch für nicht genehmigungsbedürftige Anlagen; sie berücksichtigt neben den Geräuschen der zu beurteilenden Anlage zusätzl. die von anderen Anlagen ausgehenden Geräuschvorbelastungen; hinsichtl. geplanter Anlagen oder Anlageveränderungen ist erstmals eine Prognoseverfahren verbindl. festgelegt; vgl. näher *Schulze-Fielitz,* DVBl. 1999, 65 ff.; *Feldhaus,* UPR 1999, 1 ff.; *Boeddinghaus,* UPR 1999, 321 ff.; *Kutscheidt,* NVwZ 1999, 577 ff.; *Kunert,* NuR 1999, 430 ff.
[45] Vgl. dazu ausführl. oben § 5 Rn. 17 ff.
[46] *BVerwG,* Urt. v. 17. 2. 1978 – 1 C 102/76 –, BVerwGE 55, 250 (256); vgl. auch *Breuer,* DVBl. 1978, 28 ff.
[47] So *BVerwG,* Urt. v. 19. 12. 1982 – 7 C 65.82 –, BVerwGE 72, 300 (320 f.) zur Richtlinie zu § 45 StrlSchV; zur TA Lärm vgl. BMU, Umwelt 1998, 475.
[48] *BVerwG,* Beschl. v. 19. 2. 1988 – 7 B 219.87 –, DVBl. 1988, 539.
[49] *BVerwG,* Beschl. v. 13. 7. 1989 – 7 B 50.89 –, RdL 1990, 34 (35); *dass.,* Beschl. v. 10. 1. 1995 – 7 B 112.94 –, DVBl. 1995, 516 (517).
[50] *BVerwG,* Urt. v. 19. 12. 1989 – 7 C 65.82 –, BVerwGE 72, 300 (321).

hält.[51] Dies könnte künftig den Erlaß von technischen Regelwerken als Rechtsverordnung erforderlich machen.[52]

15 Daneben sind weitere spezifisch immissionsschutzrechtliche Fragen durch den Bundesgesetzgeber im *Fluglärmgesetz*[53] und im *Benzinbleigesetz*[54] geregelt.

16 Das BImSchG stützt sich auf die konkurrierende Gesetzgebungszuständigkeit des Bundes für die Luftreinhaltung und Lärmbekämpfung gem. Art. 74 Abs. 1 Nr. 24 GG und das Recht der Wirtschaft gem. Art. 74 Abs. 1 Nr. 11 GG. Soweit es keine erschöpfende Regelung trifft, wird das Immissionsschutzrecht zudem landesrechtlich durch die Immissionsschutzgesetze der Länder geregelt.[55]

17 Neben diesen unmittelbar dem Immissionsschutz dienenden Vorschriften sehen zahlreiche Bundes- und Landesgesetze Regelungen vor, die mittelbar dem Immissionsschutz dienen.[56] Rechtliche Regelungen gegen den von Kraftfahrzeugen ausgehenden Verkehrslärm finden sich etwa im Straßenverkehrsgesetz,[57] der Straßenverkehrs-Ordnung,[58] der Straßenverkehrs-Zulassungs-Ordnung[59] oder im Bundesfernstraßengesetz[60] sowie in den Straßenverkehrsgesetzen der Länder. Regelungen zum Lärmschutz im öffentlichen Schienenverkehr enthält das Allgemeine Eisenbahngesetz.[61] Ferner enthalten das Luftverkehrsgesetz[62] und die Luftverkehrs-Zulassungs-Verordnung[63] Vorschriften zum Schutz gegen Luftverunreinigungen und Lärm im Luftverkehr. Immissionsschutzrelevante Vorschriften enthalten ferner die Grundsätze des Naturschutzrechts (z. B. § 2 Abs. 1 Nr. 7 BNatSchG), die Grundpflichten der Kreislaufwirtschaft (§ 5 Abs. 5 S. 2 Nr. 1 KrW-/AbfG), der Grundsatz des Wasserrechts (vgl. § 1a Abs. 2 WHG), das Atomrecht (vgl. § 7 Abs. 2 Nr. 6 AtG) und zahlreiche Vorschriften des Planungsrechtes, der Landesplanung,

---

51 Vgl. *EuGH,* Urt. v. 30. 5. 1991 – Rs. C 361/88 –, NVwZ 1991, 866 ff.; *ders.,* Urt. v. 30. 9. 1991 – Rs. C – 59/89 –, NVwZ 1991, 868 f.

52 Vgl. zu diesem Problem der technischen Regelwerke auch *Kloepfer,* UmweltR, § 14 Rn. 46 ff.

53 Gesetz zum Schutz gegen Fluglärm (FluglG) v. 30. 3. 1971 (BGBl. I S. 282), zul. geänd. durch G v. 25. 9. 1990 (BGBl. I S. 2106); vgl. dazu näher unten § 22 Rn. 9 ff.

54 Gesetz zur Verminderung von Luftverunreinigungen durch Bleiverbindungen in Ottokraftstoffen für Kraftfahrzeugmotore (Benzinbleigesetz – BzBlG) v. 5. 8. 1971 (BGBl. I S. 1234), geänd. durch G v. 24. 5. 1994 (BGBl. I S. 1416); vgl. dazu näher unten § 22 Rn. 3 ff.

55 Siehe dazu näher § 22 Rn. 28 ff.

56 Zur Unterscheidung von unmittelbarem u. mittelbarem ImmissionsschutzR *Boisserée/Oels/Hansmann/Schmitt,* ImmissionsschutzR, Bd. I, A 5.2.1.

57 I. d. F. d. Bek. v. 19. 12. 1952 (BGBl. I S. 837), zul. geänd. durch G v. 28. 4. 1998 (BGBl. I S. 810).

58 V. 16. 11. 1970 (BGBl. I S. 1565, ber. 1971 I S. 38), zul. geänd. durch VO v. 25. 6. 1998 (BGBl. I S. 1654).

59 I. d. F. d. Bek. v. 28. 9. 1988 (BGBl. I S. 1793), zul. geänd. durch VO v. 3. 2. 1999 (BGBl. I S. 82).

60 I. d. F. d. Bek. v. 19. 4. 1994 (BGBl. I S. 854), zul. geänd. durch G v. 18. 6. 1997 (BGBl. I S. 1452).

61 V. 27. 12. 1993 (BGBl. I S. 2378, 2395, ber. 1994 S. 2439), zul. geänd. durch G v. 25. 6. 1998 (BGBl. I S. 1588).

62 Luftverkehrsgesetz (LuftVG) i. d. F. d. Bek. v. 27. 3. 1999 (BGBl. I S. 550).

63 Luftverkehrs-Zulassungs-Verordnung (LuftVZO) i. d. F. d. Bek. v. 27. 3. 1999 (BGBl. I S. 610).

der städtebaulichen Planung und der Fachplanung, des Bauordnungs- und des Bergrechtes.

2. *Privatrechtliches Immissionsschutzrecht*

Zum privatrechtlichen Immissionsschutzrecht zählen die privatrechtlichen **18**
Vorschriften, die Unterlassungs-, Schadensersatz- oder Entschädigungsansprüche zur Abwehr oder zum Ausgleich von Schäden durch Luftverunreinigungen, Lärm, Erschütterungen und ähnlichen Störungen gewähren.[64] Beseitigungs-, Untersagungs- und Schadensersatzansprüche gegen den Eigentümer lassen sich auf §§ 904, 1006 BGB und gegen den Besitzer auf § 862 BGB sowie Schadensersatzansprüche auf § 1 UmweltHG stützen.[65] Begrenzt werden zivilrechtliche Ansprüche gegen den Umweltstörer jedoch in der Regel durch die Vorgreiflichkeit öffentlich-rechtlicher Entscheidungen. Dies ergibt sich insbesondere aus § 906 Abs. 1 S. 2 BGB, wonach in der Regel eine unwesentliche Beeinträchtigung – und damit keine zivilrechtlicher Abwehranspruch – vorliegt, wenn die in Gesetzen und Rechtsverordnungen festgelegten Grenz- oder Richtwerte nicht überschritten werden. Gleiches gilt gem. § 906 Abs. 1 S. 3 BGB für Werte in nach § 48 BImSchG erlassenen Verwaltungsvorschriften, die den Stand der Technik wiedergeben.[66]

II. Internationales Immissionsschutzrecht

Wesentliche Vorgaben für das deutsche Immissionsschutzrecht ergeben **19**
sich aus Richtlinien der EG und aus internationalen Abkommen zur Luftreinhaltung. EG-rechtliche Vorgaben setzen vornehmlich an der Emissionsquelle an und enthalten Grenzwerte für bestimmte Emissionsarten.[67] Dazu zählen insbesondere Regelungen über Abgase von Kraftfahrzeugen, über Geräuschemissionen bei Baumaschinen, Fahrzeugen und Flugzeugen. Hinzukommen Richtlinien über Schadstoffe in der Luft und Luftqualitätsnormen. Ferner hat die EG Maßnahmen zum Klimaschutz ergriffen.[68] Beispielhaft seien nachfolgende Richtlinien genannt

– zur Angleichung der Rechtsvorschriften der Mitgliedstaaten über Maßnahmen gegen die Verunreinigung der Luft durch Abgase von Kraftfahrzeugmotoren mit Fremdzündung,[69]

---

[64] Vgl. zum privaten ImmissionsschutzR ausführl. *Rehbinder,* in: Salzwedel, Grundzüge des UmweltR, 2. Aufl., Kap. 8, S. 1 ff.; *Dolderer,* UPR 1999, 326 ff.; zur RSpr. des BGH *Hagen,* ZfBR 1995, 61 ff.; zur Übereinstimmung von privatem u. öffentl. ImmissionsschutzR *Vieweg/Röthel,* DVBl. 1996, 1171 ff.; vgl. dazu näher oben § 12 Rn. 37 ff.

[65] Vgl. dazu näher oben § 12 Rn. 7 ff.

[66] Vgl. dazu ausführl. § 12 Rn. 24.

[67] Zur Klagbarkeit europäischer Umweltstandards im ImmissionsschutzR *Krings,* UPR 1996, 89 ff.

[68] Zu geplanten RL für Benzol- u. Kohlenmonoxisemissionen sowie zu neuen Grenzwerten für Dieselmotoren vgl. EU-Nachrichten, NJW 1999, Heft 3 XLV.

[69] V. 20. 3. 1970 (72/306/EWG), ABl. EG Nr. L 76 v. 6. 4. 1970, S. 1, zul. geänd. ABl. EG Nr. 242 v. 30. 8. 1991, S. 1.

– über die Qualität von Otto- und Dieselkraftstoffen,[70]
– zur Angleichung der Rechtsvorschriften der Mitgliedstaaten betreffend die Ermittlung des Geräuschemissionspegels von Baumaschinen und Baugeräten,[71]
– zur Angleichung der Rechtsvorschriften der Mitgliedstaaten über den zulässigen Geräuschpegel und die Auspuffvorrichtung von Kraftfahrzeugen,[72]
– zur Begrenzung der Schallemissionen von zivilen Unterschallstrahlflugzeugen,[73]
– über Grenzwerte für Schwefeldioxid, Stickstoffdioxid und Stickstoffoxide, Partikel und Blei in der Luft,[74]
– über Luftqualitätsnormen für Stickstoffdioxid,[75]
– über die Beurteilung und Kontrolle der Luftqualität (Luftqualitätsrahmenrichtlinie),[76]
– Richtlinie des Rates zur Beherrschung der Verfahren bei schweren Unfällen bei gefährlichen Stoffen (Seveso-II-Richtlinie)[77] und die
– Richtlinie des Europäischen Parlaments und des Rates zur Angleichung der Rechtsvorschriften der Mitgliedstaaten über Maßnahmen zur Bekämpfung der Emission von gasförmigen Schadstoffen und luftverunreinigenden Partikeln aus Verbrennungsmotoren für mobile Maschinen und Geräte (MM-Richtlinie)[78] sowie die
– Verordnung des Rates über Stoffe, die zu einem Abbau der Ozonschicht führen.[79]

20 Ferner verfolgt die EG mit der Richtlinie des Rates über die integrierte Vermeidung und Verminderung der Umweltauswirkungen (IPPC-Richtlinie)[80] erstmals einen integrativen Ansatz im Immissionschutzrecht, d. h. es soll eine Koordinierung der Genehmigungsverfahren nach Luft-, Geräusch-, Wasser- und Abfallemissionen erfolgen.[81] Emissionen in Wasser, Luft und Boden sollen unter Einbeziehung der Abfallwirtschaft soweit wie möglich vermieden, zumindest aber vermindert werden, um ein hohes Schutzniveau für die Umwelt insgesamt zu erreichen.[82]

---

[70] V. 13. 10. 1998 (98/70/EG), ABl. EG Nr. L 350 v. 28. 12. 1998, S. 58.

[71] V. 19. 12. 1978 (79/113/EWG), ABl. EG Nr. L 33 v. 8. 2. 1979, S. 15, zul. geänd. ABl. EG Nr. L v. 30. 8. 1985, S. 9.

[72] V. 6. 2. 1970 (70/157/EWG), ABl. EG Nr. L 42 v. 32. 2. 1970, S. 16, zul. geänd. ABl. EG Nr. L 371 v. 19. 12. 1992, S. 1.

[73] V. 4. 12. 1989 (89/629/EWG), ABl. EG Nr. L 363 v. 13. 12. 1989, S. 27.

[74] V. 19. 7. 1999 (1999/30/EG), ABl. EG Nr. L 163 v. 29. 6. 1999, S. 41; dazu BMU, Umwelt 1999, 423 ff.

[75] V. 7. 3. 1985 (85/203/EWG), ABl. EG Nr. L 87 v. 27. 3. 1985, S. 1, zul. geänd. ABl. EG Nr. L 353 v. 17. 12. 1990, S. 59.

[76] V. 27. 9. 1996 (96/62/EG), ABl. EG Nr. L 296, S. 55; vgl. dazu näher *Hansmann,* NuR 1999, 10 ff.

[77] V. 9. 12. 1996 (96/82/EG), ABl. EG 1997 Nr. L 10, S. 13.

[78] V. 16. 12. 1997 (97/68/EG), ABl. EG 1998 Nr. L 59, S. 1.

[79] V. 4. 3. 1991 (594/91/EWG), ABl. EG Nr. L 67 v. 14. 3. 1991, S. 67.

[80] V. 24. 9. 1996 (96/61/EG), ABl. EG Nr. L 257 v. 10. 10. 1996, S. 26.

[81] Vgl. dazu auch BMU, Umweltbericht 1998, BT-Drs. 13/10735, S. 64; zum integrativen Ansatz *Epiney,* in: Koch, Aktuelle Probleme des ImmissionsschutzR, S. 9 ff.; *Lübbe-Wolff,* NuR 1999, 241 ff.; zum integrativen Ansatz von Umweltstandards *Steinberg,* NuR 1999, 192 ff.

[82] Vgl. zum Erlaß der IPPC-RL *Sellner/Schnutenhaus,* NVwZ 1993, 828 ff.; *Schnutenhaus,* NVwZ 1994, 671 ff.; *ders.,* ZUR 1994, 299 ff.; *Appel,* DVBl. 1995, 399 ff.; *Dürkop/Kracht/Wasielewski,* UPR 1995, 425 ff.; *Rebentisch,* NVwZ 1995, 949 ff.; *Steinberg,* NVwZ 1995, 209 ff.; zur Einführung der IPPC-RL im englischen UmweltR vgl. *Jankowski,* NuR 1997, 113 ff.; *ders.,* ZUR 1998, 237 ff.; zur Industrieanlagenzulassung u. Verwaltungsorganisation vgl. *Köck,* ZUR 1998, 225 ff.; *Zierock/Salomon,* ZUR 1998, 227 ff.; *Fehrmann/Wasielewski,* ZUR 1998, 232 ff.; *Ladeur,* ZUR 1998, 245 ff.; *Steinberg/Koepfer,* DVBl. 1997, 973 ff.; *Kracht/Wasielewski,* in: Rengeling, EUDUR, Bd. 1, § 35 Rn. 15 ff.

Die IPPC-Richtlinie verfolgt – neben dem integrativen Ansatz – einen **anlagenbezogenen Ansatz**. In ihrem Anhang I enthält sie eine abschließende Aufzählung besonders umweltrelevanter Anlagentypen, auf die die Anforderungen der IPPC-Richtlinie Anwendung finden sollen.[83] Im Gegensatz zu den anlagenbezogenen Vorschriften des BImSchG, die die Errichtung und den Betrieb der Anlage erfassen, gelten die Bestimmungen der IPPC-Richtlinie nur für den Anlagen*betrieb*. Dabei werden in Art. 3 IPPC-RL **Grundpflichten** des Anlagenbetreibers normiert. Anlagen sind danach so zu betreiben, daß 21

- geeignete Vorsorgemaßnahmen gegen Umweltverschmutzungen, insbesondere durch den Einsatz der besten verfügbaren Technik, getroffen werden,
- keine erheblichen Umweltverschmutzungen verursacht werden,
- Abfälle vermieden oder verwertet werden, sofern dies technisch möglich und wirtschaftlich zumutbar ist,
- energieeffizient verwendet wird,
- die notwendigen Maßnahmen zum Unfallschutz ergriffen werden und
- im Falle der endgültigen Anlagenstillegung Sicherungs- und Rekultivierungsmaßnahmen durchgeführt werden.[84]

Hinsichtlich der Anforderungen, die an den Betrieb einer Anlage zu stellen sind, unterscheidet die IPPC-Richtlinie den Betrieb neuer Anlagen und bestehender Anlagen. Für **bestehende Anlagen** sieht Art. 5 IPPC-RL eine Übergangsfrist von acht Jahren nach der Umsetzung der Richtlinie vor, innerhalb derer die Anlagen den Anforderungen der Richtlinie angepaßt werden müssen. Der Betrieb **neuer Anlagen** i. S. d. Anhangs I der IPPC-Richtlinie wird nach Art. 4 IPPC-Richtlinie einer Genehmigungspflicht unterworfen. Das dazu erforderliche Genehmigungsverfahren erfordert nach Art. 6 IPPC-RL einen detaillierten Genehmigungsantrag des Anlagenbetreibers. Die Beteiligung der Öffentlichkeit ggf. eine grenzüberschreitende Öffentlichkeitsbeteiligung ist in Art. 15, 17 IPPC-RL vorgesehen. Die materiellen Genehmigungsvoraussetzungen sind im einzelnen in Art. 9 IPPC-RL normiert. Gem. Art. 9 Abs. 1 IPPC-RL müssen zunächst alle Maßnahmen erfüllt sein, die notwendig sind, um den Schutz von Luft, Wasser und Boden zu einem hohen Schutzniveau für die Umwelt insgesamt beizutragen. Ferner müssen gem. Art. 9 Abs. 3 S. 1 IPPC-RL Emissionsgrenzwerte für die von der Anlage ausgehenden Schadstoffe (insbesondere solcher, die im Anhang III zur IPPC-RL aufgeführt sind) eingehalten, wobei sowohl die Art der Schadstoffe als auch die Gefahr einer Verlagerung der Verschmutzung von einem Medium auf ein anderes zu berücksichtigen sind. Soweit erforderlich sind gem. Art. 9 Abs. 3 S. 2 IPPC-RL Auflagen zum Schutz des Bodens und des Grundwassers sowie Maßnahmen zur Behandlung der von der Anlage erzeugten Abfälle in die Genehmigung aufzunehmen. 22

Gem. Art. 21 Abs. 1 IPPC-Richtline hat die Umsetzung der am 14. 10. 1996 in Kraft getretenen Richtlinie innerhalb von 3 Jahren nach Inkrafttreten zu erfolgen. Die Bundesregierung hat zunächst die Umsetzung der IPPC-Richtlinie durch ein Umweltgesetzbuch I (UGB I) angestrebt. Die Entwürfe dazu haben im wesentlichen auf den Vorschlag einer integrierten Vorhabengenehmigung in den §§ 83 ff. UGB-KomE zurückgegriffen und sollten einen ersten Schritt zur Verwirklichung des Gesamtprojekts Umweltgesetzbuch darstellen soll.[85] Aufgrund verfassungsrechtlicher Bedenken gegen ein Umweltgesetzbuch ist nunmehr die Umsetzung der IPPC-Richtlinie in den einzelnen Gesetzen durch ein Artikelgesetz geplant.[86] 23

Auch **internationale Abkommen** gewinnen zunehmend an Bedeutung für den Immissonsschutz. Beispielhaft seien genannt 24

---

[83] Zum Anlagenbegriff der IPPC-RL im Unterschied zu dem des BImSchG vgl. unten § 21 Rn. 36 ff.

[84] Vgl. dazu auch *Schmidt-Preuß,* DVBl. 1998, 857 (858); zu den Unterschieden im Hinblick auf die Betreiberpflichten des BImSchG vgl. § 21 Rn. 51 ff.

[85] Zu Umsetzungsbestrebungen durch Änderungen des BImSchG vgl. BT-Drs. 13/2276, S. 2 f.; zur Umsetzung im UGB auch *Sendler,* in: Koch, Aktuelle Probleme des ImmissionsschutzR, S. 29 ff.; vgl. zu den Entwicklungen für ein UGB näher oben § 1 Rn. 176 ff.

[86] Vgl. DVBl.-Report 1999, Heft 19, S. A 322 f.

- das Genfer Übereinkommen über weiträumige grenzüberschreitende Luftverunreinigung von 1979,[87]
- das Oslo-Protokoll über die Verringerung der Schwefelemissionen von 1994,[88]
- das Sofia-Protokoll zur Reduzierung von Stickstoffemissionen von 1988,[89]
- das Genfer Protokoll zur Reduzierung der Emissionen flüchtiger organischer Verbindungen (VOC-Protokoll) von 1991,[90]
- das Wiener Übereinkommen zum Schutz der Ozonschicht von 1985,[91]
- das Protokoll zur Klimakonferenz von Kyoto,[92]
- die Protokolle von Arhus.[93]

In Vorbereitung befindlich sind

- ein Protokoll zur Verminderung grenzüberschreitender Emissionen von Schwermetallen sowie von Persistenten Organischen Verbindungen (POPs) und
- ein Protokoll zur Regelung der Probleme photochemischer Verschmutzung, Versauerung und Euthrophierung (Multi-effekt-approach).[94]

---

[87] BGBl. 1982 II S. 373; dazu *Gündling,* UPR 1985, 403 (405); siehe auch BMU, Umweltbericht 1998, BT-Drs. 13/10735, S. 68.

[88] BT-Drs. 12/8451 S. 103; auf der Grundlage dieses Protokolls hat sich Deutschland zu einer Reduzierung der SO_2-Emisionen gegenüber 1980 um 83% bis zum Jahr 2000 und um 87% bis zum Jahr 2005 verpflichtet, vgl. BMU, Umweltbericht 1998, BT-Drs. 13/10735, S. 69.

[89] V. 31. 10. 1988 (BGBl. 1990 II S. 1279).

[90] In Kraft durch G v. 5. 9. 1994 (BGBl. II S. 374).

[91] UNEP/IG 53/4, UNEP News, March 1985, 2.

[92] Gesetz zu dem Protokoll v. 13. 6. 1994 zu dem Übereinkommen von 1979 über weiträumige grenzüberschreitende Luftverunreinigungen betreffend die weitere Verringerung von Schwefelemissionen vom 20. 2. 1998 (BGBl. II S. 130); vgl. zu den wichtigsten Bestimmungen BMU, Umwelt 1998, 20f.; dazu auch *Müller-Kraenner,* ZUR 1998, 113ff.

[93] Vgl. BMU, Umwelt 1998, 421ff.

[94] Vgl. zu beiden BMU, Umweltbericht 1998, BT-Drs. 13/10735, S. 69.

§ 21. Bundes-Immissionsschutzgesetz

1 Die Abwehr von Immissionen, insbesondere von Luftverunreinigungen, Lärm, und Erschütterungen wurde im Bereich des öffentlichen Rechts lange Zeit vornehmlich auf die polizeiliche Generalklausel gestützt,[1] wenngleich es auch früher bereits einige Spezialregelungen über die Anlagengenehmigung gab.[2] Im Jahre 1972 wurde durch eine Änderung des Grundgesetzes dem Bund die konkurrierende Gesetzgebungszuständigkeit auf dem Gebiet der Abfallbeseitigung, der Luftreinhaltung und der Lärmbekämpfung (Art. 74 Abs. 1 Nr. 24 GG) übertragen. Von seiner Gesetzgebungsbefugnis für die Luftreinhaltung und die Lärmbekämpfung machte der Bundesgesetzgeber durch den Erlaß des Bundes-Immissionsschutzgesetzes (BImSchG)[3] Gebrauch.[4]

2 Das BImSchG ist zuletzt am 19. 10. 1998 geändert worden.[5] Während die vorhergehenden Änderungen im wesentlichen der Verfahrensbeschleunigung galten,[6] dienten die letzten Änderungen der Umsetzung der EG-rechtlichen Vorgaben der Seveso-II-Richtlinie[7] und der MM-Richtlinie.[8] Zur Beherrschung der Gefahren bei schweren Unfällen mit gefährlichen Stoffen wurden u. a. Verordnungsermächtigungen geschaffen, die die Befugnisse der Behörden zur Untersagung, Stillegung und Beseitigung entsprechender Anlagen in den §§ 20 Abs. 1 a, 25 Abs. 1 a BImSchG mit Wirkung vom 3. 2. 1999 erweitern. Die Regelungen sind überwiegend dem Stör-

---

[1] Vgl. *Drews/Wacke/Vogel/Martens,* Gefahrenabwehr, S. 157 m. w. N.; zum Verhältnis des ImmissionsschutzR zum PolizeiR ausführl. *Martens,* DVBl. 1981, 597 ff.; vgl. auch *Götz,* HdUR, Bd. 2, Sp. 1641 (1645).

[2] So z. B. §§ 26 ff. Preuß. GewO v. 17. 1. 1845 bzw. §§ 16 ff. GewO v. 1867 bzw. v. 1900; zur Entwicklung des ImmissionsschutzR vgl. *Kloepfer,* UmweltR, § 14 Rn. 30 ff.; *Feldhaus,* NVwZ 1995, 963 ff.

[3] Gesetz zum Schutz vor schädlichen Umwelteinwirkungen durch Luftverunreinigungen, Geräusche, Erschütterungen und ähnliche Vorgänge (Bundes-Immissionsschutzgesetz – BImSchG) i. d. F. d. Bek. v. 14. 5. 1990 (BGBl. I S. 880), zul. geänd. durch G v. 19. 10. 1998 (BGBl. I S. 3178).

[4] Soweit das BImSchG keine abschließende Regelung trifft, kann es durch landesrechtl. Regelungen ergänzt werden, vgl. dazu unten § 22 Rn. 28 ff.; vgl. zum BundesimmissionsschutzR i. Ü. *Eiermann/Göck,* JuS 1995, 671 ff.; zur Geltung des BImSchG in den neuen Ländern ausführl. *Mache,* UmweltR, Rn. 335 ff.; zur Fortgeltung des ImmissionsschutzR der DDR vgl. *Wulfhorst,* LKV 1994, 239 ff.

[5] Vgl. dazu Gesetzentwurf der BReg., BR-Drs. 502/98 sowie BT-Drs. 13/11118 und 13/11262.

[6] Dazu BT-Drs. 13/3995, 13/3996; krit. *Lübbe-Wolff,* ZUR 1995, 57 ff.; *Gawel,* ZAU 1999, 73 ff.; *ders.,* ZAU 1999, 209 ff.; *ders.,* DÖV 1999, 281 ff.; zur Beschleunigung von Genehmigungsverfahren vgl. auch *Bullinger,* JZ 1994, 1129 ff.; *Moormann,* UPR 1996, 408 ff.; *Büge/Tünnesen-Harmes,* GewArch 1997, 48 ff.; *Hansmann,* NVwZ 1997, 105 ff.; zur Beschleunigung von Genehmigungsverfahren in den neuen Ländern ferner *Wulfhorst,* LKV 1995, 316 f.

[7] Richtlinie des Rates zur Beherrschung der Verfahren bei schweren Unfällen bei gefährlichen Stoffen v. 9. 12. 1996 (96/82/EG), ABl. EG 1997 Nr. L 10, S. 13.

[8] Richtlinie des europäischen Parlaments und des Rates zur Angleichung der Rechtsvorschriften der Mitgliedstaaten über Maßnahmen zur Bekämpfung der Emission von gasförmigen Schadstoffen und luftverunreinigenden Partikeln aus Verbrennungsmotoren für mobile Maschinen und Geräte v. 16. 12. 1997 (97/68/EG), ABl. EG 1998 Nr. L 59, S. 1.

Feldhaus, NVwZ 98, 1138, Koch/Prall, NVwZ 02, 666, Hansmann, NVwZ 05, 624 (Straffr., Vereinfachg.)

fallrecht und damit der Störfall-Verordnung (12. BImSchV)[9] zuzurechnen. Zugleich wurde für mobile Maschinen und Geräte das bei der Zulassung von Kraftfahrzeugen und ihren Bestandteilen eingeführte Typengenehmigungsverfahren übernommen.[10] Eine weitere Änderung des BImSchG ist im Rahmen der Umsetzung der IPPC-Richtlinie[11] zu erwarten, unabhängig davon, ob diese – wie zunächst geplant – durch das Umweltgesetzbuch I (UGB I) oder durch eine Artikelgesetz umgesetzt werden soll.[12]

3 Der Kommissionsentwurf zum Umweltgesetzbuch regelt das Immissionsschutzrecht zusammen mit dem Recht der Energieversorgung in den §§ 419 bis 464 UGB-KomE.[13] Das Immissionsschutzrecht konzentriert sich dabei auf die materiellrechtlichen Anforderungen an den anlagebezogenen, den verkehrsbezogenen und den gebietsbezogenen Immissionsschutz, da zahlreiche Regelungsbereiche des BImSchG, etwa für das Verfahren und die Rechtswirkungen der Anlagengenehmigung, für nachträgliche Anordnungen und andere eingreifende Maßnahmen, für die Überwachung, den betrieblichen Umweltschutz und die Rechts- und Regelsetzung als zentrale Vorschriften in den Allgemeinen Teil des Umweltgesetzbuchs (§§ 80 bis 109 UGB-KomE) übernommen worden sind.[14] Die im Besonderen Teil verbleibenden spezifisch immissionsschutzrechtlichen Anforderungen umfassen im Bereich der genehmigungsbedürftigen Anlagen die Vorgaben zur Anlagensicherheit und setzen zugleich die EG-rechtlichen Vorgaben der Seveso-II-Richtlinie um. Für den Bereich der nicht genehmigungsbedürftigen Anlagen werden die Grundpflichten um eine Vorsorgepflicht erweitert. Im Rahmen des verkehrsbezogenen Umweltschutzes werden die Regelungen auch auf Flugplätze erstreckt, während die stoffbezogenen Vorschriften des Immissionsschutzrechts in der allgemeinen Norm des Produktrechts (§ 121 UGB-KomE) aufgehen. Für den gebietsbezogenen Immissionsschutz wird an den Luftreinhalteplänen und den Lärmminderungsplänen als Fachplänen festgehalten.[15]

4 Abgesehen von den üblichen Schlußvorschriften gliedert sich das BImSchG in die nachfolgenden sechs Teile

- Allgemeine Vorschriften (§§ 1 bis 3 BImSchG),
- Errichtung und Betrieb von Anlagen (§§ 4 bis 31 a BImSchG),
- Beschaffenheit von Anlagen, Stoffen, Erzeugnissen, Brennstoffen, Treibstoffen und Schmierstoffen (§§ 32 bis 37 BImSchG),
- Beschaffenheit und Betrieb von Fahrzeugen, Bau und Änderung von Straßen und Schienenwegen (§§ 38 bis 43 BImSchG),
- Überwachung der Luftverunreinigung im Bundesgebiet, Luftreinhaltepläne und Lärmminderungspläne (§§ 44 bis 47 a BImSchG),
- Gemeinsame Vorschriften (§§ 48 bis 62 a BImSchG).

A. Allgemeine Vorschriften

5 Der Erste Teil des BImSchG enthält Vorschriften über den *Zweck des Gesetzes* (§ 1 BImSchG), den *Geltungsbereich* (§ 2 BImSchG) und *Begriffsbestimmungen* (§ 3 BImSchG).

---

[9] I. d. F. d. Bek. v. 20. 9. 1991 (BGBl. I S. 1891, zul. geänd. durch VO v. 20. 4. 1998 (BGBl. I S. 723); vgl. dazu eingehend § 20 Rn. 10.

[10] Vgl. Begründung des Gesetzentwurfs der BReg., BR-Drs. 502/98, S. 11.

[11] V. 24. 9. 1996 (96/61/EG), ABl. EG Nr. L 257 v. 10. 10. 1996, S. 26; vgl. dazu bereits oben § 20 Rn. 20 ff.

[12] Vgl. DVBl.-Report 1999, Heft 19, S. A 322 f.; siehe dazu bereits oben § 20 Rn. 23; dazu auch *Stüer/Herrmanns,* DVBl. 1999, 972 ff.

[13] Vgl. BMU, UGB-KomE, S. 273 ff.

[14] BMU, UGB-KomE, S. 137 ff.; 272 ff.; 1162.

[15] BMU, UGB-KomE, S. 1167.

I. Gesetzeszweck

Gem. § 1 BImSchG ist es Zweck des Gesetzes, Menschen, Tiere und Pflanzen, den Boden, das Wasser, die Atmosphäre sowie Kultur- und sonstige Sachgüter vor schädlichen Umwelteinwirkungen und, soweit es sich um genehmigungsbedürftige Anlagen handelt, auch vor Gefahren, erheblichen Nachteilen und erheblichen Belästigungen, die auf andere Weise herbeigeführt werden, zu schützen und dem Entstehen schädlicher Umwelteinwirkungen vorzubeugen.[16] 6

Das Gesetz dient nicht nur dem Schutz des Menschen, der Tiere, Pflanzen und Sachen, sondern der gesamten Umwelt, was der Gesetzgeber durch die Aufnahme der Schutzgüter Boden, Wasser und der Atmosphäre nunmehr auch klargestellt hat.[17] Es verfolgt über den rein anthropozentrischen Umweltschutz hinaus eine ressourcenökonomisch und -ökologisch orientierte Vorsorge.[18] Mithin sind auf seiner Grundlage auch Maßnahmen zum Schutz wildlebender Tiere und Pflanzen möglich.[19] 7

Aus der Zweckbestimmung des § 1 BImSchG lassen sich direkt keine Rechtspflichten ableiten. Sie dient vor allem der Auslegung der nachfolgenden Gesetzesbestimmungen und ist bei Ermessensentscheidungen zu beachten. Bestehen bei der Interpretation eines unbestimmten Rechtsbegriffes des BImSchG Zweifel, so ist die Auslegung zu wählen, die dem Zweck des § 1 BImSchG besser gerecht wird.[20] Macht die Behörde von ihrem Ermessen in einer dem § 1 BImSchG widersprechenden Weise Gebrauch, so ist die Ermessensentscheidung rechtswidrig. Der Gesetzeszweck wird insbesondere durch den letzten Halbsatz des § 1 BImSchG ausgedehnt. Danach ist auch dem Entstehen schädlicher Umwelteinwirkungen vorzubeugen. Das Gesetz soll also nicht nur vor schädlichen Umwelteinwirkungen schützen, sondern bereits dem Entstehen dieser Einwirkungen vorbeugen.[21] 8

II. Geltungsbereich

Gem. § 2 Abs. 1 BImSchG gilt das Gesetz für 9

- die Errichtung und den Betrieb von Anlagen (Nr. 1),
- das Herstellen, Inverkehrbringen und Einführen von Anlagen, Brennstoffen und Treibstoffen, Stoffen und Erzeugnissen aus Stoffen nach Maßgabe der §§ 32 bis 37 BImSchG (Nr. 2),
- die Beschaffenheit, die Ausrüstung, den Betrieb und die Prüfung von Kraftfahrzeugen und ihren Anhängern und von Schienen-, Luft- und Wasserfahrzeugen sowie von Schwimmkörpern und schwimmenden Anlagen nach Maßgabe der §§ 38 bis 40 BImSchG (Nr. 3) und

---

[16] Der Kommissionsentwurf zum UGB sieht hinsichtl. des Gesetzeszweckes keine grundlegende sachl. Änderung vor; in terminologischer Hinsicht wird aber der Begriff der schädl. Umwelteinwirkung für entbehrl. gehalten u. durch den Begriff der schädl. Immission ersetzt, vgl. BMU, UGB-KomE, S. 273, 1168, 1170; zudem wird der Schutz der Ozonschicht u. des Klimas ausdrückl. in die Zweckbestimmung des § 419 S. 1 UGB-KomE aufgenommen, vgl. BMU, UGB-KomE, S. 273, 1169, 1170.

[17] Vgl. BT-Drs. 11/6633, S. 43; zur Frage eines verminderten Sachgüterschutzes vgl. *Breuer,* in: Schmidt-Aßmann, BesVwR, 5. Abschn. Rn. 170.

[18] Vgl. *Jarass,* BImSchG, § 1 Rn. 6 m. w. N.; *BVerwG,* Urt. v. 17. 2. 1984 – 7 C 8.82 –, BVerwGE 69, 37 (42 f.); *Breuer,* in: Schmidt-Aßmann, BesVwR, 5. Abschn. Rn. 168; *Kutscheidt,* in: Landmann/Rohmer, UmweltR, Bd. I, BImSchG, § 1 Rn. 6 ff.; *Himmelmann,* HdbUR, B.1 Rn. 7; a. A. *Ketteler/Kippels,* UmweltR, S. 215.

[19] *OVG Lüneburg,* Beschl. v. 1. 8. 1988 – 3 B 141/88 –, NuR 1989, 398 (399).

[20] *Jarass,* BImSchG, § 1 Rn. 1.

[21] Vgl. *Feldhaus,* BImSchG, § 1 Anm. 4.

– den Bau öffentlicher Straßen sowie von Eisenbahnen, Magnetschwebebahnen und Straßenbahnen nach Maßgabe der §§ 41 bis 43 BImSchG (Nr. 4).[22]

10 Das BImSchG gilt gem. § 2 Abs. 2 S. 1 BImSchG dagegen nicht für *Flugplätze* und *Anlagen, Geräte, Vorrichtungen sowie Kernbrennstoffe und sonstige radioaktive Stoffe,* die den Vorschriften des Atomgesetzes oder einer hiernach ergangenen Rechtsverordnung unterliegen. Gem. § 2 Abs. 2 S. 2 BImSchG gelten die Regelungen des BImSchG ferner nicht, soweit sich aus wasserrechtlichen Vorschriften des Bundes und der Länder zum Schutz der Gewässer etwas anderes ergibt. Normenkonkurrenzen sollen bereits durch bestehende Regelungen vermieden werden.

11 § 3 Abs. 3 BImSchG läßt sich außerdem entnehmen, daß Emissionen, die nicht von einer Anlage ausgehen, sondern auf menschliches Verhalten, etwa auf *Gaststätten-* oder *Wohnungslärm*[23] zurückzuführen sind, vom BImSchG nicht erfaßt werden sollen.[24] Einschränkungen des Geltungsbereichs ergeben sich ferner für Anlagen der Landesverteidigung aus §§ 10 Abs. 11, 59, 60 BImSchG sowie nach den aufgrund dieser Vorschriften erlassenen Rechtsverordnungen.[25]

III. Schädliche Umwelteinwirkungen

12 Neben den bereits genannten Begriffen der Immission (§ 3 Abs. 2 BImSchG) und der Emission (§ 3 Abs. 3 BImSchG) sieht der Gesetzgeber in § 3 BImSchG einige weitere Begriffsbestimmungen vor, die für die gesamte Regelung des Immissionsschutzrechtes eine wesentliche Rolle spielen und deswegen gesetzlich definiert werden.[26] Legal definiert werden die Begriffe *schädliche Umwelteinwirkungen, Luftverunreinigungen, Anlagen, Betriebsbereich,*[27] *Stand der Technik* und *Herstellen.*[28]

13 Schädliche Umwelteinwirkungen sind gem. § 3 Abs. 1 BImSchG *Immissionen, die nach Art, Ausmaß oder Dauer geeignet sind, Gefahren, erhebliche Nachteile oder erhebliche Belästigungen für die Allgemeinheit oder die Nachbarschaft herbeizuführen.* Der Begriff der schädlichen Umwelteinwirkungen ist für das Immissionsschutzrecht von besonderer Bedeutung, weil er in zahlreichen Ein-

---

[22] Zum räuml. u. zeitl. Geltungsbereich vgl. §§ 66 ff. BImSchG; dazu unten § 20 Rn. 256 ff.

[23] Zur Beurteilung der Wesentlichkeit von Lärmeinwirkungen durch behinderte Menschen vgl. *OLG Köln,* Urt. v. 8. 1. 1998 – 7 U 83/96 –, Städtetag 1998, 327 ff.

[24] Zu weiteren Einschränkungen des Geltungsbereichs durch andere Gesetze, etwa des GaststättenG, der GewO u. durch Art. 2 des NATO-Truppenstatuts (BGBl. 1961 II S. 1189) etc. *Jarass,* BImSchG, § 2 Rn. 17 ff.

[25] *Himmelmann,* HdbUR, B.1 Rn. 12.

[26] Zu den Schwierigkeiten, im ImmissionsschutzR u. im BauplanungsR zu gemeinsamen Begriffen zu kommen, *Boeddinghaus,* BauR 1994, 713 ff.; ferner *Fieseler,* UPR 1995, 49 ff.

[27] Der Begriff des Betriebsbereichs ist durch die Änderung des BImSchG v. 19. 10. 1998 in Umsetzung der Seveso-II-RL neu in § 3 Abs. 5 a BImSchG eingeführt worden.

[28] Im Kommissionsentwurf zum UGB konnte auf eine gesonderte Begriffsbestimmung verzichtet werden, da die zentralen Begriffe der Emission, der schädlichen Immission, der Luftverunreinigung, der Anlage und des Standes der Technik im Allgemeinen Teil unter § 2 UGB-KomE legaldefiniert worden sind, vgl. BMU, UGB-KomE S. 1170.

 Jarass, JZ 93, 601

zelbestimmungen verwendet wird,[29] wenngleich der Begriff nicht in allen Vorschriften, in denen er benutzt wird, genau die gleiche Bedeutung hat.[30]

Der Begriff der schädlichen Umwelteinwirkungen setzt sich aus *drei Elementen* zusammen. Von einer schädlichen Umwelteinwirkung in diesem Sinne läßt sich nur sprechen, wenn es sich einerseits um eine *Immission* handelt und wenn diese andererseits eine *gewisse Schädlichkeit* und dies *für einen bestimmten Personenkreis* aufweist. 14

1. Immissionsbegriff

Der *Immissionsbegriff* ist in § 3 Abs. 2 BImSchG definiert.[31] Danach sind **Immissionen** auf Menschen, Tiere und Pflanzen, den Boden, das Wasser, die Atmosphäre sowie Kultur- und sonstige Sachgüter einwirkende Luftverunreinigungen, Geräusche, Erschütterungen, Licht, Wärme, Strahlen und ähnliche Umwelteinwirkungen.[32] 15

Luftverunreinigungen sind gem. § 3 Abs. 4 BImSchG Veränderungen der natürlichen Zusammensetzung der Luft, insbesondere durch Rauch, Ruß, Staub, Gase, Aerosole, Dämpfe oder Geruchsstoffe[33]. Damit werden sämtliche Veränderungen der natürlichen Zusammensetzung der Luft erfaßt.[34] 16

Geräusche sind für den Menschen hörbare Einwirkungen, die durch Schallwellen verbreitet werden.[35] Immissionsschutzrechtlich geht es um lästige Geräusche, d.h. den Lärm. Lärm ist gem. Ziff. 2.11. TA Lärm Schall (Geräusch), der Nachbarn oder Dritte stören (gefährden, erheblich benachteiligen oder erheblich belästigen) kann oder stören würde.[36] Die Frage der Erheblichkeit einer Geräuschbelastung richtet sich u.a. nach der Ortsüblichkeit.[37] 17

Als **Erschütterungen** gelten niederfrequente, mechanische Schwingungen fester Körper, wie sie z.B. beim Einsatz von Baumaschinen oder infolge von Verkehrseinrichtungen auftreten.[38] 18

---

[29] Vgl. §§ 4 Abs. 1 S. 1, 5 Abs. 1 Nr. 1 u. 2, 22 Abs. 1 Nr. 1 BImSchG.

[30] Zu den zwei Begriffsvarianten *Jarass,* BImSchG, § 3 Rn. 5ff.

[31] Siehe dazu auch bereits oben § 20 Rn. 1.

[32] Der Begriff der Immission wird in § 2 Nr. 7 UGB-KomE unter Verwendung eines weiten Emissionsbegriffs (§ 2 Nr. 6 UGB-KomE) legaldefiniert; da der Emissionsbegriff auch schädliche Stoffe umfaßt, die nicht von einer Anlage ausgehen oder die in flüssiger Form in ein Gewässer oder in den Boden gelangt sind, ist auch der Begriff der Immission entsprechend weit gefaßt, vgl. BMU, UGB-KomE, S. 109f., 442ff.

[33] Zu Geruchsimmissionen durch Rinderhaltung *VGH München,* Urt. v. 25. 6. 1996 – 1 B 92 2679 –, BayVBl. 1997, 115.

[34] Vgl. zu Luftverunreinigungen SRU, Umweltgutachten 1996, BT-Drs. 13/4108, Tz. 424ff.; Statistisches Bundesamt, Statistisches Jahrbuch 1996, 703 (706).

[35] *Jarass,* BImSchG, § 3 Rn. 52.

[36] Zur Beurteilung von Gewerbelärm vgl. *Vierling,* NuR 1994, 115ff.; zu Rechtsproblemen bei der Bewertung von Lärm *Hansmann,* NuR 1997, 53ff.; zur Berücksichtigung eines Meßunsicherheitsabschlags *BVerwG,* Beschl. v. 22. 10. 1996 – 7 B 132.96 –, NuR 1997, 143; zur Bindung der Länder an Verwaltungsvorschriften des Bundes vgl. *Kutscheidt,* NWVBl. 1994, 281ff.

[37] Konkrete Lärmschutzstandards enthalten die VerkehrslärmschutzVO, die Verkehrswege-SchallschutzmaßnahmenVO, die SportanlagenlärmschutzVO u. die BaumaschinenlärmVO, vgl. dazu bereits oben § 20 Rn. 12; zum Baustellenlärm vgl. *Klindt,* Die Bekämpfung des Baustellenlärms: Produkt- und anlagenbezogener Immissionsschutz, passim; zu Geräuschemissionen eines Blockheizkraftwerks *VGH Mannheim,* Urt. v. 28. 7. 1998 – 10 s. 3242/96 –, DÖV 1999, 163ff.

[38] *Kutscheidt,* in: Salzwedel, Grundzüge des UmweltR, 1. Aufl., S. 237 (254).

19 Die Umwelteinwirkungen durch **Licht** und **Wärme** spielen bislang immissionsschutzrechtlich keine Rolle.[39]

20 Mit **Strahlen** sind im wesentlichen Wärme- oder Radarstrahlen (u. a. Mikrowellen, Laser, UV-Strahlen) gemeint, da ionisierende Strahlen gem. § 2 Abs. 2 S. 1 BImSchG vom Anwendungsbereich des BImSchG nicht erfaßt werden.[40] Nicht endgültig geklärt ist die Frage der Gefährlichkeit **elektromagnetischer Strahlungen,** die von Sendeanlagen der Telekom oder von Mobilfunknetzen ausgehen.[41] Soweit derartige Strahlungen die Funktionsfähigkeit anderer Geräte beeinträchtigen können, enthält das Gesetz über die elektromagnetische Verträglichkeit von Geräten (EMVG)[42] Vorschriften über Prüf- und Zertifizierungspflichten. Soweit es um die Auswirkungen der Strahlungen auf die menschliche Gesundheit und die Umwelt geht, sind die Grenzwerte der elektrischen und magnetischen Feldstärke bzw. Flußdichte bezogen auf Hochfrequenzanlagen (Sendefunkanlagen) und auf Niederfrequenzanlagen (z. B. Freileitungen, Erdkabel, Bahnstromoberleitungen) in der Verordnung über elektromagnetische Felder (26. BImSchV)[43] geregelt.

21 Vom Begriff der **ähnlichen Umwelteinwirkungen** werden neuartige Immissionen erfaßt, wenn sie mit den zuvor genannten Immissionen vergleichbar sind.[44] Voraussetzung dafür ist jedenfalls, daß es sich um physikalische Vorgänge handelt und die Einwirkungen durch unwägbare Stoffe ausgelöst werden.[45]

2. Schädlichkeit

22 *Schädlich* ist eine Umwelteinwirkung gem. § 3 Abs. 1 BImSchG, wenn sie geeignet ist, Gefahren, erhebliche Nachteile oder erhebliche Belästigungen herbeizuführen.

23 Der **Gefahrenbegriff** ist dem Polizeirecht entlehnt.[46] Im polizeirechtlichen Sinne wird unter einer Gefahr die erkennbare und objektive Möglichkeit eines Schadenseintritts verstanden.[47] Eine Gefahr liegt vor, wenn der Eintritt des Schadens für

---

[39] *Kloepfer,* UmweltR, § 14 Rn. 42.

[40] Vgl. zu aktuellen Fragen des Schutzes vor Strahlen Jahresbericht der Strahlenschutzkommission (SSK) 1997, BMU, Umwelt 1998, 392.

[41] Vgl. *OVG Lüneburg,* Beschl. v. 2. 12. 1992 – 1 M 3997/92 –, UPR 1993, 155 f.; *Di Fabio,* DÖV 1995, 1 ff.; *Determann,* Mobilfunk-Sendeanlagen, S. 67 ff.

[42] V. 13. 11. 1992 (BGBl. I S. 1864), geänd. durch G v. 19. 9. 1999 (BGBl. I S. 2882); zur Novelle vgl. *Klindt,* NJW 1999, 175 ff.

[43] I. d. F. d. Bek. v. 16. 12. 1996 (BGBl. I S. 1966); vgl. dazu *BVerwG,* Beschl. v. 9. 2. 1996 – 11 VR 45/95 –, NVwZ 1996, 1021; zur Wirkung elektromagnetischer Felder einer Oberleitung *BVerwG,* Beschl. v. 2. 8. 1994 – 7 VR 3.94 –, ZUR 1995, 39 ff.; *VGH Kassel,* Urt. v. 22. 3. 1993 – 2 A 3300 u. 3316/89 –, UPR 1993, 360 ff.; m. Anm. v. *Neuser; VGH Mannheim,* Urt. v. 14. 5. 1996 – 10 S 1/96 –, ZUR 1996, 268; zur Wirkung elektromagnetischer Felder bei Funkbetrieb im C- und D(1)-Netz *VG Gießen,* Beschl. v. 14. 12. 1993 – 1 G 1203/93 –, ZUR 1994, 146 ff.; *OVG Lüneburg,* Beschl. v. 6. 12. 1993 – 6 M 4691/93 –, DVBl. 1994, 297 f.; *VGH Mannheim,* Beschl. v. 2. 1. 1997 – 8 S 3396/96 –, BauR 1997, 626; *Ossenbühl/Di Fabio,* Rechtliche Kontrolle ortsfester Mobilfunkanlagen, passim; *Krist,* BauR 1996, 202 ff.; *Hoppenberg/Meiners/Martens,* NVwZ 1997, 12 ff.; zu den Grenzwerten *VG Schleswig,* Urt. v. 22. 8. 1997 – 12 A 77/93 –, GewArch 1998, 170 ff.; zu Risiken elektromagnetischer Felder ferner *Blümel/Pfeil,* VerwArch 1994, 451 ff.; *Jenke,* UPR 1994, 138 ff.; *Di Fabio,* DÖV 1995, 1 ff.; *Rebentisch,* DVBl. 1995, 495 ff.; *Kremser,* NVwZ 1995, 851 ff.; *Roßnagel,* UPR 1993, 401 ff.; *Kremser,* DVBl. 1997, 1360 ff.; zum Nachbarschutz *BVerwG,* Beschl. v. 9. 2. 1996 – 11 VR 46.95 –, BayVBl. 1996, 540.

[44] *Feldhaus,* BImSchG, § 3 Anm. 5; vgl. auch § 2 Nr. 8 UGB-KomE, BMU, UGB-KomE, S. 110.

[45] Vgl. *Jarass,* DVBl. 1983, 725 (727); *ders.,* BImSchG, § 3 Rn. 55.

[46] *Kloepfer,* UmweltR, § 14 Rn. 43 m. w. N.

[47] Vgl. *Kutscheidt,* in: Salzwedel, Grundzüge des UmweltR, 1. Aufl., S. 237 (246); *Ule/Laubinger,* BImSchG, § 3 Rn. 4; zum Gefahrenbegriff siehe oben § 1 Rn. 132 ff.

Leib und Leben eines Menschen oder ein erheblicher Sachschaden nach der Lebenserfahrung mit einer gewissen Wahrscheinlichkeit bevorsteht.[48] An die Wahrscheinlichkeit des Schadenseintritts sind nach der Rechtsprechung um so geringere Anforderungen zu stellen, je größer und folgenschwerer der möglicherweise eintretende Schaden ist.[49] Bei schwerwiegenden Schadensarten und -folgen muß die Wahrscheinlichkeit ihres Eintritts gegen Null gehen. Von einer Gefahr muß der *Gefahrenverdacht* unterschieden werden.[50] Ein solcher besteht u. a. in der begründeten Vermutung, daß die Luftverunreinigung durch Schwefel und Stickoxide die wesentliche Ursache für die neuartigen Waldschäden ist.[51] Ein solcher Gefahrenverdacht kann sich jedoch aufgrund einer konkreten Wahrscheinlichkeitsbeurteilung in einer Weise verdichten, daß er für den Schutzgrundsatz des § 5 Abs. 1 Nr. 1 BImSchG relevant wird.[52] Nach Ansicht des *BVerfG* muß jedoch ein gewisses Restrisiko hingenommen werden:[53] Ein solches Restrisiko bestehe, wenn der Schadenseintritt zwar praktisch, aber nicht mit letzter Sicherheit ausgeschlossen werden könne. Die Grenze zwischen der Gefahr und dem hinzunehmendem Restrisiko werde durch den Standard der „praktischen Vernunft" gezogen. Ungewißheiten jenseits dieser Schwelle praktischer Vernunft hätten ihre Ursache in den Grenzen menschlichen Erkenntnisvermögens, sie seien unentrinnbar und insofern als sozialadäquate Lasten von allen Bürgern zu tragen.[54]

Schädliche Umwelteinwirkungen liegen zudem vor, wenn Immissionen zu erheblichen Nachteilen oder erheblichen Belästigungen führen. **24**

Als **Nachteil** werden Beeinträchtigungen von Interessen bezeichnet, die keinen unmittelbaren Schaden auslösen. Dazu zählen insbesondere Vermögensschäden.[55] **25**

Beispiele: Die Wertminderung eines Grundstücks, der Umsatzrückgang bei einem Hotelbetrieb infolge unzulässiger Lärmeinwirkungen, die Zerstörung eines Erholungsgeländes für die Personen, die sich in diesem Erholungsgebiet üblicherweise erholen oder die Einschränkung des Selbstverwaltungsrechts einer Gemeinde durch Beeinträchtigungen ihres Planungsrechts zählen zu den Nachteilen.[56]

Belästigungen sind vornehmlich Beeinträchtigungen des körperlichen oder seelischen Wohlbefindens, die noch keine Gesundheitsschäden auslösen.[57] **26**

Die Nachteile und Belästigungen müssen erheblich sein. **Erheblich** sind die Beeinträchtigungen, wenn sie durch Stärke, Intensität oder Dauer das übliche und zumutbare Maß überschreiten[58] und den Betroffenen billigerweise nicht mehr zugemutet werden können.[59] Abzustellen ist dabei auf das Empfinden eines normalen Durch- **27**

---

[48] Vgl. *BVerwG,* Urt. v. 13. 12. 1967 – IV C 146.65 –, BVerwGE 28, 310 (315 f.).

[49] *BVerwG,* Urt. v. 16. 11. 1973 – IV C 44.69 –, DÖV 1974, 297 (300); auch *Lübbe-Wolff,* NVwZ 1986, 178 (181 f.).

[50] *BVerwG,* Urt. v. 22. 12. 1980 – 7 C 84,78 –, BVerwGE 61, 256 (267); *dass.,* Urt. v. 17. 2. 1984 – 7 C 8.82 –, BVerwGE 69, 37 (43); *dass.* , Urt. v. 19. 12. 1989 – 7 C 65.82 –, BVerwGE 72, 300 (315); *Breuer,* in: Schmidt-Aßmann, BesVwR, 5. Abschn. Rn. 177.

[51] SRU, Sondergutachten Waldschäden und Luftverunreinigungen 1983, Tz. 308 ff., 406 ff.; dazu *Breuer,* in: Schmidt-Aßmann, BesVwR, 5. Abschn. Rn. 177.

[52] *Breuer,* in: Schmidt-Aßmann, BesVwR, 5. Abschn. Rn. 177.

[53] *BVerfG,* Beschl. v. 8. 8. 1978 – 2 BvL 8/77 –, BVerwGE 49, 89 (141 f.) (Kalkar); vgl. zum Restrisiko im AtomR § 24 Rn. 34 ff.

[54] Zum Begriff des Restrisikos *Murswiek,* HdUR, Bd. 2, Sp. 1719 ff.; *Breuer,* in: Schmidt-Aßmann, BesVwR, 5. Abschn. Rn. 184.

[55] *Breuer,* in: Schmidt-Aßmann, BesVwR, 5. Abschn. Rn. 178.

[56] Dazu *Feldhaus,* BImSchG, § 3 Anm. 8; *Kutscheidt,* in: Salzwedel, Grundzüge des UmweltR, S. 237 (247); *Jarass,* BImSchG, § 3 Rn. 19.

[57] Vgl. Amtl. Begr. BT-Drs. 7/1513 S. 2.

[58] Vgl. *Ule/Laubinger,* BImSchG, § 3 Rn. 4.

[59] Vgl. *Kutscheidt,* in: Salzwedel, Grundzüge des UmweltR, S. 237 (248); *Martens,* DVBl. 1981, 597 (598); erforderl. ist eine Güterabwägung *BVerwG,* Urt. v. 29. 4. 1988 – 7 C 33.87 –, DVBl. 1988, 967 (968); zu erhebl. Gefahren durch eine Zementmahlanlage *VGH Mannheim,* Beschl. v. 14. 11. 1994 – 10 S 860/94 –, DVBl. 1995, 255.

schnittsmenschen in vergleichbarer Lage, nicht aber auf das subjektive Empfinden des konkret Gestörten.[60]

28 Für **Luftverunreinigungen** setzt die TA Luft[61] Immissionswerte zum Schutz vor „erheblichen" Nachteilen und Belästigungen fest.[62] Bei **Lärmimmissionen** folgt die Zumutbarkeitsgrenze aus der Schutzwürdigkeit und Schutzbedürftigkeit der Umgebung. Entscheidend dafür ist vor allem der Gebietscharakter der Umgebung, wie er faktisch oder nach einem Bebauungsplan besteht.[63] In den Bereichen, in denen Gebiete von unterschiedlicher Schutzwürdigkeit zusammentreffen, ist die Grundstücksnutzung mit einer spezifischen gegenseitigen Pflicht zur Rücksichtnahme belastet. Das führt einerseits zur Pflichtigkeit dessen, der die Belästigungen verbreitet, andererseits aber auch – i. S. d. Bildung einer Art von **Mittelwert** – zu einer die Vorbelastung respektierenden Duldungspflicht derer, die sich in der Nähe von – im übrigen legalen Belästigungsquellen – ansiedeln.[64] Ausnahmsweise kann wegen einer Vorbelastung die Zumutbarkeit von Geräuschimmissionen auch dann zu bejahen sein, wenn die Richtwerte der TA Lärm überschritten werden.[65]

3. *Allgemeinheit und Nachbarschaft*

29 Die Gefahren, erheblichen Nachteile oder erheblichen Belästigungen müssen für die *Allgemeinheit* oder die *Nachbarschaft* drohen.

30 Unter der **Allgemeinheit** wird eine unbestimmte Mehrzahl von Personen, bzw. die Gesamtheit aller möglichen Betroffenen verstanden.[66] Ausreichend ist auch, daß die Tier- und Pflanzenwelt oder die Umweltmedien durch Immissionen nachteilig berührt werden.[67]

31 Nach Auffassung des *BVerwG* dient der Begriff der **Nachbarschaft** denjenigen Personen, denen über den objektiven Schutz hinaus, den das BImSchG der Allgemeinheit vermittelt, die Möglichkeit verwaltungsgerichtlichen Individualrechtsschutzes eingeräumt werden soll: Nachbarschaft i. S. d. § 3 Abs. 1 BImSchG kennzeichne ein qualifiziertes Betroffensein, das sich deutlich abhebe von den Auswirkungen, die den einzelnen als Teil der Allgemeinheit treffen könnten. Aufgrund ihrer engeren zeitlichen und räumlichen Beziehung können danach jedenfalls neben den Grundstückseigentümern, zu denen auch Gemeinden zählen können,[68] auch Gewerbetreibende und Mieter, aber auch Arbeitnehmer und Auszubildende, deren Arbeits- bzw. Ausbildungsplatz im Einwirkungsbereich der Emissionsquelle liegen, zu den Nachbarn zählen.[69] Der engere räumliche Bezug ist jedoch nicht allein entscheidend, da eine eindeutige räumliche Abgrenzung des geschützten Personenkreises sich gerade bei Immissionsbelastun-

---

[60] Vgl. *VGH Kassel,* Urt. v. 4. 11. 1992 – 14 UE 21/88 –, NVwZ 1993, 1004 (1005); *Bender/Sparwasser/Engel,* UmweltR, 6. Teil Rn. 99; zum Schutz überdurchschnittl. empfindl. Personen *Wulfhorst,* NuR 1995, 221 ff.

[61] Technische Anleitung zur Reinhaltung der Luft (TA Luft) v. 27. 2. 1986 (GMBl. 1986 S. 95, ber. S. 202); zur Kompensationsregel der TA Luft vgl. *Gawel/Ewringmann,* NuR 1994, 120 ff.

[62] Vgl. zur rechtl. Einordnung der TA Luft bereits oben § 20 Rn. 14 u. § 5 Rn. 30 ff.

[63] Vgl. Nr. 6.1 TA Lärm; dazu *Bender/Sparwasser/Engel,* UmweltR, 6. Teil Rn. 102 ff.

[64] Vgl. *BVerwG,* Urt. v. 12. 12. 1975 – IV C 71.73 –, BVerwGE 50, 49 (54); *Hoppe,* in: Hoppe/Grotefels, ÖffBauR, § 7 Rn. 169 ff.; vgl. Nr. 6.7 TA Lärm.

[65] Vgl. *OVG Koblenz,* Urt. v. 4. 3. 1986 – 7 A 17/83 –, NVwZ 1988, 176 (177); vgl. zur TA Lärm oben § 20 Rn. 14.

[66] Vgl. *Feldhaus,* HdUR, Bd. 1, Sp. 995 (999).

[67] *Himmelmann,* HdbUR, B.1 Rn. 20.

[68] *BVerwG,* Beschl. v. 17. 3. 1992 – 4 B 230/91 –, NVwZ 1992, 885 (886 m. w. N.).

[69] Zur Nachbareigenschaft eines Arbeitnehmers, der in der Nähe der zu genehmigenden Anlage arbeitet, *OVG Lüneburg,* Beschl. v. 6. 4. 1984 – 7 B 16/83 –, UPR 1984, 39.

gen als praktisch nicht normierbar erweist.[70] Für den öffentlich-rechtlichen Nachbarschutz komme es deshalb entscheidend darauf an, ob sich aus individualisierenden Tatbestandsmerkmalen der drittschützenden Norm ein Personenkreis entnehmen läßt, der sich von der Allgemeinheit unterscheidet. Keine Nachbarn i. S. d. immissionsschutzrechtlichen Nachbarbegriffs sind deshalb mangels besonderer persönlicher oder sachlicher Bindung zu einem Ort im Einwirkungsbereich Touristen, Besucher und andere, die sich nur gelegentlich im Einwirkungsbereich der Emissionsquelle aufhalten.[71]

32 Soweit das Gesetz darüber hinaus die Begriffe Anlagen (§ 3 Abs. 5 BImSchG), Betriebsbereich (§ 3 Abs. 5a BImSchG) und Stand der Technik (§ 3 Abs. 6 BImSchG) legaldefiniert, soll darauf im Rahmen der immissionschutzrechtlichen Anlagengenehmigung eingegangen werden.[72]

B. Anlagenbezogener Immissionsschutz

33 Der Zweite Teil des BImSchG über die Errichtung und den Betrieb von Anlagen gliedert sich in drei Abschnitte über

- genehmigungsbedürftige Anlagen,
- nicht genehmigungsbedürftige Anlagen und
- Ermittlung von Emissionen und Immissionen.

I. Anlagengenehmigung nach § 4 BImSchG

34 Gem. § 4 Abs. 1 S. 1 BImSchG bedürfen die Errichtung und der Betrieb von Anlagen, die aufgrund ihrer Beschaffenheit oder ihres Betriebs im besonderen Maße geeignet sind, schädliche Umwelteinwirkungen hervorzurufen oder in anderer Weise die Allgemeinheit oder die Nachbarschaft zu gefährden, erheblich zu benachteiligen oder erheblich zu belästigen, sowie von ortsfesten Abfallentsorgungsanlagen zur Lagerung oder Behandlung von Abfällen einer Genehmigung.[73] Gem. § 4 Abs. 1 S. 2 BImSchG bedürfen mit Ausnahme von Abfallentsorgungsanlagen Anlagen, die nicht gewerblichen Zwecken dienen und nicht im Rahmen wirtschaftlicher Unternehmungen Verwendung finden, der Genehmigung nur, wenn sie im besonderen Maße geeignet sind, schädliche Umwelteinwirkungen durch Luftverunreinigungen oder Geräusche hervorzurufen.[74]

---

[70] Vgl. *BVerwG,* Urt. v. 19. 9. 1986 – 4 C 8.84 –, DVBl. 1987, 476f.; *dass.,* Urt. v. 15. 7. 1987 – 4 C 56.83 –, DVBl. 1987, 1265 (1266).

[71] Dazu *Beckmann,* Rechtsschutz, S. 171.

[72] Vgl. zum Anlagenbegriff unten § 21 Rn. 36ff. u. zum Begriff des Standes der Technik unten § 21 Rn. 61ff.

[73] Zur Industrieanlagenzulassung *Knopp/Wolf,* BB 1997, 1593ff.; nach dem Kommissionsentwurf zum UGB bedürfen immissionsschutzrechtl. Anlagen einer gebundenen Vorhabengenehmigung nach §§ 421, 81 Abs. 2 Nr. 1, 83ff. UGB-KomE; § 421 Abs. 1 S. 3 UGB-KomE schließt dabei die Abfallentsorgungsanlagen in die immissionsschutzrechtl. Genehmigung ebenfalls mit ein, vgl. BMU, UGB-KomE, S. 273, 1174; i. ü. sind keine grundl. Änderungen gegenüber § 4 BImSchG vorgesehen, vgl. BMU, UGB-KomE, S. 1176; zur Vorhabengenehmigung nach dem UGB siehe auch *Peters,* ZUR 1998, 295ff.; *Hoppe/Schlarmann,* Die planerische Vorhabengenehmigung, passim.

[74] So auch § 421 S. 2 UGB-KomE, vgl. BMU, UGB-KomE, S. 273, 1176.

Steinberg, NVwZ 95, 209, Breuer, NVwZ 97, 833

35 Im Kommissionsentwurf zum Umweltgesetzbuch ergibt sich die Genehmigungsbedürftigkeit von immissionsschutzrechtlichen Anlagen aus §§ 421, 81 Abs. 2 Nr. 1a UGB-KomE.[75] Die Grundpflichten, Genehmigungsvoraussetzungen und das Verfahren sollen im wesentlichen in den §§ 83ff. UGB-KomE geregelt und durch die §§ 421ff. UGB-KomE ergänzt werden.[76]

1. *Anlagenbegriff*

36 Kernstück des BImSchG ist der Schutz vor Umweltbeeinträchtigungen durch Anlagen. Das BImSchG ist in erster Linie „technisches anlagenbezogenes Immissionsschutzrecht", rein verhaltensbezogene Umweltbeeinträchtigungen zählen zum Regelungsbereich des Immissionsschutzrechts der Länder.[77] Einen einheitlichen Anlagenbegriff kennt das Umweltrecht nicht.[78] § 3 Abs. 5 BImSchG enthält eine Legaldefinition für das Immissionsschutzrecht.[79] Danach sind Anlagen i. S. d. Gesetzes

- Betriebsstätten und sonstige ortsfeste Einrichtungen,
- Maschinen, Geräte und sonstige ortsveränderliche technische Einrichtungen sowie Fahrzeuge, soweit sie nicht der Vorschrift des § 38 BImSchG unterliegen, und
- Grundstücke, auf denen Stoffe gelagert oder abgelagert oder Arbeiten durchgeführt werden, die Emissionen verursachen können, ausgenommen öffentliche Verkehrswege.[80]

37 Gemeinsam ist diesen drei Gruppen von Anlagen, daß sie in irgendeiner Form „betrieben werden können".[81] Von einem immissionsschutzrechtlich relevanten Anlagenbetrieb läßt sich nur sprechen, wenn auf der Grundlage einer gewissen Organisation und unter Einsatz technischer oder ideeller Arbeitsmittel ein bestimmter Zweck fortgesetzt verfolgt wird. Einfache Werkzeuge, Musikinstrumente und die meisten beweglichen Spiel- und Sportgeräte fallen deshalb mangels eines „Betreibers" nicht unter den Anlagenbegriff.[82] Fraglich ist, ob eine „sonstige ortsfeste Einrichtung" im Sinne von § 3 Abs. 5 Nr. 1 BImSchG eine Anlage ist, wenn die Emissionen nicht von der Anlage selbst ausgehen, sondern auf dem Verhalten der Anlagenbenutzer beruhen. Die Frage stellt sich vor allem bei Kinderspielplätzen oder Sportstätten.

38 Zu **Kinderspielplätzen** wird die Auffassung vertreten, daß von diesen als solchen keine Emissionen ausgehen könnten. Die Geräuschemissionen könnten vielmehr nur

---

[75] BMU, UGB-KomE, S. 137, 273.

[76] BMU, UGB-KomE, S. 1162.

[77] Vgl. *Schmidt/Müller,* UmweltR, § 3 Rn. 65; *Kutscheidt,* in: Salzwedel, Grundzüge des UmweltR, 1. Aufl., S. 237 (287); siehe unten § 22 Rn. 28ff.

[78] Vgl. zum Anlagenbegriff des AtomR unten § 24 Rn. 19ff.; zum Anlagenbegriff im UmweltR allgem. *Sundermann,* HdUR, Bd. 1, Sp. 88ff.; *OVG Bremen,* Urt. v. 16. 7. 1985 – 1 BA 13/85 –, UPR 1986, 159.

[79] An der Legaldefinition des § 3 Abs. 5 BImSchG orientieren sich sowohl §§ 315 Abs. 6, 2 Abs. 7 S. 1 UGB-BT-E, vgl. *Jarass/u. a.,* UGB-BT-E, S. 136; als auch § 2 Nr. 11 UGB-KomE, vgl. BMU, UGB-KomE, S. 110, 446.

[80] Vgl. zum Anlagenbegriff des BImSchG ausführl. *Ziegler,* UPR 1986, 170ff.; *Seiler,* Die Rechtslage der nicht genehmigungsbedürftigen Anlagen, S. 33ff.; *Sellner,* ImmissionsschutzR, Rn. 10ff.; *Schmidt/Müller,* UmweltR, § 3 Rn. 4 f.; *Kutscheidt,* in: Salzwedel, Grundzüge des UmweltR, 1. Aufl., S. 237 (249f.).

[81] Vgl. *Jarass,* BImSchG, § 3 Rn. 57; *Kutscheidt,* in: Landmann/Rohmer, UmweltR, Bd. I, BImSchG, § 3 Rn. 24.

[82] *Kutscheidt,* NVwZ 1983, 66; *Jarass,* BImSchG, § 3 Rn. 61.

von den Kindern und deren Begleitpersonen oder von den Spielgeräten ausgehen, die ihrerseits allerdings ortsfeste Einrichtungen und damit Anlagen nach § 3 Abs. 5 BImSchG sein könnten.[83] Dem wird jedoch entgegengehalten, daß der Anlagebegriff auch dann erfüllt ist, wenn die Emissionen zwar nicht unmittelbar von ihnen ausgehen, jedoch im inneren Zusammenhang mit dem Betrieb der Anlage stehen. Spielplätze können deshalb Anlagen i. S. d. § 3 Abs. 5 BImSchG sein, weil sie laufend gepflegt, auf ihre Sicherheit kontrolliert, ihre Benutzung und der Spielbetrieb geregelt und die Ordnung aufrechterhalten werden muß, so daß sie nicht nur errichtet, sondern auch betrieben werden müssen.[84]

Für **Sportanlagen** geht § 1 Abs. 2 SportanlagenlärmschutzV[85] davon aus, daß es 39
sich bei ihnen um ortsfeste Einrichtungen und damit um Anlagen handelt.[86] Sie legt die in bestimmten Gebieten innerhalb und außerhalb der Ruhezeiten einzuhaltenden Immissionsrichtwerte für die Beurteilung der Geräuschimmissionen in behördlichen Verfahren fest, die unter Einrechnung der Geräuschimmissionen anderer Sportanlagen nicht überschritten werden dürfen.[87] Diese Richtwerte werden zudem als Regelgrenzwerte für die Zumutbarkeit von Sportlärm im Verhältnis zwischen öffentlichem Betreiber der Anlage und gestörtem Nachbarn herangezogen.[88] Die Richtwerte können auch bei Vorliegen von Besonderheiten nicht nach unten korrigiert werden.[89]

Fraglich ist außerdem, ob nach dem BImSchG von einem *engen* oder 40
einem *weiten* Anlagenbegriff auszugehen ist.[90] Während in der Literatur die Ansicht vertreten wird, daß der Begriff im weitesten Sinne zu verstehen sei,[91] bevorzugt die Rechtsprechung zumindest teilweise eine engere Auslegung.[92]

---

[83] Vgl. zu Kinderspielplätzen *BVerwG,* Urt. v. 12. 12. 1991 – 4 C 5/88 –, NJW 1992, 1779 (1780); *VGH München,* Urt. v. 30. 11. 1987 – 26 B 82 A.2088 –, NVwZ 1989, 269 (271); *VGH Mannheim,* Urt. v. 27. 4. 1990 – 8 S 1820/89 –, NVwZ 1990, 988 (989); *OVG Münster,* Urt. v. 20. 3. 1981 – 1 K 2229/79 –, NVwZ 1982, 327 (328); *OVG Bremen,* Urt. v. 1. 12. 1987 – 1 BA 49/87 –, NVwZ 1989, 272 (273); *VG Braunschweig,* Urt. v. 24. 6. 1991 – 9 A 9014/91 –, NVwZ 1991, 1211 f.

[84] Vgl. *Jarass,* BImSchG, Vorbem. § 22 Rn. 9.

[85] Vgl. *Ketteler,* SportanlagenlärmschutzVO, passim; zur Anwendbarkeit der SportanlagenlärmschutzV auf Bolzplätze vgl. *ders.,* BauR 1997, 959 ff.; zur Beurteilung der von einem Sportplatz ausgehenden Lärmimmissionen *BVerwG,* Beschl. v. 8. 11. 1994 – 7 B 73/94 –, ZUR 1996, 47; *OVG Münster,* Urt. v. 28. 5. 1993 – 21 A 1532/90 –, NVwZ 1994, 1018 ff.; *VG Arnsberg,* Urt. v. 13. 11. 1997 – 7 K 2686/96 –, NWVBl. 1998, 248 ff.; zum Freizeitlärm vgl. *OVG Lüneburg,* Beschl. v. 15. 9. 1994 – 7 L 5328/92 –, ZUR 1995, 85 ff.

[86] So zu Sportanlagen bereits *BVerwG,* Urt. v. 19. 1. 1989 – 7 C 77.87 –, BVerwGE 81, 197 (200).

[87] Fragl. ist, ob die Festlegung von Richtwerten der gesetzl. Ermächtigungsgrundlage des § 23 Abs. 1 Nr. 2 BImSchG entspricht, die von der Festlegung von Grenzwerten spricht, dazu *Berkemann,* NVwZ 1992, 817 (826); a. A. *OVG Münster,* Urt. v. 28. 5. 1993 – 21 A 1532/90 –, UPR 1994, 75 (76); *dass.,* Urt. v. 29. 11. 1993 – 11 A 773/90 –, UPR 1994, 310 (311).

[88] *OVG Münster,* Urt. v. 29. 11. 1993 – 11 A 773/90 –, UPR 1994, 310 f.

[89] *BVerwG,* Beschl. v. 8. 11. 1994 – 7 B 73/94 –, NWVBl. 1995, 94 ff.; *OVG Münster,* Urt. v. 28. 5. 1993 – 21 A 1532/90 –, UPR 1994, 75 ff.; a. A. noch *OVG Münster,* Urt. v. 29. 11. 1993 – 11 S 773/90 –, UPR 1994, 310 f.; *OLG Koblenz,* Urt. v. 24. 4. 1992 – 10 U 1591/87 –, NVwZ 1993, 301 (302); zur Privilegierung von Altanlagen *Knoche,* GewArch 1997, 191 ff.

[90] Zum Umfang einer immissionsschutzrechtl. genehmigungsbedürftigen Anlage *Jarass,* NVwZ 1995, 529 ff.

[91] Vgl. *Kutscheidt,* in: Salzwedel, Grundzüge des UmweltR, 1. Aufl., S. 237 (249); *Kloepfer,* UmweltR, § 14 Rn. 54.

[92] Dazu Nachweise bei *Sundermann,* HdUR, Bd. 1, Sp. 93 f.

Beispiel: Als Anlage zum Brennen von Ziegeleierzeugnissen i. S. v. § 2 Nr. 3 der 4. BImSchV wurde vom *BVerwG* nicht die Ziegelei insgesamt, sondern der jeweilige Ofen verstanden, der zum Brennen der Ziegeleierzeugnisse diente.[93]

41 Insbesondere größere **Werkskomplexe** mit unterschiedlichen Produktionseinheiten sind nach der Rechtsprechung des *BVerwG* nicht ohne weiteres eine einheitliche genehmigungsbedürftige Anlage.[94] Allerdings wird eine an der Einzelanlage orientierte Zuordnung zum Kreis der genehmigungsbedürftigen Anlagen dem Genehmigungserfordernis des § 4 Abs. 1 S. 1 BImSchG nicht gerecht, wenn mehrere gleichartige Anlagen in einem engen räumlichen und betrieblichen Verbund stehen und das für das Genehmigungserfordernis vorausgesetzte Umweltgefährdungspotential sich nicht aus der Einzelanlage, sondern aus ihrer Gesamtheit ergibt. § 1 Abs. 3 S. 1 der 4. BImSchV sieht deshalb vor, daß mehrere Anlagen als eine gemeinsame Anlage zu behandeln sind, wenn es sich um Anlagen derselben Art handelt, diese in einem engen räumlichen betrieblichen Zusammenhang stehen und wenn die Genehmigungsbedürftigkeit vom Erreichen oder Überschreiten von Leistungsgrenzen oder Anlagengrößen abhängig ist.[95]

2. *Abfallentsorgungsanlagen*

42 Der Genehmigungspflicht des § 4 BImSchG unterfallen ferner die Errichtung und der Betrieb *ortsfester Abfallentsorgungsanlagen zur Lagerung oder Behandlung von Abfällen.*[96]

43 Die Unterscheidung von Abfallbeseitigungs- bzw. Abfallentsorgungsanlagen in Deponien und sonstige Anlagen ist durch das Investitionserleichterungs- und Wohnbaulandgesetz[97] mit dem Ziel einer Verfahrensvereinfachung und -verkürzung eingeführt worden. Die Herausnahme der ortsfesten Abfallbeseitigungsanlagen aus dem Zulassungsregime des Kreislaufwirtschafts- und Abfallrechts wird in der Literatur teilweise skeptisch beurteilt.[98]

44 Vom Begriff der Abfallentsorgungsanlage zur Lagerung oder Behandlung von Abfällen werden Anlagen zum Sammeln und Befördern von Abfällen nicht erfaßt.

---

[93] *BVerwG,* Urt. v. 12. 12. 1975 – IV C 71.73 –, BVerwGE 49, 50 (52 f.); a. A. *Kutscheidt,* DÖV 1976, 663 ff.

[94] *BVerwG,* Urt. v. 6. 7. 1984 – 7 C 71.82 –, BVerwGE 69, 355 f.

[95] Dazu *Feldhaus,* BImSchG, Bd. 2, 4. BImSchV, Rn. 15; der Kommissionsentwurf zum UGB sieht eine Hochstufung des § 1 Abs. 2 Nr. 2 4. BImSchV in § 421 Abs. 3 UGB-KomE vor, vgl. BMU, UGB-KomE, S. 274, 1177.

[96] Zum abfallrechtl. Begriff der Abfallbeseitigungsanlagen vgl. unten § 30 Rn. 161 ff.; siehe auch *Weidemann,* Immissionsschutzrechtl. Abfallentsorgungsanlagen, passim; zu Abfallbeseitigungsanlagen ohne überörtliche Bedeutung *Kuchler,* NuR 1999, 259 ff.

[97] Gesetz zur Erleichterung von Investitionen und der Ausweisung und Bereitstellung von Wohnbauland (Investitionserleichterungs- und Wohnbaulandgesetz – InvWoBaulG) v. 22. 4. 1993 (BGBl. I S. 466).

[98] Dazu insges. *Blankenagel/Bohl,* DÖV 1993, 585 ff.; *Gaßner/Schmidt,* NVwZ 1993, 946 ff.; *Müllmann,* DVBl. 1993, 637 ff.; *Schink,* DÖV 1993, 725 ff.; *Fröhlich,* ZUR 1994, 126 ff.; *Kretz,* UPR 1994, 44 ff.; *Rauch,* Raumordnung bei der immissionsschutzrechtlichen Genehmigung von Abfallentsorgungsanlagen, S. 19 ff.; optimistisch *Thoma,* BayVBl. 1994, 137 ff.

3. Errichtung, Betrieb und wesentliche Änderung

Genehmigungspflichtig ist gem. § 4 Abs. 1 BImSchG die Errichtung und der Betrieb neuer Anlagen, sowie gem. § 16 Abs. 1 S. 1 BImSchG die Änderung der Lage, Beschaffenheit oder des Betriebs einer genehmigungsbedürftigen Anlage, wenn durch die Änderung nachteilige Auswirkungen hervorgerufen werden können und diese für die Prüfung nach § 6 Abs. 1 Nr. 1 BImSchG erheblich sein können (wesentliche Änderung).[99] Eine wesentliche Änderung ist anzunehmen, wenn die Änderung Einfluß auf die Umstände haben kann, die die Genehmigungfähigkeit begründen.[100] Dies ist der Fall, wenn durch die Änderung die Emissionen der Anlage erhöht oder ihrer Zusammensetzung nach ungünstig verändert werden.[101] Eine Genehmigung ist gem. § 16 Abs. 1 S. 2 BImSchG nicht erforderlich, wenn durch eine Änderung hervorgerufene nachteilige Auswirkungen offensichtlich gering sind und die Erfüllung der sich aus § 6 Abs. 1 Nr. 1 BImSchG ergebenden Anforderungen sichergestellt ist. **45**

4. Genehmigungspflicht

Welche Anlagen im einzelnen einer Genehmigung bedürfen, hat die Bundesregierung aufgrund der Ermächtigung des § 4 Abs. 1 S. 3 BImSchG durch Rechtsverordnung mit Zustimmung des Bundesrates in der Verordnung über genehmigungsbedürftige Anlagen (4. BImSchV)[102] und der Verordnung über Großfeuerungsanlagen (13. BImSchV)[103] in enumerativer und damit der Rechtssicherheit dienender Weise geregelt.[104] **46**

Die Aufzählung der genehmigungsbedürftigen Anlagen ist in eine Spalte 1 und eine Spalte 2 unterteilt. Spalte 1 erfaßt die Anlagen mit größeren Emissionen bzw. Umweltbelastungen, für die gem. § 10 BImSchG ein förmliches Verfahren durchzuführen ist (§ 2 Abs. 1 Nr. 1 4. BImSchV), während Spalte 2 die weniger belastenden, meist kleineren Anlagen beinhaltet, für die ein vereinfachtes Verfahren, d. h. ein abgekürztes Verfahren gem. § 19 BImSchG ohne Öffentlichkeitsbeteiligung, durchzuführen ist (§ 2 Abs. 1 Nr. 2 BImSchV).[105] **47**

Beispiele: Genehmigungsbedürftige Anlagen sind Erdölraffinerien, Anlagen der Kohle- und Schieferverflüssigung bzw. -vergasung, Kraftwerke, Kühltürme von Kernkraftwerken, Verbrennungsanlagen, Hüttenwerke zur Erzeugung von Roheisen und Rohstahl, Anlagen der Asbestgewinnung und -verarbeitung, Papierfabriken und größere Müllverbrennungsanlagen.

---

[99] Vgl. dazu ausführl. § 20 Rn. 142ff.

[100] *Kloepfer,* UmweltR, § 14 Rn. 63 m. w. N.

[101] *Jarass,* BImSchG, § 15 Rn. 16.

[102] Vierte Verordnung zur Durchführung des Bundes-Immissionsschutzgesetzes (Verordnung über genehmigungsbedürftige Anlagen – 4. BImSchV) i. d. F. d. Bek. v. 14. 3. 1997 (BGBl. I S. 504), zul. geänd. durch VO v. 23. 2. 1999 (BGBl. I S. 186); vgl. zu § 1 Abs. 1 S. 3 4. BImSchV *VGH Mannheim,* Beschl. v. 16. 10. 1998 – 10 S 1741/98 –, NVwZ 1999, 552ff.

[103] I. d. F. d. Bek. v. 22. 6. 1983 (BGBl. I S. 719).

[104] Auch § 421 Abs. 2 S. 1 UGB-KomE sieht zur Konkretisierung der Genehmigungsbedürftigkeit die Festlegung in einer VO vor, vgl. BMU, UGB-KomE, S. 274, 1177.

[105] Vgl. *Mache,* UmweltR, Rn. 184f.

48 Gem. § 4 Abs. 1 S. 3 2. HS BImSchG kann in der Verordnung auch vorgesehen werden, daß eine Genehmigung nicht erforderlich ist, wenn eine Anlage insgesamt oder in ihren in der Rechtsverordnung bezeichneten wesentlichen Teilen der Bauart nach zugelassen ist und in Übereinstimmung mit der **Bauartzulassung** errichtet und betrieben wird. Gem. § 33 BImSchG ist die Bundesregierung ermächtigt, Anlagen nach einer Bauartprüfung allgemein zuzulassen und das Verfahren für die Bauartzulassung zu regeln. Diese ebenfalls durch das Investitionserleichterungs- und Wohnbaulandgesetz eingefügte Regelung soll der Verfahrensbeschleunigung dienen.[106]

49 Anlagen des Bergwesens oder Teile dieser Anlagen bedürfen der Genehmigung nur, soweit sie über Tage errichtet und betrieben werden (§ 4 Abs. 2 BImSchG). Damit sind **Bergwerke,** nicht aber Brikettfabriken oder Kokereien von der Genehmigungspflicht freigestellt.[107]

5. Genehmigungsvoraussetzungen nach § 6 Abs. 1 BImSchG

50 Gem. § 6 Abs. 1 BImSchG ist die Genehmigung zu erteilen, wenn

- sichergestellt ist, daß die sich aus § 5 BImSchG und einer auf Grund des § 7 BImSchG erlassenen Rechtsverordnung ergebenden Pflichten erfüllt werden (Nr. 1) und
- andere öffentlich-rechtliche Vorschriften und Belange des Arbeitsschutzes der Errichtung und dem Betrieb der Anlage nicht entgegenstehen (Nr. 2).[108]

a) Grundpflichten des Betreibers

51 Die Erteilung der Genehmigung ist gem. § 6 Nr. 1 BImSchG davon abhängig, daß die Erfüllung der *Grundpflichten* gem. § 5 BImSchG sichergestellt ist.[109] Sie bilden unmittelbar geltende Pflichten für den Anlagenbetreiber und sind daher sofort und ohne behördliche Anweisung während der gesamten Dauer des Betriebs zu beachten.[110] Die Grundpflichten werden als

- Schutzpflicht (§ 5 Abs. 1 Nr. 1 BImSchG),
- Vorsorgepflicht (§ 5 Abs. 1 Nr. 2 BImSchG),
- Reststoffvermeidungs- und Entsorgungspflicht (§ 5 Abs. 1 Nr. 3 BImSchG),
- Abwärmenutzungspflicht (§ 5 Abs. 1 Nr. 4 BImSchG) und
- Nachsorgepflicht (§ 5 Abs. 3 BImSchG)

bezeichnet. Bei der Umschreibung der Grundpflichten werden unbestimmte Gesetzesbegriffe verwendet, die den Behörden jedoch keinen Beurteilungsspielraum eröffnen.[111]

---

[106] Vgl. auch § 421 Abs. 2 S. 2 UGB-KomE, vgl. BMU, UGB-KomE, S. 274, 1177.

[107] Der Kommissionsentwurf zum UGB sieht eine solche Privilegierung des Bergbaus nicht vor, vgl. BMU, UGB-KomE, S. 1176f.

[108] Siehe auch § 84 UGB-KomE, der zudem Anforderungen an die persönl. Qualifikation des Anlagenbetreibers u. des Personals stellt, vgl. BMU, UGB-KomE, S. 139, 628, 1179.

[109] Zu den Grundpflichten nach dem Kommissionsentwurf zum UGB vgl. §§ 83 Abs. 1, 422 UGB-KomE, vgl. BMU, UGB-KomE, S. 274, 1177.

[110] Vgl. *Jarass,* BImSchG, § 5 Rn. 1; *Feldhaus,* BImSchG, § 5 Anm. II.

[111] *BVerwG,* Urt. v. 17. 2. 1978 – 1 C 102.76 –, BVerwGE 55, 250 (253f.); *Breuer,* in: Schmidt-Aßmann, BesVwR, 5. Abschn. Rn. 175; zur Frage einer Bedarfsprüfung im immissionsschutzrechtl. Genehmigungsverfahren *Krauß,* NVwZ 1995, 959ff.

aa) Schutzpflicht

Gem. § 5 Abs. 1 Nr. 1 BImSchG sind genehmigungsbedürftige Anlagen so zu errichten und zu betreiben, daß schädliche Umwelteinwirkungen und sonstige Gefahren, erhebliche Nachteile und erhebliche Belästigungen für die Allgemeinheit und die Nachbarschaft nicht hervorgerufen werden können.[112] 52

Die Schutzpflicht zielt auf die Verhinderung konkret **schädlicher Umwelteinwirkungen** durch die Anlage, d.h. Immissionen, die nach Art, Ausmaß oder Dauer geeignet sind, Gefahren, erhebliche Nachteile oder erhebliche Belästigungen für die Allgemeinheit oder die Nachbarschaft herbeizuführen.[113] Durch welche Umstände in der Anlage die Immissionen ausgelöst werden, ist unerheblich. Die Anlage ist vielmehr so zu errichten bzw. zu betreiben, daß nicht nur beim *Normalbetrieb,* sondern auch bei *Störfällen* schädliche Umwelteinwirkungen nicht hervorgerufen werden können.[114] Nicht nur betriebsbedingte Umstände können dazu führen, daß eine Anlage schädliche Umwelteinwirkungen hervorruft. Auch externe Gefahrenquellen bzw. äußere Einwirkungen – gefährliche Anlagen in der Nachbarschaft, Hochwasser- oder Erdbebengefahren – können der Grund dafür sein, daß von der Anlage Emissionen ausgehen. Sofern die Gefahr äußerer Einwirkungen im Hinblick auf das Gewicht der drohenden Schäden hinreichend wahrscheinlich ist, hat der Anlagenbetreiber dafür zu sorgen, daß die Gefahr sich nicht realisiert und schädliche Umwelteinwirkungen damit nicht hervorgerufen werden können.[115] 53

Welche Maßnahmen der Anlagenbetreiber ergreift, um schädliche Umwelteinwirkungen zu vermeiden und dadurch der Schutzpflicht gerecht zu werden, liegt bei ihm. Zunächst kann er durch technische Maßnahmen an der betreffenden Anlage die Emissionen beim *Normalbetrieb* bzw. bei *Störfällen* begrenzen, damit im Bereich seiner Anlage schädliche Umwelteinwirkungen nicht hervorgerufen werden können. Dabei ergeben sich die Schädlichkeitsgrenzen aus den technischen Regelwerken, z.B. der TA Luft,[116] TA Lärm oder den VDI-Richtlinien.[117] Diese Umweltstandards präzisieren die Schädlichkeitsschwelle, oberhalb derer Immissionen unzumutbar bzw. gesundheitsschädlich sind.[118] Anders als die Vorsorgepflicht des § 5 Abs. 1 Nr. 2 54

[112] Siehe auch §§ 422 Abs. 1 Nr. 1, 83 Abs. 1 Nr. 1 UGB-KomE, vgl. BMU, UGB-KomE, S. 138, 274.

[113] Zur Immissionsgefahr einer MVA *VGH Mannheim,* Urt. v. 28. 6. 1995 – 10 S 2509/93 –, VBlBW 1996, 56; zum Umfang der Schutzpflicht bei Steinbrüchen *VGH München,* Beschl. v. 13. 2. 1997 – 22 CS 96 919 –, NuR 1999, 224f.

[114] Zur Beurteilung der Immissionen in der Nachbarschaft einer Abfallverbrennungsanlage vgl. *VGH Mannheim,* Urt. v. 17. 6. 1997 – 10 S 607/96 –, ZUR 1998, 86ff.

[115] *OVG Lüneburg,* Beschl. v. 28. 12. 1976 – VII OVG B 78/75 –, OVGE 32, 456f.; *Breuer,* WuV 1981, 219f.; *Jarass,* BImSchG, § 5 Rn. 11.

[116] Zur Bewertung des Krebsrisikos im Rahmen der vom Länderausschuß für Immissionsschutz (LAI) vorgeschlagenen Beurteilungsmaßstäbe u. der TA Luft vgl. *VGH Mannheim,* Urt. v. 28. 3. 1995 – 10 S 1052/93 –, ZUR 1995, 321ff.; ferner zum LAI *Kühling,* ZUR 1994, 112ff.

[117] Zur bindenden Bestimmung von Emissionsgrenzwerten durch Ländererlasse vgl. *BVerwG,* Beschl. v. 24. 4. 1995 – 8 B 172/95 –, ZUR 1995, 267f.

[118] Herstellerangaben reichen mangels Berücksichtigung der konkreten Örtlichkeit für die Beurteilung von Lärmimmissionen durch Windenergieanlagen nicht aus vgl. *OVG Münster,* Beschl. v. 23. 1. 1998 – 7 B 2984/97 – ZUR 1998, 90f.

BImSchG richtet sich die Schutzpflicht nicht nach dem Stand der Technik im Sinne von § 3 Abs. 6 BImSchG.

55 Der Anlagenbetreiber kann auch durch **Kompensationsmaßnahmen** erreichen, daß die durch die Schutzpflicht gebotenen Immissionsgrenzwerte eingehalten werden.[119] So kann der Betreiber einer neuen Anlage die Einhaltung der Immissionswerte dadurch gewährleisten, daß er die hinzukommenden Emissionen durch Minderung der Emissionen aus bestehenden Anlagen ausgleicht.[120] Eine Kompensationsmöglichkeit hat der Gesetzgeber für Altanlagen 1985 in den §§ 7 Abs. 3, 48 Nr. 4 BImSchG ausdrücklich eingeführt. Voraussetzung für eine Kompensation bzw. eine Verrechnung von Immissionen ist, daß die Kompensationsmaßnahme zu einer Verbesserung hinsichtlich desselben Einwirkungsobjekte und derselben Immissionsart führt, um die es auch bei der fraglichen Anlage geht. D.h., daß Überschreitungen der zulässigen Grenzwerte in einem Gebiet nicht durch Verbesserungen in einem anderen Gebiet ausgeglichen werden können, ebenso wenig wie Überschreitungen bei bestimmten Schadstoffen durch Unterschreitungen bei anderen Schadstoffen gerechtfertigt werden können.[121]

56 Die Verbesserungen, die die Errichtung einer neuen bzw. den weiteren Betrieb einer alten Anlage ermöglichen, müssen rechtlich abgesichert werden. Bei den im Rahmen der Schutzpflicht vom Anlagenbetreiber zu ergreifenden Maßnahmen spielt die Wirtschaftlichkeit dieser Maßnahmen bzw. der Verhältnismäßigkeitsgrundsatz keine Rolle. Die Vermeidung von schädlichen Immissionen ist zwingend geboten. Falls es keine geeigneten oder wirtschaftlich vertretbaren Abwehrmaßnahmen gibt, darf die betreffende Anlage nicht errichtet oder betrieben werden.

57 Im Sinne von § 5 Abs. 1 Nr. 1 BImSchG dürfen nicht nur schädliche Umwelteinwirkungen, sondern auch **sonstige Gefahren** beim Betrieb der Anlage nicht hervorgerufen werden können. Mit den sonstigen Gefahren sind auch Einwirkungen, die vom Anlagengrundstück ausgehen, gemeint, und zwar Einwirkungen physischer Art. Zu denken ist etwa an Explosions- und Brandgefahren, aber auch an die Verbreitung von Krankheiten durch Tiere, die sich auf dem Anlagengelände aufhalten. Wie bereits erwähnt, ist die Schutzpflicht des § 5 Abs. 1 Nr. 1 BImSchG drittschützend.[122]

bb) Vorsorgepflicht

Koch / Rahte NVwZ 06, 1124, BVerwG U 26.4.07, DÖV 07, 891

58 Gem. § 5 Abs. 1 Nr. 2 BImSchG muß der Anlagenbetreiber Vorsorge gegen schädliche Umwelteinwirkungen treffen, insbesondere durch die dem Stand der Technik entsprechenden Maßnahmen zur Immissionsbegrenzung.[123]

---

[119] Zur Kompensation umfassend *Enders,* Kompensationsregelungen im ImmissionsschutzR, passim.

[120] *BVerwG,* Urt. v. 17. 2. 1978 – 1 C 102.76 –, BVerwGE 55, 250 (265 f.); zum Begriff der Kompensation *Rehbinder,* HdUR, Bd. 1, Sp. 930 ff.

[121] Vgl. *Jarass,* BImSchG, § 5 Rn. 24.

[122] Zum über § 5 Abs. 1 Nr. 1 BImSchG vermittelt grenzüberschreitenden Drittschutz im ImmissionsschutzR vgl. *OVG Saarlouis,* Beschl. v. 25. 3. 1994 – 8 O 4/93 –, ZUR 1994, 258 (259 f.).

[123] Siehe auch §§ 422 Abs. 1 Nr. 2, 83 Abs. 1 Nr. 2 UGB-KomE, vgl. BMU, UGB-KomE, S. 138, 274; §§ 422 Abs. 1 Nr. 3 u. 4, 83 Abs. 1 Nr. 3 UGB-KomE sehen überdies eine Pflicht zu Störfallvorkehrungen u. eine Pflicht zum sparsamen Umgang mit Ressourcen u. Energie vor, vgl. BMU, UGB-KomE, S. 138, 274, 1178.

Mit der Vorsorgepflicht soll der gebotene Immissionsschutz vorverlagert 59
und über die traditionelle Gefahrenabwehr hinaus ausgedehnt werden,[124] auch wenn keine *schädlichen* Umwelteinwirkungen durch die Emissionen hervorgerufen werden bzw. zu erwarten sind.[125] Die Vorsorgepflicht dient in erster Linie der Verbesserung der Umweltverhältnisse,[126] insbesondere soll dem Entstehen von schädlichen Umweltbelastungen durch den Ferntransport von Schadstoffen vorgebeugt werden.[127]

Zum Teil wird darüber hinaus angenommen, daß die Vorsorge eine Sicherheitszone 60
vor der Gefahrenschwelle schaffen soll.[128] Nach anderer Ansicht soll die Vorsorgepflicht dazu dienen, daß im Einwirkungsbereich der Anlage auch künftig noch Veränderungen möglich sind, daß also Freiräume planerisch erhalten bzw. geschaffen werden.[129] Nach Ansicht des *BVerwG* stellt das Vorsorgegebot des § 5 Abs. 1 Nr. 2 BImSchG eine Art Gegengewicht zum Kompromißcharakter des in § 5 Abs. 1 Nr. 1 BImSchG festgelegten Sicherheitsstandards und der damit verbundenen Risikogrenzen dar: § 5 Abs. 1 Nr. 1 BImSchG schütze die Allgemeinheit sowie die Nachbarschaft nur vor Gefahren, erheblichen Nachteilen und erheblichen Belästigungen. Erheblich i. S. d. Vorschrift sei dabei alles, was unzumutbar sei. Der Rechtsbegriff der Zumutbarkeit führe nicht zu ein für alle Mal feststehenden Konfliktlösungen. Er setze eine Abwägung und damit eine Bewertung der widerstreitenden Interessen voraus. In diesem Sinne stelle § 5 Abs. 1 Nr. 1 BImSchG bestimmte „Duldungsgrenzen" auf; die von einer genehmigungsbedürftigen Anlage verursachten Immissionen müßten sich unter Berücksichtigung der Vorbelastung im Rahmen dieser Grenzen halten. Ein derartiges Konzept setze die Zuordnung von Immissionen zu bestimmten Emittenten voraus; es verliere dort seine Wirkung, wo eine solche Zuordnung – wie beim Ferntransport von Luftschadstoffen – nicht mehr möglich sei. Den damit verbundenen Risiken könne nur mit Maßnahmen der Vorsorge begegnet werden; sie sollten unabhängig von den geltenden Schädlichkeitsgrenzen das an Umweltqualität durchsetzen, was im Hinblick auf ein vorhandenes Potential an Vermeidungstechnologie realisierbar erscheine (§ 5 Abs. 1 Nr. 2 i. V. m. § 3 Abs. 6 BImSchG).[130]

Die Vorsorgepflicht verlangt vom Anlagenbetreiber, daß die Emissionen 61
auch unterhalb der Schädlichkeitsschwelle, die durch die TA Luft und TA Lärm vorgegeben wird, soweit gemindert werden, wie dies mit Maßnahmen

---

[124] *BVerwG,* Urt. v. 18. 5. 1992 – 21 A 1523/90 –, DVBl. 1982, 958ff.; *dass.,* Urt. v. 22. 10. 1982 – 7 C 50.78 –, DVBl. 1983, 183f.; *OVG Berlin,* Urt. v. 17. 7. 1978 – I B 157.25 –, DVBl. 1979, 159; *VGH Mannheim,* Urt. v. 5. 2. 1980 – X 1909/77 –, GewArch 1980, 197 (200ff.); *OVG Lüneburg,* Urt. v. 3. 10. 1979 – VII A 39/78 –, GewArch 1980, 203; *Breuer,* in: Schmidt-Aßmann, BesVwR, 5. Abschn. Rn. 183 m. w. N.; zur Gegenüberstellung von Schutzpflicht (Nr. 1) u. d Vorsorgepflicht (Nr. 2) *Rid/Hammann,* VBlBW 1987, 121 (125).

[125] Vgl. *Engelhardt,* NuR 1984, 87 (90); *VGH Mannheim,* Urt. v. 10. 11. 1981 – 10 S 944/80 –, VBlBW 1982, 176; Vorsorge ist auch gegen die Immissionen durch Ferntransport von Luftschadstoffen zu treffen *BVerwG,* Urt. v. 17. 2. 1984 – 7 C 8.82 –, DVBl. 1984, 476; zum Zweck u. Ausmaß der Vorsorge umfassend *Grabitz,* WuV 1984, 232ff.; *Schwerdtfeger,* WuV 1984, 217ff.

[126] *Jarass,* BImSchG, § 5 Rn. 46; zur immissionsschutzrechtl. Lärmvorsorge *Rid/Hammann,* NVwZ 1989, 200.

[127] So *Kloepfer,* UmweltR, § 14 Rn. 71 m. w. N.

[128] So *Breuer,* Der Staat 1981, 393 (411ff.); *Rengeling,* DVBl. 1982, 626f.; *OVG Lüneburg,* Urt. v. 3. 10. 1979 – VII A 39/78 –, GewArch 1980, 25.

[129] *Martens,* DVBl. 1981, 597 (602f.); *Feldhaus,* DVBl. 1980, 133 (135); *ders.,* BImSchG, § 5 Anm. 7; *Sellner,* NJW 1980, 1255 (1257); zum Meinungsstand *Rid/Hammann,* VBlBW 1987, 121ff.; krit. demgegenüber *Hoppe/Püchel,* DVBl. 1988, 1 (10); *Breuer,* in: Schmidt-Aßmann, BesVwR, 5. Abschn. Rn. 185ff.; *Kloepfer,* UmweltR, § 14 Rn. 70.

[130] Dazu *BVerwG,* Urt. v. 17. 2. 1984 – 7 C 8.82 –, BVerwGE 69, 37 (43f.).

Anm. Ueu Aug Nr. 262 (BVT – Grundpflicht)

möglich ist, die dem **Stand der Technik** entsprechen.[131] Beim Stand der Technik handelt es sich um einen technischen Standard, der in seinen Anforderungen hinter demjenigen des Standes von Wissenschaft und Technik, wie er in § 7 Abs. 2 Nr. 3 AtG zur Genehmigungsvoraussetzung gemacht wird,[132] zurückbleibt, der andererseits aber über die allgemein anerkannten Regeln der Technik (vgl. z.B. § 24 Abs. 1 GewO) hinausgeht.[133] Gem. § 3 Abs. 6 S. 1 BImSchG ist Stand der Technik der Entwicklungsstand fortschrittlicher Verfahren, Einrichtungen oder Betriebsweisen, der die praktische Eignung einer Maßnahme zur Begrenzung von Emissionen gesichert erscheinen läßt.[134] Gem. § 3 Abs. 6 S. 2 BImSchG sind bei der Bestimmung des Standes der Technik insbesondere vergleichbare Verfahren, Einrichtungen oder Betriebsweisen heranzuziehen, die mit Erfolg im Betrieb erprobt worden sind. Das *BVerfG* vertritt die Ansicht, mit dem Stand der Technik werde der rechtliche Maßstab für das Erlaubte an die Front der technischen Entwicklung verlagert. Auf die allgemeine Anerkennung und die praktische Bewährung einer bestimmten Technik komme es für den Stand der Technik nicht ausschlaggebend an. Die Behörden müßten deshalb in den Meinungsstreit der Techniker eintreten, um zu ermitteln, was technisch notwendig, angemessen und zumutbar sei.[135]

62 Ob eine Maßnahme dem Stand der Technik entspricht, ist eine Frage, die nicht im Ermessen der Verwaltungsbehörden steht. Vielmehr ist der zu fordernde technische Standard durch Auslegung des unbestimmten Gesetzesbegriffs „Stand der Technik" zu bestimmen. Für die Anerkennung eines Beurteilungsspielraums hinsichtlich des unbestimmten Gesetzesbegriffes „Stand der Technik" besteht kein Anlaß.[136]

63 Die Vorsorgepflicht ist jedoch keine unbegrenzte Minimierungspflicht. Aufwand und Ertrag müssen in einem angemessenen Verhältnis stehen. Es dürfen keine Maßnahmen verlangt werden, die nur eine geringe Immissionsminderung erreichen, dafür aber mit einem hohen technischen und finanziellen Aufwand verbunden sind.[137] Das Vorliegen eines solchen groben Mißverhältnisses würde gegen den Verhältnismäßigkeitsgrundsatz verstoßen.[138]

---

[131] *Jarass,* BImSchG, § 5 Rn. 53f.; *Schulze-Fielitz,* in: Schmidt, ÖffWirtR, BT 1, S. 219 (281); *Bender/Sparwasser/Engel,* UmweltR, 6. Teil Rn. 134; vgl. auch *BVerwG,* Beschl. v. 10. 1. 1995 – 7 B 112.94 –, UPR 1995, 196 (197).

[132] Vgl. dazu § 24 Rn. 34ff.

[133] Zu den technischen Standards i.e. siehe oben § 5 Rn. 1ff.; zum Stand der Technik im BImSchG auch *Hoppe,* Wirtschaftliche Vertretbarkeit, S. 110ff.; *Rittstieg,* Die Konkretisierung technischer Standards im Anlagenrecht, S. 25ff.; *Breuer,* HdUR, Bd. 2, Sp. 391ff.; Art. 9 Abs. 4 IPPC-RL fordert die best verfügbare Technik, vgl. dazu *Koch/Jankowski,* ZUR 1998, 57 (58); *Krämer,* ZUR 1998, 70 (71).

[134] Zum Begriff des Standes der Technik allgem. *Breuer,* HdUR, Bd. 2, Sp. 1869ff.; zum immissionschutzrechtl. Begriff des Standes der Technik *Feldhaus,* DVBl. 1981, 165ff.; die Definition des Begriffs Stand der Technik ist in § 2 Nr. 9 UGB-KomE enger gefaßt als in § 3 Abs. 6 BImSchG und setzt den Standard der besten verfügbaren Technik nach Art. 2 Nr. 11 u. Anhang IV IPPC-RL um, vgl. BMU, UGB-KomE, S. 110, 444, 1178.

[135] Vgl. *BVerwG,* Urt. v. 4. 8. 1975 – VI C 30.72 –, BVerwGE 49, 89 (135f.).

[136] Dazu *Beckmann,* Rechtsschutz, S. 127f.; *Breuer,* HdUR, Bd. 2, Sp. 390.

[137] *Jarass,* DVBl. 1986, 314 (316).

[138] Zum Übermaßverbot bei Vorsorgemaßnahmen *Hoppe,* Wirtschaftliche Vertretbarkeit, S. 113ff.

Nähere Konkretisierungen der technischen Möglichkeiten sind u.a. in den Technischen Standards enthalten, die Immissionsgrenzwerte vorschreiben.[139]

Das Vorsorgegebot gilt sowohl für die Genehmigung einer Neuanlage **64**
(§ 5 Abs. 1 Nr. 2 BImSchG), für wesentliche Anlagenänderungen (§ 15 BImSchG), als auch für die nachträglichen Anordnungen gem. § 17 Abs. 1 S. 1 BImSchG.[140] Nach ganz überwiegender Auffassung ist das Vorsorgegebot nicht drittschützend.[141]

cc) Reststoffvermeidungs- und Entsorgungspflicht

Gem. § 5 Abs. 1 Nr. 3 BImSchG sind genehmigungsbedürftige Anlagen so zu er- **65**
richten und zu betreiben, daß Abfälle vermieden werden, es sei denn, sie werden ordnungsgemäß und schadlos verwertet oder, soweit Vermeidung und Verwertung technisch nicht möglich oder zumutbar sind, ohne Beeinträchtigung des Wohls der Allgemeinheit beseitigt.[142]

Die Entsorgungspflicht ist gestuft: In erster Linie wird von dem Anlagen- **66**
betreiber eine Vermeidung oder wenigstens Verwertung (Recycling) gefordert.[143] Dabei sind Vermeidung und Verwertung gleichrangig, dem Betreiber steht insoweit ein Wahlrecht zu.[144] Nur wenn die Vermeidung bzw. Verwertung technisch nicht möglich oder unzumutbar ist, darf der Anlagenbetreiber die Abfälle beseitigen, wenn dabei das Wohl der Allgemeinheit nicht beeinträchtigt wird. Mithin ist die Abfallbeseitigung nur nachrangig zulässig.[145] Ob die Voraussetzungen für eine allgemeinwohlverträgliche Abfallentsorgung der nicht verwertbaren Abfälle vorliegen, beurteilt sich u.a. nach den Vorschriften des Abfallrechts, des Abwasserrechts und des Tierkörperbeseitigungsrechts.

Abfälle sind bewegliche Sachen, die unter die in Anhang I des KrW-/ **67**
AbfG aufgeführten Gruppen fallen und deren sich ihr Besitzer entledigt, entledigen will oder entledigen muß (vgl. § 3 Abs. 1 S. 1 KrW-/AbfG). Dies sind vornehmlich Stoffe, die bei Herstellung, Be- oder Verarbeitung entstehen, ohne daß dies vom Anlagenbetreiber angestrebt worden ist. Die Abfallverwertung muß ordnungsgemäß und schadlos erfolgen. Der Anlagenbetrei-

---

[139] Vgl. z.B. TA Luft; dazu *BVerwG*, Beschl. v. 10. 1. 1995 – 7 B 112/94 –, ZUR 1996, 46; Verordnung über Großfeuerungsanlagen – 13. BImSchV; vgl. zur rechtl. Einordnung technischer Umweltstandards bereits oben § 5 Rn. 1ff.

[140] Vgl. *Bender/Sparwasser/Engel*, UmweltR, 6. Teil Rn. 233.

[141] Dazu nur *BVerwG*, Urt. v. 18. 5. 1982 – 7 C 42.80 –, BVerwGE 65, 313 (320); *OVG Lüneburg*, Beschl. v. 28. 2. 1985 – 7 B 64/84 –, UPR 1985, 253 (255).

[142] Zur Abgrenzung von § 5 Abs. 1 Nr. 3 BImSchG u. § 9 KrW-/AbfG *Peters*, UPR 1996, 434f.; *Schulte*, UPR 1996, 436f.; *Fluck*, DVBl. 1997, 463ff.

[143] *Schmidt/Müller*, UmweltR, § 3 Rn. 13; *Breuer*, in: Schmidt-Aßmann, BesVwR, 5. Abschn. Rn. 189; *Jarass*, NVwZ 1986, 607 (622); *Kutscheidt*, NVwZ 1986, 622 (623); *Hansmann*, NVwZ 1990, 409 (411); zur Reststoffvermeidungs- und Entsorgungspflicht grundl. *Jörgensen*, Das Reststoffvermeidungs- und Verwertungsgebot, S. 14ff.

[144] Demgegenüber sieht § 83 Abs. 1 Nr. 5 UGB-KomE einen Vorrang für die Vermeidung vor, vgl. BMU, UGB-KomE, S. 138, 626.

[145] *OVG Saarlouis*, Beschl. v. 5. 10. 1989 – 1 W 125/89 –, NVwZ 1990, 491 (492f.); *Rehbinder*, DVBl. 1989, 496 (503); *Hansmann*, NVwZ 1990, 409 (412ff.); dazu auch *Mache*, UmweltR, Rn. 193.

ber kann sich bei der Verwertung auch Dritter bedienen.[146] Die Entsorgungspflicht ist nicht drittschützend.[147]

dd) Abwärmenutzungspflicht

68 Gem. § 5 Abs. 1 Nr. 4 BImSchG sind genehmigungsbedürftige Anlagen so zu errichten und zu betreiben, daß entstehende Wärme für Anlagen des Betreibers genutzt oder an Dritte, die sich zur Abnahme bereit erklärt haben, abgegeben wird, soweit dies nach Art und Standort der Anlagen technisch möglich und zumutbar sowie mit den Pflichten nach Nummern 1 bis 3 vereinbar ist.[148]

69 Diese Vorschrift zielt darauf ab, die Betreiber genehmigungsbedürftiger Anlagen zu einer verstärkten Wärmenutzung innerhalb ihres Unternehmens anzuhalten, um Energieverschwendung zu vermeiden und gleichzeitig die Umweltbelastung durch Aufheizung der Atmosphäre zu verringern.[149] Die Pflicht zur Nutzung der Abwärmeenergie in der Anlage des Betreibers hat dabei Vorrang vor der Abgabe der Abwärme an Dritte.[150] Die Wärmenutzungspflicht soll sich aber nicht undifferenziert auf alle genehmigungsbedürftigen Anlagen erstrecken. Vielmehr entsteht die Pflicht bzw. das Gebot nur für Anlagen, die in einer gem. § 5 Abs. 2 BImSchG durch die Bundesregierung zu erlassenden Rechtsverordnung – mit konstitutiver Wirkung – benannt worden sind. Diese umfassende Rechtsverordnung wurde noch nicht erlassen. Auf der Ermächtigungsgrundlage der §§ 5 Abs. 2, 7 Abs. 1 BImSchG beruht § 8 AbfallverbrennungsanlagenV, der für bestimmte Fälle die Nutzung der Abwärme zur Stromerzeugung vorsieht. Auch die Abwärmenutzungspflicht ist als Konkretisierung des Vorsorgegrundsatzes nicht drittschützend.[151]

ee) Nachsorgepflicht

70 Hinzu kommt als weitere Grundpflicht sicherzustellen, daß auch nach einer Betriebseinstellung von der Anlage keine schädlichen Umwelteinwirkungen und keine sonstigen Beeinträchtigungen ausgehen können (Nachsorgegebot), um dem Entstehen neuer Altlasten entgegenzuwirken (vgl. § 5 Abs. 3 BImSchG).[152]

71 Obwohl § 6 Abs. 1 Nr. 1 BImSchG insgesamt auf § 5 BImSchG verweist, handelt es sich bei den Pflichten nach Betriebseinstellung (§ 5 Abs. 3 BImSchG) wohl nicht um Genehmigungsvoraussetzungen, da nach § 4 Abs. 1 S. 1 BImSchG nur die Errichtung und der Betrieb der Anlage genehmigungspflichtig sind, nicht aber die Betriebseinstellung.[153]

---

[146] *Jarass,* BImSchG, § 5 Rn. 87.

[147] *OVG Münster,* Urt. v. 23. 1. 1986 – 21 a A 1517/84 –, DVBl. 1986, 1287; *Sellner,* ImmissionsschutzR, Rn. 65; zum Entwurf einer VV zu § 5 Abs. 1 Nr. 3 BImSchG siehe Länderausschuß für Immissionsschutz (LAI), NVwZ 1989, 130.

[148] Siehe auch § 422 Abs. 1 Nr. 4 UGB-KomE, vgl. BMU, UGB-KomE, S. 274.

[149] Vgl. *Feldhaus,* UPR 1985, 385 (387).

[150] *Breuer,* in: Schmidt-Aßmann, BesVwR, 5. Abschn. Rn. 190.

[151] *Breuer,* in: Schmidt-Aßmann, BesVwR, 5. Abschn. Rn. 190.

[152] Vgl. dazu *Storm,* UmweltR, Tz. 284; *Peters,* NVwZ 1994, 879 ff.; *Köster,* ZUR 1995, 298 ff.

[153] So auch *Vallendar,* UPR 1991, 91 (92); *Kloepfer,* UmweltR, § 14 Rn. 66; § 83 Abs. 1 Nr. 6 UGB-KomE ordnet die Nachsorgepflicht den Grundpflichten zu, vgl. BMU, UGB-KomE, S. 138, 627.

b) Pflichten aufgrund von Rechtsverordnungen nach § 7 BImSchG

Die Genehmigung gem. § 6 Abs. 1 Nr. 1 BImSchG kann ferner nur erteilt werden, wenn der Betreiber die Pflichten einhält, die sich aus den aufgrund von § 7 BImSchG erlassenen Rechtsverordnungen ergeben.[154] **72**

Zur Konkretisierung der Grundpflichten des § 5 Abs. 1 BImSchG kann die Bundesregierung allgemein oder für bestimmte Bereiche Anforderungen durch Rechtsverordnung vorschreiben (§ 7 Abs. 1 BImSchG). Festlegungen in einer Rechtsverordnung sind gegenüber den Grundpflichten nicht abschließend, sondern können im Einzelfall durch Rekurs auf die Grundpflichten ergänzt werden.[155] **73**

Die Anforderungen in der Rechtsverordnung müssen die Grundpflichten des § 5 BImSchG konkretisieren. § 7 Abs. 1 Nr. 1 bis 4 BImSchG enthält eine beispielhafte Aufzählung der wichtigsten Regelungen. Sie können sich darauf richten, daß **74**

- die Anlagen bestimmten technischen Anforderungen entsprechen müssen (Nr. 1),
- die von Anlagen ausgehenden Emissionen bestimmte Grenzwerte nicht überschreiten dürfen (Nr. 2),
- die Betreiber von Anlagen Messungen von Emissionen und Immissionen nach in der Rechtsverordnung näher zu bestimmenden Verfahren vorzunehmen haben oder vornehmen lassen müssen (Nr. 3) und
- die Betreiber von Anlagen bestimmte sicherheitstechnische Prüfungen sowie bestimmte Prüfungen von sicherheitstechnischen Unterlagen nach in der Rechtsverordnung näher zu bestimmenden Verfahren durch einen Sachverständigen nach § 29 a BImSchG
  - während der Errichtung oder sonst vor der Inbetriebnahme der Anlage (Nr. 4 a),
  - nach deren Inbetriebnahme oder einer Änderung i. S. d. § 15 BImSchG oder des § 16 BImSchG (Nr. 4 b),
  - in regelmäßigen Abständen (Nr. 4 c) oder
  - bei oder nach einer Betriebseinstellung (Nr. 4 d)

  vornehmen lassen müssen, soweit solche Prüfungen nicht in Rechtsverordnungen nach § 11 GSG[156] vorgeschrieben sind.

Die Anforderungen können sich auch auf im Zeitpunkt des Erlasses der Rechtsverordnung bereits bestehende Anlagen beziehen. Doch ergeben sich aus Gründen des Bestandsschutzes Grenzen, wenn der Anlagenbetreiber im Vertrauen auf eine unanfechtbare Genehmigung Investitionen getätigt hat. **75**

Gem. § 7 Abs. 4 BImSchG kann die Bundesregierung zur Erfüllung von bindenden Beschlüssen der EG zu dem in § 1 BImSchG genannten Zweck mit Zustimmung des Bundesrates durch Rechtsverordnungen Anforderungen an die Errichtung, die Beschaffenheit und den Betrieb, die Betriebseinstellung und die betreibereigener Überwachung genehmigungsbedürftiger Anlagen vorschreiben. Bindende Beschlüsse der EG sind insbesondere EG-Richtlinien, die auf eine Umsetzung durch die Mitgliedstaaten gerichtet sind. Demgegenüber gelten EG-Verordnungen bereits unmittelbar, so daß **76**

---

[154] Siehe auch § 423 UGB-KomE, vgl. BMU, UGB-KomE, S. 275, 1179.

[155] *VGH Mannheim,* Beschl. v. 20. 5. 1974 – VI 1233/73 –, GewArch 1974, 396; dazu *Jarass,* BImSchG, § 6 Rn. 6.

[156] Gesetz über technische Arbeitsmittel (Gerätesicherheitsgesetz – GSG) i. d. F. d. Bek. v. 23. 10. 1992 (BGBl. I S. 1793), zul. geänd. durch G v. 24. 4. 1998 (BGBl I S. 730).

NVwZ 03, 1176

sie nicht als bindende Beschlüsse i. S. d. § 7 Abs. 4 BImSchG in Betracht kommen.

77 Aufgrund der Ermächtigung des § 7 Abs. 1 BImSchG sind erlassen worden die

– Störfall-Verordnung,
– Großfeuerungsanlagen-Verordnung und die
– Abfallverbrennungsanlagen-Verordnung.

aa) Störfall-Verordnung

78 Die Störfall-Verordnung[157] gilt für Anlagen mit einem gesteigerten Gefährdungspotential.[158] Sie konkretisiert durch sicherheitstechnische Anforderungen die Schutzpflicht des § 5 Abs. 1 Nr. 1 BImSchG und begrenzt das hinzunehmende Restrisiko eines Störfalls.[159] Sie gilt gem. § 1 Abs. 1 StörfallVO für alle Anlagen, in denen giftige oder explosive Stoffe – dazu zählen mittlerweise 320 Stoffe und Stoffgruppen –, die in ihren Anhängen II, III und IV aufgeführt sind, im bestimmungsgemäßen Betrieb vorhanden sein oder bei einer Störung des bestimmungsgemäßen Betriebes entstehen können. Indes gilt sie gem. § 1 S. 2 StörfallVO nicht für Anlagen, in denen nur so geringe Mengen dieser Stoffe vorhanden sein oder entstehen können, daß eine Gemeingefahr infolge einer Störung des bestimmungsgemäßen Betriebs offensichtlich ausgeschlossen ist.

79 **Störfall** i. S. d. Störfall-Verordnung ist gem. § 2 Abs. 1 StörfallVO eine Störung des bestimmungsgemäßen Betriebs, bei der ein Stoff nach den Anhängen II, III und IV StörfallVO frei wird, entsteht, in Brand gerät oder explodiert und eine ernste Gefahr hervorgerufen wird.

80 Eine **ernste Gefahr** ist gem. § 12 StörfallVO eine Gefahr

– für Leben oder hinsichtlich schwerwiegender Gesundheitsbeeinträchtigungen von Menschen, die nicht zum Bedienungspersonal des gestörten Anlagenteils gehören (Nr. 1),
– für die Gesundheit einer großen Zahl von Menschen (Nr. 2) oder
– für Sachen von hohem Wert, die sich außerhalb der Anlage befinden, falls durch eine Veränderung ihres Bestandes oder ihrer Nutzbarkeit das Gemeinwohl beeinträchtigt würde (Nr. 3).

81 Zur **Störfallvorsorge** und **Störfallabwehr** hat der Betreiber einer Anlage bestimmte Pflichten und Anforderungen zu erfüllen, insbesondere

– Sicherheitspflichten (§§ 1 bis 5 StörfallVO),
– Anforderungen zur Verhinderung von Störfällen,
– Anforderungen zur Begrenzung von Störfallauswirkungen,
– weitere ergänzende Anforderungen (§ 6 StörfallVO),
– Meldepflichten (§ 11 StörfallVO).[160]

---

[157] Zwölfte Verordnung zur Durchführung des BImSchG (Störfall-Verordnung – 12. BImSchV) i. d. F. d. Bek. v. 20. 9. 1991 (BGBl. I S. 1891, zul. geänd. durch VO v. 20. 4. 1998 (BGBl. I S. 723); dazu näher *Bender/Sparwasser/Engel,* UmweltR, 6. Teil Rn. 157 ff. m. w. N.; *Hansmann,* NVwZ 1988, 1000 (1002 ff.).

[158] Vgl. zur Novelle 1991 *Büge,* DB 1991, 2276 f.; dazu *Bender/Sparwasser/Engel,* UmweltR, 6. Teil Rn. 157 ff.

[159] *Breuer,* in: Schmidt-Aßmann, BesVwR, 5. Abschn. Rn. 177.

[160] Zu Sicherheitsabständen *VG Gießen,* Urt. v. 22. 5. 1996 – 8 E 1029/95 –, GewArch 1996, 344; *Büge,* GewArch 1996, 190 ff.; *Spindler,* UPR 1997, 170 ff.

 Flüggenberg, NVwZ 00, 1036, ders., DVBl 04, 1117, Ellner/Schmidmann, NVwZ 04, 267, Weidemann/ DVBl 06, 1143

Der Betreiber hat außerdem gem. § 7 StörfallVO eine **Sicherheitsanalyse** anzufertigen, die der Genehmigungsbehörde die Beurteilung ermöglichen soll, ob die materiellen Anforderungen an einen ausreichenden Gefahrenschutz erfüllt sind. Die Pflicht zur Anfertigung und Fortschreibung der Sicherheitsanalyse gilt jedoch nicht für alle von der Störfall-Verordnung erfaßten Betriebe, sondern nur für Anlagen nach Anhang I StörfallVO. **82**

Fall: Fehlen in einer Sicherheitsanalyse nach § 7 StörfallVO die notwendigen Angaben, so können verfahrensrechtliche Teilhaberechte der Nachbarn verletzt sein, wenn diese infolge des Mangels nicht in der Lage sind, ihre Betroffenheit durch die Auswirkungen der Anlage zu beurteilen.[161]

Die Störfallverordnung wird durch zwei Verwaltungsvorschriften[162] konkretisiert. **83**

bb) Großfeuerungsanlagen-Verordnung

Gem. § 1 13. BImSchV gilt die Großfeuerungsanlagen-Verordnung[163] für die Errichtung, die Beschaffenheit und den Betrieb von Feuerungsanlagen mit einer Feuerungswärmeleistung von 50 MW und mehr einschließlich ihrer Nebeneinrichtungen. Sie erfaßt damit ca. 1500 Großfeuerungsanlagen im Bundesgebiet. Die Verordnung enthält Anforderungen, die zur Vorsorge gegen schädliche Umwelteinwirkungen nach § 5 Abs. 1 Nr. 2 BImSchG zu erfüllen sind. Die Anforderungen richten sich einerseits an Errichtung und Betrieb der genannten Anlagen und setzen Grenzwerte für bestimmte Emissionen fest (§§ 3 ff. GroßfeuerungsanlagenVO). **84**

Für Altanlagen, d. h. für Anlagen, die beim Inkrafttreten der Großfeuerungsanlagenverordnung bereits genehmigt waren oder für die in einem laufenden Genehmigungsverfahren ein verbindlicher Bescheid über Immissionsgrenzwerte ergangen war, sah die Großfeuerungsanlagenverordnung zunächst für eine Übergangsfrist von fünf Jahren höhere Grenzwerte vor. Diese längere Übergangsfrist ist zuletzt für Schwefeldioxidimmissionen zum 1. 4. 1993 abgelaufen, so daß die Sanierung der Altanlagen in den alten Bundesländern abgeschlossen ist.[164] **85**

Geregelt werden in der Großfeuerungsanlagen-Verordnung außerdem Verpflichtungen zur Messung und Überwachung der Emissionen (vgl. §§ 21 ff. GroßfeuerungsanlagenVO). **86**

cc) Abfallverbrennungsanlagen-Verordnung

Die Abfallverbrennungsanlagen-Verordnung[165] soll die Begrenzung der Immissionen von Schadstoffen und die Gewährleistung einer möglichst **87**

---

[161] *OVG Lüneburg,* Beschl. v. 6. 4. 1984 – 7 B 16/83 – UPR 1984, 309.

[162] Erste allgemeine Verwaltungsvorschrift zur Störfallverordnung (1. StörfallVwV) v. 20. 9. 1993 (GMBl. S. 582, ber. GMBl. 1994 S. 820); Zweite allgemeine Verwaltungsvorschrift zur Störfallverordnung (2. StörfallVwV) v. 27. 4. 1982 (GMBl. S. 205), geänd. durch VwV v. 20. 9. 1993 (GMBl. S. 582).

[163] Dreizehnte Verordnung zur Durchführung des BImSchG (Verordnung über Großfeuerungsanlagen – 13. BImSchV) i. d. F. d. Bek. v. 22. 6. 1983 (BGBl. I S. 719); dazu *Bender/Sparwasser/Engel,* UmweltR, 6. Teil Rn. 162 ff.

[164] UBA, Daten zur Umwelt 1992/93, 1994 S. 311.

[165] Siebzehnte Verordnung zur Durchführung des Bundes-Immissionsschutzgesetzes (Verordnung über Verbrennungsanlagen für Abfälle oder ähnlich brennbare Stoffe – 17. BImSchV) i. d. F. d. Bek. v. 23. 11. 1990 (BGBl. I S. 2545, ber. 2832), geänd. durch G v. 23. 2. 1999 (BGBl. I S. 186); zu Rechtsfragen der Anwendung der 17. BImSchV siehe *Lübbe-Wolff,* DVBl. 1999, 1091 ff.

rückstandsfreien Verbrennung von Abfällen sicherstellen. Sie gilt gem. § 1 AbfallverbrennungsanlagenVO für nach § 4 BImSchG genehmigungsbedürftige Abfallverbrennungsanlagen sowie für Teile weiterer Anlagen. Es werden Verbrennungsanlagen für Hausmüll und hausmüllähnliche Abfälle, Sonder- und Rückstandsverbrennungsanlagen und Klärschlammverbrennungsanlagen erfaßt.[166]

88 In §§ 4 bis 8 AbfallverbrennungsanlagenVO werden Anforderungen an die Errichtung, die Beschaffenheit und den Betrieb der Anlagen festgelegt. § 5 AbfallverbrennungsanlagenVO regelt dabei Immissionsgrenzwerte. Gem. § 8 AbfallverbrennungsanlagenVO ist der Betreiber verpflichtet, die Abwärme zur Stromerzeugung zu nutzen. Überdies treffen die §§ 9 bis 18 AbfallverbrennungsanlagenVO Regelungen über die Messung und Überwachung der Immissionen.

89 Auch die Abfallverbrennungsanlagenverordnung enthält eine Übergangsregelung für Altanlagen. Gem. § 17 AbfallverbrennungsanlagenVO mußten Altanlagen spätestens bis 1. 3. 1994 bzw. 1. 12. 1996 den Anforderungen der Abfallverbrennungsanlagenverordnung entsprechen.

c) Andere öffentlich-rechtliche Vorschriften

90 Der Anlagengenehmigung dürfen weiterhin keine anderen öffentlichrechtlichen Vorschriften entgegenstehen (§ 6 Abs. 1 Nr. 2 1. HS BImSchG).[167] Andere öffentlich-rechtliche Vorschriften sind vor allem solche des Bauplanungs- und Bauordnungsrechts,[168] des Straßen-, Abfall-, Wasser- sowie des Natur- und Landschaftsschutzrechts.[169]

BVerwG NZ, 2000 DÖV 00, 640

91 Der in § 6 Abs. 1 Nr. 2 BImSchG geregelte übergreifende Prüfungsmaßstab steht im Zusammenhang mit der Konzentrationswirkung der immissionsschutzrechtlichen Genehmigung gem. § 13 BImSchG, wonach die Genehmigung andere, die Anlage betreffende behördliche Entscheidungen einschließt. § 13 BImSchG führt zu einer *Verfahrenskonzentration*, d. h. zusammengefaßt werden nicht nur die verschiedenen Zuständigkeiten, sondern auch die verschiedenen Genehmigungsverfahren.[170] Eine Bindung der immissionsschutzrechtlichen Genehmigungsbehörde an das materielle Recht, nach dem sich die ersetzten Entscheidungen richten würden, bleibt dagegen bestehen. Es ist deshalb konsequent, daß § 6 Abs. 1 Nr. 2 BImSchG auch die Prüfung anderer öffentlich-rechtlicher anlagenbezogener Vorschriften zur Voraussetzung der Genehmigungserteilung erhebt.

92 Zu beachten ist allerdings, daß die eingeschränkte Konzentrationswirkung – sie erstreckt sich nicht auf Planfeststellungen, Zulassungen bergrechtlicher Betriebspläne sowie auf behördliche Entscheidungen aufgrund wasserrechtlicher und atomrechtlicher Vorschriften – nicht im gleichen Umfang zu einer Verengung des Prüfungsmaßstabs der Genehmigungsbehörde führt. Es ist im immissionsschutzrechtlichen Verfahren das gesamte anlagenbezogene öffentliche Recht zu prüfen. Zulässig dürfte es jedoch sein,

---

[166] UBA, Daten zur Umwelt 1992/93, 1994 S. 568.

[167] Siehe auch § 84 Abs. 1 Nr. 3 UGB-KomE, vgl. BMU, UGB-KomE, S. 139.

[168] Zum gemeindl. Einvernehmen nach § 36 BauGB vgl. *Bohl,* NVwZ 1994, 647 ff.; zur Berücksichtigung städtebaul. Belange *OVG Saarlouis,* Urt. v. 27. 8. 1996 – 2 N 2/95 –, GewArch 1997, 77; *Hoffmann-Hoeppel,* BauR 1995, 479 ff.

[169] Vorschriften, die auf die Person des Antragstellers abstellen, werden nicht erfaßt, da es sich bei der Anlagengenehmigung nicht um eine Personalkonzession handelt, vgl. *Jarass,* BImSchG, § 6 Rn. 2; anders §§ 421, 81 Abs. 2 Nr. 1, 84 Abs. 2 UGB-KomE, wonach auch persönl. Voraussetzungen zu den Genehmigungsvoraussetzungen zählen, vgl. BMU, UGB-KomE, S. 139, 531.

[170] Vgl. *BVerwG,* Urt. v. 22. 3. 1985 – 4 C 73.82 –, BVerwGE 71, 163 (164).

daß die immissionsschutzrechtliche Genehmigungsbehörde auf eine Prüfung materieller öffentlich-rechtlicher Vorschriften verzichtet, wenn diese Gegenstand von noch zu erteilenden Fachgenehmigungen sind.[171] Die Behörde kann einen entsprechenden Vorbehalt in ihre Genehmigungsentscheidung aufnehmen.

d) Belange des Arbeitsschutzes

Weitere Voraussetzung für die Erteilung der Genehmigung ist gem. § 6 Abs. 1 Nr. 2 BImSchG, daß die Belange des Arbeitsschutzes der Errichtung und dem Betrieb der Anlage nicht entgegenstehen.[172] **93**

Beim Betrieb genehmigungsbedürftiger Anlagen spielt der Arbeitsschutz eine erhebliche Rolle. Ist eine den Schutz der Arbeitnehmer sichernde Gestaltung der Anlage nicht möglich, muß die Genehmigung nach § 6 Abs. 1 Nr. 2 BImSchG versagt werden.[173] Die Beachtung der Belange des Arbeitsschutzes setzt einerseits voraus, daß öffentlich-rechtliche Vorschriften, die dem Arbeitsschutz dienen, beachtet werden. **94**

Arbeitsschutzvorschriften enthalten z.B. die §§ 120b ff. GewO, das Arbeitsschutzgesetz, die Arbeitsstättenverordnung, die Arbeitsstoffverordnung, die aufgrund von § 11 GSG erlassenen Rechtsverordnungen, das Sprengstoffgesetz, das Gaststättengesetz, das Jugendarbeitsschutzgesetz und das Mutterschutzgesetz. **95**

Die zu beachtenden Belange des Arbeitsschutzes werden andererseits auch durch den Inhalt der von den Unfallversicherungsträgern erlassenen Unfallverhütungsvorschriften konkretisiert.[174] Ob die Belange des Arbeitsschutzes gewahrt sind, hat die Genehmigungsbehörde nach Anhörung der nach § 10 Abs. 5 BImSchG zu beteiligenden Arbeitsschutzbehörden (z.B. Gewerbeaufsichtsamt, Bergamt) und des zuständigen Betriebs- bzw. Gesamtbetriebsrats (vgl. § 89 Abs. 2 BetrVerfG[175]) zu entscheiden. Sofern für eine bestehende Anlage bereits gesonderte behördliche Anordnungen zum Zwecke des Arbeitsschutzes ergangen sind, hat sie diese ebenfalls zu berücksichtigen.[176] **96**

6. Genehmigungsverfahren

Beim Genehmigungsverfahren ist zwischen dem förmlichen Genehmigungsverfahren als Regelfall und vereinfachten Verfahren als Ausnahme zu unterscheiden.[177] **97**

a) Förmliches Genehmigungsverfahren

§ 10 Abs. 10 BImSchG ermächtigt die Bundesregierung, die Grundsätze des Genehmigungsverfahrens durch Rechtsverordnung zu regeln. Dies ist **98**

[171] So zu Recht *Jarass,* BImSchG, § 6 Rn. 11.

[172] Siehe auch § 84 Abs. 2 Nr. 4 UGB-KomE, wonach der Arbeitsschutz ebenfalls zu den Genehmigungsvoraussetzungen der gebundenen Vorhabengenehmigung zählt, vgl. BMU, UGB-KomE, S. 139, 631.

[173] *Feldhaus,* BImSchG, § 6 Anm. 7 m.w.N. zur Rspr.

[174] *Jarass,* BImSchG, § 6 Rn. 24.

[175] Betriebsverfassungsgesetz i.d.F.d. Bek. v. 23. 12. 1988 (BGBl. I S. 1, ber. S. 902), zul. geänd. durch G v. 24. 3. 1997 (BGBl. I S. 594).

[176] *Stich/Porger,* ImmissionsschutzR, § 6 Anm. 15; *Ule/Laubinger,* BImSchG, § 6 Rn. C 36.

[177] Im Kommissionsentwurf zum UGB ist das Genehmigungsverfahren in den §§ 85ff. UGB-KomE normiert, vgl. BMU, UGB-KomE, S. 139ff.; zu den immissionsschutzrechtl. Genehmigungsverfahren vgl. auch *Busse,* VR 1998, 263ff.

Steinberg, NVwZ 95, 209

durch Erlaß der Verordnung über das Genehmigungsverfahren (9. BImSchV)[178] geschehen.[179] Die für das Genehmigungsverfahren getroffenen Regelungen sind abschließend. Wenn im Einzelfall Regelungslücken auftreten, so können sie im Wege der Analogie zu entsprechenden Vorschriften des Verwaltungsverfahrensgesetzes über förmliche Verfahren (§§ 63ff. VwVfG) geschlossen werden.

aa) Einleitung durch Antrag

99 Das förmliche Genehmigungsverfahren setzt den schriftlichen Antrag des Vorhabenträgers voraus (§ 10 Abs. 1 S. 1 BImSchG).[180] Gem. § 10 Abs. 1 S. 2 BImSchG sind dem Antrag die zur Prüfung nach § 6 BImSchG erforderlichen Zeichnungen, Erläuterungen und sonstigen Unterlagen beizufügen.[181] Dazu gehören z.B. Anlagen- und Betriebsbeschreibungen, Angaben über Art und Ausmaß der Emissionen und der zur Verhinderung schädlicher Umwelteinwirkungen vorgesehenen Maßnahmen, ggf. auch eine Sicherheitsanalyse. Bei UVP-pflichtigen Anlagen müssen darüber hinaus die zusätzlichen Angaben des § 4e 9. BImSchV enthalten sein. Zusätzlich sind die möglichen Auswirkungen auf Nachbarschaft und Allgemeinheit zu beschreiben. Unterlagen, die Geschäfts- oder Betriebsgeheimnisse enthalten, sind zu kennzeichnen und getrennt vorzulegen.[182]

100 Gem. § 2 Abs. 2 9. BImSchV soll der Antragstellung und den förmlichen Genehmigungsverfahren eine Antragsberatung durch die Behörde vorangehen. Diese Vorberatung dient der Verfahrensbeschleunigung.[183]

bb) Bekanntmachung und Auslegung

101 Sobald die Unterlagen vollständig vorliegen, ist das Vorhaben gem. § 10 Abs. 3 S. 1, Abs. 4 BImSchG im amtlichen Veröffentlichungsblatt und in den örtlichen Tageszeitungen im Bereich des Standortes der Anlage bekanntzumachen.[184] Antrag und Unterlagen, die Angaben über die Auswirkungen der Anlage auf Nachbarschaft und Allgemeinheit enthalten, sind für die Dauer von einem Monat öffentlich zu jedermanns Einsicht auszulegen. Die Auslegung hat an dem Ort zu erfolgen, der in der öffentlichen Bekanntmachung angegeben worden ist (vgl. § 10 Abs. 4 Nr. 1 BImSchG). Weitere Einzelheiten der Auslegung regelt § 10 9. BImSchV.

---

[178] Neunte Verordnung zur Durchführung des BImSchG (Verordnung über das Genehmigungsverfahren – 9. BImSchV) i.d.F.d. Bek. v. 29. 5. 1992 (BGBl. I S. 1001), zul. geänd. durch G v. 23. 2. 1999 (BGBl. I S. 186).

[179] Zu den Besonderheiten des Verfahrens in den neuen Bundesländern vgl. §§ 10 Abs. 3 S. 3, Abs. 4 Nr. 5, Abs. 8 S. 2, 10a BImSchG.

[180] Siehe auch § 86 Abs. 1 S. 1 UGB-KomE, vgl. BMU, UGB-KomE, S. 140, 634f.

[181] Vgl. §§ 3, 4 der 9. BImSchV.

[182] Vgl. *Ule/Laubinger,* BImSchG, § 10 Rn. C 34; *Jarass,* BImSchG, § 10 Rn. 37; zum Schutz von Betriebs- und Geschäftsgeheimnissen im UmweltR *Breuer,* NVwZ 1986, 171 (172ff.); *Schröder,* UPR 1985, 394ff.; auch *VGH München,* Urt. v. 8. 6. 1988 –22b 87 03045 –, NVwZ 1989, 266.

[183] In Anlehnung an das UVPG sieht § 85 UGB-KomE eine Antragskonferenz zur Bestimmung des Untersuchungsrahmens vor, vgl. BMU, UGB-KomE, S. 139, 632f.

[184] Ausnahmen von der Bekanntmachungspflicht sind in § 8 Abs. 2 der 9. BImSchV geregelt, insbesondere dann, wenn schon früher eine Bekanntmachung und Auslegung über die in Rede stehende Anlage erfolgt ist und keine weiteren Umstände hinzugetreten sind.

cc) Beteiligung anderer Behörden

Da die Genehmigungsbehörde bei Erteilung der mit Konzentrationswirkung ausgestatteten Genehmigung auch andere öffentlich-rechtliche Vorschriften zu beachten hat, soll sie sich den Sachverstand der Behörden zunutze machen, deren Aufgabenbereiche von dem Verfahren berührt werden. Gem. § 10 Abs. 5 BImSchG holt die Genehmigungsbehörde deshalb die Stellungnahme der Behörden ein, deren Aufgabenbereich durch das Vorhaben berührt wird.[185] Zu beteiligen sind in jedem Fall diejenigen Behörden, die für eine der gem. § 13 BImSchG ersetzten Genehmigungen zuständig wären, daneben aber auch die Behörden, die neben der Genehmigung eine selbständige Entscheidung in bezug auf die Anlage zu treffen haben.[186] So sind z.B. die für die Abfallbeseitigung zuständigen Behörden anzuhören, wenn Abfälle im Sinne von § 5 Abs. 1 Nr. 3 BImSchG entstehen können. Andere anzuhörende Behörden können z.B. die Bauaufsichtsbehörden, die Gemeinden oder die Arbeitsschutzbehörden sein. **102**

Soweit dem Antrag gem. § 4b Abs. 2 S. 1 9. BImSchV eine Sicherheitsanalyse nach der Störfallverordnung beizufügen ist, ist zudem die Beauftragung von Sachverständigen notwendig (§ 13 Abs. 1 S. 3 9. BImSchV). **103**

dd) Einwendungen und Präklusion

Bis 2 Wochen nach Ablauf der Auslegungsfrist können Einwendungen gegen das geplante Vorhaben erhoben werden.[187] Einwendungsbefugt ist jedermann.[188] Eine Betroffenheit in einem Recht oder in einem rechtlichen Interesse ist nicht notwendig.[189] Im Gegensatz zu drittbetroffenen Einwendern steht dem Jedermann-Einwender jedoch kein eigenes Recht auf Verfahrensteilhabe oder die Möglichkeit der Genehmigungsanfechtung zu.[190] Neben der umfassenden Behördeninformation dient die Einwendungsbefugnis auch dem Schutz der von der Anlage potentiell Betroffenen, die private aber auch öffentliche Belange geltend machen können. Drittschützend sind die Vorschriften über die Öffentlichkeitsbeteiligung zugunsten derjenigen, die durch die Genehmigung in einem materiellen Recht verletzt sein können.[191] **104**

Doch auch die möglicherweise in eigenen Rechten betroffenen Einwender sichern ihre Mitwirkungsrechte am späteren Verfahren nur dann, wenn ihre Einwendungen sich nicht nur als bloßer abstrakter Protest, sondern als konkret-sachliches, auf die Verhinderung oder Modifizierung des beantragten Vorhabens abzielendes Gegenvorbringen darstellt und ersichtlich wird, **105**

---

185 Siehe auch § 87 Abs. 2 S. 2 UGB-KomE, vgl. BMU, UGB-KomE, S. 140.

186 *Jarass,* BImSchG, § 10 Rn. 45.

187 Demgegenüber sieht § 87 Abs. 4 S. 3 UGB-KomE eine Präklusion mit Ablauf der zweimonatigen Auslegungsfrist (§ 87 Abs. 3 S. 1 UGB-KomE) vor, vgl. BMU, UGB-KomE, S. 141, 636.

188 *BVerwG,* Urt. v. 24. 10. 1967 – I C 64.65 –, BVerwGE 28, 131 (133) zu §§ 17ff. GewO; *Ule/Laubinger,* BImSchG, § 10 Rn. D 40.

189 Vgl. *Jarass,* BImSchG, § 10 Rn. 71.

190 *Kutscheidt,* in: Salzwedel, Grundzüge des UmweltR, 1. Aufl., S. 237 (275); *Schmidt/Müller,* UmweltR, § 3 Rn. 21.

191 *Kutscheidt,* in: Salzwedel, Grundzüge des UmweltR, S. 237 (275); zum Individualschutz durch Verfahrensvorschriften oben § 11 Rn. 1ff. u. 125ff.

welche Rechtsgüter des Drittbetroffenen durch die Anlage geschmälert werden können.[192] Jedoch sind die Anforderungen an die Darlegungen zur Rechtsbetroffenheit nicht zu hoch anzusetzen; die nähere Präzisierung kann im später stattfindenden Erörterungstermin erfolgen.[193]

106 Mit Ablauf der Einwendungsfrist sind alle weiteren Einwendungen ausgeschlossen, die nicht auf besonderen privatrechtlichen Titeln beruhen (vgl. § 10 Abs. 3 S. 3, Abs. 6 S. 2 BImSchG). Auf diese Ausschlußfrist muß bereits in der Bekanntmachung hingewiesen werden (§ 10 Abs. 4 Nr. 2 2. HS BImSchG). Die nicht rechtzeitig erhobenen Einwendungen werden zum einen bei der späteren Erörterung im Genehmigungsverfahren nicht berücksichtigt **(„formelle Präklusion")** und zum anderen können die Betroffenen bei Versäumung der Einwendungsfrist ihre Rechte auch nicht mehr in einem Rechtsbehelfsverfahren – Widerspruch oder Klage – geltend machen **(„materielle Präklusion").**[194]

107 Gegen die materielle Verfahrenspräklusion werden verfassungsrechtliche Bedenken im Hinblick auf Art. 19 Abs. 4 GG geäußert, da den Betroffenen der Rechtsschutz zu einem Zeitpunkt abgeschnitten werde, zu dem der rechtsverletzende Akt öffentlicher Gewalt (Genehmigung), gegen den die Klagemöglichkeit eröffnet ist, noch gar nicht ergangen sei.[195] Die höchstrichterliche Rechtsprechung und ein Teil der Literatur sieht die Präklusion dagegen als verfassungsgemäß an.[196]

ee) Erörterungstermin

108 Nach Ablauf der Einwendungsfrist findet gem. § 10 Abs. 6 BImSchG der Erörterungstermin statt,[197] in dem die Genehmigungsbehörde die rechtzeitig

---

[192] *BVerwG,* Urt. v. 17. 7. 1980 – 7 C 11.78 –, BVerwGE 60, 311; *OVG Lüneburg,* Beschl. v. 21. 10. 1986 – 7 D 2/86 –, NVwZ 1987, 341, zur Klagebefugnis einer Gemeinde; *Schmidt/Müller,* UmweltR, § 3 Rn. 21 m. w. N.; vgl. auch *BVerwG,* Urt. v. 29. 8. 1986 – 7 C 52/84 –, NVwZ 1987, 131, wonach der Kläger, der hinsichtl. einer ihm zustehenden Rechtsposition gem. § 10 Abs. 3 S. 3 BImSchG präkludiert ist, auch eine, ihm hinsichtl. dieser Rechtsposition günstige Änderung der Sach- u. Rechtslage nicht im Rahmen einer von ihm erhobenen Anfechtungsklage gegen einen dem Beigeladenen erteilten immissionsschutzrechtl. Vorbescheid geltend machen kann.

[193] Vgl. zum Inhalt *Jarass,* BImSchG, § 10 Rn. 72f.

[194] *BVerwG,* Urt. v. 17. 7. 1980 – 7 C 11.78 –, BVerwGE 60, 297 (301ff.); *dass.,* Beschl. v. 8. 7. 1982 – 2 BvR 118/80 –, BVerwGE 61, 82 (109ff.); *dass.,* Urt. v. 29. 8. 1986 – 7 C 52.84 –, DVBl. 1987, 258; *Stober,* AöR 1981, 41; *Beckmann,* Rechtsschutz, S. 216f.; *Kloepfer,* UmweltR, § 14 Rn. 93 m. w. N.; Ausnahme nur bei „neuen" Nachbarn, *OVG Lüneburg,* Beschl. v. 16. 8. 1985 – 7 B 15/85 –, UPR 1986, 189; siehe dazu oben § 8 Rn. 52f. u. § 11 Rn. 138ff.

[195] *Papier,* NJW 1980, 313ff.; *Ule,* BB 1979, 1009; *Wolfrum,* DÖV 1979, 497; *Erbguth,* Raumbedeutsames UmweltR, S. 272ff.; *Beckmann,* Rechtsschutz, S. 217, siehe dort auch umfassend zum Streitstand.

[196] *BVerfG,* Beschl. v. 6. 10. 1982 – 2 BvR 304/82 –, NVwZ 1983, 27; *dass.,* Beschl. v. 8. 7. 1982 – 2 BvR 118/80 – BVerfGE 61, 82; *BVerwG,* Urt. v. 17. 7. 1980 – 7 C 11.78 –, BVerwGE 60, 297; *dass.,* Urt. v. 6. 8. 1984 – 4 C 66/79 – NJW 1984, 1250; zustimmend *Breuer,* in: Schmidt-Aßmann, BesVwR, 5. Abschn. Rn. 193; *Ronellenfitsch,* JuS 1983, 594ff.; *Schenke,* in: BK, GG, § 19 Rn. 433ff.; *Schmidt-Aßmann,* in: Maunz/Dürig/Herzog/Scholz, GG, Art. 19 Abs. 4 Rn. 259ff.; *Ronellenfitsch,* VerwArch 1983, 369 (386); *Schmidt/Müller,* UmweltR, § 3 Rn. 23; zur Änderung der Sach- und Rechtslage nach vorheriger Präklusion im ImmissionsschutzR *BVerwG,* Urt. v. 29. 8. 1986 – 7 C 52/84 –, NVwZ 1987, 131; zur Präklusion nach § 10 Abs. 3 S. 3 BImSchG auch *OVG Lüneburg,* Beschl. v. 16. 8. 1985 – 7 OVG B 15/85 –, NVwZ 1986, 671.

[197] Einzelheiten ergeben sich aus den §§ 15 – 19 9. BImSchV.

erhobenen Einwendungen mit den Einwendern und dem Antragsteller erörtert.[198] Den Beteiligten soll Gelegenheit gegeben werden, ihre Bedenken vorzutragen und mündlich zu erläutern. Der Erörterungstermin ist nicht öffentlich; einen Rechtsanspruch auf Teilnahme am Erörterungstermin haben lediglich der Antragsteller und diejenigen Personen, die rechtzeitig Einwendungen erhoben haben. Sinn des Erörterungstermins ist es, die Standpunkte anzunähern und ggf. Bedenken auszuräumen. Nach Abschluß des Erörterungstermins und sobald alle maßgeblichen Umstände ermittelt worden sind, hat die Behörde unverzüglich zu entscheiden.[199]

ff) Umweltverträglichkeitsprüfung

Soweit für die Errichtung und den Betrieb bestimmter immissionsschutz- **109**
rechtlicher Anlagen eine Umweltverträglichkeitsprüfung vorgesehen ist, ist diese gem. § 1 Abs. 2 der 9. BImSchV unselbständiger Bestandteil des Genehmigungsverfahrens. Sowohl die Öffentlichkeitsbeteiligung als auch die Beratungspflicht der Behörden richtet sich mithin ausschließlich nach den Vorgaben der 9. BImSchV.[200]

b) Vereinfachtes Genehmigungsverfahren

Gem. § 19 Abs. 1 BImSchG kann die Bundesregierung durch Rechts- **110**
verordnung für bestimmte genehmigungspflichtige Anlagen ein *vereinfachtes* Genehmigungsverfahren vorsehen. Voraussetzung dafür ist, daß die Verfahrensvereinfachung im Hinblick auf die Umwelteinwirkungen, Gefahren, erheblichen Nachteile und Belästigungen, wie sie von den fraglichen Anlagen typischerweise hervorgerufen werden, mit dem Schutz der Allgemeinheit und der Nachbarschaft zu vereinbaren ist.[201] Der Verordnungsgeber kann dabei eine Abgrenzung nach Art und Umfang der Anlagen vornehmen. Von der Ermächtigung des § 19 Abs. 1 BImSchG hat der Verordnungsgeber mit der Verordnung über genehmigungsbedürftige Anlagen (4. BImSchV) und die Verordnung über Großfeuerungsanlagen (13. BImSchV) Gebrauch gemacht.

Die Anlagen, für die das vereinfachte Genehmigungsverfahren in Betracht **111**
kommt, sind in der Spalte 2 des Anhangs der Verordnung über genehmigungsbedürftige Anlagen (4. BImSchV) aufgeführt. Dazu zählen zum Beispiel Feuerungsanlagen mit einer Feuerungswärmeleistung von 1 MW bis weniger als 50 MW. Im vereinfachten Genehmigungsverfahren sind nunmehr auch Teilgenehmigungen und Vorbescheide möglich.

Im vereinfachten Genehmigungsverfahren sind gem. § 19 Abs. 2 BImSchG **112**
die Vorschriften über die Auslegung, die öffentliche Bekanntmachung, die Öffentlichkeitsbeteiligung und die privatrechtsgestaltende Wirkung der Genehmigung nicht anzuwenden. Dementsprechend entfällt zugleich der Einwendungsausschluß und die privatrechtsgestaltende Wirkung der Genehmigung.

---

[198] Siehe dazu § 88 UGB-KomE, vgl. BMU, UGB-KomE, S. 141, 638 ff.

[199] Vgl. *Jarass,* BImSchG, § 10 Rn. 110.

[200] Vertiefend zur UVP im immissionsschutzrechtl. Verfahren *Schink/Erbguth,* DVBl. 1991, 414 ff.; *Vallendar,* UPR 1992, 212 (215); *Dienes,* in: Hoppe, UVPG, § 3 Rn. 17 ff.

[201] Die Verfahrensvorschriften als solche sind nicht drittschützend *OVG Münster,* Beschl. v. 25. 2. 1994 – 11 B 3128/93 –, GewArch 1994, 258.

Bohne, DVBl 94, 195 (Verfahr.-Modelle), Steinberg, NVwZ 95, 209

7. *Genehmigungsentscheidung*

113 Sofern der Antrag nicht abgelehnt oder das Verfahren aus anderen Gründen eingestellt wird, endet das Genehmigungsverfahren mit der Genehmigung, die durch schriftlichen Bescheid erteilt und schriftlich begründet wird. Über den Genehmigungsantrag ist nach Eingang des Antrags und der einzureichenden Unterlagen innerhalb einer Frist von sieben Monaten, im vereinfachten Genehmigungsverfahren innerhalb einer Frist von drei Monaten zu entscheiden.[202] Gem. § 10 Abs. 7 BImSchG ist der Genehmigungsbescheid dem Antragsteller und den Personen, die Einwendungen erhoben haben, zuzustellen. Sind außer an den Antragsteller mehr als 300 Zustellungen vorzunehmen, so können diese Zustellungen durch öffentliche Bekanntmachung ersetzt werden (§ 10 Abs. 8 S. 1 BImSchG).

114 Bei der Genehmigung handelt es sich um eine Kontrollerlaubnis.[203] Der Antragsteller hat bei Vorliegen der Voraussetzungen einen Rechtsanspruch auf Erteilung der Genehmigung, den er im Streitfalle mit Hilfe der Verpflichtungsklage auf Erteilung der Genehmigung durchsetzen kann.[204]

115 Die ordnungsrechtliche, am Ende von Produktionsprozessen stehende Kontrolle von Immissionen stößt mittlerweile an ihre Grenzen, d. h. wesentliche weitergehende Reduzierungen von Schadstoffen werden in absehbarer Zukunft nicht mehr erwartet. Dementsprechend wird in der Literatur zum Teil unter dem Stichwort der intetrierten Genehmigung eine Verschärfung und ein Ausbau der Anlagengenehmigung gefordert. Die Einführung eines Versagungsermessens sei erforderlich, um das Umweltmedium Luft zu bewirtschaften,[205] das Ergebnis der medienübergreifenden Umweltverträglichkeitsprüfung berücksichtigen zu können[206] und um dem Gesetzgebungsauftrag nach Art. 20a GG gerecht werden zu können.[207] Demgegenüber fordert ein anderer Teil der Literatur eine Rücknahme der behördlichen Kontrollintensität zur Verfahrensbeschleunigung.[208] Der Kommissionsentwurf zum Umweltgesetzbuch hält an der gebundenen Genehmigungsentscheidung fest.[209]

116 Die Genehmigung ist eine *Sachgenehmigung*. Sie hängt nur von anlagenbezogenen Voraussetzungen ab und nicht – wie etwa bei der atomrechtlichen Genehmigung gem. § 7 Abs. 2 Nr. 1 AtG – von persönlichen Voraussetzungen des Antragstellers. Wechselt der Anlagenbetreiber, bleibt dies daher ohne Auswirkungen auf die Genehmigung. Insbesondere kann die Genehmigung

---

202 § 90 Abs. 1 S. 1 UGB-KomE sieht eine Frist von 6 Monaten vor, vgl. BMU, UGB-KomE, S. 142, 642.

203 *BVerwG,* Urt. v. 17. 2. 1978 – 1 C 12.76 –, BVerwGE 55, 250 (253 f.); *OVG Münster,* Urt. v. 7. 7. 1976 – VII A 1804/75 –, DVBl. 1976, 790 (793 f.); *Breuer,* DVBl. 1978, 28 (32 ff. m. w. N.); *Frotscher,* JuS 1983, 775 (779); *Martens,* DVBl. 1981, 597 (601 ff.); *Jarass,* BImSchG, § 6 Rn. 26; siehe zur Kontrollerlaubnis oben § 8 Rn. 39 ff.

204 *Feldhaus,* BImSchG, § 6 Anm. 2.

205 So *Sendler,* UPR 1983, 33 (37 ff.).

206 So *Hoffmann-Riem,* DVBl. 1994, 605 (606 f.).

207 So *Steinberg,* NJW 1996, 1985 (1993), der die gebundene Erlaubnis für verfassungswidrig hält.

208 So die Vorschläge der Schlichter-Kommission, vgl. BMWi, Bericht der Unabhängigen Expertenkommission zur Vereinfachung und Beschleunigung von Planungs- und Genehmigungsverfahren, passim.

209 Vgl. §§ 421, 422 Abs. 1, 81 Abs. 2 Nr. 1, 84 Abs. 1 S. 1 UGB-KomE, vgl. BMU, UGB-KomE, S. 137 f., 273 f., 1174.

nicht deshalb verweigert oder verzögert werden, weil der Anlagenbetreiber bei anderen Anlagen seinen Pflichten nicht nachkommt (siehe aber §§ 20ff. BImSchG).[210]

a) Nebenbestimmungen

Die rechtliche Zulässigkeit der Beifügung von Nebenbestimmungen ist in **117**
§ 12 BImSchG *abschließend* geregelt.[211] Gem. § 12 Abs. 1 BImSchG kann die Genehmigung unter Bedingungen erteilt und mit Auflagen verbunden werden, soweit dies erforderlich ist, um die Erfüllung der in § 6 BImSchG genannten Genehmigungsvoraussetzungen sicherzustellen.[212] Auf Antrag kann sie gem. § 12 Abs. 2 S. 1 BImSchG auch befristet für einen bestimmten Zeitraum erklärt werden. Ein Widerrufsvorbehalt kommt gem. § 7 Abs. 2 S. 2 BImSchG in Betracht, wenn die genehmigungsbedürftige Anlage lediglich Erprobungszwecken dienen soll.

Aus der Formulierung „kann" in § 12 Abs. 1 BImSchG läßt sich folgern, daß die **118**
Beifügung von Nebenbestimmungen im Ermessen der Genehmigungsbehörde steht. Das Ermessen ist allerdings eng begrenzt. Aus § 12 Abs. 1 BImSchG ergibt sich zugleich, daß die Beifügung von Nebenbestimmungen nur der Sicherstellung der Genehmigungsvoraussetzungen dienen darf. Da andererseits die Verweigerung der Genehmigung trotz der Möglichkeit einer Nebenbestimmung regelmäßig unverhältnismäßig wäre, reduziert sich das Ermessen gem. § 12 Abs. 1 BImSchG zumeist auf ein *Auswahlermessen* zwischen den verschiedenen konkret möglichen Auflagen und Bedingungen.[213]

b) Verfahrensstufung

Instrumente der Verfahrensstufung sind im immissionsschutzrechtlichen **119**
Genehmigungsverfahren die *Teilgenehmigung* und der *Vorbescheid*.[214] Sie dienen der Rationalität, Transparenz und Beschleunigung des Verfahrens, sofern die Genehmigungsbehörde über die Zulassung einer komplexen Anlage zu entscheiden hat.

aa) Teilgenehmigung

Gem. § 8 BImSchG kann auf Antrag eine Genehmigung für die Errich- **120**
tung einer Anlage oder eines Teils einer Anlage oder für die Errichtung und den Betrieb eines Teils einer Anlage erteilt werden, wenn

– ein berechtigtes Interesse an der Erteilung einer Teilgenehmigung besteht (Nr. 1),
– die Genehmigungsvoraussetzungen für den beantragten Gegenstand der Teilgenehmigung vorliegen (Nr. 2) und
– eine vorläufige Beurteilung ergibt, daß der Errichtung und dem Betrieb der gesamten Anlage keine von vornherein unüberwindlichen Hindernisse im Hinblick auf die Genehmigungsvoraussetzungen entgegenstehen (Nr. 3).[215]

---

[210] *Jarass,* BImSchG, § 6 Rn. 26.

[211] *Jarass,* BImSchG, § 12 Rn. 20; siehe auch § 91 UGB-KomE, vgl. BMU, UGB-KomE, S. 143, 643f.

[212] Zur Pflicht der Umweltzustandsüberwachung als Nebenbestimmung *VG Düsseldorf,* Urt. v. 27. 1. 1998 – 3 K 13115/96 –, ZUR 1998, 317f.

[213] *BVerwG,* Urt. v. 5. 10. 1990 – 7 C 55 u. 56.89 –, BVerwGE 85, 368 (376f.); *Jarass,* BImSchG, § 12 Rn. 15; *Ule/Laubinger,* BImSchG, § 12 Rn. D 7; *Feldhaus,* BImSchG, § 12 Anm. 4.

[214] Vgl. zur Teilgenehmigung u. zum Vorbescheid bereits oben § 8 Rn. 61f.

[215] Siehe zur Teilgenehmigung auch § 93 UGB-KomE, der sich im wesentl. an § 8 BImSchG anlehnt, vgl. BMU, UGB-KomE, S. 143f., 647f.

121 Die Teilgenehmigung ist eine echte Genehmigung. Sie gestattet dem Antragsteller mit dem genehmigten Projektabschnitt zu beginnen. Voraussetzung der Teilgenehmigung ist ein **sog. vorläufiges positives Gesamturteil**, das – soweit es sich auf nachbarschützende Voraussetzungen bezieht – selbst nachbarschützend ist, insoweit aber auch eine Anfechtungslast zur Vermeidung der Präklusion für Dritte auslöst.[216] Das positive vorläufige Gesamturteil bedeutet, daß die Teilgenehmigung nur erteilt werden darf, wenn eine vorläufige Prüfung ergibt, daß die Voraussetzungen des § 6 BImSchG für die Errichtung und den Betrieb der *gesamten* Anlage vorliegen werden. Notwendig ist eine hinreichende Klarheit darüber, daß die Teilgenehmigung nicht den Anforderungen zuwiderläuft, die an das Gesamtvorhaben hinsichtlich der Genehmigungsvoraussetzungen zu stellen sind. *Vorläufig* ist das Gesamturteil, weil es nur auf vorläufigen, wenn auch hinreichend aussagekräftigen Aussagen zu beruhen braucht, sich aber nicht mit einer geringeren Intensität der Prüfung – etwa im Sinne einer Evidenzkontrolle – begnügen darf.[217]

122 Die Teilgenehmigung kann gem. § 12 Abs. 3 BImSchG befristet für einen bestimmten Zeitraum oder mit dem Vorbehalt erteilt werden, daß sie bis zur Entscheidung über die Genehmigung widerrufen oder mit Auflagen verbunden werden kann.

123 Die Bindungswirkung des vorläufigen positiven Gesamturteils im Rahmen der Teilgenehmigung steht gem. § 8 Abs. 2 BImSchG unter dem Vorbehalt der Änderung der Sach- oder Rechtslage oder einer abweichenden Beurteilung durch Einzelprüfungen im Rahmen späterer Teilgenehmigungen.[218]

bb) Vorbescheid

124 Gem. § 9 BImSchG kann auf Antrag durch Vorbescheid über einzelne Genehmigungsvoraussetzungen sowie über den Standort der Anlage entschieden werden, sofern die Auswirkungen der geplanten Anlage ausreichend beurteilt werden können und ein berechtigtes Interesse an der Erteilung eines Vorbescheides besteht.[219] Durch den Vorbescheid sollen bei komplexen oder neuartigen Anlagen wichtige Vorfragen vorab geklärt werden, um unnötige Detailplanungen zu vermeiden und um damit die Planungskosten in angemessenen Grenzen zu halten.[220] Der Vorbescheid ist keine Genehmigung und gestattet dem Antragsteller weder die Errichtung noch den Betrieb auch nur eines Teils der Anlage. Im späteren Genehmigungsverfahren sind jedoch die Genehmigungsbehörde und – im Rahmen der Präklusionswirkung – auch Dritte im Umfang der durch den Vorbescheid ent-

[216] Vgl. *BVerwG,* Urt. v. 19. 12. 1985 – VII C 65.83 –, DVBl. 1986, 190 (192f.); *Bender/Sparwasser/Engel,* UmweltR, 6. Teil Rn. 207; *Sellner,* ImmissionsschutzR, Rn. 285; krit. *Beckmann,* Rechtsschutz, S. 212ff.

[217] Vgl. *BVerwG,* Urt. v. 19. 12. 1985 – 7 C 65.82 –, DVBl. 1986, 190 (191f.).

[218] Zu verfassungsrechtl. Vorgaben für Genehmigungen unter Änderungsvorbehalt vgl. *Schmehl,* DVBl. 1999, 19ff.

[219] Zum Vorbescheid insges. *BVerwG,* Beschl. v. 23. 6. 1989 – 7 B 87.89 –, DVBl. 1990, 57; *OVG Münster,* Urt. v. 6. 4. 1989 – 21 A 952/88 –, NuR 1990, 328; siehe auch § 94 UGB-KomE, vgl. BMU, UGB-KomE, S. 144f., 648f.

[220] Krit. zur verfahrensbeschleunigenden Wirkung *Mache,* UmweltR, Rn. 211.

 BVerwG, U 30.6.04, NVwZ 04, 1235

schiedenen Fragen gebunden. Der Vorbescheid enthält insoweit eine verbindliche Feststellung über einzelne Fragen, von denen die Erteilung der Genehmigung insgesamt abhängt.

Genau wie für die Teilgenehmigung muß auch für den Vorbescheid ein berechtigtes Interesse an der Erteilung des Vorbescheides bestehen. Ein solches ist regelmäßig anzuerkennen, wenn die Bindungswirkung des Vorbescheides geeignet ist, das Investitionsrisiko des Antragstellers zu verringern. Genau wie die Teilgenehmigung bedarf es auch für die Erteilung eines Vorbescheides eines vorläufigen positiven Gesamturteils.[221] Hinsichtlich der Bindungswirkung unterscheidet sich der Vorbescheid von der Teilgenehmigung. Soweit der Vorbescheid einzelne Genehmigungsvoraussetzungen abschließend beurteilt, steht er in der Bindungswirkung der Vollgenehmigung gleich.[222] Soweit der Vorbescheid ein positives Gesamturteil enthält, steht dieses wie bei der Teilgenehmigung unter dem Vorbehalt einer Änderung der Sach- oder Rechtslage. Die Erteilung des Vorbescheides oder einer Teilgenehmigung steht im Ermessen der zuständigen Behörde.[223] 125

Die Bindungswirkung des Vorbescheides entfällt gem. § 9 Abs. 2 BImSchG, wenn der Antragsteller nicht innerhalb von zwei Jahren nach Eintritt der Unanfechtbarkeit die Genehmigung beantragt. 126

cc) Einwendungen Dritter bei Teilgenehmigungen und Vorbescheiden

Ist eine Teilgenehmigung oder ein Vorbescheid erteilt worden, können nach Eintritt ihrer Unanfechtbarkeit im weiteren Verfahren zur Genehmigung der Errichtung oder des Betriebs der Anlage Einwendungen gem. § 11 BImSchG aufgrund von Tatsachen nicht mehr erhoben werden, die im vorhergehenden Verfahren fristgerecht vorgebracht worden sind oder nach den ausgelegten Unterlagen hätten vorgebracht werden können. Wenngleich der Wortlaut für einen sehr weitgehenden Einwendungsausschluß spricht, so ist die Präklusionswirkung dennoch zur Vermeidung unnötiger Härten auf den Umfang der Bindungswirkung zu begrenzen.[224] 127

c) Zulassung vorzeitigen Beginns

Nach dem Vorbild des § 7 a AbfG und des § 9 a WHG sieht § 8 a BImSchG die Möglichkeit des vorzeitigen Baubeginns vor.[225] In einem Verfahren zur Erteilung einer Genehmigung kann die Genehmigungsbehörde auf Antrag gem. § 8 a Abs. 1 BImSchG vorläufig zulassen, daß bereits vor Erteilung der Genehmigung mit der Errichtung einschließlich der Maßnahmen, die zur Prüfung der Betriebstüchtigkeit der Anlage erforderlich sind, begonnen wird, wenn 128

[221] Zur Bedeutung u. Bestimmtheit von Vorbescheiden im gestuften immissionsschutzrechtl. Genehmigungsverfahren u. zum Verhältnis von Vorbescheiden u. Teilerrichtungsgenehmigungen zueinander *OVG Lüneburg,* Beschl. v. 29. 9. 1986 – 7 D 4/86 –, NVwZ 1987, 342.

[222] *Jarass,* BImSchG, § 9 Rn. 16.

[223] *Jarass,* BImSchG, § 9 Rn. 6; *Kutscheidt,* in: Landmann/Rohmer, UmweltR, BImSchG, § 9 Rn. 38.

[224] So *Jarass,* BImSchG, § 11 Rn. 7; *Ule/Laubinger,* BImSchG, § 11 Rn. D 4; *Feldhaus,* BImSchG, § 11 Anm. 3; a. A. *Sellner,* ImmissionsschutzR, Rn. 281.

[225] Zu § 15 a BImSchG a. F. vgl. *Fluck,* DÖV 1994, 885 ff.

- mit einer Entscheidung zugunsten des Antragstellers gerechnet werden kann (Nr. 1),
- ein öffentliches Interesse oder ein berechtigtes Interesse des Antragstellers an dem vorzeitigen Beginn besteht (Nr. 2) und
- der Antragsteller sich verpflichtet, alle bis zur Entscheidung durch die Errichtung der Anlage verursachten Schäden zu ersetzen und, wenn das Vorhaben nicht genehmigt wird, den früheren Zustand wiederherzustellen (Nr. 3).[226]

129 Ferner kann die Genehmigungsbehörde gem. § 8a Abs. 3 BImSchG in einem Verfahren zur Erteilung einer Genehmigung nach § 16 Abs. 1 BImSchG unter den in § 8a Abs. 1 genannten Voraussetzungen auch den Betrieb der Anlage vorläufig zulassen, wenn die Änderung der Erfüllung einer sich aus diesem Gesetz oder einer aufgrund dieses Gesetzes erlassenen Rechtsverordnung ergebenden Pflicht dient.[227]

130 Anders als die Regelungen über die Teilgenehmigung (§ 8 BImSchG) und den Vorbescheid (§ 9 BImSchG) begründet § 8a BImSchG einen eigenen Zulassungstatbestand mit vorläufigem Charakter. Vorzeitig begonnen werden darf unter bestimmten Voraussetzungen sowohl mit dem Bau als auch mit dem Betrieb.[228]

d) Rechtswirkungen der immissionsschutzrechtlichen Genehmigung

131 Neben der Genehmigungswirkung wird die immissionsschutzrechtliche Genehmigung vor allem durch ihre – allerdings eingeschränkte – *Konzentrationswirkung* und ihre *privatrechtsgestaltende Wirkung* charakterisiert.

aa) Konzentrationswirkung

132 Gem. § 13 S. 1 BImSchG schließt die immissionsschutzrechtliche Genehmigung andere, die Anlage betreffende behördliche Entscheidungen ein, insbesondere öffentlich-rechtliche Genehmigungen, Zulassungen, Verleihungen, Erlaubnisse und Bewilligungen, mit Ausnahme von Planfeststellungen, Zulassungen bergrechtlicher Betriebspläne, Zustimmungen sowie von behördlichen Entscheidungen aufgrund atomrechtlicher Vorschriften und wasserrechtlicher Erlaubnisse und Bewilligungen nach §§ 7 und 8 WHG.[229] Die Konzentrationswirkung kommt sowohl der Vollgenehmigung, aber auch den Teilgenehmigungen sowie den Änderungsgenehmigungen gem. § 16 BImSchG zu. Erfaßt werden durch die Konzentrationswirkung u. a.

- Baugenehmigungen,
- baurechtliche Ausnahmen und Befreiungen,
- abfallrechtliche Plangenehmigungen gem. § 31 Abs. 3 KrW-/AbfG,
- Erlaubnisse für überwachungsbedürftige Anlagen aufgrund § 24 GewO,
- Erlaubnisse und Ausnahmen des Natur- und Denkmalschutzrechts.[230]

---

[226] Siehe dazu auch § 95 UGB-KomE, vgl. BMU, UGB-KomE, S. 145, 649.

[227] Näher *Ochtendung,* Die Zulassung vorzeitigen Beginns im UmweltR, S. 29 ff.; *Topp,* Die Zulassung vorläufigen Beginns von Abfallentsorgungsanlagen nach § 7a AbfG und § 15a BImSchG, passim.

[228] Anders noch § 15a BImSchG a. F., der nur den Probebetrieb zuließ, nicht aber den dauerhaften Produktionsbetrieb.

[229] Die Rechtswirkungen der Vorhabengenehmigung sind in § 99 UGB-KomE geregelt u. entsprechen weitgehend denen des §§ 13, 14 BImSchG, vgl. BMU, UGB-KomE, S. 147, 655 f.

[230] Dazu *Jarass,* BImSchG, § 13 Rn. 4 m. w. Beispielen.

Schink, DÖV 93, 725, Maaß, DVBl 02, 364, Odendahl, NVwZ 02, 686, BVerwG, U 17.12.02, DVBl 03, 543 (Rtw.-Rechtm.) = DÖV 03, 466 = NVwZ 03, 750, BVerwG, U 30.6.04, NVwZ 04, 1235, Koch/Mahle, NVwZ 06, 1124

Die Konzentrationswirkung der immissionsschutzrechtlichen Genehmigung ist allerdings eingeschränkt. Zahlreiche behördliche Entscheidungen werden *nicht* in die Konzentrationswirkung einbezogen. Dazu zählen 133

- Planfeststellungen,
- die Zulassung bergrechtlicher Betriebspläne,
- behördliche Zustimmungen aufgrund wasserrechtlicher Vorschriften,
- Genehmigungsentscheidungen aufgrund atomrechtlicher Vorschriften,
- die Anzeige und Untersagung gem. § 4 EnWG.

Eine weitere Einschränkung der Konzentrationswirkung ergibt sich aus dem immissionsschutzrechtlichen Anlagenbegriff.[231] 134

Beispiel: Wird eine Anlage errichtet, bei der nur ein bestimmter Teil nach § 4 BImSchG genehmigungspflichtig ist, dann ersetzt die immissionsschutzrechtliche Genehmigung nur die Genehmigungen für diesen Teil der Anlage, nicht jedoch für die sonstigen Teile.

Zudem werden personenbezogene Entscheidungen, z. B. die erforderliche Gewerbeerlaubnis, von der Konzentrationswirkung wegen der Anlagenbezogenheit der immissionsschutzrechtlichen Genehmigung nicht erfaßt.[232] 135

Die Konzentrationswirkung hat zur Folge, daß die immissionsschutzrechtliche Genehmigung parallele Genehmigungsentscheidungen ersetzt. Neben dieser Zuständigkeitskonzentration hat die Konzentrationswirkung außerdem eine Verfahrenskonzentration zur Folge. Es findet dementsprechend nur ein Genehmigungsverfahren vor der immissionsschutzrechtlichen Genehmigungsbehörde statt, an dem die Fachbehörden zu beteiligen sind, deren Genehmigungsentscheidung ersetzt worden ist. Zur Verfahrenserleichterung sieht § 11 9. BImSchV vor, daß sich die zu beteiligenden Fachbehörden innerhalb einer von den Genehmigungsbehörden zu setzenden Monatsfrist zu äußern haben. Die Konzentrationswirkung ändert allerdings nichts daran, daß auch von der Immissionsschutzbehörde alle materiell-rechtlichen Vorschriften beachtet werden müssen, die für die sonstigen, von der immissionsschutzrechtlichen Genehmigung eingeschlossenen behördlichen Gestattungen maßgebend sind.[233] Sie ist an die im Rahmen der Behördenbeteiligung eingeholte Stellungnahme der Baugenehmigungsbehörde inhaltlich nicht gebunden.[234] Demnach kann sie Ausnahmen und Befreiungen nach § 31 BauGB aussprechen, nicht aber das bei Vorhaben im unbeplanten Bereich erforderliche Einvernehmen der Gemeinde bzw. die Zustimmung der höheren Verwaltungsbehörde nach § 36 BauGB ersetzen.[235] 136

bb) Privatrechtsgestaltende Wirkung

Gem. § 14 S. 1 BImSchG hat die immissionsschutzrechtliche Genehmigung privatrechtsgestaltende Wirkung. Dritte können deshalb die Einstellung des Betriebs einer Anlage aufgrund privater Rechte nicht verlangen, wenn die Genehmigung unanfechtbar ist. Etwas anderes gilt nur, wenn die Abwehransprüche auf besonderen Titeln, etwa auf Vertrag oder auf dinglichen 137

[231] Vgl. *Jarass,* BImSchG, § 13 Rn. 8.
[232] *Fluck,* NWwZ 1992, 114 (116).
[233] Siehe auch oben § 8 Rn. 59.
[234] *Jarass,* BImSchG, § 10 Rn. 46.
[235] *Kloepfer,* UmweltR, § 14 Rn. 102.

Ansprüchen am Betriebsgrundstück beruhen. Die immissionsschutzrechtliche Genehmigung stellt insoweit einen typischen Fall des Verwaltungsaktes mit Doppelwirkung im Sinne von § 80 Abs. 1 S. 2 und § 80a VwGO dar.[236]

138 Gem. § 14 S. 1 2. HS BImSchG können bei Ausschluß des privatrechtlichen Abwehranspruchs nur *Schutzvorkehrungen* verlangt werden, die die benachteiligenden Wirkungen ausschließen. Sind solche Schutzvorkehrungen nach dem Stand der Technik nicht durchführbar oder wirtschaftlich nicht vertretbar, kann gem. § 14 S. 2 BImSchG lediglich Schadensersatz verlangt werden. Die Beschränkung der sich aus dem Eigentum und Besitz ergebenden Rechte der Nachbarn gem. § 14 BImSchG sichert den Bestandsschutz genehmigter Anlagen zivilrechtlich ab.[237]

e) Änderung genehmigungsbedürftiger Anlagen

139 Die Änderung genehmigungsbedürftiger Anlagen ist in den §§ 15 und 16 BImSchG geregelt.[238] Danach ist zu unterscheiden, ob die beabsichtigte Änderung der Anlage wesentlich ist oder nicht.[239]

aa) Unwesentliche Änderungen

140 Gem. § 15 Abs. 1 S. 1 BImSchG ist die Änderung der Lage, der Beschaffenheit oder des Betriebs einer genehmigungsbedürftigen Anlage, sofern eine Genehmigung der Änderung nicht beantragt wird, der zuständigen Behörde mindestens einen Monat, bevor mit der Änderung begonnen werden soll, schriftlich anzuzeigen, wenn sich die Änderung auf in § 1 BImSchG genannte Schutzgüter auswirken kann.[240]

141 Gem. § 15 Abs. 2 BImSchG hat die zuständige Behörde unverzüglich, spätestens innerhalb eines Monats nach Eingang der Anzeige und der erforderlichen Unterlagen (vgl. § 15 Abs. 1 S. 2 BImSchG), zu prüfen, ob die Änderung einer Genehmigung bedarf.[241] Der Träger des Vorhabens darf die Änderung vornehmen, sobald die zuständige Behörde ihm mitteilt, daß die Änderung keiner Genehmigung bedarf oder sich innerhalb der in § 15 Abs. 3 S. 1 BImSchG bestimmten Frist nicht geäußert hat.

bb) Wesentliche Änderungen

142 Gem. § 16 Abs. 1 S. 1 BImSchG bedarf die Änderung der Lage, der Beschaffenheit oder des Betriebs einer genehmigungsbedürftigen Anlage einer Änderungsgenehmigung, wenn durch die Änderung nachteilige Auswirkungen hervorgerufen werden können und diese für die Prüfung nach § 6 Abs. 1

---

[236] *Sellner,* ImmissionsschutzR, Rn. 190; *Breuer,* in: Schmidt-Aßmann, BesVwR, 5. Abschn. Rn. 197.

[237] Zum Schadensersatzanspruch bereits oben § 12 Rn. 71ff. u. zum Bestandsschutz unten § 21 Rn. 146ff.

[238] Zur Änderung von genehmigungsbedürftigen Anlagen vgl. *Fluck,* GewArch 1996, 222ff.; *Hansmann,* DVBl. 1997, 1421ff.; *Jarass,* DVBl. 1998, 1097ff.; *Fluck,* VerwArch 1997, 265ff.; krit. *Knitsch,* ZUR 1996, 247 (248).

[239] An dieser Unterscheidung halten auch die §§ 96, 97 UGB-KomE im Grundsatz fest, vgl. BMU, UGB-KomE, S. 145f., 561ff.

[240] Zur Anlagenänderung durch Anzeige vgl. *Führ,* UPR 1997, 421ff.; *Meixner,* NVwZ 1997, 127ff.; *Jarass,* NJW 1998, 1097ff.

[241] Dazu *Zöttl,* NVwZ 1998, 234ff.

 Hansmann, NVwZ 97, 105, Hirscheidt, NVwZ 97, 111, Wächtl, DÖV 97, 678

Nr. 1 BImSchG erheblich sein können.[242] Gem. § 16 Abs. 1 S. 2 BImSchG ist eine Genehmigung nicht erforderlich, wenn durch die Änderung hervorgerufene nachteilige Auswirkungen offensichtlich gering sind und die Erfüllung der sich aus § 6 Abs. 1 Nr. 1 BImSchG ergebenden Anforderungen sichergestellt ist.

Eine *Änderung* liegt in jedem Abweichen vom Genehmigungsbescheid. **143**
Von der Änderung zu unterscheiden ist die *Neuerrichtung* einer Anlage. Sie ist vor allem dann anzunehmen, wenn eine Anlage durch eine andere ersetzt wird.[243]

Wesentlich ist die Änderung, wenn durch die Änderung nachteilige **144**
Auswirkungen hervorgerufen werden können und diese für die Prüfung nach § 6 Abs. 1 Nr. 1 BImSchG erheblich sein können.[244] Eine wesentliche Änderung ist bei einer erheblichen Änderung des Immissionsverhaltens einer Anlage oder der Immissionssituation anzunehmen, gleich, ob dies eine Verbesserung oder Verschlechterung der Umweltsituation bedeutet.[245]

Für die Änderungsgenehmigung gelten die Genehmigungsvoraussetzun- **145**
gen des § 6 BImSchG. Für die Änderungsgenehmigung ist das gleiche immissionsschutzrechtliche Verfahren durchzuführen wie bei der Erstgenehmigung. Allerdings soll die zuständige Behörde gem. § 16 Abs. 2 BImSchG von der öffentlichen Bekanntmachung des Vorhabens und der Auslegung des Antrags und der Unterlagen absehen, wenn der Träger des Vorhabens dies beantragt und erhebliche nachteilige Auswirkungen auf in § 1 BImSchG genannten Schutzgüter nicht zu besorgen sind.

8. *Bestandsschutz genehmigter Anlagen*

Die Genehmigung berechtigt den Antragsteller zur Errichtung und zum **146**
Betrieb der beantragten Anlage und begründet, wenn sie unanfechtbar geworden ist, Bestandsschutz, der auf Art. 14 Abs. 1 GG gestützt ist.[246] Der Bestandsschutz geht jedoch nicht soweit, daß der Betreiber das Recht hat, die Anlage für alle Zeit in der mit Genehmigung erlaubten Art und Weise zu betreiben.[247] Dem stünden vor allem die sich aus §§ 5, 7 BImSchG ergebenden Grundpflichten entgegen, deren Erfüllung nicht nur Genehmigungsvoraussetzung ist, sondern die den Betreiber als dynamische Dauerpflichten während des gesamten Betriebszeitraums binden.[248]

---

242 Dazu ausführl. *Führ,* ZUR 1997, 293 ff.; *Wickel,* DÖV 1997, 678 ff.

243 Vgl. *BVerwG,* Urt. v. 24. 11. 1977 – 5 C 80.74 –, BVerwGE 50, 49.

244 Zum Begriff der wesentl. Änderung nach § 15 BImSchG a. F. vgl. *BVerwG,* Urt. v. 6. 7. 1984 – 7 C 71.82 –, BVerwGE 69, 351 (358); *Jarass,* BImSchG, § 15 Rn. 14; *Bender/Sparwasser/Engel,* UmweltR, 6. Teil Rn. 212.

245 *Sellner,* ImmissionsschutzR, Rn. 299; *Mache,* UmweltR, Rn. 201.

246 Zum Bestandsschutz im UmweltR bereits oben § 4 Rn. 40 ff.

247 Zum Problem des Bestandsschutzes *Dolde,* NVwZ 1986, 873 ff., insbes. im Hinblick auf die Probleme durch das Sanierungskonzept der TA Luft 1986; auch *Jarass,* NVwZ 1986, 607 ff.; *Schröder,* UPR 1986, 127 ff.; *Schulze-Fielitz,* Die Verw. 1987, 307 ff.; *BVerwG,* Beschl. v. 26. 8. 1988 – 7 B 124/88 –, NVwZ 1989, 257; *Schenke,* NuR 1989, 8 ff.; *Röcklinghausen,* UPR 1996, 50 ff.

248 *Jarass,* DVBl. 1986, 314 (315); *Dolde,* FS Otto Bachof, S. 191 ff.; *Feldhaus,* WuV 1986, 67 ff.; *Friauf,* WuV 1986, 87 (95 ff.).

Beispiel: Der Anlagenbetrieb muß im Rahmen der Vorsorgepflicht des § 5 Abs. 1 Nr. 2 BImSchG neue Erkenntnisse berücksichtigen.[249] Gleichwohl setzt eine förmliche Durchsetzung der fortentwickelten Grundpflichten eine Konkretisierung durch eine Rechtsverordnung oder einen Verwaltungsakt voraus.[250]

147 Der Bestandsschutz des Anlagenbetreibers ist durch verschiedene rechtliche Regelungen des BImSchG ganz erheblich eingeschränkt. Dazu zählen insbesondere Regelungen über

- nachträgliche Anordnungen (§ 17 BImSchG),
- Erlöschen der Genehmigung (§ 18 BImSchG),
- Untersagung, Stillegung und Beseitigung (§ 20 BImSchG),
- Widerruf der Genehmigung (§ 21 BImSchG).

a) Nachträgliche Anordnungen

148 Zur Erfüllung der Grundpflichten können gem. § 17 Abs. 1 S. 1 BImSchG nach Erteilung der Genehmigung Anordnungen getroffen werden.[251] Dabei lassen sich die *Vorsorgeanordnung* und die *Gefahrenanordnung* unterscheiden.[252]

149 Eine nachträgliche **Vorsorgeanordnung** kann die Genehmigungsbehörde gem. § 17 Abs. 1 S. 1 BImSchG erlassen, wenn der Betreiber einer ihm nach § 5 BImSchG oder einer Rechtsverordnung nach § 17 BImSchG obliegenden Pflicht nicht nachkommt. Dabei kommt es aufgrund des dynamischen Charakters der Betreiberpflicht auf die Sachlage und den Erkenntnisstand sowie im Rahmen des Vorsorgegrundsatzes auf den Stand der Technik im Zeitpunkt der nachträglichen Anordnung an.[253] Sind die Anforderungen nach § 5 Abs. 1 Nr. 2 BImSchG durch Rechtsverordnung abschließend festgelegt, dann dürfen durch nachträgliche Anordnungen gem. § 17 Abs. 3 BImSchG weitergehende Anforderungen zur Vorsorge gegen schädliche Umwelteinwirkungen nicht gestellt werden.

Fall: Der Betreiber einer genehmigungsbedürftigen Anlage hat jederzeit sicherzustellen, daß nicht nur eine – als solche gefahrlose – Zwischenlagerung, sondern auch die ordnungsgemäße (End-)Beseitigung der beim Betrieb entstehenden Sonderabfälle gewährleistet ist. Diese Pflicht des Betreibers gem. § 5 Abs. 1 Nr. 3 BImSchG kann mit einer nachträglichen Anordnung durchgesetzt werden.[254]

150 Gem. § 17 Abs. 1 S. 2 BImSchG *soll* die zuständige Behörde eine **Gefahrenanordnung** erlassen, wenn nach Genehmigungserteilung festgestellt wird, daß der Schutz der Allgemeinheit oder der Nachbarschaft vor schädlichen Umwelteinwirkungen oder sonstigen Gefahren, erheblichen Nachteilen oder erheblichen Belästigungen nicht ausreicht. Da es sich bei § 17 Abs. 1 S. 2 BImSchG um eine Soll-Vorschrift handelt, ist das Ermessen der zuständigen Behörde weitgehend eingeschränkt, wenn feststeht, daß eine ge-

---

[249] *Jarass,* BImSchG, § 5 Rn. 1.

[250] *Jarass,* BImSchG, § 5 Rn. 2.

[251] Vgl. auch *Schröder,* BWVP 1996, 33ff.; zur Inanspruchnahme des Konkursverwalters im Wege der nachträgl. Anordnung vgl. *BVerwG,* Urt. v. 22. 10. 1998 – 7 C 38.97 –, DÖV 1999, 303f.

[252] Dazu *Bender/Sparwasser/Engel,* UmweltR, 6. Teil Rn. 218.

[253] *Hoppe,* Wirtschaftliche Vertretbarkeit im Rahmen des BImSchG, S. 33; a. A. *Breuer,* DVBl. 1981, 300ff.

[254] Dazu *VGH Mannheim,* Beschl. v. 20. 12. 1984 – 10 S 3107/84 –, NVwZ 1985, 433.

 Ruch, DVBl 92, 862, BVerwG, U 13. 3. 08, NVwZ 08, 681 (Sicherh.-leist.)

nehmigte Anlage Gesundheitsgefahren hervorruft. § 17 Abs. 1 S. 2 BImSchG hat drittschützenden Charakter.[255]

151 Auf der Grundlage des § 17 Abs. 1 BImSchG können allerdings keine nachträglichen Anordnungen erlassen werden, die im Ergebnis zur *Stillegung* der Anlage führen würden.[256] Gem. § 17 Abs. 2 S. 1 BImSchG muß die Behörde darauf achten, daß ihre nachträgliche Anordnung *verhältnismäßig* ist. Sie muß insbesondere prüfen, ob Aufwand und angestrebter Erfolg der angeordneten Maßnahmen nicht außer Verhältnis zueinander stehen.[257]

152 Bis zur zweiten Novelle zum BImSchG vom 4. 10. 1985[258] waren nachträgliche Anordnungen nur zulässig, wenn sie „wirtschaftlich vertretbar" und nach dem „Stand der Technik" erfüllbar waren. Insbesondere der Begriff der „wirtschaftlichen Vertretbarkeit" brachte wegen seines außerrechtlichen betriebs- und erwerbswirtschaftlichen Bezugs Konkretisierungsschwierigkeiten.[259] Die mit diesen Schwierigkeiten verbundenen Unsicherheiten führten dazu, daß von der Anordnungsbefugnis nach § 17 BImSchG kaum Gebrauch gemacht wurde. Der Gesetzgeber hat deswegen den Bestandsschutz an dem verfassungsrechtlich gebotenen Mindestmaß orientiert und die Eingriffsschwelle dort gesetzt, wo eine Anordnung unverhältnismäßig ist. Im Rahmen der Verhältnismäßigkeitsprüfung ist aber nach wie vor der Gesichtspunkt der wirtschaftlichen Vertretbarkeit mitzuberbücksichtigen.[260] Darf eine nachträgliche Anordnung wegen Unverhältnismäßigkeit nicht getroffen werden, soll die zuständige Behörde gem. § 17 Abs. 2 S. 1 BImSchG die Genehmigung unter den dort genannten Voraussetzungen ganz oder teilweise widerrufen.

153 § 17 Abs. 1 S. 2 BImSchG gewährt den Nachbarn Abwehrrechte nur, wenn sich nach Genehmigungserteilung herausstellt, daß durch den Betrieb der Anlage die drittschützenden materiell-rechtlichen Vorschriften verletzt werden.[261] Ist es zur Erfüllung der Anordnung erforderlich, die Lage, die Beschaffenheit oder den Betrieb der Anlage wesentlich zu ändern und ist in der Anordnung nicht abschließend bestimmt, in welcher Weise sie zu erfüllen ist, so muß der Genehmigungsinhaber verpflichtet werden, eine *Änderungsgenehmigung* nach § 16 BImSchG zu beantragen.

154 Gem. § 17 Abs. 3a BImSchG, eine Vorschrift mit Kompensationsregelungen, soll die zuständige Behörde von nachträglichen Anordnungen absehen, soweit in einem vom Betreiber vorgelegten Plan technische Maßnahmen an dessen Anlage oder an Anlagen Dritter vorgesehen sind, die zu einer weitergehenden Verringerung der Emissionsfrachten führen als die Summe der Minderungen, die durch den Erlaß nachträglicher Anordnungen zur Erfüllung der sich aus diesem Gesetz oder den auf Grund dieses Gesetzes erlassenen Rechtsverordnungen ergebenden Pflichten bei den beteiligten Anlagen erreichbar wäre und hierdurch der in § 1 BImSchG genannte Zweck gefördert wird. Wie bei § 7 Abs. 3 BImSchG werden auch durch § 17 Abs. 3a BImSchG die Möglichkeiten der sog. Schadens-

---

255 *Sellner,* ImmissionsschutzR, Rn. 465 ff.; *Marburger,* Gutachten C zum 56. DJT, S. 67.

256 Dazu *OVG Münster,* Urt. v. 9. 7. 1987 – 21 A 1556/86 –, DVBl. 1988, 152.

257 Vgl. *Jarass,* DVBl. 1986, 314 (318); zum Maßstab der Verhältnismäßigkeit vgl. *Breuer,* in: Schmidt-Aßmann, BesVwR, 5. Abschn. Rn. 203.

258 BGBl. I S. 1950.

259 Dazu *Hoppe,* Wirtschaftliche Vertretbarkeit, S. 37 ff.

260 Zur Durchführung des § 17 Abs. 2 BImSchG auch die Ausarbeitung des Länderausschusses Immissionsschutz, UPR 1987, 37 ff.

261 Vgl. *OVG Münster,* Urt. v. 9. 7. 1987 – 21 A 1556/86 –, DVBl. 1988, 152.

kompensation erweitert.[262] Gem. § 17 Abs. 3a BImSchG gilt die Kompensationsmöglichkeit nicht, soweit der Betreiber bereits zur Emissionsminderung aufgrund einer nachträglichen Anordnung nach § 17 Abs. 1 oder einer Auflage nach § 12 Abs. 1 BImSchG verpflichtet ist oder eine nachträgliche Anordnung nach § 17 Abs. 1 S. 2 BImSchG getroffen werden soll.

b) Erlöschen der Genehmigung

155 Der Bestandsschutz des Anlagenbetreibers endet auch mit dem Erlöschen der Genehmigung.[263] Gem. § 18 Abs. 1 BImSchG erlischt die Genehmigung, wenn

- innerhalb einer von der Genehmigungsbehörde gesetzten angemessenen Frist nicht mit der Errichtung oder dem Betrieb der Anlage begonnen (Nr. 1) oder
- eine Anlage während eines Zeitraums von mehr als drei Jahren nicht mehr betrieben worden ist (Nr. 2).[264]

156 Gem. § 18 Abs. 2 BImSchG erlischt die Genehmigung außerdem, soweit das Genehmigungserfordernis aufgehoben worden ist. In diesem Fall bleibt trotz des Erlöschens der Genehmigung allerdings der Betrieb der Anlage zulässig.

157 § 18 BImSchG enthält keine abschließende Regelung. Die Genehmigung erlischt z. B. außerdem im Falle der Befristung durch Zeitablauf und im Falle der Bedingung mit deren Eintritt.

c) Untersagung, Stillegung und Beseitigung von Anlagen

158 Ein Eingriff in den Bestand der Genehmigung ist auch gem. § 20 BImSchG möglich.[265] Werden Rechtsverstöße bei der Errichtung oder dem Betrieb der Anlage festgestellt, so wird die zuständige Behörde den Betreiber zunächst abmahnen. Kommt der Betreiber einer genehmigungsbedürftigen Anlage einer Auflage, einer vollziehbaren nachträglichen Anordnung oder einer abschließend bestimmten Pflicht aus einer Rechtsverordnung nach § 7 BImSchG nicht nach und betreffen die Auflage, die Anordnung oder die Pflicht die Beschaffenheit oder den Betrieb der Anlage, so *kann* die zuständige Behörde gem. § 20 Abs. 1 BImSchG den Betrieb ganz oder teilweise bis zur Erfüllung der Auflage, der Anordnung oder der Pflichten aus der Rechtsverordnung nach § 7 BImSchG untersagen. Die Untersagung des Betriebs setzt demnach eine Genehmigung voraus. Sie kann nur befristet bis zur Erfüllung der Auflage, der nachträglichen Anordnung oder der Pflicht aus der Rechtverordnung ergehen.

159 Ferner hat die Behörde gem. § 20 Abs. 1a BImSchG die Inbetriebnahme oder Weiterführung einer genehmigungsbedürftigen Anlage ganz oder teilweise zu untersagen, solange und soweit die von dem Betreiber ge-

---

[262] Vgl. BT-Drs. 11/4909, S. 14, 16; *Goßler,* UPR 1990, 255 ff.; *Schlabach,* UPR 1990, 250 (251); *Sellner,* NVwZ 1991, 305 (307 ff.).

[263] Siehe auch § 100 UGB-KomE, der sich im wesentl. an § 18 BImSchG anlehnt, vgl. BMU, UGB-KomE, S. 147, 658 f.

[264] Vgl. zum Erlöschen auch *VG Koblenz,* Urt. v. 21. 4. 1994 – 9 K 2127/90 KO –, ZUR 1994, 254 ff.

[265] Zum Verhältnis von staatlicher Überwachung und Eigenkontrolle *Koch,* UBA-Berichte 98 – 081, passim.

troffenen Maßnahmen zur Verhütung schwerer Unfälle oder zur Begrenzung der Auswirkungen derartiger Unfälle eindeutig unzureichend sind.[266]

Wird die Anlage ohne die erforderliche Genehmigung errichtet, betrieben **160**
oder wesentlich geändert, dann *soll* die zuständige Behörde sogar gem. § 20 Abs. 2 S. 1 BImSchG anordnen, daß die Anlage stillgelegt oder beseitigt wird.[267] Für den Regelfall bedeutet dies eine Verpflichtung für die zuständige Behörde. Nur in atypischen Fällen kann der Betrieb der Anlage auch vor Abschluß des Genehmigungsverfahrens geduldet werden.

Fall: Nachbarn der Akkumulatorenfabrik „Sonnenschein" beantragen bei der zuständigen Behörde, die Fabrik stillzulegen, weil dafür die erforderliche Genehmigung fehle und weil von dem Betrieb für sie schädliche Umweltbelastungen ausgingen. Gegen die Ablehnung ihres Antrages haben die Nachbarn Klage erhoben. Ihren Stillegungsanspruch können die Nachbarn nur aus § 20 Abs. 2 S. 1 BImSchG herleiten. Ein atypischer Fall, bei dessen Vorliegen trotz fehlender Genehmigung von einer Stillegung abgesehen werden kann, liegt nach Ansicht des *OVG Berlin* nicht nur bei offensichtlicher Genehmigungsfähigkeit, sondern auch dann vor, wenn die Behörde nicht erstmals und unvermittelt mit dem ungenehmigten Betrieb befaßt wird, sondern die davon verursachten Umwelteinwirkungen aufgrund ihrer Überwachungstätigkeit so weit unter Kontrolle hält, daß die Fortsetzung des Betriebes bis zum Ausschluß des Genehmigungsverfahrens hingenommen werden kann.[268]

Der Behörde ist allerdings kein Ermessen eingeräumt, wenn die Allge- **161**
meinheit oder die Nachbarschaft ohne Beseitigung der Anlage nicht ausreichend geschützt werden kann. In diesem Fall muß die Behörde gem. § 20 Abs. 2 S. 3 BImSchG die Beseitigung anordnen. Die Stillegung ist grundsätzlich unbefristet.

§ 20 Abs. 3 BImSchG räumt der zuständigen Behörde schließlich die **162**
Möglichkeit ein, den weiteren Betrieb einer genehmigungsbedürftigen Anlage durch den Betreiber oder einen mit der Leitung des Betriebes Beauftragten zu untersagen, wenn Tatsachen vorliegen, welche die **Unzuverlässigkeit** dieser Personen in bezug auf die Einhaltung von Rechtsvorschriften zum Schutz vor schädlichen Umwelteinwirkungen dartun und die Untersagung zum Wohl der Allgemeinheit geboten ist. Diese Untersagungsmöglichkeit ist bemerkenswert, weil die immissionsschutzrechtliche Genehmigung grundsätzlich rein *anlagenbezogen* ist und nicht auf persönliche Eigenschaften des Anlagenbetreibers bzw. des Betriebsleiters abstellt.

Auf Antrag kann dem Betriebsleiter die Erlaubnis erteilt werden, die An- **163**
lage durch eine Person betreiben zu lassen, die die Gewähr für den ordnungsgemäßen Betrieb der Anlage bietet (§ 20 Abs. 3 S. 2 BImSchG). Diese Erlaubnis kann gem. § 20 Abs. 3 S. 3 BImSchG mit Auflagen verbunden werden. § 20 Abs. 2 BImSchG ermöglicht der zuständigen Behörde in besonderen Ausnahmefällen den ungenehmigten Betrieb einer genehmigungs-

---

[266] § 20 Abs. 1 a BImSchG ist durch die Änderung des BImSchG v. 19. 10. 1998 eingefügt worden und dient der Umsetzung der Seveso-II-RL.

[267] Dazu *VGH München,* Beschl. v. 13. 2. 1997 – 22 CS 96 919 –, NVwZ 1999, 553 ff.

[268] *OVG Berlin,* Beschl. v. 16. 7. 1985 – 2 S 90.85 –, UPR 1986, 35; zum Anspruch Dritter auf Maßnahmen nach § 20 BImSchG *Sellner,* ImmissionsschutzR, Rn. 495; vgl. auch *VGH Mannheim,* Urt. v. 10. 11. 1988 – 10 s 758/86 –, NVwZ 1989, 276, wonach keine Stillegung nach Genehmigungserteilung möglich ist.

bedürftigen Anlage zu dulden. Diese Möglichkeit ändert jedoch nichts daran, daß der Betrieb der Anlage unzulässig bleibt, bis die erforderliche Genehmigung erteilt ist.[269]

d) Widerruf der Genehmigung

164 Eine Einschränkung des Bestandsschutzes ergibt sich schließlich auch aus der Möglichkeit, eine *rechtmäßig* erteilte Genehmigung, auch nachdem sie unanfechtbar geworden ist, ganz oder teilweise mit Wirkung für die Zukunft gem. § 21 BImSchG zu widerrufen. Die Widerrufsmöglichkeit nach § 21 BImSchG entspricht im wesentlichen der Regelung des § 48 VwVfG, verdrängt diese jedoch als Sonderregelung. Zulässig ist ein solcher Widerruf nur,

- wenn der Widerruf gem. § 12 Abs. 2 S. 2 oder Abs. 3 BImSchG vorbehalten ist (Nr. 1),
- wenn mit der Genehmigung eine Auflage verbunden ist und der Begünstigte diese nicht oder nicht innerhalb einer ihm gesetzten Frist erfüllt hat (Nr. 2),
- wenn die Genehmigungsbehörde aufgrund nachträglich eingetretener Tatsachen berechtigt wäre, die Genehmigung nicht zu erteilen, und wenn ohne den Widerruf das öffentliche Interesse gefährdet würde (Nr. 3),
- wenn die Genehmigungsbehörde aufgrund einer nicht geänderten Rechtsvorschrift berechtigt wäre, die Genehmigung nicht zu erteilen, soweit der Betreiber von der Genehmigung noch keinen Gebrauch gemacht hat, und wenn ohne den Widerruf das öffentliche Interesse gefährdet würde (Nr. 4),
- um schwere Nachteile für das Gemeinwohl zu verhüten oder zu beseitigen (Nr. 5).

165 Erhält die Genehmigungsbehörde von Tatsachen Kenntnis, welche den Widerruf einer Genehmigung rechtfertigen, so ist der Widerruf nur innerhalb eines Jahres seit dem Zeitpunkt der Kenntnisnahme zulässig (§ 21 Abs. 2 BImSchG). In einigen Fällen ist der durch den Widerruf entstandene Vermögensnachteil zu entschädigen (§ 21 Abs. 4 BImSchG).

II. Nicht genehmigungsbedürftige Anlagen

166 Im Katalog der Verordnung über genehmigungsbedürftige Anlagen (4. BImSchV) sind zahlreiche Anlagen nicht genannt, weil von ihnen regelmäßig weniger schädliche Umwelteinwirkungen hervorgerufen werden. Die Durchführung eines förmlichen Genehmigungsverfahrens vor Erteilung der Genehmigung wird deshalb bei diesen Anlagen für entbehrlich gehalten. Gleichwohl können auch von ihnen je nach den Betriebsverhältnissen oder ihrer Lage Störungen der Nachbarschaft oder Beeinträchtigungen der Allgemeinheit auftreten. In den §§ 22ff. BImSchG sind deshalb für die nicht genehmigungsbedürftigen Anlagen geregelt

- Grundpflichten des Betreibers (§ 22 BImSchG),
- Anforderungen an Errichtung, Beschaffenheit und Betrieb (§ 23 BImSchG),
- Anordnungen im Einzelfall (§ 24 BImSchG) und
- Untersagung (§ 25 BImSchG).

[269] *OVG Koblenz,* Beschl. v. 6. 11. 1986 – 7 B II 3/86 –, NVwZ 1987, 247.

1. *Anwendungsbereich der §§ 22ff. BImSchG*

Die Vorschriften über nicht genehmigungsbedürftige Anlagen gelten für alle dem BImSchG unterliegenden Anlagen i. S. d. § 3 Abs. 5 BImSchG,[270] soweit sie nicht einer Genehmigungspflicht gem. § 4 BImSchG i. V. m. der 4. BImSchV unterliegen. **167**

Auch die §§ 22ff. BImSchG sind gem. § 2 Abs. 2 BImSchG für Flugplätze, für die das Luftverkehrs- und Fluglärmrecht mit seinen Sonderregelungen maßgeblich ist, nicht anwendbar.[271] Weiterhin finden sie keine Anwendung auf Anlagen, Geräte und Einrichtungen, die den Bestimmungen des Atomrechts unterliegen, soweit es sich um den Schutz der Gefahren der Kernenergie und der schädlichen Wirkung ionisierender Strahlen handelt.[272] Sondervorschriften, die den allgemeinen Regelungen der §§ 22 bis 25 BImSchG vorgehen, finden sich für die Beschaffenheit von Anlagen in den §§ 32 bis 33 BImSchG, für die Beschaffenheit und den Betrieb von Fahrzeugen sowie den Bau und die Änderung von Straßen- und Schienenwegen in den §§ 38 bis 43 BImSchG. Zudem sind in § 3 Abs. 5 Nr. 3 BImSchG die öffentlichen Verkehrswege ausdrücklich vom Begriff der Anlagen ausgenommen. **168**

Die Gruppe nicht genehmigungsbedürftiger Anlagen ist damit sehr weit gespannt.[273] **169**

Beispiele: Erfaßt werden kleinere und mittlere Gewerbebetriebe, Geräte und Maschinen, insbesondere Radiogeräte, Rasenmäher und Baumaschinen sowie – in besonderer Weise genutzte – Grundstücke, etwa Baustellen, Parkplätze und Garagen.[274]

Nicht zu den genehmigungsbedürftigen Anlagen zählen Kraftfahrzeuge und ihre Anhänger, Schienen-, Luft- und Wasserfahrzeuge, soweit sie als Verkehrsfahrzeuge am öffentlichen Verkehr teilnehmen, und öffentliche Verkehrswege, soweit es um typisch verkehrsbedingte Immissionen geht.[275] **170**

2. *Grundpflichten der Betreiber nicht genehmigungsbedürftiger Anlagen*

Die Grundpflichten für Errichtung und Betrieb nicht genehmigungsbedürftiger Anlagen sind in § 22 Abs. 1 BImSchG geregelt.[276] Die Grundpflichten sind genau wie bei genehmigungsbedürftigen Anlagen nicht nur im **171**

---

[270] Siehe dazu oben § 21 Rn. 36ff.

[271] Vgl. dazu oben § 21 Rn. 9.

[272] Siehe dazu oben § 21 Rn. 10.

[273] Zum Anlagenbegriff i. S. d. §§ 22ff. BImSchG *Seiler,* Die Rechtslage der nicht genehmigungsbedürftigen Anlagen, S. 33ff.; *Kutscheidt,* NVwZ 1983, 65 (66f.); zum Abgrenzungsproblem von anlagen- u. verhaltensbedingten Immissionen vgl. bereits § 21 Rn. 36ff.

[274] Vgl. *BVerwG* Urt. v. 7. 10. 1983 – 7 C 44/81 –, NVwZ 1984, 306 (Liturgisches Glockenläuten); *VG Würzburg,* Urt. v. 14. 10. 1997 – W 6 E 97 1217 –, NVwZ 1999, 799f.; *BVerwG,* Beschl. v. 19. 8. 1982 – 7 B 240.81 –, UPR 1983, 29 (LKW auf Betriebsgrundstücken); *OVG Bremen,* Urt. v. 16. 7. 1985 – 1 BA 13/85 –, UPR 1986, 159 (Garagen); *OVG Münster,* Urt. v. 28. 1. 1977 – XI A 646/75 –, BRS 32, 158 (Parkplätze); *VGH Mannheim,* Urt. v. 11. 4. 1994 – 1 S 1081/93 –, NVwZ 1994, 920f. (Grillplatz); zu weiteren Beispielen *Bender/Sparwasser/Engel,* UmweltR, 6. Teil Rn. 237; *Jarass,* BImSchG, § 22 Rn. 9.

[275] Vgl. *Kutscheidt,* NVwZ 1983, 65 (66).

[276] *Pütz/Buchholz,* Immissionsschutz bei nicht genehmigungsbedürftigen Anlagen, passim.

Tettinger/Kleinschnittger, JZ 92, 109 (Sport), BVerwG, U 18.5.95, DVBl 96, 40, [illegible], NVwZ 02, [illegible] ([illegible]), Dietrich/Kahle, DVBl 07, 18, [illegible], DVBl 08, 220, Dietrich, NVwZ 09, 144 (Baustellen), [illegible], DÖV 13, 640 (Volksfeste)

Zeitpunkt der Errichtung und des Betriebsbeginns, sondern während der gesamten Betriebsdauer zu beachten. Sie sind im Vergleich zu denen der genehmigungsbedürftigen Anlagen weniger streng, da die genehmigungsfreien Anlagen in der Regel nicht zu den typischen oder besonders bedeutsamen Quellen schädlicher Umwelteinwirkungen gehören und daher regelmäßig für die Umwelt weniger gefährdend sind.

172 Gem. § 22 Abs. 1 S. 1 BImSchG sind die Anlagen so zu errichten und so zu betreiben, daß

- schädliche Umwelteinwirkungen verhindert werden, die nach dem Stand der Technik vermeidbar sind (Nr. 1),
- nach dem Stand der Technik unvermeidbare schädliche Umwelteinwirkungen auf ein Mindestmaß beschränkt werden (Nr. 2) und
- die beim Betrieb der Anlage entstehenden Abfälle ordnungsgemäß beseitigt werden können (Nr. 3).

173 Für Anlagen, die nicht gewerblichen Zwecken dienen und nicht im Rahmen wirtschaftlicher Unternehmungen Verwendung finden, gelten die Grundpflichten gem. § 22 Abs. 1 S. 3 BImSchG nur, soweit sie auf die Verhinderung oder Beschränkung von schädlichen Umwelteinwirkungen durch Luftverunreinigungen oder Geräusche gerichtet sind.

174 Die Pflicht des Betreibers einer nicht genehmigungsbedürftigen Anlage erstreckt sich gem. § 22 Abs. 1 S. 1 Nr. 1 BImSchG nicht darauf, Vorsorge gegen schädliche Umwelteinwirkungen zu treffen.[277] Die Betreiberpflichten des § 22 BImSchG dienen der Vorsorge nur insoweit, als Emissionen entsprechend dem Stand der Technik zu begrenzen sind.[278] Die fehlende Verankerung des Vorsorgeprinzips in den Grundpflichten des Betreibers nicht genehmigungsbedürftiger Anlagen ist Folge der Gesetzeskonzeption, die zwischen genehmigungsbedürftigen Anlagen und nicht genehmigungsbedürftigen Anlagen unterscheidet. Während die genehmigungsbedürftigen Anlagen einer präventiven Kontrolle durch das Genehmigungsverfahren unterliegen, beschränkt sich die behördliche Kontrolle der nicht genehmigungsbedürftigen Anlagen auf nachträgliche Maßnahmen.[279] Einen präventiven, vorsorgenden Charakter können jedoch die Verordnungen aufgrund des § 23 BImSchG haben.[280]

175 Im Vergleich zu genehmigungspflichtigen Anlagen fehlt das gesetzlich verankerte Gebot zur Vermeidung und Verwertung von Reststoffen und zur Nutzung von Abwärme.[281] Durch Rechtsverordnung können gem. § 22

---

[277] Vgl. *VGH München,* Urt. v. 18. 12. 1986 – 22 B 84 A. 1252 –, UPR 1987, 317; *OVG Lüneburg,* Urt. v. 23. 5. 1984 – 7 A 15/83 –, NVwZ 1985, 334f.; a.A. wohl *Hansmann,* NVwZ 1991, 829 (831ff.); *ders.,* in: Landmann/Rohmer, UmweltR, Bd. I, BImSchG, § 22 Rn. 14ff.; *Kloepfer,* UmweltR, § 15 Rn. 132; zu einer entspr. Forderung *Roßnagel,* in: GK-BImSchG, § 22 Rn. 207 m. w. N.

[278] *Hansmann,* in: Landmann/Rohmer, UmweltR, Bd. I, BImSchG, § 22 Rn. 112.

[279] Zum nachbarschützenden Charakter des § 22 Abs. 1 BImSchG vgl. *OVG Bremen,* Urt. v. 16. 7. 1985 – 1 BA 13/85 –, NVwZ 1986, 672 (675) m. w. N.; *Bender/Sparwasser/Engel,* UmweltR, 6. Teil Rn. 241; *Breuer,* in: Schmidt-Aßmann, BesVwR, 5. Abschn. Rn. 210.

[280] Dazu unten § 21 Rn. 180ff.; *Kutscheidt,* NVwZ 1983, 65 (68); *OVG Lüneburg,* Urt. v. 23. 5. 1984 – 7 A 15/83 –, NVwZ 1985, 434.

[281] *Mache,* UmweltR, Rn. 250; zu einer entspr. Forderung *Roßnagel,* in: GK-BImSchG, § 22 Rn. 208 m. w. N.

Abs. 1 S. 2 BImSchG weitere Anforderungen an die Abfallvermeidung und -verwertung gestellt werden.[282]

Gem. § 22 Abs. 2 BImSchG bleiben weitergehende öffentlich-recht- 176
liche Vorschriften unberührt. Da § 22 BImSchG eine sehr weite Gruppe von Anlagen erfaßt, treten die Grundpflichten des § 22 Abs. 1 BImSchG über § 22 Abs. 2 BImSchG in unterschiedlicher Weise in ein Konkurrenzverhältnis zu anderen öffentlich-rechtlichen Vorschriften des Bundes und der Länder, die ersetzend, konkretisierend und ergänzend sein können.[283]

Im Bundesrecht sind mehrere konkurrierende Vorschriften von erheblicher Be- 177
deutung. So sind die in den §§ 22ff. BImSchG erlassenen Vorschriften auch auf Gaststätten anwendbar, sie gelten allerdings gegenüber den Vorschriften des Gaststättengesetzes nur subsidiär. Eine Subsidiarität der Regelungen des BImSchG besteht auch gegenüber den §§ 33ff. GewO, z. B. für den gewerbsmäßigen Betrieb einer Spielhalle. Auch auf die in § 24 Abs. 3 GewO genannten überwachungsbedürftigen Anlagen (z. B. Dampfkesselanlagen, Abfüllanlagen, Acetylenanlagen, Anlagen zur Lagerung/Abfüllung von brennbaren Flüssigkeiten) finden die §§ 22ff. BImSchG nur Anwendung, soweit die Spezialvorschriften keine Regelungen treffen.[284]

Die Anwendung landesrechtlicher Vorschriften ist nach der Konzeption des 178
BImSchG ausgeschlossen.[285] Das BImSchG enthält nach Zielsetzung und Gestaltung eine abschließende Neuordnung und Vereinheitlichung des beim Bund und den Ländern vorher stark zersplitterten Rechts des Immissionsschutzes. Den Ländern ist es danach untersagt, den bundeseinheitlich geregelten Immissionsschutz durch schärfere Vorschriften gewissermaßen „nachzubessern".[286] Für nicht im Widerspruch zum Bundesrecht stehende weitergehende landesrechtliche Vorschriften bleibt nur Raum, soweit der Bundesgesetzgeber erkennbar keine abschließende Regelung treffen wollte. Das gilt etwa für den Schutz der Feierabend- und Sonntagsruhe oder für einen über die Bundesregelung hinausgehenden, durch regionale Besonderheiten begründeten Immissionsschutz. Im übrigen ist das Verhältnis von Bundes- und Landesrecht im Bereich der nicht genehmigungsbedürftigen Anlagen nicht eindeutig geregelt.[287] Abgrenzungsprobleme treten vor allem im Zusammenhang mit verhaltensbedingten Immissionen auf, die zwar nicht von einer Anlage als solcher ausgehen, jedoch auf dem Verhalten der Anlagenbenutzer beruhen. Beispiele dafür sind Bolz- oder Kinderspielplätze, Fußballstadien oder Tennisanlagen.[288]

Nicht genehmigungsbedürftige Anlagen i. S. d. §§ 22ff. BImSchG sind auch solche 179
Anlagen, die einer anderen öffentlich-rechtlichen Genehmigung, z. B. einer Baugenehmigung bedürfen. Ob ein Vorhaben so errichtet oder betrieben werden kann, daß es den Anforderungen des § 22 Abs. 1 BImSchG genügt, ist auch von der Baugenehmigungsbehörde zu prüfen.[289]

---

[282] Mit Einhaltung der in der 26. BImSchV festgelegten Grenzwerte kann eine Gesundheitsgefahr durch den Betrieb einer Mobilfunksendeanlage ausgeschlossen werden vgl. *VG Schleswig,* Urt. v. 22. 8. 1997 – 12 A 77/93 –, GewArch 1998, 170ff.

[283] *Feldhaus,* BImSchG, § 22 Anm. 11; diese Vorschrift wird im Kommissionsentwurf zum UGB nicht übernommen, da sich die Lösung von Konkurrenzproblemen aus allgem. Vorschriften ergäbe, vgl. BMU, UGB KomE, S. 1183.

[284] *Feldhaus,* BImSchG, § 22 Anm. 14; zum Recht der überwachungsbedürftigen Anlagen *Hauck,* GewArch 1987, 145ff.

[285] Vgl. dazu bereits oben § 20 Rn. 16 u. unten § 22 Rn. 28ff.

[286] *Feldhaus,* BImSchG, § 22 Anm. 20.

[287] Vgl. *Pestalozza,* WuV 1984, 245 (256ff.); *Sellner/Löwer,* WuV 1980, 221ff.; *Seiler,* Die Rechtslage der nicht genehmigungsbedürftigen Anlagen, S. 122ff.

[288] Siehe bereits oben § 21 Rn. 36ff.

[289] *BVerwG,* Urt. v. 3. 4. 1987 – 4 C 41.84 –, DVBl. 1987, 903.

3. Anforderungen an Errichtung, Beschaffenheit und Betrieb nicht genehmigungsbedürftiger Anlagen

180 Gem. § 23 Abs. 1 BImSchG kann durch Rechtsverordnung vorgeschrieben werden, daß die Errichtung, die Beschaffenheit und der Betrieb nicht genehmigungsbedürftiger Anlagen bestimmten Anforderungen zum Schutz der Allgemeinheit und der Nachbarschaft vor schädlichen Umwelteinwirkungen und, soweit diese Anlagen gewerblichen Zwecken dienen oder im Rahmen wirtschaftlicher Unternehmungen Verwendung finden und Betriebsbereiche (§ 3 Abs. 5a BImSchG) oder Bestandteile von Betriebsbereichen sind, vor sonstigen Gefahren zur Verhütung schwerer Unfälle i.S.d. Seveso-II-RL und zur Begrenzung der Auswirkungen derartiger Unfälle für Mensch und Umwelt sowie zur Vorsorge gegen schädliche Umwelteinwirkungen genügen müssen.[290] Durch Rechtsverordnung kann insbesondere verlangt werden, daß

- die Anlagen bestimmten technischen Anforderungen entsprechen müssen (Nr. 1),
- die von Anlagen ausgehenden Emissionen bestimmte Grenzwerte nicht überschreiten dürfen (Nr. 2),
- die Betreiber von Anlagen Messungen von Emissionen und Immissionen nach in der Rechtsverordnung näher zu bestimmenden Verfahren vorzunehmen haben oder von einer in der Rechtsverordnung zu bestimmenden Stelle vornehmen lassen müssen (Nr. 3),
- die Betreiber bestimmter Anlagen der zuständigen Behörde unverzüglich die Inbetriebnahme oder eine wesentliche Änderung der Anlage anzuzeigen haben (Nr. 4)
- die Betreiber von Anlagen, die Betriebsbereiche oder Bestandteile von Betriebsbereichen sind, innerhalb einer angemessenen Frist vor Errichtung, vor Inbetriebnahme oder vor einer Änderung dieser Anlage, die für die Erfüllung von in der Rechtsverordnung vorgeschriebenen Pflichten von Bedeutung sein kann, dies der zuständigen Behörde anzuzeigen haben (Nr. 4a) und
- bestimmte Anlagen nur betrieben werden dürfen, nachdem die Bescheinigung eines von der zuständigen obersten Landesbehörde bekanntgegebenen Sachverständigen vorgelegt worden ist, daß die Anlage den Anforderungen der Rechtsverordnung oder einer Bauartzulassung nach § 33 BImSchG entspricht (Nr. 5).[291]

181 Durch § 23 Abs. 1 Nr. 4 und 5 BImSchG wird die Möglichkeit eröffnet, den Betrieb bestimmter Anlagen von einer Anzeige oder einer Prüfung durch Sachverständige abhängig zu machen. Eine ebenso präventive Zielrichtung hat § 23 Abs. 1a BImSchG, wonach für bestimmte nicht genehmigungsbedürftige Anlagen vorgesehen werden kann, daß der Träger des Vor-

---

[290] Str. ist, ob die Rechtsverordnungsermächtigung des § 23 BImSchG unabhängig von den Grundpflichten des § 22 BImSchG ist u. deshalb ein Absenken der Anforderungen unter das Schutzniveau des § 22 BImSchG erlaube, so *VGH München,* Beschl. v. 7. 8. 1997 – 22 N 95 2532 –, BayVBl. 1998, 48ff. zur Bayerischen Biergarten-NutzungszeitenVO v. 27. 6. 1995 (GVBl. S. 311); a.A. *BVerwG,* Urt. v. 28. 1. 1999 – 7 CN 1.97 –, DVBl. 1999, 863ff.; *Feldhaus,* BImSchG, § 23 Rn. 4; *Jarass,* BImSchG, § 22 Rn. 15; *Jahn,* NVwZ 1996, 663 (666); *ders.,* GewArch 1996, 407 (409); *Vieweg/Röthel,* DVBl. 1996, 1171 (1175f.); offen noch *BVerwG,* Beschl. v. 5. 7. 1996 – 7 N 1, 2 u.3.96 –, DVBl. 1996, 1201 (1202).

[291] An dem Konzept der Konkretisierung der Grundpflichten für nicht genehmigungsbedürftige Anlagen durch VO halten §§ 426, 427 UGB-KomE fest, vgl. BMU, UGB-KomE, S. 276, 1180.

habens ein Genehmigungsverfahren beantragen kann.[292] In diesem Fall gelten für die Anlage die Bestimmungen über genehmigungsbedürftige Anlagen.

Aufgrund des § 23 Abs. 1 BImSchG sind bislang Rechtsverordnungen 182
über

- Kleinfeuerungsanlagen,
- Emissionsbegrenzung von leichtflüchtigen Halogenkohlenwasserstoffen,
- Auswurfbegrenzung von Holzstaub,
- Rasenmäherlärm,
- Sportanlagenlärmschutz,
- Begrenzung von Kohlenwasserstoffemissionen beim Umfüllen und Lagern von Ottokraftstoffen,
- Begrenzung von Kohlenwasserstoffen bei der Betankung von Kraftfahrzeugen,
- Verordnung über elektromagnetische Felder[293]

ergangen.[294]

Außerdem sind für einige nicht genehmigungsbedürftige Anlagen, vor- 183
nehmlich für Baumaschinen, ältere allgemeine Verwaltungsvorschriften gem. § 66 S. 2 BImSchG übergeleitet oder gem. § 48 BImSchG neu erlassen worden. In geeigneten Fällen können die für genehmigungsbedürftige Anlagen geltenden Verwaltungsvorschriften oder andere technische Regelwerke entsprechend angewendet werden.[295]

4. *Anordnungen im Einzelfall*

Gem. § 24 S. 1 BImSchG kann die zuständige Behörde im Einzelfall die 184
zur Durchsetzung des § 22 BImSchG und der auf dieses Gesetz gestützten Rechtsverordnungen die erforderlichen Anordnungen treffen.[296]

Beispiel: Die zuständige Behörde untersagt aus Gründen des Lärmschutzes einem Speditionsbetrieb das Befahren des Betriebsgeländes in der Zeit von 22.00 Uhr bis 6.00 Uhr mit LKW und Zugmaschinen.[297]

Ob und mit welchen Anordnungen die Behörde im Einzelfall eingreifen 185
will, steht in ihrem Ermessen.[298] Das Ermessen kann allerdings aus unterschiedlichen Gründen eingeschränkt sein; kann das Ziel der Anordnung auch durch eine Maßnahme zum Zwecke des Arbeitsschutzes erreicht werden,

---

[292] Der Kommissionsentwurf zum UGB lehnt die Möglichkeit eines Antrags auf Genehmigung ab; es sei allein Aufgabe des Verordnungsgebers, die Genehmigungsbedürftigkeit einer Anlage zu bestimmen, vgl. BMU (Hrsg.) UGB-KomE, S. 1182.

[293] Str. ist, ob § 23 BImSchG als Ermächtigungsgrundlage ausreicht, so *BVerfG,* Beschl. v. 17. 2. 1997 – 1 BvR 1658/96 –, GewArch 1997, 235; a. A. *VG Gelsenkirchen,* Beschl. v. 18. 2. 1993 – 5 L 3261/92 –, ZUR 1993, 119; aufgehoben durch *OVG Münster,* Beschl. v. 18. 5. 1993 – 10 B 681/93 –, DÖV 1993, 966.

[294] Vgl. zu den jeweils geltenden Fassungen der VO bereits oben § 20 Rn. 12.

[295] *BVerwG,* Urt. v. 19. 1. 1989 – 7 C 77.87 –, BVerwGE 81, 197 (203); *dass.,* Urt. v. 24. 4. 1991 – 7 C 12.90 –, BVerwGE 88, 143 (149); vgl. auch *VGH Mannheim,* Urt. v. 15. 4. 1981 – 3 S 122/81 –, VBlBW 1982, 137; *Feldhaus* HdUR, Bd. 1, Sp. 771.

[296] Siehe auch § 428 UGB-KomE, BMU, UGB-KomE, S. 428, 1184; zu § 24 BImSchG vgl. auch *Martin,* UPR 1998, 321 ff.

[297] Siehe *OVG Berlin,* Beschl. v. 22. 1. 1985 – 2 B 58/83 –, NVwZ 1986, 672; *OVG Koblenz,* Beschl. v. 27. 12. 1988 – 7 B 67/88 –, NVwZ 1989, 275.

[298] Vgl. etwa *VGH Kassel,* Urt. v. 13. 1. 1986 – VIII OE 90/80 –, UPR 1987, 73.

soll diese angeordnet werden (§ 24 S. 2 BImSchG).[299] Im übrigen wird die Ermessensentscheidung durch den Grundsatz der Verhältnismäßigkeit eingeschränkt.[300] Die den Anlagenbetreiber aufgrund der Anordnung treffenden Nachteile dürfen nicht außer Verhältnis zu dem angestrebten Zweck der Anordnung stehen. Die Behörde muß unter mehreren in Frage kommenden Maßnahmen diejenige wählen, die den Betroffenen am wenigsten beeinträchtigt. Umgekehrt besteht eine Verpflichtung der Behörde zum Einschreiten, wenn eine schädliche Umwelteinwirkung an Umfang oder Gewicht zunimmt. Ein Einschreiten wird regelmäßig dann geboten sein, wenn anders die Allgemeinheit oder die Nachbarschaft nicht ausreichend vor schädlichen Umwelteinwirkungen geschützt werden kann.[301] Eine Einschreitenspflicht kann sich auch daraus ergeben, daß eine nicht genehmigungsbedürftige Anlage die Emissions- und Immissionsgrenzwerte der Technischen Anleitungen Luft und Lärm erreicht.[302]

186 § 24 BImSchG ermächtigt die Immissionsschutzbehörde, auch bei einer baurechtlich bereits genehmigten Anlage nachträglich die erforderlichen Anordnungen zu treffen, wenn die Anlage nicht den Anforderungen des § 22 BImSchG entspricht.

Beispiel: Die Immissionsschutzbehörde ist befugt, zum Schutz der Nachbarschaft vor erheblichen Belästigungen durch Luftverunreinigungen nachträglich die Erhöhung des Schornsteins eines bauaufsichtlich genehmigten Wohnhauses anzuordnen.[303]

187 Neben den immissionsschutzrechtlichen Anordnungen gem. § 24 S. 1 BImSchG kommt auch ein bauordnungsrechtliches Einschreiten in Betracht, da von den Baubehörden auch an bestehende bauliche Anlagen regelmäßig Anforderungen gestellt werden können, wenn das zur Abwehr von erheblichen Gefahren für Leben und Gesundheit notwendig ist.

5. Betriebsuntersagung

188 Kommt der Betreiber einer Anlage einer vollziehbaren behördlichen Anordnung nach § 24 S. 1 BImSchG nicht nach, so kann die zuständige Behörde gem. § 25 Abs. 1 BImSchG den Betrieb der Anlage ganz oder teilweise oder zeitweise bis zur Erfüllung der Anordnung untersagen. Die Betriebsuntersagung gem. § 25 Abs. 1 BImSchG steht im Ermessen der zuständigen Behörde. Sie kann deshalb auch versuchen, ihr Ziel mit anderen Mitteln des Verwaltungszwangs zu erreichen.[304] Spricht sie eine Untersagung aus, dann hat die Behörde wiederum das Übermaßverbot zu beachten. Bei der Ausübung des Ermessens hat sie insbesondere die Rechte von Nachbarn zu berücksichtigen. Der Ermessensspielraum kann sich daher reduzieren, wenn der Anlagenbetreiber durch die Nichtbefolgung einer Anordnung Vorschriften verletzt, die den Schutz von Nachbarn bezwecken.

---

[299] § 428 UGB-KomE sieht von einer Übernahme des § 24 S. 2 BImSchG wegen geringer praktischer Bedeutung ab, BMU, UGB KomE, S. 276, 1184.

[300] *Jarass,* BImSchG, § 24 Rn. 14; *Feldhaus,* BImSchG, § 24 Anm. 6; vgl. auch *OVG Berlin,* Beschl. v. 22. 1. 1985 – 2 B 58/83 –, NVwZ 1986, 672.

[301] *Feldhaus,* BImSchG, § 24 Anm. 4.

[302] Vgl. *VGH Kassel,* Urt. v. 27. 1. 1986 – VIII OE 3/82 –, NVwZ 1986, 666.

[303] *BVerwG,* Beschl. v. 9. 3. 1988 – 7 B 34/88 –, DVBl. 1988, 541.

[304] *Feldhaus,* BImSchG, § 25 Anm. 3.

 BVerwG, U 24.9.92, DÖV 93, 255 = JZ 93, 616, Jarass, JZ 93, 601

Ferner hat die Behörde gem. § 25 Abs. 1a BImSchG die Inbetriebnahme oder Weiterführung einer genehmigungsbedürftigen Anlage ganz oder teilweise zu untersagen, solange und soweit die von dem Betreiber getroffenen Maßnahmen zur Verhütung schwerer Unfälle oder zur Begrenzung der Auswirkungen derartiger Unfälle eindeutig unzureichend sind.[305] Die zuständige Behörde kann die Inbetriebnahme oder Weiterführung untersagen, wenn der Betreiber die in der Seveso-II-Richtlinie vorgeschriebenen Mitteilungen, Berichte oder sonstigen Informationen nicht fristgerecht übermittelt (§ 25 Abs. 1a S. 2 BImSchG). **189**

Eine weitere Einschränkung des Ermessens ergibt sich aus § 25 Abs. 2 BImSchG. Danach soll die zuständige Behörde die Errichtung oder den Betrieb der Anlage ganz oder teilweise untersagen, wenn die von einer Anlage hervorgerufenen schädlichen Umwelteinwirkungen das Leben oder die Gesundheit von Menschen oder bedeutende Sachwerte gefährden und soweit die Allgemeinheit oder die Nachbarschaft nicht auf andere Weise ausreichend geschützt werden kann. Bei Vorliegen der Voraussetzungen des § 25 Abs. 2 BImSchG ist die Behörde im Regelfall verpflichtet, den Betrieb zu untersagen, nur in atypischen Fällen steht ihr noch ein Ermessensspielraum zu.[306] **190**

III. Immissionsschutzrechtliche Überwachung

Immissionsschutzrechtliche Verpflichtungen für den Emittenten sind der erste Schritt für einen wirksamen Immissionsschutz. Ebenso wichtig wie die immissionsschutzrechtliche Verpflichtung für den Betreiber selbst ist die Überwachung ihrer Einhaltung.[307] Der Gesetzgeber hat dazu nachfolgende Arten der Überwachung geregelt **191**

- behördlich angeordnete Überwachungsmaßnahmen (§§ 26ff. BImSchG),
- behördlicherseits durchgeführte Kontrollen (§ 52 BImSchG),
- die Bestellung eines Betriebsbeauftragen für Immissionsschutz (§ 53 BImSchG),
- die Bestellung eines Störfallbeauftragten (§ 58a BImSchG).

1. Ermittlung von Emissionen und Immissionen gem. §§ 26ff. BImSchG

In den §§ 26ff. BImSchG hat der Gesetzgeber nachfolgende Möglichkeiten der Ermittlung von Immissionen und Emissionen geregelt **192**

- gem. §§ 26, 28 BImSchG kann der Anlagenbetreiber verpflichtet werden, Emissionen bzw. Immissionen durch bestimmte, von der obersten Landesbehörde bekanntgegebene Stellen ermitteln zu lassen;
- gem. § 27 BImSchG ist der Anlagenbetreiber zur Abgabe einer Emissionserklärung verpflichtet;

---

[305] § 20 Abs. 1a BImSchG ist durch die Änderung des BImSchG v. 19. 10. 1998 eingefügt worden u. dient der Umsetzung der Seveso-II-RL.

[306] *Jarass,* BImSchG, § 25 Rn. 14.

[307] Zur Industrieanlagenüberwachung u. zum Öko-Audit vgl. *Dolde/Vetter,* NVwZ 1995, 943ff.; *Köck,* ZUR 1997, 177f.; *Böhm-Amtmann,* ZUR 1997, 178ff.; zur Privatisierung der Anlagenüberwachung *Koch/Laskowski,* ZUR 1997, 182ff.; *Di Fabio,* DB 1996, Beilage Nr. 16.

- gem. § 29 BImSchG kann der Anlagenbetreiber verpflichtet werden, kontinuierliche Messungen vorzunehmen;
- gem. § 29a BImSchG kann der Anlagenbetreiber verpflichtet werden, einen Sachverständigen mit der Durchführung bestimmter sicherheitstechnischer Prüfungen sowie der Prüfung von sicherheitstechnischen Unterlagen zu betrauen.

193 Die Überwachungsmöglichkeiten gelten für genehmigungsbedürftige Anlagen und – soweit entsprechend angeordnet – auch für nicht genehmigungsbedürftige Anlagen. Die Ermittlungsarten stehen unabhängig nebeneinander.[308] Zu beachten ist bei ihrer Auswahl das Übermaßverbot. Soweit nur *eine* der verschiedenen Ermittlungsarten erforderlich und zudem für den Anlagenbetreiber erkennbar weniger belastend ist, kann nur sie angeordnet werden.

194 Den §§ 26 bis 29, 31 BImSchG wird drittschützender Charakter zuerkannt.[309] Die Kosten für die Ermittlung der Emissionen und Immissionen sowie der sicherheitstechnischen Prüfungen trägt gem. § 30 S. 1 BImSchG der Betreiber der Anlage. Bei nicht genehmigungsbedürftigen Anlagen trägt der Betreiber der Anlage die Kosten für die Ermittlungen nach § 26 oder § 29 Abs. 2 BImSchG gem. § 30 S. 2 BImSchG aber nur, wenn die Ermittlungen ergeben, daß

- Auflagen oder Anordnungen nach den Vorschriften des BImSchG oder der auf dieses Gesetz gestützten Rechtsverordnungen nicht erfüllt worden sind oder
- Anordnungen oder Auflagen nach den Vorschriften des BImSchG oder der auf das BImSchG gestützten Rechtsverordnungen geboten sind.

195 Das Ergebnis der aufgrund einer Anordnung nach §§ 26, 28 oder 29 BImSchG getroffenen Ermittlungen hat der Betreiber der Anlage der zuständigen Behörde auf Verlangen mitzuteilen (§ 31 S. 1 BImSchG).

a) Messungen aus besonderem Anlaß

196 Gem. § 26 S. 1 BImSchG kann die zuständige Behörde anordnen, daß der Betreiber einer genehmigungsbedürftigen Anlage oder, soweit § 22 BImSchG Anwendung findet, einer nicht genehmigungsbedürftigen Anlage, Art und Ausmaß der von der Anlage ausgehenden Emissionen sowie die Immissionen im Einwirkungsbereich der Anlage durch eine der von der zuständigen obersten Landesbehörde bekanntgegebenen Stelle ermitteln läßt, wenn zu befürchten ist, daß durch die Anlage schädliche Umwelteinwirkungen hervorgerufen werden. Die zuständige Behörde ist befugt, Einzelheiten über Art und Umfang der Ermittlungen sowie über die Vorlage des Ermittlungsergebnisses vorzuschreiben (§ 26 S. 2 BImSchG).

197 Die Ermittlungen müssen stets von einer dritten, von der zuständigen obersten Landesbehörde bekanntgegebenen Stelle durchgeführt und dürfen also nicht vom Betreiber im Rahmen der Eigenüberwachung selbst durchgeführt werden.[310] Die Anordnung von Messungen gem. § 26 BImSchG soll in zweifelhaften Fällen eine Klärung darüber herbeiführen, ob der Betreiber der Anlage seine immissionsschutzrechtlichen Verpflichtungen erfüllt und ob ggf. Auflagen oder Anordnungen geboten sind.[311]

---

[308] Vgl. *Jarass,* BImSchG, § 26 Rn. 15.

[309] *Jarass,* BImSchG, § 26 Rn. 25 u. § 52 Rn. 7 ff.

[310] *BVerwG,* Urt. v. 27. 5. 1983 – 7 C 41.81 –, DVBl. 1983, 943; *VGH Mannheim,* Urt. v. 27. 11. 1979 – X 808/79 –, GewArch 1980, 393.

[311] *Jarass,* BImSchG, § 26 Rn. 9.

Voraussetzung einer Anordnung nach § 26 Abs. 1 S. 1 BImSchG ist, daß eine Anlage (§ 3 Abs. 5 BImSchG) betrieben wird und der Verdacht besteht, daß diese schädliche Umwelteinwirkungen hervorruft (Gefahrverdacht). Die schädlichen Umwelteinwirkungen brauchen noch nicht eingetreten zu sein, vielmehr genügt es, daß sie aufgrund konkreter Anhaltspunkte zu befürchten sind. Solche Anhaltspunkte können sich aus Beschwerden von Nachbarn, aus eigenen Feststellungen der Behörde oder aus Mitteilungen anderer Behörden ergeben.[312] **198**

Liegen die Voraussetzungen vor, steht die Anordnung der Ermittlungen im Ermessen der zuständigen Behörde. Bei dieser Ermessensentscheidung hat die Behörde vor allem den *Vertrauensgrundsatz*, den *Gleichheitsgrundsatz* sowie den *Grundsatz der Verhältnismäßigkeit* zu beachten. Aus dem letzteren Grundsatz folgt, daß die anzuordnenden Ermittlungen geeignet, erforderlich und angemessen sein müssen. Geeignet ist die Anordnung, wenn sie zusätzliche Erkenntnisse bringen kann. Die Erforderlichkeit der Anordnung ist auch dann gegeben, wenn die Behörde mit eigenen Ermittlungen nach § 52 BImSchG zum Ziel kommen kann. Die Überwachungsmöglichkeiten nach den §§ 26ff. BImSchG und § 52 BImSchG stehen insoweit selbständig nebeneinander.[313] Hinsichtlich der Angemessenheit der Ermittlungen muß die Behörde darauf achten, daß die Ermittlungskosten in Grenzen bleiben, wenn nur ein geringer Verdacht hinsichtlich schädlicher Umwelteinwirkungen durch die Anlage besteht. Die Kosten dürfen jedoch um so höher sein, je größer die befürchtete Umwelteinwirkung ist.[314] Die Anordnung muß ausreichend bestimmt sein. Die Behörde muß sich insbesondere eindeutig darüber erklären, in welchem Umfang der Anlagenbetreiber gebunden ist und in welchem Umfang er unter Meßstellen, Meßverfahren und Meßzeiten wählen kann. Mit der Durchführung der Ermittlungen dürfen – wie bereits erwähnt – nur die von der zuständigen obersten Landesbehörde bekanntgegebenen Stellen beauftragt werden. Ausgewählt werden von der zuständigen Landesbehörde Stellen, die die Gewähr dafür bieten, daß sie wissenschaftlich einwandfreie, dem Stand der Meßtechnik entsprechende, behördlichen Ermittlungen vergleichbare objektive Ermittlungen durchführen. Daraus ergeben sich Mindestanforderungen an Fachkunde, Ausstattung und Zuverlässigkeit. Ausgewählt werden können sowohl staatliche als auch private Einrichtungen. **199**

b) Messungen bei genehmigungsbedürftigen Anlagen

Auch ohne die in § 26 BImSchG genannten Voraussetzungen, d.h. ohne den Verdacht einer schädlichen Umwelteinwirkung, kann die zuständige Behörde bei *genehmigungsbedürftigen* Anlagen Anordnungen nach § 28 BImSchG treffen **200**

– nach der Inbetriebnahme oder einer wesentlichen Änderung i. S. d. § 16 BImSchG (Nr. 1) und sodann
– nach Ablauf eines Zeitraums von jeweils drei Jahren (Nr. 2).

---

[312] *BVerwG*, Urt. v. 27. 5. 1983 – 7 C 41.81 –, DVBl. 1983, 943; *Feldhaus*, BImSchG, § 26 Anm. 6.
[313] Vgl. *Jarass*, BImSchG, § 26 Rn. 3.
[314] *Feldhaus*, BImSchG, § 26 Anm. 10.

c) Kontinuierliche Messungen

201 Gem. § 29 BImSchG kann die zuständige Behörde bei genehmigungsbedürftigen Anlagen statt bzw. neben Einzelmessungen nach § 26, 28 BImSchG im Hinblick auf bestimmte Immissionen oder Emissionen anordnen, daß unter Verwendung aufzeichnender Meßgeräte diese Emissionen/Immissionen *fortlaufend* ermittelt werden. Bei Anlagen mit erheblichen Emissionsmassenströmen oder Abgasströmen (mehr als 50000 m^3 je Stunde)[315] *sollen* kontinuierliche Messungen angeordnet werden, soweit eine Überschreitung der in Rechtsvorschriften, Auflagen oder Anordnungen festgelegten Immissionsbegrenzungen nach der Art der Anlage nicht ausgeschlossen werden. Gem. § 29 Abs. 2 BImSchG kann die zuständige Behörde auch bei nicht genehmigungsbedürftigen Anlagen hinsichtlich der Betreiberpflichten kontinuierliche Messungen anordnen, allerdings nur, wenn dies zur Feststellung erforderlich ist, ob durch die Anlage schädliche Umwelteinwirkungen hervorgerufen werden, d. h. wenn eine Gefahr vorliegt.

202 Unter kontinuierlichen Messungen versteht man die fortlaufende Ermittlung unter regelmäßig gleichzeitiger Verwendung aufzeichnender (registrierender) Meßgeräte. Da es mittlerweile für eine Reihe von Anlagen und Schadstoffen kontinuierliche Meßmethoden bzw. technische Einrichtungen gibt, haben kontinuierliche Messungen zunehmende Bedeutung. Die Verordnung über Großfeuerungsanlagen räumt daher auch den kontinuierlichen Messungen eindeutig den Vorrang vor diskontinuierlichen Messungen ein, genauso wie 3.2.2.1 Abs. 3 TA Luft, wonach von erstmaligen oder wiederkehrenden Messungen abzusehen ist, wenn kontinuierliche Messungen durchgeführt werden.

d) Emissionserklärung

203 Der Betreiber genehmigungsbedürftiger Anlagen ist gem. § 27 Abs. 1 S. 1 BImSchG verpflichtet, der zuständigen Behörde innerhalb bestimmter Fristen Angaben zu machen über Art, Menge, räumliche und zeitliche Verteilung der Luftverunreinigungen, die von der Anlage in einem bestimmten Zeitraum ausgegangen sind sowie über die Austrittsbedingungen (Emissionserklärung); er hat die Emissionserklärung *alle 4 Jahre* entsprechend dem neuesten Stand zu ergänzen. Dabei stehen ihm aber entsprechend § 52 Abs. 5 BImSchG Aussageverweigerungsrechte zu (§ 27 Abs. 1 S. 2 BImSchG).

204 § 27 BImSchG enthält anders als die §§ 26, 28, 29 BImSchG keine bloße Anordnungsbefugnis der zuständigen Behörde, sondern eine unmittelbare Pflicht für den Anlagenbetreiber. Zur Abgabe der Emissionserklärung sind Betreiber einer in einem Belastungsgebiet i. S. v. § 44 BImSchG gelegenen oder einer in einer Rechtsverordnung nach § 27 Abs. 4 Nr. 2 BImSchG bezeichneten genehmigungsbedürftigen Anlage verpflichtet.

205 Gem. § 27 Abs. 4 BImSchG wird die Bundesregierung ermächtigt, durch *Rechtsverordnung* mit Zustimmung des Bundesrates Inhalt, Umfang, Form und Zeitpunkt der Abgabe der Emissionserklärung sowie das bei der Ermittlung der Emissionen einzuhaltende Verfahren zu regeln. Die Bundesregierung hat von dieser Ermächtigung durch Erlaß einer Emissionserklärungsverordnung[316] Gebrauch gemacht.[317] *Inhalt* der Emissionserklärung sind danach vor allem Angaben über Art, Menge, räumliche und

---

[315] *Feldhaus,* BImSchG, § 29 Anm. 3.

[316] Elfte Verordnung zur Durchführung des Bundes-Immissionsschutzgesetzes (Emissionserklärungs-Verordnung – 11. BImSchV) i. d. F. d. Bek. v. 12. 12. 1995 (BGBl. I S. 2213), geänd. durch VO v. 26. 10. 1993 (BGBl. I S. 1782, ber. S. 2049).

[317] Ausführl. *Mache,* UmweltR, Rn. 218 ff.

 Schlüter, NVwZ 03, 1213, Shirvani, NVwZ 03, 868

zeitliche Verteilung der von einer Anlage in einem bestimmten Zeitraum ausgehenden Emissionen sowie über die Ausgangsbedingungen. Gegenstand der Emissionserklärung sind allein Luftverunreinigungen. Gem. § 27 Abs. 3 BImSchG dürfen die Angaben der Emissionserklärung nicht veröffentlicht werden, wenn aus diesen Angaben Rückschlüsse auf Betriebs- oder Geschäftsgeheimnisse gezogen werden können. Der Betreiber ist deswegen vor der Veröffentlichung zu deren Art und Umfang zu hören.

e) Anordnung sicherheitstechnischer Prüfungen

Gem. § 29a BImSchG kann die zuständige Behörde anordnen, daß der Betreiber einer genehmigungsbedürftigen Anlage einen von der zuständigen obersten Landesbehörde bekanntgegebenen Sachverständigen mit der Durchführung bestimmter sicherheitstechnischer Prüfungen sowie mit Prüfungen sicherheitstechnischer Unterlagen beauftragt. Für die Anordnung einer sicherheitstechnischen Prüfung müssen nicht bereits Anhaltpunkte für sicherheitstechnische Defizite bestehen, vielmehr können auch sog. verdachtsunabhängige Anordnungen getroffen werden (vgl. § 29a Abs. 2 Nr. 1 bis 4 BImSchG). Neben externen Sachverständigen kann auch die Prüfung durch Störfallbeauftragte (§ 58a BImSchG) gestattet werden. **206**

2. Behördliche Überwachung nach § 52 BImSchG

Gem. § 52 Abs. 1 BImSchG haben die zuständigen Behörden die Durchführung des BImSchG und seiner Rechtsverordnungen zu überwachen.[318] § 52 Abs. 1 BImSchG ist eine immissionsschutzrechtliche *Aufgabennorm* und keine Eingriffsermächtigung.[319] Die Vorschrift soll klarstellen, daß die Durchführung und Einhaltung des Gesetzes nicht allein durch Verpflichtung der Emittenten, sondern auch durch die schlicht-hoheitliche Überwachungstätigkeit der Behörden, insbesondere durch Sammlung von Informationen, zu erfüllen ist. **207** Lechelt, DVBl 93, 1048

Der Umfang der Informationspflichten ergibt sich im einzelnen aus § 52 Abs. 2 bis 6 BImSchG. Gem. § 52 Abs. 1 S. 1 BImSchG sind Eigentümer und Betreiber von Anlagen sowie Eigentümer und Besitzer von Grundstücken, auf denen Anlagen betrieben werden, verpflichtet, den Zutritt zu den Grundstücken und zur Verhütung dringender Gefahren für die öffentliche Sicherheit oder Ordnung auch zu Wohnräumen und die Vornahme von Prüfungen einschließlich der Ermittlungen von Emissionen und Immissionen zu gestatten. Sie sind außerdem verpflichtet, Auskünfte zu erteilen und die Unterlagen vorzulegen, die zur Erfüllung ihrer Aufgaben erforderlich sind. Das Grundrecht der Unverletzlichkeit der Wohnung wird gem. § 52 Abs. 2 S. 2 BImSchG ausdrücklich insoweit eingeschränkt. Im Rahmen der Pflichten nach § 52 Abs. 2 S. 1 BImSchG haben die Eigentümer und Betreiber der Anlagen sogar Arbeitskräfte sowie Hilfsmittel bereitzustellen (§ 52 Abs. 2 S. 4 BImSchG). **208**

---

318 Zum Vollzug des § 52 BImSchG in Hessen *Meyer/Rössner/Six,* ZUR 1997, 193ff.; zu Vollzugsdefiziten von Emissionen aus der Aluminiumindustrie *Brönneke/Harnisch,* ZUR 1996, 72f.; vgl. zu Mitteilungspflichten nach § 52a BImSchG *Müller,* VR 1998, 149ff.

319 Vgl. *Mösbauer,* NVwZ 1985, 457ff.

BVerwG, U 25.8.99, NVwZ 00, 73

209 Die Duldungs- und Mitwirkungspflichten können gem. § 52 Abs. 3 S. 1 BImSchG entsprechend für Eigentümer und Besitzer von Anlagen, Stoffen und Erzeugnissen, Brennstoffen, Treibstoffen und Schmierstoffen gelten.

210 Gem. § 52 Abs. 5 BImSchG kann der zur Auskunft Verpflichtete die Auskunft auf solche Fragen verweigern, deren Beantwortung ihn selbst oder einen der in § 383 Abs. 1 Nr. 1 bis 3 ZPO bezeichneten Angehörigen der Gefahr der strafgerichtlichen Verfolgung oder eines Verfahrens nach dem Gesetz über Ordnungswidrigkeiten aussetzen würde.

3. Beauftragte für Immissionsschutz und Störfälle

211 Eine dritte Form der immissionsschutzrechtlichen Überwachung erfolgt durch die Bestellung

- eines Betriebsbeauftragten für Immissionsschutz sowie
- eines Störfallbeauftragten.[320]

a) Immissionsschutzbeauftragter

212 Gem. § 53 Abs. 1 BImSchG haben Betreiber genehmigungsbedürftiger Anlagen einen oder mehrere Betriebsbeauftragte für Immissionsschutz zu bestellen, sofern dies im Hinblick auf die Art und die Größe der Anlagen wegen der

- von den Anlagen ausgehenden Emissionen (Nr. 1), technischen Probleme der Immissionsbegrenzung (Nr. 2) oder
- Eignung der Erzeugnisse, bei bestimmungsgemäßer Verwendung schädliche Umwelteinwirkungen durch Luftverunreinigungen, Geräusche oder Erschütterungen hervorzurufen (Nr. 3),

erforderlich ist.[321] Durch Verordnung über Immissionsschutzbeauftragte und Störfälle aufgrund des § 53 Abs. 1 S. 2 BImSchG sind die genehmigungsbedürftigen Anlagen, deren Betreiber Immissionsschutzbeauftragte zu bestellen haben, bestimmt worden.[322] Darüber hinaus kann die zuständige Behörde im Einzelfall anordnen, daß auch bei nicht in der Rechtsverordnung genannten Anlagen ein Immissionsschutzbeauftragter zu bestellen ist (§ 52 Abs. 2 BImSchG).

213 Die Aufgaben des Immissionsschutzbeauftragten ergeben sich im einzelnen aus § 54 BImSchG. Gem. § 54 Abs. 1 BImSchG ist der Immissionsschutzbeauftragte berechtigt und verpflichtet,

- auf die Entwicklung und Einführung umweltfreundlicher Verfahren hinzuwirken (vgl. Nr. 1),
- bei der Entwicklung und Einführung umweltfreundlicher Verfahren und Erzeugnisse mitzuwirken (vgl. Nr. 2),
- die Einhaltung immissionsschutzrechtlicher Vorschriften zu überwachen (vgl. Nr. 3),
- die Betriebsangehörigen über die von der Anlage verursachten schädlichen Umwelteinwirkungen sowie über die Einrichtungen und Maßnahmen zu ihrer Verhinderung aufzuklären (vgl. Nr. 4).

---

[320] Der Kommissionsentwurf zum UGB geht von einem einheitlichen Umweltbeauftragten aus, vgl. BMU, UGB-KomE, S. 1180.

[321] Siehe auch § 425 UGB-KomE, vgl. BMU, UGB-KomE, S. 275, 1180.

[322] Fünfte Verordnung zur Durchführung des BImSchG (Verordnung über Immissionsschutz- und Störfallbeauftragte – 5. BImSchV) v. 30. 7. 1993 (BGBl. I S. 1433).

 Koch, JZ 95, 643

Gem. § 54 Abs. 2 BImSchG erstattet der Immissionsschutzbeauftragte dem Betreiber jährlich einen Bericht über die von ihm getroffenen und beabsichtigten Maßnahmen. 214

Der Immissionsschutzbeauftragte ist Hilfsorgan des Anlagenbetreibers, nicht der Behörde. Er wird beratend, mitwirkend, prüfend und aufklärend tätig und dient somit der Eigenüberwachung. Die §§ 55 bis 58 BImSchG regeln die Pflichten des Anlagenbetreibers im Hinblick auf den Immissionsschutzbeauftragten. Der Immissionsschutzbeauftragte ist schriftlich zu bestellen und die Bestellung ist der zuständigen Behörde anzuzeigen (§ 55 Abs. 1 BImSchG). Der Immissionsschutzbeauftragte muß die erforderliche Fachkunde und Zuverlässigkeit bezogen auf die zu betreuende Anlage besitzen. 215

Der Anlagenbetreiber ist verpflichtet, den Immissionsschutzbeauftragten bei der Erfüllung seiner Aufgaben zu unterstützen (§ 55 Abs. 4 BImSchG). Der Betreiber hat außerdem dafür zu sorgen, daß der Immissionsschutzbeauftragte seine Vorschläge oder Bedenken in notwendigen Fällen der Geschäftsleitung vortragen kann; bei Investitionsentscheidungen, die für den Immissionsschutz bedeutsam sein können, ist eine Stellungnahme des Immissionsschutzbeauftragten einzuholen (§§ 56, 57 BImSchG). 216

b) Störfallbeauftragter

Gem. § 58a Abs. 1 BImSchG haben Betreiber genehmigungsbedürftiger Anlagen einen oder mehrere Störfallbeauftragte zu bestellen, sofern dies im Hinblick auf die Art und die Größe der Anlagen wegen der bei einer Störung des bestimmungsgemäßen Betriebs auftretenden Gefahren für die Allgemeinheit und die Nachbarschaft erforderlich ist.[323] Für welche Anlagen konkret ein Störfallbeauftragter zu bestellen ist, soll durch Rechtsverordnung gem. § 58a Abs. 1 S. 2 BImSchG näher bestimmt werden. Darüber hinaus kann die zuständige Behörde im Einzelfall anordnen, daß auch bei nicht in der Rechtsverordnung genannten Anlagen ein Störfallbeauftragter zu bestellen ist (§ 58a Abs. 2 BImSchG). 217

Die Aufgaben des Störfallbeauftragten ergeben sich im einzelnen aus § 58b BImSchG. Gem. § 58b Abs. 1 BImSchG ist der Störfallbeauftragte berechtigt und verpflichtet, 218

- auf die Verbesserung der Sicherheit der Anlage hinzuwirken (Nr. 1),
- dem Betreiber unverzüglich ihm bekanntgewordene Störungen des bestimmungsgemäßen Betriebs mitzuteilen, die zu Gefahren für die Allgemeinheit und die Nachbarschaft führen können (Nr. 2),
- die Einhaltung immissionsschutzrechtlicher Vorschriften sowie die Erfüllung erteilter Bedingungen und Auflagen im Hinblick auf die Verhinderung von Störungen des bestimmungsgemäßen Betriebs der Anlage zu überwachen, insbesondere durch Kontrolle der Betriebsstätte in regelmäßigen Abständen, Mitteilung festgestellter Mängel und Vorschläge zur Beseitigung dieser Mängel (Nr. 3) und
- Mängel, die den vorbeugenden und abwehrenden Brandschutz sowie die technische Hilfeleitung betreffen, unverzüglich dem Betreiber zu melden (Nr. 4).

Gem. § 58b Abs. 2 BImSchG erstattet der Störfallbeauftragte dem Betreiber jährlich einen Bericht über die von ihm getroffenen und beabsichtigten Maßnahmen. 219

[323] Siehe auch § 425 Abs. 1 Nr. 4 UGB-KomE, VGL. BMU, UGB-KomE, S. 275, 1180.

220 Auch der Störfallbeauftragte ist Hilfsorgan des Anlagenbetreibers. Er wird beratend, mitwirkend, prüfend und aufklärend tätig und dient somit der Eigenüberwachung. Die §§ 58c und 58d BImSchG regeln die Pflichten des Anlagenbetreibers im Hinblick auf den Störfallbeauftragten. Er ist schriftlich zu bestellen und die Bestellung ist der zuständigen Behörde anzuzeigen (§§ 58c Abs. 1, 55 Abs. 1 BImSchG). Auch der Störfallbeauftragte muß die erforderliche Fachkunde und Zuverlässigkeit, bezogen auf die zu betreuende Anlage, besitzen.

C. Produktbezogener Immissionsschutz

221 Während der anlagenbezogene Immissionsschutz bei der Errichtung und dem Betrieb von Anlagen einsetzt, regeln die §§ 32ff. BImSchG *produktbezogen* schon das Herstellen, Inverkehrbringen oder Einführen von Anlagen und Anlagenteilen (§§ 32, 33 BImSchG) sowie von Stoffen und Erzeugnissen (§§ 34, 35 BImSchG). Diese Vorverlagerung der immissionsschutzrechtlichen Anforderungen in die Konstruktions- bzw. Produktionsphase trägt in besonderer Weise dem Vorsorgeprinzip Rechnung.[324] Der *Schutzzweck* des produktbezogenen Immissionsschutzes ist einerseits ausschließlich der Schutz vor Luftverunreinigungen (§§ 34, 35 BImSchG), zum Teil aber auch der Schutz vor Geräuschen (§§ 34, 35 BImSchG) oder der Schutz vor Geräuschen und Erschütterungen (§§ 32, 33 BImSchG).[325]

222 Das BImSchG enthält keine *materiellen Regelungen* des produktbezogenen Immissionsschutzes. Vielmehr hat der Gesetzgeber nur zum Erlaß von Rechtsverordnungen des produktbezogenen Immissionsschutzes ermächtigt. Unmittelbare Pflichten für den Bürger entstehen aber erst dann, wenn entsprechende Rechtsverordnungen erlassen worden sind.[326]

223 Die Ermächtigungen in den §§ 32ff. BImSchG verpflichten nicht zum Erlaß dieser Rechtsverordnungen. Eine Regelungspflicht ist nur dann denkbar, wenn gewichtige Beeinträchtigungen der Schutzgüter der Grundrechte zu befürchten sind.[327] Dem Verordnungsgeber bleibt es auch überlassen, in welchem Umfang er Anforderungen zum Schutz vor schädlichen Umwelteinwirkungen an Anlagen, Stoffe, Erzeugnisse, Brennstoffe und Treibstoffe stellt. Der Umfang der Verordnungsbefugnis ist zum Teil begrenzt. So dürfen nach §§ 34, 35 BImSchG für die Beschaffenheit von Brennstoffen, Treibstoffen, Stoffen, Erzeugnissen nur Regelungen zum Schutz vor Luftverunreinigungen, nach §§ 32, 33 BImSchG für die Anlagenbeschaffenheit und Bauartzulassungen aber auch Regelungen zum Schutz vor Geräuschen und Erschütterungen erlassen werden.

I. Beschaffenheit von Anlagen

224 Gem. § 32 Abs. 1 BImSchG können Rechtsverordnungen vorschreiben, daß serienmäßig hergestellte Teile von Betriebsstätten und sonstige ortsfeste

---

[324] Vgl. *Feldhaus,* HdUR, Bd. 1, Sp. 772.
[325] Dazu *Jarass,* BImSchG, § 32 Rn. 1 f.
[326] *Jarass,* BImSchG, § 32 Rn. 1.
[327] Zur Schutzpflicht wegen Ozongefahr *BVerwG,* Beschl. v. 29. 11. 1995 – 1 BvR 2203/95 –, NuR 1996, 507; zu grundrechtl. Schutzpflichten vgl. oben § 4 Rn. 72ff.

Einrichtungen sowie die in § 3 Abs. 5 Nr. 2 BImSchG bezeichneten Anlagen gewerbsmäßig oder im Rahmen wirtschaftlicher Unternehmungen nur in den Verkehr gebracht oder eingeführt werden dürfen, wenn sie bestimmten Anforderungen zum Schutz vor schädlichen Umwelteinwirkungen durch Luftverunreinigungen, Geräusche oder Erschütterungen genügen.[328] Die Regelung des § 32 BImSchG betrifft vor allem Maschinen, Geräte und nicht von § 38 BImSchG erfaßte Fahrzeuge. Gem. § 33 BImSchG kann für diese Art von Anlagen auch eine Bauartzulassung vorgeschrieben werden.[329] Die Bauartzulassung gestattet dem Antragsteller, Produkte der fraglichen Bauart in Verkehr zu bringen oder einzuführen. Unwesentliche Abweichungen sind dabei möglich.

Aufgrund des § 32 BImSchG wurde die Rasenmäherlärmverordnung (8. BImSchV) 225 erlassen, die vor allem Emissionsgrenzwerte und eine Kennzeichnungspflicht für Rasenmäher vorgeschrieben hat.

II. Beschaffenheit von Brennstoffen und Treibstoffen

Deutlichen Bezug zum Gefahrstoffrecht[330] weisen die Regelungen des 226 BImSchG über die Beschaffenheit von Brennstoffen und Treibstoffen auf, die durch die Sondervorschriften des Benzinbleigesetzes[331] verdrängt werden.[332]

Gem. § 34 Abs. 1 S. 1 BImSchG kann durch Rechtsverordnung vorge- 227 schrieben werden, daß Brennstoffe oder Treibstoffe gewerbsmäßig oder im Rahmen wirtschaftlicher Unternehmungen zum Schutz vor schädlichen Umwelteinwirkungen durch Luftverunreinigungen nur hergestellt, in den Verkehr gebracht oder eingeführt werden dürfen, wenn sie bestimmten Anforderungen an die Beschaffenheit genügen. Vorgeschrieben werden kann insbesondere, daß diese Stoffe bestimmte Bestandteile (z.B. Schwefel in Heizöl) nur in bestimmten Höchstmengen enthalten dürfen.

Auf diese Ermächtigungsgrundlage ist die Verordnung über Schwefelgehalt von 228 leichtem Heizöl und Dieselkraftstoff (3. BImSchV), Verordnung über Chlor- und Bromverbindungen als Kraftstoffzusatz (19. BImSchV) sowie in Teilen die Verordnung über die Beschaffenheit und die Auszeichnung der Qualitäten von Kraftstoffen (10. BImSchV) gestützt worden.[333]

III. Beschaffenheit von Stoffen und Erzeugnissen

Gem. § 35 Abs. 1 S. 1 BImSchG kann in einer Rechtsverordnung das 229 Herstellen, Einführen und Inverkehrbringen bestimmter Stoffe und Erzeugnisse aus Stoffen zum Schutz vor Luftverunreinigungen von Anforderungen

[328] §§ 429, 430 UGB-KomE sehen eine Harmonisierung der Rechtsverordnungsermächtigungen vor, vgl. BMU, UGB KomE, S. 276, 1186.

[329] Zur Bauartzulassung vgl. *Fluck,* DB 1993, 2011 (2015); *Kutscheidt,* in: Landmann/Rohmer, UmweltR, Bd. I, BImSchG, § 4 Rn. 35a ff.

[330] Vgl. dazu § 32 Rn. 4ff.

[331] Vgl. dazu näher unten § 22 Rn. 3ff.

[332] Anforderungen an Brenn- und Treibstoffe werden im Kommissionsentwurf zum UGB im Rahmen der Bestimmungen zu Produkten (§§ 115ff., 121 UBG-KomE) geregelt, vgl. BMU, UGB KomE, S. 154, 156, 1184.

[333] Vgl. zur jeweils geltenden Fassung der VO oben § 20 Rn. 12.

an ihre Zusammensetzung, ihr Herstellungsverfahren und ihre Kennzeichnung abhängig gemacht werden.[334]

D. Verkehrsbezogener Immissionsschutz

230 Der verkehrsbezogene Immissionsschutz umfaßt den Straßen-, Schienen-, Wasser- und Luftverkehr.

231 Verkehrsbezogener Immissionsschutz ist erforderlich, weil der Verkehrsbereich – hier insbesondere der Straßenverkehr – in ganz erheblicher Weise Luftverunreinigungen und Lärm verursacht. So stammen etwa 55% der emittierten Stickoxyde und ca. 39% der Kohlenwasserstoffe aus den Abgasen der Kraftfahrzeuge. Der Verkehrsbereich zählt zudem zu den Hauptquellen der Lärmbelastung.[335]

232 Im BImSchG ist der verkehrsbezogene Immissionsschutz in den §§ 38 bis 43 BImSchG geregelt.[336] Erfaßt sind die Bereiche

- Beschaffenheit und Betrieb von Fahrzeugen (§§ 38f. BImSchG),
- Verkehrsbeschränkungen und Verkehrsverbote (§§ 40ff. BImSchG) sowie
- Verkehrslärmschutz (§§ 41ff. BImSchG).

233 Die verkehrsbezogenen Regelungen des BImSchG werden für den Straßenverkehr ergänzt durch die Vorschriften des Straßenverkehrsgesetzes,[337] der Straßenverkehrs-Zulassungs-Ordnung,[338] der Straßenverkehrs-Ordnung[339] sowie des Bundesfernstraßengesetzes[340] und der Landesstraßengesetze. Für den Schienenverkehr sind die Vorschriften des Allgemeinen Eisenbahngesetzes[341] und für den Flugverkehr die des Fluglärmschutzgesetzes,[342] des Luftverkehrsgesetzes,[343] der Luftverkehrs-Zulassungs-Verordnung[344] und der Landeplatz-Lärmschutz-Verordnung[345] heranzuziehen.[346]

---

[334] VO nach § 35 BImSchG wurden bislang nicht erlassen.

[335] Vgl. BMU, Umweltbericht 1998, BT-Drs. 13/10735, S. 134f.; dazu auch *Feldhaus,* HdUR, Bd. 1, Sp. 773f.; *Lühle,* Beschränkungen und Verbote des Kraftfahrzeugverkehrs zur Verminderung der Luftbelastung, passim; vgl. dazu bereits oben § 1 Rn. 31ff.

[336] Siehe auch §§ 433–442 UGB-KomE, vgl. BMU, UGB KomE, S. 278ff.

[337] I.d.F.d. Bek. v. 19. 12. 1952 (BGBl. I S. 837), zul. geänd. durch G v. 28. 4. 1998 (BGBl. I S. 810).

[338] I.d.F.d. Bek. v. 28. 9. 1988 (BGBl. I S. 1793), zul. geänd. durch VO v. 3. 2. 1999 (BGBl. I S. 82).

[339] V. 16. 11. 1970 (BGBl. I S. 1565, ber. 1971 I S. 38), zul. geänd. durch VO v. 25. 6. 1998 (BGBl. I S. 1654).

[340] I.d.F.d. Bek. v. 19. 4. 1994 (BGBl. I S. 854), zul. geänd. durch G v. 18. 6. 1997 (BGBl. I S. 1452).

[341] V. 27. 12. 1993 (BGBl. I S. 2378, 2396, ber. 1994 S. 2439), zul. geänd. durch G v. 25. 6. 1998 (BGBl. I S. 1588); zum Wegfall eines Lärmsanierungsanspruchs gegen die DB-AG vgl. *VGH München,* Urt. v. 5. 12. 1997 – 20 B 94 2266 –, BayVBl. 1998, 274ff.

[342] Gesetz zum Schutz gegen Fluglärm vom 30. 3. 1971 (BGBl. I S. 282), zul. geänd. durch G v. 25. 9. 1990 (BGBl. I S. 2106).

[343] Luftverkehrsgesetz (LuftVG) i.d.F.d. Bek. v. 27. 3. 1999 (BGBl. I S. 550).

[344] Luftverkehrs-Zulassungs-Verordnung (LuftVZO) i.d.F.d. Bek. v. 27. 3. 1999 (BGBl. I S. 610).

[345] Landeplatz-Lärmschutz-Verordnung (Landesplatz-LärmschutzV) v. 19. 1. 1999 (BGBl. I S. 35).

[346] Zum Verkehrslärmschutz auf EG-Ebene *Koch,* in: Rengeling, EUDUR, Bd. 2, § 57 Rn. 15ff.

 Jarass, DVBl 95, 589, Kramer, VerwArch 89, 277 (Gütersloh)

I. Beschaffenheit und Betrieb von Fahrzeugen

Die Beschaffenheit von Fahrzeugen ist in § 38 Abs. 1 S. 1 BImSchG und der Betrieb in § 38 Abs. 1 S. 2 BImSchG geregelt. Einzelheiten können gem. § 38 Abs. 2 BImSchG durch Rechtsverordnung festgelegt werden.[347] **234**

1. Beschaffenheit von Fahrzeugen

Gem. § 38 Abs. 1 S. 1 BImSchG müssen Kraftfahrzeuge und ihre Anhänger, Schienen-, Luft- und Wasserfahrzeuge *so beschaffen sein,* daß ihre durch die Teilnahme am Verkehr verursachten Emissionen bei bestimmungsgemäßem Betrieb die zum Schutz vor schädlichen Umwelteinwirkungen einzuhaltenen Grenzwerte nicht überschreiten.[348] § 38 Abs. 1 S. 1 BImSchG ist eine unmittelbar anwendbare Grundpflicht, die sich an Hersteller, Importeure und Fahrzeughalter, nicht aber an Fahrzeugführer richtet.[349] Einzuhalten sind insbesondere Grenzwerte für Lärm und für Luftverunreinigungen. § 38 BImSchG bezweckt die Verringerung der Emissionen, die von Fahrzeugen als „Beförderungs- und Transportmittel" verursacht werden.[350] **235**

§ 38 BImSchG unterliegen damit nur die mit dem typischen Fortbewegungsvorgang untrennbar verbundenen oder jedenfalls ihm dienenden Fahrzeugteile. Die §§ 38f. BImSchG enthalten keine Rechtsgrundlage zur Vermeidung von Emissionen, die durch Einrichtungen verursacht werden, die nicht unmittelbar der Eigenschaft des Fahrzeugs als Beförderungs- und Transportmittel dienen. **236**

Beispiel: Ein Transportbetonmischer unterliegt hinsichtlich seiner Transportfunktion § 38 BImSchG, hinsichtlich des Mischers aber den §§ 22ff. BImSchG.

Fahrzeuge, die in unmittelbarem funktionalen Zusammenhang mit einer ortsfesten Anlage und nicht auf öffentlichen Verkehrswegen benutzt werden, sind dieser Anlage zuzurechnen und unterliegen damit ausschließlich dem anlagenbezogenen Immissionsschutz. **237**

Beispiele: Werksbahnen, Anschlußbahnen oder speziell nur auf dem Werksgelände eingesetzten Lastkraftwagen.

Nur wenn diese Fahrzeuge auch am öffentlichen Verkehr teilnehmen, unterliegen sie damit gleichzeitig den §§ 38ff. BImSchG. **238**

§ 38 Abs. 1 BImSchG wird für die technische Beschaffenheit von Kraftfahrzeugen ergänzt durch die §§ 47, 49 StVZO.[351] So regelt § 47 StVZO die zulässige Abgasbelastung und setzt insoweit EG-rechtliche Vorgaben für bestimmte Motoren bzw. Kraft- **239**

---

[347] Siehe dazu § 434 UGB-KomE, vgl. BMU, UGB KomE, S. 278, 1190; zu verkehrsbezogenen Regelungen vgl. auch *Ronellenfitsch/Delbanco,* in: Rengeling, EUDUR, Bd. 2, § 52 Rn. 1ff.

[348] Siehe dazu § 433 Abs. 1 UGB-KomE; gem. § 434 S. 3 UGB-KomE können in RVO zur Energieeinsparung nach amerikanischem Vorbild u.a. Höchstwerte für den Treibstoffverbrauch festgesetzt werden, vgl. BMU, UGB KomE, S. 278, 1189, 1191.

[349] Dazu *Jarass,* BImSchG, § 38 Rn. 1, 2 u. 10 m.w.N.; gegen eine unmittelbare Wirkung *Hansmann,* in: Landmann/Rohmer, UmweltR, Bd. I, BImSchG, § 38 Rn. 17.

[350] *Feldhaus,* BImSchG, § 38 Anm. 2.

[351] Vgl. dazu *Kloepfer,* UmweltR, § 14 Rn. 160.

fahrzeugtypen um.[352] In § 47 Abs. 3 StVZO werden Personenkraftwagen und Wohnmobilen als schadstoffarm eingestuft, was für die Erhebung der Kraftfahrzeugsteuer (§§ 3e, 3f KraftStG) und die Gewährung von Benutzungsvorteilen im Rahmen der landesrechtlichen Regelungen der Smogverordnungen von Bedeutung ist. Die Schadstoffemissionen der Kraftfahrzeuge werden gem. § 29 Abs. 1 StVZO bei der turnusmäßigen Untersuchung („TÜV") und bei der periodischen Abgasuntersuchung („ASU") gem. § 47a StVZO überwacht. Dem Lärmschutz dient zunächst § 30 Abs. 1 Nr. 1 StVZO, wonach Fahrzeuge so gebaut und ausgerüstet sein müssen, daß ihr verkehrsüblicher Betrieb niemanden schädigt oder mehr als unvermeidbar gefährdet, behindert oder belästigt. Ferner fordert § 49 Abs. 1 StVZO als speziellere Regelung eine Lärmbegrenzung nach dem Stand der Technik, wobei im einzelnen auf die entsprechenden Richtlinien der EG verwiesen wird. Ferner sehen die §§ 55 Abs. 2 und 38b StVZO zum Lärmschutz eine Begrenzung des Lärms von Schallzeichen und Diebstahl-Alarmeinrichtungen vor.

240 Für die technische Beschaffenheit von Flugzeugen wird § 38 Abs. 1 BImSchG ergänzt durch die Vorschriften der §§ 2 Abs. 1 S. 2 Nr. 4 LuftVG i.V.m. § 3 Abs. 1 Nr. 2d LuftVZO, wonach für inländische Flugzeuge eine Zulassung nur dann erteilt werden darf, wenn die technische Ausrüstung eines Flugzeuges so gestaltet ist, daß Betriebsgeräusche das nach dem jeweiligen Stand der Technik unvermeidbare Maß nicht übersteigen. Die insoweit geltenden Grenzwerte gehen auf das Übereinkommen der Internationalen Zivilluftfahrt-Organisation (ICAO-Abkommen Annex 16) zurück.[353]

2. Betrieb von Fahrzeugen

241 Gem. § 38 Abs. 1 S. 2 BImSchG müssen Fahrzeuge außerdem *so betrieben werden,* daß vermeidbare Emissionen verhindert und unvermeidbare Emissionen auf ein Mindestmaß beschränkt bleiben.[354] Adressat dieser Verpflichtung ist jeder, der für den Betrieb des Fahrzeugs verantwortlich ist. Dazu zählt vor allem der Fahrzeugführer, evtl. aber auch der Fahrzeughalter.[355] Zum Betrieb des Fahrzeugs zählen nicht nur der Fahrvorgang, sondern auch vorbereitende, begleitende und nachfolgende Tätigkeiten, z.B. das Einsteigen, Aussteigen und Entladen eines Kraftfahrzeuges.[356]

242 Für den Betrieb von Flugzeugen wird § 38 Abs. 2 BImSchG ergänzt durch das Gebot zur Reduzierung von Lärmemissionen nach § 29b LuftVG und durch die Grundregeln für das Verhalten im Luftverkehr in § 1 Abs. 1 und 2 LuftVO.

243 Bislang ist die Möglichkeit nicht vorgesehen, in Verordnungen Höchstgrenzen für den Treibstoffverbrauch festzusetzen. Derartige Verbrauchsfestsetzungen werden zunehmend nach dem Vorbild der USA gefordert.[357]

II. Verkehrsbeschränkungen und Verkehrsverbote

244 Verkehrsbeschränkungen sind auf der Grundlage des § 40 BImSchG und Verkehrsverbote auf der Grundlage der §§ 40a bis 40e BImSchG möglich.

---

352 Zur Verschärfung der EG-rechtlichen Vorgaben für die Kraftstoffqualität u. die Abgaswerte für Pkw u. deren Umsetzung in Deutschland durch steuerl. Förderung vgl. BMU, Umwelt 1998, 423f.

353 Dazu näher *Soell,* in: Salzwedel, UmweltR, 1. Aufl., S. 329 (340).

354 Siehe dazu § 433 Abs. 2 UGB-KomE, vgl. BMU, UGB KomE, S. 278, 1190.

355 *Jarass,* BImSchG, § 38 Rn. 16; so auch § 433 Abs. 2 UGB-KomE, vgl. BMU, UGB KomE, S. 278, 1190.

356 Vgl. *Schmidt-Aßmann,* in: Salzwedel, Grundzüge des UmweltR, 1. Aufl., S. 303 (316).

357 Vgl. SRU, Umweltgutachten 1994, BT-Drs. 12/6995, Tz. 772; siehe auch § 434 S. 2 UGB-KomE, vgl. BMU, UGB KomE, S. 279, 1189, 1191.

Die Regelungen zum verkehrsbezogenen Immissionsschutz werden in der Literatur vielfach für unzureichend gehalten[358] und eine grundlegende Reform des Verkehrsimmissionsschutzes gefordert.[359] Bemängelt wird insbesondere, daß der Luftverkehr von den §§ 41 bis 43 BImSchG nicht erfaßt werde. Ebenso sei nur der Lärmschutz, nicht aber der Schutz vor ebenso bedeutsamen Luftverunreinigungen geregelt. Hinzu komme, daß nur der Bau und die wesentliche Änderung von Straßen und Schienenwegen erfaßt werde, Sanierungen bestehender Verkehrsanlagen indes nicht einbezogen würden. Auch werden bloße Verkehrsregelungen von baulichen Maßnahmen nicht erfaßt, die ebenfalls Folgen für die Immissionsbelastung haben könnten.[360] **245**

Der Kommissionsentwurf zum Umweltgesetzbuch sieht die Zusammenführung der immissionsschutzrechtlichen Anforderungen an den Bau und den Betrieb von Verkehrsanlagen in einem eigenen Abschnitt in §§ 435 bis 442 BImSchG vor.[361] Es werden in § 435 Abs. 1 UGB-KomE Grundpflichten für den Bau und den Betrieb von Verkehrsanlagen normiert, die Straßen, Schienen und Flugplätze erfassen und ein Vorsorgegebot regeln.[362] Dem Träger der Verkehrsanlage ist im Rahmen der Zulassungsentscheidung aufzuerlegen, die zur Einhaltung der Grundpflichten erforderlichen baulichen und sonstigen Maßnahmen zu treffen (§ 436 Abs. 1 UGB-KomE).[363] Auf diese Weise sollen auch verkehrsregelnde Maßnahmen möglich sein.[364] Ferner wird die Möglichkeit nachträglicher Anordnungen (§ 437 UGB-KomE) sowie Entschädigungsvorschriften für passive Schutzmaßnahmen (§ 436 Abs. 2 UGB-KomE) und den Wertverlust von Grundstücken vorgeschlagen.[365] Um den besonderen Belastungen durch den Straßen- und Luftverkehr Rechnung zu tragen, sind zudem Straßenverkehrsabgaben (§ 438 UGB-KomE) und Luftverkehrsabgaben (§ 437 UGB-KomE) als Lenkungssonderabgaben vorgesehen.[366] **246**

Vorschriften zur Emissionsbegrenzung enthalten außerdem die §§ 30, 45 StVO. So ist gem. § 30 Abs. 1 StVO unnötiger Lärm – wie z. B. das Laufenlassen von Motoren, lautes Türenschlagen, unnützes Umherfahren in geschlossenen Ortschaften – verboten. Weitere Verkehrsbeschränkungen etwa Nachtfahrverbote in bestimmten besonders schutzbedürftigen Gebieten sind gem. § 45 StVO zulässig.[367] Ferner können gem. § 45 Abs. 1b Nr. 3 2. Alt. StVO verkehrsberuhigte Bereiche zum Schutz der Bevölkerung vor Lärm und Abgasen eingerichtet werden.[368] **247**

Zur Emissionsbegrenzung sind **bei austauscharmen Wetterlagen (Smog)** zudem auf der Grundlage des BImSchG Verkehrsbeschränkungen bis hin zum Fahrverbot möglich.[369] So werden die Landesregierungen gem. **248**

---

358 Krit. auch BMU, UGB-KomE, S. 1192f.

359 *Jarass,* DVBl. 1995, 589ff.; *Schulze-Fielitz,* in: GK-BImSchG, Vor §§ 38–43 Rn. 2, 73; § 41 Rn. 32, 105; § 43 Rn. 109f.; *Michler,* Rechtsprobleme des Verkehrsimmissionsschutzes, S. 96, 100, 120 u. 151ff.; zu neuen Entwicklungen im Verkehrsimmissionsschutz *Koch/Jankowski,* NuR 1997, 365ff.; zu Grenzen des Verkehrslärmschutzes *Silagi,* UPR 1997, 272ff.

360 BMU, UGB-KomE, S. 1192 m. w. N.

361 BMU, UGB-KomE, S. 279ff., 1191ff.

362 BMU, UGB-KomE, S. 279, 1197.

363 BMU, UGB-KomE, S. 279.

364 BMU, UGB-KomE, S. 1199.

365 BMU, UGB-KomE, S. 1191.

366 BMU, UGB-KomE, S. 280, 1199ff.; vgl. auch *Barth/Struck,* Luftverkehrs-Emissionsabgabe, passim.

367 Zu Verkehrsbeschränkungen aus Lärmschutzgründen *Scheffler,* NJW 1995, 232ff.; *Steiner,* NZV 1995, 209ff.

368 Vgl. zu Verkehrsbeschränkungen wegen zu hoher Luftschadstoffe *VG Berlin,* Urt. v. 19. 6. 1995 – 11 A 568.93 –, ZUR 1996, 38ff.; zum Lärmschutz *Strick,* Lärmschutz an Straßen, passim.

369 Siehe auch § 447 UGB-KomE, vgl. 283, 1213.

§ 40 S. 1 BImSchG ermächtigt, durch Rechtsverordnung Gebiete festzulegen, in denen während austauscharmer Wetterlagen der Kraftfahrzeugverkehr beschränkt oder verboten werden kann, um ein Anwachsen schädlicher Umwelteinwirkungen durch Luftverunreinigungen zu vermeiden oder zu vermindern. In der Rechtsverordnung kann auch der zeitliche Umfang der erforderlichen Verkehrsbeschränkungen bestimmt werden.[370] Gestützt auf die Bestimmungen der §§ 40, 49 BImSchG haben zahlreiche Bundesländer **Smog-Verordnungen** erlassen, die Vorschriften über die Voraussetzungen, Geltungsbereiche, Einschränkungen, Verbote, Zuständigkeiten und dergleichen enthalten.[371]

249 Die Regelungen der Smog-Verordnungen haben erst dann Wirkungen gegenüber dem Bürger, wenn die austauscharme Wetterlage bekanntgegeben worden ist. Die Bekanntgabe erfolgt zumeist in mehreren Stufen, wobei bei der ersten Vorwarnstufe nur eine allgemeine Unterrichtung über die drohende Gefährdung erfolgt.[372]

Fall: Rechtsanwalt A wendet sich gegen die Ablehnung der zuständigen Behörde, ihm zur Ausübung seiner anwaltlichen Tätigkeit eine Ausnahmegenehmigung von dem Verkehrsverbot für Kraftfahrzeuge bei Smogalarm der Berliner Smog-Verordnung zu erteilen. Der Rechtsanwalt fühlt sich durch die Verkehrsverbote der Smog-Verordnung in seinen Grundrechten verletzt. Nach Ansicht des *BVerwG* ist die rechtliche Zulässigkeit solcher Verkehrsverbote unbedenklich, weil diese Verbote durch § 40 BImSchG und die aufgrund dieser gesetzlichen Ermächtigung erlassene Berliner Smog-Verordnung ausdrücklich vorgesehen sind und weil sie nach diesen Vorschriften dem Schutz vor schädlichen Umwelteinwirkungen i. S. v. § 3 Abs. 1 BImSchG, d. h. vor Luftverunreinigungen dienen, die nach Art, Ausmaß und Dauer geeignet sind, Gefahren, erhebliche Nachteile oder erhebliche Belästigungen für die Allgemeinheit oder die Nachbarschaft herbeizuführen. Es verstößt auch nicht gegen Art. 3 Abs. 1 GG, daß die Smog-Verordnung in ihrem Katalog der generellen Aus-

---

[370] Zum Inhalt von Smog-Verordnungen *Kniep,* GewArch 1986, 260 ff.; zur Frage, ob für die Einschränkungen infolge Smog-Alarms eine Rechtsverordnung als Ermächtigungsgrundlage genügt, *Meier,* VR 1985, 165 f.; zu Rechtsproblemen der Smog-Verordnungen auch *Hansmann,* NVwZ 1987, 89 ff.; *Jarass,* NVwZ 1987, 95 ff.; zu Amtshaftungs- und Entschädigungsansprüchen bei rechtswidrigen Smog-Verordnungen *Jacobs,* NVwZ 1987, 100 ff.

[371] Bayerische SmogVO v. 23. 9. 1985 (GVBl. S. 615), geänd. durch VO v. 11. 10. 1988 (GVBl. S. 323, ber. S. 327); Berliner SmogVO v. 30. 10. 1990 (GVBl. S. 2236), geänd. durch VO v. 1. 12. 1992 (GVBl. S. 362); Brandenburgische SmogVO v. 28. 11. 1991 (GVBl. S. 528); Hamburgische SmogVO v. 22. 12. 1987 (GVBl. S. 247), zul. geänd. durch VO v. 13. 7. 1993 (GVBl. S. 164); Nordrhein-Westfälische SmogVO v. 29. 10. 1974 (GV NW S. 1423), zul. geänd. durch VO v. 2. 3. 1999 (GV NW S. 84); Rheinland-Pfälzische SmogVO v. 1. 9. 1988 (GVBl. S. 201); Sächsische SmogVO v. 26. 1. 1993 (GVBl. S. 58), geänd. durch VO v. 11. 1. 1994 (GVBl. S. 92); SmogVO des Landes Sachsen-Anhalt v. 6. 12. 1991 (GVBl. S. 851); SmogVO des Landes Schleswig-Holstein v. 31. 10. 1989 (GVBl. S. 159); Thüringer SmogVO v. 29. 10. 1991 (GVBl. S. 589), geänd. durch VO v. 6. 10. 1999 (GVBl S. 574); vgl. zu den Smog-Verordnungen auch *Hansmann,* NVwZ 1987, 89 ff.; *Kniep,* GewArch 1986, 260 ff.; zur Rechtsnatur der Bekanntgabe von Smog-Alarm *Ehlers,* DVBl. 1987, 972 ff.; für die Verkehrsbeschränkungen in den sog. Smog-Verordnungen ist Rechtsgrundlage § 40 BImSchG; für Beschränkungen hinsichtl. des Betriebs von Anlagen oder die Verwendung bestimmter Brennstoffe in solchen Verordnungen ist Rechtsgrundlage § 49 Abs. 2 BImSchG.

[372] Zum Rechtsschutz gegen Smog-Verordnungen *Eyermann,* VwGO, § 42 Rn. 61 ff.

nahmen nicht auch Fahrten mit Kraftfahrzeugen aufgenommen hat, die von Rechtsanwälten im Rahmen ihrer Berufsausübung eingesetzt werden.[373]

§ 40 Abs. 2 S. 1 BImSchG ermöglicht, daß die Straßenverkehrsbehörde mit Einwilligung der Immissionsschutzbehörde Verkehrsbeschränkungen nach Maßgabe verkehrsrechtlicher Vorschriften verhängt, um schädliche Umwelteinwirkungen durch Luftverunreinigungen zu verhindern oder deren Entstehen zu vermeiden.[374] Dabei bestimmt die Bundesregierung nach § 40 Abs. 2 S. 2 BImSchG durch Rechtsverordnung die Konzentrationsgrenzwerte, bei deren Überschreiten Maßnahmen nach § 40 Abs. 1 S. 1 BImSchG zu prüfen sind.[375] Die Frage, ob schon vor Erlaß einer entsprechenden Verordnung Verkehrsbeschränkungen oder Verbote nach § 40 Abs. 2 S. 1 BImSchG erlaubt sind, ist umstritten.[376] 250

Zur Bekämpfung des sog. Sommersmogs sind darüber hinaus gem. §§ 40a bis 40e, 62a BImSchG Fahrverbote **bei erhöhten Ozonkonzentrationen** möglich.[377] Gem. § 40a Abs. 1 S. 1 BImSchG ist der Verkehr mit Kraftfahrzeugen auf öffentlichen Straßen nach Maßgabe der §§ 40b bis 40e BImSchG in dem Gebiet eines Landes oder Teilen eines Landes verboten, wenn mindestens drei Meßstationen im Bundesgebiet, die mehr als 50 km voneinander entfernt sind und von denen mindestens zwei, im Falle der Länder Berlin, Bremen, Hamburg oder Saarland mindestens eine, in diesem Land oder in einem angrenzenden Landkreis liegen, 251

– die Ozonkonzentration von 240 Mikrogramm/m³ Luft als Mittelwert über eine Stunde an demselben Tag erreicht wird (Nr. 1) und
– auf Grund der meteorologischen Erkenntnisse des Deutschen Wetterdienstes anzunehmen ist, daß die in Nr. 1 bestimmte Konzentration im Bereich dieser Meßstation im Lauf des nächsten Tages erreicht wird (Nr. 2).

Für die Berechnung der Ozonkonzentration sind gem. § 40a Abs. 1 S. 3 die Bestimmungen der Richtlinie des Rates über Luftverschmutzung durch Ozon[378] maßgeblich.[379] Gem. § 40b Abs. 1 S. 1 BImSchG gibt die oberste Straßenverkehrsbehörde des Landes die Verkehrsverbote nach § 40a Abs. 1 BImSchG durch Rundfunk, Fernsehen, Tageszeitungen und auf andere 252

---

[373] *BVerwG,* Beschl. v. 27. 5. 1986 – 7 B 155/85 –, NVwZ 1986, 918.

[374] Vgl. dazu *Rehbinder,* ZUR 1994, 101 ff.; *Koch,* ZUR 1995, 190 ff.

[375] Zur Wirksamkeit entsprechender Grenzwerte vgl. *Schulze-Fielitz,* Die Verw. 1993, 515 (535 f.).

[376] Bejahend *Schenke,* WuV 1993, 145 (150 ff.); *Schulze-Fielitz,* Die Verw. 1993, 515 (539 ff.); a. A. *VHG München,* Beschl. v. 8. 10. 1993 – 11 B 93 1408 –, ZUR 1993, 133 (134); *Rebentisch,* NVwZ 1991, 310 (315 ff.); differenzierend *ders.,* ZUR 1994, 101 (103); zur Beweislast im ImmissionsschutzR vgl. *Berger,* ZUR 1994, 109 ff.

[377] Die Regelungen sind durch das Ozongesetz 1995 neu eingeführt worden u. gelten zunächst befristet bis zum 31. 12. 1999; zur Verfassungsmäßigkeit des § 40a BImSchG *BVerfG,* Urt. v. 29. 11. 1996 – 1 BvR 2203/95 –, NJW 1996, 651; krit. auch *VGH Kassel,* Urt. v. 26. 11. 1997 – 14 UE 3327/96 –, ZUR 1998, 251 (253 ff.) m. Anm. v. *Schulze-Fielitz;* dazu nunmehr auch *BVerwG,* Urt. v. 15. 4. 1999 – 3 C 25.98 –, DVBl. 1999, 1745 ff.; die Vorschriften werden wegen der vielen Ausnahmen vielfach für wirkungslos gehalten, vgl. *Köck/Lehmke,* ZUR 1996, 133 ff.; *Kutscheidt,* NJW 1995, 3153 ff.; *Schlette,* JZ 1996, 327 ff.; *Schmehl/Karthaus,* NVwZ 1995, 1171 (1173); *Wollenteit/Wenzel,* NuR 1997, 60 ff.; a. A. *Sendler,* NJW 1995, 2829 f.

[378] V. 21. 9. 1991 (92/72/EWG), ABl. EG Nr. L 297 v. 13. 10. 1992, S. 1.

[379] Krit. zu dieser Verweistechnik *Kloepfer,* UmweltR, § 14 Rn. 165.

Weise als durch Verkehrszeichen oder Verkehrseinrichtungen allgemein bekannt. Gem. § 40c Abs. 1 BImSchG gilt das Fahrverbot nicht für Kraftfahrzeuge mit geringem Schadstoffausstoß, die im Anhang zum BImSchG einzeln aufgeführt sind. § 40d BImSchG enthält zahlreiche generelle Ausnahmen so z.B. für die Personenbeförderung und den Einsatz von Hilfsfahrzeugen aber auch für Pendler und Urlaubsreisende.[380]

III. Verkehrslärmschutz

253 Beim Verkehrslärmschutz sind Regelungen zu unterscheiden über die

- Lärmvorsorge,
- Lärmsanierung,
- Entschädigung.[381]

254 Zum Verkehrslärmschutzrecht im weiteren Sinne zählen daneben auch verkehrsrechtliche Regelungen zur *Verkehrslenkung* und *Verkehrsberuhigung*.

255 Nach Auffassung des *BVerwG* gewährt § 45 Abs. 1 S. 2 Nr. 3 StVO (Verkehrszeichen und Verkehrseinrichtungen zum Schutz der Wohnbevölkerung vor Lärm und Abgasen) Schutz vor Straßenverkehrslärm nicht nur dann, wenn dieser einen bestimmten Schallpegel überschreitet. Es genügen Lärmeinwirkungen, die jenseits dessen liegen, was im konkreten Fall unter Berücksichtigung der Belange des Verkehrs als ortsüblich hingenommen werden muß. So haben die Straßenverkehrsbehörden beispielsweise darauf hinzuwirken, daß vom Durchgangsverkehr in erster Linie die dafür gewidmeten überörtlichen Straßen und nicht die örtlichen Erschließungsstraßen reiner Wohngebiete benutzt werden.[382]

1. Lärmvorsorge

256 Das BImSchG sieht für die Lärmvorsorge eine dreistufige Regelung vor.[383]

257 Gem. § 50 BImSchG sind bei raumbedeutsamen Planungen und Maßnahmen die für eine bestimmte Nutzung vorgesehenen Flächen einander so zuzuordnen, daß schädliche Umwelteinwirkungen auf die ausschließlich oder überwiegend dem Wohnen dienenden Gebiete sowie auch sonstige schutzbedürftige Gebiete soweit wie möglich vermieden werden.[384] Dieser immissonsschutzrechtliche Planungsgrundsatz schließt sich an das allgemeine planungsrechtliche Trennungsgebot an.

258 Ist dies nicht möglich, müssen gem. § 41 Abs. 1 BImSchG beim Bau der Straße *aktive Schutzmaßnahmen* an der Straße wie z.B. Wände oder Wälle si-

---

[380] Krit. dazu *Schmehl/Karthaus,* NVwZ 1995, 1171 (1174); *Kutscheidt,* NJW 1995, 3153 (3156); *Kloepfer,* UmweltR, § 14 Rn. 166.

[381] Zum Verkehrslärmschutz *Janning,* StuGB 1987, 481ff.; *Burkard,* VBlBW 1988, 41ff.; *Ullrich,* DVBl. 1985, 1159ff.; *Muthesius,* VR 1985, 233ff.; *Kuschnerus,* DVBl. 1986, 429ff.; *ders.,* DÖV 1987, 409ff.; zur Entschädigung für Verkehrslärmemissionen *Boujong,* UPR 1987, 207ff.; *Peine,* DÖV 1988, 937ff.; *Jarass,* UPR 1998, 415ff.

[382] *BVerwG* Urt. v. 4. 6. 1986 – 7 C 76/84 –, NJW 1986, 2655; vgl. auch *VGH Kassel,* Beschl. v. 29. 8. 1986 – 2 TH 1569/86 –, UPR 1988, 150.

[383] Zu den Regelungen für die Bewältigung von Verkehrslärm in der Bauleitplanung, *Uechtritz,* DVBl. 1999, 198ff.

[384] Vgl. dazu *Jarass,* BImSchG, § 50 Rn. 11; *OVG Hamburg,* Beschl. v. 2. 2. 1987 – Bs II 38/86 –, UPR 1988, 151.

cherstellen,[385] daß keine schädlichen Umwelteinwirkungen durch Verkehrsgeräusche hervorgerufen werden können, die nach dem Stand der Technik vermeidbar sind.[386]

§ 41 Abs. 1 BImSchG dient nur der Abwehr konkret schädlicher Immissionen, **259**
nicht aber der Vorsorge.[387] Auch werden nur bauliche Veränderungen nicht aber verkehrsregelnde Maßnahmen oder Maßnahmen zur Sanierung bestehender Verkehrswege erfaßt.[388] In der Literatur wird zudem gefordert, § 41 BImSchG nicht auf den Schutz vor Lärm zu beschränken, sondern auf andere Immissionen, insbesondere Luftverunreinigungen durch Abgase zu erstrecken.[389]

Stehen die Kosten dieses aktiven Lärmschutzes außer Verhältnis zu dem **260**
angestrebten Schutzzweck,[390] so sind den betroffenen Eigentümern die Kosten für *passive Schallschutzvorkehrungen* an den Gebäuden zu erstatten (§ 42 BImSchG).[391] Maßnahmen des aktiven Lärmschutzes können gem. § 41 Abs. 2 BImSchG insoweit entfallen.

Gem. § 43 BImSchG wird die Bundesregierung ermächtigt, durch **261**
Rechtsverordnung die zur Durchführung der §§ 41, 42 BImSchG erforderlichen Vorschriften zu erlassen.[392] Dies gilt insbesondere für Grenzwerte, bei deren Überschreiten das Gebot des aktiven Lärmschutzes bzw. das Gebot der Kostenerstattung für passive Schallschutzmaßnahmen ausgelöst werden soll. Auf der Grundlage des § 43 Abs. 1 Nr. 1 BImSchG ist die Verkehrslärmschutzverordnung (16. BImSchV)[393] ergangen. Sie gilt für den Bau oder die wesentlichen Änderungen von öffentlichen Straßen sowie von Schienenwegen der Eisenbahnen und Straßenbahnen.[394] § 2 Abs. 1 16. BImSchV setzt Immissionsgrenzwerte für Gebiete mit unterschiedlichem Ruhebedürfnis zu unterschiedlichen Tages- und Nachtzeiten fest, die bei der Beurteilung nicht

---

[385] Zur Schallschutzwand vgl. *BVerwG,* Urt. v. 9. 2. 1995 – 4 C 26/93 –, ZUR 1995, 155; zum Schallschutz an einer Eisenbahnlinie *BVerwG,* Urt. v. 28. 10. 1998 – 11 A 3.98 –, DVBl. 1999, 861 ff.

[386] Zum Verhältnis von aktivem u. passivem Lärmschutz vgl. *BVerwG,* Urt. v. 18. 4. 1996 – 11 A 86/95 –, DÖV 1996, 998; *Rieger,* VBlBW 1998, 41 ff.; zu Lärmimmissionen infolge der Betriebsänderung der Eisenbahn *OVG Münster,* Urt. v. 8. 12. 1994 – 20 A 1776/92 –, NWVBl. 1995, 256; zum Fehlen eines planerischen Gestaltungsfreiraums bei § 41 BImSchG *BVerwG,* Urt. v. 28. 1. 1999 – 4 CN 5.98 –, UPR 1999, 268 ff.

[387] *Jarass,* BImSchG, § 41 Rn. 28; *Hansmann,* in: Landmann/Rohmer, UmweltR, Bd. I, BImSchG, § 41 Rn. 33; *Michler,* Rechtsprobleme des Verkehrsimmissionsschutzes, S. 39; *Schulze-Fielitz,* in: GK-BImSchG, § 41 Rn. 60 ff.; demgegenüber wird in § 435 UGB-KomE ein Vorsorgegebot statuiert, vgl. BMU, UGB-KomE, S. 279, 1197.

[388] Krit. dazu BMU, UGB-KomE, S. 1192.

[389] *Jarass,* BImSchG, § 41 Rn. 8 ff.

[390] Zur Verhältnismäßigkeit von Schallschutzmaßnahmen beim Bau einer Eisenbahnstrecke vgl. *BVerwG,* Urt. v. 1. 10. 1997 – 11 A 10.96 –, UPR 1998, 147 ff.

[391] Nach § 436 Abs. 2 UGB-KomE ergibt sich dieser Anspruch unmittelbar aus dem Gesetz, vgl. BMU, UGB-KomE, S. 279, 1198.

[392] Zum Versuch, ein eigenständiges Verkehrslärmschutzgesetz zu schaffen, vgl. *Kloepfer,* UmweltR, § 14 Rn. 171.

[393] I. d. F. d. Bek. v. 12. 6. 1990 (BGBl. I S. 1036); dazu *Schulze-Fielitz,* UPR 1994, 1 ff.; zur Anwendbarkeit der VerkehrslärmschutzVO *VGH Mannheim,* Urt. v. 11. 7. 1995 – 8 S 432/95 –, NVwZ-RR 1996, 256.

[394] Zum Verkehrslärmschutz an Straßen u. Schienenwegen vgl. auch *Bürgel,* NJW 1996, 1804 f.

überschritten werden dürfen.[395] Dabei sind die Grenzwerte als Mindestanforderungen anzusehen, über die im Einzelfall auf Grund der Anforderungen des § 41 BImSchG hinausgegangen werden kann.[396] Die Einhaltung der Grenzwerte der 16. BImSchV ist indes ein Indiz dafür, daß den Anforderungen des § 41 BImSchG entsprochen worden ist.[397] Die Grenzwerte dienen dem Schutz der Nachbarschaft vor schädlichen Umwelteinwirkungen, so daß sie drittschützend ist.[398]

262 Da die 16. BImSchV nur auf die Nachbarschaft als Schutzbereich abstellt und nicht wie § 41 BImSchG auch den Schutz der Allgemeinheit mit umfaßt, ist streitig, ob die 16. BImSchV den § 41 BImSchG *abschließend* konkretisiert.[399]

263 Eine weitere gesetzliche Regelung zur Lärmvorsorge enthält für das Planfeststellungsrecht § 17 Abs. 4 FStrG. Danach sind dem Träger der Straßenbaulast die Errichtung und die Unterhaltung der Anlagen aufzuerlegen, die zur Sicherung der Benutzer der benachbarten Grundstücke gegen Gefahren, erhebliche Nachteile oder erhebliche Belästigungen notwendig sind. Dazu zählen auch Lärmschutzauflagen.[400] Sind solche Anlagen mit dem Vorhaben unvereinbar oder stehen ihre Kosten außer Verhältnis zu dem angestrebten Schutzzweck, so hat der Betroffene einen Anspruch auf angemessene Entschädigung. Bei einer Planfeststellung nach § 17 FStrG können auch solche Lärmbeeinträchtigungen abwägungserheblich sein, die nicht unter § 17 Abs. 4 FStrG fallen.[401]

264 Gem. §§ 41 Abs. 1 BImSchG, 17 Abs. 4 S. 1 FStrG muß der Träger der Straßenbaulast diejenigen Anlagen errichten und unterhalten, die zur Abwehr von schädlichen Umwelteinwirkungen durch Verkehrsgeräusche erforderlich sind. Nach Ansicht des *BVerwG* geben beide Vorschriften inhaltlich die gleichen Anforderungen und Grenzen für den Lärmschutz vor.[402]

Erhebliche Nachteile und Belästigungen liegen vor, wenn diese dem Betroffenen auch unter Würdigung der besonderen Bedeutung eines leistungsfähigen Straßenverkehrsnetzes für die Allgemeinheit wie für den einzelnen billigerweise nicht mehr zugemutet werden können. Abzustellen ist dabei auf die konkrete bebauungsrechtliche Situation des betroffenen Grundstücks (sog. planerische Vorbelastung). Hinsichtlich der Zumutbarkeit des Verkehrslärms wird von der Rechtsprechung nach den Baugebiets-Kategorien differenziert.[403] In Wohngebieten wird den Betroffenen daher weniger an Lärm zugemutet als im Außenbereich. Neben den Gebietsarten orientiert sich die Zumutbarkeit des Verkehrslärms vor allem an einer Vorbelastung des

---

395 Zur zu berücksichtigenden baul. Qualität vgl. *BVerwG,* Urt. v. 21. 3. 1996 – 4 A 11/95 –, NVwZ 1996, 1008.

396 So auch *BVerwG,* Urt. v. 21. 3. 1996 – 4 A 10/95 –, NVwZ 1996, 1006; *Jarass,* BImSchG, § 41 Rn. 38 m. w. N.; *Hansmann,* in: Landmann/Rohmer, UmweltR, Bd. I, BImSchG, § 41 Rn. 18a; *Kloepfer,* UmweltR, § 14 Rn. 171.

397 Vgl. *BVerwG,* Urt. v. 12. 12. 1990 – 4 C 40/87 –, DVBl. 1991, 810 (812).

398 Vgl. *Kloepfer,* UmweltR, § 14 Rn. 171.

399 Vgl. dazu *Alexander,* NVwZ 1991, 318 (321); *Kloepfer,* UmweltR, § 14 Rn. 171.

400 Vgl. *Bonk,* in: Stelkens/Bonk/Sachs, VwVfG, § 74 Rn. 30.

401 *BVerwG,* Urt. v. 14. 9. 1987 – 4 B 179 u. 180/87 –, UPR 1988, 71.

402 *BVerwG,* Urt. v. 22. 5. 1987 – 4 C 33–35.83 –, DVBl. 1987, 97; vgl. *dass.,* Urt. v. 29. 4. 1988 – 7 C 33.87 –, DVBl. 1988, 967.

403 Vgl. §§ 2 ff. BauNVO.

Grundstücks.[404] Als Folge einer plangegebenen Vorbelastung werden die Ansprüche der Anwohner auf die für das Baugebiet gesetzlich vorgeschriebenen technischen Lärmschutzvorkehrungen (aktiver Lärmschutz) nicht geschmälert. Soweit aber nur passive Lärmschutzmaßnahmen, insbesondere Lärmschutzfenster zur Geräuschdämmung in Betracht kommen, müssen sie die hierdurch entstehenden Kosten selbst tragen. Auch eine Entschädigung in Geld können sie bei einer plangegebenen Vorbelastung regelmäßig nicht beanspruchen.[405]

II. Lärmsanierung

Bei der Lärmsanierung geht es darum, den Lärm an bereits bestehenden **265**
Straßen zu reduzieren. Die Lärmsanierung ist gesetzlich nicht geregelt. Sie wird zur Zeit daher nur nach Bundes- und Landesrichtlinien vorgenommen.[406] Ein Anspruch auf Lärmsanierung durch Maßnahmen des aktiven Lärmschutzes besteht nicht.[407]

III. Finanzielle Entschädigungen

Hinsichtlich der finanziellen Entschädigungen für Lärmbeeinträchtigungen **266**
ist zu unterscheiden zwischen den sog. *Billigkeitsentschädigungen* und den *enteignungsrechtlichen Entschädigungen.*[408]

Eine einfachgesetzliche **Billigkeitsentschädigung** gewähren die §§ 17 **267**
Abs. 4 S. 2, Abs. 6 S. 2 FStrG. Danach hat der Betroffene einen Anspruch auf angemessene Entschädigung in Geld, wenn Lärmschutzanlagen mit einem Straßenbauvorhaben unvereinbar sind oder ihre Kosten außer Verhältnis zu dem angestrebten Schutzzweck stehen. Eine Billigkeitsentschädigung enthält auch § 42 Abs. 1 BImSchG.[409]

Während die finanziellen Entschädigungen des Billigkeitsausgleichs für **268**
lärmbekämpfende Maßnahmen bezweckt sind, kann ein Schadensersatzanspruch für eingetretene Wertminderungen nach der Rechtsprechung des *BGH* geltend gemacht werden, wenn der Verkehrslärm die enteignungsrechtlichen Grenzen überschreitet. Die Entschädigungspflicht folgt aus dem allgemeinen **Aufopferungsgrundsatz.**[410]

Nach der Rechtsprechung des *BGH* steht dem Betroffenen ein öffentlich- **269**
rechtlicher Anspruch auf Entschädigung zu, wenn Verkehrsimmissionen von hoher Hand, deren Zuführung nicht untersagt werden kann, sich als ein unmittelbarer Eingriff in nachbarliches Eigentum darstellen und die Grenze dessen überschreiten, was ein Nachbar nach § 906 BGB entschädigungslos hinnehmen muß.[411] Der Entschädi-

---

[404] Vgl. m. w. N. zur RSpr. *Peine,* DÖV 1988, 937 (943ff.); zu Rechtsproblemen bei der Bewertung von Geräuschemissionen *Kutscheidt,* NVwZ 1989, 193.

[405] *BVerwG,* Urt. v. 22. 5. 1987 – 4 C 33–35.83 –, DVBl. 1987, 97; zu diesem Urteil ausführl. *Schulze-Fielitz,* Die Verw. 1988, 236ff.

[406] Vgl. *Janning,* StuGB 1987, 481 (509).

[407] Krit. dazu BMU, UGB-KomE, S. 1194f.

[408] Dazu i. e. *Burkard,* VBlBW 1988, 41 (43ff.); *Janning,* StuGB 1987, 481 (509ff.).

[409] Vgl. dazu *BGH,* Urt. v. 21. 1. 1999 – 3 ZR 168/97 –, DVBl. 1999, 603 (606).

[410] Vgl. *BGH,* Urt. v. 9. 10. 1986 – III ZR 2/85 –, DVBl. 1987, 568 (569).

[411] Vgl. *BGH,* Urt. v. 9. 10. 1986 – III ZR 2/85 –, DVBl. 1987, 568 (569).

gungsanspruch ist unabhängig davon, ob der betroffene Anlieger zum Ausbau der Straße einen Teil seines Grundstücks hat abtreten müssen oder nicht. Er besteht in erster Linie in einem Geldausgleich für Schallschutzeinrichtungen auf dem betroffenen Grundstück. Eine Entschädigung für einen Minderwert des Grundstücks kommt erst in Betracht, wenn Schutzeinrichtungen keine wirksame Abhilfe versprechen oder unverhältnismäßige Aufwendungen erfordern. Der Entschädigungsanspruch setzt, wenn keine Teilenteignung von Grundeigentümern für den Straßenbau erfolgt ist, weiter voraus, daß die zugelassene Nutzung des Straßengrundstücks die vorgegebene Grundstückssituation nachhaltig verändert und dadurch das benachbarte Wohneigentum schwer und unerträglich trifft.[412] Bei dem Entschädigungsanspruch wegen Wertminderung des von Verkehrsimmissionen betroffenen Grundstücks handelt es sich um einen vor den Zivilgerichten geltend zu machenden Anspruch aus enteignendem Eingriff.[413]

270 Die enteignungsrechtliche Zumutbarkeitsschwelle liegt über den Grenzwerten, die für die sonstigen Lärmschutzmaßnahmen anerkannt werden. Für das Erreichen der Enteignungsschwelle kann nicht danach unterschieden werden, ob die Verkehrsimmissionen von neuen oder alten Straßen ausgehen.[414]

E. Gebietsbezogener Immissionsschutz

271 Neben dem *anlagenbezogenen, produktbezogenen* und *verkehrsbezogenen* Immissionsschutz sehen die §§ 44 bis 47 BImSchG, ergänzt durch §§ 49f. BImSchG, Instrumente einer flächenbezogenen Kontrolle vor, die man als gebietsbezogenen Immissionsschutz bezeichnen kann.[415] Die Vorschriften des *gebietsbezogenen* Immissionsschutzes haben für den Bürger keine unmittelbare Verbindlichkeit. Sie sollen vielmehr die notwendigen verwaltungsinternen Maßnahmen für eine effiziente Luftreinhaltung in Gang setzen, die die Voraussetzung für eine erfolgreiche Reduzierung der Luftverunreinigungen in bestimmten besonders belasteten Gebieten sind. Zum gebietsbezogenen Immissionsschutz lassen sich zwar auch Maßnahmen des *aktiven Lärmschutzes* (§ 41 BImSchG) und die *Festlegung von Sperrbezirken* bei austauscharmen Wetterlagen (§ 40 BImSchG) zählen.[416] Den *Kernbereich* des gebietsbezogenen Immissionsschutzes bilden jedoch die Regelungen über

- Luftreinhalte- und Lärmminderungsplanung (§§ 44ff. BImSchG),
- besonders schutzbedürftige Gebiete (§ 49 BImSchG),
- Planungsgrundsatz (§ 50 BImSchG).

---

[412] *BGH,* Urt. v. 25. 3. 1993 – III ZR 60/91 –, NJW 1993, 1700 m. w. N.

[413] Vgl. *BGH,* Urt. v. 17. 4. 1986 – III ZR 202/84 –, BGHZ 97, 361 (362f.); *ders.,* Urt. v. 6. 2. 1986 – III ZR 96/84 –, BGHZ 97, 114 (115).

[414] I. e. *Janning,* StuGB 1987, 481 (509ff.).

[415] *Breuer,* in: Schmidt-Aßmann, BesVwR, 5. Abschn. Rn. 220; *Feldhaus,* BImSchG, § 44 Anm. 2.

[416] *Feldhaus,* HdUR, Bd. 1, Sp. 775; zum Verkehrslärmschutz vgl. oben § 20 Rn. 17; der Kommissionsentwurf zum UGB sieht die Zusammenführung aller gebietsbezogenen Regelungen in einem eigenen Abschnitt in den §§ 443–447 UGB-KomE vor, wobei eine Integration der Luftreinhalte- u. Lärmminderungspläne in die Umweltgrundlagenplanung nicht vorgesehen wird, vgl. BMU, UGB-KomE, S. 281ff., 1207f.

I. Luftreinhalte- und Lärmminderungsplanung

Instrumente der Luftreinhalte- und Lärmminderungsplanung sind die 272

- Ausweisung von Untersuchungsgebieten (§ 44 BImSchG),
- Aufstellung von Emissionskatastern (§ 46 BImSchG),
- Luftreinhaltepläne (§ 47 BImSchG) sowie
- Lärmminderungspläne (§ 47a BImSchG).[417]

1. Untersuchungsgebiete

Gem. § 44 Abs. 3 S. 1 BImSchG weisen die Landesregierungen durch Rechtsverordnung aus, welche Gebiete als Untersuchungsgebiete anzusehen sind.[418] Untersuchungsgebiete sind Gebiete, in denen Luftverunreinigungen auftreten oder zu erwarten sind, die wegen 273

- der Häufigkeit und Dauer ihres Auftretens (Nr. 1),
- ihrer hohen Konzentrationen (Nr. 2) oder
- der Gefahr des Zusammenwirkens verschiedener Luftverunreinigungen (Nr. 3)

schädliche Umwelteinwirkungen hervorrufen können (§ 44 Abs. 2 BImSchG).[419] In den Untersuchungsgebieten haben die zuständigen Behörden gem. § 44 Abs. 1 S. 1 BImSchG Art und Umfang bestimmter Luftverunreinigungen, welche schädliche Umwelteinwirkungen hervorrufen können, fortlaufend festzustellen sowie die für ihre Entstehung und Ausbreitung bedeutsamen Umstände zu untersuchen, um den Stand und die Entwicklung der Luftverunreinigung und Grundlagen für Abhilfe und Vorsorgemaßnahmen zu gewinnen. Gleiches gilt gem. § 44 Abs. 1 S. 2 BImSchG für Gebiete, in denen eine Überschreitung von Immissionswerten oder Immissionsleitwerten, die in zur Durchführung dieses Gesetzes ergangenen Rechts- oder allgemeinen Verwaltungsvorschriften zum Schutze vor Gesundheitsgefahren oder in bindenden Beschlüssen der EG festgelegt sind, festgestellt wird oder zu erwarten ist. Dabei sind insbesondere Feststellungen über besonders bedenkliche Substanzen wie Schwefeldioxyd, Stickoxyd, Kohlenmonoxyd, Staub und gasförmige organische Verbindungen festzustellen.[420] Über die genannten Stoffe hinaus können die zuständigen Landesbehörden ihr Meßprogramm an besondere örtliche Bedürfnisse anpassen und ihre Ermittlungen auf weitere Schadstoffe ausdehnen.[421]

Soweit es zur einheitlichen Beurteilung von Stand und Entwicklung der Luftverunreinigung im Bundesgebiet erforderlich ist, erläßt der Bundesminister für Umwelt, Naturschutz und Reaktorsicherheit gem. § 45 BImSchG zur Durchführung der Feststellungen nach § 44 Abs. 1 BImSchG mit Zustimmung des Bundesrates allgemeine Verwaltungsvorschriften über die Meß- 274

---

[417] Vgl. zur Entwicklung der Lärmminderungsplanung *Schmidt,* UPR 1995, 379ff.

[418] Siehe § 443 Abs. 2 S. 2 UGB-KomE, wonach die Ausweisung eines Untersuchungsgebiets in einer RVO nicht mehr konstitutiv für das Vorliegen eines Untersuchungsgebietes ist, vgl. BMU, UGB-KomE, S. 281, 1209.

[419] Weiter § 443 Abs. 2 UGB-KomE, vgl. BMU, UGB-KomE, S. 281, 1209.

[420] *Feldhaus,* BImSchG, § 44 Anm. 5.

[421] Als Informationsquelle über die Schadstoffbelastung dienen den zuständigen Behörden außerdem die von den Anlagenbetreibern mindestens jährlich vorzulegenden Emissionserklärungen gem. § 27 BImSchG, vgl. dazu bereits oben § 21 Rn. 203ff.

Koch, DVBl 92, 1124, Koch / Kahle, NVwZ 06, 1124

objekte, Meßverfahren und Meßgeräte, für die Bestimmung der Zahl und der Lage der Meßstellen zu beachtenden Grundsätze und über die Auswertung der Meßergebnisse. Gestützt auf § 45 BImSchG ist die Vierte Allgemeine Verwaltungsvorschrift zum Bundes-Immissionsschutzgesetz erlassen worden.[422]

2. *Emissionskataster*

275 Neben den Immissionen sind auch die quellenbezogenen Emissionen festzustellen. Gem. § 46 Abs. 1 S. 1 BImSchG haben die zuständigen Behörden für die Belastungsgebiete ein sog. Emissionskataster aufzustellen. Das Emissionskataster enthält Angaben über Art, Menge, räumliche und zeitliche Verteilung und die Austrittsbedingungen von Luftverunreinigungen bestimmter Anlagen und Fahrzeuge. Bei der Ermittlung der Angaben für das Emissionskataster sind die Ergebnisse von bereits durchgeführten Messungen nach den §§ 26, 28, 29 und 52 BImSchG zu berücksichtigen. In regelmäßigen Zeitabständen sollen die Angaben in den Emissionskatastern überprüft und ggf. ergänzt werden. Grundsätze, die bei der Aufstellung von Emissionskatastern zu beachten sind, regelt die Fünfte Allgemeine Verwaltungsvorschrift zum Bundes-Immissionsschutzgesetz (Emissionskataster in Belastungsgebieten).[423]

3. *Luftreinhaltepläne*

276 Die Feststellung über Immissionen nach § 44 BImSchG und die Emissionskataster nach § 46 BImSchG sind unter Berücksichtigung der meteorologischen Verhältnisse auszuwerten (§ 47 Abs. 1 S. 1 BImSchG). Ergibt die Auswertung, daß im gesamten Untersuchungsgebiet, in Teilen des Gebiets oder in einem Gebiet nach § 44 Abs. 1 S. 2 BImSchG festgesetzte Immissionswerte überschritten werden, *hat* die zuständige Behörde gem. § 47 Abs. 1 S. 1 BImSchG für dieses Gebiet einen Luftreinhalteplan als **Sanierungsplan** aufzustellen.[424] Ferner *soll* gem. § 47 Abs. 1 S. 2 BImSchG für ein solches Gebiet ein Sanierungsplan aufgestellt werden, wenn sonstige schädliche Umwelteinwirkungen durch Luftverunreinigungen auftreten oder zu erwarten sind. Zudem *kann* ein Luftreinhalteplan zur Vorsorge gegen schädliche Umwelteinwirkungen aufgestellt werden, wenn die festgestellten oder zu erwartenden Luftverunreinigungen die festgelegten Immissionsleitwerte überschreiten.

277 Gem. § 47 Abs. 2 BImSchG enthält der Luftreinhalteplan

- die Darstellung der festgestellten Emissionen und Immissionen aller oder bestimmter luftverunreinigender Stoffe (Nr. 1),
- Angaben über die festgestellten Wirkungen auf die in § 1 BImSchG genannten Schutzgüter (Nr. 2),
- Feststellungen über die Ursachen der Luftverunreinigungen und ihrer Auswirkungen (Nr. 3),

---

[422] V. 8. 4. 1975 (GMBl. S. 358).

[423] V. 30. 1. 1979 (GMBl. S. 42); der SRU äußert eine gewisse Besorgnis, der Wert der Emissionskataster könne abgenommen haben, SRU, Umweltgutachten 1987, BT-Drs. 11/1568, Tz. 792.

[424] Siehe zum Luftreinhalteplan § 444 UGB-KomE, vgl. BMU, UGB-KomE, S. 282, 1210f.

- eine Abschätzung der zu erwartenden künftigen Veränderungen der Emissions- und Immissionsverhältnisse (Nr. 4),
- die Angabe der in § 47 Abs. 1 BImSchG genannten Immissionswerte und Immissionsleitwerte sowie vorgesehene Nutzungen (Nr. 5) und
- die Maßnahmen zur Verminderung der Luftverunreinigungen und zur Vorsorge (Nr. 6).

Als Maßnahmen zur Vermeidung von Luftverunreinigungen und zur Vorsorge kommen z.B. die Einführung von Fernheizsystemen, die beschleunigte Sanierung von Altanlagen oder die Umstellung auf emissionsärmere Brennstoffe in Betracht.[425] **278**

Der Luftreinhalteplan ist nur eine Handlungsanweisung für die aufstellende Behörde selbst, für andere Behörden ist er zunächst nicht verbindlich.[426] Die im Reinhalteplan geforderten Maßnahmen bedürfen der Umsetzung durch Verwaltungs- oder Rechtsetzungsakte der zuständigen Träger.[427] So sind gem. § 47 Abs. 3 BImSchG die Maßnahmen des Luftreinhalteplans durch Anordnungen oder sonstige Entscheidungen der zuständigen Träger öffentlicher Verwaltung nach diesem Gesetz oder nach anderen Rechtsvorschriften durchzusetzen. Verbindlichkeit erlangt der Luftreinhalteplan dann, wenn er rechtlich für verbindlich erklärt wird. Die Möglichkeit, den Luftreinhalteplan für verbindlich zu erklären, ist im Landesrecht teilweise vorgesehen.[428] Soweit Luftreinhaltepläne für verbindlich erklärt sind, müssen sie bei allen behördlichen Maßnahmen im Rahmen der dafür geltenden Vorschriften beachtet werden (§ 8 Abs. 2 LImSchG NW). **279**

Gem. § 46 Abs. 3 S. 2 BImSchG haben die zuständigen Planungsträger darüber zu befinden, ob und inwieweit Planungen in Betracht zu ziehen sind, wenn in dem Luftreinhalteplan planungsrechtliche Festsetzungen vorgesehen sind.[429] Mithin sind die Festsetzungen in einem Luftreinhalteplan von den Planungsbehörden zu berücksichtigen.[430] **280**

Mittelbare Wirkung entfalten Luftreinhaltepläne zudem bei allen **Ermessensentscheidungen,** die der Luftreinhaltung dienen. Die Behörde muß sich im Rahmen ihrer Ermessensausübung mit den Aussagen des Luftreinhalteplans auseinandersetzen, die Nichtberücksichtigung des Plans wäre ermessensfehlerhaft.[431] **281**

---

425 Vgl. *Feldhaus,* HdUR, Bd. 1, Sp. 776.

426 *Jarass,* BImSchG, § 47 Rn. 16; da der Luftreinhalteplan kein Rechtsinstitut ist, das die Minderung der Schadstoffemissionen nach einem verbindl. Zeitplan durchsetzen könnte, ist die Effizienz dieses Instruments bezweifelt worden, SRU, Umweltgutachten 1987, BT-Drs. 11/1568, Tz. 788.

427 *Feldhaus,* BImSchG, § 47 Anm. 6; *Schulze-Fielitz,* UPR 1992, 41 ff.; *Dube,* IUR 1991, 123 ff.; *Dürr,* UPR 1992, 241 (247).

428 Vgl. § 8 Abs. 1 LImSchG NW.

429 Str. ist die Berücksichtigungspflicht bei Planfeststellungsbeschlüssen und im Rahmen der Raumordnung, vgl. *Schulze-Fielitz,* UPR 1992, 41 ff. einerseits u. Länderausschuß für Immissionsschutz, UPR 1991, 334 ff. andererseits.

430 Eine weitere Integration z.B. in die Umweltleitplanung wird eher krit. gesehen, vgl. dazu *Trute,* Vorsorgestrukturen und Luftreinhalteplanung im BImSchG, § 5; krit. zu entspr. Vorschlägen des Professorenentwurfs *Erbguth,* DVBl. 1992, 1122 (1132); *Hoppe,* NJW 1992, 1993; § 444 Abs. 3 S. 2 UGB-KomE sieht ein Berücksichtigungsgebot in Form eines Optimierungsgebots vor, vgl. BMU, UGB-KomE, S. 282, 1211 f.

431 *Jarass,* BImSchG, § 47 Rn. 18.

4. Lärmminderungspläne

282 Gem. § 47a Abs. 1 BImSchG haben die Gemeinden oder die nach Landesrecht zuständigen Behörden in Gebieten, in denen schädliche Umwelteinwirkungen durch Geräusche hervorgerufen werden oder zu erwarten sind, die Belastungen durch die einwirkenden Geräuschquellen zu erfassen und ihre Auswirkungen auf die Umwelt festzuhalten.[432] Für Wohngebiete und andere schutzwürdige Gebiete sind gem. § 47a Abs. 2 BImSchG Lärmminderungspläne aufzustellen, wenn in den Gebieten nicht nur vorübergehend schädliche Umwelteinwirkungen durch Geräusche hervorgerufen werden oder zu erwarten sind und ihre Beseitigung oder Verminderung ein abgestimmtes Vorgehen gegen verschiedenartige Lärmquellen erfordert.[433]

283 Gem. § 47a BImSchG sollen Lärmminderungspläne Angaben enthalten über

- festgestellte und zu erwartende Lärmbelästigungen (Nr. 1),
- Quellen der Lärmbelastungen (Nr. 2) und
- vorgesehene Maßnahmen zur Lärmminderung oder zur Verhinderung des weiteren Anstiegs der Lärmbelastung (Nr. 3).

284 Hinsichtlich der Verbindlichkeit verweist § 47a Abs. 3 BImSchG auf die Regelung des § 47 Abs. 3 BImSchG.[434]

II. Besonders schutzbedürftige Gebiete

285 Der gebietsbezogene Immissionsschutz der §§ 44 bis 47 BImSchG wird durch § 49 BImSchG ergänzt. Gem. § 49 Abs. 1 BImSchG werden die Landesregierungen ermächtigt, für bestimmte Sondergebiete durch Rechtsverordnung Immissionsschutzanforderungen vorzuschreiben, die über die sonst im Gesetz vorgesehen Schutzmaßnahmen z. T. erheblich hinausgehen. Eine Schutzbedürftigkeit kann sich zum einen aus den bereits vorhandenen überdurchschnittlichen Belastungen ergeben und zum anderen sind mit Sondergebieten solche Bereiche gemeint, die eines überdurchschnittlichen Schutzes vor Luftverunreinigungen und Geräuschen bedürfen (z.B. Kurgebiete, Erholungsgebiete und Gebiete in der Umgebung von Krankenhäusern) *(Schongebietsfestsetzung)*.[435] In diesen Gebieten kann gem. § 49 Abs. 1 Nr. 1 bis 4 BImSchG unter anderem die Errichtung oder der Betrieb von Anlagen oder die Benutzung von Brennstoffen ganz oder teilweise verboten werden, soweit schädliche Umwelteinwirkungen durch Luftverunreinigungen oder Geräusche hervorgerufen werden können, die mit dem besonderen Schutzbedürfnis dieser Gebiete nicht vereinbar sind, und sie durch Auflagen nicht verhindert werden können.

286 Des weiteren können die Landesregierungen gem. § 49 Abs. 2 S. 1 BImSchG durch Rechtsverordnung Gebiete festsetzen, in denen während austauscharmer Wetterlagen ein starkes Anwachsen schädlicher Umwelteinwirkungen

---

[432] Siehe auch § 445 UGB-KomE, vgl. BMU, UGB-KomE, S. 282f., 1212.

[433] § 47a BImSchG ist für Lärmminderungspläne der Vorschrift des § 47 BImSchG zu Luftreinhaltepläne entsprechend konzipiert; sie geht auf § 12a LImSchG NW zurück.

[434] Vgl. dazu § 21 Rn. 279.

[435] Zur Begrifflichkeit *Schmidt-Aßmann,* in: Salzwedel, UmweltR, 1. Aufl., S. 117 (140).

wirkungen durch Luftverunreinigungen zu befürchten ist *(Smoggebietsfestsetzungen)*.[436] In der Rechtsverordnung kann vorgeschrieben werden, daß in diesen Gebieten ortsveränderliche oder ortsfeste Anlagen nur zu bestimmten Zeiten betrieben oder Brennstoffe, die in besonderem Maße Luftverunreinigungen hervorrufen, in Anlagen nicht oder nur beschränkt verwendet werden dürfen, sobald die austauscharme Wetterlage von der zuständigen Behörde bekanntgegeben wird *(sog. Smogalarm)*.[437]

Gem. § 49 Abs. 3 BImSchG bleiben landesrechtliche Ermächtigungen für die Gemeinden und Gemeindeverbände zum Erlaß von ortsrechtlichen Vorschriften, Regelungen zum Schutz der Bevölkerung vor schädlichen Umwelteinwirkungen durch Luftverunreinigungen oder Geräusche zum Gegenstand haben, unberührt. **287**

III. Planungsgrundsatz des § 50 BImSchG

Gem. § 50 BImSchG sind bei raumbedeutsamen Planungen und Maßnahmen die für eine bestimmte Nutzung vorgesehenen Flächen einander so zuzuordnen, daß schädliche Umwelteinwirkungen auf die ausschließlich oder überwiegend dem Wohnen dienenden Gebiete[438] sowie auf sonstige schutzbedürftige Gebiete soweit wie möglich vermieden werden. § 50 BImSchG ist die einzige gebiets- bzw. raumbezogene Planungsvorschrift des BImSchG. Mit ihr soll bereits im Planungsstadium sichergestellt werden, daß bei der räumlichen Zuordnung unterschiedlicher Nutzungen den Zielen des BImSchG Rechnung getragen wird. § 50 BImSchG konkretisiert in besonderem Maße das Vorsorgeprinzip. Die Vorschrift enthält ein *Optimierungsgebot* an den Planer, das für jede Planung gilt.[439] Subjektiv-öffentliche Rechte können Planbetroffene aus dem Optimierungsgebot nicht ableiten. Da das BImSchG nur schwach entwickelte Planungselemente enthält, zielt § 50 BImSchG in erster Linie auf raumbedeutsame Planungen und Maßnahmen nach anderen Gesetzen.[440] **288**

F. Organisation

Die Verwaltungszuständigkeit für den Immissionsschutz liegt gem. Art. 83 GG bei den Ländern.[441] Die Behördenzuständigkeit ist durch **289**

[436] § 446 UGB-KomE faßt die Rechtsgrundlagen für Maßnahmen bei austauscharmen Wetterlagen der §§ 40 Abs. 1, 49 Abs. 2 BImSchG zusammen, vgl. BMU, UGB-KomE, S. 283, 1212ff.

[437] Zu den Smog-Verordnungen bereits oben § 21 Rn. 248.

[438] Vgl. dazu Verordnung über die bauliche Nutzung der Grundstücke (Baunutzungsverordnung – BauNVO) i. d. F. d. Bek. v. 21. 1. 1990 (BGBl. I S. 132), zul. geänd. durch G v. 22. 4. 1993 (BGBl. I S. 466).

[439] Zu den Optimierungsgeboten siehe oben § 7 Rn. 11.

[440] *Jarass,* BImSchG, § 50 Rn. 1; *Feldhaus,* BImSchG, § 50 Anm. 3; zur Umweltplanung siehe oben § 7 Rn. 27ff.; ob § 50 BImSchG drittschützend ist, hat das BVerwG ausdrückl. offengelassen, vgl. *BVerwG,* Urt. v. 4. 5. 1988 – 4 C 2.85 –, UPR 1988, 346 (347); bejahend *Kühling,* FachplanungsR, Rn. 434.

[441] Von der Möglichkeit, für den Vollzug des BImSchG bestimmte Landesbehörden gem. Art. 84 Abs. 1 GG zu benennen, hat der Bundesgesetzgeber keinen Gebrauch gemacht.

die Länder in der Regel im Rahmen von Rechtsverordnungen festgelegt worden.[442] Danach sind im Regelfall die unteren Verwaltungsbehörden sowie die Gewerbeaufsichtsämter bzw. die Staatlichen Umweltämter für die Anlagenzulassung zuständig, während sich die Zuständigkeit bei größeren Vorhaben bzw. bei Anlagen, die im Zusammenhang mit kerntechnischen Anlagen stehen, dem Regierungspräsidenten bzw. der Bezirksregierung, ggf. den Bergämtern und Landesoberbergämtern oder gar den Umweltministerien obliegt. Die Kontrolle nicht genehmigungsbedürftiger Anlagen obliegt zum Teil den Gewerbeaufsichtsämtern bzw. den Staatlichen Umweltämtern oder den allgemeinen Verwaltungsbehörden. Demgegenüber fällt die Aufstellung von Luftreinhalteplänen und die Bekanntmachung austauscharmer Wetterlagen in die Zuständigkeit der Bundesminister.

G. Straf- und Bußgeldvorschriften

290 Dem Schutz vor schädlichen Umwelteinwirkungen durch Immissionen dienen nicht zuletzt eine Reihe von Vorschriften des Straf- und Ordnungswidrigkeitenrechts, die im BImSchG, in auf seiner Grundlage ergangenen Rechtsverordnungen sowie im Strafgesetzbuch normiert sind.

I. Strafvorschriften nach dem Strafgesetzbuch

291 In den Straftatbeständen des § 325 StGB ist die Luftverunreinigung, in § 325a StGB das Verursachen von Lärm, Erschütterungen und nicht ionisierenden Strahlen, in § 327 StGB das unerlaubte Betreiben von Anlagen und in § 329 StGB die Gefährdung schutzbedürftiger immissionsschutzrechtlicher Gebiete strafbewehrt.

---

[442] Vgl. Baden-Württembergische VO über die Zuständigkeit nach dem BImSchG und den nach diesem Gesetz ergangenen VO (BImSchZuVO) v. 25. 2. 1993 (GBl. S. 160), geänd. durch VO v. 9. 8. 1999 (GBl. S. 374); Brandenburgische VO zur Regelung der Zuständigkeiten auf dem Gebiet des Immissions- und Strahlenschutzes (ImmissionsschutzzuständigkeitsVO) v. 26. 8. 1991 (GVBl. S. 386), zul. geänd. durch VO v. 15. 9. 1999 (GVBl. II S. 509); Bremische VO über die nach dem BImSchG zuständigen Behörden v. 11. 2. 1975 (GBl. S. 98), zul. geänd. durch VO v. 7. 12. 1993 (GBl. S. 407); Hessische VO zur Regelung von Zuständigkeiten nach dem BImSchG v. 21. 7. 1994 (GVBl. S. 313); VO des Landes Mecklenburg-Vorpommern über die Zuständigkeiten der Immissionschutzbehörden v. 12. 7. 1994 (GVOBl. S. 773); Rheinland-Pfälzische LandesVO über die Zuständigkeiten nach dem BImSchG v. 2. 6. 1992 (GVBl. S. 152), zul. geänd. durch VO v. 1. 2. 1994 (GVBl. S. 75); Saarländische VO zur Regelung von Zuständigkeiten nach dem BImSchG v. 4. 6. 1974 (Amtsbl. S. 649), geänd. durch VO v. 3. 2. 1978 (Amtsbl. S. 92); Sächsische VO über Zuständigkeiten zur Ausführung des BImSchG, des BzblG und der aufgrund dieser Gesetze ergangenen RVO v. 5. 7. 1994 (GVBl. S. 1282); VO des Landes Sachsen-Anhalt über die Regelung von Zuständigkeiten im Immissions-, Gewerbe- und Arbeitsschutzrecht sowie in anderen Rechtsgebieten v. 14. 6. 1994 (GVBl. S 636, ber. S. 889); Schleswig-Holsteinische LandesVO über die zuständigen Behörden nach dem BImSchG v. 31. 8. 1993 (GVOBl. S. 404); Thüringer VO zur Bestimmung von Zuständigkeiten auf dem Gebiet des Immissionsschutzes v. 30. 9. 1994 (GVBl. S. 1085).

1. Luftverunreinigung nach § 325 StGB

Gem. § 325 Abs. 1 StGB wird mit Freiheitsstrafe bis zu fünf Jahren oder mit Geldstrafe bestraft, wer beim Betrieb einer Anlage, insbesondere einer Betriebsstätte oder Maschine, unter Verletzung verwaltungsrechtlicher Pflichten, Veränderungen der Luft verursacht, die geeignet sind, außerhalb des zur Anlage gehörenden Bereichs die Gesundheit eines anderen, Tiere, Pflanzen oder andere Sachen von bedeutendem Wert zu schädigen. § 325 Abs. 1 StGB erfaßt Handlungen beim Betrieb einer Anlage. Es ist damit ein **Sonderdelikt** für den Betreiber der Anlage. Der Anlagenbegriff ist im wesentlichen mit dem des § 3 Abs. 5 BImSchG identisch.[443] Vom Anlagenbegriff nicht erfaßt werden gem. § 325 Abs. 5 StGB Kraftfahrzeuge, Schienen-, Luft- oder Wasserfahrzeuge.[444] 292

Tathandlung ist jede Veränderung der Luft, die geeignet ist, außerhalb des zur Anlage gehörenden Bereichs die Gesundheit eines anderen, Tiere, Pflanzen oder andere Sachen von bedeutendem Wert zu schädigen. Eine Luftveränderung in diesem Sinne liegt auch bei Sauerstoffentzug, Temperaturveränderung und radioaktiver Kontamination vor.[445] Geschütztes Rechtsgut des § 325 Abs. 1 StGB ist die Gesundheit, Tiere, Pflanzen sowie Sachen von bedeutendem Wert. Darüber hinaus geht die h.M. davon aus, daß die relative Reinheit der Luft als eigenständiges vorgelagertes Schutzgut angesehen werden muß.[446] Die nachteilige Veränderung der Luft muß eine Schädigungseignung in Bezug auf die vorbenannten Rechtsgüter aufweisen.[447] Ob bei der Beurteilung der Schädigungseignung auf in Verwaltungsvorschriften, wie der TA Luft, festgelegte Grenzwerte abgestellt werden kann, ist umstritten.[448] Ein Überschreiten der zum Schutz vor Gesundheitsgefahren festgelegten Grenzwerte kann aber ein Indiz für eine Schädigungseignung sein.[449] 293

Gem. § 325 Abs. 2 StGB wird ferner mit Freiheitsstrafe bis zu fünf Jahren oder mit Geldstrafe bestraft, wer beim Betrieb einer Anlage, insbesondere einer Betriebsstätte oder einer Maschine, unter grober Verletzung verwaltungsrechtlicher Pflichten Schadstoffe in bedeutendem Umfang in die Luft außerhalb des Betriebsgeländes freisetzt. Auch § 325 Abs. 2 StGB stellt ein **Sonderdelikt** für den Anlagenbetreiber dar. Tathandlung ist das anlagebezogene Freisetzen von Schadstoffen, die in § 325 Abs. 4 legaldefiniert werden. Danach sind Schadstoffe Stoffe, die geeignet sind, die Gesundheit eines anderen, Tiere, Pflanze oder andere Sachen von bedeutendem Wert zu schädigen (Nr. 1) oder nachhaltig ein Gewässer, die Luft oder den Boden zu verunreinigen oder sonst nachteilig zu verändern (Nr. 2). Die aus dem Bereichs der Anlage herrührenden Immissionen müssen außerhalb des Bereich des Betriebsgeländes eine bestimmte Schädigungseignung aufweisen.[450] Zur Tat- 294

---

443 *Michalke,* Umweltstrafsachen, Rn. 93.
444 Lk-*Steindorf,* StGB, § 325 Rn. 20–23.
445 *Kloepfer/Vierhaus,* UmweltstrafR, Rn. 113; *Kloepfer,* UmweltR, § 7 Rn. 45.
446 LK-*Steinhoff,* StGB, § 325 Rn. 2; *Tröndle/Fischer,* StGB, § 325 Rn. 2; *Kloepfer/Vierhaus,* UmweltstrafR, Rn. 112; a. A. SK-*Horn,* StGB, § 325 Rn. 2.
447 LK-*Steindorf,* StGB, § 325 Rn. 4 ff.
448 Vgl. hierzu *Rudolphi,* NStZ 1984, 248 (250 m. w. N.).
449 So auch *Kloepfer,* UmweltR, § 7 Rn. 45.
450 Vgl. BT-Drs. 12/7300, S. 22.

bestandsverwirklichung genügt bereits die generelle Gefährlichkeit der Stoffe. Allerdings müssen die freigesetzten Stoffe nach Art, Umfang oder Menge einen bedeutenden Umfang erreichen. § 325 Abs. 1 StGB erfaßt z.B. die Schadstofffreisetzung unter grobem Verstoß gegen Einzelakte nach §§ 12, 17 und 24 BImSchG oder immissionsschutzrechtliche Vorschriften enthaltende Anforderungen zur Immissionsminderung.[451] Nicht erfaßt werden Verstöße gegen das Fahrverbot nach den Smogverordnungen der Länder, da Kraftfahrzeuge vom Maschinenbegriff des Tatbestandes gem. § 325 Abs. 5 StGB ausgenommen sind.

2. Verursachen von Lärm, Erschütterungen, nichtionisierenden Strahlungen nach § 325a StGB

295 Gem. § 325a Abs. 1 StGB wird mit Freiheitsstrafe bis zu drei Jahren oder mit Geldstrafe bestraft, wer beim Betrieb einer Anlage, insbesondere einer Betriebsstätte oder Maschine, unter Verletzung verwaltungsrechtlicher Pflichten Lärm verursacht, der geeignet ist, außerhalb des zur Anlage gehörenden Bereichs die Gesundheit eines anderen zu schädigen. Im Gegensatz zu § 325 StGB ist Schutzgut des § 325a Abs. 1 StGB einzig die menschliche Gesundheit vor lärmbedingten Beeinträchtigungen. § 325 Abs. 1 StGB ist ein *abstraktes Gefährdungsdelikt.*

296 Darüber hinaus schützt § 325a Abs. 2 StGB als *konkretes Gefährdungsdelikt* neben der menschlichen Gesundheit auch fremde Tiere sowie Sachen von nicht nur unbedeutendem Wert. Gem. § 325a Abs. 2 StGB macht sich zudem strafbar, wer beim Betrieb einer Anlage, insbesondere einer Betriebsstätte oder Maschine, unter Verletzung verwaltungsrechtlicher Pflichten, die dem Schutz vor Lärm, Erschütterung oder nicht ionisierenden Strahlen dienen, die Gesundheit eines anderen, ihm nicht gehörende Tiere oder fremde Sachen von bedeutendem Wert gefährdet.

3. Unerlaubtes Betreiben von Anlagen nach § 327 StGB

297 Gem. § 327 Abs. 2 Nr. 1 StGB wird mit Freiheitsstrafe bis zu drei Jahren oder mit Geldstrafe bestraft, wer eine genehmigungsbedürftige Anlage oder eine sonstige Anlage i.S.d. BImSchG, deren Betrieb zum Schutz vor Gefahren untersagt worden ist, ohne die nach dem BImSchG erforderliche Genehmigung oder entgegen einer auf dem BImSchG beruhenden vollziehbaren Untersagung betreibt.[452] Genehmigungspflichtige Anlage i.S.d. § 327 Abs. 2 Nr. 1 StGB sind nunmehr auch Abfallentsorgungsanlagen.[453]

4. Gefährdung schutzbedürftiger Gebiete nach § 329 StGB

298 Gem. § 329 Abs. 1 S. 1 StGB wird mit Freiheitsstrafe bis zu drei Jahren oder mit Geldstrafe bestraft, wer entgegen einer aufgrund des BImSchG erlassenen Rechtsverordnung über ein Gebiet, das eines besonderen Schutzes vor schädlichen Umwelteinwirkungen durch Luftverunreinigungen oder

---

[451] BR-Drs. 126/90, S. 53.
[452] Dazu *OLG Köln,* Beschl. v. 19. 2. 1999 – Ss 610/98 – 278 –, NuR 1999, 597f.
[453] Vgl. dazu bereits oben § 21 Rn. 42ff.

Geräusche bedarf oder in dem während austauscharmer Wetterlagen ein starkes Anwachsen schädlicher Umwelteinwirkungen durch Luftverunreinigungen zu befürchten ist, Anlagen innerhalb des Gebietes betreibt. Der Tatbestand des § 329 Abs. 1 S. 1 StGB bezieht sich auf Verordnungen, die auf der Grundlage des § 49 BImSchG erlassen wurden.[454] Durch die 2. Alternative des § 329 Abs. 1 S. 1 StGB werden Verstöße gegen die **Smogverordnungen** der Länder erfaßt.

Demgegenüber bestraft § 329 Abs. 1 S. 2 StGB die Mißachtung von **Einzelanordnungen.** Danach wird bestraft, wer innerhalb eines solchen Gebietes Anlagen entgegen einer vollziehbaren Anordnung betreibt, die aufgrund einer in § 329 Abs. 1 S. 1 StGB bezeichneten Rechtsverordnung ergangen ist. Dem Tatbestand des § 325 StGB vergleichbar gilt die Vorschrift des § 329 Abs. 1 S. 1 und 2 StGB ebenfalls nicht für Kraftfahrzeuge, Schienen- und Luft- oder Wasserfahrzeuge (§ 329 Abs. 1 S. 3 StGB). **299**

Die Straftatbestände der §§ 325, 325a, 327 und 329 StGB erfahren im Falle einer vorsätzlichen Begehung als besonders schwerer Fall gem. § 330 StGB eine Strafverschärfung. **300**

II. Ordnungswidrigkeitstatbestände

Ordnungswidrigkeitstatbestände zum Immissionsschutz sind vornehmlich in §§ 62, 62a BImSchG enthalten. **301**

Die Ordnungswidrigkeitstatbestände der §§ 62, 62a BImSchG erfassen im Gegensatz zu den Straftatbeständen auch Tathandlungen im Zusammenhang mit Kraftfahrzeugen. Dies gilt z.B. gem. § 62 Abs. 1 Nr. 7a BImSchG für den Betrieb von Kraftfahrzeugen entgegen § 38 Abs. 2 S. 2 BImSchG, die nicht zum Verkehr auf öffentlichen Straßen zugelassen sind. **302**

---

[454] Nicht erfaßt werden dagegen VO auf der Grundlage des § 40 Abs. 1 BImSchG.

§ 22. Weiteres öffentlich-rechtliches Immissionsschutzrecht

1 Neben dem BImSchG dienen weitere Vorschriften des Bundes und der Länder dem öffentlich-rechtlichen Immissionsschutzrecht.

A. Bundesrecht

2 Dem Schutz der Umwelt vor schädlichen Immissionen dienen vor allem zwei – im Verhältnis zum BImSchG speziellere Bundesgesetze – und zwar das

- Benzinbleigesetz und das
- Fluglärmgesetz.

Das Benzinbleigesetz ergänzt insoweit die produktbezogenen Regelungen des BImSchG,[1] während das Fluglärmschutzgesetz eine Sonderregelung der verkehrsbezogenen Vorschriften des BImSchG[2] darstellt. Weitere immissionschutzrechtliche Vorschriften verkehrsbezogener Art finden sich überdies im Straßenverkehrsgesetzes,[3] in der Straßenverkehrs-Zulassungs-Ordnung,[4] in der Straßenverkehrs-Ordnung[5] sowie im Bundesfernstraßengesetz[6] und der Landesstraßengesetze. Für den Schienenverkehr sind die Vorschriften des Allgemeinen Eisenbahngesetzes[7] und für den Flugverkehr die des Fluglärmgesetzes, des Luftverkehrsgesetzes und der Luftverkehrs-Zulassungs-Verordnung einschlägig.

I. Benzinbleigesetz

3 Das Benzinbleigesetz (BzBlG)[8] regelt vor dem Hintergrund des stetig zunehmenden Kraftfahrzeugverkehrs und der damit anwachsenden Freisetzung luftverunreinigender Abgasmengen die Begrenzung der bleiförmigen Zusätze zu Otto-Kraftstoffen.[9] Das Gesetz beruht auf der konkurrierenden Gesetzgebungszuständigkeit des Bundes für die Bereiche Recht der Wirtschaft

---

[1] Vgl. dazu bereits oben § 21 Rn. 221 ff.

[2] Vgl. dazu bereits oben § 21 Rn. 230 ff.

[3] I. d. F. d. Bek. v. 19. 12. 1952 (BGBl. I S. 837), zul. geänd. durch G v. 28. 4. 1998 (BGBl. I S. 810).

[4] I. d. F. d. Bek. v. 28. 9. 1988 (BGBl. I S. 1793), zul. geänd. durch VO v. 31. 7. 1997 (BGBl. I S. 2006).

[5] V. 16. 11. 1970 (BGBl. I S. 1565, ber. 1971 I S. 38), zul. geänd. durch VO v. 25. 6. 1998 (BGBl. I S. 1654).

[6] I. d. F. d. Bek. v. 19. 4. 1994 (BGBl. I S. 854), zul. geänd. durch G v. 18. 6. 1997 (BGBl. I S. 1452).

[7] V. 27. 12. 1993 (BGBl. I S. 2378, 2396, ber. 1994 S. 2439), zul. geänd. durch G v. 25. 6. 1998 (BGBl. I S. 1588).

[8] Gesetz zur Verminderung von Luftverunreinigungen durch Bleiverbindungen in Ottokraftstoffen für Kraftfahrzeugmotore (Benzinbleigesetz – BzBlG) v. 5. 8. 1971 (BGBl. I S. 1234), zul. geänd. durch G v. 24. 6. 1994 (BGBl. I S. 1416).

[9] Vgl. dazu *Alfke/Beyrau*, HdUR, Bd. 1, Sp. 237 ff.

(Art. 74 Abs. 1 Nr. 11 GG) und Luftreinhaltung (Art. 74 Abs. 1 Nr. 24 GG) und ist zugleich wegen seines stoffbezogenen Ansatzes dem speziellen Gefahrstoffrecht zuzuordnen.[10]

4 Gem. § 1 Abs. 1 BzBlG dienen seine Vorschriften dem Zweck, zum Schutz der Gesundheit den Gehalt an Bleiverbindungen und anderen anstelle von Blei zugesetzten Metallverbindungen in Ottokraftstoffen zu beschränken.

5 Die Reduzierung des höchstzulässigen Gehaltes an Bleiverbindungen vollzog sich in drei Phasen: Ab 1. 1. 1970 galt zunächst ein Höchstgrenzwert von 0,40 g/l, ab 1. 1. 1976 ein solcher von 0,12 g/l. Seit 1. 2. 1988 schließlich gilt das Verbot der Herstellung und Einführung verbleiten „Normalbenzins": Ottokraftstoffe mit entsprechend niedriger Oktanzahl dürfen nur noch in den Verkehr gebracht werden, wenn ihr Gehalt an Bleiverbindungen, berechnet als Blei, nicht mehr als 0,012 g/l beträgt (§ 2 Abs. 1 BzBlG). Damit wurde erreicht, daß nunmehr alle 19500 Tankstellen (Stand März 1988) in Deutschland bleifreies Benzin anbieten.

6 Um zu verhindern, daß als Ersatz für die nur beschränkt zulässigen Bleiverbindungen auf andere Metallverbindungen zurückgegriffen wird, sieht § 2 Abs. 2 BzBlG ein Verbot anderer Metallverbindungen vor, solange sie nicht durch Rechtsverordnung ausdrücklich zugelassen sind. Eine derartige Verordnung ist bisher nicht erlassen worden.

7 Darüber hinaus hat der Gesetzgeber mit § 2a BzBlG eine Vorschrift zum Schutz der Verbraucher eingeführt, durch die verhindert werden soll, daß infolge des geringeren Bleigehaltes Benzin von minderer Qualität angeboten wird. Danach muß die mindestens gewährleistete Qualität der angebotenen Ottokraftstoffe durch Auszeichnung an der Zapfsäule oder sonst an der Tankstelle deutlich sichtbar kenntlich gemacht werden. Darüber hinaus werden die Hersteller und gewerblichen Einführer von Kraftfahrzeugen verpflichtet, die für ihre Otto-Motoren empfohlenen Kraftstoffqualitäten öffentlich bekanntzugeben. Im einzelnen sind diese Auszeichnungs- und Bekanntmachungspflichten in der Benzinqualitätsangabeverordnung[11] geregelt. Derjenige, der Ottokraftstoffe in den Geltungsbereich des Benzinbleigesetzes einführt oder sonst verbringt, hat gegenüber den Zolldienststellen die Beschaffenheit des Ottokraftstoffes schriftlich zu erklären (§ 4 Abs. 1 BzBlG). Eigentümer oder Betreiber von Anlagen, in denen Ottokraftstoffe gewerbsmäßig oder im Rahmen wirtschaftlicher Unternehmungen hergestellt oder gelagert werden sowie die Einführer von Ottokraftstoffen unterliegen besonderen Überwachungspflichten: Sie haben den zuständigen Behörden auf Verlangen Auskünfte zu erteilen und das Betreten von Grundstücken, Anlagen und Geschäftsräumen zu dulden (§ 5 BzBlG). Verstöße gegen die Vorschriften des Benzinbleigesetzes können gem. § 7 BzBlG als Ordnungswidrigkeiten geahndet werden.

8 Die Durchführung des Gesetzes obliegt dem Bundesamt für Wirtschaft und den nach Länderrecht zuständigen Behörden.

II. Fluglärmgesetz

9 Das Fluglärmgesetz[12] ist dem Schutz der Allgemeinheit vor Gefahren, erheblichen Nachteilen und erheblichen Belästigungen durch Fluglärm in der

---

[10] Vgl. dazu § 32 Rn. 1 u. 57.

[11] In der EG erfolgte eine Regelung des Bleigehalts in Benzin wesentl. später; seit dem 1. 1. 1981 ist der maximal zulässige Bleigehalt in der EG auf 0,4 g/l festgesetzt worden.

[12] Gesetz zum Schutz gegen Fluglärm (FluglG) v. 30. 3. 1971 (BGBl. I S. 282); zul. geänd. durch G v. 25. 9. 1990 (BGBl. I S. 2106).

Koch/Wieneke NVwZ 03, 1153

Umgebung von Flugplätzen gewidmet (§ 1 FluglG).[13] Es wird für den Bereich der Landeplätze durch die Landeplatz-Lärmschutz-Verordnung[14] ergänzt.

10 Das FluglG ist eine Reaktion des Gesetzgebers auf den seit Ende der 50er Jahre stetig anwachsenden zivilen Flugbetrieb und die gleichzeitig einsetzende Umstellung auf Düsenflugzeuge. Damit nahm insbesondere in Flughafennähe die Lärmbelastung sowohl hinsichtlich der Intensität als auch hinsichtlich der Häufigkeit der durch den Flugbetrieb verursachten Geräusche rapide zu. Bei gleichzeitig steigender Bevölkerungsdichte und Ausdehnung städtischer Wohnbebauung bis in die Nahzonen von Flugplätzen waren immer mehr Menschen den durchdringenden Geräuscheinwirkungen des Luftverkehrs nahezu ungeschützt ausgesetzt. Dies veranlaßte den Bundesgesetzgeber dazu, eine Rechtsgrundlage für bundeseinheitliche Maßnahmen zum Schutz gegen Fluglärm zu schaffen. Damit kam er seiner Pflicht aus Art. 2 Abs. 2 S. 1 GG nach, das Rechtsgut der körperlichen Unversehrtheit vor Eingriffen Dritter zu schützen.[15] Die Gesetzgebungskompetenz des Bundes für das Fluglärmgesetz ergibt sich aus Art. 74 Abs. 1 Nr. 18 GG (Bodenrecht).[16]

11 Das FluglG enthält zwei Abschnitte: Im ersten werden sog. **passive Lärmschutzmaßnahmen** in der Umgebung von Flughäfen und Flugplätzen vorgeschrieben (Festsetzung von Lärmschutzbereichen), der zweite Abschnitt regelt Verbesserungen des Luftverkehrsgesetzes (LuftVG), mit denen der Fluglärm im Wege sog. **aktiver Lärmschutzmaßnahmen** unmittelbar an der Quelle bekämpft wird (z. B. durch Genehmigungs- und Verhaltenspflichten beim Luftverkehrsbetrieb). Beide Bereiche stehen in einem wechselwirksamen Verhältnis zueinander. Je effektiver Emissionsreduzierungen an den Lärmquellen gelingen, desto weniger sind planungsrechtliche Eingriffe in der Nachbarschaft von Flugplätzen erforderlich.[17] Dabei genießen die aktiven Lärmschutzmaßnahmen den Vorrang, da aus rechtsstaatlicher Sicht primär der Verursacher von schädlichen oder lästigen Einwirkungen zu deren Verminderung heranzuziehen ist, bevor dem Betroffenen Maßnahmen zu seinem eigenen Schutz auferlegt werden.[18]

1. Aktiver Fluglärmschutz

12 Die wichtigsten Rechtsgrundlagen für aktive Fluglärmschutzmaßnahmen sind im Luftverkehrsgesetz[19], die dort durch § 15 FluglG eingefügt worden sind, daneben aber auch in der Luftverkehrsordnung[20], der Luftverkehrs-Zulassungs-Ordnung[21], sowie in einigen, zum Luftverkehrsgesetz erlassenen Rechtsverordnungen geregelt.

---

[13] Vgl. *Marohn,* HdUR, Bd. 1, Sp. 701 ff.; zur Bewältigung der Fluglärmproblematik ferner *Czybulka,* UPR 1999, 126 ff.

[14] Landeplatz-Lärmschutz-Verordnung (Landeplatz-LärmschutzV) v. 19. 1. 1999 (BGBl. I S. 35).

[15] Verordnung über die Auszeichnung der Qualitäten von Ottokraftstoffen und die Bekanntgabe der Anforderungen an Ottokraftstoffe v. 1. 8. 1984 (BGBl. I S. 1069).

[16] *Soell,* in: Salzwedel, Grundzüge des UmweltR, 1. Aufl., S. 329 (336 f.); siehe zur Gesetzgebungskompetenz auch oben § 4 Rn. 105 ff.

[17] Zur Enteignung bei enteignenden Flugimmissionen vgl. *Ossenbühl,* JZ 1994, 263 ff.

[18] *BVerfG,* Beschl. v. 7. 10. 1980 – 2 BvR 584/76 –, DVBl. 1981, 535 f.; zum FluglG auch *Marohn,* HdUR, Bd. 1, Sp. 534 ff.

[19] Luftverkehrsgesetz (LuftVG) v. 14. 1. 1981 (BGBl. I S. 61), zul. geänd. durch G v. 14. 9. 1994 (BGBl. I S. 2325).

[20] Luftverkehrs-Ordnung (LuftVO) i. d. F. d. Bek. v. 14. 11. 1969 (BGBl. I S. 2117), zul. geänd. durch VO v. 26. 5. 1993 (BGBl. I S. 750); *Soell,* in: Salzwedel, Grundzüge des UmweltR, 1. Aufl. S. 329 (337 f.).

[21] Luftverkehrs-Zulassungs-Verordnung (LuftVZO) i. d. F. d. Bek. v. 13. 3. 1979 (BGBl. I S. 308), zul. geänd. durch VO v. 26. 10. 1994 (BGBl. I S. 3178).

a) Verkehrszulassung

Gem. § 2 Abs. 1 S. 2 Nr. 4 LuftVG werden deutsche Luftfahrzeuge nur zugelassen, wenn sie technisch so ausgerüstet sind, daß das Betriebsgeräusch das nach dem jeweiligen Stand der Technik unvermeidbare Maß nicht übersteigt. Die Einhaltung dieser Anforderung hat der Hersteller eines Luftfahrgerätes im Antrag auf Erteilung der Musterzulassung **(„Typengenehmigung")** gem. § 3 Abs. 1 Nr. 2b LuftVZO nachzuweisen. Wird ein Antrag auf Verkehrszulassung eines bestimmten Luftfahrzeuges nach § 8 LuftVZO gestellt („Betriebsgenehmigung") und entspricht dieses Gerät nicht dem lärmschutzgeprüften Muster, so kann die Zulassungsbehörde eine Bescheinigung über das Ausmaß des beim Betrieb entstehenden Geräusches verlangen (§ 8 Abs. 2 Nr. 6 LuftVZO). 13

Das Luftfahrtbundesamt setzt Lärmgrenzwerte und Meßverfahren für Strahl- und Propellerflugzeuge sowie Motorsegler durch Bekanntmachung der Lärmschutzforderungen für Luftfahrzeuge (LSL) fest und konkretisiert damit „das nach dem jeweiligen Stand der Technik unvermeidbare Maß" der Betriebsgeräusche i. S. d. § 2 Abs. 1 S. 2 Nr. 4 LuftVG.[22] 14

b) Pflicht zur Verminderung von Fluglärm

Nach § 29b Abs. 1 LuftVG sind Flugplatzhalter, Luftfahrzeughalter und Luftfahrzeugführer verpflichtet, beim Betrieb von Luftfahrzeugen in der Luft und am Boden vermeidbare Geräusche zu verhindern und die Ausbreitung unvermeidbarer Geräusche auf ein Mindestmaß zu beschränken, wenn dies erforderlich ist, um die Bevölkerung vor Gefahren, erheblichen Nachteilen und erheblichen Belästigungen durch Lärm zu schützen. Dabei ist auf die **Nachtruhe** der Bevölkerung in besonderem Maße Rücksicht zu nehmen. Diese Vorschrift ist allerdings kaum vollzugsfähig, da sie weder bußgeldbewährt ist, noch mangels konkreter Befugnis als Ermächtigungsgrundlage für Maßnahmen der Luftfahrbehörden herangezogen werden kann. Insbesondere lassen sich auf diese Vorschrift keine **Nachtflugbeschränkungen** stützen. Eine Ermächtigungsgrundlage für Verwaltungsakte und Allgemeinverfügungen im Rahmen der Luftaufsicht bietet die Generalklausel des § 29 Abs. 1 S. 2 LuftVG. Soweit Maßnahmen zur Abwehr von Gefahren, erheblichen Nachteilen oder erheblichen Belästigungen durch Fluglärm durch Luftfahrzeuge in der Umgebung von Flugplätzen getroffen werden, hat dies im Benehmen mit dem für den Immissionsschutz zuständigen Landesbehörden zu geschehen. 15

Darüber hinaus enthält das Luftverkehrsgesetz in § 32 Abs. 1 S. 1 Nr. 15, S. 5 und Abs. 3 LuftVG eine gesetzliche Ermächtigung zum Erlaß von Rechtsverordnungen über den Schutz der Bevölkerung vor Fluglärm durch den Bundesminister für Verkehr und den Bundesminister für Umwelt, Naturschutz und Reaktorsicherheit. Aufgrund dieser Ermächtigung wurden durch Änderungsverordnungen eine Reihe von Vorschriften in die Luftverkehrsordnung eingefügt: §§ 11a und 11b LuftVO untersagen mit engen Ausnahmen Flüge ziviler Luftfahrzeuge mit Überschallgeschwindigkeit; gem. § 11c LuftVO sind für den Flugbetrieb ziviler Flugzeuge mit Strahltriebwer- 16

[22] Zu Schallemissionen bei Flugzeugen ferner *EuGH,* Urt. v. 14. 7. 1998 – Rs. C-389/96 –, NVwZ 1998, 1057 ff.

BVerwG, B 20.2.98, NVwZ 98, 850, Wolf, NVwZ 02, 307 (Nachtflüge, EGMR), Kalama/Stücke, NVwZ 03, 137, BVerwG, U 26.11.03, DVBl 04, 382, Storost, NVwZ 04, 257, BVerwG, U 16.3.06, NVwZ 06, 1055 (Berlin-Schönefeld), Koch/Wahle, NVwZ 06, 1124 ken im Hoheitsgebiet von Mitgliedstaaten der EG Lärmzeugnisse erforderlich.

c) Lärmschutz bei der Neuanlage oder Erweiterung von Flughäfen

17 Auch bei der Neuanlage oder Erweiterung von Flughäfen ist der Schutz vor Fluglärm insbesondere im zweistufigen Verwaltungsverfahren nach dem Luftverkehrsgesetz zu beachten (§ 6 Abs. 2 S. 1 LuftVG für die luftverkehrsrechtliche Genehmigung,[23] § 9 Abs. 2 LuftVG für den Planfeststellungsbeschluß). Gem. § 40 Abs. 1 Nr. 10 LuftVZO ist bereits mit dem Genehmigungsantrag ein Gutachten über das Ausmaß des zu erwartenden Lärms und ein weiteres über die Auswirkung dieses Lärms auf die Bevölkerung einzureichen. Die Genehmigung kann unter Auflagen zur Einschränkung von Lärmauswirkungen auf die Umgebung des Flughafens erteilt werden (§ 42 Abs. 1 LuftVZO i.V.m. § 6 Abs. 1 S. 2 LuftVG). Stellt sich im späteren Planfeststellungsverfahren heraus, daß der Lärmschutz im Genehmigungsverfahren nicht ausreichend berücksichtigt worden ist, so kann die Genehmigung nachträglich ergänzt oder geändert werden (§ 6 Abs. 4 S. 1 LuftVG). Im Rahmen des Planfeststellungsverfahrens kommt dem Lärmschutz für die Abwägung der unterschiedlichen Belange eine besondere Bedeutung zu. Zugunsten lärmschutzrechtlicher Belange darf ein luftverkehrsrechtlicher Planfeststellungsbeschluß auch betriebsbezogene Regelungen, z.B. zum Nachtflugbetrieb, enthalten.[24]

d) Anlagen zur Messung des Fluglärms

18 Der Unternehmer eines Verkehrsflughafens, der dem Fluglinienverkehr angeschlossen ist, hat gem. § 19a LuftVG auf dem Flughafen und in dessen Umgebung Anlagen zur fortlaufend registrierenden Messung der durch die an- und abfliegenden Luftfahrzeuge entstehenden Geräusche einzurichten und zu betreiben. Die Meß- und Auswertungsergebnisse sind der Genehmigungsbehörde und der Fluglärmkommission, die gem. § 32b LuftVG zur Beratung der Genehmigungsbehörde eingerichtet wird, mitzuteilen. Von dieser Kommission zu unterscheiden ist der gem. § 32a LuftVG gebildete Beratende Ausschuß bei dem Bundesminister für Umwelt, Naturschutz und Reaktorsicherheit und dem Bundesminister für Verkehr, der vor Erlaß von Rechtsverordnungen und allgemeinen Verwaltungsvorschriften aufgrund des Luftverkehrsgesetzes anzuhören ist, soweit diese dem Schutz gegen Fluglärm und gegen Luftverunreinigungen durch Luftfahrzeuge dienen.

e) Ausnahmen für militärischen Flugbetrieb

19 Das Luftverkehrsgesetz sowie seine Ausführungsverordnungen gelten in der Regel auch im militärischen Bereich, also auch für die Bundeswehr, den Bundesgrenzschutz und für die aufgrund völkerrechtlicher Verträge in der Bundesrepublik stationierten ausländischen Truppen.[25] Allerdings enthält das

---

[23] Zur Beschränkung des Nachtflugbetriebs für Strahlflugzeuge *VGH München,* Urt. v. 25. 2. 1998 – 20 A 97–40017 –, ZUR 1998, 155 ff.

[24] Vgl. die Zusammenstellung der maßgebl. Vorschriften bei *Soell,* in: Salzwedel, Grundzüge des UmweltR, 1. Aufl., S. 329 (339 ff.).

[25] Zur Entschädigung bei Fluglärm vgl. *BGH,* Urt. v. 16. 3. 1995 – III ZR 166/93 –, ZUR 1995, 155.

Luftverkehrsgesetz zahlreiche Ausnahmebestimmungen, die den militärischen Flugbetrieb weitgehend von den Verpflichtungen zugunsten des aktiven Lärmschutzes entbinden. Die wichtigste Ausnahmevorschrift ist § 30 LuftVG, nach der die genannten Einrichtungen von den §§ 1 bis 32b LuftVG (ausgenommen die §§ 12, 13 und 15 bis 19 LuftVG) sowie den dazu erlassenen Durchführungsvorschriften zur Erfüllung ihrer besonderen Aufgaben abweichen dürfen.

2. Passiver Fluglärmschutz

Die Maßnahmen zur passiven Fluglärmbekämpfung sind in den Vor- **20**
schriften der §§ 1 bis 14 FluglG geregelt. Zum Schutz vor Fluglärm werden gem. § 1 FluglG für Verkehrsflughäfen, die dem Fluglinienverkehr angeschlossen sind sowie für militärische Flugplätze, die dem Betrieb von Flugzeugen mit Stahltriebwerken zu dienen bestimmt sind, sog. **Lärmschutzbereiche** festgesetzt. Gem. § 2 FluglG umfaßt der Lärmschutzbereich das Gebiet außerhalb des Flugplatzgeländes, in dem der durch Fluglärm hervorgerufene äquivalente Dauerschallpegel 67 db (A) übersteigt.

Dabei wird der Lärmschutzbereich nach dem Maße der Lärmbelastung in **21**
zwei **Schutzzonen** gegliedert: die Schutzzone 1 umfaßt das Gebiet, in dem der äquivalente Dauerschallpegel 75 db (A) übersteigt, die Schutzzone 2 das übrige Gebiet des Lärmschutzbereichs (§ 2 Abs. 2 FluglG). Der äquivalente Dauerschallpegel wird unter Berücksichtigung von Art und Umfang des voraussehbaren Flugbetriebs auf der Grundlage des zu erwartenden Ausbaus des Flugplatzes nach dem in einer Anlage zu dem FluglG geregelten Verfahren ermittelt (§ 3 FluglG).

Zuständig für die Festsetzung des Lärmschutzbereiches ist der Bundesmi- **22**
nister für Umwelt, Naturschutz und Reaktorsicherheit, und zwar bei Verkehrsflughäfen im Einvernehmen mit dem Bundesminister für Verkehr, bei militärischen Flugplätzen im Einvernehmen mit dem Bundesminister der Verteidigung; die Festsetzung erfolgt durch Rechtsverordnung mit Zustimmung des Bundesrates (§ 4 Abs. 1 FluglG). Bei anlage- oder betriebsbedingter Änderung des Flugplatzes mit wesentlicher Veränderung der Lärmbelästigung in der Umgebung wird der Lärmschutzbereich neu festgesetzt (§ 4 Abs. 2 FluglG).

Die Festsetzung eines Lärmschutzbereiches hat weitgehende Rechtsfolgen **23**
für die betroffenen Gebiete zur Konsequenz. Innerhalb eines Lärmschutzbereichs gilt für schutzbedürftige Gemeinschaftseinrichtungen, namentlich für Krankenhäuser, Altenheime, Erholungsheime und Schulen ein **Bauverbot** (§ 5 Abs. 1 FluglG). Ausnahmen hiervon können nur zugelassen werden, wenn dies zur Versorgung der Bevölkerung mit öffentlichen Einrichtungen dringend geboten ist.

Darüber hinaus dürfen gem. § 5 Abs. 2 FluglG in der (inneren) Schutzzo- **24**
ne 1 Wohnungen nicht errichtet werden. Alle baulichen Anlagen, die nach § 5 Abs. 1 FluglG in der inneren Schutzzone errichtet werden dürfen sowie alle Wohngebäude in der Schutzzone 2 unterliegen gem. § 6 FluglG besonderen Schallschutzanforderungen. Für nicht nur unwesentliche Wertminderungen von Grundstücken, die durch ein Bauverbot nach § 5 FluglG be-

troffen sind, sieht § 8 FluglG eine Entschädigung vor. Gem. § 9 FluglG können Aufwendungen für bauliche Schallschutzmaßnahmen den Eigentümern betroffener Grundstücke erstattet werden. Zahlungspflichtig für die Entschädigung nach § 8 FluglG sowie für die Erstattung von Schallschutzaufwendungen nach § 9 FluglG ist der Flugplatzhalter (§ 12 Abs. 1 FluglG).

25 Über die im FluglG besonders geregelten Bauverbote und sonstigen Beschränkungen der baulichen Nutzung innerhalb des Lärmschutzbereichs hinaus sind weitergehende planungsrechtliche Regelungen zum Schutz gegen Fluglärm gem. § 16 FluglG ausdrücklich zulässig.

26 Wegen der gravierenden Einschränkungen der baulichen Nutzung innerhalb der einzelnen Schutzzonen kann sich die Festsetzung von Lärmschutzbereichen im Einzelfall auch einschneidend auf die **kommunale Planungshoheit** der gebietsbetroffenen Gemeinden auswirken. Problematisch ist dabei nicht nur, daß den Gemeinden keinerlei Beteiligungsrechte bei den Festsetzungsverfahren eingeräumt sind, sondern auch, daß die Lärmschutzbereiche ohne Rücksicht auf gemeindliche Belange nach einem technisch-mathematischen Verfahren ermittelt werden.[26]

27 Die mit der Anordnung eines Lärmschutzbereiches verbundenen Nachteile machen bereits ihre Beteiligung im luftverkehrsrechtlichen Genehmigungsverfahren erforderlich. Die Gemeinde ist deshalb im luftverkehrsrechtlichen Genehmigungsverfahren zu informieren und anzuhören. Zur Information genügt in aller Regel die Kenntnis der Antragsunterlagen.[27] Im verwaltungsgerichtlichen Verfahren ist das Gericht auf die Prüfung beschränkt, ob die Genehmigungsbehörde die formellen Beteiligungsrechte der Gemeinde beachtet hat. Folgt auf eine luftverkehrsrechtliche Genehmigung das Planfeststellungsverfahren, so entfällt für eine Gemeinde, die sich gegen den Genehmigungsbescheid wendet, das Rechtsschutzinteresse nicht.[28]

B. Immissionsschutzrecht der Länder

28 Gestützt auf die konkurrierende Gesetzgebung des Bundes bilden die Vorschriften des BImSchG ein in sich geschlossenes Normsystem und sind als umfassende und abschließende Regelung des Immissionsschutzes gedacht.[29] Für das Landesrecht bleibt nur insoweit Raum, als der Bundesgesetzgeber erkennbar keine oder keine abschließende Regelung treffen wollte bzw. entsprechende Vorbehalte oder Ermächtigungen zugunsten der Länder vorgesehen hat.

---

[26] Zu diesem Problemkreis *Soell,* in: Salzwedel, Grundzüge des UmweltR, 1. Aufl., S. 329 (351 ff.).

[27] Vgl. *BVerwG,* Urt. v. 20. 11. 1987 – 4 C 39.84 –, DVBl. 1988, 532.

[28] *BVerwG,* Urt. v. 20. 11. 1987 – 4 C 39.84 –, DVBl. 1988, 532; zu Problemen des Rechtsschutzes gegen Fluglärm vgl. *Wysk,* ZLW 1998, 25 ff.

[29] *Feldhaus,* BImSchG, § 22 Anm. 20; *Jarass,* BImSchG, Einl., Rn. 8 ff.; zur Bindung der Länder an Verwaltungsvorschriften des Bundes vgl. *Kutscheidt,* NWVBl. 1994, 281 ff.; zur Zuständigkeit der Länder für Heizungsanlagen *Bußjäger,* ZfV 1996, 521 ff.; zur polizeirechtl. Kompetenz im ImmissionsschutzR *VGH Mannheim,* Beschl. v. 24. 3. 1997 – 1 S 892/95 –, Städtetag 1997, 494 ff.

Landesgesetze zum Immissionsschutz haben Bayern, Brandenburg, Bremen, Nordrhein-Westfalen, Rheinland-Pfalz und Sachsen erlassen.[30] In den Ländern Baden-Württemberg, Hessen, Mecklenburg-Vorpommern, Saarland, Sachsen-Anhalt, Schleswig-Holstein und Thüringen sind nur Zuständigkeitsverordnungen ergangen.[31] Die Länder Hamburg[32] und Niedersachsen haben bisher von landesrechtlichen Regelungen gänzlich abgesehen. **29**

Den Ländern verbleiben Regelungsmöglichkeiten vor allem für den **verhaltenslenkenden Immissionsschutz,** so für Regelungen zum Schutz der Nachtruhe,[33] zum Schutz von Sonn- und Feiertagen, zum Abbrennen pyrotechnischer Artikel, zum Verbrennen von Gartenabfällen auf freiem Feld, zur Benutzung von Musikinstrumenten und Tonwiedergabegeräten aber auch zur gaststättenrechtlichen Sperrzeitregelung[34] und zur – nicht anlagengezogenen – Tierhaltung.[35] **30**

Problematisch ist das Verhältnis von Bundes- und Landesrecht dort, wo der Bundesgesetzgeber keine abschließenden Regelungen getroffen hat. Hier verbleiben den Ländern Konkretisierungsspielräume, die die Länder u.a. durch den Erlaß von Smog-Verordnungen genutzt haben.[36] Die Abgrenzung zwischen Bundes- und Landesrecht ist insbesondere für den Bereich der Betreiberpflichten nicht genehmigungsbedürftiger Anlagen schwierig.[37] Denn § 22 Abs. 1 BImSchG beschränkt sich zunächst darauf, die Grundpflichten der Betreiber solcher Anlagen zu beschreiben und läßt in § 22 Abs. 2 BImSchG Raum für weitergehende öffentlich-rechtliche Vorschriften. Damit enthält das BImSchG über diese – nicht abschließende – Regelung eine Einbruchstelle für landesrechtliche Bestimmungen, soweit mit ihnen die bundesgesetzlich vorgegebenen Grundpflichten nicht herabgesetzt werden. In einem Spannungsverhältnis hierzu steht der Vorrang des Bundes zum Erlaß von Rechtsverordnungen in § 23 BImSchG, nach dessen Abs. 2 die Länder durch Verordnung nur insoweit bestimmte Anforderungen an **31**

---

[30] Bayerisches Immissionsschutzgesetz (BayImSchG) i.d.F.d. Bek. v. 23. 7. 1976 (GVBl. S. 294), zul. geänd. durch G v. 9. 5. 1998 (GVBl. S. 243); Brandenburgisches Immissionsschutzgesetz (LImSchG) i.d.F.d. Bek. v. 22. 7. 1999 (GVBl. I S. 386); Bremisches Gesetz zum Schutze vor Luftverunreinigungen, Geräuschen und Erschütterungen (Immissionsschutzgesetz) v. 30. 6. 1970 (GBl. S. 71), geänd. durch G v. 18. 12. 1974 (GBl. S. 351); nordrhein-westfälisches Gesetz zum Schutz vor Luftverunreinigungen, Geräuschen und ähnlichen Umwelteinwirkungen (Landes-Immissionsschutzgesetz- LImSchG) v. 18. 3. 1975 (GVBl. S. 232), zul. geänd. durch G v. 15. 12. 1993 (GVBl. S. 987); rheinland-pfälzisches Landesgesetz zum Schutz vor Luftverunreinigungen, Geräuschen und Erschütterungen (Immissionsschutzgesetz – ImSchG) v. 28. 7. 1966 (GVBl. S. 211), zul. geänd. durch G v. 5. 10. 1990 (GVBl. S. 289); Sächsisches Ausführungsgesetz zum BImSchG und zum Benzinbleigesetz (SächsAGImSchG) v. 4. 7. 1994 (GVBl. S. 1281).

[31] Vgl. dazu bereits oben § 21 Fn. 442.

[32] In Hamburg existiert ledigl. eine Regelung zur Ermittlung nach § 26 BImSchG v. 18. 12. 1978 (Amtl. Anz. S. 2163).

[33] Vgl. § 5 Berl. VO zur Bekämpfung des Lärms (LärmVO) v. 6.71994 (GVBl. S. 231).

[34] Vgl. dazu *Jarass,* NJW 1981, 721 ff. m.w.N.

[35] Vgl. dazu *Jarass/u. a.,* UGB-BT-E, S. 632 ff. zu den immissionsschutzrechtl. Bestimmungen im LandesR.

[36] Vgl. dazu bereits oben § 21 Rn. 248.

[37] Dazu oben § 21 Rn. 171 ff.

Errichtung, Beschaffenheit und Betrieb von nicht genehmigungspflichtigen Anlagen stellen können, als die Bundesregierung von ihrer Ermächtigung keinen Gebrauch gemacht hat. Den Ländern ist es daher einerseits nicht verwehrt, gestützt auf die Rechtsgrundlage des § 22 Abs. 2 BImSchG, Regelungen zum anlagenbezogenen Immissionsschutz zu erlassen, die über § 22 Abs. 1 BImSchG hinausgehen, wie dies z.B. in verschiedenen Lärmschutzverordnungen sowie in Art. 11 BayImSchG[38] und § 9 LImSchG NW durch das Verbot ruhestörenden Lärms zur Nachtzeit geschehen ist.[39] Andererseits können die Länder aber auch ungeachtet des in § 23 Abs. 2 BImSchG dem Bund eingeräumten Regelungsvorrangs weitergehende Vorschriften erlassen, in denen bestimmte Anforderungen an Errichtung und Betrieb der nicht genehmigungsbedürftigen Anlagen aufgestellt werden. Durch Landesrecht kann deshalb unter Umständen ein generelles Verbot bestimmter nach dem BImSchG nicht genehmigungsbedürftiger Anlagen ausgesprochen werden (vgl. z.B. § 4 LImSchG NW).[40] Diese Befugnis erlischt erst, wenn der Bund von seiner Verordnungsermächtigung gem. § 23 Abs. 1 BImSchG abschließend Gebrauch gemacht hat. Mit Erlaß entsprechender Bundesverordnungen tritt deswegen entgegenstehendes Landesrecht ohne weiteres außer Kraft, neues kann nicht mehr erlassen werden.

---

[38] Zu kompetenzrechtl. Zweifel des Art. 11 BayImSchG *Müller,* BayVBl. 1988, 299 (290).

[39] *Kutscheidt,* NVwZ 1983, 65 (69); a. A. aber *Sellner/Löwer,* WuV 1980, 221 (227).

[40] *Pudenz,* NuR 1991, 359 (364).

Vierter Abschnitt: Atom- und Strahlenschutzrecht

§ 23. Grundlagen

A. Ionisierende Strahlungen

Das Atom- und Strahlenschutzrecht dient dem Schutz von Leben, Ge- 1
sundheit und Sachgütern vor den Gefahren der Kernenergie und der schädlichen Wirkung ionisierender Strahlungen (vgl. § 1 Nr. 2 AtG). Regelungsgegenstand ist die friedliche Nutzung radioaktiver Stoffe und der Umgang mit ionisierenden Strahlungen. Im Vordergrund steht zum einen die Gewinnung von Kernenergie in Kernkraftwerken; zum anderen wird ionisierende Strahlung vor allem im medizinischen Bereich zu diagnostischen und therapeutischen Zwecken nutzbar gemacht.

Kernenergie wird bei der Spaltung von Atomkernen durch den Beschuß mit Neu- 2
tronen freigesetzt. Bei der Kernspaltung entstehen zwei neue Atomkerne, die man auch als die sog. Spaltprodukte bezeichnet, und weitere freie Neutronen, die im Wege einer Kettenreaktion weitere Kernspaltungen auslösen können. Die Bewegungsenergie der Spaltprodukte wird im Reaktor eines Atomkraftwerkes als Wärmeenergie frei und zur Erzeugung von Dampf genutzt, der wiederum eine Turbine antreibt, die über einen Generator Strom erzeugt.[1] Neben der Wärmeenergie setzt die Kernspaltung unvermeidbar auch lebens- und gesundheitsgefährdende radioaktive Strahlen frei. Die Strahlung ist ionisierend, d. h. sie kann elektrisch neutrale Atome in einen geladenen Zustand versetzen.[2]

Da auch von nicht ionisierenden Strahlen, d. h. von Strahlen, die keine 3
Bildung elektrisch geladener Teilchen bewirken, Gesundheitsschäden ausgehen können, ist das Strahlenschutzrecht in der Vergangenheit erweitert worden.[3] Im folgenden wird das Strahlenschutzrecht nur insoweit dargelegt, als es sich um atomare oder andere ionisierende Strahlen, z. B. Röntgenstrahlen handelt.[4]

Der rechtliche Schutz vor den Gefahren und Risiken von Strahlung wird zudem 4
in anderen (Umwelt-)Rechtsvorschriften normiert. Insbesondere die elektromagnetische Strahlung, der sog. Elektrosmog, ist als Teil des Immissionsschutzrechts geregelt.[5]

---

[1] Vgl. *Sellner,* in: Salzwedel, Grundzüge des UmweltR, 1. Aufl., S. 357 (362); zum Vorgang der Kernspaltung und zu Reaktortypen *Bender/Sparwasser/Engel,* UmweltR, 7. Teil Rn. 1 ff.

[2] *Bender/Sparwasser/Engel,* UmweltR, 7. Teil Rn. 55.

[3] Die Erweiterung bezieht sich insbes. auf den Schutz vor Laserstrahlen, ultravioletten Strahlen, elektromagnetischen Strahlen u. Ultraschall *Bischoff,* HdUR, Bd. 2, Sp. 1911 (1912 f.).

[4] Vgl. zur Strahlenbelastung der Bevölkerung in Deutschland BMU, Umweltbericht 1998, BT-Drs. 13/10735, S. 149.

[5] Dazu oben § 21 Rn. 20.

B. Atom- und Strahlenschutz

5 Die Abgabe radioaktiver Strahlen über die Abluft und das Abwasser sowohl im Normalbetrieb eines Kernkraftwerkes als auch im Falle eines Störfalles zu verhindern, ist das vorrangige umweltschützende Ziel sowohl der Sicherheitstechnik als auch des Atom- und Strahlenschutzes.[6]

6 Die friedliche Nutzung der Kernenergie zählt nach wie vor zu den umweltpolitisch umstrittensten Themen.[7] Die Diskussion ist auch an der Rechtswissenschaft nicht vorbeigegangen.[8] Nach dem Reaktorunfall in Tschernobyl im Jahre 1986 wurden in der Rechtswissenschaft die rechtlichen Möglichkeiten eines Ausstiegs aus der Kernenergie kontrovers diskutiert.[9] Da der Ausstieg aus der Kernenergie erklärtes politisches Ziel der Bundesregierung ist, werden zukünftig die mit der Entsorgung radioaktiven Abfalls verbundenen Fragen im Mittelpunkt der Diskussion stehen.[10] Bereits zuvor war der Ausbau der Kernenergie in Deutschland stagniert. So war seit über 10 Jahren kein Antrag auf Genehmigung eines Leichtwasserreaktors gestellt worden. Ferner war auf die Errichtung der Wiederaufbereitungsanlage in Wackersdorf und die Inbetriebnahme des sog. Schnellen Brüters in Kalkar verzichtet worden. Zugleich war der Betrieb der Reaktoren in Hamm-Uentrop, Greifswald 1–4 und Rheinsberg sowie der Bau der Reaktoren Greifswald 5–8 und Stendal eingestellt worden.[11]

7 In Deutschland waren im August 1998 insgesamt 19 Kernkraftwerke mit einer Gesamtkapazität von 22194 Megawatt in Betrieb.[12] Der Anteil der Kernkraftwerke an der öffentlichen Stromerzeugung der Bundesrepublik betrug im Jahre 1995 rd. 34%. Die friedliche Nutzung der Kernenergie verläuft in einem *Brennstoffkreislauf,* in dem die Kernkraftwerke mit Brennstoffen versorgt und von ihnen entsorgt werden. Die Brennstoffversorgung beginnt bei der Uranerzgewinnung und führt über die Urananreicherung und die Brennelementefertigung zur Bestrahlung der Brennelemente im Reaktor. Die Entsorgung setzt bei der Auswechselung der Brennelemente in den

---

[6] *Sellner,* in: Salzwedel, Grundzüge des UmweltR, 1. Aufl., S. 357 (362).

[7] Vgl. dazu *Bender/Sparwasser/Engel,* UmweltR, 7. Teil Rn. 35ff.; *Kloepfer,* UmweltR, § 15 Rn. 1f. jeweils m.w.N.; zur umweltpolitischen Forderung nach einem Ausstieg aus der Kernenergie BT-Drs. 10/1913 u. 10/6700; zu weiteren Ausstiegsinitiativen *Borgmann,* Rechtliche Möglichkeiten und Grenzen des Ausstiegs aus der Kernenergie, S. 215ff.; *Roßnagel,* ZUR 199, 241ff.

[8] Vgl. zur Frage, ob der Ausstieg aus der Kernenergie mit dem geltende Recht vereinbar ist, *Lange,* NJW 1986, 2459ff.; *Roßnagel,* Recht und Technik im Spannungsfeld der Kernenergiekontroverse, S. 13ff.; *ders.,* Radioaktiver Zerfall der Grundrechte, S. 1ff.; *ders.,* JZ 1986, 716ff.; *Meyer-Abich/Schefold,* Grenzen der Atomwirtschaft, S. 1ff.; *Sante,* Verfassungsrechtliche Aspekte eines vom Gesetzgeber angeordneten Ausstiegs aus der friedlichen Nutzung der Kernenergie, passim; *Sendler,* DÖV 1992, 181ff.; *Ossenbühl,* et 1998, 758ff.; *ders.,* AöR 1999, 1ff.; *Roßnagel,* et 1998, 764ff.; *Roller,* et 1998, 770ff.; *Schmidt-Preuß,* et 1998, 750ff.; *Pfaundler,* UPR 1999, 336ff.

[9] Vgl. *v. Hippel,* ZRP 1995, 414ff.; *Wagner,* ZRP 1997, 225ff.; *Scholz,* et 1996, 386ff.; vgl. auch den Kommissionsentwurf zum UGB BMU, UGB-KomE, S. 1231, wonach die Kontroverse um die Fortführung oder die Beendigung der Kernenergienutzung politisch zu entscheiden ist.

[10] Vgl. dazu Große Anfrage v. 23. 3. 1999, BT-Drs. 14/676; zu einem Gesetzentwurf BT-Drs. 14/841; die im Koalitionsvertrag vorgesehene Änderung des AtG ist auf unbestimmte Zeit verschoben worden; zur str. Fortführung des Betriebs im Endlager Morsleben in Sachsen-Anhalt *Kloepfer/Brandner,* ZUR 1993, 269ff.; *OVG Magdeburg,* Urt. v. 20. 10. 1995 – 4 K 9/95 –, NVwZ-RR 1996, 75ff.; *BVerfG,* Urt. v. 21. 5. 1997 – 11 C 1/96 –, DVBl. 1998, 38ff.; zu den drei Problemkreisen der Nuklearbetriebe in Hanau vgl. *Kloepfer,* UmweltR, § 15 Rn. 1.

[11] Vgl. *Kloepfer,* UmweltR, § 15 Rn. 1 m.w.N.

[12] Ber. der BReg, BT-Drs. 13/11350 S. 9, das weitere KKW Mülheim-Kärlich ist z.Z. vorläufig abgeschaltet.

 Bohne, NVwZ 99, 1

Kernkraftwerken ein. Sie führt über die Zwischenlagerung entweder zur Wiederanreicherung des Urans und zur Wiederverwendung in Brennelementen sowie zur Behandlung und Endlagerung des nicht mehr verwendbaren radioaktiven Mülls oder zur Endlagerung nach Zwischenlagerung ohne Wiederaufbereitung. Umweltbelastungen durch die Nutzung der Kernenergie können im gesamten Brennstoffkreislauf auftreten. Uranerzabbau wird allerdings in der Bundesrepublik nur in sehr geringem Umfang betrieben. Anders als in den Ländern, in denen das Uranerz gefördert wird, führt der Abbau deshalb in der Bundesrepublik zu keinen nennenswerten Umweltbelastungen.[13] Die Urananreicherung, d. h. die Erhöhung der spaltbaren Uranisotope (U-235), wird teilweise in der Urananreicherungsanlage Gronau durchgeführt.[14] Die Umweltbelastungen durch Emissionen aller Art sind im Normalbetrieb geringfügig.[15] Schwerwiegende Beeinträchtigungen der Umwelt sind jedoch denkbar, wenn bei Störfällen oder Einwirkungen von außen trotz mehrfacher Sicherungsmaßnahmen größere Mengen des bei der Urananreicherung verwandten Betriebsstoffes Uranhexafluorid freigesetzt würden. Ähnliches gilt für Brennelementefertigung. Die Emissionen im Normalbetrieb sind ebenfalls gering, Risiken ergeben sich auch hier bei denkbaren Störfällen und hinsichtlich der spezifischen Abfall- und Transportprobleme. Wenngleich die Umweltbelastung durch den Normalbetrieb von Kernkraftwerken als gering eingestuft werden kann, so kommen die nicht ausschließbaren Risiken menschlichen Versagens hinzu.[16] Ein Störfall, bei dem die Gefahr der Freisetzung größerer Mengen an Radioaktivität besteht, hat es dank der laufend verbesserten Sicherheitstechnik in der Bundesrepublik bislang nicht gegeben.[17] Gleichwohl bleibt ein Restrisiko auch bei deutschen Kernkraftwerken vorhanden. Das Restrisiko ist gekennzeichnet durch einen mehr oder minder hohen Grad der Unvorhersehbarkeit von Unfällen mit Freisetzung radioaktiver Stoffe, verbunden mit einem großen potentiellen räumlichen und zeitlichen Schadensausmaß.

Als besonders problematisch erweist sich heute die Entsorgung radioaktiver Abfälle[18] sowie die Stillegung und der Abbau der Kernkraftwerke. In der Bundesrepublik Deutschland befanden sich 1995 insgesamt 20 Kerntechnische Anlagen in unterschiedlichen Phasen der Stillegung und des Rückbaus.[19] Radioaktive Abfälle entstehen in allen Bereichen des Brennstoffkreislaufes durch Kontamination von Feststoffen oder Flüssigkeiten. Entgegen ursprünglichen Prognosen[20] ist es bei den radioaktiven Abfällen zu einer Abfallminimierung gekommen.[21] Das auf der Basis der Wiederaufbereitung geplante Abfallaufkommen von etwa 1500 m^3/GWa (1980) hat sich auf eine Gesamtaufkommen von 237 m^3/GWa vermindert. Auch die aus der französischen Wiederaufbereitungsanlage zurückerwartete Abfallmenge reduzierte sich von 100 000 m^3 auf die Hälfte. In Deutschland sind 1993 insgesamt 4832 m^3 an konditionierten Abfällen angefallen. Die Abfälle mit vernachlässigbarer Wärmeentwicklung sollen im ehemaligen Eisenerzbergwerk „Schacht Konrad" in Salzgitter-Bleckenstett endgelagert werden.[22] Die konditionierten radioaktiven Abfälle mit Wärmeentwicklung sollen im Salzstock Gorleben endgelagert werden. Die abgebrannten Brennelemente werden in 8

[13] Dazu u. zum folgenden SRU, Umweltgutachten 1987, BT-Drs. 11/1568, Tz. 1927 ff.

[14] BMU, Umweltbericht 1998, BT-Drs. 13/10735, S. 141.

[15] Vgl. die Unterrichtung über meldepflichtige Ereignisse in Kernkraftwerken u. Forschungsreaktoren, BMU, Umwelt 1998, 295, 532.

[16] BMU, Umwelt 1998, 295; zum Sicherheitsniveau deutscher Kernkraftwerke BMU, Umweltbericht 1998, BT-Drs. 13/10735, S. 139.

[17] Zu meldepflichtigen Ereignissen im Jahre 1997 vgl. BMU, Umweltbericht 1998, BT-Drs. 13/10735, S. 140.

[18] Zum Entsorgungskonzept der BReg. Kohls vgl. BMU, Umweltbericht 1998, BT-Drs. 13/10735, S. 141.

[19] Vgl. dazu *Komorowski/Meuresch,* atw 1995, 231 ff.

[20] Vgl. SRU, Umweltgutachten 1987, BT-Drs. 11/1568, Tz. 1941 ff.

[21] Zum Stand der Entsorgung *Bender/Sparwasser/Engel,* UmweltR, 7. Teil Rn. 9 ff.

[22] Vgl. auch BMU, Umweltbericht 1998, BT-Drs. 13/10735, S. 143; zum Stand des Planfeststellungsverfahrens BMU, Umwelt 1998, 493; zur Erarbeitung eines neuen Endlagerkonzeptes durch einen BMU-Arbeitskreis vgl. BMU, Umwelt 1999, S. 177.

den Zwischenlagern in Gorleben und Ahaus zwischengelagert. Ein weiteres Zwischenlager ist in Greifswald geplant. Die Wiederaufarbeitung von Brennelementen wird in Frankreich und England durchgeführt. Politisch umstritten ist momentan die Errichtung und der Betrieb der Endlagerstätte für radioaktive Abfälle in Gorleben. Die dorthin in sog. „Castor-"Behältern transportierten radioaktiven Abfälle haben mehrfach zu gewaltsamen Auseinandersetzungen zwischen Kernenergiegegnern und der Polizei geführt. Zugleich sind die „Castor-"Behälter wegen ihrer Strahlenbelastung in die Kritik geraten.[23]

C. Atom- und Strahlenschutzrecht

9 Das Atom- und Strahlenschutzrecht erfaßt

- den Umgang mit radioaktiven Stoffen,
- die staatliche Verwahrung von Kernbrennstoffen,
- die Beförderung, Ein- und Ausfuhr sowie den Verkehr mit radioaktiven Stoffen,
- die Erzeugung ionisierender Strahlen und
- die Aufsuchung, Gewinnung und Aufbereitung radioaktiver Mineralien.

10 Das Atom- und Strahlenschutzrecht ist in erster Linie Teil des öffentlichen Rechts, hat aber gleichzeitig deutliche Bezüge zum Zivilrecht, etwa im Bereich der atomrechtlichen Haftung.[24] Zum Umweltrecht zählt das Atom- und Strahlenschutzrecht, soweit es Regelungen zum Schutz von Leben, Gesundheit und Sachgütern vor den Gefahren der Kernenergie, vor allem vor der schädlicher Wirkung ionisierender Strahlen enthält (§ 1 Nr. 2 AtG).

11 Kern des deutschen Atom- und Strahlenschutzrechts sind das Gesetz über die friedliche Verwendung der Kernenergie und den Schutz gegen ihre Gefahren **(Atomgesetz)**[25] und das Gesetz zum vorsorgenden Schutz der Bevölkerung gegen Strahlenbelastung **(Strahlenschutzvorsorgegesetz)**.[26]

12 Das Atomgesetz und das Strahlenschutzvorsorgegesetz werden durch Rechtsverordnungen ergänzt, die die Bundesregierung bzw. der für die Umwelt und Reaktorsicherheit zuständige Bundesminister erlassen haben.[27] Von besonderer Bedeutung sind die

- Strahlenschutzverordnung (StrlSchV),[28]
- Deckungsvorsorge-Verordnung (AtDeckV),[29]

---

[23] Zur Gefährlichkeit von Castortransporten aus Sicht der BReg., BMU, Umwelt 1998, 134ff.; dass., Umwelt 1998, 393; zum Abschlußber. der GRS, Umwelt 1998, 537f.; BMU, Umweltber. 1998, BT-Drs. 13/10735, S. 144.

[24] Vgl. dazu unten § 24 Rn. 139ff.

[25] Gesetz über die friedliche Nutzung der Kernenergie und den Schutz gegen ihre Gefahren (Atomgesetz – AtG) i.d.F.d. Bek. v. 15. 7. 1985 (BGBl. I S. 1565), zul. geänd. durch G v. 6. 4. 1998 (BGBl. I S. 684).

[26] Gesetz zum vorsorgenden Schutz der Bevölkerung gegen Strahlenbelastung (Strahlenschutzvorsorgegesetz – StrSchVG) v. 19. 12. 1986 (BGBl. I S. 2610), zul. geänd. durch G v. 24. 6. 1994 (BGBl. I S. 1416).

[27] Dazu *Jarass,* in: Lukes, Reformüberlegungen zum AtomR, S. 367ff.

[28] Verordnung über den Schutz vor Schäden durch ionisierende Strahlen (Strahlenschutzverordnung – StrSchV) i.d.F.d. Bek. v. 30. 6. 1989 (BGBl. I S. 1321, 1926), zul. geänd. durch G v. 18. 8. 1997 (BGBl. I S. 2113).

[29] Verordnung über die Deckungsvorsorge nach dem Atomgesetz (atomrechtliche Deckungsvorsorgeverordnung – AtDeckV) v. 25. 1. 1977 (BGBl. I S. 220), zul. geänd. durch G v. 25. 9. 1990 (BGBl. I S. 2106).

- Atomrechtliche Verfahrensverordnung (AtVfV),[30]
- Atomrechtliche Kostenverordnung (AtKostV),[31]
- Röntgenverordnung (RöV),[32]
- Atomrechtliche Sicherheitsbeauftragten- und Meldeverordnung (AtSMV),[33]
- Endlagervorausleistungsverordnung (EndlagerVlV),[34]
- Atomrechtliche Abfallverbringungsverordnung (AtAV),[35]
- Atomrechtliche Zuverlässigkeitsüberprüfungsverordnung (AtZüV).[36]

Außerdem finden sich im Bereich des Atomrechts zahlreiche **technische** 13
Regelwerke, die entweder als Verwaltungsvorschriften erlassen wurden oder von privaten Einrichtungen stammen. Diese dienen der Konkretisierung unbestimmter Rechtsbegriffe, etwa des „Standes von Wissenschaft und Technik", auf den im Atomrecht an verschiedenen Stellen hingewiesen wird.[37] Zu derartigen Regelwerken zählen u. a.

- die Sicherheitskriterien für Kernkraftwerke (SKK), die vom Bundesminister des Innern gemeinsam mit den Genehmigungsbehörden der Länder verabschiedet wurden,
- die Leitlinien der Reaktorsicherheitskommission für Druckwasser- und Siedewasserreaktoren (RSK),
- die Regeln des Kerntechnischen Ausschusses (KTA) und
- DIN-Normen Kerntechnik, Strahlenschutz und Radiologie.[38]

Das *BVerwG* setzt für die Verwertbarkeit der technischen Regelwerke 14
voraus, daß diese ihrerseits dem Stand von Sicherheit und Technik entsprechen, also nicht veraltet sind.[39] Begründeten Zweifeln an den den Regelungswerken zugrundeliegenden Daten und Annahmen muß die Genehmigungsbehörde nachgehen (Funktionsvorbehalt).[40]

---

[30] Verordnung über das Verfahren bei der Genehmigung von Anlagen nach § 7 des Atomgesetzes (atomrechtliche Verfahrensverordnung – AtVfV) v. 18. 2. 1977 i. d. F. d. Bek. v. 3. 2. 1995 (BGBl. I S. 180).

[31] Kostenverordnung zum Atomgesetz (AtKostV) v. 17. 12. 1981 (BGBl. I S. 1457), zul. geänd. durch V v. 18. 12. 1992 (BGBl. I S. 2078).

[32] Verordnung über den Schutz vor Schäden durch Röntgenstrahlen (Röntgenverordnung – RöV) v. 8. 1. 1987 (BGBl. I S. 114), zul. geänd. durch G v. 25. 7. 1996 (BGBl. I S. 1172).

[33] Verordnung über den Kerntechnischen Sicherheitsbeauftragten und die Meldung von Störfällen und sonstigen Ereignissen (atomrechtliche Sicherheitsbeauftragten- und Meldeverordnung – AtSMV) v. 14. 10. 1992 (BGBl. I S. 1766).

[34] Verordnung über die Vorausleistung für die Einrichtung von Anlagen des Bundes zur Sicherstellung und zur Endlagerung radioaktiver Abfälle (Endlagervorausleistungsverordnung – EndlagerVlV) v. 28. 4. 1982 (BGBl. I S. 562), zul. geänd. durch VO v. 12. 6. 1990 (BGBl. I S. 1418).

[35] Verordnung über die Verbringung radioaktiver Abfälle in das oder aus dem Bundesgebiet (Abfallverbringungsverordnung – AtAV) v. 27. 6. 1998 (BGBl. I S. 1918).

[36] Verordnung für die Überprüfung der Zuverlässigkeit zum Schutz gegen Entwendung oder erhebliche Freisetzung radioaktiver Stoffe nach dem Atomgesetz (Atomrechtliche Zuverlässigkeitsüberprüfungsverordnung – AtZüV) v. 1. 7. 1999 (BGBl. I S. 1525).

[37] Vgl. zur Konkretisierung unbestimmter Gesetzesbegriffe bereits oben § 5 Rn. 1 ff.

[38] Dazu *Salzwedel/Preußker,* UmweltschutzR, S. 234 mit den Fundstellen; zur rechtl. Bewertung technischer Bewertungskriterien *Eiberle-Herm,* UPR 1994, 241 ff.

[39] *BVerwG,* Beschl. v. 12. 7. 1993 – 7 B 114.92 –, DVBl. 1993, 1149 (1150); krit. dazu *Winter,* ZUR 1994, 20 ff.; vgl. *Tünnesen-Harmes,* HdbUR, B.6 Rn. 29.

[40] *BVerwG,* Urt. v. 14. 1. 1998 – 11 C 11.96 –, UPR 1998, 153 f.; siehe dazu näher unter § 24 Rn. 49.

15 Das Atom- und Strahlenschutzrecht ist in besonderem Maße durch europäisches Gemeinschaftsrecht und internationale Vereinbarungen geprägt. Die friedliche Nutzung der Kernenergie sowie der Strahlenschutz sind Gegenstand internationaler Verträge und Abkommen.[41] Dazu zählen vor allem

- das Übereinkommen vom 28. 7. 1960 über die Haftung gegenüber Dritten auf dem Gebiet der Kernenergie (sog. **Pariser Übereinkommen**),[42]
- das Zusatzübereinkommen vom 31. 1. 1963 zum Pariser Übereinkommen (sog. **Brüsseler Zusatzübereinkommen**),[43]
- das Übereinkommen über die nukleare Sicherheit,[44]
- Verifikationsübereinkommen zur Durchführung des Atomwaffensperrvertrages,[45]
- Vertrag über das umfassende Verbot von Nuklearversuchen[46] und
- Gemeinsames Übereinkommen über die Sicherheit der Behandlung abgebrannter Brennelemente und über die Sicherheit radioaktiver Abfälle (Entsorgungskonvention).[47]

16 Hinzu kommen Vorgaben der EG[48] wie etwa

- der EURATOM-Vertrag[49]
- die Richtlinie des Rates zur Festlegung der grundlegenden Sicherheitsnormen für den Schutz der Gesundheit der Arbeitskräfte und der Bevölkerung gegen die Gefahren durch ionisierende Strahlungen,[50]
- die Richtlinie des Rates über den Gesundheitsschutz von Personen gegen die Gefahren ionisierender Strahlungen bei medizinischer Exposition (Patientenschutz-Richtlinie)[51] und
- die Richtlinie des Rates zur Überwachung und Kontrolle der Verbringung radioaktiver Abfälle von einem Mitgliedstaat in einen anderen, in die Gemeinschaft und aus der Gemeinschaft.[52]

---

[41] Dazu *Bischof,* HdUR, Bd. 2, Sp. 1911 (1913ff.); *Birnie/Boyle,* International Law and the Environment, S. 345ff.; *Sands,* Principles of International Environmental Law, Bd. I S. 472ff.

[42] I. d. F. v. 5. 2. 1976 (BGBl. II S. 310, 311) mit Zusatzprotokoll v. 14. 11. 1982 (BGBl. 1995 II S. 691).

[43] I. d. F. v. 16. 11. 1982 (BGBl. II S. 698); zu weiteren internationalen Rechtsgrundlagen auf dem Gebiet des Kernenergierechts siehe *Burhenne,* in: Salzwedel, Grundzüge des UmweltR, 1. Aufl., S. 714ff.

[44] V. 20. 9. 1994 i. d. F. d. Bek. v. 15. 1. 1997 (BGBl. II S. 130) für Deutschland in Kraft seit dem 20. 4. 1997; vgl. dazu BMU, Umweltber. 1998, BT-Drs. 13/10735, S. 145.

[45] V. 5. 4. 1973 (BGBl. 1974 II S. 795).

[46] V. 24. 9. 1996, umges. durch G v. 23. 7. 1998 (BGBl. I S. 1882).

[47] V. 5.91997, umges. durch G v. 13. 8. 1998 (BGBl. II S. 1752); BMU, Umweltber. 1998, BT-Drs. 13/10735, S. 146.

[48] Zum europäischen StrahlenschutzR vgl. *Frenz,* Europäisches UmweltR, Rn. 358ff.

[49] Vgl. dazu G zu den Verträgen v. 25. 3. 1957 zur Gründung der Europäischen Wirtschaftsgemeinschaft und der Europäischen Atomgemeinschaft v. 27. 7. 1957 (BGBl. II S. 753, 1014, 1675, BGBl. 1958, II S. 1), zul. geänd. durch Vertrag von Amsterdam v. 2. 10. 1997 (BGBl. II 1998 S. 465), dieser in Kraft seit dem 1. 5. 1999 (BGBl. II S. 296); zur Anwendbarkeit des Art. 34 EURATOM-Vertrag auf Französische Atomtests im Südpazifik *Deimann,* ZUR 1995, 251ff.

[50] V. 13. 5. 1996 (96/29/EURATOM), ABl. EG Nr. L 159 S. 1; diese Vorgaben müssen bis Mai 2000 von den Mitgliedstaaten umges. werden; vgl. zu einem Entwurf eines Gesetzes zur Änderung atomrechtl. Vorschriften für die Umsetzung von EURATOM-Richtlinien zum Strahlenschutz BR-Drs. 488/99 v. 3. 9. 1999.

[51] V. 30. 6. 1997 (97/43/EURATOM), ABl. EG Nr. L 180, S. 22.

[52] V. 3. 2. 1992 (92/3/EURATOM), ABl. EG Nr. L 35 v. 12. 2. 1992, S. 24.

§ 24. Atomgesetz

Das Kernenergierecht ist im wesentlichen im Gesetz über die friedliche Nutzung der Kernenergie und den Schutz gegen ihre Gefahren (Atomgesetz – AtG)[1] geregelt.[2] 1

Das AtG ist zuletzt am 6. 4. 1998 geändert worden.[3] Die Änderung diente u. a. der Umsetzung der europarechtlichen Vorgaben der EURATOM-Richtlinie.[4] Ferner wurde eine Grundlage dafür geschaffen, daß behördliche Sachverständige schon während laufender Forschungs- und Entwicklungsarbeiten auf neue Reaktorkonzepte Einfluß nehmen können. Zugleich ist die Privatisierung der Einrichtung und des Betriebs nuklearer Endlager und die Enteignung von Rechten Privater zum Zwecke der Erkundung, der Errichtung und des Betriebs solcher Anlagen geregelt worden.[5] Außerdem wurde die Übergangsvorschrift für die Nutzung von Zwischen- und Endlagerstätten auf dem Gebiet der ehemaligen DDR um 5 Jahre verlängert.[6] 2

Der Kommissionsentwurf zum Umweltgesetzbuch regelt das Kernenergie- und Strahlenschutzrecht in den §§ 465 bis 529 UGB-KomE.[7] Er entscheidet den politischen Streit um die Fortführung oder Beendigung der friedlichen Nutzung der Kernenergie nicht.[8] Eine grundlegend neue Systematik der Vorschriften zum Atom- und Strahlenschutzrecht ist nicht vorgesehen. Vielmehr beschränkt sich der Entwurf auf eine Modernisierung des Zulassungsrechts, die insbesondere die Dynamik der technischen Entwicklung berücksichtigen soll. Dazu werden entsprechende Grundpflichten für den Vorhabenträger in die Genehmigungstatbestände eingeführt.[9] Der Entwurf enthält zudem eine verstärkte Beteiligung von Betroffenen und Sachverständigen bei dem Erlaß von Verordnungen und Verwaltungsvorschriften.[10] 3

A. Gesetzgebungs- und Verwaltungskompetenz

Für die Erzeugung und die Nutzung der Kernenergie zu friedlichen Zwecken und den Schutz vor ihren Gefahren steht dem Bund gem. Art. 74 Abs. 1 Nr. 11 a GG die konkurrierende Gesetzgebungskompetenz zu.[11] 4

---

[1] I. d. F. d. Bek. v. 15. 7. 1985 (BGBl. I S. 1565), zul. geänd. durch G v. 6. 4. 1998 (BGBl. I S. 684).

[2] Zur Fortgeltung von DDR-Strahlenschutzrecht aufgrund des EV vgl. *Derleder/Meyer,* KJ 1994, 158 ff.

[3] Der BR hielt die Änderung des AtG für zustimmungsbedürftig, vgl. BT-Drs. 13/9543 S. 1; zur Novelle auch *Schmidt-Preuß,* et 1998, 750 (751 ff.); zum Ausstieg aus der Kernenergie vgl. Entwurf eines G zur Änderung des AtG der PDS BT-Drs. 14/841.

[4] RL des Rates zur Überwachung und Kontrolle der Verbringung radioaktiver Abfälle von einem Mitgliedstaat in einen anderen, in die Gemeinschaft und aus der Gemeinschaft (92/3/EURATOM) v. 3. 2. 1992, ABl. EG Nr. L 35 S. 24; die RL war bereits bis zum 1. 1. 1994 umzusetzen.

[5] Vgl. Entwurf der BReg., BR-Drs. 610/97 S. 1.

[6] Der BR hält die Verlängerung der Frist für einen Verstoß gegen den Einigungsvertrag, vgl. BT-Drs. 13/9543 S. 1; dazu auch krit. *Kloepfer,* UmweltR, § 15 Rn. 1.

[7] BMU, UGB-KomE, S. 291 ff.; zu den Änderungen gegenüber der jetzigen Rechtslage i. Ü. vgl. BMU, UGB-KomE, S. 1234.

[8] Vgl. dazu BMU, UGB-KomE, S. 1231.

[9] Vgl. zu diesem Ansatz BMU, UGB-KomE, S. 1232.

[10] BMU, UGB-KomE, S. 1233.

[11] Zum Bund-Länder-Verhältnis am Beispiel der Kernenergie *Scholz,* et 1996, 386 ff.

[illegible], DVBl 93, 687, Schmidt-Preuß, NVwZ 98, 553, Ipsen, DVBl 06, 585, Haack/Rottloff, DVBl 10, 865

Fall: Die „Aktion Volksbegehren NRW gegen Atomanlagen" beantragte beim Innenminister des Landes NW die Zulassung der Auslegung von Eintragslisten für ein Volksbegehren mit dem Ziel, durch Gesetz die in Nordrhein-Westfalen bestehenden Kernkraftwerke in das Eigentum des Landes zu überführen und sie stillzulegen. Nach Ansicht des *VerfGH Nordrhein-Westfalen* verstößt das Volksbegehren gegen Art. 68 Abs. 1 S. 3 LV NW[12]; es berühre kein Gebiet, das der Gesetzgebungsgewalt des Landes unterliege. Das Land habe die Befugnis zur Gesetzgebung nicht, weil das geplante Gesetz zum Bereich der konkurrierenden Gesetzgebung gehöre und der Bund von seinem Gesetzgebungsrecht durch das AtG abschließend Gebrauch gemacht habe.[13]

5 Gesetze, die aufgrund dieser verfassungsrechtlichen Kompetenzzuweisung erlassen werden, können bestimmen, daß sie als Bundesauftragsverwaltung durch die Länder ausgeführt werden (Art. 87c GG); von dieser Möglichkeit wurde für wichtige Bereiche Gebrauch gemacht, so z.B. für die Genehmigung und Überwachung von Kernanlagen gem. § 24 AtG oder gem. § 10 Abs. 1 S. 1 StrlSchVG hinsichtlich der Kompetenzverteilung bei der Radioaktivitätsüberwachung.[14] Gem. Art. 85 Abs. 3 S. 1 GG unterstehen die Landesbehörden bei der Bundesauftragsverwaltung den Weisungen der zuständigen obersten Bundesbehörden, d.h. dem Bundesumweltminister.[15] Die Bundesaufsicht erstreckt sich gem. Art. 85 Abs. 4 S. 1 GG auf die Gesetzmäßigkeit und Zweckmäßigkeit der Verwaltung.

6 Zur Reichweite der vor allem politisch umstrittenen bundesaufsichtlichen Befugnisse[16] und zur Abgrenzung zu den Rechten der Landesbehörden hat das *BVerfG* in den Verfahren betreffend den „Schnellen Brüter Kalkar"[17] und das Endlager „Schacht Konrad"[18] Stellung genommen. Unersetzbar steht dem Land danach die sogenannte Wahrnehmungskompetenz zu, also das Recht zum Handeln und die Verantwortlichkeit nach außen.[19] Auch die Sachkompetenz für die Sachbeurteilung und Sachentscheidung liegt zunächst beim Land. Der Bund kann sie aber durch Inanspruchnahme seines Weisungsrechts nach eigener Entscheidung an sich ziehen.

7 Das Land muß eine Weisung auch ausführen, wenn es diese für rechtswidrig hält. Eine Verletzung in seinen kompetentiellen Rechten liegt nicht einmal dann vor, wenn der Inhalt der Weisung verfassungs-, insbesondere grundrechtswidrig ist.[20]

---

[12] Verfassung des Landes NW 18. 6. 1950 (GV NW S. 127), zul. geänd. durch G v. 24. 11. 1992 (GV NW S. 448).

[13] *VerfGH NW,* Urt. v. 18. 12. 1986 – VerfGH 18/86 –, NWVBl. 1987, 13ff.

[14] Zum Vorschlag der Statuierung einer bundeseigenen Verwaltung im Professorenentwurf zum UGB-BT, *Kloepfer,* DVBl. 1994, 305 (312).

[15] Zum Weisungsrecht des Bundes im atomrechtl. Genehmigungsverfahren *BVerfG,* Urt. v. 22. 5. 1990 – 2 BvG 1/88 –, *BVerfGE* 81, 310ff.; *Wagner,* DVBl. 1987, 917,; siehe zum Rechtsschutz gegen Weisungen in der atomrechtl. Bundesauftragsverwaltung auch *Winter,* DVBl. 1985, 993ff.; *Steinberg,* Atomwirtschaft 1987, 282ff.; zur atomrechtl. Aufsicht ferner unten § 24 Rn. 135ff.

[16] Vgl. *Ossenbühl,* Neuntes Atomrechts-Symposium, S. 52; *Pelzer,* HdUR, Bd. 1, Sp. 157 (159); *Sendler,* DÖV 1992, 181ff.; *Schmidt-Preuß,* NJW 1995, 985 (986); BMU, UGB-KomE S. 1229.

[17] *BVerfG,* Urt. v. 22. 5. 1990 – 2 BvG 1/88 –, BVerfGE 81, 310 (331ff.) (Kalkar); mit Anm. *Hantke*; *BVerfG,* Urt. v. 10. 4. 1991 – 2 BvG 1/91 –, BVerfGE 84, 25ff.; vgl. auch *Lange,* WeisungsR des Bundes in der atomrechtlichen Auftragsverwaltung, passim; *ders.,* NVwZ 1990, 928ff.; *Tünnesen-Harmes,* HdbUR, B. 6 Rn. 8.

[18] *BVerfG,* Urt. v. 1. 4. 1991 – 2 BvG 1/91 –, BVerfGE 84, 25 (31) (Schacht Konrad); dazu auch *Pelzer,* HdUR, Bd. 1, Sp. 157 (159).

[19] *BVerfG,* Urt. v. 22. 5. 1990 – 2 BvG 1/88 –, BVerfGE 81, 310 (333) (Kalkar).

[20] *BVerfG,* Urt. v. 10. 4. 1991 – 2 BvG 1/91 –, BVerfGE 84, 25 (31) (Schacht Konrad); zur Reichweite der Bundesaufsicht auch *Ossenbühl,* in: Lukes, Reformüberlegungen zum AtomR, S. 27 (30f.); dazu auch *Lange,* NVwZ 1990, 928ff.

Der mit der Bundesauftragsverwaltung beabsichtigte bundeseinheitliche 8
Vollzug des AtG kann daneben auch durch den Erlaß allgemeiner Verwaltungsvorschriften der Bundesregierung gem. Art. 85 Abs. 2 S. 1 GG sichergestellt werden.[21]

B. Aufbau des Gesetzes

Das AtG umfaßt 6 Abschnitte, die folgende Regelungen enthalten 9

- allgemeine Vorschriften (§§ 1 und 2 AtG),
- Überwachungsvorschriften (§§ 3 bis 21 b AtG),
- Vorschriften zu Verwaltungsbehörden (§§ 22 bis 24 a AtG),
- Haftungsvorschriften (§§ 25 bis 40 AtG),
- Bußgeldvorschriften (§§ 46, 49 AtG) und
- Schlußvorschriften (§§ 53 bis 57 a AtG).

C. Allgemeine Vorschriften

Die allgemeinen Vorschriften umfassen zum einen die Zweckbestimmung 10
des AtG in § 1 AtG und zum anderen die grundlegenden Begriffsbestimmungen in § 2 AtG, die zugleich den Anwendungsbereich des AtG beschreiben.

I. Zweckbestimmung des Gesetzes

Gem. § 1 AtG ist Zweck des Gesetzes, 11

- die Erforschung, die Entwicklung und die Nutzung der Kernenergie zu friedlichen Zwecken zu fördern (Nr. 1),[22]
- Leben, Gesundheit und Sachgüter vor den Gefahren der Kernenergie und der schädlichen Wirkung ionisierender Strahlen zu schützen und durch Kernenergie oder ionisierende Strahlen verursachte Schäden auszugleichen (Nr. 2),
- zu verhindern, daß durch Anwendung oder Freiwerden der Kernenergie die innere oder äußere Sicherheit der Bundesrepublik Deutschlang gefährdet wird (Nr. 3),
- die Erfüllung internationaler Verpflichtungen der Bundesrepublik Deutschland auf dem Gebiet der Kernenergie und des Strahlenschutzes zu gewährleisten (Nr. 4).

Die genannten Gesetzeszwecke sind verbindliche Auslegungsregeln bei der 12
Anwendung des Gesetzes und bei der Ausübung des gesetzlich eingeräumten Ermessens. Der Schutzzweck des Gesetzes nach § 1 Abs. 2 AtG ist *vorrangig*

---

[21] Vgl. *Winters*, Atom- und StrahlenschutzR, S. 6 f.

[22] § 465 UGB-KomE sieht die Streichung des Förderungszwecks vor, da dies auf Grund des Standes, den die friedliche Nutzung der Kernenergie in technischer u. wirtschaftlicher Hinsicht erreicht habe, angebracht sei u. der geltenden Rechtslage in anderen Bereichen des UmweltR entspreche, vgl. BMU, UGB-KomE, S. 1235 f.; dies gleicht dem Vorschlag in § 377 UGB-BT-E, vgl. *Jarass/u. a.*, UGB-BT-E, S. 730; siehe dazu auch die Bestrebungen zur letzten Novellierung des AtG, Umweltpolitik, Entwurf zur Änderung des AtG, S. 16; vgl. *Lange*, ZRP 1992, 306; *Tünnesen-Harmes*, HdbUR, B.6 Rn. 20; a. A. *Wagner*, NVwZ 1993, 513 ff.

vor dem in § 1 Nr. 1 AtG genannten Förderungszweck zu beachten.[23] Der Förderungszweck, ist eine Grundentscheidung des Gesetzgebers für die Nutzung der Kernenergie, die durch die verfassungsrechtliche Kompetenzzuweisung des Art. 74 Abs. 1 Nr. 11a GG bestärkt wird.[24]

II. Begriffsbestimmungen

13 Das AtG unterscheidet in § 2 Abs. 1 Nr. 1 und 2 AtG in Kernbrennstoffe[25] und sonstige radioaktive Stoffe.[26] Diese Unterscheidung ist wichtig, da die Genehmigungsvorschriften des AtG nur für radioaktive Stoffe gelten und das Gesetz für ionisierende Strahlen lediglich eine Verordnungsermächtigung enthält (§ 11 Abs. 1 Nr. 2 AtG).

14 Gem. § 2 Abs. 2 S. 1 AtG gelten die Genehmigungsvorschriften für radioaktive Stoffe, in denen der Anteil der Isotope Uran 233, Uran 235, Plutonium 239 und Plutonium 241 insgesamt 15 Gramm oder die Konzentration der genannten Isotope 15 Gramm pro 100 Kilogramm nicht überschreitet, nicht. § 2 Abs. 2 AtG ist durch die Änderung des AtG vom 6. 4. 1998 neu eingefügt worden und dient der Zuordnung von Kernbrennstoffen zu den Genehmigungsvorschriften des AtG und der Strahlenschutzverordnung. Er führt in Anlehnung an internationale Regelungen und nationale Vorschriften eine absolute 15-Gramm-Grenze für Kernbrennstoffe ein, unterhalb der die Genehmigungsvorschriften des AtG keine Anwendung finden.[27]

D. Atomrechtliche Genehmigungen

I. Allgemeine Genehmigungspflichten und -voraussetzungen

15 Das AtG sieht ein fast lückenloses System von Genehmigungspflichten vor.[28] Es enthält Genehmigungspflichten für die

- Ein- und Ausfuhr von Kernbrennstoffen (§ 3 AtG),
- Beförderung von Kernbrennstoffen (§ 4 AtG),

---

[23] *BVerwG*, Urt. v. 16. 3. 1972 – 4 C 49.70 –, DVBl. 1972, 678 (680) (Würgassen); zustimmend *BVerfG*, Urt. v. 20. 12. 1979 – 1 BvR 385/77 –, BVerfGE 53, 30 (58) (Mülheim Kärlich); *OVG Münster*, Urt. v. 20. 2. 1975 – VII A 921/69 –, et 1975, 220 (222); Energiebericht der BReg., BT-Drs. 10/6073, S. 3; *Pelzer*, HdUR, Bd. 1, Sp. 157 (161); *Kloepfer*, UmweltR, § 15 Rn. 48 m.w.N.; a.A. *Degenhart*, KernenergieR, S. 8; *Hofmann*, BayVBl. 1983, 33 (34).

[24] Vgl. *Sellner*, in: Salzwedel, Grundzüge des UmweltR, 1. Aufl., S. 357 (368).

[25] Zum Begriff des Kernbrennstoffs *BVerwG*, Urt. v. 15. 12. 1994 – 7 C 2/93 –, NVwZ 1995, 996ff.

[26] Zu den mit der Novelle vorgenommenen Änderungen, die vornehml. der Angleichung an international übl. Abgrenzungen galten, BR-Drs. 610/97 S. 21; zur weitergehenden Forderung der Klärung des Anwendungsbereichs vgl. *Jarass*, in: Lukes, Reformüberlegungen zum AtomR, S. 443 (445); der Kommissionsentwurf zum UGB trennt in §§ 446 u. 467 UGB-KomE klarer zwischen Begriffsbestimmungen und Anwendungsbereich, BMU, UGB-KomE, S. 290, 1237ff.

[27] Vgl. BR-Drs. 610/97 S. 22.

[28] Zur befristeten Fortgeltung der bis zum 30. 7. 1990 auf dem Gebiet der damaligen DDR erteilten Genehmigungen, Erlaubnisse u. Zulassungen vgl. § 57a AtG; dazu auch *Kloepfer*, UmweltR in der deutschen Einigung, S. 122ff.; *Feldhaus/Eisenbart*, UPR 1990, 401 (404f.); *Rengeling*, DVBl. 1992, 222ff.; BR-Drs. 610/97 S. 43.

- Aufbewahrung von Kernbrennstoffen (§ 6 AtG),
- Anlagen zur Erzeugung, Bearbeitung, Verarbeitung und Spaltung von Kernbrennstoffen sowie Aufarbeitung bestrahlter Kernbrennstoffe (§ 7 AtG),
- Bearbeitung, Verarbeitung und sonstige Verwendung von Kernbrennstoffen außerhalb von Anlagen (§ 9 AtG),
- Landesammelstellen für die Zwischenlagerung von radioaktiven Abfällen (§ 9c AtG).

Die Erteilung einer atomrechtlichen Genehmigung hängt von persönli- 16
chen und sachlichen Voraussetzungen ab, die sich mit unterschiedlichem Umfang in allen Genehmigungstatbeständen finden.[29] Vorausgesetzt werden

- Zuverlässigkeit,[30]
- Fachkunde und sonstige Kenntnisse,[31]
- Schadensvorsorge,[32]
- Deckungsvorsorge,[33]
- Schutz gegen Einwirkungen Dritter[34] und
- Berücksichtigung überwiegender öffentlicher Interessen.[35]

II. Anlagengenehmigung nach § 7 AtG

Die zentrale Genehmigungsvorschrift des Atomrechts ist die Regelung 17
der Anlagengenehmigung in § 7 AtG. Gem. § 7 Abs. 1 AtG bedarf der Genehmigung, wer eine ortsfeste Anlage zur Erzeugung oder zur Bearbeitung oder Verarbeitung oder zur Spaltung von Kernbrennstoffen oder zur Aufbewahrung bestrahlter Kernbrennstoffe errichtet, betreibt oder sonst innehat oder die Anlagen oder ihren Betrieb wesentlich verändert. Ferner bedürfen gem. § 7 Abs. 3 AtG auch die immer mehr ins Zentrum des Interesses rükkende Stillegung, der Einschluß sowie der Abbau der Anlagen und Anlagenteilen der Genehmigung. Gem. § 7 Abs. 2 S. 1 AtG darf die Anlagengenehmigung nur unter den dort explizit genannten Voraussetzungen erteilt werden.

1. Genehmigung nach § 7 Abs. 1 AtG

Die Vorschrift des § 7 AtG findet nur Anwendung, wenn es um die Er- 18
richtung sowie den Betrieb einer Anlage i. S. d. § 7 Abs. 1 AtG oder deren wesentliche Änderung und die sonstige Innehabung einer solchen Anlage geht.

a) Anlagenbegriff

Gem. § 7 Abs. 1 AtG muß es sich um eine *Anlage* zur Erzeugung oder zur 19
Bearbeitung oder Verarbeitung oder zur Spaltung von Kernbrennstoffen handeln. Der Anlagenbegriff ist weder im AtG noch in der Atomrechtlichen

[29] Dazu *Winters*, Atom- und StrahlenschutzR, S. 18.
[30] Vgl. §§ 3 Abs. 2 Nr. 1, 3 Abs. 3 Nr. 1, 4 Abs. 2 Nr. 1, 6 Abs. 2 Nr. 1, 7 Abs. 2 Nr. 1, 9 Abs. 2 Nr. 1 AtG.
[31] Vgl. §§ 4 Abs. 2 Nr. 2, 6 Abs. 2 Nr. 1, 7 Abs. 2 Nr. 1 u. 2, 9 Abs. 2 Nr. 1 u. 2 AtG.
[32] Vgl. §§ 4 Abs. 2 Nr. 3, 6 Abs. 2 Nr. 2, 7 Abs. 2 Nr. 3, 9 Abs. 2 Nr. 3 AtG.
[33] Vgl. §§ 4 Abs. 2 Nr. 4, 6 Abs. 2 Nr. 3, 7 Abs. 2 Nr. 4, 9 Abs. 2 Nr. 4 AtG.
[34] Vgl. §§ 4 Abs. 2 Nr. 5, 6 Abs. 2 Nr. 4, 7 Abs. 2 Nr. 5, 9 Abs. 2 Nr. 5 AtG.
[35] Vgl. §§ 4 Abs. 2 Nr. 6, 7 Abs. 2 Nr. 6, 9 Abs. 2 Nr. 6 AtG.

Verfahrensverordnung definiert.[36] Die Auslegung des Begriffs der Anlage ist jedoch von erheblicher Bedeutung für die Wirkung der Verfahrenskonzentration des § 8 Abs. 2 AtG.[37]

20 Gleichwohl hat sich in der Rechtsprechung und Literatur kein einheitlicher Anlagenbegriff durchgesetzt. Es werden vielmehr drei Anlagenbegriffe unterschieden. Nach dem *nukleartechnischen Anlagenbegriff* gehören nur die Teile zu einer der Spaltung von Kernbrennstoffen dienenden Anlage, mit denen unmittelbar ein nukleares Risiko verbunden ist.[38] Demgegenüber vertrat die Rechtsprechung zum Teil einen *weiten Anlagenbegriff*, der die gesamte Anlage und ihre Auswirkungen am vorgesehenen Standort umfaßte. Mithin bestand die Anlage also nicht nur aus dem eigentlichen Reaktor, sondern bezog auch das Maschinenhaus, die Turbinen und die Kühlwassertürme ein.[39] Darüber hinaus wird nach dem räumlichen Zusammenhang ein *sicherheitstechnischer Anlagenbegriff* vertreten, wonach auch die Teile zur Anlage gehören, die zum Schutz vor nuklearen Gefahren dienen, etwa Sicherheitszäune.[40] Der umstrittene atomrechtliche Anlagenbegriff entscheidet über den Regelungsgehalt der atomrechtlichen Genehmigung, nicht jedoch abschließend über den Umfang der Prüfungsbefugnis der Genehmigungsbehörde.[41] Nach Auffassung des *BVerwG* wird der Anlagenbegriff des § 7 Abs. 1 AtG entscheidend durch den Schutzzweck des § 1 Nr. 2 AtG geprägt. Das Genehmigungserfordernis diene in erster Linie dem nuklearspezifischen Gefahrenschutz. In § 7 Abs. 1 AtG sei nicht von Kernkraftwerken, sondern von Anlagen zur Spaltung von Kernbrennstoffen die Rede. Spaltanlagen i. d. S. seien nur die Reaktoren.[42] Zur Anlage i. S. v. § 7 Abs. 1 AtG gehörten neben dem Reaktor aber auch alle mit diesem in einem räumlichen und betrieblichen Zusammenhang stehenden Einrichtungen, die seinen gefahrlosen Betrieb überhaupt erst ermöglichten. Hierzu zählten alle diejenigen Vorrichtungen, welche erforderlich seien, um eine unzulässige radioaktive Strahlung – sei es beim bestimmungsgemäßen Betrieb, sei es beim Störfall – auszuschließen. Der Kühlturm eines Kernkraftwerkes gehöre dagegen nicht zur Anlage i. S. d. § 7 Abs. 1 AtG, da er in keinem sicherheitstechnischen Zusammenhang mit der Kernspaltanlage stehe.[43] Daraus folgt jedoch nach Ansicht des *BVerwG* nicht, daß die Auswirkungen des Kühlturms im Rahmen des atomrechtlichen Genehmigungsverfahrens unberücksichtigt zu bleiben

---

[36] Zur Forderung nach einer Legaldefinition vgl. *Wolf*, ZUR 1993, 11 (13); *Tünnesen-Harmes*, HdbUR, B.6 Rn. 22; zum Anlagenbegriff auch *Luckow*, Nukleare Brennstoffkreisläufe, S. 2; *Bertrams*, DVBl. 1993, 687 f.; ferner BMU, UGB-KomE, S. 110, 291.

[37] Vgl. zu Verfahrenskonzentration unten § 24 Rn. 80 ff.

[38] *Lukes/Vollmer/Mahlmann*, Grundprobleme zum atomrechtlichen Verwaltungsverfahren, S. 22; *Rengeling*, JZ 1977, 542 (543); *Bender/Sparwasser/Engel*, UmweltR, 7. Teil Rn. 108.

[39] *VGH Mannheim*, Urt. v. 30. 3. 1982 – X 575, 578, 583.77 –, NJW 1983, 63.

[40] *Ronellenfitsch*, Atomrechtliches Genehmigungsverfahren, S. 177 ff.

[41] Vgl. dazu *BVerwG*, Urt. v. 19. 12. 1985 – 7 C 65.82 –, BVerwGE 72, 300 (317).

[42] *BVerwG*, Urt. v. 19. 12. 1985 – 7 C 65.82 –, BVerwGE 72, 300 (329); *dass.*, Urt. v. 4. 7. 1988 – 7 C 88.87 –, BVerwGE 80, 21 (22 f.).

[43] Vgl. *BVerwG*, Urt. v. 19. 2. 1985 – 7 C 65.82 –, BVerwGE 72, 300 (328 ff.); vgl. dazu auch *OVG Koblenz*, Beschl. v. 6. 10. 1986 – 7 B II 2/86 –, NVwZ 1987, 73 (74); *dass.*, Beschl. v. 6. 11. 1986 – 7 B II 3/86 –, NVwZ 1987, 247 ff.; *Weides*, NVwZ 1987, 200 ff.; *Kutscheidt*, NVwZ 1987, 33 ff.; *Bertrams*, DVBl. 1993, 687.

 BVerwG, B 5.8.93, DVBl 93, 1152

hätten. Genehmigungsgegenstand und Genehmigungsvoraussetzungen dürfen nach Ansicht des Gerichts nicht miteinander verwechselt werden. Der Kühlturm sei zwar nicht Gegenstand der atomrechtlichen Genehmigung. Stelle sich jedoch im Rahmen der atomrechtlichen Prüfung heraus, daß der zum Betrieb des Kernkraftwerkes notwendige Kühlturm aus bau- oder immissionsschutzrechtlichen Gründen nicht errichtet werden dürfe, so sei dieser Umstand im Rahmen der Genehmigungsvoraussetzungen des § 7 Abs. 2 Nr. 6 AtG zu würdigen, auch wenn der Kühlturm nicht zur Anlage nach § 7 Abs. 1 AtG gehöre.[44] Nach dem weiten Anlagenbegriff gehört auch der notwendige Kühlturm zur Anlage, weil solche nicht nuklearspezifischen Teile der Gesamtanlage den bestimmungs- und funktionsgerechten Betrieb der genuin nuklearen Anlagenteile erst möglich machen und so eine funktionale und technische Einheit der ortsfesten Anlage i. S. d. § 7 AtG bilden. Nach allen Anlagebegriffen kann es sich auch um eine Gesamtanlage als Zusammenfassung mehrerer Teilanlagen handeln, die durch einen gemeinsamen Verwendungszweck als miteinanderverbunden behandelt werden.[45]

Der Kommissionsentwurf zum Umweltgesetzbuch plädiert in § 2 Nr. 11 UGB-KomE allgemein für einen weiten Anlagenbegriff. Danach sind Anlagen ortsfeste Einrichtungen und ortveränderliche technische Einrichtungen sowie Grundstücke, von denen Gefahren oder Risiken für die Umwelt oder Menschen ausgehen können;[46] die genehmigungsbedürftigen kerntechnischen Anlagen werden in § 468 UGB-KomE definiert. Gem. § 468 Abs. 1 Nr. 1 bis 4 UGB-KomE sind dies Anlagen zur Erzeugung, Bearbeitung oder Verarbeitung von Kernbrennstoffen, Anlagen zur Aufarbeitung und Aufbewahrung bestrahlter Kernbrennstoffe bzw. deren Spaltprodukte. Ferner gehören gem. § 468 Abs. 2 Nr. 1 bis 3 UGB-KomE alle Nebeneinrichtungen und Anlagenteile, die dem Betrieb oder dem Schutz von Menschen und Umwelt vor Risiken und Gefahren durch die friedliche Nutzung der Kernenergie dienen (§ 465 Abs. 1 Nr. 1 UGB-KomE), zur Anlage. Darüber hinaus werden auch alle baulichen Anlagen, die zur Unterbringung der zuvor genannten Anlageteile oder Nebeneinrichtungen dienen, erfaßt.[47] Mit dem Kommissionsentwurf zum Umweltgesetzbuch wird eine Vereinheitlichung des Anlagenzulassungsverfahrens angestrebt. Wesentliches Element dieser Vereinheitlichung ist auch die Harmonisierung des Anlagenbegriffs. Um sicherzustellen, daß es für kerntechnische Anlagen an Stelle der parallelen atom-, und baurechtlichen Genehmigungsverfahren nur noch ein einheitliches Verfahren zur Erteilung der Vorhabengenehmigung durchzuführen ist, bedarf es danach der Kombination einer umfassenden Integrations- und Konzentrationswirkung mit einem weiten und damit umfassenden Anlagenbegriff.[48] 21

Zu den ortsfesten Anlagen *zur Erzeugung oder zur Bearbeitung oder Verarbeitung oder zur Spaltung von Kernbrennstoffen oder zur Aufarbeitung bestrahlter Kernbrennstoffe* i. S. v. § 7 Abs. 1 AtG zählen die Kernkraftwerke aber auch Uran- 22

[44] Vgl. *BVerwG,* Urt. v. 19. 12. 1985 – 7 C 65.82 –, BVerwGE 72, 300 (328ff.); nach Ansicht des BVerwG gehören demgegenüber Anlagenzaun u. Anlagenwache zum Anlagenkern einer Wiederaufbereitungsanlage, *BVerwG,* Urt. v. 4. 7. 1988 – 7 C 88.87 –, NVwZ 1988, 1024 (1025f.); krit. *Beckmann/Kuhlmann,* NuR 1988, 369ff.; für die Einbeziehung von Ergänzungslagern einer Wiederaufbereitungsanlage zul. *BVerwG,* Urt. v. 4. 7. 1988 – 7 C 88.87 –, BVerwGE 80, 21 (22ff.); dazu *Bertrams,* DVBl. 1993, 687 (688).

[45] *BVerwG,* Urt. v. 4. 7. 1988 – 7 C 88.87 –, BVerwGE 80, 21 (23); vgl. zur Gesamtanlage auch § 468 Abs. 2 Nr. 2 UGB-KomE, BMU, UGB-KomE, S. 291.

[46] Vgl. BMU, UGB-KomE, S. 110.

[47] BMU, UGB-KomE, S. 291.

[48] BMU, UGB-KomE, S. 1253.

anreicherungsanlagen, Brennelementefabriken oder Wiederaufbereitungsanlagen für bestrahlte Brennelemente.[49]

b) Errichtung, Betrieb, wesentliche Änderungen und Innehabung der Anlage

23 Der Genehmigungspflicht unterliegen gem. § 7 Abs. 1 AtG die Errichtung, der Betrieb, jede wesentliche Änderung sowie die bloße Innehabung der Anlage.[50]

24 Der Begriff der *Errichtung* ist im Sicherheitsinteresse wie im Interesse des Antragstellers – vor allem wegen der hohen Investitionskosten – weit auszulegen.[51] Die Prüfung des Projekts umfaßt deshalb schon die ersten Errichtungsschritte vom Aushub der Baugrube an.[52]

25 Der *Betrieb* einer Anlage liegt begrifflich vor, wenn nach der Errichtung eine der in § 7 Abs. 1 AtG aufgeführten Tätigkeiten an oder mit Kernbrennstoffen aufgenommen wird, auch wenn dies zunächst nur probeweise geschieht.[53]

26 Der Begriff des *sonst Innehabens* greift als Auffangvorschrift dann ein, wenn die atomrechtliche Verantwortung für eine vorhandene Anlage nicht durch eine Errichtungs- oder Betriebsgenehmigung abgedeckt ist.[54]

27 Der Genehmigungspflicht des § 7 Abs. 1 AtG unterliegt ferner jede wesentliche Änderung der Anlage oder ihres Betriebs.[55] Eine *Änderung* liegt vor, wenn ein Vergleich des Inhalts der erteilten Genehmigung mit der geplanten Maßnahme ergibt, daß diese zu einem von der verliehenen Gestattung abweichenden Zustand führt.[56] Eine Änderung der Anlage ist *wesentlich* und damit genehmigungsbedürftig, wenn sie nach Art und/oder Umfang geeignet erscheint, die in den Genehmigungsvoraussetzungen angesprochenen Sicherheitsaspekte zu berühren, und deshalb die Genehmigungsfrage erneut aufwirft.[57] Das Merkmal der Wesentlichkeit ist Kriterium für das ‚Ob', also der Erforderlichkeit einer Prüfung, sagt allerdings nichts über die Genehmigungsfähigkeit der Änderung aus. Es kommt insoweit nur auf die Eignung der Maßnahme an, bestimmte Genehmigungsvoraussetzungen zu beeinflussen, die so die Genehmigungsfrage neu aufwerfen.[58] Fraglich ist, ob sich die Prüfung der Genehmigungsvoraussetzungen nach § 7 Abs. 1 und 2 AtG im

[49] Für die Pilot-Konditionierungsanlage für abgebrannte Brennelemente Gorleben zul. *BVerwG,* Beschl. v. 5. 8. 1993 – 7 B 112.93 –, DVBl. 1993, 1152ff.; nicht erfaßt werden vom Wortlaut die sog. Kernfusionsanlagen; für diese gelten die Vorschriften des Bau- u. der MaschinenR sowie des Immissions- u. StrahlenschutzR, vgl. *Roser,* atw 1993, 425.

[50] Zur Frage, ob wesentl. Änderungen nicht nur durch Genehmigungen, sondern auch durch sog. Vorabzustimmungen zugelassen werden können, *Roßnagel,* DVBl. 1987, 65ff.; *Burianek,* NJW 1987, 2727ff.; vgl. auch *LG Hanau,* Urt. v. 12. 11. 1987 – 6 Js 13470.84 –, NJW 1988, 571ff., dazu auch *Winkelbauer,* JuS 1988, 691ff.

[51] *Haedrich,* AtG, § 7 Rn. 12.

[52] *Fischerhof,* AtG I, § 7 Rn. 7.

[53] *Ronellenfitsch,* Atomrechtliches Genehmigungsverfahren, S. 186.

[54] *Fischerhof,* AtG I, § 7 Rn. 8 f.; *Ronellenfitsch,* Atomrechtliches Genehmigungsverfahren, S. 186.

[55] Dazu *Wasielewski,* UPR 1998, 420 (421).

[56] *Wasielewski,* UPR 1998, 420 (421 m. w. N.).

[57] *BVerwG,* Urt. v. 21. 8. 1996 – 11 C 9.95 –, DVBl. 1997, 52 (Krümmel).

[58] *Rebentisch,* DVBl. 1997, 810ff.

Rahmen der wesentlichen Änderungen einer Anlage auch auf bestandskräftig genehmigte Anlagenteile erstrecken kann.

Fall: Der Minister für Finanzen und Energie des Landes Schleswig-Holstein hat der Betreiberin des seit 1988 abschließend genehmigten Kernkraftwerks 1991 die Genehmigung erteilt, den Reaktorkern durch den Einsatz neuentwickelter Brennelemente zu verändern und teillange Brennstäbe einzusetzen, die einen höheren Abbrand ermöglichen und damit kleine Abfallmengen erzielen. In der Änderungsgenehmigung heißt es, der Abbrand und die damit freigesetzten Emissionen lägen unterhalb der von der 2. Betriebsgenehmigung festgesetzten Rate. Soweit durch die Änderungsgenehmigung nichts Abweichendes geregelt werde, blieben alle bisher erteilten atomrechtlichen Genehmigungen unberührt. Fraglich ist, ob die Bindungswirkung der Betriebsgenehmigung von 1988 auch für die Änderungsgenehmigung von 1991 gilt und deshalb hinsichtlich der radiologischen Auswirkungen nicht mehr angegriffen werden kann, oder ob sich mit der Zulassung eines wesentlich veränderten Reaktorkerns die Genehmigungsfrage zwar nicht insgesamt aber insoweit neu stellt.[59]

Nach Auffassung des *BVerwG* bezieht sich die Prüfung der Geneh- **28**
migungsvoraussetzungen bei einer wesentlichen Änderung auch auf diejenigen Anlagenteile und Verfahrenschritte der genehmigten Anlage, auf die sich die Änderung auswirkt.[60] Mit der Zulassung eines wesentlich veränderten Reaktorkerns stelle sich die Frage neu, ob hinsichtlich der radiologischen Auswirkungen des Kraftwerkbetriebs in der geänderten Form die nach dem Stand von Wissenschaft und Technik erforderliche Vorsorge gegen Schäden getroffen sei. Die Änderungsgenehmigung mußte deshalb die radiologischen Auswirkungen in den Blick nehmen und neu bewerten.[61] Soweit eine Genehmigung besteht, dürfen Änderungen der Genehmigung nur hinsichtlich der beantragten Veränderung vorgenommen werden, nicht auch bzgl. der Festlegungen der bestehenden Genehmigung, die von der beantragten Veränderung und deren Auswirkungen auf die Anlage und ihren Betrieb nicht betroffen werden. Insoweit wird die Genehmigungsbehörde auf die Möglichkeiten des § 17 Abs. 1 S. 3 und Abs. 2 bis 5 AtG, d. h. auf Inhaltsbeschränkungen, Auflagen und die Möglichkeit des Widerrufs, verwiesen.

Durch die Änderung des AtG vom 6. 4. 1998 stellt § 7 Abs. 2 S. 2 AtG **29**
nunmehr klar, daß bei Veränderungen bestehender Anlagen oder ihres Betriebs, die die getroffene Vorsorge gegen Schäden oder den getroffenen Schutz gegen Störmaßnahmen oder sonstige Einwirkungen Dritter verbessern oder unberührt lassen, das Vorsorgeprinzip des § 7 Abs. 2 Nr. 3 AtG und das Schutzprinzip des § 7 Abs. 2 Nr. 5 AtG nur mit der Maßgabe gelten, daß unter Berücksichtigung der technischen Gegebenheiten und Funktionen der Anlage unverhältnismäßige oder technisch nicht mehr mögliche Vorsor-

---

[59] Vgl. *BVerwG,* Urt. v. 21. 8. 1996 – 11 C 9.95 –, DVBl. 1997, 52 ff. (Krümmel).

[60] *BVerwG,* Urt. v. 21. 8. 1996 – 11 C 9.95 –, DVBl. 1997, 52 (Krümmel); dazu *Wagner,* et 1997, 166 ff.; *Sendler,* UPR 1997, 161 ff.; *Rebentisch,* DVBl. 1997, 810 ff.; *Ossenbühl,* in: v. Danwitz, Aktuelle Entwicklungen im KernenergieR, S. 43 ff.; *v. Danwitz,* RdE 1997, 55 ff.; *Girgoleit/Mager,* NuR 1997, 469 ff.

[61] Nach a. A. war lediglich zu prüfen, ob die neuen Brennstäbe die Emissionen nicht über den zugelassenen Rahmen hinaus erhöhen, eine weitere Prüfung wäre jedoch wegen der Bestandskraft der Betriebsgenehmigung u. der mit dieser festgesetzten Werte unzulässig, *Sendler,* UPR 1997, 161 (164); zum ganzen *Girgoleit/Mager,* NuR 1997, 469 ff.

ge- oder Schutzmaßnahmen nicht mehr erforderlich sind.[62] Danach sind Sicherheitsverbesserungen bei bestehenden Anlagen auch dann möglich, wenn der für neu zu errichtende Anlagen geforderte Sicherheitsstandard nicht vollständig erreicht ist.[63]

c) Genehmigungsvoraussetzungen nach § 7 Abs. 2 AtG

aa) Zuverlässigkeit und Fachkunde von Antragsteller und Führungspersonal

30 Die Genehmigung darf nach § 7 Abs. 2 Nr. 1 AtG nur erteilt werden, wenn keine Tatsachen vorliegen, aus denen sich Bedenken gegen die Zuverlässigkeit des Antragstellers und der für die Errichtung, Leitung und Beaufsichtigung des Betriebs der Anlage verantwortlichen Personen ergeben, und die für die Errichtung, Leitung und Beaufsichtigung des Betriebs der Anlage verantwortlichen Personen die hierfür erforderliche Fachkunde besitzen.[64] Die für die Anlagengenehmigung erforderliche Fachkunde der eingesetzten Personen ist in den vom Länderausschuß für Atomenergie erarbeiteten Richtlinien für den Fachkundenachweis von Kernkraftwerkspersonal[65] und in dem Inhalt der Fachkundeprüfung des verantwortlichen Schichtpersonals in Kernkraftwerken[66] näher geregelt.

31 Der Begriff der *Zuverlässigkeit* ist aus dem Gewerberecht entlehnt.[67] Im Sinne des Gewerberechts gilt als zuverlässig, wer die Gewähr dafür bietet, daß er die genehmigte Tätigkeit ordnungsgemäß ausführen wird.[68] Störfälle im Betrieb einer Anlage können ein Anhaltspunkt für mangelnde Zuverlässigkeit des Betreibers oder der verantwortlichen Personen oder für ungenügendes Wissen des Betriebspersonals sein.[69] Indes kann nicht jeder zumindest auch auf menschlichem Versagen beruhende Störfall zur Versagung der Genehmigung führen.[70] Zur Genehmigungsversagung soll vielmehr nur dann Anlaß bestehen, wenn andere aufsichtliche Maßnahmen – wie z.B. die staatliche Aufsicht – nicht ausreichen, weil grundlegende Mängel oder Schwächen bei den verantwortlichen Personen oder der Organisation des Betriebes feststellbar sind, die es nicht als ausgeschlossen erscheinen lassen, daß künftig ein erhöhtes Risiko besteht.[71]

---

[62] Vgl. BT-Drs. 13/8641 S. 4 f., 11.; dazu zuvor *BVerwG*, Urt. v. 22. 1. 1997 – 11 C 7.95 –, BVerwGE 104, 36ff.

[63] Ausführl. *Schmidt-Preuß*, NVwZ 1998, 553ff.; vgl. auch *Wasielewski*, UPR 1998, 420 (423f.).

[64] Zur Zuverlässigkeit näher *Ipsen*, et 1998, 725ff.

[65] Bek. d. BMI v. 14. 4. 1993 (GMBl. S. 358).

[66] Vgl. Bek. d. BMU v. 23. 4. 1995 – R S I 3 – 13831–B/1 (GMBl. 1996 S. 555).

[67] Vgl. z.B. § 35 Abs. 1 GewO.

[68] Vgl. zur Zuverlässigkeit im AtG *Winters*, Atom- und StrahlenschutzR, S. 22; *Fischerhoff*, AtG I, § 7 Rn. 15; *Verkeggen*, Die „Zuverlässigkeit" des im Atomgesetz aufgeführten Personals und die Möglichkeiten ihrer Kontrolle nach dem Gesetz und Verfassungsrecht, passim.

[69] *BVerwG*, Beschl. v. 17. 4. 1990 – 7 B 111.89 –, DVBl. 1990, 1167 (1168); die Überprüfung der Zuverlässigkeit von Beschäftigten ist in der Verordnung für die Überprüfung der Zuverlässigkeit zum Schutz gegen Entwendung oder erhebliche Freisetzung radioaktiver Stoffe nach dem Atomgesetz (Atomrechtliche Zuverlässigkeitsüberprüfungsverordnung – AtZüV) v. 1. 7. 1999 (BGBl. I S. 1525) näher geregelt.

[70] *Kloepfer*, UmweltR, § 15 Rn. 35; a.A. *Winter*, KJ 1989, 61 (73).

[71] *BVerwG*, Beschl. v. 17. 4. 1990 – 7 B 111.89 –, UPR 1991, 185 (186).

§ 7 Abs. 2 Nr. 2 AtG verlangt außerdem, daß auch die übrigen in der Anlage tätigen Personen die erforderlichen Kenntnisse über einen sicheren Anlagebetrieb, die möglichen Gefahren und die anzuwendenden Schutzmaßnahmen besitzen müssen.[72] Nicht jede der als verantwortlich bezeichneten Personen muß für sich die erforderlichen Kenntnisse der Anlage haben. § 7 Abs. 2 AtG steht einer arbeitsteiligen Erfüllung der Sicherheitsanforderungen nicht entgegen.[73] 32

Nach der Rechtsprechung des *BVerwG* spricht bei den subjektiven Genehmigungsvoraussetzungen des § 7 Abs. 2 Nr. 1 und 2 AtG viel für ihren drittschützenden Charakter. Die Frage hat es aber letztendlich offengelassen.[74] 33

bb) Schadensvorsorge

Gem. § 7 Abs. 2 Nr. 3 AtG darf die Genehmigung nur erteilt werden, wenn die nach dem Stand von Wissenschaft und Technik erforderliche Vorsorge gegen Schäden durch die Errichtung und den Betrieb der Anlage getroffen ist.[75] Die unbestimmten Gesetzesbegriffe „Stand von Wissenschaft und Technik" und „erforderliche Vorsorge gegen Schäden" werden durch die Anforderungen der Strahlenschutzverordnung, insbesondere durch die *Strahlenschutzgrundsätze* des § 28 StrlSchV[76] und die *Dosisgrenzwerte* der §§ 44, 45 StrlSchV[77] konkretisiert.[78] Als zutreffende Wiedergabe des Standes von Wissenschaft und Technik können regelmäßig die Technischen Regelwerke der Reaktorsicherheitskommission, der Strahlenschutzkommission,[79] des kerntechnischen Ausschusses, DIN-Normen sowie die Sicherheitskriterien für Kernkraftwerke des Bundesministers für Umwelt, Naturschutz und Reaktorsicherheit gelten.[80] 34

---

[72] Zu den persönl. Genehmigungsvoraussetzungen der atomrechtl. Genehmigung *Ronellenfitsch*, Atomrechtliches Genehmigungsverfahren, S. 205 ff.

[73] *BVerwG*, Urt. v. 11. 3. 1993 – 7 C 4.92 –, BVerwGE 92, 185 ff.; *Tünnesen-Harmes*, HdbUR, B.6 Rn. 24; vgl. auch *Bertrams*, DVBl. 1993, 687 (688).

[74] *BVerwG*, Beschl. v. 17. 4. 1990 – 7 B 111/89 –, NVwZ 1990, 858 (859).

[75] Vgl. zu dieser str. Genehmigungsvoraussetzung aus der Lit. *Breuer*, NVwZ 1990, 211 (215 ff.); *Marburger*, Atomrechtliche Schadensvorsorge, S. 1 ff.; *Mayinger*, Restrisiko, S. 1 ff.; *Schneider/Steinberg*, Schadensvorsorge, passim; *Sellner*, in: Salzwedel, Grundzüge des UmweltR, 1. Aufl., S. 357 (371 ff.); *Ronellenfitsch*, Atomrechtliches Genehmigungsverfahren, S. 212 ff.; *Roßnagel*, UPR 1993, 129 ff.; *Renneberg*, ZRP 1986, 161 ff.; *Rengeling*, DVBl. 1988, 257; *Sellner*, NVwZ 1986, 616, (617 ff.); *Degenhart*, KernenergieR, S. 7 ff.; *Rengeling*, Probalistische Methoden bei der atomrechtlichen Schadensvorsorge, S. 1 ff.; *Rittstieg*, Konkretisierung technischer Standards im AnlagenR, S. 1 ff.; *Salzwedel*, NVwZ 1987, 276 ff.; *Rengeling*, FS Ule, S. 297 ff.; *Ladeur*, UPR 1986, 361 ff.; aus der RSpr. *BVerfG*, Beschl. v. 8. 8. 1978 – 2 BvL 8/77 –, BVerfGE 49, 89 (143) (Kalkar); *dass.*, Beschl. v. 20.12.1979 – 1 BvR 385/77 –, BVerfGE 53, 30 (58 f.); *BVerwG*, Urt. v. 19. 12. 1985 – 7 C 65.82 –, BVerwGE 72, 300 (314 ff.); *OVG Lüneburg*, Beschl. v. 28. 10. 1986 – 7 D 8, 10/86 –, NVwZ 1987, 75 f.

[76] Vgl. dazu unten § 25 Rn. 11.

[77] Vgl. dazu unten § 25 Rn. 12.

[78] Zur Geltung des § 45 StrlSchV bei einer Stillegungs- u. Abbaugenehmigung *VGH Mannheim*, Beschl. v. 26. 6. 1992 – 10 S 1350/92 –, NVwZ 1993, 196.

[79] Vgl. zur Neubesetzung der Reaktorsicherheitskommission u. der Strahlenschutzkommission BMU, Umwelt 1999, 176 f.

[80] *BVerwG*, Beschl. v. 12. 7. 1993 – 7 B 114.92 –, ZUR 1994, 32 (33); vgl. dazu bereits oben § 23 Rn. 13.

35 Das *BVerfG* hat die Verwendung dieser unbestimmten Rechtsbegriffe und ihre Konkretisierung hinsichtlich des Bestimmtheitsgebots für unbedenklich und unter den besonderen Bedingungen des Atomrechts sogar für erforderlich gehalten. Die Verweisung auf den Stand von Wissenschaft und Technik ermögliche eine ständige Anpassung der Genehmigungsvoraussetzungen an den technisch-wissenschaftlichen Fortschritt und somit eine bestmögliche Verwirklichung des Schutzzwecks des § 1 Nr. 2 AtG, also einen sog. dynamischen Grundrechtsschutz.[81]

36 Eine am *Stand von Wissenschaft und Technik* ausgerichtete Vorsorge muß den neuesten wissenschaftlichen Erkenntnissen Rechnung tragen.[82] Die Genehmigungsbehörde darf sich nicht auf eine herrschende Meinung in der Wissenschaft verlassen, sondern muß alle vertretbaren wissenschaftlichen Erkenntnisse in Erwägung ziehen.[83] Läßt sich die nach den neuesten wissenschaftlichen Erkenntnissen erforderliche Vorsorge technisch noch nicht verwirklichen, dann darf die Genehmigung nicht erteilt werden. Die Vorsorge wird daher durch das gegenwärtig technisch Machbare nicht begrenzt.[84] Die nach dem Stand von Wissenschaft und Technik erforderliche Schadensvorsorge ist sowohl durch die bauliche Konzeption und die sicherheitstechnische Auslegung der Anlage als auch durch ihre sorgfältige Bedienung zu gewährleisten.[85]

37 Die nach dem Stand von Wissenschaft und Technik erforderliche Schadensvorsorge ist sowohl für den *Normalbetrieb*, als auch für den *Störfall* und den *möglichen Unfall* zu beachten.[86]

38 Der **Normalbetrieb** ist der bestimmungsmäßige Betrieb der Anlage. Für ihn sind die in § 45 StrlSchV festgelegten **Dosisgrenzwerte** – nach dem sog. 0,3-milli-Sievert-Konzept – zu beachten.[87] Diese Dosisgrenzwerte des § 45 StrlSchV beziehen sich nur auf Strahlenbelastungen durch den bestimmungsgemäßen Betrieb von kerntechnischen Anlagen. Sie beschränken sich nicht auf die Anlage, deren Betrieb zur Genehmigung ansteht.

39 In welchem Ausmaß Vorbelastungen bei der Ermittlung der effektiven Dosis einzubeziehen sind, ist umstritten.[88] Strahlenexpositionen durch Stör- und Unfälle bei – in-

---

[81] *BVerfG,* Beschl. v. 8. 8. 1978 – 2 BvL 8/77 –, BVerfGE 49, 89 (133 f., 137) (Kalkar); krit. zur zulässigen Konkretisierung der Begriffe durch technische Regelwerke *Winter,* ZUR 1994, 20 (22); vgl. zur Konkretisierung unbestimmter Gesetzesbegriffe bereits oben § 5 Rn. 1 ff.

[82] Demgegenüber sehen § 7a WHG u. §§ 5 Abs. 1 Nr. 2, 3 Abs. 6 BImSchG die Einhaltung des „Standes der Technik" u. § 3 Abs. 1 GSG nur die Einhaltung der „allgemein anerkannten Regeln der Technik" vor.

[83] Vgl. *BVerwG,* Urt. v. 19. 12. 1985 – 7 C 65.82 –, BVerwGE 72, 300 (314 ff.); *dass.,* Beschl. v. 13. 7. 1989 – 7 CB 80.88 –, DVBl. 1990, 67 f.; *dass.,* Beschl. v. 13. 7. 1989 – 7 B 188.88 –, DVBl. 1990, 58 (59).

[84] *BVerfG,* Beschl. v. 8. 8. 1978 – 2 BvL 8/77 –, BVerfGE 49, 89 (135 f.) (Kalkar).

[85] Zur Ermittlung u. Bewertung von Risiken durch die Alterung sicherheitstechnisch bedeutsamer Anlagenteile *VGH Mannheim,* Urt. v. 7. 3. 1995 – 10 S 2822/92 –, ZUR 1996, 33 (34).

[86] Siehe dazu *Sellner,* in: Salzwedel, Grundzüge des UmweltR, 1. Aufl., S. 357 (375 ff.).

[87] Für Betriebspersonal gelten die besonderen Dosisgrenzwerte der §§ 44, 49 u. 51 StrSchV; zur Überwachung dieser Dosisgrenzwerte wird beim Bundesamt für Strahlenschutz ein Strahlenschutzregister geführt, in dem Daten zur Strahlenexposition gesammelt werden.

[88] Zur prinzipiellen Notwendigkeit der Einbeziehung von Vorbelastungen *BVerwG,* Urt. v. 22. 12. 1980 – 7 C 84.78 –, BVerwGE 61, 256 (264).

ländischen und ausländischen – atomaren Anlagen sind nicht als Vorbelastungen im Rahmen des § 45 S. 3 StrlSchV in Rechnung zu stellen.[89] Zusätzliche und weitergehende Anforderungen für den Normalbetrieb enthält das in § 28 StrlSchV geregelte **Strahlenminimierungsgebot**.[90] Danach sind die Strahlenbelastungen so gering wie möglich zu halten. Aufgrund des Minimierungsgebots werden zumeist Grenzwerte festgelegt, die die Dosisgrenzwerte des § 45 StrlSchV weit unterschreiten.[91]

Ein **Störfall** liegt nach der Anlage I der Strahlenschutzverordnung bei einem Ereignisablauf vor, bei dessen Eintreten der Betrieb der Anlage aus sicherheitstechnischen Gründen nicht mehr fortgeführt werden kann.[92] Kerntechnische Anlagen sind nach § 28 Abs. 3 StrlSchV so auszulegen, daß es bei einem Störfall nicht zu unzulässigen Strahlenbelastungen kommen kann. Zu beachten sind die in § 28 Abs. 3 StrlSchV festgelegten Störfallgrenzwerte. **40**

Ein **Unfall** liegt nach der Anlage I der Strahlenschutzverordnung bei einem Ereignisablauf vor, der für eine oder mehrere Personen eine die Grenzwerte übersteigende Strahlenexposition oder Inkorporation radioaktiver Stoffe zur Folge haben kann, soweit er nicht zu den Störfallen zählt, d.h. vor allem soweit die Anlage für einen solchen Ereignisablauf nicht ausgelegt ist.[93] Zu derartigen Unfällen zählen auch die Katastrophenfälle, etwa das Bersten des Reaktordruckbehälters.[94] § 7 Abs. 2 Nr. 3 AtG fordert, daß die Anlage aufgrund der gesamten sicherheitstechnischen Systeme so beschaffen ist, daß der Eintritt eines solchen Ereignisses *praktisch*[95] ausgeschlossen werden kann.[96] Zur Bestimmung der erforderlichen Vorsorgemaßnahmen reicht es nicht aus, auf das vorhandene ingenieurmäßige Erfah- **41**

[89] *BVerwG,* Beschl. v. 23. 5. 1991 – 7 C 34.90 –, DVBl. 1991, 883 (884); *OVG Lüneburg,* Beschl. v. 28. 10. 1986 – 7 C 8, 10/86 –, NVwZ 1987, 75; a.A. *VG Regensburg,* Urt. v. 13. 3. 1989 – 5 K 88/274 –, NVwZ 1989, 1195ff.; vgl. dazu auch unten § 24 Rn. 49; auf die Einhaltung der Dosisgrenzwerte haben Drittbetroffene einen gerichtl. durchsetzbaren Anspruch, *BVerwG,* Urt. v. 22. 12. 1980 – 7 C 84.78 –, DÖV 1981, 294 (295).

[90] Dazu *Bischof,* NJW 1991, 2322ff.; vgl. dazu auch § 25 Rn. 11.

[91] Auf die Beachtung des Strahlenminimierungsgebots haben Dritte jedoch keinen Anspruch, vgl. *BVerwG,* Urt. v. 22. 12. 1980 – 7 C 84.78 –, DÖV 1981, 294 (295); *OVG Lüneburg,* Beschl. v. 28. 10. 1986 – 7 D 8, 10/86 –, NVwZ 1987, 75; a.A. *OVG Münster,* Urt. v. 20. 2. 1975 – VII 911/69 –, et 1975, 220 (223ff.); vgl. dazu auch unten § 24 Rn. 48ff; demgegenüber sieht § 44 UGB-KomE vor, daß Rechtsverordnungen oder Verwaltungsvorschriften, die Grenzwerte zur Vorsorge gegen Risiken festlegen, auch dem Schutz Dritter dienen, die von einer Überschreitung der Grenzwerte betroffen sein können, vgl. BMU, UGB-KomE, S. 537f.

[92] Dafür hat sich der Begriff des „Größten anzunehmenden Unfalls" (GaU) herausgebildet.

[93] Dafür hat sich der Begriff des „Super-GaU" eingebürgert, d.h. ein Vorgang, der im Rahmen der technischen Auslegung der Anlage nicht beherrscht wird u. der zur Kernschmelze unter Freisetzung des radioaktiven Inventars u. zu tendenziell weltweiten Auswirkungen führt.

[94] Zur Frage der Erdbebensicherheit des Kernkraftwerks Mülheim-Kärlich *BVerwG,* Urt. v. 14. 1. 1998 – 11 C 11.96 –, ZUR 1998, 78ff.; dazu *Badura,* DVBl. 1998, 1197ff.

[95] Zur „praktischen Vernunft" im AtomR vgl. *Ladeur,* UPR 1986, 361ff.; *Schmaltz/Nöthlicher,* Sicherheitstechnik, Bd. VII; *Roßnagel,* DÖV 1997, 801ff.

[96] *BVerfG,* Beschl. v. 8. 8. 1978 – 2 BvL 8/77 –, BVerfGE 49, 89 (143) (Kalkar); *dass.,* Beschl. v. 20. 12. 1979 – 1 BvR 385/77 –, BVerfGE 53, 30 (58); *BVerwG,* Urt. v. 19. 12. 1985 – 7 C 65.82 –, BVerwGE 72, 300 (316); *dass.,* Urt. v. 21. 8. 1996 – 11 C 9.95 –, DVBl. 1997, 52ff. (Krümmel).

rungswissen zurückzugreifen. Es müssen vielmehr auch Vorsorgemaßnahmen ergriffen werden, die bloß theoretischen Überlegungen und Berechnungen entsprechen.[97]

42 Das *BVerfG* hat entschieden, daß der Gesetzgeber durch die in § 1 Nr. 2 und in § 7 Abs. 2 AtG niedergelegten **Grundsätze der bestmöglichen Gefahrenabwehr und Risikovorsorge** einen Maßstab aufgerichtet habe, der Genehmigungen nur dann zulasse, wenn es nach dem Stand von Wissenschaft und Technik praktisch ausgeschlossen erscheine, daß solche Schadensereignisse eintreten werden. Demgegenüber seien jedoch Ungewißheiten jenseits dieser Schwelle praktischer Vernunft unentrinnbar und insofern als sozialadäquate Lasten von allen Bürgern zu tragen. Sie hätten ihre Ursache in den Grenzen des menschlichen Erkenntnisvermögens.[98] Damit besteht ein Anspruch auf **Risikominimierung,** nicht aber auf **völlige Risikovermeidung.** Unklar ist, ob diese Anforderungen es zulassen, Maßnahmen zur Risikovorsorge nach dem Verhältnismäßigkeitsgrundsatz zu begrenzen.[99]

43 Bei Erlaß eines Bebauungsplans für eine kerntechnische Anlage i. S. d. § 7 Abs. 1 AtG dürfen nuklearspezifische Risiken, die im atomrechtlichen Genehmigungsverfahren als sog. Restrisiken notwendig in Kauf genommen werden, aus der bauleitplanerischen Abwägung nicht ausgeblendet werden.[100]

44 Das *BVerwG* hat zudem entschieden, daß die Vorsorge gegen Schäden i. S. v. § 7 Abs. 2 Nr. 3 AtG mit der polizeirechtlichen Gefahrenabwehr nicht übereinstimmt. Eine Gefahr im polizeirechtlichen Sinne liegt nur dann vor, wenn der Schadenseintritt auch hinreichend wahrscheinlich ist. Dabei gilt der Grundsatz, daß der Grad der Eintrittswahrscheinlichkeit des Schadens um so geringer sein muß, je schwerwiegender der drohende Schaden ist. Anders als im Polizeirecht müssen jedoch bei der atomrechtlichen Schadensvorsorge auch solche Schadensmöglichkeiten in Betracht gezogen werden, die sich nur deshalb nicht ausschließen lassen, weil nach dem derzeitigen Wissensstand bestimmte Ursachenzusammenhänge weder bejaht noch verneint werden können und daher insoweit noch keine Gefahr, sondern nur ein Gefahrenverdacht oder ein „Besorgnispotential" besteht.[101] Im Atom- und Strahlenschutzrecht sei es nicht erlaubt, „exakt bis an die Gefahrengrenze zu gehen". Das gelte sowohl für den Kollektiv – als auch für den Individualschutz. Dementsprechend habe das *BVerfG* – so das *BVerwG* – vom **Grundsatz der bestmöglichen Gefahrenabwehr und Risikovorsorge** gesprochen.[102] Die Verantwortung für die Risikoermittlung und -bewertung trage

---

[97] *BVerwG,* Urt. v. 19. 12. 1985 – 7 C 65.82 –, BVerwGE 72, 300 (314).

[98] Vgl. *BVerfG,* Beschl. v. 8. 8. 1978 – 2 BvL 8/77 –, BVerfGE 49, 89 (143) (Kalkar); krit. *Renneberg,* ZRP 1986, 161 ff.; zum Begriff des Restrisikos *Murswiek,* HdUR, Bd. 2, Sp. 1719 (1722); *Greipl,* DVBl. 1992, 598 ff.

[99] So *Breuer,* in: Schmidt-Aßmann, BesVwR, 5. Abschn. Rn. 228; vgl. auch *Greipl,* DVBl. 1992, 598 m. w. N.; dazu auch BMU, UGB-KomE, S. 1241 f.

[100] *BVerwG,* Beschl. v. 12. 12. 1990 – 4 NB 14.88 –, NVwZ 1991, 871 (872); *VGH München,* Urt. v. 29. 1. 1988 – 22 N 85 A. 2635 –, BayVBl. 1988, 332 (334); dazu *Beckmann/Kuhlmann,* NuR 1988, 369 ff.

[101] Vgl. *BVerwG,* Urt. v. 19. 12. 1985 – 7 C 65.82 –, BVerwGE 72, 300 (314); *Bertrams,* DVBl. 1993, 687 (692); zum Gefahrenbegriff im atomrechtl. Aufsichtsverfahren *Roller,* DVBl. 1993, 20 ff.

[102] *BVerfG,* Beschl. v. 8. 8. 1978 – 2 BvL 8/77 –, BVerfGE 49, 89 (143); *dass.,* Beschl. v. 20. 12. 1979 – 1 BvR 385/77 –, BVerfGE 53, 30 (58 f.).

 BVerwG, U 14.1.98, DVBl 98, 339 = NVwZ 98, 628 (Mülheim-Kärlich (b))

nach der Normenstruktur des § 7 Abs. 2 Nr. 3 AtG die Exekutive.[103] Sie habe hierbei die Wissenschaft zu Rate zu ziehen.[104]

Nach Auffassung des *BVerwG* kann es nicht Sache der nachträglichen verwaltungsgerichtlichen Kontrolle sein, die der Exekutive zugewiesene Wertung wissenschaftlicher Streitfragen einschließlich der daraus folgenden Risikoabschätzung durch eine eigene Bewertung zu ersetzen.[105] Die Exekutive verfüge nicht nur gegenüber der Legislative, sondern auch im Verhältnis zu den Verwaltungsgerichten über rechtliche Handlungsformen, die sie für die Verwirklichung des Grundsatzes bestmöglicher Gefahrenabwehr und Risikovorsorge sehr viel besser als diese ausrüsteten. Die Verwaltungsgerichte hätten deshalb die von den Genehmigungsbehörden aufgrund willkürfreier Ermittlungen vorgenommenen Bewertungen nur auf ihre Rechtmäßigkeit zu überprüfen, nicht aber ihre eigenen Bewertungen an deren Stelle zu setzen.[106] 45

Angesichts der nur eingeschränkten richterlichen Kontrollmöglichkeit darf das Verwaltungsgericht die *Spruchreife* einer Anfechtungsklage gegen eine atomrechtliche Teilgenehmigung nicht in der Weise herstellen, daß es von ihm festgestellte Mängel bei der von der Exekutive zu verantwortenden Risikoermittlung und Risikobewertung durch eine gerichtliche Beweisaufnahme auszugleichen sucht.[107] Andererseits kann die Genehmigungsbehörde eine Aufhebung der Genehmigung wegen eines Ermittlungs- und Bewertungsdefizits vermeiden, wenn sie das Defizit noch während des gerichtlichen Verfahrens behebt, indem sie Verdachtsmomenten nachgeht und das Ergebnis ihrer Ermittlungen in einem Bescheid verlautbart.[108] 46

Die atomrechtliche Schadensvorsorge umschließt – anders als die immissionsschutzrechtliche Vorsorge – einerseits die unabdingbare, drittschützende Gefahrenabwehr und andererseits den grundsätzlich nicht drittschützenden Bereich der Risikovorsorge. Anders als im Immissionsschutzrecht reicht damit der Drittschutz in den Vorsorgebereich hinein.[109] D.h. allerdings nicht, daß die atomrechtliche Vorsorge gegen Schäden insgesamt drittschützend ist. 47

Das *BVerwG* hat klargestellt, daß das Strahlenminimierungsgebot nach § 28 StrlSchG nur der Reduzierung des Kollektivrisikos dient und deshalb nicht drittschützend ist.[110] Soweit also die atomrechtliche Schadensvorsorge der Reduzierung des Kollektivrisikos dient, ist auch § 7 Abs. 2 Nr. 3 AtG nicht drittschützend, insbesondere vermittelt § 7 Abs. 2 Nr. 3 AtG Drittbetroffenen keinen einklagbaren Anspruch auf Maßnahmen zur Restrisikominderung.[111] 48

Auf die Einhaltung der Dosisgrenzwerte des § 45 StrlSchV haben Drittbetroffene indes einen gerichtlich durchsetzbaren Anspruch.[112] Ein gerichtlicher Anspruch auf Veränderung und Anpassung der Dosisgrenzwerte an den Stand von Wissenschaft und Technik besteht allerdings nur dann, wenn der Normgeber seinem Kontrollauftrag nicht genügt und Erkenntnisse von Wissenschaft und Technik negiert und erkennbar 49

---

[103] Zum sog. Funktionsvorbehalt vgl. *Badura,* DVBl. 1998, 1197 (1201); vgl. dazu auch *BVerwG,* Beschl. v. 16. 2. 1998 – 11 B 5.98 –, DVBl. 1998, 596.

[104] *BVerwG,* Urt. v. 19. 12. 1985 – 7 C 65.82 –, BVerwGE 72, 300 (314); vgl. auch *Roßnagel,* UPR 1993, 129ff.; *Badura,* DVBl. 1998, 1197 (1200f.).

[105] *BVerwG,* Urt. v. 19. 12. 1985 – 7 C 65.82 –, BVerwGE 72, 300 (314).

[106] Vgl. *BVerwG,* Urt. v. 22. 10. 1987 – 7 C 4.85 –, DVBl. 1988, 148 (149f.); *dass.,* Urt. v. 14. 1. 1998 – 11 C 11.96 –, ZUR 1998, 78; *BVerfG,* Beschl. v. 8. 7. 1982 – 2 BvR 1187/80 –, BVerfGE 61, 82 (114f.); vgl. dazu auch *Winter,* ZUR 1994, 20ff.

[107] *BVerwG,* Urt. v. 22. 10. 1987 – 7 C 4.85 –, DVBl. 1988, 148 (149f.).

[108] *BVerwG,* Urt. v. 14. 1. 1998 – 11 C 11.96 –, ZUR 1998, 78ff. (Mülheim-Kärlich).

[109] Dazu *Sellner,* NVwZ 1986, 616 (618); *Roller,* DVBl. 1993, 20ff.

[110] *BVerwG,* Urt. v. 22. 12. 1980 – 7 C 84.78 –, DÖV 1981, 294 (295); *BVerwG,* Beschl. v. 30. 12. 1997 – 11 B 5.97 –, DVBl. 1998, 338.

[111] *OVG Lüneburg,* Beschl. v. 28. 10. 1986 – 7 D 8, 10/86 –, NVwZ 1987, 75 (76).

[112] *BVerwG,* Urt. v. 22. 12. 1980 – 7 C 84.78 –, DÖV 1981, 294 (295).

fehlgewichtet. Das *BVerwG* bejaht die Klagebefugnis dann, wenn ein Kläger substantiiert geltend machen kann, durch den Normalbetrieb eines Kernkraftwerks einem unzumutbaren Risiko ausgesetzt zu sein, weil die Dosisgrenzwerte des § 45 StrlSchV aufgrund neuer Erkenntnisse nicht mehr haltbar seien.[113] Im übrigen liege die Risikoermittlung und -bewertung in der Verantwortung der Exekutive.[114] Es sei nicht Aufgabe der verwaltungsgerichtlichen Kontrolle, die dem Verordnungsgeber zugewiesene Wertung wissenschaftlicher Streitfragen einschließlich der daraus resultierenden Einschätzung des Risikos durch eine gerichtliche Bewertung zu ersetzen.[115] Ferner sei das Gericht auf eine Feststellung eines Verstoßes gegen die Ermächtigung des AtG beschränkt und nicht befugt, die Vorschrift für ungültig zu erklären.[116]

50 § 7 Abs. 2a AtG sieht für **Neuanlagen**, die der Erzeugung von Elektrizität dienen und für die bis zum 31. 12. 1993 noch keine Genehmigung oder Teilgenehmigung vorlag, eine weitergehende Verpflichtung zur besonderen Unfallvorsorge vor. So darf die Genehmigung nur erteilt werden, wenn aufgrund der Beschaffenheit und des Betriebes der Anlage auch Ereignisse, deren Eintritt durch die zu treffende Vorsorge gegen Schäden praktisch ausgeschlossen ist, einschneidende Maßnahmen zum Schutz vor der schädlichen Wirkung ionisierender Strahlen außerhalb des geschlossenen Geländes der Anlage nicht erforderlich machen würden.[117] Auf diese Weise soll bei Unfällen wie der Kernschmelze eine Evakuierung der Umgebung nicht zu erfolgen brauchen.[118] Die zugrundezulegenden Unfälle werden gem. § 7 Abs. 2a S. 1 2. HS AtG in Leitlinien festgelegt, die das Bundesministerium für Umwelt, Naturschutz und Reaktorsicherheit nach Anhörung der zuständigen Landesbehörden erläßt.

51 Das *BVerfG* hat die Leitlinien zum AtG für verfassungswidrig erklärt. Es handele sich bei den Leitlinien um allgemeine Verwaltungsvorschriften i. S. d. Art. 82 Abs. 2 S. 1 GG, zu deren Erlaß ausschließlich die Bundesregierung als Kollegium, nicht aber ein einzelnes Bundesministerium ermächtigt ist.[119]

52 Gem. § 7c S. 1 AtG kann für Neuanlagen für Weiterentwicklungen der Sicherheitstechnik ein Prüfverfahren zu einzelnen Fragen des § 7 Abs. 2 S. 1 Nr. 3 AtG und § 7 Abs. 2a AtG durchgeführt werden.

53 § 7c AtG ist durch die Änderung des AtG vom 6. 4. 1998 neu eingefügt worden. Um den erhöhten Sicherheitsanforderungen gerecht werden zu können, sollen schon während laufender Forschungs- und Entwicklungsarbeiten im Bereich der kerntechnischen Sicherheit behördliche Sachverständigenprüfungen durchgeführt werden können.[120]

---

[113] *BVerwG,* Urt. v. 21. 8. 1996 – 11 C 9.95 –, BVerwGE 101, 347 (349f.); dazu auch *Sendler,* UPR 1997, 161 (162); *Steinberg/Roller,* DVBl. 1997, 57ff.; *Sommer,* ZUR 1998, 65ff.

[114] *BVerwG,* Beschl. v. 8. 8. 1978 – 2 BvR 8/77 –, BVerwGE 49, 89 (138); *dass.,* Urt. v. 19. 12. 1985 – 7 C 65.82 –, BVerwGE 72, 300 (316f.); *dass.,* Urt. v. 14. 1. 1998 – 11 C 11.96 –, ZUR 1998, 78.

[115] Zur Frage der Kontrolle der Dosiswerte vgl. *Sommer,* ZUR 1998, 65ff.

[116] *BVerwG,* Urt. v. 21. 8. 1996 – 11 C 9.95 –, BVerwGE 101, 347 (362) (Krümmel); *dass.,* Urt. v. 22. 1. 1997 – 11 C 7.95 –, BVerwGE 104, 36ff.; *dass.,* Urt. v. 14. 1. 1998 – 11 C 11.96 –, ZUR 1998, 78 (Mülheim-Kärlich); *Sendler,* UPR 1997, 161 (162).

[117] Zur Verfassungsmäßigkeit des § 7 Abs. 2a AtG vgl. *Steinberg/Stötzel,* UPR 1997, 167ff.; *Sommer,* ZUR 1998, 65ff.

[118] Vgl. BT-Drs. 12/6908 S. 16.

[119] *BVerfG,* Beschl. v. 2. 3. 1999 – 2 BvF 1/94 –, UPR 1999, 302ff.

[120] Dazu BR-Drs. 610/97 S. 24f.; ferner BMU, Umwelt 1998, S. 240.

54 Das Prüfverfahren nach § 7c AtG kommt lediglich während der Entwicklungsphase in Betracht; für genehmigte Anlagen oder neben Genehmigungs- oder Vorbescheidverfahren nach §§ 7 oder 7a AtG ist § 7c AtG nicht anwendbar.[121]

55 Das Ergebnis der Prüfung nach § 7c AtG hat keine präjudizierende Wirkung und ist für ein nachfolgendes Verfahren nicht bindend. Insoweit ist eine Öffentlichkeitsbeteiligung und eine gesonderte Umweltverträglichkeitsprüfung entbehrlich.[122]

cc) Deckungsvorsorge

56 Weitere Genehmigungsvoraussetzung ist gem. § 7 Abs. 2 Nr. 4 AtG, daß die erforderliche Vorsorge für die Erfüllung gesetzlicher Schadensersatzverpflichtungen getroffen ist. Art, Umfang und Höhe der Deckungsvorsorge wird von der Genehmigungsbehörde im Genehmigungsverfahren gem. § 13 Abs. 1 S. 1 AtG erstmalig festgesetzt. Die Genehmigungsbehörde hat dabei die §§ 13 bis 15 AtG und die Atomrechtliche Deckungsvorsorgeverordnung[123] zu beachten.[124] Die Festsetzung der Deckungsvorsorge ist im Abstand von jeweils 2 Jahren sowie bei erheblicher Änderung der Verhältnisse erneut vorzunehmen (§ 13 Abs. 1 S. 2 AtG).[125]

dd) Schutz gegen Einwirkungen Dritter

57 Gem. § 7 Abs. 2 Nr. 5 AtG darf die Genehmigung nur erteilt werden, wenn der erforderliche Schutz gegen Störmaßnahmen oder sonstige Einwirkungen Dritter gewährleistet ist. Störmaßnahmen sind Einwirkungen in Schädigungsabsicht.[126] Die sonstigen Einwirkungen i. S. d. § 7 Abs. 2 Nr. 5 AtG setzen keine Schädigungsabsicht voraus.

58 Streitig ist, ob es sich bei den sonstigen Einwirkungen um zielgerichtete handeln muß.[127] Zum Teil wird verlangt, daß die sonstigen Einwirkungen objektiv rechtswidrig und „betriebsbezogen", d. h. zielgerichtet gegenüber der Anlage sein müssen.[128] Nach anderer Auffassung sind sonstige Einwirkungen alle Eingriffe in die Anlage, die auf menschliches Verhalten zurückgehen und die nicht bereits Störmaßnahmen sind. Ob die sonstigen Einwirkungen von außen kommen, rechtmäßig oder rechtswidrig sind und ob sie sich speziell gegen die Anlage richten, spielt dabei keine Rolle.[129] Nach den Sicherheitskriterien für Kernkraftwerke,[130] die sich auch auf den erforderlichen Schutz gegen Störmaßnahmen oder sonstige Einwirkungen Dritter im

[121] Vgl. BR-Drs. 610/97 S. 25.

[122] BR-Drs. 610/97 S. 25.

[123] Verordnung über die Deckungsvorsorge nach dem Atomgesetz (atomrechtliche Deckungsvorsorgeverordnung – AtDeckV) v. 25. 1. 1977 (BGBl. I S. 220), zul. geänd. durch G v. 25. 9. 1990 (BGBl. I S. 2106); vgl. dazu bereits oben § 23 Rn. 12.

[124] Nach dem Kommissionsentwurf zum UGB soll die Höchstsumme in § 13 Abs. 3 S. 2 AtG auf 5 Milliarden gehoben werden, BMU, UGB-KomE, S. 1314.

[125] Näher *Ronellenfitsch*, Atomrechtliches Genehmigungsverfahren, S. 269 ff.

[126] *Winters*, Atom- und StrahlenschutzR, S. 28; *Ronellenfitsch*, Atomrechtliches Genehmigungsverfahren, S. 273.

[127] Zum Meinungsstreit ausführl. *Ronellenfisch*, Atomrechtliches Genehmigungsverfahren, S. 273 ff.

[128] *Lukes*, et 1975, 23; *Fischerhoff*, AtG I, § 4 Rn. 11, § 7 Rn. 19; a. A. *Winters*, Atom- und StrahlenschutzR, S. 28 f.; *Kloepfer*, UmweltR, § 15 Rn. 47.

[129] *Ronellenfitsch*, Atomrechtliches Genehmigungsverfahren, S. 276.

[130] Bek. d. BMI v. 21. 10. 1977, Handbuch Reaktorsicherheit u. Strahlenschutz, Teil I, Ziff. 3.1.

Ossenbühl, NVwZ 02, 290 (Krieg, Terror), Sendler, NVwZ 02, 681, Ossenbühl, NVwZ 02, 1209, Sendler, NVwZ 02, 1210, Cornils, DVBl 02, 1394, Koch/John, DVBl 02, 1378, Sendler, DVBl 03, 380, BVerwG, U. 10.4.08, DVBl 08, 857 = NVwZ 08, 1012, Bolde, NVwZ 05, 679 (Flugzeugabsturz), Kahl, JZ 10, 718/724 – terroristische Angriffe, Leidinger/Ruttloff, NVwZ 13, 1369

Sinne von § 7 Abs. 2 Nr. 5 AtG beziehen, ist eine Auslegung der Anlage auch gegen gezielte Störmaßnahmen Dritter und gegen Erdbeben, Flugzeugabstürze, Explosionsdruckwellen, also gegen jedwede ungezielte Einwirkung von außen notwendig.[131]

59 Umstritten ist, ob § 7 Abs. 2 Nr. 5 AtG auch den Schutz gegen Auswirkungen im Rahmen von Kriegsereignissen verlangt. Dies wird überwiegend abgelehnt.[132]

60 Der Schutz vor Störmaßnahmen und sonstigen Einwirkungen i. S. v. § 7 Abs. 2 Nr. 5 AtG ist im übrigen auch durch organisatorische Maßnahmen sicherzustellen.[133]

ee) Berücksichtigung überwiegender öffentlicher Interessen und Umweltverträglichkeitsprüfung

61 Gem. § 7 Abs. 2 Nr. 6 AtG darf die Genehmigung nur erteilt werden, wenn überwiegende öffentliche Interessen, insbesondere im Hinblick auf die Umweltauswirkungen, auch bezüglich der Wahl des Standortes der Anlage nicht entgegenstehen. Die Regelung erstreckt sich auf alle durch die Standortauswahl berührten nuklearspezifischen Interessen, die mit der Anlagensicherheit, die bereits von § 7 Abs. 1 Nr. 2 bis 5 AtG erfaßt wird, nicht identisch sind, als auch auf die übrigen öffentlich-rechtlichen – nicht nuklearspezifischen – Belange.[134] Erfaßt werden Umweltauswirkungen wie etwa die Kühlwasserentnahme, die Wärmelast oder die Zerstörung der Landschaft.[135] Eine solche, über die nuklearspezifischen Interessen hinausgehende Berücksichtigung öffentlicher Interessen wird auch von § 14 AtVfV gefordert. Danach erfaßt die Prüfung durch die Behörde über die Genehmigungsvoraussetzungen des § 7 Abs. 2 AtG hinaus auch die übrigen, das Vorhaben betreffenden öffentlich-rechtlichen Vorschriften. Aufgrund der beschränkten Konzentrationswirkung der atomrechtlichen Genehmigung verfügt die Behörde allerdings hinsichtlich der öffentlich-rechtlichen Vorschriften nur über die Prüfungs- und nicht auch über die Entscheidungskompetenz.[136]

62 Die Genehmigungsbehörde prüft lediglich den vom Antragssteller ausgewählten Standort; sie ist nicht zur Prüfung von Standortalternativen be-

---

[131] Siehe dazu *Sellner*, in: Salzwedel, Grundzüge des UmweltR, 1. Aufl., S. 357 (382); einschränkend für einen Forschungsreaktor mit einer theoretischen Leistung von 10 MW *OVG Berlin,* Urt. v. 5. 6. 1990 – 2 A 2.85 –, DVBl. 1991, 406.

[132] *Sellner*, in: Salzwedel, Grundzüge des UmweltR, 1. Aufl., S. 357 (382 m. w. N.); *VGH Mannheim*, Beschl. v. 8. 10. 1975 – X 351/75 –, DVBl. 1976, 538 (544); ausführl. zu dieser Frage *Lukes/Backherms*, AöR 1978, 334 ff.

[133] Zur Auflage, einen mit Feuerfernwaffen ausgestatteten Werkschutz einzurichten, *BVerwG*, Urt. v. 11. 1. 1989 – 7 C 31.87 –, BVerwGE 81, 185 ff.; vgl. zu den dadurch berührten Rechten des Betriebsrates auch *dass.,* Urt. v. 9. 7. 1992 – 7 C 32.91 –, UPR 1992, 443 ff.

[134] *Papier,* in: Lukes, Reformüberlegungen zum AtomR, S. 111 (142); *Kloepfer,* UmweltR, § 15 Rn. 39; *Ronellenfitsch,* Atomrechtliches Genehmigungsverfahren, S. 285 f.; *Sellner,* in: Salzwedel, Grundzüge des UmweltR, 1. Aufl., S. 357 (383); *Gaentzsch,* NJW 1986, 2787 (2793); a. A. *Erbguth,* UTR 3, S. 59; *Fischerhoff,* AtG I, § 7 Rn. 20; zum Streit *Heidrich,* AtG, § 7 Rn. 119.

[135] *Kloepfer,* UmweltR, § 15 Rn. 49.

[136] *Papier,* in: Lukes, Reformüberlegungen zum AtomR, S. 111 (143); zur beschränkten Entscheidungskompetenz vgl. unten § 24 Rn. 80 ff.

fugt.[137] Die Genehmigung ist demgemäß zu versagen, wenn der vorgesehene Standort ungeeignet ist, weil der Wahl unter umweltspezifischen Gesichtspunkten überwiegende öffentliche Interessen entgegenstehen. Damit wird für die atomrechtliche Genehmigung eine standortbezogene Umweltverträglichkeitsprüfung vorausgesetzt.[138] Die Umweltverträglichkeitsprüfung ist gem. § 1a Abs. 1 AtVfV durchzuführen.[139]

§ 7 Abs. 2 Nr. 6 AtG stellt einen umfassenden umweltbezogenen Versa- 63
gungsgrund dar, der im atomrechtlichen Anlagengenehmigungsverfahren eine Befassung mit sämtlichen Umweltauswirkungen gewährleistet.[140] Damit muß allerdings nicht jedes Vorhaben abgelehnt werden, das nachteilige Auswirkungen auf die Umweltgüter haben wird. Die Genehmigung kann nur nach den in § 7 Abs. 2 Nr. 6 AtG niedergelegten Gründen, allerdings unter Berücksichtigung des Ergebnisses der Umweltverträglichkeitsprüfung, versagt werden.[141]

2. Stillegungsgenehmigung nach § 7 Abs. 3 AtG

Nach § 7 Abs. 3 S. 1 AtG sind auch die Stillegung, der sichere Einschluß 64
der endgültig stillgelegten Anlage und der Abbau der Anlage oder von Anlagenteilen genehmigungspflichtig.[142] Eine Genehmigung ist gem. § 7 Abs. 3 S. 3 AtG nicht erforderlich, soweit die geplanten Maßnahmen bereits Gegenstand einer Genehmigung nach § 7 Abs. 1 AtG oder einer Anordnung nach § 19 Abs. 3 AtG gewesen sind.[143]

Der Begriff der Stillegung ist in § 7 Abs. 3 S. 1 AtG eng zu verstehen. Er 65
umfaßt nur die endgültige Betriebseinstellung, nicht die daran anschließenden Maßnahmen bis zum sicheren Einschluß oder Abbau der Anlage.[144]

Fraglich ist, ob mit dem Fortgang der Stillegung von einem zunehmend einzu- 66
schränkenden Anlagenbegriff (degressiver Anlagenbegriff) und ob auch im Bereich der Anlagenstillegung für unwesentliche Maßnahmen von einer Genehmigungsfreiheit auszugehen ist.[145]

Gem. § 7 Abs. 3 S. 2 AtG gelten die Genehmigungsvoraussetzungen des 67
§ 7 Abs. 2 AtG für die Stillegungsgenehmigung sinngemäß. Dementspre-

---

[137] *Breuer,* in: Schmidt-Aßmann, BesVwR, 5. Abschn. Rn. 230; *Kloepfer,* UmweltR, § 15 Rn. 39; i. d. S. auch *BVerwG,* Urt. v. 19. 12. 1985 – 7 C 65.82 –, BVerwGE 72, 300 (318).

[138] *Papier,* in: Lukes, Reformüberlegungen zum AtomR, S. 111 (142); *Kloepfer,* UmweltR, § 15 Rn. 39; *Peters,* UmweltVwR, S. 201.

[139] Vgl. dazu auch *Bender/Sparwasser/Engel,* UmweltR, 7. Teil Rn. 107.

[140] *Papier,* in: Lukes, Reformüberlegungen zum AtomR, S. 111 (143).

[141] *Papier,* in: Lukes, Reformüberlegungen zum AtomR, S. 111 (143).

[142] Dazu *Blümel/Wagner,* Fragen der Stillegung und Beseitigung, passim; *Rebentisch,* DVBl. 1992, 1255ff.; *Junker,* DVBl. 1992, 1214f.; *ders.,* Stillegungs-, Einschluß- und Abbaugenehmigung, passim; *Scholz,* Stillegung kerntechnischer Anlagen, passim; *Komorowski/Meuresch,* atw 1995, 231ff.; Leitfaden zur Stillegung von Anlagen nach § 7 AtG v. 14. 6. 1996, Bundesanzeiger 1996 Nr. 211a.

[143] Zu § 19 AtG vgl. unten § 24 Rn. 135ff.

[144] *BVerwG,* Urt. v. 19. 5. 1988 – 7 C 43.88 –, DVBl. 1988, 970 (971); a. A. *Kurz,* Stillegung und Beseitigung, S. 31ff.; *Greipl,* in: Pelzer, Stillegung und Beseitigung, S. 174f.

[145] Dazu *Kurz,* Stillegung und Beseitigung, S. 31ff.; *Greipl,* in: Pelzer, Stillegung und Beseitigung, S. 171f., 176ff.; Leitfaden zur Stillegung von Anlagen, S. 17f.

R. Schmidt, JZ 01, 1165, Ipsen, DVBl 06, 585, Vgl. U 27.10.14 DVBl 15, 183 chend müssen die personen- und sachbezogenen Sicherheitskriterien für die Betriebsstillegung und den Rückbau der Anlage erfüllt sein.[146]

3. Genehmigungsverfahren

68 Das Vorliegen der Genehmigungsvoraussetzungen wird in einem förmlichen Genehmigungsverfahren geprüft, dessen rechtliche Voraussetzungen nur teilweise im AtG (vgl. aber § 7 Abs. 4 S. 1 und 2 AtG) und ausführlich in der Atomrechtlichen Verfahrensverordnung[147] geregelt sind.

69 Das atomrechtliche Genehmigungsverfahren entspricht weitgehend dem immissionschutzrechtlichen Genehmigungsverfahren.[148] Die Vorschriften des UVP-Gesetzes sind auf das atomrechtliche Genehmigungsverfahren nicht anzuwenden. Insofern gehen die Bestimmungen der Atomrechtlichen Verfahrensverordnung den Vorschriften des UVP-Gesetzes aufgrund der Subsidiaritätsklausel des § 4 UVPG vor.[149] Nach § 4 S. 1 UVPG findet das Gesetz über die Umweltverträglichkeitsprüfung nur Anwendung, soweit Rechtsvorschriften des Bundes oder der Länder die UVP nicht näher bestimmen oder in ihren Anforderungen diesem Gesetz nicht entsprechen.[150] Rechtsvorschriften mit weitergehenden Anforderungen bleiben unberührt (§ 4 S. 2 UVPG). Die Anforderungen der Atomrechtlichen Verfahrensverordnung an die Zulassung kerntechnischer Anlagen gelten insgesamt als vorrangig.[151]

a) Grundrechtsschutz im Verfahren

70 Die Bedeutung des atomrechtlichen Genehmigungsverfahrens hat sich vor allem durch die Rechtsprechung des *BVerfG* zum Grundrechtsschutz durch Verfahren erhöht.[152] Im Mülheim-Kärlich-Beschluß hatte es darüber zu entscheiden, ob die fehlerhafte Anwendung von Verfahrensvorschriften über die Öffentlichkeitsbeteiligung im atomrechtlichen Genehmigungsverfahren eine Grundrechtverletzung darstellt. Das *BVerfG* vertrat die Ansicht, eine solche Verletzung liege vor, wenn die Genehmigungsbehörde Verfahrensvorschriften außer acht lasse, die der Staat in Erfüllung seiner Pflicht zum Schutz der in Art. 2 Abs. 2 GG genannten Rechtsgüter erlassen habe. Grundrechtsschutz sei weitgehend auch durch die Gestaltung von Verfahren zu bewirken. Die Grundrechte beeinflußten nicht nur das gesamte materielle, sondern auch das Verfahrensrecht, soweit dieses für einen effektiven Grundrechtsschutz von Bedeutung sei. In der Ausgestaltung der Verfahrensbeteiligung

---

[146] Krit. dazu *Komorowski/Meuresch,* atw 1995, 231 (233); zur Stillegung eines Versuchsatomkraftwerks *VGH München,* Gerichtsbescheid v. 17. 8. 1994 – 22 A 93 40047 –, NVwZ-RR 1995, 136 ff.

[147] Verordnung über das Verfahren bei der Genehmigung von Anlagen nach § 7 des Atomgesetzes (atomrechtliche Verfahrensverordnung – AtVfV) v. 18. 2. 1977 i. d. F. d. Bek. v. 3. 2. 1995 (BGBl. I S. 180); vgl. dazu bereits oben § 23 Rn. 12.

[148] Vgl. zum immissionsschutzrechtl. Genehmigungsverfahren oben § 21 Rn. 97 ff.

[149] *Steinberg,* DVBl. 1988, 995 (996); *Erbguth/Schink,* UVPG, § 4 Rn. 8; *Appold,* in: Hoppe, UVPG, § 4 Rn. 2.

[150] Vgl. dazu bereits oben § 8 Rn. 65.

[151] *Erbguth/Schink,* UVPG, § 4 Rn. 8; *dies.,* DVl. 1991, 413 (415); *Gallas,* in: Landmann/Rohmer, UmweltR, Bd. III, UVPG, Vorb. Rn. 41; *Appold,* in: Hoppe, UVPG, § 4 Rn. 2; zur Frage der Durchführung einer förmlichen UVP aufgrund EG-Rechts vgl. *VGH München,* Urt. v. 5. 4. 1995 – 28 A 94 40014 u. a. –, DVBl. 1995, 1019 ff.

[152] *BVerfG,* Beschl. v. 20. 12. 1979 – 1 BvR 385/77 –, BVerfGE 53, 30 (65 ff.); vgl. *dass.,* Beschl. v. 26. 1. 1988 – 1 BvR 1561/82 –, NVwZ 1988, 427 (428); dazu auch *Held,* Grundrechtsbezug des Verwaltungsverfahrens, S. 1 ff.

Dritter liege eine Vorverlagerung des Rechtsschutzes. Drittbetroffenen stehe deshalb ein Anspruch auf Einhaltung dieser Verfahrensregel zu.[153] Nach der Rechtsprechung des *BVerwG* kann ihre Verletzung auf die Anfechtungsklage des Dritten hin zur Aufhebung der Genehmigung führen,[154] wenn der Verfahrensfehler entscheidungserheblich ist[155] und sich auf eine materiell-rechtliche Position des Betroffenen ausgewirkt hat.[156] Mit Sinn und Zweck der Vorschriften über die Öffentlichkeitsbeteiligung ist es zu vereinbaren, daß zur Heilung eines fehlerhaften Verfahrens die Öffentlichkeitsbeteiligung wiederholt wird, obwohl die Anlage bereits errichtet worden ist.[157]

b) Antrag und Unterlagen

Zuständig für die Erteilung der Genehmigung sind die gem. § 24 Abs. 2 **71**
AtG die durch die Landesregierungen bestimmten obersten Landesbehörden.[158] Dem Genehmigungsverfahren gehen regelmäßig zunächst informelle Vorverhandlungen zwischen dem Antragsteller und der Genehmigungsbehörde voraus. Das Genehmigungsverfahren beginnt mit der Einreichung des Genehmigungsantrags bei der Genehmigungsbehörde. Dem Antrag sind die zur Prüfung der Genehmigungsvoraussetzungen erforderlichen Unterlagen nach Maßgabe des § 3 AtVfV beizufügen. Dazu zählen u. a.

- ein **Sicherheitsbericht**, der im Hinblick auf die kerntechnische Sicherheit und den Strahlenschutz die für die Entscheidung über den Antrag erheblichen Auswirkungen dargelegt und hierzu insbesondere folgende Angaben enthält:
  - eine Beschreibung der Anlage (Lagepläne, Übersichtszeichnungen) (Nr. 1a),
  - Angaben über die Betriebs- und Sicherheitssysteme sowie über Vorsorgemaßnahmen (Nr. 1 b) u. c)),
  - eine Beschreibung der Umwelt (Nr. 1d),
  - Angaben über die mit dem Anlagenbetrieb verbundene Direktstrahlung und über die Abgabe radioaktiver Stoffe einschließlich der damit verbundenen Auswirkungen auf die Umweltschutzgüter (Nr. 1 e) und f)),
- eine **Beschreibung der anfallenden radioaktiven Reststoffe** mit Vermeidungs-, Verwertungs- und Beseitigungsvorschlägen (Nr. 8),
- **Angaben über sonstige Umweltauswirkungen** des Vorhabens für die Prüfung nach § 7 Abs. 2 Nr. 6 AtG (Nr. 8),

---

[153] *BVerfG*, Beschl. v. 20. 12. 1979 – 1 BvR 385/77 –, BVerfGE 53, 30 (60); so *BVerwG*, Beschl. v. 5. 8. 1993 – 7 B 112.93 –, UPR 1994, 66 (68); *dass.*, Beschl. v. 4. 7. 1996 – 1 BvR 1272/91 –, NuR 1997, 489f.

[154] *BVerwG*, Urt. v. 17. 7. 1980 – 7 C 11.78 –, DVBl. 1980, 1001 (1004); ausführl. *Beckmann*, Rechtsschutz, S. 162ff.; vgl. *BVerfG*, Urt. v. 29. 7. 1988 – 1 BvR 1047/88 –, UPR 1988, 387.

[155] *BVerwG*, Beschl. v. 12. 7. 1993 – 7 B 114/92 –, NVwZ-RR 1994, 14 (15); *Tünnesen-Harmes*, HdbUR, B.6 Rn. 44.

[156] *BVerwG*, Beschl. v. 5. 8. 1993 – 7 B 112.93 –, UPR 1994, 66 (68); *dass.*, Urt. v. 7. 6. 1991 – 7 C 43.90 –, DVBl. 1992, 51; *VGH Mannheim*, Beschl. v. 26. 6. 1992 – 10 S 1350/92 –, NVwZ 1993, 196 (197); *Tünnesen-Harmes*, HdbUR, B.6 Rn. 44; wer nach Abschluß eines atomrechtl. Verwaltungsverfahrens geboren wurde u. deshalb nicht Verfahrensbeteiligter war, kann durch Mängel dieses Verfahrens nicht in seinen Rechten verletzt sein, *BVerwG*, Urt. v. 9. 8. 1994 – 7 C 45.93 – NVwZ 1995, 1002f.

[157] *BVerwG*, Beschl. v. 12. 2. 1986 – 7 B 16.86 –, UPR 1986, 183 (184); zur Rechtsschutzgewährleistung gegenüber potentiell Drittbetroffenen, die als ehemalige DDR-Bürger keine Gelegenheit zur Teilnahme am Verwaltungsverfahren hatten, *BVerwG*, Beschl. v. 5. 8. 1993 – 7 B 112.93 –, UPR 1994, 66 (68f.).

[158] Zu den landesrechtl. Regelungen i. e. *Ronellenfitsch*, Atomrechtliches Genehmigungsverfahren, S. 292ff.; *Kröncke*, Genehmigung von Kernkraftwerken, S. 15ff.

- eine **Übersicht über Verfahrensalternativen** und Auswahlgründe sowie über Schwierigkeiten im Zusammenhang mit der Prüfung der Umweltauswirkungen bei UVP-pflichtigen Vorhaben (§ 3 Abs. 2 AtVfV),
- eine allgemeinverständliche, für die Auslegung geeignete **Kurzbeschreibung der Anlage** und der voraussichtlichen Auswirkungen auf die Allgemeinheit und die Nachbarschaft (§ 3 Abs. 3 AtVfV).

72 Unterlagen über die Maßnahmen zum Sabotageschutz sowie Unterlagen, die ein Geschäfts- oder Betriebsgeheimnis enthalten, sind getrennt vorzulegen, weil sie von der Auslegung im Rahmen der Öffentlichkeitsbeteiligung ausgenommen werden (§ 3 Abs. 3 AtVfV).[159]

c) Behördenbeteiligung

73 Im Genehmigungsverfahren sind gem. § 7 Abs. 4 S. 1 AtG alle Behörden des Bundes, der Länder, der Gemeinden und der sonstigen Gebietskörperschaften zu beteiligen, deren Zuständigkeitsbereich berührt wird. Das geschieht in der Praxis regelmäßig dadurch, daß die Behörden den Antrag und die für sie wichtigen Antragsunterlagen von der Genehmigungsbehörde erhalten und um Stellungnahme gebeten werden.[160] Bestehen zwischen der Genehmigungsbehörde und einer beteiligten Bundesbehörde Meinungsverschiedenheiten, so hat die Genehmigungsbehörde die Weisung des für die kerntechnische Sicherheit und den Strahlenschutz zuständigen Bundesministers einzuholen (§ 7 Abs. 4 S. 2 AtG).

74 Die grenzüberschreitende Behördenbeteiligung ist nach dem Vorbild für UVP-pflichtige Vorhaben gem. § 8 UVPG in § 7a AtVfV geregelt. Danach sind die von einem Mitgliedstaat der EG bzw. von einem vertraglich einbezogenen Nachbarstaat bezeichneten Behörden zu beteiligen, wenn das Vorhaben erhebliche Auswirkungen auf die in § 1a AtVfV aufgeführten Schutzgüter in dem jeweiligen Staat haben kann. Die entsprechende Unterrichtung dient auch dazu, eine nach der Rechtsordnung des betroffenen Staates vorgesehene Öffentlichkeitsbeteiligung zu ermöglichen.

d) Öffentlichkeitsbeteiligung

75 Nach Eingang des Genehmigungsantrages leitet die Genehmigungsbehörde die Bekanntgabe der Möglichkeit einer Öffentlichkeitsbeteiligung mit der Bekanntmachung des Vorhabens gem. § 4 Abs. 1 S. 1 AtVfV in ihrem amtlichen Veröffentlichungsblatt und außerdem in örtlichen Tageszeitungen, die im Bereich des Standortes der Anlage verbreitet sind, ein. Die Öffentlichkeitsbeteiligung soll der Bevölkerung die Möglichkeit geben, sich über das geplante Vorhaben zu informieren und ggf. Einwendungen gegen das Vorhaben geltend zu machen. Die Bekanntmachung unterrichtet dazu über Art, Umfang und Standort der Anlage, die Art der beantragten Genehmigung und die Person des Antragstellers. Außerdem informiert die Bekanntmachung durch Hinweise auf die Auslegung von Unterlagen, die Möglichkeit zur Erhebung von Einwendungen, Einwendungsfristen, Erörterung von Einwendungen und die Entscheidung über die Einwendungen (§ 5 Abs. 1

---

[159] Dazu *Winters*, Atom- und StrahlenschutzR, S. 85; zum Schutz von Geschäfts- u. Betriebsgenehmigungen im atomrechtl. Genehmigungs- u. Aufsichtsverfahren *Steinberg*, UPR 1988, 1 ff.

[160] Vgl. *Salzwedel/Preußker*, UmweltschutzR, S. 238.

AtVfV).[161] Gem. § 4 Abs. 2, 3 und 4 AtVfG kann bei Änderungsvorhaben unter den dort näher beschriebenen Voraussetzungen von einer (zusätzlichen) Bekanntmachung und Auslegung abgesehen und damit auf eine Beteiligung der Öffentlichkeit im Genehmigungsverfahren verzichtet werden.[162]

e) Verfahrenspräklusion

Gem. § 6 Abs. 1 AtVfV sind während einer Frist von 2 Monaten bei der **76** Genehmigungsbehörde und einer geeigneten Stelle in der Nähe des Standortes des Vorhabens zur Einsicht während der Dienststunden der Antrag, der Sicherheitsbericht und die Kurzbeschreibung und ggf. die zur Umweltverträglichkeitsprüfung beigefügten Unterlagen auszulegen. Daneben kann die Genehmigungsbehörde nach pflichtgemäßem Ermessen Akteneinsicht gewähren (§ 6 Abs. 4 AtVfV). Während der Auslegungsfrist können Einwendungen gegen das Vorhaben von jedermann erhoben werden. Der Darlegungslast ist genüge getan, wenn diese „in groben Zügen erkennen lassen, welche Rechtsgüter als gefährdet angesehen und welche Beeinträchtigungen befürchtet werden". Der Einwender braucht nicht darzutun, weshalb er eine Gefährdung befürchtet.[163] Nach Ablauf der Auslegungsfrist werden gem. § 7 Abs. 1 S. 2 AtVfV jedoch alle Einwendungen ausgeschlossen, die nicht auf besonderen privatrechtlichen Titeln beruhen.[164] Nach h. M. führt die **Verfahrenspräklusion** im atomrechtlichen Genehmigungsverfahren zum Einwendungsausschluß auch im verwaltungsgerichtlichen Verfahren.[165] Sie wird deshalb als **materielle Präklusion** bezeichnet.[166]

Personen, die an einer Verfahrensbeteiligung gehindert waren, sind von dieser Re- **77** gelung nicht betroffen. Insbesondere sind Bürger der ehemaligen DDR im gerichtlichen Verfahren nicht mit Einwendungen ausgeschlossen, die sie im Verwaltungsverfahren nicht geltend machen konnten, weil die Öffentlichkeitsbeteiligung bereits vor der „politischen Wende" in der ehemaligen DDR durchgeführt worden war.[167] Einen Anspruch auf Wiederholung der Öffentlichkeitsbeteiligung in einem zum Zeitpunkt der „politischen Wende" noch nicht abgeschlossenen Verfahren hat das *BVerwG* aller-

---

[161] Zu den weiteren Fällen der Öffentlichkeitsbeteiligung *Tünnesen-Harmes*, HdbUR, B.6 Rn. 51; speziell für den Fall des nachträglichen Entstehens von Sicherheitsbedenken *BVerwG*, Urt. v. 25. 6. 1992 – 7 C 1.92 –, BVerwGE 90, 255 (264).

[162] Vgl. dazu *Brischke/Glückert*, RdE 1995, 1 ff.

[163] *BVerwG*, Urt. v. 17. 7. 1980 – 7 C 101.78 –, BVerwGE 60, 297 (311); *dass.*, Urt. v. 9. 9. 1988 – 7 C 3.86 –, BVerwGE 80, 207 (219); *dass.*, Urt. v. 21. 8. 1996 – 11 C 9.95 –, JZ 1997, 203 ff.

[164] Zur Einwendung der unzureichenden Öffentlichkeitsbeteiligung vgl. *BVerwG*, Urt. v. 9. 8. 1994 – 7 C 44/93 –, NVwZ 1995, 999 (1000).

[165] *Ronellenfitsch*, VerwArch 1983, 369 (378 ff.) m. w. N.

[166] Zur sog. materiellen Verfahrenspräklusion ausführl. *Beckmann*, Rechtsschutz, S. 216 ff.; *Ronellenfitsch*, VerwArch 1983, 369 ff.; zur Verfassungsmäßigkeit der materiellen Wirkung der Verfahrenspräklusion *BVerfG*, Beschl. v. 8. 7. 1982 – 2 BvR 1187/80 –, BVerfGE 61, 82 ff.; *dass.*, Beschl. v. 6. 10. 1982 – 2 BvR 304/82 –, NVwZ 1983, 27 f.; *BVerwG*, Urt. v. 17. 7. 1980 – 7 C 11.78 –, BVerwGE 60, 297 ff.; *dass.*, Urt. v. 17. 7. 1980 – 7 C 11.78 –, NJW 1984, 1250 ff.; krit. *Erbguth*, Raumbedeutsames UmweltR, S. 280 ff.; *Beckmann*, Rechtsschutz, S. 217 ff.; *Wilting*, Gestuftes atomrechtliches Genehmigungsverfahren, S. 117 ff.; zur materiellen Verfahrenspräklusion oben § 11 Rn. 138 ff.; zur Rechtsstellung des Einwenders *BVerfG*, Beschl. v. 29. 7. 1988 – 1 BvR 1047/88 – UPR 1988, 387.

[167] *BVerwG*, Beschl. v. 5. 8. 1993 – 7 B 112.93 –, UPR 1994, 66 (68); vgl. *Tünnesen-Harmes*, HdbUR, B.6 Rn. 50.

dings mit der Begründung abgelehnt, daß sich ein solcher weder aus dem AtG noch aus dem Grundgesetz oder dem Einigungsvertrag ableiten lasse.[168]

f) Erörterungstermin

78 Nach dem Ende der Auslegungsfrist führt die Genehmigungsbehörde mit dem Antragsteller und denjenigen, die Einwendungen erhoben haben, einen mündlichen **Erörterungstermin** gem. §§ 8ff. AtVfV durch.[169] Zwischen dem Ende der Auslegungsfrist und dem Erörterungstermin soll jedoch mindestens 1 Monat gem. § 5 Abs. 3 AtVfV liegen. Der Erörterungstermin soll einerseits der Behörde ein möglichst umfassendes Bild über die Auswirkungen des bekanntgemachten Vorhabens geben. Auf der anderen Seite sollen die Einwender Gelegenheit erhalten, zu überprüfen, ob und inwieweit ihre Einwendungen berechtigt sind und durch welche Maßnahmen der Antragsteller den geschilderten Bedenken Rechnung tragen will oder soll.[170] Der Erörterungstermin ist nicht öffentlich (§ 12 Abs. 1 S. 1 AtVfV). Anspruch auf Teilnahme haben der Antragsteller und die Einwender.

4. Genehmigungsentscheidung

79 Gem. § 15 Abs. 2 S. 1 AtVfV ist der Antrag abzulehnen, sobald die Prüfung ergibt, daß die Genehmigungsvoraussetzungen nicht vorliegen und ihre Erfüllung nicht durch Nebenbestimmungen sichergestellt werden kann.[171] Die Entscheidung der Genehmigungsbehörde ist schriftlich zu erlassen und zu begründen. Sie ist dem Antragsteller und den Einwendern zuzustellen. Die Entscheidung ist außerdem gem. § 17 AtVfV öffentlich bekanntzumachen. Ist sie mehr als 300 Einwendern zuzustellen, so werden diese Zustellungen durch die öffentliche Bekanntmachung ersetzt (§ 15 Abs. 3 S. 2 AtVfV).

a) Prüfungsmaßstab der Genehmigungsbehörde

80 Bei ihrer Entscheidung über den Antrag hat die Genehmigungsbehörde gem. § 14 AtVfV die Genehmigungsvoraussetzungen des § 7 Abs. 2 AtG aber auch die Beachtung der übrigen das Vorhaben betreffenden öffentlichrechtlichen Vorschriften zu prüfen. Da das AtG die Genehmigung – im Unterschied zu anderen Umweltgesetzen – nur sehr begrenzt – nämlich im Hinblick auf die immissionsschutzrechtliche Genehmigung – mit Konzentrationswirkung versieht (vgl. § 8 Abs. 2 AtG), sind für die Errichtung und den Betrieb eines Kernkraftwerks zahlreiche Genehmigungen, insbesondere baurechtliche und wasserrechtliche Genehmigungen, parallel notwendig sind.[172]

---

[168] *BVerwG*, Beschl. v. 5. 8. 1993 – 7 B 112.93 –, UPR 1994, 66 (69); vgl. *Tünnesen-Harmes*, HdbUR, B.6 Rn. 50.

[169] Zum atomrechtl. Anhörungsverfahren *Korbmacher,* UPR 1994, 325ff.

[170] *Winters*, Atom- und StrahlenschutzR, S. 87.

[171] Anforderung an die Entscheidung, insbes. an den Inhalt des Genehmigungsbescheides, enthalten die §§ 15 u. 16 AtVfV; zu den Amtspflichten bei der Genehmigung eines Kernkraftwerkes *LG Mainz,* Urt. v. 19. 6. 1992 – 7 B. 834/91 –, NVwZ 1993, 603ff.

[172] Vgl. hierzu *Jarass,* DÖV 1978, 21ff.; *Henseler,* DVBl. 1982, 390ff.; *Hofmann,* NVwZ 1989, 225ff.; *Pfeifer,* DÖV 1989, 574ff.

Der Prüfungsmaßstab bei der Konkurrenz paralleler Genehmigungsverfahren ist **81**
umstritten.[173] Ein Teil der Literatur vertritt die Ansicht, die Prüfungskompetenz der jeweiligen Genehmigungsbehörde müsse entsprechend der gesetzlichen Zuständigkeitsverteilung auf fachbezogene Anforderungen beschränkt werden. Es spricht jedoch mehr dafür, es bei einer fachübergreifenden Prüfungskompetenz zu belassen, jedoch die Bindungswirkung der jeweiligen Genehmigungsentscheidung auf die Fachkompetenz der Genehmigungsbehörde zu beschränken.[174]

Bei Anlagen, die gem. Nr. 2 der Anlage zu § 3 UVPG der UVP-Pflicht **82**
unterliegen, erarbeitet die Genehmigungsbehörde außerdem gem. § 14a Abs. 1 AtVfV auf der Grundlage der Antragsunterlagen, der behördlichen Stellungnahmen und der Drittanwendungen eine zusammenfassende Darstellung der bedeutsamen Auswirkungen auf die in § 10 Abs. 2 AtVfV genannten Schutzgüter einschließlich der Wechselwirkungen. Auf dieser Grundlage nimmt sie dann die Bewertung der Umweltverträglichkeit vor (§ 14a Abs. 2 AtVfV).

Dem Genehmigungsverfahren geht regelmäßig noch die Anzeige nach § 4 **83**
EnWG voraus. Das Vorhaben kann von der Aufsichtsbehörde aus energiewirtschaftlichen Gründen beanstandet werden, doch ist der Abschluß des Anzeigenverfahrens keine förmliche Voraussetzung für die Einleitung des atomrechtlichen Genehmigungsverfahrens.[175]

b) Atomrechtliches Versagungsermessen

Auch bei Vorliegen aller Genehmigungsvoraussetzungen besteht kein **84**
Rechtsanspruch auf die Erteilung der Genehmigung.[176] Aus der Formulierung „die Genehmigung darf nur erteilt werden" folgt, daß die Erteilung der Genehmigung im Ermessen der Genehmigungsbehörde steht.[177]

Trotz der Ermesseneinräumung geht die h.M. davon aus, daß es sich bei **85**
der atomrechtlichen Genehmigung um ein präventives Verbot mit Erlaubnisvorbehalt handele.[178] Demgegenüber wird in der Literatur die Ansicht vertreten, daß es sich wegen des hinzutretenden Versagungsermessens um eine Mischform zwischen präventivem und repressivem Verbot handele.[179] Da der Bürger, dessen Grundrechte durch einen Genehmigungsvorbehalt be-

---

[173] Vgl. *Beckmann,* DÖV 1987, 944 ff.; *ders.,* Rechtsschutz, S. 233 ff.; *Henseler,* DVBl. 1982, 390 ff.; *Gaentzsch,* NJW 1986, 2787 ff.; *Jarass,* Konkurrenz, Konzentration und Bindungswirkung von Genehmigungen, S. 1 ff.; *Upmeier,* NuR 1986, 309 ff.; vgl. zur materiellen Präklusion im AtomR auch *BVerwG,* Urt. v. 9. 9. 1988 – 7 C 3.86 –, DVBl. 1988, 1170 (1175).

[174] Ausführl. *Beckmann,* DÖV 1987, 944 ff.

[175] Dazu *Kloepfer,* UmweltR, § 15 Rn. 70.

[176] Der Kommissionsentwurf zum UGB sieht in § 469 Abs. 1 Nr. 4 UGB-KomE unter Einbeziehung der Entsorgungsvorsorge als Genehmigungsvoraussetzung einen Rechtsanspruch auf die Erteilung der Genehmigung vor, vgl. BMU, UGB-KomE, S. 1250.

[177] Vgl. nur *BVerfG,* Beschl. v. 8. 8. 1978 – 2 BvL 8/77 –, BVerfGE 49, 89 (145 ff.) (Kalkar); *BVerwG,* Urt. v. 16. 3. 1972 – I C 49.70 –, DVBl. 1972, 678 (679) (Würgassen); *Haedrich,* AtG, S. 84 ff. m. w. N.; zum Willen des Gesetzgebers vgl. BT-Drs. III/759 S. 5; BR-Drs. 244/58 S. 6 f.; a. A. *Schmitt-Glaeser,* Der landkreis 1976, 442 (443); *Ronellenfitsch,* Atomrechtliches Genehmigungsverfahren, S. 357.

[178] *BVerfG,* Beschl. v. 8. 8. 1978 – 2 BvL 8/77 –, BVerfGE 49, 89 (145) (Kalkar); *Sellner,* in: Salzwedel, Grundzüge des UmweltR, 1. Aufl., S. 357 (370); *Ossenbühl,* NJW 1981, 375 (376).

[179] *Breuer,* in: Schmidt-Aßmann, BesVwR, 5. Abschn., Rn. 74.

rührt werden,[180] nach h. M. grundsätzlich einen Rechtsanspruch auf Erteilung der Genehmigung haben muß, sofern ein gesetzlicher Versagungsgrund nicht vorliegt,[181] bedurfte es einer besonderen Rechtfertigung für die gesetzliche Einräumung des atomrechtlichen Versagungsermessens. Das *BVerfG* sieht die Rechtfertigung darin, daß es angesichts der hohen potentiellen Gefahren der nach § 7 Abs. 1 AtG genehmigungspflichtigen Anlage verfassungsrechtlich nicht zu beanstanden sei, daß der Gesetzgeber besondere Vorsicht walten lasse, indem er der Exekutive zusätzlich ein Versagungsermessen einräume, um ihr so die Möglichkeit zu geben, eine an sich zu erteilende Genehmigung abzulehnen, falls besondere und unvorhergesehene Umstände dies einmal notwendig machten.[182] Es hat aber ausdrücklich darauf hingewiesen, daß die Ermesseneinräumung durch § 1 AtG, insbesondere durch die normierten Schutzzwecke, abgesteckt werde. Bei der Ausübung ihres Ermessens habe die Genehmigungsbehörde deshalb vor allem auch die Grundentscheidung des Gesetzgebers *für* die Nutzung der Kernenergie zu beachten. Es wäre ein Verstoß gegen den Förderungszweck des § 1 Nr. 1 AtG, wenn die Genehmigungsbehörde die Erteilung einer Genehmigung im Rahmen ihrer Ermessensausübung mit allgemeinen Bedenken gegen die friedliche Nutzung der Kernenergie begründen würde.[183]

86 Streitig ist, ob in die Ermessensausübung auch eine Bedürfnisprüfung (Energiebedarfsprognose) eingehen darf.[184] Sachgerecht erscheint, ein wirtschaftliches Planungsermessen in Verbindung mit dem anlagenbezogenen Risikovergleich einzubeziehen.[185] Das Versagungsermessen wird auch auf die Sicherstellung der Entsorgung erstreckt.[186] Dabei setzt die Genehmigung nach § 7 Abs 2 AtG nicht die Errichtung eines Endlagers voraus. Erforderlich ist lediglich die Möglichkeit einer geordneten Entsorgung, von der jedoch bislang noch ausgegangen werden kann.[187]

87 Das der Genehmigungsbehörde in § 7 Abs. 2 AtG eingeräumte Ermessen ist nach Auffassung des *BVerwG* nicht drittschützend. Die Genehmigungsbehörde habe bereits bei der Prüfung, ob die Genehmigungsvoraussetzungen vorliegen, zu klären, ob die nach dem Stand von Wissenschaft und Technik dem einzelnen gegenüber erforderliche Vorsorge gegen Schäden getroffen sei. „Mehr als die in diesem Sinne erforderliche Vorsorge, die auf den prak-

---

[180] *Hartung,* DÖV 1992, 393 ff.

[181] Vgl. *BVerfG,* Beschl. v. 8. 8. 1978 – 2 BvL 8/77 –, BVerfGE 49, 89 (145) (Kalkar).

[182] Vgl. *BVerfG,* Beschl. v. 8. 8. 1978 – 2 BvL 8/77 –, BVerfGE 49, 89 (146 f.) (Kalkar).

[183] Zustimmend *Breuer,* in: Schmidt-Aßmann, BesVwR, 5. Abschn., Rn. 74; *Wagner,* NJW 1987, 411 (414); a. A. *Lange,* NJW 1986, 2459 (2460).

[184] So *Breuer,* Der Staat 1981, 393 (410); a. A. *VGH Mannheim,* Urt. v. 30. 3. 1982 – X 575/77, X 578/77, X 583/77 –, et 1982, 849 (855); *Ossenbühl,* et 1983, 665 (669).

[185] So *Breuer,* Der Staat 20 (1981), 393 (410); *Kloepfer,* UmweltR, § 15 Rn. 32.

[186] Vgl. *BVerwG,* Beschl. v. 12. 7. 1993 – 7 B 177.92 –, DVBl. 1993, 1151 (1152); *Marburger,* Atomrechtliche Schadensvorsorge, S. 128 m. w. N.; mit der in § 469 Abs. 1 Nr. 4 UGB-KomE vorgesehenen gesetzl. Genehmigungsvoraussetzung eines Entsorgungsnachweises wird ein Versagungsermessen hinsichtl. der Entsorgungsvorsorge entfallen, vgl. BMU, UGB-KomE, S. 291, 1244.

[187] *BVerwG,* Beschl. v. 12. 7. 1993 – 7 B 177.92 –, NVwZ-RR 1994, 16; dazu auch *Kremser,* RdE 1995, 142 ff.

tischen Ausschluß eines sich als Grundrechtsverletzung darstellenden Schadens hinausläuft, kann ein Dritter nicht verlangen."[188]

5. Verfahrensstufung im Atomrecht

Die gesetzliche Regelung des § 7 Abs. 1 AtG geht von einer einheitlichen Errichtungs- bzw. Betriebsgenehmigung aus. Zur Gewährleistung der Überschaubarkeit und zur rationelleren Durchführung der komplexen, zumeist mehrere Jahre dauernden atomrechtlichen Genehmigungsverfahren empfiehlt sich allerdings häufig eine Verfahrensstufung.[189] Sinn einer Verfahrensstufung ist die abschnittsweise Bewältigung komplexer Verfahrensgegenstände unter mitlaufenden Einwendungsbefugnissen und schrittweiser Einwendungspräklusion.[190] Das Atomrecht sieht deshalb in den §§ 7 a, b AtG und §§ 18, 19 AtVfV die Institute des Vorbescheides und der Teilgenehmigung vor. Mit diesen Verfahrensinstrumenten können Einzelfragen im Zusammenhang mit der Errichtung einer genehmigungspflichtigen Anlage oder ihres Betriebes abgeschichtet und zum Gegenstand isolierter Verwaltungsentscheidungen gemacht werden. **88**

Abweichend von diesen Instrumenten sind in atomrechtlichen Genehmigungsverfahren sog. Vorabzustimmungen im Vorgriff auf die späteren endgültigen Genehmigungen erteilt worden. Die Zulässigkeit solcher Zustimmungen ist umstritten.[191] Auch für weitere zusätzliche Entscheidungsformen wie vorläufige Teilerrichtungsgenehmigungen und Freigabeerklärungen ist wegen der Formstrenge des AtG, insbesondere unter dem Aspekt der Umgehung der Vorschriften über die Öffentlichkeitsbeteiligung, kein Raum.[192] **89**

a) Teilgenehmigung

Auf Antrag kann eine Teilgenehmigung[193] erteilt werden, wenn eine vorläufige Prüfung ergibt, daß die Genehmigungsvoraussetzungen im Hinblick auf die Errichtung und den Betrieb der gesamten Anlage vorliegen werden und wenn ein berechtigtes Interesse an der Erteilung einer Teilgenehmigung besteht (§ 18 AtVfV).[194] **90**

In der Genehmigungspraxis ist der Erlaß mehrerer, aufeinander folgender Teilgenehmigungen der Regelfall und angesichts der Komplexität des Prüfungsgegenstandes oftmals unausweichlich.[195] Durch das Instrument der Teilgenehmigung können die Probleme die sich im Zusammenhang mit der Errichtung und dem Betrieb einer Kernenergieanlage ergeben, abschnittsweise bewältigt werden. Außerdem kann so für **91**

---

[188] *BVerwG*, Urt. v. 19. 12. 1985 – 7 C 65. 82 –, BVerwGE 72, 300 (316); zum atomrechtl. Versagungsermessen *Groß*, DVBl. 1987, 724 (726); *Papier*, in: Lukes, Reformüberlegungen zum AtomR, S. 114 (127 ff.).

[189] Zur Verfahrensstufung im AtomR *Wieland*, DVBl. 1991, 616 ff.; vgl. zur Verfahrensstufung bereits oben § 8 Rn. 61 ff. u. 95 ff.

[190] Vgl. *Kloepfer*, UmweltR, § 15 Rn. 58.

[191] Zum Streit *Burianek*, NJW 1987, 2727 ff.; *Ronellenfitsch*, et 1986, 797 ff.; *Kloepfer*, UmweltR, § 15 Rn. 71; für die Zulässigkeit zul. *VGH Kassel*, Urt. v. 1. 11. 1989 – 8 A 2902/86 –, DVBl. 1990, 122 f.

[192] *Wieland*, DVBl. 1991, 616 (618).

[193] Zur Unschädlichkeit der Bezeichnung als Freigabebescheid *BVerwG*, Urt. v. 11. 3. 1993 – 7 C 4.92 –, BVerwGE 92, 195.

[194] Dazu *Badura*, DVBl. 1998, 1197 (1199 f.).

[195] Vgl. *v. Mutius/Schoch*, DVBl. 1983, 149 ff.; *Kloepfer*, UmweltR, § 15 Rn. 58 ff.; *Tünnesen-Harmes*, HdbUR, B. 6 Rn. 58.

Roßnagel, DÖV 95, 624 (Wende BVerwG), BVerwG, B 15.6.99, NVwZ 95, 1231 jeden Verfahrensabschnitt der jeweilige Stand von Wissenschaft und Technik bei der Beurteilung der Anlagensicherheit Berücksichtigung finden.[196]

92 Die Teilgenehmigung darf nur ergehen, wenn im Umfang ihrer Gestattungswirkung alle sicherheitstechnisch relevanten Einzelheiten von der Genehmigungsbehörde mit positiven Ergebnis geprüft worden sind.[197] Besonderheiten, die bei UVP-pflichtigen Vorhaben zu beachten sind, regelt § 18 Abs. 3 AtVfG. Bei einer weiteren Teilgenehmigung ist die Anwendung der Vorschriften über die Umweltverträglichkeitsprüfung auf *zusätzliche* oder *andere erhebliche Auswirkungen* zu beschränken.

93 Die Teilgenehmigung setzt außerdem ein die gesamte Anlage betreffendes **vorläufiges positives Gesamturteil** voraus (vgl. § 18 AtVfV).[198] Dieses besagt, daß dem Vorhaben, bezogen auf die gesetzlichen Genehmigungsvoraussetzungen, keine von vornherein unüberwindlichen rechtlichen Hindernisse entgegenstehen.[199] Es ist Bestandteil der Teilgenehmigung, ohne das es ausdrücklich tenoriert zu werden braucht.[200] Das vorläufige positive Gesamturteil gehört zum Regelungsgegenstand[201] und entfaltet damit eine nach Maßgabe seiner Vorläufigkeit eingeschränkte Bindungswirkung für weitere Teilgenehmigungen.[202] Die Bindungswirkung entfällt, wenn die spätere Detailprüfung eines noch zu genehmigenden Anlagenteils ergibt, daß die Anlage so, wie ursprünglich geplant, nicht ausgeführt werden kann, oder wenn infolge einer Änderung der Sach- oder Rechtslage an die noch nicht genehmigten Anlagenteile neue Anforderungen, insbesondere anhand eines weiterentwickelten Standes von Wissenschaft und Technik gestellt werden müßten.[203] Die Genehmigungsfähigkeit der Anlage wird von Teilgenehmigung zu Teilgenehmigung abgearbeitet und verfestigt sich in ihrer Bindungswirkung.[204] Die schrittweise Verfestigung der Rechtslage führt zu einer Verengung des Versagungsermessens.[205]

94 Die Einbeziehung des vorläufigen positiven Gesamturteils in den Regelungsgehalt hat eine erhöhte Anfechtungslast für Drittbetroffene, die der Bindungswirkung unterliegen, sobald die Genehmigung ihnen gegenüber unanfechtbar ist, zur Folge.[206] Im weiteren Teilgenehmigungsverfahren kann dann

---

[196] *Bender/Sparwasser/Engel,* UmweltR, 7. Teil Rn. 150; vgl. *BVerwG,* Urt. v. 11. 3. 1993 – 7 C 4/92 –, BVerwGE 92, 185 (189 f.).

[197] *Bender/Sparwasser/Engel,* UmweltR, Rn. 153.

[198] Dazu *Roßnagel,* DÖV 1995, 624 ff.

[199] *BVerwG,* Urt. v. 19. 12. 1985 – 7 C 65.82 –, BVerwGE 72, 300 (304) (Wyhl-Urteil).

[200] *Rengeling,* DVBl. 1986, 265 (270).

[201] Krit. zur Einbeziehung des positiven vorläufigen Gesamturteils in den Regelungsgegenstand der atomrechtl. Teilgenehmigung, *Beckmann,* Rechtsschutz, S. 212 ff.

[202] *BVerwG,* Urt. v. 19. 12. 1985 – 7 C 65.82 –, BVerwGE 72, 300 (304); zum Vertrauensschutz des Investors auf den Bestand der ersten Teilgenehmigung, vgl. *OLG Koblenz,* Urt. v. 19. 4. 1995 – 1 U/239/92 –, ZUR 1995, 326 (328 f.).

[203] *BVerwG,* Urt. v. 19. 12. 1985 – 7 C 65.82 –, BVerwGE 72, 300 (311 ff.); vgl. dazu auch *Kloepfer,* UmweltR, § 15 Rn. 64, der von einem doppelten Vorbehalt spricht.

[204] Vgl. *BVerwG,* Urt. v. 11. 3. 1993 – 7 C 4.92 –, BVerwGE 92, 185 (192 f.); krit. *Heitsch,* UPR 1994, 250 (251 ff.).

[205] *Kloepfer,* UmweltR, § 15 Rn. 67 m. w. N.

[206] *OVG Münster,* Urt. v. 31. 7. 1986 – 21 A 458/81 –, DVBl. 1987, 1023 (1024); *Heitsch,* UPR 1994, 250 ff.

 BVerwG, B 12.7.93, DVBl 93, 1151, BGH, U 16.01.97, DVBl 97, 551, Rn ..., DVBl 98, 1157 nur noch eingewandt werden, die Genehmigungsbehörde habe aufgrund einer Detailprüfung oder einer Änderung der Sach- und Rechtslage nicht mehr an den Feststellungen festhalten dürfen.[207]

95 Gem. § 7b AtG können u.a. in den auf eine Teilgenehmigung nachfolgenden weiteren Teilgenehmigungen Einwendungen Dritter nicht mehr aufgrund von Tatsachen erhoben werden, die schon vorgebracht waren oder von dem Dritten nach den ausgelegten Unterlagen oder dem ausgelegten Bescheid hätten vorgebracht werden können.[208] Neben der Verfahrenspräklusion ist damit für atomrechtliche Genehmigungsverfahren zusätzlich die sog. **Bestandskraftpräklusion** vorgesehen.

96 Wer hingegen bereits in den vorangegangenen Verfahrensabschnitten Einwendungen erhoben hat, muß zur Wahrung seiner Rechtsposition nicht auch die nachfolgenden Teilgenehmigungen anfechten, in denen sich das vorläufige positive Gesamturteil verfestigt. Die Betroffenen haben der ihnen obliegenden Partizipationslast entsprochen, wenn sie Einwendungen gegen die Teilgenehmigung erhoben haben, die erstmals in denen von ihnen gerügten Punkten vorläufige positive Feststellungen enthielt.[209]

97 Die Beseitigung der Bindungswirkung bedarf im Falle der Präklusion der Rücknahme oder des Widerrufs im Wege des aufsichtsrechtlichen Verfahrens.[210] Umgekehrt haben Dritte auch einen Anspruch auf die Bildung eines vollständigen Gesamturteils, soweit es sich auf vorhabenbezogene Genehmigungsvoraussetzungen mit drittschützender Wirkung bezieht.[211]

b) Vorbescheid

98 Mit dem Vorbescheid entscheidet die Genehmigungsbehörde auf Antrag verbindlich über einzelne Rechtsfragen, von denen die Erteilung der Genehmigung insgesamt abhängt. Der Vorbescheid dient damit der Klärung wichtiger Vorfragen, um unnötige arbeits-, kosten- und zeitintensive Detailprüfungen zu vermeiden.[212] Die Angabe, daß ein Vorbescheid erteilt wird und die Angabe seiner Rechtsgrundlage sind – auch um dieses klarzustellen – gem. § 19 Abs. 3 Nr. 2 AtVfV notwendiger Bestandteil des Vorbescheids.

99 Von besonderem Interesse ist vielfach die vorgezogene Entscheidung über die Wahl des Standorts (Standortvorbescheid) oder über das Konzept der Anlage (Konzeptvorbescheid).[213]

100 Mit dem **Konzeptvorbescheid** soll das Anlagekonzept endgültig gebilligt werden.[214] Der Konzeptvorbescheid steht damit als endgültige Billigung des Anlagenkon-

---

[207] *OVG Münster,* Urt. v. 31. 7. 1986 – 21 A 458/81 –, DVBl. 1987, 1023 (1024).

[208] Dazu *Beckmann,* Rechtsschutz, S. 225 ff.

[209] *BVerwG,* Urt. v. 11. 3. 1993 – 7 C 4.92 –, BVerwGE 92, 185 (192 f.); zu den bei Bestandskraft bestehenden Rechtsschutzmöglichkeiten gegen das ohne die erforderl. (Teil-)Genehmigung betriebene Kernkraftwerk *VGH Mannheim,* Urt. v. 19. 3. 1991 – 10 S 1128/90 –, UPR 1991, 320.

[210] *BVerwG,* Beschl. v. 12. 7. 1993 – 7 B 177.92 –, DVBl. 1993, 1151; zu den Anforderungen des § 18 AtVfV an die Ersetzung einer aufgehobenen ersten Teilgenehmigung für ein Kernkraftwerk *OVG Koblenz,* Urt. v. 24. 5. 1991 – 7 C 11749/90.OVG –, DVBl. 1992, 57 ff.

[211] *OVG Berlin,* Beschl. v. 22. 12. 1986 – 2 A 4/85 –, NVwZ 1988, 181 (182).

[212] Vgl. *Tünnesen-Harmes,* HdbUR, B.6 Rn. 56.

[213] Zum Konzeptbescheid *BVerwG,* Urt. v. 9. 9. 1988 – 7 C 3.86 –, BVerwGE 80, 207 (213).

[214] Vgl. *Kloepfer,* UmweltR, § 15 Rn. 60.

zepts nicht unter dem Vorbehalt späterer Detailprüfung, so daß er von einer Teilerrichtungsgenehmigung regelmäßig nicht umfaßt wird.

101 Gleiches gilt für die im **Standortvorbescheid** auszusprechende endgültige Billigung des Standorts. Ein Standortvorbescheid kann unabhängig vom Erlaß eines Konzeptvorbescheids ergehen, obgleich ein atomrechtlicher Standortvorbescheid in aller Regel auf eine bestimmte Anlagenkonzeption abstellen wird. Ist in einem Vorbescheid die Standortfrage geklärt, so kann das zugrundeliegende Anlagenkonzept jedenfalls nicht mehr aus standortspezifischen Gründen (geologischen, hydrologischen oder agrarmeteorologischen Gründen) in Frage gestellt werden.[215]

102 Ebenso wie die Teilgenehmigung setzt der Vorbescheid ein vorläufiges positives Gesamturteil hinsichtlich der gesamten Anlage voraus.[216] Der Vorbescheid ist jedoch keine Genehmigung und gestattet dem Antragsteller weder die Errichtung noch den Betrieb irgend eines Teils der Kernenergieanlage. Im Umfang seines jeweiligen Kontrollprogramms enthält er aber die verbindliche Entscheidung der Genehmigungsbehörde über die Zulässigkeit der Anlage, d. h. die Behörde darf hierüber bei der Entscheidung über die Anlagengenehmigung nicht mehr erneut oder gar anders befinden.

103 Der Vorbescheid ist damit vorweggenommener Teil der Anlagengenehmigung. Die Vorschriften über die Anlagengenehmigung sind weitgehend auf den Vorbescheid anwendbar (vgl. § 7a Abs. 2 AtG).

104 Mit seiner Bestandskraft präkludiert er – ebenso wie die Teilgenehmigung[217] – gem. § 7b AtG für das weitere Verfahren solche Einwendungen, die schon gegen den Vorbescheid hätten vorgebracht werden können.

105 Gem. § 7b Abs. 1 S. 2 AtG wird der Vorbescheid unwirksam, wenn der Antragsteller nicht innerhalb von 2 Jahren nach Eintritt der Unanfechtbarkeit die Genehmigung beantragt, wobei die Frist auf Antrag bis zu 2 Jahre verlängert werden kann.

III. Inhaltliche Beschränkungen und Bestandsschutz atomrechtlicher Genehmigungen

1. Inhaltliche Beschränkungen

106 Gem. § 17 Abs. 1 S. 2 AtG können zur Erreichung der in § 1 AtG bezeichneten Zwecke Genehmigungen und allgemeine Zulassungen von vornherein inhaltlich beschränkt und mit Auflagen versehen werden. Auch Befristungen sind zulässig.[218] Dies gilt jedoch nicht für Genehmigungen nach § 7 AtG (vgl. § 17 Abs. 1 S. 2 und 3 AtG).

2. Bestandsschutz

107 Der rechtliche **Bestandsschutz** atom- und strahlenschutzrechtlicher Genehmigungen und Zulassungen ist gering.[219] Das Gesetz sieht in § 17 AtG im

---

[215] *Tünnesen-Harmes,* HdbUR, B.6 Rn. 57; *Bertrams,* DVBl. 1993, 686 (690); *BVerwG,* Urt. v. 19. 12. 1985 – 7 C 65.82 –, BVerwGE 72, 300 (304 f.).

[216] *Bender/Sparwasser/Engel,* UmweltR, 7. Teil Rn. 164.

[217] Siehe dazu oben § 24 Rn. 95.

[218] Zur Möglichkeit einer nachträglichen gesetzlichen Befristung atomrechtlicher Genehmigungen *Roller,* ZUR 1999, 244 ff.

[219] Dazu *Winters,* Atom- und StrahlenschutzR, S. 40.

 Dederer DÖV 05, 621

Wege der Anlagenaufsicht die Möglichkeit nachträglicher Anordnungen, der Rücknahme und des Widerrufs vor. Es handelt sich dabei um von der Anlagengenehmigung nach § 7 AtG zu trennende Verfahren, in denen gerichtlich eigenständig Rechtsschutz zu suchen ist.[220]

a) Nachträgliche Anordnungen

Gem. § 17 Abs. 1 S. 3 AtG sind nachträgliche Auflagen zulässig, soweit sie **108**
zur Erreichung der Schutzzwecke in § 1 Nr. 2 und 3 AtG erforderlich sind.[221]

b) Rücknahme

Genehmigungen und allgemeine Zulassungen können außerdem gem. **109**
§ 17 Abs. 2 AtG zurückgenommen werden, wenn eine ihrer Voraussetzungen bei der Erteilung nicht vorgelegen hat.[222] Die Rücknahme der Genehmigung ist eine Ermessensentscheidung.[223] Drittbetroffenen gegenüber wird die Rücknahme mit der Bekanntgabe an den Genehmigungsinhaber wirksam.[224]

c) Widerruf

Rechtmäßige Genehmigungen und allgemeine Zulassungen können gem. **110**
§ 17 Abs. 3 AtG **widerrufen** werden,[225] wenn

- von ihnen innerhalb von zwei Jahren kein Gebrauch gemacht worden ist, soweit nicht die Genehmigung oder allgemeine Zulassung etwas anderes bestimmt (Nr. 1),
- eine ihrer Voraussetzungen später weggefallen ist und nicht in angemessener Zeit Abhilfe geschaffen wird (Nr. 2)[226] oder
- gegen die Vorschriften dieses Gesetzes oder der aufgrund dieses Gesetzes erlassenen Rechtsverordnungen, gegen die hierauf beruhenden Anordnungen und Verfügungen der Aufsichtsbehörden oder gegen die Bestimmungen des Bescheids über die Genehmigung oder allgemeine Zulassung erheblich oder wiederholt verstoßen oder wenn eine nachträgliche Auflage nicht eingehalten worden ist und nicht in angemessener Zeit Abhilfe geschaffen wird (Nr. 3).[227]

Gem. § 17 Abs. 4 AtG besteht eine Pflicht zum Widerruf, wenn die Dek- **111**
kungsvorsorge nicht der behördlichen Festsetzung entspricht und der zur Deckungsvorsorge Verpflichtete eine entsprechende Deckungsvorsorge nicht binnen einer von der Verwaltungsbehörde festzusetzenden angemessenen

---

[220] Vgl. dazu *Badura,* DVBl. 1998, 1197 (1200); dazu auch *BVerwG,* Urt. v. 22. 1. 1997 – 11 C 7.95 –, BVerwGE 104, 36ff.

[221] Zu den Voraussetzungen *OVG Lüneburg,* Urt. v. 16. 2. 1989 – 7 A 108/88 –, NVwZ 1989, 1180ff.; *Leiner,* NVwZ 1991, 844ff.; zur sofortigen Vollziehung *BVerwG,* Beschl. v. 24. 7. 1998 – 11 B 46.97 –, NVwZ-RR 1999, 15.

[222] Der Kommissionsentwurf zum UGB verzichtet auf eine Regelung der Rücknahme von Genehmigungen u. allgemeinen Zulassungen, da die bisherige Regelung des § 17 Abs. 2 AtG wegen der Regelung des § 48 Abs. 2 u. 3 VwVfG entbehrlich ist; dementsprechend enthält § 484 UGB-KomE nur eine Regelung des Widerrufs von Genehmigungen, vgl. BMU, UGB-KomE, S. 298, 1288.

[223] *Sellner,* in: Salzwedel, Grundzüge des UmweltR, 1. Aufl., S. 357 (393).

[224] *BVerwG,* Beschl. v. 29. 9. 1987 – 7 B 161/87 –, NVwZ 1988, 151.

[225] Dazu zählen keine Planfeststellungen, vgl. *BVerwG,* Urt. v. 21. 5. 1997 – 11 C 1.96 –, BVerwGE 105, 6ff.; vgl. auch unten § 24 Rn. 126ff.

[226] Dazu *BVerwG,* Urt. v. 7. 6. 1991 – 7 C 43.90 –, BVerwGE 88, 296ff.

[227] § 484 Abs. 1 Nr. 2 UGB-KomE stellt gegenüber der jetzigen Regelung des § 17 AtG ausdrückl. klar, daß ein Widerruf aufgrund einer Änderung des Standes von Wissenschaft u. Technik zulässig ist, vgl. BMU, UGB-KomE, S. 298, 1288f.

Frist nachweist. Außerdem ist eine Genehmigung oder allgemeine Zulassung gem. § 17 Abs. 5 AtG zu widerrufen, wenn dies wegen einer erheblichen Gefährdung der Beschäftigten, Dritter oder der Allgemeinheit erforderlich ist und nicht durch nachträgliche Auflagen in angemessener Zeit Abhilfe geschaffen werden kann.[228]

112 Die Rücknahme- und Widerrufsregelungen des AtG sind abschließend. Ein Rückgriff auf die teilweise abweichenden Regelungen des Verwaltungsverfahrensgesetzes ist unzulässig. Einen zusätzlichen Widerrufsgrund wegen der Änderung der „Sicherheitsphilosophie" der Genehmigungsbehörde gibt es damit auch nicht. Damit lassen sich die Rücknahme- und Widerrufsregelungen auch nicht für den Ausstieg aus der Kernenergie instrumentalisieren.[229]

3. *Entschädigung*

113 Dem eher geringen *rechtlichen* Bestandsschutz steht ein – auch im Vergleich zu anderen industriellen Großanlagen – beachtlicher *wirtschaftlicher* Bestandsschutz gegenüber. Im Falle der Rücknahme oder des Widerrufs einer nach dem AtG erteilten Genehmigung muß dem Berechtigten nämlich gem. § 18 Abs. 1 S. 1 AtG eine angemessene Entschädigung in Geld gezahlt werden.[230] Eine Entschädigungspflicht besteht jedoch gem. § 18 Abs. 2 AtG nicht,

- wenn der Inhaber die Genehmigung oder allgemeine Zulassung aufgrund von Angaben erhalten hat, die in wesentlichen Punkten unrichtig oder unvollständig waren (Nr. 1),
- der Inhaber der Genehmigung oder allgemeinen Zulassung oder die für ihn tätigen Personen durch ihr Verhalten Anlaß zum Widerruf gegeben haben, insbesondere durch erhebliche und wiederholte Verstöße gegen gesetzliche und behördliche Anordnungen (Nr. 2),
- der Widerruf wegen einer nachträglich eingetretenen, in der genehmigten Anlage oder Tätigkeit begründeten erheblichen Gefährdung der Beschäftigten, Dritter oder der Allgemeinheit ausgesprochen werden mußte (Nr. 3).[231]

114 Die rechtswidrig erteilte atomrechtliche Anlagengenehmigung kann zudem zu einem Amtshaftungsanspruch gem. § 839 BGB führen, da im atomrechtlichen Genehmigungsverfahren eine Amtspflicht der Bediensteten der Genehmigungsbehörde gegenüber dem Antragsteller als zukünftigen Errichter, Betreiber oder Inhaber der Atomanlage besteht, keine ungesicherten Vertrauenstatbestände zu schaffen. Mit der Regelung des § 18 AtG trägt der Gesetzgeber dem grundsätzlich anerkannten Erfordernis eines Vertrauensschutzes des Antragstellers im Atomrecht Rechnung. Die Entschädigungsansprüche nach § 18 AtG verdrängen den Amtshaftungsanspruch nicht.[232] Beide Ansprüche können neben- und unabhängig voneinander bestehen.[233]

---

[228] Vgl. *VGH München,* Urt. v. 27. 11. 1990 – 22 A 88 40108 –, NVwZ 1991, 903 (904); *VGH Kassel,* Beschl. v. 26. 6. 1989 – 8 Q 2809/88 –, UPR 1990, 119; *Kunth,* RdE 1992, 177 ff.

[229] So *Kloepfer,* UmweltR, § 15 Rn. 72 m. w. N.

[230] Der Kommissionsentwurf zum UGB regelt in § 485 UGB-KomE nur die Entschädigung für den Widerruf; nach § 126 Abs. 2 UGB-KomE entfällt die Entschädigung für nachträgliche Anordnungen; die Regelung der Rücknahmeentschädigung wird dem allgemeinen Verfahrensrecht überlassen, da hier keine atomrechtlichen Sonderregelungen erforderlich seien, vgl. BMU, UGB-KomE, S. 1289.

[231] Dazu *Schoch,* DVBl. 1990, 549 ff.; zu der letzten Alternative *Winters,* Atom- und StrahlenschutzR, S. 41 f.; im Zusammenhang mit der Diskussion um einen Ausstieg aus der Kernenergie *Lange,* NJW 1986, 2459 (2464 f.).

[232] Vgl. zur Amtshaftung unten § 24 Rn. 153.

[233] *BGH,* Urt. v. 16. 1. 1997 – III ZR 1117/95 –, UPR 1997, 187 (189); *Kloepfer,* UmweltR, § 6 Rn. 199 f.

E. Entsorgung nach dem Atomgesetz

I. Entsorgungsproblematik und Entsorgungspflichten

Die Entsorgungsfrage hat sich zunehmend zum eigentlichen Problem des Atom- 115
rechts entwickelt.[234] Während ein Bedarf zur Errichtung weiterer Kernenergieanlagen derzeit nicht besteht und zudem der Ausstieg aus der Atomenergie erklärtes Ziel der Bundesregierung ist, fallen in der Bundesrepublik von Jahr zu Jahr erhebliche Mengen radioaktiver Reststoffe an, für die ausreichende Entsorgungskapazitäten nicht vorhanden sind und die die Schaffung weiterer Entsorgungsanlagen erforderlich machen. Bisher gibt es lediglich ein Endlager in Morsleben,[235] dessen Betriebsgenehmigung gem. § 57a AtG am 30. 6. 2005 ausläuft.[236] Die Verbringung von radioaktiven Abfällen aus den alten Bundesländern in das Endlager Morsleben ist jedoch unzulässig, da es dafür nicht genehmigt war und die Anordnung der Fortgeltung der Genehmigung als Planfeststellungsbeschluß nach bundesdeutschem Recht den Genehmigungsinhalt nicht erweitern kann.[237] Mit dem Salzstock in Gorleben und dem ehemaligen Eisenerzbergwerk „Schacht Konrad" bei Salzgitter befinden sich zwei weitere Endlagerungsstätten im Planungsverfahren.[238] Zum heutigen Zeitpunkt wird aber angesichts der fehlenden Endlagerungskapazitäten und wegen der erforderlichen Abkühlung der radioaktiven Abfälle eine Zwischenlagerungszeit von 30 Jahren angesetzt.[239] Da verbrauchte Brennelemente zunächst im Kernkraftwerk in Abklingbecken gekühlt werden müssen, sind dort sog. Kompaktlager genehmigt worden,[240] die der innerbetrieblichen Aufbewahrung dienen, bevor eine Zwischenlagerung in externen Lagern erfolgen kann.

Gem. § 9a Abs. 1 AtG hat derjenige, der Anlagen, in denen mit Kern- 116
brennstoffen umgegangen wird, errichtet, betreibt, sonst innehat, wesentlich verändert, stillegt oder beseitigt, außerhalb solcher Anlagen mit radioaktiven Stoffen umgeht oder Anlagen zur Erzeugung ionisierender Strahlen betreibt, zum Schutz der Allgemeinheit dafür zu sorgen, daß anfallende radioaktive Reststoffe sowie ausgebaute oder abgebaute radioaktive Anlagenteile – den in § 1 Nr. 2 bis 4 AtG bezeichneten Zwecken entsprechend – schadlos ver-

---

[234] Vgl. dazu auch *Tünnesen-Harmes,* HdbUR, B.6 Rn. 73; *Pelzer,* HdUR, Bd. 1, Sp. 157 (163); vgl. auch *BVerwG,* Urt. v. 25. 6. 1992 – 7 C 1.92 –, BVerwGE 90, 255 ff.

[235] Nach Auffassung des BVerwG ist die Nutzung dieses Endlagers ohne vorhergehende Planfeststellung rechtmäßig; die Betriebsgenehmigung gelte als Planfeststellungsbeschluß fort, *BVerwG,* Urt. v. 25. 6. 1992 – 7 C 1.92 –, BVerwGE 90, 255 (257 ff.); eine dagegen gerichtete Verfassungsbeschwerde ist nicht zur Entscheidung angenommen worden, vgl. *BVerfG,* Beschl. v. 21. 9. 1993 – 1 BvR 130/92 –, NuR 1994, 131; dazu auch *Wollenteit/Plantholz,* ZUR 1996, 127 (128).

[236] Die zunächst bis zum 30. 6. 2000 bestehende Frist des § 57a AtG ist mit der Änderung des AtG zum 30. 4. 1998 um 5 Jahre verlängert worden, vgl. zur Begründung BR-Drs. 610/97 S. 43.

[237] *Kloepfer/Brandner,* ZUR 1993, 269 ff.; a. A. *OVG Magdeburg,* Beschl. v. 13. 12. 1993 – 3 M 29/93 –, et 1994, 323 ff.

[238] Dazu *Tünnesen-Harmes,* HdbUR, B.6 Rn. 3; *Piontek,* IUR 1993, 65 ff.; *Näser/Oberpottkamp,* DVBl. 1995, 136 ff.; zum Verfahrensstand beim Schacht Konrad BMU, Umwelt 1998, 493.

[239] *Tünnesen/Harmes,* HdbUR, B.6 Rn. 3, Fn. 1; *OVG Münster,* Beschl. v. 26. 4. 1993 – 21 B 1593/92.AK –, NVwZ-RR 1994, 143 ff.

[240] Dazu *OVG Münster,* Urt. v. 22. 10. 1987 – 21 A 330/87 –, NWVBl. 1988, 106; ferner *Kremser,* RdE 1995, 142 (143).

wertet oder als radioaktive Abfälle geordnet beseitigt werden (direkte Endlagerung).[241]

117 In der seit 1994 geltenden Fassung stellt § 9a Abs. 1 AtG die Pflichten zur schadlosen Verwertung und zur geordneten Beseitigung in Form der direkten Endlagerung gleichrangig nebeneinander. Zuvor galt noch ein Vorrang der Pflicht zur Verwertung.[242]

118 Wer radioaktive Abfälle besitzt, hat diese an eine Landessammelstelle für die Zwischenlagerung oder an eine Anlage zur Endlagerung des Bundes abzuliefern (§ 9a Abs. 2 S. 1 AtG).[243] Für die Zwischenlagerung haben die Länder gem. § 9a Abs. 3 AtG Landessammelstellen für die in ihrem Gebiet angefallenen radioaktiven Abfälle einzurichten.[244]

119 Externe Brennelementezwischenlager existieren in Ahaus, Gorleben und Greifswald. Das Zwischenlager Gorleben nimmt auch verglaste Abfälle aus der Wiederaufbereitung auf. Für sonstige radioaktive Abfälle bestehen neben betriebsinternen Lagern und den Landessammelstellen externe Zwischenlager in Gorleben und Mitterteich. Erweiterungen und Neubauten sind in Gorleben, Ahaus und Greifswald geplant.[245]

120 Der Bund ist gem. § 9a Abs. 3 S. 1 2. HS AtG zur Einrichtung von Anlagen zur Sicherstellung und zur Endlagerung radioaktiver Abfälle verpflichtet.[246] Bund und Länder können sich zur Erfüllung ihrer Pflichten gem. § 9a Abs. 3 S. 2 AtG Dritter bedienen. In diesem Fall wird der Dritte als Verwaltungshelfer tätig.[247] Der Bund hat für den Bau von Endlagerstätten von dieser Möglichkeit Gebrauch gemacht und die „Deutsche Gesellschaft zum Bau und Betrieb von Endlagern für Abfallstoffe mbH“ (DBE) gegründet.[248] § 9a

---

[241] Zum Verhältnis zwischen europäischen Marktfreiheiten u. atomrechtl. Entsorgungsvorsorge *Roßnagel*, DÖV 1996, 984ff.; gem. § 469 Abs. 1 Nr. 4 UGB-KomE ist die Entsorgungsgrundpflicht im UGB Genehmigungsvoraussetzung, wobei die Vermeidung u. Verminderung von radioaktiven Abfällen Vorrang vor der schadlosen Verwertung u. geordneten Endlagerung hat, vgl. BMU, UGB-KomE, S. 292, 1256.

[242] Die Änderung ging mit dem politischen Scheitern des Konzepts der Wiederaufbereitung von Kernbrennstoffen einher, in dessen Folge der str. Bau der Wiederaufbereitungsanlage im bayerischen Wackersdorf 1989 eingestellt worden ist; zur Vereinbarkeit des Verbots der Wiederaufbereitung mit GemeinschaftsR *Wollenteit/Gebauer*, ZUR 1999, 250ff.; zur Vereinbarkeit des Verbots der Wiederaufbereitung im Ausland mit VölkerR *Kadelbach*, ZUR 1999, 257ff.

[243] An der Pflicht des Staates zur Sicherstellung der Einrichtung von Entsorgungsstellen hält § 477 Abs. 2 UGB-KomE fest; § 477 Abs. 1 S. 2 UGB-KomE enthält zudem eine Option für eine Auslandsentsorgung in EG-Staaten, da sich keine unterirdischen Formationen für eine Endlagerung im Inland finden ließen, vgl. BMU (Hrsg.) UGB-KomE, S. 1279f.

[244] Vgl. zur Zwischenlagerung radioaktiver Brennelemente sowie zur Abgrenzung von der Endlagerung *OVG Münster*, Beschl. v. 26. 4. 1993 – 21 B 1563/92.AK –, DVBl. 1993, 1372.

[245] Vgl. BMU, UGB-KomE, S. 1273.

[246] Zur atomrechtl. Regelung der Entsorgung siehe *Sellner*, in: Salzwedel, Grundzüge des UmweltR, 1. Aufl., S. 357 (394ff.); *Hofmann*, Rechtsfragen der atomaren Entsorgung, S. 1ff.; *Rabben*, Rechtsprobleme der atomaren Entsorgung, S. 1ff.; *Dauk*, System der atomaren Entsorgung, S. 1ff.; *Thiel*, Rechtsfragen der atomaren Entsorgung, S. 1ff.; *Wagner*, DVBl. 1992, 1508 (1514); *Rengeling*, in: Lukes, Reformüberlegungen zum AtomR, S. 215ff.; *Näser/Oberpottkamp*, DVBl. 1995, 136ff.

[247] Vgl. BR-Drs. 610/97 S. 28.

[248] Vgl. *Tünnesen-Harmes*, HdbUR, B.6 Rn. 76.

Abs. 3 S. 2 AtG eröffnet für den Bund auch die Möglichkeit der Wiederaufbereitung abgebrannter Brennelemente im Ausland.[249]

Umstritten ist die Frage, ob die Wiederaufbereitung im Ausland nur dann zulässig ist, wenn sie den deutschen Anforderungen an den Schutz von Leben, Gesundheit und Sachgütern gerecht wird.[250] Da § 9a Abs. 1 AtG den Anlagenbetreiber insoweit nicht einschränkt, liegt es näher, daß die Wiederaufbereitung im Ausland unter den dort geltenden rechtlichen und sicherheitstechnischen Bedingungen gestattet ist.[251] 121

Aus dem Grundgesetz kann nicht abgeleitet werden, daß private externe Zwischenlager der nuklearen Entsorgung nur aufgrund einer ausdrücklichen Zulassung durch den Gesetzgeber geschaffen werden dürfen.[252] 122

Gem. § 9a Abs. 3 S. 3 AtG wird die Aufgabe des Bundes, Anlagen zur Endlagerung radioaktiver Abfälle einzurichten, abweichend von § 9a Abs. 1 1. HS AtG durch ein zu erlassendes gesondertes Gesetz auf eine Körperschaft des öffentlichem Rechts übertragen werden, durch das die Körperschaft auch errichtet wird.[253] Bis zum Inkrafttreten eines solchen Gesetzes verbleibt die Aufgabe der Einrichtung von Anlagen zur Endlagerung radioaktiver Abfälle beim Bundesamt für Strahlenschutz. 123

Gem. § 9a Abs. 4 S. 1 AtG kann derjenige, der nach § 9a Abs. 3 S. 1 1. HS oder § 9a Abs. 3 S. 3 AtG Anlagen zur Endlagerung radioaktiver Abfälle einzurichten hat, zur Erfüllung seiner Pflicht die Wahrnehmung seiner Aufgaben mit den dafür erforderlichen hoheitlichen Befugnissen ganz oder teilweise auf Dritte übertragen, wenn diese Gewähr für die ordnungsgemäße Erfüllung der übertragenen Aufgaben bieten; dabei untersteht der Dritte der Aufsicht desjenigen, für den er die Aufgabe wahrnimmt (§ 9a Abs. 4 S. 1 2. HS AtG). Damit kann die Wahrnehmung der staatlichen Aufgabe der Endlagerung radioaktiver Abfälle durch einen staatlich beauftragten und beaufsichtigten beliehenen Unternehmer erfolgen. Die Aufgabe bleibt trotz der Aufgabenübertragung auf Private eine staatliche.[254] Dabei handelt es sich um eine formelle Privatisierung. Für einen späteren Zeitpunkt ist die Übertragung dieser Aufgabe auf die privaten Abfallverursacher in Form einer öffentlich-rechtlichen Körperschaft vorgesehen.[255] 124

Gem. § 9d Abs. 1 AtG ist für Zwecke der Errichtung und des Betriebs von Anlagen zur Endsorgung radioaktiver Abfälle sowie für Zwecke der Vornahme wesentlicher Veränderungen solcher Anlagen oder ihres Betriebs die Enteignung zulässig, soweit sie zur Ausführung eines nach § 9b AtG festgelegten oder genehmigten Plans notwendig ist. Gleiches gilt gem. § 9d Abs. 2 AtG für Zwecke der vorbereitenden Standorterkundung für Anlagen 125

---

249 Vgl. auch *Roßnagel,* DVBl. 1991, 839 (840f.).

250 So *Roßnagel,* DVBl. 1991, 839 (841ff.).

251 Vgl. *Rengeling,* DVBl. 1991, 914 (916ff.); *Haedrich,* NVwZ 1993, 1036 (1038); *Kloepfer,* UmweltR, § 15 Rn. 81.

252 *BVerfG,* Beschl. v. 26. 1. 1988 – 1 BvR 1561/82 –, NVwZ 1988, 427 (428); vgl. auch *BVerwG,* Urt. v. 11. 5. 1989 – 4 C 1.88 –, DÖV 1990, 257; eine solche gesetzl. Regelung wird in § 478 Abs. 1 S. 2 UGB-KomE ausdrückl. vorgesehen, BMU, UGB-KomE, S. 286f., 1279f.; nach Auffassung des *OVG Münster,* Beschl. v. 26. 4. 1993 – 21 B 1563/92 AK –, NVwz-RR 1994, 143 (145) stellt § 6 AtG eine Ermächtigungsgrundlage für private Zwischenlager radioaktiver Abfälle dar.

253 Vgl. dazu BR-Drs. 610/97 S. 27.

254 BR-Drs. 610/97 S. 28.

255 Vgl. BR-Drs. 610/97 S. 26.

zur Endlagerungradioaktiver Abfälle, soweit sie zur Durchführung von Erkundungsmaßnahmen auf der Grundlage des Bundesberggesetzes notwendig ist. Gegenstand und Zulässigkeit der Enteignung ist in § 9c AtG näher bestimmt. Die Einführung von Enteignungsvorschriften in das AtG soll die Zugriffsmöglichkeiten im Interesse der Erfüllung des gesetzlichen Auftrags, Anlagen zur Endlagerung radioaktiver Abfälle einzurichten, absichern.[256] Die Vorschriften zur Enteignung werden ergänzt durch die Vorschrift des § 9f. AtG über Duldungspflichten, die die Planung und Standorterkundung absichern, und die Regelung des § 9g AtG über die Veränderungssperre.

II. Planfeststellungsverfahren für Entsorgungseinrichtungen

126 Die Errichtung und der Betrieb einer Anlage des Bundes zur Endlagerung radioaktiver Abfälle bedarf der Planfeststellung nach § 9b Abs. 1 AtG.[257]

127 Gem. § 9b Abs. 4 S. 1 AtG darf der Planfeststellungsbeschluß nur erteilt werden, wenn die in § 7 Abs. 2 Nr. 1 bis 3 und 5 AtG genannten Voraussetzungen erfüllt sind. Gem. § 9b Abs. 2 AtG ist bei der Planfeststellung auch die Umweltverträglichkeit der Anlage zu prüfen.[258] Da es sich bei den planfestzustellenden Anlagen um solche des Bundes handelt, ist auf die Voraussetzung der Deckungsvorsorge gem. § 7 Abs. 2 Nr. 4 AtG verzichtet worden. Der Planfeststellungsbeschluß ist gem. § 9b Abs. 4 S. 2 AtG zu versagen, wenn

- von der Errichtung und dem Betrieb der Anlage Beeinträchtigungen des Wohls der Allgemeinheit zu erwarten sind, die durch inhaltliche Beschränkungen und Auflagen nicht verhindert werden können (Nr. 1),
- oder sonstige öffentlich-rechtliche Vorschriften, insbesondere im Hinblick auf die Umweltverträglichkeit, der Errichtung oder dem Betrieb der Anlage entgegenstehen (Nr. 2).

128 Im Zusammenhang mit dem geplanten Endlagerbergwerk in dem niedersächsischen Salzstock Gorleben war besonders umstritten, ob bereits Erkundungsbohrungen für das Endlager der Planfeststellungspflicht unterliegen.[259] Das *BVerwG* geht davon aus, daß die Durchführung eines atomrechtlichen Planfeststellungsverfahrens vor Abschluß der untertägigen Erkundung nicht geboten ist, weil der Bau des Erkundungsbergwerks noch nicht die Errichtung des Endlagers darstellt.[260]

---

[256] Vgl. BR-Drs. 610/97 S. 31.

[257] Zum atomrechtl. Planfeststellungsverfahren i. Ü. *Ronellenfitsch*, Planungsrecht, S. 174 ff.; vgl. auch *Rengeling*, Rechtsfragen zu Bundesendlagern, passim; *Wagner*, DVBl. 1991, 24 ff.; *Stüer*, HbBauFPlR, Rn. 1880 ff.; zum Streit um die Errichtung des Endlagers „Schacht Konrad" *BVerfG*, Urt. v. 10. 4. 1991 – 2 BvG 1/91 –, BVerfGE 84, 25 ff.; *Piontek*, ZUR 1993, 65 ff.; *Tünnesen-Harmes*, HdbUR, B.6 Rn. 73; zur Genehmigung für das Endlager „Morsleben" *Kloepfer/Brandner*, ZUR 1993, 269 ff.; *BVerwG*, Urt. v. 25. 6. 1992 – 7 C 1.92 –, et 1993, 201; zum Übergang einer atomrechtl. Genehmigung der ehemaligen DDR *BVerwG*, Urt. v. 25. 6. 1992 – 7 C 1/92 –, BVerwGE 90, 255 ff.; *BezirksG Magdeburg*, Beschl. v. 20. 2. 1991 – BDR 5/90 –, DVBl. 1991, 401 ff.

[258] Vgl. auch Nr. 3 der Anlage zu § 3 UVPG.

[259] Vgl. dazu ausführl. *Hoppe/Bunse*, DVBl. 1984, 1033 ff.; *Rengeling*, Planfeststellung für die Endlagerung radioaktiver Abfälle, S. 1 ff.; *Breuer*, Die Planfeststellung für Anlagen zur Endlagerung radioaktiver Abfälle, S. 1 ff.; *Degenhart*, et 1984, 948 ff.; *Dörpmund*, et 1986, 738 f.; *Kühne*, DVBl. 1985, 207 ff.; *Rengeling*, et 1984, 629 ff.

[260] *BVerwG*, Urt. v. 9. 3. 1990 – 7 C 23.89 –, BVerwGE 85, 54 (56), das gelte selbst dann, wenn Teile des Erkundungsbergwerks im Falle positiver Standortbeschei-

 BVerwGE, B 10.11.09, NVwZ 10, 114 (gebundene Entscheidung)

Für das Planfeststellungsverfahren gelten gem. § 9b Abs. 5 AtG die §§ 72 bis 78 VwVfG. Allerdings gelten hinsichtlich des Verweises auf das Verwaltungsverfahrensgesetz einige Einschränkungen, die insbesondere eine Öffentlichkeitsbeteiligung nach der Atomrechtlichen Verfahrensverordnung vorsehen. Gem. § 23 Abs. 1 Nr. 2 AtG ist Träger des Vorhabens das Bundesamt für Strahlenschutz (BfS). Planfeststellungsbehörden sind gem. § 24 Abs. 2 AtG die durch die Landesregierungen bestimmten obersten Landesbehörden.[261] Das Planfeststellungsverfahren ist dem atomrechtlichen Genehmigungsverfahren sehr ähnlich. Der Planfeststellungsbeschluß hat jedoch im Unterschied zum atomrechtlichen Genehmigungsverfahren gem. § 75 VwVfG eine weitgehende Konzentrationswirkung, die sich gem. § 9b Abs. 5 Nr. 3 AtG lediglich nicht auf die Zulässigkeit des Vorhabens nach den Vorschriften des Berg- und Tiefspeicherrechts erstreckt. 129

Für die Aufhebung eines rechtmäßig erteilten Planfeststellungsbeschlusses findet über § 9b Abs. 5 AtG i. V. m. § 72 Abs. 1 VwVfG die Vorschrift des § 49 VwVfG Anwendung.[262] Auf atomrechtliche Planfeststellungsbeschlüsse findet die Widerrufsvorschrift des § 17 AtG, der nach seinem Wortlaut nur Genehmigungen und allgemeine Zulassungen erfaßt, keine Anwendung.[263] 130

III. Verordnungsermächtigung nach § 11 AtG

Gem. § 11 Abs. 1 Nr. 6 AtG kann durch Rechtsverordnung zur Erreichung des in § 1 AtG genannten Zwecks bestimmt werden, daß zur Umsetzung von Rechtsakten der EG die Ein-, Aus- und Durchfuhr (grenzüberschreitende Verbringung) radioaktiver Stoffe einer Genehmigung oder Zustimmung bedarf, Anzeigen und Meldungen zu erstatten und Unterlagen mitzuführen sind. Gem. § 11 Abs. 1 Nr. 6 S. 2 AtG kann ferner bestimmt werden, daß Zustimmungen mit Nebenbestimmungen versehen werden können. Die Verordnungsermächtigung dient der Umsetzung der Richtlinie des Rates zur Überwachung und Kontrolle der Verbringung radioaktiver Abfälle von einem Mitgliedstaat in einen anderen, in die Gemeinschaft und aus der Gemeinschaft.[264] Gem. § 22 Abs. 1 S. 2 AtG ist das Bundesausfuhr- 131

---

dung zu Bestandteilen des Endlagers werden sollen, m. Anm. *Wagner*; zuvor bereits *Hoppe/Bunse*, DVBl. 1984, 1033 (1044); zur Fortgeltung der Genehmigungen für Endlager auf dem Gebiet der ehemaligen DDR *BVerwG*, Urt. v. 25. 6. 1992 – 7 C 1.92 –, BVerwGE 90, 255 ff.

[261] Zur Weisungsbefugnis des Bundes *Ossenbühl*, DVBl. 1991, 833 ff.; der Kommissionsentwurf zum UGB schlägt eine Zuständigkeitskonzentration zur Ausdehnung der Vollzugshoheit des Bundes vor; an Stelle der Bundesauftragsverwaltung soll gem. § 491 Abs. 2 UBG-KomE der Bund für die Endlagerzulassung zuständig sein; angesichts der Bund-Länder-Streitigkeiten bei der Erkundung u. Errichtung von Endlagern ist im Hinblick auf das Bundesinteresse an atomaren Endlagern ein einheitl. Vollzug auch für die Zulassung der erforderl. bergrechtl. Einzelbetriebspläne vorgesehen, vgl. BMU, UGB-KomE, S. 1281.

[262] *BVerwG*, Urt. v. 21. 5. 1997 – 11 C 1.96 –, BVerwGE 105, 6 (10 ff.), dies gilt auch für die als Betriebsgenehmigung ergangene u. nach § 57a AtG als Planfeststellungsbeschluß geltende Zulassung der Endlagerung in Morsleben; dazu auch *Wollenteit/Plantholz*, ZUR 1997, 127 (130 f.).

[263] *BVerwG*, Urt. v. 21. 5. 1997 – 11 C 1.96 –, DVBl. 1998, 38.

[264] Vgl. dazu oben § 23 Rn. 16.

amt für die aufgrund der Rechtsverordnung zu erteilenden Zustimmung oder Genehmigung zuständig.

F. Verwaltungsorganisation und Aufsicht

I. Organisation

132 Verschiedene Aufgaben beim Vollzug des AtG sind dem Bund zur Wahrnehmung in bundeseigener Verwaltung übertragen. Im übrigen nehmen die Länder den Vollzug im Auftrag des Bundes, d.h. als Bundesauftragsverwaltung[265] wahr.[266]

133 § 22 AtG sieht die bundeseigene Verwaltung etwa grenzüberschreitende Verbringungen und deren Überwachung von Kernbrennstoffen vor. Die Erteilung entsprechender Genehmigungen obliegt gem. § 22 Abs. 1 S. 1 AtG dem Bundesausfuhramt, die Überwachung gem. § 22 Abs. 2 AtG dem Bundesminister für Finanzen oder den von ihm bestimmten Zolldienststellen. Zahlreiche Aufgaben im Bereich der bundeseigenen Verwaltung sind durch § 23 Abs. 1 S. 1 AtG auf das Bundesamt für Strahlenschutz als Bundesoberbehörde übertragen. Hierzu zählen insbesondere die staatliche Verwahrung von Kernbrennstoffen (Nr. 1) sowie die Genehmigung zur Aufbewahrung von Kernbrennstoffen außerhalb der staatlichen Verwahrung (Nr. 4). Weitere Zuständigkeiten des Bundesamtes für Strahlenschutz ergeben sich aus § 11 StrSchVG, etwa für die Überwachung und großräumige Ermittlung der Umweltradioaktivität.[267]

134 Der Vollzug sonstiger atom- und strahlenschutzrechtlicher Bestimmungen erfolgt gem. § 24 Abs. 1 AtG durch die Länder im Auftrag des Bundes (Art. 85 GG).[268] Die Zuständigkeit der einzelnen Behörden bestimmt sich nach Landesrecht. Für den wichtigen Bereich der Anlagengenehmigung und der Planfeststellung ordnet § 24 Abs. 2 AtG die Wahrnehmung durch oberste Landesbehörden an. Im Bereich der Bundesauftragsverwaltung kann der Bundminister für Umwelt, Naturschutz und Reaktorsicherheit den Landesbehörden gem. Art. 85 Abs. 3 GG Weisungen erteilen.[269]

---

[265] Zu den sich daraus ergebenden Weisungsbefugnissen u. Kompetenzabgrenzungen siehe oben § 24 Rn. 5ff.; zur Abschaffung der Bundesauftragsverwaltung beim Vollzug des AtomR im Professorenentwurf des UGB-BT *Kloepfer,* DVBl. 1994, 305 (312).

[266] Zum Bund-Länder-Konflikt bei der Kernenergie vgl. *Scholz,* et 1996, 386ff.

[267] Die Einrichtung des BfS u. ihr teilweise abweichender Aufgabenbereich ist in § 56 UGB-KomE geregelt, vgl. dazu BMU, UGB-KomE, S. 558.

[268] Der Kommissionsentwurf zum UGB behält trotz zahlreicher Einzelvorschläge, die Zuständigkeiten zwischen Bund u. Länder neu zu verteilen, am Grundsatz der Bundesauftragsverwaltung fest; lediglich für die Vorhabengenehmigung von Endlagern wird eine Bundeszuständigkeit eingeführt, vgl. BMU, UGB-KomE, S. 301, 1298.

[269] Das Weisungsrecht ist weit ausgestaltet: das Land hat keinen Anspruch darauf, daß der Bund sein Weisungsrecht rechtmäßig ausübt oder einen Verfassungsverstoß unterläßt, vgl. *BVerfG,* Urt. v. 22. 5. 1990 – 2 BvR 1/88 –, BVerfGE 81, 310 (331); krit. zum Weisungsrecht als Instrument zur Durchsetzung von Entsorgungsfragen *Sendler,* DÖV 1992, 181ff.; *Schmidt-Preuß,* NJW 1995, 985 (986); BMU, UGB-KomE, S. 1229; zum Weisungsrecht im AtomR, vgl. ferner oben § 24 Rn. 5ff.

 Leidinger/Zimmer, DVBl 04, 1005, Ipsen, DVBl 06, 585, Posser, NVwZ 10, 1113, Ossenbühl/Kluge, NVwZ 10, 1118, Schmidt/Wohlrab NVwZ 13, 193 (Moratorium)

II. *Aufsicht*

Die staatliche Aufsicht im Bereich des Atomrechts ist in § 19 AtG geregelt. Sie erstreckt sich auf alle Tätigkeiten im Zusammenhang mit radioaktiven Stoffen.[270] Die Aufsichtsbehörden prüfen die Tätigkeit der jeweiligen Genehmigungsinhaber daraufhin, ob sie die Bestimmungen des Genehmigungsbescheides einhalten. Die Aufsichtstätigkeit beschränkt sich allerdings nicht auf die genehmigungs- oder anzeigepflichtigen Tätigkeiten. Sie umfaßt vielmehr auch den Umgang, die Beförderung und den Verkehr mit radioaktiven Stoffen. **135**

Die Befugnisse und Obliegenheiten der Aufsichtsbehörden richten sich gem. § 19 Abs. 1 S. 3 AtG nach § 139b GewO. Danach stehen den Aufsichtsbehörden *polizeiliche Befugnisse* zu, sie können die Anlagen jederzeit überprüfen und sie können statistische Mitteilungen von den zu überwachenden Unternehmen fordern. Die Beamten der Aufsichtsbehörden sind zur Wahrung des *Amtsgeheimnisses* verpflichtet. Zu den Aufgaben der Aufsichtsbehörden zählt die Erstattung besonderer Jahresberichte. **136**

§ 19 Abs. 2 AtG erweitert außerdem das *Zutrittsrecht* der von den Aufsichtsbehörden Beauftragten und ergänzt es durch ein *Auskunftsrecht* gegenüber den Verantwortlichen oder den sonst dort beschäftigten Personen.[271] Gem. § 19 Abs. 3 AtG können die Aufsichtsbehörden Maßnahmen zur Erfüllung der gesetzlichen Bestimmungen anordnen sowie Schutzmaßnahmen zur Beseitigung von Gefahren für Leben, Gesundheit oder Sachgüter treffen, die sich aus der Wirkung ionisierender Strahlen ergeben können.[272] § 19 Abs. 3 AtG gibt der Behörde die Möglichkeit zum sofortigen Eingriff. Die von ihr getroffenen Anordnungen haben vorläufigen Charakter, bis über eine Maßnahme gem. § 17 AtG endgültig entschieden ist. Gem. § 19 Abs. 3 S. 2 Nr. 3 AtG ist jedoch auch eine endgültige Einstellungsverfügung für den Fall vorgesehen, daß eine erforderliche Genehmigung nicht erteilt oder rechtskräftig widerrufen wurde. Dies gilt sowohl, wenn gar keine Genehmigung erteilt worden ist als auch, wenn die Frage der Genehmigungsfähigkeit noch nicht endgültig geklärt ist, da § 19 Abs. 3 S. 2 Nr. 3 AtG an die formelle Illegalität anknüpft, unabhängig davon, wie die materielle Rechtslage zu beurteilen ist.[273] **137**

Fall: Der Kläger wohnt in unmittelbarer Nähe des Kernkraftwerks Geesthacht-Krümmel. Kurze Zeit nach dem Unfall im Kernkraftwerk Tschernobyl fordert er die zuständige Behörde zur Stillegung des Kernkraftwerks Krümmel auf, da die von dieser Anlage ausgehende radioaktive Strahlung zusammen mit der Strahlenbelastung durch den Unfall von Tschernobyl sein Leben und seine Gesundheit gefährde. Als Rechtsgrundlage für die Stillegung kommt allein § 19 Abs. 3 S. 2 Nr. 3 AtG in Betracht.

---

[270] Vgl. zur atomrechtl. Aufsicht *Hartung,* Atomaufsicht, passim; *Winters,* Atom- und StrahlenschutzR, S. 96 ff.; *Salzwedel/Preußker,* UmweltschutzR, S. 243 f.

[271] Dazu *Winters,* Atom- und StrahlenschutzR, S. 96 f.

[272] Zur einstweiligen Stillegung eines Kernkraftwerkes *OVG Münster,* Beschl. v. 2. 1. 1990 – 21 D 66/89 –, DVBl. 1990, 598 ff.; zum Eingreifen des Staates bei Konkurs des Betreibers *Bogler/Halstenberg,* NWVBl. 1995, 49 ff.; zum Gefahrenbegriff des § 19 Abs. 3 AtG *Roßnagel,* DÖV 1998, 1048 ff.

[273] *VGH Mannheim,* Urt. v. 23. 5. 1990 – 10 S 2495/89 –, NVwZ-RR 1990, 535 (537 ff.).

Danach kann die Stillegung eines Kernkraftwerkes angeordnet werden, wenn der Betrieb des Kernkraftwerks gegen Rechtsvorschriften oder gegen die Bestimmungen der erteilten Genehmigung verstößt oder wenn infolge der Wirkung ionisierender Strahlen Gefahren für Leben, Gesundheit oder Sachgüter drohen. Die Stillegung steht im Ermessen der zuständigen Behörde. Nach Ansicht des *OVG Lüneburg* kann der infolge des Reaktorunfalls von Tschernobyl einer erhöhten radioaktiven Strahlung ausgesetzte Nachbar eines deutschen Kernkraftwerks die Stillegung dieses Kernkraftwerkes nicht schon deswegen verlangen, weil es durch die genehmigten Radioaktivitätsabgaben geringfügig zu der Gesamtbelastung beiträgt. Das gilt sogar dann, wenn durch diese Belastung die Grenzwerte des § 45 StrlSchV deutlich überschritten werden.[274]

138 Da die Durchführung der atomrechtlichen Aufsichtsverfahren nach Ausgestaltung und Kapazität der staatlichen Behörden ohne Sachverständige nicht möglich ist, können sie gem. § 20 AtG von den staatlichen Behörden hinzugezogen werden.[275]

G. Haftung

139 Haftungsfragen im Atomrecht stellen sich zum einen im Falle von Schäden bei Dritten aufgrund eines nuklearen Ereignisses, zum anderen werden zunehmend Amtshaftungsansprüche für Schäden aus einer rechtswidrig erteilten Genehmigung diskutiert.

I. Haftung für Schäden aufgrund eines nuklearen Ereignisses

140 Das deutsche Atomhaftungsrecht[276] ist im vierten Abschnitt des AtG und in den Pariser und Brüsseler Atomhaftungsabkommen nebst Zusatzvereinbarungen normiert. Das Umwelthaftungsgesetz findet in diesem Bereich keine Anwendung (§ 18 Abs. 2 UmweltHG).[277] Das Pariser Atomhaftungsabkommen regelt die Haftung des Inhabers einer Kernanlage für Schäden aufgrund eines nuklearen Ereignisses. Das Brüsseler Zusatzabkommen trifft ergänzende Bestimmungen über zusätzliche staatliche Ersatzleistungen des Genehmigungsstaates und der Gesamtheit der Vertragsstaaten. Die materiellen Haftungsvorschriften sind ausnahmslos im Pariser Übereinkommen enthalten, dessen Regelungen in der Bundesrepublik unmittelbar geltendes Recht sind (vgl. § 25 Abs. 1 S. 2 AtG). Die privatrechtlichen Haftungsvorschriften des AtG haben demgegenüber lediglich eine ergänzende Funktion.[278] Im Atomhaftungsrecht sind drei Haftungstatbestände zu unterscheiden[279]

---

274 *OVG Lüneburg*, Beschl. v. 23. 9. 1986 – 7 D 7/86 –, UPR 1987, 153 (155).

275 Vgl. auch dazu *Winters*, Atom- und StrahlenschutzR, S. 97f.; zur unzulässigen Doppelbegutachtung vgl. *OVG Lüneburg*, Urt. v. 7. 6. 1994 – 12 A 8/93 –, et 1995, 92ff.; zur Haftung von Sachverständigenorganisationen *Pelzer*, atw 1995, 266ff.

276 Hierzu sowie zu den Novellierungsüberlegungen *Pelzer*, in: Lukes, Reformüberlegungen zum AtomR, S. 456ff.; zum AtomhaftungsR ferner *Pelzer*, in: Rengeling, EUDUR, Bd. 2, § 61 Rn. 2ff.

277 Vgl. zum UmwelthaftungsR ausführl. oben § 12 Rn. 41ff.

278 Siehe dazu *Pelzer*, HdUR, Bd. 1, Sp. 157 (166); *Winters*, Atom- und StrahlenschutzR, S. 44.

279 Siehe dazu oben § 12 Rn. 126.

- beruht der Schaden auf einem von einer Kernanlage ausgehenden nuklearen Ereignis, dann haftet der Inhaber der Kernanlage gem. § 25 AtG i. V. m. dem Pariser Atomhaftungsübereinkommen;
- beruht der Schaden auf einem von einem Reaktorschiff ausgehenden Ereignis, dann regelt sich die Haftung nach § 25a AtG i. V. m. dem Brüsseler Reaktorschiffsabkommen;
- für alle sonstigen Strahlenschäden sieht § 26 AtG einen Auffangtatbestand vor.

§ 38 AtG normiert daneben eine Ausgleichshaftung des Bundes für Schäden durch nukleare Ereignisse vor, für die der Geschädigte keinen anderweitigen Ersatz verlangen kann. **141**

1. Haftung nach § 25 AtG i. V. m. dem Pariser Atomhaftungsübereinkommen

Nach Art. 3 des Pariser Atomhaftungsübereinkommens haftet der Inhaber einer Kernanlage für Schäden an Leben oder Gesundheit von Menschen und für Schäden an oder den Verlust von Vermögenswerten (ausgenommen Schäden an der Kernanlage selbst, an anderen Kernanlagen auf demselben Gelände sowie an Vermögenswerten auf dem Gelände, die der Kernanlage dienen), wenn bewiesen wird, daß der Schaden durch ein nukleares Ereignis verursacht worden ist, das in der Kernanlage eingetreten oder auf Kernmaterialien zurückzuführen ist, die aus der Kernanlage stammen. **142**

Haftpflichtig ist der *Inhaber der Kernanlage*. Inhaber einer Kernanlage ist, wer von den zuständigen Behörden als solcher bestimmt oder anerkannt ist. Die Inhaberschaft wird gem. § 17 Abs. 6 AtG im Genehmigungsbescheid ausdrücklich festgestellt.[280] **143**

Ausreichend für die Haftung ist, daß der *Kausalzusammenhang zwischen* dem *nuklearen Ereignis und* dem *Schaden* bewiesen wird. Auf ein Verschulden kommt es dabei nicht an. Es handelt sich um eine reine **Gefährdungshaftung**. **144**

Im Falle der Verletzung des Körpers oder der Gesundheit ist der Schadensersatz durch Ersatz der Heilungskosten sowie des Vermögensnachteils zu leisten, den der Verletzte dadurch erleidet, daß infolge der Verletzung zeitweise oder dauernd seine Erwerbsfähigkeit aufgehoben oder gemindert, eine Vermehrung seiner Bedürfnisse eingetreten oder sein Fortkommen erschwert ist (§ 29 Abs. 1 AtG). Gem. § 29 Abs. 2 AtG ist bei schuldhafter Schädigung u. a ein Schmerzensgeldanspruch möglich. **145**

Die Haftung des Inhabers einer Kernanlage nach dem Pariser Übereinkommen ist gem. § 31 Abs. 1 S. 1 AtG summenmäßig unbegrenzt. Da die gem. § 13 Abs. 3 S. 2 AtG festzusetzende Deckungsvorsorge eine Summe von 500 Mio DM nicht überschreiten darf, ist die Erfüllung der summenmäßig unbegrenzten Haftungsansprüche nur dadurch gesichert, daß § 34 AtG für den Differenzbetrag eine Freistellungsverpflichtung des Staates gegenüber dem Anlageninhaber begründet. Gem. § 34 Abs. 1 S. 2 AtG ist der Höchstbetrag der Freistellungsverpflichtung auf das Zweifache der Höchstgrenze der Deckungsvorsorge, d. h. auf 1 Mrd. DM begrenzt. In bestimmten Fällen höherer Gewalt ist auch die Haftung des Inhabers von vornherein gem. § 25 **146**

---

[280] Dazu *Winters*, Atom- und StrahlenschutzR, S. 48.

Abs. 3 i.V.m. § 31 Abs. 1 AtG auf den Höchstbetrag der staatlichen Freistellung, d.h. auf 1 Mrd. DM begrenzt.[281]

147 Gem. Art. 6 des Pariser Übereinkommens haftet der Inhaber der Kernanlage nur nach den Bestimmungen des Pariser Übereinkommens, ergänzt durch das AtG. Andere denkbare Anspruchsgrundlagen scheiden gegen den Inhaber aus. Außerdem können sonstige Personen, die zum Schaden beigetragen haben, nicht in Anspruch genommen werden.[282]

148 Zur Deckung der Haftpflicht hat der Inhaber der Kernanlage – wie bereits erwähnt – eine Deckungsvorsorge gem. Art. 10 des Pariser Übereinkommens und gem. § 7 Abs. 2 Nr. 4 AtG nachzuweisen. Gem. § 13 Abs. 3 S. 2 AtG ist die Höhe der Deckungsvorsorge im Rahmen einer Höchstgrenze von 500 Mio. DM zu regeln.

149 Die Schadensersatzansprüche verjähren in drei Jahren ab Kenntnis oder Kennenmüssens des Schadens und des Ersatzpflichtigen, unabhängig davon in 30 Jahren ab dem schädigenden Ereignis.[283]

2. Haftung für Reaktorschiffe nach § 25a AtG

150 Die Haftung für Reaktorschiffe ist zur Zeit praktisch bedeutungslos. Sie entspricht im Grundsatz der Haftung für Kernanlagen. Jedoch gelten gem. § 25a AtG die Vorschriften der §§ 25 bis 40 AtG mit der Maßgabe, daß an die Stelle der entsprechenden Bestimmungen des Pariser Übereinkommens die des Brüsseler Reaktorschiffabkommens treten (§ 25a Abs. 1 Nr. 1 AtG).

3. Haftung nach § 26 AtG

151 § 26 AtG ist eine Auffanghaftung für alle Fälle, die nicht bereits unter §§ 25, 25a AtG fallen. § 26 AtG kombiniert Elemente der Gefährdungshaftung mit der Verschuldenshaftung. Die Ersatzpflicht tritt nämlich nicht ein, wenn der Besitzer des den Schaden verursachenden radioaktiven Stoffes oder die für ihn tätigen Personen auch bei Anwendung jeder nach den Umständen gebotenen Sorgfalt das Schadensereignis nicht vermeiden konnten und das Ereignis weder auf einen Fehler in der Beschaffenheit der Schutzeinrichtungen noch auf einem Versagen ihrer Vorrichtungen beruht.[284]

4. Ausgleichsanspruch nach § 38 AtG

152 Wird bei einem nuklearen Unfall im Ausland ein Schaden innerhalb der Bundesrepublik Deutschland verursacht, zahlt der Bund einen Ausgleich bis zur Höhe von 1 Mrd. DM, wenn der Geschädigte aus bestimmten Gründen keinen Ersatz verlangen kann (§ 38 Abs. 1 AtG) oder wenn das ausländische Recht oder die Bestimmungen eines völkerrechtlichen Vertrages dem Verletzten Ansprüche gewähren, die nach Art, Ausmaß und Umfang des Ersatzes wesentlich hinter dem Schadensersatz zurückbleiben, der dem Geschädigten

---

[281] Vgl. dazu *Pelzer*, HdUR, Bd. 1, Sp. 157 (167).

[282] Vgl. *Pelzer*, DVBl. 1986, 875 (876f.).

[283] *Pelzer*, DVBl. 1986, 875 (877).

[284] Der UGB-KomE schränkt die bisher in § 26 Abs. S. 2 AtG enthaltene Exculpationsmöglichkeit in § 512 UGB-KomE ein, vgl. BMU, UGB-KomE, S. 1316.

bei Anwendung des AtG zugesprochen worden wäre (§ 38 Abs. 2 AtG). Aufgrund des § 38 Abs. 2 AtG hat die Bundesrepublik auch Schäden, die durch den Reaktorunfall in Tschernobyl verursacht worden sind, ausgeglichen.[285] Der Anspruch aus § 38 Abs. 2 AtG ist öffentlich-rechtlicher Natur; er ist vor den Verwaltungsgerichten geltend zu machen.[286]

II. Amtshaftungsansprüche

Entsteht dem Inhaber einer Anlage dadurch ein Schaden, daß ihm schuldhaft eine rechtswidrige atomrechtliche Genehmigung erteilt wird, die dann im Wege des gerichtlichen Rechtsschutzes aufgehoben wird, oder wird eine ihn belastende Stillegungsverfügung nicht rechtzeitig aufgehoben,[287] so kann er unter dem Aspekt der Amtspflichtverletzung den ihm dadurch entstandenen Schaden ersetzt verlangen. **153**

Beispiel: Dem Betreiber des Kernkraftwerks Mülheim-Kärlich war eine Erste Teilgenehmigung rechtswidrig erteilt worden, die das BVerwG aufgehoben hat.[288] Der Betreiber hat daraufhin das Land Rheinland-Pfalz unter dem Aspekt der Amtspflichtverletzung wegen schuldhafter Erteilung dieser rechtswidrigen Genehmigung in Anspruch genommen. Dem Grunde nach ist dem Anspruch unter Anrechnung eines Mitverschuldens des Betreibers stattgegeben worden.[289] Im atomrechtlichen Genehmigungsverfahren bestehe eine Amtspflicht der Bediensteten der Genehmigungsbehörde gegenüber dem Antragsteller als zukünftigem Errichter, Betreiber oder Inhaber der Atomanlage, keine ungesicherten Vertrauenstatbestände zu schaffen. Der Antragsteller sei gerade wegen des erheblichen Umfangs der Investitionen auf das Vertrauen auf die Richtigkeit und Verläßlichkeit der Entscheidungen der Genehmigungsbehörde angewiesen. Der Bürger dürfe von der Rechtmäßigkeit der Verwaltung ausgehen und demgemäß darauf vertrauen, daß die Behörden das ihnen Obliegende richtig und sachgemäß tun. Die Einstandspflicht der verantwortlichen Genehmigungsbehörde entfalle auch nicht deshalb, weil auf der Seite des Antragstellers energiewirtschaftliche Unternehmen stünden, die über umfangreiche atomrechtliche Kenntnisse und große Erfahrung auf diesem Gebiet verfügten.

H. Straf- und Bußgeldvorschriften

Um die Einhaltung der gesetzlichen Vorschriften zu sichern, enthalten das AtG, die auf dieser Grundlage ergangene Strahlenschutzverordnung und das **154**

[285] Zur vorherigen Ausschöpfung des ausländischen Rechtswegs vgl. *VG Köln,* Urt. v. 21. 1. 1993 – 1 K 1586/90 –, NVwz-RR 1995, 569 ff.; zur grenzüberschreitenden Haftung für nukleare Ereignisse *Pelzer,* DVBl. 1986, 875 ff.; *Zehetener,* UPR 1986, 326 ff.

[286] *OVG Münster,* Urt. v. 23. 3. 1990 – 21 A 801/88 –, NJW 1990, 3226 f.; *Pelzer,* DVBl. 1986, 880; a. A. *VG Köln,* Urt. v. 28. 1. 1988 – 1 K 5676/86 –, NJW 1988, 1996 f.

[287] Vgl. zum Siemens Brennelementewerk in Hanau *LG Wiesbaden,* Urt. v. 8. 4. 1993 – 2 O 431/92 –, RdE 1993, 162 ff.

[288] *BVerwG,* Urt. v. 9. 9. 1988 – 7 C 3.86 –, BVerwGE 80, 207 ff.

[289] *LG Mainz,* Urt. v. 19. 6. 1992 – 7 O 384/91 –, NVwZ 1993, 603 ff.; *OLG Koblenz,* Urt. v. 19. 4. 1995 – 1 U/239/92 –, ZUR 1995, 326 ff., m. Anm. v. Ladeur; *de Witt,* NVwZ 1994, 1077 ff.; bestätigt durch *BGH,* Urt. v. 16. 1. 1997 – III ZR 1117/95 – UPR 1997, 187 ff.; zu Amtshaftungsansprüchen ferner krit. *Roßnagel,* ZUR 1994, 185 ff.

Strahlenschutzvorsorgegesetz verschiedene Tatbestände, deren Verwirklichung straf-[290] oder bußgeldbewehrt ist.[291]

I. Strafvorschriften

155 Strafvorschriften im Bereich des Umgangs mit radioaktiven Stoffen befinden sich in §§ 326 bis 328 StGB, in § 13 StrSchVG und in den §§ 87ff. StrSchV.[292]

1. Straftatbestände des Strafgesetzbuchs

a) Unerlaubter Betrieb kerntechnischer Anlagen gem. § 327 Abs. 1 StGB

156 Gem. § 327 Abs. 1 Nr. 1 StGB wird in Freiheitsstrafe bis zu fünf Jahren oder mit Geldstrafe bestraft, wer ohne die erforderliche Genehmigung oder entgegen einer vollziehbaren Untersagung eine kerntechnische Anlage betreibt, eine betriebsbereite oder stillgelegte kerntechnische Anlage innehat oder ganz oder teilweise abbaut oder eine solche Anlage oder ihren Betrieb wesentlich ändert (Nr. 1) oder eine Betriebsstätte, in der Kernbrennstoffe verwendet werden oder deren Lage wesentlich ändert (Nr. 2). § 327 Abs. 1 erfaßt damit jeglichen Umgang mit kerntechnischen Anlagen ohne die erforderliche Genehmigung. Der Begriff der kerntechnischen Anlage wird in § 330d Nr. 2 definiert als eine Anlage zur Erzeugung oder zur Bearbeitung oder Verarbeitung oder zur Spaltung von Kernbrennstoffen oder zur Aufbereitung bestrahlter Kernbrennstoffe. Er entspricht damit der Begriffsfestlegung des § 7 Abs. 1 AtG.[293] Täter des § 327 Abs. 1 StGB kann nur der Anlagenbetreiber sein.[294] Der Begriff der erforderlichen Genehmigung umfaßt ausschließlich die atomrechtliche Anlagegenehmigung. Zusicherung oder öffentlich-rechtliche Verträge können allenfalls einen Rechtfertigungsgrund darstellen.[295]

b) Unerlaubter Umgang mit radioaktiven Stoffen gem. § 328 Abs. 1 und 2 StGB

157 § 328 Abs. 1 und 2 StGB stellen des weiteren als abstraktes Gefährdungsdelikt jeglichen verwaltungsrechtlich unerlaubten Umfang mit radioaktiven Stoffen, insbesondere Kernbrennstoffen unter Strafe. Hiervon ist auch die illegale Ein- und Ausfuhr, der sog. Atomschmuggel, mit umfaßt. Gem. § 328 Abs. 2 StGB ist auch schon das Vermitteln der Abgabe von Kernbrennstoffen an Unberechtigte strafbewährt.[296]

c) Nichtablieferung radioaktiver Abfälle gem. § 326 Abs. 3 StGB

158 Gem. § 326 Abs. 3 StGB wird mit Freiheitsstrafe bis zu drei Jahren oder mit Geldstrafe bestraft, wer radioaktive Abfälle unter Verletzung verwal-

---

[290] Vgl. §§ 46 AtG, 87 StrSchV, 13ff. StrSchVG.

[291] Zur Strafbarkeit der Einfuhr radioaktiven Cäsiums *BGH,* Urt. v. 28. 4. 1994 – 4 StR 65/94 –, NJW 1994, 2161.

[292] Vgl. zur Kritik an der Aufspaltung umweltrechtlicher Straftatbestände bereits oben § 13 Rn. 5.

[293] Vgl. dazu oben ausführl. § 24 Rn. 23ff.

[294] *Sack,* Umweltschutz-Strafrecht, A. 1.19 Rn. 40 a.

[295] *Dolde,* NJW 1988, 2329 (2330).

[296] Die Relevanz der Vorschrift hat sich angesichts des Münchener Plutoniumschmuggel gezeigt.

tungsrechtlicher Pflichten nicht abliefert. § 326 Abs. 3 StGB ist wegen der besonderen Gefährlichkeit der hier erfaßten Stoffe als abstraktes Gefährdungsdelikt ausgestaltet. Für die Strafbarkeit reicht es bereits aus, daß die verwaltungsrechtlich bestehende Ablieferungspflicht verletzt wurde.[297] Der Begriff der radioaktiven Abfälle entspricht dem der radioaktiven Reststoffe bzw. der radioaktiven Anlageteile in § 9a Abs. 1 AtG.[298]

Gem. § 326 Abs. 6 StGB ist die Tat jedoch dann nicht strafbar, wenn 159
schädliche Einwirkungen auf die Umwelt, insbesondere auf Menschen, Gewässer, die Luft, den Boden, Nutztiere oder Nutzpflanzen, wegen der geringen Menge der Abfälle offensichtlich ausgeschlossen sind. Mit dieser Minimalklausel werden z.B. radioaktive Krankenhausabfälle nicht vom Straftatbestand erfaßt.

2. *Strafbarkeit gem. § 13 StrSchVG*

Gem. § 13 StrSchVG wird mit Freiheitsstrafe bis zu einem Jahr oder mit 160
Geldstrafe bestraft, wer einer Rechtsverordnung nach § 7 Abs. 1, 2 oder 3 StrSchVG jeweils auch in Verbindung mit Abs. 5 zuwiderhandelt, soweit sie für einen bestimmten Tatbestand, soweit sie für einen bestimmten Tatbestand auf diese Strafvorschrift verweist. Gem. § 7 Abs. 1 StrSchVG können durch Rechtsverordnung auf der Grundlage der Dosis- und Konterminationswerte Verbote und Beschränkungen, insbesondere für das in Verkehrbringen von Lebens- und Futtermitteln, ausgesprochen werden.[299]

II. Bußgeldvorschriften

Bußgeldvorschriften zum Atom- und Strahlenschutzrecht finden sich in 161
§§ 46 AtG, 87 StrSchV und 14 StrSchVG. So handelt nach § 87 Abs. 1 Nr. 1a StrSchV ordnungswidrig i.S.d. § 46 AtG, wer ohne Genehmigung nach § 3 Abs. 1 StrSchV mit sonstigen radioaktiven Stoffen umgeht oder kernbrennstoffhaltige Abfälle lagert, bearbeitet oder beseitigt.

---

[297] *Steindorf,* in LK-StGB, § 326 Rn. 54.
[298] *Steindorf,* in LK-StGB, § 326 Rn. 56.
[299] Vgl. dazu § 25 Rn. 6.

§ 25. Strahlenschutzrecht

1 Das Strahlenschutzrecht ist vorwiegend im **Strahlenschutzvorsorgegesetz,**[1] in der **Strahlenschutzverordnung**[2] und in der **Röntgenverordnung**[3] geregelt.

2 Nach dem Kommissionsentwurf zum Umweltgesetzbuch sollen die Genehmigungstatbestände der Strahlenschutzverordnung und der Röntgenverordnung in das Umweltgesetzbuch überführt und mit den entsprechenden Tatbeständen des AtG in den §§ 493 bis 507 UGB-KomE zusammengefaßt werden.[4] Der Entwurf sieht einen einheitlichen Abschnitt zum Strahlenschutz vor, der das Strahlenschutzvorsorgegesetz mit den Vorschriften zum Strahlenschutzbeauftragten, zum Strahlenschutzregister, den Verordnungsermächtigungen für Schutzmaßnahmen sowie den Strahlenschutzgrundsätzen der Strahlenschutzverordnung auf gesetzlicher Ebene zusammenfaßt. Der Entwurf übernimmt das geltende Recht unter Beibehaltung des Nebeneinanders von Strahlenschutzbeauftragtem (nunmehr „Umweltbeauftragten für Strahlenschutz“) und Strahlenschutzverantwortlichem in das atomrechtliche Kapitel.[5]

A. Strahlenschutzvorsorgegesetz

3 Das Strahlenschutzvorsorgegesetz (StrSchVG) ist eine Reaktion auf den Atomunfall von Tschernobyl im Jahr 1986. Es soll ein Regelungsdefizit beseitigen, das unmittelbar nach dem Unfall ein Wirrwarr von behördlichen Verboten und unterschiedlichen Empfehlungen auslöste.[6] Ziel des Gesetzes ist es, mit Hilfe der Erfahrungen, die bei Maßnahmen zum vorsorgenden Schutz der Bevölkerung im Zusammenhang mit der weiträumigen radioaktiven Kontamination nach dem Reaktorunfall von Tschernobyl in Bund und Ländern gemacht wurden, die rechtlichen Grundlagen für ein effektives und koordiniertes Vorgehen aller beteiligten Dienststellen in Bund und Ländern zu schaffen.[7] Das Ziel soll erreicht werden durch

– Sicherstellung einer bundesweiten Erhebung und Auswertung von Daten durch Bund und Länder über die radioaktive Belastung der Umwelt,
– bundeseinheitliche Festlegung der Meßmethoden und Sicherstellung einer zentralen Sammlung und Aufbereitung aller Meßdaten in Bund und Ländern und einer einheitlichen Bewertung durch den Bund,

---

[1] Gesetz zum vorsorgenden Schutz der Bevölkerung gegen Strahlenbelastung (Strahlenschutzvorsorgegesetz – StrSchVG) v. 19. 12. 1986 (BGBl. I S. 2610), zul. geänd. durch G v. 24. 6. 1994 (BGBl. I S. 1416).

[2] Verordnung über den Schutz vor Schäden durch ionisierende Strahlen (Strahlenschutzverordnung – StrSchV) i. d. F. d. Bek. v. 30. 6. 1989 (BGBl. I S. 1321, 1926), zul. geänd. durch G v. 18. 8. 1997 (BGBl. I S. 2113).

[3] Verordnung über den Schutz vor Schäden durch Röntgenstrahlen (Röntgenverordnung – RöV) v. 8. 1. 1987 (BGBl. I S. 114), zul. geänd. durch G v. 25. 7. 1996 (BGBl. I S. 1172).

[4] Vgl. BMU, UGB-KomE, S. 302f.

[5] BMU, UGB-KomE, S. 1234f., 1305.

[6] Zu diesem Gesetz *Czajka*, NVwZ 1987, 556ff.; *Rengeling*, DVBl. 1987, 204ff.; zu den verfassungsrechtl. Fragen im Zusammenhang mit dem StrSchVG *Peine*, NuR 1988, 115ff.

[7] Vgl. dazu BT-Drs. 10/6082.

– Schaffung der Voraussetzungen für die Festlegung von Dosisgrenzwerten und Kontaminationswerten im Falle von Ereignissen mit möglichen nicht unerheblichen radiologischen Auswirkungen und darauf begründete Maßnahmen und Empfehlungen zum Schutz der Bevölkerung.[8]

Gem. § 1 StrSchVG ist zum Schutz der Bevölkerung die Radioaktivität in der Umwelt zu überwachen (Nr. 1) und die Strahlenexposition und die radioaktive Kontamination der Umwelt im Fall von Ereignissen mit möglichen nicht unerheblichen radiologischen Auswirkungen unter Beachtung des Standes der Wissenschaft und unter Berücksichtigung aller Umstände durch angemessene Maßnahmen so gering wie möglich zu halten (Nr. 2). 4

Die Überwachung der Umweltradioaktivität wird von Bund und Ländern gemeinsam durchgeführt.[9] Gem. § 2 Abs. 1 StrSchVG sind Aufgaben des Bundes die großräumige Ermittlung der Radioaktivität in Luft und Niederschlägen (Nr. 1 a)),[10] die Entwicklung und Festlegung von Probenahme-, Analyse-, Meß- und Berechnungsverfahren, die Durchführung von Vergleichsmessungen und Vergleichsanalysen (Nr. 2). Gem. § 3 Abs. 1 StrSchVG ermitteln die Länder die Radioaktivität insbesondere in Lebensmitteln, Tabakserzeugnissen und Bedarfsgegenständen (Nr. 1), in Futtermitteln (Nr. 2) und u. a. im Trinkwasser (Nr. 3). Die ermittelten Daten werden vom Bundesminister für Umwelt, Naturschutz und Reaktorsicherheit in einem Informationssystem „Radioaktivität in der Umwelt" zusammengefaßt (§ 4 Abs. 1 S. 1 StrSchVG). Dazu wird nach § 4 Abs. 1 S. 2 StrSchVG eine Zentralstelle des Bundes für die Überwachung der Umweltradioaktivität eingerichtet. Besondere Bedeutung kommt im Rahmen der Kompetenzverteilung zwischen Bund und Ländern dem in § 2 Abs. 1 Nr. 4 StrSchVG geregelten Bewertungsmonopol des Bundes zu. Danach ist es Aufgabe des Bundes, die Daten der Umweltradioaktivität zu bewerten, soweit sie vom Bund oder im Auftrag des Bundes durch die Länder ermittelt worden sind. Der Bund bestimmt, ob eine bestimmte Konzentration radioaktiver Stoffe als gesundheitsschädlich oder gesundheitsgefährdend einzustufen ist. 5

In § 6 Abs. 1 StrSchVG wird der Bundesminister für Umwelt, Naturschutz und Reaktorsicherheit ermächtigt, durch Rechtsverordnung einheitliche Dosis- und Kontaminationswerte[11] sowie Berechnungsverfahren und Annahmen, die der Bestimmung von Dosis- und Kontaminationswerten zugrunde zu legen sind, festzusetzen. Ferner kann der Bundesminister für Gesundheit gem. § 7 Abs. 1 StrSchVG durch Rechtsverordnung auf der Grundlage der Dosis- und Kontaminationswerte Verbote und Beschränkungen, insbesondere für das Inverkehrbringen von Lebens- und Futtermittel, aussprechen.[12] 6

Gem. § 9 StrSchVG kann der Bundesminister für Umwelt, Naturschutz und Reaktorsicherheit zur Erreichung des in § 1 StrSchVG genannten 7

[8] BT-Drs. 10/6639, S. 1.

[9] Vgl. dazu BMU, Umweltbericht 1998, BT-Drs. 13/10735, S. 151.

[10] Vgl. Ber. der BReg. über Umweltradioaktivität u. Strahlenbelastung im Jahre 1996, BMU, Umweltbericht 1998, BT-Drs. 13/10735, S. 149 u. im Jahre 1997, BT-Drs. 13/11462.

[11] Zur hinreichenden Bestimmtheit der Begriffe *Rengeling,* DVBl. 1987, 204 (205).

[12] Dazu *Czajka,* NVwZ 1987, 556 (558 f.); *Rengeling,* DVBl. 1987, 204 ff.

Zwecks der Bevölkerung bestimmte Verhaltensweisen empfehlen. Die Empfehlungen sollen gem. § 9 Abs. 1 S. 2 StrSchVG im Benehmen mit den zuständigen Obersten Landesbehörden ergehen.[13]

B. Strahlenschutzverordnung

8 Die Strahlenschutzverordnung gilt für den Umgang und den Verkehr mit radioaktiven Stoffen, die Beförderung, die Einfuhr und Ausfuhr etc. In der Strahlenschutzverordnung sind eine Reihe von Genehmigungstatbeständen geregelt für

- den Umgang und den Verkehr mit radioaktiven Stoffen (§§ 3 ff. StrlSchV),
- die Beförderung radioaktiver Stoffe (§§ 8 ff. StrlSchV),
- die Ein- und Ausfuhr radioaktiver Stoffe (§§ 11 ff. StrlSchV),
- die Errichtung und den Betrieb von Anlagen zur Erzeugung ionisierender Strahlen (§§ 15 ff. StrlSchV),
- die Ablieferung radioaktiver Abfälle (§§ 81 ff. StrlSchV),

soweit nicht die Genehmigungstatbestände des AtG für Kernbrennstoffe einschlägig sind.

9 Die Strahlenschutzverordnung regelt außerdem u. a.

- die Strahlenschutzgrundsätze (§ 28 StrlSchV),
- die Verantwortlichkeiten im Strahlenschutz (§§ 29 ff. StrlSchV),
- die Festlegung höchstzulässiger Immissions- wie Emissionswerte (§§ 44 ff. StrlSchV),
- die Umgebungsüberwachung (§§ 57 ff. StrlSchV),
- die Überwachung beruflich strahlenexponierter Personen (§§ 62 ff. StrlSchV),
- die Verpflichtung des Betreibers, die Bevölkerungsgruppen, die von einer radiologischen Notstandssituation betroffen sein können, über geltende Vorsichtsmaßregeln und zu ergreifende Gesundheitsschutzmaßnahmen vorab zu unterrichten und solche Informationen zu aktualisieren und zu wiederholen und
- die materielle Anforderungen an die Konstruktion von Anlagen (vgl. §§ 18, 19 StrlSchV).

10 Vorrangige Bedeutung genießen vor allem die *Strahlenschutzgrundsätze* des § 28 StrlSchV und die Regelung über *Dosisgrenzwerte* in §§ 44 f. StrlSchV.

11 Die **Strahlenschutzgrundsätze** des § 28 Abs. 1 StrlSchV fordern, daß derjenige, der eine Tätigkeit nach § 1 StrlSchV ausübt oder plant, verpflichtet ist, jede unnötige Strahlenexposition oder Kontamination von Personen, Sachgütern oder der Umwelt zu vermeiden (*Strahlenvermeidungsgebot*) (Nr. 1) und jede Strahlenexposition oder Kontamination von Personen, Sachgütern oder der Umwelt unter Beachtung des Standes von Wissenschaft und Technik und unter Berücksichtigung aller Umstände des Einzelfalls auch unterhalb der in der Strahlenschutzverordnung festgesetzten Grenzwerte so gering wie möglich zu halten ist (*Strahlenminimierungsgebot*) (Nr. 2). Das Strahlenminimierungsgebot ist allerdings an den verfassungsrechtlichen Grundsatz der Verhältnismäßigkeit gebunden.[14] Strahlenschutzmaßnahmen können deshalb nicht angeordnet werden, wenn deren Kosten erkennbar außer Verhältnis zu dem angestrebten Erfolg stehen.

---

[13] Damit regelt das StrSchVG auch die staatl. Informationstätigkeit, die i. ü. dem informellen Verwaltungshandeln zuzurechnen ist.

[14] Vgl. *Winters*, Atom- und StrahlenschutzR, S. 67.

Die höchstzulässigen **Dosisgrenzwerte** für die Bevölkerung sind in den 12
§ 28 Abs. 3 StrlSchV und §§ 44 bis 46 StrlSchV geregelt. § 28 Abs. 3 StrlSchV enthält die sog. *Störfallgrenzwerte*. Die zentrale Regelung für die Festlegung der höchstzulässigen Strahlenbelastung im *Normalbetrieb* ist § 45 StrlSchV. Danach darf die durch die Ableitung radioaktiver Stoffe in Luft und Wasser bedingte Strahlenbelastung des Menschen in der Umgebung von kerntechnischen Anlagen bestimmte Mindestwerte nicht übersteigen.[15]

Um die Strahlenbelastung kontrollieren zu können, sind zahlreiche Über- 13
wachungsmaßnahmen nicht zuletzt durch den Anlageninhaber selbst vorzusehen.[16] Geregelt sind z. B. zahlreiche Anzeigepflichten für den Erwerb, die Abgabe, das Abhandenkommen etc. von radioaktiven Stoffen (vgl. § 78 StrlSchV). Zum Schutz gegen Gefährdung durch ionisierende Strahlung sind in Anlagen **Strahlenschutzbereiche** einzurichten. Vor allem aber hat der **Strahlenschutzverantwortliche** – das ist der Unternehmer, der eine im AtG oder in der Strahlenschutzverordnung genannte Tätigkeit entweder durch seine Arbeitnehmer oder sonst unter seiner Aufsicht stehenden Person (§ 21 StrlSchV) oder selbst ausübt (§ 29 Abs. 1 StrlSchV) – einen **Strahlenschutzbeauftragten** schriftlich zu bestellen (§ 29 Abs. 2 S. 1 StrlSchV).[17] Der Strahlenschutzbeauftragte ist in erster Line für Maßnahmen der Gefahrenvorbeugung und Gefahrenabwehr zuständig (vgl. § 31 Abs. 3 StrlSchV).[18] Mit den sonstigen Umweltschutzbeauftragten[19] ist der Strahlenschutzbeauftragte nur bedingt vergleichbar, weil er eigenverantwortlich für die Einhaltung der Schutzvorschriften zu sorgen hat (vgl. § 31 Abs. 2 StrlSchV).

C. Röntgenverordnung

Die Röntgenverordnung gilt gem. § 1 Abs. 1 RÖV für Röntgeneinrich- 14
tungen und bestimmte Störstrahler. Störstrahler sind Anlagen, Geräte oder Vorrichtungen, in denen Röntgenstrahlen erzeugt werden, ohne daß sie zu diesem Zweck betrieben werden. Die strahlenschutzspezifischen Vorschriften der Röntgenverordnung sind mit den Bestimmungen der Strahlenschutzverordnung weitgehend vergleichbar, da sich der Verordnungsgeber bei Erlaß der Strahlenschutzverordnung in vielen Punkten an der Röntgenverordnung orientiert hat.[20] Unterschiede sind jedoch hinsichtlich der höchstzulässigen Strahlenbelastung vorhanden. Ziel der Röntgenverordnung sind Arbeitsschutz, Patientenschutz, Gesundheitsschutz und Nachbarschutz. Dazu enthält die Röntgenverordnung Genehmigungs- und Zulassungsvorschriften, Re-

---

[15] Zu den Grenzwerten *Bender/Sparwasser/Engel*, UmweltR, 7. Teil Rn. 226; vgl. dazu auch oben § 24 Rn. 28 f.

[16] Dazu *Salzwedel/Preußker*, UmweltschutzR, S. 241 ff.

[17] Zu den Anforderungen an die Bestellung *BVerwG,* Beschl. v. 11. 1. 1991 – 7 B 103/90 –, NJW 1991, 1557 f.

[18] Zum Strahlenschutzbeauftragten *Sellner*, in: Salzwedel, Grundzüge des UmweltR, 1. Aufl., S. 357 (396 f.); *Salzwedel/Preußker*, UmweltschutzR, S. 242.

[19] Siehe dazu oben § 8 Rn. 108 ff.

[20] *Winters*, Atom- und StrahlenschutzR, S. 89.

gelungen des technischorganisatorischen Strahlenschutzes, Schutzvorschriften für die Anwendung von Röntgenstrahlen und Vorschriften über die Strahlenbelastung.[21]

---

[21] I. e. dazu *Winters*, Atom- und StrahlenschutzR, S. 89 ff.; *Bischof*, HdUR, Bd. 2, Sp. 1911 (1924).

Fünfter Abschnitt: Bodenschutz- und Altlastenrecht

§ 26. Grundbegriffe

A. Boden

Boden ist die obere Schicht der Erdkruste, einschließlich der flüssigen 1
Bestandteile und der gasförmigen Bestandteile, ohne Grundwasser und Gewässerbetten, der bestimmte Bodenfunktionen erfüllt (vgl. § 2 Abs. 1 BBodSchG). Er stellt sich als dynamisches System dar, das mit Wasser, Luft und Lebewesen durchsetzt ist und in dem mineralische und organische Substanzen enthalten sind, die durch physikalische, chemische und biologische Prozesse umgewandelt wurden und werden.[1] Böden sind das Ergebnis einer jahrhunderte- bis jahrtausendelangen Entwicklung. Ihre Neubildung erfolgt extrem langsam.[2] Ihnen kommt eine Funktion als Filter, Puffer und Speicher zu, denn Böden haben die Fähigkeit, eingetragene Substanzen zu verändern, festzuhalten sowie an Grundwasser und Pflanzen in veränderter oder unveränderter Form weiterzugeben. Sie bilden ferner die Lebensgrundlage und den Lebensraum für Pflanzen, Tiere und Menschen und können durch Wechselwirkungen mit darüberliegenden Luftschichten das Klima beeinflussen. Als wichtiger Bestandteil des Naturhaushalts dienen sie beispielsweise als Produktionsgrundlage für Nahrungs- und Futtermittel sowie für regenerierbare Rohstoffe. Überdies bilden Böden die Grundlage für Land- und Forstwirtschaft, stellen Fläche für Siedlung, Verkehr und Erholung dar und dienen als Archiv für Natur- und Kulturgeschichte.[3]

B. Bodenschutz

Nach dem in der rechtswissenschaftlichen Literatur vorherrschenden sog. 2
anthropozentrischen Ansatz[4] erfährt der Boden Schutz um seiner Funktionen

[1] Ausführl. *Jung/Preuß,* in: Buchwald/Engelhardt, Planung und Gestaltung, Bd. 2, S. 24ff; SRU, Umweltgutachten 1987, BT-Drs. 11/1568, Tz. 539ff.

[2] *Holzwarth,* in: Holzwarth/Radtke/Hilger, BBodSchG, Einf. Rn. 4.

[3] Zu den Bodenfunktionen *v. Lersner,* NuR 1982, 201 (202); *Erbguth,* UPR 1984, 241; *Book,* Bodenschutz, S. 9; *Erbguth/Stollmann,* NuR 1994, 319 (321); *Kauch,* Bodenschutz, S. 11ff.; *Kloepfer,* UmweltR, § 12 Rn. 12.

[4] *V. Lersner,* NuR 1982, 201 (202); *Erbguth,* UPR 1984, 241; *ders.,* NuR 1986, 137; *Storm,* DVBl. 1985, 317 (319); *ders.,* Jura 1987, 352 (353); *Henneke,* Landwirtschaft u. Naturschutz, S. 538; *Schott,* IzR 1985, 27; *Brugger,* BWVPr 1986, 98 (99); *Book,* Bodenschutz, S. 7; *Peine,* UTR 1987, 201 (204); *Ziegler,* BWVPr 1987, 145; *Smollich,* JA 1988, 592 (593); zur Krit. am anthropozentrischen Ansatz vgl. *Heiermann,* Bodenschutz, S. 36ff.

Kauch, DVBl 93, 1033

willen. Angesichts der Funktionsvielfalt des Bodens ist fraglich, ob und inwieweit alle Bodenfunktionen in gleicher Weise schutzwürdig sind.[5]

3 In der Literatur wurde dazu überwiegend die Meinung vertreten, die Funktionsvielfalt des Bodens dürfe keine gleichrangige Schutzwürdigkeit aller durch den Boden erfüllten Funktionen zur Folge haben. Vielmehr bedeute Bodenschutz die Erhaltung der natürlichen Bodenfunktion.[6] Mithin sei der Boden in seinen Funktionen als Baugrund und als Rohstofflager bodenschutzspezifisch nicht schützenswert, weil sowohl die Aushebung von Rohstoffen als auch das Bauen zum Ausfall der ökologisch wertvollen Funktionen des Bodens führten, indem sie den Boden versiegelten, teilweise abtragen oder stofflich verändern würden.[7]

4 Demgegenüber gehen §§ 1 S. 1 BBodSchG i. V. m. § 2 Abs. 2 BBodSchG davon aus, daß alle Funktionen des Bodens nachhaltig zu sichern und wiederherzustellen sind. Lediglich der Wertung des § 1 S. 3 BBodSchG läßt sich entnehmen, daß beim Schutz der Bodenfunktionen die natürlichen Funktion sowie die Funktion als Archiv der Natur- und Kulturgeschichte vorrangig sein sollen.[8]

5 Der Boden wird insbesondere durch Land- bzw. Flächeninanspruchnahme, durch Schadstoffeintrag sowie durch Erosion und Verdichtung gefährdet.[9] Im Bereich der Gefährdung des Bodens durch Schadstoffeintrag kommt insbesondere der land- und forstwirtschaftlichen Düngung, der Aufbringung von Schädlingsbekämpfungs- und Pflanzenschutzmitteln, des Transports von Schadstoffen über den Luftweg in den Boden sowie der Gefährdung des Bodens durch Altlasten besondere Bedeutung zu.

6 Die Altlastenproblematik ist erst seit einiger Zeit in das umweltpolitische und damit auch in das umweltrechtliche Blickfeld gerückt.[10] Grund dafür ist neben einigen aufsehenerregenden Schadensfällen in den alten Bundesländern vor allem die Aufdeckung großflächiger Bodenverunreinigungen in den neuen Bundesländern.

7 Inzwischen sind die altlastenverdächtigen Flächen so weit erfaßt, daß die Dimensionen des Problems deutlich werden: Insgesamt wurden bis August 1997 190.716 Altlastenverdachtsflächen registriert, von denen 87 444 als Altablagerungen und 103 272 als Altstandorte einzuordnen sind. Dabei liegt der Schwerpunkt auf dem Gebiet der neuen Bundesländer. So wurden von den 190 716 erfaßten Flächen 92 060 im Beitrittsgebiet (ohne Berlin) aufgefunden,[11] obwohl die Erfassung hier derjenigen in den alten Bundesländern noch nachsteht. Schätzungen der Länder gehen dahin, daß die Zahl der altlastenverdächtigen Flächen nach der vollständigen Erfassung bei etwa 240 000 liegen wird.[12] Im Bereich der Rüstungsaltlasten wurden 1995 3240 Verdachtsstandorte aus-

---

[5] Dazu ausführl. *Erbguth,* UPR 1984, 241 f; *Book,* Bodenschutz, S. 11 ff.; *Henneke,* Landwirtschaft u. Naturschutz, S. 538; *Peine,* UTR 1987, 201 (204 ff.); *Ziegler,* BWVPr 1987, 145 (146); *v. Mutius,* in: Blume, HbBodSch, S. 477 (478); *Kauch,* Bodenschutz, S. 24 ff.

[6] Vgl. *Book,* Bodenschutz, S. 11 f.; *Kauch,* Bodenschutz, S. 26; i. E. auch *Kloepfer,* UmweltR § 12 Rn. 13.

[7] Vgl. auch *Erbguth,* UPR 1984, 241 (242); *Peine,* UTR 1987, 201 (204 ff.); *Kloepfer,* UmweltR, § 12 Rn. 13.

[8] Vgl. dazu ausführl. unten § 27 Rn. 11.

[9] Zu den Bodengefährdungen *v. Mutius,* in: Blume, HbBodSch, S. 477 (478); *Kauch,* Bodenschutz, S. 15 ff.; *Kloepfer,* UmweltR, § 12 Rn. 27 ff.

[10] Vgl. *Storm,* HdUR, Bd. 1, Sp. 99; *Kloepfer,* UmweltR, § 12 Rn. 59.

[11] Umweltbericht der BReg. 1998, BT-Drs. 13/10735, S. 96; vgl. auch *Brandt,* AltlastenR, Kap. II Rn. 7 ff.; *Thoenes,* in: Erbguth, Aktuelle Fragen, S. 17 ff.

[12] Umweltbericht der BReg. 1998, BT-Drs. 13/10735, S. 96; BMU, Umwelt 1998, 219 (220).

gewiesen.[13] Die Besonderheit der Rüstungsaltlasten liegt in dem spezifischen Schadstoffpotential der Kampf- und Explosivstoffe einschließlich ihrer Abbauprodukte. Die daraus resultierende Aggressivität und besonders hohe Umweltgefährdung unterscheidet die Rüstungsaltlasten von anderen Altlasten.[14]

C. Bodenschutz- und Altlastenrecht

Trotz der Bedeutung des Bodenschutzes war das Bodenschutzrecht im Gegensatz zu den anderen Umweltmedien auf Bundesebene bis 1998 nicht in einem eigenständigen Gesetz geregelt. Ebenso wenig gab es bundeseinheitliche Regelungen zur Erfassung, Erkundung, Bewertung und Sanierung von Altlasten.[15] **8**

Demgegenüber hatten die Bundesländer Baden-Württemberg, Berlin und Sachsen bereits eigene Bodenschutzgesetze erlassen. Auch der Problembereich der Altlasten hatte auf Länderebene schon eine gesetzliche Regelung erfahren. So gab es in Hessen ein spezielles Altlastengesetz, während die übrigen Länder altlastenspezifische Regelungen in ihre Landesabfall- bzw. Bodenschutzgesetze aufgenommen hatten. Solange der Bund von seiner konkurrierenden Gesetzgebungszuständigkeit nach Art. 74 Abs. 1 Nr. 11, Nr. 18 und Nr. 24 GG keinen umfassenden Gebrauch gemacht hatte, bestand gegen die Gesetzgebungskompetenz der Länder für Altlastenregelungen keine Bedenken.[16] **9**

Der Deutsche Bundestag hat am 5. 2. 1998 das Gesetz zum Schutz vor schädlichen Bodenveränderungen und zur Sanierung von Altlasten (Bundes-Bodenschutzgesetz – BBodSchG)[17] als Art. 1 des Gesetzes zum Schutz des Bodens[18] verabschiedet.[19] Es trat hinsichtlich seiner Rechtsverordnungsermächtigungen am 25. 3. 1998 in Kraft und gilt im übrigen seit dem 1. 3. 1999 (vgl. Art. 4 des Gesetzes um Schutz des Bodens).[20] **10**

Das Bundeskabinett hatte bereits am 6. 2. 1985 die Bodenschutzkonzeption der Bundesregierung verabschiedet und den Auftrag erteilt, die notwendigen, auch gesetzgeberischen, Maßnahmen zum Schutze des Bodens im einzelnen festzulegen.[21] **11**

---

[13] BMU, Umweltbericht 1998, BT-Drs. 13/10735, S. 99.

[14] BMU, Umweltbericht 1998, BT-Drs. 13/10735, S. 99.

[15] Vgl. zum AltlastenR vor Erlaß des BBodSchG *Kunig,* in: Kunig/Schwermer/Versteyl, AbfG, Anh. §§ 10, 10a Rn. 1ff.; *Bender/Sparwasser/Engel,* UmweltR, Teil 5 Rn. 19ff., 86ff.; *Kloepfer,* UmweltR, § 12 Rn. 59ff.; *Storm,* HdUR, Bd. 1, Sp. 99ff.; *Paßlick,* DVBl. 1992, 674ff.; *Kretz,* UPR 1993, 41ff.; *Breuer,* DVBl. 1994, 890ff.; *Pape,* NJW 1994, 409ff.; *Schink,* GewArch 1995, 441ff.; *ders.,* GewArch 1996, 6ff.; *ders.,* GewArch 1996, 50ff.; *Kügel,* NJW 1996, 2477ff.; *Kothe,* VerwArch 1997, 456ff.

[16] Vgl. *Erbguth/Stollmann,* UPR 1996, 281 (288); zur Kompetenzfrage auch *Brandt,* DÖV 1996, 675ff.; *Buchner,* Verhandlungen zum 60. DJT., S. L 35 (L 37f.); *Peine,* NuR 1992, 353ff.; *Czybulka,* in: Erbguth, Aktuelle Fragen, S. 43ff.; *ders.,* UPR 1997, 15ff.; *Degenhard,* ZRP 1997, 397ff.; *Papier,* JZ 1994, 810 (812); *Buch,* NVwZ 1998, 822ff.

[17] V. 17. 3. 1998 (BGBl. I S. 502).

[18] V. 17. 3. 1998 (BGBl. I S. 502).

[19] Zu den durch den Vermittlungsausschuß eingefügten Änderungen vgl. BT-Drs. 13/9637; sowie i. Ü. *Stein,* AgrarR 1998, 78; zum Gesetzgebungsverfahren ferner BT-Drs. 13/6701, 13/7891 u. BR-Drs. 422/97.

[20] Vgl. zum BBodSchG *Peine,* in: Rengeling, EUDUR, Bd. 2, § 80 Rn. 1ff.; *Bockey,* UPR 1998, 255ff.; *Diehr,* UPR 1998, 128ff.; *Kobes,* NVwZ 1998, 786ff; *Stein,* AgrarR 1998, 78; *Vierhaus,* NJW 1998, 1262ff.; *Ziegler,* LKV 1998, 249ff.

[21] Vgl. BT-Drs. 10/2977, S. 8ff.

Schink, DÖV 99, 797

Gleichwohl beschränkten sich die Gesetzesinitiativen des Bundes wegen des Querschnittscharakters des Bodenschutzrechts zunächst darauf, bodenschützende Normen in bestehenden Regelwerken zu betonen und bodenschützende Aspekte in Gesetzeswerken zu integrieren, die auch oder gar vorrangig anderen Schutzzwecken dienten. Weder die Bodenschutzkonzeption der Bundesregierung von 1985 noch ein Maßnahmekatalog von 1988[22] strebten die Zusammenfassung und Systematisierung der den Boden schützenden Normen in einem eigenen Bodenschutzgesetz an.[23] Erst durch die gesetzlichen Initiativen der Länder im Bereich des Bodenschutzes veranlaßt, bejahte die Bundesregierung den Handlungsbedarf für den Bodenschutz und bezeichnete den bundeseinheitlichen Regelungsbedarf für ein BBodSchG als vorrangig.[24] Ein für die 12. Legislaturperiode geplanter Gesetzentwurf zum BBodSchG konnte erst in der 13. Legislaturperiode vorgelegt werden.[25] Er umfaßte erstmals auch Regelungen zur Erfassung, Erkundung, Bewertung und Sanierung von Altlasten.[26]

12 Das Bundes-Bodenschutzgesetz wird durch die

– Bodenschutz- und Altlastenverordnungen[27]

ergänzt, die die Bundesregierung mit Zustimmung des Bundesrates nach Anhörung der beteiligten Kreise erlassen hat.[28]

13 Auch nach Erlaß des BBodSchG finden sich aufgrund des Querschnittscharakters des Bodenschutzrechts zahlreiche gesetzliche Regelungen zum Schutze des Bodens in anderen Bundesgesetzen, die auch oder sogar vorrangig anderen Schutzzwecken dienen.[29] Insofern gleicht das Bodenschutzrecht auf Bundesebene nach wie vor einem Regelungsmosaik. So finden sich Vorschriften zum Schutz des Bodens gegen Land- und Freiflächenverbrauch im

– Baugesetzbuch
– Raumordnungsgesetz und
– Bundes-Naturschutzgesetz.[30]

14 Bodenschützende Normen gegen die Gefährdung des Bodens durch Erosion befinden sich zudem im

– Bundes-Waldgesetz und
– Flurbereinigungsgesetz.[31]

---

[22] Vgl. BT-Drs. 11/1625.

[23] Vgl. *Kauch,* Bodenschutz, S. 3.

[24] Vgl. Antwort des Parlamentarischen Staatssekretärs auf die Anfragen 27, 28 BT-Drs. 11/7879, Plenarprotokoll v. 19. 9. 1990, Anlage 15; *Töpfer,* Umwelt 1992, 229 f.; BMU, Umweltschutz, S. 175; Mitteilung aus dem BTag, ZRP 1992, 448.

[25] Vgl. zu den Referentenentwürfen v. 7. 2. 1994, vgl. 60 DJT 1994, Bd. I Teil B, u. v. 22. 3. 1996 *Keding,* DVBl. 1996, 975 ff.; *Grammann,* NJ 1996, 467 ff.

[26] Der Gesetzentwurf nahm die Ergebnisse des 60. DJT 1984 auf, dessen umweltrechtl. Abteilung sich mit der Frage einer gesetzl. Regelung der Altlastensanierung befaßt hatte, vgl. *Enders/Uwer,* BB 1995, 629 ff.

[27] Verordnung zur Durchführung des Bundes-Bodenschutzgesetzes (Bodenschutz- und Altlastenverordnung) v. 12. 7. 1999 (BGBl. I S. 1554); siehe auch BR-Drs. 780/98; der BR hatte den Entwurf der Verordnung zunächst nur mit der Maßgabe zahlreicher Änderungen zugestimmt, vgl. Pressemitteilung des BR v. 30. 4. 1999; zu einem Überblick über die Regelungen vgl. BMU, Umwelt 1999, Heft 7/8, S. II ff.

[28] Vgl. zu den Entwürfen BR-Drs. 244/99; *Riedel,* UPR 1999, 92 (95); *Kothe,* UPR 1999, 96 (99).

[29] Vgl. zu weiteren bodenschutzrechtl. Regelungen unten § 28 Rn. 1 ff.

[30] Vgl. zu bodenschützenden Normen gegen Land- u. Freiflächenverbrauch i. Ü. *Kauch,* Bodenschutz, S. 97 f.; ferner *Kloepfer,* UmweltR, § 12 Rn. 43 ff.; siehe auch unten § 28 Rn. 2 ff.

[31] Vgl. zu bodenschützenden Normen gegen Erosion i. Ü. *Kauch,* Bodenschutz, S. 193.

Bodenschützende Normen gegen Bodengefährdungen durch Schadstoffeintrag enthalten ferner das **15**

- Düngemittelgesetz,
- Kreislaufwirtschafts- und Abfallgesetz,
- Pflanzenschutzgesetz,
- Bundes-Immissionsschutzgesetz und
- Wasserhaushaltsgesetz.[32]

Die **Länder** haben ihre Regelungen dem Bundes-Bodenschutzgesetz weitgehend angepaßt.[33] So haben die Länder Bayern und Niedersachsen mittlerweile für die Regelungsbereiche Altlasten und Bodenschutz beide Bereiche umfassende **Bodenschutzgesetze** erlassen.[34] Auf landesrechtlicher Ebene existieren ferner in den Ländern Berlin und Baden-Württemberg zur Regelung des Bodenschutzes eigene Bodenschutzgesetze.[35] Zur Regelung der Fragen der Altlasten gibt es in Hessen ein eigenes Altlastengesetz.[36] Zum Teil haben die Länder die Ausführungsbestimmungen zum Altlastenrecht[37] aber auch zum Bodenschutzrecht[38] in ihren Landesabfall- bzw. Abfallwirt- **16**

---

[32] Vgl. dazu i. Ü. vgl. *Kauch,* Bodenschutz, S. 177 ff.; *Kloepfer,* UmweltR, § 12 Rn. 27 ff. u. Rn. 62 ff.; vgl. dazu ausführl. § 28 Rn. 17 ff.

[33] Zu den Regelungsspielräumen der Länder vgl. *Bückmann/Rogall/Jordan/Wolff,* Regionaler Bodenschutz in der Bundesrepublik Deutschland, passim; vgl. auch *Brandt/Smeddinck,* NdsVBl. 1999, 149; *Freisburger,* UPR 1999, 381 ff.

[34] Gesetz zur Umsetzung des Gesetzes zum Schutz des Bodens in Bayern v. 23. 2. 1999 (GVBl. S. 36); Niedersächsisches Bodenschutzgesetz (NBodSchG) v. 19. 2. 1999 (GVBl. S. 46); vgl. zu letzterem *Brandt/Smeddinck,* NdsVBl. 1999, 149 ff.

[35] Gesetz zur Vermeidung und Sanierung von Bodenverunreinigungen (Berliner Bodenschutzgesetz – BlnBodSchG) des Landes Berlin v. 10. 10. 1995 (GVBl. S. 646); Erstes Gesetz zur Abfallwirtschaft und zum Bodenschutz im Freistaat Sachsen (EGAB) v. 12. 8. 1991 (GVBl. S. 306); Gesetz zum Schutz des Bodens (Bodenschutzgesetz – BodSchG) des Landes Baden-Württemberg v. 24. 6. 1991 (GBl. S. 434), geänd. durch G v. 12. 12. 1994 (GBl. S. 653); dazu *Schlabach,* VBlBW 1993, 121 ff.; *Gugel,* AfK 1994, 66 ff.

[36] Hessisches Gesetz über die Erkundung, Sicherung und Sanierung von Altlasten (HAltlastG) v. 20. 12. 1994 (GVBl. S. 764), zul. geänd. durch G v. 31. 10. 1998 (GVBl. I S. 413); dazu auch *Kochenburger,* NVwZ 1996, 249 ff.; zur Abgrenzung des Altlasten- u. des Wassergesetzes in Hessen *VGH Kassel,* Beschl. v. 19. 11. 1998 – 7 TG 3325/98 –, NuR 1999, 340 ff.

[37] Vgl. §§ 22–27 Gesetz über die Vermeidung und Entsorgung von Abfällen und die Behandlung von Altlasten in Baden-Württemberg i. d. F. d. Bek. v. 15. 10. 1996 (GBl. S. 617), zul. geänd. d. G v. 16. 1. 1998 (GBl. S. 422); §§ 29–39 Brandenburgisches Abfallgesetz (BbgAbfG) v. 6. 6. 1997 (GVBl. I S. 40), geänd. durch G v. 20. 5. 1999 (GVBl. I S. 162, ber. S. 191); §§ 22–25 Abfallwirtschafts- und Altlastengesetz für Mecklenburg-Vorpommern (AbfAlG MV) i. d. F. d. Bek. v. 15. 1. 1997 (GVOBl. S. 43); §§ 28–33 Abfallgesetz für das Land Nordrhein-Westfalen (Landesabfallgesetz – LAbfG) v. 21. 6. 1988 (GVBl. S. 250), zul. geänd. d. G v. 24. 11. 1998 (GVBl. S. 666); §§ 18–26 Landesabfallwirtschafts- und Altlastengesetz (Rheinland-Pfalz) v. 2. 4. 1998 (GVBl. S. 97); §§ 34–38 Saarländisches Abfallwirtschaftsgesetz (SAWG) v. 26. 11. 1997 (Amtsbl. S. 1352), geänd. durch G v. 3. 3. 1999 (Amtsbl. S. 722); §§ 27–29 Abfallgesetz des Landes Sachsen-Anhalt v. 10. 3. 1998 (GVBl. S. 112); Thüringer Gesetz über die Vermeidung, Verminderung, Verwertung und Beseitigung von Abfällen und die Sanierung von Altlasten (ThAbfAG) v. 31. 7. 1991 (GVBl. S. 640), zul. geänd. d. G v. 12. 5. 1999 (GVBl. S. 267).

[38] §§ 7–11 Erstes Gesetz zur Abfallwirtschaft und zum Bodenschutz im Freistaat Sachsen v. 12. 8. 1991 (GVBl. S. 306), zul. geänd. durch G v. 31. 5. 1999 (GVBl. S. 267).

schaftsgesetzen aufgenommen. Demgegenüber bestehen in Bremen und in Hamburg Regelungen, die ausschließlich die Altlasten in stillgelegten Abfallentsorgungsanlagen betreffen.[39] Lediglich für Schleswig-Holstein sind keine landesrechtlichen Regelungen für die Bereiche Bodenschutz und Altlasten ergangen.

17 Auch auf **internationaler Ebene** gibt es Handlungsanweisungen zum Schutz des Bodens, die aber zum großen Teil keine rechtliche Bindung entfalten. Zu nennen sind insbesondere

- die „World Soil Charta" der FAO von 1982,[40]
- die „World Soils Policy" im Rahmen des Umweltprogramms der Vereinten Nationen[41] und
- das UN-Umweltrechtsprogramm von Montevideo[42] sowie
- die Agenda 21 der Konferenz für Umwelt und Entwicklung 1992 in Rio de Janeiro,[43]
- Bodenschutzprotokoll zur Erhaltung der Funktionen und Eigenarten der alpinen Böden.[44]

18 Auf **europäischer Ebene** ist

- die Europäische Bodenkarta des Europarates von 1972 und
- die IVU-Richtlinie,[45] die im Rahmen eines integrativen Konzepts auch die Vermeidung und Verminderung von Emissionen im Boden bezweckt,

zu nennen.[46]

---

[39] § 13 Bremisches Ausführungsgesetz zum Kreislaufwirtschafts- und Abfallgesetz (BremAGKrW-/AbfG) i. d. F. v. 15. 9. 1988 (GBl. S. 241), zul. geänd. durch G v. 4. 8. 1998 (GBl. S. 223); § 16 Hamburgisches Abfallwirtschaftsgesetz v. 1. 12. 1992 (GVBl. S. 251), zul. geänd. durch G v. 27. 9. 1995 (GVBl. S. 221).

[40] Hrsg. v. Food and Agrarculture Organisation of the United Nations, Rom, 1982, Resolution 8/81 (M/P8700/E/10, 82/1/10 000).

[41] United Nations Environment Programme, Nairobi 1982, Na. 82 – 5947 – 1553 C.

[42] Vgl. dazu *Storm,* HdUR, Bd. 2, Sp. 2378 ff.

[43] Vgl. dazu BMU, UGB-KomE, S. 972 f.; *Kloepfer,* UmweltR, § 9 Rn. 92 ff.

[44] V. 7. 1. 1991, ABl. EG Nr. L 61 v. 12. 3. 1996, S. 31.

[45] Resolution (72) 19 v. 30. 5. 1972, abgedr. bei *Hübler u. a.,* Regionalisierung, Anhang II.

[46] Vgl. zum Bodenschutz in der EG BMU, Umwelt 1999, 59 ff., 345 ff.

§ 27. Bundes-Bodenschutzgesetz

Das Bodenschutz- und Altlastenrecht ist bundeseinheitlich im Gesetz zum Schutz vor schädlichen Bodenveränderungen und zur Sanierung von Altlasten (Bundes-Bodenschutzgesetz – BBodSchG)[1] geregelt.[2] 1

Der Kommissionsentwurf zum Umweltgesetzbuch normiert das Bodenschutzrecht in den §§ 326 bis 354 UGB-KomE. Er schlägt eine bundeseinheitliche Regelung der Grundzüge des Bodenschutzrechts vor, vornehmlich unter dem Aspekt des Schutzes der natürlichen Funktionen des Bodens, wobei die Bodennutzung zu berücksichtigen ist.[3] Der Entwurf erstreckt sich auf alle Gefährdungsbereiche des Bodens, d. h. die Gefährdung des Bodens durch Land- und Freiflächenverbrauch, Schadstoffeintrag und Erosion. Er umfaßt insbesondere auch Regelungen zum Schutz des Bodens vor Gefahren durch Land- und Freiflächenverbrauch[4] und durch Schadstoffeintrag, die bislang spezialgesetzlichen Vorschriften vorbehalten sind.[5] Insoweit geht er über den Regelungsansatz des BBodSchG hinaus. Von einer eigenständigen Genehmigung bodengefährdender Vorhaben wird aber auch im Kommissionsentwurf zum Umweltgesetzbuch abgesehen. 2

A. Gesetzgebungs- und Verwaltungskompetenz

Das Boden*schutz*recht ist im Gesetzgebungskatalog des Grundgesetzes nicht ausdrücklich geregelt. Demnach war die Gesetzgebungsbefugnis des Bundes zur Regelung des Bodenschutzrechts umstritten.[6] Der Bund nimmt für die Regelung der Landesverteidigung eine ausschließliche Gesetzgebungskompetenz des Bundes nach Art. 73 Nr. 1 GG und, soweit die Vorschriften spezifische Regelungen zum Schutz und zur Nutzung von Böden, zur Erfassung und Überwachung sowie zur Sanierung von Böden einschließlich Altlasten enthalten, die konkurrierende Gesetzgebungskompetenz für das Bodenrecht nach Art. 74 Abs. 1 Nr. 18 GG in Anspruch. Für die Vorschriften zur Sanierung von Gewässerverunreinigungen, die durch schädliche Bodenveränderungen oder Altlasten verursacht sind, stützt der Bund sich auf die Rahmengesetzgebungskompetenz zum Wasserhaushalt nach Art. 75 Abs. 1 Nr. 4 GG.[7] 3

---

[1] V. 17. 3. 1998 (BGBl. I S. 502).

[2] Vgl. i. Ü. *Vierhaus,* NJW 1998, 1262 ff; *Kobes,* NVwZ 1998, 786 ff.; *Brandner,* UPR 1997, 21 ff.; *Leitzke,* ThürVBl. 1997, 145 ff.; *Peine,* NVwZ 1999, 121 ff.; *Bickel,* Bundesbodenschutzgesetz, passim; *Becker,* Bundes-Bodenschutzgesetz, passim; zur Bedeutung des BBodSchG für die Kommunen, *Schink,* Der Landkreis 1999, 487 ff.

[3] BMU, UGB-KomE, S. 232 ff., 974 f.

[4] § 328 Abs. 1–3 UGB-KomE, vgl. BMU, UGB-KomE, S. 233.

[5] §§ 333–336 UGB-KomE, vgl. BMU, UGB-KomE, S. 235 ff.

[6] Für eine Rahmengesetzgebungskompetenz zul. *v. Buch,* NVwZ 1998, 822 f.

[7] Anders noch der Referentenentwurf v. 7. 2. 1994, vgl. 60. DJT 1994, Bd. I, Teil B, B 25; zur Gesetzgebungskompetenz ausführl. *Erbguth/Rapsch,* NuR 1990, 433 (434 ff.); *Peine,* NUR 1992, 353 (356); *Papier,* JZ 1994, 810 (812); *Brandt,* DÖV 1996, 675 ff.; *Bullinger,* AöR 1996, 237 (248); *Cybulka,* UPR 1997, 15 ff.; *Degenhart,* ZRP 1997, 397 ff.; *Holzwarth,* in: Holzwarth/Radtke/Hilger, BBodSchG, Einf. Rn. 41 ff; BMU, UGB-KomE, S. 97 f.

Sanden, DVBl 01, 792, Knopp, DÖV 01, 441

4 Der Wortlaut des Art. 74 Abs. 1 Nr. 18 GG ordnet das „Bodenrecht" dem Bund als Gegenstand der konkurrierenden Gesetzgebung zu. Nach dem Baurechtsgutachten des *BVerfG* fallen darunter nur solche Vorschriften, die den Grund und Boden unmittelbar zum Gegenstand rechtlicher Ordnung haben, also die rechtlichen Beziehungen des Menschen zum Grund und Boden regeln.[8] Dazu zählen zunächst die Bauleitplanung, die Baulandumlegung und die Baulanderschließung, so daß Bodenrecht als Bodennutzungsrecht verstanden worden ist.[9] Unter den geänderten tatsächlichen Bedingungen dürfte es allerdings näher liegen, den Begriff des Bodenrechts weit zu verstehen als Gesamtheit der öffentlich-rechtlichen Bestimmungen, die den Erwerb, die Veräußerung, die Belastung und die Benutzung von Grund und Boden unter sozialen, wirtschaftlichen oder politischen Gesichtspunkten einer Sonderregelung unterwerfen,[10] und damit auch eine ökologisch fundierte Reglementierung der Bodennutzung zu unterstellen.[11]

5 Mit vollständigem Inkrafttreten des BBodSchG am 1. 3. 1999 wurden entgegenstehende landesrechtliche Regelungen verdrängt (Art. 31 GG). Soweit Widersprüche zwischen Bundes- und Landesrecht bestehen, sind die Länder zur Anpassung ihrer Vorschriften verpflichtet.[12] Soweit das BBodSchG die Fragen des Bodenschutzes und der Altlastensanierung nicht abschließend regelt, sind Räume für landesrechtliche Regelungen vorhanden, durch die die Länder die Vorschriften des BBodSchG konkretisieren können.[13]

6 Das BBodSchG wird gem. Art. 83 GG von den Landesbehörden als eigene Angelegenheit ausgeführt. Welche Behörden im einzelnen zuständig sind, unterliegt der Bestimmung durch die Länder.

B. Aufbau des Gesetzes

7 Das BBodSchG umfaßt fünf Teile, die folgende Regelungen enthalten

- Allgemeine Vorschriften (§§ 1 bis 3 BBodSchG),
- Grundsätze und Pflichten (§§ 4 bis 10 BBodSchG),
- Ergänzende Vorschriften für Altlasten (§§ 11 bis 16 BBodSchG),
- Landwirtschaftliche Bodennutzung (§ 17 BBodSchG) und
- Schlußvorschriften (§§ 18 bis 26 BBodSchG).

C. Allgemeine Vorschriften

8 Der erste Teil des BBodSchG bestimmt den Zweck des Gesetzes, enthält Begriffsbestimmungen und regelt den Anwendungsbereich.

I. Zweck und Grundsätze des Gesetzes

9 Gem. § 1 BBodSchG ist es Zweck des Gesetzes, nachhaltig die Funktion des Bodens zu sichern oder wiederherzustellen (§ 1 S. 1 BBodSchG). Hierzu

[8] *BVerfG,* Rechtsgutachten v. 16. 6. 1954 – 1 PBvV 2/52 –, BVerfGE 3, 407 (424); *dass.,* Beschl. v. 8. 11. 1972 – 1 BvL 15/68 u. 26/69 –, BVerfGE 34, 139 (144).

[9] *Schmidt-Aßmann,* DÖV 1972, 627 (630); ebenso *Rothe,* DVBl. 1974, 737 (739).

[10] *Grewe,* zit. nach v. Mangoldt/Klein, GG, Bd. II, 1964, Art. 74 Anm. XXXIV. 2 a.

[11] *Papier,* JZ 1994, 810 (812); *Peine,* NuR 1992, 353 (356); i. E. auch *Kloepfer,* UmweltR, § 12 Rn. 16.

[12] *Kobes,* NVwZ 1998, 786 (787).

[13] Vgl. Hess. Gesetz über die Neuordnung des Altlastenrechts v. 20. 12. 1994 (GVBl. S. 764), zul. geänd. durch G v. 31. 10. 1998 (GVBl. S. 413).

sind schädliche Bodenveränderungen abzuwehren, der Boden und Altlasten sowie hierdurch verursachte Gewässerverunreinigungen zu sanieren und Vorsorge gegen nachteilige Einwirkungen auf den Boden zu treffen (§ 1 S. 2 BBodSchG). Bei Einwirkungen auf den Boden sollen Beeinträchtigungen seiner natürlichen Funktionen sowie seiner Funktion als Archiv der Natur- und Kulturgeschichte soweit wie möglich vermieden werden (§ 1 S. 3 BBodSchG).

Die Zweckbestimmung des § 1 BBodSchG enthält keine selbständige Re- **10** gelung. Sie beinhaltet weder unmittelbar geltende Pflichten noch kann sie Grundlage behördlicher Anordnungen sein.[14] Die Vorschrift ist Maßstab für die Auslegung der nachfolgenden Vorschriften.

Zweck des Gesetzes ist die nachhaltige Sicherung sowie Wiederherstellung **11** der Bodenfunktionen (§ 1 S. 1 BBodSchG). Die Bodenfunktionen werden in § 2 Abs. 2 BBodSchG näher definiert.[15] Danach ist der Boden in seinen natürlichen Funktionen (Nr. 1), in seiner Funktion als Archiv der Natur- und Kulturgeschichte (Nr. 2) sowie in seinen Nutzungsfunktionen (Nr. 3) nachhaltig zu sichern oder wiederherzustellen. Mithin erstreckt sich der Schutzzweck des Gesetzes auf sämtliche Bodenfunktionen.[16]

Dieser Ansatz ist in der Literatur vielfach kritisiert worden, da die Nutzfunk- **12** tionen die natürlichen Bodenfunktionen in der Regel beeinträchtigen.[17] Auch § 326 UGB-KomE sieht als Schutzzweck den Schutz der natürlichen Bodenfunktionen allerdings unter Berücksichtigung der Nutzfunktionen vor.[18] Der in § 1 S. 1 BBodSchG gewählte Ansatz ist auch deshalb nicht überzeugend, weil das BBodSchG im folgenden den Schutz der Nutzungsfunktionen nicht konsequent umsetzt. Vielmehr fallen die Regelungsbereiche zum Schutz des Bodens gegen Land- und Freiflächenverbrauch und gegen Schadstoffeintrag weitgehend aus dem Anwendungsbereich heraus.[19]

Der Kommissionsentwurf zum Umweltgesetzbuch sieht überdies in § 326 S. 2 **13** UGB-KomE die Förderung einer dauerhaften umweltschonenden Land- und Forstwirtschaft sowie den Schutz des Bodens vor Gefahren durch den Bergbau als Schutzzweck vor.[20]

Zur Konkretisierung des Gesetzeszwecks werden in § 1 S. 2 BBodSchG **14** drei Handlungsziele bestimmt, nämlich

- die Abwehr von schädlichen Bodenveränderungen **(Gefahrenabwehr)**,
- die **Sanierung** von Böden und Altlasten einschließlich der durch diese verursachten Gewässerverunreinigungen sowie
- die **Vorsorge** gegen künftige Bodeneinwirkungen.

§ 1 S. 2 1. Alt. BBodSchG legt als erstes Handlungsziel die Abwehr von **15** Gefahren für den Boden fest. Danach sind in einem räumlich, zeitlich und kausal überschaubaren Zusammenhang konkret erkennbare Gefahren abzuwehren. Mit dem Handlungsziel des § 1 S. 2 1. Alt. BBodSchG korrespon-

---

[14] *Radtke,* in: Holzwarth/Radtke/Hilger, BBodSchG, § 1 Rn. 2.

[15] Vgl. dazu ausführl. unten § 27 Rn. 20ff.

[16] Vgl. dazu bereits oben § 26 Rn. 4.

[17] Krit. *Erbguth/Stollmann,* UPR 1984, 241 (242); *Kauch,* Bodenschutz, S. 24ff.; *Kloepfer,* UmweltR, § 12 Rn. 13; BMU, UGB-KomE, S. 971.

[18] BMU, UGB-KomE, S. 232, 980.

[19] Vgl. dazu unten § 28 Rn. 2ff.

[20] Siehe zur Bodenertragsnutzung §§ 332ff. UGB-KomE u. zum Abbau von Bodenschätzen §§ 337f., vgl. BMU, UGB-KomE, S. 232, 235, 238, 981.

diert die Pflicht zur Gefahrenabwehr in § 4 Abs. 1 und 2 BBodSchG.[21] Bereits eingetretene Gefahren sind gem. § 1 S. 2 2. Alt. BBodSchG zu beseitigen. Hierzu sind mit Schadstoffen belastete Böden und Altlasten sowie hierdurch verursachte Gewässerverunreinigungen zu sanieren. Das Handlungsziel des § 1 S. 2 2. Alt. BBodSchG korrespondiert mit der Pflicht zur Sanierung von Böden und Altlasten in § 4 Abs. 3 BBodSchG. Der Vorsorgegrundsatz ist letztlich als Handlungsziel in § 1 S. 2 3. Alt. BBodSchG verankert. Um neuerliche Bodenverunreinigungen und andere Belastungen zu vermeiden, soll bereits im Vorfeld der Gefahrenabwehr mit Vorsorgeanforderungen erreicht werden, daß auch langfristig keine irrevisiblen Schäden des Bodens eintreten.[22] Die Vorsorgepflicht wird in § 7 BBodSchG und für den landwirtschaftlichen Bereich in § 17 Abs. 1 BBodSchG konkretisiert.

16 Zum Schutz der natürlichen Funktionen des Bodens enthält § 1 S. 3 BBodSchG einen allgemeinen Handlungsgrundsatz, wonach bei Einwirkungen auf den Boden Beeinträchtigungen der natürlichen Funktionen (§ 2 Abs. 2 Nr. 1 und 2 BBodSchG) soweit wie möglich vermieden werden sollen. Diese Hervorhebung in den den Zweck und die Grundsätze des Gesetzes regelnden Vorschriften impliziert zugleich, daß der Gesetzgeber diesen Funktionen ein besonderes Gewicht verleihen wollte. Bei der Konkurrenz zwischen den natürlichen bzw. archivarischen Bodenfunktionen einerseits und den Nutzungsfunktionen andererseits ist den erstgenannten Funktionen bei Abwägungsfreiräumen ein Vorrang einzuräumen.[23]

II. Begriffsbestimmungen

17 § 2 BBodSchG definiert die zentralen Gesetzesbegriffe Boden, schädliche Bodenveränderungen, Verdachtsflächen, Altlasten, altlastverdächtige Flächen, Sanierung und Schutz- und Beschränkungsmaßnahmen.[24]

1. Boden

18 Das BBodSchG definiert den **Boden** nicht räumlich, sondern funktional. Gem. § 2 Abs. 1 BBodSchG ist Boden im Sinne des Gesetzes die obere Schicht der Erdkruste, soweit sie Träger der in § 2 Abs. 2 BBodSchG genannten Bodenfunktionen ist, einschließlich der flüssigen Bestandteile (Bodenlösung) und der gasförmigen Bestandteile (Bodenluft), ohne Grundwasser und Gewässerbetten. Damit ist der Boden nicht als solcher sondern nur in seinen Funktionen geschützt.[25] Kein Boden im Sinne des Gesetzes sind nach der Begriffsbestimmung das Grundwasser und die Gewässerbet-

[21] Vgl. dazu i. e. unten § 27 Rn. 43ff.
[22] *Kobes,* NVwZ 1998, 786 (787).
[23] *Radtke,* in: Holzwarth/Radtke/Hilger, BBodSchG, § 1 Rn. 10.
[24] Der Kommissionsentwurf zum UGB definiert ferner die Begriffe Bodenbelastung (§ 327 Abs. 2 Nr. 4 UGB-KomE), Rekultivierungsmaßnahmen (§ 327 Abs. 2 Nr. 10 UGB-KomE) u. Bodenertragsnutzung (§ 327 Abs. 2 Nr. 11 UGB-KomE), vgl. BMU, UGB-KomE, S. 232f.; 982ff.
[25] Es folgt damit einem anthropozentrischen Ansatz und schützt den Boden nicht als solchen, vgl. dazu *Peine,* DVBl. 1998, 157 (159); *Kobes,* NVwZ 1998, 786 (788).

ten.[26] Der Schutz des Grundwassers und der Gewässerbetten wird durch das Wasserhaushaltsgesetz gewährleistet.[27] Denn gem. § 1 Abs. 1 Nr. 1 WHG umfaßt der Begriff des oberirdischen Gewässers Wasser und Bett als Einheit. Eine zusätzliche bodenschutzrechtliche Regelung ist sachlich nicht geboten und hätte Abgrenzungsprobleme zwischen Wasser- und Bodenschutzrecht zur Folge.[28]

Dem Ausschluß des Grundwassers und der Gewässerbetten aus dem Begriff des Bodens steht nicht entgegen, daß § 1 S. 2 BBodSchG als Handlungsziel auch eine Gewässersanierung vorgibt.[29] Denn Gefahren, die dem Grundwasser und den Gewässerbetten durch schädliche Bodenveränderungen drohen, ist nach Maßgabe des BBodSchG zu begegnen (vgl. § 2 Abs. 2 Nr. 1 a.E. BBodSchG). 19

2. *Bodenfunktionen*

Bei den in § 2 Abs. 2 BBodSchG definierten **Bodenfunktionen** werden die 20

- natürlichen Bodenfunktionen (Nr. 1)
  - als Lebensgrundlage und Lebensraum für Menschen, Tiere, Pflanzen und Bodenorganismen,
  - als Bestandteil des Naturhaushalts, insbesondere mit seinen Wasser- und Nährstoffkreisläufen,
  - als Abbau-, Ausgleichs-, und Aufbaumedium für stoffliche Einwirkungen aufgrund der Filter-, Puffer- und Stoffumwandlungseigenschaften, insbesondere auch zum Schutz des Grundwassers,
- die Funktionen als Archiv der Natur- und Kulturgeschichte (Nr. 2) sowie
- die Nutzfunktionen (Nr. 3)
  - als Rohstofflagerstätte,
  - als Fläche für Siedlung und Erholung,
  - als Standort für land- und forstwirtschaftliche Nutzung und
  - als Standort für sonstige wirtschaftliche und öffentliche Nutzungen, Verkehr, Ver- und Entsorgung (§ 2 Abs. 2 Nr. 3 BBodSchG)

unterschieden.[30]

3. *Schädliche Bodenveränderung*

Der Begriff der **schädlichen Bodenveränderungen** gilt als Zentralbegriff des BBodSchG.[31] Gem. § 2 Abs. 3 BBodSchG sind schädliche Bodenveränderungen *Beeinträchtigungen der Bodenfunktionen, die geeignet sind, Gefah-* 21

---

[26] Vgl. dazu *Schink,* LKT NW 1999, 179 (180); *ders.,* LKT NW 1999, 202 (210); *Schreiber,* DBB 1999, 14ff.; *Peine,* UPR 1999, 361ff.; auch § 327 Abs. 1 UGB-KomE schließt die Gewässerbetten mit in den Begriff des Bodens ein, vgl. BMU, UGB-KomE, S. 232, 982.

[27] Vgl. dazu oben § 16 Rn. 2ff.

[28] *Radtke,* in: Holzwarth/Radtke/Hilger, BBodSchG, § 2 Rn. 8.

[29] Anders aber *Vierhaus,* NJW 1998, 1262 (1263); *Kobes,* NVwZ 1998, 786 (788).

[30] So i.E. bereits Enquête-Kommiddion „Schutz des Menschen und der Umwelt" des 13. BT, Zwischenbericht „Konzept Nachhaltigkeit – Fundamente für die Gesellschaft von morgen, 1/1997, S. 42.

[31] BT-Drs. 13/6701, S. 29; demgegenüber definiert § 327 Abs. 2 Nr. 3 u. 4. UGB-KomE die Begriffe Bodenbeeinträchtigungen u. Bodenbelastungen; insbesondere der Begriff Bodenbeeintächtigung gehe nicht von dem ordnungsrechtl. Ansatz aus u. lasse die Besorgnis einer Gefahr etc. für den Boden ausreichen, vgl. BMU, UGB-KomE, S. 982.

ren, erhebliche Nachteile oder erhebliche Belästigungen für den einzelnen oder die Allgemeinheit herbeizuführen. Mit dem Abstellen auf eine Gefahr folgt das Gesetz einem ordnungsrechtlichen Ansatz.[32] Der Begriff der schädlichen Bodenveränderung orientiert sich an der Definition der schädlichen Umwelteinwirkung im Sinne des § 3 Abs. 1 BImSchG[33] und ist zweistufig gegliedert. Zunächst muß festgestellt werden, ob eine Beeinträchtigung der in § 2 Abs. 2 BBodSchG genannten Bodenfunktionen vorliegt. Alsdann ist zu prüfen, ob die Beeinträchtigung von Bodenfunktionen geeignet ist, Gefahren, erhebliche Nachteile oder erhebliche Belästigungen für Schutzgüter des einzelnen oder der Allgemeinheit hervorzurufen.

22 Ausreichend für eine schädliche Bodenveränderung ist sowohl die Beeinträchtigung einer der primär auf den Schutz der natürlichen Lebensgrundlagen ausgerichteten Bodenfunktionen in § 2 Abs. 2 Nr. 1 BBodSchG als auch die Beeinträchtigung einer der nutzungsbezogenen Bodenfunktionen in § 2 Abs. 2 Nr. 3 BBodSchG sowie die Beeinträchtigung der Bodenfunktionen als Archiv der Natur- und Kulturgeschichte nach § 2 Abs. 2 Nr. 2 BBodSchG. Eine *Beeinträchtigung der Bodenfunktionen* kann durch stoffliche Einträge, durch Veränderungen der Bodenphysik und durch Flächenversiegelung erfolgen.[34] In der Regel werden durch nachteilige Bodeneinwirkungen gleichzeitig mehrere Bodenfunktionen beeinträchtigt. Insbesondere der Schadstoffeintrag wirkt sich auf alle natürlichen Bodenfunktionen sowie auf die Nutzungsfunktion als Standort für land- und forstwirtschaftliche Nutzung aus.

23 Die Beeinträchtigung der Bodenfunktionen muß *geeignet sein, Gefahren, erhebliche Nachteile oder erhebliche Belästigungen für den einzelnen oder die Allgemeinheit herbeizuführen.*

24 Geschütztes Rechtsgut ist der einzelne oder die Allgemeinheit. Als Rechtspositionen des *einzelnen* gelten alle durch die Rechtsordnung geschützten **Individualrechtsgüter**. Zu den Rechtsgütern des einzelnen, bei denen eine Gefährdung durch eine Beeinträchtigung von Bodenfunktionen in Betracht kommt, gehören in erster Linie das Leben, die Gesundheit und das Vermögen. Rechtsgüter der *Allgemeinheit* sind die Gesamtheit der durch das geschriebene Recht geschützten Interessen, die Funktionsfähigkeit des Staates und seiner Einrichtungen sowie kollektive Rechtsgüter, wie insbesondere die Volksgesundheit und der Wasserhaushalt. Zu den Rechtsgütern der Allgemeinheit, die durch die Beeinträchtigung von Bodenfunktionen gefährdet werden können, gehört das geschriebene Recht, d. h. der Verstoß gegen jede Norm des öffentlichen oder privaten Rechts[35] sowie die kollektiven Rechtsgüter der Volksgesundheit und des Wasserhaushalts.[36] Gefährdungen für die Allgemeinheit können insbesondere dann auftreten, wenn Nahrungsmittel auf kontaminierten Standorten produziert oder Schadstoffe aus dem Boden in das Grundwasser gespült werden.[37]

25 In Anlehnung an den **Gefahrenbegriff** im Polizei- und Ordnungsrecht liegt eine Gefahr durch eine Beeinträchtigung der Bodenfunktionen vor, wenn bei ungehindertem Fortgang mit hinreichender Wahrscheinlichkeit ein Schaden für Schutzgüter der öffentlichen Sicherheit zu erwarten ist. Für die Frage, wann ein Schaden für ein Rechtsgut hinreichend wahrscheinlich ist, kommt es unter dem Aspekt der Gebotenheit und der Wirksamkeit der Gefahrenabwehr auf den Umfang des zu erwartenden Schadens an. Eine Beeinträchtigung der natürlichen Bodenfunktionen führt nur dann zu einer Gefahr für ein Rechtsgut der Allgemeinheit, wenn diese Bodenfunktionen

[32] Krit. zum ordnungsrechtl. Ansatz auch *Erbguth/Stollmann,* NuR 1994, 319 (328).
[33] *Radtke,* in: Holzwarth/Radtke/Hilger, BBodSchG, § 2 Rn. 25.
[34] Vgl. BR-Drs. 702/96, S. 85.; *Kobes,* NVwZ 1998, 786 (788).
[35] Zum Begriff der öffentl. Sicherheit insoweit *Drews/Wacke/Vogel/Martens,* Gefahrenabwehr, § 15 Nr. 2c).
[36] *BVerwG,* Urt. v. 16. 11. 1973 – IV C 44/69 –, MDR 1974, 338.
[37] Vgl. *Hilger,* in: Holzwarth/Radtke/Hilger, BBodSchG, § 4 Rn. 20.

dauerhaft bzw. nachhaltig gestört werden. Kurzfristige Beeinträchtigungen, deren Folgen vollständig ausgeglichen werden, etwa bei vorübergehenden Bodenarbeiten zur Verlegung von Versorgungsleitungen, begründen keine Gefahr.[38] An die Wahrscheinlichkeit des Schadens für ein Rechtsgut sind umso geringere Anforderungen zu stellen, als der möglicherweise eintretende Schaden größer ist. Bei einem besonders großen Schaden reicht bereits die entfernte Möglichkeit eines Eintritts aus.[39]

Eine **Belästigung** liegt vor, wenn das körperliche oder seelische Wohlbefinden des **26**
Menschen unterhalb der Schwelle zum Gesundheitsschaden beeinträchtigt wird.

Ein **Nachteil** ist gegeben, wenn die Beeinträchtigung von wirtschaftlichen Interes- **27**
sen vorliegt, die noch keine Rechtsgutverletzung darstellt, etwa die Notwendigkeit von erhöhten Aufwendungen.[40]

Ein Nachteil oder eine Belästigung sind **erheblich**, wenn sie eine bestimmte Inten- **28**
sität erreicht haben.[41] Die dazu erforderlichen Zumutbarkeitskriterien sind aus Maßstäben abzuleiten, die sich insbesondere aus dem Bauplanungsrecht und dem Nachbarrecht ergeben.

Zur Konkretisierung der Gefahrensschwelle kann die Bundesregierung **29**
nach § 8 Abs. 1 BBodSchG durch Rechtsverordnungen *Prüf*werte, bei deren Überschreitung unter Berücksichtigung der Bodennutzung eine einzelfachbezogene Prüfung durchzuführen und festzustellen ist, ob eine schädliche Bodenveränderung oder Altlast vorliegt (Nr. 1), und *Maßnahmen*werte, bei deren Überschreitung unter Berücksichtigung der jeweiligen Bodennutzung in der Regel von einer schädlichen Bodenveränderung oder Altlast auszugehen ist und Maßnahmen erforderlich sind (Nr. 2) erlassen.[42] Entsprechende Maßnahmen-, Prüf- und Vorsorgewerte sind im Anhang 2 BBodschV geregelt, wobei verschiedenen Wirkungspfade unterscheiden werden.

4. *Altlasten*

Altlasten sind gem. § 2 Abs. 5 BBodSchG **30**

- stillgelegte Abfallbeseitigungsanlagen sowie sonstige Grundstücke, auf denen Abfälle behandelt, gelagert oder abgelagert worden sind *(Altablagerungen)* und
- Grundstücke stillgelegter Anlagen und sonstige Grundstücke, auf denen mit umweltgefährdenden Stoffen umgegangen worden ist, ausgenommen Anlagen, deren Stillegung einer Genehmigung nach dem Atomgesetz bedarf *(Altstandorte),*

durch die schädliche Bodenveränderungen oder sonstige Gefahren für den einzelnen oder die Allgemeinheit hervorgerufen werden.[43] Mit diesen Definitionen beschränkt das BBodSchG den Altlastenbegriff nicht auf Flächen,

---

[38] BT-Drs. 13/6701, S. 29; *Kobes,* NVwZ 1998, 786 (788); vgl. zum Gefahrbegriff im BBodSchG auch *Schink,* LKT NW 1999, 179 (183).

[39] *BVerwG,* Beschl. v. 13. 8. 1970 – I B 17.66 –, DÖV 1970, 715.

[40] BT-Drs. 13/6701, S. 29; zu § 1 BImSchG *Feldhaus,* in: Feldhaus, BImSchG, § 3 Rn. 8; *Jarass,* BImSchG, § 3 Rn. 13.

[41] Der Begriff der erhebl. Nachteile entspricht dem des § 3 Abs. 1 BImSchG, vgl. BT-Drs. 13/6701, S. 29; zu § 3 Abs. 1 BImSchG vgl. *Feldhaus,* in: Feldhaus, BImSchG, § 3 Nr. 9; *Jarass,* BImSchG, § 3 Rn. 31 ff.

[42] Zur Risikoabschätzung im Bodenschutz vgl. *Peine,* DVBl. 1998, 157 ff.; zu Prüfwerten ferner *Zeddel/Huhn,* altlasten spektrum 1998, 196 ff.; zur Entwicklung ökotoxikologischer Bewertungsmaßstäbe BMU, Umwelt 1999, 278 ff.

[43] Vgl. dazu grundl. SRU, Sondergutachten „Altlasten" 1989, BT-Drs. 11/6191, Tz. 57 ff.; SRU, Sondergutachten „Altlasten II" 1994, BT-Drs. 13/380, Tz. 12 ff.; demgegenüber sieht der Kommissionsentwurf zum UGB in § 327 Abs. 2 Nr. 5 UGB-KomE jede Art von Bodenbelastung als Altlast an u. erfaßt insbesondere auch Altlasten, die aus landwirtschaftlichen Bodennutzungen herrühren, vgl. BMU, UGB-KomE, S. 232, 983.

Weiß, NVwZ 97, 737, Koch/Schürer, DVBl 97, 1415, Dickmann/..., DVBl 97, 1636 die gewerblich oder industriell genutzt worden sind, sondern dehnt den Kreis potentieller Altlasten auch auf privat genutzte Flächen aus. Die Altlastendefinition enthält darüber hinaus keine zeitliche Begrenzung, mit der Folge, daß auch noch heute genutzte Grundstücke Altlasten im Sinne des BBodSchG sein können.[44]

5. Verdachtsflächen

31 Gem. § 2 Abs. 4 BBodSchG sind **Verdachtsflächen** Grundstücke, bei denen der Verdacht schädlicher Bodenveränderungen besteht. Grundstücke i. d. S. sind konkrete Flächen; auf die Erfassung bzw. Abgrenzung in Katastern und Grundbüchern kommt es nicht an.[45] Das Begriffsverständnis des Zivilrechts findet keine Anwendung.[46] Ein Verdacht schädlicher Bodenveränderungen besteht, wenn tatsächliche Anhaltspunkte für eine schädliche Bodenveränderung vorliegen.[47] Diese können sich aus der früheren Nutzung eines Grundstücks oder aus konkreten Schadensfällen, etwa aus Unfällen oder Kriegsereignissen, ergeben.[48]

6. Altlastverdächtige Flächen

32 Gem. § 2 Abs. 6 BBodSchG sind **altlastverdächtige Flächen**, Altablagerungen und Altstandorte, bei denen der Verdacht schädlicher Bodenveränderungen oder sonstiger Gefahren für den einzelnen oder die Allgemeinheit besteht.[49] Im Gegensatz zu Verdachtsflächen, die sich auf Grundstücke beziehen, müssen sich altlastverdächtige Flächen auf Altablagerungen und Altstandorte beziehen. Für den Verdacht einer Altlast müssen ebenfalls tatsächliche Anhaltspunkte vorliegen.

III. Anwendungsbereich

33 § 3 BodSchG bestimmt den Anwendungsbereich des BBodSchG für sämtliche schädlichen Bodenveränderungen und Altlasten. Dabei wird in § 3 Abs. 2 BBodSchG die Anwendung des BBodSchG ausgeschlossen, während in § 3 Abs. 1 und 3 BBodSchG der Anwendungsbereich insoweit einge-

---

[44] BT-Drs. 13/6701, S. 30; damit geht die Gesetzesdefinition über die in SRU, Sondergutachten „Altlasten" 1989, BT-Drs. 11/6191, Tz. 57ff., vorgeschlagene Definition hinaus, an der sich die landesrechtl. Regelungen weitgehend orientiert hatten; krit. *Vierhaus,* NJW 1998, 1262 (1263); der Entwurf zum BBodSchG v. 22. 3. 1996 sah zunächst einen engeren Altlastenbegriff vor, vgl. dazu krit. *Erbguth/Stollmann,* UPR 1996, 281 (289); *Schink,* GewArch 1995, 441 (444).

[45] BR-Drs. 702/96, S. 87.

[46] *Radtke,* in Holzwarth/Radtke/Hilger, BBodSchG, § 2 Rn. 30; im Zivilrecht wird unter einem Grundstück der abgegrenzte Teil der Erdoberfläche, die im Bestandsverzeichnis eines Grundbuchblattes unter einer bestimmten Nr. eingetragen oder gem. Grundbuchordnung gebucht ist, verstanden, vgl. *Palandt-Heinrichs,* BGB, vor § 90 Anm. 3a.

[47] BR-Drs. 702/96, S. 87.

[48] *Radtke,* in: Holzwarth/Radtke/Hilger, BBodSchG, § 2 Rn. 32; *Kobes,* NVwZ 1998, 786 (789).

[49] Siehe auch § 327 Abs. 2 Nr. 6 UGB-KomE, vgl. dazu BMU, UGB-KomE, S. 233, 983.

 Schink, DVBl 00, 221

schränkt wird, als es neben den dort aufgezählten Vorschriften nur subsidiär zur Anwendung kommen soll.[50]

Wegen des Querschnittscharakters des Bodenschutzrechts ist das BBodSchG ein Ergänzungsgesetz zu den bestehenden bodenschützenden Normen des Bundes. Dieses regelt die Anforderungen an den Bodenschutz stets nur dann, wenn speziellere bundesrechtliche Regelungen nicht vorhanden oder einschlägig sind.[51] **34**

1. Ausschluß der Anwendung des Bundes-Bodenschutzgesetzes

Gem. § 3 Abs. 2 S. 1 BBodSchG findet das Gesetz keine Anwendung auf Anlagen, Tätigkeiten, Geräte oder Vorrichtungen, Kernbrennstoffe und sonstige radioaktive Stoffe, soweit Rechtsvorschriften den Schutz vor den Gefahren der Kernenergie und der Wirkung ionisierender Strahlen regeln. Sowohl die spezifischen Gefahren der Kernenergie als auch die Wirkung ionisierender Strahlen wird damit vom Anwendungsbereich sachlich ausgenommen. Die Regelung trägt dem Umstand Rechnung, daß das Atom- und Strahlenschutzrecht differenzierte Vorschriften enthält, die insoweit die Vorsorge gegen Schäden gewährleisten. **35**

Gem. § 3 Abs. 2 S. 2 BBodSchG gilt das BBodSchG ferner nicht für das Aufsuchen, Bergen, Befördern, Lagern, Behandeln und Vernichten von Kampfmitteln. Diese Regelung entspricht der des § 2 Abs. 2 Nr. 7 KrW-/AbfG. Die hier in Rede stehenden Explosions- und anderen Gefahren werden durch das allgemeine Polizeirecht und spezielle Vorschriften zur Gefahrenabwehr geregelt.[52] **36**

2. Subsidiarität des Bundes-Bodenschutzgesetzes

Gem. § 3 Abs. 1 BBodSchG findet das BBodSchG auf schädliche Bodenveränderungen und Altlasten Anwendung, soweit **37**

- Vorschriften des KrW-/AbfG über das Aufbringen von Abfällen zur Verwertung als Sekundärrohstoffdünger oder Wirtschaftsdünger im Sinne des § 1 DMG und der hierzu auf Grund des KrW-/AbfG erlassenen Rechtsverordnungen sowie der Klärschlammverordnung (Nr. 1),
- Vorschriften des KrW-/AbfG über die Zulassung und den Betrieb von Abfallbeseitigungsanlagen zur Beseitigung von Abfällen sowie über die Stillegung von Deponien (Nr. 2),[53]
- Vorschriften über die Beförderung gefährlicher Güter (Nr. 3),
- Vorschriften des Düngemittel- und Pflanzenschutzrechts (Nr. 4),
- Vorschriften des GenTG (Nr. 5),
- Vorschriften des 2. Kapitels des BWaldG und der Forst- und Waldgesetze der Länder (Nr. 6),
- Vorschriften des FlurbG über das Flurbereinigungsgebiet, auch in Verbindung mit dem Landwirtschaftsanpassungsgesetz (Nr. 7),

---

[50] *Radtke,* in: Holzwarth/Radtke/Hilger, BBodSchG, § 3 Rn. 1; eine entspr. Regelung zum Anwendungsbereich der bodenschutzrechtl. Bestimmungen gibt es im Kommissionsentwurf zum UGB nicht; dieser ist umfassender angelegt u. schließt die Anwendung der Vorschriften nicht für Gefährdungen des Bodens durch Land- und Freiflächenverbrauch u. durch Schadstoffeinträge aus.

[51] *Kobes,* NVwZ 1998, 786 (787); zu den Auswirkungen des BBodSchG auf das AnlagenzulassungsR *Michler,* UPR 1999, 100ff.

[52] Vgl. BR-Drs. 702/96, S. 99f.

[53] Vgl. dazu ausführl. § 30 Rn. 165ff.

- Vorschriften über Bau, Änderung, Unterhaltung und Betrieb von Verkehrswegen oder Vorschriften, die den Verkehr regeln (Nr. 8),
- Vorschriften des Bauplanungs- und Bauordnungsrechts (Nr. 9)
- Vorschriften des BBergG und der aufgrund dieses Gesetzes erlassenen Rechtsverordnungen über die Errichtung, Führung oder Einstellung eines Betriebes (Nr. 10) sowie
- Vorschriften des BImSchG und der aufgrund dieses Gesetzes erlassenen Rechtsverordnungen über die Errichtung und den Betrieb von Anlagen unter Berücksichtigung von § 3 Abs. 3 BBodSchG (Nr. 11)[54]

Einwirkungen auf den Boden nicht regeln.

38 Die in § 3 Abs. 2 BBodSchG genannten Regelwerke gelten als lex specialis gegenüber dem BBodSchG.[55] Das BBodSchG findet danach nur dann Anwendung, wenn und soweit sich aus dem Fachrecht keine bodenbezogenen Regelungen ergeben.

39 Im übrigen enthält das Fachrecht keine materiellen Maßstäbe für den Schutz des Bodens. Diese Maßstäbe müssen bei der Anwendung der spezialgesetzlichen Regelungen den bodenschutzrechtlichen Vorschriften entnommen werden.[56]

Beispiel: Gem. § 6 Abs. 2 GenTG hat der Anlagenbetreiber für die Genehmigung einer gentechnischen Anlage die nach dem Stand von Wissenschaft und Technik notwendigen Vorkehrungen zu treffen, um die im Gesetz genannten Rechtsgüter – dazu zählt auch der Boden – vor Gefahren zu schützen. Das Gentechnikgesetz enthält aber keine Aussage darüber, wann das Rechtsgut Boden (§ 1 Nr. 1 GenTG) gefährdet oder bereits geschädigt ist. Nach den Vorgaben des BBodSchG wird man von einer Gefahr ausgehen müssen, wenn eine schädliche Bodenveränderung im Sinne des § 2 Abs. 3 BBodSchG droht oder bereits eingetreten ist.

3. Abgrenzung zum Immissionsschutzrecht

40 Gem. § 3 Abs. 1 Nr. 11 BBodSchG finden die Vorschriften des BBodSchG auf schädliche Bodenveränderungen und Altlasten Anwendung, soweit Vorschriften des BImSchG und der auf Grund dieses Gesetzes erlassenen Rechtsverordnungen über die Errichtung und den Betrieb von Anlagen unter Berücksichtigung von § 3 Abs. 3 BBodSchG Einwirkungen auf den Boden nicht regeln.[57] Danach gelten im Hinblick auf das Schutzgut Boden schädliche Bodenveränderungen im Sinne des § 2 Abs. 3 BBodSchG und der auf Grund dieses Gesetzes erlassenen Rechtsverordnungen, soweit sie durch Immissionen verursacht werden, als schädliche Umwelteinwirkungen nach § 3 Abs. 1 BImSchG, im übrigen als sonstige Gefahren, erhebliche Nachteile oder erhebliche Belästigungen nach § 5 Abs. 1 Nr. 1 BImSchG. Eine derartige Verzahnung von BBodSchG und BImSchG war erforderlich, da der Begriff der schädlichen Umwelteinwirkungen im Sinne des § 3 Abs. 1 und 2 BImSchG auch Einwirkungen auf den Boden erfaßt. § 3 Abs. 3 S. 1BBodSchG bestimmt, daß eine schädliche Umwelteinwirkung i. S. d. BImSchG in Bezug auf den Boden vorliegt, wenn nach dem BBodSchG und dessen untergesetz-

---

[54] Vgl. dazu ausführl. unten § 21 Rn. 34 ff.

[55] Vgl. Beschlußempfehlung u. Ber. des Ausschusses für Umwelt, Naturschutz u. Reaktorsicherheit des BT, BT-Drs. 13/7891, S. 29.

[56] *Radtke,* in: Holzwarth/Radtke/Hilger, BBodSchG, § 3 Rn. 6.

[57] Zum Verhältnis von Bodenschutz- u. ImmissionsschutzR vgl. *Michler,* UPR 1999, 100 (101 ff.).

lichen Regelungswerk eine schädliche Bodenveränderung gegeben ist. Damit richtet sich der rechtliche Gefahrenmaßstab zur Beurteilung von Bodenveränderungen, die maßgeblich die Gefahrengrenze markierende Bodenwerte und die dazu gehörenden Ermittlungs- und Bewertungsverfahren für Bodenbelastungen nach dem Bodenschutzrecht.[58] Die gewählte Konstruktion führt zu dem Ergebnis, daß einerseits anlagebezogene Anforderungen zur Abwehr schädlicher Umwelteinwirkungen einheitlich im BImSchG geregelt bleiben, andererseits das Bodenschutzrecht einheitlich, auch für immissionsschutzrechtliche Anlagen, verbindlich regelt, welche Bodenbelastungen eine Gefahr für den Boden begründen und welche nicht.[59] Gem. § 3 Abs. 3 S. 2 BBodSchG sind zur näheren Bestimmung der immissionsschutzrechtlichen Vorsorgepflichten die im Anhang 2 BBodSchV festgelegten Werte heranzuziehen. Die im Rahmen der Vorsorgewerte dabei zu berücksichtigende zulässige Zusatzbelastung ist in § 11 BBodSchG näher bestimmt.

D. Grundsätze und Pflichten

Der Zweite Teil des BBodSchG enthält Vorschriften zur **41**

- Gefahrenabwehr (§ 4 BBodSchG),
- Vorsorge (§ 7 BBodSchG),
- Entsiegelung (§ 5 BBodSchG),
- zum Auf- und Einbringen von Materialien auf oder in den Boden (§ 6 BBodSchG),
- zu Werten und Anforderungen (§ 8 BBodSchG),
- zur Gefährdungsabschätzung und Untersuchungsanordnungen (§ 9 BBodSchG) sowie
- zu sonstigen Anordnungen (§ 10 BBodSchG).

I. Pflichten zur Gefahrenabwehr

§ 4 BBodSchG regelt sowohl die Pflicht zur Abwehr von Schäden, die einem Rechtsgut durch menschliches Verhalten oder durch den Zustand eines Grundstücks künftig drohen, (§ 4 Abs. 1 und 2 BBodSchG) als auch die Pflicht zur Beseitigung schon vorhandener Beeinträchtigungen (§ 4 Abs. 3 BBodSchG). Dabei handelt es sich um gesetzliche Pflichten, zu deren Durchsetzung eine weitere behördliche Anordnung nicht erforderlich ist.[60] **42**

1. Handlungspflicht

Gem. § 4 Abs. 1 BBodSchG hat sich jeder, der auf den Boden einwirkt, so zu verhalten, daß schädliche Bodenveränderungen nicht hervorgerufen werden. § 4 Abs. 1 BBodSchG begründet eine öffentlich-rechtliche Sorgfaltspflicht, die jeden trifft, der auf den Boden einwirkt. Als allgemeiner Ver- **43**

---

58 *Radtke,* in: Holzwarth/Radtke/Hilger, BBodSchG, § 3 Rn. 24; *Kobes,* NVwZ 1998, 786 (787).

59 Vgl. BR-Drs. 702/96, S. 96f.; dazu auch *Michler,* UPR 1999, 100 (101ff.).

60 Nach dem allg. Polizei- u. OrdnungsR war vor Erlaß des BBodSchG str., ob den Ermächtigungen auf Seiten des Störers eine materielle Polizeipflicht entsprach, vgl. *Oliges,* in: Oliges, BBodSchG, S. 73f.; vgl. dazu auch *Schink,* LKT NW 1999, 179 (185).

haltensgrundsatz ist er jedoch wegen seiner Unbestimmtheit weder als Ordnungswidrigkeit (vgl. § 26 BBodSchG) noch im Rahmen strafrechtlicher Normen sanktioniert.[61]

a) Einwirken auf den Boden

44 Dabei setzt das *Einwirken auf den Boden* kein finales Vorgehen voraus.[62] Ausreichend ist, daß der Boden als Objekt der Einwirkung durch irgendein ursächliches Verhalten einer Person verändert wird.[63] Hinsichtlich der Anforderungen, die an die Ursächlichkeit des Verhaltens für das Entstehen von schädlichen Bodenveränderungen zu stellen sind, gelten die Grundsätze zum allgemeinen Polizei- und Ordnungsrecht entsprechend.[64] Insoweit kann insbesondere die zum Altlastenrecht entwickelte Rechtsprechung herangezogen werden.

45 Nach der **Theorie der unmittelbaren Verursachung** stellt dasjenige Verhalten eine polizeirechtlich relevante Ursache dar, das selbst die Gefahrengrenze überschreitet.[65] Das ist regelmäßig die zeitlich letzte, also die Ursache, welche die Gefahr oder Störung unmittelbar herbeiführt. Eine mittelbare Ursache kann jedoch ausnahmsweise aufgrund einer *wertenden Betrachtungsweise* als ordnungsrechtlich relevant angesehen werden.[66]

46 *Beispiele:* Der **Deponie- oder Anlagenbetreiber** ist als unmittelbarer Verursacher für die von der Deponie oder Anlage ausgehenden Gefahren für den Boden verhaltensverantwortlich.[67] Dagegen überschreitet der mit dem Betreiber nicht identische **Grundstückseigentümer** regelmäßig mit der Überlassung seines Eigentums an den Betreiber nicht die Gefahrengrenze, so daß nach der Theorie der unmittelbaren Verursachung eine Verhaltensverantwortlichkeit nicht in Betracht kommt.[68] Der **Produzent** ist trotz der Tätigkeit des Deponiebetreibers, die einen unmittelbaren Verursachungsbeitrag liefert, Verhaltensstörer, wenn die Herstellung selbst bereits eine über das Normalmaß hinausgehende Gefahrentendenz aufweist, die sich bei der späteren Ablagerung der Produkte aktualisiert und von einem derartigen Gewicht ist, daß die Ablagerung durch den Deponiebetreiber bei wertender Betrachtung demgegenüber zurücktritt *(latente Gefährdung)*. Eine derartige erhöhte Gefahrentendenz kann im Einzelfall zu bejahen sein, wenn gefährliche Abfälle produziert werden, ohne daß bereits zu diesem Zeitpunkt die hinreichende gefahrvermeidende Entsorgung sichergestellt

---

[61] *Vierhaus,* NJW 1998, 1262 (1264 m. w. N.); *Kobes,* NVwZ 1998, 786 (789); so auch *Schink,* LKT NW 1999, 179 (185).

[62] *Hilger,* in: Holzwarth/Radtke/Hilger, BBodSchG, § 4 Rn. 10; *Schoeneck,* in: Sanden/Schoeneck, BBodSchG, § 4 Rn. 9.

[63] *Hilger,* in: Holzwarth/Radtke/Hilger, BBodSchG, § 4 Rn. 10.

[64] *Schoeneck,* in: Sanden/Schoeneck, BBodSchG, § 4 Rn. 9; vgl. auch *Schink,* LKT NW 1999, 202.

[65] Vgl. *OVG Münster,* Urt. v. 30. 5. 1996 – 20 A 2640/94 –, DVBl. 1997, 570 (571); *VGH Mannheim,* Beschl. v. 4. 8. 1995 – 10 S 828/95 –, NVwZ 1996, 1036 (1037); *OVG Koblenz,* Urt. v. 7. 5. 1991 – 1 A 10297/89 –, NVwZ 1992, 499 (500); *VGH Kassel,* Urt. v. 4. 9. 1985 – 5 UE 178/85 –, DVBl. 1986, 783 f.; *Götz,* AllgPOR, Rn. 193; *Schoch,* JuS 1994, 932 (933); *Kothe,* VerwArch 1997, 456 (464); krit. *Koch,* Bodensanierung nach dem Verursacherprinzip, S. 13 ff.; *Brandt,* AltlastenR, Kap. IV Rn. 41; *Pietzcker,* DVBl. 1984, 457 ff.; *Schink,* GewArch 1996, 50 (53).

[66] Vgl. *OVG Schleswig,* Beschl. v. 14. 7. 1995 – 2 M 7/95 –, UPR 1996, 194; *OVG Münster,* Urt. v. 29. 3. 1984 – 12 A 2194/82 –, UPR 1984, 279; *Götz,* AllgPOR, Rn. 198.

[67] Vgl. z. B. *VGH München,* Urt. v. 13. 8. 1994 – 22 B 93 3961 –, ZfW 1995, 100 ff.; *VGH Mannheim,* Urt. v. 19. 10. 1993 – 10 S 2045/91 –, ZUR 1994, 142 ff.

[68] Vgl. aber *VGH München,* Beschl. v. 26. 7. 1991 – 22 CS 90 400 –, NVwZ 1992, 905.

ist.[69] Ein Überschreiten der Gefahrengrenze muß auch dann bejaht werden, wenn der Abfallerzeuger hochgiftige Abfälle an ein erkennbar ungeeignetes Beseitigungsunternehmen übergibt, das die Abfälle nicht fachgerecht beseitigen kann.[70] Ein latent gefährliches Verhalten des **Abfallbeförderers** kann beispielsweise im Einzelfall zu bejahen sein, wenn er Weisungen des Abfallerzeugers bei der Beförderung oder Ablagerung der Abfälle nicht beachtet.[71]

Nach der **Theorie der rechtswidrigen Verursachung** ist nur die rechtswidrige Verursachung eines Gefahrenzustandes kausal im Sinne des Polizei- und Ordnungsrechts.[72] Die wertende Betrachtungsweise der Verursachungstheorie hindere eine klare Bestimmung des Verhaltensverantwortlichen und führe zu Unsicherheiten. Bei der Theorie der rechtswidrigen Verursachung stellt sich indes das Problem, daß eine eng verstandene Rechtswidrigkeitslehre nur solche Verhaltensweisen erfassen kann, deren Bewertung sich in positiven Normen als gefährlich niedergeschlagen hat.[73] Risikobehaftetes Verhalten, für das Rechtsnormen fehlen, bleibt so ausgeklammert, obwohl gerade hier ein wichtiges Anwendungsfeld des Ordnungsrechts liegt. Das Kriterium der Rechtswidrigkeit wird daher in der jüngeren Literatur modifiziert und eine **„Störerbestimmung nach Pflichtwidrigkeit und Risikosphären"** vorgenommen.[74] Maßgebend ist danach, in wessen Risiko- und Pflichtensphäre die Verantwortung für einen gefährlichen Zustand fällt. Die jeweilige Risiko- und Pflichtenzuweisung kann sich dabei z. B. aus den zivilrechtlichen Grundsätzen über die Verkehrssicherungspflichten oder aus einer gesetzlich angeordneten Gefährdungshaftung (z. B. § 22 WHG) ergeben.[75] **47**

Da auch die Unmittelbarkeitslehre – wie oben gesehen – eine wertende Betrachtungsweise einschließt und diese sich letztlich ebenfalls an den Aspekten der Risikosphären und der Pflichtenzuweisung orientieren muß,[76] unterscheiden sich die Theorien im Ergebnis kaum.[77] Als erster, griffiger Einstieg erscheint das Kriterium der Unmittelbarkeit durchaus praktikabel und daher im Hinblick auf den Grundsatz der effektiven Gefahrenabwehr sinnvoll.[78] **48**

An dem erforderlichen Zurechnungszusammenhang für eine schädliche Bodenveränderung fehlt es jedenfalls bei sog. **Summations- oder Distanzschäden,** bei denen durch weiträumige Luftverunreinigungen schädliche Bodenveränderungen hervorgerufen werden können.[79] **49**

Die Zurechenbarkeit nach § 4 Abs. 1 BBodSchG setzt neben der zu erwartenden zurechenbaren Verursachung einer schädlichen Bodenveränderung voraus, daß das fragliche Verhalten nicht durch die **Legalisierungswirkung von Genehmigungen** gedeckt ist.[80] Nach der Rechtsprechung des **50**

---

[69] *Kloepfer,* Verantwortlichkeit für Altlasten, S. 41.

[70] *Papier,* ET 1987, 437 (439).

[71] *Kloepfer,* Verantwortlichkeit für Altlasten, S. 39.

[72] Vgl. dazu *Schoch,* JuS 1994, 932 (933) m. w. N.

[73] *Schink,* GewArch 1996, 50 (54).

[74] So v. a. *Schink,* GewArch 1996, 50 (54 ff.); *ders.,* VerwArch 1991, 357 (372 ff.); *Pietzcker,* DVBl. 1984, 457 ff.; *Brandt,* AltlastenR, Kap. IV Rn. 45; *Bender/Sparwasser/Engel,* UmweltR, Teil 5 Rn. 140; vgl. auch *Ladeur,* UPR 1995, 1 ff.

[75] Vgl. dazu i. e. *Schink,* GewArch 1996, 50 (54 ff.)

[76] Vgl. z. B. *OVG Münster,* Urt. v. 30. 5. 1996 – 20 A 2640/94 –, DVBl. 1997, 570 (571); vgl. auch *Tünnesen-Harmes,* HdbUR, A.4 Rn. 30 f.; *Schoch,* JuS 1994, 932 (933 Fn. 13).

[77] So auch *Schenke,* in: *Steiner,* BesVwR, Teil 2 Rn. 156; *Götz,* AllgPOR, Rn. 193; *Brandt,* AltlastenR, Kap. IV Rn. 46.

[78] So auch *Schoch,* JuS 1994, 932 (933); *Tünnesen-Harmes,* HdbUR, A.4 Rn. 32.

[79] Dazu *Kobes,* NVwZ 1998, 786 (789).

[80] Zum Begriff der Legalisierungswirkung von Genehmigungen vgl. *BVerwG,* Urt. v. 2. 12. 1977 – 4 C 75.75 –, BVerwGE 55, 118 (121 ff.); vgl. dazu bereits oben § 8 Rn. 128 ff.

R. Schwärdt, JZ 01, 1163

BVerwG kann aufgrund der ordnungsrechtlichen Generalklausel in der Regel nicht gegen gewerbe-, immissionsschutz- und/oder wasserrechtlich genehmigte Anlagen eingeschritten werden, weil die Erteilung von Genehmigungen einen wesentlichen Teil ihres Sinnes einbüßen würde, wenn gleichwohl gegen den genehmigten Zustand unter Berufung auf die ordnungsbehördliche Generalklausel, d.h. unter Berufung auf das Vorliegen einer Störung der öffentlichen Sicherheit oder Ordnung, eingeschritten werden dürfte.[81] Es lehnt die Verdrängung der ordnungsrechtlichen Generalklausel durch die spezielleren Eingriffsgrundlagen ab.[82] Dies hat auch im Verhältnis der bodenschutzrechtlichen Ermächtigungsgrundlage der §§ 10 Abs. 1 S. 1, 4 Abs. 3 BBodSchG zu den spezielleren Eingriffsgrundlagen zu gelten.

51 Die Legalisierungswirkung kann sich dabei allerdings nur auf solche Verhaltensweisen erstrecken, die von der Behörde in Kenntnis des damit verbundenen Gefährdungspotentials zumindest konkludent genehmigt worden sind.[83] Nicht von der Legalisierungswirkung erfaßt ist außerdem ein Verhalten, das eine Überschreitung der Genehmigung darstellt.[84]

b) Keine schädlichen Bodenveränderungen

52 Als Folge der Einwirkung dürfen *keine schädlichen Bodenveränderungen,* d.h. keine Beeinträchtigungen der Bodenfunktionen, die geeignet sind, Gefahren, erhebliche Nachteile oder erhebliche Belästigungen für den einzelnen oder die Allgemeinheit herbeizuführen (§ 2 Abs. 3 BBodSchG),[85] hervorgerufen werden. Damit knüpft die Jedermannspflicht des § 4 Abs. 1 BBodSchG an ein erkennbar gefährdendes, menschliches Verhalten an und richtet sich an alle, deren Handeln bei rechtlich wertender Betrachtung die Gefahrenschwelle voraussichtlich überschreitet.[86]

53 Zur Konkretisierung der Gefahrenschwelle des § 4 Abs. 1 BBodSchG hat die Bundesregierung auf der Grundlage des § 8 Abs. 1 BBodSchG im Anhang 2 BBodSchV nutzungs- und pfandspezifische Maßnahme- und Prüfwerte erlassen. Vorgesehen sind nach § 8 Abs. 1 S. 2 BBodSchG zum einen Werte, bei deren Überschreitung unter Berücksichtigung der Bodennutzung eine einzelfallbezogene Prüfung durchzuführen und festzustellen ist, ob eine schädliche Bodenveränderung oder Altlast vorliegt **(Prüfwerte)** (Nr. 1) und

---

[81] Vgl. *BVerwG,* Urt. v. 2. 12. 1977 – 4 C 75.75 –, BVerwGE 55, 118 (121); *VGH Mannheim,* Beschl. v. 14. 12. 1989 – 1 S 2719/89 –, NVwZ 1990, 781 (783); *a. A. OVG Münster,* Beschl. v. 10. 1. 1985 – 4 B 1434/84 –, NVwZ 1985, 355 f.; *Kothe,* VerwArch 1997, 456 (477 ff.); *Schink,* GewArch 1996, 50 (58); *Oerder,* NVwZ 1992, 1031 (1034 f.); *Fluck,* VerwArch 1988, 406 ff.; *Tünnesen-Harmes,* HdbUR, A.4 Rn. 82 ff.; *Schrader,* Altlastensanierung nach dem Verursacherprinzip, S. 139 ff.; *Papier,* Altlasten und polizeiliche Störerhaftung, S. 24 f.; *Kloepfer,* Verantwortlichkeit für Altlasten S. 37 f.

[82] Die Legalisierungswirkung von Genehmigungen ist als Schlüsselproblem der öffentl.-rechtl. Störerhaftung für Altlasten anzusehen; die dogmatische Grundlage u. die Reichweite der Legalisierungswirkung von Genehmigungen ist nach wie vor str., vgl. *Hilger,* in: Holzwarth/Radtke/Hilger, BBodSchG, § 14 Rn. 72 ff.; siehe dazu bereits oben § 8 Rn. 128 ff.

[83] Vgl. *OVG Koblenz,* Urt. v. 7. 5. 1991 – 1 R 10297/89 –, NVwZ 1992, 499 (500); *Kloepfer,* UmweltR, § 12 Rn. 72; *Tünnesen-Harmes,* HdbUR, A.4 Rn. 84; *Brandt,* AltlastenR, Kap. IV Rn. 56 ff.

[84] *Oerder,* NVwZ 1992, 1031 (1034).

[85] Vgl. zu § 2 Abs. 3 BBodSchG oben § 27 Rn. 21 ff.

[86] *Kobes,* NVwZ 1998, 786 (789).

zum anderen Werte für Einwirkungen oder Belastungen, bei deren Überschreitung unter Berücksichtigung der jeweiligen Bodennutzung in der Regel von einer schädlichen Bodenveränderung oder Altlast auszugehen ist und Maßnahmen erforderlich sind **(Maßnahmenwerte)** (Nr. 2).[87] Die Prüf- und Maßnahmenwerte bezwecken, die zur Ermittlung von schädlichen Bodenveränderungen erforderlichen rechtlichen und naturwissenschaftlichen Überlegungen in Form von Werten zu schematisieren und dadurch die Anwendung des Gesetzes zu vereinfachen.[88] Werden die Prüfwerte für Schadstoffe durch die Ausführung eines Vorhabens überschritten, gilt dies als Drohen schädlicher Bodenveränderungen. Allerdings sind nach § 8 Abs. 1 S. 2 Nr. 1 BBodSchG weitere Prüfungen erforderlich, bei welchen insbesondere die Bodenverhältnisse des Einzelfalls zu berücksichtigen sind. Demgegenüber ist beim Überschreiten von Maßnahmewerten nach § 8 Abs. 1 S. 2 Nr. 2 BBodSchG im Gegensatz zu Prüfwerten regelmäßig vom Vorliegen einer schädlichen Bodenveränderung oder Altlast auszugehen und entsprechend Gegenmaßnahmen durchzuführen. Die initiierende Wirkung von Maßnahmenwerten hinsichtlich des Vorliegens von Gefahren für die menschliche Gesundheit ist demnach stärker als bei Prüfwerten. Der Gefahrenverdacht kann nur bei ganz ungewöhnlichen Umständen widerlegt werden.

Eine Beeinträchtigung der Bodenfunktionen in diesem Sinne liegt nicht **54** vor bei Maßnahmen, welche die Leistungsfähigkeit von Bodenfunktionen ausschließlich verbessern. Diese werden von der Sorgfaltspflicht des § 4 Abs. 1 BBodSchG nicht erfaßt.

Gem. § 4 Abs. 4 S. 1 BBodSchG ist bei der Erfüllung der Verhaltenspflicht die pla- **55** nungsrechtlich zulässige Nutzung eines Grundstücks und das sich daraus ergebende Schutzbedürfnis zu beachten, soweit dies mit dem Schutz der in § 2 Abs. 2 Nr. 1 und 2 BBodSchG genannten Bodenfunktionen zu vereinbaren ist.[89]

Da § 4 Abs. 1 BBodSchG auch und gerade dem Schutz der Rechts- **56** position des Betroffenen dient, kommt ihm ebenso wie § 5 Abs. 1 Nr. 1 BImSchG drittschützende Wirkung zu.[90]

2. *Zustandspflicht*

§ 4 Abs. 2 BBodSchG regelt die Zustandsverantwortlichkeit des Grund- **57** stückseigentümers und des Inhabers der tatsächlichen Gewalt über ein Grundstück.[91] Danach sind diese verpflichtet, Maßnahmen zur Abwehr der von ihrem Grundstück drohenden schädlichen Bodenveränderungen zu er-

[87] Der Kommissionsentwurf zum Umweltgesetzbuch sieht von der Festlegung sog. Sanierungszielwerte ab u. behält die Entscheidung über die Festlegung des Sanierungsziel der zuständigen Behörde im Einzelfall vor, vgl. BMU, UGB-KomE, S. 988.

[88] *Hilger,* in: Holzwarth/Radtke/Hilger, BBodSchG, § 4 Rn. 35.

[89] Vgl. zur nutzungsorientierten Sanierung unten § 27 Rn. 79.

[90] *Hilger,* in: Holzwarth/Radtke/Hilger, BBodSchG, § 4 Rn. 82.

[91] Vgl. dazu auch *Schink,* LKT NW 1999, 179 (185); *Kothe,* UPR 1999, 96 ff.; zur Zustandshaftung der BRD für die Sanierung kontaminierter Böden auf dem Parkplatz einer Bundesfernstraße *BVerwG,* Beschl. v. 21. 12. 1998 – 7 B 211.98 –, UPR 1999, 310; zur zivilrechtl. Verantwortlichkeit für Altlasten vgl. *Enders,* Die zivilrechtliche Verantwortlichkeit für Altlasten und Abfälle, passim.

greifen. Dem Eigentümer steht ein Erbbauberechtigter – anders als im Umweltnachbarrecht[92] – nicht gleich; er kann als Zustandsstörer nur in Anspruch genommen werden, wenn er Inhaber der tatsächlichen Gewalt über ein Grundstück ist.[93] Die Zustandshaftung knüpft an die tatsächiche und rechtliche Sachherrschaft einer Person an, die es ihr ermöglicht, auf die Sache einzuwirken.[94] Nicht entscheidend ist der zivilrechtliche Besitz.[95]

58 Bei der **Zustandsverantwortlichkeit** knüpft die Haftung an die dingliche Rechtsposition des Inanspruchgenommenen an. Mit dem Verlust der tatsächlichen Verfügungsgewalt oder des Eigentums an der störenden Sache endet die Verantwortlichkeit, mit dem Erwerb wird sie neu begründet.[96] Damit wird der Dritte bei Übergang des Eigentums an einer gefahrbegründenden Sache kraft *Gesamt- oder Einzelrechtsnachfolge* originär und kraft Gesetzes zustandsverantwortlich.[97] Liegt beim Wechsel der Rechtsinhaberschaft bereits ein die Zustandsverantwortlichkeit konkretisierender Verwaltungsakt vor (z.B. eine Sanierungsverfügung), so kommt ein Einrücken in seine Pflichten im Wege der Einzelrechtsnachfolge nicht in Betracht, weil es an einem entsprechenden Übergangstatbestand fehlt.[98]

59 Die schädlichen Bodenveränderungen (§ 2 Abs. 3 BBodSchG)[99] müssen *von dem Grundstück* drohen. Gefahren, die von Nachbargrundstücken ausgehen, etwa durch einen Hangrutsch von einem höher gelegenen Grundstück, werden nicht erfaßt. Unter Gefahren, die von einem Grundstück ausgehen, werden auch Gefahren verstanden, die vom Zustand von Gebäuden oder Anlagen ausgehen. Gemeint sind beispielsweise Korrosionserscheinungen an Anlagenteilen oder Rohrleitungen, bei denen die konkrete Gefahr besteht, daß umweltgefährdende Stoffe in den Boden gelangen.[100]

60 Für die Zustandshaftung ist es unerheblich, wodurch der für den Boden gefährliche Zustand entstanden ist. Selbst die Verursachung von Gefahren

---

[92] Vgl. dazu bereits oben § 12 Rn. 10.

[93] *VGH Mannheim,* Urt. v. 15. 5. 1997 – S 8272/97 –, VBlBW 1997, 463.

[94] *BVerwG,* Beschl. v. 14. 12. 1990 – 7 B 134.90 –, GewArch 1991, 177; *Wolf/Bachhoff,* VerwR III S. 67; a. A. *Erichsen,* VVDStRL 35, 1977, 171 (202).

[95] *Götz,* AllgPOR, Rn. 208; *Schoeneck,* in: Sanden/Schoeneck, BBodSchG, § 4 Rn. 18f.

[96] Vgl. zur Haftung des Rückübertragungsberechtigten *VG Gera,* Urt. v. 14. 10. 1997 – 2 K 350/96 –, NuR 1998, 501 (502); zur Haftung des Rechtsnachfolgers auch *Schink,* LKT NW 1999, 202 (204ff.).

[97] *VGH Mannheim,* Beschl. v. 4. 8. 1995 – 10 S 828/95 –, NVwZ 1996, 1036 (1037f.); *OVG Münster,* Urt. v. 30. 5. 1996 – 20 A 2640/94 –, DVBl. 1997, 570 (570); *Kloepfer,* UmweltR, § 12 Rn. 81; *Brandt,* AltlastenR, Kap. IV Rn. 74; *Papier,* Altlasten und polizeiliche Störerhaftung, S. 59; *Kothe,* VerwArch 1997, 456 (476f.); *Schink,* GewArch 1996, 50 (59f.); *Pape,* NJW 1992, 2661 (2665) zur Sittenwichtigkeit einer Grundstücksveräußerung mit dem Ziel, die Störereigenschaft „weiterzugeben", vgl. *VGH Mannheim,* Urt. v. 20. 1. 1998 – 10 S 233/97 –, VBlBW 1998, 312ff.; vgl. dazu *Knopp,* DVBl. 1999, 1010 (1011).

[98] So auch *Tünnesen-Harmes,* HdbUR, A.4 Rn. 71; *Kunig,* in: Kunig/Schwermer/Versteyl, AbfG, Anh. §§ 10, 10a Rn. 39; *Schink,* GewArch 1996, 50 (60); *Schoch,* JuS 1994, 1026 (1031); *Papier,* NVwZ 1986, 262; a. A. die h. M. *VGH Mannheim,* Beschl. v. 12. 3. 1991 – 5 S 618/91 –, NVwZ 1992, 392; *OVG Münster,* Urt. v. 9. 9. 1986 – 11 A 1536/86 –, DÖV 1987, 601; *Götz,* AllgPOR, Rn. 229; *Stadie,* DVBl. 1990, 501 (507) m. w. N.

[99] Vgl. dazu oben § 27 Rn. 21ff.

[100] BT-Drs. 13/6701, S. 34.

durch Naturvorgänge schließt die Verantwortung des Eigentümers oder Besitzers des Grundstücks für die vom Grundstück drohenden Gefahren nicht aus.[101]

Die Zustandshaftung entfällt, wenn der Zustandsverantwortliche zur Duldung der Einwirkung verpflichtet ist. Das ist etwa dann der Fall, wenn und soweit die Einwirkung auf einer bestandskräftigen immissionsschutzrechtlichen Genehmigung beruht und diese nach § 14 BImSchG Abwehransprüche ausschließt. 61

3. Beseitigung von Störungen

Gem. § 4 Abs. 3 BBodSchG sind der Verursacher einer schädlichen Bodenveränderung oder Altlast sowie dessen Gesamtrechtsnachfolger, der Grundstückseigentümer und der Inhaber der tatsächlichen Gewalt über ein Grundstück verpflichtet, den Boden und Altlasten sowie durch schädliche Bodenveränderungen oder Altlasten verursachte Verunreinigungen von Gewässern so zu sanieren, daß dauerhaft keine Gefahren, erhebliche Nachteile oder erbliche Belästigungen für den einzelnen oder die Allgemeinheit entstehen.[102] Damit regelt § 4 Abs. 3 S. 1 BBodSchG diejenigen Anforderungen, die zu erfüllen sind, wenn schädliche Bodenveränderungen oder Altlasten bereits eingetreten sind. 62

a) Sanierungspflichtige

Soweit § 4 Abs. 3 S. 1 BBodSchG den **Verursacher,**[103] den **Grundstückseigentümer** oder den **Inhaber der tatsächlichen Gewalt über ein Grundstück**[104] zur Sanierung verpflichtet, werden die klassischen Verhaltens- und Zustandsstörer im Sinne des allgemeinen Polizei- und Ordnungsrechts erfaßt.[105] Zudem zieht § 4 Abs. 3 S. 1 BBodSchG auf Verusacherseite den **Gesamtrechtsnachfolger** des Verursachers in die Sanierungsverantwortung mit ein.[106] Gesamtrechtsnachfolger ist diejenige natürliche oder ju- 63

[101] So bereits zur alten Rechtslage *OVG Koblenz,* Urt. v. 1. 10. 1997 – 11 A 2542/96 –, DVBl. 1998, 103; *VGH München,* Beschl. v. 26. 9. 1995 – 21 B 95 1527 –, NuR 1997, 559.

[102] Vgl. zu den Anforderungen an die Sanierung auch *Riedel,* UPR 1999, 92 ff.

[103] Vgl. zum Verhaltenspflichtigen bereits oben § 27 Rn. 44 ff.

[104] Vgl. zum Zustandspflichtigen bereits oben § 27 Rn. 59 ff.; § 347 Abs. 1 Nr. 3 UGB-KomE, geht noch darüber hinaus u. erfaßt auch denjenigen, der im Zeitraum des Entstehens der Bodenbelastung Inhaber der tatsächl. Gewalt über das Grundstück gewesen ist, vgl. BMU, UGB-KomE, S. 224, 1034.

[105] So auch § 348 Abs. 1 Nr. 1, 5 u. 6 UGB-KomE, vgl. BMU, UGB-KomE, S. 244, 1033; zur Störerproblematik im AltlastenR auch *Oerder,* NVwZ 1992, 1031 ff.; *Knorr,* VBlBW 1996, 447 ff.; *Schink,* GewArch 1996, 50 (51 ff.); *Kügel,* NJW 1996, 2477 (2480 ff.); *Brandt,* AltlastenR, Kap. IV Rn. 38 ff.; *Tünnesen-Harmes,* HdbUR, A.4 Rn. 18 ff.; *Bender/Sparwasser/Engel,* UmweltR, Teil 5 Rn. 137 ff.; zu den Sanierungsverantwortlichen auch *Knopp,* ZUR 1999, 210 ff.

[106] Vgl. dazu *Spieth/Wolfers,* Altlastenspektrum 1998, 75 (76 f.); *Gerold,* Altlastenspektrum 1998, 107 (108); siehe auch § 347 Abs. 1 Nr. 1 UGB-KomE, BMU, UGB-KomE, S. 244, 1033; dies war nach der alten Rechtslage im POR str., dafür *Kloepfer,* Verantwortlichkeit für Altlasten, S. 45 f.; *Schink,* GewArch 1996, 50 (60 f.); *Tünnesen-Harmes,* HdbUR, A.4 Rn. 81; *Schlabach/Simon,* NVwZ 1992, 143 (145); *Stadie,* DVBl. 1990, 501 (505); ähnl. *Peine,* JuS 1997, 984 (987); ebenso wohl auch *OVG Lüneburg,* Beschl. v. 7. 3. 1997 – 7 M 3628/96 –, NJW 1998, 97 (98); dagegen *Bender/Sparwasser/Engel,* UmweltR, Teil 5 Rn. 191; *Götz,* AllgPOR, Rn. 247; *Papier,* DVBl. 1996, 125 (128 f.); differenzierend *Ossenbühl,* Zur Haftung des Gesamtrechts-

Becker, DVBl 99, 134, Spieth/Wolfers, NVwZ 99, 355, v. Mutius/Nolte DÖV 00, 1, Becker, DVBl 00, 594, Nolte, NVwZ 00, 1135, Buck, NVwZ 01, 51, Bickel/Hagmann, DVBl 01, 1636, R. Schmidt, JZ 01, 1165, Fluck, DVBl 02, 375 (Kommunen), VGH, U 3.9.02, DÖV 03, 421, Mohr, NVwZ 03, 686, Kahl/Schmidt, JZ 06, 125, BVerwG, U 16.3.06, NVwZ 06, 928, Palme, NVwZ 06, 1130 = JZ 06, 1124 m. Anm. Ossenbühl, Rixen, JZ 07, 171, Kahl, JZ 08, 120, Tiedemann NVwZ 08, 257 ristische Person, die kraft gesetzlicher Anordnung in die gesamten Rechte und Pflichten einer anderen Person eintritt. Die Gesamtrechtsnachfolge erfaßt die Erbfolge (§ 1922 Abs. 1 BGB) und die Fusion von Kapitalgesellschaften (§ 20 Abs. 1 Nr. 1 UmwG).[107] Anknüpfungspunkt der öffentlich-rechtlichen Verantwortung ist damit ein zivilrechtlicher Tatbestand. Der Haftung des Gesamtrechtsnachfolgers soll zum einen dem Verursacherprinzip Rechnung getragen werden und zum anderen die bislang umstrittene Frage geklärt werden, ob eine Gesamtrechtsnachfolge in die materielle Polizeipflicht überhaupt stattfinden kann.[108]

64 Eine *Einzelrechtsnachfolge* in die Verhaltensverantwortung findet nicht statt, da die Ordnungspflicht als öffentlich-rechtliche Pflicht nicht zur Disposition des Pflichtigen steht und folglich auch von ihm nicht zum Gegenstand eines Rechtsgeschäfts gemacht werden kann.[109]

65 Auf Seiten des Zustandsstörers wird die Sanierungspflicht durch § 4 Abs. 3 S. 4 und Abs. 6 BBodSchG ausgedehnt.[110] So ist gem. § 4 Abs. 3 S. 4 BBodSchG zur Sanierung auch verpflichtet, **wer aus handelsrechtlichem oder gesellschaftrechtlichem Rechtsgrund für eine juristische Person einzustehen hat,** der ein Grundstück, das mit einer schädlichen Bodenveränderung oder einer Altlast belastet ist, gehört, und **wer das Eigentum an einem solchen Grundstück aufgibt.**[111] Mit § 4 Abs. 3 S. 4 2. Alt. BBodSchG soll erreicht werden, daß sich der Zustandspflichtige nicht zu Lasten der Allgemeinheit durch Aufgabe des Eigentums seiner öffentlichen Verantwortung entziehen kann.[112] Demgegenüber sind die Voraussetzungen für die Durchgriffshaftung nach § 4 Abs. 3 S. 4 1. Alt. BBodSchG allein anhand zivilrechtlicher Maßstäbe zu ermitteln.[113] Voraussetzung für eine Durchgriffshaftung ist zunächst, daß eine juristische Person Eigentümerin des

---

nachfolgers, S. 54 ff.; *Doerfert,* VR 1999, 229 ff.; vgl. in diesem Zusammenhang auch *VGH München,* Urt. v. 18. 8. 1994 – 22 B 93 3961 –, ZfW 1995, 100 (102); *OVG Münster,* Urt. v. 30. 5. 1996 – 20 A 2640/91 –, DVBl. 1997, 570 (570 f.).

[107] *OVG Münster,* Urt. v. 29. 3. 1984 – 12 A 2194/82 –, UPR 1984, 279 (280); *VGH München,* Beschl. v. 28. 11. 1988 – Nr. 8 CS 87 02857 –, ZfW 1989, 147 (150 f.); *Ossenbühl,* S. 39; *Papier,* DVBl. 1996, 125 (126).

[108] Vgl. Stellungnahme des BR, BT-Drs. 13/6701, S. 51; s. auch *OVG Bautzen,* Urt. v. 12. 6. 1997 – 1 S 708/96 –, LKV 1998, 62 (64 m. w. N.); *OVG Münster,* Urt. v. 30. 5. 1996 – 20 A 2640/94 –, NVwZ 1997, 507 (508); eingehend *Ossenbühl,* Zur Haftung des Gesamtrechtsnachfolgers für Altlasten, passim; eine Beschränkung der Haftung des Gesamtrechtsnachfolgens ist in § 347 Abs. 3 UGB-KomE vorgesehen, vgl. BMU, UGB-KomE, S. 245, 1036.

[109] So schon zur alten Rechtslage *OVG Münster,* Urt. v. 30. 5. 1996 – 20 A 2640/94 –, DVBl. 1997, 570 (570); *Kloepfer,* Verantwortlichkeit für Altlasten, S. 45; *Erbguth,* JuS 1998, 314 (315); *Schink,* GewArch 1996, 50 (60); *Schlabach/Simon,* NVwZ 1992, 143 (144).

[110] Mit diesen Bestimmungen geht das Haftungsregime des BBodSchG erhebl. über das hinaus, was bisher in der ordnungsrechtl. RSpr. u. Lit. allg. anerkannt war, so *Kobes,* NVwZ 1998, 786 (790); zum erweiterten Kreis der Zustandsverantwortlichen vgl. auch *Droese,* UPR 1999, 86 ff.

[111] Vgl. auch *Droese,* UPR 1999, 86 (89 f.).

[112] Die Regelung entspricht damit weitgehend entspr. ordnungsrechtl. Regelungen in den Ländern; siehe auch § 347 Abs. 6 UGB-KomE, BMU, UGB-KomE, S. 245, 1037.

[113] Zur den Voraussetzungen für die Durchgriffshaftung *Schoeneck,* in: Sanden/Schoeneck, BBodSchG, § 4 Rn. 40 ff.

belasteten Grundstücks ist. Keine juristische Person in diesem Sinne ist eine BGB-Gesellschaft, da diese lediglich Gesamthandsgemeinschaft einer natürlichen Person ist, der die wesentlichen Merkmale einer juristischen Person fehlt.[114] Weitere Voraussetzung ist, daß die juristische Person Eigentümerin eines belasteten Grundstücks ist. Sobald die juristische Person das Eigentum an dem Grundstück verliert - etwa durch Eigentumsübertragung – endet die Haftung. Eine Durchgriffshaftung des früheren Eigentümers nach § 4 Abs. 6 BBodSchG findet für die handels- und gesellschaftsrechtliche Durchgriffshaftung nicht statt.[115] Die Haftung für den gegenwärtigen Zustand des Grundstücks trifft den Verantwortlichen, der aus handelsrechtlichem oder gesellschaftsrechtlichem Rechtsgrund für die juristische Person einzustehen hat. Nach dem Willen des Gesetzgebers sollen dadurch insbesondere die Fälle der **Unterkapitalisierung** oder der **qualifizierten Konzernabhängigkeit** erfaßt werden.[116] Unterkapitalisierung liegt vor, wenn kontaminierte Flächen auf eine Kapitalgesellschaft übertragen werden, die nur mit dem gesetzlichen Mindestkapital ausgestattet wurde. Ein solcher „objektiver Mißbrauch der gesellschaftsrechtlichen Organisationsformen" berechtigt zum Durchgriff, da das unterkapitalisierte Unternehmen außerstande ist, seinen Sanierungspflichten nach § 4 Abs. 3 BBodSchG ausreichend nachzukommen.[117] Gleiches gilt für die Fälle der qualifizierten Konzernabhängigkeit, bei der eine gesellschaftsrechtliche Abhängigkeit des ursprünglich sanierungspflichtigen Unternehmens besteht.[118]

Ferner ist nach § 4 Abs. 6 BBodSchG der **frühere Eigentümer eines** 66
Grundstücks zur Sanierung verpflichtet, wenn er sein Eigentum nach dem 1. 3. 1999 übertragen hat und die schädliche Bodenveränderung oder Altlast hierbei kannte oder kennen mußte.[119] Dies gilt nicht für denjenigen, der beim Erwerb des Grundstücks darauf vertraut hat, daß schädliche Bodenveränderungen oder Altlasten nicht vorhanden sind, und sein Vertrauen unter Berücksichtigung der Umstände des Einzelfalles schutzwürdig ist (§ 4 Abs. 6 S. 2 BBodSchG). Sinn dieser Vorschrift ist es, eine Haftungsbefreiung des Zustandsstörers durch die Übertragung des belasteten Grundstücks zu vermeiden. Dies setzt indes gem. § 4 Abs. 6 S. 2 BBodSchG voraus, daß der frühere Eigentümer bei der Übertragung des Grundstücks bösgläubig war.[120] Eine fortwirkende Sanierungspflicht des früheren Eigentümers, der vor Erlaß des BBodSchG sein Grundstück übertragen hat, wäre wegen einer mit Art. 14 GG nicht zu vereinbarenden Rückwirkung verfassungsrechtlich bedenklich, da eine solche fortwirkende Haftung nicht dem vorherigen Recht entsprach.[121] Demnach konnte eine fortwirkende Sanierungspflicht des frü-

[114] *Spieth/Wolfers,* Altlastenspektrum 1998, 75 (78); *Kobes,* NVwZ 1998, 786 (790).

[115] *Kobes,* NVwZ 1998, 786 (790).

[116] Stellungnahme des BR, Anleitung 2 zu BT-Drs. 13/6701, S. 51.

[117] Stellungnahme des BR, Anleitung 2 zu BT-Drs. 13/6701, S. 51.

[118] Vgl. dazu die Rspr. des *BGH,* Urt. v. 29. 3. 1993 – II ZR 265/91 –, ZIP 1993, 589; krit. dazu *Kobes,* NVwZ 1998, 786 (791).

[119] Siehe auch § 347 Abs. 5 UGB-KomE, BMU, UGB-KomE, S. 245, 1037; zu den Voraussetzungen *Knopp,* DVBl. 1999, 1010 (1011 ff.); siehe auch *Droese,* UPR 1999, 86 (90 ff.).

[120] § 4 Abs. 6 BBodSchG entspr. der Regelung des § 12 Abs. 1 Nr. 6 HEAltlG.

[121] *VGH Mannheim,* Urt. v. 30. 4. 1996 – 10 S 2163/95 –, UPR 1996, 394.

heren Eigentümers nur für denjenigen Eigentümer angeordnet werden, der sein Grundstück nach dem 1. 3. 1999 übertragen hat.[122]

67 Eine Reihenfolge der in § 4 Abs. 3 S. 1 und 4 BBodSchG genannten Personen, die zur Sanierung herangezogen werden können, sieht die Vorschrift allerdings nicht vor. Den Behörden steht ein **Auswahlermessen** zu, bei dessen Ausübung Gesichtspunkte einer effektiven Gefahrenabwehr vorrangig sind.[123] § 4 Abs. 3 BBodSchG verpflichtet zusammen mit § 4 Abs. 6 BBodSchG mehrere Verantwortliche nebeneinander zur Sanierung.[124] Während es hinsichtlich der Zustandshaftung von Eigentümern und Inhabern der tatsächlichen Gewalt über ein Grundstück nicht darauf ankommt, ob und inwieweit sie die Gefahrenlage verursacht haben, hängt die Reichweite der Sanierungspflicht mehrerer Verursacher einer schädlichen Bodenveränderung oder Altlast unter Verhältnismäßigkeitsgesichtspunkten vom jeweiligen Verursachungsbeitrag ab.[125]

b) Sanierungsgegenstand

68 Sanierungsgegenstand sind der Boden, Altlasten sowie durch schädliche Bodenveränderungen oder Altlasten verursachte Verunreinigungen von Gewässern.[126] Die Sanierungspflicht betrifft den durch schädliche Einwirkungen beeinträchtigten Boden (vgl. § 2 Abs. 1 BBodSchG). Zur Beseitigung von Gefahren durch Schadstoffe dienen die in § 2 Abs. 7 Nr. 1 und 2 BBodSchG genannten Sanierungsmaßnahmen. Darüber hinaus verpflichtet § 4 Abs. 3 BBodSchG auch zur Beseitigung von schädlichen Veränderungen der physikalischen oder biologischen Beschaffenheit des Bodens.

69 Soweit Altlasten zu sanieren sind, geht es gem. § 5 Abs. 2 letzter HS BBodSchG nicht nur um die Beseitigung von schädlichen Bodenveränderungen, sondern auch um die Abwehr sonstiger, also nicht auf die Beeinträchtigung von Bodenfunktionen beruhenden Gefahren.[127] Bei stillgelegten Industrieanlagen, die als Altstandorte vom Altlastenbegriff erfaßt werden (vgl. § 2 Abs. 5 Nr. 2 BBodSchG), ist deshalb nicht nur der auf den Anlagengrundstück kontaminierte Boden zu sanieren, sondern es sind auch Gefahren zu beseitigen, die von der stillgelegten Anlage selbst und ihren Nebeneinrichtungen ausgehen. Bei stillgelegten Deponien, die als Altablagerun-

[122] Krit. dazu *Spieth/Wolfers,* Altlastenspektrum 1998, 75 (79f.); *Gerhald,* Altlastenspektrum 1998, 107 (110); *Kobes,* NVwZ 1998, 786 (790); vgl. zu verfassungsrechtl. Bedenken auch *Knopp,* DVBl. 1999, 1010 (1012).

[123] So schon zur alten Rechtslage *VGH München,* Beschl. v. 3. 7. 1996 – 22 CS 96 1305 –, BayVBl. 1997, 87f.; *VGH München,* Beschl. v. 4. 2. 1997 – 22 CS 96 4121 –, ZfW 1998, 363 (365); *OVG Schleswig,* Beschl. v. 14. 7. 1995 – 2 M 7/95 – UPR 1996, 194 (195); *VGH Mannheim,* Beschl. v. 27. 3. 1995 – 8 S 525/95 –, VBlBW 1995, 281; *VGH Kassel,* Beschl. v. 3. 3. 1992 – 14 TH 2158/91 –, NVwZ 1992, 1101 (1102); *OVG Lüneburg,* Urt. v. 10. 6. 1989 – 12 A 234/86 –, NVwZ 1990, 786 (787); *Knorr,* VBlBW 1996, 447 (450); *Schink,* GewArch 1996, 50 (61f.); *Schoch,* JuS 1994, 1026 (1028); *Oerder,* NVwZ 1992, 1031 (1037).

[124] Siehe dazu § 344 UGB-KomE, wonach eine gesamtschuldnerische Haftung begründet wird, BMU, UGB-KomE, S. 242, 1018ff.

[125] Den finanziellen Ausgleich zwischen mehreren Verantwortlichen regelt § 24 Abs. 2 BBodSchG; vgl. dazu unten § 27 Rn. 149ff.

[126] Siehe auch § 347 Abs. 1 S. 1 UGB-KomE, BMU, UGB-KomE, S. 244, 1030.

[127] BT-Drs. 13/6701, S. 34.

gen ebenfalls vom Altlastenbegriff erfaßt werden (vgl. § 2 Abs. 5 Nr. 1 BBodSchG), sind auch Gefahren abzuwehren, die vom abgelagerten Abfall ausgehen, der kein Boden im Sinne des § 2 Abs. 1 BBodSchG ist.[128]

Soweit § 4 BBodSchG auch zur Sanierung von Gewässern verpflichtet, wenn die Verunreinigungen von Gewässern durch die schädliche Bodenveränderung oder Altlast verursacht worden ist, ist auch das verunreinigte Gewässer als ein von der Bodenverunreinigung oder Altlast nicht zu trennender Folgeschaden in die Sanierungspflicht miteinzubeziehen. Die bei der Sanierung von Gewässern zu stellenden Anforderungen sind nicht im BBodSchG geregelt. Vielmehr sind diese nach § 4 Abs. 4 S. 3 BBodSchG im Einzelfall aus dem Wasserrecht herzuleiten.[129] **70**

c) Sanierungsmaßnahmen

Gem. § 4 Abs. 3 S. 1 BBodSchG sind der Boden und Altlasten sowie durch schädliche Bodenveränderungen oder Altlasten verursachte Verunreinigungen von Gewässern so zu sanieren, *daß dauerhaft keine Gefahren, erhebliche Nachteile oder erhebliche Belästigungen für den Einzelnen oder die Allgemeinheit entstehen.* **71**

Als Maßnahmen zur Beseitigung von Gefahren, erheblichen Nachteilen oder erheblichen Belästigungen durch Schadstoffe kommen gem. § 4 Abs. 2 BBodSchG neben Dekontaminationsmaßnahmen auch Sicherungsmaßnahmen in Betracht. Soweit diese nicht möglich oder nicht zumutbar sind, sind sonstige Schutz- und Beschränkungsmaßnahmen durchzuführen.[130] **72**

Mit dauerhaften **Sanierungsmaßnahmen** sind - wie sich aus der Definition der Sicherungsmaßnahmen in § 2 Abs. 7 Nr. 2 BBodSchG ableiten läßt – langfristig wirksame Sanierungsmaßnahmen gemeint. **73**

Mit **Dekontaminationsmaßnahmen** werden Schadstoffe aus dem Boden vermindert oder entfernt (§ 2 Abs. 7 Nr. 1 BBodSchG) und damit zumeist eine endgültige Gefahrenbeseitigung erreicht. Dekontaminationsmaßnahmen sind zur dauerhaften Beseitigung von Gefahren, erheblichen Nachteilen oder erheblichen Belästigungen am effektivsten. Hinsichtlich schädlicher Bodenveränderungen und Altlasten, die nach dem Inkrafttreten der materiellen Anforderungen des BBodSchG eingetreten sind, begründet § 4 Abs. 5 BBodSchG einen relativen Vorrang von Dekontaminationsmaßnahmen vor anderen Sanierungsmaßnahmen. **74**

Neben Dekontaminationsmaßnahmen sind **Sicherungsmaßnahmen** möglich, die eine Ausbreitung der Schadstoffe im Boden und hiervon ausgehende weitere Gefährdungen langfristig verhindern, ohne die Schadstoffe zu beseitigen (§ 2 Abs. 7 Nr. 2 BBodSchG).[131] Bei solchen Sicherungsmaßnahmen bleiben die Schadstoffe im Boden und in der Altlast. Durch den Einbau von Barrieren, Auffangvorrichtungen für Schadstoffe oder ähnliche Maßnahmen wir lediglich verhindert, daß sich diese Schadstoffe nachteilig auswirken. **75**

Vor allem bei komplexen Altlasten mit einem vielfältigen Gefährdungspotential kann es vorkommen, daß keine geeigneten technischen Maßnahmen für eine langfristige Sicherung vor allen Gefahren möglich sind oder die Kosten solcher Maßnahmen in keinem angemessenen Verhältnis zum Erfolg stehen. In diesen Fällen sind nach § 4 Abs. 3 S. 3 BBodSchG sonstige **Schutz- und Beschränkungsmaßnahmen** zu ergreifen, um Gefahren vorerst zu verhindern. Gem. § 2 Abs. 8 BBodSchG sind **76**

---

[128] Vgl. BT-Drs. 13/6701 S. 30.

[129] So auch § 347 Abs. 3 S. 2 UGB-KomE, vgl. BMU, UGB-KomE, S. 244, 1032.

[130] Zu den Anforderungen an die Sanierung auch *Reidel,* UPR 1999, 92ff.; vgl. auch *Erbguth/Stollmann,* NuR 1999, 127 (129ff.).

[131] Nach § 347 UGB-KomE sollen Dekontaminationsmaßnahmen gegenüber Sicherungsmaßnahmen vorrangig sein, vgl. BMU, UGB-KomE, S. 244, 1031.

Schutz- und Beschränkungsmaßnahmen sonstige Maßnahmen, die Gefahren, erhebliche Nachteile oder erhebliche Belästigungen für den einzelnen oder die Allgemeinheit verhindern oder vermindern, insbesondere Nutzungsbeschränkungen. Solche Maßnahmen gewährleisten jedoch keine dauerhafte Abwehr von Gefahren, erheblichen Nachteilen und erheblichen Belästigungen.

77 Eine weitere Konkretisierung der durch Sanierungsmaßnahmen zu erfüllenden Anforderungen kann sich aus den Prüf- und Maßnahmenwerten des Anhangs 2 BBodSchG ergeben. Im Sinne der Prüf- und Maßnahmenwerte bestehen Gefahren, erhebliche Nachteile oder erhebliche Belästigungen jedenfalls dann nicht mehr dauerhaft, wenn nach Durchführung von Sanierungsmaßnahmen die Konzentration eines Schadstoffes die Prüf- oder Maßnahmenwerte unterschreitet. Soweit Beeinträchtigungen beseitigt werden müssen, zu denen keine Standards festgelegt worden sind, ist im Einzelfall anhand der vorhandenen naturwissenschaftlichen und technischen Erkenntnisse zu entscheiden, unterhalb welcher Schwelle Gefahren, erhebliche Nachteile oder erhebliche Belästigungen dauerhaft auszuschließen sind. Auf der Grundlage des § 8 Abs. 1 Nr. 3 BBodSchG hat die Bundesregierung in § 5 BBodSchV Anforderungen an die Abwehr schädlicher Bodenveränderungen, insbesondere Anforderungen an den Umgang mit ausgehobenem, abgeschobenem und behandeltem Bodenmaterial, und Anforderungen an die Sanierung des Bodens und von Altlasten normiert. Geregelt sind insbesondere die Anforderungen an die Bestimmung des zu erreichenden Sanierungsziels, den Umfang von Dekontaminations- und Sicherungsmaßnahmen, die langfristig eine Ausbreitung von Schadstoffen verhindert sowie Schutz- und Beschränkungsmaßnahmen (vgl. § 5 Abs. 1 und 3 BBodSchV).

78 § 4 Abs. 3 BBodSchG umfaßt in Anlehnung an die ordnungsrechtlichen Generalklauseln nur Maßnahmen zur Abwehr konkreter Gefahren, nicht aber Maßnahmen, welche die Wiederherstellung eines ursprünglichen Zustandes zum Ziel haben.[132] Eine Verpflichtung zur Rekultivierung ist folglich im Rahmen der Sanierung unzulässig.

4. Berücksichtigung der planungsrechtlich zulässigen Nutzung der betroffenen Grundstücke

79 Gem. § 4 Abs. 4 BBodSchG ist bei der Erfüllung der Verhaltens-, Zustands- und Sanierungspflichten die planungsrechtlich zulässige Nutzung des Grundstücks und das sich daraus ergebende Schutzbedürfnis zu beachten, soweit dies mit dem Schutz der in § 2 Abs. 2 Nr. 1 und 2 BBodSchG genannten Bodenfunktionen zu vereinbaren ist.[133] Sog. *Luxussanierungen* werden damit ausgeschlossen.[134] Fehlen planungsrechtliche Festsetzungen, bestimmt die Prägung des Gebietes das Schutzbedürfnis unter Berücksichtigung der absehbaren Entwicklung (§ 4 Abs. 4 S. 2 BBodSchG). Die durch das Planungsrecht gesteuerte Nutzung einer Fläche entscheidet darüber, wie, in welchem Umfang und mit welcher Wirkung sich die vom Boden und Altlasten ausgehenden Gefahren auf die Schutzgüter des Gesetzes auswirken und

---

[132] *Brandt,* AltlastenR, Kap. IV Rn. 36 ff.; *Bender/Sparwasser/Engel,* UmweltR, Teil 5 Rn. 128; *Kloepfer,* UmweltR, § 12 Rn. 82.

[133] Siehe auch § 347 Abs. 3 UGB-KomE, BMU, UGB-KomE, S. 244, 1031 f.

[134] *Riedel,* UPR 1999, 92 (93).

welche Gegenmaßnahmen deshalb geboten sind. Weil auch die von der Fläche ausgehenden Gefahren nutzungsabhängig sind, setzen auch geeignete Gegenmaßnahmen einen entsprechenden Nutzungsbezug voraus (sog. **nutzungsorientierte Sanierung**).[135] Abgestufte Anforderungen an den Bodenschutz und die Altlastensanierung, die sich im wesentlichen an der planungsrechtlich zulässigen Nutzung einer Fläche orientieren, sind aus der Sicht der Verpflichteten auch wegen des Grundsatzes der Verhältnismäßigkeit geboten.[136] Für Wohngebiete müssen deshalb andere Maßstäbe zur Bestimmung von Gefahren, erheblichen Nachteilen oder erheblichen Belästigungen gelten als für Verkehrsflächen oder gewerbliche Nutzflächen, auf denen sich Menschen nur vorübergehend aufhalten. In den Wohngebieten ist auch dem besonderen Schutzbedürfnis von Kleinkindern, kranken und alten Menschen Rechnung zu tragen.[137]

Der Begriff der planungsrechtlich zulässigen Nutzung im Sinne des § 4 **80**
Abs. 4 S. 1 BBodSchG setzt eine Regelung mit Außenwirkung voraus. Erforderlich sind Regelungen, die Rechtswirkung für außerhalb der Verwaltung stehende Personen entfaltet. Regelungen mit nur verwaltungsinterner Bindungswirkung, wie etwa Flächennutzungspläne nach dem BauGB, Landschaftspläne nach § 6 BNatSchG oder die Linienbestimmung nach § 17 FStrG können insoweit nicht herangezogen werden. Für die planungsrechtliche Zulässigkeit einer Nutzung sind in erster Linie die §§ 29 ff. BauGB maßgebend.[138] Neben dem Bauplanungsrecht kann sich die planungsrechtlich zulässige Nutzung einer Fläche auch aus dem Raumordnungsrecht sowie aus speziellen Fachplanungen ergeben, wie etwa denen des Verkehrs- und Abfallrechts.

II. Entsiegelung

Gem. § 5 S. 1 BBodSchG wird die Bundesregierung ermächtigt, durch **81**
Rechtsverordnungen Grundstückseigentümer zu verpflichten, bei dauerhaft nicht mehr genutzten Flächen, deren Versiegelung im Widerspruch zu planungsrechtlichen Festsetzungen steht, den Boden in seiner Leistungsfähigkeit im Sinne von § 1 BBodSchG soweit wie möglich und zumutbar zu erhalten oder wiederherzustellen. Dies gilt jedoch nur, soweit die Vorschriften des Baurechts die Befugnisse der Behörden nicht regeln. Die Entsiegelungsregelung des § 5 BBodSchG ist für bauliche Anlagen nicht anwendbar, da diese der speziellen Regelung des § 179 Abs. 1 S. 2 BauGB unterfallen. § 5 BBodSchG erfaßt nur die Versiegelung des Bodens, die nicht auf eine bauliche Anlage zurückzuführen ist. Eine Verpflichtung des Eigentümers aus § 5 S. 1 BBodSchG ergibt sich nur nach Erlaß einer Rechtsverordnung. Die Bundes-Bodenschutz- und Altlastenverordnung erstreckt sich nicht auf eine Entsiegelungspflicht.

Bis zum Inkrafttreten einer Rechtsverordnung nach § 5 S. 1 BBodSchG **82**
können durch die nach Landesrecht zuständigen Behörden im Einzelfall ge-

---

135 Vgl. auch § 347 Abs. 3 UGB-KomE, BMU, UGB-KomE, S. 244, 971, 1031.
136 *Vierhaus,* NJW 1998, 1262 (1266); *Kobes,* NVwZ 1998, 786 (791).
137 BT-Drs. 13/6701, S. 35.
138 Zum Bodenschutz in der Bauleitplanung vgl. *Kratzenberg,* UPR 1997, 177.

genüber den nach § 5 S. 1 BBodSchG Verpflichteten Anordnungen zur Entsiegelung getroffen werden, wenn die in § 5 S. 1 BBodSchG im übrigen genannten Voraussetzungen vorliegen. Adressat der in § 5 BBodSchG vorgesehenen Anforderungen ist allein der Eigentümer eines Grundstücks. Entsiegelungsmaßnahmen nach Landesrecht können für Aufschüttungen, Lager-, Abstell- und Ausstellungsplätze, wie Sport- und Spielflächen angeordnet werden, soweit es sich dabei nicht um eine bauliche Anlage handelt. Eine Versiegelung des Bodens liegt bei einer Oberflächenabdichtung des Bodens vor. Die Versiegelung muß auf dauerhaft nicht mehr genutzten Flächen vorhanden sein und im Widerspruch zu planungsrechtlichen Festsetzungen stehen. Letztlich ist es erforderlich, daß die Einhaltung bzw. Wiederherstellung der Leistungsfähigkeit des Bodens im Einzelfall möglich und zumutbar ist.

III. Vorsorgepflicht

83 Gem. § 7 S. 1 BBodSchG sind der Grundstückseigentümer, der Inhaber der tatsächlichen Gewalt über ein Grundstück und derjenige, der Verrichtungen auf einem Grundstück durchführt oder durchführen läßt, die zu Veränderungen der Bodenbeschaffenheit führen, verpflichtet, Vorsorge gegen das Entstehen schädlicher Bodenveränderungen zu treffen, die durch ihre Nutzung auf dem Grundstück oder in dessen Einwirkungsbereich hervorgerufen werden können.[139]

84 Die Vorsorgepflicht des § 7 S. 1 BBodSchG bezieht sich nicht auf die in § 3 Abs. 1 BBodSchG genannten speziellen Vorschriften. Vorsorgeanforderungen, die auch dem Bodenschutz dienen, enthalten als Spezialvorschriften vor allem das BauGB oder das BImSchG. Im Verhältnis zu den bereits vor Erlaß des BBodSchG normierten bodenbezogenen Vorsorgeregelungen des Fachrechts hat § 7 BBodSchG nur eine Ergänzungsfunktion. Ferner sieht § 7 S. 5 BBodSchG vor, daß sich die Erfüllung der Vorsorgepflicht bei der landwirtschaftlichen Bodennutzung nach § 17 Abs. 1 und 2 BBodSchG und für die forstwirtschaftliche Bodennutzung nach den Forst- und Waldgesetzen richtet. Gleiches gilt gem. § 7 Abs. 6 BBodSchG zur Vorsorge für das Grundwasser, die sich ausschließlich nach wasserrechtlichen Vorschriften richtet.

1. Vorsorgepflichtige

85 Die zur Vorsorge verpflichteten Personen sind in § 7 S. 1 BBodSchG abschließend aufgeführt. Danach ist neben dem *Eigentümer* und *Besitzer* eines Grundstücks auch *derjenige* zur Vorsorge verpflichtet, *der Verrichtungen auf einem Grundstück durchführt oder durchführen läßt,* die zu Veränderungen der Bodenbeschaffenheit führen können. Damit knüpft § 7 BBodSchG an das Verhalten dieses Personenkreises an. Einwirkungen Dritter können eine Vorsorgepflicht nicht begründen.[140] Durch die Einbeziehung desjenigen, der Verrichtungen auf einem Grundstück durchführt oder durchführen läßt, die zu Veränderungen der Bodenbeschaffenheit führen können, werden auch Personen erfaßt, die bodenrelevante Tätigkeiten auf einem Grundstück in fremden Auftrag selbst durchführen oder – etwa im Wege der Subdelegation – andere damit beauftragen. Der Begriff der Verrichtung ist in Anlehnung an

---

[139] Vgl. auch § 329 Abs. 1 UGB-KomE, BMU, UGB-KomE, S. 233, 986f.
[140] Vgl. BT-Drs. 13/6701, S. 36.

die Auslegungsgrundsätze zu § 831 Abs. 1 S. 1 BGB weit auszulegen. Gemeint ist jede zweckgerichtete Handlung, die auf einem Grundstück zur Erreichung eines bestimmten Erfolgs durchgeführt wird. Erfaßt werden insbesondere Arbeiten oder Tätigkeiten zur Errichtung und Nutzung von Gebäuden und Anlagen oder Erdarbeiten zur Verlegung von Rohrleitungen oder Kabeln.

2. *Vorsorgemaßnahmen*

Die zur Vorsorge verpflichteten Personen müssen Vorsorge gegen das Entstehen schädlicher Bodenveränderungen treffen, die durch ihre Nutzung auf dem Grundstück oder in dessen Einwirkungsbereich hervorgerufen werden können (§ 7 S. 1 BBodSchG). Damit knüpft die Vorsorgepflicht an die Auswirkungen einer Grundstücksnutzung durch die verpflichteten Personen an. Nach § 7 S. 2 BBodSchG sind Vorsorgemaßnahmen geboten, wenn wegen der räumlich, langfristigen oder komplexen Auswirkungen einer Nutzung auf die Bodenfunktionen die Besorgnis einer schädlichen Bodenveränderung besteht. Mithin ist es nicht erforderlich, daß die Auswirkungen der Bodennutzung nicht tatsächlich zu schädlichen Bodenveränderungen führen, sondern es reicht aus, daß schädliche Bodenveränderungen hervorgerufen werden können. Die Vorsorge zielt vor allem auf die Verhinderung von **Distanz- und Summationsschäden** ab, die von § 4 Abs. 1 BBodSchG nicht erfaßt werden.[141] Diese sind dadurch gekennzeichnet, daß jede Einwirkung für sich genommen die Gefahrenschwelle noch nicht überschreitet oder jedenfalls die Wirkungszusammenhänge nicht oder nur unzureichend nachgewiesen sind, durch die Anreicherung von Schadstoffen im Boden jedoch langfristig schädliche Bodenveränderungen eintreten können. Die Anforderungen an das Besorgnispotential sind dabei um so geringer, je stärker die jeweilige Nutzung geeignet ist, schädliche Bodenveränderungen herbeizuführen und je langfristiger die Nutzung angelegt ist.[142] Die Besorgnis muß sich nicht auf ein bestimmtes Grundstück beziehen; es genügt die generelle Eignung einer bestimmten Einwirkung, schädliche Bodenveränderungen hervorzurufen. Die zur Erfüllung der Vorsorgepflicht erforderlichen Maßnahmen regelt § 7 S. 3 BBodSchG. Danach sind Bodeneinwirkungen zu vermeiden oder zu vermindern, soweit dies auch im Hinblick auf den Zweck der Nutzung des Grundstücks verhältnismäßig ist. Als Maßnahme nach § 7 BBodSchG ist damit eine veränderte Grundstücksnutzung, welche die Auswirkungen der Nutzungen auf den Boden reduzieren, denkbar. § 7 BBodSchG steuert insofern die künftige Grundstücksnutzung. 86

Gem. § 7 S. 4 BBodSchG dürfen Anordnungen zur Vorsorge gegen schädliche Bodenveränderungen nur getroffen werden, soweit die im Anhang 2 BBodSchV festgelegten Vorsorgewerte, d.h. Bodenwerte, bei deren Überschreitung unter Berücksichtigung von Geogenen oder großflächig siedlungsbedingten Schadstoffgehalten in der Regel davon auszugehen ist, daß die Besorgnis einer schädlichen Bodenveränderung besteht, überschritten werden. 87

---

[141] Vgl. dazu oben § 27 Rn. 49.
[142] Vgl. BT-Drs. 13/6701, S. 37.

IV. Auf- und Einbringung von Materialien

88 Eine weitere Vorsorgebestimmung enthält § 6 BBodSchG. Er ermächtigt die Bundesregierung, durch Rechtsverordnung Anforderungen an das Auf- und Einbringen von Materialen auf oder in den Boden zu begründen. Dementsprechend sieht § 12 Abs. 1 BBodSchV Beschränkungen für das Aufbringen von Materialien vor. So dürfen nur Bodenmaterial, bestimmtes Baggergut sowie bestimmte Gemische von Bodenmaterial auf durchwurzelbaren Boden aufgebracht werden. § 12 Abs. 2 BBodSchV legt fest, unter welchen Voraussetzungen im Rahmen von Rekultivierungsvorhaben das Aufbringen von Materialien zulässig ist.

IV. Amtsermittlung, Gefahrerforschung und sonstige Eingriffsbefugnisse

89 § 9 BBodSchG regelt die Pflicht zur Amtsermittlung durch die Behörde sowie die Möglichkeit von Untersuchungsanordnungen.

1. Ermittlung von Amts wegen

90 Gem. § 9 Abs. 1 S. 1 BBodSchG soll die zuständige Behörde zur Ermittlung des Sachverhalts die geeigneten Maßnahmen ergreifen, wenn ihr Anhaltspunkte dafür vorliegen, daß eine schädliche Bodenveränderung oder Altlast vorliegt.[143] Als Maßnahmen der Erkundung kommen die Entnahme und Untersuchung von Luft-, Wasser- und Bodenproben sowie die Errichtung und der Betrieb von Kontrollstellen in Betracht.[144] Ebenso soll die zuständige Behörde gem. § 9 Abs. 1 S. 2 BBodSchG die notwendigen Maßnahmen treffen, wenn die im Anhang 2 BBodSchG genannten Prüfwerte überschritten werden, um festzustellen, ob eine schädliche Bodenveränderung oder Altlast vorliegt.[145] Im Rahmen der Untersuchung und Bewertung sind Art und Konzentration der Schadstoffe, die Möglichkeit ihrer Ausbreitung in die Umwelt und ihre Aufnahme durch Menschen, Tiere und Pflanzen sowie die Nutzung des Grundstücks nach § 4 Abs. 4 BBodSchG zu berücksichtigen (§ 9 Abs. 1 S. 3 BBodSchG). §§ 3 und 4 BodSchV konkretisieren die Anforderungen an die Untersuchung und Bewertung von Flächen mit dem Verdacht einer Bodenkontamination oder Altlast, während § 5 BBodSchG Sicherungs-, Dekontaminations- und Beschränkungsmaßnahmen regelt und § 6 BBodSchV Anforderungen an die Sanierungsplanung festlegt. Anders als bei den Vorsorgeanforderungen werden für die Sanierung vor allem Bodenwerte für bestimmte Nutzungen vorgegeben. Diese Werte sollen einen einheitlichen und zügigen Vollzug des Gesetzes gewährleisten, Wettbewerbsverzerrungen vermeiden und für die Betroffenen, einschließlich der

---

[143] Siehe auch § 339 Abs. 1 S. 2 UGB-KomE, vgl. BMU, UGB-KomE, S. 239, 1013.

[144] Vgl. *Kothe,* DÖV 1994, 716 (727).

[145] Fragl. ist, ob auf der Grundlage des § 9 Abs. 1 S. 2 BBodSchG Untersuchungsanordnungen zulässig sind, bejahend BR, BR-Drs. 422/1/97, S. 10, anders BT, BT-Drs. 13/6701, S. 40; *Kobes,* NVwZ 1998, 786 (792).

Kommunen, auch Rechtssicherheit für künftige Investitionen schaffen. Die in § 9 Abs. 1 BBodSchG geregelte Sachverhaltsermittlung deckt sich insofern mit der von § 8 Abs. 1 S. 1 BBodSchG erfaßten Untersuchung und Bewertung von Verdachtsflächen und altlastverdächtigen Flächen.[146] Die Amtsermittlung steht im eingeschränkten Ermessen der Behörde („soll"). Die Behörde hat bei Vorliegen der genannten Anhaltspunkte in der Regel die erforderlichen Maßnahmen zu ergreifen; nur in atypischen Fällen darf sie hiervon absehen. Über das Ergebnis der Untersuchungen und der Bewertung sind der Eigentümer des Grundstücks und der Inhaber der tatsächlichen Gewalt gem. § 4 Abs. 1 S. 4 BBodSchG auf Antrag schriftlich zu unterrichten.

2. Gefahrerforschungseingriffe

Gem. § 9 Abs. 2 S. 1 BBodSchG kann die zuständige Behörde anordnen, daß die in § 4 Abs. 3, 5 und 6 BBodSchG genannten Personen die notwendigen Untersuchungen zur Gefährdungsabschätzung durchzuführen haben, wenn auf Grund konkreter Anhaltspunkte der hinreichende Verdacht einer schädlichen Bodenveränderung oder einer Altlast besteht. Mithin müssen für einen Gefahrerforschungseingriff qualifizierte Anhaltspunkte vorliegen.[147] Zu den notwendigen Untersuchungen zur Gefährdungsabschätzung zählen sowohl Untersuchungen zur Frage, ob überhaupt schädliche Bodenveränderungen oder Altlasten vorliegen, als auch Untersuchungen zum Umfang möglicher Sanierungs- oder Sicherungsmaßnahmen. **91**

Gem. § 9 Abs. 2 S. 2 BBodSchG kann die zuständige Behörde verlangen, daß Untersuchungen von Sachverständigen oder Untersuchungsstellen nach § 18 BBodSchG durchgeführt werden. Die Anordnung von Untersuchungen nach § 9 Abs. 2 BBodSchG stehen im Ermessen der Behörde. **92**

Sonstige Pflichten zur Mitwirkung der in § 4 Abs. 3, 5 und 6 BBodSchG genannten Personen sowie Duldungspflichten der nach § 12 BBodSchG Betroffenen bestimmen sich nach Landesrecht. **93**

3. Sonstige Anordnungen

§ 10 Abs. 1 S. 1 BBodSchG ermöglicht im Einzelfall die Durchsetzung von Pflichten zur Gefahrenabwehr und Vorsorge nach §§ 4 und 7 BBodSchG und aus Rechtsverordnungen nach § 5 Abs. 1 BBodSchG (Entsiegelung), § 6 BBodSchG (Materialaufbringung) und § 8 BBodSchG (Werte und Anforderungen).[148] Damit kann die Behörde zur Vorsorge und zur Gefahrenabwehr die notwendigen Maßnahmen treffen. Diese umfassen auch Nutzungsregelungen für ein Grundstück, wenn beispielsweise wegen einer Vorbelastung der Umgang mit bestimmten Stoffen eine schädliche Boden- **94**

---

[146] Siehe auch § 339 Abs. 2 S. 2 UGB-KomE, vgl. BMU, UGB-KomE, S. 239, 1013.

[147] Dies entspricht den Anforderungen, unter denen auch schon vor Erlaß des BBodSchG ein Gefahrerforschungseingriff Gegenstand einer Anordnung gegenüber dem Pflichtigen sein konnte.

[148] Siehe auch § 351 Abs. 1 S. 1 UGB-KomE, BMU, UGB-KomE, S. 246, 1044.

veränderung hervorrufen könnte.[149] §§ 10 Abs. 1 S. 1, 4 Abs. 3 BBodSchG ermächtigt die Behörde, zur Gefahrenabwehr Sanierungsverfügungen zu erlassen und macht damit einen Rückgriff auf die Ermächtigungsgrundlage des allgemeinen Polizei- und Ordnungsrechts überflüssig.

95 Soweit spezialgesetzlich Nachsorgepflichten in Form von Sanierungs- und Rekultivierungspflicht – etwa nach § 36 Abs. 2 KrW-/AbfG und § 5 Abs. 3 BImSchG – geregelt sind, bleiben diese neben § 10 Abs. 1 S. 1 BBodSchG bestehen.[150]

96 Vorsorgeanordnungen setzen nach § 10 Abs. 1 S. 3 BBodSchG zudem voraus, daß die Anforderungen an die Vorsorge in einer Rechtsverordnung nach § 8 Abs. 2 BBodSchG festgelegt sind. Entsprechende Vorsorgeanforderungen sind in § 10 BBodSchG geregelt. Der Erlaß weiterer Anordnungen nach § 10 Abs. 1 S. 1 BBodSchG steht im Ermessen der Behörde.

97 Gem. § 10 Abs. 1 S. 2 BBodSchG kann die zuständige Behörde verlangen, daß der Verpflichtete für die Aufrechterhaltung der Sicherungs- und Überwachungsmaßnahmen in Zukunft Sicherheit leistet, wenn zur Erfüllung der Verpflichtung aus § 4 Abs. 3 und 6 BBodSchG Sicherungsmaßnahmen angeordnet werden. Bei der Anordnung von Sicherheitsmaßnahmen, bei denen die Schadstoffe im Boden verbleiben,[151] ist die Anordnung einer **Sicherheitsleistung** erforderlich, da die Gefahr besteht, daß bei einer Insolvenz des Verpflichteten die Kosten zur weiteren Sicherung von der öffentlichen Hand zu tragen sind.

98 Da der Wortlaut des § 10 Abs. 1 S. 2 BBodSchG von einer Anordnung der Sicherungsmaßnahmen ausgeht („werden … Sicherungsmaßnahmen angeordnet"), kann eine Sicherheitsleistung vom Verpflichteten nicht verlangt werden, wenn dieser die schädliche Bodenveränderung oder Altlast ohne eine entsprechende Anordnung saniert.[152]

E. Ergänzende Vorschriften für Altlasten

99 Wegen des besonderen Gefahrenpotentials von Altlasten über die Regelungen zur Beseitigung von schädlichen Bodenveränderungen hinaus hat der Gesetzgeber ergänzende Vorschriften für Altlasten erlassen. Diese sind Gegenstand der §§ 11 bis 16 BBodSchG. Sie ergänzen die materiellen Anforderungen des Zweiten Teils des BBodSchG, die bei der Untersuchung und Sanierung von schädlichen Bodenveränderungen zu beachten sind.[153]

I. Erfassung von Altlasten und altlastverdächtigen Flächen

100 Gem. § 11 BBodSchG können die Länder die Erfassung von Altlasten und altlastverdächtigen Flächen regeln. Die Erfassung der Altlasten und altlastenverdächtigen Flächen bleibt damit auch unter Geltung des BBodSchG allein Sache der Länder. Mit der Öffnungsklausel des § 11 BBodSchG wird die

---

[149] BT-Drs. 13/6701, S. 40.
[150] Vgl. dazu unten § 28 Rn. 29ff.
[151] Vgl. zu Sicherheitsmaßnahmen bereits oben § 27 Rn. 73.
[152] So i. E. auch *Kobes*, NVwZ 1998, 786 (792f.).
[153] Vgl. BR-Drs. 702/96, S. 127.

Ossenbühl, DÖV 92, 761 (Haftg.), Brenn, DVBl 94, 890, Papier, JZ 94, 810, BVerwG, U 16.5.00, NVwZ 00, 1179, NVwZ 01, 35, Pütz, DVBl 02, 375, BVerwG, U 26.4.06, NVwZ 06, 1067 (abschl. Regelg., landesrecht. unwirksam!)

Grundlage für die insoweit bereits bestehenden landesrechtlichen Vorschriften geschaffen.[154] Die Erfassung soll wesentlich dazu beitragen, potentielle Ursachen für drohende oder bereits eingetretene Schäden zu erkennen, ihnen vorzubeugen und sie ggf. zu beseitigen.[155] Ziele der Erfassung sind, entsprechende Flächen nach Lage und räumlicher Ausdehnung zu ermitteln und in Karten und Beschreibungen darzustellen **(Lokalisierung),** die bei Verwaltungsstellen, Betreibern oder anderen Stellen vorhandenen Kenntnisse und Aufzeichnungen für diese Flächen zusammenzuführen, aufzubereiten und zu dokumentieren **(Materialsammlung),** das vorhandene Material im Fortgang einer Gefährdungsabschätzung und ggf. der Überwachung oder Sanierung sowie bei Nacherhebungen zu ergänzen **(Fortschreibung)** und die Unterlagen auf Dauer für alle Planungen und Vorhaben, die von Altablagerungen oder Altstandorten berührt sein können, zu sichern und bereitzuhalten **(Führung eines Katasters).**[156]

Zur Gewinnung der Informationen werden derzeit vorwiegend alte Akten, Luftbilder und andere Informationen ausgewertet.[157] Neben eigenen Erhebungen der zur Führung des Altlastenkatasters zuständigen Stelle dienen dabei im Landesrecht vorgesehene **Informationspflichten** der Vervollständigung der Daten. Derartigen Pflichten unterliegen zunächst **Behörden**. So teilen nach § 29 Abs. 3 LAbfG NW die „Behörden und Einrichtungen des Landes, die Gemeinden und Gemeindeverbände sowie der Entsorgungsverband“ ihnen vorliegende Daten der das Kataster führenden Behörde mit, ohne daß es eines Amtshilfeersuchens bedürfte. Auch **Private** unterliegen teilweise der Informationspflicht. So sind nach § 29 Abs. 4 LAbfG NW „Eigentümer und Nutzungsberechtigte von Grundstücken“ verpflichtet, bestimmte ihnen bekannt gewordene Informationen, die einen Altlastenverdacht begründen, anzuzeigen. **101**

Ein erhebliches Problem stellt die **Weitergabe von Daten aus dem Altlastenkataster an Dritte** dar.[158] An einer solchen Weitergabe können sowohl Behörden als auch Private ein Interesse haben. So sind die Gemeinden verpflichtet, im Rahmen der Bauleitplanung einem Altlastenverdacht nachzugehen;[159] Informationen aus dem Altlastenkataster können insoweit eine erhebliche Hilfe sein. Unter den Privaten dürften vor allem potentielle Grundstückserwerber an Informationen über einen Altlastenverdacht interessiert sein, da dieser ihre Kaufentscheidung zu beeinflussen vermag.[160] Den Interessen der betreffenden Dritten stehen indes solche des Grundstückseigentümers gegenüber, für den die Weitergabe der Informationen ungünstige Folgen haben kann. Insbesondere dürfte bei Bekanntwerden eines Altlastenverdachts der Wert des Grundstücks, auch als Kreditsicherheit, erheblich sinken. Das Landesrecht hat sich dieses (datenschutzrechtlichen) Problems zum Teil angenommen und die Weitergabe von Informationen an einengende Voraussetzungen geknüpft.[161] So dürfen Informationen **102**

---

[154] Die Bezeichnung ist in den Ländern nicht einheitlich, vgl. § 10 HEAltG („Altflächendatei“), § 6 NdsAbfG („Altlastenverzeichnis“), § 17 ThürAbfG („Verdachtsflächendatei“), § 15 BodSchG BW „Bodenzustandskataster“, ferner § 31 LAbfG Bbg, § 29 Abs. 2 S. 3 LAbfG NW, § 36 SaarlAbfG.

[155] Vgl. SRU, Sondergutachten „Altlasten“ 1989, BT-Drs. 11/6191, S. 296.

[156] *Radtke,* in: Holzwarth/Radtke/Hilger, BBodSchG, § 12 Rn. 2.

[157] Vgl. *Schink,* GewArch 1995, 441 (445).

[158] Siehe dazu auch *Ziegler,* NVwZ 1993, 347f.; *Schink,* GewArch 1995, 441 (447ff.).

[159] Vgl. dazu *Hoppe,* in: Hoppe/Grotefels, ÖffBauR, § 5 Rn. 48, § 19 Rn. 56ff.; *Koch,* in: Erbguth, Aktuelle Fragen, S. 126ff. m. w. N.; *ders.*, DVBl. 1997, 1415ff.

[160] Vgl. *Schink,* GewArch 1995, 441 (447); zu den zivilrechtlichen Problemen beim Verkauf eines Altlastengrundstücks vgl. *BGH,* Urt. v. 3. 3. 1995 – V ZR 43/94 –, NJW 1995, 1549ff.

[161] Vgl. § 24 Bln BodSchG, § 38 LAbfVG Bbg, §§ 10 Abs. 3, 18 HEAltlG, § 25 AbfAlG MV, § 32 LAbfG NW, § 31 LAbfWAG RP.

an andere Behörden gem. § 30 Abs. 1 S. 1 LAbfVG Bbg nur weitergegeben werden, wenn dies zur „Wahrnehmung der diesen Stellen obliegenden Aufgaben erforderlich ist". Privaten dürfen Informationen gem. § 30 Abs. 1 S. 3 LAbfVG Bbg nur übermittelt werden, wenn diese ein „berechtigtes Interesse an der Kenntnis der zu übermittelnden Daten darlegen".[162]

II. Information der Betroffenen

103 § 12 BBodSchG regelt die Information der Betroffenen durch diejenigen, die entweder gem. § 9 Abs. 2 S. 1 BBodSchG bei einem Altlastenverdacht Untersuchungsmaßnahmen durchzuführen haben oder die nach § 4 Abs. 2 BBodSchG zur Sanierung einer Altlast verpflichtet worden sind (Informationsverpflichtete).[163] Diese haben gem. § 12 S. 1 BBodSchG die Eigentümer der betroffenen Grundstücke, die sonstigen betroffenen Nutzungsberechtigten und die betroffene Nachbarschaft (Betroffenen) von der bevorstehenden Durchführung der geplanten Maßnahmen zu informieren. Betroffen ist jeder, der durch die durchzuführende Maßnahme oder den Zustand des Grundstücks nach Abschluß der Maßnahme in seinen Schutzgütern berührt sein kann. Das ist der Fall, wenn sein durch Rechtsnorm geschützter Interessenkreis berührt ist.[164]

104 Gem. § 12 S. 2 BBodSchG sind die zur Beurteilung der Maßnahmen wesentlichen vorhandenen Unterlagen zur Einsicht zur Verfügung zu stellen.[165] Dies ist erforderlich, damit Eigentümer, Nutzungsberechtigte und die Nachbarschaft ihre Betroffenheit beurteilen können. Zu den wesentlichen Unterlagen sind zum einen diejenigen zu zählen, die die zur Untersuchung vorgesehenen Maßnahmen der Gefährdungsabschätzung sowie die Auswirkungen dieser Maßnahmen auf Schutzgüter der Betroffenen beinhalten. Zum anderen sind die für die Beurteilung der bei der Sanierungsdurchführung vorgesehenen Dekontaminations- und Sicherungsmaßnahmen sowie Schutz- und Beschränkungsmaßnahmen erforderlichen Unterlagen zur Einsicht bereitzuhalten. Bei Sanierungsmaßnahmen sind darüber hinaus die Unterlagen zum Sanierungsziel und zur zeitlichen Durchführung der vorgesehenen Maßnahmen bereitzuhalten.

105 Enthalten Unterlagen **Geschäfts- oder Betriebsgeheimnisse**, so muß ihr Inhalt gem. § 12 S. 3 BBodSchG, soweit es ohne Preisgabe des Geheimnisses geschehen kann, so ausführlich dargestellt sein, daß es den Betroffenen möglich ist, die Auswirkungen der Maßnahme auf ihre Belange zu beurteilen.[166] Unter Geschäfts- und Betriebsgeheimnissen sind solche Tatsachen zu verstehen, die nur einem eng begrenzten Personenkreis bekannt sind und bei deren Offenlegung der zur Information Verpflichtete oder ein Dritter unzumutbare Nachteile zu erwarten hätte.[167] Während Geschäftsgeheimnisse den

---

[162] Zur Bedeutung des UIG in diesem Zusammenhang vgl. *Schink,* GewArch 1995, 441 (448).

[163] Zur Informationspflicht der zuständigen Behörde vgl. § 27 Rn. 101.

[164] Vgl. BR-Drs. 702/96, S. 127 ff.; *Radtke,* in: Holzwarth/Radtke/Hilger, BBodSchG, § 12 Rn. 2.

[165] Eine Zusammenstellung oder Beschaffung von Unterlagen ist nicht erforderlich.

[166] § 12 S. 3 BBodSchG orientiert sich an § 10 Abs. 2 BImSchG; vgl. dazu bereits oben § 21 Rn. 89.

[167] *Rebentisch,* NJW 1980, 100.; vgl. dazu bereits oben § 21 Rn. 99.

kaufmännischen Bereich betreffen, umfaßt der Begriff der Betriebsgeheimnisse den technischen Bereich.

III. Sanierungsuntersuchungen und Sanierungsplan

Gem. § 13 Abs. 1 BBodSchG soll die zuständige Behörde bei Altlasten, 106
bei denen wegen der Verschiedenartigkeit der nach § 4 BBodSchG erforderlichen Maßnahmen ein abgestimmtes Vorgehen notwendig ist oder von denen aufgrund von Art, Ausbreitung oder Menge der Schadstoffe in besonderem Maße schädliche Bodenveränderungen oder sonstige Gefahren für den einzelnen oder die Allgemeinheit ausgehen, von einem nach § 4 Abs. 3, 5 oder 6 BBodSchG zur Sanierung Verpflichteten die notwendigen Untersuchungen zur Entscheidung über Art und Umfang der erforderlichen Maßnahmen (Sanierungsuntersuchungen) sowie die Vorlage eines Sanierungsplans verlangen.[168] Dabei soll der **Sanierungsplan** insbesondere

- eine Zusammenfassung der Gefährdungsabschätzung und der Sanierungsuntersuchungen (Nr. 1),
- Angaben über die bisherige und künftige Nutzung der zu sanierenden Grundstücke (Nr. 2),
- die Darstellung des Sanierungsziels und die hierzu erforderlichen Dekontaminations-, Sicherungs-, Schutz-, Beschränkungs- und Eigenkontrollmaßnahmen sowie die zeitliche Durchführung dieser Maßnahmen (Nr. 3)

enthalten. Gem. § 14 BBodSchG kann die Behörde den Sanierungsplan in bestimmten Fällen selbst erstellen oder ergänzen oder durch einen Sachverständigen nach § 18 BBodSchG erstellen oder ergänzen lassen.

1. Sanierungsuntersuchungen

Bei Altlasten mit einem besonderen Belastungspotential soll die Behörde 107
die Vorlage einer Sanierungsuntersuchung und einer Sanierungsplanung verlangen. Voraussetzung dafür ist, daß zur Sanierung ein planvolles Vorgehen auf der Grundlage eines systematischen Handlungskonzepts notwendig ist[169] oder wenn aufgrund der Konterminationen der Altlasten in besonderem Maße Gefahren ausgehen. Die angeordneten Sanierungsuntersuchungen bilden die Grundlage für die Entscheidung darüber, welche Maßnahmen in welchem Umfang zur Sanierung der Altlasten erforderlich sind. Ihr Gegenstand können auch Machbarkeitsstudien sein.[170]

Sanierungsuntersuchungen können auch auf § 9 Abs. 2 S. 1 und § 10 Abs. 1 S. 1 108
BBodSchG gestützt werden. Allerdings erlaubt § 9 Abs. 2 S. 1 BBodSchG lediglich Feststellungen darüber, ob eine schädliche Bodenveränderung oder Altlast überhaupt vorliegt und welche Gefahren von ihr ausgehen. Im Rahmen von § 10 Abs. 1 S. 1 BBodSchG dürfte der Behörde im Gegensatz zu § 13 Abs. 1 S. 1 BBodSchG ein weitergehender Ermessensspielraum zustehen.

Sanierungsuntersuchungen nach § 13 Abs. 1 S. 1 BBodSchG vorzunehmen sind, liegt im Ermessen der Behörde. Aufgrund des Wortlauts („soll … 109

---

[168] § 351 Abs. 2 UGB-KomE spricht von einem Sanierungskonzept, vgl. BMU, UGB-KomE, S. 246, 1045.
[169] *Radtke,* in: Holzwarth/Ratke/Hilger, BBodSchG, § 13 Rn. 2.
[170] Vgl. BT-Drs. 13/6701, S. 41.

verlangen") ist der Ermessensspielraum jedoch eingeschränkt. Trotz eines vorhandenen Belastungspotentials kann auf die Durchführung von Sanierungsuntersuchungen nur dann verzichtet werden, wenn eine umfassende Vorlagepflicht aufgrund der besonderen Umstände nicht geboten ist.[171] Denkbar ist dies unter anderem, wenn der zur Sanierung Verpflichtete zu vergleichbaren Sachverhalten bereits entsprechende Vorlage erstellt hat bzw. Sanierungsmaßnahmen erfolgreich durchgeführt hat.

110 Hinsichtlich des Inhalts und des Umfangs von Sanierungsuntersuchungen bestimmt § 13 Abs. 1 S. 2 BBodSchG, daß die Bundesregierung Anforderungen an Sanierungsuntersuchungen durch Rechtsverordnungen festlegen kann. § 13 BBodSchG wird durch § 6 BBodSchV konkretisiert.

2. Sanierungsplan des Sanierungsverpflichteten

111 Auf der Grundlage der Sanierungsuntersuchung soll der nach § 4 Abs. 3, 5 oder 6 BBodSchG zur Sanierung Verpflichtete einen Sanierungsplan erstellen.[172] Der Sanierungsplan ist ein mehrstufiger Planungsprozeß, der im Endergebnis zu einem realisierbaren Sanierungskonzept führen soll.[173]

112 Umfassende Sanierungsplanungen[174] sind beispielsweise vom Bund und der Bundesanstalt für vereinigungsbedingte Sonderaufgaben in enger Zusammenarbeit mit den neuen Bundesländern vor allem bei ökologischen Großprojekten im Bereich der ehemaligen Unternehmen der Chemieindustrie, der Stahl- und Hüttenwerke sowie der Braunkohletagebaue der DDR durchgeführt worden.

113 Gem. § 13 Abs. 1 S. 1 2. HS BBodSchG soll der Sanierungsplan insbesondere eine Zusammenfassung der Gefährdungsabschätzung und der Sanierungsuntersuchungen (Nr. 1), Angaben über die bisherige und künftige Nutzung der zu sanierenden Grundstücke (Nr. 2) sowie die Darstellung des Sanierungsziels und die hierfür erforderlichen Dekontaminations-, Sicherungs-, Schutz-, Beschränkungs- und Eigenkontrollmaßnahmen sowie die zeitliche Durchführung dieser Maßnahmen enthalten. Auf der Grundlage des § 13 Abs. 1 S. 2 BBodSchG wird der Inhalt der Sanierungspläne in § 6 Abs. 2 BBodSchV näher bestimmt. Danach sind die Sanierungsmaßnahmen im Sanierungsplan textlich und zeichnerisch darzustellen und die Geeignetheit der Maßnahme darzulegen.

114 Gem. § 13 Abs. 2 BBodSchG kann die zuständige Behörde verlangen, daß die Sanierungsuntersuchungen sowie der Sanierungsplan von einem Sachverständigen nach § 18 BBodSchG erstellt werden. Ferner sind gem. § 13 Abs. 3 BBodSchG die betroffenen Personen in die Sanierungsplanung einzubeziehen. Danach hat derjenige, der einen Sanierungsplan vorzulegen hat, die nach § 12 BBodSchG Betroffenen frühzeitig, in geeigneter Weise und unaufgefordert über die geplanten Maßnahmen zu informieren.

---

171 Vgl. BR-Drs. 702/96, S. 128 f.

172 Regelungen zur Sanierungsplanung gab es bereits aufgrund Landesrechts, vgl. heute § 27 LAbfG BW, § 10 Abs. 3 Bln BodSchG, § 13 Abs. 1 u. 2 HEAltlG, § 31 Abs. 4 LAbfG NW, § 22 Abs. 2 LAbfWAG RP, § 19 Abs. 1 ThürAbfAG; vgl. auch *Erbguth/Stollmann,* UPR 1996, 281 (291 f.).

173 SRU, Sondergutachten „Altlasten" 1989, BT-Drs. 11/6191, S. 281.

174 Näher zu Sanierungsplanungen *Eisenbarth,* Altlastensanierung und Altlastenfinanzierung, S. 72 ff.; *Peters,* UmweltVwR, Teil VI Rn. 52 ff.; *Fehlau,* in: Franzius/Bachmann, Sanierung, S. 267 ff.

Gem. § 13 Abs. 6 S. 1 BBodSchG kann ein Sanierungsplan von der zuständigen Behörde, auch unter Abänderungen oder Nebenbestimmungen, für verbindlich erklärt werden. In diesem Fall entfaltet der Sanierungsplan gem. § 13 Abs. 6 S. 2 BBodSchG **Konzentrationswirkung**. Danach schließt ein für verbindlich erklärter Plan andere die Sanierung betreffende behördliche Entscheidungen mit Ausnahme von Zulassungsentscheidungen für Vorhaben, die nach § 3 UVPG i. V. m. der Anlage zu § 3 UVPG oder kraft Landesrechts einer Umweltverträglichkeitsprüfung unterliegen, mit ein, soweit sie im Einvernehmen mit der jeweils zuständigen Behörde erlassen und in dem für verbindlich erklärten Plan die mit eingeschlossenen Entscheidungen aufgeführt werden.[175] Erfaßt werden kann insbesondere eine immissionsschutzrechtliche oder eine abfallrechtliche Genehmigung sowie eine wasserrechtliche Erlaubnis oder Bewilligung. Die Verbindlichkeitserklärung basiert damit lediglich auf einer **Verfahrenskonzentration**. Im übrigen müssen die materiellen Vorschriften, die für die eingeschlossenen Entscheidungen zu beachten sind, in vollem Umfang eingehalten werden. **115**

Fraglich ist, ob die Verbindlichkeitserklärung des Sanierungsplans lediglich die jeweilige Sanierungsanordnung gegenüber dem Sanierungspflichtigen ersetzt oder ob sie auch die Rechtsverhältnisse zu Dritten, so z. B. zu Betroffenen, regelt. Gegen letzteres spricht vor allem, daß über das Informationsrecht des § 12 BBodSchG hinaus die Beteiligung Betroffener am Verfahren zur Verbindlichkeitserklärung oder zur Gestaltung der Sanierungsuntersuchungen und der Sanierungsplanungen nicht enthalten sind. Diesen sind insbesondere keine verfahrensrechtlich abgesicherten **Einwendungsrechte** eingeräumt. Damit dürfte die Verbindlichkeitserklärung Dritte unmittelbar weder berechtigen noch verpflichten.[176] **116**

Zur Durchführung des Sanierungsplans kann mit dem Sanierungsplan der Entwurf eines Sanierungsvertrages über die Ausführung des Plans vorgelegt werden, der die Einbeziehung Dritter vorsehen kann (§ 13 Abs. 4 BBodSchG).[177] Die Durchführung eines Sanierungsplans kann damit statt durch einseitig hoheitliches Verwaltungshandeln im Wege der **Kooperation**[178] mittels eines Sanierungsvertrags erfolgen.[179] Dies führt u. U. zu mehr Akzeptanz und senkt zumeist die Kosten der Maßnahmen. Andererseits kann eine vertragliche Lösung das Sanierungsziel verwässern oder die Maßnahme verzögern.[180] Als öffentlich-rechtliche Verträge unterliegen auch Sanierungsverträge den allgemeinen Bestimmungen der §§ 54 bis 62 VwVfG.[181] **117**

§ 13 Abs. 5 BBodSchG regelt die **Wiedereinbringung von Boden** im Rahmen eines für verbindlich erklärten Sanierungsplans. Danach kann entnommener Boden im Bereich der von der Altlastensanierung betroffenen **118**

---

[175] Siehe auch § 351 Abs. 4 UGB-KomE, BMU, UGB-KomE, S. 247, 1046.

[176] So auch *Kobes,* NVwZ 1998, 786 (793).

[177] Vgl. dazu *Peters,* VBlBW 1999, 83 (86).

[178] Vgl. zum Kooperationsprinzip bereits oben § 5 Rn. 84 ff. u. 151 ff.

[179] Zur Bedeutung des Sanierungsvertrags bei der Altlastensanierung vgl. *Müllmann,* NVwZ 1994, 876 ff.; *Pape,* NJW 1994, 409 (411); *Rengeling,* Das Kooperationsprinzip im Umweltrecht, S. 194 ff.; allg. zu Aushandlungsprozessen in bezug auf die Altlastenbehandlung *Kippes,* VR 1997, 41 ff.; *Kobes,* NVwZ 1998, 786 (794); *Sahm,* UPR 1999, 374 ff.

[180] So auch *Bender/Sparwasser/Engel,* UmweltR, Teil 5 Rn. 131.

[181] Zum Rechtsschutz bei Nichterfüllung der Pflichten aus dem Sanierungsvertrag vgl. *Kobes,* NVwZ 1998, 786 (794).

Flächen wieder eingebracht werden, wenn durch einen für verbindlich erklärten Sanierungsplan oder eine Anordnung zur Durchsetzung der Pflichten nach § 4 BBodSchG sichergestellt wird, daß das Wohl der Allgemeinheit nicht beeinträchtigt wird. Für dieses Material gilt § 27 Abs. 1 S. 1 KrW-/AbfG nicht. Das bedeutet, daß Bodenaushub, der aufgrund von Verunreinigungen als Abfall im Sinne von § 3 KrW-/AbfG einzustufen wäre, nicht besonderen Abfallbeseitigungsanlagen zugeführt werden muß. Vielmehr kann eine Umlagerung des Bodenaushubs auf der Altlast selbst und sogar ein Wiedereinbau an Ort und Stelle erfolgen, sofern das Wohl der Allgemeinheit dadurch nicht beeinträchtigt wird. Der Vorschrift dient der Kostensenkung Bedeutung im Rahmen der Altlastensanierung und entspricht damit dem Verhältnismäßigkeitsprinzip.[182] Wird entnommener Boden allerdings außerhalb der Altlast behandelt, gelagert oder abgelagert, gelten hierfür die allgemeinen abfallrechtlichen Bestimmungen.[183]

3. Behördliche Sanierungsplanung

119 Wird der Plan nicht, nicht innerhalb der von der Behörde gesetzten Frist oder fachlich unzureichend erstellt (Nr. 1), kann ein zur Aufstellung des Sanierungsplans Verpflichteter nicht oder nicht rechtzeitig herangezogen werden (Nr. 2) oder ist auf Grund der großflächigen Ausdehnung der Altlast, der auf der altlastberuhenden weiträumigen Verunreinigung eines Gewässers oder auf Grund der Anzahl der Sanierungsverpflichteten ein koordiniertes Vorgehen erforderlich (Nr. 3), so kann die zuständige Behörde den Sanierungsplan selbst erstellen oder ergänzen oder durch einen Sachverständigen nach § 18 BBodSchG erstellen oder ergänzen lassen.[184] § 14 S. 1 Nr. 3 BBodSchG eröffnet der Behörde direkt – also ohne zuvor vom Verpflichteten gem. § 13 Abs. 1 S. 1 BBodSchG einen Sanierungsplan verlangt zu haben – die Möglichkeit, einen solchen Plan auf Kosten des Verpflichteten (vgl. § 25 Abs. 1 S. 1 BBodSchG) selbst zu erstellen. Grund hierfür können entweder großflächige Ausdehnungen einer Altlast oder die auf ihr beruhenden weiträumigen Verunreinigungen eines Gewässers sowie die große Anzahl von Sanierungsverpflichteten sein. In diesen Fällen wird die Sanierungsplanung zur öffentlichen Aufgabe.[185] Bei der Erstellung des behördlichen Sanierungsplans hat die Behörde gem. § 14 S. 2 BBodSchG die auch für private Sanierungspflichtige geltenden Vorschriften des § 13 Abs. 3 bis 6 BBodSchG zu beachten.

IV. Behördliche Überwachung, Eigenkontrolle

120 Gem. § 15 Abs. 1 S. 1 BBodSchG unterliegen Altlasten und altlastverdächtige Flächen der *Überwachung durch die zuständige Behörde,* soweit erforderlich. Die Regelung dient lediglich der Klarstellung, da die Überwachung Maßnahme der Gefahrenabwehr und damit ohnehin Behördenpflicht ist.

---

[182] *Kobes,* NVwZ 1998, 786 (794).
[183] Vgl. BT-Drs. 422/1/97, S. 13.
[184] Siehe auch § 351 Abs. 5 S. 1 UGB-KomE, BMU, UGB-KomE, S. 247, 1047.
[185] Vgl. *Kobes,* NVwZ 1998, 786 (794).

Bei Altstandorten und Altablagerungen bleibt die Wirksamkeit von behördlichen Zulassungsentscheidungen sowie von nachträglichen Anordnungen durch die Anwendung dieses Gesetzes unberührt (§ 15 Abs. 1 S. 2 BBodSchG).

Gem. § 15 Abs. 2 BBodSchG kann die zuständige Behörde von den nach § 4 Abs. 3, 5 oder 6 BBodSchG Verpflichteten bei Vorliegen einer Altlast die Durchführung von *Eigenkontrollmaßnahmen,* insbesondere Boden- und Wasseruntersuchungen sowie die Einrichtung und den Betrieb von Meßstellen verlangen. Ferner kann die Behörde gem. § 15 Abs. 2 S. 4 BBodSchG Eigenkontrollmaßnahmen auch nach Durchführung von Dekontaminations-, Sicherungs- und Beschränkungsmaßnahmen anordnen. Zudem kann sie verlangen, daß die Eigenkontrollmaßnahmen von einem Sachverständigen nach § 18 BBodSchG durchgeführt werden (§ 15 Ab. 2 S. 5 BBodSchG). Die Ergebnisse der Eigenkontrollmaßnahmen sind gem. § 15 Abs. 2 S. 2 BBodSchG aufzuzeichnen und fünf Jahre lang aufzubewahren. Die zuständige Behörde kann eine längerfristige Aufbewahrung anordnen, soweit dies im Einzelfall erforderlich ist (§ 15 Abs. 2 S. 3 BBodSchG). Die Ergebnisse der Eigenkontrollmaßnahmen sind von den Verpflichteten der zuständigen Behörde auf Verlangen gem. § 15 Abs. 3 S. 1 BBodSchG mitzuteilen. Die Behörde hat diese Unterlagen ihrerseits fünf Jahre aufzubewahren (§ 15 Abs. 3 S. 2 BBodSchG). Die Vorschrift über die Eigenkontrolle dient der Verwaltungsvereinfachung, da die Behörde in personeller und sachlicher Hinsicht überfordert sein könnte, alle Überwachungsmaßnahmen selbst durchzuführen. Im übrigen hat der zur Sanierung Verpflichtete regelmäßig genauere Kenntnisse von der Altlast. **121**

V. Ergänzende Anordnungen zur Altlastensanierung

Zur Durchsetzung der im Dritten Teil des Gesetzes vorgesehenen Pflichten enthält § 16 Abs. 1 BBodSchG eine Anordnungsbefugnis für die Behörde. Danach kann die zuständige Behörde neben den im Zweiten Teil des BBodSchG vorgesehenen Anordnungen nach § 10 Abs. 1 BBodSchG zur Erfüllung der Pflichten, die sich aus dem Dritten Teil des BBodSchG ergeben, die erforderlichen Anordnungen treffen. § 16 Abs. 2 BBodSchG erweitert die Wirkungen solcher Anordnungen durch die Konzentration sonstiger behördlicher Entscheidungen. **122**

F. Landwirtschaftliche Bodennutzung

Für die landwirtschaftliche Bodennutzung enthält § 17 BBodSchG eine Sonderregelung für die Vorsorge- und Gefahrenabwehrpflicht.[186] Sie wird ergänzt durch den Anspruch der Landwirtschaft auf **Ausgleichsleistung** für wirtschaftliche Nachteile durch Nutzungsbeschränkungen gem. § 10 Abs. 2 BBodSchG. **123**

---

[186] § 17 BBodSchG gilt nicht für die Forstwirtschaft (vgl. § 3 Abs. 1 Nr. 6 BBodSchG); zur landwirtschaftl. Bodennutzung auch *Bockey,* UPR 1998, 255 (258).

124 Der Kommissionsentwurf zum Umweltgesetzbuch regelt den Bereich der Gefährdung des Bodens durch Schadstoffe aus der Landwirtschaft umfassender. So beinhaltet § 328 Abs. 5 BBodSchG einen Grundsatz für die Bodenertragsnutzung, der sich an die Behörden richtet.[187] Im übrigen wird die Bodenertragsnutzung in einem eigenen Kapitel in den §§ 332 bis 336 BBodSchG auch für die Beeinträchtigung durch Pflanzenschutz- und Düngemittel sowie Stickstoffe geregelt.[188]

I. Vorsorgepflicht

125 Gem. § 17 Abs. 1 S. 1 BBodSchG wird die Vorsorgepflicht nach § 7 BBodSchG bei der landwirtschaftlichen Bodennutzung durch die **gute fachliche Praxis** erfüllt.[189] Dies bedeutet, daß dann, wenn die Anforderungen des § 17 Abs. 2 BBodSchG erfüllt werden, also die Landwirtschaft standortgemäß betrieben wird, zugleich die Vorsorgepflicht eingehalten wird.[190] Der Begriff der guten fachlichen Praxis wird in § 17 Abs. 2 BBodSchG konkretisiert. Danach sind Grundsätze der guten fachlichen Praxis der landwirtschaftlichen Bodennutzung die nachhaltige Sicherung der Bodenfruchtbarkeit und Leistungsfähigkeit des Bodens als natürliche Ressource.[191] Gem. § 17 Abs. 2 S. 2 BBodSchG gehört zu den Grundsätzen der guten fachlichen Praxis insbesondere, daß

- die Bodenbearbeitung unter Berücksichtigung der Witterung grundsätzlich standortangepaßt zu erfolgen hat (Nr. 1),
- die Bodenstruktur erhalten oder verbessert wird (Nr. 2),
- Bodenverdichtungen, insbesondere durch Berücksichtigung der Bodenart, Bodenfeuchtigkeit und des von den zur landwirtschaftlichen Bodennutzung eingesetzten Geräten verursachten Bodendrucks, soweit wie möglich vermieden werden (Nr. 3),
- Bodenabträge durch eine standortangepaßte Nutzung, insbesondere der Berücksichtigung der Hangneigung, der Wasser- und Windverhältnisse sowie der Bodenbedeckung, möglichst vermieden werden (Nr. 4),[192]
- die naturbetonten Strukturelemente der Feldflur, insbesondere Hecken, Feldgehölze, Feldraine und Ackerterrassen, die zum Schutz des Bodens notwendig sind, erhalten werden (Nr. 5),[193]
- die biologische Aktivität des Bodens durch entsprechende Fruchtfolgengestaltung erhalten oder gefördert wird (Nr. 6) und
- der standorttypische Humusgehalt des Bodens, insbesondere durch eine ausreichende Zufuhr an organischer Substanz oder durch Reduzierung der Bearbeitungsintensität erhalten wird (Nr. 7).[194]

126 Die Vorsorgeregelung des § 7 BBodSchG wird lediglich im Bereich der landwirtschaftlichen Bodenbearbeitung durch § 17 BBodSchG verdrängt.

---

[187] Vgl. dazu BMU, UGB-KomE, S. 233, 986.

[188] Siehe §§ 333, 334 und 336 BBodSchG, BMU, UGB-KomE, S. 235 ff., 996, 1000 ff.

[189] Siehe auch § 332 Abs. 1 UGB-KomE, vgl. BMU, UGB-KomE, S. 235, 998.

[190] Mithin dürfen landesrechtl. über den Katalog des § 17 Abs. 2 BBodSchG keine anderen oder weiteren Anforderungen an die landwirtschaftl. Bodennutzung gestellt werden, *Sanden,* in: Sanden/Schoeneck, BBodSchG, § 17 Rn. 5.

[191] Vgl. dazu bereits die Bodenschutzkonzeption der BReg., BT-Drs. 10/2977, S. 6; dem entspricht § 332 Abs. 3 UGB-KomE, vgl. BMU, UGB-KomE, S. 235, 999.

[192] § 17 Abs. 2 S. 2 Nr. 1–4, 7 BBodSchG entspricht § 332 Abs. 1 Nr. 2 UGB-KomE, vgl. BMU, UGB-KomE, S. 235, 998.

[193] Dem § 17 Abs. 2 S. 2 Nr. 5, 6 BBodSchG entspricht § 332 Abs. 1 Nr. 3, 4 UGB-KomE, vgl. BMU, UGB-KomE, S. 235, 998.

[194] Diese Anforderungen entsprechen im wesentl. dem Beschluß der Agrarminister von Bund u. Ländern, vgl. BR-Drs. 13/6701, S. 43.

Denn § 17 Abs. 1 und 2 BBodSchG regeln im wesentlichen spezielle Vorsorgeanforderungen, die die Boden*physik* betreffen.

Der Bundesrat hatte zunächst vorgeschlagen, die Pflicht zur Vermeidung eines bewirtschaftungsbedingten Schadstoffanstiegs als weiteren Grundsatz der guten fachlichen Praxis gesetzlich zu regeln. Dieser Vorschlag hat sich im weiteren Gesetzgebungsverfahren nicht durchgesetzt.[195] Unter dem Aspekt des Begriffs der guten fachlichen Praxis wird mithin der Einsatz von Pflanzenschutzmitteln sowie das Aufbringen von Düngemitteln und Klärschlämmen und die damit verbundenen Stoffeinträge nicht geregelt. Diese richten sich gem. § 3 Abs. 1 Nr. 1 bis 4 BBodSchG ausschließlich nach den Vorschriften des Pflanzenschutzmittelgesetzes, des Düngemittelgesetzes und der Klärschlammverordnung.[196] 127

Da § 17 BBodSchG ausdrücklich nur die Vorsorgepflicht nach § 7 BBodSchG ersetzt, können weitere Anforderungen zur Vorsorge etwa zur Entsiegelung oder zur Auf- und Einbringung von Materialien auf oder in den Boden, auf §§ 5 und 6 BBodSchG gestützt werden.[197] Die Aufzählung der Grundsätze der guten fachlichen Praxis in § 17 Abs. 2 S. 2 BBodSchG ist nicht abschließend. 128

Gem. § 17 Abs. 1 S. 1 BBodSchG sollen die nach Landesrecht zuständigen landwirtschaftlichen Beratungsstellen bei ihrer **Beratungstätigkeit** die Grundsätze der guten fachlichen Praxis vermitteln.[198] Damit setzt das BBodSchG im Bereich der landwirtschaftlichen Bodennutzung auf Kooperation statt auf Überwachung. Aufgrund des Wortlautes des § 17 Abs. 1 S. 2 BBodSchG können Vorsorgemaßnahmen auf § 17 BBodSchG nicht gestützt werden.[199] Da auch eine Nichtbefolgung der Beratungsvorschläge nach dem BBodSchG sanktionslos ist, kann die Befolgung der guten fachlichen Praxis auch nicht im Wege des Verwaltungszwanges durchgesetzt werden. 129

II. Gefahrenabwehr

§ 17 Abs. 3 BBodSchG regelt die Anforderungen an die Gefahrenabwehr für den landwirtschaftlichen Bereich. Gem. § 17 Abs. 3 1. HS BBodSchG werden die Pflichten nach § 4 BBodSchG, d. h. die Pflicht zur Gefahrenabwehr, durch die Einhaltung der in § 3 Abs. 1 BBodSchG genannten Vorschriften erfüllt. Damit sind auch für die landwirtschaftliche Bodennutzung im Hinblick auf die Gefahrenabwehrpflichten die Vorschriften des Pflanzenschutzgesetzes, des Düngemittelgesetzes und der Klärschlammverordnung vorrangig. Enthalten diese Vorschriften keine Anforderungen an die Gefahrenabwehr und ergeben sich solche auch nicht aus den Grundsätzen der guten fachlichen Praxis nach § 17 Abs. 2 BBodSchG, so gelten gem. § 17 Abs. 3 2. HS BBodSchG die übrigen Bestimmungen des BBodSchG. Im Gegensatz zu § 17 Abs. 1 S. 2 BBodSchG, der zur Einhaltung der Vorsorge- 130

---

[195] Vgl. BT-Drs. 13/6701, S. 56.

[196] *Sanden,* in: Sanden/Schoeneck, BBodSchG, § 17 Rn. 2; krit. zu dieser landwirtschaftl. Spezialregelung vgl. BR-Drs. 422/1/97 Nr. 4.

[197] *Sanden,* in: Sanden/Schoeneck, BBodSchG, § 17 Rn. 4; *Radtke,* in: Holzwarth/Radtke/Hilger, BBodSchG, § 17 Rn. 3.

[198] Krit. zur „Soll"-Bestimmung *Peine,* DVBl. 1998, 157 (160).

[199] Auch eine Verschärfung durch Landesrecht dürfte aufgrund der Entstehungsgeschichte nicht zulässig sein, da der Gesetzgeber die Frage hat abschließend regeln wollen, so auch *Peine,* DVBl. 1998, 1557 (160); *Sanden,* in: Sanden/Schoeneck, BBodSchG, § 17 Rn. 7.

pflicht nur eine Beratung vorsieht, können aufgrund von § 17 Abs. 3 2. HS BBodSchG ergänzende Maßnahmen angeordnet werden.

131 Da die Anforderungen an die Gefahrenabwehr im Bereich des Eintrags von Schadstoffen durch landwirtschaftliche Bodennutzung in Spezialvorschriften abschließend geregelt sind und sich für den Bereich der Bodenverdichtung die Anforderung zur Gefahrenabwehr aus den Grundsätzen der guten fachlichen Praxis nach § 17 Abs. 2 S. 2 BBodSchG ergeben, bleibt für unmittelbare Anordnungen, nach § 17 Abs. 3 2. HS BBodSchG nur der Bereich der Bodenerosion. Für Bodenerosionen stellt sich in der Praxis jeweils die Frage, ob die Gefahrenschwelle überschritten ist, so daß Maßnahmen nach § 17 Abs. 3 BBodSchG angeordnet werden können oder ob es sich um unterhalb der Gefahrenschwelle liegende Bodenveränderungen handelt, bei denen nur beratende Tätigkeiten im Rahmen der Vorsorgepflicht nach § 17 Abs. 1 S. 2 BBodSchG vorgenommen werden können.

III. Ausgleichsleistungen

132 § 10 Abs. 2 BBodSchG sieht zugunsten der Landwirtschaft einen Anspruch auf Ausgleichsleistungen für solche wirtschaftlichen Nachteile vor, die aufgrund einer behördlichen Beschränkung der land- und forstwirtschaftlichen Bodennutzung oder infolge von behördlichen Bewirtschaftungsregelungen eintreten.[200] Die Regelung hat vor allem solche Nutzungsbeschränkungen im Blick, die wegen der sogenannten Distanz- oder Summationsschäden erforderlich werden könnten.[201] Anspruchsberechtigt sind der Grundstückseigentümer und der Inhaber der tatsächlichen Gewalt, sofern sie die schädliche Bodenveränderung nicht verursacht haben.[202] Anspruchsverpflichtet ist die Behörde, die die nutzungsbeschränkenden Anordnungen nach § 4 BBodSchG erlassen hat. Ausgeglichen werden können alle wirtschaftlichen Nachteile, die nach zumutbaren innerbetrieblichen Anpassungsmaßnahmen verbleiben. Demnach hat jeder Landwirt zunächst zu versuchen, die durch die Nutzungsbeschränkungen entstehenden Nachteile betriebsintern – etwa durch Ausweichen mit einer belastungsempfindlichen Bodennutzung auf weniger belastete Grundstücke – zu kompensieren.[203] Die Nutzungsbeschränkung muß ferner ohne Ausgleich zu einer besonderen Härte führen, die erheblich über die mit der Nutzungsbeschränkung verbundenen, allgemeinen Belastungen hinausgeht (§ 10 Abs. 2 a.E. BBodSchG). Der Ausgleichsanspruch besteht nach Maßgabe des Landesrechts. Den Ländern obliegt es, Inhalt und Umfang des Anspruchs zu bestimmen. Die landesrechtlichen Vorschriften werden insbesondere zu regeln haben, wie der Ausgleich zu leisten und zu berechnen ist und wie das Ausgleichsverfahren durchgeführt werden soll.[204] Ein völliges Absehen von einem angemessenen Ausgleich durch landesrechtliche

---

[200] Die Ausgleichspflicht war im Gesetzgebungsverfahren stark umstritten, weil sie Zahlungen schon in einem Bereich ermöglicht, in dem aus verfassungsrechtl. Sicht nach Art. 14 Abs. 3 GG der Staat zu Entschädigungsleistungen noch nicht verpflichtet ist, weil sich die Einschränkungen noch innerhalb der Sozialbindung des Eigentums bewegen, vgl. BT-Drs. 13/6701, 10, 40f., 54.

[201] BT-Drs. 13/6701, S. 40.

[202] Zu den Anspruchsvoraussetzungen umfassend *Schoeneck,* in: Sanden/Schoeneck, BBodSchG, § 10 Rn. 33ff.

[203] Vgl. BT-Drs. 13/6701, S. 41.

[204] Zur vergleichbaren Vorschrift des § 19 Abs. 4 WHG, *Cychowsky,* WHG, § 19 Rn. 139ff.

Regelungen ist nicht zulässig. Der Anspruch nach § 10 Abs. 2 BBodSchG ist allerdings erst nach Erlaß entsprechender Landesgesetze durchsetzbar.

G. Landesrechtliche Regelungen

Der Bund hat zunächst hinsichtlich der inhaltlichen Anforderungen an den Bodenschutz und die Altlastensanierung vor allem durch die §§ 4 und 7 BBodSchG und durch die Ermächtigung der Bundesregierung zur Konkretisierung dieser Vorschriften nach § 8 BBodSchG von seiner konkurrierenden Gesetzgebungskompetenz abschließend Gebrauch gemacht. Landesrechtliche Regelungen sind insoweit ausgeschlossen.[205] **133**

Die Länder können allerdings gem. § 21 Abs. 1 BBodSchG zur Ausführung des Zweiten und Dritten Teils des BBodSchG, d. h. zur Ausführung der Grundsätze und Pflicht und der ergänzenden Vorschriften für Altlasten, ergänzende Verfahrensregelungen erlassen.[206] Diese können sich auf die Errichtung und die Zuständigkeiten der Behörden, die Zusammenarbeit von Behörden, die Beteiligung der Öffentlichkeit und die Regelung des Verwaltungsverfahrens beziehen. **134**

Auch im übrigen regelt das BBodSchG die Frage des Bodenschutzes und der Altlastensanierung nicht abschließend. Vielmehr sieht das Gesetz Räume für landesrechtliche Regelungen vor, durch die die Länder die Vorschriften des BBodSchG konkretisieren können. So haben die Länder nach § 21 Abs. 2 BBodSchG die Möglichkeit, das zur Regelung von Altlasten vorhandene Instrumentarium auf **Verdachtsflächen und Flächen mit schädlichen Bodenveränderungen** anzuwenden. Um unzumutbare Belastungen für die Betroffenen zu vermeiden, können Sanierungsuntersuchungen, Sanierungspläne sowie Eigenkontrollmaßnahmen nur bei schädlichen Bodenveränderungen verlangt werden, die ein Gefährdungspotential aufweisen, das mit den von § 13 Abs. 1 S. 1 BBodSchG erfaßten Altlasten vergleichbar ist. **135**

Darüber hinaus können die Länder gem. § 21 Abs. 3 BBodSchG **Gebiete, in denen flächenhaft schädliche Bodenveränderungen auftreten oder zu erwarten sind,** und die dort zu ergreifenden Maßnahmen bestimmen sowie weitere Regelungen über gebietsbezogene Maßnahmen des Bodenschutzes treffen. Damit wird den Ländern die Ausweisung von **Bodenbelastungsgebieten**[207] und die Aufstellung von **Bodenschutzplänen** ermöglicht.[208] Als weitere Regelung über gebietsbezogene Maßnahmen des Bodenschutzes können auch Dauerbeobachtungsflächen geregelt werden.[209] **136**

---

[205] Zur Sperrwirkung für den Landesgesetzgeber durch den Erlaß der Bodenschutz- und AltlastenVO *Sanden,* in: Sanden/Schoeneck, BBodSchG, § 21 Rn. 4 m. w. N.

[206] *Hilger,* in: Holzwarth/Radtke/Hilger, BBodSchG, Einf. Rn. 2.

[207] Bodenbelastunggebiete sind bereits in § 13 BodSchG BW, § 22 BodSchG Bln u. § 9 Abs. 2 EGAB Sachsen geregelt; *Kobes,* NVwZ 1998, 786 (787).

[208] Vgl. dazu *Peters,* VBlBW 1999, 83; zu Bodenschutzplänen in Baden-Württemberg, vgl. *Schlabach,* VBlBW 1996, 408 ff.; siehe auch § 346 UGB-KomE, BMU, UGB-KomE, S. 242 f., 1023; zur Forderung nach einer bodenschützenden Planung auf Bundesebene *Bückmann/Lee/Zieschank,* UPR 1999, 81 (83 ff.).

[209] Ausgeschlossen ist die Schaffung neuer Bodenschutzgebiete, die eine Nutzungsänderung ausschließen u. sich begriffl. von den Bodenbelastungsgebieten dadurch unterscheiden, daß sie keine bestehenden oder zu erwartenden Bodenbelastungen erfordern u. damit keinen Gefahrenbezug voraussetzen, vgl. *Sanden,* in: Sanden/Schoeneck, BBodSchG, § 21 Rn. 12.

137 Ferner können die Länder nach § 21 Abs. 4 S. 1 BBodSchG bestimmen, daß für das Gebiet ihres Landes oder für bestimmte Teile des Gebietes **Bodeninformationssysteme** eingerichtet und geführt werden.[210] Hierbei können gem. § 21 Abs. 4 S. 2 BBodSchG Daten von Dauerbeobachtungsflächen und Bodenzustandsuntersuchungen über die phsyikalische, chemische und biologische Beschaffenheit des Bodens und der Bodennutzung erfaßt werden. Soweit landesrechtliche Regelungen Grundstückseigentümer und Inhaber der tatsächlichen Gewalt über ein Grundstück zur Duldung von Bodenuntersuchungen verpflichten, die für Bodeninformationssysteme erforderlich sind, hat das Landesrecht auf die berechtigten Belange dieser Person Rücksicht zu nehmen und Ersatz für Schäden vorzusehen, die bei Untersuchungen verursacht worden sind (§ 21 Abs. 4 S. 3 und 4 BBodSchG).

138 Ergänzende landesrechtliche Vorschriften sind zudem zur Regelung von Duldungs- und Mitwirkungspflichten in § 9 Abs. 2 S. 3 BBodSchG, zur Zahlung eines angemessenen Ausgleichs bei Anordnung von Beschränkungen der land- und forstwirtschaftlichen Bodennutzung nach § 10 Abs. 2 BBodSchG, zur Erfassung der Altlasten und altlastverdächtigen Flächen nach § 11 BBodSchG und zur Regelung der Anforderungen an Sachverständige und Untersuchungsstellen sowie an Art und Umfang der von ihnen wahrzunehmenden Aufgaben gem. § 18 Abs. 2 BBodSchG vorgesehen.

H. Finanzierung

139 Da das Hauptproblem der Flächensanierung die Bereitstellung ausreichender Finanzmittel ist, kommt den Finanzierungsregelungen der §§ 24 und 25 BBodSchG eine entscheidende Bedeutung zu.

140 Zieht man zur Finanzierung des Bodenschutzes weitgehend den oder die Sanierungspflichtigen heran, so versagt dieses Modell, wenn ein Verantwortlicher nicht ermittelt werden kann oder die Zahlungsfähigkeit des Verantwortlichen angesichts der finanziellen Dimensionen des Sanierungsvorhabens erschöpft ist. Für derartige Fälle wird die Schaffung geeigneter Finanzierungsmodelle gefordert.[211] Neben einzelnen Finanzierungsansätzen des Bundes[212] sind inzwischen auf Länderebene verschiedene Modelle entwickelt worden.

141 In *Rheinland-Pfalz* besteht bereits seit 1986 eine Kooperationsvereinbarung zwischen Staat und Wirtschaft, wonach die Sanierungskosten, wenn sie aus rechtlichen oder faktischen Gründen nicht den Sanierungsverantwortlichen auferlegt werden können, zu je einem Teil vom Land und von den Unternehmen getragen werden **(Kooperationsmodell)**.[213]

---

[210] Vgl. auch § 342 UGB-KomE, BMU, UGB-KomE, S. 240, 1017.

[211] Zu einer entspr. Forderung *Stollmann,* StuG 1996, 313 (319); *Breuer,* DVBl. 1994, 890 (900); zu den Finanzierungsmodellen vgl. *Brandt,* AltlastenR, Kap. VII; *Bender/Sparwasser/Engel,* UmweltR, Teil 5 Rn. 208ff.; *Kloepfer,* UmweltR, § 12 Rn. 83; *Wagener,* WUR 1990, 137ff.

[212] I. Ü. *Brandt,* AltlastenR, Kap. VII Rn. 4ff.

[213] Vgl. dazu *Wagener,* WUR 1990, 137ff.; *Brandt,* AltlastenR, Kap. VII Rn. 18f.; *Peine,* Verhandlungen zum 60. DJT, Bd. I, S. B 108f.; ähnl. Modelle bestehen inzwischen auch in Bayern und in Hessen.

In *Nordrhein-Westfalen* ist zur Förderung der Altlastensanierung ein (Zwangs-) Zweckverband gebildet worden[214], der seine finanziellen Mittel durch ein bei der Vergabe von Lizenzen für die Sonderabfallentsorgung erhobenes Lizenzentgelt erhält **(Lizenzmodell)**[215]. 142

Das Land *Hessen* erhebt gem. § 17 HessAltlG jährlich eine Umlage von den Entsorgungspflichtigen. Ihr Ertrag wird zweckgebunden für die Altlastensanierung verwendet **(Umlagemodell)**[216]. 143

In *Baden-Württemberg* und anderen Bundesländern wurde für das Erzeugen besonders überwachungsbedürftiger Abfälle eine Sonderabgabe (Abfallabgabe) erhoben, mit der u. a. auch die Altlastensanierung finanziert werden sollte **(Sonderabgabenmodell)**[217]. Das *BVerfG* hat jedoch die Landesabfallabgaben für verfassungswidrig erklärt, weil sie mit den bundesrechtlichen Regelungen des BImSchG und des KrW-/AbfG nicht vereinbar war.[218] 144

Während der Kommissionsentwurf zum Umweltgesetzbuch in § 352 Abs. 4 UGB-KomE die Schaffung eines Finanzierungsmodells durch die Länder unter Gewährung von finanziellen Hilfen des Bundes nach Art. 104a GG vorsieht,[219] verzichtet das BBodSchG auf eine umfassende Regelung zur Finanzierung der Altlastensanierung. 145

I. Kosten

Die Kostenregelung des § 24 Abs. 1 S. 1 BBodSchG knüpft die Kostentragungspflicht an die Verantwortung zur Durchführung behördlich angeordneter Maßnahmen. Danach tragen die zur Durchführung Verpflichteten die Kosten der **Untersuchungen zur Gefährdungsabschätzung** (§ 9 Abs. 2 BBodSchG), der zur **Vorsorge- und Gefahrenabwehr notwendigen Maßnahmen** (§ 10 Abs. 1 BBodSchG), der **Informationsmaßnahmen** (§ 12 BBodSchG), der **Sanierungsuntersuchungen** und der **Sanierungsplanungen** durch den Sanierungspflichtigen und die Behörde (§ 13, 14 Abs. 1 Nr. 1 und 2 BBodSchG), der **Eigenkontrollmaßnahmen** (§ 15 Abs. 2 BBodSchG) und der **ergänzenden Anordnungen zur Altlastensanierung** (§ 16 Abs. 1 BBodSchG).[220] 146

§ 24 Abs. 1 S. 2 BBodSchG regelt die Kostenverteilung für **Gefahrerforschungseingriffe**. Gem. § 24 Abs. 1 S. 2 BBodSchG sind den zur Untersuchung Herangezogenen die Kosten zu erstatten, wenn im Falle des § 9 Abs. 2 S. 1 BBodSchG die Untersuchungen den Verdacht nicht bestätigen oder die Voraussetzungen des § 10 Abs. 2 BBodSchG nicht vorliegen und 147

---

214 Vgl. Abfallentsorgungs- und Altlastensanierungsverbandsgesetz v. 21. 6. 1988 (GVBl. S. 268), geänd. durch G v. 7. 2. 1995 (GVBl. S. 139).

215 Siehe auch §§ 10ff. LAbfG NW; dazu *Brandt,* AltlastenR, Kap. VII Rn. 20ff.; *Peine,* Verhandlungen zum 60. DJT, Bd. I, S. B 111; das *OVG Münster* hält das Lizenzmodell in seiner jetzigen Form für verfassungswidrig, vgl. den Vorlagebeschluß v. 18. 1. 1996 – 20 A 2865/94 –, NWVBl. 1996, 335ff.; a. A. *Peine,* NWVBl. 1996, 418ff.

216 Vgl. dazu *Peine,* Verhandlungen zum 60. DJT, Bd. I, S. B 111f.

217 Vgl. das Landesabfallabgabengesetz v. 11. 3. 1991 (GBl. S. 133); dazu auch *Peine,* Verhandlungen zum 60. DJT, Bd. I S. B 112f.; grundl. *Kügel,* NVwZ 1994, 535ff.

218 Vgl. *BVerfG,* Urt. v. 7. 5. 1998 – 2 BvR 1876/91 u. a. –, UPR 1998, 265ff.

219 BMU, UGB-KomE, S. 248, 1050ff.

220 Für eine Untersuchungsanordnung nach § 9 Abs. 1 S. 2 BBodSchG, die die Behörde bei Überschreitung von Prüfwerten treffen kann, um festzustellen, ob eine schädl. Bodenveränderung oder Altlast vorliegt, enthält § 24 Abs. 1 BBodSchG keine Kostentragungsregelung; auch eine Begrenzung der Haftung für den Zustandsstörer ist nicht vorgesehen.

die zur Untersuchung Herangezogenen, die den Verdacht begründenden Umstände nicht zu vertreten haben. § 24 Abs. 1 S. 2 1. Alt. BBodSchG erfaßt den Fall, in denen Maßnahmen zur Untersuchung und Bewertung einer Fläche einen zunächst vorhandenen Gefahrenverdacht nicht bestätigt haben.[221]

148 § 24 Abs. 1 S. 3 BBodSchG regelt die Kostentragungspflicht im Falle der **Ersatzvornahme**.[222] Danach trägt in den Fällen des § 14 S. 1 Nr. 2 und 3 BBodSchG derjenige die Kosten, von dem die Erstellung eines Sanierungsplans hätte verlangt werden können.

149 Da der *BGH* einen internen Lastenausgleich zwischen mehreren verantwortlichen Personen nur anerkennt, wenn eine ausdrückliche Regelung dazu besteht,[223] sieht § 24 Abs. 2 BBodSchG entsprechende Ausgleichsansprüche vor.[224] Danach haben mehrere Verpflichtete unabhängig von ihrer Heranziehung untereinander einen **Ausgleichsanspruch.** Soweit nichts anderes vereinbart wird,[225] hängt die Verpflichtung zum Ausgleich sowie der Umfang des zu leistenden Ausgleichs davon ab, inwieweit die Gefahr oder der Schaden vorwiegend von dem einen oder dem anderen Teil verursacht worden ist (§ 24 Abs. 2 S. 2 1. HS BBodSchG). § 426 Abs. 1 S. 2 BGB findet entsprechende Anwendung mit der Folge, daß bei Ausfall eines Verpflichteten, dessen Ausgleichsbeitrag von den anderen Verpflichteten mitzutragen ist. (§ 24 Abs. 2 S. 2 2. HS BBodSchG).[226] Da § 24 Abs. 2 S. 2 BBodSchG die Pflicht zum Ausgleich und den Umfang des zu leistenden Ausgleichs von der Verursachung abhängig macht, kann ein als Zustandsstörer zur Beseitigung einer Bodenkontermination herangezogener Eigentümer oder Besitzer eines Grundstücks sich hinsichtlich der ihm entstandenen Kosten vollständig an dem Verursacher der Kontermination schadlos halten.

Umstritten ist, ob auch der Zustandsverantwortliche einen Ausgleich vom Eigentümer verlangen kann. Zum Teil wird dies in der Literatur mit dem Argument bejaht, daß jeder Adressat bodenschutzrechtlicher Pflichten ausgleichspflichtig sei.[227] Demgegenüber stellt der überwiegende Teil der Literatur zu Recht auf den Wortlaut

---

[221] Dies entspricht der Rspr. vor Erlaß des BBodSchG vgl. *BGH,* Urt. v. 12. 3. 1992 – III ZR 128/91 –, DVBl. 1992, 1158; *ders.,* Urt. v. 23. 6. 1994 – III ZR 54/93 –, NJW 1994, 2355; *VGH Mannheim,* Urt. v. 10. 5. 1990 – 5 S 1842/89 –, VBlBW 1990, 469 (471); *VGH München,* Urt. v. 26. 7. 1995 – 22 B 93 274 –, DÖV 1996, 82 f.; *OVG Münster,* Urt. v. 26. 3. 1996 – 5 A 3812/92 –, DÖV 1996, 1049 (1050); vgl. auch *Gerhold,* altlasten spektrum 1998, 107 f.

[222] Siehe dazu § 351 Abs. 4 S. 4 UGB-KomE, BMU, UGB-KomE, S. 247, 1047.

[223] *BGH,* Urt. v. 11. 6. 1981 – III ZR 39/80 –, NJW 1981, 2457 f.; *ders.,* Urt. v. 18. 9. 1986 – III ZR 227/84 –, BGHZ 98, 235 ff.; *ders.,* Urt. v. 8. 3. 1990 – III ZR 81/88 –, BGHZ 110, 313 (318); zum Innenausgleich nach der alten Rechtslage vgl. auch *Haibt/Rinne,* ZIP 1997, 2113 ff.

[224] Dazu *Kothe,* UPR 1999, 96 (98 f.); *Pützenbacher,* NJW 1999, 1137 ff.; siehe auch § 345 UGB-KomE, vgl. BMU, UGB-KomE, S. 242, 1018 f.

[225] Damit gehen vertragl. Regelungen über den Störerausgleich dem gesetzl. Ausgleichsanspruch vor.

[226] Eine analoge Anwendung des § 426 BGB oder dessen Rechtsgedanken auf das Verhältnis zwischen mehreren Störern hat die RSpr. bislang abgelehnt, vgl. *BGH,* Urt. v. 11. 6. 1981 – III ZR 39/80 – NJW 1981, 2467 f.; vgl. dazu *Palandt-Heinrichs,* BGB, § 426 Rn. 3 a m. w. N.

[227] So *Sanden,* in: Sanden/Schoeneck, BBodSchG, § 24 Rn. 24.

des § 24 Abs. 2 BBodSchG ab, der auf den „Verursachungsbeitrag" des einzelnen abstellt.[228]

§ 24 Abs. 2 S. 3 bis 5 BBodSchG regeln die **Verjährung** der Ausgleichsansprüche.[229] Die Regelung ist an den Gedanken des § 852 Abs. 1 BGB angelehnt. Gem. § 24 Abs. 2 S. 3 BBodSchG verjährt der Ausgleichsanspruch in drei Jahren. **150**

§ 24 Abs. 2 S. 4 BBodSchG regelt für Rechtsstreitigkeiten um den Ausgleichsanspruch den **Rechtsweg** zu den ordentlichen Gerichten. **151**

II. Wertausgleich

§ 25 BBodSchG regelt die Pflicht zur Zahlung eines Wertausgleichs des Grundstückseigentümers, für dessen Grundstück sich der Verkehrswert infolge einer Sanierungsmaßnahme erhöht hat.[230] Der Ausgleichsbetrag lastet gem. § 25 Abs. 6 BBodSchG als öffentliche Last auf dem Grundstück und ist im Grundbuch einzutragen.[231] **152**

1. Voraussetzungen des Wertausgleichs

Gem. § 25 Abs. 1 S. 1 BBodSchG hat der Eigentümer einen von der zuständigen Behörde festzusetzenden Wertausgleich in Höhe der maßnahmebedingten Wertsteigerung an den öffentlichen Kostenträger zu leisten, wenn durch den Einsatz öffentlicher Mittel bei Maßnahmen zur Erfüllung der Pflicht nach § 4 BBodSchG der Verkehrswert eines Grundstücks nicht nur unwesentlich erhöht wird und der Eigentümer die Kosten hierfür nicht oder nicht vollständig getragen hat. Gem. § 25 Abs. 1 S. 3 BBodSchG entsteht die Pflicht zum Wertausgleich nicht, soweit hinsichtlich der auf einem Grundstück vorhandenen schädlichen Bodenveränderungen oder Altlasten eine Freistellung von der Verantwortung oder der Kostentragungspflicht nach Art. 1 § 4 Abs. 3 S. 1 UmwRG erfolgt ist. **153**

Nach § 25 Abs. 1 S. 1 BBodSchG müssen zunächst öffentliche Mittel zur Erfüllung der Pflichten zur Gefahrenabwehr eingesetzt worden sein. Dies ist in der Regel der Fall, wenn die Behörde die erforderlichen Maßnahmen selbst ausgeführt hat oder ausführen ließ, weil kein leistungsfähiger Verantwortlicher in Anspruch genommen werden konnte, oder die Verantwortli- **154**

---

[228] *Vierhaus,* NJW 1998, 1262 (1267); *Kobes,* NVwZ 1998, 786 (796); *Kothe,* UPR 1999, 96 (98).

[229] Vgl. zur Frage der Verjährung der Sanierungsverantwortlichkeit auch *Gärtner,* UPR 1997, 452ff.

[230] Ein entsprechender Anspruch war im Gesetzgebungsverfahren str.; die BReg. lehnte einen Wertausgleich ab, da kein sachgerechter Anwendungsbereich für einen solchen vorhanden sei; vgl. BT-Drs. 13/6701, S. 67; § 25 BBodSchG ist aufgrund des Vorschlags des Vermittlungsausschusses eingefügt worden, vgl. BT-Drs. 3/9637, S. 5; er geht auf eine Initiative der Länder im Rahmen der Stellungnahme des BR zum Gesetzesentwurf der BReg. zurück, vgl. BT-Drs. 13/6701, S. 59 Nr. 60; auch § 353 UGB-KomE sieht einen Wertzuwachsausgleich vor, vgl. BMU, UGB-KomE, S. 248, 1052ff.

[231] Vgl. zur beabsichtigten Verordnung über die Eintragung des Bodenschutzlastvermerks BR-Drs. 1016/98 v. 23. 12. 1998.

chen ihre Pflicht nicht freiwillig erfüllten und deshalb eine Ersatzvornahme erfolgte.[232]

155 Durch den Einsatz öffentlicher Mittel muß sich der Verkehrswert des Grundstücks nicht nur unwesentlich erhöht haben. Gem. § 25 Abs. 2 BBodSchG besteht die durch Sanierungsmaßnahmen bedingte Erhöhung des Verkehrswerts eines Grundstücks aus dem Unterschied zwischen dem Wert, der sich für das Grundstück ergeben würde, wenn die Maßnahmen nicht durchgeführt worden wären *(Anfangswert)*, und dem Verkehrswert, der sich für das Grundstück nach Durchführung der Erkundungs- und Sanierungsmaßnahmen ergibt *(Endwert)*.[233]

156 Weitere Voraussetzungen der Wertausgleichspflicht ist, daß der Eigentümer die Kosten der vom Staat finanzierten Maßnahmen nicht oder nicht vollständig getragen hat. Nach dem Wortlaut kommt es mithin einzig darauf an, ob und inwieweit der Eigentümer des Grundstücks die Kosten tatsächlich erstattet hat, nicht darauf, ob er hierzu verpflichtet ist.[234] Da § 24 Abs. 1 S. 1 BBodSchG die Rechtsposition des Eigentümers im Verhältnis zu seiner allgemeinen Kostenpflicht als Zustandsstörer verbessert, dürfte die Wertausgleichsregelung des § 25 Abs. 1 S. 1 BBodSchG der Anwendung der Kostenpflicht nach § 24 Abs. 1 BBodSchG sowie der Kostenregelung der Verwaltungsvollstreckungsgesetze der Länder jedenfalls für den Fall vorgehen, in denen der Eigentümer nicht auch als Verursacher einer Bodenkontermination zur Kostentragung verpflichtet ist.[235]

157 Soweit der Eigentümer aufgrund der Freistellungsregelung des Art. 1 § 4 Abs. 3 S. 1 UmwRG von der Verantwortung oder der Kostentragungspflicht befreit worden ist, entsteht gem. § 25 Abs. 1 S. 3 BBodSchG auch die bodenschutzrechtliche Wertausgleichspflicht nicht.

158 Ebenso wird die bodenschutzrechtliche Wertausgleichspflicht des § 25 Abs. 1 S. 1 BBodSchG bei der Durchführung von städtebaulichen Sanierungsmaßnahmen nach § 154 BauGB verdrängt (§ 25 Abs. 1 S. 4 BBodSchG).

2. Höhe des Wertausgleichs

159 Die Höhe des zu leistenden Wertausgleichs wird in §§ 25 Abs. 2 und 25 Abs. 1 S. 2 BBodSchG geregelt. Nach § 25 Abs. 1 S. 2 BBodSchG ist die Höhe des vom Eigentümer zu zahlenden Wertausgleichs jedenfalls durch die Höhe der eingesetzten Mittel begrenzt. Dies gilt selbst dann, wenn sich der Verkehrswert durch die durchgeführten Maßnahmen stärker erhöht haben soll.[236] Hinsichtlich der Ermittlung der Höhe des Wertausgleichs hat die Behörde im einzelnen darzulegen, in welchem Maße eine Wertsteigerung des Grundstücks gerade auf den Maßnahmen beruht, die mit öffentlichen Mit-

---

[232] *Hilger*, in: Holzwarth/Radtke/Hilger, BBodSchG, § 25 Rn. 2.

[233] Der Begriff „nicht nur unwesentlich" ist im Gesetz nicht näher bestimmt; die Frage, ob sich der Verkehrswert wesentl. erhöht hat, ist dabei stets für den Einzelfall zu beurteilen.

[234] Nach dem Vorschlag des BR sollte an die Verpflichtung zur Tragung der Kosten angeknüpft werden, vgl. BT-Drs. 13/6701, S. 59 Nr. 60.

[235] So auch *Hilger*, in: Holzwarth/Radtke/Hilger, BBodSchG, § 25 Rn. 6.

[236] *Hilger*, in: Holzwarth/Radtke/Hilger, BBodSchG, § 25 Rn. 10.

teln finanziert worden sind. Gem. § 25 Abs. 4 S. 1 BBodSchG hat die zuständige Behörde von dem Wertausgleich nach § 25 Abs. 1 BBodSchG die Aufwendungen abzuziehen, die der Eigentümer für eigene Maßnahmen der Sicherung oder Sanierung oder die er für den Erwerb des Grundstücks im berechtigten Vertrauen darauf verwendet hat, daß keine schädlichen Bodenveränderungen oder Altlasten vorhanden sind. In diesem Fall ist die Werterhöhung nicht auf Maßnahmen zurückzuführen, die mit öffentlichen Mitteln finanziert worden sind. § 25 Abs. 3 S. 2 BBodSchG bestimmt, daß die Pflicht zur Zahlung des Ausgleichs erlischt, wenn nicht innerhalb von vier Jahren nach Fälligkeit (§ 25 Abs. 3 S. 1 BBodSchG) eine Festsetzung des Betrages erfolgt ist. Ferner kann oder muß von der Festsetzung eines Ausgleichsbetrages in den Fällen des § 25 Abs. 5 BBodSchG aus Gründen des öffentlichen Interesses oder aus Billigkeitsgründen abgesehen werden.

I. Sanktionen

Die Verletzung bodenschutzrechtlicher Bestimmungen wird zum einen durch die Strafvorschrift des § 324a StGB und zum anderen durch die Bußgeldvorschrift des § 26 BBodSchG sanktioniert.[237] 160

I. Strafbare Bodenverunreinigung nach § 324a StGB

Gem. § 324a Abs. 1 StGB wird mit einer Freiheitsstrafe bis zu fünf Jahren oder mit Geldstrafe bestraft, wer unter Verletzung verwaltungsrechtlicher Pflichten Stoffe in den Boden einbringt, eindringen läßt oder freisetzt und diesen dadurch verunreinigt oder sonst nachteilig verändert. Voraussetzung ist ferner, daß der Vorgang entweder in einer Weise vorgenommen wird, die geeignet ist, die Gesundheit eines anderen, Tiere, Pflanzen oder andere Stoffe von bedeutendem Wert oder ein Gewässer zu schädigen (Nr. 1) oder daß die Verunreinigung oder sonstige nachteilige Veränderung in einem bedeutenden Umfang erfolgt (Abs. 2).[238] 161

Der strafrechtliche Begriff des **Bodens** beschränkt sich nicht nur auf die oberste, von Tieren, Pflanzen und Mikroorganismen belebte Schicht der Erdoberfläche, sondern erstreckt sich auf die gesamte Erdschicht, da nur so sämtliche ökologisch relevanten chemischen und physikalischen Prozesse, die im Boden ablaufen, erfaßt und ein ökologisch umfassender Schutz des Bodens gewährleistet werden kann.[239] 162

Tathandlung ist das **Einbringen,** das **Eindringenlassen** sowie das **Freisetzen von Stoffen.**[240] Der Stoffbegriff ist in Anlehnung an § 229 StGB weit zu verstehen. Er umfaßt sämtliche organischen und anorganischen Substanzen, unabhängig davon, ob sie chemisch, chemisch-physikalisch, mechanisch oder thermisch oder in sonstiger Weise wirken.[241] 163

Der tatbestandsmäßige Erfolg besteht in der **Verunreinigung oder sonst nachteiligen Veränderung des Bodens.** Der Begriff der nachteiligen Veränderung 164

237 Vgl. umfassend *Bartholme,* Der Schutz des Bodens im Umweltstrafrecht, passim.
238 Vgl. ausführl. *Sanden,* wistra 1996, 283ff.; *Hofmann,* wistra 1997, 89ff.
239 So *Kloepfer/Vierhaus,* UmweltstrafR, Rn. 104; *Kloepfer,* UmweltR, § 7 Rn. 42.
240 Vgl. hierzu *Sanden,* wistra 1996, 283.
241 Vgl. *Stree,* in: Schönke/Schröder, StGB, § 229 Rn. 3; *Lackner,* StGB, § 229 Rn. 2.

erfaßt jede an ökologischen Bedürfnissen gemessene Verschlechterung des Bodens gegenüber dem vor dem Eingriff bestehenden Zustand.[242]

165 Unter **Verletzung verwaltungsrechtlicher Pflichten** handelt, wer gegen die Vorschriften des BBodSchG oder bodenschützende Vorschriften in Spezialgesetzen – etwa des Pflanzenschutzgesetzes oder des Düngemittelgesetzes – verstößt.

II. Ordnungswidrigkeit nach § 26 BBodSchG

166 Mit Bußgeld bewehrt sind gem. § 26 Abs. 1 Nr. 1 und 2 BBodSchG ferner Verstöße gegen die materiellen Anforderungen des Bundes-Bodenschutzgesetzes sowie einer aufgrund dieses Gesetzes ergangenen Rechtsverordnung.[243] Sanktioniert ist etwa die Nichtbefolgung einer behördlichen Sanierungsanordnung (§§ 4 Abs. 3, 26 Abs. 1 Nr. 2 BBodSchG). Sanktionslos bleibt ein Verstoß gegen die allgemeine Handlungspflicht nach § 4 Abs. 1 BBodSchG, da dieser in § 26 Abs. 1 Nr. 2 BBodSchG gerade nicht erwähnt wird.[244]

167 Ferner handelt gem. § 26 Abs. 1 Nr. 3 und 4 BBodSchG ordnungswidrig, wer gegen die verfahrensbezogenen Anforderungen des Bundes-Bodenschutzgesetzes verstößt. So kann ein Verstoß gegen die Vorlage eines Sanierungsplans geahndet werden (§§ 13 Abs. 1 S. 1, 26 Abs. 1 Nr. 3 BBodSchG).

---

[242] Vgl. BR-Drs. 126/90, S. 45.

[243] Da die Bodenschutz- und AltlastenV keinen Hinweis auf § 26 BBodSchG enthält, läuft die Bußgeldvorschrift des § 26 Abs. 1 Nr. 1 BBodSchG leer, vgl. zum Entwurf der Bodenschutz- und AltlastenV *Sanden,* in: Schoeneck/Sanden, BBodSchG, § 26 Rn. 25.

[244] Vgl. dazu bereits oben § 27 Rn. 42ff.

§ 28. Weitere bodenschützende Gesetze und Verordnungen

1 Weitere bodenschützende Vorschriften finden sich in Gesetzen oder Rechtsverordnungen, die auch oder gar vorrangig anderen Schutzzwecken dienen. So entfalten sowohl immissionsschutzrechtliche Normen als auch die Normen des Gefahrstoffrechts auch bodenschüztende Wirkung.[1] Im Zusammenhang mit dem Bodenschutz sind jedoch diejenigen Normen zu erläutern, die neben den Bestimmungen des BBodSchG zum *Kernbereich* des Bodenschutzes gezählt werden können, d. h. die den Bodenschutz in den unterschiedlichen Gefährdungsbereichen im Kern mit sicherstellen, aber durch den Anwendungsbereich des BBodSchG nicht verdrängt werden (vgl. § 3 Abs. 1 BBodSchG).

A. Bodenschützende Normen gegen Land- und Freiflächenverbrauch

2 Regelungen zur Beschränkung des Bodenverbrauchs setzen zum einen bei der großflächigen Gebietsplanung und zum anderen bei der unmittelbaren Steuerung der Bautätigkeit, mithin der Bauleitplanung an.[2] Bodenschützende Vorschriften, die den Kernbereich des Bodenschutzrechts gegen die Gefährdung des Bodens durch Land- und Freiflächenverbrauch bilden, finden sich dementsprechend im Baugesetzbuch (BauGB),[3] Raumordnungsgesetz (ROG)[4] sowie im Bundesnaturschutzgesetz (BNatSchG).[5] Sie werden ergänzt durch zahlreiche bodenschützende Vorschriften des Fachplanungsrechts, die wegen ihrer Vielfalt an dieser Stelle nicht ausführlich erörtert werden können.[6]

I. Baurecht

3 Bodenschützende Regelungen gegen Land- und Freiflächenverbrauch sind in §§ 1 Abs. 5 S. 1, 2 Nr. 7 und S. 3, 1 a Abs. 1 BauGB geregelt.[7] So wird der Boden gegen Land- und Freiflächenverbrauch gem. § 1 Abs. 5 S. 1

---

[1] Zu einem Überblick derjenigen Normen, die dem Bodenschutz i. e. S. zugerechnet werden vgl. BT-Drs. 10/2977, S. 49 ff.

[2] Zur Verzahnung von Bodenschutz- u. BauR vgl. *Brandt/Sanden,* UPR 1999, 367 ff.

[3] Baugesetzbuch (BauGB) i. d. F. d. Bek. v. 27. 8. 1997 (BGBl. I S. 2141, ber. BGBl. 1998 I S. 137).

[4] V. 18. 8. 1997 (BGBl. I S. 2081), zul. geänd. durch G v. 15. 12. 1997 (BGBl. I S. 2902).

[5] Gesetz über Naturschutz und Landschaftspflege (Bundesnaturschutzgesetz – BNatSchG) i. d. F. d. Bek. v. 21. 9. 1998 (BGBl. I S. 2994).

[6] Zur Forderung nach einer bodenschützenden Planung auf Bundesebene *Bückmann/Lee/Zieschank,* UPR 1999, 81 (83 ff.).

[7] Zum Bodenschutz in der Bauleitplanung vgl. auch *Boeddinghaus,* UPR 1990, 204 ff.; *Bockey,* UPR 1998, 255 (257).

BauGB mittelbar als Bestandteil des Schutzes der natürlichen Lebensgrundlagen und ebenso mittelbar wird er gem. § 1 Abs. 5 S. 2 Nr. 7 BauGB geschützt, indem bei der Aufstellung der Bauleitpläne die Belange des Umweltschutzes gem. § 1a BauGB, insbesondere auch die des Bodens, zu berücksichtigen sind.

1. Bodenschutzklausel des § 1a Abs. 1 BauGB

4 Von besonderer Bedeutung für den Schutz des Bodens gegen Land- und Freiflächenverbrauch ist die Bodenschutzklausel des § 1a Abs. 1 BauGB.[8] Danach besteht bei der bauplanungsrechtlichen Abwägung die Verpflichtung, mit Grund und Boden sparsam und schonend umzugehen, wobei Bodenversiegelungen auf das notwendige Maß zu beschränken sind.

5 Das Gebot des sparsamen Umgangs mit Grund und Boden verlangt eine *quantitative* Beschränkung des Bodenverbrauchs, etwa durch Zurückhaltung bei der Ausweisung neuer Baugebiete, indem anstelle der Neuausweisung von Baugebieten die Möglichkeiten der innerörtlichen Entwicklung genutzt werden oder bei Inanspruchnahme unbebauter Flächen flächensparende Bauweisen bevorzugt werden.[9]

6 Das Gebot des schonenden Umgangs mit Grund und Boden verlangt die Berücksichtigung übergreifender ökologischer Zusammenhänge und den Schutz von Vernetzungsfunktionen innerhalb des Naturhaushalts bei der Bodennutzung.[10] Erforderlich ist eine *qualitativ* ökologische Bewertung geplanter Bodennutzungen. Dies betrifft zunächst die Entscheidung, ob eine Fläche überhaupt für eine bauliche Nutzung in Anspruch genommen werden soll. Im Falle einer Inanspruchnahme ist zu klären, welche Nutzungen im einzelnen ökologisch vertretbar sind. Gegebenenfalls sind Schutzvorkehrungen auszuweisen oder Ausgleichsmaßnahmen vorzusehen, etwa die Ausweisung von Grünflächen und von freizuhaltenden Flächen.[11]

7 Die Stellung des Freiraumschutzes wird durch § 1a Abs. 1 BauGB dadurch besonders unterstrichen, daß er außerhalb des Katalogs der übrigen bei der Abwägung zu berücksichtigenden Belange steht.[12] Als derart hervorgehobenes Planungsziel gewinnt die Vorschrift den Charakter einer die planerische Gestaltungsfreiheit einschränkenden **Gewichtungsvorgabe**.[13] Die Verpflichtung zum sparsamen und schonenden Umgang mit Grund und Boden gilt damit nicht absolut, wie sich bereits aus der „Sollformulierung" des Wortlauts ergibt. Vielmehr ist den Belangen von Grund und Boden im Konfliktfall mit anderen Belangen soweit wie möglich Rechnung zu tragen; in begründeten Fällen kann diese Verpflichtung aber auch zurücktreten.[14]

---

[8] Vgl. dazu bereits oben § 7 Rn. 72.

[9] *Söfker,* UPR 1987, 201 (202); *Krautzberger,* in: Battis/Krautzberger/Löhr, BauGB, § 1 Rn. 85.

[10] *Krautzberger,* in: Battis/Krautzberger/Löhr, BauGB, § 1 Rn. 85.

[11] *Söfker,* UPR 1987, 201 (202).

[12] *Krautzberger,* in: Battis/Krautzberger/Löhr, BauGB, § 1 Rn. 85.

[13] *Krautzberger,* in: Battis/Krautzberger/Löhr, BauGB, § 1 Rn. 85; a.A. *Battis,* NuR 1988, 57 (58); *Peine,* JZ 1987, 322 (323f.).

[14] *Söfker,* UPR 1987, 201 (202); *Krautzberger,* in: Battis/Krautzberger/Löhr, BauGB, § 1 Rn. 85; i.E. auch *Kloepfer,* UmweltR, § 12 Rn. 49.

8 Da das Baugesetzbuch zudem auch Regelungen enthält, die dem Freiflächenschutz im Einzelfall entgegenstehen können – etwa § 1 Abs. 5 S. 2 Nr. 2 und 8 BauGB oder § 34 Abs. 4 Nr. 2 BauGB – wird bezweifelt, ob die Bodenschutzklausel eine Trendwende im Land- und Freiflächenverbrauch wird herbeiführen können.[15]

2. Umwidmungssperrklausel des § 1 Abs. 5 S. 3 BauGB

9 Gem. § 1 Abs. 5 S. 3 BauGB sollen landwirtschaftlich, als Wald oder für Wohnzwecke genutzte Flächen nur im notwendigen Umfang für andere Nutzungsarten vorgesehen und in Anspruch genommen werden.

10 Die Umwidmungssperrklausel schließt Veränderungen der Bodennutzung zwar nicht aus, legt der planenden Gemeinde aber gesteigerte Abwägungs- und Begründungspflichten auf.[16] Sie umfaßt neben der Überführung der in der Vorschrift genannten Nutzungen in eine andere Nutzungsart auch die Umwidmung von land- und forstwirtschaftlichen Flächen zu Siedlungszwekken.

3. Außenbereichsbebauung nach § 35 Abs. 5 BauGB

11 Das Ziel des Freiraumschutzes wird außerdem in § 35 Abs. 5 BauGB ausdrücklich hervorgehoben. Danach sind Außenbereichsvorhaben in einer flächensparenden, die Bodenversiegelung auf das notwendige Maß begrenzenden und den Außenbereich schonenden Weise auszuführen. Damit findet der Gedanke der Bodenschutzklausel auch für den Außenbereich Anwendung.[17]

II. Raumordnungsrecht

12 Der Schutz des Bodens gegen Land- und Freiflächenverbrauch wird im ROG durch die Grundsätze der Raumordnung in § 2 Abs. 2 Nr. 3 und Nr. 8 ROG als abwägungsbeachtliche Vorgaben für nachfolgende Abwägungs- und Ermessensentscheidungen gefördert (§ 3 Nr. 3 ROG).[18]

13 So sieht die Bodenschutzklausel des § 2 Abs. 2 Nr. 8 S. 1 ROG vor, daß Boden mittelbar als Bestandteil von Natur und Landschaft zu schützen, zu pflegen und zu entwickeln ist. Ferner sind gem. § 2 Abs. 2 Nr. 8 S. 3 ROG die Naturgüter, insbesondere Wasser und Boden sparsam und schonend in Anspruch zu nehmen. Ferner soll der Boden gem. § 2 Abs. 2 Nr. 8 S. 5 ROG bei dauerhaft nicht mehr genutzten Flächen in seiner Leistungsfähigkeit erhalten oder wiederhergestellt werden. Ferner sieht § 2 Abs. 2 Nr. 3 ROG vor, daß die großräumige und übergreifende Freiraumstruktur zu erhalten und zu entwickeln ist. Dabei sind die Freiräume in ihrer Bedeutung für funktionsfähige Böden, für den Wasserhaushalt, die Tier- und Pflanzenwelt sowie das Klima zu sichern oder in ihrer Funktion wiederherzustellen. Daher kommen als landesplanerische Umsetzungsmaßnahmen vor allem bo-

---

[15] *Peine,* UTR 1987, 201 (234); *Schmidt-Aßmann,* NVwZ 1997, 265 (272); *Kloepfer,* UmweltR, § 12 Rn. 53.

[16] Vgl. dazu bereits oben § 7 Rn. 71.

[17] Krit. dazu *Kloepfer,* UmweltR, § 12 Rn. 52.

[18] Vgl. zu den Auswirkungen des BBodSchG auf das Raumordnungsrecht *Schröter,* RaumPlanung 1999, 73.

denschützende Flächenausweisungen in Betracht.[19] Wirtschaftliche und soziale Nutzungen des Freiraums sind jedoch gem. § 2 Abs. 2 Nr. 3 S. 3 ROG unter Beachtung seiner ökologischen Funktionen zu gewährleisten.

14 Im Gegensatz zur baurechtlichen Bodenschutzklausel des § 1a Abs. 1 BauGB kommt den raumordnungsrechtlichen Bodenschutz- und Freiraumklauseln jedoch keine hervorragende Stellung im Gesetz zu, die als eine die planerische Gestaltungsfreiheit einschränkende Gewichtungsvorgabe mit Optimierungsauftrag aufgefaßt werden könnte. Vielmehr bleibt es im Rahmen der raumordnerischen Abwägung bei einer grundsätzlichen Gleichgewichtung aller – auch der den Freiraum beeinträchtigenden – Raumordnungsgrundsätze des § 2 ROG und der weiteren Landesgrundsätze (§ 2 Abs. 3 ROG).

III. Naturschutzrecht

15 Bodenschützende Regelungen enthält auch das BNatSchG, das den Schutz, die Pflege und die Entwicklung von Natur und Landschaft als Lebensgrundlage und Erholungsraum des Menschen regelt. Dort wird der Boden als Schutzgut im Rahmen des Schutzes der Leistungsfähigkeit des Naturhaushaltes sowie der Sicherung der Nutzungsfähigkeit der Naturgüter von § 1 Abs. 1 Nr. 1 und 2 BNatSchG erfaßt. Ferner wird in § 2 Abs. 1 Nr. 4 BNatSchG bestimmt, daß Boden zu erhalten und ein Verlust seiner natürlichen Fruchtbarkeit zu vermeiden ist.

16 Besondere Bedeutung zur Erreichung bodenschützender Ziele kommt überdies den präventiv wirkenden Instrumenten der Landschaftsplanung gem. §§ 5, 6 BNatSchG,[20] der Schutzgebietsausweisungen gem. §§ 12ff. BNatSchG[21] und dem Biotopschutz nach §§ 20 Abs. 1 Nr. 2, 20b, 20c BNatSchG[22] zu. Diese Instrumente werden ergänzt durch die Eingriffsregelung des § 8 BNatSchG[23]. Da sich aus den vorbenannten Regelungen zum Schutz des Bodens keine Besonderheiten ergeben, kann auf die Erörterungen an anderer Stelle verwiesen werden.

B. Bodenschützende Bestimmungen gegen Schadstoffeintrag

17 Neben der Gefährdung des Bodens durch Altlasten wirft der Schadstoffeintrag durch die land- und forstwirtschaftliche Düngung erhebliche Probleme für den Bodenschutz auf.[24]

I. Schadstoffeintrag durch landwirtschaftliche Bodennutzung

18 Bodenschützende Bestimmungen, die zum Kernbereich des Bodenschutzes gegen Schadstoffeintrag gezählt werden müssen, aber durch den Anwen-

---

[19] *Kloepfer,* UmweltR, § 12 Rn. 55.
[20] Vgl. dazu bereits oben § 15 Rn. 36ff.
[21] Vgl. dazu bereits oben § 15 Rn. 111ff.
[22] Vgl. dazu bereits oben § 15 Rn. 168ff.
[23] Vgl. dazu bereits oben § 15 Rn. 64ff.
[24] Vgl. dazu *Kloepfer,* UmweltR, § 12 Rn. 28ff.

dungsbereich des BBodSchG nicht verdrängt werden (vgl. § 3 Abs. 1 BBodSchG), finden sich für den Bereich der landwirtschaftlichen Bodennutzung im Düngemittelgesetz und der Düngemittelverordnung, im Pflanzenschutzgesetz sowie in der Klärschlammverordnung.

1. Düngemittelgesetz

Das Düngemittelgesetz (DMG)[25] kommt im Rahmen der landwirtschaftlichen Bodennutzung beim Inverkehrbringen und der sachgerechten Anwendung von Handelsdünger[26] zur Anwendung. Das Düngemittelgesetz wird bei der schädlichen Bodenveränderung, die durch den Einsatz von Handelsdünger bewirkt werden können, nicht vom BBodSchG verdrängt (§ 3 Abs. 1 Nr. 1 BBodSchG). Gem. § 1a Abs. 2 DMG ist der Schutz des Bodens gegen Schadstoffeintrag im Rahmen der guten fachlichen Praxis gewährleistet.[27] Danach kann von einer sachgerechten Anwendung des Düngemittels ausgegangen werden, wenn das Mittel nach guter fachlicher Praxis eingesetzt wird.[28] Nähere Bestimmungen zur Anwendung von Düngemitteln enthält die Verordnung über die Grundsätze der guten fachlichen Praxis beim Düngen (Düngeverordnung).[29] **19**

2. Kreislaufwirtschafts- und Abfallgesetz

Im Gegensatz zum Handelsdünger unterliegen (Land-)Wirtschaftsdünger und Sekundärrohstoffdünger dem Abfallbegriff.[30] Ihr Aufbringen auf landwirtschaftlich, forstwirtschaftlich oder gärtnerisch genutzten Boden wird dem abfallrechtlichen Regime insoweit unterstellt, als gem. § 8 Abs. 2 KrW-/AbfG[31] durch Rechtsverordnungen zum Schutz des Bodens bei der Verwertung von Abfällen als Dünger Verbote und Beschränkungen erlassen werden können.[32] **20**

Dies gilt für Wirtschaftsdünger nur insoweit, als das Maß der guten fachlichen Praxis des § 1a DMG überschritten wird. **21**

Für Sekundärrohstoffdünger regeln die §§ 3, 4 und 6 AbfLKläV die Kontrolle, Beschränkungen und das Verbot des Aufbringens von Klärschlamm im Hinblick auf Schadstoffkonzentrationen im Boden.[33] **22**

---

[25] V. 15. 11. 1977 (BGBl. I S. 2134), geänd. durch G v. 27. 9. 1994 (BGBl. I S. 2705).

[26] Zur Unterscheidung zwischen Handels-, Wirtschafts- u. Sekundärrohstoffdünger vgl. unten § 34 Rn. 27; siehe auch *Kloepfer,* UmweltR, § 12 Rn. 28.

[27] Vgl. dazu ausführl. unten § 34 Rn. 24.

[28] Vgl. dazu unten § 34 Rn. 31 ff.

[29] V. 26. 1. 1996 (BGBl. I S. 118).

[30] Vgl. dazu unten § 30 Rn. 15 ff.; *Beckmann/Kersting,* UPR 1997, 321.

[31] Gesetz zur Förderung der Kreislaufwirtschaft und Sicherung der umweltverträglichen Beseitigung von Abfällen (Kreislaufwirtschafts- und Abfallgesetz – KrW-/AbfG) v. 27. 9. 1994 (BGBl. I S. 2705), zul. geänd. durch G v. 25. 8. 1998 (BGBl. I S. 2455).

[32] Auf der Grundlage ist für die Aufbringung von Bioabfällen auf landwirtschaftl., forstwirtschaftl. oder gärtnerisch genutzten Böden die Bioabfallverordnung v. 21. 9. 1998 (BGBl. I S. 2955) erlassen worden; vgl. dazu *Christian-Bickelhaupt,* WuB 1998, 5 ff.

[33] Vgl. dazu unten § 34 Rn. 27.

23 Da sich zum Schutz des Bodens gegen Schadstoffeintrag durch den Einsatz von Handels-, Wirtschafts- und Sekundärrohstoffdünger keine Besonderheiten gegenüber den übrigen Schutzgütern des Gefahrstoffrechts ergeben, kann auf die Erörterungen zum Gefahrstoffrecht verwiesen werden.

3. Pflanzenschutzmittelgesetz

24 Bodengefährdungen durch Pflanzenschutzmittel wirkt das Pflanzenschutzmittelgesetz (PflSchG)[34] entgegen. Dieses schließt in § 1 Nr. 4 PflSchG den Boden als Bestandteil des Naturhaushalts in den Gesetzeszweck mit ein. Für den Einsatz von Pflanzenschutzmitteln gelten die Grundsätze des integrierten Pflanzenschutzes (§ 2 Abs. 1 Nr. 2 PflSchG), d. h. die Anwendung chemischer Pflanzenschutzmittel wird unter vorrangiger Berücksichtigung biologischer, biotechnischer, pflanzenzüchterischer sowie anbau- und kulturtechnischer Maßnahmen auf das notwendige Maß beschränkt.[35] Das PflSchG enthält detaillierte Regelungen über die Anwendung von Pflanzenschutzmitteln, insbesondere auch zu flächenhaften Anwendungsverboten. Es wird im einzelnen konkretisiert durch die Pflanzenschutz-Anwendungsverordnung.[36,37]

II. Schadstoffeintrag durch Altlasten

25 Weitere bodenschützende Vorschriften gegen die Gefährdung des Bodens durch Schadstoffeintrag, insbesondere durch Altlasten enthalten das Kreislaufwirtschafts- und Abfallgesetz sowie das Bundes-Immissionsschutzgesetz[38].

1. Kreislaufwirtschafts- und Abfallgesetz

a) Anwendbarkeit

26 Gem. § 3 Abs. 1 BBodSchG findet das BBodSchG auf schädliche Bodenveränderungen und Altlasten nur Anwendung, soweit Vorschriften des KrW-/AbfG über die Zulassung und den Betrieb von Abfallbeseitigungsanlagen zur Beseitigung von Abfällen sowie über die Stillegung von Deponien (Nr. 2) Einwirkungen auf den Boden nicht regeln. Soweit das KrW-/AbfG den Bodenschutz im Rahmen der Betriebszulassung und der Stillegung von Deponien regelt, ist die Anwendung des BBodSchG ausgeschlossen.[39]

27 So trifft § 36 KrW-/AbfG Regelungen über die Altlastensanierung im Zusammenhang mit der Stillegung einer Abfallbeseitigungsanlage.

---

[34] Gesetz zum Schutz von Kulturpflanzen (Pflanzenschutzgesetz) i. d. F. d. Bek. v. 14. 5. 1998 (BGBl. I S. 971, ber. S. 1527, 3512).

[35] Vgl. dazu unten § 34 Rn. 9.

[36] Verordnung über Anwendungsverbote für Pflanzenschutzmittel (Pflanzenschutz-Anwendungsverordnung) v. 10. 11. 1992 (BGBl. I S. 1887), zul. geänd. durch VO v. 24. 1. 1997 (BGBl. I S. 60).

[37] Vgl. dazu unten § 34 Rn. 17 ff.

[38] Gesetz zum Schutz vor schädlichen Umwelteinwirkungen durch Luftverunreinigungen, Geräusche, Erschütterungen und ähnliche Vorgänge (Bundes-Immissionsschutzgesetz – BImSchG) i. d. F. d. Bek. v. 14. 5. 1990 (BGBl. I S. 880), zul. geänd. durch G v. 19. 10. 1998 (BGBl. I S. 3178).

[39] Vgl. dazu auch *Schoeneck,* in: Sanden/Schoeneck, BBodSchG, Art. 2 Rn. 1, 16.

28 Zu beachten ist in diesem Zusammenhang jedoch das in Art. 20 Abs. 3, 28 Abs. 1 GG verankerte Rechtsstaatsprinzip, das den Erlaß belastender rückwirkender Gesetze verhindert. Auf Abfälle, die vor dem Inkrafttreten des Abfallgesetzes am 11. 6. 1972 abgelagert worden sind und die sich nicht in einer Anlage befinden, die noch nach diesem Zeitpunkt betrieben wurde, finden die Regelungen daher keine Anwendung.[40]

b) Rekultivierung und Sanierung nach § 36 KrW-/AbfG

29 Nach § 36 Abs. 2 S. 1 KrW-/AbfG[41] soll der Inhaber einer Abfalldeponie bei deren Stillegung von der Behörde verpflichtet werden, auf seine Kosten das Betriebsgelände zu rekultivieren und sonstige Vorkehrungen zu treffen, die erforderlich sind, Beeinträchtigungen des Wohles der Allgemeinheit zu verhüten (sog. *Nachsorgepflicht).*[42]

30 *Inhaber* ist, wer nach den konkreten rechtlichen, wirtschaftlichen und sonstigen Begebenheiten als Betreiber der Deponie anzusehen ist.[43] Unter *Rekultivierung* ist die Wiedereingliederung der Fläche in die Landschaft zu verstehen, wobei die künftige Nutzung zu berücksichtigen ist.[44] *Sonstige Vorkehrungen* sind Sicherungsmaßnahmen, durch welche eine Beeinträchtigung des Wohls der Allgemeinheit verhindert werden soll.[45]

Beispiele: Einzäunung des Betriebsgeländes, Maßnahmen zur Vermeidung illegaler Ablagerungen auf der stillgelegten Deponie,[46] Kontrollbrunnen zur Überwachung der Grundwasserqualität,[47] Auskofferung und Umlagerung gefährlicher Abfälle.

31 Anordnungen, die auf § 36 Abs. 2 KrW-/AbfG gestützt sind, können bereits *vor* der Stillegung ergehen, wenn sie der Verhütung von Gefahren in der Nachbetriebsphase dienen.[48] Auch Anordnungen, die erst einige Zeit *nach* der Stillegung getroffen werden, sind zulässig, wenn dadurch die dauernde Umweltverträglichkeit der Deponie gesichert werden soll.[49]

---

[40] Vgl. dazu *Bender/Sparwasser/Engel,* UmweltR, Teil 5 Rn. 91 ff.; *Kunig,* in: Kunig/Schwermer/Versteyl, AbfG, Anh. §§ 10, 10a Rn. 4; *Brandt,* AltlastenR, Kap. IV Rn. 3; *Peine,* NVwZ 1993, 958 ff.; *Gelen,* UPR 1996, 212 ff.; a.A. *Paetow,* NVwZ 1990, 510 (512 f.).

[41] Früher § 10 Abs. 2 AbfG.

[42] Zur Nachsorgepflicht vgl. auch unten § 30 Rn. 184; siehe auch *Spieth/Laitenberger,* BB 1996, 1893 ff., die aus den verschiedenen Nachsorgeregelungen des Anlagenrechts ein „Nachsorgeprinzip" ableiten wollen.

[43] Vgl. *VGH Mannheim,* Urt. v. 5. 12. 1987 – 10 S 240/86 –, NVwZ 1988, 562 (563); *VGH München,* Urt. v. 10. 12. 1996 – 20 B 96 521 –, NuR 1997, 409 (410); *Pohl,* Abfallrechtliche Sicherungs- und Rekultivierungspflichten, S. 156 ff.; *Schink,* GewArch 1996, 6 (10).

[44] *Ebling,* in: Fluck, KrW-/AbfR, § 36 Rn. 56; *Kunig,* in: Kunig/Schwermer/Versteyl, AbfG, § 10 Rn. 16 f.; *Brandt,* AltlastenR, Kap. IV Rn. 8; *Pohl,* Abfallrechtliche Sicherungs- und Rekultivierungspflichten, S. 81 ff.

[45] Vgl. *Pohl,* HdbUR, B.3 Rn. 165; *Schink* GewArch 1996, 6 (10); *Kunig,* in: Kunig/Schwermer/Versteyl, AbfG, § 10 Rn. 18.

[46] Vgl. *VGH Kassel,* Beschl. v. 31. 8. 1989 – 5 TH 1498/88 –, NVwZ 1990, 383 ff.

[47] Vgl. *BVerwG,* Urt. v. 19. 1. 1989 – 7 C 82/87 –, DVBl. 1989, 522 ff.

[48] *BVerwG,* Beschl. v. 2. 5. 1995 – 7 B 270/94 –, UPR 1995, 352 f.; *VGH München,* Beschl. v. 23. 2. 1996 – 22 CS 95 2230 –, ZUR 1996, 262 f.; *Pohl,* HdbUR, B. 3 Rn. 163.

[49] *BVerwG,* Beschl. v. 6. 5. 1997 – 7 B 142.97 –, ZUR 1997, 317; *VGH München,* Urt. v. 10. 12. 1996 – 20 B 96 521 –, NuR 1997, 409 (410); *Schink,* GewArch 1996, 6 (10).

32 Besteht der Verdacht, daß von einer stillgelegten Deponie nach § 36 Abs. 1 KrW-/AbfG schädliche Bodenveränderungen oder sonstige Gefahren für den Einzelnen oder die Allgemeinheit ausgehen, so finden für die Erfassung, Untersuchung, Bewertung und Sanierung die Vorschriften des BBodSchG Anwendung (§ 36 Abs. 2 S. 2 KrW-/AbfG). Entgegen dem Wortlaut findet das BBodSchG ab dem Zeitpunkt des Verdachts bis zum Abschluß der Sanierung Anwendung.[50]

2. Bundes-Immissionsschutzgesetz

a) Anwendbarkeit

33 Gem. § 3 Abs. 1 BBodSchG findet das BBodSchG auf schädliche Bodenveränderungen und Altlasten nur Anwendung, soweit Vorschriften des BImSchG und der aufgrund dieses Gesetzes erlassenen Rechtsverordnungen über die Errichtung und den Betrieb von Anlagen unter Berücksichtigung von § 3 Abs. 3 BBodSchG (Nr. 11) Einwirkungen auf den Boden nicht regeln. Soweit das BImSchG den Bodenschutz im Rahmen der Anlagenzulassung und der Stillegung von Anlagen regelt, ist die Anwendung des BBodSchG ausgeschlossen.[51] Eine den abfallrechtlichen Vorschriften ähnliche Regelung enthalten §§ 5 Abs. 3, 17 Abs. 1, 4a BImSchG zur Nachsorge bei der Stillegung von Anlagen.[52]

34 Aus Gründen des Rückwirkungsverbots werden solche Anlagen, die bereits vor dem 1. 9. 1990, an dem § 5 Abs. 3 BImSchG in Kraft trat, vollständig stillgelegt waren, nicht erfaßt.[53]

b) Nachsorgepflicht nach § 5 Abs. 1 BImSchG

35 Sanierungsverfügungen im Zusammenhang mit der Stillegung von Anlagen können auf §§ 5 Abs. 3, 17 Abs. 1 BImSchG gestützt werden.[54] Dabei kann *Adressat* der Verfügung nicht nur der letzte Anlagenbetreiber[55] oder derjenige, der den gefährlichen Zustand herbeigeführt hat,[56] sein, sondern jeder Betreiber der stillzulegenden Anlage.[57] Andernfalls würde die Verantwortlichkeit nach dem BImSchG grundlos hinter der des allgemeinen Ordnungsrechts zurückbleiben. Begrenzt ist die Ermächtigung jedoch auf einen Zeitraum von 1 Jahr nach der Einstellung des gesamten Betriebes (§ 17 Abs. 4a BImSchG).

---

[50] BT-Drs. 13/6701, S. 47.

[51] Vgl. dazu auch *Schoeneck,* in: Sanden/Schoeneck, BBodSchG, Art. 3 Rn. 1, 14f.

[52] Siehe dazu auch SRU, Sondergutachten „Altlasten II" 1995, BT-Drs. 13/380, Tz. 225; *Hansmann,* NVwZ 1993, 921ff.

[53] Vgl. *Roßnagel,* in: Koch/Scheuing, GK-BImSchG, § 5 Rn. 794.

[54] Vgl. dazu *Schink,* GewArch 1996, 6 (13f.).

[55] So aber *Vallendar,* UPR 1991, 91 (95).

[56] So aber *Fluck,* BB 1991, 1797 (1799).

[57] So auch *Himmelmann,* HdbUR, B. 1 Rn. 74; *Hansmann,* NVwZ 1993, 921 (923f.); *Schink,* GewArch 1996, 6 (13).

Sechster Abschnitt: Kreislaufwirtschafts- und Abfallrecht

§ 29. Grundlagen

A. Gedanke der Kreislaufwirtschaft

1 Abfallrecht wurde in Deutschland lange Zeit als Recht der Beseitigung bzw. Entsorgung im Rahmen der kommunalen Daseinsvorsorge verstanden. Es galt, angefallene Abfälle den nach Landesrecht zuständigen Körperschaften des öffentlichen Rechts zu überlassen, die ihrerseits die Abfälle geordnet zu beseitigen, d. h. abzulagern hatten. Steigende Abfallmengen und knapper werdende Beseitigungskapazitäten haben dazu geführt, den Gedanken der Vermeidung und Verwertung von Abfällen als Gegenstand des Abfallrechts zu etablieren.[1] Bereits die Umbenennung des Abfallbeseitigungsgesetzes[2] in „Gesetz über die Vermeidung und Entsorgung von Abfällen (Abfallgesetz)"[3] im Jahre 1986 sollte die Weiterentwicklung des bisherigen Abfallbeseitigungsrechts zum Abfallwirtschaftsrecht deutlich machen. In einem weiteren Schritt soll nunmehr – über den Gedanken der Vermeidung im Sinne einer Produktverantwortung der Abfallerzeuger – eine **Kreislaufwirtschaft von Abfällen** erreicht werden. Kreislaufwirtschaft bedeutet eine vorrangige Vermeidung von Abfällen durch die anlageninterne Kreislaufführung von Stoffen und die abfallarme Produktgestaltung sowie ein auf den Erwerb abfall- und schadstoffarmer Produkte gerichtetes Konsumverhalten.[4]

2 Grundgedanke des Kreislaufwirtschafts- und Abfallrechts ist außerdem, die Aufgaben zwischen öffentlichen und privaten Entsorgungspflichtigen dem Verursacherprinzip entsprechend zu regeln.[5] Dementsprechend wird die Verantwortung für ge- und verbrauchte Produkte auf die Produzenten einerseits

---

[1] Zur Entwicklung der Situation im Bereich der Abfallentsorgung SRU, Sondergutachten „Abfallwirtschaft 1990", BT-Drs. 11/6191; ders., Umweltgutachten 1994, BT-Drs. 12/6995, Tz. 498 ff.; ders., Umweltgutachten 1996, BT-Drs. 13/4108, Tz. 376 ff.; ders., Umweltgutachten 1998, BT-Drs. 13/10195, Tz. 407 ff.; *Petersen,* NVwZ 1998, 1113 ff.; *Gassner,* AöR 1998, 201 ff.

[2] Gesetz über die Beseitigung von Abfällen (Abfallbeseitigungsgesetz) v. 5. 1. 1977 (BGBl. I S. 41, ber. S. 288).

[3] V. 27. 8. 1986 (BGBl. I S. 1410, ber. S. 1501), zul. geänd. durch G v. 12. 9. 1996 (BGBl. I S. 1354).

[4] Zur Entwicklung der Kreislaufwirtschaft in Europa *Weidemann,* in: Rengeling, EUDUR, Bd. II, § 71 Rn. 1 ff.; zum Gedanken des ökologischen Stoffflußrechts *Ladeur,* ZfU 1998, 279 ff.; zu abfallpolitischen Schwerpunkten der BReg. *Trittin,* Der Landkreis 1999, 405 ff.; zu einem Konzept für eine marktorientierte Abfallwirtschaft SRU, ZAU 1998, 153 ff.; dazu auch *Huter/Bleicher,* ZAU 1998, 156 ff.; *Hecht,* ZAU 1998, 161 ff.

[5] Vgl. zum Verursacherprinzip ausführl. oben § 1 Rn. 81 ff. u. 144 ff.

Vorlmeyer/Denkert, DÖV 92, 572 (komm. Abfallpolitik), Koch/Reese, DVBl 00, 300 (Steuerz-, Grenzen Vollzug)

und die Endverbraucher eines Produkts andererseits zurückverlagert. Erzeuger und Besitzer von Abfällen sind somit zu deren Verwertung und Beseitigung verpflichtet (vgl. §§ 5 Abs. 2, 11 Abs. 1 KrW-/AbfG). Erst wenn sie dieser Pflicht nicht nachkommen können, haben sie die Abfälle öffentlich-rechtlichen Entsorgungsträgern zu überlassen (vgl. § 13 Abs. 1 KrW-/AbfG).[6]

B. Rechtliche Grundlagen

3 Rechtliche Regelungen zur Kreislaufwirtschaft und zum Abfallrecht sind Gegenstand nationaler und internationaler Vorschriften.

4 Auf **nationaler Ebene** finden sich rechtliche Regelungen zur Kreislaufwirtschaft und zum Abfallrecht sowohl in bundes- als auch in landesrechtlichen Vorschriften sowie in Satzungen kommunaler Entsorgungsträger.

5 Leitgesetz des Bundes für den Bereich der Kreislaufwirtschaft und des Abfallrechts ist das **Kreislaufwirtschafts- und Abfallgesetz,**[7] das hinsichtlich seiner Verordnungsermächtigungen am 7. 10. 1994 und hinsichtlich seiner übrigen Vorschriften am 7. 10. 1996 in Kraft getreten ist.[8]

6 Das KrW-/AbfG soll zum einen die vorhandenen abfallwirtschaftlichen Ansätze zu einem lückenlosen, die natürlichen Ressourcen schonenden Kreislaufwirtschaftsrecht fortentwickeln.[9] Zum anderen galt es, die Vorgaben der EG-Rahmenrichtlinie über Abfälle[10] ins nationale Recht umzusetzen.[11]

7 Das KrW-/AbfG hat die Vorschriften des Abfallgesetzes abgelöst. Die Vorschriften über die Altölentsorgung (§§ 5a und 5b AbfG a. F.) bleiben jedoch in Kraft, bis sie durch Rechtsverordnungen nach den §§ 27 und 24 KrW-/AbfG abgelöst worden sind (§ 64 KrW-/AbfG).[12]

8 Besondere Bestimmungen über das grenzüberschreitende Verbringen von Abfällen in das, aus dem oder durch das Bundesgebiet trifft das **Aballverbringungsgesetz,**[13] das als Ausführungsgesetz zum Baseler Übereinkommen

---

[6] Vgl. dazu näher unten § 30 Rn. 104ff.

[7] Gesetz zur Förderung der Kreislaufwirtschaft und Sicherung der umweltverträglichen Beseitigung von Abfällen (Kreislaufwirtschafts- und Abfallgesetz – KrW-/AbfG) v. 27. 9. 1994 (BGBl. I S. 2705), zul. geänd. durch G v. 25. 8. 1998 (BGBl. I S. 2455).

[8] Zum Erlaß des KrW-/AbfG vgl. BR-Drs. 245/93; BT-Drs. 12/5672; BT-Drs. 12/7240; ferner *Kersting,* DVBl. 1994, 273ff.; *Versteyl/Wendenburg,* NVwZ 1994, 833ff.; *dies.,* NVwZ 1996, 937ff.; *Bartlsperger,* VerwArch 1995, 19ff.; *Kniep,* GewArch 1995, 19ff.; *Petersen/Rid,* NJW 1995, 7ff.; *Queitsch,* UPR 1995, 412ff.; *Tettinger,* DVBl. 1995, 213ff.; *Weidemann,* NVwZ 1995, 631ff.; *Kunig,* Jura 1997, 494ff.

[9] Vgl. § 1 KrW-/AbfG.

[10] Vgl. dazu näher unten § 29 Rn. 22.

[11] Zur Auswirkung der RL auf das nationale AbfallR vgl. *Schreier,* Die Auswirkungen des EG-Rechts auf die deutsche Abfallwirtschaft, passim; *Wendenburg,* NVwZ 1995, 833ff.; zum AbfallR im europäischen UmweltR *Scherer-Leydecker,* NVwZ 1999, 590 (591ff.).

[12] Die Anforderungen an die Altölentsorgung werden in der Altölverordnung (AltölV) v. 27. 10. 1987 (BGBl. I S. 2335) bestimmt; vgl. zur Altölverwertung *Konzak,* NuR 1997, 276ff.

[13] Gesetz über die Überwachung und Kontrolle der grenzüberschreitenden Verbringung von Abfällen (Abfallverbringungsgesetz – AbfVerbrG) v. 30. 9. 1994 (BGBl. I S. 2771), zul. geänd. durch G v. 25. 8. 1998 (BGBl. I S. 2455); vgl. dazu näher unten § 31 Rn. 8ff.

 Schink, DÖV 95, 881

erlassen worden ist.[14] Weitere Sonderregelungen enthält das Hoch-See-Einbringungsgesetz[15] für die Abfallbeseitigung auf Hoher See.[16]

9 Für die Entsorgung besonderer Arten von Abfällen finden sich Rechtsgrundlagen für bestimmte emittierende Anlagen und nicht in Behälter gefaßte gasförmige Stoffe im *Bundes-Immissionsschutzgesetz*, für die Entsorgung von Tierkörperresten im *Tierkörperbeseitigungsgesetz*, für die Entsorgung von befallenen Pflanzen im *Pflanzenschutzgesetz* sowie für die Entsorgung atomaren Abfalls im *Atomgesetz*. Ferner sind Abfälle aus dem Bergbau den Entsorgungsregelungen des *Bundesberggesetzes* unterworfen, soweit es sich nicht um atypische Stoffe handelt.[17] Überdies richtet sich die Beseitigung von Stoffen, die in Gewässer oder Abwasseranlagen eingeleitet werden, nach dem *Wasserhaushaltsgesetz* und den Landeswassergesetzen.

10 Daneben enthält das KrW-/AbfG eine Reihe von Verordnungsermächtigungen zur Ergänzung und Konkretisierung seiner Bestimmungen.[18] Die Verordnungsermächtigungen sind bereits zum 7. 10. 1994 in Kraft getreten. Bis zum Inkrafttreten der übrigen Bestimmungen des Gesetzes sollten die zum Gesetzesvollzug notwendigen **Rechtsverordnungen** bereits erlassen sein.[19] Gestützt auf die Verordnungsermächtigungen des KrW-/AbfG sind die nachfolgenden Verordnungen erlassen worden

- Verordnung zur Bestimmung von besonders überwachungsbedürftigen Abfällen (Bestimmungsverordnung besonders überwachungsbedürftiger Abfälle – BestbüAbfV),[20]
- Verordnung zur Bestimmung von überwachungsbedürftigen Abfällen zur Verwertung (Bestimmungsverordnung überwachungsbedürftiger Abfälle zur Verwertung – BestüVAbfV),[21]
- Verordnung über Verwertungs- und Beseitigungsnachweise (Nachweisverordnung – NachwV),[22]
- Verordnung zur Transportgenehmigung (Transportgenehmigungsverordnung – TgV),[23]
- Verordnung über Entsorgungsfachbetriebe (Entsorgungsfachbetriebeverordnung – EfbV),[24]
- Verordnung zur Einführung des Europäischen Abfallkatalogs (EAK-Verordnung – EAKV),[25]
- Verordnung über Abfallwirtschaftskonzepte und Abfallbilanzen (Abfallwirtschaftskonzept- und -bilanzverordnung – AbfKoBiV),[26]
- Verordnung über die Überlassung und umweltverträgliche Entsorgung von Altautos (Altauto-Verordnung – AltautoV),[27]

---

[14] Vgl. zum Baseler Übereinkommen näher unten § 29 Rn. 20 u. § 31 Rn. 4.

[15] Gesetz zu den Übereinkommen v. 15. 2. 1972 u. 29. 12. 1972 zur Verhütung der Meeresverschmutzung durch das Einbringen von Abfällen durch Schiff- und Luftfahrt v. 11. 2. 1977 (BGBl. II S. 165) i.V.m. Bek. v. 21. 12. 1977 (BGBl. II S. 1492), zul. geänd. durch G v. 6. 6. 1995 (BGBl. I S. 778).

[16] Vgl. dazu unten § 31 Rn. 13ff.

[17] *Storm,* UmweltR, Rn. 415.

[18] Vgl. etwa §§ 23, 24, 41 Abs. 3, 48 KrW-/AbfG; zu Rechtsproblemen beim Erlaß von Verordnungen nach dem KrW-/AbfG *Beaucamp,* JA 1999, 39ff.

[19] Vgl. dazu *Weidemann,* NVwZ 1995, 631 (632ff.).

[20] V. 22. 12. 1998 (BGBl. I S. 3956, 3959).

[21] V. 10. 9. 1996 (BGBl. I S. 1377).

[22] V. 10. 9. 1996 (BGBl. I S. 1382, ber. BGBl. 1997 I S. 2860).

[23] V. 10. 9. 1996 (BGBl. I S. 1411, ber. BGBl. 1997 I S. 2861).

[24] V. 10. 9. 1996 (BGBl. I S. 1421).

[25] V. 13. 9. 1996 (BGBl. I S. 1428).

[26] V. 13. 9. 1996 (BGBl. I S. 1447, ber. BGBl. 1997 I S. 2862).

[27] V. 4. 7. 1997 (BGBl. I S. 1666); zur geplanten Novelle vgl. Deutscher BTag, wib 1999, 56.

- Verordnung über die Rücknahme und Entsorgung von Batterien und Akkumulatoren (Batterieverordnung – BattV),[28]
- Verordnung über die Verwertung von Bioabfällen auf landwirtschaftlich, forstwirtschaftlich und gärtnerisch genutzten Böden (Bioabfallverordnung – BioAbfV).[29, 30]

11 § 59 KrW-/AbfG sieht für den Erlaß bestimmter Rechtsverordnungen die Beteiligung des Bundestages vor. Der Bundestag kann die Verordnungen nach § 59 S. 3 KrW-/AbfG inhaltlich ändern. Ob derartige **Zustimmungsverordnungen** nach dem Gewaltenteilungsprinzip und Art. 80 Abs. 1 GG zulässig sind, ist umstritten. Von einem Teil der Literatur wird dies als verfassungsrechtlich unzulässige Verschiebung des Gefüges von Legislative und Exekutive angesehen.[31] Eine bloße Zustimmung des Bundestages sei noch zulässig;[32] eine punktuelle Rückdelegierung zum Erlaß einer eigenen Parlamentsverordnung widerspreche aber dem Konzept des Grundgesetzes.[33] Dem wird von einem anderen Teil der Literatur entgegen gehalten, die Beteiligung des Bundestages stelle die Letztentscheidungsbefugnis der Exekutive nicht in Frage.[34]

12 Gestützt auf die Verordnungsermächtigungen des Abfallbeseitigungsgesetzes bzw. des Abfallgesetzes von 1986 wurden bereits die

- Verordnung über Betriebsbeauftragte für Abfall (AbfBetrbV),[35]
- Verordnung über die grenzüberschreitende Verbringung von Abfällen (Abfallverbringungs-Verordnung – AbfVerbrV),[36]
- Verordnung über die Vermeidung und Verwertung von Verpackungsabfällen (Verpackungsverordnung – VerpackV),[37]
- Verordnung über die Entsorgung gebrauchter halogenierter Lösungsmittel (HKW-AbfV),[38]
- Klärschlamm-Verordnung (AbfKlärV),[39]
- Klärschlamm-Entschädigungsfondsverordnung (KlärEV)[40] sowie die
- Altölverordnung (AltölV).[41]

erlassen.

---

[28] V. 27. 3. 1998 (BGBl. I S. 658).

[29] V. 21. 9. 1998 (BGBl. I S. 2955); vgl. zum Inhalt i. Ü. BMU, Umwelt 1998, 487 ff.; dazu *Christian-Bickelhaupt,* WuB 1998, 5 ff.; *Vetter,* NVwZ 1999, 620 ff.; *Otto,* DVP 1999, 190 ff.

[30] Zur Verordnung über die Entsorgung von Geräten der Informations-, Büro- und Kommunikationstechnik (IT-Altgeräte-Verordnung – ITV) v. 22. 5. 1998 vgl. BT-Drs. 13/10769; zur PCB/PCT-Abfallverordnung vgl. BR-Drs. 756/99, ferner BMU, Umwelt 1999, 618.

[31] Krit. zur verfassungsrechtl. Zulässigkeit *Rupp,* NVwZ 1993, 756 ff.; *Konzak,* DVBl. 1994, 1107 ff.; *Jekewitz,* NVwZ 1994, 956 (958 ff.); *Hoffmann,* DVBl. 1996, 347 (350 f.); *Studenroth,* DÖV 1995, 525 ff.

[32] *BVerfG,* Beschl. v. 12. 11. 1958 – 2 BvL 4, 26, 40/56, 1, 7/57 –, BVerfGE 8, 274 (321 f.);

[33] *Wilhelm,* UmweltR, Rn. 342; *Jekewitz,* NVwZ 1994, 956 ff.; *Konzak,* DVBl. 1994, 1107 ff.

[34] So *Kloepfer,* UmweltR, § 18 Rn. 10.

[35] V. 26. 10. 1977 (BGBl. I S. 1913).

[36] V. 18. 11. 1988 (BGBl. I S. 2126); geänd. durch G v. 30. 9. 1994 (BGBl. I S. 2771).

[37] V. 21. 8. 1998 (BGBl. I S. 2379).

[38] V. 23. 10. 1989 (BGBl. I S. 1918).

[39] V. 15. 4. 1992 (BGBl. I S. 912), geänd. durch VO v. 6. 3. 1997 (BGBl. I S. 446).

[40] Verordnung über den Klärschlamm-Entschädigungsfonds (Klärschlamm-Entschädigungsfondsverordnung (KlärEV) v. 20. 5. 1998 (BGBl. I S. 1048).

[41] V. 27. 10. 1987 (BGBl. I S. 2335).

13 Umstritten ist, ob die Verordnungen trotz Wegfalls ihrer Ermächtigungsgrundlage bestehen bleiben.[42] Nach der Rechtsprechung des *BVerfG* bleiben Rechtsverordnungen trotz Erlöschens ihrer Ermächtigungsgrundlage in Kraft.[43]

14 Auf der Grundlage der §§ 4 Abs. 5, 16 AbfG hat die Bundesregierung **allgemeine Verwaltungsvorschriften** erlassen. Sie regeln die gesamte Entsorgung nach dem Stand der Technik und die Zuordnung von Abfallarten zu bestimmten Entsorgungswegen, die Steuerung und Überwachung der Abfallströme sowie die Überwachung und betriebliche Organisation der Abfallentsorgungsanlagen. Zu nennen sind die

- Erste allgemeine Verwaltungsvorschrift über Anforderungen zum Schutz des Grundwassers bei der Lagerung und Ablagerung von Abfällen,[44]
- Zweite allgemeine Verwaltungsvorschrift zum Abfallgesetz (TA Abfall),[45]
- Dritte allgemeine Verwaltungsvorschrift zum Abfallgesetz (TA Siedlungsabfall).[46]

15 Die **Länder** haben auf dem Gebiet des Kreislaufwirtschafts- und Abfallrechts ein Normsetzungsrecht, soweit der Bund mit dem KrW-/AbfG von seinem Gesetzgebungsrecht keinen abschließenden Gebrauch gemacht hat, seine Regelungen also noch Lücken aufweisen (Art. 72 Abs. 2 GG). Zum einen sind die Länder im KrW-/AbfG zur Ausfüllung bestimmter Lücken verpflichtet worden (vgl. z.B. §§ 19 Abs. 5, 20 Abs. 3, 29 Abs. 8 KrW-/AbfG). Da der Bund mit dem KrW-/AbfG keine abschließende Regelung getroffen hat,[47] können die Länder weitere Regelungen erlassen, die der Bund nicht abschließend vorgegeben hat.[48] Zur Ausführung des KrW-/AbfG haben die Länder entsprechende Landesabfall- bzw. Abfallbeseitigungsgesetze erlassen.[49] Landesrechtliche Regelungen konkretisieren vornehmlich die

---

[42] Dagegen *Wolff/Bachof/Stober,* VwR I, § 27 Rn. 5; zum Erfordernis einer Ermächtigungsgrundlage grundl. *Ossenbühl,* HdStR, Bd. 3, § 64 Rn. 14ff.

[43] *BVerfG,* Beschl. v. 3. 5. 1967 – 2 BvR 134/63 –, BVerfGE 22, 1 (12); *dass.,* Beschl. v. 12. 6. 1979 – 1 BvL 19/76 –, BVerfGE 52, 1 (17 m.w.N.); i.E. auch *Kloepfer,* UmweltR, § 18 Rn. 9; vgl. auch *Petersen,* MuA 1999, 560 (562).

[44] V. 31. 1. 1990 (GMBl. S. 74), geänd. am 17. 12. 1990 (GMBl. S. 886).

[45] V. 12. 3. 1991 (GMBl. S. 139, ber. S. 469).

[46] V. 14. 5. 1993 (BAnz. Nr. 99a); zur Fortgeltung der TASi trotz Wegfalls der Ermächtigungsgrundlage *Petersen,* MuA 1998, 560 (562).

[47] *Pohl,* HdbUR, B.3 Rn. 6.

[48] Zur Tragweite der im AbfG eingeräumten landesrechtl. Regelungskompetenzen siehe *VGH München,* Urt. v. 27. 3. 1990 – Vf. 123 -IX-89 –, DVBl. 1990, 692ff.; *Bothe,* NVwZ 1987, 938 (946f.); *Beckmann,* NuR 1999, 24 (27ff.); *Huber,* ThürVBl. 1999, 97ff.

[49] Gesetz über die Vermeidung und Entsorgung von Abfällen und die Behandlung von Altlasten in Baden-Württemberg i.d.F.d. Bek. v. 15. 10. 1996 (GBl. S. 617), zul. geänd. d. G v. 16. 1. 1998 (GBl. S. 422, ber. 1999 S. 191); Gesetz zur Vermeidung, Verwertung und sonstigen Entsorgung von Abfällen und zur Erfassung und Überwachung von Altlasten in Bayern i.d.F.d. Bek. v. 9. 8. 1996 (GVBl. S. 396, ber. S. 449), zul. geänd. d. G v. 23. 2. 1999 (GVBl. S. 36); Gesetz über die Vermeidung und Entsorgung von Abfällen in Berlin v. 21. 12. 1993 (GVBl. S. 651), zul. geänd. d. G v. 21. 7. 1999 (GVBl. S. 413); Brandenburgisches Abfallgesetz (BbgAbfG) v. 6. 6. 1997 (GVBl. I S. 40), geänd. durch G v. 7. 6. 1999 (GVBl. I S. 191); Bremisches Ausführungsgesetz zum Gesetz über die Vermeidung und Entsorgung von Abfällen i.d.F.d. Bek. v. 15. 9. 1988 (GBl. S. 241), zul. geänd. d. G v. 4. 8. 1998 (GBl. S. 222); Hamburgisches Abfallwirtschaftsgesetz v. 1. 12. 1992 (GVBl. S. 251), zul. geänd. d. G v. 27. 9. 1995 (GVBl. S. 221); Hessisches Ausführungsgesetz zum Kreislaufwirtschafts- und Abfallgesetz (HAKA) v. 23. 5. 1997 (GVBl. S. 173), geänd. d. G

Vorgaben des KrW-/AbfG,[50] beinhalten aber auch Vorschriften über die Behandlung von Altlasten.[51]

16 Soweit die Länder zur Beeinflussung der Abfallmengen Gebührentatbestände in Abfallabgabengesetzen[52] geschaffen hatten, sind diese vom *BVerfG* wegen Unvereinbarkeit mit dem Kooperationsprinzip des Bundes-Immissionsschutzgesetzes für nichtig erklärt worden.[53] Die generelle abgabenrechtliche Lenkung vernachlässige die Ermittlung der im Einzelfall gegebenen Handlungsalternativen und verletze das Konzept der Kooperation, das das Bundes-Immissionsschutzgesetz zwingend vorgebe.[54]

17 Abfallrechtliche Regelungen finden sich überdies in **kommunalen Satzungen.** Diese enthalten zumeist Regelungen hinsichtlich des Ablaufs der Entsorgung, z.B. über die Größe und Beschaffenheit der Abfallbehälter und den Abfuhrrhythmus.[55]

18 Einige Gemeinden haben – ermächtigt durch die Kommunalabgabengesetze der Länder – *kommunale Verpackungssteuern* eingeführt, deren Hauptzweck nicht die Ein-

---

v. 17. 12. 1998 (GVBl. S. 584); Abfallwirtschafts- und Altlastengesetz für Mecklenburg-Vorpommern i.d.F.d. Bek. v. 15. 1. 1997 (GVOBl. S. 43); Niedersächsisches Abfallgesetz i.d.F.d. Bek. v. 14. 10. 1994 (GVBl. S. 467), zul. geänd. d. G v. 19. 2. 1999 (GVBl. S. 46); Abfallgesetz für das Land Nordrhein-Westfalen (Landesabfallgesetz – LAbfG) v. 21. 6. 1988 (GV NW S. 250), zul. geänd. d. G v. 24. 11. 1998 (GV NW S. 666); Landesabfallwirtschafts- und Altlastengesetz (Rheinland-Pfalz) v. 2. 4. 1998 (GVBl. S. 97); Saarländisches Abfallwirtschaftsgesetz v. 26. 11. 1997 (Amtsbl. S. 1352), geänd. durch G v. 3. 3. 1999 (Amtsbl. S. 722); Sächsisches Abfallwirtschafts- und Bodenschutzgesetz v. 31. 5. 1999 (GVBl. S. 267); Abfallgesetz des Landes Sachsen-Anhalt v. 10. 3. 1998 (GVBl. S. 112); Abfallwirtschaftsgesetz für das Land Schleswig-Holstein i.d.F.d. Bek. v. 18. 1. 1999 (GVOBl. S. 26), geänd. durch G v. 20. 5. 1999 (GVOBl. S. 256); Gesetz über die Vermeidung, Verminderung, Verwertung und Beseitigung von Abfällen und die Sanierung von Altlasten (Thüringen) i.d.F.d. Bek. v. 15. 6. 1999 (GVOBl. S. 385).

50 Zur Einflußnahme landesrechtl. Regelungen auf die Gebührenerhebung vgl. *Cordes,* VBlBW 1999, 41ff.

51 Vgl. dazu §§ 22–27 LAbfG BW; §§ 29–39 BbgAbfG; §§ 22–25 AbfAlG MV; §§ 28–33 LAbfG NW; §§ 18–26 LAbfWAG RP; §§ 34–38 SAWG; §§ 27–29 AbfG LSA; zum LAbfG NW *Beckmann,* NuR 1999, 24 (27ff.); *Schink,* LKT NW 1999, 89ff.; *ders.,* LKT NW 1999, 120ff.; *ders.,* StuGR 1999, 16ff.; *Schwarzmann,* StuGR 1999, 6ff.

52 Landesabfallabgabengesetz Baden-Württemberg v. 11. 3. 1991 (GBl. S. 133), Hinweis auf die Nichtigkeit (GBl. 1998 I S. 578); Hessisches Sonderabfallabgabengesetz (HSondAbfAbgG) i.d.F.d. Bek. v. 18. 11. 1993 (GVBl. I S. 612), zul. geänd. durch G v. 20. 12. 1994 (GVBl. I S. 764), Hinweis auf die Nichtigkeit (GVBl. 1998 I S. 486); Niedersächsisches Abfallabgabengesetz (NAbfAbgG) v. 17. 12. 1991 (GVBl. S. 373), aufgehoben durch G v. 17. 12. 1997 (GVBl. S. 533); Landesabfallabgabengesetz Schleswig-Holstein v. 22. 7. 1994 (GVOBl. S. 395), aufgehoben durch G v. 14. 7. 1998 (GVOBl. S. 231); vgl. zum Problem der Gebühren in der Abfallpolitik auch SRU, Umweltgutachten 1998, BT-Drs. 13/10195, Tz. 475ff.

53 *BVerfG,* Urt. v. 7. 5. 1998 – 2 BvR 1876/91 u.a. –, ZUR 1998, 144 (146) m. Anm. v. *Schrader* ZUR 1998, 152ff.; zu Landesabfallabgaben ferner *Hendler,* Die Sonderabfallabgabe, passim; *Selmer,* Die Sonderabfallabgabe und Verfassungsrecht, passim; *Konrad,* DÖV 1999, 12ff.

54 *BVerfG,* Urt. v. 7. 5. 1997 – 2 BvR 1876/81 u.a. –, ZUR 1998, 144 (147).

55 Zur verfassungsrechtl. Zulässigkeit einer landesrechtl. Verpflichtung der Gemeinden, durch Gebührengestaltung Anreize für eine Abfallvermeidung zu schaffen, vgl. *BVerwG,* Beschl. v. 26. 5. 1998 – 8 B 82.98 –, UPR 1998, 391; zum wirtschaftl. Handlungsrahmen der Gemeinden *Paschlau/Wendler,* AfK 1998, 354 (361ff.).

nahmeerzielung, sondern die abfallvermeidende Verhaltenssteuerung ist.[56] Verpackungssteuern wurden danach auf die Verwendung von Einwegmaterialien erhoben, die zur Verpackung von entgeltlich abgegebenen Speisen und Getränken an Endverbraucher dienten. Nach der Rechtsprechung des *BVerwG* bedurfte es neben der Abstützung der Verpackungssteuer auf die Steuergesetzgebungskompetenz nach Art. 105 Abs. 2a GG auch einer kompetenzrechtlichen Abstützung auf die Sachkompetenz nach Art. 74 Abs. 1 Nr. 24 GG.[57] Von dieser konkurrierenden Kompetenz habe der Gesetzgeber jedoch durch den Erlaß des KrW-/AbfG erschöpfend Gebrauch gemacht, so daß für die Länder und damit auch für die Gemeinden kein Handlungsspielraum für den Erlaß einer Verpackungssteuer verbliebe.[58] Dem ist die Rechtsprechung des *BVerfG* insoweit entgegengetreten, als eine zusätzliche Abstützung auf eine Sachkompetenz auch dann nicht erforderlich sei, wenn die Steuer Lenkungscharakter in einem nichtsteuerlichen Bereich (Abfallvermeidung) entfalte.[59] Allerdings sei die Lenkung durch die Verpackungssteuer deshalb unzulässig, weil sie zu den Regelungen des Sachgesetzgebers in Widerspruch stehe.[60] Dem Sachgesetzgeber stehe es frei, bestimmte Ziele der Abfallwirtschaft in Form kooperativen Handelns zu verfolgen. Dem stehe die abfallwirtschaftliche Lenkung durch die Verpackungssteuer entgegen.[61]

Rechtsgrundlagen des Kreislaufwirtschafts- und Abfallrechts, die gerade auch das KrW-/AbfG prägen, finden sich auch auf **internationaler und europarechtlicher Ebene**. 19

Auf internationaler Ebene ist als **völkerrechtliche Regelung** insbesondere das 20

– **Baseler Übereinkommen** über die Kontrolle der grenzüberschreitenden Verbringung gefährlicher Abfälle und ihrer Entsorgung[62]

von besonderer Bedeutung.[63] Hinzu kommen internationale Verträge und Abkommen auf dem Gebiet des Abfallrechts.

In Ausführung des Baseler Übereinkommens hat die **Europäische Gemeinschaft** die 21

– Verordnung zur Überwachung und Kontrolle der Verbringung von Abfällen in der, in die und aus der Gemeinschaft[64]

---

[56] *BVerwG,* Beschl. v. 19. 8. 1994 – 8 N 1/93 –, BVerwGE 96, 272; vgl. dazu auch *Kluth,* DVBl. 1992, 1261 ff.; *Emenhorst,* ZKF 1995, 170 ff.; *Sendler,* WiVerw 1996, 83 ff.; *ders.,* UPR 1997, 354 ff.; *Friauf,* GewArch 1996, 265 ff.; *Gern,* NVwZ 1995, 771 ff.

[57] *BVerwG,* Beschl. v. 23. 4. 1996 – 11 C 4/96 –, ZUR 1997, 311 ff.; *dass.,* Beschl. v. 19. 8. 1994 – 8 N 1/93 –, BVerwGE 96, 272 ff.; vgl. dazu auch *OVG Münster,* Urt. v. 7. 7. 1995 – 15 A 295/91 –, NVwZ 1996, 504.

[58] *BVerwG,* Beschl. v. 23. 4. 1996 – 11 C 4/96 –, ZUR 1997, 311 ff.; *dass.,* Beschl. v. 19. 8. 1994 – 8 N 1/93 –, BVerwGE 96, 272; dazu auch *Fischer,* JuS 1998, 1096; krit. *Kloepfer,* UmweltR, § 5 Rn. 261.

[59] *BVerfG,* Urt. v. 7. 5. 1998 – 2 BvR 1991/95 u. 2 BvR 2004/95 –, ZUR 1998, 147 ff.

[60] *BVerfG,* Urt. v. 7. 5. 1998 – 2 BvR 1991/95 u. 2 BvR 2004/95 –, ZUR 1998, 147 (148).

[61] *BVerfG,* Urt. v. 7. 5. 1998 – 2 BvR 1991/95 u. 2 BvR 2004/95 –, ZUR 1998, 147 (149 ff.).

[62] V. 22. 3. 1989 (BGBl. 1994 II S. 2703).

[63] Vgl. dazu näher unten § 31 Rn. 4.

[64] Verordnung (EWG) Nr. 259/93 des Rates zur Überwachung und Kontrolle der Verbringung von Abfällen in der, in die und aus der Europäischen Gemeinschaft v. 1. 2. 1993, ABl. EG Nr. L 30, S. 1, ber. ABl. EG Nr. L 18 v. 26. 1. 1995, S. 38, geänd. durch V (EG) Nr. 2408/98 der Komm. v. 6. 11. 1998, ABl. EG Nr. L 298, S. 19.

erlassen. Die EG-Abfallverbringungsverordnung gilt seit dem 6. 5. 1994 in den Mitgliedstaaten unmittelbar, ohne daß sie in nationales Recht umgesetzt zu werden braucht (Art. 249 Abs. 2 EGV)[65,66]

22 Wesentliche Vorgaben für die Ausgestaltung des nationalen Rechts ergeben sich ferner durch zahlreiche Richtlinien der Europäischen Gemeinschaft.[67] Die Europäische Gemeinschaft hat sowohl anlagenbezogene als auch stoffbezogene Regelungen getroffen.[68] Zu nennen sind u. a. die **Richtlinien des Rates**

- über Abfälle (Abfallrahmenrichtlinie),[69]
- über gefährliche Abfälle,[70]
- über die Verhütung von Luftverunreinigungen durch neue Müllverbrennungsanlagen für Siedlungsmüll,[71]
- über die Altölbeseitigung,[72]
- über die Beseitigung von PCB und PCT,[73]
- über die Abfälle aus der Titandioxid-Produktion,[74]
- über die Verpackung für flüssige Lebensmittel,[75]
- über Umwelt und Klärschlamm,[76]
- über die Verringerung der Luftverunreinigung durch bestehende Müllverbrennungsanlagen für Siedlungsmüll,[77]
- Entscheidung über ein Verzeichnis gefährlicher Abfälle,[78]
- Deponie-Richtlinie[79]

sowie die **Entscheidung des Rates** über ein Verzeichnis von Abfällen.[80]

---

[65] Vgl. Art. 189 Abs. 2 EGV i. d. F.v. Maastricht.

[66] Vgl. dazu unten § 31 Rn. 3 ff.

[67] Vgl. zum europäischen AbfallR *Schroeder,* WiVerw 1990, 118 ff.; *ders.,* DÖV 1991, 910 ff; *Pernice,* NVwZ 1990, 414 ff.; *Dieckmann,* Das Abfallrecht der EG, passim; *Epiney,* UmweltR in der EU, S. 272 ff.; *Rengeling/Gellermann,* DVBl. 1995, 389 (394 ff.); *Frenz,* Europäisches UmweltR, Rn. 271 ff.

[68] Zur geplanten Abfallverbrennungsrichtlinie vgl. Vorschlag der Komm. für eine entspr. RL des Rates ABl. EG Nr. C 156 v. 24. 5. 1997, KOM(97) 105; siehe auch *Falke,* ZUR 1999, 93 (96); BMU, Umwelt 1999, 197 u. 309; zu einer geplanten Altautorichtlinie vgl. BMU, Umwelt 1999, 196.

[69] Richtlinie (75/442/EWG) v. 15. 7. 1975, ABl. EG Nr. L 194, S. 47, geänd. durch RL (91/692/EWG) v. 23. 12. 1991, ABl. EG Nr. L 377, S. 48 u. durch Entsch. d. Komm. (96/350/EG) v. 24. 5. 1996, ABl. EG Nr. L 135, S. 32.

[70] V. 12. 12. 1991 (91/689/EWG), ABl. EG Nr. L 377, S. 20, geänd. durch RL (94/31/EG) v. 27. 6. 1994, ABl. EG Nr. 168, S. 283.

[71] V. 8. 6. 1989 (89/369/EWG), ABl. EG Nr. L 163, S. 32.

[72] V. 16. 6. 1975 (75/439/EWG), ABl. EG Nr. L 194, S. 31, zul. geänd. durch RL (91/692/EWG) v. 23. 12. 1991, ABl. EG Nr. L 377, S. 48; vgl. dazu *Schink,* in: Rengeling, EUDUR, Bd. II, § 74 Rn. 131 ff.

[73] V. 16. 9. 1996 (96/59/EG), ABl. EG Nr. L 243, S. 341.

[74] V. 20. 2. 1978 (78/176/EWG), ABl. EG Nr. L 54, S. 19, zul. geänd. durch RL (91/692/EWG) v. 23. 12. 1991, ABl. EG Nr. L 772, S. 48; vgl. dazu *Schink,* in: Rengeling, EUDUR, Bd. II, § 74 Rn. 120 ff.

[75] V. 27. 6. 1985 (85/1339/EWG), ABl. EG Nr. L 176, S. 18.

[76] V. 12. 6. 1986 (86/278/EWG), ABl. EG Nr. L 181, S. 6, geänd. durch RL (91/692/EWG) v. 23. 12. 1991, ABl. EG Nr. L 377, S. 48.

[77] V. 21. 6. 1989 (89/429/EWG), ABl. EG Nr. L 203, S. 50.

[78] V. 22. 12. 1994 (94/904/EG), ABL. EG Nr. L 356, S. 14.

[79] V. 26. 4. 1999; vgl. zum Inhalt i.Ü. BMU, Umwelt 1999, 382 ff.; *Wagenbaur,* EuZW 1994, 418 ff.; *Beckmann,* in: Rengeling, EUDUR, Bd. II, § 73 Rn. 37 ff.; *Schink,* AbfallPrax 1999, 9 ff.; *Schiller-Dickmut,* AKP 1999, 31 ff.

[80] V. 20. 12. 1993 (94/3/EG), ABl. EG Nr. L 5, S. 15; zur beabsichtigten Altautorichtlinie vgl. EU-Nachrichten, NJW 1999, Heft 32, XLV.

§ 30. Kreislaufwirtschafts- und Abfallgesetz

Leitgesetz der Kreislaufwirtschaft und des Abfallrechts ist das Kreislauf- 1
wirtschafts- und Abfallgesetz (KrW-/AbfG).[1] Es hat mit Wirkung vom 6. 10. 1996 das Abfallgesetz (AbfG)[2] von 1986 ersetzt. Die Ermächtigungen zum Erlaß von Rechtsverordnungen traten bereits am 7. 10. 1994 in Kraft.[3]

Das KrW-/AbfG ist nach seinem Erlaß bereits mehrfach geändert worden. Die Än- 2
derungen des KrW-/AbfG, die mit dem Inkrafttreten des Bodenschutzgesetzes verbunden waren, sind am 1. 3. 1999 in Kraft getreten.

Der Kommissionsentwurf zum Umweltgesetzbuch regelt das Abfallwirtschaftsrecht 3
im Siebzehnten Kapitel in den §§ 726 bis 775 UGB-KomE.[4] Es enthält dort den allgemeinen stoffbezogenen Rechtsrahmen für die Vermeidung und die umweltschonende Entsorgung von Abfällen.[5] Der Vorschlag im Kommissionsentwurf zum Umweltgesetzbuch lehnt sich im wesentlichen an die Regelungen des KrW-/AbfG an, verfolgt darüber hinaus das Ziel einer systematischeren und verständlicheren Fassung der Normen.[6]

A. Gesetzgebungskompetenz

Das KrW-/AbfG ist auf die konkurrierende Gesetzgebungszuständigkeit 4
des Bundes nach Art. 74 Abs. 1 Nr. 11 (Recht der Wirtschaft) und nach Art. 74 Abs. 1 Nr. 24 GG (Abfallbeseitigung) sowie Art. 75 Abs. 1 Nr. 4 GG (Bodenverteilung, Raumordnung) gestützt worden.[7] Nach Art. 74 Abs. 1 Nr. 24 GG steht dem Bund die konkurrierende Gesetzgebungskompetenz für den Bereich der Abfall*beseitigung* zu.

Umstritten ist, ob auf diese Kompetenzgrundlage auch Regelungen über die *Ver-* 5
meidung und *Verwertung* von Abfällen gestützt werden können. Während ein Teil der Rechtsprechung und der Literatur den Begriff der Abfallbeseitigung eng auslegt und damit Regelungen über die Abfallvermeidung und -verwertung für verfassungswidrig hält,[8] gehen die Rechtsprechung und die herrschende Meinung in der Literatur von einem weiten Verständnis des Begriffs der Abfallbeseitigung aus.[9] Der Begriff der Ab-

---

[1] Gesetz zur Förderung der Kreislaufwirtschaft und Sicherung der umweltverträglichen Beseitigung von Abfällen (Kreislaufwirtschafts- und Abfallgesetz – KrW-/AbfG) v. 27. 9. 1994 (BGBl. I S. 2705), zul. geänd. durch G v. 25. 8. 1998 (BGBl. I S. 2455).

[2] Gesetz über die Vermeidung und Entsorgung von Abfällen (Abfallgesetz – AbfG) v. 27. 8. 1986 (BGBl. I S. 1410, ber. S. 1501), zul. geänd. durch G v. 12. 9. 1996 (BGBl. I S. 1354).

[3] Vgl. Art. 13 des G über die Vermeidung, Verwertung und Beseitigung von Abfällen v. 27. 9. 1994 (BGBl. I S. 2705); dazu *Storm,* UmweltR, Tz. 415.

[4] Vgl. BMU, UGB-KomE, S. 408 ff.

[5] BMU, UGB-KomE, S. 1551.

[6] BMU, UGB-KomE, S. 1554.

[7] Vgl. BT-Drs. 12/5672, S. 39.

[8] *VGH München,* Entsch. v. 27. 3. 1990 – Vf. 123-IX-89 –, DVBl. 1990, 692 ff.; *Bogler,* DB 1996, 1505 ff.

[9] *BVerfG,* Urt. v. 7. 5. 1998 – 2 BvR 1991/95 u. 2004/95 –, ZUR 1998, 147 (148); *Rengeling,* HdbStR, Bd. 4, § 100 Rn. 237 m. w. N.; *Ossenbühl,* DVBl. 1996, 19 (20).

Tettinger, DVBl 95, 213 (mod. Abfallw.R), Schink, DÖV 95, 881, Weidemann, NVwZ 95, 631, Petersen, NVwZ 95, 639 (Abfallrecht, Immissionsschutz), R. Schmidt, JZ 97, 1042 Petersen, NVwZ 98, 1113, BVerwG, B 29.3.00, NVwZ 00, 1166 fallbeseitigung schließe neue umweltfreundliche Techniken zur Abfallbehandlung nicht aus, so daß Regelungen über die Abfallverwertung noch als Abfallbeseitigung erfaßt würden.[10] Regelungen über die Abfallvermeidung seien entweder als Annexkompetenz zulässig[11] oder könnten auf die Kompetenznorm des Art. 74 Abs. 1 Nr. 11 GG (Recht der Wirtschaft) gestützt werden.[12]

B. Aufbau des Gesetzes

6 Das KrW-/AbfG umfaßt neun Teile, die folgende Regelungen enthalten

- Allgemeine Vorschriften (§§ 1 bis 3 KrW-/AbfG),
- Grundsätze und Pflichten der Erzeuger und Besitzer von Abfällen sowie der Entsorgungsträger (§§ 4 bis 21 KrW-/AbfG),
- Produktverantwortung (§§ 22 bis 26 KrW-/AbfG),
- Planungsverantwortung (§§ 27 bis 36 KrW-/AbfG),
- Absatzförderung (§ 37 KrW-/AbfG),
- Informationspflichten (§§ 38 und 39 KrW-/AbfG),
- Überwachung (§§ 40 bis 52 KrW-/AbfG),
- Betriebsorganisation und Beauftragter für Abfall (§§ 53 bis 55 KrW-/AbfG) sowie
- Schlußbestimmungen (§§ 56 bis 64 KrW-/AbfG).

C. Allgemeine Vorschriften

7 Die Allgemeinen Vorschriften umfassen die Bestimmung des Gesetzeszwecks in § 1 KrW-/AbfG und die grundlegenden Begriffsbestimmungen in § 3 KrW-/AbfG, die zugleich den Anwendungsbereich des KrW-/AbfG in § 2 KrW-/AbfG beschreiben.

I. Zweckbestimmung des Gesetzes

8 Gem. § 1 KrW-/AbfG ist Zweck des Gesetzes die Förderung der Kreislaufwirtschaft zur Schonung der natürlichen Ressourcen und die Sicherung der umweltverträglichen Beseitigung von Abfällen.[13] Mit der Bestimmung des Gesetzeszwecks in § 1 KrW-/AbfG enthält das KrW-/AbfG – anderen Umweltgesetzen vergleichbar – eine Auslegungsvorschrift.[14] Eine eigenständige gesetzliche Verpflichtung läßt sich aus § 1 KrW-/AbfG nicht ableiten.

II. Anwendungsbereich

9 Gem. § 2 Abs. 1 KrW-/AbfG gilt das Gesetz für die Vermeidung (Nr. 1), die Verwertung (Nr. 2) und die Beseitigung von Abfällen (Nr. 3). Sein An-

---

[10] So auch *Kloepfer,* UmweltR, § 18 Rn. 4.

[11] So *Degenhardt,* in: Sachs, GG, Art. 74 Nr. 91.

[12] So *VGH München,* Entsch. v. 27. 3. 1990 – Vf. 123-IX-89 –, DVBl. 1990, 692 ff.; wohl auch *Kloepfer,* UmweltR, § 18 Rn. 4.

[13] § 726 UGB-KomE normiert darüber hinaus schon die Vermeidung u. umweltschonende Entsorgung als Gesetzeszweck, vgl. BMU, UGB-KomE, S. 408.

[14] *Bender/Sparwasser/Engel,* UmweltR, Teil 10 Rn. 93.

wendungsbereich bestimmt sich folglich nach der Reichweite des Abfallbegriffs, der in § 3 Abs. 1 S. 1 KrW-/AbfG definiert wird.[15]

10 § 2 Abs. 2 KrW-/AbfG enthält einen Katalog von **Ausnahmen,** auf die das KrW-/AbfG nicht anwendbar ist. Stoffe, die speziellen Regelungswerken unterfallen, werden vom KrW-/AbfG nicht erfaßt. So gelten die Vorschriften des KrW-/AbfG nicht für

- die nach dem Tierkörperbeseitigungsgesetz, nach dem Fleischhygiene- und dem Geflügelfleischhygienegesetz, nach dem Lebensmittel- und Bedarfsgegenständegesetz, nach dem Milch- und Margarinegesetz, nach dem Tierseuchengesetz, nach dem Pflanzenschutzgesetz und nach den aufgrund dieser Gesetze erlassenen Rechtsverordnungen zu beseitigenden Stoffe (Nr. 1),
- Kernbrennstoffe und sonstige radioaktive Stoffe im Sinne des Atomgesetzes (Nr. 2),
- Stoffe, deren Beseitigung in einer aufgrund des Strahlenschutzvorsorgegesetz erlassenen Rechtsverordnung geregelt ist (Nr. 3),
- Abfälle, die beim Aufsuchen, Gewinnen, Aufbereiten und Weiterverarbeiten von Bodenschätzen in den der Bergaufsicht unterstehenden Betrieben anfallen, ausgenommen Abfälle, die nicht unmittelbar oder nicht üblicherweise nur bei den im 1. Halbsatz genannten Tätigkeiten anfallen (Nr. 4),
- nicht in Behälter gefaßte gasförmige Stoffe (Nr. 5),
- Stoffe, sobald diese in Gewässer oder Abwasseranlagen eingeleitet oder eingebracht werden (Nr. 6) und
- das Aufsuchen, Bergen, Befördern, Lagern, Behandeln und Vernichten von Kampfmitteln (Nr. 7).[16]

11 Durch die Ausgrenzung von Abfällen, die beim Bergbau entstehen (Nr. 4), aus dem KrW-/AbfG soll verhindert werden, daß die großen Mengen von Bodenaushub, die notwendig sind, um Bodenschätze zu gewinnen, als Abfälle entsorgt werden müssen.[17]

12 Lediglich deklaratorische Bedeutung kommt den Ausnahmetatbeständen des § 2 Abs. 2 Nr. 5 und 6 KrW-/AbfG zu. Danach gelten die Vorschriften des KrW-/AbfG ebenfalls nicht für nicht in Behälter gefaßte gasförmige Stoffe (Nr. 5) und für Stoffe, sobald diese in Gewässer oder Abwasseranlagen eingeleitet oder eingebracht werden (Nr. 6). In beiden Fällen handelt es sich nicht um räumlich abgrenzbare Stoffe und damit nicht um bewegliche Sachen, so daß der Abfallbegriff des § 3 Abs. 1 S. 1 KrW-/AbfG nicht erfüllt ist.[18]

13 Die Aufnahme des § 2 Abs. 2 Nr. 6 KrW-/AbfG soll eine Trennlinie zwischen den Regelungsbereichen des Kreislaufwirtschafts- und Abfallrechts und des Wasserrechts ziehen.[19] Für *Stoffe, die bereits* in Gewässer oder in die Kanalisation *eingeleitet worden sind,* gibt der Wortlaut keine klare Abgrenzung. Die Anwendung wasserrechtlicher Vorschriften ist insofern sinnvoll, da sich insbesondere flüssige Stoffe beim Einleiten mit Wasser vermischen und ihre Abfalleigenschaft verlieren. Problematisch ist die Abgrenzung zwischen Wasserrecht und Abfallrecht, wenn es um *Stoffe* geht, *deren Einleitung noch bevorsteht.*[20] Nach der Neufassung der Ausnahmevorschrift erscheint eine

---

[15] Siehe zum Abfallbegriff ausführl. bei den Begriffsbestimmungen unter § 30 Rn. 15 ff.

[16] Ähnl. § 728 UGB-KomE, vgl. BMU, UGB-KomE, S. 409.

[17] Vgl. dazu *Pohl,* HdbUR, B.3 Rn. 26; zur Abgrenzung von AbfallR u. BergR vgl. auch *VGH Mannheim,* Urt. v. 20. 10. 1998 – 14 S 1037/98 –, ZUR 1999, 103 ff. m. Anm. v. Schink.

[18] Vgl. zum Abfallbegriff unten § 30 Rn. 15 ff.

[19] Vgl. dazu BT-Drs. 10/2885, S. 13 ff.; BT-Drs. 10/5656, S. 55; zur Abgrenzung von Wasser- u. AbfallR vgl. auch *Nisipeanu,* UPR 1998, 93 ff.

[20] Vgl. dazu ausführl. *Pohl,* HdbUR, B.3 Rn. 28.

stoffliche Abgrenzung zwischen Abfall und Abwasser dergestalt, daß Abwässer stets dem Wasserrecht unterstehen, ausgeschlossen.[21] Vielmehr wird die Abgrenzung nach der Neufassung wohl so vorzunehmen sein, daß das KrW-/AbfG anwendbar ist, wenn ein Stoff nach wasserrechtlichen Vorschriften nicht eingeleitet werden darf.[22] Wasserrechtliche Vorschriften finden indes Anwendung, wenn die Einleitung eines Stoffes zulässig ist.

III. Begriffsbestimmungen

14 Die für das KrW-/AbfG maßgeblichen Begriffe werden in § 3 KrW-/AbfG definiert.[23] Dies gilt für die Begriffe

- Abfall (§ 3 Abs. 1 S. 1 KrW-/AbfG),
- Erzeuger von Abfällen (§ 3 Abs. 5 KrW-/AbfG),
- Besitzer von Abfällen (§ 3 Abs. 6 KrW/AbfG),
- Abfallentsorgung (§ 3 Abs. 7 KrW-/AbfG) und
- besonders überwachungsbedürftige sowie überwachungsbedürftige Abfälle (§ 3 Abs. 8 S. 1 und 2 KrW-/AbfG).

1. Abfallbegriff

15 Nach § 3 Abs. 1 S. 1 KrW-/AbfG sind Abfälle alle beweglichen Sachen, die unter die in Anhang I aufgeführten Gruppen fallen und deren sich ihr Besitzer entledigt, entledigen will oder entledigen muß.[24] Nach § 3 Abs. 1 S. 2 KrW-/AbfG sind Abfälle zur Verwertung Abfälle, die verwertet werden; Abfälle, die nicht verwertet werden, sind Abfälle zur Beseitigung.

16 Gegenüber dem Anwendungsbereich des Abfallgesetzes von 1986 ist der sachliche Geltungsbereich des KrW-/AbfG erheblich erweitert. Nach dem Abfallgesetz von 1986 unterfielen Stoffe, die einer Wiederverwertung zugeführt werden sollten (sog. Wirtschaftsgüter), nicht dem Regime des Abfallgesetzes. Entsprechend galt die Abgrenzung zwischen Abfall und Wirtschaftsgut[25] als eines der bedeutsamsten und zugleich umstrittensten Probleme des früheren Abfallrechts.[26] Gem. § 1 Abs. 1 S. 1 AbfG a. F. waren Abfälle bewegliche Sachen, deren sich der Besitzer entledigen will oder deren geordnete Entsorgung zur Wahrung des Wohls der Allgemeinheit, insbesondere des Schutzes der Umwelt, geboten ist. Diese Vorschrift enthielt einen subjektiven und einen objektiven Abfallbegriff, wobei für ersteren entscheidend auf den Entledigungswillen des Abfallbesitzers abzustellen war. Für Fälle, in dem der Besitzer einer Sache diese nicht den öffentlich-rechtlichen Entsorgungsträgern zum Zwecke der Entsorgung überlassen, sondern sie vielmehr in sonstiger Weise – etwa im Wege der Verwertung oder des Verkaufs an Dritte – wiederverwenden wollte, wurde die Abfalleigenschaft überwiegend verneint.[27]

17 Diese Ansicht war indes mit den europarechtlichen Vorgaben der Abfallrahmenrichtlinie nicht vereinbar. Zwar stellte Art. 1 a Abfall-RL für die Qualifikation eines Stoffes als Abfall noch auf die jeweiligen im Mitgliedstaat geltenden Vorschriften ab, in dem dort als Abfälle alle Stoffe oder Gegenstände definiert wurden, deren sich der Be-

---

[21] Vgl. dazu BT-Drs. 10/2885, S. 14.

[22] So bereits zu § 1 Abs. 3 Nr. 6 AbfG; *BGH,* Urt. v. 26. 4. 1990 – 4 StR 24/90 –, MDR 1990, 737 f.; *Schwermer,* in: Kunig/Schwermer/Versteyl, AbfG, § 1 Rn. 74; zu § 1 KrW-/AbfG vgl. BT-Drs. 10/2885, S. 14; *Pohl,* HdbUR, B.3 Rn. 28.

[23] Die Begriffsbestimmungen des § 727 UGB-KomE orientieren sich weitgehend am KrW-/AbfG, vgl. BMU, UGB-KomE, S. 408 f., 1562.

[24] Zum Abfallbegriff auch *Gassner,* NVwZ 1998, 1148 ff.; zu den Möglichkeiten der Konkretisierung durch den Landesgesetzgeber *Beckmann,* NuR 1999, 24 (25 ff.).

[25] Zum Begriff Wirtschaftsgut vgl. nur *Versteyl,* NVwZ 1993, 961 (962).

[26] Vgl. *Kersting,* DVBl. 1994, 273 (274).

[27] *Kunig,* in: Kunig/Paetow/Versteyl, KrW-/AbfG, § 1 Rn. 14.

sitzer entledigt oder gemäß den geltenden einzelstaatlichen Vorschriften zu entledigen hat. Der *EuGH* war jedoch der Meinung, daß Abfälle im Sinne dieser Richtlinie auch Sachen sein könnten, die sich zu einer wirtschaftlichen Wiederverwertung eigneten und mithin nationale Abfallbegriffe, die wiederverwertbare Stoffe und Gegenstände nicht beinhalteten, mit der Abfallrahmenrichtlinie unvereinbar seien.[28]

In der Richtlinie 91/156/EWG[29] folgt der Rat im Jahr 1991 der Rechtsauffassung **18**
des Europäischen Gerichtshofs. Gem. Art. 1a Abfall-RL n.F. umfaßte der Abfallbegriff „alle Stoffe oder Gegenstände, die unter die in Anhang I aufgeführten Gruppen fallen und deren sich ihr Besitzer entledigt, entledigen will oder entledigen muß." Der Anhang I enthält eine Aufzählung von 16 Stoffgruppen, wobei die letzte (16) als Auffangtatbestand fungiert. Der weit gefaßte europarechtliche Abfallbegriff, der auch sog. Wirtschaftsgüter erfaßt,[30] führte zur Forderung, diesen Abfallbegriff möglichst wörtlich in das deutsche Abfallrecht zu übernehmen.[31]

Der Kommissionsentwurf zum Umweltgesetzbuch lehnt sich in § 727 Abs. 1 Nr. 1 **19**
UGB-KomE ebenfalls an den europarechtlichen Abfallbegriff an, verzichtet aber auf einen Verweis in Anhänge.[32] Vielmehr sollen die Anhänge als Verordnung normiert werden, um europarechtlichen Vorgaben gerecht zu werden (vgl. § 727 Abs. 2 UGB-KomE).[33]

a) Bewegliche Sachen

Gem. § 3 Abs. 1 S. 1 KrW-/AbfG können nur **bewegliche Sachen** Ab- **20**
fall sein. *Sachen* sind – der zivilrechtlichen Definition des § 90 BGB entsprechend – bewegliche, körperliche Gegenstände.[34]

Grundstücke oder Grundstücksbestandteile (§ 94 BGB) fallen nicht unter **21**
den Abfallbegriff. An der für die Abfalleigenschaft notwendigen Beweglichkeit der Sache fehlt es folglich bei einer festen Verbindung mit einem Grundstück.

Beispiele: Trümmer eines abgerissenen Hauses gelten als Abfall, während die noch mit dem Boden verbundene Ruine nicht als Abfall zu betrachten ist.[35] Ebenso wird mit Schadstoffen verunreinigtes Erdreich erst mit dem Aushub zu Abfall.[36]

Voraussetzung für die Sachqualität eines Gegenstandes ist außerdem dessen **22**
räumliche Abgrenzbarkeit.[37]

---

[28] *EuGH,* Urt. v. 28. 3. 1990 – Rs.C-359/88 –, NVwZ 1991, 660; *ders.,* Urt. v. 10. 12. 1997 (1) – C-129/96 –, ZUR 1998, 26 ff.; vgl. auch *Kahl,* Umweltprinzip und Gemeinschaftsrecht, S. 145 (248); *Schmidt/Müller,* UmweltR, § 5 Rn. 7; *Weidemann,* NVwZ 1995, 866 ff.; zur RSpr des EuGH hinsichtl. des europäischen Abfallbegriffs *Weidemann,* in: Rengeling, EUDUR, Bd. 2, § 71 Rn. 12 ff.

[29] ABl. EG 1991 Nr. L 78, S. 32.

[30] Vgl. zum europäischen Abfallbegriff *EuGH,* Urt. v. 18. 12. 1997 – Rs.C-129/96 –, NVwZ 1998, 385; *Dieckmann,* NuR 1992, 407 ff.; *Fluck,* DVBl. 1993, 590 ff; *Seibert,* DVBl. 1994, 229 ff.; *Frenz,* Europäisches UmweltR, Rn. 271 ff.; *Gassner,* NVwZ 1998, 1148 ff.; *Weidemann,* in: Rengeling, EUDUR, Bd. 2, § 71 Rn. 41 ff.

[31] Vgl. dazu *Everling,* NVwZ 1993, 209 (213); *Kersting,* DVBl. 1994, 273 (278).

[32] BMU, UGB-KomE, S. 408.

[33] BMU, UGB-KomE, S. 408, 1563.

[34] Vgl. dazu *Schwachheim,* NVwZ 1989, 128 ff.; *Fluck,* KrW-/AbfG, § 3 Rn. 83 ff.; *Kunig,* in: Kunig/Paetow/Versteyl, KrW-/AbfG, § 3 Rn. 11; *Fritsch,* KrW-/AbfG, Rn. 90 ff.

[35] *OVG Münster,* Urt. v. 13. 2. 1987 – 10 A 29/87 –, NWVBl. 1987, 19.

[36] *Kunig,* in: Kunig/Paetow/Versteyl, KrW-/AbfG, § 1 Rn. 5; *Pohl,* HdbUR, B.3 Rn. 10.

[37] *Kunig,* in: Kunig/Paetow/Versteyl, KrW-/AbfG, § 3 Rn. 12; *Beckmann/Kersting,* in: Landmann/Rohmer, UmweltR, Bd. III, KrW-/AbfG, § 3 Rn. 16.

Beispiele: Eine im Wasser treibende Öllache oder mit Chemikalien verseuchtes Flußwasser ist mangels Abgrenzbarkeit keine Sache im Sinne des KrW-/AbfG.[38]

b) Zugehörigkeit zu einer Gruppe nach Anhang I

23 Voraussetzung für die Abfalleigenschaft ist gem. § 3 Abs. 1 S. 1 KrW-/AbfG, daß die bewegliche Sache zu einer der in Anhang I des Gesetzes aufgeführten Gruppen gehört. Mit der Aufnahme einer Sache in den Anhang I soll die Abfalleigenschaft einer Sache leichter bestimmt werden können und der Abfallbegriff eingegrenzt werden. Der Anhang I führt unter den Gruppen Q 1 bis Q 15 verschiedene Stoffe und Produkte auf.

Beispiele: Rückstände aus industriellen Verfahren (Schlacken, Destillationsrückstände (Q 8), Produkte, bei denen das Verfallsdatum überschritten ist (Q 3), Produkte, die vom Besitzer nicht oder nicht mehr verwendet werden (z.B. in Haushaltungen) (Q 14).

24 Die Gruppe Q 16 erfaßt als Auffangtatbestand alle Stoffe oder Produkte, die nicht einer der oben erwähnten Gruppen angehören. Die Zugehörigkeit einer beweglichen Sache zu einer Gruppe des Anhangs I stellt somit bislang keine wirksame Eingrenzung des Abfallbegriffs dar.[39]

25 Einer wirksamen Eingrenzung des Abfallbegriffs könnte die **Verordnung zur Einführung des Europäischen Abfallkatalogs (EAK-Verordnung – EAKV)**[40] dienen. Mit dieser Verordnung wurde der Europäische Abfallkatalog (EAK)[41] über die Verordnungsermächtigung des § 57 KrW-/AbfG, der die Umsetzung von Rechtsakten der EG ermöglicht, in das deutsche Recht eingeführt, um ihm so eine Verbindlichkeit zu verleihen.[42] Da die Kommission den Europäischen Abfallkatalog selbst nicht als abschließend bewertet,[43] kann einem nicht aufgeführten Stoff nicht von vornherein die Abfalleigenschaft abgesprochen werden.[44] Umgekehrt wird der EAK-Verordnung hinsichtlich eines dort aufgeführten Stoffes nur eine Indizwirkung zukommen.[45]

c) Entledigung, Entledigungswille, Entledigungspflicht

26 Voraussetzung für die Abfalleigenschaft einer beweglichen Sache ist ferner, daß sich der Besitzer ihrer entledigt, entledigen will oder entledigen muß.

---

[38] So schon zu § 1 AbfG *BVerwG,* Urt. v. 22. 11. 1985 – 4 A 1/83 –, DÖV 1986, 285 (287); *OVG Münster,* Urt. v. 2. 7. 1987 – 20 A 1439/85 –, ZfW 1988, 308 (309f.).

[39] Str. ist, ob dem Merkmal der Zugehörigkeit zu einer Gruppe des Anhangs I damit keine konstitutive Wirkung für die Abfalleigenschaft zukommt, so *Kloepfer,* UmweltR, § 18 Rn. 27; *Petersen/Rid,* NJW 1995, 7 (8); *Kunig,* in: Kunig/Paetow/Versteyl, KrW-/AbfG, § 3 Rn. 10ff.; *Queitsch,* KrW-/AbfG, Rn. 95; *Breuer,* in: Schmidt-Aßmann, BesVwR, 5. Abschn. Rn. 244; krit. auch *Wilhelm,* UmweltR, Rn. 308; a.A. *Kersting,* DVBl. 1992, 343 (345f.).

[40] V. 13. 9. 1996 (BGBl. I S. 1458).

[41] Entsch. (94/3/EG) der Kom. v. 20. 12. 1993 über ein Abfallverzeichnis gem. Art. 1 lit A der RL 75/442/EWG des Rates über Abfälle, ABl. EG Nr. L 5, S. 15.

[42] *Seibert,* UPR 1994, 415 (418); *Pohl,* HdbUR, B.3 Rn. 11; der Gesetzgeber hat diesen Katalog nicht in das KrW-/AbfG übernommen, da seine Verbindlichkeit str. war, dagegen *Petersen/Rid,* NJW 1995, 7 (8); *Fluck,* DVBl. 1993, 590 (591); *Konzak,* NuR 1995, 130 (133); dafür *Seibert,* DVBl. 1994, 229 (230ff.); *ders.,* UPR, 1994 415 (416); vgl. auch BMU, UGB-KomE, S. 1557.

[43] Vgl. Entsch. der Komm. (94/3/EG) v. 20. 12. 1993, ABl. EG 1994 Nr. L 5, S. 15 (16) Ziff. 3 der Einleitung.

[44] So *Dieckmann,* ZUR 1995, 169 (172); *Kloepfer,* UmweltR, § 18 Rn. 27.

[45] *Fluck,* DVBl. 1995, 537 (538).

aa) Entledigung

Gem. § 3 Abs. 2 KrW-/AbfG liegt die Entledigung vor, wenn der Besitzer bewegliche Sachen einer Verwertung im Sinne des Anhangs II B oder einer Beseitigung im Sinne des Anhangs II A zuführt (1. Alt.) oder die tatsächliche Sachherrschaft über sie unter Wegfall jeder weiteren Zweckbestimmung aufgibt (2. Alt.). **27**

Durch die Anknüpfung an den Begriff der Entledigung werden die im Rahmen des Abfallgesetzes von 1986 vorhandenen Abgrenzungsprobleme zwischen Abfall und Wirtschaftsgut vermieden, da die Abfalleigenschaft nicht mehr ausschließlich vom Willen des Abfallbesitzers abhängig ist. **28**

Die Anhänge II A und II B sind aus der EG-rechtlichen Abfallrahmenrichtlinie übernommen worden und enthalten bestimmte Verwertungs- und Beseitigungsverfahren. **29**

Beispiele: Verwertungen sind nach Anhang II B Verwertung/Rückgewinnung organischer Stoffe, die nicht als Lösungsmittel verwendet werden einschließlich der Kompostierung und sonstiger biologischer Umwandlungsverfahren (R 3); Beseitigungen sind nach Anhang II A Ablagerung in oder auf dem Boden (z. B. Deponien) (D 1).

Die Entledigung nach § 3 Abs. 2 **1. Alt.** KrW-/AbfG setzt nicht die Aufgabe der Sachherrschaft voraus, so daß auch die vom Sachbesitzer selbst vorgenommene Verwertung oder Beseitigung eine Entledigung darstellt.[46] Auch fordert die Entledigung nicht die Aufgabe jedweder Zweckbestimmung durch den Besitzer.[47] **30**

Eine Entledigung liegt nach § 3 Abs. **2. Alt.** KrW-/AbfG nicht vor, wenn der Besitzer einer Sache eine andere Zweckbestimmung gibt. Erfolgt eine neue Zweckbestimmung erst, nachdem der betreffende Stoff ein Verwertungsverfahren im Sinne des Anhangs II B durchlaufen hat, liegt bis zu der tatsächlichen neuen Zweckbestimmung Abfall vor.[48] **31**

bb) Entledigungswille

Gem. § 3 Abs. 3 S. 1 KrW-/AbfG ist der Wille zur Entledigung hinsichtlich solcher beweglicher Sachen anzunehmen, **32**

- die bei der Energieumwandlung, Herstellung, Behandlung oder Nutzung von Stoffen oder Erzeugnissen oder bei Dienstleistungen anfallen, ohne daß der Zweck der jeweiligen Handlung hierauf gerichtet ist (Nr. 1) *(sog. Produktionsabfälle)* oder
- deren ursprüngliche Zweckbestimmung entfällt oder aufgehoben wird, ohne daß ein neuer Verwendungszweck unmittelbar an deren Stelle tritt (Nr. 2) *(sog. Produktabfälle).*

Der Entledigungswille des Abfallbesitzers wird in diesen Fällen gesetzlich vermutet.[49] Gem. § 3 Abs. 3 S. 2 KrW-/AbfG ist für die Beurteilung der **33**

---

[46] Vgl. *BVerwG,* Beschl. v. 23. 4. 1996 – 11 B 96/95 –, NVwZ 1996, 1010 zur Eigenkompostierung von Speiseresten.

[47] *Breuer,* in: Schmidt-Aßmann, BesVwR, 5. Abschn. Rn. 245.

[48] Zur Abfalleigenschaft von aussortierten Textilien vgl. *BVerwG,* Urt. v. 19. 11. 1998 – 7 C 31/97 –, ZUR 1999, 110 ff.

[49] So *Beckmann/Kersting,* UPR 1995, 321 (325); *dies.,* in: Landmann/Rohmer, UmweltR, Bd. III, KrW-/AbfG, § 3 Rn. 36 ff.; *v. Lersner/Wendenburg,* KrW-/AbfG, § 3 Rn. 19; nach a. A. handelt es sich um eine gesetzl. Fiktion, d. h. eine unwiderlegbare Rechtsvermutung, so *Fluck,* KrW-/AbfG, § 3 Rn. 138; *Seibert,* UPR 1994, 415 (419); *Kunig,* NVwZ 1997, 209 (212); *Petersen/Rid,* NJW 1995, 7 (9); *Versteyl/Wendenburg,* NVwZ 1994, 833 (836); *Frenz,* KrW-/AbfG, § 3 Rn. 20.

Wolfers, NVwZ 98, 225, EuGH, U 7.9.04, DVBl 04, 1539 m. Anm. Frenz, EuGH, U 11.11.04, NVwZ 05, 306

Zweckbestimmung die Auffassung des Erzeugers oder Besitzers **unter Berücksichtigung der Verkehrsanschauung** zugrunde zu legen.[50] Die Berücksichtigung der Verkehrsanschauung soll im Einzelfall eine Abgrenzung zwischen Produkt und Abfall erleichtern. Sie stellt ein Korrektiv für die Angaben des Abfallbesitzers bzw. Abfallerzeugers dar.[51] Auf die Frage, ob der Besitzer eine Verwendungs- oder Verwertungsabsicht hat, kommt es allein nicht an.[52] Zur Ermittlung der Verkehrsanschauung sind **objektive Kriterien** heranzuziehen. Als Indiz für eine neue Zweckbestimmung können die Einhaltung von Produktionsnormen oder -standards, die Marktfähigkeit einer Sache, die Einsatzfähigkeit des Stoffes oder Gegenstandes anstelle eines Rohstoffes oder die Kenntlichmachung der beabsichtigten neuen Nutzung herangezogen werden.[53]

34 Die Abgrenzung zwischen Abfall und Produkt ist nicht unproblematisch.[54] Fallen im Produktions- und Verarbeitungsprozeß nicht zielgerichtet verwertbare **Reststoffe** oder **Nebenprodukte** an, so spricht für die Annahme eines Produkts, daß der Gegenstand oder Stoff Produktionsnormen oder -standards, etwa DIN-Normen, erfüllt.[55]

Beispiel: Fällt Gips bei der Abgasentschwefelung an, so ist ein Produktionswille und kein Entledigungswille des Erzeugers anzunehmen, wenn der Gips die Qualitätsanforderungen der Bauindustrie erfüllt und unmittelbar beim Bau eingesetzt werden kann;[56] gleiches gilt für Bauschutt, den der Besitzer im Straßenbau einsetzen will, sofern der Schutt sortiert ist und keine umweltschädlichen Reste wie Tapeten, Kunststoffe o. ä. enthält.

35 Auch der **Marktwert** ist nach der Verkehrsanschauung ein Kriterium für die Annahme eines Produkts. Dies gilt jedenfalls, wenn für den betreffenden Stoff ein Markt besteht und der Besitzer einen Preis erzielen kann.

36 Ein Stoff oder Gegenstand ist nach der Verkehrsanschauung auch dann nicht als Abfall einzustufen, wenn er ohne vorherige Aufbereitung in gleicher Weise wie ein Rohstoff eingesetzt werden kann.

Beispiel: Sortierter Schrott kann in vielen Produktionsverfahren wegen eines erhöhten Eisengehalts wertvoll sein und anstelle eines anderen Rohstoffes eingesetzt werden.

cc) Entledigungspflicht

37 Gem. § 3 Abs. 4 KrW-/AbfG muß sich der Besitzer beweglicher Sachen entledigen, wenn

– diese entsprechend ihrer ursprünglichen Zweckbestimmung nicht mehr verwendet werden,
– aufgrund ihres konkreten Zustandes geeignet sind, gegenwärtig oder künftig das Wohl der Allgemeinheit, insbesondere die Umwelt zu gefährden und

---

[50] Nach dem AbfG von 1986 war str., wonach sich die Entledigungspflicht des Abfallbesitzers richtete, vgl. *Bickel,* NuR 1992, 361 (369); *Kersting,* DVBl. 1992, 343 (349).

[51] *Seibert,* UPR 1994, 415 (419); *Queitsch,* StuG 1995, 55 (57).

[52] *Petersen/Rid,* NJW 1995, 7 (9).

[53] Vgl. *BVerwG,* Urt. v. 24. 6. 1993 – 7 C 11/92 –, BVerwGE 92, 353 (355); *Fluck,* DVBl. 1995, 537 (542).

[54] Vgl. dazu ausführl. *Wolfers,* NVwZ 1998, 225 ff.; *Schink,* VerwArch 1997, 230 (243 f.); *Weidemann,* Abfall oder Rohstoff, passim.

[55] Vgl. BT-Drs. 12/7284, S. 12.

[56] *Fluck,* DVBl. 1995, 537 (541).

– deren Gefährdungspotential nur durch eine ordnungsgemäße und schadlose Verwertung oder gemeinwohlverträgliche Beseitigung nach den Vorschriften dieses Gesetzes oder der aufgrund dieses Gesetzes erlassenen Rechtsverordnungen ausgeschlossen werden kann.[57]

Ein Stoff oder Gegenstand ist danach erst dann Abfall, wenn die Tatbestandsmerkmale des § 3 Abs. 4 KrW-/AbfG *kumulativ* vorliegen.[58] **38**

Eine Sache wird nicht mehr ihrer ursprünglichen Zweckbestimmung entsprechend verwendet, wenn der Besitzer sie nicht weiter nutzt oder eine Nutzungsänderung vornimmt. Folglich sind Produkte, die noch dem Zweck dienen, zu dem sie produziert wurden, unabhängig von ihrem Gefährdungspotential aus dem Abfallbegriff ausgeklammert. **39**

Eine Sache ist konkret geeignet, das *Wohl der Allgemeinheit*[59] gegenwärtig zu gefährden, wenn eine weitere Aufbewahrung oder Verwendung aufgrund allgemeiner Erfahrungen und wissenschaftlicher Erkenntnisse typischerweise ein Gefährdungspotential hervorruft.[60] Eine konkrete Gefahr im polizeirechtlichen Sinne ist nicht erforderlich. Eine Gemeinwohlgefährdung kann durch die Art und Beschaffenheit der Sache (etwa ihren Schadstoffgehalt), aber auch durch Ort sowie Art und Weise der Aufbewahrung bestimmt werden.[61] **40**

Beispiel: Unsortierter Bauschutt, der mit Rohren, Teppichboden und Tapetenresten sowie Plastik durchsetzt ist, stellt eine Gemeinwohlgefährdung dar, wenn er anstelle von Schotter als Untergrund in eine Straßentrasse verbracht wird.[62] Gleiches gilt für Altreifen, die auf einem Gelände unter freiem Himmel gelagert werden, da Altreifen, sofern sie in Brand geraten, nur sehr schwer zu löschen sind.[63]

Nach § 3 Abs. 4 KrW-/AbfG ist es ausreichend, daß die Sache geeignet ist, *künftig* das Wohl der Allgemeinheit zu gefährden. Danach unterfallen Stoffe oder Gegenstände auch dann einer Entledigungspflicht, wenn ihr Gefährdungspotential gegenwärtig noch durch ordnungsgemäße Schutzvorkehrungen abgeschirmt werden kann. **41**

Eine Sache, die nicht mehr entsprechend ihrer ursprünglichen Zweckbestimmung genutzt wird und ein gegenwärtiges oder künftiges Gefährdungspotential beinhaltet, ist als Abfall zu verwerten oder zu beseitigen, wenn das Gefährdungspotential nur unter dem Regime des Abfallrechts ausgeschlossen werden kann. Bei der hier vorzunehmenden *Interessenabwägung* ist das aus dem Gefährdungspotential folgende öffentliche Interesse an der Verwertung oder Beseitigung mit den privaten Nutzungsinteressen abzuwägen.[64] Bei der **42**

---

[57] § 3 Abs. 3 KrW-/AbfG greift die bisherige RSpr des BVerwG zum objektiven Abfallbegriff auf, vgl. *BVerwG*, Urt. v. 24. 6. 1993 – 7 C 11/92 –, BVerwGE 92, 353 ff.; *dass.*, Urt. v. 24. 6. 1993 – 7 C 10/92 –, BVerwGE 92, 359 ff.

[58] *Pohl*, HdbUR, B.3 Rn. 21.

[59] Der Begriff des Wohls der Allgemeinheit ist in § 10 Abs. 4 KrW-/AbfG definiert, vgl. dazu unten § 30 Rn. 83 ff.

[60] Vgl. *BVerwG*, Urt. v. 24. 6. 1993 – 7 C 11/92 –, BVerwGE 92, 353 (358).

[61] Vgl. *BVerwG*, Urt. v. 24. 6. 1993 – 7 C 11/92 –, BVerwGE 92, 353 (358); *dass.*, Urt. v. 24. 6. 1993 – 7 C 10/92 –, BVerwGE 92, 359 (362); *Fluck*, UPR 1993, 426 ff.; *ders.*, DVBl. 1995, 537 (544).

[62] *BVerwG*, Urt. v. 24. 6. 1993 – 7 C 11/92 –, BVerwGE 92, 353 (358).

[63] *BVerwG*, Urt. v. 24. 6. 1993 – 7 C 10/92 –, BVerwGE 92, 359 (362 ff.).

[64] *BVerwG*, Urt. v. 24. 6. 1993 – 7 C 11/92 –, BVerwGE 92, 353 (358).; *dass.*, Urt. v. 24. 6. 1993 – 7 C 10/92 –, BVerwGE 92, 359 (362 ff.).

Beurteilung der privaten Nutzungs- bzw. Verwertungschancen spielt der Marktpreis eine maßgebliche Rolle.[65] Voraussetzung ist, daß ein Markt für den betreffenden Stoff oder Gegenstand existiert. Diese Frage ist nach der Verkehrsanschauung im Einzelfall zu beurteilen.

2. Abfälle zur Verwertung und zur Beseitigung

43 Gem. § 3 Abs. 1 S. 2 KrW-/AbfG sind Abfälle zur Verwertung Abfälle, die verwertet werden, und Abfälle, die nicht verwertet werden, Abfälle zur Beseitigung.[66] Die Formulierung des § 3 Abs. 1 S. 2 KrW-/AbfG weist darauf hin, daß es nicht darauf ankommt, daß die Abfälle potentiell verwertbar sind, sondern darauf, ob die Abfälle *tatsächlich* einer Verwertung zugeführt werden.[67] Eine **Abfallverwertung** liegt vor, wenn Abfälle in irgendeiner Form genutzt werden und der Hauptzweck der Nutzung darin besteht, Rohstoffe zu substituieren. Demgegenüber erfaßt die **Abfallbeseitigung** alle Maßnahmen, die darauf gerichtet sind, den Abfall auf Dauer von der Kreislaufwirtschaft unter Beseitigung seines Schadstoffpotentials auszuschließen.

44 Bedeutung hat die Unterscheidung zwischen Abfällen zur Verwertung und Abfällen zur Beseitigung insofern, als an die Abfallarten unterschiedliche Anforderungen gestellt werden und für sie unterschiedliche Rechtsfolgen gelten (z. B. hinsichtlich der Überlassungspflichten nach § 13 Abs. 1 KrW-/AbfG).[68]

3. Erzeuger und Besitzer von Abfällen

45 Gem. § 3 Abs. 5 KrW-/AbfG ist **Erzeuger** von Abfällen jede natürliche oder juristische Person, durch deren Tätigkeit Abfälle angefallen sind, oder jede Person, die Vorbehandlungen, Mischungen oder sonstige Behandlungen vorgenommen hat, die eine Veränderung der Natur oder der Zusammensetzung dieser Abfälle bewirken.[69]

46 Gem. § 3 Abs. 6 KrW-/AbfG ist **Besitzer** von Abfällen jede natürliche oder juristische Person, die die tatsächliche Sachherrschaft über Abfälle hat. Im Unterschied zum rein zivilrechtlichen Besitzbegriff, der neben der tatsächlichen Sachherrschaft auch den Besitzbegründungswillen erfordert, setzt das KrW-/AbfG diesen Besitzbegründungswillen nicht voraus, da es im Abfallrecht im Gegensatz zum Zivilrecht um die Bestimmung der Verantwortlichkeit für den Abfall geht.[70]

---

[65] *BVerwG,* Urt. v. 24. 6. 1993 – 7 C 11/92 –, BVerwGE 92, 353 (358); *VGH Kassel,* Urt. v. 25. 1. 1993 – 4 TH 1676/92 –, NVwZ-RR 1993, 465; *VGH München,* Urt. v. 24. 11. 1992 – 20 CS 92/3069 –, NVwZ-RR 1993, 464.

[66] Die Abgrenzung von Verwertung u. Beseitigung ist das vordringliche Problem des KrW-/AbfG, vgl. dazu näher unten § 30 Rn. 59 ff.

[67] Vgl. *Versteyl/Wendenburg,* NVwZ 1994, 833 (836); *Fluck,* DVBl. 1995, 537 (538 f.); vgl. auch *VGH Mannheim,* Beschl. v. 31. 5. 1999 – 10 S 2766/98 –, NuR 1999, 581 ff.

[68] Vgl. zur Abgrenzung von Abfallbeseitigung u. -verwertung vgl. *VGH Mannheim,* Urt. v. 20. 10. 1998 – 14 S 1037/98 –, ZUR 1999, 103 ff. m. Anm. v. Schink; aus europäischer Sicht *Weidemann,* in: Rengeling, EUDUR, Bd. 2, § 71 Rn. 53 ff.; dazu näher unten § 30 Rn. 104 ff.

[69] Fragl. ist, ob der Erzeuger auch dann entsorgungspflichtig ist, wenn er keine Sachherrschaft hat, so *Kersting,* DVBl. 1992, 343 (348); *Seibert,* DVBl. 1994, 229 (232); a. A. *Bickel,* NuR 1992, 361 (369); *v. Köhler/Klett/Konzak,* EG-AbfallverbringungsVO, Art. 2 Rn. 8; zum Begriff des Abfallerzeugers ferner *Müggenborg,* NVwZ 1998, 1121 ff.; *Schütte,* ZUR 1999, 136 ff.

[70] Vgl. *v. Lersner/Wendenburg,* KrW-/AbfG, § 3 Rn. 37; *v. Köller,* KrW-/AbfG, S. 95; *Kunig,* in: Kunig/Paetow/Versteyl, KrW-/AbfG, § 3 Rn. 57; a. A. *Frenz,* KrW-/

4. Abfallentsorgung

Der Begriff der Abfallentsorgung umfaßt gem. § 3 Abs. 7 KrW-/AbfG die Verwertung und Beseitigung von Abfällen. 47

5. Überwachungsbedürftige und besonders überwachungsbedürftige Abfälle

Gem. § 3 Abs. 8 S. 1 KrW-/AbfG sind besonders überwachungsbedürftige Abfälle, die durch Rechtsverordnung nach § 41 Abs. 1 oder 3 Nr. 1 KrW-/AbfG bestimmt worden sind; demgegenüber sind überwachungsbedürftige Abfälle gem. § 3 Abs. 8 S. 2 KrW-/AbfG alle übrigen Abfälle, wenn sie beseitigt werden sollen sowie die verwertbaren Abfälle, die durch Rechtsverordnung nach § 41 Abs. 3 Nr. 2 KrW-/AbfG bestimmt sind.[71] 48

Während Abfälle zur Beseitigung stets überwachungsbedürftig sind, gilt dies für Abfälle zur Verwertung nur dann, wenn sie in der Verordnung zur Bestimmung von überwachungsbedürftigen Abfällen zur Verwertung (Bestimmungsverordnung über überwachungsbedürftige Abfälle zur Verwertung – BestüVAbfV)[72] enthalten sind. 49

Besonders überwachungsbedürftige Abfälle unterliegen hinsichtlich der Überwachung und der Beseitigung verschärften Anforderungen.[73] Die besondere Überwachungsbedürftigkeit kann sich gem. § 41 Abs. 1 S. 1 KrW-/AbfG zum einen aus bestimmten Eigenschaften der Sache und zum anderen durch ihre Herkunft aus gewerblichen oder sonstigen wirtschaftlichen Unternehmungen oder öffentlichen Einrichtungen ergeben. Welche Abfälle zu den besonders überwachungsbedürftigen Abfällen zählen, ist in der Verordnung zur Bestimmung von besonders überwachungsbedürftigen Abfällen (Bestimmungsverordnung besonders überwachungsbedürftiger Abfälle – BestbüAbfV)[74] festgelegt. 50

D. Grundsätze und Grundpflichten

Die Förderung der Kreislaufwirtschaft zur Schonung der natürlichen Ressourcen und die Sicherung der umweltverträglichen Beseitigung von Abfällen (vgl. § 1 KrW-/AbfG) wird durch die **Grundsätze und Grundpflichten der Kreislaufwirtschaft** (§§ 4 bis 9 KrW-/AbfG) und durch die **Grundsätze und Grundpflichten der Abfallbeseitigung** (§§ 10 bis 21 KrW-/AbfG) umgesetzt. Die Kreislaufwirtschaft ist dabei der Abfallbeseitigung vorgelagert, da nach § 10 Abs. 1 KrW-/AbfG Abfälle erst dann beseitigt werden können, wenn sie nicht verwertet werden.[75] 51

I. Grundsätze und Grundpflichten der Kreislaufwirtschaft

Die **Grundsätze** der Kreislaufwirtschaft sind in § 4 KrW-/AbfG geregelt. Gem. § 4 Abs. 1 KrW-/AbfG sind Abfälle in erster Linie zu *vermeiden,* ins- 52

AbfG, § 3 Rn. 38; vgl. auch *OVG Münster,* Urt. v. 21. 12. 1995 – 20 A 5004/94 –, UPR 1996, 274; *VGH Mannheim,* Urt. v. 7. 12. 1993 – 10 S 1700/92 –, NVwZ 1994, 1130 (1131 f.); zum Begriff des Abfallbesitzers ferner *Müggenborg,* NVwZ 1998, 1121 ff.

[71] Vgl. zum Definitionscharakter der Vorschrift BMU, UGB-KomE, S. 1561, 1563.

[72] V. 10. 9. 1996 (BGBl. I S. 1377).

[73] Vgl. dazu näher unten § 30 Rn. 189 ff.

[74] V. 10. 9. 1996 (BGBl. I S. 1366).

[75] Dazu *Beckmann,* NuR 1999, 24 (25).

besondere durch die Verminderung ihrer Menge und Schädlichkeit (Nr. 1), in zweiter Linie *stofflich zu verwerten* (Nr. 2a) oder *zur Gewinnung von Energie zu nutzen* (energetische Verwertung) (Nr. 2b). Die Grundsätze sind durch die in § 5 KrW-/AbfG genannten **Grundpflichten** der Erzeuger und Besitzer von Abfällen näher bestimmt. Die Grundpflichten werden durch Rechtsverordnung nach § 7 KrW-/AbfG konkretisiert.

1. Vermeidung

a) Grundsatz der Abfallvermeidung

53 § 4 Abs. 1 Nr. 1 KrW-/AbfG enthält den **Grundsatz der Abfallvermeidung.** Danach sind Abfälle in erster Linie zu vermeiden, insbesondere durch die Verminderung ihrer Menge und Schädlichkeit. Unter Abfallvermeidung versteht man Maßnahmen, die dazu führen, daß bei der Produktion oder beim Konsum keine oder weniger Abfälle entstehen.[76] Der Begriff der Abfallvermeidung umschließt auch die Abfallverminderung.

54 Gem. § 4 Abs. 2 KrW-/AbfG sind *Maßnahmen zur Vermeidung* von Abfällen insbesondere die anlageninterne Kreislaufführung von Stoffen, die abfallarme Produktgestaltung sowie ein auf den Erwerb abfall- und schadstoffarmer Produkte gerichtetes Konsumverhalten.[77] Eine nähere Ausgestaltung des Grundsatzes der Vermeidung ist im KrW-/AbfG nicht enthalten.

b) Grundpflicht zur Abfallvermeidung

55 Der Grundsatz der Abfallvermeidung wird durch die Ausgestaltung als **Grundpflicht** in § 5 Abs. 1 KrW-/AbfG konkretisiert. Zur Umsetzung des Grundsatzes der Vermeidung verweist § 5 Abs. 1 KrW-/AbfG auf § 9 KrW-/AbfG sowie die aufgrund der §§ 23 und 24 KrW-/AbfG erlassenen Rechtsverordnungen. Damit gilt für die Vermeidung zum einen über § 9 KrW-/AbfG die immissionsschutzrechtliche Vermeidungspflicht des § 5 Abs. 1 Nr. 3 BImSchG.[78]

56 Die anlageninterne Verwertung wurde nach § 5 Abs. 1 Nr. 3 BImSchG als Vermeidung angesehen, so daß sie nicht „ordnungsgemäß und schadlos" i.S.d. § 5 Abs. 3 KrW-/AbfG zu sein brauchte.[79] Demgegenüber bestimmt § 9 S. 2 KrW-/AbfG, daß eine anlageninterne Verwertung eine Verwertungs- und keine Vermeidungsmaßnahme ist, in dem es die anlageninterne Verwertung hinsichtlich der stoffbezogenen Anforderungen dem KrW-/AbfG unterstellt.[80] Nach § 9 S. 3 KrW-/AbfG sind die stoffbezogenen Anforderungen an die Art und Weise der Verwertung und Beseitigung von Abfällen, die sich aus dem KrW-/AbfG ergeben, im Rahmen des § 5 Abs. 1 Nr. 3 BImSchG zu beachten und können im Verordnungswege entsprechend durchgesetzt werden.[81] Die Ausgestaltung des Grundsatzes der Vermeidung in Form der Grundpflichten in § 5 Abs. 1 KrW-/AbfG hat drittschützende Wirkung.[82]

57 Eine weitere Konkretisierung erfährt die Vermeidungspflicht durch die in den §§ 22ff. KrW-/AbfG geregelte Produktverantwortung. Durch Verweis

---

[76] *Bender/Sparwasser/Engel,* UmweltR, Teil 10 Rn. 138.
[77] *Petersen/Rid,* NJW 1995, 7 (9).
[78] Krit. dazu aus immissionsschutzrechtl. Sicht *Rebentisch,* NVwZ 1995, 639 (640f.); vgl. zu § 5 BImSchG bereits oben § 21 Rn. 52ff.
[79] *Fluck,* NuR 1989, 409ff.; *Hansmann,* NVwZ 1990, 409 (411).
[80] Vgl. dazu *Petersen/Rid,* NJW 1995, 7 (12).
[81] Vgl. umfassend *Petersen/Rid,* NJW 1995, 7 (12).
[82] Siehe *Bender/Sparwasser/Engel,* UmweltR, Teil 10 Rn. 136.

in § 5 Abs. 1 KrW-/AbfG nimmt das Gesetz hinsichtlich der Vermeidungspflichten auf die Rechtsverordnungen zur Produktverantwortung Bezug.[83] Damit können Vermeidungspflichten durch Rechtsverordnungen begründet werden. So sind z.B. gem. § 1 Abs. 2 VerpackV Abfälle aus Verpackungen dadurch zu vermeiden, daß sie nach Volumen und Gewicht auf das zum Schutz des Füllgutes und zur Vermarktung notwendige Maß beschränkt werden. Soweit dies technisch möglich und zumutbar ist, müssen Verpackungen ferner so beschaffen sein, daß sie wieder gefüllt werden können. Vermeidungsanreize werden ferner vielfach durch kommunale Satzungen geregelt.

c) Vorrang der Vermeidung

Der Abfallvermeidung gebührt gesetzlich der Vorrang vor der Verwertung **58**
und der Beseitigung (vgl. § 4 Abs. 1 Nr. 1 KrW-/AbfG). Der **Vorrang der Vermeidung** gilt nicht absolut; die Vermeidung muß im Einzelfall technisch möglich und wirtschaftlich vertretbar sein und darf im Ergebnis auch nicht zu einer höheren Umweltbelastung insgesamt führen. Der Vorrang der Abfallvermeidung ist EG-rechtlich in Art. 3 AbfallRL vorgegeben.[84]

2. *Verwertung*

a) Grundsatz der Abfallverwertung

§ 4 Abs. 1 Nr. 2 KrW-/AbfG regelt den **Grundsatz der Verwertung.**[85] **59**
Danach sind Abfälle in zweiter Linie stofflich zu verwerten oder zur Gewinnung von Energie zu nutzen (energetische Verwertung).[86] In Anlehnung an den Anhang II B des KrW-/AbfG läßt sich die Verwertung definieren als Verfahren oder Maßnahmen, die primär auf Nutzung der stofflichen Eigenschaften oder auf Nutzung als Brennstoff gerichtet sind und nicht auf die Beseitigung des Schadstoffpotentials.[87] § 4 Abs. 3 und 4 KrW-/AbfG bestimmen den Begriff der Verwertung näher.[88]

---

[83] Vgl. dazu bislang §§ 1a Abs. 1 S. 2, 14 AbfG a. F.

[84] Vgl. zur EG-rechtl. Zielhierarchie *Weidemann,* in: Rengeling, EUDUR, Bd. 2, § 71 Rn. 25ff.

[85] Zur Abfallverwertung im BImSchG, KrW-/AbfG u. AtG vgl. *Lange,* NVwZ 1996, 729ff.

[86] Vgl. zum Verwertungsbegriff *BVerwG,* Urt. v. 26. 5. 1994 – 4 C 14.93 –, NuR 1994, 440ff.; *Bothe,* UPR 1996, 170ff.; *Klöck,* ZUR 1997, 117ff.; *Weidemann,* in: Brandt/Ruchay/Weidemann, KrW-/AbfG, § 4 Rn. 81ff.; zu gemeinschaftsrechtl. Vorgaben für die Abgrenzung von Abfallverwertung u. -beseitigung *Frenz,* NuR 1999, 301ff.

[87] Vgl. zur Abgrenzung von Verwertung u. Beseitigung *Dolde/Vetter,* NVwZ 1997, 937 (939); *dies.,* Rechtsfragen der Verwertung und Beseitigung von Abfällen, passim; *Schimanek,* Die abfallwirtschaftliche Zielhierarchie nach dem neuen Kreislaufwirtschafts- und Abfallgesetz, S. 209; *Beckmann/Kersting,* in: Landmann/Rohmer, UmweltR, Bd. III, § 4 Rn. 21ff.

[88] Str. ist, ob die Kriterien echte Tatbestandsmerkmale sind, so *Dolde/Vetter,* NVwZ 1997, 937 (939); *Frenz,* KrW-/AbfG, § 4 Rn. 19, 22, 28; *Fluck,* KrW-/AbfG, § 4 Rn. 112, 140; *Kunig,* in: Kunig/Paetow/Versteyl, KrW-/AbfG, § 4 Rn. 20, 33; *Schink,* in: Hoppe/Bauer/Faber/Schink, Auswirkungen des KrW-/AbfG, S. 34 (42), oder ob es sich um bloße Auslegungshilfen handelt, so *v. Lersner/Wendenburg,* KrW-/AbfG, § 4 Rn. 22; noch weitergehend *Weidemann,* in: Brandt/Ruchay/Weidemann, KrW-/AbfG, § 4 Rn. 106ff., der die Kriterien als bloße abfallwirtschaftl. Umgehungs- u. Mißbrauchsklauseln ansieht. Weidemann, NVwZ 98, 258
Dolde/Vetter, NVwZ 00, 21, BVerwG, U 14.4.00, NVwZ 00, 1057 Weidemann, NVwZ 00, 1131, BVerwG, U 15.6.00, NVwZ 00, 1178; Schoppe, NVwZ 03, 418, EuGH, U 27.2.03, NVwZ 03, 455, EuGH, U 13.2.03, NVwZ 03, 457, BVerwG, U 17.3.03, DVBl 03, 743 Schoch, DVBl 04, 69, Hubert, NVwZ 07, 617

aa) Stoffliche Verwertung

60 Gem. § 4 Abs. 3 KrW-/AbfG beinhaltet die **stoffliche Verwertung** die Substitution von Rohstoffen durch das Gewinnen von Stoffen aus Abfällen (sekundäre Rohstoffe) oder die Nutzung von stofflichen Eigenschaften der Abfälle für den ursprünglichen Zweck oder für andere Zwecke mit Ausnahme der unmittelbaren Energierückgewinnung.[89]

Beispiele: Die Gewinnung eines Sekundärrohstoffes aus Abfall liegt bei der Herauslösung von Metallen aus Abfallgemischen vor.[90] Die Nutzung der stofflichen Eigenschaften kann im Versatz von Abfällen im Bergbau liegen.[91]

61 Die stoffliche Verwertung ist von der Abfallbeseitigung abzugrenzen.[92] Dazu enthält § 4 Abs. 3 S. 2 KrW-/AbfG die maßgeblichen Abgrenzungskriterien. Danach liegt eine stoffliche Verwertung nur dann vor, wenn nach einer wirtschaftlichen Betrachtungsweise, unter Berücksichtigung der im einzelnen Abfall bestehenden Verunreinigungen, der Hauptzweck der Maßnahme auf die Nutzung des Abfalls gerichtet ist und nicht in der Beseitigung des Schadstoffpotentials liegt.[93]

62 Für eine **Nutzung** genügt, daß irgendeine Beschaffenheit des Stoffes genutzt wird.[94] So kann eine Nutzung auch in der Verwendung des Stoffes als Füllstoff bestehen, sofern dieser keine Umweltbelastungen hervorruft und andernfalls vom Verwerter Rohstoffe eingesetzt werden müßten.[95]

Beispiel: Eine stoffliche Verwertung liegt bei der Verwendung von Bauschutt als Schotter im Straßenbau vor.[96]

63 Umstritten ist, ob es für eine stoffliche Verwertung genügt, wenn Abfälle lediglich wegen ihres Volumens genutzt werden.

---

[89] Vgl. zu den Arten der stoffl. Verwertung *Beckmann/Kersting,* in: Landmann/Rohmer, UmweltR, Bd. III, KrW-/AbfG, § 4 Rn. 15 ff.; die Verwertung von Bioabfällen auf land-, forstwirtschaftlich u. gärtnerisch genutzten Böden wird in der Bioabfallverordnung v. 21. 9. 1998 (BGBl. I S. 2955) näher geregelt, vgl. dazu *Christian-Bickelhaupt,* WuB 1998, 5 ff.

[90] *Weidemann,* in: Brandt/Ruchay/Weidemann, KrW-/AbfG, § 4 Rn. 150.

[91] *VGH Mannheim,* Urt. v. 20. 10. 1998 – 14 S 1037/98 – ZUR 1999, 103 ff.; *OVG Münster,* Beschl. v. 18. 7. 1997 – 21 B 1717/94 –, NWVBl. 1998, 18; *VG Stuttgart,* Urt. v. 26. 11. 1996 – 14 K 3580/95 –, NVwZ-RR 1997, 345 (346); *Brandt,* LKV 1995, 201 ff.; *Versmann,* ZUR 1995, 188; *Freytag,* NuR 1996, 334 ff.; *Fouquet,* Umweltrechtliche Anforderungen an das Verbringen von Rückständen in bergbauliche Hohlräume, passim; *Beckmann,* ZfB 1999, 12 ff.

[92] Dazu *Dolde/Vetter,* NVwZ 1997, 937 ff.; *Schink,* in: Hoppe/Bauer/Faber/Schink, Auswirkungen des KrW-/AbfG, S. 5 ff.; *Beckmann/Kersting,* in: Landmann/Rohmer, UmweltR, Bd. III, KrW-/AbfG, § 4 Rn. 21 ff.; *VGH Mannheim,* Urt. v. 20. 10. 1998 – 14 S 1037/98 –, ZUR 1999, 103 ff. m. Anm. v. Schink; *ders.,* Beschl. v. 20. 7. 1999 – 10 S 1554/98 –, DVBl. 1999, 1527; zur Konkretisierung des Abfalls zur Verwertung durch die sog. LAGA-Liste (Länderarbeitsgemeinschaft Abfall) u. deren Einordnung als normkonkretisierende Verwaltungsvorschrift *Giesberts/Hilf,* UPR 1999, 168 ff.

[93] Vgl. zu den Kriterien *Beckmann/Kersting,* in: Landmann/Rohmer, UmweltR, Bd. III, KrW-/AbfG, § 4 Rn. 26 ff.; *OLG Koblenz,* Beschl. v. 11. 11. 1998 – 2 SS 236/98 –, NVwZ 1999, 573 ff.

[94] *VG Stuttgart,* Urt. v. 26. 11. 1996 – 14 K 3580/95 –, NVwZ-RR 1997, 345 (346).

[95] *BVerwG,* Urt. 26. 5. 1994 – 7 C 14/93 –, NVwZ 1994, 897 (898); *Weidemann,* NVwZ 1995, 631 (635).

[96] Zum Baustoffrecycling *Fröhlich,* UPR 1999, 255 ff.

 Lange, NVwZ 96, 729

Beispiel: Fraglich ist, ob die Herstellung von sog. Big-Bags aus Granulat von Kunststoffabfällen zur Herstellung von Versatzstoffen im Bergbau noch eine stoffliche Verwertung oder eine Abfallbeseitigung darstellt.[97] Zum Teil wird in der Rechtsprechung und der Literatur als ausreichend angesehen, daß das Volumen eines Stoffes, d. h. die Fähigkeit, einen Raum zu füllen, ausreicht.[98] Der Annahme einer stofflichen Verwertung kann nicht entgegen gehalten werden, daß es sich bei der Nutzung des Volumens nicht um die Nutzung der stofflichen Eigenschaften des Abfalls handelt, weil dem Volumen jeder Bezug zu den stofflichen Eigenschaften des Abfalls fehle.[99]

64 Umstritten ist ferner, ob **Abfallgemische** einer stofflichen Verwertung zugänglich sind.[100] Zum Teil werden gemischte Abfälle als zur Verwertung ungeeignet angesehen, wenn nicht alle Bestandteile die Anforderungen an die Verwertung erfüllten. Ihrer Verwertung stehe mit § 13 Abs. 1 S. 1 KrW-/AbfG ein rechtliches Hindernis entgegen. Es handele sich mithin stets um Abfälle zur Beseitigung, die den öffentlich-rechtlichen Körperschaften zu überlassen seien.[101] Ein anderer Teil der Literatur unterscheidet in bereits gemischt angefallene Abfälle, z.B. unsortierter Bauschutt beim Abriß eines Hauses, der als einziger Abfall i. S. d. § 4 Abs. 3 S. 2 KrW-/AbfG anzusehen sei.[102] Da das KrW-/AbfG auch kein generelles Vermischungsverbot enthalte,[103] seien auch Abfallgemische, die durch späteres Vermischen bereits angefallener Abfälle entstünden, der Verwertung zugänglich.[104]

bb) Energetische Verwertung

65 Gem. § 4 Abs. 4 S. 1 KrW-/AbfG umfaßt die **energetische Verwertung** den Einsatz von Abfällen als Ersatzbrennstoff; dabei bleibt nach § 4 Abs. 4 S. 1 2. HS KrW-/AbfG vom Vorrang der energetischen Verwertung unberührt die thermische Behandlung von Abfällen zur Beseitigung, insbesondere von Hausmüll.

66 Die energetische Verwertung ist von der Abfallbeseitigung durch Verbrennung abzugrenzen.[105] Nach § 4 Abs. 4 S. 3 KrW-/AbfG erfolgt die Ab-

[97] Dazu *VGH Mannheim,* Urt. v. 20. 10. 1998 – 14 S 1037/98 –, ZUR 1999, 103 ff.

[98] *VG Stuttgart,* Urt. v. 26. 11. 1996 – 14 K 3580/95 –, NVwZ-RR 1997, 345 (346); *Beckmann/Kersting,* in: Landmann/Rohmer, UmweltR, Bd. III, KrW-/AbfG, § 4 Rn. 30.

[99] So aber *VGH Mannheim,* Urt. v. 20. 10. 1998 – 14 S 1037/98 –, ZUR 1999, 103 (104 f.); dagegen *Beckmann,* ZfB 1999, 12 (15 f.).

[100] Dazu *Kersting,* NVwZ 1998, 1153 ff.; *Beckmann/Kersting,* in: Landmann/Rohmer, UmweltR, Bd. III, KrW-/AbfG, § 4 Rn. 40 m. w. N.; zur Entsorgung von gemischtem Gewerbeabfall ferner *Otto,* DVP 1999, 168 ff.

[101] So i. E. *VG Regensburg,* Urt. v. 10. 11. 1997 – RN 13 K 97 993 –, NVwZ 1998, 431 (433); *VG Sigmaringen,* Beschl. v. 26. 1. 1998 – 3 K 1517/96 –, NVwZ 1998, 429 ff.; *Dolde/Vetter,* NVwZ 1997, 937 (943).

[102] *Klöck,* ZUR 1997, 117 (122); *Dolde/Vetter,* NVwZ 1997, 937 (942); *Beckmann/Kersting,* in: Landmann/Rohmer, UmweltR, Bd. III, KrW-/AbfG, § 4 Rn. 43.

[103] So *VG Düsseldorf,* Beschl. v. 11. 3. 1997 – 17 L 1216/97 –, NVwZ-RR 1997, 347.

[104] *Beckmann/Kersting,* in: Landmann/Rohmer, UmweltR, Bd. III, KrW-/AbfG, § 4 Rn. 44 ff., 53.

[105] Dazu *OVG Münster,* Beschl. v. 25. 6. 1998 – 20 B 1424/97 –, DÖV 1999, 434 ff.; *OVG Lüneburg,* Beschl. v. 6. 5. 1998 – 7 M 3055/97 –, NVwZ 1998, 1202; *OVG Koblenz,* Beschl. v. 13. 1. 1999 – 8 B 12627/98 –, DÖV 1999, 433; *dass.,* Beschl. v. 3. 2. 1999 – 8 B 10137/99 –, UPR 1999, 200; näher auch *Dolde/Vetter,* NVwZ 1997, 929 (942); *Beckmann/Kersting,* in: Landmann/Rohmer, UmweltR, Bd. III, KrW-/AbfG, § 4 Rn. 64 ff.; *Weidemann,* NVwZ 1998, 258 ff.; *Diekmann/Graner,* NVwZ 1998, 221 ff.

grenzung nach dem Hauptzweck der konkreten Entsorgungsmaßnahme.[106] Ausgehend vom einzelnen Abfall, ohne Vermischung mit anderen Stoffen, bestimmen gem. § 4 Abs. 4 S. 3 KrW-/AbfG Art und Ausmaß der Verunreinigung sowie die durch seine Behandlung anfallenden weiteren Abfälle und entstehenden Emissionen, ob der Hauptzweck auf die Verwertung oder die Behandlung gerichtet ist.[107] Überwiegend wird die Ansicht vertreten, ergänzend könnten die Kriterien des § 6 Abs. 2 KrW-/AbfG zur Abgrenzung herangezogen werden.[108] Danach ist eine energetische Verwertung nur zulässig, wenn der Heizwert des Abfalls mindestens 11000 kJ/kg beträgt, ein Feuerungswirkungsgrad von mindestens 75% erzielt wird, die entstehende Wärme selbst genutzt oder an Dritte abgegeben wird und die im Rahmen der Verwertung anfallenden weiteren Abfälle möglichst ohne weitere Behandlung abgelagert werden können.

67 Problematisch ist die Abgrenzung von Abfällen zur Verwertung und zur Beseitigung insbesondere bei **Abfallgemischen**.[109] Bei bereits gemischt angefallenen Abfällen ist das Abfallgemisch als einzelner Abfall i. S. d. § 4 Abs. 4 S. 3 KrW-/AbfG anzusehen.[110] Maßgeblich für die Zuordnung ist der Hauptzweck der mit dem Gemisch beabsichtigten Maßnahme bei der geforderten wirtschaftlichen Betrachtungsweise unter Berücksichtigung des Anteils an verwertbarem Abfall, des wirtschaftlichen Werts der letztlich verwertbaren Stoffe und der Verunreinigung des Abfalls in dessen Nutzung oder in der Beseitigung des Schadstoffpotentials.[111] Bei einem nachträglich, d. h. nach Anfall des Abfalls, hergestellten Gemisch aus Abfällen zur Verwertung und Abfällen zur Beseitigung bleibt die Überlassungspflicht im Falle einer möglichen Entmischung zunächst auf die Abfälle zur Beseitigung beschränkt.[112] Bei gemischt angefallenen hausmüllähnlichen Gewerbeabfällen wird von einem Teil der Rechtsprechung eine Vermutung dafür angenommen, daß es sich bei diesem Gemisch um Abfälle zur Beseitigung handele.[113]

68 Eine die Verwertung ergänzende Regelung beinhaltet § 4 Abs. 5 KrW-/AbfG. Danach umfaßt die Kreislaufwirtschaft, und damit auch die Verwer-

---

[106] Nicht maßgebl. ist die Zweckbestimmung der jeweiligen Entsorgungsanlage *OVG Münster,* Beschl. v. 25. 6. 1998 – 20 B 1424/97 –, DÖV 1999, 434 (435); *OVG Lüneburg,* Beschl. v. 6. 5. 1998 – 7 M 3055/97 –, NVwZ 1998, 1202; zur Abfallverbrennung in Industrieanlagen *Lübbe-Wolff,* DVBl. 1999, 1091 ff.

[107] Zu den Kriterien i. e. *Beckmann/Kersting,* in: Landmann/Rohmer, UmweltR, Bd. III, KrW-/AbfG, § 4 Rn. 66 ff.; zur Konkretisierung der Abgrenzung durch das LAGA-Papier und das Bund-Länder-Papier vgl. *Petersen,* NVwZ 1998, 1113 (1116 f.).

[108] *Fluck,* NuR 1995, 233 (235); *Petersen/Rid,* NJW 1995, 7 (10); *Baars,* UPR 1997, 229 (232); *Konzak,* NuR 1997, 276 (277); *Dolde/Vetter,* NVwZ 1997, 929 (942); *OVG Münster,* Beschl. v. 25. 6. 1998 – 20 B 1424/97 –, DÖV 1999, 434 (435).

[109] Zur energetischen Verwertung von Abfallgemischen vgl. *OVG Münster,* Beschl. v. 25. 6. 1998 – 20 B 1424/97 –, DÖV 1999, 434 (435); *OVG Lüneburg,* Beschl. v. 6. 5. 1998 – 7 M 3055/97 –, NVwZ 1998, 1202; *Kersting,* NVwZ 1998, 1153 (1155); *Schwartmann,* NVwZ 1998, 1151 ff.

[110] *OVG Koblenz,* Beschl. v. 13. 1. 1999 – 8 B 12627/98 –, DÖV 1999, 433; *dass.,* Beschl. v. 3. 2. 1999 – 8 B 10137/99 –, UPR 1999, 200; zur Anreicherung von Abfällen mit heizwertreichen Stoffen vgl. *OVG Lüneburg,* Beschl. v. 6. 5. 1998 – 7 M 3055/97 –, NVwZ 1998, 1202 (1204).

[111] *OVG Lüneburg,* Beschl. v. 6. 5. 1998 – 7 M 3055/97 –, NVwZ 1998, 202 (204); *OVG Münster,* Beschl. v. 25. 6. 1998 – 20 B 1424 –, DÖV 1999, 434 ff.; *OVG Koblenz,* Beschl. v. 13. 1. 1999 – 8 B 12627/98 –, DÖV 1999, 433 f.; *Petersen,* NVwZ 1998, 1113 (1118).

[112] *OVG Koblenz,* Beschl. v. 13. 1. 1999 – 8 B 12627/98 –, DÖV 1999, 433 f.

[113] *OVG Koblenz,* Beschl. v. 13. 1. 1999 – 8 B 12627/98 –, DÖV 1999, 433 f.

tung, auch das Bereitstellen, Überlassen, Sammeln, Einsammeln durch Hol- und Bringsysteme, Befördern, Lagern und Behandeln von Abfällen zur Verwertung.

b) Grundpflicht der Abfallverwertung

Der Grundsatz der Abfallverwertung wird in den **Grundpflichten** des § 5 69
Abs. 2 bis 5 KrW-/AbfG konkretisiert. Gem. § 5 Abs. 2 S. 1 KrW-/AbfG sind die Erzeuger oder Besitzer von Abfällen verpflichtet, diese nach Maßgabe von § 6 KrW-/AbfG zu verwerten. Nach § 6 Abs. 1 S. 1 KrW-/AbfG können Abfälle stofflich verwertet werden oder zur Gewinnung von Energie genutzt werden. § 6 Abs. 1 S. 1 KrW-/AbfG greift den Wortlaut der Grundsätze der Kreislaufwirtschaft aus § 4 Abs. 1 Nr. 2 KrW-/AbfG auf und statuiert insofern eine **Rechtspflicht zur Verwertung**.[114]

Weitere Vorgaben für die Verwertung enthält § 5 Abs. 2 bis 4 KrW-/ 70
AbfG. Zunächst ist gem. § 5 Abs. 2 S. 3 KrW-/AbfG eine der Art und Beschaffenheit des Abfalls entsprechende **hochwertige Verwertung** anzustreben.[115] Zweck dieser Vorschrift ist, eine Verwertung auf einer niedrigen Stufe, d.h. die Gewinnung von qualitativ minderwertigen, in ihrer Einsatzfähigkeit beschränkten und nicht mehr recyclingfähigen Produkten aus der Verwertung zu verhindern. Allerdings kommt § 5 Abs. 2 S. 3 KrW-/AbfG keine Verpflichtungswirkung für die stoffliche Verwertung zu. Ihr wird lediglich Apellcharakter beigemessen.[116] Soweit dies zur Erfüllung der Anforderungen nach den §§ 4 und 5 KrW-/AbfG erforderlich ist, sind Abfälle zur Verwertung gem. § 5 Abs. 2 S. 4 KrW-/AbfG getrennt zu halten und zu behandeln.[117]

Nach § 5 Abs. 3 S. 1 KrW-/AbfG hat die Verwertung von Abfällen, ins- 71
besondere durch ihre Einbringung in Erzeugnisse, **ordnungsgemäß** und **schadlos** zu erfolgen.[118] Gem. § 5 Abs. 3 S. 2 KrW-/AbfG erfolgt die Verwertung *ordnungsgemäß,* wenn sie im Einklang mit den Vorschriften dieses Gesetzes und anderen öffentlich-rechtlichen Vorschriften steht. Als andere öffentlich-rechtliche Vorschriften kommen insbesondere die anlagenbezogenen Vorschriften des Bundes-Immissionsschutzgesetzes sowie wasser-, aber auch baurechtliche Vorschriften in Betracht.[119] *Schadlos* erfolgt die Verwertung gem. § 5 Abs. 3 S. 3 KrW-/AbfG, wenn nach der Beschaffenheit der Abfälle, dem Ausmaß der Verunreinigungen und der Art der Verwertung Beeinträchtigungen des Wohls der Allgemeinheit nicht zu erwarten sind, insbesondere keine Schadstoffanreicherung im Wertstoffkreislauf erfolgt. Nach Sinn und Zweck der Vorschrift soll verhindert werden, daß über die

[114] Vgl. *Breuer,* in: Schmidt-Aßmann, BesVwR, 5. Abschn. Rn. 250.

[115] Vgl. dazu *Fouquet,* NuR 1999, 144 ff.

[116] Vgl. *Kloepfer,* UmweltR, § 18 Rn. 100; *Pohl,* HdbUR, B.3 Rn. 40.

[117] Vgl. zu Getrennthaltungspflichten *VG Schleswig,* Besch. v. 19. 11. 1997 – 4 B 89/97 –, NVwZ 1998, 313 (314); es besteht allerdings kein umfassendes Vermischungsverbot *VG Düsseldorf,* Beschl. v. 11. 3. 1997 – 17 L 1216/97 –, NVwZ-RR 1997, 347; vgl. auch *Giesberts,* NVwZ 1999, 600 ff.; zur Forderung einer gesetzl. Getrennthaltepflicht *Schink,* Der Landkreis 1999, 410 (412).

[118] Der Kommissionsentwurf zum UGB verzichtet auf diese Begriffe, vgl. BMU, UGB-KomE, S. 1563.

[119] Vgl. *Bender/Sparwasser/Engel,* UmweltR, Teil 10 Rn. 153.

gewonnenen sekundären Rohstoffe oder Produkte Schadstoffe in den Wirtschaftskreislauf ausgeschleust werden und ihre spätere Verwertung oder Beseitigung zu Umweltbeeinträchtigungen führt.[120] Eine Beeinträchtigung des Wohls der Allgemeinheit liegt vor, wenn die Verwertung, gemessen an den Maßstäben des § 10 Abs. 4 KrW-/AbfG, nicht gemeinwohlverträglich erscheint.

72 Gem. § 5 Abs. 4 KrW-/AbfG ist die Pflicht zur Verwertung von Abfällen einzuhalten, soweit dies **technisch möglich** und **wirtschaftlich zumutbar**, insbesondere für einen gewonnenen Stoff oder gewonnene Energie ein Markt vorhanden ist oder geschaffen werden kann. § 5 Abs. 4 S. 1 KrW-/AbfG beschreibt damit die Grenze der Verwertungspflicht.

73 Für die Frage nach der *technischen Möglichkeit* der Verwertung kommt dem Stand der Technik, wie er in § 12 Abs. 3 KrW-/AbfG und § 3 Abs. 6 BImSchG normiert ist, maßgebliche Bedeutung zu.[121] Neben diesen objektiven Kriterien kommt es jedoch auf die individuelle Durchführbarkeit des konkreten Verfahrens an.[122] Nach § 5 Abs. 4 S. 2 KrW-/AbfG ist die Verwertung von Abfällen auch dann technisch möglich, wenn hierzu eine Vorbehandlung erforderlich ist.

74 Maßstab für die *wirtschaftliche Zumutbarkeit* sind zum einen ein vorhandener Markt und zum anderen die Kosten des Verwertungsverfahrens. Nach § 5 Abs. 4 S. 1 2. HS KrW-/AbfG ist die wirtschaftliche Zumutbarkeit gegeben, wenn für einen gewonnenen Stoff oder gewonnene Energie ein Markt vorhanden ist oder geschaffen werden kann. Dazu ist erforderlich, daß der Absatz des betreffenden Stoffes über einen angemessenen Zeitraum hinweg möglich ist.[123] Ferner ist die Verwertung gem. § 5 Abs. 4 S. 3 KrW-/AbfG wirtschaftlich zumutbar, wenn die mit der Verwertung verbundenen Kosten nicht außer Verhältnis zu den Kosten stehen, die für eine Abfallbeseitigung zu tragen wären. Dabei ist nicht nur auf die reinen Entsorgungskosten, sondern auch auf langfristige Kosten, wie etwa Aufwendungen für die Absicherung der Ablagerungsstätte für Langzeitrisiken, abzustellen.[124] Zu Recht wird man die individuelle wirtschaftliche Leistungsfähigkeit des Verwertungspflichtigen nicht als Kriterium für die Beurteilung der wirtschaftlichen Zumutbarkeit heranziehen können.[125] Zum einen steht dem die Möglichkeit der Umgehung einer Verwertungspflicht durch die Schaffung von leistungsschwachen Tochtergesellschaften, die formal als Verwertungspflichtige auftreten, entgegen.[126] Zum anderen lassen sich dem gesetzlichen Wortlaut des § 5 Abs. 4 KrW-/AbfG auch in bezug auf die wirtschaftliche Zumutbarkeit nur objektive Kriterien entnehmen.

c) Vorrangregelungen

75 Das **Verhältnis zwischen stofflicher und energetischer Verwertung** ist in § 6 Abs. 1 S. 2 KrW-/AbfG geregelt. Ein generelles Vorrangverhältnis ist dort nicht bestimmt.[127] Vielmehr hat die bessere umweltverträglichere

---

[120] *Petersen/Rid,* NJW 1995, 7 (11).

[121] *Bender/Sparwasser/Engel,* UmweltR, Teil 10 Rn. 156; *Pohl,* HdbUR, B.3 Rn. 43; ausführl. auch *Mann,* UPR 1995, 180 ff.

[122] *Mann,* UPR 1995, 180 (184); *Pohl,* HdbUR, B.3 Rn. 43; *Jarass,* BImSchG, § 5 Rn. 91; krit. *Beckmann,* DVBl. 1995, 313 (321).

[123] Vgl. *Kunig,* in: Kunig/Paetow/Versteyl, KrW-/AbfG, § 3 Rn. 35; *Pohl,* HdbUR, B.3 Rn. 44.

[124] *Kunig,* in: Kunig/Paetow/Versteyl, KrW-/AbfG, § 3 Rn. 35; *v. Lersner/Wendenburg,* KrW-/AbfG, § 3 Rn. 21.

[125] Dazu *Bender/Sparwasser/Engel,* UmweltR, Teil 10 Rn. 156; *Fluck,* NuR 1995, 233 (238); *Petersen/Rid,* NJW 1995, 7 (11); *Pohl,* HdbUR, B.3 Rn. 45.

[126] So *Pohl,* HdbUR, B.3 Rn. 45.

[127] Anders § 729 Abs. 2 S. 2 UGB-KomE, vgl. BMU, UGB-KomE, S. 409, 1563.

Verwertungsart Vorrang.[128] Gleichwohl dürfte der stofflichen Verwertung ein zumindest praktischer Vorrang beizumessen sein. Dies zum einen, weil gem. § 6 Abs. 1 S. 4 KrW-/AbfG die Bundesregierung ermächtigt ist, für bestimmte Abfallarten Anforderungen an den Vorrang der stofflichen oder energetischen Verwertung zu bestimmen. Ferner ist gem. § 6 Abs. 2 KrW/AbfG eine energetische Verwertung nur zulässig, wenn der Heizwert des Abfalls mindestens 11 000 kJ/kg beträgt, ein Feuerungswirkungsgrad von mindestens 75% erzielt wird, die entstehende Wärme selbst genutzt oder an Dritte abgegeben wird und die im Rahmen der Verwertung anfallenden weiteren Abfälle möglichst ohne weitere Behandlung abgelagert werden können.

76 Das **Verhältnis von Verwertung zur Vermeidung** ist in § 4 Abs. 1 KrW-/AbfG geregelt.[129] Danach hat die Vermeidung Vorrang vor der Verwertung.

77 Das **Verhältnis von Verwertung zur Beseitigung** ist in § 5 Abs. 2 S. 2 KrW-/AbfG geregelt. Soweit sich aus diesem Gesetz nichts anderes ergibt, hat danach die Verwertung von Abfällen Vorrang vor deren Beseitigung. Ausnahmen vom prinzipiellen Vorrang der Verwertung gegenüber der Beseitigung beinhalten § 5 Abs. 5 und 6 KrW-/AbfG. Nach § 5 Abs. 5 S. 1 KrW-/AbfG entfällt der Vorrang der Verwertung, wenn die Beseitigung die umweltverträglichere Lösung darstellt.[130] Nach § 5 Abs. 5 S. 2 KrW-/AbfG sind dabei insbesondere die zu erwartenden Emissionen, das Ziel der Schonung der natürlichen Ressourcen, die einzusetzende oder zu gewinnende Energie und die Anreicherung von Schadstoffen in Erzeugnissen, Abfällen zur Verwertung oder daraus gewonnenen Erzeugnissen zu berücksichtigen. Ferner gilt der Vorrang der Verwertung gem. § 5 Abs. 6 KrW-/AbfG nicht für Abfälle, die unmittelbar und üblicherweise durch Maßnahmen der Forschung und Entwicklung anfallen.

II. Grundsätze und Grundpflichten der Abfallbeseitigung

78 Die Grundsätze und Grundpflichten der Abfallbeseitigung sind in §§ 10 ff. KrW-/AbfG geregelt.

1. Grundsätze der Abfallbeseitigung

79 § 10 Abs. 1 bis 4 KrW-/AbfG bestimmt die Grundsätze der Abfallbeseitigung näher. Nach § 10 Abs. 1 KrW-/AbfG sind Abfälle, die nicht verwertet werden, dauerhaft von der Kreislaufwirtschaft auszuschließen und zur Wahrung des Wohls der Allgemeinheit zu beseitigen. Gem. § 10 Abs. 4 KrW-/AbfG sind die Abfälle so zu beseitigen, daß das Wohl der Allgemeinheit nicht beeinträchtigt wird, wobei insbesondere die in § 10 Abs. 4 Nr. 1 bis 6 KrW-/AbfG genannten Schutzgüter zu beachten sind. Ferner legt § 10 Abs. 3 KrW-/AbfG fest, daß die Abfälle im Inland zu beseitigen sind.

---

[128] Zum Vorrang der Beseitigung als die umweltverträglichere Lösung *Windmann,* UPR 1998, 103 ff.

[129] Vgl. dazu bereits oben § 30 Rn. 69 f.

[130] Vgl. dazu *BayVGH,* Beschl. v. 17. 6. 1999 – 20 CS 99.1215 u. 20 CS 99.1347 –, BayVBl. 1999, 695 f.

a) Inhalt und Umfang der Abfallbeseitigung

80 Abfälle, die nicht verwertet werden, sind dauerhaft von der Kreislaufwirtschaft auszuschließen und zur Wahrung des Wohls der Allgemeinheit zu beseitigen (§ 10 Abs. 1 KrW-/AbfG). Dabei umfaßt die Abfallbeseitigung gem. § 10 Abs. 2 S. 1 KrW-/AbfG, das Bereitstellen, Überlassen, Einsammeln, die Beförderung, die Behandlung, die Lagerung und die Ablagerung von Abfällen zur Beseitigung.[131] Die einzelnen Handlungen der Abfallbeseitigung sind gesetzlich nicht definiert.

81 Das **Einsammeln** des Abfalls umfaßt einerseits das Abholen und Entgegennehmen der von den Besitzern bereitgestellten Abfälle, daneben aber auch das Aufheben weggeworfener und herrenloser Abfälle in der freien Landschaft, an Straßen und ihren Rändern.[132] Unter dem Begriff des **Beförderns** ist nicht nur der Vorgang der Ortsveränderung, sondern auch die Übernahme und die Ablieferung des Abfalls zu verstehen, sowie der zeitweilige Aufenthalt im Verlaufe der Beförderung sowie die Vorbereitungs- und Abschlußhandlungen, auch wenn diese Handlungen nicht vom Beförderer ausgeführt werden.[133] **Behandeln** von Abfällen ist jede Veränderung des Abfallgutes, die in unmittelbarem Zusammenhang mit der Abfallbeseitigung steht.[134] Gem. § 10 Abs. 2 S. 2 KrW-/AbfG sind durch die Behandlung von Abfällen deren Menge und Schädlichkeit zu vermindern. Maßnahmen zur Reduzierung des Abfallaufkommens sind die Abfallverbrennung, aber auch das Schreddern von Altautos[135] oder die Entwässerung von Klärschlämmen. Der Begriff des **Lagerns** umfaßt nach allgemeinem Sprachgebrauch nur das Zwischenlagern von Abfällen und nicht das bloße Ansammeln und Bereitstellen von Abfällen im Haushalt oder in Gewerbebetrieben für die spätere Abfuhr.[136] Letztlich versteht man unter **Ablagern** die endgültige Lagerung mit dem Ziel des dauerhaften, gemeinwohlverträglichen Ausschlusses von der Kreislaufwirtschaft. Gemeint ist damit in erster Linie die Abfalldeponierung.[137]

82 Um gerade im Bereich der Abfallbehandlung Abgrenzungsprobleme zwischen Abfallverwertung und Abfallbeseitigung zu vermeiden, geht § 10 Abs. 2 S. 2 bis 4 KrW-/AbfG näher auf die Abfallbehandlung durch Verbrennung ein.[138] So sind nach § 10 Abs. 2 S. 2 KrW-/AbfG durch die Behandlung von Abfällen deren Menge und Schädlichkeit zu vermindern. Nach § 10 Abs. 2 S. 3 KrW-/AbfG sind bei der Behandlung und Ablagerung anfallende Energie oder Abfälle soweit wie möglich zu nutzen. Die Behandlung und Ablagerung ist gem. § 10 Abs. 2 S. 4 KrW-/AbfG auch dann als Abfallbeseitigung anzusehen, wenn dabei anfallende Energie oder Abfälle genutzt werden können und diese Nutzung nur untergeordneter Nebenzweck der Beseitigung ist. Daraus ergibt sich, daß es sich nur dann um eine energe-

---

131 Vgl. dazu i. e. *Beckmann/Kersting,* in: Landmann/Rohmer, UmweltR, Bd. III, KrW-/AbfG, § 10 Rn. 13 ff.

132 *BVerwG,* Urt. v. 11. 2. 1983 – 7 C 45.80 –, DVBl. 1983, 637; vgl. auch *Mann,* NuR 1998, 405 (408).

133 *Eckert,* NVwZ 1985, 388 (390).

134 *Eckert,* NVwZ 1985, 388 (390).

135 Vgl. *Kloepfer/Ochtendung,* UPR 1995, 420 ff.

136 *Bartels,* AbfallR, S. 50; *Pohl,* HdbUR, B.3 Rn. 45.

137 *Kunig,* in: Kunig/Paetow/Versteyl, KrW-/AbfG, § 10 Rn. 15; weitere Vorgaben für die Deponierung von Abfällen sind in der EG-DeponieRL vorgesehen, vgl. Richtlinie (1999/31/EG) v. 26. 4. 1999 über Abfalldeponien, ABl. EG Nr. L 182 S. 1; dazu BMU, Umwelt 1998, 79 f.; vgl. auch *Wagenbaur,* EuZW 1994, 418 ff.; *Beckmann,* in: Rengeling, EUDUR, Bd. 2, § 73 Rn. 37 ff.; *Schink,* AbfallPrax 1999, 9.

138 Vgl. zur Abgrenzung von energetischer Verwertung u. Abfallbeseitigung bereits oben § 30 Rn. 66 ff.

tische Abfallverwertung im Sinne des § 4 Abs. 4 S. 1 und 2 KrW-/AbfG handelt, wenn die Energiegewinnung der Hauptzweck der Abfallverbrennung ist.

b) Gemeinwohlverträgliche Abfallbeseitigung

Gem. § 10 Abs. 4 S. 1 KrW-/AbfG muß die Beseitigung so erfolgen, daß das Wohl der Allgemeinheit nicht beeinträchtigt ist. Eine Beeinträchtigung des Wohls der Allgemeinheit liegt gem. § 10 Abs. 4 S. 2 KrW-/AbfG insbesondere vor, wenn **83**

- die Gesundheit der Menschen beeinträchtigt (Nr. 1),
- Tiere und Pflanzen gefährdet (Nr. 2),
- Gewässer und Boden schädlich beeinflußt (Nr. 3),[139]
- schädliche Umwelteinwirkungen durch Luftverunreinigungen oder Lärm herbeigeführt (Nr. 4),
- die Belange der Raumordnung und der Landesplanung, des Naturschutzes und der Landschaftspflege sowie des Städtebaus nicht gewahrt (Nr. 5) oder
- sonst die öffentliche Sicherheit und Ordnung gefährdet oder gestört werden (Nr. 6).

Der Begriff des Wohls der Allgemeinheit ist ein nicht auf abfallrechtliche Belange beschränkter, unbestimmter Gesetzesbegriff, der in seiner Konkretisierung bei der Gesetzesanwendung voll der gerichtlichen Kontrolle unterliegt.[140] Die beispielhafte Aufzählung der insbesondere zu beachtenden Schutzgüter ist nicht abschließend. **84**

Im Rahmen des § 10 Abs. 4 S. 2 Nr. 5 KrW-/AbfG, der die Wahrung der Belange der Raumordnung und Landesplanung, des Naturschutzes und der Landschaftspflege sowie des Städtebaus vorsieht, ist problematisch, ob im Rahmen der Anlagenzulassung für Abfallentsorgungsanlagen, die nach dem Bundes-Immissionsschutzgesetz zu genehmigen sind, eine Bindung an die Belange des Städtebaus erreicht werden kann. Insofern sieht § 38 BauGB für die Genehmigung oder Planfeststellung von Abfallbeseitigungsanlagen eine Freistellung von der Bindung an die bauplanungsrechtlichen Zulässigkeitsvorschriften der §§ 29ff. BauGB vor. Jedenfalls bei der Planfeststellung einer Abfallentsorgungsanlage sind die Belange des Städtebaus über § 10 Abs. 4 S. 2 Nr. 5 KrW-/AbfG im Rahmen der Abwägung zu berücksichtigen.[141] **85**

c) Abfallbeseitigung im Inland

Gem. § 10 Abs. 3 S. 1 KrW-/AbfG sind Abfälle im Inland zu beseitigen.[142] Der **Grundsatz der Inlandsbeseitigung** besteht gem. § 10 Abs. 3 **86**

[139] Str. ist, ob die strengeren wasserrechtl. Verbotsnormen der §§ 26 Abs. 2 u. 34 Abs. 2 WHG durch § 10 Abs. 4 S. 2 Nr. 3 KrW-/AbfG nach dem Grundsatz der Spezialität verdrängt werden, so *Bender/Sparwasser/Engel,* UmweltR, Teil 10 Rn. 202; a. A. *Peters,* UmweltVerwR, Kap. II Rn. 20.

[140] *Frenz,* KrW-/AbfG, § 10 Rn. 16; *v. Lersner/Wendenburg,* KrW-/AbfG, § 10 Rn. 26; *Kunig,* in: Kunig/Paetow/Versteyl, KrW-/AbfG, Rn. 29.

[141] Vgl. zu diesem Problem *Engel,* UPR 1993, 209ff.; *Erbguth,* NVwZ 1989, 608; *Paetow,* UPR 1990, 321ff.; *Bender/Sparwasser/Engel,* UmweltR, Teil 10 Rn. 204; *Kauch,* Raumordnung bei der immissionsschutzrechtlichen Genehmigung von Abfallentsorgungsanlagen, S. 43ff.

[142] Die Normierung eines Grundsatzes der Inland*verwertung* konnte sich im Gesetzgebungsverfahren nicht durchsetzen, vgl. BT-Drs. 12/7284, S. 16 sowie BT-Drs. 12/5672, S. 78 u. 126; zur Vereinbarkeit des Grundsatzes der Inlandsbeseitigung mit der Warenverkehrsfreiheit *EuGH,* Urt. v. 9. 7. 1992 – Rs C-2/90 –, NVwZ 1992, 871; *ders.,* Urt. v. 10. 5. 1995 – Rs. C-422/92 –, NVwZ 1995, 885; *Hoppe/Beckmann,* DVBl. 1995, 817ff.; *Weidemann,* NVwZ 1995, 866; zum Näheprinzip im europäischen AbfallR *Wilmowsky,* NVwZ 1999, 587ff.

S. 2 KrW-/AbfG nur, soweit sich aus der Abfallverbringungsverordnung der EG oder aus dem Ausführungsgesetz zum Baseler Übereinkommen über die Kontrolle der grenzüberschreitenden Verbringung gefährlicher Abfälle und ihrer Entsorgung nichts Abweichendes ergibt. Unter engen Voraussetzungen ist nach diesen Vorschriften auch eine Verwertung und Beseitigung im Ausland möglich.[143]

87 In der Literatur wird aus § 10 Abs. 3 S. 1 KrW-/AbfG zudem der **Grundsatz der Gebietsbezogenheit** entnommen. Danach sind die entstehenden Abfälle im Inland gebietsbezogen, d.h. möglichst nah an ihrem Entstehungsort zu beseitigen. Der Grundsatz der Gebietsbezogenheit ist bei der Zulassung von Abfallbeseitigungsanlagen zu berücksichtigen und kann im Einzelfall einer Zulassung entgegenstehen, wenn die zu beseitigenden Abfälle auch in einer bereits bestehenden ortsnäheren Anlage beseitigt werden können.[144] § 10 Abs. 3 S. 1 KrW-/AbfG zwingt indessen nicht, stets die räumlich nächstgelegene Anlage zu benutzen.

2. Grundpflichten der Abfallentsorgung

88 Die Grundsätze der Abfallbeseitigung werden durch die Grundpflichten der Abfallbeseitigung in §§ 11, 12 KrW-/AbfG konkretisiert.

a) Pflicht zur gemeinwohlverträglichen Abfallbeseitigung

89 Nach § 11 Abs. 1 KrW-/AbfG sind die Erzeuger oder Besitzer von Abfällen, die nicht verwertet werden, verpflichtet, diese nach den Grundsätzen der gemeinwohlverträglichen Abfallbeseitigung gem. § 10 KrW-/AbfG zu beseitigen, soweit in den §§ 13 bis 18 KrW-/AbfG nichts anderes bestimmt ist. Damit wird aus den Grundsätzen der gemeinwohlverträglichen Abfallbeseitigung und dem Grundsatz der Inlandsentsorgung eine Grundpflicht.

b) Pflicht zur Abfalltrennung

90 Nach § 11 Abs. 2 KrW-/AbfG sind Abfälle zur Beseitigung getrennt zu halten und zu behandeln, soweit dies zur Erfüllung der Anforderungen nach § 10 KrW-/AbfG erforderlich ist. § 11 Abs. 2 KrW-/AbfG regelt die **Pflicht zur Abfalltrennung.**[145]

c) Pflichten aufgrund von Rechtsverordnungen

91 § 12 KrW-/AbfG ermächtigt die Bundesregierung, durch Rechtsverordnung besondere Anforderungen an die Beseitigung von Abfällen zu stellen. Für Abfälle aus bestimmten Herkunftsbereichen oder Abfälle bestimmter Art und Beschaffenheit kann bestimmt werden, daß sie behandelt werden müssen oder in einer bestimmten Form bereitzustellen, zu befördern oder abzulagern sind.

92 Ferner soll die Bundesregierung nach § 12 Abs. 2 S. 2 KrW-/AbfG allgemeine Verwaltungsvorschriften über Anforderungen an die umweltverträgliche Beseitigung von Abfällen nach dem Stand der Technik erlassen. Bereits

---

143 Vgl. dazu unten § 31 Rn. 2ff.

144 *OVG Münster,* Urt. v. 18. 8. 1994 – 20 AK 21/87 –, NVwZ-RR 1995, 384.

145 Vgl. dazu *VG Schleswig,* Beschl. v. 19. 11. 1997 – 4 B 89/97 –, NVwZ 1998, 313 (314).

auf der Grundlage des § 4 Abs. 5 AbfG a.F. sind insbesondere die TA Abfall[146] und die TA Siedlungsabfall[147] erlassen worden.

Die TA Siedlungsabfall ist am 1. 6. 1993 in Kraft getreten.[148] Sie sieht vor, **93**
daß Siedlungsabfälle entsprechend den dort festgelegten Anforderungen verwertet, vorbehandelt und beseitigt werden.[149] Dazu sind in Nr. 2 des Anhangs B u.a. Anforderungen für Gesamtkohlenstoff (TOC) und Glühverluste der abzulagernden Abfälle vorgegeben, die voraussetzen, daß die Abfälle mineralisiert werden, damit dem Entstehen schädlicher Abgase und Sickerwässer vorgebeugt wird. Bis zum 1. 6. 2005 können die Behörden jedoch Ausnahmen von den Anforderungen an die Beschaffenheit der abzulagernden Abfälle zulassen.[150]

Umstritten ist, ob die Anforderungen der TA Siedlungsabfall nur durch die Ver- **94**
brennung von Abfällen erreicht werden können[151] oder ob auch andere Behandlungsverfahren dem Stand der Technik entsprechen.[152]

d) Anlagenzwang

Die in den §§ 10, 11 KrW-/AbfG festgelegten Grundpflichten der Abfall- **95**
beseitigung werden ferner durch § 27 KrW-/AbfG ergänzt. § 27 KrW-/AbfG sieht zur Ordnung der Abfallbeseitigung vor, daß Abfälle zum Zwecke der Beseitigung nur in den dafür zugelassenen Anlagen oder Einrichtungen behandelt, gelagert oder abgelagert werden dürfen.[153]

III. Entsorgungspflichtige

Nach dem Abfallgesetz von 1986 waren die nach Landesrecht zuständigen Körper- **96**
schaften des öffentlichen Rechts verpflichtet, die auf ihrem Gebiet anfallenden Abfälle zu entsorgen (§ 3 Abs. 2 S. 1 AbfG a.F.). Eine Ausnahme hiervon sah nur § 3 Abs. 3 und 4 AbfG a.F. vor. Danach war der Besitzer sog. Sonderabfälle selbst entsorgungs-

---

[146] V. 12. 3. 1991 (GMBl. S. 139, ber. S. 469); vgl. auch *Weidemann,* NVwZ 1991, 226ff.

[147] V. 14. 5. 1993 (BAnz. Nr. 99a, S. 4967).

[148] Grundl. *Dierkes,* NVwZ 1993, 951ff.; *Erbguth/Mahlburg,* UPR 1997, 224ff. *Erbguth,* UPR 1997, 227ff.; *Rindroft,* UPR 1997, 450ff.; *Schink,* NuR 1998, 20ff.; *Dolde/Vetter,* NVwZ 1998, 217ff.; *Petersen,* MuA 1998, 560ff.; zur Bindungswirkung der TASi als normkonkretisierende Verwaltungsvorschrift *Jarass,* Inhalte und Wirkungen der TA Siedlungsabfall, S. 41ff.; *Petersen,* MuA 1998, 560 (561); krit. *Beckmann,* DVBl. 1997, 217ff.; zur Außenwirkung der TASi vgl. *Hoppe,* in: Ipsen/Stüer, Öffentliche Verwaltung in Europa, S. 5 (11ff.).

[149] Zur Bedeutung der Abfallwirtschaftplanung für die Umsetzung der TASi *Beckmann,* DVBl. 1997, 216ff.; *Gaßner/Willand,* ZUR 1999, 28ff.; zur Bedeutung des Prinzips der Nähe für die TASi *Klöck,* NuR 1998, 180ff.; zu den durch die TASi veränderten Zulassungsbedingungen für Deponien vgl. *Schink,* DÖV 1998, 353ff.

[150] Zu Ausnahmen der TASi für biologisch-mechanisch vorbehandelte Abfälle vgl. *Dolde/Vetter,* NVwZ 1998, 217ff.; *Diefenbach/Jungnickel,* SächsVBl. 1998, 25ff.; zu den sich aus der Frist ergebenden Problemen für die Abfallbeseitigung durch die öffentlich-rechtlichen Entsorgungsträger vgl. *Petersen,* MuA 1998, 560ff.

[151] So Bericht der BReg. BR-Drs. 38/96; SRU, Umweltgutachten 1998, BT-Drs. 13/10195, Tz. 571, 597; *Petersen,* MuA 1998, 560 (564f.).

[152] Vgl. dazu *Gassner/Siederer,* Zulässigkeit und Voraussetzungen von Abweichungen von den Zuordnungswerten des Anhangs B der TA Siedlungsabfall, passim; *Schink,* NuR 1998, 20ff.; *Dolde/Vetter,* NVwZ 1998, 217ff.; neuerl. kleine Anfrage v. 15. 6. 1999, BT-Drs. 14/1196.

[153] Vgl. dazu unten § 30 Rn. 161ff.

pflichtig. Die primäre Abfallentsorgungspflicht der öffentlich-rechtlichen Körperschaften hatte den Zweck, durch geordnete Entsorgung einer unkoordinierten umweltgefährdenden Abfallverwertung oder Ablagerung entgegenzuwirken.[154] Die Beteiligung Privater an der Abfallentsorgung beschränkte sich auf den in § 3 Abs. 2 S. 2 AbfG a. F. genannten Fall der Zuhilfenahme Dritter zur Erfüllung der Entsorgungspflicht. Dabei galt der herangezogene Dritte lediglich als Erfüllungsgehilfe der Verwaltung, die nach wie vor dem Bürger gegenüber zur Entsorgung verpflichtet war. Eine Pflichtenübertragung auf den Dritten war nicht möglich.

97 Die Aufgabenverteilung zwischen Abfallbesitzer, öffentlich-rechtlichem Entsorgungsträger und Drittem hat durch das KrW-/AbfG eine grundlegende Neuerung erfahren.[155]

1. *Entsorgungspflicht des Erzeugers und Besitzers von Abfällen*

98 Gem. §§ 5 Abs. 2, 11 Abs. 1 KrW-/AbfG sind Erzeuger oder Besitzer von Abfällen verpflichtet, diese zu verwerten oder zu beseitigen. Der nach altem Recht nur für Sonderabfälle geltende **Grundsatz der Eigenentsorgung** des Abfallbesitzers wird zunächst auf sämtliche Abfallarten ausgeweitet.[156]

99 *Erzeuger* ist gem. § 3 Abs. 5 KrW-/AbfG jede natürliche oder juristische Person, durch deren Tätigkeit Abfälle angefallen sind oder jede Person, die Vorbehandlungen, Mischungen oder sonstige Behandlungen vorgenommen hat, die eine Veränderung der Natur oder Zusammensetzung der Abfälle bewirken.[157]

100 *Besitzer* ist nach § 3 Abs. 6 KrW-/AbfG jede natürliche oder juristische Person, die die tatsächliche Sachherrschaft über Abfälle hat.[158] Dabei kommt es auf den Willen zur Besitzbegründung anders als im Zivilrecht nicht an.[159] Die tatsächliche Sachherrschaft ist bei einem umzäunten, der Allgemeinheit nicht zugänglichen Grundstück anzunehmen. Das gleiche gilt bei bebautem Grund im Stadtbereich, selbst wenn eine Einzäunung fehlt.[160] In diesen Fällen gilt der Berechtigte am Grundstück auch dann als Abfallbesitzer, wenn Dritte unbefugt Stoffe auf dem fremden Grundstück abgelagert haben.[161] Anders ist dies nur dann, wenn ein Grundstück aufgrund eines Betretungsrechts allgemein zugänglich ist, z. B. in Wald oder Flur,[162] so daß es der Berechtigte faktisch nicht beherrscht. In diesem Fall gilt er nicht als Besitzer von ohne seinen Willen auf seinem Grund und Boden befindlichen Sachen.[163] An einer Sachherrschaft

---

[154] *Winkelmann,* UPR 1991, 169.

[155] *Beckmann/Kersting,* BB 1997, 161 ff.; an der Verteilung der Entsorgungspflichten des KrW-/AbfG hält § 730 UGB-KomE im wesentl. fest, vgl. BMU, UGB-KomE, S. 410, 1572; zur zivilrechtl. Verantwortlichkeit für Abfälle vgl. *Enders,* Die zivilrechtliche Verantwortlichkeit für Altlasten und Abfälle, passim.

[156] Zu den Befürchtungen der Länder, daß die bestehenden öffentlich-rechtlichen Abfallentsorgungseinrichtungen durch die Verlagerung der Entsorgungsverantwortlichkeit nicht mehr ausgelastet und finanziell nicht mehr tragfähig sind, vgl. *Versteyl/Wendenburg,* NVwZ 1996, 937 (942); *Beckmann/Kersting,* BB 1997, 161 ff.; *Weisch,* Städtetag 1998, 530 ff.; nach a. A. ist die Übertragung der Verantwortlichkeit wegen der Ausnahmen nicht weit genug, vgl. dazu *Bartram/Schrade,* UPR 1995, 7 ff.; *Weidemann,* NVwZ 1995, 631 (638).

[157] Vgl. zum Begriff des Erzeugers bereits oben § 30 Rn. 45.

[158] Vgl. zum Begriff des Besitzers bereits oben § 30 Rn. 46; ferner *Müggenborg,* NVwZ 1998, 1121 ff.

[159] Zu wildem Müll auch *Franke,* DVP 1998, 279 ff.

[160] *BVerwG,* Urt. 11. 2. 1983 – 7 C 45/80 –, NVwZ 1984, 40 (41).

[161] So zu angeschwemmten Sachen *BVerwG,* Urt. v. 11. 12. 1997 – 7 C 58.96 –, BVerwGE 106, 43 ff.

[162] *BVerwG,* Urt. 11. 2. 1983 – 7 C 45/80 –, NVwZ 1984, 40 (41).

[163] *BVerwG,* Urt. v. 20. 7. 1988 – 7 B 9/88 –, UPR 1989, 26 (27); *VGH München,* Urt. v. 29. 10. 1987 – 20 B 86 02164 –, NuR 1989, 41; *OVG Lüneburg,* Urt. v. 19. 3. 1987 – 7 A 75/86 –, NuR 1988, 151.

über ein Grundstück und die dort abgelagerten Abfälle fehlt es auch in dem Fall, in dem die Berechtigung an einem Grundstück in einem bloßen Recht zum Betreten besteht. So hat ein Mieter von Grundflächen keinen Abfallbesitz, wenn die Abfälle sich auf einem anderen, nicht gemieteten Teil desselben Grundstücks befinden und er für diesen Grundstücksbereich nur ein Zugangsrecht hat.[164]

Die Heranziehung des Erzeugers und Besitzers von Abfällen zur Abfallentsorgung verschafft dem Verursacherprinzip auch im Abfallrecht unmittelbare Geltung.[165] **101**

Der Grundsatz der Eigenentsorgung erfährt jedoch in den §§ 13 bis 18 KrW-/AbfG **Ausnahmen**, nach denen sowohl die öffentlich-rechtlichen Entsorgungsträger als auch private Dritte entsorgungspflichtig sind oder werden können.[166] Die wichtigsten Ausnahmen enthalten § 13 Abs. 1 S. 1 und 2 KrW-/AbfG für Abfälle zur Beseitigung und zur Verwertung aus privaten Haushaltungen und für Abfälle zur Beseitigung aus anderen Herkunftsbereichen. In diesen Fällen kann den Erzeuger oder Besitzer des Abfalls nur eine Überlassungs-, nicht aber eine Beseitigungspflicht treffen. Eine uneingeschränkte Entsorgungspflicht des Erzeugers oder Besitzers gilt nur für die Verwertung von Abfällen aus anderen Herkunftsbereichen als aus Haushaltungen (arg. e. § 13 Abs. 1 S. 1 und 2 KrW-/AbfG). Für die Verteilung der Entsorgungsverantwortung ist mithin nach Herkunftsbereichen und Entsorgungsarten der Abfälle zu unterscheiden.[167] **102**

2. Entsorgungspflicht der öffentlich-rechtlichen Entsorgungsträger

a) Entsorgungspflicht

Die öffentlich-rechtlichen Entsorgungsträger können nach den §§ 13, 15 KrW-/AbfG sowohl originär als auch subsidiär zur Abfallentsorgung verpflichtet sein. **103**

Gem. § 15 Abs. 1 S. 1 KrW-/AbfG haben die öffentlich-rechtlichen Entsorgungsträger die in ihrem Gebiet anfallenden und überlassenen **Abfälle aus privaten Haushaltungen**[168] und **Abfälle zur Beseitigung aus anderen Herkunftsbereichen** zu verwerten oder zu beseitigen. Die Entsorgungspflicht der öffentlich-rechtlichen Entsorgungsträger entspricht der Überlassungspflicht des Erzeugers oder Besitzers von Abfällen nach § 13 Abs. 1 KrW-/AbfG.[169] **104**

aa) Abfälle aus privaten Haushaltungen

Gem. § 13 Abs. 1 S. 1 KrW-/AbfG sind abweichend von den §§ 5 Abs. 2, 11 Abs. 1 KrW-/AbfG Erzeuger oder Besitzer von Abfällen aus privaten **105**

---

[164] *VGH Mannheim,* Urt. v. 7. 12. 1993 – 10 S 1700/92 –, NVwZ 1994, 1130 (1131).

[165] Vgl. zum Verursacherprinzip bereits oben § 1 Rn. 81 ff. u. 144 ff.

[166] An diesem Konzept hält auch der Kommissionsentwurf zum UGB in §§ 730, 734 UGB-KomE fest, vgl. BMU, UGB-KomE, S. 410 f., 1583.

[167] Vgl. dazu *Kranefeld,* NuR 1996, 269 ff.; *Peters,* VBlBW 1997, 49 ff.; *Arndt,* WiVerw 1997, 183 ff.; *Beckmann/Kersting,* BB 1997, 161 ff.; *Schink,* NVwZ 1997, 435 ff.; *Weidemann,* GewArch 1997, 311 ff.

[168] Zum Begriff vgl. *Klöck,* NuR 1999, 441 f.

[169] Vgl. dazu ausführl. *Hoppe,* 4. Kölner Abfalltage, S. 123 ff.; *ders.,* in: Hoppe/Bauer/Faber/Schink, Auswirkungen des KrW-/AbfG, S. 63 ff.

BVerwG, U 25. 8. 99, NVwZ 00, 71 (Sammelstelle), Dolde/Vetter NVwZ 00, 1106 f., Kühl/Werner, NVwZ 00, 1126, Weidemann, NVwZ 00, 1131, BVerwG, U 15. 6. 00, NVwZ 00, 1178 (!), Weidemann, DVBl 00, 1571, R. Schmidt, JZ 01, 1165, VGH, U 22. 3. 01, NVwZ 02, 211, VGH, U 26. 7. 01, NVwZ 02, 220, VGH, U 20. 11. 01, NVwZ 02, 737, Ders. DÖV 03, 838, Knopp, DÖV 04, 604, BVerwG, U 1. 12. 05, NVwZ 06, 589, Gerter, NVwZ 06, 500, Hurst, NVwZ 07, 617, BVerwG, U 13. 12. 07, NVwZ 08, 429 (Nachsortieren), Weidemann, NVwZ 08, 1089

Haushaltungen verpflichtet, diese den nach Landesrecht zur Entsorgung verpflichteten juristischen Personen (öffentlich-rechtliche Entsorgungsträger) zu überlassen, soweit sie zu einer Verwertung nicht in der Lage sind oder diese nicht beabsichtigen. Da die einzelnen Privathaushalte mit der umweltverträglichen Entsorgung des bei ihnen anfallenden Abfalls in der Regel überfordert sind, soll die öffentliche Hand hier eine ordnungsgemäße und umweltverträgliche Entsorgung sicherstellen.[170]

106 Eine Überlassungspflicht des Erzeugers oder Besitzers besteht zwingend für **Haushaltsabfälle zur Beseitigung**. Hier kommt den öffentlich-rechtlichen Entsorgungsträgern eine originäre Entsorgungspflicht zu.

107 Bei **Haushaltsabfällen zur Verwertung** besteht eine Entsorgungspflicht der öffentlich-rechtlichen Entsorgungsträger nur insoweit, als der Erzeuger oder Besitzer der Abfälle eine Verwertung nicht beabsichtigt oder hierzu nicht in der Lage ist.[171] Mithin unterliegen organische Abfälle, die der private Abfallbesitzer in seinem Garten kompostiert, nicht der Überlassungspflicht.[172] Erforderlich ist aber, daß eine ausreichende Fläche zur Verfügung steht, um eine ordnungsgemäße Kompostierung zu gewährleisten. Eine Fläche von 25 m² pro Grundstücksbewohner wird dafür als ausreichend angesehen.[173]

108 Fraglich ist, ob bei der Verwertung von Hausabfällen die Einschaltung Dritter zulässig ist.

Beispiel: Der Kläger macht im Verfahren über seinen Antrag auf Befreiung vom Anschluß- und Benutzungszwang hinsichtlich des aus seiner Pferdehaltung stammenden Mistes geltend, er lasse seinen Pferdemist durch einen Landwirt abräumen, der den Mist als Dünger in seiner Obstanlage verwende. Die Zulässigkeit der Verwertung von Bioabfällen durch Einschaltung Dritter ist umstritten. Dagegen ließe sich anführen, daß § 13 Abs. 1 KrW-/AbfG die Haushaltsabfälle gerade von der privaten Entsorgungspflicht ausnimmt. Die Besitzer von Haushaltsabfällen sind nicht zur Verwertung oder Beseitigung verpflichtet, sondern zur Überlassung.[174] Dafür spricht aber, daß § 16 Abs. 1 KrW-/AbfG es den Erzeugern und Besitzern von Abfällen gestattet, Dritte mit der Erfüllung ihrer Pflichten zu beauftragen, ohne den Hausmüll davon auszunehmen.[175]

bb) Abfälle zur Beseitigung aus anderen Herkunftsbereichen

109 Eine Entsorgungspflicht der öffentlich-rechtlichen Entsorgungsträger gilt gem. §§ 15 Abs. 1 S. 1, 13 Abs. 1 S. 2 KrW-/AbfG subsidiär auch für Abfälle zur Beseitigung aus anderen Herkunftsbereichen, soweit die Erzeuger oder Besitzer der Abfälle diese nicht in eigenen Anlagen beseitigen oder überwiegende öffentliche Interessen eine Überlassung erfordern.[176]

---

170 Vgl. dazu *Kahl,* DVBl. 1995, 1327 (1329).

171 Vgl. dazu näher *Klöck,* NuR 1999, 441 f.

172 Auch für Eigenkompostierer, die lediglich die sog. problematischen Bioabfälle nicht verwerten können, gilt kein Anschluß- u. Benutzungszwang an die Biotonne, *OVG Münster,* Urt. v. 8. 10. 1998 – 22 A 5429/96 –, NVwZ 1991, 91.

173 Vgl. *Pohl,* HdbUR, B.3 Rn. 66.

174 *VGH Mannheim,* Urt. v. 21. 7. 1998 – 10 S 2614/97 –, ZUR 1999, 34 ff. m. Anm. v. Reese; i.E. auch *Hölscher,* ZUR 1995, 176 (179); *Arndt/Walter,* WiVerw 1997, 185 (189); *Schink,* AbfallPrax 1999, 134.

175 *Kranefeld,* NuR 1996, 269 (273 f.); *Beckmann/Kersting,* BB 1997, 161 ff.; *Fluck,* KrW-/AbfG, § 13 Rn. 86 ff.; *Weidemann,* GewArch 1997, 311 (313); *Kunig,* in: Kunig/Paetow/Versteyl, KrW-/AbfG, § 13 Rn. 15; *Beckmann,* NuR 1999, 24 (28).

176 Zur Überlassungspflicht bei der Verweigerung von Auskünften über die Beschaffenheit der Abfälle *VG Frankfurt,* Beschl. v. 23. 5. 1997 – 9 G 1205/97 –, ZUR 1998, 160.

Die Entsorgungspflicht gilt nur für **Abfälle zu Beseitigung**. Abfälle zu Verwertung kann der Erzeuger und Besitzer selbst entsorgen.[177] Er kann diese Abfälle aber auch dem öffentlich-rechtlichen Entsorgungsträger überlassen. Ihm steht insoweit ein Wahlrecht zu. 110

Als **eigene Anlage** gilt eine Anlage, an der der Betreffende ein Nutzungsrecht hat.[178] Hierzu reicht eine dauerhafte vertragliche Verpflichtung aus, auf das Eigentum kommt es ebensowenig an[179] wie auf ein Betreiben oder Innehaben der Anlage.[180] Die eigene Anlage muß nicht in räumlicher Nähe zum Entstehungsort der Abfälle sein. Dies ergibt sich weder aus dem Wortlaut des § 13 Abs. 1 S. 2 KrW-/AbfG noch aus dem Grundsatz der Gebietsbezogenheit des § 10 Abs. 3 S. 1 KrW-/AbfG.[181] 111

Eine Entsorgungspflicht der öffentlich-rechtlichen Entsorgungsträger kann auch aus **überwiegenden öffentlichen Interessen** erforderlich sein. 112

Fraglich ist, ob dem Erzeuger oder Besitzer von Abfällen zur Beseitigung aus anderen Herkunftsbereichen nach § 13 Abs. 1 S. 2 KrW-/AbfG ein **Wahlrecht** eingeräumt wird. Unter Heranziehung des Grundsatzes der Eigenentsorgung nach § 11 Abs. 1 KrW-/AbfG wird man die Bestimmung indes nur so verstehen können, daß eine Entsorgungspflicht der öffentlich-rechtlichen Entsorgungsträger nur dann in Betracht kommt, wenn der Abfallerzeuger oder Besitzer zur ordnungsgemäßen und umweltverträglichen Eigenbeseitigung aus technischen oder finanziellen Gründen nicht in der Lage ist oder aus sonstigen Gründen der Grundsatz der umwelt- und gemeinwohlverträglichen Abfallbeseitigung eine Inanspruchnahme der öffentlich-rechtlichen Entsorgungsträger erfordert.[182] 113

Fraglich ist im Rahmen der §§ 15 Abs. 1 S. 1, 13 Abs. 1 S. 2 KrW-/AbfG, ob auch die Sicherung des Fortbestandes kommunaler Entsorgungseinrichtungen, d.h. die **Auslastung kommunaler Entsorgungseinrichtungen**, ein überwiegendes öffentliches Interesse sein kann, das eine Überlassung der Abfälle zur Beseitigung aus anderen Herkunftsbereichen erfordert.[183] 114

cc) Wild abgestellte Altautos

Öffentlich-rechtliche Entsorgungsträger sind ferner gem. § 15 Abs. 4 KrW-/AbfG originär für die Entsorgung von wild abgestellten Autowracks zuständig. 115

[177] *Kunig,* in: Kunig/Paetow/Versteyl, KrW-/AbfG, § 13 Rn. 20.

[178] So *Kunig,* in: Kunig/Paetow/Versteyl, KrW-/AbfG, § 13 Rn. 22 m.w.N.; eine eigentumsähnl. Position fordern demgegenüber *Queitsch,* UPR 1995, 412 (416); *Schink,* ZG 1996, 97 (118f.); *Arndt/Walter,* WiVerw 1997, 185 (210ff., 216); zum Begriff der eigenen Anlage ferner *Bönning,* UPR 1998, 371ff.; eine Beseitigung in einer eigenen Anlage liegt jedenfalls nicht vor bei der Beauftragung eines Dritten *OLG München,* Beschl. v. 18. 5. 1998 – 3 OWi 54/98 –, UPR 1998, 396.

[179] A.A. *VG Regensburg,* Urt. v. 10. 11. 1997 – RO 13 K 97.000933 –, ZUR 1998, 219.

[180] Vgl. *Kunig,* in: Kunig/Paetow/Versteyl, KrW-/AbfG, § 13 Rn. 22; a.A. *Jungnikel/Bree,* UPR 1996, 297ff.

[181] *Kunig,* in: Kunig/Paetow/Versteyl, KrW-/AbfG, § 13 Rn. 22; vgl. zum Grundsatz der Gebietsbezogenheit bereits oben § 30 Rn. 87; a.A. *Schink,* ZG 1996, 97 (119); *Krahnefeld,* NuR 1996, 269 (273); *Arndt/Walter,* WiVerw 1997, 185 (218);

[182] So auch *Bartram/Schade,* UPR 1995, 253 (254); *Petersen,* UTR 1995, 49 (72); *Kloepfer,* UmweltR, § 18 Rn. 142.

[183] So wohl *Queitsch,* KrW-/AbfG, S. 155f.; a.A. *Kloepfer,* UmweltR, § 18 Rn. 142, Fn. 259; *Fluck,* KrW-/AbfG, § 13 Rn. 108.

b) Ausschluß der Entsorgungspflicht

116 Eine Entsorgungspflicht der öffentlich-rechtlichen Entsorgungsträger besteht nicht, soweit Dritten oder privaten Entsorgungsträgern Pflichten zur Verwertung und Beseitigung nach den § 16, 17 oder 18 KrW-/AbfG übertragen worden sind (§ 13 Abs. 2 KrW-/AbfG). Dies gilt gem. § 15 Abs. 2 KrW-/AbfG auch für Abfälle aus anderen Herkunftsbereichen als privaten Haushaltungen.

117 Ferner besteht eine Entsorgungspflicht der öffentlich-rechtlichen Entsorgungsträger nicht, wenn die Überlassungspflicht nach § 13 Abs. 3 KrW-/AbfG nicht besteht. Dies ist der Fall für Abfälle, die einer Rücknahme- oder Rückgabepflicht aufgrund einer Rechtsverordnung nach § 24 KrW-/AbfG unterliegen, so z.B. Verpackungen mit dem „Grünen Punkt", die dem Dualen System unterfallen.[184] Gleiches gilt für Stoffe und Gegenstände, die durch eine gemeinnützige Sammlung einer ordnungsgemäßen und schadlosen Verwertung zugeführt werden (§ 13 Abs. 3 S. 1 Nr. 2 KrW-/AbfG).[185] Insoweit werden insbesondere Altkleidersammlungen nicht von der Entsorgungspflicht erfaßt. Soweit eine Sammlung gewerblichen Zwecken dient, kann die Überlassungspflicht ebenfalls entfallen, wenn dem Entsorgungsträger nachgewiesen wird, daß eine ordnungsgemäße und schadlose Verwertung tatsächlich stattfindet und nicht überwiegende öffentliche Interessen entgegenstehen (§ 13 Abs. 3 S. 1 Nr. 3 KrW-/AbfG).

118 Gem. § 15 Abs. 3 S. 2 KrW-/AbfG können die öffentlich-rechtlichen Entsorgungsträger mit Zustimmung der zuständigen Behörde Abfälle zur Beseitigung aus anderen Herkunftsbereichen als privaten Haushaltungen von der Entsorgung ausschließen, soweit diese nach Art, Menge oder Beschaffenheit nicht mit den in Haushaltungen anfallenden Abfällen beseitigt werden können oder die Sicherheit der umweltverträglichen Beseitigung im Einklang mit den Abfallwirtschaftsplänen der Länder durch einen anderen Entsorgungsträger oder Dritten gewährleistet ist. In diesem Fall verbleibt es bei der Entsorgungspflicht des Erzeugers oder Besitzers der Abfälle zur Beseitigung.

c) Entsorgungszuständigkeit

119 Soweit öffentlich-rechtliche Entsorgungsträger zur Verwertung und zur Beseitigung von Abfällen verpflichtet sind, wird der öffentlich-rechtliche Entsorgungsträger durch Landesgesetz bestimmt. Die Länder haben diese Aufgaben weitgehend den Kreisen und kreisfreien Städten übertragen.[186] Teilweise ist die Einsammlung und Beförderung den kreisangehörigen Gemeinden übertragen.

---

[184] Vgl. dazu näher unten § 30 Rn. 150f.

[185] Dazu *Zandonella/Thärichen,* NVwZ 1998, 1160ff.

[186] Vgl. § 6 Abs. 1 LAbfG BW, Art. 3 Abs. 1 BayAbfG, § 2 Abs. 1 BbgAbfG, § 7 Abs. 1 HambAbfG, § 3 Abs. 1 AbfAlG MV, § 6 Abs. 1 NAbfG, § 5 Abs. 1 LAbfG NW, § 3 Abs. 1 LAbfWAG RP, § 3 Abs. 1 SAWG, § 3 Abs. 1 AbfG LSA, § 3 Abs. 1 LAbfWG SH, § 2 Abs. 1 ThAbfAG; nach der RSpr stellt die Übertragung der Entsorgungspflicht auf die Kreise keinen Verstoß gegen Art. 28 Abs. 2 GG dar, vgl. *BVerfG,* Beschl. v. 23. 11. 1988 – 2 BvR 1619, 1628/83 –, BVerfGE 79, 127 (143ff.); *BVerwG,* Urt. v. 4. 8. 1983 – 7 C 2/81 –, BVerwGE 67, 321 (325).

Gegenstand zahlreicher Rechtsstreitigkeiten ist die Frage, inwieweit sich Kommunen und Kreise im Bereich der Abfallwirtschaft – z. B. bei der Verwertung von Elektroschrott oder der Einsammlung von Biomüll außerhalb des eigenen Gebietes – wirtschaftlich betätigen können.[187] Für die Frage der Zulässigkeit der wirtschaftlichen Betätigung von Kreisen und kreisfreien Städten sind die kommunalverfassungrechtlichen Grenzen zu wahren.[188] Soweit der Betrieb von Einrichtungen zur Abfallentsorgung dabei nicht als wirtschaftliche Betätigung angesehen wird (vgl. § 107 Abs. 2 Nr. 3 GO NW), ist dies einschränkend dahingehend auszulegen, daß die Betätigungsfreiheit nur für den Betrieb von Einrichtungen der Abfallentsorgung gelten kann, die als freiwillige Selbstverwaltungsaufgaben von den Gemeinden wahrgenommen werden dürfen.[189] **120**

d) Überlassungs- und Duldungspflichten

Soweit eine Entsorgungspflicht der öffentlich-rechtlichen Entsorgungsträger besteht, sind die Abfallerzeuger und Besitzer verpflichtet, ihre Abfälle dem Entsorgungsträger zu überlassen (§ 13 Abs. 1 KrW-/AbfG). Die Überlassungs- und Duldungspflichten der §§ 13, 14 KrW-/AbfG korrespondieren insoweit mit der Entsorgungspflicht der öffentlich-rechtlichen Entsorgungsträger. Landesrechtlich ist beispielsweise vorgesehen, daß Abfälle auf Verlangen der entsorgungspflichtigen Körperschaft nach Stoffgruppen bereitzustellen sind.[190] Weitere Einzelheiten in bezug auf die Art und Weise der Überlassung befinden sich in kommunalen Satzungen. Die Kommunen stellen die Behälter bereit, in denen Abfälle zum Zweck der Überlassung gesammelt werden müssen. Sie bestimmen die Größe dieser Behälter. Reine Bringsysteme können die Kommunen in Satzungen allerdings nicht regeln.[191] Die Überlassungspflicht bedeutet für den Pflichtigen nur, daß er die Abfälle an seiner Grundstücksgrenze bereitstellen muß.[192] Lediglich in engen Grenzen können die Kommunen diese Pflicht erweitern. So ist es zumutbar, wenn Pflichtige ihre Abfälle zu einem vereinbarten Punkt bringen, wo sie dann übernommen werden können, wenn Häuser nicht direkt von Entsorgungsfahrzeugen angefahren werden können.[193] **121**

Ferner sind gem. § 14 KrW-/AbfG Eigentümer und Besitzer von Grundstücken, auf denen überlassungspflichtige Abfälle anfallen, verpflichtet, das Aufstellen von Behältern zu dulden. Darüber hinaus dürfen Mitarbei- **122**

---

[187] Vgl. *OLG Hamm,* Urt. v. 24. 9. 1997 – 4 B 99/97 –, JZ 1998, 292; *LG Wuppertal,* Urt. v. 20. 10. 1998 – 12 O 44/98 –, DVBl. 1998, 939; geänd. durch *OLG Düsseldorf,* Urt. v. 28. 10. 1999 – 2 U 7/99 –, bislang unveröffentlicht; dazu auch *Beckmann/David,* DVBl. 1998, 1041 ff.; *Ehlers,* DVBl. 1998, 497; *Otting,* DÖV 1999, 549 ff.; *Cosson,* DVBl. 1999, 891 m. w. N.; zum wirtschaftl. Handlungsrahmen der Gemeinden *Paschlau/Wendler,* AfK 1998, 354 (361 ff.).

[188] *Beckmann/David,* DVBl. 1998, 1041 (1042).

[189] *Beckmann/David,* DVBl. 1998, 1041 (1043); i. E. auch *Schink,* UPR 1997, 201 (204).

[190] Vgl. Art. 7 Abs. 1 BayAbfG, § 5 Abs. 1 LAbfWG SH.

[191] *BVerwG,* Beschl. v. 27. 7. 1995 – 10 S 1769/93 –, VBlBW 1995, 472; so bereits *Becker,* NWVBl. 1989, 269 (271); *Hoppe,* DVBl. 1990, 609 (613) zu § 3 AbfG a. F.

[192] *VG Freiburg,* Beschl. v. 7. 10. 1994 – 6 K 1574/94 –, NVwZ-RR 1995, 255 (257).

[193] Die Grenze der Zumutbarkeit wird in Ausnahmefällen bei 300 m angenommen, vgl. *VG Freiburg,* Beschl. v. 7. 10. 1994 – 6 K 1574/94 –, NVwZ-RR 1995, 255 (257); vgl. auch *VGH Mannheim,* Beschl. v. 15. 11. 1994 – 10 S 1769/93 –, UPR 1995, 155.

ter der entsorgungspflichtigen Körperschaft das Grundstück betreten, um die Abfälle einzusammeln und zu überwachen, ob die Abfälle getrennt bereitgestellt wurden, sofern dies landesrechtlich vorgeschrieben ist. § 14 KrW-/AbfG eröffnet damit den Mitarbeitern der entsorgungspflichtigen Körperschaft die Möglichkeit, Behältnisse auf deren Inhalt zu kontrollieren.[194]

e) Landesrechtliche Überlassungs- und Andienungspflichten

123 Gem. § 13 Abs. 4 S. 1 KrW-/AbfG können die Länder zur Sicherstellung der umweltverträglichen Beseitigung Andienungs- und Überlassungspflichten für besonders überwachungsbedürftige Abfälle zur Beseitigung bestimmen.[195] Dies gilt gem. § 13 Abs. 4 S. 2 KrW-/AbfG auch für besonders überwachungsbedürftige Abfälle zur Verwertung, soweit eine ordnungsgemäße Verwertung nicht anderweitig gewährleistet werden kann.[196]

3. Einschaltung Dritter bei der Entsorgung

124 Erzeuger und Besitzer von Abfällen können sich zur Erfüllung ihrer Verwertungs- und Beseitigungspflichten der Hilfe privater Dritter bedienen.[197] Dritte können mit der Wahrnehmung der Aufgabe – unbeschadet der fortbestehenden Verantwortlichkeit des Erzeugers oder Besitzers – beauftragt werden. Denkbar ist auch eine Übertragung der Entsorgungsaufgabe auf Dritte, bei der der Dritte selbst zum Verantwortlichen für die Abfallverwertung oder Beseitigung wird und an die Stelle des Erzeugers oder Besitzers von Abfällen tritt.

---

[194] *Pohl*, HdbUR, B.3 Rn. 72.

[195] Vgl. etwa Berliner Verordnung über die Andienung besonders überwachungsbedürftiger Abfälle und die Sonderabfallgesellschaft v. 11. 1. 1999 (GVBl. S. 6); dazu ausführl. *Beckmann/Kersting,* in: Landmann/Rohmer, UmweltR, Bd. III, KrW-/AbfG, § 13 Rn. 72ff. u. 90; zu den Anforderungen nach der EG-AbfVerbrVO u. der Abfallrahmen-RL *BVerwG,* Beschl. v. 29. 7. 1999 – 7 C N 2.98 –, UPR 1999, 456ff.

[196] Zur Frage der rechtl. Zulässigkeit von landesrechtl. Andienungs- u. Überlassungspflichten vgl. grundl. *Breuer,* Die Zulässigkeit landesrechtlicher Andienungs- und Überlassungspflichten gem. § 13 Abs. 4 KrW-/AbfG, passim; siehe auch *Konzak/Figgen,* BB 1996, 753ff.; *Bartram/Schade,* UPR 1995, 253ff.; *Beckmann/Krekeler,* UPR 1997, 223ff.; *Beckmann/Kersting,* in: Landmann/Rohmer, UmweltR, Bd. III, KrW-/AbfG, § 13 Rn. 91 m. w. N.; *Scherer-Leydecker,* DVBl. 1999, 1251ff.; zur Verfassungswidrigkeit der Verordnung des Landes Niedersachsen über die Andienung von Sonderabfällen in bezug auf Abfälle zur Verwertung *BVerwG,* Urt. v. 29. 7. 1999 – 7 CN 1.98 –, AbfallPrax 1999, 178ff.; zudem hat das BVerwG in bezug auf die Sonderabfallverordnung des Landes Baden-Württemberg den EuGH angerufen *BVerwG,* Beschl. v. 29. 7. 1999 – 7 CN 2.98 –, AbfallPrax 1999, 186; zur Vereinbarkeit der Andienungspflicht in § 8 Abs. 4 S. 1 LAbfWAG RP *OVG Koblenz,* Urt. v. 18. 11. 1998 – 8 A 11595/96 –, NuR 1999, 463ff.

[197] Vgl. zur Einschaltung Dritter *Galle,* Die Einschaltung privater Unternehmen in die kommunale Abfallentsorgung, passim; *Peters,* UPR 1999, 17ff.; siehe auch § 743 UGB-KomE, vgl. BMU, UGB-KomE, S. 415, 1583; zur Gründung sog. gemischtwirtschaftl. Unternehmen vgl. ausführl. *Pauly/Figgen/Hünnekens,* Gemischtwirtschaftliche Entsorgungsunternehmen, passim; zur Erhebung von Abfallgebühren bei Aufgabenübertragung auch gemischtwirtschaftl. Unternehmen *OVG Schleswig,* Urt. v. 24. 6. 1998 – 2 L 113/97 –, LKT NW 1999, 227ff.

a) Beauftragung Dritter

Die Wahrnehmung von Entsorgungsaufgaben durch Dritte ist in den **125**
§§ 16 bis 18 KrW-/AbfG vorgesehen.[198]

Nach § 16 Abs. 1 S. 1 KrW-/AbfG können die zur Verwertung und Be- **126**
seitigung Verpflichteten Dritte mit der Erfüllung ihrer Pflichten beauftragen.[199] Nach § 16 Abs. 1 S. 2 KrW-/AbfG bleibt ihre Verpflichtung für die Erfüllung der Pflichten hiervon jedoch unberührt. Dritter in diesem Sinne kann jede natürliche oder juristische Person sein, sofern sie nach § 16 Abs. 1 S. 3 KrW-/AbfG über die erforderliche Zuverlässigkeit verfügt.

Erzeuger und Besitzer von Abfällen aus gewerblichen oder sonstigen **127**
wirtschaftlichen Unternehmen oder öffentlichen Einrichtungen können gem. § 17 Abs. 1 S. 1 KrW-/AbfG **Verbände** bilden, die von den Erzeugern oder Besitzern von Abfällen mit der Erfüllung ihrer Verwertungs- und Beseitigungspflichten beauftragt werden können.[200]

Letztlich können gem. § 18 Abs. 1 KrW-/AbfG die Industrie- und Han- **128**
delskammern, Handwerkskammern und Landwirtschaftskammern (Selbstverwaltungskörperschaften der Wirtschaft) Einrichtungen bilden, die von den Erzeugern und Besitzern von Abfällen mit der Erfüllung ihrer Verwertungs- und Beseitigungspflichten beauftragt werden können.

In den Fällen der §§ 16 Abs. 1, 17 Abs. 1 und 2 und 18 Abs. 1 KrW-/ **129**
AbfG werden Dritte jeweils als **Erfüllungsgehilfen** des Besitzers oder des Erzeugers von Abfällen tätig. Die Verantwortung für die Verwertung bzw. Beseitigung verbleibt indes bei dem Entsorgungsverpflichteten.

b) Aufgabenübertragung

Demgegenüber sehen die §§ 16 Abs. 2 bis 4, 17 Abs. 3 bis 6 und 18 **130**
Abs. 2 KrW-/AbfG die Möglichkeit der Aufgabenübertragung der Abfallentsorgung auf Dritte oder private Entsorgungsträger (Verbände und Selbstverwaltungskörperschaften der Wirtschaft) vor.[201]

Nach § 16 Abs. 2 S. 1 KrW-/AbfG kann die zuständige Behörde auf An- **131**
trag mit Zustimmung der Entsorgungsträger im Sinne der §§ 15, 17 und 18 KrW-/AbfG deren Pflichten auf einen Dritten ganz oder teilweise unter den dort genannten Voraussetzungen übertragen. Die Pflichtenübertragung der privaten Entsorgungsträger auf Dritte bedarf der Zustimmung der öffentlich-rechtlichen Entsorgungsträger im Sinne des § 15 KrW-/AbfG (§ 16 Abs. 2 S. 2 KrW-/AbfG). Die Aufgabenübertragung hat nach h. M. zur Folge, daß der Dritte mit der Wahrnehmung der Aufgabe der Abfallverwertung und

---

[198] Zur Vorbehandlung von Abfällen durch Drittbeauftragte *Rose,* NVwZ 1998, 1130 ff.

[199] Zur Unzulässigkeit des Ausschlusses der Übertragungsmöglichkeit durch kommunales Satzungsrecht *BVerwG,* Beschl. v. 23. 11. 1998 – 8 B 173/98 –, NuR 1999, 322; vgl. zur Drittbeauftragung auch *Queitsch,* Städtetag 1998 272 ff.

[200] Zum Problem der Befugnis der Verbände (und Selbstverwaltungskörperschaften) zur Beseitigung sämtl. Abfälle aus gewerbl. oder sonstigen wirtschaftlichen Unternehmen oder öffentlichen Einrichtungen vgl. BMU, UGB-KomE, S. 1580 f.; *Jungnickel/Winands,* LKV 1999, 289; zu Rechtsgrundlagen der Abfallverbände in Sachsen *Beckmann/Spieß,* SächsVBl. 1998, 132 ff.

[201] Zu Problemen bei den Modalitäten der Übertragung vgl. BMU, UGB-KomE, S. 1581; ferner dazu *Weidemann,* DVBl. 1998, 661 ff.

-beseitigung beliehen wird.[202] Er hat die Aufgabe im Rahmen der **Beleihung** in eigener Verantwortung wahrzunehmen. Gem. § 16 Abs. 4 KrW-/AbfG kann die Übertragung allerdings befristet und mit Nebenbestimmungen versehen werden.

IV. Abfallwirtschaftskonzepte und Abfallbilanzen

132 Abfallerzeuger, bei denen jährlich mehr als insgesamt 2000 kg besonders überwachungsbedürftiger Abfälle oder jährlich mehr als 2000 t überwachungsbedürftige Abfälle anfallen, haben ein **Abfallwirtschaftskonzept** zu erstellen.[203] Das Abfallwirtschaftskonzept soll als betriebsinternes Planungsinstrument für den Umgang mit zukünftig erzeugten Abfällen dienen und darüber hinaus für die zuständige Behörde zur Auswertung dienen. Die Mindestanforderung an den Inhalt von Abfallwirtschaftskonzepten legt § 19 Abs. 1 KrW-/AbfG fest, wobei Einzelheiten bezüglich Form und Verfahren in der Verordnung über Abfallwirtschaftskonzepte und Bilanzen (Abfallwirtschaftskonzept- und -bilanzverordnung – AbfKoBiV)[204] geregelt sind. Abfallwirtschaftskonzepte sind erstmalig bis zum 31. 12. 1999 für die darauf folgenden fünf Jahre zu erstellen. Anschließend sind sie alle fünf Jahre fortzuschreiben. Die Länder können hiervon abweichende Regelungen treffen.

133 Die Abfallerzeuger, die gem. § 19 Abs. 1 KrW-/AbfG ein Abfallwirtschaftskonzept zu erstellen haben, sind darüber hinaus nach § 20 KrW-/AbfG verpflichtet, **Abfallbilanzen** aufzustellen.[205] Abfallbilanzen beziehen sich auf Abfälle, die in der Vergangenheit angefallen sind. Dementsprechend waren erstmalig zum 1. 4. 1998 Bilanzen über Art, Menge und Verbleib der verwerteten oder beseitigten besonders überwachungsbedürftigen und überwachungsbedürftigen Abfälle zu erstellen.[206]

E. Produktverantwortung

134 Das KrW-/AbfG verfolgt das Ziel, das Aufkommen an zu entsorgenden Abfällen zu verringern und damit die öffentlichen Entsorgungseinrichtungen zu entlasten.[207] Dazu regeln §§ 22 ff. KrW-/AbfG erstmals eine Produktverantwortung.[208] Während § 22 KrW-/AbfG zunächst die Grundsätze der

---

202 *Fluck,* KrW-/AbfG, § 16 Rn. 1243; *Schink,* in: Brandt/Ruchay/Weidemann, KrW-/AbfG, § 16 Rn. 62; a. A. *Weidemann,* DVBl. 1998, 661 (665); *Frenz,* KrW-/AbfG, § 16 Rn. 18.

203 Vgl. dazu *Spoerr,* in: Hoppe/Bauer/Faber/Schink, Auswirkungen des KrW-/AbfG, S. 143 ff.; siehe auch § 731 UGB-KomE, vgl. BMU, UGB-KomE, S. 410, 1572 f.; zur Wechselwirkung von Abfallwirtschaftskonzept u. -plan *Kersting,* NWVBl. 1999, 161 ff.

204 V. 10. 9. 1996 (BGBl. I S. 1447).

205 Vgl. dazu auch § 732 UGB-KomE, vgl. BMU, UGB-KomE, S. 411, 1572 ff.

206 Vgl. dazu *Both/Schreiber,* MM 1998, 58 ff.

207 Vgl. BT-Drs. 12/5672, S. 31.

208 Zur Produktverantwortung ausführl. *Beckmann,* UPR 1996, 41 ff.; *ders.,* DVBl. 1995, 313; *Beckmann/Kersting,* in: Landmann/Rohmer, UmweltR, Bd. III, KrW-/AbfG, Vorbem. zu §§ 22 ff. Rn. 1 ff.; *Thomsen,* Produktverantwortung, passim; *Hoffmann,* DVBl. 1996, 898 ff.

Produktverantwortung enthält, sind in den §§ 23, 24 KrW-/AbfG Verordnungsermächtigungen für die Normierung konkreter Pflichten geregelt. Ergänzend sieht § 25 KrW-/AbfG die Möglichkeit der Festlegung von Zielvorgaben vor.[209]

I. Grundsätze der Produktverantwortung

Gem. § 22 Abs. 1 S. 1 KrW-/AbfG trägt derjenige zur Erfüllung der Ziele der Kreislaufwirtschaft die Produktverantwortung, der Erzeugnisse entwikkelt, herstellt, be- und verarbeitet oder vertreibt. Die Zuordnung der Produktverantwortung entspricht dem Verursacherprinzip.[210] Nach § 22 Abs. 1 S. 2 KrW-/AbfG sind Erzeugnisse möglichst so zu gestalten, daß bei deren Entwicklung, Herstellung und Gebrauch das Entstehen von Abfällen vermindert wird und die umweltverträgliche Verwertung oder Beseitigung von Abfällen der nach deren Gebrauch entstandenen Abfälle sichergestellt ist. Die Regelungen über die Produktverantwortung dienen dazu, die Verantwortlichkeit für einen Stoff oder Gegenstand umfassend und lückenlos zu regeln. § 22 Abs. 2 KrW-/AbfG beschreibt dazu fünf Bereiche der Produktverantwortung. Danach gehört zur Produktverantwortung u. a. **135**

- die Entwicklung von Mehrwegerzeugnisssen (Nr. 1),
- der vorrangige Einsatz von verwertbaren Abfällen oder sekundären Rohstoffen (Nr. 2),
- die Kennzeichnung schadstoffhaltiger Erzeugnisse (Nr. 3),
- Hinweise auf Rückgabemöglichkeiten (Nr. 4) sowie
- die Rücknahme von Erzeugnissen (Nr. 5).

Die Produktverantwortung wird gem. § 22 Abs. 3 KrW-/AbfG begrenzt. Danach müssen die Anforderungen verhältnismäßig im Sinne des § 5 Abs. 4 KrW-/AbfG sein, d.h. sie müssen technisch möglich und wirtschaftlich zumutbar sein. Ferner sind die sich aus anderen Rechtsvorschriften ergebenen Regelungen ebenso zu beachten, wie die Festlegungen des EG-Rechts über den freien Warenverkehr.[211] **136**

Umstritten ist, welche Rechtswirkung § 22 KrW-/AbfG zukommt. Von einem Teil der Literatur wird § 22 KrW-/AbfG als Grundpflicht angesehen und deshalb dem Regelungsbereich des § 5 KrW-/AbfG zugeordnet.[212] Demgegenüber besteht in der weiteren Literatur Einigkeit darüber, daß es sich bei § 22 KrW-/AbfG lediglich um eine Grundsatznorm handelt, die unter einem Verordnungsvorbehalt steht und deshalb rechtlich nicht unmittelbar zwingend ist.[213] Den Grundsätzen in § 22 KrW-/AbfG **137**

---

[209] Zu den Regelungen der Produktverantwortung lassen sich auch die Vorschriften über Abfallwirtschaftskonzepte u. -bilanzen in §§ 19, 20 KrW-/AbfG zählen, vgl. dazu bereits oben § 30 Rn. 132ff.; die Produktverantwortung ist im Kommissionsentwurf in den §§ 115–125 UGB-KomE geregelt, vgl. BMU, UGB-KomE, S. 154ff.; dazu auch *Smeddinck,* UPR 1998, 436ff.

[210] Vgl. zum Verursacherprinzip näher oben § 1 Rn. 81ff. u. 144ff.

[211] Nach *Arndt,* in: Steiner, BesVwR, Kap. VIII Rn. 221 hat § 22 Abs. 3 KrW-/AbfG nur deklaratorischen Charakter.

[212] *Kloepfer,* UmweltR, § 18 Rn. 63.

[213] *Beckmann,* DVBl. 1995, 313ff.; *ders.,* UPR 1996, 41ff.; *Petersen/Rid,* NJW 1995, 7 (10); *Weidemann,* NVwZ 1995, 631 (634); *Fluck,* KrW-/AbfG, § 22 Rn. 64; *Arndt,* in: Steiner, BesVwR, Kap. VIII Rn. 221; *Breuer,* in: Schmidt-Aßmann, BesVwR, 5. Abschn. Rn. 258.

kommt ferner die Bedeutung einer ermessenslenkenden Anweisung für den Verordnungsgeber zu.[214] Gegenüber den Produktverantwortlichen kommt ihnen ein Appelcharakter zu.[215]

II. Pflichten aufgrund von Rechtsverordnungen

138 Nach § 22 Abs. 4 KrW-/AbfG werden sowohl die zur Produktverantwortung Verpflichteten als auch die konkreten Anforderungen für bestimmte Erzeugnisse wie Verbote, Beschränkungen und Kennzeichnungspflichten (§ 23 KrW-/AbfG) sowie Rücknahme- und Rückgabepflichten (§ 24 KrW-/AbfG) in Rechtsverordnungen festgelegt.[216]

1. Verbote, Beschränkungen und Kennzeichnungen

139 Nach § 23 KrW-/AbfG ist die Bundesregierung ermächtigt, nach Anhörung der beteiligten Kreise (§ 60 KrW-/AbfG) mit Zustimmung des Bundesrates Rechtsverordnungen zu erlassen, die Verbote, Beschränkungen oder Kennzeichnungspflichten vorsehen. So kann gem. § 23 Nr. 2 KrW-/AbfG durch Rechtsverordnung bestimmt werden, daß bestimmte Erzeugnisse nicht *in Verkehr gebracht werden dürfen,* wenn bei ihrer Entsorgung nicht oder nur mit unverhältnismäßig hohem Aufwand verhindert werden könnte, daß schädliche Stoffe freigesetzt werden oder die umweltverträgliche Entsorgung nicht auf andere Weise sichergestellt werden kann. Nach § 23 Nr. 1 KrW-/AbfG können durch Rechtsverordnungen *Beschränkungen* dergestalt erfolgen, daß bestimmte Erzeugnisse, insbesondere Verpackungen, nur in einer bestimmten Beschaffenheit oder für eine bestimmte Verwendung in Verkehr gebracht werden dürfen, bei denen eine ordnungsgemäße Verwertung oder Beseitigung gewährleistet ist. Demgegenüber können nach § 23 Nr. 4 bis 7 KrW-/AbfG *Kennzeichnungpflichten* auferlegt werden. Dies gilt z.B., wenn Erzeugnisse einer besonderen Verwertungs- oder Beseitigungsart zu unterziehen sind (Nr. 5). Die Kennzeichnung dient dann der Information des Verbrauchers und gegebenenfalls dem Hinweis, das Erzeugnis nach Gebrauch an bestimmte Personen zurückzugeben, um die erforderliche besondere Verwertung oder Beseitigung zu gewährleisten.

2. Rücknahme- und Rückgabepflichten

140 § 24 KrW-/AbfG ermächtigt die Bundesregierung im gleichen Verfahren, durch Rechtsverordnungen Rücknahmepflichten des Herstellers oder Erzeugers und Rückgabepflichten der Besitzer bestimmter Abfälle zu bestimmen.[217] Rechtsverordnungen können vorsehen, daß Erzeugnisse erst dann in Verkehr gebracht werden dürfen, wenn eine Rückgabemöglichkeit gesichert ist (§ 24 Abs. 1 Nr. 1 KrW-/AbfG). Zudem kann festgelegt werden, daß Hersteller und Vertreiber ihre Produkte zurückzunehmen und die Rückgabe

[214] *Weidemann,* NVwZ 1995, 631 (634).
[215] *Beckmann,* UPR 1996, 41 (45).
[216] Zur Zulässigkeit von Zustimmungsverordnungen vgl. bereits oben § 29 Rn. 11.
[217] Vgl. dazu *Beckmann,* DVBl. 1995, 313; *Schrader,* NVwZ 1997, 943 ff.; *Giesberts/Hilf,* NVwZ 1998, 1158 ff.

 Hoffmann, DVBl 96, 347, Klopfer/Kohls, DVBl 00, 1013 (Elektrogeräte)

durch geeignete Systeme sicherzustellen haben (§ 24 Abs. 1 Nr. 2 KrW-/AbfG).

Die Möglichkeit Rechtsverordnungen über den Produktkreislauf[218] zu erlassen, ist nicht auf bestimmte Erzeugnisse beschränkt. Rechtsverordnungen i. S. d. §§ 22 Abs. 4, 24 KrW-/AbfG sind die **141**

- Verpackungsverordnung,
- Altautoverordnung oder
- Batterieverordnung.[219]

a) Verpackungsverordnung

Die in der Praxis wichtigste Verordnung ist die **Verpackungsverordnung,**[220] die bereits auf der Grundlage des § 14 AbfG a. F. erlassen worden ist. **142**

Die Verpackungsverordnung setzt die Verpackungsrichtlinie[221] der Europäischen Gemeinschaft um.[222] Die Monopolstellung der DSD-GmbH wird durch die Normierung von Rücknahme- und Verwertungsquoten auch für nicht am System beteiligte sog. Selbstentsorger zum Teil beseitigt. Zudem ist die Quote für Mehrwegverpackungen abgesenkt worden. **143**

Die Verpackungsverordnung richtet sich an Handel und Industrie. Sie unterscheidet verschiedene **Arten von Verpackungen** und regelt jeweils eigene Rücknahmepflichten. **144**

Transportverpackungen sind Verpackungen, die den Transport von Waren erleichtern, die Waren auf dem Transport vor Schäden bewahren oder die aus Gründen der Sicherheit des Transports verwendet werden und beim Vertreiber anfallen (§ 3 Abs. 1 Nr. 4 VerpackV).[223] Eine Transportverpackung liegt vor, wenn der Endverbraucher die Verpackung vor Gebrauch oder Inbetriebnahme der Ware entfernt. Typische Transportverpackungen sind Fässer, Kanister, Säcke, Paletten und Kartons. **145**

Demgegenüber sind *Umverpackungen* Verpackungen, die als zusätzliche Verpackungen zu Verkaufsverpackungen verwendet werden und nicht aus Gründen der Hygiene, der Haltbarkeit oder des Schutzes der Ware vor Beschädigung oder Verschmutzung für die Abgabe an den Endverbraucher erforderlich sind (§ 3 Abs. 1 Nr. 3 VerpackV). Umverpackungen sind etwa die Kartonhüllen um Produkte, die bereits ihrerseits in Flaschen oder Dosen verpackt sind. **146**

Verkaufsverpackungen sind Verpackungen, die als eine Verkaufseinheit angeboten werden und beim Endverbraucher anfallen. Verkaufsverpackungen sind auch Verpackungen des Handels, der Gastronomie und anderer Dienstleister, die die Übergabe von Waren an den Endverbraucher ermöglichen oder unterstützen (Serviceverpackungen) sowie Einwegbestecke und Einweggeschirr (§ 3 Abs. 1 Nr. 2 VerpackV). Weitere Beispiele sind Weinkartons oder Bonbontüten.[224] **147**

---

[218] So *Arndt,* in: Steiner, BesVwR, Kap. VIII Rn. 222.

[219] Im Entwurf befindl. ist ferner eine Verordnung über Elektronikschrott, vgl. BT-Drs. 13/7561 v. 28. 4. 1997.

[220] Verordnung über die Vermeidung und Verwertung von Verpackungsabfällen (Verpackungsverordnung – VerpackV) v. 21. 8. 1998 (BGBl. I S. 2379); vgl. dazu *Schink,* in: Rengeling, EUDUR, Bd. 2, § 74 Rn. 7 ff.; *Sproll,* UPR 1999, 129 ff.; *Flanderka,* VerpackungsV, passim.

[221] V. 20. 12. 1994 (94/62/EG), ABl. EG Nr. L 365, S. 10; *Schink,* in: Rengeling, EUDUR, Bd. 2, § 74 Rn. 86 ff.

[222] Vgl. zum Erlaßverfahren BT-Drs. 13/6518; BR-Drs. 992/96; zur Novellierung der VerpackV vgl. *Koch,* NVwZ 1998, 1155 ff.

[223] Ausführl. zur Abgrenzung der verschiedenen Verpackungsarten *Rummler/Schutt,* VerpackV, S. 90 ff.

[224] *Rummler/Schutt,* VerpackV, S. 95.

Di Fabio, NVwZ 95, 1, BVerwG, U 23.4.97, DVBl 97, 1118 (VerpackV abschl.), Koch, NVwZ 98, 1155, Hey, DVBl 02, 445 (Getränke), Koch (Reese), NVwZ 02, 1420 (Dosenpfand) BVerwG, U 16.1.03, DVBl 03, 544 (Dosenpfand) = DÖV 03, 462 = JZ 03, 1004 m. Anm. Winkler, Nall/Schmidt, JZ 06, 125

148 **Transport- und Umverpackungen** sind vom Hersteller und/oder Vertreiber zurückzunehmen und einer neuen Verwendung oder einer stofflichen Verwertung zuzuführen, soweit dies technisch möglich und wirtschaftlich zumutbar ist (vgl. §§ 4 Abs. 1, 5 (VerpackV). Bei **Umverpackungen** kann der Vertreiber seiner Rücknahmepflicht dadurch nachkommen, daß er nach Stoffarten getrennte Sammelgefäße, etwa für Papier, Plastik und sonstige Materialien, aufstellt und auf diese in seiner Verkaufsstelle durch Schilder deutlich hinweist (vgl. § 5 Abs. 2 VerpackV).

149 Auch **Verkaufsverpackungen** müssen gem. § 6 Abs. 1 S. 1 VerpackV am Ort der tatsächlichen Übergabe oder in unmittelbarer Nähe zurückgenommen und einer stofflichen Verwertung zugeführt werden. § 6 Abs. 3 VerpackV entbindet allerdings Hersteller und Vertreiber von dieser Pflicht, wenn sie sich an einem funktionierenden privaten Rückholsystem beteiligen. Gem. § 6 Abs. 3 VerpackV ist es erforderlich, daß ein privates Rücknahme- und Verwertungssystem flächendeckend – d.h. das ganze Land umfassend und nicht nur auf bestimmte Bereiche beschränkt[225] – eine regelmäßige Abholung verbrauchter Verkaufsverpackungen beim Endverbraucher gewährleistet. Für eine Abholung genügt die Aufstellung von Containern dergestalt, daß sie von allen Endverbrauchern leicht erreichbar sind.[226] Des weiteren müssen im Jahresmittel die im Anhang zur Verpackungsverordnung genannten Erfassungs- und Sortierquoten für die verschiedenen Materialgruppen erreicht werden. Zu unterscheiden sind folgende Materialien: Glas, Weißblech, Aluminium, Pappe, Karton, Papier, Kunststoff sowie Verbunde. Die *Erfassungsquote* muß bei allen Materialgruppen 80% betragen. Von den erfaßten Verpackungen müssen 90% des Glases, des Weißbleches und des Aluminiums und 80% der übrigen Materialien in stofflich verwertbarer Qualität aussortiert werden.[227] Stofflich nicht verwertbare Sortierreste sind den Trägern der öffentlichen Abfallentsorgung zu überlassen.[228] Gem. § 6 Abs. 3 S. 2 VerpackV ist das einzurichtende System auf vorhandene Sammel- und Verwertungssysteme der entsorgungspflichtigen Körperschaften abzustimmen. Die entsorgungspflichtigen Körperschaften können verlangen, daß ihre bereits bestehenden Einrichtungen zur Sammlung und Sortierung gegen ein angemessenes Entgelt mitbenutzt werden. Damit soll sichergestellt werden, daß Kommunen, die bereits vor Inkrafttreten der Verpackungsverordnung aus eigener Initiative ein Sammelsystem eingerichtet haben, die notwendigen Investitionen nicht vergeblich getätigt haben.

150 Auf der Grundlage des § 6 Abs. 3 VerpackV ist in der Bundesrepublik Deutschland die **„Duales System Deutschland GmbH" (DSD)**[229] mit

---

[225] Ausführl. *Hofmann-Hoeppel,* DVBl. 1993, 873 ff.

[226] Eine Entfernung von über 300 m, die nicht in 5 Gehminuten von älteren Menschen bewältigt werden kann, ist zu groß, vgl. *VG Freiburg,* Urt. v. 7. 10. 1994 – 6 K 1574/94 –, NVwZ-RR 1995, 255 (257).

[227] Zu den Rechtsgrundlagen für das Aufstellen von Altglascontainern *Koch,* NuR 1996, 276 ff.

[228] Ausführl. *Breuer/Faßbender,* WiVerw 1995, 1 (9 ff.).

[229] „Der grüne Punkt, Duales System Deutschland, Gesellschaft für Abfallvermeidung und Sekundärrohstoffverwertung mbH".

Sitz in Bonn gegründet worden.[230] Die DSD-GmbH kann das duale System als privatrechtliche Gesellschaft unabhängig von der kommunalen Abfallentsorgung betreiben.[231] In der Praxis schließt die DSG-GmbH jedoch zumeist Verträge mit Entsorgungsunternehmen und Gebietskörperschaften, denen sie das Einsammeln und die nachfolgende Verwertung als Aufgabe überträgt.[232] Die DSD-GmbH lizensiert die Herstellung von Verpackungen zur Benutzung ihres Warenzeichens, des **„Grünen Punktes“**. Die Verpackungen mit dem grünen Punkt werden von privaten Firmen oder auch Kommunen, mit denen die DSD-GmbH privatrechtliche Verträge geschlossen hat, erfaßt und sortiert. Die verwertbaren Verpackungen werden nach dem Sortieren von den jeweiligen Wirtschaftsbranchen, von denen sie produziert wurden, abgenommen und von brancheneigenen Verwertungsgesellschaften verwertet.[233] Im Gegenzug für die Teilnahme am Dualen System leistet der Lizenznehmer (Handel und Industrie) ein Lizenzentgelt. Die Höhe des Lizenzentgeltes bemißt sich bei befüllbaren Verpackungen nach dem Volumen, bei flächigen Verpackungen nach der Oberfläche und bei Kleinstverpackungen nach dem Gewicht. Handel und Industrie legen ihrerseits die Kosten für das Lizenzentgelt auf die Produktpreise um.

Teilweise werden Bedenken gegen die Erreichung des Ziels unter Einsatz der DSD- **151**
GmbH erhoben. Eine gesicherte Sammlung von Verpackungsabfällen sei bereits deshalb nicht durchführbar, weil eine Rechtspflicht zur getrennten Sammlung durch den Verbraucher nicht bestehe.[234] Da der „Grüne Punkt“ überdies eine besondere Umweltverträglichkeit des Produkts suggeriere, wird ferner eingewandt, es handele sich um unlauteren Wettbewerb i. S. d. § 2 UWG.[235, 236] Hinzu kommen kartellrechtliche und verfassungsrechtliche Bedenken gegen die Zulässigkeit der DSD-GmbH als einzige Lizenzgeberin. Letztlich wird die Einrichtung des dualen Systems aus verfassungsrechtlichen Gründen kritisiert. So werden Bedenken hinsichtlich der Vereinbarkeit mit der in Art. 12 GG garantierten Berufsfreiheit geäußert. Die DSD-GmbH ist kraft hoheitlichen Aktes allein berechtigt, Lizenzverträge an Recycling-Unternehmen zu vergeben. Diese bislang existierenden mittelständischen Unternehmen stehen ohne einen solchen Vertrag vor kaum zu überwindenden wirtschaftlichen Schwierigkeiten.[237]

---

[230] Zum DSD vgl. auch *Michaelis,* UPR 1998, 210 ff.; grundl. *Hoppe/Weidemann,* Verwaltungsrechtliche Grundlagen dualer Entsorgungssysteme, S. 1 ff.; *Hecht/Werbeck,* ZfU 1995, 49 ff.; vgl. auch *Finckh,* Regulierte Selbstregulierung im Dualen System, passim; zum Benutzungsverhältnis im Dualen System *OVG Münster,* Urt. v. 23. 10. 1997 – 20 A 4328/96 –, NVwZ 1998, 1210 ff.; siehe auch *VGH Kassel,* Beschl. v. 20. 8. 1999 – 8 TG 3140/98 –.

[231] Zu den Möglichkeiten der „Rekommunalisierung“ der Verpackungsabfallverwertung *Hoppe/Weidemann,* Verwaltungsrechtliche Grundlagen dualer Entsorgungssysteme, S. 27 ff.

[232] Vgl. auch *Bonk,* Die Rechtsstellung der Kommunen nach der Verpackungsverordnung, S. 1 ff.

[233] Zum einstweiligen Rechtsschutz eines kunststoffverpackungsherstellenden Unternehmens gegen die VerpackV vgl. *BVerfG,* Beschl. v. 6. 10. 1993 – 1 BvR 1500/93 –, NVwZ 1994, 261 (262).

[234] *Arndt/Köhler,* NJW 1993, 1945 ff.; dazu auch *Arndt,* in: Steiner, BesVwR, Kap. VIII Rn. 228.

[235] Gesetz gegen den unlauteren Wettbewerb v. 7. 6. 1909 (RGBl. S. 499), zul. geänd. durch G v. 22. 6. 1998 (BGBl. I S. 474); zu wettbewerbswidrigen Praktiken der DSD-GmbH *Selmayr,* UPR 1998, 99 ff.

[236] *Lappe,* BB 1992, 1661 (1664).

[237] Vgl. auch *Beckmann,* DVBl. 1995, 313 (318 ff.).

Ferner wird die Lizenzgebühr als unzulässige Sonderabgabe zugunsten einer privaten Firma eingestuft. Es ist allerdings fraglich, ob die Lizenzgebühr den Charakter einer Sonderabgabe besitzt.[238]

152 §§ 7, 8 VerpackV verpflichten die Vertreiber von flüssigen Lebensmitteln in Einweg-Getränkeverpackungen, ein Pfand zu erheben. Dies gilt für Getränkeverpackungen sowie für Verpackungen von Wasch- und Reinigungsmitteln.[239] Ausgenommen sind Nachfüllpackungen. Gem. § 9 Abs. 1 VerpackV finden §§ 7, 8 VerpackV keine Anwendung, sofern im Einzuggebiet des letzten Vertreibers ein System nach § 6 Abs. 3 VerpackV eingerichtet ist. Damit greifen die Pflichten dieser Norm nicht, soweit und solange das Duale System effektiv funktioniert.

b) Altautoverordnung

153 Auf der Grundlage der §§ 22 Abs. 4, 24 Nr. 6 KrW-/AbfG hat die Bundesregierung ferner die Altautoverordnung[240] erlassen. Die Altautoverordnung ergänzt die „Freiwillige Selbstverpflichtung zur umweltgerechten Altautoverwertung (PKW) im Rahmen des Kreislaufwirtschaftsgesetzes" der Autoindustrie vom 21. 2. 1996.[241] Die Selbstverpflichtungserklärung der Automobilhersteller und Automobilimporteure beinhaltet, alle Altautos ihrer Marke an von den Herstellern benannten Rücknahmestellen zurückzunehmen. Die Rücknahme der bereits auf dem Markt befindlichen Kraftfahrzeuge erfolgt „zu marktüblichen Konditionen", während neu zugelassene Fahrzeuge kostenlos zurückgenommen werden, wenn sie nicht älter als 12 Jahre, vollständig und rollfähig sind und keine wesentlichen Beschädigungen aufweisen. Die Altautoverordnung ergänzt die Rücknahmepflicht der Industrie um eine Rückgabepflicht des Verbrauchers. Gem. § 4 AltAutoV muß der Letzthalter des Fahrzeugs gegenüber der Zulassungsstelle durch eine Erklärung über den Verbleib des Fahrzeugs bzw. durch einen vom Altautoverwertungsbetrieb ausgestellten Verwertungsnachweis den Nachweis über den Verbleib des Autos führen. Damit soll verhindert werden, daß der Letzthalter sein Auto wild abstellt und nicht bei einem Altautoverwerter abgibt. Ferner hat die Bundesregierung im Anhang zur Altautoverordnung den rechtlichen Rahmen für eine Zertifizierung der Verwertungsbetriebe geschaffen, damit eine umweltgerechte Verwertung und Entsorgung der Altautos sichergestellt ist.

c) Batterieverordnung

154 Darüber hinaus hat die Bundesregierung auf der Grundlage der §§ 22 Abs. 4, 24 Nr. 6 KrW-/AbfG die Batterieverordnung[242] erlassen. Danach ist der Handel verpflichtet, gebrauchte Batterien von Verbrauchern unentgeltlich zurückzunehmen.

---

[238] *Kloepfer/Wimmer,* UPR 1993, 409 (410 ff.).

[239] Zur Pfandpflicht vgl. auch *Häder/Niebaum,* ZAU 1997, 370 ff.

[240] V. 4. 7. 1997 (BGBl. I S. 1666); dazu *Schrader,* NVwZ 1997, 943 ff.; *Giesberts/Hilf,* NVwZ 1998, 1158 f.; *dies.,* Kreislaufwirtschaft Altauto: Altautoverordnung und Freiwillige Selbstverpflichtung, passim; *Kopp,* NJW 1997, 3292 ff.

[241] Vgl. zu Selbstbeschränkungsabkommen ferner oben § 9 Rn. 107 ff.

[242] V. 27. 3. 1998 (BGBl. I S. 658).

III. Zielfestlegungen

155 Alternativ zum Erlaß von Rechtsverordnungen durch den Staat kann die Rücknahme von Abfällen auf freiwilliger Basis durch Selbstverpflichtungen der Industrie sichergestellt werden.[243] Die Bundesregierung kann gem. § 25 Abs. 1 KrW-/AbfG entsprechende Selbstverpflichtungen initiieren, indem sie nach Anhörung der beteiligten Kreise Ziele für die freiwillige Rücknahme von Abfällen festlegen, die innerhalb einer angemessenen Frist zu erreichen sind.[244] Sie veröffentlicht die Festlegungen im Bundesanzeiger. Die Zielfestlegung gibt den Herstellern die Möglichkeit, zur Abwendung einer Rechtsverordnung die Rücknahme eines bestimmten Stoffes durch eine Selbstverpflichtungserklärung sicherzustellen.

156 Das Instrument der Zielfestlegung ist Ausdruck des Kooperationsprinzips. Sofern die Ziele nicht innerhalb einer festgesetzten Frist verwirklicht werden, kann die Bundesregierung eine Rechtsverordnung erlassen, in der den Herstellern oder Vertreibern bestimmte Pflichten, insbesondere die Kennzeichnung von Produkten und deren Rücknahme, auferlegt werden können. Den Zielfestlegungen kommt eine influenzierende Wirkung, aber keine Rechtswirkung zu.

F. Planungsverantwortung

157 Ausdruck der Planungsverantwortung im Kreislaufwirtschafts- und Abfallrecht ist zum einen die Abfallwirtschaftsplanung gem. § 29 KrW-/AbfG und zum anderen die Zulassung von Abfallbeseitigungsanlagen nach § 31 KrW-/AbfG.[245]

I. Abfallwirtschaftspläne

158 Gem. § 29 KrW-/AbfG stellen die Länder für ihren Bereich Abfallwirtschaftspläne nach überörtlichen Gesichtspunkten auf.[246] Der **Mindestinhalt** der Abfallwirtschaftspläne ist in § 29 Abs. 1 KrW-/AbfG vorgegeben. Danach stellen Abfallwirtschaftspläne die Ziele der Abfallvermeidung und -verwertung sowie die zur Sicherung der Inlandentsorgung erforderlichen Abfallbeseitigungsanlagen dar (§ 29 Abs. 1 S. 2 KrW-/AbfG). Sie weisen

---

[243] Vgl. zu Selbstverpflichtungen bereits oben § 9 Rn. 107 ff.

[244] Vgl. zu allg. Zielfestlegungen auch § 34 UGB-KomE, siehe BMU, UGB-KomE, S. 119 f.

[245] Die §§ 744–751 UGB-KomE lehnen sich im wesentl. an die entsprechenden Vorschriften des KrW-/AbfG an, vgl. BMU, UBG-KomE, S. 415 ff., 1587.

[246] Zu Abfallwirtschaftsplänen grundl. *Danter,* ZUR 1996, 309 ff.; *Erbguth,* UPR 1997, 60 ff.; *ders.,* in: Hoppe/Bauer/Faber/Schink, Auswirkungen des KrW-/AbfG, S. 96 ff.; *Dippel/Doerfert,* NVwZ 1998, 230 ff.; *v. Kempis/Holst,* in: Rengeling, EUDUR, Bd. 2, § 72 Rn. 1 ff.; zur Bedeutung der Abfallwirtschaftsplanung vgl. bereits *Hoppe/Beckmann,* Planfeststellung und Plangenehmigung im Abfallrecht, S. 51; *Kauch,* Verfahrensbeschleunigung bei der Planung von Fernstraßen und Abfallentsorgungsanlagen, S. 80; siehe auch § 26 UGB-AT-E, vgl. *Kloepfer/u. a.,* UGB-AT-E, S. 49 sowie §§ 569, 570 UGB-BT-E, *Jarass/u. a.,* UGB-BT-E, S. 289 f.; ferner § 745 UGB-KomE, vgl. BMU, UGB-KomE, S. 416, 1592.

Oebbecke, DVBl 97, 254 (Ausst.-Pflicht, Art. 28 II), Dolde (Vetter-
NVwZ 97, 1103

darüber hinaus die zugelassenen Abfallbeseitigungsanlagen und geeignete Flächen für neue Abfallbeseitigungsanlagen aus (vgl. § 29 Abs. 1 S. 3 KrW-/AbfG).[247] Nicht erforderlich ist, daß bereits eine parzellenscharfe Ortsbestimmung vorgenommen wird.[248] Geeignet ist eine Fläche nach § 29 Abs. 3 S. 1 KrW-/AbfG, wenn ihre Lage, Größe und Beschaffenheit im Hinblick auf die vorgesehene Nutzung in Übereinstimmung mit den abfallwirtschaftlichen Zielsetzungen im Plangebiet steht und Belange des Wohls der Allgemeinheit nicht offensichtlich entgegenstehen. Da es sich bei der Aufstellung eines Abfallwirtschaftsplans um eine Planungsentscheidung handelt, sind auch Standortalternativen zu erwägen. Fakultativ kann gem. § 29 Abs. 1 S. 4 KrW-/AbfG bestimmt werden, welcher Entsorgungsträger vorgesehen ist und welcher Abfallbeseitigungsanlagen sich die Entsorgungspflichtigen zu bedienen haben.[249]

159 Ein Abfallwirtschaftsplan hat zunächst nur verwaltungsinterne Bedeutung für die mit der Abfallentsorgung befaßten Behörden. Gem. § 29 Abs. 4 KrW-/AbfG können die Ausweisungen i. S. d. § 29 Abs. 1 S. 3 Nr. 2 KrW-/AbfG, d. h. hinsichtlich der Standorte, und § 29 Abs. 1 S. 4 KrW-/AbfG, d. h. hinsichtlich der Entsorgungsträger und der konkret zu benutzenden Anlage, für die Beseitigungspflichtigen für verbindlich erklärt werden. Sie sind dann unmittelbar geltendes und bindendes Recht. Die Wirkung dieser Verbindlichkeit ist allerdings relativ. Die Festlegung eines Standorts einer Abfallbeseitigungsanlage etwa bedeutet nicht, daß eine Zulassung an einem anderen Standort nicht möglich ist.[250] Abfallwirtschaftspläne, die für verbindlich erklärt wurden, haben nach Maßgabe des § 7 BauGB flächensichernde Wirkung.

160 Gem. § 29 Abs. 8 KrW-/AbfG regeln die Länder das Verfahren zur Aufstellung der Pläne und zu deren Verbindlichkeit. Die Länder haben dazu entsprechende Vorschriften in ihren Landesabfallgesetzen erlassen.[251] Zuständig zur Aufstellung von Abfallwirtschaftsplänen sind je nach Bundesland die Umweltministerien, Landesregierungen, obersten Landesanstalten für Umwelt bzw. die Bezirksregierung. Bei der Aufstellung der Abfallwirtschaftspläne sind gem. § 29 Abs. 7 KrW-/AbfG die Gemeinden oder deren Zusammenschlüsse und die Entsorgungsträger zu beteiligen.[252] Abfallwirtschaftspläne

---

[247] Zur Bedeutung der Abfallwirtschaftsplanung bei der Umsetzung der TASi *Beckmann,* DVBl. 1997, 216; *Gaßner/Willand,* ZUR 1999, 28 ff.

[248] *Schink,* DVBl. 1994, 245 (247); für eine zurückgenommene Standortplanung *Hoppe/Beckmann,* DÖV 1990, 769 (772); demgegenüber sieht § 745 Abs. 1 S. 3 UGB-KomE zur Entlastung des Zulassungsverfahrens eine Standortfestlegung vor, vgl. BMU, UGB-KomE, S. 416, 1592 f.

[249] Zur Rechtswidrigkeit einer behördl. Anordnung, sich einer bestimmten Abfallentsorgungsanlage zu bedienen, ohne eine entsprechende Festlegung in einem Abfallwirtschaftsplan, vgl. *OVG Münster,* Urt. v. 16. 3. 1995 – 15 B 2901/93 –, NVwZ-RR 1995, 505.

[250] *Schink,* DVBl. 1994, 245 (247); *Herkommer/Wollenschläger,* BayVBl. 1994, 129 (131).

[251] Vgl. Art. 11 BayAbfG, § 10 LAbfG BW, § 17 BbgAbfG, §§ 4 ff. BremAGKrW-/AbfG, § 1 b HAKA, § 11 AbfAlG MV, §§ 21 ff. NAbfG, §§ 16 ff. LAbfG NW, §§ 11 ff. LAbfWAG RP, §§ 18 ff. SAWG, §§ 16 ff. AbfG LSA, §§ 8 f. LAbfWG SH.

[252] *BVerwG,* Beschl. v. 20. 8. 1992 – 4 NB 20.91 –, UPR 1992, 447 ff.; *OVG Lüneburg,* Beschl. v. 19. 6. 1987 – 7 OVG B 20/87 –, DVBl. 1987, 1021 (1022); aus-

sind gem. § 29 Abs. 9 KrW-/AbfG erstmals zum 31. 12. 1999 zu erstellen und dann alle fünf Jahre fortzuschreiben.[253]

II. Zulassung von Abfallbeseitigungsanlagen

Gem. § 27 Abs. 1 S. 1 KrW-/AbfG dürfen Abfälle zum Zwecke der Beseitigung nur in den dafür zugelassenen Anlagen oder Einrichtungen (Abfallbeseitigungsanlagen) behandelt, gelagert oder abgelagert werden. Die Zulassung ortsfester Abfallbeseitigungsanlagen erfolgt gem. § 31 Abs. 1 und 2 KrW-/AbfG durch Genehmigung oder Planfeststellung. **161**

Da nur ortsfeste Abfallbeseitigungsanlagen gem. § 31 KrW-/AbfG zulassungsbedürftig sind, geht ein Teil der Literatur von einem generellen Verbot ortsveränderlicher Anlagen aus.[254] Demgegenüber geht bereits die Rechtsprechung zu § 4 AbfG a. F. davon aus, daß der abfallrechtliche Anlagenbegriff weder ortsfeste Einrichtungen noch bauliche oder technische Geräte oder sonstige Vorkehrungen voraussetzt.[255] **162**

Die Zulassungspflicht gilt gem. § 27 Abs. 1 S. 1 KrW-/AbfG ferner nur für Anlagen oder Einrichtungen, in denen zum Zwecke der Beseitigung Abfälle behandelt, gelagert oder abgelagert werden. Anlagen zum Sammeln und Befördern von Abfällen fallen nicht darunter. Für das Sammeln und Befördern ist regelmäßig eine Transportgenehmigung nach § 49 KrW-/AbfG erforderlich. **163**

1. Erkundung geeigneter Standorte

Wesentliche Voraussetzung der Anlagenplanung ist die Erkundung der Standortbedingungen. Bevor Abfallbeseitigungsanlagen zugelassen werden können, erkunden die zuständigen Behörden sowie die Träger des Vorhabens geeignete Standorte.[256] Gem. § 30 Abs. 1 KrW-/AbfG sind Eigentümer und Nutzungsberechtigte von Grundstücken verpflichtet, Erkundungen von Beauftragten der zuständigen Behörde oder der Entsorgungsträger i. S. der §§ 15, 17 und 18 KrW-/AbfG zu dulden.[257] Nach Abschluß der Untersuchung ist der ursprüngliche Zustand wiederherzustellen (vgl. § 30 Abs. 2 KrW-/AbfG). Für Vermögensnachteile, die durch eine nach § 30 Abs. 2 zulässige Maßnahme entstehen, kann der Duldungspflichtige gem. § 30 Abs. 3 KrW-/AbfG Ersatz in Geld verlangen. **164**

2. Planfeststellung und Genehmigung

Die Zulassung von Abfallbeseitigungsanlagen ist in § 31 KrW-/AbfG geregelt. Danach bedürfen die Errichtung und der Betrieb von ortsfesten Ab- **165**

---

führl. *Zimmerling,* NVwZ 1992, 122 ff.; *Engels,* UPR 1993, 209 (211 f.); eine Beteiligung der Gemeinde wird demgegenüber für die Zulassung von Ausnahmen vom Abfallentsorgungsplan nicht für erforderl. gehalten vgl. *VGH Kassel,* Beschl. v. 5. 2. 1998 – 14 TZ 3312/97 –, NVwZ 1998, 1197 ff.

[253] Krit. zur Länge der Frist *Schink/Schwade,* StuG 1993, 18 (29).

[254] *Kunig,* in: Kunig/Paetow/Versteyl, § 4 KrW-/AbfG, Rn. 17; vgl. zu diesem Problem auch *Kloepfer,* UmweltR, § 18 Rn. 162; *Breuer,* in: Schmidt-Aßmann, BesVwR, 5. Abschn. Rn. 261.

[255] *BVerwG,* Urt. v. 30. 3. 1990 – 7 C 82/88 –, NVwZ 1990, 863; *VGH Kassel,* Beschl. v. 2. 10. 1990 – 14 TH 2136/90 –, UPR 1991, 196 f.

[256] Vgl. i. e. *Beckmann,* DVBl. 1994, 236 ff.; *Schink,* DVBl. 1994, 245 ff.; *Hoppe,* DVBl. 1994, 255 ff.

[257] Siehe auch § 103 UGB-KomE, vgl. BMU, UGB-KomE, S. 148.

Bender/Pfaff, DVBl 92, 181, David, DÖV 92, 617 (entstehungsnahe Abfallentsorg.), Erbguth, NVwZ 92, 209 (Alternativprüfg. Standorte), Schink, DÖV 93, 725, BVerwG, U 24.11.94, DVBl 95, 238, Denzling/Gellermann, DVBl 95, 383 fallbeseitigungsanlagen zur Lagerung oder Behandlung von Abfällen zur Beseitigung sowie die wesentliche Änderung einer solchen Anlage oder ihres Betriebes der Genehmigung nach den Vorschriften des Bundes-Immissionsschutzgesetzes.[258] Einer weiteren Zulassung nach dem KrW-/AbfG bedarf es nicht. Demgegenüber sind gem. § 31 Abs. 2 KrW-/AbfG Deponien nach abfallrechtlichen Vorschriften zuzulassen.

a) Immissionsschutzrechtliche Genehmigung

166 Die Errichtung und der Betrieb von ortsfesten Abfallbeseitigungsanlagen zur Lagerung oder Behandlung von Abfällen zur Beseitigung sowie die wesentliche Änderung einer solchen Anlage oder ihres Betriebes bedürfen der Genehmigung nach §§ 4ff. BImSchG.

167 Die Unterstellung ortsfester Abfallbeseitigungsanlagen unter das Zulassungsregime des Bundes-Immissionsschutzgesetzes beruht auf einem Umstrukturierungsprozeß in der Abfallwirtschaft, der zu Beginn der 90er Jahre stattfand. Es wurde zunehmend von der Abfalldeponierung zur Abfallverbrennung übergegangen, da der Prozeß für die Errichtung einer Müllverbrennungsanlage nach den abfallrechtlichen Vorschriften mit bis zu 10 Jahren sehr langwierig war, während andererseits aber Genehmigungen für private Verbrennungsanlagen nach dem Immissionsschutzrecht in sehr viel kürzerer Zeit erteilt werden konnten. Durch das Investitionserleichterungs- und Wohnbaulandgesetz[259] wurden Abfallentsorgungsanlagen, mit Ausnahme von Deponien, dem Immissionsschutzrecht unterstellt, um so eine Verfahrensbeschleunigung zu erreichen.[260]

168 Wesentliche Änderungen ergeben sich für die Genehmigung von Abfallentsorgungsanlagen auch durch die IPPC-Richtlinie, die bis zum Oktober 1999 in deutsches Recht umzusetzen ist.[261] Erfaßt werden Anlagen zur Verwertung und Beseitigung von gefährlichen Abfällen, Anlagen über die Altölbeseitigung und Müllverbrennungsanlagen für Siedlungsabfälle.

169 Ob eine Anlage einem Genehmigungsverfahren nach den §§ 10ff. BImSchG unterliegt oder im vereinfachten Genehmigungsverfahren nach § 19 BImSchG genehmigt werden kann, ergibt sich aus Ziff. 8 der Anlage zur 4. BImSchV.[262] Nach § 3 Abs. 1 UVPG i.V.m. Nr. 1 der Anlage zu § 3 und Nr. 27 des Anhangs zu dieser Anlage gilt das Erfordernis einer Umweltverträglichkeitsprüfung auch für Anlagen, die der Genehmigung nach den §§ 4ff. BImSchG unterliegen.[263]

170 Die Unterstellung der Anlagen zur Lagerung und Behandlung von Abfällen unter das Genehmigungsregime des Bundes-Immissionsschutzgesetzes unter gleichzeitiger Ausklammerung eines abfallrechtlichen Zulassungserfordernisses hat zahlreiche Rechtsprobleme aufgeworfen.[264] Da es sich bei der

---

[258] Vgl. zur Anlagen- u. Tätigkeitszulassung aus Sicht der EG ausführl. *Beckmann,* in: Rengeling, EUDUR, Bd. 2, § 73 Rn. 1ff.

[259] V. 22. 4. 1993 (BGBl. I S. 466).

[260] Vgl. i.e. *Fluck,* UPR 1997, 234ff.; *Mayer,* ZUR 1997, 201ff.; zur Entstehungsgeschichte auch *Paetow,* in: Kunig/Paetow/Versteyl, KrW-/AbfG, § 31 Rn. 5ff.

[261] Vgl. zu durch die IPPC-RL erforderl. Änderungen im AnlagenzulassungsR bereits oben § 21 Rn. 21ff.

[262] Vgl. dazu *Schink,* DÖV 1993, 725 (727f.).

[263] Vgl. i.e. *Kretz,* UPR 1994, 44ff.

[264] Vgl. dazu *Blankennagel/Bohl,* DÖV 1993, 585ff.; *Fröhlich,* ZUR 1994, 126ff.; *Gaßner/Schmidt,* NVwZ 1993, 946ff.; *Kretz,* UPR 1994, 44ff.; *Müllmann,* DVBl. 1993, 637ff.; *Schink,* DÖV 1993, 725ff.; *Weidemann,* Immissionsschutzrechtliche Abfallentsorgungsanlagen, passim; *Kauch,* Raumordnung bei der immissionsschutzrechtlichen Genehmigung von Abfallentsorgungsanlagen, S. 1ff.

immissionsschutzrechtlichen Genehmigung um eine Kontrollerlaubnis handelt,[265] der Aspekte der planerischen Abwägung fremd sind,[266] wurde in der Literatur neben dem Wegfall einer Standortalternativenprüfung[267] auch eine fehlende Anbindung an die Raumordnung und Landesplanung und die Bauleitplanung moniert.[268]

In der Literatur wird zum Teil versucht, abfallrechtsspezifischen Gesichtspunkten bei der immissionsschutzrechtlichen Genehmigung über § 6 Abs. 1 Nr. 2 BImSchG Geltung zu verschaffen. Nach § 6 Abs. 1 Nr. 2 BImSchG dürfen einem Vorhaben keine „anderen öffentlich-rechtlichen Vorschriften" entgegenstehen. Daraus ergäbe sich, daß die Anlage auch den Vorgaben des KrW-/AbfG zu entsprechen habe. § 31 Abs. 1 2. HS KrW-/AbfG schließe lediglich die Anwendung bundes- oder landesgesetzlicher abfallrechtlicher Verfahrensbestimmungen auf die Genehmigung immissionsschutzrechtlicher Anlagen aus.[269] Insofern finde eine planerische Komponente bei der immissionsschutzrechtlichen Genehmigung der Anlage über § 6 Abs. 1 Nr. 2 BImSchG i. V. m. § 10 Abs. 4 Nr. 5 KrW-/AbfG Eingang in die immissionsschutzrechtliche Genehmigung. Auf diesem Wege seien sowohl Standortalternativen zu prüfen als auch Belange der Raumordnung und der Landesplanung, des Naturschutzes und der Landschaftspflege sowie des Städtebaus zu wahren.[270] **171**

Die Auslegungsprobleme sind in bezug auf das Baurecht und die Raumordnung durch das Bau- und Raumordnungsgesetz[271] zum Teil entschärft worden. So wurde eine Anbindung an die Bauleitplanung durch die Neufassung des § 38 S. 1 BauGB dadurch erreicht, daß die Gemeinden auch bei der Errichtung und dem Betrieb öffentlich zugänglicher Abfallbeseitigungsanlagen nach dem Bundes-Immissionsschutzgesetz zu beteiligen und städtebauliche Belange zu berücksichtigen sind.[272] Für die Raumordnung sieht § 4 Abs. 4 S. 3 ROG als fachspezifische Raumordnungklausel vor, daß bei Genehmigungen über die Errichtung und den Betrieb öffentlich zugänglicher Abfallbeseitigungsanlagen von Personen des Privatrechts nach den Vorschriften des Bundes-Immissionsschutzgesetzes die Erfordernisse der Raumordnung zu berücksichtigen sind. **172**

---

265 Vgl. zur Kontrollerlaubnis bereits oben § 8 Rn. 39f.

266 Vgl. dazu *VGH Mannheim,* Urt. v. 16. 6. 1998 – 10 S 909/98 –, UPR 1999, 195ff.

267 Krit. zum Wegfall der Standortalternativenprüfung durch die Verlagerung der Genehmigungspflicht, vgl. dazu *Beckmann,* DVBl. 1994, 236; *Hoppe,* DVBl. 1994, 255; *Schink,* DVBl. 1994, 245; *Gaßner/Schmidt,* NVwZ 1993, 946 (948).

268 *Weidemann,* DVBl. 1994, 263ff.; dazu unter raumordnerischen Aspekten *Kauch,* Raumordnung bei der immissionsschutzrechtlichen Genehmigung von Abfallentsorgungsanlagen, S. 14ff.

269 *Fröhlich,* ZUR 1994, 126f.; wohl auch *Kloepfer,* UmweltR, § 18 Rn. 175.

270 *Kloepfer,* UmweltR, § 18 Rn. 176; *Weidemann,* DVBl. 1994, 263 (269); krit. *Kutscheidt,* NVwZ 1994, 209ff.; *Paetow,* in: Kunig/Paetow/Versteyl, KrW-/AbfG, § 31 Rn. 6, 64ff.; *Greinacher,* Abfallentsorgungsanlagen zwischen Planfeststellung und Kontrollerlaubnis, passim; *Kauch,* Raumordnung bei der immissionsschutzrechtlichen Genehmigung von Abfallentsorgungsanlagen, S. 58; *Breuer,* in: Schmidt-Aßmann, BesVwR, 5. Abschn. Rn. 262; Rebentisch, NVwZ 1995, 639ff.; vgl. zur Berücksichtigung städtebaul. Belange auch *OVG Koblenz,* Beschl. v. 13. 9. 1994 – 7 B 1190/94 –, BauR 1995, 520ff.; dazu *Hofmann-Hoeppel,* BauR 1995, 479ff.

271 Gesetz zur Änderung des BauGB und zur Neuregelung des Rechts der Raumordnung (Bau- und Raumordnungsgesetz) v. 18. 8. 1997 (BGBl. I S. 2081).

272 Krit. dazu *Breuer,* in: Schmidt-Aßmann, BesVwR, 5. Abschn., Rn. 262; zu Abfallentsorgungsanlagen ohne überörtl. Bedeutung *Kuchler,* NuR 1999, 259ff.

b) Abfallrechtliche Planfeststellung

173 Gem. § 31 Abs. 2 S. 1 KrW-/AbfG bedürfen die Errichtung und der Betrieb von Deponien sowie die wesentliche Änderung einer solchen Anlage oder ihres Betriebes der Planfeststellung durch die zuständige Behörde.[273] Anstelle der Planfeststellung genügt eine Plangenehmigung gem. § 31 Abs. 3 S. 1 KrW-/AbfG, wenn das Vorhaben geringe Bedeutung hat oder die wesentliche Änderung einer Deponie oder ihres Betriebes beantragt wird, soweit die Änderung keine erheblichen nachteiligen Auswirkungen auf ein in § 2 Abs. 1 S. 2 UVPG genanntes Schutzgut haben kann.[274] Regelentscheidung bei der Zulassung von Deponien ist die Planfeststellung.

aa) Voraussetzungen der Zulassung

174 § 32 KrW-/AbfG regelt die Voraussetzungen für die Zulassung einer Deponie.[275] Danach dürfen der Planfeststellungsbeschluß oder die Genehmigung nur erteilt werden, wenn

- sichergestellt ist, daß das Wohl der Allgemeinheit nicht beeinträchtigt wird, insbesondere Gefahren für die in § 10 Abs. 4 KrW-/AbfG genannten Schutzgüter nicht hervorgerufen werden können und Vorsorge gegen die Beeinträchtigung der Schutzgüter, insbesondere durch bauliche, betriebliche oder organisatorische Maßnahmen entsprechend dem Stand der Technik getroffen werden (Nr. 1),
- keine Tatsachen vorliegen, aus denen sich Bedenken gegen die Zuverlässigkeit der für die Errichtung, Leitung oder Beaufsichtigung des Betriebs der Deponie verantwortlichen Personen ergeben (Nr. 2),
- keine nachteiligen Wirkungen auf das Recht eines anderen zu erwarten sind (Nr. 3) und
- dem Vorhaben die für verbindlich erklärten Festsetzungen eines Abfallwirtschaftsplanes nicht entgegenstehen (Nr. 4).

175 Wann eine Beeinträchtigung des Wohls der Allgemeinheit anzunehmen ist, ergibt sich aus § 10 Abs. 4 S. 2 KrW-/AbfG. Danach liegt der Tatbestand des § 10 Abs. 4 S. 2 KrW-/AbfG insbesondere vor, wenn die Gesundheit der Menschen beeinträchtigt (Nr. 1), Tiere und Pflanzen gefährdet (Nr. 2), Gewässer und Boden schädlich beeinflußt (Nr. 3), schädliche Umwelteinwirkungen durch Luftverunreinigungen oder Lärm herbeigeführt (Nr. 4), die Belange der Raumordnung und der Landesplanung, des Naturschutzes und der Landschaftspflege sowie des Städtebaus nicht gewahrt (Nr. 5) oder sonst die öffentliche Sicherheit und Ordnung gefährdet oder zerstört werden (Nr. 6). Dabei müssen die in § 10 Abs. 4 S. 2 KrW-/AbfG aufgeführten Belange nicht konkret gefährdet sein. Vielmehr normiert § 32 Abs. 1 Nr. 1 KrW-/AbfG ausdrücklich die Pflicht zur Vorsorge.

176 Soweit § 10 Abs. 4 KrW-/AbfG unter Nr. 5 auch die Wahrung der Belange des Städtebaus vorsieht, gilt, daß auch bauplanungsrechtliche Vorgaben des Baugesetzbuchs bei der Zulassung von Deponien zu berücksichtigen sind. Allerdings sieht § 38 BauGB vor, daß auf Planfeststellungsverfahren so-

---

273 §§ 747, 81 Abs. 3, 101 UGB-KomE halten an der abwägenden Entscheidung für die Zulassung von Deponien im Wege der planerischen Vorhabengenehmigung fest, vgl. BMU, UGB-KomE, S. 417, 1601; gegen eine Planfeststellung für Deponien *Müllmann,* DVBl. 1993, 637 (638); *Schink,* DÖV 1993, 725 (739).

274 Siehe dazu auch § 109 UGB-KomE, vgl. BMU, UGB-KomE, S. 150, 1601.

275 Zu den durch die TASi veränderten Zulassungsbedingungen für Deponien *Schink,* DÖV 1998, 353 ff.

wie sonstige Verfahren mit den Rechtswirkungen der Planfeststellung für Vorhaben von überörtlicher Bedeutung die §§ 29 bis 37 BauGB nicht anzuwenden sind, wenn die Gemeinde beteiligt wird; städtebauliche Belange sind gem. § 38 S. 1 2. HS BauGB zu berücksichtigen.[276] § 38 BauGB hebt die durch die §§ 32 Abs. 1 Nr. 1, 10 Abs. 4 Nr. 5 KrW-/AbfG begründete Bindungswirkung der Zulassung einer Deponie an die bauplanungsrechtlichen Vorgaben auf und privilegiert somit auch den Standort für Abfallentsorgungsanlagen. Hintergrund des § 38 BauGB ist, daß von einer Planfeststellung betroffene Gemeinden durch die Aufstellung von Bebauungsplänen die Realisierung von Fachplanungsvorhaben auf ihrem Gemeindegebiet verhindern könnten. § 38 BauGB schließt die Berücksichtigung der kommunalen Planung indes nicht vollständig aus. Vielmehr sind gem. § 38 S. 1 2. HS BauGB städtebauliche Belange – im Rahmen der Abwägung – als Abwägungskriterium zu berücksichtigen. Im Rahmen der Berücksichtigung städtebaulicher Belange muß die zulassende Behörde auch den mit der Errichtung der Anlage verbundenen Eingriff in Natur und Landschaft prüfen.[277]

Gem. § 32 Abs. 1 Nr. 4 KrW-/AbfG dürfen die für verbindlich erklärten Feststellungen eines Abfallwirtschaftsplanes der Errichtung und dem Betrieb einer Deponie nicht entgegenstehen. Das bedeutet nicht, daß eine Zulassung bereits dann ausscheidet, wenn das Vorhaben nicht den Standortfestlegungen eines Abfallwirtschaftsplans entspricht.[278] **177**

bb) Zulassungsverfahren

Das abfallrechtliche Planfeststellungsverfahren richtet sich mangels ausdrücklicher Verfahrensvorschriften im KrW-/AbfG unmittelbar nach den §§ 72 bis 78 VwVfG. Im Rahmen des Planfeststellungsverfahrens ist gem. § 31 Abs. 2 S. 2 KrW-/AbfG eine Umweltverträglichkeitsprüfung nach den Vorschriften des Gesetzes über die Umweltverträglichkeitsprüfung durchzuführen.[279] **178**

Gem. § 75 Abs. 1 S. 1 2. HS VwVfG kommt dem Planfeststellungsbeschluß Konzentrationswirkung zu. Neben der abfallrechtlichen Planfeststellung sind grds. keine anderen behördlichen Zulassungsentscheidungen erforderlich. **179**

Umstritten ist, ob auch die wasserrechtliche Gestattung durch den Planfeststellungsbeschluß ersetzt wird, da § 14 Abs. 1 WHG davon spricht, daß die Planfeststellungsbehörde über deren Erteilung entscheidet. Der Wortlaut des § 14 Abs. 1 WHG läßt offen, ob die Erteilung im Rahmen der Planfeststellung oder ob eine gesonderte Erteilung zu erfolgen hat.[280] **180**

Gem. § 31 Abs. 3 KrW-/AbfG kann anstelle eines Planfeststellungsbeschlusses eine Plangenehmigung erteilt werden, wenn **181**

– die Errichtung und der Betrieb einer unbedeutenden Deponie beantragt wird (vgl. Nr. 1),

---

[276] Vgl. dazu *Hölscher,* NVwZ 1998, 1134 ff.

[277] Zur Versagung der Zulassung bei vermeidbaren Eingriffen vgl. *OVG Hamburg,* Urt. v. 19. 5. 1992 – Bf VI 22/88 –, NVwZ-RR 1993, 8 ff.

[278] *BVerwG,* Urt. v. 1. 12. 1982 – 7 C 100/79 –, NVwZ 1983, 408.

[279] Vgl. zur UVP ausführl. oben § 8 Rn. 64 ff.

[280] Vgl. dazu *Czychowski,* WHG, § 14 Rn. 2 m. w. N.

Zimmerling, NVwZ 92, 132 (Anhörg, Gde, Umweltvbg.)

– die wesentliche Änderung einer Deponie oder ihres Betriebes beantragt wird (vgl. Nr. 2) oder
– die Errichtung und der Betrieb einer Deponie beantragt wird, die ausschließlich oder überwiegend der Entwicklung und Erprobung neuer Verfahren dient und die Genehmigung für einen Zeitraum von höchstens zwei Jahren nach Inbetriebnahme der Anlage erteilt werden soll (Nr. 3).

182 Als unbedeutend im Sinne des § 31 Abs. 3 Nr. 1 KrW-/AbfG gilt beispielsweise eine Kompostierungsanlage für Laub- und Grünabfälle mit einer jährlichen Durchsatzleistung von 6,57 t.[281] Liegen die Voraussetzungen des § 31 Abs. 3 KrW-/AbfG für die Erteilung einer Genehmigung vor, so steht der Behörde ein Ermessen dahingehend zu, ob sie das Genehmigungsverfahren oder das Planfeststellungsverfahren durchführt.

cc) Zulassungsentscheidung

183 Liegen die Voraussetzungen für die Zulassung einer Abfalldeponie vor, so stellt sich die Frage, ob der Vorhabenträger einen Anspruch auf Erteilung der Zulassung hat. Die h.M. verneint einen Zulassungsanspruch.[282] Der Zulassungsbehörde wird ein planerischer Gestaltungsfreiraum zuerkannt.[283]

dd) Nebenbestimmung

184 Gem. § 32 Abs. 4 KrW-/AbfG können der Planfeststellungsbeschluß und die Genehmigung unter Bedingungen erteilt, mit Auflagen verbunden und befristet werden, soweit dies zur Wahrung des Wohls der Allgemeinheit erforderlich ist. Die Nebenbestimmungen können entweder schon mit der Zulassung oder nachträglich erfolgen. Ferner kann gem. § 32 Abs. 3 KrW-/AbfG die zuständige Behörde bereits im Rahmen der Zulassung eine Sicherheitsleistung für die nach Stillegung der Deponie erforderlichen Sicherungs- und Rekultivierungsmaßnahmen verlangen. Die Sicherheitsleistung kann auch nachträglich während des Betriebes noch auferlegt werden. Dies gilt auch für Anlagen, die bereits vor Inkrafttreten des Abfallgesetzes betrieben wurden.[284]

ee) Zulassung des vorzeitigen Beginns

185 Gem. § 33 Abs. 1 KrW-/AbfG kann in einem Planfeststellungs- oder Genehmigungsverfahren die Zulassung des vorzeitigen Beginns unter Widerrufsvorbehalt für einen Zeitraum von 6 Monaten erteilt werden.[285] Die Zu-

---

[281] Vgl. *OVG Hamburg,* Beschl. v. 26. 11. 1993 – Bs VI 94/93 –, NVwZ-RR 1994, 568.

[282] *BVerwG,* Urt. v. 27. 3. 1992 – 7 C 18.91 –, DÖV 1992, 748; *VGH Mannheim,* Urt. v. 8. 10. 1992 – 10 S 289/92 –, DVBl. 1993, 168.

[283] Vgl. *BVerwG,* Urt. v. 22. 3. 1985 – 4 C 15.83 –, BVerwGE 71, 166 (168); *dass.,* Urt. v. 9. 3. 1990 – 7 C 21.89 –, BVerwGE 85, 44 (51 f.); *VGH Kassel,* Urt. v. 8. 10. 1992 – 10 S 289/92 –, VBlBW 1993, 106 (108); *Schink,* DÖV 1993, 725 (733); krit. *VGH München,* Urt. v. 16. 3. 1993 – 8 A 92 40089 –, UPR 1993, 235; *Beckmann,* DÖV 1987, 944 (949).

[284] *BVerwG,* Urt. v. 29. 11. 1991 – 7 C 6/91 –, NVwZ 1992, 482; *VGH München,* Beschl. v. 28. 12. 1989 – 20 CS 89 3551 –, NVwZ 1990, 992.

[285] Vgl. ähnl. Regelungen in § 57 b Abs. 1 BBergG, § 8 a BImSchG u. § 9 a WHG; vgl. zur Vorgängerregelung bereits *Topp,* Die Zulassung des vorzeitigen Beginns von Abfallentsorgungsanlagen nach § 7 a AbfG und § 15 a BImSchG, S. 56 ff.; *Stüer/Hermanns,* DÖV 1999, 58 ff.

lassung des vorzeitigen Beginns bezieht sich nicht nur auf die Errichtung, sondern auch auf den Betrieb. Voraussetzung für die Zulassung des vorzeitigen Beginns ist, daß mit einer Entscheidung zugunsten des Vorhabenträgers gerechnet werden kann, an dem vorzeitigen Beginn ein öffentliches Interesse besteht und der Vorhabenträger sich verpflichtet, im Falle der Nichtzulassung den ursprünglichen Zustand wiederherzustellen und alle eingetretenen Schäden zu ersetzen.

G. Überwachung der Abfallentsorgung

Der wirksame Vollzug des Kreislaufwirtschafts- und Abfallrechts setzt **186**
nicht nur eine vorbeugende Überwachung in Form der Zulassungspflicht von Abfallbeseitigungsanlagen voraus.[286] Notwendig ist vielmehr außerdem eine laufende Überwachung der Vermeidung, Verwertung und Beseitigung von Abfällen. Diese erfolgt entweder durch die zuständige Behörde nach § 40ff. KrW-/AbfG oder innerbetrieblich nach den §§ 53ff. KrW-/AbfG.

I. Behördliche Überwachung

§ 40 KrW-/AbfG normiert die Überwachungspflichten und Möglichkei- **187**
ten der zuständigen Behörde.[287] Gem. § 40 Abs. 1 S. 1 KrW-/AbfG unterliegt die Vermeidung, die Verwertung und die Beseitigung von Abfällen der Überwachung durch die zuständige Behörde. Die Überwachung erstreckt sich sowohl auf die Abfälle selbst als auch auf Anlagen und darüber hinaus auch auf Erzeuger und Besitzer von Abfällen sowie Entsorgungspflichtige. Gem. § 40 Abs. 1 S. 2 KrW-/AbfG kann die Behörde die Überwachung auch auf stillgelegte Abfallbeseitigungsanlagen und auf Grundstücke erstrekken, auf denen vor dem 11. 6. 1972 Abfälle zur Beseitigung angefallen sind, gelagert oder abgelagert worden sind, wenn dies zur Wahrung des Wohls der Allgemeinheit erforderlich ist.[288]

1. Allgemeine Überwachung

§ 40 Abs. 2 bis 4 KrW-/AbfG regelt Auskunfts- und Mitwirkungspflich- **188**
ten der Erzeuger oder Besitzer von Abfällen, Entsorgungspflichtiger und Anlagenbetreiber.

Hinsichtlich der Überwachung von Abfällen zur Beseitigung unterscheidet **189**
§ 41 KrW-/AbfG zwischen *besonders überwachungsbedürftigen Abfällen* und *überwachungsbedürftigen Abfällen.* Nach § 41 Abs. 1 S. 1 KrW-/AbfG gelten Abfälle als besonders überwachungsbedürftig, die in besonderem Maße gesundheits-,

---

[286] Vgl. zu überwachungsrechtl. Vorschriften *Beckmann,* NWVBl. 1995, 81ff.; *Beckman/Spieß,* UPR 1998, 366; *Budde,* NuR 1997, 166ff.; *Petersen/Kracht,* DVBl. 1996, 1161ff.; *Heuer,* NVwZ 1999, 624ff.; ferner zur Überwachung aus Sicht der EG vgl. *Krieger,* in: Rengeling, EUDUR, Bd. 2, § 76 Rn. 1ff.

[287] Siehe auch §§ 752, 753 UGB-KomE, vgl. BMU, UGB-KomE, S. 418f., 1605ff.

[288] Mit dieser Regelung wird § 11 AbfG a. F. teilweise in das KrW-/AbfG übernommen, vgl. *Pohl,* HdUR, B.3 Rn. 171.

luft- oder wassergefährdend, explosiv oder brennbar sind oder Erreger übertragbarer Krankheiten enthalten. Die besondere Gefährlichkeit kann dabei von der Art, der Beschaffenheit aber auch der Menge der Abfälle herrühren. Alle übrigen Abfälle zur Beseitigung sind überwachungsbedürftig.

190 Im Rahmen der Überwachung haben die Erzeuger oder Besitzer von Abfällen, die Entsorgungspflichtigen sowie die ehemaligen oder derzeitigen Anlagenbetreiber gem. § 40 Abs. 2 KrW-/AbfG Auskunft zu erteilen über den Betrieb, Anlagen, Einrichtungen und sonstige der Überwachung unterliegenden Gegenstände. Ferner haben diese Auskunftspflichtigen zur Prüfung der Einhaltung ihrer Verpflichtung nach den §§ 5 bis 11 KrW-/AbfG von der Behörde dazu beauftragten Personen das Betreten der Grundstücke, Geschäfts- und Betriebsräume, die Einsicht in Unterlagen und die Vornahme von technischen Ermittlungen und Prüfungen zu gestatten. Ferner haben gem. § 40 Abs. 3 S. 1 KrW-/AbfG Betreiber von Verwertungs- und Abfallbeseitigungsanlagen oder von Anlagen, in denen Abfälle mitverwertet oder mitbeseitigt werden, die Anlagen zugänglich zu machen, die zur Überwachung erforderlichen Arbeitskräfte, Werkzeuge und Unterlagen zur Verfügung zu stellen und nach Anordnung der zuständigen Behörde Zustand und Betrieb der Anlage auf ihre Kosten prüfen zu lassen.

191 Die Bundesregierung kann gem. § 41 Abs. 1 S. 2 KrW-/AbfG für bestimmte Abfälle durch Rechtsverordnung besondere Anforderungen an die Überwachung stellen.

192 Die §§ 42ff. KrW-/AbfG regeln den Nachweis über die Beseitigung von Abfällen.[289] Das KrW-/AbfG unterscheidet zwischen einem *fakultativen* und einem *obligatorischen* Nachweisverfahren. Dem obligatorischen Nachweisverfahren unterfällt die Beseitigung und Verwertung besonders überwachungsbedürftiger Abfälle (§§ 43, 46 KrW-/AbfG). Demgegenüber ist das Nachweisverfahren fakultativ für die Beseitigung von Abfällen, die nicht mit in Haushaltungen anfallenden Abfällen beseitigt werden, und deren Verwertung (§§ 42, 45 KrW-/AbfG).[290]

193 Gem. § 43 KrW-/AbfG ist für besonders überwachungsbedürftige Abfälle zwingend der Behörde ein Beseitigungsnachweis zu erbringen und ein Nachweisbuch zu führen, sofern es sich nicht um Kleinmengen im Sinne einer Rechtsverordnung aufgrund des § 48 Nr. 5 KrW-/AbfG handelt. § 42 KrW-/AbfG ermächtigt die zuständige Behörde, für überwachungsbedürftige Abfälle, die nicht mit den in Haushaltungen anfallenden Abfällen beseitigt werden, einen Nachweis sowie das Führen eines Nachweisbuches zu verlangen. Ein Nachweis muß Auskunft geben über Art und Menge der Abfälle sowie über die Form ihrer Beseitigung.[291]

---

[289] Zur Rechtsstellung des Abfallentsorgers im Entsorgungsnachweisverfahren *Beckmann/Spieß,* UPR 1998, 366ff.; dazu auch *OVG Münster,* Urt. v. 18. 12. 1998 – 20 B 1388/98 –, ZUR 1999, 283f.; *VGH Mannheim,* Urt. v. 16. 12. 1997 – 10 S 2599/95 –, NuR 1999, 330f. zur NachweisV a. F., das Urt. ist – nachdem sich der Rechtsstreit im Revisionsverfahren erledigt hat – unwirksam geworden.

[290] Zur Anordnung eines fakultativen Nachweisverfahrens *VGH München,* Beschl. v. 3. 2. 1998 – 20 ZB 98 196 –, NVwZ 1998, 1205.

[291] Zu Andienungspflichten für besonders überwachungsbedürftige Abfälle zur Verwertung *Beckmann/Krekeler,* UPR 1997, 223ff.; *Beckmann,* AbfallPrax 1999, 41ff.

194 Gem. §§ 42, 43 KrW-/AbfG gehört zu den Vorschriften, die die Überwachung regeln, auch § 14 Abs. 1 KrW-/AbfG. Danach haben Eigentümer und Besitzer von Grundstücken, auf denen zulassungspflichtige Abfälle anfallen, das Betreten des Grundstücks nicht nur zum Zweck des Einsammelns, sondern auch zur Überwachung der Getrennthaltung und Verwertung von Abfällen zu dulden. Damit ist die Möglichkeit eröffnet, routinemäßig die auf einem Grundstück abgestellten Abfallbehälter zu kontrollieren. Im Hinblick auf den damit verbundenen Eingriff in Art. 3 GG wird man allerdings die Duldungspflicht des § 14 Abs. 1 KrW-/AbfG restriktiv dahingehend auslegen müssen, daß zumindest objektive Anhaltspunkte für einen Verstoß gegen Trennungspflichten vorliegen müssen.[292]

2. *Genehmigung für Transporte und Vermittlungsgeschäfte*

195 Nach § 49 KrW-/AbfG dürfen Abfälle zur Beseitigung gewerbsmäßig nur mit Genehmigung (Transportgenehmigung) der zuständigen Behörde eingesammelt oder befördert werden.[293] Ausgenommen von der Genehmigungspflicht sind nach § 49 Abs. 1 S. 2 KrW-/AbfG die Entsorgungsträger im Sinne der §§ 15, 17 und 18 KrW-/AbfG sowie die von diesen beauftragten Dritten (Nr. 1). Sachlich unterliegt der Transportgenehmigung nicht das Einsammeln oder Befördern von Erdaushub, Straßenaufbruch oder Bauschutt, soweit diese nicht durch Schadstoffe verunreinigt sind (Nr. 2) und die Einsammlung oder Beförderung geringfügiger Abfallmengen im Rahmen wirtschaftlicher Unternehmen, soweit die Behörde diese von der Genehmigungspflicht freigestellt hat (Nr. 3).

196 Gem. § 49 Abs. 2 KrW-/AbfG ist die Genehmigung zu erteilen, wenn keine Tatsachen bekannt sind, aus denen sich Bedenken gegen die Zuverlässigkeit des Antragstellers oder der für die Leitung und Beaufsichtigung des Betriebes verantwortlichen Personen ergeben und der Einsammler, Beförderer und die von ihnen beauftragten Dritten die notwendige Sach- und Fachkunde besitzen. Bei der Transportgenehmigung handelt es sich um eine Personalkonzession.[294] Sie ist als gebundene Entscheidung ausgestaltet, so daß bei Vorliegen der Voraussetzungen ein Genehmigungsanspruch besteht.[295]

197 Nähere Einzelheiten über Antragsunterlagen sowie über Inhalt und Form der Transportgenehmigung regelt die Verordnung zur Transportgenehmigung (Transportgenehmigungsverordnung – TgV).[296]

198 Nach § 50 KrW-/AbfG bedarf derjenige einer Genehmigung der zuständigen Behörde, der – ohne im Besitz der Abfälle zu sein – für Dritte Verbringungen gewerbsmäßig vermitteln will (Abfalltransportmakler). Die Genehmigungspflicht für Vermittlungsgeschäfte soll illegalen Abfalltransport verhindern.[297] Gem. § 50 Abs. 1 S. 2 KrW-/AbfG ist die Genehmigung zu

---

[292] *Tettinger/Mann,* UTR 1995, 113 (131 f.).
[293] Krit. zur systematischen Stellung des § 49 KrW-/AbfG BMU, UGB-KomE, S. 1617.
[294] Vgl. zur Personalkonzession bereits oben § 8 Rn. 32.
[295] *Versteyl,* in: Kunig/Paetow/Versteyl, KrW-/AbfG, § 49 Rn. 36.
[296] V. 10. 9. 1996 (BGBl. I S. 1411).
[297] Vgl. BT-Drs. 12/7240, S. 26.

Lechler, DVBl 97, 145

erteilen, wenn nicht Tatsachen die Annahme der **Unzuverlässigkeit** des Antragstellers oder einer mit der Leitung oder Beaufsichtigung des Betriebes (oder einer Zweigniederlassung) beauftragten Person rechtfertigen. Auch bei der Genehmigung für Vermittlungsgeschäfte handelt es sich um eine Personalkonzession.

199 Gem. § 51 Abs. 1 KrW-/AbfG ist weder eine Transportgenehmigung noch eine Genehmigung für Vermittlungsgeschäfte erforderlich für **Entsorgungsfachbetriebe** im Sinne des § 52 Abs. 1 KrW-/AbfG. Entsorgungsfachbetrieb ist, wer berechtigt ist, das Gütezeichen einer nach § 52 Abs. 3 KrW-/AbfG anerkannten Entsorgungsgemeinschaft zu führen oder einen Überwachungsvertrag mit einer technischen Überwachungsorganisation abgeschlossen hat, der eine mindestens einjährige Überprüfung einschließt (§ 52 Abs. 1 S. 1 KrW-/AbfG). Einzelheiten zu Entsorgungsfachbetrieben ergeben sich aus der Verordnung über Entsorgungsfachbetriebe (Entsorgungsfachbetriebeverordnung – EfbV).[298]

II. Innerbetriebliche Überwachung

200 Die behördliche Überwachung wird ergänzt durch die innerbetriebliche Überwachung. Zur innerbetrieblichen Überwachung sieht § 53 Abs. 1 KrW-/AbfG Mitteilungspflichten zur Betriebsorganisation und §§ 54 ff. KrW-/AbfG die Bestellung eines Betriebsbeauftragten für Abfall vor.[299]

201 Gem. § 54 KrW-/AbfG haben Betreiber von immissionsschutzrechtlich genehmigungsbedürftigen Anlagen, in denen regelmäßig besonders überwachungsbedürftige Abfälle i. S. des § 41 KrW-/AbfG anfallen, Betreiber ortsfester Sortier-, Verwertungs- oder Abfallbeseitigungsanlagen sowie Hersteller und Besitzer von Abfällen, die diese aufgrund eines Rücknahmesystems zurücknehmen, Betriebsbeauftragte für Abfall zu bestellen, sofern dies im Hinblick auf die Größe der Anlage erforderlich ist. Die Vorschrift über den Abfallbeauftragten wurde in Anlehnung an die Regelung über den Immissionsschutzbeauftragten gem. §§ 53 ff. BImSchG formuliert. § 55 Abs. 3 KrW-/AbfG verweist hinsichtlich der Vorgaben über die Pflichten und die Stellung des Betriebsbeauftragten für Abfall auf die Vorschriften der §§ 55 bis 58 BImSchG.[300]

H. Sanktionen

202 Um die Einhaltung der gesetzlichen Vorschriften zu sichern, enthält das KrW-/AbfG verschiedenen Straftatbestände, deren Verwirklichung straf- oder bußgeldbewährt ist.

[298] V. 10. 9. 1996 (BGBl. I S. 1421).

[299] Siehe dazu die Verordnung über Betriebsbeauftragte für Abfall v. 26. 10. 1977 (BGBl. I S. 1913); zur innerbetriebl. Überwachung vgl. *Kotulla,* DÖV 1995, 452 ff.; zu den Umweltschutzbeauftragten ausführl. oben § 8 Rn. 108 ff.

[300] Vgl. dazu ausführl. oben § 20 Rn. 211 ff.

I. Strafrechtliche Sanktionen

Strafvorschriften im Bereich des Kreislaufwirtschafts- und Abfallrechts befinden sich in den §§ 326f. StGB. Dazu zählen die umweltgefährdende Abfallbeseitigung nach § 326 Abs. 1 StGB, der unerlaubte Abfalltransport nach § 326 Abs. 2 StGB sowie das unerlaubte Betreiben einer Abfallentsorgungsanlage nach § 327 Abs. 2 Nr. 3 StGB.[301] 203

1. Umweltgefährdende Abfallbeseitigung gem. § 326 Abs. 1 StGB

Gem. § 326 Abs. 1 StGB wird mit Freiheitsstrafe bis zu 5 Jahren oder mit Geldstrafe bestraft, wer unbefugt die in § 326 Abs. 1 Nr. 1 bis 4 StGB genannten Abfälle außerhalb einer dafür zugelassenen Anlage oder unter wesentlicher Abweichung von einem vorgeschriebenen oder zugelassenen Verfahren behandelt, lagert, ablagert, abläßt oder sonst beseitigt. 204

Der Abfallbegriff des § 326 StGB ist nicht identisch mit dem Abfallbegriff des § 3 Abs. 1 KrW/AbfG. Vielmehr sind Abfälle bewegliche Sachen, deren sich der Besitzer endgültig entledigen will (subjektiver Abfallbegriff) oder deren geordnete Beseitigung zur Wahrung des Allgemeinwohls geboten ist (objektiver Abfallbegriff).[302] 205

Zudem erfaßt § 326 Abs. 1 StGB nur solche Abfälle, die in den Nr. 1 bis 4 explizit aufgeführt sind und die dort vorausgesetzten Gefährlichkeitsstufen aufweisen.[303] Insbesondere nach § 326 Abs. 1 Nr. 4 StGB muß der Abfall nach geeignet sein, nach Art, Beschaffenheit oder Menge nachhaltig ein Gewässer, die Luft oder den Boden zu verunreinigen oder sonst nachhaltig zu verändern oder ein Bestand von Tieren oder Pflanzen zu gefährden. An einer solchen Gefährdung fehlt es nur dann, wenn schädliche Einwirkungen auf die Umwelt wegen der geringen Menge der Abfälle offensichtlich ausgeschlossen sind.[304] In diesem Fall ist die Tat nach § 326 Abs. 6 StGB nicht strafbar.[305] 206

Wichtigste Tathandlung in § 326 Abs. 1 StGB ist das Beseitigen der Abfälle. Alle weiteren aufgeführten Begehungsweisen, wie das Behandeln, Lagern, Ablagern und Ablassen sind lediglich Unterfälle der Beseitigung.[306] 207

2. Unerlaubter Abfalltransport nach § 326 Abs. 2 StGB

Gem. § 326 Abs. 2 StGB wird ebenso bestraft, wer Abfälle i.S.d. des § 326 Abs. 1 StGB entgegen einem Verbot oder ohne die erforderliche Ge- 208

[301] Zur Strafbarkeit wegen ungenehmigter Autoverwertung *OLG Köln,* Beschl. v. 19. 2. 1999 – Ss 610/98 – 278 –, UPR 1999, 227.

[302] Vgl. *Heine,* NJW 1998, 3665 (3666); *Wessels,* StrafR BT, Rn. 1078 m.w. N; zur Einordnung als Abfall oder als Wirtschaftsgut *BGH,* Urt. v. 6. 6. 1997 – 2 StR 339/96 –, ZfW 1999, 31 ff.; zur Abfalleigenschaft von Autowracks *OLG Schleswig,* Beschl. v. 20. 5. 1997 – 2 Ss 334/96 –, ZfW 1999, 57 ff.

[303] *Wessels,* StrafR BT, Rn. 1081.

[304] Zur Anwendbarkeit des § 326 Abs. 1 a StGB bei der Ablagerung von Hausmüll in großen Mengen siehe *BGH,* Urt. v. 31. 10. 1986 – 2 StR 33/86 –, BGHSt 34, 211.

[305] Vgl. dazu *Tröndle/Fischer,* StGB, § 326 Rn. 17.

[306] *Wessels,* StrafR BT, Rn. 1082.

nehmigung in den, aus dem oder durch den Geltungsbereich dieses Gesetzes verbringt.[307]

3. Unerlaubtes Betreiben einer Abfallentsorgungsanlage nach § 327 Abs. 2 Nr. 3 StGB

209 Gem. § 327 Abs. 2 Nr. 3 StGB wird mit Freiheitsstrafe bis zu 3 Jahren oder mit Geldstrafe bestraft, wer eine Abfallentsorgungsanlage i. S. d. KrW-/AbfG ohne die erforderliche Genehmigung oder Planfeststellung oder entgegen einer vollziehbaren Untersagung betreibt.[308]

II. Ordnungswidrigkeiten nach § 61 KrW-/AbfG

210 Ferner gelten gem. § 61 KrW-/AbfG u. a. die Verletzung des Anlagenzwangs (§ 61 Abs. 1 Nr. 1 und 2 KrW-/AbfG[309]) sowie des Erfordernisses einer Transport- oder Vermittlungsgenehmigung (§ 61 Abs. 1 Nr. 3 und 4 KrW-/AbfG) als ordnungswidrig. Sie sind mit Geldbußen bis zu 20 000,– DM, in schwereren Fällen bis zu 100 000,– DM bewehrt.

---

[307] Vgl. dazu *OLG München,* Beschl. v. 15. 4. 1998 – 4 St RR 50/98 –, UPR 1998, 396; siehe dazu auch oben § 13 Rn. 13 ff.

[308] Dazu auch *ObLG München,* Beschl. v. 15. 4. 1998 – 4 St RR 50/98 –, ZfW 1998, 513 ff.; zur Strafbarkeit wegen ungenehmigter Autoverwertung *OLG Köln,* Beschl. v. 19. 2. 1999 – Ss 610/98 – 278 –, UPR 1999, 227.

[309] Zum Begriff des Lagerns in § 61 Abs. 1 Nr. 2 KrW-/AbfG *OLG München,* Beschl. v. 6. 10. 1997 – 3 ObOWi 107/97 –, ZUR 1998, 45; *dass.,* Beschl. v. 4. 12. 1998 – 3 ObOWi 132/98 –, UPR 1999, 112 f.; zur bußgeldrechtl. Ahndung der Entsorgung durch einen Dritten im Falle einer Überlassungspflicht i. S. d. § 13 Abs. 1 S. 2 KrW-/AbfG *OLG München,* Beschl. v. 18. 5. 1998 – 3 OWi 54/98 –, UPR 1998, 396; zum Begriff der Abfälle zur Beseitigung i. S. d. § 61 Abs. 1 Nr. 1 KrW-/AbfG *OLG München,* Beschl. v. 17. 4. 1998 – 3 OWi 43/98 –, UPR 1998, 395.

§ 31. Weitere abfallrechtliche Regelungen

Die mit den hohen nationalen Anforderungen verbundenen Kosten für die Abfallentsorgung haben dazu geführt, daß Abfälle zur Beseitigung einerseits immer häufiger in die Staaten des ehemaligen Ostblocks, aber auch in die Staaten der Dritten Welt, verbracht oder andererseits auf hoher See entsorgt worden sind. 1

A. Regelungen zum grenzüberschreitenden Verkehr mit Abfällen

Regelungen für die grenzüberschreitende Verbringung von Abfällen enthält zum einen die Abfallverbringungsverordnung der EG und zum anderen das deutsche Abfallverbringungsgesetz.[1] 2

I. Abfallverbringungsverordnung der EG

Seit dem 6. 5. 1994 gilt in der Bundesrepublik Deutschland die Abfallverbringungsverordnung der EG (EG-AbfVerbrVO),[2] die der Umsetzung des Baseler Übereinkommens dient und in allen Mitgliedstaaten unmittelbar Geltung hat (vgl. Art. 249 Abs. 2 EGV).[3] 3

Völkerrechtliche Grundlage der grenzüberschreitenden Abfallentsorgung ist das **Baseler Übereinkommen**.[4] Die Bundesrepublik Deutschland ist dem Baseler Übereinkommen erst mit Wirkung zum 20. 6. 1995 beigetreten. Nach dem Baseler Übereinkommen sind die Ausfuhr, Einfuhr und Durchfuhr von Abfällen nur nach vorheriger Unterrichtung und Einholung der Zustimmung aller beteiligten Staaten zulässig. Eine Verbringung von Abfällen in Nichtvertragsstaaten ist untersagt und nur ausnahmsweise zulässig, soweit den Anforderungen der Konvention entsprechende bi- oder multilaterale Vereinbarungen bestehen. Die Ausfuhr von Abfällen in Staaten südlich des 60. Breitengrades ist untersagt. Ferner sieht das Baseler Übereinkommen für gescheiterte oder illegale Verbringungen eine Wiedereinfuhrpflicht des Exporteurs, die durch eine hilfsweise Haftung des Exportstaates gesichert wird, vor. Als illegale Verbringung gilt jede, die mit einer durch Fälschung, irreführenden Angaben oder Betrug erlangten Zustimmung des betroffenen Staates erfolgt. 4

---

[1] Vgl. dazu SRU, Umweltgutachten 1998, BT-Drs. 13/10195, Tz. 463 ff.; *Kloepfer,* UmweltR, § 18 Rn. 56 ff.; *Kasten,* Europarechtliche und völkerrechtliche Aspekte der grenzüberschreitenden Abfallverbringung, passim; *Krieger,* in: Rengeling, EUDUR, Bd. 2, § 75 Rn. 1 ff.; *Engels,* Grenzüberschreitende Abfallverbringung nach EG-Recht, passim.

[2] Verordnung (EWG) Nr. 259/93 des Rates zur Überwachung und Kontrolle der Verbringung von Abfällen in der, in die und aus der Europäischen Gemeinschaft v. 1. 2. 1993, ABl. EG Nr. L 30, S. 1, ber. ABl. EG Nr. L 18 v. 26. 1. 1995, S. 38, geänd. durch V (EG) Nr. 2408/98 der Komm. v. 6. 11. 1998, ABl. EG Nr. L 298, S. 19; vgl. dazu *Winter,* UPR 1994, 161 ff.; *Klett/Kaninski/Konzak,* WiVerw 1995, 40 ff.; *Hoppe/Beckmann,* DVBl. 1995, 817 ff.; *Schröder,* NVwZ 1996, 833 ff.; *Hoffmann,* Grundfragen der grenzüberschreitenden Verbringung von Abfall nach nationalem Recht und nach EG-Recht, S. 22 ff.; *Jarass,* NuR 1998, 397 ff.; *Beckmann/Kersting,* in: Landmann/Rohmer, UmweltR, Bd. III, KrW-/AbfG, § 10 Rn. 52 ff.

[3] Art. 189 Abs. 2 EGV i. d. F. v. Maastricht.

[4] V. 22. 3. 1989 (BGBl. 1995 II S. 696).

5 Die Abfallverbringungsverordnung geht vom Abfallbegriff der Abfallrahmenrichtlinie[5] aus.[6] Unterschieden werden Abfälle zur Beseitigung und Abfälle zur Verwertung.[7]

6 Die Abfallverbringungsverordnung enthält Regelungen über die grenzüberschreitende Verbringung von Abfällen zwischen Mitgliedstaaten (Titel II), die Verbringung innerhalb eines Mitgliedstaates (Titel III), die Ausfuhr von Abfällen aus der Gemeinschaft (Titel IV), die Einfuhr von Abfällen in die Gemeinschaft (Titel V) und die Durchfuhr von Abfällen von außerhalb der Gemeinschaft durch die Gemeinschaft zur Beseitigung oder Verwertung außerhalb der Gemeinschaft (Titel VI).[8] Abfälle zur Verwertung werden nach der Abfallverbringungsverordnung in drei Gruppen nach dem Vorbild der Ampelliste der OECD („Grün", „Gelb", „Rot") unterschieden: Die grüne Liste (Anhang II AbfVerbrVO) beinhaltet Abfälle, von denen bei sachgemäßer Verwertung normalerweise keine Risiken ausgehen, die sog. gelbe Liste (Anhang III AbfVerbrVO) beinhaltet Abfälle, die ein erhöhtes Gefährdungspotential aufweisen, während die sog. rote Liste (Anhang IV AbfVerbrVO) Abfälle aufführt, die mit einem höchsten Gefährdungspotential versehen sind.

7 Abfälle zur Beseitigung dürfen zwischen den Mitgliedstaaten nur nach Durchführung eines Notifizierungsverfahrens (Art. 3 AbfVerbrVO) nach vorheriger Importgenehmigung verbracht werden. Im Rahmen des Notifizierungsverfahrens können die Behörden der Staaten, durch die der Abfall durchgeführt werden soll (Transitbehörden) Einwände gegen die Verbringung erheben.[9] Abfälle zur Verwertung bedürfen nur dann einer schriftlichen Zustimmung der Behörde im Rahmen eines Notifizierungsverfahrens, wenn es sich um solche der sog. roten Liste handelt.[10]

II. Abfallverbringungsgesetz

8 Das Abfallverbringungsgesetz (AbfVerbrG)[11] ergänzt die Abfallverbringungsverordnung der EG.[12] Der Abfallbegriff des § 2 AbfVerbrG entspricht dem Abfallbegriff des § 3 KrW-/AbfG.

---

[5] Vgl. dazu bereits oben § 29 Rn. 22.

[6] Vgl. dazu *BVerwG,* Urt. v. 19. 11. 1998 – 7 C 31/97 –, ZUR 1999, 110 (111).

[7] Zur Frage, ob die Grundsätze der Entsorgungsautarkie u. das Näheprinzip auch für Abfälle zur Verwertung gelten oder ob der freie Warenverkehr mit Abfällen zur Verwertung durch nationale Abfallwirtschaftspläne eingeschränkt werden kann, *EuGH,* Urt. v. 25. 6. 1998 – C-203/96 –, ZUR 1998, 311 ff. m. Anm. v. Graner.

[8] Vgl. zur EG-AbfVerbrVO *Winter,* UPR 1994, 161 ff.; *Hoppe/Beckmann,* DVBl. 1995, 817 ff.; *Giesberts,* NVwZ 1996, 949 ff.

[9] Zur Geltendmachung von subjektiven Rechten der Gemeinde im Notifizierungsverfahren *VG Darmstadt,* Beschl. v. 26. 9. 1997 – 8 G 1719/97 (3) –, ZUR 1998, 96; zur Zustimmung der Behörde zur Verbringung von Abfällen ins Ausland *VG Magdeburg,* Beschl. v. 18. 7. 1997 – B 1 K 440/97 –, NVwZ 1998, 1214 ff.

[10] Vgl. auch *VGH Mannheim,* Beschl. v. 23. 3. 1999 – 10 S 3242/98 –, UPR 1999, 276 ff.; zur Erforderlichkeit eines Notifizierungsverfahrens bei Nichtmitgliedstaaten vgl. *BVerwG,* Urt. v. 19. 11. 1998 – 7 C 31/97 –, ZUR 1999, 110 (111).

[11] Gesetz über die Überwachung und Kontrolle der grenzüberschreitenden Verbringung von Abfällen (Abfallverbringungsgesetz – AbfVerbrG) v. 30. 9. 1994 (BGBl. I S. 2771).

[12] Zum AbfVerbrG ausführl. *Beckmann/Kersting,* in: Landmann/Rohmer, UmweltR, Bd. III, KrW-/AbfG, § 10 Rn. 38 ff.

Nach § 3 AbfVerbrG sind im Inland entstandene Abfälle im Inland zu beseitigen **(Grundsatz der Beseitigungsautarkie)**. Sofern eine Beseitigung auch im Ausland zulässig ist, kommt der Beseitigung in einem EU-Mitgliedstaat Vorrang vor der Beseitigung in einem anderen Staat zu. **9**

Hinsichtlich der haftungsrechtlichen Ausgestaltung ergänzt das Abfallverbringungsgesetz die Wiedereinfuhrpflicht des Exporteurs für gescheiterte oder illegale Verbringung von Abfällen, die hilfsweise Haftung des Exportstaates des Baseler Übereinkommens sowie die Sicherheitsleistung für jede notifizierungsbedürftige Verbringung von Abfällen nach der Abfallverbringungsverordnung der EG. Dazu regelt das Abfallverbringungsgesetz in § 6 Abs. 1 S. 1 AbfVerbrG, daß neben der notifizierenden Person und der Person, die eine illegale Verbringung veranlaßt hat, auch diejenige, die die Verbringung vermittelt oder durchgeführt hat oder daran in sonstiger Weise beteiligt war sowie der Erzeuger der verbrachten Abfälle zur Wiedereinfuhr verpflichtet sind. Dies gilt nicht, soweit die wiedereinfuhrpflichtige Person nachweisen kann, daß sie bei der Abgabe der Abfälle ordnungsgemäß gehandelt hat. Sofern die Wiedereinfuhrpflicht die Bundesrepublik Deutschland trifft, obliegt die Rückführung nach § 6 Abs. 1 S. 4 AbfVerbrG der Behörde des Landes, die für das Verbringungsverfahren zuständig war oder gewesen wäre. **10**

§ 7 AbfVerbrG enthält Vorgaben für die Sicherheitsleistung, die zur Abdeckung der Kosten für die Wiedereinfuhr von Abfällen einschließlich ihrer Entsorgung verwendet werden kann. Zum finanziellen Schutz der Wiedereinfuhrverpflichteten sieht § 8 AbfVerbrG einen „Solidarfonds Abfallrückführung" vor.[13] Beitragspflichtig sind die Bundesländer (§ 8 Abs. 2 AbfVerbrG) und alle notifizierenden Personen (§ 8 Abs. 1 AbfVerbrG) i. S. d. Abfallverbringungsverordnung der EG. Der Solidarfonds ist zunächst als Anstalt des öffentlichen Rechts eingerichtet und untersteht der Aufsicht des Bundesministeriums für Umwelt, Naturschutz und Reaktorsicherheit. § 8 Abs. 3 AbfVerbrG eröffnet jedoch die Möglichkeit einer Privatisierung.[14] **11**

Der Kommissionsentwurf zum Umweltgesetzbuch sieht in den §§ 759 bis 767 UGB-KomE Regelungen zur grenzüberschreitenden Verbringung von Abfällen vor.[15] Inhaltsgleiche Vorschriften werden aus dem Entwurf ausgeklammert und die verbleibenden Vorschriften einer geänderten Systematik zugeführt.[16] Die Vorschriften über die Behördennotifikation (§ 762 UGB-KomE), die Wiedereinfuhr (§ 763 UGB-KomE), die Sicherheitsleistung (§ 764 UGB-KomE) und den Abfallrückführungsfonds (§ 765 UGB-KomE) lehnen sich dabei weitgehend an das geltende Recht an.[17] **12**

B. Abfallentsorgung auf Hoher See

Soweit die Abfallentsorgung auf Hoher See erfolgt, kann diese wegen ihres internationalen Bezuges nicht vom Regelungsbereich des KrW-/AbfG **13**

---

[13] Zur Änderung der VO über die Anstalt „Solidarfond Abfallrückführung" vgl. BR-Drs. 744/99.
[14] Vgl. dazu *Versteyl/Wendenburg*, NVwZ 1994, 833 (843).
[15] BMU, UGB-KomE, S. 419 ff.
[16] Vgl. BMU, UGB-KomE, S. 1630 f.
[17] BMU, UGB-KomE, S. 1631.

erfaßt werden. Die Abfallentsorgung auf hoher See ist demnach zunächst Gegenstand internationaler Abkommen. Zu nennen sind im wesentlichen

- das Übereinkommen zur Verhütung der Meeresverschmutzung durch die Einbringung (von Abfällen) durch Schiffe und Luftfahrzeuge **(Oslo-Übereinkommen)**,[18]
- das Übereinkommen über die Verhütung der Meeresverschmutzung durch das Einbringen von Abfällen und anderen Stoffen **(London-Übereinkommen)**.[19]

14 Rechtsgrundlage im deutschen Recht ist zum einen das **Hohe-See-Einbringungsgesetz (EinbrG)**[20] und die dazu ergangene Durchführungsverordnung **(Hohe-See-Einbringungsverordnung)**.[21] Art. 2 Abs. 1 EinbrG unterwirft das Einbringen und Einleiten einer Erlaubnispflicht, deren Voraussetzungen im einzelnen in Art. 2 Abs. 2 EinbrG geregelt sind.

15 Gem. Art. 2 Abs. 1a EinbrG i.V.m. § 28 Abs. 4 KrW-/AbfG ist die Abfall*beseitigung* auf Hoher See verboten.

---

[18] V. 15. 2. 1972 (BGBl. 1977 II S. 165, 169).

[19] V. 29. 12. 1972 (BGBl. 1977 II S. 165, 180), zul. geänd. durch Prot. v. 7. 11. 1996 (BGBl. II S. 141, 142, 151).

[20] Gesetz über das Verbot zur Einbringung von Abfällen und anderen Stoffen und Gegenstände in die Hohe See (Hohe-See-Einbringungsgesetz) v. 25. 8. 1998 (BGBl. I S. 2455).

[21] Verordnung zur Durchführung des Gesetzes zu dem Übereinkommen v. 15. 2. 1972 u. 29. 12. 1972 zur Verhütung der Meeresverschmutzung durch Einbringen von Abfällen durch Schiffe und Luftfahrzeuge (Hohe-See-Einbringungsverordnung) i.d.F.d. Bek. v. 7. 12. 1977 (BGBl. I S. 2478), zul. geänd. durch G v. 27. 9. 1994 (BGBl. I S. 2705).

Siebenter Abschnitt: Gefahrstoffrecht

§ 32. Gegenstand des Gefahrstoffrechts

A. Chemische Substanzen

1 Die Zahl der unterschiedlichen auf dem Markt befindlichen Stoffe ist unübersehbar. Im Verlauf der industriellen Entwicklung der vergangenen drei Jahrzehnte hat sich die Gesamtproduktion an **chemischen Substanzen** um das 20fache erhöht.

2 Jedes Jahr wird weltweit die kaum vorstellbare Menge von 300 Mio. Tonnen Chemikalien hergestellt.[1] Allein in der EG gelangen nahezu 100 000 unterschiedliche Substanzen und mehr als 1 000 000 Zubereitungen in der industriellen Produktion zum Einsatz.[2] So enthält das Europäische Altstoffinventar[3] mehr als 100 000 verschiedene Stoffe.[4] In dieser Zahl sind sowohl Stoffe enthalten, die gegenwärtig nicht mehr hergestellt werden, als auch solche Stoffe, die bisher lediglich im Gramm-Maßstab vertrieben worden sind. Zudem werden nur einige tausend dieser Stoffe in Mengen von mehr als 10 Tonnen pro Jahr hergestellt.[5] Die Zahl der Stoffe nimmt jedoch insgesamt von Jahr zu Jahr zu. In den Jahren 1984 bis 1985 sind ca. 400 bis 500 neue Stoffe in den Mitgliedstaaten der EG erstmals in den Verkehr gebracht worden, wobei über zwei Drittel dieser Stoffe die 1-Tonnen-Grenze pro Jahr nicht überschritten haben. Auf dem deutschen Markt kommen jährlich, ohne abgeleitete Verbindungen, 200 neue Verbindungen hinzu.[6]

B. Gefahren durch chemische Substanzen

3 Die **ökologischen Risiken** von Stoffen werden vor allem durch spezifische Wirkungen der Stoffe, die Anzahl und Menge sowie die Art und Weise der Verteilung der Stoffe in der Umwelt begründet. Für einen großen Teil der Stoffe fehlt es an genaueren Kenntnissen, auf welchem Wege und an welcher Stelle ihr Eintritt in die Umwelt erfolgt und wie sie in dem jeweiligen Umweltbereich wirken.[7] Teilweise hat es Jahrzehnte gedauert, bis die

---

[1] *Parlar/Angerhöfer,* Chemische Ökotoxikologie, S. 5ff.; *Au,* ZUR 1994, 237ff.

[2] DGB-Bundesvorstand, Gefahrstoffe – Ersatzstoffe, DGB-Materialien Nr. 32, S. 4f.; vgl. auch *Grießhammer,* ZAU 1993, 302 (304); *Kloepfer,* HdUR, Bd. 1, Sp. 342 (343), 814; *Peine,* Jura 1993, 337 (343).

[3] Europäisches Altstoffverzeichnis (European Inventory of Existing Commercial Substances – EINECS) ABl. EG Nr. C 146 A v. 15. 6. 1990; zur historischen Entwicklung ausführl. *Peine,* Jura 1993, 337 (343).

[4] BT-Drs. 11/5008, S. 2.

[5] BMU, Umweltpolitik, 10 Jahre Chemikaliengesetz, Bilanz und Perspektiven, S. 32.

[6] *Rehbinder,* in: Salzwedel, Grundzüge des UmweltR, 2. Aufl., Kap. 13 Rn. 2.

[7] Vgl. dazu u. zu der Konzeption der BReg. zur Verringerung der Umweltrisiken durch Schadstoffeintrag, BReg., Leitlinien Umweltvorsorge, BT-Drs. 10/6028, S. 6ff.; so auch *Grießhammer,* ZAU 1993, 302 (304); *Kloepfer,* HdUR, Bd. 1, Sp. 342 (343).

Gefährlichkeit bestimmter Stoffe, etwa von Asbest, Formaldehyd, Dioxine oder polychlorierten Biphenylen (PCB) erkannt wurde.[8]

C. Gefahrstoffrecht

4 Angesichts der Gefährdungen durch die Verbreitung und den Eintrag von Stoffen gewinnt das **Gefahrstoffrecht**[9] zunehmend an Bedeutung. Während das Gefahrstoffrecht in der Vergangenheit zunächst dem unmittelbaren Schutz der menschlichen Gesundheit vor den mit der Nutzung von Stoffen verbundenen Gefahren diente, wird gegenwärtig auch die Vermeidung mittelbarer und langfristiger Schäden für Menschen wie auch für Tiere, Pflanzen und Sachgüter sowie die Erhaltung der Leistungsfähigkeit des Naturhaushalts zum Gegenstand des Gefahrstoffrechts.[10] Nach europäischen Vorgaben ist der Vorsorgegrundsatz zum tragenden Prinzip des Gefahrstoffrechts geworden.

5 Den Vorsorgegedanken betont auch der Kommissionsentwurf zum Umweltgesetzbuch.[11] Danach hat sich das Gefahrstoffrecht nicht mit dem Einsatz von sog. „end-of-the-pipe"-Technologien zu begnügen, mit denen erst am Ende der Ursachenkette entstandenen Umweltbelastungen bekämpft werden. Die Risiken sollen vielmehr frühzeitig in den unterschiedlichen Stadien der Produktplanung, der Produktherstellung, des Inverkehrbringens von Produkten und des Einsatzes gefährlicher Stoffe wenn nicht ausgeschlossen so zumindest auf ein Maß reduziert werden, das in Hinblick auf die Belastbarkeit des Menschen und der Umwelt und die Knappheit natürlicher Ressourcen vertretbar ist. Zu diesem Zweck soll das Gefahrstoffrecht als Informationsbeschaffungsrecht weiter ausgebaut werden. Zu einer möglichst früh ansetzende Risikovermeidung bedarf es nämlich insoweit früh umfassender Informationen.

6 Das nationale Gefahrstoffrecht ist in erheblichem Maße bestimmt durch die detaillierten Vorgaben des EG-Rechts.[12] Teilweise verbleibt kaum Raum für eigenständige Regelungen, wie insbesondere die Bestimmungen zu Altstoffen[13] und die zur Bewertung neuer Stoffe[14] im Chemikalienrecht zeigen, bei denen jeweils nur noch auf Richtlinien der EG verwiesen wird, die dann direkt zur Anwendung kommen.[15]

7 Diese Methode der sog. dynamischen Außenverweisung wird unter verfassungsrechtlichen Aspekten wegen fehlender Bestimmtheit der verweisenden Norm und

---

[8] Vgl. dazu Beispiele bei *Bender/Sparwasser/Engel,* UmweltR, 9. Teil Rn. 3; ferner *Grießhammer,* ZAU 1993, 302 (304).

[9] Vgl. dazu *Kloepfer,* HdUR, Bd. 1, Sp. 814ff.; *ders,* UmweltR, § 17 Rn. 1ff,; *Rehbinder,* in: Salzwedel, UmweltR, 2. Aufl., Kap. 13; *Tünnesen-Harmes,* HdbUR, B.4; *Au,* ZUR 1994, 237ff.; zur Forderung nach einem geschlossenen Kreislauf für Gefahrstoffe *Grießhammer,* ZAU 1993, 302ff.; *Held,* ZAU 1993, 308ff.; *Friege,* ZUR 1995, 241ff.; vgl. auch Enquête-Kommission „Schutz des Menschen und der Umwelt", BT-Drs. 12/8260, S. 29 (305); zu einem rechtspolitischen Ausblick auf das Gefahrstoff- u. ProduktR *Di Fabio,* in: Rengeling, EUDUR, Bd. 2, § 65 Rn. 1ff.

[10] Vgl. BReg., Leitlinien Umweltvorsorge, BT-Drs. 10/6028, S. 4; siehe auch *Peine,* Jura 1993, 337.

[11] BMU, UGB-KomE, S. 1427.

[12] *Tünnesen-Harmes,* HdbUR, B.4 Rn. 6; vgl. auch BMU, UGB-KomE S. 1428.

[13] Vgl. § 3 Nr. 2 ChemG.

[14] Vgl. § 12 Abs. 2 S. 2 ChemG.

[15] Dazu *Tünnesen-Harmes,* HdbUR, B.4 Rn. 6, 8a.

mangelnder Legitimation der EG für bedenklich gehalten.[16] Nicht zu leugnen ist, daß sich die jeweils gültige Fassung der Norm, auf die verwiesen wird, nicht aus der Verweisnorm ermitteln läßt, sondern sich erst aus dem Amtsblatt der EG in seiner jeweils neusten Fassung ergibt.[17] Bedenken gegen die mangelnde Bestimmtheit der verweisenden Norm kann jedenfalls nicht mit dem Hinweis auf die vertikale Durchdringung des nationalen Rechts durch EG-Recht begegnet werden.[18] Dies mag allenfalls den Vorwurf der fehlenden Legitimation entkräften, nicht den der mangelnden Bestimmtheit.

Das Gefahrstoffrecht umfaßt sämtliche Regelungen, die dem Schutz des Menschen und der Umwelt vor gefährlichen Stoffen dienen.[19] **In diesem weiten Sinne** ist das Gefahrstoffrecht zum großen Teil bereits Gegenstand des medialen Umweltrechts. So enthält etwa das Immissionsschutzrecht Regelungen zur Vermeidung und Verringerung von Schadstoffeinträgen in die Luft, das Recht der Abwasserbeseitigung regelt die Ableitung von Schadstoffen mit dem Abwasser.[20] Das Gefahrstoffrecht in diesem weiteren Sinne soll angesichts seiner medialen Ausrichtung im nachfolgenden nicht erneut erörtert werden. Gegenstand der nachfolgenden Darstellung ist das Gefahrstoffrecht **im engeren Sinne**, das sich auf die präventive Gefahrstoffkontrolle konzentriert und den Schutz vor gefährlichen Stoffen unmittelbar durch Regelungen für das Inverkehrbringen dieser Stoffe und für den Umgang mit ihnen gewährleistet.[21] 8

Zum Gefahrstoffrecht im engeren Sinne zählt das **allgemeine** Gefahrstoffrecht, das in dem Gesetz zum Schutz vor gefährlichen Stoffen, dem 9

- Chemikaliengesetz[22]

geregelt ist, und das **spezielle** Gefahrstoffrecht, das aus gefahrstoffrechtlichen Spezialregelungen für einzelne gefährliche Stoffe besteht.[23] Dazu zählt das

- Pflanzenschutzgesetz,
- Düngemittelgesetz
- Futtermittelgesetz,
- Lebensmittel- und Bedarfsgegenständegesetz,
- Arzneimittelgesetz,
- Tierseuchengesetz,
- Wasch- und Reinigungsmittelgesetz,
- Benzinbleigesetz und
- Gesetz über die Beförderung gefährlicher Güter.

Dem speziellen Gefahrstoffrecht können dabei auch weite Bereiche des Gentechnikgesetzes unterfallen.[24] Das Gentechnikgesetz bezweckt unter an-

---

[16] So *Schneider,* Gesetzgebung, Rn. 385 ff. bezogen auf Regelungen der Tarifvertragsparteien; vgl. auch *Kloepfer,* UmweltR, § 17 Rn. 35; § 3 Rn. 80.

[17] Das *BVerfG* hält eine dynamische Verweisung nicht schlechthin für ausgeschlossen, vgl. *BVerfG,* Beschl. v. 1. 3. 1978 – 1 BvR 786, 793/70, 168/71 u. 95/73 –, BVerfGE 47, 285 (312); siehe zur dynamischen Verweisung auch *Salzwedel,* NVwZ 1987, 276 (278).

[18] So *Kloepfer,* UmweltR, § 17 Rn. 35.

[19] *Kloepfer,* HdUR, Bd. 1, Sp. 814 ff.

[20] Siehe oben § 18 Rn. 127 ff.; zum Verhältnis des ChemG zum WasserR *VG Gelsenkirchen,* Urt. v. 16. 11. 1987 – 10 K 2827/86 –, UPR 1988, 237 u. *Rehbinder,* UPR 1988, 201 ff.

[21] Vgl. auch *Kloepfer,* UmweltR, § 17 Rn. 6 f.; *Peine,* Jura 1993, 337.

[22] Vgl. dazu i. e. unten § 33 Rn. 1 ff.

[23] Vgl. *Kloepfer,* HdUR, Bd. 1, Sp. 814 f.; siehe i. e. unten § 34 Rn. 1 ff.

[24] A. A. *Kloepfer,* UmweltR, § 16 Rn. 4.

derem den Schutz vor möglichen Gefahren, die von gentechnisch behandelten Organismen für den Menschen und die Umwelt ausgehen können. Wegen dieser besonderen Bedeutung und seiner arbeits- bzw. produktbezogenen Regelungen soll das Gentechnikrecht im Zusammenhang mit dem besonderen Gefahrstoffrecht dargestellt werden.[25]

10 Im Kommissionsentwurf zum Umweltgesetzbuch wird die präventive Produktkontrolle bereits in den §§ 115 bis 125 UGB-KomE des Allgemeinen Teils geregelt.[26] Regelungen zum speziellen Gefahrstoffrecht finden sich im 16. Kapitel „Gefährliche Stoffe" (§§ 586 bis 725 UGB-KomE) sowie im 15. Kapitel „Gentechnik und sonstige Biotechnik" (§§ 552 bis 585 UGB-KomE).[27] Dabei übernimmt das 16. Kapitel das Konzept des Professorenentwurfs zum Umweltgesetzbuch.[28] Es führt die wesentlichen Bereiche des Rechts der gefährlichen Stoffe zusammen. So umfaßt das 16. Kapitel im 1. bis 7. Abschnitt diejenigen Vorschriften, die dem Chemikaliengesetz zugeordnet werden können (§§ 586 bis 623 UGB-KomE).[29] Im 8. Abschnitt findet das Pflanzenschutzmittelrecht Eingang in das Stoffrecht (§§ 624 bis 669 UGB-KomE),[30] im 9. Abschnitt (§§ 670 bis 684 UGB-KomE) das Recht der Biozide,[31] im 10. Abschnitt das Wasch- und Reinigungsmittelrecht (§§ 685 bis 692 UGB-KomE),[32] im 11. Abschnitt das Düngemittelrecht (§§ 693 bis 701 UGB-KomE)[33] und im 12. Abschnitt das Recht der Beförderung gefährlicher Güter (§§ 702 bis 716 UGB-KomE).[34] Im 13. Abschnitt wird für alle vorbenannten Stoffe gemeinsam das Recht der Ordnungswidrigkeiten geregelt (§§ 717 bis 725 UGB-KomE).[35]

---

[25] Vgl. dazu unten § 35 Rn. 1 ff.
[26] Vgl. dazu BMU, UGB-KomE, S. 154 f., 681 ff.
[27] BMU, UGB-KomE, S. 339 ff., 1427 ff.
[28] Vgl. dazu *Jarass/u. a.*, UGB-BT-E, §§ 439–588, S. 203 ff., 875 ff.; ferner *Kloepfer*, DVBl. 1994, 305 (312); *ders.*, UmweltR, § 17 Rn. 217.
[29] Vgl. BMU, UGB-KomE, S. 339 ff.
[30] Vgl. BMU, UGB-KomE, S. 360 ff.
[31] Vgl. BMU, UGB-KomE, S. 382 ff.
[32] Vgl. BMU, UGB-KomE, S. 388 ff.
[33] Vgl. BMU, UGB-KomE, S. 391 ff.
[34] Vgl. BMU, UGB-KomE, S. 394 ff.
[35] Vgl. BMU, UGB-KomE, S. 399 ff.

§ 33. Chemikalienrecht

A. Rechtliche Grundlagen

1 Das Chemikalienrecht[1] ist im Gesetz zum Schutz vor gefährlichen Stoffen (Chemikaliengesetz – ChemG)[2] geregelt. Es beruht auf der konkurrierenden Gesetzgebungszuständigkeit des Bundes nach Art. 74 Abs. 1 Nr. 4a, 11, 12, 19, 20 und 24 GG.[3] Das ChemG ist sowohl 1990[4] als auch 1994 aufgrund EG-rechtlicher Vorgaben novelliert worden.[5]

2 Die Bundesregierung beabsichtigt, das ChemG in dieser Legislaturperiode erneut zu ändern. Die Biozid-Richtlinie[6] der EG soll dazu genutzt werden, das ChemG zu einem grundlegenden Stoffgesetz auszubauen.[7] Biozide sind Mittel, die zur Schädlingsbekämpfung außerhalb des Pflanzenschutzes angewandt werden. Hierzu können insbesondere Schädlingsbekämpfungsmittel, Holzschutzmittel, Unterwasseranstriche und sonstige Unterwasserschutzmittel, Konservierungsmittel und Desinfektionsmittel gerechnet werden. Schädlingsbekämpfungsmittel besitzen wie Pflanzenschutzmittel regelmäßig die Eigenschaft, Lebewesen töten oder zumindest ihr Wachstum und ihre Vermehrung erschweren oder verhindern zu können. Ihr Einsatz kann neben Schadorganismen auch unschädliche oder nützliche Organismen beeinträchtigen.[8] Biozide werden auch bei bestimmungsgemäßem Gebrauch in für die Gesundheit und Umwelt relevanten Mengen freigesetzt.[9] Für Schädlingsbekämpfungsmittel besteht bisher keine zusammenfassende gesetzliche Regelung. Lediglich spezielle Bereiche, wie etwa der Einsatz von Bioziden gegen Krankheitserreger und ihr Überträger zur Seuchenbekämpfung, werden durch bestehende Gesetze erfaßt. Bundesrechtliche Vorgaben für den Umgang mit Schädlingsbekämpfungsmitteln finden sich im ChemG, Bundesseuchengesetz, Arzneimittelgesetz sowie im Lebensmittel- und Bedarfsgegenständegesetz.[10] Daneben existieren landesrechtliche Regelungen, die sich vorwiegend mit der

---

[1] Grundl. *Peine,* Jura 1993, 337ff.; *Kloepfer,* HdUR, Bd. 1, Sp. 342ff.; *ders.,* UmweltR, § 17 Rn. 16ff.; zur Geltung des ChemG in den neuen Ländern *Feldhaus/Eisenbarth,* UPR 1990, 401 (405f.); *Storm,* in: Landmann/Rohmer, UmweltR, Bd. III, Kap. 7, Vor Rn. 17, 26; zu EG-rechtl. Grundlagen *Rehbinder,* in: Rengeling, EUDUR, Bd. 2, § 62 Rn. 8ff.; zu Vollzugsdefiziten im ChemikalienR *Lübbe-Wolff,* NuR 1993, 217 (220); für einen Paradigmenwechsel im ChemikalienR *Scheringer/Mathes/Weidemann/Winter,* ZAU 1998, 227ff.

[2] Gesetz zum Schutz vor gefährlichen Stoffen (Chemikaliengesetz – ChemG) i.d.F.d. Bek. v. 25. 7. 1994 (BGBl. I S. 1703), zul. geänd. durch G v. 14. 5. 1998 (BGBl. I S. 950); zur Entstehungsgeschichte *Rehbinder,* in: Rehbinder/Kayser/Klein, ChemG, Einf. Rn. 6ff.; *Tünnesen-Harmes,* HdbUR, B.4 Rn. 7ff.; *Storm,* in: Landmann/Rohmer, UmweltR, Bd. III, Kap. 7, Vor Rn. 1ff.

[3] Vgl. dazu ausführl. BT-Drs. 11/4550, S. 36; *Kloepfer,* UmweltR, § 17 Rn. 16; *Storm,* in: Landmann/Rohmer, UmweltR, Bd. III, Kap. 7, Vor Rn. 25.

[4] BGBl. I S. 581; vgl. *Peine,* Jura 1993, 337ff.

[5] Zu den Änderungen durch die Novelle von 1994 vgl. Beschlußempfehlung des BMU, BT-Drs. 12/7437, S. 1; Pressezentrum des BT, wib 1999, Heft 6, 67; *Tünnesen-Harmes,* HdbUR, B.4 Rn. 7ff., 8a.

[6] Vgl. Vorschlag der Komm. für eine RL des Rates über das Inverkehrbringen von Biozid-Produkten, KOM (93) 351 endg.-SYN 465 v. 27. 6. 1993.

[7] Vgl. FAZ v. 21. 1. 1999 Nr. 17 S. 4.

[8] BMU, 1. Biozid-Symposium, Dokumentation S. 87ff.; BR-Drs. 644/91, Anl. S. 2.

[9] BR-Drs. 644/91, Anl. S. 2.

[10] Vgl. dazu ausführl. *Kloepfer,* UmweltR, § 17 Rn. 146; BMU, UGB KomE, S. 1510ff.

Bekämpfung einzelner Schädlinge bzw. Schädlingsarten befassen.[11] Die Biozid-Richtlinie der EG sieht die Einführung eines Zulassungsverfahrens für das Inverkehrbringen und die Anwendung gesundheits- bzw. umweltschädlicher Biozid-Produkte vor. Ein Biozid-Produkt darf danach erst dann in den Verkehr gebracht und angewandt werden, wenn die in der Richtlinie genannten Bedingungen für die amtliche Zulassung erfüllt sind. Dazu hat der Antragsteller bei der Zulassungsbehörde Antragsunterlagen einzureichen, die eine Bewertung der durch die Produktanwendung entstehenden Gefahren ermöglichen. Der Kommissionsentwurf zum Umweltgesetzbuch sieht in Anlehnung an den Professorenentwurf zum Umweltgesetzbuch die Umsetzung der Biozid-Richtlinie in den §§ 670 bis 684 UGB KomE im Sachzusammenhang mit dem Pflanzenschutzrecht vor.[12]

3 Hinzu kommen eine Reihe nationaler Rechtsverordnungen, die das ChemG konkretisieren.[13] Dazu zählen die

- Verordnung über Prüfnachweise und sonstige Anmelde- und Mitteilungsunterlagen nach dem Chemikaliengesetz (Prüfnachweisverordnung – ChemPrüfV),[14]
- Verordnung über gefährliche Stoffe (Gefahrstoffverordnung – GefstoffV),[15]
- Verordnung über Kosten für Amtshandlungen der Bundesbehörden nach dem Chemikaliengesetz (Chemikalien-Kostenverordnung – ChemKostV),[16]
- Verordnung über die Mitteilungspflichten nach § 16e des Chemikaliengesetzes zur Vorbeugung und Information bei Vergiftungen (Giftinformationsverordnung – ChemGiftInfoV),[17]
- Verordnung zum Verbot von bestimmten die Ozonschicht abbauenden Halogenkohlenwasserstoffen (FCKW-Halon-VerbotsV),[18]
- Verordnung zur Durchsetzung gemeinschaftsrechtlicher Verordnungen über Stoffe und Zubereitungen (Chemikalien Straf- und Bußgeldverordnung – ChemStrOWiV)[19] und
- Verordnung über Verbote und Beschränkungen des Inverkehrbingens gefährlicher Stoffe, Zubereitungen und Erzeugnisse nach dem Chemikaliengesetz (Chemikalien-Verbotsverordnung – ChemVerbotsV)[20].

4 Außerdem wurden folgende Verwaltungsvorschriften erlassen

- Allgemeine Verwaltungsvorschrift zur Durchführung der Bewertung nach § 12 Abs. 2 des Chemikaliengesetzes (ChemVwV – Bewertung),[21]
- Allgemeine Verwaltungsvorschrift zum Verfahren der behördlichen Überwachung der Einhaltung der Grundzüge der Guten Laborpraxis (ChemVwV – GLP),[22]

---

[11] Vgl. Verordnung über die Feststellung und Bekämpfung eines Befalls mit tierischen Schädlingen (Schädlingsbekämpfungsverordnung) des Landes Sachsen-Anhalt v. 14. 2. 1996 (GVBl. S. 112).

[12] BMU, UGB-KomE, S. 382ff.; 1510ff.; vgl. auch §§ 515–522 UGB-BT-E, *Jarass/u. a.,* UGB-BT-E, S. 258ff., 949ff.

[13] Vgl. dazu *Storm,* in: Landmann/Rohmer, UmweltR, Bd. III, Kap. 7, Vor Rn. 11ff.; zur Änderung chemikalienrechtl. VO vgl. BR-Drs. 768/99.

[14] V. 1. 8. 1994 (BGBl. I S. 1877).

[15] V. 26. 10. 1993 (BGBl. I S. 1782, ber. S. 2049), zul. geänd. durch VO v. 27. 1. 1999 (BGBl. I S. 50); neugefaßt v. 15. 11. 1999 (BGBl. I S. 2233); zur Neuordnung des GefahrstoffR in 1993 vgl. *Au,* ZUR 1994, 237 (238ff.); zu Änderungsbestrebungen aufgrund EG-rechtl. Vorgaben vgl. BR-Drs. 328/99 v. 26. 5. 1999.

[16] V. 16. 8. 1994 (BGBl. I S. 2118), zul. geänd. durch VO v. 21. 10. 1997 (BGBl. I S. 2492).

[17] I. d. F. d. Bek. v. 31. 7. 1996 (BGBl. I S. 1198).

[18] V. 6. 5. 1991 (BGBl. I S. 1090), zul. geänd. durch G v. 24. 6. 1994 (BGBl. I S. 1416).

[19] V. 25. 4. 1996 (BGBl. I S. 662).

[20] V. i. d. F. d. Bek. v. 19. 7. 1996 (BGBl. I S. 1151), geänd. durch VO v. 22. 12. 1998 (BGBl. I S. 3956).

[21] V. 11. 9. 1997 (GMBl. S. 447).

[22] V. 15. 5. 1997 (GMBl. S. 257).

– Verwaltungsvorschrift zur Durchführung der Verordnung (EWG) 793/93 des Rates vom 23. 3. 1993 zur Bewertung und Kontrolle der Umweltrisiken chemischer Altstoffe.[23]

Trotz der nur konkurrierenden Gesetzgebungszuständigkeit des Bundes für das ChemG bleibt den Ländern für materiell-rechtliche Regelungen aufgrund dieser Regelungsdichte praktisch kein Raum. Die Länder haben sich deshalb weitgehend auf den Erlaß von Zuständigkeitsverordnungen oder bloßer Bekanntmachungen der zuständigen Behörden beschränkt.[24] 5

EG-rechtliche Vorgaben[25] enthalten u. a. folgende Rechtsvorschriften des Rates 6

– Richtlinie zur Angleichung der Rechts- und Verwaltungsvorschriften für die Einstufung, Verpackung und Kennzeichnung gefährlicher Stoffe,[26]
– Richtlinie zur Angleichung der Rechts- und Verwaltungsvorschriften der Mitgliedsstaaten für die Einstufung, Verpackung und Kennzeichnung gefährlicher Zubereitungen (Zubereitungsrichtlinie),[27]
– Richtlinie über die Beschränkungen des Inverkehrbringens und der Verwendung von Chemikalien,[28]
– Richtlinie zur Angleichung der Rechts- und Verwaltungsvorschriften für die Anwendung der Grundsätze der guten Laborpraxis und zur Kontrolle ihrer Anwendung bei Versuchen mit chemischen Stoffen,[29]
– Richtlinie über die Inspektion und Überprüfung der Guten Laborpraxis (GLP),[30]
– Verordnung zur Bewertung und Kontrolle der Umweltrisiken chemischer Altstoffe,[31]
– Verordnung über Stoffe, die zu einem Abbau der Ozonschicht führen,[32]
– Verordnung betreffend die Ausfuhr und Einfuhr bestimmter gefährlicher Chemikalien.[33]

Seitens der Vereinten Nationen ist zudem eine Chemikalienkonvention (PIC-Konvention) beabsichtigt.[34] 7

Der Kommissionsentwurf zum Umweltgesetzbuch sieht die Regelung des allgemeinen Stoffrechts in den §§ 586 bis 623 UGB-KomE vor. Es lehnt sich dabei im wesentlichen an die Regelungen des ChemG an.[35] 8

---

23 V. 11. 9. 1997 (GMBl. S. 450).

24 Vgl. dazu *Kloepfer,* UmweltR, § 17 Rn. 9.

25 Vgl. dazu näher *Kloepfer,* UmweltR, § 17 Rn. 13 ff.

26 V. 27. 6. 1967 (67/548/EWG), ABl. EG Nr. L 196, S. 1, geänd. ABl. EG Nr. L 200 v. 30. 7. 1999, S. 10.

27 V. 7. 6. 1988 (88/379/EWG), ABl. EG Nr. L 187, S. 14, geänd. ABl. EG Nr. L 65 v. 11. 10. 1996, S. 15; vgl. zum gemeinsamen Standpunkt des EU-Binnenmarktrates zur Änderung der ZubereitungsRL BMU, Umwelt 1998, 388.

28 V. 27. 6. 1976 (76/769/EG), ABl. EG Nr. L 262, S. 201, zul. geänd. durch RL v. 10. 11. 1997 (97/64/EWG), ABl. EG Nr. L 315, S. 13.

29 V. 18. 12. 1986 (87/18/EWG), ABl. EG Nr. L 15, S. 29.

30 V. 9. 6. 1988 (88/320/EWG), ABl. EG Nr. L 145, S. 35, geänd. ABl. EG Nr. L 11 v. 13. 1. 1990, S. 37.

31 V. 23. 3. 1993 (93/793/EWG), ABl. EG Nr. L 84, S. 1, ber. ABl. EG Nr. L 224 v. 3. 9. 1993, S. 34.

32 V. 15. 12. 1994 (EWG) 3093/94, ABl. EG Nr. L 333, S. 1.

33 V. 23. 7. 1992 (EWG) 2455/92, ABl. EG Nr. L 251, S. 13, geänd. durch VO der Komm. (EWG) 1462/96, ABl. EG Nr. L 189 v. 26. 7. 1996, S. 19 u. (EWG) 1237/97, ABl. EG Nr. L. 173 v. 27. 6. 1997, S. 37 u. (EWG) 2247/98, ABl. EG 1998 Nr. L 282, S. 10.

34 Vgl. dazu *Sands,* Principles of International Environmental Law, Bd. I, S. 456 ff.

35 Vgl. BMU, UGB-KomE, S. 339 ff., 1440 ff.

B. Zielsetzung und Anwendungsbereich des Chemikaliengesetzes

9 Zweck des Gesetzes ist gem. § 1 ChemG, den Menschen und die Umwelt vor schädlichen Einwirkungen gefährlicher Stoffe und Zubereitungen zu schützen,[36] insbesondere sie erkennbar zu machen, sie abzuwenden und ihrem Entstehen vorzubeugen.[37] Der Gesetzeszweck trägt zum einen dem Vorsorgegrundsatz Rechnung. Zum anderen wird die Informationsgewinnung gesetzlich verankert, um so Klarheit über die Gefährlichkeit eines Stoffes oder einer Zubereitung zu erlangen. Das ChemG dient folglich sowohl dem Umwelt-, dem Arbeits-, dem allgemeinen Gesundheits- als auch dem Verbraucherschutz.[38]

10 Das Gesetz soll nach dem in § 1 ChemG umschriebenen Gesetzeszweck für alle Stoffe und Zubereitungen gelten. Es hat als allgemeines Gefahrstoffrecht einen umfassenden Geltungsanspruch. Das Gesetz beabsichtigt insoweit eine **stoffübergreifende Präventivkontrolle.**[39] Fraglich ist, ob die allgemeinen medienbezogenen Umweltgesetze und die spezialgesetzlich geregelten stoffbezogenen Vorschriften, die einen gleichwertigen Schutz für Mensch und Umwelt postulieren, den Regelungen des Chemiekaliengesetzes vorgehen.

11 Literatur und Rechtsprechung gehen überwiegend davon aus, daß das ChemG vorrangig die Aufgabe hat, Informationen über Stoffe zu beschaffen, die als Grundlage für weitergehende Vorschriften nach den Spezialgesetzen dienen. Falls die Spezialgesetze entsprechende Regelungen nicht zuließen, könnten die gewonnenen Informationen für Verbote und Beschränkungen nach dem ChemG herangezogen werden.[40]

12 Zahlreiche Stoffbereiche, für die speziellere und zum Teil auch strengere Regelungen gelten, werden aber von seinem *Anwendungsbereich* ausgenommen.[41] Gem. § 2 Abs. Nr. 1 bis 5 ChemG gelten die Vorschriften über die Anmeldung neuer Stoffe, die Einstufung, Verpackung und Kennzeichnung

---

[36] Zur Forderung, auch die von Produkten ausgehenden stoffl. Gefahren mit in den Schutzzweck einzubeziehen, *Schmidt-Heck,* in: Nicklisch, Prävention im UmweltR, S. 29 (35f.).

[37] Zur Festschreibung des Gesetzeszwecks auch §§ 439–441 UGB-BT-E, vgl. *Jarass/u. a.,* UGB-BT-E, S. 203f., 884, 889f.; dazu auch *Kloepfer,* DVBl. 1994, 305 (312); siehe auch § 586 UGB-KomE, der sich an die Zweckbestimmung des § 1 ChemG anlehnt, vgl. BMU, UGB-KomE, S. 339, 1443.

[38] *Tünnesen-Harmes,* HdbUR, B.4 Rn. 16; *Storm,* in: Landmann/Rohmer, UmweltR, Bd. III, Kap. 7, Vor Rn. 38ff.; *Kloepfer,* UmweltR, § 17 Rn. 18ff.; zu einem Vergleich zwischen der neuen u. der 1990 novellierten Gesetzesfassung *Peine,* Jura 1993, 337 (338); zum Verhältnis von Arbeitsschutz u. Umweltschutz vgl. *Burgi,* NVwZ 1993, 954ff.; *VG Oldenburg,* Beschl. v. 2. 6. 1992 – 3 B 30/92 –, NVwZ 1993, 913ff.

[39] *Rehbinder,* in: Rehbinder/Kayser/Klein, ChemG, Einf. Rn. 21.

[40] So *BVerwG,* Urt. v. 12. 6. 1992 – 7 C 31/90 –, NVwZ 1992, 984; dafür auch *Rehbinder,* in: Salzwedel, Grundzüge des UmweltR, 2. Aufl., Kap. 13 Rn. 6 u. Rn. 87ff.; *ders.,* NuR 1981, 185 (188); *Storm,* in: Landmann/Rohmer, UmweltR, Bd. III, Kap. 7, Vor Rn. 28; BMU, UGB-KomE, S. 1430; a.A. *Kloepfer,* UmweltR, § 17 Rn. 29 unter Hinweis auf BT-Drs. 11/4550, S. 34.

[41] Krit. zur Transparenz des § 2 ChemG BMU, Umweltpolitik – 10 Jahre Chemikaliengesetz, Bilanz und Perspektiven, Information des BMU, November 1992, S. 10; BMU, UGB-KomE, S. 1430.

und Teile der Vorschriften über Mitteilungspflichten, Beschränkungen und vorläufige Verbote nicht für

- Tabakerzeugnisse und kosmetische Mittel im Sinne des Lebensmittel- und Bedarfsgegenständegesetzes (Nr. 1),
- Arzneimittel, die einem Zulassungs- oder Registrierungsverfahren nach dem Arzneimittelgesetz oder nach dem Tierseuchengesetz unterliegen (Nr. 2),
- Medizinprodukte im Sinne des Medizinproduktegesetzes (Nr. 2a),
- Abfälle zur Beseitigung im Sinne des KrW-/AbfG (Nr. 3),
- radioaktive Abfälle im Sinne des AtG (Nr. 4),
- Abwasser im Sinne des Abwasserabgabengesetzes (Nr. 5).[42]

Die Ausnahmen vom Anwendungsbereich gelten für die in § 2 ChemG aufgeführten Stoffgruppen aber nicht hinsichtlich aller Regelungen des ChemG. Vielmehr sind nur einzelne – wenn auch vor allem mit den Anmeldebestimmungen besonders wichtige – Vorschriften des ChemG in ihrer Anwendbarkeit bezüglich dieser Stoffgruppen eingeschränkt.[43] 13

C. Grundbegriffe

§§ 3 und 3a ChemG enthalten die für den Anwendungsbereich des Gesetzes wesentlichen Begriffsbestimmungen.[44] 14

Definiert werden in § 3 ChemG die Begriffe Stoffe (Nr. 1), Polymer (Nr. 3a), Zubereitungen (Nr. 4), Erzeugnisse (Nr. 5), Einstufung (Nr. 6), Hersteller (Nr. 7), Einführer (Nr. 8), Inverkehrbringen (Nr. 9), Verwenden (Nr. 10), Wissenschaftliche und Erfahrungsorientierte Forschung und Entwicklung (Nr. 11), sowie Verfahrensorientierte Forschung und Entwicklung (Nr. 12), während § 3a ChemG nunmehr eine Definition der Begriffe gefährliche Stoffe, gefährliche Zubereitungen (§ 3a Abs. 1 ChemG) und umweltgefährliche Stoffe und Zubereitungen (§ 3a Abs. 2 ChemG) enthält. 15

I. Stoffe

Stoffe sind gem. § 3 Nr. 1 ChemG chemische Elemente oder chemische Verbindungen, wie sie natürlich vorkommen oder hergestellt werden, einschließlich der zur Wahrung der Stabilität notwendigen Hilfsstoffe und der durch das Herstellungsverfahren bedingten Verunreinigungen, mit Ausnahme von Lösungsmitteln, die von dem Stoff ohne Beeinträchtigung seiner Stabilität und ohne Änderung seiner Zusammensetzung abgetrennt werden können.[45] 16

§ 3 Nr. 2 ChemG definiert als **alte Stoffe** diejenigen, die im Altstoffverzeichnis der EG – EINECS (ABl. EG Nr. C 146 A v. 15. 6. 1990) in der jeweils jüngsten im Amtsblatt der EG veröffentlichten Fassung bezeichnet 17

---

[42] Näher *Tünnesen-Harmes,* HdbUR, B.4 Rn. 19ff.; auch der Anwendungsbereich des § 589 UGB-KomE schließt das LMBG, das FMG, das AMG u. das TierSG aus dem Anwendungsbereich aus, vgl. BMU, UGB-KomE, S. 341.

[43] *Kloepfer,* HdUR, Bd. 1, Sp. 342 (347); *ders.,* UmweltR, § 17 Rn. 29ff.; *Bender/Sparwasser/Engel,* UmweltR, 9. Teil Rn. 51ff.

[44] Zur begriffl. Ergänzung durch die Novelle von 1994 *Tünnesen-Harmes,* HdbUR, B.4 Rn. 8a.

[45] Siehe auch § 587 Abs. 1 UGB-KomE, vgl. BMU, UGB-KomE, S. 339.

sind,[46] während **neue Stoffe** diejenigen sind, die nicht alte Stoffe im Sinne des § 3 Nr. 2 sind.[47] Das Altstoffinventar erfaßt Stoffe, die vor dem Stichtag 18. 9. 1981 erstmals in einem EG-Mitgliedstaat in den Verkehr gebracht wurden.[48] Derzeit sind im Altstoffverzeichnis der EG 100116 chemische Stoffe als alte Stoffe im Sinne des § 3 Nr. 2 ChemG verzeichnet.[49]

II. Zubereitungen

18 Zubereitungen sind gem. § 3 Nr. 4 ChemG aus zwei oder mehreren Stoffen bestehende Gemenge, Gemische oder Lösungen.[50] Dies sind in der Regel mechanische Verbindungen.[51]

III. Gefährliche Stoffe oder gefährliche Zubereitungen

19 Das ChemG dient der Vorsorge gegen Gefahren, die von Stoffen ausgehen können.[52] Der Gefahrenbegriff hat daher auch im Chemikalienrecht eine große Bedeutung. Was gefährliche Stoffe oder gefährliche Zubereitungen im Sinne des Chemikalienrechtes sind, ergibt sich im Grundsatz aus § 3a Abs. 1 ChemG und im einzelnen aus der Verordnung zum Schutz vor gefährlichen Stoffen (Gefahrstoffverordnung)[53].

20 Gefährliche Stoffe oder gefährliche Zubereitungen sind nach § 3a Abs. 1 ChemG Stoffe oder Zubereitungen, die explosionsgefährlich, brandfördernd, hochentzündlich, leichtentzündlich, entzündlich, sehr giftig, giftig, gesundheitsschädlich, ätzend, reizend, sensibilisierend, krebserzeugend, fortpflanzungsgefährdend, erbgutverändernd oder umweltgefährlich sind.[54] Dabei werden die einzelnen Eigenschaften in der Gefahrstoffverordnung definiert.[55] Umweltgefährdend sind nach § 3a Abs. 2 ChemG Stoffe und Zubereitungen, die selbst oder deren Umwandlungsprodukte geeignet sind, die Beschaffenheit des Naturhaushalts, von Wasser, Boden oder Luft, Klima, Tieren,

---

[46] Zur dynamischen Außenverweisung siehe oben § 32 Rn. 7; zu Altstoffen ferner § 587 Abs. 2 Nr. 1 UGB-KomE, vgl. BMU, UGB-KomE, S. 339.

[47] Siehe § 587 Abs. 2 Nr. 2 UGB-KomE, vgl. BMU, UGB-KomE, S. 339.

[48] *Kloepfer,* HdUR, Bd. 1, Sp. 342 (348); ausführl. *Tünnesen-Harmes,* HdbUR, B.4 Rn. 42ff.

[49] Vgl. BMU, Umweltschutz in Deutschland, S. 21.

[50] Siehe § 587 Abs. 2 Nr. 4 UGB-KomE, vgl. BMU, UGB-KomE, S. 339.

[51] Zur z. T. schwierigen Abgrenzung zwischen Stoffen, Zubereitungen u. Erzeugnissen – für letztere gelten nur einzelne Vorschriften des ChemG – vgl. *Kloepfer,* UmweltR, § 17 Rn. 38.

[52] Vgl. *Kloepfer,* HdUR, Bd. 1, Sp. 342 (344); *Rehbinder,* in: Salzwedel, Grundzüge des UmweltR, 2. Aufl., Kap. 13 Rn. 12; *Kloepfer/Knebel,* UmweltchemikalienR, S. 47ff.; *Kloepfer/Bosselmann,* Zentralbegriffe des UmweltchemikalienR, S. 159ff.; zum Vorsorgegedanken im ChemikalienR *OVG NW,* Beschl. v. 13. 8. 1987 – 4 B 372/87 –, UPR 1988, 152 (153).

[53] Verordnung zum Schutz vor gefährlichen Stoffen (Gefahrstoffverordnung – GefStoffV) v. 26. 10. 1993 (BGBl. I S. 1782, ber. S. 2049), zul. geänd. durch VO v. 27. 1. 1999 (BGBl. I S. 50); neugefaßt v. 15. 11. 1999 (BGBl. I S. 2233); vgl. *Peine,* Jura 1993, 337 (338); zur Novelle vom 26. 10. 1993 *Au,* UPR 1994, 237; zur Geltung der Vorschriften der GefStoffV in den neuen Ländern *Mache,* UmweltR, Rn. 447.

[54] Siehe § 588 Abs. 1 UGB-KomE, vgl. BMU, UGB-KomE, S. 339, 1443f.

[55] Zur näheren Begriffsbestimmung der Gefährlichkeitsmerkmale vgl. § 4 Abs. 1 GefStoffV, dazu i. e. *Tünnesen-Harmes,* HdbUR, B.4 Rn. 53ff.

Pflanzen oder Mikroorganismen derart zu verändern, daß dadurch sofort oder später Gefahren für die Umwelt herbeigeführt werden.[56]

Der Gefahrbegriff des ChemG wird ähnlich wie im allgemeinen Umweltrecht bestimmt.[57] Es kommt neben der (stoffimmanenten) Gefährlichkeit des Stoffs auf die biologische Wirksamkeit des Stoffs (Verbreitung oder Mobilität) und auf die Art, die Intensität und den Umfang der Exposition von Mensch und Umwelt an.[58] Dabei ist nur die abstrakte Gefahr erheblich, d.h. eine typische Gefahrenlage, aus der sich erfahrungsgemäß konkrete Gefahren ergeben können. Die bloße Gefährlichkeit eines Stoffes im Sinne von § 3a ChemG für sich stellt noch keine Gefahr dar, da nicht alle Begriffsmerkmale des Gefahrenbegriffs erfüllt sind, vielmehr liegt ein bloßes Risiko (Vorsorgesituation) vor.[59] 21

D. Instrumente des Chemikaliengesetzes

Die Zielsetzung des § 1 ChemG soll durch ein breitgefächertes Instrumentarium, nämlich durch 22

- Verpflichtung zur Anmeldung von Stoffen (§§ 4ff. ChemG),
- Pflicht zur Einstufung, Verpackung und Kennzeichnung von gefährlichen Stoffen, Zubereitungen und Erzeugnissen (§§ 13ff. ChemG),
- Mitteilungspflichten (§§ 16ff. ChemG),
- Verbote und Beschränkungen (§§ 17ff. ChemG),
- besondere giftrechtliche und arbeitsschutzrechtliche Regelungen (§§ 19a ff. ChemG)

erreicht werden.[60]

Der Kommissionsentwurf zum Umweltgesetzbuch sieht zudem die Aufnahme von Grundsätzen und Grundpflichten der Chemiepolitik (§§ 590, 591 UGB-KomE) vor. Die Grundsätze sollen im Rahmen behördlicher Maßnahmen als Leitlinien für die Bewertung von gefährlichen Stoffen zu beachten sein,[61] während sich die Grundpflichten nach dem Verursacherprinzip an denjenigen richten, der beim Umgang mit gefährlichen Stoffen Gefahren abzuwehren und Vorsorge zu treffen hat.[62] 23

---

[56] Zur schwierigen Prüfung der Umweltgefährlichkeit vgl. *Rehbinder,* in: Salzwedel, Grundzüge des UmweltR, 2. Aufl., Kap. 13 Rn. 14ff.; *Kloepfer,* UmweltR, § 17 Rn. 41ff.; zur Forderung nach einer genauerern Definition *Bosselmann,* IUR 1991, 19 (22); zur gleichlautenden Definition in § 588 Abs. 1 S. 2 UGB-KomE, vgl. BMU, UGB-KomE, S. 340.

[57] Vgl. dazu bereits oben § 1 Rn. 132ff.

[58] *Breuer,* in: Bosselmann/Linden, Stoffprüfung im ChemikalienR, S. 216f., 240ff.; *Rehbinder,* in: Rehbinder/Kayser/Klein, ChemG, Einf. Rn. 60ff., § 17 Rn. 12; *Rehbinder,* in: Salzwedel, Grundzüge des UmweltR, 2. Aufl., Kap. 13 Rn. 14.

[59] Vgl. dazu *Rehbinder,* in: Salzwedel, Grundzüge des UmweltR, 2. Aufl., Kap. 13 Rn. 14.

[60] Vgl. i.Ü. *Peine,* Jura 1993, 337 (339); zur geschichtl. Entwicklung *Kloepfer,* UmweltR, § 17 Rn. 21; zu Regelungsmaßstäben im GefahrstoffR *Winter,* DVBl. 1994, 913ff.

[61] BMU, UGB-KomE, S. 1429, 1442, 1446; siehe auch § 443 UGB-BT-E, vgl. *Jarass/u.a.,* UGB-BT-E, S. 207, 896.

[62] BMU, UGB-KomE, S. 1442, 1447.

I. Anmeldung und Prüfung von Stoffen

24 Wegen der fehlenden Kontrollkapazitäten und um die Innovationskraft der chemischen Industrie nicht unnötig zu beeinträchtigen, hat der Gesetzgeber im ChemG auf die Einführung eines Zulassungsverfahrens, d.h. auf ein Genehmigungserfordernis, verzichtet.[63] Allerdings müssen gem. § 4 Abs. 1 ChemG neue Stoffe, die als solche oder als Bestandteil einer Zubereitung in den Verkehr gebracht werden sollen, vom Hersteller oder Einführer bei der zentralen Anmeldestelle, der Bundesanstalt für Arbeitsschutz in Dortmund (§ 12 Abs. 1 ChemG) unter Vorlage von Prüfnachweisen angemeldet werden, wenn sie gewerbsmäßig oder im Rahmen sonstiger wirtschaftlicher Unternehmungen in größeren Mengen als je 10 kg jährlich je Hersteller (§ 5 Abs. 1 Nr. 4 ChemG) in den Mitgliedstaaten der EG und den anderen Vertragsstaaten des Abkommens über den Europäischen Wirtschaftsraum in den Verkehr gebracht werden sollen.[64]

1. Anmeldepflicht

25 Diese Anmeldepflicht gilt nur für die sog. neuen Stoffe.[65] **Neue Stoffe** sind Stoffe, die nicht im Altstoffverzeichnis der EG – EINECS – bezeichnet sind.[66]

26 *Altstoffe,* die davon nicht erfaßt werden, unterliegen zwar keiner Anmeldepflicht. Eine systematische Prüfung alter Stoffe unterbleibt auch nach der Novelle von 1990.[67] Neben der Möglichkeit, gem. § 17 ChemG im Wege der Rechtsverordnung Beschränkungen und Verbote für Altstoffe zu erlassen, enthält § 16c Abs. 1 ChemG eine Mitteilungspflicht für denjenigen Stoff, der nicht nach Art. 3 und 4 der Verordnung zur Bewertung und Kontrolle der Umweltrisiken chemischer Altstoffe[68] zur Vorlage von Angaben über alte Stoffe an die Kommission der EG verpflichtet ist. Darüber hinaus enthält § 16c Abs. 2 ChemG zum Zwecke der Ermittlung und Bewertung gefährlicher Eigenschaften alter Stoffe eine Verordnungsermächtigung zur Regelung von Mitteilungspflichten für alte Stoffe, die gefährliche Eigenschaften aufweisen.

27 Die Herstellung eines neuen Stoffes allein löst keine Anmeldepflicht aus.[69] Der Stoff muß dazu **in den Verkehr gebracht werden** (§ 3 Nr. 9 ChemG), was die Besitzübertragung (Abgabe) sowie die Vorbereitung hierzu

---

[63] Näher *Peine,* Jura 1993, 337 (340); *Kloepfer,* HdUR, Bd. 1, Sp. 342 (346); *Kloepfer,* UmweltR, § 17 Rn. 23; *Rehbinder,* in: Salzwedel, Grundzüge des UmweltR, 2. Aufl., Kap. 13 Rn. 11; krit. zum Anmeldemodell wegen des Informationsvorsprungs des Chemieherstellers *Peine,* Jura 1993, 337 (340, 342); *Bosselmann,* in: Bosselmann/Linden, Stoffprüfung im ChemikalienR, S. 10; *Gebers/Führ/Wollny,* Ökologische Stoffwirtschaft, S. 32.

[64] Vgl. *Peine,* Jura 1993, 337 (338f.); *Tünnesen-Harmes,* HdbUR, B.4 Rn. 23; siehe auch § 592 UBG-KomE, der den Regelungsgehalt des § 4 ChemG übernimmt, vgl. BMU, UGB-KomE, S. 343, 1451.

[65] In Deutschland wurde 1997 der 1000. Neustoff angemeldet; mehr als die Hälfte aller Stoffe muß als gefährlich eingestuft werden, vgl. BMU, Umwelt 1998, 128f.

[66] Siehe oben § 33 Rn. 17.

[67] Der Einführung eines Zulassungsverfahrens oder der generellen Einbeziehung von Altstoffen stünde nach der RSpr. des EuGH Art. 6 der EG-RL 79/831/EWG entgegen *EuGH,* Urt. v. 14. 10. 1987 – 278/85 –, EuGHE 1987, 4069 (4093f.); vgl. *Peine,* Jura 1993, 337 (340); *Tünnesen-Harmes,* HdbUR, B.4 Rn. 24, 51.

[68] V. 23. 3. 1993 (793/93/EWG), ABl. EG Nr. L v. 84 S. 1.

[69] *Rehbinder,* in: Rehbinder/Kayser/Klein, ChemG, § 4 Rn. 7.

mit Abgabeabsicht bedeutet.[70] Direktexporte aus der EG sind allerdings trotz rechtspolitischer Bedenken[71] nicht anmelde-, sondern nur mitteilungspflichtig (§ 16b ChemG).[72] Gem. § 4 Abs. 1 ChemG bedarf es der Anmeldung auch nicht, wenn der Hersteller den Stoff bereits in einem anderen Mitgliedstaat oder Vertragsstaat hergestellt und dort in einem gleichwertigen Verfahren angemeldet hat. Die Anmeldung hat also **transnationale Wirkung**.[73] Dabei kommt es auf die Anmeldung durch denselben Hersteller an, nicht jedoch darauf, ob der Stoff als solcher bereits angemeldet worden ist.[74]

Demgegenüber bedarf es gem. § 5 ChemG in verschiedenen privilegierten 28
Fällen *keiner Anmeldung*.[75] Hierbei handelt es sich um Ausnahmen für Kleinstbestandteile (vgl. § 5 Abs. 1 Nr. 4 ChemG) und Privilegierungen zu Forschungs- (vgl. § 5 Abs. 1 Nr. 2 ChemG) und Erprobungszwecken (vgl. § 5 Abs. 1 Nr. 3 ChemG). Zum Teil bestehen in diesen Fällen aber Mitteilungspflichten (§ 16a ChemG).

Seit der Änderung des ChemG 1994 sieht § 7a Abs. 1 ChemG die Mög- 29
lichkeit einer *eingeschränkten Anmeldung* vor, wenn die Menge des Stoffes, der in Verkehr gebracht werden soll, weniger als eine Tonne jährlich beträgt.[76] In diesem Fall kann der Anmeldepflichtige die Anmeldeunterlagen auf die in § 7a Abs. 2 ChemG aufgeführten Datensätze beschränken.

Der **Inhalt** der Anmeldung ist in § 6 ChemG im einzelnen geregelt.[77] 30
Erforderlich sind neben Angaben über die Identität des Anmelders und bei Einfuhr auch des Herstellers Angaben über Stoffmenge, Verwendung, schädliche Wirkungen und Verfahren zur Entsorgung des Stoffes. Einzelheiten zu den vorzulegenden Unterlagen sind ergänzend in der Prüfnachweisverordnung[78] enthalten. Mit der Anmeldung sind ferner **Prüfnachweise** vorzulegen, die die Beurteilung erlauben, ob der angemeldete Stoff schädliche Einwirkungen auf den Menschen oder die Umwelt hat (§ 7 Abs. 1 S. 1 ChemG). Über welche Verfahren und Ergebnisse die Prüfnachweise Aufschluß geben müssen, ist in § 7 Abs. 1 ChemG detailliert geregelt.

---

70 Zu Eilmaßnahmen der Anmeldestelle ggü. angemeldeten Stoffen vgl. § 451 UGB-BT-E, *Jarass/u. a.*, UGB-BT-E, S. 211f., 899; dazu auch *Kloepfer*, DVBl. 1994, 305 (312).

71 *Rehbinder*, NVwZ 1983, 255f.; *Bosselmann*, GefahrstoffR, S. 153.

72 *Tünnesen-Harmes*, HdbUR, B.4 Rn. 28.

73 Vgl. *Schmidt-Aßmann*, DVBl. 1993, 924 (935).

74 *Kloepfer*, UmweltR, § 17 Rn. 47; zur Verfahrenserleichterung bei Zweit- oder Nachanmeldungen vgl. § 20a ChemG.

75 Siehe auch § 593 UBG-KomE, der den Regelungsgehalt des § 5 ChemG übernimmt, vgl. BMU, UGB-KomE, S. 343f., 1451f.

76 Siehe auch § 595 UBG-KomE, der den Regelungsgehalt des § 7a ChemG im wesentl. übernimmt, vgl. BMU, UGB-KomE, S. 344f., 1452.

77 Siehe auch § 594 UBG-KomE, der den Regelungsgehalt der §§ 6, 7 ChemG im wesentl. übernimmt u. um die Aufnahme der Angaben in ein Kataster ergänzt, vgl. BMU, UGB-KomE, S. 344f., 1452.

78 Verordnung über Prüfnachweise und sonstige Anmelde- und Mitteilungsunterlagen nach dem ChemG (Prüfnachweisverordnung – ChemPrüfV) v. 1. 8. 1994 BGBl. I S. 1877); auch der Kommissionsentwurf zum UGB überläßt die Regelung von Einzelheiten insoweit einer Rechtsverordnung nach § 615 Abs. 5 UBG-KomE, vgl. BMU, UGB-KomE, S. 356, 1452.

2. Prüfungsnachweise

31 Gem. §§ 6 Abs. 1 Nr. 11, 7, 9, 9a ChemG hat der Hersteller oder Einführer eines Stoffes eine Stoffprüfung zu veranlassen. Er muß die Stoffprüfung entweder in eigenen Laboratorien oder in damit beauftragten Instituten durchführen lassen. Als notwendige Entwicklungskosten sollen die Prüfkosten nach dem Verursacherprinzip dem Hersteller oder Einführer, nicht aber dem Staat zugerechnet werden.[79] Die Behörden (Anmeldestelle und Bewertungsstelle)[80] haben demgegenüber nur die Aufgabe, die bei der Anmeldung beigefügten Prüfnachweise zu kontrollieren und anhand der ihnen vorgelegten Unterlagen die Prüfergebnisse zu bewerten.[81] Zur Bewertung des Stoffes verbleibt den Bewertungsstellen nach Eingang der Anmeldung eine Frist von 60 Tagen im Falle einer Anmeldung nach § 6 ChemG und von 30 Tagen im Falle einer Anmeldung nach § 7a ChemG (vgl. § 8 Abs. 3 S. 1, 3 ChemG).[82] Diese Frist, während der ein Verbot des Inverkehrbringens besteht, gibt den Behörden die Möglichkeit, die eingereichten Unterlagen zu prüfen. Die Anmeldebehörde hat innerhalb dieser Frist dem Anmelder mitzuteilen, ob die Anmeldung als ordnungsgemäß anerkannt wird (§ 8 Abs. 1 ChemG).[83]

a) Gestuftes Prüfverfahren

32 Da die Prüfkosten ganz erheblich sein können – die vom Hersteller oder Importeur zu tragenden Prüfkosten können für einen einzelnen Stoff mehr als 2 Mio. DM betragen –,[84] haben wirtschaftliche Überlegungen zu einer Differenzierung der Prüfanforderungen im Sinne eines *gestuften Verfahrens* geführt.[85] Vor dem erstmaligen Inverkehrbringen muß der Hersteller nach § 6 Abs. 1 Nr. 11 ChemG den Prüfnachweis einer *Grundprüfung* des Stoffes nach Maßgabe des § 7 ChemG erbringen. In dieser Grundprüfung müssen erste Schlüsse auf schädliche Auswirkungen für Mensch und Umwelt ermöglicht werden. So muß die Grundprüfung unter anderem gem. § 7 ChemG Aufschluß geben über physikalische, chemische und physikalisch-chemische Eigenschaften, akute und subakute Toxizität, Anhaltspunkte für krebserzeugende oder erbgutverändernde Eigenschaften (§ 7 Nr. 1 bis 12 ChemG).

---

[79] *Rehbinder,* in: Salzwedel, Grundzüge des UmweltR, 2. Aufl., Kap. 13 Rn. 10.

[80] Vgl. dazu unten § 33 Rn. 55.

[81] *Rehbinder,* in: Salzwedel, Grundzüge des UmweltR, 2. Aufl., Kap. 13 Rn. 30; *Peine,* Jura 1993, 337 (340); zu Bewertungsgrundsätzen in § 452 UGB-BT-E, vgl. *Jarass/u. a.,* UGB-BT-E, S. 212, 900; dazu auch *Kloepfer,* DVBl. 1994, 305 (312).

[82] *Kloepfer,* HdUR, Bd. 1, Sp. 342 (352f.).

[83] Zum VA-Charakter der Mitteilung *Theuer,* NVwZ 1995, 127 (129); *Kloepfer,* UmweltR, § 17 Rn. 46; siehe auch § 596 UBG-KomE, der § 8 ChemG inhaltl. entspricht, vgl. BMU, UGB-KomE, S. 345, 1453.

[84] *Bender/Sparwasser/Engel,* UmweltR, 9. Teil Rn. 14 m. w. N.

[85] Auf der Preisbasis 1977/1978 werden die Kosten der Grundprüfung eines Stoffes auf 65 000–96 000 DM, die Kosten der weiteren Prüfstufen auf 250 000–400 000 bzw. 1–2 Mio. DM geschätzt, *Rehbinder,* in: Rehbinder/Kayser/Klein, ChemG, Einf. Rn. 16; an der Stufenprüfung hält auch der Professorenentwurf zum UGB in § 452 UGB-BT-E fest, vgl. *Jarass/u. a.,* UGB-BT-E, S. 212, 898f.; gleiches gilt für den Kommissionsentwurf zum UGB in § 597 UGB-KomE, vgl. BMU, UGB-KomE, S. 345f., 1451f.; vgl. zu gestuften Verfahren allgem. bereits oben § 8 Rn. 95.

33 Je nach den in Verkehr gebrachten Vermarktungsmengen können darüber hinaus gem. §§ 9, 9a ChemG *Zusatzprüfungen der 1. Stufe oder der 2. Stufe* erforderlich werden.[86] Das Prüfungsprogramm, das sich aus dem Zweck der Prüfung und den schädlichen Eigenschaften, die aus den einzelnen Prüfstufen ermittelt werden sollen, zusammensetzt, ist in §§ 9 Abs. 1 Nr. 1 bis 10, 9a Abs. 1 Nr. 1 bis 14 ChemG festgelegt.[87]

34 Nunmehr sieht § 7a ChemG – wie gesagt – die Möglichkeit einer eingeschränkten Anmeldung vor. Danach kann der Anmeldepflichtige die Anmeldeunterlagen nach § 7a Abs. 2 ChemG beschränken, wenn die Menge des Stoffes, den der Anmeldepflichtige in den Verkehr bringen will, weniger als 1 Tonne jährlich beträgt. Die Erbringung von Prüfungsnachweisen ist in diesem Fall beschränkt. Die eingeschränkte Anmeldung unterscheidet sich in ihren Rechtswirkungen nicht von der Vollanmeldung.[88]

b) Behördliche Bewertung

35 Die Anmeldestelle – die Bundesanstalt für Arbeitsschutz in Dortmund (§ 12 Abs. 1 ChemG) – führt zunächst eine Verfahrens-, Vollständigkeits- und begrenzte Schlüssigkeitskontrolle durch.[89] Bei Vollständigkeit und Fehlerfreiheit der Unterlagen hat sie die Prüfungsunterlagen an die Bewertungsstellen weiterzuleiten.[90] Bewertungsstellen sind neben der Bundesanstalt für Arbeitsschutz das Bundesinstitut für gesundheitlichen Verbraucherschutz und Veterinärmedizin in Berlin und das Umweltbundesamt in Berlin.[91]

36 Die Bewertung der Chemikalien, d.h. die Beurteilung der (abstrakten) Gefährlichkeit eines Stoffes und die der Bewertung vorausgehende Nachprüfung der Anmeldeunterlagen und Prüfnachweise sowie der möglichen, von der Chemikalie ausgehenden Umweltgefahren, ist im Gesetz nicht abschließend geregelt.[92] § 12 Abs. 2 ChemG ermächtigt die Bundesregierung zur Bestimmung der Durchführung der Bewertung.[93] Die Bewertung dient der Vorbereitung staatlicher Maßnahmen auf der Grundlage des ChemG und hat deshalb nur verwaltungsinterne Bedeutung.[94] Gem. § 12 Abs. 2 S. 2 ChemG sind bei der Bewertung die in der Richtlinie zur Festlegung von Grundsätzen für die Bewertung der Risiken für Mensch und Umwelt von gem. Richtlinie 67/548/EWG des Rates notifizierten Stoffen (Bewertungs-

---

[86] Zu den gestuften Prüfungen i.e. *Radek/Friedel,* ChemG S. 32ff.; *Rehbinder,* in: Salzwedel, Grundzüge des UmweltR, 2. Aufl., Kap. 13 Rn. 45ff.; siehe auch § 597 UBG-KomE, der den §§ 9, 9a ChemG inhaltl entspricht, vgl. BMU, UGB-KomE, S. 345f., 1453.

[87] Zur Möglichkeit weiterer Anordnungen durch die Meldestelle vgl. § 11 Abs. 1 ChemG; dazu auch *BVerwG,* Urt. v. 12. 6. 1992 – 7 C 31.90 –, UPR 1992, 382ff.; *Kloepfer,* UmweltR, § 17 Rn. 53, 57ff.

[88] Vgl. *Theuer,* NVwZ 1995, 127 (128f.); *Kloepfer,* UmweltR, § 17 Rn. 60.

[89] Ausführl. *Kloepfer,* UmweltR, § 17 Rn. 69f.; siehe zur Bewertung auch § 600 UBG-KomE, vgl. BMU, UGB-KomE, S. 348, 1456.

[90] Zu weiteren Pflichten der Anmeldestelle vgl. *Kloepfer,* UmweltR, § 17 Rn. 75ff.

[91] Vgl. dazu *Kloepfer,* UmweltR, § 17 Rn. 71 m.w.N.

[92] Vgl. dazu *Rehbinder,* in: Salzwedel, Grundzüge des UmweltR, 2. Aufl., Kap. 13 Rn. 56ff.

[93] Zu verfassungsrechtl. Bedenken vgl. *Kloepfer,* UmweltR, § 17 Rn. 72.

[94] *Kloepfer,* UmweltR, § 17 Rn. 74.

richtlinie)[95] in der jeweils jüngsten im Amtsblatt der EG veröffentlichten Fassung festgelegten Grundsätze einzuhalten.[96]

3. Befugnisse der Anmeldestelle

37 Gem. § 11 Abs. 1 Nr. 1 und 2 ChemG kann die Anmeldestelle unterhalb der Mengenschwelle und auch unabhängig von der Anmeldepflicht eine weitergehende Prüfung verlangen, wenn Anhaltspunkte, insbesondere ein nach dem Stand der wissenschaftlichen Erkenntnisse begründeter Verdacht, dafür vorliegen, daß ein Stoff gefährlich ist, und soweit dies zum Schutz von Menschen und Umwelt vor schädlichen Einwirkungen gefährlicher Stoffe und Zubereitungen, ihrer Erkennbarmachung, ihrer Anwendung und der Vorbeugung ihres Entstehens erforderlich ist.[97]

II. Mitteilungspflichten

38 Zusätzlich zu diesen Anmeldeverpflichtungen sieht das Chemikalienrecht besondere Mitteilungspflichten bei angemeldeten Stoffen und Zubereitungen in § 16 ChemG vor.[98] Der Anmelder hat insbesondere die Änderung der Verwendung, die Änderungen der Mengen, neue Wirkungserkenntnisse, die Änderung der Stoffeigenschaften, das Erreichen bestimmter Mengenschwellen etc. unverzüglich schriftlich mitzuteilen.[99] Seit der Novellierung des ChemG 1990 bestehen darüber hinaus Mitteilungspflichten bei neuen Stoffen, die von einer Anmeldepflicht nach § 5 ChemG ausgenommen sind (§ 16a ChemG), bei neuen Stoffen, die nicht oder nur außerhalb der EG in den Verkehr gebracht werden (§ 16b ChemG), bei alten Stoffen (§ 16c ChemG)[100] und Zubereitungen (§ 16d ChemG)[101] sowie Pflichten zur Mitteilung an Informations- und Behandlungszentren für Vergiftungen (§ 16e ChemG). Auch bei diesen bereits angemeldeten oder der Anmeldepflicht

---

[95] V. 20. 7. 1993 (93/67/EWG), ABl. EG Nr. L 227, S. 9.

[96] *Tünnesen-Harmes,* HdbUR, B.4 Rn. 38.

[97] Siehe auch § 599 UBG-KomE, der an § 11 ChemG anknüpft, aber die Befugnisse der Anmeldebehörde erweitert, vgl. BMU, UGB-KomE, S. 347, 1454f.

[98] Zur Durchführung von umfassenden Umweltanalysen im Professorenentwurf zum UGB siehe vgl. § 464 UGB-BT-E, vgl. *Jarass/u. a.,* UGB-BT-E, S. 219, 910; dazu auch *Kloepfer,* DVBl. 1994, 305 (312); zu Mitteilungspflichten im Kommissionsentwurf zum UGB siehe §§ 607–613 UBG-KomE, die im wesentl. den Inhalt der §§ 16–16e ChemG übernehmen, vgl. BMU, UGB-KomE, S. 350ff., 1467.

[99] Zu den Mitteilungspflichten ausführl. *Radek/Friedel,* ChemG, S. 22ff., S. 30ff.; *Rehbinder,* in: Salzwedel, Grundzüge des UmweltR, 2. Aufl., Kap. 13 Rn. 37ff.; *Kloepfer,* UmweltR, § 17 Rn. 61ff.

[100] Die Pflichten für alte Stoffe bestimmen sich jedoch vorrangig nach der Verordnung der EG zur Bewertung u. Kontrolle der Umweltrisiken chemischer Altstoffe (Altstoffverordnung) v. 23. 3. 1993 (793/93/EWG), ABl. EG Nr. L 84, S. 1; vgl. dazu *Rehbinder,* in: Salzwedel, Grundzüge des UmweltR, 2. Aufl., Kap. 13 Rn. 40ff.; *Kloepfer,* UmweltR, § 12 Rn. 65.

[101] Nach § 611 UBG-KomE soll sich – einer Forderung aus der Novellierungsdiskussion von 1994 entsprechend – die Mitteilungspflicht auch auf Erzeugnisse, die gefährliche Stoffe oder Zubereitungen mit bestimmten Gefährlichkeitsmerkmalen enthalten, erstrecken, vgl. BMU, UGB-KomE, S. 352, 1471f.

nicht unterliegenden Stoffen will sich der Staat mithin ein Mindestmaß an Kontrollmöglichkeiten vorbehalten.[102]

In der Literatur wird zudem im Zusammenhang mit der Diskussion um die Schaffung eines geschlossenen Stoffstromkreislaufs die Erstellung von Stoffstrombilanzen sowie die Erfassung der Daten in einem zentralen Stoffstromregister gefordert.[103] Insofern sieht § 613 UBG-KomE die Möglichkeit der Verpflichtung des Anlagenbetreibers vor, ein Gefahrstoff-Monitoring zu betreiben, das die jährlich in Produktionsprozessen eingesetzten Mengen gefährlicher Stoffe und ihren weiteren Weg erfaßt.[104] **39**

III. Einstufung, Verpackung und Kennzeichnung

Neben dem Anmeldeverfahren und der Stoffprüfung regeln die §§ 13 bis 15 ChemG die notwendige Einstufung gefährlicher Stoffe, ihre Verpackung und Kennzeichnung.[105] Soweit es sich um gefährliche Stoffe handelt, gelten die Vorschriften sowohl für neue als auch für alte Stoffe sowie für Zubereitungen. **40**

Mit der Forderung nach geeigneter **Verpackung** soll ein Freiwerden gefährlicher Stoffe und damit eine Gefährdung der Gesundheit des Menschen und der Umwelt vermieden werden. Die **Kennzeichnung** soll Arbeitnehmer oder Endverbraucher über die Gefährlichkeit der Stoffe informieren.[106] Die Details zum Kennzeichnungssystem sind gestützt auf § 14 ChemG in der Gefahrstoffverordnung[107] geregelt. Darüber hinaus bestehen besondere Kennzeichnungspflichten nach Maßgabe anderer chemikalienrechtlicher Verordnungen, wie zum Beispiel der FCKW-Halon-Verbots-Verordnung.[108] **41**

Damit eine ordnungsgemäße Verpackung und Kennzeichnung möglich ist, müssen die Stoffe und Zubereitungen zunächst sachgerecht eingestuft werden. **42**

Die **Stoffe** werden entweder gem. § 13 Abs. 1 S. 1 ChemG entsprechend einer Rechtsverordnung nach § 14 Abs. 1 ChemG eingestuft *(Normativeinstufung)*.[109] Die normative Einstufung gefährlicher Stoffe ist in der Gefahrstoffverordnung[110] enthalten, der als Anhang VI eine Liste eingestufter gefährlicher Stoffe und Zubereitungen angefügt ist. Sofern der Stoff in dieser Rechtsverordnung nicht aufgeführt ist, hat der Hersteller oder Einführer den Stoff gem. § 13 Abs. 1 S. 2 Nr. 1 und 2 ChemG einzustufen, wenn der Stoff nach dem Ergebnis der Prüfung nach §§ 7, 9 oder 9 a ChemG oder nach gesicherter wissenschaftlicher Erkenntnis gefährlich ist *(Selbsteinstufung)*. Soweit die Einstufung nicht durch diese Rechtsverordnung vorgenommen wird, muß **43**

---

[102] *Kloepfer,* UmweltR, § 17 Rn. 25.

[103] Vgl. dazu *Rehbinder,* in: Enquete-Kommission „Schutz des Menschen und der Umwelt" des Deutschen Bundestages, Umweltverträgliches Stoffstrommanagement, Bd. II, S. 32 f.

[104] BMU, UGB-KomE, S. 353, 1473 ff.

[105] Siehe dazu auch §§ 453–457 UGB-BT-E, vgl. *Jarass/u. a.,* UGB-BT-E, S. 213 f., 901 f.; ferner *Kloepfer,* DVBl. 1994, 305 (312); der Kommissionsentwurf zum UGB übernimmt in §§ 601–606 UBG-KomE inhaltl. die Regelungen der §§ 13–15 a ChemG, vgl. BMU, UGB-KomE, S. 348 ff.; 1458.

[106] Vgl. *Radek/Friedel,* ChemG, S. 52; *Kloepfer,* HdUR, Bd. 1, Sp. 342 (353); zu deliktischen Instruktionspflichten der Hersteller gefährl. Produkte *BGH,* Urt. v. 7. 10. 1986 – VI ZR 187/85 –, NJW 1987, 372 (373).

[107] Siehe auch *Dolde,* BB 1990, 1074 ff.; *Au,* ZAU 1994, 237.

[108] Vgl. auch *Au,* ZAU 1994, 237 (242).

[109] BT-Drs. 8/4295, S. 11.

[110] Vgl. dazu oben § 29 Rn. 3 Fn. 14.

der Hersteller oder Einführer des gefährlichen Stoffes diesen selbst einstufen. Damit ist die Verantwortung für die Einstufung zwischen Staat und Hersteller aufgeteilt.[111] Die Selbsteinstufungspflicht wird durch den Leitfaden zur Einstufung und Kennzeichnung gefährlicher Stoffe und Zubereitungen konkretisiert.[112]

44 **Zubereitungen** werden durch Rechtsverordnung oder nach in der Rechtsverordnung bezeichneten *Berechnungsverfahren* durch den Hersteller oder Einführer **eingestuft**. Daneben besteht die Möglichkeit, eine Zubereitung *anhand von Prüfnachweisen oder gesicherten wissenschaftlichen Erkenntnissen* einzustufen. Dabei hat die Einstufung anhand von Prüfnachweisen oder gesicherten wissenschaftlichen Erkenntnissen Vorrang vor der Einstufung nach in der Rechtsverordnung bezeichneten Bewertungsverfahren.[113] Zubereitungen, die nicht durch Rechtsverordnung eingestuft sind und für die keine Berechnungsverfahren vorgesehen sind, unterliegen keiner Einstufungspflicht.[114]

45 **Verpackungs- und Kennzeichnungspflichten** richten sich an den Hersteller und den Einführer von Stoffen und Zubereitungen (§ 13 ChemG). Einzelheiten der Pflichten ergeben sich aus der Gefahrstoffverordnung[115] (vgl. §§ 10, 12, 13 GefstoffV). Gem. § 15 ChemG gelten Verpackungs- und Kennzeichnungspflichten außerdem für den geschäftsmäßigen Vertreiber.[116] Ein erneutes Inverkehrbringen ist gem. § 15 ChemG nur zulässig, wenn die Verpackung und Kennzeichnung erhalten ist oder der Stoff oder die Zubereitung erneut verpackt und gekennzeichnet wird.

46 Gem. § 15a ChemG ist es überdies verboten, für einen gefährlichen Stoff zu werben, ohne die den Stoff betreffenden Gefährlichkeitsmerkmale nach § 3a Abs. 1 ChemG anzugeben. Die Bestimmung dient dem Verbraucherschutz. Ein Verstoß gegen diese Pflicht ist bußgeldbewehrt (§ 26 Abs. 1 Nr. 5a ChemG).

IV. Verbote und Beschränkungen

47 Das ChemG selbst sieht in §§ 4, 8 Abs. 2 ChemG nur zeitliche Beschränkungen im Rahmen der Anmeldepflicht vor.

48 Verbote und Beschränkungen können nach dem System des ChemG nur durch Rechtsverordnung ausgesprochen werden. In §§ 17, 18 und 19 ChemG sind entsprechende Verordnungsermächtigungen vorgesehen.[117] Zum Schutz von Leben oder Gesundheit des Menschen oder zum Schutz der

---

[111] *Rehbinder,* in: Rehbinder/Kayser/Klein, ChemG, Einf. Rn. 71.

[112] Vgl. §§ 14 Abs. 1 Nr. 3c ChemG,, 4 GefstoffV i. V. m. Anhang VI GefstoffV.

[113] Die Nachrangigkeit der Einstufung nach Bewertungsverfahren wird in § 602 Abs. 1 S. 2 UBG-KomE klarer formuliert, vgl. BMU, UGB-KomE, S. 348, 1458, 1460.

[114] *Klein,* in: Rehbinder/Kayser/Klein, ChemG, § 13 Rn. 38; demgegenüber sieht § 602 Abs. 2 UBG-KomE eine weitergehende Einstufungspflicht vor, vgl. BMU, UGB-KomE, S. 348f., 1460.

[115] Siehe dazu oben § 33 Rn. 3.

[116] Siehe auch § 605 UBG-KomE, vgl. BMU, UGB-KomE, S. 350, 1461.

[117] Krit. bzgl. der Verfassungsmäßigkeit der Weite der Verordnungsermächtigung *Kloepfer,* ChemG, S. 105ff., *ders.,* HdUR, Bd. 1, Sp. 342 (354); *ders.,* UmweltR, § 17 Rn. 27, 95ff.; a. A. *Rehbinder,* in: Salzwedel, Grundzüge des UmweltR, 2. Aufl., Kap. 13 Rn. 65.

Umwelt vor Gefahren kann die Bundesregierung z.B. gem. § 17 Abs. 1 ChemG durch Rechtsverordnung mit Zustimmung des Bundesrates zahlreiche Verbote und Beschränkungen einführen. Die Verbots- und Beschränkungsmöglichkeiten beziehen sich nicht nur auf gefährliche Stoffe und Zubereitungen, sondern auch auf Erzeugnisse, die gefährliche Stoffe oder Zubereitungen enthalten.[118] Die Verbote und Beschränkungen können unter anderem das Herstellen, Inverkehrbringen und Verwenden von bestimmten Stoffen (§ 17 Abs. 1 Nr. 1 ChemG) und die Herstellungs- und Verwendungsverfahren, bei denen bestimmte gefährliche Stoffe anfallen, betreffen (§ 17 Abs. 1 Nr. 2 ChemG). Abweichend von der früheren Fassung sieht der Wortlaut des § 17 Abs. 1 ChemG die Möglichkeit von Verboten und Beschränkungen nicht mehr nur für den Fall vor, daß den Gefahren nicht hinreichend durch Einstufung, Verpackung und Kennzeichnung begegnet werden kann. Diese Subsidiarität ist indes bereits aus dem Verhältnismäßigkeitsgrundsatz abzuleiten.[119]

Die Verbote für das Inverkehrbringen gefährlicher Stoffe, Zubereitungen 49
und Erzeugnisse sind in der Chemikalien-Verbotsverordnung zusammengefaßt.[120] So wird beispielsweise in Abschnitt 2 des Anhangs zur Chemikalien-Verbotsverordnung das Inverkehrbringen von DDT verboten. Zusätzlich ordnet § 15 Abs. 1 Nr. 20 GefStoffV ein Herstellungs- und Verwendungsverbot für DDT an. Beide Regelungen haben das DDT-Gesetz abgelöst.[121]

Als **Eilmaßnahme** können gem. § 17 Abs. 6 ChemG durch Verordnung 50
Verbote und Regelungen entsprechend § 17 Abs. 1 Nr. 1 und 3 ChemG längstens für 12 Monate angeordnet werden. Bei begründetem Verdacht auf eine erhebliche Gefahr können schließlich die zuständigen Landesbehörden für die Dauer von höchstens drei Monaten durch Verwaltungsakt im Einzelfall gem. § 23 Abs. 2 S. 1 ChemG das Herstellen, Inverkehrbringen und Verwenden von Stoffen verbieten oder beschränken.

---

[118] Vgl. ausführl. *Rehbinder,* in: Salzwedel, Grundzüge des UmweltR, 2. Aufl., Kap. 13 Rn. 64ff.; *Kloepfer,* HdUR, Bd. I, Sp. 342 (354f.); *Radek/Friedel,* ChemG, S. 94ff.

[119] Vgl. dazu BT-Drs. 11/4550, S. 56; so auch *Kloepfer,* UmweltR, § 17 Rn. 27.

[120] Die VO umfaßt auch die bislang in § 9 GefStoffV a.F. enthaltenen Regelungen über Asbest, Formaldehyd, Dioxine, Furane u. andere gefährliche Stoffe u. Zubereitungen sowie die Verbotstatbestände der PCB-, PCT-, VC-Verbotsverordnung, der Pentachlorphenol-Verbotsverordnung, der 1. Chloraliphatenverordnung und der Teerölverordnung; die Liste der vom Verbot betroffenen Stoffe wird laufend aktualisiert, vgl. dazu BMU, Umwelt 1998, 389; zur Neuordnung der rechtl. Verbots- und Beschränkungsregeln *Au,* ZUR 1994, 237 (242); *Mache,* UmweltR, Rn. 448f.; zur gefahrstoffrechtl. Beurteilung von PCB-Erzeugnissen *VG Potsdam,* Beschl. v. 14. 12. 1998 – 5 L 81/98 –, NuR 1999, 472ff.; *Maaß,* ZUR 1998, 12ff.; ferner *Hoppe/Sandner,* NuR 1999, 311ff.; zur Nichtigkeit der Bestätigung der PCPVO durch die Europäische Komm. *EuGH,* Urt. v. 17. 5. 1994 – Rechtssache C 41/93 – (Französische Republik/Kommission), ZUR 1994, 247ff. m. Anm. v. *Breier;* zur Zulässigkeit einer Arbeitsverweigerung in asbestverseuchten Räumen vgl. *BAG,* Urt. v. 19. 2. 1997 – 5 AZR 982/94 –, WiB 1997, 933; *dass.,* Urt. v. 2. 2. 1994 – 5 AZR 273/93 –, ZUR 1994, 200ff.; vgl. auch *dass.,* Urt. v. 8. 5. 1996 – 5 AZR 315/95 –, ZUR 1997, 42ff.; zu Abbrucharbeiten mit Asbest ferner *OBG München,* Beschl. v. 6. 9. 1996 – 3 Wi 108/96 –, UPR 1997, 25.

[121] G v. 7. 8. 1972 (BGBl. I S. 1385), zul. geänd. durch G v. 24. 6. 1994 (BGBl. I S. 1416).

VGH, Beschl. v. 10.1.92, DÖV 92, 537 (Auflagen)

V. Schutz vor giftigen Tieren und Pflanzen

51 Zum Schutz von Leben oder Gesundheit des Menschen unter Berücksichtigung der Belange des Natur- und Tierschutzes kann gem. § 18 Abs. 1 S. 1 ChemG die Bundesregierung eine Rechtsverordnung mit Zustimmung des Bundesrates erlassen, in der das Einführen oder Halten bestimmter giftiger Tierarten verboten oder beschränkt und das Anpflanzen und das Anbieten giftiger Pflanzenarten eingeschränkt wird.

VI. Vorschriften des Arbeitsschutzes

52 Gem. § 19 Abs. 1 ChemG wird die Bundesregierung schließlich ermächtigt, durch Rechtsverordnung mit Zustimmung des Bundesrates, soweit es zum Schutz von Leben oder Gesundheit des Menschen einschließlich des Schutzes der Arbeitskraft und der menschengerechten Gestaltung der Arbeit erforderlich ist, Maßnahmen des Arbeitsschutzes vorzuschreiben.[122] Schutzvorschriften sind insbesondere im 5. Abschnitt der Gefahrstoffverordnung (§§ 16ff. GefStoffV) geregelt, die EG-rechtliche Vorgaben umsetzen.[123] So obliegt dem Arbeitgeber, der mit einem Stoff, einer Zubereitung oder einem Erzeugnis umgeht, die Pflicht, zu ermitteln, ob es sich dabei um einen Gefahrstoff handelt (§ 16 GefStoffV); gegebenenfalls schließt sich daran eine allgemeine Sorgfaltspflicht (§ 17 GefStoffV) und eine Überwachungspflicht (§ 18 GefStoffV) an. Besondere Anforderungen richtet § 24 GefStoffV an die Aufbewahrung und Lagerung von Gefahrstoffen.

E. Vorschriften zur Guten Laborpraxis

53 In §§ 19a bis 19d ChemG in Verbindung mit dem Anhang 1 zum ChemG sind die Grundsätze der Guten Laborpraxis (GLP) enthalten.[124] Damit werden die Vorgaben der zwei sog. GLP-Richtlinien der EG umgesetzt. Die Grundsätze der Guten Laborpraxis legen die Standards für den organisatorischen Ablauf von Prüfungen fest und bestimmen sowohl die Anforderungen an die Planung und Durchführung als auch an die Dokumentation von Prüfungen.[125] § 19a Abs. 1 ChemG bestimmt als Grundsatz, daß nicht klinische experimentelle Prüfung von Stoffen und Zubereitungen, deren Ergebnis eine Bewertung ihrer möglichen Gefahren für Mensch und Umwelt

---

[122] Zum Arbeitsschutz im GefahrstoffR *OVG Berlin,* Beschl. v. 13. 7. 1992 – 6 S 72/92 –, NVwZ 1993, 198 (199f.); *Burgi,* NVwZ 1993, 954ff.; *Mache,* UmweltR, Rn. 437f.; § 614 UBG-KomE entspricht § 19 Abs. 1, 3 u. 4 ChemG weitgehend, während § 19 Abs. 2 ChemG in § 588 Abs. 3 UBG-KomE übernommen wird, vgl. BMU, UGB-KomE, S. 353f., 340f., 1475.

[123] Dazu *Mache,* UmweltR, Rn. 437f.

[124] Zur Rechtsnatur des Anhangs vgl. *Kloepfer,* UmweltR, § 17 Rn. 103; siehe zur GLP ferner § 472 UGB-BT-E, vgl. *Jarass/u. a.,* UGB-BT-E, S. 226, 919; dazu auch *Kloepfer,* DVBl. 1994, 305 (313); die Regelung des § 615 UBG-KomE übernimmt die §§ 19a–19d ChemG u. faßt sie in eine Vorschrift zusammen, vgl. BMU, UGB-KomE, S. 355f., 1476.

[125] *Tünnesen-Harmes,* HdbUR, B.4 Rn. 76ff.

in einem Zulassungs-, Erlaubnis-, Registrierungs-, Anmelde- oder Mitteilungsverfahren ermöglichen sollen, unter Einhaltung der Grundsätze der Guten Laborpraxis durchzuführen sind. Nach dem Wortlaut geht der Anwendungsbereich des § 19a Abs. 1 ChemG über den Geltungsbereich der übrigen Vorschriften des ChemG hinaus und findet damit auch für die in § 2 ChemG genannten Regelungsbereiche Anwendung.

Der Nachweis, daß die vom Anmelder vorgelegten Prüfergebnisse nach den **54**
Grundsätzen der Guten Laborpraxis erlangt wurden, wird mittels der sog. GLP-Bescheinigung (vgl. § 19b Abs. 1 ChemG i.V.m. Anhang 2 ChemG) und einer schriftlichen Erklärung des Prüflabors, daß die Prüfung nach den Grundsätzen der Guten Laborpraxis durchgeführt worden ist, geführt.

F. Organisation

Die Anmeldung und Bewertung von Stoffen gem. §§ 4 bis 12 ChemG **55**
und der Vollzug des ChemG im Bereich der Bundeswehr gem. § 24 ChemG ist Aufgabe des Bundes. Im übrigen wird das Chemikalienrecht durch die zuständigen Behörden der Länder, regelmäßig durch die Umweltämter bzw. Gewerbeaufsichtsämter, ausgeführt.[126] Für die Bewertung (§ 12 Abs. 2 ChemG) hat die Bundesregierung die Bundesanstalt für Arbeitsschutz und Unfallforschung, das Bundesinstitut für gesundheitlichen Verbraucherschutz und Veterinärmedizin und das Umweltbundesamt bestimmt. Beteiligt werden kann außerdem an der Bewertung die Biologische Bundesanstalt für Land- und Forstwirtschaft und die Bundesanstalt für Materialprüfung.[127] Die Durchführung des ChemG kann von den zuständigen Landesbehörden mit Hilfe umfassender Überwachungsmöglichkeiten, zu denen Auskunftsrechte, Probeforderungs- und Probeentnahmerechte, Betretungs- und Inspektionsrechte, Vorlage- und Einsichtsrechte und Rechte zur Untersuchung von Arbeitsverfahren, Arbeitseinrichtungen und Schutzmitteln zählen, kontrolliert werden.

G. Straf- und Bußgeldvorschriften

Um die Einhaltung der gesetzlichen Vorschriften zu sichern, enthält das **56**
ChemG außerdem in § 26 ChemG Bußgeldtatbestände und in §§ 27, 27a ChemG Strafvorschriften. Die §§ 26ff. ChemG sollen die Straftatbestände der §§ 328, 330 und 330a StGB ergänzen.

I. Strafvorschriften

Strafvorschriften im Bereich des Umgangs mit gefährlichen Stoffen befin- **57**
den sich in § 328 Abs. 3 Nr. 1 StGB sowie in §§ 27 und 27a ChemG.[128]

---

[126] Vgl. *Storm,* in: Landmann/Rohmer, UmweltR, Bd. III, Kap. 7 Vor Rn. 101.
[127] Vgl. *Kloepfer,* HdUR, Bd. 1, Sp. 342 (356f.).
[128] Vgl. zur Kritik an der Aufspaltung umweltrechtl. Straftatbestände bereits oben § 13 Rn. 5.

1. Unerlaubter Umgang mit anderen gefährlichen Stoffen nach § 328 Abs. 3 Nr. 1 StGB

58 § 328 Abs. 3 Nr. 1 StGB stellt als konkretes Gefährdungsdelikt die Lagerung, Be- und Verarbeitung und sonstige Verwendung von Gefahrstoffen im Sinne des ChemG beim Betrieb einer Anlage unter grober Verletzung verwaltungsrechtlicher Pflichten unter Strafe, wenn dadurch die Gesundheit eines anderen, ihm nicht gehörende Tiere oder fremde Sachen von bedeutendem Wert gefährdet werden. Der Begriff der Gefahrstoffe ist in § 19 Abs. 2 ChemG und der des Lagerns ist in § 3 Abs. 3 GefStoffV legaldefiniert.[129] Der Begriff des sonstigen Verwendens umfaßt jegliches Ge- und Verbrauchen, Aufbewahren, Ab- und Umfüllen, Mischen, Entfernen, Vernichten sowie das innerbetriebliche Befördern im Sinne des § 3 Nr. 10 ChemG. Pönalisiert werden in § 328 Abs. 3 Nr. 1 StGB nur anlagenbezogene Handlungen.

2. § 27 ChemG

59 Gem. § 27 Abs. 1 ChemG wird insbesondere ein Verstoß gegen Verbote und Beschränkungen nach § 17 Abs. 1 ChemG über das Herstellen, das Inverkehrbringen oder das Verwenden von Stoffen als abstraktes Gefährdungsdelikt unter Strafe gestellt,[130] während bei § 27 Abs. 2 ChemG die Gefährdung des Lebens, der Gesundheit oder fremder Sachen von bedeutendem Wert hinzukommen muß.

3. § 27a ChemG

60 Als Urkundsdelikt ist ferner § 27a ChemG einzuordnen. Danach wird die Abgabe unwahrer GLP-Erklärungen in Täuschungsabsicht unter Strafe gestellt.

II. Bußgeldvorschriften

61 Bußgeldvorschriften zum Chemikalienrecht finden sich zudem in § 26 ChemG sowie in §§ 3ff. Chemikalien Straf- und Bußgeldverordnung.

---

[129] Zum Begriff des Gefahrstoffs auch *ObLG München,* Beschl. v. 20. 12. 1994 – 4 St RR 190/94 –, NuR 1996, 50f.

[130] Vgl. dazu *OLG Oldenburg,* Urt. v. 19. 10. 1998 – Ss 343/98 –, NuR 1999, 119f.

§ 34. Spezielle Gefahrstoffregelungen

Der stoffübergreifende Ansatz des ChemG wird – wie bereits erwähnt – gem. § 2 ChemG zugunsten von stoffbezogenen Spezialregelungen eingeengt.[1] Gefahrstoffrechtliche Spezialregelungen enthalten, ergänzt durch zahlreiche Rechtsverordnungen, das 1

- Pflanzenschutzrecht,
- Düngemittelrecht,
- Futtermittelrecht,
- Lebensmittel- und Bedarfsgegenständerecht,
- Arzneimittelrecht,
- Tierseuchenrecht,
- Waschmittel- und Reinigungsmittelrecht,
- Benzinbleigesetz und das
- Gesetz über die Beförderung gefährlicher Güter.[2]

Im Unterschied zum Regelungskonzept des ChemG unterwerfen die Gesetze des besonderen Stoffrechts die von Ihnen erfaßten Stoffe einem Zulassungsverfahren. 2

A. Pflanzenschutzrecht

Das Pflanzenschutzrecht zählt zum Umweltrecht im weiteren Sinne.[3] Neben dem primären Zweck des Pflanzenschutzrechts, Pflanzen und ihre Erzeugnisse vor Schadorganismen zu schützen (§ 1 Nr. 1 und 2 PflSchG), verfolgt es auch das Ziel, Gefahren abzuwenden, die durch die Anwendung von Pflanzenschutzmitteln oder durch andere Maßnahmen des Pflanzenschutzes, insbesondere für die Gesundheit von Mensch und Tier und für den Naturhaushalt entstehen können (§ 1 Nr. 4 PflSchG). Mit dieser Zielrichtung gehört das Pflanzenschutzrecht sowohl zum Naturschutzrecht im weiteren Sinne[4] als auch zum besonderen Gefahrstoffrecht.[5] 3

---

[1] Vgl. dazu oben § 33 Rn. 10ff.

[2] Der Kommissionsentwurf zum UGB schließt das LMBG, das FMG, das AMG, das TierSG und das SprengStG von der Aufnahme in das GefahrstoffR unter Hinweis darauf aus, daß diese nicht primär dem Umweltschutz, sondern dem allgem. Gesundheitsschutz von Menschen und Tieren, speziell dem Arbeitsschutz, dem Verbraucherschutz oder auch dem Schutz von Sachen dienen, vgl. BMU, UGB-KomE, S. 1428, 1441; dies entspricht dem Ansatz im Professorenentwurf zum UGB, vgl. *Jarass/u. a.*, UGB-BT-E, S. 875, 885; siehe auch *Kloepfer,* DVBl. 1994, 305 (312).

[3] Anders *Kloepfer/Meßerschmidt*, Innere Harmonisierung, S. 22; *Kloepfer,* UmweltR, § 1 Rn. 70, 77, die das PflSchG nur bedingt dem UmweltR zurechnen; vgl. dazu bereits oben § 14 Rn. 18 u. § 16 Rn. 2.

[4] Siehe zur Einordnung des PflanzenschutzR auch oben § 14 Rn. 18 u. § 16 Rn. 2.

[5] *Prümm,* UmweltschutzR, S. 290; *Kloepfer,* UmweltR, § 17 Rn. 10ff.

I. Rechtliche Grundlagen

4 Das Pflanzenschutzrecht ist im Gesetz zum Schutz von Kulturpflanzen (Pflanzenschutzgesetz)[6] geregelt.[7]

5 Die dieser Neufassung zugrundeliegenden Änderungen durch das Gesetz zur Änderung des Pflanzenschutzgesetzes[8] dienen vor allem der Umsetzung europarechtlicher Vorgaben, insbesondere der Pflanzenschutz-Richtlinie.[9] Die Umsetzung der Pflanzenschutz-Richtlinie hat insbesondere die Änderung des Zulassungsverfahrens erforderlich gemacht. Sie fordert die Schaffung eines gemeinschaftsweit einheitlichen Zulassungsverfahrens auf einem hohen Niveau, wobei der Schutz der Gesundheit von Mensch und Tier sowie der Umwelt gegenüber dem Ziel der Produktionsverbesserung bei der Pflanzenerzeugung vorrangig sein soll. Die Zulassung soll nur für Pflanzenschutzmittel erteilt werden, die bestimmte, in einem Anhang zur Richtlinie festgelegte Wirkstoffe enthalten. Die Zulassung ist auf höchstens 10 Jahre befristet und wird nur nach erneuter Prüfung der Zulässigkeitsvoraussetzungen verlängert. Sie ist auf bestimmte Anwendungsgebiete beschränkt.

6 Das Pflanzenschutzgesetz wird durch folgende Rechtsverordnungen konkretisiert:

- Pflanzenschutz-Sachkundeverordnung,[10]
- Verordnung über Pflanzenschutzmittel und Pflanzenschutzgeräte (Pflanzenschutzmittelverordnung),[11]
- Verordnung über Anwendungsverbote für Pflanzenschutzmittel (Pflanzenschutz-Anwendungsverordnung),[12]
- Verordnung über die Anwendung bienengefährdender Pflanzenschutzmittel (Bienenschutzverordnung).[13]

7 Der Kommissionsentwurf zum Umweltgesetzbuch regelt das Pflanzenschutzrecht in den §§ 624 bis 669 UGB-KomE. Im Mittelpunkt stehen dabei die Zulassung, das Inverkehrbringen und die Anwendung von Pflanzenschutzmitteln. Die Regelungen orientieren sich im wesentlichen an der Pflanzenschutzrichtlinie und entsprechen weitge-

---

[6] I. d. F. d. Bek. v. 14. 5. 1998 (BGBl. I S. 971, ber. S. 1527, 3512).

[7] Zu EG-rechtlichen Vorgaben vgl. *Böttcher,* in: Rengeling, EUDUR, Bd. 2, § 63 Rn. 1 ff.

[8] V. 27. 11. 1998 (BGBl. I S. 3512); vgl. dazu Entwurf der BReg. BT-Drs. 13/8443 u. Beschlußempfehlung des Ausschusses BT-Drs. 13/9074.

[9] RL des Rates über das Inverkehrbringen von Pflanzenschutzmitteln (Pflanzenschutz-RL) v. 15. 7. 1991 (91/414/EWG) u. in deren Folge u. a. die RL der Komm. zur Änderung der RL des Rates über das Inverkehrbringen von Pflanzenschutzmitteln v. 21. 10. 1996 (96/88/EG), ABl. EG Nr. L 277 S. 25; RL des Rates zur Änderung der RL 77/93/EWG über Maßnahmen zum Schutz von der Gemeinschaft gegen die Einschleppung und Ausbreitung von Schadorganismen der Pflanzen oder Pflanzenerzeugnisse v. 20. 1. 1997 (97/3/EWG), ABl. EG Nr. L 27 S. 30; RL des Rates zur Festlegung des Anhangs VI der RL 91/414/EWG über das Inverkehrbringen von Pflanzenschutzmitteln v. 22. 9. 1997 (97/57/EG), ABl. EG Nr. L 265 S. 87; zur Nichtigkeit der RL des Rates zur Festlegung des Anhanges VI der Richtlinie über das Inverkehrbringen von Pflanzenschutzmitteln (Durchführungsrichtlinie) v. 27. 7. 1994 vgl. *EuGH,* Urt. v. 18. 6. 1996 – RS C-303/94 –, ZUR 1996, 200 ff.; zur Frage der Zulassungspflicht für Pflanzenschutzmittel-Importe *Fluck,* NuR 1999, 86 ff.

[10] V. 28. 7. 1987 (BGBl. I S. 1752), geänd. durch VO v. 14. 10. 1993 (BGBl. I S. 1720).

[11] V. 17. 8. 1998 (BGBl. I S. 2161).

[12] V. 10. 11. 1992 (BGBl. I S. 1887), zul. geänd. durch VO v. 24. 1. 1997 (BGBl. I S. 60).

[13] V. 22. 7. 1992 (BGBl. I S. 1410).

hend den Regelungen des Pflanzenschutzgesetzes.[14] Darüber hinaus ist der Umgang mit Bioziden[15] in den §§ 670 bis 684 UGB-KomE normiert.[16] Die Vorschriften entsprechen strukturell den Regelungen des Pflanzenschutzgesetzes und enthalten Vorschriften über die Einführung eines Zulassungsverfahrens, das Inverkehrbringen sowie die Anwendung von Bioziden.

Das Pflanzenschutzgesetz enthält vor allem Regelungen über 8

- Zweck und Begriffsbestimmungen (§§ 1, 2 PflSchG),
- Anwendung von Pflanzenschutzmitteln (§§ 6 ff. PflSchG),
- Inverkehrbringen von Pflanzenschutzmitteln (§§ 11 ff. PflSchG),
- Pflanzenschutzgeräte (§§ 24 ff. PflSchG),
- Pflanzenstärkungsmittel, Zusatz- und Wirkstoffe (§§ 31 ff. PflSchG).

II. Zweck und Begriffsbestimmungen

Gem. § 2 Abs. 1 PflSchG ist Zweck des Gesetzes, 9

- Pflanzen, insbesondere Kulturpflanzen, vor Schadorganismen und nichtparasitären Beeinträchtigungen (Nr. 1) und
- Pflanzenerzeugnisse vor Schadorganismen zu schützen (Nr. 2) und
- Gefahren abzuwenden, die durch die Anwendung von Pflanzenschutzmitteln oder durch andere Maßnahmen des Pflanzenschutzes, insbesondere für die Gesundheit von Mensch und Tier und für den Naturhaushalt, entstehen können (Nr. 4),
- Rechtsakte der EG im Bereich des Pflanzenschutzrechts durchzuführen (Nr. 5).[17]

Damit ist der Schutz der Umwelt nur einer von mehreren Zwecken des Pflanzenschutzgesetzes, wobei er trotz der systematischen Stellung als vorrangig zu betrachten sein dürfte.[18] 10

§ 2 PflSchG enthält umfangreiche Begriffsbestimmungen. Zu den wichtigsten zählen die Begriffe des Pflanzenschutzes (§ 2 Nr. 1 PflSchG) und des integrierten Pflanzenschutzes (§ 2 Nr. 2 PflSchG).[19] 11

III. Inverkehrbringen von Pflanzenschutzmitteln

Das zentrale – durch die Novellierung gestärkte – Regelungsinstrument des Pflanzenschutzgesetzes ist das Zulassungsverfahren für das Inverkehrbringen von Pflanzenschutzmitteln. Gem. § 11 Abs. 1 S. 1 PflSchG dürfen Pflanzenschutzmittel in der Formulierung, in der die Abgabe an den Anwender vorgesehen ist, nur in den Verkehr gebracht oder eingeführt werden, wenn sie von der Biologischen Bundesanstalt zugelassen sind.[20] Die Biologische 12

[14] Vgl. BMU, UGB-KomE, S. 360 ff., 1481 ff.; zur Aufnahme pflanzenschutzrechtl. Bestimmungen in ein Umweltgesetzbuch vgl. §§ 480–514 UGB-BT-E, *Jarass/u. a.,* UGB-BT-E, S. 233 ff., 930 ff.; dazu auch *Kloepfer,* DVBl. 1994, 305 (313).

[15] Biozide sind z. B. Schwimmbadesinfektionen, Chemietoiletten, Konservierungsstoffe oder Holzschutzmittel.

[16] Vgl. dazu BMU, UGB-KomE, S. 382 ff., 1510 ff.

[17] Zur Zielsetzung des neuen PflSchG siehe ausführl. BT-Drucks. 13/8443 S. 24 ff.

[18] So auch *Kloepfer,* UmweltR, § 17 Rn. 121; siehe auch § 624 UGB-KomE, wonach der Förderzweck der Gefahrenabwehr u. der Vorsorge systematisch in § 624 Abs. 2 UGB-KomE eindeutiger nachgeordnet ist, vgl. BMU, UGB-KomE, S. 360 f., 1486 f.

[19] Siehe zu den Begriffsbestimmungen auch § 625 UGB-KomE, der die Begriffe des § 2 PflSchG übernimmt, vgl. BMU, UGB-KomE, S. 361 f., 1487.

[20] Zum Entscheidungsspielraum der BBA *Gündermann,* NuR 1996, 175 ff.

Bundesanstalt läßt ein Pflanzenschutzmittel gem. § 15 Abs. 1 und 3 PflSchG ggf. im Einvernehmen mit dem Bundesinstitut für gesundheitlichen Verbraucherschutz und Veterinärmedizin oder des Umweltbundesamtes auf den Antrag i.S.v. § 12 PflSchG zu, wenn u.a. die Prüfung des Pflanzenschutzmittels ergibt, daß

- das Pflanzenschutzmittel nach dem Stand der wissenschaftlichen Erkenntnisse[21] und der Technik bei bestimmungsgemäßer und sachgerechter Anwendung oder als Folge einer solchen Anwendung hinreichend wirksam ist (Nr. 1a),[22]
- das Pflanzenschutzmittel ausschließlich Wirkstoffe enthält, die in Anhang I der Pflanzenschutzmittelrichtlinie aufgeführt sind (Nr. 2),
- keine schädlichen Auswirkungen auf die Gesundheit von Mensch und Tier und auf das Grundwasser hat (Nr. 3d) und
- keine sonstigen nicht vertretbaren Auswirkungen, insbesondere auf den Naturhaushalt sowie auf den Hormonhaushalt von Mensch und Tier, hat (Nr. 3).[23]

13 Die Pflanzenschutzmittelzulassung setzt in § 12 Abs. 1 Nr. 2 PflSchG folglich die Zulassung des *Pflanzenschutzmittels* auf nationaler Ebene und die Zulassung der *in Pflanzenschutzmittel enthaltenen Wirkstoffe* auf der Ebene der EG voraus.[24] Ist ein Wirkstoff auf europäischer Ebene nicht zugelassen, so ist die Zulassung eines Pflanzenschutzmittels, das aus einem solchen besteht, befristet auf 3 Jahre (vgl. § 15c PflSchG).

14 Die Einzelheiten der Antragsstellung und der gegebenenfalls erforderlichen Untersuchungen sind in der Pflanzenschutzmittelverordnung geregelt.[25]

15 Die Zulassung ist zu erteilen, wenn die Voraussetzungen des § 15 PflSchG erfüllt sind.[26] Sie wird auf 10 Jahre befristet und kann nach Ablauf der Frist erneut erteilt werden. Der Zulassung eines Pflanzenschutzmittels kommt **transnationale Wirkung** zu. Die Zulassung von in anderen Mitgliedstaaten zugelassenen Pflanzenschutzmitteln ist in § 15b PflSchG geregelt. Danach hat der Antragsteller nur nachzuweisen, daß das Mittel nur Wirkstoffe enthält, die im Anhang I zur Pflanzenschutzmittelrichtlinie aufgeführt sind und, daß die für die Anwendung des Mittels im Inland bedeutsamen Verhältnisse denjenigen vergleichbar sind, für die im anderen Mitgliedstaat die Zulassung beantragt und die Zulassungsvoraussetzungen geprüft wurden sind. Lehnt die Zulassungsstelle die Zulassung ab, so entscheiden EG-Organe abschließend und verbindlich über die Zulassung.[27]

16 Pflanzenschutzmittel dürfen nur in Verkehr gebracht werden, wenn sie nach §§ 20 und 21 PflSchG und einschlägigen chemikalienrechtlichen Vorschriften verpackt und gekennzeichnet sind.

---

[21] Dazu *Gündermann*, NuR 1998, 351 ff.

[22] Krit. zur Orientierung des Prüfungsansatzes an der bestimmungsgemäßen u. sachgerechten Anwendung vgl. *Rehbinder*, NuR 1983, 249 (251 f.); *ders.*, NuR 1987, 68 (69).

[23] § 15 PflSchG war Vorbild für Art. 4 PflSchRL; zur Frage der Zulassungspflicht für Pflanzenschutzmittel-Importe *Fluck*, NuR 1999, 86 ff.

[24] Zur Zulassung von Pflanzenschutzmitteln, die aus einem Mitgliedstaat eingeführt werden, vgl. *OLG München*, Beschl. v. 16. 12. 1998 – 3 ObOWi 126/98 –, DVBl. 1999, 1063.

[25] Zur nach § 20 Abs. 2 Nr. 6 PflSchG vorgeschriebenen Gebrauchsanleitung *OLG Köln*, Urt. v. 11. 2. 1994 – 6 U 30/93 –, ZUR 1994, 267.

[26] Zur Dauer des Zulassungsverfahrens *Fluck*, NuR 1999, 255 ff.

[27] Zur Genehmigung eines Pflanzenschutzmittels nach EG-Recht *EuGH*, Urt. v. 11. 3. 1999 – C-100/96 –, JZ 1999, 158.

IV. Anwendung von Pflanzenschutzmitteln

Nach der sog. *Pflichtengeneralklausel* des § 6 Abs. 1 S. 1 PflSchG ist bei der Anwendung von Pflanzenschutzmitteln[28] nach guter fachlicher Praxis zu verfahren. Was unter guter fachlicher Praxis zu verstehen ist, wird in § 2a Abs. 1 S. 2 PflSchG näher erläutert.[29] Danach dient die gute fachliche Praxis insbesondere der Gesunderhaltung und Qualitätssicherung von Pflanzen und Pflanzenerzeugnissen durch vorbeugende Maßnahmen, Verhütung der Einschleppung oder Verschleppung von Schadorganismen, Abwehr oder Bekämpfung von Schadorganismen (Nr. 1) und der Abwehr von Gefahren, die durch die Anwendung, das Lagern und den sonstigen Umgang mit Pflanzenschutzmitteln oder durch andere Maßnahmen des Pflanzenschutzes, insbesondere für die Gesundheit von Mensch und Tier und für den Naturhaushalt, entstehen können (Nr. 2). Gem. § 2a Abs. 1 S. 2 PflSchG gehört zur guten fachlichen Praxis, daß die Grundsätze des integrierten Pflanzenschutzes und der Schutz des Grundwassers berücksichtigt werden. Gem. § 6 Abs. 1 S. 2 PflSchG dürfen Pflanzenschutzmittel nicht angewandt werden, soweit der Anwender damit rechnen muß, daß ihre Anwendung im Einzelfall schädliche Auswirkungen auf die Gesundheit von Mensch und Tier oder auf Grundwasser oder sonstige erhebliche schädliche Auswirkungen, insbesondere auf den Naturhaushalt, hat. Ferner dürfen Pflanzenschutzmittel nach § 6 Abs. 2 PflSchG auf Freilandflächen nur angewandt werden, soweit diese landwirtschaftlich, forstwirtschaftlich oder gärtnerisch genutzt werden.[30] Sie dürfen jedoch nicht in oder unmittelbar an oberirdischen Gewässern und Küstengewässern angewandt werden. Diese Regelung dient dem Schutz von Feldrainen, Böschungen und Wegrändern als Lebensstätten von Tier- und Pflanzenarten und natürlich dem Schutz des Trinkwassers.[31] Wenn der angestrebte Zweck vordringlich ist und mit zumutbarem Aufwand auf andere Weise nicht erzielt werden kann und überwiegende öffentliche Interessen, insbesondere des Schutzes von Tier- und Pflanzenarten, nicht entgegenstehen, kann die zuständige Behörde jedoch gem. § 6 Abs. 3 PflSchG Ausnahmen von diesen Anwendungsverboten zulassen.[32] **17**

Neben dieser Pflichtengeneralklausel des § 6 PflSchG enthält § 6a PflSchG besondere Anwendungsvorschriften. Gem. § 6a Abs. 1 PflSchG dürfen Pflanzenschutzmittel einzeln oder gemischt nur angewandt werden, wenn sie zugelassen sind und nur **18**

– in den die Anwendung von einer Zulassung festgesetzten und in der Gebrauchsanleitung angegebenen, in den nach § 18 Abs. 1 S. 1 PflSchG genehmigten und nach

[28] Zur Abgrenzung von Düngemitteln *BVerwG,* Beschl. v. 12. 9. 1996 – 3 B 43.96 –, NuR 1997, 143; *ObLG München,* Beschl. v. 19. 7. 1996 – 3 ObOWi 75/96 –, NuR 1997, 50f.

[29] Siehe dazu auch §§ 628, 646 UGB-KomE, vgl. BMU, UGB-KomE, S. 363, 372f., 1500.

[30] Zur Aufbringung von Herbiziden auf Gleisanlagen als Freiflächen vgl. *BVerwG,* Urt. v. 16. 6. 1996 – 3 C 13/95 –, ZUR 1997, 39 (40); *OVG Bremen,* Urt. v. 7. 2. 1995 – OVG 1 BA 19/94 –, NuR 1996, 306ff.

[31] Siehe dazu *Rehbinder,* NuR 1987, 68 (70).

[32] Zum Ausbringen von Pflanzenschutzmitteln auf dem Schotterbett einer Gleisanlage vgl. *BVerwG,* Urt. v. 13. 6. 1996 – 3 C 13.95 –, NuR 1997, 188f.

§ 18a Abs. 4 PflSchG bekanntgemachten oder in den nach § 18b Abs. 1 S. 1 PflSchG genehmigten Anwendungsgebieten (Nr. 1) und

– entsprechend den in der Zulassung festgesetzten und in der Gebrauchsanleitung angegebenen oder nach § 18a Abs. 4 PflSchG bekanntgemachten Anwendungsbestimmungen (Nr. 2).

19 Gem. § 6a Abs. 1 S. 2 PflSchG dürfen sie im Haus- und Kleingartenbereich nur angewandt werden, wenn sie mit der Angabe „Anwendung im Haus- und Kleingartenbereich zulässig" gekennzeichnet sind.[33] Die Zulassungspflicht gilt gem. § 6a Abs. 4 PflSchG nicht für die Forschung, für Eilfälle, die Anwendung im eigenen Betrieb und für Mittel, die dem Gesundheitsschutz dienen und anderer behördlichen Aufsicht unterliegen.

20 Zum Schutz der Gesundheit von Mensch oder Tier oder zum Schutz vor Gefahren, insbesondere für den Naturhaushalt, wird das Bundesministerium für Ernährung, Landwirtschaft und Forsten außerdem in § 7 Abs. 1 PflSchG ermächtigt, durch Rechtsverordnung weitere Anwendungsverbote zu erlassen. Dem Gefahrenschutz dienen außerdem Anzeigepflichten für denjenigen, der Pflanzenschutzmittel für andere – außer gelegentlicher Nachbarschaftshilfe – anwenden oder zu gewerblichen Zwecken oder im Rahmen sonstiger wirtschaftlicher Unternehmungen andere über die Anwendung von Pflanzenschutzmitteln beraten will (§ 9 S. 1 PflSchG)[34] und die persönlichen Anforderungen, die gem. § 10 Abs. 1 PflSchG[35] an den Anwender von Pflanzenschutzmitteln gestellt werden. Ferner dürfen Pflanzenschutzmittel zu Versuchszwecken gem. § 10a Abs. 1 S. 1 PflSchG nur angewandt werden, wenn die Anwendung keine schädlichen Auswirkungen auf die Gesundheit von Mensch und Tier oder auf Grundwasser sowie keine sonstigen schädlichen Auswirkungen, insbesondere auf den Naturhaushalt, erwarten läßt.

V. Pflanzenschutzgeräte

21 Einen eigenen Abschnitt im Pflanzenschutzgesetz hat der Gesetzgeber außerdem dem Inverkehrbringen und der Einfuhr von Pflanzenschutzgeräten gewidmet.[36] Nach der Generalklausel des § 24 PflSchG dürfen Pflanzenschutzgeräte nur in den Verkehr gebracht oder eingeführt werden, wenn sie so beschaffen sind, daß ihre bestimmungsgemäße und sachgerechte Verwendung beim Ausbringen von Pflanzenschutzmitteln keine schädlichen Auswirkungen auf die Gesundheit von Mensch und Tier und auf Grundwasser sowie keine sonstigen schädlichen Auswirkungen, insbesondere auf den Naturhaushalt, hat, die nach dem Stand der Technik vermeidbar sind. Ob Pflanzenschutzgeräte diesen Anforderungen entsprechen, kann die Biologische Bundesanstalt gem. § 27 PflSchG prüfen. Die Biologische

---

[33] Zum Verbot der Anwendung von Pflanzenschutzmitteln für Hobbygärtner in Baden-Württemberg *VGH Mannheim,* Urt. v. 16. 5. 1995 – 10 S 521/94 –, NuR 1996, 37 ff.

[34] Siehe auch § 647 UGB-KomE, vgl. BMU, UGB-KomE, S. 373, 1500.

[35] Siehe auch § 648 UGB-KomE, vgl. BMU, UGB-KomE, S. 373, 1501.

[36] Siehe auch §§ 649–653 UGB-KomE, die den §§ 24–30 PflSchG im wesentl. entsprechen, vgl. BMU, UGB-KomE, S. 373 ff., 1501 ff.

Bundesanstalt hat mit Vorrang die Pflanzenschutzgeräte zu prüfen, für die die nach § 25 PflSchG vor dem erstmaligen Inverkehrbringen von Pflanzenschutzgeräten abzugebende Erklärung Anlaß zu Bedenken gibt, ob die Pflanzenschutzgeräte den Anforderungen nach § 24 PflSchG entsprechen.

VI. Pflanzenstärkungsmittel, Zusatz- und Wirkstoffe

Pflanzenstärkungsmittel – das sind gem. § 2 Abs. 1 Nr. 10 PflSchG Stoffe, **22**
die entweder ausschließlich dazu bestimmt sind, die Widerstandsfähigkeit von Pflanzen gegen Schadorganismen zu erhöhen, die dazu bestimmt sind, Pflanzen vor nichtparasitären Beeinträchtigungen zu schützen oder für die Anwendung an abgeschnittenen Zierpflanzen außer Anbaumaterial bestimmt sind, – dürfen gem. § 31 Abs. 1 S. 1 PflSchG nur in den Verkehr gebracht werden, wenn sie bei bestimmungsgemäßer und sachgerechter Anwendung oder als Folge einer solchen Anwendung keine schädlichen Auswirkungen, insbesondere auf die Gesundheit von Mensch und Tier, das Grundwasser und den Naturhaushalt haben (Nr. 1), in eine Liste der Biologischen Bundesanstalt über Pflanzenstärkungsmittel aufgenommen worden sind (Nr. 2) und auf den Behältnissen und äußeren Umhüllungen der Pakkungsbeilagen mit den Angaben nach § 31 a Abs. 1 S. 2 Nr. 1 bis 5 PflSchG, der Angabe „Pflanzenstärkungsmittel" und der Listennummer versehen sind.[37]

B. Düngemittelrecht

Eine gefahrstoffrechtliche Spezialregelung enthält auch das Düngemit- **23**
telgesetz (DMG),[38] das allerdings nicht im Ausnahmekatalog des § 2 ChemG aufgeführt ist. Düngemittel unterliegen deshalb auch dem ChemG,[39] sie sind jedoch nicht dem Anmelde- und Prüfverfahren des Chemikalienrechts zu unterziehen, da insofern das DMG als Spezialgesetz vorgeht.[40] Die Vorschriften des ChemG über Einstufung, Verpakung und Kennzeichnung sind dagegen neben der Spezialregelung des § 3 DMG anwendbar.[41]

Das DMG wird durch Rechtsverordnungen, insbesondere die **24**

– Düngemittelverordnung,[42]
– Verordnung über die gute fachliche Praxis beim Düngen (Düngeverordnung)[43] und

---

[37] Siehe dazu §§ 654–656 UGB-KomE, die den Vorschriften der §§ 31–31 b PflSchG entsprechen, vgl. BMU, UGB-KomE, S. 375 ff., 1503 ff.

[38] Düngemittelgesetz (DMG) v. 15. 11. 1977 (BGBl. I S. 2134), geänd. durch G v. 27. 9. 1994 (BGBl. I S. 2705); zur Geltung in den neuen Ländern vgl. *Kloepfer,* UmweltR in der deutschen Einigung, S. 150 f.; zur Aufnahme düngemittelrechtl. Bestimmungen in ein UGB vgl. §§ 532–541 UGB-BT-E, *Jarass/u. a.,* UGB-BT-E, S. 875, 885; dazu *Kloepfer,* DVBl. 1994, 305 (313).

[39] Siehe oben § 33 Rn. 10 ff.

[40] Siehe *Preußker,* HdUR, Bd. 1, Sp. 406 (410 f.).

[41] *Preußker,* HdUR, Bd. 1, Sp. 406 (411).

[42] Düngemittelverordnung (DMVO) v. 4. 8. 1999 (BGBl. I S. 1758), zul. geänd. durch VO v. 17. 11. 1999 (BGBl. I S. 2206).

[43] V. 26. 1. 1997 (BGBl. I S. 118), geänd. durch VO v. 16. 7. 1997 (BGBl. I S. 1835).

– Verordnung über Probenahmeverfahren und Analysemethoden für die amtliche Düngemittelüberwachung (Probenahme- und Analyseverordnung)[44]

ergänzt.[45]

25 Das Düngemittelrecht ist im Kommissionsentwurf zum Umweltgesetzbuch im Elften Abschnitt in den §§ 693 bis 701 UGB-KomE geregelt. Es normiert Anforderungen an das Inverkehrbringen von Düngemitteln, während die Vorschriften über die Anwendung von Düngemitteln in den Sachzusammenhang mit dem Bodenschutzrecht (§ 334 UGB-KomE) gestellt werden.[46]

26 Dem DMG unterfallen sowohl Handels-, Wirtschafts- und Sekundärrohstoffdünger sowie Bodenhilfsstoffe, Kultursubstrate und Pflanzenhilfsmittel (vgl. § 1 Nr. 2 bis 5 DMG).[47]

27 Zum **Handelsdünger** gehören solche Düngemittel, die gewerblich zum Zwecke der Düngung hergestellt und durch Erwerb den landwirtschaftlichen Betrieben zugeführt werden.[48] **Wirtschaftsdünger** besteht aus tierischen Ausscheidungen, Gülle, Jauche, Stallmist, Stroh sowie ähnlichen Nebenerzeugnisse aus der landwirtschaftlichen Produktion – auch weiterbehandelt –, die dazu bestimmt sind, unmittelbar oder mittelbar Nutzpflanzen zugeführt zu werden, um ihr Wachstum zu fördern, ihren Ertrag zu erhöhen oder ihre Qualität zu verbessern (§ 1 Nr. 2 DMG). Zu **Sekundärrohstoffdünger** zählen Abwasser, Fäkalien, Klärschlamm und ähnliche Stoffe aus Siedlungsabfällen und vergleichbare Stoffe aus anderen Quellen, jeweils auch weiterbehandelt und in Mischungen untereinander oder mit Stoffen nach Nr. 1 bis 5 (§ 1 Nr. 2a DMG).

28 Das DMG regelt vornehmlich das Inverkehrbringen, die Anwendung sowie die Kennzeichnung und Verpackung von Düngemitteln.[49]

I. Inverkehrbringen von Düngemitteln

29 Gem. § 2 Abs. 1 DMG dürfen Düngemittel gewerbsmäßig nur in den Verkehr gebracht werden, wenn sie einem Düngemitteltyp entsprechen, der durch Rechtsverordnung zugelassen ist.[50] § 2 Abs. 2 DMG ermächtigt den Bundesminister für Ernährung, Landwirtschaft und Forsten zum Erlaß einer Rechtsverordnung, in der die **Typen von Düngemittel** zugelassen werden, die bei sachgerechter Anwendung die Fruchtbarkeit des Bodens und die Gesundheit von Menschen und Haustieren nicht schädigen und den Naturhaushalt nicht gefährden, sowie geeignet sind, das Wachstum von Nutzpflanzen wesentlich zu fördern, ihren Ertrag wesentlich zu erhöhen oder ihre Qualität wesentlich zu verbessern.[51] Die zugelassenen Düngemittel

---

[44] V. 19. 12. 1977 (BGBl. I S. 2882), zul. geänd. durch G v. 24. 8. 1998 (BGBl. I S. 2506).

[45] Vgl. zu EG-rechtl. Vorgaben im DüngemittelR BMU, UGB-KomE, S. 1533.

[46] Siehe BMU, UGB-KomE, S. 391 ff., 1531 ff.

[47] Siehe dazu inhaltsgleich § 694 UBG-KomE, vgl. BMU, UGB-KomE, S. 391, 1534.

[48] Vgl. *Rösken,* AgrarR 1983, 141 (144).

[49] An dieser Systematik hält auch der Professorenentwurf zum UGB in § § 535 Abs. 2 UGB-BT-E fest, vgl. *Jarass/u. a.,* UGB-BT-E, S. 268, 965; siehe auch *Kloepfer,* DVBl. 1994, 305 (313).

[50] Dies unterscheidet die Zulassung von Düngemitteln von der von Pflanzenschutzmitteln, die nur im Wege von Einzelakten zugelassen werden können.

[51] Zu den Ausnahmen von der Typenzulassung *Preußker,* HdUR, Bd. 1, Sp. 406 (409); zum Verhältnis von Pflanzenschutz- u. DüngemittelR vgl. *Kierle,* NVwZ 1996, 871 ff.; *Kaus,* NVwZ 1997, 353 ff.

sind im einzelnen dem Anhang I der Düngemittelverordnung zu entnehmen.[52]

Gem. § 2 Abs. 3 DMG sind **zulassungsfrei** Wirtschaftsdünger (Nr. 3) und Düngemittel, die zur Lieferung in Gebiete außerhalb des Geltungsbereichs des DMG bestimmt sind und die nicht als EWG-Düngemittel bezeichnet sind (Nr. 1) und die unentgeltlich für Forschungs- und Untersuchungszwecken in den dafür erforderlichen Mengen abgegeben werden (Nr. 2). Gem. § 5 DMG kann der Verkehr u. a. mit diesen Düngemitteln durch Rechtsverordnung eingeschränkt oder verboten werden. 30

II. Anwendung von Düngemitteln

Die Anwendung von Düngemitteln ist in § 1 a DMG nur im Ansatz geregelt. Danach dürfen Düngemittel nur nach guter fachlicher Praxis angewandt werden. Die Düngung nach guter fachlicher Praxis dient der Versorgung der Pflanzen mit notwendigen Nährstoffen sowie der Erhaltung und Förderung der Bodenfruchtbarkeit, um insbesondere die Versorgung der Bevölkerung mit qualitativ hochwertigen, preiswerten Erzeugnissen zu sichern (§ 1 a Abs. 1 S. 2 DMG). 31

Gem. § 1 a Abs. 2 DMG gehört zur guten fachlichen Praxis, daß die Düngung nach Art, Menge und Zeit auf den Bedarf der Pflanzen und des Bodens unter Berücksichtigung der im Boden verfügbaren Nährstoffe und organischen Substanzen sowie der Standort- und Anbaubedingungen ausgerichtet wird. Der Nährstoffbedarf der Pflanzen richtet sich nach ihrer Ertragsfähigkeit unter den jeweiligen Standort- und Anbaubedingungen sowie den Qualitätsanforderungen an die Erzeugnisse. Der Begriff der guten fachlichen Praxis wird durch die Düngeverordnung konkretisiert. 32

Die Anwendung von Düngemitteln ist darüber hinaus einschränkbar nach den Vorschriften des Wasserrechts (§ 19 Abs. 2 WHG)[53], zum Teil auch nach den abfallrechtlichen Vorschriften, insbesondere der Klärschlammverordnung.[54] 33

III. Kennzeichnung und Verpackung

Ferner kann durch Rechtsverordnung die Kennzeichnung und Verpakkung von Düngemitteln n äher geregelt werden (§ 3 DMG).[55] Kennzeichnungs- und Verpackungspflichten werden in §§ 2ff. DüngemittelVO konkretisiert. 34

---

[52] Siehe zur Düngemittelzulassung §§ 696ff. UBG-KomE, vgl. BMU, UGB-KomE, S. 392f., 1535ff.

[53] Vgl. dazu oben § 18 Rn. 177.

[54] Vgl. dazu insges. *Preußker,* HdUR, Bd. 1, Sp. 406 (408); *ders.,* ZfW 1982, 261ff.; *Rösgen,* AgrarR 1983, 141; *Salzwedel,* NuR 1983, 41ff.; siehe dazu oben § 29 Rn. 20ff.

[55] Siehe § 697 UBG-KomE, vgl. BMU, UGB-KomE, S. 392, 1535.

C. Futtermittelrecht

35 Das Futtermittelrecht regelt die Herstellung von und den Umgang mit Stoffen und Erzeugnisse, die von Menschen an Tiere zu Ernährungszwecken verfüttert werden. Das Futtermittelrecht ist vor allem im Futtermittelgesetz[56] und in der Futtermittelverordnung[57] geregelt. Da das Gesetz auch dem Schutz der menschlichen Gesundheit und der Tierwelt vor nachteiligen menschlichen Eingriffen dient, ist das Futtermittelrecht als Teil des Umweltrechtes anzusehen.[58]

36 Gem. § 3 FMG ist es verboten, Futtermittel herzustellen, zu behandeln oder in den Verkehr zu bringen, wenn sie bei bestimmungsgemäßer oder sachgerechter Verfütterung geeignet sind, die Qualität der von Nutztieren gewonnenen Erzeugnisse zu beeinträchtigen oder die Gesundheit der Tiere zu schädigen. Einzelfuttermittel und Zusatzstoffe dürfen nur in den Verkehr gebracht werden, wenn sie zuvor durch Rechtsverordnung zugelassen sind (vgl. §§ 4f. FMG).[59]

D. Lebensmittelrecht

37 Das Lebensmittelrecht umfaßt die Rechtsvorschriften über den Verkehr mit Lebensmitteln, Tabakerzeugnissen, kosmetischen Mitteln und sonstigen Bedarfsgegenständen, deren Ziel es ist, den Verbraucher vor möglichen Gesundheitsschäden und vor Täuschung zu schützen.[60] Das Lebensmittelrecht ist in erster Linie im Lebensmittel- und Bedarfsgegenständegesetz (LMBG)[61] geregelt.

38 Das Lebensmittelrecht folgt heute in weiten Bereichen dem Verbotsprinzip (Verbot mit Erlaubnisvorbehalt).[62] Es enthält Verbote zum Schutz der menschlichen Gesundheit in bezug auf Stoffe, die als Lebensmittel, Tabakerzeugnisse oder Kosmetika[63] in Verkehr gebracht werden.[64] Die generalklauselartig formulierten Verbote können aufgrund von Verordnungsermächti-

---

[56] Futtermittelgesetz (FMG) i. d. F. d. Bek. v. 2. 8. 1995 (BGBl. I S. 990).

[57] Futtermittelverordnung (FMVO) i. d. F. d. Bek. v. 11. 11. 1992 (BGBl. I S. 1898), zul. geänd. durch VO v. 23. 7. 1997 (BGBl. I S. 1894); ausführl. zum FuttermittelR *Maichel,* HdUR 1986, Bd. I, Sp. 607ff.

[58] So zu Recht *Maichel,* HdUR 1986, Bd. I, Sp. 607.

[59] *Rehbinder,* in: Salzwedel, Grundzüge des UmweltR, 2. Aufl., Kap. 13 Rn. 124.

[60] Dazu *Eckert,* HdUR 1986, Bd. I, Sp. 985ff.

[61] Gesetz über den Verkehr mit Lebensmitteln, Tabakerzeugnissen, kosmetischen Mitteln und sonstigen Bedarfsgegenständen (Lebensmittel- und Bedarfsgegenständegesetz – LMBG) i. d F. d. Bek. v. 9. 9. 1997 (BGBl. I S. 2296), zul. geänd. durch G v. 25. 2. 1998 (BGBl. I S. 374).

[62] Vgl. *Eckert,* HdUR 1986, Bd. I, Sp. 985 (986).

[63] Zur Abgrenzung von kosmetischen Mitteln zu Arzneimitteln *BVerwG,* Urt. v. 18. 12. 1997 – 3 C 46/96 –, BVerwGE 106, 90ff.

[64] Zur Lebensmittelkontrolle in Supermärkten *BVerwG,* Urt. v. 5. 11. 1987 – 3 C 52/85 –, NJW 1988, 1278f.; zur Klage eines Lebensmittelimporteurs, mit dem er den Umfang seiner lebensmittelrechtl. Warenuntersuchungspflichten feststellen lassen will, *BVerwG,* Urt. v. 7. 5. 1987 – 3 C 53/85 –, NVwZ 1988, 430f.

gungen näher konkretisiert werden. Zusatzstoffe – das sind gem. § 2 Abs. 1 S. 1 LMBG Stoffe, die dazu bestimmt sind, Lebensmittel zur Beeinflussung ihrer Beschaffenheit oder zur Erzielung bestimmter Eigenschaften oder Wirkungen zugesetzt zu werden[65] – dürfen bei dem Herstellen, Behandeln und Inverkehrbringen von Lebensmitteln nur verwendet werden, wenn sie hierfür ausdrücklich zugelassen sind (§ 11f. LMBG). Von den Verordnungsermächtigungen hat die Bundesregierung ganz überwiegend Gebrauch gemacht. Es bestehen mehr als 60 produktübergreifende oder speziell produktbezogene Rechtsverordnungen.[66]

Das nationale Lebensmittelrecht wird zudem determiniert durch europarechtliche Vorgaben. Zu nennen ist insbesondere auch die Novel-Food-Verordnung,[67] zu deren Vollzug der Bund Fragen der Zuständigkeiten in der Verordnung zur Durchführung gemeinschaftsrechtlicher Vorschriften über neuartige Lebensmittel und Lebensmittelzutaten (Neuartige Lebensmittel- und Lebensmittelzutaten-Verordnung – NLV)[68] geregelt hat, und die Kennzeichnungs-Verordnung.[69] 39

Die Novel-Food-Verordnung sieht für das Inverkehrbringen neuartiger Lebensmittel und neuartiger Lebensmittelzutaten eine Gemeinschaftsgenehmigungsverfahren (Art. 4 NFVO) bzw. ein Anmeldeverfahren (Art. 5 NFVO) vor, wenn diese Lebensmittel u.a. mittels gentechnisch veränderten Organismen hergestellt worden sind.[70] Ferner unterliegen neuartige Lebensmittel gem. Art. 8 NFVO einer Kennzeichnungspflicht, wenn sie bestehenden Lebensmitteln nicht mehr gleichwertig sind. Die Kennzeichnungspflicht wird konkretisiert durch die Kennzeichnungs-Verordnung der EG. Im Zusammenhang mit der Kennzeichnung von Lebensmitteln ist bereits auf Landesebene ein Gesetz in Kraft[71] und auf Bundesebene der Entwurf einer Verordnung des Bundesministeriums für Gesundheit vorgesehen, die eine Negativkennzeichnung von Produkten mit den Begriffen „gentechnikfrei“ oder „ohne Gentechnik hergestellt“ zulassen.[72] 40

E. Arzneimittelrecht

Zweck des Arzneimittelgesetzes[73] ist es gem. § 1 AMG, im Interesse einer ordnungsgemäßen Arzneimittelversorgung von Mensch und Tier für die Si- 41

[65] Zu den Ausnahmen u. den gleichgestellten Stoffen siehe § 2 LMBG.

[66] *Eckert,* HdUR 1986, Bd. I, Sp. 985.

[67] Verordnung (EG) Nr. 258/97 des Europäischen Parlaments und des Rates über neuartige Lebensmittel und neuartige Lebensmittelzutaten v. 27. 1. 1997, ABl. EG Nr. L 43 v. 4. 2. 1997, S. 1.

[68] V. 29. 5. 1998 (BGBl. I S. 1125).

[69] Verordnung (EG) 1139/98 des Rates über Angaben, die zusätzlich zu den in der Richtlinie 79/112/EWG aufgeführten Angaben bei der Etikettierung bestimmter aus gentechnisch veränderten Organismen hergestellten Lebensmitteln vorgeschrieben sind v. 26. 5. 1998, ABl. EG Nr. L 159 v. 3. 6. 1998, S. 4ff.

[70] Vgl. dazu ausführl. unten § 35 Rn. 14.

[71] Bayerisches Gesetz über die Kennzeichnung von gentechnikfreien Erzeugnissen im Ernährungs- und Futtermittelbereich v. 9. 4. 1998 (GVBl. S. 216).

[72] Vgl. Antwort der BReg. bzgl. der Durchführung der NFV v. 6. 6. 1997, BT-Drs. 13/7877.

[73] Gesetz über den Verkehr mit Arzneimitteln (Arzneimittelgesetz – AMG) i. d. F. d. Bek. v. 11. 12. 1998 (BGBl. I S. 3586), geänd. durch G v. 26. 7. 1999 (BGBl. I S. 817); vgl. auch BT-Drs. 13/9996 sowie Entwurf der BReg. BT-Drs. 14/2292.

cherheit im Verkehr mit Arzneimitteln, insbesondere für die Qualität, Wirksamkeit und Unbedenklichkeit der Arzneimittel nach Maßgabe des Arzneimittelrechtes zu sorgen.

42 Da immer mehr Arzneimittel in der Umwelt nachgewiesen werden, ist die Stellung des Umweltschutzes im Arzneimittelrecht bei der Änderung des Arzneimittelgesetzes 1998 gestärkt worden.[74]

43 Das Arzneimittelgesetz regelt den Verkehr mit Arzneimitteln.[75] Darunter versteht das Gesetz gem. § 4 Abs. 17 AMG das Vorrätighalten zum Verkauf oder zu sonstiger Abgabe, das Feilhalten, das Feilbieten und die Abgabe an andere. Adressaten der zahlreichen Gebote und Verbote des Gesetzes sind vor allem Hersteller, Großhändler und Einzelhändler. Zum Schutz der Gesundheit von Mensch und Tier ist ein behördliches Zulassungsverfahren für Fertigarzneimittel sowie für Arzneimittel vorgesehen, die zur Anwendung bei Tieren bestimmt sind (§§ 21ff. AMG).[76] Im Rahmen dieses Zulassungsverfahrens für Arzneimittel sind die umweltrelevanten Eigenschaften zu ermitteln und daraus die möglichen Risiken für die Umwelt abzuschätzen. Dadurch soll der Schutz der Umwelt im Rahmen der Bewertung und Zulassung von Arzneimitteln gestärkt werden. Die Vorschriften über die klinische Prüfung eines Arzneimittels gem. §§ 40ff. AMG richten sich auch an die das Arzneimittel in der Prüfung anwendenden Ärzte. Das AMG ist darauf ausgerichtet, durch Anforderungen an Hersteller und Vertreiber Qualität, Wirksamkeit und Unbedenklichkeit der Medikamente vom Zeitpunkt des Inverkehrbringens bis zur Anwendung sicherzustellen, und zwar durch detaillierte Regelung der Entwicklung, der Herstellung, des Vertriebes und vor allem der Arzneimittelinformation.[77] Zur Information sieht § AMG nunmehr vor, daß Arzneimittelverpackungen, Packungsbeilagen und Fachinformationen Hinweise über Vorsichtsmaßnahmen in bezug auf die Umwelt enthalten müssen.

44 Die Arzneimittel-Zulassungsverordnung[78] der EG sieht – gestützt auf Art. 308 EGV (Art. 235 EGV i.d.F.v. Maastricht) – für besonders hochwertige Arzneimittel ein Genehmigungsverfahren auf europäischer Ebene vor.

F. Tierseuchenrecht

45 Das Tierseuchengesetz[79] dient der Bekämpfung von Seuchen, die bei Haustieren oder Süßwasserfischen auftreten oder bei anderen Tieren auftre-

---

[74] Vgl. dazu BMU, Umwelt 1998, 82f.; vgl. zum Achten Gesetz zur Änderung des Arzneimittelgesetzes v. 11. 9. 1998 auch *Lippert,* NJW 1999, 837f.

[75] Zur Abgrenzung von Arzneimitteln zu kosmetischen Mitteln *BVerwG,* Urt. v. 18. 12. 1997 – 3 C 46/96 –, BVerwGE 106, 90ff.

[76] *Rehbinder,* in: Salzwedel, Grundzüge des UmweltR, 2. Aufl., Kap. 13 Rn. 135.

[77] Siehe dazu i. e. *Lewandowski,* HdUR 1986, Bd. I, Sp. 131ff.

[78] Verordnung (EWG) Nr. 2309/93 des Rates zur Festlegung von Gemeinschaftsverfahren für die Genehmigung und Überwachung von Human- und Tierarzneimitteln und zur Schaffung einer Europäischen Agentur für die Beurteilung von Arzneimitteln v. 22. 7. 1993, ABl. EG Nr. L 214 v. 24. 8. 1993, S. 1.

[79] Tierseuchengesetz (TierSG) i. d. F. d. Bek. v. 20. 12. 1995 (BGBl. I S. 2038), zul. geänd. durch G v. 22. 12. 1997 (BGBl. I S. 3224).

ten und auf Haustiere oder Süßwasserfische übertragen werden können (§ 1 Abs. 1 TierSG). Das TierSG gehört sowohl zum kausalen Umweltrecht als auch zum speziellen Gefahrstoffrecht.[80] Zum Schutz gegen übertragbare Tierkrankheiten verbietet § 6 Abs. 1 TierSG das innergemeinschaftliche Verbringen, die Einfuhr und die Ausfuhr seuchenkranker und verdächtiger Tiere und ihrer Teile. Zu gleichem Zweck normiert das TierSG im Inland Anzeigepflichten für die Besitzer der betroffenen Tiere (§ 9 TierSG), Ermittlungspflichten und Schutzmaßregeln für die Behörden (§§ 11ff., 16ff. TierSG).[81] Ferner unterliegen bestimmte Sera, Impfstoffe und Antigene gegen Tierseuchen einem behördlichen Zulassungsverfahren gem. § 17c TierSG.[82]

G. Wasch- und Reinigungsmittelrecht

Das Wasch- und Reinigungsmittelgesetz (WRMG)[83] regelt in § 1 Abs. 1 WRMG den Grundsatz, daß Wasch- und Reinigungsmittel nur so in den Verkehr gebracht werden dürfen, daß nach ihrem Gebrauch jede vermeidbare Beeinträchtigung der Beschaffenheit der Gewässer, insbesondere im Hinblick auf den Naturhaushalt und die Trinkwasserversorgung, und eine Beeinträchtigung des Betriebs von Abwasseranlagen unterbleibt. Das Gesetz gehört sowohl zum Gewässerschutzrecht als auch zum Gefahrstoffrecht.[84] 46

Da sich das WRMG inklusive der freiwilligen Selbstverpflichtungserklärung der Industrie ganz überwiegend bewährt hat, ist auch nach dem Professorenentwurf zum Umweltgesetzbuch und dem Kommissionsentwurf zum Umweltgesetzbuch ein Reformbedarf des WRMG nicht erkennbar.[85] Beide Entwürfe sehen lediglich eine noch engere Verzahnung des WRMG mit dem Chemikalienrecht vor.[86] 47

---

[80] Zur Zuordnung zum GefahrstoffR *Tünnesen-Harmes,* HdbUR, B.4, Rn. 4; vgl. dazu auch oben § 2 Rn. 46.

[81] Zum TierseuchenR vgl. ausführl. *Pittler,* HdUR, Bd. 2, Sp. 2072ff.

[82] *Rehbinder,* in: Salzwedel, Grundzüge des UmweltR, 2. Aufl., Kap. 13 Rn. 135.

[83] Gesetz über die Umweltverträglichkeit von Wasch- und Reinigungsmitteln (Wasch- und Reinigungsmittelgesetz – WRMG) i.d.F.d. Bek. v. 5. 3. 1987 (BGBl. I S. 875), zul. geänd. durch G v. 27. 6. 1994 (BGBl. I S. 1440); dazu *Storm,* UmweltR, Tz. 548ff.; *Kauch,* Bodenschutz, S. 174ff., *Roth,* HdUR, Bd. 2, Sp. 2715ff.; *Pohl,* HdbUR, B.2 Rn. 73; zu Novellierungstendenzen *Mache,* UmweltR, Rn. 168; zur uneingeschränkten Geltung des WRMG in den neuen Ländern seit dem 1. 1. 1992 vgl. *Kauch,* Bodenschutz, S. 174 Fn. 387; *Jänkel,* HdUR, Bd. 1, Sp. 462 (467).

[84] Siehe dazu oben § 17 Rn. 15; zur Einordnung des Wasch- u. ReinigungsmittelR in das GefahrstoffR vgl. §§ 523–531 UBG-BT-E, die im wesentl. die Regelungen des WRMG übernehmen, *Kloepfer,* DVBl. 1994, 305 (312f.); *Rehbinder,* NuR 1994, 313 (318); *Jarass/u. a.,* UGB-BT-E, S. 263ff., 960ff.; dasselbe gilt in bezug auf die Übernahme des Wasch- u. ReinigungsmittelR in den §§ 685ff. UGB-KomE, vgl. BMU, UGB-KomE, S. 1527.

[85] So *Jarass/u. a.,* UGB-BT-E, S. 960; BMU, UGB-KomE, S. 1527.

[86] Siehe §§ 523–531 UGB-BT-E, vgl. *Jarass/u. a.,* UGB-BT-E, S. 263ff., 960; ferner §§ 685–692 UBG-KomE, dazu BMU, UGB-KomE, S. 388f., 1527.

I. Grundsätze

48 § 1 Abs. 1 WRMG enthält den Grundsatz, daß Wasch- und Reinigungsmittel nur so in den Verkehr gebracht werden dürfen, daß nach ihrem Gebrauch jede vermeidbare Beeinträchtigung der Beschaffenheit der Gewässer, insbesondere im Hinblick auf den Naturhaushalt und die Trinkwasserversorgung, und eine Beeinträchtigung des Betriebs von Abwasseranlagen unterbleiben.[87]

49 § 1 Abs. 2 und 3 WRMG enthalten programmatische Grundsätze, deren Beachtung nicht durch normative Regelungen erzwungen, sondern auf der Ebene freiwilliger Verhaltensanpassung erreicht werden soll. Der *Verbraucher* wird aufgefordert, Wasch- und Reinigungsmittel bestimmungsgemäß und gewässerschonend, insbesondere unter Einhaltung der Dosierempfehlungen, zu verwenden, an die *Hersteller* technischer Reinigungseinrichtungen wird appelliert, ihre Geräte so zu gestalten, daß bei ihrem ordnungsgemäßen Gebrauch so wenig Wasch- und Reinigungsmittel und so wenig Wasser und Energie wie möglich benötigt werden.

II. Begriffsbestimmungen

50 Unter die **Wasch- und Reinigungsmittel** fallen gem. § 2 Abs. 1 WRMG alle chemischen Erzeugnisse, die

- zur Reinigung bestimmt sind oder bestimmungsgemäß die Reinigung unterstützen (Gruppe 1),
- grenzflächenaktive Stoffe oder organische Lösemittel enthalten und vom Verbraucher aufgrund der Art und Weise des Produktdargebots unmittelbar zur Reinigung verwendet werden können und erfahrungsgemäß verwendet werden (Gruppe 2),
- bestimmungsgemäß auf Oberflächen aufgebracht und bei einer Reinigung mit Erzeugnissen der Gruppe 1 überwiegend abgelöst werden (Gruppe 3).

51 Die Begriffsbestimmung soll gewährleisten, daß alle Produkte, die im Zusammenhang mit Reinigungsvorgängen verwendet werden und erfahrungsgemäß nach Gebrauch in Gewässer gelangen können, von den Anforderungen des WRMG erfaßt werden.

52 **Inverkehrbringen** im Sinne des WRMG ist gewerbsmäßiges Anbieten, Vorrätighalten zum Verkauf oder zu sonstiger Abgabe, Feilhalten, der Handel oder jedes Abgeben an andere (§ 2 Abs. 2 WRMG).

III. Produktbezogene Anforderungen

53 Das WRMG enthält selbst keine Qualitätsstandards für die in seinen Anwendungsbereich fallenden Stoffe. Der Gesetzgeber hat sich darauf beschränkt, Ermächtigungen zum Erlaß von Rechtsverordnungen auszusprechen, die das Grundsatzgebot des § 1 Abs. 1 WRMG konkretisieren. So wird der Bundesminister für Umwelt, Naturschutz und Reaktorsicherheit ermächtigt, nach Anhörung der beteiligten Kreise im Einvernehmen mit den

---

[87] Zur Forderung einer möglichst weitgehenden biologischen Abbaubarkeit vgl. § 526 UGB-BT-E, dazu *Jarass/u. a.,* UGB-BT-E, S. 264, 963.

Bundesministern für Wirtschaft und für Gesundheit Rechtsverordnungen mit Zustimmung des Bundesrates zu erlassen, die bestimmte Anforderungen an die biologische Abbaubarkeit aller in Wasch- und Reinigungsmitteln enthaltenen organischen Stoffe stellen (§ 3 Abs. 2 WRMG) sowie Phosphathöchstmengen festsetzen (§ 4 Abs. 2 WRMG). In § 5 WRMG wird die Bundesregierung ermächtigt, nach Anhörung der beteiligten Kreise durch Rechtsverordnung mit Zustimmung des Bundesrates darüber hinaus bestimmte gewässerschädliche Inhaltsstoffe in Wasch- und Reinigungsmitteln zu beschränken oder zu verbieten, sowie das Inverkehrbringen von Wasch- und Reinigungsmitteln zu beschränken. Von diesen Möglichkeiten wurde inzwischen zum Teil Gebrauch gemacht. So erließ der Bundesminister des Innern im Jahre 1977 die **Tensid-Verordnung,**[88] die bestimmt, daß Tenside in Wasch- und Reinigungsmitteln bei einem vorgeschriebenen Meßverfahren mindestens zu 80 v.H. auf biologischem Wege abbaubar sein müssen. Ferner wurde im Jahre 1980 die **Phosphathöchstmengenverordnung**[89] erlassen, die eine in zwei Stufen (1. 10. 1981 und 1. 1. 1984) vorzunehmende Reduzierung des Phosphatgehalts in Wasch- und Reinigungsmitteln vorsieht. Eine Verordnung nach § 5 WRMG ist bislang nicht erlassen worden. Vielmehr haben die Verbände der chemischen Industrie und der Waschmittelindustrie sich im Wege der freiwilligen Selbstbeschränkung gegenüber dem Bundesumweltminister bestimmte gewässerschädliche Inhaltsstoffe in Wasch- und Reinigungsmitteln zu beschränken.[90]

IV. Verbraucherinformationen

Neben diesen Möglichkeiten, produktbezogene Anforderungen zu stellen, **54**
enthält das WRMG Vorschriften über die Beschriftung der Verpackung (§ 7 WRMG), insbesondere über nach Wasserhärtegraden abgestufte Dosierungsempfehlungen, und über die Verpflichtung der Wasserversorgungsunternehmen, Auskunft über den Härtebereich des von ihnen abgegebenen Trinkwassers zu geben (§ 8 WRMG).[91] Diese Informationen sollen dem Verbraucher einen möglichst gewässerschonenden Umgang mit Wasch- und Reinigungsmitteln ermöglichen.

---

[88] Verordnung über die Abbaubarkeit anionischer und nichtionischer grenzflächenaktiver Stoffe in Wasch- und Reinigungsmitteln (Tensidverordnung – TensV) v. 30. 1. 1977 (BGBl. I S. 244), zul. geänd. durch VO v. 4. 6. 1986 (BGBl. I S. 851).

[89] Verordnung über Höchstmengen für Phosphate in Wasch- und Reinigungsmitteln (Phosphathöchstmengenverordnung – PHöchstMengV) v. 4. 6. 1980 (BGBl. I S. 664).

[90] Vgl. BT-Drs. 11/4315; *Roth,* HdUR, Bd. 2, Sp. 2715 (2718); zum Verzicht auf umweltgefährdende Hilfsstoffe durch die Industrie vgl. BMU, Umwelt 1998, 438; zu freiwilligen Selbstbeschränkungen der Wirtschaft als Instrument indirekter Verhaltenssteuerung vgl. bereits oben § 9 Rn. 107ff.

[91] Zu Novellierungsbestrebungen hinsichtl. der Mitteilung des Härtegrades *Mache,* UmweltR, Rn. 168; zur Regelung der technischen Details im Wege der VO vgl. *Jarass/u. a.,* UGB-BT-E, S. 265, 963.

V. Angaben zur Umweltverträglichkeit

55 Damit die Behörden frühzeitig und umfassend Kenntnis über die in der Bundesrepublik Deutschland in Verkehr befindlichen Wasch- und Reinigungsmittel erlangen, verpflichtet § 9 WRMG die Hersteller und Einführer solcher Erzeugnisse zu Angaben gegenüber dem Umweltbundesamt zur Umweltverträglichkeit der jeweiligen Produkte, insbesondere hinsichtlich ihrer chemischen Zusammensetzung, ihrer Verwendungsmöglichkeit sowie der Produktions- und Vertriebsmengen.

VI. Überwachung

56 Die Durchführung und Überwachung des WRMG obliegt den Landesregierungen oder den von ihnen bestimmten Stellen (§ 10 Abs. 1 WRMG). Hersteller, Einführer und Händler unterliegen der Verpflichtung, das Betreten von Betriebs- und Geschäftsräumen sowie die Entnahme von Wasch- und Reinigungsmittelproben durch die zuständigen Behörden zu dulden; sie haben ferner alle zur Überwachung erforderlichen Auskünfte zu erteilen (§ 10 Abs. 2 bis 5 WRMG).

H. Benzinbleigesetz

57 Mit dem Benzinbleigesetz[92] verfolgt der Gesetzgeber das Ziel, die durch den zunehmenden Kraftfahrzeugverkehr in erheblichem Umfang freigesetzten bleiförmigen Zusätze in Ottokraftstoffen zum Schutz der Gesundheit zu begrenzen. Mit dieser Ausrichtung zählt das Gesetz sowohl zum speziellen Immissionsschutzrecht als auch zum speziellen Gefahrstoffrecht.[93]

I. Gefahrgutbeförderungsgesetz

58 Das Gesetz über die Beförderung gefährlicher Güter (Gefahrgutbeförderungsgesetz – GGBefG)[94] hat zum Ziel, die im Zusammenhang mit der Beförderung gefährlicher Güter bestehenden Gefahren für die öffentliche Si-

---

[92] Gesetz zur Verminderung von Luftverunreinigungen durch Bleiverbindungen in Ottokraftstoffen für Kraftfahrzeugmotore (Benzinbleigesetz – BzBlG) v. 5. 8. 1971 (BGBl. I S. 1234), zul. geänd. durch G v. 24. 6. 1994 (BGBl. I S. 1416); der Kommissionsentwurf zum UGB sieht die Überführung des Regelungsgehaltes des BzBlG auf die Verordnungsebene vor, in dem im Kapitel über Produkte von der Verordnungsermächtigung des § 121 UGB-KomE Gebrauch gemacht wird, vgl. BMU, UGB-KomE, S. 1428.

[93] Siehe oben § 22 Rn. 3 ff.

[94] I. d. F. d. Bek. v. 29. 9. 1998 (BGBl. I S. 3114); zur Novellierung vgl. Gesetzentwurf der BReg. BT-Drs. 13/10158 u. Beschlußempfehlung u. Bericht des Ausschusses für Verkehr BT-Drs. 13/10637; vgl. zum GBefGG ausführl. *Kloepfer,* UmweltR § 17 Rn. 167 ff.; zur Aufnahme entspr. Vorschriften im Professorenentwurf zum UGB vgl. §§ 542–557 UGB-BT-E, *Jarass/u. a.,* UGB-BT-E, S. 271 ff., 969 ff.; dazu *Kloepfer,* DVBl. 1994, 305 (313).

cherheit oder Ordnung, insbesondere für die Allgemeinheit, für wichtige Gemeinschaftsgüter, für Leben und Gesundheit von Menschen sowie für Tiere und andere Sachen, zu regeln. Es läßt sich mithin dem Gefahrstoffrecht zuordnen.[95]

Die Änderung des Gefahrgutbeförderungsgesetzes vom 6. 8. 1998 diente zum einen der Umsetzung europarechtlicher Vorgaben,[96] soweit diese noch nicht durch Rechtsverordnung umgesetzt waren, und zum anderen der Überarbeitung der Ermächtigungsgrundlagen für Verordnungen.[97] 59

Gefährliche Güter sind gem. § 2 Abs. 1 GBefGG Stoffe und Gegenstände, von denen aufgrund ihrer Natur, ihrer Eigenschaften oder ihres Zustandes im Zusammenhang mit der Beförderung Gefahren für die öffentliche Sicherheit und Ordnung, insbesondere für die Allgemeinheit, für wichtige Gemeingüter, für Leben und Gesundheit von Menschen sowie für Tiere und Sachen ausgehen können. Hierunter fallen insbesondere Chemikalien. 60

Im wesentlichen enthält das Gesetz Verordnungsermächtigungen (§ 3 GGBefG) sowie Vorschriften über allgemeine Ausnahmen, Sofortmaßnahmen, Sicherungsmaßnahmen und zur Überwachung (§§ 6 bis 9 GGBefG) sowie Grundlagen für die Beratung des Bundesministeriums für Verkehr (§§ 7a, 7b GGBefG). Seine Konkretisierung erfährt das Gesetz durch zahlreiche Rechtsverordnungen, die nach den einzelnen Beförderungsarten (Straße, Eisenbahn, Binnenschiffahrt, Luft) unterscheiden und durchaus uneinheitliche Regelungen u. a. zur allgemeinen Zulassung zur Beförderung enthalten. Zu nennen sind insbesondere 61

– Verordnung zur Übertragung gefahrgutrechtlicher Ermächtigungen auf den Bundesminister für Verkehr,[98]
– Verordnung über die Bestellung von Gefahrgutbeauftragten und die Schulung der beauftragten Personen in Unternehmen und Betrieben (Gefahrgutbeauftragtenverordnung – GbV),[99]
– Verordnung über Ausnahmen von den Vorschriften über die Beförderung gefährlicher Güter (Gefahrgut-Ausnahmeverordnung – GGAV),[100]
– Verordnung über die innerstaatliche und grenzüberschreitende Beförderung gefährlicher Güter auf der Straße **(Gefahrgutverordnung Straße – GGVS)**,[101]
– Verordnung über die Kontrollen von Gefahrguttransporten auf der Straße und in den Unternehmen (GGKontrollV),[102]

---

[95] Dazu *Tünnesen-Harmes,* HdbUR, B.4 Rn. 4; *Rehbinder,* in: Salzwedel, Grundzüge des UmweltR, 2. Aufl., Kap. 13 Rn. 93ff.; umfassend zur Beförderung gefährlicher Güter *Kloepfer,* UmweltR, § 17 Rn. 163ff.

[96] Vgl. zu den umzusetzenden Richtlinien Gesetzentwurf der BReg. BT-Drs. 13/10158, S. 3.

[97] Vgl. Gesetzentwurf der BReg. 13/10158, S. 1, 8.

[98] V. 12. 9. 1985 (BGBl. I S. 1918), geänd. durch VO v. 23. 5. 1990 (BGBl. I S. 989).

[99] V. 28. 6. 1999 (BGBl. I S. 1435); vgl. zu dieser Änderung auch BR-Drs. 14/99 v. 1. 2. 1999.

[100] V. 28. 6. 1999 (BGBl. I S. 1435); vgl. zu dieser Änderung auch BR-Drs. 14/99 v. 1. 2. 1999.

[101] I. d. F. d. Bek. v. 22. 12. 1998 (BGBl. I S. 3993), geänd. durch G v. 30. 3. 1999 (BGBl. I S. 649); vgl. zur Änderung der GGVS zur Umsetzung des Gesetzes zur Änderung des Gesetzes über die Beförderung gefährlicher Güter v. 6. 8. 1998 BR-Drs. 883/98.

[102] V. 27. 5. 1997 (BGBl. I S. 1306).

– Verordnung über die innerstaatliche und grenzüberschreitende Beförderung gefährlicher Güter mit Eisenbahnen **(Gefahrgutverordnung Eisenbahn – GGVE),**[103]
– Verordnung über die Inkraftsetzung des Protokolls vom 17. 2. 1984 für die Inkraftsetzung des Übereinkommens vom 9. 5. 1980 über den internationalen Eisenbahnverkehr und der Anlagen I bis III zu den einheitlichen Rechtsvorschriften für den Vertrag über die internationale Eisenbahnförderung von Gütern,[104]
– Verordnung über die Beförderung gefährlicher Güter auf Binnengewässern **(Gefahrgutverordnung Binnenschiffahrt – GGVBinSch),**[105]
– Verordnung zur Inkraftsetzung der Verordnung über die Beförderung gefährlicher Güter auf dem Rhein und der Verordnung über die Beförderung gefährlicher Güter auf der Mosel[106] und
– Verordnung über die Beförderung gefährlicher Güter mit Seeschiffen **(Gefahrgutverordnung See – GGVSee).**[107]

62 Die Übertragung des Erlasses der wesentlichen Vorschriften für die Beförderung gefährlicher Güter auf den Verordnungsgeber und die Beschränkung des Bundesgesetzes auf die Verordnungsermächtigung ist unter verfassungsrechtlichen Aspekten – insbesondere wegen des Parlamentsvorbehalts und wegen der Anforderungen des Bestimmtheitsgebots – nicht unbedenklich.[108] Das Gefahrgutbeförderungsrecht zählt zum technischen Sicherheitsrecht, für das in der Literatur eine Lockerung des grundgesetzlichen Parlamentsvorbehalts und der Anforderungen an das Bestimmtheitsgebot des Art. 80 Abs. 1 GG angenommen wird.[109]

63 Der Kommissionsentwurf zum Umweltgesetzbuch regelt die Beförderung gefährlicher Güter in den §§ 702 bis 716 UGB-KomE.[110] Neben der ausdrücklichen Aufnahme des Schutzes der Umwelt als Schutzziel in § 702 UGB-KomE[111] werden materielle Pflichten, die bislang den transportrechtlichen Rechtsverordnungen vorbehalten waren, auf gesetzlicher Ebene in den §§ 707 ff. geregelt.[112]

---

[103] V. 12. 12. 1995 (BGBl. I S. 1876); vgl. zur geplanten Änderung der GGVE zur Umsetzung des Gesetzes zur Änderung des Gesetzes über die Beförderung gefährlicher Güter v. 6. 8. 1998 BR-Drs. 884/98.

[104] BGBl. II 1985 S. 666.

[105] V. 21. 12. 1994 (BGBl. I S. 3971), zul. geänd. durch VO v. 22. 12. 1998 (BGBl. I S. 4049); vgl. zur Änderung der GGVBinSch zur Umsetzung des Gesetzes zur Änderung des Gesetzes über die Beförderung gefährlicher Güter v. 6. 8. 1998 BR-Drs. 885/98.

[106] V. 28. 6. 1999 (BGBl. II S. 1435); vgl. zur Änderung der GGVBinSch BR-Drs. 886/98.

[107] V. 4. 3. 1998 (BGBl. I S. 419).

[108] Vgl. zur Wesentlichkeitstheorie u. zum Bestimmtheitsgebot *BVerwG,* Beschl. v. 8. 8. 1978 – 2 BvL 8/77 –, BVerwGE 49, 89 (26 f.; 33 ff.); *Kloepfer,* UmweltR, § 17 Rn. 182.

[109] So auch *Kloepfer,* UmweltR, § 17 Rn. 182.

[110] BMU, UGB-KomE, S. 394 ff., 1537 ff.

[111] Vgl. BMU, UGB-KomE, S. 394, 1540.

[112] BMU, UGB-KomE, S. 396, 1542 f.

§ 35. Gentechnikrecht

A. Rechtliche Grundlagen

I. Begriff, Anwendungsbereich und Gefahren der Gentechnik

Der **Begriff** der Gentechnik umfaßt „die Gesamtheit der Methoden zur Charakterisierung und Isolierung von gentechnischem Material, zur Bildung neuer Kombinationen genetischen Materials sowie zur Wiedereinführung und Vermehrung des neukombinierten Erbmaterials in anderer biologischer Umgebung".[1] 1

Die Gentechnik hat einen weiten **Anwendungsbereich**. Neben der wissenschaftlichen und medizinischen Bedeutung der Gentechnik im Bereich der Pharmazie und der Humanmedizin kommt ihr eine eher kommerzielle Bedeutung in den Bereichen Ernährung, Landwirtschaft und in der Entsorgung zu.[2] Für den Bereich der *pflanzlichen Lebensmittel* ist auf gentechnisch veränderte Züchtungen hinzuweisen, die gegen Schädlinge, Herbizide und feindliche Umwelteinwirkungen, wie Kälte und Trockenheit, resistent sind.[3] Zugleich dient die Gentechnik der Nährwertverbesserung, der Reifehemmung,[4] dem Entfernen von Allergenen sowie der Produktion von sog. Platigenes, d.h. Impfstoffen, die durch den Verzehr der gentechnisch veränderten Pflanzen aufgenommen werden. In der *Tierproduktion* kommt die Gentechnik bei der Wachstumssteigerung, der Verbesserung der Tiergesundheit durch die Entwicklung von Impfstoffen, Diagnostika und Arzneimitteln und bei der Kälteresistenz zur Anwendung. Für den Bereich der *Entsorgung* liegt das Betätigungsfeld der Gentechnik in der Bekämpfung von Umweltbelastungen, etwa bei der Abfallentsorgung oder bei der Abwasserentsorgung.[5] 2

Die **Gefahren** der Gentechnik liegen zum einen darin, daß gentechnich veränderte Organismen, die in die Umwelt gelangen, dort unkontrolliert Prozesse in Gang setzen und hierdurch die Umwelt nachhaltig verändern können.[6] Ursächlich dafür können sowohl Störfälle, d.h. das ungewollte Entweichen gentechnisch veränderter Organismen in die Umwelt,[7] als auch die beabsichtigte Freisetzung im Rahmen von Freilandversuchen oder das Inverkehrbringen gentechnisch hergestellter Produkte sein.[8] Neben der Gefahr von Spätschäden und der Bedrohung der Artenvielfalt wird zudem auf 3

---

[1] Ber. der Enquete Kommission, BT-Drs. 10/67775, S. 7.

[2] Ber. der Enquete Kommission, BT-Drs. 10/67775, S. 99ff., 114f. m.w.N.; dazu auch *Drescher,* ZUR 1994, 289 (290); *Kniesel/Müllensiefen,* NJW 1999, 2564 (2565).

[3] Zu Risikoüberlegungen zu transgenen virusresistenten Pflanzen vgl. BMU, Umwelt 1998, 218f.

[4] Z.B. bei der transgenen Tomate.

[5] Vgl. dazu BMU, Umwelt 1999, 58f.

[6] Ber. der Enquete Kommission, BT-Drs. 10/67775, S. 194ff., 203ff., 213ff.; *Lukes,* DVBl. 1986, 1221 (1224); *Ladeur,* NuR 1987, 60 (63); zu den Risiken der Gentechnik *Jäger/Weber,* IUR 1992, 205f.; *Bickel,* VerwArch 1996, 169ff.

[7] Vgl. dazu *Nicklisch,* BB 1989, 1 (2 m.w.N.).

[8] *Drescher,* HdUR, Bd. 1, Sp. 861 (864).

die Irreversibilität einer einmal erfolgten Freisetzung gentechnisch veränderter Organismen,[9] die Möglichkeit der Einkreuzung gentechnisch veränderter DNA in andere Organismen sowie die Möglichkeit des horizontalen Gentransfers hingewiesen, bei dem über Viren oder andere Träger die veränderten Transgene unkontrolliert auf andere Organismen übertragen werden.[10]

4 Soweit durch die Klonung von Schafen aus den DNS eines Alttieres die gentechnische Reproduktion von höheren Säugetieren und damit die Übertragung dieser Methoden auf den Menschen in die Diskussion ihrer Zulässigkeit geraten ist, handelt es sich nicht so sehr um eine umweltrechtliche, sondern primär um eine ethische Diskussion.[11]

II. Gentechnikrecht

1. Nationale Rechtsgrundlagen

5 Das Gentechnikrecht[12] umfaßt die rechtlichen Regelungen zum Umgang mit der Gentechnik. Es ist seit dem 1. 7. 1990 bundeseinheitlich im Gesetz zur Regelung der Gentechnik (Gentechnikgesetz – GenTG)[13] geregelt.[14] Das Gentechnikrecht kann, soweit es den Schutz des Menschen und der Umwelt vor möglichen Gefahren gentechnischer Verfahren und Produkte bezweckt, dem speziellen Gefahrstoffrecht[15] und soweit es um die Abwehr von Gefahren durch gentechnisch veränderte Organismen geht, dem kausalen Umweltrecht zugerechnet werden.[16]

6 Das Gentechnikrecht war zunächst in der Bundesrepublik Deutschland nur lückenhaft und zum Teil in Form von Verwaltungsvorschriften geregelt.[17] Die fortschreitende technische Entwicklung und EG-rechtlichen Vorgaben machten jedoch eine um-

---

[9] *Nicklisch,* BB 1989, 1 ff. m. w. N.

[10] *Kloepfer,* UmweltR, § 16 Rn. 2 m. w. N.

[11] Ber. der Enquete Kommission, BT-Drs. 10/67775, S. 140 ff.; neuerl. zum Klonen von Menschen *Deutsch,* NJW 1991, 721 ff.; *Kienle,* ZRP 1996, 253 ff.; *Kluth,* ZfP 1992, 195 ff.; *Ruderisch,* ZRP 1992, 260 ff.; *Vesting,* ZRP 1997, 21 ff.; *Elstner,* Gentechik, Ethik und Gesellschaft, passim; *Kienle,* ZRP 1998, 186 ff.; *Vesting/Simon,* ZRP 1998, 261 ff.; *Bickel,* VerwArch 1996, 169 ff.

[12] Grundl. dazu *Simon,* IUR 1992, 193 ff.; *Kloepfer/Delbrück,* DÖV 1990, 897 ff.; *Hirsch/Schmidt-Didczuhn,* NVwZ 1990, 713 ff.; *Fluck,* BB 1990, 1716 ff.; *Fritsch/Haverkamp,* BB 1990, Beil. 31 zu Heft 25; *Breuer,* UTR 1991, 37.

[13] V. 16. 12. 1993 (BGBl. I S. 2066), zul. geänd. durch VO v. 21. 9. 1997 (BGBl. I S. 2390, ber. S. 2756).

[14] Zur Richtlinienkonformität der a. F. *Pernice,* NVwZ 1990, 414 (421); *Fuchs/Rapsch,* DÖV 1991, 873 (876 ff.).

[15] Zum GefahrstoffR bereits oben § 32 Rn. 1 ff.

[16] Zur Zuordnung zum kausalen Umweltschutz *Breuer,* in: Schmidt-Aßmann, BesVwR, 5. Abschn. Rn. 45 u. zum GefahrstoffR *Tünnesen-Harmes,* HdbUR, B.4 Rn. 5; B.5 Rn. 1; zum anlagen- u. tätigkeitsbezogenen Ansatz vgl. *Kloepfer,* UmweltR., § 16 Rn. 4; *Wahl,* in: Landmann/Rohmer, UmweltR, Bd. III, Vor 10.1 GenTG, Rn. 17 ff.; zu Einflüssen des BImSchG u. des AtG *Pohlmann,* Neuere Entwicklungen im GentechnikR, S. 47 ff.; *Hirsch/Schmidt-Didczuhn,* ZRP 1989, 458 ff.; *Koch/Ibelgaufts,* GenTG, Einl. Rn. 9 ff.

[17] Siehe „Richtlinie zum Schutz vor Gefahren durch in-vitro neukombinierte Nukleinsäuren" des BMFT, BAnz. Nr. 109, v. 20. 6. 1986, die als Verwaltungsvorschrift erlassen worden war; *Drescher,* HdUR, Bd. 1, Sp. 861 (865); *Tünnesen-Harmes,* HdbUR, B.5 Rn. 17 ff.

 Bohne, NVwZ 08, 253, Callies/Korte, DÖV 06, 10

fassende gesetzliche Regelung unumgänglich.[18] Verbindliche Vorgaben wurden während der laufenden Gesetzgebungsverfahren durch die Systemrichtlinie und die Freisetzungsrichtlinie der EG geschaffen, die bis 1991 in nationales Recht umzusetzen waren.[19]

Der Anpassungsbedarf an geändertes EG-Recht[20] und die Forderung nach einer Verfahrensbeschleunigung bei den gentechnischen Genehmigungsverfahren haben im Jahre 1993 bereits zu seiner Novellierung geführt.[21] 7

Der Professorenentwurf zum Umweltgesetzbuch enthält keine Vorschläge zur Regelung des Gentechnikrechts.[22] Der Kommissionsentwurf zum Umweltgesetzbuch regelt das Gentechnikrecht zusammen mit der Biotechnik in den §§ 552 bis 585 UGB-KomE.[23] Dabei werden die Vorschriften zur Regelung der Gentechnik zum Teil in den Zusammenhang mit dem Allgemeinen Teil gestellt und zum Teil eine Verbindung zum Recht der Gefährlichen Stoffe hergestellt.[24] 8

Ergänzt wird das GenTG durch eine Reihe von Rechtsverordnungen.[25] Dazu zählen die 9

- Verordnung über die Sicherheitsstufen und Sicherheitsmaßnahmen bei gentechnischen Arbeiten in gentechnischen Anlagen (Gentechnik-Sicherheitsverordnung – GenTSV),[26]
- Verordnung über die Zentrale Kommission für die Biologische Sicherheit (ZKBS-Verordnung – ZKBSV),[27]
- Verordnung über Anhörungsverfahren nach dem GenTG (Gentechnik-Anhörungsverordnung – GenTAnhV),[28]
- Verordnung über Antrags- und Anmeldeunterlagen und über Genehmigungs- und Anmeldeverfahren nach dem GenTG (Gentechnik-Verfahrensverordnung – GenTVfV),[29]
- Verordnung über Aufzeichnungen bei gentechnischen Arbeiten zu Forschungszwecken oder zu gewerblichen Zwecken (Gentechnik-Aufzeichnungsverordnung – GenTAufzV),[30]
- Bundeskostenverordnung zum GenTG (BGenTGKostV),[31]

---

[18] Zur gesetzgeberischen Notwendigkeit *VGH Kassel,* Beschl. v. 6. 11. 1989 – 8 TH 685/89, NVwZ 1990, 276ff.; dazu auch *Sendler,* NVwZ 1990, 231ff.; *Fluck,* UPR 1990, 81ff.; zur Entstehungsgeschichte des GenTG *Pohlmann,* GentechnikR, S. 137ff.; *Winter,* GentechnikR, S. 1ff.; *Tünnesen-Harmes,* HdbUR, B.5 Rn. 17ff.; 22ff.

[19] Zu den EG-rechtl. Grundlagen *Delbrück,* EuZW 1990, 371ff.; *Kloepfer/Delbrück,* DÖV 1990, 897 (898); zur Vorreiterrolle der EG bei der Normierung der Gentechnik auch *Kloepfer,* UmweltR, § 6 Rn. 46; zur EG-rechtl. Kompetenzgrundlage *Tünnesen-Harmes,* HdbUR, B.5 Rn. 14ff.

[20] Ausführl. *Führ,* DVBl. 1991, 559ff.; zu patentrechtl. Vorstellungen der EG im GentechnikR *Leskien,* IUR 1992, 207ff.; zur RL über den rechtl. Schutz biotechnologischer Erfindungen *Fuchs,* JZ 1999, 597ff.

[21] Zur Novellierung *Bora,* KJ 1994, 306ff.; *Drescher,* ZUR 1994, 289ff.; *Knoche,* BayVBl. 1994, 673ff.; *Wahl/Melchinger,* JZ 1994, 973ff.; *Simon/Weyer,* NJW 1994, 759ff.; *Tünnesen-Harmes,* HdbUR, B.5 Rn. 24ff.; krit. *Drescher,* HdUR, Bd. 1, Sp. 861 (882).

[22] Der Untersuchungsauftrag des BMU hat sich ausdrückl. nicht auf das GentechnikR erstreckt, *Kloepfer,* DVBl. 1994, 305 (306).

[23] BMU, UGB-KomE, S. 326ff., 1364ff.

[24] BMU, UGB-KomE, S. 1366.

[25] Zur Funktion dieser VO *Kloepfer/Delbrück,* DÖV 1990, 897 (898); zur Zulässigkeit der inhaltl. Ausgestaltung der VO durch den BT krit. *Rupp,* NVwZ 1993, 756ff.

[26] I. d. F. d. Bek. v. 14. 3. 1995 (BGBl. I S. 297).

[27] I. d. F. d. Bek. v. 5. 8. 1996 (BGBl. I S. 1416).

[28] I. d. F. d. Bek. v. 4. 11. 1996 (BGBl. I S. 1649).

[29] I. d. F. d. Bek. v. 4. 11. 1996 (BGBl. I S. 1657), zul. geänd. durch VO v. 10. 12. 1997 (BGBl. I S. 2884).

[30] I. d. F. d. Bek. v. 4. 11. 1960 (BGBl. I S. 1644).

[31] V. 9. 10. 1991 (BGBl. I S. 1972), geänd. durch G v. 24. 6. 1994 (BGBl. I S. 1416).

– Verordnung über die Beteiligung des Rates, der Kommission und der Behörden der Mitgliedstaaten der Europäischen Union und der anderen Vertragsstaaten des Abkommens über den Europäischen Wirtschaftsraum im Verfahren zur Genehmigung von Freisetzungen und Inverkehrbringen sowie im Verfahren bei nachträglichen Maßnahmen nach dem GenTG – Gentechnik-Beteiligungsverordnung (GenT-BetV),[32]
– Verordnung über die Erstellung von außerbetrieblichen Notfallplänen und über Informations-, Melde- und Unterrichtungspflichten (Gentechnik-Notfallverordnung – GenTNotfV),[33]
– Verordnung zur Umsetzung von EG-Richtlinien über den Schutz der Beschäftigten gegen die Gefährdung durch biologische Arbeitsstoffe bei der Arbeit,[34]
– Verordnung zur Durchführung gemeinschaftsrechtlicher Vorschriften über neuartige Lebensmittel und Lebensmittelzutaten (Neuartige Lebensmittel- und Lebensmittelzutaten-Verordnung – NLV).[35]

2. Europarechtliche Vorgaben

10 Weitere Regelungen zum Gentechnikrecht finden sich in Rechtsakten der EG.[36] Zu nennen sind insbesondere die

– Richtlinie des Rates über die Anwendung genetisch veränderter Mikroorganismen in geschlossenen Systemen (Systemrichtlinie),[37]
– Richtlinie des Rates über die absichtliche Freisetzung genetisch veränderter Organismen in die Umwelt (Freisetzungsrichtlinie),[38]
– Richtlinie des Rates über den Schutz der Arbeitnehmer gegen Gefährdung durch biologische Arbeitsstoffe bei der Arbeit,[39]
– Richtlinie des Europäischen Parlaments und des Rates über den rechtlichen Schutz biotechnischer Erfindungen (Patentrichtlinie),[40]

---

[32] V. 17. 3. 1995 (BGBl. I S. 734).

[33] V. 10. 12. 1997 (BGBl. I S. 2882).

[34] V. 27. 1. 1999 (BGBl. I S. 50).

[35] V. 19. 5. 1998 (BGBl. I S. 1125); die NLV ergeht auf der Grundlage des LMBG u. ist damit nur mittelbar dem GentechnikR zuzuordnen.

[36] Zur Biomedizin-Konvention des Rates, die Regelungen zur Humangenetik umfaßt, vgl. *Laufs,* NJW 1997, 776 f.; auf EG-Ebene ist eine Veränderung der Inhalte der Freisetzungs-RL hin zu mehr Gesundheitsschutz u. vorbeugenden Umweltschutz geplant, nachdem amerikanische Forscher in einer Studie zu dem Ergebnis gelangt sich, daß bestimmte gentechnisch veränderte Maissorten Schmetterlingen schaden können; die EU-Komm. hat daraufhin alle Zulassungsverfahren für gentechnisch veränderten Mais ausgesetzt; vgl. dazu NJW 1999, XL u. Neue Züricher Zeitung v. 12. 2. 1999.

[37] V. 23. 4. 1990 (90/219/EWG), ABl. EG Nr. L 117, S. 1, zul. geänd. durch RL (98/81/EG) des Rates v. 26. 10. 1998, ABl. EG Nr. L 330, S. 29; dazu *Drescher,* HdUR, Bd. 1, Sp. 861 (864); grundl. auch *Di Fabio,* in: Rengeling, EUDUR, Bd. 2, § 64 Rn. 4 ff.; zu den Änderungsvorschlägen der Komm. im Vorfeld der Änderung vgl. KOM(95)640 v. 6. 12. 1995, ABl. EG 1997 Nr. C 356, S. 14; die Änderung sieht u. a. die Einstufung der Arbeiten im geschlossenen System in vier Risikoklassen vor und hebt die Unterscheidung zwischen Arbeitsvorgängen der Forschung und Entwicklung und der Produktion auf; die RL ist innerhalb von 18 Monaten nach Inkrafttreten in nationales Recht umzusetzen, vgl. dazu BMU, Umwelt 1999, 101.

[38] V. 23. 4. 1990 (90/220/EWG), ABl. EG Nr. L 117, S. 15 ff., zul. geänd. durch RL der Komm. v. 18. 6. 1997 (97/35/EG), ABl. EG Nr. L 169, S. 72; grundl. auch *Di Fabio,* in: Rengeling, EUDUR, Bd. 2, § 64 Rn. 82 ff.; zu Änderungsvorschlägen der Komm. vgl. KOM(97)123 v. 4. 5. 1997 dazu *Krämer,* ZUR 1998, 70 (74); vgl. zum Stand des Änderungsverfahrens BMU, Umwelt 1999, 101.

[39] V. 26. 11. 1990 (90/679/EWG), ABl. EG Nr. L 374, S. 71, zul. geänd. durch RL (97/65/EWG) v. 26. 11. 1997, ABl. EG Nr. L 335 v. 6. 12. 1997, S. 17.

[40] V. 6. 7. 1998 (98/44/EG), ABl. EG Nr. L 213, S. 13.

 Albers, JZ 03, 275 (Daten auf Leben)

– Verordnung über neuartige Lebensmittel und neuartige Lebensmittelzutaten (Novel-Food-Verordnung),[41]

11 Wenngleich die **Novel-Food-Verordnung** nicht nur dem Schutz vor gentechnisch veränderten Lebensmitteln dient, so ist sie jedoch von wesentlicher Bedeutung für den Bereich des Gentechnikrechts und kann zum Konzept des anlagen- und produktbezogenen EG-Gentechnikrechts gezählt werden. Der Rat der EG hat sich – gestützt auf die Harmonisierungsklausel des Art. 95 EGV (Art. 100a EGV i. d. F. v. Maastricht)[42] – im Gentechnikrecht für die Handlungsform einer Verordnung entschieden, mit der Folge, daß die Regelungen über das Inverkehrbringen neuartiger Lebensmittel und neuartiger Lebensmittelzutaten in den Mitgliedstaaten unmittelbar anzuwenden sind.[43]

12 Die Novel-Food-Verordnung gilt für neuartige Lebensmittel und neuartige Lebensmittelzutaten, aber nicht für Zusatzstoffe. Sie sieht für das Inverkehrbringen neuartiger Lebensmittel und neuartiger Lebensmittelzutaten ein **Genehmigungsverfahren** (Art. 4 NFV) bzw. ein Anmeldeverfahren (Art. 5 NFVO) vor, wenn diese Lebensmittel u. a. mittels gentechnisch veränderter Organismen hergestellt worden sind.[44] Die Erstprüfung wird zunächst durch die zuständige Behörde des Mitgliedstaates durchgeführt. National obliegt dem Bundesinstitut für gesundheitlichen Verbraucherschutz und Veterinärmedizin in Berlin die Prüfung der gesundheitlichen Unbedenklichkeit neuartiger Lebensmittel sowie die Entwicklung und Standardisierung von Nachweismethoden, die der Lebensmittelüberwachung zur Verfügung gestellt werden.

13 Gem. Art. 13 NFVO kann das Verfahren jedoch in eine ergänzende Prüfung durch die Kommission überführt werden **(Gemeinschaftsgenehmigungsverfahren)**, wenn eine der Voraussetzung des Art. 7 Abs. 1 NFVO vorliegt, d. h. eine ergänzende Prüfung für erforderlich gehalten wird (Art. 6 Abs. 3 NFVO) oder ein Mitgliedstaat oder die Kommission selbst einen Einwand nach Art. 6 Abs. 4 NFVO erhoben hat. Bei der Entscheidung der Kommission ist der Ständige Lebensmittelausschuß nach Art. 13 NFVO zu beteiligen. Will die Kommission von der Stellungnahme des Ausschusses abweichen, entscheidet der Rat nach Art. 13 Abs. 4b NFVO mit qualifizierter Mehrheit.

14 Gem. Art. 8 NFVO unterliegen neuartige Lebensmittel einer **Kennzeichnungspflicht**, wenn sie bestehenden Lebensmitteln nicht mehr gleichwertig sind. Die Formulierung findet ihre Konkretisierung in der EG-rechtlichen Kennzeichnungs-Verordnung.[45] Dabei geht die Novel-Food-Verordnung ausdrücklich von der Zulässigkeit einer Negativkennzeichnung von Produkten mit den Begriffen „gentechnikfrei" oder „ohne Gentechnik hergestellt" aus. Dementsprechend ist auf landesgesetzlicher Ebene bereits ein entsprechendes Gesetz in Kraft[46] und auf Bundesebene liegt der Entwurf einer Verordnung des Bundesministeriums für Gesundheit vor.[47]

---

[41] Verordnung (EG) Nr. 258/97 des Europäischen Parlaments und des Rates über neuartige Lebensmittel und neuartige Lebensmittelzutaten („Novel-Food-Verordnung") v. 27. 1. 1997, ABl. EG Nr. L 43, S. 1; näher auch *Di Fabio,* in: Rengeling, EUDUR, Bd. 2, § 64 Rn. 169ff.; *Lange,* NuR 1999, 247ff.

[42] Krit. zum Verwaltungsvollzug durch die EG *Wahl/Groß,* DVBl. 1998, 2 (12); *Gärditz,* ZUR 1998, 169 (170ff.).

[43] Verordnung zur Durchführung der VO (EG) Nr. 258/97 des Europäischen Parlaments und des Rates vom 27. 1. 1997 über neuartige Lebensmittel und neuartige Lebensmittelzutaten v. 19. 5. 1998 (BGBl. I S. 1125).

[44] Dazu i. e. *Schroeter,* ZLR 1998, 39ff.

[45] Verordnung (EG) 1139/98 des Rates über Angaben, die zusätzlich zu den in der Richtlinie 79/112/EWG aufgeführten Angaben bei der Etikettierung bestimmter aus gentechnisch veränderten Organismen hergestellten Lebensmitteln vorgeschrieben sind v. 26. 5. 1998, ABl. EG Nr. L 159 v. 3. 6. 1998, S. 4ff.

[46] Bayerisches Gesetz über die Kennzeichnung von gentechnikfreien Erzeugnissen im Ernährungs- und Futtermittelbereich v. 9. 4. 1998 (GVBl. S. 216).

[47] Vgl. Antwort der BReg. bzgl. der Durchführung der NFV v. 6. 6. 1997, BT-Drs. 13/7877.

B. Zielsetzung und Anwendungsbereich des Gentechnikgesetzes

15 Gem. § 1 GenTG verfolgt das GenTG einen doppelten Zweck. Gem. § 1 Nr. 1 GenTG soll es Leben und Gesundheit von Menschen, Tieren, Pflanzen sowie die sonstige Umwelt in ihrem Wirkungsgefüge und Sachgüter[48] vor möglichen Gefahren gentechnischer Verfahren und Produkte schützen und dem Entstehen solcher Gefahren vorbeugen *(Schutzzweck)*. Das GenTG dient damit dem Umweltschutz und dem Arbeitsschutz sowie dem Gesundheitsschutz.[49]

16 Zum anderen soll es gem. § 1 Nr. 2 GenTG den rechtlichen Rahmen für die Erforschung, Entwicklung, Nutzung und Förderung der wissenschaftlichen, technischen und wirtschaftlichen Möglichkeiten der Gentechnik schaffen *(Förderungszweck)*.[50] Der Förderungszweck ist nicht umfassend auf die Förderung selbst, sondern lediglich auf die Schaffung eines gesetzlichen Rahmens für die Förderung gerichtet.[51] Die Bestimmung enthält insoweit – im Gegensatz zu § 1 Nr. 1 AtG[52] – keinen Förderungsauftrag, sondern lediglich eine Förderungsermächtigung.[53]

17 § 1 GenTG enthält keine ausdrückliche Bestimmung für das Verhältnis von Schutz- und Förderungszweck. Insoweit muß auf die Systemrichtlinie zurückgegriffen werden, die in Art. 1 und 6 System-RL festlegt, daß dem Schutzzweck Vorrang vor dem Förderungszweck zukommt.[54] § 1 GenTG ist insoweit EG-rechtskonform auszulegen.

18 Aus der Zweckbestimmungsvorschrift des § 1 GenTG lassen sich weder Rechte und Pflichten der Bürger ableiten noch lassen sich Maßnahmen der Behörden darauf stützen.[55] § 1 GenTG enthält lediglich eine Zielvorgabe für die Auslegung der übrigen Vorschriften des GenTG durch die Verwaltung und die Gerichte und eine Vorgabe für Ermessensspielräume, die den Behörden bei einzelnen Entscheidungen zukommt.[56]

19 § 2 Abs. 1 GenTG faßt den *Anwendungsbereich* des Gesetzes zusammen.[57] Einem kombinierten Anlagen- und Tätigkeitskonzept folgend gilt das GenTG für gentechnische Anlagen (§ 2 Abs. 1 Nr. 1 GenTG) sowie gentechnische Arbeiten (§ 2 Abs. 1 Nr. 2 GenTG), die Freisetzung von gen-

---

[48] Zur Einbeziehung des Eigentums als zu schützendes Rechtsgut *VG Berlin,* Besch. v. 12. 9. 1995 – 14 A 255.95 –, ZUR 1996, 147 (148); m. Anm. v. *Ginsky.*

[49] *Kloepfer/Delbrück,* DÖV 1990, 897 (899); zum Vorrang des Schutzzwecks vgl. *Ebersbach/Lange-Herdegen,* GenTG, § 2 Rn. 7; *Koch/Ibelgaufts,* GenTG, § 1 Rn. 26f.

[50] Dazu *Breuer,* in: Schmidt-Aßmann, BesVwR, 5. Abschn. Rn. 45; zur Erweiterung des Förderungszwecks um die wirtschaftl. Komponente *Simon/Weyer,* NJW 1994, 759; *Tünnesen-Harmes,* HdbUR, B.5 Rn. 29.

[51] Umfassend *Graf Vitzthum/Geddert-Steinacher,* GentechnikR, S. 16f.; *Kloepfer/Delbrück,* DÖV 1990, 897 (899).

[52] Vgl. oben § 24 Rn. 11f.

[53] *Drescher,* HdUR, Bd. 1, Sp. 861 (866); *Tünnesen-Harmes,* HdbUR, B.5 Rn. 30.

[54] So *Führ,* DVBl. 1991, 559 (563); *Bender/Sparwasser/Engel,* UmweltR, Kap. 8 Rn. 50; *Hirsch/Schmidt-Didczuhn,* GenTG, § 1 Rn. 9.

[55] *Hirsch/Schmidt-Didzcuhn,* GenTG, § 1 Rn. 2.

[56] *Hirsch/Schmidt-Didzcuhn,* GenTG, § 1 Rn. 2; *Bender/Sparwasser/Engels,* UmweltR, Kap. 8 Rn. 49.

[57] Zum Anwendungsbereich *Hirsch/Schmidt-Didczuhn,* NVwZ 1990, 713ff.; *Tünnesen-Harmes,* HdbUR, B.5 Rn. 32ff.

technisch veränderten Organismen (§ 2 Abs. 1 Nr. 3 GenTG) und das Inverkehrbringen von Produkten, die gentechnisch veränderte Organismen enthalten oder aus solchen bestehen (§ 2 Nr. 4 GenTG).[58] Damit wollte der Gesetzgeber lückenlos jeglichen Umgang mit gentechnisch veränderten Organismen erfassen, und zwar von deren Erzeugung bis zu den abschließenden Tätigkeiten der Entsorgung, der Freisetzung oder des Inverkehrbringens.[59]

Für das Inverkehrbringen gentechnisch veränderter Organismen enthält **20**
§ 2 Nr. 4 GenTG jedoch eine Subsidiaritätsklausel. Danach gelten nur die Haftungsvorschriften der §§ 32 bis 37 GenTG, wenn die Zulässigkeit des Inverkehrbringens in anderen Rechtsvorschriften von einer den Anforderungen des GenTG entsprechenden Risikoabschätzung abhängig gemacht ist.

Das GenTG wird für nach dem Pflanzenschutzgesetz[60] zulassungsbedürftige Pflan- **21**
zenschutzmittel verdrängt, da bei der Zulassung nach dem Pflanzenschutzgesetz eine dem GenTG entsprechende Risikoabschätzung erforderlich ist.[61] Für das Arzneimittelgesetz ist dies umstritten.[62] Nicht verdrängt wird das GenTG durch das Lebensmittelbedarfsgegenständegesetz, das Tierseuchengesetz, das Futtermittelgesetz und das Saatgutverkehrsgesetz.[63]

Aus dem Anwendungsbereich ausgeklammert worden ist der Bereich der **22**
Humangenetik, d.h. die Anwendung von gentechnisch veränderten Organismen am Menschen. Der mit der Gesetzesnovellierung von 1993 neu eingefügte § 2 Abs. 2 GenTG stellt dies ausdrücklich klar.[64] Die Ausgrenzung der Humangenetik entspricht der systematischen Anlehnung des Gentechnikrechts an das spezifische Umweltschutzrecht und der Erkenntnis, daß die genetische Manipulation am Menschen bereits aus ethischen und verfassungsrechtlichen Gründen besondere und andersartige Probleme in sich birgt.[65] Im übrigen steht der Bereich der Humangenetik rechtssystematisch außerhalb des Umweltrechts.[66]

In-vitro-Teilabschnitte bei Verfahren, die der unmittelbaren Anwendung am **23**
Menschen vorausgehen oder folgen, werden jedoch vom Anwendungsbereich des GenTG erfaßt.[67]

---

[58] Vgl. zum anlagen- u. produktbezogenen Konzept im EG-Recht *Rehbinder,* ZUR 1999, 6ff.

[59] Vgl. *Breuer,* in: Schmidt-Aßmann, BesVwR, 5. Abschn. Rn. 45.

[60] Vgl. dazu oben § 34 Rn. 3ff.

[61] Vgl. § 16 Abs. 2 GenTG, Art. 10 Abs. 2 i.V.m. Art. 2 Nr. 8 FreisRL; dazu *Drescher,* HdUR, Bd. 1, Sp. 861 (867).

[62] Für eine Verdrängung amtl. Begründung BR-Drs. 387/89, S. 19 (22); BT-Drs. 11/5622 S. 19 (22); a.A. *Kloepfer/Delbrück,* DÖV 1990, 897 (900); *Hirsch/Schmidt-Didczuhn,* GenTG, § 2 Rn. 16; *Kloepfer,* UmweltR, § 16 Rn. 17.

[63] Vgl. *Hirsch/Schmidt-Didczuhn,* GenTG, § 2 Rn. 16.

[64] Vgl. BT-Drs. 11/6778, S. 36f.; BT-Drs. 11/5622, S. 22f.; auch § 553 UGB-KomE, vgl. BMU, UGB-KomE, S. 326.

[65] Auch *Breuer,* in: Schmidt-Aßmann, BesVwR, 5. Abschn. Rn. 45; vgl. auch *Koch/Ibelgaufts,* GenTG, § 2 Rn. 2.

[66] *Kloepfer/Delbrück,* DÖV 1990, 897 (900).

[67] Vgl. amtl. Begründung BT-Drs. 12/5145, S. 11; zur Anwendbarkeit des GenTG auf menschl. Zellen u. zur Diagnose bzw. Therapie *Tünnesen-Harmes,* HdbUR, B.5 Rn. 32.

C. Begriffsbestimmungen

24 § 3 GenTG enthält die wesentlichen Begriffsbestimmungen für das GenTG. Von besonderer Bedeutung sind dabei die Begriffe der *gentechnischen Arbeiten,* der *gentechnischen Anlagen,* der *Freisetzung* und des *Inverkehrbringens.*[68]

25 Der Begriff der *gentechnischen Anlagen* ist in § 3 Nr. 4 GenTG legaldefiniert.[69] Danach ist eine gentechnische Anlage eine Einrichtung, in der gentechnische Arbeiten im geschlossenen System durchgeführt werden und für die physikalische Schranken verwendet werden, gegebenenfalls in Verbindung mit biologischen oder chemischen Schranken oder einer Kombination von biologischen und chemischen Schranken, um den Kontakt der verwendeten Organismen mit dem Menschen und der Umwelt zu begrenzen.[70] Der Begriff der Einrichtung wird im GenTG nicht näher definiert, läßt sich aber unter Heranziehung des § 3 Abs. 5 BImSchG erschließen. Danach sind ortsfeste Einrichtungen meist bauliche Anlagen und ortsveränderliche Einrichtungen technische Vorrichtungen.[71] Eine Anlage im Sinne des GenTG kann sich mithin auf einzelne Laboratorien, aber auch auf Gewächshäuser, Tierbehausungen, Teiche oder gar umzäumte Weiden beschränken.[72]

26 Hingegen erfaßt der Rechtsbegriff der *gentechnischen Arbeiten* gem. § 3 Nr. 2a GenTG zum einen die Erzeugung gentechnisch veränderter Organismen und zum anderen gem. § 3 Nr. 2b GenTG die Verwendung, Vermehrung, Lagerung, Zerstörung oder Entsorgung sowie den innerbetrieblichen Transport gentechnisch veränderter Organismen, soweit noch keine Genehmigung für die Freisetzung oder das Inverkehrbringen zum Zwecke des späteren Ausbringens in die Umwelt erteilt wurde. Darüber hinaus bestimmt § 3 Nr. 5 GenTG ausdrücklich den Begriff der *gentechnischen Arbeit zu Forschungszwecken* als Arbeit für Lehr-, Forschungs- oder Entwicklungszwekke oder eine Arbeit für nichtindustrielle beziehungsweise nichtkommerzielle Zwecke „in kleinem Maßstab".[73] Dies findet seine Begründung darin, daß gentechnische Arbeiten zu Forschungszwecken Ausnahmeregelungen unterliegen.

27 Auch nach der Novelle des GenTG verbleibt das Auslegungsproblem, ob sich die Einschränkung durch den Begriff „in kleinem Maßstab" auf den ganzen Satz des § 3 Nr. 5 GenTG oder nur auf den letzten Satzteil bezieht. Hinter diesem systematischen Ansatz verbirgt sich die praktisch relevante Frage, ob auch Arbeiten für Lehr-, Forschungs- oder Entwicklungszwecke nur dann als gentechnischen Arbeit zu Forschungszwecken gelten, wenn sie in kleinem Maßstab durchgeführt werden.[74] Nach einer Auffassung soll die Forschung insgesamt privilegiert werden und das Merkmal

---

[68] Zur a. F. umfassend *Knoche,* DVBl. 1993, 879 ff.

[69] Zum Anlagenbegriff im GentechnikR *Krekeler,* DVBl. 1995, 765 ff.

[70] Zum Anlagenbegriff insges. *Turck,* NVwZ 1992, 650 ff.; *Knoche,* DVBl. 1992, 1079 ff.; *Führ,* IUR 1992, 197 (200); *Fluck,* UPR 1993, 81 ff.

[71] Zu Unterschieden zum Anlagenbegriff des BImSchG *Fluck,* UPR 1993, 81 (83) u. des AtG *Führ,* IUR 1992, 197 (200).

[72] *Simon,* IUR 1992, 193; *Hirsch/Schmidt-Didczuhn,* GenTG, § 3 Rn. 234 ff.

[73] Zur verfahrensrechtl. Privilegierung von gentechnischen Arbeiten zu Forschungszwecken *Simanski,* NVwZ 1992, 352 f.; *Knoche,* NVwZ 1991, 964 ff.; *Drescher,* HdUR, Bd. 1, Sp. 861 (872).

[74] Vgl. dazu *Bender/Sparwasser/Engel,* UmweltR, Kap. 8 Rn. 56.

„in kleinem Maßstab" nur für die zweite Alternative gelten.[75] Diese Auslegung ist aber wohl nicht EG-rechtskonform, da sich nach der Auslegung des Art. 2d System-RL auch die Forschung an den dort beschriebenen kleinen Maßstab halten muß.[76]

28 Problematisch ist hinsichtlich des Begriffs der gentechnischen Arbeit ferner, daß es an einer konkreten Abgrenzung von gentechnischen Arbeiten zu lediglich einzelnen Experimentierschritten innerhalb einer gentechnischen Arbeit fehlt.[77] Dies Abgrenzung ist aber von erheblicher Bedeutung für die Frage, ob eine Arbeit „weitere gentechnische Arbeit" einer Anmeldung nach §§ 9, 10 GenTG bedarf. Nach Auffassung des Länderausschusses Gentechnik umfaßt eine gentechnische Arbeit die Summe aller Arbeitsschritte, die zur Erreichung eines im Einzelfall näher zu bestimmenden Zieles (Projekt) erforderlich ist. Die Genehmigungs- bzw. Anmeldepflicht eines Vorhabens als „weitere gentechnische Arbeit" dürfte insoweit wesentlich von der vorausgehenden Genehmigung bzw. Anmeldung abhängen. In dieser ist der Umfang der im weiteren ohne gesondertes Verfahren zulässigen Tätigkeit festgelegt.

29 *Freisetzung* bedeutet gem. § 3 Nr. 7 GenTG das gezielte Ausbringen von gentechnisch veränderten Organismen in die Umwelt, woweit noch keine Genehmigung für das Inverkehrbringen zum Zweck des späteren Ausbringens in die Umwelt erteilt wurde. Es muß sich dabei um eine gezielte, d. h. bewußt durchgeführte und gewollte Aktion handeln.

30 Demgegenüber versteht man unter *Inverkehrbringen* gem. § 3 Nr. 8 S. 1 GenTG die Abgabe von Produkten, die gentechnisch veränderte Organismen enthalten oder aus solchen bestehen, an Dritte und das Verbringen in den Geltungsbereich des Gesetzes, soweit die Produkte nicht zu gentechnischen Arbeiten in gentechnischen Anlagen bestimmt oder Gegenstand einer genehmigten Freisetzung sind. Inverkehrbringen ist folglich die Abgabe im freien Warenverkehr an einen unbestimmten Personenkreis.

31 Durch die Neufassung des § 3 Nr. 8 S. 1 GenTG ist der internationale und der nationale Austausch gentechnisch veränderter Organismen klarer geregelt, insbesondere fallen jetzt der nationale und internationale Austausch veränderter Organismen zum Zwecke der Forschung (Forschungsversand), der Austausch innerhalb eines Konzerns zur Weiterverarbeitung oder Produktion, die Abgabe nach patentrechtlichen Vorschriften an Dritte, die Abgabe zum Zwecke der unmittelbaren genehmigten Freisetzung und die Abgabe von Arzneimitteln im Rahmen klinischer Prüfungen nicht mehr unter den Begriff des Inverkehrbringens.[78] Daher können jetzt auch die inländische Abgabe und der Import gentechnisch veränderter Organismen zur Durchführung gentechnischer Arbeiten zu gewerblichen Zwecken genehmigungsfrei sein. Dies erleichtert insbesondere den nationalen und internationalen Austausch von gentechnisch veränderten Organismen zwischen Forschungseinrichtungen.[79]

D. Grundpflichten

32 Die Grundpflichten des Betreibers (vgl. § 3 Nr. 5 GenTG) sind in § 6 GenTG normiert. Sie gelten sowohl für die Systemanwendung als auch für die Freisetzung und das Inverkehrbringen. Es handelt sich um dynamische Pflichten, die sich dem Entwicklungsstand jeweils anpassen.

---

75 So *Wahl/Melchinger,* JZ 1994, 973 (982).

76 So *Knoche,* DVBl. 1993, 879 (880); *Heublein,* NuR 1993, 12ff.; *Bender/Sparwasser/Engel,* UmweltR, Kap. 8 Rn. 56.

77 *Knoche,* DVBl. 1992, 1079ff.

78 Vgl. Gesetzesbegründung, BT-Drs. 12/5145, S. 12; *Knoche,* BayVBl. 1994, 673 (674); *Bender/Sparwasser/Engel,* UmweltR, Kap. 8 Rn. 56.

79 *Bender/Sparwasser/Engel,* UmweltR, Kap. 8 Rn. 56.

I. *Pflicht zur Risikobewertung*

33 Gem. § 6 Abs. 1 GenTG hat derjenige, der gentechnische Anlagen errichtet oder betreibt, gentechnische Arbeiten durchführt, gentechnisch veränderte Organismen freisetzt oder Produkte, die gentechnisch veränderte Organismen enthalten oder aus solchen bestehen, als Betreiber in den Verkehr bringt, die damit verbundenen Risiken unter Berücksichtigung auf die menschliche Gesundheit und die Umwelt vorher **umfassend zu bewerten und** diese Bewertung **dem Stand der Wissenschaft anzupassen.** Dementsprechend ist durch die Novellierung von 1993 eine Überprüfung und Aktualisierung der Sicherheitsbewertung erforderlich, die in ihrer Häufigkeit von der Geschwindigkeit der wissenschaftlichen Entwicklung abhängigen abhängt.[80] Sie umfaßt alle Vorgänge, die in den Anwendungsbereich des GenTG fallen, und setzt sich als Pflicht beim Betrieb der Anlage fort. Die Pflicht zur Risikobewertung im Gentechnikrecht weist deutliche Parallelen zum ChemG[81] auf.[82] Auch dort wird vom Anmelder eines Stoffes die Vorlage von Prüfnachweisen hinsichtlich des Gefährdungspotentials eines Stoffes verlangt.[83] Im Gegensatz zum ChemG bleibt aber die Konkretisierung des Inhalts der Pflicht zur Risikobewertung im Gentechnikrecht weitestgehend der Gentechniksicherheits-Verordnung überlassen.[84] Der Risikobegriff ist auf reine Sicherheitsaspekte begrenzt, d.h. es muß gegenwärtig ein Risiko bestehen. Die Grenze ist in zeitlicher Hinsicht – etwa im Hinblick auf Langzeiteffekte – fließend. Eine **Technologiefolgenabschätzung** kann jedenfalls nicht verlangt werden.[85]

34 Bis zur Neufassung der GenTSV im Jahre 1995[86] enthielt der Anhang I Teil B der GenTSV Beispielkataloge mit bereits den Risikogruppen zugeordneten Organismen. Soweit die vom Betreiber verwendeten Spender- und Empfängerorganismen in den beispielhaften – wenngleich detaillierten – Aufzählungen des Anhangs I Teil B I. und II. zur GenTSV genannt waren, reduzierte sich seine Pflicht zur Risikobewertung im Regelfall auf die Angabe der betreffenden Organismen. Eine Risikobewertung im eigentlichen Sinne hatte er danach nicht durchzuführen. Nur bei Vorliegen neuer sicherheitsrelevanter Erkenntnisse, die von der „Voreinstufung" durch den Verordnungsgeber abwichen, bestanden weitergehende Mitteilungspflichten. Eigene Überprüfungen der in Anhang I Teil B I. und II. vorgegebenen Einstufung in eine der vier Risikogruppen oblagen dem Betreiber indes nicht. Er konnte insoweit auf die mit normativer Wirkung vorgenommene Risikobewertung vertrauen.[87]

35 Die Organismenlisten sind nunmehr aus der Gentechnik-Sicherheitsverordnung herausgelöst. Hierdurch sollten allerdings nicht die Pflichten des Betreibers zur Risikobewertung erweitert, sondern lediglich eine flexiblere Anpassung der Risikozuord-

---

[80] *Simon/Weyer,* NJW 1994, 759 (766).

[81] Vgl. dazu oben § 33 Rn. 1 ff.

[82] *Tünnesen-Harmes,* HdbUR, B.5 Rn. 42.

[83] Vgl. oben § 33 Rn. 31 ff.

[84] Zu den Einzelheiten Anhang I, Teil B. I. zu § 5 GenTSV u. II zu § 6 GenTSV; zur Konfliktbewältigung bei Zukunftstechnologien *Bohne,* NVwZ 1999, 1 ff.

[85] Vgl. *Hirsch/Schmidt-Diczuhn,* GenTG, § 6 Rn. 6; *Tünnesen-Harmes,* HdbUR, B.5 Rn. 46 a.

[86] Erste Verordnung zur Änderung der Gentechnik-Sicherheitsverordnung v. 14. 3. 1995 (BGBl. I S. 285); Neufassung der Gentechnik-Sicherheitsverordnung v. 14. 3. 1995 (BGBl. I S. 297); vgl. hierzu auch BR-Drs. 717/94.

[87] *Hirsch/Schmidt-Didczuhn,* GenTG, § 6 Rn. 9.

nung ermöglicht werden. Die betreffenden Listen werden künftig auf untergesetzlicher Ebene durch das Bundesministerium für Gesundheit auf der Grundlage der Einstufung durch die Zentrale Kommission für Biologische Sicherheit im Bundesgesundheitsblatt veröffentlicht (§ 5 Abs. 6 GenTSV). Nach der amtlichen Begründung wird erwartet, daß die Listen künftig als antizipierte Sachverständigengutachten[88] Indizwirkung entfalten und so im Hinblick auf die Entscheidung der zuständigen Behörde nur in begründeten Ausnahmefällen Spielräume für Abweichungen belassen.[89] Soweit die vom Betreiber verwendeten Spender- und Empfängerorganismen sowie die eingesetzten Vektoren in den beispielhaften – obgleich detaillierten – **Listen** des Anhangs I Teil B. I. und II. zur GenTSV enthalten sind, reduziert sich seine Pflicht zur Risikobewertung im Regelfall auch hiernach auf die Angabe der betreffenden Organismen bzw. Vektoren.

Weiter reicht die Pflicht des Betreibers zur Risikobewertung hingegen dann, wenn er mit Organismen arbeiten will, die nicht in den Organismenlisten aufgeführt sind. In diesem Fall muß er seine eigene Bewertung nach den allgemeinen Kriterien des Anhangs I Teil A und Teil B der GenTSV vornehmen.[90] **36**

II. Schutz- und Vorsorgepflichten

Ferner hat der Betreiber gem. § 6 Abs. 2 GenTG die nach dem Stand von Wissenschaft und Technik notwendigen Vorkehrungen gegen mögliche Gefahren zu treffen und dem Entstehen solcher Gefahren vorzubeugen.[91] Der Begriff des Standes von Wissenschaft und Technik ist – dem Begriff des § 7 Abs. 2 S. 2 AtG vergleichbar[92] – ein unbestimmter Rechtsbegriff, der der Verwaltungsbehörde einen eigenen Beurteilungsspielraum einräumt.[93] Die Pflicht zur Risikovorsorge ist ebenfalls als dynamische Pflicht ausgestaltet, d.h. als Pflicht, die über den Zeitpunkt der behördlichen Kontrollentscheidung hinaus als Dauerpflicht fortwirkt und den Betreiber zu einer Anpassung an einen fortentwickelten Erkenntnisstand zwingt.[94] Dementsprechend kann sich der Betreiber nicht auf die Einhaltung aller Pflichten zum Genehmigungszeitpunkt berufen.[95] Die Pflicht wirkt nach § 6 Abs. 2 S. 2 GenTG über den Zeitpunkt der Betriebseinstellung hinaus. Die Schutz- und Vorsorgepflichten werden im einzelnen in §§ 8 bis 13 GenTSV konkretisiert, wonach insbesondere Labor- und Produktionssicherheitsmaßnahmen, die Ge- **37**

[88] Vgl. zur rechtl. Bewertung von Verwaltungsvorschriften bereits oben § 5 Rn. 13ff.

[89] BR-Drs. 717/94, S. 42.

[90] Siehe i.E. oben § 35 Rn. 34.

[91] Zum drittschützenden Charakter des § 6 Abs. 2 GenTG *OVG Hamburg,* Beschl. v. 27. 1. 1995 – BS III 236/94 –, ZUR 1995, 93ff.

[92] Vgl. zu § 7 AtG *BVerfG,* Beschl. v. 8. 8. 1978 – 2 BvL 8/77 –, BVerfGE 49, 89 (136f.); *dass.,* Beschl. v. 8. 7. 1982 – 2 BvR 1187/80 –, BVerfGE 61, 82 (115); *BVerwG,* Urt. v. 19. 12. 1985 – 7 C 65.82 –, BVerwGE 72, 300 (316f.); *dass.,* Urt. v. 9. 9. 1988 – 7 C 3/96 –, BVerwGE 80, 207 (216f.); *dass.,* Urt. v. 19. 1. 1989 – 7 C 31/87 – BVerwGE 81, 185 (190ff.).

[93] *VG Neustadt,* Besch. v. 16. 12. 1991 – 7 L 1319/91 –, NVwZ 1992, 1008 (1012); *VG Gießen,* Beschl. v. 2. 9. 1992 – I/1 H 193/91 –, NVwZ-RR 1993, 534 (539); *OVG Hamburg,* Beschl. v. 27. 1. 1995 – BS III 236/94 –, ZUR 1995, 93 (94); *Eberbach/Lange/Ronellenfitsch,* GenTR, § 13 Rn. 231.

[94] *Drescher,* HdUR, Bd. 1, Sp. 861 (868); *Tünnesen-Harmes,* HdbUR, B.5 Rn. 45.

[95] *Tünnesen-Harmes,* HdbUR, B.5 Rn. 49.

währleistung des Arbeitsschutzes sowie bestimmte Entsorgungsgrundsätze zu beachten sind.[96] Konkretisiert werden diese Pflichten ebenfalls durch die Gentechnik-Sicherheitsverordnung.

III. Aufzeichnungspflicht

38 Die Grundpflichten zur Risikobewertung und zur Risikovorsorge werden ergänzt durch die Aufzeichnungspflicht, die bei der Durchführung gentechnischer Arbeiten besteht (§ 6 Abs. 3 GenTG). Einzelheiten zu den Aufzeichnungspflichten regelt die Gentechnikaufzeichnungs-Verordnung.[97] Zweck der Aufzeichnungspflicht ist es, eine effektive Überwachung durch die zuständige Behörde zu ermöglichen und bei Schadensfällen die Ursachenforschung und die Haftungsfeststellung zu erleichtern.[98]

39 Verantwortlich für die Erfüllung der Aufzeichnungspflichten ist der Betreiber. Mit der Durchführung der Aufzeichnungen kann er den Projektleiter gemäß § 4 Abs. 2 GenTAufzV beauftragen.[99]

40 § 2 GenTAufzV regelt den **Inhalt der Aufzeichnungspflichten**. § 2 Abs. 1 GenTAufzV enthält einen Katalog der Aufzeichnungen, die bei allen gentechnischen Vorhaben durchzuführen sind. Die Abs. 2 bis 5 schreiben zusätzliche Aufzeichnungen vor, die bei Arbeiten zu Forschungszwecken, gewerblichen Zwecken oder bei höheren Sicherheitsstufen (Stufen 3 und 4) zu beachten sind. Die aufzuzeichnenden Daten reichen von Namen und Anschrift des Betreibers, der namentlichen Nennung des Projektleiters, der Lage der Anlage, Angaben über den Zeitpunkt der Anmeldung (§ 2 Abs. 1 S. 1 Nr. 4 GenTAufzV) bis zur Angabe der bei den Vorhaben verwendeten Gerätschaften und Organismen einschließlich deren Sicherheitsstufung (§ 2 Abs. 1 S. 1 Nr. 6 GenTAufzV).[100]

41 Die **Form der Aufzeichnungen** ist in § 3 GenTAufzV geregelt. Im Regelfall sind die Aufzeichnungen hand- oder maschinenschriftlich durchzuführen. Möglich ist nach § 3 Abs. 2 GenTAufzV eine computermäßige Erfassung und Fortführung.

42 Die Pflicht zur **Aufbewahrung** der Aufzeichnungen richtet sich nach § 4 GenTAufV. Die Zeiträume sind nach den Sicherheitsstufen gestaffelt. Bei Vorhaben der Sicherheitsstufe 1 sind sie 10 Jahre nach Abschluß der jeweiligen gentechnischen Arbeit vollständig aufzubewahren, 30 Jahre bei Arbeiten der Sicherheitsstufen 2 bis 4.

IV. Bestellung von Sicherheitsbeauftragten

43 Hinzu kommt für die Durchführung gentechnischer Arbeiten oder Freisetzungen gentechnisch veränderter Organismen die Verpflichtung, Sicherheitsbeauftragte zu bestellen. Die Pflicht zur Bestellung von Sicherheitsbeauftragten im Gentechnikrecht weist deutliche Parallelen zum Immissionsschutzrecht sowie zum Kreislaufwirtschafts- und Abfallrecht und zum

---

[96] Näher *Tünnesen-Harmes,* HdbUR, B.5 Rn. 50; vgl. zu EG-rechtl. Vorgaben RL des Rates über den Schutz der Arbeitnehmer gegen Gefährdung durch biologische Arbeitsstoffe bei der Arbeit v. 26. 11. 1990 (90/679/EWG), ABl. EG Nr. L 374, S. 71, geänd. ABl. EG Nr. L 335 v. 6. 12. 1997, S. 17.

[97] Dazu *Fluck,* DÖV 1991, 129 (135).

[98] *Tünnesen-Harmes,* HdbUR, B.5 Rn. 51.

[99] *Fritsch/Haverkamp,* BB 1990, Beilage 21, 1 (13).

[100] Ausführl. zu den inhaltl. Einzelheiten der Aufzeichnungspflicht *Fluck,* DÖV 1991, 129 (139 ff.); *Fritsch/Haverkamp,* BB 1990, Beilage 31, 1 (13).

Wasserrecht auf.[101] Das GenTG sieht im einzelnen die Bestellung eines **Projektleiters** sowie eines **Beauftragten oder Ausschüsse für Biologische Sicherheit** vor (vgl. § 6 Abs. 4 GenTG). Der Projektleiter (§ 3 Nr. 10 GenTG) führt die unmittelbare Planung, Leitung und Beaufsichtigung der gentechnischen Arbeiten oder der Freisetzung durch (§ 14 GenTSV). Er ist dabei für die Einhaltung der maßgeblichen Vorschriften, insbesondere für die Beachtung der Sicherheitsmaßnahmen, verantwortlich.[102] Der Projektleiter wird seinerseits überwacht durch den Beauftragten für Biologische Sicherheit (§ 3 Nr. 11 GenTG), der zugleich den Betreiber in Sicherheitsfragen beraten soll (§ 18 GenTSV).[103]

E. Instrumente des Gentechnikgesetzes

Das rechtlichen Instrumentarium des GenTG richtet sich danach, ob es **44**
um gentechnische Arbeiten in geschlossenen Systemen (§§ 7ff. GenTG) oder um die Freisetzung und das Inverkehrbringen gentechnisch veränderter Organismen (§§ 14ff. GenTG) geht.

I. Gentechnische Arbeiten in gentechnischen Anlagen

Gem. § 8 Abs. 1 S. 1 GenTG dürfen gentechnische Arbeiten nur in gen- **45**
technischen Anlagen im Sinne von § 3 Nr. 4 GenTG durchgeführt werden.[104] Dabei unterwirft das GenTG die Errichtung und den Betrieb gentechnischer Anlagen sowie die Durchführung gentechnischer Arbeiten einer präventiven behördlichen Kontrolle in Form einer Genehmigung oder einer Anmeldung. Ob ein Anmelde- oder ein Genehmigungsverfahren durchzuführen ist, bestimmt sich nach der Sicherheitsstufe der gentechnischen Arbeit und dem Zweck der gentechnischen Arbeit.[105] So bedürfen gem. § 8 Abs. 1 S. 2 GenTG die Errichtung und der Betrieb gentechnischer Anlagen der Genehmigung, soweit sich aus den Vorschriften des Gesetzes nicht etwas anderes ergibt. Gleiches gilt gem. § 8 Abs. 4 S. 1 GenTG für die wesentliche Änderung der Lage, der Beschaffenheit oder des Betriebes einer gentechnischen nlage. Indes unterliegen die Errichtung, der Betrieb und die wesentliche Änderung einer gentechnischer Anlagen, in denen gentechnische Arbeiten der Sicherheitsstufe 1 durchgeführt werden sollen, und die vorgesehenen gentechnischen Arbeiten vor dem beabsichtigten Beginn lediglich einer Anmeldungspflicht (§ 8 Abs. 2 GenTG). Gleiches gilt für die Durchführung weiterer gentechnischer Arbeiten der Sicherheitsstufe 2, 3 und 4 GenTG zu Forschungszwecken.

---

101 Vgl. §§ 53ff. BImSchG, 54 KrW-/AbfG, 21 a ff. WHG.

102 *Fritsch/Haverkamp,* BB 1990, Beil. 31, 1 (12); *Drescher,* HdUR, Bd. 1, Sp. 861 (869).

103 Zum Aufgabenbereich i. e. u. zur erforderl. Sachkunde vgl. §§ 14–19 GenTSV.

104 Zur Zulassung von Vorhaben vgl. auch *Häußler,* JA 1997, 909ff.; vgl. dazu auch *BVerwG,* Urt. v. 15. 4. 1999 – 7 B 278.98 –, ZUR 1999, 279f.

105 *Drescher,* HdUR, Bd. 1, Sp. 861 (872); *Tünnesen-Harmes,* HdbUR, B.5 Rn. 57.

1. Sicherheitsstufen und Sicherheitsmaßnahmen

46 Für die verfahrensmäßigen Anforderungen ist sowohl bei der Genehmigung als auch bei der Anmeldung maßgeblich, welcher Sicherheitsstufe die betreffenden Arbeiten bzw. Anlagen zuzuordnen sind und welchem Zweck sie dienen, d. h., ob es Arbeiten zu Forschungszwecken oder zu gewerblichen Zwecken sind.[106]

47 Nach § 7 Abs. 1 S. 1 GenTG sind vier Sicherheitsstufen zu unterscheiden.[107] Für die Zuordnung zu einer bestimmten Sicherheitsstufe ist das Risiko entscheidend, von dem nach dem Stand der Wissenschaft, für die menschliche Gesundheit und die Umwelt auszugehen ist. Dabei gilt folgende Abstufung:

- Sicherheitsstufe 1: kein Risiko (Nr. 1),[108]
- Sicherheitsstufe 2: geringes Risiko (Nr. 2),
- Sicherheitsstufe 3: mäßiges Risiko (Nr. 3),
- Sicherheitsstufe 4: hohes Risiko oder begründeter Verdacht eines solchen Risikos (Nr. 4).[109]

48 Die Sicherheitsstufen werden konkretisiert durch die Gentechnik-Sicherheitsverordnung. Das Risikopotential der sicherheitseinzustufenden gentechnischen Arbeit wird bestimmt durch die Eigenschaft der Spender- und Empfängerorganismen, der Vektoren sowie der erzeugten gentechnisch veränderten Organismen, wobei die Verwendung biologischer Sicherheitsmaßnahmen zu berücksichtigen ist.[110]

49 Jeder Sicherheitsstufe sind entsprechende Sicherheitsmaßnahmen zugeordnet, die bei der Durchführung gentechnischer Arbeiten zu beachten sind. Dabei werden die Anforderungen der niedrigeren Stufe jeweils von der höheren Stufe eingeschlossen.

50 Die Grundlagen und die Durchführung der Sicherheitsstufung sowie die durchzuführenden Sicherheitsmaßnahmen sind detailliert in der Gentechnik-Sicherheitsverordnung[111] geregelt.[112]

2. Genehmigungsbedürftige Vorhaben

51 Gem. § 8 Abs. 1 S. 2 i. V. m. Abs. 4 GenTG bedürfen *die Errichtung, der Betrieb sowie die wesentliche Änderung der Lage, der Beschaffenheit oder des Betriebes*

---

[106] *Kloepfer/Delbrück,* DÖV 1990, 897 (901); auch *Tünnesen-Harmes,* HdbUR, B.5 Rn. 57, 63.

[107] Vgl. dazu ausführl. *Appel,* NuR 1996, 227 ff.

[108] In Deutschland fallen nach Statistiken der ZKBS 80% der durchgeführten gentechnischen Arbeiten in die Sicherheitsstufe 1, dazu *Drescher,* HdUR, Bd. 1, Sp. 861 (870).

[109] Da die System-RL nur ein zweistufiges Modell vorsah, war die Richtlinienkonformität des GenTG in Frage gestellt worden, dazu *Tünnesen-Harmes,* HdbUR, B.5 Rn. 62; *Pernice,* NVwZ 1990, 414 (421); bei der Änderung der System-RL nunmehr aber die Vierteilung übernommen werden, da sich diese international durchgesetzt hat, vgl. BR-Drs. 309/96, S. 1, 3; *Kloepfer,* UmweltR, § 16 Rn. 27; BMU, Umwelt 1998, 101.

[110] *Drescher,* HdUR, Bd. 1, Sp. 861 (870); ausführl. *Tünnesen-Harmes,* HdbUR, B.5 Rn. 59 ff.; zur Risikobewertung grundl. *Breuer,* NuR 1994, 157 ff.

[111] Vgl. dazu oben § 35 Rn. 9.

[112] Weitergehende Vorschriften des AbwAG u. des KrW-/AbfG bleiben von den Vorschriften der GenTSV unberührt.

einer gentechnischen Anlage der Genehmigung, soweit es sich nicht um eine Anlage handelt, in denen Arbeiten der Sicherheitsstufe 1 durchgeführt werden. Dabei umfaßt die Genehmigung nach § 8 Abs. 1 S. 3 GenTG *die Durchführung* der im Genehmigungsbescheid benannten *gentechnischen Arbeiten* zu gewerblichen oder zu Forschungszwecken.

Ferner ist gem. §§ 9 Abs. 2 und 10 Abs. 3 GenTG eine Anlagengenehmigung für weitere gentechnische Arbeiten erforderlich, die einer höheren Sicherheitsstufe zuzuordnen sind als die von der Genehmigung nach § 8 Abs. 1 GenTG umfaßten Arbeiten. Das GenTG unterscheidet mithin für die Genehmigung in anlagen- und arbeitsbezogene Genehmigung (§ 8 Abs. 1 und Abs. 2 GenTG). Die Durchführung erstmaliger gentechnischer Arbeiten ist dabei aus Gründen der Verwaltungsvereinfachung von der Anlagengenehmigung mitumfaßt.[113] **52**

a) Anlagenbezogene Genehmigung

Die **Genehmigungsvoraussetzungen** der anlagenbezogenen Genehmigung sind im einzelnen in § 13 Abs. 1 GenTG normiert. Danach ist die Genehmigung zur Errichtung und zum Betrieb einer gentechnischen Anlage nach § 8 Abs. 1 S. 2 GenTG oder § 8 Abs. 4 GenTG zu erteilen, wenn **53**

- keine Tatsachen vorliegen, aus denen sich Bedenken gegen die Zuverlässigkeit des Betreibers und der für die Errichtung sowie für die Leitung und die Beaufsichtigung des Betriebs der Anlage verantwortlichen Personen ergeben (Nr. 1),
- gewährleistet ist, daß der Projektleiter sowie der oder die Beauftragten für biologische Sicherheit die für ihre Aufgaben erforderliche Sachkunde besitzen und die ihnen obliegenden Verpflichtungen ständig erfüllen können (Nr. 2),
- sichergestellt ist, daß vom Antragsteller, die sich aus § 6 Abs. 1 und 2 GenTG und den Rechtsverordnungen nach § 30 Abs. 2 Nr. 2, 4, 5, 6 und 9 GenTG ergebenen Pflichten für die Durchführung der vorgesehenen gentechnischen Arbeiten erfüllt werden (Nr. 3),
- gewährleistet ist, daß für die erforderliche Sicherheitsstufe die nach dem Stand der Wissenschaft und Technik notwendigen Vorkehrungen getroffen sind und deshalb schädliche Einwirkungen auf die in § 1 Nr. 1 GenTG bezeichneten Rechtsgüter nicht zu erwarten sind (Nr. 4),
- keine Tatsachen vorliegen, denen bestimmte Verbote nach dem Gesetz über die Kontrolle von Kriegswaffen entgegenstehen (Nr. 5),
- andere öffentlich-rechtliche Vorschriften der Errichtung und den Betrieb der gentechnischen Anlage nicht entgegenstehen (Nr. 6).

Nach dem Vorbild des AtG muß zunächst die Zuverlässigkeit des Betreibers und sonstiger verantwortlicher Personen sichergestellt sein (vgl. § 13 Abs. 1 Nr. 1 bis 3 GenTG). Zudem ist gem. § 13 Abs. 1 Nr. 4 GenTG zu gewährleisten, daß für die erforderliche Sicherheitsstufe die nach dem Stand der Wissenschaft und Technik notwendigen Vorkehrungen getroffen und deshalb schädliche Einwirkungen auf die in der Zweckbestimmung des GenTG genannten Schutzgüter nicht zu erwarten sind. Soweit andere öffentlich-rechtliche Vorschriften der Errichtung und dem Betrieb der gentechnischen Anlage nicht entgegenstehen dürfen, ist § 13 Abs. 1 Nr. 6 GenTG Ausdruck der in § 22 GenTG geregelten Konzentrationswirkung, die die Prüfung der Vereinbarkeit der Anlage mit anderen öffentlich- **54**

[113] Vgl. BT-Drs. 11/6778 S. 39; dazu *Tünnesen-Harmes,* HdbUR, B.5 Rn. 67.

rechtlichen Vorschriften, z.B. denen des Baurechts, des Immissionsschutzrechts und – im Gegensatz zu § 13 BImSchG – auch denen des Wasserrechts, sicherstellen soll.[114] Im Genehmigungsverfahren zur Erteilung einer Genehmigung nach dem GenTG wird also auch die baurechtliche, die wasserrechtliche und die immissionsschutzrechtliche Zulässigkeit der Anlage überprüft und abschließend beschieden.

55 Im Unterschied zur reinen Realkonzession nach § 4 BImSchG, d.h. einer sachbezogenen Konzession, die im Falle des Betreiberwechsels bestehenbleibt, handelt es sich bei der Anlagengenehmigung nach dem GenTG um eine sog. gemischte Genehmigung.[115] Sie ist nicht rein sachbezogen, sondern enthält auch eine personenbezogene Anknüpfung. Dies ergibt sich aus § 13 Abs. 1 Nr. 1 GenTG, wonach die Zuverlässigkeit des Betreibers Genehmigungsvoraussetzung ist. Bei einem Betreiberwechsel bedarf es einer erneuten Anlagengenehmigung.

56 Das **Genehmigungsverfahren** ist in § 11 GenTG geregelt. Es schließt mit der Erteilung einer Anlagengenehmigung einschließlich der arbeitsbezogenen Genehmigung der darin genannten gentechnischen Arbeiten ab.[116] Die Genehmigung hebt den Verbotsvorbehalt auf und berechtigt den Betreiber zu Errichtung und Betrieb der gentechnischen Anlage und/oder zur Durchführung der im Genehmigungsbescheid genannten gentechnischen Arbeit. Die Einzelheiten der erforderlichen Antragsunterlagen ergeben sich aus der Gentechnik-Verfahrensverordnung.[117] Nach der Novelle von 1993 bedarf es aus Gründen der Verfahrensbeschleunigung nicht mehr der Einholung einer Stellungnahme der Zentralen Kommission für Biologische Sicherheit[118] in allen Fällen.[119] So entfällt bei allen gentechnischen Vorhaben der Sicherheitsstufe 1 die obligatorische Einholung der Stellungnahme (§§ 12 Abs. 7 S. 2 und 9 S. 2 GenTG). Bei gentechnischen Verfahren der Sicherheitsstufe 2 entfällt die Einholung der Stellungnahme, wenn eine vergleichbare gentechnische Arbeit von der Zentralen Kommission für Biologische Sicherheit bereits sicherheitseingestuft wurde (§§ 11 Abs. 6 S. 2 und Abs. 7 S. 2, 12 Abs. 8 S. 4 GenTG). Gem. § 11 Abs. 6 S. 1 GenTG ist über den Genehmigungsantrag nach § 8 Abs. 1 S. 2, Abs. 3 oder 4 GenTG innerhalb einer Frist von drei Monaten zu entscheiden. Bei Anlagen für Arbeiten der Sicherheitsstufe 2 zu Forschungszwecken ist über den Antrag unverzüglich, spätestens nach einem Monat zu entscheiden, wenn die gentechnische Arbeit einer bereits von der Kommission eingestuften gentechnischen Arbeit vergleichbar ist (§ 11 Abs. 6 S. 2 GenTG). Überschreitet die Behörde die Frist, so tritt allerdings keine Genehmigungsfiktion ein. Die Fristüberschreitung wird jedoch durch die Möglichkeit einer Verpflichtungsklage gem. § 75 VwGO und einer Schadenersatzklage wegen Amtspflichtverletzung sanktioniert.

---

114 Dazu *Hirsch/Schmidt-Didczuhn,* GenTG, § 22 Rn. 9.

115 Vgl. zur Unterscheidung von Real- u. Personalkonzessionen bereits oben § 8 Rn. 32.

116 *Drescher,* HdUR, Bd. 1, Sp. 861 (872).

117 Vgl. dazu oben § 35 Rn. 9.

118 Vgl. zur ZKBS unten § 35 Rn. 74.

119 Dazu *Simon/Weyer,* NJW 1994, 759 (762).

Die **Entscheidung** über den Genehmigungsantrag ist nach dem Wortlaut des § 13 Abs. 3 GenTG als gebundene Entscheidung ausgestaltet.[120] Bei Vorliegen der Genehmigungsvoraussetzungen besteht mithin ein Rechtsanspruch auf Erteilung der Genehmigung. 57

b) Tätigkeitsgenehmigung

Weitere, von der anlagenbezogenen Genehmigung oder einer vorausgegangenen Tätigkeitsgenehmigung nicht erfaßte gentechnische Arbeiten zu gewerblichen Zwecken der Sicherheitsstufe 2, 3 und 4 bedürfen gem. § 10 Abs. 2 GenTG einer isolierten, d.h. einer nicht in Zusammenhang mit der Anlagegenehmigung stehenden Tätigkeitsgenehmigung.[121] Die isolierte Tätigkeitsgenehmigung entfaltet aber im Gegensatz zur Anlagegenehmigung keine Konzentrationswirkung[122] und die Vorschriften über die Öffentlichkeitsbeteiligung gelten hier nicht. Liegen die gem. § 11 Abs. 4 GenTG erforderlichen Unterlagen vor, so muß die Behörde innerhalb von 3 bzw. bei erfolgter Voreinstufung 2 Monaten über den Antrag entscheiden. 58

3. Anmeldebedürftige Vorhaben

Eine bloße Anmeldepflicht regelt § 8 Abs. 2 GenTG zum einen für die Errichtung, den Betrieb und die wesentliche Änderung von Anlagen, in denen ausschließlich Arbeiten der Sicherheitsstufe 1 durchgeführt werden,[123] und zum anderen § 9 Abs. 1 GenTG für weitere gentechnische Arbeiten, die einer höheren Sicherheitsstufe angehören. Die Anmeldepflicht gilt gem. §§ 9 Abs. 1, 10 Abs. 1 GenTG nicht nur für die Errichtung und den Betrieb der Anlage, sondern auch für die einzelnen gentechnischen Arbeiten der Sicherheitsstufe 1 zu gewerblichen Zwecken und der Sicherheitsstufen 2, 3 und 4 zu Forschungszwecken.[124] Diese Vorhaben werden mit dem Anmeldeverfahren einem vereinfachten Verfahren unterworfen, weil sie ein geringeres Gefährdungspotential aufweisen oder bereits ein anlagenbezogenes Genehmigungsverfahren durchlaufen haben. 59

Ist nur ein Anmeldeverfahren durchzuführen, so darf der Betreiber nach Ablauf der Frist mit den Arbeiten beginnen; der Fristablauf gilt insofern als Zustimmung zu deren Durchführung (§ 12 Abs. 7 S. 3 GenTG).[125] Die fingierte Zustimmung hat aber keine Konzentrationswirkung nach § 22 GenTG. Die Einzelheiten des Anmeldeverfahrens ergeben sich aus § 12 GenTG. 60

4. Anzeigebedürftige Vorhaben

Weder einer Genehmigung noch einer Anmeldung bedarf der Betreiber, wenn eine bereits angemeldete oder genehmigte gentechnische Arbeit der 61

---

[120] Vgl. zur gebundenen Genehmigung bereits oben § 8 Rn. 39f.; zur Zuerkennung eines Gestaltungsspielraums bei der Prüfung der Sicherheit einer gentechnischen Anlage vgl. *BVerwG,* Beschl. v. 15. 4. 1999 – 7 B 278.98 –, UPR 1999, 449 (450f.).

[121] Vgl. *Tünnesen-Harmes,* HdbUR, B.5 Rn. 72, der von einer Tätigkeitsgenehmigung spricht.

[122] *Tünnesen-Harmes,* HdbUR, B.5 Rn. 72.

[123] Insofern hat die Novelle für gentechnische Anlagen zu gewerbl. Zwecken eine Erleichterung erfahren *Simon/Weyer,* NJW 1994, 759 (761).

[124] *Kloepfer/Delbrück,* DÖV 1990, 897 (902); *Tünnesen-Harmes,* HdbUR, B.5 Rn. 74.

[125] Zur Verkürzung der Anmeldefristen *Simon/Weyer,* NJW 1994, 759 (761f.).

Sicherheitsstufe 2 zu Forschungszwecken in einer anderen genehmigten gentechnischen Anlage desselben Betreibers, in der entsprechende Arbeiten durchgeführt werden dürfen, durchgeführt werden soll (§ 9 Abs. 3 GenTG) sowie Arbeiten nach § 9 Abs. 1 S. 2 Nr. 1 und 2 GenTG.

5. Kontrollfreie Vorhaben

62 Kontrollfrei bleibt damit die Durchführung „weiterer" gentechnischer Arbeiten der Sicherheitsstufe 1 zu Forschungszwecken. Diese unterliegen nur der Aufzeichnungspflicht nach § 6 Abs. 3 GenTG.

II. Freisetzung und Inverkehrbringen

63 Auch die Freisetzung von gentechnisch veränderten Organismen sowie das Inverkehrbringen, d. h. die Abgabe von Produkten, die gentechnisch veränderte Organismen enthalten oder aus solchen bestehen, an Dritte, unterliegen gem. §§ 14ff. GenTG einem Genehmigungsvorbehalt.[126]

1. Genehmigungsvoraussetzungen

64 Gem. § 16 Abs. 1 GenTG ist die Genehmigung für die **Freisetzung** zu erteilen, wenn

- die Voraussetzungen entsprechend § 13 Abs. 1 Nr. 1 und 2 GenTG vorliegen (Nr. 1),
- gewährleistet ist, daß alle nach dem Stand der Wissenschaft und Technik notwendigen Sicherheitsvorkehrungen getroffen werden (Nr. 2) und
- nach dem Stand der Wissenschaft im Verhältnis zum Zweck der Freisetzung unvertretbare schädliche Einwirkungen auf die in der Zweckbestimmung des GenTG genannten Schutzgüter nicht zu erwarten sind (Nr. 3).[127]

65 In Anlehnung daran ist die Genehmigung für das **Inverkehrbringen** gem. § 16 Abs. 2 GenTG zu erteilen, wenn

- nach dem Stand der Wissenschaft im Verhältnis zum Zweck des Inverkehrbringens unvertretbare schädliche Einwirkungen nicht zu erwarten sind.[128]

66 Die Risikobewertung für das Inverkehrbringen soll nach dem Stufenkonzept der Freisetzungsrichtlinie auf den Erfahrungen der Freisetzung basieren.[129]

---

[126] Zur Freisetzung u. zum Inverkehrbringen vgl. auch SRU, Umweltgutachten 1998, BT-Drs. 13/10195, Tz. 745ff.; zur Einwendungsbefugnis Dritter bei der Genehmigung der Freisetzung *VG Berlin,* Beschl. v. 7. 5. 1993 – 14 A 167/93 –, ZUR 1993, 227 ff.; zur Kommunalklage gegen eine gentechnikrechtl. Freisetzungsgenehmigung *OVG Berlin,* Beschl. v. 18. 8. 1998 – 2 S 8.97 –, UPR 1999, 37ff.; auch *Ladeur,* NVwZ 1992, 948ff.

[127] Diese Abwägungsklausel ist unter rechtsstaatl. Gesichtspunkten bedenkl., da es an Kriterien zur Bewertung des Zwecks der Freisetzung fehlt u. damit der behördl. Abwägungsprozeß in keiner Weise vorstrukturiert ist, dazu krit. *Drescher,* HdUR, Bd. 1, Sp. 861 (874); *ders.,* ZUR 1994, 289 (296); zum Begriff der schädl. Einwirkung bei der Freisetzung von gentechnisch verändertem Mais u. Raps *VG Berlin,* Besch. v. 12. 9. 1995 – 14 A 255.95 –, ZUR 1996, 147ff.; krit. m. Anm. v. *Ginsky*; ferner zum eigenverantwortl. Beurteilungsspielraum der Behörde vgl. *OVG Berlin,* Beschl. v. 9. 7. 1998 – 2 S 9/97 –, NVwZ 1999, 96ff.; *OVG Hamburg,* Beschl. v. 27. 1. 1995 – BS III 236/94 –, ZUR 1995, 93 (94).

[128] Krit. zur Verhältnismäßigkeitsklausel *Tünnesen-Harmes,* HdbUR, B.5 Rn. 86ff.; *Jarass,* NuR 1991, 49 (54).

[129] Dies wird z. T für unzureichend gehalten u. für ein Nachzulassungsmonitoring plädiert, wonach die Behörde im Einzelfall auch nach dem Inverkehrbringen den Ein-

 Müller-Terpitz, NVwZ 01, 46 (Rapsbestäubg.)

2. Genehmigungsverfahren

67 Das Genehmigungsverfahren ist in den §§ 14 bis 16 GenTG geregelt. § 14 Abs. 4 S. 1 GenTG sieht die Möglichkeit der Einführung eines vereinfachten Verfahrens durch Rechtsverordnung vor, soweit mit der Freisetzung von Organismen im Hinblick auf die in § 1 Nr. 1 GenTG genannten Schutzzwecke genügend Erfahrungen gesammelt sind.[130] Für die Genehmigung von Freisetzungen und das Inverkehrbringen ist das Robert-Koch-Institut gem. § 14 GenTG zuständig.[131] Hier hat sich der Bund im Gegensatz zur Zulassung der Errichtung und des Betriebs gentechnischer Anlagen die Zuständigkeit vorbehalten.

68 Während das Freisetzungsverfahren weitgehend in der Hand der Mitgliedstaaten bleibt, ist für das Inverkehrbringen gentechnisch veränderter Organismen eine gemeinschaftliche Beteiligung vorgesehen. Denn die Genehmigung für das Inverkehrbringen eines Produkts gilt gleichermaßen in allen EG-Mitgliedstaaten (vgl. § 14 Abs. 5 GenTG).[132] Ein Produkt, das in einem anderen EG-Mitgliedsstaat eine Genehmigung für ein Inverkehrbringen erhalten hat, bedarf keiner erneuten Genehmigung in den anderen Mitgliedstaaten. Zur Sicherstellung der Interessen der am Genehmigungsverfahren nicht beteiligten EG-Mitgliedsstaaten sieht § 16 Abs. 3 S. 1 2. HS GenTG daher ein besonderes Beteiligungsverfahren vor. Will das Robert-Koch-Institut einen Antrag auf Inverkehrbringen genehmigen, so leitet es danach ein **EG-Beteiligungsverfahren** ein, das eine Letztentscheidungsbefugnis der EG-Kommission vorsieht.[133] Damit ist beim Inverkehrbringen eine geteilte Zuständigkeit zwischen den Mitgliedstaaten und der EG vorgegeben.[134]

69 Soweit die Gemeinschaftsorgane in ihrer Letztentscheidungsbefugnis über das Inverkehrbringen entscheiden, haben sie Art. 4 Abs. 1 Freisetzungs-RL zu beachten, wonach das Inverkehrbringen von gentechnisch veränderten Organismen keine Gefährdung der menschlichen Gesundheit und der Umwelt zur Folge haben darf.

70 Hinsichtlich der Behördenbeteiligung ist für die Freisetzung nach § 16 Abs. 4 S. 1 GenTG zusätzlich ein Einvernehmen mit der biologischen Bundes-

---

satz von gentechnisch veränderten Organismen soll beobachten können, so auch der Kommissionsentwurf zur Änderung der Freisetzungs-RL, ABl. EG Nr. C v. 4. 5. 1998, S. 1.

[130] Solange eine entspr. VO nicht erlassen worden ist, ist die Genehmigung einer Freisetzung unter gleichzeitiger Erklärung der Zulässigkeit der Nachmeldung weiterer Standorte unzulässig, *OVG Berlin,* Besch. v. 9. 7. 1998 – 2 S 9.97 –, UPR 1999, 31 ff.

[131] Das Robert-Koch-Institut ist nach der Auflösung des Bundesgesundheitsamtes mit Wirkung vom 25. 6. 1994 dessen Nachfolgeeinrichtung für den Bereich des GentechnikR; Anfechtungsklagen gegen die Genehmigung einer Freisetzung sind vor dem VG Berlin als örtl. zuständiges Gericht zu führen, *BVerwG,* Beschl. v. 10. 12. 1996 – 7 AV 11–18/96 –, NJW 1997, 1022 f.

[132] Vgl. § 13 Abs. 5 Freisetzungs-RL; dazu auch *Drescher,* HdUR, Bd. 1, Sp. 861 (876); *Tünnesen-Harmes,* HdbUR, B.5 Rn. 81 ff.

[133] Zur Gemeinschaftszulassung *Drescher,* HdUR, Bd. 1, Sp. 861 (876); *Tünnesen-Harmes,* HdbUR, B.5 Rn. 82.

[134] Str. ist, ob eine derartige Hochzonung von Genehmigungskompetenzen auf die europäischen Institutionen noch von der Harmonisierungskompetenz der Gemeinschaft nach Art. 100 a EGV gedeckt ist, dazu *Wahl/Groß,* DVBl. 1998, 2 ff.

anstalt für Land- und Forstwirtschaft, dem Umweltbundesamt und ggf. der Bundesforschungsanstalt einzuholen. Für das Inverkehrbringen kommt zudem die Stellungnahme des Paul-Ehrlich-Instituts hinzu (§ 16 Abs. 4 S. 2 GenTG). Auch bei der Freisetzung und dem Inverkehrbringen besteht im Falle des Vorliegens der Genehmigungsvoraussetzungen ein Rechtsanspruch auf Erteilung der Genehmigung.[135]

III. Gemeinsame Vorschriften

1. Anhörung

71 Gem. § 18 Abs. 1 GenTG findet ein Anhörungsverfahren[136] bei der Genehmigung gentechnischer Anlagen, in denen gentechnische Arbeiten der Sicherheitsstufen 2 bis 4 zu gewerblichen Zwecken durchgeführt werden sollen statt, bei solchen der Sicherheitsstufe 1 nur nach Maßgabe des BImSchG.[137] Auch im Verfahren über die Genehmigung einer Freisetzung ist gem. § 18 Abs. 2 GenTG eine Anhörung durchzuführen, soweit es sich nicht um Organismen handelt, deren Ausbreitung begrenzbar ist oder soweit nicht ein vereinfachtes Verfahren nach § 14 Abs. 4 GenTG durchgeführt wird. Dabei kann die Bundesregierung gem. § 18 Abs. 2 S. 2 GenTG durch Rechtsverordnung Kriterien für die Organismen bestimmen, deren Ausbreitung bei einer Freisetzung begrenzbar ist.[138]

72 Indes findet eine Öffentlichkeitsbeteiligung bei der Genehmigung gentechnischer Anlagen für gentechnische Arbeiten zu Forschungszwecken ebensowenig statt wie bei der Genehmigung des Inverkehrbringens von Produkten.[139]

2. Überwachung

73 Die Überwachung durch die Landesbehörden sowie Auskunfts- und Duldungspflichten sind in § 25 GenTG geregelt.[140] So besteht gegenüber den nach Landesrecht zuständigen Behörden gem. § 25 Abs. 2 GenTG eine Auskunftspflicht. Ferner stehen den Behörden gem. § 25 Abs. 3 GenTG Betretungs-, Prüfungs- und Einsichtsrechte zu.[141] Im Rahmen der Anordnungsbefugnis kann die Behörde gem. § 26 Abs. 1 S. 2 GenTG den Betrieb einer gentechnischen Anlage, gentechnische Arbeiten oder eine Freisetzung unter den dort genannten Voraussetzungen ganz oder teilweise untersagen.[142]

---

[135] *Tünnesen-Harmes,* HdbUR, B.5 Rn. 83.

[136] Zum Anhörungsverfahren in der a.F. *Hirsch/Schmidt-Didczuhn,* DVBl. 1991, 428ff.; zur Präklusionswirkung des § 5 Abs. 1 S. 2 GenTAnhV *OVG Berlin,* Beschl. v. 29. 3. 1994 – 1 S 45.93 –, ZUR 1994, 206ff.

[137] Dazu *Tünnesen-Harmes,* HdbUR, B.5 Rn. 94; zur Häufigkeit von Verfahren mit Öffentlichkeitsbeteiligung *Führ,* IUR 1992, 197f.

[138] Zum gesetzgeberischen Stand einer entspr. VO FR v. 12. 1. 1995, siehe auch NJW 1995, Heft 5, S. XXXVII.

[139] Krit. *Simon/Weyer,* NJW 1994, 759 (763).

[140] Zum Vollzug des GentechnikR vgl. *Nöth,* ZUR 1999, 12ff.

[141] Dazu *Roller/Jülich,* ZUR 1996, 74 (75).

[142] Zur Anordnungsbefugnis der Überwachungsbehörde bei gentechnischen Freisetzungen *Roller/Jülich,* ZUR 1996, 74 (77ff.).

3. Zentrale Kommission für Biologische Sicherheit

Die „Zentrale Kommission für Biologische Sicherheit" (ZKBS) ist eine beim Robert-Koch-Institut eingerichtete Sachverständigenkommission (§ 4 Abs. 1 S. 1 GenTG).[143] Gem. Art. 87 Abs. 3 S. 1 GG konnte der Bund im Rahmen der bundeseigenen Verwaltung die Zuständigkeit auf das Robert-Koch-Institut als Bundesoberbehörde übertragen.[144] Sie hat gem. § 5 S. 1 GenTG sicherheitsrelevante Fragen der Gentechnik zu prüfen und zu bewerten, Empfehlungen dazu abzugeben und die Bundesregierung sowie die Länder in diesen Fragen zu beraten.[145] Ferner sieht das GenTG vor, daß die Kommission vor Entscheidungen und vor dem Erlaß von Verordnungen Stellungnahmen abzugeben hat (vgl. § 11 Abs. 6a, 12 Abs. 8 S. 3 GenTG) und daß z. T. abweichende Entscheidungen besonders begründet werden müssen.[146] Aufgrund dieser Stellungnahmen, die in der Regel eine behördliche Entscheidung vorgeben, kommt der Zentralen Kommission für Biologische Sicherheit eine Schlüsselrolle bei der Ausführung des GenTG zu.[147] Nähere Einzelheiten über die Zusammensetzung und die Berufung der Mitglieder der Kommission regeln § 4 Abs. 1 S. 2 GenTG sowie die Verordnung über die Zentrale Kommission für die Biologische Sicherheit. 74

F. Organisation

Gem. § 31 GenTG sind für die Anmeldung und die Genehmigung von Arbeiten in gentechnischen Anlagen die von den Ländern zu bestimmenden Behörden zuständig.[148] Demgegenüber obliegt die Genehmigung für das Freisetzen und Inverkehrbringen gentechnisch veränderter Organismen – wie bereits erwähnt – dem Robert-Koch-Institut,[149] wobei den zuständigen Landesbehörden die Überwachungsbefugnisse verbleiben. Überdies besteht mit der Gemeinschaftszulassung eine weitreichende Befugnis der EG-Kommission im Bereich des Inverkehrbringens.[150] 75

---

[143] *Führ,* IUR 1992, 197 (199).

[144] Vgl. *VG Berlin,* Beschl. v. 12. 9. 1995 – 14 A 255.95 –, ZUR 1996, 147 (148f.).

[145] Krit. zur Legitimation solcher Expertengruppen im Umwelt- und TechnikR vgl. *Kloepfer/Delbrück,* DÖV 1990, 987 (900).

[146] *Kloepfer/Delbrück,* DÖV 1990, 897 (900).

[147] *Hirsch/Schmidt-Didczuhn,* GenTG, § 5 Rn. 5.

[148] Die Länder haben z. T. eigene VO zur Regelung der Zuständigkeiten erlassen vgl. Hessische VO zur Regelung der Zuständigkeiten nach dem GenTG v. 20. 12. 1995 (GVBl. S. 566); VO des Sächs. Staatsministeriums für Umwelt und Landesentwicklung über Zuständigkeiten zur Ausführung des GenTG (ZuständigkeitsVO Gentechnik) v. 4. 12. 1995 (GVBl. S. 421); zum Vollzug des GenTG *Führ,* IUR 1992, 197ff.

[149] Vgl. dazu oben § 35 Rn. 67.

[150] Vgl. dazu oben § 35 Rn. 68; *Kloepfer/Delbrück,* DÖV 1990, 897 (905); *Führ,* IUR 1992, 197 (199).

G. Haftungsvorschriften

76 In den §§ 32 bis 37 GentTG sind Haftungsfragen des Gentechnikrechts geregelt.[151] Gemäß § 32 Abs. 1 GenTG ist der Betreiber verpflichtet, den Schaden zu ersetzen, der sich daraus ergibt, daß jemand infolge von Eigenschaften eines Organismus, die auf gentechnischen Arbeiten beruhen, getötet, sein Körper oder seine Gesundheit verletzt oder eine Sache beschädigt wird. Die Haftung des Betreibers ist gem. § 33 S. 1 GenTG auf einen Höchstbetrag von 160 Mio. DM beschränkt. § 34 GenTG führt für den Bereich der Gentechnologie eine **verschuldensunabhängige Gefährdungshaftung** ein.[152] Dabei ist zur Erleichterung der Beweisführung für den Geschädigten eine eingeschränkte, widerlegbare Ursachenvermutung vorgesehen: Ist der Schaden durch gentechnisch veränderte Organismen verursacht worden, so wird vermutet, daß er durch Eigenschaften dieser Organismen verursacht wurde, die auf gentechnischen Arbeiten beruhen (§ 34 Abs. 1 GenTG). Der Betreiber kann diese Vermutung gem. § 34 Abs. 2 GenTG entkräften, indem er die Wahrscheinlichkeit nachweist, daß der Schaden auf anderen Eigenschaften dieser Organismen beruht.[153]

77 Die Haftung nach anderen Vorschriften – etwa nach §§ 823ff. BGB[154] – bleibt grundsätzlich unberührt.[155]

H. Straf- und Bußgeldvorschriften

78 Um die Einhaltung der gesetzlichen Vorschriften zu sichern, enthält das GenTG und die auf seiner Grundlage ergangenen Rechtsverordnungen[156] eine Vielzahl von Tatbeständen, deren Verwirklichung straf- oder bußgeldbewehrt sind.[157] So kann die Freisetzung gentechnisch veränderter Organismen ohne Genehmigung (§ 39 Abs. 2 Nr. 1 GenTG) und das Betreiben einer gentechnischen Anlage ohne Genehmigung (§ 39 Abs. 2 Nr. 2 GenTG) mit Freiheitsstrafe oder mit Geldstrafe bestraft werden.[158]

---

[151] *Simon,* IUR 1992, 193 (195); *Tünnesen-Harmes,* HdbUR, B.5 Rn. 106ff.; zum zivilrechl. Haftungssystem *Luttermann,* JZ 1998, 174ff.; vgl. ferner bereits oben § 12 Rn. 41ff. u. 127.

[152] Zur Gefährdungshaftung im GenTG *Deutsch,* NJW 1992, 73ff.

[153] Zur Haftung i. e. *Hirsch/Schmidt-Didczuhn,* GenTG, § 32 Rn 1ff.; *Simon/Weyer,* NJW 1994, 193 (195).

[154] Vgl. dazu bereits oben § 12 Rn. 127.

[155] Zur Frage der Haftung nach dem Produkthaftungsgesetz *Drescher,* HdUR, Bd. 1, Sp. 861 (879); dazu auch bereits oben § 12 Rn. 50ff.

[156] Vgl. § 20 GenTSV, § 5 GenTAufzV.

[157] Vgl. *Simon,* IUR 1992, 193 (195); *Tünnesen-Harmes,* HdbUR, B.5 Rn. 110.

[158] Zur Verantwortlichkeit des Projektleiters nach §§ 26 Abs. 2, 38 Abs. 1 Nr. 8 GenTG vgl. *OLG München,* Beschl. v. 11. 10. 1996 – 3 ObOWi 126/96 –, NuR 1997, 466f.

Literaturverzeichnis

Achenbach, Gudrun, Zur Frage der selbständigen rechtlichen Bedeutung der privatnützigen Planfeststellung, Münster 1992, zit.: Achenbach, Privatnützige Planfeststellung.

Achterberg, Norbert, Allgemeines Verwaltungsrecht, Ein Lehrbuch, 3. Aufl., Heidelberg 1988, zit.: Achterberg, AllgVwR.

Achterberg, Norbert/*Krawietz,* Werner/*Wyduckel,* Dieter (Hrsg.), Recht und Staat im sozialen Wandel, Festschrift für Hans Ulrich Scupin zum 80. Geburtstag, Berlin 1983, zit.: Verf., FS Scupin.

Achterberg, Norbert/*Püttner,* Günter (Hrsg.), Besonderes Verwaltungsrecht, Band. I, Heidelberg 1990, zit.: Achterberg/Püttner, BesVwR.

Agena, Carl-August/*Gehrke,* Heike, Der Rechtscharakter des Erschwernisausgleiches für naturschutzbedingte Nutzungsbeschränkungen, Dargestellt am Beispiel des § 52 Abs. 1 Niedersächsisches Naturschutzgesetz (NNatSchG), NdsVBl. 1999, 53 ff.

Albin, Silke/*Bär,* Stefanie, Nationale Alleingänge nach dem Vertrag von Amsterdam – Der neue Art. 95 EGV: Fortschritt oder Rückschritt für den Umweltschutz?, NuR 1999, 185 ff.

Alexander, Hans, Aktuelle Fragen des Verkehrslärmschutzes unter besonderer Berücksichtigung der Verkehrslärmschutzverordnung (16. BImSchV), NVwZ 1991, 318 ff.

Amery, Carl, Das Ende der Vorsehung, Die gnadenlosen Folgen des Christentums, Reinbek bei Hamburg 1982, zit.: Amery, Das Ende der Vorsehung.

Apfelbacher, Dieter, Das Naturschutzrecht nach der ersten Novelle zum Bundesnaturschutzgesetz (Teil I), NuR 1987, 241 ff.

Apfelbacher, Dieter/*Adenauer,* Ursula/*Iven,* Klaus, Das Zweite Gesetz zur Änderung des Bundesnaturschutzgesetzes – Innerstaatliche Umsetzung und Durchführung gemeinschaftsrechtlicher Vorgaben auf dem Gebiet des Naturschutzes – Teil II: Biotopschutz, NuR 1999, 63 ff.

Appel, Ivo, Emissionsbegrenzung und Umweltqualität. Zu zwei Grundkonzepten der Vorsorge am Beispiel des IPPC-Richtlinienvorschlags der EG, DVBl. 1995, 399 ff.

–, Stufen der Risikoabwehr – Zur Neuorientierung der umweltrechtlichen Sicherheitsdogmatik im Gentechnikrecht, NuR 1996, 227 ff.

Appold, Wolfgang, Freiraumschutz durch räumliche Planung – Rechtliche Möglichkeiten eines landesplanerischen Gesamtkonzepts, Münster 1988, zit.: Appold, Freiraumschutz durch räumliche Planung.

Arbeitskreis für Umweltrecht (Hrsg.), Grundzüge des Umweltrechts, 2. Aufl., Berlin 1997, zit: Verf., in: Salzwedel, Grundzüge des UmweltR, 2. Aufl.

ARL, Vorschlag der Akademie für Raumforschung und Landesplanung (ARL) zur Novellierung des Raumordnungsgesetzes: Einführung des Raumordnungsverfahrens mit Umweltverträglichkeitsprüfung, DVBl. 1987, 1152 ff.

Arndt, Hans-Wolfgang/*Köhler,* Markus, Rechtspflicht des Verbrauchers zur Nutzung des „Dualen Systems"?, NJW 1993, 1945 ff.

Arndt, Hans-Wolfgang/*Walter,* Christine, Zur Verteilung der Abfallentsorgung zwischen Verursacher, öffentlich-rechtlichem Entsorgungsträger, privatem Dritten und Verbänden, WiVerw 1997, 185 ff.

Arsanjani, Nahnoush H., International Regulation of Internal Ressources, Charlottesville/Virginia, 1981.

Arzt, Gunther/*Weber,* Ulrich, Strafrecht, Besonderer Teil, Ein Lehrbuch in 5 Heften, LH 2: Delikte gegen die Person, Bielefeld 1983, zit.: Verf, in: Arzt/Weber, StrafR BT 2.

Au, Michael, Die Neuordnung des Gefahrstoffrechts, ZUR 1994, 237 ff.

Auer, Alfons, Umweltethik. Ein theologischer Beitrag zur ökologischen Diskussion, 3. Aufl., Düsseldorf 1989.

Axer, Peter, Zur Bedeutung von § 14 Abs. 1 WHG im Planfeststellungsrecht, NuR 1995, 241 ff.

Literatur

Baars, Bodo A., Zulässigkeit der Verwertung von Abfällen in Hausmüllverbrennungsanlagen – ein Beitrag zur Abgrenzungsdebatte Verwertung/Beseitigung, UPR 1997, 229 ff.

Bach, Albrecht, Direkte Wirkung von EG-Richtlinien, JZ 1990, 1108 ff.

Bachof, Otto, Beurteilungsspielraum, Ermessen und unbestimmter Rechtsbegriff im Verwaltungsrecht, JZ 1955, 97 ff.

Bachof, Otto/*Drath,* Martin/*Günnewein,* Otto/*Walz,* Ernst (Hrsg.), Forschungen und Berichte aus dem öffentlichen Recht, Gedächtnisschrift für Walter Jellinek, München 1955, zit.: Verf., GS Jellinek.

Bachof, Otto/*Heigl,* Ludwig/*Redeker,* Konrad (Hrsg.), Verwaltungsrecht zwischen Freiheit, Teilhabe und Bindung, Festgabe aus Anlaß des 25 jährigen Bestehens des Bundesverwaltungsgerichts, München 1978, zit.: Verf., FG BVerwG.

Backherms, Johannes, Zur Einführung – Recht und Technik, JuS 1980, 9 ff.

Baden, Eberhard, Abwägung und Altlasten – Bemerkungen zu den Kennzeichnungspflichten des BauGB, ZfBR 1988, 108 ff.

Bader, Johann, Praktische Erfahrungen mit dem Sechsten VwGO-Änderungsgesetz – Schluß aus VBlBW 1997, 401 –, VBlBW 1997, 449 ff.

Badura, Peter, Der atomrechtliche Funktionsvorbehalt der Genehmigungsbehörde für die Ermittlung und Bewertung des Risikos einer nuklearen Anlage, DVBl. 1998, 1197 ff.

Badura, Peter/*Scholz,* Rupert (Hrsg.), Wege und Verfahren des Verfassungslebens, Festschrift für Peter Lerche zum 65. Geburtstag, München 1993, zit.: Verf., FS Lerche.

Bamberger, Christian, „Privat-“ und „gemeinnützige“ Planfeststellung im Wasser- und Abfallrecht – Nachruf auf eine überholte Argumentationsfigur –, BayVBl. 1999, 622 ff.

Bartels, Elke, Abfallrecht – eine systematische Darstellung, Köln 1987, zit.: Bartels, AbfallR.

Barth, Sibylle/*Struck,* Katrin, Luftverkehrs-Emissionsabgabe, Berlin 1997.

Bartholomäi, Eberhard, Baumschutzsatzungen und Baumschutzverordnungen – eine Zwischenbilanz, UPR 1988, 241 ff.

Bartlsperger, Richard, Das Dilemma des baulichen Nachbarrechts, VerwArch 1969, 35.

–, Das Grundrecht auf Naturgenuß in naturschutzrechtlichen Bezügen, in: Bartlsperger, Richard/Ehlers, Dirk/Hofmann, Werner/Pirson, Dietrich (Hrsg.), Festschrift für Klaus Obermayer zum 70. Geburtstag, München 1986, S. 1 ff., zit.: Bartlsperger, FS Obermayer.

–, Die Entwicklung des Abfallrechts in den Grundfragen von Abfallbegriff und Abfallregime, VerwArch 1995, 32 ff.

–, Planungsrechtliche Optimierungsgebote, DVBl. 1996, 1 ff.

–, Leitlinien zur Regelung der gemeinschaftsrechtlichen Umweltverträglichkeitsprüfung unter Berücksichtigung der Straßenplanung, DVBl. 1987, 1 ff.

Bartlsperger, Richard/*Ehlers,* Dirk/*Hofmann,* Werner/*Pirson,* Dietrich (Hrsg.), Festschrift für Klaus Obermayer zum 70. Geburtstag, München 1986, zit.: Verf., FS Obermayer.

Bartram, Berit/*Schade,* Rainer, Andienungs- und Überlassungspflichten contra Eigenverantwortung, UPR 1995, 253 ff.

Barz, Wolfgang/*Brinkmann,* Bernd/*Ewers,* Hans-Jürgen/*Hoppe,* Werner (Hrsg.), Vollzugsfragen im Umweltschutz: Symposium am 14. und 15. Juni 1993 in Münster, Münster 1994, zit.: Verf., in: Barz/Brinkmann/Ewers/Hoppe, Vollzugsfragen im Umweltschutz.

Battis, Ulrich, Bau- und immissionsschutzrechtliches Planungsrecht in der Rechtsprechung des Bundesverwaltungsgerichts, DVBl. 1978, 577 ff.

Battis, Ulrich/*Dünnebacke,* Udo, Die Verbandsklage in dem Berliner Naturschutzgesetz – BVerwG, NVwZ 1988, 527 –, JuS 1990, 188 ff.

Battis, Ulrich/*Krautzberger,* Michael/*Löhr,* Rolf-Peter, Baugesetzbuch – BauGB –, 6. Aufl., München 1998, zit.: Battis/Krautzberger/Löhr, BauGB

Bauer, Hartmut, Informelles Verwaltungshandeln im öffentlichen Wirtschaftsrecht, VerwArch 1987, 241 ff.

–, Altes und Neues zur Schutznormtheorie, AöR 1988, 582 ff.

–, Zum öffentlichrechtlichen Nachbarschutz im Wasserrecht – BVerwG, NJW 1988, 434 –, JuS 1990, 24 ff.

Bauer, Hartmut/*Breuer,* Rüdiger/*Degenhart,* Christoph/*Oldiges,* Martin (Hrsg.), 100 Jahre Allgemeines Baugesetz in Sachsen 1900–2000, Festschrift aus Anlaß des 100 jährigen Jubiläums des Allgemeinen Baugesetzes für das Königreich Sachsen vom 1. Juli 1900, Berlin 1999, zit.: Verf., in: Bauer/u. a., 100 Jahre Allgemeines Baugesetzbuch.

Baumann, Wolfgang, Betroffensein durch Großvorhaben – Überlegungen zum Rechtsschutz im Atomrecht, BayVBl. 1982, 257 ff.

Bäumler, Helmut, Rechtsschutz gegen Flughafenplanungen – zur Anfechtbarkeit der luftrechtlichen Genehmigung –, DÖV 1981, 43 ff.

Baur, Fritz, Die „Naßauskiesung" – oder wohin treibt der Eigentumsschutz?, NJW 1982, 1734 ff.

–, Zur Enstehung des Umweltschutzrechts aus dem Sachbereich des BGB, JZ 1987, 317 ff.

Baur, J., Das Verhältnis von verwaltungs- und zivilrechtlichem Rechtsschutz gegenüber Immissionen aus der Sicht eines Zivilisten, in: Selmer, Peter/Münch, Ingo von, Gedächtnisschrift für Wolfgang Martens, Berlin u. a. 1987, zit.: J. Baur, GS Martens.

Beaucamp, Guy, Rechtsprobleme beim Erlaß einer Verordnung nach dem Kreislaufwirschafts- und Abfallgesetz, JA 1999, 39 ff.

Becker, Bernd, Bundes-Bodenschutzgesetz (BBodSchG), Kommentar, Starnberg 1999.

Becker, Christoph, Zur Mitwirkung des Einzelnen bei der Wiederverwertung von Abfällen sowie bei der Behandlung von Sondermüll und Bauabfällen, NWVBl. 1989, 269 ff.

Becker, Jürgen, Informales Verwaltungshandeln zur Steuerung wirtschaftlicher Prozesse als Zeichen der Deregulierung – Eine Herausforderung an Verwaltung und Verwaltungsrecht, DÖV 1985, 1003 ff.

Becker, Ulrich, Die Berücksichtigung des Staatsziels Umweltschutz beim Gesetzesvollzug – Zum Erlaß abfallvermeidender Maßnahmen durch die Verwaltung –, DVBl. 1995, 713 ff.

Beckmann, Martin, Das Verhältnis der verwaltungsgrichtlichen Kontrolldichte zur gesetzlichen Regelungsdichte, DÖV 1986, 505 ff.

–, Verwaltungsgerichtlicher Rechtsschutz im raumbedeutsamen Umweltrecht. Eine Untersuchung zum Umfang der richterlichen Kontrolle im Abfall–, Immissionsschutz–, Wasserhaushalts- und Naturschutzrecht, Münster 1987, zit.: Beckmann, Rechtsschutz.

–, Der notwendige Schutz des Umweltrechts durch die Verwaltungsgerichte, UPR 1987, 321 ff.

–, Die gerichtliche Überprüfung von Verwaltungsvorschriften im Wege der verwaltungsgerichtlichen Normenkontrolle, DVBl. 1987, 611 ff.

–, 25. Jahre Zentralinstitut für Raumplanung an der Universität Münster, DVBl. 1987, 888 ff.

–, Die Umweltverträglichkeitsprüfung und das rechtssystematische Verhältnis von Planfeststellungsbeschlüssen und Genehmigungsentscheidungen, DÖV 1987, 944 ff.

–, Bewerten und Gesetzesanwendung bei der Umweltverträglichkeitsprüfung, DVBl. 1993, 1335 ff.

–, Verfahrensrechtliche Anforderungen an die Standortsuche für Abfalldeponien, DVBl. 1994, 236 ff.

–, Grundsätze des Zulassungsrechts und der Abfallüberwachung, NWVBl. 1995, 81 ff.

–, Rechtsprobleme der Rücknahme und Rückgabepflichten, DVBl. 1995, 313 ff.

–, Berg- Umwelt- und planungsrechtliche Probleme bei der Wiedernutzbarmachung und Folgenutzung bergbaulicher Flächen und Anlagen, in: Kühne, Gunther/Schoch, Friedrich/Beckmann, Martin (Hrsg.), Gegenwartsprobleme des Bergrechts, S. 67 ff., Baden-Baden 1995, zit.: Beckmann, in: Kühne/Schoch/Beckmann, Gegenwartsprobleme des Bergrechts.

–, Produktverantwortung – Grundsätze und zulässige Reichweite –, UPR 1996, 41 ff.

–, Abfallwirtschaftsplanung als Instrument zur Umsetzung der TA Siedlungsabfall, DVBl. 1997, 216 ff.

–, Der Umweltanwalt und die Kooperation mit dem Strafverteidiger, Anwaltsblatt 1997, 586 ff.

–, Zulassung von Anlagen und Tätigkeiten, in: Rengeling, Hans-Werner (Hrsg.), Handbuch zum Europäischen Umweltrecht – Eine systematische Darstellung des europäischen Umweltrechts mit seinen Auswirkungen auf das deutsche Recht und mit rechtspolitischen Perspektiven, Band. 2, Köln u. a 1998, § 73, zit.: Beckmann, in: Rengeling, EUDUR.

–, Genehmigungsrechtliche Fragen der Gesundheitsschutz-Bergverordnung beim Einsatz von Abfällen als Bergversatz, ZfB 1999, 12 ff.

–, Konkretisierung des Abfallbegriffs sowie der gesetzlichen Grundsätze und Pflichten der Kreislaufwirtschaft, NuR 1999, 24 ff.

–, Aktuelle Rechtsprechung des OVG Koblenz zu landesrechtlichen Andienungspflichten, AbfallPrax 1999, 41 ff.

Beckmann, Martin/*Appold,* Wolfgang/*Kuhlmann,* Eva, Zur gerichtlichen Kontrolle abfallrechtlicher Planfeststellungen, DVBl. 1988, 1002 ff.

Beckmann, Martin/*David,* Joachim, Kommunale Abfallwirtschaft als unlauterer Wettbewerb, DVBl. 1998, 1041 ff.

Beckmann, Martin/*Kersting,* Andreas, Die Verwertung von Klärschlamm und Kompost unter dem Abfallgesetz sowie dem Kreislaufwirtschafts- und Abfallgesetz, UPR 1995, 321 ff.

–, Von der öffentlichen Daseinsvorsorge zur privaten Kreislaufwirtschaft, BB 1997, 161 ff.

Beckmann, Martin/*Kleefisch,* Andreas, Nachteil oder Rechtsverletzung als Zulässigkeitsvoraussetzung in anhängigen Normenkontrollverfahren, NVwZ 1997, 1193 ff.

Beckmann/Krekeler, Abfallberatungspflichten unter dem KrW-/AbfG, NuR 1997, 223 ff.

–, Andienungspflichten für Abfälle zur Verwertung unter dem Kreislaufwirtschafts- und Abfallgesetz, UPR 1997, 223 ff.

Beckmann, Martin/*Kuhlmann,* Eva, Die atomare Entsorgung auf dem Prüfstand der Verwaltungsgerichte, NuR 1988, 369 ff.

Beckmann, Martin/*Lambrecht,* Verträglichkeitsprüfung und Ausnahmeregelung nach § 19 c BNatSchG, ZUR 2000, 1 ff.

Beckmann, Martin/*Spieß,* Gerhard, Rechtsstellung des Abfallentsorgers im Entsorgungsnachweisverfahren, UPR 1998, 366 ff.

–, Rechtsgrundlagen der Abfallverbände in Sachsen, SächsVBl 1998, 132 ff.

Benda, Ernst, Technische Risiken und Grundgesetz, in: Blümel, Willi/Wagner, Hellmut (Hrsg.), Technische Risiken und Recht, Speyer 1981, S. 5 ff., zit., Benda, in: Blümel/Wagner, Technische Risiken.

–, Verfassungsrechtliche Aspekte des Umweltschutzes, UPR 1982, 241 ff.

Bender, Bernd, Die Verbandsbeteiligung, DVBl. 1977, 708 ff.

–, Zur staatshaftungsrechtlichen Problematik der Waldschäden, VerwArch 1986, 335 ff.

Bender, Bernd/*Breuer,* Rüdiger/*Ossenbühl,* Fritz/*Sendler,* Horst (Hrsg.), Rechtsstaat zwischen Sozialgestaltung und Rechtsschutz, Festschrift für Konrad Redeker zum 70. Geburtstag, München 1993, zit.: Verf., FS Redeker.

Bender, Bernd/*Sparwasser,* Reinhard/*Engel,* Rüdiger, Grundzüge des öffentlichen Umweltschutzrechts, 3. Aufl., Heidelberg 1995, zit.: Bender/Sparwasser/Engel, UmweltR.

Benz, Arthur, Kooperation als Chance oder Vollzugsdefizit?, in: Barz, Wolfgang/Brinkmann, Bernd/Ewers, Hans-Jürgen/Hoppe, Werner (Hrsg.), Vollzugsfragen im Umweltschutz: Symposium am 14. und 15. Juni 1993 in Münster, Münster 1994, S. 95 ff., zit.: Benz, in: Barz/Brinkmann/Ewers/Hoppe, Vollzugsfragen im Umweltschutz.

Benzel, Arno, Die naturschutzrechtliche Eingriffsregelung, UPR 1991, 297 ff.

Berendes, Konrad, System und Grundprobleme des Abwasserabgabengesetzes, DÖV 1981, 747 ff.

–, Das Abwasserabgabengesetz, Eine systematische Darstellung mit Wiedergabe der wichtigsten Vorschriften, 3. Aufl., München 1995, zit.: Berendes, AbwAG.

Berg, Wilfried, Der Schutz von Betriebs- und Geschäftsgeheimnissen im öffentlichen Recht unter besonderer Berücksichtigung des Umweltinformationsgesetzes, GewArch 1996, 177 ff.

–, Über den Umweltstaat, in: Burmeister, Joachim (Hrsg.), Verfassungsstaatlichkeit, Festschrift für Klaus Stern zum 65. Geburtstag, München 1997, S. 421 ff., zit.: Berg, FS Stern.

Berger, Matthias, Zur Beweislast im verkehrsbezogenen Immissionsschutzrecht – Zugleich Anmerkungen zum „Ozon-Urteil" des VGH München, ZUR 1994, 109 ff.

Berger, Ulrich G., Grundfragen umweltrechtlicher Nachbarklagen – zum verwaltungsrechtlichen Drittschutz im Bauplanungsrecht, Immissionsschutzrecht und Kernenergierecht, Köln 1982, zit.: Berger, Nachbarklagen.

Bergmann, Jan/*Lenz,* Christopher (Hrsg.), Der Amsterdamer Vertrag: Eine Kommentierung der Neuerungen des EU- und EG-Vertrags, Köln 1998, zit.: Bergann/Lenz, Der Amsterdamer Vertrag.

Bergmann, Klaus, Zur Strafbewährung verwaltungsrechtlicher Pflichten im Umweltstrafrecht, dargestellt am § 325 StGB, Frankfurt/Main 1993, zit.: Bergmann, Zur Strafbewährung verwaltungsrechtlicher Pflichten.

Berkemann, Jörg, Sportstättenbau in Wohngebieten – Alte und neue bau- und immissionsschutzrechtliche Probleme, NVwZ 1992, 817 ff.

–, Rechtliche Instrumente gegenüber Eingriffen in Natur und Landschaft (§ 8 BNatSchG), NuR 1993, 97 ff.

–, Verwaltungsprozeßrecht auf „neuen Wegen"?, DVBl. 1998, 446 ff.

Berkemann, Jörg/*Gaentzsch,* Günter/*Halama,* Günter/*Heeren,* Helga/*Hien,* Eckard/*Lemmel,* Hans-Peter (Hrsg.), Planung und Plankontrolle, Entwicklungen im Bau- und Fachplanungsrecht, Festschrift für Otto Schlichter zum 65. Geburtstag, Köln u. a. 1995, zit.: Verf., FS Schlichter.

Bernatzky, Aloys/*Böhm,* Otto, Bundesnaturschutzrecht, Kommentar zum Gesetz über Naturschutz und Landschaftspflege (Bundesnaturschutzgesetz-BNatSchG) mit Ausführungsvorschriften der Länder, Stand: Dezember 1997, zit.: Bernatzky/Böhm, BundesnaturschutzR.

Bernsdorff, Norbert, Positivierung des Umweltschutzes im Grundgesetz (Art. 20 a GG), NuR 1997, 328 ff.

Bertrams, Michael, Aus der Rechtsprechung des Bundesverwaltungsgerichts zum Atomrecht, DVBl. 1993, 687 ff.

Beyerlin, Ulrich, Umweltschutz und lokale grenzüberschreitende Zusammenarbeit (Rechtliche Grundlagen), in: Bothe, Michael/Prieur, Michael/Ress, Georg (Hrsg.), Rechtsfragen grenzüberschreitender Umweltbelastungen, Berlin 1984, S. 293, zit.: Beyerlin, in: Bothe/Prieur/Ress, Rechtsfragen grenzüberschreitender Umweltbelastungen.

Beyerlin, Ulrich, Die Beteiligung ausländischer Grenznachbarn am umweltrechtlichen Verwaltungsverfahren und Möglichkeiten zu ihrer vertraglichen Regelung auf „euregionaler" Ebene, NuR 1985, 173 ff.

Bickel, Christian, 20 Jahre Abfallbegriff – Ortsbestimmung und Neuansatz, NuR 1992, 361 ff.

–, Bundesbodenschutzgesetz, Kommentar, Köln u. a. 1999.

Bickel, Heribert, Möglichkeiten und Risiken der Gentechnik – Ethische und rechtliche Grenzen –, VerwArch 1996, 169 ff.

Bielenberg, Walter/*Erbguth,* Wilfried/*Runkel* Peter (Hrsg.), Raumordnungs- und Landesplanungsrecht des Bundes und der Länder, ergänzbarer Kommentar und systematische Sammlung der Rechts- und Verwaltungsvorschriften, Band 1 und 2, Berlin, Stand: August 1999, zit.: Bearb., in: Bielenberg/Erbguth/Runkel, ROG.

Bielfeldt, Carsten, Rechtliche Probleme der Bebauung von Altlasten – Amtshaftung der Gemeinden?, DÖV 1989, 67 ff.

Birk, Dieter, Rechtsschutz gegen (vorgreifliche) Planungsmaßnahmen – BVerwGE 54, 211 und OVG Berlin, NJW 1977, 2283 –, JuS 1979, 412 ff.

Birkl, Nikolaus (Hrsg.), Nachbarschutz im Bau–, Umwelt- und Zivilrecht: Planung, Genehmigung, abwehrtechnische Regelwerke, München 1990, zit.: Verf., in: Birkl, Nachbarschutz.

Birnbacher, Dieter (Hrsg.), Ökologie und Ethik, Stuttgart 1991, zit.: Verf., in: Birnbacher, Ökologie und Ethik.

Birnie, Patricia/*Boyle,* Alan E., International Law and the Environment, Oxford 1995.

Bischof, Werner, Zur Optimierungspflicht im Strahlenschutzrecht, NJW 1991, 2323 ff.

Blab, Joseph, Tierartenschutz durch Biotopsicherung, in: Olschowy, Gerhard (Hrsg.), Natur- und Umweltschutz in der Bundesrepublik Deutschland, Hamburg u. a. 1978, S. 785 ff., zit.: Blab, in: Olschowy, Natur- und Umweltschutz.

Literatur

Blankenagel, Alexander, Klagefähige Rechtsposition im Umweltrecht, Vom subjektiven Recht eines Individuums zum Recht eines individualisierten Subjekts, Die Verw. 1993, 1 ff.

Blankenagel, Alexander/*Bohl,* Johannes, Abfallrecht und Immissionsschutzrecht – russisches Roulette der Genehmigungsverfahren?, DÖV 1993, 585 ff.

Bleicher, Ralf, Staatsgrenzen überschreitende Raumordnung und Landesplanung – Bestandsaufnahme, rechtliche Würdigung und Möglichkeiten der Fortentwicklung, Münster 1980.

–, Abwasserbeseitigung: Öffentlich oder privat? Mehr Umweltschutz für weniger Geld?, Der Landkreis 1998, 49 ff.

Bloy, René, Umweltstrafrecht, Geschichte – Dogmatik – Zukunftsperspektiven, JuS 1997, 577 ff.

Blümel, Willi, Gemeinden und Kreise vor den öffentlichen Aufgaben der Gegenwart, VVDStRL 36 (1978), S. 171 ff.

–, Grundrechtsschutz durch Verfahrensgestaltung, in: Frühzeitige Bürgerbeteiligung bei Planungen, Berlin 1982, S. 23 ff.

–, (Hrsg.), Teilbarkeit von Planungsentscheidungen, Speyer 1984, zit.: Verf., in: Blümel, Teilbarkeit von Planungsentscheidungen.

Blümel, Willi/*Merten,* Detlef/*Quaritsch,* Helmut (Hrsg.), Verwaltung im Rechtsstaat, Festschrift für Carl Hermann Ule zum 80. Geburtstag, Köln u. a. 1987, zit.: Verf., FS Ule.

Blümel, Willi/*Pfeil,* Martin, Gesundheitsbeeinträchtigung durch elektromagnetische Felder – Über die rechtliche Relevanz des „Elektrosmogs" –, VerwArch 1994, 451 ff.

Blümel, Willi/*Wagner,* Helmut (Hrsg.), Technische Risiken und Recht, Speyer 1981.

Blümel, Willi/*Wagner,* Helmut (Hrsg.), Technische und rechtliche Fragen der Stillegung und Beseitigung nuklearer Anlagen in der Bundesrepublik Deutschland, Baden-Baden 1993, zit.: Verf., in: Blümel/Wagner, Fragen der Stillegung und Beseitigung.

Blume, Eckehart, Das Verhältnis von Baurecht und Naturschutzrecht nach dem Investitionserleichterungs- und Wohnbaulandgesetz, NVwZ 1993, 941 ff.

–, § 8 a BNatSchG und die Rechtsprechung, NuR 1996, 384 ff.

Blume, Hans-Peter (Hrsg.), Handbuch des Bodenschutzes – Bodenökologie und -belastung – Vorbeugende und abwehrende Schutzmaßnahmen, Landsberg/Lech 1990, zit.: Verf., in: Blume, HbBodSch.

Blumenberg, Hildegard, Neuere Entwicklungen zu Struktur und Inhalt des Abwägungsgebots im Bauplanungsrecht, DVBl. 1989, 86 ff.

Bockey, Andrea, Die aktuelle Gesetzgebung des Bundes und ihre Auswirkungen auf die Nutzung bzw. den Umgang mit landwirtschaftlichen Flächen, UPR 1998, 255 ff.

Bodanowitz, Jan, Organisationsformen für die kommunale Abwasserbeseitigung, Köln 1993.

–, Rechtliche Grundlagen des Baulärmschutzes, NJW 1997, 2351 ff.

Boecker, Bernhard, Zur Reduktion des Bestandsschutzes in der baurechtlichen Rechtsprechung des Bundesverwaltungsgerichts, BauR 1998, 441 ff.

Boeddinghaus, Gerhard, Über die Schwierigkeiten, im Immissionsschutzrecht und im Bauplanungsrecht zu gemeinsamen Begriffen zu kommen, BauR 1994, 713 ff.

–, Die neue TA Lärm und die Baunutzungsverordnung, UPR 1999, 321 ff.

Bogler, Anja, Kreislaufwirtschafts- und Abfallgesetz: Neu und nichtig?, BB 1996, 1505 ff.

Bogler, Anja/*Halstenberg,* Christina, „Staatshaftung" bei Konkurs des Betreibers einer Kernanlage, NWVBl. 1995, 49 ff.

Bohl, Johannes, Das gemeindliche Einvernehmen nach § 36 I BauGB bei immissionsschutzrechtlichen Anlagen, NVwZ 1994, 647 ff.

Böhm, Monika, Rechtliche Probleme der Grenzwertfindung im Umweltrecht, UPR 1994, 132 ff.

–, Die Vierte Novelle zum Abwasserabgabengesetz, NVwZ 1995, 557 ff.

–, Der Normmensch, materielle und prozedurale Aspekte des Schutzes der menschlichen Gesundheit vor Umweltschäden, Tübingen 1996, zit.: Böhm, Der Normmensch.

–, Information, Empfehlung und Warnung als Instrumente des Umweltrechts, JA 1997, 794 ff.
Böhm-Amtmann, Edeltraud, „Umweltpakt Bayern. Miteinander die Umwelt schützen“ – EG-Öko-Audit-Verordnung und Substitution von Ordnungsrecht, ZUR 1997, 178 ff.
Bohne, Eberhard, Der informale Rechtsstaat – Eine empirische und rechtliche Untersuchung zum Gesetzesvollzug unter besonderer Berücksichtigung des Immissionsschutzes, Berlin 1981, zit.: Bohne, Der informale Rechtsstaat.
–, Informales Verwaltungs- und Regierungshandeln als Instrument des Umweltschutzes – Alternativen zu Rechtsnorm, Vertrag, Verwaltungsakt und anderen rechtlich geregelten Handlungsformen? –, VerwArch 1984, 343 ff.
–, Das Umweltrecht – Ein „irregulare aliquod corpus et monstro simile“, in: Koch, Hans-Joachim (Hrsg.), Auf dem Weg zum Umweltgesetzbuch, 1. Aufl., Baden-Baden 1992, S. 181 ff., zit.: Bohne, in: Koch, Auf dem Weg zum Umweltgesetzbuch.
–, Integrierter Umweltschutz, in: Rengeling, Hans-Werner (Hrsg.), Integrierter und betrieblicher Umweltschutz: Verfahrensrecht und materielles Recht unter Berücksichtigung der Investitionsförderung, der vorgesehenen IVU- (bzw. IPPC-) Richlinie, des EG-Umweltaudits und der UVP, Köln 1996, zit.: Bohne, in: Rengeling, Integrierter und betrieblicher Umweltschutz.
–, Staat und Konfliktbewältigung bei Zukunftstechnologien, NVwZ 1999, 1 ff.
Boissereé, Klaus/*Oels,* Franz/*Hansmann,* Klaus/*Schmitt,* O. Alfred, Immissionsschutzrecht. Rechts- und Verwaltungsvorschriften des Bundes und des Landes Nordrhein-Westfalen über den Schutz vor Luftverunreinigungen, Geräuschen und Erschütterungen mit Einführung, Hinweisen und Anmerkungen sowie Erläuterungen zum Bundes-Immissionsschutzgesetz und zum Landes-Immissionsschutzgesetz, Band 1 und Band 2, Siegburg, Stand: Januar 1996, zit.: Boissereé/Oels/Hansmann/Schmitt, BImSchG.
Bonk, Heinz-Joachim, Strukturelle Änderungen des Verwaltungsverfahrens durch das Genehmigungsverfahrensbeschleunigungsgesetz, NVwZ 1997, 320 ff.
–, Die Rechtsstellung der Kommunen nach der Verpackungsverordnung vom 21. August 1998 (BGBl. I S. 2379), Rechtsgutachten erstattet im Auftrag des Verbandes Kommunaler Abfallwirtschaft und Stadtreinigung e. V., Köln (VKS) v. 5. 5. 1999, Düsseldorf 1999.
Bönker, Christian, Umweltstandards in Verwaltungsvorschriften, Münster 1992, zit.: Bönker, Umweltstandards.
–, Die verfassungs- und europarechtliche Zulässigkeit von Umweltstandards in Verwaltungsvorschriften, DVBl. 1992, 804 ff.
Bönning, Christina, Der Begriff der „eigenen Anlage“ im Sinne von § 13 Abs. 1 S. 2 KrW-/AbfG – Das Tauziehen um gewerblichen Abfall geht weiter, UPR 1998, 371 ff.
Book, Angelika, Bodenschutz durch räumliche Planung. Möglichkeiten im Bereich des Gesamt- und Fachplanungsrechts, Münster 1986, zit.: Book, Bodenschutz.
Bora, Alfons, Schwierigkeiten mit der Öffentlichkeit. Zum Wegfall des Erörterungstermins bei Freisetzung nach dem novellierten Gentechnikgesetz, KJ 1994, 306 ff.
Borchmann, Michael, Die Bundesgesetzgebung zu internationalen Abkommen in den Jahren 1997 und 1998, NJW 1999, 1223 ff.
Borgmann, Klaus, Rechtliche Möglichkeiten und Grenzen des Ausstiegs aus der Kernenergie, Berlin 1994.
Borries, Reimer von, Kompetenzverteilung und Kompetenzausübung, in: Rengeling, Hans-Werner (Hrsg.), Handbuch zum europäischen und deutschen Umweltrecht – Eine systematische Darstellung des europäischen Umweltrechts mit seinen Auswirkungen auf das deutsche Recht und mit rechtspolitischen Perspektiven, Band 1 Allgemeines Umweltrecht, Köln u. a. 1998, § 25, zit.: v. Borries, in: Rengeling, EUDUR.
Bosenius, Udo, Der Entwurf einer EG-Wasserrahmenrichtlinie – Die Sicht der Beratungen auf europäischer Ebene, NVwZ 1998, 1039 ff.
Bosselmann, Axel, Umweltverträglichkeitsprüfung (UVP) durch verlagerte Konfliktbewältigung? – Zum Erfordernis einer besonderen Umsetzung der EG-Richtlinie über die UVP (RL) in das Baugesetzbuch (BauG), DVBl. 1988, 724 ff.

Literatur

Bosselmann, Klaus, Die Natur im Umweltrecht – Plädoyer für ein ökologisches Umweltrecht, NuR 1987, 1 ff.
–, Recht der Gefahrstoffe: rechtsvergleichender Überblick, Berlin 1987, zit.: Bosselmann, GefahrstoffR.
–, Chemikalienrecht, in: Bosselmann, Klaus/Linden, Wolfgang (Hrsg.), Stoffprüfung im Chemikalienrecht: kritische Darstellung der gesetzlichen Regelungen über stoffbezogene Prüfungen und Angaben, Taunusstein 1989, S. 10 ff., zit.: Bosselmann, in: Bosselmann/Linden, Stoffprüfung im ChemikalienR.
–, Stoffrisiken – Chemikalienrecht im Internationalen Vergleich –, IUR 1991, 19 ff.
–, Ökologische Grundrechte, Zum Verhältnis zwischen individueller Freiheit und Natur, Baden-Baden 1998, zit.: Bosselmann, Ökologische Grundrechte.
Bosselmann, Klaus/*Linden,* Wolfgang (Hrsg.), Stoffprüfung im Chemikalienrecht: kritische Darstellung der gesetzlichen Regelungen über stoffbezogene Prüfungen und Angaben, Taunusstein 1989, zit.: Verf., in: Bosselmann/Linden, Stoffprüfung im ChemikalienR.
Bothe, Dietmar, Zum Verwertungsbegriff im Kreislaufwirtschaftsgesetz, UPR 1996, 170 ff.
Bothe, Michael, Grenzüberschreitender Verwaltungsrechtsschutz gegen umweltbelastende Anlagen, UPR 1983, 1 ff.
–, Verwaltungsorganisation im Umweltschutz – Ressortzuständigkeiten und Sonderbehörden, München u. a. 1986, zit.: Bothe, Verwaltungsorganisation im Umweltschutz.
–, Rechtliche Spielräume für die Abfallpolitik der Länder nach Inkrafttreten des Bundesgesetzes über die Vermeidung und Entsorgung von Abfällen v. 27. 8. 1986, NVwZ 1987, 938 ff.
–, Zulässigkeit landesrechtlicher Abfallabgaben, NJW 1998, 2333 ff.
Bothe, Michael/*Prieur,* Michael/*Ress,* Georg (Hrsg.), Rechtsfragen grenzüberschreitender Umweltbelastungen, Berlin 1984, zit.: Verf., in: Bothe/Prieur/Ress, Rechtsfragen grenzüberschreitender Umweltbelastungen.
Böttcher, Oskar, Pflanzenschutz- und Schädlingsbekämpfungsmittel, in: Rengeling, Hans-Werner (Hrsg.), Handbuch zum Europäischen Umweltrecht – Eine systematische Darstellung des europäischen Umweltrechts mit seinen Auswirkungen auf das deutsche Recht und mit rechtspolitischen Perspektiven, Band 2, Köln u. a. 1998, zit.: Böttcher, in: Rengeling, EUDUR.
Bottke, Wilfried, Das zukünftige Umweltschutzstrafrecht, JuS 1980, 539.
Boujong, Karlheinz, Entschädigung für Verkehrsimmissionen, UPR 1987, 207 ff.
Brandt, Edmund/*Lange,* Holger, Kostentragung bei der Altlastensanierung, UPR 1987, 11 ff.
Brandt, Edmund/*Sanden,* Joachim, Verstärkter Bodenschutz durch die Verzahnung zwischen Bau- und Raumordnungsrecht und Bodenschutzrecht – Neue Chancen für den Bodenschutz und die Revitalisierung brachgefallener Altlastenverdachtsflächen –, UPR 1999, 367 ff.
Brandner, Thilo, Gefahrenerkennbarkeit und polizeirechtliche Verhaltensverantwortlichkeit, Berlin 1990.
–, Entwicklungen des Umwelt- und Technikrechts 1990, UTR 1991, 375 ff.
–, Instanzenzug und Verfassungsrecht – Zur Verfassungsmäßigkeit von Rechtsmittelbeschränkungen –, in: Pfeiffer, Gerd/Kummer Joachim/Scheuch, Silke (Hrsg.), Festschrift für Hans Erich Brandner, Köln 1996, S. 683 ff., zit.: T. Brandner, FS Brandner.
–, Bodenschutz in Wissenschaft und Praxis: Probleme eines Bundesbodenschutzgesetzes – Bericht einer Tagung des Forschungszentrums Umweltrecht an der Humboldt-Universität zu Berlin –, UPR 1997, 21 ff.
Brandner, Thilo/*Michael,* Gerhard, Wettbewerbsrechtliche Verfolgung von Umweltrechtsverstößen, NJW 1992, 278 ff.
Brandt, Edmund, Abwasserabgabengesetz und Indirekteinleiter, UPR 1983, 84 ff.
–, Rechtsnatur und verfassungsrechtliche Verankerung der Abwasserabgabe, UPR 1984, 10 ff.
–, Altlastenrecht, Heidelberg 1993, zit.: Brandt, AltlastenR.
–, Umweltrechtliche Probleme des bergmännischen Versatzes von Reststoffen, LKV 1995, 201 ff.

–, Gesetzgebungskompetenz des Bundes für ein Bundes-Bodenschutzgesetz, DÖV 1996, 675 ff.
Brandt, Edmund/*Ruchay,* Dietrich/*Weidemann,* Clemens, Kreislaufwirtschafts- und Abfallgesetz (KrW-/AbfG), Kommentar, Band 1, München, Stand Januar 1999, zit.: Bearb., in: Brandt/Ruchay/Weidemann, KrW-/AbfG.
Brandt, Kerstin, Grenzüberschreitender Nachbarschutz im deutschen Umweltrecht, DVBl. 1995, 779 ff.
–, Präklusion im Verwaltungsverfahren, NVwZ 1997, 233 ff.
Brauner, Roman J., Umweltrechtlicher Drittschutz, VR 1994, 387 ff.
Brechmann, Winfried, Bericht über die Tagung der Vereinigung der Deutschen Staatsrechtslehrer in Potsdam vom 7.–10 Oktober 1998, BayVBl. 1999, 528 ff.
Breier, Siegfried, Ausgewählte Probleme des gemeinschaftlichen Umweltrechts, RIW 1994, 584 ff.
Breuer, Edmund, Die Abgrenzung zwischen Abwasserbeseitigung, Abfallbeseitigung und Reststoffverwertung, Heidelberg 1985.
Breuer, Rüdiger, Die hoheitliche raumgestaltende Planung. Wirkungsbereich und Zusammentreffen von Planfeststellungen, fachlichen Nutzungsregelungen, Bauleitplänen und Plänen der Raumordnung, Bonn 1968, zit.: Breuer, Raumgestaltende Planung.
–, Die Bodennutzung im Konflikt zwischen Städtebau und Eigentumsgarantie, München 1976, zit.: Breuer, Bodennutzung.
–, Direkte und indirekte Rezeption technischer Regeln durch die Rechtsordnung, AöR 1976, 46 ff.
–, Die rechtliche Bedeutung der Verwaltungsvorschriften nach § 48 BImSchG im Genehmigungsverfahren, DVBl. 1978, 28 ff.
–, Wirksamerer Umweltschutz durch Reform des Verwaltungsverfahrens- und Verwaltungsprozeßrechts?, NJW 1978, 1558 ff.
–, Die Bedeutung des § 8 BNatSchG für Planfeststellungen und qualifizierte Genehmigungen nach anderen Fachgesetzen, NuR 1980, 89 ff.
–, Der Störfall im Atom- und Immissionsschutzrecht, WuV 1981, 219 ff.
–, Die Bedeutung der Entsorgungsvorsorgeklausel in atomrechtlichen Teilgenehmigungen, VerwArch 1981, 261 ff.
–, Der maßgebende Zeitpunkt für die gerichtliche Kontrolle atom- und immissionsschutzrechtlicher Genehmigungen, DVBl. 1981, 300 ff.
–, Strukturen und Tendenzen des Umweltrechts, Der Staat 1981, 393 ff.
–, Umweltschutz und Gemeinwohl in der Rechtsordnung, dargestellt am Beispiel des Wasserrechts, in: Gesellschaft für Rechtspolitik Trier (Hrsg.), Bitburger Gespräche 1983, München 1983, S. 65 ff., zit.: Breuer, Umweltschutz und Gemeinwohl.
–, Die Selbstverwaltung der Wasser- und Bodenverbände, in: Mutius, Albert von (Hrsg.), Selbstverwaltung im Staat der Industriegesellschaft, Festgabe zum 70. Geburtstag von Georg Christoph von Unruh, Heidelberg 1983, S. 855 ff., zit.: Breuer, FS v. Unruh.
–, Baurechtlicher Nachbarschutz, DVBl. 1983, 431 ff.
–, Wasserrecht, in: Friauf, Karl Heinrich (Hrsg.), Handbuch für die öffentliche Verwaltung (HÖV), Band 2, Neuwied 1984, S. 435 ff., zit.: Breuer, HÖV.
–, Die Planfeststellung für Anlagen zur Endlagerung radioaktiver Abfälle, Verfahrensrechtliche Überlegungen zum Endlagerbergwerk im Salzstock Gorleben, Berlin 1984, zit.: Breuer, Planfeststellung.
–, Schutz von Betriebs- und Geschäftsgeheimnissen im Umweltrecht, NVwZ 1986, 171 ff.
–, „Altlasten" als Bewährungsprobe der polizeilichen Gefahrenabwehr und des Umweltschutzes, JuS 1986, 359 ff.
–, Ausbau des Individualschutzes gegen Umweltbelastungen als Aufgabe des öffentlichen Rechts, DVBl. 1986, 849 ff.
–, Das Wasserhaushaltsgesetz nach der 5. Novelle – Analyse und Kritik –, NuR 1987, 49 ff.
–, Umweltschutz und Gefahrenabwehr bei Anscheins- und Verdachtsklagen, in: Selmer, Peter/Münch, Ingo von (Hrsg.), Gedächtnisschrift für Wolfgang Martens, Berlin 1987, S. 317, zit.: Breuer, GS Martens.
–, Rechtsprobleme der Altlasten, NVwZ 1987, 751 ff.

–, Gerichtliche Kontrolle der Technik – Gegenpol zu privater Option und administrativer Standardisierung, NVwZ 1988, 104 ff.
–, Öffentliches und privates Wasserrecht, 2. Aufl., München 1988, zit.: Breuer, WasserR.
–, Ansätze für ein Gentechnikrecht in der Bundesrepublik Deutschland, UTR 1990, 37 ff.
–, Anlagensicherheit und Störfälle – Vergleichende Risikobewertung im Atom- und Immissionsschutzrecht, NVwZ 1990, 211 ff.
–, Empfiehlt es sich, ein Umweltgesetzbuch zu schaffen, ggf. mit welchen Regelungsbereichen?, Gutachten B zum 59. Deutschen Juristentag 1992, in: Ständige Deputation des Deutschen Juristentages (Hrsg.), Verhandlungen des 59. DJT, Hannover 1992, Band 1, München 1992, S. B 1 ff., zit.: Verf., Verhandlungen des 59. DJT, Band 1.
–, Umweltrechtliche und wirschaftslenkende Abgaben im europäischen Binnenmarkt, DVBl. 1992, 485 ff.
–, Prubabilistische Risikoanalysen und Gentechnik, NuR 1994, 157 ff.
–, Empfehlen sich gesetzliche oder untergesetzliche Regelungen der Altlasten, und welchen Inhalt sollten sie haben?, DVBl. 1994, 890 ff.
–, Verwaltungsrechtlicher und strafrechtlicher Umweltschutz – Vom Ersten zum Zweiten Umweltkriminalitätsgesetz, JZ 1994, 1077 ff.
–, Naturschutz, Eigentum und Entschädigung, NuR 1996, 537 ff.
–, Novellierung des Wasserhaushaltsgesetzes, in: Rengeling, Hans-Werner (Hrsg.), Beschleunigung von Planungs- und Genehmigungsverfahren – Deregulierung, Vierte Osnabrücker Gespräche zum Umweltrecht, Köln 1997, zit.: Breuer, in: Rengeling, Beschleunigung.
–, Die Fortentwicklung des Wasserrechts auf europäischer und deutscher Ebene, DVBl. 1997, 1211 ff.
–, Die Kostenlast bei Wasserschutzgebietsfestlegungen, NuR 1998, 337 ff.
–, Grundwasser, in: Rengeling, Hans-Werner (Hrsg.), Handbuch zum europäischen und deutschen Umweltrecht – Eine systematische Darstellung des europäischen Umweltrechts mit seinen Auswirkungen auf das deutsche Recht und mit rechtspolitischen Perspektiven, Band 2, Besonderes Umweltrecht, Köln u. a. 1998, § 69, zit.: Breuer, in: Rengeling, EUDUR.
–, Oberirdische Gewässer, in: Rengeling, Hans-Werner (Hrsg.), Handbuch zum europäischen und deutschen Umweltrecht – Eine systematische Darstellung des europäischen Umweltrechts mit seinen Auswirkungen auf das deutsche Recht und mit rechtspolitischen Perspektiven, Band 2, Besonderes Umweltrecht, Köln u. a. 1998, § 67, zit.: Breuer, in: Rengeling, EUDUR.
–, Der Entwurf einer EG-Wasserrahmenrichtlinie, NVwZ 1998, 1001 ff.
–, Umweltschutzrecht, in: Schmidt-Aßmannm, Eberhard (Hrsg.), Besonderes Verwaltungsrecht, 11. Aufl., Berlin 1999, zit.: Breuer, in: Schmidt-Aßmann, BesVwR.
–, Die Zulässigkeit landesrechtlicher Andienungs- und Überlassungspflichten gem. § 13 Abs. 4 KrW-/AbfG, Köln 1999.
Breuer, Rüdiger/*Faßbender,* Kurt, Kommunale Abfallgebühren und Sortierreste des Dualen Systems der Entsorgung, WiVerw 1995, 1 ff.
Breuer, Rüdiger/*Kloepfer,* Michael/*Marburger,* Peter/*Schröder,* Meinhard (Hrsg.), Naturschutz und Landschaftspflege im Wandel, 8. Trierer Kolloquium zum Umwelt- und Technikrecht vom 23. bis 25. 9. 1992, Heidelberg 1993, zit.: Verf., in: Breuer/Kloepfer/Marburger/Schröder, Naturschutz und Landschaftspflege im Wandel.
Britz, Gabriele, „Ökokonto" im Naturschutzrecht – Ein Instrument im Dienste der Belange von Naturschutz und Investition? –, UPR 1999, 205 ff.
Brönneke, Tobias, Vom Nutzen einer einklagbaren Umweltverfassungsnorm, ZUR 1993, 153 ff.
Brönneke, Tobias/*Harnisch,* Jochen, Vollzugsdefizit bei der Überwachung von Emissionen aus der Aluminiumindustrie – Die Treibhausgase CF_4 und C_2F_6 in der Atmosphäre, ZUR 1996, 72 f.
Brohm, Winfried, Die Konkurrentenklage, in: Erichsen, Hans-Uwe/Hoppe, Werner/Mutius, Albert v. (Hrsg.), System des verwaltungsgerichtlichen Rechtsschutzes, Festschrift für Christian-Friedrich Menger zum 70. Geburtstag, München 1985, S. 235 ff., zit.: Brohm, FS Menger.

–, Rechtsgrundsätze für normersetzende Absprachen – Zur Substitution von Rechtsverordnungen, Satzungen und Gesetzen durch kooperatives Verwaltungshandeln –, DÖV 1992, 1025 ff.

–, Öffentliches Baurecht, 2. Aufl., München 1999, zit.: Brohm, ÖffBauR.

Brose, Gustav, Die Einschaltung von Sachverständigen im Rahmen von Genehmigungsverfahren nach Bundes-Immissionsschutzgesetz aus der Sicht der Luftreinhaltung, in: Barz, Wolfgang/Brinkmann, Bernd/Ewers, Hans-Jürgen/Hoppe, Werner (Hrsg.), Vollzugsfragen im Umweltschutz: Symposium am 14. und 15. Juni 1993 in Münster, Münster 1994, S. 75 ff., zit.: Brose, in: Barz/Brinkmann/Ewers/Hoppe, Vollzugsfragen im Umweltschutz.

Broß, Siegfried, Überlegungen zur Stellung der Beteiligten in (fern-)straßenrechtlichen Planfeststellungsverfahren, DÖV 1985, 513 ff.

Brügelmann, Hermann, BauGB: Kommentar, Stuttgart u. a., Stand: Oktober 1998, zit. Brügelmann, BauGB.

Brugger, Georg, Bodenschutz als Querschnittsaufgabe des Umweltschutzes, BWVPr 1986, 58 ff.

Brüning, Christoph, Der Private bei der Erledigung kommunaler Aufgaben, insbesondere der Abwasserbeseitigung und der Wasserversorgung, Berlin 1997.

–, Abwasserbeseitigungspflicht und Einleitererlaubnis, ZfW 1998, 341 ff.

Buch, Ulrich, Die Gesetzgebungskompetenz für das Bundes-Bodenschutzgesetz, NVwZ 1998, 822 ff.

Buchner, Werner, Der Umweltschutz in der Bayerischen Verfassung, BayVBl. 1984, 385 ff.

–, Referat zum Thema „Empfehlen sich ergänzende gesetzliche oder untergesetzliche Regelungen der Altlasten, und welchen Inhalt sollten sie haben?“, Verhandlungen des 60. Deutschen Juristentages, Band II/1, München 1994, S. L 35 ff., zit.: Buchner, Verhandlungen zum 60. DJT.

Buchwald, Konrad, Umwelt – Mensch – Gesellschaft. Die Entstehung der Umweltproblematik, in: Buchwald, Konrad/Engelhardt, Wolfgang (Hrsg.), Handbuch für Planung, Gestaltung und zum Schutz der Umwelt, Band 1, München u. a. 1978, S. 1., zit.: Buchwald, in: Buchwald/Engelhardt, Band 1.

Buchwald, Konrad/*Engelhardt,* Wolfgang (Hrsg.), Handbuch für Planung, Gestaltung und zum Schutz der Umwelt, Band 1, München u. a. 1978, zit.: Bearb., in: Buchwald/Engelhardt, Band 1.

Bückmann, Walter, Die Richtlinie des Rates der EG über die Umweltverträglichkeitsprüfung – Anmerkungen zu Methodenproblemen bei der Umsetzung, UPR 1988, 361 ff.

–, Bodenschutzrecht, Rechtliche und verwaltungsmäßige Grundlagen des Bodenschutzes unter besonderer Berücksichtigung der Altlastensanierung, Köln u. a. 1992.

Bückmann, Walter/*Lee,* Yeong Heui/*Zieschank,* Roland, Bodenschutz: Steuerungsfunktion von Recht, Politik, Planung und Information im Bereich des Umweltschutzes, UPR 1999, 81 ff.

Budde, Andreas, Überwachung und Entsorgung nach dem Kreislaufwirtschafts- und Abfallgesetz, NuR 1997, 166 ff.

Büge, Dirk, Zur jüngsten Novelle der Störfallverordnung, DB 1991, 2276 f.

–, Sicherheitsabstände – Zwingende Betreiberpflicht nach Bundes-Immissionsschutzgesetz und Störfallverordnung?, GewArch 1996, 190 ff.

Büge, Dirk/*Tünnesen-Harmes,* Christian, Das Gesetz zur Beschleunigung und Vereinfachung immissionsschutzrechtlicher Genehmigungsverfahren und seine praktische Bedeutung für die Betreiber genehmigungspflichtiger Anlagen, GewArch 1997, 48 ff.

Bull, Hans Peter, Allgemeines Verwaltungsrecht – ein Lehrbuch, 5. Aufl., Heidelberg 1997, zit.: Bull, AllgVwR.

Büllesbach, Rudolf, Aktuelle Probleme der forstrechtlichen Rodungs- und Umwandlungsgenehmigung, NVwZ, 1991, 22 ff.

–, Die wasserrechtliche Gemeinwohlklausel – Auch heute noch ein Rätsel? –, DÖV 1992, 477 ff.

Bullinger, Martin, Investitionsförderung durch nachfragegerechte und kooperative Beschleunigung von Genehmigungsverfahren, JZ 1994, 1129 ff.

Literatur

Bundeskriminalamt (Hrsg.), Polizeiliche Kriminalstatistik Bundesrepublik Deutschland, Berichtsjahr 1986/1990/1996, zit.: Bundeskriminalamt, PKS.

Bundesministerium für Umwelt, Naturschutz und Reaktorsicherheit (Hrsg.), Umweltpolitik, Bericht der Bundesregierung über die Konferenz der Vereinten Nationen für Umwelt und Entwicklung im Juni 1992 in Rio de Janeiro, Hausen/Wied 1993.

–, (Hrsg.), Bericht der Bundesregierung nach dem Übereinkommen über die biologische Vielfalt, Nationalbericht biologische Vielfalt, Bonn 1998.

–, (Hrsg.), Umweltgesetzbuch: Entwurf der unabhängigen Sachverständigenkommission beim Bundesministerium für Umwelt, Naturschutz und Reaktorsicherheit, Berlin 1998, zit.: BMU, UGB-KomE.

–, (Hrsg.), Dokumentation über die Konferenz der Vereinten Nationen für Umwelt und Entwicklung, Bonn 1992.

–, (Hrsg.), Umweltschutz in Deutschland, Bonn 1995.

Bundesministerium des Innern/Bundesministerium der Justiz (Hrsg.), Staatszielbestimmungen, Gesetzgebungsaufträge, Bericht der Sachverständigenkommission, Bonn 1983, zit.: BMI/BMJ, Bericht der Sachverständigenkommission „Staatszielbestimmungen/Gesetzgebungsaufträge".

Bunge, Thomas, Zur Umweltverträglichkeitsprüfung von Politikentscheidungen, Plänen und Programmen, in: Hübler, Karl Hermann (Hrsg.), UVP von Plänen und Programmen, Bonn 1992, S. 1 ff., zit.: Bunge, in: Hübler, UVP von Plänen und Programmen.

Bunzel, Arno, Nachhaltigkeit – ein neues Leitbild für die kommunale Flächennutzungsplanung, NuR 1997, 583 ff.

Bürgel, Heinrich, Schutz vor Verkehrslärm an Straßen und Schienenwegen, NJW 1996, 1804 f.

Burgholz, Bernhard, Zur Gesetzgebungskompetenz für ein Umweltinformationsgesetz, NVwZ 1994, 124 ff.

Burgi, Martin, Die Rechte Drittbetroffener gegenüber einer wasserrechtlichen Bewilligung bzw. Erlaubnis, ZfW 1990, 245 ff.

–, Der Umgang mit krebserzeugenden Gefahrstoffen im Schnittpunkt von Umwelt–, technischem und sozialem Arbeitsschutzrecht, NVwZ 1993, 954 ff.

–, Die Enteignung durch „teilweisen" Rechtsentzug als Prüfstein für die Eigentumsdogmatik, NVwZ 1994, 527 ff.

–, Die Planfeststellung umweltrelevanter Vorhaben im Schnittpunkt von Planung und Verhaltenssteuerung, JZ 1994, 654 ff.

Burianek, Jiri, Die sogenannte Vorabzustimmung im atomrechtlichen Genehmigungsverfahren – ein zulässiges Instrument der Verwaltung?, NJW 1987, 2727 ff.

Burkard, Matthias, Zum Stand des Rechtsschutzes vor Verkehrslärm, VBlBW 1988, 41 ff.

Burkholz, Bernhard, Zur Gesetzgebungskompetenz für ein Umweltinformationsgesetz, NVwZ 1994, 124 ff.

Burmeister, Joachim, Verträge und Absprachen zwischen Verwaltung und Privaten, VVDStRL 52 (1993), S. 190 ff.

–, (Hrsg.), Verfassungsstaatlichkeit, Festschrift für Klaus Stern zum 65. Geburtstag, München 1997, zit.: Verf., FS Stern.

Busch, Ralf, Unternehmen und Umweltstrafrecht, Osnabrück 1997.

Büschenfeld, Jürgen, Flüsse und Kloaken, Umweltfragen im Zeitalter der Industrialisierung (1870–1918), Stuttgart 1997.

Busse, Christian, Die völkerrechtliche Einordnung der Europäischen Union, Köln u. a. 1999.

Busse, Sebastian, Die immissionsschutzrechtlichen Genehmigungsverfahren, VR 1998, 263 ff.

Bußjäger, Peter, Was bedeutet „Luftreinhaltung, unbeschadet der Zuständigkeit der Länder für Heizungsanlagen?", ZfV 1996, 521 ff.

Callies, Christian, Die neue Querschnittsklausel des Art. 6 ex 3 c EGV als Instrument zur Umsetzung des Grundsatzes der nachhaltigen Entwicklung, DVBl. 1998, 559 ff.

Carlsen, Claus, Anmerkungen zum Landschaftsplan, NuR 1985, 226 ff.

Caspar, Johannes, Der vernünftige Grund im Tierschutzgesetz, NuR 1997, 577 ff.

–, Zur Einführung einer Staatszielbestimmung „Tierschutz“ im Grundgesetz, ZUR 1998, 177ff.
Christian-Bickelhaupt, Rosemarie, Verwertung von Bioabfällen auf landwirtschaftlich, forstwirtschaftlich und gärtnerisch genutzten Böden nach Maßgabe der neuen Bioabfallverordnung, WuB 1998, 5ff.
Citlak, Banu/*Kreyenfeld,* Michaela, Wahrnehmung von Umweltrisiken – Empirische Ergebnisse für die Bundesrepublik Deutschland –, ZAU 1999, 112ff.
Classen, Claus Dieter, Zur Bedeutung von EWG-Richtlinien für Privatpersonen, EuZW 1993, 83ff.
Coenen, Reinhard/*Jörissen,* Juliane, Umweltverträglichkeitsprüfung in der Europäischen Gemeinschaft: derzeitiger Stand der Umsetzung der EG-Richtlinie in 10 Staaten der EG, Berlin 1989, zit.: Coenen/Jörissen, Umweltverträglichkeitsprüfung in der Europäischen Gemeinschaft.
Cordes, Werner, Die Öffnung des betriebswirtschaftlichen Kostenbegriffs zum finanzwirtschaftlichen Aufwandbegriff durch § 8 Abs. 2 Nr. 2a – d LAbfG, VBlBW 1999, 41ff.
Corell, Cathrin, Schaffung und Bewahrung von Retentionsraum zum Zwecke des Hochwasserschutzes, UPR 1996, 246ff.
Cosson, Rainer, Begrenzungen kommunaler wirtschaftlicher Betätigung im Bereich der Abfallwirtschaft, DVBl. 1999, 891ff.
Czajka, Dieter, Der Stand von Wissenschaft und Technik als Gegenstand richterlicher Sachaufklärung, DÖV 1982, 99ff.
–, Das Strahlenschutzvorsorgegesetz, NVwZ 1987, 556ff.
Czybulka, Detlef, Die Eingriffsregelung im Naturschutzgesetz Baden-Württemberg (§ 11 NatSchGBW), VBlBW 1991, 95ff.
–, Rechtspflichten des Bundes und der Länder zur Ausweisung und Erhaltung von Schutzgebieten nach nationalem, europäischem und internationalem Recht, UTR 1996, 235ff.
–, Rechtliche Möglichkeiten der Mitwirkung des Bundes bei Ausweisung, Entwicklung und Management von Nationalparken in der Bundesrepublik Deutschland, NuR 1996, 565ff.
–, Kompetenzverteilung im Bodenschutz und Altlastenrecht, UPR 1997, 15ff.
–, Kompetenzverteilung im Bodenschutz- und Altlastenrecht, in: Erbguth, Wilfried (Hrsg.), Aktuelle Fragen des Altlasten- und Bodenschutzrechts, Baden-Baden 1997, S. 43ff., zit.: Czybulka, in: Erbguth, Aktuelle Fragen.
–, Die rechtliche Bewältigung der Fluglärmproblematik, UPR 1999, 126ff.
Czychowski, Manfred, Wasserrecht im geeinten Deutschland – Die Situation in den neuen Bundesländern, LKV 1991, 220ff.
–, Wasserrecht Nordrhein-Westfalen: Vorschriftensammlung mit einer erläuternden Einführung, 7. Aufl., Köln 1991, zit.: Czychowski, WasserR.
–, Buchbesprechung: UGB-AT (Kloepfer/Rehbinder/Schmidt-Aßmann), ZfW 1992, 466f.
–, Auswirkungen der Entscheidungen des EuGH zur Umsetzung von EG-Richtlinien durch Verwaltungsvorschriften, ZAU 1993, 340ff.
–, Verordnungsermächtigungen für die Umsetzung von EG-Wasserrecht, ZUR 1997, 71ff.
–, Wasserhaushaltsgesetz unter Berücksichtigung der Landeswassergesetze, Kommentar, 7. Aufl., München 1998, zit.: Czychowski, WHG.

Dageförde, Hans-Jürgen, Zum Abwehrrecht gegen rechtswidrige Veränderungen der Erholungslandschaft, BayVBl. 1979, 490ff.
–, Zum „Nachbar“Schutz bei Eingriffen in Erholungsgebiete, Bemerkungen zu den Urteilen des BVerwG v. 29. 7. 1977 und des OVG Berlin v. 2. 5. 1977, NuR 1980, 1950ff.
Dannecker, Gerhard/*Streinz,* Rudolf, Umweltpolitik und Umweltrecht: Strafrecht, in: Rengeling, Hans-Werner (Hrsg.), Handbuch zum europäischen und deutschen Umweltrecht – Eine systematische Darstellung des europäischen Umweltrechts mit seinen Auswirkungen auf das deutsche Recht und mit rechtspolitischen Perspektiven, Band 1 Allgemeines Umweltrecht, Köln u.a. 1998, § 8, zit.: Danneker/Streinz, in: Rengeling, EUDUR.

Literatur

Danter, Kai, Der Abfallwirtschaftsplan nach § 29 KrW-/AbfG, ZUR 1996, 309 ff.
Danwitz, Thomas von, Normkonkretisierende Verwaltungsvorschriften und Gemeinschaftsrecht, VerwArch 1993, 73 ff.
–, Umweltrechtliche Präklusionsnormen zwischen Verwaltungseffizienz und Rechtsschutzgarantie – Europäische Variationen über ein klassisches Thema, UPR 1996, 323 ff.
–, Die Legalisierungswirkung bestandskräftiger Genehmigungen bei wesentlichen Änderungen im Atomrecht, RdE 1997, 55 ff.
–, Umweltzeichen der EG und Umweltzeichen in Deutschland, in: Rengeling, Hans-Werner (Hrsg.), Handbuch zum europäischen und deutschen Umweltrecht – Eine systematische Darstellung des europäischen Umweltrechts mit seinen Auswirkungen auf das deutsche Recht und mit rechtspolitischen Perspektiven, Band 1 Allgemeines Umweltrecht, Köln u. a. 1998, § 40, zit.: v. Danwitz, in: Rengeling, EUDUR.
Darcher, Christian-Dietrich, Nachholung der Anhörung bis zum Abschluß eines verwaltungsgerichtlichen Verfahrens? – Zur Verfassungsmäßigkeit von § 45 Abs. 2 VwVfG, DVBl. 1997, 534 ff.
Darnstädt, Thomas, Gefahrenabwehr und Gefahrenvorsorge, Frankfurt a. M. 1983.
Darsow, Thomas, Landespolitische Einflußnahme auf den Standortfaktor Kosten – Die Abwassergebühr im Spannungsfeld von wirtschaftlicher Notwendigkeit und Sozialverträglichkeit –, LKV 1997, 185 ff.
Dauk, Werner, Das System der atomaren Entsorgungsregelung, Münster 1984.
De Witt, Siegried, Amtspflichten bei der Wiederinbetriebnahme einer stillgelegten Anlage zur Herstellung von Brennelementen, NVwZ 1994, 1077 ff.
Decher, J., Bringt die Frage der Haftung die landwirtschaftliche Schlammverwendung zum Erliegen?, StuGB 1988, 448 ff.
Dedy, Helmut/*Landsberg,* Gerd, Die Entwicklung der Abwasserabgabe aus kommunaler Sicht, ZAU 1993, 166 ff.
Dedy, Helmut/*Vollmer,* Jochen, Alles ändert sich – und bleibt doch beim alten? – Zur Neufassung des § 7 a Wasserhaushaltsgesetz –, HessStGZ 1997, 103 ff.
Degenhart, Christoph, Kernenergierecht, Schwerpunkte – Entscheidungsstrukturen – Entwicklungslinien, 2. Aufl., Köln u. a. 1982, zit.: Degenhart, KernenergieR.
–, Untertage-Erkundung von Gorleben – Ist eine vorgezogene Teilplanfeststellung erforderlich?, et 1984, 948 ff.
–, Staatsrecht I – Staatszielbestimmungen, Staatsorgane, Staatsfunktionen –, 12. Aufl., Heidelberg 1996.
–, Bundeskompetenz für ein Bodenschutzgesetz?, ZRP 1997, 397 ff.
Deimann, Sven, Französische Atomtests im Südpazifik und Art. 34 Euratomvertrag, ZUR 1995, 251 ff.
Deixler, Wolfgang, Besonderheiten des integrierten Landschaftsplanes nach Art. 3 BayNatSchG und Bundesrecht (BNatSchG, BBauG), NuR 1985, 225 ff.
Delbrück, Kilian, Die Gentechnikrichtlinie der EG – Rechtsangleichung im europäischen Technikrecht, EuZW 1990, 371 ff.
Delwing, Peter Moritz, Umsetzungsprobleme des EG-Wasserrechts, dargestellt für das Abwasserrecht der Bundesrepublik Deutschland, Baden-Baden 1995, zit.: Delwing, Umsetzungsprobleme.
Denninger, Erhard, Verfassungsrechtliche Anforderungen an die Normsetzung im Umwelt- und Technikrecht, Baden-Baden 1990, zit.: Denninger, Verfassungsrechtliche Anforderungen.
Der Rat von Sachverständigen für Umweltfragen, Konzept für eine zukünftige, stärker marktorientierte Abfallwirtschaft, ZAU 1998, 153 ff.
Derleder, Peter/*Meyer,* Thomas, Rechtsmittel gegen Radon – Weststandard und Ostniveau bei der rechtlichen Verarbeitung des deutschen radioaktiven Erbes der Sowjetunion, KJ 1994, 158 ff.
Deselaers, Josef, Die Rechtsunsicherheit im Bereich der landwirtschaftlichen Düngung, AgrarR 1983, 293 ff.
–, Ausgleichsleistungen in Wasserschutzgebieten – nur eine weitere Rechtsunsicherheit?, AgrarR 1988, 241 ff.
–, Versorgung der Ballungsgebiete mit Trinkwasser aus Agrarregionen – verfassungskonform?, AgrarR 1990, 97 ff.

Determann, Lothar, Neue, gefahrenverdächtige Technologien als Rechtsproblem: Beispiel: Mobilfunk-Sendeanlagen, Berlin 1996, zit.: Determann, Mobilfunk-Sendeanlagen.
Detterbeck, Steffen, Salvatorische Entschädigungsklauseln vor dem Hintergrund der Eigentumsdogmatik des Bundesverfassungsgerichts, DÖV 1994, 273 ff.
Deutsch, Erwin, Embryonenschutz in Deutschland, NJW 1991, 721 ff.
–, Das neue System der Gefährdungshaftungen: Gefährdungshaftung, erweiterte Gefährdungshaftung und Kausal-Vermutungshaftung, NJW 1992, 73 ff.
Di Fabio, Udo, Vorläufiger Verwaltungsakt bei ungewissem Sachverhalt, DÖV 1991, 629 ff.
–, Verwaltungsvorschriften als ausgeübte Beurteilungsermächtigung, DVBl. 1992, 1338 ff.
–, Rechtsfragen zu unerkannten Gesundheitsrisiken elektromagnetischer Felder, DÖV 1995, 1 ff.
–, Die Verlagerung immissionsschutzrechtlicher Überwachungsverantwortung auf Private, DB 1996, Beilage Nr. 16.
–, Information als hoheitliche Gestaltungsmittel, JuS 1997, 1 ff.
–, Bio- und Gentechnik, in: Rengeling, Hans-Werner (Hrsg.), Handbuch zum Europäischen Umweltrecht – Eine systematische Darstellung des europäischen Umweltrechts mit seinen Auswirkungen auf das deutsche Recht und mit rechtspolitischen Perspektiven, Band 2, Köln u. a. 1998, zit.: Di Fabio, in: Rengeling, EUDUR.
–, Das umweltspezifische Stoff- und Produktrecht: Bewertung und rechtspolitischer Ausblick, in: Rengeling, Hans-Werner (Hrsg.), Handbuch zum Europäischen Umweltrecht – Eine systematische Darstellung des europäischen Umweltrechts mit seinen Auswirkungen auf das deutsche Recht und mit rechtspolitischen Perspektiven, Band 2, Köln u. a. 1998, zit.: Di Fabio, in: Rengeling, EUDUR.
Dieckmann, Martin, Der Abfallbegriff des EG-Rechts und seine Konsequenzen für das nationale Recht, NuR 1992, 407 ff.
–, Das Abfallrecht der Europäischen Gemeinschaft. Systematische Darstellung der gemeinschaftsrechtlichen Vorgaben für die nationale Rechtssetzung und Rechtspraxis, Baden-Baden 1994, zit.: Dieckmann, Das Abfallrecht der EG.
–, Was ist „Abfall"? – Anwendungsbereich und Gehalt der geltenden und zukünftigen Abfalldefinitionen nach europäischem und deutschem Recht, ZuR 1995, 169 ff.
Dieckmann, Martin/*Graner,* Thomas, Die Abgrenzung der thermischen Abfallbeseitigung von der energetischen Abfallverwertung nach EG-Recht, NVwZ 1998, 221 ff.
Diefenbach, Ralf/*Jungnickel,* Sebastian, Ziffer 2.4 TA-Siedlungsabfall – mechanisch-biologische Abfallbehandlung nur mit Ausnahmegenehmigung, SächsVBl. 1998, 25 ff.
Diefenbach, Wilhelm, Klagemöglichkeiten der Naturschutzverbände auf dem Gebiet der Verkehrswegeplanung nach der Rechtsprechung des Bundesverwaltungsgerichts, NuR 1997, 573 ff.
Diehr, Uwe, Der Sanierungsplan nach dem Bundes-Bodenschutzgesetz, UPR 1998, 128 ff.
Dierkes, Heinrich, Die TA-Siedlungsabfall: Eine zukunftsorientierte Verwaltungsvorschrift?, NVwZ 1993, 951 ff.
Dietz, Andreas, Anordnungen aufgrund von § 16 a S. 1 des Tierschutzgesetzes, NuR 1999, 205 ff.
Dippel, Martin/*Doerfert,* Carsten, Abfallwirtschaftspläne und bestehende Entsorgungsstrukturen – Ein Beitrag aus der Sicht privater Anlagenbetreiber, NVwZ 1998, 230 ff.
Döehring, Karl, Völkerrecht, Heidelberg 1999, zit.: Döehring, VölkerR.
Doerfert, Carsten, Die Haftung des Rechtsnachfolgers nach dem Bundes-Bodenschutzgesetz, VR 1999, 229 ff.
Dohle, Rolf, Anwendungsprobleme eines Gesetzes zur Umweltverträglichkeitsprüfung (UVP-Gesetz), NVwZ 1989, 697 ff.
Dolde, Klaus-Peter, Grundrechtsschutz durch einfaches Verfahrensrecht?, NVwZ 1982, 65 ff.
–, Bestandsschutz von Altanlagen im Immissionsschutzrecht, NVwZ 1986, 873 ff.
–, Zur Verwaltungsrechtsakzessorietät von § 327 StGB, NJW 1988, 2329 ff.

–, Die Bestimmungen der Gefahrstoffverordnung für krebsverdächtige Stoffe: Einstufung, Kennzeichnung, Umgang, BB 1990, 1074 ff.
–, Zur Beteiligung der Naturschutzverbände im Planfeststellungsverfahren – § 29 I Nr. 4 BNatSchG ein „absolutes Verfahrensrecht“?, NVwZ 1991, 960 ff.
–, Referat zum Gutachten „Empfiehlt es sich, ein Umweltgesetzbuch zu schaffen, gegebenenfalls mit welchen Regelungsbereichen“, in: Verhandlungen des 59. DJT, München 1992, Band II, S. N 33 ff., zit.: Dolde, Referat zum 59. DJT.
–, Die EG-Richtlinie über die integrierte Vermeidung und Verminderung der Umweltverschmutzung (IVU-Richtlinie) – Auswirkungen auf das deutsche Umweltrecht, NVwZ 1997, 313 ff.
Dolde, Klaus-Peter/*Vetter,* Andrea, Überwachung immissionsschutzrechlich genehmigter Anlagen – Möglichkeiten der Länder bei Gesetzgebung und Vollzug im Hinblick auf die Umwelt-Audit-Verordnung, NVwZ 1995, 943 ff.
–, Abgrenzung von Abfallverwertung und Abfallbeseitigung nach dem Kreislaufwirtschafts- und Abfallgesetz, NVwZ 1997, 937 ff.
–, Ausnahmen von der TA Siedlungsabfall für die Ablagerung mechanisch-biologisch vorbehandelter Abfälle, NVwZ 1998, 217 ff.
–, Rechtsfragen der Verwertung und Beseitigung von Abfällen, Berlin u. a. 1999.
Dolderer, Michael, Das Verhältnis des öffentlichen zum privaten Nachbarrecht, DVBl. 1998, 19 ff.
–, Das neue Raumordnungsgsetz (ROG 1998). Seine Neuerungen und ihre Folgen für die gemeindliche Planungshoheit, NVwZ 1998, 345 ff.
–, Abwehr- und Ausgleichsansprüche im öffentlich-rechtlichen Nachbarschaftsverhältnis, UPR 1999, 326 ff.
Dombert, Matthias, Gefährdungsabschätzung in der Altlastenpraxis – umweltrechtliche Bewährungsprobe für den Rechtsstaat?, UPR 1990, 288 ff.
Dombert, Mathias/*Reichert,* Ronald, Altlasten in den neuen Bundesländern: Die Freistellungsklausel des Einigungsvertrags, NVwZ 1991, 744 ff.
Dörpmund, Genehmigungsrechtliche Fragen – Erkundung des Salzstocks Gorleben auf seine Eignung als Endlager für radioaktive Abfälle, et 1986, 738 ff.
Dreier, Horst (Hrsg.), Grundgesetz, Kommentar, Band II, Art. 20–82, Berlin 1998, zit.: Bearb., in: Dreier, GG.
Dreier, Johannes, Die normative Steuerung der planerischen Abwägung – strikte Normen, generelle Planungsleitbegriffe, Planungsleitlinien und Optimierungsgebote, Freiburg 1994, zit.: Dreier, Abwägung.
Drescher, Rolf-Dieter, Die EG-Richtlinie über den freien Zugang zu Informationen über die Umwelt, VR 1991, 18 ff.
–, Jurassic Park – Made in Germany? – Eine Anmerkung zum Gentechnikrecht aus Anlass der Novellierung des Gentechnikgesetzes, ZUR 1994, 289 ff.
Drews, Bill/*Wacke,* Gerhard/*Vogel,* Klaus/*Martens,* Wolfgang, Gefahrenabwehr, Allgemeines Polizeirecht (Ordnungsrecht) des Bundes und der Länder, 9. Aufl., Köln 1986, zit.: Drews/Wacke/Vogel/Martens, Gefahrenabwehr.
Droese, Julia, Die Erweiterung des Kreises der Zustandsverantwortlichen nach dem Bundes-Bodenschutzgesetz, UPR 1999, 86 ff.
Drossé, Hermann, Die Sportfischerei und das Naturschutzrecht – Eine Untersuchung in rechtlicher und tatsächlicher Hinsicht, NuR 1987, 200 ff.
Drost, Ulrich/*Knopp,* Günther-Michael/*Manner,* Reinhard, Das Wasserrecht in Bayern, Kommentar und Vorschriftensammlung zum Bundes- und Landesrecht, München, Stand: Januar 1996, zit.: Drost/Knopp/Manner, WHG.
Dube, Carsten, Rechtsfragen bei lärmmindernden Verkehrsplanungen – Lärmminderungsplanungen und ihre Handlungsmöglichkeiten, IUR 1991, 123 ff.
Duken, Hajo, Normerlaßklage und fortgesetzte Normerlaßklage, NVwZ 1993, 546 ff.
Düppenbecker, Antje/*Greiving,* Stefan, Die Verträglichkeitsprüfung nach § 19c BNatSchG für Vorhaben nach §§ 34, 35 BauGB, DVBl. 1999, 1014 ff.
Dürkop, Jürgen/*Kracht,* Harald/*Wasielewski,* Andreas, Die künftige EG-Richtlinie über die integrierte Vermeidung und Verminderung der Umweltverschmutzung (IVU-Richtlinie) – Perspektiven für das deutsche Recht nach dem Gemeinsamen Standpunkt des EG-Umweltministerrats –, UPR 1995, 425 ff.
Dürr, Hansjochen, Die rechtlichen Grundlagen zur Lärmminderung in Städten, UPR 1992, 241 ff.

–, Das Verhältnis zwischen Naturschutzrecht und Baurecht in der verwaltungsgerichtlichen Rechtsprechung, NVwZ 1992, 833 ff.

–, Die Auswirkungen der §§ 8a–c BNatSchG auf das öffentliche Baurecht, BauR 1994, 460 ff.

Ebenroth, Carsten Thomas/*Bühler,* Stefan, Verschuldenskrise und Umweltschutz – Debt-for-Nature Swaps, eine Lösung für zwei Probleme?, NuR 1990, 260 ff.

Ebenroth, Carsten Thomas/Hesselberger, Dieter/Rinne, Manfred Eberhard (Hrsg.), Verantwortung und Gestaltung, Festschrift für Karlheinz Boujong zum 65. Geburtstag, München 1996, zit.: Verf., FS Boujong.

Eberhard, Alfred, Das Investitionserleichterungs- und Wohnbaulandgesetz – ein Rückbau des Umweltrechts?, ZAU 1993, 105 ff.

Eberle, Carl-Eugen, Arrangements im Verwaltungsverfahren, Die Verw. 1984, 439 ff.

Ebersbach, Harry, Die Privilegierung der land- und forstwirtschaftlichen Bodennutzung im Naturschutzrecht, Beilage zum AgrarR 1982, 26 ff.

–, Rechtliche Aspekte des Landverbrauchs am ökologisch falschen Platz, Umweltforschungsplan des Bundesministeriums des Innern, UBA-Bericht 1/85, Berlin 1985, zit.: Ebersbach, Landverbrauch

Eckert, Rainer P., Die Entwicklung des Abfallrechts, NVwZ 1985, 388 ff.

Edinger, Florian, Gewässerschutz in Hessen: Zwei Schritte vor, einen Schritt zurück – Zulassung illegaler Bauten in und an Gewässern durch die Novelle zum Hessischen Wassergesetz, NVwZ 1992, 151 ff.

Ehlers, Dirk, Die Rechtsnatur der Bekanntgabe von Smog-Alarm, DVBl. 1987, 972 ff.

–, Rechtsprobleme der Kommunalwirtschaft, DVBl. 1998, 497 ff.

Ehrich, Christian, Die neue Verordnung über Immissionsschutz- und Störfallbeauftragte, DB 1993, 1772 ff.

Ehrlein, Matthias, Die naturschutzrechtliche Eingriffsregelung (§ 8 BNatSchG), VBlBW 1990, 121 ff.

Eiberle-Herm, Viggo, Rechtliche Rezeption technischer Bewertungskriterien – am Beispiel des Atomrechts, UPR 1994, 241 ff.

Eiermann, Heinrich/*Göck,* Ralf, Das Immissionsschutzrecht des Bundes, JuS 1995, 671 ff.

Eifert, Martin, Umweltinformation als Regelungsinstrument, DÖV 1994, 544 ff.

Eisen, Andreas, Zur Entwicklung der Umweltverwaltung in den neuen Bundesländern – Ein Vergleich der Bundesländer Sachsen und Brandenburg, DÖV 1993, 677 ff.

Eissing, Hildegard/*Louis,* Hans Walter, Rechtliche und fachliche Anforderungen an die Bewertung von Eingriffen, NuR 1996, 485 ff.

Elmenhorst, Richard, Die Verpackungssteuer-Entscheidung des BVerwG und ihre rechtlichen Folgen, ZKF 1995, 170 ff.

Elstner, Marcus (Hrsg.), Gentechnik, Ethik und Gesellschaft, Berlin 1997.

Emig, Günter, Umwandlung von Brache in landwirtschaftlich genutzte Fläche – ein Eingriff in Natur und Landschaft nach § 8 des Bundesnaturschutzgesetzes?, NuR 1988, 178 ff.

Emonds, Gerhard, Einfuhrbeschränkungen für heimische Greifvögel aufgrund der Bundeswildschutzverordnung, NuR 1986, 246 ff.

–, Das neue Artenschutzrecht am Beispiel des Greifvogelschutzes, NuR 1987, 112 ff.

Emonds, Gerhard/*Emonds,* Stephan, Komplexität des Artenschutzrechts am Beispiel des Elefantenschutzes, NuR 1997, 65 ff.

Emonds, Gerhard/*Kolodziejcok,* Karl-Günther, Grundzüge des neuen Bundesnaturschutzgesetzes, NuL 1977, 35 ff.

Emonds, Stephan, Die neue EG-Artenschutzverordnung und das geltende nationale Artenschutzrecht, NuR 1997, 26 ff.

–, Das neue Artenschutzrecht am Beispiel des Greifvogelschutzes, NuR 1987, 112 ff.

Endres, Alfred, Instrumente der Umweltpolitik, ZRP 1985, 197 ff.

Endres, Alfred/*Rehbinder* Eckhardt/*Schwarze,* R. (Hrsg.), Umweltzertifikate und Kompensationslösungen aus ökonomischer und juristischer Sicht, Bonn 1994, zit.: Verf., in: Endres/Rehbinder/Schwarze, Umweltzertifikate und Kompensationslösungen.

Enders, Christoph, Kompensationsregelungen im Immissionsschutzrecht – Zur gesetzlichen Begründung von Emissionsrechten und ihrer Übertragung nach den Kompensationsregeln des Bundes-Immissionsschutzgesetzes im Bereich der Luftreinhaltung, Berlin 1996, zit.: Enders, Kompensationsregelungen im ImmissionsschutzR.

Enders, Rainald, Rechtsprobleme der Behandlung von Abfallaltanlagen und Altlasten in den neuen Bundesländern, DVBl. 1993, 82ff.

–, Die zivilrechtliche Verantwortlichkeit für Altlasten und Abfälle, Berlin u. a. 1999.

Enders, Rainald/*Uwer,* Dirk, Zur Fortentwicklung des Altlastenrechts – Eine kritische Würdigung der Beschlüsse der Abteilung Umweltrecht des Sechzigsten Deutschen Juristentages, BB 1995, 629ff.

Engel, Rüdiger, Rechtsprobleme der Abfallentsorgung im deutsch-schweizerischen Grenzgebiet, VBlBW 1990, 81ff.

–, Die Neufassung des § 38 BauGB durch das Investitionserleichterungs- und Wohnungsbaulandgesetz, UPR 1993, 209ff.

Engelhardt, Dieter, Die Ausschöpfung der Landeskompetenzen im Umweltrecht, BayVBl. 1988, 294ff.

Engelhardt, Hanns, Ordnungswidrigkeiten im Umweltrecht, BayVBl. 1974, 575ff.

–, Umweltschutz I, Evangelisches Staatslexikon, Stuttgart 1975, zit.: Engelhardt, in: Evangelisches Staatslexikon.

–, Aus der Rechtsprechung zum Immissionsschutzrecht, NuR 1984, 87ff.

–, Bürger und Umwelt, 2. Aufl., München 1990, zit.: Engelhardt, Bürger und Umwelt.

Engels, Thomas, Grenzüberschreitende Abfallverbringung nach EG-Recht, Berlin 1999.

Engelsberger, Christian, Der Vollzug europarechtlicher Vorschriften auf dem Gebiet des Umweltschutzes, Berlin 1998.

Epiney, Astrid, Einbeziehung gemeinschaftlicher Umweltschutzbeziehungen in die Bestimmungen mitgliedstaatlichen Handlungsspielraums, DVBl. 1993, 93ff.

–, Dezentrale Durchsetzungsmechanismen im gemeinschaftlichen Umweltrecht – dargestellt am Beispiel der UVP-Richtlinie, ZUR 1996, 229ff.

–, Unmittelbare Anwendbarkeit und objektive Wirkung von Richtlinien – Zur Entscheidung des EuGH vom 11. 8. 1995 – Rs. C-431/92 – Großkrotzenburg – DVBl. 1996, 424 –, DVBl. 1996, 409ff.

–, Umweltrecht in der Europäischen Union, Köln 1997, zit.: Epiney, UmweltR in der EU.

–, Umweltrecht in der Europäischen Union – primärrechtliche Grundlagen, gemeinschaftliches Sekundärrecht, Köln u. a. 1997, zit.: Epiney, UmweltR in der EU.

–, Integrierter Umweltschutz im Anlagengenehmigungsrecht – die Anforderungen der IVU-Richtlinie, in: Koch, Hans-Joachim (Hrsg.), Aktuelle Probleme des Immissionsschutzrechts, Baden-Baden 1998, S. 9ff., zit.: Epiney, in: Koch, Aktuelle Probleme des ImmissionsschutzR.

–, Die Übernahme des „Schengen-Besitzstandes" in die Europäische Union, in: Hummer, Waldemar (Hrsg.), Die EU nach dem Vertrag von Amsterdam, Wien 1998, S. 104ff., zit.: Epiney, in: Hummer, Die EU nach dem Vertrag von Amsterdam.

–, Die umweltpolitischen Handlungsprinzipien in Art. 130 REGV: politische Leitlinien oder rechtsverbindliche Vorgaben? – Zu den Urteilen des EUGH in den Rs. C-284/95, C-341/95 (Safety Hi-Tech) vom 14. 7. 1998, NuR 1999, 181ff.

–, Gemeinschaftsrecht und Verbandsklage, NVwZ 1999, 485ff.

Erbguth, Britta, Naturschutz und Europarecht: Wie weit reicht die Pflicht zur Alternativenprüfung gem. Art. 6 Abs. 4 der Habitatrichtlinie?, DVBl. 1999, 588ff.

Erbguth, Wilfried, Rechtsfragen des Umweltschutzes, UPR 1984, 241ff.

–, Integrierter Umweltschutz – Verfassungsrechtliche Fragen eines umfassenden Planungsmodells, DÖV 1984, 699ff.

–, Raumbedeutsames Umweltrecht – Systematisierung, Harmonisierung und sonstige Weiterentwicklung, Münster 1985, zit.: Erbguth, Raumbedeutsames UmweltR.

–, Weiterentwicklungsbedarf im Bodenschutzrecht?, NuR 1986, 137ff.

–, Rechtssystematische Grundfragen des Umweltrechts, Berlin 1987, zit.: Erbguth, Grundfragen.

–, Der Prüfungsumfang bei der Entscheidung über öffentlich-rechtliche Kontrollerlaubnisse als allgemeine verwaltungs- und verfassungsrechtliche Problematik – dargestellt am Beispiel der straßenrechtlichen Sondernutzungserlaubnis und der Kontrollerlaubnisse des Umweltrechts, UTR 1987, 49ff.

–, Zum Einsatzbereich der Landschaftsplanung: Baugesetzbuch, Umweltverträglichkeitsprüfung, UPR 1987, 409ff.
–, Das Baugesetzbuch und seine Auswirkung auf die Landes- und Regionalplanung, NVwZ 1988, 289ff.
–, Auswirkungen des Planfeststellungsverfahrens auf die Bauleitplanung, NVwZ 1989, 608ff.
–, Anmerkungen zum administrativen Entscheidungsspielraum – Am Beispiel der Planfeststellung, DVBl. 1992, 398ff.
–, Die Umweltleitplanung im Entwurf eines Umweltgesetzbuches – Allgemeiner Teil –, DVBl. 1992, 1122ff.
–, Bauleitplanung und Fachplanung: Thesen, NVwZ 1995, 243ff.
–, Bauleitplanung und Fachplanung, in: Hoppe, Werner/Appold, Wolfgang (Hrsg.), Städtebaurecht 2000 – Symposium aus Anlaß des 30jährigen Bestehens des Zentralinstituts für Raumplanung an der Universität Münster am 29. September 1994 in Münster, Münster 1995, zit.: Erbguth, in: Hoppe/Appold, Städtebaurecht 2000.
–, Abfallwirtschaftsplanung und ihre Auswirkungen auf die Zulassung von Abfallanlagen, in: Hoppe, Werner/Bauer, Joachim/Faber, Angela/Schink, Alexander (Hrsg.), Auswirkungen des Kreislaufwirtschafts- und Abfallgesetzes auf die öffentlich-rechtlichen Entsorgungsträger, Köln 1996, S. 96ff., zit.: Erbguth, in: Hoppe/Bauer/Faber/Schink, Auswirkungen des KrW-/AbfG.
–, Aspekte der Abfallwirtschaftsplanung und ihrer Auswirkungen auf die Zulassung von Abfallanlagen, UPR 1997, 60ff.
–, Rechtsfragen der Altlastenfreistellung: Der „gedeckelte" Freistellungsbescheid, in: Erbguth, Wilfried (Hrsg.), Aktuelle Fragen des Altlasten- und Bodenschutzrechts, Baden-Baden 1997, S. 139ff., zit.: Erbguth, in: Erbguth, Aktuelle Fragen.
–, (Hrsg.), Aktuelle Fragen des Altlasten- und Bodenschutzrechts, Baden-Baden 1997, zit.: Verf., in: Erbguth, Aktuelle Fragen.
–, Erkundungsmaßnahmen nach dem Landesabfallgesetz – VGH Mannheim, NVwZ 1996, 1036 –, JuS 1998, 314f.
–, Konzeptionelle und rechtliche Konsequenzen des Gebots nachhaltiger Raumentwicklung, DÖV 1998, 673ff.
–, Verfassungs- und europarechtliche Aspekte der Deregulierungen im Planfeststellungsverfahren, UPR 1999, 41ff.
–, Grundfragen des neugefaßten Städtebaurechts im Verhältnis zum Umweltrecht, VR 1999, 119ff.
Erbguth, Wilfried/*Mahlburg,* Stefan, Alternativen zur Müllverbrennung? – Rechtliche Anforderungen an Ausnahmen nach Ziffer 2.4 TA-Siedlungsabfall –, UPR 1997, 224ff.
Erbguth, Wilfried/*Oebbecke,* Janbernd/*Rengeling,* Hans-Werner (Hrsg.), Abwägung im Recht, Symposium und Verabschiedung von Werner Hoppe am 30. Juni 1995 in Münster aus Anlaß seiner Emeritierung, Köln u.a. 1996, zit.: Verf., in: Erbguth u.a., Abwägung im Recht.
Erbguth, Wilfried/*Rapsch,* Arnulf, Gesetzgebungskompetenzen und Bodenschutz – am Beispiel der Grünvolumen – und Bodenfunktionszahl, NuR 1990, 433ff.
Erbguth, Wilfried/*Schoeneberg,* Jörg, Die Umsetzung der EG-Richtlinie über die Umweltverträglichkeitsprüfung vor dem Hintergrund rechtssystematischer Grundlagen der raumbezogenen Zulassungsverfahren in der Bundesrepublik Deutschland, WuV 1985, 102ff.
Erbguth, Wilfried/*Schink,* Alexander, Gesetz über die Umweltverträglichkeitsprüfung, UVPG, 2. Aufl., München 1996, zit.: Erbguth/Schink, UVPG.
Erbguth, Wilfried/*Stollmann,* Frank, Zum Entwurf eines Umweltinformationsgesetzes, UPR 1994, 81ff.
–, Zum Stand des Bodenschutzrechts – Dargestellt unter Berücksichtigung der Altlastenproblematik, NuR 1994, 319ff.
–, Die Bodenschutz- und Altlastengesetze der Länder vor dem Hintergrund des Entwurfs eines Bundes-Bodenschutzgesetzes, UPR 1996, 281ff.
–, Einzelfragen der Sanierung und des Altlastenmanagements im Bundes-Bodenschutzgesetz, NuR 1999, 127ff.
Erbguth, Wilfried/*Wiegand,* Bodo, Landschaftsplanung als Umweltleitplanung, Berlin 1994.

–, Umweltschutz im Landesverfassungsrecht – dargestellt am Beispiel der Verfassung des Landes Mecklenburg Vorpommern –, DVBl. 1994, 1325 ff.
–, Zur Bedeutung des Landesverfassungsrechts bei der Rechtsanwendung. Am Beispiel des Staatsziels Umweltschutz der Verfassung des Landes Mecklenburg-Vorpommern, Die Verw. 1996, 159 ff.
Erdt, Tom Joachim, Das verwaltungsakzessorische Merkmal der Unbefugtheit in § 324 StGB und seine Stellung im Deliktsaufbau, Frankfurt/Main 1997, zit.: Erdt, Das verwaltungsakzessorische Merkmal der Unbefugtheit.
Erichsen, Hans-Uwe, Vorläufiger Rechtsschutz nach § 80 Abs. 5 VwGO, Jura 1984, 478 ff.
–, Zur Umsetzung der Richtlinie des Rates über den freien Zugang zu Informationen über die Umwelt, Berlin 1992, zit.: Erichsen, Umsetzung der UI-RL.
–, Das Recht auf freien Zugang zu Informationen über die Umwelt – Gemeinschaftsrechtliche Vorgaben und nationales Recht, NVwZ 1992, 409 ff.
–, Grundrechtliche Schutzpflichten in der Rechtsprechung des Bundesverfassungsgerichts, Jura 1997, 85 ff.
–, (Hrsg.), Allgemeines Verwaltungsrecht, 11. Aufl., Berlin 1998, zit.: Verf., in: Erichsen, AllgVwR.
Erichsen, Hans-Uwe/*Hoppe,* Werner/*Mutius,* Albert von (Hrsg.), System des verwaltungsgerichtlichen Rechtsschutzes, Festschrift für Christian-Friedrich Menger zum 70. Geburtstag, München 1985, zit.: Verf., FS Menger.
Erichsen, Hans-Uwe/*Kollhosser,* Helmut/*Welp,* Jürgen, (Hrsg.), Recht der Persönlichkeit, Berlin 1996, S. 73 ff., zit.: Verf., in: Erichsen, Recht der Persönlichkeit.
Erz, Wolfgang, Naturschutz, in: Buchwald/Engelhardt Handbuch für Gestaltung, Planung und Schutz der Umwelt, Band 3 (1980), S. 560 ff., zit.: Erz, Naturschutz.
Eschenbach, Jürgen, Die Enteignung, Jura 1997, 519 ff.
Everling, Ulrich, Umsetzung von Umweltrichtlinien durch normkonkretisierende Verwaltungsanweisungen – Zur jüngsten Rechtsprechung des Europäischen Gerichtshofes, RIW 1992, 379 ff.
–, Durchführung und Umsetzung des europäischen Gemeinschaftsrechts im Bereich des Umweltschutzes unter Berücksichtigung der Rechtsprechung des EuGH, NVwZ 1993, 209 ff.
–, Überlegungen zur Struktur der europäischen Union und zum neuen Europaartikel des Grundgesetzes, DVBl. 1998, 936 ff.
Ewer, Wolfgang, Beschränkung der verwaltungsgerichtlichen Kontrolldichte bei der Anwendung unbestimmter Rechtsbegriffe – Zulässiges und geeignetes Mittel zur Beschleunigung behördlicher und gerichtlicher Verfahren?, NVwZ 1994, 140 ff.
–, Öko-Audit: Der Referentenentwurf für ein Umweltgutachter- und Standortregistrierungsgesetz und die Übergangslösung zur Anwendung der EG-Öko-Audit-Verordnung, NVwZ 1995, 457 ff.
Ewringmann, Dieter, Das Ende der Abwasserabgabe – Kritik am Entwurf zur 4. Novelle des AbwAG –, ZAU 1993, 153 ff.
Ewringmann, Dieter, Ökologische Steuerreform? Bemerkungen zum gleichnamigen Buch von Ernst Ulrich v. Weizsäcker u. a. sowie zur Notwendigkeit eines Forschungsprogramms, ZfU 1994, 43 ff.
Eyermann, Erich (Hrsg.), Verwaltungsgerichtsordnung, Kommentar, 10. Aufl., München 1998, zit.: Bearb., in: Eyermann, VwGO.

Faber, Angela, Die Bedeutung des Umweltinformationsgesetzes für die Kommunalverwaltung, DVBl. 1995, 722 ff.
Falk, Heiko, die Prüftätigkeit des Umweltgutachters im Rahmen des EG-Öko-Audit-Systems, UPR 1996, 58 ff.
Falke, Josef, Aktuelles zum Schutz von Boden, Wasser und Luft in der EU, ZUR 1999, 93 ff.
Fehn, Bernd J., Das umweltrechtliche Auflagenprinzip, Verfassungsrechtliche Wurzeln, verwaltungsrechtliche Ausgestaltung, prozeßrechtliche Einbettung, Frankfurt/Main 1987, zit: Fehn, Das umweltrechtliche Auflagenprinzip.
Fehrmann, Ines/*Wasielewski,* Andreas, Organisation der Industrieanlagenzulassung im Land Brandenburg, ZUR 1998, 232 ff.

Felder, Winfried, Naturschutzrechtliche Eingriffsregelung im Bauleitplanungsrecht gemäß § 8a Abs. 1 S. 1 BNatSchG, NuR 1994, 53ff.
Feldhaus, Gerhard, Der Vorsorgegrundsatz des Bundes-Immissionsschutzgesetzes, DVBl. 1980, 133ff.
–, Zum Inhalt und zur Anwendung des Standes der Technik im Immissionsschutzrecht, DVBl. 1981, 165ff.
–, Entwicklung und Rechtsnatur von Umweltstandards, UPR 1982, 137ff.
–, Die Novelle des Bundes-Immissionsschutzgesetzes – Ein Konzept zur Vorsorge-Sanierung –, UPR 1985, 385ff.,
–, Bestandsschutz immissionsschutzrechtlich genehmigter Anlagen im Wandel – Zum gegenwärtigen Stand der Bestandsschutzproblematik, WuV 1986, 67ff.
–, Umwelthaftungsgesetz und Bundes-Immissionsschutzgesetz, UPR 1992, 161ff.
–, Entwicklung des Immissionsschutzrechts, NVwZ 1995, 963ff.
–, Öko-Audit, in: Rengeling, Hans-Werner (Hrsg.), Handbuch zum europäischen und deutschen Umweltrecht – Eine systematische Darstellung des europäischen Umweltrechts mit seinen Auswirkungen auf das deutsche Recht und mit rechtspolitischen Perspektiven, Band 1 Allgemeines Umweltrecht, Köln u.a. 1998, § 36, zit.: Feldhaus, in: Rengeling, EUDUR.
–, Einführung in die TA Lärm 1998, UPR 1999, 1ff.
–, Bundes-Immissionsschutzrecht, Kommentar, Band 3–4, 2. Aufl., Heidelberg, Stand: Juni 1999, zit.: Feldhaus, BImSchG.
Feldhaus, Gerhard/*Eisenbart,* Siegfried, Umweltrechtliche Vorschriften im vereinten Deutschland, UPR 1990, 401ff.
Feldmann, Franz-Josef, Umwelthaftung aus umweltpolitischer Sicht – zum Inkrafttreten des Gesetzes über die Umwelthaftung am 1. Januar 1991 –, UPR 1991, 45ff.
–, Umweltverträglichkeitsprüfung: EG-Richtlinie und ihre Umsetzung in Deutschland, in: Rengeling, Hans-Werner (Hrsg.), Handbuch zum europäischen und deutschen Umweltrecht – Eine systematische Darstellung des europäischen Umweltrechts mit seinen Auswirkungen auf das deutsche Recht und mit rechtspolitischen Perspektiven, Band 1 Allgemeines Umweltrecht, Köln u.a. 1998, § 34, zit.: Feldmann, in: Rengeling, EUDUR.
Feldmann, Liselotte/*Papoulias,* Fotis, Aktivitäten der Europäischen Kommission für die UVP, UVP-report 1997, 9ff.
Fiebig, Karl-Heinz/*Hühn,* Bernhard/*Rösler,* Cornelia, Materialien zur kommunalen Umweltverträglichkeitsprüfung, Gegenüberstellung von staatlicher und kommunaler UVP mit ergänzenden Beispielen, Berlin 1993, zit.: Fiebig/Hühn/Rösler, Materialien zur kommunalen Umweltverträglichkeitsprüfung.
Fieseler, Herbert, Die Bedeutung fachtechnischer Andorderungen für die Berücksichtigung der Belange des Immissionsschutzes in der Bauleitplanung, UPR 1995, 49ff.
Finckh, Andreas, Regulierte Selbstregulierung im Dualen System. Die Verpackungsverordnung als Instrument staatlicher Steuerung, Köln 1998.
Finkelnburg, Klaus/*Jank,* Peter, Vorläufiger Rechtsschutz im Verwaltungsstreitverfahren, 4. Aufl., München 1998, zit.: Finkelnburg/Jank, Vorläufiger Rechtsschutz.
Fisahn, Andreas, Internationale Anforderungen an den deutschen Naturschutz – Die Konvention über die biologische Vielfalt und die Flora-Fauna-Habitat-Richtlinie der EU, ZUR 1996, 3ff.
–, Implikationen der naturschutzrechtlichen Eingriffsregelung, ZUR 1996, 180ff.
–, Anmerkung zu BVerwG, Beschl. v. 21. 1. 1998–4 VR. 3.97 –, ZUR 1998, 28ff., ZUR 1998, 34ff.
Fisahn, Andreas/*Cremer,* Wolfram, Ausweisungspflicht und Schutzregime nach Fauna-Flora-Habitat- und der Vogelschutzrichtlinie, NuR 1997, 268ff.
Fischer, Kristian, Die kommunale Verpackungssteuer und die Widerspruchsfreiheit der Rechtsordnung – BVerfG, NJW 1998, 2341 und BVerwGE 96, 272, JuS 1998, 1096ff.
–, Die Einwirkung des europäischen auf das nationale Umweltrecht, JuS 1999, 320ff.
Fischer-Hüftle, Peter, Biotopschutz, Eingriffstatbestand und Landwirtschaftsklausel, Zur geplanten Änderung des § 8 BNatSchG, NuR 1986, 242ff.
–, Die einstweilige Sicherstellung bestimmter Teile von Natur und Landschaft, Ein Überblick über die Landesvorschriften und die bisherige Rechtsprechung hierzu, NuR 1988, 11ff.

–, Alleenschutz und Straßenrecht, NuR 1998, 347 ff.

–, Zur Umsetzung der FFH-Richtlinie in das Bundes- und Landesnaturschutzrecht, ZUR 1999, 66 ff.

Fischerhof, Hans, Deutsches Atomgesetz und Strahlenschutzrecht, Kommentar, 2. Aufl., Baden-Baden 1978, zit.: Fischerhof, AtG.

Fitschen, Thomas, Gemeinsames Erbe der Menschheit, in: Wolfrum, Rüdiger/Philipp, Christiane (Hrsg.), Handbuch Vereinte Nationen, 2. Aufl., München 1991, S. 211 ff., zit.: Fitschen, in: Wolfrum, Handbuch der Vereinten Nationen.

Flanderka, Fritz, Verpackungsverordnung, Kommentar, Heidelberg 1998, zit.: Flanderka, VerpackungsV.

Fleury, Roland, Das Vorsorgeprinzip im Umweltrecht, Köln 1995, zit.: Fleury, Vorsorgeprinzip im UmweltR.

Fluck, Jürgen, Die „Legalisierungswirkung" von Genehmigungen als ein Zentralproblem öffentlich-rechtlicher Haftung für Altlasten, VerwArch 1988, 406 ff.

–, Reststoffvermeidung, Reststoffverwertung und Beseitigung als Abfall nach § 5 Abs. 1 Nr. 3 BImSchG, NuR 1989, 409 ff.

–, Grundrechliche Schutzpflichten und Gentechnik, UPR 1990, 81 ff.

–, Die anlagenbezogenen Vorschriften des Gentechnikgesetzes, BB 1990, 1716 ff.

–, Aufzeichnungs-, Aufbewahrungs- und Vorlagepflichten bei gentechnischen Arbeiten, DÖV 1991, 129 ff.

–, Die immissionsschutzrechtliche Nachsorgepflicht als neues Instrument zur Verhinderung und Beseitigung von Altlasten, BB 1991, 1797 ff.

–, Die Konzentrationswirkung der immissionsschutzrechtlichen Genehmigung und ihre Grenzen, NWwZ 1992, 114 ff.

–, Der Anlagenbegriff nach dem Gentechnikgesetz, UPR 1993, 81 ff.

–, Der „marktwirtschaftliche Abfallbegriff" oder: Neues zum objektiven Abfallbegriff – Anmerkung zu den Urteilen des BVerwG vom 24. Juni 1993 und des OVG Koblenz vom 2. März 1993, UPR 1993, 426 ff.

–, Zum Abfallbegriff im europäischen, im geltenden und im werdenden deutschen Abfallrecht, DVBl. 1993, 590 ff.

–, Die Änderungen des Umweltrechts zur Investitionsbeschleunigung – Das Investitionserleichterungsgesetz- und Wohnbaulandgesetz (InvWoG) und die Änderungen der 4. und 9. BimSchV –, DB 1993, 2011 ff.

–, Wider die Restriktionen bei der Zulassung vorzeitigen Beginns nach § 15 a BImSchG, DÖV 1994, 885 ff.

–, Der Schutz von Unternehmensdaten im Umweltinformationsgesetz, NVwZ 1994, 1048 ff.

–, Rechtsfragen der Abfallverwertung nach dem Kreislaufwirtschafts- und Abfallgesetz, NuR 1995, 233 ff.

–, Der neue Abfallbegriff – eine Einkreisung, DVBl. 1995, 537 ff.

–, „Umplanungen" genehmigter Anlagen vor Inbetriebnahme als Änderungen im Sinne von § 15 BImSchG, GewArch 1996, 222 ff.

–, Zum Begriff des Abwassers – Überlegungen aus dem Blickwinkel des neuen Kreislaufwirtschafts- und Abfallgesetzes, ZfW 1996, 489 ff.

–, (Hrsg.), Kreislaufwirtschafts- und Abfallrecht, Kommentar, Heidelberg, Stand: August 1999, zit.: Verf., in: Fluck, KrW-/AbfG.

–, Die Anforderungen des Kreislaufwirtschafts- und Abfallgesetzes an immissionsschutzrechtlich genehmigungsbedürftige Abfallbeseitigungsanlagen, UPR 1997, 234 ff.

–, Änderungen genehmigungsbedürftiger Anlagen nach §§ 15, 16 BImSchG i. d. F. der Beschleunigungsnovelle, VerwArch 1997, 265 ff.

–, Die Bedeutung des Kreislaufwirtschafts- und Abfallgesetzes für die Zulassung von Industrieanlagen, DVBl. 1997, 463 ff.

–, Die Zulassungsbedürftigkeit von Pflanzenschutzmittel-Importen im deutschen und europäischen Recht – Parallel-Import, Re-Import, Zweitinverkehrbringen –, Zugleich ein Beitrag zur Rechtsnatur sachbezogener Zulassung, NuR 1999, 86 ff.

–, Zulässige Dauer und Beschleunigung des Zulassungsverfahrens im novellierten Pflanzenschutzrecht, NuR 1999, 255 ff.

Fluck, Jürgen/*Schmidt,* Thomas, Selbstverpflichtungen und Umweltvereinbarungen – Rechtlich gangbarer Königsweg deutscher und europäischer Umweltpolitik?, VerwArch 1998, 220 ff.

Fluck, Jürgen/*Theuer,* Andreas, Umweltinformationsrecht, UIG, Kommentarvorschriften des Bundes, der Länder und der EG, Rechtsprechung, Heidelberg, Stand: März 1999, zit.: Fluck/Theuer, UIG.
Förschle, Gerhard/*Hermann,* Silke/*Mandler,* Udo, Umwelt-Audits, DB 1994, 1093 ff.
Fouquet, Helmut, Umweltrechtliche Anforderungen an das Verbringen von Rückständen in bergbauliche Hohlräume, Frankfurt u. a. 1998.
–, Die Hochwertigkeit der Verwertung nach dem KrW-/AbfG, NuR 1999, 144 ff.
Franke, Holger, „Wilder Müll" – Ein Beitrag zur Ordnungsverfügung im Abfallrecht, DVP 1998, 279 ff.
Franßen, Everhardt/*Redeker,* Konrad/*Schlichter,* Otto/*Wilke,* Dieter (Hrsg.), Bürger – Richter – Staat: Festschrift für Horst Sendler zum Abschied aus seinem Amt, München 1991, zit.: Verf., FS Sendler.
Franzheim, Horst, Umweltstrafrecht, Köln 1991.
–, Die Bewältigung der Verwaltungsrechtsakzessorität in der Praxis, JR 1988, 319 ff.
Franzius, Volker/*Bachmann,* Günther (Hrsg.), Sanierung kontaminierter Standorte und Bodenschutz 1996, Stand und Perspektiven des Bundes-Bodenschutzgesetzes, künftige Rahmenbedingungen zur Altlastensanierung, Berlin 1996, zit.: Verf., in: Franzius/Bachmann, Sanierung.
Freiburg, Susann, Die Erhaltung der biologischen Vielfalt in Deutschland auf der Basis europarechtlicher Vorgaben, Bayreuth 1998, zit.: Freiburg, Erhaltung der biologischen Vielfalt.
Freisburger, Anke, Gesetzgeberiche Reaktionen der Länder auf das Bundes-Bodenschutzgesetz, UPR 1999, 381 ff.
Frenz, Walter, Europäisches Umweltrecht, München 1997, zit.: Frenz, Europäisches UmweltR.
–, Kreislaufwirtschafts- und Abfallgesetz, 2. Aufl., Köln 1998, zit.: Frenz, KrW-/AbfG.
–, Deutsche Umweltgesetzgebung und Sustainable Development, ZG 1999, 143 ff.
–, Gemeinschaftsrechtliche Vorgaben für die Abgrenzung von Abfallverwertung und -beseitigung, NuR 1999, 301 ff.
–, Freiwillige Selbstverpflichtungen/Umweltvereinbarungen zur Reduzierung des Energieverbrauchs im Kontext des Gemeinschaftsrechts, EuR 1999, 27 ff.
–, Deutsche Umweltgesetzgebung und Sustainable Development, ZG 1999, 143 ff.
Freytag, Georg, Der Einsatz von Rückständen im Bergbau – An der Nahtstelle von Berg- und Abfallrecht, NuR 1996, 334 ff.
Freytag, Christoph/*Iven,* Klaus, Gemeinschaftsrechtliche Vorgaben für den nationalen Habitatschutz, NuR 1995, 109 ff.
–, Anforderungen und Konsequenzen der neuen Rahmengesetzgebungskompetenz des Bundes für das Bundesnaturschutzrecht, NuR 1997, 121 ff.
Friauf, Karl Heinrich, (Hrsg.), Handbuch für die öffentliche Verwaltung (HÖV), Band 2, Neuwied 1984, zit.: Verf., HÖV.
–, Zum gegenwärtigen Stand der Bestandsschutz-Problematik, WuV 1986, 87 ff.
–, Kommunale Steuern und Einwegverpackungen, GewArch 1996, 265 ff.
–, Polizei- und Ordnungsrecht, in: Schmidt-Aßmann, Eberhard (Hrsg.), Besonderes Verwaltungsrecht, 11. Aufl., Berlin u. a. 1999, S. 101 ff., zit.: Friauf, in: Schmidt-Aßmann, BesVwR.
Friedrich, Georg, Rechtsgrundlagen des Gewässerschutzes. Darstellung des Verwaltungs- und finanzrechtlichen Instrumentariums und Beurteilung seiner Wirksamkeit für die Wasserversorgung, Berlin 1986, zit.: Friedrich, Rechtsgrundlagen des Gewässerschutzes.
Friege, Henning, Auf dem Weg zum Stoffrecht – Überlegungen zur Reform des Umweltrechts auf der Grundlage des Konzepts zum Management von Stoffströmen, ZUR 1995, 241 ff.
Frisch, Wolfgang, Verwaltungsakzessorität und Tatbestandsverständnis im Umweltstrafrecht, zum Verhältnis von Umweltverwaltungsrecht und Umweltstrafrecht und zur strafrechtlichen Relevanz behördlicher Genehmigungen, Heidelberg 1993, zit.: Frisch, Verwaltungsakzessorität.
Fritsch, Klaus, Das neue Kreislaufwirtschafts- und Abfallrecht, München 1996, zit.: Fritsch, KrW-/AbfG.
Fritsch, Klaus/*Haverkamp,* Christina, BB 1990, Beil. 31 zu Heft 25.

Literatur

Fritzsche, Jörg, Die Durchsetzung nachbarschützender Auflagen über zivilrechtliche Abwehransprüche, NJW 1995, 1121 ff.
Fröhler, Ludwig/*Zehetner,* Franz, Rechtsprobleme bei grenzüberschreitenden Umweltbeeinträchtigungen, Band 1, Erster Teil – Bestandsaufnahme grenzüberschreitender Umweltbeeinträchtigungen, Zweiter Teil – völkerrechtliche Rechtsschutzmöglichkeiten, Linz 1979, zit.: Fröhler/Zehetner, Rechtsprobleme bei grenzüberschreitenden Umweltbeeinträchtigungen.
Fröhlich, Werner, Schwierigkeiten mit dem Erleichterungsgesetz – neue Zulassungsverfahren für Abfallentsorgungsanlagen, ZUR 1994, 126 ff.
–, Baustoffrecycling zwischen Immissionsschutzrecht und Abfallrecht, UPR 1999, 255 ff.
Frotscher, Werner, Grundfälle zum Wirtschaftsverfassungs- und Wirtschaftsverwaltungsrecht, JuS 1983, 775 ff.
Fuchs, Andreas, Patentrecht und Humangenetik, JZ 1999, 597 ff.
Fuchs, Werner, Bauleitplanung und Naturschutz – Naturschutz am Scheideweg?, NuR 1997, 338 ff.
–, Naturschutz im Abseits – Eine Anmerkung zu dem Urteil des OVG Lüneburg vom 22. 2. 1999 –, NuR 1999, 446 ff.
Fuchs, Werner/*Rapsch,* Arnulf, Das deutsche Gentechnikrecht im Lichte quantitativer Vorgaben europarechtlicher Provenienz, DÖV 1991, 873 ff.
Führ, Martin, Das bundesdeutsche Gentechnikgesetz – Anpassungsbedarf an die EG-Gentechnik-Richtlinien –, DVBl. 1991, 559 ff.
–, Gentechnik: Das gebändigte Risiko? Zwischenbilanz nach zwei Jahren Gentechnikgesetz, IUR 1992, 197 ff.
–, Umweltmanagement und Umweltbetriebsprüfung – neue EG-Verordnung zum „Öko-Audit" verabschiedet, NVwZ 1993, 858 ff.
–, Wesentliche Änderungen von Industrieanlagen – Praktische Auswirkungen des neuen § 16 BImSchG, ZUR 1997, 293 ff.
–, Anlagenänderung durch Anzeige – § 15 BImSchG als Modell für die Risikoverteilung zwischen Behörden und Privaten? –, UPR 1997, 421 ff.
Funke, Hans Friedrich, Die Lenkbarkeit von Abwägungsvorgang und Abwägungsergebnis zugunsten des Umweltschutzes, DVBl. 1987, 511 ff.
Füßer, Klaus, Die „Altlasten-Haftungsfalle" bei Treuhandprivatisierungen, UPR 1998, 176 ff.

Gaentzsch, Günter, Sportanlagen im Wohnbereich, UPR 1985, 201 ff.
–, Die naturschutzrechtliche Eingriffsregelung, NuR 1986, 89 ff.
–, Ausbau des Individualschutzes gegen Umweltbelastungen als Aufgabe des bürgerlichen und des öffentlichen Rechts, NVwZ 1986, 601 ff.
–, Konkurrenz paralleler Anlagengenehmigungen, NJW 1986, 2787 ff.
–, Die bergrechtliche Planfeststellung, in: Franßen, Everhardt/Redeker, Konrad/Schlichter, Otto/Wilke, Dieter (Hrsg.), Bürger – Richter – Staat: Festschrift für Horst Sendler zum Abschied aus seinem Amt, München 1991, S. 403 ff., zit.: Gaentzsch, FS Sendler.
–, Bauleitplanung und Fachplanung, in: Hoppe, Werner/Appold, Wolfgang (Hrsg.), Städtebaurecht 2000 – Symposium aus Anlaß des 30jährigen Bestehens des Zentralinstituts für Raumplanung an der Universität Münster am 29. September 1994 in Münster, Münster 1995, zit.: Gaentzsch, in: Hoppe/Appold, Städtebaurecht 2000.
–, Baugesetzbuch – BauGB, Kommentar, Köln u. a 1991, zit.: Gaentzsch, BauGB.
Galle, Thomas, Die Einschaltung privater Unternehmer in die kommunale Abfallentsorgung, Kiel 1997.
Ganten, Reinhard H./*Lemke,* Michael, Haftungsprobleme im Umweltbereich, UPR 1989, 1 ff.
Garbe, Thorsten, Neue Entwicklungen der Rechtsprechung zur Eingriffsregelung, ZUR 1997, 309 ff.
–, Die Störerauswahl und das Gebot der gerechten Lastenverteilung, DÖV 1998, 632 ff.
Gärditz, Klaus Ferdinand, Die Novel-Food-Verordnung – Probleme der Verwaltungskompetenzen und des Rechtsschutzes –, ZUR 1998, 169 ff.

Gärtner, Bertold-Dietrich, Kann die Sanierungsverantwortlichkeit bei Altlasten verjähren?, UPR 1997, 452f.

Gassner, Erich, Eingriffe in Natur und Landschaft – ihre Regelung und ihr Ausgleich nach § 8 BayNatSchG, NuR 1984, 81ff.

–, Treuhandklage zugunsten von Natur und Landschaft. Eine rechtsdogmatische Untersuchung zur Verbandsklage, Berlin 1985, zit.: Gassner, Treuhandklage.

–, Systematische Aspekte der naturschutzrechtlichen Ausgleichsabgabe, NuR 1985, 180ff.

–, Rechtliche und methodische Aspekte der Landschaftsplanung, NuR 1993, 118ff.

–, Naturschutzrechtliche Eingriffsregelung im Bauleitplanungsrecht, NuR 1993, 252ff.

–, Neuere Planungsansätze im Umweltschutz, NuR 1993, 358ff.

–, Möglichkeiten und Grenzen einer rechtlichen Stärkung der Landschaftsplanung, NuR 1996, 380ff.

–, Aktuelle Fragen der naturschutzrechtlichen Eingriffsregelung, NuR 1999, 79ff.

–, Die rechtliche Relevanz der Grundwasserentnahme im Rahmen der naturschutzrechtlichen Eingriffsregelung, NuR 1999, 378ff.

Gassner, Erich/*Bendomir-Kahlo,* Gabriele/*Schmidt-Ränsch,* Annette und Jürgen, Bundesnaturschutzgesetz (BNatSchG), Kommentar, München 1996, zit.: Verfasser, in: Gassner/Bendomir-Kahlo/Schmidt-Ränsch, BNatSchG.

Gassner, Ulrich, Von der Abfallwirtschaft zur Kreislaufwirtschaft, AöR 1998, 201ff.

–, Abfallbegriff und Umsetzungspflicht, NVwZ 1998, 1148ff.

Gaßner, Hartmut/*Schmidt,* Alexander, Die Neuregelung der Zulassung von Abfallentsorgungsanlagen – Zu den Rechtsänderungen durch das Investitionserleichterungs- und Wohnbaulandgesetz –, NVwZ 1993, 946 ff.

Gaßner, Hartmut/*Siederer,* Wolfgang, Zulässigkeit und Voraussetzungen der Zulassung von Abweichungen von den Zuordnungswerten des Anhangs B der TA-Siedlungsabfall, Berlin 1997.

Gaßner, Hartmut/*Willand,* Achim, Perspektiven der Abfallwirtschaftsplanung am Beispiel der Umsetzung der TA-Siedlungsabfall, ZUR 1999, 28ff.

Gawel, Erik, Novellierung des Abwasserabgabengesetzes – Ein umweltpolitisches Lehrstück, ZUR 1993, 159ff.

–, Steigerung der Kosteneffizienz im Umweltordnungsrecht – Instrumentelle Alternativen, Erfolgsaussichten und Grenzen –, Die Verw. 1999, 179ff.

–, Das beschleunigte Immissionsschutzrecht des Bundes: Eine ökonomische Evaluierung der Beschleunigungsnormen im BImSchG nach der 5. Novelle – 1. Teil –, ZAU 1999, 73ff.

–, Das beschleunigte Immissionsschutzrecht des Bundes: Eine ökonomische Evaluierung der Beschleunigungsnormen im BImSchG nach der 5. Novelle – 2. Teil –, ZAU 1999, 209ff.

–, Beschleunigung im Umweltzulassungsrecht – die juristische Kritik auf dem Prüfstand –, DÖV 1999, 281ff.

–, *Gawel,* Erik/*Ewringmann,* Dieter, Die Kompensationsregel der TA Luft – Erfahrungen aus dem Modellvorhaben „Kannenbäckerland", NuR 1994, 120ff.

Gawel, Erik/*van Mark,* Michael, Kompensationslösungen im Umweltschutz: Kritische Überlegungen zur effektiven umweltpolitischen Reichweite eines instrumentellen Hoffnungsträgers, ZAU 1991, 52ff.

Gebers, Betty/*Führ,* Martin/*Wollny,* Volrad, Ökologische Stoffwirtschaft: Grundanforderungen an eine Stoffflußregulierung, Darmstadt 1993.

Gebhard, Hugo, Auswahl und Management von FFH-Gebieten, NuR 1999, 361ff.

Gelen, Timur, Das Rückwirkungsverbot im Altlastenrecht, UPR 1996, 212ff.

Geller, Nikolaus, Die Chronologie des Hochwasserschutzes in der 6. WHG-Novelle, ZUR 1997, 75ff.

Gellermann, Martin, Verfassungswidrigkeit des gesetzlichen Biotopschutzes in Nordrhein-Westfalen?, Anmerkung zum Beschluß des OVG vom 15. 8. 1994, NuR 1995, 227ff.

–, Rechtsfragen des europäischen Habitatschutzes, NuR 1996, 548ff.

–, Biotop- und Artenschutz, in: Rengeling, Hans-Werner (Hrsg.), Handbuch zum europäischen und deutschen Umweltrecht – Eine systematische Darstellung des europäischen Umweltrechts mit seinen Auswirkungen auf das deutsche Recht und mit rechtspolitischen Perspektiven, Band 1 Allgemeines Umweltrecht, Köln u. a. 1998, § 79, zit.: Gellermann, in: Rengeling, EUDUR.

Gellermann, Martin/*Middeke,* Andreas, Der Vertragsnaturschutz – Tatsächliche Gestaltung und rechtliche Grenzen, NuR 1991, 457 ff.

Gellermann, Martin/*Szczekalla,* Peter, Gemeinschaftskonforme Umsetzung von Umweltrichtlinien der EG, NuR 1993, 54 ff.

Gerlach, Johan W., Die Strukturen des privaten Umweltrechts im Spannungsverhältnis zum öffentlichen Recht, JZ 1988, 161 ff.

Germann, Mathias, Das Vorsorgeprinzip als vorgelagerte Gefahrenabwehr: Eine rechtsvergleichende Studie zur Reinhaltung der Luft, Wien 1993, zit.: Germann, Vorsorgeprinzip.

Gern, Alfons, Zur Verfassungsmäßigkeit der kommunalen Verpackungssteuer, NVwZ 1995, 771 ff.

Gerschlauer, Christoph, Landschaftsplanung der Gemeinde und Bauleitplanung, DVBl. 1979, 601 ff.

Gethmann, Carl-Friedrich/*Kloepfer,* Michael (Hrsg.), Handeln unter Risiko im Umweltstaat, Berlin 1993, zit.: Verf., in: Gethmann/Kloepfer, Handeln unter Risiko im Umweltstaat.

Gethmann, Carl Friedrich/*Kloepfer,* Michael/*Nutzinger,* Hans G., Langzeitverantwortung im Umweltstaat, Bonn 1993.

Giesberts, Ludger, „Konkurrenz um Abfall": Rechtsfragen der Abfallverbringung in der Europäischen Union, NVwZ 1996, 949 ff.

–, Vermischung von Abfällen: Verbote und Gebote im deutschen und gemeinschaftlichen Abfallrecht, NVwZ 1999, 600 ff.

Giesberts, Ludger/*Hilf,* Juliane, Kreislaufwirtschaft Altauto: Altautoverordnung und freiwillige Selbstverpflichtung. Rechtsfragen und praktische Umsetzung, Köln 1998.

–, Neue Instrumente zur Steuerung der Altautoentsorgung: Altautoverordnung und freiwillige Selbstverpflichtung, NVwZ 1998, 1158 ff.

–, EG-rechtliche und verfassungsrechtliche Zulässigkeit normkonkretisierender Verwaltungsvorschriften: Die LAGA-Abfalliste auf dem Prüfstand, UPR 1999, 168 ff.

Girgoleit, Klaus Joachim/*Mager,* Ute, Die atomrechtliche Änderungsgenehmigung und ihr Verhältnis zur Ausgangsgenehmigung, NuR 1997, 469 ff.

Glaesner, Hans-Joachim, in: Rengeling, Hans-Werner (Hrsg.), Europäisches Umweltrecht und europäische Umweltpolitik: Referate und Diskussionsberichte der Tagung des Arbeitskreises Europäische Integration e. V. in Osnabrück v. 5. bis 7. Februar 1987, Köln 1988, S. 1 ff., zit.: Glaesner, in: Rengeling, Europäisches UmweltR und europäische Umweltpolitik.

Global 2000 (Hrsg. d. dt. Übersetzung: Kaiser, Reinhard), 24. Aufl., Frankfurt a. M. 1981.

Goppel, Konrad, Ziele der Raumordnung, BayVBl. 1998, 289 ff.

–, Die Festlegung von Raumordnungsgebieten – Rechtliche Fragen und planerische Konsequenzen aus der Sicht der Raumordnungsverwaltung, in: Jarass, Hans D. (Hrsg.), Raumordnungsgebiete (Vorbehalts–, Vorrang- und Eignungsgebiete) nach dem neuen Raumordnungsgesetz – Symposium des Zentralinstituts für Raumplanung am 28. September 1998 in Münster, Münster 1998, zit.: Goppel, in: Jarass, Raumordnungsgebiete.

Goßler, Christian, Mehr Markt im Luftreinhalterecht? – Bemerkungen zur Dritten BImSchG-Novelle, UPR 1990, 255 ff.

Götz, Volkmar, Die Entwicklung des allgemeinen Polizei- und Ordnungsrechts (1990–1993), NVwZ 1994, 652 ff.

–, Allgemeines Polizei- und Ordnungsrecht, 12. Aufl., Göttingen 1995, zit.: Götz, AllgPOR.

Grabitz, Eberhard, Zweck und Maß der Vorsorge nach dem Bundes-Immissionsschutzgesetz, WuV 1984, 232 ff.

–, Fragen der Transformation von EG-Umweltrecht in nationales Recht, Köln 1985.

–, Zweck und Maß der Vorsorge nach dem Bundes-Immissionsschutzgesetz, WuV 1984, 232 ff.

Grabitz, Eberhard/*Hilf,* Meinhard, Kommentar zum EWG-Vertrag, Kommentar zur Europäischen Union, München, Stand: Mai 1998, zit.: Bearb., in: Grabitz/Hilf, EU-/EGV.

Graf Vitzthum, Wolfgang/*Geddert-Steinacher,* Tatjana, Der Zweck im Gentechnikrecht, Berlin 1990.

Gramm, Christof, Zur Gesetzgebungskompetenz des Bundes für ein Umweltgesetzbuch – Zugleich ein Beitrag zur Auslegung von Art. 75 Abs. 2 GG –, DÖV 1999, 540ff.

Grammann, Klaus, Rostocker Umweltrechtstage zum Altlasten- und Bodenschutzrecht, NJ 1996, 467ff.

Greinacher, Dominik, Abfallentsorgungsanlagen zwischen Planfeststellung und Kontrollerlaubnis, Berlin 1996.

Greinert, Joachim, Landesrechtliche Anforderungen an Anlagen zum Herstellen, Behandeln und Verwenden wassergefährdender Stoffe nach § 19g Abs. 1 WHG, ZfW 1992, 329ff.

Greipl, Christian, Schadensvorsorge und „Restrisiko" im Atomrecht, DVBl. 1992, 598ff.

Grießhammer, Rainer, Innovationsblockade für eine ökologische Stoffwirtschaft, ZAU 1993, 302ff.

Grimm, Dieter, Verfahrensfehler als Grundrechtsverstöße, NVwZ 1985, 865ff.

Groeben, Hans von der/*Thiesing,* Jochen/*Ehlermann,* Hans-Dieter (Hrsg.), Vertrag über die Europäische Union von Maastricht. Mit Schlußfolgerungen des europäischen Rates von Lissabon, 5. Aufl., Baden-Baden 1997, zit.: Bearb., in: v. d. Groeben/Thiesing/Ehlermann, EWGV.

Gromitsaris, Athanasios, Fehlerfolgenregelungen im Genehmigungsverfahrensbeschleunigungsgesetz, SächsVBl. 1997, 101ff.

Grooterhorst, Johannes, Die Wirkung der Ziele der Raumordnung und Landesplanung gegenüber Bauvorhaben nach § 34 BBauG, zugleich zum bebauungsrechtlichen Planungserfordernis als Instrument der Zielverwirklichung in §§ 34 und 35 BBauG, Münster 1985, zit.: Grooterhorst, Raumordnungsziele und § 34 BBauG.

Groß, Rolf, Auswirkungen der Übergangsregelung der Atomrechtsnovelle 1975 auf die Genehmigung von Brennelementfabriken, DVBl. 1987, 724ff.

Groß, Thomas, Neue Entwicklungen in der Zuordnung von Landschaftsplanung und Raumplanung, NuR 1998, 123ff.

Grüter, Manfred, Umweltrecht und Kooperationsprinzip in der Bundesrepublik Deutschland, Düsseldorf 1990, zit.: Grüter, Umweltrecht und Kooperationsprinzip.

Grupp, Klaus/*Ronellenfitsch,* Michael (Hrsg.), Kommunale Selbstverwaltung in Deutschland und Europa, Symposium zum 65. Geburtstag von Willi Blümel, Berlin 1995, S. 67ff., zit.: Grupp/Ronellenfitsch, FS Blümel.

Grziwotz, Heribert, Baufreiheit und Schutzanspruch des Dritten angesichts einer Änderung der Sach- und Rechtslage, AöR 1988, 213ff.

Gugel, Lothar, Das baden-württembergische Bodenschutzgesetz, AfK 1994, 66ff.

Gündermann, Gerhard, Hat die Biologische Bundesanstalt für Land- und Forstwirtschaft (BBA) einen Entscheidungsspielraum bei der Prüfung und Zulassung eines Pflanzenschutzmittels nach § 15 PflSchG?, NuR 1996, 175ff.

–, Stand der wissenschaftlichen Erkenntnisse – ein vorgegebener Prüfrahmen nach § 15 Abs. 1 Nr. 3b Pflanzenschutzgesetz (PflSchG) –, NuR 1998, 351ff.

Gündling, Lothar, Völkerrechtliche und europarechtliche Aspekte der Luftreinhaltung, UPR 1985, 403ff.

Günther, Jörg-Michael, Baumschutzrecht, München 1994, zit.: Günther, BaumschutzR.

–, Baumschutzsatzungen – eine rechtliche und tatsächliche Bilanz, NWVBl. 1995, 89ff.

–, Rechtsfragen bei Staatsgrenzen überschreitender Wasserversorgung, UPR 1998, 425ff.

–, Rechtsfragen bei der Anwendung von Baumschutzvorschriften – Eine Bilanz der aktuellen Rechtsprechung zu Baumschutzsatzungen und -verordnungen, NuR 1998, 637ff.

Gürbüz, Sabahat, Zur Strafbarkeit von Amtsträgern im Umweltstrafrecht, Frankfurt/Main 1997.

Gusy, Christoph, Administrativer Vollzugsauftrag und justizielle Kontrolldichte im Recht und der Technik, DVBl. 1987, 497ff.

–, Probleme der Verrechtlichung technischer Standards, NVwZ 1995, 105ff.

Haarmann, Knut/*Korneck,* Dieter, Gebietsschutz, in: Olschowy, Gerhard (Hrsg.), Natur- und Umweltschutz in der Bundesrepublik Deutschland, Hamburg u.a. 1978ff., S. 761ff., zit.: Haarmann/Korneck, in: Olschowy, Natur- und Umweltschutz.
Habel, Wolfgang, Zur rechtlichen Problematik eines Entschädigungsausgleichs für die Landwirtschaft wegen Nutzungsbeschränkungen im Interesse des Gewässerschutzes, VBlBW 1986, 10ff.
–, Die Rechtsprechung des Verwaltungsgerichtshofs Baden-Württemberg auf dem Gebiet des Wasserrechts in der Zeit von 1972 bis 1984, VBlBW 1986, 89ff.
–, Die wasserrechtliche Bewilligung nach § 8 WHG, VBlBW 1996, 370ff.
Häder, Michael/*Niebaum,* Hendrik, Pfandpflicht für Einweg-Getränkeverpackungen – ein wirksames Drohinstrument zur Einhaltung der Mehrwegquoten gemäß Verpackungsverordnung (VerpackV)?, ZAU 1997, 370ff.
Haedrich, Heinz, Atomgesetz mit Pariser Atomhaftungs-Übereinkommen, Baden-Baden 1986, zit.: Haedrich, AtG.
–, Zur Zulässigkeit der Wiederaufarbeitung abgebrannter Brennelemente aus deutschen Kernkraftwerken in anderen EG-Mitgliedstaaten, NVwZ 1993, 1036ff.
Hagen, Horst, Sportanlagen im Wohnbereich, UPR 1985, 192ff.
–, Privatrechtlicher Immissionsschutz – aus der Rechtsprechung des Bundesgerichtshofs, ZfBR 1995, 61ff.
Hager, Günter, Umweltschäden – Ein Prüfstein für die Wandlungs- und Leistungsfähigkeit des Deliktrechts, NJW 1986, 1961ff.
–, Das neue Umwelthaftungsgesetz, NJW 1991, 134ff.
–, Naturverständnis und Umweltrecht, JZ 1998, 223ff.
Hager, Johannes, Der Kupolofenfall, Jura 1991, 303ff.
Hahn, Dittmar, Normenkontrolle von Satzungen nach dem Bundesbaugesetz, JuS 1983, 678ff.
Hahn, Klaus-Günther, Das Recht der Landschaftsplanung: Bestandsaufnahme, Würdigung und Fortentwicklungsmöglichkeiten, Münster 1991, zit.: Hahn, Landschaftsplanung.
Hahn, Werner, Offenbarungspflichten im Umweltschutzrecht, Köln u.a. 1984.
Halama, Günter, Fachrechtliche Zulässigkeitsprüfung und naturschutzrechtliche Eingriffsregelung, NuR 1998, 633ff.
Haller, Robert, Unmittelbare Rechtswirkung der EG-Umweltinformations-Richtlinie im nationalen deutschen Recht – Zugleich Anmerkung zu zwei Urteilen des VG Minden und des VG Stade –, UPR 1994, 88ff.
–, Umfang des Auskunftsanspruchs gegen Behörden im Umweltrecht – Anmerkung zu einem Urteil des OVG Nordrhein-Westfalen vom 19. 1. 1995 –, UPR 1995, 338ff.
–, Zivilrechtlicher Ausgleich unter öffentlich-rechtlichen Störern, ZUR 1996, 21ff.
Hammer, Wilhelm, Rechtsprechungshinweise zum Recht des Greifvogelschutzes und der der Falknerei, NuR 1996, 186ff.
Händel, Ursula M., Chancen und Risiken einer Novellierung des Tierschutzgesetzes, Der Tierschutz muß im Grundgesetz verankert werden, ZRP 1996, 137ff.
Haneklaus, Winfried, Direktwirkung von EG-Richtlinien zu Lasten einzelner?, DVBl. 1993, 129ff.
–, Raumordnung im Bundesstaat, Münster 1993, zit.: Haneklaus, Raumordnung im Bundesstaat.
Hansmann, Klaus, Rechtsprobleme der neuen Smog-Verordnungen, NVwZ 1987, 89ff.
–, Neue Durchführungsvorschriften zum Bundes-Immissionsschutzgesetz, NVwZ 1988, 1000ff.
–, Änderungen des Bundes-Immissionsschutzgesetzes – Genehmigungsvoraussetzung für Industrieanlagen in den neuen Bundesländern, NVwZ 1991, 316ff.
–, Inhalt und Reichweite der Reststoffvorschrift des § 5 I Nr. 3 BImSchG, NVwZ 1990, 409ff.
–, Vorsorgepflichten bei nicht genehmigungsbedürftigen Anlagen, NVwZ 1991, 829ff.
–, Empfiehlt es sich, ein Umweltgesetzbuch zu schaffen, gegebenenfalls mit welchen Regelungsbereichen?, Referat zum 59. DJT, Teil N 8ff., in: Verhandlungen des 59. DJT, Band II, München 1992, zit.: Hansmann, Verhandlungen des 59. DJT.

–, Die Nachsorgepflichten im Immissionsschutzrecht, NVwZ 1993, 921 ff.
–, Schwierigkeiten bei der Umsetzung und Durchführung des europäischen Umweltrechts, NVwZ 1995, 320 ff.
–, Rechtsprobleme bei der Bewertung von Lärm, NuR 1997, 53 ff.
–, Änderungen von genehmigungsbedürftigen Anlagen im Sinne des Immissionsschutzrechts, NVwZ 1997, 105 ff.
–, Änderungen von genehmigungsbedürftigen Anlagen im Sinne des Immissionsschutzrechts, DVBl. 1997, 1421 ff.
–, Die Luftqualitätsrahmenrichtlinie der EG und ihre Umsetzung in deutsches Recht, NuR 1999, 10 ff.
Hartkopf, Günter/*Bohne,* Eberhard, Umweltpolitik, Band I, Opladen 1983, zit.: Hartkopf/Bohne, Umweltpolitik.
Hartlik, Joachim, Bleibt alles anders? Die UVP-Änderungsrichtlinie 97/11/EG und die Konsequenzen für das deutsche UVP-Recht, UVP-report 1999, 79 ff.
–, Kommentierte tabellarische Gegenüberstellung der alten und geänderten UVP-Richtlinie sowie des UVP-Gesetzes, UVP-report 1999, 82 ff.
Hartung, Sven, Zur Grundrechtsfähigkeit der Betreiber von Kernkraftwerken, DÖV 1992, 393 ff.
–, Die Atomaufsicht, Zur staatlichen Aufsicht nach § 19 des Atomgesetzes, Baden-Baden 1992, zit.: Hartung, Atomaufsicht.
Hatje, Armin, Die Heilung formell rechtswidriger Verwaltungsakte im Prozeß als Mittel der Verfahrensbeschleunigung, DÖV 1997, 477 ff.
Hauber, Rudolf, Notwendigkeit und Inhalt einer Kodifikation des Umweltrechts, VR 1992, 265 ff.
Hauck, Ernst, Das Recht der überwachungsbedürftigen Anlagen, GewArch 1987, 145 ff.
Hauser, Jürg A., Bevölkerungs- und Umweltprobleme der Dritten Welt, Band 2, Bern, Stuttgart 1991.
Haustein, H. J., Verbindliche Landschaftsplanung in Nordrhein-Westfalen – Vorsorgender Umweltschutz durch die Kreise, der landkreis 1987, 253 ff.
Häußler, Ulf, Zulassung von Vorhaben nach dem Gentechnikrecht, JA 1997, 909 ff.
Haverkämper, Ulf, Die Privatisierung der kommunalen Abwasserentsorgung – Rechtliche Perspektiven, VR 1996, 223 ff.
Hecht, Dieter, Perspektiven der Abfallwirtschaftspolitik, ZAU 1998, 161 ff.
Hecht, Dieter/*Werbeck,* Nicola, Rücknahmeverpflichtungen als Instrument der Abfallwirtschaft – eine ökonomische Analyse am Beispiel des Dualen Systems Deutschland, ZfU 1995, 49 ff.
Heider, Karsten, Die Bedeutung der behördlichen Duldung im Umweltrecht, NuR 1995, 335 ff.
Heiermann, Ralph, Der Schutz des Bodens vor Schadstoffeintrag – Die Instrumente der direkten Verhaltenssteuerung des öffentlichen Rechts, Berlin 1992, zit.: Heiermann, Bodenschutz.
Heiland, Joachim, Modernisierung des baden-württembergischen Wasserrechts: Das Wasserrechtsvereinfachungs- und -beschleunigungsgesetz 1998, VBlBW 1998, 401 ff.
Heilmann, Friedrich, Die staatliche Verantwortlichkeit für die Sanierung ökologischer Altlasten in den neuen Ländern, LKV 1994, 305 ff.
Heimlich, Jörn, Die Anerkennung der Verleihungsgebühr durch den „Wasserpfennig-Beschluß“ des Bundesverfassungsgerichts, DÖV 1997, 996 ff.
Heine, Günter, Verwaltungsakzessorität des Umweltstrafrechts – rechtsvergleichende Funktionsanalysen – unbestimmte Rechtsbegriffe – Reichweite von Genehmigungen, in: Schulz, Lorenz (Hrsg.), Ökologie und Recht, Köln u. a. 1991, S. 55 ff., zit.: Heine, in: Schulz, Ökologie und Recht.
–, Straftaten gegen die Umwelt, ZStW 1993, 908 ff.
–, Umweltschutzrecht aus historischer Sicht, in: Schubert, Ernst/Herrmann, Bernd (Hrsg.), Von der Angst zur Ausbeutung, Frankfurt 1994, S. 157 ff., zit.: Heine, in: Schubert/Herrmann, Von der Angst zur Ausbeutung.
–, Umweltstrafrecht im Rechtsstaat, ZUR 1995, 63 ff.
–, Strafrecht und „Abfalltourismus“, in: Schmoller, Kurt (Hrsg.), Festschrift für Otto Triffterer zum 65. Geburtstag, Wien 1996, S. 491 ff., zit.: Heine, FS Triffterer.

–, Auswirkungen des Kreislaufwirtschafts- und Abfallgesetzes auf das Abfallstraftrecht, NJW 1998, 3665 ff.
Heintschel von Heinegg, Wolff, Umweltvölkerrecht, in: Rengeling, Hans-Werner (Hrsg.), Handbuch zum europäischen und deutschen Umweltrecht – Eine systematische Darstellung des europäischen Umweltrechts mit seinen Auswirkungen auf das deutsche Recht und mit rechtspolitischen Perspektiven, Band 1 Allgemeines Umweltrecht, Köln u. a. 1998, § 23, zit.: Heintschel von Heinegg, in: Rengeling, EUDUR.
–, EG im Verhältnis zu internationalen Organisationen und Einrichtungen, in: Rengeling, Hans-Werner (Hrsg.), Handbuch zum europäischen und deutschen Umweltrecht – Eine systematische Darstellung des europäischen Umweltrechts mit seinen Auswirkungen auf das deutsche Recht und mit rechtspolitischen Perspektiven, Band 1 Allgemeines Umweltrecht, Köln u. a. 1998, § 22, zit.: Heintschel von Heinegg, in: Rengeling, EUDUR.
Heinz, Eckhard, Staatsziel Umweltschutz in rechtstheoretischer und verfassungstheoretischer Sicht, NuR 1994, 1 ff.
Heister, Johannes/*Stähler,* Franz, Globale Umweltpolitik und Joint Implementation: Eine ökonomische Analyse für die Volksrepublik China, ZfU 1995, 205 ff.
Heitsch, Christian, „Verfestigung" des vorläufigen positiven Gesamturteils trotz Aufhebung der 1. Teilgenehmigung nach Atomrecht, UPR 1994, 250 ff.
Held, Martin, Stoffökologische Perspektiven der Industriegesellschaft, ZAU 1993, 308 ff.
Held, Jürgen, Der Grundrechtsbezug des Verwaltungsverfahrens, Berlin 1984.
Hendler, Reinhard, Zur rechtlichen Beurteilung von Umweltabgaben am Beispiel des „Wasserpfennigs", NuR 1989, 22 ff.
–, Die Sonderabfallabgabe – Zur verfassungsrechtlichen Zulässigkeit eines umweltpolitischen Instruments unter besonderer Berücksichtigung der Rechtslage in Hessen, Stuttgart 1996.
Henke, Peter, Planerhaltung durch Planergänzung und ergänzendes Verfahren – Ein Beitrag zum gerichtlichen Rechtsschutz im Planungsrecht unter besonderer Berücksichtigung der Verkehrswegefachplanung, Münster 1997.
–, Das ergänzende Verfahren im Planfeststellungsrecht, UPR 1999, 51 ff.
Henneke, Hans-Günter, Landwirtschaft und Naturschutz – Normative Regelungen eines ambivalenten Verhältnisses im Verfassungs-, Naturschutz-, Flurbereinigungs-, Raumordnungs- und Bauplanungsrecht unter besonderer Berücksichtigung der Landwirtschaftsklauseln im Naturschutzrecht, Heidelberg 1986, zit.: Henneke, Landwirtschaft u. Naturschutz.
–, Abkehr von der Anthropozentrik im Umwelt- und Planungsrecht, AgrarR 1986, 192 ff.
–, Informelles Verwaltungshandeln im Wirtschaftsverwaltungs- und Umweltrecht, NuR 1991, 267 ff.
–, Der Schutz der natürlichen Lebensgrundlagen in Art. 20 a GG, NuR 1995, 325 ff.
Henseler, Paul, Kompetenzkonflikte paralleler Gestattungsverfahren am Beispiel der Genehmigung von Atomanlagen, DVBl. 1982, 390 ff.
–, Das Recht der Abwasserbeseitigung, Köln 1983, zit.: Henseler, Abwasserbeseitigung.
–, Der Abwasserbegriff des Wasser- und Abfallrechts, NuR 1984, 249 ff.
–, Die 2. Novelle zum Abwasserabgabengesetz – Analyse und Kritik, NVwZ 1987, 551 ff.
Herbert, Alexander, Der Ausgleich zwischen mehreren Sanierungsverantwortlichen nach dem Abfallrecht der Länder Hessen, Thüringen und Rheinland-Pfalz, NVwZ 1994, 1061 ff.
Herdegen, Matthias, Beurteilungsspielraum und Ermessen im strukturellen Vergleich, JZ 1991, 747 ff.
Herkommer, Erwin/*Wollenschläger,* Michael, Standortwahl bei Müllverbrennungsanlagen. Rechtsgrundlagen, Richtlinien und Kriterien, BayVBl. 1994, 129 ff.
Hermanns, Caspar David, Gesetz zur Beschleunigung von Genehmigungsverfahren – Entlastung der Gerichte wird erwartet – LK 1979, 237 ff.
Hermes, Georg, Das Grundrecht auf Schutz von Leben und Gesundheit, Schutzpflicht und Schutzanspruch aus Art. 2 Abs. 2 Satz 1 GG, Heidelberg 1987.

Hesse, Konrad, Grundzüge des Verfassungsrechts der Bundesrepublik Deutschland, 20. Aufl., Heidelberg 1995.
Heublein, Dieter, Auslegung des Forschungsbegriffs in § 3 Nr. 5 des Gentechnikgesetzes, NuR 1993, 12ff.
Hildebrand, Manfred, Novellierung des Clean Air Act in den USA – Konsequenzen für die Elektrizitätswirtschaft ET 1991, 650ff.
Hildebrandt, Burghard, Der Planergänzungsanspruch – Zum Vorrang des Anspruchs auf Planergänzung gegenüber dem Anspruch auf Planaufhebung bei unvollständigen Planfeststellungsbeschlüssen, Berlin 1999, zit.: Hildebrand, Planergänzungsanspruch.
Hilf, Meinhard, Umweltabgaben als Gegenstand von Gemeinschaftsrecht und -politik, NVwZ 1992, 105ff.
–, Die Richtlinie der EG – ohne Richtung, ohne Linie?, EuR 1993, 1ff.
Hill, Hermann, Verfahrensermessen der Verwaltung, NVwZ 1985, 449ff.
–, Optimierung der Organisation kommunaler Verwaltung im Hinblick auf die Sachaufgabe Umweltschutz, Die Verw. 1988, 175ff.
–, Umweltrecht als Motor und Modell einer Weiterentwicklung des Staats- und Verwaltungsrechts, UTR 1994, 91ff.
Himmel, Birgitta/*Sanden,* Joachim, Undichte Abwasserkanäle als strafrechtliches Risiko, ZfW 1994, 449ff.
Himmelmann, Steffen/*Pohl,* Andreas (Hrsg.), Handbuch des Umweltrechts, Stand: Januar 1998, München, zit.: Verf., HdbUR.
Hippel, Eike von, Anmerkung zu OLG Köln, Urt. v. 16. 9. 1985, NJW 1986, 592f.
–, Ausstieg aus der Kernenergie?, ZRP 1995, 414ff.
Hirsch, Günter/*Schmidt-Didczuhn,* Andrea, Gentechnik-Gesetz – ein Schritt in gesetzgeberisches Neuland –, ZRP 1989, 458ff.
–, Herausforderung Gentechnik: Verrechtlichung einer Technologie, NVwZ 1990, 713ff.
–, Gentechnikgesetz – Kommentar –, München 1991, zit.: Hirsch/Schmidt-Didczuhn, GenTG.
Hobe, Stephan, Menschenrecht auf Umweltschutz?, ZUR 1994, 15ff.
Hoffmann, Michael, Grundfragen der grenzüberschreitenden Verbringung von Abfall nach nationalem Recht und nach EG-Recht, Berlin 1994.
–, Verfassungsrechtliche Anforderungen an Rechtsverordnungen zu Produktverantwortung nach dem Kreislaufwirtschafts- und Abfallgesetz, DVBl. 1996, 347ff.
Hoffmann, Bodo-Falk, Die Antragsbefugnis im verwaltungsgerichtlichen Normenkontrollverfahren nach § 47 VwGO. Zugleich eine Untersuchung über Möglichkeit und Notwendigkeit einer Systematisierung einer „allgemeinen Klage- und Antragsbefugnis“, Heidelberg 1984, zit.: Hoffmann, Antragsbefugnis.
Hoffmann-Riem, Wolfgang, Von der Antragsbindung zum konsentierten Optionenermessen – Überlegungen zum immissionsschutzrechtlichen Genehmigungsverfahren mit UVP –, DVBl. 1994, 605ff.
Hoffmann-Riem, Wolfgang/*Schmidt-Aßmann,* Eberhard (Hrsg.), Konfliktbewältigung durch Verhandlungen, Baden-Baden 1990, zit.: Verf., in Hoffmann-Riem/Schmidt-Aßmann, Konfliktbewältigung.
Hofherr, Erich, Bauleitplanung und Landschaftsplanung, UPR 1987, 88ff.
Hofmann, Hasso, Rechtsfragen der atomaren Entsorgung, Stuttgart 1981.
–, Atomgesetz und Recht auf Leben und Gesundheit, BayVBl. 1983, 33ff.
–, Nachweltschutz als Verfassungsfrage, ZRP 1986, 87ff.
–, Natur und Naturschutz im Spiegel des Verfassungsrechts, JZ 1988, 265ff.
Hofmann, Jochen, Bauplanung und Atomrecht – das Beispiel Wiederaufbereitungsanlage Wackersdorf, NVwZ 1989, 225ff.
–, Beschleunigung des Fachplanungsrechts – Erfahrungen aus der abfallrechtlichen Zulassungspraxis –, Die Verw. 1994, 391ff.
Hofmann-Hoeppel, Jochen, „Flächendeckung“ i. S. von § 6 Abs. 3 S. 1 VerpackV – Zur Auslegung eines unbestimmten Rechtsbegriffs, DVBl. 1993, 873ff.
–, Zur Berücksichtigung städtebaulicher Belange im Rahmen der immissionsschutzrechtlichen Genehmigungserteilung. Zugleich eine Anmerkung zum Beschluß des OVG Koblenz vom 13. 9. 1994, BauR 1995, 479ff.
Hohmann, Harald, Ergebnisse des Erdgipfels von Rio – Weiterentwicklung des Umweltvölkerrechts durch die UN-Umweltkonferenz von 1992, NVwZ 1993, 311ff.

Literatur

Hohmann, Olaf, Von den Konsequenzen einer personalen Rechtsgutsbestimmung im Umweltstrafrecht, GA 1992, 76ff.
Hölscheidt, Sven, EU und EG als terminologisches Problem, DVBl. 1996, 1409ff.
–, Öffentliche und private Abfallentsorgung, ZUR 1995, 176ff.
Hölscher, Frank, Die planungsrechtliche Einbindung von immissionsschutzrechtlich genehmigungsbedürftigen Abfallbeseitigungsanlagen nach dem BauROG 1998, NVwZ 1998, 1134ff.
Holtmeier, Ernst-L., Umsetzung der EG-Wasser-Rahmen-Richtlinie (WRR), ZfW 1999, 69ff.
Holznagel, Bernd, Mediation im Umwelt- und Planungsrecht, Jura 1999, 71ff.
Holzwarth, Fritz/*Radtke,* Hans Jörg/*Hilger,* Bernd, Bundes-Bodenschutzgesetz: Handkommentar, Berlin 1998, zit.: Holzwarth/Radtke/Hilger, BBodSchG.
Hönes, Ernst-Rainer, Kultur- und Naturdenkmalpflege, NuR 1986, 225ff.
Hopp, Wolfgang, Rechts- und Vollzugsfragen des Raumordnungsverfahrens – Eine Untersuchung zu den bundesrechtlichen Vorgaben zum Raumordnungsverfahren, zu ihrer Umsetzung im nordrhein-westfälischen und brandenburgischen Landesplanungsrecht und zur Verwaltungspraxis, Münster 1999, zit.: Hopp, RoV.
Hoppe, Werner, Zwischengemeindliche planungsrechtliche Gemeindenachbarklagen – zum interkommunalen Abwägungsgebot (§ 1 Abs. 4 S. 2 BauGB), in: Menger, Christian-Friedrich (Hrsg.), Fortschritte des Verwaltungsrechts, Festschrift für Hans J. Wolff zum 75. Geburtstag, München 1973, S. 307ff., zit.: Hoppe, FS Wolff.
–, Zur Struktur von Normen des Planungsrechts, DVBl. 1974, 641ff.
–, Die „Zusammenstellung des Abwägungsmaterials" und „Einstellung der Belange" in die Abwägung „nach Lage der Dinge" bei der Planung, DVBl. 1977, 136ff.
–, Gerichtliche Kontrolldichte bei komplexen Verwaltungsentscheidungen, in: Bachof, Otto/Heigl, Ludwig/Redeker, Konrad (Hrsg.), Verwaltungsrecht zwischen Freiheit, Teilhabe und Bindung, Festgabe aus Anlaß des 25jährigen Bestehens des Bundesverwaltungsgerichts, München 1978, S. 295ff., zit.: Hoppe, FG BVerwG.
–, Staatsaufgabe Umweltschutz, VVDStRL 38 (1980), S. 211ff.
–, Die wirtschaftliche Vertretbarkeit als Genehmigungsvoraussetzung im Umweltrecht, Studie erstattet im Auftrag der Europäischen Wirtschaftsgemeinschaft – Schlußbericht vorgelegt am 10. Oktober 1982, zit.: Hoppe, Wirtschaftliche Vertretbarkeit.
–, Verwirklichung von Umweltschutz durch Raumordnung und Landesplanung, in: Achterberg, Norbert/Krawietz, Werner/Wyduckel, Dieter (Hrsg.), Recht und Staat im sozialen Wandel, Festschrift für Hans Ulrich Scupin zum 80. Geburtstag, Berlin 1983, S. 737ff., zit.: Hoppe, FS Scupin.
–, Planung und Pläne in der verwaltungsgerichtlichn Kontrolle, in: Erichsen, Hans-Uwe/Hoppe, Werner/Mutius Albert von (Hrsg.), System des verwaltungsgerichtlichen Rechtsschutzes, Festschrift für Christian-Friedrich Menger zum 70. Geburtstag, Köln u. a. 1995, S. 747ff., zit.: Hoppe, FS Menger.
–, (Hrsg.), Das Recht der Raumordnung und Landesplanung in der Bundesrepublik Deutschland, Köln u. a. 1987, zit.: Hoppe, RuL.
–, Die Einschränkung bergbaulicher Berechtigungen durch eine Nationalparkverordnung – am Beispiel des niedersächsischen Wattenmeeres, DVBl. 1987, 757ff.
–, Nationalpark-Verordnung „Niedersächsisches Wattenmeer" und bergbauliche Berechtigung, Köln u. a. 1987.
–, Planung, in: Isensee, Josef/Kirchhof, Paul (Hrsg.), Handbuch des Staatsrechts der Bundesrepublik Deutschland, Band III – Das Handeln des Staates, Heidelberg 1988, zit.: Hoppe, HdbStR.
–, Besprechung von: Umweltgesetzbuch – Allgemeiner Teil, hrsg. von Kloepfer, Michael u. a., DVBl. 1992, 578ff.
–, Die Bedeutung von Optimierungsgeboten im Planungsrecht, DVBl. 1992, 853ff.
–, Die Umweltleitplanung im Entwurf eines Umweltgesetzbuches – Allgemeiner Teil, NJW 1992, 1993ff.
–, Landschaftsplanung als Umweltleitplanung?, UTR 1993, 57ff.
–, Plädoyer für eine verwaltungsgerichtliche Normenkontrolle von Gebietsentwicklungsplänen in Nordrhein-Westfalen – Gegen die normenkontrollfeindliche Haltung des nordrhein-westfälischen Gesetzgebers, in: Bender, Bernd/Breuer, Rüdiger/Ossenbühl, Fritz/Sendler, Horst (Hrsg.), Rechtsstaat zwischen Sozialgestaltung

und Rechtsschutz, Festschrift für Konrad Redeker zum 70. Geburtstag, München 1993, S. 377 ff., zit.: Hoppe, FS Redeker.
–, Ziele der Raumordnung und Landesplanung und Grundsätze der Raumordnung und Landesplanung in normtheoretischer Sicht, DVBl. 1993, 681 ff.
–, Rechtsprobleme bei Standortauswahlverfahren für Abfallentsorgungsanlagen durch private Auftragnehmer, DVBl. 1994, 255 ff.
–, Erste Überlegungen zu einem „Grundsatz der Planerhaltung", in: Berkemann, Jörg/Gaentzsch, Günter/Halama, Günter/Heeren, Helga/Hien, Eckard/Lemmel, Hans-Peter (Hrsg.), Planung und Plankontrolle, Entwicklungen im Bau- und Fachplanungsrecht, Festschrift für Otto Schlichter zum 65. Geburtstag, Köln 1995, S. 87 ff., zit.: Hoppe, FS Schlichter.
–, Probleme des verfassungsgerichtlichen Rechtsschutzes der kommunalen Selbstverwaltung, in: Grupp, Klaus/Ronellenfitsch, Michael (Hrsg.), Kommunale Selbstverwaltung in Deutschland und Europa, Symposium zum 65. Geburtstag von Willi Blümel, Berlin 1995, S. 67 ff., zit.: Hoppe, FS Blümel.
–, (Hrsg.), Gesetz über die Umweltverträglichkeitsprüfung, UVPG, Kommentar, Köln 1995, zit.: Bearb. in: Hoppe, UVPG.
–, Die freie Entfaltung der Persönlichkeit (Art. 2 Abs. 1 GG) und der Schutz der natürlichen Lebensgrundlagen, in: Erichsen, Hans-Uwe/Kollhosser, Helmut/Welp, Jürgen (Hrsg), Recht der Persönlichkeit, Berlin 1996, S. 73 ff., zit.: Hoppe, in: Erichsen, Recht der Persönlichkeit.
–, Überlassungs–, Andienungs- und Entsorgungspflichten, in: Hoppe, Werner/Bauer, Joachim/Faber, Angela/Schink, Alexander (Hrsg.), Auswirkungen des Kreislaufwirtschafts- und Abfallgesetzes auf die öffentlich-rechtlichen Entsorgungsträger, Köln 1996, S. 63 ff., zit.: Hoppe, in: Hoppe/Bauer/Faber/Schink, Auswirkungen des KrW-/AbfG.
–, Der Rechtsgrundsatz der Planerhaltung als Struktur- und Abwägungsprinzip – Ein Vorschlag der Expertenkommission zur Novellierung des Baugesetzbuchs zur Planerhaltung, DVBl. 1996, 12 ff.
–, Der Rechtsgrundsatz der Planerhaltung als Struktur- und Abwägungsprinzip, in: Erbguth, Wilfried/Oebbecke, Janbernd/Rengeling, Hans-Werner (Hrsg.), Abwägung im Recht. Symposium und Verabschiedung von Werner Hoppe am 30. Juni 1995 in Münster aus Anlaß seiner Emeritierung, Köln u. a. 1996, S. 133 ff., zit.: Hoppe, in: Erbguth u. a., Abwägung im Recht.
–, Umsetzung von Richtlinien der EU durch normkonkretisierende Verwaltungsvorschriften? – Die Technische Anleitung Siedlungsabfall auf dem Prüfstand, in: Ipsen, Jörn/Stüer, Bernhard (Hrsg.), Öffentliche Verwaltung in Europa, Symposium aus Anlaß des 60. Geburtstages von Professor Dr. Hans-Werner Rengeling, Köln 1999, S. 5 ff., zit.: Hoppe, in: Ipsen/Stüer, Öffentliche Verwaltung in Europa.
–, Rechtliche Überlegungen zur Alternativenprüfung nach Art. 6 Abs. 4 S. 1 FFH-RL, § 19 c Abs. 3 Nr. 2 BNatSchG, UPR 1999, 426 ff.
Hoppe, Werner/*Appold,* Wolfgang, Umweltverträglichkeitsprüfung – Bewertung und Standards aus rechtlicher Sicht, DVBl. 1991, 1221 ff.
–, (Hrsg.), Städtebaurecht 2000 – Symposium aus Anlaß des 30jährigen Bestehens des Zentralinstituts für Raumplanung an der Universität Münster am 29. September 1994 in Münster, Münster 1995, zit.: Verf., in: Hoppe/Appold, Städtebaurecht 2000.
Hoppe, Werner/*Bauer,* Joachim/*Faber,* Angela/*Schink,* Alexander (Hrsg.), Auswirkungen des Kreislaufwirtschafts- und Abfallgesetzes auf die öffentlich-rechtlichen Entsorgungsträger, Köln 1996, zit.: Verf., in: Hoppe/Bauer/Faber/Schink, Auswirkungen des KrW-/AbfG.
Hoppe, Werner/*Beckmann,* Martin, Juristische Aspekte einer interkommunalen Zusammenarbeit beiderseits der deutsch-niederländischen Grenze, DVBl. 1986, 1 ff.
–, Zur rechtlichen Unbedenklichkeit der alternativlosen Übernahme des Projektentwurfes eines privaten Vorhabenträgers durch die planende Gemeinde, DVBl. 1987, 1249 ff.
–, Rechtsgrundlagen und verfassungsrechtliche Grenzen der Gründung und Auflösung von Wasser- und Bodenverbänden, Berlin 1988.
–, Grundeigentumsschutz bei heranrückendem Bergbau, Köln 1988, zit.: Hoppe/Beckmann, Grundeigentumsschutz.

–, Inhalt und Geltungsanspruch des Gebots der Konfliktbewältigung im Recht der Bauleitplanung, NuR 1988, 6 ff.
–, Verfassungsrechtliche Grenzen der Gründung, Auflösung und Umgestaltung von Wasser- und Bodenverbänden durch den Landesgesetzgeber, UPR 1988, 121 ff.
–, Planfeststellung und Plangenehmigung im Abfallrecht: Vorschläge zur Erleichterung des abfallrechtlichen Zulassungsverfahrens, Berlin 1990.
–, Zur Berücksichtigung von Standortalternativen bei der Zulassung von Abfallentsorgungsanlagen, DÖV 1990, 769 ff.
–, Rechtliche Möglichkeiten des internationalen Austausches von Abfällen und Recycling-Produkten, DVBl. 1995, 817 ff.
Hoppe, Werner/*Bunse,* Benno, Verfahrensrechtliche Probleme bei der Errichtung von Anlagen zur Endlagerung radioaktiver Stoffe, DVBl. 1984, 1033 ff.
Hoppe, Werner/*Erbguth,* Wilfried, Möglichkeiten und Aufgaben des Bundes im Bereich der Raumordnung zur Durchsetzung von Umwelterfordernissen, DVBl. 1983, 1213 ff.
–, Geltendes Recht der Landschaftsplanung in Bund und Ländern, in: Landschaftsplanung – Erfahrungen mit dem neuen Naturschutzrecht –, Köln 1984, S. 446 ff., zit.: Hoppe/Erbguth, Landschaftsplanung.
Hoppe, Werner/*Grotefels,* Susan, Öffentliches Baurecht, München 1995, zit.: Verf., in: Hoppe/Grotefels, ÖffBauR.
Hoppe, Werner/*Haneklaus,* Winfried, Raumordnungsverfahren in den fünf neuen Bundesländern – Rechtslage, Durchführungshindernisse und Lösungsansätze, DVBl. 1991, 549 ff.
Hoppe, Werner/*Henke,* Peter, Der Grundsatz der Planerhaltung im neuen Städtebaurecht, DVBl. 1997, 1407 ff.
Hoppe, Werner/*Just,* Jan-Dirk, Zur Ausübung der planerischen Gestaltungsfreiheit bei der Planfeststellung und Plangenehmigung, DVBl. 1997, 789 ff.
Hoppe, Werner/*Kauch,* Petra (Hrsg.), Raumordnungsziele nach Privatisierung öffentlicher Aufgaben – Kolloquium des Zentralinstituts für Raumplanung am 13. März 1996 in Münster, Münster 1996, zit.: Verf., in: Hoppe/Kauch, Raumordnungsziele nach Privatisierung öffentlicher Aufgaben.
Hoppe, Werner/*Krane,* Christian, Rechtsprobleme des baurechtlichen Bestandsschutzes, in: Bauer, Hartmut/Breuer, Rüdiger/Degenhart, Christoph/Oldiges, Martin (Hrsg.), 100 Jahre Allgemeines Baugesetz in Sachsen 1900–2000, Festschrift aus Anlaß des 100 jährigen Jubiläums des Allgemeinen Baugesetzes für das Königreich Sachsen vom 1. Juli 1900, Berlin 1999 (im Erscheinen) zit.: Hoppe/Krane, in: Bauer/u. a., 100 Jahre Allgemeines Baugesetzbuch.
Hoppe, Werner/*Püchel,* Gerald, Zur Anwendung der Art. 3 und 8 EG-Richtlinie zur UVP bei der Genehmigung nach dem Bundes-Immissionsschutzgesetz, DVBl. 1988, 1 ff.
Hoppe, Werner/*Sandner,* Wolfram, Zur Reichweite des Verbots TCB-belasteter Recyclingprodukte, NuR 1999, 311 ff.
Hoppe, Werner/*Schlarmann,* Hans, Rechtsschutz bei der Planung von Straßen und anderen Verkehrsanlagen, München 1981, zit.: Hoppe/Schlarmann, Rechtsschutz.
–, Die planerische Vorhabengenehmigung, Köln u. a. 1999.
Hoppe, Werner/*Schoeneberg,* Jörg, Raumordnungs- und Landesplanungsrecht des Bundes und des Landes Niedersachsen, eine systematische Gesamtdarstellung des Bundes- und des Länderrechts in Einzelausgaben, Köln u. a. 1987, zit.: Bearb., in: Hoppe/Schoeneberg, RuL.
Hoppe, Werner/*Weidemann,* Clemens, Verwaltungsrechtliche Grundlagen dualer Entsorgungssysteme, Köln u. a. 1999.
Hoppenberg, Michael (Hrsg.), Handbuch des öffentlichen Baurechts, München, Stand: September 1994, zit.: Verf., HdbÖffBauR.
Hoppenberg, Michael/*Meiners,* Claus/*Martens,* Claus-Peter, Die Zulässigkeit von Mobilfunkbasisstationen aus bau- und immissionsschutzrechtlicher Sicht, NVwZ 1997, 12 ff.
Horbach, Jens, Umweltbewußtsein in Deutschland: Ein Ost-West-Vergleich, ZAU 1993, 44 ff.
Hösch, Ulrich, Die privatnützige Planfeststellung, ZfW 1997, 79 ff.

Hötzel, Hans-Joachim, Zur Fortentwicklung und Angleichung des Rechts der ausgleichspflichtigen Inhaltsbestimmung des Eigentums im Naturschutz- und Wasserhaushaltsrecht, AgrarR 1995, 43 ff.
Huber, Peter M., Zum Gestaltungsspielraum des Landesgesetzgebers im Kreislaufwirtschaftsrecht, ThürVBl. 1999, 97 ff.
Huber-Sentrup, Eugen, Schutz- vor Nutzfunktion?, NVwZ 1991, 1149 f.
Hübler, Karl-Hermann (Hrsg.), UVP von Plänen und Programmen, Bonn 1992, zit.: Verf., in: Hübler, UVP von Plänen und Programmen.
Hübler, Karl-Hermann/*Bachmann,* Günther/*Horn,* Rainer/*Kantzow,* Wolfgang/*Schwarze,* Michael, Zur Regionalisierung umweltpolitischer Ziele, Beispiel Boden, Umweltbundesamt (Hrsg.), Texte 6/83, Berlin 1983, zit.: Hübler u. a., Regionalisierung.
Hübner, Alexandra, Neue Konzepte im Umweltrecht/Modernisierung durch Effektivierung, Beschleunigung, Vereinfachung? – Bericht über die 3. Umweltrechtliche Tagung des Vereins für Umweltrecht e. V. –, UPR 1996, S. 380 f.
Hufen, Friedhelm/*Leiß,* Dieter, Ausgewählte Probleme beim Erlaß von Baumschutzsatzungen, BayVBl. 1987, 289 ff.
Hulpke, Herwig/*Schendel,* Frank Andreas, Das Abwasserabgabengesetz vor der 4. Novelle, ZAU 1993, 160 ff.
Hummer, Waldemar (Hrsg.), Die EU nach dem Vertrag von Amsterdam, Wien 1998, zit.: Verf., in: Hummer, Die EU nach dem Vertrag von Amsterdam.
Huster, Stefan, Baubeschränkungen in Wasserschutzgebieten, NuR 1992, 56 ff.
–, Gehört der Tierschutz ins Grundgesetz?, ZRP 1993, 326 ff.
Hüting, Ralf, Die Wirkung der behördlichen Duldung im Umweltstrafrecht, Berlin 1996.
Hüttenbrink, Jost, Das Recht auf fehlerfreie Abwägung als subjektiv-öffentliches Recht i. S. der Antragsbefugnis gemäß § 47 Abs. 2 VwGO n. F., DVBl. 1997, 1254 ff.
Huter, Otto/*Bleicher,* Ralf, Der Rat von Sachverständigen für Umweltfragen und die Rolle der Kommunen in der Abfallwirtschaft – eine erste Bewertung –, ZAU 1998, 156 ff.

Ibler, Martin, Die Schranken planerischer Gestaltungsfreiheit im Planfeststellungsrecht, Berlin 1988, zit.: Ibler, Schranken planerischer Gestaltungsfreiheit.
Ipsen, Jörn, Einwendungsbefugnis und Einwendungsausschluß im atomrechtlichen Genehmigungsverfahren, DVBl. 1980, 146 ff.
Ipsen, Jörn/*Stüer,* Bernhard (Hrsg.), Öffentliche Verwaltung in Europa, Symposium aus Anlaß des 60. Geburtstages von Professor Dr. Hans-Werner Rengeling, Köln 1999, zit.: Verf. in: Ipsen/Stüer, Öffentliche Verwaltung in Europa.
Ipsen, Knut, Die „Zuverlässigkeit" im Sinne des Atomgesetzes, et 1998, 725 ff.
Isensee, Josef/*Kirchhof,* Paul (Hrsg.), Handbuch des Staatsrechts der Bundesrepublik Deutschland, Band III – Handeln des Staates –, Heidelberg 1988, Band IV – Finanzverfassung – Bundesstaatliche Ordnung –, Heidelberg 1990, Band V – Allgemeine Grundrechtslehren –, Heidelberg 1992, Band VI – Freiheitsrechte –, Heidelberg 1989, zit.: Verf., HdbStR.
Iven, Klaus, Schutz natürlicher Lebensräume und Gemeinschaftsrecht, NuR 1996, 373 ff.
–, Aktuelle Fragen des Umgangs mit bestehenden oder potentiellen Schutzgebieten von gemeinschaftsrechtlicher Bedeutung, UPR 1998, 361 ff.

Jacobs, Otto-Wilhelm, Ein Magna Jurispudentio des vorläufigen Rechtsschutzes – Gedanke zu Friedrich Schoch: Vorläufiger Rechtsschutz und Risikoverteilung im Verwaltungsrecht, VBlBW 1990, 446 ff.
Jacobs, Rainer, Amtshaftungs- und Entschädigunganspriche bei rechtswidrigem Smog-Alarm, NVwZ 1987, 100 ff.
Jäde, Henning, Beschleunigung von Genehmigungsverfahren nach dem Genehmigungsverfahrensbeschleunigungsgesetz, UPR 1996, 361 ff.
–, in: Birkl, Nikolaus (Hrsg.), Nachbarschutz im Bau–, Umwelt- und Zivilrecht: Planung, Genehmigung, abwehrtechnische Regelwerke, München 1990, S. 1 ff., zit.: Jäde, in: Birkl, Nachbarschutz.

Jäger, Manuela/*Weber,* Barbara, Risiken der Gentechnologie – Die Manipulation des Lebens, IUR 1992, 205 f.
Jahn, Ralf, Frieden im Biergartenstreit?, GewArch 1996, 407 ff.
–, Bayerische Biergärten in preußischer Hand, NVwZ 1996, 663 ff.
Jänkel, Ralph, Fortgeltung von DDR-Umweltrecht, IUR 1991, 57 ff.
Jankowski, Klaus, Eine Einführung in das System der Integrated Pollution Control im englischen Umweltrecht, NuR 1997, 113 ff.
–, Die Neustrukturierung der britischen Umweltverwaltung, Die Environment Agency für England und Wales, ZUR 1998, 237 ff.
Jannasch, Alexander, Einwirkungen des Gemeinschaftsrechts auf den vorläufigen Rechtsschutz, NVwZ 1999, 445 ff.
Janning, Heinz, Verkehrslärmschutz, StuGB 1987, 481 ff.
Jarass, Hans D., Die Gemeinde als „Drittbetroffener" – Probleme der Klagebefugnis, insbesondere bei der Anfechtung einer atomrechtlichen Genehmigung, DVBl. 1976, 732 ff.
–, Die Abgrenzung parallel erforderlicher Anlagengenehmigungen – Für eine Konzentration von Genehmigungen, DÖV 1978, 21 ff.
–, Gaststättenlärm und Sperrzeit, NJW 1981, 721 ff.
–, Konkurrenz, Konzentration und Bindungswirkung von Genehmigungen, Berlin 1983.
–, Bindungs- und Präklusionswirkung von Teilgenehmigung und Vorbescheid – Zugleich ein Beitrag zum Regelungsgegenstand dieser Akte –, UPR 1983, 241 ff.
–, Schädliche Umwelteinwirkungen – Inhalt und Grenzen eines Kernbegriffs des Immissionsschutzrechts –, DVBl. 1983, 725 ff.
–, Der Rechtsschutz Dritter bei der Genehmigung von Anlagen – Am Beispiel des Immissionsschutzrechts, NJW 1983, 2844 ff.
–, Grundfragen der innerstaatlichen Bedeutung des EG-Rechts, Köln 1984.
–, Effektivierung des Umweltschutzes gegenüber bestehenden Anlagen, DVBl. 1985, 193 ff.
–, Grundrechte als Wertentscheidungen bzw. objektivrechtliche Prinzipien in der Rechtsprechung des Bundesverfassungsgerichts, AöR 1985, 363 ff.
–, Reichweite des Bestandsschutzes industrieller Anlagen gegenüber umweltrechtlichen Maßnahmen – Anforderungen an bestehende Anlagen und ihre Durchsetzung mittels formaler und informaler Instrumente –, DVBl. 1986, 314 ff.
–, Die jüngsten Änderungen des Immissionsschutzrechts, NVwZ 1986, 607 ff.
–, Die Bekanntgabe des Smog-Alarms – Probleme des Rechtscharakters, der Rechtmäßigkeit und des Rechtsschutzes, NVwZ 1987, 95 ff.
–, Der rechtliche Stellenwert technischer und wissenschaftlicher Standards – Probleme und Lösungen am Beispiel der Umweltstandards, NJW 1987, 1225 ff.
–, Die Anwendung neuen Umweltrechts auf bestehende Anlagen, Die Altanlagenproblematik im deutschen Recht, im Recht anderer europäischer Staaten und im EG-Recht, Baden-Baden 1988.
–, Die Vorgaben des Europäischen Gentechnikrechts für das deutsche Recht, NuR 1991, 49 ff.
–, Das untergesetzliche Regelwerk im Bereich des Atom- und Strahlenschutzrechts, in: Lukes, Rudolf (Hrsg.), Reformüberlegungen zum Atomrecht, Köln 1991, S. 367 ff., zit.: Jarass, in: Lukes, Reformüberlegungen zum AtomR.
–, Leitvorstellungen einer Verteilung der Regelungsmaterien des Atom- und Strahlenschutzrechts, in: Lukes, Rudolf (Hrsg.), Reformüberlegungen zum Atomrecht, Köln 1991, S. 437 ff., zit.: Jarass, in: Lukes, Reformüberlegungen zum AtomR.
–, Grundstrukturen des Gesetzes über die Umweltverträglichkeitsprüfung, NuR 1991, 201 ff.
–, Haftung für die Verletzung von EU-Recht durch nationale Organe und Organsträger, NJW 1994, 881 ff.
–, Der Umfang einer immissionsschutzrechtlich genehmigungsbedürftigen Anlage, NVwZ 1995, 529 ff.
–, Umweltverträglichkeitsprüfung bei Industrievorhaben: eine rechts- und verwaltungswissenschaftliche Untersuchung, Köln u. a. 1996, zit.: Jarass, Umweltverträglichkeitsprüfung bei Industrievorhaben.

–, Wirtschaftsverwaltungsrecht mit Wirtschaftsverfassungsrecht, 3. Aufl., Berlin u. a. 1997, zit.: Verf., in: Jarass, WiVwR.
–, Die Beteiligung von Naturschutzverbänden an der Änderung von Planfeststellungsbeschlüssen und an Plangenehmigungen, NuR 1997, 426 ff.
–, Aktuelle Probleme des Planfeststellungsrechts – Plangenehmigung, Planänderung, Planergänzung, ergänzendes Verfahren, DVBl. 1997, 795 ff.
–, (Hrsg.), Raumordnungsgebiete (Vorbehalts–, Vorrang- und Eignungsgebiete) nach dem neuen Raumordnungsgesetz – Symposium des Zentralinstituts für Raumplanung am 28. September 1998 in Münster, Münster 1998, zit.: Verf., in: Jarass, Raumordnungsgebiete.
–, Neue (und alte) Probleme bei der Änderung immissionsschutzrechtlicher Anlagen, NJW 1998, 1097 ff.
–, Beschränkung der Abfallausfuhr und EG-Recht, NuR 1998, 397 ff.
–, Die materiellen Voraussetzungen der Planfeststellung in neuerer Sicht – Dogmatische Grundlagen und praktische Folgen, insb. im Verkehrswegebereich, DVBl. 1998, 1202 ff.
–, Bindungswirkung von Verwaltungsvorschriften, JuS 1999, 105 ff.
–, Nichtsteuerliche Abgaben und lenkende Steuern unter dem Grundgesetz, Eine systematische Darstellung verfassungsrechtlicher Probleme mit Anwendungsfällen aus dem Bereich der Umweltabgaben, Köln 1999.
–, Bundes-Immissionsschutzgesetz (BImSchG), Kommentar, 4. Aufl., München 1999, zit.: Jarass, BImSchG.
–, Wirkungen des EG-Rechts in den Bereichen der Raumordnung und des Städtebaus, DÖV 1999, 661 ff.
–, Inhalte und Wirkungen der TA Siedlungsabfall – Zugleich ein Beitrag zu den rechtlichen Wirkungen von Verwaltungsvorschriften, Berlin 1999.
Jarass, Hans D./*Kloepfer,* Michael/*Kunig,* Philip/*Papier,* Hans-Jürgen/*Peine,* Franz-Joseph/*Rehbinder,* Eckhard/*Salzwedel,* Jürgen/*Schmidt-Aßmann,* Eberhard, Umweltgesetzbuch – Besonderer Teil (UGB-BT), Berlin 1994, zit.: Jarass/u. a., UGB-BT-E.
Jarass, Hans D./*Pieroth,* Bodo, Grundgesetz für die Bundesrepublik Deutschland, Kommentar, 4. Aufl., München 1997, zit.: Bearb., in: Jarass/Pieroth, GG.
Jeckewitz, Jürgen, Deutscher Bundestag und Rechtsverordnungen, NVwZ 1994, 956 ff.
Jenke, Hans-Joachim, Nochmals: Die rechtliche Regulierung des Elektrosmogs – Anmerkung zum Aufsatz von Roßnagel/Neuser, UPR 1993, 403 ff. –, UPR 1994, 138 ff.
Jenzen, Energiesteuern im nationalen und internationalen Recht: eine verfassungs–, europa- und welthandelsrechtliche Untersuchung, Frankfurt/Main 1998.
Jessel, Beate, Die FFH-Verträglichkeitsprüfung, Unterschiede gegenüber der UVP und zusätzliche Anforderung, NuL 1999, 69 ff.
Jobs, Thorsten, Zur Gesetzgebungskompetenz für Umweltsteuern – Konsequenzen aus den Urteilen des BVerfG vom 7. 5. 1998 für eine „ökologische Steuerreform" im Bund –, DÖV 1998, 1039 ff.
Jonas, Hans, Das Prinzip Verantwortung. Versuch einer Ethik für die technologische Zivilisation, 3. Aufl., Frankfurt a. M. 1993, zit.: Jonas, Das Prinzip Verantwortung.
Jörgensen, Meike, Das Reststoffvermeidungs- und Verwertungsgebot – Eine Untersuchung zu § 5 Abs. 1 Nr. 3 BImSchG, Heidelberg 1994.
Jünemann, Matthias, Zum Verhältnis von Verwaltungsrecht und Strafrecht unter besonderer Berücksichtigung von § 330 d Nr. 5 StGB, UPR 1997, 399 ff.
Jung, Ludwig/*Preuß,* Hans-Ulrich, Boden, in: Buchwald, Konrad/Engelhardt, Wolfgang (Hrsg.), Handbuch für Planung, Gestaltung und zum Schutz der Umwelt, Band 2, München u. a. 1978, S. 24 ff., zit.: Jung/Preuß, in: Buchwald/Engelhardt, Planung und Gestaltung.
Jungnickel, Sebastian/*Bree,* Axel, Wann ist eine Anlage „eigen" im Sinne des § 13 Abs. 1 S. 2 KrW-/AbfG?, UPR 1996, 297 ff.
Jungnickel, Sebastian/*Winands,* Petra, Verbände nach § 17 I, III KrW-/AbfG – Ein verkanntes oder unattraktives Instrument?, LKV 1999, 289 ff.
Junker, Wolf-Hendrik, Die Stillegungs-, Einschluß- und Abbaugenehmigung für Kernkraftwerke nach § 7 Abs. 3 des Atomgesetzes, Köln u. a. 1990, zit.: Junker, Stillegungs-, Einschluß- und Abbaugenehmigung.

–, Technische und rechtliche Fragen der Stillegung und Beseitigung nuklearer Anlagen in der Bundesrepublik Deutschland – Tagungsbericht über eine Fachtagung am 7. und 8. Mai 1992 in Karlsruhe, DVBl. 1992, 1214f.

Kadelbach, Stefan, Die Vereinbarkeit des Verbots der Wiederaufbereitung im Ausland mit Völkerrecht, ZUR 1999, 257ff.

Kahl, Wolfgang, Umweltprinzip und Gemeinschaftsrecht. Eine Untersuchung zur Rechtsidee des „bestmöglichen Umweltschutzes" im EWG-Vertrag, Heidelberg 1993.

–, Der Vollzug des europäischen Umweltrechts, DÖV 1995, 860ff.

–, Die Privatisierung der Entsorgungsordnung nach dem Kreislaufwirtschafts- und Abfallgesetz, DVBl. 1995, 1327ff.

Kaiser, Thomas, Aufbau und Inhalt einer FFH-Verträglichkeitsstudie – Methodisches Vorgehen trotz fehlender Umsetzung des EU-Rechts, NuL 1998, 165ff.

Kaltenborn, Markus, Die formellen Anforderungen an die Anordnung der sofortigen Vollziehbarkeit gem. § 80 Abs. 2 S. 1 Nr. 4, Abs. 3 VwGO, DVBl. 1999, 828ff.

Kasten, Verena, Europarechtliche und völkerrechtliche Aspekte der grenzüberschreitenden Abfallverbringung, Frankfurt 1997.

Kaster, Georg, Das Verhältnis von immissionsschutzrechtlicher Genehmigung und wasserrechtlicher Erlaubnis, Ein Beitrag zur Problematik paralleler Gestattungsverfahren und Umweltstandards setzender normkonkretisierender Verwaltungsvorschriften, Berlin 1996, zit.: Kaster, immissionsschutzrechtl. Genehmigung und wasserrechtl. Erlaubnis.

Kaster, Georg/*Reinhardt,* Michael, Verwaltungsentscheidungen im Überschneidungsbereich von Baurecht und Wasserrecht, NVwZ 1993, 1059ff.

Kauch, Petra, Bodenschutz aus bundesrechtlicher Sicht: Bestandsaufnahme, Defizitanalyse und Weiterentwicklungsmöglichkeiten, Münster 1993, zit.: Kauch, Bodenschutz.

–, Die Raumordnung bei der immissionsschutzrechtlichen Genehmigung von Abfallentsorgungsanlagen, Münster 1995.

–, Verfahrensbeschleunigung bei der Planung von Fernstraßen und Abfallentsorgungsanlagen, Münster 1994.

Kauch, Petra/*Roer,* Friederike, Das Verhältnis von Bauleitplanung und Fachplanungen, Münster 1997, zit.: Kauch/Roer, Bauleitplanung und Fachplanungen.

Kaus, Volker, Noch einmal: Chemisierung der Umwelt: Phänomen und juristische Antwort, NVwZ 1997, 353ff.

Keding, Carl Friedrich, Das künftige Bundes-Bodenschutzgesetz – Fragen und Erwartungen – Bericht über ein Symposium des Instituts für Umwelt- und Planungsrecht der Universität Leipzig am 17. und 18. April 1996 –, DVBl. 1996, 975ff.

Kehl, Heinz-Joachim, Strukturen des neuen Bodenschutzrechts, VBlBW 1999, 83ff.

Kempis, Karl/*Holst,* Heike, Abfallwirtschaftsplanung, in: Rengeling, Hans-Werner (Hrsg.), Handbuch zum Europäischen Umweltrecht – Eine systematische Darstellung des europäischen Umweltrechts mit seinen Auswirkungen auf das deutsche Recht und mit rechtspolitischen Perspektiven, Band 2, Köln u.a 1998, § 72, zit.: Kempis/Holst, in: Rengeling, EUDUR.

Keppeler, Jürgen, Zur Versagung wasserrechtlicher Gestattungen nach § 6 WHG, NVwZ 1992, 137ff.

Kersten, Jens, Umweltschutz und Planung – Bericht der Fachtagung des Forschungszentrums Umweltrecht und des Instituts für Deutsches und Internationales Baurecht e.V. an der Humboldt-Universität in Berlin –, DVBl. 1996, 905ff.

Kersting, Andreas, Die Vorgaben des europäischen Abfallrechts für den deutschen Abfallbegriff, DVBl. 1992, 343ff.

–, Das Kreislaufwirtschafts- und Abfallgesetz – Eine Chance?, DVBl. 1994, 273ff.

–, Ist die Verwertung von Abfallgemischen rechtlich unmöglich, NVwZ 1998, 1153ff.

–, Die Wechselwirkung zwischen Abfallwirtschaftsplan und Abfallwirtschaftskonzept, NWVBl. 1999, 161ff.

Kessel, Hans/*Tischler,* Wolfgang, Ökologische Wertvorstellungen in westlichen Industrienationen, Berlin 1984, zit.: Kessel/Tischler, Ökologische Wertvorstellungen.

Ketteler, Gerd, Sportanlagenlärmschutzverordnung. Bedeutung der 18. BImSchV im Hinblick auf das Immissionsschutzrecht, Baurecht und Zivilrecht einschließlich des Rechtsschutzes, Heidelberg 1998, zit.: Ketteler, SportanlagenlärmschutzVO.

–, Die Anwendbarkeit der 18. BImSchV (SportanlagenlärmschutzVO) und der BauNVO auf Bolzplätze und vergleichbare Anlagen zur sportlich-spielerischen Betätigung, BauR 1997, 959 ff.

Ketteler, Gerd/*Kippels,* Kurt, Umweltrecht, Eine Einführung in die Grundlagen unter besonderer Berücksichtigung des Wasser-, Immissionsschutz-, Abfall- und Naturschutzrechts, Köln 1988, zit.: Ketteler/Kippels, UmweltR.

Kienle, Thomas, Bioethik und Pränataldiagnostik, ZRP 1996, 253 ff.

–, Chemisierung der Umwelt – Phänomen und juristische Antwort, NVwZ 1996, 871 ff.

–, Das Verbot des Klonens von Menschen, ZRP 1998, 186 ff.

Kilian, Michael, Umweltschutz durch internationale Organisationen, Tübingen 1986.

–, Finanzierung des Umweltschutzes, in: Rengeling, Hans-Werner (Hrsg.), Handbuch zum europäischen und deutschen Umweltrecht, Band 1 Allgemeines Umweltrecht, Köln u. a. 1998, § 6, zit.: Kilian, in: Rengeling, EUDUR.

Kimber, Cliona J. M./*Eckardt,* Felix, Zugang zu Umweltinformationen in Großbritannien und Deutschland – Eine rechtsvergleichende und empirische Untersuchung, NuR 1999, 262 ff.

Kimminich, Otto, Umweltschutz – Prüfstein der Rechtsstaatlichkeit, 1. Aufl., Linz 1987, zit.: Kimminich, Umweltschutz, Prüfstein der Rechtsstaatlichkeit.

–, Ausgleichszahlungen für Land- und Forstwirtschaft in Wasserschutzgebieten, NuR 1989, 2 ff.

–, Die Eigentumsgarantie im Natur- und Denkmalschutz, NuR 1994, 261 ff.

Kimminich, Otto/*Lersner,* Heinrich von/*Storm,* Peter-Christoph (Hrsg.), Handwörterbuch des Umweltrechts, Band 1 und 2, 1. Aufl., Berlin 1986, zit.: Verf., HdUR (1986).

–, Handwörterbuch des Umweltrechts, Band 1 und 2, 2. Aufl., Berlin 1994, zit.: Verf., HdUR.

Kind, Hansgeorg, Ist die gesetzliche Verpflichtung des Exekutive zur (letztverbindlichen) Auslegung eines „unbestimmten Rechtsbegriffes" durch Allgemeine Verwaltungsvorschriften verfassungswidrig? – Probleme der Neuregelung des § 7 a WHG? –, DÖV 1988, 679 ff.

Kindhäuser, Urs, Rechtstheoretische Grundfragen des Umweltstrafrechts, in: Letzgus, Klaus, (Hrsg.), Für Recht und Staat, Festschrift für Herbert Helmrich zum 60. Geburtstag, München 1994, S. 967 ff., zit.: Kindhäuser, FS Helmrich.

Kippes, Stephan, Struktur und Ablauf von Bargaining-Prozessen bei der Sanierung von Altlasten, VR 1997, 41 ff.

Kirchgässner, Gebhard, Das Verursacherprinzip, Leerformel oder regulative Idee?, JZ 1990, 1042 ff.

Kirchhof, Ferdinand, Der Baden-Württembergische „Wasserpfennig", NVwZ 1987, 1031 ff.

–, Umweltabgaben – Die Regelungen in der Europäischen Gemeinschaft und ihren Mitgliedstaaten, in: Rengeling, Hans-Werner (Hrsg.), Handbuch zum europäischen und deutschen Umweltrecht – Eine systematische Darstellung des europäischen Umweltrechts mit seinen Auswirkungen auf das deutsche Recht und mit rechtspolitischen Perspektiven, Band 1 Allgemeines Umweltrecht, Köln u. a. 1998, § 38, zit.: Kirchhof, in: Rengeling, EUDUR.

Klauer, Bernd, Was ist Nachhaltigkeit und wie kann man eine nachhaltige Entwicklung erreichen?, ZAU 1999, 86 ff.

Klaus, Joachim, Ansätze und Entwicklungslinien einer umweltökonomischen Berichterstattung, ZAU 1994, 197 ff.

Klein, Eberhardt, Umweltschutz im völkerrechtlichen Nachbarrecht, Berlin 1976.

Klein, Eckhard, Grundrechtliche Schutzpflichten des Staates, NJW 1989, 1633 ff.

Klein, Hans Hugo, Ein Grundrecht auf saubere Umwelt?, in: Schneider, Hans/Volkmar, Götz (Hrsg.), Festschrift für Werner Weber, Berlin 1974, S. 643 ff., zit.: Klein, FS Weber.

–, Die grundrechtliche Schutzpflicht, DVBl. 1994, 489 ff.

Kleinlein, Kornelius, Neues zum Verhältnis von öffentlichem und privatem Nachbarrecht, NVwZ 1982, 668 ff.
–, Das System des Nachbarrechts, Düsseldorf 1987.
–, Die ausgleichspflichtige Inhaltsbestimmung – eine Alternative zur Enteignung?, DVBl. 1991, 365 ff.
Klett, Wolfgang/*Kaninski,* Ralf/*Konzak,* Olaf, Erste Erfahrungen bei der Anwendung der EG-Abfallverbringungsverordnung, WiVerw 1995, 40 ff.
Klett, Wolfgang/*Köller,* Henning von/*Schmitt-Gleser,* Gerhard (Hrsg.), 4. Kölner Abfalltage, Kreislaufwirtschafts- und Abfallgesetz – Das Abfallregime auf dem Vormarsch in die Produktion, Materialien zur Veranstaltung in Köln am 14./15. November 1995, Köln 1996, S. 123 ff., zit.: Hoppe, 4. Kölner Abfalltage.
Klindt, Thomas, Die Bekämpfung des Baustellenlärms: Produkt- und anlagenbezogener Immissionsschutz, Baden-Baden 1997.
–, Das novellierte Gesetz über die elektromagnetische Verträglichkeit von Geräten (EMVG), NJW 1999, 175 ff.
Klöck, Oliver, Stoffliche und energetische Abfallverwertung im KrW-/AbfG, ZUR 1997, 117 ff.
–, Die Bedeutung des Grundsatzes der Entsorgungsautarkie und des Prinzips der Nähe für die Umsetzung der Technischen Anleitung Siedlungsabfall, NuR 1998, 180 ff.
–, Die Verwertung von Hausmüll nach dem KrW-/AbfG, NuR 1999, 441 ff.
Kloepfer, Michael, Systematisierung des Umweltrechts, Forschungsbericht 77–10106007 im Auftr. d. Umweltbundesamtes, Berlin 1978, zit.: Kloepfer, Systematisierung.
–, Zum Grundrecht auf Umweltschutz, Berlin 1978, zit.: Kloepfer, Grundrecht auf Umweltschutz.
–, Umweltschutz und Recht, BB 1978, 1729 ff.
–, Rechtsschutz im Umweltschutz, VerwArch 1985, 371 ff.
–, Die Verantwortlichkeit für Altlasten im öffentlichen Recht – dargestellt am Problem der Deponiesanierung –, in: Altlasten und Umweltrecht, 1. Trierer Kolloquium zum Umwelt- und Technikrecht, UTR (1) 1986, 17 ff.
–, Rechtsschutz im Umweltschutz, VerwArch 1986, 30 ff.
–, Instrumente des staatlichen Umweltschutzes in der Bundesrepublik Deutschland, UTR 1987, 1 ff.
–, Umweltschutz und Verfassungsrecht, DVBl. 1988, 305 ff.
–, Das Umweltrecht in der deutschen Einigung. Zum Umweltrecht im Einigungsvertrag und zum Umweltrahmengesetz, Berlin 1991, zit.: Kloepfer, UmweltR in der deutschen Einigung.
–, Umweltrecht im geeinten Deutschland, DVBl. 1991, 1 ff.
–, Zu den neuen umweltrechtlichen Handlungsformen des Staates, JZ 1991, 737 ff.
–, Empfiehlt es sich, ein Umweltgesetzbuch zu schaffen, ggf. mit welchen Regelungsbereichen?, JZ 1992, 817 ff.
–, Handeln unter Unsicherheit im Umweltstaat, in: Gethmann, Carl Friedrich/Kloepfer, Michael (Hrsg.), Handeln unter Risiko im Umweltstaat, Berlin 1993, S. 55 ff., zit.: Kloepfer, in: Gethmann/Kloepfer, Handeln unter Risiko im Umweltstaat.
–, Betrieblicher Umweltschutz als Rechtsproblem, DB 1993, 1125 ff.
–, Zur Kodifikation des Besonderen Teils eines Umweltgesetzbuches (UGB-BT), DVBl. 1994, 305 ff.
–, Zur Geschichte des deutschen Umweltrechts, Berlin 1994.
–, Umweltschutz als Verfassungsrecht: Zum neuen Art. 20 a GG, DVBl. 1996, 73 ff.
–, Umweltrecht, 2. Aufl., München 1998, zit.: Kloepfer, UmweltR.
Kloepfer, Michael/*Bosselmann,* Klaus, Zentralbegriffe des Umweltchemikalienrechts: rechtsvergleichende Analysen und Vorschläge zur internationalen Harmonisierung, Berlin 1985, zit.: Kloepfer/Bosselmann, Zentralbegriffe des UmweltchemikalienR.
Kloepfer, Michael/*Brandner,* Thilo, Einlagerung radioaktiver Abfälle – Zum Umfang der Genehmigung für das Endlager für radioaktive Abfälle Morsleben (ERAM), ZUR 1993, 269 ff.
Kloepfer, Michael/*Delbrück,* Kilian, Zum neuen Gentechnikgesetz (GenTG), DÖV 1990, 897 ff.

Kloepfer, Michael/*Durner,* Wolfgang, Der Umweltgesetzbuch-Entwurf der Sachverständigenkommission (UGB-KomE), DVBl. 1997, 1081 ff.

Kloepfer, Michael/*Elsner,* Thomas, Selbstregulierung im Umwelt- und Technikrecht, DVBl. 1996, 964 ff.

Kloepfer, Michael/*Follmann,* Werner, Lizenzentgelt und Verfassungsrecht – Zur Verfassungsmäßigkeit des sog. Nordrhein-Westfalen-Modells für die Altlastensanierung, DÖV 1988, 573 ff.

Kloepfer, Michael/*Franzius,* Claudio/*Reinert,* Sigrid, Zur Geschichte des deutschen Umweltrechts, Berlin 1994, zit.: Kloepfer/Franzius/Reinert, Zur Geschichte des deutschen UmweltR.

Kloepfer, Michael/*Knebel,* Jürgen, Umweltchemikalienrecht, Berlin 1985, zit.: Kloepfer/Knebel, UmweltchemikalienR.

Kloepfer, Michael/*Kunig,* Philipp/*Rehbinder,* Eckhardt/*Schmidt-Aßmann,* Eberhard, Zur Kodifikation des Allgemeinen Teils eines Umweltgesetzbuches (UGB-AT), DVBl. 1991, 339 ff.

Kloepfer, Michael/*Meßerschmidt,* Klaus, Innere Harmonisierung des Umweltrechts, Umweltbundesamt, Berichte 6/86, Berlin 1986.

Kloepfer, Michael/*Ochtendung,* Bernd, Wohin mit dem „Schredder-Rest"?, UPR 1995, 420 ff.

Kloepfer, Michael/*Rehbinder,* Eckard/*Schmidt-Aßmann,* Eberhard/*Kunig,* Philip (Hrsg.), Umweltgesetzbuch – Allgemeiner Teil, Forschungsbericht des Umweltbundesamtes, Berlin 1991, zit.: Kloepfer/u. a., UGB-AT.

Kloepfer, Michael/*Rossi,* Matthias, Tierschutz in das Grundgesetz? Zu den rechtlichen Konsequenzen einer Staatszielbestimmung „Tierschutz" im Grundgesetz – insbesondere zu ihren Auswirkungen auf die Forschungsfreiheit, JZ 1998, 369 ff.

Kloepfer, Michael/*Thull,* Rüdiger, Der Lastenausgleich unter mehreren polizei- und ordnungsrechtlichen Verantwortlichen, DVBl. 1989, 1121 ff.

–, Rechtsprobleme einer CO^2-Abgabe, DVBl. 1992, 195 ff.

Kloepfer, Michael/*Vierhaus,* Hans-Peter, Umweltstrafrecht, München 1995, zit.: Kloepfer/Vierhaus, UmweltstrafR.

Kloepfer, Michael/*Wimmer,* Norbert, Die Belastung von Endverbrauchern aufgrund der Verpackungsverordnung als Verfassungsproblem, UPR 1993, 409 ff.

Klose, Franz/*Orf,* Dieter, Forstrecht, Erhaltung des Waldes, Sicherung der Waldfunktion, Förderung der Forstwirtschaft, Kommentar, Münster 1998, zit.: Klose/Orf, ForstR.

Klowait, Joachim, Praktische Probleme bei der Durchführung von Gefährdungsabschätzungen und bei der Sanierung von Altlasten, in: Erbguth, Wilfried (Hrsg.), Aktuelle Fragen des Altlasten- und Bodenschutzrechts, Baden-Baden 1997, zit.: Klowait, in: Erbguth (Hrsg.), Aktuelle Fragen.

Kluth, Winfried, Brauchen wir eine neue Sicht des Lebens? – Neuerscheinungen zur Bioethik –, ZfP 1992, 195 ff.

–, Die Grundrechtserheblichkeit kommunaler Abfallvermeidung durch Verpackungssteuern, DVBl. 1992, 1261 ff.

–, Voraussetzungen und Grenzen der Belastung von Unternehmen und Verbrauchern mit Umweltabgaben, WiB 1995, 318 ff.

Knack, Hans-Joachim (Hrsg.), Verwaltungsverfahrensgesetz (VwVfG), Kommentar, 6. Aufl., München 1998, zit.: Bearb., in: Knack, VwVfG.

Knebel, Jürgen/*Wicke,* Lutz/*Michael,* Gerhard, Selbstverpflichtungen und normersetzende Umweltverträge als Instrument des Umweltschutzes, Berlin u. a. 1999.

Knemeyer, Franz-Ludwig, Polizei- und Ordnungsrecht, 7. Aufl., München 1998.

Kniep, Klaus, Zum Inhalt von Smog-Verordnungen, GewArch 1986, 260 ff.

–, Das neue Gesetz zur Vermeidung, Verwertung und Beseitigung von Abfällen, GewArch 1995, 19 ff.

Kniesel, Michael, Polizeirechtliche Störerbestimmungen – Befugnisnormen oder Ermessensgrenzen?, DÖV 1997, 905 ff.

Kniesel, Michael/*Scheerbarth,* Walter, Die gemischtwirtschaftliche GmbH im Bereich der Abfall- und Abwasserwirtschaft, Der Städtetag 1998, 340 ff.

Knitsch, Peter, Beschleunigung durch Beschleunigungsgesetz? – Zur schleichenden Demontage des deutschen Umweltrechts, ZUR 1996, 247 ff.

Literatur

Knittlmayer, Norbert, Raumfahrt – Ein bislang vernachlässigtes Umweltrisiko?, ZUR 1993, 203 ff.

Knoche, Joachim, Der Begriff der „Forschung" im Gentechnikrecht, NVwZ 1991, 964 ff.

–, Auslegungsprobleme des Gentechnikrechts, DVBl. 1992, 1079 ff.

–, Auslegungsprobleme des Gentechnikrechts, DVBl. 1993, 879 ff.

–, Gentechnik-Novelle 1993 – Übersicht, Auslegungsfragen, Bestandsaufnahme, BayVBl. 1994, 673 ff.

–, Sportlärm: Privilegierung von Altanlagen, GewArch 1997, 191 ff.

Knopp, Günther-Michael, Bestandsaufnahme zur Abgrenzung zwischen Gewässerausbau und Gewässerunterhaltung, BayVBl. 1983, 524 ff.

–, Die Umweltverträglichkeitsprüfung im wasserrechtlichen Verfahren, NuR 1993, 401 ff.

–, Rechtliche Kriterien bei der Festsetzung von Wasserschutzgebieten, ZfW 1995, 1 ff.

–, Schwerpunkte der 6. Novelle zum Wasserhaushaltsgesetz, NJW 1997, 417 ff.

Knopp, Lothar, Altlastenrecht in der Praxis, Herne/Berlin 1992, zit.: Knopp, AltlastenR.

–, Neue EG-Verordnung zum „Umwelt-Audit" – Freiwillige Beteiligung von Unternehmen an einem Gemeinschaftssystem für Umweltmanagement und Umweltbetriebsprüfung, EWS 1994, 80 ff.

–, Zur Strafbarkeit von Amtsträgern in Umweltverwaltungsbehörden unter besonderer Berücksichtigung der BGH-Rechtsprechung, DÖV 1994, 676 ff.

–, Bundes-Bodenschutzgesetz: Katalog der Sanierungsverantwortlichen und Wertausgleichsregelung, ZuR 1999, 210 ff.

Knopp, Lothar/*Wolf,* Almut, Änderungen des immissionsschutzrechtlichen Industrieanlagen-Zulassungsverfahrens – Ein Beitrag zur Sicherung des „Wirtschaftsstandorts Bundesrepublik Deutschland"?, BB 1997, 1593 ff.

Knorr, Peter, Ausgewählte Fragen zur Polizeipflicht im Altlastensanierungsrecht, VBlBW. 1996, 447 ff.

Kobes, Stefan, Das Bundes-Bodenschutzgesetz, NVwZ 1998, 786 ff.

Koch, Egmund R., Die Lage der Nationen: Umwelt-Atlas der Bundesrepublik, 1. Aufl., Hamburg 1985, zit.: Koch, Die Lage der Nationen 1985/86.

Koch, Frank A./*Ibelgaufts,* Horst, Kommentar mit Rechtsverordnungen und EG-Richtlinien Gentechnikgesetz, Loseblattausgabe, Weihheim 1992.

Koch, Hans-Joachim, Bodensanierung nach dem Verursacherprinzip, Heidelberg 1985.

–, Auf dem Weg zum Umweltgesetzbuch, NVwZ 1991, 953 ff.

–, Luftreinhalterecht in der Europäischen Gemeinschaft, DVBl. 1992, 124 ff.

–, (Hrsg.), Auf dem Weg zum Umweltgesetzbuch – Symposium über den Entwurf eines UT-UGB, Baden-Baden 1992, zit.: Verf., in: Koch, Auf dem Weg zum Umweltgesetzbuch.

–, Die gerichtliche Kontrolle technischer Regelwerke im Umweltrecht – Ein Plädoyer gegen die Ausdehnung administrativer Letztentscheidungskompetenzen, ZUR 1993, 103 ff.

–, Probleme des Verkehrsimmissionsschutzes, ZUR 1995, 190 ff.

–, Rechtsgrundlagen für das Aufstellen und Betreiben von Altglascontainern, NuR 1996, 276 ff.

–, Bodenschutz und Altlasten in der Bauleitplanung, in: Erbguth, Wilfried (Hrsg.), Aktuelle Fragen des Altlasten- und Bodenschutzrechts, Baden-Baden 1997, S. 125 ff., zit.: Koch, in: Erbguth (Hrsg.), Aktuelle Fragen.

–, Bodenschutz und Altlasten in der Bauleitplanung, DVBl. 1997, 1415 ff.

–, (Hrsg.), Aktuelle Probleme des Immissionsschutzrechts, Baden-Baden 1998, zit.: Verf., in: Koch, Aktuelle Probleme des ImmissionsschutzR.

–, Die neue Verpackungsverordnung, NVwZ 1998, 1155 ff.

–, Anlagenüberwachung im Umweltrecht: Zum Verhältnis von staatlicher Überwachung und Eigenkontrolle, Berlin 1998, zit.: Koch, UBA-Berichte 98–081.

–, Verkehrslärm, in: Rengeling, Hans-Werner (Hrsg.), Handbuch zum europäischen und deutschen Umweltrecht – Eine systematische Darstellung des europäischen Umweltrechts mit seinen Auswirkungen auf das deutsche Recht und mit rechtspolitischen Perspektiven, Band 2, Besonderes Umweltrecht, Köln u. a. 1998, § 57, zit.: Koch, in: Rengeling, EUDUR.

Koch, Hans-Joachim/*Jankowski,* Klaus, Neue Entwicklungen im Verkehrsimmissionsschutzrecht, NuR 1997, 365 ff.

–, Die IVU-Richtlinie: Umsturz im deutschen Anlagengenehmigungsrecht?, ZUR 1998, 57 ff.

Koch, Hans-Joachim/*Laskowski,* Silke Ruth, Verfassungsrechtliche Grenzen einer Privatisierung der Anlagenüberwachung, ZUR 1997, 182 ff.

Koch, Hans-Joachim/*Reese,* Moritz, Zur Verfassungsmäßigkeit des „Solidarfonds Abfallrückführung", DVBl. 1997, 85 ff.

Koch, Hans-Joachim/*Scheuing,* Dieter H. (Hrsg.), Gemeinschaftskommentar zum Bundes-Immissionsschutzgesetz, Düsseldorf, Stand: April 1998, zit.: Verf., in: GK-BImSchG.

Kochenburger, Christoph, Die Neuordnung des Altlastenrechts in Hessen, NVwZ 1996, 249 ff.

Köck, Wolfgang, Wasserschutz und Landwirtschaft, IUR 1991, 8 ff.

–, Umweltabgaben – Quo Vadis? Entwicklungstendenzen des Umweltabgabenrechts unter besonderer Würdigung des Entwurfs eines Abfallabgabengesetzes, JZ 1993, 59 ff.

–, Umweltschutzsichernde Betriebsorganisation als Gegenstand des Umweltrechts – Die EG-"Öko-Audit"-Verordnung, JZ 1995, 643 ff.

–, Das Pflichten- und Kontrollsystem des Öko-Audit-Konzepts nach der Öko-Audit-Verordnung und dem neuen Umweltauditgesetz – Zugleich ein Beitrag zur Modernisierungsdiskussion im Umweltrecht –, VerwArch 1996, 644 ff.

–, Integrativer Umweltschutz im Industrieanlagenrecht: zur Organisation der Entscheidungsprozesse, eine Einführung, ZUR 1998, 225 ff.

–, Industrieanlagenüberwachung und Öko-Audit – Zur Einführung, ZUR 1997, 177 f.

Köck, Wolfgang/*Lehmke,* Marcus, Verkehrsimmissionsschutzrecht und „Ozongesetz" – Die Regulierung verkehrsbedingter Luftverunreinigungen unter besonderer Berücksichtigung der Ozonproblematik, ZUR 1996, 133 ff.

Koenig, Christian, Materielle Änderungen der sektoriellen Politiken im EG-Vertrag – Umwelt –, Gesundheits- und Konsumentenschutz sowie Außenwirtschaftsbeziehungen nach dem Vertrag von Amsterdam, in: Hummer, Waldemar (Hrsg.), Die EU nach dem Vertrag von Amsterdam, Wien 1998, S. 219 ff., zit.: Koenig, in: Hummer, Die EU nach dem Vertrag von Amsterdam.

Kohl, Jürgen, Altlasten in der verwaltungsgerichtlichen Praxis, JuS 1992, 864 ff.

Köhler, Helmut, Abwasserabgabengesetz, Kommentar, München 1999, zit.: Köhler, AbwAG.

Kohler-Gehrig, Eleonora, Der gesamtschuldnerische Innenausgleich zwischen Zustands- und Verhaltensstörer im Polizei- und Ordnungsrecht, NVwZ 1992, 1049 ff.

Kölble, Josef, Staatsaufgabe Umweltschutz: Rechtsform und Umriß eines neuen Politikbereichs, DÖV 1979, 470 ff.

Kolkmann, J., Ausgleichzahlungen in Wassergewinnungsgebieten – Umsetzungsprobleme des § 19 Abs. 4 WHG in der Praxis, UPR 1991, 1 ff.

Köller, Henning, Kreislaufwirtschafts- und Abfallgesetz, 2. Aufl., Berlin 1996, zit.: Köller, KrW-/AbfG.

Köller, Henning von/*Klett,* Wolfgang/*Konzak,* Olaf, EG-Abfallverbringungsverordnung, Berlin 1997.

Kollmer, Norbert, Zentrale Rechtsprobleme im wasserrechtlichen Pipeline-Genehmigungsverfahren, ZfW 1995, 129 ff.

–, Die verfahrensrechtliche Stellung der Beteiligten nach dem UVP-Gesetz, NVwZ 1994, 1057 ff.

–, Klage auf Umweltinformation nach dem neuen Umweltinformationsgesetz (UIG), NVwZ 1995, 858 ff.

–, Die Zulassung von Ölpipelines – Probleme nach UVPG und VwVfG, DVBl. 1996, 841 ff.

Kolodziejcok, Karl-Günther, Die naturschutzrechtlichen Eingriffs- und Ausgleichsregelungen, ihre Zielsetzungen und ihre Systematik, NuR 1992, 309 ff.

Kolodziejcok, Karl-Günther/*Recken,* Josef, Naturschutz: Landschaftspflege und einschlägige Regelungen des Jagd- und Forstrechts, Std. d. Lief.: Juli 1998, zit.: Kolodziejcok/Recken, Naturschutz.

Literatur

Komorowski, Klaus/*Meuresch,* Siegfried, Stillegung und Rückbau kerntechnischer Anlagen, atw 1995, 231 ff.
Köndgen, Johannes, Überlegungen zur Fortbildung des Umwelthaftpflichtrechts, UPR 1983, 345 ff.
Konrad, Horst, Verwaltungsrechtsschutz im Nachbarschaftsverhältnis, BayVBl. 1984, 33 ff.
Konrad, Karlheinz, Umweltlenkungsabgaben und abfallrechtliches Kooperationsprinzip, DÖV 1999, 12 ff.
Konzak, Olaf, Die Änderungsvorbehaltsverordnung als neue Mitwirkungsform des Bundestages beim Erlaß von Rechtsverordnungen, DVBl. 1994, 1107 ff.
–, Inhalt und Reichweite des europäischen Abfallbegriffs, NuR 1995, 130 f.
–, Altölverwertung – Rechtliche Grundlagen nach KrW-/AbfG und EG-Altölrichtlinie, NuR 1997, 276 ff.
Konzak, Olaf/*Figgen,* Landesrechtliche Bestimmungen zu Andienungs- und Überlassungspflichten für besonders überwachungsbedürftige Abfälle – Bundesrechtskonforme Regelungen der Sonderabfallentsorgung oder unzulässiges Überwachungs- und Lenkungsinstrument der Länder?, BB 1996, 753 ff.
Kopp, Axel, Altautoentsorgung – Die Altauto-Verordnung und die freiwillige Selbstverpflichtung der Wirtschaft, NJW 1997, 3292 f.
Kopp, Ferdinand O., Welchen Anforderungen soll eine einheitliche Verwaltungsprozeßordnung genügen, um im Rahmen einer funktionsfähigen Rechtspflege effektiven Rechtsschutz zu gewährleisten?, Gutachten B zum 54. Deutschen Juristentag, 1982, zit.: Kopp, Gutachten B zum 54. DJT.
–, Änderungen der Verwaltungsgerichtsordnung zum 1. 1. 1991, NJW 1991, 521 ff.
–, Zur landesrechtlichen Verbandsklage der Naturschutzverbände gegen Maßnahmen von Bundesbehörden, NuR 1994, 76 ff.
–, Verwaltungsverfahrensgesetz, 6. Aufl., München 1996, zit.: Kopp, VwVfG.
Kopp, Ferdinand O./*Schenke,* Wolf-Rüdiger, Verwaltungsgerichtsordnung, Kommentar, 11. Aufl., München 1998, zit.: Kopp/Schenke, VwGO.
Köppel, Johann/*Fickert,* Uwe/*Spandau,* Lutz/*Straßer,* Helmut, Praxis der Eingriffsregelung – Schadensersatz an Natur und Landschaft?, Stuttgart 1998.
Korbmacher, Günter, Das atomrechtliche Anhörungsverfahren – Betrachtungen zum Erörterungstermin für das Endlager Schacht Konrad –, UPR 1994, 325 ff.
Korff, Wilhelm, Umweltethik, in: Rengeling, Hans-Werner (Hrsg.), Handbuch zum europäischen und deutschen Umweltrecht – Eine systematische Darstellung des europäischen Umweltrechts mit seinen Auswirkungen auf das deutsche Recht und mit rechtspolitischen Perspektiven, Band 1 Allgemeines Umweltrecht, Köln u. a. 1998, § 4 Rn. 1 ff., zit.: Korff, in: Rengeling, EUDUR.
Kormann, Joachim, Lastenverteilung bei Mehrheit von Umweltstörern, UPR 1983, 281 ff.
–, Summierte Immission im öffentlichen Umweltrecht, München 1985.
Köster, Kristina, Vollzug der immissionsschutzrechtlichen Nachsorgepflichten – Zur praktischen Umsetzung der §§ 5 Abs. 3 und 16 Abs. 2 BImschG, ZUR 1995, 298 ff.
Kothe, Peter, Altlastenbehandlung in Thüringen als bundesdeutsches Modell?, DÖV 1994, 716 ff.
–, Altlastenrecht in den neuen Bundesländern, Stuttgart u. a. 1996, zit.: Kothe, AltlastenR.
–, Die Verantwortlichkeit bei der Altlastensanierung – Ein Beitrag aus anwaltlicher Sicht –, VerwArch 1997, 456 ff.
–, Was ändert sich im Umgang mit Altlasten und Verdachtsflächen – Ausgewählte Probleme im Lichte des neuen Bundes-Bodenschutzgesetzes, UPR 1999, 96 ff.
Kotulla, Michael, Die neue 5. BImSchV und ihre Auswirkungen hinsichtlich der Bestellung für Immissionsschutz- und Störfallbeauftragte, GewArch 1994, 177 ff.
–, Der Abfallbeauftragte nach dem neuen Kreislaufwirtschafts- und Abfallgesetz, DÖV 1995, 452 ff.
Kracht, Harald/*Wasielewski,* Andreas, Integrierte Vermeidung und Verminderung der Umweltverschmutzung, in: Rengeling, Hans-Werner (Hrsg.), Handbuch zum europäischen und deutschen Umweltrecht – Eine systematische Darstellung des europäischen Umweltrechts mit seinen Auswirkungen auf das deutsche Recht und mit

rechtspolitischen Perspektiven, Band 1 Allgemeines Umweltrecht, Köln u. a. 1998, § 35, zit.: Kracht/Wasielewski, in: Rengeling, EUDUR.
Kraft, Ingo, System der Klassifizierung eigentumsrelevanter Regelungen, BayVBl. 1994, 97 ff.
Krämer, Clemens, Sechstes Gesetz zur Änderung der Verwaltungsgerichtsordnung, LKV 1997, 114 ff.
Krämer, Ludwig, Einheitliche europäische Akte und Umweltschutz: Überlegungen zu einigen neuen Bestimmungen im Gemeinschaftsrecht, in: Rengeling, Hans-Werner (Hrsg.), Europäisches Umweltrecht und europäische Umweltpolitik, Köln u. a. 1988, S. 137 ff., zit.: Krämer, in: Rengeling, Europäisches Umweltrecht und europäische Umweltpolitik.
–, Umweltpolitische Aktionsprogramme mit Leitlinien und Regelungsansätzen, in: Rengeling, Hans-Werner (Hrsg.), Handbuch zum europäischen und deutschen Umweltrecht – Eine systematische Darstellung des europäischen Umweltrechts mit seinen Auswirkungen auf das deutsche Recht und mit rechtspolitischen Perspektiven, Band 1 Allgemeines Umweltrecht, Köln u. a. 1998, § 7, zit.: Krämer, in: Rengeling, EUDUR.
–, Europäisches Umweltrecht- Chronik vom 1. 4. 1995 bis 31. 12. 1997 –, ZUR 1998, 70 ff.
Kramer, Rainer, Umweltinformationsgesetz, Öko-Audit-Verordnung, Umweltzeichenverordnung, Kommentar, Stuttgart 1994, zit.: Kramer, UIG.
Kranefeld, Lutz, Die abfallrechtlichen Entsorgungspflichten, NuR 1996, 269 ff.
Kratsch, Dietrich, Anmerkungen zu VGH Mannheim, Urt. v. 12. 7. 1995–3 S 3167/94 – sowie Normenkontrollurt. v. 19. 4. 1996–8 S 2641/95 –, NuR 1997, 90 ff., NuR 1997, 94 ff.
Krauß, Günter, Bedarfsprüfung für Energieversorgungsanlagen im immissionsschutzrechtlichen Genehmigungsverfahren, NVwZ 1995, 959 ff.
Krautzberger, Michael, Behandlung von Altlasten im Städtebaurecht, UPR 1989, 14 ff.
–, Orientierungsrahmen für die Raumordnungspolitik in der Bundesrepublik Deutschland, DÖV 1992, 911 ff.
–, Naturschutzrechtliche Eingriffsregelung und Städtebaurecht – Zur Neuregelung im Bau- und Raumordnungsgesetz 1998, NuR 1998, 455 ff.
Krebs, Walter, Kontrolle in staatlichen Entscheidungsprozessen, Heidelberg 1984, zit.: Krebs, Kontrolle.
Krebs, Walter/*Oldiges,* Martin/*Papier,* Hans-Jürgen (Hrsg.), Aktuelle Probleme des Gewässerschutzes, Köln 1990, zit.: Verf., in: Krebs/Oldiges/Papier, Aktuelle Probleme des Gewässerschutzes.
Kreitz, Stephan von, Die Einführung „stark veränderter Gewässer" in die EU-Wasserrahmenrichtlinie und ihre Auswirkungen auf den Gewässerschutz der BRD, WuB 1999, 14 ff.
Krekeler, Nicola, Der Anlagenbegriff des Gentechnikgesetzes, DVBl. 1995, 765 ff.
Kremer, Eduard, Das Umweltinformationsgesetz, LKV 1994, 349 ff.
Kremser, Holger, Verfassungsmäßigkeit des Atomgesetzes unter dem Gesichtspunkt der Entsorgungsfrage, RdE 1995, 142 ff.
–, Verfassungsrechtliche Zulässigkeit technischer Regelwerke bei der Genehmigung von Atomanlagen, DÖV 1995, 275 ff.
–, Die rechtliche Bewertung elektromagnetischer Strahlungen (sog. Elektrosmog) im Zusammenhang mit der Mobilfunktechnik, NVwZ 1995, 851 ff.
Kretz, Claus, Altlastenbewertung in der baden-württembergischen Verwaltungspraxis, VBlBW. 1992, 41 ff.
–, Rechtsgrundlagen und Rechtsprobleme der Altlastensanierung in der Verwaltungspraxis, UPR 1993, 41 ff.
–, Die Zulassung von Abfallentsorgungsanlagen, UPR 1994, 44 ff.
Kreuzer, K., Das neue Umwelthaftungsgesetz – Einführende Übersicht, JA 1991, 209 ff.
Krey, Volker, Strafrecht, Besonderer Teil, Band I, Besonderer Teil ohne Vermögensdelikte, 11. Aufl., Stuttgart u. a. 1998, zit.: Krey, StrafR BT.
Krieger, Stephan, Normkonkretisierung im Recht der wassergefährdenden Stoffe, Rechtlicher Regelungsbedarf unterhalb der Verordnungsebene – zugleich eine erläuternde Einführung in die Muster-VAwS, Berlin 1992.

–, Zum Begriff der Abwasseranlage – Anmerkung zu einem Urteil des VG Köln vom 9. 2. 1993 –, UPR 1994, 52.
–, Grenzüberschreitende Abfallverbringung, in: Rengeling, Hans-Werner (Hrsg.), Handbuch zum Europäischen Umweltrecht – Eine systematische Darstellung des europäischen Umweltrechts mit seinen Auswirkungen auf das deutsche Recht und mit rechtspolitischen Perspektiven, Band 2, Köln u. a. 1998, § 75, zit.: Krieger, in: Rengeling, EUDUR.
Krings, Michael, Die Klagbarkeit europäischer Umweltstandards im Immissionsschutzrecht, UPR 1996, 89 ff.
Krings, Petra, Gewässerunterhaltung im Spannungsfeld von Naturschutzrecht und Wasserrecht – dargestellt am Beispiel Schleswig-Holsteins, NuR 1997, 129 ff.
Krist, Georg, Die Bedeutung technischer Regelwerke des Immissionsschutzrechts im Verwaltungsprozeß, UPR 1993, 178 ff.
Krist, Matthias, Die „Mobilfunkrechtsprechung" im Umbruch? – Bestandsaufnahme und Ausblick –, BauR 1996, 202 ff.
Kröger, Detlef, Erforderlichkeit der Festsetzung eines Wasserschutzgebietes, UPR 1996, 299 ff.
Kröger, Detlef/*Moos,* Flemming, Die Festsetzung von Wasserschutzgebieten in der Bewertung durch die Gerichte, ZfW 1997, 1 ff.
Kröncke, Dirk, Die Genehmigung von Kernkraftwerken, Köln u. a. 1982.
Krüger, Freyja, Die Entstehungsgeschichte des 18. Strafrechtsänderungsgesetzes zur Bekämpfung der Umweltkriminalität, Berlin 1995, zit.: Krüger, Die Entstehungsgeschichte.
Kuchler, Ferdinand, Die Rechtsnatur der naturschutzrechtlichen Eingriffsregelung, NuR 1991, 465 ff.
–, Sind die anerkannten Naturschutzverbände bei der Erteilung von Ausnahmen von den gesetzlichen Biotopschutzvorschriften zu beteiligen?, NuR 1996, 172 ff.
–, Keine Privilegierung von Abfallbeseitigungsanlagen ohne überörtliche Bedeutung gemäß § 38 BauGB, NuR 1999, 259 ff.
Kuerpmann, Robert, Privatrechtlicher Abwehranspruch und naturschutzrechtliche Duldungspflicht im Nachbarverhältnis, NuR 1994, 386 ff.
Kügel, Wilfried, Der Planfeststellungsbeschluß und seine Anfechtbarkeit. Zugleich ein Beitrag zur Auslegung der §§ 74, 75 VwVfG, Berlin 1985, zit.: Kügel, Planfeststellungsbeschluß.
–, Sonderabfallabgaben und Altlasten, NVwZ 1994, 535 ff.
–, Die Entwicklung des Altlastenrechts, NJW 1996, 2477 ff.
Kuhla, Wolfgang/*Hüttenbrink,* Jost, Entwicklung des Verwaltungsprozeßrechts in den Jahren 1997 und 1998, DVBl. 1999, 898 ff.
Kuhlen, Lothar, Umweltstrafrecht – auf der Suche nach einer neuen Dogmatik, ZStW 1993, 697 ff.
Kühling, Jürgen, Fachplanungsrecht, Düsseldorf 1988, zit.: Kühling, FachplanungsR.
–, Die privatnützige Planfeststellung, in: Franßen, Everhardt/Redeker, Konrad/Schlichter, Otto/Wilke, Dieter (Hrsg.), Bürger – Richter – Staat: Festschrift für Horst Sendler zum Abschied aus seinem Amt, München 1991, S. 391 ff., zit.: Kühling, FS Sendler.
Kühling, Wilfried, Zum Risikoschutz bei kanzerogenen Luftverunreinigungen, ZUR 1994, 112 ff.
Kuhlmann, Hartmut, Der Mitweltschutz im gesamtdeutschen Grundgesetz, NuR 1995, 1 ff.
Kühne, Gunther, Bergrechtliche Aspekte der Endlagerung radioaktiver Stoffe, DVBl. 1985, 207 ff.
Kühne, Gunther/*Schoch,* Friedrich/*Beckmann,* Martin (Hrsg.), Gegenwartsprobleme des Bergrechts, Baden-Baden 1995, zit.: Verf., in: Kühne/Schoch/Beckmann, Gegenwartsprobleme des Bergrechts.
Kummer, Heinz Joachim/*Giesberts,* Ludger, Rechtsfragen der Privatisierung kommunaler Abfallentsorgung und Abwasserbeseitigung, NVwZ 1996, 1166 ff.
Kunert, Franz-Josef, Alte und neue Probleme beim Lärmschutz, NuR 1999, 430 ff.
Kunig, Philip, Alternativen zum einseitig-rechtlichen Verwaltungshandeln, in: Hoffmann-Riem, Wolfgang/Schmidt-Aßmann, Eberhard (Hrsg.), Konfliktbewältigung

durch Verhandlungen, Band 1, Baden-Baden 1990, S. 43ff., zit.: Kunig, in: Hoffmann-Riem/Schmidt-Aßmann, Konfliktbewältigung.

–, Der Abfallbegriff, NVwZ 1997, 209ff.

–, Abfall im Kreislauf, Jura 1997, 494ff.

Kunig, Philip/*Paetow,* Stefan/*Versteyl,* Ludger-Anselm, Kreislaufwirtschafts- und Abfallgesetz – KrW-/AbfG, Kommentar, München 1998, zit.: Verf., in: Kunig/Paetow/Versteyl, KrW-/AbfG.

Kunig, Philip/*Schwermer,* Gerfried/*Versteyl,* Ludger-Anselm, Abfallgesetz, Kommentar, 2. Aufl., München 1992, zit.: Verf., in: Kunig/Schwermer/Versteyl, AbfG.

Künkele, Siegfried, Der Rechtsschutz von Graureiher und Kormoran, NuR 1988, 334ff.

Kunth, Bernd, Zum Widerruf atomrechtlicher Genehmigungen wegen erheblicher Gefährdung im Sinne von § 17 abs. 5 AtG, RdE 1992, 177ff.

Kurz, A., Normative Anforderungen an die Stillegung und Beseitigung nuklearer Anlagen, in: Blümel, Willi/Wagner, Helmut (Hrsg.), Technische und rechtliche Fragen der Stillegung und Beseitigung nuklearer Anlagen in der Bundesrepublik Deutschland, Baden-Baden 1993, S. 37ff., zit.: Kurz, in: Blümel/Wagner, Fragen der Stillegung und Beseitigung.

Kunz, Wolfgang, Schutz, Pflege und Erhaltung des Baumbestandes, DVBl. 1979, 613ff.

Kuschnerus, Ulrich, Der landschaftspflegerische Begleitplan nach § 8 Abs. 4 Bundesnaturschutzgesetz, DVBl. 1986, 75ff.

–, Der Schutz vor unzumutbarem Straßenverkehrslärm – Zur praktischen Anwendung der straßenrechtlichen Schutzauflagenvorschriften –, DVBl. 1986, 429ff.

–, Die Berücksichtigung von Umweltbelangen beim Straßenbau, DÖV 1987, 409ff.

Kutscheidt, Ernst, Die Erweiterung genehmigungsbedürftiger Anlagen, DÖV 1976, 663ff.

–, Immissionsschutz bei nicht genehmigungsbedürftigen Anlagen, NVwZ 1983, 65ff.

–, Die Neuregelungen der Abfallvermeidungs- und -beseitigungspflicht bei industriellen Betrieben, NVwZ 1986, 622ff.

–, Das stillgelegte Atomkraftwerk, NVwZ 1987, 33ff.

–, Rechtsprobleme bei der Bewertung von Geräuschimmissionen, NVwZ 1989, 193ff.

–, Zulassung von Abfallentsorgungsanlagen – Ein Schnellschuß des Gesetzgebers, NVwZ 1994, 209ff.

–, Eine neue TA-Lärm? – Zur Bindung der Länder an Verwaltungsvorschriften des Bundes, NWVBl. 1994, 281ff.

–, Das Ozongesetz – ein Reizthema, NJW 1996, 3153ff.

Kutschera, Peter, Bestandsschutz im öffentlichen Recht, Heidelberg 1990.

Labbé, Walter/*Kaltenegger,* Herbert, Wasserschutzgebiete und Entschädigung, BayVBl. 1994, 1ff.

Lackner, Karl/*Kühl,* Kristian, Strafgesetzbuch mit Erläuterungen, 23. Auflage, München 1999, zit.: Lackner/Kühl, StGB.

Ladeur, Karl-Heinz, „Praktische Vernunft" im Atomrecht – Die rechtliche Kontrolle von Großtechnologien im Lichte neuerer sozial- und ingenieurwissenschaftlicher Untersuchungen zur Risikoabschätzung, UPR 1986, 361ff.

–, Rechtliche Steuerung der Freisetzung von gentechnologisch manipulierten Organismen, NuR 1987, 60ff.

–, Drittschutz bei der Genehmigung gentechnischer Anlagen, NVwZ 1992, 948ff.

–, Öffentlich-rechtliche Haftung für „Altlasten" – retrospektive Zurechnung unerkannter Risiken?, UPR 1995, 1ff.

–, Das Kreislaufwirtschafts- und Abfallgesetz als Schritt auf dem Weg zu einem „ökologischen Stoffflußrecht"? Zu den Anforderungen an die Koordination öffentlichen und privaten Entscheidens unter Komplexitätsbedingungen, ZfU 1998, 279ff.

–, Integrierter Umweltschutz im Genehmigungsverfahren – Zur Irritation des deutschen Umweltverwaltungsrechts durch das Europarecht, ZUR 1998, 245ff.

Lage, Joachim, Staatliche Warnungen – Zugleich zum Paradigmenwechsel in der Grundrechtsdogmatik und zur Abgrenzung von Regierung und Verwaltung, DVBl. 1999, 569ff.

Lagoni, Rainer, in: Thieme, Werner (Hrsg.), Umweltschutz im Recht, Berlin 1988, S. 233 ff., zit.: Lagoni, in: Thieme, Umweltschutz im Recht.

Lahl, Uwe, Das programmierte Vollzugsdefizit, Hintergründe zur aktuellen De-Regulierungsdebatte, ZUR 1993, 249 ff.

Lamb, Irene, Die Bedeutung technischer Normen im Umweltrecht, ZUR 1993, 97 ff.

Lambrecht, Heiner, Der Vollzug des Vermeidungsgebots der naturschutzrechtlichen Eingriffsregelung – Grundlagen, offene Fragen und Perspektiven am Beispiel des Straßenbaus –, ZAU 1998, 167 ff.

Landel, Christoph, Die Umweltverträglichkeitsprüfung bei parallelen Zulassungsverfahren, Berlin 1995.

Landmann, Robert von/*Rohmer,* Gustav (Hrsg.), Umweltrecht, Band I – Bundes-Immissionsschutzgesetz – Kommentar, Band II – Durchführungsvorschriften zum Bundes-Immissionsschutzgesetz, Band III – Sonstiges Umweltrecht, Stand: März 1999, München, zit.: Verf., in: Landmann/Rohmer, UmweltR.

Landsberg, Gerd, Die Haftung bei der Klärschlammaufbringung, StuG 1993, 167 ff.

Lang, Alfred, Erlaubnis und Befreiung in naturschutzrechtlichen Schutzverordnungen, Anmerkung zu BayVGH, Urt. v. 22. 7. 1982, NuR 1984, 193, NuR 1984, 189 ff.

Lange, Klaus, Rechtliche Aspekte eines „Ausstiegs aus der Kernenergie", NJW 1986, 2459 ff.

–, Das Weisungsrecht des Bundes in der atomrechtlichen Auftragsverwaltung, Baden-Baden 1990.

–, Probleme des Bund-Länder-Verhältnisses im Atomrecht, NVwZ 1990, 928 ff.

–, Staatliche Steuerung durch offene Zielvorgabe im Lichte der Verfassung, VerwArch 1991, 1 ff.

–, Zur geplanten Novellierung des Atomgesetzes, ZRP 1992, 306 ff.

–, Rechtsfolgen der Umweltverträglichkeitsprüfung für die Genehmigung oder Zulassung eines Projekts, DÖV 1992, 780 ff.

–, Nützlichkeit des Begriffsmerkmals der stofflichen Rest- und Abfallverwertung, NVwZ 1996, 729 ff.

–, Anforderungen an gentechnisch veränderte Lebensmittel nach der Novel-food-Verordnung und deren Durchsetzung, NuR 1999, 247 ff.

Langenfeld, Christine, Zur Direktwirkung von EG-Richtlinien, DÖV 1992, 955 ff.

Langer, Hans/*Krüger,* Ralf M., Das Landschaftsschutzgebiet als Planungsinstrument eines umfassenden Landschaftsschutzes, Forschungsbericht des Bundesministeriums für Umwelt, Naturschutz und Reaktorsicherheit, Berlin 1993, zit.: Langer/Krüger, Landschaftsschutzgebiet als Planungsinstrument.

Langer, Stefan, Gemeindliches Selbstgestaltungsrecht und überörtliche Raumplanung, VerwArch. 1989, 352 ff.

Lappe, Michael, Lauterkeitsrechtliche Aspekte der Kennzeichnung von Produkten mit Hilfe des „Grünen Punktes", BB 1992, 1661 ff.

Lässig, Curt Lutz, Keine Landeskompetenz für Verbandsklage im Naturschutzrecht, NVwZ 1989, 97 ff.

Laubinger, Hans-Werner, Grundrechtsschutz durch Gestaltung des Verwaltungsverfahrens, VerwArch 1982, 60 ff.

–, Zur Erforderlichkeit der Anhörung des Antragstellers vor Ablehnung seines Antrags durch die Verwaltungsbehörde, VerwArch 1984, 55 ff.

–, Der Umfang der Konzentrationswirkung der Planfeststellung, VerwArch 1986, 77 ff.

Laufs, Adolf, Das Menschenrechtsübereinkommen zur Biomedizin und das deutsche Recht, NJW 1997, 776 f.

Laufs, Paul, Auf dem Weg zur Entwicklung eines Umweltgesetzbuchs, ZG 1992, 217 ff.

Lehners, Andreas, Raumordnungsgebiete nach dem Raumordnungsgesetz 1998 – Zugleich eine hypothetische Zuordnung von Festlegungen in nordrhein-westfälischen Raumordnungsplänen, Münster 1998, zit.: Lehners, Raumordnungsgebiete.

Leiner, Wolfgang, Zulässigkeit und Umfang nachträglicher Auflagen zur Anlagengenehmigung, NVwZ 1991, 844 ff.

Leipold, Dieter/*Lüke,* Wolfgang/*Yushino,* Shozaburo (Hrsg.), Gedächtnisschrift für Peter Arens, München 1993, zit.: Verf., GS Arens.

Leipziger Kommentar, Strafgesetzbuch, Großkommentar, 7. Band, §§ 303–358, 10. Aufl., Berlin u. a. 1988, zit.: LK-Verf., StGB.

Leismann, Michael/*Vogel,* Wolfgang, Gewässerunterhaltung aus neuer rechtlicher und verwaltungspraktischer Sicht – am Beispiel Nordrhein-Westfalens, ZfW 1997, 220 ff.

Leisner, Walter, Umweltschutz durch Eigentümer, Berlin 1987.

–, Forstwirtschaft – Ökologie und Ökonomie, NVwV 1991, 40 ff.

–, Baufreiheit oder staatliche Baurechtsverleihung?, DVBl. 1992, 1065 ff.

Lenius, Thomas/*Ekardt,* Felix, Zur Praxis des Umweltinformationsgesetzes – am Beispiel einer Untersuchung zur Grundwassersanierung auf kommunaler Ebene –, ZAU 1998, 278 ff.

Lenz, Wolfgang/*Heintz,* Detlef, Bestandsschutz im Bau-, Gewerbe- und Planungsrecht, ZfBR 1989, 142 ff.

Leonhardt, Paul/*Lohner,* Josef, Konkurrenzprobleme des neuen Artenschutzrechts mit dem Jagd- und Fischereirecht, AgrarR 1987, 205 ff.

Lersner, Heinrich Frhr. von, Das dritte Medium – Der Schutz des Bodens als umweltpolitische Aufgabe, NuR 1982, 201 ff.

–, Bemerkungen zu Eigenrechten der Natur, UTR 1990, 55 ff.

–, Zur Entstehung von Begriffen des Umweltrechts, in: Franßen, Everhardt/Redeker, Konrad/Schlichter, Otto/Wilke, Dieter (Hrsg.), Bürger-Richter-Staat, Festschrift für Horst Sendler, München 1991, S. 259 ff., zit.: v. Lersner, FS Sendler.

–, Zum Rechtsbegriff der Natur, NuR 1999, 61 ff.

Lersner, Heinrich Frhr. von/*Wendenburg,* Helge, Recht der Abfallbeseitigung, Kommentar, Berlin Stand: Juni 1999, zit.: Lersner/Wendenburg, AbfallR.

Leskien, Dan, Patente auf die Gentechnik. Zum Vorschlag für eine EG-Richtlinie über den rechtlichen Schutz biotechnologischer Erfindungen, IUR 1992, 207 ff.

Lessmann, Herbert (Hrsg.), Festschrift für Rudolf Lukes zum 65. Geburtstag, Köln u. a. 1989, zit.: Verf., FS Lukes.

Letzgus, Klaus (Hrsg.), Für Recht und Staat: Festschrift für Herbert Helmrich zum 60. Geburtstag, München 1994, zit.: Verf., FS Helmrich.

Lietzmann, Kurt, Einheitliche europäische Akte und Umweltschutz: die neuen Umweltbestimmungen im EWG-Vertrag, in: Rengeling, Hans-Werner (Hrsg.), Europäisches Umweltrecht und europäische Umweltpolitik, Köln u. a. 1988, S. 163 ff., zit.: Lietzmann, in: Rengeling, Europäisches Umweltrecht und europäische Umweltpolitik.

Limbach, Dorothea, Die steuerliche Förderung des Umweltschutzes, Sonderveröffentlichung des BB 1991, 23 ff.

Limberger, Judith, Probleme des vorläufigen Rechtsschutzes bei Großprojekten, Berlin 1985, zit.: Limberger, Vorläufiger Rechtsschutz.

Lindemann, Hans-Heinrich, Neues Gesetz über Wasser- und Bodenverbände, NVwZ 1991, 449 ff.

Lindemann, Hans-Heinrich/*Eickhoff,* Marion, Kommt ein bundeseinheitliches Altlastensanierungsrecht?, NuR 1994, 330 ff.

Linden, Werner, Gewässerschutz und landwirtschaftliche Bodennutzung, Heidelberg 1993.

Linscheidt, Bodo/*Truger,* Achim, Beurteilung ökologischer Steuerreformvorschläge vor dem Hintergrund des bestehenden Steuersystems, Berlin 1995, zit.: Linscheidt/Truger, Beurteilung ökologischer Reformvorschläge.

Loeper, Eisenhart von, Tierschutz ins Grundgesetz, ZRP 1996, 143 ff.

Löhr, Rolf-Peter, Das neue Baugesetzbuch – Bauleitplanung, NVwZ 1987, 361 ff.

Loibl, Helmut, Naturschutzrechtliche Eingriffsregelung und Baurecht im Wandel der Zeit, ZUR 1997, 243 ff.

Lorz, Albert, Fischerei und Naturschutz – eine rechtliche Betrachtung, NuR 1982, 4 ff.

–, Das deutsche Fischereirecht – Ein Überblick unter Berücksichtigung des Tierschutzrechts, NuR 1984, 41 ff.

–, Das Recht der Massentierhaltung (Intensivhaltung), NuR 1986, 237 ff.

–, Das neue Recht der Tierversuche, NuR 1987, 289 ff.

–, Naturschutzrecht mit Artenschutz, internationalen Übereinkommen, Bundes- und Landesrecht sowie fortgeltendem Reichsrecht, 3. Aufl., München 1998, zit.: Lorz, NaturschutzR.

Lorz, Albert/*Metzger,* Ernst/*Stöckel,* Heinz, Jagdrecht, Fischereirecht, Bundesjagdgesetz mit Verordnungen und Länderrecht, Binnenfischereirecht, Fischereischeinrecht, Seefischereirecht, 3. Aufl., München 1998, zit.: Lorz/Metzger/Stöckel, Jagdrecht, Fischereirecht.

Lotz, Klaus Werner, Sechstes Gesetz zur Änderung der Verwaltungsgerichtsordnung – Intentionen des Gesetzgebers und Fragen der Praxis –, BayVBl. 1997, 257 ff.

Louis, Hans Walter, Die Anerkennung von Naturschutzverbänden, NuR 1994, 381 ff.

–, Die Abwägung der Belange von Naturschutz und Landschaftspflege in der Bauleitplanung auf der Grundlage des § 1 Abs. 5 Nr. 7 BauGB und des § 8a BNatSchG, DÖV 1994, 903 ff.

–, Die naturschutzrechtliche Befreiung, NuR 1995, 62 ff.

–, Das Verhältnis zwischen Baurecht und Naturschutz unter Berücksichtigung der Neuregelung durch das BauROG, NuR 1998, 113 ff.

–, Zur Verfassungsmäßigkeit der 3. Novelle des Bundesnaturschutzgesetzes, NuR 1998, 526 ff.

–, Walter, Die Umsetzung der Flora-Fauna-Habitat-Richtlinie durch das Bundesnaturschutzgesetz und ihre Rechtsfolgen, DÖV 1999, 374 ff.

Louis, Hans Walter/*Kortebein,* Kai, Zur Verfassungsmäßigkeit des in § 62 des Landschaftsgesetzes Nordrhein-Westfalen (§ 20c BNatSchG) geregelten gesetzlichen Biotopschutzes, NuR 1997, 216 ff.

Löwer, Wolfgang, Sondergesetzliche Gründung und Auflösung von Wasserverbänden, Köln 1996.

Lübbe-Wolff, Gertrude, Das Bundes-Immissionsschutzgesetz als Instrument des Bodenschutzes, NVwZ 1986, 178 ff.

–, Konstitution und Konkretisierung außenwirksamer Standards durch Verwaltungsvorschriften – Probleme der Neuregelung des § 7a WHG, DÖV 1987, 896 ff.

–, Rechtsprobleme der behördlichen Umweltberatung, NJW 1987, 2705 ff.

–, Wasserrecht und kommunale Entwässerungssatzung, NVwZ 1989, 205 ff.

–, Das Kooperationsprinzip im Umweltrecht – Rechtsgrundsatz oder Deckmantel des Vollzugsdefizits?, NuR 1989, 295 ff.

–, Neuordnung der Abwasserverwaltungsvorschriften nach § 7a WHG, NVwZ 1990, 240 ff.

–, Wasserrecht und Wasserwirtschaft in der Deutschen Demokratischen Republik, DVBl. 1990, 855 ff.

–, Vollzugsprobleme der Umweltverwaltung, NuR 1993, 217 ff.

–, Wasserschutzgebiete bei vorhandener Bebauung, ZUR 1994, 177 ff.

–, Die EG-Verordnung zum Umwelt-Audit, DVBl. 1994, 361 ff.

–, Beschleunigung von Genehmigungsverfahren auf Kosten des Umweltschutzes – Anmerkungen zum Bericht der Schlichter-Kommission, ZUR 1995, 57 ff.

–, Das Umwelt-Audit-Gesetz, NuR 1996, 217 ff.

–, (Hrsg.), Der Vollzug des europäischen Umweltrechts, Berlin 1996, zit.: Verf., in: Lübbe-Wolff, Vollzug des Europäischen UmweltR.

–, Stand und Instrument der Implementation des Umweltrechts in Deutschland, in: Lübbe-Wolff, Gertrude (Hrsg.), Der Vollzug des Europäischen Umweltrechts, Berlin 1996, S. 77 ff., zit.: Lübbe-Wolff, in: Lübbe-Wolff, Vollzug des europäischen UmweltR.

–, Die sechste Novelle zum Wasserhaushaltsgesetz, ZUR 1997, 61 ff.

–, Integrierter Umweltschutz – Brauchen die Behörden mehr Flexibilität?, NuR 1999, 241 ff.

–, Abfallmitverbrennung in Industrieanlagen – Rechtsfragen der Anwendung der 17. BImSchV –, DVBl. 1999, 1091 ff.

Lücke, Jörg, Das Grundrecht des einzelnen gegenüber dem Staat auf Umweltschutz, DÖV 1976, 289 ff.

Luckow, Klaus-R., Nukleare Brennstoffkreisläufe im Spiegel des Atomrechts, Anlagenbegriffe, Sicherheitsanforderungen, staatliche Schutzpflicht, Berlin 1988, zit.: Luckow, Nukleare Brennstoffkreisläufe.

Lüers, Hartwig, Baurechtliche Instrumente des Hochwasserschutzes, UPR 1996, 241 ff.

–, Die Änderungen des Baugesetzbuches durch das Bau- und Raumordnungsgesetz 1998 – BauROG, ZfBR 1997, 231 ff.

–, Der Bedeutungszuwachs für die Flächennutzungsplanung durch das Bau- und Raumordnungsgesetz 1998, UPR 1997, 348 ff.
–, Die Bauleitplanung nach dem BauROG, DVBl. 1998, 433 ff.
Lühle, Stefan, Beschränkungen und Verbote des Kraftfahrzeugverkehrs zur Verminderung der Luftbelastung – Das deutsche Immissionsschutzrecht in seinem verfassungs-, europa- und völkerrechtlichen Rahmen, Berlin 1997.
Lukes, Rudolf, Werkschutz für Kernenergieanlagen, et 1975, 23 ff.
–, Die Gentechnologie aus der Sicht des Rechts der Technik, DVBl. 1986, 1221 ff.
–, (Hrsg.), Reformüberlegungen zum Atomrecht, Köln 1991, zit.: Verf., in: Lukes, Reformüberlegungen zum AtomR.
Lukes, Rudolf/*Backherms,* Johannes, Die Berücksichtigung von Kriegseinwirkungen im atomrechtlichen Genehmigungsverfahren, AöR 1978, 334 ff.
Lukes, Rudolf/*Birkhofer,* Adolf (Hrsg.), Neuntes Deutsches Atomrechts-Symposium – Referate und Diskussionsberichte, Köln u. a. 1991, zit.: Verf., in: Lukes u. a., Neuntes Atomrechts-Symposim.
Lukes, Rudolf/*Vollmer,* Lothar/*Mahlmann,* Wilfried, Grundprobleme zum atomrechtlichen Verwaltungsverfahren – US-amerikanisches Genehmigungsverfahren, Heidelberg 1974, zit.: Lukes/Vollmer/Mahlmann, Grundprobleme zum atomrechtlichen Verwaltungsverfahren – US-amerikanisches Genehmigungsverfahren.
Lummert, Rüdiger, Zivilrechtliche Schadens- und Unterlassungsklagen – anwendbares Recht – Bundesrepublik Deutschland, in: Bothe, Michael/Prieur, Michel/Ress, Georg (Hrsg.), Rechtsfragen grenzüberschreitender Umweltbelastungen, Berlin 1984, S. 187 ff., zit.: Lummert, in: Bothe/Prieur/Ress, Rechtsfragen grenzüberschreitender Umweltbelastungen.
Lummert, Rüdiger/*Thiem,* Volker, Rechte des Bürgers zur Verhütung und zum Ersatz von Umweltschäden, Hamburg 1980, zit.: Lummert/Thiem, Rechte des Bürgers.
Luttermann, Claus, Gentechnik und zivilrechtliches Haftungssystem, JZ 1998, 174 ff.

Maaß, Rainald, Zur gefahrstoffrechtlichen Beurteilung von PCB-belasteten Erzeugnissen, ZUR 1998, 12 ff.
Mache, Hans-Michael, Umweltrecht, Grundzüge für die Praxis, Herne u. a. 1994, zit.: Mache, UmweltR.
Maetzel, Wolf Bogumil, Bemerkungen zum vorbeugenden Rechtsschutz gegen künftige Verwaltungsakte, DVBl. 1974, 335 ff.
Magiera, Siegfried, Subventionen der EG und der Mitgliedstaaten, in: Rengeling, Hans-Werner (Hrsg.), Handbuch zum europäischen und deutschen Umweltrecht – Eine systematische Darstellung des europäischen Umweltrechts mit seinen Auswirkungen auf das deutsche Recht und mit rechtspolitischen Perspektiven, Band 1 Allgemeines Umweltrecht, Köln u. a. 1998, § 37, zit.: Magiera, in: Rengeling, EUDUR.
Mampel, Dietmar, Art. 14 GG fordert sein Recht – Aufbruch zu einem verfassungsdirigierten öffentlichen Baurecht –, NJW 1999, 975 ff.
Mangoldt, Hermann von/*Klein,* Friedrich/*Starck,* Christian (Hrsg.), Das Bonner Grundgesetz, 4. Aufl., München 1999, zit.: Bearb., in: v. Mangold/Klein/Starck, GG.
Mann, Thomas, „Technisch möglich“ als Rechtsbegriff im Umweltrecht, UPR 1995, 180 ff.
–, Überlegungen zum System der Entsorgungshandlungen, NuR 1998, 405 ff.
Mann, Thomas/*Müller,* Rolf-Georg, Öko-Audit im Umweltrecht: die Auswirkungen der Verordnung (EWG) Nr. 1836/93 des Rates vom 29. Juni 1993 auf das deutsche und britische Anlagengenehmigungs- und Umwelthaftungsrecht, Stuttgart u. a. 1994, zit.: Mann/Müller, Öko-Audit im Umweltrecht.
Marburger, Peter, Ausbau des Individualschutzes gegen Umweltbelastungen als Aufgabe des Bürgerlichen und des Öffentlichen Rechts, Gutachten C zum 56. Deutschen Juristentag, in: Ständige Deputation des Deutschen Juristentages (Hrsg.), Verhandlungen des 56. DJT, München 1986, zit.: Marburger, Verhandlungen des 56 DJT.
–, Atomrechtliche Schadensvorsorge – Möglichkeiten und Grenzen einer normativen Konkretisierung, Köln 1983.
Marten, Kai-Uwe/*Treptow,* Maximilian, Der Stand der Umsetzung der EU-Öko-Audit-Verordnung in Deutschland, DB 1995, 2537 ff.

Literatur

Martens, Claus-Peter/*Moufang,* Oliver, Kritische Aspekte bei der praktischen Durchführung der Öko-Audit-Verordnung, NVwZ 1996, 246 ff.

Martens, Claus-Peter/*Lorenz,* Marc-Andor, Die Ökonomisierung des Rechtsbegriffs „Stand der Technik" durch die sechste Novelle zum WHG, NVwZ 1998, 13 ff.

Martens, Uwe/*Merx,* Oliver/*Cramer,* Henning, Verwaltungsvollzug des Naturschutzrechts, ZUR 1994, 277 ff.

Martens, Wolfgang, Immissionsschutzrecht und Polizeirecht, DVBl. 1981, 597 ff.

–, Tendenzen der Rechtsprechung zum Sofortvollzug der Zulassung von großtechnischen Anlagen, DVBl. 1985, 541 ff.

Martensen, Jürgen, Die Verjährung als Grenze polizeilicher Verantwortlichkeit, NVwZ 1997, 442 ff.

Marticke, Hans-Ulrich, Zur Methodik einer naturschutzrechtlichen Ausgleichsabgabe, NuR 1996, 387 ff.

Martin, Jörg, Umweltstrafrecht im Umbruch? Die Gesetzentwürfe von Regierung und Opposition im Vergleich, IUR 1991, 141 ff.

–, Strafbarkeit grenzüberschreitender Umweltbeeinträchtigungen (zugl. ein Beitrag zur Gefährdungsdogmatik und zum Umweltvölkerrecht), Freiburg i. Br. 1989.

Martin, Wolfgang, Schwierigkeiten der Rechtsprechung mit § 24 BImSchG, UPR 1998, 321 ff.

Maunz, Theodor/*Dürig,* Günter/*Herzog,* Roman/*Scholz,* Rupert (Hrsg.), Grundgesetz, Kommentar, Band 2 (Art. 12 a – 37), München, Stand: November 1997, zit.: Bearb., in: Maunz/Dürig/Herzog/Scholz, GG.

Maurer, Hartmut, Der enteignende Eingriff und die ausgleichspflichtige Inhaltsbestimmung des Eigentums, DVBl. 1991, 781 ff.

–, Allgemeines Verwaltungsrecht, 11. Aufl., München 1997, zit.: Maurer, AllgVwR.

Maus, Wolfgang, Individualrecht oder Staatsziel? Zum Grundrecht auf Umweltschutz, JA 1979, 287 ff.

Mayer, Matthias, Die immissionsschutzrechtliche Zulassung von Abfallbeseitigungsanlagen, ZUR 1997, 201 ff.

Mayer, Wenzel/*Rössner,* Ellen/*Six,* Bernhard, Vollzug des § 52 BImSchG in Hessen, ZUR 1997, 193 ff.

Mayer-Tasch, Peter Cornelius, Die verseuchte Landkarte – das grenzenlose Versagen der internationalen Umweltpolitik, München 1987.

Mayinger, Thomas, Restrisiko bei Versuchsanlagen und Prototypen im Kernenergierecht, Münster 1991, zit.: Mayinger, Restrisiko.

Medicus, Dieter, Umweltschutz als Aufgabe des Zivilrechts – aus zivilrechtlicher Sicht, NuR 1990, 145 ff.

Meier, Norbert, Genügt für die Einschränkung infolge Smog-Alarms eine Rechtsverordnung als Ermächtigungsgrundlage?, VR 1985, 165 f.

Meinberg, Volker, Strafrechtlicher Umweltschutz in der Bundesrepublik Deutschland, NuR 1986, 52 ff.

–, Amtsträgerstrafbarkeit bei Umweltbehörden, NJW 1986, 2220 ff.

–, Praxis und Perspektiven des Umweltordnungswidrigkeiten-Rechts, NJW 1990, 1273 ff.

Meinberg, Volker/*Möhrenschläger,* Manfred/*Link,* Wolfgang (Hrsg.), Umweltstrafrecht, Gesetzliche Grundlagen, verwaltungsrechtliche Zusammenhänge und praktische Anwendung, Düsseldorf 1989, zit.: Meinberg/Möhrenschläger/Link, UmweltstrafR.

Meissner, Claus, Die Novellierung des Verwaltungsprozeßrechts durch das Sechste Gesetz zur Änderung der Verwaltungsgerichtsordnung – Analyse und Konsequenzen für die Praxis, VBlBW 1997, 81 ff.

Meixner, Rüdiger, Gefahrenabwehr nach Polizeirecht bei immissionsschutzrechtlich anzeigepflichtigen Anlagen, NVwZ 1997, 127 ff.

Menger, Christian-Friedrich (Hrsg.), Fortschritte des Verwaltungsrechts, Festschrift für Hans J. Wolff zum 75. Geburtstag, München 1973, zit.: Verf., FS Wolff.

Mertes, Michael/*Müller,* Helmut G., Der Aufbau des Bundesumweltministeriums, VerwArch 1987, 459 ff.

Meßerschmidt, Klaus, Umweltabgaben als Rechtsproblem, Berlin 1986.

–, Sonderabgaben und Bundesverwaltungsgericht, DVBl. 1987, 925 ff.

Meurer, Dieter, Umweltschutz durch Umweltstrafrecht?, NJW 1988, 2065 ff.

Meyer-Abich, Klaus-Michael, Wege zum Frieden mit der Natur. Praktische Naturphilosophie für die Umweltpolitik, München u. a. 1984.

–, Ursacheneindämmung durch Bewußtseinsbildung, in: Simonis, Udo-Ernst (Hrsg.), Basiswissen Umweltpolitik. Ursachen, Wirkungen und Bekämpfung von Umweltproblemen, 2. Aufl., Berlin 1990, S. 141 ff., zit.: Meyer-Abich, in: Simonis, Basiswissen Umweltpolitik.

Meyer-Abich, Klaus-Michael/*Schefold,* Bertram, Die Grenzen der Atomwirtschaft, München 1986.

Meyer-Renschhausen, Martin, Die Auswirkungen der Privatisierung öffentlicher Dienstleistungen auf die Umwelt am Beispiel von Energiewirtschaft und Abwasserbeseitigung, ZögU 1996, 79 ff.

Meyer-Teschendorf, Klaus G., Verfassungsmäßiger Schutz der natürlichen Lebensgrundlagen, ZRP 1994, 73 ff.

Michaelis, Peter, Verpackungsverordnung und Duales System aus ökonomischer Sicht, UPR 1998, 210 ff.

Michalke, Regina, Das staatsanwaltliche Ermittlungsverfahren – eine „Waffe für den Umweltschutz"?, ZRP 1988, 273 ff.

–, Umweltstrafsachen, Heidelberg 1991.

–, Die Strafbarkeit von Amtsträgern wegen Gewässerverunreinigung (§ 324 StGB) und umweltgefährdender Abfallbeseitigung (§ 326 StGB) in neuem Licht, NJW 1994, 1693 ff.

Michler, Hans-Peter, Rechtsprobleme des Verkehrsimmissionsschutzes, Düsseldorf 1993.

–, Auswirkungen des Bodenschutzgesetzes auf das Anlagenzulassungsrecht, UPR 1999, 100 ff.

–, Zum Entwurf eines Umweltgesetzbuches, DVBl. 1999, 816 ff.

Middeke, Andreas, Nationaler Umweltschutz im Binnenmarkt – Rechtliche Möglichkeiten und Grenzen umweltrelevanter Alleingänge im Verhältnis zum freien Warenverkehr, Köln 1994, zit.: Middeke, Nationaler Umweltschutz im Binnenmarkt.

Mitschang, Stephan, Bauleitplanung, Eingriffsregelung und „Öko-Konto", ZfBR 1995, 240 ff.

–, Wasser- und Gewässerschutz in städtebaulichen Planungen, ZfBR 1996, 63 ff.

–, Berücksichtigung der Umweltbelange bei der Aufstellung städtebaulicher Planungen, WiVerw 1999, 54 ff.

Moench, Christoph/*Sandner,* Wolfram, Rechtsschutz von deutschen Gerichten, in: Rengeling, Hans-Werner (Hrsg.), Handbuch zum europäischen und deutschen Umweltrecht – Eine systematische Darstellung des europäischen Umweltrechts mit seinen Auswirkungen auf das deutsche Recht und mit rechtspolitischen Perspektiven, Band I Allgemeines Umweltrecht, Köln u. a. 1998, zit.: Moench/Sandner, in: Rengeling, EUDUR.

Möhrenschläger, Manfred, Neuere Entwicklung im Umweltstrafrecht des Strafgesetzbuches, NuR 1983, 209 ff.

Möker, Ulf-Henning, Gewässerbelastung durch Agrarstoffe, Baden-Baden 1993.

Möllers, Peter, § 39 a Berliner Naturschutzgesetz (NatSchGBln) nichtig? – Anmerkung zu OVG Berlin, Urteil vom 17. 1. 1986, NuR 1986, 257 –, NuR 1987, 217 ff.

Möllers, Thomas M. J., Rechtsgüterschutz im Umwelt- und Haftungsrecht, Tübingen 1996.

Moormann, Franz-Josef, Die Änderung des Bundes-Immissionsschutzgesetzes durch das Gesetz zur Beschleunigung und Vereinfachung immissionsschutzrechtlicher Genehmigungsverfahren, UPR 1996, 408 ff.

Mösbauer, Heinz, Der verwaltungsbehördliche Überwachungsauftrag im Immissionsschutzrecht, NVwZ 1985, 457 ff.

Mößle, W., Der Verwaltungsakt mit Nebenbestimmungen im Planungsrecht und der verwaltungsgerichtliche Rechtsschutz, BayVBl. 1982, 231 ff.

Müggenborg, Hans-Jürgen, Formen des Kooperationsprinzips im Umweltrecht der Bundesrepublik Deutschland, NVwZ 1990, 909 ff.

–, Immissionsschutzrecht und -praxis in den neuen Bundesländern, NVwZ 1991, 735 ff.

–, Rechtliche Probleme der Altlastenproblematik und der Freistellungsklausel, NVwZ 1992, 845 ff.
–, Gewässerschutzrecht im Überblick und Anmerkungen zum DDR-Wassernutzungsentgelt, LKV 1993, 353 ff.
–, Der Prüfungsumfang des Umweltgutachters nach der Umwelt-Audit-Verordnung, DB 1996, 125 ff.
–, Abfallerzeuger und Abfallbesitzer, NVwZ 1998, 1121 ff.
Müllensiefen, Wolfgang, Gefahrenabwehr und Gefahrerforschung durch den Grundeigentümer, Eine Untersuchung über Reichweite und Grenzen der polizeirechtlichen Zustandsverantwortlichkeit im Falle von Boden- und Gewässerbelastungen, Frankfurt/Main 1997.
Müller, Christian, Möglichkeiten und Grenzen der indirekten Verhaltenssteuerung durch Abgaben im Umweltrecht, Köln u. a 1994.
Müller, Helmut, Landeskompetenzen im Umweltrecht, BayVBl. 1988, 289 ff.
Müller, Jürgen, Baumschutzregelungen in der neueren Rechtsprechung, VR 1987, 301 ff.
Müller, Norbert, Umschlagen wassergefährdender Stoffe in ortsbeweglichen Behältern in speditionellen Anlagen, UPR 1991, 257 ff.
Müller, R./*Süß,* B./*Heber,* M., Umweltrelevantes Recht in den neuen Bundesländern im Spannungsfeld zwischen Wirtschaftsförderung und ökologischer Notwendigkeit, NuR 1993, 62 ff.
Müller, Volker/*Heuer,* Jens-Uwe, Problemfälle des Anspruchs auf Umweltinformationen, NVwZ 1997, 330 ff.
Müller, Wolf, Mitteilungspflichten nach § 52 a BImSchG im Lichte der Öko-Aufdit-Verordnung, VR 1998, 149 ff.
Müller, Wolfgang, Die Eingriffsregelung des § 8 a BNatSchG als elementarer Planungsgrundsatz städtebaulicher Planung, NVwZ 1994, 850 ff.
Müller-Bromley, Nicolai, Staatszielbestimmung Umweltschutz im Grundgesetz?, Rechtsfragen der Staatszielbestimmung als Regelungsform der Staatsaufgabe Umweltschutz, Berlin 1990.
Müller-Kraenner, Sascha, Zur Umsetzung und Weiterentwicklung des Kioto-Protokolles, ZUR 1998, 113 ff.
Müller-Terpitz, Ralf, Aus eins mach zwei – Zur Novellierung des Bundesnaturschutzgesetzes, NVwZ 1999, 26 ff.
Müllmann, Christoph, Die Zulassung von Abfallentsorgungsanlagen nach dem Investitionserleichterungs- und Wohnbaulandgesetz, DVBl. 1993, 637 ff.
–, Altlastensanierung und Kooperationsprinzip – der öffentlichrechtliche Vertrag als Alternative zur Ordnungsverfügung, NVwZ 1994, 876 ff.
–, Die Plangenehmigung im Wasserrecht, Berlin 1994.
Müllmann, Christoph/*Lohmann,* Hartmut, Die TA-Siedlungsabfall – eine „lex Müllverbrennung"?, UPR 1995, 168 ff.
Münch, Ingo von (Hrsg.), Staatsrecht, Völkerrecht, Europarecht, Festschrift für Hans-Jürgen Schlochauer zum 75. Geburtstag, Berlin, u. a. 1981, zit.: Verf., FS Schlochauer.
Murswiek, Dietrich, Die staatliche Verantwortung für die Risiken der Technik, Verfassungsrechtliche Grundlagen und immissionsschutzrechtliche Ausformung, Berlin 1985, zit.: Murswiek, Die staatliche Verantwortung.
–, Zur Bedeutung der grundrechtlichen Schutzpflichten für den Umweltschutz, WuV 1986, 179 ff.
–, Entschädigung für immissionsbedingte Waldschäden, NVwZ 1986, 611 ff.
–, Freiheit und Freiwilligkeit im Umweltrecht – Mehr Umweltschutz durch weniger Reglementierung? –, JZ 1988, 985 ff.
–, Rechtsfragen der Umsetzung des § 19 Abs. 4 WHG in den Ländern, NuR 1990, 289 ff.
–, Privater Nutzen und Gemeinwohl im Umweltrecht, DVBl. 1994, 77 ff.
–, Die Ressourcennutzungsbebühr, NuR 1994, 170 ff.
–, Staatsziel Umweltschutz (Art. 20 a GG), NVwZ 1996, 222 ff.
–, Ein Schritt in Richtung auf ein ökologisches Recht, NVwZ 1996, 417 ff.
Muthesius, Thomas, Rechtsprobleme des Lärmschutzes an Straßen, VR 1985, 233 ff.
Mutius, Albert von, Grundrechtsschutz contra Verwaltungseffizienz im Verwaltungsverfahren?, NJW 1982, 2150 ff.

–, (Hrsg.), Selbstverwaltung im Staat der Industriegesellschaft, Festgabe zum 70. Geburtstag von Georg Christoph von Unruh, Heidelberg 1983, zit.: Verf., FS v. Unruh.

–, Umweltverträglichkeitsprüfung im Raumordnungsverfahren – insbesondere zu den verfassungsrechtlichen Fragen der Einführung einer Öffentlichkeitsbeteiligung, BayVBl. 1988, 641 ff.

–, Gesetzliche Möglichkeiten des Bodenschutzes, in: Blume, Hans-Peter (Hrsg.), Handbuch des Bodenschutzes – Bodenökologie und -belastung – Vorbeugende und abwehrende Schutzmaßnahmen, Landsberg/Lech 1990, S. 477 ff., zit.: v. Mutius, in: Blume, HbBodSch.

Mutius, Albert von/*Henneke,* Hans-Günter, Die Landwirtschaftsklausel im Naturschutzrecht, BayVBl. 1983, 545 ff.

Mutius, Albert von/*Lünenbürger,* Simone, Verfassungsrechtliche Aspekte einer umfassenden ökologischen Ressourcenwirtschaft, NVwZ 1996, 1061 ff.

Mutius, Albert von/*Schoch,* Friedrich K., Die atomrechtliche „Konzeptgenehmigung", Rechtsdogmatische Sphinx oder sinnvolle Verwaltungspraxis? –, DVBl. 1983, 149 ff.

Nacke, Hans Hermann, Die 5. Novelle zum Wasserhaushaltsgesetz, NVwZ 1987, 185 ff.

Nappert, Thomas, Die strafrechtliche Haftung von Bürgermeistern und Gemeinderäten im Umweltstrafrecht, Berlin 1997.

Näser, Hanns Wolfgang/*Oberpottkamp,* Ulrike, Zur Endlagerung radioaktiver Abfälle – Die Langzeitsicherheit – Gleichzeitig ein Beitrag zur Konkretisierung der Verantwortung für zukünftige Generationen –, DVBl. 1995, 136 ff.

Nassr-Esfahani, Soussan, Grenzübeschreitender Bestandsschutz für unanfechtbar genehmigte Anlagen, Berlin 1991.

Nestler, Cornelius, Die strafrechtliche Verantwortlichkeit eines Bürgermeisters für Gewässerverunreinigungen der Bürger, GA 1994, 514 ff.

Nettesheim, Martin, Auslegung und Fortbildung nationalen Rechts im Lichte des Gemeinschaftsrechts, AöR 1994, 261 ff.

–, Die mitgliedstaatliche Durchführung von EG-Richtlinien, Berlin 1999.

–, Das Umweltrecht der Europäischen Gemeinschaften, Jura 1994, 337 ff.

Neugebauer, Bernd, Meditation in der Landschaftsplanung, Alternative Konfliktregelungsverfahren zur Effizienzsteigerung der Landschaftsplanung, NuL 1999, 12 ff.

Neumeyer, Dieter, Erfahrungen mit der Verbandsklage aus der Sicht der Verwaltungsgerichte, UPR 1987, 327 ff.

Nicklisch, Fritz, (Hrsg.), Prävention im Umweltrecht: Risikovorsorge, Grenzwerte, Haftung, Heidelberg 1987, zit.: Verf., in: Prävention im UmweltR.

–, Rechtsfragen der modernen Bio- und Gentechnologie, Regelungsbedarf und Regelungssätze, BB 1989, 1 f.

Niederstadt, Frank, Die Umsetzung der Flora-Fauna-Habitat-Richtlinie durch das Zweite Gesetz zur Änderung des Bundesnaturschutzgesetzes, NuR 1998, 515 ff.

Niehues, Norbert, Der verwaltungsverfahrensrechtliche Ausschluß von Einwendungen gegen einen Planfeststellungsbeschluß, in: Berkemann, Jörg/Gaentzsch, Günter/Halama, Günter/Heeren, Helga/Hien, Eckard/Lemmel, Hans-Peter (Hrsg.), Planung und Plankontrolle, Köln 1995, S. 619 ff., zit.: Niehues, FS Schlichter.

Nies, Volkmar, Rechtsanwendungsprobleme beim wasserrechtlichen Ausgleichsanspruch nach § 19 Abs. 4 WassHG, NVwZ 1987, 189 ff.

Niesbet, Euan G., Globale Umweltveränderungen. Ursachen, Folgen, Handlungsmöglichkeiten, Heidelberg 1994, zit.: Niesbet, Globale Umweltveränderungen.

Nieß-Mache, Chr., Auskunftsrechte und Auskunftspflichten gegenüber Dritten bei Abwassereinleitungen – Untersucht am Beispiel Nordrhein-Westfalen, UPR 1987, 130 ff.

Nisipeanu, Peter, Der Betriebsbeauftragte für Gewässerschutz (Der Gewässerschutzbeauftragte), NuR 1990, 439 ff.

–, Abwasserrecht, München 1991, zit.: Nisipeanu, AbwasserR.

–, Die Abwasserbehandlungsanlage i. S. d. § 18 c WHG, NuR 1992, 101 ff.

–, Das Scoping-Verfahren nach § 5 UVPG – Dargestellt an (ab-)wasserwirtschaftlichen Genehmigungsverfahren, NVwZ 1993, 319 ff.

–, Rechtliche Anforderungen an den Bau von Kläranlagen, NuR 1996, 17 ff.
–, Abwasserabgabenrecht im Wandel – Überlegungen zu einem „AbwAG 2000", WuB 10/1997, 26 ff.
–, Wege zur kostengünstigen Abwasserbeseitigung: Freie Wahl der Organisationsform und Privatisierung, WuB 1998, Heft 3/98, 18 ff.
–, Rechtliche Aspekte der Entsorgung von Chemietoiletten – zugleich ein Beitrag zur Abgrenzung des Abfallrechts vom Abwasserrecht –, UPR 1998, 93 ff.
–, § 18 a Abs. 2 a Wasserhaushaltsgesetz – Oder: Alles ist anders, aber nichts ändert sich wirklich!, NuR 1998, 467 ff.
Nöth, Ingrid, Erfahrungen des Umweltbundesamtes (UBA) beim Vollzug des Gentechnikrechts, ZUR 1999, 12 ff.

Oebbecke, Janbernd, Die staatliche Mitwirkung an gesetzesabwendenden Vereinbarungen, DVBl. 1986, 793 ff.
Ochtendung, Bernd, Die Zulassung des vorzeitigen Beginns im Umweltrecht, Berlin 1998.
–, Wasserschutzgebiete in den neuen Ländern – dargestellt am Beispiel Ost-Berlins –, NuR 1998, 294 ff.
Oehler, Ellenor, Umweltschutz und Umweltrecht in der DDR, DVBl. 1990, 1322 ff.
Oehm, Mathias, Rechtsprobleme staatsgrenzenüberschreitender interkommunaler Zusammenarbeit, Münster 1982.
Oerder, Michael, Ordnungspflichten und Altlasten, NVwZ 1992, 1031 ff.
–, Empfiehlt sich eine eigenständige bundesgesetzliche Regelung der Altlasten und welchen Inhalt sollte sie haben, NJW 1994, 2181 ff.
Offermann-Clas, Christel, Die Klärschlammverordnung in europäischer und deutscher Sicht – Eine Bestandsaufnahme zum Europäischen Umweltjahr –, DVBl. 1988, 328 ff.
Oldiges, Martin, Abgabenrechtliche Probleme des Gewässerschutzes, in: Krebs, Walter/Oldiges, Martin/Papier, Hans-Jürgen (Hrsg.), Aktuelle Probleme des Gewässerschutzes, S. 25 ff., Köln u. a. 1990, zit.: Oldiges, in: Krebs/Oldiges/Papier, Aktuelle Probleme des Gewässerschutzes.
Olschowy, Gerhard (Hrsg.), Natur- und Umweltschutz in der Bundesrepublik Deutschland, Hamburg u. a. 1978, S. 827, zit.: Verf., in: Olschowy, Umweltschutz.
Ossenbühl, Fritz, Vom unbestimmten Gesetzesbegriff zur letztverbindlichen Verwaltungsentscheidung, DVBl. 1974, 309 ff.
–, Regelungsgehalt und Bindungswirkung der ersten Teilgenehmigung im Atomrecht, NJW 1980, 1353 ff.
–, Zur Bedeutung von Verfahrensmängeln im Atomrecht, NJW 1981, 375 ff.
–, Abschied vom enteignungsgleichen Eingriff?, NJW 1983, 1 ff.
–, Umweltschutz und Gemeinwohl in der Rechtsordnung, VR 1983, 301 ff.
–, Rechtsanspruch auf Erteilung atomrechtlicher Genehmigungen und Versagungsermessen, et 1983, 665 ff.
–, Verfassungsrechtliche Fragen zum Solidarfonds Abfallrückführung, BB 1995, 1805 ff.
–, Vorsorge als Rechtsprinzip im Gesundheits-, Arbeits- und Umweltschutz, NVwZ 1986, 161 ff.
–, Informelles Hoheitshandeln im Gesundheits- und Umweltschutz, UTR 1987, 27 ff.
–, Rechtsverordnung, in: Isensee, Josef/Kirchhof, Paul (Hrsg.), Handbuch des Staatsrechts, Band III – Das Handeln des Staates, Heidelberg 1988, zit.: Ossenbühl, in: Isensee/Kirchhof, HdStR.
–, Verwaltungsrecht als Vorgabe für Zivil- und Strafrecht, DVBl. 1990, 963 ff.
–, Novellierung des Atomgesetzes und Bundesauftragsverwaltung, in: Lukes, Rudolf (Hrsg.), Reformüberlegungen zum Atomrecht, Köln 1991, S. 27 ff., zit.: Ossenbühl, in: Lukes, Reformüberlegungen zum AtomR.
–, Verfassungsrechtliche Fragen – Bundesauftragsverwaltung, in: Lukes, Rudolf/Birkhofer, Adolf (Hrsg.), Neuntes Deutsches Atomrechts-Symposium – Referate und Diskussionsberichte, Köln u. a. 1991, S. 51 ff., zit.: Ossenbühl, in: Lukes u. a., Neuntes Atomrechts-Symposium.
–, Zum Umfang der Weisungsbefugnis des Bundes gemäß Art. 85 Abs. 3 GG im Planfeststellungsverfahren nach § 9 b AtG, DVBl. 1991, 833 ff.

–, 40 Jahre Bundesverwaltungsgericht – Bewahrung und Fortentwicklung des Rechtsstaates, DVBl. 1993, 753 ff.
–, Anmerkung zum Urteil des BGH v. 25. 3. 1993 – III ZR 60/61 –, JZ 1994, 263 ff.
–, Zur Haftung des Gesamtrechtsnachfolgers für Altlasten, Baden-Baden 1995.
–, Verzicht, Verwirkung und Verjährung als Korrektive einer polizeilichen Ewigkeitshaftung, NVwZ 1995, 547 ff.
–, Zur Kompetenz der Länder für ergänzende abfallrechtliche Regelungen, DVBl. 1996, 19 ff.
–, Atomrecht, in: Danwitz, Thomas von (Hrsg.), Aktuelle Entwicklungen im Kernenergierecht. Zum Krümmel-Urteil des BVerwG vom 21. 8. 1996; Dokumentation der Vortragsveranstaltung des Instituts für Berg- und Energierecht am 30. Januar 1997 in Bochum, Stuttgart u. a. 1997, S. 43 ff., zit.: Ossenbühl, in: v. Danwitz, Aktuelle Entwicklungen im KernenergieR.
–, Staatshaftungsrecht, 5. Aufl., München 1998.
–, Verfassungsrechtliche Aspekte eines Ausstiegs, et 1998, 758 ff.
–, Verfassungsrechtliche Fragen eines Ausstiegs aus der friedlichen Nutzung der Kernenergie, AöR 1999, 1 ff.
–, Der verfassungsrechtliche Rahmen offener Gesetzgebung und konkretisierender Rechtssetzung, DVBl. 1999, 1 ff.
Ossenbühl, Fritz/*Di Fabio,* Udo, Rechtliche Kontrolle ortsfester Mobilfunkanlagen, Köln u. a. 1995.
Osterloh, Lerke, Eigentumsschutz, Sozialbindung und Enteignung bei der Nutzung von Boden und Umwelt, DVBl. 1991, 906 ff.
Ostrowski, Manfred W./*Obermann,* Ingmar, Grundlagen und Werkzeuge zur ganzheitlichen wasserwirtschaftlichen Planung, WuB 1997, 61 ff.
Otting, Olaf, Die Aktualisierung öffentlich-rechtlicher Schranken kommunalwirtschaftlicher Betätigung durch das Wettbewerbsrecht, DÖV 1999, 549 ff.
Otto, Franz, Zivilrechtliche Auswirkungen von Baumschutzregelungen, NJW 1989, 1783 ff.
–, Der räumliche Geltungsbereich von Baumschutzsatzungen, UPR 1994, 12 ff.
–, Der Eingriff in Natur und Landschaft in der obergerichtlichen Rechtsprechung, VR 1998, 401 ff.
–, Entsorgung von gemischtem Gewerbeabfall, DVP 1999, 168 ff.
–, Die Bioabfallverordnung – Ein Überblick, DVP 1999, 190 ff.
Otto, Harro, Das neue Umweltstrafrecht, Jura 1995, 134 ff.
Otto-Zimmermann, Konrad (Hrsg.), Umweltverträglichkeitsprüfung in der Kommunalverwaltung, Köln 1990.

Paetow, Stefan, Die Teilbarkeit von Planungsentscheidungen, DVBl. 1985, 369 ff.
–, Die Überprüfbarkeit der Entscheidung über die Zulassung von Eingriffen in Natur und Landschaft, NuR 1986, 144 ff.
–, Zum Verhältnis von Fachplanung und Bauleitplanung, UPR 1990, 321 ff.
–, Das Abfallrecht als Grundlage der Altlastensanierung, NVwZ 1990, 510 ff.
–, Rechtsprechung zum Verkehrswegeplanungsbeschleunigungsgesetz, DVBl. 1994, 94 ff.
–, Rechtsformen der untergesetzlichen Konkretisierung von Umweltanforderungen, NuR 1999, 199 ff.
Paetzold, Harald, Die Neuregelung rechtsmißbräuchlich erlangter Genehmigungen durch § 330 d Nr. 5 StGB, NStZ 1996, 170 ff.
Palme, Christoph E., Nationale Umweltpolitik in der EG: Zur Rolle des Art. 100 a IV im Rahmen einer europäischen Umweltgemeinschaft, Berlin 1992, zit.: Palme, Nationale Umweltpolitik in der EG.
Pape, Kay Artur, Die Bewältigung von Altlasten in der Praxis, NJW 1992, 2661 ff.
–, Die Bewältigung von Altlasten in der Praxis, NJW 1994, 409 ff.
Papier, Hans-Jürgen, Einwendungen Dritter in Verwaltungsverfahren, NJW 1980, 313 ff.
–, Gewässerverunreinigung, Grenzwertfestsetzung und Strafbarkeit, Köln 1984.
–, Wirkungen des öffentlichen Planungsrechts auf das private Immissionsschutzrecht, Köln 1984, zit.: Papier, Privates Immissionsschutzrecht.
–, Altlasten und polizeirechtliche Störerhaftung, Köln u. a. 1985.

–, Altlasten und polizeiliche Störerhaftung, DVBl. 1985, 873 ff.
–, Die Verantwortlichkeit für Altlasten im öffentlichen Recht, NVwZ 1986, 256 ff.
–, Abfallbeseitigung, Öffentlich-rechtliche Probleme, et 1987, 437 f.
–, Strafbarkeit von Amtsträgern im Umweltrecht, NJW 1988, 1113 ff.
–, Rechtsgrundlagen der Altlastensanierung, NWVBl. 1989, 322 ff.
–, Strafrechtliche Probleme des Gewässerschutzes, in: Krebs, Walter/Oliges, Martin/Papier, Hans-Jürgen (Hrsg.), Aktuelle Probleme des Gewässerschutzes, S. 61 ff., Köln u. a. 1990, zit.: Papier, in: Krebs/Oliges/Papier, Aktuelle Probleme des Gewässerschutzes.
–, Untersuchungen im Bereich Genehmigung, Aufsicht, Nachrüstung – Untersuchung im Rahmen der wissenschaftlich-fachlichen Beratung zur Novellierung des Atomgesetzes, in: Lukes, Rudolf (Hrsg.), Reformüberlegungen zum Atomrecht, Köln 1991, S. 111 ff., zit.: Papier, in: Lukes, Reformüberlegungen zum AtomR.
–, Entwurf eines Umweltgesetzbuches, DVBl. 1992, 1133 ff.
–, Direkte Wirkung von Richtlinien der EG im Umwelt- und Technikrecht – Verwaltungsverfahrensrechtliche Probleme des nationalen Vollzugs, DVBl. 1993, 809 ff.
–, Empfehlen sich ergänzende gesetzliche oder untergesetzliche Regelungen der Altlasten, und welchen Inhalt sollten sie haben?, JZ 1994, 810 ff.
–, Zur rückwirkenden Haftung des Rechtsnachfolgers für Altlasten, DVBl. 1996, 125 ff.
–, Die Entwicklung des Verfassungsrechts seit der Einigung und seit Maastricht, NJW 1997, 2841 ff.
–, Recht der öffentlichen Sachen, 3. Aufl., Berlin 1998.
Parlar, Harun/*Angerhöfer,* Daniela, Chemische Ökotoxikologie, Berlin 1991.
Partsch, Christoph J., Brandenburgs Akteneinsichts- und Informationszugangsgesetz (AIG) – Vorbild für Deutschland, NJW 1998, 2559 ff.
Paschke, Marion/*Köhlbrandt,* Helge, Beseitigung von Industrieabfällen durch Spezialunternehmen, NuR 1993, 256 ff.
Paschlau, Helmut/*Wendler,* Olaf, Neue Entwicklungen in der kommunalen Abfallwirtschaft – (k)eine Chance im Wettbewerb?, AfK 1998, 354 ff.
Paßlick, Hermann, Die Ziele der Raumordnung und Landesplanung – Rechtsfragen von Begriff, Wirksamkeit insbesondere im Außenbereich gemäß § 35 Abs. 1 BBauG und Darstellungsprivileg, Münster 1986, zit.: Paßlick, Ziele der Raumordnung.
–, Altlasten aus Sicht der Eingriffsverwaltung und der Bauleitplanung – Ein Bericht aus der kommunalen Praxis –, DVBl. 1992, 674 ff.
Pauly, Markus W./*Figgen,* Markus/*Hünnekens,* Georg, Gemischtwirtschaftliche Entsorgungsunternehmen, Berlin 1997.
Pechstein, Mathias, EG-Umweltkompetenzen und nationale Alleingänge beim Umweltschutz, Jura 1996, 176 ff.
Pehle, Heinrich, Das Bundesumweltministerium: Neue Chancen für den Umweltschutz?, VerwArch 1988, 184 ff.
Peine, Franz-Joseph, Vorbeugender Rechtsschutz im Verwaltungsprozeß, Jura 1983, 285 ff.
–, Öffentliches und privates Nachbarrecht, JuS 1987, 169 ff.
–, Bodenschutzrecht – Gesetzliches Instrumentarium und gesetzgeberischer Handlungsbedarf, UTR 1987, 201 ff.
–, Verfassungsprobleme des Strahlenschutzvorsorgegesetzes, NuR 1988, 115 ff.
–, Rechtsprobleme des Verkehrslärmschutzes, DÖV 1988, 937 ff.
–, Die Gesetzgebungskompetenz des Bundes für den Bodenschutz, NuR 1992, 353 ff.
–, Rechtsfragen der Gewässerrenaturierung, ZfW 1993, 189 ff.
–, Probleme des Chemikalienrechts, Jura 1993, 337 ff.
–, Zur Problematik „rückwirkender Gesetze" im Altlastensanierungsrecht, NVwZ 1993, 958 ff.
–, Das Verhältnis der naturschutzrechtlichen Eingriffsregelung zu § 38 Satz 1 BauGB, NuR 1996, 1 ff.
–, Zur Verfassungsmäßigkeit des nordrhein-westfälischen Lizenzmodells, NWVBl. 1996, 418 ff.
–, Die Rechtsnachfolge in öffentlich-rechtliche Rechte und Pflichten – OVG Münster, NVwZ-RR 1997, 70 –, JuS 1997, 984 ff.

–, Das neue Bau- und Raumordnungsrecht 1998, JZ 1998, 23 ff.
–, Bodenschutzrecht und Wasserrecht – Anwendungsbereich, Voraussetzungen sowie Inhalte gefahrenabwehrender Maßnahmen –, UPR 1999, 361 ff.
Pelzer, Norbert Grenzüberschreitende Haftung für nukleare Ereignisse – Geltendes Recht und Überlegungen zu künftigen Regelungen, DVBl. 1986, 875 ff.
–, Atomrechtlicher Schadensausgleich bei ausländischen Nuklearunfällen, NJW 1986, 1664 ff.
–, (Hrsg.), Stillegung und Beseitigung kerntechnischer Anlagen. Rechtliche Beurteilung unter besonderer Berücksichtigung des gestuften Genehmigungsverfahrens, Köln u. a. 1993, zit.: Verf., in: Pelzer, Stillegung und Beseitigung.
–, Haftung von Sachverständigenorganisationen bei der Sicherheitsbewertung von Kernkraftwerken, atw 1995, 266 ff.
–, Atomhaftungsrecht, in: Rengeling, Hans-Werner (Hrsg.), Handbuch zum europäischen und deutschen Umweltrecht – Eine systematische Darstellung des europäischen Umweltrechts mit seinen Auswirkungen auf das deutsche Recht und mit rechtspolitischen Perspektiven –, Band 2, Besonderes Umweltrecht, Köln u. a. 1998, § 61, zit.: Pelzer, in: Rengeling, EUDUR.
Pennekamp, Markus, Technischer Fortschritt und Umweltrecht: Die Vorschrift des § 7 a WHG aus ökonomischer Sicht, ZAU 1999, 218 ff.
Pernice, Ingolf, Gestaltung und Vollzug des Umweltrechts im europäischen Binnenmarkt – europäische Impulse und Zwänge für das deutsche Umweltrecht, NVwZ 1990, 414 ff.
–, Kriterien der normativen Umsetzung von Umweltrichtlinien der EG im Lichte der Rechtsprechung des EuGH, EuR 1994, 325 ff.
Perschke, Stefan, Die Verwaltungsakzessorietät des Umweltstrafrechts nach dem 2. UKG, wistra 1996, 161 ff.
Pestalozza, Christian, Zur Gesetzgebungszuständigkeit des Bundes im Umweltschutz, WuV 1984, 245 ff.
Peters, Heinz-Joachim, Grundwasserschutz durch neuartige Wasserschutzgebiete, DVBl. 1987, 990 ff.
–, Das planungsrechtliche Instrumentarium des Wasserrechts – Chance für dezentrale Lösungen im Gewässerschutz –, UPR 1988, 325 ff.
–, Bewertung und Berücksichtigung der Umweltauswirkungen bei UVP-pflichtigen BImSchG-Anlagen, UPR 1994, 93 ff.
–, Die Adressaten der Nachsorgepflicht gem. § 5 III BImSchG, NVwZ 1994, 879 ff.
–, Bewertung der Umweltauswirkungen nach dem LUVPG und ihre Berücksichtigung in der Zulässigkeitsentscheidung, VBlBW 1995, 5 ff.
–, Art. 20 a GG – Die neue Staatszielbestimmung des Grundgesetzes, NVwZ 1995, 555 ff.
–, Umweltverwaltungsrecht, 2. Aufl., Heidelberg 1996, zit.: Peters, UmweltVwR.
–, Die Auswirkungen des neuen Abfallbegriffs im Chemikalien- und Immissionsschutzrecht, UPR 1996, 434 f.
–, Die Neuverteilung der Aufgaben zur Vermeidung, Verwertung und Beseitigung von Abfällen nach dem KrW-/AbfG, VBlBW 1997, 49 ff.
–, Die Vorhabengenehmigung nach dem künftigen Umweltgesetzbuch, ZUR 1998, 295 ff.
–, Wahrnehmung abfallrechtlicher Entsorgungsaufgaben durch Verbände, Einrichtungen und Dritte, UPR 1999, 17 ff.
–, Folgen der Nichtumsetzung der UVP-Änderungsrichtlinie, UVP-report 1999, 38 f.
–, Strukturen des neuen Bodenschutzrechts, VBlBW 1999, 83 ff.
–, Umweltverträglichkeitsprüfung und Umweltgesetzbuch, NuR 1999, 203 ff.
–, Das Planungsinstrumentarium des Umweltverwaltungsrechts, VR 1999, 237 ff.
–, Das Recht der Umweltverträglichkeitsprüfung im Übergang, UPR 1999, 294 ff.
Peters, Heinz-Joachim/*Schlabach,* Erhard, Umweltschutz. Ein Staatsziel nach der Verfassung des Landes Baden-Württemberg, VBlBW 1986, 46 ff.
Petersen, Barbara/*Ssymank,* Axel/*Haucke,* Ulf, Natura 2000 – die nationale Gebietsbewertung gemäß der Flora- Fauna-Habitat Richtlinie am Beispiel der alpinen geografischen Region in Deutschland, NuL 1998, 393 ff.
Petersen, Frank, Das abfallpolitische Konzept des Kreislaufwirtschafts- und Abfallgesetzes, UTR 1995, 49 ff.

–, Die Pflichten der Länder zur Umsetzung der TA Siedlungsabfall, MuA 1998, 560.
–, Kreislaufwirtschafts- und Abfallgesetz – quo vadis?, NVwZ 1998, 1113ff.
Petersen, Frank/*Rid,* Urban, Das neue Kreislaufwirtschafts- und Abfallgesetz, NJW 1995, 7ff.
Petersen, Frank/*Kracht,* Harald, Das untergesetzliche Regelwerk zum Kreislaufwirtschafts- und Abfallgesetz, DVBl. 1996, 1161ff.
Petri, Thomas Bernhard, Der Gefahrerforschungseingriff, DÖV 1996, 443ff.
Petschow, Ulrich, Umweltsituation in den neuen Bundesländern, IUR 1991, 67ff.
Pfaundler, Conrad, Der atomrechtliche Gefahrenbegriff – ein unbestimmter Rechtsbegriff mit Beurteilungsspielraum, UPR 1999, 336ff.
Pfeifer, Marten, Konfliktbewältigung bei der Planung kerntechnischer Anlagen, DÖV 1989, 574ff.
Pfeiffer, Gerd/*Kummer,* Joachim/*Scheuch,* Silke (Hrsg.), Festschrift für Hans Erich Brandner, Köln 1996, zit.: Verf., FS Brandner.
Pfohl, Michael, Strafbarkeit von Amtsträgern wegen Duldung unzureichender Abwasserreinigungsanlagen, NJW 1994, 418ff.
Pielow, Ludger, Das Reiten in Wald und Flur nach Bundes- und Landesrecht, NuR 1980, 53ff.
–, Zur Frage der Verbindlichkeit von Landschaftsplänen mit Hilfe der Bauleitplanung, NuR 1986, 60ff.
Pietzcker, Jost, Polizeirechtliche Störerbestimmung nach Pflichtwidrigkeit und Risikosphäre, DVBl. 1984, 457ff.
–, Abgrenzungsprobleme zwischen Benutzungsgebühr, Verleihungsgebühr, Sonderabgabe und Steuer – Das Beispiel „Wasserpfennig", DVBl. 1987, 774ff.
–, Zur Entwicklung des öffentlich-rechtlichen Entschädigungsrechts – insbesondere am Beispiel der Entschädigung von Beschränkungen der landwirtschaftlichen Produktion, NVwZ 1991, 418ff.
–, Rechtsschutz gegen Nebenbestimmungen – unlösbar?, NVwZ 1995, 15ff.
Piontek, Nikolaus, Endlager „Schacht Konrad" – Planfeststellung durch Bundesweisung?, ZUR 1993, 65ff.
Pohl, Andreas, Abfallrechtliche Sicherungs- und Rekultivierungspflichten, Berlin 1993.
–, Die Altlastenregelungen der Länder, NJW 1995, 1645ff.
Pohlmann, Andreas, Neuere Entwicklungen im GentechnikR, Berlin 1990, zit.: Pohlmann, GentechnikR.
Poncelet, Claudia, Der wasserrechtliche Anlagenbegriff, Heidelberg 1995.
Preußker, Werner, Wasser- und abfallrechtliche Bestimmungen der landwirtschaftlichen Nutzung von Grundstücken, ZfW 1982, 261ff.
Prümm, Hans Paul, Umweltschutzrecht, Eine systematische Einführung, Frankfurt a.M. 1989, zit.: Prümm, UmweltschutzR.
Pudenz, Winfried, Zum Verhältnis von Bundes- und Landes-Immissionsschutzrecht – Dargestellt am Beispiel des LImSchG Nordrhein-Westfalen –, NuR 1991, 359ff.
Püttner, Günter (Hrsg.), Festschrift für Otto Bachof zum 70. Geburtstag, München 1984, zit.: Verf., FS Otto Bachof.
Pütz, Manfred/*Buchholz,* Karl-Heinz, Immissionsschutz bei nicht genehmigungsbedürftigen Anlagen – Grundpflichten des Betreibers – Anforderungen an Standort, Errichtung, Betrieb und Überwachung, Berlin 1996, zit.: Pütz/Buchholz, Immissionsschutz bei nicht genehmigungsbedürftigen Anlagen.
Pützenbacher, Stefan, Der Ausgleichsanspruch nach § 24 II BBodSchG, NJW 1999, 1137ff.

Queitsch, Peter O., Das neue Kreislaufwirtschafts- und Abfallgesetz, StuG 1995, 55ff.
–, Das neue Kreislaufwirtschafts- und Abfallgesetz (KrW-/AbfG), UPR 1995, 412ff.
–, Kreislaufwirtschafts- und Abfallrecht, erläuterte Ausgabe, Köln 1995, zit.: Queitsch, KrW-/AbfR.
–, Drittbeauftragung und Beleihung nach § 16 KrW-/AbfG, Städtetag 1998, 272ff.

Rabben, Christoph, Rechtsprobleme der atomaren Entsorgung, Köln u.a. 1988.
Raber, Hans Georg, Wassernutzungsentgelte und das Grundgesetz, NVwZ 1997, 219ff.

Radek, Erwin/*Friedel,* Hans-Peter, Das neue Chemikaliengesetz, München 1981, zit.: Radek/Friedel, ChemG.

Radermacher, Walter, Makro-Ökonomische Kosten der Umweltinanspruchnahme, ZAU 1998, 234ff.

Rademacher, Walter/*Stahmer,* Carsten, Vom Umwelt-Satellitensystem zur Umweltökonomischen Gesamtrechnung: Umweltbezogene Gesamtrechnungen in Deutschland – Erster Teil –, ZAU 1994, 531ff., – Zweiter Teil –, ZAU 1995, 99ff.

Ramsauer, Ulrich, Strukturprobleme der Landschaftsplanung – Eine kritische Bestandsaufnahme, NuR 1993, 108ff.

–, Die Bedeutung der naturschutzrechtlichen Eingriffsregelung bei der Transrapidplanung, NuR 1997, 419ff.

Rapsch, Arnulf, Wasser- und Bodenverbände als grundrechtsfähige nichtkommunale Verbandspersonen öffentlichen Rechts? – Eine Dauerkontroverse im neuen Licht –, DÖV 1992, 657ff.

–, Konfliktbewältigung mit verfassungswidrigen Mitteln?, Wasserverbandliches Schiedswesen zwischen Wunsch und Realität, NVwZ 1993, 534ff.

–, Wasserverbandsrecht, München 1993.

Rat von Sachverständigen für Umweltfragen (SRU), Dauerhaft umweltgerechte Entwicklung – Leitbegriff für die Umweltpolitik der Zukunft, ZAU 1994, 170ff.

Rausch, Heribert, Umweltschutzgesetzgebung. Aufgabe, geltendes Recht und Konzepte, Zürich 1977.

Rauschning, Dietrich, Staatsaufgabe Umweltschutz, VVDStRL 38 (1980), S. 167ff.

–, Allgmeine Völkerrechtsregeln zum Schutz gegen grenzüberschreitende Umweltbeeinträchtigungen, in: Münch, Ingo von (Hrsg.), Staatsrecht, Völkerrecht, Europarecht, Festschrift für Hans-Jürgen Schlochauer zum 75. Geburtstag, Berlin u.a. 1981, S. 557ff., zit.: Rauschning, FS Schlochauer.

Rebentisch, Manfred, Änderungen des Bundes-Immissionsschutzgesetzes – Überwachungs-, stoff- und gebietsbezogene Neuerungen, NVwZ 1991, 310ff.

–, Überlegungen zu atomrechtlichen Nachsorgepflichten, DVBl. 1992, 1255ff.

–, Immissionsschutzrechtliche Aspekte der Festlegung von Grenzwerten für elektromagnetische Felder, DVBl. 1995, 495ff.

–, Probleme zwischen Abfallrecht und Immissionsschutzrecht – ein Ausschnitt, NVwZ 1995, 639ff.

–, Die immissionsschutzrechtliche Genehmigung – ein Instrument integrierten Umweltschutzes?, NVwZ 1995, 949ff.

–, Die Änderungsgenehmigung im Lichte des Krümmel-Urteils – Ein Problem für die Praxis?, DVBl. 1997, 810ff.

Redeker, Konrad/*von Oertzen,* Hans-Joachim (Hrsg.), Verwaltungsgerichtsordnung, Kommentar, 12. Aufl., Stuttgart u.a. 1997, zit.: Redeker/von Oertzen, VwGO.

Reese, Moritz/*Schütte,* Peter, Die abfallrechtliche Verantwortung des Abfallerzeugers, ZUR 1999, 136ff.

Rehbinder, Eckard, Umweltrecht. Rechtsvergleichendes Generalreferat, RABELsZ 40 (1976), 363ff.

–, Die hessische Verbandsklage auf dem Prüfstand der Verwaltungsgerichtsbarkeit, NVwZ 1982, 666ff.

–, Umweltschutz und Pflanzenschutzrecht – Zu den Entwürfen für ein neues Pflanzenschutzgesetz, NuR 1983, 249ff.

–, Umweltschutz und Pflanzenschutzrecht – Zu den Entwürfen für ein neues Pflanzenschutzgesetz, NuR 1987, 68ff.

–, Vorsorgeprinzip im Umweltrecht und präventive Umweltpolitik, in: Forschungsschwerpunkt Umweltpolitik (Internationales Institut für Umwelt und Gesellschaft-IIUG), Wissenschaftszentrum Berlin für Sozialforschung, Berlin 1987.

–, Erste Entscheidungen zum Chemikaliengesetz, UPR 1988, 201ff.

–, Abfallrechtliche Regelungen im Bundes-Immissionsschutzgesetz – Zum Entwurf einer Muster-Verwaltungsvorschrift der Länder zu § 5 Abs. 1 Nr. 3 BImSchG –, DVBl. 1989, 496ff.

–, Prinzipien des Umweltrechts in der Rechtsprechung des Bundesverwaltungsgerichts: Das Vorsorgeprinzip als Beispiel, in: Franßen, Everhardt/Redeker, Konrad/Schlichter, Otto/Wilke, Dieter (Hrsg.), Bürger-Richter-Staat: Festschrift für Horst Sendler, München 1991, S. 269ff., zit.: Rehbinder, FS Sendler.

–, Verkehrsbeschränkungen in Ballungsgebieten nach § 40 Abs. 2 BImSchG, ZUR 1994, 101 ff.
–, Ein weiterer Schritt auf dem Weg zur Kodifikation des deutschen Umweltrechts, zum „Professorenentwurf" des Besonderen Teils eines Umweltgesetzbuchs, NuR 1994, 313 ff.
–, Allgemeine Regelungen – Chemikalienrecht–, in: Rengeling, Hans-Werner (Hrsg.), Handbuch zum Europäischen Umweltrecht – Eine systematische Darstellung des europäischen Umweltrechts mit seinen Auswirkungen auf das deutsche Recht und mit rechtspolitischen Perspektiven, Band 2, Köln u. a. 1998, zit.: Rebinder, in: Rengeling, EUDUR.
–, Das Konzept des anlagen- und produktbezogenen EG-Gentechnikrechts, ZUR 1999, 6 ff.
Rehbinder, Eckard/*Kayser,* Detlev/*Klein,* Helmut, Chemikaliengesetz, Heidelberg 1985, zit.: Rehbinder/Kayser/Klein, ChemG.
Reichert, Ronald, Grenzen kommunaler Grenzwertfestsetzungen bei Indirekteinleitern am Beispiel nordrhein-westfälischen Rechts, ZfW 1997, 141 ff.
–, Vollzug und Vollzugsdefizit bei Abwassereinleitungen, ZAU 1997, 529 ff.
–, Verfassungsmäßigkeit der Novelle zum Wasserhaushaltsgesetz? – Grenzen der Rahmengesetzgebung, NVwZ 1998, 17 ff.
Reinhard, Michael, Die landesrechtliche Fortgeltung des Wassergesetzes der DDR in den neuen Bundesländern, DVBl. 1991, 1058 ff.
–, Abschied von der Verwaltungsvorschrift im Wasserrecht? – Zu den Auswirkungen der neueren Rechtsprechung des EuGH auf den wasserrechtlichen Vollzug in der Bundesrepublik Deutschland, DÖV 1992, 102 ff.
–, Das wasserhaushaltsgesetzliche System der Eröffnungskontrollen unter besonderer Berücksichtigung bergrechtlicher Sachverhaltsgestaltungen, NuR 1994, 134 ff.
–, Umweltinformation als subjektives Recht – Das Umweltinformationsgesetz vom 8. Juli 1994 als Beispiel konzeptionsdefizitärer Transformationsgesetzgebung, Die Verw. 1997, 161 ff.
Renck, Ludwig, Res sacra und Sachgebrauch, NVwZ 1990, 38 ff.
Rengeling, Hans-Werner, Aktuelle verwaltungsrechtliche und verwaltungsgerichtliche Fragen bei der Errichtung von Kernkraftwerken – Zum Recht der Bundesrepublik Deutschland mit einer vergleichenden Skizze zum Recht der Schweiz, JZ 1977, 542 ff.
–, Die immissionsschutzrechtliche Vorsorge als Genehmigungsvoraussetzung, DVBl. 1982, 622 ff.
–, Die immissionsschutzrechtliche Vorsorge – Inhalte und Grenzen der Pflicht gem. § 5 Nr. 2 BImSchG bei der Anlagengenehmigung, 1. Aufl., Baden-Baden 1982, zit.: Rengeling, Die immissionsschutzrechtliche Vorsorge.
–, Planfeststellung für die Endlagerung radioaktiver Abfälle, Köln 1984.
–, Grundrechtliches Gebot einer Teilplanfeststellung in Gorleben?, et 1984, 629 ff.
–, Anlagenbegriff, Schadensvorsorge und Verfahrensstufung im Atomrecht – Bemerkungen zu dem Urteil des Bundesverwaltungsgerichts vom 19. 12. 1985 betreffend das Kernkraftwerk Wyhl, DVBl. 1986, 265 ff.
–, Erfüllung staatlicher Aufgaben durch Private. Zu den Aufgaben eines privaten Dritten bei der Einrichtung von Anlagen zur Endlagerung radioaktiver Abfälle, Köln u. a. 1986.
–, Probabilistische Methoden bei der atomrechtlichen Schadensvorsorge, Köln u. a. 1986., zit.: Rengeling, Probabilistische Methoden bei der atomrechtl. Schadensvorsorge.
–, Atomrechtliche Schadensvorsorge und „Sachverstand", in: Blümel, Willi/Merten, Detlef/Quaritsch, Helmut (Hrsg.), Verwaltung im Rechtsstaat, Festschrift für Carl Hermann Ule zum 80. Geburtstag, Köln u. a. 1987, S. 297, zit.: Rengeling, in: FS Ule.
–, Das neue Strahlenschutzvorsorgegesetz, DVBl. 1987, 204 ff.
–, Das Kooperationsprinzip im Umweltrecht, Köln 1988.
–, (Hrsg.), Europäisches Umweltrecht und europäische Umweltpolitik: Referate und Diskussionsberichte der Tagung des Arbeitskreises Europäische Integration e. V. in Osnabrück v. 5. bis 7. Februar 1987, Köln 1988, zit.: Verf., in: Rengeling, Europäisches UmweltR und europäische Umweltpolitik.

–, Reaktorsicherheit: Vorsorge auch jenseits der praktischen Vernunft?, DVBl. 1988, 257 ff.
–, Rechtsfragen zu Bundesendlagern für radioaktive Abfälle, Köln u.a. 1990, zit.: Rengeling, Rechtsfragen zu Bundesendlagern.
–, Schadlose Verwertung radioaktiver Reststoffe durch Wiederaufarbeitung in anderen EG-Mitgliedstaaten, DVBl. 1991, 914 ff.
–, Entsorgung, Endlagerung und Brennstoffkreislauf – Untersuchung im Rahmen der wissenschaftlich-fachlichen Beratung zur Novellierung des Atomgesetzes, in: Lukes, Rudolf (Hrsg.), Reformüberlegungen zum Atomrecht, Köln 1991, S. 215 ff., zit.: Rengeling, in: Lukes, Reformüberlegungen zum AtomR.
–, Zur Fortgeltung von Genehmigungen der ehemaligen DDR-Verwaltung – Dargestellt am Beispiel der Endlagerung radioaktiver Abfälle in Morsleben, DVBl. 1992, 222 ff.
–, (Hrsg.), Integrierter und betrieblicher Umweltschutz: Verfahrensrecht und materielles Recht unter Berücksichtigung der Investitionsförderung, der vorgesehenen IVU- (bzw. IPPC-)Richtline, des EG-Umweltaudits und der UVP, Köln 1996, zit.: Verf., in: Rengeling, Integrierter und betrieblicher Umweltschutz.
–, Die Bundeskompetenzen für das Umweltgesetzbuch I, DVBl. 1997, 997 ff.
–, (Hrsg.), Beschleunigung von Planungs- und Genehmigungsverfahren – Deregulierung, Vierte Osnabrücker Gespräche zum Umweltrecht, Köln 1997, zit.: Verf., in: Rengeling (Hrsg.), Beschleunigung.
–, (Hrsg.), Handbuch zum europäischen und deutschen Umweltrecht – Eine systematische Darstellung des europäischen Umweltrechts mit seinen Auswirkungen auf das deutsche Recht und mit rechtspolitischen Perspektiven, Band 1 Allgemeines Umweltrecht, Band 2 Besonderes Umweltrecht, Köln 1998, zit.: Verf., in: Rengeling, EUDUR.
–, Die Ausführung von Gemeinschaftsrecht, insbesondere Umsetzung von Richtlinien, in: Rengeling, Hans-Werner (Hrsg.), Handbuch zum europäischen und deutschen Umweltrecht – Eine systematische Darstellung des europäischen Umweltrechts mit seinen Auswirkungen auf das deutsche Recht und mit rechtspolitischen Perspektiven, Band 1 Allgemeines Umweltrecht, Köln u.a. 1998, § 28, zit.: Rengeling, in: Rengeling, EUDUR.
–, Der Verwaltungsvollzug (Anwendung) von Gemeinschaftsrecht, in: Rengeling, Hans-Werner (Hrsg.), Handbuch zum europäischen und deutschen Umweltrecht – Eine systematische Darstellung des europäischen Umweltrechts mit seinen Auswirkungen auf das deutsche Recht und mit rechtspolitischen Perspektiven, Band 1 Allgemeines Umweltrecht, Köln u.a. 1998, § 29, zit.: Rengeling, in: Rengeling, EUDUR.
–, Umsetzungsdefizite der FFH-Richtlinie in Deutschland? – unter Berücksichtigung der Rechtsprechung des Bundesverwaltungsgerichts zum sog. „Ostseeautobahnurteil" –, UPR 1999, 281 ff.
Rengeling, Hans-Werner/*Gellermann,* Martin, Kooperationsrechtliche Verträge im Naturschutzrecht, Möglichkeiten und Grenzen des Vertragsnaturschutzes, ZG 1991, 317 ff.
–, Vorgaben der EG für die Zulassung von Abfallentsorgungsanlagen, DVBl. 1995, 389 ff.
Rengier, Rudolf, Zur Bestimmung und Bedeutung der Rechtsgüter im Umweltstrafrecht, NJW 1990, 2506 ff.
–, Überlegungen zu den Rechtsgütern und Deliktstypen im Umweltstrafrecht, in: Schulz, Lorenz (Hrsg.), Ökologie und Recht, Köln u.a. 1991, S. 33 ff., zit.: Rengier, in: Schulz, Ökologie und Recht.
–, Zur Reichweite von Sorgfaltspflichten und verwaltungsrechtlichen Pflichten im Umweltstrafrecht, in: Ebenroth, Carsten Thomas/Hesselberger, Dieter/Rinne, Manfred Eberhard (Hrsg.), Verantwortung und Gestaltung, Festschrift für Karlheinz Boujong zum 65. Geburtstag, München 1996, S. 791 ff., zit.: Rengier, FS Boujong.
Renneberg, Wolfgang, Der „Stand der Wissenschaft" und die „Schadensvorsorge" im atomrechtlichen Genehmigungsverfahren, ZRP 1986, 161 ff.
Rennert, Klaus, Eigentumsbindung und Enteignung nach der höchstrichterlichen Rechtsprechung, VBlBW. 1995, 41 ff.

Literatur

Rentz, Henning, „Joint Implementation" Eine theoretische Analyse möglicher Ausgestaltungen in der internationalen Umweltpolitik, ZfU 1995, 179ff.

Ress, Georg, Die Drittwirkung von Richtlinien: Der Wandel von der prozeßrechtlichen zur materiell-rechtlichen Konzeption, in: Leipold, Dieter/Lüke, Wolfgang/Yushino, Shozaburo (Hrsg.), Gedächtnisschrift für Peter Arens, München 1993, S. 351ff., zit.: Ress, GS Arens.

–, Die richtlinienkonforme „Interpretation" innerstaatlichen Rechts, DÖV 1994, 489ff.

Rid, Urban/*Hammann,* Wolf, Immissionschutzrechtliche Vorsorge jenseits des polizeilichen Gefahrenbegriffs, VBlBW 1987, 121ff.

–, Immissionsschutzrechtliche Vorsorge jenseits des polizeilichen Gefahrenbegriffs – § 5 Nr. 1 contra § 5 Nr. 2 Bundes-Immissionsschutzgesetz –, NVwZ 1989, 200ff.

Riedel, Eibe, Rechtliche Optimierungsgebote oder Rahmensetzung für das Verwaltungshandeln, 3. Bericht, VVDStRL 58 (1999), S. 180ff.

Riedel, Ulrike, Anforderungen an die Sanierung und den Umfang der Vorsorgepflicht nach dem Bundes-Bodenschutzgesetz, UPR 1999, 92ff.

Rieger, Wolfgang, Das Verhältnis zwischen aktivem und passivem Lärmschutz im Lärmschutzsystem des § 41 BImSchG, VBlBW 1998, 41ff.

Riettiens, Harald, Der Abfallbegriff im Strafrecht, Zur Definition des Tatmittels der umweltgefährdenden Abfallbeseitigung, Baden-Baden 1993.

Rindroff, Ermbrecht, Die TASi auf dem Weg zum Papiertiger? Gleichzeitig eine Erwiderung auf Erbguth, UPR 1997, 227, UPR 1997, 450ff.

Ringel, Hans-Jürgen, Die Plangenehmigung im Fachplanungsrecht: Anwendungsbereich, Verfahren und Rechtswirkungen, Berlin 1996, zit.: Ringel, Plangenehmigung.

Ringler, Alfred, Anmerkungen zum Verfahren und zu den bioökologischen Grundlagen für die FFH-Gebietsmeldungen (Natura 2000), NuL 1998, 533ff.

Ritter, Ernst-Hasso, Auf dem Weg zu einem Umweltgesetzbuch – Eine erste Zwischenbilanz, ZAU 1991, 294ff.

Rittstieg, Andreas, Die Konkretisierung technischer Standards im Anlagenrecht, Köln u.a. 1982.

Rittstieg, Helmut, Grundgesetz und Eigentum, NJW 1982, 721ff.

Rock, Martin, Ethische Perspektiven des Umweltschutzes, Arbeitgeber 1991, 258ff.

Röckinghausen, Marc, Der Bestandsschutz von immissionsschutzrechtlichen Genehmigungen u.a. im Lichte der geplanten IPPC-Richtlinie –, UPR 1996, 50ff.

Rodi, Peter, Steuervergünstigungen als Instrument der Umweltpolitik, StuW 1994, 204ff.

Roellecke, Gerd, Ein Rechtsbegriff der Planung, DÖV 1994, 1024ff.

Roer, Friederike, Die Bindungswirkung von Zielen der Raumordnung und Landesplanung nach der Privatisierung von Bahn und Post, Münster 1996, zit.: Roer, Bindungswirkung der Ziele der Raumordnung.

Röger, Ralf, Zur unmittelbaren Geltung der Umweltinformationsrichtlinie – Anmerkung zum Urteil des VG Stade vom 21. 4. 1993 –, NuR 1994, 125ff.

–, Zum Begriff des „Vorverfahrens" im Sinne des Umweltinformationsrichlinie – Zugleich ein Beitrag zur Auslegung europarechtlicher Normen, UPR 1994, 216ff.

Rogall, Klaus, Die Strafbarkeit von Amtsträgern im Umweltbereich, Berlin 1991.

–, Die Duldung im Umweltstrafrecht, NJW 1995, 922ff.

–, Die Auswirkungen des neuen Kreislaufwirtschafts- und Abfallgesetzes auf das Umweltstrafrecht, in: Ebenroth, Carsten Thomas/Hesselberger, Dieter/Rinne, Manfred Eberhard (Hrsg.), Verantwortung und Gestaltung, Festschrift für Karlheinz Boujong zum 65. Geburtstag, München 1996, S. 807ff., zit.: Rogall, FS Boujong.

–, Legenden und Skripten, Zur Lage des Umweltstrafrechts, ZfU 1997, 35ff.

Rogalla, Dieter/*Schultz,* Christian, Umweltgefährdende Anlagen in der Grenznähe aus völkerrechtlicher Sicht, NuR 1987, 193ff.

Rohlf, Dietwalt, Die Novellierung des Bundesnaturschutzgesetzes aus der Sicht der Länder, ZUR 1996, 1ff.

Roller, Gerhard, Der Gefahrenbegriff im atomrechtlichen Aufsichtsverfahren, DVBl. 1993, 20ff.

–, Beendigung nur mit Entschädigung?, et 1998, 770ff.

–, Die Vereinbarkeit der nachträglichen gesetzlichen Befristung atomrechtlicher Genehmigungen mit Art. 14 GG, ZUR 1999, 244 ff.

Roller, Gerhard/*Jülich,* Ralf, Die Überwachung gentechnischer Freisetzungen – Zu den Befugnissen der Landesbehörden nach dem Gentechnikgesetz, ZUR 1996, 74 ff.

Rometsch, Lutz, Umweltdelikte in der Bundesrepublik Deutschland – eine Bestandsaufnahme –, ZAU 1992, 247 ff.

Ronellenfitsch, Michael, Das atomrechtliche Genehmigungsverfahren, Berlin 1983.

–, Der Einwendungsausschluß im Wasserrecht, VerwArch 1983, 369 ff.

–, Gemeindliches Eigentum und materielle Präklusion – BVerfGE 61, 82, JuS 1983, 594 ff.

–, Auswirkungen der Teilbarkeit von Planungsentscheidungen auf den vorläufigen Rechtsschutz, in: Willi Blümel (Hrsg.), Teilbarkeit von Planungsentscheidungen, Speyer 1984, S. 37, zit.: Ronellenfitsch, Teilbarkeit von Planungsentscheidungen.

–, Einführung in das Planungsrecht, Darmstadt 1986, zit.: Ronellenfitsch, Planungsrecht.

–, Eingriffe in Natur und Landschaft bei der wasserwirtschaftlichen Planfeststellung, VerwArch 1986, 177 ff.

–, Rechts- und Verwaltungsaspekte der naturschutzrechtlichen Eingriffsregelungen – Ausgewählte Fragen des Verfahrens- und materiellen Rechts, NuR 1986, 284 ff.

–, Die Zulässigkeit sogenannter Vorabzustimmungen zu genehmigungspflichtigen Tätigkeiten bei Brennelementfabriken, et 1986, 797 ff.

–, Konfliktmittlung aus Anlaß von Genehmigungs- und Planfeststellungsverfahren, in: Hoffmann-Riem, Wolfgang/Schmidt-Aßmann Eberhard (Hrsg.), Konfliktbewältigung durch Verhandlungen, Band 2, Baden-Baden 1990, S. 185 ff., zit.: Ronellenfitsch, in: Hoffmann-Riem/Schmidt-Aßmann, Konfliktbewältigung.

–, Der Entwurf eines Gesetzes zur Beschleunigung der Planungen für Verkehrswege in den neuen Ländern sowie im Land Berlin, DVBl. 1991, 920 ff.

Ronellenfitsch, Michael/*Delbanco,* Heike, Verkehrsbezogene Regelungen (Kraftfahrzeuge), in: Rengeling, Hans-Werner (Hrsg.), Handbuch zum europäischen und deutschen Umweltrecht – Eine systematische Darstellung des europäischen Umweltrechts mit seinen Auswirkungen auf das deutsche Recht und mit rechtspolitischen Perspektiven, Band 2, Besonderes Umweltrecht, Köln u. a. 1998, § 52, zit.: Ronellenfitsch/Delbanco, in: Rengeling, EUDUR.

Rose, Matthias, Die Vorbehandlung von Abfällen durch Drittbeauftragte nach dem Inkrafttreten des Kreislaufwirtschafts- und Abfallgesetzes, NVwZ 1998, 1130 ff.

Rosenzweig, Klaus, Das Rechtsinstitut „Geschützter Landschaftsbestandteil", NuR 1987, 313 ff.

Roser, Thomas, Iter – juristisch auf dem richtigen Weg?, atw 1993, 425 ff.

Rösgen, Peter, Rechtliche Zulässigkeit der Bodenbehandlung mit stickstoffhaltigen Düngemitteln, AgrarR 1983, 141 ff.

Roßbach, Armin, Die international-privatrechtlichen Probleme der grenzüberschreitenden Rheinverschmutzung, NJW 1988, 590 ff.

Roßnagel, Alexander, (Hrsg.), Radioaktiver Zerfall der Grundrechte? – Zur Verfassungsverträglichkeit der Kernenergie, München 1984.

–, (Hrsg.), Recht und Technik im Spannungsfeld der Kernenergiekontroverse, Opladen 1984.

–, Zum rechtlichen und wirtschaftlichen Bestandsschutz von Atomkraftwerken – Ist ein „Ausstieg aus der Atomenergie" rechtlich möglich?, JZ 1986, 716 ff.

–, Wesentliche Änderungen durch „Vorabzustimmungen" – ein neues Instrument des Atomrechts?, DVBl. 1987, 65 ff.

–, Niedrigdosierung und das Grundrecht auf Leben und körperliche Unversehrtheit, UPR 1990, 86 ff.

–, Atomrechtliche Entsorgungsvorsorge durch Wiederaufbereitung im Ausland?, DVBl. 1991, 839 ff.

–, Amtshaftung im Atomrecht – Zur Fortentwicklung des Atomsrechts durch die Zivilgerichte, ZUR 1994, 185 ff.

–, Teilgenehmigung und vorläufiges positives Gesamturteil – Kritische Anmerkungen zur neuen Atomrechtsprechung des Bundesverwaltungsgerichts, DÖV 1995, 624 ff.

–, Europäische Marktfreiheiten und atomrechtliche Entsorgungsvorsorge, DÖV 1996, 984 ff.
–, Der Nachweis von Sicherheit im Anlagenrecht – Am Beispiel von deterministischen und probabilistischen Sicherheitsnachweisen im Atomrecht –, DÖV 1997, 801 ff.
–, Zulässigkeit eines Kernenergieausstiegsgesetzes, et 1998, 764 ff.
–, Der Begriff der Gefahr in § 19 Abs. 3 AtG, DÖV 1998, 1048 ff.
–, Rechtsprobleme des Ausstiegs aus der Kernenergie – Einführung und Überblick, ZUR 199, 241 ff.
Roßnagel, Alexander/*Neuser,* Uwe, Die rechtliche Regulierung des Eletrosmogs – am Beispiel des Mobilfunks –, UPR 1993, 401 ff.
Roth, Günter H., Materiell-rechtliche und prozessuale Aspekte eines privatrechtlichen Umweltschutzes, NJW 1972, 921 ff.
Rothe, Karl-Heinz, Gedanken über die Novellierung des Bundesbaugesetzes, DVBl. 1974, 737 ff.
Rothkirch, Ute, Deutsches Umweltrecht auf der Grundlage des Einigungsvertrages, hrsg. vom Bundesministerium für Umwelt, Naturschutz und Reaktorsicherheit, Bonn 1990, zit.: Rothkirch, Deutsches Umweltrecht auf der Grundlage des Einigungsvertrages.
Royla, Pascal/*Lackhoff,* Klaus, Die innerstaatliche Beachtlichkeit von EG-Richtlinien und das Gesetzmäßigkeitsprinzip, DVBl. 1998, 1116 ff.
Ruderisch, Dagmar, Rechtliche und rechtspolitische Fragen der Humangenetik, ZRP 1992, 260 ff.
Rudolphi, Hans-Joachim/*Horn,* Eckard/*Samson,* Erich/*Günther,* Hans-Ludwig (Hrsg.), Systematischer Kommentar zum Strafgesetzbuch, 7. Aufl., Berlin 1998, zit.: SK-Verf., StGB.
Rudolphi, Hans Joachim, Primat des Strafrechts im Umweltschutz?, NStZ 1984, 248 ff.
Rühl, Ulli F. H., Grundfragen der Verwaltungsakzessorietät, JuS 1999, 521 ff.
Ruffert, Mathias, Das Umweltvölkerrecht im Spiegel der Erklärung von Rio und der Agenda 21, ZUR 1993, 208 ff.
–, Suspensiveffekt und Wirtschaftsstandort Deutschland: Vorläufiger Rechtsschutz nach dem 6. VwGOÄndG, NVwZ 1997, 654 ff.
Rummler, Thomas/*Schutt,* Wolfgang, Verpackungsverordnung: Praxishandbuch mit Kommentar, Hamburg 1991.
Rumpel, Erwin, Abschied von der „Modifizierten Auflage" im Umweltverwaltungs- und Umweltstrafrecht, NVwZ 1988, 502 ff.
Runkel, Peter, Das Verhältnis der naturschutzrechtlichen Eingriffsregelung zum Baurecht nach dem Investitionserleichterungs- und Wohnbaulandgesetz, UPR 1993, 203 ff.
–, Die naturschutzrechtliche Eingriffsregelung in der Bauleitplanung, NVwZ 1993, 1136 ff.
–, Neuregelung des Rechts der Raumordnung – Zum Referentenentwurf eines Gesetzes zur Änderung des Baugesetzbuchs und Neuregelung des Rechts der Raumordnung, DVBl. 1996, 698 ff.
–, Zur geplanten Neuregelung des Rechts der Raumordnung, UPR 1997, 1 ff.
–, Das neue Raumordnungsgesetz, WiVerw. 1997, 267 ff.
–, Das neue Raumordnungsgesetz und das Umweltrecht, NuR 1998, 449 ff.
–, Das Konzept des Gesetzgebers für die „Raumordnungsgebiete", in: Jarass, Hans D. (Hrsg.), Raumordnungsgebiete (Vorbehalts–, Vorrang- und Eignungsgebiete) nach dem neuen Raumordnungsgesetz – Symposium des Zentralinstituts für Raumplanung am 28. September 1998 in Münster, Münster 1998, S. 7 ff., zit.: Runkel, in: Jarass, Raumordnungsgebiete.
–, Die Bindungswirkungen der Erfordernisse der Raumordnung unter besonderer Berücksichtigung des Städtebaurechts, ZfBR 1999, 3 ff.
Rupp, Hans-Heinrich, Rechtsverordnungsbefugnis des Deutschen Bundestages?, NVwZ 1993, 756 ff.
–, Ergänzung des Grundgesetzes um eine Vorschrift über den Umweltschutz?, DVBl. 1985, 990 ff.

Sachs, Michael (Hrsg.), Grundgesetz, Kommentar, 2. Aufl., München 1996, zit.: Bearb., in: Sachs, GG.

Sack, Hans Jürgen, Umweltschutz-Strafrecht, Erläuterungen der Straf- und Bußgeldvorschriften, Stuttgart u. a., Stand: 1993.

Sahm, Christoph, Der öffentlich-rechtliche Sanierungsvertrag nach dem Bundes-Bodenschutzgesetz, UPR 1999, 374 ff.

Sailer, Christian, Naturschutz ohne Rechtsschutz?, NuR 1987, 207 ff.

Salzwedel, Jürgen (Hrsg.), Grundzüge des Umweltrechts, 1. Aufl., Berlin 1987, S. 569 ff., zit.: Verf., in: Salzwedel, Grundzüge des UmweltR, 1. Aufl.

–, Zur Reichweite des Beschlusses des Ersten Senates des Bundesverfassungsgerichts vom 15. 7. 1981–1 BvL 77/78 – für die wasserrechtliche Praxis, ZfW 1983, 13 ff.

–, Rechtsfragen der Gewässerverunreinigung durch Überdüngung, NuR 1983, 41 ff.

–, Gemeindekompetenzen im Umweltrecht, WuV 1987, 1 ff.

–, Rechtsfragen der Gewässerverunreinigung durch Überdüngung, NuR 1983, 41 ff.

–, Sportanlagen im Wohnbereich, UPR 1985, 210 ff.

–, Risiko im Umweltrecht – Zuständigkeiten, Verfahren und Maßstäbe der Bewertung, NVwZ 1987, 276 ff.

–, Probleme der Umsetzung europäischen Gemeinschaftsrecht in das Umwelt- und Technikrecht der Mitgliedstaaten, UPR 1989, 41 ff.

–, Ausweisung von Wasserschutzgebieten und verwaltungsgerichtliche Nachprüfung – Zur Funktion besonderer Schutzanordnungen vor dem Hintergrund verschärfter flächendeckender Anforderungen an den Gewässerschutz, ZfW 1992, 397 ff.

Salzwedel, Jürgen/*Preußker,* Werner, Umweltschutzrecht und -verwaltung in der Bundesrepublik Deutschland, Köln 1983, zit.: Salzwedel/Preußker, UmweltschutzR.

Salzwedel, Jürgen/*Reinhardt,* Michael, Neuere Tendenzen im Wasserrecht, NVwZ 1991, 946 ff.

Sanden, Joachim, Perspektiven der Umweltnutzungsabgaben nach der „Wasserpfennig-Entscheidung" des Bundesverfassungsgerichts, UPR 1996, 181 ff.

Sander, Eberhard, Neue Anforderungen an wasserrechtliche Bescheide für Abwassereinleitungen in Gewässer, ZfW 1990, 437 ff.

–, Die Indirekteinleiterverordnungen der Länder – Wasserrechtliche Anforderungen an Abwassereinleitungen in die öffentliche Kanalisation, Köln 1993.

–, Die Bedeutung der wasserrechtlichen „Überwachungswerte", ZfW 1993, 204 ff.

–, Ein eigener Stand der Technik im Wasserrecht? Anmerkungen zu dem geänderten § 7 a WHG, ZfW 1998, 405 ff.

Sands, Philippe, Principles of International Environmental Law, Band I, Manchester 1996.

Sannwald, Rüdiger, Die Reform des Grundgesetzes, NJW 1994, 3313 ff.

Sante, Ulrich Andreas, Verfassungsrechtliche Aspekte eines vom Gesetzgeber angeordneten Ausstiegs aus der friedlichen Nutzung der Kernenergie, Frankfurt a. M. 1990.

Sarninghausen, Hans-Cord, Abschied vom Bestandsschutz im öffentlichen Baurecht, DÖV 1993, 758 ff.

Sauthoff, Michael, Die „neue" Normenkontrolle von Satzungen nach dem BauGB seit dem 1. 1. 1997 – insbesondere: Zum Anspruch auf fehlerfreie Abwägungsentscheidung im Bauplanungsrecht, BauR 1997, 721 ff.

Sautter, Bruno, Zielorientierter Vollzug der Wassergesetze – wasserbehördliche Kontrolle der Abwassereinleitungen, NVwZ 1988, 487 ff.

–, Einführung in das Abwasser- und Abwasserabgabenrecht, 1991, zit.: Sautter, AbwasserabgabenR.

Schachel, Jens, Instrumente des Umweltschutzes, NuR 1982, 206 ff.

Schachtschneider, Karl-Albrecht, in: Thieme, Werner (Hrsg.), Umweltschutz im Recht, Berlin 1988, S. 81 ff., zit.: Schachtschneider, in: Thieme, Umweltschutz im Recht.

Schaefer, Eckart, Rechtsgrundlagen, Verfahrensgang und Entschädigung bei Wasserschutz- und Naturschutzgebietsausweisungen, AgrarR 1988, 33 ff.

Schäfer, Roland, Konzentrationswirkung der Genehmigung im Abfallbeseitigungsrecht?, NVwZ 1985, 383 ff.

Schall, Hero, Systematische Übersicht der Rechtsprechung zum Umweltstrafrecht, NStZ 1992, 209 ff.

–, Zur Strafbarkeit von Amtsträgern in Umweltverwaltungsbehörden, JuS 1993, 719 ff.

Schall, Hero/*Schreibauer,* Marcus, Gegenwärtige und zukünftige Sanktionen bei Umweltdelikten, NuR 1996, 440 ff.
Schapp, Jan, Das Verhältnis von privatem und öffentlichem Nachbarrecht, Berlin 1978, zit.: Schapp, NachbarR.
Schattke, Herbert, Abgrenzung der Genehmigungs- und Aufsichtsverfahren für kerntechnische Anlagen, et 1986, 740 ff.
Scheffler, Uwe, Zur Strafbarkeit von „Gaffern", NJW 1995, 232 ff.
Scheier, Michael, Zulassung des vorzeitigen Beginns, Probleme beim Vollzug der §§ 9 a WHG, 7 a AbfG und 15 a BImSchG, NVwZ 1993, 529 ff.
Scheier, Michael/*Klowait,* Jürgen, Haftungsfragen im Zusammenhang mit dem Betrieb von Untertagedeponien – Die Haftung des Deponiebetreibers –, ZfW 1993, 129 ff.
Scheiper, Brigitte, Finanzhilfen des Landes Brandenburg im Abwasserbereich, LKV 1997, 200 ff.
Schendel, Frank Andreas, Umweltinformationsrichtlinie und Umweltinformationsgesetz sowie allgemeine Umweltinformation, in: Rengeling, Hans-Werner (Hrsg.), Handbuch zum europäischen und deutschen Umweltrecht – Eine systematische Darstellung des europäischen Umweltrechts mit seinen Auswirkungen auf das deutsche Recht und mit rechtspolitischen Perspektiven, Band 1 Allgemeines Umweltrecht, Köln u. a. 1998, § 39, zit.: Schendel, in: Rengeling, EUDUR.
Schenke, Wolf-Rüdiger, Vorbeugende Unterlassungs- und Feststellungsklage im Verwaltungsprozeß, AöR 95 (1970), 223 ff.
–, Rechtsschutz gegen normatives Unrecht, Berlin 1979.
–, Rechtsschutz gegen Nebenbestimmungen – BVerwGE 60, 269, JuS 1983, 182 ff.
–, Probleme des vorläufigen Rechtsschutzes gemäß § 80 Abs. 5 VwGO, DVBl. 1986, 9 ff.
–, Zur Problematik des Bestandsschutzes im Baurecht und Immissionsschutzrecht, NuR 1989, 8 ff.
–, Die Zulässigkeit verkehrsbeschränkender Maßnahmen in Verbindung mit dem von der baden-württembergischen Landesregierung geplanten Modellversuch zur Senkung von Ozonspitzenkonzentrationen durch lokal begrenzte und zeitlich befristete Emmissionsminderungsmaßnahmen im Raum Heilbronn/Neckarsulm, WuV 1993, 145 ff.
–, Rechtsprechungsübersicht zum Verwaltungsprozeß – Teil 3, JZ 1996, 1103 ff.
–, „Reform" ohne Ende – Das Sechste Gesetz zur Änderung der Verwaltungsgerichtsordnung und anderer Gesetze (6. VwGOÄndG), NJW 1997, 80 ff.
–, Polizei- und Ordnungsrecht, in: Steiner, Udo (Hrsg.), Besonderes Verwaltungsrecht, 6. Aufl., Heidelberg 1999, zit.: Schenke, in: Steiner, BesVwR.
Scherer, Joachim, Umwelt-Audits: Instrument zur Durchsetzung des Umweltrechts im europäischen Binnenmarkt?, NVwZ 1993, 11 ff.
Scherer-Leydecker, Christian, Landesrechtliche Andienungspflichten für Sonderabfälle – Zugleich eine Anmerkung zu OVG Rheinland-Pfalz, Urteil vom 18. 11. 19998– 8 A 10087/98 –, DVBl. 1999, 1251 ff.
Scheringer, Martin/*Mathes,* Karin/*Weidemann,* Gerd/*Winter,* Gerd, Für einen Paradigmenwechsel bei der Bewertung ökologischer Risiken durch Chemikalien im Rahmen der staatlichen Chemikalienregulierung, ZAU 1998, 227 ff.
Scherzberg, Arno, Der freie Zugang zu Informationen über die Umwelt – Rechtsfragen der Richtlinie 90/313/EWG, UPR 1992, 48 ff.
–, Freedom of information – deutsch gewendet: Das neue Umweltinformationsgesetz, DVBl. 1994, 733 ff.
–, Risiko als Rechtsproblem, VerwArch 1993, 484 ff.
Scheuing, Dieter H., Instrumente zur Durchführung des europäischen Umweltrechts, NVwZ 1999, 475 ff.
Schiller-Dickmut, Reiner, EUj-Deponie-Richtlinie. Ambivalent, AKP 1999, 31 ff.
Schilling, Jan, Bewirtschaftungspläne als Instrument ökologisch orientierter wasserwirtschaftlicher Planungsarbeit, WuB 1996, 39 ff.
Schimanek, Peter, Die abfallwirtschaftsrechtliche Zielhierarchie nach dem neuen Kreislaufwirtschafts- und Abfallgesetz, Berlin 1997.
Schink, Alexander, Die Berücksichtigung ökologischer Belange bei der wasserrechtlichen Planfeststellung, ZfW 1985, 1 ff.

–, Renaturierung von Fließgewässern und Unterhaltungsmaßnahmen, UPR 1985, 157 ff.
–, Abfallrechtliche Probleme der Sanierung von Altlasten, DVBl. 1985, 1149 ff.
–, Wasserrechtliche Probleme bei der Sanierung von Altlasten, DVBl. 1986, 161 ff.
–, Amtsermittlung und Gefahrerforschung, DVBl. 1989, 1182 ff.
–, Baumschutzsatzungen und -verordnungen, DÖV 1991, 7 ff.
–, Grenzen der Störerhaftung bei der Sanierung von Altlasten, VerwArch 1991, 357 ff.
–, Die Eingriffsregelung im Naturschutz- und Landschaftsrecht, DVBl. 1992, 1390 ff.
–, Vollzugsdefizite im kommunalen Umweltschutz, ZUR 1993, 1 ff.
–, Kontrollerlaubnis im Abfallrecht – Anforderungen an die Zulassung von Abfallentsorgungsanlagen nach Immissionsschutzrecht –, DÖV 1993, 724 ff.
–, Rechtsnormative Anforderungen an Standorte für Abfallentsorgungsanlagen, DVBl. 1994, 245 ff.
–, Die Altlastenregelungen des Entwurfs des Bundes-Bodenschutzgesetzes, DÖV 1995, 213 ff.
–, Rechtsfragen der Altlasten, GewArch 1995, 441 ff., GewArch 1996, 6 ff., 50 ff.
–, Der neue Abfallbegriff und seine Folgen, in: Hoppe, Werner/Bauer, Joachim/Faber, Angela/Schink, Alexander (Hrsg.), Auswirkungen des Kreislaufwirtschafts- und Abfallgesetzes auf die öffentlich-rechtlichen Entsorgungsträger, Köln 1996, S. 5 ff., zit.: Schink, in: Hoppe/Bauer/Faber/Schink, Auswirkungen des KrW-/AbfG.
–, Von den Schwierigkeiten der Kommunen mit dem Kreislaufwirtschafts- und Abfallgesetz, ZG 1996, 145 ff.
–, Kommunalverfassungsrechtliche Grenzen und Möglichkeiten für die Teilnahme der kommunalen Gebietskörperschaften an der Kreislaufwirtschaft, UPR 1997, 201 ff.
–, Umweltschutz als Staatsziel, DÖV 1997, 221 ff.
–, Der neue Abfallbegriff und seine Folgen, VerwArch 1997, 230 ff.
–, Öffentliche und private Entsorgung, NVwZ 1997, 435 ff.
–, Die Entwicklung des Umweltrechts im Jahre 1996, ZAU 1997, 488 ff.
–, Bedeutung der TA-Siedlungsabfall für die Entsorgung von Siedlungsabfällen, NuR 1998, 20 ff.
–, Umsetzung der TA Siedlungsabfall durch Veränderung der Zulassungsbedingungen für Deponien, DÖV 1998, 353 ff.
–, Die Berücksichtigung von Umweltbelangen in der Bauleitplanung – Die Änderungen des Bauplanungsrechts und ihre Auswirkungen auf den Bodenschutz, die Umweltverträglichkeitsprüfung und den Naturschutz in der Bauleitplanung, BauR 1998, 1163 ff.
–, Kodifikation des Umweltrechts (I), LKT 1998, 501 ff.
–, Behandlung besonderer Abfallarten, in: Rengeling, Hans-Werner (Hrsg.), Handbuch zum Europäischen Umweltrecht – Eine systematische Darstellung des europäischen Umweltrechts mit seinen Auswirkungen auf das deutsche Recht und mit rechtspolitischen Perspektiven, Band 2, Köln u. a. 1998, § 74, zit.: Schink, in: Rengeling, EUDUR.
–, Kodifikation des Umweltrechts – Zum Entwurf der Sachverständigenkommission Umweltgesetzbuch (UGB-KomE) –, DÖV 1999, 1 ff.
–, Auswirkungen des EG-Rechts auf die Umweltverträglichkeitsprüfung nach deutschem Recht, NVwZ 1999, 1 ff.
–, Beeinträchtigung der Umwelt in Deutschland durch landwirtschaftliche Produktion, UPR 1999, 8 ff.
–, Kodifikation des Umweltrechts (II), LKT NW 1999, 16 ff.
–, Bessere Auslastung für Abfall-Anlagen, StuGR 1999, 16 ff.
–, Novelle zum Landesabfallgesetz Nordrhein-Westfalen (I), LKT NW 1999, 89 ff.
–, Novelle zum Landesabfallgesetz Nordrheinwestfalen (II), LKT NW 1999, 120 ff.
–, Überlassungspflicht von Abfällen zur Verwertung aus Privathaushaltungen aus kommunaler Sicht, AbfallPrax 1999, 130 ff.
–, Verursacherhaftung nach dem Bundes-Bodenschutzgesetz (Teil I), LKT NW 1999, 179 ff.
–, Die Entwicklung des Umweltrechts im Jahre 1998 – Erster Teil –, ZAU 1999, 183 ff.

–, Verursacherhaftung nach dem Bundes-Bodenschutzgesetz (Teil II), LKT NW 1999, 202 ff.
–, Kommunale Forderungen für Gesetzgebung im Abfallrecht, Der Landkreis 1999, 410 ff.
–, Bedeutung des Bundesbodenschutzgesetzes für die Kommunen, Der Landkreis 1999, 487 ff.
–, Die Deponie-Richtlinie der EU und die Abfallentsorgung in der Bundesrepublik Deutschland, AbfallPrax 1999, 9 ff.
Schink, Alexander/*Erbguth,* Wilfried, Die Umweltverträglichkeitsprüfung im immissionsschutzrechtlichen Zulassungsverfahren, DVBl. 1991, 414 ff.
Schink, Alexander/*Schwade,* Wolfgang, Von der Abfallentsorgung zur Kreislaufwirtschaft, StuG 1993, 18 ff.
Schlabach, Erhard, Das 3. Änderungsgesetz zum Bundes-Immissionsschutzgesetz, UPR 1990, 250 ff.
–, Das Bodenschutzgesetz von Baden-Württemberg, VBlBW 1993, 121 ff.
Schlabach, Erhard/*Simon,* Alexander, Die Rechtsnachfolge beim Verhaltensstörer, NVwZ 1992, 143 ff.
Schlette, Volker, Die Verfassungswidrigkeit des „Ozon-Gesetzes", JZ 1996, 327 ff.
Schlichter, Otto, Die Verbandsklage im Naturschutzrecht – Zur Problematik des Entwurfs eines § 29 a BNatSchG, UPR 1982, 209 ff.
–, Baurechtlicher Nachbarschutz, NVwZ 1983, 641 ff.
Schlichter, Otto/*Stich,* Rudolf (Hrsg.), Berliner Kommentar zum Baugesetzbuch, 2. Aufl., Köln u. a. 1995, zit.: Bearbeiter, BK z. BauGB.
Schliepkorte, Jörg, Umweltschützende Belange in der Bauleitplanung, UVP-report 1998, 215 ff.
–, Umweltschützende Belange in der Bauleitplanung – Auswirkungen des geänderten Bundesnaturschutzgesetzes –, ZfBR 1999, 66 ff.
Schmatz, Hans/*Nöthlichs,* Matthias, Sicherheitstechnik – Ergänzbare Sammlung der Vorschriften nebst Erläuterungen, Band VII: Strahlenschutz, Berlin Stand: Aug. 1999.
Schmehl, Arndt, Die verfassungsrechtlichen Rahmenbedingungen des Bestands- und Vertrauensschutzes bei Genehmigungen unter Änderungsvorbehalt, DVBl. 1999, 19 ff.
Schmehl, Arndt/*Karthaus,* Armin, Die Verkehrsbeschränkungen bei Ozonsmog nach §§ 40 a-40 e BImSchG, NVwZ 1995, 1171 ff.
Schmeken, Werner/*Müller,* Wolf, Umweltschutz durch Umweltstrafrecht, StGR 1988, 10 ff.
–, Umweltstrafrecht in den Kommunen, 3. Aufl., Tönisvorst 1993, zit.: Schmeken/Müller, UmweltstrafR.
Schmidt, Alexander, Entwicklung der Lärmminderungsplanung, UPR 1995, 379 ff.
–, (Hrsg.), Das Umweltrecht der Zukunft – Kritik und Anregungen für ein Umweltgesetzbuch, Berlin 1996, zit.: Verf., in: Schmidt, Das Umweltrecht der Zukunft.
–, Auf dem Weg zum Umweltgesetzbuch – Eine Einführung, in: Schmidt, Alexander (Hrsg.), Das Umweltrecht der Zukunft – Kritik und Anregungen für ein Umweltgesetzbuch, Berlin 1996, S. 7 ff., zit.: A. Schmidt, in: Schmidt, Das Umweltrecht der Zukunft.
–, Die Vorbereitung des Umweltgesetzbuchs, ZUR 1998, 277 ff.
Schmidt, Andreas/*Schöne,* Thomas, Das neue Umweltstrafrecht, NJW 1994, 2514 ff.
Schmidt, Guido, Haftung für Umweltschäden, DÖV 1991, 878 ff.
Schmidt, Holger, Die Klimakonferenz von Kyoto: Interpretation der Ergebnisse und Folgen für die internationale Klimapolitik, ZfU 1998, 441 ff.
Schmidt, Ingo, Wirkung von Raumordnungszielen auf die Zulässigkeit privilegierter Außenbereichsvorhaben – Zugleich eine rechtliche Untersuchung über die landesplanerische Behandlung von Windkraftanlagen, Münster 1997.
Schmidt, Ingo/*Stockmann,* Astrid, Neue Entwicklungen im Umweltrecht – Bericht über die Umweltrechtstage am 26. und 27. August 1996 in Düsseldorf –, DVBl. 1996, 1309 ff.
Schmidt, Jörg, Die Änderung des Bundesnaturschutzgesetzes, Die Artenschutznovelle, NVwZ 1987, 1037 ff.
–, Die Rechtsprechung zum Naturschutzrecht 1983 bis 1987, NVwZ 1988, 982 ff.
–, Die Rechtsprechung zum Naturschutzrecht 1990 bis 1992, NVwZ 1993, 539 ff.

–, Die Neuregelung des Verhältnisses zwischen Baurecht und Naturschutz, NVwZ 1998, 337 ff.

–, Das Verhältnis zwischen Baurecht und Naturschutzrecht unter Berücksichtigung der Neuregelung des BauROG, NuR 1998, 360 ff.

Schmidt, Reiner, Staatshaftung für Waldschäden, ZRP 1987, 345 ff.

–, Neue höchstrichterliche Rechtsprechung zum Umweltrecht, JZ 1993, 1086 ff.

–, Der Staat der Umweltvorsorge, DÖV 1994, 749 ff.

–, (Hrsg.), Öffentliches Wirtschaftsrecht, Besonderer Teil 1, Berlin 1995, zit.: Verf., in: Schmidt, ÖffWirtR.

–, Neuere höchstrichterliche Rechtsprechung zum Umweltrecht, JZ 1997, 1042 ff.

–, Das Fünfte Gesetz zur Änderung des Bundes-Immissionsschutzgesetzes, NVwZ 1999, 507 ff.

Schmidt, Reiner/*Müller,* Helmut, Grundfälle zum Umweltrecht, JuS 1986, 776 ff.

–, Einführung in das Umweltrecht, 5. Aufl., München 1999, zit.: Schmidt/Müller, UmweltR.

Schmidt, Walter, Die Verwaltungsgerichtsbarkeit an den Grenzen des Verwaltungsrechtsschutzes, NJW 1978, 1769 ff.

Schmidt-Aßmann, Eberhard, Probleme des modernen Städtebaus in verfassungsrechtlicher Sicht, DVBl. 1972, 627 ff.

–, Verwaltungsverantwortung und Verwaltungsgerichtsbarkeit, VVDStRL 34 (1976), S. 221 ff.

–, Institute gestufter Verwaltungsverfahren: Vorbescheid und Teilgenehmigung, in: Bachof, Otto/Heigl, Ludwig/Redeker, Konrad (Hrsg.), Verwaltungsrecht zwischen Freiheit, Teilhabe und Bindung, Festgabe aus Anlaß des 25jährigen Bestehens des Bundesverwaltungsgerichts, München 1978, S. 569 ff., zit.: Schmidt-Aßmann, FG BVerwG.

–, Die Grundzüge des Naturschutzes und der Landschaftspflege, Ihre Bedeutung nach § 2 Bundesnaturschutzgesetz und nach den sogenannten Naturschutzklauseln in Fachgesetzen, NUR 1979, 1 ff.

–, Anwendungsprobleme des Art. 2 Abs. 2 GG im Immissionsschutzrecht, AöR 1981, 205 ff.

–, Die Entscheidungsstruktur der Umwandlungsgenehmigung nach § 9 BWaldG, NuR 1986, 98 ff.

–, Grundwasserschutz als Aufgabe wasserrechtlicher und regionalplanerischer Gebietsausweisungen – Untersuchung am Beispiel des baden-württembergischen Rechts –, DÖV 1986, 985 ff.

–, Der Umweltschutz im Spannungsfeld zwischen Staat und Selbstverwaltung, NVwZ 1987, 265 ff.

–, Struktur und Gestaltungselemente eines Umweltplanungsrechts, DÖV 1990, 169 ff.

–, Deutsches und Europäisches Verwaltungsrecht – Wechselseitige Einwirkungen –, DVBl. 1993, 924 ff.

–, Thesen zur Einbindung der Umweltverträglichkeitsprüfung nach EG-Recht in das Raumordnungsverfahren – Zur Umsetzung der EG-Richtlinie über die Umweltverträglichkeitsprüfung vom 27. Juni 1985 (EWGRL 337/85) im gestuften Verfahren des nationalen Rechts, insbesondere in Raumordnungsverfahren, DVBl. 1987, 826 ff.

–, (Hrsg.), Besonderes Verwaltungsrecht, 11. Aufl., Berlin 1999, zit.: Verf. in: Schmidt-Aßmann, BesVwR.

Schmidt-Bleibtreu, Bruno/*Klein,* Franz (Hrsg.), Kommentar zum Grundgesetz, 8. Aufl., Neuwied 1995, zit.: Bearb., in: Schmidt-Bleibtreu/Klein, GG.

Schmidt-Eichstaedt, Gert, Die Finanzierung von Ausgleichs- und Ersatzmaßnahmen über städtebauliche Verträge, DÖV 1995, 95 ff.

Schmidt-Heck, Günther, Mehr Vorsorge gegenüber gefährlichen Stoffen durch Novellierung des Chemikaliengesetzes, in: Nicklisch, Fritz (Hrsg.), Prävention im Umweltrecht: Risikovorsorge, Grenzwerte, Haftung, Heidelberg 1987, S. 29 ff., zit.: Schmidt-Heck, in: Prävention im UmweltR.

Schmidt-Jortzig, Edzard, Aktuelle Aspekte der kommunalen Haftung für Altlasten, DÖV 1991, 753 ff.

Schmidt-Preuß, Matthias, Der verfahrensrechtliche Charakter der Umweltverträglichkeitsprüfung, DVBl. 1995, 485 ff.

–, Konsens und Dissens in der Energiepolitik – rechtliche Aspekte, NJW 1995, 985 ff.
–, Das neue Atomrecht, NVwZ 1998, 553 ff.
–, Kernenergierpolitik und Atomrecht – Brennpunkte und Entwicklungslinien, et 1998, 750 ff.
–, Veränderungen grundlegender Strukturen des Deutschen (Umwelt-)Rechts durch das „Umweltgesetzbuch I", DVBl. 1998, 857 ff.
–, Private technische Regelwerke – Rechtliche und politische Fragen, in: Kloepfer, Michael (Hrsg.), Selbst-Beherrschung im technischen und ökologischen Bereich – Selbststeuerung und Selbstregulierung in der Technikentwicklung und im Umweltschutz – Erstes Berliner Kolloquium der Gottlieb Daimler- und Karl Benz-Stiftung, Berlin 1998, S. 89 ff., zit.: Schmidt-Preuß, in: Kloepfer, Selbst-Beherrschung im technischen und ökologischen Bereich.
Schmidt-Salzer, Joachim, Verbraucherschutz, Produkthaftung, Umwelthaftung, Unternehmensverantwortung, NJW 1994, 1305 ff.
–, Konkretisierungen der strafrechtlichen Produkt- und Umweltverantwortung, NJW 1996, 1 ff.
Schmieszek, Hans-Peter, Die Novelle zur Verwaltungsgerichtsordnung – Ein Versuch, mit den Mitteln des Verwaltungsrechts die Ressource Mensch besser zu nutzen, NVwZ 1991, 522 ff.
Schmitt Glaeser, Walter, Planende Behörden, protestierende Bürger und überforderte Richter – rechtliche Aspekte zur Genehmigung von Kernkraftwerken, der landkreis 1976, 442 ff.
Schmitz, Heribert, 20 Jahre Verwaltungsverfahrensgesetz – Neue Tendenzen im Verfahrensrecht auf dem Weg zum schlanken Staat, NJW 1998, 2866 ff.
Schmitz, Heribert/*Wessendorf,* Franz, Das Genehmigungsverfahrensbeschleunigungsgesetz – Neue Regelungen im Verwaltungsverfahrensgesetz und der Wirtschaftsstandort Deutschland, NVwZ 1996, 955 ff.
Schmitz, Roland, Verwaltungshandeln und Strafrecht, zur Verwaltungsakzessorietät des Umweltstrafrechts, Heidelberg 1992, zit.: Schmitz, Verwaltungshandeln
Schmitz, Stefan, Habitatschutz für Vögel? Zur unmittelbaren Wirkung der FFH-Richtlinie der EU, ZUR 1996, 12 ff.
Schmitz, Uta, Privat- und öffentlichrechtliche Abwehransprüche gegen Sportlärm, NVwZ 1991, 1126 ff.
Schmoller, Kurt (Hrsg.), Festschrift für Otto Triffterer zum 65. Geburtstag, Wien 1996, zit.: Verf., FS Triffterer.
Schneider, Hans/*Volkmar,* Götz (Hrsg.), Festschrift für Werner Weber, Berlin 1974, zit.: Verf., FS Weber.
Schneider, Hans-Peter, Das Grundgesetz – auf Grund gesetzt?, NJW 1994, 558 ff.
Schneider, Hans-Peter/*Steinberg,* Rudolf, Schadensvorsorge im Atomrecht zwischen Genehmigung, Bestandsschutz und staatlicher Aufsicht, Baden-Baden 1991, zit.: Schneider/Steinberg, Schadensvorsorge.
Schneider, Jan, World Public Order of the Environment: Towards an international ecological law and organization, London 1979.
Schnutenhaus, Jörn, Die IPPC-Richtlinie – Eine umweltrechtliche und politikanalytische Bestandsaufnahme, ZUR 1994, 299 ff.
–, Stand der Beratungen des IPPC-Richtlinienvorschlags der Europäischen Union, NVwZ 1994, 671 ff.
Schoch, Friedrich, Rechtsfragen der Entschädigung nach dem Widerruf atomrechtlicher Genehmigungen, DVBl. 1990, 549 ff.
–, Der vorläufige Rechtsschutz im 4. VwGO-Änderungsgesetz, NVwZ 1991, 1121 ff.
–, Rechtsfragen der Privatisierung von Abwasserbeseitigung und Abfallentsorgung, DVBl. 1994, 1 ff.
–, Grundfälle zum Polizei- und Ordnungsrecht, JuS 1994, 391 ff., 479 ff., 570 ff., 667 ff., 754 ff., 849 ff., 932 ff., 1026 ff., JuS 1995, 30 ff., 215 ff., 307 ff., 504 ff.
Schoch, Friedrich/*Schmidt-Aßmann,* Eberhard/*Pietzner,* Rainer (Hrsg.), Verwaltungsgerichtsordnung, Band 1 und 2, München, Stand: März 1999, zit.: Bearb., in: Schoch/Schmidt-Aßmann/Pietzner, VwGO.
Schoeneberg, Jörg, Umweltverträglichkeitsprüfung und Raumordnungsverfahren, Münster 1984.
–, Umweltverträglichkeitsprüfung, München 1993, zit.: Schoeneberg, UVP.

Scholz, Lothar, Das Bund-Länder-Verhältnis am Beispiel der Kernenergie, et 1996, 386 ff.
–, Stillegung kerntechnischer Anlagen und Sanierung des Uranerzbergbaus in Deutschland: Vorschläge zur Beschleunigung der atom- und strahlenschutrechtlichen Genehmigungsverfahren sowie zur Normkonkretisierung, München 1997, zit.: Scholz, Stillegung kerntechnischer Anlagen.
Scholz, Rupert, Verwaltungsverantwortung und Verwaltungsgerichtsbarkeit, VVDStRL 34 (1976), S. 145 ff.
–, Europäische Union und deutscher Bundesstaat, NVwZ 1993, 817 ff.
Schomerus, Thomas, Defizite im Naturschutzrecht, Göttingen 1987, zit.: Schomerus, Defizite im NaturschutzR.
–, Anspruchsvoraussetzungen und Verwaltungsverfahren nach dem Umweltinformationsgesetz – Zum Umgang mit betriebsbezogenen Umweltdaten, ZUR 1994, 226 ff.
Schönfeld, Thomas, Eigentumseingriff durch Nutzungseinschränkungen, BayVBl. 1996, 673 ff.
Schönke, Adolf/*Schröder,* Horst, Strafgesetzbuch, 25. Aufl., München 1997, zit.: Schönke/Schröder-Bearb.
Schott, Peter, Überlegungen zum Entwurf eines Bodenschutzgesetzes des Bundesverbandes Bürgerinitiativen Umweltschutz, IzR 1985, 27 ff.
Schottelius, Dieter, Anforderungen an die Prüfungstiefe des zugelassenen Umweltgutachters, DB 1996, 1169 ff.
Schrader, Christian, Altlastensanierung nach dem Verursacherprinzip?, Berlin 1988.
–, Erster Schritt zur Einheit zum Entwurf eines Umweltgesetzbuches, IUR 1991, 50 ff.
–, Kostenerhebung für den Zugang zu Umweltinformationen – Nationales Recht im Konflikt mit europarechtlichen Vorgaben, ZUR 1994, 221 ff.
–, Produktverantwortung, Ordnungsrecht und Selbstverpflichtung am Beispiel der Altautoentsorgung, NVwZ 1997, 943 ff.
–, Gebot der Widerspruchsfreiheit, Kooperationsprinzip und die Folgen – Anmerkung zu den Urteilen des BVerfG vom 7. Mai 1998 zur kommunalen Verpackungssteuer und Landesabfallabgabengesetzen, ZUR 1998, 152 ff.
–, Europäischer Umweltschutz nach den Änderungen im Amsterdamer Vertrag, UPR 1999, 201 ff.
Schreiber, Robert, Der Grundwasserschutz im Bundes-Bodenschutzgesetz, DB 1999, 14 ff.
Schreier, Axel, Die Auswirkungen des EG-Rechts auf die deutsche Abfallwirtschaft: Umsetzungsdefizite und gesetzgeberischer Handlungsbedarf, Berlin 1994.
Schröder, Meinhard, Lenkungsabgaben im Umweltschutzrecht am Beispiel der Wasserabgabe, DÖV 1983, 667 ff.
–, Der Schutz von Betriebs- und Geschäftsgeheimnissen im Umweltschutzrecht, UPR 1985, 394 ff.
–, Zur Gegenwartslage des Bestandsschutzes im Immissionsschutzrecht, UPR 1986, 127 ff.
–, Grundfragen des europäischen Abfallrechts, WiVerw 1990, 118 ff.
–, Verwaltungsrecht als Vorgabe für Zivil- und Strafrecht, VVDStRL 50 (1991), S. 196 ff.
–, Die Berücksichtigung der Interessen der Wirtschaft bei der Gestaltung und Umsetzung der Umweltinformationsrichtlinie der Europäischen Gemeinschaft, ZHR 1991, 471 ff.
–, Aktuelle Konflikte zwischen europäischem und deutschem Abfallrecht, DÖV 1991, 910 ff.
–, Klimaschutz als Problem des internationalen Rechts, UTR 1993, 191 ff.
–, Die steuernde und marktbegrenzende Wirkung umweltschutzrelevanter Prinzipien des EG-Vertrages am Beispiel des Abfallexportes, NVwZ 1996, 833 ff.
–, Aktuelle Entwicklungen im europäischen Umweltrecht – unter besonderer Berücksichtigung des Vertrags von Amsterdam, NuR 1998, 1 ff.
Schröder, Michael, Die Durchsetzung immissionsschutzrechtlicher Pflichten mit § 17 BimSchG, BWVP 1996, 33 ff.
Schrödter, Wolfgang, Aktuelle Fragen der Fauna-Flora-Habitat-Richtlinie und der Vogelschutz-Richtlinie – dargestellt am Beispiel der Bauleitplanung – Teil 1, NdsVBl. 1999, 173 ff.

Schroer, Jochen, Umweltverträglichkeitsprüfung im Bauplanungsrecht – Zur Umsetzung der EG-Richtlinie 85/337/EWG, Münster 1987, zit.: Schroer, UVP im Bauplanungsrecht.
Schroeter, Hans-Wolfgang, Die Bedeutung des Bundesnaturschutzgesetzes für die fernstraßenrechtliche Planung, DVBl. 1979, 14 ff.
Schroeter, Klaus Alfred, Das Antrags- und Prüfungsverfahren nach der Novel-Food-Verordnung, ZLR 1998, 39 ff.
Schröter, Frank, Was bringt das neue Bodenschutzgesetz? RaumPlanung 1999, 73.
Schubert, Ernst/*Herrmann,* Bernd (Hrsg.), Von der Angst zur Ausbeutung, Frankfurt 1994, zit.: Verf., in: Schubert/Herrmann, Von der Angst zur Ausbeutung.
Schulte, Hans, Das Dogma Baufreiheit, DVBl. 1979, 133 ff.
Schulte, Markus, Die Reichweite abfallrechtlicher Anforderungen im immissionsschutzrechtlichen Genehmigungsverfahren, UPR 1996, 436 f.
Schulte, Martin, Informales Verwaltungshandeln als Mittel staatlicher Umwelt- und Gesundheitspflege, DVBl. 1988, 512 ff.
–, Schlichtes Verwaltungshandeln – verfassungs- und verwaltungsrechtsdogmatische Strukturüberlegungen am Beispiel des Umweltrechts, Tübingen 1995, zit.: Schulte, Schlichtes Verwaltungshandeln.
Schulz, Hans-Joachim, Landschaftsplanung und Regionalplanung, in: Olschowy, Gerhard (Hrsg.), Natur- und Umweltschutz in der Bundesrepublik Deutschland, Hamburg und Berlin 1978, S. 827, zit.: Schulz, in: Olschowy, Umweltschutz.
Schulz, Claudia Undine, Abkehr vom Besorgnisgrundsatz? Hängt der Sanierungsumfang grundwassergefährdender Altlasten von der jeweiligen Gewässerbewirtschaftung ab?, ZUR 1995, 194 ff.
Schulz, P.-M., Privatisierung der kommunalen Abwasserbeseitigung durch Beleihung?, ZfW 1998, 277 ff.
Schulz, Lorenz (Hrsg.), Ökologie und Recht, Köln u. a. 1991, zit.: Verf., in: Schulz, Ökologie und Recht.
Schulz-Baldes, Meinhard, Politikberatung zum Globalen Wandel -Zum wissenschaftlichen Beirat der Bundesregierung globale Umweltveränderungen –, ZAU 1999, 22 ff.
Schulze-Fielitz, Helmuth, Bestandsschutz im Verwaltungsrecht, insbesondere im Bau–, Immissionsschutz- und Atomrecht, Die Verw. 1987, 307 ff.
–, Alte Grundsätze und neue Fragen zum Schutz gegen Verkehrslärm beim Straßenbau – Zum Urteil des BVerwG vom 22. 5. 1987–4 C 33–35–83 –, Die Verw. 1988, 236 ff.
–, Rechtsfragen der Durchsetzung von Luftreinhalte- und Lärmminderungsplänen, UPR 1992, 41 ff.
–, Aktuelle Grundprobleme des Verkehrsimmissionsschutzes, Die Verw. 1993, 515 ff.
–, Neue Kriterien für die verwaltungsgerichtliche Kontrolldichte bei der Anwendung unbestimmter Rechtsbegriffe, JZ 1993, 772 ff.
–, Rechtsfragen der Verkehrslärmschutzverordnung (16. BImSchV), UPR 1994, 1 ff.
–, Kooperatives Recht im Spannungsfeld von Rechtsstaatsprinzip und Verfahrensökonomie, DVBl. 1994, 657 ff.
–, Recht des Immissionsschutzes, in: Schmidt, Reiner (Hrsg.), Öffentliches Wirtschaftsrecht, Besonderer Teil 1, Berlin 1995, S. 219 ff., zit.: Schulze-Fielitz, in: Schmidt, ÖffWirtR.
–, Die neue TA Lärm, DVBl. 1999, 65 ff.
Schütz, Peter, Artemis und Aurora vor den Schranken des Bauplanungsrechts – BVerwG, NJW 1995, 2648 –, JuS 1996, 498 ff.
Schuy, Johannes, Vorläufiger Rechtsschutz im atomrechtlichen Genehmigungsverfahren, Baden-Baden 1986, zit.: Schuy, Vorläufiger Rechtsschutz.
Schwab, Joachim, Möglichkeiten der Kontrollrestriktion und der Verfahrensbeschleunigung bei der gerichtlichen Überprüfung der Genehmigung nach § 6 BImSchG – de lege ferenda und de lege lata, Köln 1986, zit.: Schwab, Kontrollrestriktion.
Schwabe, Jürgen, Anmerkung zu BVerwG, Urt. v. 18. 3. 1983 – 4 C 80.79 –, DVBl. 1984, 140 ff.
Schwachheim, Jürgen F., Zum Tatbestandsmerkmal „bewegliche Sache“ in § 1 Abs. 1 AbfG, NVwZ 1989, 128 ff.
Schwartmann, Rolf, Zur energetischen Verwertung von Abfallgemischen, NVwZ 1998, 1151 ff.

Schwarzmann, Hans-Ulrich, Gewerbe wird wieder in die Pflicht genommen, StuGR 1999, 6ff.
Schwerdtfeger, Gunther, Grundrechtlicher Drittschutz im Baurecht, NVwZ 1982, 5ff.
–, Das System der Vorsorge im BImSchG, WuV 1984, 217ff.
Seeliger, Peer, Die Novelle der EG-Trinkwasserrichtlinie, ZfW 1999, 1ff.
Seewald, Ottfried, Die Bedeutung der Gesundheit im Umweltrecht, NuR 1988, 161ff.
Seibert, Max Jürgen, Altlasten in der verwaltungsgerichtlichen Rechtsprechung, DVBl. 1992, 664ff.
–, Zum europäischen und deutschen Abfallbegriff, DVBl. 1994, 229ff.
–, Der Abfallbegriff im neuen Kreislaufwirtschafts- und Abfallgesetz sowie im neugefaßten § 5 Abs. 1 Nr. 3 BImSchG, UPR 1994, 415ff.
–, Das Verfahren auf Zulassung der Berufung – Erfahrungen mit der 6. VwGO-Novelle, NVwZ 1999, 113ff.
Seidel, Martin, Umweltrechtliche und wirtschaftslenkende Abgaben und Maßnahmen aus gemeinschaftsrechtlicher Sicht, NVwZ 1993, 105ff.
Seidel, Wolfgang, Die geplante Wasserrahemnrichtlinie der Europäischen Gemeinschaft, UPR 1998, 430ff.
Seidl-Hohenveldern, Ignaz/*Loibl,* Gerhard, Das Recht der internationalen Organisationen einschließlich der supranationalen Gemeinschaften, 6. Aufl., Köln 1996, zit.: Seidl-Hohenveldern/Loibel, Das Recht der internationalen Organisationen.
Seiler, Christoph Martin, Die Rechtslage der nicht genehmigungsbedürftigen Anlagen im Sinne von §§ 22ff. Bundes-Immissionsschutzgesetz, Berlin 1985, zit.: Seiler, Die Rechtslage der nicht genehmigungsbedürftigen Anlagen.
Sellmann, Klaus-Albrecht, Das Eigentum im Verfahren der Festsetzung eines Wasserschutzgebietes, DVBl. 1992, 235ff.
Sellner, Dieter, Zum Vorsorgegrundsatz im Bundes-Immissionsschutzgesetz, NJW 1980, 1255ff.
–, Gestuftes Genehmigungsverfahren, Schadensvorsorge, verwaltungsgerichtliche Kontrolldichte, NVwZ 1986, 616ff.
–, Immissionsschutzrecht und Industrieanlagen, Zulassung – Abwehr – Kontrolle nach dem BImSchG, 2. Aufl. München 1988, zit.: ImmissionsschutzR.
–, Änderungen des Bundes-Immissionsschutzgesetzes – Allgemeine und anlagenbezogene Neuerungen, NVwZ 1991, 305ff.
–, Die Anordnung der sofortigen Vollziehung durch das Gericht nach § 80a Abs. 3 VwGO, in: Badura, Peter/Scholz, Rupert (Hrsg.), Wege und Verfahren des Verfassungslebens, Festschrift für Peter Lerche zum 65. Geburtstag, München 1993, S. 815ff. zit.: Sellner, FS Lerche.
Sellner, Dieter/*Löwer,* Wolfgang, Immissionsschutzrecht der nicht genehmigungsbedürftigen Anlagen, WuV 1980, 221ff.
Sellner, Dieter/*Schnutenhaus,* Jörn, Die geplante EG-Richtlinie zu „Integrated Pollution Prevention and Control (IPC)“, NVwZ 1993, 828ff.
–, Umweltmanagement und Umweltbetriebsprüfung („Umwelt-Audit“) – ein wirksames, nicht ordnungsrechtliches System des betrieblichen Umweltschutzes?, NVwZ 1993, 928ff.
Selmayr, Martin, Wettbewerbswidrige Praktiken bei der Entsorgung von Verkaufsverpackungen im Rahmen des „Dualen Systems“, UPR 1998, 99ff.
Selmer, Peter, Vorbescheid und Teilgenehmigung im Immissionsschutzrecht, Baden-Baden, 1979, zit.: Selmer, Vorbescheid.
–, Sonderabfallabgaben und Verfassungsrecht: ein Beitrag zum Umweltschutz durch Sonderabgaben und Steuern, Berlin 1996.
Selmer, Peter/*Münch,* Ingo von (Hrsg.), Gedächtnisschrift für Wolfgang Martens, Berlin 1987, S. 317, zit.: Verf., GS Martens.
Selmer, Peter/*Schulze-Osterloh,* Lerke, Der Vorbescheid im verwaltungsgerichtlichen Genehmigungsverfahren, JuS 1981, 393ff.
Sendler, Horst, Wer gefährdet Wen?, Eigentum und Bestandsschutz den Umweltschutz oder umgekehrt?, UPR 1983, 33ff.
–, Grundprobleme des Umweltrechts, JuS 1983, 255ff.
–, Gesetzes- und Richtervorbehalt im Gentechnikrecht, NVwZ 1990, 231ff.
–, Anwendungsfeindliche Gesetzesanwendung – Ausstiegsorientierter Gesetzesvollzug im Atomrecht, DÖV 1992, 181ff.

–, Brauchen wir ein Umweltgesetzbuch (UGB)? Wenn ja: Wie sollte es aussehen?, DVBl. 1992, 1113ff.
–, Bestandsschutz im Wirtschaftsleben, WiVerw 1993, 235ff.
–, Normkonkretisierende Verwaltungsvorschriften im Umweltrecht, UPR 1993, 321ff.
–, Umweltgesetzbuch und Umweltschutz, NJ 1997, 507ff.
–, Heinrich Böll und das Ozonsmoggesetz, NJW 1995, 2829f.
–, Die jüngste Rechtsprechung auf dem Gebiet der kommunalen Abfallsteuern, WiVerw 1996, 83ff.
–, Stand der Überlegungen zum Umweltgesetzbuch, NVwZ 1996, 1145ff.
–, Das Krümmel-Urteil des BVerwG – ein Sturm im Wasserglas?, UPR 1997, 161ff.
–, Neue Entwicklungen im Bereich des Verpackungsmülls?, UPR 1997, 354ff.
–, Integrierter Umweltschutz im Anlagengenehmigungsrecht – zur Umsetzung der IVU-Richtlinie in einem UGB I, in: Koch, Hans-Joachim (Hrsg.), Aktuelle Probleme des Immissionsschutzrechts, Baden-Baden 1998, S. 29ff., zit.: Sendler, in: Koch, Aktuelle Probleme des ImmissionsschutzR.
–, Verwaltungsverfahrensgesetz und Umweltgesetzbuch, NVwZ 1999, 132ff.
Sening, Christoph, Landschaftsschutzverordnung und Bauleitplanung (zum Normenkontrollurteil des OVG Koblenz vom 28. 1. 1987, NuR 1987, 231), NuR 1988, 78ff.
Sieder, Frank/*Zeitler,* Herbert/*Dahme,* Heinz/*Knopp,* Günther-Michael, Wasserhaushaltsgesetz, Band I, II und III, Loseblatt, Stand: März 1999, München, zit.: Sieder/Zeitler/Dahme/Knopp, WHG.
Silagi, Michael, Zur den Grenzen des Verkehrslärmschutzes, UPR 1997, 272ff.
Simanski, Claudia, Noch einmal: Der Begriff „Forschung" im Gentechnikrecht, NVwZ 1992, 352f.
Simon, Arnulf, Möglichkeiten und Grenzen der Umweltsorge durch Regionalpläne, Frankfurt/Main 1988.
Simon, Jürgen, Einführung in das Recht der Gentechnik, IUR 1992, 193ff.
Simon, Jürgen/*Weyer,* Anne, Die Novellierung des Gentechnikgesetzes, NJW 1994, 759ff.
Simonis, Udo-Ernst (Hrsg.), Basiswissen Umweltpolitik. Ursachen, Wirkungen und Bekämpfung von Umweltproblemen, 2. Aufl., Berlin 1990, zit.: Verf., in: Simonis, Basiswissen Umweltpolitik.
Skouris, Wassilios, Landesrechtliche Einführung der Verbandsklage?, NVwZ 1982, 233ff.
–, Über die Verbandsklage im Verwaltungsprozeß – BVerwG, NJW 1991, 362 –, JuS 1992, 100ff.
Smeddinck, Ulrich, Das Produkte-Kapitel im UGB-Kommissionsentwurf, UPR 1998, 436ff.
Smollich, Thomas, Der Bodenschutz in der Rechtsordnung der Bundesrepublik Deutschland, JA 1988, 592ff.
Soell, Hermann, Rechtsfragen des Umweltschutzes, WiR 1973, 72ff.
–, Neuere Entwicklungen des Naturschutz- und Landschaftspflegerechts in der Bundesrepublik Deutschland, NuR 1980, 1ff.
–, Die Bedeutung der Sozialpflichtigkeit des Grundeigentums bei der Landschaftspflege und dem Naturschutz, DVBl. 1983, 241ff.
–, Umweltschutz, ein Grundrecht?, NuR 1985, 205ff.
–, Schutzgebiete, NuR 1993, 301ff.
–, in: Breuer, Rüdiger/Kloepfer, Michael/Marburger, Peter/Schröder Meinhard (Hrsg.), Naturschutz und Landschaftspflege im Wandel, 8. Trierer Kolloquium zum Umwelt- und Technikrecht vom 23. bis 25. 9. 1992, Heidelberg 1993, S. 133ff., zit.: Soell, in: Breuer/Kloepfer/Marburger/Schröder, Naturschutz und Landschaftspflege im Wandel.
Söfker, Wilhelm, Baugesetzbuch und Umweltschutz, UPR 1987, 201ff.
Söhnlein, Bernd, Landnutzung im Umweltstaat des Grundgesetzes -Eine Dogmatik des Art. 20 GG und ihre praktische Anwendung, Stuttgart u.a. 1999.
Solveen, Dirk, Zur materiellen Präklusion im Fernstraßenplanungsrecht, DVBl. 1997, 803ff.
Sommer, Herbert, Dosisgrenzwerte und Kontrolle? Zu den Konsequenzen des Krümmel-Urteils des BVerwG, ZUR 1998, 65ff.

Sommermann, Karl-Peter, Staatsziele und Staatszielbestimmungen, Tübingen 1997.
Spaemann, Robert, Technische Eingriffe in die Natur als Problem der politischen Ethik, in: Birnbacher, Dieter (Hrsg.), Ökologie und Ethik, Stuttgart 1991, S. 180 ff., zit.: Spaemann, in: Birnbacher, Ökologie und Ethik.
Spannowsky, Willy, Die zunehmende Bedeutung des Rechts der Europäischen Gemeinschaft für die Regionalplanung, die Bauleitplanung und die Fachplanungen, UPR 1998, 161 ff.
–, Altlastensanierung und Störerhaftung im Spannungsfeld von Gerechtigkeit und Effizienz, UPR 1988, 376 ff.
–, Das Prinzip gerechter Lastenverteilung und die Kostentragungslast des Zustandsstörers, DVBl. 1994, 560 ff.
Sparwasser, Reinhard/*Geißler,* Birgit, Grenzen der Zustandsstörerhaftung am Beispiel des Altlastenrechts, DVBl. 1995, 1317 ff.
Spieker, Margarete, Raumordnung und Private: die Bindungswirkungen der Ziele und Grundsätze der Raumordnung bei Zulassungsentscheidungen über private Vorhaben – zugleich ein Beitrag zur raumordnerischen Steuerung von Kiesabgrabungen, Berlin 1999, zit.: Spieker, Raumordnung und Private.
Spieth, Wolf Friedrich/*Laitenberger,* Johannes, Umfang und Grenzen der Nachsorgepflicht des Anlagenbetreibers, BB 1996, 1893 ff.
Spieß, Gerhard, Übertragbarkeit von Entsorgungsnachweisen und Transportgenehmigungen, NuR 1999, 306 ff.
Spindler, Gerald, Sicherheitsabstände als Gefahrenabwehrpflichten – oder: ein Lehrstück des Störfallrechts –, UPR 1997, 170 ff.
Spoerr, Wolfgang, Die Allgemeine Verwaltungsvorschrift zur Ausführung des Gesetzes über die Umweltverträglichkeitsprüfung, NJW 1996, 85 ff.
–, Abfallwirtschaftskonzepte und Abfallbilanzen, in: Hoppe, Werner/Bauer, Joachim/Faber, Angela/Schink, Alexander (Hrsg.), Auswirkungen des Kreislaufwirtschafts- und Abfallgesetzes auf die öffentlich-rechtlichen Entsorgungsträger, Köln 1996, S. 143 ff., zit.: Spoerr, in: Hoppe/Bauer/Faber/Schink, Auswirkungen des KrW-/AbfG.
Stadie, Holger, Rechtsnachfolge im Verwaltungsrecht, DVBl. 1990, 501 ff.
Staehelin-Witt, Elke/*Spillmann,* Andreas, Emissionshandel, Erfahrungen in der Region Basel und neue Ansätze, ZfU 1994, 207 ff.
Steding, Rolf, § 90 a BGB – nur juristische Begriffskosmetik? Reflexionen zur Stellung des Tieres im Recht, JuS 1996, 962 ff.
Steffen, Erich, Verschuldenshaftung und Gefährdungshaftung für Umweltschäden, NJW 1990, 1817 ff.
Steiger, Heinhard, Mensch und Umwelt, Zur Frage der Einführung eines Umweltgrundrechts, Köln 1975, zit.: Steiger, Mensch und Umwelt.
–, Die rechtliche Bedeutung der Ziele und Grundsätze des Bundesnaturschutzgesetzes und der Ländernaturschutzgesetze, Köln 1981, S. 470 ff., zit.: Steiger, Ziele und Grundsätze.
–, Umweltrecht – ein eigenständiges Rechtsgebiet?, AöR 1992, 100 ff.
Steiling, Ronald, Mangelnde Umsetzung von EG-Richtlinien durch den Erlaß und die Anwendung der TA Luft, NVwZ 1992, 134 ff.
Stein, Peter, Gesetzgebung beim Bund, AgrarR 1998, 78 ff.
Steinberg, Rudolf, Baumschutzsatzungen und -verordnungen, Kompetenz- und Grundrechtsprobleme naturschutzrechtlicher Regelungen, NJW 1981, 550 ff.
–, Verwaltungsgerichtlicher Schutz der kommunalen Planungshoheit gegenüber höherstufigen Planungsentscheidungen, DVBl. 1982, 13 ff.
–, Die verfassungsrechtliche Gewährleistung der kommunalen Planungshoheit – BVerfGE 56, 298, JuS 1982, 578 ff.
–, Rechtsschutz gegen die Trassenentscheidungen nach § 16 FStrG, NVwZ 1983, 209 ff.
–, Verwaltungsgerichtlicher Umweltschutz – Voraussetzungen und Reichweite der egoistischen Umweltschutzklage –, UPR 1984, 350 ff.
–, Rechtsschutz eines Landes gegen atomrechtliche Weisungen des Bundes, atw 1987, 282 ff.
–, Bemerkungen zum Entwurf eines Bundesgesetzes über die Umweltverträglichkeitsprüfung, DVBl. 1988, 995 ff.

–, Die Bewertung der Umweltauswirkungen eines Vorhabens nach dem Gesetz über die Umweltverträglichkeitsprüfung (UVPG), DVBl. 1990, 1369 ff.
–, Fachplanung, Das Recht der Fachplanung unter Berücksichtigung des Nachbarschutzes und der Umweltverträglichkeitsprüfung, 2. Aufl., Baden-Baden 1993, zit.: Steinberg, Fachplanung.
–, Rechtsverletzung bei der Planfeststellung, in: Berkemann, Jörg u. a. (Hrsg.), Planung und Plankontrolle, Otto Schlichter zum 65. Geburtstag, Köln 1995, S. 599 ff., zit.: Steinberg, FS Schlichter.
–, Zulassung von Industrieanlagen im deutschen und europäischen Recht, NVwZ 1995, 209 ff.
–, Chancen zur Effektuierung der Umweltverträglichkeitsprüfung durch die Gerichte?, DÖV 1996, 221 ff.
–, Verfassungsrechtlicher Umweltschutz durch Grundrechte und Staatszielbestimmung, NJW 1996, 1985 ff.
–, Der ökologische Verfassungsstaat, Frankfurt a. M. 1998, zit.: Steinberg, Der ökologische Verfassungsstaat.
–, Standards des integrierten Umweltschutzes, NuR 1999, 192 ff.
Steinberg, Rudolf/*Koepfer,* Isabell, IVU-Richtlinie und immissionsschutzrechtliche Genehmigung, DVBl. 1997, 973 ff.
Steinberg, Rudolf/*Klößner,* Bert, Zur unmittelbaren Wirkung von Umweltschutzrichtlinien der europäischen Gemeinschaften, BayVBl. 1994, 33 ff.
–, Regelungspflichten und Regelungskompetenzen der Bundesländer bei der Umsetzung der EG-UVP-Richtlinie und des UVP-Gesetzes des Bundes – am Beispiel des Landes Hessen, UTR 1994, 481 ff.
Steinberg, Rudolf/*Roller,* Gerhard, Prüfungsumfang bei Änderungsgenehmigungen und weitere Fragen der atomrechtlichen Genehmigung, DVBl. 1997, 57 ff.
Steinberg, Rudolf/*Stötzel,* Matthias, Verfassungsrechtliche Probleme des § 7 Abs. 2 a AtG, UPR 1997, 167 ff.
Steindorf, Joachim, Umwelt-Strafrecht, Sonderausgabe der Kommentierung der §§ 311 c, d, 324 bis 330 d in der 11. Auflage des Leipziger Kommentars zum Strafgesetzbuch, 2. Aufl., Berlin 1997, zit.: Steindorf, UmweltstrafR.
Steiner, Udo, Die allgemeine Leistungsklage im Verwaltungsprozeß, JuS 1984, 853 ff.
–, Unzulässigkeit oder Rücknahme der rechtswidrigen Genehmigung eines Bebauungsplanes nach ortsüblicher Bekanntmachung durch Plangenehmigungsbehörde, DVBl. 1987, 483 ff.
–, Technische Kontrolle im privaten Bereich – insbesondere Eigenüberwachung und Betriebsbeauftragte, DVBl. 1987, 1133 ff.
–, Die Rechtsstellung der Gemeinden beim Vollzug des § 45 StVO, NZV 1995, 209 ff.
–, (Hrsg.), Besonderes Verwaltungsrecht – Ein Lehrbuch, Heidelberg 1999, zit.: Verf., in: Steiner, BesVwR.
Stelkens, Paul, Verpflichtung zur Duldung – Notwendigkeit einer Duldungsanordnung?, NuR 1983, 261 ff.
–, Das Problem Auflage, NVwZ 1985, 469 ff.
–, Das Gesetz zur Neuregelung des verwaltungsgerichtlichen Verfahrens (4. VwGOÄndG) – das Ende einer Reform?, NVwZ 1991, 209 ff.
Stelkens, Paul/*Bonk,* Heinz Joachim/*Sachs,* Michael (Hrsg.), Verwaltungsverfahrensgesetz, Kommentar, 5. Aufl., München 1998, zit.: Bearb., in: Stelkens/Bonk/Sachs, VwVfG.
Stemmler, Johannes, Die Privilegierung „Ordnungsgemäßer Gewässerverschmutzung“ durch § 19 Abs. 4 WHG, NuR 1991, 366 ff.
–, Novellierung des Naturschutzrechts – Bau- und planungsrechtliche Aspekte der Umsetzung der Fauna-Flora-Habitat-Richtlinie durch das neue Bundesnaturschutzgesetz, BBauBl. Heft 8/1998, 13 ff.
Stern, Klaus, Das Staatsrecht in der Bundesrepublik Deutschland, Band I: Grundbegriffe und Grundlagen des Staatsrechts, Strukturprinzipien der Verfassung, 2. Aufl., München 1985, zit.: Stern, StaatsR I.
–, Zur Aufnahme eines Umweltschutzzieles in das Grundgesetz, NWVBl. 1988, 1 ff.
Stich, Rudolf, Die Rechtsbeziehungen zwischen örtlicher Landschaftsplanung und Bauleitplanung, UPR 1983, 177 ff.

–, Rechtsprobleme des Verhältnisses der kommunalen Bauleitplanung zur örtlichen Landschaftsplanung, ZfBR 1986, 61 ff.; 111 ff.

Stich, Rudolf/*Porger,* Karl Wilhelm, Immissionschutzrecht des Bundes und der Länder – Kommentar zum Bundes-Immissionsschutzgesetz (BImSchG), Band 1, Stuttgart, Stand: Oktober 1998, zit.: Stich/Porger, ImmissionschutzR.

Stich, Rudolf/*Porger,* Karl-Wilhelm/*Steinebach,* Gerhard, Örtliche Landschaftsplanung und kommunale Bauleitplanung. Rechts- und Fachgrundlagen – Planungs- und Verwaltungspraxis – Regelungsvorschläge, Berlin 1986, zit.: Stich/Porger/Steinebach, Örtliche Landschaftsplanung und kommunale Bauleitplanung.

Stober, Rolf, Die Rechtsstellung der Gemeinde im Wasserrecht, DVBl. 1977, 909 ff.

–, Zur Bedeutung des Einwendungsausschlusses im atom- und immissionsschutzrechtlichen Genehmigungsverfahren, AöR 1981, 41 ff.

–, Massentierhaltung und Gesetzesvorbehalt, NuR 1982, 173 ff.

–, Rechtsfragen der Massentierhaltung, Rechtsgutachten zur Verfassungs- und Gesetzmäßigkeit des Entwurfs einer Hennenhaltungsverordnung, Koenigstein 1982.

–, Beiladung im Verwaltungsprozeß, in: Erichsen, Hans-Uwe/Hoppe, Werner/Mutius, Albert von (Hrsg.), System des verwaltungsgerichtlichen Rechtsschutzes, Festschrift für Christian-Friedrich Menger zum 70. Geburtstag, München 1985, S. 401 ff., zit.: Stober, FS Menger.

Stock, Martin, Störungen der Natur in der Sicht des Naturschutzrechts, ZUR 1995, 289 ff.

Stoll, Peter-Tobias/*Schillhorn,* Kerrin, Das völkerrechtliche Instrumentarium und transnationale Anstöße im Recht der natürlichen Lebenswelt, NuR 1998, 625 ff.

Stollmann, Frank, Die wasserrechtliche Anlagenhaftung dargestellt unter besonderer Berücksichtigung des Inhaberwechsels –, ZAU 1991, 402 ff.

–, Die Eingriffsregelung im Naturschutzrecht – ein Überblick über die aktuelle Rechtsprechung, ZAU 1992, 220 ff.

–, Der Vorbehalt des Gesetzes und Verwaltungsvorschriften im Subventionsrecht, GewArch 1993, 136 ff.

–, Umweltinformation im Verwaltungsverfahren – zwischen europäischem Anspruch und deutscher Umsetzung, NVwZ 1995, 146 ff.

–, Die Altlastenregelungen der Länder vor dem Hintergrund des aktuellen Bundesentwurfs, StuG 1996, 313 ff.

–, Bodenschutz- und Altlastenrecht der Länder, in: Erbguth, Wilfried (Hrsg.), Aktuelle Fragen des Altlasten- und Bodenschutzrechts, Baden-Baden 1997, S. 59 ff., zit.: Stollmann, in: Erbguth (Hrsg.), Aktuelle Fragen.

–, Aktuelle Rechtsprechung zum Umweltinformationsrecht, NuR 1998, 78 ff.

–, Die naturschutzrechtliche Befreiung nach § 31 Abs. 1 Satz 1 BNatSchG, DVBl. 1999, 746 ff.

Stone, Christopher D., Umwelt vor Gericht. Die Eigenrechte der Natur, 2. Aufl., München 1992, zit.: Stone, Umwelt vor Gericht.

Storm, Peter-Christoph, Bodenschutzrecht, DVBl. 1985, 317 ff.

–, Täter oder Opfer? – Zum Verhältnis von Landwirtschaft und Umweltpflege, NuR 1986, 8 ff.

–, Zur Einführung: Bodenschutzrecht, Jura 1987, 352 ff.

–, Empfiehlt es sich, ein Umweltgesetzbuch zu schaffen, ggf. mit welchen Regelungsbereichen?, ZRP 1992, 346 ff.

–, Umweltrecht, 6. Aufl., Berlin 1995, zit.: Storm, UmweltR.

–, Umweltgesetzbuch (UGB-KomE): Einsichten in ein Jahrhundertwerk, NVwZ 1999, 35 ff.

Störmer, Rainer, Rechtsschutz gegen Inhalts- und Nebenbestimmungen, DVBl. 1996, 81 ff.

Stratenwerth, Günter, Zukunftssicherung mit den Mitteln des Strafrechts?, ZStW 1993, 677 ff.

Streinz, Rudolf, Europarecht, 4. Aufl., Heidelberg 1999, zit.: Streinz, EuropaR.

Strick, Stefan, Lärmschutz an Straßen, Köln u. a. 1998.

Studenroth, Stefan, Einflußnahme des Bundestages auf Erlaß, Inhalt und Bestand von Rechtsverordnungen, DÖV 1995, 525 ff.

Stüber, Stephan, Gibt es „potentielle Schutzgebiete" i. S. d. FFH-Richtlinie? Anmerkung zum Urteil des BVerwG vom 19. 5. 1998 -4 A 9/97 –, NuR 1998, 531 ff.

Stüer, Bernhard, Erfahrungen mit der verwaltungsgerichtlichen Normenkontrolle – eine Zwischenbilanz –, DVBl. 1985, 469 ff.
–, Die Beschleunigungsnovellen 1996, DVBl. 1997, 326 ff.
–, Handbuch des Bau- und Fachplanungsrechts, Planung – Genehmigung – Rechtsschutz, 2. Aufl., München 1998, zit.: Stüer, HbBauFPLR.
Stüer, Bernhard/*Hermanns,* Caspar David, Die Anordnung vorläufiger Teilmaßnahmen in der Fachplanung, DÖV 1999, 58 ff.
Suderow, Wolfgang, Rechtsprobleme des Bundesraumordnungsprogramms, Münster 1975.
Süß, Birgit/*Adler,* Wolfram, Neue Entwicklungen im Internationalen Wasserrecht, ZfW 1995, 197 ff.

Tampitz, Jochen, Das Umwelthaftungsgesetz als Zwischenschritt auf dem Weg zu einem effektiven Umwelthaftungsrecht, Jura 1992, 113 ff.
Tausch, Christian/*Wagner,* Stefan, Erstaufforstung und Schutz des Landschaftsbildes, NuR 1999, 370 ff.
Tesmer, Günter, Der freie Zutritt zur offenen Landschaft nach dem BWaldG und dem BNatSchG, AgrarR 1981, 180 ff.
–, Sind die forstrechtlichen Beschränkungen der Waldumwandlung verfassungsmäßig?, AgrarR 1981, 4 ff.
Tettinger, Peter J., Rechtliche Bausteine eines modernen Abfallwirtschaftsrechts, DVBl. 1995, 213 ff.
Tettinger, Peter J./*Mann,* Thomas, Abfallrecht an der Schwelle zur Kreislaufwirtschaft, UTR 1995, 113 ff.
Theuer, Andreas, Neuere Entwicklungen im Chemikalienrecht, NVwZ 1995, 127 ff.
–, Der Zugang zu Umweltinformationen aufgrund des Umweltinformationsgesetzes (UIG), NVwZ 1996, 326 ff.
Thiel, Georg, Rechtsfragen der atomaren Entsorgung, Baden-Baden 1987.
Thieme, Hinrich, Ausgleichszahlungen für die Land- und Forstwirtschaft für Beschränkungen beim Einsatz von Pflanzenschutzmitteln in Wasserschutzgebieten – Zugleich eine Anmerkung zum Urteil des OLG Frankfurt am Main vom 7. 11. 1997 – 24 U 251/95 – ZfW 1998, 515 –, ZfW 1998, 469 ff.
Thieme, Hinrich/*Moufang,* Oliver, Sind Geldleistungspflichten des § 4 Abs. 2 Nr. 3 WHG öffentliche Abgaben im Sinne von § 80 Abs. 2 Nr. 1 VwGO?, ZfW 1997, 73 ff.
Thieme, Werner (Hrsg.), Umweltschutz im Recht, Berlin 1988, zit.: Verf., in: Thieme, Umweltschutz im Recht.
Thoenes, Hans Willi, Stand der Altlastensanierung in den neuen Bundesländern, in: Erbguth, Wilfried (Hrsg.), Aktuelle Fragen des Altlasten- und Bodenschutzrechts, Baden-Baden 1997, S. 17 ff., zit.: Thoenes, in: Erbguth, Aktuelle Fragen.
Thoma, Cornelius, Das Investitionserleichterungs- und Wohnbaulandgesetz – Eine Erleichterung für die Ansiedlung von Abfallentsorgungsanlagen, BayVBl. 1994, 137 ff.
Thomsen, Silke, Produktverantwortung – Rechtliche Möglichkeiten und Grenzen der Kreislaufwirtschaft, Baden-Baden 1998.
Thorwarth, Klaus, Die Umweltverträglichkeitsprüfung bei der Änderung von Hochwasserschutzdeichen, ZfW 1991, 73 ff.
Thuriaux, André, Das neue Umweltinformationsgesetz, NJW 1994, 2319 ff.
Thurn, Peter, Schutz natürlicher Gewässerfunktionen durch räumliche Planung – Möglichkeiten im Bereich des Wasserhaushalts- Naturschutz- und Raumordnungsrechts, Münster 1986, zit.: Thurn, Schutz natürlicher Gewässerfunktionen.
Tiedemann, Klaus, Die Neuordnung des Umweltstrafrechts, gutachterliche Stellungnahme zu dem Entwurf eines 16. Strafrechtsänderungsgesetzes (Gesetz zur Bekämpfung der Umweltkriminalität), Berlin u. a. 1980, zit.: Tiedemann, UmweltstrafR.
Tiedemann, Klaus/*Kindhäuser,* Urs, Umweltstrafrecht – Bewährung oder Reform?, NStZ 1988, 337 ff.
Tiemann, Jürgen, Organisation der Abwasserbeseitigung, StGR 1991, 77 ff.
Tietmann, Karl, Situation der Umwelt in der Europäischen Union, in: Rengeling, Hans-Werner (Hrsg.), Handbuch zum europäischen und deutschen Umweltrecht –

Eine systematische Darstellung des europäischen Umweltrechts mit seinen Auswirkungen auf das deutsche Recht und mit rechtspolitischen Perspektiven, Band 1 Allgemeines Umweltrecht, Köln u. a. 1998, § 2, zit.: Tietmann, in: Rengeling, EUDUR.
Tilp, Helmut, Die Errichtung von Wasser- und Bodenverbänden in Thüringen, ThürVBl. 1995, 97 ff.
Tipke, Klaus/*Lang,* Joachim, Steuerrecht, 16. Aufl., Köln 1998.
Tomuschat, Christian, Die Europäische Union unter Aufsicht des Bundesverfassungsgerichts, EuGRZ 1993, 489 ff.
Töpfer, Klaus, Konzeption eines Bodenschutzgesetzes – Bodenschutzgesetz sichert entscheidende Lebensgrundlage für Menschen, Tiere und Pflanzen –, Umwelt 1992, 229 f.
Topp, Elke, Die Zulassung des vorzeitigen Beginns von Abfallentsorgungsanlagen nach § 7 a AbfG und § 15 a BImSchG, Münster 1995.
Trianfafyllon, Dimitri, Zur Europäisierung des vorläufigen Rechtsschutzes, NVwZ 1992, 129 ff.
Trittin, Jürgen, Mit der Kreislaufwirtschaft ernst machen, Abfallpolitische Schwerpunkte der neuen Bundesregierung für laufende Legislaturperioden, Der Landkreis 1999, 405 ff.
–, „Quo vadis Naturschutz?" Umwelt 1999, 571 ff.
Tröndle, Herbert/*Fischer,* Thomas, Strafgesetzbuch und Nebengesetze, 49. Auflage, München 1999, zit.: Tröndle/Fischer, StGB.
Trute, Hans-Heinrich, Vorsorgestrukturen und Luftreinhalteplanung im Bundes-Immissionsschutzgesetz, Heidelberg 1989, zit.: Vorsorgestrukturen und Luftreinhalteplanung im BImSchG.
Tsai, Tzung-Jen, Die verfassungsrechtliche Umweltschutzpflicht des Staates – Zugleich ein Beitrag zur Umweltschutzklausel des Art. 20 a GG –, Berlin 1996.
Tschira, Oskar/*Schmitt Glaeser,* Walter, Verwaltungsprozeßrecht, 7. Aufl., Stuttgart u. a. 1985, zit.: Tschira/Schmitt Glaeser, VerwaltungsprozeßR.
Turck, Gaby, Der Anlagenbegriff nach dem Gentechnikgesetz, NVwZ 1992, 650 ff.

Uechtritz, Michael, Wasserrechtliches Planfeststellungsverfahren und Bauplanungsrecht, NvwZ 1988, 316 ff.
–, Die naturschutzrechtliche Eingriffsregelung in der Bauleitplanung: Klarstellungen, NVwZ 1997, 1182 ff.
–, Der rechtliche Regelungsrahmen für die Bewältigung von Verkehrslärm in der Bauleitplanung, DVBl. 1999, 198 ff.
Uhle, Arnd, Das Staatsziel „Umweltschutz" im System der grundgesetzlichen Ordnung – Zu dem von der Verfassungskommission empfohlenen neuen Art. 20 a GG –, DÖV 1993, 947 ff.
–, Das Staatsziel „Umweltschutz" und das Sozialstaatsprinzip im verfassungsrechtlichen Vergleich, JuS 1996, 96 ff.
Ule, Carl Hermann, Zur Anwendung unbestimmter Rechtsbegriffe im Verwaltungsrecht, in: Bachof, Otto/Drath, Martin/Günnewein, Otto/Walz, Ernst (Hrsg.), Forschungen und Berichte aus dem öffentlichen Recht, Gedächtnisschrift für Walter Jellinek, München 1955, S. 309 ff., zit.: Ule, GS Jellinek.
–, Vorbeugender Rechtsschutz im Verwaltungsprozeß, VerwArch 1974, 291 ff.
–, Zur rechtlichen Bedeutung von Ausschlußrechten im Verwaltungsverfahren für den Verwaltungsprozeß, BB 1979, 109 ff.
–, Effektiver Rechtsschutz in einer funktionsfähigen Verwaltung, DVBl. 1982, 821 ff.
Ule, Carl Hermann/*Laubinger,* Hans-Werner, Empfehlen sich unter dem Gesichtspunkt der Gewährleistung notwendigen Umweltschutzes ergänzende Regelungen im Verwaltungsverfahrens- und Verwaltungsprozeßrecht? Gutachten B für den 52. Deutschen Juristentag, München 1978, zit.: Ule/Laubinger, Gutachten B für den 52. DJT.
–, Verwaltungsverfahrensrecht: Ein Lehrbuch für Studium und Praxis, 4. Aufl., Köln u. a. 1995, zit.: Ule/Laubinger, VerwaltungsverfahrensR.
–, Bundes-Immissionsschutzgesetz, Neuwied, Stand: Juni 1999, zit.: Ule/Laubinger, BImSchG.
Ullrich, Jürgen, Lärmschutz unter besonderer Berücksichtigung des Straßenverkehrslärms – Eine Technische Einführung –, DVBl. 1985, 1159 ff.

Literatur

Umweltbundesamt/Statistisches Bundesamt (Hrsg.), Umweltdaten Deutschland 1995, zit.: UBA, Umweltdaten Deutschland 1995.
Unruh, Peter, Zur Dogmatik der grundrechtlichen Schutzpflichten, Berlin 1996, zit.: Unruh, Schutzpflichten.
Unruh, Peter/*Strohmeyer,* Jochen, Die Pflicht zum Erlaß einer Rechtsverordnung – am Beispiel des Umweltrechts, NuR 1998, 225 ff.
Upmeier, Dieter, Entscheidungskonkurrenz bei Zuständigkeit mehrerer Behörden unter Berücksichtigung des Bau- und Landschaftsschutzrechts, NuR 1986, 309 ff.
Uppenbrink, Martin/*Riecken,* Uwe, Besonderer Novellierungsbedarf des BNatSchG aus der Sicht der Naturschutzverwaltung – Anforderungen im Zusammenhang mit der Konzipierung eines überregionalen Biotopverbundsystems, ZUR 1996, 17 ff.

Vahldiek, Carola, Neue Entwicklungen in der Rechtsprechung zum Umweltinformationsrecht, ZUR 1997, 144 ff.
Vallendar, Willi, Die Betriebseinstellung – ein neuer Regelungstatbestand des BImSchG, UPR 1991, 91 ff.
–, Die UVP-Novelle zur 9. BImSchV – Grundlagen und Grundzüge, UPR 1992, 212 ff.
–, Planungsrecht im Spiegel der aktuellen Rechtsprechung des Bundesverwaltungsgerichts, UPR 1996, 121 ff.
–, Das Abwägungsgebot – ein alter Hut mit neuen Federn, UPR 1999, 121 ff.
Vedder, Christoph, Ein neuer gesetzlicher Richter? Zum Beschluß des BVerfG vom 22. 10. 1986, NJW 1987, 526 ff.
Veh, Gerhard/*Knopp,* Günther-Michael, Gewässerschutz nach EG-Recht, Textausgabe mit systematischer Darstellung, Stuttgart 1995.
Verheggen, Maria-Pia, Die „Zuverlässigkeit" des im Atomgesetz aufgeführten Personals und die Möglichkeiten ihrer Kontrolle nach dem Gesetz und Verfassungsrecht, Münster 1990.
Versmann, Andreas, Abfallrecht und Bergbau. Die abfallrechtliche Einstufung der Verwendung von Rückständen als Versatz im Bergbau, ZUR 1995, 183 ff.
Versteyl, Ludger-Anselm, Auf dem Weg zu einem neuen Abfallbegriff, NVwZ 1993, 961 ff.
–, Zur Verantwortlichkeit des Abfallbesitzers, NJW 1995, 1070 ff.
Versteyl, Ludger-Anselm/*Wendenburg,* Helge, Änderungen des Abfallrechts. Anmerkungen zum Kreislaufwirtschafts- und Abfallgesetz sowie den Gesetzen zu dem Basler Übereinkommen, NVwZ 1994, 833 ff.
–, Änderungen des Abfallrechts: Aktuelles zum Kreislaufwirtschafts- und Abfallgesetz sowie dem untergesetzlichen Regelwerk, NVwZ 1996, 937 ff.
Vesting, Jan-W., Somatische Gentherapie – Regelung und Regulierungsbedarf in Deutschland, ZRP 1997, 21 ff.
Vesting, Jan-W./*Simon,* Jürgen, Die Zulässigkeit des Klonens von Tieren in Deutschland, ZRP 1998, 261 ff.
Vierhaus, Hans-Peter, Das Bundes-Bodenschutzgesetz, NJW 1998, 1262 ff.
Viertel, Berthold, Die Bedeutung von § 1 a WHG für die Zulässigkeit von Abwassereinleitungen, ZfW 1996, 417 ff.
Vierting, Wolfgang, Der Begriff „Gemengelage" bei der Beurteilung von Gewerbelärm, NuR 1994, 115 ff.
Vieweg, Klaus/*Röthel,* Anne, Konvergenz oder Divergenz öffentlich-rechtlichen und privatrechtlichen Immissionsschutzes? – Zur Problematik des Lärmschutzes bei nicht genehmigungsbedürftigen Anlagen i. S. von §§ 22 ff. BImSchG –, DVBl. 1996, 1171 ff.
Vogel, Hans-Jochen, Zum Umweltrecht in der Bundesrepublik Deutschland, ZRP 1980, 178 ff.
–, Die Reform des Grundgesetzes nach der deutschen Einheit, DVBl. 1994, 497 ff.
Volkmann, Uwe, Qualitätsorientiertes Umweltrecht – Leistungsfähigkeit, Probleme und Grenzen, DVBl. 1999, 579 ff.
Völsch, Wolfgang, Entschädigungs- und Ausgleichsrecht in den Wassergesetzen – Rechtsgrundlagen und praktische Auswirkungen, insbesondere auf die landwirtschaftlichen Belange –, Köln 1993.

Waechter, Kay, Umweltschutz als Staatsziel, NuR 1996, 321 ff.
Wagenbaur, Rolf, Ökologische Wasserqualität und Subsidiarität, EuZW 1994, 418 ff.
Wagener, Heiko, Der Anspruch auf Immissionsschutz – Plädoyer für ein einklagbares Recht, NuR 1988, 71 ff.
–, Regionale Kooperationsabkommen zwischen Staat und Wirtschaft – Ein Beitrag zur finanziellen und organisatorischen Lösung des Altlastenproblems, WUR 1990, 137 ff.
Wagner, Dieter, UVP für Pläne und Programme – Der aktuelle Richtlinienvorschlag der EU-Kommission vom 4. 12. 1996, UVP-report 1997, 12.
Wagner, Hellmut, Kein Ausstieg aus der Kernenergie durch Gesetzesauslegung, NJW 1987, 411 ff.
–, Zum Weisungsrecht des Bundes im atomrechtlichen Genehmigungsverfahren – Voraussetzungen und Rechtsschutz, DVBl. 1987, 917 ff.
–, Rechtsfragen der Endlagerung radioaktiver Abfälle, DVBl. 1991, 24 ff.
–, Gesetzgeberische Vorhaben zur nuklearen Entsorgung, DVBl. 1992, 1508 ff.
–, Die Siebte Novelle zum Atomgesetz, NVwZ 1993, 513 ff.
–, Das Krümmel-Urteil des Bundesverwaltungsgerichts, et 1997, 166 ff.
–, Ausstieg aus der Kernenergie? – Eine Erwiderung auf v. Hippel, ZRP 1995, 414 ff, ZRP 1997, 225 ff.
Wagner, Jörg/*Mitschang,* Stephan, Novelle des BauGB 1998: Neue Aufgaben für die Bauleitplanung und die Landschaftsplanung, DVBl. 1997, 1137 ff.
Wahl, Rainer, Genehmigung und Planungsentscheidung. Überlegungen zu zwei Modellen des Verwaltungsrechts und zu ihrer Kombination, DVBl. 1982, 51 ff.
–, Entwicklung des Fachplanungsrechts, NVwZ 1990, 426 ff.
–, Risikobewertung des Exekutive und richterliche Kontrolldichte – Auswirkungen auf das Verwaltungs- und das gerichtliche Verfahren, NVwZ 1991, 409 ff.
–, (Hrsg.), Prävention und Vorsorge: Von der Staatsaufgabe zu den verwaltungsrechtlichen Instrumenten, Bonn 1995, zit.: Verf., in: Wahl, Prävention und Vorsorge.
–, Europäisches Planungsrecht – Europäisierung des deutschen Planungsrechts, in: Grupp, Klaus/Ronellenfitsch, Michael (Hrsg.), Planung – Recht – Rechtsschutz, Festschrift für Willi Blümel zum 70. Geburtstag am 6. Januar 1999, Berlin 1999, S. 617 ff., zit.: Wahl, FS Blümel.
Wahl, Rainer/*Appel,* Ivo, Prävention und Vorsorge: Von der Staatsaufgabe zur rechtlichen Ausgestaltung, in: Wahl, Rainer (Hrsg.), Prävention und Vorsorge: Von der Staatsaufgabe zu den verwaltungsrechtlichen Instrumenten, Bonn 1995, S. 1 ff., zit.: Wahl/Appel, in: Wahl, Prävention und Vorsorge.
Wahl, Rainer/*Groß,* Detlef, Die Europäisierung des Genehmigungsrechts am Beispiel der Novell-Food-Verordnung, DVBl. 1998, 2 ff.
Wahl, Rainer/*Melchinger,* Hansjörg, Das Gentechnikrecht nach der Novellierung, JZ 1994, 973 ff.
Wahle, Helmut/*Will,* Gerd, Die kommunale Umweltverträglichkeitsprüfung – Erfahrungen aus Hannover –, ZUR 1993, 28 f.
Walter, Steffen, Das Vermieten von Booten an Wasserwanderer – Paradebeispiel für die Abgrenzung zwischen Gemeingebrauch und Sondernutzung im Wasserrecht, ZfW 1996, 502 ff.
Wasielewski, Andreas, Die „wesentliche Änderung" – eine rechtsvergleichende Betrachtung des Atom- und Immissionsschutzrechts, UPR 1998, 420 ff.
Waskow, Siegfried, Mitwirkung von Naturschutzverbänden im Verwaltungsverfahren, Beiträge zur Umweltgestaltung, Berlin 1990.
–, Betriebliches Umweltmanagement: Anforderungen nach der Audit-Verordnung der EG und dem Umweltauditgesetz, 2. Aufl., Heidelberg 1997, zit.: Waskow, Betriebliches Umweltmanagement.
Wasmeier, Martin, Umweltabgaben und Europarecht: Schranken des staatlichen Handlungsspielraums bei der Erhebung öffentlicher Abgaben im Interesse des Umweltschutzes, München 1994, zit.: Wasmeier, Umweltabgaben und Europarecht.
Wasmuth, Johannes, Überlegungen zur Dogmatik des öffentlichen Nachbarrechtsschutzes, NVwZ 1988, 322 ff.
Weber, Albrecht, Zur Umsetzung von EG-Richtlinien im Umweltrecht – Zugleich eine Anmerkung zu den Urteilen des EuGH vom 30. 5. 1991 (TA-Luft) und vom 28. 2. 1991 (Grundwasser), UPR 1992, 5 ff.

Weber, Albrecht/*Hellmann,* Ulrich, Das Gesetz über die Umweltverträglichkeitsprüfung, NJW 1990, 1625 ff.

Wegener, Bernhard W., Die unmittelbare Geltung der EG-Richtlinie über den freien Zugang zu Umweltinformationen, ZUR 1993, 17 ff.

–, Wie es uns gefällt oder ist die unmittelbare Wirkung des Umweltrechts der EG praktisch? – Die Rechtsprechung deutscher Gerichte zum Recht auf freien Zugang zu Umweltinformationen, ZUR 1994, 232 ff.

Weidemann, Clemens, Gerichtlicher Rechtsschutz der Gemeinden gegen regionale Raumordnungspläne, Münster 1983, zit.: Weidemann, Gerichtlicher Rechtsschutz.

–, Die Vorschriften zur Neuordnung von Abfallentsorgung und Reststoffverwertung, NVwZ 1991, 226 ff.

–, Kontrollerlaubnis mit Abwägungsvorbehalt?, DVBl. 1994, 263 ff.

–, Immissionsschutzrechtliche Abfallentsorgungsanlagen, Rechtsgutachten zu materiell-rechtlichen und verfassungsrechtlichen Fragen ihrer Zulassung nach dem InvErlG, Berlin 1994, zit.: Weidemann, Immissionsschutzrechtl. Abfallentsorgungsanlagen.

–, Umweltschutz durch Abfallrecht, NVwZ 1995, 631 ff.

–, Umsetzung von Abfallrichtlinien: Urteil des EuGH zum deutschen Abfallrecht, NVwZ 1995, 866 ff.

–, Kreislaufwirtschaft contra dezentrale Verwaltungswirtschaft, GewArch 1997, 311 ff.

–, Abfall oder Rohstoff? Abgrenzungsfragen des neuen Abfallbegriffs zu § 3 KrW-/AbfG, Köln 1998.

–, Abfallrecht: Grundlagen, in: Rengeling, Hans-Werner (Hrsg.), Handbuch zum Europäischen Umweltrecht – Eine systematische Darstellung des europäischen Umweltrechts mit seinen Auswirkungen auf das deutsche Recht und mit rechtspolitischen Perspektiven, Band 2, Köln u. a. 1998, § 71, zit.: Weidemann, in: Rengeling, EUDUR.

–, Nochmals: Die Abgrenzung von Abfallverwertung und Abfallbeseitigung, NVwZ 1998, 258 ff.

–, Die materielle Privatisierung der Hausmüllentsorgung nach § 16 Abs. 2 des Kreislaufwirtschafts- und Abfallgesetzes – Abfallrechtliche Zulässigkeit und verwaltungsrechtliche Ausgestaltung –, DVBl. 1998, 661 ff.

–, Rechtsstaatliche Anforderungen an Umweltabgaben – Zu den beiden Urteilen des Bundesverfassungsgerichts vom 7. Mai 1998 –, DVBl. 1999, 73 ff.

Weides, Peter, Noch einmal: Das stillgelegte Atomkraftwerk – Ursachen und Folgen des Fehlens einer immissionsschutzrechtlichen Parallel-Genehmigung zu den atomrechtlichen (Teil-)Genehmigungen der Errichtung eines Kernkraftwerkes, NVwZ 1987, 200 ff.

Weinberger, Bruno, Umweltschutz mit oder ohne kommunale Selbstverwaltung?, Der Städtetag 1986, 2 ff.

Weiß, Wolfgang, Der Gefahrerforschungseingriff bei Altlasten – Versuch einer Neubestimmung, NVwZ 1997, 737 ff.

–, Zur Wirkung von Richtlinien vor Ablauf der Umsetzungspflicht, DVBl. 1998, 568 ff.

Weitzel, Wolfgang, Der Geltungsbereich von Baumschutzverordnungen bzw. -satzungen, NuR 1995, 16 ff.

Weller, Christiane, Aufgaben, Organisation und Finanzierung der Wasser- und Bodenverbände, Münster 1991.

Welsch, Georg, Das Kreislaufwirtschaftsgesetz und seine Folgen für die kommunale Abfallentsorgung, Städtetag 1998, 530 ff.

Wende, Wolfgang, Die Umweltverträglichkeitsprüfung in der Bundesrepublik Deutschland – Anzahl und Verteilungsstrukturen von UVP-Verfahren zu Vorhabentypen und Bundesländern –, ZAU 1999, 248 ff.

Wendenburg, Helge, Die Umsetzung des europäischen Abfallrechts, NVwZ 1995, 833 ff.

Wepler, Claus, Europäische Umweltpolitik, Die Umweltunion als Chance für die materielle und institutionelle Weiterentwicklung der europäischen Integration, Marburg 1999.

Wernicke, Konrad, Der Vorbescheid im Wasserrecht, DVBl. 1977, 914 ff.

Wessels, Johannes, Strafrecht Besonderer Teil/1, 22. Aufl., Heidelberg 1999, zit.: Wessels, Strafrecht BT 1.

Wessel, Markus, Die umweltgefährdende Abfallbeseitigung durch Unterlassen, Frankfurt/Main 1993.

Wey, Klaus-Georg, Umweltpolitik in Deutschland, Opladen 1982, zit.: Wey, Umweltpolitik.

Weyreuther, Felix, Die Bedeutung des Eigentums als erheblicher Belang bei der Planfeststellung nach dem Bundesfernstraßengesetz, DÖV 1977, 419ff.

–, Der Nachteilsausgleich für Nutzungsbeschränkungen in Wasserschutzgebieten, UPR 1987, 41ff.

–, Das Abgabenrecht als Mittel des Umweltschutzes, UPR 1988, 161ff.

–, Einflußnahme durch Anhörung, in: Franßen, Everhardt/Redeker, Konrad/Schlichter, Otto/Wilke, Dieter (Hrsg.), Bürger – Richter – Staat: Festschrift für Horst Sendler zum Abschied aus seinem Amt, München 1991, S. 183ff., zit.: Weyreuther, FS Sendler.

Wicke, Lutz, Betriebliche Umweltökonomie. Eine praxisorientierte Einführung, 4. Aufl., München 1993, zit.: Wicke, Umweltökonomie.

–, Umweltökonomie, in: Rengeling, Hans-Werner (Hrsg.), Handbuch zum europäischen und deutschen Umweltrecht – Eine systematische Darstellung des europäischen Umweltrechts mit seinen Auswirkungen auf das deutsche Recht und mit rechtspolitischen Perspektiven, Band 1 Allgemeines Umweltrecht, Köln u. a. 1998, § 5, zit.: Wicke, in: Rengeling, EUDUR.

Wickel, Martin, Verfassungsunmittelbarer und einfachgesetzlicher Bestandsschutz im Baurecht?, BauR 1994, 557ff.

–, Bestandsschutz im Umweltrecht, Baden-Baden 1996.

–, Die Auswirkungen des neuen § 16 BImSchG auf den Vollzug des dynamischen Grundpflichten des § 5 Abs. 1 BImSchG, DÖV 1997, 678ff.

Wickrath, Susan, Bürgerbeteiligung im Recht der Raumordnung und Landesplanung, Münster 1992, zit.: Wickrath, Bürgerbeteiligung.

Wiebe, Andreas, Umweltschutz durch Wettbewerb – Das betriebliche Umweltschutzsystem der EG, NJW 1994, 289ff.

Wiegand, Bodo, Bestmöglicher Umweltschutz als Aufgabe der europäischen Gemeinschaften – Zur Bedeutung des Gemeinschaftszieles Umweltschutz für die europäische Integration, DVBl. 1993, 533ff.

Wieland, Joachim, Die Stufung von Anlagengenehmigungen im Atomrecht, DVBl. 1991, 616ff.

Wilde, Marion, Verhältnis zwischen Bergrecht und Naturschutzrecht, DVBl. 1998, 1321ff.

Wilhelm, Sieghard, Umweltrecht ein Grundriß, Heidelberg 1996, zit.: Wilhelm, UmweltR.

Wilting, Frank, Gestuftes atomrechtliches Genehmigungsverfahren und Bürgerbeteiligung, Berlin 1985, zit.: Wilting, Gestuftes atomrechtliches Genehmigungsverfahren.

Wimmer, Klaus, Strafbarkeit des Handelns aufgrund einer erschlichenen behördlichen Genehmigung, JZ 1993, 67ff.

Windmann, Jörg, Vorrang der Beseitigung als der umweltverträglicheren Lösung, UPR 1998, 103ff.

Winkelbauer, Wolfgang, Atomrechtliches Genehmigungsverfahren und Strafrecht – LG Hanau, NJW 1988, 571 –, JuS 1988, 691ff.

Winkelmann, Martin, Private Abfallentsorgung in einer dualen Abfallwirtschaft, UPR 1991, 169ff.

Winter, Gerd, Rechtsschutz gegen Weisungen in der atomrechtlichen Bundesauftragsverwaltung, DVBl. 1985, 993ff.

–, Der Mensch als technische Gefahr, KJ 1989, 61ff.

–, Direktwirkung von EG-Richtlinien, DVBl. 1991, 657ff.

–, Grundprobleme des Gentechnikrechts, Düsseldorf 1993, zit.: Winter, GentechnikR.

–, Probleme der atomrechtlichen Anlagenzulassung aus verfassungsrechtlicher Sicht – Zugleich Anmerkung zu dem Beschluß des BVerwG vom 12. Juli 1993 (7 B 114.92), ZUR 1994, 20ff.

–, Regelungsmaßstäbe im Gefahrstoffrecht, DVBl. 1994, 913ff.

–, Was sind Umweltinformationen, was Vorverfahren im Sinne der Umweltinformationsrichtlinie? – Zum Vorlagebeschluß nach Art. 177 EGV des OVG Schleswig v. 10. 7. 1996 – Az 4 L 222/95 –, NuR 1997, 335 ff.
Winter, Stephan, Die neue Abfallverbringungs-Verordnung der EG, UPR 1994, 161 ff.
Winters, Karl-Peter, Atom- und Strahlenschutzrecht, erläuterte Ausgabe, München 1978, zit.: Winters, Atom- und StrahlenschutzR.
Wirth, Wolfgang, Anmerkungen zum internationalen Artenschutz, NuR 1987, 26 ff.
–, Die Aufzeichnungspflicht nach der Bundesartenschutzverordnung 1986, NJW 1987, 552 ff.
Wittkämper, Gerhard W., Umweltschutz, Einführung in Umweltpolitik und Umweltverwaltung unter Berücksichtigung des Umweltrechts, Regensburg 1992, zit.: Wittkämper, Umweltschutz.
Wolf, Joachim, Die Kompetenz der Verwaltung zur „Normsetzung“ durch Verwaltungsvorschriften, DÖV 1992, 849 ff.
–, Die Revision des Grundgesetzes durch Maastricht, JZ 1993, 594 ff.
Wolf, Rainer, Zum Referentenentwurf zur Änderung des Atomgesetzes, ZUR 1993, 11 ff.
–, Zur Entwicklung der Verbandsklage im Umweltrecht, ZUR 1994, 1 ff.
–, Perspektiven der naturschutzrechtlichen Eingriffsregelung, ZUR 1998, 183 ff.
Wolfers, Benedict, Produkt oder Abfall? Die Grenzen des neuen Abfallrechts, NVwZ 1998, 225 ff.
Wolff, Dietmar, Die „Wiederherstellung“ geschädigter Natur und Landschaft durch Landschaftsschutzgebiete, NuR 1998, 298 ff.
Wolff, Hans Julius/*Bachof,* Otto/*Stober,* Rolf, Verwaltungsrecht I, Ein Studienbuch, 10. Aufl., München 1994, zit.: Wolf/Bachof/Stober, VwR I.
Wolfrum, Rüdiger, Der Ausschluß von Einwendungen im Anhörungsverfahren und sein Einfluß auf den Verwaltungsrechtsschutz, DÖV 1979, 497 ff.
Wolfrum, Rüdiger/*Philipp,* Christiane (Hrsg.), Handbuch Vereinte Nationen, 2. Aufl., München 1991, zit.: Verf., in: Wolfrum., Handbuch der Vereinten Nationen.
Wollenteit, Ulrich/*Gebauer,* Jochen, Risiken der Wiederaufbereitung und die Vereinbarkeit des Verbots der Wiederaufbereitung mit Gemeinschaftsrecht, ZUR 1999, 250 ff.
Wollenteit, Ulrich/*Plantholz,* Markus, Fingierte Sicherheit -Zur Unwiderruflichkeit der Betriebsgenehmigung für das Endlager Morsleben, ZUR 1996, 127 ff.
Wollenteit, Ulrich/*Wenzel,* Frank, Das Bundesverfassungsgericht und das „Ozongesetz“, NuR 1997, 60 ff.
Wulfhorst, Reinhard, Das fortgeltende Immissionsschutzrecht der DDR, LKV 1994, 239 ff.
–, Der Schutz „überdurchschnittlich Empfindlicher“ – Personen im immissionsschutzrechtlichen Genehmigungsverfahren, NuR 1995, 221 ff.
–, Die Beschleunigung immissionsschutzrechtlicher Genehmigungsverfahren in den neuen Ländern, LKV 1995, 316 ff.
Würtenberger, Thomas, Rechtliche Optimierungsgebote oder Rahmensetzung für das Verwaltungshandeln, 1. Bericht, VVDStRL 58 (1999), S. 139 ff.
Wüsthoff, Alexander,/*Kumpf,* Walter/*von Lersner,* Heinrich Frhr./*Roth,* Horst, Handbuch des Deutschen Wasserrechts, Band 1–6, Berlin, Stand: 1994, zit.: Wüsthoff/Kumpf/v. Lersner/Roth, Hb WasserR.
Wysk, Peter, Ausgewählte Probleme zum Rechtsschutz gegen Fluglärm, ZLW 1998, 25 ff.

Zandonella, Carlo/*Thärichen,* Holger, Bioabfälle zwischen öffentlicher und privater Entsorgung: zum Begriff der „überwiegenden öffentlichen Interessen“ in § 13 III 1 Nr. 3 KrW-/AbfG, NVwZ 1998, 1160 ff.
Zehetener, Franz, Tschernobyl – Zur völkerrechtlichen Wiedergutmachungsproblematik, UPR 1986, 326 ff.
Ziegler, A., Zum Anlagenbegriff nach dem Bundes-Immissionsschutzgesetz, UPR 1986, 170 ff.
Ziegler, Wolfgang, Aspekte des Bodenschutzrechts, BWVPr 1987, 145 ff.

–, Datenschutz und Informationsinteresse am Beispiel der Bodendaten, NVwZ 1993, 347 f.

–, Das neue Gesetz des Bundes zum Bodenschutz, LKV 1998, 249 ff.

Ziekow, Jan, Die Wirkung von Beschleunigungsgeboten im Verfahrensrecht, DVBl. 1998, 1001 ff.

–, Strategische Umweltverträglichkeitsprüfung – ein neuer Anlauf, UPR 1999, 287 ff.

Zierock, Karl-Heinz/*Salomon,* Norbert, Die Umsetzung des Art. 16 Abs. 2 der EG-IVU-Richtlinie auf internationaler und nationaler Ebene, ZUR 1998, 227 ff.

Zimmerling, Wolfgang, Die Anhörung der Standortgemeinde einer Abfallentsorgungsanlage bei der Aufstellung eines Abfallentsorgungsplans, NVwZ 1992, 122 ff.

Zöttl, Johannes, Die EG-Richtlinie über die integrierte Vermeidung und Verminderung der Umweltverschmutzung – Ein neues Schutzinstrument des Gemeinschaftsrechts –, NuR 1997, 157 ff.

–, Die Mitteilung über die immissionsschutzrechtliche Genehmigungsbedürftigkeit einer Anlagenänderung, NVwZ 1998, 234 ff.

Zuleeg, Manfred, Vorbehaltene Kompetenzen der Mitgliedstaaten der Europäischen Gemeinschaft auf dem Gebiet des Umweltschutzes, NVwZ 1987, 280 ff.

–, Umweltschutz in der Rechtsprechung des Europäischen Gerichtshofs, NVwZ NJW 1993, 31 ff.

Zundel, Rolf, Regelungen zum Schutz des Baumbestandes, RdL 1982, 85 ff.

Sachverzeichnis

Hinweis für den Benutzer:
fettgedruckte Zahlen geben die Paragraphenangaben wieder, die übrigen beziehen sich auf die Randnummern. Auf die zentralen Fundstellen einzelner Begriffe wird durch unterstrichene Angaben hingewiesen.

Sachverzeichnis

Sachverzeichnis